NTC's HEBREW and ENGLISH Dictionary

NTC's

מִלּוֹן עִבְרִי וְאַנְגְּלִי

אריה קומיי ונעמי צור

NTC's HEBREW and ENGLISH Dictionary

Arie Comey and Naomi Tsur

NTC Publishing Group

Library of Congress Cataloging-in-Publication Data

Comey, Arie.
NTC's Hebrew and English dictionary / Arie Comey, Naomi Tsur.
p. cm.
ISBN 0-658-00065-9
1. Hebrew language—Dictionaries—English. 1. English language—Dictionaries—Hebrew. I. Tsur, Naomi. II. Title.
PJ4833.C659 1999
492.4′321—dc21 99-27862
CIP

Dr. Joseph Reif, Baruch Oren, and Ahuva Oren assisted in the preparation of this dictionary.

Cover production by Jeanette Wojtyla

This edition published 2000 by NTC Publishing Group
A division of NTC/Contemporary Publishing Group, Inc.
4255 West Touhy Avenue, Lincolnwood (Chicago), Illinois 60712-1975 U.S.A.

Printed in the United States of America
International Standard Book Number: 0-658-00065-9
00 01 02 03 04 05 LB 20 19 18 17 16 15 14 13 12 11 10 9 8 7 6 5 4 3 2 1

To the memory of my late and much loved father,
Professor Joseph M. Yoffey,
an outstanding scientist and Hebrew scholar,
who instilled in me a love of the Hebrew
language from early childhood.

Naomi Tsur

To Pirhia
The flower of
my garden

Arie Comey

Contents

Preface

The main aim throughout our work has been to attempt to compile a dictionary in which it will be a pleasure, and not a penance to look words up. We hope that this will prove to apply equally to English speakers who wish to become familiar with Hebrew, and to Hebrew speakers who are interested in widening their knowledge of English.

Lexicography is always a matter for compromise. The larger the dictionary, the more unwieldy it becomes, but on the other hand the more concise it is, the more liable it is to omit essential items. To quote Henry Sweet, the original model for Bernard Shaw's Henry Higgins in *Pygmalion*, who compiled a "Student's Dictionary of Anglo-Saxon", "...it is paradoxically true that a good dictionary is necessarily a bad one..." This sums up the lexicographer's dilemma in a nutshell.

Here we present a concise, bilingual dictionary, in one volume, with a novel format. There are about 100,000 entries in all, but in effect many more, since the user must bear in mind that each word is listed only once, with all its possible meanings. The vocabulary is oriented to twentieth century contemporary usage in both languages, without archaisms or poetic forms.

Each part of the dictionary has an appendix incorporating essential grammatical information, summarised simply and lucidly. These appendices include verb tables and paradigms for both languages. In the Hebrew-English section this includes a complete presentation of the regular "complete" verb (הַפֹּעַל הַשָּׁלֵם) in all seven conjugations (בִּנְיָנִים), and also the full declension of prepositions which have pronominal suffixes. In the English-Hebrew section the principal parts of the irregular verbs are listed, and also a summary of tenses, including active and passive forms.

The Hebrew-English section incorporates a phonetic transcription of each word (not of compounds), in accordance with a key that is given in the grammatical summary.

Compound words have been given special treatment in that they have not been treated as such in their translation or listing. Compounds have been included when their over-all meaning cannot be equated with the sum of their two components, or if their translation in the other language is by a single word. Consider the following two examples:

1. In English: "dead end" – does not mean an end which is dead, literally "סוֹף מֵת" but מָבוֹי סָתוּם.
2. In Hebrew: "אֱמוּנָה תְּפֵלָה" – does not mean "tasteless or meaningless belief". It can be best rendered by the single word "superstition".

In the Hebrew-English section, verbs are classified according to the third person singular past. The reason for this is that it is in this verb form that the three-letter root is usually manifested, unencumbered by pronominal prefixes, suffixes or infixes.

Each conjugation will appear in correct alphabetical order, not grouped under the heading of the root. This facilitates the use of the dictionary for beginners, who are not sufficiently versed in Hebrew grammar to be able to derive the root from the verb form.

Example: from the root כתב each of the following will appear in different parts of the dictionary:

1. to write	כָּתַב
2. to be written	נִכְתַּב
3. to engrave	כִּתֵּב
4. to be engraved	כֻּתַּב
5. to dictate	הִכְתִּיב
6. to be dictated	הֻכְתַּב
7. to correspond	הִתְכַּתֵּב

In the English-Hebrew section, the phrasal verbs are listed as separate and independent entries. The phrasals are perhaps the most productive grammatical category in English, and new ones are being created by the minute, not to mention the agent nouns and gerunds that derive from them.

Example:

to show	הֶרְאָה
to show off	1. הִתְפָּאֵר
	2. הִצִּיג בְּרַאֲוָה
show-off = boaster	רַבְרְבָן

What we have done, is abandon the hierarchy of "entries" and "subentries", according to which "some entries are more equal than others"!

The derived forms from any given part of speech are listed independently, within the limit of the scope of the dictionary. Not every form, however, has a parallel in the other language. English adverbs, for example, are often derived from adjectives, whereas there is no such fixed procedure in Hebrew.

In the English-Hebrew section, preference has been given to American spelling and usage, although British usage has not been neglected.

In short, we are fully and painfully aware of the compromises that have been forced upon us in compiling this dictionary. It undoubtedly falls short of a comprehensive vocabulary that would include all the archaic, poetic, historical and foreign forms, not to mention specialised professional vocabulary. We believe, however, that its scope enables it to give a more or less accurate picture of both languages from the point of view of contemporary usage. It is our sincere hope that it will be of assistance to newcomers to Israel, as indeed to people all over the world who have decided to enter the exciting world of Hebrew language and culture. In like manner, in view of the simple and straightforward layout, Hebrew-speaking students of English should find it an easy reference book.

We wish to express our gratitude to Joseph Reif, Ph.D. a scholar of great lexicographical integrity, for the thoroughness with which he examined the manuscript of both parts, and for his invaluable comments, which undoubtedly enriched the dictionary. We are indebted to Mr. Baruch Oren, whose meticulous proof-reading was done professionally and enthusiastically. We thank Ms. Ahuva Oren for her constructive comments on the final draft.

Finally, our thanks go to the "Keter" printing press, to all the staff, with special mention for Mr. Zvi Weller, Mr. Yaacov Polak, Ms. Noga Weiss and Ms. Galia Schneider for their unstinting labor in preparing the typescript.

The Authors and the Publisher

Abbreviations

abb	abbreviation	**mil**	military
adj	adjective	**mus**	music
adv	adverb	**n**	noun
aux	auxiliary	**npl**	noun plural
bot	botany	**pers pron**	personal pronoun
conj	conjunction	**phot**	photography
const	constellation	**pl**	plural
def art	definite article	**pol**	politics
demonstr	demonstrative	**pp**	past participle
econ	economics	**pref**	prefix
f	feminine	**prep**	preposition
Fr	french	**pron**	pronoun
imper	imperative	**pt**	past tense
indef art	indefinite article	**refl**	reflexive
int	interjection	**rel**	relative
L	latin	**sing**	singular
m	masculine	**veg**	vegetable
math	mathematics	**vi**	verb intransitive
med	medicine	**vt**	verb transitive

A

A indef art, adj, prep 1 הָאוֹת הָרִאשׁוֹנָה שֶׁל הָאָלֶף־בֵּית הָאַנְגְּלִי. 2 אֶחָד, אַחַת. 3 בְּ־, עַל

Ab n אָב (חודש)

aback adv אֲחוֹרַנִּית, לְאָחוֹר

abacus 1 חֶשְׁבּוֹנִיָּה, אַבָּקוּס. 2 רֹאשׁ כּוֹתֶרֶת

abaft prep, adv 1 מֵאֲחוֹרֵי. 2 מֵאָחוֹר, אֲחוֹרַנִּית

abandon vt, n 1 עָזַב, נָטַשׁ. 2 הִזְנִיחַ. 3 הִסְתַּלֵּק. 4 עֲזִיבָה, נְטִישָׁה. 5 הַזְנָחָה. 6 הֶפְקֵרוּת

abandonment n 1 עֲזִיבָה, נְטִישָׁה. 2 הַזְנָחָה

abase vt הִשְׁפִּיל, בִּזָּה

abasement n הַשְׁפָּלָה, בִּזּוּי

abash vti בִּיֵּשׁ, הֵבִיךְ, הֶעֱלִיב, הִלְבִּין פָּנִים

abatement n 1 הַפְחָתָה, נִכּוּי. 2 בִּטּוּל 3 הֲפָגָה, הַרְגָּעָה, הֲקַלָּה

abbess n מְנַהֶלֶת מִנְזַר נָשִׁים

abbey n 1 מִנְזָר. 2 כְּנֵסִיָּה

abbot n רֹאשׁ מִנְזָר

abbreviate vt קִצֵּר, צִמְצֵם, תִּמְצֵת

abbreviation n קִצּוּר רָאשֵׁי תֵּבוֹת

abdicate vi 1 הִתְפַּטֵּר, הִסְתַּלֵּק מִ־. 2 וִתֵּר עַל כִּסֵּא מְלוּכָה

abdication n 1 הִתְפַּטְּרוּת, הִסְתַּלְּקוּת. 2 וִתּוּר עַל כִּסֵּא מַלְכוּת

abdomen n בֶּטֶן, כָּרֵס, כֶּרֶס

abdominal adj בִּטְנִי, אַבְּדוֹמִינָלִי

abduct vt חָטַף

abduction n 1 חֲטִיפָה. 2 גְּזֵילָה. 3 הַטָּיָה, הַצְדָּדָה

abed adv בְּמִטָּה, בִּשְׁכִיבָה

aberration n סְטִיָּה, תְּעִיָּה, נְלִיזוּת

abet vt 1 עוֹדֵד, עוֹרֵר. 2 סִיֵּעַ, נָתַן יָד

abetter, abettor n§ 1 מַדִּיחַ. 2 מְסַיֵּעַ

abeyance n 1 הַשְׁהָיָה, הַפְסָקָה. 2 עִכּוּב, דְּחִיָּה

abeyance (in) תָּלוּי וְעוֹמֵד

abhor vt מָאַס, תִּעֵב, שִׁקֵּץ, בָּחַל

abhorrence n מְאוּס, תִּעוּב, שִׁקּוּץ, סְלִידָה

abhorrent adj מַבְעִית, מַסְלִיד, מְתֹעָב, שָׂנוּא

abhorrently adv בְּשְׁאָט נֶפֶשׁ, בְּתִעוּב בִּסְלִידָה

abide vti 1 שָׁהָה, יָשַׁב. 2 הִתְגּוֹרֵר, שָׁכַן, גָּר. 3 סָבַל. 4 הִתְמִיד

abide by vt כִּבֵּד, צִיֵּת.

abiding adj 1 קַיָּם, קָבוּעַ. 2 מַתְמִיד

abidingly adv 1 בְּהַתְמָדָה. 2 בִּרְצִיפוּת, בִּקְבִיעוּת

ability n יְכֹלֶת, כִּשְׁרוֹן, כֹּשֶׁר

abject adj, n 1 נִבְזֶה, שָׁפָל. 2 נִתְעָב, מָאוּס, מֻשְׁפָּל

abjection n נִבְזוּת, הַשְׁפָּלָה, נִדְכָּאוּת

abjure vt 1 הִתְכַּחֵשׁ. 2 וִתֵּר עַל, חָזַר בּוֹ

ablaze adv, adj 1 בְּלֶהָבָה, בָּאֵשׁ. 2 בּוֹעֵר, דּוֹלֵק. 3 לוֹהֵט, נִרְגָּשׁ

able adj 1 מְסֻגָּל, כָּשִׁיר. 2 מֻכְשָׁר, רָאוּי

able-bodied adj חָסֹן, בָּרִיא, חָזָק

abloom adj, adv 1 פּוֹרֵחַ. 2 בְּפְרִיחָה

ably adv בְּכִשְׁרוֹן, כָּרָאוּי

abnegate vt 1 וִתֵּר עַל. 2 הִקְרִיב

abnegation n וִתּוּר, וַתְּרָנוּת

abnormal adj 1 חָרִיג, לֹא נוֹרְמָלִי, לֹא תַּקִּין. 2 סוֹטֶה, סֵטֶה. 3 לָקוּי

abnormality n 1 חֲרִיגוּת, סְטוּת, לִקּוּי. 2 לֹא נוֹרְמָלִיּוּת

aboard prep, adv עַל, אֶל, עַל גַּבֵּי, בְּ־ (מטוס, רכבת, אוניה)

abode n 1 מִשְׁכָּן, מָעוֹן, דִּירָה. 2 שְׁהִיָּה

abolish vt 1 בִּטֵּל, חִסֵּל. 2 הֵפֵר, פָּסַל

abolition n 1 בִּטּוּל, חִסּוּל. 2 הֲפָרָה. 3 בִּטּוּל הָעַבְדוּת

A-bomb n פְּצָצָה אֲטוֹמִית

abominate vt תִּעֵב, שָׂנֵא, שִׁקֵּץ

abomination n 1 תִּעוּב, שִׁקּוּץ. 2 תּוֹעֵבָה

aboriginal adj, n 1 קַדְמוֹן, קָדוּם, עַתִּיק. 2 בֶּן הַמָּקוֹם, יָלוּד

aborigines npl יְלִידִים, בְּנֵי הַמָּקוֹם

abort vi 1 הִפִּילָה. 2 הִפִּיל. 3 קָמַל, הִתְנַוֵּן

abortion n 1 הַפָּלָה. 2 נֵפֶל, כִּשָּׁלוֹן

abortive adj 1 נָדוֹן לְכִשָּׁלוֹן. 2 מֵבִיא לְהַפָּלָה

abound vi 1 שָׁפַע. 2 עָבַר עַל גְּדוֹתָיו. 3 שָׁרַץ

about adv, prep 1 בְּקֵרוּב, כִּמְעַט, סָמוּךְ, בְּעֶרֶךְ. 2 מִסָּבִיב, סָבִיב. 3 עַל, עַל אוֹדוֹת, אֵצֶל

above adv, prep 1 מֵעַל, עַל. 2 לְעֵיל. 3 בַּשָּׁמַיִם. 4 נִזְכָּר לְעֵיל. 5 קֹדֶם

above all הָעִקָּר, וּבְעִקָּר

abrade vti גֵּרֵד, שִׁפְשֵׁף, שָׁחַק, קִרְצֵף

abrasion n גֵּרוּד, שִׁפְשׁוּף, שְׁחִיקָה, קִרְצוּף

abreaction n תְּגוּבַת פֻּרְקָן

abreast adv, adj 1 זֶה בְּצַד זֶה, שְׁכֶם אֶחָד, יַחַד. 2 מוּל. 3 מְעֻדְכָּן

abridge vt תִּמְצֵת, קִצֵּר, צִמְצֵם, כִּוֵּץ

abridged adj מְקֻצָּר, מְכֻוָּץ, מְתֻמְצָת

abridgement n 1 קִצּוּר, צִמְצוּם. 2 תַּקְצִיר, תַּמְצִית

abroad adv, n 1 חוּץ לָאָרֶץ. 2 בְּחוּץ לָאָרֶץ, בַּתְּפוּצוֹת

abrogate vt 1 בִּטֵּל, חִסֵּל. 2 הֵפֵר, פָּסַל

abrupt adj 1 מַפְתִּיעַ, פִּתְאֹמִי. 2 גַּס, מְהֻסְסָּס. 3 תָּלוּל, מִדְרוֹנִי

abruptness n 1 פִּתְאֹמִיּוּת. 2 חִסְפּוּס, גַּסּוּת. 3 תְּלִילוּת

abscess n מֻרְסָה

abscond vi בָּרַח, נָס, נֶעְלַם, הִסְתַּתֵּר

absence n הֵעָדְרוּת

absence of mind פִּזּוּר נֶפֶשׁ

absent adj נֶעְדָּר, חָסֵר, נִפְקָד

absent-minded פְּזוּר נֶפֶשׁ, מְפֻזָּר

absent oneself הִסְתַּלֵּק

absentee n, adj 1 נֶעְדָּר. 2 נִפְקָד. 3 עָרִיק

absinthe n לַעֲנָה

absolute adj 1 מֻחְלָט, גָּמוּר. 2 שָׁלֵם. 3 אַבְּסוֹלוּטִי

absolutely adv לַחֲלוּטִין, בְּהֶחְלֵט, לְלֹא תְּנַאי

absolution n מְחִילָה, כַּפָּרָה

absolutism n הֶחְלֵטִיּוּת, אַבְּסוֹלוּטִיזְם

absolve vt 1 זִכָּה, חָנַן. 2 שִׁחְרֵר, הִתִּיר

absorb vti 1 קָלַט, בָּלַע, סָפַג. 2 שָׁקַע. 3 נִסְפַּג

absorbent adj 1 סוֹפֵג, בּוֹלֵעַ. 2 קוֹלֵט

absorbing adj מוֹשֵׁךְ, מְעַנְיֵן

absorption n 1 קְלִיטָה, הִקָּלְטוּת. 2 בְּלִיעָה, טְמִיעָה, הִתְבּוֹלְלוּת

absorptive adj 1 סוֹפְגָנִי, בַּר־סְפִיגָה. 2 קוֹלֵט, נִקְלָט

abstain vi 1 נִמְנַע. 2 הִתְאַפֵּק, הִתְנַזֵּר. 3 פָּרַשׁ

abstemious adj 1 מִתְנַזֵּר, נִמְנָע. 2 מִסְתַּפֵּק בְּמוּעָט

abstention n 1 הִמָּנְעוּת, הִתְנַזְּרוּת, פְּרִישׁוּת. 2 הִסְתַּפְּקוּת בְּמוּעָט

abstinence n הִנָּזְרוּת, פְּרִישׁוּת

abstinent adj מִתְנַזֵּר, פָּרוּשׁ

abstract vt, adj, n 1 הֶחְסִיר. 2 תִּמְצֵת,

קִצֵּר. 3 הִסִּיחַ דַּעַת. 4 הִפְשִׁיט, הִכְלִיל. 5 מֻפְשָׁט, סְתָמִי. 6 תַּמְצִית, תַּקְצִיר, קִצּוּר, רָאשֵׁי פְּרָקִים. 7 הַפְשָׁטָה

abstract number מִסְפָּר סְתָמִי

abstracted adj 1 שָׁקוּעַ בְּמַחֲשָׁבוֹת, מְהֻרְהָר. 2 מְפֻזָּר, מְפֻזַּר־דַּעַת

abstraction n 1 הַפְשָׁטָה. 2 הֲסָרָה, הַפְחָתָה. 3 חִסּוּר. 4 פִּזּוּר נֶפֶשׁ

abstractly adv 1 בְּהַפְשָׁטָה. 2 בְּפִזּוּר נֶפֶשׁ

abstruse adj סָתוּם, עָמוּם, עָמֹק

absurd adj מְגֻחָךְ, שְׁטוּתִי, לֹא־הֶגְיוֹנִי, אַבְּסוּרְדִּי

absurdity n שְׁטוּת, גִּחוּךְ, חֹסֶר הִגָּיוֹן, תִּפְלוּת

absurdly adv מְגֻחָכוּת, בְּצוּרָה מְגֻחֶכֶת

abundance n 1 שֶׁפַע, שֹׂבַע, גֹּדֶשׁ. 2 עֹשֶׁר

abundant adj 1 שׁוֹפֵעַ, רַב. 2 עָשִׁיר. 3 בְּשֶׁפַע

abuse vt, n 1 עָשַׁק, נִצֵּל לְרָעָה. 2 חֵרֵף, הִשְׁפִּיל, הִשְׁמִיץ. 3 הִפְרִיז. 4 עֹשֶׁק, נִצּוּל לְרָעָה. 5 הַשְׁפָּלָה, בִּזָּיוֹן, גִּדּוּף, חֵרוּף. 6 הַפְרָזָה

abusive adj 1 פּוֹגֵעַ, מַעֲלִיב. 2 מֻפְרָז. 3 נַצְלָנִי, עוֹשְׁקָנִי

abusively adv 1 בַּחֲרָפוֹת, בְּצוּרָה מַעֲלִיבָה. 2 בְּמֻפְרָז

abut vti 1 גָּבַל. 2 נָגַע

abutment n 1 כַּן, בָּסִיס, יַרְכָה. 2 גְּבוּל, תְּחוּם. 3 קָצֶה. 4 מִשְׁעָן

abysmal adj תְּהוֹמִי, תָּהוּם

abyss n תְּהוֹם, מְצוּלָה, מַעֲמַקִּים

acacia n שִׁטָּה

academic adj 1 אֲקָדֶמִי. 2 מֻפְשָׁט, עִיּוּנִי. 3 מֻסְכָּם, מְקֻבָּל

academy n אֲקָדֶמְיָה

a capella adv אָ־קַפֶּלָּה, לְלֹא לִוּוּי

Accadian adj, n 1 אַכַּדִּי. 2 אַכַּדִּית

accede vi 1 הִסְכִּים, נַעֲנָה. 2 הִגִּיעַ, עָלָה. 3 הִצְטָרֵף

accelerate vti הֵחִישׁ, הֵאִיץ, זֵרֵז, הִגְבִּיר מְהִירוּת

acceleration n הֶאָצָה, תְּאוּצָה, הֶחָשָׁה, הַגְבָּרַת הַמְּהִירוּת

accelerator n 1 מֵאִיץ, מֵחִישׁ, מְזָרֵז. 2 דַּוְשַׁת הַדֶּלֶק

accent vt, n 1 הִטְעִים, הִדְגִּישׁ. 2 נַחַץ, טַעַם, הַטְעָמָה. 3 מִבְטָא

accentuation n הַטְעָמָה, הַדְגָּשָׁה, הַנְחָצָה, הַנְעָמָה

accept vt 1 הִסְכִּים, נַעֲנָה, אִשֵּׁר. 2 קִבֵּל. 3 הֵבִין. 4 הִתְחַיֵּב

acceptable adj סָבִיר, רָצוּי, רָאוּי, קָבִיל, מִתְקַבֵּל עַל הַדַּעַת

acceptance n 1 הַסְכָּמָה, הֵעָנוּת, אִשּׁוּר. 2 קַבָּלָה. 3 לְקִיחָה

acceptation n הַסְכָּמָה, הֵעָנוּת, אִשּׁוּר

access vt, n 1 הִגִּיעַ אֶל. 2 כְּנִיסָה, גִּישָׁה. 2 הֶתְקֵף. 3 הִתְקָרְבוּת, הִתְקַדְּמוּת

accessible adj 1 נָגִישׁ, נִתָּן לְגִישָׁה. 2 נִתָּן לְהַשָּׂגָה. 3 נִתָּן לְשִׁכְנוּעַ

accession n 1 הַגָּעָה, עֲלִיָּה. 2 רְכִישָׁה. 3 כְּנִיסָה. 4 הִתְקָרְבוּת, הִצְטָרְפוּת

accessory n 1 עוֹזֵר, מְסַיֵּעַ. 2 צְדָדִי, נוֹסָף, טָפֵל. 3 אַבְזָר, חֵלֶק

accident n 1 תְּאוּנָה, אָסוֹן, פֶּגַע. 2 תַּקָּלָה. 3 מִקְרֶה, אַקְרַאי

accidental adj, n 1 מִקְרִי, בְּשׁוֹגֵג. 2 זְמַנִּי, אֲרָעִי. 3 מִשְׁנִי, צְדָדִי. 4 סִימַן הַתְּקָה

accidentally adv מִקְרִית, בְּמַפְתִּיעַ, בְּמִקְרֶה

acclaim vt, n 1 הֵרִיעַ, מָחָא כַּף. 2 תְּשׁוּאוֹת, תְּרוּעוֹת

acclamation n 1 תְּשׁוּאוֹת, תְּרוּעוֹת. 2 פֶּה אֶחָד. 3 הַסְכָּמָה

acclimatize vti 1 אִקְלֵם, סִגֵּל, הִרְגִּיל. 2 הִתְאַקְלֵם

acclivity n שִׁפּוּעַ, מַעֲלֶה

accolade n 1 עִטּוּר. 2 כָּבוֹד. 3 צוֹמֵד

accommodate vti 1 סִדֵּר, עָרַךְ, הִתְאִים, סִגֵּל. 2 אִכְסֵן, אֵרַח, הֵלִין. 3 הִסְתַּגֵּל, הִתְרַצָּה

accommodating adj נוֹחַ, גָּמִישׁ

accommodation n 1 סִגּוּל, הַתְאָמָה, תֵּאוּם. 2 אִכְסוּן, אֵרוּחַ. 3 הִסְתַּגְּלוּת, הִתְרַצּוּת, פִּיּוּס

accompaniment n 1 לְוַאי, תּוֹסֶפֶת. 2 אַבְזָר, אֲבִיזָר. 3 לִוּוּי

accompany vt 1 לִוָּה. 2 צֵרֵף, הוֹסִיף. 3 סִפֵּחַ, חִבֵּר. 4 הִשְׁתַּתֵּף, הִתְכַּנֵּס, הִצְטָרֵף

accomplice n חָבֵר לְפֶשַׁע, שֻׁתָּף לִדְבַר עֲבֵרָה

accomplish vt 1 בִּצַּע, הִגְשִׁים. 2 גָּמַר, הִשְׁלִים, סִיֵּם. 3 הִשִּׂיג, שִׁכְלֵל. 4 מִלֵּא, קִיֵּם

accomplished adj 1 גָּמוּר, מֻגְמָר, מֻשְׁלָם. 2 מְשֻׁכְלָל, מֻכְשָׁר

accomplishment n 1 הַשְׁלָמָה, גְּמִירָה, הַגְשָׁמָה. 2 הֶשֵּׂג, סְגֻלָּה, מַעֲלָה

accord vit, n 1 הִסְכִּים, תָּאַם, הִתְאִים. 2 הֶעֱנִיק, חָנַן, נַעֲנָה. 3 הֶסְכֵּם, הַסְכָּמָה, אֲמָנָה. 4 הַרְמוֹנְיָה, הַתְאָמָה

accordance n 1 הַתְאָמָה, תֵּאוּם. 2 הַעֲנָקָה

according as prep כְּמוֹ שֶׁ־, כְּשֵׁם שֶׁ־

according to prep בְּהֶתְאֵם לְ־, כְּפִי, לְפִי

accordingly adv בְּהֶתְאֵם לְכָךְ, עַל כֵּן, לְפִיכָךְ

accordion n מַפּוּחוֹן, אַקּוֹרְדִּיּוֹן

accordionist n מַפּוּחוֹנַאי

accost vt 1 הִתְקָרֵב, נִגַּשׁ. 2 פָּנָה אֶל

account vt, n 1 חֶשְׁבּוֹן, חִשּׁוּב. 2 דּוּחַ, דִּין וְחֶשְׁבּוֹן. 3 הֶסְבֵּר, הַנְמָקָה, נִמּוּק. 4 סִבָּה, טַעַם. 5 מַאֲזָן. 6 יִתְרוֹן, תּוֹעֶלֶת. 7 עֵרֶךְ, חֲשִׁיבוּת. 8 חָשַׁב, חִשֵּׁב. 9 מָנָה, סָפַר. 10 הֶעֱרִיךְ. 11 הִסְבִּיר, דִּוַּח

account of (on) בִּגְלַל, לְרֶגֶל, מֵחֲמַת

account (on no) בְּשׁוּם אֹפֶן לֹא

account for 1 הִסְבִּיר. 2 הִגִּישׁ דּוּחַ

accountable adj 1 אַחֲרַאי. 2 סָבִיר. 3 נִתָּן לְהַסְבִּיר

accountant n 1 מְנַהֵל חֶשְׁבּוֹנוֹת. 2 חַשָּׁב

accounting n חֶשְׁבּוֹנָאוּת, הַנְהָלַת חֶשְׁבּוֹנוֹת

accouter, accoutre vt 1 קִשֵּׁט, צִיֵּד. 2 הִלְבִּישׁ

accoutrements npl 1 בִּגְדֵי שְׂרָד, מַדִּים. 2 חֲגוֹר

accredit vt 1 שִׁיֵּךְ, יִחֵס, תָּלָה. 2 זִכָּה. 3 הִסְמִיךְ, יִפָּה כֹּחַ

accretion n 1 גִּדּוּל, צְמִיחָה. 2 סָפִיחַ, תּוֹסֶפֶת. 3 הִתְפַּתְּחוּת

accrue vi 1 צָמַח, גָּדַל. 2 הִצְטַבֵּר, הִתּוֹסֵף. 3 עָלָה, הִתְרַבָּה

accumulate vti 1 צָבַר, אָסַף, אָגַר, עָרַם. 2 הִצְטַבֵּר, הִתְרַבָּה

accumulation n 1 הִצְטַבְּרוּת, הִתְרַבּוּת. 2 צְבִירָה, אֲגִירָה, עֲרִימָה. 3 מִצְבָּר, מִצְבּוֹר

accumulative adj מִצְטַבֵּר

accumulator n 1 מַצְבֵּר, סוֹלְלָה. 2 קוֹבֵץ, אוֹגֵר

accuracy n דִּיּוּק, דַּיְּקָנוּת, נְכוֹנוּת

accurate adj מְדֻיָּק, דַּיְּקָן, נָכוֹן

accurately adj בְּדַיְּקָנוּת, בִּמְדֻיָּק

accursed adj מְקֻלָּל, נִתְעָב, אָרוּר, בָּזוּי

accusation n 1 הַאֲשָׁמָה, אִשּׁוּם, עֲלִילָה. 2 קִטְרוּג

accusative adj, n 1 מַרְשִׁיעַ, מַאֲשִׁים. 2 אַקּוּזָטִיבִי, יַחֲסַת אֶת. 3 יַחַס הַפָּעוּל
accuse vt הֶאֱשִׁים
accused adj, n נֶאֱשָׁם, נִתְבָּע
accuser n מַאֲשִׁים, קָטֵגוֹר
accusingly adv בְּהַאֲשָׁמָה
accustom vt הִרְגִּיל, חִנֵּךְ, סִגֵּל
accustomed adj רָגִיל, מְקֻבָּל, מֻרְגָּל
ace n, adj 1 יְחִידָה, אַחַת. 2 שֶׁמֶץ, חֲלַקְלַק. 3 מֻמְחֶה, מְיֻמָּן. 4 מְצֻיָּן. 5 אַלּוּף. 6 אַס
acerb adj חָרִיף, חָמוּץ, מַר
acerbate vt, adj 1 הֶחְמִיץ, הֶחֱרִיף, מֵרַר. 2 מֻרְגָּז, מְמֻרְמָר
acetic adj חָמוּץ, תּוֹסֵס
acetic acid n חֻמְצָה אֲצֶטִית
acetylene n אֲצֶטִילֶן
ache vi, n 1 כָּאַב, סָבַל, דָּוָה, הִתְיַסֵּר. 2 כְּאֵב, מַכְאוֹב, יִסּוּרִים
achieve vt 1 הִגְשִׁים, הִשִּׂיג. 2 נָחַל. 3 בִּצַּע, עָשָׂה
achievement n הֶשֵּׂג, מַעֲלָל, הַגְשָׁמָה
Achilles' heel n 1 עֲקֵב אֲכִילֵס. 2 נְקֻדַּת תֻּרְפָּה
aching adj כּוֹאֵב, מַכְאִיב
achromatic adj חֲסַר צֶבַע, אַכְרוֹמָטִי
acid adj, n 1 חָמוּץ, חָרִיף, נוֹקֵב, חָמִיץ. 2 חֻמְצָה
acidity, acidness n חֲמִיצוּת
acidly adv בְּאֹפֶן נוֹקֵב
acknowledge vt 1 הוֹדָה, הִכִּיר טוֹבָה. 2 אִשֵּׁר. 3 הִכִּיר בְּ־
acknowledgment n 1 הוֹדָיָה, הַכָּרַת טוֹבָה, הַכָּרָה. 2 אִשּׁוּר, קַבָּלָה
acme n שִׂיא, פִּסְגָּה, שְׁלֵמוּת
acne n חֲזָזִית, פִּצְעֵי־בַּגְרוּת
acolyte n 1 מְלַוֶּה. 2 עוֹזֵר לְכֹמֶר. 3 עוֹזֵר, שַׁמָּשׁ, חָנִיךְ, טִירוֹן
acorn n בַּלּוּט, אִצְטְרֻבָּל
acoustic adj אֲקוּסְטִי
acoustics n אֲקוּסְטִיקָה
acquaint vt וִדֵּעַ, הִכִּיר, הִתְוַדַּע
acquaintance n 1 הֶכֵּרוּת, בְּקִיאוּת, יְדִיעָה. 2 מַכָּר, מוֹדָע
acquainted adj מַכִּיר, בָּקִי, יוֹדֵעַ
acquiesce vi הִסְכִּים, הוֹדָה בִּשְׁתִיקָה
acquiescence n הַסְכָּמָה, הוֹדָאָה בִּשְׁתִיקָה
acquire vt 1 רָכַשׁ, קָנָה. 2 הִשִּׂיג
acquired adj 1 נִקְנֶה, קָנוּי. 2 נִרְכָּשׁ
acquired character תְּכוּנָה נִקְנֵית
acquisition n 1 רְכִישָׁה, קְנִיָּה. 2 רְכוּשׁ, קִנְיָן, נַחֲלָה
acquisitive adj 1 שֶׁל רְכִישָׁה, שֶׁל קִנְיָן. 2 מִשְׁתּוֹקֵק. 3 צַבְּיר
acquit vt 1 זִכָּה, שִׁחְרֵר. 2 סִלֵּק חוֹב. 3 יִשֵּׁב סִכְסוּךְ. 4 הִתְנַהֵג
acquittal n 1 זִכּוּי, שִׁחְרוּר. 2 טִהוּר, נִקּוּי. 3 פְּרִיעַת חוֹב
acquittance n 1 זִכּוּי, שִׁחְרוּר. 2 פְּרִיעַת חוֹב
acre n אַקֶר (מִדַּת שֶׁטַח)
acreage n 1 מִדַּת הָאַקְרִים. 2 כִּבְרַת אֶרֶץ
acrid adj 1 חָרִיף, צוֹרֵב. 2 מַרְגִּיז
acridity n חֲרִיפוּת, צְרִיבוּת, מְרִירוּת
acrimonious adj חָרִיף, צוֹרֵב, עוֹקֵץ, צוֹרְבָנִי
acrimoniousness, acrimony n 1 חֲרִיפוּת, צְרִיבוּת. 2 שְׁנִינוּת, חַדּוּת
acrobat n 1 לוּלְיָן, אַקְרוֹבָּט. 2 לַהֲטוּטָן
acrobatics n 1 לוּלְיָנוּת, אַקְרוֹבָּטִיקָה. 2 לַהֲטוּטָנוּת
acronym n נוֹטָרִיקוֹן, רָאשֵׁי תֵּבוֹת
acrophobia n בַּעַת גְּבָהִים
acropolis n 1 אַקְרוֹפּוֹלִיס. 2 מְצוּדָה, אַקְרָה
across prep, adv 1 מֵעֵבֶר, מִמּוּל, לָרֹחַב. 2 דֶּרֶךְ בְּמַצְלִיב

acrostic n, adj אַקְרוֹסְטִיכוֹן
act vti, n 1 פָּעַל, עָשָׂה, בִּצַּע. 2 שִׁמֵּשׁ, מִלֵּא תַּפְקִיד. 3 הִשְׁפִּיעַ. 4 שִׂחֵק, הֶעֱמִיד פָּנִים, הִתְנַהֵג. 5 מַעֲשֶׂה, פְּעֻלָּה, עֲשִׂיָּה. 6 חֹק, הוֹרָאָה. 7 מַעֲרָכָה, מֵצָג
act of God n אֶצְבַּע אֱלֹהִים, יַד ה', אָסוֹן טֶבַע
act for vt פָּעַל בְּשֵׁם, יִצֵּג
act upon vt 1 הִשְׁפִּיעַ. 2 פָּעַל בְּהֶתְאֵם לְ־
acting adj 1 זְמַנִּי, בְּפֹעַל. 2 מְמַלֵּא מָקוֹם
action vt, n 1 יִשֵּׂם. 2 פְּעֻלָּה, מַעֲשֶׂה, מַעֲלָל. 3 תְּנוּעָה
actionable adj בַּר־תְּבִיעָה
activate vt 1 זֵרֵז, גֵּרָה. 2 הִפְעִיל, תִּפְעֵל, שִׁפְעֵל, עוֹרֵר. 3 אִוְרֵר. 4 עָשָׂה רַדְיוֹאַקְטִיבִי
activation n 1 הַפְעָלָה, שִׁפְעוּל. 2 תְּמִיכָה, עִדּוּד
active adj 1 פָּעִיל, פְּעַלְתָּנִי. 2 זָרִיז, עֵר. 3 תּוֹסֵס, חָרוּץ, אַקְטִיבִי
actively adv בְּמֶרֶץ, בִּזְרִיזוּת, בִּפְעִילוּת
activist n פָּעִיל, פְּעַלְתָּן, אַקְטִיבִיסְט
activity n 1 פְּעִילוּת, פְּעֻלָּה, פְּעַלְתָּנוּת. 2 מֶרֶץ, זְרִיזוּת, חָרִיצוּת
actor n 1 שַׂחְקָן. 2 פּוֹעֵל, מְבַצֵּעַ. 3 תּוֹבֵעַ, טוֹעֵן, עוֹתֵר
actress n שַׂחְקָנִית
actual adj 1 נוֹכְחִי, עַכְשָׁוִי. 2 מַמָּשִׁי, קַיָּם, אֲמִתִּי, נָכוֹן. 3 אַקְטוּאָלִי
actuality n 1 נוֹכְחוּת, עַכְשָׁוִיּוּת, אַקְטוּאָלִיּוּת. 2 הֹוֶה
actualization n עִכְשׁוּו
actually adv לְמַעֲשֶׂה, בְּעֶצֶם, אֶל־נָכוֹן
actuary n 1 אַקְטוּאָר, מַעֲרִיךְ. 2 לַבְלָר, רַשָּׁם
actuate vt הִפְעִיל, הֵנִיעַ, תִּפְעֵל, שִׁפְעֵל
acuity n חַדּוּת, חֲרִיפוּת
acumen n 1 שְׁנִינוּת, פִּקְחוּת. 2 תְּבוּנָה, שֵׂכֶל, מָעוֹף
acupuncture n אַקּוּפּוּנְקְטוּרָה
acute adj 1 חַד, מְחֻדָּד. 2 נוֹקֵב, צוֹרֵב, חָרִיף. 3 שָׁנוּן, עוֹקְצָנִי. 4 צַרְחָנִי
acutely adv בַּחֲרִיפוּת
acuteness n 1 חַדּוּת, שְׁנִינוּת, חֲרִיפוּת. 2 עַזּוּת, חֻמְרָה
adage n פִּתְגָּם, מֵימְרָה, מָשָׁל
adagio adv, adj 1 לְאַט. 2 אִטִּי (מִפְעָם)
adamant n, adj 1 קָשֶׁה, עַקְשָׁן. 2 קְשֵׁה־עֹרֶף, קְשֵׁה־לֵב. 3 שָׁמִיר, קַשְׁיוּת
Adam's apple פִּקַּת הַגַּרְגֶּרֶת
adapt vti 1 הִתְאִים, סִגֵּל, תֵּאֵם. 2 עִבֵּד, עָרַךְ. 3 הִתְקִין, הִכְשִׁיר, שִׁכְלֵל. 4 הִסְתַּגֵּל, הִתְרַגֵּל
adaptable adj 1 סָגִיל, סְתַגְלָנִי, מַתְאִים. 2 נִתָּן לְעִבּוּד
adaptation n 1 סִגּוּל, הַתְאָמָה, הִסְתַּגְּלוּת. 2 עִבּוּד
adapter n 1 מְתָאֵם, מְסַגֵּל. 2 מְעַבֵּד. 3 מַעֲבִיר (חשמל)
add vti 1 חִבֵּר, סִכֵּם. 2 צֵרֵף, הוֹסִיף, הִגְדִּיל. 3 הִתְחַבֵּר
add in הִכְלִיל, כָּלַל, הֵכִיל
adder n פֶּתֶן, אֶפְעֶה
addict n מִתְמַכֵּר, שָׁטוּף
addicted adj מָכוּר, מָסוּר
addiction הִתְמַכְּרוּת, שְׁטִיפוּת
addictive adj מְמַכֵּר
addition n 1 חִבּוּר, סִכּוּם. 2 הַגְדָּלָה, תּוֹסֶפֶת. 3 נִסְפָּח, מוּסָף
additional adj 1 נוֹסָף, מַשְׁלִים. 2 נִסְפָּח
addle vt, adj 1 עִכֵּר, הִרְקִיב, נִרְקַב. 2 בִּלְבֵּל. 3 מְבֻלְבָּל. 4 רָקוּב, סָרוּחַ, נָבוּב
addle-headed adj 1 טִפֵּשׁ, שׁוֹטֶה. 2 מְבֻלְבָּל
address vt, n 1 מִעֵן. 2 כְּתֹבֶת, כָּתַב

שִׁגֵּר. 3 הִתְמַסֵּר. 4 הִשְׁמִיעַ, פָּנָה, בֵּרֵךְ. 5 מַעַן, כְּתֹבֶת. 6 נְאוּם, פְּנִיָּה, הַרְצָאָה. 7 נִימוּס, הִתְנַהֲגוּת. 8 חִזּוּר. 9 כִּשְׁרוֹן

addressee n נִמְעָן, מוּעָן

adduce vt הוֹכִיחַ, צִטֵּט, טָעַן, הִקְשָׁה

adenoids npl פּוֹלִיפִּים

adept adj, n 1 מֻמְחֶה, בָּקִי, מְנֻסֶּה. 2 חָסִיד, תּוֹמֵךְ

adequacy n הֲלִימוּת, סִפּוּק, הַתְאָמָה

adequate adj 1 הוֹלֵם, מַתְאִים. 2 מַסְפִּיק

adequately adv לְמַדַּי, בְּמִדָּה מַסְפֶּקֶת

adhere vi 1 דָּבַק, נִצְמַד, נִקְשַׁר. 2 הִצְטָרֵף, הִשְׁתַּיֵּךְ. 3 הִתְמַסֵּר

adherence n 1 דְּבֵקוּת. 2 הִדָּבְקוּת, הִתְחַבְּרוּת, הִצְטָרְפוּת

adherent adj, n 1 דָּבִיק, מְחֻבָּר. 2 קָשׁוּר, דָּבוּק, צָמוּד. 3 חָסִיד, תּוֹמֵךְ, נֶאֱמָן

adhesion n 1 אֲדִיקוּת, דְּבֵקוּת. 2 קְשִׁירָה, הַצְמָדָה. 3 שַׁיָּכוּת, חֲסִידוּת. 4 הִשְׁתַּיְּכוּת

adhesive adj, n 1 דָּבִיק, צָמִיג. 2 נִצְמָד, מִדַּבֵּק. 3 דֶּבֶק

adhesive label מַדְבֵּקָה

ad hoc (L) adj, adv אַד הוֹק, לְשֵׁם זֶה

adieu inter, n (בירכת) שָׁלוֹם

ad infinitum (L) adv לָנֶצַח, לָעַד, לְעוֹלָמִים, עַד אֵין סוֹף

adipose adj שַׁמְנִי, חֶלְבִּי, שָׁמֵן

adiposity n חֶלְבִּיּוּת, שֹׁמֶן, שַׁמְנוּת

adjacent adj 1 סָמוּךְ, קָרוֹב, שָׁכֵן. 2 גּוֹבֵל

adjective n 1 שֵׁם תֹּאַר. 2 תֹּאַר

adjoin vti 1 גָּבַל, צֵרֵף, חִבֵּר, סִפַּח. 2 גָּבַל. 3 הִצְטָרֵף, הִתְחַבֵּר

adjoining adj סָמוּךְ, גּוֹבֵל, קָרוֹב

adjourn vti 1 דָּחָה, נָעַל, סָגַר. 2 הִפְסִיק

adjournment n 1 דְּחִיָּה, הַפְסָקָה. 2 נְעִילָה, סְגִירָה

adjudge vt 1 פָּסַק, חִיֵּב בְּדִין, חָרַץ מִשְׁפָּט. 2 הֶעֱנִיק

adjudgement n הַרְשָׁעָה, פְּסַק דִּין

adjudicate vt 1 שָׁפַט, פָּסַק. 2 הִכְרִיעַ, הוֹרָה

adjudication n קְבִיעָה, חֲרִיצַת דִּין

adjudicator n 1 פּוֹסֵק, גּוֹרֵר. 2 חוֹרֵץ מִשְׁפָּט

adjunct adj, n 1 עוֹזֵר, מְשַׁמֵּשׁ. 2 מְצֹרָף, טָפֵל, נִלְוֶה. 3 נִסְפָּח, תּוֹצָאָה. 4 לְוַאי

adjuration n הַשְׁבָּעָה, הַעְתָּרָה, הַפְצָרָה

adjure vt הִשְׁבִּיעַ, הֶעְתִּיר, הִפְצִיר, הִתְחַנֵּן

adjust vti 1 הִתְאִים, סִגֵּל. 2 הִתְקִין, יִשֵּׁב. 3 קָבַע, בִּצֵּעַ, הִסְדִּיר. 4 הִסְתַּגֵּל

adjustable adj סָגִיל, מִתְכַּוְנֵן

adjustment n 1 הַתְאָמָה, סִגּוּל, כִּוְנוּן. 2 פִּצּוּי

adjutant n 1 שָׁלִישׁ. 2 עוֹזֵר

ad-lib vit, adv 1 אִלְתֵּר. 2 חָפְשִׁית

ad libitum adv חָפְשִׁית, לְפִי הָרָצוֹן

adman n פִּרְסוּמַאי

administer vti 1 נִהֵל, נָתַן, חִלֵּק, סִפֵּק. 2 נָתַן רְפוּאָה

administration n 1 מִנְהָלָה, הַנְהָלָה, מִנְהָל. 2 מִמְשָׁל, שִׁלְטוֹן. 3 מַנְגְּנוֹן. 4 אַפּוֹטְרוֹפְּסוּת. 5 אַדְמִינִיסְטְרַצְיָה

administrative adj 1 אַדְמִינִיסְטְרָטִיבִי, אֲמַרְכָּלִי. 2 נָהֳלִי, מִנְהָלִי

administrator n מְנַהֵל, מִנְהָלָן, אֲמַרְכָּל

admirable adj נִפְלָא, נֶהְדָּר, מְצֻיָּן

admirably adv לְהַפְלִיא, מְצֻיָּן

admiral n 1 אַדְמִירָל. 2 מְפַקֵּד הַצִּי

admiralty n אַדְמִירָלִיּוּת

admiration n הַעֲרָצָה, הִתְפַּעֲלוּת, הוֹקָרָה

admire vt הֶעֱרִיץ, הוֹקִיר, הִתְפַּעֵל
admirer n 1 מַעֲרִיץ, מוֹקִיר, אוֹהֵב. 2 חָסִיד, אוֹהֵד
admiringly adv בְּהַעֲרָצָה, בְּהִתְפַּעֲלוּת
admissible adj 1 קָבִיל, מֻתָּר. 2 מִתְקַבֵּל עַל הַדַּעַת
admission n 1 הַכְנָסָה. 2 כְּנִיסָה. 3 דְּמֵי כְּנִיסָה. 4 הוֹדָאָה
admit vti 1 הִכְנִיס. 2 הִרְשָׁה. 3 אִשֵּׁר, הוֹדָה, הִכִּיר, הִסְכִּים
admittance n 1 כְּנִיסָה, הַכְנָסָה. 2 זְכוּת כְּנִיסָה
admittedly adv לְכָל הַדֵּעוֹת
admix vti עִרְבֵּב, מָזַג, בָּלַל, מָהַל
admonish vt 1 יִסֵּר, נָזַף, הִזְהִיר. 2 יָעַץ, הִזְכִּיר. 3 הִפְצִיר
admonition n תּוֹכָחָה, נְזִיפָה, הַתְרָאָה, אַזְהָרָה
admonitory adj מַתְרֶה, מוֹכִיחַ, מְיַסֵּר, נַזְפָנִי, נוֹזְפָנִי
ad nauseam (L) adv עַד לַהֲקָאָה, עַד לְזָרָא
ado n רַעַשׁ, מְהוּמָה, טֹרַח
adolescence n 1 נְעוּרִים, בַּחֲרוּת. 2 גִּיל בַּגְרוּת
adolescent n, adj 1 עֶלֶם, נַעַר. 2 נַעֲרִי, בַּחֲרוּתִי. 3 מִתְבַּגֵּר
adopt vt 1 אִמֵּץ, סִגֵּל, בָּחַר. 2 הִסְכִּים, קִבֵּל
adoption n 1 אִמּוּץ. 2 סִגּוּל, בְּחִירָה
adoptive adj 1 מְאַמֵּץ. 2 מְאֻמָּץ
adorable adj 1 נַעֲרָץ, נֶחְמָד. 2 מְקֻדָּשׁ
adoration n 1 הַעֲרָצָה, הוֹקָרָה. 2 פֻּלְחָן, עֲבוֹדַת אֱלֹהִים
adore vt 1 הֶעֱרִיץ, הוֹקִיר, כִּבֵּד. 2 עָבַד לֵאלֹהִים
adorer n מַעֲרִיץ, מוֹקִיר
adoringly adv בְּהַעֲרָצָה, בְּהוֹקָרָה
adrenalin n אַדְרֶנָלִין
adrift adv, adj 1 צָף, נִטְרָד, נִדְחָף. 2 נִשָּׂא בָּרוּחַ, נִסְחָף בַּזֶּרֶם

adroit adj זָרִיז, חָרוּץ, מָהִיר
adulation n חֲנֻפָּה, הִתְרַפְּסוּת
adult n בּוֹגֵר, מְבֻגָּר
adulterate vt פִּגֵּל, זִיֵּף, הִשְׁחִית, מָהַל
adulteration n 1 פִּגּוּל, זִיּוּף, הַשְׁחָתָה. 2 מְהִילָה
adulterer n נוֹאֵף
adulteress n נוֹאֶפֶת
adulterous adj 1 נוֹאֵף. 2 שֶׁלֹּא כַּחֹק
adultery n נִאוּף, נַאֲפוּף
adulthood adv בַּגְרוּת
adumbrate vt 1 שִׂרְטֵט, רָשַׁם, תֵּאֵר. 2 רָמַז
advance vti, adj, n 1 קִדֵּם, הִקְדִּים. 2 הֶעֱלָה, הִתְקַדֵּם. 3 עָלָה. 4 שֻׁלַּם מֵרֹאשׁ. 5 קִדְמִי, מֻקְדָּשׁ. 6 הִתְקַדְּמוּת, דּוּם. 7 שִׁפּוּר, הִשְׁתַּפְּרוּת. 8 עֲלִיָּה בְּדַרְגָּה
advance payment מִקְדָּמָה
advanced adj מִתְקַדֵּם, רִאשׁוֹן
advancement n 1 הִתְקַדְּמוּת, קִדּוּם. 2 הַעֲלָאָה
advantage n 1 יִתְרוֹן, מַעֲלָה, תּוֹעֶלֶת. 2 עֶלְיוֹנוּת. 3 רֶוַח
advantageous adj מוֹעִיל, יִתְרוֹנִי
advantageously adv בְּאֹפֶן מוֹעִיל, בְּיִתְרוֹן, בְּרֶוַח
advent n 1 בִּיאָה, בּוֹא. 2 הִתְגַּלּוּת
adventitious adj 1 מִקְרִי, אֲרָעִי. 2 חִיצוֹנִי
adventure vi, n 1 הֵעֵז, הִסְתַּכֵּן, הֶעְפִּיל. 2 הַרְפַּתְקָה, סִכּוּן, הֶעָזָה
adventurer n הַרְפַּתְקָן, שְׁאַפְתָּן, מַעְפִּיל
adventuresome adj הַרְפַּתְקָנִי, נוֹעָז, אַמִּיץ
adventuress n הַרְפַּתְקָנִית, אַמִּיצָה
adventurous adj הַרְפַּתְקָנִי, מִסְתַּכֵּן
adverb n תֹּאַר הַפֹּעַל
adverbial adj שֶׁל תֹּאַר הַפֹּעַל
adverbially adv כְּתֹאַר הַפֹּעַל
adversary n 1 יָרִיב, שׂוֹנֵא. 2 מִתְנַגֵּד,

בַּר־פְּלֻגְתָּא

adverse adj 1 נֶגְדִּי, נוֹגֵד. 2 שְׁלִילִי, שׁוֹלֵל

adversely adv לְרָעָה, בִּשְׁלִילָה

adversity n 1 מְצוּקָה, מַחְסוֹר, דֹּחַק. 2 אָסוֹן, רָעָה, הִתְרוֹשְׁשׁוּת

advert vi, n 1 הֵעִיר, צִיֵּן, אִזְכֵּר. 2 הוֹדִיעַ. 3 מוֹדָעָה

advertise vti 1 פִּרְסֵם, הִכְרִיז. 2 הוֹדִיעַ

advertisement n מוֹדָעָה, כְּרָזָה, פִּרְסוּם

advertiser n 1 מְפַרְסֵם, מוֹדִיעַ. 2 פִּרְסוּמַאי

advertising n פִּרְסֹמֶת, פִּרְסוּם

advice n 1 עֵצָה. 2 יְדִיעָה, הוֹדָעָה. 3 חַוַּת דַּעַת

advisability n כְּדָאִיּוּת, רְצִיּוּת

advisable adj כְּדַאי, רָצוּי, יָאֶה, מֻמְלָץ

advise vti 1 יָעַץ, הִמְלִיץ. 2 הִזְהִיר. 3 הוֹדִיעַ. 4 הִתְיָעֵץ

advisedly adv 1 בִּזְהִירוּת. 2 בְּשִׁקּוּל דַּעַת

adviser n יוֹעֵץ

advisory adj מְיָעֵץ

advocacy n 1 סָנֵגוֹרְיָה, הֲגַנָּה. 2 הַמְלָצָה

advocate vt, n 1 הֵגֵן, סִנְגֵּר, פִּרְקְלֵט. 2 תָּמַךְ. 3 דּוֹגֵל בְּ־. 4 פְּרַקְלִיט, סָנֵגוֹר, עוֹרֵךְ־דִּין. 5 תּוֹמֵךְ, דּוֹגֵל

adze n קַרְדֹּם

aegis n חָסוּת, מָגֵן, מַחֲסֶה

aeon n נֵצַח, עִדָּן, תְּקוּפָה

aerial adj, n 1 אֲוִירִי, אַוְרִירִי. 2 דִּמְיוֹנִי. 3 גַּזִּי. 4 מְשׁוּשָׁה, אַנְטֶנָּה

aerodrome n שְׂדֵה תְּעוּפָה

aerodynamics n אֲוִירוֹדִינָמִיקָה

aerogram n אִגֶּרֶת אֲוִיר

aeronautics n תּוֹרַת הַתְּעוּפָה, אֲוִירוֹנוֹטִיקָה

aeroplane n מָטוֹס, אֲוִירוֹן

aerospace n אַטְמוֹסְפֵירָה

aery adj גָּבוֹהַּ, נַעֲלֶה, אִי־מְצִיאוּתִי

aesthetic adj אֶסְתֶּטִי, נָאֶה

aesthetics n אֶסְתֶּטִיקָה, תּוֹרַת הַיֹּפִי

aesthetically adv בְּאֹפֶן נָאֶה, בְּצוּרָה אֶסְתֶּטִית

aether n אֶתֶר

afar adv מֵרָחוֹק, לְמֵרָחוֹק

affability n 1 חֲבִיבוּת, נְעִימוּת, אֲדִיבוּת. 2 נִימוּס

affable adj אָדִיב, מְנֻמָּס, נְעִים הֲלִיכוֹת

affably adv בַּאֲדִיבוּת, בַּחֲבִיבוּת, בְּסֵבֶר פָּנִים יָפוֹת

affair n 1 עִנְיָן, פָּרָשָׁה. 2 עֵסֶק. 3 מְאֹרָע

affect vt, n 1 הִשְׁפִּיעַ, פָּעַל. 2 פָּגַע. 3 חָמַד. 4 תָּקַף. 5 הֶעֱמִיד פָּנִים. 6 הִפָּעֲלוּת, רֶגֶשׁ, הַרְגָּשָׁה

affectation n הִתְגַּנְדְּרוּת, הַעֲמָדַת פָּנִים

affected adj 1 מְעֻשֶּׂה, מְלָאכוּתִי. 2 נָגוּעַ. 3 מֻשְׁפָּע

affectedly adv מְלָאכוּתִית, בִּצְבִיעוּת, בְּאֹפֶן מְעֻשֶּׂה

affecting adj נוֹגֵעַ לַלֵּב, פַּתֶטִי, מְעוֹרֵר רְגָשׁוֹת

affection n 1 חִבָּה, אַהֲבָה, רֶגֶשׁ. 2 נְטִיָּה, תְּכוּנָה. 3 הִפָּעֲלוּת. 4 מַחֲלָה, נֶגַע, מֵחוֹשׁ

affectionate adj מְחַבֵּב, רוֹחֵשׁ חִבָּה

affectionately adv בְּחִבָּה, בְּאַהֲבָה

affidavit n תַּצְהִיר, הַצְהָרָה בִּשְׁבוּעָה

affiliate vti, n 1 חִבֵּר, סִנֵּף. 2 אִמֵּץ. 3 קָבַע אַבְהוּת. 4 שִׁלֵּב. 5 הִתְחַבֵּר, הִצְטָרֵף. 6 חָבֵר

affiliation n 1 הִתְחַבְּרוּת, הִצְטָרְפוּת, הִסְתַּפְּחוּת. 2 קְבִיעַת אַבְהוּת. 3 חֲבֵרוּת

affinity n 1 קִרְבָה, זִקָּה, מְשִׁיכָה. 2 אַהֲדָה, חִבָּה. 3 כְּמֵהוּת

affirm vt 1 אִשֵּׁר, קִיֵּם. 2 טָעַן, הִצְהִיר. 3 צִיֵּן

affirmation n 1 אִשּׁוּר, חִיּוּב. 2 הַצְהָרָה, טַעֲנָה, הוֹדָעָה. 3 הִנְהוּן

affirmative adj, n 1 מְאַשֵּׁר, חִיּוּבִי.

2 חִיּוּב

affirmatively adv חִיּוּבִית, בְּחִיּוּב

affix vt, n 1 קָבַע. 2 צֵרֵף, הוֹסִיף. 3 הִדְבִּיק. 4 נִסְפָּח, תּוֹסֶפֶת. 5 טְפוּלָה, מוּסָפִית

afflict vt 1 יִסֵּר, עִנָּה, צִעֵר. 2 הֵצִיק, הִכְאִיב

affliction n 1 יִסּוּרִים, עִנּוּי, צָרָה. 2 עֹנִי, מַכְאוֹב, אָסוֹן, יָגוֹן. 3 אֵבֶל

affluence n 1 שֶׁפַע, עֹשֶׁר. 2 גֹּדֶשׁ. 3 זְרִימָה, נְהִירָה

affluent adj, n 1 שׁוֹפֵעַ, עָשִׁיר, זוֹרֵם. 2 יוּבַל, פֶּלֶג

afford vt 1 נָתַן, הֶעֱנִיק, סִפֵּק. 2 הִרְשָׁה לְעַצְמוֹ. 3 הִצְרִיךְ

afforest vt יִעֵר

afforestation n יִעוּר

affray n מְהוּמָה, תִּגְרָה, קְטָטָה, הִתְכַּתְּשׁוּת

affront vt, n 1 הֶעֱלִיב, בִּיֵּשׁ, בִּזָּה. 2 עֶלְבּוֹן, הַכְלָמָה

afield adj, adv 1 בַּשָּׂדֶה, בַּחוּץ, הַרְחֵק. 2 תּוֹעֶה

afire adj, adv 1 בָּאֵשׁ. 2 מֻצָּת

aflame adv, adj 1 בְּלֶהָבוֹת. 2 זוֹהֵר, לוֹהֵט. 3 מְשֻׁלְהָב

afloat adv, adj צָף, מְרַחֵף

afoot adv, adj 1 בְּרֶגֶל, רַגְלִי. 2 בִּפְעֻלָּה, בַּהֲכָנָה. 3 בְּשִׁמּוּשׁ

aforesaid adj נֶאֱמָר לְעֵיל, הנ״ל

afraid adj מְפַחֵד, פּוֹחֵד, יָרֵא, חוֹשֵׁשׁ

afresh adv שׁוּב, מֵחָדָשׁ

African adj 1 אַפְרִיקָנִי. 2 כּוּשִׁי

Afrikaans n אַפְרִיקַנְס (שפה)

aft adv, adj בַּיַּרְכָתַיִם (ספינה)

after adv, prep, conj 1 אַחַר, אַחֲרֵי כֵן, לְאַחַר מִכֵּן. 2 בְּעִקְבוֹת, אַחֲרֵי. 3 אַחֲרֵי שֶׁ־

after all 1 אַחֲרֵי כִּכְלוֹת הַכֹּל. 2 סוֹף כָּל סוֹף

afterbirth n שִׁלְיָה

after-dinner adj שֶׁלְּאַחַר הַסְּעֻדָּה

aftereffect n 1 תְּגוּבַת לְוַאי. 2 תּוֹפָעַת לְוַאי

after-hours n, adv 1 שָׁעוֹת נוֹסָפוֹת. 2 לְאַחַר שְׁעוֹת הָעֲבוֹדָה

afterlife n הָעוֹלָם הַבָּא

aftermath n 1 תּוֹצָאָה, עוֹלֵלוֹת. 2 קָצִיר שֵׁנִי

aftermost adj אַחֲרוֹן, אֲחוֹרִי

afterthought n הִרְהוּר שֵׁנִי

afternoon n אַחַר הַצָּהֳרַיִם

aftertaste n טַעַם לְוַאי

afterwards adv אַחַר כָּךְ, לְאַחַר מִכֵּן

again adv שׁוּב, עוֹד פַּעַם, מֵחָדָשׁ

again and again שׁוּב וָשׁוּב

against prep 1 נֶגֶד, מוּל, לְעֻמַּת. 2 לִקְרַאת, כְּלַפֵּי

against the grain 1 בְּנִגּוּד לַהַרְגָּשָׁה. 2 נֶגֶד הָאֹפִי

against time בְּמֵרוֹץ נֶגֶד הַזְּמַן

agape adv, n פְּעוּר פֶּה

agate n 1 בָּרֶקֶת, אֲכָטִיס. 2 שֵׁם שֶׁל אוֹת דְּפוּס. 3 גֻּלָּה

age vit, n 1 הִזְדַּקֵּן, הִזְקִין. 2 גִּיל. 3 עֵת, תְּקוּפָה, עִדָּן. 4 זִקְנָה

age-bracket n קְבוּצַת גִּיל

aged adj קָשִׁישׁ, זָקֵן, בָּא בַּיָּמִים

ageless adj נִצְחִי, שֶׁאֵינוֹ מִזְדַּקֵּן

agelong adj נִצְחִי

agency n 1 סוֹכְנוּת, נְצִיגוּת. 2 פְּעֻלָּה, שְׁלִיחוּת, בִּצּוּעַ. 3 אֶמְצָעִי

agenda n סֵדֶר הַיּוֹם

agent n 1 סוֹכֵן, נָצִיג. 2 גּוֹרֵם. 3 מֵנִיעַ, מַפְעִיל, מַמְרִיץ

age-old adj עַתִּיק, יָשָׁן

agglomerate vti, adj, n 1 הִצְטַבֵּר, נֶעֱרַם. 2 צָבַר, עָרַם. 3 מְגֻבָּב, צָבוּר. 4 מִצְבָּר, כַּדּוּר, גּוּשׁ

agglomeration n 1 צְבִירָה, צוֹבֵר, עֲרֵמָה, גִּבּוּב. 2 הִצְטַבְּרוּת, הֵעָרְמוּת

agglutinate vt 1 אִחֵד, צִמֵּת, חִבֵּר. 2 הִדְבִּיק. 3 הִתְאַחֵד, הִצְטַמֵּד

aggrandize vt 1 גִּדֵּל, הִרְחִיב, הִגְדִּיל. 2 חִזֵּק. 3 הֶעֱשִׁיר. 4 הֶעֱלָה, הֶאְדִּיר

aggrandizement n הַרְחָבָה, הַעֲלָאָה, הַאְדָּרָה

aggravate vt 1 הֶחְמִיר, הֵרַע. 2 הִכְבִּיד, הִגְבִּיר, הִגְזִים. 3 הִרְגִּיז, הִכְעִיס

aggravation n 1 הַחְמָרָה, הֲרָעָה. 2 הַכְבָּדָה, הַגְבָּרָה. 3 הַרְגָּזָה, הַכְעָסָה

aggregate vti, n 1 צֵרַף, הוֹסִיף, סִפַּח, חִבֵּר. 2 כִּנֵּס, קִבֵּץ. 3 הִתְאַסֵּף, הִצְטָרֵף, הִצְטַבֵּר. 4 סָךְ, סַךְ הַכֹּל. 5 גּוּשׁ. 6 אֹסֶף, אִגּוּר, מִצְרָף. 7 מְלֻכָּד. 8 מְצֹרָף, מְחֻבָּר, מְקֻבָּץ

aggression n 1 תּוֹקְפָנוּת, הִתְגָּרוּת. 2 הִתְנַפְּלוּת, הַתְקָפָה, פְּגִיעָה

aggressive adj 1 תּוֹקְפָנִי, תּוֹקְפָן, תַּקִּיף. 2 מִתְגָּרֶה. 3 אַגְרֶסִּיבִי

aggressively adv 1 בְּתוֹקְפָנוּת. 2 נִמְרָצוֹת

aggressiveness n תּוֹקְפָנוּת, אַגְרֶסִּיבִיּוּת

aggressor n 1 תּוֹקְפָן, פּוֹלֵשׁ. 2 מִתְגָּרֶה

aggrieve vt עִנָּה, דִּכָּא, הֵצִיק, עָשַׁק

aghast adj נִבְעָת, מֻכֵּה תִּמָּהוֹן

agile adj 1 זָרִיז. 2 מָהִיר, חָרוּץ, עֵרָנִי

agilely adv בִּזְרִיזוּת

agility n 1 זְרִיזוּת. 2 חֲרִיצוּת, עֵרָנוּת

aging adj, n 1 מִזְדַּקֵּן. 2 הִזְדַּקְּנוּת

agitate vti 1 נִעֵר, הֵנִיעַ, נִעְנַע, טִלְטֵל. 2 עוֹרֵר, הֵסִית, הִלְהִיב, קוֹמֵם. 3 סִכְסֵךְ, הִתְסִיס

agitation n 1 נִעוּר, תְּסִיסָה, הֲנָעָה. 2 הִתְעוֹרְרוּת, הִתְלַהֲבוּת. 3 סִכְסוּךְ, הֲסָתָה

agitator n 1 מֵסִית, סַכְסְכָן, תַּעַמְלָן. 2 מַבְחֵשׁ, מַכְלֵל

aglow adj זוֹהֵר, בּוֹעֵר, לוֹהֵט

agnostic n, adj אַגְנוֹסְטִי

agnosticism n אַגְנוֹסְטִיּוּת

ago adv לְפָנִים, בֶּעָבָר, לִפְנֵי

agog adj בְּצִפִּיָּה, בְּהִשְׁתּוֹקְקוּת

agonize vit 1 יִסֵּר, עִנָּה. 2 הִתְעַנָּה, הִתְיַסֵּר. 3 נֶאֱבַק, הִתְאַמֵּץ

agony n 1 יִסּוּרִים, סֵבֶל, יָגוֹן. 2 גְּסִיסָה, גְּוִיעָה

agora n 1 שׁוּק, כִּכָּר. 2 אֲגוֹרָה

agoraphobia n בַּעַת חוּצוֹת

agrarian adj, n 1 חַקְלָאִי, כַּפְרִי, אַגְרָרִי. 2 קַרְקָעִי. 3 חַקְלַאי, אִכָּר

agree vi 1 הִסְכִּים. 2 הִתְאִים, הָלַם

agreeability n 1 הַסְכָּמָה. 2 הַתְאָמָה. 3 נוֹחוּת, נְעִימוּת

agreeable adj 1 נָעִים, חָבִיב, נָאֶה, נֶחְמָד. 2 מַתְאִים, הוֹלֵם

agreeably adj בִּנְעִימוּת, בְּהַתְאָמָה

agreement n 1 הַסְכָּמָה, הַתְאָמָה. 2 הֶסְכֵּם, חוֹזֶה. 3 תּוֹאֲמוּת

agricultural adj חַקְלָאִי

agriculture n חַקְלָאוּת, אִכָּרוּת

agriculturist, agriculturalist n חַקְלַאי, אִכָּר, מֻמְחֶה בְּחַקְלָאוּת

aground adv 1 עַל שִׂרְטוֹן. 2 מֻשְׁתָּק

ague n 1 צְמַרְמֹרֶת, רֶטֶט. 2 קַדַּחַת הַבִּצָּה

ahead adv, adj קָדִימָה, הָלְאָה, בָּרֹאשׁ

aid vt, n 1 עָזַר, הֵקֵל, סִיֵּעַ, תָּמַךְ. 2 סִיּוּעַ, עֶזְרָה, תְּמִיכָה. 3 סַעַד, עֵזֶר. 4 עוֹזֵר, מְסַיֵּעַ. שָׁלִישׁ

aide de camp שָׁלִישׁ

ail vti, n 1 הִכְאִיב, הֵצִיק. 2 כָּאַב, חָלָה, סָבַל. 3 מֵחוּשׁ, כְּאֵב, מַכְאוֹב

AIDS אֵידְס (מחלה)

ailing adj חוֹלֶה

ailment n מַחֲלָה, מֵחוּשׁ, מַכְאוֹב

aim vti, n 1 כִּוֵּן, כּוֹנֵן. 2 הִתְכַּוֵּן, שָׁאַף.

3 הִשְׁתַּדֵּל. 4 מַטָּרָה, תַּכְלִית, מִכְוָן. 5 שְׁאִיפָה

ain't - am not, are not, have not, has not אֵינִי, אֵינְךָ...

air vt, n 1 אִוְרֵר, הִבְלִיט. 2 חִיצוֹנִיּוּת. 3 מַרְאֶה. 4 פִּרְסוּם. 5 אֲוִיר. 6 הַבָּעָה. 7 נְעִימָה, מַנְגִּינָה

air-conditioning n מִזּוּג אֲוִיר

air-conditioned adj מְמֻזָּג

air force n חֵיל אֲוִיר

air gun n רוֹבֵה־אֲוִיר

air hostess n דַּיֶּלֶת

air pollution זִהוּם אֲוִיר

air raid n הַתְקָפָה־אֲוִירִית

aircraft n מָטוֹס, אֲוִירוֹן

aircraft carrier n נוֹשֵׂאת מְטוֹסִים

airfield n שְׂדֵה תְּעוּפָה

airing n 1 אִוְרוּר, רִווּחַ. 2 יִבּוּשׁ

air letter n אִגֶּרֶת אֲוִיר

airlift n 1 רַכֶּבֶת אֲוִירִית. 2 מִטְעָן אֲוִירִי

airline n 1 קַו תְּעוּפָה. 2 קַו אֲוִירִי. 3 נְתִיב אֲוִיר, חֶבְרַת תְּעוּפָה. 4 קַו יָשָׁר

airmail n דֹּאַר אֲוִיר

airman n 1 טַיָּס. 2 אֲוִירַאי

airplane n מָטוֹס, אֲוִירוֹן

airport n נְמַל תְּעוּפָה

airship n 1 סְפִינַת אֲוִיר. 2 כְּלִי טַיִס

airstrip n מַסְלוּל הַמְרָאָה

airtight adj אָטוּם, מְהֻדָּק, לֹא חָדִיר

airway n 1 נָתִיב אֲוִירִי. 2 פֶּתַח לָאֲוִיר. 3 תְּדִירוּת

airworthy adj כָּשֵׁר לְטִיסָה

airy adj 1 אֲוִירִי, אַוְרִירִי. 2 מְרֻוָּח. 3 רָם, גָּבוֹהַּ. 4 עַלִּיז. 5 דַּקִּיק, שִׁטְחִי. 6 לֹא מַמָּשִׁי. 7 מִתְגַּנְדֵּר

aisle n מַעֲבָר

ajar adj פָּתוּחַ בְּמִקְצָת

akimbo adv, adj הַיָּדַיִם עַל הַמָּתְנַיִם

akin adj 1 קָרוֹב מִשְׁפָּחָה, שְׁאֵר בָּשָׂר. 2 דּוֹמֶה

alabaster n בַּהַט

alacrity n זְרִיזוּת, לְהִיטוּת, נְכוֹנוּת, עֵרָנוּת

alarm vti, n 1 הִזְעִיק, הִבְהִיל. 2 הִדְאִיג. 3 הֶחֱרִיד, הִפְחִיד. 4 אַזְעָקָה, קְרִיאָה. 5 פַּחַד, אֵימָה. 6 רַעַשׁ, הֲמֻלָּה. 7 מִזְנָק

alarm clock n שָׁעוֹן מְעוֹרֵר

alarming adj מַדְאִיג, מְבַשֵּׂר רַע

alarmist n תַּבְהֲלָן, זַעֲקָן, זוֹרֵעַ בֶּהָלָה

Alas! int אוֹי, אֲבוֹי

albatross n יַסְעוּר, אַלְבַּטְרוֹס

albeit conj אַף כִּי, לַמְרוֹת שֶׁ־

albinism n לַבְקָנוּת

albino n לַוְקָן, לַבְקָן, בַּהֲקָן

album n אַלְבּוּם

albumen n חֶלְבּוֹן

alchemist n אַלְכִּימַאי

alchemy n אַלְכִּימְיָה

alcohol n 1 כֹּהֶל, אַלְכֹּהֶל. 2 יֵין שָׂרָף

alcoholic adj, n 1 כֹּהֳלִי. 2 שִׁכּוֹר, שַׁתְיָן

alcoholism n 1 כַּהֶלֶת. 2 שִׁכְרוּת, שִׁכָּרוֹן

alcove n 1 קֻבָּה. 2 חֶדֶר, קִיטוֹן. 3 בֵּית קַיִץ

alderman n 1 חֲבֵר הָעִירִיָּה. 2 חֲבֵר הַמּוֹעָצָה

ale n שֵׁכָר, בִּירָה

alert vt, adj, n 1 הִזְהִיר, הִזְעִיק. 2 עַל הַמִּשְׁמָר. 3 עֵרָנִי, פָּעִיל, זָרִיז. 4 אַזְעָקָה

alertly adv בְּעֵרָנוּת, בִּזְרִיזוּת, בִּמְהִירוּת

alertness n 1 כּוֹנְנוּת, דְּרִיכוּת, עֵרָנוּת. 2 זְרִיזוּת

alga (pl. algae) n אַצָּה

algebra n אַלְגֶּבְּרָה

algebraic, algebraical adj אַלְגֶּבְּרָאִי, אַלְגֶּבְּרִי

alias n, adv 1 כִּנּוּי, מְכֻנֶּה. 2 אַחֶרֶת

alibi n 1 אַלִּיבִּי. 2 תֵּרוּץ, אַמַתְלָה

alien n, adj 1 נָכְרִי, זָר. 2 חַיְזָר. 3 שׁוֹנֶה. 4 שֶׁל אַחֵר. 5 נוֹגֵד, מִתְנַגֵּד

alienate vt 1 הִרְחִיק, אִדֵּשׁ. 2 הִתְכַּחֵשׁ

alienation n 1 עִתּוּק. 2 הַעֲבָרַת בַּעֲלוּת. 3 הִתְכַּחֲשׁוּת, הִתְנַכְּרוּת. 4 נִכּוּר. 5 הִתְרַחֲקוּתם. 6 הַפְרָעָה נַפְשִׁית

alight vi, adj 1 נָחַת, יָרַד, צָנַח. 2 נָח. 3 נִתְקַל. 4 בּוֹעֵר, דּוֹלֵק, מֻצָּת. 5 מוּאָר

alight on vt נָחַת, יָרַד, צָנַח עַל

align vti 1 יִשֵּׁר, סִדֵּר בְּשׁוּרָה. 2 הֶעֱרִיךְ

alignment n 1 שׁוּרָה. 2 סִדּוּר בְּשׁוּרָה. 3 מַעֲרָךְ. 4 הַכְוָנָה. 5 מִתְאָר

alike adj, adv 1 דּוֹמֶה, שָׁוֶה, זֵהֶה. 2 כְּאֶחָד, בְּאוֹתוֹ אֹפֶן

alimentary adj 1 מֵזִין, מְזוֹנִי. 2 מְעַכֵּל

alimentary canal צִנּוֹר הַמָּזוֹן

alimony n 1 דְּמֵי מְזוֹנוֹת. 2 הֲזָנָה, סַעַד

alive adj 1 חַי, בַּחַיִּים. 2 עֵרָנִי, עֵר, זָרִיז, פָּעִיל. 3 הוֹמֶה, רוֹחֵשׁ

alkaloid n אַלְקָלוֹאִיד

all adj, adv, n 1 כָּל, הַכֹּל. 2 כָּלִיל, לְגַמְרֵי. 3 מֵרַב, כְּלָל. 4 מִכְלָל, מִכְלוֹל

all-American כָּל־אֲמֵרִיקָנִי

all and sundry לַכֹּל, הַכֹּל יַחַד

all in 1 הַכֹּל כָּלוּל. 2 עָיֵף מְאֹד

all of a sudden לְפֶתַע פִּתְאֹם

all-out adj כּוֹלֵל, כּוֹלְלָנִי, כְּלָלִי, טוֹטָלִי

all right בְּסֵדֶר, מַשְׂבִּיעַ רָצוֹן.

all round 1 מֻכְשָׁר, בָּקִי. 2 רַב־צְדָדִי

all the better מַה טוֹב

all the same בְּכָל זֹאת

allay vti הִשְׁקִיט, הִרְגִּיעַ, הֵקֵל, רִכֵּךְ, הֵנִיחַ

allegation n 1 טַעֲנָה, רְמִיזָה. 2 הוֹדָעָה

allege vti 1 טָעַן, אָמַר. 2 הוֹכִיחַ, קִטְרֵג. 3 צִטֵּט. 4 הִתְוַכֵּחַ

allegiance n אֱמוּנִים, אֵמוּן, נֶאֱמָנוּת

allegorize vt מִשֵּׁל

allegory n מָשָׁל, אַלֶּגוֹרְיָה

allegro adv עֵרָנִי (מִפְעָם)

allergy n 1 אַלֶּרְגְּיָה. 2 סוֹלְדָנוּת, מִאוּס

alleviate vt הֵקֵל, הֵפִיג, הִפְחִית, הִמְתִּיק, רִכֵּךְ

alley n סִמְטָה, מָבוֹא, מַעֲבָר, מִשְׁעוֹל

all fours n, adv 1 עַל אַרְבַּע, אַרְבַּע רַגְלַיִם. 2 יָדַיִם וְרַגְלַיִם

alliance n 1 בְּרִית, קֶשֶׁר. 2 אֲמָנָה. 3 הִתְחַתְּנוּת

allied adj 1 בַּעַל בְּרִית. 2 סָמוּךְ, קָשׁוּר

alligator n 1 תַּנִּין, אַלִּיגָטוֹר. 2 מִרְדֶּה

alligator pear אֲבוֹקָדוֹ (עֵץ, פְּרִי)

alliteration n אַלִּיטֶרַצְיָה

allocate vt 1 הִקְצִיב, הִקְצָה, הִפְרִישׁ. 2 אִתֵּר, קָבַע. 3 מִנָּה

allocation n 1 מִנּוּי. 2 הַקְצָבָה, הַקְצָאָה, הַפְרָשָׁה. 3 קִצְבָּה

allocution n נְאוּם, דְּרָשָׁה

allot vt חִלֵּק, הִקְצִיב, הִקְצָה

allotment n 1 הַקְצָאָה, הַקְצָבָה. 2 חֵלֶק. 3 מִגְרָשׁ, עֲרוּגָה

allow vt 1 הִרְשָׁה, הִתִּיר. 2 אִשֵּׁר, הוֹדָה. 3 הֶעֱנִיק, הִקְצִיב, הִקְצָה

allowable adj מֻתָּר, חֻקִּי

allowance n 1 קִצְבָּה. 2 הַקְצָבָה, קִצְבָּה. 3 הֲנָחָה, הַרְשָׁאָה, הוֹדָאָה. 4 אִשּׁוּר, הֶתֵּר. 5 סוֹבְלָנוּת, הִתְחַשְּׁבוּת

allow for הֵבִיא בְּחֶשְׁבּוֹן

alloy vt, n 1 עִרְבֵּב, עֵרַב, חִבֵּר. 2 נִתֵּךְ, מָהַל, סִגְסֵג. 3 מִתֵּן, פָּגַם, הִפְחִית. 4 סַגְסֹגֶת, נֶתֶךְ, מֶסֶךְ, תַּעֲרֹבֶת, סִיגִים

allude vi רָמַז, הִזְכִּיר, אִזְכֵּר

allure vt, n 1 פִּתָּה, הִקְסִים, מָשַׁךְ, הִשִּׁיא. 2 קֶסֶם, מִקְסָם. 3 מְשִׁיכָה

allurement n 1 פִּתּוּי, כִּשּׁוּף, קֶסֶם. 2 מְשִׁיכָה

alluring adj מְפַתֶּה, מוֹשֵׁךְ, מַקְסִים

allusion n 1 רְמִיזָה, רֶמֶז. 2 אִזְכּוּר, סִימָן
alluvial adj, n 1 סַחְפִּי, שִׂרְטוֹנִי. 2 אַדְמַת סַחַף
alluvion n סַחַף, שֶׁטֶף, שִׂרְטוֹן
ally vti, n 1 חִתֵּן. 2 הֵבִיא בִּבְרִית. 3 הִתְחַבֵּר, הִתְקַשֵּׁר. 4 בַּעַל בְּרִית. 5 מְסַיֵּעַ, עוֹזֵר, תּוֹמֵךְ. 6 שֻׁתָּף
almanac n לוּחַ שָׁנָה, אַלְמָנָךְ, שְׁנָתוֹן, סֵפֶר שָׁנָה
almighty adj 1 כֹּל יָכוֹל, שַׂגִּיא. 2 כַּבִּיר, גָּדוֹל, עָצוּם
almond n שָׁקֵד
almond tree שְׁקֵדִיָּה, לוּז, שָׁקֵד
almost adv כִּמְעַט
almoner n גַּבַּאי צְדָקָה
alms n נְדָבָה, צְדָקָה
almshouse n בֵּית־מַחֲסֶה
aloft adv בִּמְרוֹמִים, לְמַעְלָה
alone adj, adv 1 לְבַד, בּוֹדֵד, בָּדָד. 2 יְחִידִי
along prep, adv 1 לְאֹרֶךְ, דֶּרֶךְ. 2 קָדִימָה
aloof adv, adj 1 מֵרָחוֹק, מִחוּץ. 2 אָדִישׁ. 3 מִתְבַּדֵּל, מְסֻגָּר, מִתְרַחֵק. 4 בְּנִפְרָד
aloofness n 1 הִתְבַּדְּלוּת, הִתְרַחֲקוּת. 2 אֲדִישׁוּת
aloud adv בְּקוֹל
alpha n 1 אַלְפָא. 2 הַתְחָלָה
alphabet n 1 אָלֶפְבֵּית, אָלֶף־בֵּית. 2 יְסוֹדוֹת
alpine adj 1 הֲרָרִי. 2 רָם, גָּבוֹהַּ. 3 אַלְפִּינִי
Alps npl הָרֵי הָאַלְפִּים
already adv כְּבָר, מִכְּבָר
also adv גַּם, נוֹסָף עַל, כְּמוֹ כֵן
altar n מִזְבֵּחַ, בָּמָה
altarpiece n קִשּׁוּט מִזְבֵּחַ
alter vti 1 שִׁנָּה, הֶחֱלִיף. 2 הִתְאִים, הִתְקִין, סִגֵּל. 3 סֵרֵס, עִקֵּר. 4 הִשְׁתַּנָּה
alterable adj בַּר שִׁנּוּי
alteration n שִׁנּוּי, תִּקּוּן, חִלּוּף
altercation n הִתְנַצְּחוּת, קְטָטָה, פְּלֻגְתָּא
alternate vti, adj, n 1 דִּלֵּג. 2 פָּעַל לְסֵרוּגִין, פָּעַל חֲלִיפוֹת. 3 מִתְחַלֵּף, רוֹצֵף, חָלוּף. 4 תַּחֲלִיף, מְמַלֵּא מָקוֹם
alternating current זֶרֶם חִלּוּפִים
alternative adj, n 1 כִּבְרֵרָה, אַלְטֶרְנָטִיבִי. 2 בְּרֵרָה, חֲלוּפָה, תַּחֲלִיף
alternatively adv לַחֲלוּפִין, אַחֶרֶת, לְסֵרוּגִין
although conj אִם כִּי, אֲפִלּוּ, לַמְרוֹת שֶׁ־
altitude n 1 גֹּבַהּ, רוּם, מָרוֹם. 2 שִׂיא, פִּסְגָּה. 3 מְרוֹמִים
alto n אַלְט
altogether adv לְגַמְרֵי, כָּלִיל, בִּכְלָלוֹ
altruism n זוּלָתִיּוּת, אַהֲבַת הַזּוּלַת, אַלְטְרוּאִיזְם
altruist n זוּלָתָן, אַלְטְרוּאִיסְט
altruistic adj אַלְטְרוּאִיסְטִי
alumin(i)um n חַמְרָן, אֲלוּמִינְיוּם
alumnus n בּוֹגֵר, חָנִיךְ מְסַיֵּם
always adv 1 תָּמִיד, לְעוֹלָם, לְלֹא הֶפְסֵק. 2 בְּכָל פַּעַם, בְּכָל עֵת
amalgam n סַגְסֹגֶת, תִּצְרֹפֶת, תַּעֲרֹבֶת, מְזִיגָה
amalgamate vti 1 סִגְסֵג, מִזֵּג, עֵרֵב, חִבֵּר, מִלְגֵּם. 2 הִתְמַזֵּג, הִתְאַגֵּד, הִצְטָרֵף
amalgamation n 1 סִגְסוּג. 2 הִתְמַזְּגוּת, מִזּוּג. 3 הִתְלַכְּדוּת
amass vt עָרַם, צָבַר, אָצַר, אָגַר
amateur n חוֹבֵב, חוֹבְבָן
amateurish adj חוֹבְבָנִי, שִׁטְחִי
amateurism n 1 חוֹבְבָנוּת. 2 שִׁטְחִיּוּת
amatory adj אַהֲבִי, אֲהַבְהָבִי
amaze vt הִפְתִּיעַ, הִפְלִיא, הֵבִיךְ, הִדְהִים
amazement n תִּמָּהוֹן, תַּדְהֵמָה, הִשְׁתָּאוּת
amazing adj מַפְתִּיעַ, מַדְהִים, נִפְלָא,

מַפְלִיא

amazingly adv לְהַפְלִיא

ambassador n 1 שַׁגְרִיר. 2 שָׁלִיחַ, צִיר

ambassadress n 1 שַׁגְרִירָה. 2 אֵשֶׁת הַשַּׁגְרִיר

amber n עִנְבָּר

ambidextrous adj 1 שׁוֹלֵט בִּשְׁתֵּי יָדַיִם, דּוּ־יָדִי. 2 דּוּ־פַּרְצוּפִי, צָבוּעַ. 3 זָרִיז

ambience n סְבִיבָה, אֲוִירָה

ambient adj סוֹבֵב, מַקִּיף, אוֹפֵף

ambiguity n דּוּ־מַשְׁמָעוּת, סְתָמוּת

ambiguous adj דּוּ־מַשְׁמָעִי, מְעֻרְפָּל, סְתָמִי

ambiguously adv סְתוּמוֹת, בְּעִרְפּוּל

ambit n 1 תְּחוּם, הֶקֵּף, גְּבוּל. 2 סְבִיבָה, רֹחַב, שֶׁטַח

ambition n שְׁאִיפָה, שְׁאַפְתָּנוּת

ambitious adj שְׁאַפְתָּן, שְׁאַפְתָּנִי

amble vi, n 1 טָפַף, טוֹפֵף. 2 טֶפֶף, טְפִיפָה

ambrosia n 1 מֶגֶד שָׁמַיִם, מְזוֹן הָאֵלִים. 2 אַמְבְּרוֹסְיָה

ambulance n אַמְבּוּלַנְס

ambulatory adj, n 1 נַיָּד, נוֹדֵד, נָע, מְשׁוֹטֵט. 2 טַיֶּלֶת

ambuscade, ambush vti, n 1 אָרַב. 2 מַאֲרָב

ameliorate vti 1 שִׁפֵּר, הִשְׁבִּיחַ, תִּקֵּן. 2 הִשְׁתַּפֵּר, הִשְׁתַּבֵּחַ

amelioration n 1 שִׁפּוּר, הַשְׁבָּחָה, תִּקּוּן. 2 הִשְׁתַּפְּרוּת, הִשְׁתַּבְּחוּת. 3 טִיּוּב (אדמה)

amenable adj צַיְּתָן, מְמֻשְׁמָע, נִכְנָע

amend vti 1 שִׁפֵּר, תִּקֵּן, הִשְׁבִּיחַ. 2 הִשְׁתַּפֵּר, הִשְׁתַּבֵּחַ

amendable adj מִשְׁתַּפֵּר, מַשְׁבִּיחַ

amendment n 1 תִּקּוּן. 2 הַשְׁבָּחָה

amends npl פִּצּוּיִים, שִׁלּוּמִים, כֹּפֶר, תַּגְמוּל

amenity n 1 נוֹחוּת, נְעִימוּת. 2 אֲדִיבוּת

American adj, n 1 אֲמֵרִיקָנִי. 2 אֲמֵרִיקַאִי

Americanism n אֲמֵרִיקָנִיּוּת

amethyst n אַחְלָמָה

amiability n חֲבִיבוּת, נְעִימוּת, הַסְבָּרַת פָּנִים

amiable adj מַסְבִּיר פָּנִים, חָבִיב, נָעִים

amiably adv בְּנֹעַם

amicability n יְדִידוּת, חַבְרוּתִיּוּת

amicable adj 1 יְדִידוּתִי, חַבְרוּתִי. 2 נָעִים, חָבִיב

amicably adv בְּרֵעוּת, בִּידִידוּת

amid, amidst prep בֵּין, בְּתוֹךְ, בְּקֶרֶב

amiss adj, adv 1 לֹא כַּשּׁוּרָה. 2 בְּטָעוּת

amity n 1 יְדִידוּת. 2 יַחֲסֵי חֲבֵרוּת. 3 הֲבָנָה, הַתְאָמָה

ammonia n אַמּוֹנְיָה

ammunition n תַּחְמֹשֶׁת

amnesia n שִׁכָּחוֹן, שִׁכְחָה, אִבּוּד הַזִּכָּרוֹן

amnesty n חֲנִינָה

amok, amuck adv אָמוֹק

among(st) prep בֵּין, בְּקֶרֶב, בְּתוֹךְ

amoral adj 1 לֹא מוּסָרִי. 2 מֻשְׁחָת

amorous adj 1 חַמְדָנִי. 2 אַהֲבָנִי. 3 אוֹהֵב, מִשְׁתּוֹקֵק

amorphous adj נְטוּל צוּרָה

amortization n 1 בְּלַאי. 2 סִלּוּק חוֹב, שְׁמִטָּה, אֲמוֹרְטִיזַצְיָה

amortize vt 1 חִסֵּל, סִלֵּק. 2 שִׁלֵּם

amount vi, n 1 הִסְתַּכֵּם. 2 סִכּוּם, כַּמּוּת. 3 שִׁעוּר, עֵרֶךְ

ampere (amp) n אַמְפֶּר

amphibian n דּוּחַי, אַמְפִיבִּי

amphibious adj דּוּחַי, אַמְפִיבִּי

amphitheater(tre) n אַמְפִיתֵיאַטְרוֹן

ample adj 1 רָחָב, גָּדוֹל, מָלֵא. 2 שׁוֹפֵעַ, מְשֻׁפָּע. 3 מַסְפִּיק

amplification n 1 הַגְבָּרָה, הֶגְבֵּר. 2 הַגְדָּלָה, הַרְחָבָה

amplifier n 1 רַמְקוֹל. 2 מַגְבֵּר (חשמלי)

amplify vt 1 הִגְדִּיל, הִרְחִיב. 2 הִגְבִּיר

amplitude n 1 הִתְפַּשְּׁטוּת, הִתְרַחֲבוּת.

2 שֶׁפַע, רֹב, גֹּדֶשׁ.
3 מֶרְחָב, רַחֲבוּת
amply adv 1 בְּשֶׁפַע. 2 לְמַדַּי
amputate vt קָטַע, כָּרַת
amputation n קִטּוּעַ, כְּרִיתָה
amulet n קָמֵיעַ
amuse vt 1 שִׁעֲשַׁע, שִׂמַּח, עִנֵּג, הִנָּה.
2 בִּדֵּר, בִּדַּח
amusement n שַׁעֲשׁוּעַ, בִּדּוּר, תַּעֲנוּג
amusing adj מְשַׁעֲשֵׁעַ, מְבַדֵּר, מְבַדֵּחַ
an indef, art 1 אֶחָד, אַחַת. 2 בְּ־, עַל
anachronism n אֲנַכְרוֹנִיזְם
anachronistic adj אֲנַכְרוֹנִי, נוֹשָׁן, מְיֻשָּׁן
an(a)emia n אֲנֶמְיָה
an(a)emic adj אֲנֶמִי
an(a)esthesia n 1 אִלְחוּשׁ, הַרְדָּמָה.
2 הַקְהָיָה
an(a)esthetic adj, n 1 מַרְדִּים. 2 אִלְחוּשׁ,
הַרְדָּמָה. 3 הַקְהָיָה
an(a)esthetize vt 1 אִלְחֵשׁ, הִרְדִּים.
2 הִקְהָה
an(a)esthetist n רוֹפֵא מַרְדִּים, רוֹפֵא
מְאַלְחֵשׁ
Anagallis n מַרְגָּנִית
anagram n אֲנַגְרָמָה
analgesia n קֵהָיוֹן, אַלְחוּשׁ, אֲנַלְגֶּזְיָה
analgesic adj, n 1 מְאַלְחֵשׁ, אֲנַלְגֶּזִי.
2 מַרְגִּיעַ
analogous adj 1 דּוֹמֶה, מַקְבִּיל, שָׁוֶה.
2 אֲנָלוֹגִי
analogy n הֶקֵּשׁ, הַקְבָּלָה, הַשְׁוָאָה
analyse(ze) vt 1 נִתַּח, בָּדַק. 2 קָבַע,
אִבְחֵן. 3 הִפְרִיד
analysis n 1 נִתּוּחַ, בְּדִיקָה. 2 אַבְחָנָה,
קְבִיעָה. 3 הַפְרָדָה.
4 תַּקְצִיר, תַּמְצִית
analyst n 1 בּוֹדֵק, מְאַבְחֵן. 2 מַפְרִיד.
3 פְּסִיכוֹאֲנָלִיסְטִיקָן
analytic,
analytical adj 1 נִתּוּחִי, אֲנָלִיטִי.
2 בִּקָּרְתִּי
anarchic adj 1 אֲנַרְכִי, חֲסַר סֵדֶר.
2 מֻפְקָר=
anarchism n אֲנַרְכִיזְם
anarchist n אֲנַרְכִיסְט, מוֹרְדָן
anarchy n אֲנַרְכְיָה
anasarca n מַיֶּמֶת
anathema n 1 חֵרֶם, נִדּוּי, מְאֵרָה.
2 קְלָלָה
anatomical adj אֲנָטוֹמִי
anatomist n חוֹקֵר אֲנָטוֹמְיָה
anatomy n אֲנָטוֹמְיָה
ancestor n אָב קַדְמוֹן
ancestral adj קַדְמוֹנִי
ancestress n אֵם קַדְמוֹנִית
ancestry n אָבוֹת, שׁוֹשֶׁלֶת
anchor vti, n 1 עִגֵּן, עָגַן. 2 עֹגֶן.
3 מִבְטָח, מִשְׁעָן
anchorage n 1 עֲגִינָה, עִגּוּן. 2 מַעֲגָן,
מִשְׁעֶנֶת
anchorite n מִתְבּוֹדֵד, נָזִיר, פָּרוּשׁ
anchovy n עַפְיָן, אַנְשׁוֹבִי
ancient adj קָדוּם, קַדְמוֹן, יָשָׁן, עַתִּיק,
נוֹשָׁן
anciliary adj טָפֵל, עוֹזֵר, מְסַיֵּעַ
and conj וְ־, גַּם, וְכֵן
andante n, adv 1 אַנְדַּנְטֶה. 2 הֲלִיכִי,
בַּהֲלִיכוּת
anecdote n 1 מַעֲשִׂיָּה, אֲנֶקְדּוֹטָה.
2 בְּדִיחָה
anemone n כַּלָּנִית
anew adv שׁוּב, שֵׁנִית, מֵחָדָשׁ
angel n מַלְאָךְ, שָׂרָף, כְּרוּב
angelic adj מַלְאָכִי, כְּרוּבִי
angelically adv כְּמַלְאָךְ
anger vt, n 1 הִרְגִּיז, הִכְעִיס, קִנְטֵר.
2 רֹגֶז, זַעַם, חָרוֹן, כַּעַס
angina-pectoris n תְּעוּקַת הַלֵּב
angle vt, n 1 הִטָּה. 2 דָּג. 3 זָוִית, קֶרֶן,
פִּנָּה. 4 בְּחִינָה, נְקֻדַּת מַבָּט.
5 רַעְיוֹן, תַּחְבּוּלָה
angler n 1 דַּיָּג. 2 חַכַּאי
Anglican n, adj אַנְגְּלִיקָנִי

anglicise vt אִנְגֵּל
angling n 1 אָמָּנוּת הַדַּיִג. 2 הַשְׁלָכַת חַכָּה
Anglo-Saxon n, adj אַנְגְּלוֹ סַקְסִי
angora n אַנְגּוֹרָה
angrily adv בְּכַעַס, בְּרֹגֶז
angry adj כּוֹעֵס, רוֹגֵז, זוֹעֵם, זוֹעֵף, נִרְגָּז
anguish vti, n 1 הִתְיַסֵּר, הִתְעַנָּה. 2 כָּאַב, צָעַר, סָבַל. 3 כְּאֵב, צַעַר, סֵבֶל, יִסּוּרִים
anguished adj מִתְיַסֵּר, מִתְעַנֶּה
angular adj 1 זָוִיתִי, פִּנָּתִי. 2 עוֹקְצָנִי. 3 לוֹכְסָנִי
animadversion n תּוֹכָחָה, בִּקֹּרֶת, גְּעָרָה
animal n, adj 1 חַי, חַיָּה, בְּהֵמָה. 2 בַּעַל חַיִּים, פֶּרֶא. 3 בַּהֲמִי, חַיָּתִי. 4 בְּשָׂרִי
animate vt, adj 1 הֶחֱיָה. 2 עוֹרֵר, עוֹדֵד, הֵנִיעַ. 3 הִלְהִיב, שִׁלְהֵב, לִבָּה. 4 תּוֹסֵס, חַי, עֵר, זָרִיז, עֵרָנִי
animated adj חַי, עֵרָנִי, עֵר
animated cartoon סֶרֶט הַנְפָּשָׁה
animation n 1 הַנְפָּשָׁה. 2 הִתְלַהֲבוּת, עֵרָנוּת, הִתְעוֹרְרוּת. 2 הַחְיָאָה
animism n נַפְשָׁנוּת, אֲנִימִיזְם
animosity n אֵיבָה, טִינָה, שִׂנְאָה, טִינָא
anise n 1 אֲנִיסוֹן. 2 כַּמְנוֹן
aniseed n זַרְעֵי כַּמְנוֹן
ankle n קַרְסֹל
annals npl 1 רְשׁוּמוֹת, קוֹרוֹת, דִּבְרֵי הַיָּמִים. 2 שְׁנָתוֹנִים
annalist n הִיסְטוֹרְיוֹן
annex vt, n 1 צֵרַף, חִבֵּר, סִפֵּחַ, אִחֵד. 2 הוֹסִיף. 3 צֵרוּף, נִסְפָּח. 4 תּוֹסֶפֶת. 5 אֲגַף. 6 שְׁלוּחָה
annexation n 1 סִפּוּחַ, צֵרוּף. 2 הוֹסָפָה, תּוֹסֶפֶת
annihilate vt 1 הִשְׁמִיד, חִסֵּל, הָרַס. 2 בִּטֵּל, בִּעֵר
annihilation n 1 הַשְׁמָדָה, חִסּוּל, הֶרֶס. 2 בִּטּוּל, בִּעוּר
anniversary n 1 יוֹם הַשָּׁנָה. 2 יוֹבֵל
Anno Domini (A.D.) לְסְפִירַת הַנּוֹצְרִים
annotate vt פֵּרַשׁ, הֵעִיר
annotation n הֶעָרוֹת, פֵּרוּשׁ
announce vt 1 הִכְרִיז, פִּרְסֵם. 2 הִשְׁמִיעַ, בִּשֵּׂר
announcement n 1 מוֹדָעָה. 2 הוֹדָעָה, הַכְרָזָה
announcer n 1 קַרְיָן. 2 מוֹדִיעַ, מַכְרִיז
annoy vti 1 הִקְנִיט, הִרְגִּיז, הֵצִיק, צִעֵר. 2 הִתְרַגֵּז, הִצְטַעֵר
annoyance n 1 הַקְנָטָה, הַצְעָקָה, הַרְגָּזָה. 2 רֹגֶז, צַעַר, מִטְרָד
annoying adj מַרְגִּיז, מַטְרִיד, מֵצִיק
annual adj, n 1 שְׁנָתִי, חַד־שְׁנָתִי. 2 שְׁנָתוֹן
annually adv בְּכָל שָׁנָה
annuary n שְׁנָתוֹן
annuitant n מְקַבֵּל קִצְבָּה שְׁנָתִית
annuity n 1 אֲנוֹנָה. 2 קִצְבָּה שְׁנָתִית. 3 תַּשְׁלוּם שְׁנָתִי
annul vt 1 בִּטֵּל, הֵפֵר. 2 הִכְחִיד, חִסֵּל
annulment n 1 בִּטּוּל, הֲפָרָה. 2 הַכְחָדָה
annunciate vt 1 הוֹדִיעַ, הִכְרִיז, בִּשֵּׂר. 2 פִּרְסֵם
annunciation n 1 הוֹדָעָה, הַכְרָזָה. 2 פִּרְסוּם
anode n אֲנוֹדָה
anoint vt 1 מָשַׁח, סָךְ. 2 יָצַק שֶׁמֶן עַל. 3 קִדֵּשׁ
anointment n 1 מְשִׁיחָה, סִיכָה. 2 מִשְׁחָה. 3 קִדּוּשׁ
anomalous adj 1 חוֹרֵג, חָרִיג. 2 לֹא טִבְעִי
anomalously adv בַּחֲרִיגוּת
anomaly n 1 חֲרִיגָה, סְטִיָּה
anon adv 1 שׁוּב, בְּקָרוֹב. 2 מִיָּד, לְאַלְתַּר
anonymity n אַלְמוֹנִיּוּת, עִלּוּם שֵׁם
anonymous adj אַלְמוֹנִי, עֲלוּם שֵׁם, אֲנוֹנִימִי

anonymously adv בְּעִלּוּם שֵׁם
anorexia n חֹסֶר תֵּאָבוֹן
anosmia n תַּתְרָנוּת
anosmic adj תַּתְרָן
another pron, adj 1 אַחֵר, שֵׁנִי. 2 נוֹסָף. 3 שׁוֹנֶה
answer vti, n 1 עָנָה, הֵשִׁיב. 2 הִתְאִים, הָלַם, הִקְבִּיל. 3 פָּתַר, פָּעַל. 4 כִּפֵּר. 5 תְּשׁוּבָה, מַעֲנֶה. 6 תְּגוּבָה. 7 פִּתְרוֹן
answer back עָנָה בְּחֻצְפָּה
answer to הִתְאִים לְתֵאוּר
answer for 1 נָתַן אֶת הַדִּין. 2 הָיָה אַחֲרַאי
answerable adj אַחֲרָאִי
ant n נְמָלָה
antagonism n יְרִיבוּת, הִתְנַגְּדוּת
antagonist n 1 יָרִיב, מִתְנַגֵּד, בַּר־פְּלֻגְתָּא. 2 מִתְחָרֶה
antagonistic adj 1 מִתְנַגֵּד, סוֹתֵר, עוֹיֵן. 2 קָטְבִּי
antagonistically adv 1 בְּהִתְנַגְּדוּת. 2 בְּעוֹיְנוּת
antagonize vt הִשְׂנִיא, דָּחָה, הֵרִיב
Antarctic adj, n 1 אַנְטָארְקְטִי. 2 אַנְטָארְקְטִיקָה
Antartic circle (the) קַו הָרֹחַב הָאַנְטָאַרְקְטִי
antecedence n בְּכוֹרָה, קוֹדְמָנוּת
antecedent adj, n 1 תַּקְדִּים. 2 קוֹדֵם. 3 קוֹדְמָן
antechamber n פְּרוֹזְדוֹר
antedate vt 1 הִקְדִּים, קָדַם לְ־. 2 הִקְדִּים תַּאֲרִיךְ
antediluvian adj 1 עַתִּיק, קַדְמוֹן, מְיֻשָּׁן. 2 שֶׁמִּלִּפְנֵי הַמַּבּוּל
antelope n דִּישׁוֹן, אַנְטִילוֹפָּה
ante meridiem (am.) לִפְנֵי הַצָּהֳרַיִם
antenatal adj לִפְנֵי הַלֵּדָה
antenna nx מְשׁוֹשָׁה, אַנְטֶנָּה
anterior adj קוֹדֵם, קִדְמִי, רִאשׁוֹן
anteroom n חֲדַר הַמְתָּנָה
anthem n 1 הִימְנוֹן. 2 מִזְמוֹר
Anthemis n קַחְוָן
ant hill n 1 עֲדַת נְמָלִים. 2 תֵּל נְמָלִים
anthology n קֹבֶץ, מִבְחָר, לֶקֶט, אַנְתּוֹלוֹגְיָה
anthracite n אַנְתְּרָצִיט
anthrax n גַּחֶלֶת, פַּחֶמֶת
anthropology n אַנְתְּרוֹפּוֹלוֹגְיָה
anti- pref נֶגֶד
anti-aircraft adj נֶגֶד מְטוֹסִים
antibiotic n, adj 1 אַנְטִיבִּיּוֹטִי. 2 אַנְטִיבִּיּוֹטִיקָה
antibody n נוֹגְדָן
antic n 1 תַּעֲלוּל. 2 הַעֲוָיָה
anticipate vt צָפָה, צִפָּה, הִקְדִּים, רָאָה מֵרֹאשׁ
anticipation n 1 הֶחָשָׁה, רְאִיָּה מֵרֹאשׁ. 2 צִפִּיָּה, תִּקְוָה. 3 מַקְדִּים
anticipatory adj מַקְדִּים
anticyclone n אַנְטִיצִיקְלוֹן
antidote n סַם נֶגֶד רַעַל
antifreeze n נֶגֶד הַקְפָּאָה
antimony n פּוּךְ, כָּחָל, אַנְטִימוֹן
antipathy n סְלִידָה, תִּעוּב, מִאוּס, צְהִיבָה, אַנְטִיפַּתְיָה
antipodes npl נִגּוּד גָּמוּר, נְקֻדּוֹת קָטְבִּיּוֹת
antiquarian adj, n 1 קַדְמוֹן, עַתִּיק. 2 חוֹקֵר עַתִּיקוֹת. 3 סוֹחֵר עַתִּיקוֹת
antiquary n 1 חוֹקֵר עַתִּיקוֹת. 2 סוֹחֵר עַתִּיקוֹת
antiquated adj 1 מְיֻשָּׁן, זָקֵן, כָּלוּחַ. 2 שֶׁאָבַד עָלָיו כֶּלַח
antique adj, n מְיֻשָּׁן, עַתִּיק
antiquities npl עַתִּיקוֹת
antiquity n 1 קַדְמוֹנִיּוּת. 2 יְמֵי קֶדֶם
antisemite n אַנְטִישֵׁמִי
antisemitic adj אַנְטִישֵׁמִי

antisemitism n אַנְטִישֵׁמִיּוּת
antiseptic n, adj 1 חֹמֶר חִטּוּי. 2מְחַטֵּא, אַנְטִיסֶפְּטִי
antisocial adj לֹא חֶבְרוּתִי
antitank adj נֶגֶד טַנְקִים, נ"ט
antithetic, antithetical adj מְנֻגָּד, שֶׁל אַנְטִיתֶּזָה
antithetically adv נֶגֶד, בִּמְנֻגָּד
antithesis n נִגּוּד, הִפּוּךְ, סְתִירָה, אַנְטִיתֶזָה
antitoxin n נוֹגֵד הָרַעֲלָן
antler n קֶרֶן הַצְּבִי
anus n פִּי־הַטַּבַּעַת
anvil n סַדָּן
anxiety n 1 חֲרָדָה, פַּחַד, דְּאָגָה. 2 תְּשׁוּקָה, לְהִיטוּת
anxious adj 1 מֻדְאָג, חָרֵד. 2 לָהוּט, מִשְׁתּוֹקֵק. 3 מַדְאִיג
anxiously adv בִּדְאָגָה
any adj אֵיזֶה, כָּלְשֶׁהוּ, אֵיזֶשֶׁהוּ, מִישֶׁהוּ
anybody pron מִישֶׁהוּ, כָּל אֶחָד
any case (in) בְּכָל מִקְרֶה
anyhow adv אֵיךְ שֶׁהוּא, לְפָחוֹת, עַל־כָּל־פָּנִים
anymore adv עוֹד, יוֹתֵר
anyone pron כָּל אֶחָד
any place adv כָּל מָקוֹם
any rate (at) מִכָּל מָקוֹם, בְּכָל אֹפֶן
anything pron מַשֶּׁהוּ, כָּל דָּבָר
anytime adv בְּכָל עֵת
anyway adv בְּכָל אֹפֶן, אֵיךְ שֶׁהוּא
anywhere adv בְּכָל מָקוֹם
aorta n אַב עוֹרְקִים
apart adv 1 בְּנִפְרָד, הַצִּדָּה. 2 נִפְרָד
apart from prep לְבַד מִן, מִלְּבַד
apartheid n הַפְרָדָה גִּזְעִית, אַפַּרְטְהַיְד
apartment n 1 דִּירָה, מָעוֹן. 2 חֶדֶר
apathetic adj אָדִישׁ, אַפָּתִי, אֶדְשׁוֹנִי
apathetically adv בַּאֲדִישׁוּת
apathy n אֲדִישׁוּת, שִׁוְיוֹן נֶפֶשׁ, אַדְשׁוֹן, אַפַּתְיָה
ape vt, n 1 חִקָּה. 2 קוֹף. 3 מְחַקֶּה, חַקַּאי, חַקְיָן
aperitif n אַפֶּרִיטִיף
aperture n 1 פֶּתַח, חָרִיר, סֶדֶק. 2 פְּתִיחָה, מוֹצָא
apery n 1 קוֹפִיּוּת. 2 חַקְיָנוּת
apex n חֹד, פִּסְגָּה, שִׂיא, קָדְקֹד
aphasia n אֲפַסְיָה, לְעִיָּה
aphorism n מָשָׁל, מֵימְרָה, פִּתְגָּם, אִמְרָה
aphrodisiac n סַם מִשְׁגָּל
apiarist n כַּוְּרָן
apiary n כַּוֶּרֶת, מִכְוֶרֶת
apiculture n כַּוְּרָנוּת, גִּדּוּל דְּבוֹרִים
apiece adv לְכָל אֶחָד
apish adj 1 קוֹפִי. 2 מְעֻשֶּׂה, אֱוִילִי
apogee n 1 שִׂיא, פִּסְגָּה. 2 שִׂיא הַמֶּרְחָק
apologetic(al) adj מִצְטַדֵּק, מִתְנַצֵּל, אַפּוֹלוֹגֶטִי
apologetically adv בְּהִצְטַדְּקוּת
apologetics n סָנֵגוֹרְיָה, הִצְטַדְּקוּת
apologist n סָנֵגוֹר, מֵלִיץ יֹשֶׁר
apologize vi 1 הִתְנַצֵּל, הִצְטַדֵּק. 2 סִנְגֵּר
apology n 1 הִתְנַצְּלוּת, הִצְטַדְּקוּת. 2 חֲרָטָה
apoplexy n שָׁבָץ
apoplectic adj שְׁבָצִי
apostasy n 1 כְּפִירָה, אֶפִּיקוֹרְסוּת. 2 הִשְׁתַּמְּדוּת
apostate n, adj 1 מְשֻׁמָּד, כּוֹפֵר. 2 בּוֹגֵד
apostle n 1 שָׁלִיחַ, מְבַשֵּׂר. 2 תַּעַמְלָן
apostleship n שְׁלִיחוּת
apostolic adj 1 שְׁלִיחִי. 2 שֶׁל הָאַפִּיפְיוֹר
apostrophe n 1 גֵּרֶשׁ, תָּג. 2 פְּנִיָּה (אל פלוני)
apostrophize vt 1 סִמֵּן בְּתָג (׳). 2 פָּנָה (אל פלוני)
apothecary n רוֹקֵחַ
apotheosis n הַאֲלָהָה, הַעֲרָצָה
appal vt הִפְחִיד, הִדְהִים, הֶחֱרִיד, זִעְזַע
appalling adj מַפְחִיד, מַדְהִים, מַחֲרִיד

appallingly adv נוֹרָא, בְּאֹפֶן מַחֲרִיד
apparatus n מַנְגָּנוֹן, מַכְשִׁיר, מִתְקָן, כְּלִי, צִיּוּד
apparel vt, n 1 הִלְבִּישׁ, קִשֵּׁט, צִיֵּד. 2 לְבוּשׁ, בֶּגֶד
apparent adj 1 גָּלוּי, בָּרוּר, מוּבָן. 2 בּוֹלֵט, נִרְאֶה
apparently adv לִכְאוֹרָה, כַּנִּרְאֶה
apparition n 1 הִתְגַּלּוּת, מַרְאֶה, דְּמוּת. 2 רוּחַ, שֵׁד. 3 חָזוּת
appeal vi, n 1 עִרְעֵר. 2 בִּקֵּשׁ, הִתְחַנֵּן. 3 פָּנָה. 4 עִרְעוּר, עֲרָר. 5 מַגְבִּית. 6 פְּנִיָּה. 7 בַּקָּשָׁה. 8 קֶסֶם, מְשִׁיכָה
appealing adj 1 מוֹשֵׁךְ, מַקְסִים, מְלַבֵּב. 2 מִתְחַנֵּן, מְשַׁוֵּעַ
appealingly adv 1 בִּתְחִנָּה. 2 בְּחַנְּפָנִיּוּת
appear vi 1 הוֹפִיעַ, יָצָא לְאוֹר. 2 נִרְאָה. 3 הִתְיַצֵּב
appearance n 1 הוֹפָעָה, מַרְאֶה. 2 רוּחַ, שֵׁד. 3 הִתְגַּלּוּת, הִתְרָאוּת
appease vt 1 הִשְׁלִים, פִּיֵּס. 2 הִשְׁקִיט, הִרְגִּיעַ, שִׁכֵּךְ. 3 הִשְׂבִּיעַ, שָׂבַע
appeasement n 1 הַשְׁלָמָה, הַרְגָּעָה, הַשְׁקָטָה. 2 פַּיְּסָנוּת, פִּיּוּס
appellation n 1 כִּנּוּי, תֹּאַר. 2 עִרְעוּר
appellative n, adj 1 כִּנּוּי, שֵׁם עֶצֶם. 2 מְתָאֵר, מַגְדִּיר
append vt 1 תָּלָה, הִדְבִּיק. 2 טִפֵּל. 3 צֵרַף, הוֹסִיף
appendage n 1 תּוֹסֶפֶת, נִסְפָּח. 2 יוֹתֶרֶת. 3 אַבְזָר
appendicitis n דַּלֶּקֶת הַתּוֹסֶפְתָּן
appendix n 1 תּוֹסֶפְתָּן. 2 נִסְפָּח
appertain vi 1 שַׁיָּךְ לְ־, מִשְׁתַּיֵּךְ לְ־. 2 הִתְיַחֵס לְ־, נָגַע לְ־
appetite n תֵּאָבוֹן, תְּשׁוּקָה
appetizer n מְתַאֲבֵן
appetizing adj טָעִים, מְעוֹרֵר תֵּאָבוֹן
applaud vt 1 מָחָא כַּף, הֵרִיעַ. 2 שִׁבַּח, הִלֵּל
applause n מְחִיאַת כַּפַּיִם, תְּרוּעָה, תְּרוּעוֹת, תְּשׁוּאוֹת
apple n תַּפּוּחַ
apple of the eye בָּבַת הָעַיִן, אִישׁוֹן
appliance n 1 כְּלִי, מַכְשִׁיר, תַּשְׁמִישׁ. 2 שִׁמּוּשׁ
applicable adj 1 שָׁמִישׁ. 2 מַתְאִים, יָשִׂים, הוֹלֵם. 3 בַּר בִּצּוּעַ
applicant n 1 מְבַקֵּשׁ, תּוֹבֵעַ. 2 מֻעֲמָד
application n 1 בַּקָּשָׁה, פְּנִיָּה. 2 שִׁמּוּשׁ, יִשּׂוּם, הַתְאָמָה. 3 נְתִינָה. 4 שַׁקְדָנוּת, הִשְׁתַּדְּלוּת
applied adj שִׁמּוּשִׁי, יָשִׂים, מְיֻשָּׂם
applique n עֲלִית (מַעֲשֶׂה), אַפְּלִיקַצְיָה
apply vt 1 פָּנָה, בִּקֵּשׁ. 2 הִנִּיחַ עַל. 3 הִקְדִּישׁ. 4 הִשְׁתַּמֵּשׁ, יִשֵּׂם. 5 הִקְצִיב. 6 הִגִּישׁ בַּקָּשָׁה
apply for הִגִּישׁ בַּקָּשָׁה
apply to 1 חָל עַל. 2 פָּנָה אֶל
appoint vt 1 מִנָּה, קָבַע, יִעֵד. 2 צִיֵּד, סִדֵּר. 3 צִוָּה, פָּקַד. 4 הֶחְלִיט, הוֹכִיחַ
appointee n מְמֻנֶּה
appointment n 1 מִנּוּי, קְבִיעָה, יִעוּד. 2 הִתְקַשְּׁרוּת, רֵאָיוֹן. 3 הִתְמַנּוּת. 4 מִשְׂרָה, תַּפְקִיד. 5 פְּקֻדָּה, הַחְלָטָה, צַו
apportion vt 1 הִקְצִיב, הִקְצָה. 2 חִלֵּק, מִנֵּן
apposite adj 1 הוֹלֵם, מַתְאִים. 2 נָאֶה, יָאֶה, הָגוּן
appositely adv כָּרָאוּי, כַּהֲלָכָה
apposition n 1 הַקְבָּלָה. 2 תּוֹסֶפֶת, צֵרוּף, חִבּוּר. 3 תְּמוּרָה
appraisal n 1 הַעֲרָכָה. 2 שׁוּמָה, אֻמְדָּן
appraise vt 1 הֶעֱרִיךְ. 2 אָמַד, שִׁעֵר
appreciable adj נִכָּר
appreciate vti 1 הֶעֱרִיךְ, הֶחְשִׁיב, הוֹקִיר.

approvingly adv בְּאִשּׁוּר
approximate vti, adj 1 קָרַב, קֵרַב. 2 בְּקֵרוּב, קָרוֹב, מְקֹרָב, מְשֹׁעָר
approximately adv 1 בְּעֵרֶךְ, בְּקֵרוּב. 2 בִּמְשֹׁעָר
approximation n 1 הַעֲרָכָה, אֻמְדָּן, מִשְׁעָר. 2 קֵרוּב, הִתְקָרְבוּת
appurtenance n 1 אֲבְזָרִים, מַכְשִׁירִים. 2 שִׁיּוּכִים
apricot n מִשְׁמֵשׁ
April n אַפְּרִיל
apron n 1 סִנָּר, סִנּוֹר. 2 סוֹכֵךְ, סוֹכְכִית
apropos adv, adj, prep 1 אַגַּב, דֶּרֶךְ־אַגַּב. 2 בְּעִנְיָן, לְשֵׁם
apse n אַפְּסִיס
apt adj 1 מַתְאִים, הוֹלֵם. 2 נוֹטֶה, מוּכָן. 3 מָהִיר תְּפִישָׂה
aptitude, aptness n 1 כֹּשֶׁר, כִּשְׁרוֹן, נְטִיָּה. 2 חָרִיצוּת
aqualung n מִתְקַן צְלִילָה, מַצְלֵל
aquamarine n 1 תַּרְשִׁישׁ, שֹׁהַם. 2 יָרֹק־כְּחַלְחַל
aquarium n אַקְוַרְיוּם
Aquarius n מַזַּל דְּלִי
aquatic adj מֵימִי, יַמִּי
aqueduct n 1 מוֹבִיל מַיִם, אַמַּת מַיִם. 2 תְּעָלָה
aqueous adj מֵימִי
aquiline adj נִשְׁרִי
Arab n עַרְבִי, עֲרָבִי
Arabian n, adj עֲרָבִי
Arabic adj, n 1 עֲרָבִי. 2 עֲרָבִית
arable adj רָאוּי לַחֲרִישָׁה
arbiter n בּוֹרֵר, מְתַוֵּךְ, מְפַשֵּׁר
arbitrarily adv בִּשְׁרִירוּת, בְּזָדוֹן
arbitrary adj שְׁרִירוּתִי, זְדוֹנִי
arbitrate vti 1 פִּשֵּׁר, תִּוֵּךְ. 2 הִכְרִיעַ
arbitration n 1 בּוֹרְרוּת, פְּשָׁרָה. 2 פְּסַק בּוֹרְרוּת. 3 הַכְרָעָה
arbitrator n 1 בּוֹרֵר, מְתַוֵּךְ. 2 מְפַשֵּׁר

2 חָשׁ, הִשִּׂיג. 3 עָלָה בְּעֶרְכּוֹ
appreciation n 1 הַעֲרָכָה, הוֹקָרָה, הַכָּרָה. 2 אֹמֶד, אֻמְדָּן, שִׁעוּר. 3 עֲלִיָּה בְּעֵרֶךְ
appreciative adj 1 מוֹקִיר, מַעֲרִיךְ. 2 שָׁם
appreciatively adv בְּהַעֲרָכָה, בְּהוֹקָרָה
apprehend vt 1 עָצַר, אָסַר, תָּפַס. 2 חָשַׁד, חָשַׁשׁ, הִתְיָרֵא. 3 הֵבִין, הִשִּׂיג
apprehension n 1 דְּאָגָה, חֲשָׁשׁ. 2 הַשָּׂגָה, תְּפִיסָה. 3 עֲצִירָה, אֲסִירָה.
apprehensive adj 1 מֵבִין, תּוֹפֵשׂ. 2 מָהִיר תְּפִישָׂה. 3 חוֹשֵׁשׁ, דּוֹאֵג
apprehensively adv בְּהִסּוּס, מִתּוֹךְ חֲשָׁשׁ
apprentice vt, n 1 הָפַךְ לְשׁוּלְיָה. 2 חָנִיךְ, שׁוּלְיָה, טִירוֹן
apprenticeship n חֲנִיכוּת, אִמּוּן
apprise, apprize vt 1 הוֹדִיעַ, בִּשֵּׂר. 2 הֶעֱרִיךְ
approach vti, n 1 הִתְקָרֵב, קָרַב, נִגַּשׁ. 2 דָּמָה. 3 פָּנָה. 4 גִּישָׁה. 5 הִתְקָרְבוּת, קְרִיבָה, מַעֲבָר
approachable adj 1 נָגִישׁ, בַּר־גִּישָׁה. 2 יְדִידוּתִי, אָדִיב. 3 נוֹחַ
approaching adj מִתְקָרֵב
approbate vt אִשֵּׁר, הִסְכִּים, הִתִּיר, הִרְשָׁה
approbation n אִשּׁוּר, הַסְכָּמָה, הַרְשָׁאָה, הֶתֵּר, הַתָּרָה
appropriate vt, adj 1 רָכַשׁ, הִשִּׂיג. 2 יִחֵד, הִקְדִּישׁ, הִקְצִיר, הִקְצָה. 3 כָּשֵׁר, מַתְאִים, רָאוּי, הוֹלֵם, נָכוֹן
appropriately adv כַּהֲלָכָה, בְּהַתְאָמָה
appropriation n 1 הַקְצָבָה. 2 הַחְרָמָה, הַפְקָעָה. 3 תְּפִיסָה, אֲחִיזָה. 4 הַקְדָּשָׁה
approval n אִשּׁוּר, הֶתֵּר, הַסְכָּמָה
approve vt 1 אִשֵּׁר, הִתִּיר, הִסְכִּים. 2 חִיֵּב. 3 קִיֵּם
approving adj מְאַשֵּׁר, מַתִּיר

arbo(u)r n 1 סֻכַּת נְצָרִים. 2 אִילָן, עֵץ. 3 סֶרֶן
arboreal adj עֵצִי
arc n קֶשֶׁת
arcade n 1 מִקְמֶרֶת. 2 אַבּוּל, סְטָו. 3 אַרְקָדָה
arch- pref רֹאשׁ, רִאשׁוֹן, אַב־, רַב־
arch vti, adj, n 1 קֶשֶׁת. 2 הִתְקַשֵּׁת. 3 רֹאשׁ, רִאשׁוֹן בְּמַעֲלָה. 4 שׁוֹבָב, עַרְמוּמִי. 5 קֶשֶׁת. 6 קִמּוּר. 7 כִּפָּה. 8 שַׁעַר
archaeological adj אַרְכֵיאוֹלוֹגִי
archaeologist n אַרְכֵיאוֹלוֹג
archaeology n אַרְכֵיאוֹלוֹגְיָה
archaic adj 1 קָדוּם, אַרְכָאִי, קַדְמוֹנִי. 2 מְיֻשָּׁן
archaism n אַרְכָאִיזְם, אַרְכָאִיּוּת, יָשָׁן
archangel n מַלְאַךְ הַפָּנִים
archbishop n אַרְכִיבִּישׁוֹף
archduke n אַרְכִידֻכָּס
archer n 1 מַזַּל קֶשֶׁת. 2 קַשָּׁת
archery n 1 קַשָּׁתוּת. 2 כְּלֵי הַקֶּשֶׁת
archetype n אַבְטִיפּוּס
archipelago n אַרְכִיפֶּלָג
architect n 1 אַדְרִיכָל, אַרְכִיטֶקְט. 2 יוֹצֵר
architectural adj אַדְרִיכָלִי, אַרְדִיכָלִי
architecture n אַדְרִיכָלוּת
archives npl גַּנְזַךְ, אַרְכִיּוֹן
archivist n גַּנְזַכָּן, גַּנָּז, אַרְכִיבָר
archness n שׁוֹבְבוּת, לֵיצָנוּת, לִגְלוּג
archway n 1 אַבּוּל. 2 קִמּוּר
Arctic adj, n 1 אַרְקְטִיקָה. 2 אַרְקְטִי, קָטְבִּי, קַר, צְפוֹנִי
ardent adj 1 לוֹהֵט, קוֹדֵחַ. 2 נִלְהָב, מִתְלַהֵב. 3 קַנַּאי
ardently adv 1 בְּלַהַט, בְּהִתְלַהֲבוּת. 2 בְּעֹז
ardor, ardour n 1 לַהַט, הִתְלַהֲבוּת. 2 חֵשֶׁק, תְּשׁוּקָה. 3 צְרִיבָה
arduous adj נִמְרָץ, קָשֶׁה, מְיַגֵּעַ, מַלְאֶה
arduously adv בְּמַאֲמָץ, בְּקשִׁי, בְּיִסּוּרִים
are vi, n 1 הווה רבים של הפועל to be. 2 אַר, עֲשִׂירִית דּוּנָם
area n 1 שֶׁטַח, אֵזוֹר. 2 תְּחוּם, מֶרְחָב. 3 מִגְרָשׁ
arena n זִירָה, אִצְטַדְיוֹן
argon n אַרְגּוֹן
arguable adj 1 וַכְּחָנִי, פּוּלְמוּסִי. 2 שָׁנוּי בְּמַחֲלֹקֶת
argue vti 1 טָעַן, הִתְוַכַּח, דָּן. 2 נִמֵּק, הוֹכִיחַ. 3 שִׁכְנֵעַ
arguer n וַכְּחָן, פּוּלְמוּסָן
argument n 1 טַעֲנָה, רְאָיָה, נִמּוּק. 2 דִּיּוּן, פּוּלְמוּס, וִכּוּחַ. 3 תֹּכֶן, עֲלִילָה, אַרְגּוּמֶנְט
argumentation n 1 הַנְמָקָה. 2 וִכּוּחַ, דִּיּוּן, טִעוּן
argumentative adj 1 וִכּוּחִי, מְפַלְפֵּל, פּוּלְמוּסִי. 2 פּוּלְמוּסָן, קַנְטְרָנִי
aria n מַנְגִּינָה, נְעִימָה, אַרְיָה
arid adj 1 שָׁחוּן, צָחִיחַ, יָבֵשׁ. 2 שׁוֹמֵם. 3 עָקָר, חֲסַר חַיִּים
aridity n 1 צְחִיחוּת, יֹבֶשׁ, צִיָּה, שְׁמָמָה. 2 עֲקָרוּת, חֹסֶר חַיִּים
Aries n מַזַּל טָלֶה
aright adv כָּרָאוּי, כַּהֲלָכָה, לַאֲשׁוּרוֹ
arise vi 1 קָם, עָמַד, נִצַּב. 2 עָלָה. 3 הוֹפִיעַ, זָרַם, צָמַח. 4 הִתְעוֹרֵר, הִתְהַוָּה
aristocracy n 1 אֲרִיסְטוֹקְרַטְיָה, אֲצִילוּת, אֲצֻלָּה. 2 עִלִּית
aristocrat n אָצִיל, אֲרִיסְטוֹקְרָט
aristocratic(al) adj אֲצִילִי, אֲרִיסְטוֹקְרָטִי
aristocratically adv בַּאֲצִילוּת
arithmetic n חֶשְׁבּוֹן, אֲרִיתְמֶטִיקָה
arithmetical adj חֶשְׁבּוֹנִי, אֲרִיתְמֶטִי
arithmetically adv לְפִי כְּלָלֵי הַחֶשְׁבּוֹן
ark n 1 תֵּבָה, אָרוֹן. 2 סִירָה
ark of the covenant אֲרוֹן הַבְּרִית
arm vti, n 1 זִיֵּן, חִמֵּשׁ. 2 צִיֵּד, חִזֵּק.

4 סֵדֶר, מִסְדָּר, שׁוּרָה.
5 מַעֲרָכָה, מַעֲרָךְ, תַּעֲרוּכָה,
הֶעָרְכוּת. 6 תִּלְבֹּשֶׁת, קִשּׁוּט
arrears npl חוֹב, פִּגּוּר בְּתַשְׁלוּם
arrest vt, n 1 עָצַר, אָסַר. 2 עִכֵּב, עִקֵּל.
3 הִפְסִיק. 4 מָשַׁךְ הַלֵּב.
5 מַעְצָר, מַאֲסָר. 6 עִכּוּב,
עִקּוּל. 7 אִסּוּר
arresting adj מוֹשֵׁךְ לֵב, מְעַנְיֵן, מְצוֹדֵד
arrival n בִּיאָה, הַגָּעָה, הַשָּׂגָה
arrive vi 1 הִגִּיעַ, בָּא. 2 הִשִּׂיג
arrogance n יְהִירוּת, חֻצְפָּה, שַׁחֲצָנוּת
arrogant adj שַׁחֲצָן, מִתְנַשֵּׂא, חֻצְפָּן
arrogate vt 1 יִחֵס לְעַצְמוֹ. 2 אִסֵּף
לְעַצְמוֹ
arrow n חֵץ
arsenal n 1 נַשָּׁקִיָּה, בֵּית נֶשֶׁק.
2 כַּמּוּת הַנֶּשֶׁק
arsenic n זַרְנִיךְ, אַרְסֶן
arson n הַצָּתָה
art n 1 אָמָּנוּת. 2 אֻמָּנוּת, מְלֶאכֶת
מַחֲשֶׁבֶת. 3 דַּעַת, כִּשְׁרוֹן.
4 תַּחְבּוּלָה, עָרְמָה
arterial adj עוֹרְקִי
artery n עוֹרֵק
Artesian well בְּאֵר אַרְטֶזִית
artful adj עָרוּם, עַרְמוּמִי, מְלָאכוּתִי
artfully adv בְּעָרְמָה, בִּזְרִיזוּת
artfulness n עָרְמָה, תַּחְבּוּלָה, עַרְמוּמִיּוּת
arthritis n שִׁגָּרוֹן, דַּלֶּקֶת פְּרָקִים
artichoke n קִנְרֵס, חֻרְשָׁף
article n 1 מַאֲמָר, כַּתָּבָה. 2 תָּוִית. 3 חֵפֶץ,
מִצְרָךְ, סְחוֹרָה. 4 חֻלְיָה,
פֶּרֶק. 5 מִפְרָק. 6 סָעִיף
articled clerch מִתְמַחֶה
articulate vti, adj 1 מִפְרֵק, חָתַךְ. 2 הָגָה,
הִבִּיעַ. 3 חִדֵּד, הִתְחַבֵּר.
4 עָשׂוּי פְּרָקִים. 5 בָּרוּר,
מֻטְעָם
articulately adv בְּהַתְאָמָה, בִּבְהִירוּת
articulation n 1 מִפְרָק, פֶּרֶק. 2 הִגּוּי,

3 הִזְדַּיֵּן. 4 זְרוֹעַ, אַמָּה.
5 כֹּחַ, עָצְמָה, חַיִל. 6 נֶשֶׁק
Armageddon n זִירַת הַקְּרָב הָאַחֲרוֹן
armament n 1 חִמּוּשׁ, נֶשֶׁק. 2 צִיּוּד
מִלְחַמְתִּי
armchair n כֻּרְסָה, כִּסֵּא־יָדִית
armed adj מְזֻיָּן, חָמוּשׁ
armful n זְרוֹעַ
armhole n פֶּתַח הַזְּרוֹעַ
armistice n שְׁבִיתַת נֶשֶׁק
armless adj גִּדֵּם בִּשְׁתֵּי יָדָיו
armlet n צָמִיד
armoire n אָרוֹן, מִזְנוֹן
armour vt, n 1 שִׁרְיֵן, מִגֵּן. 2 שִׁרְיוֹן, מָגֵן
armoured adj 1 מְשֻׁרְיָן. 2 מוּגָן
armourer n 1 נַשָּׁק. 2 יַצְרַן נֶשֶׁק
armoury n נַשָּׁקִיָּה
armpit n שֶׁחִי, בֵּית הַשֶּׁחִי
arms npl 1 נֶשֶׁק. 2 לְחִימָה, מִלְחָמָה
army n 1 צָבָא. 2 חַיִל. 3 מַחֲנֶה.
4 הָמוֹן
army corps גַּיִס, כֹּחוֹת הַיַּבָּשָׁה
arnica n אַרְנִיקָה
aroma n בֹּשֶׂם, רֵיחַ, נִיחוֹחַ, בְּסֹמֶת
aromatic adj רֵיחָנִי, בָּשְׂמִי, אֲרוֹמָטִי
arose to arise זְמַן עָבָר שֶׁל
around adv, prep מִכָּל צַד, סָבִיב
arouse vt עוֹרֵר, הֵעִיר, הֵנִיעַ
arpeggio n שְׁבָרִים, אַרְפֶּגְ׳יוֹ
arraign vt הֶאֱשִׁים
arraignment n הַאֲשָׁמָה
arrange vt 1 סִדֵּר, עָרַךְ, הִתְאִים. 2 מִיֵּן,
סִגֵּל, קִבֵּץ. 3 יִשֵּׁב
arrangement n 1 סִדּוּר, עֲרִיכָה, מִיּוּן.
2 יִשּׁוּב, סִגּוּל. 3 הֶסְכֵּם.
4 עִבּוּד. 5 שִׁיטָה, חֲלֻקָּה.
6 תַּסְכִּית
arrant adj 1 מֻשְׁלָם, מֻבְהָק, מֻחְלָט.
2 גָּמוּר
array vt, n 1 סִדֵּר, עָרַךְ. 2 הִלְבִּישׁ.
3 לָבַשׁ, הִתְלַבֵּשׁ, הִתְקַשֵּׁט.

הֲגִיָּה. 3 הֶגֶה

artifact, artefact n 1 מַכְשִׁיר. 2 מְתֻקָּן. 3 כְּלִי קָדוּם

artifice n 1 תַּחְבּוּלָה, מְזִמָּה, תִּמְרוֹן. 2 מְיֻמָּנוּת

artificer n אֻמָּן, בַּעַל מְלָאכָה

artificial adj מְלָאכוּתִי, מְעֻשֶּׂה, לֹא־טִבְעִי

artificially adv מְלָאכוּתִית

artillery n 1 אַרְטִילֶרְיָה, חֵיל תּוֹתְחָנִים. 2 תּוֹתָחִים

artilleryman n תּוֹתְחָן

artisan n בַּעַל מְלָאכָה, אֻמָּן, חָרָשׁ

artist n 1 אָמָּן. 2 צַיָּר. 3 בַּדְּרָן, שַׂחְקָן

artistic adj אָמָּנוּתִי

artistically adv בְּאָמָּנוּת

artless adj 1 מְגֻשָּׁם, מְסֻרְבָּל. 2 כֵּן, תָּם, אֲמִתִּי. 3 מְחֻסַּר אָמָּנוּת

artlessly adv בִּתְמִימוּת, בְּטִבְעִיּוּת

artlessness n טִבְעִיּוּת, תְּמִימוּת

arts and crafts 1 מְלֶאכֶת מַחֲשֶׁבֶת. 2 אָמָּנֻיּוֹת וְאֻמָּנֻיּוֹת

Aryan adj, n אָרִי, הֹדּוּ־אֵירוֹפִּי

as conj 1 כְּפִי, כְּמוֹ. 2 כְּשֶׁ־. 3 הוֹאִיל, כֵּיוָן. 4 כְּדֵי, לְמַעַן. 5 בְּאֹפֶן שֶׁ־, כָּךְ שֶׁ־. 6 כְּ־

as big as גָּדוֹל כְּ־

as far as עַד כַּמָּה שֶׁ־

as for, as to אֲשֶׁר לְ־

as if conj כְּאִלּוּ

as much as בְּדוֹמֶה

as regards בְּנוֹגֵעַ

as well as בְּנוֹסָף עַל

as yet עַד כֹּה, לְפִי שָׁעָה

asbestos n אַסְבֶּסְט, אַמְיַנְטוֹן

ascend vi עָלָה, טִפֵּס, הִתְרוֹמֵם

ascendancy(dency) n 1 הַשְׁפָּעָה. 2 שְׁלִיטָה, הִשְׁתַּלְּטוּת

ascendant(dent) adj, n 1 זוֹרֵחַ. 2 עוֹלֶה, מִתְרוֹמֵם. 3 מִתְנַשֵּׂא. 4 הִשְׁתַּלְּטוּת, שְׁתַלְּטָנוּת. 5 עֲדִיפוּת. 6 אָב רִאשׁוֹן

ascension n 1 עֲלִיָּה. 2 הִתְרוֹמְמוּת

ascent n 1 טִפּוּס, מַעֲלֶה. 2 עֲלִיָּה, הִתְרוֹמְמוּת. 3 הַר, פִּסְגָּה

ascertain vt וִדֵּא, אִמֵּת, בָּדַק, אִשֵּׁר

ascertainable adj שֶׁנִּתָּן לְוִדּוּא

ascetic adj, n 1 סַגְּפָנִי, נְזִירִי. 2 מַחְמִיר. 3 סַגְּפָן, פָּרוּשׁ, נָזִיר

ascetically adv בְּסַגְּפָנוּת, בִּפְרִישׁוּת

ascites n מַיֶּמֶת הַצֶּפֶק

ascorbic adj צַפְדִּינִי

ascorbic acide וִיטָמִין C

ascribable adj נִתָּן לְיַחֵס, נִתָּן לְשַׁיֵּךְ

ascribe vt יִחֵס לְ־, תָּלָה בְּ־, שִׁיֵּךְ־

ascription n 1 יִחוּס, שִׁיּוּךְ. 2 שִׁיר מִזְמוֹר, הַלֵּל

asepsis n אִי־אֶלַח, לֹא־אֶלַח, אַל־אֶלַח

aseptic adj לֹא־אָלוּחַ

asexual adj לֹא מִינִי, חֲסַר מִין

asexuality n אִי־מִינִיּוּת

ash n 1 מֵילָא. 2 אֵפֶר, רֶמֶץ. 3 פֶּגֶר

ashamed adj נִכְלָם, מְבֻיָּשׁ, בּוֹשׁ, מִתְבַּיֵּשׁ

ashamedly adv בְּבַיְּשָׁנוּת

ashen adj 1 אָפֹר. 2 אַפְרוּרִי

ashore adv 1 בַּחוֹף, בַּיַּבָּשָׁה. 2 עַל הַחוֹף

ash-tray n מַאֲפֵרָה

Asian n, adj אַסְיָנִי, אַסְיָתִי

aside adv 1 בַּצַּד, הַצִּדָּה. 2 לְבַד

asinine adj 1 חֲמוֹרִי. 2 אֱוִילִי, עַקְשָׁנִי, טִפְּשִׁי

ask vt 1 שָׁאַל, דָּרַשׁ, תָּבַע. 2 בִּקֵּשׁ, הִזְמִין

ask for vt בִּקֵּשׁ, הִזְמִין

askance, askant adv 1 בַּאֲלַכְסוֹן. 2 בַּעֲקִיפִין. 3 בַּחֲשְׁדָנוּת

askew adv 1 בְּבוּז, בְּבִטּוּל. 2 עָקֹם. 3 בַּאֲלַכְסוֹן

aslant adv בַּאֲלַכְסוֹן, בְּשִׁפּוּעַ

asleep adv, adj 1 יָשֵׁן, נִרְדָּם. 2 בְּתַרְדֵּמָה

asparagus n אַסְפָּרָגוּס

aspect n 1 מַרְאֶה, חָזוּת. 2 הֶבֵּט. 3 פָּנִים,

דְּמוּת, בְּחִינָה, נְקֻדַּת מַבָּט.

aspen n צַפְצָפָה רַעֲדָנִית

asperity n 1 חִסְפּוּס, גַּסּוּת. 2 נֻקְשׁוּת, קַשְׁיוּת

asperse vt 1 זִלֵּף. 2 הִשְׁמִיץ, הִלְעִיז, הֶעֱלִיל

aspersion n 1 הַשְׁמָצָה, עֲלִילָה. 2 גְּנוּת, דֹּפִי

asphalt vt, n 1 חִמֵּר, אִסְפֵּלְט. 2 חֵמָר, אַסְפַלְט

Asphodelus n עִירִית (צמח)

asphyxia n חֶנֶק, תַּשְׁנִיק

asphyxiate vt הֶחֱנִיק, נֶחֱנַק, שִׁנֵּק

asphyxiation n מַחֲנָק, תַּשְׁנִיק, חֶנֶק

aspic n 1 אֶפְעֶה. 2 קְרִישׁ, אֱזוֹבְיוֹן. 3 מִקְפָּא

aspirant n 1 שׁוֹאֵף. 2 מֻעֲמָד

aspirate vt, n 1 נָשַׁף, נָשַׁב. 2 בִּטֵּא הָאוֹת H. 3 מְנֻשָּׁף

aspiration n 1 שְׁאִיפָה, שְׁאִיבָה, נְשִׁיפָה. 2 נִשּׁוּף. 3 שְׁאַפְתָּנוּת, תְּשׁוּקָה

aspire vi שָׁאַף, הִתְאַוָּה, הִשְׁתּוֹקֵק

aspirin n אַסְפִּירִין

ass n 1 חֲמוֹר, אָתוֹן, עַיִר, פֶּרֶא. 2 טִפֵּשׁ, עִקֵּשׁ, מְטֻמְטָם. 3 עַכּוּז

assail vt הִתְקִיף, הִסְתָּעֵר, הִתְנַפֵּל

assailable adj פָּגִיעַ

assailant n מַתְקִיף, מִתְנַפֵּל

assassin n מִתְנַקֵּשׁ, רוֹצֵחַ, הוֹרֵג

assassinate vt 1 רָצַח, הָרַג. 2 הִתְנַקֵּשׁ

assassination n 1 רֶצַח. 2 רְצִיחָה, הֲרִיגָה

assault vt, n 1 הִתְנַפֵּל, הִסְתָּעֵר, הִתְקִיף. 2 תָּקַף, הָמַם. 3 אָנַס. 4 הַתְקָפָה, הִתְנַפְּלוּת. 5 תְּקִיפָה, אֹנֶס

assay vt, n 1 בָּדַק, בָּחַן. 2 נִסָּה, הֵעֵז. 3 בְּדִיקָה

assemblage n 1 קִבּוּץ, אִסּוּף, לִקּוּט. 2 הַרְכָּבָה. 3 כִּנּוּס, צִבּוּר

assemble vti 1 הִרְכִּיב. 2 אָסַף, לִקֵּט, קִבֵּץ. 3 הִתְאַסֵּף, הִתְקַבֵּץ, הִתְכַּנֵּס

assembly n 1 כֶּנֶס. 2 עֲצֶרֶת, כִּנּוּס, אֲסֵפָה, וְעִידָה. 3 בֵּית מְחוֹקְקִים. 4 קִבּוּץ, צִבּוּר. 5 הַרְכָּבָה

assembly-line n סֶרֶט נָע

assent vt, n 1 הִסְכִּים, אִשֵּׁר, הוֹדָה. 2 הַסְכָּמָה, אִשּׁוּר, הוֹדָאָה

assertion n 1 הַכְרָזָה, הוֹדָעָה. 2 טַעֲנָה. 3 הַחְלָטָה. 4 הַבְטָחָה

assertive adj דַּעְתָּן

assertiveness n דַּעְתָּנוּת

assess vt הֶעֱרִיךְ, שָׂם, אָמַד, קָבַע

assessment n 1 שׁוּמָה. 2 הַעֲרָכָה, אֻמְדָּן, עֵרֶךְ. 3 מַס, מִסּוּי

assessor n מַעֲרִיךְ, שַׁמַּאי

asset n 1 נֶכֶס, רְכוּשׁ. 2 נְכָסִים, אַקְטִיב. 3 פְּרִיט

asseverate vt אִשֵּׁר, הֵעִיד, הִצְהִיר

asseveration n אִשּׁוּר, הַצְהָרָה, הַכְרָזָה

assiduity n 1 שַׁקְדָנוּת, הַתְמָדָה, חָרִיצוּת. 2 תְּשׂוּמֶת־לֵב

assiduous adj שַׁקְדָן, מַתְמִיד, חָרוּץ

assign vt 1 הוֹעִיד, הֶעֱבִיר. 2 מִנָּה, יִחֵד, קָבַע. 3 הִקְצִיב, הִקְצָה, הִמְחָה. 4 פָּסַק

assignation n 1 מִנּוּי. 2 הַעֲבָרָה, חֲלֻקָּה. 3 הַפְקָדָה, הַזְמָנָה. 4 פְּגִישָׁה

assignment n 1 תַּפְקִיד, מַטָּלָה, מְשִׂימָה. 2 הַפְקָדָה, הַמְחָאָה, הַקְצָבָה. 3 הַעֲבָרַת נְכָסִים. 4 שְׁטַר הַעֲבָרָה

assimilate vti 1 בָּלַע, סָפַג, קָלַט. 2 סִגֵּל, נִטְמַע, נִקְלַט. 3 הִסְתַּגֵּל, הִתְבּוֹלֵל

assimilation n 1 טְמִיעָה, מִזּוּג, הִקָּלְטוּת. 2 הִתְבּוֹלְלוּת, הִטָּמְעוּת

assist vti 1 עָזַר, סִיֵּעַ, תָּמַךְ. 2 הִשְׁתַּתֵּף, נָכַח

assistance n עֶזְרָה, סִיּוּעַ, תְּמִיכָה, סַעַד

assistant n 1 עוֹזֵר, סְגָן. 2 מְסַיֵּעַ, סַיַּעַת,

תּוֹמֵךְ, סַיָּעַן, אַסִּיסְטֶנְט

assize n 1 בֵּית דִּין, בֵּית מִשְׁפָּט. 2 מִשְׁפָּט, יְשִׁיבַת בֵּית מִשְׁפָּט

associate vti, adj, n 1 חִבֵּר, שִׁתֵּף, צֵרַף. 2 קִשֵּׁר, לִוָּה, הִסְמִיךְ. 3 הִתְחַבֵּר, הִתְרוֹעֵעַ, הִצְטָרֵף. 4 חָבֵר, שֻׁתָּף, יְדִיד. 5 בַּעַל בְּרִית

association n 1 הִתְאַחֲדוּת, הִתְאַגְּדוּת. 2 אִגּוּד, אֲגֻדָּה. 3 הִתְחַבְּרוּת, שִׁתּוּף, שֻׁתָּפוּת. 4 אַסּוֹצְיַאצְיָה

assonance n הַצְלָלָה, תֵּאוּם צְלִילִים

assorted adj 1 מְמֻיָּן, מְסֻדָּר. 2 מְגֻוָּן

assortment n 1 סִוּוּג, מִיּוּן, סִדּוּר. 2 מִבְחָר, מִגְוָן

assuage vt 1 שִׁכֵּךְ, רִכֵּךְ, הִמְתִּיק, הִשְׁקִיט. 2 פִּיֵּס

assume vt 1 הִנִּיחַ, שִׁעֵר. 2 נָטַל, קִבֵּל עַל עַצְמוֹ, הִתְנַשֵּׂא. 3 לָבַשׁ, הִתְחַפֵּשׂ, הֶעֱמִיד פָּנִים

assuming adj מִתְיַמֵּר, מִתְרַבְרֵב, יֻמְרָנִי

assumption n הַנָּחָה, הַשְׁעָרָה, סְבָרָה. הִתְרַבְרְבוּת, הִתְנַשְּׂאוּת

assurance n 1 הַבְטָחָה, הַצְהָרָה. 2 עֵדוּת, תִּקְוָה. 3 אֵמוּן, אֱמוּנָה. 4 בִּטָּחוֹן, בִּטְחָה, בִּטּוּחַ. 5 הֶעָזָה

assure vt 1 בִּטַּח, הִבְטִיחַ. 2 הֵפִיחַ תִּקְוָה, עוֹרֵר אֵמוּן

assured adj 1 מֻבְטָח. 2 בָּטוּחַ. 3 מְבֻטָּח

assuredly adv בְּלִי סָפֵק

asterisk n כּוֹכָבִית (*)

astern adv 1 לְאָחוֹר, אֲחוֹרַנִּית. 2 בַּיַּרְכָתַיִם, לַיַּרְכָתַיִם

asthma n קַצֶּרֶת, אַסְתְּמָה

asthmatic adj 1 חוֹלֵה קַצֶּרֶת. 2 קַצַּרְתִּי, אַסְתְּמָתִי

astigmatism n אַסְטִיגְמָטִיּוּת

astonish vt הִדְהִים, הִפְתִּיעַ, הִפְלִיא

astonishing adj מַפְלִיא, מַתְמִיהַּ

astonishment n 1 תַּדְהֵמָה, תִּמָּהוֹן, פְּלִיאָה. 2 הִשְׁתּוֹמְמוּת, הִתְפַּלְּאוּת

astound vt הִדְהִים, הִפְתִּיעַ, הִפְלִיא

astrakhan n אַסְטְרָכָן (פרווה)

astray adv, adj 1 טוֹעֶה. 2 שֶׁלֹּא בְּדֶרֶךְ הַיָּשָׁר

astride adv, adj בְּפִשּׂוּק, לָרֹחַב

astringent n, adj 1 מְכַוֵּץ. 2 מַחְמִיר

astrologer n אִצְטַגְנִין, אַסְטְרוֹלוֹג

astrological adj אִצְטַגְנִינִי, אַסְטְרוֹלוֹגִי

astrology n אִצְטַגְנִינוּת, אַסְטְרוֹלוֹגְיָה

astronaut n טַיַּס חָלָל, אַסְטְרוֹנָאוּט

astronautics n אַסְטְרוֹנָאוּטִיקָה

astronomer n תּוֹכֵן, אַסְטְרוֹנוֹם

astronomical adj 1 אַסְטְרוֹנוֹמִי. 2 גָּדוֹל, עָצוּם

astronomy n אַסְטְרוֹנוֹמְיָה, תְּכוּנָה

astute adj 1 עָרוּם, חָרִיף, שָׁנוּן. 2 פִּקֵּחַ, מַבְחִין, פִּקְחִי

astutely adv 1 בְּעָרְמָה. 2 בְּפִקְחוּת

astuteness n עָרְמָה, פִּקְחוּת, שְׁנִינוּת

asunder adv 1 לִקְרָעִים, לַחֲלָקִים, לִרְסִיסִים. 2 בְּנִפְרָד

asylum n 1 מִקְלָט. 2 בֵּית מַחֲסֶה. 3 מוֹסָד לְחוֹלֵי נֶפֶשׁ

at prep בְּ־, לְיַד, סָמוּךְ, מִ־, לְעֵבֶר, עַל, בִּגְלַל, כְּלַפֵּי

atavism n אֲטָבִיזְם

atavistic adj אֲטָבִיסְטִי

ataxia n שִׁגָּשׁוֹן

ate to eat זמן עבר של הפועל

atelier nb חֲדַר עֲבוֹדָה, אֲטֶלְיֶה

atheism n אַתֵּיאִיזְם, אֶפִּיקוֹרְסוּת

atheist n כּוֹפֵר, אֶפִּיקוֹרוֹס, אַתֵּיאִיסְט

atheistic adj אַתֵּיאִיסְטִי

athlete n אַתְלֵט, סְפּוֹרְטַאי

athletic adj אַתְלֵטִי

athletics npl אַתְלֵטִיקָה

at home קַבָּלַת אוֹרְחִים

atlas n אַטְלַס, מַפּוֹן

atmosphere n אַטְמוֹסְפֵירָה, אֲוִירָה

atmospheric adj אַטְמוֹסְפֵירִי

atmospherics npl הַפְרָעוֹת אַטְמוֹסְפֵירִיּוֹת

atoll n אָטוֹל, אִי אַלְמֻגִּים

atom n גַּרְעִין, אָטוֹם

atom bomb n פְּצָצָה אֲטוֹמִית

atomic adj אֲטוֹמִי, גַּרְעִינִי

atone vi 1 כִּפֵּר, פִּיֵּס, רִצָּה. 2 הִתְפַּיֵּס, הִתְרַצָּה

atonement n 1 כַּפָּרָה, כִּפּוּר, רִצּוּי, פִּצּוּי. 2 תְּשׁוּבָה, הִתְפַּיְּסוּת

atop adv, prep בְּרֹאשׁ, עַל גַּבֵּי

atrocious adj 1 אַכְזָרִי, רָשָׁע, נִתְעָב. 2 מָאוּס, מְתֹעָב

atrociously adv בְּרִשְׁעוּת, בְּאַכְזְרִיּוּת

atrocity n 1 מַעֲשֶׂה זְוָעָה. 2 אַכְזְרִיּוּת, רִשְׁעוּת

atrophy vi, n 1 הִתְנַוֵּן, הִתְכַּלָּה. 2 נִוּוּן, דִּלְדּוּל, הִתְנַוְּנוּת

attach vti 1 חִבֵּר, צֵרֵף, סִפֵּחַ. 2 יִחֵס. 3 רָתַם. 4 הִתְחַבֵּר, הִצְטָרֵף

attachment n 1 הִתְקַשְּׁרוּת, הִתְחַבְּרוּת. 2 חִבָּה, הוֹקָרָה, אַהֲבָה. 3 מַצְמֵד. 4 עִקּוּל

attack vt, n 1 הִתְקִיף, הִתְנַפֵּל, הִכָּה. 2 הֶעֱלִיב, פָּגַע. 3 פְּגִיעָה, הַעֲלָבָה, הֲצָקָה. 4 הִתְנַפְּלוּת, הַתְקָפָה, תְּקִיפָה, הֶתְקֵף

attacker תּוֹקֵף, מַתְקִיף

attain vt הִשִּׂיג, בִּצַּע, הִרְוִיחַ, רָכַשׁ

attain to vt הִגִּיעַ לְ־

attainder n 1 שְׁלִילַת זְכֻיּוֹת. 2 הַחְרָמַת נְכָסִים. 3 פְּסוּל

attainment n 1 הַשָּׂגָה, הֶשֵּׂג, רְכִישָׁה. 2 קִנְיָן. 3 כִּשְׁרוֹן

attempt vt, n 1 נִסָּה, הִשְׁתַּדֵּל. 2 נִסָּיוֹן, הִשְׁתַּדְּלוּת. 3 הִתְנַקְּשׁוּת

attend vti 1 נָכַח. 2 הִקְשִׁיב. 3 טִפֵּל, נִהֵל, שֵׁרֵת, שִׁמֵּשׁ. 4 הִשְׁגִּיחַ. 5 לִוָּה, שָׂם לֵב

attendance n 1 נוֹכְחוּת. 2 שֵׁרוּת, טִפּוּל. 3 הַקְשָׁבָה. 4 כְּבֻדָּה. 5 בִּקּוּר

attendant n, adj 1 נוֹכֵחַ, מַקְשִׁיב. 2 מְטַפֵּל, לַבְלָר, מַשְׁגִּיחַ. 3 מְלַוֶּה, בֶּן־לְוָיָה

attention n 1 הַקְשָׁבָה, קֶשֶׁב, תְּשׂוּמֶת־לֵב. 2 טִפּוּל, דְּאָגָה. 3 אֲדִיבוּת

Attention! int הַקְשֵׁב !, הִכּוֹן !

attentive adj 1 מַקְשִׁיב, דּוֹאֵג, שָׂם לֵב, מַשְׁגִּיחַ. 2 קַשּׁוּב, אָדִיב, מְנֻמָּס. 3 מְחַזֵּר

attentively adv בְּהַקְשָׁבָה, בִּדְאָגָה, בִּתְשׂוּמֶת־לֵב

attenuate vt, adj 1 הִדְלִיל, הִקְלִישׁ, מָהַל, הֶחֱלִישׁ. 2 קָלוּשׁ, דָּלִיל. 3 מִתְחַדֵּד

attest vti הֵעִיד, הִצְהִיר, הוֹכִיחַ, אִשֵּׁר

attic n עֲלִיַּת גַּג, עֲלִיָּה

Attic adj 1 שֶׁל אַטִּיקָה, אַתּוּנָה. 2 עָדִין, הָדוּר. 3 מְעֻדָּן, פִּקֵּחַ

attire vt, n 1 הִלְבִּישׁ, סִדֵּר. 2 פֵּאֵר, קִשֵּׁט. לְבוּשׁ

attitude n 1 עֶמְדָּה, מַצָּב. 2 גִּישָׁה, יַחַס, נְטִיָּה. 3 מַרְאֶה, כַּוָּנָה

attitudinize vi הֶעֱמִיד פָּנִים

attorney n 1 עוֹרֵךְ דִּין, פְּרַקְלִיט, סָנֵגוֹר, טוֹעֵן. 2 שָׁלִיחַ, מֻרְשֶׁה

attorney general n פְּרַקְלִיט הַמְּדִינָה, תּוֹבֵעַ כְּלָלִי

attract vt 1 מָשַׁךְ, סָחַב, גָּרַר. 2 צוֹדֵד. 3 הִקְסִים

attraction n 1 מְשִׁיכָה, סְחִיבָה, גְּרִירָה. 2 קֶסֶם, מִקְסָם, פִּתּוּי. 3 בִּדּוּר, שַׁעֲשׁוּעַ, אַטְרַקְצְיָה

attractive adj 1 מוֹשֵׁךְ. 2 מַקְסִים, חִנָּנִי. 3 מְצוֹדֵד

attributable adj שֶׁנִּתָּן לְיַחֲסוֹ

attribute vt, n 1 יִחֵס. 2 קִשֵּׁר, תָּלָה בְּ־, זָקַף. 3 תְּכוּנָה, סְגֻלָּה, סֵמֶל. 4 טִיב, אֹפִי, טֶבַע. 5 לְוַאי, כִּנּוּי. 6 סֶפַח

attribution n 1 יִחוּס, סַמְכוּת, תְּכוּנָה.
2 כִּנּוּי, לְוַאי. 3 תִּלּוּי
attrition n 1 הַתָּשָׁה. 2 הִשְׁתַּחֲקוּת,
שִׁפְשׁוּף, הַפְחָתָה, חִכּוּךְ.
3 חֲרָטָה, כַּפָּרָה, נֹחַם
attune vt 1 כִּוֵּן, כּוֹנֵן. 2 תֵּאֵם, הִתְאִים
aubergine n חָצִיל
auburn adj עַרְמוֹנִי, חוּם זָהֹב
auction vt, n 1 מָכַר בִּמְכִירָה פֻּמְבִּית.
2 מְכִירָה פֻּמְבִּית
audacious adj 1 נוֹעָז, אַמִּיץ. 2 חָצוּף,
מַעֲלִיב. 3 הַרְפַּתְקָנִי
audaciously adv 1 בְּעֹז, בְּאֹמֶץ.
2 בְּחֻצְפָּה
audacity n 1 הֶעָזָה, אֹמֶץ, עֹז.
2 חֻצְפָּה, הַעֲלָבָה
audibility n שְׁמִיעוּת
audible adj שָׁמִיעַ, נִשְׁמָע
audibly adv בְּקוֹל, בְּקוֹל רָם
audience n 1 שְׁמִיעָה, הַאֲזָנָה. 2 קָהָל,
צִבּוּר, אֲסֵפָה. 3 רְאָיוֹן
audio-visual adj אוֹרְקוֹלִי
audit vt, n 1 רָאָה חֶשְׁבּוֹן. 2 בְּדִיקָה.
3 רְאִיַּת חֶשְׁבּוֹן, בִּקֹּרֶת
חֶשְׁבּוֹנוֹת
audition vti, n 1 הֶאֱזִין, בָּחַן אָמָּן.
2 מִבְחַן בָּמָה
auditor n 1 שׁוֹמֵעַ, מַאֲזִין. 2 רוֹאֵה
חֶשְׁבּוֹן. 3 מְבַקֵּר־חֶשְׁבּוֹנוֹת.
4 שׁוֹמֵעַ חָפְשִׁי
auditorium n אוּלָם, אוֹדִיטוֹרְיוּם
auditory adj, n 1 שִׁמְעִי, שְׁמִיעָתִי.
2 קְהַל שׁוֹמְעִים
auger n מַקְדֵּחַ
aught n 1 מַשֶּׁהוּ, כָּלְשֶׁהוּ, כְּלוּם. 2 אֶפֶס
augment vti 1 הִרְחִיב, הִגְדִּיל, הוֹסִיף.
2 הִתְרַבָּה, הִתְגַּדֵּל, הִתְעַצֵּם
augmentation n 1 גִּדּוּל. 2 הַגְדָּלָה,
הַרְחָבָה, הוֹסָפָה.
3 הִתּוֹסְפוּת
augur vti, n 1 נִחֵשׁ, נִבָּא, רָאָה, בִּשֵּׂר.
2 מְנַחֵשׁ, קוֹסֵם, מַגִּיד עֲתִידוֹת
augury n 1 נִחוּשׁ, בְּשׂוֹרָה, נְבוּאָה.
2 סִימָן, מוֹפֵת, רֶמֶז לַבָּאוֹת
august adj נִשְׂגָּב, מְרוֹמָם, נַעֲרָץ
August n אוֹגוּסְט
aunt n דּוֹדָה
aura n 1 אוֹרָה, הַשְׁרָאָה, הִלָּה, נֹגַהּ.
2 נֶשֶׁם. 3 אֲוִירָה, הַאֲצָלָה
aural adj שְׁמִיעָתִי, שָׁמִיעַ
aureola, aureole n 1 הִלָּה. 2 עֲטָרָה, זֵר
Au revoir (Fr) לְהִתְרָאוֹת! לְהִשְׁתַּמֵּעַ!
auricular adj, n 1 שְׁמִיעָתִי. 2 מְאֻזְנָן.
3 סוֹדִי, חֲשָׁאִי. 4 זֶרֶת.
5 אָזְנִית, אֲפַרְכֶּסֶת
Aurora n שַׁחַר, אַיֶּלֶת הַשַּׁחַר, נֹגַהּ
auspices npl 1 חָסוּת, פַּטְרוֹנוּת, עִדּוּד.
2 אוֹת, סִימָן, מוֹפֵת.
3 הַפְרָחַת יוֹנִים
auspicious adj מוֹפְתִי, מַצְלִיחַ, רָצוּי,
מְבַשֵּׂר טוֹב
austere adj 1 צָנוּעַ, סַגְפָן. 2 חָמוּר,
קָשֶׁה. 3 חָמוּץ. 4 קָשׁוּחַ
austerely adv בְּחֻמְרָה, בְּפַשְׁטוּת
austerity n 1 צֶנַע, פַּשְׁטוּת, חֻמְרָה.
2 קַפְּדָנוּת, נֻקְשׁוּת
autarchy n אוֹטַרְקְיָה
authentic(al) adj 1 אֲמִתִּי, מְהֵימָן, נֶאֱמָן.
2 מֻסְמָךְ, נָכוֹן, בָּדוּק.
3 מְקוֹרִי, אוֹתֶנְטִי
authentically adv 1 אֲמִתִּית, נָכוֹן.
2 בֶּאֱמוּנָה
authenticate vt 1 אִשֵּׁר, וִדֵּא, אִמֵּת.
2 הֵעִיד
authentication n אִשּׁוּר, אִמּוּת, וִדּוּא
authenticity n אֲמִתּוּת, מְהֵימָנוּת,
נְכוֹנוּת, אוֹתֶנְטִיּוּת
author n מְחַבֵּר, סוֹפֵר, יוֹצֵר, מַמְצִיא
authoress n מְחַבֶּרֶת, סוֹפֶרֶת, יוֹצֶרֶת
authoritarian adj, n סַמְכוּתִי
authoritative adj 1 מֻסְמָךְ, מְהֵימָן.
2 סַמְכוּתִי, מָרוּתִי

authority n 1 סַמְכוּת, מָרוּת, שִׁלְטוֹן, רָשׁוּת, מִמְשָׁל. 2 תֹּקֶף, כֹּחַ. 3 בַּר־סַמְכָא, מֻסְמָךְ, מֻמְחֶה
authorization n 1 אִשּׁוּר, הַרְשָׁאָה. 2 יִפּוּי כֹּחַ
authorize vt 1 אִשֵּׁר, הִסְמִיךְ. 2 יִפָּה כֹּחַ
authorship n 1 מְחַבְּרוּת. 2 מָקוֹר, מוֹצָא
autism n עַצְמָנוּת, אוֹטִיזְם
autistic adj עַצְמָנִי, אוֹטִיסְטִי
auto- pref עַצְמִי, אוֹטוֹ־
autobiographic(al) adj אוֹטוֹבִּיוֹגְרָפִי
autobiography n אוֹטוֹבִּיוֹגְרַפְיָה
autocracy n שִׁלְטוֹן יָחִיד, אוֹטוֹקְרַטְיָה, עָרִיצוּת
autocrat n עָרִיץ, אוֹטוֹקְרָט
autocratic adj רוֹדָנִי, עָרִיצִי, אוֹטוֹקְרָטִי
autocratically adj בְּעָרִיצוּת, רוֹדָנִית, אוֹטוֹקְרָטִית
auto-da-fé 1 אוֹטוֹדָפֶה. 2 מוֹקֵד
autograph vt, n 1 חָתַם. 2 חֲתִימָה, אוֹטוֹגְרָף
automate vt מִכֵּן
automatic adj 1 מֻכָּנִי, אוֹטוֹמָטִי. 2 מְשִׁיבוֹן
automatically adv מֻכָּנִית, אוֹטוֹמָטִית
automation n מִכּוּן, אוֹטוֹמַצְיָה
automaton n אוֹטוֹמָט, גֹּלֶם, רוֹבּוֹט
automobile n מְכוֹנִית
antonomous adj 1 אוֹטוֹנוֹמִי, עַצְמָאִי. 2 רִבּוֹנִי
autonomy n אוֹטוֹנוֹמְיָה
autopsy n נִתּוּחַ לְאַחַר הַמָּוֶת, אוֹטוֹפְּסְיָה
autostrada n אוֹטוֹסְטְרָדָה
autumn n 1 סְתָו. 2 שַׁלֶּכֶת. 3 אָסִיף. 4 בָּצִיר. 5 זִקְנָה
autumnal adj סְתָוִי, סִתְוָנִי
auxiliary adj, n 1 מְסַיֵּעַ, עוֹזֵר, נוֹסָף. 2 עֵזֶר, סִיּוּעַ, סַעַד. 3 מְשָׁרֵת
avail vti, n 1 הוֹעִיל, סִיֵּעַ. 2 תּוֹעֶלֶת, יִתְרוֹן, רֶוַח, הַכְנָסָה

available adj 1 זָמִין. 2 שָׁמִישׁ, מוּכָן, שִׁמּוּשִׁי
avalanche n גֶּלֶשׁ, גַּלְשׁוֹן, מַפֹּלֶת שֶׁלֶג
avant-garde n חָלוּץ, מְחַדֵּשׁ, אֲוַנְגַּרְד
avarice n קַמְצָנוּת, חַמְדָנוּת, תַּאֲוָה
avaricious adj קַמְצָן, כִּילַי, חַמְדָן
avariciously adv בְּקַמְצָנוּת, בְּחַמְדָנוּת
avenge vt נָקַם, הִתְנַקֵּם
avenger n 1 נוֹקֵם, מִתְנַקֵּם. 2 גּוֹאֵל הַדָּם
avenue n 1 שְׂדֵרָה. 2 מָבוֹא, כְּנִיסָה. 3 דֶּרֶךְ, אֶמְצָעִי
aver vt אִמֵּת, אִשֵּׁר, הוֹכִיחַ
average vti, n, adj 1 מִצַּע, הִתְמַצֵּעַ. 2 מְמֻצָּע, בֵּינוֹנִי. 3 רָגִיל, תַּקִּין, סָדִיר. 4 נֶזֶק יַמִּי
averse adj 1 מוֹאֵס, בּוֹחֵל, סוֹלֵד, שׁוֹלֵל. 2 מִתְנַגֵּד
aversion n 1 סְלִידָה, בְּחִילָה, תִּעוּב, שִׂנְאָה. 2 הִתְנַגְּדוּת
avert vt הֵסֵב, דָּחָה, הִטָּה, מָנַע, הִרְחִיק
aviary n כְּלוּב עוֹפוֹת, שׁוֹבָךְ
aviation n תְּעוּפָה, טִיסָה, טַיִס
aviator n טַיָּס
avid adj 1 חוֹמֵד, חַמְדָן, חוֹשֵׁק. 2 תָּאֵב, לָהוּט, מִשְׁתּוֹקֵק
avidity n 1 חַמְדָנוּת, תְּשׁוּקָה, תַּאַוְתָנוּת. 2 לְהִיטוּת
avidly adv בְּתַאַוְתָנוּת
avocado n אֲבוֹקָדוֹ
avocation n 1 תַּחְבִּיב. 2 מְלָאכָה. 3 בִּדּוּר
avoid vt 1 הִתְרַחֵק, הִתְחַמֵּק, נִמְנַע. 2 פָּסַל, בִּטֵּל, הֵפֵר
avoidable adj שֶׁנִּתָּן לְהִמָּנַע מִמֶּנּוּ
avoidance הִמָּנְעוּת, הִתְרַחֲקוּת, הִסְתַּלְּקוּת
avoirdupois n אַבוּאַרְדִּיפּוּאָה (משקל)
avow vt 1 הִכְרִיז, הוֹדִיעַ. 2 הִתְוַדָּה, אִשֵּׁר
avowal n 1 הַכְרָזָה, הוֹדָאָה. 2 הִתְוַדּוּת
avowedly adv בְּגָלוּי, בְּפֻמְבֵּי

await vt חִכָּה, צִפָּה
awake vti, adj 1 עוֹרֵר, הֵקִיץ, זֵרֵז. 2 הִתְעוֹרֵר. 3 עֵר, פָּעִיל
awaken vti 1 הֵעִיר, עוֹרֵר, הֵקִיץ. 2 הִתְעוֹרֵר
awakened adj עֵר, פָּעִיל
awakening n הִתְעוֹרְרוּת, יְקִיצָה
award vt, n 1 הֶעֱנִיק, זִכָּה, מִנָּה. 2 פָּסַק. 3 פְּרָס, עִטּוּר, אוֹת הִצְטַיְּנוּת. 4 פְּסַק־דִּין, הַחְלָטָה. 5 תַּשְׁלוּם
aware adj 1 יוֹדֵעַ, מַכִּיר, עֵרָנִי, עֵר. 2 חָשׁ
away adv 1 רָחוֹק, מִחוּץ לְ־. 2 נֶעְדָּר. 3 בְּלִי הֶרֶף. 4 בְּוִתּוּר
awe vt, n 1 עוֹרֵר יִרְאַת כָּבוֹד. 2 יִרְאַת כָּבוֹד, הַעֲרָצָה, חֶרְדַּת קֹדֶשׁ. 3 פַּחַד, יִרְאָה, אֵימָה, פַּלָּצוּת
awe-inspiring adj 1 נַעֲרָץ. 2 מְעוֹרֵר יִרְאַת כָּבוֹד
awesome adj 1 נִשְׂגָּב. 2 מְעוֹרֵר יִרְאַת כָּבוֹד
awe-stricken, awe-struck adj מָלֵא יִרְאַת כָּבוֹד
awful adj 1 מַפְחִיד, מַבְעִית. 2 נוֹרָא, אָיֹם. 3 מְכֹעָר. 4 גָּדוֹל, עָצוּם
awfully adv 1 בְּפַחַד, בְּאֵימָה. 2 מְאֹד
awh n מַלְעָן
awhile adv לְרֶגַע, לִזְמַן־מָה
awkward adj 1 גַּמְלוֹנִי, מְגֻשָּׁם, אִטִּי. 2 מֵבִיךְ, טִפְּשִׁי, חֲסַר־חֵן
awkwardly adv בְּחֹסֶר חֵן
awkwardness n גַּשְׁמִיּוּת, אֱוִילוּת, חֹסֶר טַעַם
awl n מַרְצֵעַ
awning n סוֹכֵךְ, יְרִיעָה, אֹהֶל
awoke, awoken זמן עבר ובינוני של הפועל to awake
awry adv בִּמְעֻקָּם, אֲלַכְסוֹנִי
ax, axe n גַּרְזֶן, קַרְדֹּם
axe vt קִצֵּץ, חָטַב
axiom n 1 אֲמִתָּה, מֻשְׂכָּל רִאשׁוֹן. 2 עִקָּר, חֹק, אַקְסְיוֹמָה
axiomatic adj מוּבָן מֵאֵלָיו, אַקְסְיוֹמָטִי
axis n 1 צִיר. 2 בְּרִיחַ, קָנֶה
axle n סֶרֶן, צִיר, סַדָּן, גַּל
aye adv 1 תָּמִיד, לְעוֹלָם, לָנֶצַח. 2 כֵּן, הֵן
azure adj, n 1 כָּחֹל, תָּכֹל. 2 תְּכֵלֶת הַשָּׁמַיִם

B

B, b — ב׳, ב׳ הָאוֹת הַשְּׁנִיָּה בָּאָלֶף־בֵּית הָאַנְגְּלִי

baa vi, n — 1 פָּעָה, גָּעָה. 2 פְּעִיָּה, גְּעִיָּה

babble vit, n — 1 פִּטְפֵּט, מִלְמֵל, קִשְׁקֵשׁ. 2 פִּטְפּוּט, הֶמְיָה, מִלְמוּל

babbler n — פַּטְפְּטָן, מַלְמְלָן, קַשְׁקְשָׁן

babe n — 1 עוֹלָל, תִּינוֹק. 2 תָּמִים. 3 נַעֲרָה

Babel nn — בָּבֶל

babel n — הֲמֻלָּה, עִרְבּוּבְיָה

baboon n — בַּבּוּן

baby vt, n — 1 פִּנֵּק. 2 תִּינוֹק, תִּינֹקֶת, עוֹלָל. 3 תָּמִים, פַּחְדָן

baby-carriage n — עֶגְלַת יְלָדִים

baby-faced adj — 1 בַּעַל פַּרְצוּף תִּינוֹקִי. 2 תָּמִים

baby grand n — פְּסַנְתֵּר כָּנָף קָטָן

babyhood n — יַנְקוּת

Babylon n — בָּבֶל

Babylonian adj — 1 בַּבְלִי. 2 בַּבְלִית

baby-sit — שְׁמַרְטֵף

baby-sitter n — שְׁמַרְטַף, שׁוֹמֵר טַף

baby-sitting n — שְׁמַרְטַפּוּת, שְׁמִירַת טַף

baby-talk n — שָׂפָה תִּינוֹקִית

baccalaureate n — 1 תֹּאַר הַבּוֹגֵר. 2 דְּרָשָׁה. 3 בַּגְרוּת

bacchanal adj, n — 1 שִׁכּוֹר, הוֹלֵל. 2 הִלּוּלָה

bacchanalian adj — בַּקְכָנָלִי

Bacchus n — בַּקְכוּס

bachelor n — 1 רַוָּק. 2 בּוֹגֵר אוּנִיבֶרְסִיטָה

bacillus n — מֶתֶג, חַיְדַּק

back vt, adv, adj, n — 1 תָּמַךְ, עָזַר, סִיֵּעַ. 2 נָע לְאָחוֹר. 3 כָּרַךְ. 4 הִמֵּר. 5 אֲחוֹרִי, מְרֻחָק. 6 אֲחוֹרַנִּית. 7 גַּב, מִסְעָד, מִשְׁעָן. 8 שִׁדְרָה. 9 כְּרִיכָה

backache n — מֵחוֹשׁ גַּב, כְּאֵב גַּב

back and forth adv — הֵנָּה וָהֵנָּה

backbencher n — יוֹשֵׁב הַסַּפְסָל הָאֲחוֹרִי (פרלמנט)

backbite vi — הִלְעִיז

backbone n — 1 עַמּוּד הַשִּׁדְרָה. 2 עַמּוּד הַתָּוֶךְ. 3 אֹמֶץ

backbreaking adj — מְעַיֵּף

back chat — תְּשׁוּבָה כְּעוּסָה, תְּשׁוּבָה מְחֻצֶּפֶת

back court — יַרְכָּה

backdoor n, adj — 1 כְּנִיסָה אֲחוֹרִית. 2 אָפֵל, סוֹדִי, חֲשָׁאִי

back down vi — נָסוֹג, נִכְנַע

backer n — 1 תּוֹמֵךְ, פַּטְרוֹן, מְמַמֵּן. 2 מְהַמֵּר

backfire vi, n — 1 קִבֵּל תּוֹצָאָה הֲפוּכָה. 2 הִצִּית טֶרֶם זְמַנּוֹ. 3 הַצָּתָה קֹדֶם זְמַנָּהּ. 4 הַתְקָפַת־נֶגֶד

back-formation n — תְּצוּרָה חֲזָרָה

backgammon n — שֵׁשׁ־בֵּשׁ

background n — רֶקַע, מוֹצָא

back-handed adj — 1 בְּלִכְסוּן שְׂמֹאלָה. 2 מְזֻיָּף, לֹא־אֲמִתִּי

backing n — 1 תְּמִיכָה, מִשְׁעָן, עֶזְרָה. 2 תּוֹמְכִין

backlog n — 1 פִּגּוּר מִצְטַבֵּר. 2 עֲתוּדָה, מִצְבּוֹר

back number — עִתּוֹן יָשָׁן

back off — 1 מָשַׁךְ יָדוֹ. 2 נָסוֹג

back pay — תַּשְׁלוּם פִּגּוּרִים

back pedal — 1 שִׁנָּה דַּעְתּוֹ, חָזַר בּוֹ. 2 דִּוֵּשׁ אֲחוֹרַנִּית

backseat n — כִּסֵּא אֲחוֹרִי, מוֹשָׁב אֲחוֹרִי

backseat driver נוֹתֵן עֵצוֹת לְלֹא צֹרֶךְ
backside n עַכּוּז, אָחוֹר
backslide vi 1 חָזַר לְסוּרוֹ, הִתְקַלְקֵל. 2 הִתְפַּקֵּר
back stage n אֲחוֹרֵי הַקְּלָעִים
back stairs n 1 מַדְרֵגוֹת אֲחוֹרִיּוֹת. 2 חֲשָׁאִי, סוֹדִי
back up vi 1 תָּמַךְ בְּ־. 2 זָז אָחוֹרָה
backup n 1 גִּבּוּי. 2 עֹתֶק גִּבּוּי (מחשב)
backward adj 1 פּוֹנֶה לְאָחוֹר. 2 מְפַגֵּר. 3 אִטִּי. 4 מַפְרֵעִי
backward(s) adv אֲחוֹרַנִּית, בְּסֵדֶר הָפוּךְ
backwash n 1 זֶרֶם חוֹזֵר. 2 רִגּוּשׁ, תְּסִיסָה
backwater adj n 1 מָקוֹם נִדָּח. 2 נֶחֱשָׁל
backwoods n שְׁמָמָה, מָקוֹם לֹא מְיֻשָּׁב
bacon n קֹתֶל חֲזִיר
bacterial plaque רֹבֶד חַיְדַּקִּים
bacterium n בַּקְטֶרְיָה, חַיְדַּק, מֶתֶג
bacteriologist n בַּקְטֶרְיוֹלוֹג
bacteriology n בַּקְטֶרְיוֹלוֹגְיָה
bad adj n 1 רַע, גָּרוּעַ. 2 פָּגוּם, פָּסוּל. 3 מְקֻלְקָל, רָקוּב, מַזִּיק, כּוֹזֵב. 4 רָעָה, קַלְקָלָה, רֶשַׁע, חֶסְרוֹן
bade to bid זמן עבר של הפועל
bad form לֹא נִימוּסִי
badge n תָּג, סֵמֶל, עִטּוּר, טוֹטֶפֶת
badger vt n 1 הִרְגִּיז, הִקְנִיט, הִטְרִיד. 2 גִּירִית, תַּחַשׁ. 3 רוֹכֵל
bad looking מְכֹעָר
badly adv 1 בְּאַכְזְרִיּוּת. 2 רַע, לֹא טוֹב, גָּרוּעַ. 3 הַרְבֵּה מְאֹד, בְּמִדָּה רַבָּה
badness n רִשְׁעוּת, רֹעַ
baffle vt n סִכֵּל, הֵבִיךְ, הִפְרִיעַ, בִּלְבֵּל
bag vt n 1 תָּפַס, לָכַד, צָד, שָׂם בַּשַּׂק. 2 נִתְלָה כְּשַׂק. 3 יַלְקוּט, תִּיק, תַּרְמִיל, שַׂק. 4 אַרְנָק. 5 חָרִיט, נֹאד. 6 אִשָּׁה זְקֵנָה
bag and baggage 1 עַל כָּל רְכוּשׁוֹ. 2 לְגַמְרֵי, לַחֲלוּטִין
bagatelle n 1 זוּטָא, זוּטוֹת. 2 מַשֶּׁהוּ, שֶׁמֶץ. 3 נִגּוּן קַל
baggage n 1 מִטְעָן, מִזְוָד. 2 פְּרוּצָה, יַצְאָנִית
baggy adj 1 תָּפוּחַ, נָפוּחַ כְּשַׂק. 2 לֹא מְגֹהָץ
bagpipe n חֵמֶת חֲלִילִים
bail vti n 1 הִפְקִיד. 2 שִׁחְרֵר בְּעַרְבוּת. 3 הֵרִיק מַיִם. 4 עַרְבוּת, עֲרֻבָּה. 5 עָרֵב. 6 דְּלִי. 7 חוֹמָה, דָּיֵק
bail out vit 1 צָנַח. 2 הֵרִיק מַיִם
bailiff n 1 פְּקִיד הוֹצָאָה לְפֹעַל, שְׁלִיחַ בֵּית דִּין. 2 מְפַקֵּחַ עַל אֲחֻזָּה
bait vti n 1 הִתְגָּרָה, הִרְגִּיז, הֵצִיק. 2 שָׂם פִּתָּיוֹן. 3 פִּתָּה, הִקְסִים. 4 חֲנָיָה. 5 פִּתָּיוֹן, פִּתּוּי, מִקְסָם
baize n בֵּיז
bake vti n 1 אָפָה, נֶאֱפָה. 2 הִקְשָׁה בָּאֵשׁ. 3 הִשְׁזִיף. 4 אֲפִיָּה
baker n 1 אוֹפֶה, נַחְתּוֹם. 2 כִּירַיִם
baker's dozen שְׁלֹשָׁה עָשָׂר
bakery מַאֲפִיָּה, מִגְדָּנִיָּה
baking powder אַבְקַת אֲפִיָּה
baking soda סוֹדָה לִשְׁתִיָּה
baksheesh n בַּקְשִׁישׁ, שֹׁחַד, שַׁלְמוֹן
balance vti n 1 אִזֵּן, שָׁקַל, הִשְׁוָה. 2 קִזֵּז. 3 הִשְׁתַּוָּה. 4 נָע בְּתֵאוּם. 5 מֹאזְנַיִם, מִשְׁקָל. 6 שִׁוְיוֹן, פֶּלֶס, אִזּוּן. 7 מַאֲזָן
balance of payments מַאֲזַן הַתַּשְׁלוּמִים
balance of power מַאֲזַן הַכֹּחוֹת
balance of trade מַאֲזָן מִסְחָרִי
balcony n גְּזוּזְטְרָה, יָצִיעַ, מִרְפֶּסֶת
bald adj 1 קֵרֵחַ, גִּבֵּחַ. 2 חָשׂוּף, גָּלוּי. 3 חַדְגּוֹנִי, יָבֵשׁ. 4 חֲסַר עֵרֶךְ
balderdash n דִּבְרֵי הֶבֶל, שְׁטֻיּוֹת, דְּבָרִים בְּטֵלִים
baldly adj בְּגָלוּי, לְלֹא מַסְוֶה
baldness n 1 קֵרְחוּת. 2 קָרַחַת, גַּבַּחַת
bale vt, n 1 אָרַז, צָרַר. 2 חֲבִילָה, צְרוֹר.

3 צָרָה, אָסוֹן

baleful adj מֵמִית, מְכַלֶּה, מַשְׁחִית

balefully adv בְּשִׂנְאָה

bale out vt נֶחֱלַץ (במצנח)

balk vt 1 הֶחְמִיץ, סִכֵּל, אִכְזֵב

balk at vi 1 נֶעֱצַר. 2 הִתְעַקֵּשׁ, הִסְתַּיֵּג

ball vti, n 1 כִּדֵּר. 2 הִתְכַּדֵּר. 3 כַּדּוּר, גֻּלָּה. 4 גַּלְגַּל הָעַיִן. 5 כַּדּוּרִית, גַּל. 6 כֻּפְתָּה. 7 גֶּרֶם שְׁמֵימִי. 8 נֶשֶׁף רִקּוּדִים

ballroom n אוּלַם רִקּוּדִים

ballad n בַּלָּדָה

ballast vt, n 1 שָׂם זְבוֹרִית, אִזֵּן, יִצֵּב. 2 זְבוֹרִית, נֵטֶל, חָצָץ. 3 יַצִּיבוּת, שִׁוּוּי מִשְׁקָל

ball-bearing n מֵסַב שֶׁל גֻּלִּים

ball-cock n בֶּרֶז כַּדּוּרִי

ball-dress, ball-gown n שִׂמְלַת עֶרֶב, שִׂמְלַת רִקּוּדִים

ballerina n רַקְדָנִית בַּלֶּט

ballet n בַּלֶּט, מָחוֹל

ballistic adj בַּלִּיסְטִי

ballistics n בַּלִּיסְטִיקָה

balloon בַּלּוֹן, כַּדּוּר פּוֹרֵחַ

balloonist n 1 בַּלּוֹנַאי. 2 מְרַחֵף בְּכַדּוּר פּוֹרֵחַ

ballot vi, n 1 הִצְבִּיעַ, הִגְרִיל. 2 פֶּתֶק הַצְבָּעָה. 3 הַגְרָלָה

ball-point pen עֵט כַּדּוּרִי

ball up בִּלְבֵּל, סִכְסֵךְ, קִלְקֵל

bal(s)am n 1 צֳרִי. 2 בֹּשֶׂם, נֶטֶף. 3 אֲפַרְסְמוֹן

balmy adj 1 רֵיחָנִי, בָּשְׂמִי, בָּשׂוּם. 2 מַרְגִּיעַ, נָעִים. 3 שׁוֹטֶה

baluster n עַמּוּד מַעֲקֶה

balustrade n מַעֲקֶה, יָצִיעַ

bamboo n חִזְרָן, בַּמְבּוּק

bamboozle vt רִמָּה, תִּעְתַּע, הוֹנָה

ban vt, n 1 אָסַר, הֶחֱרִים, נִדָּה, קִלֵּל. 2 חֵרֶם, נִדּוּי, קְלָלָה, אִסּוּר. 3 הַכְרָזָה

banal adj שִׁטְחִי, שָׁדוּף, נָדוֹשׁ, בָּנָלִי

banality n שִׁטְחִיּוּת, בָּנָלִיּוּת

banana n בָּנָנָה, מוֹז

band vti, n 1 אִחֵד, אִגֵּד, קָשַׁר. 2 הִתְאַגֵּד, הִתְקַבֵּץ, הִתְאַחֵד. 3 אֶגֶד, רְצוּעָה, חֲגוֹרָה, סֶרֶט. 4 כְּנוּפְיָה. 5 תִּזְמֹרֶת. 6 קְבוּצָה, לַהֲקָה

bandage vt n 1 חָבַשׁ. 2 תַּחְבֹּשֶׁת

bandbox n תֵּבַת כּוֹבָעִים

band together 1 כִּנֵּס. 2 הִתְכַּנֵּס, הִתְקַבֵּץ

band with vi הִצְטָרֵף אֶל

banderole n חֶבֶק

bandit n גַּזְלָן, שׁוֹדֵד, לִסְטִים

banditry n גַּזְלָנוּת

bandoleer n פֻּנְדָּה

bandstand n בִּימַת תִּזְמֹרֶת

bandwagon n קְרוֹן הַתִּזְמֹרֶת

bandy vt, n 1 הֶחֱלִיף, הֶעֱבִיר. 2 הוֹקִי. 3 מַחְבֵּט הוֹקִי

bandy-legged עֲקֹם רַגְלַיִם, עִקֵּל

bane n 1 הֶרֶס, נֶזֶק. 2 אֶרֶס, רַעַל, דֶּבֶר, מַגֵּפָה

baneful adj 1 אַרְסִי, מֵמִית. 2 הַרְסָנִי

banefully adv בְּאֹפֶן הַרְסָנִי

bang vti, n 1 דָּפַק, הָלַם. 2 טָרַק, הִקִּישׁ, חָבַט בְּכֹחַ. 3 קוֹל נֶפֶץ. 4 חֲבָטָה, הַקָּשָׁה, מַכָּה. 5 תִּסְפֹּרֶת קוֹמֵי

banger n נַקְנִיק

bangle n צָמִיד, אֶצְעָדָה, עֶכֶס

banian, banyan n 1 סוֹחֵר הֹדִּי. 2 מְעִיל הֹדִּי

banish vt גֵּרֵשׁ, הֶגְלָה, שִׁלַּח

banishment n 1 גֵּרוּשׁ, שִׁלּוּחַ, הַגְלָיָה. 2 גָּלוּת

banister n מַעֲקֶה (מדרגות)

banjo n בַּנְג׳וֹ

bank vt, n 1 הִפְקִיד בְּבַנְק. 2 סָמַךְ.

2 אַכְזָרִי, פְּרָאִי, בּוּר
barbaric adj בַּרְבָּרִי, אַכְזָר, גַּס
barbarism n 1 בַּרְבָּרִיּוּת, בַּרְבָּרִיזְם. 2 אַכְזְרִיּוּת, פְּרָאוּת
barbarity n בּוּרוּת, אַכְזְרִיּוּת, גַּסּוּת
barbarize vt 1 שִׁבֵּשׁ לָשׁוֹן. 2 נָהַג בְּאַכְזְרִיּוּת
barbarous adj 1 בַּרְבָּרִי, פְּרָאִי. 2 חֲסַר תַּרְבּוּת
barbecue vt, n 1 צָלָה עַל הָאֵשׁ. 2 צְלִי אֵשׁ, זֶבַח בַּרְבִּיקְיוּ
barbed adj שָׁנוּן, דּוֹקְרָנִי, עוֹקְצָנִי
barbed wire תַּיִל דּוֹקְרָנִי, גֶּדֶר תַּיִל
barber n סַפָּר, גַּלָּב
barber's shop מִסְפָּרָה
barbican n מִגְדַּל־מָגֵן
barbiturate n בַּרְבִּיטוּרָט
bard n 1 פַּיְטָן, מְשׁוֹרֵר. 2 שִׁרְיוֹן סוּס
bardic adj שֶׁל הַפַּיְטָן
bare vt, adj 1 חָשַׂף, גִּלָּה, הִפְשִׁיט, עִרְטֵל. 2 חָשׂוּף, עָרֹם, גָּלוּי. 3 רֵיק. 4 מְצֻמְצָם, עָנִי
bareback adv חֲסַר אֻכָּף
barebacked adj מְחֻסַּר אֻכָּף
barefaced adj חֲסַר בּוּשָׁה, חָצוּף, מְחֻצָּף
barefoot, barefooted adj, adv יָחֵף
bareheaded adj גְּלוּי רֹאשׁ
barely adv רַק, בִּלְבַד, בְּקשִׁי
bareness n עֵירֹם, חֲשִׂיפָה, חֲשִׂיפוּת
bargain vit, n 1 תִּגֵּר, הִתְמַקֵּחַ, הֶחֱלִיף. 2 מְצִיאָה. 3 מִקָּח וּמִמְכָּר
bargain away מָכַר בְּזוֹל
bargain basement מַרְתֵּף הַמְּצִיאוֹת
bargain for צִפָּה לְ־, סָמַךְ עַל־
bargaining n מִקּוּחַ, עֲמִידָה עַל הַמִּקָּח
bargain price מְחִיר מְצִיאָה
barge vi, n 1 נִדְחַק, נִדְחַף. 2 דּוֹבְרָה, אַרְבָּה
baritone n בָּרִיטוֹן
barium n בַּרְיוּם
bark vti, n 1 קִלֵּף, קִרְצֵף. 2 נָבַח.

3 בַּנְק, קֻפָּה. 3 אוֹצָר. 4 גָּדָה
bank holiday n פַּגְרָה בַּנְקָאִית
banker n 1 בַּנְקַאי. 2 דּוּגִית
banker's order הוֹרָאַת קֶבַע
banking n בַּנְקָאוּת
banknote n שְׁטַר כֶּסֶף
bankrate n שַׁעַר רִבִּית הַבַּנְק
bankroll vt, n 1 לְמַמֵּן. 2 חֲפִיסַת כֶּסֶף
bankrupt adj פּוֹשֵׁט רֶגֶל, שׁוֹמֵט
bankruptcy n פְּשִׁיטַת רֶגֶל
banner n 1 נֵס, דֶּגֶל. 2 כְּרָזָה. 3 כּוֹתֶרֶת
banns npl הוֹדָעַת נִשּׂוּאִין
banquet vti n 1 סָעַד. 2 הִסְעִיד. 3 סְעֻדָּה, מִשְׁתֶּה, בַּנְקֶט
banshee n רוּחַ מַלְאַךְ הַמָּוֶת (פולקלור)
bantam n 1 תַּרְנְגוֹל קָטָן. 2 מִשְׁקַל תַּרְנְגוֹל (איגרוף)
banter vti, n 1 חָמַד לָצוֹן, הִתֵּל, לָעַג. 2 הִתְלוֹצֵץ. 3 לָצוֹן, הִתְלוֹצְצוּת
bantering adj מַצְחִיק
banteringly adv בְּלָצוֹן
baptism n 1 טְבִילָה. 2 טִהוּר
baptismal adj שֶׁל טְבִילָה
Baptist n בַּפְּטִיסְט
baptist n, adj מַטְבִּיל
baptize vt 1 הִטְבִּיל, נִצֵּר. 2 טִהֵר. 3 רוֹמֵם. 4 קָרָא שֵׁם
bar vt, n 1 סָגַר, חָסַם, נָעַל. 2 אָסַר, מָנַע. 3 מוֹט, קוֹרָה. 4 בְּרִיחַ, מַחְסוֹם. 5 מְטִיל. 6 מְחִצָּה. 7 תֵּבָה (מוסיקה). 8 בֵּית־דִּין פָּתוּחַ. 9 צִבּוּר עוֹרְכֵי הַדִּין. 10 בַּר. 11 פַּס. 12 חֲפִישָׁה. 13 שִׂרְטוֹן
bar, barring prep חוּץ מִן, בְּלִי
barb adj, n 1 זָקָן, מַלְעָן, זִיף. 2 חֹד, עֹקֶץ, דָּרְבָן. 3 שְׁנִינוּת.
barbarian adj, n 1 פֶּרֶא, נָכְרִי, אַכְזָר.

3 צָרַח. 4 הִשְׁתַּעֵל. 5 קְלִפַּת הָעֵץ. 6 נְבִיחָה. 7 שִׁעוּל. 8 קוֹל נֶפֶץ

bark, barque n סִירַת מִפְרָשׂ, מִפְרָשִׂית

barley n שְׂעוֹרָה

barleycorn n גַּרְגְּרֵי שְׂעוֹרָה

barm n 1 שְׁמָרִים. 2 קֶצֶף שֵׁכָר

barmaid n מוֹזֶגֶת

barman n מוֹזֵג

barmy adj 1 מַקְצִיף, תּוֹסֵס. 2 שְׁטוּתִי, אֱוִילִי

barn n 1 אָסָם, מַמְגּוּרָה, אַמְבָּר. 2 אֻרְוָה, רֶפֶת

barnacle n 1 דַּג הַשַּׁבְּלוּל. 2 אַוַּז הַצָּפוֹן

barn dance n נֶשֶׁף מְחוֹלוֹת כַּפְרִי

barn door n דֶּלֶת הָאָסָם

barnstorm vi עָרַךְ הַצָּגוֹת בִּכְפָרִים

barnyard n גֹּרֶן, חֲצַר מֶשֶׁק

barometer בָּרוֹמֶטֶר

barometric(al) adj בָּרוֹמֶטְרִי

baron n 1 בָּרוֹן, אָצִיל, רוֹזֵן. 2 אֵיל הוֹן

baroness n בָּרוֹנִית

baronet n בָּרוֹנֶט

baronetcy, barony n 1 אֲחֻזַּת בָּרוֹן. 2 בָּרוֹנוּת

baronial adj בָּרוֹנִי

baroque n, adj בָּרוֹק

barouche n כִּרְכָּרָה, עֲגָלָה

barrack vti, n 1 הִשְׁמִיעַ קְרִיאוֹת גְּנַאי. 2 שִׁכֵּן בִּקְסַרְקְטִין. 3 בִּקְתָּה

barracks npl 1 קְסַרְקְטִין. 2 צְרִיפִים

barracuda n בָּרָקוּדָה (דג)

barrage n 1 מָסַךְ אֵשׁ, מְטַר יְרִיּוֹת. 2 סֶכֶר, חוֹמַת מַיִם

barrel vt, n 1 אָרַז בְּחָבִית, אִחְסֵן. 2 קְנֵה רוֹבֶה. 3 חָבִית

barrel organ תֵּבַת נְגִינָה

barren adj 1 עָקָר, עֲקָרָה. 2 שָׁמֵם, צָחִיחַ. 3 סְרָק

barrenness n 1 עֲקָרוּת. 2 שְׁמָמָה. 3 רֵיקָנוּת

barricade vt, n 1 חָסַם, תָּרַס. 2 מִכְשֹׁל. 3 מִתְרָס, בָּרִיקָדָה

barrier n 1 מַחְסוֹם, גָּדֵר. 2 מְחִצָּה, חַיִץ, סְיָג

barrister n פְּרַקְלִיט, עוֹרֵךְ דִּין

barrow n 1 עֶגְלַת־יָד, מְרִיצָה. 2 תֵּל קְבָרִים. 3 חֲזִיר מְסֹרָס

bartender n מוֹזֵג

barter vti, n 1 הֶחֱלִיף, הֵמִיר, תִּגֵּר. 2 הֲמָרָה, סְחַר חֲלִיפִין

barter away מָכַר בְּזוֹל

basalt n בַּזֶּלֶת

bascule n אֶסֶל

bascule-bridge n גֶּשֶׁר־אֶסֶל

base vt, adj 1 בִּסֵּס, יִסֵּד, כּוֹנֵן. 2 נִשְׁעַן עַל, הִסְתַּמֵּךְ. 3 שָׁפָל, נִקְלֶה, מֻשְׁחָת. 4 מְזֻיָּף, פָּשׁוּט. 5 בְּסִיסִי. 6 בָּסִיס, יְסוֹד, כַּן, מַסָּד, תַּחְתִּית. 7 עִקָּרוֹן. 8 רֶקַע, מַצָּע

baseball n בֵּיסְבּוֹל, כַּדּוּר בָּסִיס

baseboard שִׁפֹּלֶת

base-coin n מַטְבֵּעַ מְזֻיָּף

baseless adj חֲסַר בָּסִיס

basement n 1 בָּסִיס, מַסָּד, כַּן. 2 קוֹמַת מַרְתֵּף

base-metals npl מַתָּכוֹת פְּשׁוּטוֹת

base of wall שִׁפּוּלִים

bash vt, n 1 הָלַם, פִּצְפֵּץ. 2 מַהֲלוּמָה

bashful adj בַּיְשָׁן, נֶחְבָּא אֶל הַכֵּלִים

bashfulness n בַּיְשָׁנוּת, מְבוּכָה

basic adj n 1 בְּסִיסִי, יְסוֹדִי. 2 בֵּיסִיק (מחשב)

basically adv בְּעִקָּרוֹ, בִּיסוֹדוֹ, בְּעִקָּר

basil n רֵיחָן (צמח)

basilica n בָּסִילִיקָה

basilisk n בָּסִילִיסְק (לטאה)

basin n 1 כִּיּוֹר, קְעָרָה, גִּיגִית. 2 אַגָּן

basis n 1 בָּסִיס, יְסוֹד, עִקָּר. 2 תְּחִלָּה, נְקֻדַּת מוֹצָא. 3 עִקָּרוֹן
bask vi הִתְחַמֵּם, נֶהֱנָה
basket n 1 סַל. 2 טֶנֶא, תֵּבָה
basketball n כַּדּוּרְסַל
Basque adj, n בַּסְקִי
bas-relief n תַּבְלִיט מֻטְבָּע
bass adj, n 1 בַּס. 2 אוֹקוּנוֹס (דג)
bassinet n 1 עֲרִיסָה. 2 עֶגְלַת תִּינוֹק
bassoon n בַּסּוֹן
bastard n 1 מַמְזֵר. 2 מְזֻיָּף
bastardize vt 1 מִמְזֵר, הִכְרִיז כְּמַמְזֵר. 2 הִשְׁפִּיל, בִּזָּה, שִׁבֵּשׁ
bastardy n מַמְזֵרוּת
baste vt 1 הִכְלִיב. 2 הִלְקָה, הִצְלִיף. 3 יָצַק שֶׁמֶן
basting stitch תַּךְ הַכְלָבָה
bastion n מְצֻדָּה, מִבְצָר
bat vt, n 1 חָבַט, הִכָּה. 2 מִצְמֵץ, עִפְעֵף. 3 עֲטַלֵּף. 4 מַחְבֵּט, רַחַת
batch n 1 אַצְוָה. 2 קְבוּצָה, צְרוֹר. 3 קֹבֶץ (מחשב)
batch processing עִבּוּד סִדְרַת־קְבָצִים (מחשב)
bate vti 1 נִכָּה, הִפְחִית, הִקְטִין. 2 עָצַר. 3 הִתְמַעֵט
bath vt n 1 הִתְרַחֵץ, רָחַץ. 2 רְחִיצָה, מֶרְחָץ. 3 תְּמִסָּה. 4 אַמְבַּט, חֲדַר אַמְבָּט. 5 בֵּית מֶרְחָץ
bathe vti, n 1 רָחַץ, הִרְטִיב. 2 הִתְרַחֵץ, שָׂחָה. 3 רְחִיצָה, מֶרְחָץ
bather n מִתְרַחֵץ
bathing n רְחִיצָה
bathing-cap כּוֹבַע רַחְצָה
bathing costume בֶּגֶד־יָם
bathing suit n בֶּגֶד־יָם
bathos n מַעֲבָר מַצַּב רוּחַ פִּתְאֹמִי
bathrobe n חֲלוּק רַחְצָה
bathroom n 1 חֲדַר אַמְבָּט. 2 בֵּית שִׁמּוּשׁ
bathtub אַמְבָּט
bathysphere n תָּא־צְלִילָה
batik n בָּטִיק (בד)
batiste n בָּטִיסְט (בד)
batman n נוֹשֵׂא כֵּלִים
baton n 1 שַׁרְבִיט, מַטֶּה. 2 אַלַּת שׁוֹטֵר
batsman מַחְבְּטָן
battalion n גְּדוּד, בַּטַּלְיוֹן
batten vti, n 1 שָׁמַן, הִתְפַּטֵּם. 2 זָלַל, סָבָא. 3 חִזֵּק בְּגִזְרֵי עֵץ. 4 קֶרֶשׁ, כָּפִיס, נֶסֶר
batter vti, n 1 הָלַם. 2 נָגַח. 3 מַחְבְּטָן. 4 אוֹת דְּפוּס שְׁבוּרָה. 5 מִדְרוֹן. תַּבְחֹשֶׁת, תַּבְלִיל
batter down הִפִּיל, הָרַס
battering-ram n קֹבֶל, אֵיל בַּרְזֶל
battery n 1 סוֹלְלָה. 2 סוֹלְלַת חַשְׁמַל. 3 סִדְרָה, מַעֲרֶכֶת. 4 הַכָּאָה, תְּקִיפָה
battle vi, n 1 לָחַם, נִלְחַם, נֶאֱבַק. 2 קְרָב, מַעֲרָכָה. 3 מִלְחָמָה
battle-axe n 1 מַפָּץ, גַּרְזֶן־קְרָב. 2 אִשָּׁה שְׁתַלְּטָנִית, אֵשֶׁת־מְדָנִים
battlefield n שְׂדֵה־קְרָב
battledress n מַתְנִית
battleground n שְׂדֵה־מַעֲרָכָה, שְׂדֵה קְרָב
battlement n חוֹמַת־אֶשְׁנַבִּים
battleship n אֳנִיַּת־קְרָב, סְפִינַת־מִלְחָמָה
batty adj מְטֹרָף, תִּמְהוֹנִי, מְשֻׁגָּע
bauble n דָּבָר קַל עֵרֶךְ
bawd n 1 זוֹנָה, פְּרוּצָה. 2 סַרְסוּרִית לִזְנוּת
bawdy adj 1 זְנוּנִי, פָּרוּץ. 2 נִבּוּלִי
bawl vti n 1 צָעַק, זָעַק, צָרַח, יִלֵּל. 2 צְרִיחָה, צְעָקָה
bay vi, n 1 נָבַח. 2 מִפְרָץ, לְשׁוֹן יָם. 3 אֲגַף, שֶׁקַע. 4 תָּא. 5 נְבִיחָה. 6 עֵץ דַּפְנָה. 7 חוּם אֲדַמְדַּם, עַרְמוֹנִי
bay window 1 גַּבְלִית, חַלּוֹן בּוֹלֵט. 2 כָּרֵס גְּדוֹלָה

bayonet n כִּידוֹן
bazaar n שׁוּק, יְרִיד, בָּזָר
bazooka n בָּזוּקָה
beach vt, n 1 הֶעֱלָה לַחוֹף. 2 עָלָה עַל שִׂרְטוֹן. 3 חוֹף, שְׂפַת הַיָּם
beachcomber n 1 מְחַפֵּשׂ שְׂרִידִים. 2 גַּל סוֹרֵק
beachhead n 1 רֹאשׁ חוֹף. 2 דְּרִיסַת רֶגֶל
beachwear n בִּגְדֵי חוֹף
beacon vi n 1 אוֹתֵת, הִבְהִיק. 2 מִגְדַּלּוֹר. 3 מַשּׂוּאָה, אוֹת, נִצְנוּץ
bead vti, n 1 קִשֵּׁט בַּחֲרוּזִים, הִשְׁחִיל, הִתְחָרֵז. 2 תָּסַס. 3 חָרוּז, נֵטֶף, אֶגֶל
beadle n 1 שַׁמָּשׁ. 2 שְׁלִיחַ בֵּית דִּין
beagle n כֶּלֶב צַיָּדִים, שַׁפְלָן
beak n 1 מַקּוֹר, חַרְטוֹם. 2 זִיז. 3 חֹטֶם
beaker n גָּבִיעַ, סֵפֶל, בָּזִיךְ
beam vti, n 1 קָרַן, הִקְרִין. 2 חִיֵּךְ. 3 מָרִישׁ, קוֹרָה. 4 נָתִיב. 5 חִיּוּךְ. 6 קֶרֶן
bean n פּוֹל, שְׁעוּעִית, קִטְנִית
bear vti, n 1 נָשָׂא. 2 סָבַל. 3 יָלַד. 4 לָחַץ, דָּחַק. 5 הוֹבִיל. 6 נָטָה, הִטָּה. 7 הוֹרִיד מְחִיר. 8 דֹּב, מְגֻשָּׁם. 9 סַפְסָר
bearable adj נִסְבָּל
beard vt, n 1 תָּפַס בַּזָּקָן. 2 הִתְקוֹמֵם, הִתְנַגֵּד. 3 זָקָן. 4 מַלְעָן
bearded adj מְזֻקָּן, מַלְעָנִי
beardless adj בְּלִי זָקָן, עוּל יָמִים
bearer n 1 סַבָּל, תּוֹמֵךְ. 2 נוֹשֵׂא דֶּגֶל. 3 מוֹכַ״ז. 4 נוֹשֵׂא פְּרִי, מַפְרִיחַ. 5 נוֹשֵׂא מִשְׂרָה
bearing n 1 נְשִׂיאָה, סְבִילָה, מִשְׁעָן. 2 כִּוּוּן, הַכְוָנָה. 3 הִתְנַהֲגוּת. 4 שַׁיָּכוּת, קֶשֶׁר. 5 לֵדָה. 6 מֵסַב
bearish adj 1 דֻּבִּי. 2 גַּס. 3 אַכְזָר. 4 נִזְעָם. 5 מוֹרִיד מְחִירִים
bear on/upon הִתְיַחֵס אֶל, נָגַע אֶל
bear out אִמֵּת, אִשֵּׁר, קִיֵּם
bearskin n 1 עוֹר הַדֹּב. 2 צֶמֶר גַּס
bear up הִתְעוֹדֵד, הֶחֱזִיק מַעֲמָד
bear with הִבְלִיג, גִּלָּה סַבְלָנוּת
beast n 1 חַיָּה, בְּהֵמָה. 2 פֶּרֶא, גַּס
beastliness n גַּסּוּת, בַּהֲמוּת, חַיָּתִיּוּת, בַּעֲרוּת
beastly adj חַיָּתִי, בַּהֲמִי, אַכְזָר, נִתְעָב
beat vti, n 1 הִכָּה, הִרְבִּיץ, הִלְקָה, הָלַם, הִצְלִיף. 2 נִצַּח, גָּבַר עַל. 3 חִשֵּׁל, רִדֵּד, הִקִּישׁ. 4 מַכָּה, הַכָּאָה, דְּפִיקָה, פְּעָמָה. 5 מַקָּשׁ. 6 מַקּוֹף
beat down דִּכָּא, הִשְׁבִּית
beat off הָדַף, הֶחֱזִיר
beat out פָּתַר
beat up טָרַף, הִכָּה
beaten adj 1 מֻכֶּה, מֻלְקֶה. 2 מְרֻקָּע. 3 מְנֻצָּח. 4 טָרוּף. 5 מְבֻלְבָּל, נָבוֹךְ
beater n בַּדִּית
beatification n הַעֲרָצָה, הַקְדָּשָׁה
beatify vti 1 שִׂמַּח, בֵּרֵךְ. 2 הִכְרִיז כְּקָדוֹשׁ
beating n 1 הַלְקָאָה, הַכָּאָה, הַצְלָפָה. 2 דְּפִיקָה, הַקָּשָׁה. 3 מַפָּלָה, תְּבוּסָה
beatitude n בְּרָכָה, נְעִימוּת, אֹשֶׁר
beau n 1 מְחַזֵּר, אוֹהֵב. 2 טַרְזָן
beauteous adj יָפֶה, נָאֶה
beautician n יַפַּאי, מְנַהֵל מְכוֹן לְיֹפִי
beautiful adj יָפֶה, מַקְסִים, יְפֵה־תֹּאַר
beautifully adv יָפֶה, נָאֶה, הֵיטֵב
beautify vt יִפָּה, קִשֵּׁט, פֵּאֵר
beauty n יֹפִי, חֵן
beauty parlo(u)r מְכוֹן יֹפִי, מִסְפֶּרֶת נָשִׁים
beauty queen מַלְכַּת יֹפִי
beauty spot נֶמֶשׁ, שׁוּמָה, נְקֻדַּת חֵן
beaver n 1 בִּיבָר, בּוֹנֶה. 2 שִׁרְיוֹן סַנְטֵר. 3 כֻּמְתַּת פַּרְוָה

becalm vt 1 הִשְׁקִיט, הִרְגִּיעַ. 2 עָצַר
became to become זמן עבר של הפועל
because conj מִשּׁוּם שֶׁ־, מִפְּנֵי שֶׁ־, כֵּיוָן שֶׁ־, כִּי
because of בִּגְלַל, מֵחֲמַת
beck and call לִפְקֻדָּה, לִרְשׁוּתוֹ שֶׁל
beckon vti, n 1 רָמַז, קָרָא, אוֹתֵת. 2 מָשַׁךְ, פִּתָּה. 3 רְמִיזָה, אוֹת
become vi 1 נַעֲשָׂה, נִהְיָה. 2 הִתְאִים, הָלַם
becoming adj n 1 הוֹלֵם, מַתְאִים. 2 הִתְהַוּוּת
bed vt, n 1 שָׁכַב. 2 הִשְׁכִּיב. 3 נָטַע, שָׁתַל. 4 כִּסָּה, הִדֵּק. 5 רִבֵּד. 6 שָׁכַב עִם. 7 מִטָּה, יָצוּעַ, מִשְׁכָּב. 8 עֲרוּגָה, אָפִיק, מֵישָׁר. 9 רֹבֶד, תַּחְתִּית. 10 אִמָּה, מַטְרִיצָה
bed out נָטַע, שָׁתַל
bed down הִצִּיעַ מִטָּה לְעַצְמוֹ
bedaub vt 1 מָרַח, לִכְלֵךְ, קִשֵּׁט. 2 הִתִּיז, זִלֵּף, הִזָּה
bedbug n פִּשְׁפֵּשׁ
bedding n 1 כְּלֵי מִטָּה, מַצָּעוֹת. 2 רֶבֶד, תֶּבֶן, קַשׁ. 3 יְסוֹד, מַסָּד
bedeck vt עִטֵּר, קִשֵּׁט
bedew vt לִחְלַח, הִטְלִיל, זִלֵּף
bedlam n מְהוּמָה, אַנְדְּרָלָמוּסְיָה
bedouin, beduin adj, n בֶּדְוִי, נַוָּד
bedraggled adj מְרֻפָּשׁ, מְלֻכְלָךְ, מֻכְתָּם
bedridden adj רָתוּק לְמִטָּתוֹ
bedroom n חֲדַר שֵׁנָה
bedside n מְרַאֲשׁוֹת הַמִּטָּה
bedside table שֻׁלְחַן לַיְלָה
bedstead n שֶׁלֶד הַמִּטָּה
bee n 1 דְּבוֹרָה. 2 אֲסֵפָה, תַּחֲרוּת, מְסִבָּה
beech n אָשׁוּר, תְּאַשּׁוּר
beechnut n פְּרִי הָאָשׁוּר
beef vi, n 1 הִתְלוֹנֵן, הִתְאוֹנֵן, רָטַן. 2 בֶּן בָּקָר. 3 בְּשַׂר בָּקָר. 4 תְּלוּנָה. 5 מִשְׁקָל, חֹזֶק, מֶרֶץ
beefeater n 1 בַּעַל בָּשָׂר, בַּעַל גּוּף. 2 שׁוֹמֵר מִגְדַּל לוֹנְדּוֹן. 3 שׁוֹמֵר הַמֶּלֶךְ
beefsteak n אֻמְצָה, סְטֵיק
beefy adj 1 בְּשָׂרִי. 2 מוּצָק, שְׁרִירִי
beehive n 1 כַּוֶּרֶת. 2 מֶרְכָּז שׁוֹקֵק
beeline n קַו יָשָׁר
been to be זמן בינוני עבר של הפועל
beep n בִּיפּ
beeper n אִתּוּרִית
beer n שֵׁכָר, בִּירָה
beerhouse n מִסְבָּאָה, בֵּית מַרְזֵחַ
beet n סֶלֶק
beetle vti, n 1 הָלַם בְּקוּרְנָס, בְּפַטִּישׁ. 2 בָּלַט. 3 אִשְׁפֵּר, הִגְמִיר. 4 חִפּוּשִׁית. 5 פַּטִּישׁ, קוּרְנָס
beetle-browed adj בַּעַל גַּבּוֹת בּוֹלְטוֹת
beetroot n סֶלֶק אָדֹם
beet sugar סֶלֶק סֻכָּר
befall vti קָרָה, אֵרַע, הִתְרַחֵשׁ
befit vt הִתְאִים, הָלַם, יָאָה
befitting adj הוֹלֵם, מַתְאִים, יָאֶה
befogged adj מְעֻרְפָּל, מְבֻלְבָּל
before adv, prep 1 קֹדֶם, תְּחִלָּה, לִפְנֵי. 2 בְּטֶרֶם, מִלְּפָנִים. 3 מוּל, נֶגֶד. 4 בְּנוֹכְחוּת. 5 בֶּעָבָר. 6 עַד שֶׁ־, עַד שֶׁלֹּא
beforehand adv מֵרֹאשׁ, מֻקְדָּם
befriend vt הִתְיַדֵּד, עָזַר, קֵרֵב
befuddled adj מְבֻלְבָּל
beg vti 1 בִּקֵּשׁ, שָׁאַל. 2 הִתְחַנֵּן, הִפְצִיר. 3 פָּשַׁט יָד, קִבֵּץ נְדָבוֹת
beg for קִבֵּץ נְדָבוֹת
beg off בִּקֵּשׁ שִׁחְרוּר
began, begun זמן עבר ובינוני של הפועל to begin
beget vt 1 הוֹלִיד. 2 גָּרַם
beggar vt, n 1 רוֹשֵׁשׁ. 2 קַבְּצָן, פּוֹשֵׁט

יָד. 3 אֶבְיוֹן

beggarly adj 1 קַבְּצָנִי. 2 עָנִי מָרוּד. 3 נִקְלֶה, נִבְזֶה

beggary n עֲנִיּוּת מְרוּדָה

begin vti 1 הֵחֵל, הִתְחִיל. 2 פָּתַח

beginning n 1 רֵאשִׁית, הַתְחָלָה. 2 מָקוֹר, מוֹצָא, יְסוֹד, שֹׁרֶשׁ

Be gone! v, imper צֵא מִכָּאן! הִסְתַּלֵּק!

begot, begotten זמן עבר ובינוני של הפועל to beget

begrime vt זִהֵם, לִכְלֵךְ, טִנֵּף

beguile vt 1 רִמָּה, הוֹנָה, הִטְעָה. 2 הִשְׁלָה, תִּעְתַּע. 3 בִּלָּה בַּנְּעִימִים. 4 הִקְסִים, שָׁבָה

behalf n תּוֹעֶלֶת, טוֹבָה

behalf of (on) לְטוֹבַת, בְּשֵׁם

behave vi 1 נָהַג, הִתְנַהֵג. 2 הִתְנַהֵג כָּרָאוּי, הָיָה מְנֻמָּס

behavio(u)r n 1 הִתְנַהֲגוּת. 2 נִימוּסִין, דֶּרֶךְ אֶרֶץ

behavio(u)rism n הִתְנַהֲגוּת, בִּיהֶבְיוֹרִיזְם

behavio(u)rist n הִתְנַהֲגוּתָן

behead vt עָרַף רֹאשׁ, הִתִּיז רֹאשׁ

beheading n עֲרִיפַת רֹאשׁ

beheld זמן עבר של הפועל to behold

behind adv, prep, n 1 אֲחוֹרַנִּית, לְאָחוֹר. 2 בְּעֵבֶר, בְּפִגּוּר, בְּאִחוּר. 3 בְּתָמִיכָה. 4 אֲחוֹרַיִם. 5 מֵאֲחוֹרֵי

behind time בְּאִחוּר, בְּפִגּוּר

behindhand adj 1 מְפַגֵּר, מְאַחֵר, אִטִּי. 2 מְיֻשָּׁן

behold vt 1 רָאָה, הִבִּיט, הִתְבּוֹנֵן. 2 הִבְחִין

beholden adj 1 חַיָּב. 2 אֲסִיר תּוֹדָה

beholder n מִסְתַּכֵּל, מִתְבּוֹנֵן, צוֹפֶה

beho(o)ve vt 1 הָיָה עַל, שׁוּמָה עַל. 2 הָיָה הָגוּן

beige n בֶּאִיז', חוּם בָּהִיר

being n 1 יֵשׁ, יֵשׁוּת. 2 הֲוָיָה, מְצִיאוּת. 3 קִיּוּם

belabo(u)r vt 1 הִכָּה, הִצְלִיף, הִלְקָה. 2 יִסֵּר, עִנָּה, הֵצִיק

belated adj מְאַחֵר, שָׁהוּי, מְאֻחָר

belatedly adv בְּאִחוּר

belch vti, n 1 גִּהֵק, גָּסָה. 2 הֵקִיא, יָרַק. 3 גִּהוּק, גְּסִיָּה. 4 יְרִיקַת אֵשׁ

beleaguer vt כִּתֵּר, צָר, הִקִּיף

belfry n 1 מִגְדָּל. 2 מִגְדַּל פַּעֲמוֹנִים

Belgian adj, n 1 בֶּלְגִּי. 2 בֶּלְגִּית

belie vt 1 כִּזֵּב, הִכְזִיב. 2 סָתַר, הִפְרִיךְ

belief n 1 אֱמוּנָה, אֵמוּן. 2 סְבָרָה, רַעְיוֹן. 3 דָּת, תּוֹרָה

believable adj מְהֵימָן

believe vti 1 הֶאֱמִין. 2 חָשַׁב, סָבַר

believe in vt הֶאֱמִין בְּ־

believer n מַאֲמִין

belittle vt זִלְזֵל

bell vt, n 1 שָׂם פַּעֲמוֹן עַל. 2 פַּעֲמוֹן, מְצִלָּה, עִנְבָּל

bellboy, bellhop n נַעַר שָׁלִיחַ

bell-bottoms npl מִכְנְסֵי מַלָּח

belladonna n בֶּלָדוֹנָה

belle n יְפֵהפִיָּה, מַקְסִימָה

bellicose adj תּוֹקְפָנִי, חַרְחֲרָנִי

bellied adj כְּרֵסָנִי

belligerency n לוֹחֲמוּת, לַחְמָה

belligerent adj לוֹחֵם, מִלְחַמְתִּי

Bellis n חִנָּנִית (פרח)

bellow vti, n 1 שָׁאַג, נָהַם, צָוַח, רָעַם. 2 נְהִימָה, שְׁאָגָה

bellows npl 1 מַפּוּחַ. 2 מַפּוּחוֹן

belly vti, n 1 נִפַּח, צָבָה, תָּפַח. 2 בָּלַט, הִתְנַפֵּחַ. 3 כָּרֵס, בֶּטֶן, גָּחוֹן. 4 תֵּאָבוֹן, זְלִילָה

belly button טַבּוּר, שֹׁרֶשׁ

bellyful n מְלֹא הַכָּרֵס, דַּי וְהוֹתֵר

belly landing נְחִיתַת מָטוֹס גְּחוֹנִית

belong vi 1 הָיָה שַׁיָּךְ, הִשְׁתַּיֵּךְ. 2 הָיָה רָאוּי, הָיָה חָבֵר

belongings npl 1 רְכוּשׁ, נְכָסִים. 2 מִטַּלְטְלִים, חֲפָצִים

אִישִׁיִּים, כְּבֵדָה

beloved adj, n אָהוּב, יָקָר

below adv, prep 1 מַטָּה, לְמַטָּה, לְהַלָּן. 2 נָמוּךְ, מִתַּחַת

belt vt, n 1 אָזַר, חָגַר, הִקִּיף, הִדֵּק אוֹ קָשַׁר בַּחֲגוֹרָה. 2 חֲגוֹרָה, אֵזוֹר, אַבְנֵט, רְצוּעָה

belt up vi שָׁתַק

bemoan vt סָפַד, קוֹנֵן, הִתְאַבֵּל

bemused adj מְבֻלְבָּל, נָבוֹךְ

bench n 1 סַפְסָל. 2 כֵּס הַמִּשְׁפָּט. 3 חֶבֶר שׁוֹפְטִים. 4 סָדוֹר, שֻׁלְחַן מְלָאכָה. 5 בֵּית מִשְׁפָּט

bend vti, n 1 כָּפַף, קָשַׁת, קִשֵּׁת, עִקֵּם, הִטָּה. 2 הִתְכּוֹפֵף, הִתְקַשֵּׁת. 3 כֶּפֶף, עִקּוּל, עִקּוּם. 4 הַטָּיָה, נְטִיָּה. 5 סִבּוּב, כְּפִיפָה. 6 בֶּרֶךְ. 7 קֶשֶׁר

bending n כְּפִיפָה, עִקּוּם

bends npl עֲוִית צוֹלְלָנִים

beneath adv, prep תַּחַת, מִתַּחַת, לְמַטָּה מִן

benediction n 1 בְּרָכָה, בִּרְכַּת סִיּוּם. 2 תְּפִלָּה

benefaction n טוֹבָה, חֶסֶד, גְּמִילוּת־חֶסֶד

benefactor n נָדִיב, מֵיטִיב, גּוֹמֵל חֶסֶד

benefactress n נְדִיבָה, גּוֹמֶלֶת חֶסֶד

benefice n אֲחֻזַּת כְּנֵסִיָּה

beneficence n חֶסֶד, צְדָקָה, נְדָבָה

beneficent adj נָדִיב, הוֹגֵן, עוֹשֶׂה חֶסֶד

beneficial adj 1 מוֹעִיל, מֵיטִיב, מְסַיֵּעַ. 2 נֶהֱנֶה

beneficially adv 1 לְטוֹבָה. 2 בְּדֶרֶךְ מוֹעִילָה

beneficiary adj, n 1 מוּטָב, נֶהֱנֶה, מְזֻכֶּה. 2 בַּעַל גִּמְלָה

benefit vti, n 1 הוֹעִיל, עָזַר, הֵפִיק תּוֹעֶלֶת. 2 זָכָה, נֶהֱנָה. 3 תּוֹעֶלֶת, רֶוַח, יִתְרוֹן. 4 טוֹבָה, טוֹבַת הֲנָאָה. 5 גִּמְלָה, צְדָקָה

benevolence n טוּב לֵב, צְדָקָה, חֶסֶד, נְדִיבוּת

benevolent adj נָדִיב, טוֹב לֵב

benign adj 1 טוֹב לֵב, נָעִים, נוֹחַ. 2 לֹא מְסֻכָּן. 3 לֹא מַמְאִיר

benignly adv בְּחֶסֶד, בִּנְדִיבוּת

benignant adj לְבָבִי, נְדִיב לֵב, מֵיטִיב, נוֹחַ

benignantly adv בִּנְדִיבוּת, בְּחֶסֶד

benignity n חֶסֶד, נְדִיבוּת, טוּב

bent adj, n, pp 1 מְעֻקָּם, מְעֻקָּל, מְקֻשָּׁת. 2 כָּפוּף, עָקֹם, נָטוּי. 3 נְטִיָּה, פְּנִיָּה, מְגַמָּה. 4 זמן עבר ובינוני של הפועל to bend

benumb vt טִמְטֵם, הִקְהָה

benzine n בֶּנְזִין

bequeath vt 1 צִוָּה. 2 הִנְחִיל, הוֹרִישׁ

bequest n יְרֻשָּׁה, עִזָּבוֹן

bereave vt שִׁכֵּל, אָבַד, שָׁכֹל

bereaved, bereft 1 שַׁכּוּל. 2 זְמַן עָבָר שֶׁל to bereave

bereavement n שְׁכוֹל, אֲבֵדָה

beret n כֻּמְתָּה

beri-beri n בֶּרִיבֶּרִי

berry vit, n 1 לִקֵּט גַּרְגְּרִים. 2 נָשָׂא פְּרִי גַּרְגְּרִים. 3 גַּרְגֵּר, עֵנָב. 4 עֲנָבָה

berth vti, n 1 אִכְסֵן, שִׁכֵּן, הֵלִין. 2 עָגַן. 3 מַעֲגָן. 4 מִטַּת תָּא. 5 מִשְׂרָה, עֶמְדָּה, מְקוֹם עֲבוֹדָה

beseech vt הִתְחַנֵּן, הִפְצִיר, בִּקֵּשׁ

beseeching adj, n 1 מַפְצִיר, מִתְחַנֵּן, מְבַקֵּשׁ. 2 הַפְצָרָה, בַּקָּשָׁה, תַּחֲנוּנִים

beseechingly adv בְּתַחֲנוּנִים, בְּהַפְצָרָה

beset vt 1 צָר, כִּתֵּר, הִתְקִיף. 2 שִׁבֵּץ

beside prep 1 אֵצֶל, עַל־יַד, בְּסָמוּךְ. 2 לְעֻמַּת. 3 מִלְּבַד. 4 חוּץ מִן

beside oneself יָצָא מִגִּדְרוֹ
beside the point אֵינֶנּוּ נוֹגֵעַ לַבְּעָיָה
besides adv, prep 1 מִלְּבַד. 2 יְתֵרָה מִזּוֹ
besiege vt צָר, הִקִּיף, כִּתֵּר
besmear vt 1 מָשַׁח, שִׁמֵּן, מָרַח. 2 לִכְלֵךְ, הִכְתִּים
besom n מַטְאֲטֵא קַשׁ
besotted adj קָהוּי, הָמוּם, מְבֻלְבָּל, טִפְּשִׁי, מְטֻמְטָם
besought זמן עבר של הפועל to beseech
bespangled adj מְנֻקָּד, מְקֻשָּׁט
bespatter vt 1 הִתִּיז, הִזְלִיף. 2 שִׁקֵּץ, הִשְׁמִיץ
bespeak vt הִזְמִין, בִּקֵּשׁ מֵרֹאשׁ
best adj, adv 1 הֵבִיס, הִשִּׂיג. 2 הַטּוֹב בְּיוֹתֵר. 3 בַּצּוּרָה הַטּוֹבָה בְּיוֹתֵר
bestial adj 1 בַּהֲמִי, חַיָּתִי, פִּרְאִי. 2 אַכְזָר, גַּס
bestiality n 1 בַּהֲמוּת, חַיָּתִיּוּת. 2 אַכְזְרִיּוּת
bestially adv בְּפִרְאוּת, בְּגַסּוּת
bestir vti 1 הֵעִיר, עוֹרֵר, הֵנִיעַ. 2 הִזְדָּרֵז. 3 הִתְעוֹרֵר
best man n שׁוֹשְׁבִין הֶחָתָן
bestow vt 1 הֶעֱנִיק. 2 הִפְקִיד. 3 אִכְסֵן
bestowal n הַעֲנָקָה, מַתָּנָה, מַתָּן
bestride vt רָכַב, יָשַׁב בְּמִפְשָׂק
best seller n רַב מֶכֶר
bet vt, n 1 הִתְעָרֵב, הִמֵּר. 2 הִמּוּר, הִתְעָרְבוּת
betel n פִּלְפֵּל הֹדּוּ, בֶּטֶל
betide vt קָרָה, אֵרַע
betimes adv בְּמֻקְדָּם, בִּמְהֵרָה, בְּהֶקְדֵּם
betoken vt 1 בִּשֵּׂר, נִבָּא. 2 רָמַז, סִמֵּן
betray vt 1 בָּגַד, מָעַל, הִלְשִׁין. 2 הִתְעָה, פִּתָּה, רִמָּה. 3 גִּלָּה, הֶרְאָה
betrayal n 1 בְּגִידָה, מַעַל. 2 הַלְשָׁנָה. 3 הַכְזָבָה, אִכְזוּב
betroth vt הִתְאָרֵס, אֵרֵס
betrothal n תְּנָאִים, אֵרוּסִין
betrothed adj אָרוּס, אֲרוּסָה
better vt, adj, adv 1 תִּקֵּן. 2 הִשְׁבִּיחַ, שִׁפֵּר. 3 טוֹב יוֹתֵר, רַב יוֹתֵר. 4 יוֹתֵר.
better half 1 אִשָּׁה. 2 בַּעַל
betterment n שִׁפּוּר, הַשְׁבָּחָה
better off adj עָשִׁיר יוֹתֵר, נוֹחַ יוֹתֵר
betting n הִמּוּר, הִתְעָרְבוּת
bettor, better n מְהַמֵּר, מִתְעָרֵב
between adv, prep 1 בֵּין. 2 בָּאֶמְצַע
bevel vt, n 1 שִׁפַּע, הִמְדִּיר. 2 מֶדֶר, מַזְוִית. 3 שִׁפּוּעַ
beverage n מַשְׁקֶה, שִׁקּוּי
bevy n קְבוּצָה, לַהֲקָה
bewail vti 1 קוֹנֵן, סָפַד, בָּכָה. 2 קָבַל. 3 הִסְפִּיד
beware vit נִזְהַר, נִשְׁמַר מִ־
bewilder vt הִדְהִים, הֵבִיךְ, בִּלְבֵּל
bewildering adj מַדְהִים, מֵבִיךְ, מְבַלְבֵּל
bewilderment n תִּמָּהוֹן, כְּהִיָּה, מְבוּכָה
bewitch vt 1 כִּשֵּׁף. 2 הִקְסִים, הִנָּה
bewitchment n כִּשּׁוּף, קֶסֶם, הַקְסָמָה
bey n 1 בֵּי. 2 שַׁלִּיט
beyond adv, prep 1 מֵעֵבֶר לְ־, לְמַעְלָה מִן. 2 מִלְּבַד, יוֹתֵר מִ־. 3 הָלְאָה, מֵרָחוֹק, שָׁמָּה
bezique n בֵּזִיק
bi- pref דּוּ, כָּפוּל
bias vt, n 1 הִשְׁפִּיעַ, שִׁחֵד, הִטָּה. 2 נְטַאי. 3 לוֹכְסָן, אֲלַכְסוֹן. 4 מַשּׂוֹא פָּנִים
biased, biassed adj 1 מְשֻׁחָד, בַּעַל דֵּעָה קְדוּמָה. 2 מֻטֶּה
bib n סִנַּר תִּינוֹק, חֲפִי
Bible n תַּנַ״ךְ
Biblical adj תַּנָ״כִי
bibliographer n בִּיבְּלִיוֹגְרָף
bibliography n בִּיבְּלִיוֹגְרַפְיָה
bibliophile n בִּיבְּלִיוֹפִיל
bibulous adj 1 סְפוֹגִי, סָפוּג. 2 שַׁתְיָן

bicameral adj שֶׁל שְׁנֵי בָּתֵּי מְחוֹקְקִים

biceps n קִבֹּרֶת, שְׁרִיר דּוּ־רָאשִׁי

bicker vi הִתְקוֹטֵט, הִתְנַצֵּחַ

bicycle vi, n 1 רָכַב עַל אוֹפַנַּיִם. 2 אוֹפַנַּיִם

bid vti, n 1 צִוָּה, הוֹרָה, הִפְצִיר. 2 בִּקֵּשׁ, הִזְמִין. 3 בֵּרֵךְ. 4 הַצָּעָה, הַצָּעַת מְחִיר. 5 הַכְרָזָה, הַזְמָנָה. 6 פְּעֻלָּה, מַאֲמָץ

bid for נִסָּה לְהַשִּׂיג, הִשְׁתַּדֵּל לְהַשִּׂיג

biddable adj צַיְּתָן, מְמֻשְׁמָע

bidden זמן בינוני עבר של הפועל to bid

bidding n 1 הוֹרָאָה, פְּקֻדָּה, צַו. 2 בְּרָכָה, מִנְשָׁר. 3 הַזְמָנָה

bide vt 1 סָבַל. 2 צִפָּה, חִכָּה. 3 נִשְׁאַר, הִתְמַהְמַהּ, נִמְשַׁךְ

biennial adj דּוּ־שְׁנָתִי

biennially adv בְּכָל שְׁנָתַיִם

bier n אֲרוֹן הַמֵּת, אֲרוֹן מֵתִים, כַּן לְמֵת

bifocal adj דּוּ־מוֹקְדִי, בִּיפוֹקָלִי

bifurcate vti 1 פִּלֵּג לִשְׁנַיִם. 2 הִתְפַּלֵּג, הִסְתָּעֵף

big adj 1 גָּדוֹל, מְגֻדָּל. 2 מְבֻגָּר. 3 כַּבִּיר

bigamist n בִּיגָמִיסְט

bigamous adj בִּיגָמִי

bigamy n בִּיגַמְיָה

bigger adj גָּדוֹל יוֹתֵר

biggest adj הַגָּדוֹל בְּיוֹתֵר

bight n מִפְרָץ, נַפְתּוּל

bigot n קַנַּאי, חָסִיד שׁוֹטֶה

bigoted adj קַנַּאי, עַקְשָׁן

bigotry n קַנָּאוּת עִוֶּרֶת, עַקְשָׁנוּת

bigwig n אָדָם חָשׁוּב, אַח״ם

bike n אוֹפַנַּיִם

bikini n בִּיקִינִי

bilateral adj דּוּ־צְדָדִי

bilateralism n דּוּ־צְדָדִיּוּת

bilaterally adv בְּאֹפֶן דּוּ־צְדָדִי, מִשְּׁנֵי הַצְּדָדִים

bilberry n אֻכְמָנִיָּה

bile n 1 מָרָה. 2 מִיץ מָרָה

bilge n 1 שִׁפּוּלַיִם. 2 טִנֹּפֶת

bilharzia n בִּילְהַרְצִיָּה

bilingual adj דּוּ־לְשׁוֹנִי

bilk vt 1 רִמָּה, הוֹנָה. 2 הִשְׁתַּמֵּט

bill vti, n 1 הִכְרִיז, פִּרְסֵם. 2 חִיֵּב, הִגִּישׁ חֶשְׁבּוֹן. 3 חֶשְׁבּוֹן. 4 שְׁטָר. 5 הַצָּעַת חֹק. 6 רְשִׁימָה. 7 מוֹדָעָה, תָּכְנִיָּה. 8 חַרְטוֹם, מַקּוֹר. 9 שְׁנוּנִית

billboard n לוּחַ מוֹדָעוֹת

billet vti, n 1 אִכְסֵן, שִׁכֵּן. 2 הִתְאַכְסֵן, הִשְׁתַּכֵּן, שָׁכַן. 3 פֶּתֶק, מִכְתָּב. 4 מִשְׂרָה, מִנּוּי. 5 מְטִיל. 6 בּוּל עֵץ. 7 מְקוֹם לִינָה. 8 מְקוֹם עֲבוֹדָה

billet-doux n מִכְתַּב אַהֲבָה

billiards n בִּילְיַרְד

billion n מִילְיַרְד, בִּילְיוֹן

bill of exchange שְׁטַר חֲלִיפִין, מִמְשָׁךְ

bill of fare 1 תַּפְרִיט. 2 תָּכְנִית

bill of lading שְׁטַר מִטְעָן

billow vi, n 1 הִתְנַפֵּחַ. 2 נַחְשׁוֹל, גַּל

billowy adj גַּלִּי, נַחְשׁוֹלִי

billy n 1 כְּלִי פַּח. 2 אַלַּת שׁוֹטְרִים

billycan n קוּמְקוּם תֵּה

billy goat תַּיִשׁ, עַתּוּד

bimetalism n דּוּ־מַתַּכְתִּיּוּת

bin n 1 אָסָם, מַמְּגוּרָה. 2 תֵּבָה, אַרְגָּז. 3 פַּח אַשְׁפָּה

binary adj כָּפוּל, שְׁנִיּוֹנִי, זוּגִי, דּוּ־חֶלְקִי, בִּינָרִי

bind vti, n 1 קָשַׁר, חָבַשׁ, אִגֵּד, אִחֵד. 2 אָסַר, עָצַר, כָּפַת. 3 כָּרַךְ. 4 חִיֵּב. 5 הִתְקַשָּׁה, הִתְאַחָה, הִתְגַּבֵּשׁ. 6 קֶשֶׁר, חִבּוּר, צוֹמֶד. 7 קֹשִׁי

binder n 1 אוֹגְדָן, כּוֹרְכָן. 2 כּוֹרֵךְ. 3 קוֹשֵׁר, תַּחְבֹּשֶׁת. 4 מְאַלֶּמֶת

bindery n כְּרִיכִיָּה
binding n, adj 1 קִשּׁוּר, אִגּוּד. 2 כְּרִיכָה. 3 כְּפִיתָה, תַּחְבֹּשֶׁת. 4 חִיּוּב. 5 מְחַיֵּב
bindweed n חֲבַלְבָּל
binge n הִלּוּלָה, הוֹלֵלוּת
bingo n בִּינְגּוֹ
binnacle n קֻפְסַת מַצְפֵּן
binoculars npl מִשְׁקֶפֶת
biochemistry n בִּיוֹכִימְיָה
biographic(al) adj בִּיוֹגְרָפִי
biography n בִּיוֹגְרַפְיָה
biological adj בִּיוֹלוֹגִי
biologist n בִּיוֹלוֹג
biology n בִּיוֹלוֹגְיָה
biopsy n בִּיוֹפְּסִיָּה
bipartisan adj דּוּ־מִפְלַגְתִּי
biped n הוֹלֵךְ עַל שְׁתַּיִם
birch vt, n 1 הִכָּה, יִסֵּר. 2 לִבְנֶה, שַׁדָּר. 3 מַקֵּל
bird n 1 צִפּוֹר, עוֹף. 2 אֶפְרוֹחַ, פַּרְגִּית
bird of prey עוֹף טוֹרֵף
bird-lime n דֶּבֶק מוֹקְשִׁים
bird's eye view 1 סְקִירָה כְּלָלִית. 2 תַּמְצִית, תַּקְצִיר
birdwatcher n צַפָּר
bird-watching n צַפָּרוּת
biro n עֵט כַּדּוּרִי
birth n 1 לֵדָה, מָקוֹר, מוֹצָא. 2 יִחוּס. 3 וָלָד. 4 יְלוּדָה
birthday n יוֹם הֻלֶּדֶת
birthmark n סִימָן מִלֵּדָה
birthplace n 1 מוֹלֶדֶת. 2 מְקוֹם לֵדָה
birthrate שִׁעוּר הַיְלוּדָה
birthright n זְכוּת בְּכוֹרָה
biscuit n 1 עוּגִיָּה, רָקִיק, אֲפִיפִית, מַרְקוֹעַ. 2 עוּגָה
bisect vt חָצָה, גָּזַר לִשְׁנַיִם
bisection n 1 חֲצִיָּה, הֶחָצוּת. 2 הִתְפַּלְּגוּת
bisexual adj, n 1 דּוּ מִינִי. 2 אַנְדְּרוֹגִינוֹס
bishop n 1 הֶגְמוֹן, בִּישׁוֹף. 2 רָץ (שח)
bishopric n הֶגְמוֹנוּת, בִּישׁוֹפוּת
bismuth n בִּיסְמוּט
bison n בִּיזוֹן
bit vt n 1 רִסֵּן, בָּלַם, עָצַר. 2 רֶסֶן. 3 חָף. 4 מַקְדֵּחַ, מֶתֶג. 5 סִבִּית. 6 קֶרְטוֹב, קֹרֶט. 7 מַטְבֵּעַ. 8 רֶגַע, שָׁעָה קַלָּה. 9 זמן עבר של הפועל to bite
bit by bit בְּהַדְרָגָה, לְאַט לְאַט
bitch vit, n 1 הִתְלוֹנֵן, הִתְמַרְמֵר. 2 קִלְקֵל, בִּלְבֵּל. 3 כַּלְבָּה. 4 זוֹנָה, פְּרוּצָה. 5 הִתְמַרְמְרוּת
bitchy adj רַע לֵב
bite vti, n 1 נָשַׁךְ, נָגַס. 2 עָקַץ, הִכִּישׁ. 3 צָרַב, הִכְאִיב. 4 אִכֵּל. 5 כָּסַס, אָחַז, תָּפַס. 6 רִמָּה. 7 נְשִׁיכָה, מִנְשָׁךְ, נְגִיסָה. 8 עֲקִיצָה, הַכָּשָׁה, פֶּצַע. 9 אֲרוּחָה קַלָּה
bite off נָגַס
biting adj 1 מְלַגְלֵג, שָׁנוּן. 2 צוֹרֵב, עוֹקֵץ
bitingly adv בִּשְׁנִינוּת, בְּעוֹקְצָנוּת
bitten בינוני עבר של הפועל to bite
bitter vti, adj, n 1 מֵרַר, צִעֵר. 2 מַר, מָרִיר. 3 חָרִיף, צוֹרֵב. 4 מַכְאִיב, מְצַעֵר. 5 אַכְזָר. 6 בִּירָה
bitterly adv בִּמְרִירוּת
bitterness n 1 מְרִירוּת, מְרוֹרִים. 2 חֲרִיפוּת, אַכְזְרִיּוּת
bittersweet adj מַר־מָתוֹק
bitumen n אַסְפַלְט, כֹּפֶר, חֵמָר
bituminous כָּפְרִי
bivouac vi, n 1 חָנָה. 2 מַחֲנֶה
bizarre adj תִּמְהוֹנִי, מְשֻׁנֶּה, מְגֻחָךְ, מוּזָר
blab vti פִּטְפֵּט, גִּבֵּב, לִהֵג
black vt, adj, n 1 הִשְׁחִיר, הֶחְשִׁיךְ. 2 לִכְלֵךְ. 3 שָׁחֹר, שְׁחֹם. 4 כּוּשִׁי. 5 מְלֻכְלָךְ. 6 עָגוּם, נִזְעָם. 7 אֵבֶל, שְׁחֹרִים

black art כִּשּׁוּף
blackball vt הִצְבִּיעַ נֶגֶד הִצְטָרְפוּת מִישֶׁהוּ (פוליטיקה)
black beetle חִפּוּשִׁית
black market שׁוּק שָׁחֹר
black-and-blue מֻכְתָּם, חָבוּל כֻּלּוֹ
blackberry n אֻכְמָנִית
blackbird n קִיכְלִי
blackboard n לוּחַ כְּתִיבָה
blacken vti 1 הִשְׁחִיר, הֶחְשִׁיךְ. 2 כָּהָה, הִכְהָה. 3 הִשְׁמִיץ
blackguard n נָבָל, נִבְזֶה, גַּס־רוּחַ
blackhead n אַכְמוּמִית, נְקֻדָּה שְׁחֹרָה
blackish adj שְׁחַרְחַר
blackleg n 1 גַּחֶלֶת הַבָּקָר. 2 רַמַּאי. 3 מֵפֵר שְׁבִיתָה
blacklist vt, n 1 כָּלַל בָּרְשִׁימָה הַשְּׁחֹרָה. 2 רְשִׁימָה שְׁחֹרָה
blackmail vt, n 1 סָחַט. 2 סְחִיטָה, סַחְטָנוּת
black mass 1 פֻּלְחַן הַשָּׂטָן. 2 תְּפִלַּת אַשְׁכָּבָה
blackness n 1 שְׁחוֹר, אֲפֵלָה. 2 קַדְרוּת
blackout vti, n 1 אִפֵּל, הֶאֱפִיל, כִּבָּה אוֹרוֹת. 2 אִבֵּד הַהַכָּרָה. 3 הָאֲפֵלָה, אִפּוּל. 4 חִשָּׁכוֹן
black sheep 1 נָבָל. 2 בֵּן סוֹרֵר. 3 כִּבְשָׂה שְׁחֹרָה
blacksmith n נַפָּח
bladder n 1 שַׁלְפּוּחִית, בּוּעָה. 2 שַׁלְפּוּחִית הַשֶּׁתֶן
blade n 1 לַהַב. 2 סַכִּין גִּלּוּחַ. 3 כַּף. 4 עָלֶה, טָרָף
blah n הֲבָלִים, שְׁטֻיּוֹת
blame vt, n 1 הֶאֱשִׁים, גִּנָּה, הִטִּיל דֹּפִי בְּ־. 2 אַשְׁמָה, קוֹלָר
blameless adj נָקִי, חַף, תָּמִים
blamelessly adv לְלֹא רְבָב
blameworthy adj רָאוּי לְגִנּוּי
blanch vti 1 הִלְבִּין, לִבֵּן. 2 קָלַף, קִלֵּף. 3 הֶחֱוִיר. 4 נִבְהַל
blancmange n רַפְרֶפֶת
bland adj 1 רַךְ, נוֹחַ, נָעִים. 2 שָׁקֵט, רוֹגֵעַ. 3 אָדִיב. 4 חֲסַר טַעַם, תָּפֵל
blandish vti הֶחֱנִיף, לִטֵּף
blandishment n חֲנֻפָּה, מַחְמָאוֹת, דִּבְרֵי חֲנֻפָּה
blandly adv רַכּוּת, בְּרֹךְ, בְּנֹעַם
blandness n 1 רַכּוּת, נְעִימוּת. 2 חֹסֶר טַעַם
blank adj, n 1 רֵיק, חָלָק, לָבָן. 2 חֲסַר עִנְיָן. 3 חָלָל רֵיק
blank check שֶׁק פָּתוּחַ
blank cartridge תַּרְמִיל רֵיק
blank space תֶּרֶף
blank verse n חָרוּז לָבָן
blanket vt, n, adj 1 כִּסָּה בִּשְׂמִיכָה. 2 שִׁתֵּק, הִשְׁתִּיק, הֶחֱנִיק. 3 שְׂמִיכָה. 4 מַעֲטֶה. 5 גְּלִימָה. 6 כּוֹלֵל, מַקִּיף
blankly adv לְלֹא הַבָּעָה
blare vit, n 1 רָעַשׁ. 2 הִרְעִים, הִרְעִישׁ. 3 חִצְצֵר. 4 תְּרוּעָה, רַעַם
blarney n חֲלַקְלַקּוֹת, חֲנֻפָּה
blasé adj מְשֻׁעֲמָם, אָדִישׁ, שְׁוֵה־נֶפֶשׁ
blaspheme vit 1 חִלֵּל הַשֵּׁם, חִלֵּל הַקֹּדֶשׁ. 2 נָאַץ, קִלֵּל, חֵרֵף
blasphemer n 1 מְחַלֵּל שֵׁם שָׁמַיִם. 2 מְחָרֵף, מְנָאֵץ, מְקַלֵּל
blasphemous adj מְחַלֵּל, מְגַדֵּף, מְקַלֵּל
blasphemously adv בְּחֵרוּף, בְּנִאוּץ
blasphemy n 1 חִלּוּל הַשֵּׁם. 2 נִאוּץ, חֵרוּף, קְלָלָה
blast vt, n 1 הִקְמִיל. 2 הֶחֱרִיב, פּוֹצֵץ, חִבֵּל. 3 צְפִירָה. 4 מַשָּׁב, פֶּרֶץ־רוּחַ, הֶדֶף אֲוִיר. 5 הִתְפּוֹצְצוּת. 6 שִׁדָּפוֹן
blast furnace 1 כִּבְשַׁן אֵשׁ. 2 כּוּר הִתּוּךְ
blasted adj 1 מְקֻלָּל, אָרוּר. 2 מְפֻצָּץ. 3 שָׁדוּף

blatant adj 1 בּוֹטֶה, חֲסַר בּוּשָׁה. 2 גַּס, חָצוּף
blatantly adv 1 בְּבוֹטוּת. 2 בְּגַסּוּת
blaze vit, n 1 לָהַט, בָּעַר. 2 הִבְהִיק, הִזְהִיר, הִבְרִיק. 3 הִתְלַקַּח. 4 הִתְלַבֵּט. 5 פִּרְסֵם בָּרַבִּים. 6 צִיֵּן. 7 לֶהָבָה. 8 נֹגַהּ, זֹהַר. 9 הִתְפָּרְצוּת אֵשׁ. 10 כֶּתֶם לָבָן
blazer n זִיג, מְעִיל סְפּוֹרְטִיבִי
blazing adj 1 מַזְהִיר, מַבְהִיק. 2 אַלִּים, מִתְפָּרֵץ. 3 מַלְהִיב
blazon vt, n 1 יִפָּה, קִשֵּׁט, פֵּאֵר. 2 פִּרְסֵם, הִכְרִיז. 3 הִתְפָּאֵר. 4 מָגֵן גִּבּוֹרִים, שֶׁלֶט יוּחֲסִין. 5 הִתְקַשְּׁטוּת, הִתְפָּאֲרוּת. 6 פִּרְסוּם, הַכְרָזָה
bleach vti, n 1 הֶחֱוִיר, הִתְלַבֵּן. 2 לִבֵּן, נִקָּה, הִלְבִּין. 3 מַלְבִּין (חומר)
bleak adj, n 1 שׁוֹמֵם, חָשׂוּף, עָזוּב. 2 עָגוּם. 3 דּוֹהֶה, חֲסַר צֶבַע. 4 לַבְנוּן
bleakness n 1 שְׁמָמָה, עֲזוּבָה. 2 עַגְמוּת, עֶצֶב, עַגְמוּמִיּוּת
bleary adj 1 טָרוּט. 2 כֵּהֶה, עָמוּם
bleary-eyed adj 1 זַבְלְגָן. 2 טְרוּט עֵינַיִם, מְטֻשְׁטַשׁ רְאִיָּה
bleat vit, n 1 פָּעָה, גָּעָה, הָמָה. 2 פִּטְפֵּט. 3 גְּעִיָּה, פְּעִיָּה. 4 יְבָבָה
bled זמן עבר ובינוני עבר של הפועל to bleed
bleed vit 1 דִּמֵּם, שָׁתַת דָּם, זָב דָּם. 2 נִנְקַז, הִקִּיז דָּם. 3 סָחַט. 4 קֵצֶץ שׁוּלַיִם
bleeding of colo(u)r פְּשִׁיטַת צֶבַע
blemish vt, n 1 הִכְתִּים, הִטִּיל דֹּפִי. 2 הִכְעִיר, כִּעֵר. 3 דֹּפִי, כֶּתֶם, מוּם. 4 לִקּוּי, פְּסוּל, פְּגָם
blench vi 1 נִרְתַּע, נָסוֹג. 2 הִלְבִּין. 3 הֶחֱוִיר
blend vti, n 1 עִרְבֵּב, מָזַג, טָרַף, בָּלַל. 2 הִתְעַרְבֵּב, הִתְלַכֵּד, הִתְמַזֵּג. 3 תַּעֲרֹבֶת, מִמְזָג, תִּמְזֹגֶת
blender n מַמְחֶה
bless vt בֵּרֵךְ, קִדֵּשׁ
blessed adj 1 בָּרוּךְ, מְבֹרָךְ. 2 מְקֻדָּשׁ. 3 מְאֻשָּׁר
blessedness n אֹשֶׁר, בִּרְכַּת שָׁמַיִם
blessing n 1 בְּרָכָה. 2 טוֹבָה. 3 אִשּׁוּר
blether, blather vi, n 1 פִּטְפֵּט, לָהַג. 2 לַהַג, פִּטְפּוּט
blew זמן עבר של הפועל to blow
blight vt, n 1 הִכְמִישׁ, הִקְמִיל. 2 כָּמַשׁ, קָמַל. 3 כִּמָּשׁוֹן, שִׁדָּפוֹן. 4 מַזִּיק, מַשְׁחִית
blind vt, adj, n 1 עִוֵּר, סִמֵּא. 2 סִנְוֵר, עִרְפֵּל. 3 הִסְתִּיר. 4 עִוֵּר, סוּמָא. 5 וִילוֹן, תְּרִיס. 6 כְּסוּת עֵינַיִם, מַאֲרָב, מִסְתּוֹר. 7 תַּחְבּוּלָה. 8 עָמוּם, אָטוּם. 9 כָּמוּס. 10 שִׁרְיוֹן
blind alley מָבוֹי סָתוּם
blind date פְּגִישָׁה עִוֶּרֶת
blindman's buff מִשְׂחַק הַסַּנְוֵרִים
blind spot נְקֻדָּה אֲפֵלָה
blindly adv 1 בְּעֵינַיִם עֲצוּמוֹת. 2 לְלֹא הַבְחָנָה
blindfold vt, adv 1 תִּעְתַּע, הִטְעָה. 2 לְלֹא זְהִירוּת, מְגַשֵּׁשׁ בָּאֲפֵלָה
blindness n 1 עִוָּרוֹן. 2 בַּעֲרוּת
blink vti, n 1 מִצְמֵץ, עִפְעֵף, קָרַץ. 2 נִצְנֵץ, הִבְהֵב. 3 הִתְחַמֵּק, הִבְלִיחַ. 4 מִצְמוּץ, קְרִיצָה, נִצְנוּץ
blinkers npl סַכֵּי עֵינַיִם
bliss n 1 שִׂמְחָה, גִּיל, בְּרָכָה. 2 נֹעַם
blissful adj 1 עָרֵב, נָעִים. 2 מְבֹרָךְ, מְאֻשָּׁר
blissfully adv בְּשִׂמְחָה, בְּעֹנֶג
blister vti, n 1 שִׁלְבֵּק, הִשְׁתַּלְבֵּק, הִבְעָה. 2 בּוּעָה, אֲבַעְבּוּעָה, שַׁלְפּוּחִית
blithe, blithesome adj שָׂמֵחַ, עַלִּיז
blithely adv בְּשִׂמְחָה, בַּעֲלִיזוּת
blithering adj מְפַטְפֵּט, פַּטְפְּטָנִי

blitz vt, n 1 הִתְקִיף, הִרְעִישׁ. 2 הַתְקָפַת בָּזָק

blizzard n סוּפַת אֵימִים

bloated adj 1 נָפוּחַ. 2 מִתְנַפֵּחַ, רֵיקָה

blob n טִפָּה, בּוּעָה, שַׁלְפּוּחִית

bloc n גּוּשׁ, קוֹאָלִיצְיָה

block vti, n 1 מָנַע, עָצַר, עִכֵּב, חָסַם. 2 תָּמַךְ. 3 אִמֵּם. 4 אוֹתֵת. 5 הִתְנַגֵּד. 6 קוֹרָה, בּוּל עֵץ. 7 אִמּוּם. 8 דּוּכָן. 9 גַּלְגִּלָּה, גַּלְגֶּלֶת. 10 מִכְשׁוֹל, מִתְרָס, מַעְצוֹר. 11 מְטֻמְטָם, טִפֵּשׁ. 12 כַּמּוּת, סַךְ. 13 רֹבַע, בְּלוֹק, צְמֵדָה

block capitals, block letters npl אוֹתִיּוֹת דְּפוּס רֵישִׁיּוֹת

block up vti חָסַם

blockade vti, n 1 חָסַם, עָצַר, כָּלָא. 2 צָר עַל, סָגַר עַל. 3 הֶסְגֵּר, מָצוֹר. 4 חֲסִימָה, מַחְסוֹם

blockage n מִכְשׁוֹל, מַחְסוֹם, מִתְרָס

blockhead n טִפֵּשׁ, שׁוֹטֶה, אֱוִיל

blocking n חֲסִימָה

blond, blonde adj, n בְּלוֹנְדִּי, בְּלוֹנְדִּינִית

blood n 1 דָּם. 2 יַחַס, מוֹצָא, גֶּזַע. 3 טֶבַח, רֶצַח. 4 מֶזֶג, מֶזֶג חַם

blood bath מֶרְחַץ דָּמִים

blood brother אָח מִלֵּדָה

blood count סְפִירַת דָּם

bloodcurdling adj מַפְחִיד, מֵטִיל אֵימָה

bloodhound n 1 כֶּלֶב צַיִד, כֶּלֶב גִּשּׁוּשׁ. 2 בַּלָּשׁ

bloodless adj 1 חֲסַר דָּם. 2 חָלוּשׁ, אָדִישׁ, חֲסַר מֶרֶץ

blood pressure n לַחַץ דָּם

blood relation קִרְבַת דָּם

bloodshed n 1 רֶצַח, טֶבַח. 2 שְׁפִיכַת דָּמִים

bloodshot adj אָדֹם (עינים)

bloodstained adj מְגֹאָל בְּדָם

bloodthirsty adj 1 צְמֵא דָּם. 2 פְּרָאִי

blood transfusion עֵרוּי דָּם

blood vessel כְּלִי דָּם

bloody adj 1 דָּמִי. 2 עָקֹב מִדָּם, מְגֹאָל בְּדָם. 3 רוֹצְחָנִי, אַכְזָר. 4 שָׁפָל, אָרוּר

bloom vi, n 1 פָּרַח, לִבְלֵב, הֵנֵץ. 2 זָהַר, הִפְרִיחַ. 3 פֶּרַח. 4 לִבְלוּב, פְּרִיחָה, הֲנָצָה. 5 סֹמֶק. 6 נִצָּן, אֵב, סִיג. 7 זֹהַר. 8 בַּרְזֶל מְלֻבָּן

bloomer n כִּשָּׁלוֹן, מְעִידָה

bloomers npl 1 מִכְנְסֵי נָשִׁים. 2 תַּחְתּוֹנֵי נָשִׁים

bloomy adj פּוֹרֵחַ, מְלַבְלֵב

blossom vi, n 1 פָּרַח, לִבְלֵב. 2 הִפְרִיחַ. 3 פֶּרַח, נִצָּן, צִיץ, נִצָּה. 4 תִּפְרַחַת

blossom out vi הִתְעַלָּה

blot vti, n 1 הִכְתִּים, לִכְלֵךְ. 2 הִשְׁמִיץ, הֶאֱפִיל. 3 סָפַג, נִסְפַּג. 4 הִתְפַּשֵּׁט. 5 מָחַק. 6 כֶּתֶם, רְבָב, פְּגָם

blot out vt 1 מָחַק, מָחָה. 2 הִשְׁמִיד

blotch vt, n 1 הִכְתִּים, לִכְלֵךְ. 2 כֶּתֶם

blotter n 1 נְיַר סוֹפֵג. 2 פִּנְקָס

blotting paper n נְיַר סוֹפֵג

blouse n חֻלְצָה, לְסוּטָה

blow vit, n 1 נָשַׁב, נָשַׁף. 2 לִבָּה, נָפַח, נִפַּח. 3 תָּקַע. 4 שָׁרַק. 5 הִפִּיחַ. 6 הֵפִיץ, דָּחַף. 7 פָּרַח, לִבְלֵב, הֵנִיף. 8 נְשִׁיפָה, מַשָּׁב, מַפּוּחַ. 9 בֵּיצַת זְבוּב. 10 מַהֲלוּמָה, מַכָּה. 11 אָסוֹן, זַעֲזוּעַ

blowfly n זְבוּב הַבָּשָׂר

blowhole n 1 אֲרֻבָּה. 2 נָחִיר

blowlamp n מַבְעֵר

blown בינוני עבר של הפועל to blow

blow off steam שִׁחְרֵר קִיטוֹר

blow out vt כִּבָּה (בנשיפה)

blow-out n 1 תֶּקֶר, נֶקֶר, נֶקֶב. 2 הִלּוּלָה. 3 הִתְפּוֹצְצוּת, הִתְפָּרְצוּת

blow over נִשְׁכַּח, עָבַר מִן הָעוֹלָם, חָלַף

blowpipe n 1 מַבְעֵר. 2 מַפּוּחַ. 3 קָנֶה לִירִיַּת חִצִּים

blowtorch n מַבְעֵר הַלְחָמָה

blow up vti 1 פּוֹצֵץ, הָרַס. 2 נִפַּח. 3 הִתְפּוֹצֵץ. 4 הִתְנַפֵּחַ

blubber vti, n 1 בָּכָה, יִבֵּב. 2 שֻׁמַּן לִוְיָתָנִים. 3 בְּכִיָּה

bludgeon vt, n 1 הִלְקָה, הִכָּה, פִּרְגֵּל. 2 אַלָּה, פִּרְגּוֹל, שֵׁבֶט

blue adj 1 כָּחֹל, תְּכֵלֶת. 2 מְדֻכָּא, עָגוּם. 3 קַפְּדָן, נוֹקְדָן. 4 קוֹדֵר

blue-blooded adj 1 מְיֻחָס, אָצִיל. 2 יַחְסָן

blueprint n 1 הֶדְפֵּס צִלּוּם. 2 תָּכְנִית מְפֹרֶטֶת

bluestocking n אִשָּׁה מַשְׂכִּילָה, לַמְדָנִית

bluff vti, n 1 בִּלֵּף, הִטְעָה, רִמָּה. 2 כֵּף, שׁוּנִית, צוּק. 3 בְּלוֹף, הוֹנָאָה, רַמָּאוּת. 4 תָּלוּל

bluffer n בְּלוֹפֶר, רַמַּאי, מִתְעַתֵּעַ

bluish adj כְּחַלְחַל, תְּכַלְכַּל

blunder vit, n 1 טָעָה, שָׁגָה. 2 אִוֶּלֶת, טָעוּת

blunderer n כְּסִיל, שׁוֹטֶה, אֱוִיל

blunderbuss n 1 רוֹבֶה קָצָר. 2 כְּסִיל, אֱוִיל

blunt vt, adj 1 הִקְהָה. 2 טִמְטֵם. 3 לֹא־חַד, קֵהֶה. 4 גְּלוּי־לֵב. 5 יָבֵשׁ

blunt-end כַּד

bluntly adv בְּקִצּוּר, בְּגָלוּי

bluntness n 1 קֵהָיוֹן, קֵהוּת. 2 גִּלּוּי לֵב

blur vt, n 1 טִשְׁטֵשׁ, עִמְעֵם. 2 הִכְתִּים, לִכְלֵךְ. 3 טִשְׁטוּשׁ, עִמְעוּם. 4 כֶּתֶם, דֹּפִי, לִכְלוּךְ

blurt, blurt out vt גִּלָּה תּוֹךְ פִּטְפּוּט

blush vi, n 1 הִסְמִיק, הֶאְדִּים. 2 הִתְבַּיֵּשׁ, נִכְלַם. 3 סֹמֶק, אֹדֶם

blushing adj מַסְמִיק, מִתְבַּיֵּשׁ, בַּיְּשָׁן

blushingly adv בִּמְבוּכָה, בְּסֹמֶק

bluster vit, n 1 הִרְעִישׁ, הִסְעִיר, הִרְעִים. 2 סַעַר, רַעַשׁ. 3 הִתְקַצֵּף, אִיֵּם אִיּוּמֵי סְרָק. 4 הֲמֻלָּה, רַעַשׁ. 5 אִיּוּמֵי סְרָק

blusterer n רַעֲשָׁן, רַבְרְבָן, מַרְעִישׁ עוֹלָמוֹת

blustery adj רוֹעֵשׁ, הוֹמֶה, סוֹעֵר

boa n חֲנָק

boa-constrictor n חֲנָק מִתְכַּוֵּץ

boar n 1 חֲזִיר (זכר). 2 חֲזִיר בָּר

board vti, n 1 כִּסָּה בִּקְרָשִׁים. 2 אִכְסֵן. 3 לָן, הִתְאַכְסֵן. 4 עָלָה בָּאֳנִיָּה. 5 עָלָה (על מטוס, רכב). 6 לוּחַ, קֶרֶשׁ, נֶסֶר. 7 בִּימָה, שֻׁלְחָן. 8 אֹכֶל, מְזוֹנוֹת, אֲרוּחוֹת. 9 מוֹעָצָה, דִּירֶקְטוֹרְיוֹן, וַעַד מְנַהֵל. 10 לוּחַ מוֹדָעוֹת. 11 צַד. 12 קַרְטוֹן

board (on) 1 בָּאֳנִיָּה. 2 בְּאוֹטוֹבּוּס, בָּרֶכֶב, בְּמָטוֹס. 3 בְּרַכֶּבֶת

board of trustees חֶבֶר נֶאֱמָנִים

boarder n 1 מִתְאַכְסֵן. 2 פֶּנְסְיוֹנֶר. 3 פּוֹרֵץ לָאֳנִיַּת אוֹיֵב. 4 תַּלְמִיד פְּנִימִיָּה

boarding n 1 עֵצָה. 2 כִּסּוּי בִּקְרָשִׁים. 3 אִכְסוּן, הִתְאַכְסְנוּת. 4 אֵשֶׁ״ל. 5 עֲלִיָּה לָאֳנִיָּה, לַמָּטוֹס

boarding-card n אִשּׁוּר עֲלִיָּה (לאניה, למטוס)

boarding house פֶּנְסְיוֹן

board room אוּלַם יְשִׁיבוֹת

boarding-school n פְּנִימִיָּה

boast vti, n 1 הִתְפָּאֵר, הִתְיַהֵר, הִתְרַבְרֵב. 2 הִתְפָּאֲרוּת, הִתְיַהֲרוּת. 3 תִּפְאֶרֶת

boaster n מִתְהַלֵּל, הוֹלֵל, רַבְרְבָן

boastful adj גַּאַוְתָן, יָהִיר, רַבְרְבָנִי

boastfully adv בְּהִתְפָּאֲרוּת

boat vi, n 1 חָתַר, הִפְלִיג (בסירה). 2 סִירָה,

בּוּצִית, אַרְבָּה. 3 אֳנִיָּה

boathouse n — חֲנִיוֹן סִירוֹת

boater n — 1 שַׁיָּט. 2 מִגְבַּעַת־קַשׁ

boating n — סִירָאוּת

boatman n — 1 סִירַאי, שַׁיָּט, סַפָּן. 2 סַוָּר

boatswain n — רַב־מַלָּחִים

boat-train n — רַכֶּבֶת אֳנִיָּה

bob vit, n — 1 נִדְנֵד, הֵנִיעַ, הִתְנוֹעֵעַ, טָפַח. 2 קִצֵּר שְׂעָרוֹת. 3 דָּג דָּגִים (בפתיון). 4 קַד קִדָּה. 5 עָגִיל. 6 מִשְׁקֹלֶת. 7 תַּלְתַּל שֵׂעָר. 8 זְנַב־סוּס מְקֻצָּר. 9 קִדָּה, תְּנוּעַת רֹאשׁ. 10 תִּסְפֹּרֶת צָרָה. 11 שִׁילִינְג

bob up — הוֹפִיעַ פִּתְאֹם, הֵגִיחַ

bobbin n — סְלִיל, אַשְׁוָה, פְּקַעַת, סִיסָה

bobbin-case — נַרְתִּיק הַסְּלִיל

bobbin-case latch — בְּרִיחַ הַנַּרְתִּיק

bobbin holder — כּוּשׁ־הַגְּלִילָה

bobbin winder — מַגְלֵל (לִסְלִיל)

bobby n — שׁוֹטֵר (בריטי)

bobsled, bobsleigh n — מִגְרָרָה, מִגְרֶרֶת־שֶׁלֶג

bobtail n — זָנָב מְקֻצָּר

bode vti — 1 נִבָּא, בִּשֵּׂר. 2 זמן עבר של הפועל to bide

bodice n — 1 מָחוֹךְ, חָזִיָּה. 2 לְסוּטָה

bodily adj, adv — 1 גּוּפִי, גּוּפָנִי, גַּשְׁמִי. 2 בְּגוּפוֹ, בְּעַצְמוֹ, לַגְמְרֵי

boding adj — 1 מְבַשֵּׂר רַע. 2 נִחוּשׁ רַע, אוֹת רַע

body n — 1 גּוּף, גּוּפִיף, גֵּו. 2 גְּוִיָּה. 3 בֶּן־אָדָם

bodyguard n — שׁוֹמֵר רֹאשׁ

body language — שְׂפַת גּוּף

body-snatcher n — גּוֹנֵב גְּוִיּוֹת

bog n — 1 בִּצָּה, מַדְמֵנָה. 2 בֵּית שִׁמּוּשׁ

bog down — שָׁקַע בְּבֹץ

bogey n — 1 רוּחַ, שֵׁד, מִפְלֶצֶת. 2 עֶצֶם בִּלְתִּי מְזֹהֶה

boggy adj — בִּצִּי, מְרֻפָּשׁ, בּוֹצָנִי, טוֹבְעָנִי

bogus adj — מְזֻיָּף, כּוֹזֵב

boil vti, n — 1 רָתַח, שָׁלַק. 2 בִּשֵּׁל. 3 הִרְתִּיחַ, הִגְעִיל. 4 הִתְבַּשֵּׁל. 5 רְתִיחָה, הַרְתָּחָה. 6 תְּסִיסָה. 7 סִמְטָה

boil away — 1 הִתְאַדָּה. 2 אִדָּה

boil down — 1 עָשָׂה סָמִיךְ. 2 צִמְצֵם, הִתְכַּוֵּץ, תִּמְצֵת

boil over — גָּלַשׁ, הִתְרַתֵּחַ

boiler n — דּוּד, יוֹרָה, קַלַּחַת

boiling point — נְקֻדַּת רְתִיחָה

boisterous adj — 1 רוֹעֵשׁ, סוֹעֵר, רוֹגֵשׁ. 2 קוֹלָנִי

boisterously adv — 1 בִּסְעָרָה, בְּרַגְשָׁנוּת. 2 בְּקוֹלָנִיּוּת

bold adj — 1 אַמִּיץ, נוֹעָז, בּוֹטֵחַ. 2 חָצוּף, עַז־פָּנִים. 3 בּוֹלֵט, בָּרוּר

boldly adv — בְּהֶעָזָה, בְּאֹמֶץ לֵב

boldness n — 1 שַׁחֲצָנוּת, עַזּוּת, חֻצְפָּה. 2 הֶעָזָה, אֹמֶץ־לֵב

bolero n — בּוֹלֶרוֹ

boloney n — שְׁטֻיּוֹת, הֲבָלִים

Bolshevik n — בּוֹלְשֶׁבִיק, קוֹמוּנִיסְט

bolster vt, n — 1 עוֹדֵד, תָּמַךְ. 2 סָעַד, הִזְקִיף. 3 כַּר, כֶּסֶת. 4 רְפִיד, רְפִידָה

bolt vti, n — 1 הִבְרִיג, חִזֵּק בִּבְרָגִים. 2 זָנַק, נִתֵּר, בָּרַח, עָרַק, הִשְׁתַּמֵּט. 3 בְּרִיחַ, מַנְעוּל, אֶטֶב. 4 בֹּרֶג. 5 בְּרִיחָה, מְנוּסָה. 6 לוֹלָב. 7 צְרוֹר

bolt upright — בְּקוֹמָה זְקוּפָה

bomb vti, n — 1 הִפְצִיץ, הִרְעִישׁ, פּוֹצֵץ. 2 פְּצָצָה, פָּגָז

bomb-proof — חֲסִין פְּצָצוֹת

bombard vt — הִפְצִיץ, הִפְגִּיז, הִמְטִיר

bombardier n — פַּצָּץ, מְטִילָן

bombardment n — הַפְצָצָה, הַפְגָּזָה, הַרְעָשָׁה

bombast n — גִּבּוּב מְלִיצוֹת

bombastic adj — מְלִיצִי, מְנֻפָּח, גְּבוֹהָה־גְּבוֹהָה

bombastically adv בְּבוֹמְבַּסְטִיּוּת
bomber n מַפְצִיץ
bombing n הַפְצָצָה, הַפְגָּזָה
bombshell n 1 פְּצָצָה. 2 בְּשׂוֹרָה מַפְתִּיעָה
bona fide (L) 1 בְּתֹם־לֵב, בְּכֵנוּת. 2 אוֹתֶנְטִי, אֲמִתִּי
bond n 1 קֶשֶׁר. 2 כְּבָלִים, שַׁלְשֶׁלֶת. 3 שִׁעְבּוּד, עַבְדוּת. 4 עָרֵב, עֲרָבוֹן. 5 הִתְקַשְּׁרוּת. אִגֶּרֶת, אִגֶּרֶת־חוֹב. 7 הִתְחַיְּבוּת, חוֹבָה
bondage n 1 שִׁעְבּוּד, עַבְדוּת. 2 שְׁבִי
bond(ing) n מִקְשָׁר
bone vtn 1 הוֹצִיא עֲצָמוֹת. 2 שָׂם עֶצֶם, הִכְנִיס עֶצֶם. 3 לָמַד בִּשְׁקִידָה. 4 עֶצֶם, גֶּרֶם. 5 שֶׁלֶד
boned adj מְגֹרָם
bone dry adj יָבֵשׁ לְגַמְרֵי
bonfire n מְדוּרָה, מַשּׂוּאָה
bonito n פַּלְמוּדָה (דג)
bonnet n מִצְנֶפֶת, כּוֹבַע, כִּפָּה
bonnily adv בִּנְעִימוּת
bonny adj נָעִים, נָאֶה, נֶחְמָד
bonus n 1 הֲטָבָה, הַעֲנָקָה, פְּרָס, גְּמוּל, מַתָּנָה, בּוֹנוּס. 2 שְׂכַר עִדּוּד
bony adj גַּרְמִי
boo inter בּוּז! בּוּ!
booby n שׁוֹטֶה, אֱוִיל, כְּסִיל, פֶּתִי
booby-prize n פְּרָס לְלַעַג
booby-trap n מַלְכֹּדֶת מֻסְוֵית, מִטְעָן מְמֻלְכָּד
book vt, n 1 הִזְמִין, צִיֵּן, רָשַׁם. 2 עָצַר, אָסַר. 3 סֵפֶר, כֶּרֶךְ, פִּנְקָס. 4 רְשִׁימַת הַמּוּרִים. 5 מַאֲמָר, רְשִׁימָה
bookbinding n כְּרִיכָה
bookcase n כּוֹנָנִית, אֲרוֹן סְפָרִים
book-club n מוֹעֲדוֹן הַסֵּפֶר
book-ends npl תְּמוּכוֹת סְפָרִים
bookkeeper n פִּנְקָסָן, מְנַהֵל חֶשְׁבּוֹנוֹת, מְנַהֵל פִּנְקָסִים
bookkeeping פִּנְקְסָנוּת, הַנְהָלַת חֶשְׁבּוֹנוֹת
booklet n 1 חוֹבֶרֶת, עָלוֹן, קֻנְטְרֵס, סִפְרוֹן. 2 פִּנְקָס
bookmaker n סוֹכֵן הַמּוּרִים
bookie n סוֹכֵן הַמּוּרִים
bookish adj מְלֻמָּד, חוֹבֵב סְפָרִים
bookmark n סִימָנִיָּה, סִימָנִית
booking office מִשְׂרָד לְכַרְטִיסִים
bookseller n מוֹכֵר סְפָרִים
bookshop, bookstore n חֲנוּת סְפָרִים
bookstall n דּוּכַן סְפָרִים
bookworm n תּוֹלַעַת סְפָרִים
boom vti, n 1 הִרְעִים, רָעַשׁ. 2 שִׂגְשֵׂג. 3 מָנוֹר, שַׁרְשֶׁרֶת. 4 שָׁאוֹן, רַעַשׁ. 5 רַעַם. 6 שִׂגְשׂוּג, גֵּאוּת
boom town עִיר מְשַׂגְשֶׂגֶת
boomerang n בּוּמֶרַנְג
boon n 1 הֲנָאָה. 2 חֶסֶד, בְּרָכָה
boor n 1 כַּפְרִי, אִכָּר. 2 מְגֻשַּׁם הֲלִיכוֹת. 3 בּוּר
boorish adj 1 גַּס, מְגֻשָּׁם. 2 כַּפְרִי
boorishly adv בְּגַסּוּת
boorishness n גַּסּוּת, בּוּרוּת
boost vt, n 1 הֵרִים, הֵנִיף. 2 עוֹדֵד, הִמְלִיץ, שִׁבַּח. 3 הִגְבִּיר, הֶעֱלָה. 4 דְּחִיפָה, עִדּוּד. 5 הֲרָמָה, הֲנָפָה
booster n 1 חָסִיד, תּוֹמֵךְ, מְעוֹדֵד. 2 מְאִיץ, מַגְבֵּר
boot vt, n 1 נָעַל. 2 בָּעַט. 3 פִּטֵּר, סִלֵּק. 4 עִנָּה. 5 מַגָּף, נַעַל. 6 תָּא הַמִּטְעָן. 7 פִּטּוּרִין. 8 אִתְחֵל (מחשב)
bootlace n שְׂרוֹךְ (לנעלים)
booth n 1 סֻכָּה, סְכָכָה, מְלוּנָה. 2 קִיּוֹסְק, תָּא
bootleg vt סָחַר בְּשׁוּק שָׁחֹר
bootlegger n 1 מַבְרִיחַ מַשְׁקָאוֹת

חֲרִיפִים. 2 סוֹחֵר בְּשׁוּק שָׁחֹר

booty n 1 שָׁלָל, בִּזָּה, בָּז. 2 גְּזֵלָה

booze vi, n 1 הִשְׁתַּכֵּר, סָבָא. 2 מַשְׁקֶה חָרִיף

border vti, n 1 גָּבַל, תָּחַם. 2 עָשָׂה שָׂפָה, תָּחַם תְּחוּם. 3 הִתְקָרֵב. 4 גְּבוּל, שָׂפָה, סְפָר, חוֹף. 5 קָצֶה. 6 עֲרוּגָה. 7 כָּנָף (של בגד)

border on/upon גָּבַל עִם

border line קַו גְּבוּל

borderline case מִקְרֶה גְּבוּלִי

bore vti, n 1 קָדַח, נָקַב, חָדַר. 2 הִטְרִיד, שִׁעֲמֵם. 3 זמן עבר של הפועל to bear. 4 מַקְדֵּחַ. 5 קֶדַח, נֶקֶב. 6 טַרְחָן, מְשַׁעֲמֵם, טַרְדָן. 7 קֹטֶר. 8 שִׁעֲמוּם, הַטְרָדָה

boredom n שִׁעֲמוּם, טַרְדָנוּת

boring n, adj 1 קִדּוּחַ, קְדִיחָה. 2 נוֹקֵב, חוֹדֵר. 3 מְשַׁעֲמֵם

born, borne בינוני עבר של הפועל to bear

borough n 1 עִיר, כְּרַךְ. 2 עֲיָרָה

borrow vt 1 לָוָה, שָׁאַל. 2 סִגֵּל, חִקָּה. 3 הֶעְתִּיק

borrow material חֲפֹּרֶת

borrower n לוֹוֶה, שׁוֹאֵל

borsch, borscht n חֲמִיצָה

bosom n חָזֶה, חֵיק

bosom friend יְדִיד קָרוֹב, יְדִיד נֶפֶשׁ

boss vt, n 1 הִדְרִיךְ, נִהֵל, פִּקֵּחַ, נִצַּח עַל. 2 רָדָה, הִשְׁתַּלֵּט. 3 מְנַהֵל, מְמֻנֶּה, מַשְׁגִּיחַ. 4 זִיז, צִיץ, גַּבְשׁוּשִׁית. 5 פֶּרַח, כַּפְתּוֹר

bossy adj שְׁתַלְּטָן, רוֹדָנִי

botanical adj בּוֹטָנִי

botanist n בּוֹטָנַאי, חוֹקֵר צְמָחִים

botany n בּוֹטָנִיקָה, תּוֹרַת הַצּוֹמֵחַ

botch vt, n 1 עָשָׂה בְּצוּרָה רַשְׁלָנִית, קִלְקֵל. 2 מְלָאכָה גְּרוּעָה, קִלְקוּל

both adj, adv, pron שְׁנֵיהֶם, שְׁתֵּיהֶן, יַחַד

bother vti, n 1 הִטְרִיד, הִטְרִיחַ, הֵבִיךְ, הוֹגִיעַ. 2 הִרְגִּיז. 3 הִתְיַגֵּעַ, הִתְרַגֵּז, טָרַח. 4 יְגִיעָה, טִרְחָה, טִרְדָּה. 5 מִטְרָד. 6 טַרְדָן, טַרְחָן

bothersome adj 1 טַרְדָן, טַרְחָן. 2 מַרְגִּיז

bottle vt, n 1 מִלֵּא בַּקְבּוּקִים. 2 בַּקְבּוּק, צִנְצֶנֶת, קַנְקַן. 3 תְּכוֹלַת בַּקְבּוּק

bottlegreen adj יָרֹק כֵּהֶה

bottleneck n צַוַּאר הַבַּקְבּוּק

bottom n תַּחְתִּית, קַרְקַע, בָּסִיס, עֹמֶק

bottom out vi יָרַד לְעָמְקוֹ

bottomless adj לְלֹא תַּחְתִּית, עָמֹק בְּיוֹתֵר

boudoir n חֲדַר הַלְבָּשָׁה, בּוּדוּאָר

bough n עָנָף, פֹּארָה, מֻרְבִּית

bought זמן עבר ובינוני של הפועל to buy

boulder n סֶלַע

boulevard n שְׂדֵרָה

bounce vit, n 1 הִקְפִּיד, הִרְקִיד, הִשְׁלִיךְ. 2 פִּטֵּר. 3 זִנֵּק, קָפַץ, נִתֵּר. 4 הִתְרַבְרֵב. 5 קְפִיצָה, זִנּוּק, נְתִירָה

bound vti, n 1 הִגְבִּיל, תָּחַם, גָּבַל עִם. 2 זמן עבר ובינוני עבר של הפועל to bind. 3 דִּלֵּג, קָפַץ, נִתֵּר. 4 גְּבוּל. 5 חַיָּב

boundary n 1 גְּבוּל, תְּחוּם. 2 קָצֶה, סוֹף

bounder n שׁוֹבָב, נָבָל, פֶּגַע רַע

boundless adj לְלֹא גְּבוּל

boundlessly adv בְּלִי מְצָרִים

bounteous, bountiful adj 1 נְדִיב־לֵב, חַסְדַּאי. 2 שׁוֹפֵעַ, גָּדוּשׁ

bounteously, bountifully adv בְּשֶׁפַע, לְמַכְבִּיר

bounty n 1 נְדִיבוּת לֵב. 2 שֶׁפַע, גֹּדֶשׁ. 3 גְּמוּל, פְּרָס

bouquet n — 1 זֵר. 2 רֵיחַ, בֹּשֶׂם
bourbon n — בּוּרְבּוֹן
bourgeois n, adj — 1 בֻּרְגָּנִי. 2 עִירוֹנִי, קַרְתָּנִי
bourgeoisie n — בֻּרְגָּנוּת
bout n — 1 סִבּוּב. 2 תְּקוּפַת הִתְעַסְּקוּת. 3 הֶתְקֵף (מחלה)
boutique n — בּוּטִיק
bovine adj — בְּקָרִי
bow vi, n — 1 הִשְׁתַּחֲוָה, קָדַד, הִתְכּוֹפֵף, שַׁח. 2 כָּפַף, עִקֵּם, הִטָּה. 3 קֶשֶׁת. 4 קִדָּה, הִשְׁתַּחֲווּת. 5 חַרְטוֹם (אניה). 6 קֶשֶׁת
bow leg — בֶּרֶךְ עֲקֻלָּה
bow legged — עֲקֹם רַגְלַיִם, עִקֵּל
bow legs — רַגְלַיִם עֲקֻמּוֹת
bow line — לוּלְאַת הַצָּלָה
bowels npl — מֵעַיִם, קְרָבַיִם, תּוֹךְ תּוֹכוֹ, בֶּטֶן
bower n — 1 סֻכָּה. 2 דִּירָה, חֶדֶר. 3 עֹגֶן־חַרְטוֹם
bowl vit, n — 1 נָע בִּמְהִירוּת. 2 הִתְגַּלְגֵּל, גִּלְגֵּל. 3 כַּדֹּרֶת. 4 קְעָרָה, קַעֲרִית, גָּבִיעַ. 5 מְלֹא הַקְּעָרָה
bowl along vi — נָע בִּמְהִירוּת
bowler n — שַׂחְקַן כַּדֹּרֶת
bowling n — כַּדֹּרֶת
bowling alley — אוּלַם כַּדֹּרֶת
bowling green — מִגְרַשׁ כַּדֹּרֶת
bowl out — 1 הֵבִיס. 2 סִכֵּל מְזִמָּה. 3 הֵבִיס בְּקְרִיקֶט
bowl over — 1 הִפְתִּיעַ, הִדְהִים. 2 הֵטִיל אַרְצָה
bow tie — עֲנִיבַת פַּרְפַּר
bowls npl — כַּדֹּרֶת
bowman n — קַשָּׁתס
bow window — חַלּוֹן גִּזְרָה
box vti, n — 1 אִגְרֵף, הִתְאַגְרֵף. 2 שָׂם בְּתֵבָה. 3 קֻפְסָה, אַרְגָּז, תֵּבָה. 4 תָּא

box office — קֻפָּה, מִשְׂרַד כַּרְטִיסִים
boxer n — מִתְאַגְרֵף, אֶגְרוֹפָן
boxful n — מְלֹא הַתֵּבָה
boxing n — אִגְרוּף
Boxing day — 1 יוֹם הַמַּתָּנוֹת. 2 מָחֳרַת חַג הַמּוֹלָד
boxing glove — כְּפֶפֶת אִגְרוּף
boxing match — תַּחֲרוּת אִגְרוּף
boxwood n — תְּאַשּׁוּר
boy n — 1 יֶלֶד. 2 נַעַר, בָּחוּר. 3 בֶּן אָדָם. 4 מְשָׁרֵת, שָׁלִיחַ, שַׁמָּשׁ
boycott vt, n — 1 הֶחֱרִים, נִדָּה. 2 הַחְרָמָה, נִדּוּי
boyfriend n — 1 אָהוּב, יָדִיד. 2 חָבֵר
boyhood n — יַלְדוּת, נְעוּרִים, עֲלוּמִים
boyish adj — 1 יַלְדוּתִי. 2 תָּמִים
boyscout n — צוֹפֶה (תנועת נוער)
brace vti, n — 1 הִדֵּק, מָתַח, חִזֵּק. 2 אוֹשֵׁשׁ. 3 הֶדֶק, מְהַדֵּק. 4 מִשְׁעָן, מִסְעָד. 5 זוּג, יָד. 6 מַקְדֵּחַ, אַרְכֻּבַּת קְדִיחָה. 7 בְּרִיחַ, סָמוֹךְ
bracelet n — צָמִיד, אֶצְעָדָה
braces npl — סוֹגֵר צוֹמֵד
bracing adj — מְעוֹדֵד, מְחַזֵּק, מְאוֹשֵׁשׁ
bracket vt, n — 1 שָׂם בְּסוֹגְרַיִם. 2 חִזֵּק בְּזָוִית. 3 כַּן, אֶדֶן, מִסְעָד, סָמוֹכָה. 4 תָּחֹם. 5 מַאֲרֵךְ זְרוֹעַ. 6 זָוִית
brackets npl — סוֹגְרַיִם
brackish adj — מָלוּחַ, מָלֵחַ
brag vin — 1 הִתְפָּאֵר, הִתְרַבְרֵב. 2 רַבְרְבָן. 3 הִתְפָּאֲרוּת, הִתְרַבְרְבוּת
braggart n — רַבְרְבָן
Brahmin n — בְּרַהְמִין
braid vt, n — 1 קָלַע, אָרַג, סָרַג. 2 צַמָּה, מִקְלַעַת. 3 קִשּׁוּט שָׁזוּר
braille n — כְּתַב בְּרַיְל
brain n — 1 מֹחַ, שֵׂכֶל, חָכְמָה. 2 הֲבָנָה, תְּפִישָׂה
brainchild n — יְצִירָה, פְּרִי רוּחַ

brain drain הֲגִירַת מֹחוֹת
brain fever דַּלֶּקֶת הַמֹּחַ
brainless adj שׁוֹטֶה, חֲסַר שֶׂכֶל
brainstorm n 1 הַתְקָפַת עֲצַבִּים. 2 הַשְׁרָאָה פִּתְאֹמִית
brainwash vt עָשָׂה שְׁטִיפַת מֹחַ
brainwashing n שְׁטִיפַת מֹחַ
brainy adj פִּקֵּחַ, עָרוּם
brake vti, n 1 בָּלַם, עָצַר. 2 בֶּלֶם, מַעֲצֵר. 3 שָׂרָךְ, סְבַךְ. 4 מֶרְכָּבָה, קְרוֹנִית
brake pedal דַּוְשַׁת הַבֶּלֶם
bramble n אָטָד, סְנֶה, חוֹחַ
bran n סֻבִּין
branch vi, n 1 הִסְתָּעֵף, הִתְפַּצֵּל. 2 פִּצֵּל, חִלֵּק
branch off פִּצֵּל, הִסְתָּעֵף
branch out הִתְפַּשֵּׁט, הִתְרַחֵב
brand vt, n 1 שָׂם אוֹת קָלוֹן. 2 צִיֵּן בִּכְוִיָּה. 3 סִימָן מִסְחָרִי
branding iron בַּרְזֶל־כְּוִיָּה
brandish vt נוֹפֵף
brand-name n מוּתָג
brand-new n חָדִישׁ לְגַמְרֵי
brandy n יֵין שָׂרָף, בְּרַנְדִּי
brash adj פָּזִיז, חָצוּף, נֶחְפָּז
brass n 1 פְּלִיז. 2 כְּלֵי נְשִׁיפָה. 3 חֻצְפָּה
brass-band n תִּזְמֹרֶת כְּלֵי נְשִׁיפָה
brassiere n חֲזִיָּה
brassy adj 1 נְחָשְׁתִּי, מַתַּכְתִּי. 2 חָצוּף, מְחֻצָּף, עַז מֵצַח
brat n זַאֲטוּט, יֶלֶד שׁוֹבָב
bravado n שַׁחֲצָנוּת, רַבְרְבָנוּת
brave vt, adj, n 1 הֵעֵז, הִתְקוֹמֵם. 2 עַז רוּחַ, אַמִּיץ, גִּבּוֹר. 3 בֶּן חַיִל, לוֹחֵם אִינְדְּיָאנִי
bravely adv בִּגְבוּרָה
bravery n אֹמֶץ, אֹמֶץ־לֵב, הֶעָזָה, גְּבוּרָה
Bravo! int הֵידָד!
brawl vi, n 1 רָב, הִתְכַּתֵּשׁ, הִתְקוֹטֵט. 2 מְהוּמָה, קְטָטָה
brawn n 1 שְׁרִיר. 2 חֵלֶק שְׁרִירִי
brawny, adj שְׁרִירִי, חָזָק
bray vi, n 1 נָהַר, נָעַר. 2 נְעִירָה
braze vt 1 הִלְחִים. 2 צִפָּה בִּפְלִיז
brazen adj 1 שָׁזוּף. 2 מַתַּכְתִּי. 3 חָצוּף
brazen it out נָהַג בְּחֻצְפָּה, שִׁקֵּר בְּהֶעָזָה
brazier n אָח, מַחְתָּה
breach vt, n 1 בָּקַע, פָּרַץ, שָׁבַר. 2 סֶדֶק, בְּקִיעַ, פִּרְצָה. 3 הֲפָרָה, פְּגִיעָה, עֲבֵרָה
bread n 1 לֶחֶם, פַּת. 2 מָזוֹן. 3 פַּרְנָסָה
breadfruit n עֵץ הַלֶּחֶם
breadwinner n מְפַרְנֵס
breadth n 1 רֹחַב, מֶרְחָב. 2 רֹחַב לֵב
break vti, n 1 שָׁבַר, שִׁבֵּר. 2 נִתֵּץ, רָצַץ. 3 נִתֵּק, הֵפֵר, הִפְסִיק, בִּטֵּל. 4 נִשְׁבַּר, הִתְקַלְקֵל. 5 אִלֵּף. 6 שְׁבִירָה, שֶׁבֶר, הֲרִיסָה. 7 הַפְסָקָה, נִתּוּק, הֲפָרָה. 8 הִתְנַפְּצוּת
break away בָּרַח, נִמְלַט, נֶעְלַם
break down 1 נִתֵּק, פֵּרֵק, הִתְמוֹטֵט. 2 פָּרַץ, נִתֵּץ, הָרַס
breakdown n 1 הִתְמוֹטְטוּת, נְפִילָה. 2 נִתּוּק. 3 קִלְקוּל
break even הִסְתַּכֵּם בְּלִי הֶפְסֵד
break forth הִבְקִיעַ
breack in 1 הִתְפָּרֵץ. 2 אִלֵּף
break into פָּרַץ אֶל
break loose הִתְפָּרֵץ, הִשְׁתַּחְרֵר
break off הִפְסִיק, נִתֵּק
break out 1 פָּרַץ, הִתְפָּרֵץ. 2 בָּרַח. 3 בְּרִיחָה
break through vit פָּרַץ, חָדַר
breakthrough n פְּרִיצַת דֶּרֶךְ
breakable adj שָׁבִיר, פָּרִיךְ
breakage n שְׁבִירָה, שֶׁבֶר, שְׁבָרִים
breaker n 1 שׁוֹבֵר. 2 נַחְשׁוֹל, מִשְׁבָּר
breakfast vi, n 1 אָכַל אֲרוּחַת בֹּקֶר. 2 פַּת

שַׁחֲרִית, אֲרוּחַת בֹּקֶר

breakin n פְּרִיצָה

breakneck adj מְסֻכָּן

break up vit 1 הִתְפּוֹרֵר, הִתְפַּזֵּר. 2 פֵּרֵק

break-up n 1 הִתְפּוֹרְרוּת, הִתְפָּרְקוּת. 2 הִתְפַּזְּרוּת

breakwater n שׁוֹבֵר גַּלִּים

breast vt, n 1 הִתְקוֹמֵם, הִתְיַצֵּב בְּגָלוּי. 2 חָזֶה. 3 שָׁד, שָׁדַיִם, דַּדִּים. 4 חֵיק

breastbone n עֶצֶם הֶחָזֶה

breast feed vt הֵינִיק

breaststroke n שְׂחִיַּת חָזֶה

breastwork n סוֹלְלָה, דָּיֵק, מִתְרָס

breath n 1 נְשִׁימָה. 2 שְׁאִיפָה. 3 מַשַּׁב רוּחַ. 4 רֶגַע. 5 רְבָב

breathe vit 1 נָשַׁם, שָׁאַף. 2 הִתְנַשֵּׁם

breather n 1 נוֹשֵׁם. 2 הַפְסָקָה קְצָרָה. הִתְאַוְרְרוּת

breathing n נְשִׁימָה, נְשִׁיפָה, שְׁאִיפָה

breathing space זְמַן לָנוּחַ, פֶּסֶק זְמַן

breathless adj חֲסַר נְשִׁימָה

breathtaking adj מוֹתֵחַ, עוֹצֵר נְשִׁימָה

bred זמן עבר ובינוני עבר של הפועל to breed

breech n 1 עַכּוּז, אֲחוֹרַיִם. 2 מִכְנָס

breeches npl אַבְרָקַיִם, מִכְנָסַיִם

breed vti, n 1 יָלַד, הוֹלִיד. 2 הִוָּלֵד. 3 דָּגַר. 4 גִּדֵּל, חִנֵּךְ, הִכְשִׁיר. 5 טִפֵּחַ. 6 הִתְפַּתֵּחַ. 7 גִּדּוּל, גֶּזַע. 8 תּוֹלָדָה, תַּרְבּוּת. 9 מִין

breeder n מְגַדֵּל, מַרְבִּיעַ, מְטַפֵּחַ

breeding n 1 גִּדּוּל, טִפּוּחַ, הַשְׁבָּחָה. 2 הַרְבָּעָה, הַצְלָבָה. 3 חִנּוּךְ, נִימוּס, אִמּוּן

breeze n מַשָּׁב, מַשַּׁב רוּחַ

breezily adv בִּזְרִיזוּת, בִּמְהִירוּת

breeze in vi נִכְנַס עַלִּיז

breezy adj 1 תּוֹסֵס, רַעֲנָן. 2 עַלִּיז

brethren npl אַחִים

breve n תָּו (מוסיקה)

brevet n רִשְׁיוֹן, תְּעוּדָה

breviary n סֵפֶר תְּפִלּוֹת

brevity n תַּמְצִיתִיּוּת, קִצּוּר, מִצּוּי

brew vti, n 1 בִּשֵּׁל שֵׁכָר. 2 זָמַם, תִּחְבֵּל. 3 תָּסַס, חָלַט. 4 שֵׁכָר

brewery n מִבְשָׁלָה לְשֵׁכָר

briar, brier n קוֹץ, חוֹחַ, עֶצְבּוֹנִית

bribe vt, n 1 שִׁחֵד, נָתַן שֹׁחַד. 2 שֹׁחַד, שַׁלְמוֹנִים, בֶּצַע

bribery n 1 שִׁחוּד. 2 שֹׁחַד

brick n 1 לְבֵנָה, אָרִיחַ. 2 אָדָם נָעִים. 3 מַלְבֵּן

bric-a-brac n תַּקְשִׁיטִים קְטַנִּים

brick up, brick in סָתַם בִּלְבֵנִים

bricklayer n בַּנַּאי, מַנִּיחַ לְבֵנִים

bridal n, adj 1 חֲתֻנָּה, נִשּׂוּאִין. 2 שֶׁל כַּלָּה, שֶׁל כְּלוּלוֹת

bride n 1 כַּלָּה. 2 אֲרוּסָה

bridegroom n 1 חָתָן. 2 אָרוּס

bridesmaid n שׁוֹשְׁבִינָה

bridge vt, n 1 גִּשֵּׁר. 2 גֶּשֶׁר. 3 בְּרִידְג'

bridle vti, n 1 רִסֵּן, מִתֵּג. 2 עָצַר, בָּלַם. 3 הִגְבִּיהַּ רֹאשׁ. 4 רֶסֶן, מַחְסוֹם, מַעְצוֹר

bridle path/road דֶּרֶךְ לְסוּסִים

brief vt, n, adj 1 סִכֵּם. 2 תִּמְצֵת, קִצֵּר, תִּדְרֵךְ. 3 תַּקְצִיר, תַּדְרִיךְ. 4 קָצָר, תַּמְצִיתִי, מְצֻמְצָם

briefcase n תִּיק מִסְמָכִים

briefly adv בְּקִצּוּר

brig n כֶּלֶא בָּאֳנִיָּה

brigantine n דּוּ־תָּרְנִית קְטַנָּה

brigade n חֲטִיבָה, בְּרִיגָדָה

brigadier n מְפַקֵּד חֲטִיבָה (מַחָ"ט), בְּרִיגָדִיר

brigand n שׁוֹדֵד, גַּזְלָן, חַמְסָן, לִיסְטִים

bright adj 1 זוֹרֵחַ, מַבְהִיק, מֵאִיר. 2 עַלִּיז, שָׂמֵחַ. 3 שָׁנוּן, מְמֻלָּח

brighten vti 1 הֵאִיר, הִבְהִיק, הִבְהִיר. 2 שִׂמַּח, הִצְהִיל. 3 זִכֵּךְ

brightly adv בִּבְהִירוּת, בְּהַבְרָקָה

brightness n 1 זֹהַר, זִיו, אוֹר, בְּהִירוּת, בָּרָק. 2 הַבְרָקָה, חֲרִיפוּת
brihtness control וַסַּת בְּהִירוּת
brill n פּוּטִית, בְּרִיל (דג)
brilliance(cy) n 1 זֹהַר, זִיו, נֹגַהּ. 2 חֲרִיפוּת, הִצְטַיְּנוּת
brilliant adj, n 1 מַבְרִיק, נוֹצֵץ. 2 חָרִיף, שָׁנוּן, מְצֻיָּן. 3 יַהֲלוֹם
brilliantly adv לְהַפְלִיא, בַּחֲרִיפוּת, בְּהִצְטַיְּנוּת
brim vi, n 1 הִתְמַלֵּא עַד גְּדוֹתָיו. 2 קָצֶה, שָׂפָה, גָּדָה, אֹגֶן. 3 כַּרְכֹּב
brim over גָּלַשׁ, עָלָה עַל גְּדוֹתָיו
brimful adj מָלֵא וְגָדוּשׁ
brimstone n גָּפְרִית
brindled adj נָקֹד
brine n צִיר, תִּמְלַחַת, מֵי מֶלַח
bring vt 1 הֵבִיא, הִגִּישׁ, הֶעֱבִיר. 2 גָּרַם
bring about גָּרַם, הֵבִיא לִידֵי
bring back הֵשִׁיב, הֶחֱזִיר
bring down 1 הָרַג, פָּצַע. 2 הִשְׁפִּיל. 3 הִכְנִיעַ. 4 הוֹרִיד
bring forward 1 קִדֵּם. 2 הִצִּיעַ, הִצִּיג. 3 הֶעֱבִיר
bring in 1 הִכְנִיס, הִנְהִיג. 2 הֶעֱלָה
bring off 1 הִצִּיל. 2 הִצְלִיחַ
bring on גָּרַם
bring out הִבִּיעַ, פִּרְסֵם, הֵפִיק
bring over הֶעֱבִיר, פִּתָּה
bring round 1 הֶחֱזִיר לְהַכָּרָה. 2 שִׁכְנֵעַ
bring through הִצִּיל
bring under 1 שִׁעְבֵּד. 2 כָּלַל תַּחַת
bring up 1 גִּדֵּל, חִנֵּךְ. 2 הֵקִיא. 3 הִזְכִּיר
bringing-up n גִּדּוּל, חִנּוּךְ
bringing up to date עִדְכּוּן
brink n שָׂפָה, קָצֶה, גְּבוּל, תְּחוּם, סַף, גָּדָה
brinkmanship n מְדִינִיּוּת הַהֲלִיכָה עַל חֶבֶל דַּק
brisk adj 1 עֵרָנִי, תּוֹסֵס, מְרַעֲנֵן, עֵר. 2 מַבְרִיק. 3 מָהִיר, זָרִיז
briskly adv 1 בְּעֵרָנוּת. 2 בִּזְרִיזוּת
briskness n 1 עֵרָנוּת. 2 זְרִיזוּת, מְהִירוּת
bristle vi, n 1 סָמַר, הִזְדַּקֵּר. 2 לִיף, סִיב
bristly adj 1 זִיפִי. 2 זָקוּף
Britain (Great) בְּרִיטַנְיָה
British adj בְּרִיטִי
Britisher n בְּרִיטִי
brittle adj שָׁבִיר, פָּרִיךְ
broach vti, n 1 נָקַב, בָּרַז. 2 הִתְחִיל, פָּתַח (בשיחה). 3 שַׁפּוּד
broad adj 1 רָחָב, נִרְחָב. 2 בָּרוּר, גָּלוּי, מֻבְהָק. 3 כְּלָלִי, מַקִּיף. 4 חָפְשִׁי, פָּתוּחַ. 5 גַּס, מְגֻשָּׁם. 6 רֹחַב
broadcast vt, n 1 זָרָה, הֵפִיץ. 2 שִׁדֵּר. 3 זְרִיָּה, הֲפָצָה. 4 שִׁדּוּר
broadcasting n שִׁדּוּר
broadcasting station תַּחֲנַת שִׁדּוּר
broadcloth n אָרִיג מְשֻׁבָּח
broaden vti 1 הִרְחִיב, הִגְדִּיל. 2 רָחַב, גָּדַל, הִתְרַחֵב
broadly adv 1 בְּהַרְחָבָה. 2 בְּאֹפֶן כְּלָלִי
broad-minded רְחַב אֳפָקִים
broadside n 1 צַד הָאֳנִיָּה. 2 מַטַּח תּוֹתָחִים. 3 מַטַּח מִלִּים
brocade n בְּרוֹקָדָה, בַּד רָקוּם
broccoli n בְּרוֹקוֹלִי
brochure n חוֹבֶרֶת, עָלוֹן
brogue n 1 הִגּוּי אִירִי. 2 נַעַל גַּסָּה
broil vt 1 צָלָה, אָפָה. 2 חָרַךְ, הִלְהִיט
broiler n 1 אַסְכְּלָה. 2 עוֹף לִצְלִיָּה
broke pp. adj 1 תַּפְרָן, פּוֹשֵׁט רֶגֶל. 2 זמן עבר של הפועל to break
broken pp. adj 1 שָׁבוּר, רָצוּץ. 2 זמן בינוני עבר של הפועל to break
broker n עָמִיל בּוּרְסָה, עָמִיל נְיָרוֹת עֶרֶךְ
brokerage n דְּמֵי תִּווּךְ, תִּוּוּךְ
bromide n בְּרוֹמִיד

bronchial adj סִמְפוֹנִי, שֶׁל הַסִּמְפּוֹנוֹת
bronchitis n דַּלֶּקֶת הַסִּמְפּוֹנוֹת
bronco n בְּרוֹנְקוֹ, סוּס פֶּרֶא
bronze vti, n, adj 1 שִׁזֵּף. 2 הִשְׁתַּזֵּף. 3 אָרָד. 4 כַּרְכֻּמִּי
brooch n מַכְבֵּנָה, סִכָּה, פְּרִיפָה
brood vi, n 1 דָּגַר, רָבַץ. 2 הָגָה, הִרְהֵר. 3 גּוֹזָלִים, אֶפְרוֹחִים
brood on/over vt הִרְהֵר, הָגָה
broody adj 1 דּוֹגֵר. 2 מְהַרְהֵר
brook vt, n 1 נָשָׂא, סָבַל. 2 פֶּלֶג, יוּבַל, נַחַל
broom n 1 מַטְאֲטֵא. 2 רֹתֶם
broomstick n מַקֵּל הַמַּטְאֲטֵא
broth n מְרַק בָּשָׂר
brothel n בֵּית זוֹנוֹת, בֵּית בֹּשֶׁת
brother n 1 אָח. 2 חָבֵר, יָדִיד
brotherhood n אַחֲוָה, יְדִידוּת
brother-in-law n גִּיס, יָבָם
brotherly adj 1 יְדִידוּתִי, אַחֲוָתִי. 2 כְּמוֹ אָח
brought to bring זמן עבר של הפועל
brow n 1 גַּבָּה. 2 מֵצַח. 3 רֹאשׁ גִּבְעָה
browbeat vt הִפְחִיד, הִרְתִּיעַ
brown vti, adj 1 הִשְׁחִים. 2 שָׁחַם, שִׁזֵּף. 3 חוּם, שָׁחֹם. 4 שָׁזוּף
brown paper נְיַר אֲרִיזָה
browned off נִמְאַס לוֹ, קָצָה נַפְשׁוֹ, נִשְׁבַּר לוֹ
brownie n 1 שֵׁדוֹן, רוּחַ טוֹבָה. 2 חֲנִיכָה בְּ״צוֹפִים״. 3 עוּגִיַּת שׁוֹקוֹלָד
browse vi 1 לָחַךְ, לִחֵךְ, כִּרְסֵם, רָעָה. 2 הֵצִיץ בִּסְפָרִים
bruin n דֹּב (באגדות)
bruise vti, n 1 מָחַץ, כָּתַשׁ, מָעַךְ. 2 פָּגַע, הִרְבִּיץ. 3 הָיָה חָבוּל. 4 מַכָּה, חַבּוּרָה
bruiser n 1 מִתְאַגְרֵף. 2 גְּבַרְתָּן
brunette n בַּעֲלַת שֵׂעָר כֵּהֶה
brunt n 1 נֵטֶל, כֹּבֶד. 2 הֶלֶם, מַהֲלֻמָּה
brush vti, n 1 טֵאטֵא, צִחְצַח, הִבְרִישׁ. 2 מִכְחוֹל, מַשְׂעֶרֶת, מִבְרֶשֶׁת. 3 רִיב, תִּגְרָה. 4 נְגִיעָה, רְחִיפָה
brush away הֵסִיר (קושי)
brush aside הִתְעַלֵּם (מקושי)
brush up רִעֲנֵן, חִדֵּשׁ, הִתְרַעֲנֵן
brushwood n חֳרְשָׁה, סִבְכֵי שִׂיחִים
brusque adj 1 גַּס, לֹא־אָדִיב. 2 פִּתְאֹמִי, נִמְהָר
brussels sprouts כְּרוּב נִצָּנִים
brutal adj אַכְזָרִי, פִּרְאִי
brutality n פְּרָאוּת, אַכְזְרִיּוּת
brutalize vt 1 אִכְזֵר, בִּהֵם. 2 הִתְאַכְזֵר
brutally adv בְּאַכְזְרִיּוּת, בִּפְרָאוּת
brute n 1 פֶּרֶא, חַיָּה, בְּהֵמָה. 2 אַכְזָר
brutish adj 1 בַּהֲמִי, חַיָּתִי, פֶּרֶא. 2 אַכְזָרִי
bubble vi, n 1 בִּצְבֵּץ, תָּסַס. 2 בִּעְבַּע, גִּרְגֵּר, רָתַח. 3 בּוּעָה, בַּעְבּוּעַ. 4 שַׁלְפּוּחִית. 5 הֲבָלִים. 6 הוֹנָאָה, תַּחְבּוּלָה. 7 גִּהוּק
bubblegum n מַסְטִיק ״בָּלוֹנִים״
bubbly adj מְבַעְבֵּעַ, תּוֹסֵס
bubonic plague דֶּבֶר שָׁחוֹר, מַגֵּפַת הַמִּפְשָׂעָה
buccaneer n שׁוֹדֵד יָם
buck vi, n 1 הִתְרוֹמֵם (סוס). 2 זָרַק רוֹכֵב. 3 זָכָר (בבעלי חיים). 4 גַּנְדְּרָן. 5 דּוֹלָר. 6 אַחֲרָיוּת
buck up הִתְעוֹדֵד, הִתְאוֹשֵׁשׁ
bucket n דְּלִי
bucketful n מְלֹא הַדְּלִי
buckle vti, n 1 רָכַס, אִבְזֵם, כָּבַן. 2 כָּפַף, סִלְסֵל. 3 קָרַס, הִתְעַקֵּם. 4 אַבְזֵם
buckle down הִתְאַמֵּץ
buckshot n כַּדּוּר עוֹפֶרֶת
buckskin n עוֹר הַצְּבִי
bucktooth n שֵׁן בּוֹלֶטֶת
buckwheat n כֻּסֶּמֶת

bucolic adj רוֹעִי, כַּפְרִי, חַקְלָאִי, בּוּקוֹלִי
bud vi, n 1 הֵנֵץ, פָּרַח. 2 נֶבֶט, נִצָּן, צִיץ, כַּפְתּוֹר
budding n נְבִיטָה, הֲנָצָה, לִבְלוּב
buddy n חָבֵר, יָדִיד
budge vti 1 הֵנִיעַ, הֵזִיז. 2 נָע, זָע
budget vi, n 1 תִּקְצֵב. 2 תִּכְנֵן. 3 תַּקְצִיב. 4 הַקְצָבָה
budgetary adj תַּקְצִיבִי
Buddhism n בּוּדְהִיזְם
Buddhist n בּוּדְהִיסְט
buff vt, n 1 הִבְרִיק, לִטֵּשׁ. 2 עוֹר, צֶבַע עוֹר. 3 צָהֹב־בָּהִיר
buffalo n תְּאוֹ, שׁוֹר הַבָּר, בּוּפָלוֹ
buffer n 1 בַּלָּם, בֶּלֶם. 2 רְתִיעָה. 3 חַיִץ. 4 מְלַטֵּשׁ
buffet vt, n 1 חָבַט, הָלַם, הִכָּה. 2 מַכָּה, סְנוֹקֶרֶת, חֲבָטָה. 3 מִזְנוֹן
buffoon n מוּקְיוֹן, בַּדְּחָן, לֵיצָן, לֵץ, לַהֲטוּטָן
buffoonery n מוּקְיוֹנוּת, בַּדְּחָנוּת, לֵיצָנוּת, לַהֲטוּטָנוּת
bug vt, n 1 צוֹתֵת. 2 הִפְרִיעַ. 3 שֶׁרֶץ. 4 חֶרֶק, פִּשְׁפֵּשׁ. 5 חַיְדַּק. 5 תֶּקֶר
bugaboo, bugbear n 1 דַּחְלִיל, גֹּלֶם, מִפְלֶצֶת. 2 חֲלוֹם בַּלָּהוֹת, סִיּוּט
bugger n 1 שׁוֹכֵב מִשְׁכַּב זָכָר, סְדוֹמַאי. 2 אָדָם בָּזוּי, נִתְעָב
bugging n צִתּוּת
buggy n כִּרְכָּרָה
bugle n שׁוֹפָר, קֶרֶן
bugler n מְחַצְצֵר
build vt, n 1 בָּנָה, הֵקִים, יָצַר, עָשָׂה. 2 בִּסֵּס. 3 בִּנְיָן, מִבְנֶה. 4 בְּנִיָּה. 5 תַּבְנִית, צוּרָה
builder n 1 בַּנַּאי, בּוֹנֶה. 2 קַבְּלָן
building n 1 בִּנְיָן, מִבְנֶה. 2 בְּנִיָּה, הֲקָמָה
building up בִּנּוּי
build up 1 הֵקִים. 2 פִּתֵּחַ, בִּנָּה. 3 נִבְנָה, הִצְטַבֵּר
buildup n 1 פִּרְסוּם, נִפּוּחַ. 2 הִצְטַבְּרוּת
built זמן עבר ובינוני של הפועל to build
built-in adj 1 בָּנוּי בַּבַּיִת, מֻתְקָן בַּבַּיִת. 2 מֻתְקָן בַּקִּיר, מֻבְנֶה
built-up מְבֻנֶּה
bulb n פְּקַעַת, פֶּקַע, בָּצָל, בֻּלְבּוּס
bulbous adj בֻּלְבּוּסִי, פְּקַעְתִּי
bulge vi, n 1 בָּלַט, תָּפַח. 2 הִתְנַפֵּחַ, הִתְפָּרֵץ. 3 הִבְלִיט. 4 בְּלִיטָה, זִיז, קִמּוּר
bulimia n בֻּלְמוּס
bulk n 1 נֶפַח, מֵמַד, מִדָּה. 2 צֹבֶר, מִטְעָן
bulk (in) adv בְּצֹבֶר, בְּתִפְזֹרֶת, בְּכַמֻּיּוֹת גְּדוֹלוֹת
bulky adj גַּמְלוֹנִי, גָּדוֹל, נָפוּחַ, עָבֶה
bull n 1 פַּר, שׁוֹר. 2 זָכָר. 3 מַזַּל שׁוֹר. 4 סַפְסָר, יַקְרָן
bulldog adj 1 עַקְשָׁן, עִקֵּשׁ. 2 בּוּלְדּוֹג. 3 אֶקְדָּח
bulldog clip אֶטֶב
bulldozer n דַּחְפּוֹר
bullet n כַּדּוּר, קָלִיעַ
bullet-proof adj חֲסִין־קְלִיעִים
bulletin n עָלוֹן, קֻנְטְרֵס, יְדִיעוֹן
bullfight n מִלְחֶמֶת שְׁוָרִים
bullfighter n לוֹחֵם בְּמִלְחֶמֶת שְׁוָרִים, מָטָדוֹר
bullfighting n מִלְחֶמֶת שְׁוָרִים
bullfinch n תַּמָּה
bullion n מְטִילֵי זָהָב/כֶּסֶף
bullock n שׁוֹר, פַּר
bullring n זִירָה לְמִלְחֶמֶת שְׁוָרִים
bull's eye n 1 אִישׁוֹן, בּוּל (במטרה). 2 צֹהַר, אֶשְׁנָב. 3 מַטָּרָה, מֶרְכָּז
bully vt, adj, n 1 הִפְחִיד, אִיֵּם, הֵצִיק. 2 טוֹב, נָעִים, מְצֻיָּן. 3 אַלָּם, מֵצִיק, בִּרְיוֹן

bulrush n אַגְמוֹן, סוּף

bulwark n 1 סוֹלְלַת מָגֵן. 2 מִבְצָר, הֲגַנָּה, חָסוּת

bumblebee n דְּבוֹרָה גְּדוֹלָה

bum vti 1 הִתְבַּטֵּל. 2 הִשְׁתַּכֵּר, הִתְהוֹלֵל. 3 הוֹלֵךְ־בָּטֵל. 4 שַׁתְיָן. 5 אֲחוֹרַיִם, עַכּוּז

bump vti 1 הָלַם, הִכָּה. 2 הִתְנַגֵּשׁ, נִדְפַּק. 3 מַכָּה, חַבּוּרָה. 4 תְּפִיחָה. 5 הִתְנַגְּשׁוּת

bumper adj, n 1 גָּדוּשׁ, שׁוֹפֵעַ. 2 פָּגוֹשׁ. 3 כּוֹס מְלֵאָה. 4 מִתְנַגֵּשׁ

bump into נִפְגַּשׁ, הִזְדַּמֵּן

bumpkin n 1 כַּפְרִי, גַּמְלוֹנִי, בּוּר. 2 מוֹט הַיַּרְכָתַיִם

bump off הָרַג, רָצַח, "חִסֵּל"

bumptious adj רַבְרְבָן, מִתְנַפֵּחַ, יָהִיר

bumptiously adv בְּחֻצְפָּה

bumptiousness nb רַבְרְבָנוּת, גַּאַוְתָנוּת, הִתְרַבְרְבוּת

bun n 1 לַחְמָנִית, עוּגָה, עוּגִית. 2 צַמָּה. 3 שֵׂעָר אָסוּף

bunch vit, n 1 צֵרֵף, אִגֵּד, חִבֵּר. 2 הִתְאַגֵּד, הִתְחַבֵּר. 3 אֶשְׁכּוֹל, צְרוֹר. 4 קְבוּצָה, אֲגֻדָּה. 5 גַּבְנוּן, דַּבֶּשֶׁת

bundle vti, n 1 הִתְכַּרְבֵּל, הִתְעַטֵּף. 2 צָרַר, אָרַז, אִגֵּד. 3 צְרוֹר, חֲבִילָה

bung vt, n 1 פָּקַק, הֵגִיף, סָתַם. 2 פְּקָק

bungalow n בּוּנְגָּלוֹ

bungle vti, n 1 קִלְקֵל, סָרַח, פִּשֵּׁל. 2 לֹא יֻצְלָחוּת, "פַּשְׁלָה"

bungler n לֹא־יִצְלַח, לֹא יֻצְלַח

bunion n יַבֶּלֶת, תְּפִיחָה

bunk n 1 דַּרְגָּשׁ, מִטָּה. 2 פִּטְפּוּט, לַהַג, הֲבָלִים, שְׁטֻיּוֹת

bunker n 1 תָּא הַפֶּחָם. 2 בּוּנְקֶר

bunkum n פִּטְפּוּט, לַהַג, הֲבָלִים

bunny n אַרְנֶבֶת

bunting n אֲרִיג דְּגָלִים

buoy vti, n 1 תָּמַךְ, עוֹדֵד, חִזֵּק. 2 קָבַע מְצוֹפִים. 3 צָף. 4 מָצוֹף, מְצוֹפָה

buoy up vt עוֹדֵד, תָּמַךְ

buoyancy n 1 תְּצוּפָה, צִיפוּת, כּשֶׁר צִיפָה. 2 כֹּחַ הָעִלּוּי. 3 זְרִיזוּת, קַלּוּת

buoyant adj 1 צָף. 2 קַל, זָרִיז

buoyantly adv בְּשִׂמְחָה

bur, burr n 1 קְלִפָּה קָשָׁה. 2 אֱגוֹז קָשֶׁה

burden vt, n 1 הֶעֱמִיס, הִכְבִּיד, הִטְעִין. 2 הִטְרִיחַ. 3 מַשָּׂא, מִטְעָן. 4 מַעֲמָסָה, נֵטֶל, סֵבֶל

burdensome adj כָּבֵד, מַכְבִּיד, מֵעִיק

bureau n 1 לִשְׁכָּה, מִשְׂרָד. 2 שֻׁלְחַן כְּתִיבָה. 3 שִׁדָּה

bureaucracy n בְּיוּרוֹקְרַטְיָה

bureaucrat n בְּיוּרוֹקְרָט

bureaucratic adj בְּיוּרוֹקְרָטִי

bureaucratically adv בְּיוּרוֹקְרָטִית

burette, buret n 1 מַבְחֵנָה, אֶדֶק. 2 מְשׂוּרָה

burgeon vt, n 1 לִבְלֵב, נָבַט, נִצְנֵץ. 2 נֶבֶט

burglar n פּוֹרֵץ, שׁוֹדֵד, גַּנָּב

burglar alarm אַזְעָקָה

burglar proof חֲסִין־פְּרִיצוֹת

burglary n גְּנֵבָה, פְּרִיצָה

burgle vti גָּנַב, פָּרַץ

burgomaster n רֹאשׁ עִירִיָּה

burgundy n יֵין בּוּרְגּוּנְדִי

burial n קְבוּרָה

burial ground בֵּית קְבָרוֹת

burin n אִזְמֵל, חֶרֶט, מַפְלֶסֶת

burlap n אֲרִיג יוּטָה

burlesque n, adj 1 בּוּרְלֶסְקָה. 2 בּוּרְלֶסְקִי

burly adj בַּעַל גּוּף מְגֻשָּׁם

burn vti, n 1 דָּלַק, שָׂרַף, בָּעַר. 2 חָרַךְ, לִבֵּן, צָרַב, כָּוָה. 3 הִלְהִיט, הִדְלִיק, הִבְעִיר. 4 שְׂרֵפָה. 5 כְּוִיָּה, מִכְוָה. 6 פֶּלֶג, יוּבַל

burn down 1 שָׂרַף כָּלִיל. 2 נִשְׂרַף כָּלִיל
burn out 1 כָּבָה. 2 כִּלָּה אֶת עַצְמוֹ
burn up 1 כָּלָה בְּאֵשׁ. 2 רָתַח מִכַּעַס
burner n מַבְעֵר, מַבְעִיר
burnish vti, n 1 צִחְצַח, מָרַט, הִבְהִיק, מֵרַק. 2 מֵרוּט, צִחְצוּחַ, הַבְרָקָה
burnoose, burnous n בּוּרְנָס
burnt זמן עבר ובינוני עבר של הפועל to burn
burp n גְּהוּק
burrow vit, n 1 חָפַר, נָבַר. 2 נִטְמַן, הִסְתַּתֵּר. 3 מְאוּרָה, מְעָרָה
bursar n גִּזְבָּר
bursary n קֻפָּה, גִּזְבָּרוּת
burst vit, n 1 נִפֵּץ, הִבְקִיעַ, בָּקַע. 2 הִתְפּוֹצֵץ, הִתְפָּרֵץ. 3 פֶּרֶץ. 4 הִתְפּוֹצְצוּת
burst forth הִתְפָּרֵץ קָדִימָה
bursting to לָהוּט לְ־
bursting with מִתְפַּקֵּעַ מִ־
burst into פָּרַץ
burst out הִתְפָּרֵץ, צָעַק
bury vt 1 קָבַר, טָמַן. 2 הִטְמִין, הִסְתִּיר
bus n אוֹטוֹבּוּס
busman n נַהַג אוֹטוֹבּוּס
bus stop n תַּחֲנַת אוֹטוֹבּוּס
bus boy n עוֹזֵר לְמֶלְצַר
bush n 1 שִׂיחַ, סְנֶה. 2 עֲרָבָה. 3 סְבַךְ. 4 זְנַב שׁוּעָל. 5 תּוֹתַב הַמֵּסַב
bushed adj 1 תִּמְהוֹנִי, מְטֹרָף. 2 עָיֵף וְיָגֵעַ
bushel n בּוּשֶׁל
bushy adj עָבֹת
busily adv בַּחֲרִיצוּת, בִּזְרִיזוּת
business n 1 עֵסֶק, מִסְחָר, עֲסָקִים. 2 מִקְצוֹעַ, מִשְׁלַח יָד. 3 תַּפְקִיד, עִנְיָן. 4 פְּעֻלָּה, דְּאָגָה
business-hours שְׁעוֹת הָעֲבוֹדָה
business-like adj שִׁיטָתִי, מְאֻרְגָּן כַּהֲלָכָה
businessman n אִישׁ עֲסָקִים
businesswoman n אֵשֶׁת עֲסָקִים
bust vt, n 1 שִׁבֵּר, מָעַךְ, פּוֹצֵץ, הָרַס. 2 פָּשַׁט רֶגֶל. 3 פְּרוֹטוֹמָה. 4 חָזֶה, שָׁדַיִם. 5 כִּשָּׁלוֹן, פְּשִׁיטַת רֶגֶל
bust-up n מְרִיבָה קָשָׁה
bustle vit, n 1 רָעַשׁ, שָׁאַן, הִמָּה. 2 שׁוֹטֵט. 3 הֲמֻלָּה, רַעַשׁ. 4 כַּר קָטָן
busy vt, adj 1 הֶעֱסִיק, הִתְעַסֵּק, טִפֵּל. 2 עָסוּק, טָרוּד, חָרוּץ. 3 סוֹאֵן, פָּעִיל
busybody n סַקְרָן, רְכִילַאי
but conj, prep, rel pron 1 אוּלָם, אֲבָל, אַךְ, אֶלָּא שֶׁ־. 2 זוּלַת, חוּץ מִן. 3 כִּמְעַט, רַק. 4 אִם, תְּנַאי
butane n בּוּטָן
butcher vt, n 1 הָרַג, רָצַח, שָׁחַט. 2 קָטַל. 3 קַצָּב. 4 טַבָּח. 5 שׁוֹחֵט. 6 תַּלְיָן, רוֹצֵחַ. 7 מְקַלְקֵל
butchery n 1 קַצָּבוּת. 2 בֵּית מִטְבָּחַיִם. 3 שְׁחִיטָה, רֶצַח, טֶבַח
butler n 1 שַׁמָּשׁ, מֶלְצַר. 2 מְשָׁרֵת רָאשִׁי
butt vti, n 1 נָגַע, נָגַח, דָּחַף. 2 בָּלַט. 3 הִפְרִיעַ, הִתְעָרֵב. 4 בָּצָל. 5 קַת, הַקָּצֶה הֶעָבֶה. 6 חָבִית
butt in הִתְעָרֵב, הִתְפָּרֵץ
butt into הִתְנַגֵּשׁ, נִתְקַל
butter vt, n 1 מָרַח בְּחֶמְאָה, מָרַח. 2 הִתְחַנֵּף, הֶחֱנִיף. 3 חֶמְאָה
butter up הֶחֱמִיא, הֶחֱנִיף
butterbean n שְׁעוּעִית לְבָנָה גְּדוֹלָה
buttercup n נוּרִית
butterfingers n שְׁלוּמִיאֵלִי, רַשְׁלָן, "יָדַיִם שֶׁל מַרְגָּרִינָה"

butterfly n פַּרְפָּר
buttermilk n חֹבֶץ, חֲבִצָּה
butterscotch n סֻכָּרִיַּת חֶמְאָה
buttery adj, n 1 חֶמְאִי. 2 חַנְפָן. 3 מְזָוֶה. 4 מִזְנוֹן
buttock n אֲחוֹרַיִם, שֵׁת, עַכּוּז
button vti, n 1 כִּפְתֵּר, רָכַס. 2 הִתְכַּפְתֵּר. 3 כַּפְתּוֹר. 4 נִצָּן. 5 הַכַּפְתּוֹר הַמָּגֵן (סיף)
button up כִּפְתֵּר הֵיטֵב
buttonhole vt, n 1 עָשָׂה לוּלָאוֹת, עָשָׂה אֲבָקוֹת. 2 עִכֵּב לְשִׂיחָה. 3 אִבְקָה, לוּלָאָה
buttonhole stitch תַּךְ אִבְקָאוֹת
buttress vt, n 1 תָּמַךְ, חִזֵּק, סָעַד. 2 אַיִל. 3 מִתְמָךְ, מִסְעָד.
buxom adj בְּרִיאָה, עַלִּיזָה, עֵרָה, שׁוֹפַעַת
buy vti, n 1 קָנָה, רָכַשׁ. 2 שִׁחֵד, פִּתָּה. 3 קְנִיָּה, רְכִישָׁה
buy off שִׁחֵד, שִׁלֵּם כֹּפֶר
buy up סִפְסֵר, קָנָה הַכֹּל
buy out קָנָה זְכוּת
buyer n קוֹנֶה, רוֹכֵשׁ, לָקוֹחַ
buzz vit, n 1 זִמְזֵם. 2 רִחֵף. 3 הֵפִיץ. 4 זִמְזוּם. 5 הֲמֻלָּה, הֶמְיָה
buzzer n מְזַמְזֵם, זַמְזָם
by prep עַל יַד, לְיַד, דֶּרֶךְ
by day בַּיּוֹם
by far בְּמִדָּה רַבָּה, בְּהַרְבֵּה
by oneself בְּעַצְמוֹ, לְבַדּוֹ
by the way דֶּרֶךְ אַגַּב
by-election n בְּחִירוֹת מִשְׁנֶה
bygone adj, n 1 עָבַר, שֶׁעָבַר. 2 חֵטְא עָבָר
by-law n חֹק עֵזֶר
bypass n 1 מַעֲקָף. 2 כְּבִישׁ עוֹקֵף
by-play n 1 עֵסֶק צְדָדִי. 2 עֲלִילָה צְדָדִית
bypath n שְׁבִיל, מִדְרָכָה
by-product n 1 מוּצָר לְוַאי. 2 תּוֹצָר לְוַאי
bystander n מִתְבּוֹנֵן מִן הַצַּד, צוֹפֶה
bystreet n רְחוֹב צְדָדִי
by-way n שְׁבִיל, דֶּרֶךְ צְדָדִית
byword n 1 אִמְרָה, שְׁנִינָה. 2 נִיב, כִּנּוּי, שֵׁם נִרְדָּף

C

C, c 1 סִי, הָאוֹת הַשְּׁלִישִׁית שֶׁל הָאָלֶף־בֵּית הָאַנְגְּלִי. 2 דּוֹ

cab n 1 מוֹנִית. 2 מֶרְכָּבָה, כִּרְכָּרָה. 3 תָּא הַנֶּהָג

cabal n מְזִמָּה, קֶשֶׁר, קְנוּנְיָה

cabaret n 1 קַבָּרֶט, קָפֶה בִּדּוּר. 2 בֵּית מַרְזֵחַ, מִסְבָּאָה

cabbage כְּרוּב

cabby n 1 עֶגְלוֹן. 2 נַהַג מוֹנִית

caber n מוֹט זְרִיקָה

cabin n 1 תָּא בָּאֳנִיָּה, קַבִּינָה. 2 בִּקְתָּה, בִּיתָן, סֻכָּה

cabin boy 1 שׁוּלְיָה בָּאֳנִיָּה. 2 נַעַר הַסִּפּוּן

cabinet n 1 אָרוֹן, מִזְנוֹן, שִׁדָּה. 2 לִשְׁכָּה. 3 חֲדַרוֹן. 4 מֶמְשָׁלָה, קַבִּינֶט

cabinetmaker n נַגַּר רָהִיטִים

cable vti, n 1 הִבְרִיק. 2 כֶּבֶל, חֶבֶל. 3 מִבְרָק

cable-car n 1 קְרוֹן כְּבָלִים. 2 רַכֶּבֶל

cablegram n מִבְרָק

cable railway רַכֶּבֶת־כְּבָלִים, רַכֶּבֶל

cabman n נַהַג מוֹנִית

caboodle n אֹסֶף

caboose n 1 מִטְבַּח אֳנִיָּה. 2 קְרוֹן צֶוֶת (ברכבת)

cache vt, n 1 הִטְמִין. 2 מַחֲבוֹא, מַטְמֶנֶת, סְלִיק

cachet n 1 גּוּשְׁפַּנְקָה, חוֹתָם. 2 סְגֻלָּה. 3 קֻפְסִית, כְּמוּסָה

cackle vi, n 1 קִרְקֵר, גִּעְגַּע. 2 פִּטְפֵּט, לָהַג. 3 גַּעְגּוּעַ, קִרְקוּר. 4 פִּטְפּוּט, לַהַג

cacophonous adj צוֹרֵם, קָקוֹפוֹנִי

cacophony n תַּצְרוּם, קָקוֹפוֹנְיָה

cadaver n 1 גּוּפָה, גְּוִיָּה. 2 פֶּגֶר, נְבֵלָה

cadaverous adj 1 פִּגְרִי. 2 מַבְעִית. 3 כָּחוּשׁ

cactus n צָבָר, צַבָּר, קַקְטוּס

cad n נִבְזֶה, פֶּרֶא־אָדָם

caddy n 1 נוֹשֵׂא כֵּלִים. 2 מְשָׁרֵת, שָׁלִיחַ (גולף)

cadence n 1 קֶצֶב, מִקְצָב, תֶּנַח. 2 סִיּוּם מוּסִיקָלִי

cadenza n קָדֶנְצָה

cadet n 1 צוֹעֵר, חֲנִיךְ צָבָא, קָדֶט. 2 בֵּן צָעִיר. 3 אָח צָעִיר

cadge vti קִבֵּץ נְדָבוֹת, בִּקֵּשׁ נְדָבוֹת

cadger n 1 רוֹכֵל. 2 קַבְּצָן

cadmium n קַדְמִיּוּם

cadre n 1 מִסְגֶּרֶת, שֶׁלֶד. 2 תֶּקֶן, סֶגֶל. 3 גַּרְעִין

Caesar n קֵיסָר

caesarian (section) n חִתּוּךְ דֹּפֶן

caesura n אֶתְנַחְתָּא, הֶפְסֵק, מִפְסָק

café n בֵּית קָפֶה

cafeteria n קָפֶטֶרְיָה

caffeine n קָפֶאִין

caftan n קַפְטָן

cage vt, n 1 כָּלָא בִּכְלוּב. 2 כְּלוּב, סוּגַר. 3 תָּא מַעֲלִית

cagoule n מְעִיל גֶּשֶׁם

cahoots with (in) בְּשֻׁתָּפוּת עִם

cairn n גַּלְעֵד, תֵּל אֲבָנִים

caisson n 1 תֵּבַת תַּחְמֹשֶׁת. 2 עֲגָלַת תַּחְמֹשֶׁת. 3 תֵּבַת צְלִילָה

cajole vt פִּתָּה, הוֹנָה, הֶחֱנִיף, הִדִּיחַ, רִמָּה

cajolery n חֲנֻפָּה, פִּתּוּי, הוֹנָאָה, הֲדָחָה

cake vti, n 1 גִּבֵּשׁ. 2 הִתְקָרֵשׁ. 3 הִתְגַּבֵּשׁ. 4 עוּגָה, רָקִיק, דְּבֵלָה

calabash n קָרָא, דְּלַעַת

calamitous adj הַרְסָנִי, מֵמִיט שׁוֹאָה
calamity n אָסוֹן, שׁוֹאָה, פֶּגַע, צָרָה
calcify vti 1 הִסְתַּיֵּד. 2 גָּרַם לְהִסְתַּיְּדוּת
calcination n לִבּוּן, לַהַט
calcium סִידָן
calculable adj בַּר חִשּׁוּב, בַּר הַעֲרָכָה
calculate vti 1 חִשֵּׁב, חִשְׁבֵּן, תִּכְנֵן. 2 שִׁעֵר, הֶעֱרִיךְ, אָמַד, חָשַׁב
calculating adj 1 עָרוּם, חוֹרֵשׁ מְזִמּוֹת, זָהִיר. 2 מְחַשְׁבֵּן אָנֹכִיִּי
calculating machine מְכוֹנַת חִשּׁוּב
calculation n 1 חִשּׁוּב, הַעֲרָכָה, חֶשְׁבּוֹן. 2 תַּחֲשִׁיב, תַּחֲזִית, דֵּעָה
calculator n מַחְשְׁבוֹן, מְכוֹנַת חִשּׁוּב
calculus n 1 חֶשְׁבּוֹן. 2 אַבְנִית, אֶבֶן (שיניים)
caldron, cauldron n קַלַּחַת, יוֹרָה, דּוּד
calendar n 1 לוּחַ שָׁנָה. 2 רְשִׁימָה
calf n 1 עֵגֶל. 2 בֶּן בָּקָר, גּוּר. 3 עוֹר עֵגֶל. 4 סוֹכֶךְ
calf love אַהֲבָה רִאשׁוֹנָה, אַהֲבַת בֹּסֶר
calibrate vt כִּיֵּל, דֵּרֵג
calibre, caliber n 1 קֹטֶר, גֹּדֶל. 2 קָלִיבֶּר
calico n אֲרִיג כֻּתְנָה, קָלִיקוֹ
caliph, calif n חָלִיף, כָּלִיף
call vti, n 1 קָרָא, כִּנָּה. 2 צָעַק, הִכְרִיז. 3 הִזְמִין, הוֹעִיד, כִּנֵּס. 4 הֵעִיר. 5 טִלְפֵּן. 6 בִּקֵּר. 7 אָמַד, קָבַע. 8 קְרִיאָה, צְעָקָה. 9 בַּקָּשָׁה, הַזְמָנָה. 10 תְּרוּעָה. 11 הַסְמָכָה. 12 שִׂיחָה
call back 1 הֶחֱזִיר. 2 טִלְפֵּן שֵׁנִית
call for בִּקֵּשׁ, דָּרַשׁ, חִיֵּב
call forth עוֹרֵר
call in 1 הִזְמִין. 2 בִּקֵּר
call off בִּטֵּל
call on/upon 1 בִּקֵּר אֵצֶל. 2 הִזְמִין
call up 1 טִלְפֵּן. 2 גִּיֵּס
caller n 1 מְבַקֵּשׁ. 2 קוֹרֵא. 3 מְבַקֵּר
calligraphy n כְּתִיבָה תַּמָּה, קָלִיגְרַפְיָה
calling n 1 קְרִיאָה. 2 הַזְמָנָה. 3 מִשְׁלַח־יָד, אֻמָּנוּת, מִקְצוֹעַ, תַּפְקִיד
calliope n קָלִיוֹפֶּה, עוּגָב
callipers npl מְחוּגָה, מַד־קֹטֶר, גָּשׁוֹשׁ, מַדְעֵבִי
callisthenics nplk הִתְעַמְּלוּת קַלָּה
callosity n קַשְׁיוּת, יַבַּלְתִּיּוּת
callous adj 1 יַבַּלְתִּי, מְיֻבָּל. 2 קָשׁוּחַ, נֻקְשֶׁה
callousness n אַכְזְרִיּוּת, קְשִׁיחוּת־לֵב
callow adj 1 טִירוֹן, חֲסַר־נִסָּיוֹן. 2 תָּמִים, נָאִיבִי
callowness n טִירוֹנוּת, תְּמִימוּת
callus n יַבֶּלֶת, יְבֹלֶת
calm vti, adj, n 1 הִשְׁקִיט, הִרְגִּיעַ. 2 שָׁקֵט, שָׁלֵו, רָגוּעַ. 3 שֶׁקֶט, שַׁלְוָה, רְגִיעָה, דְּמָמָה
calmly adv בְּשֶׁקֶט, בְּנַחַת־רוּחַ
calmness n שֶׁקֶט, שַׁלְוָה, יִשּׁוּב הַדַּעַת
calorie, calory n חֻמִּית, קָלוֹרְיָה
calorific adj 1 קָלוֹרִי, מוֹלִיד חֹם. 2 רַב קָלוֹרְיוֹת
calumniate vt הֶעֱלִיל, הִשְׁמִיץ, הוֹצִיא דִּבָּה
calumny n הַשְׁמָצָה, דִּבָּה, עֲלִילַת־שָׁוְא
calvary n יִסּוּרִים, עִנּוּיִים
calve vi הִמְלִיטָה
calvinism n קַלְוִינִיּוּת
calvanist n, adj 1 קַלְוִינִיסְט. 2 קַלְוִינִיסְטִי
calypso n קָלִיפְּסוֹ
calyx n קֻבַּעַת, גְּבִיעַ הַפֶּרַח
came זמן עבר של הפועל to come
camel n גָּמָל
camellia n קָמֶלְיָה
cameo n 1 קָמֵעַ, קָמֵיעַ. 2 תַּמְצִית תֵּאוּר
camera n מַצְלֵמָה
camera (in) בִּפְרָטִיּוּת, בִּדְלָתַיִם סְגוּרוֹת
cameraman n צַלָּם
camomile n בַּבּוֹנָג, קָמוֹמִיל
camouflage vt, n 1 הִסְוָה. 2 הַסְוָאָה
camp vi, n 1 חָנָה, הֶחֱנָה, אָהַל. 2 מַחֲנֶה. 3 מַאֲהָל. 4 קַיְטָנָה
campaign vi, n 1 נֶאֱבַק. 2 עָרַךְ מִבְצָע. 3 מִבְצָע, מַעֲרָכָה, מַסָּע.

4 מַגְבִּית. 5 תַּעֲמוּלָה

campaigner n 1 לוֹחֵם. 2 תַּעַמְלָן

campanile n מִגְדַּל־פַּעֲמוֹנִים

camp bed מִטָּה מִתְקַפֶּלֶת

camp chair כִּסֵּא מִתְקַפֵּל

campfire n מְדוּרָה

camp follower נִגְרָר, רוֹכֵל (צבא)

camp out vi אָהַל, חַי בְּמַחֲנֶה

camphor n כֹּפֶר, קַמְפוֹר

camphorated adj קַמְפוֹרִי

camping n מַחֲנָאוּת

campion n סִילֵינֵי (צמח)

campus n קִרְיַת אוּנִיבֶרְסִיטָה, קַמְפּוּס

can vti, n 1 יָכֹל, יָדַע. 2 שִׁמֵּר. 3 סִלֵּק, פִּטֵּר, הִפְסִיק. 4 פַּחִית, קַנְקַן, פַּח, פַּךְ

Canadian n, adj קָנָדִי

canal n 1 תְּעָלָה, בִּיב, אַבּוּב. 2 חָרִיץ

canalize vt תִּעֵל, נִקֵּז, בִּיֵּב

canape n 1 סַפָּה, דַּרְגָּשׁ. 2 מְתַאֲבֵן

canary n קַנָרִית, כַּנָּרִית, בַּזְבּוּז קָנָרִי

canasta n קָנַסְטָה

cancan n קַנְקַן

cancel vti, n 1 בִּטֵּל, מָחַק, דָּחָה, חִסֵּל. 2 הִשְׁמִיט. 3 נִקֵּב וּבִטֵּל. 4 הַשְׁמָטָה, בִּטּוּל, מְחִיקָה

cancellation n 1 בִּטּוּל, מְחִיקָה, הַשְׁמָטָה. 2 הַפְקָעַת חוֹבוֹת, שְׁמִטַּת חוֹבוֹת

cancer n סַרְטָן

cancerous adj סַרְטָנִי, מְסַרְטָן

candelabrum n 1 נִבְרֶשֶׁת, פָּמוֹט. 2 מְנוֹרָה

candid adj כֵּן, תָּם, גְּלוּי־לֵב, יָשָׁר

candidate n מֻעֲמָד

candidiasis n פַּטֶּרֶת

candidly adv בְּכֵנוּת, בְּגִלּוּי־לֵב

candied adj 1 מְסֻכָּר. 2 מְגֻבָּשׁ

candle n 1 נֵר. 2 פָּמוֹט

candle power n כֹּחַ נֵר, עָצְמַת הָאוֹר

candlestick n פָּמוֹט, מְנוֹרָה

cando(u)r n 1 כֵּנוּת, ישֶׁר. 2 הֲגִינוּת, גִּלּוּי־לֵב

candy vti, n 1 רָקַח. 2 הִמְתִּיק, מִתֵּק. 3 סֻכָּרִיָּה, מַמְתָּק

cane vt, n 1 קָלַע בְּקָנִים. 2 הִלְקָה. 3 קָנֶה, חִזְרָן. 4 מַקֵּל, מַטֶּה. 5 קְנֵה סֻכָּר

canine adj, n 1 כַּלְבִּי. 2 שֵׁן כֶּלֶב, נִיב

canister n קֻפְסָה

canker vt, n 1 אִלַּח, הִשְׁחִית, קִלְקֵל. 2 כִּיב, אִכֵּל, רָקָב

cankerous adj 1 מְמָאִיר, מַשְׁחִית. 2 סַרְטָנִי

cannabis n קַנַּבּוּס, חָשִׁישׁ

cannery n בֵּית חֲרֹשֶׁת לְשִׁמּוּרִים

cannibal n 1 אוֹכֵל אָדָם, קַנִּיבָּל. 2 אוֹכֵל בֶּן מִינוֹ

cannibalism n 1 אֲכִילַת אָדָם, קַנִּיבָּלִיּוּת. 2 אֲכִילַת בֶּן מִינוֹ. 3 אַכְזְרִיּוּת

cannibalistic adj קַנִּיבָּלִי, רַצְחָנִי

cannon n תּוֹתָח

cannonade n מַטַּח תּוֹתָחִים

cannon-fodder n בְּשַׂר תּוֹתָחִים

cannot 1 אֵינוֹ יָכוֹל. 2 אֵינוֹ יוֹדֵעַ

canny adj 1 חָרִיף, שָׁנוּן, עַרְמוּמִי. 2 זָהִיר, חַשְׁדָנִי

canoe vi, n 1 שָׁט בְּחַסָּקָה. 2 בּוּצִית, סִירָה

canoeist n מֵשִׁיט סִירָה

canon n 1 קָנוֹן. 2 חֹק, מִשְׁפָּט. 3 קְנֵה מִדָּה. 4 סִפְרֵי הַקֹּדֶשׁ. 5 רְשִׁימַת הַקְּדוֹשִׁים בַּנּוֹצְרִים. 6 כֹּמֶר

canon law חֻקֵּי הַכְּנֵסִיָּה

canonical adj 1 קָנוֹנִי, דָּתִי. 2 מֻסְמָךְ

canonization n עֲשִׂיָּה לְקָדוֹשׁ

canonize vt 1 קִדֵּשׁ, עָשָׂה לְקָדוֹשׁ. 2 פֵּאֵר, רוֹמֵם

can opener n פּוֹתְחָן

canopy n אַפִּרְיוֹן, כִּלָּה, חֻפָּה

cant vi, n 1 הִתְחַסֵּד. 2 הִטָּה, הִפְנָה, הָפַךְ. 3 שִׁפֵּעַ, לִכְסֵן. 4 הִתְחַסְּדוּת, צְבִיעוּת

5 לַהַג גַּנָּבִים. 6 לוֹכְסָן, שִׁפּוּעַ

cantaloupe n מֶלוֹן מָתוֹק

cantankerous adj 1 רַגְזָן, זוֹעֵף. 2 אִישׁ מְדָנִים, סַכְסְכָן

cantata n קַנְטָטָה

canteen n 1 קַנְטִינָה, שֶׁקֶ"ם. 2 מֵימִיָּה, צַפַּחַת

canter vi, n 1 דָּהַר, טָפַף. 2 דְּהִירָה

canticle n שִׁיר, מִזְמוֹר, הִימְנוֹן

cantilever n אוֹמְנָה, שְׁלוּחָה

canto n שִׁיר

canton n מָחוֹז, גָּלִיל, קַנְטוֹן

cantonment n קְסַרְקְטִין

cantor n חַזָּן, בַּעַל תְּפִלָּה

canvas n 1 בְּרֶזֶנְט, צַדְרָה. 2 יְרִיעָה לְצִיּוּר. 3 מִפְרָשִׂים

canvass vti, n 1 בָּחַן, בָּדַק, חָקַר. 2 בִּקֵּשׁ קוֹלוֹת. 3 בְּדִיקָה, בְּחִינָה. 4 בַּקָּשַׁת קוֹלוֹת

canvassing n 1 בְּדִיקָה. 2 שִׁדּוּל קוֹלוֹת

canyon n קַנְיוֹן

cap vt, n 1 לָבַשׁ כּוֹבַע, כִּפָּה. 2 כִּסָּה, סָגַר, פָּקַק. 3 סִיֵּם, הִכְתִּיר, הִשְׁלִים. 4 הִצְטַיֵּן, עָלָה עַל. 5 כִּפָּה, כֻּמְתָּה, כּוֹבַע. 6 פִּסְגָּה, רֹאשׁ. 7 כִּסּוּי, מִכְסֶה. 8 אוֹת רָאשִׁית

cap in hand בְּהַכְנָעָה

capability n כֹּשֶׁר, יְכֹלֶת, כִּשְׁרוֹן

capable adj 1 מַתְאִים, מֻסְמָךְ. 2 מֻכְשָׁר, מְסֻגָּל, יָכוֹל. 3 יָעִיל, עָלוּל

capably adv בְּכִשְׁרוֹן, בִּיכֹלֶת

capacious adj נִרְחָב, מְרֻוָּח, רְחַב־יָדַיִם

capaciousness n רַוְחוּת, רְוָחָה

capacitor n קַבָּל

capacity n יְכֹלֶת, תְּכוּלָה

caparison n 1 שִׁרְיוֹן. 2 מִכְסֶה. 3 רְתָמוֹת

cape n 1 כֵּף, צוּק. 2 שִׁכְמָה, שִׁכְמִיָּה

caper vi, n 1 קִפֵּץ, דִּלֵּג, נִתֵּר. 2 דִּלּוּג, נְתִירָה, קְפִיצָה. 3 צָלָף. 4 מַעֲשֵׂה קֻנְדֵּס

capillary n, adj 1 נִימָה, נִימִיָּה. 2 נִימִי

capital n, adj 1 רָאשִׁי, עִקָּרִי. 2 חָמוּר. 3 עֶקְרוֹנִי, חָשׁוּב. 4 רֵאשִׁיתִי. 5 מְצֻיָּן, טוֹב, נִפְלָא. 6 עִיר בִּירָה. 7 אוֹת רֵאשִׁית. 8 הוֹן, רְכוּשׁ, מָמוֹן, נְכָסִים

capitalism n קַפִּיטָלִיזְם

capitalist n קַפִּיטָלִיסְט, רְכוּשָׁן

capitalistic adj קַפִּיטָלִיסְטִי, רְכוּשָׁנִי

capitalization n הִוּוּן

capitalize vt 1 הִוֵּן. 2 מִמֵּן

capitalize on vi נִצֵּל, הֵפִיק תּוֹעֶלֶת

capital punishment עֹנֶשׁ מָוֶת

capitation n מַס גֻּלְגֹּלֶת

capitulate vi נִכְנַע

capitulation n 1 כְּנִיעָה. 2 קַפִּיטוּלַצְיָה

caprice n גַּחֲמָה, קַפְּרִיזָה

capricious adj גַּחֲמָנִי, קַפְּרִיזִי

capriciously adv 1 בְּעַקְשָׁנוּת. 2 בְּלִי מַחֲשָׁבָה

capsize vti 1 הָפַךְ. 2 הִתְהַפֵּךְ

capstan n כַּנָּן

capsule n 1 כְּמוּסָה. 2 נַרְתִּיק. 3 הֶלְקֵט

captain vt, n 1 פָּקַד, נָהַג, פִּקֵּד, נִהֵל, עָמַד בְּרֹאשׁ. 2 סֶרֶן, קַבַּרְנִיט. 3 רַב חוֹבֵל. 4 מְפַקֵּד

caption n 1 כּוֹתֶרֶת. 2 הֶסְבֵּר לִתְמוּנָה

captious adj 1 נַקְרָן, חַטְטָנִי, נוֹקְדָן. 2 מַטְעֶה

captivate vt הִקְסִים, שָׁבָה לֵב, צוֹדֵד

captivating adj מַקְסִים, שׁוֹבֶה לֵב

captive n, adj 1 אָסִיר, שָׁבוּי. 2 מֻקְסָם

captivity n 1 שִׁעְבּוּד, עַבְדוּת. 2 שְׁבִי, מַאֲסָר. 3 גָּלוּת

captor n לוֹכֵד, שׁוֹבֶה

capture vt, n 1 לָכַד, תָּפַס, אָסַר. 2 כָּבַשׁ, הִכְנִיעַ. 3 כִּבּוּשׁ, לְכִידָה, תְּפִיסָה. 4 מַאֲסָר

car n 1 מְכוֹנִית, רֶכֶב. 2 חַשְׁמַלִּית. 3 קָרוֹן

carabineer n רוֹבַאי, קָרָבִּינַאי

caramel n 1 קָרָמֶל. 2 שֶׁזֶף סֻכָּר, סֻכָּרִיָּה. 3 מַמְתָּק
carapace n 1 שִׁרְיוֹן. 2 שַׁבְּלוּל, קוֹנְכִיָּה
carat n קָרָט
caravan n 1 שַׁיָּרָה, אוֹרְחָה. 2 קָרָוָן
caraway n כְּרַוְיָה
carbide n קַרְבִּיד
carbine n קַרְבִּין
carbohydrate n פַּחְמֵימָה
carbon n 1 פֶּחָם. 2 פַּחְמָן
carbonate adj, n 1 פַּחְמָתִי. 2 קַרְבּוֹנָט
carbon-dioxide דוּ־תַּחְמֹצֶת הַפַּחְמָן
carbonic acid n חֻמְצָה פַּחְמָתִית
carbon-monoxide חַד־תַּחְמֹצֶת הַפַּחְמָן
carbon paper נְיַר עִתּוּק, נְיַר פֶּחָם
carbonize vt 1 פִּחְמֵן. 2 חָרַךְ
carboy n בַּקְבּוּק לְחֻמְצוֹת
carbuncle n 1 אֶקְדָּח, כַּדְכֹּד. 2 גַּחֶלִית, פַּחֶמֶת
carburet(t)or מְאַיֵּד, קַרְבּוּרָטוֹר
carcase, carcass n 1 נְבֵלָה, פֶּגֶר. 2 שֶׁלֶד
card vt, n 1 סָרַק, נִפֵּץ, קֵרֵד. 2 כַּרְטִיס. 3 קְלָף. 4 גְּלוּיָה. 5 שׁוֹשַׁנַּת רוּחוֹת. 6 בַּרְנָשׁ מְשַׁעֲשֵׁעַ. 7 מַגְרֵדָה
cardamon n הֵל, חָמָם
cardboard n קַרְטוֹן
carded wool צֶמֶר מְנֻפָּץ
cardiac adj לִבִּי, שֶׁל הַלֵּב
cardigan n אֲפֻדָּה, קַרְדִּיגָן, מִקְטוֹרָה
cardinal adj, n 1 עִקָּרִי, רָאשִׁי, יְסוֹדִי. 2 חָשׁוּב. 3 חַשְׁמָן, קַרְדִּינָל
cardinal number 1 מִסְפָּר יְסוֹדִי. 2 מִסְפָּר מוֹנֶה
cardinal points אַרְבַּע רוּחוֹת הַשָּׁמַיִם
care vi, n 1 דָּאַג, שָׁמַר, טִפֵּל. 2 הִשְׁגִּיחַ, הִתְעַנְיֵן. 3 דְּאָגָה, שְׁמִירָה. 4 חֲרָדָה. 5 טִפּוּל, הַשְׁגָּחָה. 6 זְהִירוּת, קְפִידָה
care for הִשְׁגִּיחַ, טִפֵּל
career vi, n 1 רָץ, עָץ. 2 קַרְיֵרָה. 3 מְרוּצָה, רִיצָה, דְּהִירָה. 4 מְהִירוּת. 5 נְתִיבָה מִקְצוֹעִית
carefree adj חֲסַר דְּאָגוֹת
careful adj 1 זָהִיר, דּוֹאֵג. 2 מַקְפִּיד, דַּיְּקָן. 3 שָׂם לֵב
carefulness n 1 זְהִירוּת, דְּאָגָה. 2 הַקְפָּדָה, דַּיְּקָנוּת
careless adj 1 פָּזִיז, רַשְׁלָן, מְרֻשָּׁל, בִּלְתִּי זָהִיר. 2 אָדִישׁ
carelessness n פְּזִיזוּת, רַשְׁלָנוּת, אִי־זְהִירוּת
caress vt, n 1 לִטֵּף, חִבֵּק. 2 לְטִיפָה, חִבּוּק
caretaker n 1 מְטַפֵּל, שָׁרַת. 2 מְמֻנֶּה, אַחֲרַאי
careworn adj מֻדְאָג, אֲכוּל־דְּאָגָה
cargo n מִטְעָן, מַשָּׂא, נֵטֶל
caricature n קָרִיקָטוּרָה
caricaturist n קָרִיקָטוּרִיסְט
caries n עַשֶּׁשֶׁת, רָקָב
carious tooth שֵׁן עֲשֵׁשָׁה
Carmelite n, adj כַּרְמְלִיתִי
carmine n, adj 1 אַרְגָּמָן, כַּרְמִיל. 2 אַרְגְּמָנִי
carnage n טֶבַח, שְׁחִיטָה
carnal adj 1 בְּשָׂרִי, גַּשְׁמִי, גּוּפָנִי. 2 מִינִי, חוּשָׁנִי, תַּאַוְתָנִי, בַּהֲמִי
carnally adv חוּשָׁנִית
carnation n 1 צִפֹּרֶן. 2 אַרְגָּמָן, וָרֹד
carnival n 1 עַדְלָיָדַע, קַרְנָבָל. 2 הִלּוּלָה
carnivore n טוֹרֵף
carnivorous adj אוֹכֵל בָּשָׂר
carob n חָרוּב
carol vt, n 1 שָׁר, זִמֵּר. 2 זֶמֶר, מִזְמוֹר. 3 מִזְמוֹר חַג הַמּוֹלָד
carousal n הִלּוּלָה, הוֹלֵלוּת, חֲגִיגָה
carouse vt 1 סָבָא, הִשְׁתַּכֵּר. 2 הִתְהוֹלֵל
carp n קַרְפִּיוֹן
carp at הִתְלוֹנֵן, הִתְאוֹנֵן
carpenter n נַגָּר

carpentry n נַגָּרוּת
carpet vt, n 1 רִפֵּד, כִּסָּה בִּשְׁטִיחִים. 2 שָׁטִיחַ, מַרְבַד, מַצָּע
carpetbag n אַמְתַּחַת
carpetbagger n בֶּן בְּלִיַּעַל, נָבָל
carriage n 1 הוֹבָלָה, נְשִׂיאָה, מִשְׁלוֹחַ. 2 הִתְנַהֲגוּת. 3 מֶרְכָּבָה, עֲגָלָה, קָרוֹן. 4 גְּרָר. 5 כַּן, כַּן־תּוֹתָח
carriage way דֶּרֶךְ לִכְלֵי רֶכֶב
carrier n 1 מוֹבִיל, נוֹשֵׂא. 2 סַבָּל. 3 נַשָּׂא. 4 מוֹבֶלֶת, מִנְשָׂאָה. 5 שָׁלִיחַ, רָץ. 6 נוֹשֵׂאת מְטוֹסִים
carrier pigeon יוֹנַת־דֹּאַר
carrion n, adj 1 נְבֵלָה, פֶּגֶר. 2 מְתֹעָב. 3 רָקוּב
carrot n גֶּזֶר
carry vti 1 הוֹבִיל, נָשָׂא, הֶעֱבִיר. 2 בִּצַּע, עָרַךְ. 3 לָכַד, כָּבַשׁ. 4 הִצְלִיחַ, תָּמַךְ, הִלְהִיב
carry away הִקְסִים, שִׁכְנֵעַ, הִלְהִיב
carry off 1 זָכָה, הִצְלִיחַ. 2 חָטַף
carry on 1 הִמְשִׁיךְ, הִתְמִיד. 2 נִהֵל. 3 הִשְׁתַּטָּה, הִתְפָּרֵק
carry out בִּצַּע, הוֹצִיא אֶל הַפֹּעַל
carry through הִשְׁלִים, סִיֵּם, בִּצַּע
cart vt, n 1 הוֹבִיל, הֶעֱבִיר. 2 עֲגָלָה, קָרוֹן
cart-horse n סוּס הוֹבָלָה
cartage n שְׂכַר הוֹבָלָה
carte-blanche n יָד חָפְשִׁית, יִפּוּי כֹּחַ בִּלְתִּי מֻגְבָּל
cartel n 1 קַרְטֶל. 2 אֲמָנָה
carter n עֶגְלוֹן, קָרָר
cartilage n חַסְחוּס
cartilaginous adj חַסְחוּסִי
cartographer n מַפַּאי
cartography n מִפּוּי, קַרְטוֹגְרַפְיָה
carton n קֻפְסַת קַרְטוֹן
cartoon n 1 קָרִיקָטוּרָה. 2 סֶרֶט הַנְפָּשָׁה
cartoonist n קָרִיקָטוּרִיסְט
cartridge n 1 תַּחְמִישׁ, תַּרְמִיל. 2 סְלִיל
cartridge-belt n פֻּנְדָּה
cartwheel n 1 אוֹפַן עֲגָלָה. 2 הִפּוּךְ גַּלְגַּל
cartwright n עַגְלָן
carve vti 1 חָרַט, חָטַב, חָקַק, פָּסַל, גִּלֵּף, חָצַב. 2 גִּלֵּף, פִּסֵּל. 3 בִּתֵּר, קִצֵּב
carver n 1 גַּלָּף, חַטָּב. 2 מַגְלֵף, סַכִּין גִּלּוּף
carving n גִּלּוּף, חִטּוּב
carving knife מַאֲכֶלֶת
cascade vi, n 1 נִגַּר, נָפַל. 2 מַפָּל. 3 אֶשֶׁד, מַפַּל־מַיִם
case vt, n 1 בֵּרֵר, חָקַר. 2 נִרְתֵּק. 3 תֵּבָה, אַרְגָּז, קֻפְסָה. 4 תִּיק, נַרְתִּיק. 5 מִקְרֶה, מַצָּב, אֹפֶן, עִנְיָן. 6 יַחֲסָה. 7 טַעֲנָה, מִשְׁפָּט. 8 אֵרוּעַ, פָּרָשָׁה. 9 מַחֲלָה, חוֹלֶה
case history 1 תּוֹלְדוֹת הַמַּחֲלָה. 2 לוּחַ הָאֵרוּעִים
case in point 1 נְקֻדָּה בְּדִיּוּן. 2 דֻּגְמָה טִיפּוּסִית
case law מִשְׁפַּט פְּסָקִים
casement n 1 חַלּוֹן. 2 מִסְגֶּרֶת חַלּוֹן
cash vti, n 1 פָּדָה, הֶחֱלִיף בִּמְזֻמָּנִים. 2 כֶּסֶף, מְזֻמָּנִים. 3 קֻפָּה
cashable adj שֶׁנִּתָּן לְפִדְיוֹן
cash down בִּמְזֻמָּנִים
cashier vt, n 1 הִדִּיחַ. 2 קֻפַּאי. 3 גִּזְבָּר
cash in on הֵפִיק תּוֹעֶלֶת, נִצֵּל מַצָּב
cashmere n קַשְׁמִיר
cash on delivery תַּשְׁלוּם בְּעֵת מְסִירָה
cash price מְחִיר בִּמְזֻמָּן
cash register קֻפָּה רוֹשֶׁמֶת
casing n מַעֲטֶפֶת, מִכְסֶה, מַאֲרָז, כִּסּוּי
casino n קָזִינוֹ
cask n חֲבִיּוֹנָה, חָבִית
casket n 1 תֵּבָה, קֻפְסָה, אַרְגָּז. 2 אֲרוֹן מֵתִים
casserole n אִלְפָּס, קְדֵרָה
cassette n 1 מַחְסָנִית. 2 קַלֶּטֶת
cassock n גְּלִימָה
cast vti, n, adj 1 זָרַק, הֵטִיל, הִשְׁלִיךְ. 2 הִפִּיל, שִׁלְשֵׁל. 3 סִלֵּק.

4 הֵקִיא. 5 לְהֵק. 6 עִצֵּב. 7 הוֹקִיעַ. 8 יָצַק. 9 זָרָה. 10 הִשְׁתָּה. 11 סוֹבֵב. 12 זְרִיקָה, הַשְׁלָכָה, הֲטָלָה. 13 הוֹקָעָה. 14 מַבָּט, מַרְאֶה. 15 טְוָח, רֹחַק. 16 יְצִיקָה. 17 לַהֲקָה, לְהוּק. 18 כִּיָר, דֶּפֶס. 19 סוּג, מִין. 20 גּוּוֹן, גִּוְנוּן. 21 זָרוּק. 22 יָצוּק

cast about for חִפֵּשׂ דְּרָכִים

cast aside הִזְנִיחַ, נָטַשׁ

cast iron 1 יַצֶּקֶת. 2 מְחֻשָּׁל, קָשׁוּחַ, תַּקִּיף

cast off 1 זָנַח, הִתִּיר, הִשְׁלִיךְ. 2 מֻשְׁלָךְ, עָזוּב

castanets npl עַרְמוֹנִיּוֹת, קַסְטַנְיֶטוֹת

castaway n 1 שָׂרִיד, פָּלִיט, נִצּוֹל. 2 מְנֻדֶּה

caste n 1 כַּת, קַסְטָה. 2 מַעֲמָד

castellated adj 1 מְבֻצָּר. 2 מְחֹרָץ

castigate vt יִסֵּר, הֶעֱנִישׁ

casting n 1 זְרִיקָה, הַשְׁלָכָה, הֲטָלָה. 2 עִצּוּב, לְהוּק. 3 יְצִיקָה. 4 שְׁיָרִים, קִיא

casting vote n קוֹל מַכְרִיעַ

castle vt, n 1 הִצְרִיחַ. 2 מִבְצָר, טִירָה, אַרְמוֹן. 3 צְרִיחַ

cast-off n מֻשְׁלָךְ, עָזוּב

castor, caster n 1 זוֹרֵק, מַשְׁלִיךְ. 2 יוֹצֵק. 3 גַּלְגַּלִּית. 4 בֵּית תְּבָלִים. 5 בֵּיבָר, בּוֹנֶה

castor sugar סֻכַּר דַּק

castor oil n שֶׁמֶן קִיק

castrate vt, n, adj 1 סֵרֵס, עִקֵּר. 2 סָרִיס. 3 מְעֻקָּר

castration n סֵרוּס, עִקּוּר

casual adj מִקְרִי, אֲרָעִי, מִזְדַּמֵּן

casually adv בְּמִקְרֶה, כִּלְאַחַר יָד

casualness n אֲרָעִיּוּת, מִקְרִיּוּת

casualty n 1 תְּאוּנָה, מִקְרֵה אָסוֹן. 2 נִפְגָּע

casuist n פַּלְפְּלָן, פַּלְמוּסָן

casuistic adj פִּלְפּוּלִי, פַּלְמוּסִי

casuistry n פַּלְפְּלָנוּת

casus belli קָזוּס בֶּלִי, עִלָּה לְמִלְחָמָה

cat n 1 חָתוּל. 2 מַגְלֵב, שׁוֹט

cataclysm n 1 אָסוֹן, רְעִידַת אֲדָמָה. 2 שׁוֹאָה. 3 מַבּוּל

catacomb n קָטָקוֹמְבָּה, מְעָרַת קְבָרִים

catafalque n בָּמַת הָאַשְׁכָּבָה

catalepsy n שִׁתּוּק

cataleptic adj מְשֻׁתָּק, נוֹטֶה לְשִׁתּוּק

catalog(ue) vt, n כִּרְטֵס, קִטְלֵג, מִיֵּן, סִוֵּג. 2 קָטָלוֹג, רְשִׁימָה, כַּרְטֶסֶת

catalyst n מְזָרֵז, קָטָלִיזָטוֹר

catalytic adj מְזָרֵז, קָטָלִיטִי

catapult n מָעוֹט, מַרְגֵּמָה

cataract n 1 אֶשֶׁד, מַפַּל־מַיִם. 2 חַרְדְּלִית. 3 תְּבַלּוּל

catarrh n נַזֶּלֶת

catastrophe n אָסוֹן, צָרָה, פֶּגַע, קָטַסְטְרוֹפָה

catastrophic adj קָטַסְטְרוֹפָלִי

cat burglar n גַּנָּב מְטַפֵּס

catcall n יְלָלָה, צְרִיחָה

catch vti, n 1 תָּפַס, אָחַז, לָכַד. 2 קָלַט, הֵבִין, הִשִּׂיג. 3 שָׁבָה, עָצַר. 4 דָּג, צָד. 5 דָּלַק. 6 הִסְתַּבֵּךְ. 7 תְּפִיסָה, אֲחִיזָה, חֲטִיפָה, לְכִידָה. 8 עוֹצֵר, בֶּלֶם. 9 צַיִד, שָׁלָל. 10 בְּרִיחַ. 11 תּוֹפֶסֶת. 12 עִכּוּב, קֹשִׁי

catcher n תּוֹפֵס, תַּפְסָן

catch fire נִדְלַק, נִשְׂרַף

catch hold of תָּפַס וְהֶחֱזִיק

catching adj 1 מְדַבֵּק. 2 מוֹשֵׁךְ, מְפַתֶּה

catchment n הִקָּווּת, מַאֲגָר

catch up (with) הִשִּׂיג

catchword n מֵימְרָה, אִמְרַת כָּנָף, סִיסְמָה, מִלַּת מַפְתֵּחַ

catchy adj תָּפִיס, מְדַבֵּק, מְלַבֵּב

catechism n קָטֶכִיזְם

catechize vt שָׁאַל, חָקַר

categoric(al) adj מֻחְלָט, נִמְרָץ, מַכְרִיעַ,

וַדָּאִי

categorize vt סִוֵּג, מִיֵּן, קִטְלֵג

category n 1 סוּג, מִין. 2 מַעֲמָד

caterer n סַפָּק, סַפַּק הַסְעָדָה, מַסְעִיד

cater for, cater to 1 סִפֵּק. 2 דָּאַג לְ־, שֵׁרֵת

catering n שֵׁרוּת הַסְעָדָה

caterpillar n זַחַל

caterwaul vi, n 1 יִלֵּל, צָרַח. 2 יְלָלָה, צְרִיחָה

catfish n שְׂפַמְנוּן

catgut n מֵיתַר־נְגִינָה

catharsis n הִטַּהֲרוּת, קָתַרְזִיס

cathartic adj מְטַהֵר, מְנַקֶּה, מְזַכֵּךְ

cathedral n קָתֶדְרָלָה

catheter n צַנְתָּר

catheterization n צִנְתּוּר

cathode n קָתוֹדָה

cathode ray n קֶרֶן קָתוֹדִית

catholic adj 1 קָתוֹלִי. 2 לִיבֶּרָלִי

Catholicism n קָתוֹלִיּוּת

catkin n עָגִיל (בוטניקה)

cattle npl בָּקָר, מִקְנֶה, נְחִיל, צֹאן

catty, cattish adj חֲתוּלִי, זְדוֹנִי, מְרֻשָּׁע

cattle-cake n מְזוֹן פָּרוֹת

caucus n כֶּנֶס מִפְלַגְתִּי

caught זמן עבר ובינוני עבר של הפועל to catch

cauldron, caldron n קַלַּחַת, יוֹרָה, מֵחַם

cauliflower n כְּרוּבִית

caulk vt זִפֵּת, כָּפַר

causal adj, n 1 סִבָּתִי, גּוֹרֵם, יוֹצֵר, מְסַבֵּב. 2 מִלַּת הַסִּבָּה

causality n סִבָּתִיּוּת, גְּרִימָה

causation n 1 גְּרִימָה, סִבָּתִיּוּת. 2 גּוֹרֵם, סִבָּה

causative adj גּוֹרֵם

cause vt, n 1 גָּרַם, הוֹלִיד, הֵסֵב, הֵבִיא לִידֵי. 2 סִבָּה, גּוֹרֵם, עִלָּה, תּוֹאֲנָה. 3 עִנְיָן, עִקָּרוֹן. 4 מַטָּרָה, תַּכְלִית

causeless adj לְלֹא יְסוֹד, לְלֹא סִבָּה, לֹא־מֻצְדָּק

causeway n מְסִלָּה רָמָה

caustic adj 1 צוֹרֵב, מְאַכֵּל, שׂוֹרֵף, חוֹרֵךְ. 2 שָׁנוּן, חָרִיף, הִתּוּלִי

cauterize vt 1 צָרַב, כָּוָה. 2 הִגְלִיד

cautery n צְרִיבָה, כְּוִיָּה, מַצְרֵב

caution vt, n 1 הִזְהִיר, הִתְרָה, הֵעִיר. 2 זְהִירוּת, עֵרָנוּת. 3 אַזְהָרָה, הַתְרָאָה.

cautious adj זָהִיר, עֵר

cautiously adv בִּזְהִירוּת, בְּעֵרָנוּת

cautiousness n זְהִירוּת, עֵרָנוּת, הִשָּׁמְרוּת

cavalcade n אוֹרְחַת פָּרָשִׁים, רְכִיבָה

cavalier n, adj 1 אַבִּיר, פָּרָשׁ. 2 אָדִיב, מְנֻמָּס. 3 גֵּאֶה, יָהִיר. 4 לֹא רְצִינִי

cavalry n חֵיל פָּרָשִׁים

cave vti, n 1 כָּרָה, חָצַב. 2 שָׁקַע, הִתְמוֹטֵט, נָפַל. 3 נִכְנַע, וִתֵּר. 4 כּוּךְ, מְעָרָה, מְחִלָּה, מְאוּרָה

cave dweller שׁוֹכֵן מְעָרוֹת

cave in vi 1 הִתְמוֹטֵט, נָפַל. 2 נִכְנַע

cave-in n הִתְמוֹטְטוּת

caveman n שׁוֹכֵן מְעָרוֹת

cavern n מְעָרָה, מְחִלָּה, מְאוּרָה, נִקְרָה

cavernous adj מְחֹרָר, חָלוּל

caviar n קַוְיָר

cavil at vt הִטִּיל דֹּפִי, גִּנָּה

cavity n חָלָל, נֶקֶב, חוֹר

caw vi, n 1 קִרְקֵר. 2 קִרְקוּר

cease vti, n 1 חָדַל, פָּסַק. 2 הִפְסִיק, נִמְנַע. 3 סִיֵּם, גָּמַר. 4 הַפְסָקָה, הֶפְסֵק

cease-fire n הַפְסָקַת אֵשׁ

ceaseless adj בִּלְתִּי פּוֹסֵק, לְלֹא הַפְסָקָה

ceaselessly adv בְּלִי הֶרֶף, בִּרְצִיפוּת

cedar n אֶרֶז

cede vt וִתֵּר, נִכְנַע, מָסַר

cedilla n סֶדִילָה

ceiling n 1 תִּקְרָה. 2 פִּסְגָּה, שִׂיא, מַקְסִימוּם

celebrate vt 1 חָגַג. 2 קִדֵּשׁ. 3 פֵּאֵר, שִׁבַּח, הִלֵּל
celebrated adj מְפֻרְסָם, יָדוּעַ, מְהֻלָּל
celebration n טֶקֶס, חֲגִיגָה
celebrity n 1 אִישׁ מְפֻרְסָם. 2 תְּהִלָּה, פִּרְסוּם
celerity n מְהִירוּת
celery n כַּרְפַּס, סֶלֶרִי
celestial adj 1 שְׁמֵימִי, נֶאֱצָל. 2 עֶלְיוֹן, מְרוֹמָם. 3 סִינִי
celestial body גֶּרֶם שְׁמֵימִי
celibacy n 1 רַוָּקוּת. 2 הִנָּזְרוּת, פְּרִישׁוּת
celibate adj רַוָּק, לֹא־נָשׂוּי
cell n 1 תָּא. 2 כּוּךְ. 3 סוֹלְלָה. 4 מְגוּרָה
cellar n 1 מַרְתֵּף. 2 יֶקֶב. 3 מַחְסָן
cellist n צ׳ֶלָּן
cello n צ׳ֶלּוֹ
cellophane n צֶלוֹפָן
cellular adj 1 תָּאִי, בַּעַל־תָּאִים. 2 סֶלוּלָרִי
cellulose n תָּאִית, עֵצִית, צֶלוּלוֹזָה
celsius n צֶלְזִיוּס
Celtic adj קֶלְטִי
cement vt, n 1 צִמְנֵט, מִלֵּט. 2 מֶלֶט, מֶרֶק, דֶּבֶק, בֶּטוֹן
cement-mixer n מְעַרְבֵּל בֶּטוֹן
cemetery n בֵּית קְבָרוֹת, בֵּית עָלְמִין
cenotaph n מַצֶּבֶת זִכָּרוֹן, יַד זִכָּרוֹן
censor vt, n 1 צִנְזֵר, בָּדַק, בִּקֵּר. 2 צֶנְזוֹר, בַּדָּק
censorious adj בִּקָּרְתִּי, מַחְמִיר
censorship n צֶנְזוּרָה, בִּדֹּקֶת
censure vt, n 1 נָזַף, בִּקֵּר, גִּנָּה, הֵטִיל דֹּפִי. 2 הֶאֱשִׁים, הִרְשִׁיעַ. 3 נְזִיפָה, גִּנּוּי, הַאֲשָׁמָה. 4 הַטָּלַת דֹּפִי
census n מִפְקָד
cent n סֶנְט
centaur n קֶנְטָאוּר
centenarian n, adj בֶּן מֵאָה שָׁנָה
centenary n 1 מֵאָה שָׁנָה. 2 יוֹבֵל מֵאָה שָׁנָה
centennial adj, n צִיּוּן מֵאָה שָׁנָה
centigrade adj צֶלְזְיוּס
centipede n מַרְבֵּה רַגְלַיִם
central adj 1 מֶרְכָּזִי, עִקָּרִי. 2 אֶמְצָעִי, תִּיכוֹנִי
central heating הַסָּקָה מֶרְכָּזִית
central strip מִפְרָדָה
centralization n 1 מִרְכּוּז, רִכּוּז. 2 הִתְרַכְּזוּת
centralize vti 1 מִרְכֵּז, רִכֵּז. 2 הִתְרַכֵּז
centrally adv בְּאֹפֶן מֶרְכָּזִי
centre(er) vti, n 1 רִכֵּז, מִרְכֵּז. 2 הִתְרַכֵּז. 3 מֶרְכָּז, אֶמְצַע, תָּוֶךְ
centre on/upon הִתְרַכֵּז בְּ־
centre-punch מַקּוֹד
centrifugal adj צֶנְטְרִיפוּגָלִי
centrifuge n צֶנְטְרִיפוּגָה, סַרְכֶּזֶת
centurion n שַׂר־מֵאָה, צֶנְטוּרְיוֹן
century n מֵאָה, מֵאָה שָׁנָה
ceramic adj קֶרָמִי
ceramics npl קֶרָמִיקָה
cereal n 1 דָּגָן, דְּגָנִים. 2 דַּיְסָה
cerebral adj 1 מֹחִי, מֹחָנִי. 2 מְחֻשָּׁב, שָׁקוּל
ceremonial adj, n 1 טִקְסִי. 2 מִנְהָגִי, חֲגִיגִי. 3 רִשְׁמִי. 4 טֶקֶס. 5 נֹהַג. 6 סֵדֶר הַטְּקָסִים
ceremonious adj טִקְסִי, צֶרֶמוֹנְיָלִי
ceremoniously adv בְּצֶרֶמוֹנְיָלִיּוּת, בְּטִקְסִיּוּת
ceremony n 1 טֶקֶס, נֹהַג. 2 חֲגִיגָה. 3 רִשְׁמִיּוּת, נִימוּסִיּוּת, גִּנּוּנִים
certain adj 1 בָּטוּחַ, וַדָּאִי. 2 קָבוּעַ, מֻסְכָּם. 3 פְּלוֹנִי, מְסֻיָּם
certainly adv בְּוַדַּאי, בְּלִי סָפֵק
certainty n וַדָּאוּת, קְבִיעוּת, בִּטָּחוֹן
certificate vt, n 1 אִשֵּׁר, קִיֵּם. 2 הִכְרִיז. 3 אִשּׁוּר, תְּעוּדָה
certification n הֶעָדָה, אִשּׁוּר, הַצְהָרָה
certify vt 1 אִשֵּׁר, קִיֵּם. 2 הֵעִיד, הִצְהִיר,

הַכְרִיז. 3 נָתַן תֹּקֶף
certify to vt הֵעִיד
certitude n וַדָּאוּת, בִּטָּחוֹן
cervical adj שֶׁל צַוַּאר הָרֶחֶם
cervix n צַוַּאר הָרֶחֶם
cessation n הַפְסָקָה, חֲדִילָה
cession n 1 וִתּוּר, הִכָּנְעוּת. 2 מְסִירָה
cesspool, cesspit n בּוֹר־שְׁפָכִים, בּוֹר שׁוֹפְכִין
chafe vti, n 1 חִכֵּךְ, שִׁפְשֵׁף. 2 הִרְגִּיז, הִקְנִיט. 3 הִתְבַּלָּה, הִתְחַכֵּךְ. 4 הִתְרַגֵּז. 5 חִכּוּךְ
chaff vt, n 1 הִתְלוֹצֵץ, לִגְלֵג. 2 מוֹץ, חָצִיר. 3 לֵיצָנוּת, לַגְלְגָנוּת
chaffinch n פָּרוּשׁ
chafing dish n כִּירַת חִמּוּם
chagrin vt, n 1 צִעֵר, עִנָּה, הִשְׁפִּיל. 2 עָגְמַת נֶפֶשׁ
chain vt, n 1 כָּבַל. 2 שִׁרְשֵׁר, אָסַר. 3 כֶּבֶל, שַׁלְשֶׁלֶת, שַׁרְשֶׁרֶת
chain dotted line קַו מְקֻוְקָו
chain gang קְבוּצַת אֲסִירִים מְשֻׁרְשָׁרִים
chain reaction תְּגוּבַת שַׁרְשֶׁרֶת
chain smoker מְעַשֵּׁן בְּשַׁרְשֶׁרֶת
chain stitch תְּפִירַת שַׁרְשֶׁרֶת
chain store רֶשֶׁת חֲנֻיּוֹת
chair vt, n 1 יָשַׁב בָּרֹאשׁ. 2 הוֹשִׁיב. 3 כִּסֵּא. 4 מוֹשָׁב. 5 כֻּרְסָה. 6 קָתֶדְרָה
chairman n יוֹשֵׁב רֹאשׁ
chalet n בַּיִת כַּפְרִי
chalice n קֻבַּעַת, גָּבִיעַ
chalk vt, n 1 הִלְבִּין. 2 כָּתַב בְּגִיר. 3 גִּיר
chalk up vt זָכָה, זָקַף לְחֶשְׁבּוֹן, זָכָה
challenge vt, n 1 אִתְגֵּר. 2 תָּבַע. 3 פִּקְפֵּק, עִרְעֵר. 4 הִתְרִיס, חָלַק עַל. 5 אֶתְגָּר. 6 אַתְרָאָה
challenger n 1 מַתְרֶה. 2 מַזְמִין לְדוּ־קְרָב. 3 תּוֹבֵעַ לַאֲלִיפוּת
chamber n 1 חֶדֶר, לִשְׁכָּה. 2 חֲדַר מִטּוֹת. 3 מַעֲרֶכֶת חֲדָרִים. 4 לִשְׁכַּת שׁוֹפֵט
chamberlain n 1 מְמֻנֶּה עַל מֶשֶׁק בַּיִת. 2 נְצִיג הַמַּלְכוּת
chambermaid n חַדְרָנִית, מְשָׁרֶתֶת
chamber music מוּסִיקָה קָמֶרִית
chamber pot עָבִיט, סִיר־לַיְלָה
chameleon n זִקִּית
chamfer n 1 חִתּוּךְ מְלֻכְסָן. 2 חָרִיץ קָטָן
chamois n יָעֵל
champ vi, n 1 נָשַׁךְ, לָעַס בְּקוֹל. 2 אַלּוּף
champagne n שַׁמְפַּנְיָה
champion vt, n 1 דָּגַל, תָּמַךְ, לָחַם בְּעַד. 2 אַלּוּף, אַבִּיר, גִּבּוֹר. 3 מְנַצֵּחַ. 4 סָנֵגוֹר, פְּרַקְלִיט
championship n אַלִּיפוּת
chance vit, n 1 קָרָה, הִתְרַחֵשׁ. 2 הִסְתַּכֵּן. 3 מִקְרֶה, הִזְדַּמְּנוּת. 4 סִכּוּי, אֶפְשָׁרוּת. 5 גּוֹרָל, מַזָּל
chancel n אֵזוֹר הַמִּזְבֵּחַ (בכנסיה)
chancellery n 1 נְגִידוּת, רָאשׁוּת. 2 בֵּית הַנָּגִיד
chancellor n קַנְצְלֶר
chancellor of the exchequer שַׂר הָאוֹצָר (אנגליה)
chancery n 1 נְגִידוּת, רָאשׁוּת. 2 בֵּית מִשְׁפָּט עֶלְיוֹן
chancy adj מְפֻקְפָּק
chandelier n נִבְרֶשֶׁת
chandler n 1 רוֹכֵל, תַּגָּר. 2 חֶנְוָנִי. 3 עוֹשֶׂה נֵרוֹת
change vti, n 1 שִׁנָּה, הֶחֱלִיף. 2 פֵּרֵט, הֵמִיר. 3 הִשְׁתַּנָּה. 4 שִׁנּוּי, הַחְלָפָה, חִלּוּף, חֲלִיפִין. 5 תְּמוּרָה, הַפַּכְפְּכָנוּת. 6 פְּרִיטָה, עֹדֶף (מטבעות)
changeable adj הֲפַכְפַּךְ, קַל־דַּעַת, בַּר־שִׁנּוּי
changeful adj מִשְׁתַּנֶּה, מִתְחַלֵּף
changeless adj יַצִּיב, אֵיתָן, לֹא מִשְׁתַּנֶּה
changeling n יֶלֶד חִלּוּף

channel vt, n 1 תְּעָל. 2 כִּוֵּן, הִכְוִין, הִפְנָה. 3 תְּעָלָה, אָפִיק. 4 דֶּרֶךְ, אֶמְצָעִי
channel selector בּוֹרֵר אֲפִיקִים
chant vit, n 1 שָׁר, זִמֵּר, רִנֵּן. 2 שִׁיר, זֶמֶר, לַחַן, נְעִימָה, נִגּוּן
chaos n תֹּהוּ וָבֹהוּ, כָּאוֹס
chaotic adj שֶׁל תֹּהוּ וָבֹהוּ
chaotically adv בְּאַנְדְּרָלָמוּסְיָה, בְּעִרְבּוּבְיָה
chap vti, n 1 סָדַק, בָּקַע, רִפֵּט. 2 נִסְדַּק, הִתְבַּקַּע, הִתְרַפֵּט. 3 בְּקִיעַ, סֶדֶק. 4 לֹעַ. 5 לֶסֶת. 6 בַּרְנָשׁ, בָּחוּר
chapel n 1 קַפֶּלָה. 2 עוֹבְדֵי דְפוּס
chaperon vt, n 1 לִוְּתָה. 2 מְלַוָּה, בַּת לְוַאי
chapfallen adj מְדֻכָּא, מֻשְׁפָּל, מְדֻכְדָּךְ
chaplain n קְצִין דָּת, כֹּמֶר צְבָאִי, רַב צְבָאִי
chaplet n 1 עֲטָרָה, זֵר פְּרָחִים. 2 מַחֲרֹזֶת
chapter n 1 פֶּרֶק. 2 סְנִיף, שְׁלוּחָה
chapter and verse שָׁחֹר עַל גַּבֵּי לָבָן, מָקוֹר נֶאֱמָן
chapter house אוּלַם כִּנּוּסִים
char vti, n 1 חָרַךְ, פִּחֵם, שָׂרַף. 2 נֶחֱרַךְ, נִשְׂרַף. 3 נִקָּה, שִׁפְשֵׁף. 4 טְרוּטָה. 5 חַדְרָנִית, עוֹזֶרֶת
character n 1 אֹפִי, תְּכוּנָה, צִבְיוֹן. 2 נֶפֶשׁ, אִישִׁיּוּת, דְּמוּת. 3 אוֹת, סִימָן, צוּרָה, כְּתָב. 4 טֶבַע, סְגֻלָּה
characteristic adj 1 אָפְיָנִי, טִיפּוּסִי. 2 מְאַפְיֵן
characteristically adv בְּאֹפֶן טִיפּוּסִי
characterize vt אִפְיֵן, תֵּאֵר, צִיֵּן
characterless adj 1 חֲסַר אֹפִי. 2 שִׁגְרָתִי
charade n חִידוֹן תְּנוּעוֹת
charcoal n 1 פַּחַם־עֵץ. 2 עֶפְרוֹן פֶּחָם
charcoal-burner n תַּנּוּר פֶּחָמִים
charge vti, n 1 הִטְעִין, טָעַן. 2 תִּדְלֵק, מִלֵּא, גָּדַשׁ, הִגְדִּישׁ. 3 פִּקֵּד, צִוָּה, הוֹרָה. 4 הֶאֱשִׁים, חִיֵּב, תָּבַע. הִסְתָּעֵר, הִתְקִיף. 6 מִטְעָן, טְעִינָה, עֹמֶס. 7 הִתְחַיְּבוּת. 8 תַּשְׁלוּם, מְחִיר. 9 צַו, פְּקֻדָּה, הוֹרָאָה. 10 הַרְשָׁעָה, אַשְׁמָה. 11 פִּקָּדוֹן, שִׁעְבּוּד. 12 הֶטֵּל
chargeable adj 1 חַיָּב בְּמִסִּים. 2 אַחֲרַאי, בַּר־הַאֲשָׁמָה. 3 חַיָּב בְּתַשְׁלוּם
chargé d'affaires (Fr) מְיֻפֵּה־כֹּחַ
charge of (in) אַחֲרַאי לְ־
charger n 1 מַטְעֵן. 2 מַאֲשִׁים. 3 סוּס קְרָב
chariot n מֶרְכָּבָה, רֶכֶב
charioteer n 1 רַכָּב. 2 מַזַּל עֶגְלוֹן
charisma n כָּרִיזְמָה
charismatic adj כָּרִיזְמָטִי
charitable adj נַדְבָנִי, אָדִיב, נוֹחַ
charitably adv בְּעַיִן יָפָה, בִּנְדִיבוּת־לֵב
charity n 1 נְדָבָה, חֶסֶד, צְדָקָה. 2 רַחֲמִים, גְּמִילוּת חֲסָדִים. 3 נְדִיבוּת, נַדְבָנוּת. 4 מוֹסַד צְדָקָה
charlatan n 1 שַׁרְלָטָן, נוֹכֵל, רַמַּאי. 2 רוֹפֵא אֱלִיל
charlady n עוֹזֶרֶת בַּיִת
charm vti, n 1 קָסַם, כִּשֵּׁף, לִבֵּב. 2 הִקְסִים. 3 קֶסֶם, חֵן, יֹפִי. 4 מְשִׁיכָה. 5 קָמֵיעַ, תַּכְשִׁיט, קִשּׁוּט. 6 כְּשָׁפִים, לַחַשׁ־נַחַשׁ
charming adj נֶחְמָד, נָעִים, מְלַבֵּב, מַקְסִים
charmingly adv בְּחֵן, בְּאֹפֶן מַקְסִים
charnel house חֲדַר מֵתִים
chart vt, n 1 שִׂרְטֵט, עָרַךְ מַפָּה, הֵכִין תַּרְשִׁים. 2 מַפָּה, תַּרְשִׁים, טַבְלָה, דִּיאַגְרַמָּה
charter vt, n 1 הֶחְכִּיר, הִשְׂכִּיר. 2 שָׂכַר. 3 כְּתַב זְכֻיּוֹת, הַצְהָרַת יְסוֹד. 4 מְגִלָּה, אֲמָנָה. 5 הֶסְכֵּם, חוֹזֶה, זִכּוּי. 6 שֶׂכֶר
charter party שְׁטַר שֶׂכֶר
charter voyage נְסִיעַת שֶׂכֶר
chartered freight דְּמֵי שֶׂכֶר
charterer n שׂוֹכֵר
charwoman n מְנַקָּה, עוֹזֶרֶת בַּיִת

chary adj 1 זָהִיר, מָתוּן. 2 חַסְכָן, בַּרְרָן
chase vti, n 1 רָדַף, גֵּרֵשׁ, הִבְרִיחַ. 2 צָד. 3 גִּלֵּף, חָקַק, שִׁבֵּץ. 4 רְדִיפָה, צַיִד. 5 תֶּלֶם, חָרִיץ
chase away 1 הִבְרִיחַ, רָדַף אַחֲרֵי. 2 בִּזְבֵּז
chaser n 1 צַיָּד, רוֹדֵף. 2 גַּלָּף, חָרָט. 3 מַשְׁקֶה קַל
chasing n 1 צַיִד, רְדִיפָה. 2 פִּתּוּחַ, קִשּׁוּט, גִּלּוּף
chasm n תְּהוֹם, נִקְרָה
chassis n תּוֹשֶׁבֶת, שֶׁלֶד גּוּף
chaste adj 1 טָהוֹר, תָּם. 2 צָנוּעַ, פָּרוּשׁ
chastely adv בִּצְנִיעוּת
chasten vt 1 יִסֵּר, הוֹכִיחַ. 2 טִהֵר
chastise vt יִסֵּר, עָנַשׁ, הִלְקָה
chastisement n יִסּוּר, עֹנֶשׁ, עֲנִישָׁה
chastity n צְנִיעוּת, הִנָּזְרוּת, טֹהַר, תֹּם, פְּרִישׁוּת
chat vi, n 1 גִּבֵּב, לִהֵג, פִּטְפֵּט. 2 גִּבּוּב, פִּטְפּוּט, לַהַג
chat up vt פְלִירְטֵט, הֶחֱנִיף לְ־
château n אַרְמוֹן, טִירָה
chatelaine n 1 מְאָרַחַת. 2 בַּעֲלַת הָאֲחֻזָּה
chattels npl מִטַּלְטְלִים, נִכְסֵי דְנָיְדֵי
chatter vi, n 1 פִּטְפֵּט, לִהֵג. 2 קִשְׁקֵשׁ, נָקַשׁ. 3 קִשְׁקוּשׁ, נְקִישָׁה. 4 פִּטְפּוּט, לַהַג
chatterbox n פַּטְפְּטָן
chatty adj פַּטְפְּטָנִי, פִּטְפּוּטִי
chauffeur n נֶהָג
chauvinism n 1 לְאֻמָּנוּת, שׁוֹבִינִיּוּת. 2 שׁוֹבִינִיזְם
chauvinist n לְאֻמָּנִי, שׁוֹבִינִיסְט
chauvinistic adj לְאֻמָּנִי, שׁוֹבִינִיסְטִי
cheap adj, adv 1 זוֹל. 2 נִקְלֶה. 3 בִּזְיל הַזּוֹל
cheapen vti 1 הוֹזִיל, הוֹרִיד מְחִיר. 2 זִלְזֵל, הִמְעִיט בְּעֵרֶךְ. 3 הוּזַל, יָרַד הַמְּחִיר
cheapness n זוֹלוּת
cheat vi, n 1 רִמָּה, הוֹנָה, סִדֵּר, הֶעֱרִים עַל. 2 תַּרְמִית, רַמָּאוּת, הוֹנָאָה. 3 רַמַּאי, נוֹכֵל
cheater n רַמַּאי, נוֹכֵל
cheating n רַמָּאוּת, הוֹנָאָה
check vti, n 1 חָסַם, עָצַר, עִכֵּב, בָּלַם. 2 בָּדַק, אִמֵּת, וִדֵּא. 3 סִמֵּן, שִׁבֵּץ. 4 שָׁאַל שַׁח, הִתְרָה שַׁח. 5 נִשְׁתַּהָה. 6 הַמְחָאָה, שֶׁק. 7 רֶסֶן. 8 בְּדִיקָה. 9 צוּרַת מִשְׁבְּצוֹת
checkbook n פִּנְקַס שֶׁקִים
checker vt גִּוֵּן, נִמֵּר, שִׁבֵּץ
checkers npl דַּמְקָה
check in vi, n 1 נִרְשַׁם. 2 רִשּׁוּם כְּנִיסָה
checkmate vt, n 1 הֵבִיס, נָתַן מָט. 2 מָט, שַׁחְמָט. 3 מַפָּלָה
check off אִמֵּת, בָּדַק
check out 1 עָשָׂה סִדּוּרֵי יְצִיאָה. 2 בָּדַק. 3 רִשּׁוּם יְצִיאָה
checkpoint n נְקֻדַּת בַּקָּרָה
checks and balances אִזּוּנִים וּבְלָמִים
check up vit בָּחַן, בָּדַק, עָקַב
check-up n בְּדִיקָה, בַּקָּרָה, בִּקֹּרֶת
cheek n 1 לֶחִי. 2 חֻצְפָּה, עֶלְבּוֹן
cheekbone n עֶצֶם הַלֶּחִי
cheeky adj חָצוּף, עַז פָּנִים
cheep vi, n 1 צִיֵּץ, צִפְצֵף. 2 צִיּוּץ, צִפְצוּף
cheer vt, n 1 עוֹדֵד, הֵרִיעַ. 2 שִׂמַּח. 3 עִדּוּד, תְּרוּעָה, בְּשׂוֹרָה. 4 צָהֳלָה, עַלִּיזוּת. 5 נֶחָמָה
cheerful adj 1 שָׂמֵחַ, צוֹהֵל. 2 נָעִים, לְבָבִי
cheerily adv בְּשִׂמְחָה, בְּצָהֳלָה
cheering n, adj 1 מְשַׂמֵּחַ, מַרְנִין. 2 מְעוֹדֵד
Cheerio! int שָׁלוֹם, לְהִתְרָאוֹת
cheerless adj עָצוּב, עָגוּם, קוֹדֵר
cheer on vt עוֹדֵד
cheery adj צוֹהֵל, שָׂמֵחַ, עַלִּיז
cheese n גְּבִינָה
chemical adj, n 1 כִּימִי. 2 חֹמֶר כִּימִי
chemically adv בְּאֹפֶן כִּימִי
chemist n כִּימַאי, רוֹקֵחַ
chemist's shop בֵּית מִרְקַחַת
chemistry n כִּימְיָה

chemotherapy n כִּימוֹתֶרַפְּיָה
cheque, check n הַמְחָאָה, שֶׁק
cheque-book n פִּנְקַס שֶׁקִים
cherish vt 1 הוֹקִיר, הֶחְשִׁיב, עוֹדֵד. 2 פִּנֵּק, טִפַּח, דָּבַק
cherry n, adj 1 דֻּבְדְּבָן. 2 אֲדַמְדַּם, אַדְמוּמִי
cherub n 1 כְּרוּב. 2 מַלְאָךְ
cherubic adj 1 כְּרוּבִי. 2 מַלְאָכִי
chervil n תַּמְכָה
chess n שַׁחְמָט
chess-board n לוּחַ שַׁחְמָט
chess-man n כְּלִי שַׁחְמָט
chest n 1 חָזֶה, בֵּית־הֶחָזֶה. 2 אַרְגָּז, תֵּבָה. 3 אָרוֹן, קַמְטָר. 4 קֻפָּה, קֶרֶן
chest of drawers שִׁדָּה
chesterfield n 1 מְעִיל גְּבָרִים רָחָב. 2 סַפָּה גְדוֹלָה
chestnut n עַרְמוֹן
chevron n 1 סֶרֶט, קִשּׁוּט. 2 סִימַן הַדַּרְגָּה
chew vt, n 1 לָעַס. 2 הֶעֱלָה גֵרָה. 3 הִרְהֵר. 4 לְעִיסָה, לַעַס. 5 גֵּרָה
chewing gum גּוּמִי לְעִיסָה, מַסְטִיק
chic n, adj 1 שִׁיק. 2 מְהֻדָּר, מְצוּדָּד. 3 סִגְנוֹן נָאֶה
chicanery n רַמָּאוּת, גְּנֵבַת דַּעַת
chick n 1 אֶפְרוֹחַ, גּוֹזָל. 2 תִּינוֹק
chicken n 1 פַּרְגִּית. 2 תַּרְנְגוֹל, עוֹף. 3 טִירוֹן
chicken-feed n 1 מְזוֹן עוֹפוֹת. 2 סְכוּם זָעוּם, פְּרוּטוֹת
chickenhearted adj מוּג־לֵב, פַּחְדָן
chicken-pox n אֲבַעְבּוּעוֹת רוּחַ
chicken-run n לוּל
chick-pea(s) n חִמְצָה, אֲפוּנָה, חוּמוּס
chicory n עֹלֶשׁ, צִיקוֹרְיָה
chid, chidden זמן עבר ובינוני עבר של הפועל to chide
chide vt הוֹכִיחַ, נָזַף, גָּעַר, נָתַן דֹּפִי
chief n, adj 1 מְנַהֵל, רֹאשׁ. 2 מַנְהִיג. 3 קְצִין רָאשִׁי. 4 עִקָּרִי, רָאשִׁי. 5 עֶלְיוֹן, נַעֲלֶה
chiefly adv בְּיִחוּד, בְּעִקָּר
chief of staff רֹאשׁ הַמַּטֶּה, רַמַטְכַּ"ל
chieftain n רֹאשׁ שֵׁבֶט
chiffon n שִׁיפוֹן, מַלְמָלָה
chiffonier n שִׁדָּה, שֻׁלְחַן־תַּמְרוּקִים
chignon n צְבַר שֵׂעָר
chilblain n אֲבַעְבּוּעַת קֹר
child n 1 בֵּן, בַּת. 2 יֶלֶד, תִּינוֹק, וָלָד. 3 צֶאֱצָא, יוֹצֵא חֲלָצַיִם
childbearing n לֵדָה
childbirth n חֶבְלֵי לֵדָה
childhood n יַלְדוּת
childish adj 1 יַלְדוּתִי, תִּינוֹקִי. 2 אֱוִילִי
childless adj 1 עֲרִירִי, עָקָר. 2 חֲשׂוּךְ בָּנִים
childlike adj 1 יַלְדוּתִי, תִּינוֹקִי. 2 נִכְנָע, צַיְּתָן, תָּמִים
children npl בָּנִים, יְלָדִים
chile n 1 פִּלְפֵּל אָדֹם. 2 רֹטֶב צִ'ילֶה
Chilean adj, n צִ'ילְיָאנִי
chill vti, n 1 קֵרֵר, צִנֵּן. 2 הִקְפִּיא. 3 דִּכָּא, הִכְזִיב. 4 הִקְשָׁה, הִתְקַשָּׁה. 5 הִתְקָרֵר, הִצְטַנֵּן. 6 צִנָּה, קֹר, קְרִירוּת. 7 צְמַרְמֹרֶת. 8 דִּכָּאוֹן
chilli n פִּלְפֵּל אָדֹם
chilly adj קָרִיר, צוֹנֵן
chime vti, n 1 צִלְצֵל בְּפַעֲמוֹנִים. 2 הִסְכִּים, הִתְאִים. 3 צִלְצוּל פַּעֲמוֹנִים. 4 נְעִימָה, מְצִלָּה
chimera n 1 חִימֶרָה, כִּימֶרָה. 2 דִּמְיוֹן שָׁוְא
chimerical adj דִּמְיוֹנִי, מְתַעְתֵּעַ
chimney n 1 אֲרֻבָּה, מַעֲשֵׁנָה. 2 שְׁפוֹפֶרֶת זְכוּכִית
chimney-pot n גְּלִיל אֲרֻבָּה
chimney-sweep n מְנַקֵּה אֲרֻבּוֹת
chimpanzee n שִׁימְפַּנְזָה
chin n סַנְטֵר
china n חַרְסִינָה
chinaware n 1 חַרְסִינָה. 2 כְּלֵי חַרְסִינָה
chinchilla n צִ'ינְצִ'ילְיָה
Chinese adj, n 1 סִינִי. 2 סִינִיתx

chink vti, n 1 צִלְצֵל, קִשְׁקֵשׁ. 2 קִשְׁקוּשׁ, צִלְצוּל. 3 בְּקִיעַ, סֶדֶק
chip vti, n 1 בָּקַע, שִׁבֵּב. 2 קִצֵּץ, נִתֵּץ. 3 פִּסֵּל. 4 קֵיסָם, חָצָץ. 5 שְׁבָב
chip in vi 1 תָּרַם. 2 תָּמַךְ, עָזַר
chipmunk n סְנָאִי אֲמֵרִיקָנִי
chippings npl 1 חָצָץ. 2 שְׁבָבִים, קֵיסָמִים
Chippendale n צ׳יפֶּנְדֵיל
chips npl טֻגָּנִים, "צ׳יפְּס"
chiropodist n מְטַפֵּל בְּרַגְלַיִם
chiropody n טִפּוּל בְּרַגְלַיִם
chiropractor n כִּירוֹפְּרַקְטִיקָן
chirp vti, n 1 צִיֵּץ, צִפְצֵף. 2 צִיּוּץ, צִפְצוּף
chisel vt, n 1 סִתֵּת, חָרַת, חָטַב. 2 גִּלֵּף, פִּסֵּל. 3 אִזְמֵל, מַפְסֶלֶת
chit n 1 פֶּתֶק, מִזְכָּר. 2 תַּלּוּשׁ
chit-chat n פִּטְפּוּט, שִׂיחַת חֻלִּין
chivalrous adj אַבִּירִי
chivalry n אַבִּירוּת
chive n כְּרֵשָׁה, בַּצְלִית (צמח)
chloride n כְּלוֹרִיד
chlorinate vt הוֹסִיף כְּלוֹר
chlorination n הַכְלָרָה
chlorine n כְּלוֹר
chloroform n כְּלוֹרוֹפוֹרְם
chlorophyll n כְּלוֹרוֹפִיל
chock n 1 יָתֵד, טְרִיז, מַעְצוֹר. 2 מַרְכּוֹף, טַבַּעַת
chockablock adj דָּחוּס בְּיוֹתֵר
chock-full adj גָּדוּשׁ, מָלֵא עַד אֶפֶס מָקוֹם
chocolate n שׁוֹקוֹלָד
choice n, adj 1 בְּחִירָה, מִבְחָר. 2 בְּרֵרָה. 3 מֻבְחָר, מְעֻלֶּה, מְשֻׁבָּח
choir n 1 מַקְהֵלָה. 2 לַהֲקָה
choke vit, n 1 חָנַק, הֶחֱנִיק, שִׁנֵּק. 2 נֶחֱנַק, הִשְׁנִיק. 3 דִּכָּא, עָצַר, מָנַע. 4 מַשְׁנֵק, חַנָּק. 5 חֲנִיקָה
choke back/down דִּכָּא, עָצַר, דָּחַק
choker n 1 מַחֲנִיק, מַשְׁתִּיק. 2 מַחֲרֹזֶת קְטַנָּה
choke up 1 חָסַם, סָתַם. 2 הֵקִיא
choler n כַּעַס, קֶצֶף, מָרָה
cholera n חֲלִירָע, כּוֹלֶרָה
choleric adj רוֹגֵז, רוֹגְזָנִי, זוֹעֵף
choose vt 1 בָּחַר, בִּכֵּר, הֶעְדִּיף. 2 הֶחְלִיט
chop vti, n 1 קִצֵּץ, רִסֵּק, טָחַן. 2 חָתַךְ, חָטַב. 3 קִצּוּץ, טְחִינָה. 4 בְּזִיר. 5 צֵלָע, נֵתַח, חֲתִיכָה
chopper n 1 קוֹפִיץ, מְקַצֵּף. 2 מַסּוֹק
chopsticks npl מִזְלָגוֹת סִינִיִּים
chop suey נָזִיד סִינִי
choral adj, n 1 מַקְהֵלָתִי. 2 כּוֹרָל
chorale n כּוֹרָל
chord n 1 מֵיתָר. 2 שָׂרוֹךְ, רְצוּעָה. 3 רִגּוּשׁ. 4 תַּצְלִיל, הַרְמוֹנְיָה
chore n 1 מְלָאכָה, עֲבוֹדַת בַּיִת. 2 תַּפְקִיד קָשֶׁה, מַטָּלָה
chorea n מְחוֹלִית (מחלה)
choreographer כּוֹרֵיאוֹגְרָף
choreography כּוֹרֵיאוֹגְרַפְיָה
chorister זַמָּר(ת) מַקְהֵלָה
chorus n 1 מַקְהֵלָה. 2 פִּזְמוֹן חוֹזֵר
chose, chosen זמן עבר ובינוני עבר של הפועל to chose
christen vt 1 הִטְבִּיל. 2 קָרָא בְּשֵׁם
Christendom n הַנַּצְרוּת
christening n 1 טֶקֶס הַטְבִילָה, הַטְבָּלָה. 2 קְרִיאַת שֵׁם
Christian adj נוֹצְרִי
Christian era, c.e. n הַסְּפִירָה הַנּוֹצְרִית
christianize vti נִצֵּר, הִתְנַצֵּר
Christian name n שֵׁם פְּרָטִי
Christmas n חַג הַמּוֹלָד הַנּוֹצְרִי
Christmas carol n פִּיּוּט לְחַג הַמּוֹלָד
Christmas eve עֶרֶב חַג הַמּוֹלָד
Christmastide עוֹנַת חַג הַמּוֹלָד
Christmas tree אַשּׁוּחַ, אִילַן חַג הַמּוֹלָד
chromatic adj צִבְעִי, צִבְעוֹנִי, כְּרוֹמָטִי
chrome, chromium n כְּרוֹם
chromosome n כְּרוֹמוֹסוֹם

chronic adj מְמֻשָּׁךְ, כְּרוֹנִי
chronically adv 1 בְּהַתְמָדָה. 2 בְּאֹפֶן כְּרוֹנִי
chronicle vt, n 1 רָשַׁם לְזִכָּרוֹן. 2 רְשׁוּמוֹת, דִּבְרֵי הַיָּמִים, כְּרוֹנִיקָה
chronicler n כּוֹתֵב רְשׁוּמוֹת
chronological adj לְפִי זְמַנִּים, כְּרוֹנוֹלוֹגִי
chronological age גִּיל טִבְעִי
chronologically adv בְּסֵדֶר כְּרוֹנוֹלוֹגִי
chronology n סֵדֶר זְמַנִּים, כְּרוֹנוֹלוֹגְיָה
chrysalis n גֹּלֶם, זַחַל
chrysanthem(um) n חַרְצִית
chubby adj מְסֻרְבָּל, שְׁמַנְמַן
chuck vt, n 1 לִטֵּף, טָפַח. 2 הִשְׁלִיךְ, גֵּרֵשׁ. 3 קִרְקֵר. 4 הִתְפַּטֵּר. 5 קִרְקוּר. 6 טְפִיחָה, לְטִיפָה. 7 עֹרֶף, מַפְרֶקֶת. 8 מֶלְחָצַיִם, מִצְבָּט
chuckle vi, n 1 צִחְקֵק. 2 צִחְקוּק
chum n 1 יָדִיד. 2 חָבֵר לְחֶדֶר
chummy adj חֲבֵרִי, יְדִידוּתִי
chump n 1 בּוּל עֵץ, גֶּזֶר עֵץ. 2 טִפֵּשׁ, שׁוֹטֶה, מְטֻמְטָם
chunk n חֲתִיכָה, פְּרוּסָה, נֵתַח
chunky adj עָבֶה, חָסֹן, גְּבַרְתָּנִי
church n כְּנֵסִיָּה
churchgoer n מִתְפַּלֵּל בִּכְנֵסִיָּה
churchman n כֹּמֶר
church warden n 1 גַּבַּאי בִּכְנֵסִיָּה. 2 מִקְטֶרֶת אֲרֻכַּת קָנֶה
churchyard n בֵּית קְבָרוֹת בַּחֲצַר כְּנֵסִיָּה
churl n 1 גַּס, בּוּר. 2 אִכָּר
churlish adj גַּס, בּוּר, מְחֻצָּף
churlishly adv בְּגַסּוּת, בְּחֻצְפָּה
churn vti, n 1 חִבֵּץ. 2 בָּחַשׁ. 3 הִרְעִישׁ, הִגְעִישׁ. 4 מַחְבֵּצָה. 5 חֲבִיצָה
churn out vt יָצַר בְּכַמֻּיּוֹת
chute n 1 תְּעָלָה, מַחְלֵק. 2 אֶשֶׁד, מַפַּל־מַיִם. 3 מַצְנֵחַ
chutney n מַאֲכָל הָדִּי
cicada n צְרָצַר
cicatrice, cicatrix n צַלֶּקֶת

cicerone n מוֹרֵה־דֶּרֶךְ
cider n מִיץ תַּפּוּחִים, שֵׁכָר תַּפּוּחִים
cigar n סִיגָר, סִיגָרָה
cigarette n סִיגַרְיָה
cinder n אֵפֶר, גַּחֶלֶת, אוּד
cinema n קוֹלְנוֹעַ
cinnamon n קִנָּמוֹן
cipher, cypher vit, n 1 כָּתַב בְּצֹפֶן, חִשְׁבֵּן. 2 סִפְרָה. 3 אֶפֶס (0). 4 חֲסַר־עֵרֶךְ. 5 צֹפֶן. 6 מִשְׁלֶבֶת. 7 מַפְתֵּחַ לְצֹפֶן
circle vti, in 1 הִקִּיף, סָבַב, סוֹבֵב. 2 הִסְתּוֹבֵב. 3 מַעְגָּל, עִגּוּל. 4 מַחֲזוֹר. 5 טַבַּעַת, עֲטָרָה, הֶקֵּף. 6 יָצִיעַ, זִירָה. 7 חוּג
circuit n 1 הֶקֵּף, סִבּוּב, הִסְתּוֹבְבוּת. 2 מַסְלוּלִי. 3 מַעְגָּל. 4 זֶרֶם, שְׁבִיל
circuitous adj עֲקִיף
circular adj, n 1 סִבּוּבִי, עָגֹל, מִסְתּוֹבֵב. 2 עָקִיף, מַחֲזוֹרִי. 3 חוֹזֵר
circulate vti 1 הֵפִיץ, הֶעֱבִיר. 2 עָבַר, זָרַם. 3 הִסְתּוֹבֵב
circulation n 1 הֲפָצָה, הַעֲבָרָה, תְּפוּצָה. 2 מִסְחוֹר. 3 סִבּוּב, הִסְתּוֹבְבוּת. 4 מַחֲזוֹר, תְּקוּפָה, תְּנוּעָה
circumcise vt מָל
circumcision n מִילָה, בְּרִית מִילָה
circumference n הֶקֵּף
circumlocution n לְשׁוֹן סְחוֹר־סְחוֹר
circumnavigate vt הִפְלִיג סָבִיב
circumscribe vt הִגְדִּיר, סִיֵּג, תָּחַם, הִגְבִּיל
circumspect adj זָהִיר, עֵרָנִי, מָתוּן
circumspectly adv בִּזְהִירוּת, בִּמְתִינוּת
circumspection n זְהִירוּת, עֵרָנוּת
circumstance n 1 תְּנַאי, סִבָּה, מַצָּב. 2 נְסִבָּה, מִקְרֶה. 3 פְּרָט, עֻבְדָּה, מְאֹרָע
circumstantial adj נְסִבָּתִי, מִקְרִי, מִשְׁנִי, סִבָּתִי
circumstantial evidence n עֵדוּת נְסִבָּתִית

circumvent vt 1 עָקַף, סָבַב. 2 תִּחְבֵּל, מָנַע
circumvention n 1 תַּחְבּוּלָה, הַעֲרָמָה, מְנִיעָה. 2 עֲקִיפָה, סִבּוּב
circus n 1 קִרְקָס. 2 זִירָה
cirrus n 1 קְנוֹקֶנֶת. 2 עַנְנֵי צִירוּס
cissy, sissy n, adj נָשִׁי, נַקְבוּתִי, רַכְרוּכִי
cistern n 1 בּוֹר, דּוּת. 2 בְּאֵר, מִקְוֵה מַיִם
citadel n מְצוּדָה, מִבְצָר
citation n 1 מוּבָאָה, צִיטָטָה. 2 צִטּוּט, אִזְכּוּר. 3 הַזְמָנָה, הַזְמָנָה לְדִין. 4 צִיּוּן לְשֶׁבַח
cite vt 1 צִטֵּט, אִזְכֵּר. 2 הִזְמִין לְמִשְׁפָּט. 3 צִיֵּן לְשֶׁבַח
citizen n 1 אֶזְרָח. 2 נָתִין, תּוֹשָׁב
citizenship n אֶזְרָחוּת, נְתִינוּת
citric acid n חֻמְצַת לִימוֹן
citron nb אֶתְרוֹג
citrus fruits פְּרִי הָדָר
city n עִיר, כְּרַךְ, קִרְיָה
civet n זַבָּד
civic adj 1 אֶזְרָחִי. 2 עִירוֹנִי
civics npl אֶזְרָחוּת
civil adj 1 אֶזְרָחִי, חִלּוֹנִי. 2 מְדִינִי. 3 תַּרְבּוּתִי, אָדִיב, מְנֻמָּס
civilian n, adj 1 אֶזְרָח. 2 אֶזְרָחִי
civility n נִימוּסִין, אֲדִיבוּת
civilization n תַּרְבּוּת
civilize vt תִּרְבֵּת, אִלֵּף, בִּיֵּת, חִנֵּךְ, קִדֵּם
civil servant עוֹבֵד מְדִינָה
civil war מִלְחֶמֶת אֶזְרָחִים
clack n נְקִישָׁה, קִשְׁקוּשׁ, חֲבָטָה
clad adj 1 לָבוּשׁ. 2 מְצֻפֶּה
cladding n חִפּוּי
claim vti, n 1 תָּבַע, דָּרַשׁ, טָעַן. 2 הִתְיַמֵּר. 3 תְּבִיעָה, דְּרִישָׁה, טַעֲנָה, זְכוּת
claimant n תּוֹבֵעַ, טוֹעֵן, דּוֹרֵשׁ
clairvoyance n 1 טְבִיעַת עַיִן. 2 חַדּוּת הַשֵּׂכֶל. 3 פִּקְחוּת, בִּינָה
clairvoyant adj 1 בַּעַל טְבִיעַת עַיִן. 2 שָׁנוּן, חוֹדֵר, חָרִיף
clam n 1 צִדְפָּה. 2 שַׁתְקָן. 3 מַלְחֶצֶת
clamber vi טִפֵּס
clammy adj רָטֹב, מְדַבֵּק, קַר וָלַח
clamorous adj צַעֲקָנִי, צַוְחָנִי
clamo(u)r vi, n 1 צָעַק, זָעַק, צָוַח. 2 רַעַשׁ, שָׁאוֹן, הֲמֻלָּה, זְעָקָה
clamp vti, n 1 הִדֵּק, הִצְמִיד. 2 עָרַם. 3 פָּסַע. 4 מַלְחֶצֶת, מַהְדֵּק, צָמִיד
clamp down on 1 עָצַר, הִפְסִיק. 2 הִטִּיל אִפּוּל
clan n 1 שֵׁבֶט. 2 בֵּית אָב. 3 כַּת
clandestine adj חֲשָׁאִי, סוֹדִי, פְּרָטִי
clang, 1 הִקִּישׁ. 2 צִלְצֵל, הִרְעִישׁ.
clank vi, n 3 נְקִישָׁה, הַקָּשָׁה. 4 צִלְצוּל
clannish adj 1 שִׁבְטִי. 2 מִשְׁפַּחְתִּי
clap vti, n 1 טָפַח, לִטֵּף. 2 הֵרִיעַ, מָחָא כַּף. 3 חָבַט, הָלַם. 4 טְפִיחָה, סְטִירָה, מַהֲלֻמָּה. 5 מְחִיאַת כַּפַּיִם
Clapper n עִנְבָּל, רַעֲשָׁן
clapping n מְחִיאַת כַּפַּיִם
claptrap n שְׁטֻיּוֹת, דִּבְרֵי הֶבֶל
claque n מַחֲאָנִים, קְבוּצַת מוֹחֲאֵי כַּף
claret n 1 קְלָרֶט. 2 אָדֹם, דָּם
clarification n 1 הַבְהָרָה, בֵּרוּר. 2 טִהוּר, זִקּוּק, זִכּוּךְ, דִּלּוּל
clarify vti 1 הִבְהִיר, הִסְבִּיר. 2 דִּלֵּל, זִכֵּךְ, זִקֵּק. 3 טִהֵר. 4 הִתְבַּהֵר, הִתְבָּרֵר
clarinet n קְלַרְנִית
clarinetist n קְלַרְנִיתָן
clarion n קְלַרְיוֹן, קְרִיאָה חֲזָקָה
clarity n בְּהִירוּת, זַכּוּת
clash vti, n 1 הִתְנַגֵּשׁ, נִתְקַל. 2 הִרְעִישׁ. 3 הִסְתַּכְסֵךְ. 4 הִתְנַגְּשׁוּת, רַעַשׁ. 5 סִכְסוּךְ, נִגּוּד
clasp vti, n 1 הִדֵּק, רָכַס, אִבְזֵם. 2 חִבֵּק, לָפַת. 3 קֶרֶס, הֶדֶק, מַכְבֵּנָה. 4 לְפִיתָה, חִבּוּק. 5 אַבְזֵם
class vt, n 1 מִיֵּן, סִוֵּג, שִׁיֵּךְ. 2 סוּג, מִין. 3 דַּרְגָּה, שִׁעוּר. 4 כִּתָּה, מַחְלָקָה. 5 מַעֲמָד

class conscious מוּדָעוּת מַעֲמָדִית
classeur (Fr) n עוֹקְדָן
classic, classical adj, n 1 קְלַסִּי, מוֹפְתִי. 2 מְעֻדָּן. 3 מָסָרְתִּי. 4 יְצִירַת מוֹפֵת. 5 יוֹצֵר מוֹפֵת
classicist n קְלַסִּיקוֹן
classifiable adj מִתְמַיֵּן, נִתָּן לְמִיּוּן/לְסִוּוּג
classification n מִיּוּן, סִוּוּג
classify vt מִיֵּן, סִוֵּג
classmate n בֶּן־כִּתָּה
classroom n כִּתָּה (חדר)
classy adj קְלַסִּי, עִלָּאִי, מִשּׁוּפְרָא דְשׁוּפְרָא
clatter vit, n 1 הִרְעִישׁ, טִרְטֵר, נָקַשׁ. 2 פִּטְפֵּט. 2 רַעַשׁ, טִרְטוּר, קִשְׁקוּשׁ, נְקִישָׁה
clause n 1 סָעִיף, קֶטַע. 2 פְּסוּקִית
claustrophobia n בַּעַת סֶגֶר
clavichord n קְלָוִיכוֹרְד
clavicle n עֶצֶם הַבְּרִיחַ
claw vt, n 1 קָרַע, שִׁסַּע, גֵּרֵד. 2 טֹפֶר
clay n חֹמֶר, טִיט, חַרְסִית, עִסָּה, אֲדָמָה
clean vti, adj, adv 1 נִקָּה, טִהֵר, זִכֵּךְ, לִבֵּן. 2 טִאטֵא, כִּבֵּד. 3 נָקִי, טָהוֹר, זַךְ. 4 שָׁלֵם, מֻשְׁלָם. 5 חַף מִפֶּשַׁע. 6 בִּשְׁלֵמוּת, לְגַמְרֵי, כָּלִיל
clean-cut adj 1 בָּרוּר, מֻבְהָק. 2 חָטוּב. 3 נָאֶה
cleaner n מְנַקֶּה, מְטַהֵר, מְטַאטֵא
cleanliness n נִקָּיוֹן, טֹהַר, זַכּוּת, נְקִיּוּת
cleanly adv בִּתְמִימוּת, בְּתֹם לֵב
clean out vt רוֹקֵן, הֵרִיק, רִקֵּן
clean-shaven מְגֻלָּח לְמִשְׁעִי
cleanse vt נִקָּה, טִהֵר, חִטֵּא
cleansing tissue מַגְּבוֹן
clean up 1 נִקָּה, סִדֵּר. 2 גָּמַר, סִיֵּם
clean-up n נִקּוּי, טִהוּר
clear vti, adj, n, adv 1 טִהֵר, נִקָּה, זִכָּה. 2 שִׁלֵּם, פָּדָה. 3 פִּנָּה, שִׁחְרֵר, הִתִּיר. 4 הִסְבִּיר, הִבְהִיר. 5 הִתְבָּאֵר. 6 גָּבָה, הִרְוִיחַ. 6 בָּהִיר, בָּרוּר, מַבְהִיק. 7 חַף מִפֶּשַׁע. 8 טָהוֹר, זַךְ, צַח. 9 מוּבָן, מְבֹאָר, פָּתוּחַ. 10 לְגַמְרֵי, בִּשְׁלֵמוּת
clearance n 1 נִקּוּי, טִהוּר, פִּנּוּי. 2 הֲסָרָה, הַרְחָקָה. 3 מִרְוָח, רֶוַח. 4 הֶתֵּר. 5 תְּעוּדַת יֹשֶׁר. 6 סִלּוּק חוֹב
clear away 1 פִּנָּה, סִלֵּק. 2 נֶעְלַם
clear-cut adj מְהֻקְצָע, בָּרוּר, חָטוּב
clearheaded adj פִּקֵּחַ, חָרִיף, מְהִיר תְּפִיסָה
clearing n 1 נִקּוּי, זִקּוּק, זִכּוּי. 2 בֵּרוּר, הַבְהָרָה. 3 קִזּוּז. 4 קָרַחַת בַּיַּעַר. 5 סְלוּקִין
clearing house מִסְלָקָה, לִשְׁכַּת סְלוּקִין
clearly adv בִּבְהִירוּת, בְּפַשְׁטוּת
clearness n בְּהִירוּת, נִקָּיוֹן
clear off/out 1 הִסְתַּלֵּק. 2 פִּנָּה, רוֹשֵׁשׁ
clear-sighted adj 1 בְּהִיר רְאִיָּה. 2 מַבְחִין
clear up vti 1 הִבְהִיר, פָּתַר. 2 פָּדָה, סִלֵּק. 3 הִתְבַּהֵר
cleat n 1 יָתֵד, חֲבָק. 2 חִשּׁוּל, אֶדֶן
cleavage n בְּקִיעָה, הִתְבַּקְעוּת
cleave vti 1 דָּבַק, נִצְמַד. 2 בִּקַּע, פִּלַּח, חָדַר, סִדֵּק, שִׁסַּע. 3 הִבְקִיעַ
clef n מַפְתֵּחַ (מוסיקה)
cleft pt pp, adj, n 1 זמן עבר ובינוני עבר של הפועל to cleave. 2 סָדוּק, בָּקוּעַ, שָׁסוּעַ. 3 סֶדֶק, נָקִיק, בֶּקַע
clemency n 1 רַחֲמִים, חֶסֶד. 2 רַחֲמָנוּת, סַלְחָנוּת. 3 נְעִימוּת
clement adj 1 רַחֲמָן, סַלְחָן. 2 נוֹחַ, נָעִים
clench vt אָחַז, קָמַץ, הִדֵּק
clergy n כְּמוּרָה
clergyman n כֹּהֵן דָּת, כֹּמֶר
cleric n כֹּמֶר
clerical adj 1 כְּמוּרָתִי. 2 לַבְלָרִי, פְּקִידוּתִי
clerical work לַבְלָרוּת
clerk n 1 לַבְלָר, פָּקִיד, זַבָּן. 2 כֹּמֶר
clever adj 1 שָׁנוּן, פִּקֵּחַ, חָרִיף. 2 מֻצְלָח, מֻכְשָׁר
cleverly adv בִּתְבוּנָה, בְּכִשְׁרוֹן, בְּפִקְחוּת
cleverness n תְּבוּנָה, חֲרִיפוּת, זְרִיזוּת

cliché n 1 גְּלוּפָה. 2 רַעְיוֹן נָדוֹשׁ
click vti, n 1 הִקִּישׁ, תִּקְתֵּק. 2 נְקִישָׁה, תִּקְתּוּק, קְלִיק
client n 1 לָקוֹחַ, קוֹנֶה. 2 מַרְשֶׁה
clientèle n קְהַל הַלָּקוֹחוֹת
cliff n צוּק, שׁוּנִית
climacteric n 1 תְּקוּפַת מַשְׁבֵּר, תְּקוּפַת מַעֲבָר. 2 בְּלוֹת, בְּלָיָה
climactic adj שִׂיאִי
climate, clime n אַקְלִים, מֶזֶג אֲוִיר
climatic adj אַקְלִימִי
climatology n קְלִימָטוֹלוֹגְיָה
climax n שִׂיא, פִּסְגָּה
climb vti, n 1 טִפֵּס, עָלָה. 2 טִפּוּס, נְסִיקָה
climber n 1 מְטַפֵּס. 2 בַּעַל שְׁאִיפוֹת חֶבְרָתִיּוֹת
clinch vti, n 1 כָּפַף, הִדֵּק, אָחַז. 2 קָפַץ. 3 הִכְרִיעַ. 4 תְּפִיסָה, אֲחִיזָה, חִבּוּק
cling vi נִדְבַּק, נִצְמַד, חָבַק
clinic n מִרְפָּאָה, קְלִינִיקָה
clinical adj קְלִינִי
clink vit, n 1 הִקִּישׁ, צִלְצֵל. 2 חָרַז. 3 קוֹל נְקִישָׁה. 4 חָרוּז. 5 בֵּית סֹהַר, מַאֲסָר
clip vt, n 1 גָּזַז, גָּזַר, קִצֵּץ. 2 אֶטֶב, מְהַדֵּק. 3 מַטְעֵן, קוֹלָר. 4 גְּזִיזָה. 5 ״קְלִיפּ״. 6 תֶּפֶס
clipper n 1 מְהַדֵּק. 2 גּוֹזֵז, מַגְזֵזָה. 3 אֳנִיָּה
clipping n 1 גְּזִירָה, גֵּז. 2 גֶּזֶר, תַּגְזִיר
clippings npl גְּזִירִים
clique n חֲבוּרָה, כַּת, קְלִיקָה
cliquish adj בַּדְלָנִי, כִּתָּתִי
cloak vt, n 1 הִסְתִּיר, כִּסָּה, הֶעֱטָה. 2 מְעִיל, גְּלִימָה, מַעֲטֶה. 3 תּוֹאֲנָה
cloak and dagger הַרְפַּתְקָנִי וְנוֹעָז
cloakroom n מֶלְתָּחָה
clobber vt הֵבִיס, הִכְרִיעַ, מָעַךְ, הִכָּה
cloche n פַּעֲמוֹן כִּסּוּי
clock vt, n 1 קָבַע הַזְּמַן. 2 שָׁעוֹן, אוֹרְלוֹגִין. 3 רִקְמַת גֶּרֶב
clock in רָשַׁם כְּנִיסָה
clock out רָשַׁם יְצִיאָה
clockwise adv בְּכִוּוּן הַשָּׁעוֹן
clockwork דַּיְּקָנוּת שֶׁל שָׁעוֹן
clod n 1 רֶגֶב, גּוּשׁ. 2 מְטֻמְטָם, טִפֵּשׁ
clodhopper n 1 כַּפְרִי, גַּס, מְגֻשָּׁם. 2 נַעַל כְּבֵדָה
clog vti, n 1 מָנַע, חָסַם, עָצַר. 2 הִכְבִּיד. 3 מִכְשׁוֹל, מַעְצוֹר. 4 קַבְקַב
cloister vt, n 1 הִתְבּוֹדֵד, נִבְדַּל, הִתְרַחֵק. 2 מִנְזָר. 3 סְטָו
close vti, adj, n 1 סָגַר, חָסַם, סָתַם. 2 סִיֵּם, הִשְׁלִים, גָּמַר. 3 אִחֵד, חִבֵּר. 4 נִסְגַּר, נִנְעַל, נִסְתַּם. 5 הִתְאַחֵד, הִתְחַבֵּר. 6 הִסְכִּים. 7 סָגוּר, נָעוּל, סָתוּם. 8 צָפוּף, צַר, דָּחוּס. 9 נִסְתָּר. 10 מַחֲנִיק. 11 קַפְּדָנִי, מְדֻיָּק. 12 סִיּוּם, סוֹף, גְּמַר. 13 סִמְטָה, מַעֲבָר
close down הִפְסִיק לַחֲלוּטִין
closely adv 1 סָמוּךְ, בִּצְפִיפוּת. 2 בְּקַפְּדָנוּת
closeness n 1 קִרְבָה. 2 דֹּחַק, צְפִיפוּת. 3 שְׁמִירַת סוֹד
closet n 1 אֲרוֹן בְּגָדִים. 2 חֶדֶר מְיֻחָד. 3 בֵּית־שִׁמּוּשׁ
close-up n תַּצְלוּם מִקָּרוֹב
close with הִסְכִּים, הִגִּיעַ לִידֵי הֶסְכֵּם
closure n 1 סְגִירָה. 2 סִיּוּם, סִכּוּם, נְעִילָה
clot vti, n 1 נִקְרַשׁ, הִקְרִישׁ, נִקְפָּא. 2 קְרִישׁ דָּם. 3 גּוּשׁ
cloth n 1 בַּד, אָרִיג. 2 מַטְלִית, יְרִיעָה. 3 גְּלִימָה
clothe vt הִלְבִּישׁ, כִּסָּה
clothes npl בְּגָדִים, מַלְבּוּשִׁים
clothes hanger קוֹלָב
clothes peg אֶטֶב כְּבִיסָה
clothing n 1 הַלְבָּשָׁה. 2 כִּסּוּי
cloud vti, n 1 הֵעִיב, הֶאֱפִיל. 2 הִתְעַנֵּן, הִתְכַּסָּה, הִתְקַדֵּר. 3 עָנָן, עָב. 4 עִרְפּוּל
cloudburst n שֶׁבֶר עָנָן, פֶּרֶץ עָנָן

cloud-cuckoo-land מְדִינָה אִידֵיאָלִית, מַלְכוּת הַחֲלוֹמוֹת

cloudless adj בָּהִיר, לְלֹא עָנָן

cloudy adj 1 מְעֻנָּן, מְעֻרְפָּל. 2 קוֹדֵר. 3 עָכוּר, עָגוּם

clove n, vt 1 קַרְפּוֹל. 2 בְּצַלְצוּל. 3 זמן עבר של הפועל to cleave

cloven adj, vt 1 שָׁסוּעַ, מְבֻקָּע. 2 בינוני עבר של הפועל to cleave

clove hitch עֶנֶד מוֹט

cloven hoof פַּרְסָה שְׁסוּעָה

clover n תִּלְתָּן

cloverleaf n הִצְטַלְּבוּת תִּלְתָּן, צֹמֶת תִּלְתָּן

clown vi, adj 1 הִתְלוֹצֵץ. 2 לֵיצָן, מוּקְיוֹן, בַּדְּחָן

clownish adj מוּקְיוֹנִי, לֵיצָנִי

cloy vti 1 זָלַל, לָעַט, בָּלַע. 2 הִגְדִּישׁ, הִשְׂבִּיעַ

club n 1 מוֹעֲדוֹן, קְלוּב. 2 אַלָּה, מַטֶּה, מַקֵּל. 3 תִּלְתָּן (קלפים)

club-foot n רֶגֶל קְלוּטָה, רֶגֶל מְבֻלָּמָה

cluck vi, n 1 קִרְקֵר. 2 קִרְקוּר

clue n 1 רֶמֶז, אִזְכּוּר. 2 סִימָן, עִקְבָה

clump n 1 מִקְבָּץ, גּוּשׁ. 2 סְבַךְ, עֲרֵמָה

clumsiness n גַּמְלוֹנִיּוּת, כְּבֵדוּת, מְגֻשָּׁמוּת

clumsily adv בִּכְבֵדוּת

clumsy adj מְגֻשָּׁם, מְסֻרְבָּל, גָּלְמָנִי, גַּמְלוֹנִי

clung pt pp זמן עבר של הפועל to cling

cluster vi, n 1 צָבַר, קִבֵּץ. 2 הִתְקַהֵל. 3 הִתְאַשְׁכֵּל. 4 אֶשְׁכּוֹל. 5 אֶגֶד, קְבוּצָה

clutch vti, n 1 אָחַז, הִדֵּק. 2 אֲחִיזָה, תְּפִיסָה. 3 מַצְמֵד

coach vti, n 1 אִמֵּן, הִדְרִיךְ, לִמֵּד. 2 לָמַד. 3 נָסַע בַּעֲגָלָה. 4 עֲגָלָה, כִּרְכָּרָה. 5 קְרוֹן נוֹסְעִים. 6 אוֹטוֹבּוּס. 7 מְאַמֵּן. 8 מוֹרֶה פְּרָטִי

coachman n עֶגְלוֹן, רַכָּב

coadjutor n 1 עוֹזֵר. 2 סְגַן לְבִישׁוֹף

coagulate vti 1 קָרַשׁ, קָפָא. 2 הִקְרִישׁ, הִקְפִּיא. 3 הִתְגַּבֵּשׁ, גִּבֵּשׁ, הִגְבִּין, גִּבֵּן

coagulation n 1 קְרִישָׁה, הַקְרָשָׁה, הִתְקָרְשׁוּת. 2 הַקְפָּאָה, הִתְגַּבְּשׁוּת

coal vti, n 1 פִּחֵם, שָׂרַף לְפֶחָם. 2 סִפֵּק פֶּחָם. 3 פֶּחָם. 4 גַּחֶלֶת

coalesce vi הִתְמַזֵּג, הִתְאַחָה, הִתְלַכֵּד, הִתְחַבֵּר

coalition n קוֹאָלִיצְיָה, בְּרִית

coal mine מִכְרֵה פֶּחָם

coal tar n עִטְרָן, זֶפֶת

coarse adj מְחֻסְפָּס, גַּס, מְגֻשָּׁם, צוֹרְמָנִי

coarsely adv בְּגַסּוּת

coarsen vti 1 חִסְפֵּס. 2 הִתְחַסְפֵּס

coarseness n גַּסּוּת, חִסְפּוּס

coast vti, n 1 הֶחֱלִיק, גָּלַשׁ. 2 הִפְלִיג לְאֹרֶךְ הַחוֹף. 3 חוֹף, שְׂפַת הַיָּם. 4 גְּבוּל

coastal adj חוֹפִי

coaster n 1 סְפִינַת חוֹף. 2 תַּחְתִּית לְכוֹס

coastguard n מִשְׁמַר הַחוֹף

coastline n קַו הַחוֹף

coat vt, n 1 צִפָּה, מָרַח, כִּסָּה. 2 מְעִיל, כְּסוּת, גְּלִימָה. 3 מַעֲטֶה

coat of arms שֶׁלֶט יוּחֲסִין

coat of mail שִׁרְיוֹן

coatee n מְעִיל קָצָר

coating n 1 מִכְסֶה, חִפּוּי. 2 שִׁכְבָה

coax vt שִׁדֵּל, פִּתָּה, דִּבֵּר עַל לִבּוֹ

coaxing adj, n 1 מְפַתֶּה, מְשַׁדֵּל. 2 שִׁדּוּל

coaxingly adv בַּחֲנֻפָּה

cob n 1 אֶשְׁבּוֹל. 2 סוּס. 3 בַּרְבּוּר (זכר). 3 תַּעֲרֹבֶת חֹמֶר וָתֶבֶן

cobalt n קוֹבַּלְט

cobble vt, n 1 רִצֵּף. 2 הִטְלִיא, תָּפַר בְּרַשְׁלָנוּת. 3 חַלּוּק אֶבֶן. 4 פֶּחָמִים

cobbler n סַנְדְּלָר

cobra n קוֹבְּרָה, פֶּתֶן

cobweb n 1 קוּרֵי עַכָּבִישׁ. 2 מַחֲשָׁבָה

מְסַרְבֶּלֶת

cocaine n קוֹקָאִין

cochineal n שָׁנִי, זְהוֹרִית

cochlea n שַׁבְּלוּל (האוזן)

cock vt, n 1 דָּרַךְ. 2 הִטָּה הַצִּדָּה. 3 עָרַם. 4 הִתְנַשֵּׂא. 5 הִזְדַּקֵּף, הִזְדַּקֵּר. 6 תַּרְנְגוֹל, גֶּבֶר. 7 הַזָּכָר בְּעוֹפוֹת. 8 שַׁבְשֶׁבֶת. 9 בֶּרֶז. 10 נוֹקֵר. 11 עַמּוּד שֶׁל שְׁעוֹן־שֶׁמֶשׁ

cockade n צִיץ

cock-a-hoop צוֹהֵל, מֵרִיעַ בְּגִיל

cock-and-bull story סִפּוּר בַּדִּים

cockatoo n קָקָדוּ

cockchafer n חִפּוּשִׁית

cocked hat מִגְבַּעַת מְשֻׁלֶּשֶׁת אֹגֶן

cockerel n אֶפְרוֹחַ

cockeyed adj 1 פּוֹזֵל. 2 עָקֹם, שָׁמוּט

cock fighting מִלְחֶמֶת תַּרְנְגוֹלִים

cockle n 1 לַבְיָה. 2 צִדְפָּה

cockleshell n 1 קוֹנְכִיָּה. 2 סִירָה קַלָּה

cockney adj, n 1 הֲמוֹנִי. 2 תּוֹשַׁב לוֹנְדּוֹן, קוֹקְנִי

cockpit n 1 תָּא הַטַּיָּס. 2 זִירַת מַאֲבָק. 3 זִירָה לְמִלְחֶמֶת תַּרְנְגוֹלִים

cockroach n תִּיקָן

cocksure adj 1 בָּטוּחַ, מְשֻׁכְנָע. 2 בָּטוּחַ בְּעַצְמוֹ

cocktail n מִסְכָּה, קוֹקְטֵיל

cocky adj מִתְרַבְרֵב, יָהִיר, חָצוּף

cocoa n קָקָאוֹ

coconut n אֱגוֹז קוֹקוֹס

cocoon n גֹּלֶם, בֵּיצָה

cod n 1 בַּקָּלָה. 2 שַׂק, שַׂקִּית הָאֲשָׁכִים

coda n יֶסֶף, קוֹדָה

coddle vt פִּנֵּק, עִנֵּג

code vt, n 1 הִצְפִּין. 2 קוֹדֶקְס, שֻׁלְחָן עָרוּךְ. 3 צֹפֶן, קוֹד

codeine n קוֹדֵאִין

coder n קוֹדַאי

codex n קוֹדֶקְס, סֵפֶר חֻקִּים

codicil n נִסְפָּח (לצוואה)

codification n 1 עֲרִיכַת הַחֻקִּים בְּסֵפֶר. 2 מִיּוּן, מִצּוּי

codify vt עָרַךְ הַחֻקִּים בְּסֵפֶר. 2 מִיֵּן, מִצָּה, סִוֵּג

co-education n חִנּוּךְ מְעֹרָב

coefficient n, adj מְקַדֵּם, כּוֹפֵל, קוֹאֶפִיצְיֶנְט

coerce vt כָּפָה, אִלֵּץ, חִיֵּב, הִמְרִיץ, הִכְרִיחַ

coercion n כְּפִיָּה, אִלּוּץ, חִיּוּב

coercive adj מְחַיֵּב, כּוֹפֶה, מַכְרִיחַ

coexist vi חַי יַחַד, הִתְקַיֵּם בְּצַוְתָּא

coexistence n דּוּ־קִיּוּם

coffee n קָפֶה

coffee-bar, coffee-house n בֵּית קָפֶה

coffee-pot n קַנְקַן לְקָפֶה

coffer n 1 תֵּבָה, אָרוֹן. 2 אוֹצָר, קֶרֶן

coffin n 1 אֲרוֹן מֵתִים. 2 טֶלֶף

cog vt, n 1 קָבַע שִׁנַּיִם בְּגַלְגַּלִּים. 2 שֵׁן גַּלְגַּל

cogency n כֹּחַ שִׁכְנוּעַ

cogent adj מְשַׁכְנֵעַ

cogitate vti הִרְהֵר, חָשַׁב, הָגָה

cogitation n הִרְהוּר, חֲשִׁיבָה, תִּכְנוּן

cognac n קוֹנְיַאק

cognate adj, n 1 קָרוֹב, שְׁאֵר בָּשָׂר. 2 בֶּן־גֶּזַע, דּוֹמֶה. 3 מְשֻׁתַּף מוֹצָא

cognition n 1 תְּפִיסָה, הַכָּרָה. 2 יְדִיעָה, מֻשָּׂג

cognitive adj בַּעַל תְּפִיסָה, הַכָּרָנִי

cognizance n 1 הַכָּרָה, הֲבָנָה. 2 הַשָּׂגָה, שְׁפִיטָה

cognizant adj יוֹדֵעַ, מַכִּיר, מוּדָע לְ־

cognomen n 1 שֵׁם מִשְׁפָּחָה. 2 שֵׁם לְוַאי, כִּנּוּי

cohabit vi חַי בְּיַחַד

cohabitation n 1 בִּיאָה, בְּעִילָה, הִזְדַּוְּגוּת. 2 חַיִּים מְשֻׁתָּפִים

cohere vi 1 הִתְלַכֵּד, הִתְדַּבֵּק. 2 הִתְאִים

coherence(cy) n 1 הִתְלַכְּדוּת, אֲחִידוּת, הִתְדַּבְּקוּת. 2 הַתְאָמָה

coherent adj 1 הֶגְיוֹנִי, עָקִיב, בָּרוּר. 2 לָכִיד, מִתְלַכֵּד. 3 מַתְאִים
cohesion n 1 לְכִידוּת, הִתְלַכְּדוּת. 2 הַתְאָמָה
cohesive adj 1 דְּבִקִי, מְדַבֵּק. 2 לָכִיד, מְלַכֵּד
cohort n 1 פְּלֻגָּה, עֻקְבָּה. 2 חֲבוּרָה, קְבוּצָה
coif n שָׁבִיס
coiffure n תִּסְרֹקֶת
coil vti, n 1 גָּלַל, כָּרַךְ. 2 הִתְפַּתֵּל. 3 סְלִיל, פְּקַעַת, חֻלְיָה. 4 פִּתּוּל
coin vt, n 1 טָבַע. 2 הִמְצִיא, חִדֵּשׁ. 2 מַטְבֵּעַ. 3 כֶּסֶף
coin a phrase טָבַע בִּטּוּי, יָצַק בִּטּוּי
coinage n 1 טְבִיעַת מַטְבְּעוֹת. 2 יְצִירַת מִלִּים. 3 מַטְבְּעוֹת. 4 אַמְצָאָה. 5 מַטְבֵּעַ לָשׁוֹן
coincide vi הִתְאִים, תִּזְמֵן, הִקְבִּיל
coincidence n 1 תְּחוּלָה, הַתְאָמָה. 2 תִּזְמוּן, יַד הַמִּקְרֶה, מִקְרִיּוּת
coincidental adj שֶׁל יַד הַמִּקְרֶה
coitus n הִזְדַּוְּגוּת, מִשְׁגָּל, בְּעִילָה, בִּיאָה
coke n 1 קוֹקְס. 2 קוֹקָאִין. 3 קוֹקָה קוֹלָה
colander, cullender n מְסַנֶּנֶת, מְשַׁמֶּרֶת
cold adj, n 1 קַר, צוֹנֵן, קָרִיר. 2 קֹר, קְרִירוּת. 3 הִצְטַנְּנוּת, נַזֶּלֶת
coldblooded adj חֲסַר לֵב, אַכְזָר
cold cream מִשְׁחָה מְרַעֲנֶנֶת
cold-hearted adj חֲסַר רֶגֶשׁ
coldness n קֹר, צִנָּה
coleslaw n סָלָט כְּרוּב
colic n כְּאֵב בֶּטֶן, קוֹלִיקוֹס
colitis n דַּלֶּקֶת הַמְּעִי הַגַּס, קוֹלִיטִיס
collaborate vi שִׁתֵּף פְּעֻלָּה
collaboration n שִׁתּוּף פְּעֻלָּה
collaborationist n מְשַׁתֵּף פְּעֻלָּה
collaborator n מְסַיֵּעַ, מְשַׁתֵּף פְּעֻלָּה
collage n קוֹלָג׳
collapse vti, n 1 הִתְמוֹטֵט, כָּרַע תַּחְתָּיו. 2 נֶהֱרַס. 3 הִתְקַפֵּל. 4 מוֹטֵט, קִפֵּל. 5 הִתְמוֹטְטוּת, הֶרֶס. 6 נְפִילָה. 7 הִתְעַלְּפוּת. 8 כִּשָּׁלוֹן
collapsible, collapsable adj 1 מָטִיט, קָפִיל. 2 נִתָּן לְהִתְמוֹטֵט
collar vt, n 1 אָחַז בְּצַוָּארוֹן. 2 גָּלַל. 3 עֲנָק, מַחֲרֹזֶת. 4 צַוָּארוֹן. 5 קוֹלָר
collarbone n עֶצֶם הַבְּרִיחַ
collate vt 1 הִשְׁוָה, בָּדַק. 2 אָסַף (דפים)
collateral adj, n 1 מַקְבִּיל. 2 צְדָדִי, עָקִיף, טָפֵל. 3 מְלַוֶּה, מְסַיֵּעַ. 4 עֲרֻבָּה, עֵרָבוֹן. 5 קְרוֹב מִשְׁפָּחָה
collation n 1 הַשְׁוָאָה, בְּדִיקָה. 2 אֲרוּחָה קַלָּה
colleague n 1 עָמִית. 2 חָבֵר, רֵעַ
collect vti, n, adv 1 אָסַף, קִבֵּץ, לִקֵּט, כִּנֵּס, צָבַר, גָּבָה. 2 תְּפִלָּה. 3 גּוּבַיְנָא
collected adj מְיֻשָּׁב, מָתוּן
collection n 1 אֹסֶף, קֹבֶץ, לֶקֶט. 2 אִסּוּף, קִבּוּץ, כִּנּוּס, לִקּוּט. 3 הִצְטַבְּרוּת. 4 גּוּבַיְנָא. 5 מַגְבִּית
collective adj, n 1 קִבּוּצִי, מְשֻׁתָּף. 2 קִבּוּץ, קוֹלֶקְטִיב
collectivization n קוֹלֶקְטִיבִיזַצְיָה
collectivize vt אִרְגֵּן בְּאֹרַח קִבּוּצִי
collector n 1 גּוֹבֶה. 2 מְאַסֵּף, אַסְפָן, אוֹגֵר. 3 קוֹלֶקְטוֹר
colleen n עַלְמָה, בַּחוּרָה
college n מִכְלָלָה, מִדְרָשָׁה, בֵּית מִדְרָשׁ, קוֹלֶג׳
collegiate adj 1 שֶׁל קוֹלֶג׳. 2 שֶׁל סְטוּדֶנְטִים
collide vi הִתְנַגֵּשׁ
collie n כֶּלֶב רוֹעִים
collier n 1 כּוֹרֵה פֶּחָם. 2 סְפִינַת פֶּחָם
colliery n מִכְרֵה פֶּחָם
collision n 1 הִתְנַגְּשׁוּת. 2 סְתִירָה
collocation n 1 סִדּוּר, עֲרִיכָה. 2 צֵרוּף מִלִּים הוֹלֵם
colloquial adj דִּבּוּרִי, שִׂיחָתִי

colloquialism n סִגְנוֹן דִּבּוּר, דֶּרֶךְ דִּבּוּר, קוֹלוֹקְוִיאָלִיּוּת
colloquially adv לֹא פוֹרְמָלִית
colloquy n דּוּ־שִׂיחַ
collusion n קְנוּנְיָה, תְּכָכִים, קֶשֶׁר
collusive adj תַּחְבּוּלָנִי, תַּחְבְּלָנִי
colon n 1 הַמְּעִי הַגַּס. 2 נְקֻדָּתַיִם (:)
colonel n אַלּוּף־מִשְׁנֶה, קוֹלוֹנֶל
colonial adj קוֹלוֹנְיָאלִי, שֶׁל הַמּוֹשָׁבָה
colonialism n קוֹלוֹנְיָאלִיזְם
colonialist n קוֹלוֹנְיָאלִיסְט
colonist n מִתְנַחֵל, מִתְיַשֵּׁב
colonize vt הִתְנַחֵל, הִתְיַשֵּׁב
colonnade n סְטָיו, סְטָו
colony n מוֹשָׁבָה, יִשּׁוּב
coloratura n סִלְסוּל, קוֹלוֹרָטוּרָה
colossal adj עֲנָקִי, עָצוּם, כַּבִּיר
colossus n עֲנָק
colo(u)r vti, n 1 צָבַע, גִּוֵּן. 2 הִסְוָה. 3 הִסְמִיק, הִתְאַדֵּם. 4 צֶבַע, גֶּוֶן, אֹפִי
colo(u)r bar הַפְלָיָה גִּזְעִית
colo(u)r blind עִוֵּר לִצְבָעִים
colo(u)rful adj סַסְגּוֹנִי, צִבְעוֹנִי, מְגֻוָּן
colo(u)ring n 1 צְבִיעָה, צִבּוּעַ. 2 צֶבַע, גֶּוֶן
colo(u)rless adj 1 חֲסַר צֶבַע, חֲסַר גֶּוֶן. 2 חֲסַר אֹפִי, מְשַׁעֲמֵם
colt n 1 סְיָח, סוּס צָעִיר. 2 צָעִיר, טִירוֹן. 3 קוֹלְט (אקדח)
coltish adj 1 סְיָחִי. 2 פָּזִיז
column n עַמּוּד, טוּר, גַּיִס
columnist n בַּעַל טוּר
coma n 1 תַּרְדֵּמֶת, קוֹמָא. 2 זָנָב לְכוֹכַב שָׁבִיט. 3 צִיצִית זֵרָעוֹן
comatose adj תַּרְדֵּמָתִי, מְחֻסַּר הַכָּרָה
comb vit, n 1 סָרַק. 2 קֵרְצֵף. 3 מַסְרֵק. 4 כַּרְבֹּלֶת. 5 מַגְרֶדֶת. 6 חַלַּת דְּבַשׁ
comb out vt סִנֵּן
combat vti, n, adj 1 לָחַם, נִלְחַם, נֶאֱבַק, הִתְגּוֹשֵׁשׁ. 2 מִלְחָמָה, מַאֲבָק, הִתְגּוֹשְׁשׁוּת, קְרָב. 3 קְרָבִי
combatant n לוֹחֵם, מִתְגּוֹשֵׁשׁ
combative adj 1 לוֹחֵם, מִלְחַמְתִּי, קְרָבִי. 2 שׁוֹחֵר קְרָבוֹת
combatively adv בְּרוּחַ מִלְחַמְתִּית
combination n 1 צֵרוּף, תַּצְרִיף. 2 תִּרְכֹּבֶת, תִּשְׁלֹבֶת, תַּעֲרֹבֶת. 3 תַּכְסִיס, תַּחְבּוּלָה. 4 מִצְרֶפֶת
combine vti, n 1 צֵרֵף, חִבֵּר, הִרְכִּיב, קִשֵּׁר, שִׁלֵּב. 2 הִצְטָרֵף, הִתְחַבֵּר. 3 צֵרוּף, אִגּוּד
combine harvester קוֹמְבַּיְן, קַצְרְדָשׁ
combustible adj, n 1 דָּלִיק, דָּלֵק, בּוֹעֵר, בָּעִיר, מִתְלַקֵּחַ. 2 דֶּלֶק
combustion n 1 שְׂרֵפָה, דְּלִיקָה, בְּעִירָה. 2 הִתְלַקְּחוּת, הִשְׁתַּלְהֲבוּת
come vi 1 בָּא, הִגִּיעַ, הוֹפִיעַ. 2 הִתְרַחֵשׁ, אֵרַע, קָרָה. 2 נִמְצָא, נִכְנַס
come about קָרָה, הִתְרַחֵשׁ
come across פָּגַשׁ, נִתְקַל
come along הִזְדָּרֵז, הִתְקַדֵּם, הִסְתַּדֵּר
come away הִתְרַחֵק, עָזַב, נִפְרַד
comeback n שִׁיבָה, חֲזָרָה
come back שָׁב, חָזַר, הֵשִׁיב
comedian n לֵץ, קוֹמִיקַאי
comedienne n קוֹמִיקָאִית
come down vti 1 יָרַד. 2 הִתְרוֹשֵׁשׁ
comedo n אַכְמוּמִית
comedy n קוֹמֶדְיָה, הוּמוֹר
come into 1 יָרַשׁ, קִבֵּל. 2 הִשְׁתַּתֵּף, הִסְכִּים
comeliness n חֵן, נֹעַם, חִנָּנִיּוּת
comely adj חִנָּנִי, נָעִים, הוֹלֵם
come off 1 יָצָא. 2 הִתְרַחֵשׁ, הִתְגַּשֵּׁם. 3 הִסְתַּיֵּם
come on הִמְשִׁיךְ, הִתְקַדֵּם
come round 1 חָזַר לְהַכָּרָתוֹ. 2 הִשְׁתַּכְנֵעַ. 3 הִתְאוֹשֵׁשׁ
comestible adj, n 1 אָכִיל. 2 מַאֲכָל. 3 מִצְרְכֵי מָזוֹן
comet n כּוֹכַב שָׁבִיט

come through הִתְגַּבֵּר
come upon נִפְגַּשׁ
come up with הִשִּׂיג, הֶעֱלָה, יָזַם
comeuppance n נְזִיפָה
comfort vt, n 1 נִחֵם, עוֹדֵד, חִזֵּק. 2 נֶחָמָה, תַּנְחוּמִים. 3 עִדּוּד. 4 נוֹחִיּוּת, רְוָחָה
comfortable adj נוֹחַ, מַתְאִים, רָוֵחַ, מְרֻוָּח
comfortably adv בְּנוֹחִיּוּת, בִּרְוָחָה
comforter n 1 מְנַחֵם, מוֹשִׁיעַ. 2 שְׂמִיכָה. 3 מוֹצֵץ. 4 צָעִיף
comfortless adj חֲסַר נוֹחִיּוּת, לְלֹא נִחוּם
comic adj, n 1 קוֹמִי, מַצְחִיק, מְבַדֵּחַ. 2 קוֹמִיקָן, בַּדְּחָן, בַּדְּרָן
coming adj, n 1 הַבָּא, לְהַבָּא, הֶעָתִיד לָבוֹא, קָרוֹב. 2 הַגָּעָה, בִּיאָה
comity n אֲדִיבוּת, נְדִיבוּת, דֶּרֶךְ אֶרֶץ
comma n פְּסִיק (,)
command vti, n 1 צִוָּה, פָּקַד, פִּקֵּד. 2 דָּרַשׁ, תָּבַע. 3 שָׁלַט, חָלַשׁ. 4 פְּקֻדָּה, צַו, הוֹרָאָה. 5 פִּקּוּד. 6 שְׁלִיטָה, רָשׁוּת
commandant n מְפַקֵּד, קוֹמַנְדַּנְט
commandeer vt הִפְקִיעַ, הֶחֱרִים
commander n 1 מְפַקֵּד, מַנְהִיג. 2 סְגַן אַלּוּף. 3 הֶגְמוֹן
commandment n 1 מִצְוָה, דִּבֵּר. 2 פְּקֻדָּה, צַו, חֹק
commando n קוֹמַנְדּוֹ
commemorate vt 1 חָגַג, כִּבֵּד, הִזְכִּיר. 2 כִּבֵּד זִכְרוֹ
commemoration n 1 אַזְכָּרָה, זִכָּרוֹן. 2 כִּבּוּד. 3 חֲגִיגָה
commemorative adj שֶׁל זִכָּרוֹן
commence vti 1 הֵחֵל, הִתְחִיל. 2 פָּתַח
commencement n הַתְחָלָה
commend vt 1 הִלֵּל, שִׁבַּח. 2 הִמְלִיץ. 3 הִפְקִיד
commend to 1 הִמְלִיץ. 2 הִפְקִיד בִּידֵי
commendable adj 1 יָאֶה, נָבוֹן. 2 רָאוּי לְשֶׁבַח
commendation n 1 הַמְלָצָה, הַלֵּל. 2 צִיּוּן לְשֶׁבַח
commensurable adj פְּרוֹפּוֹרְצְיוֹנָלִי, מְשֻׁתָּף מִדָּה
commensurate adj שָׁקוּל, יַחֲסִי
comment vi, n 1 הֵעִיר, פֵּרֵשׁ, בִּקֵּר, בֵּאֵר. 2 הֶעָרָה, בֵּאוּר, פֵּרוּשׁ. 3 בִּקֹּרֶת
commentary n 1 פֵּרוּשׁ, פַּרְשָׁנוּת. 2 בִּקֹּרֶת
commentate vi פֵּרַשׁ, בֵּאֵר
commentator n 1 פַּרְשָׁן. 2 מְבָאֵר, מְפָרֵשׁ
commerce n 1 מִסְחָר, סַחַר. 2 מִקָּח וּמִמְכָּר. 3 יְחָסִים, מַגָּעִים
commercial adj, n 1 מִסְחָרִי. 2 תַּשְׁדִּיר פִּרְסֹמֶת
commercialize vt מִסְחֵר, תִּגֵּר
commercially adv בְּצוּרָה מִסְחָרִית, בְּאֹפֶן מִסְחָרִי
commingle vti 1 מָהַל, מִזֵּג, עִרְבֵּב. 2 הִתְעָרֵב, הִתְעַרְבֵּב
commiserate with הִשְׁתַּתֵּף בְּצַעַר
commiseration n רַחֲמִים, חֶמְלָה, הִשְׁתַּתְּפוּת בְּצַעַר
commissar n קוֹמִיסָר
commissariat n קוֹמִיסַרְיָט
commissary n 1 מֻרְשֶׁה, שָׁלִיחַ. 2 מְמֻנֶּה עַל מְזוֹן צְבָאִי
commission vt, n 1 הִטִּיל, הִפְקִיד, הִסְמִיךְ. 2 יִפָּה כֹּחַ. 3 מִשְׁלַחַת, וַעֲדָה. 4 שְׁלִיחוּת, תַּפְקִיד. 5 יִפּוּי כֹּחַ. 6 עֲמָלָה, עַמְלָה
commissionaire n שָׁלִיחַ
commissioner n נְצִיב, מְמֻנֶּה
commit vt 1 עָשָׂה, בִּצַּע. 2 הִפְקִיד, מָסַר, הֶעֱבִיר, שָׁלַח. 3 הִתְחַיֵּב
commitment n 1 הִתְחַיְּבוּת, הַצְהָרַת תְּמִיכָה. 2 הַפְקָדָה
committee n וַעֲדָה, וַעַד
commode n 1 שִׁדָּה, אָרוֹן. 2 שָׁבִיס. 3 אַסְלָה. 4 אֲרוֹנִית
commodious adj רָחָב, מְרֻוָּח, נוֹחַ, מַשְׂבִּיעַ־רָצוֹן

commodity n מִצְרָךְ, סְחוֹרוֹת
commodore n קוֹמוֹדוֹר
common adj, n 1 צִבּוּרִי, כְּלָלִי, מְשֻׁתָּף. 2 שָׁכִיחַ, מָצוּי, פָּשׁוּט, הֲמוֹנִי. 3 מִגְרָשׁ צִבּוּרִי, שֶׁטַח מְשֻׁתָּף
common denominator מְכַנֶּה־מְשֻׁתָּף
common law n הַחֹק הַמְקֻבָּל
common-low wife/ husband יְדוּעָה/יָדוּעַ בַּצִּבּוּר
common market שׁוּק מְשֻׁתָּף
common sense שֵׂכֶל יָשָׁר, הִגָּיוֹן
commons (the) npl בֵּית הַנִּבְחָרִים (בבריטניה)
commoner n 1 אַחַד הָעָם, אֶזְרָח פָּשׁוּט. 2 סְטוּדֶנְט עַצְמָאִי
commonly adv בְּדֶרֶךְ כְּלָל
common time אַרְבָּעָה רְבָעִים (מוסיקה)
commonwealth n 1 אֻמָּה, לְאֹם, קְהִלָּה, רֶפּוּבְּלִיקָה. 2 חֶבֶר עַמִּים
commotion n 1 תְּסִיסָה, זַעֲזוּעַ. 2 מְהוּמָה, הִתְפָּרְעוּת
communal adj 1 קִבּוּצִי, שִׁתּוּפִי. 2 צִבּוּרִי, כְּלָלִי. 3 עֲדָתִי
commune n קוֹמוּנָה
communicable adj 1 מַעֲבִיר. 2 מִדַּבֵּק
communicant n 1 מְקַשֵּׁר. 2 מִשְׁתַּתֵּף. 3 אוֹכֵל לֶחֶם קֹדֶשׁ
communicate vti 1 הוֹדִיעַ, מָסַר, הֶעֱבִיר. 2 הִתְקַשֵּׁר, בָּא בִּדְבָרִים, בָּא בְּקְשָׁרִים. 3 תִּקְשֵׁר
communication n 1 הַעֲבָרָה, מְסִירָה, הוֹדָעָה. 2 תִּשְׁדֹּרֶת, שֶׁדֶר. 3 הִתְכַּתְּבוּת. 4 קֶשֶׁר, מַגָּע. 5 תַּחְבּוּרָה. 6 תִּקְשֹׁרֶת
communicative adj גְּלוּי לֵב, דַּבְּרָנִי
communion n 1 הִשְׁתַּתְּפוּת, שִׁתּוּף, קֶשֶׁר, אַחֲוָה. 2 הִדָּבְרוּת. 3 אֲכִילַת לֶחֶם קֹדֶשׁ. 4 קְהִלָּה דָתִית
communiqué (Fr) n תַּמְסִיר, הוֹדָעָה
communism n קוֹמוּנִיזְם
communist n, adj 1 קוֹמוּנִיסְט. 2 קוֹמוּנִיסְטִי
community n 1 קְהִלָּה, עֵדָה, חֶבְרָה, צִבּוּר. 2 שִׁתּוּף, שֻׁתָּפוּת
community chest קֶרֶן סַעַד
commutable adj בַּר חֲלִיפִין, בַּר תְּמוּרָה
commutation n 1 חֲלִיפִין, תְּמוּרָה, חִלּוּף. 2 הַמְתָּקַת דִּין, הֲקַלַּת עֹנֶשׁ
commutator n 1 מַחְלֵף. 2 מֶתֶג. 3 מַפְסֵק
commute vti 1 הֶחֱלִיף. 2 הִמְתִּיק, הֵקֵל. 3 נָסַע יוֹם יוֹם
compact vt, n, adj 1 צִפֵּף, דָּחַס, הִדֵּק, עִבָּה. 2 הֶסְכֵּם, חוֹזֶה, בְּרִית. 3 תִּיק תַּמְרוּקִים. 4 מְהֻדָּק, דָּחוּס, צָפוּף, סָמִיךְ, מְעֻבֶּה. 5 תַּמְצִיתִי
compact disc תַּקְלִיטוֹר
compactly adv בִּצְפִיפוּת, בִּדְחִיסוּת
compactness n דְּחִיסוּת, עֹבִי, צְפִיפוּת
companion n 1 חָבֵר, רֵעַ, שֻׁתָּף. 2 בֶּן לְוָיָה, בֶּן זוּג
companionable adj חֶבְרָתִי, חֲבֵרוּתִי, יְדִידוּתִי
companionship n חֲבֵרוּת, רֵעוּת, יְדִידוּת
company n 1 חֶבְרָה, אֲגֻדָּה. 2 לַהֲקָה. 3 קְבוּצָה, חֲבוּרָה. 4 פְּלֻגָּה. 5 יְדִידִים, אוֹרְחִים, בְּנֵי־לְוָיָה
comparable adj בַּר־הַשְׁוָאָה, דּוֹמֶה לְ־
comparative adj, n 1 הַשְׁוָאָתִי, מַשְׁוֶה, יַחֲסִי. 2 דַּרְגַּת הַיּוֹתֵר
comparatively בְּהַשְׁוָאָה, יַחֲסִית
compare vti, n 1 הִשְׁוָה, הִקִּישׁ, דִּמָּה. 2 הִשְׁתַּוָּה. 3 הַשְׁוָאָה
comparison n הַשְׁוָאָה, דִּמְיוֹן, הֶקֵּשׁ
compartment n 1 תָּא. 2 קָרוֹן
compartmentalize vt 1 סִוֵּג, חִיֵּץ. 2 חִלֵּק לְתָאִים
compass vt, n 1 הִקִּיף, סוֹבֵב, צָר. 2 תָּפַס, הִשִּׂיג, קָלַט. 3 תִּחְבֵּל, תִּכְנֵן. 4 מַצְפֵּן. 5 מְחוּגָה. 6 מָחוֹג, תְּחוּם, הֶקֵּף

compassion n רַחֲמִים, חֶמְלָה

compassionate adj רַחֲמָן, רַחוּם, חַנּוּן

compassionately adv בְּרַחֲמָנוּת

compatibility n מִתְיַשְּׁבוּת, תּוֹאֲמוּת, הִשְׁתַּוּוּת, הַתְאָמָה

compatible adj תּוֹאֵם, הוֹלֵם, מַתְאִים, מִתְיַשֵּׁב

compatibly adv בְּהַתְאָמָה

compatriot n בֶּן־אֶרֶץ, בֶּן־עִיר

compel vt 1 הִכְרִיחַ, אִלֵּץ, חִיֵּב, כָּפָה. 2 הִכְנִיעַ

compendious adj מְקֻצָּר, תַּמְצִיתִי

compendium n 1 קֹבֶץ. 2 קִצּוּר, תַּמְצִית

compensate vti 1 פִּצָּה, רִצָּה, גָּמַל. 2 פִּיֵּס. 3 אִזֵּן, תִּקֵּן, קִזֵּז

compensation n 1 פִּצּוּי, רִצּוּי, גְּמוּל. 2 הֲטָבָה, הַשְׁלָמָה. 3 אִזּוּן, קִזּוּז

compensatory adj מְפַצֶּה, מְתַקֵּן, מֵיטִיב

compère vt, n 1 הִנְחָה. 2 מַנְחֶה

compete vi הִתְחָרָה, הִתְמוֹדֵד

competence(cy) n 1 כֹּשֶׁר, יְכֹלֶת, כִּשְׁרוֹן. 2 סַמְכוּת, הַתְאָמָה. 3 חָרִיצוּת, מֻמְחִיּוּת. 4 תַּחֲרוּת

competent adj 1 מֻכְשָׁר, מְסֻגָּל, מַתְאִים. 2 יָאֶה, הוֹלֵם. 3 מֻמְחֶה, מֻרְשֶׁה

competition n 1 הִתְחָרוּת, הִתְמוֹדְדוּת. 2 תַּחֲרוּת

competitive adj מִתְחָרֶה, תַּחֲרוּתִי

competitor n 1 מִתְחָרֶה, יָרִיב. 2 מִתְמוֹדֵד

compilation n 1 חִבּוּר, אִסּוּף, לִקּוּט. 2 אֹסֶף, לֶקֶט

compile vt 1 אָסַף, לִקֵּט, אָגַר. 2 חִבֵּר

complacence(cy) n נַחַת, שְׂבִיעוּת רָצוֹן מֵעַצְמוֹ, שַׁלְוַת נֶפֶשׁ, שַׁלְוָה, שַׁאֲנַנּוּת

complacent adj 1 שְׂבַע־רָצוֹן מֵעַצְמוֹ. 2 נוֹחַ, נָעִים. 3 שַׁאֲנָן

complacently adv בְּנַחַת

complain vi הִתְאוֹנֵן, הִתְלוֹנֵן

complainingly adv בִּתְלוּנָה

complaint n 1 תַּרְעֹמֶת, תְּלוּנָה. 2 תְּבִיעָה, הַאֲשָׁמָה

complaisance n נְעִימוּת, נֹעַם, שַׁלְוַת נֶפֶשׁ

complaisant adj אָדִיב, נָעִים, מְנֻמָּס

complaisantly adv בַּעֲדִינוּת, בַּאֲדִיבוּת, בְּנֹעַם

complement n 1 הַשְׁלָמָה, תּוֹסֶפֶת. 2 מַשְׁלִים הַנָּשׂוּא

complementary adj מַשְׁלִים

complete vt, adj 1 הִשְׁלִים, מִלֵּא, גָּמַר, סִיֵּם. 2 בִּצַּע. 3 שָׁלֵם, מָלֵא. 4 גָּמוּר, מֻשְׁלָם, מֻשְׁכְלָל

completely adv כָּלִיל, לַחֲלוּטִין, בִּמְלוֹאוֹ

completeness n שְׁלֵמוּת

completion n 1 הַשְׁלָמָה, סִיּוּם. 2 שִׁכְלוּל

complex n 1 מְסֻבָּךְ, מֻרְכָּב. 2 תִּסְבֹּכֶת, תַּסְבִּיךְ, סִבּוּךְ

complexion n 1 גָּוֶן, מַרְאֶה. 2 טֶבַע, אֹפִי

complexity n מֻרְכָּבוּת, סְבִיכוּת

compliance n 1 הִתְרַצּוּת, כְּנִיעָה, הֵעָנוּת. 2 הַסְכָּמָה, הֵעָתְרוּת

compliant adj 1 נִכְנָע, נֶעְתָּר. 2 מְוַתֵּר, מִתְרַצֶּה

complicate vt סִבֵּךְ

complicated adj מְסֻבָּךְ, מֻרְכָּב, קָשֶׁה

complication n סִבּוּךְ, קֹשִׁי, הִסְתַּבְּכוּת

complicity n 1 שֻׁתָּפוּת לִדְבַר עֲבֵרָה. 2 קְנוּנְיָה, סִבּוּךְ

compliment vt, n 1 שִׁבַּח, הֶחֱמִיא, בֵּרֵךְ. 2 הֶעֱנִיק. 3 מַחֲמָאָה, בְּרָכָה

complimentary adj 1 מְשַׁבֵּחַ, מַחֲמִיא. 2 אָדִיב. 3 לִכְבוֹד, בְּמַתָּנָה, בְּחִנָּם

complin(e) n תְּפִלַּת עֶרֶב

comply vti 1 נַעֲנָה, הִסְכִּים. 2 צִיֵּת, וִתֵּר

component n מַרְכִּיב, רְכִיב

comport vti הִתְנַהֵג, נָהַג

comportment n הִתְנַהֲגוּת

compose vti 1 חִבֵּר, הִלְחִין. 2 יָצַר, כָּתַב,

עֵרֵךְ. 3 יִשֵּׁב, הִסְדִּיר. 4 וִסֵּת, הִשְׁקִיט, הִרְגִּיעַ. 5 רִגַּע

composed adj 1 רָגוּעַ, מְיֻשָּׁב, שָׁקֵט. 2 מֻרְכָּב. 3 מֻלְחָן, מְחֻבָּר

composedly adv בְּשֶׁקֶט, בְּיִשּׁוּב הַדַּעַת

composer n 1 מַלְחִין. 2 מְחַבֵּר. 3 סַדָּר

composite adj, n 1 מֻרְכָּב, מְסֻבָּךְ. 2 צֵרוּף, הֶרְכֵּב. 3 צֶמַח מִמִּשְׁפַּחַת הַמֻּרְכָּבִים

composition n 1 הַרְכָּבָה, צֵרוּף, הֶרְכֵּב. 2 יְצִירָה, קוֹמְפּוֹזִיצְיָה. 3 סִדּוּר, מַעֲרָךְ. 4 חִבּוּר. 5 תַּרְכִּיב

compositor n סַדָּר (דפוס)

compos mentis צָלוּל בְּדַעְתּוֹ, בְּדֵעָה צְלוּלָה

compost vt, n 1 זִבֵּל. 2 זֶבֶל, קוֹמְפּוֹסְט

composure n שֶׁקֶט, שַׁלְוָה, יִשּׁוּב דַּעַת

compote n לִפְתָּן

compound vti, adj, n 1 הִרְכִּיב, צֵרֵף, חִבֵּר, עֵרֵב, עִרְבֵּב. 2 פִּשֵּׁר, הִתְפַּשֵּׁר. 3 מֻרְכָּב, מְסֻבָּךְ. 4 תִּרְכֹּבֶת, תַּעֲרֹבֶת. 5 שֶׁטַח גָּדוּר

compound fracture שֶׁבֶר מֻרְכָּב

compound interest רִבִּית דְּרִבִּית

compound sentence מִשְׁפָּט מֻרְכָּב

comprehend vt 1 הֵבִין, תָּפַס. 2 הֵכִיל, כָּלַל

comprehensible adj מוּבָן, נָהִיר

comprehensibility n מוּבָנוּת, תְּפִיסָה

comprehension n הֲבָנָה, תְּפִיסָה, הַשָּׂגָה

comprehensive adj מַקִּיף, כּוֹלֵל, נִרְחָב, מָלֵא

comprehensively adv בִּשְׁלֵמוּת, בְּאֹפֶן מַקִּיף

comprehensiveness n הֶקֵּף

compress vt, n 1 לָחַץ, דָּחַס, דָּחַק. 2 כִּוֵּץ, צִמְצֵם. 3 תַּחְבֹּשֶׁת, רְטִיָּה. 4 מַדְּחֵס

compression n 1 דְּחִיסוּת. 2 דְּחִיסָה, כְּבִישָׁה. 3 לְחִיצָה. 4 כִּוּוּץ, צִמְצוּם

compressor n מַדְחֵס

comprise vt 1 כָּלַל, הֵכִיל. 2 הָיָה מֻרְכָּב מִ־

compromise vti, n 1 פִּשֵּׁר, הִתְפַּשֵּׁר. 2 סִכֵּן, הִסְתַּכֵּן. 3 פְּשָׁרָה, הִתְפַּשְּׁרוּת. 4 הִתְחַיְּבוּת

comptroller n מְפַקֵּחַ, מַשְׁגִּיחַ, מְבַקֵּר

compulsion n 1 כֹּרַח, כְּפִיָּה, הֶכְרֵחַ. 2 אֹנֶס, לַחַץ

compulsive adj 1 מְחַיֵּב. 2 כּוֹפֶה, מַכְרִיחַ. 3 כְּפִיָּתִי

compulsively adv בִּכְפִיָּה

compulsory adj 1 שֶׁל חוֹבָה, שֶׁל כְּפִיָּה. 2 חַיָּב

compunction n חֲרָטָה, מוּסַר כְּלָיוֹת

computation n 1 מִחְשׁוּב. 2 חִשּׁוּב, חֶשְׁבּוֹן

compute vt 1 חִשֵּׁב, חִשְׁבֵּן, הֶעֱרִיךְ. 2 מִחְשֵׁב

computer n 1 מַחְשֵׁב. 2 מְכוֹנַת חִשּׁוּב

computerize vt מִחְשֵׁב

comrade n חָבֵר, רֵעַ, יְדִיד

comradeship n אַחֲוָה, יְדִידוּת

con vt, n 1 שִׁנֵּן, לָמַד עַל־פֶּה. 2 כִּוֵּן, הִדְרִיךְ. 3 הוֹנָה, רִמָּה. 4 נֶגֶד. 5 אָסִיר

con man נוֹכֵל, רַמַּאי

concatenation n הִשְׁתַּלְשְׁלוּת, הִשְׁתַּרְשְׁרוּת

concave adj קָעוּר, שְׁקַעֲרוּרִי

concavity n קְעִירוּת, שְׁקַעֲרוּרִיּוּת

conceal vt הִסְתִּיר, הִצְנִיעַ, כִּסָּה, הִטְמִין, הֶעְלִים

concealment n הַסְתָּרָה, הַצְנָעָה, כִּסּוּי, הַעֲלָמָה, מַחֲבוֹא, מַחֲסֶה

concede vt 1 הֶעֱנִיק, הִרְשָׁה. 2 הוֹדָה, הִסְכִּים. 3 וִתֵּר

conceit n יֻהֲרָה, יְהִירוּת, הִתְרַבְרְבוּת, גַּאַוְתָנוּת

conceited adj יָהִיר, גַּאַוְתָן, רַבְרְבָן

conceitedly adv בְּגַאֲוָה, בִּיהִירוּת

conceivable adj עוֹלֶה עַל הַדַּעַת
conceive vti, n 1 סָבַר, חָשַׁב. 2 הָגָה, הֵבִין. 3 הָרְתָה, הִתְעַבְּרָה
concentrate vti, n 1 רִכֵּז. 2 הִתְרַכֵּז. 3 תַּרְכִּיז
concentrated adj מְרֻכָּז, מְחֻזָּק, מֻגְבָּר
concentration n 1 הִתְרַכְּזוּת, רִכּוּז. 2 קֶשֶׁב
concentric adj קוֹנְצֶנְטְרִי
concept n 1 מֻשָּׂג, דֵּעָה. 2 רַעְיוֹן
conception n 1 רַעְיוֹן, מֻשָּׂג. 2 תְּפִיסָה, הַשָּׂגָה, הֲבָנָה. 3 עִבּוּר, הִתְעַבְּרוּת, הֵרָיוֹן. 4 גִּישָׁה. 5 הַתְחָלָה, רֵאשִׁית
concern vt, n 1 הֶעֱסִיק, הִדְאִיג. 2 הִתְיַחֵס, נָגַע. 3 יַחַס, עִנְיָן, דְּאָגָה, חֲרָדָה. 4 עֵסֶק, מִפְעָל, חֶבְרָה, קוֹנְצֶרְן. 5 תִּשְׁלֹבֶת
concerned adj 1 מֻדְאָג. 2 מְעֻנְיָן
concernedly adv בִּדְאָגָה
concerning prep בְּיַחַס לְ-, בְּעִנְיָן, בְּקֶשֶׁר
concert vt, n 1 תִּכְנֵן, תִּחְבֵּל, הִסְדִּיר. 2 סֵדֶר, יִשֵּׁב. 3 קוֹנְצֶרְט. 4 הֶסְכֵּם. 5 תֵּאוּם, הַרְמוֹנְיָה
concertina n קוֹנְצֶרְטִינָה
concerto n 1 קוֹנְצֶ'רְטוֹ. 2 קוֹנְצֶרְט
concession n 1 וִתּוּר, כְּנִיעָה. 2 הַעֲנָקָה, מַתָּן, נְתִינָה. 3 זִכָּיוֹן
conch n 1 שַׁבְּלוּל. 2 קוֹנְכִיָּה, קוֹנְכִית
concierge n שׁוֹעֵר, שׁוֹמֵר
conciliate vt 1 פִּיֵּס, פִּשֵּׁר, רִצָּה. 2 תִּוֵּךְ, הִרְגִּיעַ
conciliation n 1 פִּיּוּס, רִצּוּי, פִּשּׁוּר. 2 תִּוּוּךְ
conciliator n 1 מְתַוֵּךְ. 2 מְפַיֵּס, מְפַשֵּׁר
conciliatory adj פַּיְּסָנִי
concise adj תַּמְצִיתִי, מְקֻצָּר, מְרֻכָּז
concisely adv בְּקִצּוּר, בְּתַמְצִיתִיּוּת
conciseness n תַּמְצִיתִיּוּת, קִצּוּר
conclave n 1 אֲסֵפָה סְגוּרָה, הִתְכַּנְּסוּת סְגוּרָה. 2 קוֹנְקְלָבָה, מוֹעֶצֶת הַחַשְׁמַנִּים
conclude vti 1 סִיֵּם, גָּמַר. 2 סִכֵּם, הִסִּיק, הִקִּישׁ. 3 הֶחְלִיט
conclusion n 1 מַסְקָנָה, הֶסֵּק. 2 הַחְלָטָה. 3 סִכּוּם, תּוֹצָאָה. 4 סִיּוּם, גְּמִירָה
conclusive adj הֶחְלֵטִי, סוֹפִי, מַכְרִיעַ
concoct vt 1 בִּשֵּׁל, רָקַח. 2 בָּדָה, זָמַם, הִמְצִיא
concoction n 1 בִּשּׁוּל, רְקִיחָה. 2 תִּרְכֹּבֶת. 3 בְּדוּתָה, זְמִימָה
concomitant adj, n 1 מְלַוֶּה, בֶּן לְוַאי. 2 צָמוּד, מְחֻבָּר
concord n 1 הַתְאָמָה, תֵּאוּם, הַרְמוֹנְיָה. 2 הֶסְכֵּם. 3 אֲמָנָה
concordance n 1 הַתְאָמָה, הַרְמוֹנְיָה. 2 קוֹנְקוֹרְדַּנְצְיָה
concordant adj 1 מַתְאִים, מַקְבִּיל. 2 הַרְמוֹנִי
concordat n 1 אֲמָנָה, הֶסְכֵּם, בְּרִית. 2 קוֹנְקוֹרְדָט
concourse n 1 כִּנּוּס, הִתְכַּנְּסוּת, הִתְקַהֲלוּת. 2 תַּחֲרוּת
concrete vi, adj, n 1 יָצַק בֶּטוֹן. 2 הִקְרִישׁ. 3 מַמָּשִׁי, מוּחָשִׁי, קוֹנְקְרֶטִי, מַעֲשִׂי. 4 מוּצָק, יָצוּק. 5 בֶּטוֹן. 6 בֶּטוֹן מְזֻיָּן
concrete number מִסְפָּר מְכֻנֶּה
concretely adv לְמַעֲשֶׂה, מַמָּשׁ, בְּאֹפֶן מוּחָשִׁי
concretion n 1 הִתְגַּשְּׁמוּת, הִתְגַּלְּמוּת. 2 מַמָּשִׁיּוּת. 3 הִתְקָרְשׁוּת, הִתְמַצְּקוּת. 4 קְשִׁיָּה
concubine n פִּילֶגֶשׁ
concupiscence n 1 חוּשָׁנִיּוּת, תְּשׁוּקָה, חַמְדָנוּת. 2 אֲבִיּוֹנָה, תַּאֲוָה מִינִית
concur vi 1 נִפְגַּשׁ, הִשְׁתַּתֵּף, הִתְחַבֵּר. 2 הִסְכִּים, הִתְאִים
concurrence(cy) n 1 הַסְכָּמָה, הַתְאָמָה, תְּמִימוּת דֵּעִים. 2 נְקֻדַּת מִפְגָּשׁ

concurrent adj 1 תּוֹאֵם. 2 מַסְכִּים.
3 בּוֹ זְמַנִּי
concussion n 1 זַעֲזוּעַ מֹחַ. 2 הִתְנַגְּשׁוּת
condemn vt 1 גִּנָּה. 2 חִיֵּב, הִרְשִׁיעַ
condemnation n 1 גִּנּוּי. 2 הַרְשָׁעָה, חִיּוּב
condensate n תַּעֲבִית
condensation n 1 דְּחִיסָה, עִבּוּי. 2 תַּמְצוּת.
3 הִצְטַמְצְמוּת, צִמְצוּם
condense vti 1 דָּחַס, עִבָּה. 2 רִכֵּז, צִמְצֵם.
3 הִסְמִיךְ. 4 קִצֵּר, תִּמְצֵת.
5 הִתְעַבָּה, הִצְטַמְצֵם
condenser n קַבָּל
condescend vi 1 הוֹאִיל, וִתֵּר. 2 נָטָה חֶסֶד
condescending adj נוֹטֵה חֶסֶד
condescendingly adv בִּמְחִילָה עַל כְּבוֹדוֹ
condescension n מְחִילָה עַל כָּבוֹד
condiment n תַּבְלִין, תֶּבֶל
condition vt, n 1 הִתְנָה. 2 תְּנַאי, נְסִבָּה.
3 הַגְבָּלָה, מִגְבָּלָה.
4 מַצָּב, מַעֲמָד
conditional adj מֻתְנֶה, בִּתְנַאי, תָּלוּי
conditionally adv עַל תְּנַאי
conditioning n אִכְשׁוּר
condole vi נִחֵם, הִבִּיעַ תַּנְחוּמִים
condolence n תַּנְחוּמִים, הִשְׁתַּתְּפוּת בְּצַעַר
condom n כּוֹבָעוֹן, קוֹנְדּוֹם
condominium n 1 שִׁלְטוֹן מְשֻׁתָּף. 2 בַּיִת
מְשֻׁתָּף, קוֹנְדּוֹמִינְיוּם
condone vt מָחַל, סָלַח, הִתְיַחֵס בְּסַלְחָנוּת
condor n קוֹנְדּוֹר
conduce vi גָּרַם, הֵבִיא לִידֵי
conducive adj מוֹבִיל, מְקַדֵּם, מְסַיֵּעַ, מוֹעִיל
conduct vt, n 1 הוֹבִיל, הוֹלִיךְ. 2 מָשַׁךְ,
הֶעֱבִיר. 3 נָהַג, הִתְנַהֵג.
4 נִצַּח עַל. 5 הִתְנַהֲגוּת.
6 בִּצּוּעַ. 7 הַנְהָגָה, הַנְהָלָה
conduction n הוֹלָכָה, הוֹבָלָה, הַעֲבָרָה
conductive adj מוֹלִיךְ, מַעֲבִיר, מוֹבִיל
conductivity n מוֹלִיכוּת
conductor n 1 מוֹלִיךְ, מַעֲבִיר, מוֹבִיל.
2 מַנְהִיג, מוֹרֵה דֶּרֶךְ.
3 מְנַצֵּחַ. 4 כַּרְטִיסָן
conductress n כַּרְטִיסָנִית
conduit n 1 מוֹבִיל, מוֹבָל. 2 תְּעָלָה,
עָרוּץ. 3 מַרְזֵב
cone n חָרוּט, אִצְטְרֻבָּל, חֲדוּדִית
confection n 1 רְקִיחָה, מַמְתָּק, מִרְקַחַת.
2 בִּגּוּד מוּכָן
confectioner n עוֹשֶׂה אוֹ מוֹכֵר דִּבְרֵי
מְתִיקָה
confectionery n 1 מִגְדָּנִיָּה. 2 דִּבְרֵי
מְתִיקָה
confederacy n 1 קוֹנְפֶדֶרַצְיָה. 2 קְנוּנְיָה.
3 כְּנוּפְיָה
confederate vti, adj, n 1 הִתְאַחֵד, הִתְלַכֵּד,
הִתְחַבֵּר. 2 שֻׁתָּף לִדְבַר עֲבֵרָה.
3 בַּעַל בְּרִית, מְסַיֵּעַ
confederation n הִתְאַחֲדוּת, קוֹנְפֶדֶרַצְיָה
confer vti 1 הֶעֱנִיק, נָתַן. 2 נוֹעַץ, דָּן
conference n 1 וְעִידָה, אֲסֵפָה, כֶּנֶס.
2 דִּיּוּן, הִתְיָעֲצוּת.
3 מוֹעָצָה
confess vti 1 הוֹדָה, הִתְוַדָּע, וִדָּא.
2 גִּלָּה. 3 הִכְרִיז
confessed adj 1 גָּלוּי. 2 אַחֲרֵי וִדּוּי
confessedly adv מִתּוֹךְ הוֹדָאָה
confession n 1 וִדּוּי. 2 הוֹדָאָה. 3 דָּת,
אֱמוּנָה
confessional adj, n 1 שֶׁל וִדּוּי. 2 תָּא הַוִּדּוּי
confessor n 1 מוֹדֶה, מִתְוַדֶּה. 2 כֹּמֶר
וִדּוּיִים
confetti npl פִּתִּיתֵי נְיָר צִבְעוֹנִיִּים
confidant, confidante n אִישׁ סוֹד, נֶאֱמָן
confide vti 1 בָּטַח בְּ־, סָמַךְ עַל. 2 גִּלָּה.
3 הִפְקִיד
confidence n 1 אֵמוּן, בִּטָּחוֹן. 2 מְהֵימָנוּת,
סוֹד. 3 הֶעָזָה
confidence trick הוֹנָאָה, רַמָּאוּת
confident adj, n 1 בָּטוּחַ, נוֹעָז, אַמִּיץ.
2 אִישׁ סוֹד
confidential adj 1 סוֹדִי, חֲשָׁאִי. 2 פְּנִימִי
confiding adj מַאֲמִין, בּוֹטֵחַ

confidingly adv בְּבִטְחָה, בְּאֵמוּן

configuration n 1 צוּרָה, צֵרוּף, תַּבְנִית. 2 הִתְחַזּוּת

confine vt, n 1 הִגְבִּיל, תָּחַם. 2 אָסַר, עָצַר, כָּלָא. 3 רִתֵּק. 4 גְּבוּל, תְּחוּם

confinement n 1 רִתּוּק. 2 מַאֲסָר, כְּלִיאָה. 3 הַגְבָּלָה, מִגְבָּלָה. 4 לֵדָה. 5 מַצַּב יוֹלֶדֶת

confines npl גְּבוּלוֹת

confirm vt 1 אִשֵּׁר, אִמֵּת, קִיֵּם. 2 הִכְנִיס בִּבְרִית הַדָּת. 3 אִשְׁרֵר

confirmation n 1 אִשּׁוּר, קִיּוּם, אִמּוּת, עֵדוּת. 2 הַכְנָסָה בִּבְרִית הַדָּת. 3 בַּר־מִצְוָה

confirmed adj 1 מְאֻשָּׁר. 2 מֻשְׁבָּע, מַתְמִיד

confiscate vt הֶחֱרִים, עִקֵּל

confiscation n עִקּוּל, הַחְרָמָה

conflagration n הִתְלַקְּחוּת, בְּעֵרָה

conflict vi, n 1 הִסְתַּכְסֵךְ. 2 הִתְנַגֵּד, חָלַק עַל, הִתְנַגֵּשׁ. 3 נֶאֱבַק, רָב. 4 סִכְסוּךְ, מַאֲבָק. 5 הִתְנַגְּשׁוּת, סְתִירָה. 6 מִלְחָמָה

conflicting adj סוֹתֵר, מִתְנַגֵּשׁ, מִתְנַגֵּד

confluence n 1 צֹמֶת. 2 הִתְקַהֲלוּת

confluent adj, n 1 מִתְמַזֵּג, מִתְלַכֵּד. 2 יוּבַל

conform to פָּעַל בְּהֶתְאֵם, נָהַג כְּפִי

conformation n 1 סִגּוּל, הַתְאָמָה, עִצּוּב, סִדּוּר, מִבְנֶה. 2 הִסְתַּגְּלוּת

conformism n תּוֹאַמְנוּת, הֲלִיכָה בַּתֶּלֶם

conformist n סְתַגְּלָן, צַיְּתָן, תּוֹאֲמָן, הוֹלֵךְ בַּתֶּלֶם

conformity n 1 הִסְתַּגְּלוּת, הַתְאָמָה, תּוֹאֲמוּת. 2 צִיּוּת

confound vt בִּלְבֵּל, הֵבִיךְ, הִדְהִים, הִכְלִים

confounded adj 1 שָׂנוּא, נִתְעָב, אָרוּר, מְקֻלָּל. 2 נָבוֹךְ, מְבֻלְבָּל

confoundedly adv בְּתִמָּהוֹן, לְדֵרָאוֹן

confraternity n 1 אַחֲוָה. 2 אֲגֻדָּה

confrère (Fr) n חָבֵר, עָמִית, רֵעַ

confront vt 1 עִמֵּת, הִתְעַמֵּת. 2 הִשְׁוָה

confrontation n עִמּוּת, הִתְמוֹדְדוּת

confuse vt 1 בִּלְבֵּל, הֵבִיךְ. 2 עִרְבֵּב

confused adj מְבֻלְבָּל, נָבוֹךְ, עָמוּם

confusion n בִּלְבּוּל, אִי־סֵדֶר, מְהוּמָה

confutation n הַפְרָכָה, הֲזַמָּה

confute vt הִפְרִיךְ, הֵזֵם, הִכְחִישׁ, סָתַר

congé n 1 רִשְׁיוֹן עֲזִיבָה. 2 טֶקֶס פְּרֵדָה

congeal vit 1 הִקְפִּיא, הִקְרִישׁ, הִגְלִיד. 2 הִתְקַשָּׁה, הִתְקָרֵשׁ

congealment n הַקְפָּאָה, הִקָּפְאוּת, הַגְלָדָה, הִתְקָרְשׁוּת

congenial adj 1 נָעִים, אָדִיב, אָהוּד. 2 מַתְאִים, הוֹלֵם

congenially adv בִּנְעִימוּת

congenital adj מִלֵּדָה, מִבֶּטֶן

conger n צְלוֹפַח יַמִּי

congest vt 1 גִּדֵּשׁ, הִגְדִּישׁ, צִפֵּף, צָבַר. 2 הִתְאַסֵּף, הִצְטוֹפֵף, הִסְתַּבֵּךְ

congestion n צְפִיפוּת, גֹּדֶשׁ

conglomerate vti, adj, n 1 צָבַר, גִּבֵּב, גָּלַל, כִּדֵּר. 2 הִצְטַבֵּר. 3 הִתְגַּבֵּב. 4 גָּבוּב, מְגֻבָּב, מְאֻשְׁכָּל, צָבוּר. 5 גִּבּוּב, צְבִירָה, לֶקֶט, הִצְטַבְּרוּת, קוֹנְגְלוֹמֶרָט, תַּלְכִּיד, גּוּשׁ

conglomeration n מִצְבּוֹר, גִּבּוּב, צְבִירָה, אִסּוּף

congratulate vt בֵּרֵךְ, אִחֵל

congratulation n בְּרָכָה, אִחוּל

congratulations npl בְּרָכוֹת, אִחוּלִים

congratulatory adj מַבִּיעַ בְּרָכוֹת

congregate vti 1 הִקְהִיל, כִּנֵּס, אָסַף. 2 הִתְאַסֵּף, הִתְכַּנֵּס, הִתְקַהֵל

congregation n 1 קְהִלָּה, עֵדָה, צִבּוּר. 2 כְּנֶסֶת, כִּנּוּס. 3 קָהָל, הִתְקַהֲלוּת

congregational adj עֲדָתִי, צִבּוּרִי, קְהִלָּתִי

congress n 1 קוֹנְגְּרֶס. 2 וְעִידָה, כִּנּוּס

congressional adj שֶׁל הַקּוֹנְגְּרֶס

congressman n חֲבֵר הַקּוֹנְגְּרֶס

congresswoman n חַבְרַת הַקּוֹנְגְּרֶס

congruence n חֲפִיפָה

congruent, congruous adj 1 מַתְאִים, עִקְבִי. 2 חוֹפֵף. 3 הוֹלֵם
conic(al) adj חֲרוּטִי, חַדּוּדִי
conifer n עֵץ מַחַט, מַחְטָן
coniferous adj מַחְטָנִי
conjectural adj מְשֹׁעָר, מְסֻפָּק, סְבָרָתִי
conjecture vti, n 1 שִׁעֵר, סָבַר. 2 הַשְׁעָרָה, סְבָרָה, הַנָּחָה
conjoin vti 1 חִבֵּר, קָשַׁר, אִחֵד, צֵרֵף. 2 הִתְחַבֵּר, הִתְקַשֵּׁר, הִתְאַחֵד, הִצְטָרֵף
conjoint adj מְשֻׁתָּף, מְאֻחָד, מְצֹרָף
conjointly adv בְּצֵרוּף, יַחַד
conjugal adj שֶׁל חֲתֻנָּה, שֶׁל זִוּוּג
conjugally adv בְּדֶרֶךְ נִשּׂוּאִין
conjugate vti, adj, n 1 הִטָּה. 2 נָטָה (פועל). 3 נָטוּי, גָּזוּר. 4 צָמוּד, מְצֻרְנִי. 5 מַעֲרֶכֶת פֹּעַל
conjugation n 1 הַטָּיַת הַפֹּעַל, נְטִיַּת הַפֹּעַל. 2 גִּזְרָה, בִּנְיָן. 3 הִתְחַבְּרוּת. 4 הִזְדַּוְּגוּת
conjunction n 1 חִבּוּר, צֵרוּף, קֶשֶׁר. 2 מִלַּת הַחִבּוּר
conjunctivitis n דַּלֶּקֶת הַלַּחְמִית
conjuncture n 1 צֵרוּף נְסִבּוֹת. 2 מַשְׁבֵּר
conjuration n 1 הַשְׁבָּעָה. 2 הַעֲלָאָה בְּאוֹב, כִּשּׁוּף. 3 לַהֲטוּטָנוּת. 4 תְּחִנָּה, הַפְצָרָה
conjure vti 1 הִשְׁבִּיעַ, כִּשֵּׁף. 2 לִהֲטֵט. 3 הִפְצִיר, הִתְחַנֵּן
conjurer, conjuror n קוֹסֵם, לַהֲטוּטָן, בַּעַל־אוֹב
conjure up 1 הֶעֱלָה אוֹב. 2 עוֹרֵר בְּכִשּׁוּף
conker n עַרְמוֹן
connect vti 1 חִבֵּר, קִשֵּׁר, חִזֵּק, צִמֵּד. 2 הִתְחַבֵּר, הִתְקַשֵּׁר
connection, connexion n 1 חִבּוּר, קֶשֶׁר. 2 שַׁיָּכוּת. 3 קִרְבַת מִשְׁפָּחָה. 4 הִזְדַּוְּגוּת. 5 קְשָׁרִים, יְחָסִים. 6 תַּחְבּוּרָה
connective adj מְחַבֵּר, מְאַגֵּד, חִבּוּרִי
connivance n 1 מַשּׂוֹא פָּנִים, הַסְכָּמָה חֲרִישִׁית. 2 הִתְנַכְּרוּת
connive vi 1 הִתְעַלֵּם, הֶעֱלִים עַיִן. 2 סִיַּע לְדְבַר עֲבֵרָה
connoisseur n 1 מֻמְחֶה, מֵבִין, בָּקִי. 2 בַּעַל טַעַם טוֹב
connotation n 1 מִרְמָז, הֶקֵּשׁ, רֶמֶז. 2 קוֹנוֹטַצְיָה
connote vt רָמַז, הִקִּישׁ
connubial adj שֶׁל זִוּוּג, שֶׁל חֲתֻנָּה
conquer vt 1 כָּבַשׁ, לָכַד, נִצַּח. 2 הִכְנִיעַ, הִתְגַּבֵּר
conqueror n 1 כּוֹבֵשׁ. 2 מְנַצֵּחַ
conquest n 1 כִּבּוּשׁ, לְכִידָה. 2 נִצָּחוֹן
conquistador n כּוֹבֵשׁ
consanguinity n קִרְבָה, קִרְבַת דָּם
conscience n 1 מַצְפּוּן. 2 תּוֹדָעָה. 3 מוּסַר כְּלָיוֹת
conscientious adj 1 הָגוּן, מָסוּר, נֶאֱמָן. 2 בַּעַל מַצְפּוּן
conscientiously adv 1 בִּמְסִירוּת, בְּנֶאֱמָנוּת. 2 בְּתֹם לֵבָב
conscientiousness n מְסִירוּת, הֲגִינוּת, מַצְפּוּנִיּוּת
conscious adj 1 חָשׁ, יוֹדֵעַ, מַרְגִּישׁ. 2 עֵר, רָגִישׁ, בַּעַל הַכָּרָה. 3 מוּדָע, בְּיוֹדְעִים
consciously adv בְּהַכָּרָה, בְּיוֹדְעִים
consciousness n הַכָּרָה, תּוֹדָעָה, יְדִיעָה
conscript vt, n 1 גִּיֵּס, חִיֵּל. 2 מְגֻיָּס, מְחֻיָּל. 3 טִירוֹן
conscription n 1 חִיּוּל, גִּיּוּס חוֹבָה. 2 שֵׁרוּת חוֹבָה
consecrate vt, adj 1 קִדֵּשׁ, יִחֵד, הִקְדִּישׁ. 2 מְקֻדָּשׁ, מָסוּר
consecration n הִתְקַדְּשׁוּת, קִדּוּשׁ, הַקְדָּשָׁה
consecutive adj רָצוּף, תָּכוּף, זֶה אַחַר זֶה
consecutively adv בִּרְצִיפוּת
consensus n הַסְכָּמָה כְּלָלִית, קוֹנְסֶנְסוּס
consent vi, n 1 הִסְכִּים, נֵאוֹת. 2 הַסְכָּמָה, הֶתֵּר, אִשּׁוּר

consequence n 1 תּוֹצָאָה, תּוֹלָדָה, מַסְקָנָה. 2 מַשְׁמָעוּת, עֵרֶךְ, חֲשִׁיבוּת
consequent adj, n 1 עוֹקֵב, עוֹלֶה, מֻסָּק. 2 הֶגְיוֹנִי. 3 מַסְקָנָה, תּוֹצָאָה, תּוֹלָדָה
consequential adj 1 מַסְקָנִי, מִשְׁתַּמֵּעַ. 2 חָשׁוּב
consequently adv עַל כֵּן, לְפִיכָךְ
conservancy n הַשְׁגָּחָה, רָשׁוּת מְפַקַּחַת
conservation n שִׁמּוּר, שְׁמִירָה
conservatism n שַׁמְּרָנוּת
conservative adj, n 1 שַׁמְּרָן, שַׁמְּרָנִי, זָהִיר, מָתוּן. 2 מְשַׁמֵּר
conservatory adj, n 1 מְשַׁמֵּר. 2 חֲמָמָה, מִשְׁתָּלָה. 3 קוֹנְסֶרְוָטוֹרְיוֹן
conserve vt, n 1 שָׁמַר, שִׁמֵּר. 2 אִחְסֵן. 3 שִׁמּוּרִים
consider vti 1 שָׁקַל, עִיֵּן, הִרְהֵר, סָבַר. 2 הֶחְשִׁיב, הֵבִיא בְּחֶשְׁבּוֹן
considerable adj 1 רָאוּי לִתְשׂוּמֶת לֵב. 2 כַּבִּיר, נִכָּר, חָשׁוּב. 3 הָמוֹן
considerably adv בְּמִדָּה רַבָּה
considerate adj מָתוּן, זָהִיר, מִתְחַשֵּׁב בַּאֲחֵרִים
considerately adv בִּזְהִירוּת, מִתּוֹךְ הִתְחַשְּׁבוּת
consideration n 1 שִׁקּוּל, הִתְחַשְּׁבוּת. 2 שָׂכָר, פִּצּוּי. 3 הִתְבּוֹנְנוּת, עִיּוּן. 4 נִמּוּק, דֵּעָה, חַוַּת דַּעַת. 5 עֵרֶךְ, תְּמוּרָה
considering prep בְּהִתְחַשֵּׁב, לְאוֹר...
consign vt מָסַר, שִׁגֵּר, שָׁלַח, הֶעֱבִיר
consignment n מִשְׁלוֹחַ, שִׁגּוּר
consist in vi הָיָה מֻרְכָּב, מְבֻסָּס עַל
consist of vi הִוָּה, מֻרְכָּב מִ־
consistence(cy) n 1 עֲקִיבוּת, עִקְבִיּוּת. 2 מוּצָקוּת, יַצִּיבוּת. 3 מִתְיַשְּׁבוּת
consistent adj 1 עָקִיב, עִקְבִי. 2 מוּצָק, מְלֻכָּד. 3 תּוֹאֵם, מַתְאִים

consolation n 1 נִחוּם, נֶחָמָה, תַּנְחוּמִים. 2 עִדּוּד
console vt, n 1 נִחֵם. 2 הִרְגִּיעַ, הִשְׁקִיט, הִשְׁכִּיךְ. 2 זִיז, אִצְטַבָּה, מַדָּף
console table שֻׁלְחַן זִיזִים
consolidate vti 1 בִּסֵּס, גִּבֵּשׁ. 2 יִצֵּב, חִזֵּק, בִּצֵּר, עִבָּה. 3 מִצֵּק. 4 הִתְגַּבֵּשׁ, הִתְחַזֵּק, הִתְמַצֵּק, הִתְבַּצֵּר
consolidation n הִתְגַּבְּשׁוּת, הִתְלַכְּדוּת, גִּבּוּי, הִתְעַבּוּת, הִתְבַּסְּסוּת
consonance(cy) n הַתְאָמָה, מְזִיג צְלִילִים, הַרְמוֹנְיָה
consonant n, adj 1 הַרְמוֹנִי, מַתְאִים, מִתְמַזֵּג. 2 עִצּוּר
consort vt, n 1 הִתְחַבֵּר, הִתְרוֹעֵעַ, הִתְאִים. 2 בֶּן־זוּג, בַּת־זוּג. 3 חָבֵר, שֻׁתָּף
consortium n מַאֲגָד, קוֹנְסוֹרְצְיוּם
conspicuous adj 1 בּוֹלֵט, בָּרוּר, נִרְאֶה לָעַיִן. 2 חָשׁוּב, נִכְבָּד
conspicuously adv בְּמֻבְהָק
conspicuousness n הִתְבַּלְּטוּת
conspiracy n קְנוּנְיָה, קֶשֶׁר, מֶרֶד
conspirator n קוֹשֵׁר, מוֹרֵד
conspire vit 1 זָמַם, חָבַר, תִּכְנֵן. 2 קָשַׁר קֶשֶׁר
constable n שׁוֹטֵר, שׁוֹמֵר
constabulary n 1 מִשְׁטָרָה. 2 אֵזוֹר שִׁטּוּר, מַקּוֹף
constancy n 1 הַתְמָדָה, שְׁקִידָה. 2 נֶאֱמָנוּת. 3 תְּדִירוּת, קְבִיעוּת, רְצִיפוּת
constant adj 1 מַתְמִיד, תְּמִידִי. 2 בִּלְתִּי מִשְׁתַּנֶּה, קָבוּעַ. 3 נֶאֱמָן, עָקִיב
constantly adv תָּדִיר, בִּקְבִיעוּת
constellation n 1 מַעֲרֶכֶת כּוֹכָבִים, קְבוּצַת כּוֹכָבִים. 2 מִכְלוֹל, קוֹנְסְטֶלַּצְיָה
consternation n תִּמָּהוֹן, בֶּהָלָה, תַּדְהֵמָה, תַּבְהֵלָה
constipate vt עָצַר, גָּרַם עֲצִירוּת
constipated adj עָצוּר
constipation n עֲצִירוּת

constituency n 1 אֵזוֹר בְּחִירוֹת. 2 קְהַל בּוֹחֲרִים. 3 צִבּוּר לָקוֹחוֹת
constituent adj, n 1 נָחוּץ, הֶכְרֵחִי. 2 מֵכִין, מְכוֹנֵן. 3 בּוֹחֵר. 4 מַרְכִּיב. 5 מְיַפֵּה־כֹּחַ
constitute vt 1 הָוָה. 2 מִנָּה, קָבַע. 3 אִרְגֵּן, כּוֹנֵן. 4 הֵכִיל
constitution n 1 חֻקָּה. 2 סֵפֶר הַחֻקִּים. 3 הַרְכָּבָה. 4 יְסוֹד. 5 מִנּוּי. 6 מַעֲרֶכֶת, מִבְנֵה גוּף. 7 מִבְנֶה, הֶרְכֵּב
constitutional adj, n 1 חֻקָּתִי, מַעַרְכְתִּי, קוֹנְסְטִיטוּצְיוֹנִי. 2 יְסוֹדִי, חִיּוּנִי 3 אָפְיִי. 4 גּוּפָנִי. 5 טִיּוּל. 6 תַּרְגִּיל גּוּפָנִי
constitutionalism n חֻקָּתִיּוּת, מַעֲרַכְתִּיּוּת, קוֹנְסְטִיטוּצְיוֹנִיּוּת
constitutionally adv 1 עַל פִּי הַחֹק, לְפִי הַחֻקָּה. 2 לְפִי הַהֶרְכֵּב
constitutive adj 1 מְכוֹנֵן, מְיַסֵּד, מֵקִים, מַרְכִּיב. 2 חִיּוּנִי, יְסוֹדִי, בּוֹנֶה
constrain vt 1 אִלֵּץ, כָּפָה, חִיֵּב, הִכְרִיחַ. 2 אָסַר, מָנַע, דִּכָּא. 3 לָחַץ, דָּחַס, דָּחַק
constraint n 1 כְּפִיָּה, הֶכְרֵחַ. 2 הַבְלָגָה, כִּבּוּשׁ רְגָשׁוֹת. 3 מְבוּכָה, מְנִיעָה, עֲצִירָה
constrict vt 1 כִּוֵּץ, צִמְצֵם, הִדֵּק. 2 לָחַץ, דָּחַס, דָּחַק. 3 כָּפַת, שִׁנֵּץ, תָּפַס, אָחַז
constriction n 1 כִּוּוּץ, הֲצָרָה, צִמְצוּם. 2 הִתְכַּוְּצוּת, הִצְטַמְצְמוּת. 3 שֶׁנֶץ
construct vt, n 1 בָּנָה, הִרְכִּיב, הֵקִים. 2 יָצַר, חִבֵּר, עָשָׂה. 3 סְמִיכוּת (דקדוק)
construction n 1 בְּנִיָּה, בִּנְיָן, מִבְנֶה. 2 חִבּוּר, סִדּוּר. 3 סְמִיכוּת. 4 פֵּרוּשׁ. 5 יִחוּס, כַּוָּנָה
constructive adj 1 בּוֹנֶה, יוֹצֵר. 2 נִרְמָז, מִתְפָּרֵשׁ
construe vti 1 פֵּרֵשׁ, נִתַּח, בֵּאֵר, הִסִּיק. 2 בָּנָה, הֵקִים
consul n קוֹנְסוּל
consular adj קוֹנְסוּלָרִי
consulate n קוֹנְסוּלְיָה
consulship n קוֹנְסוּלִיּוּת, מַעֲמַד הַקּוֹנְסוּל
consult vti 1 יָעַץ, יִעֵץ. 2 נוֹעַץ, נִמְלַךְ בְּדַעְתּוֹ. 3 הִתְיָעֵץ, הֵבִיא בְּחֶשְׁבּוֹן
consultant n יוֹעֵץ
consultation n 1 הִתְיָעֲצוּת, הִוָּעֲצוּת, טִכּוּס עֵצָה. 2 דִּיּוּן
consume vti 1 כִּלָּה, הִשְׁמִיד, בִּזְבֵּז. 2 אָכַל, שָׁתָה, בָּלַע. 3 אִכֵּל, שָׂרַף. 4 נֶאֱכַל, הִתְכַּלָּה, נִתְאַכֵּל. 5 הִתְבַּזְבֵּז
consumer n צַרְכָן
consummate vt, adj 1 הִשְׁלִים. 2 הוֹצִיא לַפֹּעַל, מִמֵּשׁ. 3 שָׁלֵם, גָּמוּר, מֻשְׁלָם
consummation n 1 הַשְׁלָמָה, סִיּוּם. 2 מִמּוּשׁ, הִתְמַמְּשׁוּת
consumption n 1 כִּלּוּי, אִכּוּל. 2 הִתְבַּלּוּת. 3 בְּעֵירָה, הַשְׁמָדָה. 4 צְרִיכָה, תִּצְרֹכֶת. 5 שַׁחֶפֶת
contact vt, n 1 הִתְקַשֵּׁר, בָּא בְּמַגָּע. 2 קִשֵּׁר. 3 מַגָּע, קֶשֶׁר, חִבּוּר. 4 הִתְקַשְּׁרוּת, קִרְבָה
contagion n 1 הִדַּבְּקוּת. 2 מַחֲלָה
contagious adj 1 מִדַּבֵּק. 2 מַדְבִּיק
contagiously adv כְּמִדַּבֵּק
contagiousness n הִדַּבְּקוּת
contain vti 1 הֵכִיל, כָּלַל, הֶחֱזִיק. 2 עִכֵּב, עָצַר. 3 הִתְאַפֵּק, הִבְלִיג. 4 הִתְחַלֵּק. 5 נִכְלַל
container n 1 מֵכִיל, בֵּית־קִבּוּל. 2 מְכָל
contaminate vt 1 זִהֵם, טִמֵּא, אִלַּח, טִנֵּף. 2 מִזֵּג
contamination n 1 נְגוּעַ. 2 זִהוּם, טִנּוּף, אִלּוּחַ. 3 מִזּוּג
contemn vti לָעַג, מָאַס, בָּז, זִלְזֵל
contemplation n 1 הִתְבּוֹנְנוּת, הִסְתַּכְּלוּת.

2 עִיּוּן, הִרְהוּר, צְפִיָּה. 3 בְּחִינָה, כַּוָּנָה

contemplative adj 1 מְהַרְהֵר. 2 הִסְתַּכְּלוּתִי

contemporaneous adj בֶּן־דּוֹר, בֶּן־זְמַן

contemporary adj, n 1 שֶׁל אוֹתָהּ תְּקוּפָה. 2 בֶּן־דּוֹר, בֶּן־זְמַן

contempt n זִלְזוּל, בּוּז, תִּעוּב, דֵּרָאוֹן

contemptible adj נִתְעָב, מָאוּס, בָּזוּי, נִבְזֶה

contemptuous adj מְתַעֵב, מְבַזֶּה

contend vit 1 נִלְחַם, נֶאֱבַק. 2 הִתְחָרָה, הִתְמוֹדֵד. 3 הִתְוַכַּח, הִתְפַּלְמֵס

contender n טוֹעֵן, יָרִיב, מִתְחָרֶה, מִתְמוֹדֵד

content vt, adj, n 1 פִּצָּה, רִצָּה, הִשְׂבִּיעַ רָצוֹן. 2 שְׂבַע־רָצוֹן, מְרֻצֶּה, שָׂמֵחַ. 3 שְׂבִיעוּת רָצוֹן, סִפּוּק, שִׂמְחָה. 4 תֹּכֶן תְּכוּלָה. 5 תֹּכֶן הָעִנְיָנִים. 6 גֹּדֶל, הֶקֵּף, כַּמּוּת

contented adj שְׂבַע־רָצוֹן, מְרֻצֶּה

contentedly adv בִּשְׂבִיעוּת רָצוֹן

contention n 1 מַאֲבָק, מַחֲלֹקֶת. 2 קְטָטָה, תִּגְרָה, רִיב. 3 וִכּוּחַ, טַעֲנָה

contentious adj חַרְחְרָן, מְחַרְחֵר־רִיב, מִתְקוֹטֵט, יָרִיב

contentment n 1 שְׂבִיעוּת־רָצוֹן. 2 קֹרַת־רוּחַ

contest vti, n 1 הִתְוַכַּח, הִתְנַצַּח. 2 נִלְחַם, נֶאֱבַק. 3 הִתְמוֹדֵד, הִתְחָרָה. 4 סָתַר, עִרְעֵר. 5 וִכּוּחַ, מַחֲלֹקֶת, רִיב. 6 תִּגְרָה, קְרָב, מַאֲבָק. 7 תַּחֲרוּת, הִתְחָרוּת

contestant n 1 מִתְחָרֶה, מִתְמוֹדֵד, טוֹעֵן. 2 מְעַרְעֵר, מִתְנַגֵּד. 3 מִתְוַכֵּחַ, בַּעַל דִּין

context n הֶקְשֵׁר, סְמוּכִין

contiguity n 1 קִרְבָה, שְׁכֵנוּת, סְמִיכוּת. 2 תִּסְמֹכֶת, רְצִיפוּת

contiguous adj סָמוּךְ, קָרוֹב, גּוֹבֵל, מִצְרָנִי

continence n 1 הִתְאַפְּקוּת, מְתִינוּת. 2 פְּרִישׁוּת, הִתְנַזְּרוּת, צְנִיעוּת

continent adj, n 1 מָתוּן, צָנוּעַ. 2 מִתְאַפֵּק. 3 מֵכִיל. 4 יַבֶּשֶׁת

continental adj יַבַּשְׁתִּי

contingency n 1 מִקְרֶה, אֶפְשָׁרוּת. 2 מִקְרִיּוּת, אַקְרָאִיּוּת

contingent adj, n 1 מִקְרִי, אֶפְשָׁרִי, אַקְרָאִי, תָּלוּי. 2 אֶפְשָׁרוּת, מִקְרֶה. 3 מִכְסָה, מָנָה. 4 חֵלֶק מִמִּשְׁלַחַת

continual adj 1 נִמְשָׁךְ, רָצוּף, תָּדִיר. 2 תָּכוּף

continually adv בִּרְצִיפוּת, לְלֹא הֶפְסֵק

continuance n הִמָּשְׁכוּת, הֶמְשֵׁךְ, תְּדִירוּת

continuation n 1 הֶמְשֵׁךְ, הִמָּשְׁכוּת. 2 הַמְשָׁכָה, הַאֲרָכָה

continue vti 1 הִמְשִׁיךְ, הִתְמִיד, הוֹסִיף. 2 נִמְשַׁךְ

continuity n הֶמְשֵׁכִיּוּת, רְצִיפוּת, הַתְמָדָה

continuous adj רָצִיף, מַתְמִיד, לְלֹא הֶפְסֵק

continuously adv בִּרְצִיפוּת, בְּהַתְמָדָה

contort vt עִוֵּת, עִקֵּשׁ, עִוָּה

contortion n עִוּוּת, עִוּוּי, עִקּוּם, הִתְפַּתְּלוּת

contortionist n לוּלְיָן

contour n 1 מִתְאָר, הֶקֵּף, קַו גְּבוּל. 2 סִבּוּב

contraband n הַבְרָחָה

contrabass n בַּטְנוּן, קוֹנְטְרַבַּס

contraception n מְנִיעַת הֵרָיוֹן

contraceptive adj, n 1 מוֹנֵעַ הֵרָיוֹן. 2 אֶמְצָעִי לִמְנִיעַת הֵרָיוֹן

contract vti, n 1 כִּוֵּץ, קִמֵּט. 2 הִתְחַיֵּב, הִתְנָה. 3 קִצֵּר, צִמְצֵם. 4 הִתְכַּוֵּץ, הִתְקַצֵּר. 5 נִדְבַּק בְּ־. 6 חוֹזֶה, הֶסְכֵּם. 7 אֲמָנָה, מְגִלָּה. 8 כְּתֻבָּה

contraction n 1 קִצּוּר, כִּוּוּץ, צִמְצוּם. 2 הִתְכַּוְּצוּת, הִדָּבְקוּת

contractor n קַבְּלָן

contractual adj הֶסְכֵּמִי, חוֹזִי

contradict vt סָתַר, הִתְנַגֵּד, הִכְחִישׁ, הֵזֵם

contradiction n סְתִירָה, הַכְחָשָׁה, הֲזַמָּה

contradictory adj סוֹתֵר, נוֹגֵד

contralto n קוֹנְטְרַאלְטוֹ, אַלְט נָמוּךְ
contraption n מַכְשִׁיר, מִתְקָן
contrapuntal adj קוֹנְטְרַפּוּנְקְטִי
contrariety n 1 הִתְנַגְּדוּת, סְתִירָה, אִי־הַתְאָמָה. 2 עֻבְדָּה סוֹתֶרֶת
contrarily adv 1 תַּהְפּוּכוֹת. 2 בְּנִגּוּד. 3 דַּוְקָא, בְּעַקְשָׁנוּת
contrariness n 1 הֶפֶךְ, הִפּוּךְ, סְתִירָה. 2 הִתְעַקְּשׁוּת
contrariwise adv אַדְּרַבָּא, אַדְּרַבָּה, לְהֶפֶךְ
contrary adj, n 1 סָרְבָן, מִתְנַגֵּד, עַקְשָׁן. 2 מְנֻגָּד, נֶגְדִּי, נוֹגֵד. 3 דַּוְקָאִי
contrast vti, n 1 עִמֵּת, נָגַד, נִגֵּד. 2 נִגּוּד, סְתִירָה. 3 עִמּוּת
contrast control וַסַּת נִגּוּד
contravene vt הֵפֵר, סָתַר, בִּטֵּל, עִכֵּב, עָבַר עַל
contravention n 1 עֲבֵרָה, הֲפָרָה. 2 חֵטְא
contretemps n תְּקָלָה, תְּלָאָה
contribute vti 1 תָּרַם, הִקְדִּישׁ, הִשְׁתַּתֵּף, נָדַב. 2 הִשְׁפִּיעַ
contribution n 1 תְּרוּמָה, הִשְׁתַּתְּפוּת. 2 מַס, הֶטֵּל
contributor n תּוֹרֵם, מִשְׁתַּתֵּף
contributory adj 1 תְּרוּמָתִי. 2 מִשְׁתַּתֵּף
contrite adj מִתְחָרֵט
contritely adv בַּחֲרָטָה
contrition n חֲרָטָה, נֹחַם, הִתְחָרְטוּת
contrivance n 1 הַעֲרָמָה, תַּחְבּוּלָה, אַמְצָאָה. 2 מִתְקָן, מַנְגָּנוֹן. 3 תָּכְנִית
contrive vti 1 תִּחְבֵּל, זָמַם, הִמְצִיא. 2 הִתְחַכֵּם
control vt, n 1 בָּדַק, אִשֵּׁר, אִמֵּת. 2 וִסֵּת, רִסֵּן. 3 הִבְלִיג, הִתְאַפֵּק. 4 נִהֵל, שָׁלַט. 5 פִּקַּח. 6 בַּקָּרָה, בִּקֹּרֶת, פִּקּוּחַ. 7 שְׁלִיטָה, פִּקּוּד. 8 בְּדִיקָה, הַשְׁגָּחָה. 9 מַעְצוֹר, רָשׁוּת
controllable adj וָסִית, בַּר־פִּקּוּחַ, בַּר־הַשְׁגָּחָה
controversial adj פֻּלְמוּסִי
controversially adv בְּמַחֲלֹקֶת
controversy n פֻּלְמוּס, מַחֲלֹקֶת, וִכּוּחַ
controvert vt 1 הִתְפַּלְמֵס, הִתְוַכֵּחַ. 2 סָתַר, הִכְחִישׁ
contumacious adj סוֹרֵר, עַקְשָׁן, מַרְדָן, מִתְמָרֵד
contumacy n עַקְשָׁנוּת, מַרְדָנוּת
contumelious adj מַעֲלִיב, מַשְׁפִּיל, מְבַזֶּה
contumely n 1 הַשְׁפָּלָה, בִּזָּיוֹן, גַּסּוּת. 2 חֻצְפָּה, שַׁחֲצָנוּת
contuse vt חִבֵּל, פָּצַע
contusion n חַבּוּרָה, חַבָּלָה
conundrum n חִידָה, נְחוּשׁ לֹא פָּתוּר
conurbation n אִגּוּד עָרִים
convalesce vi הֶחֱלִים, הִבְרִיא
convalescence n הַחְלָמָה, הַבְרָאָה
convalescent n, adj מַחֲלִים, מַבְרִיא
convection n 1 הַעֲבָרָה, הוֹלָכָה. 2 קוֹנְוֶקְצְיָה
convector n קוֹנְוֶקְטוֹר
convene vti 1 כִּנֵּס, אָסַף, קִבֵּץ. 2 הִתְכַּנֵּס, הִתְקַבֵּץ
convenience n 1 נוֹחוּת, נוֹחִיּוּת. 2 כְּדָאִיּוּת
convenient adj נוֹחַ, מַתְאִים, כְּדַאי
convent n מִנְזָר (נשים)
convention n 1 וְעִידָה, אֲסֵפָה, כִּנּוּס. 2 נֹהַג, נֹהַל. 3 אֲמָנָה, הֶסְכֵּם, בְּרִית
conventional adj 1 שִׁגְרָתִי, מֻסְכָּם, רָגִיל. 2 מְקֻבָּל, נָהוּג
conventionally adv כַּמְקֻבָּל, כַּשִּׁגְרָה
converge vi 1 הִתְכַּנֵּס, הִתְלַכֵּד, הִתְחַבֵּר. 2 נִפְגַּשׁ, הִתְקָרֵב
convergence(cy) n הִתְכַּנְּסוּת, הִתְלַכְּדוּת, הִתְחַבְּרוּת
convergent adj מִתְלַכֵּד, מִתְחַבֵּר, מִתְכַּנֵּס
conversant adj בָּקִי, מֻמְחֶה, יוֹדֵעַ
conversation n שִׂיחָה, דִּבּוּר
conversational adj צִבּוּרִי, אוֹהֵב שִׂיחָה

converse vi, adj, n 1 הִתְקַשֵּׁר. 2 שׂוֹחֵחַ, דִּבֵּר. 3 הָפוּךְ, הִפּוּךְ, חִלּוּף. 4 שִׂיחָה
conversion n 1 הֲמָרָה, הֲפִיכָה, תְּמוּרָה. 2 שִׁנּוּי, הִפּוּךְ, חִלּוּף. הֲמָרַת־דָּת
convert vti, n 1 הֵמִיר, הֶחֱלִיף, שִׁנָּה, הָפַךְ. 2 הֵמִיר דָּת. 3 חָזַר בִּתְשׁוּבָה. 4 הִשְׁתַּנָּה. 5 מוּמָר, גֵּר
conveter n מֵמִיר
convertible adj, n 1 מְכוֹנִית עִם גַּג מִתְקַפֵּל. 2 הָפִיךְ, הָמִיר
convex adj קָמוּר
convexity n 1 קְמִירוּת. 2 הִתְקַמְּרוּת
convey vt 1 הֶעֱבִיר, הוֹבִיל, הוֹלִיךְ. 2 הִבִּיעַ, מָסַר, הוֹדִיעַ
conveyance n 1 הַעֲבָרָה, מְסִירָה, הוֹבָלָה. 2 סִלּוּק. 3 כְּלִי־רֶכֶב. 4 שְׁטַר־מֶכֶר
conveyancer n מַעֲבִיר בַּעֲלוּת (רכוש)
conveyer belt סֶרֶט נָע
conveyor n מַסּוֹעַ
convict vt, n 1 הִרְשִׁיעַ, חִיֵּב בְּדִין. 2 אָסִיר, מֻרְשָׁע, חַיָּב בְּדִין
conviction n 1 הַרְשָׁעָה, מֻרְשָׁעוּת. 2 אֱמוּנָה, הַכָּרָה
convince vt שִׁכְנֵעַ, הוֹכִיחַ
convincing adj מְשַׁכְנֵעַ
convincingly adv בְּצוּרָה מְשַׁכְנַעַת
convivial adj שָׂמֵחַ, עַלִּיז, חֲגִיגִי
conviviality n אַחֲוָה, רֵעוּת, חֲגִיגִיּוּת
convivially adv בְּעַלִּיזוּת
convocation n 1 זִמּוּן. 2 כִּנּוּס, עֲצֶרֶת
convoke vt זִמֵּן, כִּנֵּס
convoluted adj, n 1 כָּרוּךְ, גָּלוּל, צָנוּף, מְפֻתָּל. 2 סְלִיל, גָּלִיל
convolution n גְּלִילָה, כְּרִיכָה
convolvulus n חֲבַלְבָּל
convoy vt, n 1 לִוָּה. 2 שַׁיָּרָה. 3 שַׁיֶּרֶת אֳנִיּוֹת
convulse vt זִעֲזַע, טִלְטֵל, הִרְעִיד
convulsion n 1 פִּרְכּוּס, פִּרְפּוּר, פַּלָּצוּת. 2 זַעֲזוּעַ, עֲוִית. 3 רַעַשׁ, מְהוּמָה, הִתְרַגְּשׁוּת
convulsive adj פִּרְכּוּסִי, פִּרְפּוּרִי, מְזַעֲזֵעַ
coo vit, n 1 הָגָה, הָמָה, נָהַם. 2 הֶמְיָה, נְהִימָה, הֲגִיָּה
cook vti, n 1 בִּשֵּׁל, אָפָה, צָלָה. 2 בָּדָה, הִמְצִיא. 3 הִתְבַּשֵּׁל. 4 טַבָּח, מְבַשֵּׁל
cook up בָּדָה, הִמְצִיא
cooker n 1 מַכְשִׁיר לְבִשּׁוּל. 2 אִלְפָּס, מַרְחֶשֶׁת, סִיר
cookery, cooking n 1 תּוֹרַת הַבִּשּׁוּל. 2 בִּשּׁוּל, אֲפִיָּה
cooky, cookie n 1 עוּגִית, רָקִיק, עוּגִיָּה 2 טַבָּחִית
cool vti, adj 1 קֵרֵר, צִנֵּן. 2 שִׁכֵּךְ, הִשְׁקִיט, הִרְגִּיעַ, מִתֵּן. 3 הִצְטַנֵּן, הִתְקָרֵר. 4 שָׁקַט, נִרְגַּע. 5 הִתְמַתֵּן. 6 קָרִיר, צוֹנֵן, קַר. 7 שָׁלֵו, רָגוּעַ, מָתוּן
cool down vti 1 צִנֵּן. 2 הִרְגִּיעַ. 3 הִצְטַנֵּן. 4 נִרְגַּע
cooler n 1 מְקָרֵר, מְצַנֵּן, מְשַׁכֵּךְ. 2 מֵקֵר. 3 צִינוֹק, בֵּית כֶּלֶא
coolie n קוּלִי, סַבָּל, פּוֹעֵל שָׁחֹר
coolness n 1 קְרִירוּת, צִנָּה. 2 אֲדִישׁוּת. 3 קֹר־רוּחַ, שַׁלְוָה, שֶׁקֶט
cool off vi הִצְטַנֵּן, הִתְקָרֵר
cool one's heels נִשְׁאַר מְחַכֶּה עַד בּוֹשׁ
coop n כְּלוּב, לוּל, מִכְלָאָה
coop up vt כָּלָא
cooper n חַבְתָּן
cooperate vi 1 עָזַר, סִיֵּעַ. 2 שִׁתֵּף פְּעֻלָּה
cooperation n שִׁתּוּף פְּעֻלָּה
cooperative adj, n 1 שִׁתּוּפִי. 2 צַרְכָנִי. 3 אֲגֻדָּה שִׁתּוּפִית, קוֹאוֹפֶּרָטִיב
co-opt vt 1 בָּחַר. 2 צֵרֵף, סִפֵּחַ
coordinate vt, adj, n 1 תֵּאֵם, הִתְאִים. 2 מְאֻחֶה, אָחוּי, מֻתְאָם, מְתֹאָם. 3 קוֹאוֹרְדִינָטָה

coordinately adv בְּתֵאוּם, בְּהַרְמוֹנְיָה
coordination n תֵּאוּם, הַתְאָמָה
coot n אֲגַמִּית
co-partner n שֻׁתָּף, חָבֵר
cope vi, n 1 כִּסָּה, הִתְכַּסָּה. 2 הִתְמוֹדֵד, הִתְגַּבֵּר, יָכוֹל. 3 גְּלִימָה. 4 כִּפָּה
coping n נִדְבָּךְ עֶלְיוֹן
copious adj שׁוֹפֵעַ, גָּדוּשׁ, פּוֹרֶה, עָשִׁיר
copiously adv בְּשֶׁפַע, לְמַכְבִּיר
copper n נְחֹשֶׁת
copper plate writing כְּתִיבָה תַּמָּה
coppice, copse n סְבַךְ
Copt n קוּפְּטִי
Coptic adj, n 1 קוּפְּטִי. 2 קוּפְּטִית
copula n 1 מְקַשֵּׁר, מְחַבֵּר, חֻלְיָה. 2 אוֹגֵד
copulate vi בָּעַל, הִזְדַּוֵּג, שָׁגַל
copulation n הִזְדַּוְּגוּת, מִשְׁגָּל
copulative adj מְחַבֵּר, אוֹגֵד
copy vt, n 1 הֶעְתִּיק. 2 חִקָּה. 3 הֶעְתֵּק, עֹתֶק. 4 חִקּוּי
copybook n מַחְבֶּרֶת
copydesk n שֻׁלְחַן הַמַּעֲרֶכֶת
copyright vt, n 1 קִבֵּל זְכוּת יוֹצְרִים. 2 זְכוּת יוֹצְרִים
copywriter n רַעֲיוֹנַאי
coquet vi 1 הִתְחַנְחֵן, פִּלְרְטֵט. 2 הִתְגַּנְדֵּר
coquetry n הִתְחַנְחֲנוּת, פְּלִירְט
coquette n מִתְחַנְחֶנֶת, גַּנְדְּרָנִית
coquettish adj מִתְחַנְחֵן, גַּנְדְּרָנִי
coracle n סִירַת נְצָרִים
coral adj, n 1 אַלְמֻגִּי. 2 אַלְמֹג, קוֹרָל
coral island אִי אַלְמֻגִּים
coral reef שׁוּנִית אַלְמֻגִּים
corbel n זִיז, מִסְעָד
cord vt, n 1 קָשַׁר, קָשַׁט, שָׁזַר. 2 עָרַם. 3 חֶבֶל, חוּט, מֵיתָר, פְּתִיל
cordage n חֲבָלִים
cordial adj, n 1 לְבָבִי, יְדִידוּתִי. 2 מְעוֹדֵד. 3 נֹחַם, לִיקֶר, תַּכְשִׁיר
cordiality n לְבָבִיּוּת, יְדִידוּתִיּוּת
cordially adv בִּלְבָבִיּוּת, בִּידִידוּת
cordite n קוֹרְדִּיט
cordon n 1 סֶרֶט. 2 חֲגוֹרָה. 3 שַׁרְשֶׁרֶת
cordon off שִׁרְשֵׁר, גִּדֵּר
cordon bleu 1 סֶרֶט כָּחֹל. 2 טַבָּח מִמַּדְרֵגָה רִאשׁוֹנָה
corduroy n קוֹרְדוּרוֹי
core vt, n 1 הוֹצִיא לִבּוֹ. 2 מֶרְכָּז, תָּוֶךְ, לִבָּה. 3 גַּלְעִין. 4 עִקָּר, תַּמְצִית
coreligionist n 1 בַּעַל בְּרִית. 2 שֻׁתָּף לֶאֱמוּנָה
corespondent n נִתְבָּע שְׁלִישִׁי (במשפט גרושין)
coriander n גַּד (צמח)
Corinthian adj, n קוֹרִינְתִּי
cork vt, adj, n 1 פָּקַק. 2 שֶׁל שַׁעַם. 3 שַׁעַם, פְּקָק, מְגוּפָה
cork oak עֵץ שַׁעַם
corkscrew adj, n 1 לוּלְיָנִי. 2 מַחְלֵץ
corm n פְּקַעַת
cormorant n קוֹרְמוֹרָן
corn vt, n 1 שִׁמֵּר בְּמֶלַח, בָּזַק מֶלַח. 2 דָּגָן, תְּבוּאָה. 3 תִּירָס. 4 יַבֶּלֶת
corncob n אֶשְׁבּוֹל תִּירָס
corned beef בְּשַׂר בָּקָר כָּבוּשׁ
corner vt, n 1 הֶעֱמִיד בְּפִנָּה, לָחַץ אֶל הַקִּיר. 2 פִּנָּה, זָוִית, קֶרֶן. 3 קָצֶה. 4 הֶסְתֵּר. 5 בֵּין הַמְּצָרִים
cornerstone n אֶבֶן פִּנָּה
cornflakes npl פְּתִיתֵי תִּירָס
cornflour n קֶמַח תִּירָס
cornflower n דְּגָנִיָּה, דַּרְדַּר כָּחֹל
cornet n 1 קוֹרְנִית, חֲצוֹצְרָה. 2 דַּגְלָן, דַּגָּל. 3 שַׂקִּית. 4 בָּזִיךְ. 5 זָוִית הָעַיִן
cornice n כַּרְכֹּב, עֲטָרָה
cornucopia n קֶרֶן הַשֶּׁפַע
corny adj מְעֻשֶּׂה, נָדוֹשׁ
corolla n כּוֹתֶרֶת

corollary n 1 תּוֹלָדָה, מַסְקָנָה, תּוֹצָאָה. 2 מוּסָף, תּוֹסֶפֶת
coronary adj, n 1 כְּלִילִי. 2 שָׁבָץ, פַּקֶּקֶת
coronation n הַכְתָּרָה
coroner n קוֹרוֹנֶר, חוֹקֵר מִקְרֵי מָוֶת
coronet n נֵזֶר, כֶּתֶר, עֲטָרָה, כִּתְרוֹן
corporal adj, n 1 גּוּפָנִי, גַּשְׁמִי. 2 קוֹרְפּוֹרָל, רַב־טוּרַאי
corporal punishment מַלְקוֹת, עֹנֶשׁ גּוּפָנִי
corporate adj מְאֻגָּד, מְשֻׁתָּף
corporation n 1 תַּאֲגִיד, חֶבְרָה. 2 עִירִיָּה
corporeal adj גּוּפָנִי, גַּשְׁמִי, חָמְרִי, מַמָּשִׁי
corps n 1 חַיִל, גַּיִס. 2 סֶגֶל
Corps Diplomatique סֶגֶל דִּיפְּלוֹמָטִי
corpse n 1 גְּוִיָּה, גּוּפָה. 2 נְבֵלָה
corpulence(cy) n גַּמְלוֹנוּת, בַּשְׂרָנִיּוּת
corpulent adj בַּעַל גּוּף, בַּעַל בָּשָׂר
corpus n 1 גּוּף. 2 אֹסֶף, קֹבֶץ. 3 סֶגֶל
corpuscule n גּוּפִיף, חֶלְקִיק
corral n דִּיר, מִכְלָאָה
correct vt, adj 1 תִּקֵּן, יִשֵּׁר, סִדֵּר. 2 נָזַף, הוֹכִיחַ. 3 נָכוֹן, בָּדוּק. 4 מְדֻיָּק
correction n 1 תִּקּוּן. 2 תּוֹכָחָה, נְזִיפָה
correctitude n הֲלִימוּת, יֹשֶׁר
corrective adj, n 1 מְתַקֵּן, מֵיטִיב. 2 תִּקּוּן
correctly adv כָּרָאוּי, כַּשּׁוּרָה, נָכוֹן, כַּהֲלָכָה
correctness n 1 נְכוֹנוּת, דִּיּוּק. 2 הֲלִימוּת, יֹשֶׁר
correlation n הַקְבָּלָה, מִתְאָם, זִקָּה
correlative n, adj תּוֹאֵם, גּוֹמֵל
correspond vi 1 תָּאַם, דָּמָה, הָלַם. 2 צִיֵּן. 3 הִתְאִים, הִקְבִּיל. 4 הִתְכַּתֵּב
correspondence n 1 הַתְאָמָה, הַקְבָּלָה. 2 הִתְכַּתְּבוּת, תִּכְתֹּבֶת
correspondent adj, n 1 תּוֹאֵם, דּוֹמֶה, מַתְאִים. 2 כַּתָּב. 3 מִתְכַּתֵּב
corresponding adj מַתְאִים, מַקְבִּיל, דּוֹמֶה, הוֹלֵם
correspondingly adv בְּמַקְבִּיל, בְּהֶתְאֵם לְכָךְ
corridor n 1 פְּרוֹזְדוֹר, מִסְדְּרוֹן. 2 מַעֲבָר
corrigendum n הַטָּעוּן תִּקּוּן
corroborate vt אִשֵּׁר, אִמֵּת
corroboration n אִשּׁוּר, אִמּוּת
corrode vti 1 אִכֵּל, כִּלָּה, שִׁתֵּךְ, הֶחֱלִיד. 2 כִּרְסֵם. 3 כָּלָה
corrosion n 1 אִכּוּל, שִׁתּוּךְ, חֲלֻדָּה. 2 הַחְלָדָה
corrosive adj מְאַכֵּל, מַחֲלִיד
corrugate vti 1 קִמֵּט, חָרַץ, קִפֵּל
corrugated iron n לוּחוֹת מַתֶּכֶת גַּלִּיִּים
corrupt vti, adj 1 הִשְׁחִית, שִׁחֵד, עִוֵּת, קִלְקֵל. 2 הִתְקַלְקֵל, נִשְׁחַת. 3 מֻשְׁחָת, מְקַבֵּל שֹׁחַד. 4 רָקוּב
corruptibility n הִסְתָּאֲבוּת, הַשְׁחָתָה
corruptible adj 1 בַּר הַשְׁחָתָה, 2 עָלוּל לְהִתְקַלְקֵל
corruption n 1 שְׁחִיתוּת, הַשְׁחָתָה, שֹׁחַד. 2 רִקָּבוֹן, קִלְקוּל
corsage n 1 חָזִיָּה. 2 צְרוֹר פְּרָחִים
corsair n 1 שׁוֹדֵד יָם. 2 אֳנִיַּת שֹׁד
corset n מָחוֹךְ
cortège n פָּמַלְיָה, בְּנֵי לְוָיָה
cortex n קְלִפָּה
cortical adj 1 קְלִפָּתִי. 2 חִיצוֹנִי
cortisone n קוֹרְטִיזוֹן
coruscate vi נָצַץ, נִצְנֵץ, הִבְרִיק, הִבְזִיק
corvée (Fr) n 1 אַנְגַּרְיָה. 2 מַטָּלָה (לא רצויה)
corvette n קוֹרְבֶטָּה
cos n חַסַּת עָלִים
cosignatory n חוֹתֵם יַחַד
cosily adv בְּנוֹחִיּוּת, בִּנְעִימוּת
cosine n קוֹסִינוּס
cosiness n נוֹחִיּוּת, נוֹחוּת, רְוָחָה
cosmetic adj, n 1 קוֹסְמֶטִי. 2 קוֹסְמֶטִיקָה. 3 תַּכְשִׁיר קוֹסְמֶטִיקָה
cosmetician n קוֹסְמֶטִיקַאי

cosmic adj יְקוּמִי, קוֹסְמִי
cosmic rays npl קַרְנַיִם קוֹסְמִיּוֹת
cosmogony n קוֹסְמוֹגוֹנְיָה
cosmonaut n קוֹסְמוֹנָאוּט, אַסְטְרוֹנָאוּט
cosmopolitan adj, n 1 קוֹסְמוֹפּוֹלִיטִי. 2 קוֹסְמוֹפּוֹלִיט
cost vit, n 1 עָלָה. 2 הֶעֱרִיךְ, תִּמְחֵר. 3 עֲלוּת. 4 מְחִיר. 5 הוֹצָאָה, יְצִיאָה. 6 תַּשְׁלוּם
cost-effective מְשְׁתַּלֵּם
costermonger n רוֹכֵל פֵּרוֹת
costive adj סוֹבֵל מֵעֲצִירוּת
costliness n יֹקֶר, עֲלוּת גְּבוֹהָה
costly adj 1 יָקָר, יְקַר עֵרֶךְ. 2 מְפֹאָר, נֶהְדָּר
costume n 1 לְבוּשׁ, תִּלְבֹּשֶׁת. 2 חֲלִיפָה. 3 תַּחְפֹּשֶׂת
costume jewelry תַּכְשִׁיטִים מְלָאכוּתִיִּים
costumier n סוֹחֵר תִּלְבּוֹשׁוֹת
cosy adj 1 נוֹחַ, נָעִים. 2 חַם וְנוֹחַ
cot n 1 עֲרִיסָה. 2 עַרְסָל, מִטָּה מִתְקַפֶּלֶת. 3 סֻכָּה, בִּקְתָּה
cote n 1 דִּיר, מִכְלָא. 2 שׁוֹבָךְ
co-tenant n 1 דַּיָּר מִשְׁנֶה. 2 דַּיָּר מְשֻׁתָּף
coterie n חוּג, חֲבוּרָה
coterminous adj גּוֹבֵל, מִצְרָנִי
cotillion adj קוֹטִילְיוֹן
cottage n בִּיתָן, צְרִיף, קוֹטֶג׳
cotton n כֻּתְנָה, צֶמֶר גֶּפֶן, כֹּתֶן
cotton on vit הֵבִין, קָלַט
cotton wool n מוֹךְ, צֶמֶר־גֶּפֶן
couch vi, n 1 הִבִּיעַ, נִסַּח. 2 רָבַץ, שָׁכַב. 3 הִתְכּוֹפֵף, נִשְׁכַּב. 4 הִסְתַּתֵּר. 5 מִטָּה, יָצוּעַ. 6 סַפָּה
cougar n קוּגָר, פּוּמָה, נָמֵר
cough vit, n 1 הִשְׁתַּעֵל, כִּעְכַּע. 2 שִׁעוּל, כִּעְכּוּעַ. 3 הִשְׁתַּעֲלוּת
could can זמן עבר של פועל העזר
coulter, colter n לַהַב, חֶרֶב (המחרשה)
council n 1 מוֹעָצָה, וַעַד, אֲסֵפָה. 2 עִירִיָּה
council(l)or n חֲבֵר מוֹעָצָה
counsel vt, n 1 יָעַץ, הִמְלִיץ. 2 עֵצָה, הַמְלָצָה. 3 הִתְיַעֲצוּת, חַוַּת דַּעַת. 4 חָכְמָה, בִּינָה. 5 פְּרַקְלִיט, סָנֵגוֹר, עוֹרֵךְ־דִּין
counsel(l)or n 1 יוֹעֵץ. 2 עוֹרֵךְ־דִּין, פְּרַקְלִיט
count vti, n 1 סָפַר, מָנָה. 2 חָשַׁב, חִשְׁבֵּן. 3 הֶעֱרִיךְ, הִתְחַשֵּׁב. 4 הִסְתַּכֵּם, הֵבִיא בְּחֶשְׁבּוֹן. 5 בָּא בְּחֶשְׁבּוֹן, נֶחֱשַׁב. 6 סְפִירָה, מְנִיָּה. 7 חֶשְׁבּוֹן, מִנְיָן. 8 מִסְפָּר. 9 רוֹזֵן
countdown vi, n 1 סָפַר לְאָחוֹר. 2 סְפִירָה לְאָחוֹר
countenance vt, n 1 עוֹדֵד, עָזַר, תָּמַךְ, אִשֵּׁר. 2 הִתְיַחֵס בְּחִיּוּב. 3 פָּנִים, פַּרְצוּף, מַרְאֶה, קְלַסְתֵּר. 4 דְּמוּת. 5 תְּמִיכָה, עִדּוּד
counter vt, n, adv 1 הִתְנַגֵּד, סָתַר. 2 הֵגִיב, נִלְחַם בְּ־. 3 מוֹנֶה, סוֹפֵר. 4 דּוּכָן, דֶּלְפֵּק. 5 אֲסִימוֹן. 6 נֶגְדִּי, מִתְנַגֵּד, הָפוּךְ. 7 בְּהִפּוּךְ
counteract vt סִכֵּל, פָּעַל נֶגֶד, מָנַע, נִטְרֵל
counteraction n 1 פְּעֻלַּת נֶגֶד, סִכּוּל, תְּגוּבָה. 2 נִטְרוּל
counterattack vti, n 1 עָרַךְ הַתְקָפַת־נֶגֶד. 2 הַתְקָפַת־נֶגֶד
counterattraction n מְשִׁיכָה נֶגְדִּית
counterbalance n אִזּוּן, קִזּוּז
counterclaim n 1 תְּבִיעָה נֶגְדִּית. 2 טַעֲנָה נֶגְדִּית
counterclockwise adv בְּנִגּוּד לְכִוּוּן הַשָּׁעוֹן
counterespionage n רִגּוּל נֶגְדִּי
counterfeit vt, adj, n 1 זִיֵּף, סִלֵּף, חִקָּה, רִמָּה. 2 הֶעֱמִיד פָּנִים. 3 מְזֻיָּף, מְסֻלָּף. 4 זִיּוּף, חִקּוּי, סִלּוּף
counterfoil n שׁוֹבֵר
counterintelligence n מוֹדִיעִין נֶגְדִּי, בִּיּוּן נֶגְדִּי
countermand vt, n 1 בִּטֵּל פְּקֻדָּה. 2 בִּטּוּל פְּקֻדָּה

counteroffensive n 1 מִתְקֶפֶת־נֶגֶד. 2 הַתְקָפַת־נֶגֶד
counterpane n 1 כֶּסֶת. 2 מִכְסֶה, כְּסוּת
counterpart n 1 מַקְבִּיל, מַשְׁלִים. 2 שָׁוֶה, דּוֹמֶה
counterpoint n 1 הִפּוּךְ. 2 קוֹנְטְרַפּוּנְקְט
counterpoise vt, n 1 אִזֵּן. 2 שִׁוּוּי מִשְׁקָל
counterrevolution n מַהְפֵּכָה נֶגְדִּית
counterrevolutionary adj, n מִתְנַגֵּד לַמַּהְפֵּכָה
countersign vt, n 1 חָתַם, אִשֵּׁר. 2 סִיסְמָה
countess n רוֹזֶנֶת
countless adj אֵין סְפֹר, לֹא נִתָּן לִסְפִירָה
count on vt סָמַךְ עַל
countrified adj כַּפְרִי, גַּס
country n 1 אֶרֶץ. 2 מְדִינָה, מוֹלֶדֶת. 3 כְּפָר. 4 חֶבֶל אֶרֶץ
country club מוֹעֲדוֹן שָׂדֶה
country cousin 1 אוֹרֵחַ מֵהַכְּפָר. 2 קַרְתָּן
country dance 1 רִקּוּד טוּרִים. 2 רִקּוּד עַם
country house מְעוֹן קַיִץ, אֲחֻזָּה
country life חַיֵּי כְּפָר
countryman n 1 בֶּן־אֶרֶץ. 2 בֶּן־כְּפָר
countryside n 1 אֵזוֹר כַּפְרִי. 2 נוֹף כַּפְרִי
countrywoman n 1 בַּת־אֶרֶץ. 2 בַּת־כְּפָר
county adj, n 1 מְחוֹזִי. 2 מָחוֹז, חֶבֶל אֶרֶץ
coup n מַכָּה
coup d'état n הֲפִיכָה (צבאית)
coup de grâce n מַכַּת חֶסֶד
couple vti, n 1 חִתֵּן, זִוֵּג, צִמֵּד, הִשִּׂיא. 2 הִזְדַּוֵּג. 3 הִתְחַבֵּר, הִתְקַשֵּׁר. 4 זוּג, צֶמֶד
couplet n צֶמֶד שׁוּרוֹת חֲרוּזוֹת
coupling n חִבּוּר, צִמּוּד, קִשּׁוּר
coupling wheel גַּלְגַּל מַצְמִיד
coupon n תְּלוּשׁ, שׁוֹבֵר
courage n אֹמֶץ־לֵב
courageous adj אַמִּיץ, עַז־נֶפֶשׁ, אַמִּיץ־לֵב
courageously adv בְּאֹמֶץ לֵב
courgette n קִשּׁוּא
courier n בַּלְדָּר, רָץ, שָׁלִיחַ
course vti, n 1 רָץ, הֵרִיץ. 2 צָד, רָדַף. 3 זָרַם. 4 מַסְלוּל, שְׁבִיל, דֶּרֶךְ, נָתִיב. 5 מָנָה. 6 נִדְבָּךְ. 7 מֶשֶׁךְ, מַהֲלָךְ. 8 קוּרְס, שִׁעוּר, מִקְצוֹעַ. 9 מֵרוֹץ, כִּוּוּן
court vti, n 1 חִזֵּר, הֶחֱנִיף. 2 הִזְמִין, בִּקֵּשׁ, מָשַׁךְ. 3 חָצֵר. 4 מִגְרָשׁ. 5 חֲצַר הַמֶּלֶךְ. 6 פָּמַלְיַת הַמֶּלֶךְ. 7 בֵּית מִשְׁפָּט. 8 יְשִׁיבָה. 9 גִּנּוּנֵי כָּבוֹד
courteous adj מְנֻמָּס, אָדִיב
courteously adv בְּנִימוּס, בַּאֲדִיבוּת
courtesan n זוֹנָה
courtesy n אֲדִיבוּת, דֶּרֶךְ־אֶרֶץ, נִימוּס
courtier n אִישׁ חָצֵר
courtliness n הֲלִיכוֹת, נִימוּסִים
courtly adj 1 מְנֻמָּס, אָדִיב. 2 מְעֻדָּן, מַחֲנִיף
court-martial vt, n 1 שָׁפַט בְּבֵית דִּין צְבָאִי. 2 בֵּית דִּין צְבָאִי. 3 מִשְׁפָּט צְבָאִי
courtship n חִזּוּר, עַגְבָנוּת
courtyard n חָצֵר, רְחָבָה
cousin n 1 דּוֹדָן. 2 דּוֹדָנִית
cove n 1 מִפְרָצוֹן. 2 מַחֲסֶה. 3 עָרוּץ, אָפִיק. 4 בַּרְנָשׁ, טִיפּוּס (בריטי)
covenant vi, n 1 כָּרַת בְּרִית, הִתְחַיֵּב. 2 חוֹזֶה, הֶסְכֵּם, שְׁטָר, בְּרִית, אֲמָנָה, מְגִלָּה
cover vt, n 1 כִּסָּה, צִפָּה. 2 הִסְתִּיר, נָתַן מַחֲסֶה. 3 חִפָּה, הֵגֵן, גּוֹנֵן. 4 כָּלַל. 5 הִלְבִּישׁ. 6 סִקֵּר. 7 עָבַר, הִקִּיף. 8 מִכְסֶה, כִּסּוּי, צִפִּית, מַעֲטֶפֶת. 9 מַחֲסֶה. 10 חִפּוּי. 11 כְּרִיכָה, עֲטִיפָה. 12 עֵרָבוֹן. 13 פָּרֹכֶת, סוֹכֵךְ. 14 סַכּוּ"ם. 15 מַסְוֶה
cover up vt 1 הִסְתִּיר, הֶחְבִּיא. 2 טִשְׁטֵשׁ
coverage n כִּסּוּי, סִקּוּר (עתונאי)
covering n adj 1 כִּסּוּי, חִפּוּי, גִּנּוּן. 2 מְצֹרָף. 3 מִכְסֶה, מַחֲסֶה

coverlet n שְׂמִיכָה, כֶּסֶת

covert adj, n 1 מְכֻסֶּה. 2 סוֹדִי, חָבוּי. 3 תַּחַת חָסוּת. 4 כִּסּוּי. 5 מִסְתּוֹר, מַחֲבוֹא. 6 סְבַךְ. 7 נוֹצָה סוֹכֶכֶת

covertly adv בַּחֲשַׁאי, בְּסוֹדִיּוּת

covet vt 1 אִוָּה, חָשַׁק, חָמַד. 2 הִשְׁתּוֹקֵק, הִתְאַוָּה בַּחֲשַׁאי

covetous adj חַמְדָן, חַשְׁקָן

covetously adv בְּתַאֲוָה, בִּתְשׁוּקָה

covetousness n תַּאַוְתָנוּת, חַמְדָנוּת, תְּשׁוּקָה

covey n 1 לַהֲקַת צִפֳּרִים. 2 חֲבוּרָה, קְבוּצָה

cow vt, n 1 הִפְחִיד, אִיֵּם, הֵטִיל מוֹרָא. 2 פָּרָה. 3 נְקֵבָה

coward n מוּג־לֵב, פַּחְדָן

cowardice n פַּחְדָנוּת, מֹרֶךְ־לֵב

cowardly adj בְּפַחַד, בְּמֹרֶךְ־לֵב

cowboy n בּוֹקֵר

cower vi הִתְכַּוֵּץ, רָעַד, קָרַס מִפַּחַד

cowhand n בּוֹקֵר

cowherd n רוֹעֵה בָּקָר

cowl n בַּרְדָּס, בֵּית רֹאשׁ

cowrie n חֶלְזוֹן הַכֶּסֶף

cowslip n בְּכוֹר אָבִיב

coxcomb n 1 כַּרְבֹּלֶת. 2 גַּנְדְּרָן, טַרְזָן

coxswain n הַגַּאי

coy adj בַּיְשָׁן, עָנָו, צָנוּעַ

coyly adv בְּבַיְשָׁנוּת

coyness n בַּיְשָׁנוּת, צְנִיעוּת

coyote n זְאֵב עֲרָבוֹת, קוֹיוֹטֶה

cozen vt רִמָּה, הוֹנָה

CPU (central processing unit) יְחִידַת עִבּוּד מֶרְכָּזִית (מחשב)

crab n 1 סַרְטָן. 2 מַזַּל סַרְטָן. 3 עֲגוּרָן, מַדְלֶה

crab apple תַּפּוּחַ בַּר

crabbed adj 1 זוֹעֵם, מַרְגִּיז. 2 מְבֻלְבָּל, מְעֻרְפָּל. 3 קָשֶׁה לְפִעְנוּחַ

crack vti, n, adj 1 בָּקַע, סָדַק, פָּצַח. 2 פָּתַח (בקבוק). 3 הִתְבַּקֵּעַ, נִסְדַּק, נִשְׁבַּר. 4 הִתְקַלְקֵל, הִתְמוֹטֵט. 5 בְּקִיעַ, סֶדֶק, שֶׁבֶר. 6 מַהֲלֻמָּה. 7 קוֹל נֶפֶץ, יְרִיָּה. 8 נִסָּיוֹן, הִזְדַּמְּנוּת. 9 מְצֻיָּן. 10 בְּדִיחָה, הֲלָצָה. 11 פְּרִיצָה

crackbrained adj מְטֹרָף, מוּזָר

cracker n 1 תּוּפִין, מַרְקוֹעַ, מַצִּיָּה. 2 זִקּוּקִין־דִּי־נוּר

crackle vi, n 1 רִשְׁרֵשׁ, חָרַק, אִוֵּשׁ, פִּצְפֵּץ. 2 פִּצְפּוּץ, רִשְׁרוּשׁ, חֲרִיקָה

cradle vt, n 1 הִשְׁכִּיב בַּעֲרִיסָה. 2 טִפֵּל בְּתִינוֹק. 3 עֲרִיסָה, עַרְסָל. 4 צוּר מַחֲצַבְתּוֹ, מוֹלֶדֶת. 5 עֶרֶשׂ, יַנְקוּת

craft n 1 אֻמָּנוּת, מְלָאכָה. 2 מְיֻמָּנוּת, מִקְצוֹעִיּוּת, מֻמְחִיּוּת. 3 חָרִיצוּת, זְרִיזוּת. 4 תְּבוּנָה, כִּשְׁרוֹן, כֹּשֶׁר. 5 עָרְמָה, עַרְמוּמִיּוּת, תַּחְבְּלָנוּת. 6 אֲגֻדָּה, גִּילְדָּה. 7 סְפִינָה

craftily adv בְּעָרְמָה

craftiness n עָרְמָה, תַּחְבְּלָנוּת, פִּקְחוּת

craftsman n אֻמָּן, בַּעַל מְלָאכָה, בַּעַל מִקְצוֹעַ

craftsmanship n אֻמָּנוּת, מִקְצוֹעִיּוּת

crafty adj עַרְמוּמִי, תַּחְבְּלָנִי, נוֹכֵל

crag n סֶלַע, צוּק, שׁוּנִית

cragged, craggy adj מְסֻלָּע, טַרְשִׁי

crake n עוֹרֵב

cram vti, n 1 גִּדֵּשׁ, דָּחַס. 2 הִלְעִיט, פִּטֵּם, אִבֵּס. 3 זָלַל, לָעַט. 4 הִתְכּוֹנֵן בְּחִפָּזוֹן לִבְחִינוֹת. 5 הַלְעָטָה, אֲבִיסָה. 6 זְלִילָה, גַּרְגְּרָנוּת. 7 צְפִיפוּת, דֹּחַק. 8 לְמִידָה בְּחִפָּזוֹן

cramp vt, n 1 כִּוֵּץ, גָּרַם לְהִתְכַּוְּצוּת. 2 הִדֵּק. 3 הִגְבִּיל, מָנַע. 4 הִפְנָה, הִטָּה. 5 הִתְכַּוְּצוּת, כֶּוֶץ, עֲוִית. 6 מַעְצוֹר. 7 מַלְחֶצֶת

cramped adj מְכֻוָּץ, מְהֻדָּק

cranberry n אֻכְמָנִית

crane vti, n 1 הֵרִים בְּעֲגוּרָן. 2 עָגוּר, כְּרוּכְיָה. 3 עֲגוּרָן, מַדְלֶה. 4 סִיפוֹן, גִּשְׁתָּה

crane driver עֲגוּרָנַאי

cranium n גֻּלְגֹּלֶת

crank vt, adj, n 1 אִרְכֵּב, סוֹבֵב אַרְכֻּבָּה, כָּפַף. 2 הִתְנִיעַ. 3 רוֹפֵף, בִּלְתִּי-יַצִּיב. 4 אַרְכֻּבָּה. 5 תִּמְהוֹנִי, מוּזָר

crankshaft n גַּל הָאַרְכֻּבָּה

cranky adj תִּמְהוֹנִי, מוּזָר, נִרְגָּן

cranny n 1 בְּקִיעַ, סֶדֶק, נִקְרָה. 2 מְקוֹם-סֵתֶר

crape, crepe n סַלְסָלָה

craps n מִשְׂחַק קֻבִּיּוֹת

crash vti, n 1 הִתְנַגֵּשׁ, הִתְנַפֵּץ, הִתְרַסֵּק. 2 שִׁבֵּר, נִפֵּץ. 3 הִתְפָּרֵץ. 4 בָּא בְּלִי הַזְמָנָה, נִכְנַס בְּלִי כַּרְטִיס. 5 הִתְנַגְּשׁוּת, הִתְנַפְּצוּת, הִתְרַסְּקוּת, הִתְמוֹטְטוּת. 6 כִּשָּׁלוֹן, מַפֹּלֶת, חֻרְבָּן

crash dive צְלִילַת חֵרוּם

crash helmet קַסְדַּת מָגֵן

crash-landing נְחִיתַת חֵרוּם

crass adj 1 מְטֻמְטָם, אֱוִילִי, נוֹאָל. 2 גַּס. 3 מֻחְלָט

crate vt, n 1 הִכְנִיס לְסַל, שָׂם בְּתֵבָה. 2 סַל נְצָרִים, תֵּבָה. 3 "טָרַנְטֶה"

crater n 1 לֹעַ. 2 מַכְתֵּשׁ

cravat n עֲנִיבָה

crave vti 1 הִתְחַנֵּן, הִפְצִיר, בִּקֵּשׁ. 2 הִשְׁתּוֹקֵק, הִתְגַּעְגֵּעַ

craven n, adj מוּג-לֵב, פַּחְדָן, שָׁפָל

craving n הִשְׁתּוֹקְקוּת, תְּשׁוּקָה, תַּאֲוָה

crawl vi, n 1 זָחַל, רָחַשׁ, שָׁרַץ. 2 זְחִילָה. 3 חֲתִירָה (שחיה). 4 מִכְלָאָה יַמִּית

crayfish, crawfish n סַרְטָן (נהרות)

crayon vt, n 1 שִׂרְטֵט (בעפרון). 2 עֶפְרוֹן-גִּיר, עִפָּרוֹן צִבְעוֹנִי

craze vti, n 1 שִׁגֵּעַ. 2 הִשְׁתַּגֵּעַ. 3 טֵרוּף, שִׁגָּעוֹן. 4 אָפְנָה, מוֹדָה

crazily adv בְּשִׁגָּעוֹן, לְלֹא הִגָּיוֹן

craziness n שִׁגָּעוֹן, טֵרוּף

crazy adj 1 מְשֻׁגָּע, מְטֹרָף, מְבֻלְבָּל. 2 לָהוּט

creak vi, n 1 חָרַק, צָרַם. 2 חֲרִיקָה

creaking adj חוֹרֵק

cream vt, n 1 הוֹצִיא הַשַּׁמֶּנֶת. 2 עָשָׂה שַׁמֶּנֶת. 3 שַׁמֶּנֶת, קְצִיפָה. 4 זְבְדָּה. 5 שַׁמְנָהּ וְסָלְתָּהּ, עִדִּית. 6 מִשְׁחָה

cream puff פַּחְזָנִית

creamery n מַחְלָבָה

creamy adj 1 שָׁמֵן, דָּשֵׁן. 2 דּוֹמֶה לְשַׁמֶּנֶת

crease vti, n 1 קִמֵּט, קִפֵּל. 2 הִתְקַמֵּט, הִתְקַפֵּל. 3 קֶמֶט, קֵפֶל

create vt בָּרָא, יָצַר, הֵקִים

creation n 1 בְּרִיאָה, יְקוּם הַבְּרִיאָה. 2 יְצִירָה, אַמְצָאָה

creative adj 1 יוֹצֵר. 2 מְחַדֵּשׁ. 3 פּוֹרֶה

creatively adv בְּאֹפֶן יַצְרָנִי

creativeness n יְצִירָתִיּוּת

creator n 1 בּוֹרֵא, הַבּוֹרֵא. 2 יוֹצֵר, מְחוֹלֵל, מוֹלִיד. 3 מַמְצִיא

creature n 1 יְצִיר, יְצוּר. 2 בָּשָׂר וָדָם. 3 בַּעַל חַיִּים, בְּהֵמָה, חַיָּה. 4 כְּלִי שָׁרֵת, יְצִיר כַּפַּיִם

creche n פָּעוֹטוֹן

credence n 1 אֵמוּן, אֱמוּנָה. 2 אַשְׁרַאי, בִּטָּחוֹן. 3 שֻׁלְחַן קֹדֶשׁ

credentials npl 1 כְּתַב הָאֲמָנָה. 2 כְּתַב מִנּוּי

credibility n מְהֵימָנוּת

credible adj מְהֵימָן, בַּר-אֵמוּן

credibly adv בִּמְהֵימָנוּת

credit vt, n 1 בָּטַח, הֶאֱמִין. 2 זָקַף עַל חֶשְׁבּוֹן. 3 אַשְׁרַאי, פִּקָּדוֹן, הֲקָפָה. 4 בִּטָּחוֹן, בִּטְחָה. 5 אַקְטִיב. 6 מְהֵימָנוּת.

7 הוֹקָרָה

credit account שֵׁרוּת אַשְׁרַאי

creditable adj רָאוּי לְתְהִלָּה

credit balance יִתְרַת זְכוּת

credit card כַּרְטִיס אַשְׁרַאי

creditor נוֹשֶׁה, מַלְוֶה

credits npl צִיּוּנִים, נְקֻדּוֹת

credo n אֲנִי מַאֲמִין

credulity n אֱמוּנָה בְּכָל דָּבָר, פְּתָיּוּת

credulous adj מַאֲמִין בְּכָל דָּבָר, פְּתִי

credulously adv בְּתֹם לֵב

creed n 1 "אֲנִי מַאֲמִין". 2 אֱמוּנָה

creek n 1 פֶּלֶג, יוּבַל. 2 גַּיְא. 3 מִפְרָץ קָטָן

creep vi, n 1 זָחַל, רָמַשׂ, שָׁרַץ. 2 הִתְגַּנֵּב. 3 זְחִילָה. 4 צְמַרְמֹרֶת. 5 קְנוֹקֶנֶת

creeper n 1 זוֹחֵל, רוֹמֵשׂ. 2 מְטַפֵּס. 3 צִפּוֹר מְטַפֶּסֶת. 4 חֲדוּדִית נַעַל

creepy adj 1 זוֹחֵל, זַחְלָנִי. 2 מַפְחִיד, מַטִּיל אֵימָה

cremate vt אִכֵּל עַד אֵפֶר, שָׂרַף (גוויה)

cremation n שְׂרֵפָה עַד אֵפֶר (גוויה)

crematorium, crematory n מִשְׂרָפָה

crenellated adj מְחֹרָךְ

Creole n, adj 1 קְרֶאוֹלִית. 2 קְרֶאוֹלִי

creosote n קְרֶאוֹסוֹט

crept pt pp זמן עבר ובינוני עבר של הפועל to creep

crescendo n, adv, adj קְרֶשֶׁנְדוֹ

crescent adj, n 1 גָּדֵל וְהוֹלֵךְ, מִתְגַּבֵּר. 2 חֶרְמֵשׁ הַיָּרֵחַ. 3 סַהֲרוֹן. 4 רְחוֹב־קֶשֶׁת

cress n צֶמַח חַרְדְּלִי

crest vti, n 1 הִכְתִּיר, עִטֵּר. 2 פִּסֵּג, הִגִּיעַ לְפִסְגָּה. 3 עָלָה עַל רֹאשׁ הַגַּל. 4 כַּרְבֹּלֶת, רַעְמָה. 5 קוֹבַע, קַסְדָּה. 6 שֶׁלֶט גִּבּוֹרִים. 7 סִיסְמָה. 8 פִּסְגָּה, רֶכֶס. 9 רֹאשׁ הַגַּל

crested adj 1 מְכֻתָּר, מְכֻתָּר. 2 מְכֻרְבָּל

crestfallen adj 1 מְדֻכָּא. 2 מֻשְׁפָּל

cretaceous adj גִּירִי, קְרֶטוֹנִי

cretin n קְרֶטִין

cretinous adj קְרֶטִינִי

crevice n סֶדֶק, בְּקִיעַ, בֶּקַע

crew vi, n 1 שִׁמֵּשׁ בְּצֶוֶת חֲתִירָה. 2 צֶוֶת, סֶגֶל (תחבורה). 3 קְבוּצָה, חֲבוּרָה, כְּנוּפְיָה

crib vti, n 1 סָגַר בְּמָקוֹם צַר. 2 הֶאֱבִיס. 3 עָשָׂה פְּלַגְיָאט, הֶעְתִּיק לְלֹא רְשׁוּת. 4 הֶעְתִּיק. 5 חִזֵּק בְּאֶמְצָעוּת קוֹרוֹת. 6 עֲרִיסָה. 7 אֵבוּס, אֻרְוָה. 8 בִּקְתָּה, חֶדֶר קָטָן, קִיטוֹן. 9 מַחְסָן. 10 פִּגּוּם. 11 פְּלַגְיָאט. 12 הַעְתָּקָה. 13 תִּרְגּוּם מִלּוּלִי

cribbage n מִשְׂחַק קְלָפִים

crick vt, n 1 עִוֵּת, כִּוֵּץ. 2 עֲוִית, הִתְכַּוְּצוּת

cricket n 1 קְרִיקֶט. 2 מִשְׂחָק הוֹגֵן. 3 צְרָצַר

cricketer n שַׂחְקַן קְרִיקֶט

crier n 1 כָּרוֹז. 2 צוֹעֵק, צַעֲקָן

crime n עָווֹן, חֵטְא, עֲבֵרָה, פֶּשַׁע

criminal adj, n 1 פְּלִילִי. 2 פּוֹשֵׁעַ, חוֹטֵא

criminally adv 1 בְּצוּרָה פּוֹשַׁעַת. 2 לְפִי הַחֹק הַפְּלִילִי

crimp vt, adj, n 1 סִלְסֵל, תִּלְתֵּל. 2 קִמֵּט, קִפֵּל. 3 כִּוֵּץ, צִמְצֵם. 4 גִּיֵּס בְּתַחְבּוּלוֹת. 5 מְסֻלְסָל, מְתֻלְתָּל. 6 פָּרִיךְ, פָּרִיר. 7 סִלְסוּל, תַּלְתַּל. 8 קֶמֶט, קֶפֶל

crimson vit, adj, n 1 הֶאְדִּים. 2 הִתְאַדֵּם, הִסְמִיק. 3 שָׁנִי, אַרְגָּמָן. 4 אַרְגְּמָנִי

cringe vi, n 1 הִתְכַּוֵּץ. 2 הִתְרַפֵּס, הִתְחַנֵּף, הִשְׁתַּחֲוָה. 3 הִתְרַפְּסוּת, הִשְׁתַּחֲווּת

crinkle vti, n 1 קִמֵּט, קִפֵּל. 2 סִלְסֵל. 3 רִשְׁרֵשׁ, אִוֵּשׁ. 4 קֶמֶט, קֶפֶל, כִּוּוּץ. 5 רִשְׁרוּשׁ, אִוְשָׁה

crinkly adj מְכֻוָּץ, מְקֻמָּט, מְקֻפָּל

crinoline n קְרִינוֹלִין

cripple vt, n 1 הֵמִּים, הֵטִיל מוּם. 2 שִׁבֵּשׁ, קִלְקֵל. 3 בַּעַל מוּם, נָכֶה, מוּמָּם

crippled adj נכה, מומם, בעל מום
crisis n משבר
crisp vti, adj, n 1 סלסל, תלתל. 2 עשה פריך. 3 נעשה מתלתל, הסתלסל
crispness n 1 פריכות, פרירות. 2 סלסול, תלתול. 3 זריזות
crispy adj 1 פריך, פריר. 2 מסלסל, מתלתל
crisscross vti, adj, adv 1 תשבץ, הצליב. 2 הצטלב. 3 מתשבץ, מצלב, מצטלב. 4 בהצטלבות
criterion n קריטריון, אמת-מדה, בחן
critic n מבקר
critical adj 1 בקרתי. 2 חמור. 3 מכריע
critically adv בחמרה, בבקרתיות
criticism n בקרתיות, בקרת
criticize vt בקר, מתח בקרת
croak vit, n 1 קרקר. 2 רטן, נהם. 3 מת, התפגר. 4 קרקור. 5 רטינה, רטון, נהימה
crochet vt, n 1 סרג בצנורה. 2 צנורה
crochet-hook n אונקל
crock vti, n 1 בלה, התקלקל. 2 הוציא מכלל שמוש. 3 כלי חרס. 4 קשיש, זקן
crockery n כלי חרס, כלי חרסינה
crockery rack סריג
crocodile n תנין
crocodile tears דמעות-תנין
crocus n כרכם
croft n 1 נחלה. 2 קרפיף, קרפף
crofter n חקלאי, אכר, אריס
crone n זקנה בלה
crony n מרע, חבר
crook vt, n 1 עקם, כפף. 2 עקום, כפוף. 3 קרס, וו. 4 מטה רועים. 5 כוננת. 6 נוכל, רמאי
crooked adj 1 מעקם, עקם, מעקל. 2 נוכל, רמאי
crookedly adv 1 בעקמומיות. 2 ברמאות
crookedness n 1 עקמומיות. 2 נוכלות, רמאות
croon vt זמר, פזם
crop vti, n 1 קטם, קרטם, קצץ, חתך, כרת. 2 קצר, אסף. 3 זרע, נטע, הניב. 4 לחך, רעה. 5 קציר. 6 יבול, תנובה. 7 תוצרת. 8 מראה, זפק. 9 שוט פרשים. 10 שער. 11 תספרת קצרה, ראש גזוז
crop up vi בצבץ, הופיע, צמח
croquet n קרוקט
croquette n קציצה, כפתה
crosier, crozier n מטה בישופים
cross vti, adj, n 1 צלב, הצליב, הצטלב. 2 לכסן. 3 הרכיב, הכליא. 4 חצה, עבר, העביר. 5 הרגיז. 6 הכשיל, התנגד, הפריע. 7 בטל, מחק. 8 שכל. 9 מצלב, מצטלב, מצליב. 10 אלכסוני, משפע. 11 מתחלף, הדדי. 12 בן כלאים, מכלא. 13 מרגז, רוטן. 14 צלב. 15 יסורים. 16 הכלאה. 17 אות הצטינות, עטור. 18 שתי וערב
cross off/out בטל, מחק, הוציא
crossbar n 1 בריח רחב, סומך. 2 משקוף
cross-beam n קורה
cross-bencher n ציר בלתי תלוי
cross bite מנשך מצלב
crossbones npl צלבת עצמות
crossbow n בליסטרא
crossbred adj בן כלאים, כלאים
crossbreed vti, n 1 הכליא. 2 הכלאה
cross-check vt, n 1 בדק שתי וערב. 2 בדיקה שתי וערב
cross-country adj, adv דרך השדות
crosscurrent n 1 התנגדות. 2 זרם נגדי
crosscut adj, n 1 חתך אלכסוני. 2 קצור דרך, קפנדריא. 3 הסתעפות
crossed cheque שק מסרטט
cross-examination n חקירת שתי וערב,

חֲקִירָה שֶׁכְּנֶגֶד
cross-examine vti חָקַר חֲקִירָה שֶׁכְּנֶגֶד, חֲקִירַת שְׁתִי וָעֵרֶב
cross-eyed adj פּוֹזֵל
cross-fertilization n הַכְלָאָה
cross-fertilize vt הִכְלִיא
crossfire n אֵשׁ צוֹלֶבֶת
cross-grained adj 1 מַמְרֶה, עַקְשָׁן, סָרְבָן. 2 מְלֻכְסָן סִיבִים
crossing n 1 חֲצִיָּה, צֹמֶת. 2 מַעֲבַר־חֲצִיָּה. 3 נְסִיעָה. 4 הַכְלָאָה
cross-legged adj, adv שְׁלוּב רַגְלַיִם
crossness n רֹגֶז, תַּרְעֹמֶת
crosspatch n בַּעַל מָרָה, רַע לֵב
crosspiece n 1 מַשְׁקוֹף, אַסְקֻפָּה. 2 מִפְרָק
cross-purposes npl מַטָּרוֹת סוֹתְרוֹת
cross-question vt חָקַר חֲקִירָה נֶגְדִּית
cross-reference n רְמִיזָה, רֶמֶז, הַפְנָיָה
crossroad(s) n 1 צֹמֶת, הִצְטַלְּבוּת. 2 פָּרָשַׁת דְּרָכִים
cross-section n 1 חֲתָךְ. 2 מִדְגָּם מְיַצֵּג
cross-stitch n תֶּפֶר מְצֻלָּב
crosswalk n מַעֲבַר חֲצִיָּה
crosswind n רוּחַ נֶגְדִּית
crosswise adv בַּאֲלַכְסוֹן
crossword (puzzle) n תַּשְׁבֵּץ, תַּשְׁבְּצוֹן
crotch n 1 מִפְשָׂעָה. 2 הִתְפַּלְּגוּת, מִסְעָף
crotchet n 1 וָוִית. 2 קַפְּרִיזָה, גַּחֲמָה
crotchety adj קַפְּרִיזִי
crouch vi הִתְכּוֹפֵף, הִתְרַפֵּס, כָּרַע
croup n 1 עַכּוּז (בהמה), עָצֶה. 2 אַסְכָּרָה
crow vi, n 1 קִרְקֵר. 2 הִתְרַבְרֵב. 3 עוֹרֵב. 4 מָנוֹף. 5 קִרְקוּר
crowbar nx דֶּקֶר, קַנְטָר
crowd vit, n 1 הִתְקַהֵל, הִתְגּוֹדֵד, הִצְטוֹפֵף. 2 קָהָל, הָמוֹן, עֵדָה, אֲסַפְסוּף
crowded adj צָפוּף, גָּדוּשׁ
crown vt, n 1 הִכְתִּיר, הִמְלִיךְ. 2 עִטֵּר. 3 הִשְׁלִים, סִיֵּם. 4 קִמֵּר. 5 כֶּתֶר, עֲטָרָה, נֵזֶר, זֵר. 6 פִּסְגָּה, רֹאשׁ. 7 כּוֹתֶרֶת. 8 צַמֶּרֶת, אָמִיר. 9 קְרוֹנָה
crowning n 1 הַכְתָּרָה, הַעֲטָרָה. 2 מַשְׁלִים
crown prince n יוֹרֵשׁ הָעֶצֶר
crown princess n יוֹרֶשֶׁת הָעֶצֶר
crown witness n עֵד מְדִינָה
crow over vt הִתְרַבְרֵב, הִתְחַצֵּף
crow's feet 1 קְמָטִים מִתַּחַת לָעַיִן. 2 מַחְסוֹם בַּרְזֶל
crow's nest מִגְדַּל תַּצְפִּית, שׁוֹמֵרָה
crucial adj מַכְרִיעַ, חָמוּר, קָשֶׁה, קְרִיטִי
crucible n 1 כּוּר, מַצְרֵף. 2 מִבְחָן
crucifix n צְלָב
crucifixion n 1 צְלִיבָה. 2 יִסּוּרִים, עִנּוּיִים
cruciform adj 1 דְּמוּי צְלָב. 2 שְׁתִי וָעֵרֶב
crucify vt 1 צִלֵּב, הִצְלִיב. 2 יִסֵּר, עִנָּה
crude adj 1 גָּלְמִי, בֹּסֶר. 2 מְחֻסְפָּס, גַּס. 3 לֹא מְזֻקָּק, לֹא מְעֻבָּד
crudely adv בְּגַסּוּת
crudeness n 1 גָּלְמִיּוּת, בֹּסֶר. 2 גַּסּוּת. 3 חִסְפּוּס
crudity n 1 גַּסּוּת, חִסְפּוּס. 2 גָּלְמִיּוּת, בֹּסֶר
cruel adj 1 אַכְזָר, אַכְזָרִי. 2 מַכְאִיב
cruelly adv בְּאַכְזְרִיּוּת
cruelty n אַכְזְרִיּוּת, רֹעַ־לֵב
cruet n אָסוּךְ
cruise vi, n 1 שִׁיֵּט, שׁוֹטֵט. 2 שַׁיִט
cruiser n 1 מְסַיֵּר, מְשַׁיֵּט. 2 סַיֶּרֶת. 3 סְפִינַת נֹפֶשׁ
crumb vt, n 1 פּוֹרֵר, פֵּרַר, רִסֵּק, פִּתֵּת, פּוֹתֵת. 2 פֵּרוּר, פְּתוֹת
crumble vit 1 פֵּרַר, פּוֹרֵר, פִּתֵּת. 2 הִתְפָּרֵק, הִתְפּוֹרֵר, הִתְרַסֵּק
crumbly adj פָּרִיר, מִתְפּוֹרֵר
crumpet n עוּגִית קְלוּיָה
crumple vti 1 מָעַךְ, קִמֵּט. 2 הִתְקַמֵּט
crunch vti, n 1 מָעַךְ, לָחַץ. 2 כָּסַס, לָעַס, כִּרְסֵם. 2 כְּתִישָׁה, טְחִינָה. 3 כִּרְסוּם
crusade vi, n 1 עָרַךְ מַסַּע צְלָב. 2 מַסַּע צְלָב

crusader n 1 צַלְבָן. 2 לוֹחֵם

crush vti, n 1 כָּתַשׁ, רִסֵּק, מָעַךְ. 2 דָּחַק, רָמַס, דִּכֵּא, רוֹצֵץ. 3 סָחַט. 4 כְּתִישָׁה, מְעִיכָה. 5 דֹּחַק, הִצְטוֹפְפוּת. 6 תְּשׁוּקָה

crusher n מַגְרֵסָה

crust vti, n 1 קָרַם, גָּלַד. 2 הִגְלִיד, הִקְרִים. 3 קְרוּם, מַעֲטֶה, גֶּלֶד. 4 שִׁרְיוֹן

crustacean adj, n 1 סַרְטָנִי. 2 סַרְטָן

crusted adj נֻקְשֶׁה

crustiness n נֻקְשׁוּת, קַשְׁיוּת

crusty adj 1 קְלִפָּתִי. 2 נֻקְשֶׁה

crutch vt, n 1 תָּמַךְ, הִשְׁעִין. 2 קַב, קַבַּיִם, מִשְׁעֶנֶת. 3 מִפְשָׂעָה. 4 חֲצוּבָה, דּוּרֶגֶל

crux n עִקַּר־הָעִקָּרִים

cry vit, n 1 קָרָא, צָעַק, צָרַח. 2 בָּכָה, יִלֵּל, קוֹנֵן. 3 הִתְחַנֵּן. 4 הִכְרִיז. 5 קְרִיאָה, צְעָקָה, צְרִיחָה. 6 בְּכִיָּה, קִינָה, יְלָלָה. 7 הַכְרָזָה. תְּחִנָּה, הַפְצָרָה. 9 עֲדַת כְּלָבִים

crying adj 1 מַחְפִּיר, מְשַׁוֵּעַ. 2 בּוֹכֶה

cry off vi בִּטֵּל, נָסוֹג

crypt n כּוּךְ, מְעָרָה

cryptic(al) adj חָבוּי, סוֹדִי, נֶעְלָם

cryptically adv בַּסֵּתֶר, בְּסוֹדִיּוּת

cryptogram n כְּתַב־סְתָרִים

crystal n גָּבִישׁ, בְּדֹלַח

crystal-clear adj 1 שָׁקוּף כִּבְדֹלַח. 2 בָּרוּר כַּשֶּׁמֶשׁ

crystalline adj 1 גְּבִישִׁי, בְּדָלְחִי. 2 בָּרוּר, שָׁקוּף

crystallize vti 1 גִּבֵּשׁ, לִכֵּד, צֵרֵף. 2 הִתְגַּבֵּשׁ, הִתְלַכֵּד

crystallization n גִּבּוּשׁ, הִתְלַכְּדוּת, הִתְגַּבְּשׁוּת

cub n 1 גּוּר. 2 זַאֲטוּט. 3 צָעִיר. 4 עִתּוֹנַאי מַתְחִיל

cubbyhole n כּוּךְ, תָּא, מַחֲבוֹא

cube vt, n 1 עִקֵּב, הֶעֱלָה לְחֶזְקָה שְׁלִישִׁית. 2 קֻבִּיָּה

cube root שֹׁרֶשׁ מְעֻקָּב

cubic(al) adj 1 קֻבִּי, מְעֻקָּב. 2 בְּחֶזְקָה שְׁלִישִׁית

cubicle n חַדְרוֹן, תָּא

cubism n קוּבִּיזְם

cubist n קוּבִּיסְט

cubit n אַמָּה

cuckold vt, n 1 הִצְמִיחָה קַרְנַיִם לְבַעַל. 2 בַּעַל קַרְנַיִם

cuckoo n 1 קוּקִיָּה. 2 שׁוֹטֶה, אֱוִיל

cucumber n מְלָפְפוֹן

cud n גֵּרָה

cuddle vti, n 1 לִטֵּף, חִבֵּק, גִּפֵּף. 2 חִבּוּק, לִטּוּף, גִּפּוּף

cudgel vt, n 1 הָלַם, חָבַט. 2 אַלָּה

cue n 1 מַטֵּה הַבִּילְיַרְד. 2 צַמָּה. 3 רֶמֶז, רְמִיזָה, אוֹת

cuff vt, n 1 סָטַר, הָלַם. 2 סְטִירָה, מַהֲלֻמָּה. 3 חֵפֶת. 4 יָדָה, שַׁרְווּלִית

cuff links חֲפָתִים

cuirass n שִׁרְיוֹן, שַׁכְפַּ"ץ

cuirassier n פָּרָשׁ עוֹטֶה שִׁרְיוֹן

cuisine n 1 מִטְבָּח. 2 בִּשּׁוּל, תַּבְשִׁיל. 3 אָמָּנוּת הַבִּשּׁוּל

cul-de-sac (Fr) n מָבוֹי סָתוּם

culinary adj 1 מִטְבָּחִי. 2 שֶׁל בִּשּׁוּל

cull vt 1 לִקֵּט, אָסַף, קָטַף. 2 בֵּרֵר, בָּרַר, בָּחַר

culm n קָנֶה, גִּבְעוֹל

culminate vi 1 הִגִּיעַ לַשִּׂיא. 2 הִסְתַּיֵּם

culmination n שִׂיא, פִּסְגָּה

culpability n אַשְׁמָה, אָשָׁם

culpable 1 חַיָּב, אָשֵׁם, נִפְשָׁע, פּוֹשֵׁעַ. 2 לֹא־מוּסָרִי

culpably adv כְּאָשֵׁם

culprit n 1 נֶאֱשָׁם. 2 עֲבַרְיָן. 3 חַיָּב

cult n 1 פֻּלְחָן. 2 הַעֲרָצָה, הַאֲלָהָה. 3 כַּת

cultivate vt 1 עִבֵּד, גִּדֵּל. 2 תִּרְבֵּת, חִנֵּךְ. 3 פִּתַּח, טִפַּח, שִׁפֵּר, שִׁכְלֵל

cultivated adj 1 מְעֻבָּד. 2 מְטֻפָּח, מְפֻתָּח. 3 תַּרְבּוּתִי, בַּעַל הַשְׂכָּלָה
cultivation n 1 עִבּוּד. 2 טִפּוּחַ, פִּתּוּחַ. 3 תַּרְבּוּת, חִנּוּךְ. 4 גִּדּוּל, קֻלְטוּר
cultivator n 1 מְעַבֵּד, מְפַתֵּחַ. 2 קַלְטֶרֶת, קוּלְטִיבָטוֹר. 3 אִכָּר. 4 חָסִיד
cultural adj תַּרְבּוּתִי, חִנּוּכִי
culture n 1 תַּרְבּוּת. 2 עֲבוֹדַת־אֲדָמָה. 3 גִּדּוּל, טִפּוּחַ, פִּתּוּחַ, שִׁכְלוּל
cultured adj 1 מְתֻרְבָּת, תַּרְבּוּתִי. 2 מְעֻבָּד
culvert n מִפְלַשׁ מַיִם
cumber vt 1 הִכְבִּיד, הִטְרִיד, הֵצִיק. 2 מָנַע, עִכֵּב
cumbersome, cumbrous adj 1 מַכְבִּיד. 2 גַּמְלוֹנִי, מְגֻשָּׁם, גַּס
cumin n כַּמּוֹן (צמח)
cumulative adj צָבִיר, מִצְטַבֵּר, מִתְלַקֵּט, קוּמוּלָטִיבִי
cumulus n 1 תְּלוּלִית. 2 קוּמוּלוּס
cuneiform adj 1 דְּמוּי יָתֵד. 2 שֶׁל כְּתַב הַיְתֵדוֹת
cunning adj, n 1 עָרוּם, עַרְמוּמִי. 2 פִּקֵּחַ, שָׁנוּן. 3 עַרְמוּמִיּוּת, עָרְמָה. 4 שְׁנִינוּת, פִּקְחוּת
cup n 1 סֵפֶל. 2 גָּבִיעַ. 3 מַזָּל, גּוֹרָל. 4 שִׁקּוּי, סְבִיאָה. 5 קִמּוּר. 6 חוֹר, חֹר, נֶקֶב. 7 בֵּית אֲחִיזָה לַשָּׁד
cupbearer n שַׂר מַשְׁקִים
cupboard n מִזְנוֹן, אֲרוֹן כֵּלִים
cupful n מְלֹא הַסֵּפֶל
cupidity n חַמְדָנוּת, תַּאֲוָה
cupola n כִּפָּה
cupric adj נְחָשְׁתָּנִי
cur n 1 כֶּלֶב עָזוּב. 2 נִבְזֶה, מְנֻוָּל
curability n רְפִיאוּת, רִפּוּי
curable adj רָפִיא, בַּר רִפּוּי
curate n 1 כֹּמֶר. 2 כֹּמֶר־מִשְׁנֶה
curative adj מַרְפֵּא, רְפוּאִי
curator n אוֹצֵר
curb vt, n 1 רִסֵּן, בָּלַם, הִגְבִּיל, עָצַר. 2 רָתַם. 3 מַעְצוֹר, בֶּלֶם. 4 מֶתֶג, רֶסֶן, כַּרְכֹּב. 5 אֶבֶן שָׂפָה. 6 אֹגֶן הַבְּאֵר
curd n 1 זִבְדָּה. 2 קוֹם. 3 קָרִישׁ
curdle vti 1 הִקְרִישׁ, קָרַשׁ. 2 נִקְרַשׁ
cure vti, n 1 רִפֵּא, הִבְרִיא. 2 תִּקֵּן. 3 עִשֵּׁן, כָּבַשׁ, שִׁמֵּר. 4 חִדֵּשׁ. 5 גִּפֵּר. 6 הִכְשִׁיר. 7 רִפּוּי, מַרְפֵּא, מָזוֹר. 8 רְפוּאָה, הַבְרָאָה. 9 שִׁמּוּר. 10 גִּפּוּר, עִבּוּד, חִדּוּשׁ
cure-all n תְּרוּפָה לַכֹּל, צֳרִי
curfew n עֹצֶר
curing n אַשְׁפָּרָה
curio n חֵפֶץ נָדִיר
curiosity n 1 סַקְרָנוּת. 2 נְדִירוּת
curious adj 1 סַקְרָנִי, בּוֹחֵשׁ בִּקְדֵרָה, סַקְרָן. 2 יוֹצֵא-דֹּפֶן, מוּזָר
curiously adv בְּסַקְרָנוּת
curl vti, n 1 תִּלְתֵּל, סִלְסֵל. 2 פִּתֵּל, חִלְזֵן. 3 הִסְתַּלְסֵל, הִתְפַּתֵּל, הִתְעַקֵּל. 4 תַּלְתַּל. 5 סִלְסוּל. 6 סְלִיל, גְּלִיל. 7 תִּלְתּוּל
curler n מְסַלְסֵל, מְתַלְתֵּל
curlew n חַרְמֵשׁוֹן
curling n, adj 1 תִּלְתּוּל, סִלְסוּל שֵׂעָר. 2 מְתֻלְתָּל, מְסֻלְסָל
curmudgeon n קַמְצָן, כִּילַי
currant n דֻּמְדְּמָנִית
currency n 1 כֶּסֶף, מַטְבֵּעַ. 2 מַחֲזוֹר כַּסְפִּי. 3 שִׁמּוּשׁ שׁוֹטֵף, שְׁכִיחַ
current adj, n 1 שׁוֹטֵף, נוֹכְחִי, מְקֻבָּל, נָפוֹץ, יָדוּעַ, עַכְשָׁוִי, קַיָּם, שָׁגוּר. 2 זֶרֶם. 3 מַהֲלָךְ, הִשְׁתַּלְשְׁלוּת
current account חֶשְׁבּוֹן שׁוֹטֵף, חֶשְׁבּוֹן עוֹבֵר וָשָׁב
currently adv כָּעֵת, כַּיּוֹם, כַּמְקֻבָּל
curriculum n תָּכְנִית לִמּוּדִים
curriculum vitae (L) תּוֹלְדוֹת חַיִּים
curry vt, n 1 עִבֵּד. 2 קֵרְצֵף, סֵרַק. 3 תִּבֵּל

בְּקָרִי. 4 הֶחֱנִיף. 5 הִצְלִיף.
6 קֶרִי. 7 נְזִיד קָרִי

curse vti, n 1 קִלֵּל, אָרַר, חֵרֵף. 2 הֶחֱרִים, נִדָּה. 3 קְלָלָה, מְאֵרָה, אֶרֶר, אָלָה

cursed adj מְקֻלָּל, אָרוּר, שָׂנוּא, נִבְזֶה

cursive adj 1 שׁוֹטֵף, מְחֻבָּר. 2 מְשִׁיט, קוּרְסִיבִי

cursor n סַמָּן

cursory adj שִׁטְחִי, נֶחְפָּז, פָּזִיז

curt adj 1 קָצָר. 2 מְחֻסְפָּס

curtail vt 1 הִמְעִיט, מִעֵט, קִצֵּר, קִצֵּץ. 2 הִפְחִית, קִפֵּחַ, שָׁלַל

curtailment n 1 הַפְחָתָה, קִצּוּר, קִצּוּץ. 2 הַמְעָטָה, קִפּוּחַ, שְׁלִילָה

curtain vt, n 1 וִלֵּן, כִּסָּה בְּמָסָךְ. 2 הִסְתִּיר. 3 וִילוֹן, מָסָךְ

curtaining n וִלּוּן

curtly adv בְּקִצּוּר נִמְרָץ

curtness n קִצּוּר

curtsy, curtsey advt, n 1 קָדַד, הִרְכִּין. 2 קִדָּה

curvature n עִקּוּם, עֲקִימָה, עַקְמוּמִיּוּת, קֶשֶׁת

curve vti, n 1 כָּפַף, עִקֵּם, עִקֵּל. 2 הִתְעַקֵּם, הִתְכּוֹפֵף, הִתְעַקֵּל. 3 עָקֹם, כָּפוּף. 4 עֲקֻמָּה, כְּפִיפָה, עִקּוּל, פִּתּוּל, סִבּוּב

cushion vt, n 1 רִכֵּךְ, רִפֵּד. 2 הִשְׁקִיט. 3 הִסְתִּיר, הִתְעַלֵּם. 4 כִּסָּה בְּכֶסֶת. 5 כַּר, כֶּסֶת

custard n 1 רַפְרֶפֶת בֵּיצִים. 2 חֲבִיצָה

custodian n מְפַקֵּחַ, מַשְׁגִּיחַ, אֶפִּיטְרוֹפּוֹס

custody n 1 הַשְׁגָּחָה, פִּקּוּחַ. 2 כְּלִיאָה, מַאֲסָר, מַעְצָר. 3 שְׁמִירָה, מִשְׁמֶרֶת

custom n 1 מִנְהָג, נֹהַג, נֹהַל, הֶרְגֵּל, דֶּרֶךְ אֶרֶץ. 2 מֶכֶס. 3 צִבּוּר לָקוֹחוֹת

customs officer מוֹכֵס

custom-built,
custom-made adj עָשׂוּי לְפִי הַזְמָנָה

customarily adv כַּנָּהוּג, לְפִי מִנְהָג

customary adj רָגִיל, מְקֻבָּל, שָׁכִיחַ

customer n 1 לָקוֹחַ, קוֹנֶה. 2 בַּרְנָשׁ

cut vt, adj, n 1 חָתַךְ, כָּרַת, גָּזַר. 2 פָּרַס. 3 בִּתֵּר, בָּקַע, חָטַב, חָצַב. 4 נִסֵּר, קָצַר, סִפֵּר, קִצֵּץ. 5 חָתוּךְ, גָּזוּר, קָצוּץ. 6 מְפֻחָת. 7 מְחֻלָּק, מְפֹרָד. 8 מְסֹרָס. 9 חִתּוּךְ, חֶתֶךְ, חֲתָךְ. 10 קִצּוּר, הַשְׁמָטָה. 11 אָפְנָה, גִּזְרָה. 12 הֶעָרָה. 13 פֶּצַע, פְּגִיעָה

cut across חָצָה

cut down 1 הוֹרִיד, הִפִּיל, חָתַךְ. 2 הִפְחִית

cut of file מַחֲרֹקֶת

cute adj 1 פִּקֵּחַ, מְמֻלָּח, חָרִיף, מִתְחַכֵּם. 2 נֶחְמָד, חָמוּד, מְלַבֵּב

cutely adv 1 בְּפִקְחוּת. 2 בְּחֵן

cuticle n קְרוּם, עוֹר קַרְנִי

cut in on הִפְסִיק, שִׁסַּע

cutler n סַכִּינַאי

cutlery n סַכּוּ״ם

cutlet n קְצִיצָה, כְּפְתָּה

cut off 1 חָתַךְ, נִתֵּק, הִשְׁמִיד. 2 קֶצֶר. 3 דֶּרֶךְ קְצָרָה

cut out 1 גָּזַר, הִשְׁמִיט. 2 קָרַץ

cut-out n 1 מַפְסֵק. 2 נָתִיךְ, שַׁסְתּוֹם

cut up 1 בִּתֵּר, חִצֵּב. 2 מְסֹרָס. 3 מְדֻכָּא

cut glass זְכוּכִית מְלֻטֶּשֶׁת

cut-price adj מְחִיר מוּזָל

cutlass n שֶׁלַח

cutpurse n כַּיָּס

cutter n מַקֵּד

cutthroat n, adj 1 רוֹצֵחַ. 2 רַצְחָנִי, אַכְזָרִי, הַרְסָנִי

cutting adj, n 1 חוֹתֵךְ, חַד, נוֹשֵׁךְ. 2 נוֹקֵב, סַרְקַסְטִי. 3 קִצּוּץ, חִתּוּךְ, מִבְתָּר. 4 גִּיּוּץ, כִּרְסוּם. 5 קֶטַע, גְּזוּר. 6 עוֹקֵף. 7 חִצּוּב, חֲצִיבָה, חִטּוּב, סִתּוּת. 8 חֲפִירָה. 9 מִבְתָּר

cuttlefish n דְּיוֹנוּן
cutwater n פּוֹלֵחַ גַּלִּים
cutworm n זַחַל הָאַגְרוֹטִיס
cyanide n צִיאָנִיד
cybernetics n קִיבֶּרְנֶטִיקָה
cyber space n הֶחָלָל כְּמֶרְחָב תִּקְשָׁרְתִּי
cyclamen n רַקֶּפֶת
cycle vi, n 1 רָכַב עַל אוֹפַנַּיִם. 2 סָבַב,
הִסְתּוֹבֵב. 3 מַחֲזוֹר. 4 תְּקוּפָה.
5 גַּלְגַּל. 6 מַעְגָּל, עִגּוּל. 7 אֹסֶף.
8 אוֹפַנַּיִם, תְּלַת אוֹפַן, אוֹפַנּוֹעַ
cycling n רְכִיבָה עַל אוֹפַנַּיִם
cyclist n אוֹפַנָּן, רוֹכֵב עַל אוֹפַנַּיִם
cyclone n צִקְלוֹן
cyclopean adj צִיקְלוֹפִּי, עֲנָקִי, עָצוּם
cyclotron n צִיקְלוֹטְרוֹן
cylinder n 1 גָּלִיל, צִילִינְדֶר, מַעְגִּילָה
cymbal(s) n מְצִלְתַּיִם
cynic n צִינִיקָן
cynical adj צִינִי
cynically adv בְּצִינִיּוּת
cynicism n צִינִיּוּת
cynosure n מֶרְכַּז הַהִתְעַנְיְנוּת
cypress n בְּרוֹשׁ
Cyrillic adj קִירִילִי
cyst n 1 כִּיס, כִּיסוֹן. 2 שַׁלְחוּף, כִּיסְתָה
czar n צָר, צַאר
czarina n אֵשֶׁת הַצַּאר

D

D, d 1 דִּי, הָאוֹת הָרְבִיעִית שֶׁל הָאָלֶף־בֵּית הָאַנְגְּלִי. 2 רְבִיעִי. 3 רֶה. 4 500
dab vti n 1 טָפַח, נָגַע. 2 טִיֵּחַ. 3 טְפִיחָה קַלָּה, נְגִיעָה קַלָּה. 4 נִקּוּר. 5 קַמְצוּץ, טִפָּה. 6 מֹשֶׁה רַבֵּנוּ (דג)
dabble vti 1 הִתִּיז, הִזָּה. 2 לִחְלֵחַ, הִרְטִיב. 3 הִכְתִּים. 4 הִתְעַסֵּק
dabbler n שִׁטְחִי, חוֹבְבָן, דִּילֶטַנְט
da capo (L) מֵרֹאשׁ, דָּה קָפּוֹ
dace n שְׁטְחָה
dactylic adj מֵרִים, דַּקְטִילִי
dad, daddy n אַבָּא
dado vt n 1 רִבֵּד. 2 רִבּוּד, כַּן
daffodil n נַרְקִיס
daft adj 1 מְשֻׁגָּע, מְטֹרָף. 2 טִפֵּשׁ, אֱוִיל
daftly adv בְּטֵרוּף
dagger n פִּגְיוֹן
dahlia n דָּלִיָּה
daily adj adv n 1 יוֹמִי. 2 מִדֵּי יוֹם בְּיוֹמוֹ. 3 יוֹמוֹן, עִתּוֹן יוֹמִי
daintily adv בְּנֹעַם, בַּעֲדִינוּת, בְּרֹךְ
daintiness n עֲרֵבוּת, טַעַם, רַכּוּת
dainty adj n 1 עָרֵב, טָעִים, נָעִים. 2 מַעֲדָן
dairy n מַחְלָבָה, מֶשֶׁק חָלָב
dairy farm מֶשֶׁק חָלָב
dairymaid n חַלְבָּנִית
dairyman n חַלְבָּן
dais n בָּמָה, דּוּכָן
daisy n חִנָּנִית
dale עֵמֶק, גַּיְא
dalliance n 1 בִּטּוּל זְמַן, בִּזְבּוּז זְמַן. 2 אֲהַבְהָבִים
dally over vt 1 הִתְבַּטֵּל. 2 הִתְעַכֵּב
dally with vt הִשְׁתַּעֲשַׁע בְּ־
dalmatian n דַּלְמָטִי
dam vt n 1 סָכַר, עָצַר, חָסַם. 2 סֶכֶר. 3 סוֹלְלָה, מַחְסוֹם. 4 אֵם (בעל חיים)
damage vti n 1 הִזִּיק. 2 פָּגַע, קִלְקֵל. 3 נִזּוֹק. 4 הִתְקַלְקֵל, נִתְנַזֵּק. 5 נֶזֶק, הֶזֵּק. 6 הֶפְסֵד, חַבָּלָה. 7 דְּמֵי נֶזֶק, פִּצּוּיִים
damaging adj מַזִּיק, מֵרֵעַ
damask n adj 1 אָרִיג דַּמַּשְׂקִי. 2 פְּלָדַת דַּמֶּשֶׂק. 3 וָרִיד
dame n 1 גְּבֶרֶת. 2 אֲדוֹנָה, גְּבִירָה
damn vt n, interj 1 קִלֵּל, גִּנָּה, נִדָּה. 2 הִרְשִׁיעַ. 3 קְלָלָה, גִּנּוּי. 4 לַעֲזָאזֵל!
damnable adj אָרוּר, נִבְזֶה, מְנֻדֶּה, מְתֹעָב
damnation n הַרְשָׁעָה, קְלָלָה, נְאָצָה
damned adj adv 1 מְקֻלָּל, בָּזוּי. 2 רָשָׁע מֻרְשָׁע. 3 עַד מְאֹד
damnify vt גָּרַם נֶזֶק, גָּרַם הֶפְסֵד
damp vti adj n 1 לִחְלֵחַ, הִרְטִיב. 2 רִפָּה, הֶחֱלִישׁ. 3 כִּבָּה. 4 עִמְעֵם, שִׁכֵּךְ. 5 לַח, רָטֹב. 6 מְעֻרְפָּל, עָמוּם. 7 לַחוּת, רְטִיבוּת, טַחַב. 8 עֲרָפֶל, אֵדִים. 9 דִּכָּאוֹן, עִכּוּב
damp down הֶחֱנִיק, שִׁנֵּק, עִמְעֵם, חָנַק
dampen vti 1 הִרְטִיב, לִחְלֵחַ. 2 שִׁכֵּךְ, עִמְעֵם, דִּכָּא
damper n 1 עַמְעֶמֶת. 2 מְשַׁכֵּךְ. 3 וַסַּת אֲוִיר
dampness n לַחוּת, רְטִיבוּת, טַחַב
damsel n עַלְמָה, בַּחוּרָה, נַעֲרָה
damson n שְׁזִיף דַּמֶּשֶׂק
dance vit n 1 רָקַד, כִּרְכֵּר, פִּזֵּז, חוֹלֵל, חָל. 2 רִקּוּד, מָחוֹל. 3 כִּרְכּוּר, פִּזּוּז
dancer n רַקְדָן, רוֹקֵד, מְחוֹלֵל
dancing n רְקִידָה
dandelion n שִׁנָּן

dandified adj גַּנְדְּרָנִי, טַרְזָנִי
dandle vt 1 פִּנֵּק, לִטֵּף. 2 שִׁעֲשַׁע תִּינוֹק עַל הַבִּרְכַּיִם
dandruff n קַשְׂקֶשֶׂת
dandy adj n 1 גַּנְדְּרָנִי. 2 מְצֻיָּן, שׁוּפְרָא דְשׁוּפְרָא. 3 טַרְזָן, גַּנְדְּרָן, מִתְהַדֵּר
Dane n דָּנִי, דָּנִית
danger n סַכָּנָה, סִכּוּן
danger money תּוֹסֶפֶת סִכּוּן
dangerous adj 1 מְסֻכָּן, מְסַכֵּן. 2 חָמוּר, אָנוּשׁ
dangerously adv בְּסַכָּנָה
dangle vti דִּלְדֵּל, נִדַּלְדֵּל, הִתְנַדְנֵד
Danish adj n 1 דָּנִי. 2 דָּנִית
dank adj רָטֹב, טָחוּב
daphne n דַּפְנָה (שׂיח)
dapper adj הָדוּר, נָאֶה
dapple vt נִמֵּר, נִקֵּד, גִּוֵּן.
dappled adj רַבְגּוֹנִי, נָקֹד, מְנֻמָּר
Darby and Joan צֶמֶד חֶמֶד, יַעֲקֹב וְרָחֵל
dare vti n 1 הֵעֵז, הִסְתַּכֵּן, נִסָּה. 2 הִתְרִיס. 3 הֶעָזָה, הַתְרָסָה. 4 אֶתְגָּר
daredevil n נוֹעָז, חָצוּף
daring adj n 1 אַמִּיץ, עָשׂוּי לִבְלִי חָת. 2 הֶעָזָה, אֹמֶץ
dark adj n חָשׁוּךְ, אָפֵל, קוֹדֵר, כֵּהֶה
Dark Ages (the) יְמֵי הַבֵּינַיִם הַחֲשׁוּכִים
darken vti 1 הֶחְשִׁיךְ, הֶאֱפִיל, הִשְׁחִיר, הִקְדִּיר. 2 הִתְקַדֵּר, הִתְעַרְפֵּל. 3 נִתְעַוֵּר
darkly adv 1 בַּחֲשֵׁכָה. 2 בְּסֵתֶר
darkness n 1 חֲשֵׁכָה, חֹשֶׁךְ, אֲפֵלָה, קַדְרוּת, אֲפֵלוּת. 2 עִוָּרוֹן
darling adj n אָהוּב, יַקִּיר, חָבִיב
darkroom n חֶדֶר אָפֵל
darn vt n 1 תִּקֵּן, אִחָה, טָלָא, טִלֵּא, רִשֵּׁת, הִטְלִיא. 2 תִּקּוּן, אִחוּי, רִשּׁוּת. 3 לַעֲזָאזֵל
darning n רִשּׁוּת, תִּקּוּן, טְלִיאָה
dart vit n 1 נִפֵּץ, הִתִּיז, הִשְׁלִיךְ. 2 מִזֵּג, מָהַל, בִּלְבֵּל, עִרְבֵּב. 3 סִכֵּל, הָרַס, דִּכָּא. 4 הֵבִיךְ, הִכְזִיב. 5 שִׁרְבֵּט. 6 הִתְנַפֵּל, הִסְתָּעֵר, הִתְפָּרֵץ. 7 הִתְנַגְּשׁוּת. 8 זְרִיקָה, הַשְׁלָכָה. 9 הִתְנַפְּצוּת, הַתָּזָה. 10 מִתְפֶּרֶת
dash vti n 1 זָרַק, הִשְׁלִיךְ. 2 נִזְרַק, הִתְנַפֵּץ. 3 דָּהַר. 4 סִכֵּל, הָרַס. 5 הִתְנַפְּצוּת. 6 דְּהִירָה. 7 קֹמֶץ, קֻרְטוֹב. 8 מַפְרִיד. 9 רְסִיק
dashboard n לוּחַ מַחֲוָנִים, לוּחַ שְׁעוֹנִים
dashed line קַו מְרֻסָּק
dashing adj 1 מְלֵא־מֶרֶץ. 2 מַזְהִיר, רַאֲוְתָנִי. 3 מְטֻרְזָן
dash off 1 עָשָׂה בְּחִפָּזוֹן. 2 הִסְתַּלֵּק מַהֵר. 3 שִׁרְבֵּט
dastard n מוּג־לֵב, פַּחְדָן שָׁפָל
dastardly adj פַּחְדָנִי
data npl 1 נְתוּנִים (למחשב). 2 עֻבְדּוֹת, מִסְפָּרִים. 3 מֵידָע
data-base מַאֲגַר מֵידָע
data processing עִבּוּד נְתוּנִים
datable adj שֶׁנִּתָּן לְצַיֵּן תַּאֲרִיכוֹ
date vt n 1 תֵּאֲרֵךְ, זִמֵּן. 2 קָבַע, חִשֵּׁב, חָל. 3 תַּאֲרִיךְ, מוֹעֵד. 4 זְמַן, תְּקוּפָה. 5 רֵאָיוֹן, פְּגִישָׁה. 6 תָּמָר, דֶּקֶל
dateline n 1 תַּאֲרִיךְ גְּבוּל. 2 קַו הַתַּאֲרִיךְ
date palm דֶּקֶל
dated adj 1 מְתֻאֲרָךְ. 2 מְיֻשָּׁן, שֶׁעָבַר זְמַנּוֹ
dateless adj 1 חֲסַר תַּאֲרִיךְ. 2 אֵין סוֹפִי, נִצְחִי, לְלֹא גְּבוּל
dative n adj (שֶׁל) יַחֲסַת אֶל
daub vti n 1 מָרַח, צִפָּה. 2 הִכְתִּים, לִכְלֵךְ, צִיֵּר. 3 צִפּוּי, מְרִיחָה. 4 צִיּוּר
daughter n בַּת
daughter-in-law n כַּלָּה, אֵשֶׁת הַבֵּן
daughterly adj נָאֶה לְבַת
daunt vt הִפְחִיד, הֵטִיל מוֹרָא
dauntless adj אַמִּיץ, עָשׂוּי לִבְלִי חָת
dauntlessly adv בְּלִי מוֹרָא, בְּלִי פַּחַד

dauphin n יוֹרֵשׁ הָעֶצֶר
davenport n 1 מִכְתָּבָה. 2 סַפָּה־מִטָּה
davit n קִילוֹן, מַדְלֶה, מָנוֹף, עֲגוּרָן
dawdle vit הִתְבַּטֵּל, בִּזְבֵּז זְמַנּוֹ
dawn vi n 1 זָרַח, הוֹפִיעַ. 2 שַׁחַר, זְרִיחָה. 3 הַתְחָלָה
dawning n adj 1 שַׁחַר, זְרִיחָה. 2 עֲלוֹת הַשַּׁחַר. 3 הַתְחָלָה. 4 מַתְחִיל
dawn on/upon vi הֵבִין, הִתְגַּלָּה לוֹ
day n 1 יוֹם. 2 אוֹר הַיּוֹם. 3 יְמָמָה. 4 עִדָּן, תְּקוּפָה. 5 תַּאֲרִיךְ. 6 יוֹם עֲבוֹדָה
daybook n יוֹמָן
daybreak n שַׁחַר
daydream n הֲזָיָה, חֲלוֹם בְּהָקִיץ
day labo(u)rer שְׂכִיר יוֹם
day nursery n מְעוֹן יוֹם, פָּעוֹטוֹן
day off n יוֹם חָפְשִׁי
daylight n אוֹר יוֹם
day school בֵּית סֵפֶר יוֹם (ללא מגורים)
day shift מִשְׁמֶרֶת יוֹם
daze vt n 1 הָמַם, הִקְהָה, טִמְטֵם. 2 בִּלְבֵּל, הֵבִיךְ. 3 הֶלֶם, הִמּוּם. 4 בִּלְבּוּל, מְבוּכָה
dazzle vt n 1 הִסְתַּנְוֵר, הִסְתַּמֵּא. 2 עִמְעֵם, סִנְוֵר, עִמֵּם. 3 הִסְתַּחְרֵר. 4 סִנְווּר. 5 תִּמָּהוֹן. 6 הִסְתַּנְוְרוּת
dazzling adj 1 זוֹהֵר. 2 מְסַנְוֵר
D-day יוֹם הָאֶפֶס, יוֹם הַדִּין
deacon n דִּיאָקוֹן, כֹּמֶר
deaconess n דִּיאָקוֹנִית
dead adj 1 מֵת, חֲסַר חַיִּים. 2 חֲסַר הַכָּרָה, חֲסַר תְּנוּעָה. 3 דּוֹמֵם, שׁוֹמֵם. 4 עָקָר, אָדִישׁ. 5 כָּבוּי. 6 חָסוּם, סָתוּם. 7 קָפוּא. 8 גָּמוּר, מֻחְלָט. 9 תָּפֵל, אָטוּם
dead beat 1 נַצְלָן. 2 תָּשׁוּשׁ
deaden vt 1 עִמְעֵם, הִקְהָה, הֶחֱלִישׁ. 2 הִכְהָה
dead end 1 מָבוֹי סָתוּם. 2 סִיָּם
dead heat תֵּיקוּ (מירוץ)
dead letter 1 אוֹת מֵתָה. 2 שֶׁעָבַר זְמַנּוֹ
deadline n מוֹעֵד אַחֲרוֹן, שָׁעָה אַחֲרוֹנָה
deadlock n קִפָּאוֹן
dead loss הֶפְסֵד מֻחְלָט
deadly adj 1 מֵמִית, הוֹרֵג, הֲרֵה אָסוֹן. 2 מְסֻכָּן. 3 אַכְזָרִי, נוֹרָא
deadpan adj חֲסַר הַבָּעָה, אָדִישׁ
dead weight 1 מַעֲמָס, סֵבֶל. 2 מִשְׁקַל הַמְּכוֹנִית
deaf adj חֵרֵשׁ
deaf aid מַכְשִׁיר שְׁמִיעָה
deaf and dumb חֵרֵשׁ־אִלֵּם
deafen vt הֶחֱרִישׁ, הָמַם, עִמְעֵם
deaf mute חֵרֵשׁ אִלֵּם
deafness n חֵרְשׁוּת
deal vti n 1 עָסַק, טִפֵּל. 2 סָחַר. 3 חִלֵּק. 4 נָתַן, הִקְצִיב. 5 הִתְנַהֵג, הִתְעַסֵּק, הִתְיַחֵס. 6 הִתְגַּבֵּר. 7 עֵסֶק, עִסְקָה, הֶסְכֵּם, הֶסְדֵּר. 8 כַּמּוּת. 9 חֲלֻקַּת קְלָפִים. 10 קְרָשִׁים
deal with טִפֵּל, הִתְעַסֵּק בְּ־
dealer n 1 סוֹחֵר, סַפָּק. 2 מְחַלֵּק הַקְּלָפִים
dealing n 1 הִתְנַהֲגוּת. 2 יְחָסִים, עֵסֶק. 3 עֶמְדָּה
dealt pt זמן עבר של הפועל to deal
dean n דֵּיקָן
deanery n בֵּית הַדֵּיקָן
dear adj n יָקָר, חָשׁוּב, חָבִיב, אָהוּב, יַקִּירִי
Dear me! interj אוֹי לִי!
dearly adv 1 מְאֹד. 2 בְּיֹקֶר
dearth n 1 מַחְסוֹר, חֹסֶר. 2 רָעָב
death n 1 מָוֶת, תְּמוּתָה, אֲבַדּוֹן. 2 הֶרֶס, הִתְנַוְּנוּת. 3 הֶרֶג, רֶצַח
deathbed n עֶרֶשׂ מָוֶת
death duties npl מִסֵּי יְרֻשָּׁה
deathless adj אַלְמוֹתִי, נִצְחִי
deathlike adj כַּמָּוֶת
deathly adj מֵמִית, קַטְלָנִי, אָנוּשׁ
death penalty עֹנֶשׁ מָוֶת

death rate שִׁעוּר תְּמוּתָה
death rattle אֶנְקַת גּוֹסֵס
death roll רְשִׁימַת הַנִּפְטָרִים
death trap מַלְכֹּדֶת מָוֶת
death warrant פְּקֻדַּת הֲמָתָה
debacle n 1 הִתְמוֹטְטוּת, נְפִילָה. 2 מְנוּסָה, בֶּהָלָה. 3 תְּבוּסָה, כִּשָּׁלוֹן, חֻרְבָּן
debar vt שָׁלַל, מָנַע, אָסַר
debase vt 1 הִשְׁפִּיל, הוֹרִיד, הִפְחִית. 2 זִיֵּף, סָאַב. 3 הִשְׁחִית, קִלְקֵל
debasement vt 1 הַשְׁפָּלָה. 2 קִלְקוּל, הַשְׁחָתָה. 3 זִיּוּף
debatable adj נִתָּן לְוִכּוּחַ, שָׁנוּי בְּמַחֲלֹקֶת
debate vti n 1 דָּן, הִתְוַכַּח, הִתְפַּלְמֵס. 2 שָׁקַל, הִרְהֵר. 3 וִכּוּחַ, דִּיּוּן, פֻּלְמוּס
debauch vt n 1 הִשְׁחִית, קִלְקֵל, טִמֵּא. 2 פִּתָּה, הִדִּיחַ. 3 הַשְׁחָתָה, קִלְקוּל. 4 תַּאֲוָה. 5 בֶּן בְּלִיַּעַל
debauchee n 1 הוֹלֵל, נוֹאֵף. 2 מֻשְׁחָת, בֶּן בְּלִיַּעַל
debauchery n הוֹלֵלוּת, שְׁחִיתוּת, הַשְׁחָתַת מִדּוֹת
debenture n 1 אִגֶּרֶת חוֹב. 2 שׁוֹבֵר תַּשְׁלוּם
debilitate vt הֶחֱלִישׁ, רִפָּה, הִתִּישׁ
debility n חֻלְשָׁה, תְּשִׁישׁוּת, רִפְיוֹן
debit vt n 1 חִיֵּב. 2 חוֹב, חוֹבָה. 3 חִיּוּב
debit balance יִתְרַת חוֹבָה, חֶסְרָה
debonair adj אָדִיב, נְעִים הֲלִיכוֹת
debouch vti הֵגִיחַ, יָצָא לַמֶּרְחָב
debrief vt תִּחְקֵר
debris n 1 חֳרָבוֹת, רְסִיסִים. 2 שְׁפֹכֶת
debt n חוֹב, חוֹבָה, הִתְחַיְּבוּת
debtor n חַיָּב, בַּעַל חוֹב
debug vt 1 תִּקֵּן פְּגָמִים (מחשב). 2 מָנַע צִתּוּת
debunk vt חָשַׂף פַּרְצוּף
debut n הוֹפָעָה רִאשׁוֹנָה, הַצָּגַת־בְּכוֹרָה
debutante n 1 דֶּבְּיוּטַנְט. 2 מוֹפִיעָה לָרִאשׁוֹנָה
decade n 1 עָשׂוֹר, עֶשֶׂר שָׁנִים. 2 קְבוּצַת עֲשָׂרָה
decadence 1 שְׁקִיעָה, דְּעִיכָה, יְרִידָה. 2 הִתְנַוְּנוּת
decadent adj n 1 מִתְנַוֵּן. 2 שׁוֹקֵעַ, יוֹרֵד
decaffeinated adj נְטוּל קָפֶאִין
decalog(ue) n עֲשֶׂרֶת הַדִּבְּרוֹת
decamp vi הִסְתַּלֵּק, בָּרַח, עָזַב
decant vt יָצַק, מָזַג, הֵרִיק
decanter n לָגִין, בַּקְבּוּק לְיַיִן
decapitate vt עָרַף, כָּרַת רֹאשׁ
decapitation n עֲרִיפָה, הַתָּזַת רֹאשׁ
decarbonize vt סִלֵּק אֶת הַפַּחְמָן
decay vi n 1 הִתְנַוֵּן, נִרְקַב. 2 דָּעַךְ, פָּחַת. 3 דְּעִיכָה, הַשְׁחָתָה. 4 עַשֶּׁשֶׁת. 5 הִתְנַוְּנוּת, רִקָּבוֹן
decayed tooth שֵׁן עֲשֵׁשָׁה
decease vi n 1 מֵת, הָלַךְ לְעוֹלָמוֹ. 2 מָוֶת
deceased n adj נִפְטָר, מָנוֹחַ
deceit n תַּרְמִית, מִרְמָה, הוֹנָאָה, זִיּוּף, כַּחַשׁ
deceitful adj עָרוּם, נוֹכֵל, צָבוּעַ
deceitfully adv בְּהוֹנָאָה, בְּמִרְמָה
deceitfulness n מִרְמָה, הוֹנָאָה, כַּחַשׁ
deceive vt 1 רִמָּה, הוֹנָה, חָמַס. 2 הִתְעָה, אִכְזֵב, הִשְׁלָה
deceiver n רַמַּאי, שַׁקְרָן, נוֹכֵל
deceivingly adv בְּרַמָּאוּת
December n דֶּצֶמְבֶּר
decency n 1 הֲגִינוּת, נִימוּס. 2 צְנִיעוּת
decent adj 1 הָגוּן, נִימוּסִי. 2 צָנוּעַ. 3 לְבָבִי, נָאֶה. 4 סָבִיר
decently adv 1 בַּהֲגִינוּת, בַּאֲדִיבוּת. 2 בִּצְנִיעוּת
decentralize vt בִּזֵּר
decentralization n בִּזּוּר
deception n רַמָּאוּת, הוֹנָאָה, הַטְעָיָה
deceptive n מַטְעֶה, מְרַמֶּה
deceptively adv בְּרַמָּאוּת
decibel n דֶּצִיבֶּל
decide vti הֶחְלִיט, קָבַע, הִכְרִיעַ
decided adj בָּרוּר, נֶחֱרָץ, לֹא מְעֻרְעָר

decidedly adv בְּהֶחְלֵט
deciduous adj נָשִׁיר, נָשִׁיל, עוֹבֵר, חוֹלֵף
deciduous dentition מִשְׁנָן נָשִׁיר
decimal adj n 1 עֶשְׂרוֹנִי. 2 שֶׁבֶר עֶשְׂרוֹנִי
decimalize vt קָבַע שִׁיטָה עֶשְׂרוֹנִית
decimate vt קָטַל, הִשְׁמִיד
decimetre(er) n דֶּצִימֶטֶר
decipher vt פִּעְנַח, פָּתַר
decipherable adj בַּר פִּעְנוּחַ
decision n 1 הַחְלָטָה, הַכְרָעָה. 2 פְּסַק דִּין, מַסְקָנָה. 3 הֶחְלֵטִיּוּת
decisive adj 1 הֶחְלֵטִי, מַכְרִיעַ, מֻחְלָט. 2 סוֹפִי, גָּמוּר
decisively adv לַחֲלוּטִין, סוֹפִית
deck vt n 1 הִלְבִּישׁ פְּאֵר, קִשֵּׁט, עָדָה. 2 עָשָׂה סִפּוּן. 3 סִפּוּן. 4 גַּג, גַּגּוֹן. 5 דְּיוֹטָה, קוֹמָה. 6 חֲפִיסָה (קלפים)
deck chair כִּסֵּא מַרְגּוֹעַ
deck hand מַלַּח סִפּוּן
declaim vti 1 נָאַם, דִּקְלֵם. 2 בִּקֵּר, גִּנָּה
declamation n דִּקְלוּם, הַקְרָאָה
declamatory adj מְלִיצִי, מְסֻלְסָל
declaration n הַצְהָרָה, הַכְרָזָה, הוֹדָעָה
declarable adj בַּר־הַכְרָזָה, בַּר־הַצְהָרָה
declare vti הִכְרִיז, הִצְהִיר, הוֹדִיעַ, גִּלָּה דַּעְתּוֹ
declassify vt עָשָׂה לְבִלְתִּי מְסֻוָּג
declension n 1 מִדְרוֹן, נְפִילָה, יְרִידָה. 2 נְטִיָּה
decline vi n 1 נָסוֹג, נָפַל, שָׁקַע, יָרַד. 2 נָטָה. 3 סֵרֵב, מֵאֵן. 4 הִתְנַוֵּן. 5 הִתְמַעֲטוּת, הִתְכַּוְּצוּת. 6 מוֹרָד, מִדְרוֹן
declination n סְטִיָּה (מצפן)
declivity n שִׁפּוּעַ, מִדְרוֹן, מוֹרָד
declutch vi הִתִּיר הַמַּצְמֵד
decoction n 1 בִּשּׁוּל, תַּשְׁלִיק. 2 תַּמְצִית
decode vt פִּעְנַח
decoder n פַּעְנָח, מְפַעְנֵחַ
décolleté adj חָשׂוּף
decolonize vt שִׁחְרֵר מִשִּׁעְבּוּד
decolonization n הִשְׁתַּחְרְרוּת אוֹ שִׁחְרוּר מִתְּלוּת מְדִינִית
decompose vti 1 פֵּרֵק, הִפְרִיד. 2 רָקַב. 3 נִרְקַב
decomposition n 1 פֵּרוּק, הַפְרָדָה. 2 הִתְפָּרְטוּת, הִתְפָּרְקוּת. 3 הֵרָקְבוּת
decompress vt פּוֹגֵג, שִׁחְרֵר אוֹ הֵקֵל לַחַץ
decompression פִּגּוּג, הֲקַלַּת לַחַץ
decontaminate vt טִהוּר, עִקּוּר
decontamination n טִהֵר, עִקֵּר
decorate vt 1 קִשֵּׁט, יִפָּה, עִטֵּר. 2 הֶעֱנִיק אוֹת כָּבוֹד
decoration n 1 קִשּׁוּט, פֵּאוּר, יִפּוּי, עִטּוּר. 2 אוֹת כָּבוֹד, אוֹת הִצְטַיְּנוּת
decorative adj מְקַשֵּׁט, מְפָאֵר
decorator n קַשְׁטָן, מְעַטֵּר, תַּפְאוּרָן
decorous adj יָאֶה, הוֹלֵם, הוֹגֵן, צָנוּעַ
decorously adv כַּיָּאוּת, בַּהֲגִינוּת
decorum n הֲגִינוּת, דֶּרֶךְ אֶרֶץ, גִּנּוּנִים
decoy vt n 1 פִּתָּה, מָשַׁךְ בְּעָרְמָה. 2 תַּחְבּוּלָה. 2 פִּתָּיוֹן, פִּתּוּי
decrease vti n 1 פָּחַת, קָטַן, יָרַד, מָעַט. 2 הוֹרִיד, הֶחֱלִישׁ, הִפְחִית, הִקְטִין, הִמְעִיט. 3 הַפְחָתָה, הַקְטָנָה, יְרִידָה
decree vt n 1 פָּקַד, צִוָּה, גָּזַר, חָקַק. 2 צַו, פְּקֻדָּה, חֹק, גְּזֵרָה, פְּסָק
decree nisi n צַו עַל תְּנַאי
decrepit adj תָּשׁוּשׁ, בָּלֶה, חַלָּשׁ, רָפֶה
decrepitude n תְּשִׁישׁוּת, רִפְיוֹן, זִקְנָה
decry vt חֵרֵף, גִּדֵּף, גִּנָּה, הִשְׁמִיץ
dedicate vt 1 הוֹעִיד. 2 הִקְדִּישׁ
dedication n 1 הַקְדָּשָׁה. 2 יִעוּד. 3 הִתְמַסְּרוּת
deduce vt הִסִּיק, הִקִּישׁ
deduct vt נִכָּה, הוֹרִיד, הִפְחִית מִ־
deductible adj 1 נִתָּן לְהַסִּיקוֹ. 2 נִתָּן לְנִכּוּי
deduction n 1 הֶקֵּשׁ, הַסָּקָה, מַסְקָנָה.

2 הַפְּחָתָה, חִסּוּר, נִכּוּי

deductive adj מַקִּישׁ, מַסִּיק, דֶּדוּקְטִיבִי

deed n 1 מַעֲשֶׂה, פְּעֻלָּה, עֲשִׂיָּה. 2 מַעֲלָל, הֶשֵּׂג, גְּמוּל. 3 תְּעוּדָה, כְּתַב־

deem vt סָבַר, שָׁקַל, חָשַׁב

deep adj adv n 1 עָמֹק, רָחָב, שָׁקוּעַ. 2 רְצִינִי. 3 אָטוּם, חָבוּי. 4 בִּיַּרְכָתַיִם. 5 מַעֲמַקִּים

deepen vti 1 הֶעֱמִיק, הִכְהָה, הִגְבִּיר. 2 הָעֳמַק, הִתְעַמֵּק

deeply adj 1 בְּמַעֲמַקִּים, בְּעָמְקוּת. 2 מְאֹד

deep freeze 1 הִקְפִּיא, אִחְסֵן בְּמַקְפֵּא. 2 מַקְפֵּא, הַקְפָּאָה עֲמֻקָּה

deep-frying pan מַרְחֶשֶׁת

deepness n 1 עֲמִקוּת, עֹמֶק. 2 עָצְמָה

deep-rooted adj מֻשְׁרָשׁ עָמֹק

deep-seated adj אֵיתָן, מֻשְׁרָשׁ

deer n צְבִי, אַיָּל

deerstalker n 1 צַיַּד צְבָאִים. 2 כּוֹבַע צַיָּדִים

deface vt 1 הִשְׁחִית פְּנֵי, טִשְׁטֵשׁ צוּרָה. 2 קִלְקֵל, כִּעֵר

defacement n הַשְׁחָתָה, טִשְׁטוּשׁ, מְחִיקָה

de facto (L) בְּפֹעַל, לְמַעֲשֶׂה

defamation n עֲלִילָה, הַשְׁמָצָה, הוֹצָאַת דִּבָּה

defamatory adj מַעֲלִיל, מַשְׁמִיץ, מְבַזֶּה

defame vt הֶעֱלִיל, הִשְׁמִיץ, הָלַךְ רָכִיל

default vi n 1 הִשְׁתַּמֵּט, הִתְחַמֵּק. 2 נֶעְדַּר. 3 בְּרֵרַת מֶחְדָּל (מחשב)

defeat vt n 1 נִצַּח, הֵבִיס, גָּבַר עַל, הִכְשִׁיל. 2 סִכֵּל, בִּטֵּל, הֵפֵר. 3 מַפָּלָה, תְּבוּסָה, כִּשָּׁלוֹן. 4 הֲפָרָה, בִּטּוּל

defeatism n תְּבוּסְתָנוּת, תְּבוּסָנוּת

defeatist n תְּבוּסְתָן, תְּבוּסָן

defecate vi הִפְרִישׁ צוֹאָה

defecation n עֲשִׂיַּת צְרָכִים, הַפְרָשַׁת צוֹאָה

defect vi n 1 עָרַק. 2 מוּם, לִקּוּי, פְּגָם, מִגְרַעַת. 3 חֶסְרוֹן, חֶסֶר

defection n 1 הִשְׁתַּמְּטוּת, עֲרִיקָה, נְטִישָׁה. 2 שְׁמָד

defective adj 1 לָקוּי, פָּגוּם. 2 מְפַגֵּר. 3 עָלוּל, חָסֵר

defectively adv בְּאֹפֶן לָקוּי

defectiveness n לְקוּת

defector n עָרִיק, מִשְׁתַּמֵּט

defence(se) n 1 הֲגַנָּה, הִתְגּוֹנְנוּת, כֹּחַ מָגֵן. 2 בִּצּוּר, מָעוֹז. 3 סָנֵגוֹרְיָה, טִעוּן, הַצְדָּקָה

defenceless adj לְלֹא מָגֵן, חֲסַר הֲגַנָּה

defencelessly adv בְּחֹסֶר הֲגַנָּה

defencelessness n חֹסֶר יֶשַׁע

defend vt 1 הֵגֵן, קִיֵּם, שָׁמַר. 2 סִנְגֵּר, טָעַן, הִצְדִּיק

defendant n נִתְבָּע, נֶאֱשָׁם

defender n 1 מָגֵן. 2 סָנֵגוֹר, טוֹעֵן

defensible adj בַּר הֲגַנָּה

defensive adj n 1 מֵגֵן. 2 מִגְנָנָה

defer vt 1 דָּחָה, עִכֵּב. 2 הִתְמַהְמַהּ

defer to vt וִתֵּר, נִכְנַע

deference n כִּבּוּד, כָּבוֹד, יִרְאַת כָּבוֹד

deferent adj 1 נִכְנָע, מְצַיֵּת. 2 מוֹצִיא, מַעֲבִיר

deferential adj מְכַבֵּד, בְּדֶרֶךְ אֶרֶץ

deferentially adv בְּיִרְאַת כָּבוֹד

deferment n דְּחִיָּה, עִכּוּב

defiance n 1 תִּגָּר, אֶתְגָּר. 2 הִתְגָּרוּת

defiant adj קוֹרֵא תִּגָּר

defiantly adv בְּחֻצְפָּה

deficiency n מַחְסוֹר, לִקּוּי, פְּגָם

deficient adj לָקוּי, פָּגוּם

deficit n גֵּרָעוֹן

defile vti n 1 לִכְלֵךְ, הִכְתִּים, חִלֵּל. 2 טִנֵּף, זִהֵם, טִמֵּא. 3 הִשְׁחִית. 4 צָעַד. 5 מֵצַר, מִשְׁעוֹל. 6 מִצְעָד, צְעָדָה

defilement n 1 חִלּוּל, טֻמְאָה. 2 לִכְלוּךְ, זִהוּם

definable adj בַּר הַגְדָּרָה

define vt 1 הִגְדִּיר, תֵּאֵר, קָבַע. 2 צִיֵּן, פֵּרֵשׁ. 3 תִּחֵם, סִמֵּן, אִפְיֵן

definite adj 1 מֻחְלָט, מֻגְדָּר. 2 מְסֻיָּם. 3 בָּרוּר, קָבוּעַ. 4 מַגְדִּיר,

מְגַבִּיל, תּוֹחֵם

definitely adv בְּוַדָּאוּת, בְּהֶחְלֵט

definiteness n הֶחְלֵטִיּוּת, וַדָּאוּת

definition n 1 הַגְדָּרָה. 2 בְּהִירוּת

definitive adj 1 סוֹפִי, מַכְרִיעַ, מֻחְלָט. 2 מְדֻיָּק, מֻגְדָּר, מְסַכֵּם

definitively adv סוֹפִית, בְּוַדָּאוּת, בְּהֶחְלֵט

deflate vt 1 הֵרִיק, רוֹקֵן, רִפָּה, צִמְצֵם. 2 הוֹצִיא הָאֲוִיר

deflation n 1 הֲרָקָה. 2 הוֹצָאַת אֲוִיר. 3 דֶּפְלַצְיָה

deflationary adj דֶּפְלַצְיוֹנִי

deflect vti 1 הִטָּה, כָּפַף, כּוֹפֵף, עִקֵּם. 2 סָטָה. 3 הִתְכּוֹפֵף, הִתְעַקֵּם

deflection n 1 הֲטָיָה, עִקּוּם. 2 סְטִיָּה, הַסָּחָה. 3 הִתְכּוֹפְפוּת

deflower vt 1 הִשִּׁיר בְּתוּלֵי אִשָּׁה. 2 בָּעַל

defoliate vt הִשִּׁיר הֶעָלִים

defoliation n 1 שַׁלֶּכֶת. 2 הֲסָרַת עָלִים

deforest vt 1 בֵּרֵא יַעַר. 2 חָטַב עֵצִים

deform vt עִוֵּת, הִשְׁחִית, קִלְקֵל, סִלֵּף

deformation n עִוּוּת, קִלְקוּל, דֵּפוֹרְמַצְיָה

deformed adj 1 מְעֻוָּת. 2 בַּעַל מוּם, נָכֶה. 3 מֻשְׁחָת, מְקֻלְקָל

deformity n 1 עִוּוּת, הַשְׁחָתָה. 2 מוּם

defraud vt הוֹנָה, חָמַס, עָשַׁק, רִמָּה

defrauder n עוֹשֵׁק, רַמַּאי, חַמְסָן

defray vt שִׁלֵּם, סִלֵּק חֶשְׁבּוֹן

defrayment n תַּשְׁלוּם, סִלּוּק חֶשְׁבּוֹן

defrost vti הִפְשִׁיר

defroster n מַפְשִׁיר

deft adj מְיֻמָּן, מֻכְשָׁר, זָרִיז

deftly adv בִּזְרִיזוּת, בַּחֲרִיצוּת

deftness n זְרִיזוּת, כִּשְׁרוֹן, חָרִיצוּת

defunct adj 1 מָנוֹחַ, נִפְטָר, מֵת. 2 חָדֵל

defuse vt 1 פֵּרֵק, הִתִּיר. 2 נִטְרֵל, הֵפִיג

defy vt 1 הִתְרִיס, הִתְנַגֵּד. 2 קָרָא תִּגָּר

degauss vt נִטְרֵל מִגְנוּט

degeneracy n הִתְנַוְּנוּת, נִוּוּן, דֶּגֶנֶרַצְיָה

degenerate vi adj n 1 הִתְנַוֵּן. 2 מְנֻוָּן, מִתְנַוֵּן. 3 מֻשְׁחָת, מְקֻלְקָל

degeneration n הִתְנַוְּנוּת, נִוּוּן

degradation n 1 הַשְׁפָּלָה, בִּזָּיוֹן. 2 פִּטּוּר, הוֹרָדָה, יְרִידָה. 3 הִתְבַּלּוּת

degrade vt 1 הִשְׁפִּיל, בִּזָּה. 2 הִתְבַּלָּה. 3 הוֹרִיד, הִפְחִית

degrading adj מַשְׁפִּיל, מוֹרִיד

degree n 1 מַעֲלָה. 2 דַּרְגָּה, שָׁלָב. 3 מַדְרֵגָה. 4 מַעֲמָד, תַּפְקִיד, מִדָּה. 5 חֶזְקָה. 6 תֹּאַר

dehydrate vt יִבֵּשׁ, צִנֵּם, צִמֵּק

dehydration n 1 הִתְיַבְּשׁוּת. 2 צְחִיחוּת

deification n הַאֲלָהָה

deify vt הֶאֱלִיהַּ

deign vi מָחַל עַל כְּבוֹדוֹ, מָצָא לְנָכוֹן

deism n דֵּאִיזְם

deist n דֵּיאִיסְט

deity n 1 אֱלֹהוּת. 2 אֵל, אֱלֹהַּ

déjà vu n זִכָּרוֹן מְדֻמֶּה

dejected adj מְדֻכָּא, עָצוּב, מְדֻכְדָּךְ

dejectedly adv בְּעַצְבוּת

dejection n דִּכְדּוּךְ, דִּכָּאוֹן

de jure adj adv דֶּה יוּרֶה, לַהֲלָכָה

delay vti n 1 דָּחָה, עִכֵּב. 2 הִתְמַהְמַהּ, הִתְאַחֵר. 3 דְּחִיָּה, עִכּוּב. 4 הִשְׁתַּהוּת, אִחוּר, הַשְׁהָיָה

delectable adj 1 נֶחְמָד, מְעַנֵּג. 2 טָעִים מְאֹד

delectation n תַּעֲנוּג

delegate vt, n 1 אָצַל. 2 יִפָּה כֹּחַ, הֶאֱצִיל. 3 שָׁלִיחַ, צִיר, בָּא־כֹּחַ

delegation n 1 מִשְׁלַחַת. 2 נְצִיגוּת. 3 אֲצִילָה

delete vt 1 מָחַק. 2 בִּטֵּל

deletion n מְחִיקָה

deleterious adj מַזִּיק, אַרְסִי, הַרְסָנִי

deliberate vti adj 1 שָׁקַל, הָגָה. 2 הִסֵּס, הִתְלַבֵּט. 3 נוֹעַץ, נִמְלַךְ. 4 מְכֻוָּן, זְדוֹנִי. 5 שָׁקוּל, מָתוּן, זָהִיר. 6 יָזוּם

deliberately adv 1 בִּמְתִינוּת, בִּזְהִירוּת. 2 בְּמֵזִיד, בְּכַוָּנָה. 3 בְּשִׁקּוּל דַּעַת

deliberation n 1 דִּיּוּן, עִיּוּן. 2 הִתְיָעֲצוּת. 3 מְתִינוּת
deliberative adj 1 עִיּוּנִי, שָׁקוּל, מְחֻשָּׁב. 2 מְהַרְהֵר, הוֹגֶה
delicacy n 1 רַכּוּת, עֲדִינוּת, עֶדְנָה. 2 נִימוּס. 3 מַעֲדָן, מַטְעָם
delicate adj 1 עָדִין, רַךְ. 2 נָעִים, עָרֵב. 3 חַלָּשׁ, רָפֶה. 4 רָגִישׁ, מְנֻמָּס
delicately adv בְּרֹךְ, בְּעֶדְנָה
delicatessen n 1 מַטְעַמִּים, מַעֲדַנִּים. 2 מַעֲדַנִּיָּה
delicious adj טָעִים, עָרֵב, מְהַנֶּה, נָעִים, מְעַנֵּג
deliciously adv לְהַפְלִיא
delight vti n 1 עִנֵּג, שִׁעֲשַׁע, שִׂמַּח, הֵנָה. 2 הִתְעַנֵּג, הִשְׁתַּעֲשַׁע, שָׂמַח. 3 עֹנֶג, שַׁעֲשׁוּעַ, תַּעֲנוּג
delightful adj מְהַנֶּה, מְעַנֵּג, מְשַׁעֲשֵׁעַ
delightfully adv בַּהֲנָאָה, בְּחֵן
delimit(ate) vt 1 תָּחַם, תִּחֵם, קָבַע גְּבוּל. 2 הִגְבִּיל
delimitation n 1 תְּחִימָה, תִּחוּם, קְבִיעַת גְּבוּל. 2 הַגְבָּלָה
delineate vt שִׂרְטֵט, הִתְוָה, רָשַׁם, תֵּאֵר
delineation n 1 שִׂרְטוּט, הַתְוָאָה, הַתְוָיָה. 2 רִשּׁוּם, תֵּאוּר, סִמּוּן. 3 תְּחִימָה
delinquency n 1 עֲבַרְיָנוּת. 2 רַשְׁלָנוּת, הַזְנָחָה
delinquent n adj 1 עֲבַרְיָן, חוֹטֵא, פּוֹשֵׁעַ. 2 מִתְרַשֵּׁל
delirious adj מְטֹרָף, מְשֻׁגָּע, הוֹזֶה
deliriously adv בְּטֵרוּף
delirium n טֵרָפוֹן, הֲזָיָה, שִׁגָּעוֹן
delirium tremens טִרְפּוֹן חִיל
deliver vt 1 גָּאַל, שִׁחְרֵר, הִצִּיל. 2 יִלֵּד. 3 מָסַר, שָׁלַח, הִגִּישׁ. 4 נָאַם, הִרְצָה, הִבִּיעַ. 5 פָּסַק
deliverance n 1 גְּאֻלָּה, שִׁחְרוּר, הַצָּלָה. 2 מְסִירָה, הַגָּשָׁה, חֲלֻקָּה. 3 יִלּוּד. 4 גִּלּוּי־דַּעַת
deliverer n 1 גּוֹאֵל, מְשַׁחְרֵר, מוֹשִׁיעַ. 2 מוֹסֵר, מְחַלֵּק
delivery n 1 שִׁחְרוּר, הַצָּלָה, יְשׁוּעָה. 2 לֵדָה. 3 מְסִירָה, חֲלֻקָּה. 4 דִּבּוּר, הַבָּעָה
dell n עֵמֶק קָטָן
delouse vti פָּלָה, נִפְלָה
Delphic adj 1 שֶׁל דֶּלְפוֹי. 2 מְעֻרְפָּל, דּוּ־מַשְׁמָעִי
delphinium n דָּרְבָּנִית
deltoid n דַּלְתּוֹן
delta דֶּלְתָּא
delude vt הוֹנָה, הִטְעָה, הִתְעָה, הִשְׁלָה
deluge vt n 1 שָׁטַף, הֵצִיף. 2 מַבּוּל, שִׁטָּפוֹן
delusion n 1 הַשְׁלָיָה, אַשְׁלָיָה, אֲחִיזַת־עֵינַיִם. 2 הוֹנָאָה, רַמָּאוּת. 3 תַּעְתּוּעִים
delusive, delusory adj 1 מַטְעֶה, מַתְעֶה, מַשְׁלֶה. 2 מְרַמֶּה. 3 מְתַעְתֵּעַ
delusively adv 1 בְּמִרְמָה. 2 בְּאַשְׁלָיָה
delve vi 1 חָפַר, כָּרָה, חָדַר. 2 שָׁקַע, חָקַר, הִתְעַמֵּק
demagnetization n אַל־מִגְנוּט
demagnetize vt בִּטֵּל מִגְנוּט
demagogic adj דֶּמָגוֹגִי
demagogue n דֶּמָגוֹג
demagogy n דֶּמָגוֹגְיָה
demand vt n 1 דָּרַשׁ, שָׁאַל, תָּבַע. 2 חָקַר, חִיֵּב. 3 תָּבַע לְדִין. 4 דְּרִישָׁה, תְּבִיעָה. 5 בִּקּוּשׁ. 6 צֹרֶךְ. 7 עֲתִירָה
demarcate vt 1 תִּחֵם, תָּחַם, קָבַע גְּבוּל. 2 הִגְבִּיל
demarcation n תִּחוּם, צִיּוּן גְּבוּל
demean vt 1 הוֹרִיד, הִשְׁפִּיל, בִּזָּה. 2 הִתְנַהֵג
demeano(u)r n הִתְנַהֲגוּת
demented adj מְטֹרָף, לֹא־שָׁפוּי

dementedly adv בְּשִׁגָּעוֹן, מִתּוֹךְ טֵרוּף
dementia n שִׁטָּיוֹן, הֶסְתֵּר בִּינָה
demerit n חֵטְא, אַשְׁמָה, מִגְרַעַת
demigod n 1 אֱלִיל. 2 גִּבּוֹר
demijohn n קִיתוֹן, צַרְצוּר
demilitarization n פֵּרוּז
demilitarize vt פֵּרֵז
demise n פְּטִירָה, מָוֶת
demist vt יִבֵּשׁ אֵדִים
demit n הִתְפַּטֵּר
demobilization n 1 שִׁחְרוּר מֵהַצָּבָא. 2 הִשְׁתַּחְרְרוּת מֵהַצָּבָא
demobilize vti 1 שִׁחְרֵר מֵהַצָּבָא. 2 הִשְׁתַּחְרֵר מֵהַצָּבָא
democracy n דֶּמוֹקְרַטְיָה
democrat n דֶּמוֹקְרָט
democratic(al) adj דֶּמוֹקְרָטִי
democratically adv בְּאֹרַח דֶּמוֹקְרָטִי
democratize vt עָשָׂה לְדֶמוֹקְרָטִי
demographic adj דֶּמוֹגְרָפִי
demography n דֶּמוֹגְרַפְיָה
demolish vt הֶחֱרִיב, הָרַס, הִכְרִית, הִשְׁמִיד
demolition n 1 הַחְרָבָה, הֲרִיסָה. 2 חֻרְבָּן, הֶרֶס
demon n 1 רוּחַ רָעָה, שֵׁד, מַזִּיק. 2 אַכְזָר, רָשָׁע
demoniac adj n 1 שֵׁדִי, פִּרְאִי. 2 אָחוּז דִּבּוּק
demoniacal adj מַשְׁחִית, דֶּמוֹנִי
demonic adj 1 שֵׁדִי, דֶּמוֹנִי. 2 אָחוּז דִּבּוּק
demonstrability n אֶפְשָׁרוּת הַהוֹכָחָה
demonstrable adj יָכִיחַ, בַּר־הוֹכָחָה
demonstrably adv 1 בְּאֹפֶן שֶׁנִּתָּן לְהוֹכִיחַ. 2 בְּאֹפֶן הַפְגָּנָתִי
demonstrate vti 1 הוֹכִיחַ, אִמֵּת, בֵּאֵר, לִמֵּד. 2 הִפְגִּין. 3 הִצִּיג, הִדְגִּים
demonstration n 1 הוֹכָחָה, אִמּוּת. 2 הַפְגָּנָה, הַחֲוָיָה. 3 הַדְגָּמָה, הַצָּגָה
demonstrative adj 1 מַפְגִּין, מַצִּיג. 2 מַסְבִּיר, מַדְגִּים. 3 מוֹכִיחַ, מְשַׁכְנֵעַ. 4 הַפְגָּנָתִי. 5 רוֹמֵז (דקדוק)
demonstrator n 1 מַצִּיג, מוֹכִיחַ, מַדְגִּים. 2 מַפְגִּין
demoralization n 1 דֶּמוֹרָלִיזַצְיָה, תִּסְכּוּל. 2 הַשְׁחָתַת הַמִּדּוֹת
demoralize vt 1 הִשְׁחִית, רִפָּה רוּחַ. 2 גָּרַם לְאַנְדְּרָלְמוּסְיָה
demoralizing adj מְתַסְכֵּל, מַשְׁחִית הַמִּדּוֹת
demote vt הוֹרִיד בְּדַרְגָּה
demotic adj עֲמָמִי, זֹל, פּוֹפּוּלָרִי
demotion adj הוֹרָדָה בְּדַרְגָּה
demur vi n 1 הִתְנַגֵּד, עִרְעֵר. 2 פִּקְפֵּק, הִתְלַבֵּט. 3 הִתְנַגְּדוּת, עִרְעוּר. 4 פִּקְפּוּק, הִתְלַבְּטוּת
demure adj 1 רְצִינִי וְשָׁקֵט. 2 נִימוּסִי, מִתְחַסֵּד
demurely adv בִּרְצִינוּת, בְּהִתְעַנְּווּת
demureness n רְצִינוּת, הִתְעַנְּווּת
den n 1 גֹּב, מְאוּרָה, מְעָרָה. 2 חַדְרוֹן. 3 2 . בִּקְתָּה
denationalize vt הִפְרִיט
deniable adj בַּר־הַכְחָשָׁה
denial n הַכְחָשָׁה, סֵרוּב, שְׁלִילָה, אִיּוּן
denigrate vt הִכְתִּים, הִשְׁמִיץ, הִשְׁחִיר
denigration n הַכְתָּמָה, הַשְׁחָרָה, הַשְׁמָצָה
denim n דֶּנִים
denizen n תּוֹשָׁב, אֶזְרָח, נָתִין
denominate vt כִּנָּה, קָרָא, נָקַב, מִנָּה, הוֹעִיד
denomination n 1 כִּנּוּי, שֵׁם. 2 הַגְדָּרָה. 3 סוּג, מִין. 4 כַּת, כִּתָּה, עֵדָה
denominational adj 1 כִּתָּתִי, עֲדָתִי. 2 כְּנֵסִיָּתִי
denominator n מְכַנֶּה, מְחַלֵּק
denote vt צִיֵּן, סִמֵּן, הֶרְאָה, הִצְבִּיעַ
denouement n הַתָּרָה, הַבְהָרָה, פִּתְרוֹן
denounce vt 1 הוֹקִיעַ, גִּנָּה. 2 הֶאֱשִׁים, קִטְרֵג. 3 בִּטֵּל הֶסְכֵּם

dense adj 1 סָמִיךְ, צָפוּף, דָּחוּס, מְעֻבֶּה. 2 מְטֻמְטָם
densely adv בִּצְפִיפוּת
density n 1 דְּחִיסוּת, עִבּוּי, צְפִיפוּת. 2 אֱוִילוּת
dent vti n 1 עָשָׂה גֻּמָּה. 2 קִבֵּל גֻּמָּה. 3 מִשְׁקָע, גֻּמָּה. 3 שֶׁקַע מִמַּכָּה
dental adj שִׁנִּי, שֶׁל הַשִּׁנַּיִם
dental floss חוּט לְנִקּוּי שִׁנַּיִם
dental hygienist שִׁנָּנִית
dental pulp מוֹךְ הַשֵּׁן
dentifrice n תַּמְרוּק שִׁנַּיִם
dentine n שֶׁנְהָב (שֵׁן)
dentist n רוֹפֵא שִׁנַּיִם
dentistry n 1 רְפוּאַת שִׁנַּיִם. 2 רִפּוּי שִׁנַּיִם
dentition n 1 מִשְׁנָן, צְמִיחַת שִׁנַּיִם. 2 מַעֲרֶכֶת שִׁנַּיִם
denture n 1 מַעֲרֶכֶת שִׁנַּיִם. 2 שִׁנַּיִם תּוֹתָבוֹת
denudation n 1 חֲשִׂיפָה. 2 עִרְטוּל, הַפְשָׁטָה, עֵירֹם
denude vt חָשַׂף, עִרְטֵל, הִפְשִׁיט, שָׁלַל
denunciation n 1 גִּנּוּי, הוֹקָעָה. 2 הַאֲשָׁמָה. 3 בִּטּוּל הֶסְכֵּם
deny vt הִכְחִישׁ, כָּפַר, סָתַר, סֵרֵב, שָׁלַל
deodorant adj n מֵפִיג רֵיחַ, מְאַלְרֵחַ, דֶּאוֹדוֹרַנְט
deodorize vt הֵפִיג רֵיחוֹת, אִלְרֵחַ
depart vi 1 עָזַב, עָקַר, פָּרַשׁ, הִפְלִיג. 2 פָּנָה, סָטָה. 3 חָדַל
departed adj n נִפְטָר, מָנוֹחַ
department n 1 מַחְלָקָה, אֲגַף. 2 מָחוֹז, פֶּלֶךְ, נָפָה, גָּלִיל. 3 מִשְׂרָד מֶמְשַׁלְתִּי
departmental adj 1 מַחְלַקְתִּי, אֲגַפִּי. 2 מְחוֹזִי. 3 מִשְׂרָדִי, מִינִיסְטֶרְיוֹנִי
department store חֲנוּת כָּל־בּוֹ
departure n 1 עֲזִיבָה, יְצִיאָה, הֲלִיכָה. 2 מָוֶת
depend on vi הָיָה תָּלוּי (בְּ־), סָמַךְ עַל

dependable adj אָמִין, מְהֵימָן
dependence n 1 תְּלוּת, כְּפִיפוּת, הִשָּׁעֲנוּת. 2 אֵמוּן, בִּטְחָה, מִבְטָח
dependency n 1 תְּלוּת. 2 מוֹשָׁבָה. 3 מְדִינַת חָסוּת. 4 סֶרֶךְ, נִסְפָּח
dependent/ant adj תָּלוּי, נִשְׁעָן, מֻתְנֶה
depict vt תֵּאֵר, צִיֵּר, הִדְגִּים
depilatory adj מַשִּׁיר שֵׂעָר
deplete vt 1 רוֹקֵן, הֵרִיק. 2 צִמְצֵם, חִסֵּר, מִעֵט
depletion n 1 הֲרָקָה. 2 הַפְחָתָה, הִדַּלְדְּלוּת
deplorable adj אֻמְלָל, מְצַעֵר, עָלוּב
deplorably adv בְּאֹפֶן מְצַעֵר
deplore vt 1 הִצְטַעֵר. 2 הִתְאַבֵּל, בָּכָה
deploy vti 1 פָּרַס, פֵּרֵשׂ. 2 הִתְפָּרֵס
deployment n הִתְפָּרְסוּת, פְּרִיסָה
deponent n 1 עֵד. 2 דֶּפּוֹנֶנְט
depopulate vt הֵשִׁים, הֵשֵׁם, עָקַר אוּכְלוּסִין
depopulation n עֲקִירַת אוּכְלוּסִין
deport vt 1 הֶגְלָה, גֵּרֵשׁ. 2 הִתְנַהֵג
deportation n הַגְלָיָה, גֵּרוּשׁ
deportee n גּוֹלֶה, מְגֹרָשׁ
deportment n הִתְנַהֲגוּת
depose vti 1 הִדִּיחַ. 2 הֵעִיד, טָעַן
deposit vt n 1 הִפְקִיד. 2 הִנִּיחַ, שָׂם. 3 נָתַן דְּמֵי קְדִימָה. 4 שִׁקַּע. 5 הַפְקָדָה. 6 פִּקָּדוֹן, עֵרָבוֹן. 7 דְּמֵי קְדִימָה. 8 מִשְׁקָע. 9 שִׁכְבָה, מִרְבָּד
deposition n 1 הֲדָחָה. 2 עֵדוּת, הַצְהָרָה. 3 הַפְקָדָה, הַשְׁלָשָׁה. 4 עֲרֻבּוֹת. 5 מִרְבָּץ, מִרְבָּד. 6 תַּצְהִיר
depository n 1 מַחְסָן, אוֹצָר. 2 בֵּית עֲבוֹט
depot n 1 מַחְסָן, קֶלֶט. 2 תַּחֲנַת רַכֶּבֶת
depraved adj מֻשְׁחָת, מְרֻשָּׁע
depravity n שְׁחִיתוּת, הַשְׁחָתָה, קִלְקוּל, רֶשַׁע
deprecate vt גִּנָּה, עִרְעֵר, טָעַן נֶגֶד, הֶעְתִּיר
deprecation n 1 גִּנּוּי. 2 הַתְרָסָה, הַעְתָּרָה

depreciate vti 1 זִלְזֵל, בִּזָּה, בִּטֵּל. 2 יָרַד בְּעֶרְכּוֹ, הִפְחִית עֵרֶךְ
depreciation n פְּחָת, בְּלַאי, יְרִידַת עֵרֶךְ, יְרִידָה בִּמְחִיר
depreciatory adj 1 מְזַלְזֵל, מְבַטֵּל עֵרֶךְ. 2 מַפְחִית עֵרֶךְ, מוֹרִיד עֵרֶךְ
depredation n בִּזָּה, שֹׁד, עֹשֶׁק
depress vt 1 דִּכֵּא, הֵעִיק. 2 הוֹרִיד, הֶחֱלִישׁ
depressing adj עָגוּם, מְדַכֵּא
depression n 1 שְׁקִיעָה, יְרִידָה. 2 דִּכָּאוֹן, עַצְבוּת, דִּכְדּוּךְ. 3 הַנְמָכָה. 4 שֵׁפֶל. 5 חֻלְשָׁה
depressive adj n מֵעִיק, מְדַכֵּא, מַעֲצִיב, לוֹחֵץ
deprivation n 1 שְׁלִילָה, מְנִיעָה, קִפּוּחַ. 2 אֲבֵדָה, הֶפְסֵד. 3 מַחְסוֹר
deprive vt 1 מָנַע, קִפַּח. 2 שָׁלַל
depth n עֹמֶק, תְּהוֹם, מַעֲמַקִּים
deputation n 1 מִשְׁלַחַת, נְצִיגוּת, שְׁלִיחוּת. 2 הַרְשָׁאָה
depute vt מִנָּה כְּנָצִיג, יִפָּה כֹּחַ
deputize vi מִנָּה כְּבָא־כֹּחַ, שִׁמֵּשׁ כְּבָא־כֹּחַ
deputy n 1 נָצִיג, שָׁלִיחַ, בָּא־כֹּחַ. 2 מְמֻנֶּה, מֻרְשֶׁה. 3 מְמַלֵּא מָקוֹם, סְגָן
derail vti 1 הוֹרִיד מֵהַפַּסִּים. 2 יָרַד מֵהַפַּסִּים
derailment n 1 יְרִידָה מֵהַפַּסִּים. 2 הוֹרָדָה מֵהַפַּסִּים
derange vt הִפְרִיעַ, בִּלְבֵּל, שִׁגַּע
derangement n 1 שִׁבּוּשׁ, בִּלְבּוּל, מְבוּכָה, הַפְרָעָה. 2 טֵרוּף, שִׁגָּעוֹן
derby n 1 דֶּרְבִּי. 2 תַּחֲרוּת
derelict adj זָנוּחַ, נָטוּשׁ, נֶעֱזָב, מֻפְקָר
dereliction n הַפְקָרָה, נְטִישָׁה, הַזְנָחָה, עֲזִיבָה
deride vt לָעַג, לִגְלֵג, בָּז
de rigueur (Fr) הֶכְרֵחִי, חוֹבָה, מְחֻיָּב
derision n לִגְלוּג, לַעַג, צְחוֹק, בּוּז
derisive, derisory adj 1 מְלַגְלֵג, לוֹעֵג, בָּז. 2 מְגֻחָךְ
derivation n 1 הַסָּקָה, גְּזִירָה, הֲפָקָה. 2 נִגְזֶרֶת
derivative adj n 1 נִגְזָר, מִסְתָּעֵף. 2 נִגְזֶרֶת. 3 צֶאֱצָא, תּוֹלָדָה
derive vti 1 גָּזַר, נִגְזַר. 2 הִשִּׂיג, הִסִּיק, הֵפִיק
dermatologist n דֶּרְמָטוֹלוֹג
dermatology n דֶּרְמָטוֹלוֹגְיָה
derogate vi 1 בִּטֵּל, הֵסִיר. 2 צִמְצֵם. 3 הִתְנַוֵּן, יָרַד. 4 הִתְקַלְקֵל. 5 הֶעֱלִיב
derogation n 1 בִּטּוּל, חִסּוּר. 2 הִפָּגְמוּת, קִלְקוּל. 3 קִפּוּחַ, הַעֲלָבָה. 4 יְרִידָה
derogatory adj מְזַלְזֵל, מַעֲלִיב, לִגְנַאי
derrick n 1 מַדְלֶה, מָנוֹף, עֲגוּרָן. 2 מִגְדַּל קִדּוּחַ
derring-do n הֶעָזָה, מַעֲשֶׂה גְּבוּרָה
dervish n דֶּרְוִישׁ
desalinate, desalinize vt הִתְפִּיל, הִמְתִּיק
desalination, desalinization n הַתְפָּלָה, הַמְתָּקָה
descant vi n 1 הֵעִיר, גּוֹנֵן, תֵּאֵר. 2 שָׁר (לִיוּוּי). 3 זֶמֶר, נְעִימָה. 4 הֶעָרָה. 5 גּוֹנוּן
descend vi 1 יָרַד, נָפַל, שָׁקַע. 2 הִתְנַפֵּל, הִסְתָּעֵר. 3 נִגְזַר. 4 הִשְׁתַּלְשֵׁל, הִתְגַּלְגֵּל
descendant, descendent n adj 1 יוֹרֵד, מִשְׁתַּלְשֵׁל. 2 צֶאֱצָא, יוֹצֵא יָרֵךְ
descent n 1 יְרִידָה, מוֹרָד, מִדְרוֹן. 2 נְחִיתָה. 3 יִחוּס, מוֹצָא. 4 יְרֻשָּׁה. 5 הִסְתָּעֲרוּת
describe vt תֵּאֵר, צִיֵּר, סִמֵּן, שִׂרְטֵט
description n 1 תֵּאוּר. 2 סוּג, מִין, צוּרָה. 3 צִיּוּר, שִׂרְטוּט
descriptive adj 1 תֵּאוּרִי, צִיּוּרִי. 2 מְתָאֵר, מְסַפֵּר
descriptively adv בְּאֹפֶן צִיּוּרִי
descry vt הִבְחִין, רָאָה, גִּלָּה
desecrate vt 1 חִלֵּל, טִמֵּא. 2 חִלֵּן
desecration n חִלּוּל, טִמּוּא
desegregation n בִּטּוּל הַהַפְרָדָה
desensitize vt נָטַל רְגִישׁוּת

desert vti adj n 1 זָנַח, הִזְנִיחַ, נָטַשׁ. 2 עָרַק, בָּרַח. 3 מִדְבָּרִי, חָרֵב, שׁוֹמֵם, צָחִיחַ. 4 מִדְבָּר, שְׁמָמָה, יְשִׁימוֹן. 5 גְּמוּל, שָׂכָר. 6 הָרָאוּי, הַמַּגִּיעַ

desert partridge קוֹרֵא

deserter n עָרִיק

desertion n 1 עֲרִיקָה, עֲרִיקוּת. 2 נְטִישָׁה, עֲזִיבָה

deserve vti הָיָה רָאוּי, הִגִּיעַ לוֹ

deserved adj גָּמוּל, הַמַּגִּיעַ

deservedly adv בְּצֶדֶק, בְּיֹשֶׁר

deserving adj רָאוּי, זַכַּאי

desiccate vt יִבֵּשׁ

desideratum n מִשְׁאָלָה, מַשָּׂא־נֶפֶשׁ

design vti n 1 תִּכְנֵן, עִצֵּב. 2 יִעֵד, הוֹעִיד. 3 צִיֵּר, שִׂרְטֵט. 4 הִתְכַּוֵּן. 5 הִדְגִּים. 6 תַּרְשִׁים, שִׂרְטוּט, צִיּוּר. 7 כַּוָּנָה, מְזִמָּה. 8 תִּכְנוּן, תָּכְנִית. 9 מַטָּרָה, תַּכְלִית. 10 דֻּגְמָה

designate vt adj 1 מִנָּה, בָּחַר, הוֹעִיד. 2 סִמֵּן, הִתְוָה, צִיֵּן. 3 הִצְבִּיעַ עַל, הִסְמִיךְ. 4 מְיֹעָד, נִבְחָר

designation n 1 מִנּוּי, הַסְמָכָה. 2 צִיּוּן, יִעוּד, בְּחִירָה. 3 כִּנּוּי, מַשְׁמָעוּת

designed adj 1 מְיֹעָד. 2 מְתֻכְנָן, מְכֻוָּן

designedly adv בְּכַוָּנָה, בְּמֵזִיד

designer n 1 מְעַצֵּב. 2 שַׂרְטָט, רַשָּׁם, צַיָּר. 3 סַכְסְכָן, חַתְרָן

designing adj n 1 חוֹרֵשׁ רָע, סַכְסְכָן, נוֹכֵל. 2 מְתַכְנֵן. 3 שִׂרְטוּט, צִיּוּר, תְּכִינָה. 4 הִתְנַכְּלוּת

desirability n נְעִימוּת, תּוֹעֶלֶת, רְצִיּוּת, חִיּוּב

desirable adj רָצוּי, נָעִים, מוֹעִיל, נֶחְמָד, נִכְסָף

desire vt n 1 רָצָה, חָמַד, חָשַׁק, חָפֵץ. 2 הִשְׁתּוֹקֵק, שָׁאַל, בִּקֵּשׁ. 3 רָצוֹן, תְּשׁוּקָה, תַּאֲוָה, חֶמְדָּה, יֵצֶר. 4 מִשְׁאָלָה, בַּקָּשָׁה

desirous adj רוֹצֶה, תָּאֵב, חוֹמֵד, חָפֵץ, מִשְׁתּוֹקֵק

desist vi חָדַל, הִרְפָּה, פָּסַק

desk n 1 מִכְתָּבָה. 2 מַחְלָקָה

desk caddy קַלְמָרִית

desolate vt adj 1 הֶחֱרִיב, הֵשַׁם. 2 אִמְלֵל. 3 חָרֵב, שׁוֹמֵם, בּוֹדֵד. 4 נָטוּשׁ, מֻזְנָח. 5 קוֹדֵר, נוּגֶה

desolately adv בְּשִׁמָּמוֹן

desolation n 1 שִׁמָּמוֹן, עֲזוּבָה, שַׁמָּה. 2 הֶרֶס, חֻרְבָּן. 3 זְנִיחָה, בְּדִידוּת. 4 צָרָה, צַעַר, תּוּגָה, יָגוֹן

despair vi n 1 הִתְיָאֵשׁ, אִבֵּד תִּקְוָה. 2 יֵאוּשׁ, מַפַּח נֶפֶשׁ

despairingly adv לְלֹא תִּקְוָה, בְּיֵאוּשׁ

desperado n פּוֹשֵׁעַ, בִּרְיוֹן

desperate adj 1 נוֹאָשׁ, מְיֹאָשׁ. 2 אָנוּשׁ, קִיצוֹנִי. 3 נוֹעָז, מִסְתַּכֵּן

desperately adv 1 בְּאֵין תִּקְוָה. 2 בְּהֶעָזָה

desperation n 1 יֵאוּשׁ, חֹסֶר תִּקְוָה. 2 רֹגֶז, זַעַם. 3 עַזּוּת, הֶעָזָה

despicable adj נִבְזֶה, בָּזוּי, מָאוּס, נִתְעָב, מְגֻנֶּה

despise vt בָּז, מָאַס, תִּעֵב, זִלְזֵל

despite prep לַמְרוֹת, עַל אַף

despoil vt בָּזַז, שָׁדַד, גָּזַל, עָשַׁק

despond vi n 1 הִתְיָאֵשׁ, הָיָה מְדֻכָּא. 2 יֵאוּשׁ

despondence/cy n יֵאוּשׁ, דִּכָּאוֹן, דִּכְדּוּךְ, מַפַּח־נֶפֶשׁ

despondent adj עָצוּב, מְדֻכְדָּךְ, מְדֻכָּא

despondently adv בְּדִכָּאוֹן, בְּדִכְדּוּךְ

despot n 1 עָרִיץ, מְדַכֵּא. 2 רוֹדָן

despotic adj 1 עָרִיץ, אַכְזָר. 2 רוֹדָנִי

despotism n 1 עָרִיצוּת, אַכְזְרִיּוּת. 2 רוֹדָנוּת

dessert n פַּרְפֶּרֶת, לִפְתָּן, קִנּוּחַ סְעֻדָּה

destination n 1 יַעַד, מַטָּרָה, תַּכְלִית. 2 מְחוֹז חֵפֶץ

destined adj מְיֹעָד, נוֹעָד

destiny n 1 גּוֹרָל, מַזָּל. 2 יִעוּד, תַּכְלִית

destitute adj 1 עָנִי, דַּל, רָשׁ. 2 חֲסַר כֹּל

destitution n עֹנִי, מַחְסוֹר, מִסְכֵּנוּת, דַּלּוּת
destroy vt 1 הָרַס, הֶחֱרִיב. 2 הִשְׁמִיד, חִסֵּל. 3 הָרַג, רָצַח. 4 סָתַר, בִּטֵּל
destroyer n מַשְׁחֶתֶת
destructibility n הִתְכַּלּוּת, הֵהָרְסוּת, הִתְחַסְּלוּת, הִשָּׁמְדוּת
destructible adj בַּר־הַשְׁמָדָה, הָרִיס, מִתְכַּלֶּה
destruction n 1 הַשְׁמָדָה, הֶרֶס, הַשְׁחָתָה. 2 כְּלָיָה, אֲבַדּוֹן, חֻרְבָּן
destructive adj הַרְסָנִי, מַזִּיק, מַשְׁמִיד, הוֹרֵס
destructively adv בְּאֹפֶן הַרְסָנִי
desuetude n אִי־שִׁמּוּשׁ
desultory adj 1 בְּסֵרוּגִין, סֵרוּגִי. 2 מִקְרִי
detach vt 1 הִפְרִיד, הִתִּיר, תָּלַשׁ, פֵּרֵק. 2 שִׁלַּח, שָׁלַח
detachable adj תָּלִישׁ, פָּרִיד, נָתִיק, פָּרִיק, שָׁמִיט
detached adj 1 נִפְרָד, נִבְדָּל, אָדִישׁ. 2 אוֹבְּיֶקְטִיבִי
detachment n 1 גְּדוּד, פְּלֻגָּה. 2 הַפְרָדָה, הַבְדָּלָה. 3 הִנָּתְקוּת, הִתְבַּדְּלוּת. 4 אֲדִישׁוּת. 5 אוֹבְּיֶקְטִיבִיּוּת
detail vt n 1 פֵּרֵט. 2 הִקְצָה, מִנָּה. 2 פְּרָט, פֶּרֶט, פְּרוֹטְרוֹט. 3 סְעִיף, פְּרִיט. 4 מִקְצֶה, מְשִׂימָה. 5 מַחְלָקָה
detain vt 1 הֵלִין, עִכֵּב, הִשְׁהָה. 2 כָּלָא, עָצַר
detainee n עָצִיר
detainer n 1 מַעְצָר, פְּקֻדַּת־מַעְצָר. 2 עוֹצֵר, מְעַכֵּב, כּוֹלֵא
detect vt גִּלָּה, מָצָא, חָשַׂף, אִתֵּר
detectable adj שֶׁנִּתָּן לְגַלּוֹתוֹ, חָשִׂיף, אָתִיר, חוֹשְׂפָנִי
detection n גִּלּוּי, אִתּוּר, מְצִיאָה, חֲשִׂיפָה
detective adj n 1 בַּלָּשִׁי. 2 מְגַלֶּה, מְאַתֵּר, חוֹשֵׂף. 3 בַּלָּשׁ, שׁוֹטֵר־חֶרֶשׁ
detector n 1 גַּלַּאי. 2 מְגַלֶּה, דֶּטֶקְטוֹר
détente n הִתְרוֹפְפוּת, הֲפָגַת מְתִיחוּת, דֵּטַנְט
detention n 1 מַעְצָר, מַאֲסָר, כְּלִיאָה. 2 עִכּוּב, הַשְׁהָיָה
deter vt הִרְתִּיעַ, מָנַע
detergent adj n 1 מְנַקֶּה, מְטַהֵר. 2 דֵּטֶרְגֶּנְט
deteriorate vti 1 קִלְקֵל, הִשְׁחִית, פָּגַם. 2 הִתְקַלְקֵל, הִתְעַרְעֵר. 3 נִדַּרְדֵּר
deterioration n 1 הֲרָעָה, גְּרִיעוּת. 2 קִלְקוּל, הִסְתָּאֲבוּת
determinant n 1 מַכְרִיעַ, מַחְלִיט. 2 קוֹבֵעַ, קוֹצֵב
determinate adj 1 מֻגְדָּר, מֻחְלָט, קָבוּעַ, בָּרוּר. 2 עַקְשָׁן, פַּסְקָן
determination n 1 הַחְלָטָה, הַכְרָעָה, קְבִיעָה. 2 תַּכְלִית, כַּוָּנָה. תְּחִימָה, הַגְבָּלָה. 4 אֹמֶץ עַקְשָׁנוּת, הֶחְלֵטִיּוּת
determine vti 1 פָּסַק, קָבַע, הִכְרִיעַ, הֶחְלִיט. 2 הִסִּיק, הִגְדִּיר. 3 כִּוֵּן, הִמְרִיץ. 4 הִגְבִּיל
determiner n קוֹבֵעַ, מַכְרִיעַ
deterrent n מַרְתִּיעַ, מוֹנֵעַ
detest vt תִּעֵב, שָׂנֵא, מָאַס, שִׁקֵּץ
detestable adj נִתְעָב, שָׂנוּא, בָּזוּי, מָאוּס, מְשֻׁקָּץ
detestably adv בְּתִעוּב
detestation n תִּעוּב, שִׁקּוּץ, שִׂנְאָה
dethrone vt הִדִּיחַ
dethronement n הַדָּחָה
detonate vti 1 פּוֹצֵץ, נִפֵּץ. 2 הִתְפּוֹצֵץ
detonation n נֶפֶץ, נִפּוּץ, פִּצּוּץ, הִתְפּוֹצְצוּת
detonator n נַפָּץ, פַּצָּץ
detour n 1 עִקּוּל, עֲקִיפָה, סְטִיָּה. 2 דֶּרֶךְ עֲקִיפִין. 3 תַּחְבּוּלָה
detract vti 1 חִסֵּר, גָּרַע, הִפְחִית, הִמְעִיט. 2 הוֹרִיד
detraction n 1 דִּבָּה, דֹּפִי, עֶלְבּוֹן. 2 חִסּוּר, הַפְחָתָה, הַמְעָטָה
detriment n נֵזֶק, הֶפְסֵד, רָעָה, פְּגִיעָה
detrimental adj מַזִּיק, פּוֹגֵעַ, מְקַלְקֵל

detrimentally adv בְּהֶפְסֵד
detritus n שַׁחַק, פְּחָת, הִתְפּוֹרְרוּת
de trop 1 מְיֻתָּר, מַפְרִיעַ. 2 בִּלְתִּי רָצוּי
deuce n 1 שְׁנַיִם, נְקֻדָּתַיִם. 2 שִׁוְיוֹן (טניס). 3 מַזִּיק, שֵׁד, שָׂטָן. 4 מַזָּל רַע
deuced adj adv 1 שְׂטָנִי. 2 אָרוּר. 3 מְאֹד, רַב, בְּיוֹתֵר
devaluation n פִּחוּת
devalue vt פִּחֵת
devastate vt הָרַס, הֶחֱרִיב, הֵשֵׁם
devastation n הֶרֶס, שְׁמָמָה, חֻרְבָּן
develop vti 1 פִּתַּח, שִׁכְלֵל, גִּדֵּל, גָּלַל. 2 גִּלָּה, חָשַׂף, פֵּרֵשׁ. 3 הִתְפַּתַּח, הִתְגַּלָּה. 4 הִתְבַּגֵּר
development n 1 פִּתּוּחַ, הִתְפַּתְּחוּת. 2 עִיּוּר. 3 תִּעְבּוּד
deviant n סֶטֶה, סוֹטֶה
deviate vi 1 נָטָה, סָטָה, תָּעָה. 2 הִטָּה
deviation n 1 סְטִיָּה, נְטִיָּה, תְּעִיָּה, הַסָּחָה. 2 הַטָּיָה
deviationism n סְטִיָּה (רעיונית)
deviationist n סוֹטֶה (רעיוני)
device n 1 מִתְקָן, מַכְשִׁיר, הֶתְקֵן. 2 יֵצֶר, רָצוֹן. 3 תַּחְבּוּלָה, לַהֲטוּט. 4 צִיּוּר, קִשּׁוּט. 5 סֵמֶל, סִיסְמָה
devil vt n 1 הִטְרִיד, הֵצִיק, הִרְגִּיז, הִקְנִיט, עִנָּה. 2 תִּבֵּל. 3 קָרַע בִּמְכוֹנָה. 4 שָׂטָן, שֵׁד, מַשְׂטִין. 5 רוּחַ רָעָה, יֵצֶר הָרָע. 6 רָשָׁע, מַשְׁחִית, חוֹטֵא. 7 גִּבַּרְתָּן
devilish adj 1 שְׂטָנִי, שֵׁדִי. 2 רָשָׁע־מְרֻשָּׁע
devilment, devilry n 1 רִשְׁעוּת, אַכְזְרִיּוּת. 2 שְׂטָנִיּוּת, שֵׁדִיּוּת. 3 תַּעֲלוּלִים
devious adj 1 עֲקַלְקַל, פְּתַלְתֹּל. 2 נָלוֹז, עוֹקֵף
deviously adv עֲקַלְקַלּוֹת
deviousness n עֲקַלְקַלּוּת, נְלִיזוּת
devise vt n 1 תִּכְנֵן, הִמְצִיא, זָמַם. 2 תֵּאֵר, חָשַׁב. 3 הִנְחִיל, הוֹרִישׁ. 4 צַוָּאָה, נַחֲלָה
devitalize vt הֶחֱלִישׁ, הֵמִית
devoid of נָטוּל, מְשֻׁלָּל, חָסֵר
devolution n 1 הַעֲבָרָה, מְסִירָה, אֲצִילָה. 2 נִוּוּן. 3 הֶחְזֵר, הֲשָׁבָה
devolve vit 1 הֶעֱבִיר, מָסַר, אָצַל. 2 עָבַר, נִמְסַר
devote vt הִקְדִּישׁ, יִחֵד, הִתְמַסֵּר
devoted adj מָסוּר, אָדוּק
devotee n נִלְהָב, קַנַּאי, חָסִיד
devotion n 1 הַקְדָּשָׁה, מְסִירוּת, חֲסִידוּת, אֲדִיקוּת. 2 עֲבוֹדַת אֱלֹהִים
devotional adj n 1 דָּתִי, אָדוּק, חֲסִידִי. 2 תְּפִלָּה קְצָרָה
devour vt 1 טָרַף, בָּלַע, זָלַל, אָכַל. 2 גָּמָא. 3 כִּלָּה, הִשְׁמִיד
devout adj 1 אָדוּק, חָסִיד, דָּתִי. 2 נֶאֱמָן, כֵּן, אֲמִתִּי, מָסוּר
devoutly adv 1 בְּכֵנוּת, בִּמְסִירוּת. 2 בְּהִתְלַהֲבוּת
dew vti n 1 הִטְלִיל, הִרְטִיב. 2 טַל, רְבִיבִים
dewlap n פִּימָה (בעלי חיים)
dewy adj 1 טַלְלִי, טָלוּל. 2 רַעֲנָן
dexterity n זְרִיזוּת, חָרִיצוּת, מְיֻמָּנוּת, מֻמְחִיּוּת
dexterous, dextrous adj מְיֻמָּן, מֻכְשָׁר, זָרִיז
dexterously adv בִּמְיֻמָּנוּת, בְּכִשְׁרוֹן, בִּזְרִיזוּת
diabetes n סֻכֶּרֶת
diabetic adj n חוֹלֵה סֻכֶּרֶת, דִּיאַבֶּטִי
diabolic(al) adj 1 שְׂטָנִי, שֵׁדִי. 2 אַכְזָרִי, מְרֻשָּׁע
diabolically adv 1 בִּשְׂטָנִיּוּת. 2 בְּרִשְׁעוּת
diacritic adj n 1 מַבְחִין, מַבְדִּיל, דִּיאַקְרִיטִי. 2 סִימַן אַבְחָנָה
diadem n עֲטָרָה, כֶּתֶר, נֵזֶר
di(a)eresis n הַסִּימָן ¨ הַמַּבְדִּיל שְׁתֵּי תְּנוּעוֹת סְמוּכוֹת
diagnose vt אִבְחֵן, נִתַּח, קָבַע
diagnosis n אִבְחוּן, אַבְחָנָה

diagnostic adj אַבְחָנִי, אַבְחָנָתִי
diagonal adj n 1 אֲלַכְסוֹנִי, מְלֻכְסָן. 2 אֲלַכְסוֹן
diagonally adv בַּאֲלַכְסוֹן
diagram n תַּרְשִׁים, שִׂרְטוּט, תָּכְנִית
dial vt n 1 חִיֵּג, מָדַד. 2 חוּגָה. 3 שְׁעוֹן שֶׁמֶשׁ, לוּחַ הַשָּׁעוֹן. 4 מַצְפֵּן
dialect n עָגָה, נִיב, בַּת לָשׁוֹן
dialectal adj נִיבִי
dialectic,
dialectical adj n 1 דִּיאָלֶקְטִי, הֶגְיוֹנִי. 2 נִיבִי. 3 דִּיאָלֶקְטִיקָה
dialectician n דִּיאָלֶקְטִיקָן
dialog(ue) vi n 1 שׂוֹחֵחַ. 2 שִׂיחַ, דּוּ־שִׂיחַ, דִּיאָלוֹג
diameter n קֹטֶר
diametrical adj קָטְרִי, נוֹגֵד
diamond n 1 יַהֲלוֹם. 2 זוֹהַר. 3 רוֹמְבּוּס, מְעֻיָּן. 4 מְעֻיַּן אָדֹם (קלפים)
diaper n 1 חִתּוּל, אָרִיג. 2 מַפִּית
diaphanous adj שָׁקוּף, בָּהִיר, צַח
diaphragm n 1 טַרְפֵּשׁ, סַרְעֶפֶת. 2 תֵּפִית. 3 חַיִץ, מְחִצָּה. 4 קְרוּמִית. 5 צַמְצָם
diarchy n שִׁלְטוֹן שְׁנַיִם
diarrhea n שִׁלְשׁוּל
diary n יוֹמָן
diaspora n גּוֹלָה, גָּלוּת, תְּפוּצוֹת
diatonic adj דִּיאָטוֹנִי
diatribe n חֵרוּף, גִּדּוּף, גִּנּוּי
dice n קֻבִּיָּה, קֻבִּיּוֹת
dicey adj מְסֻכָּן
dichotomy n חִצּוּי, הִתְפַּצְּלוּת
dickens n שָׂטָן, שֵׁד
dictaphone n דִּיקְטָפוֹן
dictate vti n 1 צִוָּה, פָּקַד, גָּזַר, הוֹרָה. 2 הִכְתִּיב. 3 צַו, גְּזֵרָה, פְּקֻדָּה, תַּכְתִּיב, הוֹרָאָה
dictation n 1 הַכְתָּבָה. 2 פְּקֻדָּה, צַו, הוֹרָאָה. 3 תַּכְתִּיב
dictator n 1 רוֹדָן, עָרִיץ. 2 מַכְתִּיב
dictatorial adj רוֹדָנִי, דִּיקְטָטוֹרִי
dictatorially adv בְּרוֹדָנוּת, בְּעָרִיצוּת
dictatorship n רוֹדָנוּת
diction n הֲגִיָּה, דִּיקְצְיָה, חִתּוּךְ דִּבּוּר
dictionary n 1 מִלּוֹן. 2 לֶקְסִיקוֹן
dictum n מֵימְרָא, מֵימְרָה, דֵּעָה, פִּתְגָּם
did זמן עבר של הפועל to do
didactic adj דִּידַקְטִי, לִמּוּדִי, מַשְׂכִּיל
die vi n 1 מֵת. 2 דָּעַךְ, קָמַל, נָבַל, כָּבָה. 3 הִשְׁתּוֹקֵק, הִתְאַוָּה. 4 קֻבִּיָּה, גּוֹרָל. 5 מַבְלֵט, אִמָּה, מַטְבַּעַת
die away הִתְעַלֵּף, הִתְפּוֹגֵג
die down שָׁכַךְ, פָּחַת, פָּג
die-hard adj לֹא נִכְנָע, עַקְשָׁן
die off כָּלָה, מֵתוּ בָּזֶה אַחַר זֶה
die out עָבַר מִן הָעוֹלָם
diesel n דִּיזֶל
diet vi n 1 שָׁמַר דִּיאֶטָה. 2 דִּיאֶטָה. 3 מוֹעָצָה מְחוֹקֶקֶת
differ vi 1 הָיָה שׁוֹנֶה, נִבְדַּל מִן. 2 חָלַק עַל
difference n 1 הֶבְדֵּל, שִׁנּוּי. 2 הֶפְרֵשׁ, חִלּוּק, שֹׁנִי
different adj שׁוֹנֶה, נִבְדָּל
differentiate vt 1 הִבְחִין, הִבְדִּיל. 2 נִבְדַּל, הִשְׁתַּנָּה
differentiation n הַבְדָּלָה, הַבְחָנָה
differently adv בְּדֶרֶךְ אַחֶרֶת
difficult adj קָשֶׁה, מְסֻבָּךְ
difficulty n קֹשִׁי
diffidence n בַּיְשָׁנוּת, עַנְוְתָנוּת
diffident adj בַּיְשָׁן, עָנָו, צָנוּעַ
diffidently adv בִּצְנִיעוּת
diffuse vt adj 1 הֵפִיץ, פִּזֵּר. 2 מוּפָץ, נָפוֹץ, מִתְפַּשֵּׁט. 3 מְפֻזָּר, מְדֻבָּר, לֹא־מְדֻיָּק
diffusely adv בַּאֲרִיכוּת, בְּפִזּוּר
diffusedness n פְּזִירוּת, הֲפָצָה, פִּזּוּר, נְפִיצוּת
diffusion n הִתְפַּשְּׁטוּת, נְפִיצוּת, הִשְׁתַּפְּכוּת, אֲרִיכוּת
dig vt n 1 חָפַר, עָדַר, כָּרָה, תָּחַב, נָעַץ. 2 חִטֵּט, חִפֵּשׂ. 3 דְּחִיפָה,

תְּחִיבָה. 4 פְּגִיעָה

dig in 1 הִתְחַפֵּר, הִתְבַּצֵּר. 2 חָפַר, נָעַץ

dig out גִּלָּה, חָשַׂף

dig up עָדַר

digest vti n 1 עִכֵּל. 2 הִשִּׂיג, הֵבִין. 3 סִדֵּר, הִסְדִּיר, עָרַךְ, סִוֵּג, מִיֵּן. 4 יַלְקוּט, מִבְחָר. 5 קִצּוּר, תַּמְצִית, תַּקְצִיר. 6 תַּלְקִיט

digestible adj מִתְעַכֵּל, עָכִיל

digestion n עִכּוּל, הִתְעַכְּלוּת

digestive adj עִכּוּלִי

digit n 1 אֶצְבַּע. 2 סִפְרָה

digital adj 1 אֶצְבָּעִי. 2 סִפְרָתִי, דִּיגִיטָלִי. 3 קָלִיד

digital display מַצָּג סִפְרָתִי

dignified adj אֲצִילִי, מְכֻבָּד

dignify vt כִּבֵּד, נִשֵּׂא, רוֹמֵם, הֶאֱצִיל

dignitary n נִכְבָּד, מְכֻבָּד

dignity n כָּבוֹד, הַדְרָה, אֲצִילוּת

digraph n דּוּ־אוֹת

digress vi סָטָה מֵהַנּוֹשֵׂא

digression n סְטִיָּה

dike, dyke n סוֹלְלָה, תְּעָלָה, דָּיֵק

dilapidated adj חָרֵב, זָנוּחַ, מֻזְנָח, רָעוּעַ, נָטוּשׁ

dilapidation n חֻרְבָּן, הֶרֶס, הַזְנָחָה, רְעִיעוּת, נְטִישָׁה

dilatation n הִתְרַחֲבוּת, הִתְפַּשְּׁטוּת

dilate vti 1 הִגְדִּיל, הִרְחִיב. 2 הִתְפַּשֵּׁט, הִתְרַחֵב, הִתְנַפֵּחַ

dilatory adj 1 מְעַכֵּב. 2 עָצֵל, אִטִּי. 3 מְרַשֵּׁל. 4 מְפַגֵּר

dilemma n בְּרֵרָה, דִּילֶמָּה, הִתְחַבְּטוּת

dilettante n חוֹבְבָן, שִׁטְחִי, דִּילֶטַּנְט

diligence n 1 חָרִיצוּת, הַתְמָדָה, שְׁקִידָה. 2 מֶרְכָּבָה

diligent adj חָרוּץ, שַׁקְדָן, מַתְמִיד

diligently adv בְּהַתְמָדָה, בַּחֲרִיצוּת

dill n שֶׁבֶת (צמח)

dilly-dally vi הִתְמַהְמַהּ, בִּטֵּל זְמַנּוֹ

diluent n מְדַלֵּל

dilute vt adj 1 מָהַל, דִּלֵּל. 2 הֶחֱלִישׁ, הִקְלִישׁ. 3 נִמְהַל. 4 מָהוּל, דָּלִיל. 5 קָלוּשׁ, מֵימִי

dilution n 1 תַּמְהִיל. 2 מְהִילָה, הַדְלָלָה, הַקְלָשָׁה

dim vti adj 1 עָמַם, הֵעֵם, עִמְעֵם. 2 עִרְפֵּל, הִכְהָה, הֶאֱפִיל. 3 עָמוּם, אַפְלוּלִי, מְטֻשְׁטָשׁ

dime n דַּיְם (10 סֶנְט)

dimension n מֵמַד, שִׁעוּר, גֹּדֶל, הֶקֵּף, מִדָּה

dimensional adj מְמַדִּי

diminish vti 1 הִקְטִין, הִפְחִית, הֶחֱלִישׁ, הִמְעִיט. 2 הִתְמַעֵט

diminuendo n דִּימִינוּאֶנְדוֹ

diminution n הַקְטָנָה, הַפְחָתָה, הִתְמַעֲטוּת, גְּרִיעָה

diminutive adj n 1 מֻקְטָן, מְצֻמְצָם. 2 צוּרַת חִבָּה. 3 צוּרַת הַקְטָנָה

dimity n בַּד פִּשְׁתָּן

dimly adv בִּמְעֻמְעָם

dimness n אַפְלִיּוּת, עִמְעוּם

dimple n גֻּמַּת־חֵן, גֻּמָּה

din vi n 1 הֶחֱרִישׁ אָזְנַיִם, רָעַשׁ. 2 מְהוּמָה, רַעַשׁ

dine vti 1 הִסְעִיד, הֶאֱכִיל. 2 סָעַד, אָכַל

diner n 1 סוֹעֵד. 2 מִזְנוֹן, מִסְעָדָה

dinghy n סִירָה, בֻּצִּית

dinginess n 1 קַדְרוּת, כֵּהוּת. 2 לִכְלוּךְ

dingy adj כֵּהֶה, מֻכְתָּם

dining car קְרוֹן אֹכֶל

dining room חֲדַר אֹכֶל

dinner n 1 אֲרוּחַת עֶרֶב. 2 סְעֻדַּת עֶרֶב

dinner jacket חֲלִיפַת עֶרֶב, "סְמוֹקִינְג"

dinner service מַעֲרֶכֶת כְּלֵי שֻׁלְחָן (סַכּוּ"ם)

dinner set סַכּוּ"ם

dinosaur n דִּינוֹזָאוּרוּס

dint n 1 עָצְמָה, כֹּחַ. 2 חַבּוּרָה, מַכָּה, סִימָן

diocese n בִּישׁוֹפוּת

dioxide דּוּ־תַּחְמֹצֶת

dip vti n 1 טָבַל, הִשְׁרָה. 2 צָלַל, שָׁקַע. 3 נִטְבַּל, הִטְבִּיל. 4 טְבִילָה, רְחִיצָה. 5 צְלִילָה, שְׁקִיעָה. 6 חִטּוּי
diphtheria n אַסְכָּרָה, קָרֶמֶת, דִּיפְתֶּרְיָה
diphthong n דּוּ־תְּנוּעָה
diploma n תְּעוּדָה, תְּעוּדַת הַסְמָכָה, דִּיפְּלוֹמָה
diplomacy n דִּיפְּלוֹמַטְיָה
diplomat(ist) n דִּיפְּלוֹמָט
diplomatic adj דִּיפְּלוֹמָטִי
diplomatically adv בִּתְבוּנָה
dipper n מַצֶּקֶת
dipsomania n שַׁכֶּרֶת
dire adj נוֹרָא, מַבְעִית, אָיֹם
direct vti adj 1 כִּוֵּן, נִהֵל, הִדְרִיךְ. 2 הוֹרָה, צִוָּה, פָּקַד. 3 בִּיֵּם. 4 יָשָׁר, יָשִׁיר, גְּלוּי לֵב. 5 יְשִׁירוּת
direct current זֶרֶם יָשָׁר
direction n 1 כִּוּוּן, הוֹרָאָה, מִפְנֶה, הַכְוָנָה. 2 נִצּוּחַ. 3 בִּמּוּי
directly adv יְשִׁירוֹת, בְּמֵישָׁרִים
directness n 1 יְשִׁירוּת. 2 מִיָּדִיּוּת. 3 גִּלּוּי־לֵב
direct object מֻשָּׂא יָשִׁיר (דקדוק)
director n 1 מְנַהֵל, מַנְחֶה. 2 בַּמַּאי. 3 מְנַצֵּחַ
directorate n הַנְהָלָה, דִּירֶקְטוֹרְיוֹן
directory n מַדְרִיךְ, סֵפֶר כְּתוֹבוֹת
direct speech דִּבּוּר יָשִׁיר
direful adj מַחֲרִיד, אָיֹם, נוֹרָא, מַבְעִית
dirge n קִינָה
dirt n 1 לִכְלוּךְ, זֻהֲמָה, רֶפֶשׁ. 2 עָפָר, טִיט, אֲדָמָה. 3 שֵׁפֶל. 4 נִבְזוּת, רְכִילוּת. 5 תִּעוּב, שִׁקּוּץ
dirty vt adj 1 לִכְלֵךְ, טִנֵּף, הִשְׁמִיץ. 2 מְלֻכְלָךְ, מְטֻנָּף. 3 טָמֵא. 4 נִבּוּל. 5 שָׁפָל, בָּזוּי
dirty trick n מַעֲשֶׂה נִבְזֶה
disability n 1 נָכוּת, מוּם, לִקּוּי. 2 אִי־יְכֹלֶת, הֶעְדֵּר כֹּשֶׁר. 3 תְּשִׁישׁוּת
disable vt 1 הֶחֱלִישׁ, פָּסַל, מָנַע. 2 הִטִּיל מוּם
disabled adj 1 נָכֶה, בַּעַל מוּם. 2 חַלָּשׁ, חֲסַר יְכֹלֶת
disablement n 1 נָכוּת. 2 חֹסֶר יְכֹלֶת. 3 שְׁלִילַת כֹּשֶׁר
disabuse vti 1 אִכְזֵב. 2 הֵסִיר טָעוּת
disadvantage n 1 מִכְשׁוֹל, חֶסְרוֹן, הֶפְסֵד, פְּגָם. 2 נְחִיתוּת
disadvantageous adj מַזִּיק, לֹא־נוֹחַ, שְׁלִילִי, נָחוּת
disaffected adj לֹא יְדִידוּתִי, לֹא כֵּן
disaffection n חֹסֶר נֶאֱמָנוּת, אִי־נַחַת
disagree vi 1 חָלַק עַל. 2 הִזִּיק, הִשְׁפִּיעַ לְרָעָה
disagreeable adj לֹא נָעִים, לֹא נוֹחַ, דּוֹחֶה
disagreeableness n 1 אִי־נְעִימוּת. 2 סְלִידָה
disagreeably adv בְּצוּרָה לֹא־נְעִימָה
disagreement n 1 מַחֲלֹקֶת, חִלּוּקֵי דֵעוֹת. 2 אִי־הַתְאָמָה, שׁוֹנוּת, שֹׁנִי
disallow vt 1 דָּחָה. 2 בִּטֵּל
disappear vi 1 נֶעְלַם, חָלַף. 2 חָלַף, כָּלָה. 3 דָּעַךְ, מֵת
disappearance n הֵעָלְמוּת, דְּעִיכָה
disappoint vt אִכְזֵב, יֵאֵשׁ, הִכְזִיב, סִכֵּל
disappointment n אַכְזָבָה, מַפַּח־נֶפֶשׁ
disapprobation n בִּקֹּרֶת, הִתְנַגְּדוּת, גִּנּוּי, אִי־רָצוֹן
disapproval n אִי־הַסְכָּמָה, הִסְתַּיְּגוּת
disapprove vi דָּחָה, גִּנָּה, הִתְנַגֵּד
disapprovingly adv בְּאִי־רָצוֹן, בְּהִסְתַּיְּגוּת
disarm vti 1 פֵּרֵק מִנִּשְׁקוֹ, פֵּרֵז. 2 הִתְפָּרֵק מִנִּשְׁקוֹ
disarmament n 1 פֵּרוּק נֶשֶׁק. 2 פֵּרוּז
disarrange vt בִּלְבֵּל, הִפְרִיעַ
disarrangement n הַפְרָעָה, בִּלְבּוּל, עִרְבּוּבְיָה
disarray vt n 1 פָּרַע סֵדֶר. 2 הִפְשִׁיט. 3 בִּלְבּוּל, מְבוּכָה, מְהוּמָה.

4 רִשּׁוּל, הִתְרַשְּׁלוּת

disaster n אָסוֹן, תְּאוּנָה, שׁוֹאָה

disastrous adj אָיֹם, נוֹרָא, הֲרֵה אָסוֹן

disastrously adv בְּצוּרָה הַרְסָנִית

disavow vt הִכְחִישׁ, כָּפַר, דָּחָה

disavowal n הַכְחָשָׁה, דְּחִיָּה

disband vti 1 שִׁחְרֵר, פִּזֵּר, חִסֵּל. 2 הִשְׁתַּחְרֵר, הִתְפַּזֵּר

disbandment n הִתְפַּזְּרוּת, הִתְפָּרְקוּת, פֵּרוּק, חִסּוּל

disbelief n 1 כְּפִירָה. 2 חֹסֶר אֵמוּן

disbelieve vt כָּפַר, לֹא הֶאֱמִין

disburse vti פָּרַע, פָּדָה, שִׁלֵּם, הוֹצִיא

disbursement n תַּשְׁלוּם, הוֹצָאָה

disc, disk n 1 דִּסְקוּס. 2 דִּסְקָה, דִּסְקִית. 3 תַּקְלִיט, תַּקְלִיטוֹר

discard vt זָנַח, הִשְׁלִיךְ, הִתְפַּטֵּר

discern vt 1 הִבְחִין, הִבְדִּיל. 2 הִכִּיר, רָאָה, הִסְתַּכֵּל

discernible adj נִתָּן לְהַבְחָנָה, תָּפִיס

discerning adj מַבְחִין, מַבְדִּיל, חוֹדֵר

discernment n הַבְחָנָה, תְּפִיסָה, הַכָּרָה

discharge vti n 1 פָּרַק, הֵסִיר. 2 שִׁחְרֵר, פִּטֵּר. 3 מִלֵּא חוֹבָה, בִּצַּע. 4 פָּרַשׁ, יָצָא. 5 הִשְׁתַּחְרֵר, הִתְפָּרֵק. 6 מֵרוֹק, הֶפְטֵר. 7 פְּרִיקָה, הֲסָרָה, הַפְלָטָה. 8 שִׁחְרוּר, פִּטּוּר. 9 פְּקִיעָה, סִלּוּק. 10 נְזִילָה, זוֹב, זִיבָה. 11 מֻגְלָה

disciple n 1 תַּלְמִיד, חָסִיד. 2 חָנִיךְ, שׁוּלְיָה

disciplinarian n מוֹרֶה קָשׁוּחַ, מַשְׁלִיט מִשְׁמַעַת

disciplinary adj מִשְׁמַעְתִּי

discipline vt n 1 מִשְׁמֵעַ, תִּרְגֵּל. 2 עָנַשׁ, יִסֵּר. 3 לִמֵּד, סִדֵּר. 4 מִשְׁמַעַת. 5 יִסּוּר, עֹנֶשׁ. 6 מִקְצוֹעַ, תְּחוּם, אַסְכּוֹלָה

disclaim vt 1 הִכְחִישׁ, הִתְכַּחֵשׁ. 2 סֵרַב, כָּפַר

disclaimer n 1 כּוֹפֵר, מַכְחִישׁ, מִתְכַּחֵשׁ. 2 וִתּוּר

disclose vt 1 חָשַׂף. 2 גִּלָּה, הֶרְאָה, פִּרְסֵם

disclosure n 1 חֲשִׂיפָה. 2 גִּלּוּי, פִּרְסוּם

discolo(u)r vti 1 טִשְׁטֵשׁ, הִכְתִּים. 2 שִׁנָּה צֶבַע

discolo(u)ration n 1 טִשְׁטוּשׁ, הַכְתָּמָה. 2 שִׁנּוּי צֶבַע

discomfit vt 1 נִצַּח, הֵבִיס. 2 סִכֵּל, הִכְשִׁיל. 3 הֵבִיךְ

discomfiture n 1 מְבוּכָה. 2 אַכְזָבָה. 3 תְּבוּסָה, מְנוּסָה

discomfort vt n 1 הִטְרִיד, צִעֵר. 2 גָּרַם לְאִי־נוֹחוּת. 3 אִי־נוֹחוּת, אִי־נוֹחִיּוּת. 4 הַטְרָדָה, טֹרַח. 5 כְּאֵב, סֵבֶל, עֶצֶב

discommode vt הִפְרִיעַ, הִטְרִיד, הִטְרִיחַ

discompose vt בִּלְבֵּל, הִסְעִיר, רִגֵּשׁ

discomposure n בִּלְבּוּל, הִתְרַגְּשׁוּת

disconcert vti 1 בִּלְבֵּל, הֵבִיךְ. 2 סִכֵּל, בִּטֵּל, הֵפֵר

disconnected adj 1 מְנֻתָּק. 2 מְפֻזָּר. 3 נִפְרָד, בּוֹדֵד

disconsolate adj 1 נוּגֶה, עָגוּם. 2 עָצוּב, מְיֹאָשׁ, מַעֲצִיב

disconsolately adv בְּעֶצֶב

discontent vt n adj 1 הִרְגִּיז, הִכְעִיס. 2 רֹגֶז, נִרְגָּזוּת, אִי־שְׂבִיעוּת־רָצוֹן. 3 לֹא־מְרֻצֶּה

discontented adj נִרְגָּז, לֹא־מְרֻצֶּה

discontentedly adv בְּלִי רָצוֹן

discontinuance n 1 הַפְסָקָה, הֶפְסֵק. 2 נִתּוּק, חֲדִילָה, בִּטּוּל

discontinue vti 1 הִפְסִיק, פָּסַק, חָדַל. 2 נִתֵּק

discontinuous adj 1 מְנֻתָּק. 2 לֹא־רָצוּף, מְקֻטָּע

discord n 1 אִי־הַסְכָּמָה, פֵּרוּד. 2 רִיב, סִכְסוּךְ. 3 צְרִיר

discordance n 1 אִי־הַתְאָמָה, מְבוּכָה. 2 רִיב. 3 צְרִיר

discordant adj צוֹרֵם, צְרִירִי, צוֹרְמָנִי

discordantly adj בְּצוֹרְמָנוּת
discotheque n דִּיסְקוֹטֶק
discount vt n 1 נִכָּה. 2 בִּטֵּל, הוֹזִיל. 3 זִלְזֵל. 4 נִכָּיוֹן. 5 הֲנָחָה, הוֹזָלָה
discountenance vt 1 בִּיֵּשׁ, הֵבִיךְ. 2 רִפָּה יְדֵי, הִתְנַגֵּד
discourage vt 1 רִפָּה יְדֵי, דִּכְדֵּךְ. 2 הֵנִיא, הִרְתִּיעַ
discouragement n 1 הַרְתָּעָה, רִפְיוֹן יָדַיִם. 2 דִּכְדּוּךְ
discourse vi n 1 שׂוֹחַח, דִּבֵּר. 2 נָאַם, הִרְצָה, הִטִּיף. 3 הִבִּיעַ. 4 נְאוּם, דְּרָשָׁה, הַרְצָאָה. 5 שִׂיחָה, דִּיּוּן. 6 מַסָּה
discourteous adj גַּס, לֹא־מְנֻמָּס, לֹא־אָדִיב
discourteously adv בְּגַסּוּת
discourtesy adv גַּסּוּת, חֹסֶר נִימוּס
discover vt 1 גִּלָּה, מָצָא. 2 חָשַׂף
discoverable adj נִתָּן לְגִלּוּי
discoverer n מְגַלֶּה, מוֹצֵא
discovery n 1 גִּלּוּי. 2 תַּגְלִית
discredit vt n 1 הִלְעִיז, הֶעֱלִיל. 2 קָלוֹן, הַשְׁמָצָה, לַעַז. 3 שִׁמְצָה
discreditable adj יָדוּעַ לְשִׁמְצָה, בָּזוּי
discreet adj זָהִיר, מָתוּן, נָבוֹן
discrepance(cy) n סְתִירָה, אִי־הַתְאָמָה, נִגּוּד
discrete adj 1 בּוֹדֵד, נִבְדָּל, פָּרוּשׁ. 2 סֵרוּגִי. 3 מֻפְשָׁט. 4 בָּדִיד (רכיב)
discretion n זְהִירוּת, תְּבוּנָה, מְתִינוּת, שִׁקּוּל דַּעַת, שִׁפּוּט
discretionary adj שֶׁל שִׁקּוּל דַּעַת עַצְמִי, דִּיסְקְרֶטִי
discriminate vti 1 הִפְלָה, הִבְדִּיל. 2 הִבְחִין
discriminating adj 1 מַבְחִין, חָרִיף. 2 בַּעַל הַבְחָנָה
discrimination n 1 הַפְלָיָה, הַבְדָּלָה. 2 הַבְחָנָה
discriminatory adj מַפְלֶה
discursive adj 1 בְּסֵרוּגִין, פּוֹסֵחַ, מְדַלֵּג. 2 אַרְכָנִי. 3 שִׂכְלְתָנִי
discursively adv 1 בְּסֵרוּגִין, בְּדִלּוּג. 2 בַּאֲרִיכוּת. 3 בְּשִׂכְלְתָנוּת
discursiveness n 1 אַרְכָנוּת. 2 שִׂכְלְתָנוּת
discuss vt הִתְוַכֵּחַ, דָּן, הִתְפַּלְמֵס
discussion n וִכּוּחַ, דִּיּוּן, הִתְפַּלְמְסוּת
disdain vt n 1 בָּז, זִלְזֵל, בִּטֵּל, תִּעֵב. 2 בּוּז, זִלְזוּל, שְׁאָט נֶפֶשׁ
disdainful adj שׁוֹאֵט, בָּז, מְתַעֵב
disdainfully adv בְּבוּז, בִּשְׁאָט נֶפֶשׁ
disease n מַחֲלָה, חֳלִי, פֶּגַע, נֶגַע
diseased adj 1 נָגוּעַ. 2 חוֹלֶה
disembark vti 1 יָרַד מֵאֳנִיָּה. 2 הוֹרִיד מֵאֳנִיָּה. נָחַת
disembarkation n 1 נְחִיתָה. 2 יְרִידָה מֵאֳנִיָּה. 3 פְּרִיקַת מַשָּׂא
disembodied adj בִּלְתִּי חָמְרִי, בִּלְתִּי גַּשְׁמִי
disembowel vt הֵסִיר הַמֵּעַיִם, הוֹצִיא הַקְּרָבַיִם
disenchant vti 1 שִׁחְרֵר מֵאַשְׁלָיוֹת. 2 אִכְזֵב. 3 הִתְפַּכֵּחַ
disenchantment n הִתְפַּכְּחוּת מֵאַשְׁלָיָה
disengage vti 1 הִפְרִיד, הִתִּיר, הִשְׁמִיט. 2 שִׁחְרֵר, סִלֵּק. 3 נִפְרַד, נִתַּק
disengaged adj פָּנוּי, חָפְשִׁי
disengagement n 1 חִלּוּץ, הַפְרָדָה, הַתָּרָה. 2 שִׁחְרוּר, סִלּוּק
disentangle vti הִתִּיר, שִׁחְרֵר, חִלֵּץ, יִשֵּׁב
disentanglement n 1 הַתָּרָה. 2 הֵחָלְצוּת, הִשְׁתַּחְרְרוּת
disequilibrium n חֹסֶר־אִזּוּן
disestablish vt 1 חִלֵּן. 2 בִּטֵּל הַכָּרָה
disestablishment n 1 חִלּוּן. 2 בִּטּוּל הַכָּרָה. 3 שְׁלִילַת מַעֲמָד
disfavo(u)r vt n 1 הִתְיַחֵס בְּעַיִן רָעָה. 2 אִי־אַהֲדָה, עַיִן רָעָה
disfigure vt בִּעֵר, טִשְׁטֵשׁ, הִשְׁחִית
disfigurement n עִוּוּת, כִּעוּר, הַשְׁחָתָה
disfranchise vt 1 שָׁלַל זְכֻיּוֹת אֶזְרָחִיּוֹת. 2 שָׁלַל זְכוּת בְּחִירָה

disgorge vt 1 הֵקִיא. 2 הִשְׁתַּפֵּךְ
disgrace vt n 1 בִּיֵּשׁ, בִּזָּה. 2 בּוּשָׁה, כְּלִמָּה, חֶרְפָּה, קָלוֹן
disgraceful adj מַחְפִּיר, מְבַיֵּשׁ, נִקְלֶה
disgracefully adv בְּאֹפֶן מַחְפִּיר
disgruntled adj מְאֻכְזָב, מְמֻרְמָר, מָלֵא תַּרְעֹמֶת
disguise vt n 1 הִסְוָה, הִתְחַפֵּשׂ. 2 מַסְוֶה, תַּחְפֹּשֶׂת, הִתְחַפְּשׂוּת
disgust vt n 1 הִגְעִיל, מָאַס. 2 גֹּעַל נֶפֶשׁ, מִאוּס, בְּחִילָה, סְלִידָה
disgusting adj גָּעֳלִי, נִתְעָב
disgustingly adv בְּצוּרָה גָּעֳלִית
dish n 1 צַלַּחַת, קְעָרִית. 2 מַאֲכָל
disharmonious adj צוֹרֵם, לֹא־תּוֹאֵם, לֹא מַתְאִים, דִּיסְהַרְמוֹנִי
disharmony n צְרִימוּת, אִי־תֹּאַם, אִי־הַתְאָמָה, דִּיסְהַרְמוֹנְיָה
dishcloth n מַטְלִית לְצַלָּחוֹת
dishearten vt רִפָּה יָדַיִם, דִּכָּא, הֵמֵס לֵב
dishevel(l)ed adj פָּרוּעַ, לֹא מְסֻדָּר
dishonest adj לֹא יָשָׁר, לֹא מְהֻגָּן
dishonestly adv בְּרַמָּאוּת
dishonesty n חֹסֶר־הֲגִינוּת, אִי־יֹשֶׁר
dishono(u)r vt n 1 חִלֵּל כָּבוֹד, הֵמִיט חֶרְפָּה, בִּיֵּשׁ. 2 בִּזָּה, גִּנָּה, אָנַס. 3 חִלּוּל כָּבוֹד, אִי־יֹשֶׁר. 4 כְּלִמָּה, חֶרְפָּה, עֶלְבּוֹן. 5 אִי־כִּבּוּד
dishono(u)rable adj מְגֻנֶּה, מֵבִישׁ, שָׁפָל, חֲסַר כָּבוֹד
dishono(u)rably adv בְּהַשְׁפָּלָה, בְּאֹפֶן מֵבִישׁ
dish out הִגִּישׁ, חִלֵּק
dish up 1 הִגִּישׁ אֹכֶל. 2 הִצִּיג
dishwasher n מֵדִיחַ כֵּלִים
disillusion vt n 1 אִכְזֵב, הִתְפַּכֵּחַ. 2 נִפֵּץ אַשְׁלָיוֹת, הִתְאַכְזֵב. 3 הִתְאַכְזְבוּת
disillusionment n הִתְאַכְזְבוּת
disincentive n הַרְתָּעָה
disinclination n אִי־נְטִיָּה, אִי־רָצוֹן, הִתְנַגְּדוּת מָה
disinclined adj חֲסַר רָצוֹן
disinfect vt חִטֵּא, טִהֵר, זִכֵּךְ
disinfectant adj n מְחַטֵּא
disinfection n חִטּוּי
disinfest vt קָטַל שְׁרָצִים
disinfestation n קְטִילַת שְׁרָצִים
disinflation n דִּיסִינְפְלַצְיָה
disingenuous adj מְעֻשֶּׂה, חֲסַר כֵּנוּת
disingenuously adv בִּגְנֵבַת דַּעַת
disingenuousness n חֹסֶר כֵּנוּת, גְּנֵבַת דַּעַת
disinherit vt 1 בִּטֵּל יְרֻשָּׁה. 2 הֶעֱבִיר מִנַּחֲלָה
disintegrate vti 1 פּוֹרֵר, הִפְרִיד. 2 הִתְפּוֹרֵר
disintegration n הִתְפָּרְקוּת, הִתְפּוֹרְרוּת
disinter vt הוֹצִיא מִקִּבְרוֹ
disinterested adj שֶׁאֵינוֹ נוֹגֵעַ בַּדָּבָר, חֲסַר עִנְיָן אִישִׁי
disinterestedly adv 1 בְּלִי טוֹבַת הֲנָאָה. 2 בַּאֲדִישׁוּת
disinterestedness n 1 אִי־פְּנִיָּה, אִי־טוֹבַת־הֲנָאָה. 2 אֲדִישׁוּת
disinterment n 1 הוֹצָאָה מִן הַקֶּבֶר. 2 חִשּׂוּף, גִּלּוּי
disjointed n מְקֻטָּע, חֲסַר רְצִיפוּת
disjunctive adj מַפְרִיד, מַבְדִּיל
disk n 1 תַּקְלִיט. 2 דִּיסְקוּס
disk drive כּוֹנָן תַּקְלִיטוֹנִים
disk jockey תַּקְלִיטָן
dislike vt n 1 סָלַד, בָּחַל. 2 סְלִידָה, בְּחִילָה
dislocate vt 1 נָקַע. 2 הֵזִיז, הֵסִיט, עָקַר. 3 בִּלְבֵּל
dislocation n 1 נֶקַע, נְקִיעָה. 2 שִׁמּוּט, עֲקִירָה, עֲתִיקָה. 3 בִּלְבּוּל
dislodge vt 1 שִׁחְרֵר, הֵזִיז. 2 גֵּרֵשׁ, נִשֵּׁל, סִלֵּק
disloyal adj בִּלְתִּי נֶאֱמָן, בּוֹגֵד
disloyally adv בְּחֹסֶר נֶאֱמָנוּת
disloyalty n בְּגִידָה, בּוֹגְדָנוּת, אִי־נֶאֱמָנוּת

dismal adj עָגוּם, מַעֲצִיב, מְדַכֵּא, קוֹדֵר
dismally adv בְּעֶצֶב, בְּקַדְרוּת
dismantle vt פֵּרֵק, סִלֵּק, הָרַס
dismay vt n 1 יֵאֵשׁ, הִפְחִיד, דִּכְדֵּךְ, הֵטִיל אֵימָה. 2 יֵאוּשׁ, אֵימָה, בֶּהָלָה
dismember vt בִּתֵּר, שִׁסַּע, קָרַע לִגְזָרִים
dismemberment n בִּתּוּר, בִּתּוּק, קְרִיעָה לִגְזָרִים
dismiss vt 1 פִּזֵּר, פִּטֵּר, שִׁלַּח. 2 הִדִּיחַ, דָּחָה
dismissal n 1 פִּזּוּר, שִׁלּוּחַ. 2 הַדָּחָה, פִּטּוּרִים
dismount vit 1 יָרַד (מסוס). 2 פֵּרַק, הֵסִיר
disobedience n 1 אִי־צִיּוּת. 2 חֹסֶר מִשְׁמַעַת, הֲפָרַת פְּקֻדָּה. 3 מְרִי, הִתְמָרְדוּת
disobedient adj 1 סָרְבָן, סוֹרֵר, מַמְרֶה. 2 מוֹרֵד
disobediently adv בְּהִתְמָרְדוּת, בְּסָרְבָנוּת
disobey vt הִמְרָה, מָרָה, מָרַד, לֹא־צִיֵּת, הֵפֵר חֹק
disoblige vt הִטְרִיד, הֶעֱלִיב
disorder vt n 1 בִּלְבֵּל, שִׁבֵּשׁ, גָּרַם אִי־סֵדֶר. 2 אִי־סֵדֶר, בִּלְבֹּלֶת. 3 מְהוּמָה. 4 מַחֲלָה, לִקּוּת
disorderly adj 1 פָּרוּעַ, פּוֹרֵעַ סֵדֶר, לֹא־מְסֻדָּר. 2 מְטֹרָף
disorganization n עִרְבּוּבְיָה, אִי־סֵדֶר, חֹסֶר־אִרְגּוּן
disorganize vt בִּלְבֵּל, פָּרַע, גָּרַם לְאִי־סֵדֶר
disorient(ate) vt הִטְעָה, בִּלְבֵּל
disorientation n אִי־הִתְמַצְּאוּת, מְבוּכָה
disoriented adj נָבוֹךְ, מְבֻלְבָּל
disown vt 1 הִכְחִישׁ, הִתְכַּחֵשׁ. 2 נָטַשׁ, זָנַח, כָּפַר
disparage vt זִלְזֵל, בָּז, הֶעֱלִיב
disparagement n הַשְׁפָּלָה, זִלְזוּל
disparagingly adj בְּזִלְזוּל
disparity n אִי־שִׁוְיוֹן, פַּעַר, הֶבְדֵּל
dispassionately adv בְּקֹר רוּחַ, בְּיִשּׁוּב הַדַּעַת
dispatch, despatch vt n 1 שָׁלַח. 2 שִׁלַּח. 3 כִּלָּה, חִסֵּל, הֵמִית. 4 מִשְׁלוֹחַ, אֶשְׁגָּר. 5 שְׁלִיחוּת. 6 תִּשְׁדֹּרֶת, אִגֶּרֶת, מִבְרָק. 7 יְדִיעָה. 8 חָרִיצוּת, מְהִירוּת. 9 פִּטּוּרִים. 10 סוֹכְנוּת מִשְׁלוֹחַ
dispel vt פִּזֵּר, הֵנִיס
dispensable adj וָתִיר, מִשְׁנִי, לֹא חָשׁוּב
dispensary n מִרְפָּאָה
dispensation n 1 וִתּוּר, הֶתֵּר, שִׁחְרוּר מֵחוֹבָה, פְּטוֹר. 2 חֲלֻקָּה. 3 הֶסְדֵּר. 4 תּוֹרָה. 5 מַתָּנָה מִשָּׁמַיִם
dispense vt 1 חִלֵּק. 2 רָקַח. 3 נָהַל, חָל. 4 פָּטַר, מָחַל, שִׁחְרֵר
dispense with vt וִתֵּר עַל, בִּטֵּל תֹּקֶף, הִשְׁמִיט
dispenser n 1 רוֹקֵחַ. 2 מְחַלֵּק. 3 מְנַפֵּק
dispersal, dispersion n 1 תַּפְזִיר, פִּזּוּר, הֲפָצָה, חֲלֻקָּה. 2 גּוֹלָה, גָּלוּת, פְּזוּרָה
disperse vti 1 פִּזֵּר, הֵפִיץ. 2 הִתְפַּזֵּר, נָגוֹז
dispirit vt רִפָּה יָדַיִם
dispirited adj מְדֻכְדָּךְ, מְדֻכָּא
dispiritedly adv בְּרוּחַ נְכֵאָה
displace vt עָקַר, הֵזִיז, הֶעְתִּיק, תָּפַס מְקוֹם שֶׁל
displaced person עָקוּר
displacement n 1 עֲקִירָה. 2 גֵּרוּשׁ, הַתָּקָה, הַעְתָּקָה, הַעֲבָרָה. 3 תְּפוּסָה. 4 תְּסוּגָה, הֶדְחֵק
display vt n 1 הֶרְאָה, הִבְלִיט. 2 גִּלָּה, חָשַׂף. 3 רַאֲוָה, תְּצוּגָה, תַּעֲרוּכָה. 4 גִּלּוּי, חִשּׂוּף. 5 מַצָּג, צָג
displease vt צִעֵר, הִכְעִיס, הִרְגִּיז, הִקְנִיט
displeasing adj דּוֹחֶה, בִּלְתִּי נָעִים, לֹא־נוֹחַ
displeasure n מֹרַת־רוּחַ, אִי־נְעִימוּת, פְּגִיעָה, תַּרְעֹמֶת, רֹגֶז
disport oneself הִתְבַּדֵּחַ, הִשְׁתַּעֲשַׁע, הִתְבַּדֵּר
disposable adj 1 זָרִיק, וָתִיר. 2 פָּנוּי, זָמִין
disposal n 1 רָשׁוּת, נִהוּל, סִדּוּר. 2 מִשְׁטָר,

מַעֲרָךְ, שְׁלִיטָה. 3 הַעֲנָקָה

dispose vit 1 סִדֵּר, עָרַךְ, הֵנִּיחַ. 2 הִתְאִים, הִסְדִּיר, קָבַע. 3 הִשְׁתַּמֵּשׁ

dispose of נִפְטַר מִ־

disposition n 1 אֹפִי, מֶזֶג, מַצַּב־רוּחַ. 2 נְטִיָּה, רְצִיָּה. 3 מַעֲרָךְ, סִדּוּר, יִשּׁוּב, תֵּאוּם. 4 תְּכוּנָה, הֶעָרְכוּת. 5 הַקְנָיָה

dispossess vt רוֹשֵׁשׁ, נִשֵּׁל, שָׁלַל

dispossession n נִשּׁוּל, גֵּרוּשׁ, הִתְרוֹשְׁשׁוּת

disproportion n חֹסֶר פְּרוֹפּוֹרְצְיָה

disproportionate adj לֹא פְּרוֹפּוֹרְצְיוֹנָלִי

disproportionately adv לְלֹא יַחַס, לְלֹא פְּרוֹפּוֹרְצְיָה

disprove vt הִפְרִיךְ, סָתַר, הֵזֵם

disputable adj מְפֻקְפָּק, שָׁנוּי בְּמַחֲלֹקֶת

dispute vti n 1 הִתְוַכֵּחַ, הִתְפַּלְמֵס, הִקְשָׁה, הִתְדַּיֵּן. 2 וִכּוּחַ, פֻּלְמוּס. 3 מַחֲלֹקֶת, קְטָטָה, סִכְסוּךְ, רִיב

disqualification n 1 פְּסִילָה. 2 שְׁלִילַת זְכוּת

disqualify vt 1 פָּסַל. 2 שָׁלַל זְכוּת

disquiet vt n 1 הִפְרִיעַ, הִדְאִיג. 2 אִי שֶׁקֶט, חֹסֶר שַׁלְוָה

disquieting adj מַדְאִיג

disquietingly adv בִּדְאָגָה

disquietude n דְּאָגָה, אִי־שֶׁקֶט

disquisition n מַסָּה, מֶחְקָר

disregard vt n 1 הִתְעַלֵּם, זִלְזֵל, בִּטֵּל. 2 הִתְעַלְּמוּת, זִלְזוּל, אֲדִישׁוּת

disrepair n עֲזוּבָה, הַזְנָחָה, הֶפְקֵר

disreputable adj מֵבִישׁ, יָדוּעַ לְשִׁמְצָה

disreputably adv בְּצוּרָה מְבִישָׁה

disrepute n בִּזָּיוֹן, גְּנַאי

disrespect n אִי־כָּבוֹד, זִלְזוּל, גַּסּוּת

disrespectful adj חָצוּף, חֲסַר נִימוּס

disrobe vt 1 פָּשַׁט, חָשַׂף. 2 הִתְפַּשֵּׁט

disruption n 1 הַפְרָעָה. 2 פֵּרוּק, שִׁסּוּעַ, נִתּוּק. 3 הִתְפָּרְדוּת, הִתְפָּרְקוּת, הִתְפּוֹרְרוּת

disruptive adj מַפְרִיעַ, מְנַתֵּק, מְפוֹרֵר

dissatisfaction n תַּרְעֹמֶת, אִי שְׂבִיעוּת רָצוֹן

dissatisfy vt עוֹרֵר מֹרַת רוּחַ

dissect vt נִתַּח, בִּתֵּר, חָתַךְ

dissection n בִּתּוּר, נִתּוּחַ

dissemble vti 1 הִסְתִּיר, הִתְעַלֵּם. 2 הֶעֱמִיד פָּנִים, הִתְחַפֵּשׂ. 3 הִתְנַכֵּר

dissembler n 1 צָבוּעַ, מִתְנַכֵּר. 2 מִתְחַפֵּשׂ

disseminate vt 1 הֵפִיץ, פִּזֵּר, זָרָה. 2 זָרַע

dissemination n 1 הֲפָצָה, פִּזּוּר, זְרִיָּה. 2 זְרִיעָה

dissension n מַחֲלֹקֶת, פְּלֻגְתָּה, רִיב, סִכְסוּךְ

dissent vi n 1 הִסְתַּיֵּג, חָלַק עַל, הִתְנַגֵּד. 2 מַחֲלֹקֶת, פְּלֻגְתָּה, רִיב

dissenter n 1 חוֹלֵק, פּוֹרֵשׁ. 2 כּוֹפֵר

dissertation n 1 הַרְצָאָה, דִּיסֶרְטַצְיָה. 2 מֶחְקָר, מַסָּה

disservice n 1 "שֵׁרוּת דֹּב". 2 הֶזֵּק, הֶפְסֵד

dissever vt הִפְרִיד, נִתֵּק, פִּלֵּג

dissidence n 1 אִי־הַסְכָּמָה, הִתְנַגְּדוּת, מַחֲלֹקֶת. 2 פְּרִישָׁה

dissident adj n 1 חוֹלֵק, פּוֹלֵג, מִתְנַגֵּד. 2 פּוֹרֵשׁ

dissimilar adj שׁוֹנֶה, לֹא־דּוֹמֶה

dissimilarity n 1 שֹׁנִי, שׁוֹנוּת. 2 הַבְדָּלוּת

dissimilitude n הֶבְדֵּל, שֹׁנִי

dissimilate vti 1 הִתְנַכֵּר, הֶעֱמִיד פָּנִים. 2 הִסְתִּיר, הִתְחַפֵּשׂ

dissimilation n הַעֲמָדַת פָּנִים, צְבִיעוּת, הִתְנַכְּרוּת

dissipate vti 1 בִּזְבֵּז, פִּזֵּר. 2 הִתְפַּזֵּר. 3 הִתְהוֹלֵל

dissipated adj מְבֻזְבָּז, מֻפְקָר, מְפֻזָּר

dissipation n 1 פִּזּוּר, פַּזְרָנוּת, בִּזְבּוּז. 2 הוֹלֵלוּת

dissociate vt 1 נִתֵּק, הִפְרִיד. 2 הִתְרַחֵק, נִפְרַד

dissociation n 1 נִתּוּק, הִנָּתְקוּת, הַפְרָדָה. 2 הִתְרַחֲקוּת, הִפָּרְדוּת

dissolubility n מְסִיסוּת, מְסִיסִיּוּת
dissoluble adj מָסִיס
dissolute adj מֻפְקָר, מֻשְׁחָת, הוֹלֵל
dissolutely adv בְּהוֹלֵלוּת, בִּפְרִיצוּת
dissoluteness n פְּרִיצוּת, הוֹלֵלוּת, הֶפְקֵרוּת
dissolution n 1 הַפְרָדָה, פֵּרוּק, פִּזּוּר. 2 הֲמַסָּה, תְּמִסָּה, הִמַּסּוּת. 3 הַתָּרָה, הֲפָרָה. 4 הֲרִיסָה, מָוֶת, בִּטּוּל. 5 פֵּרוּק, פִּזּוּר
dissolve vti 1 הֵמֵס, מוֹסֵס. 2 הִתִּיר, נִתֵּק. 3 פִּזֵּר, פֵּרֵק. 4 הָרַס, הִשְׁמִיד. 5 בִּטֵּל. 6 נָמַס. 7 הִתְפַּזֵּר. 8 נָמוֹג
dissonance(cy) n 1 צְרִירוּת, צְרִימַת אֹזֶן, דִּיסוֹנַנְס. 2 אִי־הַתְאָמָה, אִי־הַרְמוֹנְיָה
dissonant adj 1 צוֹרְמָנִי, צְרִירִי. 2 לֹא הַרְמוֹנִי
dissuade vt הִרְתִּיעַ, הֵנִיא
dissuasion n הַרְתָּעָה, מְנִיעָה, הֲנָאָה
distaff n 1 פֶּלֶךְ, כִּישׁוֹר. 2 אִשָּׁה. 3 מִין נְקֵבָה
distance vt n 1 הִרְחִיק, עָקַר. 2 מֶרְחָק, רֹחַק, רִחוּק. 3 מַהֲלָךְ, דֶּרֶךְ. 4 תְּחוּם. 5 רֶוַח, מִרְוָח. 6 הַפְסָקָה, אִינְטֶרְוָל
distant adj 1 רָחוֹק. 2 מֻרְחָק. 3 צוֹנֵן, מְסֻיָּג, זָר, אָדִישׁ
distantly adv 1 מֵרָחוֹק, הַרְחֵק. 2 בִּקְרִירוּת
distaste n סְלִידָה, מְאִיסָה, גֹּעַל
distasteful adj מָאוּס, לֹא נָעִים, מְעוֹרֵר גֹּעַל
distastefully adv בְּחֹסֶר טַעַם
distastefulness n 1 חֹסֶר טַעַם. 2 סְלִידָה, גֹּעַל
distemper vt n 1 סִיֵּד. 2 נַזֶּלֶת, צַנֶּנֶת (כלבים). 3 סִיּוּד בִּצְבָעִים
distend vti 1 מָתַח, נִפַּח, הֶאֱרִיךְ. 2 הִתְמַתַּח, הִתְנַפֵּחַ, הִתְאָרֵךְ
distension(tion) n הִתְנַפְּחוּת, הִתְמַתְּחוּת, הִתְפַּשְּׁטוּת
distil(l) vti 1 הִטִּיף, הִזִּיל, זִקֵּק. 2 נָטַף, טִפְטֵף, נָזַל
distillate n תַּזְקִיק
distillation n 1 זִקּוּק. 2 תַּמְצִית
distiller n 1 מְזַקֵּק. 2 מַזְקֶקָה. 3 מַמְתֵּקָה, מַתְפֵּלָה
distillery n מִזְקָקָה, בֵּית זִקּוּק
distinct adj 1 מֻבְהָק, מֻחְלָט, בָּרוּר. 2 נִבְדָּל, מְיֻחָד. 3 שׁוֹנֶה, מְסֻיָּם. 4 בָּהִיר, נִכָּר
distinction n 1 הַבְחָנָה, הַבְדָּלָה. 2 הֶבְדֵּל, יִחוּד, שֹׁנִי. 3 צִיּוּן. 4 הִצְטַיְּנוּת, מוֹנִיטִין, שֵׁם, פִּרְסוּם
distinctive adj 1 אָפְיָנִי, בָּרוּר, מֻבְהָק. 2 מַבְדִּיל, מַבְחִין
distinctively adv בְּבֵרוּר
distinctly adv בְּמֻבְהָק
distinctness n 1 בְּהִירוּת, בְּרִירוּת. 2 שֹׁנִי. 3 מֻבְהָקוּת
distinguish vti 1 הִבְחִין, הִבְדִּיל. 2 הִכִּיר, יִחֵד, אִפְיֵן. 3 צִיֵּן, פֵּאֵר, כִּבֵּד
distinguishable adj בָּרוּר, בּוֹלֵט, נִבְדָּל
distinguished adj 1 מִצְטַיֵּן, מְפֻרְסָם, דָּגוּל. 2 מְצֻיָּן, מֻפְלָא
distort vt עִוֵּת, עִקֵּם, סֵרֵס, סִלֵּף
distortion n סִלּוּף, עִוּוּת, עִקּוּם, סֵרוּס
distract vt 1 הִסִּיחַ אֶת הַדַּעַת, הִפְרִיעַ, הֵמַם. 2 הֵבִיךְ, בִּלְבֵּל. 3 הִרְגִּיז, שִׁגֵּעַ
distracted adj 1 מְפֻזָּר, מְבֻלְבָּל. 2 נָבוֹךְ, מֻדְאָג. 3 מְטֹרָף
distractedly adv בִּמְבוּכָה
distraction n 1 הֶסַּח הַדַּעַת. 2 מְבוּכָה, תִּמָּהוֹן, בִּלְבּוּל. 3 בִּדּוּר, שַׁעֲשׁוּעַ, נֹפֶשׁ, הַרְגָּעָה. 4 הַפְרָעָה, טֵרוּף, שִׁגָּעוֹן
distrain vi 1 עִקֵּל, הֶחֱרִים, הִפְקִיעַ. 2 חָטַף
distraint n עִקּוּל, הַחְרָמָה, הַפְקָעָה
distraught adj 1 מְטֹרָף, נָבוֹךְ. 2 מְבֻלְבָּל, מְפֻזָּר
distress vt n 1 צִעֵר, עִנָּה, הֵבִיךְ, כָּפָה.

2 מְצוּקָה, דֹּחַק, צָרָה, סֵבֶל. 3 עֹנִי, מִסְכֵּנוּת

distressful adj 1 דָּחוּק, מֵצִיק. 2 מְדַכֵּא, מְדַכְדֵּךְ

distressfully adv בְּצַעַר

distressing adj מַכְאִיב, מְצַעֵר, מְדַכֵּא

distressingly adv בְּצוּרָה מַכְאִיבָה

distribute vt 1 חִלֵּק, הֵפִיץ, פִּזֵּר. 2 הֶעֱנִיק, תִּקְצֵב, הִקְצִיב, הִקְצָה

distribution n 1 חֲלֻקָּה, הֲפָצָה, הַעֲנָקָה. 2 תְּפוּצָה, פִּזּוּר. 3 הִתְפַּלְּגוּת, הִתְחַלְּקוּת

distributive adj מְחַלֵּק, מַקְצִיב, גּוֹמֵל

distributor n 1 מְחַלֵּק, מֵפִיץ. 2 מַפְלֵג

district n 1 מָחוֹז, פֶּלֶךְ, גָּלִיל. 2 רֹבַע

distrust vt n 1 חָשַׁד, לֹא הֶאֱמִין. 2 אִי־אֵמוּן, חֲשַׁד, פִּקְפּוּק

distrustful adj חַשְׁדָן, סַפְקָן, פַּקְפְּקָן

distrustfully adv בְּחַשְׁדָנוּת, בְּאִי־אֵמוּן

distrustfulness n חַשְׁדָנוּת, אִי־אֵמוּן

disturb vt 1 הִפְרִיעַ, הִטְרִיחַ, הִרְגִּיז, בִּלְבֵּל, הִרְעִישׁ. 2 הִתְעָרֵב, מָנַע

disturbance n 1 הַפְרָעָה, רַעַשׁ, תְּסִיסָה. 2 הִתְרַגְּשׁוּת, בִּלְבּוּל. 3 אִי־סֵדֶר, מְבוּכָה. 4 לִקּוּת. 5 פְּרָעוֹת

disunion n 1 פֵּרוּד, הַפְרָדָה. 2 פְּרִישָׁה. 3 מַחֲלֹקֶת, הִתְבַּדְּלוּת

disunite vti 1 הִפְרִיד, הִבְדִּיל, נִתֵּק. 2 הִתְפָּרֵד, הִתְבַּדֵּל, הִתְפָּרֵק

disunity n פֵּרוּד, הִתְבַּדְּלוּת

disuse n בִּטּוּל, אִי־שִׁמּוּשׁ

disused adj 1 שֶׁאָבַד עָלָיו כֶּלַח. 2 לֹא בְּשִׁמּוּשׁ

ditch vti n 1 נָטַשׁ, עָזַב. 2 נָחַת נְחִיתַת אֹנֶס. 3 עָרוּץ, חָפִיר, חֲפִירָה, תְּעָלָה

dither vi n 1 הִסֵּס, הִתְלַבֵּט, פִּקְפֵּק. 2 הִתְרַגְּשׁוּת, בִּלְבּוּל, מְבוּכָה

ditto n כַּנַּ"ל, אוֹתוֹ דָבָר

ditty n פִּזְמוֹן, מִזְמוֹר

diurnal adj n 1 יוֹמִי, יוֹמְיוֹמִי. 2 שֶׁבְּאוֹר הַיּוֹם. 3 אוֹר הַיּוֹם

divan n 1 סַפָּה, דַּרְגָּשׁ. 2 דִּיוָאן, קֹבֶץ שִׁירִים. 3 חֲצַר הַמַּלְכוּת. 4 אוּלָם

dive vi n 1 צָלַל, שָׁקַע, הִתְעַמֵּק. 2 צְלִילָה, טְבִילָה, קְפִיצָה

diver n 1 צוֹלֵל, אָמוֹדַאי. 2 טַבְלָן

diverge vi 1 הִתְרַחֵק, סָטָה, נָטָה, הִטָּה. 2 הִסְתָּעֵף

divergence(cy) n 1 סְטִיָּה, הִתְרַחֲקוּת. 2 הִסְתָּעֲפוּת. 3 מַחֲלֹקֶת, פְּלֻגְתָּא

divergent adj סוֹטֶה, מִסְתָּעֵף

divers adj אֲחָדִים, שׁוֹנִים

diverse adj שׁוֹנֶה, מְגֻוָּן

diversely adv בִּמְגֻוָּן

diversification n שִׁנִּי, שִׁנּוּי, גִּוּוּן, הִשְׁתַּנּוּת

diversify vt גִּוֵּן, שִׁנָּה

diversion n 1 גִּוּוּן, שִׁנּוּי. 2 סְטִיָּה, עֲקִיפָה. 3 בִּדּוּר, שַׁעֲשׁוּעַ. 4 הַטְעָיָה

diversionary adj מַסִּיחַ

diversity n שׁוֹנוּת, רַבְגּוֹנִיּוּת

divert vt 1 הִטָּה, הִסִּיחַ, הִפְנָה, הִסְטָה. 2 שִׁעֲשַׁע

diverting adj מְבַדֵּר, מְשַׁעֲשֵׁעַ

divertingly adv בְּאֹפֶן מְבַדֵּר

divest vt 1 בָּזַז, הִפְשִׁיט. 2 נִשֵּׁל, רוֹשֵׁשׁ

divide vti n 1 קָרַץ. 2 חִלֵּק, פִּלֵּג, הִפְרִיד. 3 מִיֵּן, סִוֵּג. 4 קָטַע, בִּקַּע. 5 הִתְחַלֵּק, הִתְפַּלֵּג. 6 פָּרָשַׁת הַמַּיִם

divided adj מְחֻלָּק, מְפֻלָּג, מְפֹרָד

dividend n 1 דִּיוִידֶנְד, רְוָחִים. 2 מְחֻלָּק

dividers npl מְחוּגַת־מְדִידָה

divination n 1 נִחוּשׁ, נִבּוּי. 2 כִּשּׁוּף, קֶסֶם, כְּשָׁפִים

divine vi adj n 1 הִתְנַבֵּא. 2 נִחֵשׁ, חָזָה, נִבָּא. 3 אֱלֹהִי, מִשָּׁמַיִם. 4 נַעֲרָץ, מְצֻיָּן, מוֹשֵׁךְ. 5 תֵּיאוֹלוֹג, כֹּמֶר

diviner n 1 מְנַבֵּא, מְנַחֵשׁ. 2 קוֹסֵם

diving n צְלִילָה, טְבִילָה

diving bell פַּעֲמוֹן צְלִילָה

diving board מַקְפֵּצָה, קֶרֶשׁ קְפִיצָה
diving suit בִּגְדֵי צְלִילָה
divinity n 1 אֱלֹהוּת, קְדֻשָּׁה. 2 אֱלִילוּת
divisibility n הִתְחַלְּקוּת
divisible adj מִתְחַלֵּק
division n 1 חִלּוּק, חֲלֻקָּה, הַפְרָדָה, פִּלּוּג. 2 קֶטַע, חֵלֶק. 3 מְחִצָּה. 4 מַחְלָקָה. 5 אֻגְדָּה
divisive adj מְחַלֵּק, מְפַלֵּג
divisor n מְחַלֵּק
divorce vti n 1 גֵּרַשׁ, נָתַן גֵּט. 2 הִתְגָּרֵשׁ. 3 נִפְרַד, נִתֵּק. 4 גֵּט, גֵּרוּשִׁין. 5 סֵפֶר כְּרִיתוּת. 6 הַפְרָדָה, נִתּוּק
divorcee n 1 גְּרוּשָׁה. 2 גָּרוּשׁ
divulge vt פִּרְסֵם, סִפֵּר, גִּלָּה
divulgence n פִּרְסוּם, גִּלּוּי
dizziness n סְחַרְחֹרֶת
dizzy adj 1 סְחַרְחַר, מְסֻחְרָר, מְבֻלְבָּל. 2 שׁוֹטֶה, הֲפַכְפַּךְ
do vti 1 עָשָׂה, פָּעַל, בִּצַּע. 2 הֵכִין, סִדֵּר, גָּמַר. 3 קִשֵּׁט, תִּקֵּן, פָּתַר. 4 הִצִּיג, שִׂחֵק. 5 בִּקֵּר, סִיֵּר. 6 רִמָּה, שִׁקֵּר. 7 הִסְפִּיק, הִתְאִים
do away with זָרַק, בִּטֵּל, חִסֵּל, הִשְׁמִיד
do over חִדֵּשׁ, שִׁפֵּץ
do up 1 קָשַׁר. 2 כִּפְתֵּר
do without וִתֵּר עַל
do out of נִשֵּׁל
docile adj 1 נוֹחַ, צַיְּתָן. 2 לָמִיד, מַקְשִׁיב
docility n 1 צַיְּתָנוּת, צִיּוּת. 2 לְמִידוּת, הַקְשָׁבָה, נוֹחוּת
dock vti n 1 זִנֵּב. 2 קָטַע, קִצֵּץ. 3 הִפְחִית, שָׁלַל. 4 הֵבִיא לְמִסְפָּנָה. 5 רָצִיף. 6 מִסְפָּנָה, מִבְדּוֹק, מִסְפָּן. 7 סַפְסַל הַנֶּאֱשָׁמִים
docker n סַוָּר, סַבָּל
docket vt n 1 הִדְבִּיק תָּוִית. 2 הִכְנִיס לִרְשִׁימַת הַמִּשְׁפָּטִים. 3 תָּוִית, פִּתְקָה. 4 רְשִׁימַת סְחוֹרָה
dockyard n מִסְפָּנָה
doctor vt n 1 זִיֵּף. 2 הוֹסִיף חֹמֶר מַזִּיק. 3 שִׁמֵּשׁ כְּרוֹפֵא. 4 רוֹפֵא. 5 דּוֹקְטוֹר
doctorate n דּוֹקְטוֹרָט
doctrinaire n adj דּוֹקְטְרִינָרִי, דָּבֵק בְּתֵיאוֹרְיָה
doctrinal adj שֶׁל דּוֹקְטְרִינָה
doctrine n 1 דּוֹקְטְרִינָה, תּוֹרָה, מִשְׁנָה, שִׁיטָה. 2 אֱמוּנָה
document vt n 1 תִּעֵד, הֵעִיד. 2 תְּעוּדָה, מִסְמָךְ. 3 אִגֶּרֶת, רְשׁוּמָה
documentary adj 1 תִּעוּדִי. 2 תְּעוּדָתִי
documentation n תִּעוּד
dodder vi רָעַד, רִטֵּט
doddering adj רוֹעֵד, תָּשׁוּשׁ
dodge vit n 1 הִתְחַמֵּק, הִשְׁתַּמֵּט. 2 תִּחְבֵּל, הֶעֱרִים. 3 הִתְחַמְּקוּת, הִשְׁתַּמְּטוּת. 4 תַּחְבּוּלָה, עָרְמָה
dodger n 1 תַּכְסְסָן, עָרוּם. 2 חַמְקָן, מִשְׁתַּמֵּט
dodo n 1 שַׁמְּרָן, פִּגְרָן
doe n 1 אַיָּלָה, צְבִיָּה. 2 נְקֵבָה
doer n 1 עוֹשֶׂה, מְבַצֵּעַ. 2 שַׁחְקָן
doff vt הֵסִיר, פָּשַׁט, הִשְׁלִיךְ
dog vt n 1 צָד, עָקַב. 2 הֵצִיק. 3 נִצְמַד. 4 כֶּלֶב. 5 בֶּן בְּלִיַּעַל
dog-cart n מֶרְכֶּבֶת־שְׁנַיִם
dog-collar n קוֹלָר לְכֶלֶב
dog-days npl 1 יְמֵי שָׁרָב. 2 יְמֵי פֻּרְעָנוּת
dog-eared adj בַּעַל אָזְנֵי חֲמוֹר (נייר)
dogged adj עַקְשָׁן
doggedly adv בְּעַקְשָׁנוּת
doggedness n עַקְשָׁנוּת, הַתְמָדָה
doggerel n חַרְזָנוּת
dogooder n נָדִיב
dog house (in the) חֲסַר כָּבוֹד
dogma n דּוֹגְמָה
dogmatic(al) adj דּוֹגְמָטִי
dogmatically adv דּוֹגְמָטִית
dogsbody n מְשָׁרֵת
dog-tired adj עָיֵף מְאֹד

dog tooth חַט, שֵׁן כַּלְבִּית

dogwood n קַרְנִית (צמח)

doings npl פְּעֻלּוֹת, מַעֲשִׂים

doldrums npl 1 מוּעָקָה, דִּכָּאוֹן, דֶּמֶךְ. 2 שִׁעֲמוּם, אֲדִישׁוּת

dole n 1 קִצְבָּה, דְּמֵי אַבְטָלָה. 2 נְדָבָה

doleful adj עָצוּב, מְדֻכָּא, נוּגֶה

dolefully adv בְּעֶצֶב, בְּתוּגָה

dole out חִלֵּק

doll n בֻּבָּה

dollar n דּוֹלָר

dollop n כַּמּוּת גְּדוֹלָה, גּוּשׁ

dolly n בֻּבֹּנֶת

dolphin n דּוֹלְפִין

dolt n טִפֵּשׁ, שׁוֹטֶה, מְטֻמְטָם

doltish adj טִפְּשִׁי, אֱוִילִי

domain n 1 אַדְנוּת, סַמְכוּת. 2 אֲחֻזָּה, נַחֲלָה. 3 תְּחוּם, הֶקֵּף

dome n כִּפָּה

domed adj מְקֻמָּר

domestic adj n 1 בֵּיתִי, פְּרָטִי, מִשְׁפַּחְתִּי. 2 מְבֻיָּת, מְאֻלָּף. 3 מְקוֹמִי, פְּנִימִי. 4 מְשָׁרֶתֶת, עוֹזֶרֶת

domesticate vt בִּיֵּת, אִלֵּף, תִּרְבֵּת

domestication n בִּיּוּת, אִלּוּף, תִּרְבּוּת

domesticity n מִשְׁפַּחְתִּיּוּת, בֵּיתִיּוּת

domicile n 1 מַעַן, כְּתֹבֶת. 2 מָעוֹן, מוֹשָׁב

dominance n 1 שְׁלִיטָה, שִׁלְטוֹן. 2 פִּקּוּחַ, הַשְׁגָּחָה. 3 עֶלְיוֹנוּת, סַמְכוּת

dominant adj n 1 שׁוֹלֵט, שַׁלִּיט, גּוֹבֵר, שַׁלְטָנִי. 2 גָּבֵר

dominate vti 1 מָשַׁל, שָׁלַט. 2 הִשְׁתַּלֵּט, הִתְגַּבֵּר

domination n 1 שְׁלִיטָה, הִשְׁתַּלְּטוּת. 2 סַמְכוּת, שְׂרָרָה

domineer vti 1 הִשְׁתַּלֵּט, גָּבַר, רָדָה. 2 הִתְנַשֵּׂא, הִשְׂתָּרֵר

domineering adj שַׁלְטָנִי, עָרִיץ, שׁוֹרֵר, רוֹדָנִי

domineeringly adv בְּעָרִיצוּת, בְּעַזּוּת

Dominican n adj דּוֹמִינִיקָנִי

dominion n 1 דּוֹמִינְיוֹן, מוֹשָׁבָה. 2 שִׁלְטוֹן, סַמְכוּת, רִבּוֹנוּת. 3 שְׁלִיטָה

domino n דּוֹמִינוֹ

don vt n 1 לָבַשׁ, חָבַשׁ. 2 דּוֹן. 3 פְּרוֹפֶסוֹר. 4 נִכְבָּד

donate vt הֶעֱנִיק, תָּרַם, נִדֵּב

donation n תְּרוּמָה, נְדָבָה, הַעֲנָקָה

done vti n adj 1 בינוני עבר של הפועל to do. 2 מְבֻצָּע, גָּמוּר, עָשׂוּי. 3 אָפוּי, צָלוּי

donjon n מִגְדָּל, צְרִיחַ, עֹפֶל

donkey n חֲמוֹר

donkeywork n 1 עֲבוֹדַת פֶּרֶךְ. 2 עֲבוֹדָה שִׁגְרָתִית

donor n תּוֹרֵם, נַדְבָן, מַעֲנִיק

doodle vi n 1 שִׁרְבֵּט. 2 שִׁרְבּוּט

doom vt n 1 הִרְשִׁיעַ, חָרַץ דִּין. 2 גּוֹרָל, יוֹם הַדִּין. 3 מִשְׁפָּט. 4 הַרְשָׁעָה, עֹנֶשׁ, גְּזֵרָה

doomsday n אַחֲרִית הַיָּמִים, יוֹם הַדִּין

door n 1 דֶּלֶת, שַׁעַר, פֶּתַח. 2 כְּנִיסָה, מָבוֹא

doorbell n פַּעֲמוֹן הַדֶּלֶת

door-case, door-frame n מַלְבֵּן הַדֶּלֶת

door-handle, doorknob n יָדִית הַדֶּלֶת

door head מַשְׁקוֹף

doorkeeper n שׁוֹעֵר, שׁוֹמֵר סַף

door-knocker n מַקּוֹשׁ דֶּלֶת

doorman n שׁוֹמֵר סַף

doormat n מַחְצֶלֶת, אַסְקֻפִּית

doorplate n שֶׁלֶט דֶּלֶת

door post מְזוּזָה

doorstep n סַף, מִפְתָּן

doorway n פֶּתַח

dope vt n 1 הֵמֵם, סִמֵּם. 2 שִׁכֵּר. 3 סַם. 4 נַרְקוֹמָן. 5 יְדִיעָה. 6 שׁוֹטֶה

dopey adj 1 מְסֻמָּם, הָמוּם. 2 מְטֻמְטָם

Doric adj דּוֹרִי

dormant adj 1 יָשֵׁן, רָדוּם, שָׁקֵט. 2 טָמִיר, נִסְתָּר

dormitory n 1 חֲדַר שֵׁנָה, חֲדַר מִטּוֹת. 2 פְּנִימִיָּה

dormouse n נַמְנְמָן

dorsal adj גַּבִּי

dosage n מִנּוּן, תִּבּוּל

dose vt n 1 מִנֵּן, תִּבֵּל. 2 מָנָה

dossier n תִּיק מִסְמָכִים

dot vt n 1 נִקֵּד, נִמֵּר. 2 נְקֻדָּה, דָּגֵשׁ

dotage n סִכְלוּת־זִקְנָה

dotard n עוֹבֵר בָּטֵל

dote on אָהַב, פִּנֵּק

dotted line קַו נְקֻדּוֹת

dotty adj כְּסִיל, טִפֵּשׁ, טִפְּשִׁי

double vti adj adv 1 כָּפַל, הִכְפִּיל. 2 קִפֵּל, הִתְקַפֵּל. 3 הִצְטָרֵף, הִתְחַבֵּר. 4 הִזְדַּוֵּג. 5 כּוֹפֵף, הִתְכּוֹפֵף. 6 קָמַץ, קָפַץ. 7 הִקִּיף. 8 מִלֵּא מָקוֹם. 9 כָּפוּל, זוּגִי. 10 דּוּ־מַשְׁמָעִי. 11 כֶּפֶל, פִּי שְׁנַיִם, כִּפְלַיִם. 12 קֶפֶל, דּוּפְּלִיקָט. 13 כָּפִיל, תַּחֲלִיף, מְמַלֵּא מָקוֹם. 14 דּוּבְּל

double-barrelled adj 1 דּוּ־מַשְׁמָעִי. 2 דּוּ־קָנִי

double-bass n בַּטְנוּן, קוֹנְטְרַבַּס

double-bed n מִטָּה כְּפוּלָה

double-breasted adj כְּפוּל פְּרִיפָה

double-check n בְּדִיקָה חוֹזֶרֶת

double-cross vt n 1 הוֹנָה, רִמָּה, בָּגַד. 2 הוֹנָאָה, רַמָּאוּת, בְּגִידָה

double dealing 1 דּוּ־פַּרְצוּפִיּוּת. דּוּ פַּרְצוּפִי

double-decker n adj קוֹמָתַיִם, דּוּ קוֹמָתִי, כָּפוּל

double-dutch n לַעַז, שָׂפָה לֹא־מוּבָנָה

double-edged adj חֶרֶב פִּיפִיּוֹת

double entry פִּנְקְסָנוּת כְּפוּלָה

double-faced adj דּוּ פַּרְצוּפִי, צָבוּעַ

double-jointed adj גָּמִישׁ בְּיוֹתֵר

double-quick adj adv 1 זָרִיז בְּיוֹתֵר, מָהִיר. 2 מַהֵר מְאֹד

doublet n 1 מִשְׁנֶה. 2 זוּג, בֶּן זוּג. 3 בֶּגֶד עֶלְיוֹן צַר. 4 כֶּפֶל

double-talk n לַהַג, פִּטְפּוּט דּוּ־מַשְׁמָעִי

doubloon n דּוּבְּלוֹן

doubly adv כָּפוּל, פַּעֲמַיִם

doubt vt n 1 חָשַׁד, חָשַׁשׁ, פִּקְפֵּק. 2 סָפֵק, פִּקְפּוּק, מְבוּכָה. 3 חֲשָׁשׁ, פַּחַד, חֲשָׁד

doubtful adj 1 מְסֻפָּק, מְפַקְפֵּק. 2 הַסְּסָנִי. 3 מְסֻכָּן

doubtfully adv בְּהִסּוּס, בְּסָפֵק

doubtless adv בְּוַדַּאי, וַדָּאִי, לְלֹא סָפֵק

douche vt n 1 שָׁטַף, קִלַּח. 2 שְׁטִיפָה, קִלּוּחַ, סִילוֹן, מִקְלַחַת

dough n 1 בָּצֵק, עִסָּה. 2 מְצַלְצְלִים, מְזֻמָּנִים

doughnut n סֻפְגָּנִיָּה

doughty adj אַמִּיץ, עַז, חָזָק

doughy adj בְּצֵקִי, רַךְ

dour adj קוֹדֵר, זָעֵף, נֻקְשֶׁה

dourly adv בְּקַשְׁיחוּת

douse, dowse vti 1 צָלַל. 2 הִרְטִיב, הִטְבִּיל. 3 כִּבָּה. 4 הֵאֵט. 5 נִטְבַּל

dove n יוֹנָה

dove-cot(e) n שׁוֹבָךְ

dovetail vti n 1 חִבֵּר זָוִיּוֹת עֵץ. 2 זְנַבְיוֹן

dowager n אַלְמָנָה אֲצִילָה

dowdy adj לֹא אָפְנָתִי

dowel מֵיתָד

dower n vt נְדוּנְיָה

down vt adv n part prep 1 הִפִּיל, הוֹרִיד, הִשְׁלִיךְ. 2 יָרַד. 3 בָּלַע, גָּמַע. 4 לְמַטָּה, מַטָּה. 5 אָחוֹר. 6 מוֹךְ, פְּלוּמָה, פֶּקֶס. 7 מוֹרָד, מִדְרוֹן. 8 גִּבְעַת מִרְעֶה

down-in-the-mouth adj מְדֻכָּא, מְדֻכְדָּךְ, עָצוּב

down-in-the dumps adj מְדֻכְדָּךְ

down-and-out n adj 1 בְּחֹסֶר כֹּל. 2 מֻבְטָל. 3 גַּלְמוּד. 4 תָּשׁוּשׁ

down payment הַפְקָדָה, תַּשְׁלוּם רִאשׁוֹן

downcast adj n 1 מְדֻכְדָּךְ, מְדֻכָּא, מֻשְׁפָּל. 2 אֶשְׁנַב אֲוִיר. 3 מַבָּט נוּגֶה

downfall n מַפָּלָה, כִּשָּׁלוֹן, הֶרֶס
downhearted adj עָצוּב, נִדְכָּא
downhill adv לְמַטָּה, בְּמוֹרַד הָהָר
downpour n גֶּשֶׁם שׁוֹטֵף
downright adj adv 1 יָשָׁר לָעִנְיָן, בָּרוּר, מֻחְלָט. 2 כָּלִיל, לַגַּמְרֵי
downstairs adv adj 1 לְמַטָּה. 2 קוֹמָה תַּחְתּוֹנָה
down-to-earth adj מְצִיאוּתִי, מַעֲשִׂי
downtown adj שַׁיָּךְ לְמֶרְכַּז הָעִיר
downtrodden adj נִרְמָס, נִדְכֶּה
downward adj בְּכִוּוּן מַטָּה
downwards adv בִּירִידָה, לְמַטָּה
downy adj מְכֻסֶּה פְּלוּמָה
dowry n נְדוּנְיָה, מֹהַר
doyenn (Fr) n דֵּקָן, זְקַן הַסֶּגֶל
doze vi n 1 נָם, נִמְנֵם. 2 תְּנוּמָה
dozen n תְּרֵיסָר
drab adj n חַדְגּוֹנִי, אָפֹר
draft, draught vt n 1 שָׁאַב, מָשַׁךְ. 2 צִיֵּר, שִׂרְטֵט, נִסַּח, הֵכִין טְיוּטָה. 3 חִיֵּל, גִּיֵּס. 4 טְיוּטָה, תָּכְנִית, שִׂרְטוּט, תַּרְשִׁים, צִיּוּר. 5 מִמְשָׁךְ, מִתְוָה, הַמְחָאָה. 6 גִּיּוּס, מִבְחָר. 7 לְגִימָה, מַשְׁקֶה. 8 רוּחַ פְּרָצִים. 9 דַּמְקָה
draftsman n 1 שַׂרְטָט. 2 נַסָּח
drag vti n 1 מָשַׁךְ, סָחַב, גָּרַר, גָּרַף. 2 נִגְרַר, נִסְחַב. 3 מְשִׁיכָה, סְחִיבָה. 4 מִכְמֹרֶת. 5 דַּחְפּוֹר. 6 מִגְרָרָה. 7 סִיגָרִיָּה. 8 מַעְצוֹר, בֶּלֶם, עִכּוּב
dragoman n תֻּרְגְּמָן
dragon n דְּרָקוֹן
dragonfly n שַׁפִּירִית
dragoon n vt 1 הִכְנִיעַ, כָּפָה. 2 דְּרָגוֹן, פָּרָשׁ
drain vti n 1 יִבֵּשׁ, נִקֵּז, נִגֵּב, שָׁאַב. 2 רוֹקֵן, סִנֵּן. 3 הִתְרוֹקֵן, הִתְיַבֵּשׁ. 4 תְּעָלָה, עָרוּץ, אָפִיק, בִּיב. 5 יִבּוּשׁ, שְׁאִיבָה, נִקּוּז. 6 הוֹצָאָה
drainage n 1 נִקּוּז, תִּעוּל, בִּיּוּב, יִבּוּשׁ. 2 סְחֹפֶת, סְחִי
draining spoon כַּף מְחוֹרֶרֶת
drainpipe n צִנּוֹר נִקּוּז
drake n בַּרְוָז
dram n 1 דְּרַכְמָה. 2 כּוֹסִית מַשְׁקֶה
drama n דְּרָמָה
dramatic adj דְּרָמָטִי
dramatically adv דְּרָמָטִית
dramatics npl בִּיּוּם, אָמָּנוּת הַמִּשְׂחָק
dramatis personae npl הַנְּפָשׁוֹת הַפּוֹעֲלוֹת, דְּמֻיּוֹת הַמַּחֲזֶה
dramatist n מַחֲזַאי, דְּרָמָטוּרְג
dramatization n הַמְחָזָה
dramatize vt הִמְחִיז
drank זמן עבר של הפועל to drink
drape vt n 1 תָּלָה, קִשֵּׁט בְּבַד. 2 רִפֵּד
draper n סוֹחֵר בַּדִּים
drapery n 1 אֲרִיגִים, וִילוֹנוֹת. 2 מִסְחַר אֲרִיגִים
drastic adj חָמוּר, קִיצוֹנִי, דְּרַסְטִי
drastically adv בְּחֻמְרָה, בְּקִיצוֹנִיּוּת
draught adj n 1 רוּחַ פְּרָצִים, זֶרֶם אֲוִיר. 2 מַשְׁקֶה. 3 מוֹשֵׁךְ
draughtsman n שַׂרְטָט
draw vti n 1 מָשַׁךְ, הוֹבִיל. 2 עָקַר, הִקִּיז, שָׁאַב, נִקֵּז. 3 שִׂרְטֵט, הִתְוָה, רָשַׁם. 4 יָנַק, שָׁאַף. 5 הִסִּיק, דָּלָה. 6 יָצָא בְּתֵיקוּ. 7 הוֹצִיא קָרָבַיִם. 8 יִצֵּר, הִכְנִיס. 9 הִתְקַבֵּץ, הִתְכַּוֵּץ. 10 מְשִׁיכָה, שְׁאִיבָה, מִמְשָׁךְ. 11 גּוֹרָל, פּוּר, הַגְרָלָה. 12 מִטְעָן. 13 סִכּוּם. 14 תֵּיקוּ. 15 תַּמְצִית. 16 פִּתָּיוֹן
draw back 1 נָסוֹג. 2 קִבֵּל בַּחֲזָרָה
draw in 1 פִּתָּה, שָׁבָה. 2 צִיֵּר, תָּוָה. 3 צִמְצֵם
draw out 1 דּוֹבֵב. 2 הוֹצִיא (במשיכה)
draw up 1 נִסַּח, חִבֵּר, עָרַךְ. 2 הֶעֱמִיד. 3 קֵרֵב
drawback n מִכְשׁוֹל, חֶסְרוֹן, חִסָּרוֹן

drawbridge n גֶּשֶׁר זָחִיחַ

drawer n 1 מוֹשֵׁךְ. 2 מְגֵרָה. 3 מְשַׂרְטֵט. 4 שִׁדָּה

drawers npl תַּחְתּוֹנִים אֲרֻכִּים

drawing n 1 שִׂרְטוּט, רִשּׁוּם, צִיּוּר. 2 מְשִׁיכָה, סְחִיבָה

drawing-board n לוּחַ שִׂרְטוּט

drawing-pin n נַעַץ

drawing room n חֲדַר אוֹרְחִים, סָלוֹן

drawl vi n 1 דִּבֵּר בַּעֲצַלְתַּיִם. 2 דִּבּוּר בַּעֲצַלְתַּיִם

drawn pp adj 1 בינוני עבר של הפועל to draw. 2 נִמְשָׁךְ, נִסְחָב, מָשׁוּךְ. 3 שָׁלוּף. 4 תֵּיקוּ, לְלֹא הַכְרָעָה. 5 מָתוּחַ, נִמְתָּח. 6 מְצֻיָּר

dray n קְרוֹנִית, מִגְרָרָה, עֲגָלָה

dread vt n 1 פָּחַד, יָרֵא, חָרַד, חָשַׁשׁ. 2 אֵימָה, מוֹרָא, פַּחַד, יִרְאָה

dreadful adj אָיֹם, נוֹרָא, מַפְחִיד, מַבְעִית

dreadfully adv 1 בְּפַחַד, בַּחֲרָדָה. 2 מְאֹד

dreadfulness n אֵימָה, בֶּהָלָה, בְּעָתָה

dream vi n 1 חָלַם. 2 הָזָה, דִּמְיֵן. 3 חֲלוֹם, דִּמְיוֹן, הֲזָיָה

dreamer n חוֹלֵם, הוֹזֶה, חוֹלְמָן

dreamt pt. pp זמן עבר ובינוני עבר של הפועל to dream

dreamily adv כְּחוֹלֵם, בְּחוֹלְמָנוּת

dreamy adj 1 חֲלוֹמִי, דִּמְיוֹנִי. 2 חוֹלְמָנִי, רוֹגֵעַ

drearily adv בְּעֶצֶב, בְּדִכָּאוֹן

dreariness n עַצְבוּת, דִּכָּאוֹן

dreary adj עָצוּב, נִדְכֶּה

dredge vti n 1 חָפַר, כָּרָה. 2 נִקָּה בְּמַחְפֵּר

dredger n 1 חוֹפֵר, מַחְפֵּר. 2 דַּחְפּוֹר. 3 מִזְרֶה

dregs npl שִׁירַיִם, שְׁיָרִים, פְּסֹלֶת, מִשְׁקָע

drench vt n 1 הִרְטִיב, הִטְבִּיל, הִשְׁרָה, שָׁרָה. 2 הַרְטָבָה

dress vti n 1 הִלְבִּישׁ, הֶעֱטָה. 2 קִשֵּׁט, יִפָּה. 3 סָרַק, סִפֵּר, תִּסְרֵק. 4 נִקָּה, שִׁפְשֵׁף. 5 אִשְׁפֵּר, מָרַק. 6 זִמֵּר, נִכֵּשׁ. 7 זִבֵּל. 8 עִצֵּב, עִבֵּד, סִתֵּת. 9 הִתְלַבֵּשׁ. 10 בֶּגֶד, לְבוּשׁ, מַלְבּוּשׁ. 11 שִׂמְלָה. 12 חֲלִיפָה. 13 קִשּׁוּט, סִדּוּר. 14 גְּלִימָה, מַעֲטֶה, כְּסוּת

dress-circle n יָצִיעַ רִאשׁוֹן

dresser n 1 שִׁדָּה, מִזְנוֹן. 2 אֲרוֹן מִטְבָּח. 3 חַדְרָנִית. 4 שֻׁלְחַן פִּרְכּוּס. 5 קַשָּׁט, חוֹבֵשׁ, לוֹבֵשׁ. 6 מְמֻנֶּה עַל הַתִּלְבּוֹשׁוֹת

dressing n 1 לְבִישָׁה, הִתְלַבְּשׁוּת, הַלְבָּשָׁה. 2 תַּבְלִין, רֹטֶב. 3 תַּחְבֹּשֶׁת, חֲבִישָׁה. 4 לְפִיפָה. 5 מִלּוּי. 6 זֶבֶל, דֶּשֶׁן. 7 הַשְׁפָּרָה

dressing-down נְזִיפָה, גְּעָרָה, הַלְקָאָה

dressing gown חָלוּק

dressing table שֻׁלְחַן פִּרְכּוּס

dressmaker תּוֹפֶרֶת

dress rehearsal חֲזָרָה כְּלָלִית

drew זמן עבר של הפועל to draw

dribble vti n 1 טִפְטֵף, נָזַל. 2 הִזִּיל. 3 כִּדְרֵר. 4 טִפְטוּף. 5 טִפָּה, קֶרֶטוֹב. 6 כִּדְרוּר. 7 גֶּשֶׁם קַל

driblet n קֶרֶטוֹב, טִפָּה

dribs and drabs טִפִּין־טִפִּין

drift vi n 1 נִסְחַף, נֶעֱרַם. 2 מֵנִיעַ, תַּמְרִיץ, מַמְרִיץ, דַּחַף. 3 דְּחִיפָה, סְחִיפָה. 4 נְטִיָּה, הַשְׁפָּעָה, כִּוּוּן מַחֲשָׁבָה

driftage n 1 סְחִיפָה, סַחַף, סְטִיָּה. 2 סְחֹפֶת

drifter n 1 סִירַת מִכְמֹרֶת. 2 נַוָּד, נָע וָנָד

driftwood n עֵץ סָחוּף, עֵץ הֶפְקֵר

drill vti n 1 קָדַח, נָקַב. 2 הִדְרִיךְ, אִמֵּן, תִּרְגֵּל. 3 הִתְאַמֵּן. 4 מַקְדֵּחַ. 5 תִּרְגּוּל, אִמּוּן, שִׁנּוּן. 6 מַקְדֵּחָה. 7 מְכוֹנַת זְרִיעָה. 8 שׁוּרָה, תֶּלֶם

drily adv 1 בְּיֹבֶשׁ. 2 בַּאֲדִישׁוּת

drink vt n 1 שָׁתָה, לָגַם, גָּמָא. 2 בָּלַע, סָפַג. 3 הִשְׁתַּכֵּר. 4 שְׁתִיָּה, לְגִימָה. 5 מַשְׁקֶה

drink in vt 1 בָּלַע, שָׁתָה בְּצָמָא. 2 סָפַג
drinkable adj 1 בַּר שְׁתִיָּה. 2 מַשְׁקֶה
drinking n שְׁתִיָּה, לְגִימָה
drinking bout שִׁכְרוּת, שִׁכָּרוֹן
drinking fountain מִזְרֶקֶת שְׁתִיָּה, שֹׁקֶת
drip vit n 1 טִפְטֵף, נָטַף, נָזַל. 2 טִפְטוּף, נֶטֶף
drip-dry adj לְלֹא גִהוּץ
dripping wet רָטֹב מְאֹד, נוֹטֵף מַיִם
drive vti n 1 נָהַג, הוֹבִיל, נָהַל. 2 שִׁלַּח, גֵּרֵשׁ. 3 הִמְרִיץ, הֵנִיעַ, דָּחַף, הִכְרִיחַ. 4 עִיֵּף, הִכְבִּיד. 5 צָד, רָדַף. 6 סָחַף. 7 נִדְחַק, נִדְחַף. 8 כִּוֵּן, הִתְכַּוֵּן. 9 נְהִיגָה, הוֹבָלָה. 10 מִבְצָע, מִפְעָל, מַגְבִּית. 11 מֵנִיעַ, יֵצֶר, דַּחַף. 12 הֵנֵעַ. 13 הֶתְקֵף. 14 הַתְקָפָה, הִסְתָּעֲרוּת. 15 מַסָּע, טִיּוּל. 16 כְּבִישׁ. 17 מַשְׁלֵב, מִמְסָרָה, מַצְמֵד. 18 מְכִירָה כְּלָלִית
drive at הִתְכַּוֵּן
drivel vi n 1 רָר, הֵרִיר. 2 הִשְׁתַּטָּה. 3 פִּטְפּוּטִים, לַהַג. 4 רִיר
driven pp בינוני עבר של הפועל to drive
driver n 1 נֶהָג, עֶגְלוֹן, חַמָּר, רַכָּב, גַּמָּל. 2 פַּטִּישׁ, מַקֶּבֶת. 3 סַבֶּבֶת. 4 מַבְרֵג
driving n adj 1 נְהִיגָה, רְכִיבָה. 2 הֶנֵּעַ, הֲנָעָה, מִמְסֶרֶת. 3 מֵנִיעַ, דּוֹחֵף. 4 מַכְרִיחַ
driving license רִשְׁיוֹן נְהִיגָה
drizzle vi n 1 נָטַף, טִפְטֵף. 2 רִסֵּס, זִלֵּחַ. 3 מִמְטָר, טִפְטוּף. 4 רֶסֶס
drizzly adj גָּשׁוּם
drogue n עֹגֶן שַׁרְווּל
droll adj לֵץ, מַצְחִיק, מְבַדֵּחַ
drollery n לָצוֹן, לֵיצָנוּת, בַּדְּחָנוּת
dromedary n גָּמָל, בֶּכֶר
drone vit n 1 זִמְזֵם, הָמָה. 2 הִתְבַּטֵּל, הִתְעַצֵּל. 3 זְכַר הַדְּבוֹרִים. 4 עַצְלָן, בַּטְלָן. 5 זִמְזוּם. 6 חַדְגּוֹנִיּוּת
drool vi 1 רָר, הֵרִיר. 2 הִשְׁתַּטָּה
droop vit n 1 יָרַד, שָׁקַע. 2 נֶחֱלַשׁ, רָפָה. 3 שָׁפַף. 4 הִשְׁתּוֹפֵף, נִרְכַּן. 5 שְׁפִיפָה, שְׁחִיחָה. 6 נְבִילָה, קְמִילָה
droopingly adv בִּשְׁחִיחוּת
drop vti n 1 נָטַף, נָזַל. 2 הִפִּיל, הִנְמִיךְ, הוֹרִיד. 3 צָנַח, נָפַל, יָרַד, שָׁקַע. 4 הִמְלִיטָה. 5 נִפְסַק, נָסוֹג, נֶעְלַם. 6 טִפָּה, נֶטֶף, קֻרְטוֹב. 7 סֻכָּרִיָּה. 8 נְפִילָה, יְרִידָה, נְזִילָה. 9 מִדְרוֹן, מוֹרָד, שִׁפּוּעַ. 10 גַּרְדּוֹם
drop-curtain n מָסָךְ נוֹפֵל, מָסָךְ תָּלוּי
drop a brick הֶעֱלִיב, פָּגַע, הֵבִיךְ
drop back/behind פִּגֵּר
drop by/in/round/over בִּקֵּר אֵצֶל
drop off vit 1 יָרַד, פָּחַת, נָפַל. 2 נִרְדַּם. 3 הוֹרִיד (מהסעה)
drop out vt n הִסְתַּלֵּק, נָשַׁר
drop-out n מִסְתַּלֵּק, נוֹשֵׁר
dropper n מְטַפְטֵף, טַפְטֶפֶת, טְפִי
dropsy n מַיֶּמֶת
dross n סַגְסֹגֶת, פְּסֹלֶת
drought n 1 יֹבֶשׁ, חֹרֶב. 2 בַּצֹּרֶת
drove pt n 1 זמן עבר של הפועל to drive. 2 עֵדֶר. 3 הָמוֹן. 4 אִזְמֵל. 5 סִתּוּת
drover n רוֹעֵה בְּהֵמוֹת
drown vti 1 הִטְבִּיעַ. 2 הֵצִיף, שָׁטַף. 3 טָבַע
drowse vi נִמְנֵם, נָם
drowsily adv בְּנִמְנוּם
drowsiness n שֵׁנָה, תַּרְדֵּמָה, נִמְנוּם
drowsy adj רָדוּם, מְנַמְנֵם, מַרְדִּים
drub vt 1 חָבַט, הִלְקָה, הִכָּה, הִצְלִיף. 2 הֵבִיס
drubbing n 1 הַלְקָאָה, מַלְקוּת. 2 תְּבוּסָה
drudge vi n 1 הִתְאַמֵּץ, עָמַל, יָגַע, טָרַח. 2 עוֹבֵד עֲבוֹדָה שְׁחֹרָה
drudgery n עֲבוֹדָה שְׁחֹרָה, עֲבוֹדָה בְּזוּיָה
drug vt n 1 רָקַח. 2 סִמֵּם. 3 סַם. 4 תְּרוּפָה,

רְפוּאָה. 5 דַּל־מֶכֶר

druggist n רוֹקֵחַ

drugstore n בֵּית מִרְקַחַת

drum vit n 1 תָּפַף, תּוֹפֵף. 2 הִקְלִיד. 3 תֹּף. 4 חָבִית. 5 תֹּף הָאֹזֶן. 6 גָּלִיל, כְּבָרָה. 7 דּוּד

drumhead n עוֹר הַתֹּף

drum major רַב־תַּפָּף

drumstick n 1 מַקּוֹשׁ (התוף). 2 כֶּרַע עוֹף

drum up vt 1 אָסַף. 2 עָשָׂה פִּרְסֹמֶת

drunk pp adj n 1 זמן עבר של הפועל to drink. 2 שִׁכּוֹר, מְבֻסָּם, שָׁתוּי

drunkard n סוֹבֵא, שִׁכּוֹר

drunken adj שִׁכּוֹר, שָׁתוּי

drunkenness n שִׁכְרוּת, סְבִיאָה, הוֹלֵלוּת

dry vti adj 1 יִבֵּשׁ, נִגֵּב, סָפַג. 2 הִתְיַבֵּשׁ. 3 יָבֵשׁ, צָחִיחַ. 4 צָמֵא, מַצְמִיא. 5 נֻקְשֶׁה, מוּצָק. 6 מְשַׁעֲמֵם, קַפְּדָן. 7 קָרִיר, אָדִישׁ. 8 מְדֻמֶּה

drycleaning n נִקּוּי יָבֵשׁ

drydock n מִבְדּוֹק

dry ice קֶרַח יָבֵשׁ

dry out 1 יִבֵּשׁ לַחֲלוּטִין. 2 נִגְמַל

dry rot רָקָב

dryad n דְּרִיאָדָה

dryer n מְיַבֵּשׁ (כביסה, שיער)

dryness n 1 יֹבֶשׁ, חֹרֶב. 2 אֲדִישׁוּת, שִׁעֲמוּם

dual adj זוּגִי, כָּפוּל

duality n כְּפִילוּת, זוּגִיּוּת

dub vt 1 הֶעֱנִיק תֹּאַר אַבִּיר. 2 דִּבֵּב

dubious adj 1 מְסֻפָּק, מְפֻקְפָּק. 2 חָשׁוּד

dubiously adv בְּסָפֵק

dubiousness n 1 סָפֵק, פִּקְפּוּק. 2 הַסְסָנוּת

ducal adj דֻּכָּסִי

ducat n 1 דּוּקָט (מטבע). 2 כַּרְטִיס כְּנִיסָה

duchess n דֻּכָּסִית

duchy n דֻּכָּסוּת

duck vti n 1 טָבַל, צָלַל. 2 נִטְבַּל. 3 הִתְכּוֹפֵף. 4 הִשְׁתַּמֵּט, הִתְחַמֵּק. 5 בַּרְוָז, בְּרֵכִיָּה, שַׁרְשִׁיר. 6 יַקִּירָה, אֲהוּבָה. 7 טְבִילָה. 8 הִתְחַמְּקוּת, חֲמִיקָה. 9 שֶׁלֶשׁ. 10 מִכְנְסֵי שֶׁלֶשׁ

ducking n טְבִילָה, צְלִילָה

ducking stool כִּסֵּא טְבִילָה

duct n 1 צִנּוֹר, מוֹבָל, מַעֲבָר. 2 כְּלִי־דָּם

ductile adj 1 בַּר רִקּוּעַ, מִתְמַתֵּחַ. 2 גָּמִישׁ. 3 צַיְּתָן

dud n 1 כִּשָּׁלוֹן. 2 לֹא־יִצְלַח. 3 פְּצָצָה שֶׁלֹּא הִתְפּוֹצְצָה. 4 לְבוּשׁ בָּלוּי

dudgeon n תַּרְעֹמֶת, רֹגֶז, כַּעַס

due adj adv n 1 מַגִּיעַ, רָאוּי, נָאוֹת, חָל. 2 בְּדִיּוּק. 3 חוֹב, מַס, מֶכֶס, תַּשְׁלוּם

due to בִּגְלַל, הוֹדוֹת לְ־

duel n דּוּ־קְרָב

duelist, duellist n לוֹחֵם בְּדוּ־קְרָב

duenna n מְחַנֶּכֶת, אוֹמֶנֶת

duet n דּוּאֶט, דּוּאִית

duffel, duffle n 1 דּוּפֶל. 2 צֵידָה. 3 זְוָד

duffer n 1 שׁוֹטֶה, מְטֻמְטָם. 2 לֹא־יִצְלַח. 3 זִיּוּף

dug n pp 1 עָטִין, דַּד, פִּטְמָה. 2 זמן עבר של הפועל to dig

dugout n 1 מַחְפֹּרֶת, שׁוּחָה, מְעָרָה. 2 דּוּגִית, סִירָה

duke n 1 דֻּכָּס. 2 נָסִיךְ. 3 רוֹזֵן. 4 מוֹשֵׁל

dukedom n דֻּכָּסוּת

dulcet adj 1 עָרֵב, נָעִים, הַרְמוֹנִי. 2 מָתוֹק, מַרְגִּיעַ

dulcimer n סוּמְפּוֹנְיָא, דּוּלְצִ׳ימֶר

dull vti adj 1 הִקְהָה, עִמְעֵם, טִמְטֵם. 2 קָהָה, עָמַם. 3 עָמוּם, אָטוּם, קֵהֶה. 4 מְטֻמְטָם, מְסֻרְבָּל. 5 אִטִּי, עַצְלָנִי. 6 מְשַׁעֲמֵם, קְשֵׁה הֲבָנָה. 7 קוֹדֵר, נִדְכֶּה, חֲסַר חַיִּים

dullness n 1 קֵהוּת, טִמְטוּם, עִמְעוּם. 2 טִפְּשׁוּת, טִמְטוּם. 3 שִׁעֲמוּם, קַדְרוּת, חֹסֶר חַיִּים

dully adv בְּטִפְּשׁוּת, בְּטִמְטוּם

duly adv כָּרָאוּי, כַּיָּאוּת, כְּהֹגֶן

dumb adj 1 אִלֵּם, דּוֹמֵם, שָׁקֵט. 2 טִפֵּשׁ, מְטֻמְטָם

dumbbell n 1 מִשְׁקֹלֶת. 2 טִפֵּשׁ, שׁוֹטֶה

dumbfound vt הִדְהִים, הִמֵּם, הֵבִיךְ

dumbness n אִלְּמוּת, אֵלֶם

dumb show n מִימִיקָה, פַּנְטוֹמִימָה

dummy adj n 1 מְזֻיָּף, מְדֻמֶּה, מְלָאכוּתִי. 2 גָּלְמִי. 3 דֶּמֶה, גֹּלֶם, אִמּוּם. 4 שַׁתְקָן. 5 זִיּוּף, חִקּוּי

dump vt n 1 הֵרִיק, הִשְׁלִיךְ, זָרַק. 2 מִזְבָּלָה, מִשְׁפָּךְ

dumpy adj גּוּץ וְשָׁמֵן

dun vt adj n 1 הִטְרִיחַ, הִטְרִיד. 2 נָשָׁה, תָּבַע. 3 הִפְצִיר. 4 חוּם אָפֹר. 5 קוֹדֵר. 6 נוֹשֶׁה, תּוֹבֵעַ, מֵצִיק. 7 זְבוּב

dunce n 1 חֲסַר דֵּעָה, בַּעַר, בּוּר. 2 שׁוֹטֶה, מְטֻמְטָם

dunderhead n כְּסִיל, אֱוִיל

dune n חוֹלִית, חוֹלָה, דְּיוּנָה

dung vti n 1 זִבֵּל. 2 זֶבֶל. 3 גֶּלֶל, צוֹאָה, פֶּרֶשׁ

dungarees npl סַרְבָּל, מַעֲפֹרֶת, בִּגְדֵי עֲבוֹדָה

dungeon n צִינוֹק, תָּא מַאֲסָר תַּת־קַרְקָעִי

dunghill n מַדְמֵנָה, אַשְׁפָּה, זְבֹלֶת

dunk vt הִטְבִּיל

duo n 1 דּוּאִית. 2 צִמְדָּה

duodecimal adj 1 תְּרֵיסָרִי, בִּתְרֵיסָרִים

duodenum n תְּרֵיסַרְיָן

duodenal adj תְּרֵיסַרְיָנִי

dupe vt n 1 הוֹנָה, רִמָּה, תִּעְתֵּעַ. 2 הִתְעָה. 3 כְּסִיל, שׁוֹטֶה, טִפֵּשׁ, פֶּתִי

duplicate vt adj n 1 הִכְפִּיל, שִׁכְפֵּל, הֶעְתִּיק. 2 זוּגִי, כָּפוּל, מַקְבִּיל. 3 כְּפָל, כָּפִיל. 4 הֶעְתֵּק

duplication n 1 הַעְתָּקָה, הַכְפָּלָה, שִׁכְפּוּל, כֶּפֶל. 2 כְּפִילוּת

duplicator n מַעְתִּיק, מְשַׁכְפֵּל

duplicity n 1 כְּפִילוּת, שְׁנִיּוּת. 2 צְבִיעוּת, דּוּ־פַּרְצוּפִיּוּת

durability n 1 מְשִׁיכוּת, הִמָּשְׁכוּת. 2 קִיּוּם, הִתְקַיְּמוּת. 3 קְבִיעוּת, יַצִּיבוּת

durable adj 1 בַּר קְיָמָא, נִמְשָׁךְ. 2 יַצִּיב, מַתְמִיד, מִתְקַיֵּם

duration n קִיּוּם, מֶשֶׁךְ, זְמַן, תְּמִידוּת

duress n 1 כְּלִיאָה, מַאֲסָר. 2 כְּפִיָּה, כֹּרַח, אִלּוּץ, לַחַץ

during prep בְּמֶשֶׁךְ, בְּשָׁעָה, בִּימֵי

dusk n אַפְלוּלִיּוּת, קַדְרוּת, חֲשֵׁכָה, בֵּין־הָעַרְבַּיִם

dusky adj 1 אַפְלוּלִי, חָשׁוּךְ, קוֹדֵר. 2 שְׁחַמְחֹמִי

dust vt n 1 אִבֵּק, גִּפֵּר. 2 נִקָּה מֵאָבָק. 3 בָּזָק. 4 אָבָק, אֵפֶר, עָפָר. 5 מְהוּמָה. 6 אַשְׁפָּה, דֹּמֶן. 7 שִׁפְלוּת

dustbin n פַּח אַשְׁפָּה

dustcoat n עֲטִיפָה

duster n 1 מַאֲבָק, מַאֲבֵק. 2 מַטְלִית, סְמַרְטוּט

dustman n 1 זַבָּל, מְנַקֵּה רְחוֹבוֹת. 2 מַפִּיל שֵׁנָה

dustpan n יָעֶה

dust-sheet n סַרְבָּל

dusty adj 1 מְאֻבָּק, אֲבָקִי. 2 בָּזוּי, עָלוּב

Dutch adj n 1 הוֹלַנְדִּי. 2 הוֹלַנְדִּית

Dutch apron סִינָרִית

dutiable adj מָכִיס, טָעוּן מַס

dutiful adj צַיְּתָן, צַיְּתָנִי

dutifully adv בְּצַיְּתָנוּת

duty n 1 חוֹבָה. 2 שֵׁרוּת. 3 כִּבּוּד, הוֹקָרָה. 4 תַּפְקִיד. 5 מַס, מֶכֶס, בְּלוֹ

duty-free adj פָּטוּר מִמֶּכֶס

duvet n קֶסֶת מוֹךְ, פְּלוּמָה, פֶּקֶס

dwarf vt n adj 1 מִעֵט, גִּמֵּד, הִקְטִין. 2 הִתְגַּמֵּד. 3 נַנָּס, גַּמָּד. 4 גַּמָּדִי

dwarfish adj גַּמָּדִי, נַנָּסִי, גּוּץ
dwell vi גָּר, דָּר, שָׁכַן
dweller n תּוֹשָׁב, שׁוֹכֵן
dwelling n 1 בַּיִת, מָעוֹן, דִּירָה. 2 מְגוּרִים
dwell on/upon הֶאֱרִיךְ, הִתְעַכֵּב
dwindle vti 1 הִפְחִית, צִמְצֵם, דִּלְדֵּל. 2 הִתְמַעֵט, הִתְכַּוֵּץ, הִצְטַמְצֵם
dye vti n 1 צָבַע, מָשַׁח. 2 צֶבַע, צִבְעָן
dyed-in-the-wool adj אָדוּק, מֻבְהָק
dyer n צוֹבֵעַ
dynamic adj פָּעִיל, עֵר, פְּעַלְתָּנִי, דִּינָמִי
dynamics npl דִּינָמִיקָה
dynamite n vt 1 דִּינָמִיט. 2 פּוֹצֵץ
dynamo n דִּינָמוֹ
dynastic adj שׁוֹשַׁלְתִּי
dynasty n שׁוֹשֶׁלֶת
dysentery n בּוֹרְדָם, דִּיזֶנְטֶרְיָה
dyslexia n דִּיסְלֶקְסְיָה
dyspepsia n פְּרַעְכּוּל, צָרֶבֶת
dyspeptic adj חוֹלֵה־פְּרַעְכּוּל

E

E, e 1 אִי, הָאוֹת הַחֲמִישִׁית בָּאָלֶף־בֵּית הָאַנְגְּלִי. 2 חֲמִישִׁית, חֲמִשָּׁה
each adj, pron 1 כֹּל. 2 כָּל אֶחָד, לְכָל אֶחָד
each other כָּל אֶחָד, אֶחָד אֶת הַשֵּׁנִי, עִם הַשֵּׁנִי אֶל הַשֵּׁנִי
eager adj מִשְׁתּוֹקֵק, כָּמֵהַּ, לָהוּט, תָּאֵב, נִלְהָב
eager beaver פְּעַלְתָּן, לָהוּט
eagerly adv בְּהִתְלַהֲבוּת
eagerness n הִתְלַהֲבוּת, לְהִיטוּת
eagle n נֶשֶׁר, עַיִט
eagle-eyed adj חַד עַיִן
eaglet n גּוֹזַל נֶשֶׁר, נִשְׁרוֹן
ear n 1 אֹזֶן. 2 אֲפַרְכֶּסֶת. 3 אֹזֶן, יָדִית
earache n כְּאֵב אָזְנַיִם
earcap n 1 אֲפַרְכֶּסֶת. 2 אָזְנִית
eardrum n 1 תֹּף הָאֹזֶן. 2 עוֹר הַתֹּף, תֻּפִּית
earful n 1 חֲדָשׁוֹת, יְדִיעוֹת. 2 נְזִיפָה, תּוֹכָחָה
earl n רוֹזֵן
earldom n רוֹזְנוּת
early adj, adv 1 מֻקְדָּם, מַשְׁכִּים. 2 קָדוּם, עַתִּיק. 3 מַקְדִּים, מַבְכִּיר, בַּכִּיר
earmark vt, n 1 סִמֵּן, יִחֵד, יִעֵד. 2 סִימָן, אוֹת, תָּו
earn vt 1 הִשְׂתַּכֵּר. 2 הִרְוִיחַ. 3 זָכָה, הָיָה רָאוּי לְ־
earnest adj, n 1 חָשׁוּב. 2 רְצִינִי, נִלְהָב, חָרוּץ. 3 כֹּבֶד רֹאשׁ, רְצִינוּת. 4 עֵרָבוֹן, דְּמֵי קְדִימָה
earnestly adv בִּרְצִינוּת
earnestness n רְצִינוּת, חֲרִיצוּת
earnings n, pl 1 שָׂכָר, גְּמוּל. 2 הַכְנָסוֹת
earpiece n אֲפַרְכֶּסֶת
earphone n אָזְנִית
earring n עָגִיל
earshot n טְוַח שְׁמִיעָה
earth vt n 1 חִבֵּר לַאֲרָקָה. 2 כַּדּוּר הָאָרֶץ. 3 קַרְקַע, אֲדָמָה, אֶרֶץ. 4 עָפָר, אֵפֶר. 5 אֲרָקָה. 6 עֻפְרָה
earthen adj עָשׂוּי מֵעָפָר, עָשׂוּי מֵחֹמֶר
earthenware n, adj 1 כְּלֵי חֶרֶס, כְּלֵי חֹמֶר. 2 עָשׂוּי חֹמֶר
earthing n הָאֲרָקָה
earthly adj 1 אַרְצִי, מַעֲשִׂי. 2 חָמְרִי, גַּשְׁמִי. 3 שֶׁל הָעוֹלָם הַזֶּה
earthquake n רַעַשׁ, רְעִידַת אֲדָמָה
earthwork n חֲפִירוֹת, בִּצּוּרֵי עָפָר
earthworm n שִׁלְשׁוּל, תּוֹלַעַת
earthy adj 1 גַּס, מְחֻסְפָּס. 2 שֶׁל אֲדָמָה
earwig n יַתּוּשׁ טִיטוּס
ease vt, n 1 הֵקֵל, הִרְגִּיעַ, רִכֵּךְ, רִפָּה. 2 הִפְחִית. 3 מַרְגּוֹעַ, מְנוּחָה, שַׁלְוָה. 4 נוֹחִיּוּת, קַלּוּת
ease off/up הֵקֵל, הִרְפָּה
easel n כַּנָּה, תְּלַת־רֶגֶל, חֲצוּבָה
easily adv 1 בְּקַלּוּת, בְּנָקֵל. 2 בְּלִי סָפֵק
easiness n 1 קַלּוּת, נַחַת. 2 אֲדִישׁוּת
east n, adj, adv 1 מִזְרָח, קֶדֶם. 2 מִזְרָחִי. 3 מִזְרָחָה
East wind (רוּחַ) קָדִים
Easter n פַּסְחָא
easterly adj, adv 1 מִזְרָחִי. 2 קֵדְמָה, מִזְרָחָה
eastern adj מִזְרָחִי
eastward(s) adv מִזְרָחָה, כְּלַפֵּי מִזְרָח
easy adj, adv 1 קַל, נוֹחַ, שָׁלֵו, מַרְגִּיעַ. 2 לֹא רִשְׁמִי, טִבְעִי, חָפְשִׁי. 3 מָתוּן, נִימוּסִי. 4 בְּנָקֵל,

בְּקַלּוּת

easy chair כִּסֵּא־נוֹחַ

easy-going adj נוֹחַ, מָתוּן

eat vt 1 אָכַל, סָעַד, בָּלַע. 2 אִכֵּל, הֶחֱלִיד, בָּלָה

eatable adj אָכִיל, רָאוּי לְמַאֲכָל

eaten pp בינוני עבר של הפועל to eat

eats npl מָזוֹן, אֹכֶל, מַאֲכָל

eau de Cologne מֵי בֹּשֶׂם

eau de vie n יֵין שָׂרָף, בְּרַנְדִּי

eaves npl מַרְזֵב, מַזְחִילָה

eavesdrop vi הֶאֱזִין בַּחֲשַׁאי, צוֹתֵת

eavesdropper n מַאֲזִין בְּהֶסְתֵּר

ebb vi, n 1 הִתְמַעֵט, דָּעַךְ, שָׁקַע. 2 יָרַד, שָׁפַל. 3 שֵׁפֶל, יְרִידָה. 4 דְּעִיכָה, שְׁקִיעָה

ebb and flow גֵּאוּת וָשֵׁפֶל

ebb-tide n שֵׁפֶל הַמַּיִם

ebonite n הָבְנִית

ebony n הָבְנֶה

ebullience n 1 רְתִיחָה. 2 תְּסִיסָה

ebullient adj 1 רוֹתֵחַ. 2 תּוֹסֵס, נִרְגָּשׁ, נִלְהָב

eccentric adj, n 1 תִּמְהוֹנִי, מְשֻׁנֶּה, מוּזָר. 2 אֶקְצֶנְטְרִי

eccentricity n 1 תִּמְהוֹנִיּוּת, זָרוּת, מְשֻׁנּוּת. 2 אֶקְצֶנְטְרִיּוּת

ecclesiastic adj, n 1 כְּנֵסִיָּתִי. 2 כֹּמֶר, כֹּהֵן דָּת

ecclesiastical adj כְּנֵסִיָּתִי, דָּתִי

ECG (electrocardiogram) n רל"ח (רשמת לב חשמלית)

echelon vi, n 1 דֵּרֵג. 2 דֶּרֶג, דֵּרוּג, מַעֲרָךְ מְדֹרָג

echo vi, n 1 הִדְהֵד. 2 חִקָּה. 3 הֵד, בַּת־קוֹל. 4 חִקּוּי

echo suppressor מַדְבֵּר הֵד

echolalia n הֶדְיוּת

éclair n צַפִּיחִית (עוגה)

éclat n 1 תְּהִלָּה, זֹהַר, הַצְלָחָה. 2 תִּפְאֶרֶת

eclectic adj בַּרְרָנִי, בַּרְרָן, בּוֹחֵר, אָנִין

eclectism n לַקְטָנוּת, אֶקְלֶקְטִיקָה

eclipse vt, n 1 הֶאֱפִיל, אִפֵּל, הֵעֵם. 2 כִּסָּה בִּלְקוּי. 3 לִקּוּי, הַאֲפָלָה, אִפּוּל

ecological adj אֶקוֹלוֹגִי

ecologist n אֶקוֹלוֹג

ecology n אֶקוֹלוֹגְיָה

economic adj כַּלְכָּלִי, מִשְׁקִי

economical adj חֶסְכוֹנִי

economically adv 1 בְּחִסָּכוֹן. 2 בִּיעִילוּת. 3 מִבְּחִינָה כַּלְכָּלִית

economics npl כַּלְכָּלָה

economist n כַּלְכְּלָן

economize vi חָסַךְ, קִמֵּץ

economy n 1 כַּלְכָּלָה. 2 מֶשֶׁק. 3 חִסָּכוֹן

ecstasy n אֶקְסְטָזָה, הִתְפַּעֲלוּת

ecstatic adj אֶקְסְטָטִי, מִשְׁתַּלְהֵב

ecstatically adv בְּהִתְפַּעֲלוּת

ectoplasm n חוּץ־הַפְּלַסְמָה

ecumenic(al) n 1 כְּלָלִי, עוֹלָמִי. 2 כְּלָל כְּנֵסִיָּתִי

eczema n גָּרָב, אֶקְזֶמָה

eddy vt, n 1 עִרְבֵּל. 2 הִתְעַרְבֵּל. 3 מְעַרְבֹּלֶת

Eden n עֵדֶן, גַּן עֵדֶן

edge vt, n 1 חִדֵּד. 2 תִּחֵם, שִׂפָּה. 3 הִתְקַדֵּם. 4 קָצֶה, סוֹף, שָׂפָה. 5 חַדּוּת. 6 חֹד. 7 אֹזֶן. 8 פַּסִּים, פִּסְגָּה. 9 חֲרִיפוּת, שְׁנִינוּת

edgeways, edgewise adv לְצַד הַחֹד

edging n 1 שָׂפָה. 2 קִשּׁוּט. 3 חֹד. 4 חִדּוּד

edgy adj 1 מְחֻדָּד. 2 מְעֻצְבָּן, מְרֻגָּשׁ

edibility n אֲכִילוּת

edible adj אָכִיל, בַּר־אֲכִילָה, רָאוּי לְמַאֲכָל

edict n צַו, גְּזֵרָה, פְּקֻדָּה

edification n 1 חִזּוּק הָרוּחַ. 2 עֲלִיָּה מוּסָרִית

edifice n בִּנְיָן

edify vt 1 חִנֵּךְ, לִמֵּד. 2 חִזֵּק הָרוּחַ

edit vt 1 עָרַךְ. 2 עָרַךְ לִדְפוּס

edition n הוֹצָאָה. 2 מַהֲדוּרָה

editor n עוֹרֵךְ
editorial adj, n 1 שֶׁל הָעוֹרֵךְ. 2 מַאֲמָר רָאשִׁי. 3 מַאֲמַר מַעֲרֶכֶת
EDP (electronic data processing) עִבּוּד נְתוּנִים מְמֻחְשָׁב
educate vt חִנֵּךְ, לִמֵּד, הוֹרָה, הִדְרִיךְ, אִלֵּף, אִמֵּן
educated adj מְחֻנָּךְ, מְלֻמָּד
education n 1 חִנּוּךְ, לִמּוּד. 2 תַּרְבּוּת, הַשְׂכָּלָה. 3 אִלּוּף, אִמּוּן
educational adj חִנּוּכִי, לִמּוּדִי
educational software לוֹמְדָה (מחשב)
educator n מְחַנֵּךְ, מוֹרֶה
educe vt עוֹרֵר, פִּתַּח, הֵפִיק, הֵפִיחַ
eel n צְלוֹפָח
eerie, eery adj נִסְתָּר, סוֹדִי, מַפְחִיד
eerily adv בַּסֵּתֶר, בְּאֹפֶן מַפְחִיד
eeriness n 1 תַּעֲלוּמָה. 2 הַפְחָדָה
efface vt מָחַק, מָחָה, טִשְׁטֵשׁ, הִשְׁמִיד
effect vt, n 1 פָּעַל, הִפְעִיל, הִגְשִׁים, בִּצַּע. 2 תּוֹצָאָה, תּוֹלָדָה. 3 גּוֹרֵם. 4 הַשְׁפָּעָה. 5 רֹשֶׁם. 6 פַּעֲלוּל
effective adj, n 1 יָעִיל, פָּעִיל, אֶפֶקְטִיבִי. 2 מֻרְשִׁים. 3 כָּשִׁיר לְשֵׁרוּת פָּעִיל
effectively adv 1 בִּיעִילוּת. 2 לְמַעֲשֶׂה
effectiveness n יְעִילוּת
effects npl חֲפָצִים, טוּבִין
effectual adj יָעִיל, בַּר פֹּעַל
effectuate vt הוֹצִיא לְפֹעַל
effeminacy n נָשִׁיּוּת (גבר)
effeminate adj 1 נָשִׁי. 2 רַךְ
effendi n אֶפֶנְדִּי
effervesce vi תָּסַס, בִּעְבַּע, רָתַח
effervescence n תְּסִיסָה, בִּעְבּוּעַ, רְתִיחָה
effervescent adj תּוֹסֵס, רוֹתֵחַ
effete adj חָלוּשׁ, בָּלֶה, אֵין אוֹנִים, עָקָר
effeteness n חֻלְשָׁה, תְּשִׁישׁוּת, עֲקָרוּת
efficacious adj יָעִיל, תַּכְלִיתִי
efficaciously adv בִּיעִילוּת
efficacy n יְעִילוּת
efficiency n 1 יְעִילוּת. 2 יְכֹלֶת, כִּשְׁרוֹן. 3 זְרִיזוּת
efficient adv יָעִיל, חָרוּץ, נִמְרָץ
efficiently adv בִּיעִילוּת, בְּמֶרֶץ
effigy n צֶלֶם, קְלַסְתֵּר פָּנִים, פַּרְצוּף
efflorescence n פְּרִיחָה, לִבְלוּב, תִּפְרַחַת
effluent n 1 שֶׁפֶךְ, מוֹצָא. 2 מֵי שְׁפָכִין
efflux n קְלִיחָה, שֶׁפֶךְ, זְרִימָה, נְבִיעָה
effort n מַאֲמָץ, הִתְאַמְּצוּת
effortless adj לְלֹא מַאֲמָץ, קַל
effortessly adv בְּקַלּוּת
effrontery n חֻצְפָּה, עַזּוּת פָּנִים
effulgence n זֹהַר, זִיו, זְרִיחָה, קְרִינָה
effulgent adj מַבְהִיק, מַנְהִיר, קוֹרֵן
effusion n שְׁפִיכָה, הִשְׁתַּפְּכוּת, נְזִילָה
effusive adj 1 רַגְשָׁנִי, גָּדוּשׁ. 2 נוֹזֵל, מִשְׁתַּפֵּךְ
effusively adv בְּהִשְׁתַּפְּכוּת
effusiveness n 1 רַגְשָׁנוּת. 2 הִשְׁתַּפְּכוּת
egalitarian adj תּוֹמֵךְ בְּשִׁוְיוֹן זְכֻיּוֹת
egalitarianism n שִׁוְיוֹן זְכֻיּוֹת
egg on vt 1 הֵסִית. 2 עוֹדֵד. 3 הֵאִיץ
egg n בֵּיצָה
egg drops נְטִיפִים
egghead n אִינְטֶלִיגֶנְט, רֹאשׁ בֵּיצָה
eggplant n חָצִיל
eggshell n קְלִפַּת בֵּיצָה
ego n 1 הָאֲנִי. 2 אָנֹכִיּוּת
egocentric adj אָנֹכִיִּי, אֶגוֹצֶנְטְרִי
egoism n אָנֹכִיּוּת, אֶגוֹצֶנְטְרִיּוּת
egoist n אָנֹכִיִּי
egotism n אָנֹכִיּוּת
egotist n אָנֹכִיִּי
egotistic adj אָנֹכִיִּי
egotistically adv בְּאָנֹכִיּוּת
egregious adj מַחְפִּיר, מֵבִישׁ, גַּס
egress n יְצִיאָה, מוֹצָא
egret n אֲנָפָה
Egyptian n, adj 1 מִצְרִי. 2 מִצְרִית
eiderdown n שְׂמִיכַת פּוּךְ, שְׂמִיכַת נוֹצוֹת
eight adj, n שְׁמוֹנָה, שְׁמוֹנֶה, 8

eighteen adj, n — 1 שְׁמוֹנָה עָשָׂר. 2 שְׁמוֹנֶה עֶשְׂרֵה

eighteenth adj, n — 1 הַ־18. 2 1/18

eighth adj, n — 1 שְׁמִינִי. 2 שְׁמִינִית, 1/8

eightieth adj, n — 1 הַשְּׁמוֹנִים. 2 חֵלֶק שְׁמוֹנִים

eighty adj, n — שְׁמוֹנִים

either adj, pron — 1 אֶחָד מִן הַשְּׁנַיִם. 2 כָּל אֶחָד. 3 אַף אֶחָד

either .. or .. — אוֹ... אוֹ...

ejaculate vti — 1 קָרָא, צָוַח. 2 פָּלַט, יָרָה זֶרַע

ejaculation n — 1 קְרִיאָה, צְוָחָה. 2 פְּלִיטָה, הַתָּזָה

eject vti — 1 גֵּרֵשׁ, פִּטֵּר, הִשְׁלִיךְ. 2 הוֹצִיא, הִפְלִיט

eke out vt — הִתְפַּרְנֵס בְּדֹחַק, הִרְוִיחַ בְּקֹשִׁי

elaborate vt, adj — 1 עִבֵּד, שִׁפֵּר. 2 לִטֵּשׁ, שִׁכְלֵל. 3 מְעֻבָּד, מְשֻׁפָּר. 4 מְסֻבָּךְ

elaborately adv — בְּעִבּוּד

elaboration n — שִׁפּוּר, עִבּוּד, פִּתּוּחַ

elapse vi — עָבַר, חָלַף

elastic adj, n — 1 גָּמִישׁ, קָמִיז, מָתִיחַ, קְפִיצִי, אֶלַסְטִי. 2 חוּט אֶלַסְטִי, בַּד מָתִיחַ. 3 גּוּמִיָּה

elasticity n — גְּמִישׁוּת, קְמִיזוּת, אֶלַסְטִיּוּת

elate vt — שִׂמַּח, הִצְהִיל, רוֹמֵם

elated adj — שָׂמֵחַ, עַלִּיז, מְרוֹמָם

elation n — שִׂמְחָה, הִתְרוֹמְמוּת רוּחַ

elbow vti, n — 1 מִרְפֵּק. 2 הִתְמַרְפֵּק. 3 מַרְפֵּק. 4 זָוִיתוֹן, כִּפּוּף, עִקּוּל

elbow-grease n — עֲבוֹדָה קָשָׁה

elbow-room n — 1 מָקוֹם מְרֻוָּח. 2 מֶרְחַב פְּעֻלָּה

elder adj, n — 1 בָּכִיר, בְּכוֹר, גָּדוֹל מִ־. 2 קָשִׁישׁ, זָקֵן. 3 קָדוּם, לְפָנִים. 4 סַמְבּוּק

elderberry n — פְּרִי הַסַּמְבּוּק

elderly adj — קָשִׁישׁ, יָשִׁישׁ, זָקֵן

elderly primigravida — מַבְכִּירָה מְאֻחֶרֶת

eldest adj — בְּכוֹר

elect vt, adj — 1 בָּחַר, בֵּרֵר, בִּכֵּר. 2 בָּחִיר. 3 מְיֹעָד

election n — בְּחִירָה, בְּחִירוֹת

electioneer vi n — 1 עָסַק בְּתַעֲמוּלַת בְּחִירוֹת. 2 תּוֹעַמְלָן בְּחִירוֹת

elective adj — בְּחִירִי, נִבְחָר, בּוֹחֵר

elector n — בּוֹחֵר, אֶלֶקְטוֹר

electoral adj — 1 שֶׁל בְּחִירוֹת. 2 שֶׁל בּוֹחֲרִים

electorate n — קְהַל הַבּוֹחֲרִים

electric(al) adj — 1 חַשְׁמַלִּי, מְחֻשְׁמָל. 2 מְחַשְׁמֵל, מַלְהִיב

electrician n — חַשְׁמַלַּאי

electricity n — חַשְׁמַל

electrification n — חִשְׁמוּל

electrify vt — חִשְׁמֵל

electrocardiograph n — מַכְשִׁיר א.ק.ג.

electroconvulsive adj — שֶׁל הֶלֶם חַשְׁמַלִּי

electrocute vt — הֵמִית בְּחַשְׁמַל

electrocution n — הֲמָתָה בְּחַשְׁמַל

electrode n — אֶלֶקְטְרוֹדָה

electroencephalogram n — (בְּדִיקַת) א.א.ג., רִשּׁוּם גַּלֵּי־הַמֹּחַ

electroencephalograph n — מַכְשִׁיר א.א.ג.

electromagnet n — אֶלֶקְטְרוֹמַגְנֵט

electron n — אֶלֶקְטְרוֹן

electron microscope — מִיקְרוֹסְקוֹפּ אֶלֶקְטְרוֹנִי

electronic adj — אֶלֶקְטְרוֹנִי

electroplate vt — גִּלְוֵן

electronics n — אֶלֶקְטְרוֹנִיקָה

elegance n — הָדָר, פְּאֵר, חֵן, טַרְזָנוּת, תִּפְאֶרֶת, אֶלֶגַנְטִיּוּת

elegant n — הָדוּר, מְהֻדָּר, מְעֻדָּן, מְפֹאָר

elegantly adv — בְּהָדָר

elegy n — קִינָה, שִׁיר תּוּגָה, אֶלֶגְיָה

element n — 1 יְסוֹד. 2 עִקָּר. 3 אֵיבָר. 4 יְסוֹד כִּימִי. 5 לֶחֶם הַקֹּדֶשׁ וְיֵין הַקֹּדֶשׁ

elemental adj — יְסוֹדִי, רִאשׁוֹנִי, פָּשׁוּט

elementarily adv — בִּיסוֹדִיּוּת

elementary adj 1 יְסוֹדִי, בְּסִיסִי, רִאשׁוֹנִי. 2 פָּשׁוּט, אֶלֶמֶנְטָרִי
elementary school n בֵּית סֵפֶר יְסוֹדִי
elephant n פִּיל
elephantiasis n שַׁנְהֶבֶת
elephantine adj 1 פִּילִי. 2 גַּמְלוֹנִי, מְגֻשָּׁם, כָּבֵד
elevate vt הֵרִים, הֶעֱלָה, הִגְבִּיהַּ, נָשָׂא
elevation n 1 הַגְבָּהָה, הַעֲלָאָה, הֲרָמָה. 2 עֲלִיָּה. 3 גֹּבַהּ
elevator n 1 מַעֲלִית. 2 מַמְגּוּרָה. 3 מָנוֹף, מֵנִיף
eleven adj n 1 אַחַד עָשָׂר, 11. 2 אַחַת עֶשְׂרֵה
elevenses npl אֲרוּחַת אַחַת עֶשְׂרֵה
eleventh adj, n 1 הָאַחַד עָשָׂר. 2 הָאַחַת עֶשְׂרֵה. 3 חֵלֶק אַחַד עָשָׂר
elf n 1 שֵׁד, מַזִּיק. 2 גַּמָּד, נַנָּס
elfin adj 1 שֵׁדוֹנִי, שֵׁדִי. 2 שׁוֹבָב
elfish adj 1 שֵׁדִי, מַזִּיק. 2 לֵץ
elicit vt הוֹצִיא, גִּלָּה, הֵפִיק
elicitation n הוֹצָאָה, גִּלּוּי, הֲפָקָה
elide vt 1 הִשְׁמִיט, הִבְלִיעַ. 2 בִּטֵּל, פָּסַק
eligibility n בְּחִירוּת, מֻתְאָמוּת, כְּשִׁירוּת
eligible adj 1 מַתְאִים, רָאוּי, רָצוּי. 2 רָאוּי לְהִבָּחֵר. 3 פָּנוּי (לנישואין)
eliminate vt 1 בִּעֵר, הֵסִיר, מָחָה, בִּטֵּל. 2 הֵרִיק, סִלֵּק, חִלֵּץ
elimination n 1 בִּעוּר, הֲסָרָה. 2 בִּטּוּל, הַשְׁמָטָה, חִלּוּץ. 3 הֲרָקָה, סִלּוּק
elision n הַשְׁמָטָה, הַבְלָעָה
élite n, adj 1 עִלִּית, מֵיטָב, שׁוּפְרָא. 2 אֶלִיטִיסְטִי
élitism n עִלִּיתִיזְם
élitist adj עִלִּיתִיסְט
elixir n סַם חַיִּים, אֶלִיקְסִיר
Elizabethan adj אֶלִיזַבֶּתִיָנִי
elk n אַיָּל
ellipse n אֶלִיפְּסָה
ellipsis n הַשְׁמָטָה, הַבְלָעָה
elliptic(al) adj אֶלִיפְּסִי, אֶלִיפְּטִי
elm n בּוּקִיצָה (עץ)
elocution n 1 תּוֹרַת הַנְּאוּם. 2 דַּבְּרָנוּת
elocutionary adj שֶׁל אָמָּנוּת הַנְּאוּם
elocutionist n 1 נַאֲמָן. 2 מוֹרֶה לְתוֹרַת הַנְּאוּם
elongate vti הֶאֱרִיךְ, הִרְחִיב, הִמְשִׁיךְ
elongation n הַאֲרָכָה, הַרְחָבָה, הִתְאָרְכוּת
elope vi בָּרַח כְּדֵי לְהִתְחַתֵּן
eloquence n אָמָּנוּת הַהַבָּעָה, רֶטוֹרִיקָה
eloquent adj מַרְשִׁים, מְדַבֵּר צָחוֹת. 2 בַּעַל כֹּשֶׁר בִּטּוּי
eloquently adv צָחוֹת, בְּצַחוּת לָשׁוֹן
else adv 1 אַחֵר, עוֹד, זוּלַת. 2 אַחֶרֶת
elsewhere adv בְּמָקוֹם אַחֵר
elucidate vt הִבְהִיר, בֵּאֵר, הֵאִיר, פֵּרֵשׁ
elucidation n הַבְהָרָה
elusive adj 1 מִתְחַמֵּק, חֲמַקְמַקִּי. 2 מַתְעֶה
Elysian adj מְהַנֶּה, מְשַׂמֵּחַ
Elysium n 1 אֶלִיסְיוּם, גַּן עֵדֶן. 2 אשֶׁר, שַׁלְוָה, הֲנָאָה
emaciate vti 1 רָזָה, כָּחַשׁ. 2 הִרְזָה. 3 הִתְנַוֵּן
emaciation n רָזוֹן, כְּחִישׁוּת, הִתְנַוְּנוּת
emanate vi קָלַח, יָצָא, נָבַע, נָדַף, שָׁפַע
emanation n 1 קְלִיחָה, שְׁפִיעָה, נְבִיעָה. 2 אֲצִילוּת. 3 נְבִיעוּת
emancipate vt 1 שִׁחְרֵר, גָּאַל. 2 הוֹצִיא לְחֵרוּת. 3 הִשְׁוָה זְכֻיּוֹת
emancipation n 1 שִׁחְרוּר, גְּאֻלָּה. 2 שִׁוְיוֹן זְכֻיּוֹת. 3 הוֹצָאָה לְחֵרוּת
emasculate vt, adj 1 עִקֵּר, סֵרֵס. 2 הִתִּישׁ, הֶחֱלִישׁ, דִּלְדֵּל. 3 מְעֻקָּר. 4 עָקָר, מְסֹרָס. 5 מְדֻלְדָּל, חַלָּשׁ
emasculation n 1 עִקּוּר, סֵרוּס. 2 דִּלְדּוּל
emasculative adj 1 מְעַקֵּר, מְסָרֵס. 2 מַתִּישׁ, מַחֲלִישׁ, מְדַלְדֵּל
embalm vt 1 חָנַט. 2 שָׁמַר. 3 בִּשֵּׂם
embalmment n 1 חֲנִיטָה. 2 שִׁמּוּר,

שְׁמִירָה. 3 בִּשּׂוּם

embankment n סֶכֶר, דָּיֵק, סוֹלְלָה, מִלּוּא

embargo n 1 הֶסְגֵּר. 2 חֵרֶם

embark vit 1 הִפְלִיג. 2 הִטְעִין, הֶעֱלָה עַל אֳנִיָּה. 3 יָזַם, הֵחֵל

embarkation n 1 הַפְלָגָה. 2 עֲלִיָּה לָאֳנִיָּה. 3 הַעֲלָאָה לָאֳנִיָּה

embarrass vt הֵבִיךְ, בִּלְבֵּל, הִטְרִיחַ

embarrassing adj מֵבִיךְ, מְבַלְבֵּל

embarrassingly adv בְּצוּרָה מְבִיכָה, בִּמְבוּכָה

embarrassment n מְבוּכָה, טִרְדָּה, בִּלְבּוּל

embassy n שַׁגְרִירוּת

embattled adj 1 עָרוּךְ לִקְרָב. 2 מְבֻצָּר

embed vt 1 שִׁבֵּץ, שִׁלֵּב. 2 קָבַע, הִכְנִיס

embellish vt יִפָּה, קִשֵּׁט, פֵּאֵר, הִדֵּר

embellishment n יִפּוּי, קִשּׁוּט, הִדּוּר, נוֹי

ember n גַּחֶלֶת, רֶמֶץ, אוּד

embezzle vt 1 מָעַל. 2 בִּזְבֵּז

embezzlement n מְעִילָה

embitter vt 1 מֵרֵר, מִרְמֵר. 2 הִכְעִיס

embitterment n 1 מְרִירוּת, הִתְמַרְמְרוּת. 2 רֹגֶז, כַּעַס

emblazon vt 1 קִשֵּׁט. 2 יִפָּה, הִלֵּל, פֵּאֵר

emblem n סֵמֶל, סִימָן, אוֹת

embodiment n 1 הִתְגַּלְּמוּת, הִתְגַּשְּׁמוּת. 2 גִּשּׁוּם, גִּלּוּם. 3 הַמְחָשָׁה. 4 הַכְלָלָה

embody vt 1 גִּלֵּם, גִּשֵּׁם. 2 הִמְחִישׁ. 3 הִכְלִיל, כָּלַל

embolden vt עוֹדֵד, אִמֵּץ

embolism n תַּסְחִיף

embolus n סְחִיף

emboss vt 1 הִבְלִיט, הִדְגִּישׁ. 2 קִשֵּׁט

embrace vti, n 1 חִבֵּק, גִּפֵּף. 2 אִמֵּץ. 3 בָּחַר. 4 הֵכִיל, כָּלַל, הִקִּיף. 5 חִבּוּק, גִּפּוּף

embrasure n 1 אֶשְׁנַב יְרִי. 2 גֻּמְחָה

embrocation n 1 מְרִיחָה. 2 מִשְׁחָה, תְּמִסָּה

embroider vt 1 רָקַם. 2 קִשֵּׁט

embroidery n רִקְמָה, רְקִימָה, קִשּׁוּט

embroil vt 1 בִּלְבֵּל, סִבֵּךְ. 2 סִכְסֵךְ

embryo n 1 עֻבָּר. 2 וָלָד, גֹּלֶם

embryonic adj עֻבָּרִי, מַתְחִיל, רִאשׁוֹנִי

emend vt תִּקֵּן, הִשְׁלִים

emendation n תִּקּוּן, שִׁפּוּר

emerald n אִזְמָרַגְד

emerge vi בִּצְבֵּץ, הוֹפִיעַ, עָלָה, צָמַח

emergence n בִּצְבּוּץ, צְמִיחָה, הוֹפָעָה, עֲלִיָּה

emergency n 1 חֵרוּם, דְּחָק. 2 שְׁעַת חֵרוּם, שְׁעַת דְּחָק

emergent adj מֵגִיחַ, צוֹמֵחַ, מִזְדַּקֵּר

emeritus adj 1 לְשֶׁעָבַר, פּוֹרֵשׁ. 2 בְּדִימוֹס

emery n שָׁמִיר

emetic n 1 סַם הֲקָאָה. 2 מְעוֹרֵר בְּחִילָה

emigrant n מְהַגֵּר

emigrate vi 1 הִגֵּר. 2 עָלָה (לישראל)

emigration n הֲגִירָה (יוצאת)

emigration (from Israel) יְרִידָה

émigré n 1 מְהַגֵּר. 2 גּוֹלֶה

eminence n 1 רָמָה, גֹּבַהּ. 2 הוֹד, רוֹם מַעֲלָה, בְּכִירוּת

eminent adj נִשָּׂא, דָּגוּל, מְפֻרְסָם, רַם מַעֲלָה

eminently adv 1 מְאֹד, מְצֻיָּן. 2 בְּהֶחְלֵט

emir n אֲמִיר

emirate n אֲמִירוּת

emissary n שָׁלִיחַ, צִיר, סוֹכֵן

emission n 1 הוֹצָאָה, שִׁלּוּחַ. 2 הַנְפָּקָה, אֲמִיסְיָה. 3 פְּלִיטָה

emit vt הוֹצִיא, הֵפִיץ, פָּלַט

emolument n 1 רֶוַח, תּוֹעֶלֶת, תַּגְמוּל. 2 מַשְׂכֹּרֶת, שָׂכָר, הַכְנָסָה

emotion n הִתְרַגְּשׁוּת, רִגּוּשׁ, אֶמוֹצְיָה

emotional adj רִגְשִׁי, רַגְשָׁנִי, רִגּוּשִׁי

emotionally adv בְּרַגְשָׁנוּת

emotive adj רִגְשִׁי

empathy n אֶמְפַּתְיָה

emperor n קֵיסָר

emphasis n — 1 דָּגֵשׁ. 2 הַדְגָּשָׁה, הַבְלָטָה, הַטְעָמָה

emphasize vt — הִדְגִּישׁ, הִטְעִים, הִבְלִיט

emphatic(al) adj — 1 תַּקִּיף. 2 מַדְגִּישׁ, מַטְעִים, נִמְרָץ

emphatically adv — נִמְרָצוֹת, בְּהַדְגָּשָׁה

emphysema n — נַפַּחַת הָרֵאוֹת

empire n — קֵיסָרוּת, מַמְלָכָה, אִימְפֶּרְיָה

empiric(al) adj — נִסְיוֹנִי, נִסּוּיִי, אֶמְפִּירִי

empirically adv — בְּנִסָּיוֹן, דֶּרֶךְ נִסָּיוֹן

empiricism n — אֶמְפִּירִיּוּת

empiricist n — אֶמְפִּירִיקָן

emplacement n — 1 מִקּוּם. 2 מֵצַב תּוֹתָחִים

employ vt, n — 1 הֶעֱבִיד, הֶעֱסִיק. 2 הִשְׁתַּמֵּשׁ. 3 עֲבוֹדָה, הַעֲסָקָה. 4 שִׁמּוּשׁ, שֵׁרוּת. 5 עֵסֶק

employable adj — בַּר־הַעֲסָקָה

employee n — שָׂכִיר, עוֹבֵד, מָעֳסָק

employer n — מַעֲסִיק, מַעֲבִיד

employment n — 1 עֲבוֹדָה, מִשְׁלַח־יָד. 2 עֵסֶק, שִׁמּוּשׁ. 3 תַּעֲסוּקָה, הַעֲסָקָה. 4 תַּפְקִיד, שֵׁרוּת

emporium n — כָּל־בּוֹ, חֲנוּת גְּדוֹלָה

empower vt — 1 הִסְמִיךְ, יִפָּה־כֹּחַ. 2 אִפְשֵׁר, הִרְשָׁה

empress n — קֵיסָרִית

emptiness n — רֵיקָנוּת, רֵיקוּת

empty vti, adj — 1 הֵרִיק, רוֹקֵן. 2 הִתְרוֹקֵן, הִשְׁתַּפֵּךְ. 3 רֵיק, חָלוּל. 4 פָּנוּי. 5 רָעֵב

empty-handed adj — בְּיָדַיִם רֵיקוֹת

empty-headed adj — רֵיקָא, בַּעַר, בּוּר, שׁוֹטֶה

emu n — אֱמוּ

emulate vt — 1 חִקָּה, הָלַךְ בְּדֶרֶךְ. 2 הִתְחָרָה

emulation n — חִקּוּי

emulsify vt — תִּחְלֵב

emulsion n — תַּחֲלִיב

enable vt — 1 אִפְשֵׁר. 2 הֵקֵל. 3 הִסְמִיךְ

enact vt — 1 חָקַק. 2 צִוָּה, גָּזַר. 3 הוֹצִיא לַפֹּעַל. 4 מִלֵּא תַּפְקִיד, שִׂחֵק, הִצִּיג

enactment n — 1 חֲקִיקָה, חִקּוּק. 2 חֹק, תַּקָּנָה. 3 בִּצּוּעַ

enamel vt, nÆ — 1 אִמֵּל. 2 אֵימָל. 3 זִגּוּג, תַּזְגִּיג. 4 זְגוּגִית הַשֵּׁן

enamo(u)red of — מְאֹהָב, מֻקְסָם, שָׁבוּי

encage vt — כָּלָא, שָׂם בִּכְלוּב

encamp vti — 1 חָנָה, הֶחֱנָה. 2 הֵקִים מַחֲנֶה

encampment n — 1 מַאֲהָל, מַחֲנֶה. 2 חֲנִיָּה, שְׁהִיָּה

encase vt — 1 אָרַז. 2 כִּסָּה, צִפָּה

encephalitis n — דַּלֶּקֶת הַמֹּחַ

enchain vt — כָּבַל, שָׂם בַּאֲזִקִּים

enchant vt — 1 הִקְסִים. 2 כִּשֵּׁף. 3 שָׁבָה, לִבֵּב

enchanter n — 1 מְכַשֵּׁף, קוֹסֵם. 2 מַקְסִים

enchanting adj — 1 נָעִים, מַקְסִים, מְלַבֵּב. 2 מְרַתֵּק

enchantingly adv — בְּהִתְלַהֲבוּת

enchantment n — 1 קֶסֶם, כִּשּׁוּף, קְסָמִים. 2 הִתְלַהֲבוּת, הִתְפַּעֲלוּת

enchantress n — 1 קוֹסֶמֶת. 2 שׁוֹבָה לְבָבוֹת

encircle vt — הִקִּיף, כִּתֵּר, סִבֵּב

encirclement n — כִּתּוּר, הַקָּפָה

enclave n — מֻבְלָעָה, מֻבְלַעַת

enclose vt — 1 כָּלַל, הֵכִיל. 2 צֵרֵף, לָט. 3 גָּדַר, תָּחַם, הִקִּיף, כִּתֵּר

enclosure n — 1 גְּדֵרָה, מִכְלָא, מִכְלָאָה. 2 הַמְצֹרָף

encomium n — הַלֵּל, שֶׁבַח

encompass vt — הִקִּיף, כִּתֵּר, סִבֵּב, כָּלַל

encore vt, int, n — 1 בִּקֵּשׁ הַדְרָן. 2 הַדְרָן ! עוֹד פַּעַם !. 3 הַדְרָן, חֲזָרָה

encounter vt, n — 1 נִפְגַּשׁ, פָּגַשׁ, נִתְקַל, נִקְלַע. 2 הִתְמוֹדֵד. 3 הִתְנַגֵּשׁ. 4 פְּגִישָׁה, מִפְגָּשׁ. 5 הִתְמוֹדְדוּת. 6 הִתְקְלוּת, הִתְנַגְּשׁוּת

encourage vt — 1 עוֹדֵד, חִזֵּק, עוֹרֵר. 2 אִמֵּץ, הִמְרִיץ

encouragement n עִדּוּד, חִזּוּק, הַמְרָצָה
encroach on/upon 1 הִסִּיג גְּבוּל. 2 חָדַר, פָּלַשׁ
encroachment n 1 הַסָּגַת גְּבוּל. 2 פְּלִישָׁה, חֲדִירָה
encrust vt כִּסָּה, צִפָּה
encumber vt 1 הִכְבִּיד, הֶעְמִיס. 2 סִבֵּךְ
encumbrance n מִכְשׁוֹל, מַעֲמָסָה, תְּקָלָה, טִרְחָה
encyclop(a)edia n אֶנְצִיקְלוֹפֶּדְיָה
encyclop(a)edic adj אֶנְצִיקְלוֹפֶּדִי
end vti, n 1 גָּמַר, סִיֵּם. 2 הִסְתַּיֵּם, חָדַל, נִגְמַר. 3 סוֹף, קֵץ, סִיּוּם, גְּמָר. 4 מַטָּרָה, יַעַד. 5 קָצֶה
end up 1 הִסְתַּיֵּם. 2 סוֹפוֹ הָיָה
endanger vt 1 סִכֵּן. 2 סִבֵּךְ
endearing adj מְחַבֵּב, מוֹקִיר
endearingly adv בְּחִבָּה, בְּהוֹקָרָה
endearment n 1 אַהֲבָה, חִבָּה, הוֹקָרָה. 2 הִתְחַבְּבוּת
endeavo(u)r vi, n 1 הִתְאַמֵּץ, הִשְׁתַּדֵּל. 2 מַאֲמָץ, נִסָּיוֹן, הִשְׁתַּדְּלוּת
endemic adj שׁוֹרֵר בָּאֵזוֹר, אֶנְדֶּמִי
ending n 1 סִיּוּם, סוֹף. 2 תּוֹצָאָה. 3 קֵץ, מָוֶת. 4 סוֹפִית
endive n עֹלֶשׁ
endless adj אֵינְסוֹפִי, לְלֹא גְּבוּל
endlessly adv אֵינְסוֹפִית
endocrine n adj 1 הַפְרָשָׁה פְּנִימִית. 2 שֶׁל הַפְרָשָׁה פְּנִימִית
endorse vt 1 הֵסֵב. 2 אִשֵּׁר, קִיֵּם
endorsement n 1 הֲסָבָה, הֶסֵּב. 2 עֲרֵבוּת. 3 אִשּׁוּר, קִיּוּם
endow vt 1 הֶעֱנִיק, הֶאֱצִיל. 2 חָנַן. 3 יָסַד
endowment n 1 הַעֲנָקָה, מַתָּנָה, מַתָּת. 2 יִסּוּד
endurable adj סָבִיל
endurance n 1 סְבֹלֶת, סַבְלָנוּת. 2 סֵבֶל. 3 הַתְמָדָה, קִיּוּם
endure vti 1 סָבַל, נָשָׂא. 2 עָמַד, הֶחֱזִיק מַעֲמָד, נִמְשַׁךְ
enduring adj 1 מַתְמִיד, נִמְשָׁךְ, קַיָּם. 2 סוֹבֵל
enduringly adv 1 בְּסַבְלָנוּת. 2 בְּהַתְמָדָה
endways, endwise adv קָצֶה לְיַד קָצֶה
enema n חֹקֶן
enemy n 1 אוֹיֵב, שׂוֹנֵא, צַר. 2 מִתְנַגֵּד
energetic adj נִמְרָץ, חָרִיף, תַּקִּיף
energetically adv בְּמֶרֶץ, בְּכֹחַ
energy n 1 אֶנֶרְגִּיָה. 2 מֶרֶץ, כֹּחַ, עָצְמָה. 3 חֲרִיפוּת, תַּקִּיפוּת. 4 כִּשְׁרוֹן
enervate vt הֶחֱלִישׁ, הִתְשִׁישׁ
en famille לְלֹא רִשְׁמִיּוּת, בַּבַּיִת
enfant terrible קֻנְדֵּס, שׁוֹבָב, יֶלֶד מַטְרִיד
enfeeble vt הֶחֱלִישׁ, הִתְשִׁישׁ
enfold vt 1 כָּרַךְ, עָטַף, קִפֵּל. 2 חִבֵּק
enforce vt 1 אָכַף, כָּפָה, הִכְרִיחַ. 2 לָחַץ, קִיֵּם
enforcement n 1 כְּפִיָּה, אֲכִיפָה, הֶכְרֵחַ. 2 בִּצּוּעַ, קִיּוּם
enfranchise vt 1 שִׁחְרֵר, גָּאַל, קָרָא דְּרוֹר. 2 אִזְרֵחַ. 3 נָתַן זְכוּת הַצְבָּעָה
enfranchisement n 1 שִׁחְרוּר, גְּאֻלָּה. 2 מַתַּן זְכוּת הַצְבָּעָה
engage vti 1 אֵרֵס, זִוֵּג, צִמֵּד. 2 שָׂכַר, עָסַק, צוֹדֵד. 3 הֶעֱסִיק. 4 הִתְחַיֵּב, הִתְעַסֵּק. 5 הִתְגָּרָה
engaged couple זוּג מְאֹרָס
engaged adj 1 עָסוּק, טָרוּד, תָּפוּס. 2 מְאֹרָס
engagement n 1 אֵרוּסִים. 2 הִתְקַשְּׁרוּת, הִתְחַיְּבוּת. 3 עֵסֶק, עֲבוֹדָה, עִסּוּק, מִשְׁלַח־יָד. 4 רֵאָיוֹן, פְּגִישָׁה. 5 צִמּוּד. 6 הִתְנַגְּשׁוּת
engaging adj נָעִים, מְלַבֵּב, שׁוֹבֶה, מַקְסִים
engender vt 1 לִבָּה, עוֹרֵר, גָּרַם. 2 הוֹלִיד
engine n 1 מְכוֹנָה. 2 מָנוֹעַ, קַטָּר. 3 מַכְשִׁיר
engine driver נַהַג קַטָּר

engineer vt, n 1 זָמַם. 2 הִנְדֵּס, תִּכְנֵן, בָּנָה. 3 מְהַנְדֵּס. 4 מְכוֹנֵן, מְכוֹנַאי
engineering n 1 הַנְדָּסָה. 2 מְכוֹנָאוּת. 3 תִּכְנוּן. 4 תִּמְרוּן. 5 כֹּשֶׁר אַמְצָאָה
English adj, n 1 אַנְגְּלִי. 2 אַנְגְּלִית
engraft vt 1 הִרְכִּיב (בחקלאות). 2 נָטַע רַעְיוֹן (בליבו של)
engrave vt 1 חָקַק, חָרַת, פִּתַּח, גִּלֵּף. 2 הִדְפִּיס
engraver n גַּלָּף, חָרָת
engraving n חֲרִיטָה, גִּלּוּף, חֲקִיקָה
engrossed adj שָׁקוּעַ, מְרֻכָּז
engrossing adj מְרַתֵּק
engulf vt הֵצִיף, הִטְבִּיעַ, בָּלַע
enhance vt 1 רוֹמֵם, הֶאְדִּיר. 2 הִגְדִּיל, הִרְחִיב
enigma n חִידָה, תַּעֲלוּמָה
enigmatic adj חִידָתִי, סָתוּם
enigmatically adv כְּתַעֲלוּמָה
enjoin vt 1 הוֹרָה, אִלֵּץ, חִיֵּב. 2 אָסַר
enjoy vt נֶהֱנָה, הִתְעַנֵּג, הִשְׁתַּעֲשַׁע
enjoyable adj מְהַנֶּה, מְעַנֵּג
enjoyably adv בַּהֲנָאָה
enjoyment n תַּעֲנוּג, הֲנָאָה
enlace vt שָׁזַר, שָׁנַץ, לִפֵּף, חִבֵּק
enlarge vti 1 הִגְדִּיל, הִרְחִיב, הוֹסִיף. 2 גָּדַל, הִתְרַחֵב, הִתְפַּשֵּׁט
enlargement n 1 הַגְדָּלָה, הַרְחָבָה, גִּדּוּל. 2 תּוֹסֶפֶת, הִתְפַּתְּחוּת
enlighten vt 1 הֵאִיר. 2 הִשְׂכִּיל, הֶחְכִּים, הִבְהִיר, הִסְבִּיר
enlightened adj מַשְׂכִּיל, נָאוֹר
enlightenment n 1 הַשְׂכָּלָה, הַחְכָּמָה. 2 הֶאָרָה
enlist vt חִיֵּל, גִּיֵּס, קִבֵּל
enliven vt 1 הֶחֱיָה, הִמְרִיץ, זֵרֵז. 2 שִׂמַּח
en masse adv בְּיַחַד, יַחַד
enmesh vt סִבֵּךְ, לָכַד
enmity n 1 אֵיבָה. 2 שִׂנְאָה, מַשְׂטֵמָה
ennoble vt 1 הֶעֱלָה, רוֹמֵם, כִּבֵּד. 2 הֶעֱנִיק תֹּאַר אָצִיל
ennoblement n 1 הַעֲלָאָה, הֲרָמָה. 2 הַעֲנָקַת תֹּאַר אֲצִילוּת
ennui n שִׁעֲמוּם, אֲדִישׁוּת
enormity n 1 עֲנָקִיּוּת, גֹּדֶל עָצוּם. 2 זְוָעָתִיּוּת
enormous adj עָצוּם, גָּדוֹל, כַּבִּיר, עֲנָקִי
enormously adv בְּמִדָּה רַבָּה
enough adj, n מַסְפִּיק, דַּי, דַּיּוֹ, מַשְׂבִּיעַ רָצוֹן
enquire vti בִּקֵּשׁ, חָקַר, שָׁאַל, חָקַר וְדָרַשׁ
enquiry n חֲקִירָה, חֲקִירָה וּדְרִישָׁה
enrage vt הִרְגִּיז, הִכְעִיס
enrapture vt הִקְסִים, שָׁבָה, הִלְהִיב
enrich vt הֶעֱשִׁיר, הִפְרָה, הִשְׁבִּיחַ
enrichment n 1 הַעֲשָׁרָה, הַשְׁבָּחָה. 2 הִתְעַשְּׁרוּת
enrol(l) vti 1 רָשַׁם, הִרְשִׁים. 2 גִּיֵּס, הִתְגַּיֵּס. 3 גָּלַל, עָטַף
enrol(l)ment n 1 רִשּׁוּם, הַרְשָׁמָה. 2 רְשִׁימָה
en route adv בַּדֶּרֶךְ
ensemble (Fr) n לַהֲקָה, חֶבֶר, אַנְסַמְבֵּל
ensconce vt שָׂם בְּמָקוֹם בָּטוּחַ
enshrine vt 1 שָׂם בַּאֲרוֹן קֹדֶשׁ. 2 שָׁמַר, קִדֵּשׁ
enshroud vt 1 עָטָה, עָטַף, כִּסָּה. 2 כָּרַךְ תַּכְרִיכִים
ensign n 1 דֶּגֶל, נֵס. 2 סִיסְמָה, תָּג. 3 סֶגֶן מִשְׁנֶה
ensign-bearer n נוֹשֵׂא הַדֶּגֶל
enslave vt שִׁעְבֵּד
enslavement n שִׁעְבּוּד
ensnare vt לָכַד בְּרֶשֶׁת, פִּתָּה
ensue vi 1 בָּא אַחֲרֵי. 2 נָבַע, בָּא כְּתוֹצָאָה
ensure, insure vti הִבְטִיחַ, וִדֵּא
entail vt, n 1 גָּרַר, הִצְרִיךְ, גָּרַם. 2 הִטִּיל. 3 הוֹרָשָׁה
entangle vt סִבֵּךְ, בִּלְבֵּל, הֵבִיךְ
entente n הֲבָנָה, הַסְכָּמָה
enter vti 1 נִכְנַס, בָּא, חָדַר. 2 הֵחֵל,

entrant n 1 נִכְנָס. 2 טִירוֹן, מַתְחִיל. 3 מִתְחָרֶה, מֻעֲמָד
entrap vt 1 הִפִּיל בַּפַּח, פִּתָּה. 2 הִכְשִׁיל
entreat vt בִּקֵּשׁ, הִפְצִיר, הִתְחַנֵּן
entreatingly adv בִּתְחִנָּה
entreaty n תְּחִנָּה, תַּחֲנוּן, הַפְצָרָה
entrée n 1 כְּנִיסָה, מָבוֹא, פֶּתַח. 2 פַּרְפֶּרֶת. 3 הַמָּנָה הָעִקָּרִית
entrench vti 1 בִּצֵּר, חָפַר. 2 הִתְחַפֵּר, הִתְבַּצֵּר
entrenchment n 1 הִתְחַפְּרוּת, הִתְבַּצְּרוּת. 2 חֲפִירָה
entrepreneur n יַזָּם, אֲמַרְגָּן
entrust vt הִפְקִיד, הִטִּיל, סָמַךְ
entry n 1 כְּנִיסָה, פֶּתַח, מָבוֹא. 2 רְשׁוּמָה, רִשּׁוּם, רִשְׁמוֹן. 3 פְּרִיט, פְּרָט. 4 מִתְחָרֶה
entwine vt שָׁזַר, כָּרַךְ, לִפֵּף
enumerate vt מָנָה, סָפַר, פֵּרֵט
enumeration n סְפִירָה, מְנִיָּה, פֵּרוּט
enunciate vti 1 הִכְרִיז, הִצְהִיר. 2 הִבִּיעַ, בִּטֵּא
enunciation n 1 הַכְרָזָה, הוֹדָעָה. 2 הַבָּעָה, בִּטּוּי, הִגּוּי
envelop vt 1 עָטַף, עָטָה, אָפַף. 2 עִטֵּף
envelope n 1 מַעֲטָפָה, עֲטִיפָה, כִּסּוּי. 2 מִכְסֶה, תַּכְרִיךְ
envelopment n כִּסּוּי, עֲטִיפָה
envenom vt 1 הִרְעִיל, סִמֵּם. 2 מֵרֵר
enviable adj קַנְאָתָנִי, מְעוֹרֵר קִנְאָה
envious adj מְקַנֵּא
environ vt כִּתֵּר, הִקִּיף, סִבֵּב
environment n 1 סְבִיבָה. 2 הַקָּפָה, כִּתּוּר
environmental adj סְבִיבָתִי
environs npl 1 סְבִיבָה, פַּרְבָּרִים, פַּרְוָרִים. 2 סְבִיבִים, סְבִיבוֹת
envisage vt 1 דִּמָּה, חָזָה, הֵבִין. 2 עָמַד בִּפְנֵי
envoy n שָׁלִיחַ, נָצִיג, צִיר
envy vt, n 1 קִנֵּא, חָמַד. 2 הִתְקַנֵּא. 3 קִנְאָה, צָרוּת עַיִן

הִתְחִיל. 3 רָשַׁם, נִרְשַׁם. 4 הִשְׁתַּתֵּף. 5 הִצְטָרֵף
enter on/upon הִתְחִיל, נִכְנַס
enter up vt רָשַׁם בִּסְפָרִים (חשבונאות)
enteritis n דַּלֶּקֶת הַמֵּעַיִם
enterprise n 1 עֵסֶק, מִפְעָל. 2 אֹמֶץ, מֶרֶץ. 3 יָזְמָה, מֵיזָם. 4 הֶעָזָה, תְּעֻזָּה, הַעְפָּלָה
enterprising adj מֵעֵז, נוֹעָז
enterprisingly adv בְּהֶעָזָה
entertain vt 1 בִּדֵּר, שִׁעֲשַׁע, הֵנָה. 2 שָׁקַל, סָבַר. 3 אֵרַח, כִּבֵּד. 4 רָחַשׁ
entertainer n בַּדְּרָן
entertaining adj מְהַנֶּה, מְבַדֵּר, מְשַׁעֲשֵׁעַ
entertainment n 1 בִּדּוּר, שַׁעֲשׁוּעַ, הֲנָאָה. 2 אֵרוּחַ
enthral(l) vt 1 הִקְסִים, צוֹדֵד. 2 שִׁעְבֵּד
enthrone vt 1 הִמְלִיךְ, הִכְתִּיר. 2 רוֹמֵם
enthuse vi הִשְׁתַּלְהֵב, הִתְלַהֵב
enthusiasm n הִתְלַהֲבוּת, הִתְפַּעֲלוּת
enthusiast n נִלְהָב, מִתְלַהֵב, מַעֲרִיץ
enthusiastic adj מִתְפַּעֵל, הוֹזֶה
enthusiastically adv בְּהִתְלַהֲבוּת
entice vt 1 הִקְסִים, שָׁבָה לֵב, הֵסִית. 2 הִשִּׁיא, פִּתָּה, הִדִּיחַ
enticement n 1 הֲסָתָה, הֲדָחָה. 2 פִּתּוּי
entire adj, n 1 כָּלִיל, שָׁלֵם, מָלֵא, כּוֹלֵל. 2 גָּמוּר. 3 לֹא־מְסֹרָס. 4 טָהוֹר. 5 הַכֹּל, שְׁלֵמוּת. 6 סוּס לֹא מְסֹרָס
entirely adv לְגַמְרֵי, כָּלִיל, לַחֲלוּטִין
entirety n שְׁלֵמוּת, כְּלָל, הַכֹּל
entomb vt קָבַר, טָמַן
entomologist n אֶנְטוֹמוֹלוֹג
entomology n אֶנְטוֹמוֹלוֹגְיָה
entourage n 1 חֲבוּרָה, סְבִיבָה. 2 פָּמַלְיָה, בְּנֵי לְוָיָה
entracte (Fr) n הַפְסָקָה (בין המערכות)
entrails npl קְרָבַיִם, מֵעַיִם
entrance vt, n 1 הִקְסִים, הִלְהִיב, שָׁבָה לֵב. 2 כְּנִיסָה, פֶּתַח, מָבוֹא

enzyme n תַּסָּס, מַתְסִיס, אֶנְזִים
eon n עִדָּן, נֶצַח, עִדָּן וְעִדָּנִים
epaulet(te) n כְּתֵפָה
ephemeral adj חוֹלֵף, אֲרָעִי, בֶּן יוֹמוֹ
epic n, adj 1 אֶפּוֹס, אֶפִּיקָה. 2 אֶפִּי, נִשְׂגָּב, נַעֲלֶה. 3 עֲלִילָתִי
epicentre/ter n מוֹקֵד רַעַשׁ
epicure n אֶפִּיקוּר
epicurean n, adj אֶפִּיקוּרִי
epidemic n, adj 1 מַגֵּפָה, דֶּבֶר. 2 אֶפִּידֶמִי, מִדַּבֵּק
epidermis n, adj 1 עוֹר. 2 קְלִפָּה
epidiascope n מָטוֹל
epiglottis n הַלָּשׁוֹן הַקְּטַנָּה, כִּסּוּי הַגָּרוֹן
epigram n מִכְתָּם, אֶפִּיגְרַם
epigrammatic adj 1 מִכְתָּמִי, אֶפִּיגְרַמִּי. 2 שָׁנוּן
epilepsy n כִּפְיוֹן, חֳלִי נְפִילָה
epileptic adj 1 נִכְפֶּה. 2 סוֹבֵל מִכִּפְיוֹן
epilog(ue) n סִיּוּם, חֲתִימָה, אַחֲרִית דָּבָר, אֶפִּילוֹג
Epiphany n חַג הַהִתְגַּלּוּת
episcopal adj בִּישׁוֹפִי, אֶפִּיסְקוֹפָּלִי
episcopalian n, adj אֶפִּיסְקוֹפָּלִי
episode n 1 מְאֹרָע. 2 סִפּוּר. 3 מִקְרֶה, אֶפִּיזוֹדָה
episodic adj מִקְרִי, אֶפִּיזוֹדִי
epistle n אִגֶּרֶת, מִכְתָּב
epistolary adj מִכְתָּבִי
epistomology n תּוֹרַת הַהַכָּרָה
epitaph n 1 כְּתֹבֶת עַל קֶבֶר. 2 נֹסַח מַצֵּבָה
epithet n כִּנּוּי, שֵׁם לְוַאי
epitome n 1 תַּמְצִית, קִצּוּר, מִצּוּי. 2 עִקָּר, תֹּכֶן. 3 הִתְגַּלְּמוּת
epitomize vt תִּמְצֵת, מִצָּה
epoch n 1 תְּקוּפָה, עִדָּן. 2 רֵאשִׁית
epoch-making adj יוֹצֵר תְּקוּפָה, חָשׁוּב מְאֹד
equable adj 1 אָחִיד, שָׁוֶה. 2 שָׁלֵו
equably adv בְּאֹפֶן שָׁוֶה, בְּשַׁלְוָה
equal vt, adj 1 שִׁוָּה, דִּמָּה. 2 שָׁוָה. 3 שָׁוֶה, אָחִיד. 4 שָׁקוּל, מַקְבִּיל
equality n 1 שִׁוְיוֹן. 2 אֲחִידוּת
equally adv בַּאֲחִידוּת, בְּמִדָּה שָׁוָה
equalization n 1 הַשְׁוָאָה, הַאֲחָדָה. 2 קִזּוּז
equalize vt 1 הִשְׁוָה, הֶאֱחִיד. 2 קִזֵּז
equanimity n מְתִינוּת, יִשּׁוּב הַדַּעַת, שַׁלְוַת נֶפֶשׁ
equate vt הִשְׁוָה, שִׁוְיֵן
equation n 1 מִשְׁוָאָה, מִשְׁוָיָה. 2 הַשְׁוָאָה, אִזּוּן
equator n קַו הַמַּשְׁוֶה
equatorial adj מַשְׁוָנִי
equerry n סַיִס הַמֶּלֶךְ
equestrian adj, n 1 פָּרָשִׁי. 2 פָּרָשׁ
equidistant adj שְׁוֵה טְוָח
equilateral adj שְׁוֵה צְלָעוֹת
equilibrate vti 1 אִזֵּן. 2 הִתְאַזֵּן
equilibrist n לוּלְיָן, לַהֲטוּטָן
equilibrium n שִׁוּוּי מִשְׁקָל, אִזּוּן
equine adj סוּסִי
equinox n הִשְׁתַּוּוּת, שִׁוְיוֹן יוֹם וָלַיְלָה
equip vt 1 צִיֵּד, חִמֵּשׁ, זִיֵּן. 2 סִפֵּק
equipage n 1 צִיּוּד, אַסְפָּקָה. 2 שַׁיָּרָה, פָּמַלְיָה
equipment n 1 צִיּוּד. 2 מַכְשִׁירִים
equipoise n אִזּוּן, שִׁוּוּי מִשְׁקָל
equitable adj 1 צוֹדֵק, הוֹגֵן, יָשָׁר. 2 בַּר־תֹּקֶף, תָּקֵף
equitably adv בְּצֶדֶק, בְּיֹשֶׁר
equity n צֶדֶק, יֹשֶׁר
equivalence n שִׁוְיוֹן, שִׁוְיוֹן עֵרֶךְ
equivalent adj 1 שָׁוֶה, שָׁקוּל. 2 שְׁוֵה עֵרֶךְ
equivocal adj 1 דּוּ־מַשְׁמָעִי. 2 מְפֻקְפָּק, חָשׁוּד
equivocate vi דִּבֵּר בְּצוּרָה דּוּ־מַשְׁמָעִית
equivocation n דּוּ־מַשְׁמָעוּת, בִּלְבּוּל
era 1 תְּקוּפָה. 2 סְפִירָה
eradicate vt שֵׁרֵשׁ, עָקַר, הִשְׁמִיד, מָחָה, הָרַס
eradication n עֲקִירָה, הַשְׁמָדָה, מְחִיָּה

erase vt מָחַק, מָחָה
eraser n מַחַק, מוֹחֵק
erasure n מְחִיקָה
erect vt, adj 1 הֵקִים, בָּנָה, יָסַד. 2 זָקַף, קוֹמֵם. 3 הִקְשָׁה. 4 זָקוּף, יָשָׁר
erectile adj זָקִיף, בַּר־קִשּׁוּי
erection n 1 זְקִיפָה, זְקִפָּה. 2 הִזְדַּקְּפוּת, קִשּׁוּי, הֲקָמָה
erg n אֶרְג
ergonomics npl אֶרְגוֹנוֹמִיקָה
ermine n 1 סַמּוּר. 2 מַעֲמַד הַשּׁוֹפֵט
erode vti 1 אִכֵּל, כִּלָּה, הֶחֱלִיד, כִּרְסֵם. 2 הִתְבַּלָּה, הִתְכַּלָּה
erosion n 1 חֶשֶׂף, סַחַף, סְחִיפָה. 2 כִּרְסוּם, כִּלּוּי, הַחְלָדָה
erosive adj 1 סוֹחֲפָנִי, סוֹחֵף. 2 מַחֲלִיד, מְכַלֶּה
erotic adj מְגָרֶה, אֶרוֹטִי, עֲגָבִי
erotica npl אֶרוֹטִיקָה
eroticism n עַגְבָנוּת, חַשְׁקָנוּת, אֶרוֹטִיּוּת
err vi 1 שָׁגָה, טָעָה, תָּעָה. 2 סָטָה, חָטָא. 3 הִטְעָה, הִתְעָה
errand n שְׁלִיחוּת, מְשִׂימָה
errant adj נוֹדֵד, נַיָּד, תּוֹעֶה
errata npl טָעֻיּוֹת דְּפוּס
erratic adj 1 תּוֹעֶה, נוֹדֵד, מְהַלֵּךְ. 2 בִּלְתִּי יַצִּיב
erroneous adj טוֹעֶה, מַטְעֶה
erroneously adv בְּטָעוּת
error n טָעוּת, שְׁגִיאָה, מִשְׁגֶּה, שִׁבּוּשׁ, סְטִיָּה
eructation n 1 שִׁהוּק, גִּהוּק. 2 נְפִיחָה
erudite adj בָּקִי, מְלֻמָּד, לַמְדָן, יַדְעָן
eruditely adv בִּבְקִיאוּת
erudition n בְּקִיאוּת, לַמְדָנוּת, יַדְעָנוּת
erupt vi פָּרַץ, הִתְפָּרֵץ, הִתְגָּעֵשׁ
eruption n 1 הִתְפָּרְצוּת, הִתְגָּעֲשׁוּת. 2 פְּרִיחָה, אֲבַבִית. 3 שְׁחִין, צָרַעַת. 4 בְּקִיעָה (של שן)
erysipelas n וֶרֶדֶת
erythema n אַרְגָּמֶנֶת
escalade n הַסְלָמָה
escalate vti 1 טִפֵּס, עָלָה. 2 הִסְלִים
escalation n הַסְלָמָה
escalator n דְּרַגְנוֹעַ, מַסָּק
escallope n נֵתַח בָּשָׂר דַּק
escapade n 1 הַרְפַּתְקָה, מַעֲשֵׂה שׁוֹבְבוּת. 2 מְנוּסָה, בְּרִיחָה
escape vit, n 1 בָּרַח, נִמְלַט, נָס. 2 נֶחֱלַץ, נִצַּל. 3 מִפְלָט, מָנוֹס, בְּרִיחָה, הִמָּלְטוּת, הֵחָלְצוּת. 4 יְצִיאָה
escapee n נִמְלָט, בּוֹרֵחַ
escapement n מַחְגֵּר
escapism n 1 בְּרִיחָה מֵהַמְּצִיאוּת. 2 עֲרִיקָה, עַרְקָנוּת
escapist n בּוֹרֵחַ מִן הַמְּצִיאוּת, עַרְקָן
escarpment n 1 מַתְלוּל, מִתְלָל. 2 צֶלַע הַר
eschatology n אֱמוּנָה בְּאַחֲרִית הַיָּמִים
eschew vt הִתְחַמֵּק, נִמְנַע מִ־
escort vt, n 1 לִוָּה. 2 לִוּוּי, מִשְׁמָר
escritoire n מִכְתָּבָה
escutcheon n 1 מָגֵן. 2 דֶּגֶל, נֵס
eskimo n אֶסְקִימוֹ
esophagus n וֶשֶׁט, בֵּית הַבְּלִיעָה
esoteric adj נִסְתָּר, סוֹדִי, חֲשָׁאִי
especial adj מְיֻחָד
especially adv בְּיִחוּד, בְּעִקָּר
espionage n 1 רִגּוּל. 2 בִּיּוּן
esplanade n טַיֶּלֶת, רָצִיף, רַחֲבָה
espousal n 1 אֵרוּסִים, תְּנָאִים. 2 נִשּׂוּאִים. 3 אִמּוּץ רַעְיוֹן
espouse vi 1 אִמֵּץ, דָּגַל. 2 הִתְחַתֵּן
esprit de corps (Fr) גַּאֲוַת יְחִידָה
espy vt רָאָה, גִּלָּה
esquire n 1 נוֹשֵׂא כֵּלָיו. 2 אָדוֹן, מַר
essay vti, n 1 נִסָּה, בָּחַן, בָּדַק. 2 נִסָּיוֹן. 3 מַסָּה, מַאֲמָר
essayist n מַסַּאי
essence n 1 עִקָּר, יְסוֹד, מַהוּת. 2 תְּכוּנָה, עַצְמוּת. 3 תַּמְצִית. 4 בֹּשֶׂם

essential adj, n 1 עִקָּרִי, יְסוֹדִי, חִיּוּנִי, מַהוּתִי. 2 תַּמְצִיתִי. 3 עִקָּר, יְסוֹד
essentially adv בִּיסוֹדוֹ, בְּעִקָּרוֹ
establish vt 1 יִסֵּד, כּוֹנֵן, הֵקִים. 2 בִּסֵּס, יִצֵּב. 3 קָבַע, הוֹכִיחַ, אִשֵּׁר, קִיֵּם
establishment n 1 מִמְסָד. 2 יִסּוּד, הֲקָמָה, כִּנּוּן. 3 בִּסּוּס, יִצּוּב. 4 תֶּקֶן. 5 קְבִיעָה, הוֹכָחָה. 6 מוֹסָד, מָכוֹן, מֶשֶׁק. 7 סֶגֶל, מַצָּבָה
estate n 1 אֲחֻזָּה. 2 נְכָסִים, רְכוּשׁ, קִנְיָן, בַּעֲלוּת. 3 מַצָּב, מַעֲמָד
estate agent מְתַוֵּךְ נַדְלָ"ן
esteem vt, n 1 הֶעֱרִיךְ, הֶחְשִׁיב, הוֹקִיר, כִּבֵּד. 2 הַעֲרָכָה, הוֹקָרָה, חִבָּה, כָּבוֹד
estimate vt, n 1 הֶעֱרִיךְ, שָׁם, אָמַד, חִשֵּׁב. 2 הַעֲרָכָה, אֻמְדָּן, שׁוּמָא, שׁוּמָה
estimation n 1 אֹמֶד, הוֹקָרָה. 2 דַּעַת, סְבָרָה, דֵּעָה
estrange vt 1 הִרְחִיק, הִפְרִיד. 2 הִתְרַחֵק, הִתְנַכֵּר
estrangement n הִתְנַכְּרוּת, הִתְרַחֲקוּת, פֵּרוּד
estuary n 1 שֶׁפֶךְ (נהר לים). 2 מִפְרָץ
etc, et cetera וְכֻלֵּי, וְכוּ', וְכַדּוֹמֶה
etch vti חָרַת, חָרַט, פִּתַּח, גִּלֵּף
etching n 1 חֲרִיטָה, גִּלּוּף. 2 תַּחְרִיט
eternal adj נִצְחִי, אֵינְסוֹפִי
eternally adv לְעוֹלָם, לָנֶצַח
eternity n נֶצַח, אַלְמָוֶת, עוֹלָם וָעֶד
ether n אֶתֶר
ethereal adj 1 אֶתֶרִי, אַוְרִירִי, קַל. 2 עָדִין, מְעֻדָּן. 3 שְׁמֵימִי
ethic(al) מוּסָרִי, אֶתִי
ethically adv מִבְּחִינָה מוּסָרִית
ethics npl מוּסָר, אֶתִיקָה
ethnic adj גִּזְעִי, אֶתְנִי
ethnically adv מִבְּחִינָה אֶתְנִית
ethnographer n אֶתְנוֹגְרָף
ethnographic adj אֶתְנוֹגְרָפִי
ethnography n אֶתְנוֹגְרַפְיָה
ethnological adj אֶתְנוֹלוֹגִי
ethnologist n אֶתְנוֹלוֹג
ethnology n אֶתְנוֹלוֹגְיָה
ethos n אֶתוֹס
ethyl n אֶתִיל
etiology n אֶטְיוֹלוֹגְיָה
etiquette n גִּנּוּנִים, נִימוּס, אֶתִיקֶטָה
etymological adj גִּזְרוֹנִי, אֶטִימוֹלוֹגִי
etymologist n אֶטִימוֹלוֹג
etymology n גִּזָּרוֹן, אֶטִימוֹלוֹגְיָה
eucalyptus n אֶקָלִיפְּטוּס
Eucharist n סְעֻדַּת יֵשׁוּ
Euclidean adj אֶוְקְלִידִי
eugenics npl אֶוְגֶנִיקָה
eulogist n מְשַׁבֵּחַ, מְהַלֵּל, מְרוֹמֵם
eulogistic adj מָלֵא שְׁבָחִים
eulogize vt הִלֵּל, שִׁבַּח, רוֹמֵם
eulogy n 1 שֶׁבַח, הַלֵּל, תְּהִלָּה. 2 הֶסְפֵּד
eunuch סָרִיס
euphemism n לָשׁוֹן נְקִיָּה
euphemistic adj מֻבָּע בְּלָשׁוֹן נְקִיָּה
euphemistically adv בְּלָשׁוֹן נְקִיָּה
euphony n תַּנְעוּמָה
euphoria n 1 הַרְגָּשָׁה טוֹבָה, הִתְלַהֲבוּת. 2 זְחִיחוּת
euphoric adj שֶׁל הַרְגָּשָׁה טוֹבָה
Eurasian adj אֵירָסִי
Eureka interj מָצָאתִי !, אֶבְרֶקָה !
European adj אֵירוֹפִּי
euthanasia n אֶוְתָנַסְיָה, הֲמָתַת חֶסֶד
evacuate vt 1 הֵרִיק, רוֹקֵן. 2 פִּנָּה. 3 עָשָׂה צְרָכָיו, שִׁלְשֵׁל
evacuation n 1 הֲרָקָה. 2 פִּנּוּי, הוֹצָאָה. 3 עֲשִׂיַּת צְרָכָיו
evacuee n מְפֻנֶּה
evade vt הִתְחַמֵּק, הִשְׁתַּמֵּט, נִמְנַע, חָמַק
evaluate vt הֶעֱרִיךְ, אָמַד
evaluation n הַעֲרָכָה, אֻמְדָּן, אֹמֶד
evanescence n הֵעָלְמוּת, נְמִיגָה
evanescent adj נָמוֹג, נֶעְלָם

evangelical adj אֶוַנְגֶּלִי
evangelism n אֶוַנְגֶּלִיּוּת
evangelist n אֶוַנְגֶּלִיסְט
evangelistic adj אֶוַנְגֶּלִי
evaporate vti 1 אִדָּה. 2 הִתְאַדָּה, הִתְנַדֵּף
evaporation n אִדּוּי, הִתְאַדּוּת, הִתְנַדְּפוּת
evasion n 1 בְּרִיחָה, הִמָּלְטוּת, נְסִיגָה. 2 הִתְחַמְּקוּת, הִשְׁתַּמְּטוּת
evasive adj מִתְחַמֵּק, חֲמַקְמַק, חַמְקָנִי
evasively adv בְּהִתְחַמְּקוּת
evasiveness n חֲמַקְמַקּוּת
eve n 1 עֶרֶב. 2 סַף, בְּפְרֹס
even vt, adj, adv 1 הִשְׁוָה, יִשֵּׁר, הֶחֱלִיק. 2 אִזֵּן. 3 שָׁוֶה. 4 חָלָק, מַקְבִּיל, דּוֹמֶה. 5 סָדִיר. 6 זֵהֶה, אָחִיד. 7 שָׁקוּל. 8 אַף, אֲפִלּוּ
even if גַּם אִם, אַף אִם
evenly adv 1 בְּלִי מַשּׂוֹא פָּנִים. 2 בְּצֶדֶק, בְּיֹשֶׁר. 3 בְּאֹפֶן חָלָק
even number מִסְפָּר זוּגִי
even so לַמְרוֹת זֹאת
even though אַף אִם
evening n 1 עֶרֶב. 2 נֶשֶׁף, מְסִבָּה
event n 1 אֵרוּעַ, מְאֹרָע. 2 מִקְרֶה. 3 תּוֹצָאָה. 4 תַּחֲרוּת
eventful adj 1 הֲרֵה מְאֹרָעוֹת. 2 הַרְפַּתְקָנִי
eventide n עֶרֶב, בֵּין־הָעַרְבַּיִם, בֵּין־הַשְּׁמָשׁוֹת
eventual adj 1 סוֹפִי. 2 אֶפְשָׁרִי, בַּסּוֹף
eventually adv לְבַסּוֹף, בְּסוֹפוֹ שֶׁל דָּבָר
ever adv 1 תָּמִיד, בְּכָל עֵת. 2 אֵי פַּעַם
evergreen n, adj יְרַק־עַד
everlasting adj נִצְחִי, חֵי־עַד
evermore adv לָנֶצַח, לְעוֹלָם, תָּמִיד
every adj כֹּל
everybody pron כָּל אֶחָד, הַכֹּל
everyday adj 1 יוֹמְיוֹמִי. 2 רָגִיל, שִׁגְרָתִי
every now and then מִזְּמַן לִזְמַן, מִדֵּי פַּעַם
every other adv כָּל שֵׁנִי, לְסֵרוּגִין
everyone pron כָּל אֶחָד
everything pron כָּל דָּבָר
everywhere adv בְּכָל מָקוֹם
evict vt גֵּרֵשׁ, נִשֵּׁל, הוֹצִיא
eviction n גֵּרוּשׁ, נִשּׁוּל, הוֹצָאָה
evidence n 1 עֵדוּת, רְאָיָה. 2 הוֹכָחָה
evident adj 1 בָּרוּר. 2 מְפֹרָשׁ, מוּכָח
evidently adv כַּנִּרְאֶה, אֶל נָכוֹן
evil adj, n 1 רָע, מֻשְׁחָת, רָשָׁע, חוֹטֵא. 2 רָעָה, צָרָה, פֶּגַע
evildoer n חוֹטֵא, עוֹשֵׂה רַע
evil eye n עַיִן הָרָע
evilly adv בְּרִשְׁעוּת
evil-minded adj מְרֻשָּׁע, חוֹרֵשׁ רַע
evince vt 1 הִבְהִיר, הוֹכִיחַ, הֶרְאָה. 2 גִּלָּה, צִיֵּן
evocation n 1 הֶעָרָה. 2 הַעֲלָאַת אוֹב, הַשְׁבָּעָה
evocative adj מְעוֹרֵר רְגָשׁוֹת
evoke vit 1 עוֹרֵר. 2 הֶעֱלָה בְּאוֹב
evolution n הִתְפַּתְּחוּת, אֶבוֹלוּצְיָה
ewe n רְחֵלָה, כִּבְשָׂה
ewer n קִיתוֹן
exacerbate vt 1 הֶחְמִיר, הֶחֱרִיף, הֵרֵעַ. 2 הִרְגִּיז, הִכְעִיס. 3 עִצְבֵּן
exacerbation n 1 הַחְמָרָה, הַחְרָפָה, הֲרָעָה. 2 הַכְעָסָה, הַרְגָּזָה
exact vt, adj 1 דָּרַשׁ, תָּבַע, הִצְרִיךְ. 2 נָשָׁה, סָחַט. 3 מְדֻיָּק, נָכוֹן, בָּרוּר. 4 קַפְּדָנִי, דַּיְּקָן
exactly adv בְּדִיּוּק, בְּקַפְּדָנוּת
exaction n 1 נְגִישָׂה, עֹשֶׁק. 2 לַחַץ, סְחִיטָה
exactitude, exactness n דַּיְּקָנוּת, קַפְּדָנוּת, נְכוֹנוּת, דִּיּוּק
exacting adj 1 מַחְמִיר, קַפְּדָן. 2 גּוֹזֵל, נוֹגֵשׂ, סוֹחֵט
exaggerate vti הִגְזִים, הִפְרִיז, הִפְלִיג, הִגְדִּישׁ הַסְּאָה
exaggeration n הַגְזָמָה, הַפְרָזָה, גֻּזְמָה, גְּדִישַׁת הַסְּאָה
exalt vt שִׁבַּח, הִלֵּל, רוֹמֵם, הֶעֱלָה, נִשֵּׂא

exaltation n הִתְעַלּוּת, הִתְרוֹמְמוּת, הִתְלַהֲבוּת

exalted adj נַעֲלֶה, רָם, מְרוֹמָם

exam n בְּחִינָה, מִבְחָן, בְּדִיקָה

examination n 1 מִבְחָן, בְּחִינָה, בְּדִיקָה. 2 חֲקִירָה, בִּקֹּרֶת

examine vt 1 בָּחַן, בָּדַק, נִתַּח. 2 בִּקֵּר, חָקַר

examinee n נִבְחָן, נִבְדָּק

examiner n 1 בּוֹחֵן, בּוֹדֵק. 2 חוֹקֵר

example n 1 דֻּגְמָה. 2 מוֹפֵת. 3 תַּקְדִּים

exanthema n אֲבַבִּית

exasperate vt 1 הִרְגִּיז, הִכְעִיס. 2 מֵרֵר

exasperation n 1 הֲרָעָה, כַּעַס, הַכְעָסָה. 2 הִתְמַרְמְרוּת

ex cathedra (L) בְּשֵׁם הַסַּמְכוּת, בְּפַסְקָנוּת

excavate vt 1 חָפַר, כָּרָה. 2 חָשַׂף, גִּלָּה

excavation n חֲפִירָה

exceed vt עָלָה עַל, הִפְרִיז, חָרַג

exceeding adj עָצוּם, לֹא רָגִיל, עוֹבֵר עַל הַמִּדָּה

exceedingly adv מְאֹד

excel vti הִצְטַיֵּן

excellence n 1 הִצְטַיְּנוּת. 2 יִתְרוֹן, מַעֲלָה

excellency n הוֹד מַעֲלָה, הוֹד רוֹמְמוּת

excellent adj מְצֻיָּן, מְעֻלֶּה

excellently adv בְּהִצְטַיְּנוּת

except vt, prep 1 הוֹצִיא מֵהַכְּלָל. 2 זוּלַת, פְּרָט לְ־, אִלּוּלֵא

excepting prep חוּץ מִן, זוּלַת, פְּרָט לְ־

exception n 1 יוֹצֵא מִן הַכְּלָל. 2 הַשְׁמָטָה, הִתְנַגְּדוּת

exceptionable adj 1 שֶׁאֶפְשָׁר לְהִתְנַגֵּד לוֹ. 2 יוֹצֵא מִגֶּדֶר הָרָגִיל

exceptional adj יוֹצֵא מִן הַכְּלָל

exceptionally adv בְּאֹפֶן יוֹצֵא מִן הַכְּלָל

excerpt n קֶטַע, מוּבָאָה, גְּזוּר

excess n 1 עֹדֶף, יֶתֶר. 2 גֹּדֶשׁ, שֶׁפַע

excessive adv נִפְרָז, יָתֵר, רַב מִדַּי

excessively adv יָתֵר עַל הַמִּדָּה

exchange vt, n 1 הֶחֱלִיף, הֵמִיר. 2 הַחְלָפָה, חֲלִיפִין, חִלּוּף, תְּמוּרָה

exchangeable adj חָלִיף, בַּר־חִלּוּף

exchequer n 1 אוֹצָר. 2 הוֹן, כֶּסֶף

excise vt, n 1 כָּרַת, חָתַךְ. 2 מָחַק, קִצֵּץ. 3 הֵטִיל בְּלוֹ. 4 הֵטֶל, בְּלוֹ

excision n קִצּוּץ, קְטִיעָה, כְּרִיתָה, עֲקִירָה

excitability n רַגְשָׁנוּת, רְגִישׁוּת

excitable adj 1 רָגִישׁ, רַגְשָׁנִי. 2 עַצְבָּנִי

excite vt 1 גֵּרָה, עוֹרֵר, הֵנִיעַ. 2 הֵסִית, עִצְבֵּן, הִרְגִּיז

excitedly adv בְּהִתְרַגְּשׁוּת

excitement n הִתְרַגְּשׁוּת, שִׁלְהוּב, הִתְלַהֲבוּת

exciting adj מְעוֹרֵר, מְגָרֶה, מַלְהִיב

exclaim vti קָרָא, צָעַק

exclamation n קְרִיאָה, צְעָקָה

exclamation mark סִימַן קְרִיאָה(!)

exclamatory adj קוֹלָנִי, שֶׁל קְרִיאָה

exclude vt 1 הוֹצִיא, גֵּרֵשׁ. 2 אָסַר עַל, הוֹצִיא מִן הַכְּלָל

exclusion n 1 אִי הַכְלָלָה. 2 הוֹצָאָה מִן הַכְּלָל. 3 מְנִיעָה, גֵּרוּשׁ. 4 בִּדּוּל, סִלּוּק

exclusive adj בִּלְעָדִי, יִחוּדִי, לְבַדִּי, מְיֻחָד

exclusively adv בְּבִלְעָדִיּוּת, בְּיִחוּד

excommunicate vt הֶחֱרִים, נִדָּה

excommunication n חֵרֶם, נִדּוּי, הַחְרָמָה

excoriate vt 1 קִלֵּף, הִפְשִׁיט עוֹר, הֵסִיר עוֹר. 2 גִּנָּה, הִשְׁמִיץ

excrement n צוֹאָה, רְעִי, פֶּרֶשׁ, גְּלָלִים

excrescence n סַפַּחַת, יַבֶּלֶת, דִּלְדּוּל

excreta npl צוֹאָה, פֶּרֶשׁ

excretion n 1 הַפְרָשָׁה, הַפְלָטָה. 2 לֵחָה. 3 פֶּרֶשׁ, צוֹאָה

excruciating adj מְעַנֶּה, מַכְאִיב, מְיַסֵּר

excruciatingly adv 1 בְּיִסּוּרִים, בְּעִנּוּיִים. 2 מְאֹד

exculpate vt זִכָּה, הִצְדִּיק

exculpation n זִכּוּי, הַצְדָּקָה

excursion n טִיּוּל, סִיּוּר

excursionist n טַיָּל, תַּיָּר

excusable adj סָלִיחַ, מֻצְדָּק
excusably adv בְּאֹפֶן שֶׁאֶפְשָׁר לִסְלֹחַ
excuse vt, n 1 סָלַח, מָחַל. 2 פָּטַר, שִׁחְרֵר. 3 הִצְדִּיק. 4 סְלִיחָה, מְחִילָה. 5 פְּטוֹר, פִּטּוּר. 6 סִבָּה, תֵּרוּץ. 7 הִצְטַדְּקוּת, הִתְנַצְּלוּת. 8 הֶצְדֵּק, אֲמַתְלָה
execrable adj מְתֹעָב, נִתְעָב, מְשֻׁקָּץ, נִמְאָס
execrate vt תִּעֵב, קִלֵּל, שִׁקֵּץ
execration n תִּעוּב, שִׁקּוּץ, קְלָלָה
execute vt 1 בִּצַּע, עָשָׂה, קִיֵּם. 2 נִגֵּן, הִצִּיג. 3 נָתַן תֹּקֶף. 4 הוֹצִיא לְהוֹרֵג. 5 הוֹצִיא לְפֹעַל
execution n 1 בִּצּוּעַ, קִיּוּם. 2 נְגִינָה, הַצָּגָה. 3 הוֹצָאָה לְפֹעַל. 4 הוֹצָאָה לְהוֹרֵג
executioner n תַּלְיָן
executive adj, n 1 מִנְהָלִי, מְבַצֵּעַ. 2 מוֹצִיא לְפֹעַל. 3 מְנַהֵל. 4 מִנְהָלָה, וַעַד פּוֹעֵל
execcutive council וַעַד פּוֹעֵל
executor n אֶפִּיטְרוֹפּוֹס, מְבַצֵּעַ, נֶאֱמָן
executrix n אֶפִּיטְרוֹפְּסִית, מְבַצַּעַת, נֶאֱמֶנֶת
exegesis n פַּרְשָׁנוּת
exegetic adj פַּרְשָׁנִי
exemplary adj 1 מוֹפְתִי. 2 מַדְגִּים. 3 מְשַׁמֵּשׁ דֻּגְמָה
exemplify vt 1 הִדְגִּים. 2 בֵּאֵר, הֶעְתִּיק
exempt vt, adj 1 פִּטֵּר, פָּטַר, שִׁחְרֵר. 2 מְשֻׁחְרָר, פָּטוּר, חָפְשִׁי
exempt from פָּטוּר מִ־
exemption n פְּטוֹר, שִׁחְרוּר
exercise vit, n 1 אִמֵּן, תִּרְגֵּל, חִנֵּךְ. 2 נָהַג, הִפְגִּין. 3 הִפְעִיל, הִשְׁתַּמֵּשׁ. 4 בִּצַּע, עָמַל. 5 הִשְׁפִּיעַ, דָּאַג, חָרַד. 6 הִתְעַמֵּל, הִתְאַמֵּן. 7 אִמּוּן, תַּרְגִּיל, שִׁמּוּשׁ. 8 לֶקַח, שִׁעוּר. 9 הַפְעָלָה, הַנְהָגָה
exert vt 1 פָּעַל, הִשְׁתַּמֵּשׁ. 2 הִפְעִיל, הִתְאַמֵּץ
exertion n הַפְעָלָה, הִתְאַמְּצוּת, מַאֲמָץ, עָמָל
ex gratia adj לִפְנִים מִשּׁוּרַת הַדִּין
exhalation n 1 הִתְנַדְּפוּת, הִתְאַדּוּת. 2 נְשִׁיפָה, נְדִיפָה
exhale vti 1 נָשַׁף, נָדַף. 2 הִדִּיף, הִתְנַדֵּף. 3 הוֹצִיא, הֵפִיק
exhaust vt, n 1 הֵרִיק, רוֹקֵן. 2 הֶחֱלִישׁ, דִּלְדֵּל. 3 מִצָּה. 4 פְּלִיטָה, פֶּלֶט, מַפְלֵט, הַפְּלָטוּת
exhaust pipe צִנּוֹר פְּלִיטָה
exhausted adj 1 עָיֵף, נִלְאֶה. 2 רֵיק, אָכוּל
exhaustion n 1 חֻלְשׁוּת, לֵאוּת. 2 מִצּוּי, כִּלּוּי, הִתְכַּלּוּת. 3 הֲרָקָה
exhaustive adj 1 מְמַצֶּה, מַקִּיף. 2 מֵרִיק, מְכַלֶּה
exhaustively adv עַד הַסּוֹף, בְּאֹפֶן מְמַצֶּה
exhibit vt 1 הִצִּיג, הִפְגִּין. 2 גִּלָּה, הֶרְאָה, חָשַׂף
exhibition n 1 תְּצוּגָה, הַצָּגָה, תַּעֲרוּכָה. 2 גִּלּוּי, רַאֲוָה. 3 הַעֲנָקָה, הַקְצָבָה
exhibitionism n 1 רַאַוְתָנוּת, חַשְׂפָנוּת. 2 הִתְעַרְטְלוּת
exhibitionist n רַאַוְתָן, חַשְׂפָן
exhibitor n מַצִּיג
exhilarate vt שִׂמַּח, הִרְנִין, שִׁעֲשַׁע, בִּדַּח
exhilaration n 1 שִׂמְחָה, חֶדְוָה, עַלִּיזוּת. 2 הַרְנָנָה
exhort vt 1 הִפְצִיר. 2 הִטִּיף, דָּרַשׁ. 3 דִּרְבֵּן. 4 הוֹכִיחַ, יִסֵּר
exhortation n 1 הַפְצָרָה. 2 הַטָּפָה. 3 דִּרְבּוּן. 4 תּוֹכָחָה
exhumation n הוֹצָאָה מֵהַקֶּבֶר
exhume vt הוֹצִיא מֵהַקֶּבֶר
exigence/cy n דְּחִיפוּת, חֻמְרָה, צֹרֶךְ דָּחוּף
exile vt, n 1 הֶגְלָה, גֵּרֵשׁ. 2 גּוֹלָה, גָּלוּת, פִּזּוּר. 3 גּוֹלֶה. 4 הַגְלָיָה, גֵּרוּשׁ
exist vi 1 הָיָה, הִתְקַיֵּם. 2 חַי. 3 נִמְצָא
existence n 1 קִיּוּם, מְצִיאוּת. 2 מַמָּשׁוּת, תְּקוּמָה
existentialism n אֶקְסִיסְטֶנְצְיָאלִיזְם

existentialist n אֶקְסִיסְטֶנְצְיָאלִיסְט
exit vi, n 1 יָצָא, הִסְתַּלֵּק. 2 יְצִיאָה, מוֹצָא
exodus n 1 יְצִיאָה. 2 סֵפֶר שְׁמוֹת
ex officio בְּתֹקֶף הַתַּפְקִיד
exonerate vt זִכָּה, טִהֵר, נִקָּה
exoneration n זִכּוּי, טִהוּר, נִקּוּי
exorbitant adj מֻפְקָע, מֻפְרָז
exorbitantly adv בְּהַפְרָזָה, בְּהַגְדָּשָׁה
exorcism הוֹצָאַת דִּבּוּק
exorcize vt גֵּרֵשׁ דִּבּוּק
exotic adj אֶקְזוֹטִי
expand vti 1 הִרְחִיב, הֶאֱרִיךְ, מָתַח, פִּתַּח, פִּשֵּׁט. 2 הִתְרַחֵב, הִתְאָרֵךְ, הִתְמַתַּח, הִתְפַּשֵּׁט
expanse n מֶרְחָב, רָקִיעַ
expansion n 1 הַרְחָבָה, הִתְרַחֲבוּת, הִתְפַּשְּׁטוּת. 2 מִתּוּחַ, פִּתּוּחַ
expansive adj מַקִּיף, מָתִיחַ, מִתְמַתֵּחַ, נִרְחָב
expatiate vi הִרְחִיב הַדִּבּוּר
expatriate vt, adj, n 1 גֵּרֵשׁ, הֶגְלָה, שִׁלַּח. 2 גּוֹלֶה, מְגֹרָשׁ
expect vt 1 קִוָּה, צִפָּה, חִכָּה. 2 סָבַר, הִנִּיחַ
expectancy n תִּקְוָה, תּוֹחֶלֶת, צִפִּיָּה
expectant adj 1 מְצַפֶּה, מְחַכֶּה, מְיַחֵל, מְקַוֶּה. 2 מַמְתִּין. 3 בְּהֵרָיוֹן
expectantly adv בְּצִפִּיָּה
expectation n תּוֹחֶלֶת, תִּקְוָה, יִחוּל, סִכּוּי
expedience(cy) n 1 כְּדָאִיּוּת, תּוֹעַלְתִּיּוּת. 2 מַעֲשִׂיּוּת
expedient adj, n 1 הוֹלֵם, מַתְאִים, מוֹעִיל. 2 אֶמְצָעִי. 3 תַּחְבּוּלָה, תַּכְסִיס
expedite vt 1 מִהֵר, הֵחִישׁ, זֵרֵז, קִדֵּם. 2 שִׁלַּח, הוֹצִיא
expedition n 1 מַסָּע, מִשְׁלַחַת. 2 זְרִיזוּת, מְהִירוּת. 3 יְעִילוּת
expeditionary adj שֶׁל מִשְׁלַחַת, שֶׁל מִשְׁלוֹחַ
expeditious adj מָהִיר, זָרִיז
expeditiously adv בִּזְרִיזוּת, בִּמְהִירוּת
expel vt גֵּרֵשׁ, הִרְחִיק, הוֹצִיא
expend vt הוֹצִיא, כִּלָּה, בִּזְבֵּז
expendable adj 1 מִתְכַּלֶּה. 2 שֶׁאֶפְשָׁר בִּלְעָדָיו
expenditure n הוֹצָאָה (כסף)
expense n 1 מְחִיר, תַּשְׁלוּם, הוֹצָאָה. 2 חֶשְׁבּוֹן, שָׂכָר. 3 אֵשֶׁ״ל
expensive adj יָקָר
expensively adv בְּיֹקֶר
experience vt, n 1 הִתְנַסָּה, לָמַד, חָוָה חֲוָיָה. 2 נִסָּיוֹן. 3 הִתְנַסּוּת. 4 חֲוָיָה. 5 מִבְחָן, מְאֹרָע, בְּחִינָה
experienced adj מְנֻסֶּה, מְלֻמָּד, בַּעַל נִסָּיוֹן
experiment vi, n 1 נִסֵּין, עָרַךְ נִסְיוֹנוֹת. 2 נִסּוּי, נִסָּיוֹן, מִבְחָן
experimentation n עֲרִיכַת נִסּוּיִים
expert n, adj מֻמְחֶה, בָּקִי, יַדְעָן
expertly adv בְּמֻמְחִיּוּת, בִּבְקִיאוּת
expertise n מֻמְחִיּוּת
expertness n מֻמְחִיּוּת, בְּקִיאוּת
expiate vt כִּפֵּר, רִצָּה
expiation n כַּפָּרָה, רִצּוּי
expiration n 1 פְּקִיעָה, סוֹף, סִיּוּם, קֵץ, גְּמָר. 2 נְשִׁימָה אַחֲרוֹנָה
expire vi 1 פָּג, פָּקַע, הִסְתַּיֵּם. 2 דָּעַךְ. 3 מֵת, נָפַח נַפְשׁוֹ
expiry n סִיּוּם, פְּקִיעָה, תְּפוּגָה
explain vt בֵּאֵר, פֵּרֵשׁ, הִסְבִּיר, תֵּרֵץ
explanation n בֵּאוּר, פֵּרוּשׁ, הֶסְבֵּר, הַסְבָּרָה, הַבְהָרָה
explanatory adj מְבָאֵר, מַסְבִּיר, מַבְהִיר
expletive n 1 מַשְׁלִים, נוֹסָף. 2 הַבְהָרָה מַשְׁלִימָה. 3 קְלָלָה, מִלָּה גַּסָּה
explicable adj סָבִיר, מִתְבָּאֵר, שֶׁנִּתָּן לְבָאֲרוֹ
explicit adj בָּרוּר, מֻגְדָּר, מְפֹרָשׁ
explicitly adv בִּמְפֹרָשׁ
explode vti 1 פּוֹצֵץ, הָרַס, בִּטֵּל. 2 הִתְפּוֹצֵץ
exploit vt, n 1 נִצֵּל, הִשְׁתַּמֵּשׁ. 2 מַעֲלָל, עֲלִילָה, מַעֲשֵׂה גְבוּרָה
exploitation n נִצּוּל, הֲפָקַת תּוֹעֶלֶת
exploration n 1 חֲקִירָה, בְּדִיקָה, בְּחִינָה. 2 סִיּוּר, תִּיּוּר. 3 גִּשּׁוּשׁ

exploratory adj 1 חֲקִירָתִי. 2 סִיּוּרִי
explore vt 1 חָקַר, בָּדַק, בָּחַן. 2 סִיֵּר
explorer n 1 גַּשּׁוֹשׁ. 2 גַּשָּׁשׁ, סַיָּר. 3 חוֹקֵר
explosion n 1 הִתְפּוֹצְצוּת. 2 פִּצּוּץ. 3 הִתְפָּרְצוּת
explosive n, adj 1 חֹמֶר נֶפֶץ. 2 הֶגֶה פּוֹצֵץ (פ, ב). 3 מְרַסֵּק, עָלוּל לְהִתְפּוֹצֵץ
expo n תַּעֲרוּכָה, תְּצוּגָה
exponent n 1 מַסְבִּיר. 2 מְסַמֵּל, מְיַצֵּג. 3 נָצִיג. 4 מַעֲרִיךְ. 5 דּוֹגֵל
exponential adj מַעֲרִיכִי, מִתְקַדֵּם בְּטוּר גֵּיאוֹמֶטְרִי
export vt, n 1 יִצֵּא. 2 יְצוּא
exportation n יִצּוּא
exporter n יְצוּאָן, מְיַצֵּא
expose vt, n 1 חָשַׂף. 2 הוֹקִיעַ, גִּלָּה. 3 הִרְצָה, בֵּאֵר. 4 הֶעֱמִיד בְּאוֹר
exposition n 1 הֶצֵּג, תְּצוּגָה, תַּעֲרוּכָה. 2 הַרְצָאָה. 3 דְּרוּשׁ, הַצָּעָה
expostulate vi הוֹכִיחַ, נָזַף, מָחָא, מִחָה
expostulation n תּוֹכָחָה, טַעֲנָה, מְחָאָה, נְזִיפָה
exposure n 1 חֲשִׂיפָה, גִּלּוּי, הוֹקָעָה. 2 הַעֲמָדָה בְּאוֹר
expound vt הִבְהִיר, הִסְבִּיר, הִרְצָה, בֵּאֵר
express vt, adj, adv, n 1 בִּטֵּא, הִבִּיעַ. 2 גִּלָּה, הֶרְאָה. 3 הוֹצִיא בִּשְׁאִיבָה, סָחַט. 4 שָׁלַח בִּדְחִיפוּת. 5 בָּרוּר, מְפֹרָשׁ, מְפֹרָט. 6 מְדֻיָּק. 7 דָּחוּף, מָהִיר, אֶקְסְפְּרֶס
expression n 1 בִּטּוּי, נִיב. 2 הַבָּעָה, מַבָּע. 3 אֲרֶשֶׁת, סֵבֶר פָּנִים. 4 הַטְעָמָה, סְחִיטָה
expressive adj מַבִּיעַ, הַבָּעָתִי
expropriate n הִפְקִיעַ, שָׁלַל בַּעֲלוּת
expropriation n הַפְקָעָה, נִשּׁוּל
expulsion n גֵּרוּשׁ
expunge vt 1 מָחָה, מָחַק. 2 הִשְׁמִיד, הָרַס
expurgate vt טִהֵר, נִקָּה, נִכֵּשׁ
expurgation n טִהוּר, נִכּוּשׁ, נִקּוּי
exquisite adj 1 נִפְלָא, מְעֻדָּן, עָדִין, מְצֻיָּן. 2 נֶהְדָּר, יְפֵהפֶה
exquisitely adv בַּעֲדִינוּת, בְּצוּרָה נִפְלָאָה
exquisiteness n 1 קֶסֶם. 2 הִדּוּר, עֲדִינוּת
ex-serviceman n חַיָּל מְשֻׁחְרָר
extant adj קַיָּם, נִמְצָא, חַי וְקַיָּם
extempore adj, adv 1 מְאֻלְתָּר. 2 מִיָּד. 3 בְּאִלְתּוּר
extemporize vti אִלְתֵּר
extend vti 1 הִרְחִיב, מָתַח, שָׁטַח, הוֹשִׁיט, הִגְדִּיל. 2 הֶאֱרִיךְ, נִמְשַׁךְ, הֵפִיץ. 3 הִתְאָרֵךְ, הִתְרַחֵב, הִשְׂתָּרֵעַ
extension n 1 הַרְחָבָה, הַאֲרָכָה. 2 גִּדּוּל, הִתְפַּשְּׁטוּת. 3 שְׁלוּחָה. 4 אַרְכָּה. 5 רֶוַח, הֶקֵּף
extension table שֻׁלְחָן שָׁחִיל
extensive adj פָּשִׁיט, נִרְחָב, מַקִּיף, אֶקְסְטֶנְסִיבִי
extensively adv בְּהַרְחָבָה, בַּאֲרִיכוּת
extent n 1 שִׁעוּר, מִדָּה, הֶקֵּף, גֹּדֶל. 2 הַעֲרָכָה, שׁוּמָה
extenuate vt רִכֵּךְ, הִפְחִית, הֵקֵל
extenuation n הֲקַלָּה, רִכּוּךְ, הַפְחָתָה, הַקְטָנָה
exterior adj, n 1 חִיצוֹנִי. 2 חִיצוֹנִיּוּת
exterminate vt הִשְׁמִיד, כִּלָּה, הִכְחִיד
extermination n הַשְׁמָדָה, הַכְחָדָה, כִּלָּיוֹן
external adj חִיצוֹן, חִיצוֹנִי
externalization n הַחְצָנָה
externals n pl מַרְאֶה חִיצוֹנִי
externally adv חִיצוֹנִית, מִבַּחוּץ
extinct adj 1 נִכְחָד, כָּלוּי. 2 כָּבוּי. 3 בָּלֶה
extinction n 1 הַכְחָדָה, הַשְׁמָדָה, כִּלָּיוֹן, כְּלָיָה. 2 כִּבּוּי
extinguish vt 1 כִּבָּה, כִּלָּה. 2 אִבֵּד. 3 סִלֵּק חוֹב
extirpate vt כָּרַת, הִכְרִית, עָקַר, שֵׁרֵשׁ
extirpation n 1 כְּרִיתָה, עֲקִירָה. 2 הַכְחָדָה
extol vt הִלֵּל, רוֹמֵם, שִׁבַּח, קִלֵּס
extort vt סָחַט, עָשַׁק, חָמַס
extortion n סְחִיטָה, עשֶׁק, חָמָס
extortionate adj סַחְטָנִי, עוֹשֵׁק

extortionately adv בְּסַחְטָנוּת
extra adj, adv, n 1 נוֹסָף, מְיֻחָד. 2 בְּאֹפֶן מְיֻחָד. 3 שַׂחְקָן נִצָּב
extract vt, n 1 עָקַר, חִלֵּץ, הוֹצִיא. 2 הִסִּיק, מִצָּה. 3 הֵפִיק. 4 תַּמְצִית, מִיץ. 5 קֶטַע, מוּבָאָה. 6 צִיטָטָה
extraction n 1 עֲקִירָה, הוֹצָאָה, מִצּוּי. 2 מוֹצָא. 3 סְחִיטָה
extracurricular adj שֶׁמִּחוּץ לַתָּכְנִית הָרְגִילָה (לימודים)
extradite vt הִסְגִּיר
extradition n הַסְגָּרָה
extrajudicial adj שֶׁמִּחוּץ לְמִשְׁפָּט
extramarital adj 1 בְּנִאוּף. 2 מִחוּץ לַנִּשּׂוּאִין
extramural adj 1 שֶׁמִּחוּץ לַחוֹמָה. 2 שֶׁמִּחוּץ לְכָתְלֵי הַבִּנְיָן
extraneous adj חִיצוֹנִי, זָר
extraordinary adj נָדִיר, מְיֻחָד, יוֹצֵא מִן הַכְּלָל
extrasensory adj עַל־חוּשִׁי
extraterritorial adj אֶקְסְטֶרָטֶרִיטוֹרְיָאלִי, מִחוּץ לִתְחוּם הָרִבּוֹנוּת
extravagance n 1 בִּזְבּוּז, הַפְרָזָה, זָרוּת. 2 תִּמְהוֹנוּת, מוּזָרוּת
extravagant adj 1 מַפְרִיז, מַגְזִים. 2 תִּמְהוֹנִי
extreme n, adj, adv 1 אַחֲרוֹן. 2 קִיצוֹנִי, סוֹפִי. 3 קָצֶה
extremely adv מְאֹד
extremist n 1 קַנַּאי. 2 קִיצוֹנִי
extremity n 1 קָצֶה, גְּבוּל. 2 קִיצוֹנִיּוּת, מְבוּכָה. 3 צָרָה. 4 גַּפַּיִם
extricable adj בַּר־חִלּוּץ
extricate vt שִׁחְרֵר, חִלֵּץ, הִתִּיר, הִצִּיל
extrication n שִׁחְרוּר, חִלּוּץ, הַתָּרָה, הֵחָלְצוּת
extrinsic adj 1 חִיצוֹנִי, טָפֵל, לֹא־חִיּוּנִי. 2 נָכְרִי
extroversion n מֻחְצָנוּת
extrovert n מֻחְצָן
exuberance n שֶׁפַע, שִׂגְשׂוּג, שְׁפִיעָה
exuberant adj מְשֻׁפָּע, מְשַׂגְשֵׂג, שׁוֹפֵעַ, מָלֵא חַיִּים
exuberantly adv בְּשֶׁפַע, בְּעַלִּיזוּת
exude vti 1 הִזִּיעַ, הִטִּיף. 2 טִפְטֵף, נָטַף, בִּעְבַּע
exult vi עָלַז, עָלַץ, צָהַל, שָׂמַח, הִתְרוֹנֵן
exultant adj עַלִּיז, צוֹהֵל, שָׂמֵחַ
exultantly adv בַּעֲלִיצוּת
exultation n צָהֳלָה, עֲלִיצוּת, עַלִּיזוּת
eye vt, n 1 הִתְבּוֹנֵן, בָּחַן, הִבִּיט. 2 עַיִן. 3 רְאִיָּה, מַבָּט. 4 הַבָּעָה. 5 חָרִיר, קוֹף (מחט). 6 כִּוּוּן
eyeball n גַּלְגַּל הָעַיִן
eyebrow n גַּבָּה, גָּבִין
eye cover אֲפֵר
eyeful n 1 הֶרֶף עַיִן. 2מַבַּט עַיִן
eye-glasses n מִשְׁקָפַיִם
eyelash n רִיס (העין)
eyelet n 1 לוּלָאָה. 2 אִבְקָה. 3 סֶדֶק, חָרִיר
eyelid n עַפְעַף, שְׁמוּרַת הָעַיִן
eye-opener n פּוֹקֵחַ עֵינַיִם
eyesight n רְאִיָּה, רְאוּת
eyetooth n 1 שֵׁן כַּלְבִּית. 2 שֵׁן הָעַיִן
eyewitness n עֵד רְאִיָּה

F

F, f 1 אֶף, פ׳ הָאוֹת הַשִּׁשִּׁית בָּאָלֶף־בֵּית הָאַנְגְּלִי. 2 פָה (מוס.). 3 40

fa n פָה (מוס.)

Fabian n, adj פַבְּיָאנִי

fable n מָשָׁל, אַגָּדָה, מַעֲשִׂיָּה, בְּדָיָה

fabled adj בָּדוּי, אַגָּדִי

fabric n 1 אָרִיג, מַאֲרָג. 2 בִּנְיָן, מִבְנֶה. 3 טִיב. 4 מִסְגֶּרֶת

fabricate vt 1 בָּדָה, זִיֵּף, פִּבְרֵק. 2 בָּנָה, יָצַר, עָשָׂה. 3 הִרְכִּיב

fabrication n 1 בְּדוּתָה, כָּזָב, אַמְצָאָה. 2 יִצּוּר, הַרְכָּבָה, בְּנִיָּה

fabulous adj 1 אַגָּדִי, דִּמְיוֹנִי. 2 בָּדוּי, כּוֹזֵב

fabulously adv בְּאֹפֶן דִּמְיוֹנִי, בְּהַגְזָמָה

façade n חֲזִית, מַרְאֶה חִיצוֹנִי

face vt, n 1 עָמַד בִּפְנֵי־, עָמַד פָּנִים אֶל פָּנִים, הִתְנַגֵּד. 2 כִּסָּה, הִסְוָה, צִפָּה. 3 הִתְחַצֵּף, הִסְתּוֹבֵב, הִתְרִיס, הִשְׁתַּעֵר. 4 פָּנִים, פַּרְצוּף, קְלַסְתֵּר. 5 אֹפִי, עֹז, אֹמֶץ. 6 חֲזִית. 7 יֻקְרָה, שֵׁם־טוֹב, כָּבוֹד. 8 פָּן. 9 פֵּאָה

face-lift n 1 מְתִיחַת פָּנִים. 2 שִׁנּוּי מְרַעֲנֵן

face-saver n מַצִּיל יֻקְרָה

face-saving adj מַצִּיל כָּבוֹד

face value עֵרֶךְ נָקוּב

face up to vt עָמַד בְּאֹמֶץ בִּפְנֵי־, הִתְמוֹדֵד

facet n 1 צַד, פֵּאָה, מִגְבֶּלֶת. 2 שָׁלָב, בְּחִינָה, הֶבֵּט, אַסְפֶּקְט

facetious adj הִתּוּלִי, מְבַדֵּחַ, שָׁנוּן, עַלִּיז

facetiously adv בְּדֶרֶךְ הֲלָצָה

facetiousness n הִתּוּלִיּוּת

facile adj 1 נוֹחַ, קַל. 2 אָדִיב, וַתְּרָן, נָעִים. 3 מָהִיר, זָרִיז

facilitate vt הֵקֵל, קִדֵּם, עָזַר, סִיֵּעַ

facility n 1 הֲקַלָּה, נוֹחִיּוּת, קַלּוּת. 2 כִּשְׁרוֹן, מֻמְחִיּוּת, מְיֻמָּנוּת. 3 אֶפְשָׁרוּת, קְלִיחוּת, שְׁטִיפוּת. 4 מִבְנֶה, מִתְקָן, צִיּוּד

facing n, prep 1 שַׁרְווּלִית. 2 צִפּוּי, חֲזִית, כִּסּוּי. 3 פְּנִיָּה. 4 מוּל

facsimile n 1 הַעְתָּקָה. 2 פַקְסִימִילֶה, פַקְסִימִילְיָה

fact n 1 עֻבְדָּה, מַעֲשֶׂה. 2 מַמָּשׁוּת, וַדָּאוּת, מְצִיאוּת

faction n 1 סִיעָה, מִפְלָגָה, קְבוּצָה. 2 אֲגֻדָּה, חֶבְרָה. 3 רִיב, פִּלּוּג, חִלּוּקֵי דֵעוֹת

factious adj 1 פַּלְגָנִי, קַנְטְרָן, תַּכְכָנִי. 2 מִפְלַגְתִּי, סִיעָתִי

factitious adj מְזֻיָּף, מְעֻשֶּׂה, מְלָאכוּתִי

factor n 1 גּוֹרֵם. 2 עָמִיל, סַרְסוּר. 3 מְתַוֵּךְ, סוֹכֵן. 4 פַקְטוֹר (מתמטיקה). 5 נוֹכֵס

factoring n נְכִיסָה

factorize vt פֵּרֵק לְגוֹרְמִים

factory n בֵּית־חֲרֹשֶׁת, מִפְעָל

factotum n מְשָׁרֵת, שַׁמָּשׁ

factual adj עֻבְדָּתִי, מַמָּשִׁי

factually adv לְמַעֲשֶׂה, לְפִי הָעֻבְדּוֹת

faculty n 1 כֹּשֶׁר, כִּשְׁרוֹן, יְכֹלֶת. 2 מֻמְחִיּוּת, סַמְכוּת. 3 מַחְלָקָה, פָקוּלְטָה, חֶבֶר מוֹרִים

fad n 1 אָפְנָה חוֹלֶפֶת. 2 שִׁגָּיוֹן, שִׁגָּעוֹן

fade vi, vt 1 כָּהָה, דָּהָה, עָמַם, נָמוֹג, נֶעְלַם. 2 כָּמַשׁ, קָמַל, דָּעַךְ, תָּשַׁשׁ. 3 הִקְמִיל, הֶחֱלִישׁ. 4 הִדְהָה, הִכְהָה, עִמֵּם, הִדְעִיךְ

fade-in גְּאִיָּה

fade-out דְּעִיכָה

faeces (feces) npl צוֹאָה

fag vit, n — 1 עָבַד, יָגַע, עָמַל, הִתְעַיֵּף. 2 הֶעֱבִיד, שִׁעְבֵּד. 3 עֲבוֹדָה מְפָרֶכֶת, לֵאוּת. 4 תַּלְמִיד, שָׁרָת. 5 הוֹמוֹ

fag-end n — בָּדָל, קָצֶה, שְׁאֵרִית

fagot, faggot vt, n — 1 קָשַׁר, אִגֵּד, כָּרַךְ. 2 חֲבִילָה, אֲגֻדָּה, עֲרֵמָה, צְרוֹר. 3 קְצִיצָה

Fahrenheit n — פָרֶנְהַיְט

faience n — פַיַנְס, חַרְסִינָה עֲדִינָה

fail vit, n — 1 נִכְשַׁל, פָּשַׁט רֶגֶל, נִכְזַב. 2 אָזַל, אָפֵס, פָּקַע. 3 אָבַד, תָּשַׁשׁ. 4 הִכְזִיב, הִכְשִׁיל. 5 הִצְטַמְצֵם, דָּעַךְ, נֶחֱלַשׁ. 6 כִּשָּׁלוֹן, חֹסֶר, לִקּוּי, אַכְזָבָה

failing n prep — 1 חֻלְשָׁה, הֶחָלְשׁוּת. 2 לִקּוּי, חִסָּרוֹן, מַחְסוֹר, מִגְרַעַת, מוּם. 3 הִכָּשְׁלוּת. 4 בְּהֶעְדֵּר, אִם לֹא

failure n — 1 הַשְׁמָטָה, זִלְזוּל. 2 אִי־הַצְלָחָה, כִּשָּׁלוֹן, מַפָּלָה. 3 מַחְסוֹר, חֹסֶר. 4 פְּשִׁיטַת רֶגֶל

faint adj, vi, n — 1 הִתְעַלֵּף. 2 עָמַם, דָּהָה. 3 חַלָּשׁ, קָלוּשׁ, עָיֵף, מֵעִיק, מְדֻכָּא. 4 רַךְ־לֵבָב, פַּחְדָן. 5 הִתְעַלְּפוּת, עִלָּפוֹן

faint-hearted adj — פַּחְדָן, מוּג־לֵב

faintly adv — בְּחֻלְשָׁה

faintness n — 1 עִלָּפוֹן, הִתְעַלְּפוּת. 2 חֻלְשָׁה, רִפְיוֹן, לֵאוּת. 3 פַּחְדָנוּת

fair adj, adv, n — 1 יָפֶה, נֶחְמָד, נָאֶה, נָעִים. 2 הוֹגֵן, צוֹדֵק, כָּשֵׁר, יָשָׁר. 3 נוֹחַ. 4 בָּהִיר. 5 בְּנֹעַם, בַּהֲגִינוּת, בְּנִימוּס. 6 יָרִיד, שׁוּק, תַּעֲרוּכָה

fair and square — יָשָׁר וְלָעִנְיָן, הוֹגֵן

fair copy n — 1 הֶעְתֵּק נָקִי. 2 טְיוּטָה מְתֻקֶּנֶת

fairground n — מִגְרְשֵׁי יָרִיד, שֶׁטַח יָרִיד

fair play n — יַחַס הוֹגֵן, מִשְׂחָק הוֹגֵן

fairish adj — נָאֶה, טוֹב לְמַדַּי, נָאוֹת

fairly adv — 1 לְמַדַּי, כַּהֲלָכָה. 2 בְּצֶדֶק, בְּצוּרָה הוֹגֶנֶת

fairness n — 1 הֲגִינוּת, צֶדֶק, יֹשֶׁר. 2 חֵן, יֹפִי. 3 בְּהִירוּת

fair sex — הַמִּין הַנָּשִׁי

fairway n — 1 מַעֲבָר פָּתוּחַ. 2 מִדְשָׁאָה, מַסְלוּל קַל (גולף)

fair-weather friend — יְדִיד כְּשֶׁהַכֹּל בְּכִי טוֹב

fairy n — 1 פֵיָה. 2 הוֹמוֹסֶקְסוּאָל (גבר)

fairy godmother — מוֹשִׁיעַ בִּלְתִּי צָפוּי

fairyland n — אֶרֶץ הָאַגָּדוֹת

fairy tale — 1 מַעֲשִׂיָּה, אַגָּדָה. 2 בְּדוּתָה, כָּזָב

fait accompli — עֻבְדָּה מֻגְמֶרֶת

faith n — 1 אֱמוּנָה, דָּת. 2 מְהֵימָנוּת, נֶאֱמָנוּת, אֵמוּן. 3 בְּרִית, הַבְטָחָה

faithful adj — 1 מָסוּר, נֶאֱמָן. 2 מַאֲמִין, בּוֹטֵחַ. 3 מְדֻיָּק, אֲמִתִּי, כֵּן

faithfully adv — בֶּאֱמוּנָה, בְּנֶאֱמָנוּת

faithfulness n — 1 אֱמוּנָה, אֵמוּן. 2 נֶאֱמָנוּת

faithless pl — כּוֹפֵר, בּוֹגֵד, לֹא מַאֲמִין

fake vti, adj, n — 1 הֶעֱמִיד פָּנִים. 2 רִמָּה, גָּנַב, הוֹנָה. 3 זִיּוּף, תַּרְמִית, הוֹנָאָה. 4 מְזֻיָּף, זַיְּפָן. 5 מְזֻיָּף

fakir n — פָקִיר

falcon n — נֵץ, בַּז

fall vi, n — 1 נָפַל, צָנַח, יָרַד, שָׁקַע. 2 יָצָא, הִשְׁתַּפֵּךְ. 3 פָּחַת, דָּלַל. 4 קָרָה, הִתְרַחֵשׁ, חָל, הָיָה. 5 הִתְמוֹטֵט, מֵת. 6 נִכְשַׁל. 7 טָעָה, חָטָא. 8 נְפִילָה, יְרִידָה, נְשִׁירָה, שְׁקִיעָה. 9 מַפָּלָה, הֶרֶס, כְּנִיעָה. 10 תְּמוּתָה, מָוֶת. 11 מוֹרָד, שִׁפּוּעַ. 12 סְתָו, שַׁלֶּכֶת. 13 אָסִיף. 14 בּוֹר

fall away — 1 רָזָה. 2 נֶעְלַם, פָּג

fall back — נָסוֹג, נִרְתַּע

fall back on — הִסְתַּמֵּךְ עַל, נִשְׁעַן עַל

fall behind — פִּגֵּר

fall down on — נִכְשַׁל בַּמְּשִׂימָה

fall for vt — 1 הִתְאַהֵב. 2 הֻכְשַׁל עַל יְדֵי

fall guy — 1 פְּתִי מַאֲמִין, "פְרַיֶר". 2 שָׂעִיר לַעֲזָאזֵל

fall in — 1 הִתְמוֹטֵט. 2 הִסְתַּדֵּר בְּשׁוּרָה

fall in love הִתְאַהֵב
fall in with פָּגַשׁ בְּמִקְרֶה
fall off 1 נָשַׁר, הִסְתַּלֵּק, הִתְרַחֵק. 2 פָּחַת, הִתְמַעֵט
fall out 1 הִתְפַּזֵּר. 2 רָב, הִתְקוֹטֵט
fall out with הִתְקוֹטֵט עִם
fall short נִכְשַׁל, הֶחֱטִיא הַמַּטָּרָה
fall short of לֹא הִצְלִיחַ לְהַשִּׂיג
fall through נִכְשַׁל
fallacious adj 1 מַטְעֶה. 2 מְאַכְזֵב. 3 כּוֹזֵב. 4 מֻטְעֶה, מֻפְרָךְ
fallacy n תַּעְתּוּעַ, אַשְׁלָיָה, טָעוּת
fallen pp בינוני עבר של הפועל to fall
fallibility n אֶפְשָׁרוּת טְעִיָּה, נְטִיָּה לְטָעוּת
fallible adj בַּר הַטְעָיָה
falling star מֵטֵאוֹר
Fallopian tube צִנּוֹר הַשַּׁחֲלָה
fall-out n נְשֹׁרֶת (רדיואקטיבית)
fallow adj n 1 בּוּר, מוּבָר, לֹא מְעֻבָּד. 2 חוּם בָּהִיר. 3 כְּרַב
fallow deer יַחְמוּר
fallow field מוּבָר (שדה)
false adj 1 מְזֻיָּף, כּוֹזֵב, מַטְעֶה, שָׁוְא. 2 מְלָאכוּתִי
false teeth שִׁנַּיִם תּוֹתָבוֹת
falsehood n בְּדָיָה, שֶׁקֶר
falsely adv בְּמִרְמָה, בְּשֶׁקֶר
falseness n סִלּוּף, רַמָּאוּת, זִיּוּף
falsetto n פַּלְסֶט
falsify vt זִיֵּף, סִלֵּף, עִוֵּת, שִׁקֵּר
falsity n כָּזָב, מִרְמָה
falter vi 1 הִסֵּס, פִּקְפֵּק. 2 גִּמְגֵּם. 3 מָעַד
fame 1 פִּרְסוּם, פֻּמְבִּי. 2 תְּהִלָּה
famed adj מְפֻרְסָם, נוֹדָע
familiar adj, n 1 בָּקִי, מַכִּיר, יְדִידוּתִי, מֻכָּר, שָׁכִיחַ. 2 חָבֵר, יָדִיד, בֶּן בַּיִת
familiar with בָּקִי בְּ־, מִתְמַצֵּא בְּ־
familiarity n 1 קִרְבָה, קְרִיבוּת. 2 בְּקִיאוּת
familiarize vt סִגֵּל, חִנֵּךְ, הִרְגִּיל, קֵרֵב
familiarly adv 1 בִּידִידוּת. 2 כַּמְקֻבָּל
family n 1 מִשְׁפָּחָה. 2 סוּג, מִין, גֶּזַע, בַּיִת. 3 יַחַס, יִחוּס
family tree n אִילַן הַיִּחוּס, אִילַן יוּחֲסִין
famine n 1 רָעָב. 2 מַחְסוֹר
famished adj 1 רָעֵב. 2 מֻרְעָב
famous adj 1 מְפֻרְסָם, יָדוּעַ, דָּגוּל. 2 מְצֻיָּן, נִפְלָא
fan vt, n, vi 1 נוֹפֵף בִּמְנִיפָה. 2 אִוְרֵר, זָרָה, נָפַח. 3 נָשַׁף, נָשַׁב. 4 שִׁלְהֵב. 5 מְנִיפָה. 6 מְאַוְרֵר. 7 חָסִיד, חוֹבֵב, לָהוּט אַחֲרֵי, אוֹהֵד
fanatic n קַנַּאי, נִלְהָב
fanatical adj קַנַּאי מֻגְזָם, פָנָטִי
fanatically adv בְּקַנָּאוּת
fanaticism n קַנָּאוּת, אֲדִיקוּת, פָנָטִיּוּת
fancier n 1 מֻמְחֶה (לבעלי חיים). 2 שׁוֹגֶה בְּדִמְיוֹנוֹת
fanciful adj 1 דִּמְיוֹנִי, הוֹזֶה, מוּזָר. 2 לֹא מְצִיאוּתִי, לֹא הֶגְיוֹנִי
fancy n, adj, vt 1 דִּמָּה, שִׁעֵר, סָבַר, תֵּאֵר. 2 חִבֵּב, אָהַב. 3 גִּדֵּל (בעלי חיים). 4 דִּמְיוֹנִי. 5 קַפְּרִיזִי. 6 נֶחְמָד, מְהֻדָּר. 7 קִשּׁוּטִי. 8 דִּמְיוֹן, אַשְׁלָיָה. 9 טַעַם
fancy dress תַּחְפֹּשֶׂת
fancy free לְלֹא הַשְׁפָּעוֹת רִגְשִׁיּוֹת
fandango n פַנְדַנְגּוֹ
fanfare n תְּרוּעַת חֲצוֹצְרוֹת
fang n 1 שֵׁן, נִיב. 2 אֶרֶס
fan out vi הִתְפָּרֵס
fantasia n פַנְטַסְיָה
fantasize vit דִּמָּה, הָזָה
fantastic adj 1 דִּמְיוֹנִי, פַנְטַסְטִי. 2 מוּזָר, מְשֻׁנֶּה. 3 נִפְלָא
fantastically adv בְּאֹפֶן דִּמְיוֹנִי, מֻפְלָא
fantasy n 1 פַנְטַסְיָה, הֲזָיָה. 2 דִּמְיוֹן
far adj, adv 1 רָחוֹק, מְרֻחָק. 2 הַרְחֵק. 3 מְאֹד
far and away בְּמִדָּה רַבָּה
far and wide בְּכָל מָקוֹם
far-away adv מְרֻחָק

Far East הַמִּזְרָח הָרָחוֹק
far-fetched adj 1 בַּעַל קֶשֶׁר רוֹפֵף. 2 לֹא הֶגְיוֹנִי
far-flung adj נִרְחָב
far off 1 רָחוֹק. 2 מְפֻזָּר. 3 חוֹלְמָנִי
farce n 1 פַּרְסָה, גַּחְכִּית. 2 גִּחוּךְ
farcical adj 1 הִתּוּלִי, מְבַדֵּחַ. 2 מְגֻחָךְ
farcically adv בְּאֹרַח הִתּוּלִי
fare vi, n 1 הִתְרַחֵשׁ, קָרָה, אֵרַע. 2 חָוָה. 3 דְּמֵי נְסִיעָה. 4 מָזוֹן, אֹכֶל. 5 תַּפְרִיט
farewell n interj 1 פְּרִידָה, הִסְתַּלְּקוּת. 2 סוֹפִי. 3 שָׁלוֹם!
farm vti, n 1 חָכַר, עִבֵּד (אדמה). 2 הֶחְכִּיר. 3 חֲכִירוּת, הַחְכָּרָה. 4 חַוָּה, מֶשֶׁק, אֲחֻזָּה
farmer 1 אִכָּר, עוֹבֵד אֲדָמָה, חַקְלַאי
farm hand פּוֹעֵל חַקְלָאִי
farmhouse n בֵּית הַמֶּשֶׁק
farming n 1 אִכָּרוּת, חַקְלָאוּת. 2 הַחְכָּרָה. 3 חַקְלָאִי, אִכָּרִי
farm out הֶחְכִּיר
farmstead n מֶשֶׁק
farmyard n חֲצַר הַמֶּשֶׁק
farrago n עִרְבּוּבְיָה
far-reaching adj מַרְחִיק לֶכֶת
farrier n 1 פַּרְזְלָן. 2 רוֹפֵא בְּהֵמוֹת
farsighted adj 1 מַרְחִיק רְאוּת. 2 נָבוֹן, רוֹאֶה אֶת הַנּוֹלָד
fart vi, n 1 הִפְלִיץ, תָּקַע נוֹד. 2 נְפִיחָה, נוֹד
farther adv, adj 1 הָלְאָה, הַרְחֵק, עוֹד. 2 נוֹסָף
farthest adj רָחוֹק בְּיוֹתֵר
farthing n 1 רֶבַע פֶּנִי. 2 פְּרוּטָה
fascia (facia) n 1 רְצוּעָה, תַּחְבֹּשֶׁת, סֶרֶט. 2 מַחְתָּלָה, לְפָפָה. 3 לוּחַ מַחֲוָנִים
fascinate vt הִקְסִים, שָׁבָה
fascinating adj שׁוֹבֶה, מַקְסִים
fascinatingly adv בְּאֹפֶן מַקְסִים
fascination n קֶסֶם, מִקְסָם
fascism n פַשִׁיזְם
fascist n, adj פַשִׁיסְט
fashion vt, n 1 עִצֵּב, הִתְאִים, יָצַר. 2 אֹרַח, אָפְנָה, מִנְהָג. 3 סוּג, שִׁיטָה, צוּרָה. 4 אֹפֶן, דֶּרֶךְ
fashionable adj אָפְנָתִי
fashionably adv לְפִי הָאָפְנָה
fast vi, n 1 צָם, הִתְעַנָּה. 2 מָהִיר, מְמַהֵר, זָרִיז, פָּזִיז. 3 עָמִיד, קָבוּעַ, יַצִּיב. 4 נֶאֱמָן. 5 בִּמְהִירוּת. 6 צוֹם, תַּעֲנִית
fast and loose לְלֹא עִקְבִיּוּת, לְלֹא אֲמִינוּת
fasten vti 1 חִזֵּק, הִדֵּק, הִצְמִיד. 2 כִּפְתֵּר, רָכַס. 3 אָחַז, תָּפַס. 4 סָגַר, תָּקַע
fastener n 1 רֶכֶס. 2 רוֹכְסָן. 3 בִּירִית, חֶבֶק
fastening n 1 חִזּוּק, הִדּוּק, קְשִׁירָה. 2 רֶכֶס, קֶרֶס. 3 רוֹכְסָן
fastidious adj אִסְטְנִיס, אֲנִין־הַדַּעַת, בַּרְרָנִי
fastidiously adv בְּבַרְרָנוּת
fastidiousness n אִסְטְנִיסוּת, בַּרְרָנוּת
fastness n 1 מָעוֹז, מְצוּדָה, מִבְצָר. 2 עֲמִידוּת, יַצִּיבוּת. 3 מְהִירוּת, חִפָּזוֹן
fat n, adj 1 שֻׁמָּן, חֵלֶב, שֹׁמֶן. 2 שָׁמֵן, מְפֻטָּם, מְדֻשָּׁן, דָּשֵׁן. 3 עָשִׁיר
fatal adj 1 גּוֹרָלִי, פָטָלִי. 2 מֵבִיא כְּלָיָה, גּוֹרֵם מָוֶת
fatalism n גּוֹרָלִיּוּת, פָטָלִיּוּת
fatalist n פָטָלִיסְט
fatalistic adj פָטָלִיסְטִי
fatality n 1 מִקְרֵה מָוֶת. 2 גּוֹרָל, פָטָלִיּוּת
fate n 1 גּוֹרָל, מַזָּל. 2 גְּזֵרָה, מָנָה, חֵלֶק
fated adj גָּזוּר, קָצוּב, נִגְזָר
fateful adj גּוֹרָלִי, הָרֵה אָסוֹן
fatefully adv בְּיַד הַגּוֹרָל
father vt, n 1 הוֹלִיד. 2 אִמֵּץ. 3 הִמְצִיא, יִסֵּד. 4 יִחֵס. 5 אֱלֹהִים. 6 מַמְצִיא, מְיַסֵּד. 7 זָקֵן. 8 כֹּמֶר, רֹאשׁ מִנְזָר. 9 אָב, אַבָּא, מוֹלִיד
father figure דְּמוּת הָאָב
fatherhood n אַבְהוּת

father-in-law n חוֹתֵן, חָם

fatherland n אֶרֶץ, מוֹלֶדֶת, צוּר־מַחֲצַבְתּוֹ

fatherless adj יָתוֹם

fatherly adj אֲבָהִי

fathom vt, n 1 בָּדַק עֹמֶק. 2 חָקַר. 3 הֵבִין, הִשִּׂיג. 4 אַמָּה, פָּתוֹם

fathomless adj 1 עָמֹק מִדַּי. 2 סָתוּם

fatigue vti, n 1 עִיֵּף, הֶלְאָה, יָגַע, הוֹגִיעַ. 2 הִתְיַגֵּעַ, הִתְעַיֵּף. 3 עָמָל. 4 עֲיֵפוּת, לֵאוּת, יְגִיעָה

fatness n 1 שֹׁמֶן, שֻׁמָּן, דְּשֵׁנוּת. 2 שֶׁפַע, עֹשֶׁר, גֹּדֶשׁ

fatten vti 1 פִּטֵּם, דִּשֵּׁן, שָׁמַן. 2 הִשְׁמִין

fatty adj 1 שַׁמְנוּנִי, חֶלְבִּי, שָׁמֵן. 2 שְׁמַנְמַן

fatuity, fatuousness n טִמְטוּם, אֱוִילוּת, טִפְּשׁוּת

fatuous adj טִפְּשִׁי, אֱוִילִי, מְטֻמְטָם, רֵיקָא

fatuously adv בְּטִפְּשׁוּת

faucet n בֶּרֶז

fault vt, n 1 גִּנָּה, בִּקֵּר, מָצָא פְּגָם. 2 טָעוּת, שְׁגִיאָה, לִקּוּי, פְּגָם. 3 מוּם, דֹּפִי, פְּסוּל. 4 קִלְקוּל, תְּקָלָה. 5 אַשְׁמָה, עֲבֵרָה, חֵטְא. 6 שֶׁבֶר בַּקְּרָמוּת

fault-finding n. בַּקְּרָנוּת

faultily adv בְּטָעוּת, בְּאֹפֶן פָּגוּם

faultless adj לְלֹא פְּגָם, נָקִי, שָׁלֵם

faultlessly adv לְלֹא פְּגָם, בִּשְׁלֵמוּת

faulty adv פָּגוּם, לָקוּי, תָּקוּל

faun n פָּן, פָאוּנוּס

fauna npl עוֹלַם הַחַי, פָאוּנָה

faux pas (Fr) הִתְנַהֲגוּת מְבִיכָה

favo(u)r vt, n 1 רָצָה, חָנַן, תָּמַךְ. 2 נָטָה חֶסֶד, נָשָׂא פָּנִים. 3 הֶעְדִּיף, בִּכֵּר. 4 הִתְיַדֵּד. 5 טוֹבָה, חֶסֶד, חֵן

favo(u)rable adj 1 רָצוּי, מוֹעִיל, חִיּוּבִי. 2 נוֹחַ, יְדִידוּתִי

favo(u)rably adv בְּרָצוֹן, בְּעַיִן טוֹבָה

favo(u)red adj מְעֻדָּף, מְבֻכָּר

favo(u)rite n, adj 1 אָהוּב, מְבֻכָּר. 2 מְקֹרָב בְּיוֹתֵר. 3 בַּעַל הַסִּכּוּיִים לְנַצֵּחַ

favo(u)ritism n מַשּׂוֹא פָּנִים

fawn n עֹפֶר

fawn on vi הִתְרַפֵּס, הִתְחַנֵּף

fax n פַקְסִימִילְיָה

fealty n נֶאֱמָנוּת, מְהֵימָנוּת

fear vt, n 1 פָּחַד, חָשַׁשׁ, דָּאַג, חָרַד, יָרֵא. 2 פַּחַד, חֲשָׁשׁ

fearful adj 1 מַפְחִיד. 2 נוֹרָא, אָיֹם. 3 פּוֹחֵד, חוֹשֵׁשׁ, נֶחֱרָד. 4 מַטְרִיד

fearfully adv בְּפַחַד, בְּיִרְאָה

fearless adj נוֹעָז, אַמִּיץ־לֵב, עָשׂוּי לִבְלִי חָת

fearlessly adv בְּאֹמֶץ־לֵב, לִבְלִי חָת

fearlessness n אֹמֶץ־לֵב, הֶעָזָה

fearsome adj מַפְחִיד, מַבְעִית

feasibility n 1 סְבִירוּת. 2 אֶפְשָׁרוּת הַבִּצּוּעַ

feasible adj בַּר־בִּצּוּעַ

feast vti, n 1 סָעַד. 2 הִתְעַנֵּג, הִשְׁתַּעֲשַׁע. 3 חַג, חֲגִיגָה, מוֹעֵד. 4 סְעֻדָּה, מִשְׁתֶּה. 5 יוֹם טוֹב

feat n מַעֲלָל

feather vt, n 1 קִשֵּׁט בְּנוֹצוֹת, כִּסָּה בְּנוֹצוֹת. 2 הֵטָה מָשׁוֹט. 3 רִפְרֵף. 4 הִתְכַּסָּה בְּנוֹצוֹת. 5 נוֹצָה, צִיץ. 6 מַצַּב רוּחַ

feather bed מִזְרָן פּוּךְ

featherbrained adj שׁוֹטֶה, טִפֵּשׁ

featherweight n מִשְׁקַל נוֹצָה

feature vt, n 1 אִפְיֵן, צִיֵּן, יִצֵּג, שִׂרְטֵט. 2 הִבְלִיט. 3 אֹפִי, הוֹפָעָה. 4 חֵלֶק עִקָּרִי. 5 מִבְלָט. 6 פַּרְצוּף, קְלַסְתֵּר. 7 מָדוֹר, מַסֶּכֶת. 8 סֶרֶט קוֹלְנוֹעַ (באורך מלא)

featureless adj חֲסַר אֹפִי

febrile adj קַדַּחְתִּי, קַדַּחְתָּנִי

February n פֶבְּרוּאָר

feces (faeces) npl צוֹאָה

feckless adj 1 חַלָּשׁ. 2 לֹא־אַחֲרָאִי

fecund adj 1 פּוֹרֶה, מֵנִיב. 2 יַצְרָנִי

fecundate vt הִפְרָה, עִבֵּר

fecundity n פּוֹרִיּוּת, פִּרְיוֹן, פְּרִיָּה וּרְבִיָּה

fed זמן עבר ובינוני פעול של הפועל to feed
federal adj פֶּדֶרָלִי
federalism n פֶּדֶרָלִיּוּת
federalist n פֶּדֶרָלִיסְט
federate vti, adj 1 כָּרַת בְּרִית. 2 הִתְאַחֵד לְפֶדֶרַצְיָה. 3 בַּעַל בְּרִית
federation n הִתְאַחֲדוּת, בְּרִית, פֶּדֶרַצְיָה
fed up adj נִמְאָס, עָיֵף מִ־
fee n 1 תַּשְׁלוּם, שָׂכָר. 2 דְּמֵי כְּנִיסָה. 3 עֲמָלָה
feeble adj חַלָּשׁ, רָפֶה, תָּשׁוּשׁ
feeble-minded adj רְפֵה־שֵׂכֶל, מְפַגֵּר
feebly adv בְּרִפְיוֹן, בְּתְשִׁישׁוּת
feed vti, n 1 הֶאֱכִיל, הֵזִין, אָבַס. 2 סִפֵּק, פִּרְנֵס. 3 רָעָה. 4 הֶהֱנָה. 5 אָכַל, נִזּוֹן. 6 מָזוֹן, אֹכֶל, מַאֲכָל. 7 מִרְעֶה, מִסְפּוֹא. 8 אֲבִיסָה, הַאֲכָלָה. 9 הַסְפָּקָה
feed dogs שִׁנֵּי הַסָּעָה
feedback מָשׁוֹב, הֵזּוּן חוֹזֵר
feeder n 1 מַאֲכִיל, מֵזִין, מְפַטֵּם. 2 מָזוֹן, זָן. 3 זְרוֹעַ. 4 סָעִיף. 5 סִנָּר, סִנּוֹר
feel vti, n 1 הִרְגִּישׁ, מִשֵּׁשׁ, גִּשֵּׁשׁ. 2 חָשׁ. 3 יָדַע, הֵבִין, בָּחַן. 4 נִסָּה, טָעַם. 5 הַרְגָּשָׁה, רֶגֶשׁ, תְּחוּשָׁה
feel equal/up to הִרְגִּישׁ מֻכְשָׁר לְ־
feel for הִשְׁתַּתֵּף בְּצַעַר, הִזְדַּהָה עִם
feel one's way גִּשֵּׁשׁ
feel out מִשֵּׁשׁ אֶת הַדֹּפֶק
feeling adj, n 1 מַרְגִּישׁ, חָשׁ, רָגִישׁ, אוֹהֵד. 2 תְּחוּשָׁה, הַרְגָּשָׁה. 3 רְגִישׁוּת, עֲדִינוּת
feelingly adv בְּרֶגֶשׁ
feet (foot) npl רַגְלַיִם, כַּפּוֹת רַגְלַיִם
feign vt 1 הֶעֱמִיד פָּנִים. 2 בָּדָה, הִתְיַמֵּר
feint vi, n 1 הִתְחַפֵּשׂ, הִתְיַמֵּר, הֶעֱמִיד פָּנִים. 2 תַּחְבּוּלָה, הַטְעָיָה
felicitate vi 1 בֵּרֵךְ, אִחֵל. 2 שִׂמַּח
felicitation n אִחוּלִים, בְּרָכוֹת
felicitous adj 1 קוֹלֵעַ, מְעֻנָּג. 2 מַתְאִים, הוֹלֵם. 3 מֻצְלָח
felicity n 1 אֹשֶׁר, שִׂמְחָה. 2 הַצְלָחָה, בְּרָכָה
feline adj 1 חֲתוּלִי. 2 מִמִּשְׁפַּחַת הַחֲתוּלִים
fell vt, adj, n 1 זמן עבר של הפועל to fall. 2 הִפִּיל, קִצֵּץ, כָּרַת. 3 חָטַב, גָּזַר. 4 אַכְזָר, עָרִיץ, אָיֹם, תַּקִּיף. 5 עוֹר, גִּזָּה. הַר, גִּבְעָה
fellah n פַּלָּח, פֶּלָּח
fellow n 1 בַּרְנָשׁ, בֶּן־אָדָם. 2 חָבֵר, יָדִיד, רֵעַ. 3 בָּחוּר, צָעִיר. 4 יָחִיד, בּוֹגֵר
fellow citizen אֶזְרַח אוֹתָהּ מְדִינָה
fellow creature יְצוּר אֱנוֹשִׁי
fellow-feeling n אַהֲדָה
fellow-man 1 בֶּן־אָדָם, אִישׁ, חָבֵר. 2 זוּלַת
fellowship n 1 חֲבֵרוּת, רֵעוּת, אַחֲוָה. 2 מִלְגָּה, מַעֲנָק
fellow student חָבֵר לְלִמּוּדִים
fellow traveller 1 אוֹהֵד. 2 מִתְלַוֶּה
felon n פּוֹשֵׁעַ
felonious adj פְּלִילִי
felony n עָווֹן פְּלִילִי, פֶּשַׁע
felt vt, n זמן עבר של הפועל to feel. 2 לֶבֶד
female adj, n 1 נְקֵבִי, נָשִׁי. 2 אִשָּׁה, נְקֵבָה
feminine adj נָשִׁי, נְקֵבִי. 2 עָדִין, רַךְ, רָגִישׁ
femininity n נַשִׁיּוּת, נָשִׁיּוּת
femur n 1 יָרֵךְ. 2 עֶצֶם הַיָּרֵךְ
fen n בִּצָּה, רְקָק
fence vti, n 1 גִּדֵּר, בִּצֵּר, גָּדַר. 2 סִיֵּף. 3 הִתְחַמֵּק. 4 גָּדֵר, מְשׂוּכָה. 5 סוֹחֵר בַּחֲפָצִים גְּנוּבִים
fence-sitter n יוֹשֵׁב עַל הַגָּדֵר
fence-sitting n יְשִׁיבָה עַל הַגָּדֵר, הִסּוּס
fencing n 1 סִיּוּף. 2 מַעֲקֶה
fender n 1 כָּנָף, פָּגוֹשׁ. 2 הוֹדֵף. 3 לַזְבֵּז, חִכּוּךְ. 4 רְפִידָה, סוֹכֵךְ
fend for oneself טִפֵּל בְּעַצְמוֹ

fend off vt הָדַף
fennel n שֶׁמֶר
feral adj פֶּרֶא, בָּר
ferment vti, n 1 הִתְסִיס, הִרְתִּיחַ. 2 שִׁלְהֵב, הֵסִית. 3 תָּסַס. 4 רָתַח. 5 תָּסִיס, מַתְסִיס. 6 תְּסִיסָה, הִתְסָסָה. 7 שְׂאוֹר, שְׁמָרִים
fermentation n 1 תְּסִיסָה, הִתְסָסָה. 2 שִׁלְהוּב, הֲסָתָה
fern n שָׁרָךְ
ferocious adj אָיֹם, אַכְזָר, פִּרְאִי
ferociously adv בְּאַכְזְרִיּוּת
ferocity n אַכְזְרִיּוּת, פְּרָאוּת
ferret vi, n 1 בָּדַק, חִפֵּשׂ. 2 סַמּוּר
ferret about חִטֵּט
ferret out גִּלָּה, חָשַׂף
ferro-concrete n בֵּטוֹן מְזֻיָּן
ferrous adj בַּרְזִלִּי, קַט-בַּרְזֶל
ferrule n חָח, טַבַּעַת, כּוּבְעוֹן מַתֶּכֶת
ferry vti, n 1 הֶעֱבִיר בְּמַעְבֹּרֶת. 2 מַעְבֹּרֶת
ferry-boat n סְפִינַת מַעְבֹּרֶת
ferry-man n מַעְבּוֹרַאי
fertile adj פּוֹרֶה, מַפְרֶה, מֵנִיב
fertility n פּוֹרִיּוּת, פִּרְיוֹן, תְּנוּבָה
fertilize vt 1 הִפְרָה, הִבֵּר. 2 אִבֵּק, הִזְרִיעַ. 3 דִּשֵּׁן, זִבֵּל
fertilizer n 1 דֶּשֶׁן. 2 מַפְרֶה
ferule n מַקֵּל, מַטֶּה, שֵׁבֶט
fervency n 1 הִתְלַהֲבוּת, הִתְרַגְּשׁוּת. 2 קַנָּאוּת, לַהַט
fervent adj 1 נִלְהָב, נִרְגָּשׁ. 2 חַם, לוֹהֵט
fervently adv בְּקַנָּאוּת
fervo(u)r n לַהַט, דְּבֵקוּת, הִתְלַהֲבוּת
festal adj חֲגִיגִי
fester vi, n 1 מִגֵּל. 2 הֵצִיק. 3 הִרְקִיב. 4 כִּיב, מִגּוּל
festival n חַג, חֲגִיגָה, פֶסְטִיבָל
festive adj חֲגִיגִי
festively adv חֲגִיגִית
festivity n 1 חֲגִיגָה. 2 חֲגִיגִיּוּת
festoon vt, n 1 קִשֵּׁט בִּפְרָחִים. 2 נֵזֶר, עֲטָרָה, זֵר פְּרָחִים
fetch vt 1 הֵבִיא, הוֹצִיא. 2 הִקְסִים. 3 נִמְכַּר
fetch and carry עָשָׂה שְׁלִיחֻיּוֹת, הוֹבִיל הָלוֹךְ וָשׁוֹב
fetching adj מוֹשֵׁךְ לֵב, מַקְסִים
fête vt, n 1 כִּבֵּד, הוֹקִיר. 2 חֲגִיגָה, חַג. 3 סְעֻדָּה, מִשְׁתֶּה
fetid adj מַסְרִיחַ, מַבְאִישׁ
fetish n קָמֵיעַ, פֶּטִישׁ
fetter vt, n 1 כָּבַל, קָשַׁר, עָקַד. 2 אֲזִקִּים, כְּבָלִים. 3 כְּבִילָה, עִכּוּב
fettle n מַצָּב
feud vi, n 1 נָטַר אֵיבָה. 2 שִׂנְאָה, אֵיבָה. 3 גְּאֻלַּת דָּם
feudal adj פֵיאוֹדָלִי
feudalism n פֵיאוֹדָלִיזְם, פֵיאוֹדָלִיּוּת
feudatory adj, n צָמִית, אָרִיס, פֵיאוֹדָלִי
fever n 1 חֹם, קַדַּחַת. 2 הִתְרַגְּשׁוּת, תְּשׁוּקָה. 3 קַדַּחְתָּנוּת
feverish adj קַדַּחְתָּנִי
feverishly adv בְּקַדַּחְתָּנוּת
few adj, pron 1 קְצָת, מְעַט. 2 אֲחָדִים, סְפוּרִים
fewness n מְעַטִּים, מַחְסוֹר, צִמְצוּם
fey adj 1 גּוֹסֵס, גּוֹוֵעַ. 2 רוֹאֶה (עתידות)
fez n תַּרְבּוּשׁ
fiancé n אָרוּס
fiancée n אֲרוּסָה
fiasco n כִּשָּׁלוֹן, מַפָּלָה, מַפַּח נֶפֶשׁ
fiat n פְּקֻדָּה, גְּזֵרָה, צַו
fib vi, n 1 כִּזֵּב, בָּדָה. 2 שֶׁקֶר
fiber, fibre n 1 סִיב, לִיף. 2 אֹפִי, מֶרֶץ
fibreboard n לוּחַ סִיבִית
fibreglass n סִיבֵי זְכוּכִית
fibrous adj לִיפִי, סִיבִי
fiche n מִיקְרוֹפִישׁ
fickle adj הֲפַכְפַּךְ, קַל-דַּעַת
fickleness n הֲפַכְפְּכָנוּת, קַלּוּת-דַּעַת
fiction n 1 סִפֹּרֶת, בְּדַאי. 2 סִפּוּר בַּדִּים
fiddle vi, n 1 כִּנֵּר. 2 רִמָּה, הוֹנָה. 3 כִּנּוֹר. 4 רַמָּאוּת, הוֹנָאָה

Fiddlesticks! interj הֲבָלִים!
fiddler n כַּנָּר
fiddling n 1 נְגִינָה בְּכִנּוֹר. 2 הֲבָלִים, פָּעוּט
fidelity n 1 נֶאֱמָנוּת, יֹשֶׁר. 2 דִּיּוּק
fidget vit 1 עִצְבֵּן, הִרְגִּיז, הִכְעִיס. 2 קִרְטַע. 3 הִתְעַצְבֵּן
fidgets npl 1 עַצְבָּנוּת. 2 קִרְטוּעַ
fidgety adj 1 עַצְבָּנִי, מְעַצְבֵּן. 2 קַרְטְעָן
Fie! interj פוּי!, בּוּז!
fief n אֲחֻזָּה פֵיאוֹדָלִית
field vt, n 1 עָצַר. 2 הִרְכִּיב (צוות). 3 שָׂדֶה, אָחוּ, חֶלְקָה. 4 מִגְרַשׁ סְפּוֹרְט. 5 שֶׁטַח, תְּחוּם. 6 זִירָה. 7 מִרְבָּץ
field day 1 יוֹם סְפּוֹרְט, יוֹם תַּחֲרֻיּוֹת. 2 יוֹם שָׂדֶה
field glasses מִשְׁקֶפֶת
Field Marshal פֶּלְדְמַרְשַׁל
field hospital בֵּית חוֹלִים קְרָבִי
fieldwork n הִתְחַפְּרוּת, בִּצּוּרֵי שָׂדֶה
fiend n 1 שֵׁד, שָׂטָן, רוּחַ. 2 אַכְזָר, רָשָׁע
fiendish adj 1 שְׂטָנִי. 2 אַכְזָרִי, זְדוֹנִי
fiendishly adv שְׂטָנִית, בְּרִשְׁעוּת
fierce adj 1 אַכְזָרִי. 2 פִּרְאִי, פְּרָאִי, עַז
fiercely adv 1 בִּפְרָאוּת. 2 בְּאַכְזְרִיּוּת
fierceness n אַכְזְרִיּוּת, פְּרָאוּת
fieriness n n 1 הִתְלַהֲבוּת. 2 לַהַט. 3 חֹם
fiery adj 1 לוֹהֵט, נִלְהָב, לָהוּט, בּוֹעֵר. 2 קַנָּאִי
fife n חָלִיל
fifteen n, adj 1 חֲמִשָּׁה עָשָׂר. 2 חֲמֵשׁ עֶשְׂרֵה, 15
fifteenth n, adj 1 הַחֲמִשָּׁה עָשָׂר. 2 הַחֲמֵשׁ עֶשְׂרֵה. 3 1/15
fifth n, adj 1 חֲמִישִׁי. 2 חֲמִישִׁית. 3 קְוִינְטָה
fifth column גַּיִס חֲמִישִׁי
fiftieth n, adj הַחֲמִשִּׁים, 1/50
fifty adj, n חֲמִשִּׁים
fifty-fifty שָׁוֶה בְּשָׁוֶה, חֵצִי־חֵצִי
fig n תְּאֵנָה
fig-tree n תְּאֵנָה (עץ)
fig-leaf n עֲלֵה תְּאֵנָה
fight vit, n 1 לָחַם, נִלְחַם. 2 נֶאֱבַק. 3 קְרָב, לְחִימָה, מַאֲבָק. 4 רִיב, מָדוֹן. 5 מִלְחָמָה, מַעֲרָכָה
fight down 1 דִּכֵּא. 2 הִתְגַּבֵּר עַל
fight off הָדַף
fight one's way פִּלֵּס דֶּרֶךְ לְעַצְמוֹ
fight shy of הִתְרַחֵק מִן
fighter n 1 לוֹחֵם. 2 מְטוֹס קְרָב
fighting n, adj 1 מִלְחָמָה, קְרָב. 2 מַעֲרָכָה, לְחִימָה, הֵאָבְקוּת. 3 קְרָבִי
fighting chance סִכּוּי הַצְלָחָה (קלוש אך מעשי)
figment n בְּדוּתָה, סִפּוּר בַּדִּים, הַמְצָאָה, בְּדָיָה
figurative adj 1 צִיּוּרִי, סִמְלִי, עִטּוּרִי. 2 מְלִיצִי, מֻשְׁאָל
figuratively adv בְּהַשְׁאָלָה, צִיּוּרִית
figure vit, n 1 תֵּאֵר, דִּמָּה, שִׁוָּה. 2 יִצֵּג, סִמֵּל, קִשֵּׁט. 3 חִשֵּׁב, חִשְׁבֵּן, אָמַד. 4 סִפְרָה, מִסְפָּר, כַּמּוּת. 5 צוּרָה, גִּזְרָה. 6 דְּמוּת, גּוּף. 7 יְצִיר. 8 מְחִיר, עֵרֶךְ
figurehead n 1 צֶלֶם, דְּמוּת. 2 מַנְהִיג בְּתַפְקִיד סִמְלִי
figure of speech בִּטּוּי מְלִיצִי
figure out 1 הִסִּיק, הֵבִין. 2 חִשֵּׁב, חִשְׁבֵּן
filament n 1 חוּט. 2 נִימָה, זִיר
filbert n אִלְסָר
filch vt גָּרַר, "סָחַב"
file vti, n 1 סִוֵּג, תִּעֵד, תִּיֵּק. 2 שִׁיֵּף, פָּצַר, שָׁף, הֶחֱלִיק. 3 עָבַר בְּשׁוּרָה. 4 תִּיק, סוֹדְרָן, כּוֹרְכָן. 5 טוּר. 6 פְּצִירָה, שׁוֹפִין. 7 קֹבֶץ מַחְשֵׁב
filial adj 1 שֶׁל בֵּן. 2 שֶׁל בַּת
filial relation בָּנִיּוּת
filibuster vi, n 1 נָהַג בְּפִילִיבַּסְטֶר, עִכֵּב. 2 פִילִיבַּסְטֶר. 3 שׁוֹדֵד יָם
filigree n פִילִיגְרָן

filing n תִּיּוּק, תִּעוּד

filings npl גְּרֹדֶת, נְשֹׁפֶת

fill vti, n 1 מִלֵּא. 2 מָזַג, הִשְׂבִּיעַ. 3 סִפֵּק, הֶעֱסִיק. 4 סָתַם (שן). 5 מִלּוּי, מְלוֹא. 6 שֹׂבַע

fill in 1 מִלֵּא (טופס). 2 הִשְׁלִים, גָּמַר. 3 מִלֵּא מָקוֹם

fill-in מְמַלֵּא מָקוֹם

fill out הִרְחִיב, הִתְרַחֵב

fill up 1 סָתַם, מִלֵּא. 2 הִתְמַלֵּא

filled (candy) מְלִיָּה

filler n קֶטַע מִלּוּאִים (טלויזיה)

fillet vt, n 1 קִשֵּׁט בְּסֶרֶט. 2 קָשַׁר בְּשָׁבִיס. 3 קִצֵּץ אוֹ הֵכִין פִילֶה, קָרָם. 4 שָׁבִיס. 5 סֶרֶט. 6 פִילֶה. 7 מֹתֶן

fillet sirloin עֲנִיבָה (בשר)

filling n 1 סְתִימָה (שן). 2 מִלּוּי, מְלִית

fillip n 1 סְנוֹקֶרֶת. 2 תַּמְרִיץ, עִדּוּד

filly n סְיָחָה

film vti, n 1 הִסְרִיט. 2 נִקְרַם. 3 סֶרֶט. 4 קְרוּם, דֹּק

film star כּוֹכַב קוֹלְנוֹעַ

film over נֶאֱפַל, נִקְרַם

filmable adj נִתָּן לְהַסְרִיט

filmy adj 1 קְרוּמִי. 2 מְעֻרְפָּל

filter vti, n 1 סִנֵּן, טִהֵר. 2 הִסְתַּנֵּן. 3 מְסַנֵּן, מַסְנֵן, מִסְנֶנֶת, מַסְנֶנֶת

filth n לִכְלוּךְ, טִנֹּפֶת, זֻהֲמָה, טֻמְאָה

filthiness n טֻמְאָה

filthy adj טָמֵא, מְטֻנָּף, מְלֻכְלָךְ

filtrate vti n 1 סִנֵּן, זִכֵּךְ, שִׁמֵּר. 2 תַּסְנִין

filtration n סִנּוּן, זִכּוּךְ

fin n 1 סְנַפִּיר. 2 יָד, זְרוֹעַ

final adj 1 סוֹפִי, אַחֲרוֹן. 2 מַכְרִיעַ, מֻחְלָט. 3 תַּכְלִיתִי

finale n 1 נְעִילָה, חֲתִימָה. 2 סִיּוּם

finalist n 1 מְסַיֵּם. 2 מִשְׁתַּתֵּף בְּשָׁלָב הַגְּמָר

finality n 1 סוֹפִיּוּת, הֶחְלֵטִיּוּת. 2 תַּכְלִיתִיּוּת, יַעַד

finalize vt סִכֵּם, סִיֵּם, הִשְׁלִים

finally adv לְבַסּוֹף, סוֹפִית

finance vt, n 1 מִמֵּן. 2 מִמּוּן, מָמוֹן. 3 אוֹצָר, כְּסָפִים

financial adj כַּסְפִּי, פִינַנְסִי

financially adv כַּסְפִּית, מִבְּחִינָה כַּסְפִּית

financier n 1 בַּעַל הוֹן, אִישׁ כְּסָפִים, מְמַמֵּן. 2 מָמוֹנַאי

financing n מִמּוּן

finch n פְּרוּשׁ (ציפור)

find vt, n 1 מָצָא, גִּלָּה. 2 בֵּרֵר, חָשַׁב. 3 פָּגַשׁ, נִתְקַל בְּ־. 4 הִשִּׂיג. 5 הֶחְלִיט וְהִכְרִיז, שָׁפַט. 6 מְצִיאָה. 7 תַּגְלִית

finding n 1 מְצִיאָה, אַמְצָאָה, מִמְצָא. 2 תַּגְלִית. 3 פְּסַק דִּין, גְּזַר־דִּין. 4 מַסְקָנָה

find out vt גִּלָּה

fine vt, adj, adv, n 1 צֵרֵף, זִכֵּךְ, טִהֵר. 2 קָנַס, עָנַשׁ. 3 מְצֻיָּן, מְעֻלֶּה, מְשֻׁבָּח, מֻבְחָר. 4 מְהֻדָּר, נָאֶה, מְצֻחְצָח. 5 עָדִין, רַךְ, עָנֹג. 6 דַּק, דַּקִּיק, חַד. 7 חָרִיף, בַּרְרָן. 8 קְנָס, עֹנֶשׁ. 9 מַס

fine cloth מַלְמָלָה

finely adv 1 בִּשְׁלֵמוּת. 2 יָפֶה, נָאֶה

fineness n עֲדִינוּת, דַּקּוּת, טֹהַר

finery n קִשּׁוּט, הִדּוּר

finesse n 1 עֲדִינוּת, דַּקּוּת. 2 טֹהַר, זֹךְ

finger vt, n 1 מִשֵּׁשׁ. 2 אִצְבַּע. 3 אֶצְבַּע

fingerboard n 1 שְׁחִיף. 2 מִקְלֶדֶת. 3 לוּחַ מְנַעַנְעִים

finger bowl אַנְטָל

fingernails n צִפָּרְנַיִם (של הידיים)

finger plate חֲפִית

fingerprint n טְבִיעַת אֶצְבָּעוֹת

finger stop עֶצֶר

finger tip קְצֵה הָאֶצְבַּע

finical, finicky adj מְפֻנָּק, אִסְטְנִיס

finis n סוֹף (של ספר)

finish vti, n 1 גָּמַר, סִיֵּם, הִשְׁלִים. 2 הִסְתַּיֵּם. 3 סִיּוּם, סוֹף. 4 גִּמּוּר

finish off 1 חִסֵּל, גָּמַר. 2 סִיֵּם
finish up 1 סִיֵּם, הִשְׁלִים. 2 הִסְתַּיֵּם בְּ־
finishing blow מַכָּה נִצַּחַת
finishing school בֵּית סֵפֶר מַשְׁלִים
finite adj 1 מֻגְדָּר, מְפֹרָשׁ, מֻגְבָּל. 2 סוֹפִי
Finn n פִינִי
Finnish adj, n 1 פִינִי. 2 פִינִית
fir n אַשׁוּחַ
fir-cone n אִצְטְרֻבָּל
fire vti, n 1 הִצִּית, הִדְלִיק, שָׂרַף. 2 שִׁלְהֵב, הִלְהִיב, הֵסִית. 3 יָרָה. 4 פִּטֵּר, סִלֵּק. 5 נִשְׂרַף, יָקַד. 6 אֵשׁ לֶהָבָה. 7 בְּעֵרָה, דְּלֵקָה, שְׂרֵפָה. 8 מְדוּרָה. 9 הִתְלַהֲבוּת, עֵרָנוּת. 10 יְרִיָּה. 11 קַדַּחַת, דַּלֶּקֶת
fire-arm n נֶשֶׁק קַל, נֶשֶׁק חַם
fire bars שְׁבָכַת שְׁפִיתָה
firebrand n אוּד, גַּחֶלֶת
fire brigade מְכַבֵּי אֵשׁ
fire-bug n 1 מַבְעִיר. 2 מַצִּית
fire drill n תַּרְגִּיל חֵרוּם לְמִקְרֵה שְׂרֵפָה
fire engine מְכוֹנַת כִּבּוּי
fire escape יְצִיאַת חֵרוּם
fire extinguisher מַטְפֶּה
fireman n כַּבַּאי, מְכַבֵּה אֵשׁ
fireplace n אָח, מוֹקֵד
fireproof adj חֲסִין אֵשׁ
fire-raising n הַצָּתָה
fireside n 1 סְבִיבוֹת הָאָח. 2 בֵּיתִיּוּת, נוֹחוּת
firewood n עֲצֵי הַסָּקָה
fireworks npl זִקּוּקִין־דִּי־נוּר
firing squad כִּתַּת יוֹרִים
firm vti, adj, adv, n 1 עָשָׂה לְמוּצָק, מִצֵּק. 2 קָשֶׁה, מוּצָק, יַצִּיב, חָזָק, אֵיתָן. 3 תַּקִּיף. 4 בֵּית מִסְחָר, פִירְמָה
firmly adv בְּחָזְקָה, בְּתַקִּיפוּת
firmness n תַּקִּיפוּת, חֹזֶק, קְבִיעוּת
first adj, adv, n 1 רִאשׁוֹן, עִקָּרִי, יְסוֹדִי. 2 בְּרֵאשִׁית, בַּתְּחִלָּה. 3 רֵאשִׁית, תְּחִלָּה, מֵיטָב. 4 מְעֻלֶּה, מִצְטַיֵּן
first aid עֶזְרָה רִאשׁוֹנָה
firstborn n, adj בְּכוֹר
first-class adj, n 1 מִמַּדְרֵגָה רִאשׁוֹנָה. 2 מְצֻיָּן, בְּכִי־טוֹב. 3 מַחְלָקָה רִאשׁוֹנָה
firsthand adj, adv מִכְּלִי רִאשׁוֹן, מִמָּקוֹר רִאשׁוֹן
firstly adv רֵאשִׁית, קֹדֶם כֹּל
first mate חוֹבֵל רִאשׁוֹן
first person גּוּף רִאשׁוֹן
first-rate adj מִמַּדְרֵגָה רִאשׁוֹנָה
firth n שֶׁפֶךְ נָהָר
fiscal adj 1 כַּסְפִּי. 2 שֶׁל אוֹצַר הַמְּדִינָה, פִיסְקָלִי
fish vti, n 1 דָּג, צָד, מָשָׁה. 2 דָּג, דָּגָה
fish dish נוּנִית
fisherman n דַּיָּג
fishery n דַּיִג, מִדְגֶּה
fishing n 1 דַּיִג, דִּיּוּג. 2 שְׂדֵה דַּיִג
fishhook n חַכָּה
fishing rod חַכָּה
fishing tackle צִיּוּד דַּיִג
fishmonger n מוֹכֵר דָּגִים
fishplate n מַטְלַת חִבּוּר
fishpond n בְּרֵכַת דָּגִים
fishwife n 1 מוֹכֶרֶת דָּגִים. 2 אֵשֶׁת מְדָנִים
fissile adj בָּקִיעַ, סָדִיק
fission n בְּקִיעָה, סִדּוּק, פִּצּוּחַ
fissionable adj בָּקִיעַ, פָּצִיחַ, סָדִיק
fissiparous adj מִתְפַּלֵּג
fissure vti, n 1 סִדֵּק, שִׁסַּע, בָּקַע, בִּקַּע. 2 נִסְדַּק. 3 הִתְפַּלֵּג, הִתְפָּרֵד. 4 בְּקִיעַ, סֶדֶק, חָרִיץ, שֶׁסַע
fist n אֶגְרוֹף
fisticuffs npl אִגְרוּף, הִתְאַגְרְפוּת
fit vti, adj 1 הִתְאִים, הִכְשִׁיר, סִגֵּל. 2 תָּאַם, הָלַם. 3 קָבַע, הִתְקִין. 4 סִפֵּק. 5 מַתְאִים, הוֹלֵם. 6 קוֹלֵעַ, כָּשִׁיר. 7 רָאוּי, מוּכָן, כְּדַאי. 8 כָּשֵׁר.

9 הַתְאָמָה, הֲלִימָה. 10 הֶתְקֵף, שָׁבָץ. 11 עֲוִית, בֻּלְמוּס

fit in 1 קָבַע, הִתְאִים. 2 הִשְׁתַּלֵּב

fit out/up הִכְשִׁיר, הִתְקִין

fitful adj 1 לְסֵרוּגִין, הֲפַכְפְּכָנִי. 2 קַפְּרִיזִי

fitfully adv לְמִקְטָעִים, לִמְקֻטָּעִין

fitly adv כָּרָאוּי

fitness n 1 כַּשִּׁירוּת, הַתְאָמָה. 2 כֹּשֶׁר

fitting adj, n 1 הוֹלֵם, מַתְאִים, רָאוּי. 2 מְדִידָה. 3 הֶתְקֵן

five n, adj 1 חֲמִשָּׁה. 2 חָמֵשׁ, 5. 3 חֲמִישִׁיָּה

fivefold adj 1 פִּי חֲמִישָּׁה. 2 מְחֻמָּשׁ

fivepence n חֲמִשָּׁה פֶּנִים (סכום כסף)

fiver n 1 חֲמִישִׁיָּה. 2 שְׁטָר שֶׁל 5 לִירוֹת שְׁטֶרְלִינְג

fives n 1 חֲמִישִׁיּוֹת. 2 מִשְׂחַק קֻבִּיּוֹת

fix vti, n 1 תִּקֵּן, חִזֵּק, חִבֵּר, סִדֵּר, קָבַע, רִתֵּק. 2 הֵכִין. 3 מְבוּכָה, מֵצַר. 4 זְרִיקַת סַמִּים

fixation n קְבִיעָה, קִבָּעוֹן

fixed adj קָבוּעַ, קָצוּב, יַצִּיב

fixedly adv בִּקְבִיעוּת, לְלֹא הַרְפָּיָה

fix up קָבַע, סִדֵּר, תִּקֵּן

fixture n אַבְזָר מְתֻקָּן

fixtures npl קְבוּעוֹת

fizz n קוֹל תּוֹסֵס

fizzle vi תָּסַס

fizzle out נִכְשַׁל

fizzy adj תּוֹסֵס, מְבַעְבֵּעַ

flabbergast vt הִדְהִים, הִפְתִּיעַ

flabbiness n חֻלְשָׁה, רִפְיוֹן

flabby adj חַלָּשׁ, רָפֶה

flaccid adj רָפֶה, חַלָּשׁ

flaccidity n רִפְיוֹן, רַכּוּת, חֻלְשָׁה

flag vti, n 1 אוֹתֵת (בדגלים). 2 עָיֵף, תָּשַׁשׁ, נָבַל, כָּמַשׁ, דָּעַךְ. 3 דֶּגֶל, נֵס. 4 אֶבֶן מַרְצֶפֶת. 5 כּוֹתֶרֶת

flag-down vt אוֹתֵת (בדגל)

flagellant n מַצְלִיף, מַלְקֶה

flagellate vt הִלְקָה, הִצְלִיף

flagellation n הַצְלָפָה, הַלְקָאָה

flageolet n חֲלִילוֹן, חֲלִילִית

flag officer קְצִין דֶּגֶל, אַדְמִירָל

flagon n צִנְצֶנֶת, בַּקְבּוּק, קַנְקַן

flagpole, flagstaff n 1 תֹּרֶן. 2 מוֹט הַדֶּגֶל

flagrance(cy) n פַּרְהֶסְיָה, שַׁעֲרוּרִיָּה

flagrant adj שַׁעֲרוּרִיָּתִי, מֵבִישׁ, מַחְפִּיר

flagship n אֳנִיַּת הַדֶּגֶל

flail n 1 הִצְלִיף, חָבַט. 2 מַחְבֵּט

flair n 1 חוּשׁ הָרֵיחַ. 2 כִּשְׁרוֹן, יְכֹלֶת

flak n 1 אֵשׁ נֶגֶד־מְטוֹסִים. 2 בִּקֹּרֶת חֲרִיפָה, גְּעָרָה

flake n 1 רְסִיס, פְּתִית, פַּת. 2 פֵּרוּר, אָנִיץ

flakiness n פְּתִיתִיּוּת, קַשְׂקַשִּׂיּוּת

flaky adj פְּתִיתִי, קַשְׂקַשִּׂי, עַלְעָלִי

flamboyance n 1 רַעַשְׁנוּת, צַעֲקָנוּת. 2 זֹהַר, סַסְגּוֹנִיּוּת

flamboyant adj 1 זוֹהֵר, נוֹצֵץ, סַסְגּוֹנִי. 2 רַאַוְתָנִי, צַעֲקָנִי

flamboyantly adv בְּרַאַוְתָנוּת

flame vi, n 1 הִשְׁתַּלְהֵב, הִתְלַקַּח. 2 אֵשׁ, לֶהָבָה, שַׁלְהֶבֶת. 3 הִתְלַהֲבוּת, הִתְרַגְּשׁוּת. 4 אַהֲבָה. 5 אֲהוּבָה

flaming adj 1 בּוֹעֵר, מִתְלַקֵּחַ. 2 מַבְהִיק, לוֹהֵט

flamingo n שְׁקִיטָן

flammable n דָּלִיק, לָהִיב, לָקִיחַ

flan n חֲמִיטָה, עוּגַת פֵּרוֹת

flange n אֹגֶן, שָׂפָה

flank vt, n 1 אִגֵּף. 2 כֶּסֶל, אֶטֶם. 3 אֲגַף

flannel n פְלָנֶל

flanelette n פְלָנֶלִית

flap vti, n 1 סָטַר, הִצְלִיף, הִכָּה, הִפִּיל. 2 נִפְנֵף, רִפְרֵף, פִּרְפֵּר. 3 שָׂפָה, דַּשׁ, כָּנָף (של בגד). 4 מַכָּה, סְטִירָה. 5 הִתְרַגְּשׁוּת. 6 חָפִי

flapjack n 1 צַפִּיחִית, רְפִידָה. 2 עוּגִית

flapper n 1 מַכֶּה, סוֹטֵר, מַצְלִיף. 2 מְרַפְרֵף

flare vi, n 1 הִבְהִיק, נִצְנֵץ, הִתְלַהֵט, הִתְגַּנְדֵּר. 2 לֶהָבָה, נִצְנוּץ,

הַבְהָקָה

flare up vi הִשְׁתַּלְהֵב, הִתְפָּרֵץ

flash vti, n 1 הִתְרַגֵּשׁ, הִתְפָּרֵץ. 2 נִצְנֵץ, הֵאִיר, סִנְוֵר. 3 נֹגַהּ, נִצְנוּץ, הַבְזָקָה, הִבְהוּב. 4 רֶשֶׁף, זִיק

flashback n 1 הַבְזָקָה לֶעָבָר. 2 רְתִיעַת הַלֶּהָבָה

flash in the pan נִסָּיוֹן כּוֹשֵׁל

flash of lightning בָּרָק

flashily adv 1 בְּהַבְרָקָה. 2 בְּגַנְדְּרָנוּת

flashlight n 1 פָּנַס כִּיס. 2 בָּזָק. 3 מַבְזֵק

flashpoint n 1 נְקֻדַּת הַהַבְזָקָה. 2 נְקֻדַּת הִתְלַקְּחוּת

flashy adj 1 זוֹהֵר, מַבְהִיק, מְסַנְוֵר. 2 שִׁטְחִי, רַאַוְתָנִי, זוֹל

flask n 1 צַפַּחַת, אָסוּךְ, צְלוֹחִית. 2 תֶּרְמוֹס

flat adj, n, adv 1 שָׁטוּחַ, יָשָׁר, מִישׁוֹרִי. 2 צָף. 3 שִׁטְחִי, מְאֻזָּן, נָמוּךְ. 4 תָּפֵל, חֲסַר טַעַם. 5 נָחֵת, בֶּמוֹל. 6 חַדְגּוֹנִי, מוֹנוֹטוֹנִי. 7 אָחִיד (מחיר). 8 מִישׁוֹר. 9 דִּירָה. 10 בְּפֵרוּשׁ, בְּהֶחְלֵט. 11 גְּלוּיוֹת

flat tyre 1 צְמִיג מְנֻקָּב. 2 טִפֵּשׁ, שׁוֹטֶה

flatfish n דַּג הַסַּנְדָּל

flatfooted adj שְׁטוּחַ רֶגֶל

flatly adv בִּמְפֹרָשׁ

flatmate n שֻׁתָּף לְדִירָה

flatness n 1 שְׁטִיחוּת, חֲלָקוּת. 2 שִׁעֲמוּם. 3 תְּפֵלוּת, חֹסֶר טַעַם

flat rate מְחִיר אָחִיד

flatten vti 1 יִשֵּׁר, שִׁטַּח, רִדֵּד. 2 הִשְׁפִּיל, הִקְהָה, הִתְפִּיל. 3 הִנְחִית, הִנְמִיךְ. 4 נַעֲשָׂה תָּפֵל

flatter vt הֶחֱנִיף, הֶחֱמִיא

flatterer n מַחֲנִיף, חַנְפָן

flattering adj מַחֲנִיף, מַחֲמִיא

flatteringly adv בַּחֲנֻפָּה

flattery n חֲנֻפָּה, חֲנִיפָה, מַחֲמָאָה

flatulence n אַפְסוּת, נְפִיחָנוּת

flatulent adj נְפִיחָנִי, מַהְבִּיל

flaunt vti הִתְהַדֵּר, הִתְפָּאֵר, הִתְנוֹפֵף

flautist n חֲלִילָן

flavo(u)r vt, n 1 תִּבֵּל, בִּשֵּׂם. 2 תַּבְלִין, בֹּשֶׂם. 3 טַעַם מְיֻחָד. 4 בְּסֻמָּה

flavo(u)ring n 1 תַּבְלִין, בֹּשֶׂם. 2 תִּבּוּל

flavo(u)rless adj תָּפֵל

flaw n 1 פְּגָם, לִקּוּי, מוּם, כֶּתֶם. 2 שֶׁבֶר, סֶדֶק, בְּקִיעַ. 3 נַחְשׁוֹל, סוּפָה, סְעָרָה

flawless adj תָּמִים, לְלֹא רְבָב, לְלֹא פְּגָם

flawlessly adv לְלֹא פְּגָם

flax n פִּשְׁתָּה, פִּשְׁתָּן

flaxen adj פִּשְׁתָּנִי

flay vt 1 פָּשַׁט, הִפְשִׁיט, סָרַק. 2 שָׁדַד, בָּזַז. 3 נָזַף, עִנָּה, הוֹכִיחַ

flea n פַּרְעוֹשׁ

fleabite n n 1 נְשִׁיכַת פַּרְעוֹשׁ. 2 פֶּצַע קַל. 3 טִרְדָּה קַלָּה

flea-bitten adj 1 נְשׁוּךְ פַּרְעוֹשִׁים. 2 עָלוּב, נָקוּד

flea market שׁוּק פִּשְׁפְּשִׁים

fleck vt, n 1 גִּוֵּן, נִמֵּר. 2 הִכְתִּים. 3 בַּהֶרֶת, כֶּתֶם. 4 גַּרְגֵּר (אבק)

fled pt זמן עבר ובינוני עבר של הפועל to flee

fledged adj 1 מְנֻצֶּה. 2 מְסֻגָּל לָעוּף

fledg(e)ling n 1 גּוֹזָל, אֶפְרוֹחַ. 2 טִירוֹן, מַתְחִיל

flee vti נִמְלַט, בָּרַח, נָס

fleece vt, n 1 גָּזַז. 2 בָּזַז, עָשַׁק, גָּזַל. 3 צֶמֶר, גֵּז

fleecy adj צַמְרִי, גִּזִּי

fleet adj, n 1 זָרִיז, מָהִיר, פָּזִיז. 2 צִי

fleet-footed adj קַל רַגְלַיִם

fleeting adj 1 חוֹלֵף, עוֹבֵר. 2 בַּר־חֲלוֹף

Fleet Street פְלִיט סְטְרִיט, הָעִתּוֹנוּת

Flemish adj, n 1 פְלַנְדְרִי, פְלֶמִי. 2 פְלֶמִית

flesh n 1 בָּשָׂר. 2 גּוּף, גֶּשֶׁם

flesh and blood בָּשָׂר וָדָם, בָּשָׂר וְגִידִים

flesh of fruit צִיפָּה

fleshpots npl סִיר הַבָּשָׂר, מוֹתָרוֹת, תַּעֲנוּגוֹת

flesh wound n פֶּצַע חִיצוֹנִי

fleshy adj 1 שָׁמֵן, מְגֻשָּׁם. 2 בְּשָׂרִי, בַּשְׂרָנִי

fleur-de-lys (Fr) אִירוּס, אִירִיס, חֲבַצֶּלֶת

flew pt to fly זמן עבר של הפועל

flex vt, n 1 כָּפַף, כּוֹפֵף, עִקֵּם. 2 כִּפּוּף, עִקּוּם. 3 תַּיִל כָּפִיף

flexibility n 1 גְּמִישׁוּת, כְּפִיפוּת. 2 וַתְּרָנוּת

flexible adj 1 גָּמִישׁ, כָּפִיף. 2 וַתְּרָן

flexion n 1 כִּפּוּף, כֶּפֶף, כְּפִיפָה. 2 נְטִיָּה, הַטָּיָה

flibbertigibbet n קַל דַּעַת, רַכְלָן

flick vt, n 1 הִצְלִיף, הִלְקָה. 2 הֵנִיף. 3 הַצְלָפָה, הַלְקָאָה. 4 תְּנוּעָה קַלָּה

flicker vi, n 1 הִבְהֵב, נִצְנֵץ, נִפְנֵף. 2 רִטֵּט, רָעַד. 3 רִחֵף, רִפְרֵף. 4 הִבְהוּב, נִצְנוּץ. 5 רֶטֶט

flicks npl סֶרֶט קוֹלְנוֹעַ

flier n 1 טַיָּס. 2 דַּף פִּרְסֹמֶת

flight n 1 תְּעוּפָה, טִיסָה, גִּיחָה. 2 הַמְרָאָה, הִתְרוֹמְמוּת. 3 בְּרִיחָה, מְנוּסָה. 4 נָתִיב. 5 גַּף. 6 מִקְצֶה. 7 טוּר (מדרגות)

flight deck 1 סִפּוּן הַמְרָאָה. 2 תָּא טַיָּס

flight recorder "קֻפְסָה שְׁחוֹרָה"

flighty adj הֲפַכְפַּךְ, קַפְּרִיזִי, קַל־דַּעַת

flimsily adv בְּרִפְיוֹן, בְּחֻלְשָׁה

flimsiness n 1 שְׁבִירוּת, קְלִישׁוּת. 2 דַּקּוּת

flimsy adj, n 1 שָׁבִיר, חַלָּשׁ, דַּק. 2 לֹא־מַמָּשִׁי, לֹא־יָעִיל

flinch vi 1 נִרְתַּע, נָסוֹג. 2 פִּקְפֵּק

fling vti, n 1 זָרַק, הִשְׁלִיךְ, הֵטִיל, הֵפִיץ. 2 זְרִיקָה, הַשְׁלָכָה, הֲטָלָה. 3 לַעַג, הִתּוּל

flint n חַלָּמִישׁ, צֹר

flinty adj 1 חַלְמִישִׁי. 2 עִקְּשָׁן. 3 אַכְזָר, קְשֵׁה־לֵב

flip vti 1 סָטַר, הִצְלִיף. 2 טִלְטֵל. 3 הִתְחַצֵּף

flippancy n שִׁטְחִיּוּת, קַלּוּת דַּעַת, פִּטְפּוּט

flippant adj שִׁטְחִי, קַל־דַּעַת, פַּטְפְּטָן, מְהַתֵּל, חָצוּף

flippantly adv בְּלֵיצָנוּת, בְּקַלּוּת רֹאשׁ

flirt vi, n 1 חִזֵּר, עָגַב, פְלִרְטֵט. 2 פְלִירְט

flirtation, flirting n פְלִירְט, עֲגִיבָה

flirtatious adj עוֹגְבָנִי

flit vi, n 1 רִפְרֵף, עָף, רִחֵף, נָדַד. 2 חָלַף, עָבַר. 3 הֶעְתִּיק דִּירָה, עָקַר. 4 הַעְתָּקַת דִּירָה (בחשאי)

flitch n 1 יֶרֶךְ חֲזִיר מְעֻשָּׁן. 2 עֵץ חָטוּב

float vit, n 1 צָף, שָׁט, רִחֵף. 2 הֵצִיף, הֵשִׁיט. 3 מָצוֹף. 4 דּוֹבְרָה, רַפְסוֹדָה. 5 מַעֲגָן. 6 גַּלְגַּל הַצָּלָה. 7 אוֹרוֹת הַבִּימָה. 8 בִּימָה נַיֶּדֶת

floating adj 1 צָף, מְרַפְרֵף. 2 הַסְּסָן, לֹא בָּטוּחַ, לֹא קָבוּעַ. 3 צִיפָה

floating capital הוֹן בְּמַחֲזוֹר

floating currency מַטְבֵּעַ בַּעַל שַׁעַר חֲלִיפִין נַיָּד

floating debris צֹפֶת

floating debt חוֹב קְצַר מוֹעֵד

floating population אֻכְלוּסִיָּה לֹא קְבוּעָה

floating rib צֵלָע תַּחְתּוֹנָה, צֵלָע מְרַפְרֶפֶת

flock vi, n 1 הִתְקַהֵל, הִתְאַסֵּף. 2 נָהַר. 3 עֵדֶר, לַהֲקָה, עֵדָה, צֹאן. 4 הָמוֹן, מַחֲנֶה. 5 אֲנִיץ צֶמֶר, צִיצָה

floe n שְׂדֵה קֶרַח (צף)

flog vt הִצְלִיף, הִלְקָה

flogging n הַלְקָאָה, הַצְלָפָה

flood vti, n 1 הֵצִיף, שָׁטַף. 2 שִׁטָּפוֹן, מַבּוּל. 3 זֶרֶם, שֶׁטֶף, גֵּאוּת

floodgate n שַׁעַר בְּסֶכֶר

flood tide גֵּאוּת (הים)

flood in הִתְפָּרֵץ בְּזֶרֶם

flood-light vt הֵצִיף בְּאוֹר

flood-lights npl הֲצָפָה בְּאוֹר, זַרְקוֹרִים

floor vt, n 1 רִצֵּף. 2 הִפִּיל, מִגֵּר. 3 בִּלְבֵּל. 4 רִצְפָּה, קַרְקַע, אֲדָמָה. 5 קוֹמָה. 6 אַסְקֻפָּה, מִפְתָּן. 7 רְשׁוּת הַדִּבּוּר

floorboard n לוּחַ רִצְפָּה
floor drain אָבִיק
flooring 1 רִצְפָּה. 2 מַרְצָפוֹת
floor show בִּדּוּר, שַׁעֲשׁוּעִים
flop vit, n 1 נָפַל אַרְצָה, הֵפִּיל, הִשְׁלִיךְ. 2 נָע בִּכְבֵדוּת, פִּרְפֵּר, נִפְנֵף (גפיים). 3 נִכְשַׁל, הִתְחַרְבֵּן. 4 חֲבָטָה. 5 כִּשָּׁלוֹן, תְּבוּסָה. 6 חֻרְבּוֹן
floppy adj 1 רוֹפֵף, כּוֹשֵׁל. 2 גָּמִישׁ (מחשבים)
floppy disk תַּקְלִיטוֹן (מחשבים)
flora npl צִמְחִיָּה, מַמְלֶכֶת הַצּוֹמֵחַ, פְלוֹרָה
floral adj פִּרְחִי, פִּרְחוֹנִי
floriculturist n מְגַדֵּל פְּרָחִים
florid adj 1 אֲדַמְדַּם. 2 עָדוּי, מְפֹאָר, עָטוּר קִשּׁוּטִים. 3 מְלִיצִי, מְסֻלְסָל
florist n 1 סוֹחֵר בִּפְרָחִים. 2 מְגַדֵּל פְּרָחִים
flotsam n שִׁבְרֵי אֳנִיָּה צָפִים
flotsam and jetsam 1 חֲלָכָאִים וּנְדָכָאִים. 2 שְׂרִידִים, שְׁיָרִים
flounce vi, n 1 הִתְנוֹעֵעַ (בכעס), הִתְנוֹדֵד. 2 תָּפַר אִמְרָה. 3 חֵפֶת, אִמְרָה. 4 תְּנוּעָה רוֹגְזָנִית. 5 נַפְנֶפֶת
flounder vi, n 1 פִּרְפֵּר, הִתְלַבֵּט. 2 הִתְנַהֵל בִּכְבֵדוּת. 3 פּוּטִית, דַּג הַסַּנְדָּל
flour vt, n 1 קִמֵּחַ. 2 קֶמַח
flourish vit, n 1 פָּרַח, שִׂגְשֵׂג, הִצְלִיחַ. 2 נוֹפֵף, הֵנִיף. 3 קִשֵּׁט. 4 נִפְנוּף. 5 מִסְדָּר, מִפְגָּן. 6 סִלְסוּל, קִשּׁוּט, פְּאֵר, מְלִיצָה
flourishing adj פּוֹרֵחַ, מְשַׂגְשֵׂג, מַצְלִיחַ
floury adj קִמְחִי, מְקֻמָּח
flout vt 1 לָעַג, בָּז, הֶעֱלִיב, זִלְזֵל. 2 הִתְעַלֵּם בְּכַוָּנָה
flow vi, n 1 זָרַם, שָׁטַף, נָזַל, זָב, צָף. 2 נָבַע, שָׁפַע. 3 גָּאָה. 4 זֶרֶם, שֶׁטֶף, שֶׁפֶךְ. 5 גֵּאוּת. 6 וֶסֶת, זוֹב
flower vi, n 1 הֵנֵץ, פָּרַח, הִפְרִיחַ. 2 פֶּרַח, נִצָּן, צִיץ. 3 פְּרִיחָה. 4 עִטּוּר, קִשּׁוּט. 5 מִבְחָר, מֵיטָב
flowerbed n עֲרוּגַת פְּרָחִים
flower girl מוֹכֶרֶת פְּרָחִים
flowerpot n עֲצִיץ פְּרָחִים
flowering adj, n 1 פְּרִיחָה. 2 פּוֹרֵחַ
flowery adj 1 שׁוֹפֵעַ פְּרָחִים. 2 מְלִיצִי, נִמְלָץ
flown pp בינוני עבר של הפועל to fly
flu n שַׁפַּעַת
fluctuate vi 1 הִתְנַדְנֵד, הִתְנוֹדֵד, עָלָה וְיָרַד. 2 פִּקְפֵּק
fluctuation n 1 תְּנוּדָה, נִדְנוּד. 2 גַּלִּיּוּת, עֲלִיָּה וִירִידָה
flue n מַעֲשֵׁנָה, אֲרֻבָּה
fluency n שֶׁטֶף, רְהִיטוּת, שְׁגִירוּת
fluent adj שׁוֹטֵף, רָהוּט, שָׁגוּר
fluently adv בְּשֶׁטֶף, בִּרְהִיטוּת
fluff n 1 מוֹךְ, צִיצָה, מוֹכִית, פְּלוּמָה. 2 פִּסְפּוּס
fluffy adj מוֹכִי, פְּלוּמָתִי, נוֹצִי
fluid adj, n 1 נוֹזֵל, נָזִיל. 2 לֹא יַצִּיב, מִשְׁתַּנֶּה. 3 נוֹזְלִים
fluidity n נְזִילוּת
fluke n 1 מַזָּל, מִקְרֶה. 2 צִפֹּרֶן. 3 שֵׁן צִלְצָל. 4 תּוֹלַעַת מְצִיצָה. 5 חֲצִי זָנָב (לווייתן). 6 פּוּטִית
flummox vt הֵבִיךְ, הִדְהִים, הֵמַם
flung pt, pp זמן עבר ובינוני עבר של הפועל to fling
flunk vti 1 הִכְשִׁיל. 2 נִכְשַׁל
flunkey, flunky n 1 מְשָׁרֵת. 2 מִתְרַפֵּס, מְלַחֵךְ פִּנְכָּה, מַחֲנִיף
fluorescence n הַנְהָרָה, פְלוּאוֹרָנוּת
fluorescent adj פְלוּאוֹרֶסְצֶנְטִי
flurry vt, n 1 בִּלְבֵּל, הֵבִיךְ. 2 הִרְגִּיז. 3 רַעַשׁ, הֲמֻלָּה. 4 הִתְרַגְּשׁוּת, הִתְפָּרְצוּת
flush vit, adj, n 1 הִסְמִיק, הֶאְדִּים. 2 עוֹרֵר, שִׁלְהֵב, הִלְהִיב. 3 הִבְרִיחַ, הֵנִיס (ציפורים). 4 שָׁטַף. 5 אָדֹם. 6 שָׁוֶה. 7 מָלֵא, גָּדוּשׁ, שׁוֹפֵעַ. 8 הַסְמָקָה. 9 זֶרֶם, שֶׁטֶף. 10 שֶׁפַע, פְּרִיחָה.

11 לַהֲקַת צִפֳּרִים

flushing tank מְכַל הֲדָחָה

fluster vt, n 1 בִּלְבֵּל, הֵבִיךְ, הִבְהִיל. 2 בֶּהָלָה, מְהוּמָה, מְבוּכָה

flute vt, n 1 חִלֵּל. 2 תִּעֵל. 3 קִמֵּט, קִפֵּל. 4 חָלִיל. 5 חָרִיץ

flutist n חֲלִילָן

flutter vti, n 1 נִפְנֵף, רִפְרֵף. 2 רָעַד, רִטֵּט. 3 הָלַם מַהֵר (לב). 4 נִפְנוּף, רִפְרוּף. 5 רַעַד, רֶטֶט. 6 מְבוּכָה, הִתְרַגְּשׁוּת. 7 הִמּוּר. 8 דְּאָגָה

fluvial adj שֶׁל נְהָרוֹת

flux vt, n 1 רִתֵּךְ, הִתִּיךְ, הֵמֵס. 2 שָׁטַף. 3 זֶרֶם, שֶׁטֶף. 4 גֵּאוּת. 5 רִתּוּךְ, הִתּוּךְ. 6 הִשְׁתַּנּוּת. 7 תַּלְחִים

fly vti, adj, n 1 הֵעִיף, הֵטִיס. 2 עָף, טָס. 3 הִתְנַפְנֵף, הִתְנוֹסֵס. 4 בָּרַח, פָּרַח, הִתְחַמֵּק. 5 עֵר, עַרְמוּמִי. 6 זְבוּב. 7 מָעוֹף, טִיסָה. 8 דַּשׁ, קֶפֶל

fly high שָׁאַף לִגְדוֹלוֹת

flying adj, n 1 פּוֹרֵחַ, עָף, מִתְנוֹסֵס. 2 קָצָר, חָטוּף. 3 פְּרִיחָה, טִיסָה

flying buttress מִתְמָךְ קַשְׁתִּי

flying saucer צַלַּחַת מְעוֹפֶפֶת

fly-leaf n דַּף מָגֵן

fly off the handle 1 פָּקְעָה סַבְלָנוּתוֹ. 2 יָצָא מִן הַכֵּלִים

fly-paper n נְיָר דָּבִיק (לזבובים)

fly-wheel n גַּלְגַּל תְּנוּפָה

foal vt, n 1 הִמְלִיטָה (סייח). 2 סְיָח

foam vi, n 1 הֶעֱלָה קֶצֶף. 2 הִתְרַגֵּז, רָגַז, רָתַח. 3 קֶצֶף

focal adj מוֹקְדִי, מֶרְכָּזִי

focus vti, n 1 רִכֵּז, מִקֵּד. 2 הִתְמַקֵּד. 3 מוֹקֵד

fodder n מִסְפּוֹא, חָצִיר

foe n 1 אוֹיֵב, שׂוֹנֵא. 2 מִתְנַגֵּד, יָרִיב

foetus (fetus) n עֻבָּר, שָׁלִיל

fog vti, n 1 עִרְפֵּל, הֶחְשִׁיךְ, טִשְׁטֵשׁ. 2 הִתְעַרְפֵּל, הִתְקַדֵּר. 3 עֲרָפֶל, קַדְרוּת. 4 עִרְפּוּל. 5 מְבוּכָה

fogey, fogy n בֶּן הַדּוֹר הַיָּשָׁן

foggy adj עַרְפִּלִּי, אַפְלוּלִי

foible n 1 חֻלְשָׁה. 2 נְקֻדַּת תֻּרְפָּה

foil vt, n 1 סִכֵּל, בִּטֵּל, הֵפֵר, מָנַע. 2 רִקֵּעַ. 3 סַיִף, דֶּקֶר. 4 רִקּוּעַ, רְדִיד. 5 עָלֶה, צִיץ. 6 נִגּוּד

foist vt הֶעֱבִיר בְּמִרְמָה

fold vti, n 1 קִפֵּל, עָטַף. 2 חִבֵּק, חָבַק. 3 כָּלָא (בדיר). 4 הִתְקַפֵּל. 5 עִרְבֵּב. 6 עֵדֶר, צֹאן, עֵדָה. 7 דִּיר, מִכְלָה, מִכְלָאָה. 8 קֶפֶל, קִפּוּל, קֶמֶט

folder n 1 עוֹטְפָן, תִּיק. 2 מַקְפֵּלָה. 3 מְקַפֵּל

folding chair כִּסֵּא מִתְקַפֵּל

foliage n 1 עַלְוָה. 2 קִשּׁוּטֵי עָלִים

folio n פוֹלְיוֹ, דַּף, גִּלָּיוֹן

folk n 1 עַם, לְאֹם. 2 שֵׁבֶט. 3 קְרוֹבִים, שְׁאֵרֵי בָּשָׂר

folk-dance n רִקּוּד עֲמָמִי, מְחוֹל־עַם

folklore n פוֹלְקְלוֹר, יֶדַע־עַם

folk song שִׁיר עֲמָמִי, שִׁיר עַם

folktale n סִפּוּר עֲמָמִי

follow vti 1 בָּא אַחֲרֵי, הָלַךְ אַחֲרֵי. 2 רָדַף. 3 הִתְבּוֹנֵן, הִסְתַּכֵּל. 4 חִקָּה, שָׁמַע בְּקוֹל

follow through 1 הִמְשִׁיךְ. 2 הִשְׁלִים. 3 הֶמְשֵׁךְ

follow out הִגְשִׁים, הוֹצִיא לַפֹּעַל

follow suit הָלַךְ אַחַר, חִקָּה

follow up עָקַב

follow-up n מַעֲקָב, בְּדִיקַת מַעֲקָב

follower n 1 חָסִיד, תַּלְמִיד. 2 מַעֲרִיץ, נוֹהֶה. 3 מְחַזֵּר. 4 בֶּן לְוָיָה

following adj, n 1 דִּלְקַמָּן, דִּלְהַלָּן, שֶׁלְּהַלָּן. 2 מַעֲרִיצִים, חֲסִידִים, תּוֹמְכִים

folly n טִפְּשׁוּת, הֶבֶל, סִכְלוּת, כְּסִילוּת

foment vt 1 עוֹדֵד, עוֹרֵר, לִבָּה, חִמֵּם, חִרְחֵר. 2 לִפֵּף, חָבַשׁ

fomentation n 1 עִדּוּד, חִרְחוּר, חִמּוּם, לִבּוּי. 2 חֲבִישָׁה, לִפִיפָה

fond adj 1 חוֹבֵב. 2 אוֹהֵב, מָסוּר
fondant n פִּתְפּוּתֵי סֻכָּר
fondle vt לִטֵּף, גִּפֵּף, חִבֵּק, פִּנֵּק
fondly adv בְּחִבָּה
fondness n 1 נְטִיָּה. 2 חִבָּה, אַהֲבָה
fondue n תַּרְבִּיךְ (גבינה, שוקולד, בשר)
font n 1 מִטְבָּלָה. 2 מַעְיָן, מָקוֹר. 3 סוּג דְּפוּס (מחשב)
food n 1 מָזוֹן, אֹכֶל. 2 אֲכִילָה, מַאֲכָל, אֲרוּחָה
foodstuffs npl מַאֲכָלִים, דִּבְרֵי מָזוֹן
fool vti, n 1 רִמָּה, שִׁטָּה, הִתֵּל. 2 הִתְבַּדַּח, הִשְׁתַּעֲשַׁע. 3 שׁוֹטֶה, טִפֵּשׁ, אֱוִיל, כְּסִיל. 4 לֵיצָן, בַּדְּחָן
foolhardiness n פְּזִיזוּת, נִמְהָרוּת
foolhardy adj 1 פַּחַז, נִמְהָר. 2 הַרְפַּתְקָן
foolish adj 1 שְׁטוּתִי, אֱוִילִי. 2 שׁוֹטֶה, נִבְעָר. 3 מַצְחִיק, מְעוֹרֵר בּוּז
foolishness n 1 טִפְּשׁוּת, אֱוִילוּת. 2 לֵיצָנוּת
foolproof adj וַדָּאִי, לֹא נִתָּן לְהִכָּשֵׁל
foolscap n גִּלָּיוֹן נְיַר פוֹלְיוֹ
fool's errand n 1 שְׁלִיחוּת נֶפֶל. 2 מְשִׂימָה הַנִּדּוֹנָה מֵרֹאשׁ לְכִשָּׁלוֹן
fool's paradise חֲלוֹם בְּהָקִיץ, גַּן עֵדֶן שֶׁל טִפְּשִׁים
foot vti, n 1 הָלַךְ (ברגל). 2 שִׁלֵּם, פָּרַע. 3 רָקַד. 4 רֶגֶל. 5 כַּף רֶגֶל, 6 בֵּית הָרֶגֶל. 7 תַּחְתִּית, בָּסִיס. 8 צַעַד. 9 שׁוּלַיִם, מַרְגְּלוֹת. 10 שְׁמָרִים
footage n 1 מִדָּה בְּרַגְלַיִם. 2 אֹרֶךְ סֶרֶט שֶׁל קוֹלְנוֹעַ
foot-and-mouth disease מַחֲלַת הַפֶּה וְהַטְּלָפַיִם
football n כַּדּוּרֶגֶל
footfall n 1 פְּסִיעָה, צַעַד. 2 קוֹל הַפְּסִיעָה
foothills npl מַרְגְּלוֹת הָהָר
foothold n 1 אֲחִיזָה לְרֶגֶל. 2 עֶמְדָּה
footing n 1 הֲלִיכָה. 2 מַעֲמָד, עֶמְדָּה. 3 בָּסִיס, יְסוֹד. 4 מַצָּב
footlights npl אוֹרוֹת הַבִּימָה, זַרְקוֹרִים
footloose adj 1 חָפְשִׁי. 2 לְלֹא מַעְצוֹרִים
footman n מְשָׁרֵת, שַׁמָּשׁ
footnote הֶעָרַת שׁוּלַיִם
footpath n שְׁבִיל
footprint n עָקֵב, עֲקֵבוֹת
footsore adj מְיֻבַּל רַגְלַיִם
footstep n 1 צַעַד, פְּסִיעָה. 2 עֲקֵבוֹת. 3 כֶּבֶשׁ מַדְרֵגוֹת
foot stool הֲדוֹם
footwear n הַנְעָלָה, תִּנְעֹלֶת
footwork n 1 תְּנוּעַת רַגְלַיִם. 2 רִגְלוּל, כִּדְרוּר
fop n גַּנְדְּרָן, טַרְזָן, מִתְהַדֵּר
foppish adj גַּנְדְּרָנִי, אֱוִילִי
for prep., conj 1 בִּשְׁבִיל, לְ־, בְּעַד, לְמַעַן, לְשֵׁם, בְּכִוּוּן. 2 מֵחֲמַת. 3 מִפְּנֵי שֶׁ, כִּי. 4 בִּמְקוֹם
forage vi, n 1 סִפֵּק חָצִיר. 2 שָׁדַד, בָּזַז, גָּזַל. 3 מִסְפּוֹא, חָצִיר
forasmuch as הוֹאִיל, מִכֵּיוָן
foray vi, n 1 שָׁדַד, חָמַס, בָּזַז. 2 פְּשִׁיטָה, בַּז, חָמָס
forbade pt זמן עבר של הפועל to forbid
forbear vti, n 1 הִתְאַפֵּק, נִמְנַע. 2 הִבְלִיג.
forbears npl אָבוֹת, קַדְמוֹנִים
forbearance n 1 סַבְלָנוּת, אֹרֶךְ רוּחַ. 2 סוֹבְלָנוּת, הַבְלָגָה
forbid vt 1 אָסַר, גָּזַר עַל. 2 מָנַע
forbidden pp, adj 1 בינוני עבר של הפועל to forbid. 2 אָסוּר
forbidding adj דּוֹחֶה, מַפְחִיד, מְאַיֵּם
forbiddingly בְּאִסּוּר, בְּאִיּוּם
forbore pt זמן עבר של הפועל to forbear
forborne pp בינוני עבר של הפועל to forbear
force vt, n 1 הִכְרִיחַ, הִכְרִיעַ, כָּפָה. 2 פָּרַץ, הִבְקִיעַ. 3 הִמְרִיץ, אִמֵּץ. 4 הִתְאַמֵּץ, הִשְׁתַּדֵּל. 5 כֹּחַ, עֹז, עָצְמָה. 6 אֹנֶס, אַלִּימוּת, כְּפִיָּה. 7 מַשְׁמָעוּת, תֹּקֶף, יְעִילוּת. 8 כֹּחַ מֵנִיעַ
force-feed vt, n 1 הֵזִין בְּכֹחַ. 2 הֲזָנָה בְּכֹחַ

forceful adj תַּקִּיף, נִמְרָץ
forcefully adv בְּכֹחַ, בְּחָזְקָה
forcefulness n תַּקִּיפוּת, נִמְרָצוּת
force majeure (Fr) כֹּחַ עֶלְיוֹן, בִּידֵי שָׁמַיִם
forceps npl מֶלְקָחַיִם
forcible adj 1 חָזָק, נִמְרָץ, עַז. 2 מְשַׁכְנֵעַ
forcibly adv בְּחָזְקָה
ford vt, n 1 חָצָה, צָלַח. 2 מַעֲבָר, מַיִם רְדוּדִים. 3 מַעְבָּרָה
fordable adj עָבִיר, צָלִיחַ
fore adj קִדְמִי, לְפָנִים, מַקְדִּים
fore and aft מִלְּפָנִים וּמֵאָחוֹר
forearm n 1 אַמָּה. 2 זְרוֹעַ (הבהמה)
forearmed adj מוּכָן מֵרֹאשׁ
forebode vt בִּשֵּׂר, נִבָּא, צָפָה, חָזָה
foreboding n חֲזוּת קָשָׁה, תְּחוּשָׁה קָשָׁה
forecast vt, n 1 חָזָה, חִזָּה, נִבָּא. 2 חִזּוּי, תַּחֲזִית, נִבּוּי
foreclose vti מָנַע, עִכֵּב, עִקֵּל
foreclosure n עִקּוּל
forecourt n 1 חָצֵר קִדְמִית. 2 קַדְמָה
forefather n אָב קַדְמוֹן
forefinger n אֶצְבַּע
forefoot n רֶגֶל קִדְמִית
forefront n חֲזִית קִדְמִית
foregoing adj קוֹדֵם, דִּלְעֵיל
foregone adj צָפוּי מֵרֹאשׁ
foreground n רֶקַע קִדְמִי
forehand adj, n 1 קִדְמִי. 2 כַּפִּי. 3 כַּף יָד
forehead n 1 מֵצַח. 2 פַּדַּחַת
foreign adj 1 נָכְרִי, זָר. 2 חִיצוֹנִי
foreigner n זָר, נָכְרִי
Foreign Office מִשְׂרַד הַחוּץ
Foreign Secretary שַׂר הַחוּץ
foreknowledge n יְדִיעָה מֵרֹאשׁ
foreland n כֵּף, לָשׁוֹן יַבָּשָׁה
foreleg n רֶגֶל קִדְמִית
forelock n תַּלְתַּל (קדמי)
foreman n 1 מְנַהֵל עֲבוֹדָה. 2 רֹאשׁ הַמֻּשְׁבָּעִים
foremost adj, adv 1 קִדְמִי. 2 רִאשׁוֹן, רָאשִׁי. 3 הֶחָשׁוּב בְּיוֹתֵר
forename n הַשֵּׁם הַפְּרָטִי
forenoon n לִפְנֵי הַצָּהֳרַיִם
forensic adj מִשְׁפָּטִי
foreordain vt גָּזַר מֵרֹאשׁ
forerunner n 1 מְבַשֵּׂר, אוֹת מְבַשֵּׂר. 2 כָּרוֹז, שָׁלִיחַ
foresail n מִפְרָשׂ קִדְמִי
foresee vt חָזָה מֵרֹאשׁ, צָפָה מֵרֹאשׁ
foreseeable adj חָזוּי, צָפוּי מֵרֹאשׁ
foreshadow vt בִּשֵּׂר, חִזָּה, נִבֵּא, נִבָּא
foreshore n חוֹף, שְׂפַת הַיָּם
foreshorten vi צִמְצֵם, קִצֵּר
foresight n רְאִיַּת הַנּוֹלָד, זְהִירוּת
foreskin n עָרְלָה
forest n יַעַר, חֻרְשָׁה
forestall vt 1 הִקְדִּים. 2 מָנַע
forester n 1 יַעֲרָן. 2 שׁוֹמֵר יַעַר
forestry n יַעֲרָנוּת, יִעוּר
foretaste vt, n 1 טָעַם מֵרֹאשׁ. 2 טְעִימָה מֵרֹאשׁ
foretell vt נִבֵּא
forethought n מַחֲשָׁבָה תְּחִלָּה
foretold pt זמן עבר של הפועל to foretell
forever adv לָנֶצַח, לְעוֹלָם
forewarn vt הִזְהִיר, הִתְרָה
foreword n הַקְדָּמָה, מָבוֹא, פֶּתַח דָּבָר
forfeit vt, n, adj 1 הִפְסִיד, אִבֵּד. 2 קְנָס, עֹנֶשׁ. 3 הֶפְסֵד, כֹּפֶר. 4 אָבוּד, נִפְסָד
forfeiture n 1 אִבּוּד, הֶפְסֵד. 2 קְנָס, עֹנֶשׁ
forgave pt זמן עבר של הפועל to forgive
forge vt, n 1 חִשֵּׁל, עִצֵּב, יָצַר. 2 זִיֵּף. 3 מַפָּחָה, כּוּר
forge ahead הִתְקַדֵּם, פָּרַץ קָדִימָה
forger n 1 זַיְּפָן. 2 מְחַשֵּׁל
forgery n זִיּוּף
forget vt 1 שָׁכַח. 2 זָנַח, הִזְנִיחַ
forgetful adj שַׁכְחָן, רַשְׁלָן, מְפֻזָּר

forgetfully adv בְּהֶסַּח־הַדַּעַת

forgetfulness n שִׁכְחָה, פִּזּוּר־נֶפֶשׁ

forget-me-not n זִכְרִיָּה, זָכְרֵינִי

forgivable adj סָלִיחַ, בַּר־מְחִילָה

forgive vt 1 מָחַל, סָלַח. 2 וִתֵּר, בִּטֵּל

forgiven pp בינוני עבר של הפועל to forgive

forgiveness n סְלִיחָה, מְחִילָה

forgiving adj סַלְחָנִי, מָחֳלָן

forgivingly adv בְּסַלְחָנוּת

forgo vt וִתֵּר, נִמְנַע

for good לִצְמִיתוּת

forgot pt, adv זמן עבר של הפועל to forget

forgotten adj, pp 1 נִשְׁכָּח. 2 בינוני עבר של הפועל to forget

fork vti, n 1 הֶעֱלָה בְּמַזְלֵג. 2 הִסְתָּעֵף. 3 מַזְלֵג. 4 מַלְזֵג. 5 קִילְשׁוֹן

fork (lift) truck מַלְגֵּזָה

fork out/up 1 מָסַר. 2 שִׁלֵּם

forked adj 1 מְסֹעָף, מְמֻזְלָג. 2 מַזְלְגִי

forlorn adj 1 עָזוּב, נָטוּשׁ, נֶעֱזָב. 2 נוֹאָשׁ, מְיֹאָשׁ

forlornly adv בְּיֵאוּשׁ

forlornness n יֵאוּשׁ

form vti, n 1 עִצֵּב, בָּנָה, יָצַר. 2 כִּיֵּר, פִּסֵּל, יָצַק. 3 הָיָה חֵלֶק מ־. 4 צוּרָה, דְּמוּת. 5 תַּבְנִית, סִדּוּר. 6 טֹפֶס. 7 כִּתָּה (בית ספר). 8 שִׁיטָה, אִרְגּוּן, מֶשֶׂג. 9 נֻסְחָה, נֹסַח

formal adj 1 פוֹרְמָלִי, רִשְׁמִי. 2 חִיצוֹנִי, קַפְּדָנִי. 3 טִקְסִי, חֲגִיגִי

formaldehyde n פוֹרְמַלְדֶּהִיד

formalin n פוֹרְמָלִין

formalism n 1 פוֹרְמָלִיּוּת, פוֹרְמָלִיזְם. 2 רִשְׁמִיּוּת, טִקְסִיּוּת

formality n 1 פוֹרְמָלִיּוּת, רִשְׁמִיּוּת. 2 טִקְסִיּוּת, נֹהַל

formally adv רִשְׁמִית

format n, vt 1 צוּרָה, תַּבְנִית, פוֹרְמָט. 2 פִּרְמֵט (מחשבים)

formation n 1 מִבְנֶה, צוּרָה, יִצּוּב. 2 לַהַק. 3 הִתְהַוּוּת. 4 מַעֲרָךְ. 5 עֻצְבָּה, חֲטִיבָה. 6 פוֹרְמַצְיָה

formative adj 1 מְעַצֵּב, יוֹצֵר. 2 צוּרָנִי, פוֹרְמָטִיבִי. 3 הִתְפַּתְּחוּתִי

former adj קוֹדֵם, רִאשׁוֹן, לְשֶׁעָבַר

formerly adv לְפָנִים, לִפְנֵי כֵן

formic adj שֶׁל נְמָלִים

formidable adj 1 מַפְחִיד, נוֹרָא, אָיֹם. 2 עָצוּם

formula n 1 נֻסְחָה, נֹסַח. 2 דֻּגְמָה

formulate vt 1 נִסַּח. 2 עִצֵּב

formulation n 1 נִסּוּחַ. 2 עִצּוּב

fornicate vi זָנָה, נָאַף

fornication n נִאוּף, זְנוּת

forsake vt 1 נָטַשׁ, עָזַב, זָנַח. 2 וִתֵּר, פָּרַשׁ

forsaken pp בינוני עבר של הפועל to forsake

forsook pt זמן עבר של הפועל to forsake

forsooth adv בֶּאֱמֶת, אָמְנָם

forswear vt הֵזִים, כָּפַר בִּשְׁבוּעָה

fort n מְצוּדָה, מִבְצָר

forte adj, adv n 1 חָזָק, רָם. 2 פוֹרְטֶה. 3 תְּכוּנָה בּוֹלֶטֶת, שֶׁטַח הִתְמַחוּת

forth adv 1 הָלְאָה, לְפָנִים. 2 קָדִימָה

forthcoming adj הַבָּא, הַקָּרוֹב

forthright adj יָשָׁר, מִיָּד, מִיָּדִי

forthwith adv תֵּכֶף, מִיָּד

fortieth adj, n 1 הָאַרְבָּעִים. 2 חֵלֶק הָאַרְבָּעִים, 1/40

fortification n חִזּוּק, בִּצּוּר

fortify vt 1 חִזֵּק, בִּצֵּר. 2 עוֹדֵד. 3 אִשֵּׁר, תָּמַךְ

fortissimo adj, adv חָזָק מְאֹד, פוֹרְטִיסִימוֹ

fortitude n גְּבוּרָה, עֹז־רוּחַ

fortnight n שְׁבוּעַיִם

fortnightly adj, adv פַּעַם בִּשְׁבוּעַיִם

fortress n מָעוֹז, מְצוּדָה, מִבְצָר

fortuitous adj מִקְרִי, אֲרָעִי

fortuitously adv מִקְרִית
fortunate adj בַּר־מַזָּל, מְאֻשָּׁר
fortunately adv לְמַזָּלֵנוּ
fortune n 1 מַזָּל, גּוֹרָל, מִקְרֶה. 2 עֹשֶׁר, רְכוּשׁ, נַחֲלָה
fortune-teller n מַגִּיד עֲתִידוֹת
forty adj, n אַרְבָּעִים, 40
forum n בָּמָה, זִירָה, פוֹרוּם
forward vt, adj, adv, n 1 קִדֵּם, הֵחִישׁ, זֵרֵז. 2 תָּמַךְ, שִׁפֵּר. 3 שָׁלַח, הֶעֱבִיר, הוֹבִיל. 4 לְפָנִים, קָדִימָה, הָלְאָה. 5 מוּכָן, מְזֻמָּן. 6 גָּלוּי, חָצוּף, נוֹעָז. 7 מִתְקַדֵּם. 8 חָלוּץ. 9 הַקְדָּמָה, מָבוֹא
forwardness n 1 זְרִיזוּת, הֶחָשָׁה. 2 חֻצְפָּה, עַזּוּת פָּנִים
fossil n 1 מְאֻבָּן. 2 קוֹפֵא עַל שְׁמָרָיו
fossilization n אִבּוּן, הִתְאַבְּנוּת
fossilize vti 1 אִבֵּן. 2 הִתְאַבֵּן. 3 הִתְיַשֵּׁן
foster vt 1 גִּדֵּל, אִמֵּץ, אָמַן, חִנֵּךְ. 2 תָּמַךְ, טִפֵּחַ. 3 כִּלְכֵּל, טִפֵּל
foster-family n מִשְׁפָּחָה אוֹמֶנֶת
foster-father n אָב אוֹמֵן
foster-mother n אֵם אוֹמֶנֶת
foster parents הוֹרִים אוֹמְנִים
fought pt זמן עבר ובינוני עבר של הפועל to fight
foul vti, adj, n 1 לִכְלֵךְ, טִנֵּף, זִהֵם, טִמֵּא. 2 הִתְנַגֵּשׁ בְּ־, הִסְתַּבֵּךְ. 3 נִתְעָב, מְגֻנֶּה, בָּזוּי, מָאוּס. 4 מְלֻכְלָךְ, מַסְרִיחַ, רָקוּב. 5 מְשֻׁבָּשׁ, תָּקוּל. 6 הִתְנַגְּשׁוּת, עֲבֵרָה
foul-play n 1 פֶּשַׁע אַלִּימוּת, עֲבֵרָה. 2 מִשְׂחָק לֹא־־הוֹגֵן
found vt, pt 1 יִסֵּד, בָּנָה, הֵקִים, בִּסֵּס. 2 עִצֵּב, כּוֹנֵן. 3 זמן עבר ובינוני עבר של הפועל to find
foundation n 1 יִסּוּד. 2 יְסוֹד, בָּסִיס, תַּשְׁתִּית. 3 קֶרֶן
founder vi, n 1 הִתְמוֹטֵט, נִכְשַׁל. 2 טָבַע. 3 הִתִּיךְ. 4 מְיַסֵּד. 5 קַשְׁיוֹן הַפַּרְסָה
foundling n אֲסוּפִי
foundry n 1 בֵּית יְצִיקָה. 2 הַתָּכָה, יְצִיקָה
fount n מַעְיָן, מָקוֹר
fountain n 1 מַעְיָן, מָקוֹר. 2 מִזְרָקָה, שֹׁקֶת. 3 דּוּכַן שְׁתִיָּה
fountainhead n 1 מָקוֹר, מַעְיָן. 2 הַמָּקוֹר הָרִאשׁוֹן
fountain-pen n עֵט נוֹבֵעַ
four n, adj 1 אַרְבָּעָה. 2 אַרְבַּע, 4
fourfold adj, adv פִּי־אַרְבָּעָה
four letter word מִלָּה גַסָּה
four-poster n מִטַּת אַפִּרְיוֹן
fourscore adj, n שְׁמוֹנִים, 80
foursome n מִשְׂחַק אַרְבָּעָה, רְבִיעִיָּה
fourteen n, adj 1 אַרְבָּעָה עָשָׂר. 2 אַרְבַּע־עֶשְׂרֵה, 14
fourteenth n, adj 1 הָאַרְבָּעָה עָשָׂר. 2 1/14. 3 הָאַרְבַּע עֶשְׂרֵה
fourth n, adj 1 רְבִיעִי. 2 רֶבַע. 3 קְוַרְטָה (מוסיקה)
fourthly adv רְבִיעִית
fowl n 1 עוֹף. 2 מִשְׁפַּחַת הַצִּפֳּרִים
fowling-piece n רוֹבֵה צַיִד
fox vt, n, adj 1 שָׁטָה, רִמָּה. 2 הֶעֱרִים עַל. 3 שׁוּעָל. 4 עָרוּם
foxglove n אֶצְבְּעוֹנִית (פרח)
foxhole n שׁוּחָה
foxhound n כֶּלֶב צַיִד
fox-terrier n שַׁפְלָן
fox-trot n פוֹקְסְטְרוֹט
foxy adj 1 שׁוּעָלִי. 2 עַרְמוּמִי
foyer n אַכְסַדְרָה, טְרַקְלִין
fracas n קְטָטָה, מְרִיבָה
fraction n 1 חֵלֶק קָטָן, קֶטַע. 2 שֶׁבֶר
fractional adj 1 מִזְעָרִי, זָעִיר. 2 שֶׁל שֶׁבֶר
fractious מַמְרֶה, מִתְמָרֵד, מוֹרֵד
fractiousness n הִתְמָרְדוּת, פְּרִיקַת־עֹל
fracture vt, n 1 שָׁבַר, סָדַק. 2 סִדֵּק. 3 שֶׁבֶר, סְדִיקָה, שְׁבִירָה

fragile adj 1 שָׁבִיר, פָּרִיךְ. 2 עָדִין
fragility n 1 שְׁבִירוּת, פְּרִיכוּת. 2 עֲדִינוּת, שַׁבְרִירִיּוּת
fragment n קֶטַע, שֶׁבֶר, בְּקִיעַ, רְסִיס
fragmentary adj מְקֻטָּע
fragmentation n הִתְפַּצְּלוּת, רִסּוּק, פִּצּוּל
fragrance n בְּשִׂימָה, נִיחוֹחַ, רֵיחָנִיּוּת
fragrant adj רֵיחָנִי, בָּשְׂמִי
frail adj 1 שָׁבִיר, פָּרִיךְ. 2 חָלוּשׁ, רָפֶה, תָּשׁוּשׁ
frailty n 1 שְׁבִירוּת, פְּרִיכוּת. 2 רִפְיוֹן, תְּשִׁישׁוּת
frame vt, n 1 מִסְגֵּר, הִרְכִּיב. 2 יִצֵּב, יָצַר, בָּנָה. 3 הִמְצִיא, תִּכֵּן, תִּחְבֵּל. 4 הִבִּיעַ. 5 הֶעֱלִיל. 6 מִסְגֶּרֶת. 7 שֶׁלֶד. 8 מִבְנֶה. 9 גּוּף, תַּבְנִית
frame of mind n מַצַּב רוּחַ
framework n 1 מִסְגֶּרֶת, שֶׁלֶד. 2 מַעֲרֶכֶת
franc n פְרַנְק
franchise vt, n 1 נָתַן זִכָּיוֹן. 2 פָּטַר, שִׁחְרֵר. 3 הַרְשָׁאָה, זִכָּיוֹן. 4 זְכוּת הַצְבָּעָה
francophile n אוֹהֵב צָרְפָתִים
francophobe n שׂוֹנֵא צָרְפָתִים
francophone n דּוֹבֵר צָרְפָתִית
frank vt, adj, n 1 הֶחְתִּים (דואר). 2 רְחַב לֵב, כֵּן, גְּלוּי־לֵב
frankfurter n נַקְנִיקִית
frankincense n קְטֹרֶת, לְבוֹנָה
frankness n כֵּנוּת, גִּלּוּי־לֵב
frantic adj נִרְעָשׁ, מֻכֵּה תִּמָּהוֹן
frantically adv בְּטֵרוּף
fraternal adj אַחֲוָתִי, חֲבֵרִי
fraternally adv בְּאַחֲוָה
fraternity n 1 אַחֲוָה. 2 אֲגֻדָּה. 3 בְּרִית אַחִים
fraternization n הִתְחַבְּרוּת, הִתְיַדְּדוּת
fraternize vi הִתְיַדֵּד, הִתְחַבֵּר, הִתְרוֹעֵעַ
fratricide n הֲרִיגַת אָח
fraud n הוֹנָאָה, תַּרְמִית, רַמָּאוּת
fraudulent adj מְזֻיָּף, מְעֻוָּת, מְסֻלָּף
fraudulently adv בְּהוֹנָאָה
fraught adj טָעוּן, עָמוּס, מָלֵא
fray vit, n 1 הִשְׁתַּפְשֵׁף, נִשְׁחַק, נִמְהָה. 2 שִׁפְשֵׁף, בָּלָה, קָרַע. 3 מָהָה. 4 רִיב, מְרִיבָה, קְטָטָה, תִּגְרָה
frazzle vti, n 1 בָּלָה, שָׁחַק, מָחָה. 2 נִמְהָה, הִתְבַּלָּה. 3 בְּלִיָּה, בְּלָיָה
freak n 1 יְצוּר חָרִיג, יוֹצֵא דֹּפֶן, מְשֻׁנֶּה. 2 קַפְּרִיזָה
freakish adj 1 מוּזָר, מְשֻׁנֶּה. 2 קַפְּרִיזִי
freckle n נֶמֶשׁ, בַּהֶרֶת קַיִץ
free vt, adj, adv 1 שִׁחְרֵר, הִתִּיר. 2 גָּאַל. 3 פָּטַר, חִלֵּץ, זִכָּה. 4 נִתֵּק, פֵּרֵק, הִפְרִיד. 5 חָפְשִׁי, פָּנוּי, פָּטוּר. 6 לְלֹא סְיָג, בְּחִנָּם
free and easy נוֹחַ, אָדִיב, נָעִים
free enterprise יָזְמָה חָפְשִׁית
free for all רִיב פָּתוּחַ לַכֹּל, תַּחֲרוּת חָפְשִׁית
free labour עֲבוֹדָה לֹא־מְאֻרְגֶּנֶת
free speech חֹפֶשׁ הַדִּבּוּר
free-thinker שִׂכְלְתָן
free trade סַחַר חָפְשִׁי
free will בְּחִירָה חָפְשִׁית
freebooter n 1 שׁוֹדֵד־יָם. 2 חַמְסָן, גַּזְלָן
freedom n 1 חֵרוּת, דְּרוֹר, חֹפֶשׁ. 2 פְּטוֹר
free hand חֹפֶשׁ פְּעֻלָּה
freehold n זְכוּת בַּעֲלוּת
freelance adj עַצְמָאִי
freely adv 1 בְּרָצוֹן. 2 בְּאֹפֶן חָפְשִׁי
Freemason n בּוֹנֶה חָפְשִׁי
Freemasonry n תְּנוּעַת הַבּוֹנִים הַחָפְשִׁיִּים
freeze vit 1 קָפָא, קָרַשׁ, גָּלַד. 2 הִקְפִּיא, הִקְרִישׁ, הִגְלִיד. 3 קִפָּאוֹן, הַקְפָּאוּת
freezer n 1 מַקְפֵּא. 2 תָּא מַקְפָּאָה
freezing n קָרָה
freezing point נְקֻדַּת קִפָּאוֹן
freight n 1 מִטְעָן, מַשָּׂא. 2 סְחוֹרוֹת, מִשְׁלוֹחַ. 3 הוֹבָלָה
freighter 1 סְפִינַת מִטְעָן, אֳנִיַּת מַשָּׂא.

2 מְשַׁלֵּחַ

French, n 1 צָרְפָתִי. 2 צָרְפָתִית

French bean n שְׁעוּעִית

French horn n קֶרֶן צָרְפָתִית

French window n חַלּוֹן־דֶּלֶת

Frenchman n צָרְפָתִי

Frenchwoman n צָרְפָתִיָּה

frenetic adj מְטֹרָף, מִשְׁתַּגֵּעַ

frenzied adj 1 מְטֹרָף, מְשֻׁגָּע. 2 אָחוּז תְּזָזִית

frenziedly adv בְּטֵרוּף

frenzy n 1 טֵרוּף, שִׁגָּעוֹן, בֻּלְמוּס, תִּמָּהוֹן. 2 תְּזָזִית

frequency n 1 תְּדִירוּת, תְּכִיפוּת, שְׁכִיחוּת. 2 תֶּדֶר

frequent vt, adj 1 בִּקֵּר. 2 תָּדִיר, שָׁכִיחַ, תָּכוּף. 3 רָגִיל, מָצוּי

frequently adv תְּכוּפוֹת, לְעִתִּים קְרוֹבוֹת

fresco n פְרֶסְקוֹ

fresh adj 1 טָרִי, לַח, חָדָשׁ. 2 צַח, רַעֲנָן, חַי. 3 חָצוּף, גַּס

freshly adv לָאַחֲרוֹנָה, זֶה עַתָּה

freshen vti 1 הֶחֱיָה, רִעֲנֵן. 2 חִדֵּשׁ. 3 הִמְתִּיק, הִתְפִּיל. 4 הִתְרַעֲנֵן, הִתְחַדֵּשׁ

freshman n 1 סְטוּדֶנְט בְּשָׁנָה רִאשׁוֹנָה. 2 טִירוֹן

freshness n 1 רַעֲנַנּוּת, טְרִיּוּת. 2 מְתִיקוּת

fresh water מַיִם מְתוּקִים, מֵי שְׁתִיָּה

fret vi, n 1 כִּרְסֵם, אִכֵּל, שִׁפְשֵׁף. 2 הִרְגִּיז, הִכְעִיס, הִפְרִיעַ. 3 דָּאַג. 4 הִתְקַצֵּף, הִתְמַרְמֵר. 5 כִּרְסוּם, שִׁפְשׁוּף. 6 רֹגֶז, כַּעַס. 7 דְּאָגָה. 8 סָרִיג

fretful adj זוֹעֵף, מִתְרַגֵּז, מִתְמַרְמֵר

fretfully adv בְּרֹגֶז

fretfulness n רֹגֶז, זַעַף, כַּעַס

friar n נָזִיר

fricassee n פְּרִקֶּסֶת

fricative adj, n חוֹכֵךְ

friction n 1 חִכּוּךְ, שִׁפְשׁוּף, שְׁחִיקָה. 2 סִכְסוּךְ, הִתְנַגְּשׁוּת

Friday יוֹם שִׁשִּׁי, יוֹם ו׳

fridge n מְקָרֵר

friend n 1 יָדִיד, חָבֵר, רֵעַ. 2 תּוֹמֵךְ, מַכָּר

friendless adj לְלֹא יְדִידִים, חֲסַר יְדִידִים

friendliness n יְדִידוּת, רֵעוּת, חֲבֵרוּת

friendly adj יְדִידוּתִי, נָעִים, חֲבֵרִי

friendly match תַּחֲרוּת רֵעִים, מִשְׂחַק רֵעִים

friendship n יְדִידוּת, חֲבֵרוּת

frieze n אַפְרִיז, כַּרְכֹּב מְקֻשָּׁט

frigate n פְרִיגָטָה

fright n 1 פַּחַד, בְּעָתָה, בֶּהָלָה, אֵימָה. 2 מִפְלֶצֶת, דַּחְלִיל

frighten vt 1 הִפְחִיד, הִבְהִיל, הֶחֱרִיד. 2 הֵנִיס, הִבְרִיחַ

frightened adj נִפְחָד, נִרְעָשׁ, נִבְהָל

frightening adj מַפְחִיד

frightful adj אָיֹם, נוֹרָא, מַפְחִיד, מַבְהִיל

frightfully adv בְּפַחַד, בְּאֵימָה

frightfulness n זְוָעָה, בַּלָּהוֹת

frigid adj 1 קַר, צוֹנֵן, חָרְפִּי. 2 קָפוּא

frigidity n 1 קְרִירוּת, צִנָּה, קֹר. 2 אֲדִישׁוּת

frigidly adv בִּקְרִירוּת

frill n 1 צִיצָה, צִיצִית, פִּיף. 2 קִשּׁוּטִים, סִלְסוּלִים

frilled, frilly adj מְצֻיָּץ

fringe vt, n 1 צִיֵּץ. 2 צִיצִית, גְּדִיל, פִּיף. 3 שׁוּלַיִם. 4 פִּיפִים

fringe benefits רֶוַח מִשְׁנִי, הֲטָבוֹת

fringe group 1 קְבוּצָה שׁוּלִית. 2 קְבוּצָה קִיצוֹנִית

frisk vit, n 1 קִפֵּץ, דִּלֵּג, כִּרְכֵּר, פִּזֵּז. 2 בָּדַק, חִפֵּשׂ. 3 פִּזּוּז, דִּלּוּג, קְפִיצָה

friskily adv בַּעֲלִיצוּת, בְּעַלִּיזוּת

frisky adj עַלִּיז, מְכַרְכֵּר

fritter vt, n 1 בִּזְבֵּז, כִּלָּה. 2 חָתַךְ. 3 כִּיסָן, מַאֲפֶה

frivolity n הֲבָלִים, קַלּוּת דַּעַת

frivolous adj קַל דַּעַת, נָבוּב, קַטְנוּנִי

frizzle vti, n 1 סִלְסֵל, תִּלְתֵּל. 2 הִסְתַּלְסֵל. 3 רָחַשׁ. 4 תַּלְתַּל

fro adv אֲחוֹרַנִּית

frock n 1 שִׂמְלָה. 2 גְּלִימָה

frock coat פְּרָק
frog n צְפַרְדֵּעַ
frolic vi, n 1 הִשְׁתּוֹבֵב, הִתְהוֹלֵל. 2 עֲלִיצוּת, עַלִּיזוּת, שׁוֹבְבוּת
frolicsome adj עַלִּיז, שָׂמֵחַ, מְפַזֵּז
from prep מִ־, מֵ־, מִן, מֵאֵת, מִתּוֹךְ, מֵאָז
front vt, n 1 פָּנָה אֶל, עָמַד מוּל. 2 הִתְנַגֵּד. 3 מֵצַח, פָּנִים. 4 חֲזִית. 5 חָזוּת
frontal adj 1 חֲזִיתִי. 2 מִצְחִי
frontier n 1 גְּבוּל, סְפָר. 2 תְּחוּם
frontispiece n 1 חֲזִית הַבִּנְיָן. 2 עִטּוּר שַׁעַר שֶׁל סֵפֶר
frost n קָרָה, כְּפוֹר, קֹר
frostbite n 1 מַכַּת כְּפוֹר, קְפִיאָה. 2 כְּוִי־כְּפוֹר
frostbitten adj 1 קָפוּא. 2 פָּגוּעַ מִכְּפוֹר
frosting n 1 זִגּוּג. 2 קִשּׁוּט עוּגָה
frostily בִּקְרִירוּת
frosty adj קָפוּא, כְּפוֹרִי
froth vti, n 1 הִקְצִיף, הִרְגִּיז. 2 הִתְקַפָּה, הֶעֱלָה קֶצֶף. 3 קֶצֶף, קֹפִי, קִפּוּי. 4 הֲבָלִים
frothily adv בְּקֶצֶף
frothiness n 1 קַצְפִּיּוּת. 2 הֲבָלִים
frothy adj קַצְפִּי, מַקְצִיף
frown vi, n 1 כָּעַס, זָעַם. 2 הִקְדִּיר פָּנָיו. 3 מַבָּט זוֹעֵם. 4 קִמּוּט מֵצַח
frown on/upon הִבִּיט בְּעַיִן רָעָה
frowningly adv בְּכַעַס
frowsty adj מַחֲנִיק, בָּאוּשׁ
frowzy adj מְרֻשָּׁל
froze pt זמן עבר של הפועל to freeze
frozen pp בינוני עבר של הפועל to freeze
fructification n 1 הַפְרָיָה. 2 נְשִׂיאַת פְּרִי
fructify vt הִפְרָה, הֵנִיב
frugal adj חַסְכָנִי
frugality n חַסְכָנוּת, צִמְצוּם, הִסְתַּפְּקוּת בְּמוּעָט
frugally adv בְּחַסְכָנוּת
fruit vi, n 1 הֵנִיב, הִפְרָה. 2 פְּרִי, תְּנוּבָה. 3 תּוֹצֶרֶת, תּוֹצָאָה
fruit basket קֶלֶת
fruits npl 1 פֵּרוֹת. 2 תְּנוּבָה
fruitful adj פּוֹרֶה, מֵנִיב, שׁוֹפֵעַ
fruitfully adv לְמַכְבִּיר, בְּשֶׁפַע
fruitfulness n פִּרְיוֹן, פּוֹרִיּוּת
fruition n 1 הַגְשָׁמָה, הִתְגַּשְּׁמוּת. 2 תּוֹצָאוֹת
fruitless adj לְחִנָּם, לָרִיק
fruitlessly adv לַשָּׁוְא, לְחִנָּם
fruitlessness n 1 אִי־פִּרְיוֹן, עֲקָרוּת. 2 שָׁוְא
frump n מְרֻשֶּׁלֶת בְּתִלְבָּשְׁתָּהּ
frumpish, frumpy adj מְרֻשֶּׁלֶת
frustrate vt תִּסְכֵּל, סִכֵּל, הִכְשִׁיל
frustration n תִּסְכּוּל
fry vt, n 1 טִגֵּן. 2 טִגּוּן
fry with flour רִבֵּךְ
frying basket סַל הַמַּרְחֶשֶׁת
frying-pan n מַחֲבַת, מַרְחֶשֶׁת
fuck vti 1 זִיֵּן. 2 הִזְדַּיֵּן
fuddle vt הֵמֵם, הִדְהִים
fudge n סֻכָּרִיָּה, מַמְתָּק רַךְ
fuel n 1 דֶּלֶק. 2 חֹמֶר מְלַבֶּה
fugitive n, adj בּוֹרֵחַ, עָרִיק, פָּלִיט
fulcrum n סֶמֶךְ, נְקֻדַּת מִשְׁעָן
fulfil vt הִגְשִׁים, בִּצַּע, קִיֵּם, הִשְׁלִים
fulfilment n בִּצּוּעַ, קִיּוּם, הַגְשָׁמָה, הַשְׁלָמָה
full adj 1 מָלֵא, גָּדוּשׁ, שׁוֹפֵעַ. 2 גָּמוּר, שָׁלֵם. 3 שָׁמֵן
full-blooded adj 1 טְהוֹר גֶּזַע. 2 חָזָק, חָסֹן
full dress תִּלְבֹּשֶׁת רִשְׁמִית, תִּלְבֹּשֶׁת עֶרֶב
full house הַכֹּל מָכוּר, תְּפוּסָה מְלֵאָה
full moon יָרֵחַ מָלֵא
full-grown adj מְבֻגָּר
full-length adj לֹא מְקֻצָּץ, מָלֵא
fuller n 1 פַּטִּישׁ רִקּוּעַ. 2 כּוֹבֵס
fullness n 1 שֶׁפַע, גֹּדֶשׁ. 2 שְׁלֵמוּת. 3 שַׁמְנוּת. 4 שֹׂבַע, רְוָיָה
full stop נְקֻדָּה, סוֹף פָּסוּק
fully adv בִּשְׁלֵמוּת, כָּלִיל, לְגַמְרֵי
fulminate vti 1 גִּנָּה בַּחֲרִיפוּת. 2 פּוֹצֵץ,

נַפֵּץ. 3 הִרְעִים, הִתְנוֹצֵץ

fulmination n 1 גִּנּוּי חָרִיף, בִּקֹּרֶת. 2 הִתְפּוֹצְצוּת

fulsome adj 1 מָאוּס, מְעוֹרֵר בְּחִילָה. 2 חַנְפָן. 3 צוֹרְמָנִי

fulsomeness n בְּחִילָה, מֵאוּס

fumble vi 1 מִשֵּׁשׁ, גִּשֵּׁשׁ. 2 פִּסְפֵּס

fumbler n מְגַשֵּׁשׁ

fume vit, n 1 עִשֵּׁן. 2 הֶעֱלָה עָשָׁן, הִתְאַדָּה. 3 הִתְקַצֵּף, חָרָה אַפּוֹ. 4 הִתְרַתֵּחַ. 5 קִטֵּר, גִּפֵּר. 6 עָשָׁן. 7 אֵד. 8 קֶצֶף, חָרוֹן

fumigate vt חִטֵּא בְּעָשָׁן

fumigation n חִטּוּי בְּעָשָׁן

fun n 1 צְחוֹק, לָצוֹן, לֵיצָנוּת. 2 שַׁעֲשׁוּעַ, בִּדּוּחַ, מַהֲתַלָּה. 3 בִּלּוּי נָעִים

function vi, n 1 תִּפְקֵד, פָּעַל. 2 כִּהֵן, שִׁמֵּשׁ. 3 תַּפְקִיד, פְּעֻלָּה. 4 מְשִׂימָה. 5 מִשְׂרָה, עֲבוֹדָה, שִׁמּוּשׁ. 6 פוּנְקְצְיָה

functional adj 1 תַּפְקִידִי, תִּפְקוּדִי. 2 רִשְׁמִי. 3 שִׁמּוּשִׁי, יָעִיל. 4 פוּנְקְצְיוֹנָלִי

functionalism n תִּפְקוּדָנוּת

fund vt, n 1 מִמֵּן, תִּקְצֵב. 2 קֶרֶן, הוֹן, רְכוּשׁ. 3 אוֹצָר, כְּסָפִים. 4 מַגְבִּית

fundamental adj, n 1 יְסוֹדִי, עִקָּרִי, בְּסִיסִי. 2 יְסוֹד, עִקָּר, בָּסִיס. 3 צְלִיל יְסוֹדִי

fundamentally adv בִּיסוֹדוֹ, בְּעִקָּרוֹ

funeral n 1 לְוָיָה. 2 הַלְוָיָה

funereal n 1 עָגוּם, אָבֵל. 2 שֶׁל לְוָיָה

fungicide n קוֹטֵל פִּטְרִיּוֹת

fungous adj פִּטְרִיָּתִי, דְּמוּי פִּטְרִיָּה

fungus n פִּטְרִיָּה

funk vti, n 1 פָּחַד, נִבְהַל, נִפְחַד. 2 הִפְחִיד. 3 מוּג־לֵב, פַּחְדָן, מֹרֶךְ־לֵב. 4 אֵימָה, חֲרָדָה

funnel vti, n 1 רִכֵּז. 2 מַשְׁפֵּךְ, אֲפַרְכֶּסֶת. 3 מַעֲשֵׁנָה, אֲרֻבָּה

funnily adv בְּצוּרָה מְגֻחֶכֶת, מַצְחִיקָה

funny adj 1 מַצְחִיק, מְגֻחָךְ. 2 מוּזָר, מְשֻׁנֶּה

fur n 1 פַּרְוָה. 2 אַבְנִית

furbelow n סַלְסָלָה, קִפְלוּל, קִפּוּל

furbish vt 1 מָרַט, בָּרַק, לִטֵּשׁ, צִחְצֵחַ. 2 שִׁפֵּץ, חִדֵּשׁ

fur coat מְעִיל פַּרְוָה

furious adj 1 זוֹעֵם, קוֹצֵף, רוֹגֵז. 2 סוֹעֵר

furiously adv בְּשֶׁצֶף קֶצֶף, בְּזַעַם

furl vti 1 קִפֵּל, אָסַף, גּוֹלֵל. 2 הִתְקַפֵּל

furlong n פֶרְלוֹנְג (1/8 מייל)

furlough n חֻפְשָׁה

furnace n כִּבְשָׁן, כּוּר

furnish vt 1 סִפֵּק, צִיֵּד, הִמְצִיא. 2 רִהֵט

furnishings npl 1 רִהוּט. 2 הַסְפָּקָה, צִיּוּד. 3 אַבְזָרִים

furniture n רִהוּט, רָהִיטִים

furor(e) n 1 זַעַם, חֵמָה, קֶצֶף. 2 בֻּלְמוּס

furrier n פַּרְוָן

furrow vt, n 1 חָרַשׁ. 2 תֶּלֶם, נִיר. 3 קֶמֶט

further vt, adv, adj 1 קִדֵּם, עוֹדֵד, סִיֵּעַ. 2 הָלְאָה, רָחוֹק יוֹתֵר. 3 כְּמוֹ כֵן. 4 נוֹסָף

furtherance n קִדּוּם, סִיּוּעַ, עִדּוּד

furthermore adv יֶתֶר עַל כֵּן

furthermost adj הָרָחוֹק בְּיוֹתֵר

furthest adj, adv הָרָחוֹק בְּיוֹתֵר

furtive adj 1 חָטוּף, עַרְמוּמִי. 2 בִּגְנֵבָה, חוֹמְקָנִי

furtively adv בַּחֲטָף, בִּגְנֵבָה

furtiveness n חֲטִיפָה, חוֹמְקָנוּת

furuncle n סֶמֶט, סִמְטָה

fury n קֶצֶף, זַעַם, חָרוֹן, טֵרוּף

furze n רֹתֶם

fuse vti, n 1 הִתִּיךְ, הֵמִיס. 2 עִרְבֵּב, מִזֵּג. 3 הִתְמַזֵּג, הִתְאַחֵד. 4 פְּתִיל, נָתִיךְ, מַרְעוֹם

fuselage n מֶרְכָּב (מטוס)

fusilier n קַלָּע, רוֹבַאי, צַלָּף

fusillade n מְטַר יְרִיּוֹת

fusion n 1 הַתָּכָה, הֲמַסָּה, הִתּוּךְ. 2 מְזִיגָה,

לְכּוּד, אִחוּי, אִחוּד

fuss vti, n 1 הִתְרַגֵּשׁ לְחִנָּם, דָּאַג. 2 הִרְגִּיז, הִטְרִיד. 3 הִתְרוֹצְצוּת, הִתְרַגְּשׁוּת. 4 רַעַשׁ, מְהוּמָה, הֲמֻלָּה. 5 יַזְעָן, טַרְדָן

fussily adv בַּהֲמֻלָּה, בְּרַעַשׁ

fussiness n הֲמֻלָּה, זַעֲתָנוּת

fussy adj 1 קַפְּדָן, נוֹקְדָן, רַגְזָן. 2 יַזְעָן, זַעֲתָן

fustian n 1 פִּשְׁתָּן. 2 מִתְרַבְרֵב. 3 רַהַב, שַׁחֲצָנוּת

fusty adj 1 מְעֻפָּשׁ, מַסְרִיחַ. 2 מְיֻשָּׁן, רָקוּב

futile adj הַבְלִי, אַפְסִי, עָקָר

futility n הֶבֶל, שָׁוְא, אַפְסִיּוּת, חֹסֶר תּוֹעֶלֶת

future n עָתִיד, אַחֲרִית

futurism n עֲתִידָנוּת

futurist n עֲתִידָן

fuzz n פְּלוּמָה

fuzzy adj 1 מְפֻלָּם. 2 מְסֻלְסָל

G

G, g גִ'י, ג, הָאוֹת הַשְּׁבִיעִית בָּאָלֶף־בֵּית הָאַנְגְּלִי

gab vi, n 1 פִּטְפֵּט. 2 פִּטְפּוּט, דִּבְרֵי הֶבֶל

gabardine (gaberdine) n גַּבַּרְדִּין (אריג)

gabble vti, n 1 פִּטְפֵּט, לָהַג, גִּלְגֵּל, קִשְׁקֵשׁ. 2 פִּטְפּוּט, לַהַג, קִשְׁקוּשׁ

gable n גַּמְלוֹן

gabled adj גַּמְלוֹנִי

gadabout n שׁוֹטְטָן, יוֹצְאָן

gadfly n 1 זְבוּב הַבָּקָר. 2 מֵצִיק, טַרְדָן

gadget n 1 מַכְשִׁיר, הֶתְקֵן, אַבְזָר. 2 אַמְצָאָה

Gael n גָּלִי

Gaelic n, adj 1 גָּלִי. 2 גָּלִית

gaff n 1 צִלְצָל. 2 חַכָּה

gaffe n 1 פְּלִיטַת פֶּה. 2 טָעוּת גַּסָּה

gaffer n 1 זָקֵן, יָשִׁישׁ. 2 מְנַהֵל עֲבוֹדָה

gag vti, n 1 סָתַם אֶת הַפֶּה. 2 חָשׁ בְּחִילָה. 3 הִתְבַּדֵּחַ. 4 מַחְסוֹם פֶּה, סְתִימָה. 5 בְּדִיחָה, הֲלָצָה

gage vt, n 1 הֶעֱרִיךְ, שִׁעֵר, מָדַד. 2 עָבַט, נָתַן בְּמַשְׁכּוֹן. 3 מַשְׁכּוֹן, עֵרָבוֹן. 4 כְּפָפָה, כְּסָיָה. 5 הִתְעָרְבוּת

gaggle vi, n 1 גִּעְגַּע, קִרְקֵר. 2 לַהֲקָה (אווזים)

gaiety n שִׂמְחָה, עַלִּיזוּת, עֲלִיצוּת

gaily adv בְּשִׂמְחָה, בְּעַלִּיזוּת

gain vti, n 1 הִרְוִיחַ, הִשִּׂיג, הִשְׂתַּכֵּר. 2 זָכָה, נִצַּח, רָכַשׁ. 3 הִגְבִּיר, הוֹסִיף, גָּבַר עַל. 4 הִתְקַדֵּם, שִׁפֵּר, הִגְדִּיל. 5 יִתְרוֹן, רֶוַח, תּוֹעֶלֶת. 6 שֶׁבַח, זְכוּת, הֶשֵּׂג. 7 הַגְבָּרָה, הֶגְבֵּר

gain ground הִתְקַדֵּם

gainful adj מוֹעִיל, מַכְנִיס

gainfully adv בְּרֶוַח

gainsay vt הִכְחִישׁ, סָתַר

gait n הִלּוּךְ, צְעִידָה

gaiter n 1 קַרְסֻלִּית. 2 גַּמָּשָׁה, מַחֲפֶה

gala n 1 חֲגִיגָה, הוֹד, גָּלָה. 2 פְּתִיחָה חֲגִיגִית

galactic adj גָּלַקְטִי

galantine n בָּשָׂר מְבֻשָּׁל בְּמִקְפָּא

galaxy n גָּלַקְסְיָה

gale n 1 נַחְשׁוֹל. 2 סוּפָה, סְעָרָה

gall vt, n 1 מֵרַר, הִרְגִּיז. 2 הִכְאִיב. 3 הִטְרִיד, הִפְרִיעַ. 4 מָרָה, מְרִירוּת, רוֹשׁ, לַעֲנָה. 5 אֶפֶק. 6 חֲצֻפָּה

gall-bladder n מָרָה, כִּיס הַמָּרָה

gallant adj 1 אַמִּיץ, אַבִּיר, גִּבּוֹר. 2 הָדוּר, נִימוּסִי. 3 אוֹהֵב, עַגְבָן

gallantly adv בַּאֲדִיבוּת, בְּנִימוּס

gallantry n 1 אֹמֶץ, גְּבוּרָה, אַבִּירוּת. 2 נִימוּסִיּוּת, אֲדִיבוּת

galleon n 1 סְפִינָה קְטַנָּה. 2 סְפִינַת מִלְחָמָה

gallery n 1 יָצִיעַ. 2 מִרְפֶּסֶת, מַעֲקֶה, גְּזוּזְטְרָה. 3 מִסְדְּרוֹן, נִקְבָּה. 4 גָּלֶרְיָה

galley n 1 סְפִינַת מְפְרָשִׂים. 2 אָח, כִּירָה. 3 מִטְבָּח. 4 יְרִיעָה

galley proof n יְרִיעַת הַגָּהָה

galley slave n עֶבֶד מְשׁוֹטַאי

Gallic adj גַּלִּי

Gallicism n גַּאלִיצִיזְם

gallivant vi שׁוֹטֵט, נָדַד

gallon n גַּלּוֹן

gallop vti, n 1 דָּהַר. 2 הִדְהִיר. 3 דְּהָרָה, דְּהִירָה

gallows npl גַּרְדּוֹם, עַמּוּד הַתְּלִיָּה

gallows-bird n נָדוֹן לִתְלִיָּה

gallstone n אֶבֶן הַמָּרָה

Gallup poll n מִבְדַּק גַּלּוֹפּ
galore adv לְמַכְבִּיר, בְּשֶׁפַע
galoshes npl עַרְדָּלַיִם
galvanic adj גַּלְוָנִי, מְגַלְוָן
galvanism n גַּלְוָנִיּוּת
galvanization n גִּלְווּן, אִבּוּץ
galvanize vt גִּלְוֵן
galvanized adj מְגֻלְוָן, מְאֻבָּץ
gambit n גַּמְבִּיט, מַעַד (שח)
gamble vti, n 1 הִמֵּר, הִתְעָרֵב. 2 הִסְתַּכֵּן, סִכֵּן, סִפְסֵר. 3 סִפְסוּר. 4 הִסְתַּכְּנוּת, סִכּוּן. 5 הִמּוּר, הִתְעָרְבוּת
gambler n 1 מְהַמֵּר, קַלְפָן. 2 סַפְסָר
gambling n 1 הִמּוּר. 2 סִכּוּן, הִסְתַּכְּנוּת. 3 הִתְעָרְבוּת
gambling-den n בֵּית לְמִשְׂחֲקֵי מַזָּל
gambling-house n בַּיִת לְמִשְׂחֲקֵי מַזָּל
gamboge n גַּמְבּוֹג׳, שְׂרָף קַמְבּוֹדִי
gambol vi, n 1 נִתֵּר, דִּלֵּג, קִפֵּץ. 2 נִתּוּר, דִּלּוּג, קְפִיצָה. 3 עֲלִיצוּת
game vi, adj, n 1 שִׂחֵק. 2 מוּכָן. 3 אַמִּיץ. 4 פָּצוּעַ, צוֹלֵעַ, נָכֶה. 5 מִשְׂחָק. 6 תַּחֲרוּת. 7 הִתּוּל, תַּחְבּוּלָה, עָרְמָה. 8 צַיִד (עופות, חיות). 9 תָּכְנִית, עֵסֶק. 10 נִצָּחוֹן
gamecock n תַּרְנְגוֹל קְרָב
gamekeeper n פַּקַּח צַיִד
gamesmanship n עָרְמָה בְּמִשְׂחָק
gamester n מְהַמֵּר, מְשַׂחֵק מִשְׂחָקִים
gamma n גַּמָּה
gamma-rays npl קַרְנֵי גַּמָּה
gammon n 1 קָתְלֵי חֲזִיר. 2 עָרְמָה, הוֹנָאָה. 3 הֲבָלִים. 4 נִצָּחוֹן
gamut n סֻלָּם
gander n אַוָּז
gang n 1 כְּנוּפְיָה, חֲבוּרָה. 2 צֶוֶת
gangling adj רָזֶה, כָּחוּשׁ
ganglion n גַּנְגְּלִיּוֹן
gangplank n כֶּבֶשׁ, גַּמְלָה
gangrene vi, n 1 נִרְקַב. 2 מַק, חַרְחוּר, רָקָב, נֶמֶק
gangrenous adj חַרְחוּרִי
gangster n פּוֹשֵׁעַ, שׁוֹדֵד, גַּנְגְּסְטֶר
gang up vi הִתְחַבֵּר נֶגֶד
gangway n 1 גַּמְלָה, כֶּבֶשׁ. 2 מַעֲבָר. 3 מְסִלָּה
gannet n שַׂקְנַאי
gantry n פִּגּוּם
gaol, jail vt, n 1 אָסַר, כָּלָא. 2 בֵּית סֹהַר, בֵּית כֶּלֶא. 3 צִינוֹק
gaoler n סוֹהֵר
gap n 1 פַּעַר, מִפְעָר. 2 פִּרְצָה, נָקִיק, סֶדֶק, בְּקִיעַ
gape vi, n 1 פִּהֵק. 2 פָּעַר פֶּה. 3 פִּהוּק. 4 פְּעִירַת פֶּה. 5 פַּהֶקֶת
garage vt, n 1 הִכְנִיס לְמוּסָךְ. 2 מוּסָךְ
garb vt, n 1 הִלְבִּישׁ. 2 לְבוּשׁ, תִּלְבֹּשֶׁת. 3 מַרְאֶה, הוֹפָעָה
garbage n אַשְׁפָּה, פְּסֹלֶת, זֶבֶל
garble vt 1 סִלֵּף, עִוֵּת. 2 נִפָּה, בֵּרֵר, כִּבֵּר
garden n 1 גַּן, גִּנָּה. 2 פַּרְדֵּס
gardener n גַּנָּן
gardenia n גַּרְדֶּנְיָה (פרח)
gardening n 1 גַּנָּנוּת. 2 גִּנּוּן
gargantuan adj עֲנָקִי, עָצוּם
gargle vti, n 1 גִּרְגֵּר. 2 גִּרְגּוּר, שְׁטִיפַת גָּרוֹן, גִּרְגֹּרֶת
gargoyle n זַרְבּוּבִית
garish adj צִבְעוֹנִי, גַּנְדְּרָנִי, צַעַקְנִי
garishly adv בְּגַנְדְּרָנוּת
garland vt, n 1 עִטֵּר בְּזֵר. 2 קִשֵּׁט בְּזֵרִים. 3 עִטּוּר. 4 מַחֲרֹזֶת, לֶקֶט. 5 קִשּׁוּט. 6 זֵר, כֶּתֶר
garlic n שׁוּם
garment n בֶּגֶד, מַלְבּוּשׁ, כְּסוּת
garner vt, n 1 אָסַם, אָצַר, צָבַר, אָסַף. 2 אוֹצָר, אֹסֶף. 3 אֹסֶם, מַחְסָן, מְזָוֶה
garnet n 1 נֹפֶךְ. 2 מָנוֹף
garnish vt, n 1 עִטֵּר, קִשֵּׁט, יִפָּה. 2 עִקֵּל. 3 עִטּוּר, קִשּׁוּט

garret n עֲלִיַּת גַּג
garrison vt, n 1 הִצִּיב חֵיל מַצָּב. 2 חֵיל מַצָּב. 3 מַחֲנֶה, מָקוֹם מְבֻצָּר
gar(r)otte vt, n 1 חָנַק, חִנֵּק, הֶחֱנִיק. 2 מְחַנֵּק, מַכְשִׁיר חֶנֶק. 3 מַלְחֵץ עוֹרְקִים. 4 חֶנֶק, חֲנִיקָה
garrulity n פַּטְפְּטָנוּת, לַהֲגָנוּת
garrulous adj פַּטְפְּטָן, גַּלְגָּן
garter n בִּירִית
gas n 1 גַּז. 2 אֵד, קִיטוֹר. 3 נֵפְט, בֶּנְזִין. 4 פִּטְפּוּט. 5 הֶאָצָה
gas chamber תָּא גַּזִּים
gaseous adj גַּזִּי
gash vt, n 1 חָתַךְ, שָׂרַט, פָּצַע. 2 שְׂרִיטָה, פְּצִיעָה, חֶתֶךְ
gaslight n 1 מְאוֹר גַּז. 2 מַבְעֵר גַּז
gas mask מַסֵּכַת גַּז
gas range כִּירַיִם שֶׁל גַּז
gasolene, gasoline n בֶּנְזִין
gasp vit, n 1 נָשַׁם בִּכְבֵדוּת. 2 הִשְׁתּוֹקֵק, עָרַג. 3 נְשִׁימָה עֲצוּרָה. 4 פְּעִירַת פֶּה
gassy adj 1 גַּזִּי. 2 מֵכִיל גַּז
gas station תַּחֲנַת דֶּלֶק
gastric adj קֵבָתִי
gastritis n דַּלֶּקֶת הַקֵּבָה
gastronomic adj גַּסְטְרוֹנוֹמִי
gastronomy n גַּסְטְרוֹנוֹמְיָה
gas works מִפְעַל גַּז
gate n 1 שַׁעַר, פֶּתַח. 2 כְּנִיסָה
gâteau n עוּגָה
gate-crash vti בִּקֵּר לְלֹא הַזְמָנָה
gate-crasher n אוֹרֵחַ לֹא קָרוּא
gate-keeper n שׁוֹעֵר
gateleg table שֻׁלְחַן כְּנָפַיִם
gatepost n 1 מְזוּזָה. 2 עַמּוּד
gateway n שַׁעַר, כְּנִיסָה, פֶּתַח, אַבּוּל
gather vti, n 1 אָסַף, לָקַט, אָצַר, צָבַר. 2 קִבֵּץ, כִּנֵּס, לִקֵּט, קוֹשֵׁשׁ. 3 לָמַד, הִסִּיק. 4 נִקְבַּץ, נֶאֱסַף. 5 קִפֵּל, קִפְלֵל. 6 הִתְאַסֵּף, הִתְכַּנֵּס. 7 קֵפֶל, קַפְלוּל
gathering n 1 הִתְכַּנְּסוּת, כֶּנֶס, אֲסֵפָה, עֲצֶרֶת. 2 לִקּוּט, אִסּוּף, אֲגִירָה. 3 מִקְבֶּצֶת
gathering stitch תַּךְ קִבּוּץ
gauche adj מְגֻשָּׁם, מְסֻרְבָּל, לֹא־יִצְלַח
gaucherie n סִרְבּוּל, מְגֻשָּׁמוּת, לֹא־יִצְלָחוּת
gaucho n גָּאוּצ׳וֹ, בּוֹקֵר
gaudily adv בְּגַנְדְּרוּר
gaudiness n טַרְזָנוּת, גִּנְדּוּר, הִתְהַדְּרוּת
gaudy adj 1 טַרְזָנִי, צַעֲקָנִי. 2 צִבְעוֹנִי
ga(u)ge vt, n 1 כִּיֵּל, מָדַד, הֶעֱרִיךְ, אָמַד. 2 מוֹנֶה, שָׁעוֹן, מַדִּיד, מַד. 3 אַמַּת מִדָּה, קְנֵה מִדָּה. 4 קֹדַח, קֹטֶר, עֳבִי. 5 מַחֲוָן. 6 מִרְוָח
Gaul n צָרְפַת, גַּלְיָה
gaunt adj רָזֶה, צָנוּם, כָּחוּשׁ
gauntlet n כְּסָיָה, כְּפָפָה
gauze n מַלְמָלָה, גָּזָה
gauzy adj רִשְׁתִּי, מַלְמָלִי
gave pt to give זמן עבר של הפועל
gavel n פַּטִּישׁ
gavotte n גָּבוֹט
gawk vi, n 1 הִסְתַּכֵּל בִּתְמִיהָה. 2 שׁוֹטֶה, טִפֵּשׁ, גֹּלֶם
gawkiness n טִפְּשׁוּת, כְּסִילוּת
gawky adj מְגֻשָּׁם
gay adj, n 1 עַלִּיז, שָׂמֵחַ. 2 הוֹמוֹסֶקְסוּאָל
gayness n עַלִּיזוּת, שִׂמְחָה
gaze vi, n 1 הִבִּיט, הִסְתַּכֵּל, הִתְבּוֹנֵן. 2 מַבָּט, הִסְתַּכְּלוּת, הֲצָצָה
gazelle n צְבִי
gazette n כְּתַב־עֵת, עִתּוֹן
gazetteer n 1 מִלּוֹן גֵּיאוֹגְרָפִי. 2 כַּתָּב עִתּוֹן
gear vti, n 1 הִכְשִׁיר, תִּקֵּן, הֵכִין, רָתַם. 2 חִבֵּר. 3 מִמְסָרָה, גַּלְגַּלֵּי שִׁנַּיִם. 4 כֵּלִים, מַכְשִׁירִים, צִיּוּד. 5 הִלּוּךְ

gearbox n תֵּבַת־הִלּוּכִים
geese npl אֲוָזִים
Geiger counter מוֹנֶה גַּיְגֶר
geisha n גֵּישָׁה
gel n מִקְפָּא, קָרִישׁ, גָּלִיד
gelatin(e) n מִקְפָּא, מַקְפִּית, גֶּלָדִין
gelatinous adj דִּבְקִי
geld vt סֵרֵס, עִקֵּר (בעל חיים)
gelding n סֵרוּס, סוּס מְסֹרָס
gelignite n גֶּלִיגְנִיט
gem n אֶבֶן טוֹבָה, אֶבֶן חֵן
Gemini n מַזַּל תְּאוֹמִים
gemmed adj מְקֻשָּׁט
gender n מִין
gene n גֵּן
genealogy n 1 תּוֹלָדוֹת, סֵדֶר הַדּוֹרוֹת. 2 יִחוּס, יַחַס
general adj, n 1 כְּלָלִי, כּוֹלֵל. 2 רָגִיל, שָׁכִיחַ. 3 רַב־אַלּוּף, גֶּנֶרָל
general practice רְפוּאָה כְּלָלִית
general practitioner רוֹפֵא כְּלָלִי
general census מִפְקַד אֻכְלוּסִין
general staff מַטֶּה כְּלָלִי, מַטְכָּ"ל
generalissimo n מְפַקֵּד עֶלְיוֹן, גֶּנֶרָלִיסִימוֹ
generality n כְּלָלִיּוּת
generalization n הַכְלָלָה
generalize vti הִכְלִיל, כָּלַל
generally adv בְּדֶרֶךְ כְּלָל, בִּכְלָל
generate vt הוֹלִיד, חוֹלֵל, יָצַר, גָּרַם, רִבָּה
generation n 1 דּוֹר. 2 רְבִיָּה, פְּרִיָּה. 3 הוֹלָדָה
generative adj מוֹלִיד, מִתְרַבֶּה, גֶּנֶרָטִיבִי
generator n 1 מוֹלִיד, יוֹצֵר. 2 מְחוֹלֵל. 3 גֶּנֶרָטוֹר
generic adj כְּלָלִי
generically adv לְפִי הַסּוּג
generosity n נְדִיבוּת, נַדְבָנוּת
generous adj 1 נְדִיב לֵב. 2 פּוֹרֶה
genesis n 1 בְּרֵאשִׁית. 2 רֵאשִׁית, מָקוֹר. 3 יְצִירָה, בְּרִיאָה
genetic adj תּוֹרַשְׁתִּי, גֶּנֶטִי
geneticist n גֶּנֶטִיקָן
genetics npl גֶּנֶטִיקָה
genial adj 1 אָדִיב, יְדִידוּתִי. 2 נוֹחַ, נָעִים, לְבָבִי. 3 עַלִּיז, שָׂמֵחַ
geniality n 1 אֲדִיבוּת, יְדִידוּתִיּוּת. 2 לְבָבִיּוּת, עַלִּיזוּת
genially adv בִּלְבָבִיּוּת, בְּשִׂמְחָה
genie n רוּחַ, שֵׁד
genital adj שֶׁל אֵיבְרֵי הַמִּין
genitals n 1 אֵיבְרֵי הַמִּין. 2 מְבוּשִׁים
genitive adj, n 1 שֶׁל יַחַס הַקִּנְיָן. 2 גֶּנִיטִיב
genius n 1 גָּאוֹן. 2 רוּחַ, גֶּנְיוּס
genocide n רֶצַח־עַם, גֶּנוֹסַיְד
genre n 1 סוּגָה. 2 סִגְנוֹן, אֹפֶן. 3 רוּחַ, סְגֻלָּה, דֶּרֶךְ
genteel adj עָדִין, חָבִיב, מְנֻמָּס
genteelly adv בְּנִימוּס
gentian n עַרְבָּז (צמח)
gentile n, adj גּוֹי, נָכְרִי, לֹא יְהוּדִי
gentility n נִימוּס, אֲדִיבוּת
gentle adj 1 אָצִיל, מְנֻמָּס, אָדִיב, עָדִין. 2 מָתוּן. 3 מְיֻחָס, אֲצִילִי
gentleman n נִכְבָּד, אָדִיב, גֶּ'נְטֶלְמֶן
gentlemanly adj מְנֻמָּס, אָדִיב, עָדִין
gentleness n עֲדִינוּת, אֲדִיבוּת, נִימוּסִיּוּת
gentlewoman n 1 גְּבִירָה, גְּבֶרֶת, אֲדוֹנָה. 2 מְנֻמֶּסֶת, אֲדִיבָה, עֲדִינָה
gently adv בַּעֲדִינוּת, בְּנִימוּס
gentry n רָמֵי מַעֲלָה
genu valgum (L) בֶּרֶךְ קְלוּבָה
genu varum (L) בֶּרֶךְ עֲקֻלָּה
genuflect vi כָּרַע בֶּרֶךְ, קָדַד, הִשְׁתַּחֲוָה
genuflexion, genuflection כְּרִיעַת בֶּרֶךְ, קִדָּה, הִשְׁתַּחֲוָיָה
genuine adj 1 אֲמִתִּי, מְקוֹרִי, מַמָּשִׁי. 2 לְבָבִי, כֵּן
genuinely adv בְּכֵנוּת, בֶּאֱמֶת
genuineness n אֲמִתִּיּוּת, מְקוֹרִיּוּת, כֵּנוּת
geographer n גֵּיאוֹגְרָף
geographical adj גֵּיאוֹגְרָפִי
geography n גֵּיאוֹגְרַפְיָה

geological adj גֵּיאוֹלוֹגִי
geologist n גֵּיאוֹלוֹג
geology n גֵּיאוֹלוֹגְיָה
geometric(al) adj גֵּיאוֹמֶטְרִי, הַנְדָּסִי
geometrically adv מִבְּחִינָה הַנְדָּסִית
geometric(al) progression טוּר הַנְדָּסִי
geometry n גֵּיאוֹמֶטְרִיָּה
geopolitics npl גֵּיאוֹפּוֹלִיטִיקָה
geranium n גֵּרַנְיוֹן
geriatric adj שֶׁל הַזִּקְנָה
geriatrics npl רְפוּאַת הַזִּקְנָה
germ n 1 חַיְדַּק. 2 נֶבֶט, נֵבֶג. 3 זֶרַע
German n, adj 1 גֶּרְמָנִי. 2 גֶּרְמָנִית
German measles אַדֶּמֶת, אֲדַמְדֶּמֶת
German Shepherd כֶּלֶב זְאֵב
germane adj 1 קָרוֹב. 2 נוֹגֵעַ, הוֹלֵם, מַתְאִים, רָאוּי
germicide n קוֹטֵל חַיְדַּקִּים
germinate vti 1 נָבַט, הֵנֵץ, פָּרַח, לִבְלֵב. 2 הִתְפַּתֵּחַ. 3 הִצְמִיחַ, הוֹלִיד
germination n 1 נְבִיטָה, פְּרִיחָה, צְמִיחָה, הֲנָצָה. 2 הִתְפַּתְּחוּת
gerund n שֵׁם הַפְּעֻלָּה
gestalt n 1 גֶּסְטָלְט. 2 תַּבְנִית, מִבְנֶה, מִכְלוֹל
gestation n עִבּוּר, הֵרָיוֹן
gesticulate vi הֶחֱוָה, הִבִּיעַ בִּתְנוּעוֹת
gesticulation n הַחֲוָיָה, הַעֲוָיַת פָּנִים
gesture vi, n 1 רָמַז, עָשָׂה הַעֲוָיוֹת. 2 רְמִיזָה, רֶמֶז, הַעֲוָיָה. 3 מֶחֱוָה
get vti 1 הִשִּׂיג, רָכַשׁ, קָנָה. 2 לָקַח, קִבֵּל, זָכָה. 3 הִשְׂתַּכֵּר. 4 תָּפַס, לָמַד. 5 הוֹלִיד. 6 חָלָה. 7 הִגִּיעַ
get along 1 הִתְקַדֵּם. 2 הִסְתַּדֵּר
get along with חַי בְּשָׁלוֹם עִם
get away הִסְתַּלֵּק, נִמְלַט, הִתְחַמֵּק
get back 1 חָזַר, שָׁב. 2 הֶחֱלִים, הִבְרִיא. 3 נָקַם, הֶחֱזִיר
get by 1 עָבַר. 2 הִסְתַּדֵּר
get in הִגִּיעַ, נִכְנַס
get off 1 עָזַב. 2 יָרַד. 3 הֵסִיר
get on 1 הִתְקַדֵּם. 2 עָלָה
get out 1 יָצָא, הִסְתַּלֵּק. 2 פֻּרְסַם. 3 חִלֵּץ
get out of הִשְׁתַּחְרֵר מִ־
get over 1 הִתְגַּבֵּר, הִתְאוֹשֵׁשׁ. 2 עָבַר
get to הִגִּיעַ
get together הִתְאַסֵּף, הִתְקַבֵּץ
get-together n מִפְגָּשׁ, מְסִבָּה
get up 1 הִשְׁכִּים, קָם, נֶעֱמַד. 2 הִתְעוֹרֵר. 3 הִתְכּוֹנֵן
get-up n תִּלְבֹּשֶׁת
get up to הִתְכּוֹנֵן, אִרְגֵּן
gewgaw n הֲבָלִים
geyser n גֵּייזֶר
ghastliness n אֵימִים, בְּעָתָה
ghastly adj 1 נוֹרָא, אָיֹם, מַפְחִיד. 2 דּוֹמֶה לְמֵת
gherkin n מְלָפְפוֹן חָמוּץ
ghetto n גֶּטוֹ
ghost n 1 רוּחַ, אוֹב, שֵׁד, צֵל. 2 סוֹפֵר רְפָאִים. 3 כָּפִיל
ghost images כֶּפֶל בָּבוּאוֹת
ghostliness n רוּחִיּוּת
ghostly adj 1 שֵׁדִי. 2 שֶׁל רוּחַ הַמֵּת. 3 מְצַמְרֵר
ghoul n 1 שֵׁד, שָׂטָן. 2 חוֹמֵס קְבָרִים
ghoulish adj שֵׁדִי, מְתֹעָב
giant n עֲנָק, נָפִיל
giantess n עֲנָקִית
gibber vi גִּמְגֵּם, מִלְמֵל
gibberish n 1 פַּטְפְּטָנוּת, גַּמְגְּמָנוּת. 2 שְׁטֻיּוֹת
gibbet n 1 גַּרְדּוֹם. 2 עֵץ תְּלִיָּה
gibe, jibe vi, n 1 לִגְלֵג, לָעַג, הִתֵּל. 2 לַעַג, לִגְלוּג, הִתּוּל
giblets n קִרְבֵי־עוֹף
giddily adv בְּאֹפֶן מְסַחְרֵר, בִּסְחְרוּר
giddiness n 1 סְחַרְחֹרֶת, סִחְרוּר. 2 פְּזִיזוּת, הֲפַכְפְּכָנוּת
giddy adj 1 מְסַחְרֵר. 2 פָּזִיז, הֲפַכְפַּךְ
gift n 1 מַתָּנָה, שַׁי, תְּשׁוּרָה.

כִּשְׁרוֹן, מַתָּת

gifted adj מְחוֹנָן, מֻכְשָׁר

gig n 1 כִּרְכָּרָה. 2 דּוּגִית, סִירָה

gigantic adj עֲנָקִי, עָצוּם

giggle vi, n 1 גִּחֵךְ. 2 גִּחוּךְ

gigolo n ג׳יגוֹלוֹ

gild vt הִזְהִיב

gill n 1 אָגִיד, זִים. 2 גִּיל (מידה)

gillie n מְשָׁרֵת, שַׁמָּשׁ

gilt adj, n 1 מֻזְהָב, זָהֹב. 2 בָּרָק חִיצוֹנִי

gimbals npl תְּלֵי מַצְפֵּן

gimcrack adj 1 רַשְׁלָן. 2 בְּלִי עֵרֶךְ

gimlet n מַקְדֵּחָה יָדָנִית

gimmick n תַּחְבּוּלָה

gin vt, n 1 נָפַט, נִפֵּט. 2 מַלְכֹּדֶת, רֶשֶׁת. 3 מַנְפֵּטָה. 4 ג׳ין (יי״ש)

ginger n 1 זַנְגְּבִיל. 2 עֵרָנוּת, חֲרִיפוּת

gingerly adv בִּזְהִירוּת, בְּמְתִינוּת

gingham n גִּינְגַּם (אריג)

ginseng n גִּינְסֶן (צמח)

gipsy, gypsy n adj 1 צוֹעֲנִי. 2 שֶׁל צוֹעֲנִים

giraffe n ג׳ירָפָה

gird vt, n 1 חִשֵּׁק. 2 חָגַר, שִׁנֵּס. 3 הִקִּיף. 4 הִתְאַזֵּר. 5 לָעַג. 6 לַעַג

girder n קוֹרָה, כָּפִיס, עֹב

girdle vt, n 1 חָגַר, שִׁנֵּס. 2 הִקִּיף, כִּתֵּר, עָטַר. 3 חֲגוֹרָה, אַבְנֵט, אֵזוֹר. 4 חִשּׁוּק. 5 גָּדֵר

girl n 1 יַלְדָּה. 2 נַעֲרָה, בַּחוּרָה. 3 אֲהוּבָה

girlhood n נַעֲרוּת, שַׁחֲרוּת

girlish adj נַעֲרָתִי

girlishly adv כְּנַעֲרוֹת

girlishness n נַעֲרוּת, יַלְדוּתִיּוּת

girt pp בינוני עבר של הפועל to gird

girth n 1 חֶבֶק. 2 חֲגוֹרָה. 3 הֶקֵּף

gist n 1 עִקָּר, תֹּכֶן. 2 תַּמְצִית

give vti, n 1 נָתַן, מָסַר, הֶעֱנִיק. 2 סִפֵּק, הִנְחִיל. 3 הֵנִיב, הוֹלִיד. 4 הֵפִיק. 5 הוֹצִיא. 6 שָׁקַע, הִתְכּוֹפֵף. 7 גְּמִישׁוּת

give away נָתַן, מָסַר, הֶעֱנִיק

give back הֶחֱזִיר, הֵשִׁיב

give in 1 וִתֵּר, נִכְנַע. 2 מָסַר

give off 1 פָּלַט, הֵפִיץ. 2 שָׁלַח, שִׁלַּח

give out 1 פִּרְסֵם, הִכְרִיז. 2 שָׁלַח, שִׁלַּח

give rise to עוֹרֵר, גָּרַם

give up וִתֵּר, נָטַשׁ, נִכְנַע

give way נָסוֹג, וִתֵּר, נִכְנַע, פִּנָּה דֶּרֶךְ

given pp adj 1 בינוני עבר של הפועל to give. 2 מָעֳנָק. 3 נָתוּן, מְסֻיָּם, מְפֹרָט

gizzard n זֶפֶק, מֻרְאָה

glacé adj מְמֻתָּק, מְסֻכָּר, מְזֻגָּג

glacial adj 1 קַרְחִי, קַרְחוֹנִי. 2 קַר, קָפוּא

glacier n קַרְחוֹן

glad adj 1 שָׂמֵחַ, עַלִּיז. 2 מְרֻצֶּה, שְׂבַע־רָצוֹן

gladden vt 1 שִׂמַּח, הִרְנִין, הִצְהִיל. 2 שָׂמַח, צָהַל

glade n 1 קָרַחַת יַעַר. 2 מַעֲרֶה

gladiator n לוּדָר, גְּלַדְיָאטוֹר

gladiatorial adj לוּדָרִי

gladiolus n סֵיפָן, גְּלַדְיוֹלָה

gladly adv בְּשִׂמְחָה

gladness n שִׂמְחָה, עַלִּיזוּת, חֶדְוָה

gladsome adj 1 עַלִּיז, שָׂמֵחַ. 2 שְׂבַע־רָצוֹן, מְשַׂמֵּחַ

glamorize vt הִקְסִים, הִזְהִיר

glamorous adj מַקְסִים, מַזְהִיר

glamo(u)r n 1 קֶסֶם, מִקְסָם. 2 זֹהַר

glance vi, n 1 הִבְהִיק, הִבְהֵב. 2 הֵעִיף מַבָּט, הֵצִיץ, סָקַר

glance off vt 1 נִצְנֵץ. 2 נָגַע קַלּוֹת

gland n 1 בַּלּוּטָה. 2 בַּלּוּט, שָׁקֵד

glanders n נַחֶרֶת (מחלה)

glandular adj שֶׁל בַּלּוּטוֹת

glare vi, n 1 הִבְהִיק, הִבְרִיק. 2 הִבִּיט בְּכַעַס. 3 בָּרָק, הַבְהָקָה. 4 מַבָּט כָּעוּס

glaring adj 1 מְסַנְוֵר, מַבְרִיק, מַזְהִיר. 2 נוֹקֵב, חָצוּף. 3 בּוֹלֵט

glass n 1 זְכוּכִית, זְגוּגִית. 2 מַרְאָה, רְאִי. 3 כּוֹס
glasses npl 1 מִשְׁקְפֵי רְאִיָּה. 2 כּוֹסוֹת
glassful n מְלֹא הַכּוֹס
glasshouse n 1 חֲמָמָה. 2 בֵּית חֲרֹשֶׁת לִזְכוּכִית
glassware n כְּלֵי זְכוּכִית
glassy adj 1 זְגוּגִי, זְכוּכִי. 2 שָׁקוּף
glaze vti, n 1 זִגֵּג. 2 מֵרֵק. 3 אִמֵּל, קִבֵּל מַרְאֶה זְגוּגִי. 4 זִגּוּג. 5 אֵימָל, אֱמַיִל
glazier n זַגָּג
gleam vi, n 1 הִבְהִיק, נִצְנֵץ, זָרַח, נָגַהּ. 2 נִצְנוּץ, זֹהַר. 3 נִיצוֹץ, שָׁבִיב, זִיק
glean vt אָסַף, לִקֵּט, לָקַט, קִבֵּץ
gleanings npl לֶקֶט
glee n שִׂמְחָה, עַלִּיזוּת, עֲלִיצוּת
gleeful adj שָׂשׂ, שָׂמֵחַ, עַלִּיז
gleefully adv בְּשָׂשׂוֹן
glen n גַּיְא, עָרוּץ, בִּקְעָה
glib adj חֲלַקְלַק
glibly adv בִּפְזִיזוּת, בַּחֲלַקְלַקּוּת
glide vi, n 1 דָּאָה. 2 גָּלַשׁ. 3 דְּאִיָּה, גְּלִישָׁה
glider n דָּאוֹן
glimmer vi, n 1 נִצְנֵץ, הִבְהֵב. 2 נִצְנוּץ, הִבְהוּב. 3 רֶמֶז. 4 זִיק
glimpse vt, n 1 הֵעִיף עַיִן, חָטַף מַבָּט. 2 נִצְנוּץ. 3 מַבָּט חָטוּף
glint 1 נִצְנֵץ, זָרַח, הֵאִיר. 2 נִצְנוּץ
glissade vi, n 1 הֶחֱלִיק, גָּלַשׁ. 2 גְּלִישָׁה, הַחְלָקָה
glissando adv, adj בִּגְלִישָׁה, גְּלִישׁ
glisten vi הִבְרִיק, נִצְנֵץ, זָרַח
glitter vi, n 1 נָצַץ, נִצְנֵץ, זָרַח, זָהַר. 2 נִצְנוּץ, בָּרָק, זֹהַר
glittering adj נוֹצֵץ, מַבְרִיק, מַבְהִיק
gloaming n דִּמְדּוּמִים, בֵּין הַשְּׁמָשׁוֹת
gloat vi 1 הִבִּיט בְּחֶמְדָּה. 2 שָׂמַח לְאֵיד, צָהַל
global adj 1 כּוֹלְלָנִי, גְּלוֹבָּלִי. 2 שֶׁל כַּדּוּר הָאָרֶץ
globe n 1 כַּדּוּר, גּוּף כַּדּוּרִי. 2 כַּדּוּר הָאָרֶץ, גְּלוֹבּוּס
globefish n דַּג הַכַּדּוּר
globe trotter שַׁטְּטָן, נָע וָנָד
globular adj כַּדּוּרִי, עֲגַלְגַּל
globule n כַּדּוּרִית
glockenspiel n פַּעֲמוֹנָה
gloom vti, n 1 הֶחְשִׁיךְ, הִקְדִּיר. 2 הֶעֱצִיב. 3 חָשַׁךְ, קָדַר. 4 אֲפֵלָה, חֹשֶׁךְ, קַדְרוּת. 5 עֶצֶב, דִּכָּאוֹן, צַעַר
gloomily adv בְּעֶצֶב, בְּקַדְרוּת
gloomy adj אָפֵל, עָגוּם, קוֹדֵר, עָצוּב
glorification n הַעֲרָצָה, תְּהִלָּה, הַלֵּל
glorify vt הֶעֱרִיץ, הִלֵּל, שִׁבַּח, רוֹמֵם
glorious adj נַעֲרָץ, נִשְׂגָּב, מְפֹאָר, מְהֻלָּל
gloriously adv בְּהַעֲרָצָה, לְתִפְאֶרֶת
glory n תְּהִלָּה, זֹהַר, הָדָר, תִּפְאֶרֶת
glory in vi הִתְרַבְרֵב, הִתְפָּאֵר
gloss vt, n 1 הִבְרִיק, הִזְהִיר. 2 פֵּרֵשׁ, בֵּאֵר. 3 בָּרָק, צִחְצוּחַ. 4 בֵּאוּר, פֵּרוּשׁ. 5 מַרְאֶה חִיצוֹנִי
gloss over הִתְעַלֵּם, עָקַף
glossary n 1 אֶגְרוֹן, מִלּוֹן. 2 רְשִׁימַת מִלִּים
glossily adv בִּמְמֹרָט, מַבְרִיק
glossiness n בָּרָק, מֵרוּט
glossy adj 1 חָלָק, מְמֹרָט. 2 מַבְרִיק, נוֹצֵץ
glottal adj שֶׁל בֵּית־הַקּוֹל
glottis n בֵּית־הַקּוֹל
glove n כְּסָיָה, כְּפָפָה, בֵּית־יָד
glow vi, n 1 לָהַט, בָּעַר, הֵאִיר, זָהַר. 2 לַהַט, לֶהָבָה, אַדְמוּמִיּוּת
glow worm גַּחְלִילִית
glower vi זָעַם, קָדַר, הִזְעִים פָּנִים
glowing adj לוֹהֵט, מַזְהִיר, יוֹקֵד
glowingly adv בְּלַהִיטוּת
glucose n גְּלוּקוֹזָה
glue vt, n 1 הִדְבִּיק, דִּבֵּק, חִבֵּר. 2 דֶּבֶק
gluey adj דָּבִיק, דִּבְקִי
glum adj 1 עָצוּב, עָגוּם. 2 מְדֻכָּא

glumly adv בְּעַצְבוּת

glumness n עַצְבוּת

glut vt, n 1 הִשְׂבִּיעַ, הֵצִיף, הִגְדִּישׁ. 2 שֶׂפַע, גֹּדֶשׁ

gluten n דִּבְקִית

glutinous adj דָּבִיק, דִּבְקִי, מְדַבֵּק

glutton n זוֹלֵל, אַכְלָן, רַעַבְתָן

gluttonous adj רַעַבְתָן, אַכְלָן, גַּרְגְּרָן

gluttonously adv בִּזְלִילָה

gluttony n רַעַבְתָנוּת, גַּרְגְּרָנוּת

glycerin(e) n גְּלִיצֶרִין

gnarled adj 1 סִיקוּסִי, מְסֻקָּס. 2 מְעֻוָּת, מְקֻמָּט

gnash vit חָרַק (שיניים)

gnat n יַתּוּשׁ, יַבְחוּשׁ

gnaw vti 1 כִּרְסֵם, כָּסַס. 2 כִּלָּה, אִכֵּל

gnome n שֵׁדוֹן, גַּמָּד, נַנָּס

gnu n גְּנוּ

go vi, n 1 הָלַךְ. 2 נָסַע, עָבַר, יָצָא. 3 הָלַם, הִתְאִים. 4 הִמְשִׁיךְ, הִתְקַדֵּם. 5 הִגִּיעַ, נָטָה, נִמְשַׁךְ. 6 נִמְכַּר, אָפֵס. 7 הֲלִיכָה. 8 אָפְנָה. 9 יָזְמָה, דְּחִיפָה. 10 מֶרֶץ. 11 נִסָּיוֹן, נִסּוּי. 12 הַצְלָחָה

go about שׁוֹטֵט, סוֹבֵב

go after 1 הָלַךְ אַחֲרֵי. 2 הִסְכִּים

go along הִמְשִׁיךְ, הִתְאִים

go at הִתְקִיף, הִתְנַפֵּל

go away הִסְתַּלֵּק, הָלַךְ, יָצָא

go back חָזַר, שָׁב

go back on הִתְחָרֵט מִ־

go down 1 יָרַד, טָבַע. 2 שָׁקַע, צָלַל

go for 1 הִתְקִיף, הִתְנַפֵּל. 2 נִסָּה לְהַשִּׂיג

go in נִכְנַס, בָּא

go into בָּדַק, סָקַר

go off הִסְתַּלֵּק, הָלַךְ, יָצָא

go on הִמְשִׁיךְ

go out כָּבָה, יָצָא, דָּעַךְ, שָׁבַת

go over 1 עָבַר עַל. 2 בָּדַק

go round הִסְתּוֹבֵב, סָבַב

go through סָבַל, הִתְנַסָּה

go through with הִשְׁלִים

go up עָלָה

go under נָפַל, כָּרַע, נִכְנַע

goad vt, n 1 דִּרְבֵּן. 2 עוֹרֵר, הִמְרִיץ. 3 גֵּרוּי, דְּחִיפָה. 4 מַלְמָד, דָּרְבָן

goal n 1 מַטָּרָה, תַּכְלִית. 2 שַׁעַר

goalkeeper n שׁוֹעֵר

goat n 1 תַּיִשׁ, עֵז, עַתּוּד. 2 שָׂעִיר

goatee n זְקַן תַּיִשׁ

goatherd n רוֹעֵה עִזִּים

gobble vti 1 בָּלַע, זָלַל. 2 קִעְקַע

go-between n 1 מְתַוֵּךְ. 2 שַׁדְכָן

goblet n גָּבִיעַ

goblin n שֵׁדוֹן

go-cart n 1 עֶגְלַת יְלָדִים. 2 כִּרְכָּרָה קַלָּה

God n אֱלֹהִים, הַקָּדוֹשׁ בָּרוּךְ הוּא

god n 1 אֵל, אֱלִיל. 2 צֶלֶם

godchild n יֶלֶד סַנְדְּקָאוּת

goddaughter n בַּת סַנְדְּקָאוּת

goddess n 1 אֵלָה, אֱלִילָה. 2 אִשָּׁה יָפָה

godfather n סַנְדָּק

godforsaken adj זָנוּחַ, עָלוּב, מֻזְנָח

godless adj כּוֹפֵר, חוֹטֵא

godlessness n כְּפִירָה

godliness n קְדֻשָּׁה, חֲסִידוּת

godly adj חָסִיד, אָדוּק, יְרֵא שָׁמַיִם

godmother n סַנְדָּקִית

godparent n 1 סַנְדָּק. 2 סַנְדָּקִית

godsend n 1 חֶסֶד אֱלֹהִים. 2 מַתְּנַת שָׁמַיִם

godson n בֵּן סַנְדְּקָאוּת

godspeed n הַצְלָחָה, מַזָּל טוֹב

gofer n נַעַר שְׁלִיחוּיוֹת

goggle vi, n 1 לָטַשׁ עֵינַיִם. 2 פְּזִילָה

goggle-eyed adj פּוֹזֵל

goggles npl מִשְׁקְפֵי מָגֵן

going adj, n 1 מַצְלִיחַ, קַיָּם. 2 הֲלִיכָה, יְצִיאָה

gold n זָהָב

golden adj זָהֹב, מֻזְהָב, זְהָבִי

gold leaf 1 רִקּוּעַ זָהָב. 2 עֲלֵה זָהָב

gold rush בֶּהָלָה לְזָהָב
gold standard בְּסִיס זָהָב
goldfinch n חוֹחִית
goldfish n דַּג זָהָב
gold-plate n צִפּוּי זָהָב
goldsmith n צוֹרֵף (זהב)
gold wedding יוֹבֵל הַזָּהָב, חֲתֻנַּת זָהָב
golf n גּוֹלְף
golf-club n 1 אַלַּת־גּוֹלְף. 2 מוֹעֲדוֹן גּוֹלְף
golliwog n סוּג שֶׁל בֻּבָּה
Golly! interj אֵלִי!
gondola n גּוֹנְדּוֹלָה
gondolier n גּוֹנְדּוֹלָר
gone pp, adj 1 בינוני עבר של הפועל
to go. 2 אָבוּד, בָּטֵל.
3 נִכְשָׁל. 4 תָּשׁוּשׁ, רָפֶה
gong n גּוֹנְג
good adj 1 טוֹב, נָאֶה, יָעִיל, מוֹעִיל.
2 צַדִּיק, יָשָׁר, הָגוּן. 3 מַשְׂבִּיעַ,
מְסַפֵּק, מְהַנֶּה. 4 מַתְאִים, יָפֶה.
5 קַיָּם, בַּר־תֹּקֶף, תַּקִּיף.
6 נָעִים, נֶחְמָד
good-by, good-bye interj שָׁלוֹם!
good cheer 1 מַעֲדַנִּים. 2 שִׂמְחָה. 3 אֹמֶץ
good-for-nothing adj, n 1 לֹא יִצְלַח.
2 בְּרָכָה לְבַטָּלָה
Good Friday יוֹם הַשִּׁשִּׁי הַטּוֹב
good-looking adj יְפֵה תֹּאַר
good looks מַרְאֶה נָאֶה
good-natured adj נְעִים מֶזֶג, נוֹחַ
Good Night! לַיְלָה טוֹב, לֵיל מְנוּחָה!
good time בִּלּוּי בַּנְּעִימִים
good turn מִצְוָה, מַעֲשֶׂה טוֹב
goodish adj טוֹב לְמַדַּי
goodly adj חִנָּנִי, יְפֵה מַרְאֶה
goodness n נְדִיבוּת, נוֹחוּת, חֶסֶד
Goodness gracious! רַחֲמֵי שָׁמַיִם!
Goodness knows! הַשֵּׁד יוֹדֵעַ!
goods npl 1 טוּבִים, סְחוֹרָה. 2 מִטְעָן,
מִטַּלְטְלִים
goodwill n 1 מוֹנִיטִין. 2 רָצוֹן טוֹב

goody n מַמְתָּק, מַעֲדָן
goody goody מִתְחַסֵּד
goon n שׁוֹטֶה, טִפֵּשׁ
goose n 1 אַוָּז. 2 אַוָּזָה. 3 שׁוֹטֶה
gooseberry n דֻּמְדְּמָנִית
goose flesh סִמּוּר בְּבָשָׂר
gopher n 1 סְנָאִי. 2 עֵץ גֹּפֶר
Gordian adj 1 גּוֹרְדִּי. 2 מְסֻבָּךְ, קָשֶׁה
gore vt, n 1 נָגַח. 2 תָּפַר. 3 דָּם. 4 דָּם
קָרוּשׁ. 5 קִפּוּל
gorge vti, n 1 זָלַל, הִתְפַּטֵּם. 2 זְלִילָה.
3 לֹעַ, גָּרוֹן. 4 גַּיְא
gorgeous adj נִפְלָא, מְפֹאָר, נֶהְדָּר
gorgeously adv בְּצוּרָה נֶהְדֶּרֶת
gorilla n גּוֹרִילָה
gormandize vi זָלַל, לָעַט
gorse n אוּלֶקְס אֵירוֹפִּי (צמח)
gory adj מְגֹאָל בְּדָם
gosling n אַוָּזוֹן
Gospel n 1 בְּשׂוֹרַת הַנַּצְרוּת. 2 אֶוַנְגֶּלְיוֹן
gossamer n 1 קוּרֵי עַכָּבִישׁ. 2 חוּט, קוּר
gossip vi, n 1 הָלַךְ רָכִיל, פִּטְפֵּט, רִכֵּל.
2 פִּטְפּוּט, רְכִילוּת, לַעַז.
3 פַּטְפְּטָן, רַכְלָאִי, מַלְעִיז
got pt זמן עבר של הפועל to get
gotten pp בינוני עבר של הפועל to get
gouache n גּוּאָשׁ
gouge vt, n 1 פָּסַל, פִּסֵּל. 2 נִקֵּר. 3 רִמָּה,
הוֹנָה. 4 מַפְסֶלֶת. 5 נוֹכֵל
goulash n גּוּלָשׁ
gourd n דְּלַעַת
gourmand n אַכְלָן, גַּרְגְּרָן, זוֹלְלָן
gourmet n בָּקִי בְּמַטְעַמֵּי הַשֻּׁלְחָן, טַעֲמָן
gout n צִנִּית, פּוֹדַגְרָה
gouty adj פּוֹדַגְרִי
govern vt 1 מָשַׁל, שָׁלַט. 2 נִהֵל, נָהַג, וִסֵּת.
3 הִנְחָה, הִסְדִּיר, הִדְרִיךְ, הִצְרִיךְ.
4 שִׁמֵּשׁ עִם (דקדוק)
governance n 1 שְׁלִיטָה, פִּקּוּחַ, בַּקָּרָה.
2 מִמְשָׁל
governess n 1 אוֹמֶנֶת. 2 מוֹשֶׁלֶת

governing adj שׁוֹלֵט, מוֹשֵׁל
government n 1 מֶמְשָׁלָה, שִׁלְטוֹן. 2 רָשׁוּת, הַנְהָלָה
governor n 1 מוֹשֵׁל, שַׁלִּיט. 2 נְצִיב. 3 נָגִיד. 4 וַסָּת
gown n, vt 1 שִׂמְלָה. 2 מְעִיל. 3 גְּלִימָה. 4 חָלוּק. 5 הִלְבִּישׁ
grab vt, n 1 אָחַז, תָּפַס. 2 חָטַף. 3 חֲטִיפָה. 4 תְּפִיסָה, אֲחִיזָה
grace vt, n 1 רוֹמֵם, פֵּאֵר, כִּבֵּד. 2 חָנַן, קִשֵּׁט. 3 חֵן, יֹפִי, נֹעַם. 4 נְדִיבוּת, אֲדִיבוּת, הֲגִינוּת. 5 חֶסֶד, חֲנִינָה, טוֹבָה. 6 אַרְכָּה. 7 סֵבֶר פָּנִים, רָצוֹן טוֹב. 8 בְּרָכָה, מַעֲלָה. 9 קִשּׁוּט (מוסיקה)
graceful adj חִנָּנִי
gracefully adv בְּחֵן, בְּנֹעַם
gracefulness n חֵן, נֹעַם, חִנָּנִיּוּת
graceless adj 1 נִשְׁחָת, חוֹטֵא. 2 חֲסַר בּוּשָׁה, חֲסַר טַעַם
gracious adj 1 נָעִים, אָדִיב, מְנֻמָּס. 2 רַב חֶסֶד
graciously adv 1 בְּחֵן, בְּנֹעַם. 2 בַּאֲדִיבוּת
graciousness n 1 חֵן, חֶסֶד, נֹעַם. 2 סֵבֶר פָּנִים
gradation n הַדְרָגָה, הַדְרָגָתִיּוּת
grade vt, n 1 דֵּרֵג, הִדְרִיג. 2 מִיֵּן, סִוֵּג, צִיֵּן. 3 פִּלֵּס, יִשֵּׁר. 4 דַּרְגָּה, מַעֲלָה, מַדְרֵגָה. 5 סוּג, מִין. 6 כֶּבֶשׁ. 7 שִׁפּוּעַ, מוֹרָד. 8 מַחְלָקָה, כִּתָּה. 9 צִיּוּן
grade school בֵּית סֵפֶר יְסוֹדִי
grader n 1 מַפְלֵסָה. 2 מַיָּן, מְסַוֵּג. 3 תַּלְמִיד
gradient adj, n 1 הַדְרָגָתִי, מֻדְרָג. 2 הוֹלֵךְ, מִתְקַדֵּם. 3 מְשֻׁפָּע, מִדְרוֹנִי. 4 שִׁפּוּעַ, מִדְרוֹן
gradual adj הַדְרָגָתִי, מֻדְרָג, מְדֹרָג
gradually adv בְּהַדְרָגָה, אַט־אַט
gradualness n 1 הַדְרָגִיּוּת, הַדְרָגָתִיּוּת. 2 הַדְרָגָה
graduate vit, n 1 סִיֵּם חֹק לִמּוּדָיו. 2 אִפֵּס. 3 שִׁנֵּת, הִשְׁנִית. 4 מֻסְמָךְ, בּוֹגֵר. 5 מַבְחֵנָה, מְשׂוּרָה
graffiti npl חֲרֹתֶת, תַּחְרִיט, גְרָפִיטִי
graft vti, n 1 הִרְכִּיב, הִכְלִיא. 2 הַרְכָּבָה, רוֹכֵב. 3 שֶׁתֶל
grail n קֻבַּעַת, כּוֹס, גָּבִיעַ
grain n 1 גַּרְעִין, גַּרְגִּיר, זֵרָעוֹן. 2 תְּבוּאָה, דָּגָן, בָּר. 3 קֻרְטוֹב, שֶׁמֶץ. 4 מַאֲרָג, סִיב
gram(me) n גְּרָם
grammar n דִּקְדּוּק
grammarian n מְדַקְדֵּק
grammar-school n בֵּית סֵפֶר תִּיכוֹן עִיּוּנִי
gramophone n מָקוֹל, גְּרָמוֹפוֹן, פָּטֶפוֹן
grampus n דּוֹלְפִין
granary n אָסָם, אֹסֶם, גֹּרֶן
grand adj 1 גָּדוֹל, כַּבִּיר. 2 נֶהְדָּר, מְפֹאָר, נִפְלָא, נִשְׂגָּב. 3 נַעֲלֶה. 4 עִקָּרִי, רָאשִׁי, רִאשׁוֹן. 5 מְצֻיָּן
grandchild n 1 נֶכֶד. 2 נֶכְדָּה
granddaughter n נֶכְדָּה
grandee n אָצִיל (ספרדי), רוֹזֵן
grandeur n גְּדֻלָּה, רוֹמְמוּת, תִּפְאֶרֶת, הוֹד, הָדָר
grandfather n 1 סָב, סַבָּא. 2 זָקֵן
grandfather clock אוֹרְלוֹגִין
grandiloquence n נִמְלָצוּת, מְלִיצִיּוּת
grandiloquent adj נִמְלָץ, מְלִיצִי
grandiose adj מְפֹאָר, רַב־רֹשֶׁם, גְּרַנְדְּיוֹזִי
grandmother n סָבָה, סַבְתָּא
grandparent n סָב אוֹ סָבָה
grand piano פְּסַנְתֵּר כָּנָף
grandson n נֶכֶד
grandstand n יָצִיעַ מְקֹרֶה בַּחוּץ
grand total סַךְ־הַכֹּל כְּלָלִי
grange n חַוָּה, מֶשֶׁק
granite n שַׁחַם, גְּרָנִית
grant vt, n 1 הֶעֱנִיק, הוֹשִׁיט, נָתַן. 2 זִכָּה, כִּבֵּד. 3 הִסְכִּים, הוֹדָה. 4 הֶאֱצִיל, הֶעֱבִיר. 5 מַעֲנָק, קִצְבָּה. 6 הַעֲנָקָה,

grating n 1 שְׁבָכָה, סְבָכָה, סוֹרֵג, מִכְבָּר, סָרִיג. 2 צְרִימָה
gratis adv, adj חִנָּם, בְּחִנָּם
gratitude n הַכָּרַת תּוֹדָה, הוֹקָרָה
gratuitous adj 1 בְּחִנָּם. 2 שְׁרִירוּתִי
gratuity n מַתָּת, מַעֲנָק, הַעֲנָקָה, תֶּשֶׁר
grave vti, adj, n 1 חָרַת, חָרַט, גִּלֵּף, חָקַק. 2 קִרְצֵף (אוניה). 3 רְצִינִי, חָמוּר. 4 חָשׁוּב, כָּבֵד, מַכְרִיעַ. 5 גְּרָוֶה (מוזיקה). 6 כָּבֵד, אִטִּי. 7 קֶבֶר, קְבוּרָה, שְׁאוֹל. 8 מָוֶת
gravel n חָצָץ
gravely adv בִּרְצִינוּת
graven adj חָקוּק, חָרוּת, חָרוּט, גָּלוּף
graveness n רְצִינוּת, כֹּבֶד רֹאשׁ
gravestone מַצֵּבָה
graveyard n בֵּית עָלְמִין, בֵּית קְבָרוֹת
graving dock מִבְדּוֹק
gravitate vi 1 נִמְשַׁךְ, נָע מִכֹּחַ הַמְּשִׁיכָה. 2 נָטָה אֶל. 3 שָׁקַע, צָנַח, יָרַד
gravitation n מְשִׁיכָה, כְּבִידָה
gravity n 1 כֹּחַ הַמְּשִׁיכָה, כֹּחַ הַכֹּבֶד. 2 רְצִינוּת
gravy n 1 רֹטֶב. 2 צִיר
gravy-boat n בֵּית רֹטֶב
gravy train פַּרְנָסָה לְלֹא יְגִיעָה
gray adj, n 1 אָפֹר, אַפְרוּרִי, כָּסוּף. 2 כְּסוּף שֵׂעָר
graze vit, n 1 רָעָה, לִחֵךְ. 2 חִכֵּךְ. 3 הִתְחַכֵּךְ. 4 רְעִיָּה. 5 שְׂרִיטָה. 6 שִׁפְשׁוּף
grazier n 1 רוֹעֶה, בּוֹקֵר. 2 מְגַדֵּל בְּהֵמוֹת
grazing-land n אָחוּ, כַּר, אֲפָר
grease vt, n 1 מָשַׁח, סָךְ, דִּהֵן. 2 שִׁמֵּן, שֶׁמֶן. 3 חֵלֶב, דֹּהַן. 4 מִשְׁחָה. 5 חֹמֶר־סִיכָה
greasepaint n מִשְׁחַת צֶבַע
greasiness n שַׁמְנוּנִיּוּת
greasy adj 1 שָׁמֵן, מְשֻׁמָּן. 2 חַנְפָנִי
great adj 1 גָּדוֹל, עָצוּם, רַב. 2 עִקָּרִי, רָאשִׁי, חָשׁוּב. 3 נַעֲלֶה, שַׂגִּיב,

גְּמוּל, הוֹדָיָה. 7 הַנְחָלָה, רִשְׁיוֹן
granular adj גַּרְגְּרִי, גַּרְעִינִי
granulated adj מְגֻרְעָן, מְחֻסְפָּס
granule n גַּרְגֵּר, גַּרְגִּיר
grape n עֵנָב
grapefruit n אֶשְׁכּוֹלִית
grapevine n 1 גֶּפֶן. 2 צִנּוֹר רְכִילוּת
graph n תַּרְשִׁים, עֲקֻמָּה, רִשּׁוּם, דִּיאַגְרַמָּה
graphic(al) adj 1 צִיּוּרִי, חַי. 2 גְּרָפִי
graphically adv בְּצוּרָה גְּרָפִית
graphics npl גְּרָפִיקָה
graphite n גְּרָפִיט
grapnel n עֹגֶן קָטָן, אַנְקוֹל
grapple vi, n 1 לָפַת, אָחַז, תָּפַס. 2 נֶאֱבַק, נִלְחַם, הִתְגּוֹשֵׁשׁ. 3 אַנְקוֹל. 4 אֲחִיזָה, לְטִיפָה, תְּפִיסָה
grappling-iron n אַנְקוֹל
grasp vt, n 1 אָחַז, לָפַת, תָּפַס. 2 הֵבִין, הִשִּׂיג. 3 הִתְמוֹדֵד. 4 אֲחִיזָה, תְּפִיסָה. 5 יָדִית, אֹחֶז. 6 הַשָּׂגָה, הֲבָנָה
grasp at vt קָפַץ עַל
grasping adj חַמְדָן, קַמְצָן
grass n 1 עֵשֶׂב, דֶּשֶׁא. 2 חָצִיר, מִרְעֶה
grasshopper n חָגָב
grassland n אָחוּ, כַּר, אֲפָר
grassroots npl 1 מֶלַח הָאָרֶץ. 2 הַצִּבּוּר הָרָחָב
grass widow אַלְמְנַת קַשׁ
grassy adj עִשְׂבִּי, מַדְשִׁיא
grate vt, n 1 חָרַק. 2 שִׁפְשֵׁף, גָּרַר, גֵּרֵר. 3 רִסֵּק, גֵּרֵד, טָחַן. 4 סָרִיג, שְׂבָכַת שְׂפִיתָה. 5 אָח, מוֹקֵד
grateful adj אֲסִיר תּוֹדָה, מוֹקִיר, מַעֲרִיךְ
gratefully adv בְּתוֹדָה
grater n מִגְרֶרֶת
gratification n 1 עֹנֶג, תַּעֲנוּג, הֲנָאָה, הַשְׂבָּעַת רָצוֹן. 2 פִּצּוּי, גְּמוּל
gratify vt 1 הֵנָה, שִׁעֲשַׁע, בִּדֵּר. 2 הִשְׂבִּיעַ רָצוֹן, גָּמַל

נֶהְדָּר, מְפֹאָר. 4 מַכְרִיעַ
great grandson שִׁלֵּשׁ
great-great granson רִבֵּעַ
greatly adv בְּהַרְבֵּה מְאֹד
greatness n גַּדְלוּת, גְּדֻלָּה, גֹּדֶל
grebe n טַבְלָן (ציפור)
Grecian adj יְוָנִי, הֶלֶנִי
greed, greediness n חַמְדָנוּת, תַּאַוְתָנוּת
greedily adv בְּתַאֲוָה
greedy adj חַמְדָן, תַּאַוְתָן
Greek n, adj 1 יְוָנִית. 2 יְוָנִי, הֶלֶנִי
green adj, n 1 יָרֹק. 2 טִירוֹן, לֹא מְנֻסֶּה. 3 בֹּסֶר, לֹא־בָּשֵׁל. 4 רַעֲנָן, טָרִי, לַח
green belt רֵאָה יְרֻקָּה
green-eyed adj קַנַּאי, מְקַנֵּא
green fingers גַּנָּן מֻצְלָח
greenfly n כְּנִימַת עָלִים
greengage n שְׁזִיף יָרֹק
greengrocer n יַרְקָן
greenhorn n 1 יָרֹק. 2 טִירוֹן. 3 תָּמִים
greenhouse n 1 חֲמָמָה. 2 מִשְׁתָּלָה
greet vt 1 בֵּרֵךְ, דָּרַשׁ בִּשְׁלוֹמוֹ. 2 קִדֵּם, הִקְבִּיל פָּנִים
greeting n 1 בְּרָכָה, דְּרִישַׁת שָׁלוֹם, בִּרְכַּת שָׁלוֹם. 2 אִחוּלִים
greeting card כַּרְטִיס בְּרָכָה
gregarious adj 1 חַבְרוּתִי. 2 הֲמוֹנִי. 3 עֶדְרִי
gregariously adv 1 בְּחֶבְרָה. 2 בְּעֵדֶר
gregariousness n 1 חֶבְרָתִיּוּת. 2 עֶדְרִיּוּת. 3 הֲמוֹנִיּוּת
Gregorian adj גְּרֶגוֹרְיָאנִי
gremlin n שֵׁד, מַזִּיק
grenade n רִמּוֹן־יָד (פצצה)
grenadier n גְּרֶנָדִיר
grew pt זמן עבר של הפועל to grow
grey, gray vti, adj, n 1 הֶאֱפִיר. 2 הִזְקִין, הִזְדַּקֵּן. 3 אָפֹר, אַפְרוּרִי. 4 כָּסוּף. 5 כְּסוּף שֵׂעָר
greyhound n זְרִיז מָתְנַיִם (כלב)
greyish adj אַפְרוּרִי
grid n 1 אַסְכָּלָה, מַצְלֶה. 2 סוֹרֵג, רֶשֶׁת. 3 רֶשֶׁת הַחַשְׁמַל
griddle n מַחְתָּה
gridiron n 1 אַסְכָּלָה, מַצְלֶה. 2 מִגְרַשׁ כַּדּוּרֶגֶל אֲמֶרִיקָאִי
grief n צַעַר, תּוּגָה, כְּאֵב, עֶצֶב, יִסּוּרִים
grievance n תְּלוּנָה, קֻבְלָנָה, טְרוּנְיָה
grieve vti 1 צִעֵר, הִכְאִיב, הֶעֱצִיב. 2 הִצְטַעֵר, הִתְאַבֵּל
grievous adj 1 מְצַעֵר, מַעֲצִיב, מַכְאִיב. 2 מֵעִיק, מַרְגִּיז
grievously adv בְּצוּרָה חֲמוּרָה
griffin (griffon, gryphon) n גְּרִיפִין
grill vti, n 1 צָלָה. 2 עִנָּה, הֵצִיק. 3 אַסְכָּלָה, מַצְלֶה. 4 גְּרִיל. 5 צָלִי, בָּשָׂר צָלוּי
grille n סְבָכָה, סָרִיג
grim adj 1 מַפְחִיד, מַחֲרִיד, נוֹרָא. 2 זוֹעֵף
grimace vi, n 1 עִוָּה פָּנָיו. 2 עִוּוּי, הַעֲוָיָה
grime vt, n 1 לִכְלֵךְ, זִהֵם, טִנֵּף. 2 לִכְלוּךְ, זֻהֲמָה, טִנּוּף. 3 פִּיחַ
grimy adj מְזֹהָם, מְטֻנָּף, מְלֻכְלָךְ
grin vi, n 1 חִיֵּךְ, גִּחֵךְ. 2 גִּחוּךְ, לִגְלוּג, חִיּוּךְ מְעֻשֶּׂה
grind vti, n 1 טָחַן, שָׁחַק, כָּתַשׁ. 2 לִטֵּשׁ, הִשְׁחִיז, חִדֵּד. 3 עִנָּה, הֵצִיק. 4 גֵּרֵד, שִׁפְשֵׁף. 5 הִתְמִיד, הִשְׁתַּפְשֵׁף. 6 הַתְמָדָה. 7 טְחִינָה. 8 עֲבוֹדַת פֶּרֶךְ
grind down 1 הִשְׁחִיז. 2 דִּכָּא
grinder n 1 טוֹחֵן. 2 מַשְׁחִיז. 3 שֵׁן טוֹחֶנֶת
grindstone n אֶבֶן מַשְׁחֶזֶת
grip vti, n 1 אָחַז, תָּפַס, רִתֵּק, לָכַד. 2 שָׁבָה לֵב, צוֹדֵד. 3 תְּפִיסָה, אֲחִיזָה, לְחִיצָה. 4 הֲבָנָה. 5 שִׁלְטוֹן, שְׁלִיטָה, כֹּשֶׁר הֲבָנָה. 6 יָדִית, אֹזֶן, אֹחֶז, קַת. 7 מַאֲחֵז. 8 מִזְוָדֶת, אַרְנָק

gripes npl עֲוִית, כְּאֵב בֶּטֶן
grippe (Fr) n שַׁפַּעַת
grisly adj אָיֹם, נוֹרָא, נִתְעָב, בָּזוּי
gristle n חַסְחוּס
grit vt, n 1 חָרַק (שיניים). 2 חוֹל. 3 חָצָץ. 4 דַּיְסָה. 5 הַעֲזָה, תְּעֻזָּה, אֹמֶץ לֵב
grit one's teeth חָרַק שִׁנַּיִם
grits npl גְּרִיסֵי שִׁפּוֹן
gritty adj 1 חוֹלִי. 2 אַמִּיץ לֵב
grizzle vi 1 הֶאֱפִיר. 2 הִתְרַעֵם, הִתְמַרְמֵר
groan vi, n 1 נֶאֱנַח, נֶאֱנַק, גָּנַח. 2 אֲנָחָה, נְאָקָה, גְּנִיחָה
groat n גְּרוֹט (מטבע)
groats npl גְּרִיסִים
grocer n חֶנְוָנִי
groceries npl מִצְרְכֵי מָזוֹן
grocery n מַכֹּלֶת, חֲנוּת מַכֹּלֶת
grog n מֶזֶג, תַּמְזִיג
groggy adj 1 שָׁתוּי, שִׁכּוֹר. 2 כּוֹשֵׁל, מוֹעֵד
groin n 1 מִפְשָׂעָה. 2 מִפְשַׂק הַקִּמְרוֹן. 3 חַרְטוֹם
groom vt, n 1 טִפֵּל, הִדֵּר, סִדֵּר. 2 סִיֵּס, הֵכִין. 3 סַיָּס, אֻרְוָן. 4 חָתָן, אָרוּס. 5 מְשָׁרֵת
groove vt, n 1 עָשָׂה חָרִיץ, חָרַץ. 2 חָרִיץ, תֶּלֶם
grope vit מִשֵּׁשׁ, גִּשֵּׁשׁ
gross adj, n 1 מְגֻשָּׁם, גַּס, הֲמוֹנִי, מֵבִישׁ. 2 גָּדוֹל, עָבֶה. 3 שָׁלֵם, מָלֵא, כּוֹלֵל, בְּרוּטוֹ. 4 גְּרוֹס, תְּרֵיסַר תְּרֵיסָרִים
grossly adv בְּגַסּוּת, בְּצוּרָה גַּסָּה
grossness n 1 גַּסּוּת. 2 שֹׁמֶן, עֹבִי. 3 כֹּבֶד
grotesque adj, n 1 מְשֻׁנֶּה, מוּזָר. 2 מַצְחִיק, מְגֻחָךְ, גְּרוֹטֶסְקִי. 3 סִגְנוֹן תִּמְהוֹנִי
grotesquely adv בְּצוּרָה מְגֻחֶכֶת, תִּמְהוֹנִית
grotesqueness n גִּחוּכִיּוּת, נִלְעָגוּת
grotto n מְעָרָה, נִקְרָה, נָקִיק
grouch vi, n 1 רָטַן, הִתְמַרְמֵר, הִתְלוֹנֵן. 2 הִתְמַרְמְרוּת, רְטִינָה. 3 מִתְמַרְמֵר, מִתְלוֹנֵן
ground vti, adj, n 1 יָסַד, בִּסֵּס, קָבַע. 2 הֶאֱרִיק. 3 עָלָה עַל שִׂרְטוֹן. 4 לִמֵּד יְסוֹדוֹת. 5 קִרְקַע. 6 זמן עבר ובינוני עבר של הפועל to grind. 7 טָחוּן, שָׁחוּק. 8 אֲדָמָה, קַרְקַע, אֶרֶץ. 9 תַּחְתִּית. 10 מִגְרָשׁ, שֶׁטַח. 11 סִבָּה, גּוֹרֵם, יְסוֹד. 12 עִקָּרוֹן, נִמּוּק. 13 אַרְקָה, הַאֲרָקָה. 14 רֶקַע
grounding n 1 יֶדַע בְּסִיסִי. 2 יְסוֹד. 3 הַאֲרָקָה
groundless adj 1 חֲסַר יְסוֹד. 2 רוֹפֵף, רָעוּעַ
groundsheet n יְרִיעַת רִצְפָּה (אטימה)
groundsman n אַחֲרָאִי לַשֶּׁטַח
ground swell יָם סוֹעֵר
groundwork n 1 יְסוֹד, בָּסִיס, רֶקַע. 2 מַסָּד
group vti, n 1 קִבֵּץ, אִגֵּד. 2 צָרַר, קָבַץ. 3 סִוֵּג, מִיֵּן, צִוֵּת. 4 הִתְקַבֵּץ. 5 קְבוּצָה, אֲגֻדָּה, לַהֲקָה. 6 צְרוֹר. 7 פְּלֻגָּה, צֶוֶת. 8 לַהַק. 9 מִקְבָּץ
groupie n מַעֲרִיץ, חָסִיד, אוֹהֵד, "שָׁפוּט"
grouping n הַקְבָּצָה
grouse vi, n 1 רָטַן, הִתְלוֹנֵן, הִתְמַרְמֵר. 2 רַטְנָן, מִתְלוֹנֵן. 3 תַּרְנְגוֹל בָּר
grove n 1 חֻרְשָׁה, מַטָּע. 2 פַּרְדֵּס
grovel vi 1 זָחַל, הִתְרַפֵּס. 2 הִשְׁתַּטֵּחַ
grow vit 1 גָּדַל, צָמַח, הִתְפַּתֵּחַ. 2 גִּדֵּל, עִבֵּד, הִצְמִיחַ, פִּתֵּחַ. 3 שִׂגְשֵׂג, הִתְקַדֵּם
grower n מְגַדֵּל
growing pains 1 מַכְאוֹבֵי גִּדּוּל. 2 לִבְטֵי צְמִיחָה
growl vit, n 1 רָטַן, נָהַם, הִתְלוֹנֵן, יִלֵּל, הִתְמַרְמֵר. 2 רִטּוּן, יְלָלָה, הִתְמַרְמְרוּת
grown pp בינוני עבר של הפועל to grow
grown-up adj, n מְבֻגָּר

growth n 1 צְמִיחָה, גִּדּוּל, הִתְפַּתְּחוּת, הִתְקַדְּמוּת. 2 הִתְרַבּוּת, פִּרְיָּה, תְּבוּאָה. 3 תּוֹלָדָה, תּוֹצָאָה
growth spurt מְאוֹץ הַגְּדִילָה
groyne n שׁוֹבֵר גַּלִּים
grub vi, n 1 חָפַר. 2 נִכֵּשׁ, שֵׁרֵשׁ, עָקַר. 3 עָמַל, הִתְיַגֵּעַ. 4 דֶּרֶן, זַחַל. 5 מָזוֹן
grudge vt, n 1 קִנֵּא, שָׂטַם, שָׂנֵא. 2 קִנְאָה, טִינָה, תַּרְעֹמֶת. 3 שִׂנְאָה, אֵיבָה
grudgingly adv בְּלֹא רָצוֹן
gruel n דַּיְסָה
gruelling, grueling adj מֵצִיק, מִתְעַמֵּר, מְיַסֵּר
gruesome adj מַפְחִיד, מַבְעִית, נִתְעָב
gruesomeness n אֵימָה, בֶּהָלָה, בְּעָתָה
gruff adj 1 קוֹל גַּס, מְחֻסְפָּס. 2 זוֹעֵף, סַר. 3 צָרוּד. 4 קוֹדֵר
gruffly adv 1 בְּזַעַף. 2 בְּצָרִידוּת
gruffness n גַּסּוּת, חִסְפּוּס
grumble vit, n 1 רָטַן, רָגַז, הִתְאוֹנֵן. 2 רִטּוּן, רְטִינָה, רְגִיזָה. 3 הֶרְגְּזוּת
grunt vit, n 1 נָחַר, נָאַק. 2 נְאָקָה, נְחִירָה
guarantee vt, n 1 עָרַב, הִבְטִיחַ. 2 עַרְבוּת, עֵרָבוֹן, מַשְׁכּוֹן. 3 עֲרֻבָּה, אַחֲרָיוּת. 4 עָרֵב
guarantor n עָרֵב
guaranty n 1 עַרְבוּת, מַשְׁכּוֹן. 2 הַבְטָחָה, בִּטָּחוֹן
guard vti, n 1 שָׁמַר, הֵגֵן, סָכַךְ. 2 פִּקֵּחַ, הִשְׁגִּיחַ. 3 מִשְׁמָר. 4 שׁוֹמֵר, נוֹטֵר, זָקִיף. 5 שְׁמִירָה
guard against נִזְהַר, הִתְגּוֹנֵן
guard duty תּוֹרָנוּת שְׁמִירָה
guarded adj 1 שָׁמוּר, מוּגָן. 2 זָהִיר, מָתוּן
guardian n 1 שׁוֹמֵר, מָגֵן, אֶפִּיטְרוֹפּוֹס. 2 מַשְׁגִּיחַ, מְפַקֵּחַ
guard of hono(u)r מִשְׁמַר כָּבוֹד
guardianship n אֶפִּיטְרוֹפְּסוּת
guava n גּוּיָבָה
gubernatorial adj שֶׁל מוֹשֵׁל
gudgeon n 1 קְבַרְנוּן. 2 פֶּתִי, שׁוֹטֶה
guelder rose n שׁוֹשַׁנַּת גֶּלְדֶּרְן
guer(r)illa n 1 גֵּרִילָה. 2 לוֹחֵם גֵּרִילָה
guess vti, n 1 נִחֵשׁ, שִׁעֵר, אָמַד, סָבַר, דִּמָּה. 2 נִחוּשׁ, סְבָרָה, הַשְׁעָרָה
guesswork n נִחוּשׁ, הַשְׁעָרָה
guest n אוֹרֵחַ, מֻזְמָן, קָרוּא
guesthouse בֵּית־הַאֲרָחָה, אַכְסַנְיָה
guffaw vi, n 1 צָחַק צְחוֹק רָם. 2 צְחוֹק פָּרוּעַ, צָהֲלַת צְחוֹק
guidance n 1 הַדְרָכָה. 2 הַנְהָגָה, הַנְחָיָה. 3 יִעוּץ, עֵצָה
guide vt, n 1 הִדְרִיךְ, הִנְחָה. 2 הוֹבִיל, הִנְהִיג. 3 הֶרְאָה דֶּרֶךְ. 4 הִשְׁגִּיחַ. 5 יָעַץ. 6 מַדְרִיךְ. 7 מוֹרֵה דֶּרֶךְ. 8 מַנְחֶה. 9 מַנְהִיג. 10 הַנְחָיָה, הַדְרָכָה. 11 מוֹבִיל, מְכַוֵּן. 12 מַכְוֵן. 13 כִּוּוּן. 14 עֵצָה
guidebook n מַדְרִיךְ, סֵפֶר עֵזֶר
guide-dog כֶּלֶב־הַנְחָיָה (עיוורים)
guideline n קַו מַנְחֶה
guided missile טִיל מֻנְחֶה
guild n אֲגֻדָּה, אִגּוּד, גִּילְדָּה
guilder n זָהוּב, פְלוֹרִין
guile n 1 עָרְמָה, תַּחְבּוּלָה. 2 רַמָּאוּת, הוֹנָאָה, כָּזָב
guileful adj 1 עָרוּם. 2 רַמַּאי, כּוֹזֵב
guileless adj תָּמִים, כֵּן, זַךְ, יָשָׁר
guillemot n אוֹרְיָה (ציפור)
guillotine vt, n גִּילוֹטִינָה, מַעֲרֶפֶת, מַתֶּזֶת
guilt n 1 אַשְׁמָה. 2 עֲבֵרָה, חֵטְא, עָווֹן
guilt complex תַּסְבִּיךְ אַשְׁמָה
guiltily adv בְּהַרְגָּשַׁת אַשְׁמָה
guiltiness n אַשְׁמָה, חֵטְא
guiltless adj חַף מִפֶּשַׁע, לֹא אָשֵׁם
guilty adj אָשֵׁם, חַיָּב
guinea n גִּינִי (105 פני) (כסף אנגלי)
guinea fowl פְּנִינִיָּה
guinea pig 1 שְׁפַן נִסָּיוֹן. 2 חֲזִיר יָם
guise n 1 מַרְאֶה, מַעֲטֶה, צוּרָה.

2 לְבוּשׁ, מַסְוֶה, אֹפֶן

guitar n גִּיטָרָה, קַתְרוֹס

guitarist n גִּיטָרָן, נַגַּן גִּיטָרָה

gulch n חָרוּץ, גַּיְא, עָרוּץ, נָקִיק

gulf n 1 מִפְרָץ, לְשׁוֹן יָם. 2 תְּהוֹם, מְעַרְבֹּלֶת

gull vt, n 1 רִמָּה, הוֹנָה. 2 פִּתָּה, שִׁטָּה. 3 פֶּתִי. 4 שַׁחַף (ציפור)

gullet n 1 גָּרוֹן, גַּרְגֶּרֶת. 2 וֶשֶׁט, בֵּית בְּלִיעָה

gullibility n פְּתַיּוּת

gullible adj פֶּתִי

gully n 1 עָרוּץ, נָקִיק. 2 תְּעָלָה

gulp vti, n 1 בָּלַע, לָעַט. 2 גָּמַע, גָּמָא, לָגַם. 3 בְּלִיעָה, לְעִיטָה. 4 גְּמִיעָה, לְגִימָה

gum vt, n 1 הִדְבִּיק. 2 חֲנִיכַיִם, חֵךְ. 3 גּוּמִי, שְׂרָף. 4 לְעִיס, גּוּמִי לְעִיסָה. 5 דֶּבֶק. 6 צֶמֶג

gum boots מַגָּפַיִם בִּלְתִּי חֲדִירִים לְמַיִם

gumbo n בַּמְיָה

gumption n 1 שֵׂכֶל יָשָׁר, תְּבוּנָה. 2 יָזְמָה, מֶרֶץ

gun vt, n 1 יָרָה. 2 נֶשֶׁק חַם, כְּלִי יְרִיָּה. 3 רוֹבֶה. 4 אֶקְדָּח. 5 תּוֹתָח

gunboat n סְפִינַת תּוֹתָחִים

gunfire n 1 אֵשׁ תּוֹתָחִים. 2 יְרִיּוֹת

gunman n נוֹשֵׂא נֶשֶׁק, שׁוֹדֵד מְזֻיָּן

gunner n תּוֹתְחָן

gunnery n תּוֹתְחָנוּת

gunpowder n אֲבַק שְׂרֵפָה

gunrunner n מַבְרִיחַ נֶשֶׁק

gunrunning n הַבְרָחַת נֶשֶׁק

gunshot n 1 יְרִיָּה. 2 טְוַח יְרִיָּה

gunwale n לַזְבֶּזֶת

gurgle vi, n 1 גִּרְגֵּר. 2 בִּקְבֵּק. 3 גִּרְגּוּר. 4 בִּקְבּוּק

Gurkha n גּוּרְקָה

guru n גּוּרוּ, מוֹרֶה רוּחָנִי

gush vi, n 1 שָׁטַף, שָׁפַע, נָזַל. 2 הִתְרַגֵּשׁ, הִשְׁתַּפֵּךְ. 3 שֶׁטֶף, זֶרֶם. 4 הִשְׁתַּפְּכוּת, הִתְרַגְּשׁוּת

gushing adj פּוֹרֵץ, מִשְׁתַּפֵּךְ

gusset n 1 מְשֻׁלָּשׁ. 2 יָתֵד, טְרִיז

gust n מַשַּׁב רוּחַ, הִתְפָּרְצוּת

gustation n טְעִימָה

gusto n 1 הִתְלַהֲבוּת, חֵשֶׁק. 2 טַעַם

gusty adj סוֹעֵר

gut vt 1 הֵסִיר מֵעַיִם. 2 שָׁדַד, הֵרִיק לַחֲלוּטִין. 3 קְרָבַיִם, מֵעַיִם

gut feeling תְּחוּשַׁת בֶּטֶן

gutless adj פַּחְדָן, מוּג־לֵב

guts npl 1 הֶעָזָה, אֹמֶץ לֵב. 2 קְרָבַיִם, מֵעַיִם

gutter vi, n 1 תִּעֵל, נִקֵּז, בִּיֵּב. 2 הִזְרִים. 3 בִּיב, תְּעָלָה. 4 מַרְזֵב, מַעֲנִית. 5 מַזְחִילָה

guttersnipe n 1 יוֹשֵׁב קְרָנוֹת. 2 יֶלֶד רְחוֹב

guttural adj, n 1 גְּרוֹנִי. 2 אוֹת גְּרוֹנִית

gutturally adv בְּמִבְטָא גְרוֹנִי

guy vt, n 1 הִתֵּל, לָעַג. 2 בַּרְנָשׁ, בָּחוּר. 3 דַּחְלִיל. 4 חֶבֶל חִזּוּק

guzzle vti n 1 זָלַל. 2 בִּזְבֵּז. 3 זְלִילָה

gybe (jibe) vit n 1 לָעַג, הִתֵּל, לִגְלֵג. 2 לִגְלוּג

gymkhana n 1 גִ׳ימְכָנָה. 2 אִצְטַדְיוֹן

gymnasium n 1 אוּלַם הִתְעַמְּלוּת. 2 גִּימְנַסְיָה

gymnast n מִתְעַמֵּל

gymnastic adj הִתְעַמְּלוּתִי

gymnastics npl הִתְעַמְּלוּת

gynaecological n גִּינֶקוֹלוֹגִי

gynaecologist n גִּינֶקוֹלוֹג, רוֹפֵא נָשִׁים

gynaecology n גִּינֶקוֹלוֹגְיָה, רְפוּאַת נָשִׁים

gypsum n גֶּבֶס

gypsy n, adj צוֹעֲנִי

gyrate vi סָבַב, הִסְתּוֹבֵב

gyration n הִסְתּוֹבְבוּת

gyroscope גִּירוֹסְקוֹפּ

H

H, h 1 אֵיטְשׁ, ה הָאוֹת הַשְּׁמִינִית בָּאָלֶף־בֵּית הָאַנְגְּלִי. 2 200

habeas corpus (L) צַו הֲבָאָה, הַבֵּאַס קוֹרְפּוּס

haberdasher n 1 סִדְקִי. 2 מוֹכֵר מַלְבּוּשֵׁי גְּבָרִים

haberdashery n 1 סִדְקִית. 2 חֲנוּת בְּגָדִים לִגְבָרִים

habiliments npl מַדִּים

habit n 1 הֶרְגֵּל, מִנְהָג. 2 תְּכוּנָה, טֶבַע, נְטִיָּה. 3 מַלְבּוּשׁ, לְבוּשׁ. 4 גְּלִימָה

habitable adj רָאוּי לְדִיּוּר

habitat n 1 מִשְׁכָּן, מָעוֹן. 2 הַבִּיטַט

habitation n 1 דִּירָה. 2 מִשְׁכָּן, מָעוֹן, בַּיִת. 3 דִּיּוּר, הִשְׁתַּכְּנוּת

habitual adj 1 רָגִיל, שָׁכִיחַ. 2 קָבוּעַ, מוּעָד

habitually adv כָּרָגִיל

habituate vti 1 הִרְגִּיל, הִשְׁגִּיר. 2 חִנֵּךְ, אִמֵּן. 3 הִתְמַכֵּר, הִתְרַגֵּל

habitude n הֶרְגֵּל, מִנְהָג, דֶּרֶךְ, נְטִיָּה

habitué n 1 בֶּן בַּיִת, אוֹרֵחַ קָבוּעַ. 2 לָמוּד, רָגִיל

hacienda n חַוָּה, מֶשֶׁק

hack vti, adj, n 1 קִצֵּץ, גָּדַע, שִׁבֵּר. 2 סִתֵּת. 3 חֵרֵק, פִּצֵּל. 4 כִּעְכֵּעַ, הִשְׁתַּעֵל. 5 גַּרְזֶן, קוֹפִיץ, כַּשִּׁיל. 6 חָרִיץ, בְּקִיעַ. 7 שָׂרֶטֶת. 8 מוֹשֵׁךְ בְּעֵט, כַּתְבָן. 9 שָׁכִיחַ, נָדוֹשׁ

hacker n פּוֹרֵץ (למחשב)

hackles npl פְּלוּמַת צַוָּאר

hackney n 1 סוּס רְכִיבָה. 2 עֲגָלָה לִשְׂכִירָה

hackney carriage כִּרְכָּרָה לְהַשְׂכָּרָה

hackneyed adj נָדוֹשׁ, שָׁכִיחַ, שִׁגְרָתִי

had pt זמן עבר ובינוני עבר של to have הפועל

haddock n חֲמוֹר־יָם

Hades n 1 הָדֵס. 2 שְׁאוֹל, גֵּיהִנּוֹם, עֵמֶק הָרְפָאִים

Hadji n עוֹלֶה לְרֶגֶל (מוסלמי)

h(a)emoglobin n הֶמוֹגְלוֹבִּין

h(a)emophilia n דַּמֶּמֶת, הֶמוֹפִילְיָה

h(a)emophiliac adj, 1 חוֹלֵה דַּמֶּמֶת. 2 מְדַמֵּם, דַּמְּמָן

h(a)emorrhage n דֶּמֶם, שֶׁטֶף דָּם, זוֹב דָּם

h(a)emorrhoids npl טְחוֹרִים

haft n קַת, יָדִית, נִצָּב

hag n מְכַשֵּׁפָה

haggard adj, n 1 כָּחוּשׁ, שָׁחוּף, מְדֻכְדָּךְ. 2 רַע מַרְאֶה. 3 בַּז פְּרָאִי

haggis n הַגִּיס (מאכל סקוטי)

haggle vi, n 1 הִתְמַקֵּחַ, תִּגֵּר. 2 קִצֵּץ, נִתַּח. 3 מִקּוּחַ, תִּגּוּר

hagiology n סִפְרוּת עַל חַיֵּי קְדוֹשִׁים

hagridden adj נִבְעָת

haha n תְּעָלַת גָּדֵר, חֲפִירָה תְּלוּלָה

hail vt, n 1 הִמְטִיר. 2 קָרָא, הֵרִיעַ. 3 בֵּרֵךְ לְשָׁלוֹם. 4 יָרַד בָּרָד. 5 בָּרָד. 6 בְּרָכָה, קְרִיאַת שָׁלוֹם

hail from הָיָה יְלִיד שֶׁל

hail-fellow-well-met adj יְדִידוּתִי עִם כֻּלָּם

hair n 1 שֵׂעָר. 2 שַׂעֲרָה, נִימָה

hairbrush n מִשְׂעֶרֶת, מִבְרֶשֶׁת שֵׂעָר

haircut n תִּסְפֹּרֶת

hair-do n תִּסְרֹקֶת

hairdresser n 1 סַפָּר. 2 סַפָּרִית

hairiness n שְׂעִירוּת

hairless adj 1 קֵרֵחַ. 2 חֲסַר שֵׂעָר

hairpin n מַכְבֵּנָה

hair's-breadth n כְּחוּט הַשַּׂעֲרָה

hairpiece n פֵּאָה נָכְרִית
hairpin bend סִבּוּב חַד, עֲקַלָּתוֹן
hair-raising n מְסַמֵּר שֵׂעָר, מַבְעִית
hair shirt n כְּתֹנֶת שֵׂעָר (לעינוי עצמי)
hair-splitting adj, n 1 חָרִיף, מְפַלְפֵּל. 2 חֲרִיפוּת, פִּלְפּוּל
hairstyle n סִגְנוֹן שֵׂעָר (תסרוקת)
hair-trigger n תְּגוּבָה מְהִירָה
hairy adj שָׂעִיר
hake n 1 בַּקָּלָה. 2 לִזְבֵּז
halberd n רֹמַח, חֲנִית, דֶּקֶר
halberdier n נוֹשֵׂא רֹמַח
halcyon adj, n 1 שָׁקֵט, שָׁלֵו. 2 מְשַׂגְשֵׂג, פּוֹרֵחַ. 3 שַׁלְדָּג
hale vt, adj 1 מָשַׁךְ, גָּרַר, סָחַב. 2 בָּרִיא, חָזָק
half n חֲצִי, מֶחֱצָה, מַחֲצִית
half and half חֲצִי־חֲצִי, חֵלֶק כְּחֵלֶק
halfback n קַשָּׁר, רָץ (כדורגל)
half-baked adj 1 אָפוּי לְמֶחֱצָה. 2 בִּלְתִּי בָּשֵׁל. 3 מְטֻמְטָם
half-blood n אָח חוֹרֵג, אָחוֹת חוֹרֶגֶת
half-breed, half-caste n בֶּן נִשּׂוּאֵי תַּעֲרֹבֶת (בזילזול)
half-cock n דְּרִיכָה לְמֶחֱצָה
half-hearted adj לֹא בְּלֵב שָׁלֵם, אָדִישׁ, פּוֹשֵׁר
half-length adj חֲצִי גוּף
half-pay n חֲצִי שָׂכָר
halfpenny n 1 פְּרוּטָה. 2 לֹא חָשׁוּב
half-pinny n סִינָרִית
half-price adv בַּחֲצִי חִנָּם, בַּחֲצִי הַמְּחִיר
halftime n 1 חֲצִי יוֹם. 2 הַפְסָקָה. 3 חֲצִי זְמַן, מַחֲצִית. 4 חֲצִי מִשְׂרָה
half tracked זַחְלָ"ם (זַחֲלִית לְמֶחֱצָה)
halfway adj, adv 1 חֲצִי הַדֶּרֶךְ. 2 בְּאֶמְצַע
half-witted adj שׁוֹטֶה, מְטֻמְטָם
half-yearly adj, adv פַּעֲמַיִם בַּשָּׁנָה
halibut n פּוּטִית (דג)
halitosis n רֵיחַ רַע מֵהַפֶּה, בָּאְשָׁת
hall n 1 טְרַקְלִין. 2 אוּלָם, פְּרוֹזְדוֹר, מִסְדְּרוֹן, חֲדַר־כְּנִיסָה. 3 בִּנְיָן, בִּיתָן
hallmark n סִימַן טִיב
"Hallo", "Halloa" interj הַלּוֹ!
halloo vi, interj 1 קָרָא, צָעַק, צָוַח. 2 שִׁסָּה, גֵּרָה. 3 הַלּוֹ!
hallow vt 1 קִדֵּשׁ, הִקְדִּישׁ. 2 הֶעֱרִיץ
hallucination n 1 הֲזָיָה. 2 מַחֲזֵה־שָׁוְא
hallucinatory adj הֲזָיָתִי, דִּמְיוֹנִי
hallucinogenic adj מְעוֹרֵר הֲזָיוֹת
halo n הִלָּה
halt vti, n 1 עָצַר, עָמַד, נֶעֱמַד. 2 הֶעֱמִיד. 3 צָלַע, פִּסֵּחַ. 4 חֲנָיָה, הֶפְסֵק. 5 עֲצִירָה, עֲמִידָה
halter n 1 אַפְסָר. 2 חֶבֶל תְּלִיָּה. 3 מָוֶת בִּתְלִיָּה
halting adj 1 צוֹלֵעַ, חִגֵּר, פִּסֵּחַ. 2 מְהַסֵּס, מְפַקְפֵּק. 3 לָקוּי, פָּסוּל, פָּגוּם
halve vt חָצָה, חִלֵּק לִשְׁנַיִם
halves npl חֲצָאִים, חֲצָאִין
halyard n נֵף, חֶבֶל (מפרש, דגל)
ham n יֶרֶךְ חֲזִיר
hamadryad(e) n נִשְׁמַת הָעֵץ
hamburger n הַמְבּוּרְגֶּר
ham-fisted adj מְגֻשָּׁם, כְּבַד תְּנוּעָה
hamlet n כְּפָר
hammer vti, n 1 הָלַם, הִקִּישׁ, תָּקַע, חִשֵּׁל, דָּפַק. 2 פַּטִּישׁ, קֻרְנָס, מַקֶּבֶת
hammer away at יָגַע, עָבַד קָשֶׁה כְּ־
hammer in הִכְנִיס, תָּקַע
hammer out 1 הוֹצִיא. 2 יִשֵּׁב, עִצֵּב
hammock n עַרְסָל
hamper vt, n 1 עָצַר, עִכֵּב. 2 מָנַע, הִפְרִיעַ. 3 סַל, סַל נְצָרִים
hamster n אוֹגֵר
hand vt, n 1 נָתַן, מָסַר, הוֹשִׁיט. 2 הֶעֱבִיר. 3 עָזַר. 4 יָד, כַּף, זְרוֹעַ. 5 צַד. 6 זְרִיזוּת, מְיֻמָּנוּת. 7 מָחוֹג. 8 פּוֹעֵל, מַלָּח. 9 חֲתִימָה. 10 חָבֵר לְמִשְׂחָק. 11 תּוֹעֶלֶת, רֶוַח. 12 אוֹת, כְּתִיבָה.

13 רְשׁוּת

handbag n יַלְקוּט, תִּיק יָד

handball n כַּדּוּרְיָד

handbarrow n מְרִיצָה

handbill n מוֹדָעָה

handbook n 1 מַדְרִיךְ. 2 סֵפֶר עֵזֶר

handbrake n בֶּלֶם־יָד

handcart n עֶגְלַת יַד, מְרִיצָה

handcuff vt, n 1 אָסַר בַּאֲזִקִּים. 2 אֲזִקִּים

hand down vt הוֹרִישׁ, הֶעֱבִיר

handful n 1 חֹפֶן, מְלֹא הַכַּף. 2 מְעַט, קֹמֶץ, אֲחָדִים

hand grenade רִמּוֹן־יָד

handhold n תְּפִיסָה, אֲחִיזָה

hand in vt מָסַר לִבְדִיקָה

handmade adj עֲבוֹדַת יָד

handmaid n עוֹזֶרֶת, מְשָׁרֶתֶת

hand-me-down n 1 בֶּגֶד מְשֻׁמָּשׁ. 2 לְבוּשׁ קוֹנְפֶקְצְיָה

hand on הֶעֱבִיר הָלְאָה

hand organ תֵּבַת נְגִינָה

handout n 1 תַּמְסִיר, הוֹדָעָה. 2 נְדָבָה

hand over vt הֶעֱבִיר, מָסַר

handpicked adj מֻבְחָר, נִבְחָר

handrail n מַעֲקֶה

handsaw n מַסּוֹר יָד

handshake n לְחִיצַת יָד

handwork n מְלֶאכֶת יָד, עֲבוֹדַת יָד

handwriting n 1 כְּתַב יָד. 2 כְּתָב, כְּתִיבָה

Hands off! בְּלִי יָדַיִם!

Hand up! יָדַיִם לְמַעְלָה!

handicap vt, n 1 הִגְבִּיל, עִכֵּב, עָצַר. 2 מִכְשׁוֹל, מַעְצוֹר. 3 מִגְבָּלָה, נְכוּת

handicapped adj 1 מֻגְבָּל, מְעֻכָּב. 2 מְפַגֵּר

handicraft n מְלֶאכֶת יָד, אֻמָּנוּת

handily adv בַּחֲרִיצוּת, בִּזְרִיזוּת

handiness n 1 חָרִיצוּת. 2 זְרִיזוּת

handiwork n מְלֶאכֶת־יָד

handkerchief n מִמְחָטָה, מִטְפַּחַת

handle vt, n 1 מִשֵּׁשׁ, תָּפַשׂ, תָּפַס, אָחַז. 2 נָגַע, מִשְׁמֵשׁ. 3 יָד, יָדִית, קַת, אֹזֶן. 4 מַגָּע, נְגִיעָה, מִשְׁמוּשׁ

handlebars npl הֶגֶה, כִּידוֹן (אופניים)

handling n 1 נְגִיעָה, מִשּׁוּשׁ, תְּפִיסָה. 2 טִפּוּל, תִּפְעוּל. 3 בִּצּוּעַ

handsome adj 1 יָפֶה, נָאֶה, טוֹב מַרְאֶה. 2 נָדִיב, רְחַב־לֵב. 3 נָעִים, נֶחְמָד

handsomely adv 1 בְּצוּרָה נָאָה. 2 בְּצוּרָה נְדִיבָה

handy adj 1 נוֹחַ, שִׁמּוּשִׁי, יָעִיל. 2 קָרוֹב, זָמִין. 3 זָרִיז, מְנֻסֶּה, מְיֻמָּן, מְאֻמָּן

handyman n בַּעַל מְלָאכוֹת רַבּוֹת

hang vti, n 1 תָּלָה, הוֹקִיעַ. 2 נִתְלָה. 3 נָטָה, נִסְמַךְ. 4 הִרְכִּין. 5 הָיָה תָּלוּי. 6 תְּלִיָּה. 7 נְטִיָּה. 8 שִׁפּוּעַ, מִדְרוֹן. 9 מוּבָן, פֵּשֶׁר, מַשְׁמָעוּת

hang about 1 הִתְמַהְמַהּ, הִתְעַכֵּב. 2 הִסְתּוֹבֵב, שׁוֹטֵט

hang back פִּקְפֵּק, הִתְלַבֵּט

hang on 1 הִתְמִיד. 2 הָיָה תָּלוּי

hang out 1 הִתְגּוֹרֵר. 2 הִתְרוֹעֵעַ

hang up 1 תָּלָה. 2 נִתֵּק (שיחה)

hangar n סְכָכַת־מְטוֹסִים

hangdog adj 1 שָׁפָל, נִבְזֶה. 2 נִבְזִי. 3 מְבֻיָּשׁ, נִכְלָם

hanger n תְּלִי, קוֹלָב, תָּלוּי

hanging adj, n 1 תָּלוּי. 2 מֻשְׁהֶה, שָׁהוּי. 3 תְּלִיָּה. 4 הַשְׁהָיָה

hangings npl וִילוֹנוֹת, קְלָעִים

hangman n 1 תַּלְיָן. 2 רַב טַבָּחִים

hangover n חֲמַרְמֹרֶת, דִּכְדּוּךְ, כְּאֵב רֹאשׁ (שכרון)

hang-up n 1 תְּחוּשַׁת תִּסְכּוּל. 2 מַחְסוֹם פְּסִיכוֹלוֹגִי

hank n פְּקַעַת, סְלִיל, דּוֹלְלָה

hanker for/after חָשַׁק, חָמַד, עָרַג, הִשְׁתּוֹקֵק

hankering n הִשְׁתּוֹקְקוּת, תַּאֲוָה
hanky n מִמְחָטָה
hanky-panky n 1 עָרְמָה, תְּכָכִים. 2 לַחַשׁ־נַחַשׁ
Hansard n הַנְסַרְד, דוּחַ פַּרְלָמֶנְטָרִי
hansom n הַנְסוֹן, מֶרְכָּבָה דּוּ־אוֹפַנִּית
haphazard adj אַקְרָאִי, אֲרָעִי, מִקְרִי
haphazardly adv בְּאֹפֶן מִקְרִי
happen vi 1 קָרָה, הִתְרַחֵשׁ, אֵרַע. 2 נִזְדַּמֵּן, נִתְמַזֵּל
happen on/upon פָּגַשׁ בְּמִקְרֶה
happening n מִקְרֶה, מְאֹרָע, אֵרוּעַ
happily adv 1 לְשִׂמְחָתֵנוּ, לְמַזָּלֵנוּ. 2 בְּשִׂמְחָה
happiness n אֹשֶׁר, שִׂמְחָה, גִּיל
happy adj שָׂמֵחַ, מְאֻשָּׁר
happy-go-lucky adj סוֹמֵךְ עַל נִסִּים, לֹא דוֹאֵג לֶעָתִיד
hara-kiri n חֲרָקִירִי
harangue vti, n 1 דָּרַשׁ, נָאַם. 2 נְאוּם צַעֲקָנִי, דְּרָשָׁה. 3 נְאֻמֶּת
harass vt הִטְרִיד, הִרְגִּיז, הֵצִיק, הִקְנִיט
harassment n הַטְרָדָה, הַקְנָטָה
harbinger vt, n 1 הִכְרִיז, בִּשֵּׂר, הוֹדִיעַ. 2 מְבַשֵּׂר, מוֹדִיעַ
harbo(u)r vti, n 1 הִסְתִּיר, טִפַּח. 2 נָתַן מַחֲסֶה. 3 מַחֲסֶה, חִסָּיוֹן. 4 נָמָל, נְמַל מִבְטַחִים. 5 חוֹף
hard adj, adv 1 קָשֶׁה, חָזָק, נֻקְשֶׁה. 2 כָּבֵד
hardback, hardcover n כְּרִיכָה קָשָׁה
hard bargain עֲמִידָה עַל הַמֶּקַח
hard bitten 1 קָשׁוּחַ, קְשֵׁה עֹרֶף. 2 מְנֻסֶּה, וָתִיק
hard by סָמוּךְ
hard of hearing כְּבַד אֹזֶן, קְשֵׁה שְׁמִיעָה
hard cash מְזֻמָּנִים
hard court מִגְרַשׁ מְרֻצָּף (טניס)
hard currency כֶּסֶף (מטבעות)
hard disk דִּיסְק קָשִׁיחַ
hard drugs סַמִּים קָשִׁים
hard drinks מַשְׁקָאוֹת חֲרִיפִים
hard evidence הוֹכָחוֹת
hard facts עֻבְדּוֹת שֶׁאֵין עוֹרְרִין עֲלֵיהֶן
hard labo(u)r n עֲבוֹדַת פֶּרֶךְ
hard sell פִּרְסוּם אַגְרֶסִּיבִי
hard shoulder שׁוּלַיִם קָשִׁים (כביש)
hard up דָּחוּק, עָנִי
hard-wearing 1 בַּר קְיָמָא. 2 מַתְמִיד, בִּלְתִּי מִתְבַּלֶּה
hard-working חָרוּץ, שַׁקְדָן, זָרִיז
harden vti 1 הִקְשָׁה, חִסֵּם, הִרְגִּיל. 2 הִתְקַשָּׁה, הִקְשִׁיחַ
hardheaded adj עַקְשָׁן, קָשׁוּחַ, קַר מֶזֶג
hard-hearted adj אַכְזָר, קְשֵׁה לֵב
hardiness n 1 עֲמִידוּת. 2 אֹמֶץ, גְּבוּרָה
hardly adv בְּקֹשִׁי, בְּדֹחַק
hardness n קֹשִׁי, קַשְׁיוּת
hardship n 1 מַחְסוֹר, תְּלָאָה. 2 סֵבֶל, יִסּוּרִים
hardware n 1 כְּלֵי מַתֶּכֶת. 2 חֻמְרָה (מחשב)
hardy adj 1 אַמִּיץ, תַּקִּיף, חָזָק. 2 עָמִיד, חָסִין
hare n אַרְנָב, אַרְנֶבֶת
harebrained adj קַל דַּעַת, נִמְהָר, פָּזִיז
harem n הַרְמוֹן
haricot n 1 תַּרְבִּיךְ. 2 שְׁעוּעִית הַגִּנָּה
hark vi הִקְשִׁיב, שָׁמַע
harlequin n לֵיצָן, בַּדְחָן, מוּקְיוֹן
harlot n זוֹנָה, יַצְאָנִית
harm vt, n 1 הִזִּיק, חִבֵּל. 2 הֵרַע. 3 קִלְקֵל, פָּגַע. 4 נֵזֶק, חַבָּלָה. 5 רָעָה. 6 פְּגִיעָה. 7 קִלְקוּל. 8 אָסוֹן, הֶפְסֵד
harmful adj מֵרֵעַ, מַזִּיק, פּוֹגֵעַ
harmfully adv בְּצוּרָה מַזִּיקָה
harmless adj 1 לֹא מַזִּיק. 2 תָּמִים
harmlessly adv לְלֹא פְּגִיעָה
harmonic n הַרְמוֹנִי, עָרֵב
harmonica n מַפּוּחִית, הַרְמוֹנִיקָה
harmonious adj הַרְמוֹנִי, עָרֵב, נָעִים

harmoniously adv בְּצוּרָה הַרְמוֹנִית
harmonium n עוּגָב, הַרְמוֹנְיוּם
harmonization n הִרְמוּן, הַתְאָמָה, הַרְמוֹנִיזַצְיָה
harmonize vti 1 הִתְאִים, הִרְמֵן. 2 פִּשֵּׁר, תֵּאֵם
harmony n 1 תֹּאַם, הַתְאָמָה, הַרְמוֹנְיָה. 2 עֲרֵבוּת, נְעִימוּת
harness vt, n 1 רָתַם, צִיֵּד, זִיֵּן. 2 רִתְמָה, חֲגוֹר
harp n נֵבֶל
harp on 1 שִׁנֵּן, חָזַר עַל. 2 נִגֵּן בְּנֵבֶל, פָּרַט עַל נֵבֶל
harpist n נִבְלַאי, מְנַגֵּן בְּנֵבֶל
harpoon vt, n 1 תָּקַע צִלְצָל. 2 צִלְצָל
harpsichord n צֶ'מְבָּלוֹ
harpy n הַרְפִּיָּה
harridan n זְקֵנָה בָּלָה, אַשְׁמָאִית
harrier n 1 כֶּלֶב־צַיִד. 2 רָץ
harrow vt, n 1 פּוֹרֵר, שִׂדֵּד. 2 הֵצִיק, פָּגַע, עִנָּה, צִעֵר. 3 מַשְׂדֵּדָה
harrowing adj 1 מְעַנֶּה, מֵצִיק. 2 מַפְחִיד
harry vt 1 בָּזַז, שָׁדַד. 2 הֶחֱרִיב, הָרַס. 3 הֵצִיק, עִנָּה, הִטְרִיד
harsh adj 1 אַכְזָרִי. 2 גַּס, קָשֶׁה, מְחֻסְפָּס. 3 צוֹרְמָנִי, צוֹרֵם. 4 חָמוּר, קַפְּדָן
harshly adv בְּאַכְזְרִיּוּת, בְּקְשִׁיחוּת
harshness n 1 חֻמְרָה, קַפְּדָנוּת. 2 גַּסּוּת, נֻקְשׁוּת. 3 אַכְזְרִיּוּת
hart n אַיָּל, צְבִי
harum-scarum adj שׁוֹבָב, פָּרוּעַ
harvest vt, n 1 קָצַר, בָּצַר, קָטַף, אָסַף, אָרָה, מָסַק. 2 קָצִיר, אָסִיף, בָּצִיר, מָסִיק. 3 יְבוּל
harvest moon יֶרַח הָאָסִיף
harvester n 1 קוֹצֵר, מְאַסֵּף. 2 מַקְצֵרָה, מְאַסֶּפֶת
has בינוני נסתר של הפועל to have
has-been 1 מִישֶׁהָיָה. 2 אָבַד זִכְרוֹ
hash vt, n 1 רִסֵּק, קִצֵּץ. 2 בְּלִיל, עִרְבּוּבְיָה
hashish n חֲשִׁישׁ
hasp n וָוִית
hassle vit, n 1 הִתְוַכֵּחַ, הִתְפַּלְמֵס, הִתְנַצֵּחַ. 2 הִתְנַצְּחוּת
hassock n כָּרִית (לכריעה)
haste n חִפָּזוֹן, מְהִירוּת, זְרִיזוּת, פְּזִיזוּת
hasten vit 1 מִהֵר, נֶחְפַּז. 2 הֵחִישׁ, זֵרֵז, הֵאִיץ
hastily adv בִּפְזִיזוּת, בִּמְהִירוּת
hastiness n חִפָּזוֹן, פְּזִיזוּת
hasty adj מָהִיר, נִמְהָר, חָפוּז
hat n כּוֹבַע, מִגְבַּעַת
hat trick 1 שָׁלֹשׁ נְקֻדּוֹת. 2 שָׁלֹשׁ הַצְלָחוֹת. 3 שְׁלַשֵּׁעַר
hatch vti, n 1 דָּגַר. 2 הִבְקִיעַ. 3 זָמַם, תִּחְבֵּל. 4 קִוְקֵו. 5 דְּגִירָה. 6 בְּקִיעָה. 7 אֶפְרוֹחַ בֶּן יוֹמוֹ. 8 אֶשְׁנָב (בין חדרים)
hatchery n מִדְגָּרָה, מִדְגָּר
hatchet n כֵּילָף, קַרְדֹּם, גַּרְזֶן
hatchway n כַּוָּה
hate vt, n 1 שָׂנֵא, תִּעֵב, שָׂטַם, מָאַס. 2 שִׂנְאָה, תִּעוּב, מַשְׂטֵמָה
hateful adj שָׂנוּא, שָׂנוּי, נִתְעָב
hatefully adv בְּשִׂנְאָה
hatred n שִׂנְאָה, אֵיבָה, מַשְׂטֵמָה
hatter n כּוֹבְעָן
hauberk n שִׁרְיוֹן, צִנָּה
haughtily adv בְּגַאֲוָה, בִּיהִירוּת
haughtiness n יְהִירוּת, גַּאֲוָה
haughty adj יָהִיר, רַבְרְבָן, שַׁחֲצָן
haul vti, n 1 גָּרַר, מָשַׁךְ, סָחַב. 2 סָבַב, שִׁנָּה כִּווּן. 3 גְּרִירָה, מְשִׁיכָה. 4 שָׁלָל
haulage n 1 הוֹבָלָה. 2 סְחִיבָה, מְשִׁיכָה
haulier n 1 מוֹשֵׁךְ, גּוֹרֵר. 2 מוֹבִיל
haunch n 1 מֹתֶן (בן אדם). 2 יָרֵךְ (בעל חיים)
haunt vt, n 1 הִסְתּוֹפֵף. 2 רָדַף, הֵצִיק, הִטְרִיד. 3 מָעוֹן, מִשְׁכָּן. 4 רוּחַ, שֵׁד. 5 הִסְתּוֹפְפוּת
hauteur n שַׁחֲצָנוּת, גַּאַוְתָנוּת
have vt, n 1 הָיָה לְ־. 2 לָקַח, אָחַז, נָשָׂא.

3 הֵכִיל, כָּלַל. 4 קִבֵּל, הִשִּׂיג.
5 הִנִּיחַ. 6 הֶחֱזִיק. 7 פָּקַד, גָּרַם.
8 הִתְנַסָּה. 9 הִרְשָׁה. 10 טָעַן.
11 הֵבִין, תָּפַס. 12 יָלְדָה.
13 רִמָּה, הוֹנָה, הִתְחַכֵּם.
14 עָשִׁיר

have on 1 לָבַשׁ. 2 שִׁטָּה, מָתַח

haven n 1 נָמָל, מַעֲגָן. 2 מִקְלָט, חוֹף מִבְטַחִים

haversack n תַּרְמִיל צַד, תַּרְמִיל

haves and have nots עֲשִׁירִים וַעֲנִיִּים

havoc n הֶרֶס, חֻרְבָּן

haw vi, n 1 פִּקְפֵּק, הִתְלַבֵּט. 2 עֻזְרָד

hawk vt, n 1 צָד, עָט. 2 רָכַל, תִּגֵּר. 3 כִּעֵךְ, כִּעְכַּע, חִכֵּךְ. 4 נֵץ. 5 טוֹרֵף, רַמַּאי. 6 כִּעְכּוּעַ, חִכּוּךְ גָּרוֹן. 7 כַּף סַיָּדִים

hawker n 1 רוֹכֵל. 2 בַּזְיָר

hawk-eyed adj חַד־עַיִן, בַּעַל עֵין נֵץ

hay n חָצִיר, שַׁחַת, חֲשַׁשׁ

hay fever קַדַּחַת הַשַּׁחַת

hayfork n קִלְשׁוֹן

hayloft n מַתְבֵּן

hayrick, haystack n עֲרֵמַת שַׁחַת

haywire adj 1 תָּקוּל, סָבוּךְ, מְסֻבָּךְ. 2 לֹא שָׁפוּי

hazard vt, n 1 סִכֵּן, הִסְתַּכֵּן, הֵעֵז. 2 סִכּוּן, סַכָּנָה, הִסְתַּכְּנוּת. 3 מִקְרֶה, מַזָּל. 4 מִשְׂחַק מַזָּל

hazardous adj מְסֻכָּן

haze n 1 עֲרָפֶל, אֹבֶךְ, אֵד. 2 עִרְפּוּל, עִמְעוּם

hazel adj, n 1 חוּם־כֵּהֶה, עַרְמוֹנִי. 2 אִלְסָר

hazelnut n אִלְסָר

hazily adv בִּמְעֻרְפָּל

haziness n 1 עַרְפִּלִּיּוּת. 2 אֲבִיכוּת

hazy adj 1 מְעֻרְפָּל, מְעֻמְעָם. 2 אָבִיךְ

he pron 1 הוּא. 2 זָכָר

he-man n בַּרְנָשׁ, אִישׁ, גֶּבֶר

head vt, n 1 הוֹבִיל, עָמַד בְּרֹאשׁ. 2 נָגַח (כדור) 3 רֹאשׁ, קָדְקֹד, גֻּלְגֹּלֶת. 4 פֶּתַח, רֵאשִׁית. 5 חֹד, חַרְטוֹם, יָתֵד. 6 שֵׂכֶל, מֹחַ, מַחֲשָׁבָה, תְּבוּנָה. 7 יְכֹלֶת, כִּשְׁרוֹן. 8 מַנְהִיגוּת, סַמְכוּת, שִׂיא. 9 מַנְהִיג, שַׂר. 10 אָמִיר, עֹמֶד. 11 כּוֹתֶרֶת. 12 מִכְסֶה. 13 שֵׂעָר

head off מָנַע

headache n 1 כְּאֵב רֹאשׁ. 2 דְּאָגָה

headed paper נְיַר כּוֹתֶר

headdress n 1 כִּסּוּי רֹאשׁ. 2 קִשּׁוּט רֹאשׁ

header n רֹאשִׁיָּה, נְגִיחָה

headgear n כִּסּוּי רֹאשׁ

heading n 1 כּוֹתֶרֶת, נוֹשֵׂא. 2 הוֹבָלָה, הַנְהָגָה

headland n שׁוּנִית, כֵּף

headless adj 1 לְלֹא רֹאשׁ. 2 חֲסַר דַּעַת. 3 שׁוֹטֶה, טִפֵּשׁ

headlight n פָּנָס קִדְמִי

headline n כּוֹתֶרֶת

headlong adv, adj 1 חוֹפֵז, פָּזִיז. 2 בִּפְזִיזוּת

headmaster מְנַהֵל (בית ספר)

headmistress n מְנַהֶלֶת (בית ספר)

head-on adj, adv 1 קִדְמִי, חֲזִיתִי. 2 חֲזִיתִית

headphones npl אָזְנִיּוֹת

headquarters npl 1 מִפְקָדָה. 2 מִנְהָלָה רָאשִׁית

headset npl אָזְנִיּוֹת

headship n רָאשׁוּת, הַנְהָגָה

headstone n מַצֵּבָה

headstrong adj עַקְשָׁן, קְשֵׁה עֹרֶף

headway n הִתְקַדְּמוּת

head-waters npl מְקוֹר הַנָּהָר

headwind n רוּחַ נֶגְדִּית

headword n 1 מִלָּה רָאשִׁית. 2 עֵרֶךְ רָאשִׁי

heady adj 1 עַקְשָׁן, פָּזִיז. 2 מְשַׁכֵּר

heal vti 1 רִפֵּא. 2 הִשְׁכִּיךְ. 3 נִרְפָּא, הִתְרַפֵּא

healer n מְרַפֵּא

healing adj, n 1 מְרַפֵּא. 2 רִפּוּי, תְּרוּפָה, מָזוֹר

health n 1 בְּרִיאוּת. 2 שְׁלֵמוּת

healthful adj מַבְרִיא, בְּרִיאוּתִי, בָּרִיא
healthily adv בְּצוּרָה מוֹעִילָה לַבְּרִיאוּת
healthy adj 1 מַבְרִיא, בָּרִיא, בְּרִיאוּתִי. 2 חָסֹן
heap vt, n 1 עָרַם, צָבַר, גִּבֵּב, אָסַף. 2 עֲרֵמָה, צִבֶּר, תֵּל, גַּל. 3 הָמוֹן, צִבּוּר
hear vt שָׁמַע, הֶאֱזִין, הִקְשִׁיב
hear about קִבֵּל יְדִיעָה עַל
hear from שָׁמַע מ־
hear of שָׁמַע עַל, נוֹדַע
hear out שָׁמַע עַד גְּמִירָא, שָׁמַע הַכֹּל
heard vt זמן עבר ובינוני עבר של הפועל to hear
hearer n שׁוֹמֵעַ, מַקְשִׁיב, מַאֲזִין
hearing n 1 שְׁמִיעָה, שֵׁמַע, הַאֲזָנָה. 2 שְׁמִיעַת עֵדוּת, שִׁמּוּעַ
hearing-aid n מַכְשִׁיר שְׁמִיעָה
hearken vi שָׁמַע, הִקְשִׁיב
hearsay n שְׁמוּעָה, רְכִילוּת
hearse n רֶכֶב לְהוֹבָלַת מֵת
heart n 1 לֵב. 2 תּוֹךְ, חָזֶה. 3 מֶרְכָּז
heartache n כְּאֵב לֵב, צַעַר
heartbeat n הֹלֶם לֵב, פְּעִימַת לֵב
heartbreak n שִׁבְרוֹן לֵב
heartbreaking adj קוֹרֵעַ לֵב
heartbroken adj שְׁבוּר לֵב
heartburn n 1 צָרֶבֶת. 2 קִנְאָה
hearten vt עוֹדֵד, עוֹרֵר, חִזֵּק
heart failure רִפְיוֹן הַלֵּב, אִי־סְפִיקַת הַלֵּב
heartfelt adj אֲמִתִּי, לְבָבִי
hearth n אָח, מוֹקֵד
heartily adv בִּלְבָבִיּוּת
heartless adj אַכְזָר, עֲרֵל־לֵב
heartlessness n אַכְזְרִיּוּת
heartlessly adv בְּאַכְזְרִיּוּת, בְּנֻקְשׁוּת
heart-rending adj קוֹרֵעַ לֵב, מְצַעֵר
hearty adj 1 לְבָבִי, חָבִיב. 2 כֵּן, גְּלוּי לֵב. 3 חָסֹן. 4 לָהוּט
heat vti, n 1 חִמֵּם, הִסִּיק. 2 הִרְתִּיחַ. 3 שִׁלְהֵב, הִלְהִיב. 4 הִתְחַמֵּם, הִתְלַהֵב. 5 חֹם, חֲמִימוּת. 6 הִתְלַהֲבוּת. 7 כַּעַס, קֶצֶף. 8 יְחִימָה, תַּאֲוָה, יִחוּם
heated adj 1 מְחֻמָּם. 2 נִלְהָב, לוֹהֵט
heatedly adv בְּכַעַס, בְּזַעַם, בְּלַהַט
heater תַּנּוּר, מַסִּיק, מְחַמֵּם
heath n 1 אָחוּ, כַּר. 2 בָּתָה, אַבְרָשׁ
heathen adj, n עוֹבֵד אֱלִילִים, כּוֹפֵר, עַכּוּ״ם
heathenish adj אֱלִילִי, שֶׁל עַכּוּ״ם
heating n חִמּוּם, הַסָּקָה
heatwave n שָׁרָב, גַּל חֹם
heave vti, n 1 הֵרִים, הֵנִיף. 2 סָחַב, מָתַח. 3 הִשְׁלִיךְ, הֵטִיל. 4 גָּעַשׁ, תָּפַח. 5 הִתְנַפֵּחַ. 6 נֶאֱנַח, נָשַׁם בִּכְבֵדוּת. 7 הֵקִיא. 8 הֲרָמָה, הֲנָפָה. 9 הַשְׁלָכָה, הֲטָלָה. 10 הַגְבָּהָה. 11 הִתְנַשְּׂאוּת
heaven n 1 שָׁמַיִם, רָקִיעַ. 2 הַהַשְׁגָּחָה, אֱלֹהִים
heavenly adj 1 שְׁמֵימִי, עֶלְיוֹן, קָדוֹשׁ. 2 נִפְלָא, נֶהְדָּר
heavily adv בִּכְבֵדוּת
heaviness n 1 כְּבֵדוּת, כֹּבֶד. 2 מִשְׁקָל, מַשָּׂא, נֵטֶל. 3 מוּעָקָה
heavy adj 1 כָּבֵד, מַכְבִּיד. 2 קָשֶׁה. 3 טָעוּן, חָזָק, רַב. 4 חָמוּר. 5 מְסֻרְבָּל, מְשַׁעֲמֵם. 6 עָבֶה
heavy duty עָמִיד, יַצִּיב
hebdomadal adj שְׁבוּעִי
Hebraic adj עִבְרִי
Hebrew adj, n 1 עִבְרִי, יְהוּדִי. 2 עִבְרִית
hecatomb n 1 טֶבַח. 2 זֶבַח מֵאָה פָּרִים
heckle vt הִפְרִיעַ, הִטְרִיד, הִקְנִיט
hectare n הֶקְטָאר, הֶקְטָר
hectic adj 1 מַתִּישׁ, קַדַּחְתָּנִי. 2 שָׁחוּף, אַדְמוּמִי
hector vt, n 1 הִתְרַבְרֵב. 2 הֵצִיק, הִטְרִיד, קִנְטֵר. 3 רַבְרְבָן, מֵצִיק
hedge vti, n 1 גָּדַר, גִּדֵּר, סָגַר. 2 הִגְבִּיל,

חָסַם. 3 הִתְחַמֵּק, הִשְׁתַּמֵּט. 4 גָּדֵר, גֶּדֶר חַיָּה. 5 מְשׂוּכָה, מַחְסוֹם, סְיָג

hedgehog n קִפּוֹד

hedonism n הֶדוֹנִיּוּת, הֶדוֹנִיזְם, נֶהֱנָתָנוּת

hedonist n תַּעֲנוּגָן, הֶדוֹנִיסְט, נֶהֱנָתָן

hedonistic adj הֶדוֹנִיסְטִי, נֶהֱנָתָנִי

heed vt, n 1 הִקְשִׁיב, נָתַן דַּעְתּוֹ, הִתְחַשֵּׁב. 2 תְּשׂוּמֶת־לֵב, הַקְשָׁבָה. 3 זְהִירוּת

heedful adj 1 זָהִיר, מָתוּן. 2 מַאֲזִין, קַשָּׁב

heedless adj רַשְׁלָן, לֹא זָהִיר

heel vti, n 1 עָקַב, עָשָׂה עָקֵב. 2 צָעַד עַל הָעֲקֵבִים. 3 הִטָּה, נָטָה. 4 עָקֵב. 5 טַפִּיל, רַמַּאי. 6 נְטִיָּה, הַטָּיָה

hefty adj חָזָק, חָסֹן

hegemony n הֶגֶמוֹנְיָה

heifer n עֶגְלָה, פָּרָה צְעִירָה

height n 1 מָרוֹם, גֹּבַהּ, רוּם. 2 קוֹמָה. 3 שִׂיא, פִּסְגָּה. 4 רָמָה, הַר, גִּבְעָה

heighten vti 1 הִגְבִּיהַּ, הֵרִים, נִשָּׂא. 2 חִזֵּק, הִגְבִּיר. 3 הִגְדִּיל, הִרְבָּה. 4 גָּבַהּ, רָם. 5 גָּדַל, רָבָה. 6 גָּבַר, חָזַק

heinous adj בָּזוּי, מְתֹעָב, שָׁפָל

heinously adv בְּשִׁפְלוּת, בְּתִעוּב

heinousness n תִּעוּב, אֵימָה, רִשְׁעוּת

heir n יוֹרֵשׁ

heir apparent יוֹרֵשׁ מֻחְלָט

heir presumptive יוֹרֵשׁ עַל תְּנַאי

heiress n יוֹרֶשֶׁת

heirloom n פְּרִיט יְרֻשָּׁה

held pt זמן עבר ובינוני עבר של הפועל to hold

helicopter n מַסּוֹק, הֶלִיקוֹפְּטֶר

heliotrope n 1 הֶלְיוֹטְרוֹפּ. 2 עֹקֶץ הָעַקְרָב. 3 אַרְגָּמָן (צבע)

heliport n נְמַל־מַסּוֹקִים

helium n הֶלְיוּם

helix n סְלִיל, חֶלְזוֹנִית

hell n 1 גֵּיהִנּוֹם, שְׁאוֹל, תֹּפֶת. 2 אֲבַדּוֹן. 3 עֲזָאזֵל

hell-bent adj מָנוּי וְגָמוּר עִמּוֹ

hellcat n מְכַשֵּׁפָה, מִרְשַׁעַת

Hellene n יְוָנִי, הֶלֶנִי

Hellenic adj 1 יְוָנִי, הֶלֶנִי. 2 יְוָנִית

Hellenistic adj הֶלֶנִיסְטִי

hellish adj שְׂטָנִי, מֻרְשָׁע, אַכְזָרִי

Hello, Hullo! interj הַלּוֹ, שָׁלוֹם!

helm vt, n 1 נָהַג. 2 נִהֵל, הִנְהִיג. 3 הֶגֶה. 4 הַנְהָגָה, שִׁלְטוֹן

helmet n 1 קַסְדָּה, קוֹבַע. 2 קוֹנְכִית

helmsman n הַגַּאי, נַוָּט

help vt, n 1 עָזַר, סִיֵּעַ, תָּמַךְ. 2 הוֹעִיל, רִפֵּא, תִּקֵּן. 3 הוֹשִׁיעַ, הִצִּיל. 4 נִמְנַע. 5 עֶזְרָה, תְּמִיכָה, סִיּוּעַ. 6 עוֹזֶרֶת בַּיִת, מְשָׁרֶתֶת

help oneself הִתְכַּבֵּד

help out עָזַר, סִיֵּעַ

helpful adj עוֹזֵר, מוֹעִיל, מְסַיֵּעַ, מְרַפֵּא

helpfully adv בְּצוּרָה מוֹעִילָה

helpfulness n תּוֹעֶלֶת, עֶזְרָה

helping n 1 עֶזְרָה. 2 מָנָה

helpless adj 1 חֲסַר יֶשַׁע, אֻמְלָל, מִסְכֵּן

helplessly adv לְלֹא עֶזְרָה, בְּחֹסֶר יֶשַׁע

helplessness n חֹסֶר יֶשַׁע

helpmate, helpmeet n 1 חָבֵר־עוֹזֵר, עֵזֶר כְּנֶגֶד. 2 בֶּן זוּג. 3 בַּת זוּג

helter-skelter adv בְּחִפָּזוֹן, בִּפְרָאוּת

helve n קַת, יָדִית, יָד

hem vt, n 1 תָּפַר שָׂפָה, שִׁפָּה. 2 סָגַר עַל, הִקִּיף. 3 הִמְהֵם. 4 תֶּפֶר, שָׂפָה (בגד)

hem about/around הִקִּיף, סָגַר עַל

hem in הִקִּיף, סָגַר עַל

hematite n הֶמָטִיט

hemisphere n חֲצִי־כַּדּוּר (הארץ)

hemlock n רוֹשׁ, אֹרֶס

hemp n קַנַּבּוֹס

hemstitch n שִׁפּוּי

hemstitching n מִשְׁלֶפֶת
hen n תַּרְנְגֹלֶת
hence adv מִכָּאן, לָכֵן, לְפִיכָךְ
henceforth, henceforward adv מֵעַתָּה, מִכָּאן וְאֵילָךְ
henchman n 1 נֶאֱמָן, חָסִיד. 2 עוֹשֵׂה דְבָרוֹ
hen-coop, hen-house n לוּל עוֹפוֹת
henna n כֹּפֶר, יַחְנוּנָה
hen-party n מְסִבַּת כַּלָּה
henpecked adj שֶׁאִשְׁתּוֹ מוֹשֶׁלֶת בּוֹ
hepatitis n דַּלֶּקֶת הַכָּבֵד
heptagon n מְשֻׁבָּע
her adj, pron 1 לָהּ, אוֹתָהּ. 2 שֶׁלָּהּ
herald vt, n 1 בִּשֵּׂר, הִכְרִיז. 2 הִשְׁמִיעַ, הִצִּיג. 3 מְבַשֵּׂר, כָּרוֹז, שָׁלִיחַ. 4 רָץ
heraldic adj שֶׁל שִׁלְטֵי גִּבּוֹרִים
heraldry n 1 מָגִנִּים, שִׁלְטֵי גִּבּוֹרִים. 2 מִשְׂרַת הַמְבַשֵּׂר אוֹ הַכָּרוֹז
herb n 1 עֵשֶׂב, יָרָק, דֶּשֶׁא. 2 צֶמַח מַרְפֵּא
herbaceous adj 1 עִשְׂבִּי, עֶשְׂבּוֹנִי. 2 דּוֹמֶה לְעָלֶה
herbal adj עֶשְׂבּוֹנִי, עִשְׂבִּי
herbalist n 1 סוֹחֵר שֶׁל עֲשָׂבִים רְפוּאִיִּים. 2 חוֹקֵר צְמָחִים, עֶשְׂבּוֹנַאי
herbivorous adj אוֹכֵל צְמָחִים
Herculean adj 1 הֶרְקוּלְיָאנִי. 2 גְּבַרְתָּנִי, עֲנָקִי, עָצוּם
herd vti, n 1 קִבֵּץ. 2 הִתְאַסֵּף, הִתְכַּנֵּס, הָיָה לְעֵדֶר. 3 עֵדֶר, מִקְנֶה, בָּקָר
herdsman n רוֹעֶה
here adv 1 פֹּה, כָּאן. 2 הִנֵּה, הֵנָּה
hereabouts adv בִּסְבִיבָה זוֹ
hereafter adv, n 1 בֶּעָתִיד, בָּעוֹלָם הַבָּא. 2 הָעוֹלָם הַבָּא
hereby adv בָּזֶה, בְּזֹאת
hereditary adj תּוֹרַשְׁתִּי
heredity n תּוֹרָשָׁה
Here goes! קָדִימָה !, לַדֶּרֶךְ !
hereof adv מִן, שֶׁל זֶה, בְּקֶשֶׁר לְכָךְ
heresy n כְּפִירָה, אֶפִּיקוֹרְסוּת
heretic n כּוֹפֵר, אֶפִּיקוֹרְסִי
heretical adj אֶפִּיקוֹרְסִי, כּוֹפֵר בָּעִקָּר
hereto adv עַד עַתָּה
heretofore adv לְפָנִים, מִקֹּדֶם
hereupon adv אַחַר כָּךְ, לְפִיכָךְ
herewith adv בָּזֶה, בְּזֹאת
heritage n 1 יְרֻשָּׁה, תּוֹרָשָׁה. 2 מוֹרֶשֶׁת. 3 נַחֲלָה
hermaphrodite n דּוּמִינִי, אַנְדְּרוֹגִינוֹס
hermetic(al) adj 1 אָטוּם, חָתוּם. 2 גָּנוּז, הֶרְמֶטִי
hermetic seal חֹתֶם אָטִים
hermetically adv הֶרְמֶטִית
hermit n 1 נָזִיר, פָּרוּשׁ. 2 מִתְבּוֹדֵד
hermitage n 1 מִשְׁכַּן הַנָּזִיר. 2 מָעוֹן בּוֹדֵד
hernia n שֶׁבֶר, בֶּקַע
hero n גִּבּוֹר
heroic(al) adj נוֹעָז, גִּבּוֹרִי, אַמִּיץ, הֶרוֹאִי
heroically adv בִּגְבוּרָה
heroin n הֶרוֹאִין
heroine n גִּבּוֹרָה, אֵלִילָה
heroism n גְּבוּרָה, חֵרוּף נֶפֶשׁ, אֹמֶץ־לֵב
heron n אֲנָפָה
herring n מָלִיחַ, חִלָּק, דָּג מָלוּחַ
herringbone n אִדְרָה, עֶצֶם דָּג
herringbbone bond מִקְשָׁר אִדְרָנִי
hers pron שֶׁלָּהּ
herself pron 1 לְבַדָּהּ, בְּעַצְמָהּ. 2 עַצְמָהּ
hesitance(cy) n הִסּוּס, פִּקְפּוּק
hesitant adj מְהַסֵּס, מְפַקְפֵּק
hesitantly adv בְּהִסּוּס
hesitate vi 1 הִסֵּס, פִּקְפֵּק. 2 חָכַךְ בְּדַעְתּוֹ
hesitatingly adv בְּהִסּוּס
hesitation n הִסּוּס, פִּקְפּוּק
Hessian n אֲרִיג יוּטָה
heterodox adj כּוֹפֵר, אֶפִּיקוֹרוֹס
heterodoxy n כְּפִירָה, אֶפִּיקוֹרְסוּת
heterogeneous adj מְגֻוָּן, מְסֻוָּג, הֶטֶרוֹגֶנִי
heterosexual adj, n הֶטֶרוֹסֶקְסוּאָלִי
heterosexuality n הֶטֶרוֹסֶקְסוּאָלִיּוּת

het-up adj נִרְגָּשׁ, מְשֻׁלְהָב
heuristic adj מַמְצִיא
hew vt 1 חָטַב, חָצַב, כָּרַת. 2 גָּזַר, גָּדַע, גִּדֵּעַ, קִצֵּץ. 3 פָּסַל, סִתֵּת, חָקַק
hewn adj מְפֻסָּל, מְסֻתָּת
hexagon n מְשֻׁשֶּׁה
hexagonal adj מְשֻׁשִּׁי
hexameter n הֶקְסָמֶטֶר
hey-day n שִׂיא, פִּסְגָּה, תְּקוּפַת הַשִּׂיא
hiatus n 1 פִּרְצָה, חוֹר, סֶדֶק, בְּקִיעָה. 2 פֶּה, פֶּתַח. 3 חֲצִיצָה, פְּעִירָה, בָּקִיעַ
hibernate vi 1 חָרַף. 2 הִתְבּוֹדֵד, הִסְתַּגֵּר
hibiscus n הִיבִּיסְקוּס
hiccough, hiccup vi, n 1 שִׁהֵק. 2 שִׁהוּק
hid pt זמן עבר של הפועל to hide
hidden pp בינוני עבר של הפועל to hide
hide vti, n 1 הִתְחַבֵּא, הִסְתַּתֵּר. 2 הֶחְבִּיא, הִסְתִּיר, טָמַן. 3 שֶׁלַח, עוֹר. 4 הַיְד (מידת קרקע). 5 מַחֲבוֹא, מִסְתּוֹר
hide-and-seek n מִשְׂחַק מַחֲבוֹאִים
hidebound adj 1 צַר אֹפֶק. 2 עַקְשָׁן, קַנַּאי
hideous adj נוֹרָא, אָיֹם, מַבְהִיל, מְעוֹרֵר בְּחִילָה
hideously adv בְּאֹפֶן מַבְהִיל
hide-out n מַחֲבוֹא
hiding n 1 הַסְתָּרָה, הַחְבָּאָה. 2 מַחֲבוֹא. 3 הַצְלָפָה, הַלְקָאָה
hierarchy n מִדְרָג, הִיֶּרַרְכְיָה
hieroglyph n כְּתַב חַרְטֻמִּים, הִיֶּרוֹגְלִיף
hieroglyphic adj הִיֶּרוֹגְלִיפִי
high adj, adv, n 1 גָּבוֹהַּ, רָם, נִשָּׂא, גָּדוֹל. 2 נַעֲלֶה, מְרוֹמָם, נִשְׂגָּב. 3 חָזָק, עַז. 4 יָקָר, חָשׁוּב, עִקָּרִי. 5 חָמוּר, רְצִינִי. 6 לְמַעְלָה, בְּכָבוֹד, בְּהוֹקָרָה. 7 גֹּבַהּ, מָרוֹם, רָמָה. 8 מְסֻמָּם
highball n הַיְבּוֹל
high-born adj 1 מְיֻחָס, בֶּן טוֹבִים. 2 אָצִיל
highbrow adj מַשְׂכִּיל, לַמְדָנִי
high-class adj 1 שַׁיָּךְ לַמַּעֲמָד הָעֶלְיוֹן. 2 אֵיכוּתִי, סוּג א׳
high-falutin adj, n 1 מְנֻפָּח. 2 הִתְרַבְרְבוּת
highflyer n שְׁאַפְתָּן, יַמְרָן
high flown יָמְרָנִי, יָהִיר
high frecuency תֶּדֶר גָּבוֹהַּ
High German גֶּרְמָנִית עִלִּית
high-grade adj מְצֻיָּן, מְעֻלֶּה
highland n הָרִים, רָמָה
highlight n 1 שִׂיא, עִקָּר. 2 מִבְהָק. 3 פָּרָשָׁה נִבְחֶרֶת
highly adv בְּמִדָּה רַבָּה, בְּהַעֲרָכָה רַבָּה
high-minded adj אֲצִיל־רוּחַ, אֲצִילִי
highness n 1 רָמָה, רוּם. 2 גֹּבַהּ, שִׂיא. 3 מְרוֹמִים. 4 רוֹמְמוּת, הוֹד מַעֲלָה
high noon צָהֳרֵי הַיּוֹם
high-pitched adj גָּבוֹהַּ (קול)
high ranking רַם דֶּרֶג, (עוֹבֵד) בָּכִיר
high rise רַב־קוֹמוֹת
high road/street 1 דֶּרֶךְ הַמֶּלֶךְ. 2 רְחוֹב רָאשִׁי
high school בֵּית סֵפֶר תִּיכוֹן
high society הַחֶבְרָה הַגְּבוֹהָה
high-spirited adj 1 נוֹעָז נֶפֶשׁ, אַמִּיץ. 2 עַלִּיז
high tea תֵּה מַעֲרִיב
high-tech טֶכְנוֹלוֹגְיָה עִלִּית
high tide גֵּאוּת
high treason בְּגִידָה בַּמּוֹלֶדֶת
high-water mark שִׂיא גֹּבַהּ מַיִם
highway n 1 כְּבִישׁ, כְּבִישׁ רָאשִׁי. 2 דֶּרֶךְ
highwayman n לִיסְטִים, שׁוֹדֵד דְּרָכִים
hijack vt חָטַף, שָׁדַד
hijacker n גַּנָּב, חוֹטֵף
hike vi, n 1 הָלַךְ, טִיֵּל, צָעַד. 2 צְעִידָה, הֲלִיכָה, טִיּוּל
hiker n טַיָּל, מְטַיֵּל, הֵלֵךְ
hilarious adj 1 מַצְחִיק מְאֹד. 2 צוֹהֵל, עַלִּיז
hilariously adv בַּעֲלִּיזוּת
hilarity n צָהֳלָה, שִׂמְחָה, עַלִּיזוּת

hill n 1 גִּבְעָה, תֵּל. 2 עֲרֵמָה, גַּבְשׁוּשִׁית
hillock n תְּלוּלִית
hillside n מִדְרוֹן, שִׁפּוּעַ
hilltop n פִּסְגָּה
hilly adj תָּלוּל, מְשֻׁפָּע, גַּבְשׁוּשִׁי
hilt n קַת, יָדִית, נִצָּב
him pron אוֹתוֹ, לוֹ
himself pron 1 עַצְמוֹ. 2 לְעַצְמוֹ, אוֹתוֹ עַצְמוֹ
hind adj, n 1 אֲחוֹרִי, אֲחוֹרַנִּי. 2 אַיָּלָה, צְבִיָּה
hinder vt, adj 1 הִפְרִיעַ, עִכֵּב, מָנַע. 2 אֲחוֹרִי, אֲחוֹרַנִּי
Hindi n, adj 1 הִנְדִית, הָדִית. 2 הִנְדִי, הָדִי
hindmost adj קִיצוֹנִי, אַחֲרוֹן
hindquarters npl 1 אָחוֹר. 2 אֲחוֹרַיִם
hindrance n 1 מַעֲצוֹר. 2 מִכְשׁוֹל, מְנִיעָה, עִכּוּב
hindsight n רְאִיָּה אֲחוֹרַנִּית, חָכְמָה לְאַחַר מַעֲשֶׂה
hinge vti, n 1 עָשָׂה צִיר, קָבַע צִיר. 2 תָּלָה. 3 צִיר, פֶּרֶק. 4 מַדְבֵּק
hinge on/upon סָבַב עַל, הָיָה תָּלוּי בְּ־
hint vt, n 1 רָמַז. 2 רֶמֶז
hint at vt הִבִּיעַ בְּרֶמֶז
hinterland n עֹרֶף
hip n יָרֵךְ, קוּלִית, אָחוֹר, אַגָּן
hips npl מָתְנַיִם
Hippocratic oath שְׁבוּעַת הָרוֹפְאִים
hippopotamus n סוּס הַיְאוֹר, בְּהֵמוֹת
hire vt, n 1 שָׂכַר, חָכַר. 2 הִשְׂכִּיר, הֶחְכִּיר. 3 דְּמֵי שְׂכִירוּת, דְּמֵי חֲכִירָה. 4 שְׂכִירָה, חֲכִירָה. 5 הַשְׂכָּרָה, הַחְכָּרָה
hireling n שָׂכִיר
hire purchase חֲכֹר וּקְנֵה, קְנִיָּה בְּתַשְׁלוּמִים
hirsute adj שָׂעִיר, זִיפִי
his adj, pron שֶׁלּוֹ
hiss vti, n 1 לָחַשׁ. 2 צִפְצֵף, שָׁרַק. 3 צִפְצוּף, שְׁרִיקָה. 4 לְחִישָׁה
historian n הִיסְטוֹרְיוֹן
historic(al) adj הִיסְטוֹרִי
historically adv מִבְּחִינָה הִיסְטוֹרִית
history n הִיסְטוֹרְיָה
histrionic adj 1 בִּימָתִי, מֶלוֹדְרָמָתִי. 2 מְעֻשֶּׂה, מְלָאכוּתִי
histrionics npl אָמָּנוּת הַבָּמָה
hit vti, n 1 הִתְקִיף, הִתְנַפֵּל. 2 פָּגַע, הִכָּה, קָלַע. 3 הִתְנַגֵּשׁ, נִפְגַּע. 4 מַכָּה, מַהֲלֻמָּה. 5 פְּגִיעָה, חֲבָטָה. 6 מְאֹרָע, הִזְדַּמְּנוּת. 7 הַצְלָחָה. 8 לָהִיט. 9 מַסְמֵר הָעוֹנָה
hit the nail on the head נִחֵשׁ כַּהֲלָכָה, קָלַע לַמַּטָּרָה
hit it off הִתְאִים, מָצָא שָׂפָה מְשֻׁתֶּפֶת
hit out against בִּקֵּר, הִתְקִיף
hit on/upon מָצָא בְּמִקְרֶה, קָלַע
hit-and-run פָּגַע וּבָרַח
hit parade מִצְעַד הַפִּזְמוֹנִים
hitch vti, n 1 קָשַׁר, עָנַד, חִבֵּר, רָתַם. 2 מוֹקֵשׁ, מִכְשׁוֹל. 3 טְרֶמְפּ. 4 עֶנֶד
hitch-hike נָסַע בְּהַסָּעָה (טרמפ)
hitch-hiker טְרֶמְפִּיסְט
hitch-hiking נְסִיעָה בִּטְרֶמְפּ
hither adv הֵנָּה, כָּאן, פֹּה, לְכָאן
hitherto adv עַד כֹּה, עַד הֵנָּה
hive n 1 כַּוֶּרֶת. 2 הָמוֹן. 3 מֶרְכָּז
hive off 1 הִפְרִיד. 2 אִחְסֵן. 3 חַי בִּצְפִיפוּת (בכוורת)
hives npl חָרֶלֶת
hoard vt, n 1 אָגַר, צָבַר, אָסַף. 2 מַטְמוֹן, אוֹצָר. 3 עֲרֵמָה
hoarding n 1 אֲגִירָה, אִסּוּף, לִקּוּט. 2 גָּדֵר (זמנית)
hoarfrost n קָרָה
hoarse adj 1 צָרוּד. 2 נִחַר (גרון)
hoarsely adv בְּקוֹל צָרוּד
hoarseness n צְרִידוּת
hoary adj 1 שָׂב, בָּא בַּיָּמִים. 2 אָפֹר
hoax vt, n 1 רִמָּה, שִׁטָּה, הוֹנָה. 2 חָמַד

לָצוֹן. 3 תַּרְמִית, עָרְמָה, הוֹנָאָה

hob n 1 דַּרְגָּשׁ לְיַד הָאָח. 2 יָתֵד, פִּין. 3 שֵׁד, שֵׁדוֹן

hobble vit, n 1 הִטְרִיד, הֵבִיךְ. 2 צָלַע. 3 כָּבַל, עִכֵּב, קָשַׁר. 4 צְלִיעָה

hobby n תַּחְבִּיב

hobbyhorse n סוּס עֵץ

hobgoblin n שֵׁד, רוּחַ, לֵץ, מַזִּיק

hobnail n מַסְמֶרֶת כַּדַּת רֹאשׁ

hobnailed adj מְמֻסְמָר, מְסֻמָּר

hob-nob הִתְרוֹעַע, הִתְיַדֵּד

Hobson's choice n זֶה אוֹ לֹא כְלוּם, אֵין בְּרֵרָה

hock n 1 קֶפֶץ, קַרְסֹל (סוס). 2 יֵין הוֹק. 3 מַשְׁכּוֹן, עֲבוֹט

hockey n הוֹקִי

hockey-stick מַקֵּל הוֹקִי

hocus-pocus הוֹקוּס־פּוֹקוּס, אֲחִיזַת עֵינַיִם

hod n 1 מַגַּשׁ בַּנָּאִים. 2 דְּלִי לְפֶחָמִים

hoe vt, n 1 עָדַר, נִכֵּשׁ, עִשֵּׂב. 2 מַעְדֵּר. 3 מַכּוֹשׁ

hog vi, n 1 הִתְנַהֵג כַּחֲזִיר. 2 הִתְקַמֵּר. 3 קִצֵּץ רַעְמָה. 4 חֲזִיר

Hogmanay n לֵיל סִילְוֶסְטֶר

hogshead n חָבִית גְּדוֹלָה

hogwash n 1 דִּבּוּר נָבוּב. 2 כְּתִיבָה נְבוּבָה

hoi polloi הֶהָמוֹן

hoist vt, n 1 הֵנִיף, הֵרִים. 2 הֲנָפָה, הֲרָמָה. 3 מָנוֹף

hoity-toity 1 רַבְרְבָנִי, יָהִיר. 2 בּוּקִי סְרִיקִי! הֲבָלִים!

hold vt, n 1 הֶחֱזִיק, תָּפַס, אָחַז. 2 שָׁמַר. 3 סָבַר, חָשַׁב. 4 הֵכִיל, כָּלַל. 5 דָּבַק, נִדְבַּק. 6 הֶחֱזִיק, מִלֵּא (תפקיד). 7 עָמַד, קִיֵּם, עָרַךְ. 8 כָּלָא. 9 עִכֵּב. 10 אֲחִיזָה, תְּפִיסָה, הַחְזָקָה. 11 שְׁלִיטָה. 12 סַפְנָה. 13 הַשְׁפָּעָה. 14 נְכָסִים, רְכוּשׁ. 15 מְצוּדָה. 16 בֵּית כֶּלֶא, בֵּית סֹהַר. 17 שְׁהִי (מוסיקה)

hold-all n תַּרְמִיל, תִּיק יָד

hold back 1 מָנַע, עָצַר. 2 הִתְמַהְמַהּ

hold control מַרְתֵּק

hold down הֶחֱזִיק, אָחַז

holder n 1 יָדִית, אֹזֶן. 2 מַחֲזִיק, מַחְזֵק

hold forth נָאַם, הִרְצָה

hold good/true תָּקֵף, נָכוֹן, כָּשֵׁר

hold in vt 1 עָצַר, הִגְבִּיל. 2 נִמְנַע, הִתְאַפֵּק

holding n 1 אֲחִיזָה, תְּפִיסָה. 2 אֲחֻזָּה, נַחֲלָה. 3 נְכָסִים, מְנָיוֹת

hold off דָּחָה

hold on 1 הִמְשִׁיךְ. 2 עֲצֹר!

hold one's own עָמַד עַל שֶׁלּוֹ, הֶחֱזִיק מַעֲמָד

hold out 1 הִצִּיג, הִצִּיעַ. 2 עָמַד

hold out for עָמַד בִּפְנֵי

hold to נִסְמַךְ עַל, נִשְׁעַן

hold up 1 עָצַר, עִכֵּב. 2 תָּמַךְ, הֶחֱזִיק מַעֲמָד. 3 שָׁדַד

hold water נִמְצָא יָעִיל

hold with הִסְכִּים עִם

holdup 1 שֹׁד. 2 עִכּוּב

hole vti, n 1 חָרַר, נָקַב, נִקֵּב. 2 קָדַח. 3 חָפַר. 4 חוֹר, נֶקֶר, חָרִיר. 5 בּוֹר, גֻּמָּה. 6 בְּרֵכָה

hole-and-corner adj חֲשָׁאִי, בְּהֶסְתֵּר

holiday n 1 חַג, חֲגִיגָה, יוֹם טוֹב. 2 פַּגְרָה

holiday eve עֶרֶב יוֹם טוֹב

holiday-maker n נוֹפֵשׁ, חוֹגֵג

holiness n קֹדֶשׁ, קְדֻשָּׁה

holler vi צָעַק, צָרַח

hollow vt, adj, n 1 רוֹקֵן. 2 נָקַב, חָרַר. 3 חָלוּל, נָבוּב. 4 רֵיק, רֵיקָנִי. 5 שָׁקוּעַ, שִׁטְחִי. 6 שָׁפָל, לֹא כֵּן. 7 חָלָל, חוֹר, נֶקֶב. 8 שֶׁקַע. 9 מַכְתֵּשׁ

holly n אֶדֶר מָצוּי

hollyhock n חֲטְמִית תַּרְבּוּתִית

holm-oak n אַלּוֹן הָאֶדֶר

holocaust n 1 שׁוֹאָה. 2 קָרְבַּן עוֹלָה

holograph n הולוגְרָף
holster n נַרְתִּיק
holy adj קָדוֹשׁ, מְקֻדָּשׁ
Holy Father (the) הָאַפִּיפְיוֹר
Holy of Holies קֹדֶשׁ הַקֳּדָשִׁים
Holy See (the) הַכֵּס הַקָּדוֹשׁ
holystone n אֶבֶן חוֹל
Holy Writ כִּתְבֵי־הַקֹּדֶשׁ
homage n כָּבוֹד, הוֹקָרָה, הַעֲרָצָה
home n 1 בַּיִת, דִּירָה, מָעוֹן. 2 מִשְׁפָּחָה. 3 מוֹלֶדֶת. 4 מִשְׁכָּן. 5 מִקְלָט, בֵּית מַחְסֶה
Home Office מִשְׂרַד הַפְּנִים
home from home כְּמוֹ בַּבַּיִת
home front הָעֹרֶף (במלחמה)
homeland n מוֹלֶדֶת
homeless adj חֲסַר בַּיִת, חֲסַר מוֹלֶדֶת
homeliness n מִשְׁפַּחְתִּיּוּת, בֵּיתִיּוּת
homely adj בֵּיתִי, צָנוּעַ, פָּשׁוּט, לֹא מוֹשֵׁךְ
home-made adj תּוֹצֶרֶת בַּיִת
homeopath, homoeopath n הוֹמֵיאוֹפַּת
homespun n טָווּי בַּבַּיִת
homerule n עַצְמָאוּת, רִבּוֹנוּת
homesick adj חוֹלֵה גַּעְגּוּעִים
homesickness n גַּעְגּוּעִים עַל הַבַּיִת
homestead 1 חַוָּה, מֶשֶׁק. 2 בַּיִת וְנַחֲלָה
home truth תּוֹכֵחָה
homeward(s) adj, adv הַבַּיְתָה
homework n שִׁעוּרִים, עֲבוֹדַת בַּיִת
Homeric adj הוֹמֶרִי
homicidal adj קַטְלָנִי, רַצְחָנִי
homicide n הֲרִיגַת אָדָם, קֶטֶל אָדָם
homily n 1 דְּרוּשׁ. 2 הַטָּפַת מוּסָר
homing adj, n 1 שִׁיבָתִיּוּת. 2 חוֹזֵר הַבַּיְתָה
homogeneity n הוֹמוֹגֶנִיּוּת, אֲחִידוּת
homogeneous adj הוֹמוֹגֶנִי, אָחִיד
homogenize vt הֶאֱחִיד, עָשָׂה לְהוֹמוֹגֶנִי
homograph vt הוֹמוֹגְרָף
homonym הוֹמוֹנִים
homosexual adj, n הוֹמוֹסֶקְסוּאָלִי
homosexuality n הוֹמוֹסֶקְסוּאָלִיּוּת

hone vt, n 1 הִשְׁחִיז, חִדֵּד, לִטֵּשׁ. 2 מַשְׁחֶזֶת (אבן), מַלְטֵשָׁה
honest adj 1 הוֹגֵן, הָגוּן, יָשָׁר, אֲמִתִּי. 2 טָהוֹר, תָּמִים
honestly adv בְּצֶדֶק, בְּיֹשֶׁר, בְּהֵן צֶדֶק
honesty n הֲגִינוּת, יֹשֶׁר, צֶדֶק, כֵּנוּת
honey n 1 דְּבַשׁ. 2 צוּף. 3 מֹתֶק. 4 אָהוּב, אֲהוּבָה
honey-bee n דְּבוֹרָה
honey cake דֻּבְשָׁן
honeycomb vt, n 1 עָשָׂה כְּחַלַּת דְּבַשׁ. 2 חָדַר בַּכֹּל. 3 יַעֲרַת דְּבַשׁ, חַלַּת דְּבַשׁ
honeymoon vi, n 1 בִּלָּה יֶרַח הַדְּבַשׁ. 2 יֶרַח הַדְּבַשׁ
honeysuckle n יַעְרָה
honeyed adj מָתוֹק, מְמֻתָּק
honk vi, n 1 גִּעְגַּע, קִרְקֵר. 2 טִרְטֵר. 3 תָּקַע (צופר). 4 גִּעְגּוּעַ, קִרְקוּר. 5 צְפִירָה
honorarium n 1 מַעֲנָק, פְּרָס. 2 שְׂכַר סוֹפְרִים. 3 שְׂכַר כָּבוֹד
honorary adj 1 שֶׁל כָּבוֹד. 2 כְּאוֹת כָּבוֹד
honorific adj, n נִכְבָּד, מְכֻבָּד, מְכַבֵּד
hono(u)r vti, n 1 כִּבֵּד, הוֹקִיר, הֶעֱרִיךְ. 2 הֶעֱרִיץ, הִדֵּר. 3 שִׁלֵּם חוֹב. 4 הַעֲרָכָה, הוֹקָרָה. 5 כָּבוֹד, כִּבּוּד. 6 פְּאֵר, תִּפְאֶרֶת, יְקָרָה
hono(u)rable adj מְכֻבָּד, נִכְבָּד, חָשׁוּב, נְשׂוּא פָּנִים
hono(u)rably adv בְּכָבוֹד, בְּדֶרֶךְ מְכֻבֶּדֶת
hood vt, n 1 כִּסָּה, צִפָּה. 2 הִצְפִּין, הִסְתִּיר. 3 בַּרְדָּס, כִּפָּה, שָׁבִיס. 4 כַּרְבֹּלֶת. 5 מִכְסֶה, כִּסּוּי
hoodoo n מַזָּל רַע, סִימָן רַע
hoodwink vt 1 רִמָּה, הוֹנָה. 2 סִנְוֵר, אָחַז אֶת הָעֵינַיִם
hoof n פַּרְסָה, טֶלֶף
hook vti, n 1 תָּפַס בְּוָו, לָכַד בְּחַכָּה. 2 נָגַח. 3 עִקֵּם, כּוֹפֵף. 4 וָו, אַנְקוֹל,

קֶרֶס. 5 חַכָּה. 6 מַלְכֹּדֶת. 7 מַרְפֵּק

hook and eye מְהַדֵּק, אֶטֶב

hooked adj 1 מְאֻנְקָל, מְעֻקָּם, מְעֻקָּל. 2 מָכוּר לְ־

hooker n 1 סִירַת דַּיִג. 2 אֳנִיָּה בָּלָה. 2 חָלוּץ (רגבי). 3 זוֹנָה, פְּרוּצָה

hook, line and sinker בִּשְׁלֵמוּת

hookah n נַרְגִּילָה

hook or by crook (by) וִיהִי מָה, בְּכָל הַדְּרָכִים

hookworm n 1 פִּתָּיוֹן. 2 כֶּרֶץ

hooligan n חוּלִיגָן, אֵימְתָן

hooliganism n בִּרְיוֹנוּת, חוּלִיגָנִיּוּת

hoop vt, n 1 הִדֵּק, הִקִּיף, כִּתֵּר, חִשֵּׁק. 2 חִשּׁוּק, טַבַּעַת. 3 גַּלְגַּל

hoot vit, n 1 קָרָא, יִלֵּל. 2 קָרָא קְרִיאוֹת גְּנַאי. 3 צָפַר, צִפְצֵף. 4 קְרִיאַת גְּנַאי. 5 צִפְצוּף

hooter n 1 מַשְׁרוֹקִית. 2 צוֹפָר

hooves npl פְּרָסוֹת, טְלָפוֹת, טְלָפַיִם

hop vt, n 1 דִּלֵּג, נִתֵּר, קִפֵּץ. 2 דִּלּוּג, נִתּוּר, קְפִיצָה. 3 כְּשׁוּת

hope vti, n 1 קִוָּה, צִפָּה, יִחֵל. 2 סָבַר, חָשַׁב. 3 תִּקְוָה, תּוֹחֶלֶת, צִפִּיָּה. 4 סִכּוּי

hope chest אַרְגַּז הַנְּדוּנְיָה

hope for קִוָּה, צִפָּה

hope against hope הִתְנַחֵם בְּזִיק שֶׁל תִּקְוָה

hopeful adj 1 מַבְטִיחַ, בּוֹטֵחַ. 2 מְיַחֵל, מְקַוֶּה

hopefully adv בְּתִקְוָה

hopefulness n עִדּוּד, תִּקְוָה

hopeless adj חֲסַר תִּקְוָה, חֲסַר יֶשַׁע

hopelessly adv לְלֹא תִּקְוָה

hopelessness n חֹסֶר תִּקְוָה

hopper n 1 מְדַלֵּג, מְקַפֵּץ. 2 חָגָב. 3 אֲפַרְכֶּסֶת

horde n הָמוֹן, עֵרֶב־רַב

horizon n אֹפֶק

horizontal adj 1 אָפְקִי, מְאֻזָּן. 2 שָׁכוּב

horizontally adv בִּמְאֻזָּן

hormone n הוֹרְמוֹן

horn n 1 קֶרֶן, שׁוֹפָר. 2 חֲצוֹצְרָה. 3 צוֹפָר

horn of plenty קֶרֶן הַשֶּׁפַע

horned adj 1 מַקְרִין, בַּעַל קַרְנַיִם. 2 דְּמוּי קֶרֶן

hornet n צִרְעָה, דַּבּוּר

hornet's nest קַן־צְרָעוֹת

hornpipe n מְחוֹל הַמַּלָּחִים

horology n מְדִידַת הַזְּמַן

horoscope n הוֹרוֹסְקוֹפּ

horny adj 1 קַרְנִי, נֻקְשֶׁה. 2 בַּעַל קַרְנַיִם

horrendous adj נוֹרָא, אָיֹם, מַפְחִיד, מַבְהִיל

horrible adj נוֹרָא, מַחֲרִיד, אָיֹם, מַבְעִית

horribly adv נוֹרָאוֹת, אֲיֻמּוֹת

horrid adj אָיֹם, נוֹרָא, מַפְחִיד, מַבְהִיל

horridly adv נוֹרָאוֹת

horridness n תּוֹעֵבָה, הַפְחָדָה, הַבְהָלָה, הַחְרָדָה

horrific adv מַפְחִיד, מַבְהִיל, מַבְעִית

horrify vt הִפְחִיד, הִבְעִית, הֶחֱרִיד

horror n 1 אֵימָה, חֲרָדָה, בְּחִילָה. 2 מִפְלֶצֶת

horror-stricken, horror-struck adj מֻכֵּה אֵימָה

hors de combat (Fr) נָכֶה, מִחוּץ לַקְּרָב

hors d'oeuvres (Fr) מְתַאֲבֵן

horse n, adj 1 סוּס. 2 פָּרָשׁ. 3 חֲמוֹר (קורה). 4 גָּדוֹל, גַּמְלוֹנִי

horse race מֵרוֹץ סוּסִים

horse sense שֵׂכֶל יָשָׁר, פִּקְחוּת

horseback (on) adv רָכוּב

horsefly n זְבוּב־סוּס

horsehair n שְׂעַר סוּסִים

horseman n פָּרָשׁ, סַיָּס, רוֹכֵב

horsemanship n פָּרָשׁוּת, סַיָּסוּת

horsepower n כֹּחַ סוּס

horseradish n חֲזֶרֶת

horseshoe n פַּרְסָה, פַּרְסַת סוּס

horsewoman n פָּרָשִׁית, סַיָּסִית, רוֹכֶבֶת
horsy adj 1 סוּסִי. 2 גַּמְלוֹנִי, מְגֻשָּׁם
hortative adj 1 מַמְרִיץ, מְעוֹדֵד. 2 מַזְהִיר
horticultural adj גַּנָּנִי
horticulture n גַּנָּנוּת, גִּנּוּן
horticulturist n גַּנָּן
hosanna n, interj הוֹשַׁעְנָה
hose n 1 גֶּרֶב, פֻּזְמָק. 2 זַרְנוּק, צִנּוֹר
hosier n מוֹכֵר גַּרְבַּיִם
hosiery n לְבָנִים, גּוּפִיּוֹת, תַּחְתּוֹנִים, גַּרְבַּיִם
hospice n 1 אַכְסַנְיָה, פֻּנְדָּק. 2 מוֹסָד לְחוֹלִים
hospitable adj מְאָרֵחַ, מַכְנִיס אוֹרְחִים, מַסְבִּיר פָּנִים
hospitably adv בְּסֵבֶר פָּנִים
hospital n בֵּית חוֹלִים
hospitalism n אַשְׁפֶּזֶת
hospitality n אֵרוּחַ, הַכְנָסַת אוֹרְחִים
host vt, n 1 אֵרַח. 2 מְאָרֵחַ, בַּעַל בַּיִת. 3 פֻּנְדָּקִי. 4 הָמוֹן, חַיִל, לִגְיוֹן. 5 לֶחֶם קָדוֹשׁ
hostage n 1 בֶּן־עֲרֻבָּה. 2 עֲרֻבָּה. 3 מַשְׁכּוֹן, עֲבוֹט
hostel n אַכְסַנְיָה, מָלוֹן
hosteller n פֻּנְדָּקִי
hostelry n מָלוֹן, פֻּנְדָּק, אַכְסַנְיָה
hostess n 1 מְאָרַחַת, בַּעֲלַת בַּיִת. 2 בַּעֲלַת אַכְסַנְיָה
hostile adj עוֹיֵן, שׂוֹנֵא, אוֹיֵב
hostilely adv בְּעוֹיְנוּת, בְּאֵיבָה
hostility n עוֹיְנוּת, אֵיבָה
hot adj 1 חַם, לוֹהֵט, בּוֹעֵר. 2 כּוֹעֵס, רַתְחָן. 3 חָרִיף, עוֹקֵץ. 4 נִמְרָץ, עַז. 5 תַּאַוְתָנִי. 6 מוֹשֵׁךְ. 7 חָדָשׁ, חָדִישׁ, טָרִי. 8 מְשַׁלְהֵב, מַלְהִיב. 9 גָּנוּב
hotbed n חֲמָמָה
hotchpotch n 1 דַּיְסָה. 2 בִּלְבּוּל, עִרְבּוּבְיָה
hot dog נַקְנִיקִיָּה
hotel n מָלוֹן, בֵּית־מָלוֹן, אַכְסַנְיָה
hotelier n מְלוֹנַאי
hotfoot adv בְּחִפָּזוֹן, בִּמְהִירוּת, בְּחָפְזָה
hothead n חֲמוּם־מֹחַ, רַגְזָן, רַתְחָן
hothouse n חֲמָמָה
hot line קַו פָּתוּחַ
hotly adv בְּחֹם, בְּהִתְלַהֲבוּת
hot news סֶנְסַצְיָה, הָיָה כַּמֶּרְקָחָה
hotplate n 1 מַטְמֵן. 2 מַשְׁפֵּט
hot potato עֵסֶק רָגִישׁ
hot-tempered adj חֲמוּם מֹחַ, רַגְזָן, כַּעֲסָן
hot water bottle בַּקְבּוּק חַם
hound vt, n 1 רָדַף, שִׁסָּה. 2 כֶּלֶב, זַרְזִיר, כֶּלֶב צַיִד. 3 נִבְזֶה, נָבָל
hour n 1 שָׁעָה. 2 מוֹעֵד, זְמַן, עֵת
hourglass n שְׁעוֹן חוֹל
hour hand מְחוֹג הַשָּׁעוֹת
hourly adv, adj שָׁעָה־שָׁעָה, בְּכָל שָׁעָה, תָּכוּף
house n 1 בַּיִת, דִּירָה, מָעוֹן, מִשְׁכָּן. 2 מִשְׁפָּחָה, שׁוֹשֶׁלֶת
House of Commons בֵּית הַנִּבְחָרִים
House of Lords בֵּית הַלּוֹרְדִים
house of cards בִּנְיָן שֶׁל קְלָפִים
houseboat n בֵּית סִירָה
house breaker גַּנָּב, פּוֹרֵץ
housefly n זְבוּב בֵּיתִי
household adj, n 1 מִשְׁפַּחְתִּי, מִשְׁקִי. 2 בֵּיתִי. 3 דַּיָּרֵי בַּיִת, בְּנֵי בַּיִת. 4 מִשְׁפָּחָה
householder n 1 בַּעַל בַּיִת. 2 רֹאשׁ הַמִּשְׁפָּחָה
housekeeper n סוֹכֵן הַבַּיִת, מְנַהֵל מֶשֶׁק הַבַּיִת
housemaid n עוֹזֶרֶת, מְשָׁרֶתֶת
house martin סִיס
house party מְסִבָּה
house physician רוֹפֵא בַּיִת, רוֹפֵא מִשְׁפָּחָה
house sparrow דְּרוֹר
housetop n גַּג, רֹאשׁ הַגַּג
housewarming n חֲנֻכַּת הַבַּיִת

housewife n עֲקֶרֶת בַּיִת
housework n 1 עֲבוֹדַת בַּיִת. 2 מֶשֶׁק בַּיִת
housing n 1 קוֹרַת גַּג, מַחְסֶה, מִקְלָט. 2 שִׁכּוּן, דִּיּוּר. 3 מִסְגֶּרֶת, מַעֲטֶה
housing project שִׁכּוּן עֲמָמִי
hove pt זמן עבר של הפועל to heave
hovel n 1 בִּקְתָּה, צְרִיף. 2 דִּיר
hover vi 1 רִחֵף, רִפְרֵף. 2 פִּקְפֵּק, הִסֵּס. 3 שׁוֹטֵט, סָבַב
hovercraft n רַחֶפֶת
how adv 1 אֵיךְ, כֵּיצַד. 2 כַּמָּה. 3 מַדּוּעַ, לָמָּה
How do you do? מַה שְּׁלוֹמְךָ?
How much, כַּמָּה?
How many? מָה הַמְּחִיר?
How long? כַּמָּה זְמַן?
howdah n אַפִּרְיוֹן (על בהמה)
however adv אוּלָם, אֲבָל, לַמְרוֹת זֹאת, אָמְנָם
howitzer n הוֹבִּיצֶר
howl vti, n 1 יִלֵּל, יִבֵּב, זָעַק, נָהַם, צָרַח. 2 יְלָלָה, יְבָבָה, זְעָקָה, צְוָחָה
howsoever adv מִכָּל מָקוֹם, בְּכָל אֹפֶן
hoyden n 1 עַלִּיזָה, שׁוֹבָבָה. 2 פְּרוּצָה
hoydenish adj קוֹלָנִי, רוֹגֵשׁ, סוֹעֵר
hub n 1 טַבּוּר. 2 מֶרְכָּז שֵׁרוּת. 3 מַצְמֶדֶת
hubbub n רַעַשׁ, שָׁאוֹן, מְהוּמָה
hubris n יְהִירוּת
huckleberry n אֻכְמָנִיָּה
huckster n רוֹכֵל, סַדְקִי
huddle vti, n 1 צִפֵּף, דָּחַס, הִקְהִיל. 2 הִתְקַהֵל, הִצְטוֹפֵף. 3 הָמוֹן, קָהָל. 4 אֲסֵפָה
hue n צֶבַע, גַּוָּן
hue and cry 1 אַזְעָקָה, הֲמֻלַּת רוֹדְפִים. 2 סְעָרָה צִבּוּרִית
huff n רֹגֶז, זַעַם
huffily adv בְּרֹגֶז
huffish adj 1 רַגְזָן, כַּעֲסָן. 2 נוֹחַ לִרְגֹּז
huffy adj 1 נוֹחַ לְהֵעָלֵב. 2 יָהִיר
hug vt, n 1 חִבֵּק, לִטֵּף, גִּפֵּף. 2 הִתְחַכֵּךְ, הָיָה סָמוּךְ. 3 חִבּוּק, גִּפּוּף, לִטּוּף
huge adj עֲנָקִי, נִרְחָב, עָצוּם
hugely adv בְּמִדָּה רַבָּה
Huguenot n, adj הוּגֶנוֹט
hulk n 1 גְּוִיָּה. 2 גְּרוּטָה, גְּרוּטָאָה
hulking adj עֲנָקִי, מְסֻרְבָּל
hull vt, n 1 קִלֵּף, קָלַף. 2 בִּקַּע. 3 קְלִפָּה. 4 מִכְסֶה. 5 גּוּף אֳנִיָּה. 6 תֵּבָה
hullabaloo n רַעַשׁ, מְהוּמָה
hum vti, n 1 זִמְזֵם, הִמְהֵם. 2 פִּזֵּם. 3 רִמָּה, הוֹנָה. 4 הִסְרִיחַ. 5 מִלְמֵל. 6 זִמְזוּם, מִלְמוּל, הִמְהוּם. 7 צַחֲנָה. 8 תַּחְבּוּלָה, הוֹנָאָה, רַמָּאוּת
human adj, n 1 אֱנוֹשִׁי. 2 אָדָם, אֱנוֹשׁ
human being בֶּן־אָדָם, בָּשָׂר וָדָם
human error טָעוּת אֱנוֹשׁ
human rights זְכֻיּוֹת הָאָדָם
humane adj אֱנוֹשִׁי, נָדִיב, רַחֲמָן
humanely adv בְּרַחֲמִים, בְּאַהֲבָה
humanism n אֱנוֹשִׁיּוּת, הוּמָנִיּוּת, הוּמָנִיזְם
humanist n הוּמָנִיסְט
humanitarian adj, n אֱנוֹשִׁי, נַדְבָן, אוֹהֵב הַבְּרִיּוֹת
humanities npl מַדָּעֵי הָרוּחַ
humanity n אֱנוֹשׁוּת, אֱנוֹשִׁיּוּת
humanize vt אִנֵּשׁ, הֶאֱנִישׁ
humble vt, adj 1 הִכְנִיעַ, הִשְׁפִּיל, עִנָּה, דִּכָּא. 2 עָנָו, צָנוּעַ, שָׁפָל, נִכְנָע. 3 צַיְּתָן
humbleness n 1 עֲנָוָה, צְנִיעוּת, הַכְנָעָה. 2 צַיְּתָנוּת, כְּנִיעָה
humbly adv בְּהַכְנָעָה, בַּעֲנָוָה
humbug vt, n 1 רִמָּה, הוֹנָה, פִּתָּה. 2 הוֹנָאָה, תַּרְמִית. 3 אֲחִיזַת עֵינַיִם
humdrum adj שִׁגְרָתִי, חַדְגּוֹנִי, מְשַׁעֲמֵם, שָׁכִיחַ
humerus n עֶצֶם הַזְּרוֹעַ
humid adj לַח, רָטֹב, טָחוּב
humidify vt הִרְטִיב, לִחְלֵחַ

humidity n רְטִיבוּת, לַחוּת
humiliate vt הִשְׁפִּיל, הֶעֱלִיב, הִכְנִיעַ
humiliation n הַשְׁפָּלָה, הַכְנָעָה, עֶלְבּוֹן
humility n עֲנָוָה, עַנְוְתָנוּת, כְּנִיעָה, צַיְּתָנוּת, נְמִיכוּת רוּחַ
humming adj, n 1 מְזַמְזֵם. 2 זִמְזוּם
hummingbird n יוֹנֵק הַדְּבַשׁ
hummock n תְּלוּלִית, גַּבְנוּן
humorist n 1 הוּמוֹרִיסְט. 2 בַּדְּחָן, מְבַדֵּחַ
humo(u)r vt, n 1 עָשָׂה רָצוֹן, מִלֵּא בַּקָּשָׁה, פִּנֵּק. 2 הִתְמַסֵּר, הִסְתַּגֵּל. 3 הִסְכִּים. 4 מַצַּב רוּחַ, עַלִּיזוּת, הוּמוֹר. 5 לֵחָה, כִּיחַ. 6 מֶזֶג
humo(u)rous adj הוּמוֹרִיסְטִי, הִתּוּלִי, קַפְּרִיסִי, מְבַדֵּחַ
hump n חֲטוֹטֶרֶת, דַּבֶּשֶׁת, גַּבְשׁוּשִׁית
humpback n 1 גִּבֵּן. 2 גִּבֶּנֶת
humpbacked adj מְגֻבָּן, מְגֻבְנָן
humped, humpy adj מְגֻבְנָן, מְגֻבָּן
humus n רַקְבּוּבִית
Hun n הוּן
hunch vt, n 1 גִּבֵּן, קִמֵּר, עִקֵּם. 2 חֲשָׁד, חֲשָׁשׁ. 3 חֲטוֹטֶרֶת
hunchback n חֲטוֹטֶרֶת, גִּבֶּנֶת
hunchbacked adj מְגֻבְנָן, מְגֻבָּן
hundred n מֵאָה
hundredfold adv פִּי מֵאָה
hundredth adj, n 1 מֵאִית. 2 הַמֵּאָה
hundredweight n כִּכַּר אַנְגְּלִית (יחידת משקל)
hung pt pp זמן עבר ובינוני עבר של הפועל to hang
hunger vi, n 1 רָעַב. 2 הִשְׁתּוֹקֵק. 3 רָעָב. 4 מַחְסוֹר. 5 תְּשׁוּקָה, תַּאֲוָה, עֶרְגוֹן
hunger for הִשְׁתּוֹקֵק, הִתְאַוָּה
hunger march מִצְעַד רָעָב
hunger strike שְׁבִיתַת רָעָב
hungry adj 1 רָעֵב. 2 תָּאֵב, לָהוּט. 3 דַּל, עָנִי
hungry surface מִשְׁטָח צָמֵא
hunk n 1 חֲתִיכָה, נֵתַח. 2 "חָתִיךְ"
hunt vt, n 1 צָד. 2 חִפֵּשׂ, בִּקֵּשׁ. 3 רָדַף. 4 צַיִד. 5 חִפּוּשׂ. 6 רְדִיפָה. 7 אֵזוֹר צַיִד
hunter n 1 צַיָּד. 2 כֶּלֶב צַיִד. 3 סוּס צַיִד
hunting n 1 צַיִד. 2 חִפּוּשׂ, גִּשּׁוּשׁ
hunting ground שְׂדֵה צַיִד
huntress n צַיֶּדֶת
huntsman n צַיָּד
hurdle vt, n 1 הִתְגַּבֵּר. 2 קָפַץ וְעָבַר. 3 גָּדַר. 4 מִכְשׁוֹל, מְשׂוּכָה. 5 מְחִצָּה. 6 מַעְצוֹר
hurdler n מְדַלֵּג עַל מְשׂוּכוֹת
hurdling n רִיצַת מְסוּכוֹת
hurdy-gurdy n תֵּבַת נְגִינָה
hurl vt, n 1 זָרַק, הִשְׁלִיךְ, הֵטִיל. 2 זְרִיקָה, הֲטָלָה, הַשְׁלָכָה, הֲדִיפָה
hurly-burly n הֲמֻלָּה, מְהוּמָה, שָׁאוֹן
Hurrah! (Hurray!) vi, interj 1 קָרָא הֵידָד. 2 הֵידָד !, הוּרָה !
hurricane n סוּפָה, סְעָרָה, הוּרִיקָן
hurricane lamp פָּנַס רוּחַ
hurried adj נִמְהָר, נֶחְפָּז, פָּזִיז
hurriedly adv בְּחִפָּזוֹן
hurry vit, n 1 זֵרֵז, הֵחִישׁ. 2 מִהֵר. 3 נֶחְפַּז, הִזְדָּרֵז. 4 מְהִירוּת
hurt vti, n 1 פָּגַע, פָּצַע. 2 הִכְאִיב, צִעֵר, הֶעֱצִיב. 3 הֶעֱלִיב. 4 כָּאַב. 5 פְּגִיעָה, חַבָּלָה, עֶלְבּוֹן. 6 פֶּצַע, מַכָּה, כְּאֵב. 7 נֶזֶק, הֶפְסֵד, אֲבֵדָה
hurtful adj מַזִּיק, פּוֹגֵעַ, מַכְאִיב
hurtle vi 1 הֵטִיל, הִשְׁלִיךְ. 2 הִתְנַגֵּשׁ. 3 נֶחְפַּז
husband vt, n 1 חָסַךְ, קִמֵּץ. 2 כִּלְכֵּל. 3 בַּעַל, בֶּן־זוּג
husbandman n חַקְלַאי, אִכָּר, עוֹבֵד אֲדָמָה
husbandry n 1 חַקְלָאוּת. 2 אִכָּרוּת. 3 חַסְכָנוּת. 4 מֶשֶׁק
hush vti, adj, n 1 הִשְׁתִּיק, שָׁתַק. 2 הִרְגִּיעַ, שִׁכֵּךְ. 3 הִשְׁתַּתֵּק. 4 שָׁקֵט,

שׁוֹקֶט. 5 שֶׁקֶט, דְּמָמָה, שְׁתִיקָה

hush up vt הִסְתִּיר, הִשְׁתִּיק

hush-money n דְּמֵי שְׁתִיקָה

husk vt, n 1 קִלֵּף. 2 קְלִפָּה, זַג

huskily adv בְּקוֹל צָרוּד

huskiness n צְרִידוּת

husky adj, n 1 צָרוּד, נִחָר. 2 גְּבַרְתָּנִי, אַלִּים. 3 כֶּלֶב אֶסְקִימוֹאִי

hussar n הוּסָר

hussy n קַלַּת דַּעַת, חַסְרַת בּוּשָׁה

hustle vti, n 1 דָּחַף, דָּחַק. 2 נִדְחַף, נִדְחַק, הִדְחִיק. 3 הֲמֻלָּה, שָׁאוֹן. 4 פְּעִילוּת

hut n צְרִיף, בִּקְתָּה, סֻכָּה

hutch n 1 לוּל, דִּיר. 2 אַרְגָּז, תָּא, תֵּבָה, קֻפְסָה. 3 בִּקְתָּה

hyacinth n יַקִּינְתּוֹן

hybrid adj, n 1 מְעֹרָב. 2 בֶּן כִּלְאַיִם, בֶּן תַּעֲרֹבֶת

hybridize vt הִצְלִיב, הִכְלִיא, הִרְכִּיב

hydrangea n בַּקַּעְצוּר

hydrant n 1 זַרְנוּק. 2 מַעֲבִיר מַיִם

hydraulic adj הִידְרָאוּלִי

hydraulics npl הִידְרָאוּלִיקָה

hydrocarbon n פַּחְמֵימָן

hydrochloric adj מֵימָן כְּלוֹרִי

hydroelectric adj הִידְרוֹחַשְׁמַלִּי

hydrofoil n סְפִינַת רַחַף

hydrogen n מֵימָן

hydropathy n רִפּוּי בְּמַיִם, הִידְרוֹפַּתְיָה

hydrophobia n כַּלֶּבֶת

hydroplane n 1 סְפִינָה מְרַחֶפֶת. 2 מָטוֹס יַמִּי

hydroponics npl הִידְרוֹפּוֹנְיָה

hyena n צָבוֹעַ

hygiene n גֵּהוּת, הִיגְיֶנָה

hygienic adj הִיגְיֶנִי

hygienically adv הִיגְיֶנִית

hymn vt, n 1 הִלֵּל. 2 הִימְנוֹן. 3 מִזְמוֹר, פִּיּוּט, שִׁיר הַלֵּל

hymnal n סֵפֶר פִּיּוּטִים

hyperbola n הִיפֶּרְבּוֹלָה

hyperbole n הַפְרָזָה, הַגְזָמָה, גֻּזְמָא

hypercritical adj בַּקְרָנִי, קַפְּדָן מְאֹד

hypermarket n כָּל בּוֹ (חנות)

hyphen n מַקָּף

hyphenate vt מִקֵּף, חִבֵּר בְּמַקָּף

hypnosis n הִפְנוּט, הִיפְּנוֹזָה

hypnotic adj 1 הִיפְּנוֹטִי. 2 מְהַפְּנֵט

hypnotism n הִפְנוּט, הִיפְּנוֹטִיּוּת

hypnotist n מְהַפְּנֵט

hypnotize vt הִפְנֵט

hypochondria n מָרָה שְׁחֹרָה, דִּכְדּוּךְ, הִיפּוֹכוֹנְדְּרִיָּה

hypochondriac n, adj מְדֻכָּא, מְדֻכְדָּךְ, הִיפּוֹכוֹנְדְּרִי

hypocrisy n צְבִיעוּת, הִתְחַסְּדוּת

hypocrite n צָבוּעַ, מִתְחַסֵּד

hypocritical adj דּוּ פַּרְצוּפִי, צָבוּעַ

hypodermic adj, n תַּת־עוֹרִי

hypotenuse n יֶתֶר (במשולש)

hypothesis n הַנָּחָה, הַשְׁעָרָה, הִיפּוֹתֶזָה

hypothetic(al) adj הַשְׁעָרָתִי, הִיפּוֹתֶטִי

hyssop n אֵזוֹב

hysteria n הִיסְטֶרְיָה, עַצְבָּנוּת

hysterical adj הִיסְטֶרִי, עַצְבָּנִי

hysterically adv בְּהִיסְטֶרְיָה

hysterics npl 1 הִיסְטֶרְיָה. 2 הִתְפָּרְצוּת הִיסְטֶרִית

I

I, i pron 1 אִי, הָאוֹת הַתְּשִׁיעִית שֶׁל הָאָלֶף־בֵּית הָאַנְגְּלִי. 2 אֲנִי, אָנֹכִי

iambic adj יַמְבִּי

iambus n יַמְבּוּס

iatrogenic adj מֶחֱמַת טִפּוּל

ibex n אַקּוֹ

ibid, ibidem adv שָׁם, כַּנַּ"ל

ibis n מַגְלָן, אִיבִּיס

ice vt, n 1 הָפַךְ לְקֶרַח. 2 הִקְפִּיא, הִגְלִיד. 3 זִגֵּג. 4 קֶרַח. 5 גְּלִידָה. 6 זִגּוּג. 7 יַהֲלוֹם

Ice Age n תְּקוּפַת הַקֶּרַח

iceberg n קַרְחוֹן

ice-bound adj 1 עֲטוּר קֶרַח. 2 תָּקוּעַ בְּקֶרַח

icebox n מְקָרֵר

icebreaker בּוֹקַעַת־קֶרַח

ice-cap n שִׁכְבַת קֶרַח

ice-cream n גְּלִידָה

ice-free adj 1 לֹא קָפוּא. 2 לְלֹא קֶרַח

ice-pick n מוֹט לְבְקִיעַת קֶרַח

ice-rink n מִשְׁטָח לְהַחְלָקָה עַל הַקֶּרַח

ice-skate vi הֶחֱלִיק עַל קֶרַח

ice-skates n, pl מַחֲלִיקַיִם

icicle n נְטִיף קֶרַח

icily adv בְּקָרִירוּת

icing n 1 צִפּוּי (בסוכר). 2 הַקְפָּאוֹת, הִתְקָרְחוּת. 3 זִגּוּג

icon n צֶלֶם, אִיקוֹנִין

iconoclast n 1 שׁוֹבֵר אֱלִילִים, אִיקוֹנוֹקְלַסְט. 2 כּוֹפֵר בָּעִקָּר

icy adj 1 קַרְחִי, קוֹפֵא. 2 אָדִישׁ

I'd I had או I would פועל עזר בגוף ראשון

idea n 1 רַעְיוֹן, מַחֲשָׁבָה. 2 הִרְהוּר. 3 מֻשָּׂג, עִקָּרוֹן. 4 דֵּעָה, סְבָרָה. 5 אֱמוּנָה, כַּוָּנָה, מַטָּרָה

ideal adj, n 1 אִידֵיאָלִי, מוֹפְתִי. 2 דִּמְיוֹנִי, רַעְיוֹנִי. 3 שָׁלֵם, נִפְלָא, מֻפְשָׁט. 4 אִידֵיאָל, חָזוֹן

idealism n אִידֵיאָלִיזְם

idealist n אִידֵיאָלִיסְט

idealistic adj אִידֵיאָלִיסְטִי

idealize vt הֶעֱלָה, רוֹמֵם, עָשָׂה לְאִידֵיאָלִי

ideally adv אִידֵיאָלִית

idem adj, n אוֹתוֹ דָּבָר, כַּנַּ"ל

identical adj זֵהֶה, שָׁוֶה

identically adv בְּאֹפֶן זֵהֶה

identification n 1 זִהוּי, זֶהוּת. 2 סִימָן הֶכֵּר. 3 תְּעוּדָה מְזַהָה. 4 אִשּׁוּר

identify vt זִהָה, סִמֵּן, הִשְׁוָה

identify with vt הִזְדַּהָה עִם

identikit n קְלַסְתְּרוֹן

identity n זֶהוּת

identity card (ID) תְּעוּדַת זֶהוּת

ideogram, ideograph n אִידֵיאוֹגְרָם

ideological adj רַעְיוֹנִי, אִידֵיאוֹלוֹגִי

ideologically adv רַעְיוֹנִית

ideology n הַשְׁקָפַת עוֹלָם, אִידֵיאוֹלוֹגְיָה

Ides npl אִידִים (תאריך רומי)

id est (i.e) כְּלוֹמַר, הַיְנוּ

idiocy n אִידְיוֹטִיּוּת, טִפְּשׁוּת

idiolect n נִיב פְּרָטִי

idiom n נִיב, סִגְנוֹן, אִידְיוֹם

idiomatic adj נִיבִי, אִידְיוֹמָטִי

idiomatically adv בְּהַבָּעָה מְיֻחֶדֶת

idiosyncracy n אִידְיוֹסִינְקְרַסְיָה

idiosyncratic adj אִידְיוֹסִינְקְרָטִי

idiot n אִידְיוֹט, שׁוֹטֶה, טִפֵּשׁ

idiotic(al) adj אִידְיוֹטִי

idiotically adv בְּטִפְּשׁוּת

idle vit, adj 1 הִתְבַּטֵּל. 2 בִּטֵּל זְמַנּוֹ, בִּזְבֵּז זְמַנּוֹ. 3 בָּטֵל, רֵיק. 4 מִתְעַצֵּל. 5 חֲסַר תּוֹעֶלֶת, חֲסַר יְסוֹד

idleness n 1 בִּטּוּל זְמַן. 2 הִתְבַּטְּלוּת, בַּטָּלָה, בַּטְלָנוּת. 3 הֶבֶל

idler n בַּטְלָן

idly adv בַּעֲצַלְתַּיִם

idol n 1 אֱלִיל. 2 צֶלֶם, פֶּסֶל

idolater(tor) n עוֹבֵד אֱלִילִים, עַכּוּ״ם

idolatress n עוֹבֶדֶת אֱלִילִים

idolatrous adj שֶׁל עֲבוֹדַת אֱלִילִים

idolatry n עֲבוֹדַת אֱלִילִים

idolization n הַאֲלָהָה, הַעֲרָצָה

idolize vt 1 אִלֵּל, הֶאֱלִיהַּ. 2 הֶעֱרִיץ

idyll n אִידִילְיָה

idyllic adj 1 אִידִילִי. 2 שָׁלֵו, שַׁאֲנָן

if conj, n 1 אִם, אִלּוּ, בִּתְנַאי. 2 תְּנַאי, הַנָּחָה, הַשְׁעָרָה

if only אִלּוּ רַק

if so אִם כָּךְ

igloo n אִיגְלוּ

ignis fatuus מִקְסַם שָׁוְא, תַּעְתּוּעִים

ignite vti 1 הִצִּית, הִדְלִיק. 2 הִלְהִיט, שִׁלְהֵב. 3 בָּעַר, הִשְׁתַּלְהֵב, הִתְלַהֵב

ignition n הַצָּתָה, הַדְלָקָה, הֶבְעֵר

ignoble adj נִבְזֶה, נִקְלֶה, שָׁפָל

ignobly adv בְּאֹפֶן גַּס, כְּנָבָל

ignominious adj בָּזוּי, מַעֲלִיב, מַשְׁפִּיל, מַחְפִּיר

ignominiously adv בְּצוּרָה מַחְפִּירָה

ignoramus n בּוּר, עַם הָאָרֶץ

ignorance n בַּעֲרוּת, בּוּרוּת, אִי־יְדִיעָה

ignorant adj בּוּר, נִבְעָר, עַם־הָאָרֶץ

ignorantly adv בִּבְלִי דַּעַת

ignore vt בִּטֵּל, הִתְנַכֵּר לְ־, הִתְעַלֵּם מִן

iguana n אִיגוּאָנָה

I'll פועל עזר I will או I shall לעתיד (גוף ראשון)

ill adj, adv n 1 חוֹלֶה, רַע. 2 כּוֹעֵס. 3 נֶזֶק, מַחֲלָה, צָרָה, רָעָה, פֶּגַע, כְּאֵב

ill-bred adj גַּס, לֹא מְנֻמָּס

ill-breeding n גַּסּוּת, חֹסֶר נִימוּס

illegal adj לֹא חֻקִּי

illegality n אִי־חֻקִּיּוּת

illegally adv שֶׁלֹּא כַּחוֹק

illegible adj לֹא קָרִיא, לֹא בָּרוּר, מְטֻשְׁטָשׁ

illegibility n אִי קְרִיאוּת

illegibly adv בְּאֹפֶן שֶׁאִי אֶפְשָׁר לִקְרֹא

illegitimacy n אִי חֻקִּיּוּת, פְּסוּל

illegitimate adj 1 פָּסוּל, לֹא חֻקִּי. 2 מַמְזֵר

illegitimately adv 1 שֶׁלֹּא כַּדִּין. 2 מִחוּץ לַנִּשּׂוּאִין

ill humo(u)r מַצַּב רוּחַ רַע

illicit adj לֹא חֻקִּי, פָּסוּל, לֹא כַּחֹק

illicitly adv שֶׁלֹּא כַּחֹק

illimitable adj בִּלְתִּי מֻגְבָּל, אֵינְסוֹפִי

illiteracy n בַּעֲרוּת, בּוּרוּת, אַנְאַלְפָבֵּיתִיּוּת

illiterate adj בַּעַר, בּוּר, נִבְעָר, אַנְאַלְפָבֵּיתִי

ill-mannered adj גַּס, לֹא מְנֻמָּס

illness n חֳלִי, מַחֲלָה, מַכְאוֹב, מַדְוֶה

illogical adj לֹא הֶגְיוֹנִי

illogicality n חֹסֶר הִגָּיוֹן

illogically adv בְּחֹסֶר הִגָּיוֹן, לְלֹא טַעַם

ill-starred adj בִּישׁ גַּדָּא, לְלֹא מַזָּל, אֻמְלָל

ill-timed adj לֹא בִּזְמַנּוֹ, בְּעִתּוּי גָּרוּעַ

ill-treat vt עִנָּה, הִתְאַכְזֵר, הֵרַע

illuminate vt 1 הֵאִיר, הִבְהִיר. 2 עִטֵּר, קִשֵּׁט

illumination n 1 תְּאוּרָה, הֶאָרָה. 2 קִשּׁוּט, עִטּוּר. 3 הַשְׂכָּלָה, הַשְׁרָאָה. 4 הַבְהָרָה

illusion n אַשְׁלָיָה, הֲזָיָה, תַּעְתּוּעַ

illusory adj כּוֹזֵב, מַטְעֶה, מַשְׁלֶה

illustrate vt 1 בֵּאֵר, הִסְבִּיר, הִבְהִיר. 2 אִיֵּר, עִטֵּר, צִיֵּר. 3 הִדְגִּים

illustration n 1 הַבְהָרָה, הַדְגָּמָה, הַמְחָשָׁה. 2 עִטּוּר, קִשּׁוּט, אִיּוּר. 3 הַסְבָּרָה. 4 הַשְׂכָּלָה

illustrative adj 1 מְבָאֵר, מַדְגִּים, מַסְבִּיר. 2 צִיּוּרִי

illustrious adj דָּגוּל, נַעֲלֶה, מְהֻלָּל

illustriously adv בְּהִצְטַיְּנוּת

ill will שִׂנְאָה, אֵיבָה
I'm (I am) הִנְנִי
image n 1 דְּמוּת, צֶלֶם, צוּרָה, תְּמוּנָה. 2 דִּמּוּי, דִּמְיוֹן, הַמְשָׁלָה. 3 בָּבוּאָה. 4 תַּבְנִית, סֶמֶל. 5 דְּיוֹקָן. 6 תַּדְמִית
imagery n תַּדְמִיּוֹת
imaginable adj עוֹלֶה בַּדִּמְיוֹן
imaginary adj דִּמְיוֹנִי, מְדֻמֶּה
imagination n דִּמְיוֹן, כֹּחַ הַדִּמְיוֹן
imagine vt 1 דִּמָּה, דִּמְיֵן, פִּנְטֵז. 2 שִׁעֵר, סָבַר, הִנִּיחַ
imaging n דִּמּוּת
Imam n אִימָם
imbecile adj, n טִפֵּשׁ, שׁוֹטֶה, אִימְבֶּצִיל, קָהוּי
imbecility n טִפְּשׁוּת, אִימְבֶּצִילִיּוּת
imbibe vt 1 סָפַג, קָלַט. 2 שָׁתָה. 3 שָׁאַף
imbroglio n בִּלְבֹּלֶת, סְבָךְ, הִסְתַּבְּכוּת
imbue vt 1 שִׁדֵּל, שִׁכְנַע. 2 מִלֵּא, הֶחְדִּיר
imitate vt 1 חִקָּה, הֶעְתִּיק. 2 זִיֵּף
imitation n חִקּוּי, הֶעְתֵּק
imitative adj מְחַקֶּה, חִקּוּי
imitator n חַקְיָן, חַקַּאי, מְחַקֶּה
immaculate adj לְלֹא רְבָב, לְלֹא פְּגָם, זַךְ
immaculately adv בִּקְדֻשָּׁה, לְלֹא פְּגָם
immanence n פְּנִימִיּוּת, אִימָנֶנְטִיּוּת
immanent adj פְּנִימִי, מִלְּגוֹ, אִימָנֶנְטִי
immaterial adj 1 לֹא גַּשְׁמִי, לֹא חָמְרִי, רוּחָנִי. 2 לֹא חָשׁוּב, שׁוּלִי
immature adj 1 בָּסִיר, בָּסְרִי, לֹא בָּשֵׁל, שֶׁלֹּא גָּמַל. 2 לִפְנֵי זְמַנּוֹ
immaturity n בֹּסֶר, אִי־בְּשִׁילוּת
immeasurable adj לְלֹא־גְבוּל, רְחַב יָדַיִם
immediacy n מִיָּדִיּוּת, תְּכִיפוּת, דְּחִיפוּת
immediate adj 1 מִיָּדִי, תָּכוּף, דָּחוּף. 2 סָמוּךְ
immediately adv תֵּכֶף וּמִיָּד
immemorial adj מִיָּמִים עָבָרוּ, מֵאָז וּמֵעוֹלָם
immense adj עָצוּם, עֲנָקִי, רְחַב־יָדַיִם
immensely adv בְּלִי מִדָּה, בְּמִדָּה עֲצוּמָה
immensity n עֲנָקִיּוּת, מֶרְחָב
immerse vt 1 טָבַל, הִשְׁרָה, הִטְבִּיל. 2 שָׁקַע, הִשְׁקִיעַ. 3 הִשְׁתַּקֵּעַ
immersion n 1 טְבִילָה, הַטְבָּלָה, שְׁרִיָּה, שְׁקִיעָה. 2 הִשְׁתַּקְּעוּת, הִתְעַמְּקוּת
immersion heater כַּף חַשְׁמַלִּית
immigrant n 1 מְהַגֵּר. 2 עוֹלֶה
immigrate vi 1 הִגֵּר, נָדַד. 2 עָלָה, הִתְיַשֵּׁב
immigration n הֲגִירָה (נִכְנֶסֶת), עֲלִיָּה (לישראל)
imminence n קִרְבָה, מִיָּדִיּוּת
imminent adj קָרוֹב
imminently adv מִיָּד, בְּקָרוֹב
immobile adj דּוֹמֵם, נַיָּח, יַצִּיב
immobility n נַיָּחוּת, יַצִּיבוּת
immobilization n יִצּוּב, נִיּוּחַ
immobilize vt נִיֵּחַ, יִצֵּב
immoderate adj 1 מֻפְרָז, מֻגְזָם, מֻפְלָג. 2 מַפְרִיז, קִיצוֹנִי
immoderately adv בְּהַפְרָזָה
immoderation n 1 הַפְרָזָה, הַגְזָמָה. 2 קִיצוֹנִיּוּת
immodest adj 1 לֹא צָנוּעַ, פָּרוּץ. 2 חָצוּף, גַּס, מְחֻצָּף
immodestly adv 1 בְּאֹרַח לֹא צָנוּעַ. 2 בְּחֻצְפָּה, בִּיהִירוּת
immodesty n חֻצְפָּה, יְהִירוּת, חֹסֶר עֲנָוָה, שַׁחֲצָנוּת
immolate vt הִקְרִיב, הֶעֱלָה לְקָרְבָּן
immolation n הַקְרָבָה, קָרְבָּן
immoral adj מֻשְׁחָת, נִבְזֶה, שָׁפָל, לֹא־מוּסָרִי
immorality n שְׁחִיתוּת, נִבְזוּת, שִׁפְלוּת, אִי־מוּסָרִיּוּת
immorally adv בְּאֹפֶן לֹא־מוּסָרִי
immortal adj, n 1 נִצְחִי, אַלְמוֹתִי. 2 בֶּן־אַלְמָוֶת, אַלְמָוֶת
immortality n נֵצַח, נִצְחִיּוּת, אַלְמָוֶת
immortalize vt הִנְצִיחַ

immovable adj 1 מוּצָק, קָבוּעַ, נַיָּח. 2 אֵיתָן בְּדַעְתּוֹ
immovably adv לְלֹא תְּנוּעָה
immune adj מְחֻסָּן, חָסִין, עָמִיד
immunity n 1 חֲסִינוּת, חִסּוּן. 2 פְּטוֹר
immunization n חִסּוּן
immunize vt חִסֵּן
immunology n תּוֹרַת הַחִסּוּן
immure vt כָּלָא, אָסַר
immutability n אִי־הִשְׁתַּנּוּת, אִי־שִׁנּוּי
immutable vt לֹא־מִשְׁתַּנֶּה, מַתְמִיד
immutably adv לְלֹא שִׁנּוּי
imp n 1 שֵׁדוֹן, רוּחַ, לֵץ. 2 שׁוֹבָב
impact vt, n 1 דָּחַס, לָחַץ, דָּחַק. 2 נְעִיצָה, דְּחִיסָה, דְּחִיפָה. 3 הִתְנַגְּשׁוּת. 4 נְגִיעָה, מַגָּע. 5 הַשְׁפָּעָה הֲדָדִית
impair vt פָּגַם, קִלְקֵל, הִזִּיק, הִמְעִיט
impairment n קִלְקוּל, פְּגִימָה, הַשְׁחָתָה
impala n אִימְפָּלָה (בעל חיים)
impale vt שִׁפֵּד, דָּקַר, הוֹקִיעַ עַל מוֹט חַד
impalement n שִׁפּוּד, הוֹקָעָה עַל כְּלוֹנָס
impalpable adj לֹא־מוּחָשִׁי, לֹא־מָשִׁישׁ
impart vt הִקְנָה, מָסַר, הֶעֱנִיק, נָתַן
impartial adj חֲסַר פְּנִיּוֹת, לֹא נוֹשֵׂא פָּנִים, לֹא מְשֻׁחָד
impartiality n אִי פְּנִיּוּת, יַחַס שָׁוֶה
impartially adv בְּיַחַס שָׁוֶה
impassable adj לֹא עָבִיר
impasse n מָבוֹי סָתוּם, קִפָּאוֹן
impassioned adj מְשֻׁלְהָב, נִלְהָב
impassive adj אָדִישׁ, שָׁלֵו
impassively adv בַּאֲדִישׁוּת
impassiveness n אֲדִישׁוּת
impassivity n שַׁלְוָה
impatience n קֹצֶר־רוּחַ, חֹסֶר סַבְלָנוּת
impatient adj קְצַר־רוּחַ, לֹא־סַבְלָן
impatiently adv בְּקֹצֶר־רוּחַ
impeach vt 1 הֶאֱשִׁים, גִּנָּה. 2 קָבַל עַל
impeachment adv הַאֲשָׁמָה, קֻבְלָנָה, גִּנּוּי, קִטְרוּג
impeccable adv לְלֹא־דֹפִי, לְלֹא פְּגָם
impecunious adj מִסְכֵּן, אֶבְיוֹן, עָנִי
impede vt מָנַע, עָצַר, עִכֵּב, הִכְשִׁיל
impediment n מִכְשׁוֹל, מְנִיעָה, עִכּוּב, מַעְצוֹר
impedimenta npl 1 מִטְעָן צְבָאִי. 2 מִטְעָן רַב, כְּבֻדָּה רַבָּה. 3 מִכְשׁוֹלִים, מַעְצוֹרִים
impel vt 1 הֵאִיץ, הִמְרִיץ, דָּחַף. 2 עוֹרֵר, קִדֵּם
impeller n 1 מֵאִיץ, מַמְרִיץ, מְעוֹרֵר. 2 גַּלְגַּל מֵנִיעַ
impending adj מְמַשְׁמֵשׁ וּבָא, קָרוֹב
impenetrable adj אָטִים, לֹא־חָדִיר
impenitence n קַשְׁיוּת לֵב, קְשִׁיחוּת, עַקְשָׁנוּת
impenitent adj עַקְשָׁן, קְשׁוּחַ לֵב
impenitently adv בִּקְשִׁיחוּת
imperative adj, n 1 מְצֻוֶּה, הֶכְרֵחִי, חִיּוּנִי, הֶחְלֵטִי. 2 צִוּוּי. 3 פְּקֻדָּה, צַו
imperatively adv בְּמַפְגִּיעַ, בְּהֶחְלֵטִיּוּת
imperfect adj חָסֵר, פָּגוּם, לָקוּי
imperfect tense עָבָר לֹא נִשְׁלָם (דקדוק)
imperfection n 1 אִי שְׁלֵמוּת, לְקוּת. 2 חֶסְרוֹן, פְּגָם
imperial adj 1 מַלְכוּתִי, מַמְלַכְתִּי, קֵיסָרִי. 2 תִּקְנִי
imperialism n אִימְפֶּרְיָלִיזְם
imperialist n אִימְפֶּרְיָלִיסְט
imperialistic adj אִימְפֶּרְיָלִיסְטִי
imperially adv בְּיָד רְחָבָה, כְּיַד הַמֶּלֶךְ
imperil vt סִכֵּן
imperious adj 1 מִתְנַשֵּׂא, רוֹדָנִי. 2 חִיּוּנִי, הֶכְרֵחִי
imperiously adv 1 בְּהִתְנַשְּׂאוּת. 2 בְּתֹקֶף
imperiousness n 1 הִתְנַשְּׂאוּת, רוֹדָנוּת. 2 דְּחִיפוּת
imperishable adj נִצְחִי, תְּמִידִי, בַּר־קְיָמָא
impersonal adj סְתָמִי, לֹא אִישִׁי
impersonate vt 1 גִּלֵּם, הִגְשִׁים. 2 תִּפְקֵד.

3 הִתְחַזָּה

impertinence n חֻצְפָּה, גַּסּוּת, חֹסֶר נִימוּס

impertinent adj חָצוּף, מְחֻצָּף, גַּס, מַעֲלִיב

impertinently adv בְּחֻצְפָּה

imperturbability n קֹר רוּחַ, מְתִינוּת, שַׁלְוָה

imperturbable adj שָׁקֵט, מָתוּן, קַר מֶזֶג, קַר רוּחַ

imperturbably adv בְּקֹר־רוּחַ

impervious adj אָטִים, לֹא־חָדִיר

imperviousness n אֲטִימוּת, אִי־חֲדִירוּת

impetigo n סַעֶפֶת

impetuosity n 1 פְּזִיזוּת, קֹצֶר־רוּחַ. 2 כֹּחַ, מֶרֶץ

impetuous adj 1 מִתְפָּרֵץ, דַּחֲפוֹנִי. 2 נִמְהָר

impetuously adv בְּסַעַר, בְּמֶרֶץ

impetus n דְּחִיפָה, מֵנִיעַ

impiety n אֶפִּיקוֹרְסוּת, כְּפִירָה

impinge on vt 1 נָגַף, הִתְנַגֵּשׁ. 2 גָּזַל מִ־

impingement n 1 הִתְנַגְּשׁוּת. 2 גְּזֵלָה

impious adj כּוֹפֵר, חוֹטֵא, מְחַלֵּל קֹדֶשׁ

impiously adv בִּכְפִירָה

impish adj שׁוֹבָב

impishly adv בְּשׁוֹבָבוּת

impishness n שׁוֹבָבוּת

implacable adj בִּלְתִּי נִתָּן לְפִיּוּס

implant vt, n 1 שָׁתַל, נָטַע, הִשְׁרִישׁ, הִרְכִּיב. 2 רֶכֶב (רפואה)

implantation n הַרְכָּבָה, הַשְׁתָּלָה

implement vt 1 הִגְשִׁים, בִּצַּע, יִשֵּׂם. 2 סִפֵּק מַכְשִׁירִים. 3 כְּלִי, מַכְשִׁיר. 4 אֶמְצָעִי

implementation n 1 הַגְשָׁמָה, בִּצּוּעַ, יִשּׂוּם. 2 הוֹצָאָה לַפֹּעַל

implicate vt סִבֵּךְ, גָּרַר, מָשַׁךְ אֶל, עֵרֵב

implication n 1 הִסְתַּבְּכוּת, סִבּוּךְ. 2 כַּוָּנָה, מַשְׁמָעוּת. 3 רְמִיזָה, הַשְׁלָכָה

implicit adj 1 מֻבְהָק, בָּרוּר, מֻחְלָט. 2 מִשְׁתַּמֵּעַ, מֻרְמָז

implicitly adv 1 כְּמִשְׁתַּמֵּעַ. 2 בִּשְׁלֵמוּת

implore vt הִתְחַנֵּן, הִפְצִיר, הֶעְתִּיר

imploringly adv בְּתַחֲנוּנִים

implosion n פִּצּוּץ, הִתְפָּרְצוּת

imply vt 1 כָּלַל, חִיֵּב. 2 רָמַז, הוֹרָה

impolite adj גַּס, חֲסַר נִימוּס

impolitely adv בְּגַסּוּת

impoliteness n חֹסֶר נִימוּס, גַּסּוּת

impolitic adj לֹא נָבוֹן, לֹא מְחֻכָּם

imponderable adj 1 לֹא שָׁקִיל. 2 שֶׁמֵּעֵבֶר לְכָל מִדָּה

import vt, n 1 יִבֵּא. 2 הִתְכַּוֵּן, רָמַז. 3 עֵרֶךְ, חֲשִׁיבוּת, כַּוָּנָה, הוֹרָאָה. 4 יְבוּא

importance n 1 חֲשִׁיבוּת, עֵרֶךְ. 2 כָּבוֹד

important adj 1 חָשׁוּב, נִכְבָּד

importantly adv 1 בִּיהִירוּת. 2 בַּחֲשִׁיבוּת

importation n יִבּוּא, יְבוּא

importer n יְבוּאָן

importunate adj 1 מַפְצִיר, מִתְחַנֵּן. 2 עַקְשָׁן

importunately adv בְּהַפְצָרָה

importune vt הֵצִיק, הִפְצִיר, תָּבַע, הֶעְתִּיר

importunity n תַּחֲנוּנִים, הַפְצָרָה, תּוֹבְעָנוּת

impose vti 1 אָכַף, כָּפָה, הִטִּיל. 2 סִדֵּר. 3 הוֹדִיעַ, בִּשֵּׂר, מָסַר. 4 הוֹרָה, צִוָּה

impose on/upon vt 1 נִצֵּל. 2 הִכְבִּיד עַל

imposing adj מַרְשִׁים, מְפֹאָר, נֶהְדָּר

imposingly adv בְּאֹפֶן מְפֹאָר

imposition n 1 הַטָּלַת חוֹבָה, דְּרִישָׁה, מַטָּלָה. 2 הוֹנָאָה, נִצּוּל, תַּרְמִית

impossibility n אִי־אֶפְשָׁרוּת

impossible adj 1 אִי־אֶפְשָׁר. 2 בִּלְתִּי אֶפְשָׁרִי

impossibly adv בְּאֹפֶן בִּלְתִּי אֶפְשָׁרִי

impostor n נוֹכֵל, רַמַּאי, מִתְחַזֶּה

imposture n גְּנֵבַת דַּעַת, רַמָּאוּת, הִתְחַזּוּת

impotence n אֵין אוֹנוּת, עֲקָרוּת, חֹסֶר כֹּחַ גַּבְרָא

impotent adj חֲסַר אוֹנִים, חֲסַר כֹּחַ גַּבְרָא

impotently adv בְּחֹסֶר אוֹנִים, בְּלִי יְכֹלֶת

impound vt 1 כָּלָא, סָכַר, אִגֵּם. 2 תָּפַס, הֶחֱרִים

impoverish vt 1 רוֹשֵׁשׁ, מִסְכֵּן. 2 דִּלְדֵּל

impoverishment n הִתְרוֹשְׁשׁוּת, דִּלְדּוּל
impracticability n חֹסֶר מַעֲשִׂיּוּת, חֹסֶר שִׁמּוּשִׁיּוּת
impracticable adj לֹא־מַעֲשִׂי, לֹא־שִׁמּוּשִׁי
impractical adj לֹא מַעֲשִׂי
imprecate vt חֵרֵף, קִלֵּל, אָרַר
imprecation n חֵרוּף, קְלָלָה, אָלָה, מְאֵרָה
impregnability n 1 עֲמִידוּת. 2 אֶפְשָׁרוּת הַפְרָיָה
impregnable adj 1 עָמִיד, מְבֻצָּר, לֹא נִתָּן לְכָבְשׁוֹ. 2 לֹא נִתָּן לִסְתִירָה. 3 בַּת הַפְרָיָה
impregnate vt, adj 1 הִרְטִיב, הִסְפִּיג, הִרְוָה. 2 עִבֵּר, הִפְרָה, הֶהֱרָה. 3 אִטֵּם. 4 מְעֻבֶּרֶת
impresario n אֲמַרְגָּן
impress vt, n 1 הִרְשִׁים. 2 טָבַע, חָתַם, הִדְפִּיס. 3 הִפְקִיעַ, תָּפַס. 4 הִדְגִּישׁ. 5 רֹשֶׁם, צִיּוּן. 6 טְבִיעָה, חֲתִימָה, חִקּוּק. 7 סֵמֶל, חוֹתָם
impression n 1 רֹשֶׁם, הִתְרַשְּׁמוּת. 2 מֻשָּׂג, הַשְׁפָּעָה. 3 טְבִיעָה, מִטְבָּע, חוֹתָם. 4 הַדְפָּסָה
impressionable adj רָגִישׁ, נוֹחַ לְהִתְרַשֵּׁם, מֻשְׁפָּע בְּקַלּוּת
impressionist n אִימְפְּרֶסְיוֹנִיסְט
impressionistic adj אִימְפְּרֶסְיוֹנִיסְטִי
impressive adj מַרְשִׁים, מְשַׁכְנֵעַ
impressively adv בְּרֹשֶׁם, בְּאֹפֶן מַרְשִׁים
impressiveness n הִתְרַשְּׁמוּת
imprimatur n 1 רִשְׁיוֹן הַדְפָּסָה. 2 הַסְכָּמָה, הַרְשָׁאָה
imprint vt, n 1 חָקַק, טָבַע, חָרַת. 2 הִדְפִּיס. 3 חֲקִיקָה, חֲרִיטָה. 4 הַדְפָּסָה. 5 צִיּוּן, סִימָן, חוֹתָם
imprison vt אָסַר, כָּלָא, עָצַר, שָׂם בַּכֶּלֶא
imprisonment n מַאֲסָר, כֶּלֶא, כְּלִיאָה
improbability n אִי־סְבִירוּת, אִי־אֶפְשָׁרוּת
improbable adj לֹא סָבִיר, חֲסַר סִכּוּי
improbably adv בְּאֹפֶן לֹא־סָבִיר
impromptu adj, adv, n 1 מְאֻלְתָּר. 2 מִנֵּיהּ וּבֵיהּ, בְּאִלְתּוּר. 3 אִלְתּוּר
improper adj 1 לֹא הוֹלֵם, לֹא הוֹגֵן. 2 מֻטְעֶה, מְדֻמֶּה
improperly adv שֶׁלֹּא כַּחֹק, שֶׁלֹּא כַּהֲלָכָה
impropriety n 1 אִי־הֲגִינוּת, אִי־נִימוּס. 2 אִי־הַתְאָמָה
improve vti 1 הִשְׁבִּיחַ, שִׁפֵּר, שִׁכְלֵל. 2 תִּקֵּן, קִדֵּם, הִגְבִּיר, נִצֵּל. 3 הִשְׁתַּפֵּר, הִשְׁתַּכְלֵל, הִתְקַדֵּם
improvement n שִׁפּוּר, שִׁכְלוּל, הַשְׁבָּחָה, הֲטָבָה
improvidence n 1 אִי־זְהִירוּת. 2 אִי־הַשְׁגָּחָה. 3 בַּזְבְּזָנוּת
improvident adj לֹא זָהִיר, בַּזְבְּזָן
improvidently adv בְּלִי זְהִירוּת
improvisation n אִלְתּוּר
improvise vti אִלְתֵּר
imprudence n פְּזִיזוּת, אִוֶּלֶת, חֹסֶר זְהִירוּת
imprudent adj פּוֹחֵז, פָּזִיז, לֹא זָהִיר
imprudently adv לְלֹא זְהִירוּת
impudence n חֻצְפָּה, עַזּוּת פָּנִים
impudent adj עַז פָּנִים, חָצוּף
impudently adv בְּחֻצְפָּה, בְּעַזּוּת מֵצַח
impugn vt סָתַר, הִתְנַגֵּד, חָלַק עַל
impulse n 1 דַּחַף, דְּחִיפָה. 2 מִתְקָף, הֶכְרֵחַ. 3 כֹּחַ דּוֹחֵף
impulsion n דְּחִיפָה, דַּחַף
impulsive adj פַּרְצָנִי, דּוֹחֵף, דַּחֲפִי, נִמְהָר, אִימְפּוּלְסִיבִי
impulsively adv אִימְפּוּלְסִיבִית
impulsiveness n דְּחִיפָה, אִימְפּוּלְסִיבִיּוּת
impunity n אִי־עֲנִישָׁה, חֹסֶר עֹנֶשׁ
impure adj טָמֵא, מְזֹהָם, לֹא־טָהוֹר, לֹא־נָקִי
impurity n טֻמְאָה, זֻהֲמָה
imputation n 1 הַאֲשָׁמָה, גִּנּוּי, קִטְרוּג. 2 יִחוּס
impute vt 1 הֶאֱשִׁים, חִיֵּב. 2 יִחֵס
in prep, adv, adj 1 בְּ־, בְּנוֹגֵעַ, בְּתוֹךְ.

2 מְקֻבָּל, אָפְנָתִי.
3 בִּפְנִים, בַּבַּיִת

in all סַךְ הַכֹּל, סה״כ
in blank עַל הֶחָלָק
in camera 1 בִּדְלָתַיִם סְגוּרוֹת. 2 בְּלִשְׁכָּתוֹ שֶׁל הַשּׁוֹפֵט
in for רָאוּי
in itself בְּעַצְמוֹ, כְּשֶׁלְּעַצְמוֹ
in that בַּאֲשֶׁר
in the alternative לַחֲלוּפִין
in the morning בַּבֹּקֶר
in so far as עַד כַּמָּה שֶׁ־
ins and outs כָּל הַפְּרָטִים וְהַדִּקְדּוּקִים
inability n 1 אִי־יְכֹלֶת. 2 חֹסֶר כֹּחַ. 3 חֹסֶר כִּשְׁרוֹן
inaccessibility n אִי נְגִישׁוּת, הֶמְנַע הַהַשָּׂגָה
inaccessible n 1 לֹא נָגִישׁ. 2 שֶׁאֵין לְהַשִּׂיגוֹ
inaccuracy n אִי־דִּיּוּק, טָעוּת
inaccurate adj לֹא מְדֻיָּק, מַטְעֶה
inaction n 1 אִי־מַעֲשֶׂה. 2 בַּטָּלָה, עַצְלוּת
inactivate vt הִשְׁבִּית, הִשְׁתִּיק
inactive adj לֹא־פָּעִיל, בָּטֵל
inactivity n 1 חֹסֶר פְּעֻלָּה. 2 מֶחְדָּל. 3 עַצְלוּת
inadequacy n אִי־כְּשִׁירוּת, אִי־הַתְאָמָה, אִי־הַסְפָּקָה
inadequate adj לֹא־כָּשִׁיר, לֹא מַתְאִים
inadmissible adj לֹא־קָבִיל
inadvertence n 1 רַשְׁלָנוּת, שְׁגִיאָה, שְׁגָגָה. 2 הֶסַּח הַדַּעַת
inadvertent adj 1 חֲסַר זְהִירוּת. 2 רַשְׁלָן, רַשְׁלָנִי. 3 בִּלְתִּי־מֻבְחָן
inadvertently adv בִּשְׁגָגָה
inalienable adj שֶׁלֹּא נִתָּן לְהַעֲבִירוֹ
inane adj 1 רֵיק, נָבוּב. 2 טִפְּשִׁי
inanimate adj דּוֹמֵם, חֲסַר חַיִּים, מֵת
inanition n רָעָב, תְּשִׁישׁוּת
inanity n רֵיקָנוּת, אַפְסוּת, הֲבָלִים, טִפְּשׁוּת
inapplicable adj לֹא מַתְאִים, לֹא יָשִׂים
inapposite adj לֹא מַתְאִים
inappreciable adj חֲסַר עֵרֶךְ, לְלֹא עֵרֶךְ
inappropriate adj לֹא־הוֹלֵם, לֹא־רָאוּי
inappropriately adv בְּאֹפֶן לֹא הוֹלֵם
inappropriateness n אִי־הֲלִימוּת, אִי־הַתְאָמָה
inapt adj 1 לֹא מַתְאִים. 2 לֹא מֻכְשָׁר, לֹא מְיֻמָּן
inaptitude n 1 אִי־הַתְאָמָה. 2 חֹסֶר כִּשְׁרוֹן, אִי מְיֻמָּנוּת
inarticulate adj 1 אִלֵּם. 2 עִלֵּג, מְגֻמְגָּם. 3 חֲסַר כֹּחַ הַבָּעָה
inasmuch as adj מִכֵּיוָן, הוֹאִיל וְ־, כִּי, בַּאֲשֶׁר
inattention n רַשְׁלָנוּת, פִּזּוּר הַדַּעַת
inattentive adj רַשְׁלָן, לֹא קַשּׁוּב, זוֹנֵחַ
inaudibility n אִי־שְׁמִיעוּת
inaudible adj לֹא שָׁמִיעַ, שֶׁאֵינוֹ נִשְׁמָע
inaugural adj שֶׁל חֲנֻכָּה, שֶׁל פְּתִיחָה
inaugurate vt 1 חָנַךְ, פָּתַח, קִדֵּשׁ. 2 הִקְדִּישׁ
inauguration n 1 חֲנֻכָּה, פְּתִיחָה. 2 הַקְדָּשָׁה
inauspicious adj 1 בִּישׁ גַּדָּא, בִּישׁ מַזָּל. 2 מְבַשֵּׂר רַע
inboard adj בָּאֳנִיָּה, מִלְּגוֹ
inborn, inbred adj 1 מִלֵּדָה, טִבְעִי. 2 שֶׁמִּלֵּדָה
inbuilt adj בָּנוּי בְּתוֹךְ קִיר
incalculable adj עָצוּם, מֵעֵבֶר לְשִׁעוּר, עַד לְאֵין שִׁעוּר
incandenscence n לַהַט, לִבּוּן אֵשׁ, הִתְלַבְּנוּת
incandescent adj לוֹהֵט, יוֹקֵד, מִתְלַבֵּן
incantation n כִּשּׁוּף, קֶסֶם, לַחַשׁ
incapability n אִי־יְכֹלֶת, אִי־יְעִילוּת
incapable adj לֹא־מְסֻגָּל, לֹא־מֻכְשָׁר
incapacitate vt שָׁלַל כֹּשֶׁר, שָׁלַל סַמְכוּת, שָׁלַל זְכוּת
incapacity n פַּסְלוּת, אִי־יְכֹלֶת, אִי־כְּשִׁירוּת

incarcerate vt כָּלָא, אָסַר
incarceration n כְּלִיאָה, אֲסִירָה, חֲבִישָׁה
incarnate vt, adj 1 גִּלֵּם, עִצֵּב. 2 הִגְשִׁים. 3 מְגֻלָּם, מְעֻצָּב. 4 מְגֻשָּׁם
incarnation n 1 גִּלּוּם, עִצּוּב, הַגְשָׁמָה. 2 הִתְגַּשְּׁמוּת, הִתְגַּלְּמוּת
incautious adj לֹא זָהִיר
incautiously adv בְּחֹסֶר זְהִירוּת
incendiary adj, n 1 מַצִּית, מַבְעִיר. 2 מֵסִית, מְגָרֶה, מְעוֹרֵר. 3 פִּצְצַת תַּבְעֵרָה
incense vt, n 1 הִקְטִיר, בִּשֵּׂם. 2 הִרְגִּיז, הִקְצִיף, הִרְעִים. 3 לְבוֹנָה, קְטֹרֶת
incentive adj, n 1 מְעוֹרֵר, מְעוֹדֵד, מַמְרִיץ. 2 עִדּוּד, דְּחִיפָה, תַּמְרִיץ
inception n הַתְחָלָה, פְּתִיחָה, רֵאשִׁית, יְסוֹד
incertitude n סָפֵק, פִּקְפּוּק, אִי־וַדָּאוּת
incessant adj מַתְמִיד, נִמְשָׁךְ, לֹא־פּוֹסֵק
incessantly adv לְלֹא הֶפְסֵק
incest n גִּלּוּי עֲרָיוֹת
incestuous adj מְגַלֵּה עֲרָיוֹת
inch vi, n 1 הֵנִיעַ לְאַט, הָלַךְ לְאַט. 2 אִינְץ׳. 3 קֹרֶט, קֻרְטוֹב
inch by inch לְאַט־לְאַט, בְּאִטִּיּוּת, אַט־אַט
inchoate vi, adj 1 הִתְחִיל, בִּצְבֵּץ. 2 הַתְחָלִי, מְבַצְבֵּץ
inchoative adj 1 הַתְחָלִי, רִאשׁוֹנִי. 2 מַתְחִיל
incidence n 1 תְּחוּלָה, תְּקֵפוּת, חָלוּת. 2 שְׁכִיחוּת
incident adj, n 1 מִקְרֶה, טָפֵל. 2 עָלוּל. 3 נוֹפֵל. 4 מִקְרֶה, מְאֹרָע, אֵרוּעַ. 5 תַּקְרִית
incidental adj מִקְרִי, צְדָדִי, מִשְׁנִי, טָפֵל
incidentally adv בְּמִקְרֶה, דֶּרֶךְ אַגַּב
incinerate vt שָׂרַף (לאפר)
incineration n שְׂרֵפָה (לאפר)
incinerator n כִּבְשָׁן, מִשְׂרָפָה
incipient n מַתְחִיל, הַתְחָלִי
incise vt חָתַךְ, שָׂרַט, חָרַט
incision n 1 חֶתֶךְ, חִתּוּךְ. 2 שָׂרֶטֶת, חָרִיץ
incisive adj נוֹקֵב, חַד, חוֹדֵר, חוֹתֵךְ
incisively adv בְּאֹפֶן נוֹקֵב
incisor n חוֹתֶכֶת, נִיב
incite vt הֵסִית, שִׁסָּה, גֵּרָה, עוֹרֵר, הִמְרִיד
incitement n 1 הֲסָתָה, שִׁסּוּי, גֵּרוּי. 2 עִדּוּד, דְּחִיפָה
incivility n גַּסּוּת, חֹסֶר נִימוּס
inclemency n 1 אַכְזְרִיּוּת, אַל־רַחֲמִים. 2 סַגְרִירִיּוּת
inclement adj 1 אַכְזָר, אַכְזָרִי, קְשֵׁה־לֵב. 2 סַגְרִירִי
inclination n 1 נְטִיָּה, פְּנִיָּה. 2 מוֹרָד, שִׁפּוּעַ
incline vti, n 1 נָטָה, הִטָּה. 2 כָּפַף, הִרְכִּין. 3 שָׁפַע, יָרַד, הִתְכּוֹפֵף. 4 שִׁפּוּעַ, מִדְרוֹן
inclose vt 1 כָּלַל, צֵרֵף, הֵכִיל. 2 סָגַר עַל, הִקִּיף, כִּתֵּר
inclosure n 1 הֶקֵּף, גִּדְרָה, רְצוּפָה. 2 גָּדֵר, קִיר. 3 לוּט
include vt הֵכִיל, כָּלַל
inclusion n הַכְלָלָה, הֲכָלָה
inclusive adj כּוֹלֵל, בִּכְלָל זֶה, וְעַד בִּכְלָל
inclusively adv בִּכְלָל, וְעַד בִּכְלָל
incognito adv בְּעִלּוּם שֵׁם
incoherence n בִּלְבּוּל, אִי־רְצִיפוּת, אִי־אֲחִידוּת
incoherent adj מְבֻלְבָּל, חֲסַר רְצִיפוּת, חֲסַר קֶשֶׁר
incoherently adv בְּלִי קֶשֶׁר, לְלֹא הִגָּיוֹן
incombustible adj לֹא־דָלִיק
income n הַכְנָסָה, רֶוַח
income tax מַס הַכְנָסָה
incoming adj, n 1 נִכְנָס, בָּא בַּתּוֹר. 2 כְּנִיסָה. 3 הַכְנָסוֹת
incommensurate adj לֹא מַתְאִים, לֹא הוֹלֵם, לְלֹא יַחַס

incommode vt הִטְרִיד, הִטְרִיחַ, הִפְרִיעַ
incommunicado adj מְנֻתָּק, מְבֻדָּד, לְלֹא קֶשֶׁר
incomparable adj שֶׁאֵין דּוֹמֶה לוֹ, לְלֹא מִתְחָרֶה
incomparably adv לְאֵין עֲרֹךְ
incompatibility n 1 אִי הַתְאָמָה. 2 נִגּוּד אִינְטֶרֶסִים
incompatible adj 1 לֹא מַתְאִים, סוֹתֵר. 2 נוֹגֵד אִינְטֶרֶסִים
incompetence, incompetency n אָזְלַת־יָד, חֹסֶר־יְכֹלֶת חֹסֶר־כִּשְׁרוֹן
incompetent adj 1 לֹא מְסֻגָּל, קְצַר יָד. 2 לֹא מֻסְמָךְ
incompetently adv לְלֹא יְכֹלֶת, בְּקֹצֶר יָד
incomplete adj 1 פָּגוּם, לָקוּי, חָסֵר. 2 לֹא שָׁלֵם, לֹא מָלֵא
incompletely adv לְלֹא שְׁלֵמוּת, בְּצוּרָה פְּגוּמָה
incomprehensibility n אִי־תְּפִיסָה, אִי־מוּבָנוּת
incomprehensible adj 1 סָתוּם, תָּמוּהַּ. 2 לֹא־מוּבָן, לֹא נִתְפָּס
incomprehension n אִי־הֲבָנָה, אִי־תְּפִיסָה
incompressible adj לֹא נִדְחָס, עוֹמֵד בִּפְנֵי לַחַץ
inconceivability n אִי־סְבִירוּת
inconceivable adj שֶׁאֵין לְהַעֲלוֹתוֹ עַל הַדַּעַת
inconclusive adj לֹא מַסְקָנִי, לֹא מַכְרִיעַ, לֹא מְשַׁכְנֵעַ
inconclusively adv 1 בְּחֹסֶר שִׁכְנוּעַ. 2 לְלֹא סִכּוּם
incongruent adj סוֹתֵר, לֹא הוֹלֵם
incongruently adv לְלֹא הַתְאָמָה
incongruity n חֹסֶר הַרְמוֹנְיָה, אִי הַתְאָמָה
incongruous adj סוֹתֵר, לֹא הַרְמוֹנִי, לֹא תּוֹאֵם
incongruously adv לְלֹא הַתְאָמָה
inconsequent adj לֹא עָקִיב, לֹא הֶגְיוֹנִי
inconsequential adj לֹא הֶגְיוֹנִי, לֹא עָקִיב
inconsequently adv לְלֹא הִגָּיוֹן
inconsiderate adj פָּזִיז, רַשְׁלָן, חָצוּף, לֹא מִתְחַשֵּׁב
inconsiderately adv בִּפְזִיזוּת, בְּקַלּוּת רֹאשׁ
inconsistency n אִי עֲקִיבוּת, הֲפַכְפְּכָנוּת
inconsistent adj סוֹתֵר, נוֹגֵד, הֲפַכְפַּךְ, לֹא עָקִיב
inconsolable adj שֶׁאֵינוֹ מִתְנַחֵם
inconspicuous adj לֹא מֻרְגָּשׁ, לֹא בּוֹלֵט, קָטָן
inconstancy n 1 אִי־עֲקִיבוּת, אִי יַצִּיבוּת. 2 אִי נֶאֱמָנוּת
inconstant adj לֹא יַצִּיב, הֲפַכְפַּךְ
incontestable adj שֶׁאֵין לְסָתְרוֹ, שֶׁאֵין לְהַפְרִיכוֹ
incontinence n 1 אִי־הִתְאַפְּקוּת. 2 אִי כִּבּוּשׁ הַיֵּצֶר
incontinent adj 1 לֹא צָנוּעַ. 2 לֹא מִתְאַפֵּק
incontrovertible adj מֻחְלָט, שֶׁאֵין עוֹרְרִים
inconvenience vt, n 1 הִטְרִיד, הִטְרִיחַ. 2 גָּרַם אִי־נוֹחוּת. 3 אִי נוֹחוּת, טִרְדָּה, טִרְחָה
inconvenient adj לֹא נוֹחַ, לֹא נָעִים
inconvertibility n אִי חֲלִיפוּת
inconvertible adj לֹא בַּר חֲלִיפִין
incorporate vt, adj 1 כָּלַל, צֵרֵף, עִרְבֵּב, חִבֵּר, אִגֵּד. 2 הִתְחַבֵּר, הִתְאַגֵּד. 3 מְחֻבָּר, אֲחִיד, מְאֻגָּד
incorporation n 1 הַכְלָלָה. 2 אִחוּד, תַּאֲגִיד, מְזִיגָה
incorporeal adj לֹא גַּשְׁמִי, לֹא חָמְרִי
incorrect adj 1 לֹא נָכוֹן, לֹא מְדֻיָּק. 2 מְשֻׁבָּשׁ
incorrectly adv בְּטָעוּת, לֹא נָכוֹן
incorrectness n שִׁבּוּשׁ, טָעוּת
incorrigible adj 1 חֲסַר תַּקָּנָה. 2 מֻשְׁחָת
incorruptibility n נִקְיוֹן כַּפַּיִם, הֲגִינוּת, חֹסֶר דֹּפִי
incorruptible adj נְקִי כַּפַּיִם, חֲסַר דֹּפִי

increase vti, n 1 גָּדַל, יָסַף, הִרְבָּה. 2 רִבָּה, הִגְדִּיל, הוֹסִיף. 3 הוֹסָפָה, תּוֹסֶפֶת. 4 גִּדּוּל, הִתְרַבּוּת. 5 עֲלִיָּה
increasingly adv יוֹתֵר וְיוֹתֵר
incredibility n 1 חֹסֶר אֱמוּנָה. 2 אִי סְבִירוּת
incredible adj לֹא יְתֹאַר, לֹא יֵאָמֵן
incredibly adv בְּמִדָּה שֶׁלֹּא תֵּאָמֵן
incredulous adj סַפְקָנִי, אֶפִּיקוֹרְסִי
incredulously adv בְּסַפְקָנוּת
increment n תּוֹסֶפֶת, הוֹסָפָה, גִּדּוּל, הִתְרַבּוּת
incriminate vt הִפְלִיל, הֶאֱשִׁים
incrimination n הַפְלָלָה, הַאֲשָׁמָה, אִשּׁוּם
incriminatory adj מַרְשִׁיעַ, מַפְלִיל, מַאֲשִׁים
incubate vti 1 הִדְגִּיר, דָּגַר. 2 זָמַם
incubation n 1 הַדְגָּרָה, דְּגִירָה. 2 הִתְפַּתְּחוּת מַחֲלָה
incubator n מַדְגֵּרָה, אִינְקוּבָּטוֹר
incubus n 1 סִיּוּט, מוּעָקָה. 2 שֵׁד, רוּחַ
inculcate vt הִנְחִיל, הִשְׁרִישׁ, הִטִּיף, הֶחְדִּיר, טִפַּח
incumbency n 1 הַחְזָקַת מִשְׂרָה. 2 מִשְׂרָה, תַּפְקִיד, כְּהֻנָּה
incumbent adj, n 1 מֻטָּל עַל, שׁוּמָה עַל. 2 נָח, נִשְׁעָן. 3 כֹּהֵן דָּת, כֹּמֶר
incur vt הֵבִיא, גָּרַם (על עצמו)
incurable adj, n 1 חֲשׂוּךְ מַרְפֵּא, אָנוּשׁ. 2 לֹא רָפִיא
incurably adv לְלֹא מַרְפֵּא
incurious adj אָדִישׁ
incursion n 1 פְּלִישָׁה, פְּשִׁיטָה. 2 חֲדִירָה, פְּרִיצָה
incurved adj עָקֹם, כָּפוּף
indebted adj 1 חַיָּב. 2 אֲסִיר תּוֹדָה
indebtedness n 1 חָבוּת, חוֹבוֹת, חוֹב. 2 אֲסִירוּת תּוֹדָה
indecency n 1 אִי־הֲגִינוּת, פְּרִיצוּת. 2 נִבּוּל פֶּה, גַּסּוּת. 3 חֹסֶר צְנִיעוּת
indecent adj 1 לֹא הָגוּן. 2 לֹא צָנוּעַ, גַּס. 3 מְנֻבַּל פִּיו
indecently adv 1 בְּאִי הֲגִינוּת. 2 בְּטַעַם לִפְגָם
indecipherable adj לֹא מִתְפַּעְנֵחַ
indecision n הַסְסָנוּת, פִּקְפּוּק
indecisive adj מְפַקְפֵּק, מְהַסֵּס
indecisively adv בְּהִסּוּס, בְּפִקְפּוּק
indecorous adj לֹא צָנוּעַ, חֲסַר טַעַם
indecorously adv לְלֹא צְנִיעוּת
indecorum n חֹסֶר צְנִיעוּת, חֹסֶר טַעַם
indeed adv אָמְנָם, לְמַעֲשֶׂה, לַאֲמִתּוֹ שֶׁל דָּבָר
indefatigable adj בִּלְתִּי־נִלְאֶה
indefeasible adj שֶׁאֵין לְבַטֵּל
indefensible adj שֶׁאִי אֶפְשָׁר לְהָגֵן עָלָיו
indefinable adj לֹא נִתָּן לְהַגְדָּרָה
indefinite adj 1 סְתָמִי, לֹא מֻגְדָּר. 2 סָתוּם, חָרִיג
indefinite article תָּוִית מְסַתֶּמֶת, תָּוִית אִי־יְדוּעַ (דקדוק)
indefinitely adv עַד אֵין סוֹף, לִזְמַן בִּלְתִּי מֻגְבָּל
indelible adj לֹא מָחִיק, לֹא נִמְחֶה
indelibly adv לְלֹא אֶפְשָׁרוּת מְחִיקָה
indelicacy n חֹסֶר עֲדִינוּת, חֹסֶר טַקְט, גַּסּוּת
indelicate adj 1 לֹא עָדִין. 2 לֹא טַקְטִי. 3 לֹא צָנוּעַ
indelicately adv בְּגַסּוּת, בְּלִי טַקְט
indemnification n פִּצּוּי, כֹּפֶר, שִׁלּוּמִים
indemnify vt 1 פִּצָּה, רִצָּה, שִׁפָּה. 2 בִּטַּח
indemnity n 1 פִּצּוּי, רִצּוּי, שִׁפּוּי. 2 פְּטוֹר. 3 בִּטּוּחַ
indent vti, n 1 שִׁנֵּן, חָרַק, טָבַע. 2 הִפְנִים, הֵזַח. 3 שִׁנּוּן, חֲרִיקָה, חִקּוּק. 4 הַזְמָנַת סְחוֹרָה
indent for vt בִּקֵּשׁ, הִזְמִין
indentation n 1 שִׁנּוּן, מֶחְרָץ. 2 חֲרִיקָה
indenture vt, n 1 קָשַׁר בְּהֶסְכֵּם בִּכְתָב. 2 הֶסְכֵּם בִּכְתָב, כְּתַב הִתְקַשְּׁרוּת

indentures npl הֶסְכֵּם הִתְקַשְּׁרוּת (לשוליה)
independence n 1 עַצְמָאוּת, חֵרוּת, חֹפֶשׁ. 2 אִי תְּלוּת
independent adj, n 1 עַצְמָאִי, חָפְשִׁי. 2 לֹא תָּלוּי
independently adv בְּאֹפֶן עַצְמָאִי
in-depth adj 1 מַעֲמִיק, יְסוֹדִי. 2 מְפֹרָט, בִּפְרוֹטְרוֹט
indescribable adj שֶׁלֹּא יְתֹאַר
indescribably adv בְּאֹפֶן שֶׁלֹּא יְתֹאַר
indestructibility n אִי הֲרִיסוּת
indestructible adj שֶׁאֵין לְהָרְסוֹ
indestructibly adv כָּךְ שֶׁלֹּא יִשָּׁמֵד
indeterminable adj לֹא מֻגְדָּר
indeterminacy n אִי קְבִיעוּת, אִי־דִּיּוּק, אִי־וַדָּאוּת
indeterminate adj לֹא־קָבוּעַ, לֹא מְדֻיָּק, סָתוּם
indetermination n הַסְסָנוּת, פִּקְפּוּק
index n 1 מַפְתֵּחַ, אִינְדֶּקְס, מַדָּד. 2 סִימָן, צִיּוּן. 3 מָחוֹג, מַחֲוָן. 4 מַרְאֵה מָקוֹם, תֹּכֶן הָעִנְיָנִים
indexation n הַצְמָדָה
index file n סוֹדְרָן
index-linked adj צָמוּד לַמַּדָּד
Indian adj, n 1 אִינְדְיָנִי. 2 הָדִּי
Indian file (in) בְּשׁוּרָה עָרְפִּית
Indian ink דְּיוֹת, "טוּשׁ"
Indian red צֶבַע אָדֹם חָזָק
India-paper n נְיַר מֶשִׁי
India-rubber n גּוּמִי
Indian summer 1 קַיִץ אָרֹךְ. 2 גִּיל הַזָּהָב
indicate vt 1 הִצְבִּיעַ, צִיֵּן, הוֹרָה, הֶרְאָה. 2 אוֹתֵת. 3 סִמֵּן, סִמֵּל. 4 רָמַז
indication n 1 סִימָן, סֵמֶל. 2 הוֹרָאָה, רְמִיזָה. 3 צִיּוּן, רֶמֶז. 4 הַצְבָּעָה
indicative adj, n 1 מַרְאֶה, מוֹרֶה. 2 מְצַיֵּן, מַצְבִּיעַ. 3 דֶּרֶךְ הַחִוּוּי (דקדוק)
indicator n 1 מָחוֹג, מַחֲוָן. 2 מַרְאֶה, מְכַוֵּן, מַד
indices npl הרבים של index
indict vt הֶאֱשִׁים (לפי החוק)
indictable adj 1 בַּר־אִשּׁוּם. 2 צָפוּי לְעֹנֶשׁ
indictment n 1 הַאֲשָׁמָה, אִשּׁוּם. 2 כְּתַב אִשּׁוּם. 3 שִׂטְנָה
indifference n אֲדִישׁוּת, שִׁוְיוֹן נֶפֶשׁ, לֹא אִכְפַּתִּיּוּת
indifferent adj 1 אָדִישׁ, שְׁוֵה נֶפֶשׁ, רַשְׁיל. 2 בֵּינוֹנִי
indifferently adv בַּאֲדִישׁוּת
indigence n עֹנִי, מַחְסוֹר, דַּלּוּת
indigenous adj יְלִידִי, מְקוֹמִי, בֵּיתִי
indigent adj אֶבְיוֹן, עָנִי, נִצְרָךְ
indigestible adj 1 לֹא עָכִיל, לֹא מִתְעַכֵּל. 2 שֶׁאֵין לַהֲבִינוֹ
indigestion n אִי עִכּוּל, הַפְרָעָה בָּעִכּוּל
indignant adj כּוֹעֵס, מָלֵא זַעַם, מָלֵא חֵמָה, מִתְאַנֵּף
indignantly adv בְּחֵמָה, בְּכַעַס
indignation n כַּעַס, קֶצֶף, זַעַם, חֵמָה
indignity n עֶלְבּוֹן, הַשְׁפָּלָה, פְּגִיעָה בְּכָבוֹד
indigo n אִינְדִּיגוֹ
indirect adj עָקִיף, לֹא יָשִׁיר
indirectly adv בַּעֲקִיפִין
indirectness n עֲקִיפִין
indiscernible adj סָמוּי, שֶׁאֵינוֹ נִרְאֶה
indiscipline n חֹסֶר מִשְׁמַעַת
indiscreet adj לֹא זָהִיר, פַּטְפְּטָן, אֵינוֹ שׁוֹמֵר סוֹד
indiscreetly adv לֹא בְּחָכְמָה
indiscrete adj רָצוּף, לֹא מְפֹרָד
indiscretion n חֹסֶר זְהִירוּת, חֹסֶר חָכְמָה, חֹסֶר פִּקְחוּת
indiscriminate adj 1 לֹא מַפְלֶה. 2 לֹא מַבְחִין. 3 מְבֻלְבָּל
indiscriminately adv לְלֹא הַבְחָנָה
indispensable adj הֶכְרֵחִי, נָחוּץ, חִיּוּנִי
indispensability n נְחִיצוּת, כֹּרַח, הֶכְרֵחִיּוּת
indisposed adj 1 לֹא בְּקַו הַבְּרִיאוּת. 2 לֹא

כְּתִקְנוֹ. 3 חַלָּשׁ

indisposition n 1 מֵחוֹשׁ, חֻלְשָׁה. 2 מַחֲלָה קַלָּה. 3 מֵאוּן, סֵרוּב

indisputable adj וַדָּאִי, בָּרוּר, שֶׁאֵין עוֹרְרִים עָלָיו

indissoluble adj 1 לֹא מָסִיס, שֶׁאֵינוֹ נָמֵס. 2 אֵיתָן, יַצִּיב, מוּצָק

indistinct adj עָמוּם, סָתוּם, מְעֻרְפָּל, לֹא בָּרוּר

indistinctly adv בְּעִרְפּוּל, לְלֹא בְּהִירוּת

indistinctness n אִי־בְּהִירוּת, עִרְפּוּל, סְתִימוּת

indistinguishable adj שֶׁאֵין לְהַבְחִין בּוֹ

indite vt חִבֵּר, כָּתַב, עָרַךְ

individual adj, n 1 מְיֻחָד, יִחוּדִי. 2 יְחִידָנִי. 3 אִישִׁי, פְּרָטִי, עַצְמִי. 4 יָחִיד, פְּרָט. 5 אָדָם, אִישׁ

individual education חִנּוּךְ יְחִידָנִי

individualism n יַחְדָּנוּת, פְּרָטִיּוּת, אִינְדִּיבִידוּאָלִיּוּת

individualist n יַחְדָּן, אִינְדִּיבִידוּאָלִיסְט

individualistic adj אִינְדִּיבִידוּאָלִיסְטִי, יַחְדָּנִי

individuality n אִישִׁיּוּת, יַחְדָּנוּת, פְּרָטִיּוּת, אִינְדִּיבִידוּאָלִיּוּת

individualize vt יִחֵד, הִבְחִין, הִפְרִיד

individually adv בְּנִפְרָד, בְּאֹרַח אִישִׁי

indivisible adj לֹא מִתְחַלֵּק

indoctrinate vt לִמֵּד, שִׁנֵּן, הוֹרָה

indoctrination n לִמּוּד, שִׁנּוּן, הוֹרָאָה, אִינְדּוֹקְטְרִינַצְיָה

Indo-European adj הֹדּוּ־אֵירוֹפִּי

indolence n 1 בַּטָּלָה, עַצְלוּת. 2 חֹסֶר כְּאֵב. 3 חֹסֶר אִכְפַּתִּיּוּת

indolent adj 1 בָּטֵל, עָצֵל, עַצְלָנִי. 2 חֲסַר כְּאֵב. 3 לֹא אִכְפַּת

indolently adv בְּחֹסֶר אִכְפַּתִּיּוּת

indomitable adj אַמִּיץ, עִקְּשָׁן, לֹא כָּנִיעַ

indoor adj פְּנִימִי, בֵּיתִי

indoors adv בַּבַּיִת, בֵּין כְּתָלִים, בִּפְנִים

indorse vt הֵסֵב, אִשֵּׁר

indrawn adj 1 מָשׁוּךְ. 2 מֻפְנָם

indubitable adj וַדָּאִי, שֶׁאֵינוֹ מֻטָּל בְּסָפֵק

indubitably adv לְלֹא סָפֵק, בְּוַדָּאוּת

induce vt 1 הִשְׁפִּיעַ, עוֹרֵר, הִמְרִיץ. 2 פִּתָּה, הִשִּׂיא, הֵבִיא לִידֵי. 3 הֵסֵב, גָּרַם, הֵנִיעַ. 4 הִשְׁרָה (בחשמל). 5 הִסִּיק

inducement n 1 פִּתּוּי, הַשָּׁאָה. 2 גְּרִימָה, הַמְרָצָה, עִדּוּד. 3 מֵנִיעַ, גּוֹרֵם, דְּחִיפָה

induct vt 1 גִּיֵּס, חִיֵּל. 2 הִכְנִיס (לתפקיד), הִצִּיג, הִפְקִיד בִּידֵי

induction n 1 אִינְדּוּקְצְיָה. 2 הֲנָעָה, גְּרִימָה. 3 הַשְׁרָאָה (חשמל). 4 מַסְקָנָה, הַכְלָלָה. 5 כְּנִיסָה (לתפקיד)

inductive adj 1 אִינְדּוּקְטִיבִי. 2 מַשְׁרָנִי, מוֹבִיל, מוֹלִיךְ. 3 מַשְׁפִּיעַ, מַכְנִיס, מַצִּיג

indulge vti פִּנֵּק, רִצָּה, פִּיֵּס

indulge in vt הִתְמַסֵּר, הִתְמַכֵּר

indulgence n 1 סוֹבְלָנוּת, וַתְּרָנוּת. 2 פִּנּוּק, עִדּוּן. 3 מְחִילָה, סְלִיחָה, כַּפָּרָה. 4 תַּאֲוָה

indulgent adj 1 סוֹבְלָנִי, וַתְּרָנִי. 2 מְפַיֵּס, מְרַצֶּה. 3 תַּאַוְתָן. 4 עָדִין, אָדִיב, וַתְּרָן

indulgently adv בְּחֶסֶד, בְּסַלְחָנוּת

industrial adj תַּעֲשִׂיָּתִי

industrialism n תַּעֲשִׂיָּנוּת

industrialist n תַּעֲשִׂיָּן

industrious adj חָרוּץ, שַׁקְדָן, זָרִיז

industriously adv בַּחֲרִיצוּת

industry n 1 תַּעֲשִׂיָּה, חֲרֹשֶׁת. 2 חָרִיצוּת, שַׁקְדָנוּת

inebriate vt, adj 1 שִׁכֵּר. 2 שִׁכּוֹר

inebriated adj שִׁכּוֹר

inebriation n שִׁכּוּר, שִׁכָּרוֹן, שַׁתְיָנוּת

inebriety n שִׁכְרוּת, שַׁתְיָנוּת

inedible adj לֹא אָכִיל

ineffable adj שֶׁאֵין לְבַטֵּא, לֹא יְתֹאַר

ineffably adv בְּאֹפֶן שֶׁאֵין לְהַבִּיעַ
ineffaceable adj לֹא מָחִיק
ineffective adj לֹא יָעִיל
ineffectively adv בְּחֹסֶר יְעִילוּת
ineffectual adj לֹא יָעִיל, חֲסַר תּוֹצָאוֹת
ineffectually adv לָרִיק, בְּאִי־יְעִילוּת
inefficiency n אִי־יְעִילוּת, חֹסֶר יְעִילוּת
inefficiency n אִי־יְעִילוּת
inefficient adj לֹא יָעִיל
inefficiently adv בְּחֹסֶר יְעִילוּת
inelastic adj לֹא גָמִישׁ, לֹא קְפִיצִי
inelegance n חֹסֶר הָדָר, חֹסֶר חֵן, חֹסֶר טַעַם טוֹב
inelegant adj חֲסַר הָדָר, חֲסַר חֵן
inelegantly adv בְּחֹסֶר טַעַם טוֹב
ineligibility n 1 הֶמְנַע הַבְּחִירָה. 2 אִי הַתְאָמָה, אִי כְּשִׁירוּת
ineligible adj פָּסוּל, לֹא רָאוּי לִבְחִירָה
inept adj לֹא מַתְאִים, לֹא מֻכְשָׁר
ineptitude n 1 אִי־הַתְאָמָה, אִי יְעִילוּת. 2 פְּתַיּוּת, שְׁטוּת
ineptly adv בְּאִי יְעִילוּת, בְּחֹסֶר הַתְאָמָה
inequality n אִי שִׁוְיוֹן
inequitable adj לֹא צוֹדֵק, לֹא יָשָׁר
inequity n אִי־יֹשֶׁר, אִי־צֶדֶק
ineradicable adj שֶׁאֵין לְעָקְרוֹ
inert adj חֲסַר תְּנוּעָה, לֹא פָּעִיל
inertia n אִי פְּעִילוּת, אִינֶרְצְיָה
inescapable adj שֶׁאֵין מִפְלָט מִמֶּנּוּ
inestimable adj יְקַר עֵרֶךְ, שֶׁאֵין עֲרֹךְ לוֹ
inevitable adj בִּלְתִּי נִמְנָע, הֶכְרֵחִי
inexact adj לֹא מְדֻיָּק, מַטְעֶה
inexactitude n 1 אִי דִּיּוּק. 2 טָעוּת
inexcusable adj שֶׁאֵין לוֹ כַּפָּרָה, שֶׁאֵין לְהַצְדִּיקוֹ
inexhaustible adj 1 שׁוֹפֵעַ, לֹא אַכְזָב. 2 בִּלְתִּי־נִדְלֶה
inexorable adj, adv 1 אַכְזָר, אַכְזָרִי, לֹא רַחְמָן. 2 נֶחֱרָץ, וַדַּאי. 3 לְלֹא רַחֵם
inexpediency n חֹסֶר תּוֹעֶלֶת
inexpedient adj לֹא מוֹעִיל, לֹא כְּדַאי
inexpensive adj זוֹל, לֹא יָקָר
inexpensively adv בְּזוֹל
inexperience n טִירוֹנוּת, חֹסֶר נִסָּיוֹן
inexperienced adj לֹא מְנֻסֶּה, טִירוֹן
inexpert adj לֹא מְיֻמָּן, לֹא מְנֻסֶּה
inexpiable adj שֶׁאֵין לוֹ כַּפָּרָה
inexplicable adj שֶׁאֵין לְבָאֲרוֹ, שֶׁאֵין לְהַסְבִּירוֹ
inexpressible adj שֶׁאֵין לְהַבִּיעוֹ
inexpressive adj שֶׁאֵינוֹ מַבִּיעַ, דַּל הַבָּעָה
in extenso (L) בַּאֲרִיכוּת
inextinguishable adj שֶׁלֹּא נִתָּן לְכַבּוֹתוֹ
in extremis (L) 1 בְּמִקְרֶה אַחֲרוֹן. 2 בְּמַצָּב חֵרוּם
inextricable adj שֶׁאֵין לְהַתִּירוֹ, מְסֻבָּךְ
infallibility n וַדָּאוּת, הֶמְנַע הַמִּשְׁגֶּה
infallible adj 1 שֶׁאֵינוֹ טוֹעֶה. 2 בָּדוּק
infallibly adv בְּוַדָּאוּת
infamous adj מְגֻנֶּה, בָּזוּי, מְשֻׁקָּץ, נוֹדָע לְשִׁמְצָה
infamously adv בְּאֹפֶן נִתְעָב
infamy n 1 קָלוֹן, אִי כָּבוֹד. 2 תּוֹעֵבָה, בִּזָּיוֹן. 3 בּוּשָׁה, דִּבָּה
infancy n 1 יַלְדוּת, יַנְקוּת. 2 הַגִּיל הָרַךְ
infant n 1 יֶלֶד, עוֹלָל, קַטִּין. 2 תִּינוֹק
infanticide n 1 רְצִיחַת יְלָדִים. 2 רוֹצֵחַ יְלָדִים
infantile adj יַלְדוּתִי, תִּינוֹקִי
infantry n חֵיל רַגְלִים
infarct n אֹטֶם
infatuate vt 1 הוֹלִיךְ שׁוֹלָל. 2 עוֹרֵר אַהֲבָה עִוֶּרֶת
infatuate(d) adj מְקֻסָּם, מְאֹהָב (עד שגעון)
infatuation n 1 הִתְאַהֲבוּת, קֶסֶם. 2 כִּסְלָה, טִפְּשׁוּת
infect vt 1 הִדְבִּיק, זִהֵם, אִלַּח. 2 הִרְעִיל
infection n 1 הִדַּבְּקוּת, אִלּוּחַ, זִהוּם. 2 דַּלֶּקֶת
infectious adj מִדַּבֵּק, מַדְבִּיק, מְאַלֵּחַ
infer vt 1 הִסִּיק. 2 גָּרַם, הוֹרָה, רָמַז.

3 הִקִּישׁ, לָמַד

inference n 1 הֶקֵּשׁ, הֶקְשֵׁר, מַסְקָנָה. 2 הוֹרָאָה, רֶמֶז

inferior adj נָחוּת, יָרוּד, תַּחְתּוֹן

inferiority n נְחִיתוּת, פְּחִיתוּת, שִׁפְלוּת

infernal adj 1 שְׁאוֹלִי, גֵּיהִנּוֹמִי, תָּפְתִּי. 2 אַכְזָרִי, שְׂטָנִי. 3 מְתֹעָב, בָּזוּי

inferno n שְׁאוֹל, תֹּפֶת, אֲבַדּוֹן, גֵּיהִנּוֹם, גֵּיהִנָּם

infertile adj עָקָר, לֹא פּוֹרֶה

infertility n עֲקָרוּת, אִי פּוֹרִיּוּת

infest vt שָׁרַץ, פָּשַׁט, רָחַשׁ, רָמַשׂ

infestation n 1 שְׁרִיצָה, רְמִישָׂה. 2 נִגּוּעַ

infidel n 1 כּוֹפֵר, לֹא מַאֲמִין. 2 בּוֹגֵד

infidelity n 1 כְּפִירָה, מִינוּת. 2 בְּגִידָה, נִאוּף. 3 אִי נֶאֱמָנוּת

infighting n מַאֲבָקִים פְּנִימִיִּים

infiltrate vti 1 חָדַר, הִסְתַּנֵּן. 2 סִנֵּן

infiltration n 1 חֲדִירָה, הִסְתַּנְּנוּת. 2 סִנּוּן. 3 חִלְחוּל

infiltrator n מִסְתַּנֵּן

infinite adj אֵינְסוֹפִי, לְלֹא גְּבוּל

infinitely adv לְלֹא סוֹף, עַד אֵין סוֹף

infinites(s)imal adj קָטָן לְאֵין סוֹף

infinitive adj, n 1 מָקוֹר. 2 שֶׁל מָקוֹר (פועל)

infinitude n אֵינְסוֹפִיּוּת

infinity n אֵינְסוֹף, נֵצַח

infirm n 1 חַלָּשׁ, תָּשׁוּשׁ. 2 חוֹלֶה. 3 רָפֶה

infirmary n 1 מִרְפָּאָה. 2 בֵּית חוֹלִים

infirmity n 1 מַחֲלָה, מֵחוֹשׁ. 2 חֻלְשָׁה, תְּשִׁישׁוּת, רִפְיוֹן

inflame vti 1 הִדְלִיק, שִׁלְהֵב, הִבְעִיר. 2 הֵסִית, עוֹרֵר, הִרְגִּיז, שִׁסָּה. 3 בָּעַר, הִתְלַהֵב, הִתְלַקַּח

inflammable adj דָּלִיק, לָהִיב, לָקִיחַ, מִתְלַקֵּחַ

inflammation n 1 דַּלֶּקֶת. 2 הִתְלַקְּחוּת

inflammatory adj 1 דַּלַּקְתִּי. 2 מַלְהִיב, מְעוֹרֵר, מְשַׁסֶּה

inflate vti נִפַּח, הִתְנַפֵּחַ

inflation n 1 נִפּוּחַ, הִתְנַפְּחוּת, תְּפִיחָה. 2 אִינְפְלַצְיָה

inflationary adj אִינְפְלַצְיוֹנִי

inflect vti 1 כָּפַף. 2 הִטָּה, נָטָה

inflection(xion) n 1 נְטִיָּה, כְּפִיפָה, הַטָּיָה. 2 נִגּוּן דִּבּוּר

inflectional adj נְטִיָּתִי

inflexibility n אִי גְּמִישׁוּת, קַשְׁיוּת

inflexible adj לֹא גָּמִישׁ, מוּצָק, נֻקְשֶׁה

inflexibly adv בְּנֻקְשׁוּת

inflict vt גָּרַם, הֵבִיא, הִטִּיל

infliction n יִסּוּרִים, צָרוֹת, מַכּוֹת

inflorescence n פְּרִיחָה, תִּפְרַחַת

inflow n זְרִימָה פְּנִימָה

influence vt, n 1 הִשְׁפִּיעַ, פָּעַל עַל. 2 הַשְׁפָּעָה

influential adj מַשְׁפִּיעַ

influentially adv בְּאֹרַח מַשְׁפִּיעַ

influenza n שַׁפַּעַת

influx n זֶרֶם, זְרִימָה, שִׁטָּפוֹן, שֶׁפַע

inform vt 1 בִּשֵּׂר, הוֹדִיעַ, סִפֵּר, מָסַר. 2 הִלְשִׁין. 3 עוֹרֵר, שִׁלְהֵב. 4 הִלְבִּישׁ צוּרָה

inform on/against vt הִלְשִׁין נֶגֶד

informal adj לֹא רִשְׁמִי, לֹא טִקְסִי, חָפְשִׁי, לֹא פוֹרְמָלִי

informality n אִי רִשְׁמִיּוּת, פַּשְׁטוּת

informally adv לְלֹא רִשְׁמִיּוּת

informant n 1 מוֹדִיעַ, מוֹסֵר. 2 מַלְשִׁין

information n 1 יְדִיעָה, מֵידָע. 2 חֲדָשׁוֹת, יְדִיעוֹת. 3 הַסְבָּרָה. 4 מוֹדִיעִין

information retrival אִחְזוּר מֵידָע, דְּלִיַּת מֵידָע (מחשבים)

informative adj 1 מְלַמֵּד, מְחַנֵּךְ. 2 אִינְפוֹרְמָטִיבִי

informed adj מְלֻמָּד, יוֹדֵעַ, בָּקִי

informed sources מְקוֹרוֹת יוֹדְעֵי־דָבָר

informer n מוֹדִיעַ, מַלְשִׁין, מוֹסֵר

infraction n 1 עֲבֵרָה, הֲפָרָה. 2 שְׁבִירָה

infra-red adj, n תַּת אָדֹם

infrastructure n תַּשְׁתִּית

infrequency n נְדִירוּת, אִי־תְּדִירוּת

infrequent adj נָדִיר, לֹא שָׁכִיחַ

infrequently adv לְלֹא תְּדִירוּת

infringe vt הֵפֵר, עָבַר

infringe upon/on vt הִסִּיג גְּבוּל

infringement n הֲפָרָה, עֲבֵרָה, הַסָּגָה

infuriate vt הִרְגִּיז, הִכְעִיס, הִרְעִים

infuse vti 1 יָצַק, שָׁפַךְ, הִשְׁרָה. 2 עֵרָה

infusion n 1 מִלּוּי, יְצִיקָה, שְׁרִיָּה, הַשְׁרָיָה. 2 תַּמְצִית, חֲלִיטָה. 3 עֵרוּי. 4 הַזְרָקָה, תַּשְׁפִּיךְ

ingathering n קִבּוּץ, אָסִיף

ingathering of exiles קִבּוּץ גָּלֻיּוֹת

ingenious adj 1 שָׁנוּן, חָרִיף, מְחֻכָּם. 2 מְאֻמָּן. 3 תַּחְבּוּלָנִי

ingeniously adv בִּשְׁנִינוּת

ingénue n תְּמִימָה (נערה)

ingenuity n חֲרִיפוּת, שְׁנִינוּת, כֹּחַ הַמְצָאָה

ingenuous adj 1 תָּמִים, תָּם. 2 כֵּן, יָשָׁר

ingenuously adv בִּתְמִימוּת

ingenuousness n 1 כֵּנוּת, יֹשֶׁר. 2 תְּמִימוּת, גִּלּוּי לֵב

ingest vt הִכְנִיס לַקֵּבָה

ingle-nook n פִּנַּת הָאָח

inglorious adj מַחְפִּיר, מֵבִישׁ

ingoing adj נִכְנָס

ingot n מְטִיל יָצוּק

ingraft, engraft vt הִרְכִּיב, סִפֵּק

ingrained adj טָבוּעַ, חָקוּק

ingratiate vt הִתְרַפֵּס, הִשְׁתַּדֵּל לִמְצֹא חֵן

ingratiatingly adv בִּלְבָבִיּוּת

ingratitude n כְּפִיּוּת טוֹבָה

ingredient n מַרְכִּיב, סַמְמָן, רְכִיב

ingress n 1 כְּנִיסָה, מָבוֹא. 2 זְכוּת גִּישָׁה

ingrowing adj צוֹמֵחַ בִּפְנִים

inhabit vt גָּר, דָּר, שָׁכַן, יָשַׁב

inhabitable adj בַּר־דִּיּוּר, רָאוּי לִמְגוּרִים

inhabitant n תּוֹשָׁב, דַּיָּר, שָׁכֵן

inhale vt שָׁאַף, נָשַׁם

inhaler n 1 מַשְׁאֵף. 2 שׁוֹאֵף

inharmonious adj צוֹרֵם, צוֹרְמָנִי, לֹא הַרְמוֹנִי

inherent adj 1 טָבוּעַ. 2 שֶׁמִּטֶּבַע. 3 פְּנִימִי, תְּכוּנָתִי

inherit vti יָרַשׁ, נָחַל

inheritance n יְרֻשָּׁה, נַחֲלָה, מוֹרָשָׁה

inheritor n יוֹרֵשׁ, נוֹחֵל

inhibit vt 1 עִכֵּב, מָנַע, עָצַר. 2 אָסַר

inhibition n 1 עִכּוּב, מְנִיעָה. 2 בְּלִימָה. 3 עַכָּבָה, מַעֲצוֹר. 4 אִסּוּר

inhibitory adj עוֹצֵר, בּוֹלֵם, מְעַכֵּב

inhospitable adj לֹא מַסְבִּיר פָּנִים, דּוֹחֶה

inhuman, inhumane adj חֲסַר רֶגֶשׁ, אַכְזָר, לֹא אֱנוֹשִׁי

inhumanly adv בְּחֹסֶר רֶגֶשׁ

inimical adj עוֹיֵן, שׂוֹנֵא, שׂוֹטֵם

inimitable adj אַלְשֵׁנִי, שֶׁאֵין לוֹ מִתְחָרֶה, שֶׁאֵין דּוֹמֶה לוֹ

inimitably adv בְּאֹפֶן שֶׁאֵין לְחַקּוֹתוֹ

iniquitous adj 1 מְרֻשָּׁע, זְדוֹנִי. 2 לֹא צוֹדֵק

iniquity n 1 רִשְׁעוּת, עָוֶל, חֵטְא. 2 פֶּשַׁע, עָווֹן, אָוֶן

initial vt, adj, n 1 חָתַם בְּרָאשֵׁי תֵּבוֹת. 2 מַתְחִיל, רִאשׁוֹן. 3 הַתְחָלִי, רִאשׁוֹנִי. 4 נִטְרוּק, רֹאשׁ תֵּבָה

initially adv 1 בַּתְּחִלָּה. 2 בְּרֵאשִׁית

initiate vt, n 1 הִתְחִיל, יָזַם. 2 הִכְנִיס. 3 חָבֵר. 4 אִתְחוּל (מחשבים)

initiation n 1 הַתְחָלָה, פְּתִיחָה. 2 כְּנִיסָה. 3 חֲנֻכָּה. 4 טֶקֶס קַבָּלָה

initiative n 1 יָזְמָה. 2 הַתְחָלָה

inject vt 1 הִזְרִיק. 2 הִכְנִיס, הֵבִיא

injection n 1 הַזְרָקָה, זְרִיקָה. 2 הַכְנָסָה, הֲבָאָה

injudicious adj לֹא נָבוֹן, לֹא מְחֻכָּם

injunction n 1 מִצְוָה, פְּקֻדָּה, צַו. 2 אִסּוּר, צַו מְנִיעָה

injure vt 1 פָּצַע, הִזִּיק. 2 פָּגַע, הֶעֱלִיב. 3 קִלְקֵל, הֵרַע, הִשְׁחִית

injurious adj 1 מֵרֵעַ, מַשְׁחִית. 2 מַעֲלִיב, פּוֹגֵעַ

injury n 1 נֶזֶק, הֶזֵּק, קִלְקוּל. 2 פְּצִיעָה, חַבָּלָה. 3 הֶפְסֵד
injustice n עָוֶל, אִי צֶדֶק
ink n דְּיוֹ
inkling n רֶמֶז, חֲשָׁשׁ, שֶׁמֶץ
inkstand inkwell דְּיוֹתָה, קֶסֶת
inky adj שֶׁל דְּיוֹ, דְּמוּי דְּיוֹ, מְדֻיָּת
inlaid pt, pp, adj 1 זמן עבר ובינוני עבר של הפועל to inlay. 2 מְשֻׁבָּץ
inland adj, adv 1 בִּפְנִים הָאָרֶץ. 2 פְּנִימִי, אַרְצִי
in-laws npl קְרוֹבֵי מִשְׁפָּחָה (דרך נשואין)
inlay vt, n 1 שִׁבֵּץ, קִשֵּׁט. 2 שִׁבּוּץ, מִלּוּאָה
inlet n 1 מָבוֹא, כְּנִיסָה. 2 מִפְרָצוֹן
inmate n 1 דַּיָּר, שָׁכֵן. 2 כָּלוּא. 3 חוֹלֶה בְּבֵית חוֹלִים
in memoriam לְזֵכֶר, לְזִכָּרוֹן
inmost adj פְּנִימִי, חֲשָׁאִי, תּוֹךְ־תּוֹכִי
inn n אַכְסַנְיָה, פֻּנְדָּק, בֵּית מַרְזֵחַ
innards npl קְרָבַיִם
innate adj מֻטְבָּע, טָבוּעַ, שֶׁמִּלֵּדָה
inner adj פְּנִימִי, חָבוּי, תּוֹכִי
inner city שְׁכוּנוֹת נֶחְשָׁלוֹת בְּלֵב עִיר
innermost adj תּוֹךְ תּוֹכוֹ, עָמֹק בְּיוֹתֵר
innkeeper n פֻּנְדְּקִי, מַרְזְחָן
innocence n תְּמִימוּת, תֹּם, טֹהַר לֵב, זַכּוּת, חַפּוּת, צְנִיעוּת
innocent adj 1 תָּמִים, תָּם, יָשָׁר. 2 זַכַּאי. 3 צָנוּעַ. 4 פֶּתִי, שׁוֹטֶה
innocently adv בִּתְמִימוּת, בְּתֹם לֵב
innocuous adj לֹא מַזִּיק, לֹא מְסֻכָּן
innovate vi חִדֵּשׁ, הִמְצִיא
innovation n 1 חִדּוּשׁ, הַמְצָאָה. 2 חַדְשָׁנוּת, שִׁנּוּי
innovative adj חַדְשָׁנִי
innovator n חַדְשָׁן, מַמְצִיא
innuendo n רְמִיזָה לִגְנַאי
innumerable adj אֵין סוֹף, אֵינְסוֹפִי, אֵין סְפוֹר
inoculate vt 1 הֶחְדִּיר, הִזְרִיק. 2 הִרְכִּיב, חִסֵּן
inoculation n 1 הַחְדָּרָה, הַזְרָקָה. 2 הַרְכָּבָה, חִסּוּן
inoffensive adj תָּמִים, לֹא מַזִּיק, לֹא פּוֹגֵעַ
inoperative adj לֹא יָעִיל, לֹא פּוֹעֵל
inopportune adj שֶׁלֹּא בְּעִתּוֹ, לֹא הוֹלֵם, לֹא מַתְאִים
inopportunely adv לֹא בִּזְמַנּוֹ
inordinate adj 1 מֻפְרָךְ, חֲסַר מִדָּה. 2 מְפֻזָּר
inordinately adv בְּהַפְרָזָה
inorganic adj דּוֹמֵם, לֹא אוֹרְגָנִי
inorganically adv בְּצוּרָה לֹא אוֹרְגָנִית
in-patient n חוֹלֶה פְּנִים, מְאֻשְׁפָּז
input n 1 תְּשׁוּאָה, תְּשׂוּמָה. 2 הַזְרָמָה, תְּרוּמָה. 3 קֶלֶט, הֲזָנָה (מחשבים)
input/output port שֶׁקַע קֶלֶט/פֶּלֶט
inquest n חֲקִירָה, תַּחְקִיר
inquietude n 1 דְּאָגָה, חֲרָדָה. 2 חֹסֶר מְנוּחָה, אִי שֶׁקֶט
inquire vti 1 חָקַר, בָּדַק. 2 שָׁאַל
inquire about שָׁאַל, הִתְעַנְיֵן
inquire after (for) שָׁאַל לִשְׁלוֹם
inquiringly adv בְּסַקְרָנוּת, בִּשְׁאֵלָה
inquiry, enquiry n 1 חֲקִירָה, תַּחְקִיר. 2 שְׁאֵלָה
inquisition n חֲקִירָה, בְּחִינָה, בֵּרוּר
Inquisition (the) הָאִינְקְוִיזִיצְיָה
inquisitive adj חַקְרָנִי, חַטְטָנִי, סַקְרָנִי
inquisitively adv בִּתְהִיָּה
inquisitiveness n סַקְרָנוּת, חַקְרָנוּת
inroad n פְּשִׁיטָה, חֲדִירָה, הִסְתַּעֲרוּת
inrush n זְרִימָה, שִׁטָּפוֹן
insalubrious adj לֹא בָּרִיא, לֹא מַבְרִיא
insane adj מְטֹרָף, מְשֻׁגָּע, חוֹלֵה־רוּחַ, חוֹלֵה־נֶפֶשׁ
insanely adv בְּשִׁגָּעוֹן
insane asylum בֵּית חוֹלֵי־רוּחַ
insanitary adj לֹא תַּבְרוּאִי
insanity n 1 שִׁגָּעוֹן, אִי־שְׁפִיּוּת, טֵרוּף הַדַּעַת. 2 שְׁטוּת, אִוֶּלֶת

insatiable adj שֶׁאֵינוֹ יוֹדֵעַ שֹׂבַע
insatiably adv לְלֹא שֹׂבַע
inscribe vt 1 חָקַק, רָשַׁם, הִקְדִּישׁ. 2 הִקִּיף
inscription n 1 הַרְשָׁמָה, כְּתֹבֶת, חֲקִיקָה. 2 רְשֹׁמֶת. 3 הַקְדָּשָׁה
inscrutable adj לֹא מוּבָן, עָמֹק, סוֹדִי
inscrutably adv בְּעַמְקוּת
insect n חֶרֶק, רֶמֶשׂ, שֶׁרֶץ, שֶׁקֶץ
insecticide n קוֹטֵל חֲרָקִים
insectivorous adj אוֹכֵל חֲרָקִים
insecure adj מְסֻכָּן, לֹא בָּטוּחַ
insecurely adv בְּאִי־בִּטָּחוֹן
insecurity n סַכָּנָה, אִי בִּטָּחוֹן
inseminate vt 1 הִזְרִיעַ. 2 זָרַע
insemination n הַזְרָעָה, הַפְרָיָה
insensate adj 1 מְטֻמְטָם, פֶּרֶא. 2 חֲסַר תְּחוּשָׁה
insensibility n אִי־רְגִישׁוּת, אֲטִימוּת הַלֵּב
insensible adj חֲסַר רֶגֶשׁ, קָשִׁיחַ, לֹא מוּחָשׁ
insensibly adv בְּאֹפֶן לֹא מוּחָשִׁי
insensitive adj לֹא רָגִישׁ, חֲסַר רֶגֶשׁ
insensitively adv בְּלֹא רְגִישׁוּת
insensitivity n חֹסֶר רְגִישׁוּת
insentient adj חֲסַר הַרְגָּשָׁה
inseparable adj בִּלְתִּי נִפְרָד, לֹא פָּרִיד
insert vt n 1 הִכְנִיס, קָבַע, תָּקַע. 2 מוּסָף, נִסְפָּח
insertion n 1 הַכְנָסָה, קְבִיעָה. 2 הַבְלָעָה. 3 תּוֹתֶבֶת. 4 שִׁבּוּץ. 5 מוֹדָעָה
in-service adj בִּזְמַן הַשֵּׁרוּת
inset vt, n 1 שִׁבֵּץ, קָבַע, נָטַע. 2 שָׂם. 3 עָלוֹן. 4 הַבְלָעָה. 5 תּוֹתֶבֶת. 6 מִלּוּאָה. 7 זמן עבר ובינוני עבר של הפועל to inset
inset pocket כִּיס מְשֻׁקָּע
inshore adj, adv 1 סָמוּךְ לַחוֹף. 2 לְעֵבֶר הַחוֹף
inside adj, adv 1 פְּנִימִי, תּוֹכִי. 2 בְּתוֹךְ, בִּפְנִים. 3 פְּנִימָה. 4 פְּנִים, תּוֹךְ, תֹּכֶן
inside out עַל בֻּרְיוֹ, לִפְנֵי וְלִפְנִים. 2 עַל שְׂמֹאל (בגד)
insider n 1 פְּנִימִי, מֻסְמָךְ. 2 יוֹדֵעַ דָּבָר
insidious adj עַרְמוּמִי, חוֹרֵשׁ מְזִמּוֹת
insidiously adv בְּעַרְמוּמִיּוּת
insidiousness n עַרְמוּמִיּוּת, מִרְמָה, חֲרִישַׁת מְזִמּוֹת
insight n 1 בּוֹנְנוּת. 2 הִסְתַּכְּלוּת, הַבְחָנָה
insignia npl 1 סֵמֶל, סִימָן. 2 עִטּוּרִים. 3 סִימָנֵי דַּרְגָּה
insignificance n זוּטָה, חֹסֶר עֵרֶךְ, אַפְסִיּוּת
insignificant adj אַפְסִי, חֲסַר עֵרֶךְ
insignificantly adv לְלֹא חֲשִׁיבוּת
insincere adj צָבוּעַ, לֹא כֵּן, לֹא יָשָׁר
insincerely adv בִּצְבִיעוּת
insincerity n צְבִיעוּת, חֹסֶר כֵּנוּת
insinuate vt 1 רָמַז, אָמַר בַּעֲקִיפִין. 2 הִגְנִיב, הֶחְדִּיר
insinuation n 1 רֶמֶז, רְמִיזָה. 2 גְּנֵבַת דַּעַת, הַטָּלַת דֹּפִי
insipid adj 1 תָּפֵל, חֲסַר טַעַם. 2 מְשַׁעֲמֵם, קֵהֶה
insipidity n תְּפֵלוּת, חֹסֶר טַעַם
insipidly adv בְּחֹסֶר טַעַם
insipidness n תְּפֵלוּת
insist vi הִטְעִים, הִתְעַקֵּשׁ, הִפְצִיר
insist on vt עָמַד עַל
insistence n הַטְעָמָה, עֲמִידָה עַל, הַפְצָרָה, הִתְעַקְּשׁוּת
insistent adj עוֹמֵד עַל, מַפְצִיר, מִתְעַקֵּשׁ
insistently adv בְּעַקְשָׁנוּת, בְּתֹקֶף
in situ (L) בַּאֲתַר, בִּמְקוֹם הַהִתְרַחֲשׁוּת
insolence n שַׁחֲצָנוּת, חֻצְפָּנוּת, עַזּוּת פָּנִים, חֻצְפָּה
insolent adj שַׁחֲצָן, חֻצְפָּן, עַז־פָּנִים
insolently adv בְּחֻצְפָּנוּת
insoluble adj 1 לֹא מָסִיס. 2 שֶׁאֵין לוֹ פִּתְרוֹן
insolvency n 1 פְּשִׁיטַת רֶגֶל, שְׁמִיטָה. 2 אִי כֹּשֶׁר פֵּרָעוֹן
insolvent adj שׁוֹמֵט, פּוֹשֵׁט רֶגֶל
insomnia n נְדוּדֵי שֵׁנָה

insomniac n סוֹבֵל מִנְּדוּדֵי שֵׁנָה
insomuch that/as בְּמִדָּה שֶׁ־, עַד כַּמָּה שֶׁ־
insouciance adj אֲדִישׁוּת, חֹסֶר דְּאָגָה, שַׁאֲנַנּוּת
inspan vt רָתַם, רִסֵּן, שָׂם עֹל
inspect vt 1 בָּחַן, בָּדַק, פִּקַּח. 2 בִּקֵּר, הִשְׁגִּיחַ. 3 הִסְתַּכֵּל
inspection n 1 בְּחִינָה, בְּדִיקָה. 2 בִּקֹּרֶת, הַשְׁגָּחָה, בַּקָּרָה. 3 פִּקּוּחַ. 4 הִסְתַּכְּלוּת
inspector n מְפַקֵּחַ, פַּקָּח, מַשְׁגִּיחַ
inspectorate n 1 מִפְקָחָה. 2 פִּקּוּחַ
inspiration n 1 הַשְׁרָאָה, שְׁאָר רוּחַ. 2 שְׁאִיפָה
inspire vt 1 הִשְׁרָה. 2 הִשְׁפִּיעַ, הִמְרִיץ. 3 הֵנִיעַ, גָּרַם
inspirit vt 1 עוֹרֵר, עוֹדֵד. 2 שִׂמַּח
instability n אִי־יַצִּיבוּת, הֲפַכְפְּכָנוּת, רְפִיפוּת
instal, install vt 1 הִתְקִין, קָבַע, שִׁבֵּץ. 2 הִצִּיב
installation n 1 הַתְקָנָה, קְבִיעָה, שִׁבּוּץ. 2 הַצָּבָה
instal(l)ment n 1 יְסוֹד, חֲנֻכָּה. 2 תַּשְׁלוּם. 3 הַתְקָנָה. 4 חֵלֶק, פֶּרֶק
instance n 1 מָשָׁל, דֻּגְמָה. 2 בַּקָּשָׁה, הַפְצָרָה. 3 דַּרְגָּה, דֶּרֶג. 4 עַרְכָּאָה, סַמְכוּת
instant adj, n 1 דָּחוּף, מִיָּדִי, מָהִיר. 2 דְּנָא. 3 חוֹלֵף, עוֹבֵר. 4 רֶגַע, הֶרֶף עַיִן
instantaneous adj 1 מִיָּדִי. 2 רִגְעִי, חוֹלֵף
instantaneously adv בּוֹ בָּרֶגַע
instantly adv לְלֹא דִּחוּי, מִיָּד
instead adv בִּמְקוֹם
instead of prep בִּמְקוֹם
instep n גַּב הָרֶגֶל
instigate vt 1 הֵסִית, שִׁסָּה, גֵּרָה. 2 זֵרֵז, עוֹרֵר, הִמְרִיץ
instigation n 1 הֲסָתָה, שִׁסּוּי. 2 הַמְרָצָה, זֵרוּז
instigator n 1 מְשַׁסֶּה, מֵסִית, שַׁסַּאי. 2 מְגָרֶה, מְעוֹרֵר
instil(l) vt 1 נָסַךְ, טִפְטֵף. 2 שִׁנֵּן, הֶחְדִּיר
instillation n 1 טִפְטוּף, הַטָּפָה. 2 שִׁנּוּן, הַחְדָּרָה
instinct n 1 יֵצֶר, חוּשׁ. 2 נְטִיָּה, דַּחַף
instinct with adj נִדְחָף, מָלֵא בְּ־
instinctive adj יִצְרִי, טִבְעִי, מִיָּדִי
instinctively adv בְּחוּשׁ, טִבְעִית, אִינְסְטִינְקְטִיבִית
institute vt, n 1 הֵקִים, יִסֵּד, יָסַד. 2 פָּתַח, הִתְחִיל, יָזַם. 3 מָכוֹן, מוֹסָד. 4 יְסוֹד, חֹק, עִקָּר. 5 קֹבֶץ חֻקִּים
institution n 1 יְסוֹד, הֲקָמָה. 2 תַּקָּנָה. 3 מוֹסָד, חֶבְרָה, אֲגֻדָּה, אִרְגּוּן. 4 מַעֲמָד, מִנְהָג, נֹהַג
institutional adj 1 מוֹסָדִי, חֶבְרָתִי, אֲגֻדָּתִי. 2 יְסוֹדִי
institutionalize vt 1 מִסֵּד. 2 הִכְנִיס לְמוֹסָד
instruct vt 1 הִדְרִיךְ, אִלֵּף, הִנְחָה. 2 חִנֵּךְ, לִמֵּד, הוֹרָה
instruction n 1 לִמּוּד, הַדְרָכָה, חִנּוּךְ. 2 הוֹרָאָה, הַנְחָיָה, פְּקֻדָּה
instructional adj 1 לִמּוּדִי, חִנּוּכִי. 2 מְאַלֵּף
instructive adj 1 מְאַלֵּף. 2 חִנּוּכִי
instructively adv בְּאֹפֶן מְאַלֵּף
instructor n מַדְרִיךְ, מְאַלֵּף, מוֹרֶה
instructress n מַדְרִיכָה, מְאַלֶּפֶת, מוֹרָה
instrument n 1 כְּלִי, מַכְשִׁיר, הֶתְקֵן. 2 אֶמְצָעִי, גּוֹרֵם. 3 מִסְמָךְ, תְּעוּדָה. 4 כְּלִי נְגִינָה
instrumental adj 1 מַכְשִׁירִי, כְּלִיִי. 2 מוֹעִיל, אֶמְצָעִי
instrumentalist n נַגָּן, מְנַגֵּן
instrumentation n 1 תִּנְגּוּן. 2 תַּנְגּוּן
insubordinate adj, n לֹא צַיְּתָן, מַמְרֶה, מוֹרֵד
insubordination n 1 אִי־צִיּוּת, פְּרִיקַת עֹל.

2 מְרִידָה. 3 סוֹרְרוּת
insubstantial adj לֹא בְּסִיסִי, חֲסַר עֵרֶךְ, לֹא מַמָּשִׁי
insufferable adj לֹא נִסְבָּל, קָשֶׁה מִנְּשׂא
insufficiency n אִי סְפִיקָה, מַחְסוֹר
insufficient adj לֹא מַסְפִּיק
insufficiently adv בְּמִדָּה לֹא מַסְפֶּקֶת
insular adj 1 שֶׁל אִי, אִיִּי. 2 בּוֹדֵד, מְבֻדָּד. 3 צַר, קַטְנוּנִי
insularism n צָרוּת אֹפֶק
insularity n בְּדִידוּת
insulate vt בִּדֵּד, בּוֹדֵד
insulating medium מֶצַע מְבַדֵּד
insulation n בִּדּוּד, הֶסְגֵּר
insulator n מַבְדֵּד
insulin n אִינְסוּלִין
insult vt, n הֶעֱלִיב, פָּגַע, הִכְלִים, גִּדֵּף. 2 הִשְׁמִיץ. 3 עֶלְבּוֹן, פְּגִיעָה, כְּלִמָּה, גִּדּוּף. 4 הַשְׁמָצָה
insulting adj 1 מַעֲלִיב, פּוֹגֵעַ. 2 מְחָרֵף, מְגַדֵּף. 3 מַשְׁמִיץ
insultingly adv בְּצוּרָה פּוֹגַעַת
insuperable adj מְצֻיָּן, עֶלְיוֹן, שֶׁאֵין לְנַצְּחוֹ
insupportable adj קָשֶׁה מִנְּשׂא
insurance n 1 בִּטּוּחַ. 2 אַחֲרָיוּת
insurance policy תְּעוּדַת בִּטּוּחַ, פּוֹלִיסָה
insure vt 1 בִּטַּח. 2 וִדֵּא. 3 הִבְטִיחַ. 4 אִבְטַח
insurgent adj, n מוֹרֵד, קוֹשֵׁר, מִתְקוֹמֵם
insurmountable adj שֶׁאֵין לְהִתְגַּבֵּר עָלָיו
insurrection n מֶרֶד, קֶשֶׁר, הִתְקוֹמְמוּת
intact adj שָׁלֵם, תָּמִים
intaglio n 1 מִלּוּאָה. 2 פְּסֵיפָס
intake n 1 הַכְנָסָה, קְלִיטָה. 2 קִבּוּל, קִבֹּלֶת
intangibility n אִי־מְשִׁישׁוּת
intangible adj לֹא מָשִׁישׁ, סָתוּם
intangibly adv בְּאֹפֶן לֹא מָשִׁישׁ
integer n 1 (מספר) שָׁלֵם, תָּמִים. 2 צָנוּעַ
integral adj 1 כְּלוּלִי, מִכְלָל, אִינְטֶגְרָלִי. 2 אַסְכֶּמֶת
integrate vti 1 אִסְכֵּם. 2 כָּלַל, הִשְׁלִים, מִזֵּג, תֵּאֵם. 3 הִתְמַזֵּג, הִתְחַבֵּר
integration n 1 אִסְכּוּם, כִּלּוּל. 2 סְכִימָה, הַכְלָלָה. 3 מִזּוּג, הִתְמַזְּגוּת, אִינְטֶגְרַצְיָה
integrity n תְּמִימוּת, שְׁלֵמוּת, תֹּם, יֹשֶׁר, תֹּם־לֵב
integument n עוֹר, קְלִפָּה, כְּסוּת, עֲטִיפָה
intellect n שֵׂכֶל, תְּבוּנָה, בִּינָה
intellectual adj, n 1 שִׂכְלִי, שִׂכְלְתָנִי, נָאוֹר. 2 מַשְׂכִּיל, אִישׁ־רוּחַ
intellectually adv בְּשֵׂכֶל, בְּאֹרַח אִינְטֶלֶקְטוּאָלִי
intelligence n 1 בִּינָה, הַשְׂכָּלָה, מִשְׂכָּל. 2 כֹּחַ הַשֵּׂכֶל. 3 מוֹדִיעִין, בִּיּוּן
intelligent adj 1 נָבוֹן, חָכָם. 2 מַשְׂכִּיל, בַּעַל מִשְׂכָּל
intelligently adv בַּהֲבָנָה, בִּתְבוּנָה
intelligentsia n מַשְׂכִּילִים, אִינְטֶלִיגֶנְצְיָה
intelligibility n מוּבָנוּת
intelligible adj מוּבָן, בָּרוּר
intelligibly adv בְּשֵׂכֶל, בְּרוּרוֹת
intemperance n אִי־מְתִינוּת, הַפְרָזָה, סְבִיאָה
intemperate adj לֹא מָתוּן, מַפְרִיז, סוֹבֵא, תַּאַוְתָן
intend vti 1 נָטָה, הִתְכַּוֵּן, סָבַר. 2 יִעֵד, הִתְעַתֵּד
intended adj, n 1 מְכֻוָּן, יָעוּד, מְיֹעָד. 2 אָרוּס, אֲרוּסָה
intense adj 1 נִמְרָץ, חָזָק, עַצִּים. 2 עַז, מְאֻמָּץ. 3 כַּבִּיר, עָצוּם, מָתוּחַ. 4 נִלְהָב, לוֹהֵט
intensely adv בְּעֹז, בְּעָצְמָה
intensify vti 1 הִגְבִּיר, הִגְדִּיל, הֶעֱצִים, חִזֵּק. 2 הִתְחַזֵּק, גָּדַל
intensive adj חָזָק, נִמְרָץ, עַצִּים
intensively adv בְּמֶרֶץ
intent adj, n 1 מְרֻכָּז, מְכֻוָּן, מְאֻמָּץ. 2 מַטָּרָה, תַּכְלִית, כַּוָּנָה. 3 רָצוֹן, מוּבָן, חֲשִׁיבוּת

intention n 1 כַּוָּנָה, תַּכְלִית. 2 זָמָם. 3 מְשִׂימָה, מְגַמָּה. 4 תְּפִיסָה, הַבְחָנָה, מִשּׂוּג
intentional adj 1 מְכֻוָּן. 2 זְדוֹנִי
intentionally adv 1 בְּמֵזִיד. 2 בְּכַוָּנָה
inter vt קָבַר, טָמַן
interact vi פָּעַל הֲדָדִית
interaction n פְּעֻלַּת גּוֹמְלִין
inter alia (L) בֵּין הַיֶּתֶר
interbreed vti הִכְלִיא, הִצְלִיב, הִרְכִּיב
intercalary adj 1 מֻבְלָע, מְשֻׁרְבָּב. 2 מֻכְנָס (בלוח)
intervalate vt 1 הִבְלִיעַ, שָׂם בֵּין. 2 עִבֵּר
intercede vi 1 הִשְׁתַּדֵּל, הִתְעָרֵב. 2 פִּשֵּׁר, תִּוֵּךְ
intercept vt עָצַר, יָרַט, עִכֵּב, חָצַץ, יֵרֵט
interception n 1 יֵרוּט, עֲצִירָה. 2 קְלִיטָה. 3 עִכּוּב. 4 מִצּוּעַ
interceptor n מְיָרֵט, עוֹצֵר, מְעַכֵּב
intercession n הִשְׁתַּדְּלוּת, תְּחִנָּה
interchange vt, n 1 הֶחֱלִיף, הִתְחַלֵּף, הֵמִיר. 2 הַחְלָפָה, חִלּוּף. 3 מֶחְלָף
interchangeable adj חָלִיף, בַּר חִלּוּף
intercollegiate adj בֵּין־מִכְלָלִי, בֵּין אוּנִיבֶרְסִיטָאִי
intercom n תִּקְשֹׁרֶת פְּנִימִית, אִינְטֶרְקוֹם
intercommunicate vi הִתְקַשֵּׁר, תִּקְשֵׁר
intercontinental adj בֵּין־יַבַּשְׁתִּי
intercourse n 1 מַגָּע, קֶשֶׁר, יְחָסִים. 2 דּוּ־שִׂיחַ. 3 הִזְדַּוְּגוּת, יַחֲסֵי מִין
interdenominational adj בֵּין־דָּתִי
interdependence n תְּלוּת הֲדָדִית
interdependent adj תְּלוּיִים זֶה בָּזֶה
interdict vt, n 1 אָסַר, מָנַע, הֶחֱרִים, נִדָּה. 2 אִסּוּר, חֵרֶם, נִדּוּי
interdiction n חֵרֶם, נִדּוּי, אִסּוּר
interdisciplinary adj 1 רַב־מִקְצוֹעִי. 2 בֵּין־תְּחוּמִי
interest vt, n 1 עִנְיֵן, הֶעֱסִיק. 2 הִתְעַנְיְנוּת, עִנְיָן. 3 הִשְׁתַּתְּפוּת, חֵלֶק. 4 רֶוַח, טוֹבָה, תּוֹעֶלֶת. 5 רִבִּית, נֶשֶׁךְ
interesting adj מְעַנְיֵן
interface n מִנְשָׁק, מִשָּׁק (מחשבים)
interfere vi 1 הִתְעָרֵב, הִפְרִיעַ. 2 הִתְנַגֵּשׁ
interference n 1 הִתְעָרְבוּת, הַפְרָעָה. 2 הִתְנַגְּשׁוּת. 3 מְנִיעָה. 4 הִתְאַבְּכוּת
interim n 1 בֵּינְתַיִם, לְפִי שָׁעָה, בֵּינַיִם. 2 זְמַנִּי, אֲרָעִי
interior adj, n 1 פְּנִימִי. 2 תּוֹךְ, פְּנִים
interject vt 1 הֵטִיל בֵּין, בָּא בֵּין. 2 הִתְעָרֵב, הֵעִיר בִּקְרִיאָה
interjection n 1 קְרִיאָה, מִלַּת קְרִיאָה. 2 הִתְעָרְבוּת
interlace vti 1 שָׁזַר, קָלַע, שִׁזֵּר, סָרַג. 2 שִׁלֵּב, סִבֵּךְ. 3 הִסְתָּרֵג, הִשְׁתַּזֵּר
interlard vt עִרְבֵּב, שִׁלֵּב, גִּוֵּן
interlink vt שִׁלֵּב, רִתֵּק, חִבֵּר
interlock vti 1 חִבֵּר, שִׁזֵּר, שִׁלֵּב. 2 הִשְׁתַּזֵּר
interlocutor n אִישׁ שִׂיחָה, מִשְׁתַּתֵּף בְּשִׂיחָה
interloper n סַקְרָן, חַטְטָן
interlude n 1 נְגִינַת בֵּינַיִם. 2 הַפְסָקָה
intermarriage n נִשּׂוּאֵי תַּעֲרֹבֶת
intermarry vi הִתְחַתֵּן (נישואי תערובת)
intermediary n 1 מְתַוֵּךְ. 2 מְפַשֵּׁר. 3 סוֹכֵן, סַרְסוּר
intermediate adj אֶמְצָעִי, בֵּינוֹנִי, תִּיכוֹן
interment n קְבוּרָה, הַטְמָנָה
intermezzo n אִינְטֶרְמֶצוֹ
interminable adj אֵין־סוֹפִי, לְלֹא שִׁעוּר
interminably adv לְלֹא סוֹף
intermingle vit 1 עִרְבֵּב, בָּלַל, הִטְמִיעַ. 2 הִתְעָרֵב, הִתְבּוֹלֵל
intermission n הַפְסָקָה, הֲפוּגָה, הֶפְסֵק
intermittent adj סֵרוּגִי, חֲלִיפוֹת
intern vt, n 1 כָּלָא, אָסַר. 2 שִׁמֵּשׁ רוֹפֵא־בַּיִת. 3 רוֹפֵא־בַּיִת, סְטַזֶ'ר

internal adj פְּנִימִי, תּוֹכִי, בֵּיתִי
internalization n הַפְנָמָה
internally adv מִבִּפְנִים, בִּפְנִים
international adj בֵּינְלְאֻמִּי, בֵּין־לְאֻמִּי
internationalize vt בִּנְאֵם
internationally adv בְּרַחֲבֵי הָעוֹלָם
internecine adj הַרְסָנִי, מֵמִית
internee n כָּלוּא, עָצִיר, עָצוּר
interpellate vt שָׁאַל שְׁאִילְתָּה
interpellation n שְׁאִילְתָּה
interplanetary adj בֵּין כּוֹכָבִי
interplay n פְּעֻלָּה הֲדָדִית, הַשְׁפָּעַת גּוֹמְלִין
interpolate vt 1 בִּיֵּן, חִיֵּץ. 2 הִרְכִּיב, שִׁרְבֵּב
interpolation n 1 בִּיּוּן, חִיּוּץ. 2 שִׁרְבּוּב
interpose vt חָצַץ, שִׁרְבֵּב, הִפְסִיק, בִּיֵּן, חִיֵּץ
interposition n הִתְעָרְבוּת, תִּוּוּךְ, שִׁרְבּוּב, הַפְרָעָה
interpret vt 1 תִּרְגֵּם, בֵּאֵר, פֵּרֵשׁ. 2 הִבִּיעַ, הִצִּיג, עִצֵּב
interpretation n 1 תִּרְגּוּם, בֵּאוּר, פֵּשֶׁר. 2 הֶסְבֵּר, פִּתְרוֹן. 3 פִּעְנוּחַ. 4 בִּצּוּעַ, אִינְטֶרְפְּרֶטַצְיָה
interpreter n 1 מְתֻרְגְּמָן, תֻּרְגְּמָן. 2 מְבָאֵר, פַּרְשָׁן, דַּרְשָׁן. 3 סַבָּר (מוסיקה), מְבַצֵּעַ
interracial adj בֵּין־גִּזְעִי
interregnum n 1 תְּקוּפַת בֵּינַיִם. 2 הַפְסָקָה, מַצַּב צִפִּיָּה
interrelate vti הִתְקַשֵּׁר, הִתְחַבֵּר
interrelationship n יַחֲסֵי גּוֹמְלִין, הִתְחַבְּרוּת
interreligious adj בֵּין־דָּתִי
interrogate vt 1 שָׁאַל, חָקַר, בָּדַק. 2 גָּבָה עֵדוּת, תִּחְקֵר, תִּשְׁאֵל
interrogation n 1 חֲקִירָה, תַּחְקִיר, שְׁאֵלָה. 2 גְּבִיַּת עֵדוּת
interrogative adj, n 1 שׁוֹאֵל, בְּדֶרֶךְ שְׁאֵלָה. 2 מִלַּת שְׁאֵלָה
interrogator n 1 חוֹקֵר. 2 שׁוֹאֵל
interrogatory adj, n 1 חֲקִירָתִי, תַּחְקִירִי. 2 חֲקִירָה, תִּשְׁאוּל
interrupt vt 1 הִפְסִיק, הִפְרִיעַ, נִתֵּק. 2 עִכֵּב, מָנַע
interruption n 1 הַפְרָעָה, עִכּוּב, מַעְצוֹר. 2 הַפְסָקָה, הַשְׁבָּתָה. 3 בִּטּוּל
intersect vti 1 חָתַךְ, חָצָה. 2 נִפְגַּשׁ. 3 הִצְטַלֵּב
intersection n 1 חֲצִיָּה, חִתּוּךְ. 2 הִצְטַלְּבוּת, צֹמֶת
intersperse vt פִּזֵּר, הֵפִיץ
interstate adj בֵּין־מְדִינָתִי, בֵּין־אַרְצִי
interstellar adj בֵּין־כּוֹכָבִי
interstice n סֶדֶק, פֶּרֶץ, חָלָל
intertribal adj בֵּין־שִׁבְטִי
intertwine vti הִשְׁתַּזֵּר, שָׁזַר
interval n 1 הַפְסָקָה, הֲפוּגָה. 2 רֶוַח, מֶרְחָק
intervene vi הִתְעָרֵב, הִפְרִיד
intervention n הִתְעָרְבוּת
interview vti, n 1 רִאְיֵן, הִתְרַאְיֵן. 2 רֵאָיוֹן, פְּגִישָׁה
interweave vt 1 שָׁזַר, שִׁזֵּר, אָרַג. 2 הִתְעָרֵב, הִסְתָּרֵג
intestate adj לְלֹא צַוָּאָה
intestinal adj שֶׁל מֵעַיִם, שֶׁל קְרָבַיִם
intestine adj, n 1 פְּנִימִי, תּוֹכִי, בֵּיתִי. 2 מֵעַיִם, קְרָבַיִם
intimacy n 1 קִרְבָה, אַחֲוָה, לְבָבִיּוּת. 2 יַחֲסֵי מִין. 3 אִינְטִימִיּוּת
intimate vt, adj 1 רָמַז. 2 אִינְטִימִי
intimately adv בִּידִידוּת, בְּאִינְטִימִיּוּת
intimation n 1 רֶמֶז, רְמִיזָה. 2 הוֹדָעָה, הַכְרָזָה
intimidation n 1 הַפְחָדָה, הַבְהָלָה. 2 אִיּוּם, אִלּוּץ
intimidate vt 1 הִפְחִיד, הִבְהִיל. 2 אִיֵּם, אִלֵּץ
into prep אֶל, לְתוֹךְ, בִּפְנִים
in toto (L) 1 כָּלִיל, בִּשְׁלֵמוּתוֹ, כֻּלּוֹ.

2 לְגַמְרֵי
intolerable adj קָשֶׁה מִנְּשֹׂא, בִּלְתִּי נִסְבָּל
intolerably adv לְלֹא נְשֹׂא
intonation n הַטְעָמָה, הַנְגָּנָה
intone vti 1 הִטְעִים, הִנְגִּין. 2 פָּצַח, כּוֹנֵן
intoxicate vt 1 הִרְעִיל. 2 שִׁכֵּר. 3 שִׁלְהֵב
intoxication n 1 שִׁכְרוּת, שִׁכּוּר, שִׁכָּרוֹן. 2 הַרְעָלָה. 3 הִתְלַהֲבוּת
intra- (L) 1 בֵּין. 2 בְּתוֹךְ
intractability n 1 סוֹרְרוּת, עַקְשָׁנוּת. 2 אִי כְּנִיעָה. 3 קַשְׁיוּת, נֻקְשׁוּת
intractable adj 1 לֹא מְמֻשְׁמָע, סוֹרֵר. 2 עַקְשָׁנִי, נֻקְשֶׁה
intramural adj 1 שֶׁבֵּין הַחוֹמוֹת. 2 בְּתוֹךְ הַבַּיִת
intransigence n אִי פַּשְׁרָנוּת, אִי פַּיְסָנוּת
intransigent adj לֹא פַּיְסָנִי, שׂוֹנֵא פְּשָׁרוֹת
intravenous adj תּוֹךְ וְרִידִי
intrepid adj לְלֹא חַת, אַמִּיץ, לְלֹא פַּחַד, עַז נֶפֶשׁ
intrepidity n אֹמֶץ לֵב, אִי פַּחַד, אִי מוֹרָא
intrepidly adv לְלֹא מוֹרָא, לְלֹא חַת
intricacy n מֻרְכָּבוּת, סִבּוּךְ, הִסְתַּבְּכוּת
intricate adj מְסֻבָּךְ, מֻרְכָּב
intricately adv בְּאֹפֶן מְסֻבָּךְ
intrigue vit, n 1 זָמַם, חִרְחֵר רִיב, סִכְסֵךְ, הִכְעִיס. 2 סִקְרֵן. 3 עָגַב בַּסֵּתֶר. 4 מְזִמָּה, תְּכָכִים, קְנוּנְיָה. 5 עֲגָבִים בַּסֵּתֶר, אַהֲבָה חֲשָׁאִית
intrinsic adj 1 עַצְמִי. 2 פְּנִימִי, תּוֹכִי
intrinsically adv בְּמַהוּתוֹ, בִּיסוֹדוֹ
introduce vt 1 הִכְנִיס, הֵבִיא. 2 הִנְהִיג. 3 הִקְדִּים. 4 הִצִּיג
introduction n 1 מָבוֹא, הַקְדָּמָה. 2 הַצָּגָה. 3 פְּתִיחָה, פֶּתַח דָּבָר. 4 הַכְנָסָה, הַנְהָגָה
introductory adj מַקְדִּים, פּוֹתֵחַ, מֵבִיא, מַכְנִיס
introspect vi בָּחַן עַצְמוֹ, תָּהָה, עָמַד עַל קַנְקַנּוֹ

introspection n תְּהִיָּה, בְּחִינָה, אִינְטְרוֹסְפֶּקְצְיָה
introspective adj אִינְטְרוֹסְפֶּקְטִיבִי
introvert vit, n 1 הִפְנִים. 2 מֻפְנָם
introversion n הַפְנָמָה
intrude vti 1 פָּרַץ, נִדְחַק, הִפְרִיעַ. 2 נִכְנַס לְלֹא רְשׁוּת. 3 תָּחַב, חִטֵּט
intruder n לֹא קָרוּא, פּוֹלֵשׁ, נִדְחָק
intrusion n הִתְפָּרְצוּת, הִדָּחֲקוּת, כְּנִיסָה לְלֹא רְשׁוּת
intubation n צִנְרוּר
intuit vti יָדַע בְּאִינְטוּאִיצְיָה
intuition n אִינְטוּאִיצְיָה
intuitive adj אִינְטוּאִיטִיבִי
intumescence n הִתְנַפְּחוּת, נְפִיחוּת, תְּפִיחָה
inundate vt הֵצִיף, שָׁטַף
inundation n הֲצָפָה, מַבּוּל
inure vt הִרְגִּיל
invade vt פָּלַשׁ, הִסִּיג גְּבוּל
invader n פּוֹלֵשׁ, מַסִּיג גְּבוּל
invalid vt, adj, n 1 עָשָׂה לְנָכֶה, הָיָה לְנָכֶה. 2 נָכֶה, בַּעַל־מוּם. 3 פָּסוּל, חֲסַר תֹּקֶף
invalidate vt בִּטֵּל, פָּסַל, הֵפֵר
invalidation n שְׁלִילַת תֹּקֶף, בִּטּוּל, פְּסִילָה
invaluable adj לֹא יְסֻלֶּה בַּפָּז
invariable adj קָבוּעַ, תְּמִידִי, אֵיתָן
invariably adv בִּתְמִידוּת
invasion n פְּלִישָׁה, פְּשִׁיטָה, הַסָּגַת גְּבוּל
invasive adj 1 פַּלְשָׁנִי, פּוֹלֵשׁ. 2 חַדְרָנִי
invective n חֵרוּף, גִּדּוּף, הַעֲלָבָה
inveigh vi חֵרֵף, גִּדֵּף, נִאֵץ
inveigle vt פִּתָּה, הִשִּׁיא
invent vt 1 הִמְצִיא, חִדֵּשׁ. 2 בָּדָה, תֵּרֵץ
invention n 1 הַמְצָאָה, חִדּוּשׁ. 2 בְּדוּת, שֶׁקֶר, בְּדוּתָה
inventive adj מַמְצִיא, מְחַדֵּשׁ, מְגַלֶּה
inventively adv בְּתַחְבְּלָנוּת
inventor n 1 מַמְצִיא, מְגַלֶּה. 2 בּוֹדֶה
inventory n 1 מְצַאי, קָטָלוֹג, אִינְוֶנְטָר.

2 מְלַאי

inverse adj הָפוּךְ, נֶגְדִּי

inversely adv בְּיַחַס הָפוּךְ

inversion n הִפּוּךְ

invert vt הָפַךְ, שִׁנָּה סֵדֶר

invertebrate adj, n 1 חֲסַר חֻלְיוֹת. 2 חֲסַר חוּט שִׁדְרָה

inverted commas 1 גֵּרְשַׁיִם. 2 מֵרְכָאוֹת

invertedly adv בְּמַהְפָּךְ

invest vti 1 הִשְׁקִיעַ. 2 הִלְבִּישׁ, הֶעֱטָה. 3 הֶעֱנִיק. 4 הִקִּיף, שָׂם מָצוֹר

investigate vt חָקַר, בָּדַק, בָּחַן

investigation n חֲקִירָה, תַּחְקִיר, בְּדִיקָה

investigator n חוֹקֵר, בּוֹדֵק, בּוֹחֵן

investiture n 1 הַעֲנָקָה. 2 הַסְמָכָה, הַכְתָּרָה. 3 הַלְבָּשָׁה

investment n 1 הַשְׁקָעָה. 2 הַלְבָּשָׁה. 3 מָצוֹר, הַקָּפָה

investor n מַשְׁקִיעַ

inveterate adj מֻשְׁרָשׁ, מַתְמִיד, עָמֹק

invidious adj מְקַנֵּא, מְקַנְטֵר

invidiously adv בְּקִנְאָה

invigilate vi שָׁמַר, פִּקַּח, הִשְׁגִּיחַ

invigilation n הַשְׁגָּחָה, פִּקּוּחַ, שְׁמִירָה

invigilator n מַשְׁגִּיחַ, מְפַקֵּחַ

invigorate vt אִמֵּץ, עוֹדֵד, חִזֵּק, הִמְרִיץ

invincibility n אִי־מְנֻצָּחוּת, עֲמִידוּת

invincible adj לֹא מְנֻצָּח, בִּלְתִּי מְנֻצָּח

inviolable adj 1 קָדוֹשׁ, שֶׁלֹּא יְחֻלַּל. 2 לֹא נִפְגָּע, לֹא מוּפָר

inviolate adj תָּמִים, שֶׁלֹּא נִזַּק

invisibility n אִי רְאִיּוּת, אִי רְאוּת, סְמִיּוּת

invisible adj סָמוּי, לֹא נִרְאֶה

invitation n הַזְמָנָה, קְרִיאָה

invite vt 1 הִזְמִין, זִמֵּן, קָרָא. 2 בִּקֵּשׁ. 3 פִּתָּה, לִבֵּב

inviting adj 1 מַזְמִין, מוֹשֵׁךְ. 2 מְפַתֶּה, מְלַבֵּב

invocate vt קָרָא, בִּקֵּשׁ, הִתְחַנֵּן, הִתְפַּלֵּל

invocation n תְּפִלָּה, בַּקָּשָׁה, קְרִיאָה, תַּחֲנוּנִים

invoice vt, n 1 חִשְׁבֵּן, הוֹצִיא חֶשְׁבּוֹן, הֵכִין חֶשְׁבּוֹן. 2 חֶשְׁבּוֹן

invoke vt 1 הִתְפַּלֵּל, הִתְחַנֵּן. 2 פָּנָה, בִּקֵּשׁ

involuntarily adv בְּלִי רָצוֹן, מִבְּלִי מֵשִׂים

involuntary adj בְּלִי רָצוֹן, שֶׁלֹּא בְּכַוָּנָה

involute adj, n 1 מְסֻבָּךְ. 2 כָּרוּךְ, מְסֻלְסָל, מְלֻפָּף. 3 לוֹפֵף, אִינְווֹלוּטָה

involution n 1 הִצְטַמְּקוּת, הִתְקַפְּלוּת. 2 לִפּוּף, קִפּוּל, חִתּוּל. 3 הַעֲלָאָה

involve vt 1 לִפֵּף, קִפֵּל, עָטַף. 2 גָּרַר, כָּרַךְ. 3 הֵכִיל, נָשָׂא בְּחֻבּוֹ, כָּלַל. 4 סִבֵּךְ, הֶעֱסִיק, תָּפַס, עֵרֵב

involvement n 1 מְעֹרָבוּת. 2 הִסְתַּבְּכוּת, הֲבָאָה לִידֵי

invulnerable adj לֹא פָּגִיעַ, חֲסִין פְּגִיעָה

inward adj פְּנִימִי, תּוֹכִי

inwardly adv פְּנִימָה, בַּחֲשַׁאי

inwards adv לְעֵבֶר הַמֶּרְכָּז

iodine n יוֹד

ion n יוֹן

ionization n יִנּוּן, יוֹנִיזַצְיָה

ionize vti יִנֵּן

ionosphere n יוֹנוֹסְפֵירָה

Ionic adj יוֹנִי

ipso facto בְּעֶצֶם הָעֻבְדָּה

I.Q. (Inteligence Quotient) מְנַת מִשְׂכָּל

irascibility n רַגְזָנוּת, רַתְחָנוּת, כַּעֲסָנוּת

irascible adj רַגְזָן, כַּעֲסָן

irate adj כּוֹעֵס, רוֹגֵז, זוֹעֵם, רוֹתֵחַ

irately adv בְּכַעַס, בְּרֹגֶז

iridescent adj נוֹצֵץ, סַסְגוֹנִי

ire n כַּעַס, רֹגֶז, זַעַם

iridium n אִירִידְיוּם

iris n 1 אִירוּס. 2 קֶשֶׁת, קַשְׁתִּית

Irish adj 1 אִירִי. 2 אִירִית

Irishman n אִירִי, בֶּן אִירְלַנְד

Irishwoman n אִירִית, בַּת אִירְלַנְד

irk vt 1 הִטְרִיד, הִטְרִיחַ. 2 הֶלְאָה, הוֹגִיעַ

irksome adj 1 מַלְאֶה, מוֹגִיעַ. 2 מַטְרִיד, מַטְרִיחַ, מְשַׁעֲמֵם
iron vt, n 1 גִּהֵץ. 2 שִׁרְיֵן, רִקֵּעַ. 3 בַּרְזֶל. 4 מַגְהֵץ. 5 אֲזִקִּים
Iron Age n תְּקוּפַת הַבַּרְזֶל
iron out vt יִשֵּׁב, יִשֵּׁר
ironic(al) adj אִירוֹנִי, לַגְלְגָנִי
ironically adv בְּאִירוֹנְיָה, בְּלַגְלְגָנוּת
ironmonger n סוֹחֵר בְּמוּצְרֵי בַּרְזֶל
ironware n מוּצְרֵי בַּרְזֶל
ironwork n כְּלֵי בַּרְזֶל
ironworks npl כּוּר לְהַתָּכַת בַּרְזֶל
irony n אִירוֹנְיָה
irradiate vt 1 הִקְרִין. 2 הֵאִיר, זָרַח, נִצְנֵץ
irradiation n 1 הַקְרָנָה, קְרִינָה. 2 הֶאָרָה
irrational adj אִירַצְיוֹנָלִי
irrationally adv בְּלִי הִגָּיוֹן
irreconcilable adj בִּלְתִּי מִתְפַּשֵּׁר, שֶׁאֵינוֹ מִתְפַּיֵּס
irrecoverable adj אָבוּד, שֶׁאֵין לְקַבְּלוֹ חֲזָרָה
irredeemable adj לֹא נִפְדֶּה, שֶׁאִי אֶפְשָׁר לְגָאֳלוֹ
irredentism n אִירֶדֶנְטִיּוּת
irredentist n אִירֶדֶנְטִיסְט
irreducible adj לֹא פָּרִיק, לֹא מִצְטַמְצֵם
irrefutable adj שֶׁאֵין לְסָתְרוֹ, שֶׁאֵין לְהַפְרִיכוֹ
irregular adj חָרִיג, חוֹרֵג
irregularity n חֲרִיגוּת, אִי־סֵדֶר
irregularly adv בַּחֲרִיגוּת
irrelevance, irrelevancy n חֹסֶר קֶשֶׁר, אִי־שַׁיָּכוּת לָעִנְיָן
irrelevant n אִירֶלֶבַנְטִי
irreligious adj לֹא־דָתִי
irremediable adj שֶׁאֵין לוֹ תַּקָּנָה
irremovable adj קָבוּעַ, שֶׁאֵין לַהֲזִיזוֹ
irreparable adj שֶׁאֵין לוֹ תַּקָּנָה
irreplaceable adj שֶׁאֵין לוֹ תְּמוּרָה
irrepressible adj שֶׁאֵין לְרַסְּנוֹ
irreproachable adj לְלֹא דֹּפִי
irresistible adj שֶׁאֵין לַעֲמֹד בְּפָנָיו
irresolute adj הַסְסָנִי, פַּקְפְּקָנִי, סַפְקָנִי
irrespective adj לְלֹא הִתְחַשְּׁבוּת
irresponsible adj לֹא אַחֲרָאִי
irresponsibility n חֹסֶר אַחֲרָיוּת
irreverence n חֹסֶר כָּבוֹד, חֻצְפָּה, גַּסּוּת
irreverent adj חָצוּף, גַּס, חֲסַר דֶּרֶךְ אֶרֶץ
irreverently adv בְּגַסּוּת, בְּחֹסֶר כָּבוֹד
irreversible adj בִּלְתִּי הָפִיךְ
irrevocable adj סוֹפִי, שֶׁאֵין לַהֲשִׁיבוֹ
irrevocably adv בְּאֹפֶן שֶׁאֵין לְשַׁנּוֹתוֹ
irrigate vt הִשְׁקָה
irrigated field שְׂדֵה שְׁלָחִים
irrigation n 1 הַשְׁקָאָה, הַשְׁקָיָה. 2 שְׁטִיפָה
irritability n רַגְזָנוּת, גְּרִיּוּת
irritable adj רַגְזָן, רַתְחָן, כַּעֲסָן
irritably adv בְּכַעַס, בְּרֹגֶז
irritant adj, n מַרְגִּיז, מְגָרֶה
irritate vt 1 הִרְגִּיז, הִכְעִיס. 2 גֵּרָה
irritation n 1 הַרְגָּזָה, הַכְעָסָה. 2 גֵּרוּי
irruption n 1 הִתְפָּרְצוּת, בְּקִיעָה. 2 פְּלִישָׁה
ischias n נָשִׁית
isinglass n דֶּבֶק דָּגִים
Islam n אִסְלָם
Islamic adj אִסְלָמִי, מֻסְלְמִי
island אִי
islander n תּוֹשַׁב אִי
isle n אִי
islet n אִיּוֹן
ism n אִיזְם, שִׁיטָה, תּוֹרָה
isobar n אִיזוֹבָּר
isogloss n אִיזוֹגְלוֹס
isolate vt 1 בּוֹדֵד. 2 הִפְרִיד, הִבְדִּיל. 3 שָׂם בְּהֶסְגֵּר
isolation n 1 בִּדּוּד, הֶסְגֵּר. 2 הַפְרָדָה, הַבְדָּלָה
isolationism n בַּדְלָנוּת
isolationist n בַּדְלָן
isosceles adj שְׁוֵה שׁוֹקַיִם (הנדסה)

isotherm n — אִיזוֹתֶרְמָה

isotope n — אִיזוֹטוֹפּ

issue vit, n — 1 נִפֵּק, הִנְפִּיק. 2 הוֹצִיא, הִפְרִישׁ. 3 הִדְפִּיס, פִּרְסֵם, הוֹצִיא לָאוֹר. 4 הֵפִיץ, חִלֵּק. 5 שָׁלַח, שִׁלַּח. 6 פָּקַד. 7 זְרִימָה, חֲלֻקָּה. 8 הוֹצָאָה, הַנְפָּקָה, גִּלָּיוֹן. 9 נוֹשֵׂא, בְּעָיָה

isthmus n — מֵצַר (יבשה)

it pron — הוּא, הִיא, לוֹ, לָהּ, זֶה, זֹאת

Italian adj, n — 1 אִיטַלְקִי. 2 אִיטַלְקִית

italic adj — אִיטַלְקִי מְשֻׁפָּע (אות)

italicize vt — הִדְפִּיס בְּאוֹתִיּוֹת מְשֻׁפָּעוֹת

italics npl — אוֹתִיּוֹת מְשֻׁפָּעוֹת

itch vi, n — 1 חָשׁ גֵּרוּי. 2 חָשַׁק, הִשְׁתּוֹקֵק. 3 עִקְצוּץ, גֵּרוּד, גֵּרוּי. 4 תְּשׁוּקָה

itching palm — חוֹמֵד בֶּצַע

itchy adj — מְגָרֶה

item n — 1 פְּרָט, פֶּרֶט, פְּרִיט, סָעִיף. 2 נוֹשֵׂא, עִנְיָן

itemize vt — פֵּרֵט

iteration n — חֲזָרָה

iterate vt — חָזַר עַל

itinerant adj — נוֹדֵד, נַיָּד

itinerary n — לוּחַ מַסָּע

it's (it is) — הִנּוֹ, הִנָּהּ

its adj, pron — שֶׁלּוֹ, שֶׁלָּהּ

itself pron — הוּא עַצְמוֹ, הִיא עַצְמָהּ

ivory n — שֶׁנְהָב, שֵׁן

ivy n — קִיסוֹס

izzard — לְפָנִים שֵׁם הָאוֹת z

J

J, j גֵ׳י, הָאוֹת הָעֲשִׂירִית שֶׁל הָאָלֶף־בֵּית הָאַנְגְּלִי

jab vti, n 1 דָּקַר, נָעַץ, תָּקַע. 2 תָּחַב, הִכָּה. 3 תְּקִיעָה, נְעִיצָה, דְּקִירָה. 4 תְּחִיבָה. 5 סְנוֹקֶרֶת

jabber vti, n 1 פִּטְפֵּט, לָהַג, קִשְׁקֵשׁ. 2 קִשְׁקוּשׁ, שְׁטֻיּוֹת. 3 פִּטְפּוּט, לַהַג

jabot n 1 מַלְמָלָה. 2 זֶפֶק

jack vt, n 1 הֵרִים, הִגְבִּיהַּ, הֵנִיף. 2 הֶעֱלָה. 3 מָנוֹף, מַגְבֵּהַּ, מֵנִיף. 4 בָּחוּר, אָדָם, זָכָר. 5 מַלָּח. 6 דֶּגֶל, סֵמֶל. 7 חֵמֶת, נֹאד. 8 קֵן. 9 שֶׁקַע. 10 חֲמוֹר. 11 שַׁמָּשׁ, פּוֹעֵל. 12 כֶּסֶף. 13 יַעֲקֹב. 14 קוֹרַת עֵץ

jackal n 1 תַּן, אִי. 2 נָבָל, נוֹכֵל

jackanapes n חָצוּף, רַבְרְבָן, יָהִיר

jackass n 1 חֲמוֹר, חֲמוֹר גֶּרֶם. 2 שׁוֹטֶה, טִפֵּשׁ, מְטֻמְטָם

jackboot n מַגָּף

jackdaw n בַּרְדָּה

jacket n 1 זִיג, מִקְטֹרֶן, מְעִיל קָצָר. 2 כְּסוּת, עֲטִיפָה, קְלִפָּה

Jack Frost קָרָה, ״מַר כְּפוֹר״

Jack-in-the-box מְזַנֵּק (צעצוע)

jack-knife n אוֹלָר גָּדוֹל

jack-of-all-trades ״מֻמְחֶה לַכֹּל״

Jack-o'-lantern n אוֹר מְתַעְתֵּעַ

jackpot n 1 קֻפָּה. 2 זְכִיָּה

Jack-staff n תֹּרֶן לַדֶּגֶל

Jacobean adj שֶׁל תְּקוּפַת גֵ׳ימְס הָרִאשׁוֹן

Jacobin n, adj יַעֲקֹבִּינִי

Jacobinism n יַעֲקֹבִּינִיּוּת

Jacobite n יַעֲקֹבָּן (נאמן מלך ג׳ימס השני)

jade n 1 יַרְקָן. 2 סוּס בָּלֶה, סוּס תָּשׁוּשׁ. 3 פְּרוּצָה

jaded adj תָּשׁוּשׁ, עָיֵף

Jaffa cod דַּקָּר

jag vt שִׁנֵּן, חֵרֵץ

jagged adj מְשֻׁנָּן, פָּצוּר, מְחֹרָץ, חַדּוּדִי

jaguar n יָגוּאָר, נָמֵר

jail vt אָסַר, כָּלָא

jail, gaol n בֵּית סֹהַר, בֵּית כֶּלֶא, צִינוֹק

jailer n סוֹהֵר

jalousie n תְּרִיס רְפָפוֹת

jam vti, n 1 לָחַץ, דָּחַק, חָסַם. 2 נִדְחַק, נִלְחַץ. 3 מִלֵּא. 4 עָצַר. 5 נִתְקַע, נֶעְצַר. 6 בִּלֵּל, הִצְרִים, אִלְתֵּר. 7 רִבָּה, מִרְקַחַת. 8 לְחִיצָה, מַעְצוֹר, הִבָּלְמוּת תְּנוּעָה. 9 מְבוּכָה, תַּקָּלָה, מַשְׁבֵּר

jamb n 1 מְזוּזָה. 2 מוֹק, שִׁרְיוֹן־רֶגֶל

jamboree n גַ׳מְבּוֹרִי, כִּנּוּס צוֹפִים

jammer n מְבַלֵּל

jampacked adj מָלֵא וְגָדוּשׁ

jam session קוֹנְצֶרְט אִלְתּוּר (בג׳אז)

jangle vti, n 1 צָרַם, קִשְׁקֵשׁ. 2 הִתְקוֹטֵט, הִתְכַּתֵּשׁ. 3 רַעַשׁ, הֲמֻלָּה, צְרִימָה. 4 קְטָטָה

janitor n 1 שׁוֹמֵר, חַצְרָן. 2 שׁוֹעֵר. 3 שָׁרָת

January n יָנוּאַר

Japanese adj, n 1 יַפָּנִי. 2 יַפָּנִית

jar vti, n 1 צָרַם, חָרַק. 2 הִתְנַגֵּשׁ, רָב. 3 זִעְזַע. 4 הִרְגִּיז, הִקְנִיט. 5 חֲרִיקָה, תִּצְרוּם. 6 זַעֲזוּעַ, רְעִידָה. 7 רִיב, סִכְסוּךְ. 8 כַּד, פַּךְ, צִנְצֶנֶת. 9 הִתְנַגְּשׁוּת

jargon n 1 זַ׳רְגּוֹן, עָגָה. 2 צִירְקוֹן

jarring n, adj 1 הַרְעָדָה, נִעְנוּעַ, רְעִידָה. 2 הִתְנַגְּשׁוּת אִינְטֶרֶסִים. 3 צוֹרֵם

jasmine n יַסְמִין
jasper n יָשְׁפֵה
jaundice vt, n 1 קִנֵּא, הִקְנִיא. 2 צַהֶבֶת
jaunt vi, n 1 טִיֵּל, שׁוֹטֵט. 2 טִיּוּל, מַסָּע. 3 נְסִיעָה קְצָרָה
jauntily adv בְּעַלִּיזוּת, בְּקַלִּילוּת
jauntiness n עַלִּיזוּת, קַלִּילוּת
jaunty adj 1 עַלִּיז, קַלִּיל, שָׂמֵחַ. 2 יָפֶה, נָאֶה. 3 מִתְגַּנְדֵּר, מְהֻדָּר
javelin n חֲנִית, כִּידוֹן
jaw vit, n 1 פִּטְפֵּט, לָהַג. 2 לֶסֶת, סַנְטֵר, פֶּה. 3 פִּטְפּוּט. 4 לְחִי (של כלי)
jay n 1 עוֹרְבָנִי. 2 פֶּתִי
jay-walk vi חָצָה כְּבִישׁ שֶׁלֹּא כַּחֹק
jay-walker n הוֹלֵךְ רֶגֶל רַשְׁלָן
jazz n ג'אז
jealous adj קַנָּאִי, מְקַנֵּא
jealously adv בְּקַנָּאוּת, בְּקִנְאָה
jealousy n קִנְאָה
jeans npl ג'ינְס, מִכְנְסֵי ג'ינְס
jeep n ג'יפּ
jeer vi, n 1 לָעַג, לִגְלֵג, הִתְקַלֵּס
jeer at vt צָחַק עַל, הִתְלוֹצֵץ בְּ־
jeeringly adv בְּקֶלֶס, בְּלַעַג
Jehovah n יהוה, אֱלֹהִים, יְיָ, יָהּ
jejune adj 1 יַלְדוּתִי, נָאִיבִי. 2 תָּפֵל
Jekyll and Hyde אִישִׁיּוּת חֲצוּיָה (גֶ'קִיל וְהַיְד)
jellaba n גַּלַּבִּיָּה
jellied adj קָרוּשׁ, קָפוּא
jelly n 1 קָרִישׁ, מִקְפָּא. 2 רִבָּה
jelly beam סֻכָּרִיַּת־גֶ'לִי
jellyfish n מֵדוּזָה
jemmy n מַפְתֵּחַ גַּנָּבִים
jeopardize vt סִכֵּן
jeopardy n סִכּוּן, סַכָּנָה
jerboa n יַרְבּוּעַ
jeremiad n קִינָה
jerk vti, n 1 מָשַׁךְ, נִעְנַע, זִעְזַע. 2 זִנֵּק. 3 הִזְדַּעְזַע. 4 שִׁמֵּר בָּשָׂר. 5 טִפֵּשׁ, אִידְיוֹט. 6 מְשִׁיכָה פִּתְאוֹמִית, טַלְטֵלָה, נִדְנוּד
jerkily adv 1 בְּנִתּוּר. 2 בְּעַצְבָּנוּת
jerkiness n 1 נִתּוּר. 2 קְפִיצִיּוּת. 3 זַעֲזוּעִים
jerkin n זִיג, מָתְנִיָּה
jerky adj עַצְבָּנִי, מְזַעְזֵעַ
jerry-builder n בַּנַּאי רַשְׁלָן
jerry-building n בְּנִיָּה רַשְׁלָנִית
jerry-built adj בָּנוּי בְּצוּרָה רַשְׁלָנִית
jerrycan n קִבּוּלִית, גֶ'רִיקָן
jersey n גֶ'רְסִי, סָרִיג
jest vi, n 1 הִתְלוֹצֵץ, הִתְבַּדֵּחַ, חָמַד לָצוֹן. 2 בְּדִיחָה, הֲלָצָה. 3 הִתְבַּדְּחוּת, הִתְלוֹצְצוּת, לֵיצָנוּת
jester n לֵיצָן, בַּדְּחָן, לֵץ
jestingly adv בְּלֵיצָנוּת
Jesuit n יֵשׁוּעִי
Jesuitical adj 1 יֵשׁוּעִי. 2 עַרְמוּמִי, חֲמַקְמַק
Jesus n יֵשׁוּ הַנּוֹצְרִי
jet vt, n 1 קָלַח, זִנֵּק. 2 סִילוֹן, קִלּוּחַ. 3 פּוּמִית, נָחִיר. 4 שַׁחֲרוֹן (אבן)
jet-aircraft n מְטוֹס סִילוֹן
jet-black adj שָׁחֹר מִשְׁחוֹר
jet lag יַעֶפֶת
jet-plane n מְטוֹס סִילוֹן
jet-propelled adj סִילוֹנִי
jet-propulsion n הֶנֵּעַ סִילוֹן
jetsam n מִטְעָן שֶׁהֻשְׁלַךְ לַיָּם
jet set חוּג סִילוֹן
jettison vt, n 1 הֵטִיל לַיָּם, הִשְׁלִיךְ. 2 הֲטָלָה לַיָּם
jetty n מֵזַח, רְצִיף נָמָל
Jew n יְהוּדִי
jewel n תַּכְשִׁיט
jewel(l)er n צוֹרֵף, תַּכְשִׁיטָן
jewel(le)ry n 1 תַּעֲשִׂיַּת תַּכְשִׁיטִים. 2 תַּכְשִׁיטִים, צוֹרְפוּת
Jewess n יְהוּדִיָּה
Jewish adj יְהוּדִי
Jezebel n 1 אִיזֶבֶל. 2 מִרְשַׁעַת
jib vi, n 1 נִרְתַּע, נֶעֱמַד, סֵרֵב לְהִתְקַדֵּם. 2 זְרוֹעַ הָעֲגוּרָן. 3 מִפְרָשׂ חָלוּץ

jib at vt סָרֵב, הִתְגּוֹנֵן
jibe n לַעַג, לִגְלוּג, זִלְזוּל
jig n 1 רָקַד. 2 נִעְנַע. 3 ג׳יג, חִנְגָּה. 4 חַכָּה. 5 כְּבָרָה
jiggle vti, n 1 הִתְנוֹעֵעַ, הִטַּלְטֵל. 2 נִעְנוּעַ, טִלְטוּל
jiggle bars טַלְטְלָנִים
jigsaw n תַּחְתִּיךְ, תַּצְרֵף
jigsaw puzzle תַּצְרֵף
jihad n ג׳יהָאד, מִלְחֶמֶת מִצְוָה (איסלם)
jilt vt, n הֵפֵר אַהֲבָה, זָנַח(ה) אָהוּב(ה)
jingle vti, n 1 צִלְצֵל, קִשְׁקֵשׁ. 2 צִלְצוּל, קִשְׁקוּשׁ. 3 מְצִלָּה, פַּעֲמוֹן. 4 חֲרִיזָה. 5 זַמְרִיר
jingo n לְאֻמָּנִי קִיצוֹנִי, שׁוֹבִינִיסְט
jingoism n לְאֻמָּנוּת קִיצוֹנִית, שׁוֹבִינִיזְם, שׁוֹבִינִיּוּת
jingoist n שׁוֹבִינִיסְט
jinn n שֵׁד, רוּחַ
jinx n מַזָּל רַע
jitter n רִצּוּד
jitterbug n ג׳יטֶרְבּוּג (ריקוד)
jitters npl עַצְבָּנוּת
jittery adj עַצְבָּנִי, נִפְחָד
jive adj, n 1 רָקַד גַּ׳אִיב. 2 גַּ׳אִיב
job vti, n 1 קָנָה וּמָכַר, סִפְסֵר. 2 הִשְׁחִית. 3 הִשְׂכִּיר, שָׂכַר. 4 מִשְׂרָה, עֲבוֹדָה, תַּפְקִיד. 5 מְשִׂימָה, מְלָאכָה
jobber n 1 סוֹכֵן, מְתַוֵּךְ. 2 סִיטוֹנַאי
jobbery n 1 סַפְסָרוּת, קְנוּנְיָה. 2 נִצּוּל
job lot שְׁאֵרִיּוֹת סְחוֹרָה
jockey vti, n 1 רִמָּה, הוֹנָה, פִּתָּה. 2 תִּמְרֵן, כִּוֵּן. 3 סַיָּס, רוֹכֵב
jocose adj מְבַדֵּחַ, מְהַתֵּל, בַּדְחָנִי
jocosely adv בַּהֲלָצָה
jocular adj מְבַדֵּחַ, קֻנְדֵּסִי
jocularity n קֻנְדֵּסוּת, בִּדּוּחַ, עַלִּיצוּת
jocularly adv בַּעֲלִיצוּת
jocund adj עַלִּיז, שָׂמֵחַ, מְבַדֵּחַ
jocundity n עַלִּיזוּת, שִׂמְחָה, שָׂשׂוֹן
jodhpurs npl מִכְנְסֵי רְכִיבָה
jog vti, n 1 דָּחַף, דָּחַק. 2 עוֹרֵר, הֵנִיעַ. 3 הִתְאַמֵּן בְּרִיצָה. 4 דְּחִיפָה. 5 רִיצַת אִמּוּן
jog along הִתְנַהֵל לְאִטּוֹ
jogger n ג׳וֹגֶר, מִתְאַמֵּן בְּרִיצָה
jogging n ג׳וֹגִינְג, רִיצַת אִמּוּן
joggle vti, n 1 הֵנִיד, דָּחַף, זִעְזַע. 2 הֲנָעָה, תְּזוּעָה. 3 כִּתּוּף
jog-trot n הִתְקַדְּמוּת אִטִּית
John Bull אַנְגְּלִי טִיפּוּסִי
John Doe ג׳וֹן דוֹ, פְּלוֹנִי, אַלְמוֹנִי
joie de vivre (Fr) שִׂמְחַת חַיִּים
join vti, n 1 צֵרֵף, אִחֵד, חִבֵּר. 2 הוֹסִיף, הִצְמִיד, סִפֵּחַ, זִוֵּג. 3 הִתְחַבֵּר, הִתְאַחֵד, הִצְטָרֵף. 4 קֶשֶׁר, חִבּוּר, אִחוּד, מִפְגָּשׁ
join in הִשְׁתַּתֵּף
join up הִתְגַּיֵּס
joiner n 1 נַגָּר, נַגַּר בִּנְיָן. 2 מְצָרֵף, מְחַבֵּר
joinery n 1 נַגָּרוּת. 2 עֲבוֹדַת נַגָּרוּת
joint adj, n 1 מְשֻׁתָּף, מְאֻחָד, מְחֻבָּר. 2 חִבּוּר, מַחְבָּר. 3 פֶּרֶק, מִפְרָק, חֻלְיָה. 4 מִשָּׁק, קֶשֶׁר. 5 צִיר. 6 מְאוּרָה. 7 סִיגָרִיַּת חֲשִׁישׁ
jointing n מִשּׁוּק
jointly adv בְּיַחַד, בִּמְשֻׁתָּף
jointed adj 1 בַּעַל פְּרָקִים. 2 בַּעַל־חֻלְיוֹת
joke vi, n 1 הִתְלוֹצֵץ, הִתְבַּדֵּחַ, צָחַק. 2 בְּדִיחָה, הֲלָצָה. 3 לֵיצָנוּת, חִדּוּד, צְחוֹק
joker n לֵיצָן, בַּדְחָן, ג׳וֹקֶר
jokingly adv בְּהֶסֵּחַ הַדַּעַת
jollification n עַלִּיזוּת, עֲלִיצוּת, שִׂמְחָה
jollity n שִׂמְחָה, עַלִּיזוּת
jolly vti, adj, adv 1 שִׂמַּח, הֶחֱנִיף. 2 שָׂמַח, הִתְלוֹצֵץ. 3 עַלִּיז, שָׂמֵחַ. 4 מְשַׂמֵּחַ, נִפְלָא. 5 מְאֹד
jollyboat n סִירָה קְטַנָּה
jolt vti, n 1 הָדַף, טִלְטֵל. 2 הִתְנַדְנֵד, הִתְנוֹעֵעַ. 3 טִלְטוּל,

נִעְנוּעַ, הֲדִיפָה

Jonah n 1 יוֹנָה. 2 מְבַשֵּׂר רָע

jonquil n יוֹנְקִיל (פרח)

joss n יוֹס (אליל סיני)

joss-house n מִקְדָּשׁ סִינִי

joss-stick קְנֵה קְטֹרֶת

jostle vti 1 הָדַף, דָּחַק. 2 נִדְחַק, נִלְחַץ, נֶהֱדַף

jot vt, n 1 רָשַׁם בְּקִצּוּר, רָשַׁם בְּחִפָּזוֹן. 2 יוֹ״ד, קוֹצוֹ שֶׁל יוֹ״ד

jotter n פִּנְקָס

jottings npl הֶעָרוֹת

joule n גַ'אוּל (יחידת אנרגיה)

journal n 1 עִתּוֹן, עִתּוֹן יוֹמִי. 2 יוֹמָן

journalese n סִגְנוֹן עִתּוֹנָאִי, נִיבֵי עִתּוֹנוּת

journalism n עִתּוֹנָאוּת, עִתּוֹנוּת

journalist n עִתּוֹנַאי

journalistic adj עִתּוֹנָאִי

journey vi, n 1 נָסַע, תִּיֵּר, תָּר. 2 מַסָּע, טִיּוּל, נְסִיעָה

journeyman n 1 שְׂכִיר יוֹם. 2 אֻמָּן, שׁוּלְיָה, חָנִיךְ

joust vi, n 1 נֶאֱבַק, הִתְכַּתֵּשׁ בִּרְמָחִים. 2 הֵאָבְקוּת, קְרַב רְמָחִים

Jove n 1 יוּפִּיטֶר. 2 צֶדֶק (מזל)

jovial adj עַלִּיז, שָׂמֵחַ, מִתְרוֹנֵן

joviality n שִׂמְחָה, עַלִּיזוּת

jovially adv בְּשִׂמְחָה

jowl n לֶסֶת, לְחִי

joy n שִׂמְחָה, עַלִּיזוּת, צָהֳלָה, תְּרוּעָה

joyful adj מָלֵא שִׂמְחָה, עַלִּיז, שָׂמֵחַ, צוֹהֵל

joyfully adv בְּשִׂמְחָה

joyfulness n שִׂמְחָה, עֲלִיצוּת

joyless adj חֲסַר שִׂמְחָה, עָצוּב, עָגוּם, מְשַׁעֲמֵם

joylessly adv בְּעֶצֶב

joylessness n עַצְבוּת, עָגְמָה, יָגוֹן

joyous adj עַלִּיז, שָׂמֵחַ, מִתְרוֹנֵן

joyously adv בְּעַלִּיזוּת

joyousness n שִׂמְחָה, עַלִּיזוּת, צָהֳלָה

joyride n נְסִיעַת תַּעֲנוּג

joystick n יְדִית נִוּוּט, ג'וֹיסְטִיק

jubilant adj 1 שָׂמֵחַ, צוֹהֵל. 2 חוֹגֵג

jubilation n צָהֳלָה, שִׂמְחָה, תְּרוּעָה

jubilee n 1 יוֹבֵל. 2 חֲגִיגָה

Judaism adj יַהֲדוּת

Judaic adj יְהוּדִי

Judas n יְהוּדָה אִישׁ קְרִיּוֹת

judge vti, n 1 שָׁפַט, דָּן. 2 פָּסַק. 3 הֶעֱרִיךְ. 4 הִסִּיק. 5 שׁוֹפֵט, דַּיָּן, פּוֹסֵק

judg(e)ment n 1 שְׁפִיטָה, שִׁפּוּט, מִשְׁפָּט, דִּין. 2 חֲרִיצַת דִּין, פְּסַק דִּין. 3 צֶדֶק. 4 דֵּעָה

judgemental adj בִּקָּרְתִּי

judicature n 1 שׁוֹפְטוּת, סַמְכוּת מִשְׁפָּטִית. 2 חֶבֶר שׁוֹפְטִים

judicial adj 1 מִשְׁפָּטִי, שִׁפּוּטִי. 2 מַכְרִיעַ, פּוֹסֵק

judicially adv בְּאֹרַח מִשְׁפָּטִי

judiciary n מַעֲרֶכֶת בָּתֵּי הַמִּשְׁפָּט

judicious adj זָהִיר, נָבוֹן, מָתוּן, מְיֻשָּׁב

judiciously adv בִּזְהִירוּת, בִּמְתִינוּת

judo n ג'וּדוֹ

jug vt, n 1 שָׂם בְּמַאֲסָר. 2 שָׂם בְּכַד. 3 כַּד, פַּךְ. 4 בֵּית כֶּלֶא, מַאֲסָר (עגה)

jugful n מְלֹא כַּד

juggernaut n יַגָּנַת, מַשָּׂאִית עֲנָק

juggle vit, n 1 לִהֲטֵט, אִחֵז עֵינַיִם. 2 רִמָּה, הוֹנָה. 3 אֲחִיזַת עֵינַיִם, לַהֲטוּטִים

juggler n לַהֲטוּטָן

jugular adj, n 1 צַוָּארִי, שֶׁל הַצַּוָּאר. 2 וְרִיד הַצַּוָּאר

juice n 1 מִיץ, עָסִיס, תִּירוֹשׁ. 2 רֹטֶב, לַחוּת. 3 תַּמְצִית

juicy adj 1 עֲסִיסִי. 2 מְעַנְיֵן, מְסַקְרֵן, פִּיקַנְטִי

jujitsu n ג'וּג'יטְסוּ

jukebox n תֵּבַת נְגִינָה

julep n יוּלָב

Julian adj יוּלְיָאנִי

July n יוּלִי

jumble vit, n 1 עִרְבֵּב, בָּלַל. 2 הִתְעַרְבֵּב, הִתְבּוֹלֵל. 3 עִרְבּוּבְיָה, אַנְדְּרָלָמוּסְיָה
jumble-sale n מְכִירַת חֲפָצִים מְשֻׁמָּשִׁים
jumbo adj, n 1 עֲנָקִי, עָצוּם. 2 פִּיל. 3 מְטוֹס גַּ׳מְבּוֹ
jump vi, n 1 קָפַץ, זִנֵּק, נִתֵּר, דִּלֵּג. 2 פָּסַח, הִקְפִּיץ, הִשְׁמִיט. 3 קְפִיצָה, דִּלּוּג. 4 זִנּוּק. 5 צְנִיחָה. 6 רֹחַק הַקְּפִיצָה
jumpiness n עַצְבָּנוּת
jumper n 1 קַפְּצָן, קוֹפֵץ, מְדַלֵּג. 2 סַרְבָּל. 3 זִיג. 4 חֻלְצָה (נשים). 5 פַּקֳּרֶס
jumpy adj קוֹפֵץ, עַצְבָּנִי
junction n 1 צֹמֶת, מִסְעָף, הִצְטַלְּבוּת. 2 חִבּוּר, קֶשֶׁר, מִצְמָת
juncture n 1 חִבּוּר, מַחְבָּר. 2 מִפְנֶה, מַשְׁבֵּר, מַצָּב חָמוּר
June n יוּנִי
jungle n יַעַר, ג׳וּנְגֶל, יַעַר־עַד
jungly adj מְיֹעָר
junior adj, n 1 זוּטָר, צָעִיר, קָטִין. 2 הַבֵּן
juniper n עַרְעָר (שיח)
junk n 1 גְּרוּטָאוֹת, אַשְׁפָּה, נְצֹלֶת. 2 מִפְרָשִׂית סִינִית
junk food מָזוֹן מָהִיר
junket vi, n 1 הִשְׁתּוֹלֵל. 2 חֲבִיצַת חָלָב. 3 מִשְׁתֶּה, טוּזִיג, פִּיקְנִיק. 4 מַסָּע, בִּקּוּר
junketing n 1 מִשְׁתֶּה. 2 הִשְׁתּוֹלְלוּת
junkie n מָכוּר לְסַמִּים
Junoesque adj יָפָה, יְפַת תֹּאַר
junta n חוּנְטָה, כַּת צְבָאִית
Jupiter n יוּפִּיטֶר, צֶדֶק (כוכב לכת)
juridical adj מִשְׁפָּטִי, יוּרִידִי
jurisdiction n 1 תְּחוּם סַמְכוּת, תְּחוּם שִׁפּוּט. 2 שְׁפִיטוּת
jurisprudence n תּוֹרַת הַמִּשְׁפָּטִים, מַעֲרֶכֶת הַחֹק
jurist n מִשְׁפְּטָן
juror n 1 מֻשְׁבָּע. 2 שׁוֹפֵט מֻשְׁבָּע
jury n 1 חֶבֶר הַמֻּשְׁבָּעִים. 2 חֶבֶר שׁוֹפְטִים
jury-box n תָּא חֶבֶר הַמֻּשְׁבָּעִים
jury-man n 1 מֻשְׁבָּע (בית משפט). 2 חָבֵר בְּחֶבֶר הַשּׁוֹפְטִים
jury-woman n 1 מֻשְׁבַּעַת (בית משפט). 2 חֲבֵרָה בְּחֶבֶר הַשּׁוֹפְטִים
jury-mast n תֹּרֶן עֲרַאי
just adj, adv 1 מְצֻדָּק, צוֹדֵק, נָכוֹן. 2 בִּלְבַד, רַק. 3 זֶה עַתָּה. 4 בְּדִיּוּק
just as בְּדִיּוּק, אֲזַי, בְּאוֹתָהּ מִדָּה
just so בְּדִיּוּק כָּךְ
just now זֶה עַתָּה, בְּרֶגַע זֶה
justice n 1 מִשְׁפָּט, צֶדֶק, יֹשֶׁר. 2 שׁוֹפֵט
justice of the peace שׁוֹפֵט שָׁלוֹם
justiciary n שׁוֹפֵט
justifiable adj מֻצְדָּק
justifiably adv בְּצֶדֶק
justification n הַצְדָּקָה
justify vt 1 הִצְדִּיק. 2 זִכָּה, סָלַח
justly adv בְּצֶדֶק
justness n 1 צֶדֶק. 2 הֲגִינוּת
jut vi, n 1 בָּלַט. 2 בְּלִיטָה
jute n יוּטָה
juvenile adj, n 1 יַלְדוּתִי, נַעֲרִי. 2 קָטִין, צָעִיר
juxtapose vt שָׂם בְּסָמוּךְ
juxtaposition n סְמִיכוּת, קִרְבָה

K

K, k קֵי, ק, הָאוֹת הָאַחַת־עֶשְׂרֵה בָּאָלֶף־בֵּית הָאַנְגְּלִי

Kaiser n קַיְזֶר, קֵיסָר

kale, kail n כְּרוּב

kaleidoscope n 1 קָלֵידוֹסְקוֹפּ. 2 רַבְגּוֹנִיּוּת, סַסְגּוֹנִיּוּת

kangaroo n קַנְגָּרוּ, קֶנְגּוּרוּ

kangaroo-court n בֵּית דִּין לֹא מֻסְמָךְ

kaolin n קָאוֹלִין

kapok n קַפּוֹק (סיבים למילוי)

karate n קָרָטֶה

karma n קַרְמָה, גּוֹרָל, מַזָּל, גְּמוּל, שָׂכָר וָעֹנֶשׁ

kayak n קָיָק

kebab n קֶבַּב

kedgeree n קֶדְגֶ׳רִי (תבשיל אורז)

keel vi, n 1 הִתְהַפֵּךְ, נָטָה. 2 שִׁדְרִית

keen vit, adj 1 קוֹנֵן, בָּכָה (בלוויה). 2 חָרִיף, שָׁנוּן, חַד, נוֹקֵב. 3 נִלְהָב, לָהוּט, חוֹבֵב. 4 קִינָה

keenly adv בַּחֲרִיפוּת, בִּלְהִיטוּת

keenness n חֲרִיפוּת, חַדּוּת

keep vti, n 1 שָׁמַר, הֶחֱזִיק. 2 פִּרְנֵס. 3 פַּרְנָסָה, כַּלְכָּלָה, מִחְיָה. 4 מְצוּדָה, מִבְצָר

keep at vt 1 הִתְמִיד. 2 הִטְרִיד

keep away 1 הִתְרַחֵק. 2 הִרְחִיק

keep back 1 הִתְאַפֵּק. 2 מָנַע

keep down 1 דִּכֵּא, הִכְנִיעַ. 2 נִשְׁאַר לְמַטָּה

keep going 1 הִמְשִׁיךְ בַּעֲבוֹדָה, הֶחֱזִיק מַעֲמָד. 2 הִמְשִׁיךְ לָלֶכֶת

keep in עִכֵּב, עָצַר, מָנַע

keep in oven הִטְמִין, טָמַן

keep off 1 הִרְחִיק. 2 הִתְרַחֵק

keep on הִמְשִׁיךְ, הִתְעַקֵּשׁ

keep out 1 הִשְׁאִיר בַּחוּץ, מָנַע כְּנִיסָה. 2 נִמְנַע מִלְּהִכָּנֵס

keep to דָּבַק בְּ־

keep up הִמְשִׁיךְ

keep up with הִמְשִׁיךְ בַּקֶּצֶב

keeper n שׁוֹמֵר, מַשְׁגִּיחַ, מְפַקֵּחַ

keeping n שְׁמִירָה, הַשְׁגָּחָה, הַחְזָקָה

keepsake n מַזְכֶּרֶת

keg n חֲבִיֹּנֶת

Kelt n קֶלְטִי

ken vt, n 1 הִכִּיר, יָדַע, הִשִּׂיג, רָאָה. 2 הַשָּׂגָה, הַשְׁקָפָה. 3 אֹפֶק. 4 יְדִיעָה, הַכָּרָה

kennel vt, n 1 הֶחֱזִיק בִּמְלוּנָה. 2 מְאוּרַת כְּלָבִים, מְלוּנָה. 3 עֲדַת כְּלָבִים

kept pt זמן עבר ובינוני עבר של הפועל to keep

kerb n 1 אֶבֶן־שָׂפָה. 2 מִדְרָכָה

kerchief n 1 מִמְחָטָה, מִטְפַּחַת כִּיס. 2 רְדִיד, מִטְפַּחַת רֹאשׁ

kernel n 1 גַּרְעִין, זֶרַע. 2 יְסוֹד, עִקָּר

kerosene n קֵרוֹסִין, נֵפְט

kestrel n קֶסְטְרֶל, בַּז

ketchup n קֶטְשׁאַפּ

kettle n דּוּד, קֻמְקוּם

kettledrum n 1 תֹּף הַדּוּד. 2 תֻּנְפָּן

key n 1 מַפְתֵּחַ. 2 קָלִיד, מַקָּשׁ, מְנַעֲנֵעַ. 3 מַפְתֵּחַ־תָּוִים, סֻלָּם. 4 מִקְרָא. 5 סִגְנוֹן, פִּתְרוֹן

keyboard n מִקְלֶדֶת

keyboard entry קַלְדָנוּת

keyboarder n קַלְדָן, קַלְדָנִית

keyhole n חוֹר הַמַּנְעוּל

key money דְּמֵי מַפְתֵּחַ

keynote n 1 תָּו רָאשִׁי. 2 נִימָה עִקָּרִית

keypunching n נִקְבָּנוּת

keystone n 1 אֶבֶן־רֹאשָׁה. 2 רַעְיוֹן מֶרְכָּזִי
khaki n חָקִי
khan n 1 חָן, נָסִיךְ. 2 אַכְסַנְיָה
kibbutz n קִבּוּץ
kibbutznik n קִבּוּצְנִיק, חֲבֵר קִבּוּץ
kick vt, n 1 הִתְקוֹמֵם. 2 הִתְנַגֵּד, הִתְאוֹנֵן. 3 בָּעַט. 4 הִמְרִיץ. 5 בְּעִיטָה, דִּרְבּוּן, הַמְרָצָה, תַּמְרִיץ. 6 רֶתַע, רְתִיעָה. 7 זְחִיחוּת, זוֹחַ. 8 סִפּוּק, חֲוָיָה. 9 חֲרִיפוּת
kick off בָּעַט בְּעִיטַת פְּתִיחָה
kick-off n בְּעִיטַת פְּתִיחָה
kick out 1 פִּטֵּר. 2 סִלֵּק, גֵּרֵשׁ, זָרַק הַחוּצָה
kick plate פַּס חוֹפֶה
kid vt, n 1 שִׁטָּה, רִמָּה, הוֹנָה. 2 הִמְלִיטָה (גדי). 3 גְּדִי. 4 זַאֲטוּט, יֶלֶד
kidnap vt חָטַף
kidnapper n חוֹטֵף
kidney n כִּלְיָה
kidney bean שְׁעוּעִית
kill vt, n 1 הָרַג, רָצַח, הֵמִית. 2 טָבַח, שָׁחַט, קָטַל. 3 הֲרִיגָה
killer n רוֹצֵחַ, הוֹרֵג, שׁוֹחֵט
kill-joy n מַשְׁבִּית שִׂמְחָה
kiln n כִּבְשָׁן, תַּנּוּר, כּוּר, מִשְׂרָפָה
kilogram(gramme) n קִילוֹגְרַם
kilometre(meter) n קִילוֹמֶטֶר
kilowatt n קִילוֹוַט
kilt n שִׂמְלָנִית סְקוֹטִית
kimono n קִימוֹנוֹ
kin n 1 קִרְבָה, קְרוֹבִים, מִשְׁפָּחָה. 2 שְׁאֵר בָּשָׂר
kind adj, n 1 טוֹב, מֵיטִיב, אוֹהֵב. 2 חָבִיב, אָדִיב, לְבָבִי. 3 סוּג, מִין, זַן, מַחְלָקָה, טִיפּוּס
kindhearted adj טוֹב־לֵב
kindheartedly adj בַּעֲדִינוּת
kindheartedness n טוּב־לֵב, עֲדִינוּת
kindle vti 1 הִדְלִיק, הִצִּית. 2 בָּעַר, דָּלַק. 3 עוֹרֵר, הִלְהִיב, שִׁלְהֵב. 4 הִתְלַהֵב, הִתְעוֹרֵר
kindliness n טוּב־לֵב, עֲדִינוּת
kindling n 1 הַצָּתָה, הַבְעָרָה, הַדְלָקָה. 2 הַלְהָבָה, שִׁלְהוּב. 3 חֹמֶר הַצָּתָה
kindly adj, adv 1 יְדִידוּתִי, טוֹב־לֵב. 2 בְּחֶסֶד
kindness n נְעִימוּת, אֲדִיבוּת, טוּב־לֵב, חֶסֶד
kindred adj, n 1 קָרוֹב, מְקֹרָב. 2 קִרְבָה, קְרוֹבִים. 3 מִשְׁפָּחָה
kine npl פָּרוֹת
kinetic adj קִינֶטִי
kinetics npl קִינֶטִיקָה
king n מֶלֶךְ, קֵיסָר
kingdom n 1 מְלוּכָה, מַלְכוּת. 2 מַמְלָכָה
kingfisher n שַׁלְדָּג גַּמָּדִי
kingly adj מַלְכוּתִי
kingpin n, adj 1 צִיר, יָתֵד רָאשִׁית. 2 חִיּוּנִי
king-size(d) adj 1 גָּדוֹל. 2 כְּיַד הַמֶּלֶךְ
kink vti n 1 תִּלְתֵּל, פִּתֵּל, סִבֵּךְ, עִקֵּל. 2 עֶקֶל, כֶּפֶף, תִּלְתּוּל, פִּתּוּל. 3 סְטִיָּה, מוּזָרוּת
kinky adj 1 מְפֻתָּל. 2 מוּזָר, סוֹטֶה
kinsfolk n,pl בְּנֵי מִשְׁפָּחָה, קְרוֹבֵי־דָם
kinship n קִרְבַת מִשְׁפָּחָה
kinsman n קָרוֹב, בֶּן מִשְׁפָּחָה
kinswoman n קְרוֹבָה, בַּת מִשְׁפָּחָה
kiosk n קִיּוֹסְק
kipper n דָּג מְעֻשָּׁן
kirk n כְּנֵסִיָּה
kirsch n קִירְשׁ
kismet n גּוֹרָל, מַזָּל, יִעוּד
kiss vti, n 1 נָשַׁק, נִשֵּׁק. 2 לִטֵּף. 3 הִתְנַשֵּׁק. 4 נְשִׁיקָה
kit n 1 זָוָד, תַּרְמִיל. 2 כִּנּוֹר קָטָן. 3 חֲתַלְתּוּל. 4 מַעֲרֶכֶת
kitbag n מִזְוָד
kitchen n מִטְבָּח
kitchen garden גַּן יְרָקוֹת וּפֵרוֹת (לבית)

kitchen spoon תַּרְוָד
kitchenette n מִטְבָּחוֹן
kite n 1 בַּז, נֵץ, אַיָּה. 2 עֲפִיפוֹן. 3 חַמְסָן, טוֹרֵף. 4 מִפְרָשׂ קַל
kith and kin יְדִידִים וּבְנֵי מִשְׁפָּחָה
kitten n חֲתַלְתּוּל
kitty n 1 חֲתַלְתּוּל. 2 קֻפָּה. 3 קֻפָּה מְשֻׁתֶּפֶת
kiwi n קִיוִי
klaxon n צוֹפָר
kleptomania n קְלֶפְּטוֹמַנְיָה
kleptomaniac n קְלֶפְּטוֹמָן
knack n 1 כִּשְׁרוֹן, מְיֻמָּנוּת. 2 זְרִיזוּת, חָרִיצוּת
knapsack n תַּרְמִיל־גַּב
knave n 1 רַמַּאי, נוֹכֵל. 2 נָסִיךְ (קלפים)
knavery n רַמָּאוּת, נוֹכְלוּת
knavish adj רַמַּאי, בֶּן בְּלִיַּעַל
knavishly adv בְּרַמָּאוּת
kneed vt לָשׁ, גָּבַל, עִסָּה
knee n בֶּרֶךְ, אַרְכֻּבָּה
knee breeches אַבְרְקֵי בֶּרֶךְ
knee cap n 1 פִּקַּת הַבֶּרֶךְ. 2 כִּסּוּי הַבִּרְכַּיִם
knee-deep adj, adv מַגִּיעַ עַד הַבִּרְכַּיִם
kneel vi כָּרַע, הִשְׁתַּחֲוָה, סָגַד
knell n 1 צִלְצוּל, צִלְצוּל פַּעֲמוֹנִים. 2 אוֹת מְבַשֵּׂר רַע
knelt pt זמן עבר ובינוני עבר של הפועל to kneel
Knesset n כְּנֶסֶת
knew pt זמן עבר של הפועל to know
knickerbockers npl אַבְרָקַיִם, נִיקֶרְבּוֹקֶרְס
knickers npl 1 אַבְרָקַיִם. 2 תַּחְתּוֹנִים
knick-knack n 1 אַבְזָר־קִשּׁוּט, צַעֲצוּעַ. 2 תַּכְשִׁיט, תַּקְשִׁיט
knife vt, n 1 דָּקַר (בסכין). 2 סַכִּין, חַלָּף. 3 אוֹלָר, אִזְמֵל
knight vt, n 1 הֶעֱנִיק תֹּאַר אַבִּיר. 2 אַבִּיר
knight-errant n אַבִּיר נוֹדֵד
Knight Templar אַבִּיר הַמִּקְדָּשׁ

knighthood n אַבִּירוּת
knightly adj אַבִּירִי
knit vti 1 סָרַג. 2 קִמֵּט. 3 חִבֵּר, קָשַׁר
knit one's brows 1 הִתְרַעֵם. 2 כִּוֵּץ אֶת גַּבּוֹתָיו
knitting n סְרִיגָה, חִבּוּר
knitwear n סְרִיגִים, לְבוּשׁ סָרוּג
knives n,pl רַבִּים שֶׁל knife
knob n 1 גֻּלָּה, כַּפְתּוֹר, בְּלִיטָה. 2 יָדִית, כַּף. 3 גַּבְשׁוּשִׁית
knock vti, n 1 דָּפַק, הִכָּה, הִקִּישׁ, הָלַם. 2 דְּפִיקָה, מַכָּה, מַהֲלֻמָּה, נְקִישָׁה
knock down 1 הִפִּיל, רָמַס. 2 פֵּרֵק. 3 הוֹרִיד. 4 מוֹחֵץ, מְהַמֵּם, רַב־עָצְמָה
knock knees בֶּרֶךְ קְלוּבָה
knock off 1 גָּמַר. 2 הִפְסִיק (עבודה). 3 הָרַג, רָצַח. 4 נִכָּה
knock out 1 הִכָּה, הָלַם, מִגֵּר. 2 הִכָּה עַד אָבְדַן הַכָּרָה
knocker n 1 מַכֶּה, מְהַמֵּם. 2 דּוֹפֵק. 3 מַקּוֹשׁ
knock-out n 1 מַהֲלֻמַּת מַחַץ, נוֹקְאָאוּט. 2 דָּבָר מְהַמֵּם
knoll n גִּבְעָה, תֵּל
knot vit, n 1 קָשַׁר, אָגַד, חִבֵּר. 2 סִבֵּךְ, קִשֵּׁר. 3 הִסְתַּבֵּךְ. 4 קֶשֶׁר, אֶגֶד, קִשּׁוּר, סִבּוּךְ. 5 מִיל יַמִּי. 6 בְּרִית, אֲגֻדָּה, קְבוּצָה
knotty adj מְסֻבָּךְ, מְסֻקָּס, קָשֶׁה
know vti יָדַע, הֵבִין, הִכִּיר, הִבְחִין
know the ropes הָיָה מְנֻסֶּה, הִכִּיר אֶת הַכְּלָלִים
know-all n יוֹדֵעַ הַכֹּל, בָּקִי בַּכֹּל
know-how n יֶדַע
knowing adj 1 פִּקְחִי, מְפֻקָּח, חָרִיף. 2 עַרְמוּמִי
knowingly adv בְּיוֹדְעִין
knowledge יֶדַע, דַּעַת, חָכְמָה, יְדִיעָה

known pp adj 1 בינוני עבר של הפועל to know. 2 יָדוּעַ

knuckle n 1 פֶּרֶק אֶצְבַּע. 2 אַרְכֻּבָּה

knuckle down to הִתְמַסֵּר לְ־

knuckle under נִכְנַע

koala n קוֹאָלָה

kohl n פּוּךְ, כֹּחַל

kohlarabi n קוֹלְרַבִּי, כְּרוּב הַקֶּלַח

Koran n קוּרְאָן

kosher adj 1 כָּשֵׁר. 2 אֲמִתִּי, מְהֵימָן

kowtow to vt הִתְרַפֵּס

kraal n קְרָאל (כפר אפריקאי)

kreplech n כִּיסָן

kudos n 1 תְּהִלָּה, פִּרְסוּם. 2 כָּבוֹד

L

L, l אֶל, ל הָאוֹת הַשְׁתֵּים־עֶשְׂרֵה בָּאָלֶף־בֵּית הָאַנְגְּלִי
la n לָה (צְלִיל)
label vt, n 1 צִיֵּן, מִיֵּן, כִּנָּה. 2 הִדְבִּיק תָּוִית. 3 תָּו, תָּוִית. 4 פֶּתֶק, פִּתְקָה. 5 כִּנּוּי
labial adj שְׂפָתִי
Labiatae npl שְׂפְתָנִיִּים
laboratory, lab. n מַעְבָּדָה
labo(u)r vit, n 1 עָבַד, יָגַע, עָמַל. 2 הִתְאַמֵּץ. 3 הִתְנַהֵל בִּכְבֵדוּת. 4 הִתְעַכֵּב עַל. 5 עֲבוֹדָה, עָמָל, מְלָאכָה. 6 פְּעֻלָּה, מַאֲמָץ, טִרְחָה. 7 חֶבְלֵי לֵדָה, צִירִים. 8 מִפְלֶגֶת הָעֲבוֹדָה
Labor Exchange לִשְׁכַּת עֲבוֹדָה
laborious adj 1 קָשֶׁה, מְיַגֵּעַ. 2 חָרוּץ. 3 נֻקְשֶׁה
laboriously adv 1 בִּיגִיעָה. 2 בַּחֲרִיצוּת
labo(u)r under סָבַל
labo(u)red adj 1 מְעֻבָּד. 2 מְעֻשֶּׂה, מְלָאכוּתִי
labo(u)rer n פּוֹעֵל, עוֹבֵד
laburnum n לַבּוּרְנוּם (שִׂיחַ)
labyrinth n מָבוֹךְ, סְבַךְ, לַבִּירִינְתְּ
labyrinthine adj 1 מְסֻבָּךְ, מְבֻלְבָּל. 2 מֵבִיא בִּמְבוּכָה
lace vt, n 1 קָשַׁר בִּשְׂרוֹךְ. 2 מִזֵּג, מָהַל. 3 הִלְקָה. 4 שְׂרוֹךְ, פְּתִיל. 5 שֶׁנֶץ, קֶשֶׁר. 6 סַלְסָלָה, רִקְמָה, תַּחֲרָה
lacerate vt קָרַע, שָׁסַע, פָּצַע, שָׂרַט
laceration n קְרִיעָה, פְּצִיעָה, שְׂרִיטָה
lachrymal adj דִּמְעִי
lachrymose adj 1 מַדְמִיעַ. 2 בַּכְיָנִי, מִתְאַבֵּל
lack vti, n 1 חָסֵר, הָיָה צָרִיךְ. 2 נֶעְדַּר. 3 חֹסֶר, מַחְסוֹר, הֶעְדֵּר
lackadaisical adj 1 רַגְשָׁנִי, הוֹזֶה, מְהַרְהֵר. 2 אָדִישׁ
lackey n 1 מְשָׁרֵת, שַׁמָּשׁ, שָׁרָת. 2 מִתְרַפֵּס
lack for, lack in הָיָה בְּלִי
lacking adj חָסֵר
lacklustre adj, n 1 עָמוּם. 2 חֹסֶר זֹהַר, חֹסֶר בָּרָק
laconic adj לָקוֹנִי, תַּמְצִיתִי
laconically adv תַּמְצִיתִית, לָקוֹנִית
laconicism, laconism n לָקוֹנִיּוּת, תַּמְצִיתִיּוּת
lacquer vt, n 1 לִכָּה, צִפָּה בְּלַכָּה. 2 לַכָּה
lacrosse n לַקְרוֹס
lactic adj חֲלָבִי
lacuna n חָלָל, שֶׁקַע, חֶסֶר
lacy adj מְשֻׁנָּץ, מְצֻיָּץ, רִקְמָתִי
lad n נַעַר, בָּחוּר, חָבֵר
ladder vi, n 1 עָשָׂה רַכֶּבֶת (בגרב). 2 סֻלָּם, כֶּבֶשׁ. 3 רַכֶּבֶת (בגרב)
laddie n בָּחוּר, נַעַר
lade vt 1 טָעַן, הִטְעִין, הֶעֱמִיס. 2 הֵרִים, הִשְׁלִיךְ
laden adj טָעוּן, עָמוּס
ladies npl 1 נוֹחִיּוֹת (לנשים). 2 גְּבָרוֹת, נָשִׁים
ladies' man חוֹבֵב־נָשִׁים
lading n מִטְעָן, הַטְעָנָה, מַעֲמָסָה
ladle vt, n 1 יָצַק בְּמַצֶּקֶת. 2 שָׁאַב, דָּלָה. 3 מַצֶּקֶת, תַּרְוָד
lady n 1 גְּבֶרֶת, גְּבִירָה. 2 לֵידִי, אִשָּׁה
ladybird n פָּרַת מֹשֶׁה רַבֵּנוּ (חרק)
lady-in-waiting n שׁוֹשְׁבִינַת הַמַּלְכָּה
lady-killer n צַיַּד נָשִׁים, דּוֹן ז'וּאָן
ladylike adj כִּגְבֶרֶת

ladyship n הוֹד מַעֲלַת הַגְּבֶרֶת
lag vi, n 1 הִתְמַהְמַהּ, פִּגֵּר. 2 כִּסָּה, עָטַף. 3 פִּגּוּר, אִחוּר. 4 כִּסּוּי, מִכְסֶה. 5 אָסִיר
lager n בִּירָה, שֵׁכָר
laggard n רַשְׁלָן, עַצְלָן
lagoon n לָגוּנָה
laic adj חִלּוֹנִי, הֶדְיוֹט
laicize vt חִלֵּן
laid pt pp זמן עבר ובינוני עבר של הפועל to lay
lain pp בינוני עבר של הפועל to lie
lair n מִרְבָּץ, מְאוּרָה
laird n בַּעַל נְכָסִים, בַּעַל אֲחֻזָּה
laissez-faire (Fr) שֵׁב וְהַנַּח
laity n הֶדְיוֹטוֹת
lake n 1 אֲגַם, בְּרֵכָה, יַמָּה. 2 שָׁשַׁר
lama n לָמָה
lamasery n מִנְזַר לָמָאִים
lamb vi, n 1 הִמְלִיטָה וְלָדוֹת (טלאים). 2 טָלֶה, שֶׂה, כֶּבֶשׂ, כִּבְשָׂה
lambaste vt הִכָּה, הִלְקָה
lambency n לְחוּךְ, רִפְרוּף
lambent adj מְשַׂחֵק, מְרַפְרֵף, מַבְלִיחַ
lamé adj לָמֶה (אריג)
lame vt, adj 1 הֵמִים, הִטִּיל מוּם. 2 נָכֶה. 3 צוֹלֵעַ, פִּסֵּחַ, קִטֵּעַ, חִגֵּר
lame duck 1 נָכֶה, בַּעַל מוּם. 2 נֵפֶל
lamely adv שֶׁלֹּא כַּהֲלָכָה, בְּאֹפֶן לֹא מְשַׁכְנֵעַ
lameness n צְלִיעָה, פִּסְחוּת, חִגְּרוּת
lament vti, n 1 קוֹנֵן, הִתְאַבֵּל, הִתְאוֹנֵן, סָפַד, הִצְטַעֵר. 2 קִינָה, צַעַר, נְהִי, זְעָקָה
lamentable adj 1 מְצַעֵר, מַעֲצִיב. 2 אֻמְלָל, מִסְכֵּן
lamentably adv בְּאֹפֶן מְצַעֵר
lamentation n קִינָה, נְהִי, הֶסְפֵּד, מִסְפֵּד
laminate vt רִבֵּד, רִבֵּד, רָקַע, רִקֵּעַ, הִפְרִיד לְלוּחוֹת
lamp n מְנוֹרָה, פָּנָס, עֲשָׁשִׁית, נוּרָה
lampoon vt, n 1 חִבֵּר סָטִירָה, חִבֵּר שְׁנִינָה, חִבֵּר כְּתַב פְּלַסְתֵּר. 2 הִתּוּל, שְׁנִינָה, כְּתַב פְּלַסְתֵּר
lamp-post n פְּנַס רְחוֹב
lamprey n לַמְפְּרָאָה (דג)
lamp-shade n מָגִנּוֹר, אָהִיל
lance vt, n 1 דָּקַר בְּרֹמַח. 2 פָּתַח לְנִתּוּחַ. 3 רֹמַח, כִּידוֹן, צִלְצָל, אִזְמֵל
lance-corporal n טוּרַאי רִאשׁוֹן
lancer n נוֹשֵׂא רֹמַח
lancet n 1 אִזְמֵל, דֶּקֶר. 2 קֶשֶׁת מְחֻדֶּדֶת
land vti, n 1 עָלָה לַיַּבָּשָׁה, יָרַד מֵאֳנִיָּה. 2 עָגַן, נָחַת. 3 הִנְחִית (מכה). 4 יַבָּשָׁה, אֶרֶץ, אֲדָמָה. 5 מְדִינָה, אֻמָּה, נַחֲלָה, אֲחֻזָּה, יְרֻשָּׁה
landau n לַנְדּוֹ (כרכרה)
landed adj בַּעַל אֲחֻזּוֹת
landing n 1 נְחִיתָה, עֲגִינָה. 2 עֲלִיָּה לַחוֹף. 3 מִישׁוֹר, מִנְחָת
landing craft נַחֲתֶת
landlady n בַּעֲלַת בַּיִת, בַּעֲלַת אֲחֻזָּה
landlocked adj מֻקַּף יַבָּשָׁה
landlord n בַּעַל בַּיִת, בַּעַל אֲחֻזָּה
landlubber n חוֹבֵב יַבָּשָׁה
landmark n 1 סִימַן הֶכֵּר, צִיּוּן דֶּרֶךְ, צִיּוּן גְּבוּל. 2 נְקֻדַּת מִפְנֶה
landowner n בַּעַל קַרְקָעוֹת
landscape n נוֹף, מַרְאֵה טֶבַע
landslide n 1 מַפֹּלֶת הָרִים. 2 נִצָּחוֹן מַכְרִיעַ (בבחירות)
lane n 1 נָתִיב. 2 מִשְׁעוֹל, שְׁבִיל צַר. 3 רְחוֹב, דֶּרֶךְ
language n 1 שָׂפָה, לָשׁוֹן. 2 סִגְנוֹן, דִּבּוּר
languid adj תָּשׁוּשׁ, חַלָּשׁ, נִרְפֶּה, חֲסַר מֶרֶץ
languidly adv רָפוֹת
languish vi 1 חָלַשׁ, נֶחֱלַשׁ, נָבַל, הִתְנַוֵּן. 2 הִתְמוֹגֵג, עָרַג, הִתְגַּעְגֵּעַ, כָּמַהּ
languor n 1 עֲיֵפוּת, תְּשִׁישׁוּת, רִפְיוֹן. 2 אַפַּתְיָה
languorous adj מָתֵשׁ, אַפָּתִי, אָדִישׁ

languorously adv בַּאֲדִישׁוּת
lank adj רָפֶה, יָשָׁר (שיער)
lanky adj גָּבוֹהַּ וְרָזֶה
lantern n פָּנָס, תָּא הָאוֹר (במיגדלור), פֶּתַח אוֹר
lanugo n כְּשׁוּת
lap vti, n 1 קִפֵּל, עָטַף. 2 לִקֵּק, בָּלַע. 3 חָפָה, חָפַף. 4 הִתְחַפֵּר. 5 חֵיק. 6 חֹצֶן, כָּנָף (בגד), שָׂפָה. 7 חֲפִיָּה. 8 דִּיסְקוּס לְלִטּוּשׁ
lapdog n כְּלַבְלַב (שעשועים)
lapel n דַּשׁ הַבֶּגֶד
lapidary adj, n 1 שֶׁל אֲבָנִים. 2 אַבְנִי. 3 חָרוּט בְּאֶבֶן. 4 לוֹטֵשׁ (אבנים טובות)
lapis lazuli אֶבֶן הַתְּכֵלֶת
lapse vi, n 1 שָׁגָה, כָּשַׁל, נִכְשַׁל. 2 עָבַר לְאַט אוֹ בְּהַדְרָגָה. 3 סָטָה. 4 פָּקַע תָּקְפּוֹ. 5 נְפִילָה, יְרִידָה, שְׁקִיעָה. 6 סְטִיָּה, טָעוּת, שִׁבּוּשׁ. 7 מַהֲלָךְ, פֶּרֶק
lapsus linguae (L) פְּלִיטַת־פֶּה
laptop computer מַחְשֵׁב נַיָּד
lapwing n קִיוִית
larboard n שְׂמֹאל (האונייה)
larceny n גְּנֵבָה
larch n לֶגֶשׁ
lard n שֻׁמַּן־חֲזִיר
larder n מְזָוֶה
large adj, n 1 גָּדוֹל, רָחָב, עָצוּם. 2 עָבֶה, גַּס. 3 נָדִיב, נִשְׂגָּב. 4 חֹפֶשׁ, חֵרוּת
large(at) adj, adv 1 חָפְשִׁי, נִמְלָט (ממאסר). 2 בְּדֶרֶךְ כְּלָל
largely adv 1 בְּיָד רְחָבָה. 2 לָרֹב
largess(e) n 1 הַעֲנָקָה, נְתִינָה. 2 מַתָּנָה, נְדָבָה. 3 נַדְבָנוּת
largish adj גְּדַלְדַּל
largo n לַרְגּוֹ, רָחָב (מִפְעָם)
lark vi, n 1 שִׂחֵק, הִשְׁתַּעֲשֵׁעַ, עָלַץ. 2 עֶפְרוֹנִי. 3 מִשְׂחָק, שַׁעֲשׁוּעַ
larkspur n דָּרְבָנִית
larva n זַחַל
larval adj זַחֲלִי
laryngitis n דַּלֶּקֶת הַגָּרוֹן
larynx n גָּרוֹן
lascivious adj 1 תַּאַוְתָנִי, מְעוֹרֵר תַּאֲוָה. 2 מֻפְקָר, שְׁטוּף־זִמָּה
lasciviously adv בְּתַאֲוָה, בְּזִמָּה
lasciviousness n תַּאַוְתָנוּת, זִמָּה
laser n לֵיזֶר
laser beam קֶרֶן־לֵיזֶר
lasing n לְזִירָה
lash vti, n 1 הִלְקָה, הִצְלִיף, שִׁסָּה. 2 פָּרַץ, כִּשְׁכֵּשׁ, הִתְפָּרֵץ. 3 שׁוֹט
lash out at/against מָתַח בִּקֹּרֶת חֲרִיפָה עַל
lashing n הַלְקָאָה, הַצְלָפָה
lass, lassie n 1 נַעֲרָה, עַלְמָה. 2 נַעֲרֹנֶת. 3 אֲהוּבָה
lassitude n עֲיֵפוּת, תְּשִׁישׁוּת, חֻלְשָׁה
lasso vt, n 1 פִּלְצֵר. 2 פִּלָּצוּר, לַסּוֹ
last vi, adj, adv 1 נִמְשַׁךְ, אָרַךְ, הִסְפִּיק. 2 הִתְקַיֵּם, הִתְמִיד, עָמַד. 3 אַחֲרוֹן, קִיצוֹנִי, סוֹפִי. 4 מַכְרִיעַ. 5 לָאַחֲרוֹנָה. 6 אִמּוּם. 7 סוֹף
last (at) סוֹף סוֹף
last but one לִפְנֵי הָאַחֲרוֹן
last legs (on one's) 1 לִפְנֵי הַמָּוֶת, כִּמְעַט אָבוּד. 2 עָיֵף מְאֹד
last night אֶמֶשׁ
lasting adj מַתְמִיד, מִתְקַיֵּם, עוֹמֵד, עָמִיד
lastingly adv לִתְקוּפָה מְמֻשֶּׁכֶת
latch vti, n 1 הִבְרִיחַ, נָעַל, סָגַר בִּבְרִיחַ. 2 בְּרִיחַ
late adj, adv 1 מְאֻחָר, מְאַחֵר, מְפַגֵּר. 2 קֹדֶם, לֹא־מִכְּבָר. 3 אָפִיל. 4 מָנוֹחַ, נִפְטָר. 5 בְּאִחוּר. 6 לָאַחֲרוֹנָה
lately adv לָאַחֲרוֹנָה
latent adj 1 חָבוּי, נִסְתָּר. 2 כָּמוּס. 3 רָדוּם

later adj, adv 1 לְאַחַר מִכֵּן, אַחֲרֵי כֵן. 2 בְּאִחוּר
later on לְאַחַר מִכֵּן
lateral adj צְדָדִי, צִדִּי
latest adj, n 1 הַמְאֻחָר בְּיוֹתֵר. 2 הַחֲדָשׁוֹת הָאַחֲרוֹנוֹת
latex n שְׂרַף גּוּמִי
lath n פְּסִיס
lathe n מַחֲרֵטָה
lather vti, n 1 סִבֵּן. 2 הִקְצִיף, הֶעֱלָה קֶצֶף. 3 הִצְלִיף, הִלְקָה, הִרְבִּיץ. 4 קֶצֶף
Lathyrus (L) n טֹפַח
Latin adj, n 1 לָטִינִי. 2 לָטִינִית
latinist n לָטִינַאי
latinize vt לִטֵּן, תִּרְגֵּם לְלָטִינִית
latitude n 1 קַו רֹחַב. 2 רֹחַב לֵב, רֹחַב אֹפֶק
latitudinal adj רָחְבִּי, שֶׁל קַו הָרֹחַב
latitudinarian adj, n רְחַב דַּעַת, חָפְשִׁי
latrine n בֵּית כִּסֵּא, בֵּית שִׁמּוּשׁ
latter adj, pron 1 שֵׁנִי, אַחֲרוֹן. 2 חָדִישׁ
latter-day adj שֶׁל הַזְּמַן הָאַחֲרוֹן, שֶׁל הַהֹוֶה, מוֹדֶרְנִי
latterly adv לָאַחֲרוֹנָה
lattice vt, n 1 רִשֵּׁת, סָרַג, סֵרֵג. 2 סְבָכָה, סֹרֶג, רֶשֶׁת. 3 אֶשְׁנָב, חָרָךְ, אֲרֻבָּה
latticed adj מְרֻשָּׁת, מְסֹרָג
laud vt, n 1 הִלֵּל, שִׁבַּח, פֵּאֵר, רוֹמֵם. 2 הַלֵּל, שֶׁבַח, רוֹמְמוּת, תְּהִלָּה. 3 שַׁחֲרִית
laudable adj רָאוּי לִתְהִלָּה, רָאוּי לְשֶׁבַח
laudanum n לְבוֹנָה
laudatory adj מְהַלֵּל, מְקַלֵּס, מְשַׁבֵּחַ
laugh vi, n 1 צָחַק, חִיֵּךְ. 2 לָעַג, בִּדַּח. 3 הִתְבַּדֵּחַ. 4 צְחוֹק, חִיּוּךְ. 5 לַעַג, לִגְלוּג
laugh at vt לָעַג, לִגְלֵג
laugh down צָחַק עַל, לָעַג לְ־
laugh in somebody's face צָחַק בְּפָנָיו
laugh up one's sleeve צָחַק בַּחֲשַׁאי
laughable adj מַצְחִיק, מְבַדֵּחַ, מְשַׁעֲשֵׁעַ
laughing adj, n 1 מַצְחִיק, מְעוֹרֵר צְחוֹק. 2 צְחוֹק
laughing gas גַּז מַצְחִיק (גז מרדים)
laughingly adv בִּצְחוֹק
laughing matter דָּבָר מַצְחִיק
laughing-stock n מַטָּרָה לְלַעַג
laughter n צְחוֹק, עֲלִיצוּת, עַלִּיזוּת
launch vti, n 1 הִשִּׁיק (אונייה), זָרַק, שִׁלַּח, הֵטִיל. 2 הִטְבִּיל. 3 הִתְחִיל, חָנַךְ. 4 הִפְעִיל, פָּרַץ. 5 הִתְפָּרֵץ. 6 הִפְרִיחַ. 7 הַשָּׁקָה (אונייה), זְרִיקָה. 8 אִלְפָּה
launch out/into 1 צָלַל. 2 הִפְלִיג. 3 פָּתַח
launcher n מַשְׁגֵּר, מָטוֹל
launder vti 1 כִּבֵּס (בגדים). 2 הִתְכַּבֵּס. 3 הִלְבִּין (כסף)
laundress n כּוֹבֶסֶת
laundry n 1 מִכְבָּסָה. 2 כְּבִיסָה, כְּבָסִים
laundryman n 1 כּוֹבֵס. 2 בַּעַל מִכְבָּסָה
laundrywoman n 1 כּוֹבֶסֶת. 2 בַּעֲלַת מִכְבָּסָה
laureate adj עֲטוּר תְּהִלָּה, מְפֻרְסָם
laurel n 1 דַּפְנָה. 2 תְּהִלָּה, פִּרְסוּם, כָּבוֹד
lavatory n 1 כִּיּוֹר. 2 חֲדַר רַחְצָה. 3 בֵּית שִׁמּוּשׁ, בֵּית כִּסֵּא
lavender n אֲזוֹבִיּוֹן
lavish vt, adj 1 בִּזְבֵּז, פִּזֵּר. 2 בַּזְבְּזָנִי, פַּזְרָנִי
lavishly adv בְּשֶׁפַע, בְּיָד רְחָבָה
law n 1 חֹק, מִשְׁפָּט. 2 הֲלָכָה, תּוֹרָה, דָּת. 3 כְּלָל, מִנְהָג, עִקָּרוֹן
law-abiding adj שׁוֹמֵר חֹק, צַיְּתָן
lawful adj 1 חֻקִּי, מִשְׁפָּטִי. 2 מֻתָּר, כַּדִּין
lawfully adv לְפִי הַחֹק, כַּדִּין
lawless adj מֻפְקָר, לֹא חֻקִּי
lawlessly adv בְּאֹפֶן בִּלְתִּי חֻקִּי
lawlessness n הֶפְקֵרוּת, הֶפְקֵר, אִי־חֻקִּיּוּת
lawn n 1 מִדְשָׁאָה, כַּר דֶּשֶׁא. 2 אָרִיג דַּק

lawnmower n מַכְסֵחָה
lawn-tennis n טֶנִּיס (על הדשא)
lawsuit n 1 מִשְׁפָּט. 2 תְּבִיעָה
lawyer n מִשְׁפְּטָן, פְּרַקְלִיט, סָנֵגוֹר, עוֹרֵךְ־דִּין
lax adj 1 רָפֶה, חַלָּשׁ. 2 מְרֻשָּׁל, מְעֻרְפָּל
laxative adj, n מְשַׁלְשֵׁל, מְרַפֶּה
laxity n 1 רִפְיוֹן, חֻלְשָׁה. 2 רַשְׁלָנוּת
lay vti, adj, n 1 הִנִּיחַ, שָׂם, נָתַן. 2 הִשְׁכִּיב. 3 סִדֵּר, עָרַךְ, כִּנֵּן, כִּוֵּן. 4 הֵטִיל. 5 טָמַן, הִשְׁלִיךְ. 6 פִּזֵּר. 7 חִלּוֹנִי, הֶדְיוֹט. 8 לֹא מִקְצוֹעִי, לֹא מֻמְחֶה. 9 סִדּוּר, מַעֲרָךְ. 10 שִׁיר, זֶמֶר, חָרוּז, לַחַן. 11 מַצָּב. 12 שִׁכְבָה. 13 זמן עבר של הפועל to lie
lay aside 1 חָסַךְ, אָגַר. 2 הִנִּיחַ
lay down 1 קָבַע. 2 הִנִּיחַ
lay in הֶחֱנִיף, הִתְחַנֵּף
lay off 1 דָּחָה, פִּטֵּר. 2 שָׁבַת מִמְּלָאכָה. 3 פִּטּוּרִים
lay on 1 הִנִּיחַ. 2 סִפֵּק
lay hands on 1 הִתְקִיף, הִכָּה. 2 מָצָא. 3 הִנִּיחַ יָדַיִם עַל
lay claim to בִּקֵּשׁ, דָּרַשׁ, תָּבַע
lay siege to שָׂם מָצוֹר עַל
lay bare גִּלָּה, חָשַׂף
lay open הִסְבִּיר, גִּלָּה
lay out 1 פָּרַשׂ, שָׁטַח, חָשַׂף, תִּכְנֵן. 2 הִנִּיחַ
layout n 1 שְׁטוּחַ, רְקִיעָה. 2 מַעֲרָךְ, תַּסְדִּיר. 3 תָּכְנִית. 4 שִׂרְטוּט
lay waste הֶחֱרִיב
layabout n פִּרְחָח, הוֹלֵךְ בָּטֵל
lay-by n 1 חֶנְיוֹן. 2 נָתִיב צְדָדִי
layer n 1 שִׁכְבָה, נִדְבָּךְ, מִשְׁטָח. 2 מְטִילָה
layette n צָרְכֵי תִּינוֹק
lay-figure 1 בֻּבָּה, תַּבְנִית אָדָם. 2 נִצָּב, סְטָטִיסְט
laying n 1 דְּגִירָה. 2 שִׁכְבָה. 3 כִּנּוּן
laying pattern מִקְשָׁר
layman n 1 הֶדְיוֹט, לֹא מִקְצוֹעִי. 2 חִלּוֹנִי
lazar n מְצֹרָע, צָרוּעַ, נְגוּעַ שְׁחִין
lazaretto n 1 בֵּית חוֹלִים לִמְצֹרָעִים. 2 אֳנִיַּת הֶסְגֵּר
laze vti הִתְעַצֵּל, הִתְבַּטֵּל, הִתְרַשֵּׁל
lazily adv בַּעֲצַלְתַּיִם, בְּעַצְלוּת
laziness n עַצְלוּת, עַצְלָנוּת
lazy adj עָצֵל, נִרְפֶּה, רָפוּי, רַשְׁלָן
lb abbr. לִיטְרָה, לִיבְּרָה (453.5 גרם)
lea n אָחוּ, אֲפָר
leach vti, n 1 סִנֵּן, מִצָּה. 2 הֵדִיחַ. 3 הִסְתַּנֵּן, הִתְמַצָּה. 4 מִסְנֶנֶת, מַסְנֵן
lead vti, n 1 נָהַג, נִהֵל, הוֹבִיל, נָחָה, הִנְחָה. 2 הָלַךְ בָּרֹאשׁ, הוֹרָה דֶּרֶךְ. 3 הִתְחִיל, פָּתַח, הֵבִיא לִידֵי. 4 כִּסָּה בְּעוֹפֶרֶת. 5 חָצַץ (דפוס). 6 צַעַד רִאשׁוֹן. 7 דֻּגְמָה, כִּוּוּן. 8 תַּפְקִיד רָאשִׁי, שַׂחֲקָן רָאשִׁי. 9 הַתְחָלָה, פְּתִיחָה. 10 הַנְהָגָה, הַנְהָלָה. 11 מַתְחִיל, פּוֹתֵחַ. 12 עוֹפֶרֶת. 13 אֲנָךְ
leaded adj מְכֻסֶּה עוֹפֶרֶת
lead free נְטוּל עוֹפֶרֶת
lead on 1 פִּתָּה. 2 הָלַךְ בָּרֹאשׁ
lead off הִתְחִיל
lead up to הוֹבִיל, כּוֹנֵן, הֵבִיא לְ־
leaden adj 1 יְצוּק עוֹפֶרֶת, כָּבֵד. 2 אָפֹר, אָפֵל. 3 אָטוּם
leader n 1 מַנְהִיג, מְנַהֵל, רֹאשׁ. 2 מַדְרִיךְ, מוֹרֵה דֶּרֶךְ. 3 מַאֲמַר מַעֲרֶכֶת, מַאֲמָר רָאשִׁי. 4 מְנַצֵּחַ. 5 מַרְזֵב, תְּעָלַת מַיִם. 6 קַו מְנֻקָּד (...). 7 מַשְׁכּוּךְ. 8 מֵיתָר. 9 נַגָּן רָאשִׁי
leadership n 1 מַנְהִיגוּת, הַנְהָגָה. 2 רָאשׁוּת
leading adj רָאשִׁי, מַנְחֶה
leading article מַאֲמָר רָאשִׁי
leading light 1 אוֹר רָאשִׁי. 2 דְּמוּת בּוֹלֶטֶת
leading man שַׂחֲקָן רָאשִׁי, שַׂחֲקָן עִקָּרִי

leading question שְׁאֵלָה מַנְחָה, שְׁאֵלָה מְנֻסֶּרֶת

leaf vi, n 1 לְבַלְבֵּל. 2 עִלְעֵל, דִּפְדֵּף. 3 דַּף. 4 עָלֶה. 5 רִקּוּעַ. 6 תְּלוּשׁ

leaflet n 1 כְּרוּז, עָלוֹן, קוּנְטְרֵס. 2 עַלְעָל

leafy adj מָלֵא עָלִים, רַב־עָלִים

league vti, n 1 הִצְטָרֵף, הִתְחַבֵּר. 2 כָּרַת בְּרִית. 3 חֶבֶר, אֲגֻדָּה, בְּרִית. 4 לִיגָה

leak vit, n 1 דָּלַף, נָזַל. 2 הִסְתַּנֵּן. 3 הִתְגַּלָּה. 4 דֶּלֶף, נְזִילָה, דְּלִיפָה. 5 נֶקֶב, חוֹר

leakage n 1 נְזִילָה, דְּלִיפָה. 2 דֶּלֶף, טִפְטוּף

leaky adj 1 דָּלִיף, דוֹלֵף, נוֹזֵל. 2 מוֹסֵר יְדִיעוֹת

lean vti, adj, n 1 נָטָה, הִטָּה, סָמַךְ. 2 נִשְׁעַן, הִסְתַּמֵּךְ. 3 הִרְכִּין. 4 רָזֶה, כָּחוּשׁ. 5 מִשְׁעָן, נְטִיָּה

leaning n נְטִיָּה, מְגַמָּה

leant pt זמן עבר ובינוני עבר של הפועל to lean

lean-to n 1 סְבָכָה, דִּיר. 2 גַּג שָׁעוּן

leap vit, n 1 דָּלַג, דִּלֵּג, קָפַץ. 2 נִתֵּר, זִנֵּק. 3 דְּלִיגָה, קְפִיצָה. 4 נִתּוּר, זִנּוּק

leap-frog n מִפְשָׂק, קְפִיצַת חֲמוֹר

leap in the dark 1 קְפִיצָה נוֹעֶזֶת, קְפִיצָה בָּאֲפֵלָה. 2 נִסָּיוֹן נוֹעָז

leapyear n שָׁנָה מְעֻבֶּרֶת

learn vt 1 לָמַד, שָׁנָה. 2 מָצָא, יָדַע

learned adj 1 מְלֻמָּד, יַדְעָן, בָּקִי. 2 תַּלְמִיד חָכָם

learning n 1 לַמְדָנוּת, בְּקִיאוּת. 2 תּוֹרָה, לִמּוּד. 3 יְדִיעָה, חָכְמָה

learnt pt זמן עבר ובינוני עבר של הפועל to learn

lease vt, n 1 חָכַר, שָׂכַר. 2 הֶחְכִּיר, הִשְׂכִּיר. 3 חֲכִירָה, שְׂכִירוּת. 4 שְׁטַר חֲכִירָה

lease-hold adj, n 1 מֻחְכָּר, מֻשְׂכָּר. 2 שְׂכִירוּת, חֲכִירָה. 3 אֲחֻזָּה מֻחְכֶּרֶת

lease-holder n חוֹכֵר, אָרִיס

leash vt, n 1 קָשַׁר בְּחֶבֶל, קָשַׁר בִּרְצוּעָה, כָּבַל. 2 רְצוּעָה, חֶבֶל, אַפְסָר

least adj, adv, n 1 הַקָּטָן בְּיוֹתֵר, הַפָּחוּת בְּיוֹתֵר. 2 כַּמּוּת זְעִירָה. 3 פָּחוֹת מִכֹּל

least of all בִּכְלָל

leastwise, leastways adv לְפָחוֹת

leather n עוֹר

leatherette n עוֹרִית

leathery adj 1 עוֹרִי, גִּלְדָנִי. 2 קָשֶׁה

leave vti, n 1 עָזַב, נָטַשׁ, יָצָא. 2 נָסַע, זָנַח, הִסְתַּלֵּק. 3 הִשְׁאִיר, הוֹתִיר, הוֹרִישׁ. 4 נוֹתַר, נִשְׁאַר. 5 לְבַלְבֵּל. 6 רְשׁוּת, רִשָּׁיוֹן. 7 חֹפֶשׁ, חֻפְשָׁה. 8 פְּרִידָה

leaven vt, n 1 הֶחְמִיץ, תָּסַס. 2 הִשְׁפִּיעַ. 3 שְׂאוֹר, חָמֵץ. 4 הַשְׁפָּעָה

leaves pl הָרַבִּים שֶׁל leaf

leave alone הִנִּיחַ לוֹ, הִשְׁאִיר אוֹתוֹ

leave behind שָׁכַח, הִשְׁאִיר

leave off חָדַל, הִפְסִיק

leave out הִשְׁמִיט, דִּלֵּג

leavings npl 1 שְׁיָרִים, שִׁירַיִם. 2 פְּסֹלֶת

lecher n זַנַּאי, תַּאַוְתָן

lecherous adj תַּאַוְתָנִי

lechery n תַּאַוְתָנוּת, זִמָּה

lectern n עַמּוּד קְרִיאָה

lecture vit, n 1 הִרְצָה, דָּרַשׁ, נָאַם. 2 יִסֵּר, הוֹכִיחַ. 3 הַרְצָאָה, דְּרָשָׁה, נְאוּם, שִׁעוּר

lecturer n 1 מַרְצֶה. 2 מַטִּיף

lectureship n מִשְׂרַת מַרְצֶה

led pt זמן עבר ובינוני עבר של הפועל to lead

ledge n 1 אִצְטַבָּה, מַדָּף, לִזְבֵּז. 2 צוּק (סלע)

ledger n 1 סֵפֶר חֶשְׁבּוֹנוֹת. 2 כֶּבֶשׁ. 3 אֶבֶן שְׁטוּחָה

lee n 1 סֵתֶר רוּחַ. 2 מַחְסֶה, מָגֵן
leech n 1 עֲלוּקָה. 2 טַפִּיל
leek n כְּרֵשָׁה
leer vi, n 1 הִבִּיט בְּתַאַוְתָנוּת. 2 קְרִיצָה, רְמִיזָה
lees npl שְׁיָרִים
leeward adj, adv, n 1 בְּסֵתֶר רוּחַ, לְצַד הַמַּחְסֶה. 2 צַד הַמַּחְסֶה
left adj, adv, n, pt 1 שְׂמָאלִי. 2 עָזוּב, נָטוּשׁ. 3 שְׂמֹאלָה. 4 שְׂמֹאל. 5 יַד שְׂמֹאל. 6 זמן עבר ובינוני עבר של הפועל to leave
left-hand adj שְׂמָאלִי, צַד שְׂמֹאל, שְׂמֹאלָה
left-handed adj 1 אִטֵּר. 2 דּוּ מַשְׁמָעִי, מְפֻקְפָּק, עַרְמוּמִי
leftovers npl שְׁאֵרִיּוֹת, שְׁיָרִים
left wing 1 שְׂמֹאלִי, שְׂמֹאלָנִי. 2 חָלוּץ שְׂמֹאלִי
left winger 1 שְׂמֹאלָן. 2 חָלוּץ שְׂמֹאלִי
lefty adj 1 אִטֵּר. 2 שְׂמֹאלָנִי
leg n 1 רֶגֶל. 2 יָרֵךְ, שׁוֹק. 3 כֶּרַע. 4 כִּסּוּי לְרֶגֶל
leg-pull n "מְתִיחָה"
legacy n 1 יְרֻשָּׁה, עִזָּבוֹן. 2 מוֹרָשָׁה, נַחֲלָה
legal adj 1 חֻקִּי, מֻתָּר, מִשְׁפָּטִי. 2 כָּשֵׁר
legal liability חֲבוּת-חֹק
legalism n חֻמְרָה בְּדִין, הַקְפָּדָה יְתֵרָה
legalist adj n 1 מַחֲמִיר בְּדִין, מַקְפִּיד. 2 יוֹדֵעַ חֹק, מִשְׁפְּטָן
legality n חֻקִּיּוּת, כַּשְׁרוּת
legalize vt הִכְשִׁיר, אִשֵּׁר, עָשָׂה חֻקִּי
legalization n הַכְשָׁרָה, הֶכְשֵׁר, מַתַּן אִשּׁוּר חֻקִּי
legally adv כַּחֹק, חֻקִּית, כַּדָּת וְכַדִּין
legate n 1 שָׁלִיחַ, צִיר. 2 נְצִיג הָאַפִּיפְיוֹר
legatee n יוֹרֵשׁ, נוֹחֵל
legation n 1 צִירוּת. 2 בֵּית הַצִּירוּת
legato adj, adv מְקֻשָּׁר, בִּנְשִׁימָה אַחַת (מוס)
legend n 1 אַגָּדָה, מָשָׁל. 2 כְּתֹבֶת. 3 מִקְרָא
legendary adj אַגָּדִי
legerdemain n לַהֲטוּטָנוּת, תַּחְבְּלָנוּת, אֲחִיזַת עֵינַיִם
leggings n מוֹקַיִם, חוֹתָלוֹת, גַּמָּשׁוֹת
legible adj קָרִיא
legibility n קְרִיאוּת
legibly adv בִּכְתָב קָרִיא
legion n, adj 1 לִגְיוֹן. 2 מַחֲנֶה. 3 הָמוֹן
legionary n, adj לִגְיוֹנָר, לִגְיוֹנַאי
legislate vi חָקַק
legislation n 1 תְּחִקָּה, חֲקִיקָה. 2 חֻקִּים
legislative adj תְּחִיקָתִי, מְחוֹקֵק
legislator n מְחוֹקֵק
legislature n הָרָשׁוּת הַמְחוֹקֶקֶת
legitimacy n חֻקִּיּוּת, כַּשְׁרוּת
legitimate vt, adj 1 הִכְשִׁיר, הִתִּיר. 2 הִסְמִיךְ. 3 הִצְדִּיק. 4 חֻקִּי, כָּשֵׁר. 5 נָכוֹן, מֻתָּר
leisure n פְּנַאי, שְׁהוּת, זְמַן חָפְשִׁי
leisured adj פָּנוּי, מָתוּן
leisurely adv, adj 1 בִּמְתִינוּת. 2 מָתוּן, אִטִּי, מְיֻשָּׁב
leitmotif, leitmotiv n 1 לֵיטְמוֹטִיב (מוס.). 2 מֵנִיעַ מוֹבִיל. 3 מוֹטִיב חוֹזֵר
lemming n לֶמִּינְג
lemon n לִימוֹן
lemonade n לִימוֹנָדָה
lemur n לֶמוּר
lend vt 1 הִשְׁאִיל, הִלְוָה. 2 נָתַן, עָזַר
lend oneself to עָזַר, סִיֵּעַ
lender n מַלְוֶה, מַשְׁאִיל
length n אֹרֶךְ, אֲרִיכוּת, מֶשֶׁךְ
lengthen vti 1 הֶאֱרִיךְ. 2 הִתְאָרֵךְ
lengthways, lengthwise adv, adj לָאֹרֶךְ
lengthy adj אָרֹךְ, מְמֻשָּׁךְ
lenience, leniency n 1 רֹךְ, רַכּוּת, קֻלָּה. 2 חֲנִינָה
lenient adj רַךְ, נוֹחַ, מֵקֵל, רַחֲמָן
lens n עֲדָשָׁה

lens hood סַךְ־אוֹר
Lent n לֶנְט, תַּעֲנִית, צוֹם
lent pt, pp זמן עבר ובינוני עבר של הפועל to lend
lentil n עֲדָשָׁה
lento adj, adv לֶנְטוֹ, אִטִּי־אִטִּי
Leo n אַרְיֵה, מַזַּל אַרְיֵה
leonine adj לְבִיאִי, כְּאַרְיֵה
leopard n נָמֵר
leopardess n נְמֵרָה
leper n מְצֹרָע
leprechaun n שֵׁדוֹן
leprosy n צָרַעַת
leprous adj 1 מְצֹרָע, צָרוּעַ. 2 טָמֵא
lesbian adj, n 1 לֶסְבִּית. 2 לֶסְבִּי
lese majesty עֲבֵרָה נֶגֶד הַמֶּלֶךְ
lesion n פֶּצַע, חַבָּלָה, נֶגַע, לִקּוּת
less adj, adv, prep 1 פָּחוֹת. 2 פָּחוּת, חָסֵר, קָטָן מִן. 3 מְעַט
lessee n 1 חוֹכֵר, שׂוֹכֵר, אָרִיס. 2 דַּיָּר
lessen vti 1 הִפְחִית, הִקְטִין, הִמְעִיט. 2 פָּחַת, חָסַר, קָטַן
lesser adj 1 קָטָן יוֹתֵר. 2 נָחוּת יוֹתֵר
lesson n שִׁעוּר, לֶקַח, פֶּרֶק, תַּרְגִּיל, פָּרָשָׁה
lessor n מַחְכִּיר, מַשְׂכִּיר
lest conj פֶּן, שֶׁמָּא, בַּל, לְבִלְתִּי
let vti, n 1 הִרְשָׁה, אִפְשֵׁר. 2 נָתַן, הוֹצִיא. 3 הִשְׂכִּיר, הֶחְכִּיר. 4 הִנִּיחַ, הִרְפָּה מִן. 5 שָׂכַר, חָכַר. 6 שִׁחְרֵר. 7 גִּלָּה. 8 הִכְשִׁיל. 9 מִכְשׁוֹל, מַעְצוֹר. 10 שְׂכִירוּת, הַשְׂכָּרָה
let alone עַל אַחַת כַּמָּה וְכַמָּה, קַל וָחֹמֶר
let be עָזַב לַאֲנָחוֹת
let down 1 הוֹרִיד. 2 הִכְשִׁיל, אִכְזֵב
letdown n 1 הַפְחָתָה, יְרִידָה. 2 אַכְזָבָה
let oneself go נָתַן חֹפֶשׁ לִיצָרָיו
let the side down אִכְזֵב
let in vt הִכְנִיס
let in for סִכֵּן
let into שִׁתֵּף, הִכְנִיס לְסוֹד
let off שִׁחְרֵר
let out 1 גִּלָּה, פִּרְסֵם. 2 פָּתַח (תפר)
let up הִרְפָּה, הֵאֵט
letup n הַפְסָקָה, הֲפוּגָה, הֶפְסֵק
lethal adj קַטְלָנִי, מֵמִית
lethally adv בְּאֹפֶן קַטְלָנִי
lethargic adj יָשֵׁן, מִתְנַמְנֵם, לֶתַרְגִּי
lethargy n נַיֶּמֶת, רַדֶּמֶת, לֶתַרְגְּיָה
letter n 1 אוֹת. 2 תְּנוּעָה. 3 מִכְתָּב, אִגֶּרֶת, תְּעוּדָה. 4 פֵּרוּשׁ מִלּוּלִי
letter of credit מִכְתַּב אַשְׁרַאי
letter-box n תֵּבַת מִכְתָּבִים
letterhead n כּוֹתֶרֶת
lettered adj 1 מְלֻמָּד, תַּרְבּוּתִי. 2 מְסֻמָּן בְּאוֹתִיּוֹת
lettering n 1 אוֹתִיּוֹת, אִיּוּת. 2 חֲרִיתַת אוֹתִיּוֹת
lettuce n חַסָּה
leukocyte n לֶאוּקוֹצִיט
leuk(a)emia n לֶאוּקֶמְיָה
Levantine adj, n לֶוַנְטִינִי
levee n 1 קַבָּלַת פָּנִים. 2 פְּגִישַׁת אוֹרְחִים. 3 סוֹלְלָה, סֶכֶר, דַּיֵּק. 4 מַדְרֵגָה, טֶרַסָּה
level vti, adj, n 1 יִשֵּׁר, שִׁוָּה, הֶחֱלִיק. 2 אִזֵּן, פִּלֵּס, הִפְלִיס, הִשְׁוָה. 3 כִּוֵּן, כּוֹנֵן. 4 פָּנָה, הִפְנָה. 5 הִשְׁפִּיל. 6 יָשָׁר, מְאֻזָּן, אָפְקִי. 7 שָׁוֶה, חָלָק. 8 אֹפֶק, מִישׁוֹר, מֵישָׁר. 9 רָמָה, גֹּבַהּ, שִׁוְיוֹן. 10 מִפְלָס, פֶּלֶס. 11 מַעֲבָר. 12 דֶּרֶג
level-crossing n צֹמֶת אָפְקִי
level-headed adj מְיֻשָּׁב, בַּעַל שֵׂכֶל יָשָׁר
level off vti יִשֵּׁר, שִׁוָּה
level(l)er n מַשְׁוֶה, מְיַשֵּׁר, מַגְרֵד
lever vt, n 1 הֵנִיף, הֵרִים. 2 הֵנִיעַ, הֶעֱלָה. 3 מָנוֹף, מוֹט, דַּוְשָׁה
leverage n 1 הֲנָפָה, תְּנוּפָה. 2 הֶסֵּט. 3 הַשְׁפָּעָה
leveret n אַרְנָב צָעִיר
leviathan n 1 לִוְיָתָן. 2 עֲנָק

levitate vti 1 רִחֵף, הִרְחִיף. 2 הִתְרוֹמֵם
levitation n רִחוּף
levity n קַלּוּת רֹאשׁ, קַלּוּת דַּעַת
levy vt, n 1 הֵטִיל מַס, הֵטִיל מֶכֶס. 2 גִּיֵּס (לצבא). 3 הֶחֱרִים. 4 יְהָב, מַס, הֵטֵל. 5 מִסּוּי. 6 גִּיּוּס
lewd adj נוֹאֵף, מֻפְקָר, תַּאַוְתָנִי
lewdly adv בְּהֶפְקֵרוּת
lewdness n הֶפְקֵר, תַּאַוְתָנוּת, נִאוּף, זְנוּת
lexical adj מִלּוֹנִי, לֶקְסִיקָלִי
lexicographer n מִלּוֹנַאי, לֶקְסִיקוֹגְרָף
lexicography n מִלּוֹנָאוּת, לֶקְסִיקוֹגְרַפְיָה
lexicon n מִלּוֹן, אֶגְרוֹן, לֶקְסִיקוֹן
liability n 1 חָבוּת, עֵרָבוֹן. 2 הִתְחַיְּבוּת, אַחֲרָיוּת. 3 זִקָּה, חַיָּבוּת
liable to עָלוּל לְ-
liable for חַיָּב
liaise vi קִשֵּׁר בֵּין
liaison n 1 קֶשֶׁר, קִשּׁוּר. 2 מַגָּע, יְחָסִים
liana n לִיאָנָה
liar n שַׁקְרָן, בַּדַּאי, כַּזְּבָן
libation n 1 נֶסֶךְ, נִסּוּךְ, נְסִיכָה. 2 שְׁתִיָּה, מַשְׁקֶה
libel vt, n 1 הֶעֱלִיל, הִשְׁמִיץ, הִלְעִיז. 2 פֶּגַע בְּשֵׁם. 3 דִּבָּה, לַעַז, רְכִילוּת
libel(l)ous adj מוֹצִיא לַעַז, מַלְשִׁין, רַכְלָנִי
liberal adj, n 1 לִיבֶּרָלִי, סוֹבְלָן, סוֹבְלָנִי, נָדִיב. 2 חָפְשִׁי, אָדִיב, מִתְקַדֵּם
liberality n נְדִיבוּת, סוֹבְלָנוּת, נְדִיבוּת לֵב
liberalism n לִיבֶּרָלִיּוּת
liberalize vt עָשָׂה לְלִיבֶּרָלִי
liberalization n לִיבֶּרָלִיזַצְיָה
liberate vt שִׁחְרֵר, חִפֵּשׂ
liberation n שִׁחְרוּר, חֵרוּת, גְּאֻלָּה
liberator n מְשַׁחְרֵר, גּוֹאֵל
libertine n מֻפְקָר, פָּרוּץ, פּוֹרֵק עֹל
liberty n 1 דְּרוֹר, חֹפֶשׁ, חֵרוּת. 2 עַצְמָאוּת
libidinous adj תַּאַוְתָנִי, תַּאַוְתָן
libido n לִיבִּידוֹ
libra, lb (L) n 1 מֹאזְנַיִם (מזל). 2 לִיטְרָה, לִיבְּרָה (453.5 גרם)
librarian n סַפְרָן
library n סִפְרִיָּה
libretto n לִבְרִית, תַּמְלִיל
librettist n לִבְרִיתָן, תַּמְלִילָן
lice npl כִּנִּים
license, licence vt, n 1 הִרְשָׁה, הִתִּיר. 2 רְשׁוּת, רִשּׁוּי, רִשָּׁיוֹן. 3 פְּרִיצוּת, הֶפְקֵר, פְּרִיקַת עֹל. 4 הַרְשָׁאָה, תְּעוּדַת גְּמַר
licentiate n בַּעַל רִשָּׁיוֹן
licentious adj מֻפְקָר, פָּרוּעַ
licentiously adv בְּהֶפְקֵרוּת
lichen n 1 חֲזָזִית. 2 יַלֶּפֶת
lichgate, lychgate n שַׁעַר בֵּית הַקְּבָרוֹת
licit adj חֻקִּי, מֻתָּר
lick vti, n 1 לָקַק, לִקֵּק. 2 לִחֵךְ. 3 לִחְלֵחַ, הִרְטִיב. 4 הִצְלִיף, הִלְקָה, יִסֵּר. 5 נִצַּח. 6 לִקּוּק, לְקִיקָה, לְחִיכָה. 7 הַלְקָאָה. 8 קָרְטוֹב, קֹרֶט
lick someone's boots הִתְרַפֵּס בְּיוֹתֵר, לִקֵּק לִפְלוֹנִי
lick into shape עִצֵּב, הִכְנִיס סֵדֶר
lick the dust נָחַל תְּבוּסָה
licorice, liquorice n שׁוּשׁ
lid n 1 מִכְסֶה, כִּסּוּי, פָּרֹכֶת. 2 עַפְעַף
lidless adj 1 מְחֻסַּר עַפְעַפַּיִם. 2 לְלֹא מִכְסֶה. 3 עֵרָנִי, שַׁקְדָן
lido n לִידוֹ
lie vi, n 1 שָׁכַב, נָח. 2 נִשְׁאַר, נִמְצָא, שָׁכַן, הָיָה מֻטָּל. 3 בָּעַל, הִזְדַּוֵּג. 4 שִׁקֵּר, כִּזֵּב, כִּחֵשׁ. 5 מַצָּב, סִדּוּר, מִרְבָּץ (לבעלי חיים). 6 שֶׁקֶר, כָּזָב, כַּחַשׁ, מִרְמָה
lie back נִשְׁעַן אֲחוֹרָה
lie detector 1 מְכוֹנַת־אֱמֶת. 2 גַּלַּאי־שֶׁקֶר
lie down רָבַץ, הִשְׁתַּטֵּחַ, שָׁכַב
lie low הִסְתַּתֵּר
lie with שָׁכַב עִם
lief adv בְּרָצוֹן, בְּחֵפֶץ לֵב

liege adj, n 1 פֵּיאוֹדָלִי. 2 אָדוֹן, שַׁלִּיט, מוֹשֵׁל. 3 וַסָּל

lien n 1 עִכָּבוֹן. 2 שִׁעְבּוּד

lieu of (in) בִּמְקוֹם

lieutenancy n סְגָנוּת

lieutenant n סֶגֶן

life n 1 חַיִּים, נֶפֶשׁ, נְשָׁמָה. 2 חִיּוּנִיּוּת

life-belt n חֲגוֹרַת הַצָּלָה

life-boat n סִירַת הַצָּלָה

life expectancy תּוֹחֶלֶת חַיִּים

lifeguard, lifesaver n מַצִּיל

lifeless adj 1 חֲסַר חַיִּים, מֵת. 2 חֲסַר הַכָּרָה

lifelong adj מַתְמִיד, נִמְשָׁךְ כָּל הַחַיִּים

lifelike adj כְּיִצּוּר חַי

life-line n עוֹרֵק חַיִּים

life-sentence n מַאֲסַר עוֹלָם

life span מֶשֶׁךְ חַיִּים, אֹרֶךְ־חַיִּים

lifetime n יְמֵי הַחַיִּים

lift vti, n 1 הֵרִים, הֵנִיף, הֶעֱלָה. 2 רוֹמֵם, גִּדֵּל, הִגְבִּיהַּ. 3 גָּנַב. 4 סִלֵּק. 5 עָלָה, הִתְפַּזֵּר, הִתְנַדֵּף. 6 הֲרָמָה, הֲנָפָה, הַעֲלָאָה. 7 הַסָּעָה. 8 מֵנִיף, מַעֲלֶה. 9 מַעֲלִית. 10 תְּמִיכָה, עֶזְרָה, סִיּוּעַ

lift up הֵרִים, הֵנִיף, הֶעֱלָה

lift off הִתְרוֹמֵם, הִמְרִיא

lift-off n הַמְרָאָה

ligament n 1 רְצוּעָה, מֵיתָר. 2 קֶשֶׁר, קִשּׁוּר

ligature n 1 שֶׁנֶץ, תַּחְבֹּשֶׁת, קְשִׁירָה. 2 מִשְׁלֶבֶת אוֹתִיּוֹת. 3 קֶשֶׁת

light vti, adj, n 1 הִדְלִיק, הִצִּית, הִבְעִיר. 2 הֵאִיר, בָּעַר, דָּלַק. 3 נִתְקַל, נָפַל עַל, נִפְגַּשׁ. 4 קַל. 5 עַלִּיז. 6 זָרִיז, קַלִּיל. 7 קַל־רֹאשׁ, קַל־דַּעַת. 8 בָּהִיר, חַוְרוּרִי. 9 מוּאָר, מֵאִיר. 10 נָאֶה, עָדִין. 11 קָלוּשׁ, לֹא־דָחוּס, נַקְבּוּבִי. 12 אוֹר

light on/upon נִתְקַל בְּ־

light up 1 הִדְלִיק, הֵאִיר. 2 הוּאַר

lighten vti 1 הֵאִיר, זָרַח, נִצְנֵץ, הִבְהִיק. 2 הֵקֵל. 3 הִצְהִיל, שִׂמַּח

lighter n 1 מַצִּית. 2 דּוֹבְרָה, אַרְבָּה

light-headed adj קַל־דַּעַת, מְבֻלְבָּל, סְחַרְחַר

light-hearted adj עַלִּיז, שָׂמֵחַ, חֲסַר דְּאָגָה

lighthouse n מִגְדַּלּוֹר

lighting n הֶאָרָה, תְּאוּרָה

lightly adv בְּקַלּוּת, בְּנַחַת

light-minded adv קַל־רֹאשׁ, קַל־דַּעַת

lightness n 1 בְּהִירוּת. 2 קַלּוּת, זְרִיזוּת, פִּזִּיזוּת. 3 קַלּוּת־רֹאשׁ, הֶפְקֵרוּת. 4 עַלִּיזוּת. 5 עֲדִינוּת, נְעִימוּת

lightning n בָּרָק

lightweight adj קַל־מִשְׁקָל, קַל

light year n שְׁנַת אוֹר

ligneous adj עֵצִי

lignite n פֶּחָם עֵץ

like(a)ble adj אוֹהֵב, חָבִיב, נָעִים

like vt, adj, prep, n 1 חָפֵץ, חִבֵּב, רָצָה, אִוָּה, אָהַב. 2 דּוֹמֶה, שָׁוֶה, שָׁקוּל. 3 כְּמוֹ. 4 הֶעְתֵּק, מִין, דִּמְיוֹן. 5 חִבָּה, אַהֲבָה. 6 הַעְדָּפָה, בִּכּוּר

like father, like son כְּאָב כֵּבֵן

like as not, like enough סָבִיר לְמַדַּי

likes and dislikes אֲהָבוֹת וּשְׂנָאוֹת

likelihood n אֶפְשָׁרוּת, סִכּוּי, סְבִירוּת

likely adj, adv סָבִיר, אֶפְשָׁרִי

like-minded adj תְּמִים־דֵּעִים

liken vt הִשְׁוָה, דִּמָּה

likeness n 1 דִּמּוּי, דִּמְיוֹן. 2 זֶהוּת, שִׁוְיוֹן

likewise adv כְּמוֹ כֵן, יֶתֶר עַל כֵּן

liking n חִבָּה, טַעַם, חֵשֶׁק, נְטִיָּה

lilac adj, n לִילָךְ, סָגֹל

lilt vi, n 1 נִגֵּן בְּקֶצֶב. 2 שִׁיר עַלִּיז

Liliputian adj, n לִילִיפּוּטִי, גַּמָּד, נַנָּס

lily n חֲבַצֶּלֶת, שׁוֹשַׁנָּה

lily-livered adj מוּג־לֵב, פַּחְדָן

limb n 1 גַּף, אֵיבָר. 2 עָנָף. 3 קָצֶה. 4 שָׂפָה, אֹגֶן, חֲלִיָּה

limber adj, n 1 גָּמִישׁ, כָּפִיף, זָרִיז. 2 דְּיוֹפָן

limber up כָּפַף, הִגְמִישׁ
lime n 1 סִיד. 2 לִימוֹנִית
limekiln n מִשְׂרֶפֶת סִיד
limelight n 1 אוֹרוֹת הַבָּמָה. 2 זַרְקוֹרִים
limerick n חַמְשִׁיר
limestone n אֶבֶן סִיד, גִּיר
limit vt, n 1 הִגְבִּיל, צִמְצֵם. 2 תָּחַם. 3 גְּבוּל, תְּחוּם. 4 קָצֶה, קֵץ, סְיָג. 5 שָׂפָה
limitation n 1 מִגְבָּלָה, הַגְבָּלָה. 2 תְּנַאי מַגְבִּיל
limited adj 1 מֻגְבָּל, מְצֻמְצָם. 2 בְּעֵרָבוֹן מֻגְבָּל
limitless adj בִּלְתִּי מֻגְבָּל
limp vi, adj, n 1 צָלַע, הִתְקַדֵּם בְּקשִׁי. 2 חַלָּשׁ, תָּשׁוּשׁ. 3 גָּמִישׁ. 4 צְלִיעָה, פִּסְחוּת
limpet n 1 שַׁבְלוּל, צִדְפָּה. 2 עֲלוּקָה
limpid adj בָּהִיר, שָׁקוּף, צָלוּל, זַךְ
limpidity n צְלִילוּת, בְּהִירוּת, זַכּוּת, שְׁקִיפוּת
limply adv בְּרִפְיוֹן
limpness n תְּשִׁישׁוּת, חֻלְשָׁה
linchpin n יְתַד הָאוֹפַן
linden n תִּרְזָה
line vti, n 1 סִרְגֵּל, קִוְקֵו. 2 צִפָּה, רִפֵּד. 3 קַו, שׁוּרָה. 4 שִׂרְטוּט. 5 תֶּלֶם. 6 תֶּפֶר. 7 קֶמֶט. 8 חֶבֶל, חוּט. 9 שְׂדֵרָה. 10 חָרוּז. 11 גְּבוּל, תְּחוּם. 12 תַּיִל. 13 צִנּוֹר, זַרְנוּק
lineage n שַׁלְשֶׁלֶת יוּחֲסִין, יִחוּס אָבוֹת
lineament n קַוֵּי קְלַסְתֵּר, צִבְיוֹן
linear adj מְקֻוְקָו, קַוִּי
linen n 1 פִּשְׁתָּה. 2 לְבָנִים, בַּד
liner n 1 אֳנִיַּת נוֹסְעִים. 2 מְטוֹס נוֹסְעִים
line(s) man קַוָּן, מוֹדֵד, שׁוֹפֵט קַו
line up 1 סִדֵּר בְּשׁוּרָה. 2 הִסְתַּדֵּר בְּשׁוּרָה, עָמַד בַּתּוֹר
line-up n 1 מַעֲרָךְ, שִׁדּוּר. 2 שׁוּרָה, מִסְדָּר. 3 אִרְגּוּן

linger vi הִתְמַהְמַהּ, הִשְׁתַּהָה, הִתְעַכֵּב, אִחֵר
lingerie n לְבָנִים, לִבְנֵי נָשִׁים
lingering adj אִטִּי, שָׁקוּל, מְאַחֵר
lingeringly adv בְּאִטִּיּוּת
lingo n עָגָה, זַ'רְגּוֹן
lingua franca (L) לִינְגְוָה פְרַנְקָה
lingual adj לְשׁוֹנִי
linguist n בַּלְשָׁן, פִילוֹלוֹג
linguistic adj בַּלְשָׁנִי, לְשׁוֹנִי
linguistics n בַּלְשָׁנוּת
liniment n מְסִיכָה, מִשְׁחָה
lining n בִּטְנָה, רְפִידָה, חִפּוּי
link vti, n 1 חִבֵּר, קִשֵּׁר. 2 הִתְחַבֵּר, הִתְקַשֵּׁר. 3 חֻלְיָה, פֶּרֶק, קֶשֶׁר, חִבּוּר
link up הִצְטָרֵף
linnet n פְּרוּשׁ (ציפור)
linoleum n שַׁעֲמָנִית, לִינוֹלֵיאוּם
linseed n זֶרַע פִּשְׁתִּים
linsey-woolsey n 1 שַׁעַטְנֵז. 2 שְׁטֻיּוֹת, הֲבָלִים
lint n מוֹךְ, מִרְפָּד
lintel n מַשְׁקוֹף
lion n אַרְיֵה, אֲרִי, לָבִיא, לַיִשׁ, שַׁחַל, שַׁחַץ
lioness n לְבִיאָה
lion-hearted adj אַמִּיץ לֵב
lionize vt כִּבֵּד, הֶעֱרִיץ
lion's share חֵלֶק־הָאֲרִי
lip n 1 שָׂפָה, שְׂפָתַיִם. 2 קָצֶה, פֶּה. 3 חֻצְפָּה
lip reading קְרִיאַת שְׂפָתַיִם
lip-service n מַס שְׂפָתַיִם
lipstick n שְׂפָתוֹן
liquefaction n הֲמַסָּה, נִזּוּל, הִתְמוֹסְסוּת
liquefy vti הֵמֵס, מוֹגֵג, נָמַס, מִסְמֵס
liqueur n לִיקֶר
liquid adj, n 1 נוֹזֵל, נוֹזְלִי, נָזִיל. 2 בָּהִיר, זַךְ. 3 רַךְ, שׁוֹטֵף. 4 אוֹתִיּוֹת הַשֶּׁטֶף (למנ"ר)

liquidate vt 1 חִסֵּל, הִשְׁמִיד. 2 רָצַח. 3 פָּרַע חוֹב, שִׁלֵּם. 4 פָּשַׁט רֶגֶל
liquidation n 1 חִסּוּל, הַשְׁמָדָה. 2 פְּשִׁיטַת רֶגֶל. 3 מְכִירַת חִסּוּל
liquidity n נְזִילוּת
liquidize vt הֵמֵס, מוֹגֵג, נָמַס, מִסְמֵס
liquidizer n מֵמֵס, בְּלֶנְדֶּר
liquor n מַשְׁקֶה חָרִיף
liquorice, licorice n שׁוּשׁ
lira n לִירָה
lisp vit, n 1 שִׁפְתֵּת. 2 שִׁפְתּוּת
lissom(e) adj גָּמִישׁ, זָרִיז, מָהִיר
list vti, n 1 רָשַׁם. 2 תָּפַר יַחַד. 3 הִקְשִׁיב. 4 צָדַד, הִטָּה לְצַד אֶחָד (אונייה). 5 רְשִׁימָה. 6 לוּחַ, קָטָלוֹג. 7 רְצוּעָה, חֲגוֹרָה. 8 שָׂפָה, אִמְרָה. 9 זִירָה
listen vi 1 הִקְשִׁיב, הֶאֱזִין, שָׁמַע. 2 צִיֵּת
listen in vi צוֹתֵת
listener n מַקְשִׁיב, מַאֲזִין, קַשָּׁב
listening in צִיתוּת
listless adj אָדִישׁ, קַר־רוּחַ
listlessly adv בַּאֲדִישׁוּת
listlessness n אֲדִישׁוּת, אִי־הַקְשָׁבָה
lit pt זמן עבר ובינוני עבר של הפועל to light
litany n תְּחִנָּה, תְּפִלָּה
literacy n 1 אַלְפָבֵּיתָאוּת. 2 יְדִיעַת סֵפֶר, אוֹרְיָנוּת
literal adj כִּכְתָבוֹ, מִלּוּלִי
literally adv מִלּוּלִית, כִּכְתָבוֹ
literary adj סִפְרוּתִי
literate adj מַשְׂכִּיל, מְלֻמָּד
literature n סִפְרוּת
lithe, lithesome adj זָרִיז, גָּמִישׁ, כָּפִיף
lithograph n לִיתוֹגְרָף
lithography n לִיתוֹגְרַפְיָה
litigate vit הִתְדַּיֵּן, נִשְׁפַּט
litigation n הִתְדַּיְּנוּת, דִּין־וּדְבָרִים, מִשְׁפָּט
litmus n לִיטְמוּס, לַקְמוּס
litotes n חִיּוּב בְּהַמְעָטָה
litre, liter n לִיטֶר
litter vt, n 1 רִפֵּד, פִּזֵּר תֶּבֶן. 2 לִכְלֵךְ. 3 רִפּוּד, מַצַּע תֶּבֶן. 4 אַפִּרְיוֹן, אֲלוּנְקָה. 5 פְּסֹלֶת, אַשְׁפָּה. 6 אִי־סֵדֶר, אַנְדְּרָלָמוּסְיָה. 7 וְלָדוֹת
littering n פִּזּוּר, פְּסֹלֶת
little adj, adv 1 קָטָן. 2 מְעַט, קְצָת. 3 פָּעוּט, מוּעָט. 4 נָמוּךְ
little by little לְאַט לְאַט, מְעַט מְעַט
littleness n קֹטֶן, קַטְנוּת
little or nothing מְעַט אוֹ לֹא־כְלוּם
liturgic(al) adj פֻּלְחָנִי, לִיטוּרְגִי
liturgy n פֻּלְחָן, עֲבוֹדַת אֱלֹהִים, לִיטוּרְגִיָּה
live vit, adj, adv 1 חַי, חָיָה. 2 גָּר, דָּר, שָׁכַן. 3 הִתְקַיֵּם, הִתְפַּרְנֵס. 4 חַי, מַמָּשִׁי. 5 מָהִיר, פָּעִיל, עֵר. 6 מָלֵא מֶרֶץ, מָלֵא חַיִּים. 7 מְעַנְיֵן. 8 בּוֹעֵר
live coal גַּחֶלֶת, אוּד
live down vt 1 הִתְגַּבֵּר. 2 הִשְׁכִּיחַ
live on vt הִתְקַיֵּם עַל
live together חַי בְּיַחַד
live up to vt חַי בְּהֶתְאֵם
live with vt חַי עִם, שָׁכַב עִם (אשה)
livelihood n, adj מִחְיָה, פַּרְנָסָה
liveliness n 1 פְּזִיזוּת, זְרִיזוּת. 2 בְּהִירוּת. 3 עַלִּיזוּת, שִׂמְחָה, חִיּוּת. 4 שַׁלְהוּב
livelong adj נִצְחִי, בִּשְׁלֵמוּתוֹ
lively adj, adv 1 פָּעִיל, מָלֵא מֶרֶץ, נִמְרָץ. 2 מַלְהִיב, שָׂמֵחַ. 3 בְּמֶרֶץ. 4 בִּזְרִיזוּת
liven up vti 1 עוֹרֵר, הֶחֱיָה. 2 הִתְעוֹרֵר
liver n כָּבֵד
liveried adj לָבוּשׁ מַדִּים
liverwurst n נַקְנִיק כָּבֵד
livery n 1 מַדֵּי מְשָׁרְתִים. 2 אֻרְוָה
lives npl רַבִּים שֶׁל life
livestock n מִקְנֶה, מֶשֶׁק הַחַי

live wire 1 מָלֵא מֶרֶץ. 2 תַּיִל טָעוּן חַשְׁמַל
livid adj 1 כְּחַלְחַל, כָּחֹל. 2 רוֹגֵז, זוֹעֵם
living adj, n 1 חַי, פָּעִיל, קַיָּם. 2 חָזָק, בַּעַל מֶרֶץ. 3 מִחְיָה, פַּרְנָסָה. 4 חַיִּים
livingroom n טְרַקְלִין, סָלוֹן
lizard n לְטָאָה
llama n לָמָה, גְּמַל הַצֹּאן
Lo! interj הִנֵּה !, רְאֵה !
Lo and behold! הִנֵּהוּ ! רְאוּ אוֹתוֹ !
load vti, n 1 הִטְעִין, הֶעֱמִיס, טָעַן. 2 מִלֵּא, גִּדֵּשׁ. 3 נִטְעַן. 4 הִכְבִּיד, הֵעִיק. 5 נָשָׂא, הִשְׁפִּיעַ. 6 מַשָּׂא, עֹמֶס. 7 מִטְעָן, מַעֲמָסָה. 8 לַחַץ
load with הֶעֱמִיס עִם, הֶעֱנִיק
load down with הֵעִיק
loader n 1 מַטְעִין. 2 מַטְעֵנָה
loaf vi, n 1 הִתְבַּטֵּל, הָלַךְ בָּטֵל. 2 כִּכַּר לֶחֶם
loafer n 1 עַצְלָן, בַּטְלָן, יוֹשֵׁב קְרָנוֹת. 2 נַעַל קַלָּה
loam n טִיט, חֹמֶר
loan vt, n 1 הִלְוָה. 2 הִשְׁאִיל. 3 הַלְוָאָה, מִלְוֶה. 4 הַשְׁאָלָה, שְׁאִילָה
loan word מִלָּה שְׁאוּלָה
lo(a)th adj מְמָאֵן, מְסָרֵב, מִתְעַב
loathe vt תִּעֵב, שָׂנֵא, שָׂטַם, מָאַס, שִׁקֵּץ, גָּעַל
loathing n תִּעוּב, בְּחִילָה, מָאוּס, שִׁקּוּץ
loathsome adj מְתֹעָב, מָאוּס, מְשֻׁקָּץ, נִתְעָב, שָׂנוּא
lob vit, n 1 תִּלֵּל, זָרַק בָּאֲוִיר. 2 תִּלּוּל, זְרִיקָה בָּאֲוִיר
lobby n 1 מְבוֹאָה, פְּרוֹזְדּוֹר, מִסְדְּרוֹן, מַעֲבָר. 2 שְׁדֵלָה
lobbyist n שְׁתַדְּלָן
lobe n אֻנָּה
lobster n סַרְטַן־יָם
local adj 1 מְקוֹמִי. 2 חֶלְקִי. 3 מָצוּי, שָׁכִיחַ
locale n 1 מָקוֹם. 2 שְׁכוּנָה, סְבִיבָה
localism n מְקוֹמִיּוּת, זִקָּה לְמָקוֹם
locality n 1 מָקוֹם, סְבִיבָה, שְׁכוּנָה. 2 מַעֲמָד, מִתְחָם. 3 הִמָּצְאוּת
localization n 1 אִתּוּר, מִקּוּם. 2 רִכּוּז. 3 הַגְבָּלָה
localize vt 1 אִתֵּר, מִקֵּם. 2 בִּזֵּר, פִּזֵּר. 3 רִכֵּז
locate vti 1 אִתֵּר, מִקֵּם. 2 הִנִּיחַ, אִכֵּן, סִמֵּן. 3 הִתְיַשֵּׁב, הִתְמַקֵּם
location n 1 מָקוֹם. 2 סְבִיבָה, שְׁכוּנָה. 3 אִכּוּן, מִקּוּם, אִתּוּר
lock vti, n 1 נָעַל, סָגַר. 2 אָסַר, עָצַר, חָסַם. נָצַר. 3 שִׁלֵּב. 4 נֶעְצַר, נֶחְסַם. 5 הִתְחַבֵּר, הִשְׁתַּלֵּב. 6 מַנְעוּל, קוֹפָל. 7 בְּרִיחַ. 8 סֶגֶר. 9 חֶסֶם. 10 תֶּפֶס. 11 סֶכֶר. 12 תַּלְתַּל, קְוֻצַּת שֵׂעָר, פֵּאָה
locker n 1 נוֹעֵל, סוֹגֵר. 2 אֲרוֹנִית, תָּא. 3 מְגוּרָה, סְגוֹר
locket n מַשְׂכִּיָּה
lockjaw n צַפֶּדֶת הַלְּסָתוֹת
lock on to גִּלָּה, מָצָא
lock out 1 הִשְׁבִּית. 2 מָנַע כְּנִיסָה
lockout n הַשְׁבָּתָה
locksmith n מַסְגֵּר, נַפָּח
lock up 1 כָּלָא. 2 אִחְסֵן
lock-up n 1 כְּלִיאָה, סְגִירָה. 2 בֵּית כֶּלֶא
locomotion n תְּנוּעָה, תְּזוּזָה, נְסִיעָה
locomotive n, adj 1 קַטָּר. 2 בַּר־תְּנוּעָה, נָע
locust n אַרְבֶּה
locust tree 1 חָרוּב. 2 רוֹבִּינְיָה
locution n 1 מִבְטָא, נִיב. 2 חִתּוּךְ דִּבּוּר, אֲרֶשֶׁת
lode n עוֹרֵק (מתכת)
lodestar n 1 כּוֹכַב הַצָּפוֹן. 2 צָפוֹן
lodestone n אֶבֶן שׁוֹאֶבֶת, מַגְנֵט
lodge vi, n 1 הֵלִין, אֵרַח, אִכְסֵן. 2 לָן, גָּר, הִתְאַכְסֵן, דָּר. 3 יִפָּה כֹּחַ, הִסְמִיךְ, הִפְקִיד. 4 הֶחֱסָה. 5 תָּקַע. 6 נִתְקַע. 7 אַכְסַנְיָה, מָלוֹן. 8 צְרִיף. 9 סֻכָּה, מְלוּנָה. 10 לִשְׁכָּה

lodger n 1 דַּיָּר. 2 מִתְאַכְסֵן, אוֹרֵחַ
lodg(e)ment n 1 הִתְאַכְסְנוּת, אִכְסוּן. 2 לִינָה. 3 פִּקָּדוֹן. 4 עֶמְדָּה (צבאית)
lodging n 1 אַכְסַנְיָה, מָלוֹן, מָעוֹן. 2 מִשְׁכָּן, דִּירָה
loess n לֶס
loft vt, n 1 חָבַט לַגֹּבַהּ. 2 עֲלִיַּת גַּג. 3 מַתְבֵּן
lofty adj 1 גָּבֹהַּ, רָם, עֶלְיוֹן. 2 נַעֲלֶה, נִשָּׂא, מְרוֹמָם, נִשְׂגָּב. 3 גֵּאֶה, יָהִיר
log n 1 קוֹרָה, קֶצֶץ, בּוּל עֵץ. 2 עֶצֶם כָּבֵד. 3 יוֹמַן אֳנִיָּה
log-in/on vt הִתְחַבֵּר לַמַּחְשֵׁב
log-out/off vt הִתְנַתֵּק מִמַּחְשֵׁב
loganberry n פֶּטֶל לוֹגָן
logarithm n לוֹגָרִיתְם
loggerheads with (at) בְּמַחֲלֹקֶת עִם, בְּוִכּוּחַ עִם
loggia n אַכְסַדְרָה
logic n הִגָּיוֹן, לוֹגִיקָה
logical adj הֶגְיוֹנִי, שִׂכְלִי, לוֹגִי
logically adv בְּאֹרַח הֶגְיוֹנִי
logician n לוֹגִיקָן
logistics npl לוֹגִיסְטִיקָה
logo n 1 סַמְלִיל, אוֹת. 2 סֵמֶל מִסְחָרִי
logogram n נוֹטָרִיקוֹן
logrolling n 1 גִּלְגּוּל קוֹרוֹת. 2 קְנוּנְיָה. 3 שְׁתַדְּלָנוּת
loin n חֶלֶץ, מֹתֶן, יָרֵךְ
loins npl יַרְכָה, נֵתַח בָּשָׂר
loincloth n כִּסּוּי הַחֲלָצַיִם
loiter vi 1 הִתְעַכֵּב, שָׁהָה, הִשְׁתַּהָה, הִתְמַהְמֵהַּ. 2 שׁוֹטֵט
loiterer n הוֹלֵךְ בָּטֵל, בַּטְלָן
loll vit 1 הֵסֵב, שָׁכַב סָרוּחַ. 2 שִׁרְבֵּב הַלָּשׁוֹן (כלב)
lollipop n סֻכָּרִיַּת מַקֵּל
lone adj 1 בּוֹדֵד, גַּלְמוּד. 2 יָחִיד
loneliness n 1 בְּדִידוּת, גַּלְמוּדוּת. 2 הִתְבּוֹדְדוּת
lonely adj בּוֹדֵד, גַּלְמוּד, עָזוּב, יְחִידִי
lonesome adj 1 עֲרִירִי, גַּלְמוּד, בּוֹדֵד. 2 עָזוּב, שׁוֹמֵם
long vi, adj adv 1 הִתְגַּעְגַּע, הִשְׁתּוֹקֵק, חָשַׁק. 2 אָרֹךְ, מְמֻשָּׁךְ, נִמְשָׁךְ
long ago לִפְנֵי זְמַן רַב, מִשֶּׁכְּבָר הַיָּמִים
longboat n סִירָה אֲרֻכָּה
longbow n 1 קֶשֶׁת אֲרֻכָּה. 2 גֻּזְמָה
longevity n אֲרִיכוּת יָמִים
long face פַּרְצוּף חָמוּץ
long for vt הִתְגַּעְגַּע, הִשְׁתּוֹקֵק לְ־
longhand n כְּתָב רָגִיל (נכתב ביד)
longing n 1 גַּעְגּוּעִים, הִשְׁתּוֹקְקוּת. 2 עֶרְגָּה, תְּשׁוּקָה, תַּאֲוָה
longitude n אֹרֶךְ, קַו אֹרֶךְ
long-range adj לְטְוָח רָחוֹק
longshoreman n סַוָּר
long shot הִסְתַּכְּנוּת, הִמּוּר
long-sighted adj מַרְחִיק רְאוּת
long-standing adj עַתִּיק יוֹמִין
long-suffering adj סַבְלָן, אֶרֶךְ אַפַּיִם
longways/wise adv, adj לְאָרְכּוֹ, לָאֹרֶךְ
look vi, n 1 רָאָה, הִסְתַּכֵּל, הִבִּיט, צָפָה, הִתְבּוֹנֵן. 2 נִרְאָה, נִדְמָה, נִשְׁקַף. 3 הִשְׁגִּיחַ, שָׁמַר, טִפֵּל. 4 חִפֵּשׂ, בִּקֵּשׁ. 5 צִפָּה. 6 מַבָּט, מַרְאֶה, הִסְתַּכְּלוּת. 7 בְּדִיקָה. 8 הַבָּעָה
look about חִפֵּשׂ
look after הִשְׁגִּיחַ, טִפֵּל, שָׁמַר
look at הִסְתַּכֵּל, הִתְבּוֹנֵן
look back הִבִּיט לְאָחוֹר
look down on הִבִּיט מִגָּבֹהַּ
look for חִפֵּשׂ
look forward to צִפָּה, קִוָּה
look in on בִּקֵּר
look into בָּחַן, חָקַר
look on רָאָה, חָזָה, הִשְׁקִיף
look on to הִשְׁגִּיחַ
look out 1 נִזְהַר. 2 חִפֵּשׂ, בָּחַר
lookout n 1 זָקִיף. 2 צְפִיָּה, הִסְתַּכְּלוּת. 3 מִצְפֶּה, מַרְאֶה. 4 שׁוֹמֵר.

5 שְׁמִירָה
lookout point מִצְפּוֹר
look over vt 1 בָּחַן, הִשְׁגִּיחַ. 2 סָלַח
look through עָבַר עַל
look up בָּדַק, עִיֵּן
look up to הֶעֱרִיץ, כִּבֵּד
look-in n הִזְדַּמְּנוּת
look-over n מַבָּט כְּלָלִי
look-on n צְפִיָּה מִן הַצַּד
looking-glass n מַרְאָה, רְאִי
loom vi, n 1 הוֹפִיעַ, בִּצְבֵּץ, הֵגִיחַ. 2 נוֹל, מָנוֹר. 3 זְרוֹעַ (המשוט). 4 בִּצְבּוּץ, הוֹפָעָה
loop vti, n 1 עָזַב, קָשַׁר בַּעֲנִיבָה, עָשָׂה לוּלָאָה. 2 אִבְקָה, לוּלָאָה. 3 עֲנִיבָה. 4 אוּנְקָל
loophole n 1 אֶשְׁנָב, כַּוָּה. 2 תּוֹאֲנָה, אֲמַתְלָה. 3 פִּרְצָה
loose vt, adj 1 שִׁחְרֵר, הִתִּיר, חִלֵּץ. 2 פָּרַע. 3 רָפוּי, רָפֶה. 4 תָּלוּשׁ, מְנֻתָּק, מֻתָּר, חָפְשִׁי. 5 מֻפְקָר
loosely adv 1 בְּרַשְׁלָנוּת, בְּאִי־דִּיּוּק. 2 בְּרִפְיוֹן
loosen vti 1 הִתִּיר, שִׁחְרֵר, חִלֵּץ. 2 נִתֵּק. 3 הִשְׁתַּחְרֵר, הִתְרוֹפֵף, הִתְרַפָּה
loosen up הִתְרַפָּה, הִשְׁתַּחְרֵר
loot vt, n 1 בָּזַז, שָׁלַל, טָרַף. 2 בִּזָּה, שָׁלָל, טֶרֶף
lop vti גָּדַע, קִצֵּץ, כָּרַת, חָתַךְ, קָטַע, הִתִּיז, זָמַר
lop-eared adj מְדֻלְדַּל אָזְנַיִם
lope vi, n 1 דָּהַר, דִּלֵּג. 2 דְּהִירָה, כִּרְכּוּר
lopsided adj מְצֻדָּד, נוֹטֶה לְצַד אֶחָד, לֹא־סִימֶטְרִי
loquacious adj פַּטְפְּטָן, דַּבְּרָן
loquacity n פַּטְפְּטָנוּת, פִּטְפּוּט, דַּבְּרָנוּת
loquaciousness n פַּטְפְּטָנוּת
loquat n שֶׁסֶק
lord n 1 לוֹרְד. 2 גְּבִיר. 3 אָצִיל
lord it over שָׁלַט בְּיָד רָמָה
lordliness n 1 אַדְנוּת. 2 הִתְנַשְּׂאוּת
lordly adj אֲצִילִי, נִשְׂגָּב. 2 כְּיַד הַמֶּלֶךְ
Lord Mayor רֹאשׁ הָעִיר
lordship n אַדְנוּת, שָׂרוּת, רוֹזְנוּת
lore n 1 יֶדַע עַם. 2 תּוֹרָה, לִמּוּד
lorgnette n מִשְׁקְפֵי אוֹפֶּרָה, מִשְׁקְפֵי יָדִית
lorry n מַשָּׂאִית
lose vti 1 אִבֵּד, אָבַד. 2 הִפְסִיד, כִּלָּה. 3 שָׁכַל. 4 בִּזְבֵּז. 5 יָצָא חַיָּב (בדין), נִכְנַע
loser n מַפְסִידָן, "נֵפֶל"
loss n 1 אֲבֵדָה, אִבּוּד. 2 נֶזֶק, הֶפְסֵד. 3 פְּחָת. 4 כִּשָּׁלוֹן, מַפָּלָה. 5 מָוֶת
loss leader מִצְרָךְ הֶפְסֵד, "מִבְצָע"
lost pt pp זמן עבר ובינוני עבר של הפועל to lose
lost cause עִנְיָן אָבוּד
lost in שָׁקוּעַ בְּ־
lot n 1 מָנָה, חֵלֶק. 2 כַּמּוּת, סַךְ. 3 גּוֹרָל, מַזָּל, יִעוּד, פּוּר. 4 מִגְרָשׁ, חֶלְקָה
lot of (a) הַרְבֵּה
lots (and lots) (of) הַרְבֵּה מְאֹד
lotion n תַּמְסִיךְ, תַּרְחִיץ, תַּחְלִיב
lottery n הַגְרָלָה, פַּיִס, מַזָּל
lotto n לוֹטוֹ
lotus n לוֹטוּס
lotus-eater n 1 הַזָּיָן, הַזַּאי. 2 אוֹכֵל הַלּוֹטוּס
loud adj, adv 1 צַעֲקָנִי, קוֹלָנִי. 2 רָם. 3 בְּקוֹל רָם
loudly adv בְּקוֹל רָם, בְּרַעַשׁ
loudness n צַעֲקָנוּת, קוֹלָנִיּוּת
loudspeaker n רַמְקוֹל
lounge vi, n 1 הִסְתּוֹבֵב, הִתְבַּטֵּל, יָשַׁב קְרָנוֹת. 2 הִתְבַּטְּלוּת, הֲסִבָּה. 3 חֲדַר אוֹרְחִים, טְרַקְלִין
louse n כִּנָּה, כְּנִימָה
lousy adj 1 מְכֻנָּם. 2 שָׁפָל, נִתְעָב
lout n 1 בּוּר. 2 מְטֻמְטָם, שׁוֹטֶה
loutish adj גַּס, מְגֻחָךְ, טִפְּשִׁי
lovable adj 1 חָבִיב, נֶחְמָד. 2 רָאוּי לְאַהֲבָה

love vt, n 1 אָהַב, חִבֵּב. 2 הִתְאַהֵב.
3 חָשַׁק. 4 אַהֲבָה, אַהֲדָה.
5 אָהוּב, אֲהוּבָה.
6 אֶפֶס (טניס)
love affair אֲהַבְהָבִים, פָּרָשַׁת אֲהָבִים
loveless adj לְלֹא אַהֲבָה, חֲסַר אַהֲבָה
loveliness n חֲבִיבוּת, נֶחְמָדוּת, נֹעַם
lovely adj 1 יָפֶה, נֶחְמָד, חָמוּד, אָהוּב.
2 נֶהְדָּר, נִפְלָא, מְצֻיָּן
lover n 1 מְחַזֵּר, מְאַהֵב. 2 אוֹהֵב
lovesick adj חוֹלֵה אַהֲבָה
loving adj 1 אָהוּב, אוֹהֵב. 2 מָסוּר, נֶאֱמָן
loving-kindness n חֶסֶד, רַחֲמִים
lovingly adv בְּאַהֲבָה
low adj, adv, n 1 נָמוּךְ, יָרוּד, רָדוּד, נָחוּת.
2 חַלָּשׁ, רָפֶה. 3 זוֹל.
4 בָּזוּי. 5 שֶׁקַע
lowborn adj מִשֵּׁפֶל הַמַּדְרֵגָה, נְחוּת דַּרְגָּה
lowbred adj גַּס, פִּרְאִי
lowbrow adj עַם הָאָרֶץ
lower case אוֹתִיּוֹת קְטַנּוֹת (דפוס)
low-down adj, n 1 יָרוּד, שָׁפָל, נִתְעָב.
2 דְּבָרִים כַּהֲוָיָתָם
low-key adj 1 מְאֻפָּק, שָׁקֵט, מְרֻסָּן.
2 רָדוּד, דַּל, חַלָּשׁ
lowlander n תּוֹשַׁב הַשְּׁפֵלָה
lowlands npl הַשְּׁפֵלָה
low relief תַּבְלִיט שָׁטוּחַ
low gear הִלּוּךְ נָמוּךְ
lower vti, adj 1 הִתְקַדֵּר. 2 זָעַף, כָּעַס.
3 הִנְמִיךְ, הוֹרִיד, הִפְחִית,
הִקְטִין. 4 הִשְׁפִּיל, בִּזָּה.
5 יָרַד, פָּחַת. 6 שָׁפֵל.
7 תַּחְתּוֹן. 8 נָמוּךְ יוֹתֵר
lowering adj 1 קוֹדֵר, אַפְלוּלִי. 2 זוֹעֵף,
כּוֹעֵס
low spirits מַצַּב רוּחַ מְדֻכָּא, עָגוּם
lowliness n 1 שִׁפְלוּת, מִסְכֵּנוּת. 2 עֲנָוָה.
3 נְמִיכוּת. 4 פַּשְׁטוּת
lowly adj 1 נָמוּךְ, יָרוּד, דַּל. 2 פָּשׁוּט.
3 מִסְכֵּן

low trick מַעֲשֶׂה נִבְזֶה
loyal adj נֶאֱמָן, שׁוֹמֵר אֱמוּנִים
loyally adv בֶּאֱמוּנָה, בְּנֶאֱמָנוּת
loyalty n נֶאֱמָנוּת, אֱמוּנִים
lozenge n 1 כְּמוּסָה, גְּלוּלָה. 2 מְעֻיָּן
lubber n 1 גֹּלֶם, שׁוֹטֶה. 2 מַלָּח טִירוֹן
lubricant n 1 מִשְׁחָה, עִטְרָן. 2 חֹמֶר סִיכָה
lubricate vt סָךְ, עִטְרֵן
lubrication n סִיכָה
lucerne n אַסְפֶּסֶת
lucid adj 1 מַזְהִיר, מֵאִיר. 2 בָּהִיר.
3 שָׁקוּף. 4 מוּבָן, בָּרוּר
lucidity n צַחוּת, בְּהִירוּת, שְׁקִיפוּת
lucidly adv בְּבֵרוּר
Lucifer n לוּצִיפֶר, שָׂטָן
luck n מַזָּל, גּוֹרָל, הַצְלָחָה
luckily adv 1 לְאָשְׁרֵנוּ. 2 בְּמַזָּל
luckless adj אֻמְלָל, בִּישׁ גַּדָּא
lucky adj בַּר מַזָּל, מַצְלִיחַ
lucrative adj מַכְנִיס רֶוַח
lucre n בֶּצַע, כֶּסֶף
ludicrous adj מַצְחִיק, מְגֻחָךְ, אַבְּסוּרְדִּי
luff vit פָּנָה לְעֵבֶר הָרוּחַ
lug vt, n 1 מָשַׁךְ, סָחַב. 2 מְשִׁיכָה, סְחִיבָה.
3 יָדִית. 4 אָבִיק. 5 חָף, תָּג, זִיז
luggage n מִטְעָן, מִזְוָד, זָוָד
lugger n סְפִינָה קְטַנָּה
lugsail n מִפְרָשׂ מְרֻבָּע
lugubrious adj נוּגֶה, מְדֻכָּא
lugubriously adv בְּעֶצֶב, נוּגוֹת
lugubriousness n עַצְבוּת, נוּגָה, תּוּגָה
lukewarm adj 1 פּוֹשֵׁר. 2 אָדִישׁ
lull vit, n 1 הִשְׁקִיט, הִרְגִּיעַ, שִׁכֵּךְ. 2 יִשֵּׁן,
הִרְדִּים. 3 שָׁקַט, רָגַע. 4 הַשְׁקָטָה,
הַרְגָּעָה. 5 הֲפוּגָה
lullaby n שִׁיר עֶרֶשׂ
lumber vit, n 1 עָרַם, גִּבֵּב, מִלֵּא. 2 נִסֵּר
(עצים). 3 גְּרוּטָאוֹת, בְּלָאִים.
4 עֵץ מְנֻסָּר
lumberjack n חוֹטֵב עֵצִים
luminary n מָאוֹר, זוֹרֵחַ, מֵאִיר עֵינַיִם

luminosity n נְהִירוּת, אוֹר, זְרִיחָה, נֹגַהּ
luminous adj זוֹרֵחַ, נוֹצֵץ
lump vt, n 1 צָבַר, כָּלַל. 2 גִּבֵּב, עָרַם. 3 הִצְטַבֵּר, גִּבֵּשׁ. 4 בּוּל, פֶּלַח, חֲתִיכָה. 5 כּוֹלֵל. 6 גּוּשׁ, רֶגֶב. 7 חַבּוּרָה. 8 עֲרֵמָה. 9 מְטֻמְטָם, גֹּלֶם, טִפֵּשׁ
lump sum סְכוּם כּוֹלֵל, סְכוּם חַד
lunacy n סַהֲרוּרִיּוּת, שִׁגָּעוֹן, טֵרוּף הַדַּעַת
lunar adj 1 יַרְחִי. 2 כַּסְפִּי
lunatic adj n סַהֲרוּרִי, מְטֹרָף, חוֹלֵה־רוּחַ
lunatic asylum בֵּית חוֹלִים לְחוֹלֵי נֶפֶשׁ
lunatic fringe קִיצוֹנִים מְטֹרָפִים
lunch, luncheon vit, n 1 סָעַד, אָכַל (צהריים). 2 אֲרוּחַת צָהֳרַיִם. 3 כִּבּוּד, אֲרוּחָה קַלָּה
lung n רֵאָה
lunge vi, n 1 נָגַח, הִגִּיחַ, דָּחַף, הָדַף. 2 נְגִיחָה, דְּחִיפָה, הֲדִיפָה
lupin(e) n תּוּרְמוּס
lurch vi, n 1 הִצְטוֹדֵד, הִתְנוֹדֵד. 2 נִעְנוּעַ, תְּנוּדָה, הֲדִיפָה
lurcher n 1 כֶּלֶב צַיִד. 2 גַּנָּב, רַמַּאי
lure vt, n 1 פִּתָּה, תִּעְתַּע, שָׁבָה, מָשַׁךְ. 2 פִּתּוּי, מְשִׁיכָה. 3 פִּתָּיוֹן
lurid adj 1 כְּחַלְחַל, חִוֵּר. 2 זוֹרֵחַ. 3 עָגוּם, מַחֲרִיד. 4 מַטִּיל אֵימָה
luridness n עַגְמוּמִיּוּת, חֲרָדָה, אֵימָה
lurk vi 1 אָרַב. 2 נֶחְבָּא, הִסְתַּתֵּר
luscious adj נָעִים, נֶחְמָד, טָעִים מְאֹד
lusciousness n מְתִיקוּת, נְעִימוּת, טְעִימוּת
lush vit, adj, n 1 הִשְׁתַּכֵּר. 2 עָשִׁיר, עֲסִיסִי, מִיצִי. 3 שׁוֹפֵעַ. 4 יַיִן, מַשְׁקֶה חָרִיף. 5 שִׁכּוֹר
lust n תַּאֲוָה, תְּשׁוּקָה, חֵשֶׁק
lust after/for הִתְאַוָּה, עָגַב, אִוָּה, חָשַׁק
lustful adj חוֹשֵׁק, עוֹגֵב
lustfully adv בִּתְשׁוּקָה, בְּתַאֲוָה
lustily adv בְּשֶׁפַע מֶרֶץ
lustre, luster vit, n 1 זָהַר, הִבְרִיק, נָגַהּ, הִבְהִיק. 2 זֹהַר, בָּרָק, נֹגַהּ, זִיו, בְּהִיקוּת. 3 נִבְרֶשֶׁת
lustrous adj מַבְרִיק, מַבְהִיק, זוֹרֵחַ, מֵאִיר, מַזְהִיר
lusty adj חָסֹן, חָזָק, נִמְרָץ, בָּרִיא
lutanist n נַגַּן עוּד
lute n 1 לָאוּטָה. 2 עוּד. 3 טִיחַ, מֶרֶק
luxuriance n שֶׁפַע, פּוֹרִיּוּת, פְּאֵר
luxuriant adj שׁוֹפֵעַ, מְפֹאָר, פּוֹרֶה
luxuriantly adv בְּשֶׁפַע
luxuriate in vt נֶהֱנָה מִשֶּׁפַע
luxurious adj מְפֹאָר, בַּזְבְּזָנִי
luxuriously adv בְּמוֹתָרוֹת, בְּשֶׁפַע
luxury n מוֹתָרוֹת, תַּפְנוּקִים, לוּקְסוּס
lycée, lyceum n גִּימְנַסְיָה, בֵּית סֵפֶר תִּיכוֹן
lychee, lichee, litchee n לִיטְשִׁי
lychgate n שַׁעַר בֵּית הַקְּבָרוֹת
lye n בּוֹרִית
lying adj, n 1 מְשַׁקֵּר, מְכַחֵשׁ. 2 שׁוֹכֵב, רוֹבֵץ. 3 שֶׁקֶר, תַּרְמִית, כַּחַשׁ. 4 שְׁכִיבָה, רְבִיצָה
lying-in n מִשְׁכַּב לֵדָה
lymph n לִימְפָה
lymphatic adj לִימְפָתִי
lynch n לִינְטְשׁ
lynch-law n מִשְׁפַּט לִינְטְשׁ
lynx n חָתוּל פֶּרֶא, לִינְקְס
lynx-eyed adj חַד־רְאִיָּה, חַד־רְאוּת
lyre n נֵבֶל, לִירָה
lyric(al) adj לִירִי
lyrics npl 1 לִירִיקָה. 2 תַּמְלִיל
lyrically adv לִירִית
lyricist n תַּמְלִילָן

M

M, m 1 אֶם, מ, הָאוֹת הַשְּׁלֹשׁ־עֶשְׂרֵה שֶׁל הָאָלֶף־בֵּית הָאַנְגְּלִי. 2 1,000 (מספר)
ma אִמָּא
ma'am n גְּבֶרֶת
macabre adj מַחֲרִיד, מַבְעִית
macadam n שִׁכְבַת חָצָץ (על כביש)
macadamize vt רִבֵּד בְּחָצָץ (כביש)
macaroni n אִטְרִיּוֹת, מָקָרוֹנִי
macaroon n מָקָרוֹן, עוּגִית
macaw n מָקָאוֹ, תֻּכִּי
mace n 1 אַלָּה, מַטֶּה. 2 שַׁרְבִיט. 3 מֶס (בושם)
mace bearer שַׁרְבִיטַאי, נוֹשֵׂא שַׁרְבִיט
macerate vti 1 מִסְמֵס, רִכֵּךְ. 2 עִנָּה, הֵצִיק. 3 רָזָה. 4 הִתְעַנָּה
machete n קוֹפִיץ, גַּרְזֶן, סַכִּין
machiavellian adj מַקְיָאוֶלִי, עַרְמוּמִי
machinate vi תִּחְבֵּל, זָמַם
machination n 1 תִּחְבּוּל. 2 תַּחְבּוּלָה, מְזִמָּה
machine n 1 מְכוֹנָה. 2 מַנְגָּנוֹן
machine code צֹפֶן מַחְשֵׁב
machine-gun n מַקְלֵעַ, מְכוֹנַת־יְרִיָּה
machine readable קְרִיאָה (במחשב)
machinery n 1 מְכוֹנוֹת, מַעֲרֶכֶת מְכוֹנוֹת. 2 מַנְגָּנוֹן
machinist n מְכוֹנַאי
machismo n מָאצְ'יזְם
Mach number מִסְפַּר מַךְ
mackerel n קוֹלְיָס (דג)
mackerel sky שְׁמֵי כֶּבֶשׂ (מעוננים)
mackintosh n מְעִיל גֶּשֶׁם
macrobiotic adj מַאֲרִיךְ יָמִים
macrocosm n מַקְרוֹקוֹסְמוֹס
mad adj 1 מְטֹרָף, מְשֻׁגָּע. 2 שׁוֹטֶה, מִשְׁתּוֹלֵל
madam n גְּבֶרֶת
madden vt שִׁגַּע, הִרְגִּיז
maddening adj מְשַׁגֵּעַ, מַרְגִּיז
made pt p זמן עבר ובינוני עבר של הפועל to make
Madeira n יֵין מָדֵירָה
mademoiselle n עַלְמָה, צְעִירָה, רִיבָה
made-up adj 1 מְלָאכוּתִי, מְעֻשֶּׂה, מְסֻדָּר. 2 מְזֻיָּף, בָּדוּי, מְפֻרְכָּס. 3 מְאֻפָּר
madhouse n בֵּית מְשֻׁגָּעִים
madman n מְשֻׁגָּע, מְטֹרָף
madness n 1 שִׁגָּעוֹן, טֵרוּף. 2 רֹגֶז, רִתְחָה. 3 אִוֶּלֶת. 4 כַּלֶּבֶת
Madonna n מָדוֹנָה
madrigal n מַדְרִיגָל
maelstrom n 1 מֶלְסְטְרוֹם, מְעַרְבֹּלֶת. 2 מְבוּכָה. 3 כֹּחַ הוֹרֵס
maenad n מֶנָדָה
maestro n מָאֶסְטְרוֹ, רַב־אָמָּן
maffick vi צָהַל, הִתְהוֹלֵל
Mafia (the) n מַפְיָה
magazine n 1 מַחְסָן. 2 מַחְסָנִית (נשק). 3 מַחְסַן תַּחְמֹשֶׁת. 4 שַׁחֲלָה. 5 כְּתַב עֵת. 6 מָגָזִין (חדשות)
magenta n מָגֶנְטָה, אַרְגָּמָן
maggot n זַחַל, גָּזָם, רִמָּה
magic adj, n 1 כִּשּׁוּפִי, מְכַשֵּׁף. 2 כִּשּׁוּף, כְּשָׁפִים, לְהָטִים, נֵס, קֶסֶם
magical adj קִסְמִי, כִּשּׁוּפִי, מַקְסִים, נִסִּי
magic lantern פָּנַס קֶסֶם
magically adv בְּדֶרֶךְ נֵס
magician n קוֹסֵם, מָג, מְכַשֵּׁף
magisterial adj 1 שֶׁל מְפַקֵּחַ. 2 שֶׁל מוֹרֶה. 3 שֶׁל שׁוֹפֵט. 4 יָהִיר. 5 בַּעַל סַמְכוּת
magistracy n 1 שׁוֹפְטוּת. 2 אֵזוֹר שִׁפּוּט

magistrate שׁוֹפֵט

magnanimity n נְדִיבוּת, אֲצִילוּת, רֹחַב לֵב, נְדִיבוּת לֵב

magnanimous adj אֲצִיל רוּחַ, נְדִיב לֵב

magnanimously adv בְּרֹחַב לֵב

magnate n 1 אָצִיל. 2 אֵיל הוֹן. 3 אַדִּיר הַשְׁפָּעָה, מַגְנָט

magnesia n מַגְנֶסְיָה

magnesium n מַגְנִיּוֹן, מַגְנֶסְיוּם

magnet n מַגְנֵט, אֶבֶן שׁוֹאֶבֶת

magnetic adj מַגְנֶטִי

magnetism n מַגְנֶטִיּוּת

magnetize vt 1 מִגְנֵט. 2 הִפְנֵט. 3 מָשַׁךְ, לִבֵּב

magnification n 1 רוֹמְמוּת, הַלֵּל, שֶׁבַח. 2 הַגְדָּלָה

magnificence n תִּפְאֶרֶת, הוֹד, הַלֵּל, יְקָר

magnificent adj נֶהְדָּר, נִפְלָא, נִשְׂגָּב, מַרְשִׁים

magnificently adv מְצֻיָּן

magnify vt 1 פֵּאֵר, רוֹמֵם, שִׁבַּח. 2 הִגְזִים, הִגְדִּיל, הִפְרִיז

magnifying glass זְכוּכִית מַגְדֶּלֶת

magniloquence n 1 רַבְרְבָנוּת. 2 מְלִיצָה

magniloquent adj 1 רַבְרְבָן. 2 מְלִיצִי

magnitude n 1 גֹּדֶל, מֶרְחָב, אֹרֶךְ, עֹבִי. 2 חֲשִׁיבוּת, עֵרֶךְ

magnolia n מַגְנוֹלְיָה

magnum n בַּקְבּוּק גָּדוֹל (לְיַיִן)

magpie n 1 עַקְעָק. 2 פַּטְפְּטָן

Magyar adj, n מַגְיָרִי, הוּנְגָּרִי

maharaja(h) n מַהֲרָגָ׳ה, נָסִיךְ הָדִּי

maharanee n מַהֲרָנִ׳ית

mah-jong n מַהִיוֹנְג

mahogany n תּוֹלַעְנָה, מַהֲגוֹנִי

maid n 1 נַעֲרָה, בַּחוּרָה, עַלְמָה, בְּתוּלָה, רַוָּקָה. 2 אָמָה, מְשָׁרֶתֶת, עוֹזֶרֶת

maiden adj n 1 בְּתוּלִי, תָּמִים, זַךְ, טָהוֹר. 2 רִאשׁוֹנִי, רִאשׁוֹן. 3 בְּתוּלָה, רַוָּקָה

maiden name שֵׁם רַוָּקוּת

maiden speech נְאוּם בְּכוֹרָה

maidenhood n עַלְמוּת, בְּתוּלִיּוּת

maidenlike adj כְּדֶרֶךְ עַלְמָה

maidenly adj בְּתוּלִי

maid of honor שֻׁשְׁבִינִית, שׁוֹשְׁבִינִית הַמַּלְכָּה

maid of all work מְשָׁרֶתֶת לְכָל עֲבוֹדָה

maidservant n עוֹזֶרֶת, מְשָׁרֶתֶת, אָמָה

mail vt, n 1 שִׁגֵּר, שָׁלַח (בדואר). 2 שִׁרְיֵן. 3 מֶכֶס. 4 דֹּאַר, דִּבְרֵי דֹּאַר. 4 שִׁרְיוֹן. 5 בֵּית נִיר

mailbox n תֵּבַת דֹּאַר

mailed adj מְדֻוָּר

mailing list רְשִׁימַת כְּתוֹבוֹת

maim vt חִבֵּל, הֵטִיל מוּם

main adj, n 1 עִקָּרִי, רָאשִׁי, יְסוֹדִי. 2 עִקָּר, יְסוֹד. 3 גְּבוּרָה, עֹז, כֹּחַ. 4 יָם. 5 תְּעָלָה, צִנּוֹר רָאשִׁי. 6 קְרַב תַּרְנְגוֹלִים. 7 מִסְפָּר נָקוּב

mainframe n 1 מַחְשֵׁב מֶרְכָּזִי. 2 עִבּוּד מֶרְכָּזִי

mainland n יַבָּשָׁה

mainline vt הִזְרִיק (סם)

maine-line n 1 עוֹרֵק רָאשִׁי. 2 קַו רָאשִׁי

mainly adv בְּעִקָּר, בְּיִחוּד

mains npl תַּחֲנַת כֹּחַ, צִנּוֹרוֹת רָאשִׁיִּים

mainspring n 1 מֵנִיעַ, סִבָּה, טַעַם, נִמּוּק. 2 קְפִיץ רָאשִׁי, קְפִיץ שָׁעוֹן

mainstay n 1 מִשְׁעָן רָאשִׁי, יְסוֹד, מִשְׁעָן. 2 מִשְׁעֶנֶת עִקָּרִית

mainstream n זֶרֶם רָאשִׁי

maintain vt 1 קִיֵּם. 2 פִּרְנֵס. 3 טָעַן. 4 תִּחְזֵק. 5 תָּמַךְ בְּ־, הֶחֱזִיק

maintainable adj נִתָּן לְקַיְּמוֹ, אֶפְשָׁר לְהַחֲזִיקוֹ

maintenance n 1 קִיּוּם, מִחְיָה. 2 פַּרְנָסָה, כַּלְכָּלָה. 3 מְזוֹנוֹת. 4 טִפּוּל. 5 תַּחֲזוּקָה, אַחְזָקָה

maisonette n 1 בַּיִת קָטָן, בִּקְתָּה, צְרִיף. 2 דִּירָה

maize n 1 תִּירָס. 2 צָהֹב

majestic adj מַלְכוּתִי, נִשְׂגָּב, נַעֲלֶה, רַב־הוֹד

majestically adv בְּהָדָר, בְּהוֹד מַלְכוּת

majesty n 1 רוֹמְמוּת, הָדָר, תִּפְאֶרֶת. 2 מַלְכוּת

major vi, adj, n 1 הִתְמַחָה. 2 רָאשִׁי, עִקָּרִי, בָּכִיר. 3 גָּדוֹל, חָשׁוּב. 4 מְנַהֵל מֶשֶׁק. 5 רַבִּיב, מָז׳וֹרִי. 6 רֻבָּנִי. 7 רַב־סֶרֶן. 8 בַּגִּיר, בּוֹגֵר

major-domo n מְנַהֵל מֶשֶׁק

major-general n רַב־אַלּוּף, מֵיג׳וֹר גֶ׳נֶרַל

majority n 1 רֹב, בְּכִירוּת. 2 בַּגְרוּת, בַּגִּירוּת. 3 רַב־סְרָנוּת

make vti, n 1 חִבֵּר, הֵכִין, הִתְקִין. 2 עָשָׂה, יָצַר, בִּצַּע, בָּרָא. 3 הִצִּיעַ (מיטה). 4 גָּרַם. 5 הִרְוִיחַ, רָכַשׁ, הִוָּה. 6 אִלֵּץ, הִכְרִיחַ. 7 תּוֹצֶרֶת. 8 תַּבְנִית, מִבְנֶה, צוּרָה, גִּזְרָה. 9 טֶבַע, אֹפִי, תְּכוּנָה

make-believe adj n 1 מַעֲמִיד פָּנִים, מִתְחַזֶּה, מִתְרָאֶה. 2 דִּמְיוֹן. 3 הַעֲמָדַת פָּנִים, הִתְחַזּוּת

maker n 1 עוֹשֶׂה, יוֹצֵר, בּוֹרֵא. 2 הַבּוֹרֵא. 3 מְחַבֵּר, יַצְרָן

make for vt נָטָה, הָלַךְ לִקְרַאת

make into vt הָפַךְ לְ־

make off vi בָּרַח, נִמְלַט

make out 1 גִּלָּה, הֵבִין, הִכִּיר. 2 רָשַׁם. 3 פִּעְנֵחַ. 4 הִבְחִין

make over vt נָתַן, הֶעֱבִיר

makeshift n תַּחֲלִיף זְמַנִּי, מְמַלֵּא מָקוֹם

make up vti 1 עִמֵּד, הִבְלִיט. 2 פִּצָּה. 3 הֶחְלִיט. 4 הִתְפַּיֵּס. 5 הִתְאַפֵּר, פִּרְכֵּס. 6 אִפֵּר

make-up n 1 אִפּוּר, פִּרְכּוּס. 2 סִדּוּר, עִמּוּד, חִבּוּר (דפוס). 3 מִבְנֶה

making n 1 עֲשִׂיָּה, בִּצּוּעַ, בְּרִיאָה. 2 חֹמֶר, סְגֻלָּה. 3 תְּכוּנוֹת, נְתוּנִים

malachite n מָלָכִיט (מחצב)

maladjusted adj לֹא מַתְאִים, שֶׁלֹּא הִסְתַּגֵּל

maladjustment n אִי הַתְאָמָה, אִי־הִסְתַּגְּלוּת

maladroit adj מְגֻשָּׁם, מְסֻרְבָּל

malady n מַחֲלָה, חֳלִי

malaise n אִי מְנוּחָה, מְבוּכָה

malapropism n מָלַפְּרוֹפִּיזְם, שִׁמּוּשׁ מְגֻחָךְ בְּמִלִּים

malapropos adj, adv, n שֶׁלֹּא בִּמְקוֹמוֹ, לֹא־מַתְאִים

malaria n קַדַּחַת, מָלַרְיָה

malcontent adj, n 1 לֹא־מְרֻצֶּה, נִרְגָּן, מַרְדָנִי. 2 מוֹרֵד

male n, adj 1 זָכָר, גֶּבֶר. 2 גַּבְרִי, זְכָרִי

malediction n קְלָלָה, מְאֵרָה, גִּנּוּי, הַשְׁמָצָה

malefactor n עֲבַרְיָן, חוֹטֵא, פּוֹשֵׁעַ

maleficent adj מֵרֵעַ, מַזִּיק, חוֹבֵל

male screw n תַּבְרִיג חִיצוֹנִי

malevolence n רִשְׁעוּת, צָרוּת עַיִן, רֹעַ לֵב

malevolent adj מְרֻשָּׁע, רַע לֵב, צַר־עַיִן

malovolently adv בְּרֹעַ לֵב, בְּרִשְׁעוּת

malfeasance n עֲבֵרָה, תַּעֲלוּל, עָווֹן

malformation n לִקּוּי, מוּם, עִוּוּת צוּרָה

malformed adj מְעֻוָּת, פָּגוּם, מְעֻקָּם

malfunction n לִקּוּת הַפְּעָלָה, תִּפְקוּד לָקוּי

malice n רִשְׁעוּת, זָדוֹן, רֹעַ, אֵיבָה

malicious adj זְדוֹנִי, נוֹקֵם וְנוֹטֵר

maliciously adv בְּזָדוֹן

malign vt, adj 1 הִשְׁמִיץ, הִלְעִיז, הָלַךְ רָכִיל. 2 מַזִּיק, מַמְאִיר. 3 מַשְׁחִית

malignancy n 1 רֶשַׁע, זָדוֹן, רֹעַ לֵב. 2 גִּדּוּל מַמְאִיר

malignant adj 1 רָשָׁע, זְדוֹנִי. 2 מַמְאִיר. 3 מַזִּיק, מֵצֵר

malignantly adv בְּזָדוֹן, בְּרֹעַ לֵב

malignity n זָדוֹן, רֶשַׁע, רֹעַ לֵב

malignly adv בְּרֹעַ, בְּזָדוֹן

malinger vi הִתְחַלָּה

malingerer n מִתְחַלֶּה, מִשְׁתַּמֵּט, שְׁתַמְּטָן

mallard n בַּרְכִּיָּה

malleability n חֲשִׁילוּת, רְקִיעוּת

malleable adj חָשִׁיל, רָקִיעַ

mallet n קֻרְנָס, מַקֶּבֶת

mallow n חֶלְמִית

malnutrition n תַּת־תְּזוּנָה, תְּזוּנָה לְקוּיָה

malodorous adj מַסְרִיחַ, מַבְאִישׁ

malpractice n 1 נֹהַל לֹא חֻקִּי. 2 הִתְנַהֲגוּת שֶׁלֹּא כְּשׁוּרָה

malt vti, n 1 נִלְתַּת, לָתַת, לִתֵּת. 2 לֶתֶת

Maltese adj, n מַלְטִי, מַלְטִית

Malthusian adj מַלְתּוּסִי

maltreat vt הֵצִיק, עִנָּה

maltreatment n עִנּוּי, הֲצָקָה, לַחַץ

malversation n מְעִילָה, מְעִילָה בְּאֵמוּן

mamba n מַמְבָּה (נחש)

mam(m)a n אִמָּא

mammal n יוֹנֵק

mammon n 1 מָמוֹן, עֹשֶׁר, הוֹן. 2 בֶּצַע

mammoth n מַמּוּתָה

man vt, n 1 אִיֵּשׁ, אִכְלֵס. 2 חִזֵּק, עוֹדֵד. 3 אָדָם, אִישׁ, בֶּן־אָדָם. 4 אֱנוֹשׁ, גֶּבֶר. 5 אֱנוֹשׁוּת. 6 מְשָׁרֵת. 7 בַּעַל. 8 כְּלִי (שחמט, וכו׳)

man of God אִישׁ־דָּת, כֹּמֶר

manacle vt כָּבַל בַּאֲזִקִּים, שָׂם אֲזִקִּים

manacles npl אֲזִקִּים

manage vti 1 נִהֵל, נָהַג, שָׁלַט. 2 אִלֵּף. 3 טִפֵּל, הִצְלִיחַ, הוֹצִיא לְפֹעַל. 4 הִסְפִּיק

manageability n 1 נְהִילוּת, נוֹחוּת. 2 תִּפְעוּל, פִּקּוּחַ

manageable adj נָהִיל, בַּר־בִּצּוּעַ

management 1 הַנְהָלָה, מִנְהָלָה. 2 תִּפְעוּל. 3 פִּקּוּחַ

manager n מְנַהֵל, אֲמַרְגָּן

managerial adj מִנְהָלִי, נִהוּלִי, הַנְהָלָתִי

manatee n פָּרַת יָם

mandarin n מַנְדָּרִין

mandate n 1 מַנְדָּט. 2 יִפּוּי כֹּחַ, הַרְשָׁאָה. 3 צַו, פְּקֻדָּה

mandatory adj 1 מַנְדָּטוֹרִי. 2 בְּגֶדֶר חוֹבָה

mandible n 1 לֶסֶת. 2 מַצְבֵּט (חרקים)

mandolin n מַנְדּוֹלִינָה

mandragora, mandrake n דּוּדָא

mandrill n מַנְדְּרִיל

mane n רַעְמָה

manes npl רְפָאִים

manful adj 1 גַּבְרִי. 2 אַמִּיץ לֵב

manfully adv בִּגְבוּרָה

mange n שְׁחִין

mangel(-wurzel) n סֶלֶק לָבָן, סֶלֶק בְּהֵמוֹת

manger n אֵבוּס

mangily adv כִּשְׁחִין

mangle vt 1 פָּצַע, שָׂרַט, קָרַע. 2 רִסֵּק, קִלְקֵל, הִשְׁחִית. 3 מַעְגִּילָה. 4 מַגְהֵצָה

mango n מַנְגּוֹ

mangrove n רִיזוֹפוֹרָה (עץ)

mangy adj 1 צָרוּעַ, נְגוּעַ שְׁחִין. 2 מְטֻנָּף, מָאוּס

manhandle vt הֶעֱלִיב, הִשְׁתַּמֵּשׁ בְּיָדַיִם, טִפֵּל בְּגַסּוּת

manhole n כַּוֶּית, גֹּב, פֶּתַח

manhood n 1 גַּבְרִיּוּת, גַּבְרוּת. 2 הָאֱנוֹשׁוּת

mania n 1 מַנְיָה, שִׁגָּעוֹן. 2 בֻּלְמוּס, תְּשׁוּקָה, תַּאַוְתָנוּת

maniac n מְטֹרָף, מְשֻׁגָּע, מִתְהוֹלֵל

maniacal adj שִׁגְעוֹנִי, מֻכֵּה טֵרוּף

manic depressive מֻכֵּה שִׁגָּעוֹן וְדִכָּאוֹן

manicure vt, n 1 עָשָׂה מָנִיקוּרָה, טִפּוּחַ צִפָּרְנַיִם. 2 מָנִיקוּרָה

manicurist n מָנִיקוּרִיסְט

manifest vt, adj, n 1 הִצִּיג, גִּלָּה, פֵּרֵשׁ, בֵּרֵר. 2 הוֹכִיחַ. 3 נִרְאָה, הוֹפִיעַ. 4 בָּרוּר, גָּלוּי, בָּהִיר, מְפֹרָשׁ. 5 מִצְהָר, הַצְהָרָה. 6 מִנְשָׁר. 7 שְׁטָר מִטְעָן

manifestation n 1 גִּלּוּי, בִּטּוּי. 2 אוֹת,

עֵדוּת, גִּלּוּי דַּעַת. 3 הוֹדָעָה, פִּרְסוּם. 4 הַפְגָּנָה

manifestly adv בְּבֵרוּר, בִּבְהִירוּת

manifesto n הַצְהָרָה, מִנְשָׁר, קוֹל קוֹרֵא, מָנִיפֶסְט

manifold adj, n 1 רַבְגּוֹנִי, מְרֻבֶּה. 2 מְסֻבָּךְ, שׁוֹנֶה. 3 מֻכְפָּל. 4 רַב־פָּנִים. 5 עֹתֶק, הֶעְתֵּק. 6 סַעֶפֶת

manikin n 1 גַּמָּד, נַנָּס. 2 תַּדְמִיתָן, מָנֶקִין

manil(l)a n 1 מָנִילָה. 2 נְיַר מָנִילָה, קַרְטוֹן מָנִילָה

manipulate vt 1 הִפְעִיל, תִּפְעֵל. 2 מִשְׁמֵשׁ, טִפֵּל. 3 זִיֵּף. 4 שִׁדֵּל. 5 תִּמְרֵן

manipulation n 1 הַפְעָלָה, תִּפְעוּל. 2 זִיּוּף. 3 מִשְׁמוּשׁ, טִפּוּל. 4 שִׁדּוּל. 5 תִּמְרוּן

mankind n 1 אֱנוֹשׁוּת. 2 הָאֱנוֹשׁוּת, בְּנֵי הָאָדָם

manlike adj כְּגֶבֶר, גַּבְרִי

manliness n 1 גַּבְרִיּוּת. 2 אֹמֶץ לֵב

manly adj 1 גַּבְרִי, אֱנוֹשִׁי, אָצִיל. 2 אַמִּיץ לֵב

manna n מָן, מֶגֶד שָׁמַיִם

mannequin n 1 תַּדְמִיתָן. 2 דֻּגְמָן, דֻּגְמָנִית

manner n 1 שִׁיטָה, אֹפֶן, דֶּרֶךְ. 2 נֹסַח, גִּרְסָה. 3 נֹהַג, מִנְהָג, גִּנּוּן, נֹהַל. 4 סִגְנוֹן. 5 דֶּרֶךְ־אֶרֶץ, נִימוּס, אָפְנָה

mannerism n 1 גִּנּוּנִים, הֲלִיכוֹת, סִגְנוֹן. 2 הִתְנַהֲגוּת מְעֻשָּׂה. 3 מְלָאכוּתִיּוּת, זִיּוּף

mannerly adj, adv 1 אָדִיב, מְנֻמָּס. 2 בַּאֲדִיבוּת

mannish adj גַּבְרִי, גַּבְרְתָּנִי

man(o)euvre,
maneuver vit, n 1 תִּמְרֵן, תִּכְסֵס, תִּחְבֵּל. 2 תִּמְרוּן. 3 תִּמְרוּן, טַכְסִיס. 4 תַּחְבּוּלָה, תַּכְסִיס

man(o)euvrable adj בַּר תִּמְרוּן

man-of-war n אֳנִיַּת מִלְחָמָה

manor n אֲחֻזָּה, מֶשֶׁק

manorial adj 1 מִשְׁקִי. 2 שֶׁל טִירָה, שֶׁל אֲחֻזָּה

manpower n כֹּחַ אָדָם

mansard n 1 עֲלִיַּת גַּג. 2 גַּג דּוּ־שִׁפּוּעִי

manse n מְעוֹן הַחַשְׁמָן

manservant n שַׁמָּשׁ, מְשָׁרֵת

mansion n 1 אַרְמוֹן, מָעוֹן. 2 בַּיִת גָּדוֹל. 3 בֵּית דִּירוֹת

manslaughter n הֲרִיגַת אָדָם

mantelpiece n אֶדֶן הָאָח, לַזְבֵּז הָאָח

mantis n גְּמַל שְׁלֹמֹה

mantle vti, n 1 כִּסָּה, עָטַף, עָטָה. 2 הִסְתִּיר. 3 הִסְמִיק. 4 הִתְפַּשֵּׁט. 5 הִקְצִיף. 6 אַדֶּרֶת, גְּלִימָה. 7 מַעֲטֶה, מְעִיל, כְּסוּת. 8 מָגֵן חִיצוֹנִי. 9 מַעֲטֶפֶת (גאומטריה)

manual adj, n 1 יָדָנִי. 2 מַדְרִיךְ, סֵפֶר עֵזֶר

manually adv בַּיָּד, יָדָנִית

manufacture vt, n 1 יָצַר, יִצֵּר, עָשָׂה. 2 הִמְצִיא, בָּדָה. 3 תַּעֲשִׂיָּה, חֲרֹשֶׁת. 4 תּוֹצֶרֶת, יִצּוּר

manufacturer n תַּעֲשִׂיָּן, חֲרָשְׁתָּן, יַצְרָן

manumission n 1 שִׁחְרוּר (מעבדות). 2 חֵרוּת, קוֹמְמִיּוּת

manumit vt שִׁחְרֵר, קָרָא דְּרוֹר

manure vt, n 1 זִבֵּל, דִּשֵּׁן, הִפְרָה. 2 זֶבֶל, דֶּשֶׁן

manuscript n כְּתַב־יָד

Manx adj, n מָנִי, שֶׁל הָאִי מַן

many adj, n 1 רַבִּים, הַרְבֵּה. 2 הָמוֹן, עֵרֶב־רַב

many-coloured adj רַבְגּוֹנִי, סַסְגּוֹנִי

many-sided adj רַב־צְדָדִי

Maori n, adj מָאוֹרִי

map vt, n 1 מַפָּה. 2 שִׂרְטֵט, תִּכְנֵן. 3 מִפָּה. 4 תָּכְנִית, תַּבְנִית

map out vt 1 תִּכְנֵן, שִׂרְטֵט. 2 תֵּאֵר בִּפְרוֹטְרוֹט

maple n אֶדֶר

maquis n 1 חֹרֶשׁ. 2 מָקִי

mar vt קִלְקֵל, הִשְׁחִית, חִבֵּל, הִזִּיק
marabou n מָרַבּוּ
maraschino n מָרַסְקִינוֹ, לִיקֶר דֻּבְדְּבָנִים
marathon n מָרָתוֹן, מֵרוֹץ מָרָתוֹן
maraud vi 1 פָּשַׁט. 2 שָׁדַד, חָמַס
marble n 1 שַׁיִשׁ. 2 גֻּלָּה
March n מֶרְס
march vti, n 1 הִצְעִיד, צָעַד. 2 צְעָדָה, צְעוּדָה, מִצְעָד. 3 מַסָּע, הִתְקַדְּמוּת. 4 שִׁיר לֶכֶת. 5 גְּבוּל, תְּחוּם
marching orders פְּקֻדּוֹת תְּנוּעָה
marchioness n מַרְקִיזָה
march with גָּבַל בְּ־
Mardi Gras מַרְדִּי גְרָא, קַרְנָבָל
mare n סוּסָה
mare's nest חֲלוֹם שָׁוְא, תַּעְתּוּעִים
margarine n מַרְגָּרִינָה
margin n 1 שָׂפָה, שׁוּלַיִם, שׁוּל. 2 קָצֶה, גְּבוּל, תְּחוּם. 3 יִתְרָה. 4 רֶוַח
marginal adj שׁוּלִי
marginally adv בַּשּׁוּלַיִם
Margrave n מַרְגְּרָב, מַרְקִיז
marguerite n חִנָּנִית (פרח)
marigold n צִפָּרְנֵי הֶחָתוּל (פרח)
marijuana, marihuana n קַנַּבּוּס הֹדִּי
marimba n מָרִימְבָּה
marina n מָרִינָה
marinade vt, n 1 תִּחְמֵץ, חִמֵּץ, כָּבַשׁ. 2 תַּחְמִיץ
marine adj, n 1 יַמִּי. 2 מַלָּח. 3 צִי הַמִּלְחָמָה
marine corps חֵיל הַצִּי
mariner n מַלָּח, יוֹרֵד־יָם, סַפָּן
marionette n מַרְיוֹנֶטָה
marital adj שֶׁל נִשּׂוּאִים, שֶׁל חֲתֻנָּה
marjoram n אֲזוֹבִית, אֵזוֹב
mark vt, n 1 סִמֵּן, צִיֵּן, רָשַׁם. 2 הִתְוָה. 3 הִבְחִין, שָׂם לֵב. 4 אוֹת, סִימָן, תָּו, צִיּוּן. 5 מַטָּרָה, גְּבוּל. 6 רְשִׁימָה. 7 עֵדוּת. 8 כֶּתֶם, צַלֶּקֶת. 9 מַרְק
mark down 1 הוֹרִיד מְחִירִים. 2 הוֹרָדַת מְחִירִים
mark time דָּרַךְ בַּמָּקוֹם
mark up 1 הֶעֱלָה מְחִירִים. 2 הַעֲלָאַת מְחִירִים
marker n 1 סַמָּן. 2 סִימָנִית, מַסְמֵן, תָּו, צִיּוּן. 3 עֵט סִמּוּן
market vti, n 1 שִׁוֵּק, סָחַר בַּשּׁוּק. 2 שׁוּק, יָרִיד
market garden גַּן יָרָק
market price מְחִיר הַשּׁוּק
market research סֶקֶר־שְׁוָקִים
market town עִיר יָרִיד
marketable adj שָׁוִיק, עוֹבֵר לַסּוֹחֵר
marketing n שִׁוּוּק
marking n 1 סִמּוּן, צִיּוּן. 2 סִימָן
marking pen פְּתִילוֹן
marksman n קַלָּע, צַלָּף
marksmanship n קַלָּעוּת, צַלָּפוּת, קְלִיעָה
marl vt, n 1 דִּשֵּׁן, זִבֵּל. 2 רַקְבּוּבִית
marlinespike n יָתֵד
marmalade n רִבָּה, מִרְקַחַת, מַרְמָלָדָה
marmoreal adj שַׁיִשִׁי
marmoset n מַרְמוֹסֶט
marmot n מַרְמִיטָה
maroon vt, adj, n 1 עָזַב בְּחוֹף, נָטַשׁ בְּאִי שׁוֹמֵם. 2 הִתְבַּטֵּל. 3 עַרְמוֹנִי, חוּם
marquee n אַפִּרְיוֹן, אֹהֶל גָּדוֹל
marquet(e)ry n עֲבוֹדַת תַּשְׁבֵּץ
marquis(quess) n מַרְקִיז, רוֹזֵן, אָצִיל
marriage n 1 נִשּׂוּאִים, חֲתֻנָּה, כְּלוּלוֹת. 2 זִוּוּג. 3 הִזְדַּוְּגוּת
marriageable adj בַּר חִתּוּן
married adj 1 נָשׂוּי, נְשׂוּאָה. 2 אֵשֶׁת אִישׁ
marrow n 1 לְשַׁד, מֹחַ עֲצָמוֹת. 2 קִשּׁוּא
marry vti 1 חִתֵּן, זִוֵּג, הִשִּׂיא. 2 נָשָׂא אִשָּׁה, הִתְחַתֵּן
marry off vt חִתֵּן, הִשִּׂיא, שִׁדֵּךְ
Mars n מַאְדִּים, מַרְס

marsh n בִּצָּה
marshmallow n קְצִיפַּת קוֹלָן, מַרְשְׁמָלוֹ
marshy adj בִּצָּתִי
marsupial adj, n 1 כִּיסִי, שֶׁל כִּיס. 2 שֶׁל חַיַּת כִּיס. 3 חַיַּת כִּיס
mart n שׁוּק, מִסְחָר
marten n חֻלְדָּה, נְמִיָּה
martial adj צְבָאִי, מִלְחַמְתִּי
martial arts אָמָנֻיּוֹת הַלְּחִימָה (קרטה, ג׳ודו וכו׳)
martial law חֹק צְבָאִי
martially adv בִּגְבוּרָה
Martian adj, n 1 שׁוֹכֵן מַאְדִּים. 2 שֶׁל מַאְדִּים
martin n סְנוּנִית
martinet n קַפְּדָן
martini n מַרְטִינִי (משקה)
martyr vt, n 1 עִנָּה, רָדַף, הִשְׁמִיד. 2 מְקַדֵּשׁ הַשֵּׁם, קָדוֹשׁ מְעֻנֶּה
martyrdom n 1 עִנּוּי, סֵבֶל. 2 קִדּוּשׁ הַשֵּׁם
marvel vi, n 1 הִתְפַּלֵּא, הִשְׁתּוֹמֵם, תָּמַהּ, תָּהָה. 2 פֶּלֶא, נֵס, נִפְלָאוֹת
marvel(l)ous adj מַפְלִיא, מַתְמִיהַּ, נִפְלָא, תָּמוּהַּ
marvellously adv לְהַפְלִיא
marzipan n מַרְצֶפָּן
mascara n כַּחַל, סְקָרָה
mascot n קָמֵיעַ, סְגֻלָּה טוֹבָה
masculine adj 1 זָכָר. 2 גַּבְרִי, זְכָרִי. 3 חָזָק, נִמְרָץ
masculinity n זַכְרוּת, גַּבְרִיּוּת
mash vti, n 1 מָחָה, רִסֵּק, כָּתַשׁ. 2 חָלַט, בָּלַל. 3 מִסְמֵס. 4 מְחִית. 5 דַּיְסָה. 6 בְּלִילָה, בְּלִיל. 7 מִשְׁרַת לֶתֶת
masher n מַרְסֵק
mask vt, n 1 הִתְחַפֵּשׂ, הִסְוָה. 2 הִסְתִּיר. 3 מַסֵּכָה, מַסְוֶה. 4 תַּחְפֹּשֶׂת
masking n מִסּוּךְ
mason n 1 בַּנַּאי, בּוֹנֶה. 2 בּוֹנֶה חָפְשִׁי, מָסוֹן
masonic adj מָסוֹנִי, שֶׁל הַבּוֹנִים הַחָפְשִׁים
masonry n 1 בַּנָּאוּת, בְּנִיָּה. 2 הַבּוֹנִים הַחָפְשִׁים
masque n 1 מַסֵּכָה, מַסְוֶה. 2 מַחֲזֶה שַׁעֲשׁוּעִים. 3 נֶשֶׁף מַסֵּכוֹת
masquerade vi, n 1 הִתְחַפֵּשׂ. 2 נֶשֶׁף מַסֵּכוֹת. 3 פַּרְסָה
mass vti, n 1 הִקְהִיל. 2 צָבַר, קִבֵּץ, רִכֵּז. 3 הִתְקַהֵל, הִתְקַבֵּץ. 4 מִסָּה, תְּפִלָּה קָתוֹלִית. 5 מַסָּה. 6 מִצְבּוֹר, גּוּשׁ. 7 אֹסֶף. 8 הָמוֹן. 9 שִׁפְעָה. 10 גּוּשׁ
mass meeting עֲצֶרֶת
massacre vt, n 1 טָבַח, הִשְׁמִיד. 2 טֶבַח, הַשְׁמָדָה, הֲרֵגָה, הֶרֶג רַב
massage vt, n 1 עִסָּה, עִמֵּל. 2 עִסּוּי
masseur(m), masseuse(f) n מְעַסֶּה, עַסְיָן
massif n מַסִּיף, מִקְשֵׁה הָרִים
massive adj 1 מַסִּיבִי, מִקְשִׁי, מָלֵא, גּוּשִׁי. 2 כָּבֵד, עָבֶה, חָזָק. 3 מוּצָק
massively adv מִקְשִׁית, מַסִּיבִית
massiveness n מַסִּיבִיּוּת, מִקְשִׁיּוּת
mass production יִצּוּר הֲמוֹנִי
mast n 1 תֹּרֶן. 2 בַּלּוּטִים, פֵּרוֹת הָאַלּוֹן
mastectomy n כְּרִיתַת־שַׁד
master vt, n 1 מָשַׁל, שָׁלַט. 2 הִשְׁתַּלֵּט, הִתְגַּבֵּר. 3 הִתְמַחָה. 4 חָדַר. 5 אָדוֹן. 6 מֻסְמָךְ. 7 מוֹרֶה. 8 מֻמְחֶה, מְיֻמָּן, מְלֻמָּד. 9 רֹאשׁ, מְנַהֵל, נָגִיד. 10 בַּעַל בַּיִת, רֹאשׁ הַמִּשְׁפָּחָה. 11 אָמָּן
masterclass n כִּתַּת־אָמָּן
master key מַפְתֵּחַ רָאשִׁי (פותח הכל)
masterful adj שׁוֹלֵט, נִמְרָץ, מְיֻמָּן
masterfully adv בִּשְׁלִיטָה, בִּמְיֻמָּנוּת
masterly adj אָמָּנוּתִי, בְּמֻמְחִיּוּת
mastermind vt, n 1 תִּכְנֵן, כִּוֵּן בְּמֻמְחִיּוּת. 2 גָּאוֹן
masterpiece n 1 פְּאֵר הַיְצִירוֹת. 2 גֻּלַּת הַכּוֹתֶרֶת

mastership n 1 שִׁלְטוֹן, רָאשׁוּת, אַדְנוּת. 2 חָרִיצוּת, הַשְׁגָּחָה. 3 אָמָּנוּת, מֻמְחִיּוּת, בְּקִיאוּת
masterstroke n מְלֶאכֶת מַחְשֶׁבֶת, צַעַד גְּאוֹנִי
mastery n 1 בְּקִיאוּת, מֻמְחִיּוּת, אָמָּנוּת. 2 שִׁלְטוֹן, שְׁלִיטָה
masticate vt לָעַס, כָּסַס
mastication n לְעִיסָה
mastiff n מַסְטִיף
mastodon n מַסְטוֹדוֹן
mastoid n, adj 1 זִיז פִּטְמִי. 2 פִּטְמִי, פִּטְמָתִי
mastoiditis n דַּלֶּקֶת בַּזִּיז הַפִּטְמִי
masturbate vi עָשָׂה מַעֲשֵׂה אוֹנָן, שִׁחֵת זַרְעוֹ, אוֹנֵן
masturbation n אוֹנָנוּת, מַעֲשֵׂה אוֹנָן
mat vti, n, adj 1 רִפֵּד, קָלַע. 2 הִסְתַּבֵּךְ. 3 הִכְהָה, הִדְהָה. 4 שָׁטִיחַ, שְׁטִיחוֹן, מַחְצֶלֶת. 5 מַפָּץ. 6 כֵּהֶה, עָמוּם. 7 קָהוּי
mat(te) adj עָמוּם, דֵּהֶה, כֵּהֶה, קָהוּי
match vti, n 1 תָּאַם, הִתְאִים. 2 זִוֵּג, הִשִּׂיא. 3 הַשְׁוָה. 4 תַּחֲרוּת, הִתְחָרוּת, מֵרוֹץ. 5 גַּפְרוּר. 6 בֶּן־זוּג, רֵעַ, חָבֵר. 7 שִׁדּוּךְ, זִוּוּג
matchless adj אֵין כָּמוֹהוּ, לְלֹא מִתְחָרֶה
matchlock n 1 בְּרִיחַ הַצָּתָה. 2 רוֹבֶה־בְּרִיחַ־הַצָּתָה
matchmaker n 1 שַׁדְכָן, שַׁדְכָנִית. 2 עוֹרֵךְ תַּחֲרֻיּוֹת. 3 יַצְרַן גַּפְרוּרִים
mate vti, n 1 הִתְאִים, זִוֵּג, שִׁדֵּךְ, חִתֵּן. 2 הִרְבִּיעַ. 3 הִשְׁתַּדֵּךְ, הִתְחַתֵּן, הִזְדַּוֵּג. 4 חָבֵר, רֵעַ, עָמִית, בֶּן־זוּג. 5 שֻׁתָּף. 6 מָט (שח)
material adj, n 1 חָמְרִי, גּוּפָנִי, גַּשְׁמִי. 2 מַהוּתִי, חָשׁוּב, עִקָּרִי. 3 חֹמֶר. 4 אָרִיג, אֶרֶג, בַּד
materialism n 1 מָטֶרְיָאלִיזְם. 2 חָמְרָנוּת
materialist n מָטֶרְיָאלִיסְט, חָמְרָן
materialistic adj 1 מָטֶרְיָאלִיסְטִי. 2 חָמְרָנִי
materially adv 1 בְּעִקָּר, בְּעֶצֶם. 2 בְּאֹפֶן חָמְרִי
materialize vti 1 הִגְשִׁים, בִּצַּע. 2 הִתְגַּשֵּׁם, הִתְבַּצַּע
maternal adj אִמָּהִי
maternally adv בְּצוּרָה אִמָּהִית
maternity n אִמָּהוּת
matey adj 1 חַבְרוּתִי. 2 חֲבֵרִי
math מָתֶמָטִיקָה
mathematical adj מָתֶמָטִי, חֶשְׁבּוֹנִי
mathematically adv בְּדַיְקָנוּת, מָתֶמָטִית
mathematician n מָתֶמָטִיקַאי
mathematics npl מָתֶמָטִיקָה
matinée n הַצָּגַת שַׁחֲרִית, הַצָּגָה יוֹמִית
matins npl תְּפִלַּת שַׁחֲרִית (נצרות)
matriarch n מַטְרִיאַרְךְ, אֵם שׁוֹלֶטֶת
matriarchal adj מַטְרִיאַרְכָלִי, אִמָּהִי
matriarchs npl אַרְבַּע הָאִמָּהוֹת
matriarchy n 1 מַטְרִיאַרְכְיָה. 2 חֶבְרָה מַטְרִיאַרְכָלִית
matrices npl רִבּוּיִם שֶׁל matrix
matricide n 1 הֲרִיגַת אֵם. 2 הוֹרֵג אֵם
matriculate vti 1 נִרְשַׁם לָאוּנִיבֶרְסִיטָה. 2 נִבְחַן בִּבְחִינוֹת בַּגְרוּת
matriculation n 1 הַרְשָׁמָה. 2 תְּעוּדַת בַּגְרוּת, בַּגְרוּת
matrilineal adj אִמָּהִי, שֶׁמּוֹצָאוֹ מִצַּד אִמּוֹ
matrimonial adj נִשּׂוּאִי, שֶׁל חֲתֻנָּה
matrimony n חֲתֻנָּה, כְּלוּלוֹת, נִשּׂוּאִים
matrix n 1 אִמָּה, אֵם, אֹם. 2 רֶחֶם. 3 מַטְרִיצָה. 4 רֶפֶד. 5 מַאֲרָג, מַעֲרֶכֶת
matrix printer מַדְפֶּסֶת סִכּוֹת (מחשב)
matron n 1 מַטְרוֹנִית. 2 אֵם בַּיִת
matronly adj כְּמַטְרוֹנָה, כְּאֵם בַּיִת
matter vi, n 1 הָיָה חָשׁוּב. 2 נִפְרַשׁ, מִגֵּל. 3 חֹמֶר. 4 עִנְיָן, עֵסֶק, פָּרָשָׁה. 5 מֻגְלָה
matter of course דָּבָר מוּבָן מֵאֵלָיו
matting n 1 מַחְצָלוֹת. 2 חֹמֶר לְרִפּוּד. 3 חֹמֶר לְמַחְצָלוֹת

mattock n מַעְדֵּר, קַרְדֹּם
mattress n מִזְרָן, מַצָּע
maturate vi 1 בָּגַר, בָּשַׁל, הִבְשִׁיל. 2 מִגֵּל
maturation n 1 הַבְשָׁלָה, גְּמִילָה. 2 מִגּוּל. 3 הִתְבַּגְּרוּת
mature vit, adj 1 בָּשַׁל, בָּגַר, הִתְבַּגֵּר, גָּמַל. 2 נִגְמַר, הִתְפַּתֵּחַ. 3 חָל (פרעון). 4 בָּשֵׁל, גָּמֵל. 5 מְבֻגָּר. 6 מְשֻׁכְלָל, שָׁלֵם
maturely adv בְּבַגְרוּת, כִּמְבֻגָּר
maturity n 1 בַּגְרוּת, בְּשֵׁלוּת. 2 חָלוּת (פרעון)
maul vt, n 1 נִפֵּץ, בִּקֵּעַ. 2 חִבֵּל, מָחַץ, הִכָּה. 3 מִשֵּׁשׁ, מִשְׁמֵשׁ. 4 קֻרְנָס עֵץ
maulstick n מַטֵּה הַצַּיָּרִים
maunder vi 1 שׁוֹטֵט. 2 פִּטְפֵּט, גִּמְגֵּם
Maundy Thursday n יוֹם הַחֲמִישִׁי הַקָּדוֹשׁ
mausoleum n מָאוּזוֹלֵיאוּם, מִשְׁכַּן קֶבֶר
mauve adj, n אַרְגְּמָנִי, סָגֹל
maverick n 1 בְּהֵמָה לְלֹא סִימַן בַּעֲלוּת. 2 אָדָם לֹא מְזֹהֶה מִפְלַגְתִּית
maw n 1 פֶּה, לֹעַ. 2 זֶפֶק. 3 קֵבָה
mawkish adj גַּעֲלִי, מְגֻנֶּה, מְעוֹרֵר בְּחִילָה
mawkishly adv בְּרַגְשָׁנוּת מַסְלִידָה
mawkishness n בְּחִילָה, גֹּעַל
maxim n אִמְרָה, מָשָׁל, פִּתְגָּם
maximal adj מְרַבִּי
maximize vt הִרְבָּה לְהַגְדִּיל
maximum n, adj 1 מַקְסִימוּם, מֵרַב. 2 מַקְסִימָלִי
May n מַאי
may vi 1 הָיָה מֻתָּר, הָיָה אֶפְשָׁר, הָיָה יָכוֹל. 2 הַלְוַאי, אוּלַי
maybe adv אוּלַי, אֶפְשָׁר
mayhem n חַבָּלָה, הַכָּאָה, פְּצִיעָה, הַטָּלַת מוּם
mayonnaise n מָיוֹנִית
mayor n רֹאשׁ עִיר, רֹאשׁ עִירִיָּה
mayoralty n רָאשׁוּת הָעִיר, רָאשׁוּת הָעִירִיָּה
mayoress n 1 רֹאשׁ עִירִיָּה אִשָּׁה. 2 אֵשֶׁת רֹאשׁ הָעִיר
maypole n עַמּוּד מַאי
maze n 1 מָבוֹךְ, לַבִּירִינְתְּ. 2 מְבוּכָה, תִּמָּהוֹן. 3 סִחְרוּר
mazed adj 1 מֵבִיךְ, מְבַלְבֵּל. 2 מְסֻבָּךְ
mazurka n מָזוּרְקָה (ריקוד)
me pron אוֹתִי, לִי
mead n 1 תֶּמֶד, מֵי דְבַשׁ. 2 אָחוּ, אֲפָר
meadow n אָחוּ, אֲפָר, נְאוֹת דֶּשֶׁא
meager/gre adj 1 רָזֶה, כָּחוּשׁ. 2 דַּל, זָעוּם
meagerly adv בְּאֹפֶן דַּל
meagerness n דַּלּוּת, רָזוֹן, כְּחִישׁוּת
meal n 1 אֲרוּחָה, סְעֻדָּה, אֲכִילָה. 2 קֶמַח
mealtime n שְׁעַת הַסְּעֻדָּה
mealy adj 1 קִמְחִי. 2 חִוֵּר. 3 מַחֲנִיף
mealymouthed adj מַחֲלִיק לָשׁוֹן
mean vt, adj, n 1 חָשַׁב, סָבַר, הִתְכַּוֵּן. 2 שָׁפָל, נִקְלֶה, קַטְנוּנִי. 3 עָלוּב. 4 צַר עַיִן, קַמְּצָן. 5 פָּעוּט, חֲסַר חֲשִׁיבוּת. 6 תָּוֶךְ, בֵּינוֹנִי, אֶמְצָעִי. 7 מְמֻצָּע
meander vi, n 1 הִתְפַּתֵּל, הִתְרוֹצֵץ, שׁוֹטֵט. 2 נַפְתּוּל, עִקּוּל, פִּתּוּל, מֵאַנְדֵּר
meanderings npl פִּטְפּוּטִים
meaning n 1 כַּוָּנָה, מַשְׁמָעוּת, מַשְׁמָע, מוּבָן. 2 עֵרֶךְ
meaningful adj בַּעַל מַשְׁמָעוּת, מַשְׁמָעוּתִי
meaningfully adv בְּאֹפֶן מַשְׁמָעוּתִי
meaningless adj חֲסַר טַעַם, חֲסַר מַשְׁמָעוּת
meanness n 1 שִׁפְלוּת, קַטְנוּנִיּוּת. 2 צָרוּת עַיִן, קַמְּצָנוּת. 3 נְבָלָה
means npl אֶמְצָעִים, נְכָסִים, רְכוּשׁ
meant pt pp זמן עבר ובינוני עבר של הפועל to mean
meantime, meanwhile adv, n 1 בֵּינְתַיִם, בֵּין כֹּה וָכֹה. 2 זְמַן בֵּינַיִם
measles n חַצֶּבֶת

measly adj עָלוּב, בָּזוּי, נִבְזֶה
measurable adj מָדִיד
measurably adj בְּמִדָּה מֻגְבֶּלֶת
measure vti, n 1 מָדַד. 2 הִקְצִיב, קָצַב, חִלֵּק. 3 הִתְמוֹדֵד. 4 הִתְקִין. 5 הֶעֱרִיךְ. 6 מִדָּה, מֵמַד, גֹּדֶל, כַּמּוּת. 7 קְנֵה מִדָּה. 8 אֶמְצָעִי. 9 תַּקָּנָה, חֹק. 10 מִשְׁקָל, קֶצֶב
measured adj 1 מָדוּד, בָּדוּק. 2 קָצוּב, שָׁקוּל. 3 מָתוּן, מְחֻשָּׁב
measureless adj אֵין־סוֹפִי, לֹא־מֻגְבָּל
measurement n 1 מְדִידָה, מִדָּה. 2 גֹּדֶל, שֶׁטַח. 3 קִבּוּל, חֶשְׁבּוֹן
measuring cup מְשׂוּרָה
meat n 1 בָּשָׂר. 2 מָזוֹן, מַאֲכָל, אֹכֶל. 3 תֹּכֶן, עִקָּר
meatball n קְצִיצָה
meatless adj לְלֹא בָּשָׂר, חֲסַר בָּשָׂר
meat loaf קְצִיץ
meat pounder כַּתִּישׁ
meaty adj 1 בְּשָׂרִי, בַּשְׂרָנִי. 2 עֲשִׁיר־תֹּכֶן
Mecca n מֶכָּה
mechanic n מְכוֹנַאי
mechanical adj מֶכָנִי
mechanically adv מֶכָנִית
mechanics npl מֶכָנִיקָה
mechanism n 1 מַנְגָּנוֹן, מֶכָנִיזְם. 2 טֶכְנִיקָה
mechanistic adj מְמֻכָּן
mechanization n מִכּוּן
mechanize vt מִכֵּן
medal n 1 מֶדַלְיוֹן, מֶדַלְיָה, מַטְבֵּעַ זִכָּרוֹן. 2 עִטּוּר, אוֹת כָּבוֹד, אוֹת הִצְטַיְּנוּת
medallion n תִּלְיוֹן, מֶדַלְיוֹן
medal(l)ist n 1 עוֹשֵׂה מֶדַלְיוֹת. 2 בַּעַל מֶדַלְיָה
meddle vi הִתְעָרֵב, בָּחַשׁ בִּקְדֵרָה
meddler n מִתְעָרֵב, בּוֹחֵשׁ בִּקְדֵרָה
meddlesome adj מִתְעָרֵב, בּוֹחֵשׁ בִּקְדֵרָה
meddling n הִתְעָרְבוּת, בְּחִישָׁה בִּקְדֵרָה
media npl מֶדְיָה, אֶמְצָעֵי־תִּקְשֹׁרֶת
medial adj אֶמְצָעִי, תִּיכוֹנִי, בֵּינוֹנִי, שָׁכִיחַ
median adj, n 1 אֶמְצָעִי, תִּיכוֹן, חֶצְיוֹנִי. 2 קַו חוֹצֶה. 3 קַו תִּיכוֹן
mediate vit תִּוֵּךְ, פִּשֵּׁר, יִשֵּׁב
mediation n תִּוּוּךְ, פִּשּׁוּר, פְּשָׁרָה
mediator n 1 מְתַוֵּךְ, מְפַשֵּׁר. 2 מַנְחֶה
medical adj 1 רְפוּאִי. 2 מְרַפֵּא
medically adv מִבְּחִינָה רְפוּאִית
medicament n תְּרוּפָה, רְפוּאָה
medicate vt רִפֵּא
medication n 1 רִפּוּי. 2 תְּרוּפָה
medicinal adj רְפוּאִי, מְרַפֵּא
medicine n 1 רְפוּאָה. 2 תְּרוּפָה
medi(a)eval adj שֶׁל יְמֵי הַבֵּינַיִם
mediocre adj 1 בֵּינוֹנִי, מְמֻצָּע. 2 פְּחוּת עֵרֶךְ
mediocrity n בֵּינוֹנִיּוּת
meditate vit 1 הִרְהֵר, שָׁקַל, חָשַׁב. 2 תִּכְנֵן, זָמַם
meditation n הִרְהוּר, מַחֲשָׁבָה, הָגוּת
meditative adj הִרְהוּרִי, מְהַרְהֵר
meditatively adv בְּהִרְהוּרִים
Mediterranean adj יָם תִּיכוֹנִי
medium n 1 מְתַוֵּךְ, אִישׁ בֵּינַיִם. 2 מֶדְיוּם. 3 אֶמְצָעִי. 4 מֶצַע
medium wave גַּל בֵּינוֹנִי
medlar n שֶׁסֶק
medley n 1 עִרְבּוּבְיָה, אַנְדְּרָלָמוּסְיָה, תַּעֲרֹבֶת. 2 פּוֹפּוּרִי, מַחֲרֹזֶת
medulla n לְשַׁד
meek adj עָנָו, צָנוּעַ, שְׁפַל רוּחַ
meekly adv בַּעֲנָוָה
meekness n עֲנָוָה, שִׁפְלוּת רוּחַ
meet vti, adj, n 1 פָּגַשׁ, נִתְקַל. 2 קִדֵּם, קִבֵּל פְּנֵי. 3 סִפֵּק, הִשְׂבִּיעַ רָצוֹן. 4 הִתְאַסֵּף, הִתְאַחֵד, הִתְכַּנֵּס. 5 מַתְאִים, הוֹלֵם. 6 אֲסֵפָה, מִפְגָּשׁ
meeting n אֲסֵפָה, פְּגִישָׁה, כִּנּוּס, עֲצֶרֶת
megacycle n מֶגָהֶרְץ
megadeath n טֶבַח גָּדוֹל
megalith אֶבֶן גְּדוֹלָה, מֶגָלִית

megalithic n מֶגָלִיתִי
megaphone n מַגְבִּיר קוֹל, מֶגָפוֹן
megaton n מֶגָטוֹן
megrim n מִיגְרֶן, צִלְחָה
melancholia n מָרָה שְׁחֹרָה, עַצֶּבֶת, מֶלַנְכוֹלְיָה
melancholic adj מֶלַנְכוֹלִי, נוֹטֶה לְדִכָּאוֹן
melancholy adj, n 1 עָצוּב, מְדֻכָּא. 2 מָרָה שְׁחֹרָה, עַצְבוּת, דִּכָּאוֹן
mélange n 1 בְּלִיל, אַנְדְּרָלָמוּסְיָה. 2 תַּעֲרֹבֶת, עִרְבּוּבְיָה
meld vti, n 1 מִזֵּג, אִחֵד. 2 הִכְרִיז (בקלפים). 3 מִזּוּג
mêlée n תִּגְרָה, מְהוּמָה
meliorate vti הִשְׁבִּיחַ, שִׁפֵּר, הֵיטִיב
melioration n הַשְׁבָּחָה, שִׁפּוּר, הֲטָבָה
mellifluous adj 1 זָב דְּבַשׁ. 2 מָתוֹק כִּדְבַשׁ
mellow vti, adj 1 רִכֵּךְ, הִתְרַכֵּךְ. 2 הִבְשִׁיל. 3 בָּשֵׁל, רַךְ, נָעִים. 4 פּוֹרֶה, עָשִׁיר. 5 מְבֻשָּׂם, עַלִּיז, חַי
mellowly adv בְּרַכּוּת
mellowness n רַכּוּת, בְּשֵׁלוּת
melodic adj 1 לַחְנִי. 2 מֶלוֹדִי, עָרֵב לָאֹזֶן
melodious adj מֶלוֹדִי, עָרֵב, נָעִים
melodiously adv בְּאֹפֶן מֶלוֹדִי
melodiousness n מֶלוֹדִיּוּת
melodrama n מֶלוֹדְרָמָה
melodramatic adj מֶלוֹדְרָמָטִי
melodramatically adv מֶלוֹדְרָמָטִית
melody n נְעִימָה, מֶלוֹדְיָה
melon n מֶלוֹן
melt vti 1 נָמֵס, נִתַּךְ. 2 נָמוֹג. 3 הִתְעַבָּה. 4 נִכְמַר. 5 הִתְרַכֵּךְ, הִתִּיךְ, הֵמֵס. 6 רִכֵּךְ
melt away vi נֶעְלַם, נָמוֹג
melt down vt הִתִּיךְ
melting adj, n 1 נָמֵס, רַךְ, סֶנְטִימֶנְטָלִי, מָתוֹק, עָרֵב. 2 הִתּוּךְ, הַתָּכָה, תְּמִסָּה
melting point נְקֻדַּת הַתָּכָה
melting-pot n כּוּר הִתּוּךְ

member n 1 חָבֵר. 2 אֵיבָר, חֵלֶק
membership n חֲבֵרוּת, הִשְׁתַּיְּכוּת
membrane n קְרוּם, קְרוּמִית, מֶמְבְּרָנָה
membranous adj קְרוּמִי
memento n מַזְכֶּרֶת
memo n תַּזְכִּיר, מִזְכָּר, תִּזְכֹּרֶת
memoirs n 1 זִכְרוֹנוֹת, תַּזְכִּיר. 2 תּוֹלְדוֹת חַיִּים
memorable adj זָכִיר, מְהֻלָּל, רָאוּי לְהִזָּכֵר
memorably adv בְּאֹפֶן מְהֻלָּל
memorandum n תַּזְכִּיר, מִזְכָּר
memorial n 1 זִכָּרוֹן, מַזְכֶּרֶת. 2 מַצֵּבָה, יָד. 3 תַּזְכִּיר
memorialize vt 1 קִדֵּשׁ, אִזְכֵּר, הִזְכִּיר. 2 הִגִּישׁ תַּזְכִּיר
memorize vt שִׁנֵּן, לָמַד עַל פֶּה
memory n 1 זִכָּרוֹן, זְכִירָה. 2 מַזְכֶּרֶת
memory bank מַאֲגַר זִכָּרוֹן
men npl 1 אֲנָשִׁים, בְּנֵי־אָדָם. 2 אֱנוֹשׁוּת. 3 גְּבָרִים. 4 בְּעָלִים
menace vt, n 1 אִיֵּם, סִכֵּן. 2 אִיּוּם, סַכָּנָה, אֵימָה
menacingly adv תּוֹךְ אִיּוּמִים
ménage n 1 מֶשֶׁק בַּיִת. 2 דַּיָּרֵי הַבַּיִת
ménagerie n בֵּיבָר, גַּן חַיּוֹת
mend vti, n 1 תִּקֵּן, שִׁפֵּר, הִשְׁבִּיחַ, שִׁפֵּץ. 2 הֶחֱלִים. 3 תִּקּוּן
mendacious adj שַׁקְרָן, כַּזְּבָן, בַּדַּאי
mendacity n שֶׁקֶר, כָּזָב, כַּזְּבָנוּת, שַׁקְרָנוּת
mendicant adj, n 1 קַבְּצָן, פּוֹשֵׁט יָד. 2 עָנִי, דַּל
mending n תִּקּוּן, הַשְׁבָּחָה, שִׁפּוּץ
menfolk npl גְּבָרִים
menial adj, n 1 מִתְרַפֵּס, נִכְנָע, חָנֵף, חַנְפָנִי. 2 מְשָׁרֵת, שַׁמָּשׁ
menially adv בְּהַכְנָעָה
meningitis n דַּלֶּקֶת קְרוּם הַמֹּחַ
menopause n חֶדְלוֹן וֶסֶת, בְּלוּת
menses npl וֶסֶת
menstrual adj וִסְתִּי, חָדְשִׁי, שֶׁל הַוֶּסֶת
menstruate vi בָּאָה וִסְתָּהּ, קִבְּלָה וֶסֶת

menstruation n וֶסֶת
mensuration n מְדִידָה
mental adj שִׂכְלִי, רוּחָנִי
mental age גִּיל שִׂכְלִי
mental arithmetic חֶשְׁבּוֹן בְּעַל פֶּה
mental reservation הִסְתַּיְּגוּת
mentality n שִׂכְלִיּוּת, מֶנְטָלִיּוּת
mentally adv מֶנְטָלִית
menthol n מֶנְתּוֹל
mention vt, n 1 הִזְכִּיר, אִזְכֵּר, רָמַז, הֵעִיר. 2 הַזְכָּרָה, הֶעָרָה, אִזְכּוּר
mentionable adj בַּר הַזְכָּרָה
mentor n מַדְרִיךְ, יוֹעֵץ נֶאֱמָן
menu n תַּפְרִיט
meny-driven n (מחשב) מֻפְעָל עַל פִּי תַּפְרִיט
mercantile adj מִסְחָרִי
mercenary adj, n שְׂכִיר חֶרֶב
mercer n סוֹחֵר אֲרִיגִים
mercerize vt מִרְצֵר
merchandise n סְחוֹרָה, סְחוֹרוֹת, מִצְרָכִים, טוּבִין
merchandising n תִּסְחוּר
merchant n סוֹחֵר, רוֹכֵל, תַּגָּר
merchantman n אֳנִיַּת סַחַר
merciful adj רַחֲמָן, רַחוּם, חַנּוּן
mercifully adv בְּרַחֲמָנוּת
mercifulness n רַחֲמָנוּת, רַחֲמִים, חֶסֶד
merciless adj אַכְזָרִי
mercilessly adv בְּאַכְזְרִיּוּת, לְלֹא רַחֵם
mercurial adj 1 פָּעִיל, זָרִיז. 2 כַּסְפִּיתִי
mercury n 1 כַּסְפִּית. 2 מֶרְקוּלִיס, מֶרְקוּרִי
mercy n 1 רַחֲמָנוּת, סַלְחָנוּת. 2 חֶמְלָה, חֶסֶד, רַחֲמִים. 3 חֲנִינָה
mercy killing הֲמָתַת חֶסֶד
mere adj, n 1 סְתָם, פָּשׁוּט, גְּרֵידָא, רַק. 2 בְּרֵכָה. 3 גְּבוּל, תְּחוּם
merely adv בִּלְבַד, גְּרֵידָא, סְתָם
meretricious adj 1 זְנוּתִי, מֻפְקָר. 2 צַעֲקָנִי, מְזֻיָּף
meretriciously adv בְּהֶפְקֵרוּת
meretriciousness n זְנוּת, הֶפְקֵרוּת
merge vti 1 הִבְלִיעַ, בָּלַע. 2 מִזֵּג. 3 נִבְלַע, הִתְמַזֵּג, הִתְאַחֵד. 4 קָלַט, עָרַב
merger n 1 הִתְמַזְּגוּת, מְזִיגָה, הִתְחַבְּרוּת, מִזּוּג, צֵרוּף. 2 הֶבְלֵעַ
meridian n 1 צָהֳרַיִם. 2 מֶרִידְיָן, מִצְהָר
meridional adj דְּרוֹמִי
meringue n מִקְצֶפֶת
merino n מֶרִינוֹ
merit n 1 זְכוּת, עֵרֶךְ, שֹׁוִי, כֹּשֶׁר. 2 סְגֻלָּה, מַעֲלָה, יִתְרוֹן
meritocracy n עִלִּית רוּחָנִית בַּעֲלַת כִּשּׁוּרִים
meritorious adj רָאוּי לְשֶׁבַח
mermaid n בְּתוּלַת יָם
merman n בֶּן הַיָּם
merrily adv בִּרְנָנָה, בְּשִׂמְחָה
merriment n הִלּוּלִים, בִּדּוּחַ, עַלִּיזוּת
merry adj עַלִּיז, שָׂמֵחַ, מִתְהוֹלֵל
merry-go-round n סְחַרְחֵרָה, קָרוּסֶלָה
mésalliance n זִוּוּג רַע, שִׁדּוּךְ כּוֹשֵׁל
mescal n מֶסְקָל
mescaline n מֶסְקָלִין
mesh vti, n 1 לָכַד בְּרֶשֶׁת. 2 סִבֵּךְ, שִׁלֵּב. 3 הִסְתַּבֵּךְ, הִשְׁתַּלֵּב. 4 רֶשֶׁת. 5 עֵינִית. 6 לְכִידָה
mesmeric adj מֶסְמֵרִי, הִיפְּנוֹטִי, מְהַפְּנֵט
mesmerism n מֶסְמֶרִיּוּת, הִיפְּנוֹזָה, הִיפְּנוּט
mesmerist n מֶסְמֶרִיסְט, מְהַפְּנֵט
mesmerize vt מִסְמֵר, הִפְנֵט
meson n מֵסוֹן
mess vi, n 1 בִּלְבֵּל, עִרְבֵּב, לִכְלֵךְ, טִנֵּף. 2 סִבֵּךְ. 3 הִסְתַּבֵּךְ. 4 סִפֵּק אֲרוּחוֹת. 5 אָכַל בְּצַוְתָּא. 6 אִי־סֵדֶר, לִכְלוּךְ, טִנֹּפֶת. 7 מְהוּמָה, עִרְבּוּבְיָה, בִּלְבּוּל. 8 מִסְעָדָה, מֶנָזָה
mess about הִסְתּוֹבֵב לְבַטָּלָה
mess up vt, n 1 סִבֵּךְ, עִרְבֵּב, בִּלְבֵּל. 2 טִנֵּף. 3 קִלְקֵל. 4 אַנְדְּרָלוֹמוּסְיָה, אִי־סֵדֶר
message n 1 הוֹדָעָה, יְדִיעָה. 2 הַצְהָרָה, בְּשׂוֹרָה. 3 מֶסֶר, שֶׁדֶר,

4 שְׁלִיחוּת
messenger n שָׁלִיחַ, רָץ, בַּלְדָר
Messiah n מָשִׁיחַ
messianic adj מְשִׁיחִי
Messieurs (Fr) npl רַבּוֹתַי
Messrs.-Misters אֲדוֹנִים, מָרִים, א.נ.
mestizo n מֶסְטִיצוֹ, בֶּן־תַּעֲרֹבֶת
met pt זמן עבר ובינוני עבר של הפועל to meet
metabolic adj מֶטַבּוֹלִי
metabolism n חִלּוּף חֳמָרִים, מֶטַבּוֹלִיזְם
metacarpal adj שֶׁל פִּסַּת הַיָּד
metal vt, n 1 צִפָּה בְּמַתֶּכֶת. 2 רִצֵּף בְּחָצָץ. 3 מַתֶּכֶת. 4 סַגְסֹגֶת. 5 חָצָץ. 6 סְדָר
metallic adj מַתַּכְתִּי
metallization n מִתּוּךְ
metallurgy n מֶטָלוּרְגְיָה, תּוֹרַת הַמַּתָּכוֹת
metamorphose vt 1 שִׁנָּה צוּרָה, הֶחֱלִיף צוּרָה. 2 הִתְגַּלְגֵּל
metamorphosis שִׁנּוּי צוּרָה, מֶטָמוֹרְפוֹזָה
metaphor n הַשְׁאָלָה, מֶטָפוֹרָה, מְלִיצָה
metaphorical adj מְלִיצִי, מֶטָפוֹרִי, הַשְׁאָלָתִי
metaphorically adv בְּהַשְׁאָלָה
metaphysical adj מֶטָפִיסִי
metaphysics n מֶטָפִיסִיקָה
metatarsal adj, n שֶׁל פִּסַּת הָרֶגֶל
mete n גְּבוּל, תְּחוּם
meteor n כּוֹכָב נוֹפֵל, מֶטֶאוֹר
meteoric adj מֶטֶאוֹרִי
meteorite n מֶטֶאוֹרִיט
meteorological adj מֶטֶאוֹרוֹלוֹגִי
meteorologist n מֶטֶאוֹרוֹלוֹג
meteorology n מֶטֶאוֹרוֹלוֹגְיָה
mete out vt חִלֵּק, הֵטִיל, הִקְצִיב
methane n מֶתָן
method n שִׁיטָה, סֵדֶר, אֹפֶן, דֶּרֶךְ
methodical adj שִׁיטָתִי, הַדְרָגִי
methodically adv בְּשִׁיטָתִיּוּת
Methodist adj, n מֶתוֹדִי
Methodism n מֶתוֹדִיזְם
methodology n מֶתוֹדוֹלוֹגְיָה
Methuselah n מְתוּשֶׁלַח
meticulous adj קַפְּדָן, מְדַקְדֵּק, נַקְדָן
meticulously adv בְּקַפְּדָנוּת
métier n מְלָאכָה, מִקְצוֹעַ, מִשְׁלַח־יָד
metre, meter n 1 מֶטֶר. 2 מִקְצָב, מִשְׁקָל. 3 מַד, מוֹנֶה, מוֹדֵד
metric, metrical adj 1 מֶטְרִי. 2 רִיתְמִי, מִקְצָבִי, מִשְׁקָלִי
metricize vt 1 הָפַךְ לַשִּׁיטָה הַמֶּטְרִית. 2 חָרַז (שיר)
metrication n 1 הֲפִיכָה לַשִּׁיטָה הַמֶּטְרִית. 2 חֲרִיזָה, חֶרֶז
metro (Fr) n רַכֶּבֶת תַּחְתִּית
metronome n מֶטְרוֹנוֹם
metropolis n מֶטְרוֹפּוֹלִין, כְּרַךְ
metropolitan adj, n 1 מֶטְרוֹפּוֹלִיטָנִי. 2 מֶטְרוֹפּוֹלִיט, הֶגְמוֹן
mettle n 1 הִתְלַהֲבוּת, לַהַט. 2 מֶזֶג, תְּכוּנָה, נְטִיָּה
mew vi, n 1 יִלֵּל, יִמְיֵם (החתול). 2 כָּלָא, הִסְגִּיר. 3 הִשִּׁיר נוֹצוֹתָיו. 4 יְלָלָה. 5 שַׁחַף
mews npl 1 אֻרְווֹת סוּסִים. 2 סִמְטָה
Mexican adj, n מֶקְסִיקָנִי
mezzanine n קוֹמַת בֵּינַיִם
mezzo adv בֵּינוֹנִי, אֶמְצָעִי
mezzo-sopramo n מֶצּוֹסוֹפְּרָן
mezzotint n 1 שִׁיּוּף הַנְּחשֶׁת. 2 חֲצִי צֶבַע
miasma n קַדַּחַת הַבִּצָּה, מִיאַסְמָה
mica n נָצִיץ
mice npl עַכְבָּרִים
micro n מַחְשֵׁב־אִישִׁי, "מִיקְרוֹ"
microbe n חַיְדַּק, מִיקְרוֹב
microbiology n מִיקְרוֹבִּיּוֹלוֹגְיָה
microchip n מִיקְרוֹצִ׳יפּ. 2 שְׁבַב (אלקטרוני)
microcosm n עוֹלָם קָטָן, מִיקְרוֹקוֹסְמוֹס
microdont n קְטַן שִׁנַּיִם
microfiche n דַּף זְעוּר
microfilm n מִיקְרוֹפִילְם

micrometer n מִיקְרוֹמֶטֶר
micron n מִיקְרוֹן
micro-organism n מִיקְרוֹאוֹרְגָנִיזְם
microphone n מִיקְרוֹפוֹן
microscope n מִיקְרוֹסְקוֹפּ
microscopic adj מִיקְרוֹסְקוֹפִּי
microscopically adv בְּאֹפֶן מִיקְרוֹסְקוֹפִּי
microwave n מִיקְרוֹגַל
mid adj אֶמְצָעִי
mid-air adj, n 1 בָּאֲוִיר, בַּשָּׁמַיִם. 2 אֲוִירִי
midday n צָהֳרַיִם
middle adj, n 1 אֶמְצָעִי, בֵּינוֹנִי, תִּיכוֹנִי. 2 אֶמְצַע, תָּוֶךְ
middle age גִּיל עֲמִידָה
Middle Ages יְמֵי הַבֵּינַיִם
middle class הַמַּעֲמָד הַבֵּינוֹנִי
middle ear הָאֹזֶן הַתִּיכוֹנָה
Middle East הַמִּזְרָח הַתִּיכוֹן
middleman n מְתַוֵּךְ, סַרְסוּר
middling adj בֵּינוֹנִי, טוֹב לְמַדַּי
midge n 1 יַבְחוּשׁ, יַתּוּשׁ, זְבוּב. 2 גַּמָּד, נַנָּס, גּוּץ
midget n נַנָּס, גַּמָּד
midland n פְּנִים הָאָרֶץ
midnight n חֲצוֹת לַיְלָה
midriff n סַרְעֶפֶת
midshipman n 1 צוֹעֵר, פֶּרַח קְצֻנָּה. 2 קָצִין זוּטָר (חיל הים)
midst n, prep 1 אֶמְצַע, תָּוֶךְ. 2 בְּקֶרֶב, בְּתוֹךְ
midsummer n קַיִץ בְּעִצּוּמוֹ
midsummer madness הִשְׁתַּטּוּת, שִׁגָּעוֹן זְמַנִּי
midway adj, adv בַּחֲצִי הַדֶּרֶךְ
midwife n מְיַלֶּדֶת
midwifery n מְיַלְּדוּת
mien n אֹפִי, צִבְיוֹן, הַבָּעָה, מַרְאֶה
might n, pt 1 כֹּחַ, חֹזֶק, אוֹן. 2 עָצְמָה, גְּבוּרָה, חֹסֶן. 3 צורת העבר של פועל העזר may
might and main כָּל הַכֹּחוֹת
mightily adv 1 בְּעָצְמָה. 2 מְאֹד

mighty adj, adv 1 חָזָק, רַב־עָצְמָה. 2 מְאֹד
migraine n צִלְחָה, מִיגְרֶנָה
migrant adj, n 1 נוֹדֵד, נָע וָנָד. 2 מְהַגֵּר
migrate vi הִגֵּר, נָדַד
migration n הֲגִירָה, נְדִידָה
migratory adj מְשׁוֹטֵט, נוֹדֵד, מְהַגֵּר
mikado n מִיקָדוֹ, שַׁלִּיט (יפן)
mileage n קִצְבַּת הַמִּיל
mild adj עָדִין, נָעִים, נוֹחַ, עָנֹג
mildly adv בְּנֹעַם, בְּנַחַת
mildew n טַחַב, קִמָּחוֹן, קִמְחוֹנִית, יֵרָקוֹן
mildness n נֹעַם, נַחַת
mile n מִיל
miler n אָצָן לְמִיל
milestone n 1 אֶבֶן מִיל, תַּמְרוּר מִיל. 2 צִיּוּן דֶּרֶךְ, מְאֹרָע חָשׁוּב
milieu n הֲוַי, רֶקַע, סְבִיבָה
militancy n תּוֹקְפָנוּת, מִלְחַמְתִּיּוּת
militant adj לוֹחֵם, מִלְחַמְתִּי, תּוֹקְפָנִי
militarism n מִילִיטָרִיזְם
militarist n מִילִיטָרִיסְט
militaristic adj מִילִיטָרִיסְטִי
military adj, n צְבָאִי, מִלְחַמְתִּי
militate vi פָּעַל, הִשְׁפִּיעַ
militia n מִילִיצְיָה
milk vti, n 1 חָלַב. 2 הֶחֱלִיב. 3 סָחַט, נִצֵּל, מָצַץ, יָנַק. 4 חָלָב
milk can קַנְקַן לְחָלָב
milkshake n מִילְקְשֵׁיק
milksop n מְפֻנָּק, עָדִין, נָשִׁי
milktooth n שֵׁן חָלָב
milky adj 1 חֲלָבִי. 2 עָדִין
Milky Way נְתִיב הֶחָלָב
mill vt, n 1 טָחַן. 2 גִּיֵּץ, כִּרְסֵם. 3 טַחֲנָה
millennium n 1 אֶלֶף הַשָּׁנָה. 2 יְמוֹת הַמָּשִׁיחַ
millepede n מַרְבֵּה רַגְלַיִם
miller n טֶחָן, טוֹחֵן
millet n דֹּחַן
milliard n מִילְיַרְד

milligram n מִילִיגְרַם
millilitre n מִילִילִיטֶר
millimetre n מִילִימֶטֶר
milliner n כּוֹבָעָן
milliner's n חֲנוּת כּוֹבָעִים
millinery n כּוֹבְעָנוּת
million n מִילְיוֹן
millionaire n מִילְיוֹנֶר
millionth adj, n 1 מִילְיוֹנִית. 2 הַמִּילְיוֹן
milord n אֲדוֹנִי (פנייה לאציל)
mime n 1 מוּמוֹס, חַקְיָן, לֵיצָן. 2 פַּנְטוֹמִימָה
mimeograph vt, n 1 שִׁכְפֵּל, (במימאוגרף). 2 מִימֵאוֹגְרָף, שַׁכְפֵּלָה, מְשַׁכְפֶּלֶת
mimetic adj מְחַקֶּה, כּוֹזֵב
mimic vt, adj, n 1 חִקָּה, הִסְתַּוָּה. 2 חִקּוּי. 3 חַקְיָן
mimicry n 1 חַקְיָנוּת, חִקּוּי. 2 הַסְוָאָה
mimosa n מִימוֹסָה
minaret n מִינָרֶט, צְרִיחַ הַמִּסְגָּד
minatory adj מְסַכֵּן, מְאַיֵּם
mince vi, n 1 קִצֵּץ, טָחַן. 2 רִכֵּךְ. 3 טָפַף. 4 הִתְבַּטֵּא בַּעֲדִינוּת מְעֻשָּׂה. 5 בְּשַׂר טָחוּן. 6 קְצִיצָה
mincemeat n 1 בְּשַׂר טָחוּן, קְצִיצָה. 2 מִלּוּי לְפַשְׁטִידָה
mincing adj 1 מִתְגַּנְדֵּר, מִתְהַדֵּר. 2 טוֹפֵף
mind vti, n 1 זָכַר, שָׁמַר, הִשְׁגִּיחַ, שָׂם־לֵב. 2 הִזְהִיר, הִצְטַעֵר, הִתְנַגֵּד. 3 הִתְחַשֵּׁב. 4 מֹחַ, שֵׂכֶל, דֵּעָה. 5 זִכָּרוֹן, תּוֹדָעָה, הַכָּרָה. 6 כַּוָּנָה, שְׁאִיפָה, רָצוֹן
minded adj 1 נָתוּן, נוֹטֶה. 2 בַּעַל שֵׂכֶל
mind-bending adj 1 מְעוֹרֵר הֲזָיוֹת. 2 מַדְהִים
mind-boggling adj לֹא־יְאֻמָּן, מַדְהִים
mindful adj 1 זָהִיר, יוֹדֵעַ, זוֹכֵר. 2 שׁוֹמֵר בַּלֵּב
mindfully adv בִּזְהִירוּת
mindless adj 1 חֲסַר דֵּעָה. 2 לֹא זָהִיר, פָּזִיז
mine vti, n, pron 1 כָּרָה, חָפַר. 2 מִקֵּשׁ, יִקֵּשׁ. 3 מִכְרֶה. 4 אוֹצָר. 5 מוֹקֵשׁ. 6 שֶׁלִּי
mine-detector n מְגַלֵּה־מוֹקְשִׁים
miner n 1 כּוֹרֶה. 2 חַבְּלָן, מוֹקְשַׁאי
mineral adj, n 1 מַחְצָבִי, מִינֶרָלִי. 2 מַחְצָב, דּוֹמֵם, מַעְדֵּן, מִינֶרָל
mineralogy n מִינֶרָלוֹגְיָה
mineralogist n מִינֶרָלוֹג
minestrone n נְזִיד יְרָקוֹת
minesweeper n שׁוֹלַת מוֹקְשִׁים
minesweeping n שְׁלִיַּת מוֹקְשִׁים
mingle vti 1 עָרַב, עֵרֵב, עִרְבֵּב, מָזַג, פִּתֵּךְ. 2 הִתְעָרֵב, הִתְבּוֹלֵל, הִתְמַזֵּג
mini- pref מִינִי־, זָעִיר, נַנָּסִי
miniature n מִזְעֶרֶת, מִינְיָאטוּרָה, זְעִירִית, זְעֵיר אַנְפִּין
minim n 1 טִפָּה, מִזְעָר. 2 חֲצִי־תָּו
minimal adj מִינִימָלִי, מִזְעָרִי
minimarket n מַרְכּוֹלִית
minimize vt הִמְעִיט, הִקְטִין, הִפְחִית
minimum adj, n 1 מִינִימָלִי, מִזְעָרִי, מִמְעָטִי. 2 מִינִימוּם, מִזְעָר
minimum percentage אֲחוּז הַחֲסִימָה
mining n כְּרִיָּה
minion n 1 חָבִיב, נֶחְמָד. 2 מִתְחַנֵּף. 3 אֲהוּבָה, אָהוּב. 4 אוֹת קְטַנָּה (דפוס)
minister vt, n 1 כִּהֵן, שֵׁרֵת, נִהֵל, עָזַר. 2 שַׂר. 3 שָׁלִיחַ, צִיר, נָצִיג דִּיפְּלוֹמָטִי. 4 כֹּהֵן דָּת
minister to vt טִפֵּל בְּ־, שֵׁרֵת
ministerial adj 1 דָּתִי, פֻּלְחָנִי. 2 מִשְׂרָדִי, מִינִיסְטֶרְיוֹנִי
ministerially adv כְּשַׂר, מִטַּעַם הַשַּׂר
ministrant adj, n מְכַהֵן, מְשָׁרֵת
ministration n שֵׁרוּת, הַנְהָלָה, נִהוּל
ministry n 1 מִינִיסְטֶרְיוֹן, מִשְׂרָד. 2 כְּהֻנָּה
miniver n סְנָאִי סִיבִּירִי
mink n חָרְפָּן

minnow n 1 טְרוּטָה, שֶׁמֶךְ. 2 דַּג־רָקָק
minor adj, n 1 קָטָן, קָטִין, צָעִיר, זוּטָר. 2 זָעִיר, מִינוֹר, מִינוֹרִי
minority n 1 מִעוּט. 2 קַטִינוּת, קַטְנוּת
minstrel n 1 פַּיְטָן, חַרְזָן. 2 בַּדְּחָן
minstrelsy n 1 זִמְרָה, שִׁירַת זַמָּרִים. 2 לַהֲקַת זַמָּרִים
mint vt, n 1 טָבַע. 2 יָצַר, חִדֵּשׁ, הִמְצִיא. 3 מִטְבָּעָה. 4 מִנְתָּה, נַעֲנָע (צמח). 5 חָדָשׁ (כסף)
minuet n מִינוּאֶט
minus adj, n, prep 1 שְׁלִילִי. 2 פָּחוֹת, חָסֵר. 3 סִימַן הַחִסּוּר (—)
minus sign סִימַן הַחִסּוּר
minuscule adj, n 1 זָעִיר, פָּעוּט, זַעֲרוּרִי. 2 אוֹת זְעִירָה
minute adj, n 1 דַּקָּה, רֶגַע. 2 זִכְרוֹן־דְּבָרִים, פְּרוֹטוֹקוֹל. 3 זַעֲרוּרִי, קְטַנְטַן, זָעִיר
minute-book n סֵפֶר פְּרוֹטוֹקוֹלִים
minute-hand n מְחוֹג הַדַּקּוֹת
minutely adv 1 בְּדַיְקָנוּת. 2 בִּפְרוֹטְרוֹט, לִפְרָטֵי פְּרָטִים
minuteness n קַטְנוּנִיּוּת, דִּקְדּוּקֵי עֲנִיּוּת
minutes npl זִכְרוֹן דְּבָרִים
minutiae npl פְּרָטִים, פְּרָטֵי־פְּרָטִים
minx n 1 חָרְפָּן. 2 אֲהַבְהֲבָנִית
miracle n 1 נֵס, פֶּלֶא. 2 אוֹת, מוֹפֵת
miracle play מַחֲזֵה נִסִּים
miraculous adj נִסִּי, מֻפְלָא
miraculously adv בְּאֹרַח פֶּלֶא
mirage n מַחֲזֵה תַּעְתּוּעִים, מִירָז'
mire vi, n 1 שָׁקַע בְּטִיט. 2 הִתְלַכְלֵךְ, הִסְתַּבֵּךְ. 3 טִיט, רֶפֶשׁ, בֹּץ
mirror vt, n 1 שִׁקֵּף. 2 מַרְאָה, רְאִי, אַסְפַּקְלַרְיָה
mirror image הִשְׁתַּקְּפוּת הֲפוּכָה
mirth n שִׂמְחָה, עַלִּיזוּת, עֲלִיצוּת, הוֹלֵלוּת
miry adj מְרֻפָּשׁ, מָלֵא טִיט
misadventure n 1 אָסוֹן, תְּאוּנָה. 2 הַרְפַּתְקָה כּוֹשֶׁלֶת
misadvise vt יָעַץ רַע
misalliance n זִוּוּג רַע
misanthrope n שׂוֹנֵא בְּרִיּוֹת, שׂוֹנֵא אָדָם, מִיזַנְתְּרוֹפּ
misanthropic adj מִיזַנְתְּרוֹפִּי
misanthropy n שִׂנְאַת הַבְּרִיּוֹת, מִיזַנְתְּרוֹפְּיָה
misapplication n שִׁמּוּשׁ רַע
misapply vt הִשְׁתַּמֵּשׁ לְרָעָה
misapprehend vt טָעָה, לֹא הֵבִין
misapprehension n טָעוּת, אִי־הֲבָנָה
misappropriate vt מָעַל, שָׁלַח יָד
misappropriation n מְעִילָה, שְׁלִיחַת יָד
misbegotten adj לֹא־חֻקִּי, מַמְזֵרִי, מַמְזֵר
misbehave vi הִשְׁתּוֹבֵב, נָהַג שֶׁלֹּא כְּהֹגֶן
misbehaved adj גַּס־רוּחַ
misbehaviour n הִתְנַהֲגוּת רָעָה, הִתְפָּרְעוּת
misbelief n אֱמוּנָה טְפֵלָה
miscalculate vti טָעָה בְּחִשּׁוּב
miscalculation n טָעוּת בְּחִשּׁוּב
miscall vt קָרָא בְּשֵׁם לֹא־נָכוֹן
miscarriage n 1 עִוּוּת, שִׁבּוּשׁ. 2 הַפָּלָה, כִּשָּׁלוֹן
miscarry vti 1 הִפִּילָה. 2 נִכְשַׁל. 3 תָּעָה, הֶחֱטִיא
miscast vt הֵטִיל תַּפְקִיד לֹא מַתְאִים
miscegenation n נִשּׂוּאֵי תַּעֲרֹבֶת
miscellaneous adj, n 1 שׁוֹנִים, מְעֹרָב. 2 מְגֻוָּן, רַב־צְדָדִי. 3 שׁוֹנוֹת
miscellaneously adv בִּמְעֹרָב
miscellany n 1 תַּעֲרֹבֶת, שׁוֹנוֹת. 2 קֹבֶץ סִפְרוּתִי
mischance n 1 מַזָּל רַע, פֶּגַע רַע. 2 אָסוֹן, תְּאוּנָה
mischief n 1 פְּגִיעָה, נֶזֶק, רָעָה. 2 קוּנְדֵּסוּת, שׁוֹבְבוּת. 3 קֻנְטוֹר
mischievous adj 1 מַזִּיק, מַשְׁחִית, מְחַבֵּל. 2 שׁוֹבָב
mischievously adv 1 בְּרִשְׁעוּת. 2 בְּשׁוֹבְבוּת
misconceive vti טָעָה בְּשִׁפּוּט, הֵבִין שֶׁלֹּא

כַּהֲלָכָה

misconception n אִי־הֲבָנָה, דֵּעָה מֻטְעֵית

misconduct n 1 הִתְנַהֲגוּת לֹא הוֹגֶנֶת. 2 חֵטְא, זְנוּת, נִאוּף

misconstrue vt בֵּאֵר בְּאֹפֶן מֻטְעֶה, גִּלָּה פָּנִים שֶׁלֹּא כַּהֲלָכָה

miscount vti, n 1 טָעָה בִּסְפִירָה, טָעָה בְּחֶשְׁבּוֹן. 2 טָעוּת בְּחֶשְׁבּוֹן

miscreant n נוֹכֵל, מְנֻוָּל, שָׁפָל

misdeal vti, n 1 נָהַג שֶׁלֹּא כְּהֹגֶן. 2 חֲלֻקָּה מֻטְעֵית

misdeed n חֵטְא, עָווֹן, פֶּשַׁע

misdemeanour n 1 הִתְנַהֲגוּת רָעָה, מַעֲשֶׂה רַע. 2 עֲבֵרָה, עָווֹן

misdirect vt הִטְעָה, הִנְחָה לֹא נָכוֹן

misdirection n הַנְחָיָה מֻטְעֵית

misdoer n חוֹטֵא, עֲבַרְיָן

misdoing n עֲבַרְיָנוּת, טָעוּת

mise en scène n תַּפְאוּרָה

miser n קַמְצָן, כִּילַי

miserable adj 1 אֻמְלָל, עָלוּב, אֶבְיוֹן. 2 דַּל, עָנִי. 3 נִבְזֶה, שָׂנוּא. 4 חוֹלֶה, סוֹבֵל

miserably adv בְּאֹפֶן עָלוּב

miserliness n קַמְצָנוּת

miserly adj קַמְצָן, כִּילַי

misery n 1 מְצוּקָה, מַחְסוֹר. 2 יִסּוּרִים, צַעַר, דִּכְדּוּךְ. 3 סֵבֶל, עֹנִי

misfire vi, n 1 הֶחֱטִיא. 2 הַחְטָאָה, אַכְזֶבֶת

misfit n 1 לֹא יִצְלַח. 2 אִי־הַתְאָמָה

misfortune n מַזָּל בִּישׁ, תְּאוּנָה, אָסוֹן

misgiving n חֲשָׁשׁ, סָפֵק, אִי־אֵמוּן

misgovern vt שָׁלַט שֶׁלֹּא כַּהֲלָכָה

misgovernment n הַנְהָלַת עִנְיָנִים כּוֹשֶׁלֶת

misguide vt הִתְעָה, הִטְעָה, הוֹלִיךְ שׁוֹלָל

misguided adj תּוֹעֶה, הוֹלֵךְ שׁוֹלָל

mishandle vt הִתְאַכְזֵר, טִפֵּל שֶׁלֹּא כַּהֲלָכָה

mishap n תַּקָּלָה, פֶּגַע, תְּאוּנָה, צָרָה

mishmash n עִרְבּוּבְיָה, אִי־סֵדֶר, מִישְׁמַשׁ

misinform vt הִטְעָה, הִתְעָה

misinterpret vt פֵּרֵשׁ שֶׁלֹּא כַּהֲלָכָה

misjudge vt עִוֵּת דִּין, טָעָה בְּשִׁפּוּטוֹ

mislay vt אִבֵּד, הִנִּיחַ דָּבָר שֶׁלֹּא בִּמְקוֹמוֹ

mislead vt הִתְעָה, הִטְעָה, רִמָּה, הוֹלִיךְ שׁוֹלָל

mismanage vt קִלְקֵל, נִהֵל שֶׁלֹּא כַּהֲלָכָה

mismanagement n קִלְקוּל, נִהוּל שֶׁלֹּא כַּהֲלָכָה

misname vt טָעָה בְּשֵׁם

misnomer n שֵׁם בִּלְתִּי מַתְאִים

misogynist n שׂוֹנֵא נָשִׁים

misplace vt שָׂם לֹא בַּמָּקוֹם

misprint vt, n 1 הִדְפִּיס טָעוּת. 2 טָעוּת דְּפוּס

mispronounce vt טָעָה בַּהֲגִיָּה

mispronunciation n טָעוּת בַּהֲגִיָּה, הִגּוּי מֻטְעֶה

misquotation n צִטּוּט מְסֻלָּף

misquote vt צִטֵּט לֹא נָכוֹן

misread vt 1 טָעָה בִּקְרִיאָה. 2 הֵבִין לֹא נָכוֹן

misrepresent vt תֵּאֵר לֹא נָכוֹן

misrepresentation n תֵּאוּר לֹא נָכוֹן, תֵּאוּר מְסֻלָּף

misrule n שִׁלְטוֹן רַע, מִמְשָׁל רַע

Miss n עַלְמָה, גְּבֶרֶת

miss vti, n 1 הֶחֱטִיא, הֶחְמִיץ. 2 הִתְגַּעְגֵּעַ. 3 הִשְׁמִיט, הִתְעַלֵּם, אֵחַר. 4 הַחְטָאָה, כִּשָּׁלוֹן

miss out vt 1 הִשְׁמִיט. 2 הִפְסִיד

missal n סֵפֶר הַתְּפִלּוֹת

misshapen adj מְעֻוַּת צוּרָה

missile n טִיל

missing n 1 חָסֵר, נֶעְדָּר. 2 אָבוּד

mission n 1 שְׁלִיחוּת, יִעוּד, מְשִׂימָה. 2 מִשְׁלַחַת, נְצִיגוּת

missionary n מִיסְיוֹנֶר

missive n מִכְתָּב, אֶשְׁגָּר, אִגֶּרֶת

misspell vt טָעָה בִּכְתִיב, טָעָה בְּאִיּוּת

misspelt pt זמן עבר ובינוני עבר של הפועל to misspell

misspend vt בִּזְבֵּז

misstate vt מָסַר הוֹדָעָה כּוֹזֶבֶת
misstatement n הוֹדָעָה כּוֹזֶבֶת
mist n אֵד, עֲרָפֶל
mist (over) vti 1 עִרְפֵּל. 2 הִתְעַרְפֵּל
mistake vt, n 1 טָעָה, שָׁגָה. 2 שְׁגִיאָה, טָעוּת, שִׁבּוּשׁ
mistake for vt 1 שָׁגָה, טָעָה. 2 בִּלְבֵּל עִם
mistaken adj, pp 1 כּוֹזֵב, מֻטְעֶה. 2 בינוני פעול של הפועל to mistake
mistakenly adv בְּטָעוּת
mister n אָדוֹן, מַר
mistily adv בַּאֲפֵלָה
mistime vt שָׁגָה בְּעִתּוּי
mistletoe n דַּבְקוֹן לָבָן (צמח)
mistook pt זמן עבר של הפועל to mistake
mistral n מִיסְטְרָל
mistranslate vt טָעָה בְּתַרְגּוּם, שִׁבֵּשׁ תִּרְגּוּם
mistress n 1 גְּבֶרֶת, גְּבִירָה. 2 בַּעֲלַת בַּיִת, אֵם בַּיִת. 3 פִּילֶגֶשׁ, אֲהוּבָה. 4 שַׁלִּיטָה. 5 מֻמְחָה
mistrial n עִוּוּת דִּין, שִׁפּוּט מֻטְעֶה
mistrust vt, n 1 חָשַׁד בְּ־. 2 אִי־אֵמוּן
mistrustful adj חַשְׁדָנִי
mistrustfully adv בַּחַשְׁדָנוּת
misty adj עַרְפִלִּי, מְעֻרְפָּל
misunderstand vt טָעָה, לֹא הֵבִין נְכוֹנָה
misunderstanding n אִי־הֲבָנָה
misuse vt, n 1 הִשְׁתַּמֵּשׁ לְרָעָה. 2 שִׁמּוּשׁ לְרָעָה
mite n 1 אֲגוֹרָה, פְּרוּטָה. 2 קְטַנְטַן, שֶׁמֶץ. 3 קַרְדִּית, אַקָּרִית
mitigate vt הֵקֵל, שִׁכֵּךְ, הֵפִיג, הִמְתִּיק
mitigating circumstances נְסִבּוֹת מְקִלּוֹת
mitigation n הֲקַלָּה, הֲפָגָה, שִׁכּוּךְ, הַמְתָּקָה
mitre n מִצְנֶפֶת (של בישוף)
mitten n 1 כְּסָיָה. 2 כִּפְפוֹת אִגְרוּף
mix vti, n 1 עֵרֵב, עִרְבֵּב, מָהַל, מִזֵּג, רָקַח. 2 הִצְלִיב, הִכְלִיא. 3 בִּלְבֵּל. 4 הִתְעַרְבֵּב, הִתְבּוֹלֵל, הִתְמַזֵּג. 5 הִתְחַבֵּר, הִתְרוֹעֵעַ. 6 תַּעֲרֹבֶת, עִרְבּוּבְיָה. 7 אַנְדְּרָלָמוּסְיָה, קְטָטָה
mix up vt, n 1 הִתְעַרְבֵּב. 2 בִּלְבֵּל, סִכְסֵךְ. 3 עִרְבּוּבְיָה
mixed adj מְעֹרָב, בָּלוּל, מְמֻזָּג, מְבֻלְבָּל
mixed blessing אַלְיָה וְקוֹץ בָּהּ
mixed marriage נִשּׂוּאֵי תַּעֲרֹבֶת
mixed metaphor מֶטָאפוֹרָה מְעֹרֶבֶת
mixer n מְעַרְבֵּל, מִיקְסֶר
mixture n 1 תַּעֲרֹבֶת, מְזִיגָה. 2 כִּלְאַיִם, שַׁעַטְנֵז
mixed-up adj מְבֻלְבָּל, מְעֹרָב
miz(z)en n מִפְרָשׂ מְאַסֵּף
mnemonic adj מְסַיֵּעַ לְזִכָּרוֹן
mnemonics npl תּוֹרַת הַזְּכִירָה
moan vit, n 1 נֶאֱנַח, נֶאֱנַק, גָּנַח. 2 קוֹנֵן, הִתְאַבֵּל. 3 רָטַן. 4 אֲנָחָה, אֲנָקָה. 5 רְטִינָה. 6 נְהִי, הֶמְיָה
moat n 1 תְּעָלָה, חָרִיץ. 2 תְּעָלַת מָגֵן
mob vt, n 1 הִתְקַהֵל. 2 הִתְנַפֵּל, הִסְתָּעֵר, הִתְפָּרֵעַ. 3 קָהָל, אֲסַפְסוּף, הָמוֹן. 4 חֲבוּרַת פּוֹשְׁעִים
mobile adj, n 1 נַיָּד, נָע, מִטַּלְטֵל, מִתְחַלֵּף, מִשְׁתַּנֶּה. 2 מוֹבַּיְל (קישוט)
mobility n נַיָּדוּת, הִשְׁתַּנּוּת
mobilization n 1 גִּיּוּס. 2 תִּפְעוּל
mobilize vti 1 גִּיֵּס, חִיֵּל. 2 הִתְגַּיֵּס, הִתְחַיֵּל
mobster n גַּנְגְּסְטֶר, חָבֵר בַּחֲבוּרַת פּוֹשְׁעִים
moccasin n מוֹקָסִין
mocha n מוֹקָה
mock vt, adj, n 1 לִגְלֵג, שִׁטָּה, לָעַג. 2 שָׂם לְאַל, הִכְזִיב. 3 חִקָּה. 4 בִּטֵּל. 5 מְזֻיָּף, מְדֻמֶּה. 6 מִתְעַתֵּעַ, מְגֻחָךְ. 7 צְחוֹק, לַעַג, לִגְלוּג
mock at vt שָׂם לִצְחוֹק, שָׂם לְלַעַג
mockery n 1 לִגְלוּג, לַעַג. 2 לַעַג וָקֶלֶס, חוּכָא וּטְלוּלָא. 3 חִקּוּי. 4 מַאֲמַצֵּי שָׁוְא, אַכְזָבָה
mockingly adv בְּלַעַג, בְּהִתּוּל

mockingbird n חַקְיָנִית (צפור)
modal adj, n 1 אָפְנָתִי. 2 שֶׁל דֶּרֶךְ, שֶׁל מוֹדוּס. 3 פֹּעַל עֵזֶר מוֹדָלִי
modality n 1 אָפְנָתִיּוּת. 2 מוֹדָלִיּוּת
mode n 1 אֹפֶן, דֶּרֶךְ. 2 צוּרָה, פָּנִים, אֹרַח. 3 מִנְהָג, סִגְנוֹן, אָפְנָה. 4 מוֹדוּס. 5 סֻלָּם
model vti, n 1 עִצֵּב, כִּיֵּר, חָטַב. 2 דִּגְמֵן. 3 תַּבְנִית, דֶּגֶם, דְּגָם, תַּדְמִית. 4 מוֹדֶל. 5 דֻּגְמָה. 6 דֻּגְמָן, דֻּגְמָנִית. 7 אִמּוּם, תַּבְנִית
model(l)ing n דִּגּוּם, כִּיּוּר
moderate vt, adj 1 רִכֵּךְ, מִתֵּן. 2 שִׁכֵּךְ. 3 הֵקֵל. 4 הִמְעִיט. 5 הִתְמַתֵּן, הִתְמַעֵט, פָּחַת. 6 מָתוּן, מְיֻשָּׁב. 7 בֵּינוֹנִי, מְמֻצָּע. 8 צָנוּעַ. 9 רַךְ, נוֹחַ
moderately adv בְּמְתִינוּת, בְּמִדָּה
moderation n 1 מִתּוּן, מְתִינוּת, הִתְאַפְּקוּת. 2 יִשּׁוּב הַדַּעַת
moderats adv מָתוּן (מִפְּעָם)
moderator n 1 מְמַתֵּן, מְשַׁכֵּךְ. 2 מַנְחֶה. 3 אַב בֵּית־דִּין (כנסיה פרסביטריאנית)
modern adj, n 1 בֶּן יָמֵינוּ, מוֹדֶרְנִי. 2 חָדָשׁ, חָדִישׁ
modernism n 1 חֲדִישׁוּת, חַדְּשָׁנוּת. 2 מוֹדֶרְנִיזְם
modernist n חַדְּשָׁן, מוֹדֶרְנִיסְט
modernistic adj חַדְּשָׁנִי, מוֹדֶרְנִיסְטִי
modernity n חֲדִישׁוּת, מוֹדֶרְנִיּוּת
modernization n הִתְחַדְּשׁוּת, מוֹדֶרְנִיזַצְיָה
modernize vt חִדֵּשׁ, עָשָׂה מוֹדֶרְנִי
modest adj 1 צָנוּעַ, עָנָו. 2 מָתוּן, הָגוּן
modesty n 1 צְנִיעוּת, עֲנָוָה. 2 צִמְצוּם, מְתִינוּת. 3 הֲגִינוּת
modicum n שֶׁמֶץ, מְעַט, קֻרְטוֹב, קַרְטוֹב
modification n 1 תִּקּוּן, שִׁנּוּי. 2 תֵּאוּם. 3 הַסְגָּלָה
modifier n 1 מְתַקֵּן, מְשַׁנֶּה. 2 מַמְתִּיק. 3 מְאַיֵּךְ, מוֹדֵד, מַגְדִּיר, לְוַאי
modify vt 1 תִּקֵּן, שִׁנָּה. 2 הִמְתִּיק
modish adj אָפְנָתִי, חָדִישׁ, מְעֻדְכָּן
modiste n 1 תּוֹפֶרֶת. 2 כּוֹבְעָנִית
modulate vti 1 וִסֵּת, תֵּאֵם, הִשְׁכִּיךְ, אִפְנֵן. 2 סִלֵּם. 3 סִלְסֵל, גִּוֵּן
modulation n 1 אִפְנוּן, גִּוּוּן. 2 סִלְסוּל, סִלּוּם. 3 מוֹדוּלַצְיָה
modular adj 1 שֶׁל מוֹדֵד, שֶׁל עֶרֶךְ. 2 מוֹדוּלָרִי
module n 1 קְנֵה מִדָּה. 2 מוֹדוּל
modus operandi דֶּרֶךְ פְּעֻלָּה
modus vivendi 1 אֹרַח חַיִּים, עֵמֶק שָׁוֶה. 2 פְּשָׁרָה
mogul n 1 אֵיל מָמוֹן, רַב הַשְׁפָּעָה. 2 קַטָּר
mohair n אָרִיג מִשְּׂעַר אַנְגּוֹרָה
Mohammedan adj, n מֻסְלְמִי
moiety n 1 חֲצִי, מַחֲצִית. 2 כַּמּוּת זְעִירָה
moist adj לַח, טָחוּב, רָטֹב
moisten vti 1 הִרְטִיב, לִחְלֵחַ. 2 נִרְטַב, הִתְלַחְלֵחַ
moisture n רְטִיבוּת, לַחוּת, טַחַב
moisturize vt לִחְלֵחַ
molar adj, n 1 טוֹחֶנֶת. 2 שֵׁן טוֹחֶנֶת. 3 שָׁלֵם
molasses npl דִּבְשָׁה
mole n 1 כֶּתֶם, בַּהֶרֶת. 2 חֹלֶד, חֲפַרְפֶּרֶת. 3 מֵזַח, שׁוֹבֵר־גַּלִּים
molecular adj חֶלְקִיקִי, פְּרֻדָּתִי, מוֹלֶקוּלָרִי
molecule n חֶלְקִיק, מוֹלֶקוּלָה
mole-hill n 1 תֵּל חֹלֶד. 2 מִכְשׁוֹל קַל
molest vt הֵצִיק, הִרְגִּיז, הִטְרִיד, הִקְנִיט
molestation n הֲצָקָה, הַטְרָדָה, הַקְנָטָה
mollification n רִכּוּךְ, שִׁכּוּךְ, הֲקַלָּה, הַרְגָּעָה
mollify vt רִכֵּךְ, שִׁכֵּךְ, הֵקֵל, הִרְגִּיעַ
mollusc n רַכִּיכָה
mollycoddle vt, n 1 פִּנֵּק. 2 מְפֻנָּק, אִסְטְנִיס
Moloch מֹלֶךְ
molten adj מֻתָּךְ

moment n 1 רֶגַע, הֶרֶף עַיִן. 2 עֵרֶךְ, חֲשִׁיבוּת. 3 מוֹמֶנְט
momentarily adv 1 רִגְעִית. 2 בֶּן־רֶגַע
momentary adj רִגְעִי, חוֹלֵף
momentous adj רַב־עֵרֶךְ, חָשׁוּב מְאֹד
momentum n תְּנוּפָה, דְּחִיפָה, מוֹמֶנְטוּם
monarch n 1 מֶלֶךְ, קֵיסָר. 2 שַׁלִּיט, מוֹשֵׁל. 3 פַּרְפָּר
monarchic adj מְלוּכָנִי, מוֹנַרְכִי
monarchism n מְלוּכָנוּת, מַלְכוּת
monarchist n מְלוּכָנִי
monarchy n מַלְכוּת, מוֹנַרְכְיָה
monastery n מִנְזָר
monastic adj נְזִירִי, מִנְזָרִי
monasticism n מִנְזָרִיּוּת, חַיֵּי נְזִירוּת
mon-, mono- adj אֶחָד, חַד־, יָחִיד
Monday n יוֹם שֵׁנִי, יוֹם ב׳
monetarism n מוֹנֶטָרִיזְם
monetary adj כַּסְפִּי, פִינַנְסִי, מוֹנֶטָרִי
money n 1 כֶּסֶף. 2 מָמוֹן. 3 מַטְבֵּעַ, מָעוֹת
money-bot n קֻפַּת־חִסָּכוֹן
money-changer n חַלְפָן
moneyed adj עָשִׁיר, בַּעַל כֶּסֶף
moneylender n מַלְוֶה (ברבית)
money order n הַמְחָאַת כֶּסֶף
mongolism n תִּסְמֹנֶת דָּאוּן
mongoose n נְמִיָּה
mongrel n בֶּן כִּלְאַיִם, בֶּן תַּעֲרֹבֶת (בעל חיים)
monitor vti, n 1 פִּקֵּחַ, הִשְׁגִּיחַ. 2 הֶאֱזִין, הִקְשִׁיב. 3 תּוֹרָן, מַשְׁגִּיחַ. 4 מַתְרֶה, מַזְהִיר. 5 מַשְׁקוֹהַ. 6 קַשָּׁב, מַאֲזִין
monitoring n נִטּוּר
monk n נָזִיר
monkey n 1 קוֹף. 2 מַכְשִׁיר. 3 שׁוֹבָב
monkey jacket מְעִיל מַלָּחִים (קצר והדוק)
monkey wrench מַפְתֵּחַ מִתְכַּוְנֵן, מַפְתֵּחַ אַנְגְּלִי
monkish adj נְזִירִי, מִנְזָרִי
monochrome adj מוֹנוֹכְרוֹם, חַד־צִבְעִי
monocle n מוֹנוֹקֶל, מִשְׁקָף
monogamist n מוֹנוֹגָמִי
monogamous adj מוֹנוֹגָמִי, חַד־זוּגִי
monogamy n מוֹנוֹגַמְיָה, חַד־זוּגִיּוּת
monogram n מִשְׁלֶבֶת, מוֹנוֹגְרַמָּה
monograph n מוֹנוֹגְרַפְיָה, מַסָּה
monolingual adj חַד־לְשׁוֹנִי
monolith n מוֹנוֹלִית
monolithic adj מוֹנוֹלִיתִי
monologue n חַד־שִׂיחַ, מוֹנוֹלוֹג
monomania n שִׁגָּעוֹן לְדָבָר אֶחָד
monoplane n מוֹנוֹפְּלָן, חַד כָּנָף
monopolization n מוֹנוֹפּוֹלִיזַצְיָה
monopolize vt עָשָׂה לְמוֹנוֹפּוֹל, הִשְׁתַּלֵּט עַל־
monopolist n מוֹנוֹפּוֹלִיסְט
monopolistic adj מוֹנוֹפּוֹלִיסְטִי
monopoly n מוֹנוֹפּוֹל
monorail n חַד־פַּסִּי, פַּס יָחִיד
monosyllable n 1 הֲבָרָה אַחַת. 2 מִלָּה חַד־הֲבָרִית
monosyllabic adj חַד־הֲבָרִי
monotheism n מוֹנוֹתֵיאִיזְם
monotheist n מוֹנוֹתֵיאִיסְט
monotheistic adj מוֹנוֹתֵיאִיסְטִי
monotone n חַדְגּוֹנִיּוּת, מוֹנוֹטוֹן
monotonous adj חַדְגּוֹנִי, מוֹנוֹטוֹנִי
monotonously adv בְּחַדְגּוֹנִיּוּת
monotony n חַדְגּוֹנִיּוּת, מוֹנוֹטוֹנִיּוּת
monotype n 1 טִיפּוּס יְחִידִי. 2 מַסְדֶּרֶת מוֹנוֹטַיפּ
monoxide n חַד־חַמְצָן
Monsieur (Fr) n אֲדוֹנִי, אָדוֹן
Monsignor n מוֹנְסִינְיוֹר
monsoon n מוֹנְסוּן
monster n מִפְלֶצֶת עֲנָק
monstrosity n מִפְלַצְתִּיּוּת, מִפְלֶצֶת, זְוָעָה
monstrous adj 1 מִפְלַצְתִּי, גַּמְלוֹנִי. 2 אָיֹם, נוֹרָא, זְוָעָתִי
montage n הַרְכָּבָה

month n חֹדֶשׁ, יֶרַח

monthly adj, adv n 1 חָדְשִׁי, אַחַת לְחֹדֶשׁ. 2 יַרְחוֹן

monument n אַנְדַּרְטָה, יָד

monumental adj כַּבִּיר, מוֹנוּמֶנְטָלִי

mood n 1 מַצַּב רוּחַ. 2 אֹרַח, דֶּרֶךְ

moodily adv בְּדִכְדּוּךְ

moodiness n מָרָה שְׁחוֹרָה, מַצַּב רוּחַ מְדֻכְדָּךְ

moody adj מְדֻכְדָּךְ, מְצֻבְרָח

moon vit, n 1 הָזָה. 2 יָרֵחַ, לְבָנָה, סַהַר. 3 חֹדֶשׁ

moonflower n קַחְוַן הַחוֹף

moonlight n אוֹר יָרֵחַ

moonlighting n מִשְׂרָה שְׁנִיָּה, הִשְׂתַּכְּרוּת מִן הַצַּד

moonlit adj מוּאָר אוֹר יָרֵחַ

moonshine n 1 אוֹר יָרֵחַ. 2 דִּבְרֵי הֶבֶל, שְׁטֻיּוֹת

moonstruck adj סַהֲרוּרִי, מֻכֵּה־יָרֵחַ, מְטֹרָף

Moor n מוּרִי

moor vti, n 1 רָתַק, קָשַׁר, הִדֵּק. 2 אַדְמַת בּוּר. 3 אַדְמַת בִּצָּה

Moorish adj מוּרִי

moose n מוּז, אַיַּל הַקּוֹרֵא

moot vt, adj 1 נָשָׂא וְנָתַן, דָּן, הֶעֱלָה לְדִיּוּן. 2 שְׁנוּיָה בְּמַחֲלֹקֶת

moot point/question n סֶלַע הַמַּחֲלֹקֶת

mop vt, n 1 נִקָּה, מָחָה, נִגֵּב. 2 חִסֵּל. 3 סְחָבָה, סְמַרְטוּט, מַטְלִית

mop up vt נִגֵּב, מָחָה

mope vi, n 1 הָיָה עָצוּב, הָיָה נוּגֶה. 2 עַגְמוּת, עַגְמִימוּת, עַצְבוּת. 3 דִּכְדּוּךְ

moped n קַטְנוֹעַ

moraine n סְחֹפֶת קַרְחוֹן, מוֹרֵינָה

moral adj, n מוֹרָלִי, מוּסָרִי, אֶתִּי. 2 מוּסַר הַשֵּׂכֶל

morale n מוֹרָל

moralist n בַּעַל מוּסָר, מַטִּיף, מוֹכִיחַ

morality n מוּסָרִיּוּת, הַטָּפַת מוּסָר

moralize vi הוֹכִיחַ, הִטִּיף מוּסָר

morass n בִּצָּה, יָוֵן, בֹּץ

moratorium n תַּדְחִית, אַרְכָּה, מוֹרָטוֹרְיוּם

morbid adj 1 חוֹלָנִי, פָּתוֹלוֹגִי. 2 מְדַכֵּא, מְדֻכָּא

morbid fear בַּעַת

morbidity, morbidness n 1 חוֹלָנִיּוּת, תַּחֲלוּאָה. 2 דִּכָּאוֹן

morbidly adv בְּדִכָּאוֹן

mordant adj 1 עוֹקֵץ, חָרִיף, לַגְלְגָנִי. 2 מְאַכֵּל, מְחַטֵּא

more adj, n, adv 1 יוֹתֵר, עוֹד, נוֹסָף. 2 רַב יוֹתֵר, גָּדוֹל יוֹתֵר

more or less פָּחוֹת אוֹ יוֹתֵר

morello n דֻּבְדְּבָן מָרִיר, דֻּבְדְּבָן חָמוּץ

moreover adv יֶתֶר עַל כֵּן

mores npl גִּנּוּנִים, מִנְהָגִים

morgue n חֲדַר מֵתִים

moribund adj גּוֹסֵס, הוֹלֵךְ וְנֶעְלָם

Mormon n, adj 1 מוֹרְמוֹן. 2 מוֹרְמוֹנִי

Mormonism n מוֹרְמוֹנִיזְם

morn n 1 שַׁחַר, בֹּקֶר. 2 מָחָר

morning n בֹּקֶר, שַׁחַר, שַׁחֲרִית

morning sickness בְּחִילַת בֹּקֶר

morning-star n אַיֶּלֶת הַשַּׁחַר

Moroccan n, adj מָרוֹקָאִי, מָרוֹקָנִי

moron n קְהוּי שֵׂכֶל, פֶּתִי, מוֹרוֹן

moronic adj מְטֻמְטָם, אִידְיוֹטִי

morose adj קוֹדֵר, עָצוּב, מַשְׁמִים

morosely adv בְּעֶצֶב

moroseness n קַדְרוּת, עַצְבוּת

morpheme n צוּרָן, מוֹרְפֶמָה

morphia, morphine n מוֹרְפְיוּם

morphology n מוֹרְפוֹלוֹגְיָה

morrow n 1 בֹּקֶר, מָחָר. 2 מָחֳרָת

morsel n פְּרוּסָה, חֲתִיכָה

mortal adj, n 1 קַטְלָנִי, אָנוּשׁ. 2 אֱנוֹשִׁי. 3 בֶּן־תְּמוּתָה, בָּשָׂר וָדָם

mortal enemy אוֹיֵב מֻשְׁבָּע

mortal sin חֵטְא כָּבֵד

mortality n תְּמוּתָה

mortally adv עַד מָוֶת, בְּצוּרָה אֲנוּשָׁה
mortar n 1 חֹמֶר, טִיחַ, טִיט, מֶלֶט. 2 מַכְתֵּשׁ, מְדוֹכָה. 3 מַרְגֵּמָה
mortarboard n 1 כַּף הַסַּיָּדִים. 2 מִגְבַּעַת אֲקָדֶמִית
mortgage vt, n 1 מִשְׁכֵּן, שִׁעְבֵּד, נָתַן בְּעֵרָבוֹן. 2 מַשְׁכַּנְתָּה, שִׁעְבּוּד, עֲרֻבָּה
mortgagee n מְקַבֵּל מַשְׁכַּנְתָּה, מַחֲזִיק מַשְׁכַּנְתָּה
mortgagor/ger n מְמַשְׁכֵּן
mortician n קַבְּרָן
mortification n 1 הַשְׁפָּלָה, דִּכּוּי. 2 סִגּוּף, עִנּוּי. 3 נֶמֶק
mortify vt 1 הִשְׁפִּיל, דִּכָּא. 2 עִנָּה, סִגֵּף
mortuary n חֲדַר מֵתִים
mosaic adj, n 1 תַּשְׁבְּצִי, פְּסֵיפָסִי. 2 פְּסֵיפָס
Mosaic adj שֶׁל מֹשֶׁה, שֶׁל תּוֹרַת מֹשֶׁה
Moslem adj, n מֻסְלְמִי
mosque n מִסְגָּד
mosquito n יַתּוּשׁ
mosquito net כִּלָּה
moss n 1 אֵזוֹב, טַחְלָב, טְחָב. 2 רֶפֶשׁ, רְקָק, יָוֵן
mossy adj אֲזוֹבִי, טְחָבִי
most adj, n, adv 1 הַיּוֹתֵר, הֲכִי, הָרֹב. 2 כִּמְעַט. 3 בְּעִקָּר, לָרֹב
mostly adv לָרֹב, בְּעִקָּר
mot (Fr) n אִמְרָה, מֵמְרָה, פִּתְגָם, מָשָׁל
mote n מַשֶּׁהוּ, קֵיסָם
motel n מוֹטֶל
moth n עָשׁ, סָס
moth-ball n כַּדּוּר נַפְטָלִין
moth-eaten adj אֲכוּל־עָשׁ, יָשָׁן נוֹשָׁן
mother vt, n 1 הָיָה כְּאֵם. 2 אֵם, אִמָּא. 3 יוֹלֶדֶת
mother-in-law n חוֹתֶנֶת, חָמוֹת
motherhood n אִמָּהוּת
motherland n מוֹלֶדֶת, מְכוֹרָה
motherlike adj אִמָּהִי, כְּאֵם
motherliness n אִמָּהוּת
motherly adj אִמָּהִי
mother-of-pearl n צֶדֶף, אֵם־הַפְּנִינָה
Mother Superior אֵם הַמִּנְזָר
mother tongue שְׂפַת אֵם
motif n מוֹטִיב, תֶּנַע
motion vit, n 1 הִנְחָה, כִּוֵּן. 2 רָמַז, נָתַן אוֹת. 3 תְּנוּעָה, נִיעָה. 4 הֶנֵּעַ, מַהֲלָךְ, הִלּוּךְ. 5 הַצָּעָה, מֶחֱוָה
motionless adj חֲסַר תְּנוּעָה
motion picture 1 קוֹלְנוֹעַ, רְאִינוֹעַ. 2 סֶרֶט קוֹלְנוֹעַ
motivate vt 1 הֵנִיעַ, גָּרַם, הִשְׁפִּיעַ. 2 נִמֵּק
motivation n הֲנָעָה, מוֹטִיבַצְיָה, הֲנִיעָה
motive adj, n 1 מֵנִיעַ, גּוֹרֵם. 2 נִמּוּק, טַעַם, דְּחִיפָה, כַּוָּנָה, מֵנִיד. 3 מַמְרִיץ
motive-power n כֹּחַ מֵנִיעַ
motley adj, n מְגֻוָּן, מְנֻמָּר, סַסְגּוֹנִי
motor n 1 מָנוֹעַ. 2 מֵנִיעַ
motorcade n שַׁיֶּרֶת מְכוֹנִיּוֹת
motor-car n מְכוֹנִית
motorcycle n אוֹפַנּוֹעַ
motorway n כְּבִישׁ מָהִיר, אוֹטוֹסְטְרָדָה
motorist n נָהָג, נֶהָג
motorize vt מִנֵּעַ
mottled adj מְנֻקָּד, מְנֻמָּר
motto n סִיסְמָה, פִּתְגָּם, מוֹטוֹ
mo(u)ld vi, n 1 יָצַק, עִצֵּב, יָצַר, כִּיֵּר. 2 הִתְעַפֵּשׁ. 3 תַּבְנִית, דְּפוּס, אִמּוּם. 4 עֹבֶשׁ
mo(u)lder vi, n 1 הִתְפּוֹרֵר. 2 עָבַשׁ, נִרְקַב. 3 מְעַצֵּב
mo(u)lding n 1 עִצּוּב, דְּפוּס. 2 פַּסִּים. 3 כַּרְכֹּב. 4 פִּתּוּחַ עֵץ
mo(u)ldy adj עָבֵשׁ, נִרְקָב
mo(u)lt vi נָשַׁר, הִשִּׁיר שֵׂעָר
moulting n הַשָּׁרָה

mound n סוֹלְלָה, גַּבְשׁוּשִׁית
mount vit, n 1 טִפֵּס, הֶעְפִּיל. 2 רָכַב. 3 אִזֵּן.
4 הֵקִים, כּוֹנֵן, הִרְכִּיב, הֵכִין.
5 הַר, גִּבְעָה, כַּן. 6 בֶּהֱמַת
רְכִיבָה
mountain n הַר, גִּבְעָה
mountain ash עֵץ הָעֻזְרָד
mountain chain/range רֶכֶס הָרִים
mountaineer n מַעְפִּיל, מְטַפֵּס הָרִים
mountaineering n הַעְפָּלָה, טִפּוּס הָרִים
mountainous adj 1 הֲרָרִי. 2 עֲנָקִי, גָּדוֹל
mountebank n רַמַּאי, נוֹכֵל, שַׁרְלָטָן
mount guard הֶעֱמִיד מִשְׁמָר
Mountie n שׁוֹטֵר רוֹכֵב (במשטרה הקנדית)
mourn vi הִתְאַבֵּל, הִתְעַצֵּב, סָפַד, קוֹנֵן
mourner n מְקוֹנֵן, מַסְפִּיד, אָבֵל
mournful adj מְקוֹנֵן, מִתְאַבֵּל, מַסְפִּיד
mournfully adv בְּאֵבֶל
mourning n אֵבֶל, אֲבֵלוּת, קִינָה, בְּכִי
mouse n עַכְבָּר
mousse n קְצֶפֶת
moustache n שָׂפָם
mousy adj עַכְבָּרִי
mouth vit, n 1 בִּטֵּא, הִבִּיעַ. 2 פֶּה. 3 פֶּתַח,
פְּתִיחָה. 4 כְּנִיסָה. 5 יְצִיאָה.
6 דּוֹבֵר. 7 הַעֲוָיָה.
8 שֶׁפֶךְ (נהר)
mouthful n 1 מְלֹא הַפֶּה. 2 לְגִימָה אַחַת
mouth organ מַפּוּחִית פֶּה, הַרְמוֹנִיקָה
mouthpiece n 1 פֻּמִּית, פִּיָּה. 2 בִּטָּאוֹן.
3 דּוֹבֵר
mouth-watering adj מְעוֹרֵר תֵּאָבוֹן
movable adj נַיָּד, נַיָּע, מִטַּלְטֵל
movable jaw לְחִי זְחִיחָה
movable property מִטַּלְטְלִים, נִכְסֵי דְנָיְדֵי
movables npl מִטַּלְטְלִים
move vit, n 1 הֵזִיז, הֵנִיעַ, טִלְטֵל, הֵזִיעַ.
2 נָע, זָז, עָבַר. 3 הִתְנִיעַ.
4 הִפְעִים, הִסְעִיר, גֵּרָה.
5 עוֹרֵר, הִפְעִיל. 6 נָסַע.
7 הִתְקַדֵּם. 8 תְּנוּעָה, תְּזוּזָה.
9 צַעַד, מַסָּע, מַהֲלָךְ.
10 רַעְיוֹן, תַּחְבּוּלָה
move heaven and earth הִרְעִישׁ שָׁמַיִם וָאָרֶץ, עָשָׂה הַכֹּל
move in נִכְנַס לְדִירָה חֲדָשָׁה
move into נִכְנַס
move out יָצָא מִדִּירָה
movement n 1 תְּנוּעָה, תְּזוּזָה, תְּנוּדָה.
2 פֶּרֶק, חֵלֶק. 3 הֲרָקַת
מֵעַיִם. 4 הִתְפַּתְּחוּת,
מַהֲלָךְ. 5 מַנְגָּנוֹן
movie n 1 סֶרֶט. 2 קוֹלְנוֹעַ
movie projector מְטוֹלְנוֹעַ
moving adj 1 נָע, זָע, מִתְנוֹעֵעַ. 2 מְזַעֲזֵעַ,
מַפְעִים. 3 מֵנִיעַ, מַמְרִיץ
moving picture סֶרֶט קוֹלְנוֹעַ
mow vt קָצַר, כִּסַּח
mown pp בינוני עבר של הפועל to mow
Mr. אָדוֹן, מַר
Mrs. גְּבֶרֶת, מָרַת (נשואה)
Ms. גְּבֶרֶת
much adj, n, adv 1 הַרְבֵּה, רַב, מְאֹד.
2 כִּמְעַט, בְּעֵרֶךְ
mucilage n 1 רִירָה, רִיר חַלָּמוּת. 2 דֶּבֶק
muck n זֶבֶל, רַקְבּוּבִית, טִנֹּפֶת, לִכְלוּךְ
muck about שׁוֹטֵט, הִתְבַּטֵּל
muck up vt קִלְקֵל, הִשְׁחִית, הָרַס
mucky adj מְטֻנָּף, מְלֻכְלָךְ
mucous adj רִירִי
mucus n רִיר, לֵחָה
mud n טִיט, בֹּץ, רֶפֶשׁ
mud bath אַמְבַּטְיַת בֹּץ
muddle vti, n 1 בִּלְבֵּל, שִׁבֵּשׁ, הֶעֱכִיר.
2 עִרְבּוּבְיָה, מְהוּמָה,
מְבוּכָה
muddle through פִּלֵּס דֶּרֶךְ בְּקֹשִׁי
muddle up בִּלְבֵּל
muddle-headed adj מְטֻמְטָם, מְבֻלְבָּל
muddy adj דָּלוּחַ, מְרֻפָּשׁ, עָכוּר
mudguard n כָּנָף, מָגֵן בֹּץ
mudslinging n הַשְׁמָצָה, הַרְפָּשָׁה, הַכְפָּשָׁה

muesli n מוּסְלִי
muezzin n מוּאַזִּין
muff vt, n 1 הִתְרַשֵּׁל, קִלְקֵל. 2 יְדוֹנִית.
3 רַשְׁלָן, שְׁלוּמִיאֵל.
4 טָעוּת, מִשְׁגֶּה
muffin n אֲפִיפִית
muffle vt, n 1 עָטַף, עָטָה. 2 הֵעֵם, עִמֵּם.
3 הִתְעַטֵּף. 4 כֵּסֶה, עֲטִיפָה
muffler n 1 סוּדָר, צָעִיף. 2 עַמָּם
mufti n 1 מוּפְתִּי. 2 בְּגָדִים אֶזְרָחִיִּים
mug vt, n 1 שָׁדַד. 2 עָשָׂה הַעֲוָיוֹת. 3 סֵפֶל.
4 פַּרְצוּף, הַעֲוָיָה.
5 שׁוֹטֶה, כְּסִיל, טִפֵּשׁ.
6 שַׁקְדָן
mugger n שׁוֹדֵד
mugging n הִתְנַפְּלוּת, הַתְקָפָה וָשֹׁד
mugginess n רְטִיבוּת, לַחוּת, עִפּוּשׁ
muggy adj רָטֹב, לַח, מְעֻפָּשׁ
mulatto n מוּלַט
mulberry n תּוּת (עֵץ, פְּרִי)
mulch vt, n 1 כִּסָּה בִּגְבָבָה. 2 גְּבָבָה,
תְּחִיחָה
mule n 1 פֶּרֶד, פִּרְדָּה. 2 עַקְשָׁן.
3 נַעַל בַּיִת
mulish adj 1 פִּרְדִּי. 2 עַקְשָׁן, קְשֵׁה עֹרֶף
mulishly adv בְּעַקְשָׁנוּת
mulishness n עַקְשָׁנוּת
mull vt חִמֵּם וּבִסֵּם, הֵכִין תַּמְזִיג
mull over חָשַׁב, הִרְהֵר
mullet n 1 מוּלִית. 2 קִיפוֹן, בּוּרִי
mullion n זְקַף תִּיכוֹן, מוּלְיוֹן
multi- pref רַב, הַרְבֵּה
multifarious adj רַבְגּוֹנִי, מְנֻמָּר
multiform adj רַב־צוּרוֹת
multilateral adj רַב־צְדָדִי
multipara (L) n וַלְדָנִית
multiple adj, n 1 מְרֻבָּב, מְרֻבֶּה, רַב־פָּנִים.
2 כְּפוּלָה, מִכְפָּל
multiple sclerosis טָרֶשֶׁת נְפוֹצָה
multiplex adj מְגֻוָּן, מְרֻבֶּה, רַב־מִינִי
multiplication n כֶּפֶל, הַכְפָּלָה, כִּפּוּל

multiplicity n רִבּוּי, רַבְגּוֹנִיּוּת
multiply vti 1 כָּפַל, הִכְפִּיל, הִרְבָּה, הִפְרָה.
2 רָבָה, הִתְרַבָּה
multistorey adj רַב קוֹמָתִי
multitude n 1 הָמוֹן, אֲסַפְסוּף. 2 הַרְבֵּה
multitudinous adj 1 מְרֻבֶּה, עַתִּיר.
2 רַב־פְּרִיטִים
mum n 1 שְׁתִיקָה. 2 אִמָּא, אֵם
mumble vti מִלְמֵל, גִּמְגֵּם
mumbo jumbo n הֲבָלִים
mummer n מִימִיקָן
mummery n 1 הִתְחַפְּשׂוּת. 2 טֶקֶס
לֹא רְצִינִי
mummify vt חָנַט
mummy n 1 אִמָּא. 2 חָנוּט
mumps n חַזֶּרֶת
munch vt 1 לָעַס. 2 הֶעֱלָה גֵּרָה
mundane adj שֶׁל חַיֵּי יוֹם־יוֹם
municipal adj 1 עִירוֹנִי. 2 עִירִיָּתִי,
מוּנִיצִיפָּלִי
municipality n 1 עִירִיָּה. 2 רָשׁוּת מְקוֹמִית
munificence n נְדִיבוּת, פַּזְּרָנוּת, נַדְבָנוּת
munificent adj נְדִיב לֵב, נַדְבָן
munificently adv בִּנְדִיבוּת לֵב
munition vt 1 חִמֵּשׁ, צִיֵּד בְּתַחְמֹשֶׁת
munitions npl תַּחְמֹשֶׁת, צִיּוּד צְבָאִי
mural n, adj 1 צִיּוּר קִיר. 2 שֶׁל קִיר
murder vt, n 1 רָצַח, הָרַג, הֵמִית. 2 רֶצַח
murderer n רוֹצֵחַ
murderess n רוֹצַחַת
murderous adj רַצְחָנִי, קַטְלָנִי
murk n אֲפֵלָה, עֲלָטָה
murkily adv בַּאֲפֵלָה, בְּחֹשֶׁךְ
murky adj חָשׁוּךְ, אַפְלוּלִי, קוֹדֵר
murmur vit 1 לָחַשׁ, מִלְמֵל. 2 הִתְלוֹנֵן,
הִתְאוֹנֵן. 3 אִוְשָׁה, רִשְׁרוּשׁ.
4 מִלְמוּל, הֶמְיָה.
5 תְּלוּנָה, תַּרְעֹמֶת
murmer against/at רָגַן, הִתְלוֹנֵן עַל
murrain n דֶּבֶר בְּהֵמוֹת
muscle vt, n 1 דָּחַף בְּכֹחַ. 2 כֹּחַ, אוֹן.

3 שְׁרִיר

muscular adj שְׁרִירִי

Muse n מוּזָה

muse vi הִרְהֵר, חָשַׁב, הִתְבּוֹנֵן

museum n מוּזֵיאוֹן

mush n 1 תַּבְשִׁיל תִּירָס. 2 דִּבְרֵי שְׁטוּת

mushy adj 1 רַךְ. 2 רַגְשָׁנִי

mushroom n, vit 1 פִּטְרִיָּה. 2 אָסַף פִּטְרִיּוֹת. 3 צָמַח, צָץ

music n מוּסִיקָה, נְגִינָה, נְעִימָה

musical adj, n 1 מוּסִיקָלִי. 2 מַחֲזֶמֶר

musician n נַגָּן, מוּסִיקַאי

musing adj, n 1 מְהַרְהֵר. 2 הִרְהוּר

music stand כַּן־תָּוִים

musk n מוּשְׁק

musk deer אַיַּל הַמּוּשְׁק

musket n מוּסְקֵט (רובה)

musketeer n רוֹבַאי, מוּסְקֶטֵר

musketry n רוֹבָאוּת, קַלָּעוּת

musk melon מֶלוֹן

muskrat n אוֹנְדַּטְרָה

musk rose וֶרֶד הַמּוּשְׁק

Muslim n מֻסְלְמִי

muslin n מַלְמָלָה, מוּסְלִין

muss n מְהוּמָה, עִרְבּוּבְיָה

muss up עָשָׂה אִי־סֵדֶר

mussel n שַׁבְּלוּל

must vti, n 1 הָיָה חַיָּב, הָיָה צָרִיךְ. 2 צֹרֶךְ, הֶכְרֵחַ. 3 תִּירוֹשׁ. 4 עֹבֶשׁ

mustang n סוּס הָעֲרָבָה

mustard n חַרְדָּל

mustard gas גַּז חַרְדָּל

mustard plaster אִסְפְּלָנִית חַרְדָּל

muster vti, n 1 הִקְהִיל, כִּנֵּס, הִזְעִיק. 2 הִתְכַּנֵּס, הִתְאַסֵּף. 3 מִפְקָד, כִּנּוּס

musty adj 1 טָחוּב, עָבֵשׁ, מְעֻפָּשׁ. 2 נוֹשָׁן, עַתִּיק

mutability n 1 יְכֹלֶת הִשְׁתַּנּוּת. 2 אִי־יַצִּיבוּת הִתְחַלְּפוּת

mutable adj בַּר שִׁנּוּי, מִשְׁתַּנֶּה, בִּלְתִּי־יַצִּיב

mutation n הִשְׁתַּנּוּת, הִתְחַלְּפוּת, מוּטַצְיָה

mutatis mutandis לְאַחַר הַשִּׁנּוּיִים הַנְּחוּצִים

mute vt, adj, n 1 עִמְעֵם, שִׁתֵּק, הִשְׁקִיט. 2 אִלֵּם, נִסְתָּר. 3 עַמְעֶמֶת

mutely adv חֶרֶשׁ, דּוּמָם

mutilate vt 1 הִשְׁחִית, קִלְקֵל, חִבֵּל. 2 קִטַּע, הִטִּיל מוּם, קָטַע. 3 סֵרֵס

mutilation n 1 הַטָּלַת מוּם, הַשְׁחָתָה, קִטּוּעַ. 2 סֵרוּס

mutineer n מוֹרֵד, קוֹשֵׁר קֶשֶׁר

mutinous adj מַרְדָנִי, מוֹרֵד, קוֹשֵׁר

mutinously adv בְּמַרְדָנוּת

mutiny vi, n 1 מָרַד, הִתְקוֹמֵם, קָשַׁר קֶשֶׁר, הִתְמָרֵד. 2 מֶרֶד, קֶשֶׁר, הִתְקוֹמְמוּת

mutter vti, n 1 מִלְמֵל, לָחַשׁ. 2 הִתְלוֹנֵן, רָטַן. 3 גִּמְגֵּם. 4 מִלְמוּל, לְחִישָׁה. 5 רִטּוּן

mutton n בְּשַׂר כֶּבֶשׂ

muttonchop n צֶלַע־כֶּבֶשׂ

mutton-head n שׁוֹטֶה, מְטֻמְטָם

mutual adj הֲדָדִי, מְשֻׁתָּף, שֶׁל גּוֹמְלִין

mutually adv בַּהֲדָדִיּוּת, אַהֲדָדֵי, זֶה אֶת זֶה

muzzle vt, n 1 חָסַם, סָגַר. 2 זְמָם, מַחְסוֹם. 3 חַרְטוֹם, לֹעַ

muzzy adj עָמוּם, מְעֻרְפָּל

my adj שֶׁלִּי

mycology n מִיקוֹלוֹגְיָה

myelitis n דַּלֶּקֶת הַלְּשַׁד

myopia n קֹצֶר רְאוּת

myopic adj קְצַר רְאוּת

myriad n 1 רְבָבָה. 2 לְאֵין סְפוֹר

myrrh n מֹר

myrtle n הֲדַס

myself pron בְּעַצְמִי, לְעַצְמִי, אֶת עַצְמִי

mysterious adj מִסְתּוֹרִי, טָמִיר, מֻפְלָא, סָתוּם

mysteriously adv בְּאֹרַח סוֹדִי
mystery n 1 סוֹד, רָז, פֶּלֶא, מִסְתּוֹרִין, תַּעֲלוּמָה. 2 פֻּלְחָן דָּתִי סוֹדִי
mystic adj, n 1 מִיסְטִי, אֲלֶגוֹרִי. 2 מְקֻבָּל עָלוּם, מִיסְטִי, אֲלֶגוֹרִי
mystical adj עָלוּם, מִיסְטִי, אֲלֶגוֹרִי
mysticism n תּוֹרַת הַנִּסְתָּר, מִיסְטִיּוּת
mystification n הַטְעָיָה, הַשְׁלָיָה, מִיסְטִיפִיקַצְיָה
mystify vt הִטְעָה, הִשְׁלָה, הִכָּה בְּתִמָּהוֹן
mystique n מִיסְטִיקָה, הִלָּה מִיסְטִית
myth n אַגָּדָה, מִיתוֹס
mythical adj מִיתִי, אַגָּדִי
mythological adj מִיתוֹלוֹגִי, אַגָּדִי
mythologist n מִיתוֹלוֹג
mythology n מִיתוֹלוֹגְיָה

N

N, n אֶן, הָאוֹת הָאַרְבַּע־עֶשְׂרֵה שֶׁל
הָאָלֶף־בֵּית הָאַנְגְּלִי

nab vt תָּפַס, לָכַד, אָסַר, אָחַז

nabob n גְּבִיר, נַבּוֹב

nacelle n קֵן, סַל (כדור פורח)

nacre n צֶדֶף, אֵם הַפְּנִינָה

nadir n נָדִיר, נְקֻדַּת הָאֲנָךְ

nag vti, n 1 רָטַן, קִנְטֵר, הֵצִיק, נִדְנֵד.
2 סְיָח, סוּס. 3 מְצִיאַת מוּמִים

naiad n נִימְפַת הַמַּיִם

nail vt, n 1 מִסְמֵר, סִמֵּר, תָּקַע מַסְמְרִים.
2 הוֹקִיעַ. 3 תָּפַס, רִתֵּק,
אָסַר. 4 צִפֹּרֶן. 5 מַסְמֵר.
6 סִכָּה. 7 יָתֵד, טְרִיז.
8 נֵיל (מידת אורך)

nail-biting adj, n 1 מַצָּב מוֹתֵחַ. 2 כְּסִיסַת
שִׁנַּיִם

nail down 1 הִבְטִיחַ. 2 הִגְדִּיר

nail up חִזֵּק בְּמַסְמְרִים

naive adj תָּם, תָּמִים, נָאִיבִי

naively adj בִּתְמִימוּת

naiveté/ty n תְּמִימוּת, נָאִיבִיּוּת

naked adj 1 עָרֹם, חָשׂוּף. 2 עַרְטִילַאי,
מְעֻרְטָל. 3 לֹא מְזֻיָּן.
4 גָּלוּי, פָּשׁוּט

nakedly adv בְּפַשְׁטוּת, בְּגָלוּי

nakedness n עֵירֹם, עֶרְוָה, עֶרְיָה

namby-pamby adj, n 1 סֶנְטִימֶנְטָלִי,
רַגְשָׁנִי. 2 מְזֻיָּף, מְלָאכוּתִי,
תָּפֵל. 3 שִׂיחָה שִׁטְחִית.
4 גֶּבֶר נָשִׁי

name vt, n 1 כִּנָּה, קָרָא. 2 נָתַן שֵׁם.
3 מִנָּה, נָקַב. 4 יָעַד, קָבַע.
5 שֵׁם, כִּנּוּי. 6 תֹּאַר, אֹפִי

name-drop vi פִּלְּט שֵׁמוֹת (כדי להרשים)

nameless adj 1 חֲסַר שֵׁם, שֶׁלֹּא זֻהָה. 2 בֶּן
בְּלִי שֵׁם. 3 בְּעִלּוּם שֵׁם

namely adv כְּלוֹמַר, דְּהַיְנוּ

namesake n בַּעַל אוֹתוֹ שֵׁם

nanny n אוֹמֶנֶת, מְטַפֶּלֶת

nannygoat n תַּיִשָׁה, עֵז, עִזָּה

nap vi, n 1 נִמְנֵם, הִתְנַמְנֵם. 2 תְּנוּמָה, שֵׁנָה
קַלָּה. 3 גַּבַּחַת (של אריג)

napalm n נַפָּלְם

nape n מַפְרֶקֶת, עֹרֶף

naphtha n נֶפְט

naphthalene n נַפְטָלִין

napkin n 1 מַפִּית, מִטְפַּחַת. 2 חִתּוּל

Napoleonic adj נַפּוֹלֵיאוֹנִי

nappy adj, n 1 מְשַׁכֵּר, חָרִיף, תּוֹסֵס.
2 חִתּוּל

narcissism n נַרְקִיסִיּוּת

narcissus n נַרְקִיס

narcotic adj, n 1 נַרְקוֹטִי, מְאַלְחֵשׁ.
2 נַרְקוֹמָן

narrate vt סִפֵּר, תֵּאֵר, הִרְצָה

narration n 1 סִפּוּר, תֵּאוּר. 2 מַעֲשִׂיָּה

narrative adj, n 1 סִפּוּרִי. 2 סִפֹּרֶת.
3 סִפּוּר

narrator n מְסַפֵּר

narrow vti, adj n 1 הֵצֵר, צִמְצֵם, הִגְבִּיל.
2 הִצְטַמְצֵם, הִתְכַּוֵּץ.
3 צַר, מְצֻמְצָם, דָּחוּק.
4 מֵצַר. 5 מַעֲבָר צַר

narrow escape הַצָּלָה בְּנֵס

narrowly adv בְּקֹשִׁי, כִּמְעַט

narrow-minded adj צַר אֹפֶק

narrow-mindedness n צָרוּת אֳפָקִים

narrowness n צָרוּת, דֹּחַק

narwhal n נַרְוָאל, לִוְיָתָן

nasal adj חָטְמִי, אַפִּי

nasalize vti אִנְפֵּף

nascent adj מִתְהַוֶּה, נוֹלָד
nastily adv בְּאֹפֶן מְכֹעָר
nastiness n זִהוּם, טִנּוּף, לִכְלוּךְ
nasturtium n נַסְטוּרְצְיוֹן, כּוֹבַע הַנָּזִיר
nasty adj 1 מְלֻכְלָךְ, מְטֻנָּף, מְזֹהָם. 2 לֹא נָעִים, סוֹעֵר. 3 דּוֹחֶה, מַעֲלִיב
natal adj מִלֵּדָה, שֶׁל לֵדָה
nation n אֻמָּה, לְאֹם, עַם, גּוֹי
national adj, n 1 לְאֻמִּי, אַרְצִי. 2 נָתִין, אֶזְרָח
nationalism n 1 לְאֻמִּיּוּת. 2 לְאֻמָּנוּת
nationalist adj, n 1 לְאֻמִּי. 2 לְאֻמָּן
nationalistic adj 1 לְאֻמִּי. 2 לְאֻמָּנִי
nationality n 1 לְאֹם. 2 לְאֻמִּיּוּת, נְתִינוּת, אֶזְרָחוּת
nationalization n הַלְאָמָה
nationalize vt הִלְאִים
nationally adv 1 בְּתוֹרַת עַם, כְּעַם. 2 בְּמִישׁוֹר אַרְצִי
nationwide adj, adv 1 אַרְצִי, כְּלַל אַרְצִי. 2 כְּלַל לְאֻמִּי
native adj, n 1 טִבְעִי, מְקוֹמִי. 2 מְכוֹרָתִי. 3 יָלִיד, תּוֹשָׁב, אֶזְרָח
nativity n לֵדָה, מוֹלָד
nattily adv בְּגַנְדְּרָנוּת, בְּאֹפֶן נָאֶה
natty adj מְסֻדָּר, נָאֶה, חָרוּץ
natural adj, n 1 טִבְעִי, אֲמִתִּי. 2 פָּשׁוּט, לְבָבִי. 3 מִלֵּדָה, מוֹלָד. 4 סַלְקָה (מוסיקה)
natural monument עֶרֶךְ טֶבַע
naturalism n נָטוּרָלִיזְם
naturalist n נָטוּרָלִיסְט, חוֹקֵר טֶבַע
naturalistic adj נָטוּרָלִיסְטִי, טִבְעִי, מְצִיאוּתִי
naturalize vt 1 אִזְרֵחַ. 2 אִקְלֵם. 3 עָשָׂה לְטִבְעִי
naturally adv 1 מוּבָן מֵאֵלָיו. 2 בְּאֹפֶן טִבְעִי
nature n 1 טֶבַע. 2 אֹפִי, מַהוּת, טִיב
naturism n 1 פֻּלְחַן הַטֶּבַע. 2 נוּדִיזְם
naturist n נוּדִיסְט

naught n 1 אֶפֶס. 2 לֹא כְלוּם
naughtily adv בְּשׁוֹבְבוּת
naughtiness n שׁוֹבְבוּת, הוֹלֵלוּת
naughty adj שׁוֹבָב, פּוֹרֵק עֹל
nausea n 1 בְּחִילָה, קֶבֶס. 2 גֹּעַל נֶפֶשׁ
nauseate vt הִגְעִיל, הִסְלִיד, הִבְחִיל
nauseous adj מַבְחִיל, מַגְעִיל, מַסְלִיד
nautical adj יַמִּי, נַוָּטִי
nautilus n נָאוּטִילוּס
naval adj 1 יַמִּי. 2 שֶׁל הַצִּי, שֶׁל חֵיל הַיָּם
nave n 1 טַבּוּר הַגַּלְגַּל. 2 אוּלָם תָּוֶךְ
navel n טַבּוּר, שֹׁרֶר, מֶרְכָּז
navel orange טַבּוּרִית (תפוז חסר גרעינים)
navigability n עֲבִירוּת, אֶפְשָׁרוּת הַנִּוּוּט
navigable adj עָבִיר, בַּר נִוּוּט
navigate vti 1 נִוֵּט. 2 שָׁט
navigation n 1 נִוּוּט, נַוָּטוּת, שַׁיִט. 2 הַפְלָגָה
navigator n 1 נַוָּט. 2 מַלָּח, סַפָּן
navvy n חוֹפֵר בּוֹרוֹת, פּוֹעֵל שָׁחֹר
navy n צִי, חֵיל הַיָּם
navy blue כָּחֹל-כֵּהֶה
nay adv, n 1 לֹא, לָאו. 2 יֶתֶר עַל כֵּן. 3 סֵרוּב
neap-tide n שֵׁפֶל הַיָּם
Neapolitan adj, n נַפּוֹלִיטָנִי
near vti, adj, prep, adv 1 קָרַב, הִתְקָרֵב. 2 קָרוֹב, סָמוּךְ. 3 לְיַד. 4 בְּקִרְבַת מָקוֹם
near miss כִּמְעַט הַצְלָחָה
nearby adj קָרוֹב
nearly adv כִּמְעַט
nearness n קִרְבָה
near-sighted adj קְצַר רְאִיָּה
nearside n צַד שְׂמֹאל
near thing כִּמְעַט אָסוֹן
neat adj 1 נָקִי, מְסֻדָּר. 2 מְיֻמָּן. 3 פָּשׁוּט, צָנוּעַ. 4 תַּכְלִיתִי. 5 צַח, זַךְ, טָהוֹר. 6 לֹא מָהוּל
neatly adv בְּאֹפֶן מְסֻדָּר
neatness n סֵדֶר, נִקָּיוֹן, צַחוּת

nebula n, pl עַרְפִלִּית
nebulous adj 1 מְעֻרְפָּל, עַרְפִלִּי. 2 נָבוֹךְ
necessarily adv בְּהֶכְרֵחַ
necessary adj הֶכְרֵחִי, נָחוּץ, חִיּוּנִי
necessitate vt הִצְרִיךְ, חִיֵּב
necessitous adj עָנִי, אֶבְיוֹן, נִצְרָךְ
necessity n כֹּרַח, צֹרֶךְ, הֶכְרֵחַ
neck vi, n 1 הִתְחַבֵּק, גִּפֵּף, הִתְנַשֵּׁק. 2 צַוָּאר, גָּרוֹן. 3 עֹרֶף. 4 צַוָּארוֹן. 5 חֲצָפָה
neckband n צַוָּארוֹן
neckcloth, neckerchief n מִטְפַּחַת צַוָּאר, שַׁל
necklace n עֲנָק, מַחֲרֹזֶת
neckline n מַחְשׂוֹף
necktie n עֲנִיבָה
neckwear n צַוָּארוֹנִים
necromancer n בַּעַל־אוֹב
necromancy n אוֹבוֹת
necropolis n בֵּית קְבָרוֹת
necrosis n נֶמֶק
nectar n צוּף, נֶקְטָר
nectarine n נֶקְטָרִינָה, אֲפַרְשְׁזִיף
née adj לְבֵית, נוֹלְדָה
need vt, n 1 הִצְטָרֵךְ, רָצָה, הָיָה נָחוּץ, הָיָה חַיָּב. 2 צֹרֶךְ, נְחִיצוּת, הֶכְרֵחַ. 3 מַחְסוֹר, מְצוּקָה
needful adj דָּרוּשׁ, חִיּוּנִי, נָחוּץ
needfully adv בְּאֹפֶן נָחוּץ
needle vt, n 1 תָּפַר (במחט). 2 דָּקַר. 3 עָקַץ, הִרְגִּיז. 4 מַחַט
needle bar מוֹט הַמַּחַט
needle blade קַת הַמַּחַט
needle threader מַשְׁחֶלֶת
needle in a haystack מַחַט בַּעֲרֵמַת שַׁחַת
needle-craft n תְּפִירָה, רִקְמָה
needless adj מְיֻתָּר, שֶׁלֹּא לְצֹרֶךְ
needlessly adv שֶׁלֹּא לְצֹרֶךְ
needlewoman n תּוֹפֶרֶת
needlework n רִקְמָה, תְּפִירָה
needs adv בְּהֶכְרֵחַ
needy adj נִצְרָךְ, אֶבְיוֹן
ne'er-do-well n לֹא יִצְלַח
nefarious adj בֶּן בְּלִיַּעַל
nefariously adv בְּרִשְׁעוּת
nefariousness n רִשְׁעוּת
negate vt שָׁלַל, כָּפַר, אִיֵּן
negation n 1 שְׁלִילָה, אִיּוּן, בִּטּוּל. 2 נִגּוּד, הֶעְדֵּר
negative vt, adj, n 1 סָתַר, שָׁלַל. 2 שְׁלִילִי. 3 שְׁלִילָה. 4 תַּשְׁלִיל, נֶגָטִיב
negatively adv בִּשְׁלִילָה
negativity n שׁוֹלְלָנוּת
neglect vt, n 1 הִתְרַשֵּׁל, זִלְזֵל, הִזְנִיחַ. 2 הִתְרַשְּׁלוּת, הַזְנָחָה, זִלְזוּל. 3 מֶחְדָּל
neglectful adj רַשְׁלָנִי, מַזְנִיחַ
neglectfully adv בְּרַשְׁלָנוּת
neglectfulness n הַזְנָחָה, רַשְׁלָנוּת
négligé(e) n 1 חָלוּק שֶׁל אִשָּׁה. 2 חֲלוּק בֹּקֶר
negligence n אִי־זְהִירוּת, רַשְׁלָנוּת
negligent adj 1 רַשְׁלָן, שַׁכְחָן. 2 רַשְׁלָנִי, מְרֻשָּׁל
negligently adv בְּרִשּׁוּל
negligible adj מְבֻטָּל, אַפְסִי, חֲסַר עֵרֶךְ
negotiable adj סָחִיר, עוֹבֵר לַסּוֹחֵר
negotiate vti 1 נָשָׂא וְנָתַן. 2 תִּוֵּךְ, תִּגֵּר
negotiation n 1 מַשָּׂא וּמַתָּן. 2 סְחוֹר, תִּוּוּךְ
negotiator n נוֹשֵׂא וְנוֹתֵן
negress n כּוּשִׁית
negro n כּוּשִׁי, שָׁחֹר
negroid adj, n 1 דּוֹמֶה לְכוּשִׁי. 2 כּוּשִׁי
neigh vi, n 1 צָהַל. 2 צָהֳלָה
neighbo(u)r vti, n 1 הָיָה שָׁכֵן. 2 שָׁכֵן, רֵעַ
neighbo(u)rhood n 1 שְׁכֵנוּת. 2 סְבִיבָה. 3 שְׁכוּנָה
neighbo(u)ring adj מִצְרָנִי, סָמוּךְ, שָׁכֵן
neighbo(u)rliness n שְׁכֵנוּת, יְדִידוּת
neighbo(u)rly adj שָׁכֵן, רֵעַ, יְדִידוּתִי
neither adj, pron, adv, conj 1 גַּם לֹא.

2 אַף לֹא. 3 לֹא זֶה

neither... nor גַּם... וְגַם... לֹא

nemesis n נֶמֶסִיס

neo- pref חָדָשׁ, נֵיאוֹ־

neo-colonialism n נֵיאוֹקוֹלוֹנְיָאלִיזְם

neolithic adj נֵיאוֹלִיתִי

neologism n נֵיאוֹלוֹגִיזְם, חִדּוּשׁ לְשׁוֹנִי

neon n נֵיאוֹן

neophyte n 1 טִירוֹן. 2 גֵּר

nephew n אַחְיָן

nephritis n דַּלֶּקֶת כְּלָיוֹת

nepotism n נֶפּוֹטִיזְם

nereid n נֵרֵאִידָה

nerve vt, n 1 חִזֵּק, אִמֵּץ, עוֹדֵד. 2 עָצָב. 3 עָצְמָה, אֹמֶץ, מֶרֶץ. 4 הֶעָזָה, חֻצְפָּה. 5 עֲצַבִּים, עַצְבָּנוּת

nerveless adj 1 חֲסַר אוֹנִים, מוּג־לֵב. 2 מְאֻזָּן, בָּטוּחַ בְּעַצְמוֹ

nerve-(w)racking adj מוֹרֵט עֲצַבִּים

nervous adj 1 עֲצַבִּי. 2 עַצְבָּנִי, רַגְזָן. 3 רָגִישׁ, נִמְרָץ

nervous breakdown הִתְמוֹטְטוּת עֲצַבִּים

nervously adv בְּעַצְבָּנוּת, בַּחֲשְׁשָׁנוּת

nervousness n עַצְבָּנוּת, חֲשְׁשָׁנוּת

nervy adj 1 עַצְבָּנִי. 2 מְעַצְבֵּן. 3 קַר־רוּחַ, חָצוּף

ness n צוּק, כֵּף

nest vi, n 1 קִנֵּן, בָּנָה קֵן. 2 קֵן. 3 סִדְרָה, מַעֲרֶכֶת

nested adj מְתוֹכָּךְ

nest-egg n 1 כֶּסֶף שָׁמוּר, חִסָּכוֹן. 2 בֵּיצַת קֵן

nestle vti 1 הִתְרַפֵּק, קִנֵּן. 2 נֶחְבָּא. 3 הִשְׁעִין, שָׁכַב בְּנוֹחִיּוּת

nestling n אֶפְרוֹחַ, גּוֹזָל

Nestor n נֶסְטוֹר, זְקַן יוֹעֲצִים

net vt, adj, n 1 רִשֵּׁת. 2 לָכַד בְּרֶשֶׁת. 3 עָשָׂה בְּצוּרַת רֶשֶׁת. 4 הִרְוִיחַ (נקי). 5 רֶשֶׁת, מִכְמֹרֶת. 6 מַלְכֹּדֶת. 7 שְׂבָכָה, טוּל. 8 נֶטוֹ, נָקִי

netball n כַּדּוּר־רֶשֶׁת

nether adj תַּחְתּוֹן, נָמוּךְ

nettle vt, n 1 עָקַץ. 2 הִרְגִּיז, הִכְעִיס. 3 סִרְפָּד, חָרוּל

network n 1 רֶשֶׁת, רִשּׁוּת. 2 הִסְתָּעֲפוּת. 3 מַעֲרֶכֶת תִּקְשֹׁרֶת. 4 חִבּוּר לְרֶשֶׁת (מחשבים)

neuralgic adj נוֹירַלְגִּי

neuro- pref נוֹירוֹ־, שֶׁל הָעֲצַבִּים

neurological adj נוֹירוֹלוֹגִי

neurologist n נוֹירוֹלוֹג, רוֹפֵא עֲצַבִּים

neurology n נוֹירוֹלוֹגְיָה, תּוֹרַת הָעֲצַבִּים

neurosis n נוֹירוֹזָה, עַצֶּבֶת

neurotic adj, n נוֹירוֹטִי

neuter vt, adj, n 1 נִטְרֵל. 2 סֵרֵס. 3 אָדִישׁ, נֵיטְרָלִי, סְתָמִי (דקדוק). 4 מְסֹרָס (בעל־חיים), סָרִיס

neutral adj, n נֵיטְרָלִי

neutrality n נֵיטְרָלִיּוּת, אִי־הִתְעָרְבוּת

neutralization n 1 נִטְרוּל, אִדּוּשׁ. 2 שִׁתּוּק

neutralize vt נִטְרֵל, אִדֵּשׁ

never adv לְעוֹלָם לֹא, מֵעוֹלָם לֹא, אַף פַּעַם לֹא

never mind! אֵין דָּבָר, אַל תִּדְאַג!

nevermore adv לֹא עוֹד

nevertheless adv מִכָּל מָקוֹם, בְּכָל זֹאת

new adj חָדָשׁ, חָדִישׁ, טָרִי

new arrival רַךְ נוֹלָד

newborn adj יִלּוֹד, שֶׁרַק נוֹלַד

newcomer n מִקָּרוֹב בָּא, עוֹלֶה חָדָשׁ, פָּנִים חֲדָשׁוֹת

new moon 1 רֹאשׁ חֹדֶשׁ. 2 מוֹלַד הַלְּבָנָה

newly adv מִקָּרוֹב, מֵחָדָשׁ

newlywed n נְשׂוּי זֶה לֹא מִכְּבָר, שֶׁזֶּה עַתָּה הִתְחַתֵּן

newfangled adj חַדְשָׁנִי

newness n חִדּוּשׁ

news n חֲדָשׁוֹת, יְדִיעוֹת

newsagent n 1 מוֹכֵר עִתּוֹנִים. 2 סוֹכֵן עִתּוֹנִים

newscast n מִשְׁדַּר חֲדָשׁוֹת

newscaster n קַרְיַן חֲדָשׁוֹת

newsdealer n סוֹכֵן עִתּוֹנִים
newsletter n אִגֶּרֶת חֲדָשׁוֹת, עָלוֹן, דַּף מֵידָע
newsman n עִתּוֹנַאי
newspaper n עִתּוֹן
newspaperman n עִתּוֹנַאי
newsprint n נְיַר עִתּוֹנִים
newssheet n עֲלוֹן יְדִיעוֹת
newsvendor n מוֹכֵר עִתּוֹנִים
newsworthy adj רָאוּי לְפִרְסוּם
newt n טְרִיטוֹן
next adj, n סָמוּךְ, קָרוֹב, לְיַד, אַחַר
next door 1 מִצְרָנִי. 2 בַּבַּיִת הַסָּמוּךְ
next of kin שְׁאֵר בָּשָׂר הַקָּרוֹב בְּיוֹתֵר
next to לְיַד
next to nothing בַּחֲצִי חִנָּם
nexus n קֶשֶׁר
nib n 1 מַקּוֹר, חֹד. 2 צִפֹּרֶן
nibble vti, n 1 כִּרְסֵם, כָּסַס. 2 כִּרְסוּם. 3 לְגִימָה. 4 נְגִיסָה
nice adj 1 יָפֶה, נָאֶה, נֶחְמָד, נָעִים, אָדִיב, טָעִים. 2 עָדִין, עָרֵב. 3 דַּיְּקָן, קַפְּדָן
nicely adv יָפֶה, כָּרָאוּי, כַּהֹגֶן, הֵיטֵב
niceness n יֹפִי, עֲדִינוּת
nicety n דַּקּוּת, עֲדִינוּת, דַּיְּקָנוּת
niche n גֻּמְחָה, מִשְׁקַעַת
nick vt, n 1 חֵרֵק, עָשָׂה חָרִיץ. 2 רִמָּה, גָּנַב. 3 חָרִיץ, פְּגִימָה, סֶדֶק. 4 שָׂטָן
nickel n נִיקֶל
nickname vt, n 1 כִּנָּה, כִּנָּה בְּשֵׁם לְוַאי. 2 כִּנּוּי, שֵׁם לְוַאי
nicotine n נִיקוֹטִין
nic(ti)tate vi קָרַץ, רָמַז, מִצְמֵץ
nid d'abeilles (Fr) n יַעֲרָה
niece n אַחְיָנִית
niggard n קַמְצָן, כִּלַי
niggardliness n 1 קַמְצָנוּת. 2 צָרוּת עַיִן
niggardly adj קַמְצָנִי
niggle vi דִּקְדֵּק דִּקְדּוּקֵי עֲנִיּוּת
niggling adj קַטְנוּנִי, קַפְּדָן
nigh adv, prep 1 קָרוֹב, מִקָּרוֹב. 2 כִּמְעַט
night n 1 לַיְלָה, עֶרֶב. 2 חֲשֵׁכָה, אֲפֵלָה
nightcap n 1 כִּפַּת לַיְלָה, מִצְנֶפֶת־שֵׁנָה. 2 כּוֹסִית אַחֲרוֹנָה (לפני השינה)
nightclub n מוֹעֲדוֹן לַיְלָה
nightfall n עֶרֶב יוֹם, בֵּין עַרְבַּיִם
nightgown n כְּתֹנֶת לַיְלָה
nightingale n זָמִיר
nightlong adj שֶׁנִּמְשָׁךְ כָּל הַלַּיְלָה
nightly adj לֵילִי, מִדֵּי לַיְלָה
nightmare n חֲלוֹם בַּלָּהוֹת, סִיּוּט
night owl 1 לִילִית. 2 צִפּוֹר לַיְלָה
nightshade n סוֹלָנוּם
night-time n שְׁעַת לַיְלָה
night-watchman n שׁוֹמֵר לַיְלָה
nihilism n נִיהִילִיזְם
nihilist n נִיהִילִיסְט
nihilistic adj נִיהִילִיסְטִי
nil n אֶפֶס
nimble adj 1 זָרִיז, מָהִיר. 2 מְיֻמָּן. 3 קַל רַגְלַיִם
nimbleness n זְרִיזוּת, מְהִירוּת, קַלּוּת רַגְלַיִם
nimbly adv בִּזְרִיזוּת, בִּמְהִירוּת, בְּקַלּוּת
nimbus n 1 הִלָּה, זֹהַר. 2 חַשְׁרָה
niminy-piminy adj מְעֻשֶּׂה
nincompoop n טִפֵּשׁ, שׁוֹטֶה
nine n adj 1 תִּשְׁעָה. 2 תֵּשַׁע
ninefold adj, adv פִּי תִּשְׁעָה
ninepins n, pl תְּשַׁע הַיְתֵדוֹת (משחק)
nineteen n, adj 1 תִּשְׁעָה־עָשָׂר. 2 תְּשַׁע־עֶשְׂרֵה, 19
nineteenth adj, n 1 הַתִּשְׁעָה־עָשָׂר. 2 הַחֵלֶק הַתִּשְׁעָה־עָשָׂר
ninetieth adj, n 1 הַתִּשְׁעִים. 2 הַחֵלֶק הַתִּשְׁעִים
ninety adj, n תִּשְׁעִים
ninny n שׁוֹטֶה, טִפֵּשׁ, סָכָל
ninth adj, n 1 תְּשִׁיעִי. 2 תְּשִׁיעִית
nip vti, n 1 צָבַט, נָשַׁךְ. 2 קֵרְטֵם, כִּרְסֵם.

3 הַשְׁחִית. 4 לָגַם. 5 צְבִיטָה, נְשִׁיכָה. 6 לְגִימָה

nip in the bud קָטַף בְּאִבּוֹ

nipper n 1 יֶלֶד. 2 צוֹבֵט

nipple n 1 פִּטְמָה, דַּד. 2 שַׁדִּית

Nipponese adj n 1 יַפָּנִי. 2 יַפָּנִית

nippy adj 1 זָרִיז, מָהִיר. 2 חָרִיף, מְמֻלָּח. 3 קָרִיר

nirvana n נִירְוָנָה

nisi (L) n לוּלֵא, אִם לֹא, עַל־תְּנַאי

Nissen hut צְרִיף נִיסֶן

nit n 1 בֵּיצִית כִּנָּה, אִנְבָּה. 2 אֶפֶס

nit-picking adj, n 1 קַטְנוּנִי, קַנְטְרָנִי. 2 קַטְנוּנִיּוּת, קַנְטְרָנוּת

nitrate n חַנְקָה

nitre, niter n מְלַחַת

nitric adj חַנְקָנִי

nitrogen n חַנְקָן

nitroglycerine n נִיטְרוֹגְלִיצֶרִין

nitrous oxide תַּחְמֹצֶת חַנְקָנִית

nitty-gritty n מַהוּת הָעִנְיָן

nitwit n שׁוֹטֶה, טִפֵּשׁ, סָכָל

no adj, adv לֹא, לָאו, אֵין

no matter לֹא חָשׁוּב

no more לֹא עוֹד

no one אִישׁ לֹא, אַף אֶחָד לֹא

no way בְּשׁוּם אֹפֶן לֹא

nobility n 1 אֲצִילוּת. 2 אֲצֻלָּה

noble adj n 1 אֲצִילִי, אַבִּירִי. 2 אָצִיל, אַבִּיר

nobleman n אָצִיל, אַבִּיר, מְיֻחָס

nobleness n אֲצִילוּת

noblesse oblige הָאֲצִילוּת מְחַיֶּבֶת

noblewoman n אֲצִילָה

nobly adv בַּאֲצִילוּת, בְּאַבִּירוּת

nobody pron, n אַף לֹא אֶחָד, מָאן דְּהוּ

noctambulist n סַהֲרוּרִי

nocturnal adj לֵילִי

nocturne n 1 נוֹקְטוּרְן, לֵילִית. 2 צִיּוּר עַל נוֹשֵׂא לֵילִי. 3 נוֹקְטוּרְנָה (מוס.)

nod vti, n 1 הֵנִיעַ, נִעְנַע. 2 שָׁמַט רֹאשׁוֹ, הִרְכִּין, כּוֹפֵף. 3 נִמְנֵם. 4 נִעְנוּעַ רֹאשׁ, מְנוֹד רֹאשׁ. 5 טָעוּת

nod off נִרְדַּם, נִמְנֵם

node n 1 כַּפְתּוֹר, גֻּלָּה, בְּלִיטָה. 2 מִפְרָק, צֹמֶת. 3 עֲלִילָה

nodular adj קִשְׁרִי, קַשְׁרִירִי

nodulated adj בַּעַל קְשָׁרִים

nodule n 1 קַשְׁרִיר, קֶשֶׁר קָטָן. 2 בְּלִיטָה, גּוּשִׁישׁ

no-go adj 1 סָגוּר, אֵין מַעֲבָר. 2 בִּלְתִּי־אֶפְשָׁרִי

noise n רַעַשׁ, שָׁאוֹן, הֲמֻלָּה

noiseless adj חֲרִישִׁי, שָׁקֵט

noiselessly adv בְּשֶׁקֶט, בַּחֲשַׁאי

noisily adv בְּרַעַשׁ

noisiness n מְהוּמָה, רַעַשׁ, שָׁאוֹן, הֲמֻלָּה

noisome adj מַזִּיק, מַסְלִיד, מַסְרִיחַ

noisy adj רוֹעֵשׁ, רַעֲשָׁנִי

nomad n נוֹדֵד, נַוָּד, נָע וָנָד

nomadic adj נַוָּד, נָע וָנָד

nom de plume פְּסֵידוֹנִים, כִּנּוּי סִפְרוּתִי, שֵׁם עֵט

nomenclature n כִּנְיוֹן, מִנּוּחַ

nominal adj 1 נָקוּב, נוֹמִינָלִי. 2 שֵׁמָנִי. 3 סִמְלִי

nominally adv לַהֲלָכָה

nominate vt מִנָּה, קָבַע, הִצִּיעַ

nomination n 1 מִנּוּי. 2 הַצָּעָה

nominative adj, n 1 יַחֲסַת נוֹשֵׂא. 2 מְמֻנֶּה

nominee n 1 מֻעֲמָד. 2 מְמֻנֶּה

non- pref לֹא־, אִי־, אַל־

nonage n קַטִינוּת, אִי־בַּגְרוּת

nonagenarian adj, n 1 בֶּן תִּשְׁעִים. 2 שֶׁל בֶּן תִּשְׁעִים

non-alignment n אִי־הִזְדַּהוּת

non-aggression n אִי הַתְקָפָה

non-belligerency אִי־לָחְמָה

nonce n הַהֹוֶה, לְפִי שָׁעָה

nonce word מִלָּה־חַד־פַּעֲמִית

nonchalance n שִׁוְיוֹן נֶפֶשׁ

nonchalant adj שְׁוֵה־נֶפֶשׁ

nonchalantly adv בְּשִׁוְיוֹן נֶפֶשׁ

non-combatant adj לֹא קְרָבִי

non-commissioned adj 1 שֶׁאֵין לוֹ יִפּוּי כֹּחַ. 2 שֶׁאֵינוֹ קָצִין

non-committal adj בִּלְתִּי־מִתְחַיֵּב

non compos mentis לֹא שָׁפוּי בְּדַעְתּוֹ

non-conformist adj, n נוֹנְקוֹנְפוֹרְמִיסְט

nondescript adj לֹא תָּאִיר, טָפֵל

non-event n אֵרוּעַ מְשַׁעֲמֵם, מְאַכְזֵב

nonexistence n אִי־מְצִיאוּת, אִי־קַיָּמוּת, הֶעְדֵּר

nonexistent adj לֹא־קַיָּם

non-flammable adj עֲמִיד־אֵשׁ

none pron כְּלָל לֹא, אַף אֶחָד לֹא

nonesuch adj יָחִיד בְּמִינוֹ, אֶחָד וְיָחִיד

nonetheless adv אַף עַל פִּי כֵן

nonentity n חֹסֶר מְצִיאוּת, חֹסֶר חֲשִׁיבוּת

non-fruit-bearing trees עֲצֵי סְרָק

non-interference n אִי־הִתְעָרְבוּת

non-intervention n אִי־הִתְעָרְבוּת

non-irigated field שְׂדֵה בַּעַל

nonpareil adj, n יָחִיד בְּמִינוֹ, שֶׁאֵין דּוֹמֶה לוֹ

nonpayment n אִי תַּשְׁלוּם, אִי־פֵּרָעוֹן

nonplus vt, n 1 הֵבִיךְ. 2 מְבוּכָה

non-proliferation n אִי־הֲפָצָה

non-resident adj, n 1 לֹא תּוֹשָׁב. 2 נִפְקָד, נֶעְדָּר. 3 תּוֹשָׁב אֲרָעִי

nonsense n שְׁטֻיּוֹת, הֲבָלִים

nonsensical adj שְׁטוּתִי, טִפְּשִׁי, מְגֻחָךְ

non sequitur מַסְקָנָה לֹא הֶגְיוֹנִית

non-skid adj לֹא מַחֲלִיק

non-starter n 1 תָּכְנִית/רַעְיוֹן חֲסַר סִכּוּי. 2 שִׁבּוּשׁ מִלְּכַתְּחִלָּה. 3 אָדָם חֲסַר סִכּוּי

noodle n 1 פֶּתִי, כְּסִיל, טִפֵּשׁ. 2 אִטְרִיָּה

nook n פִּנָּה, מַחֲבוֹא

noon n 1 צָהֳרַיִם. 2 חֲצוֹת הַיּוֹם

no one pron אִישׁ לֹא

noose vt, n 1 קָשַׁר, לָכַד. 2 קֶשֶׁר, לוּלָאָה. 3 מַלְכֹּדֶת

nor conj אַף לֹא, גַּם לֹא

Nordic adj, n נוֹרְדִּי, צְפוֹנִי

norm n 1 תֶּקֶן. 2 נוֹרְמָה

normal adj, n 1 תַּקִּין, תִּקְנִי, נוֹרְמָלִי. 2 אֲנָךְ, נִצָּב. 3 אֲנָכִי. 4 רָגִיל

normalcy n תַּקִּינוּת, נוֹרְמָלִיּוּת

normalization n תְּקִינָה, נוֹרְמָלִיזַצְיָה

normalize vt נִרְמֵל, תִּקְנֵן

normally adv בְּדֶרֶךְ כְּלָל

Norman adj, n נוֹרְמַנְדִּי

normative adj נוֹרְמָטִיבִי

normative grammar דִּקְדּוּק פּוֹסֵק

Norse adj, n 1 סְקַנְדִּינָבִי. 2 מֵאַרְצוֹת הַצָּפוֹן

north adj, adv, n 1 צָפוֹן, צְפוֹנִי. 2 צָפוֹנָה

North Pole הַקֹּטֶב הַצְּפוֹנִי

northeaster n רוּחַ צְפוֹנִית־מִזְרָחִית

northeasterly adj צְפוֹנִי־מִזְרָחִי

northwesterly adj צְפוֹנִי־מַעֲרָבִי

northwestern adj צְפוֹן־מַעֲרָבִי

northern adj צְפוֹנִי

northerner n בֶּן הַצָּפוֹן

northernmost adj הַצְּפוֹנִי בְּיוֹתֵר

northwards adv צָפוֹנָה

Norwegian adj, n 1 נוֹרְבֶגִי. 2 נוֹרְבֶגִית

nose vti, n 1 רִחְרֵחַ, חִטֵּט, חִפֵּשׂ. 2 אִנְפֵּף. 3 חָתַר, הִתְקַדֵּם. 4 אַף, חֹטֶם, חַרְטוֹם, חֹד. 5 רֵיחַ

nose-bag n שַׂק מִסְפּוֹא

nose about הִסְתַּקְרֵן, נִסְתַּקְרֵן

nose into הִתְעָרֵב בְּ־

nosegay n זֵר

nose one's way הִתְקַדֵּם בִּזְהִירוּת

nose out vt רִחְרֵחַ, חִטֵּט

nos(e)y adj סַקְרָנִי, חַטְטָנִי

nostalgia n גַּעְגּוּעִים, כִּסּוּפִים

nostalgic adj מִתְגַּעְגֵּעַ

nostalgically adv בְּגַעְגּוּעִים

nostril n נְחִיר

not adv אֵין, לֹא, בַּל

not at all לְגַמְרֵי לֹא
not likely! בְּשׁוּם אֹפֶן לֹא!
nota bene נ.ב., נִכְתָּב בַּשּׁוּלַיִם, נִכְתָּב בַּצַּד, עַיֵּן הֵיטֵב
notability n 1 חֲשִׁיבוּת. 2 אִישִׁיּוּת נִכְבָּדָה
notable adj, n 1 מַרְשִׁים, דָּגוּל, נִכְבָּד. 2 חָרוּץ, שַׁקְדָן. 3 מְפֻרְסָם
notably adv 1 בְּיִחוּד. 2 בְּאֹפֶן נִכָּר
notary (public) n נוֹטַרְיוֹן (ציבורי)
notation n 1 תִּוּוּי. 2 סִמּוּן, צִיּוּן
notch vt, n 1 חֵרֵק, חָרַץ. 2 חָרִיץ, חֶרֶק, פְּגִימָה, צְנִיר
note vt, n 1 רָשַׁם, שָׂם לֵב, צִיֵּן, הִתְבּוֹנֵן. 2 פֶּתֶק, פִּתְקָה. 3 אִגֶּרֶת, תַּזְכִּיר. 4 הֶעָרָה, סִימָן. 5 רְשִׁימָה, תְּעוּדָה. 6 תָּו, קוֹל. 7 הַדְגָּשָׁה, צִיּוּן
notebook n פִּנְקָס, מַחְבֶּרֶת
notebook computer מַחְשֵׁב נַיָּד קָטָן
notecase n אַרְנָק לִשְׁטָרֵי כֶּסֶף
noted adj מְפֻרְסָם, נִכְבָּד, מְהֻלָּל
notepaper n נְיַר מִכְתָּבִים
noteworthy adj חָשׁוּב, רָאוּי לְצִיּוּן
nothing n אֶפֶס, לֹא כְלוּם, שׁוּם דָּבָר
nothing less than לֹא פָּחוֹת מִ־
nothingness n 1 אַפְסוּת. 2 בְּלִימָה
notice vt, n 1 רָאָה, הִבְחִין, הִרְגִּישׁ, שָׂם לֵב. 2 הֵעִיר, הוֹדִיעַ. 3 הוֹדָעָה, מוֹדָעָה. 4 הַתְרָאָה. 5 תְּשׂוּמַת לֵב, שִׂימַת לֵב. 6 מַאֲמַר בִּקֹּרֶת
noticeable adj בּוֹלֵט, נִכָּר
notice-board n לוּחַ מוֹדָעוֹת
notifiable adj שֶׁיֵּשׁ לְהוֹדִיעַ עָלָיו
notification n הוֹדָעָה, אַזְהָרָה
notify vt הוֹדִיעַ, הִזְהִיר
notion n 1 מֻשָּׂג, רַעְיוֹן. 2 נְטִיָּה, כַּוָּנָה. 3 דֵּעָה, אֱמוּנָה
notional adj 1 עִיּוּנִי, דִּמְיוֹנִי. 2 סִמְלִי
notoriety n פִּרְסוּם, מוֹנִיטִין
notorious adj 1 יָדוּעַ בָּרַבִּים לִגְנַאי, יָדוּעַ לְשִׁמְצָה. 2 פִּרְסוּם לְשִׁמְצָה
notwithstanding prep, adv 1 לַמְרוֹת, עַל אַף. 2 אַף עַל פִּי כֵן
nougat n נוּגָט
nought n אֶפֶס
noun n שֵׁם עֶצֶם
nourish vt 1 פִּרְנֵס, כִּלְכֵּל, תָּמַךְ. 2 הֵזִין, זָן. 3 קִיֵּם, חִנֵּךְ
nourishment n הֲזָנָה, מָזוֹן, כַּלְכָּלָה
nous n 1 רוּחַ, שֵׂכֶל. 2 הַשֵּׂכֶל הַיָּשָׁר
nouveau riche (Fr) עָשִׁיר חָדָשׁ, קַרְתָּנִי
nova n כּוֹכָב חָדָשׁ
novel adj, n 1 חָדָשׁ, חָדִישׁ, מוּזָר. 2 רוֹמָן, סִפּוּר, נוֹבֶלָה
novelette n רוֹמָן קָצָר
novelist n סוֹפֵר, רוֹמָנִיסְט
novelty n 1 חִדּוּשׁ. 2 זָרוּת
November n נוֹבֶמְבֶּר
novice n מַתְחִיל, טִירוֹן
novitiate, noviciate n טִירוֹנוּת
now adv 1 עַתָּה, כָּעֵת, עַכְשָׁו. 2 מִיָּד, הֲרֵי
now and again מִפַּעַם לְפַעַם
now and then מִזְּמַן לִזְמַן
now that הֱיוֹת שֶׁ, הוֹאִיל וְ־
nowadays adv בְּיָמֵינוּ
nowhere adv בְּשׁוּם מָקוֹם לֹא
nowise adv בְּשׁוּם אֹפֶן לֹא
noxious adj מַזִּיק
noxiously adv בְּרֹעַ
nozzle n נְחִיר, זַרְבּוּבִית
nuance vt, n 1 גִּוֵּן. 2 גֶּוֶן, צֶבַע, גּוֹנִית
nub n 1 תַּמְצִית, עִקָּר. 2 זִיז, כַּפְתּוֹר
nubile adj שֶׁהִגִּיעָה לְפִרְקָהּ
nuclear adj גַּרְעִינִי
nuclear disarmament פֵּרוּק־נֶשֶׁק גַּרְעִינִי
nuclear fission בִּקּוּעַ גַּרְעִינִי
nuclear waste פְּסֹלֶת גַּרְעִינִית
nucleus n 1 גַּרְעִין. 2 חַרְצָן, גַּלְעִין
nude adj, n עֵרֹם, חָשׂוּף
nudge vt, n 1 נָגַע קַלּוֹת. 2 נְגִיעָה קַלָּה
nudism n נוּדִיזְם
nudist n נוּדִיסְט
nudity n עֵירֹם, מַעֲרֻמִּים

nugatory adj חֲסַר עֵרֶךְ, אַפְסִי

nugget n גּוּשׁ (זהב)

nuisance n 1 מִטְרָד, טֹרַח. 2 הַטְרָדָה, הַרְגָּזָה, הַפְרָעָה, מִפְגָּע. 3 טַרְדָן, טַרְחָן

null adj אַפְסִי

null and void בָּטֵל וּמְבֻטָּל

nullification n אִפּוּס, בִּטּוּל

nullify vt בִּטֵּל, הֵפֵר, אִפֵּס

nullity n אַפְסוּת, אַפְסִיּוּת, בִּטּוּל

numb vt, adj 1 הִקְהָה, הֵמַם, אִבֵּן. 2 חֲסַר תְּחוּשָׁה, קֵהֶה, מְאֻבָּן

number vti, n 1 סָפַר, מָנָה. 2 מִסְפֵּר, סִפְרֵר. 3 פָּקַד. 4 מִסְפָּר, סִפְרָה. 5 מִכְלוֹל, כַּמּוּת. 6 גִּלָּיוֹן

numberplate n מִסְפַּר הַמְּכוֹנִית

numberless adj אֵין סְפֹר

Numbers בְּמִדְבַּר (חומש)

numbly adv בְּצוּרָה קֵהָה

numbness n קֵהוּת

numeral adj, n 1 מִסְפָּרִי. 2 סִפְרָה

numeration n מִסְפּוּר

numerator n 1 מוֹנֶה. 2 מְמַסְפֵּר

numerical adj מִסְפָּרִי

numerous adj רַב, רַבִּים, הַרְבֵּה

numismatics n נוּמִיסְמָטִיקָה, חֵקֶר מַטְבְּעוֹת

numismatist n 1 אַסְפָן מַטְבְּעוֹת. 2 חוֹקֵר מַטְבְּעוֹת

num(b)skull n שׁוֹטֶה, טִפֵּשׁ

nun n נְזִירָה

nuncio n נוּנְצִיוֹ

nunnery n מִנְזָר (של נשים)

nuptial adj שֶׁל נִשּׂוּאִים

nuptials n, pl נִשּׂוּאִים, כְּלוּלוֹת

nurse vt, n 1 הֵינִיקָה. 2 גִּדֵּל, טִפֵּל, טִפַּח. 3 אָחוֹת, אָחוֹת רַחֲמָנִיָּה. 4 אוֹמֶנֶת, מְטַפֶּלֶת. 5 מָעוֹן

nursling n 1 עוֹלָל, תִּינוֹק. 2 חוֹלֶה בְּטִפּוּל

nursery n 1 בֵּית תִּינוֹקוֹת, חֲדַר יְלָדִים. 2 מִשְׁתָּלָה, בֵּית הַיּוֹצֵר

nursery rhyme שִׁיר יְלָדִים

nursing n 1 טִפּוּל, טִפּוּחַ. 2 מִקְצוֹעַ הָאָחוֹת. 3 סִעוּד

nursing home 1 בֵּית־חוֹלִים סִעוּדִי. 2 בֵּית הַבְרָאָה

nurture vt, n 1 גִּדֵּל, חִנֵּךְ, כִּלְכֵּל. 2 חִנּוּךְ, טִפּוּחַ. 3 מָזוֹן, כַּלְכָּלָה

nut n 1 אֱגוֹז. 2 אֹם. 3 אֶשֶׁךְ

nut-brown adj חוּם כֵּהֶה

nutcracker n מַפְצֵחַ אֱגוֹזִים

nutmeg n אֱגוֹז הַמּוּסְקָט

nutrient/tive n, adj מֵזִין

nutriment n 1 מָזוֹן. 2 הֲזָנָה, כַּלְכָּלָה

nutrition n אֹכֶל, תְּזוּנָה

nutritious adj מֵזִין

nutshell n קְלִפַּת אֱגוֹז

nutty adj 1 אֱגוֹזִי. 2 מְטֹרָף, שׁוֹטֶה

nuzzle vti 1 נָבַר, חִטֵּט. 2 קִנֵּן

nylon n נַיְלוֹן

nymph n נִימְפָה

nymphet n נִימְפֶטָה

nymphomania n תַּאַוְתָנוּת נָשִׁית

nymphopmaniac n, adj חוֹלַת תַּאֲוָה

O

O, o אוֹ, הָאוֹת הַחֲמֵשׁ־עֶשְׂרֵה שֶׁל הָאָלֶף־בֵּית הָאַנְגְּלִי
oaf n כְּסִיל, גֹּלֶם, שׁוֹטֶה
oafish adj מְטֻמְטָם
oak n אַלּוֹן
oakapple n בַּלּוּט, עָפָץ
oakum n נְעֹרֶת חֲבָלִים
oar vti, n 1 חָתַר, שִׁיֵּט. 2 מָשׁוֹט. 3 מְשׁוֹטַאי
oarsman n מְשׁוֹטַאי, שַׁיָּט, חוֹתֵר
oarsmanship n 1 שַׁיָּטוּת, חֲתִירָה. 2 אָמָּנוּת הַחֲתִירָה
oarswoman n מְשׁוֹטָאִית, שַׁיֶּטֶת, חוֹתֶרֶת
oasis n נָוֶה, נְאוֹת מִדְבָּר, אוֹאָזִיס
oast n תַּנּוּר (לייבוש לתת)
oatcake n עוּגַת שִׁבֹּלֶת שׁוּעָל
oath n 1 שְׁבוּעָה, נֶדֶר. 2 קְלָלָה
oatmeal n קֶמַח שִׁבֹּלֶת שׁוּעָל, קְוָאקֶר
oats npl שִׁבֹּלֶת־שׁוּעָל
obbligato adj, n 1 אוֹבְּלִיגָטוֹ. 2 חוֹבָה, מְחַיֵּב
obduracy n עַקְשָׁנוּת, נֻקְשׁוּת
obdurate adj עַקְשָׁן, נֻקְשֶׁה
obdurately adv בְּעַקְשָׁנוּת
obedience n צַיְּתָנוּת, צִיּוּת, מִשְׁמַעַת, מָרוּת
obedient adj צַיְּתָן, מְמֻשְׁמָע
obediently adv בְּצַיְּתָנוּת
obeisance n קִדָּה, הִשְׁתַּחֲוָיָה
obelisk n אוֹבֶּלִיסְק
obese adj 1 שָׁמֵן מְאֹד. 2 בַּעַל בָּשָׂר, בַּעַל גּוּף
obesity n שֹׁמֶן, הַשְׁמָנָה
obey vti 1 צִיֵּת, שָׁמַע בְּקוֹל, הִקְשִׁיב. 2 נִכְנַע, נִשְׁמַע
obfuscate vt הֶאֱפִיל, עִרְפֵּל, בִּלְבֵּל, טִמְטֵם
obi n חֲגוֹרָה (יפנית)
obiter dictum n הֶעָרַת אַגַּב
obituary n מוֹדָעַת אֵבֶל, הוֹדָעַת פְּטִירָה
object vti, n 1 הִתְנַגֵּד, מָאַס, עִרְעֵר. 2 עֶצֶם, דָּבָר, חֵפֶץ, גּוּף. 3 נוֹשֵׂא, תַּכְלִית, מַטָּרָה, יַעַד. 4 מֻשָּׂא, אוֹבְּיֶקְט
objection n 1 הִתְנַגְּדוּת, עִרְעוּר, הַשָּׂגָה. 2 סְלִידָה. 3 עֲרָר
objectionable adj מְעוֹרֵר הִתְנַגְּדוּת, דּוֹחֶה
objective adj, n 1 מַטָּרָה, תַּכְלִית, יַעַד. 2 חִיצוֹנִי, אוֹבְּיֶקְטִיבִי, עִנְיָנִי. 3 יַחַס הַפָּעוּל. 4 עַצְמִית
objectively adv בְּאֹפֶן אוֹבְּיֶקְטִיבִי
objectivity n אוֹבְּיֶקְטִיבִיּוּת
object-lesson n דֻּגְמָה מְאַלֶּפֶת, הַדְגָּמָה מַעֲשִׂית
objector n סַרְבָן, מְעַרְעֵר, מִתְנַגֵּד
objurgate vt נָזַף, גָּעַר
objurgation n נְזִיפָה קָשָׁה, גְּעָרָה חֲרִיפָה
oblate adj, n 1 פָּחוּס בִּקְצוֹתָיו. 2 נָזִיר, פָּרוּשׁ, מִיסְיוֹנֶר
oblation n 1 קָרְבָּן, מִנְחָה. 2 תְּרוּמָה, נְדָבָה
obligate vt הִכְרִיחַ, חִיֵּב
obligation n 1 הִתְחַיְּבוּת, אַחֲרָיוּת, חוֹבָה. 2 נֶדֶר. 3 הֶסְכֵּם. 4 אִגֶּרֶת־חוֹב
obligatory adj חַיָּב, מְחַיֵּב, הֶכְרֵחִי
oblige vt 1 הִכְרִיחַ, חִיֵּב. 2 עָשָׂה טוֹבָה, עָשָׂה חֶסֶד
obliging adj 1 אָדִיב, נִימוּסִי. 2 עוֹשֶׂה חֶסֶד
obligingly adv בַּאֲדִיבוּת, בְּנִימוּס
oblique adj 1 אֲלַכְסוֹנִי, מְלֻכְסָן, מְשֻׁפָּע. 2 נָטוּי (דקדוק). 3 קֵהֶה (זוית)

obliquely adv 1 בִּמְלֻכְסָן, בַּאֲלַכְסוֹן. 2 בַּעֲקִיפִין

obliquity n 1 אֲלַכְסוֹנִיּוּת, לִכְסוּן. 2 עִוּוּת, נְטִיָּה

obliterate vt 1 מָחַק, מָחָה. 2 הִשְׁמִיד, הִכְחִיד

oblivion n 1 שִׁכְחָה, נְשִׁיָּה. 2 הִתְעַלְּמוּת

oblivious adj 1 שׁוֹכֵחַ, שַׁכְחָן. 2 לֹא מוּדָע

oblong adj, n 1 מָאֳרָךְ, מַלְבֵּנִי, סְגַלְגַּל. 2 מַלְבֵּן

obloquy n גְּנַאי, גִּדּוּף, לַעַז, נִאוּץ, קָלוֹן

obnoxious adj נִתְעָב, מְגֻנֶּה, דּוֹחֶה

obnoxiously adv בְּאֹפֶן נִתְעָב

obnoxiousness n תִּעוּב, שִׁקּוּץ, בְּחִילָה, גֹּעַל

oboe n אַבּוּב (כלי נגינה)

oboist n אַבּוּבָן

obscene adj 1 גַּס, מְגֻנֶּה. 2 מְנַבֵּל פִּיו

obscenely adv 1 בְּאֹפֶן מְגֻנֶּה. 2 בְּנִבּוּל פֶּה

obscenity n זִמָּה, גַּסּוּת, נִבּוּל פֶּה

obscurantism n שִׂנְאַת דַּעַת, בַּעֲרוּת

obscurantist n שׂוֹנֵא דַעַת, נִבְעָר

obscure vt, adj 1 הֶאֱפִיל, עִרְפֵּל, הִסְתִּיר. 2 הֵעִיב, הִכְהָה. 3 אָפֵל, עָמוּם, מְעֻרְפָּל. 4 סָתוּם, כָּמוּס. 5 שָׁכוּחַ, אַלְמוֹנִי

obscurely adv בָּאֲפֵלָה, בַּחֲשֵׁכָה

obscurity n 1 חשֶׁךְ, אֲפֵלָה, כֵּהוּת. 2 אַלְמוֹנִיּוּת

obsequies npl טֶקֶס קְבוּרָה

obsequious adj 1 מִתְרַפֵּס, נִכְנָע. 2 צַיְּתָן, נִכְנָע

obsequiously adv בְּהַכְנָעָה

obsequiousness n הִתְרַפְּסוּת, הַכְנָעָה

observable adj 1 נִכָּר, בּוֹלֵט. 2 שֶׁרָאוּי לְקַיְּמוֹ

observably adj בְּאֹפֶן בּוֹלֵט

observance n 1 קִיּוּם, שְׁמִירָה. 2 טֶקֶס, צִיּוּן. 3 שִׂימַת לֵב

observant adj 1 שׁוֹמֵר מִצְווֹת. 2 מִתְבּוֹנֵן. 3 שָׂם לֵב, קַפְּדָן

observantly adv בְּהִתְבּוֹנְנוּת, בִּזְהִירוּת

observation n 1 הִתְבּוֹנְנוּת, הִסְתַּכְּלוּת. 2 זְהִירוּת, קַפְּדָנוּת. 3 הֶעָרָה. 4 תַּצְפִּית, תַּשְׁקִיף

observatory n מִצְפֶּה

observe vt 1 צָפָה, רָאָה, הִתְבּוֹנֵן, הִסְתַּכֵּל. 2 הִרְגִּישׁ, הִבְחִין. 3 שָׁמַר, קִיֵּם, הִקְפִּיד. 4 הֵעִיר

observer n 1 מַשְׁקִיף, צוֹפֶה, מִתְבּוֹנֵן. 2 שׁוֹמֵר

obsess vt הֵצִיק, הִטְרִיד

obsessed adj נִטְרָד, אָחוּז (דיבוק)

obsession n דִּבּוּק, שִׁגָּעוֹן לְדָבָר אֶחָד

obsessive adj טוֹרְדָנִי, אוֹבְּסֶסִיבִי

obsessively adv בְּטוֹרְדָנוּת, אוֹבְּסֶסִיבִית

obsidian n לַבָּה שְׁחֹרָה

obsolescence n נוֹשָׁנוּת, הִתְיַשְּׁנוּת, יְצִיאָה מִכְּלַל שִׁמּוּשׁ

obsolescent adj מִתְיַשֵּׁן, עוֹבֵר בָּטֵל

obsolete adj נוֹשָׁן, מְיֻשָּׁן, יָשָׁן נוֹשָׁן

obstacle n מִכְשׁוֹל, מַעְצוֹר, מְנִיעָה

obstetric(al) adj מְיַלְּדוּתִי

obstetrician n רוֹפֵא מְיַלֵּד

obstetrics npl מְיַלְּדוּת, אוֹבְּסְטֶטְרִיקָה

obstinacy n עִקְּשׁוּת, עַקְשָׁנוּת

obstinate adj עִקֵּשׁ, עַקְשָׁן, קְשֵׁה עֹרֶף

obstinately adv בְּעַקְשָׁנוּת

obstreperous adj רַעֲשָׁנִי

obstreperously adv בְּרַעַשׁ, בִּצְוָחוֹת

obstreperousness n קוֹלָנִיּוּת, רַעַשׁ

obstruct vt 1 שָׂם מִכְשׁוֹל, סָתַם, חָסַם. הִתְנַגֵּד, הִפְרִיעַ. 3 הִסְתִּיר

obstruction n 1 מִכְשׁוֹל. 2 הַפְרָעָה, חַבָּלָה. 3 עֲצִירוּת, אֲטִימָה

obstructionism n מְגַמַּת הַפְרָעָה, חַבָּלָה

obstructionist n מַפְרִיעַ, מְחַבֵּל

obstructive adj מַפְרִיעַ, מְעַכֵּב, סוֹתֵם

obtain vt 1 הִשִּׂיג, רָכַשׁ. 2 קִבֵּל, מָצָא. 3 שָׂרַר

obtainable adj בַּר הַשָּׂגָה, רָכִישׁ

obtrude vi 1 כָּפָה, הִטִּיל. 2 נִדְחַק, נִטְפַּל
obtrude upon vt כָּפָה עַל
obtruder n טַרְדָן, טַרְחָן
obtrusive adj 1 טַרְדָנִי, טַרְחָנִי. 2 בּוֹלֵט, רוֹעֵשׁ
obtrusively adv בְּטַרְדָנוּת, בְּמֵפְגָּן
obtuse adj 1 קֵהֶה, אָטוּם. 2 מְטֻמְטָם, עָמוּם
obtusely adv בַּאֲטִימוּת
obtuseness n 1 קֵהוּת, אֲטִימוּת. 2 טִמְטוּם
obverse n 1 פְּנֵי הַמַּטְבֵּעַ. 2 הִפּוּךְ, הֶפֶךְ
obviate vt 1 הֵסִיר. 2 קִדֵּם, צָפָה מֵרֹאשׁ
obvious adj בָּרוּר, פָּשׁוּט, בּוֹלֵט, מוּבָן מֵאֵלָיו
obviously adv בְּפַשְׁטוּת, בָּרוּר, כַּמּוּבָן
obviousness n פַּשְׁטוּת, בְּרִירוּת
ocarina n אוֹקָרִינָה
occasion vt, n 1 גָּרַם, הֵסֵב, הֵבִיא לִידֵי. 2 הִזְדַּמְּנוּת. 3 עִלָּה, סִבָּה, נְסִבָּה, תּוֹאֲנָה. 4 מְאֹרָע, אֵרוּעַ
occasional adj 1 מִקְרִי, אֲרָעִי. 2 מִזְדַּמֵּן
occasionally adv לִפְעָמִים, לְעִתִּים, מִזְּמַן לִזְמַן
Occident n מַעֲרָב
Occidental adj, n 1 מַעֲרָבִי. 2 אִישׁ הַמַּעֲרָב
occiput n עֹרֶף
occlude vt אָטַם, סָתַם, סָגַר, חָסַם, קָלַט
occlusion n 1 חֲסִימָה, סְגִירָה. 2 סֶגֶר, אֹטֶם
occult vti, adj 1 הִסְתִּיר, הֶחְבִּיא. 2 הֶעְלִים. 3 לָקָה (ירח). 4 כָּמוּס, סָמוּי, מִסְתּוֹרִי. 5 נִסְתָּר, עַל טִבְעִי
occupancy n 1 חֲזָקָה. 2 דַּיָּרוּת. 3 תְּפִיסָה, הַחְזָקָה
occupant n 1 דַּיָּר, שָׁכֵן. 2 מַחֲזִיק. 3 בַּעַל חֲזָקָה
occupation n 1 מִקְצוֹעַ, מִשְׁלַח יָד, עִסּוּק. 2 הַחְזָקָה, תְּפִיסָה
occupational adj מִקְצוֹעִי, עִסּוּקִי
occupational hazards סִכּוּנֵי מִקְצוֹעַ
occupational therapy רִפּוּי בְּעִסּוּק
occupier n 1 דַּיָּר, שָׁכֵן, מַחֲזִיק, תּוֹפֵס, כּוֹבֵשׁ
occupy vt 1 תָּפַס, לָכַד, הֶחֱזִיק. 2 שָׁכַן, גָּר, דָּר. 3 הֶעֱסִיק. 4 כָּבַשׁ
occur vi קָרָה, הִתְרַחֵשׁ, חָל, אֵרַע
occur to vi עָלָה עַל הַדַּעַת, נִדְמָה
occurrence n מִקְרֶה, מְאֹרָע, אֵרוּעַ, הִזְדַּמְּנוּת
ocean n אוֹקְיָנוֹס, יָם
oceanic adj 1 אוֹקְיָנוֹסִי. 2 נִרְחָב, עָצוּם
ocher, ochre n אוֹכְרָה, סִקְרָה
o'clock (of the clock) 1 עַל פִּי הַשָּׁעוֹן. 2 הַשָּׁעָה
octagon n מְתֻמָּן
octagonal adj מְתֻמָּנִי
octane n אוֹקְטָן
octave n אוֹקְטָבָה
octavo n גֹּדֶל אוֹקְטָבוֹ
octet n תַּמְנִית, שְׁמִינִיָּה
October n אוֹקְטוֹבֶּר
octogenarian adj, n בֶּן שְׁמוֹנִים שָׁנָה
octopus n תְּמָנוּן
ocular adj עֵינִי, שֶׁל רְאִיָּה
oculist n רוֹפֵא עֵינַיִם
odd adj 1 בּוֹדֵד, עוֹדֵף, נוֹתָר, יָתֵר. 2 פֶּרֶט, לֹא זוּגִי. 3 מוּזָר
odd job מְלָאכָה מִקְרִית, עֲבוֹדָה מִזְדַּמֶּנֶת
odd man out הַשְּׁלִישִׁי הַחוֹצֶה, טִיפּוּס חָרִיג
oddity n זָרוּת, דָּבָר מוּזָר
oddly adv בְּזָרוּת, בְּאֹפֶן מוּזָר
odds npl 1 יִתְרוֹן, עֲדִיפוּת. 2 סִכּוּי, סִכּוּיִים
oddments npl שְׁאֵרִיּוֹת
odds and ends 1 דְּבָרִים מְעֹרָבִים. 2 שְׁאֵרִיּוֹת, זוּטוֹת
ode n אוֹדָה, שִׁיר, פִּיּוּט
odious adj שָׂנוּא, נִתְעָב, מַגְעִיל

odiously adv בְּאֹפֶן נִתְעָב
odium n שִׂנְאָה, אֵיבָה, גְּנַאי
odontology n מַדְּעֵי־הַשֵּׁן, אוֹדוֹנְטוֹלוֹגְיָה
odo(u)r n 1 רֵיחַ, בֹּשֶׂם. 2 רֶמֶז, שֶׁמֶץ
odoriferous adj רֵיחָנִי, מַדִּיף רֵיחַ
odorless adj נְטוּל־רֵיחַ
odorous adj רֵיחָנִי
odyssey n 1 אוֹדִיסֵיָה. 2 מַסָּע אָרֹךְ
(o)edema n בַּצֶּקֶת
Oedipus complex תַּסְבִּיךְ אֵידִיפּוּס
(o)esophagus n וֶשֶׁט
of prep. שֶׁל, מִן, עַל, לְפִי, לְ־
of himself מֵעַצְמוֹ
of late בַּזְּמַן הָאַחֲרוֹן
off adj, adv, int, prep 1 רָחוֹק. 2 מֻרְחָק, מְנֻגָּד. 3 בָּטֵל. 4 חָפְשִׁי, פָּנוּי. 5 חִיצוֹנִי. 6 הָלְאָה! 7 מְקֻלְקָל (אוכל)
off chance אֶפְשָׁרוּת נְדִירָה
off-colo(u)r adj 1 חִוֵּר, לֹא בְּקַו הַבְּרִיאוּת. 2 גַּס, דָּהוּי. 3 מֻפְקָר
off limits מִחוּץ לַתְּחוּם
off line לֹא מְקֻוָּן
off season מִחוּץ לָעוֹנָה
off the record שֶׁלֹּא לְצִטּוּט, שֶׁלֹּא לְפִרְסוּם
offal n פְּסֹלֶת, גְּבָבָה, שְׁיָרִים
off-beat adj בִּלְתִּי קוֹנְבֶנְצְיוֹנָלִי, חָרִיג, יוֹצֵא דֹּפֶן
off-duty adj חָפְשִׁי, שֶׁלֹּא בְּתַפְקִיד
offence, (se) n 1 פְּגִיעָה, עֶלְבּוֹן. 2 עֲבֵרָה, חֵטְא, עָווֹן
offend vti 1 הֶעֱלִיב, פָּגַע בְּ־. 2 הִרְגִּיז, הִכְאִיב, הִדְהִים. 3 צָרַם. 4 חָטָא, אָשַׁם
offender n 1 עֲבַרְיָן. 2 מֵפֵר חֹק, אָשֵׁם
offensive adj, n 1 מַעֲלִיב, פּוֹגֵעַ, מֵבִישׁ. 2 הֶתְקֵפִי. 3 מִתְקָפָה, אוֹפֶנְסִיבָה
offensively adv 1 בְּאֹפֶן מַעֲלִיב. 2 בְּאֹפֶן תּוֹקְפָנִי
offensiveness n 1 תּוֹקְפָנוּת. 2 עֶלְבּוֹן. 3 זִלְזוּל
offer vti, n 1 הוֹשִׁיט. 2 הֶעֱלָה, הִקְרִיב. 3 הִצִּיעַ, הִגִּישׁ. 4 הִתְנַדֵּב. 5 הַגָּשָׁה, הַצָּעָה
offering n 1 קָרְבָּן. 2 תְּרוּמָה, צְדָקָה, נְדָבָה. 3 מִנְחָה, מַתָּנָה
offertory n אִסּוּף נְדָבוֹת, אוֹפֶּרְטוֹרְיָה
off-hand adj, adv כִּלְאַחַר יָד, בְּקַלּוּת, מִנֵּהּ וּבֵהּ
off-handed adj שֶׁכִּלְאַחַר יָד
off-handedly adv כִּלְאַחַר־יָד
office n 1 מִשְׂרָה, תַּפְקִיד, שְׂרָרָה. 2 מִשְׂרָד, מִינִיסְטֶרְיוֹן. 3 שֵׁרוּת, תִּוּוּךְ. 4 תְּפִלָּה
officer n 1 קָצִין. 2 פָּקִיד, לַבְלָר. 3 שׁוֹטֵר
official adj, n 1 רִשְׁמִי. 2 פָּקִיד, לַבְלָר
officialdom n פְּקִידוּת, מַנְגְּנוֹן הַשִּׁלְטוֹן
officialese n עָגָה רִשְׁמִית, לְשׁוֹן פְּקִידוּתִית
officially adv רִשְׁמִית
officiate vi שֵׁרֵת, כִּהֵן, נִהֵל
officious adj 1 נָכוֹן לְשָׁרֵת. 2 חַטְטָן. 3 קַפְּדָן לְמַדַּי
officiously adv 1 בִּזְרִיזוּת. 2 בְּקַפְּדָנוּת יְתֵרָה
officiousness n חַטְטָנוּת, הִתְעָרְבוּת בְּעִנְיְנֵי אֲחֵרִים
offing n 1 מֶרְחַב הַיָּם. 2 הֶעָתִיד הַקָּרוֹב
offish adj עוֹמֵד מִנֶּגֶד
off-key adj צוֹרֵם, לֹא הַרְמוֹנִי
off-licence n 1 רִשָּׁיוֹן חוּץ. 2 רִשָּׁיוֹן לִמְכִירַת מַשְׁקָאוֹת חֲרִיפִים
off-putting adj מֵבִיךְ, דּוֹחֶה
offset vt, n 1 אִזֵּן, קִזֵּז, פִּצָּה. 2 פִּצּוּי, קִזּוּז, אִזּוּן
offshoot n חֹטֶר, נֵצֶר, יִחוּר
offshore adj מֵהַחוֹף, הַרְחֵק מֵהַחוֹף
offside adj נִבְדָּל (כדורגל)
offspring n 1 זֶרַע, יְלָדִים. 2 וְלָדוֹת. 3 צֶאֱצָאִים
off-the-cuff adj, adv מֵאִלְּתָר, "מִן הַשַּׁרְווּל"

oft, often adv לְעִתִּים קְרוֹבוֹת, תְּכוּפוֹת
ogle vti נָעַץ מַבָּט
ogre n מִפְלֶצֶת, עֲנָק מִפְלַצְתִּי
ogrish adj עֲנָקִי, מִפְלַצְתִּי
ohm n אוֹם (חשמל)
oh!, oho! interj. אוֹה! אוֹ!
oil vt, n 1 שִׁמֵּן, סָךְ, מָשַׁךְ. 2 שֶׁמֶן. 3 נֵפְט, דֶּלֶק. 4 מִשְׁחָה
oilcloth n שַׁעֲוָנִית
oiler n 1 אָסוּךְ. 2 מַזָּה
oiliness n 1 שַׁמְנוּנִיּוּת. 2 חֲלַקְלַקּוּת
oiling n סִיכָה
oil-lamp n נֵר
oil painting צִיּוּר שֶׁמֶן
oily adj 1 שַׁמְנִי. 2 מַחֲנִיף, מִתְרַפֵּס
ointment n מִשְׁחָה
O.K., okay vt, adj, adv, n 1 אִשֵּׁר. 2 נָכוֹן. 3 "בְּסֵדֶר". 4 הַסְכָּמָה. 5 אִשּׁוּר
old adj, n 1 זָקֵן, יָשָׁן, וָתִיק, עַתִּיק. 2 קוֹדֵם, לְשֶׁעָבַר. 3 הֶעָבָר, יְמֵי קֶדֶם
old age זִקְנָה, קְשִׁישׁוּת, יְשִׁישׁוּת
old-fashioned adj עַתִּיק יוֹמִין, מְיֻשָּׁן
old fogey שַׁמְרָן, בֶּן הַדּוֹר הַיָּשָׁן
old maid בְּתוּלָה זְקֵנָה
Old Testament הַתַּנַ"ךְ
old-timer n 1 וָתִיק. 2 זָקֵן
oldster n מְבֻגָּר, קָשִׁישׁ
old world מְיֻשָּׁן, שֶׁל תְּקוּפָה קוֹדֶמֶת
oleaginous adj שַׁמְנִי
oleander n הַרְדּוּף
olfactory adj מֵרִיחַ
oligarchy n אוֹלִיגַרְכְיָה
olive adj, n 1 זַיִת. 2 עֵץ הַזַּיִת. 3 זֵיתִי.
olive-branch n סְלִיחָה, הִתְפַּיְּסוּת
olive grove כֶּרֶם זֵיתִים
olive oil שֶׁמֶן זַיִת
olive tree עֵץ הַזַּיִת
Olympiad n אוֹלִימְפִּיָּדָה
Olympic adj אוֹלִימְפִּי
ombudsman n נְצִיב תְּלוּנוֹת הַצִּבּוּר
omega n אוֹמֶגָה
omelet, omelette n חֲבִיתָה
omen n סִימָן, אוֹת לַבָּאוֹת
ominous adj מְאַיֵּם, מְבַשֵּׂר רַע
ominously adv בְּאֹפֶן מְאַיֵּם
omission n 1 הַשְׁמָטָה. 2 הַזְנָחָה, חִסָּרוֹן, חֲדָלָה
omit vt 1 הִשְׁמִיט. 2 זָנַח, הִזְנִיחַ, הֶחְסִיר
omnibus n 1 אוֹטוֹבּוּס. 2 קֹבֶץ
omnipotence n יְכֹלֶת כֹּל
omnipotent adj כֹּל יָכוֹל
omnipresence n 1 שְׁכִינָה. 2 הֲוָיָה בַּכֹּל
omnipresent adj 1 מָצוּי־בַּכֹּל, הֹוֶה בַּכֹּל. 2 אֱלֹהִים
omniscience n יְדִיעַת הַכֹּל
omniscient adj יוֹדֵעַ כֹּל
omnivorous adj אוֹכֵל הַכֹּל
on adv, part, prep 1 עַל, עַל פְּנֵי, לְיַד, בְּ־ סָמוּךְ, עִם. 2 דָּלוּק, מֻפְעָל. 3 הָלְאָה
on all sides מִכָּל צַד
on and off לִפְרָקִים, לְסֵרוּגִין
on and on לְלֹא הֶפְסֵק
on arriving עִם הַגִּיעוֹ, בְּהַגִּיעוֹ
on board 1 בָּאֳנִיָּה. 2 בְּרַכֶּבֶת, בַּאֲוִירוֹן, בְּאוֹטוֹבּוּס
on call פִּדְיוֹן
on credit בְּאַשְׁרַאי
on duty בְּתַפְקִיד
on foot בָּרֶגֶל
on line מְקֻוָּן
on sale לִמְכִירָה
on the house בְּחִנָּם, עַל חֶשְׁבּוֹן הַבַּיִת
on this condition בִּתְנַאי זֶה
once adv 1 לְפָנִים. 2 פַּעַם, פַּעַם אַחַת
once and again שׁוּב וָשׁוּב
once and for all אַחַת וּלְתָמִיד
once upon a time הָיֹה הָיָה
oncoming adj, n 1 בָּא, מִתְקָרֵב, מְמַשְׁמֵשׁ. 2 הִתְקָרְבוּת
one adj 1 אֶחָד, חַד. 2 אַחַת.

3 מִישֶׁהוּ
one and all כֻּלָּם כְּאֶחָד
one another זֶה אֶת זֶה, זֶה לְזֶה
one at a time אֶחָד אֶחָד
one by one זֶה אַחַר זֶה
one hundred מֵאָה
onerous adj מַכְבִּיד, מֵעִיק
onerously adv בְּאֹפֶן מַכְבִּיד
oneself, ref., pron הוּא עַצְמוֹ
oneness n זֶהוּת, אַחְדוּת, הַרְמוֹנְיָה
one-sided adj חַד־צְדָדִי
one-time adj לְפָנִים, לְשֶׁעָבַר, בִּזְמַנּוֹ
one-way adj חַד־סִטְרִי
ongoing adj נִמְשָׁךְ, מִתְקַדֵּם, בְּעִצּוּמוֹ
onion n בָּצָל
onlooker n 1 צוֹפֶה, מִתְבּוֹנֵן. 2 קִיבִּיצֶר
only adj, adv 1 בִּלְבַד, רַק. 2 אַךְ, אֲבָל, אֶלָּא שֶׁ־. 3 יָחִיד, בִּלְעָדִי
onomatopoeia n אוֹנוֹמָטוֹפֵּיָה
onrush n הִסְתָּעֲרוּת, הִתְנַפְּלוּת
onset n 1 הַתְקָפָה, הִסְתָּעֲרוּת. 2 הַתְחָלָה
onslaught n הִתְנַפְּלוּת, הִסְתָּעֲרוּת
onto prep עַל, עַל פְּנֵי
onus (L) n 1 נֵטֶל, מַעֲמָסָה. 2 חוֹבָה, אַחֲרָיוּת
onward adj מִתְקַדֵּם, קִדְמִי
onwards adv קָדִימָה, הָלְאָה
onyx n שֹׁהַם, אֲנָךְ
ooze vti, n 1 נָטַף, טִפְטֵף, דָּלַף. 2 הִטִּיף. 3 טִפְטוּף, יָוֵן. 4 עָסִיס, שָׂרָף
opacity n עֲמִימוּת, אֲטִימוּת, עֲכִירוּת
opal n לֶשֶׁם, אוֹפָּל
opaque adj אָטוּם, עָמוּם, עָכוּר, אָפֵל
opaqueness n אֲטִימוּת, עִמְעוּם, כֵּהָיוֹן
open vti, adj, n 1 פָּתַח, הִתְחִיל. 2 גִּלָּה, חָשַׂף. 3 נִפְתַּח, נִגְלָה, נֶחְשַׂף, הִתְגַּלָּה. 4 נִפְרַשׂ, הִתְפָּרֵס. 5 פָּתוּחַ, פָּנוּי. 6 גָּלוּי, כֵּן. 7 אֲוִיר, מָקוֹם גָּלוּי
open floor קוֹמָה מְפֻלֶּשֶׁת
open sea לֵב־יָם
open secret סוֹד גָּלוּי
opener n פּוֹתְחָן
opening n 1 פְּתִיחָה, הַתְחָלָה, מָבוֹא. 2 פִּרְצָה. 3 הִזְדַּמְּנוּת. 3 הַצָּגַת בְּכוֹרָה. 4 סִכּוּי, תִּקְוָה. 5 פַּעַר, חָלָל
openly adv בְּגָלוּי, בְּפַרְהֶסְיָה
open-minded adj רְחַב אֳפָקִים, בְּלִי דֵּעָה קְדוּמָה
openness n גִּלּוּי לֵב, פְּתִיחוּת
opera n אוֹפֶּרָה
operable adj 1 בַּר־בִּצּוּעַ. 2 נָתִיחַ
opera glasses מִשְׁקֶפֶת אוֹפֶּרָה
operate vti 1 פָּעַל, עָשָׂה. 2 נִהֵל. 3 נִתַּח. 4 תִּפְעֵל, הִפְעִיל
operatic adj שֶׁל אוֹפֶּרָה
operating system מַעֲרֶכֶת־הַפְעָלָה (מחשב)
operating theatre חֲדַר־נִתּוּחַ
operation n 1 נִתּוּחַ. 2 פְּעֻלָּה, בִּצּוּעַ. 3 הַפְעָלָה, תִּפְעוּל. 4 נִהוּל, נֹהַל, תַּהֲלִיךְ. 5 מִבְצָע
operational adj 1 מִבְצָעִי. 2 שֶׁל פְּעֻלָּה. 3 נִתּוּחִי. 4 תִּפְעוּלִי
operator n 1 פּוֹעֵל, אֻמָּן. 2 מַפְעִיל, שָׁרָת. 3 אַלְחוּטַאי, טֶלֶפוֹנַאי. 4 מְנַתֵּחַ
operetta n אוֹפֶּרֶטָה
ophthalmia n דַּלֶּקֶת הָעַיִן
ophthalmic adj עֵינִי, שֶׁל הָעַיִן
ophthalmology n תּוֹרַת הָעַיִן
ophthalmoscope n רְאִי עַיִן
opiate n סַם שֵׁנָה, סַם מַרְדִּים
opinion n 1 דֵּעָה, חַוַּת דַּעַת. 2 סְבָרָה
opinionated, opinionative adj עַקְשָׁן, עוֹמֵד עַל דַּעְתּוֹ
opium n אוֹפְּיוּם
opium-den מְאוּרַת אוֹפְּיוּם
opium poppy פֶּרֶג הָאוֹפְּיוּם
opossum n אוֹפּוֹסוּם
opponent n, adj 1 יָרִיב, מִתְנַגֵּד. 2 נֶגְדִּי,

הָפוּךְ. 3 סוֹתֵר, מְנַגֵּד

opportune adj בָּא בְּעִתּוֹ

opportunely adv שֶׁבְּעִתּוֹ

opportunism n אוֹפּוֹרְטוּנִיזְם

opportunist n אוֹפּוֹרְטוּנִיסְט, סְתַגְּלָן

opportunity n הִזְדַּמְּנוּת, שְׁעַת כֹּשֶׁר

oppose vt 1 הִתְנַגֵּד, חָלַק עַל. 2 הֶעֱמִיד לְעֻמַּת

opposed adj נוֹגֵד, מְנֻגָּד

opposite adj, n 1 מוּל, נֶגְדִּי. 2 מְנֻגָּד, מַקְבִּיל, מִמּוּל. 3 נִגּוּד, הֵפֶךְ

opposite number עֲמִית, הַמַּקְבִּיל

opposition n 1 הִתְנַגְּדוּת. 2 סְתִירָה, נִגּוּד. 3 אוֹפּוֹזִיצְיָה

oppress vt דִּכָּא, הֵצִיק, הִכְבִּיד, הֵעִיק עַל

oppression n 1 דִּכּוּי, לַחַץ, נְגִישָׂה. 2 מוּעָקָה, מְצוּקָה

oppressive adj 1 מֵעִיק, מֵצִיק, מְדַכֵּא. 2 מַכְבִּיד, לוֹחֵץ. 3 כָּבֵד

oppressively adv 1 בְּלַחַץ. 2 בַּעֲרִיצוּת

oppressor n מְדַכֵּא, עָרִיץ, נוֹגֵשׂ

opprobrious adj מֵבִישׁ, מַשְׁפִּיל, מַחְפִּיר

opprobriously adv בְּאֹפֶן מַעֲלִיב

opprobrium n עֶלְבּוֹן, כְּלִמָּה, חֵרוּף

oppugn vt 1 הִתְנַגֵּד, טָעַן נֶגֶד. 2 הִטִּיל סָפֵק בְּ־

opt for v בָּחַר בְּ־

opt out of v עָזַב, הִתְרַחֵק, הִסְתַּלֵּק

optative adj, n 1 מַבִּיעַ מִשְׁאָלָה, מַבִּיעַ רָצוֹן. 2 דֶּרֶךְ הָאִוּוּי

optic(al) adj אוֹפְּטִי

optical illusion תַּעְתּוּעַ־רְאִיָּה, אַשְׁלָיָה אוֹפְּטִית

optician n אוֹפְּטִיקַאי

optics npl אוֹפְּטִיקָה

optimism n אוֹפְּטִימִיּוּת

optimist n אוֹפְּטִימִיסְט

optimistic adj אוֹפְּטִימִי

optimistically adv בְּאוֹפְּטִימִיּוּת

optimum adj, n 1 מֵיטָב, אוֹפְּטִימָלִי. 2 אוֹפְּטִימוּם

option n בְּחִירָה, אוֹפְּצְיָה

optional adj רְשׁוּת, לֹא חוֹבָה

optionally adv עַל פִּי בְּחִירָה

opulence n עֹשֶׁר, שֶׁפַע, אֲמִידוּת

opulent adj עָשִׁיר, אָמִיד

opulently adv בְּעשֶׁר

opus n אוֹפּוּס

or conj אוֹ, אוּלַי, שֶׁמָּא

oracle n אוּרִים וְתֻמִּים, אוֹרַקְל

oracular adj 1 מְנַבֵּא, נְבוּאִי. 2 מִסְתּוֹרִי, סָתוּם

oral adj, n 1 שֶׁבְּעַל פֶּה. 2 קוֹלִי. 3 פּוּמִי

orally adv עַל פֶּה

orange adj, n 1 כָּתֹם, זָהֹב. 2 תַּפּוּז, תַּפּוּחַ־זָהָב

orangeade n אוֹרַנְגָ'דָה

orange blossom פֶּרַח הַתַּפּוּז

orang-outan(g) n אוֹרַנְגְאוּטָן

orate vi נָאַם, דָּרַשׁ, הִטִּיף

oration n דְּרָשָׁה, דְּרוּשׁ, הַטָּפָה

orator n נוֹאֵם, דַּרְשָׁן

oratorical adj מְלִיצִי, אוֹרָטוֹרִי

oratorio n אוֹרָטוֹרְיָה

oratory n 1 דַּרְשָׁנוּת, הַטָּפָה. 2 מְקוֹם תְּפִלָּה

orb vt, n 1 הִקִּיף, כִּתֵּר. 2 כּוֹכָב, גֶּרֶם שָׁמַיִם. 3 כַּדּוּר הָאָרֶץ

orbit vi, n 1 סָבַב, נָע בְּמַסְלוּל. 2 מַסְלוּל. 3 אֲרֻבָּה, אֲרֻבַּת הָעַיִן

orbital adj 1 כַּדּוּרִי. 2 מַסְלוּלִי. 3 הֶקֵּפִי

orchard n פַּרְדֵּס, בֻּסְתָּן, מַטָּע

orchestra n תִּזְמֹרֶת

orchestral adj תִּזְמָרְתִּי

orchestrate vt תִּזְמֵר

orchestration n תִּזְמוּר, תַּזְמוּר

orchid n סַחְלָב

ordain vt 1 פָּקַד, גָּזַר, צִוָּה. 2 הִסְמִיךְ. 3 הוֹעִיד, יִעֵד

ordeal n 1 יִסּוּרִים. 2 מִבְחָן, נִסָּיוֹן קָשֶׁה

order vt, n 1 סִדֵּר, הִסְדִּיר, וִסֵּת. 2 פָּקַד, צִוָּה, הוֹרָה. 3 הִזְמִין, הוֹעִיד. 4 פְּקֻדָּה, צַו. 5 סֵדֶר. 6 מִשְׁטָר. 7 הַזְמָנָה. 8 סִדְרָה, מַעֲרָכָה. 9 מַדְרֵגָה, מַעֲמָד, דַּרְגָּה. 10 מִין, סוּג, מַחְלָקָה. 11 מְסֻדָּר. 12 סֵמֶל. 13 סִגְנוֹן
order to (in) לְצֹרֶךְ, כְּדֵי
orderliness n סֵדֶר, שִׁיטָתִיּוּת
orderly adj, n 1 מְסֻדָּר. 2 מְמֻשְׁמָע, צַיְּתָן. 3 מַשְׁגִּיחַ. 4 שַׁמָּשׁ, תּוֹרָן. 5 אָח
order that (in) כְּדֵי שֶׁ־, עַל מְנָת שֶׁ־
ordinal adj, n 1 סִדּוּרִי, סוֹדֵר. 2 מִסְפָּר סִדּוּרִי
ordinance n פְּקֻדָּה, צַו, תַּקָּנָה, חֹק
ordinand n פֶּרַח כְּהֻנָּה
ordinarily adv בְּדֶרֶךְ כְּלָל, כָּרָגִיל
ordinary adj רָגִיל, מָצוּי, שָׁכִיחַ
ordinary seaman n מַלָּח פָּשׁוּט
ordination n סְמִיכָה, הַסְמָכָה, מִנּוּי
ordinance n 1 חִמּוּשׁ. 2 תּוֹתָחִים
ordure n זֶבֶל, דֹּמֶן, גְּלָלִים, צוֹאָה
ore n מַחְצָב, עַפְרָה, בֶּצֶר
organ n 1 עוּגָב, אוֹרְגָּן. 2 אֵיבָר. 3 קוֹל. 4 כְּלִי, מַכְשִׁיר. 5 אֶמְצָעִי. 6 בִּטָּאוֹן
organdie n אוֹרְגַּנְדִּי (בד)
organic adj אוֹרְגָּנִי
organically adv אוֹרְגָּנִית
organism n 1 גּוּף־חַי. 2 מַנְגָּנוֹן, אוֹרְגָּנִיזְם
organist n עוּגָבַאי, נַגַּן אוֹרְגָּן
organization n 1 אִרְגּוּן. 2 אִגּוּד, אֲגֻדָּה. 3 מַנְגָּנוֹן. 4 מִסְדָּר, סִדּוּר
organize vt אִרְגֵּן, יִסֵּד, הֵקִים, סִדֵּר, עָרַךְ
organizer n 1 מְאַרְגֵּן, מַפְעִיל. 2 יוֹמָן
orgasm n אֲבִיּוֹנָה, אוֹרְגַּזְם
orgiastic adj הוֹלְלָנִי, אוֹרְגִּי
orgy n אוֹרְגְּיָה, פְּרִיצוּת, זִמָּה
Orient n מִזְרָח, קֶדֶם
orient, orientate vti 1 הִתְמַצֵּא, הִתְאַקְלֵם. 2 קָבַע מִקּוּם
oriental adj, n מִזְרָחִי
orientation n מִכְוָן, הִתְמַצְּאוּת, אוֹרְיֶנְטַצְיָה
orifice n פֶּה, פֶּתַח
origin n מָקוֹר, מוֹצָא, הַתְחָלָה
original adj, n 1 מְקוֹרִי, מְיֻחָד. 2 רִאשׁוֹנִי. 3 מָקוֹר, אַב־טִיפּוּס. 4 תִּמְהוֹנִי, יוֹצֵא דֹּפֶן
originality n מְקוֹרִיּוּת
originally adv 1 בְּמָקוֹר. 2 בִּמְקוֹרִיּוּת
original sin הַחֵטְא הַקַּדְמוֹן
originate vti 1 יָצַר, הוֹלִיד, חוֹלֵל, גָּרַם. 2 הִתְחִיל, יָזַם, הִמְצִיא. 3 נָבַע מִ־
origination n הַתְחָלָה, חִדּוּשׁ
oriole n זַהֲבָן
orlop n הַסִּפּוּן הַתַּחְתּוֹן
ormolu n אוֹרְמוֹלוּ, זָהָב מְלָאכוּתִי
ornament vt, n 1 קִשֵּׁט, יִפָּה, עִטֵּר. 2 יִפּוּי, קִשּׁוּט, עִטּוּר
ornamental adj קִשּׁוּטִי, מְקֻשָּׁט
ornamentation n קִשּׁוּטִים, עִטּוּרִים
ornate adj מְקֻשָּׁט, מְהֻדָּר
ornately adv בְּקִשּׁוּטִים, בִּמְלִיצוֹת
ornateness n קִשּׁוּטִיּוּת יְתֵרָה
ornithological adj אוֹרְנִיתוֹלוֹגִי
ornithologist n אוֹרְנִיתוֹלוֹג
ornithology n אוֹרְנִיתוֹלוֹגְיָה
orography n אוֹרוֹגְרַפְיָה, תֵּאוּר הֶהָרִים
orotund adj בָּרוּר, מֻחְלָט, בּוֹמְבַּסְטִי
orphan vt, n 1 יִתֵּם. 2 יָתוֹם. 3 מְיֻתָּם
orphanage n יַתְמוּת, יְתוֹמִים
orris root n שֹׁרֶשׁ הָאִירוּס הַפְּלוֹרֶנְטִינִי
orthodox n אָדוּק, אוֹרְתּוֹדוֹקְסִי
orthodoxy n אֲדִיקוּת, אוֹרְתּוֹדוֹקְסִיּוּת
orthographic adj אוֹרְתּוֹגְרָפִי, מְאֻיָּת נָכוֹן
orthography n אוֹרְתּוֹגְרַפְיָה, אִיּוּת
orthop(a)edic adj אוֹרְתּוֹפֶּדִי
orthop(a)edics npl אוֹרְתּוֹפֶּדְיָה
orthopnea n נְשֶׁמֶת הַשְּׁכִיבָה

ortolan n גִּבְתּוֹן הַגַּנִּים
oryx n אוֹרִיקְס
oscillate vti 1 הִתְנוֹדֵד, הִתְנוֹעֵעַ. 2 פִּקְפֵּק, הִטַּלְטֵל
oscillation n תְּנוּדָה
oscillator n מַתְנֵד
oscillograph n רוֹשֵׁם תְּנוּדוֹת, אוֹסִילוֹגְרָף
oscilloscope n אוֹסִילוֹסְקוֹפּ
osculate vti נִשֵּׁק (בהלצה)
osier n עֲרָבָה
osprey n שָׁלָךְ, עֵיט הַדָּגִים
osseous adj עַצְמִי, גַּרְמִי
ossification n הִתְגָּרְמוּת
ossify vti 1 גָּרַם, גֵּרֵם. 2 הִתְגָּרֵם, הִקְשָׁה, הִתְקַשָּׁה. 3 הָפַךְ לְעֶצֶם
ostensible adj מֻצְהָר, גָּלוּי, רַאַוְתָנִי
ostensibly adv לְמַרְאִית עַיִן
ostentation n הִתְפָּאֲרוּת, גַּנְדְּרָנוּת, רַאַוְתָנוּת
ostentatious adj מִתְרַבְרֵב, מִתְגָּאֶה, רַאַוְתָנִי
ostentatiously adv בְּרַאַוְתָנוּת
osteopath n רוֹפֵא עֲצָמוֹת
osteopathy n אוֹסְטֵאוֹפַּתְיָה
ostler n אֻרְוָן, סַיָּס
ostracism n גֵּרוּשׁ, חֵרֶם, נִדּוּי
ostracize vt הֶחֱרִים, נִדָּה, גֵּרֵשׁ
ostrich n יָעֵן, בַּת הַיַּעֲנָה
other adj, pron 1 מִלְּבַד, אַחֶרֶת, מִבַּלְעֲדֵי. 2 אַחֵר, שׁוֹנֶה. 3 נוֹסָף
otherwise adv, conj 1 בְּצוּרָה אַחֶרֶת. 2 וָלֹא, אַחֶרֶת
otherwordly adj שֶׁל הָעוֹלָם הַבָּא
otiose adj 1 בָּטֵל, עָצֵל. 2 מְיֻתָּר, חֲסַר תּוֹעֶלֶת
otter n כֶּלֶב לוּטְרָה, כֶּלֶב מַיִם
ottoman adj, n 1 עוֹתוֹמָנִי. 2 טוּרְקִי. 3 דַּרְגָּשׁ, הֲדוֹם
oubliette n צִינוֹק, בּוֹר כֶּלֶא
ought aux. verb 1 הָיָה צָרִיךְ, הָיָה חַיָּב, הָיָה רָצוּי. 2 חַיָּב, צָרִיךְ
ouija-board n לוּחַ קוֹסְמִים
ounce n 1 אוּנְקִיָּה. 2 קַרְטוֹב, קֹרֶט. 3 נָמֵר לָבָן
our adj שֶׁלָּנוּ
ours pron שֶׁלָּנוּ
ourselves pron עַצְמֵנוּ
oust vt 1 גֵּרֵשׁ, עָקַר. 2 הִפְקִיעַ, שָׁלַל, נִשֵּׁל
out adv, part vt 1 מִחוּץ, בַּחוּץ, הַחוּצָה. 2 לַחֲלוּטִין. 3 יָצָא, הוּצָא. 4 חָשַׂף כְּהוֹמוֹסֶקְסוּאָל
out of prep הַחוּצָה, מִתּוֹךְ, מִחוּץ לְ־
out of it מִחוּץ לָעִנְיָנִים
out and away לְלֹא הַשְׁוָאָה
out and out לַחֲלוּטִין, לְגַמְרֵי, מֻבְהָק
out for חוֹתֵר לְ־
out of place לֹא מַתְאִים, לֹא בִּמְקוֹמוֹ
out of sorts בְּמַצַּב רוּחַ יָרוּד
outage n 1 חֹסֶר, הֶעְדֵּר. 2 הַפְסָקַת חַשְׁמַל
outback n אֲזוֹרִים נִדָּחִים
outbalance vt הִכְרִיעַ, עָלָה עַל
outbid vt הִצִּיעַ מְחִיר יוֹתֵר גָּבוֹהַּ
outboard adj מִלְּבַר
outbound adj יוֹצֵא חוּץ
outbreak n הִתְפָּרְצוּת
outbuilding n בִּנְיַן חוּץ, מִבְנֶה נִפְרָד
outburst n הִתְפָּרְצוּת
outcast adj, n מְנֻדֶּה, מָחֳרָם, מֻשְׁפָּל
outclass vt הִצְטַיֵּן, עָלָה עַל
outcome n מַסְקָנָה, תּוֹצָאָה, פֹּעַל יוֹצֵא
outcrop n צְמִיחָה, בִּצְבּוּץ
outcry n צְעָקָה, זְעָקָה, צְוָחָה, מְחָאָה
outdated adj מְיֻשָּׁן, לֹא מְעֻדְכָּן
outdistance vt עָבַר מֶרְחָק בְּהַרְבֵּה
outdo vt הִצְטַיֵּן, עָלָה עַל
outdoor adj 1 חִיצוֹנִי. 2 תַּחַת כִּפַּת־הַשָּׁמַיִם
outdoors adv מִבַּחוּץ, תַּחַת כִּפַּת־הַשָּׁמַיִם
outer adj חִיצוֹנִי
outermost adj הָרָחוֹק בְּיוֹתֵר
outface vt הֵעֵז פָּנִים כְּלַפֵּי
outfall n מוֹצָא, פִּי נָהָר
outfield n שָׂדֶה קִיצוֹנִי

outfight vt נִצַּח, הֵבִיס
outfit vt, n 1 צִיֵּד, סִפֵּק. 2 צִיּוּד, זְוָד, אַבְזָרִים
outfitter n סַפָּק
outflank vt הֵבִיס
outflow n זְרִימָה, פֶּרֶץ, פְּרִיצָה
outfox vt הֶעֱרִים
outgo vt, n 1 הִצְלִיחַ, הִצְטַיֵּן, בָּלַט. 2 הוֹצָאָה, פְּלִיטָה. 3 יְצִיאָה
outgoing adj 1 יוֹצֵא. 2 חַבְרוּתִי, לְבָבִי
outgrow vt גָּדַל יוֹתֵר מִן
outgrowth n צְמִיחָה, תּוֹלָדָה, תּוֹצָאָה, הִתְפַּתְּחוּת
outhouse n בִּנְיָן חוּץ
outing n טִיּוּל
outlandish adj מוּזָר, מְשֻׁנֶּה, תִּמְהוֹנִי
outlandishness n מוּזָרוּת, תִּמְהוֹנוּת
outlast vt הֶאֱרִיךְ יָמִים, אָרַךְ יוֹתֵר מ־
outlaw vt, n 1 נִדָּה, הִפְקִיר, הִתִּיר דָּמוֹ. 2 הִכְרִיז מִחוּץ לַחֹק. 3 שׁוֹדֵד, פּוֹשֵׁעַ
outlawry n הֶפְקֵר, אִי שְׁמִירַת הַחֹק
outlet n 1 מוֹצָא, יְצִיאָה. 2 שֶׁקַע (חשמל)
outline vt, n 1 תִּרְשֵׁם, תֵּאֵר, מִצָּה. 2 הֶקֵּף, תַּרְשִׁים, מִתְאָר. 3 תַּמְצִית
outlive vt הֶאֱרִיךְ יָמִים מ־
outlook n 1 מַרְאֶה. 2 הַשְׁקָפָה, גִּישָׁה. 3 סִכּוּי. 4 תַּחֲזִית, חִזּוּי
outlying adj מֻבְדָּל, מְרֻחָק
outmanoeuvre, outmaneuver vt עָלָה עַל, הֶעֱרִים עַל, הֶחְכִּים מִן
outmatch vt עָלָה עַל, הֵיטִיב מִן
outmoded adj מְיֻשָּׁן, שֶׁאָבַד עָלָיו כֶּלַח
outnumber vt עָלָה בְּכַמּוּת עַל
out-of-date adj מְיֻשָּׁן, לֹא מְעֻדְכָּן
out-of-doors adv מִחוּץ לַבַּיִת
out-of-print adj אָזַל מִן הַשּׁוּק (סֵפֶר)
out-of-the-way adv 1 רָחוֹק, נִדָּח. 2 לֹא מְקֻבָּל, לֹא רָגִיל
outpatient n חוֹלֶה חוּץ
outplay vt הֵבִיס, נִצַּח
outpoint vt נִצַּח
outpost n מֻצָּב חוּץ, יִשּׁוּב חוּץ
outpouring n הִשְׁתַּפְּכוּת
output n 1 תְּפוּקָה. 2 הֶסְפֵּק, תּוֹצֶרֶת. 3 פֶּלֶט (מחשבים)
outrage vt, n 1 חוֹלֵל שַׁעֲרוּרִיָּה. 2 הֶעֱלִיב, הִתְאַכְזֵר. 3 אָנַס. 4 שַׁעֲרוּרִיָּה. 5 עָוֶל, עֶלְבּוֹן
outrageous adj נִתְעָב, מֵבִישׁ, מַעֲלִיב, טָמֵא
outrange vt הִרְחִיק יוֹתֵר
outrank vt עָלָה בְּדַרְגָּה עַל
outré adj חוֹרֵג, מוּזָר
outrider n 1 רָץ. 2 פָּרָשׁ חוּץ
outrigger n 1 שְׁלוּחַת קוֹרָה. 2 סִירַת שְׁלָחִים
outright adj, adv 1 שָׁלֵם, גָּמוּר, מֻחְלָט. 2 לְגַמְרֵי, לַחֲלוּטִין, בְּפֵרוּשׁ
outrival vt עָלָה עַל
outrun vt 1 עָבַר בְּרִיצָה. 2 נִמְלַט. 3 הִפְלִיג מִן
outset n הַתְחָלָה, רֵאשִׁית, פְּתִיחָה
outside adj, adv, prep, n 1 חִיצוֹנִי, שִׁטְחִי. 2 חוּץ מִן, מִלְּבַד. 3 חוּץ, חִיצוֹנִיּוּת
outsider n זָר, נָכְרִי, לֹא־חָבֵר
outsize adj גֹּדֶל בִּלְתִּי רָגִיל
outskirts npl 1 פַּרְוָר, קְצֵה הָעִיר. 2 עִבּוּר הָעִיר
outsmart vt עָלָה עַל, הֶעֱרִים עַל, סִדֵּר
outspoken adj גָּלוּי, אֲמִתִּי, חָצוּף
outspokenly adv גְּלוּיוֹת, בְּחֻצְפָּה
outspokenness n כֵּנוּת, גִּלּוּי־לֵב
outspread adj 1 מְפֻזָּר, נָפוֹץ. 2 מִתְפָּרֵס
outstanding adj 1 בּוֹלֵט, דָּגוּל, מְפֻרְסָם, נוֹדָע. 2 תָּלוּי וְעוֹמֵד
outstation n יִשּׁוּב מְשֻׁלָּט
outstay vt נִשְׁאַר יוֹתֵר זְמַן
outstretched adj שָׂרוּעַ, מָתוּחַ, מוּשָׁט

outstrip vt עָבַר עַל, הִצְטַיֵּן
outvie vt גָּבַר עַל
outvote vt נִצַּח בִּבְחִירוֹת
outward n חוּץ, חִיצוֹנִיּוּת
outwardly adv לְמַרְאִית עַיִן
outwards adj, adv 1 חִיצוֹנִי, גָּלוּי, נִכָּר. 2 הַחוּצָה, בְּאֹפֶן בָּרוּר
outwear vt 1 כִּלָּה, בִּלָּה. 2 הֶאֱרִיךְ יָמִים
outweigh vt הִכְרִיעַ, עָלָה עַל
outwit vt הֶעֱרִים עַל
outwore pt זמן עבר של הפועל to outwear
outworn pp בינוני עבר של הפועל to outwear
ouzel n קִיכְלִי
oval adj, n סְגַלְגַּל, דְּמוּי בֵּיצָה
ovary n שַׁחֲלָה
ovation n תְּשׁוּאוֹת, תְּרוּעָה, מְחִיאוֹת כַּפַּיִם
oven n תַּנּוּר, כִּבְשָׁן
ovenproof adj כְּלִי חֲסִין־אֵשׁ
ovenware n כֵּלִים חֲסִינֵי־אֵשׁ
over adv, prep 1 עַל, מֵעַל. 2 בְּמֶשֶׁךְ, לְאֹרֶךְ. 3 דֶּרֶךְ, בְּעַד. 4 מֵחָדָשׁ, שׁוּב. 5 יֶתֶר עַל הַמִּדָּה. 6 נִגְמַר, הִסְתַּיֵּם
over again שׁוּב, מֵחָדָשׁ
over against לְעֻמַּת
over and above 1 נוֹסָף עַל, מִחוּץ לְ־. 2 מְעַל וּמֵעֵבֶר
over and over again שׁוּב וָשׁוּב
overact vit שִׂחֵק בְּגֻזְמָה
overall adj כּוֹלֵל, מַקִּיף, כּוֹלְלָן
overalls npl סַרְבָּלִים, מַעֲפֹּרֶת
overarch vti קִשֵּׁת, עָשָׂה קֶשֶׁת מִמַּעַל
overawe vt הִטִּיל אֵימָה
overbalance vt הִכְרִיעַ, גָּרַם לְאִבּוּד שִׁוּוּי הַמִּשְׁקָל
overbear vt 1 הִכְבִּיד, הִכְרִיעַ, גָּבַר עַל. 2 הִשְׁתַּלֵּט
overbearing adj 1 שְׁתַלְטָנִי, רוֹדָנִי. 2 שַׁחֲצָנִי, רַבְרְבָנִי
overbid vti הִצִּיעַ יוֹתֵר, עָלָה בְּהַצָּעָתוֹ עַל
overblown adj לְאַחַר פְּרִיחָה
overboard adv 1 הַמַּיְמָה. 2 הַחוּצָה
overburden vt הֶעֱמִיס יוֹתֵר מִדַּי
overcast adj, n 1 מוּעָב, מְעֻנָּן. 2 תְּפוּר גַּס
overcast stitch תַּךְ מְלַל
overcharge vt 1 הִפְרִיז, הִפְקִיעַ מְחִיר. 2 הֶעְמִיס יוֹתֵר מִדַּי
overcloud vt הֵעִיב, הֶחְשִׁיךְ, הִקְדִּיר
overcoat n מְעִיל עֶלְיוֹן
overcome vt הִכְרִיעַ, גָּבַר, הִתְגַּבֵּר
overcrowded adj צָפוּף מִדַּי
overdo vt 1 הִפְרִיז, גָּדַשׁ אֶת הַסְּאָה. 2 עָבַד בְּפֶרֶךְ
overdose n מְנַת־יֶתֶר, מָנָה יְתֵרָה
overdraft n מְשִׁיכַת יֶתֶר
overdraw vt מָשַׁךְ יוֹתֵר מִדַּי (כסף)
overdress vti הִפְרִיז בְּתִלְבֹּשֶׁת
overdue adj מְאֻחָר, שֶׁעָבַר זְמַנּוֹ
overdue notice תִּזְכֹּרֶת
overflow vti, n 1 הִשְׁתַּפֵּךְ, שָׁטַף, גָּלַשׁ. 2 מִגְלָשׁ. 3 הִשְׁתַּפְּכוּת, שֶׁטֶף. 4 שִׁפְעָה, רְוָיָה
overgrown adj מְגֻדָּל מִדַּי
overgrowth n גִּדּוּל יֶתֶר
overhand adj 1 מִלְמַעְלָה לְמַטָּה. 2 עִם יָדַיִם מוּרָמוֹת
overhand knot קֶשֶׁר בֹּהֶן
overhang vti 1 תָּלָה מִמַּעַל. 2 בָּלַט מֵעַל
overhaul vt, n 1 שִׁפֵּץ, בָּדַק, תִּקֵּן. 2 הִדְבִּיק, הִשִּׂיג. 3 שִׁפּוּץ, תִּקּוּן, בֶּדֶק
overhead adj, adv 1 חוֹלֵשׁ, עִלִּי, כְּלָלִי. 2 מֵעַל לָרֹאשׁ, עִלִּית
overhead projector מְטוֹל עָקִיף
overheads npl תְּקוּרָה, הוֹצָאוֹת כְּלָלִיּוֹת
overhear vt שָׁמַע בְּמִקְרֶה, שָׁמַע בְּאַקְרַאי
overjoyed adj שָׂמֵחַ בְּיוֹתֵר
overkill n 1 כֹּחַ הַשְׁמָדָה עוֹדֵף. 2 הַגְזָמָה
overland adv, adj 1 עַל פְּנֵי הַיַּבָּשָׁה.

2 יַבַּשְׁתִּי

overlap vti, n 1 חָפַף, עָדַף. 2 חֲפִיפָה

overlapping n חֲפִיפָה

overlay vt, n 1 כִּסָּה, צִפָּה. 2 רֶקַע. 3 צִפּוּי, כִּסּוּי. 4 גִּלָּיוֹן עֶלְיוֹן

overleaf adj מֵעֵבֶר לַדַּף

overleap vt דִּלֵּג, פָּסַח עַל

overload vt, n 1 הִכְבִּיד, הֶעְמִיס יֶתֶר עַל הַמִּדָּה. 2 מִטְעָן יֶתֶר, עֹמֶס יֶתֶר

overlook vt 1 הֶעְלִים עַיִן. 2 הִשְׁגִּיחַ, פִּקֵּחַ

overlord n אָדוֹן עֶלְיוֹן

overly adv בְּמִדָּה מֻפְרֶזֶת

overmaster vt נִצַּח, הִכְנִיעַ, הִתְגַּבֵּר עַל

overmuch adj, vit יוֹתֵר מִדַּי, כַּמּוּת יֶתֶר

overnight adj, adv 1 אֶמֶשׁ, לֵיל אֶמֶשׁ. 2 בִּן־לַיְלָה. 3 בְּמֶשֶׁךְ הַלַּיְלָה

overpass n מַעֲבָר עִלִּי, גֶּשֶׁר

overplay vt לָקַח סִכּוּן (הימור)

overpower vt נִצַּח, הִכְנִיעַ, הִכְרִיעַ

overpowering adj מַכְרִיעַ, מַכְנִיעַ, מְהַמֵּם

overrate vt 1 הִפְרִיז בְּהַעֲרָכָה. 2 הִפְרִיז בְּשׁוּמָה

overreach vt הֶעֱרִים עַל

overreach oneself הִגְדִּישׁ הַסְּאָה

over-react vi הֵגִיב תְּגוּבָה מֻפְרֶזֶת

over-reaction n תְּגוּבָה מֻפְרֶזֶת

override vt 1 רָכַב. 2 דָּרַס, עָשַׁק, נָגַשׂ. 3 בִּטֵּל, דָּחָה

overrule vt 1 בִּטֵּל. 2 הֶחְלִיט נֶגֶד, אָסַר

overrun vt 1 פָּשַׁט כְּפוֹלֵשׁ. 2 הִתְפַּשֵּׁט. 3 עָבַר עַל גְּדוֹתָיו. 4 פָּלַשׁ, דָּרַס

overseas adv, adj 1 אֶל חוּץ לָאָרֶץ. 2 מֵעֵבֶר לַיָּם

oversee vt הִשְׁגִּיחַ, פִּקֵּחַ, בָּדַק

overseer n מַשְׁגִּיחַ, מְפַקֵּחַ

oversewing n תַּךְ מְלַל

overshadow vt הֶאֱפִיל עַל, הֵטִיל צֵל

overshoe n עַרְדָּל

overshoot vt 1 הֶחֱטִיא, הִרְחִיק לֶכֶת. 2 יָרָה מֵעַל, יָרָה מֵעֵבֶר

overshot adj לְסִתָּנִי. 2 מוּנָע בְּמַיִם עִלִּיִּים

overside adv בְּצִדָּהּ, עַל צִדָּהּ

oversight n 1 הַשְׁגָּחָה, פִּקּוּחַ. 2 הַשְׁמָטָה, הִתְעַלְּמוּת. 3 שִׁכְחָה, טָעוּת

oversimplification n פַּשְׁטָנוּת יֶתֶר

oversimplify vt פִּשֵּׁט יָתֵר עַל הַמִּדָּה

oversized adj גָּרוּם

overskirt n חֲצָאִית עֶלְיוֹנָה

oversleep vi הֶאֱרִיךְ לִישֹׁן

overspill n גְּלִישָׁה

overstate vt הִגְזִים, הִפְרִיז בְּהַעֲרָכָה

overstatement n הַעֲרָכָה מֻפְרֶזֶת

overstay vt הִשְׁתַּהָה

overstep vt הִגְדִּישׁ הַסְּאָה, חָרַג

overstock vt הֵצִיף הַשּׁוּק

overstrung adj 1 רָגִישׁ, מָתוּחַ. 2 עַצְבָּנִי

overt adj גָּלוּי, בְּפַרְהֶסְיָה

overtake vt 1 עָקַף, הִשִּׂיג, הִדְבִּיק. 2 בָּא פִּתְאֹם

overtax vt הִטִּיל מַס כָּבֵד עַל

over-the-counter adj 1 לֹא נִסְחָרוֹת בַּבּוּרְסָה (מניות). 2 לְלֹא מִרְשָׁם (תרופה)

over-the-top adj מֻגְזָם, מֻפְרָז

overthrow vt, n 1 הִפִּיל, מִגֵּר, הִשְׁמִיד, כִּלָּה. 2 הַפָּלָה, מַפָּלָה

overtime adv, n שָׁעוֹת נוֹסָפוֹת, זְמַן יֶתֶר

overtly adv בְּפַרְהֶסְיָה

overtone n צְלִיל עִלִּי, נִימָה

overture n פְּתִיחָה, גִּשּׁוּשׁ

overturn vti 1 הִפִּיל, מִגֵּר, הֵבִיס. 2 הָפַךְ, נֶהְפַּךְ

overweening adj יְמָרָנִי, מִתְרַבְרֵב

overweight adj, n מִשְׁקַל יֶתֶר

overwhelm vti 1 מָחַץ, כִּסָּה. 2 הָמַם, הִכָּה, הִדְהִים. 3 הֵצִיף

overwhelming adj 1 מַכְרִיעַ. 2 מוֹחֵץ. 3 מַדְהִים

overwork vti 1 הֶעֱבִיד בְּפֶרֶךְ. 2 עָבַד

קָשֶׁה מִדַּי

overwrought adj עָיֵף, נִלְאֶה

oviduct n צִנּוֹר הַשַּׁחֲלָה

oviparous adj מֵטִיל בֵּיצִים

ovoid adj בֵּיצָנִי, דְּמוּי־בֵּיצָה

ovulate vi בִּיֵּץ

ovulation n בִּיּוּץ

ovum n בֵּיצִית

owe vt חָב, הָיָה חַיָּב

owing adj 1 מַגִּיעַ. 2 חַיָּב

owing to מִפְּנֵי, בִּגְלַל, מֵחֲמַת, לְרֶגֶל

owl n לִילִית, כּוֹס, יַנְשׁוּף

owlet n כּוֹס, יַנְשׁוּף צָעִיר

owlish adj 1 יַנְשׁוּפִי. 2 מְשַׁעֲמֵם

owlishly adv בִּרְצִינוּת מְטֻמְטֶמֶת

own vt, adj, pron 1 הֶחֱזִיק, הִכִּיר. 2 הוֹדָה. 3 הָיָה בַּעַל לְ־. 4 שֶׁלּוֹ, שֶׁל עַצְמוֹ. 5 עַצְמִי. 6 עַצְמִיּוּת

own up הִתְוַדָּה

own up to הוֹדָה עַל

owner n בַּעַל, בְּעָלִים

ownerless adj 1 הֶפְקֵר, מֻפְקָר. 2 לְלֹא בְּעָלִים

ownership n 1 בַּעֲלוּת, קִנְיָן. 2 שַׁיָּכוּת

ox n שׁוֹר, פַּר

ox-eye n עֵין הַשּׁוֹר

oxford blue כָּחֹל כֵּהֶה

oxidation n חִמְצוּן

oxide n תַּחְמֹצֶת

oxidize vt חִמְצֵן

Oxonian adj, n אוֹקְספוֹרְדִי

oxyacetylene adj, n אוֹקְסִיאָצֶיטִילֶן

oxygen n חַמְצָן

oxygenate, oxigenize vt חִמְצֵן

Oyez! interj שִׁמְעוּ!

oyster n צֶדֶפֶת

ozone n אוֹזוֹן

P

P, p n פ׳, פ הָאוֹת הַשֵּׁשׁ־עֶשְׂרֵה שֶׁל הָאָלֶף־בֵּית הָאַנְגְּלִי

pa n אַבָּא

pabulum n מָזוֹן

pace vit, n 1 צָעַד, פָּסַע. 2 מָדַד. 3 צַעַד, פְּסִיעָה. 4 קֶצֶב הֲלִיכָה. 5 מְהִירוּת, קֶצֶב

pace off/out מָדַד בִּפְסִיעוֹת

pacemaker n 1 קוֹצֵב. 2 קוֹבֵעַ מְהִירוּת. 3 מַצְעִיד. 3 קוֹצֵב־לֵב

pace-setter n 1 מַצְעִיד. 2 קוֹבֵעַ מְהִירוּת

pachyderm n 1 עַב עוֹר. 2 גַּס, חֲסַר רֶגֶשׁ

pacific adj 1 מְרַצֶּה, מְפַיֵּס, מַרְגִּיעַ, שָׁקֵט, שָׁלֵו, נוֹחַ, נִרְגָּע. 2 מְפַיֵּס

pacifically adv בְּשַׁלְוָה, בְּפַיְּסָנוּת

pacification n 1 הַשְׁכָּנַת שָׁלוֹם. 2 הַשְׁקָטָה, הַרְגָּעָה. 3 רִצּוּי, פִּיּוּס, שַׁלְוָה

pacifier n 1 מַשְׁקִיט, מַרְגִּיעַ. 2 עוֹשֵׂה שָׁלוֹם. 3 מוֹצֵץ, מֶצֶץ (לתינוק)

pacifism n אַהֲבַת הַשָּׁלוֹם, פָּצִיפִיזְם

pacifist n אוֹהֵב שָׁלוֹם, פָּצִיפִיסְט

pacify vt 1 פִּיֵּס, רִצָּה. 2 הִשְׁקִיט, שִׁכֵּךְ, רִכֵּךְ. 3 עָשָׂה שָׁלוֹם, הִשְׁכִּין שָׁלוֹם

pack vti, n 1 אָרַז, צָרַר. 2 חָבַשׁ, עָטַף. 3 כָּבַשׁ, מִלֵּא, צוֹפֵף, דָּחַק, הִטְעִין. 4 נִמְלַט. 5 חֲבִילָה, חֲפִיסָה, צְרוֹר. 6 חֲבוּרָה, חֶבֶר, כְּנוּפְיָה. 7 תַּחְבֹּשֶׁת. 8 כַּת, לַהֲקָה, נָחִיל

pack animal בֶּהֱמַת מַשָּׂא

package vt, n 1 צָרַר, אָרַז, אִגֵּד. 2 חֲבִילָה, צְרוֹר, אֲרִיזָה, חֲפִיסָה

package-deal הֶסְכֵּם כּוֹלֵל, עִסְקַת חֲבִילָה

packet n חֲבִילָה, צְרוֹר, חֲפִיסָה

packet-boat n סְפִינַת דֹּאַר

packhorse n סוּס מַשָּׂא

pack off שִׁלַּח, סִלֵּק

packing n 1 אֲרִיזָה, חֲבִישָׁה. 2 רְפִידָה, מִלּוּי

packsaddle n מַרְדַּעַת, אֻכָּף

pact n בְּרִית, הֶסְכֵּם, אֲמָנָה, חוֹזֶה

pad vt, n 1 רִפֵּד. 2 נִפַּח. 3 רֶפֶד. 4 אֶגֶד. 5 כָּרִית. 6 כָּרִית־חוֹתָמוֹת. 7 מַרְפֵּד. 8 עָלֶה צָף. 9 פִּנְקָס. 10 יָדִית

padding n רִפּוּד, תִּבּוּל

paddle vti, n 1 חָתַר. 2 שִׁכְשֵׁךְ. 3 מָשׁוֹט. 4 מַבְחֵשׁ. 5 מַקֵּל

paddle-boat n אֳנִיַּת מְשׁוֹטָה

paddle one's own canoe הָיָה עַצְמָאִי

paddock n 1 דִּיר, קַרְפִּיף. 2 שָׂדֶה מְגֻדָּר

paddy n 1 פֶּדִי. 2 אֹרֶז

paddy-field n שְׂדֵה אֹרֶז

padlock vt, n 1 נָעַל, סָגַר. 2 מַנְעוּל, קוֹפָל

paean n שִׁיר מִזְמוֹר

p(a)ederasty n מִשְׁכַּב זָכוּר, סְדוֹמָאוּת

p(a)ediatrician n רוֹפֵא יְלָדִים

p(a)ediatrics npl רְפוּאַת יְלָדִים

pagan adj, n 1 שֶׁל עוֹבֵד אֱלִילִים. 2 עוֹבֵד אֱלִילִים, עַכּוּ״ם. 3 כּוֹפֵר

page vt, n 1 עִמֵּד, מִסְפֵּר (דפים) 2. קָרָא (ברמקול). 3 עַמּוּד, דַּף. 4 נַעַר (בחצר המלך). 5 שָׁלִיחַ

pageant n 1 חִזָּיוֹן, תַּעֲרוּכָה, תַּהֲלוּכָה. 2 הַצָּגָה דְּרָמָטִית

pageantry n 1 פְּאֵר, הָדָר, תִּפְאֶרֶת. 2 טֶקֶס סַסְגּוֹנִי. 3 שַׁחֲצָנוּת

pager n אִתּוּרִית, זִמּוּנִית

pagination n עִמּוּד, מִסְפּוּר דַּפִּים

pagoda n פָּגוֹדָה
paid pt, adj 1 זמן עבר ובינוני עבר של הפועל to pay.
2 נִפְרָע, מְשֻׁלָּם
pail n גִּגִּית, גִּיגִית, דְּלִי
pailful n מְלוֹא הַדְּלִי
pain vt, n 1 הִכְאִיב, צִעֵר, הֶעֱצִיב, גָּרַם סֵבֶל. 2 כְּאֵב, מַכְאוֹב, סֵבֶל, מֵחוֹשׁ, יִסּוּרִים. 3 צַעַר.
4 עֹנֶשׁ. 5 חֶבְלֵי לֵדָה, צִירִים. 6 מַאֲמַצִּים.
7 עֶלְבּוֹן, עַצְבוּת. 8 עָמָל, יֶגַע, יְגִיעָה
pained adj 1 כָּאוּב. 2 נֶעֱלָב, נִפְגָּע
painful adj 1 מַכְאִיב, כּוֹאֵב, פּוֹגֵעַ. 2 מְיַגֵּעַ.
3 מְצַעֵר, מֵצִיק. 4 כָּאוּב
painfully adv בִּכְאֵב, בְּצַעַר
painkiller adj, n 1 מְשַׁכֵּךְ כְּאֵבִים. 2 סַם מַרְגִּיעַ
painless adj לְלֹא כְּאֵבִים
painlessly adv בְּלִי כְּאֵב
pains npl 1 מַאֲמַצִּים, עָמָל, יְגִיעַ.
2 כְּאֵבִים, צִירִים
painstaking adj חָרוּץ, שַׁקְדָן, מִשְׁתַּדֵּל, מִתְאַמֵּץ
paint vt, n 1 צִיֵּר. 2 צָבַע. 3 תֵּאֵר. 4 יִפָּה, קִשֵּׁט. 5 צִבֵּעַ. 6 מָשַׁח. 7 צֶבַע, צְבִיעָה. 8 פּוּךְ, כָּחָל וְשָׂרָק
paintbrush n מִכְחוֹל
painter n 1 צַיָּר. 2 צַבָּע. 3 חֶבֶל הַסִּירָה
painting n 1 צִיּוּר, תְּמוּנָה. 2 צַיָּרוּת.
3 צְבִיעָה. 4 פִּרְכּוּס
pair vti, n 1 זִוֵּג, חִבֵּר, הִתְאִים. 2 הִזְדַּוֵּג, הִתְחַתֵּן. 3 זוּג, צֶמֶד
pair off vti 1 סִדֵּר בְּזוּגוֹת. 2 הִסְתַּדֵּר בְּזוּגוֹת. 3 הִתְחַתֵּן
pajamas, pyjamas npl פִּיגָ'מָה
pal n יְדִיד, רֵעַ, חָבֵר
pal up with הִתְיַדֵּד, הִתְרוֹעֵעַ
palace n 1 אַרְמוֹן, הֵיכָל, טִירָה. 2 חֲצַר מַלְכוּת
paladin n פָּלָדִין, אַבִּיר, אַמִּיץ
pala(e)o- pref קָדוּם, קַדְמוֹנִי
palanquin n אַפִּרְיוֹן
palatable adj 1 עָרֵב, מָתוֹק, טָעִים.
2 נֶחְמָד, נָעִים
palate n 1 חֵךְ, טַעַם. 2 עֶצֶם הַחֵךְ
palatial adj 1 מְפֹאָר, נֶהְדָּר. 2 דּוֹמֶה לְאַרְמוֹן
palaver vi, n 1 שׂוֹחֵחַ, פִּטְפֵּט, גִּבֵּב דְּבָרִים.
2 שִׂיחָה, פִּטְפּוּט. 3 אֲסֵפָה
pale vi, adj, n 1 חָוַר, הֶחֱוִיר, עָמַם, הִלְבִּין.
2 הִקִּיף, גָּדַר, תָּחַם. 3 חִוֵּר, לָבָן. 4 כְּלוֹנָס, יָתֵד, מוֹט.
5 מִכְלָאָה. 6 תְּחוּם.
7 גְּבוּל
paleness n חִוָּרוֹן
pal(a)eolithic adj פָּלֵאוֹלִיתִי
pal(a)eontologist n פָּלֵאוֹנְטוֹלוֹג
pal(a)eontology n פָּלֵאוֹנְטוֹלוֹגְיָה
palette n טַבְלַת הַצְּבָעִים
palfrey n סוּס רְכִיבָה
palimpsest n פָּלִימְפְּסֶסְט, קְלָף מָחוּק
palindrome n פָּלִינְדְּרוֹם
paling n גִּדּוּר, גֶּדֶר יְתֵדוֹת
palisade vt, n 1 הֵקִים מְשׂוּכָה. 2 סְיָג, סוֹרֵג, מְשׂוּכָה, גֶּדֶר יְתֵדוֹת
palish adj חֲוַרְוַר
pall vi, n 1 הוֹגִיעַ, עִיֵּף, הֶלְאָה, שִׁעֲמֵם.
2 הָיָה תָּפֵל, נַעֲשָׂה חֲסַר טַעַם.
3 אֲרִיג אֵבֶל
pallet n 1 כַּף יוֹצְרִים. 2 דַּרְגָּשׁ, מִשְׁטָח.
3 מִטַּת קַשׁ
palliate vt הֵקֵל, הִרְגִּיעַ, שִׁכֵּךְ
palliation n הֲקַלָּה, הַרְגָּעָה, הַמְתָּקָה
palliative adj, n 1 מֵקֵל, מַרְגִּיעַ, מַמְתִּיק.
2 הֲקַלָּה, הַרְוָחָה
pallid adj חִוֵּר, לָבָן, תָּשׁוּשׁ
pallidness n חִוְּרוּת, חֲוַרְוּרִית
pallor n חִוָּרוֹן
palm vt, n 1 שִׁחֵד. 2 הִטְמִין. 3 נָגַע.
4 כַּף, כַּף הַיָּד. 5 טֶפַח.

6 דֶקֶל, תָּמָר
palmist n מְנַחֵשׁ בְּחָכְמַת הַיָּד
palm off מָכַר בְּתַרְמִית
palmistry n חָכְמַת הַיָּד
Palm Sunday יוֹם א׳ שֶׁל לוּלָבִים (לפני הפסחא)
palm-tree n עֵץ תָּמָר, דֶקֶל
palmy adj 1 מְדֻקָּל, מָלֵא תְּמָרִים. 2 מְפֹאָר, מְשַׂגְשֵׂג. 3 מְאֻשָּׁר, פּוֹרֵחַ
palpable adj 1 מָשִׁישׁ. 2 מַמָּשִׁי, מוּחָשִׁי
palpably adv בְּאֹפֶן מוּחָשִׁי
palpitate vi פִּרְפֵּר, רָעַד, רָטַט
palpitation n 1 הַלְמוּת לֵב. 2 רַעַד, רֶטֶט
palsied adj 1 מְשֻׁתָּק. 2 רוֹעֵד, מְחַלְחֵל
palsy vt, n 1 שִׁתֵּק, הִדְהִים. 2 שִׁתּוּק
paltry adj חֲסַר עֵרֶךְ, פָּעוּט, מְבֻטָּל
pampas npl פַּמְפָּס, עֲרָבָה
pamper vt 1 פִּנֵּק. 2 הִלְעִיט, פִּטֵּם
pamphlet n קוּנְטְרֵס, עָלוֹן, חוֹבֶרֶת
pamphleteer n קוּנְטְרֵסָן
pan vit, n, pref 1 בִּשֵּׁל בְּמַחֲבַת, הִשְׁרָה בְּמַחֲבַת. 2 בִּקֵּר בַּחֲרִיפוּת. 3 צִלֵּם זוּם. 4 שָׁטַף. 5 פַּן, כְּלַל־. 6 מַחֲבַת, מַרְחֶשֶׁת, אִלְפָּס, סִיר, תַּבְנִית. 7 שֶׁקַע, אַגָּן, בְּרֵכָה
panacea n תְּרוּפָה לַכֹּל
panache n 1 נוֹצָה. 2 הִתְלַהֲבוּת
pancake n לְבִיבָה, סֻפְגָּנִית, רָקִיק
panchromatic adj רָגִישׁ לְכָל הַצְּבָעִים
pancreas n לַבְלָב
panda n פַּנְדָּה
pandemic adj, n כְּלָלִי, מַקִּיף, נָפוֹץ בְּכָל הָעוֹלָם
pander to עוֹדֵד, טִפֵּחַ
pane n 1 שִׁמְשָׁה. 2 לוּחוֹת, פָּנֶל
panegyric n תִּשְׁבָּחָה, תְּהִלָּה, שִׁיר הַלֵּל
panel vt, n 1 מִלֵּא, סִפֵּן, לִוַּח. 2 פָּנֶל, לוּחִית, רְצוּעָה. 3 שִׁמְשָׁה. 4 רִפּוּד. 5 סָפִין, מִלּוּאָה. 6 מִדְגַּם קֶבַע. 7 צֶוֶת
panel(l)ing n מִלּוּי, לִוּוּחַ, כִּיּוּר, פָּנֶלִים
panel(l)ist n חָבֵר בְּצֶוֶת
pang n כְּאֵב פִּתְאֹמִי, יִסּוּרִים, מַכְאוֹב, צִירִים וַחֲבָלִים
panhandle vti, n 1 קִבֵּץ נְדָבוֹת. 2 יָדִית מַחֲבַת. 3 רְצוּעַת מֻבְלַעַת
panic vi, n 1 עוֹרֵר בֶּהָלָה. 2 חָשׁ בֶּהָלָה, אִבֵּד עֶשְׁתּוֹנוֹתָיו. 3 פָּנִיקָה, בֶּהָלָה, חֲרָדָה
panicky adj מֻכֵּה אֵימָה, אֲחוּז חֲרָדָה
panjandrum n רַבְרְבָן
pannier n 1 סַל, טֶנֶא. 2 מִסְגֶּרֶת
pannikin n בָּזִיךְ, מַחֲבַת קְטַנָּה, סִפְלוֹן
panoplied adj עָרוּךְ יָפֶה, לָבוּשׁ בֶּגֶד שִׁרְיוֹן
panoply n 1 שִׁרְיוֹן מָלֵא, חֲגוֹר מָלֵא. 2 רֹב פְּאֵר
panorama n נוֹף, מַרְאֶה כְּלָלִי, פָּנוֹרָמָה
panoramic adj פָּנוֹרָמִי
pan-pipes npl חֲלִיל פַּן
pansy n 1 אַמְנוֹן וְתָמָר, סֶגֶל שְׁלָשׁ־גּוֹנִי. 2 הוֹמוֹ
pant vi, n 1 הִשְׁתּוֹקֵק. 2 נָשַׁם בִּכְבֵדוּת, גָּנַח. 3 גְּנִיחָה, הַלְמוּת־לֵב
pantaloon n פַּנְטָלוֹן, אַבְרְקַיִם
pantechnicon n אוֹטוֹ־מַשָּׂא לְהוֹבָלַת רָהִיטִים
pantheism n פַּנְתֵּאִיזְם
pantheist n פַּנְתֵּאִיסְט
pantheon n פַּנְתֵּיאוֹן
panther n נָמֵר, פַּנְתֵּר
panties npl תַּחְתּוֹנִים קְצָרִים
pantile n רַעַף גַּגּוֹת
pantingly adv בִּנְשִׁימָה עֲצוּרָה
pantograph n פַּנְטוֹגְרָף
pantomime n 1 פַּנְטוֹמִימָה. 2 הַצָּגַת יְלָדִים (אגדה)
pantry n מְזָוֶה
pants npl 1 מִכְנָסַיִם. 2 תַּחְתּוֹנִים
panty hose גַּרְבּוֹן, גַּרְבֵּי מִכְנָס
panzer adj מְשֻׁרְיָן

pap n 1 דַּיְסָה, כְּתֹשֶׁת, רֶסֶק. 2 סִפְרוּת קַלָּה
papa n אַבָּא
papacy n אַפִּיפְיוֹרוּת
papal adj אַפִּיפְיוֹרִי
papal bull צַו אַפִּיפְיוֹרִי
paparazzo/zi n 1 צַלָּם שַׁעֲרוּרִיּוֹת. 2 עִתּוֹנָאֵי שַׁעֲרוּרִיּוֹת
paper vt, n 1 צִפָּה אוֹ עָטַף בִּנְיָר. 2 נְיָר. 3 תְּעוּדָה, מִסְמָךְ. 4 גִּלָּיוֹן. 5 מַאֲמָר, חִבּוּר, הַרְצָאָה. 6 בְּחִינָה. 7 שְׁטָר, שְׁטַר כֶּסֶף. 8 עִתּוֹן
paperback n, adj בִּכְרִיכָה רַכָּה
paper-clip n מְהַדֵּק, אֶטֶב
paper-cup n סַלְסִלָּה
paper currency/money n שִׁטְרֵי כֶּסֶף
paper dispenser מַנְפֵּק נְיָר
paperwork n נַיֶּרֶת
papier-mâché n נְיָר מְעֻבֶּה
papoose n תִּינוֹק אִינְדְּיָאנִי
paprika n פַּפְּרִיקָה, פִּלְפֵּל אָדֹם
papyrus n גֹּמֶא, פַּפִּירוּס
par n 1 שׁוּוִי. 2 מַעֲמָד שָׁוֶה
parable n מָשָׁל, חִידָה, אַלֶּגוֹרְיָה
parabola n פָּרַבּוֹלָה
parabolic adj פָּרַבּוֹלִי
parabolical adj מְשָׁלִי
parachute n, vti 1 צָנַח. 2 מַצְנֵחַ
parachutist n צַנְחָן
parade vti, n 1 עָרַךְ אוֹ הִשְׁתַּתֵּף בְּמִצְעָד. 2 הִצִּיג לְרַאֲוָה. 3 מִסְדָּר, מִצְעָד, תַּהֲלוּכָה
paradigm n 1 דֻּגְמָה, מוֹפֵת. 2 תַּבְנִית. 3 פָּרָדִיגְמָה
paradigmatic adj 1 מוֹפְתִי. 2 שֶׁל דֻּגְמָה. 3 פָּרָדִיגְמָאטִי
paradise n 1 גַּן עֵדֶן. 2 אֹשֶׁר מֻשְׁלָם
paradisiac(al) adj גַּנְעֶדְנִי
paradox n פָּרָדוֹקְס
paradoxical adj פָּרָדוֹקְסִי
paradoxically adj בְּפָּרָדוֹקְסָלִיּוּת
paragon n מוֹפֵת, כְּלִיל הַשְּׁלֵמוּת
paragraph vt, n 1 חִלֵּק לִסְעִיפִים. 2 סָעִיף, פִּסְקָה. 3 סִימָן §. 4 רְשִׁימָה קְצָרָה
parakeet n תֻּכִּי
parallel vt, adj, n 1 הִקְבִּיל, הִתְאִים, הִשְׁוָה. 2 מַקְבִּיל, מַתְאִים. 3 מַקְבִּיל, הֶקְבֵּל, הַתְאָמָה
parallel bars מַקְבִּילִים
parallelism n הַקְבָּלָה, תַּקְבֹּלֶת, פָּרַלֶּלִיזְם
parallelogram n מַקְבִּילִית
paralyse, paralyze vt שִׁתֵּק, הִשְׁבִּית
paralysis n שִׁתּוּק, שָׁבָץ
paralytic adj 1 מְשֻׁתָּק. 2 פָּרוּעַ, לֹא נִשְׁלָט
paramedic(al) adj, n 1 פָּרָה־רְפוּאִי. 2 חוֹבֵשׁ
parameter n פָּרָמֶטֶר
paramilitary adj 1 מֵעֵין צְבָאִי. 2 נוֹגֵעַ לַצָּבָא
paramount adj עֶלְיוֹן, רָאשִׁי, עִקָּרִי
paramountcy n רָאשׁוּת, עֶלְיוֹנוּת
paramour n 1 מְאַהֵב. 2 פִּילֶגֶשׁ, מְאַהֶבֶת
paranoia n פָּרָנוֹיָה, מַחֲלַת רְדִיפָה
paranoiac, paranoid adj, n פָּרָנוֹאִי, חוֹלֵה פָּרָנוֹיָה
parapet n מַעֲקֶה, מִסְעָד, תֵּל־חָזֶה
paraphernalia n 1 מַכְשִׁירִים, צִיּוּד אִישִׁי, אַבְזָרִים. 2 נִכְסֵי אִשָּׁה נְשׂוּאָה
paraphrase vt, n 1 עָשָׂה פָּרַפְרָזָה, שִׁחְבֵּר. 2 פָּרַפְרָזָה
paraplegia n שִׁתּוּק רַגְלַיִם
paraplegic adj, n מְשֻׁתָּק בַּחֲצִי גוּף תַּחְתּוֹן
parasite n טַפִּיל, פָּרָזִיט
parasitic(al) adj טַפִּילִי, פָּרָזִיטִי
parasol n סוֹכֵךְ, שִׁמְשִׁיָּה
paratrooper n חַיָּל צַנְחָן
paratroops npl חֵיל צַנְחָנִים
paratyphoid n פָּרָטִיפוּס

parboil vt שָׁלַק, בִּשֵּׁל חֶלְקִית
parcel vt, n 1 עָשָׂה פַּרְצֶלַצְיָה. 2 חִלֵּק, עָטַף. 3 צְרוֹר, חֲבִילָה. 4 חֶלְקָה, מִגְרָשׁ
parcel out vt חִלֵּק צְרוֹרוֹת צְרוֹרוֹת
parcel up vt עָטַף
parcellation n פַּרְצֶלַצְיָה
parch vt 1 יִבֵּשׁ, חָרַב. 2 הִצְמִיא
parchment n 1 קְלָף, גְּוִיל. 2 תְּעוּדַת קְלָף. 3 נְיַר קְלָף
pardon vt, n 1 סָלַח, מָחַל, חָנַן. 2 סְלִיחָה, מְחִילָה, חֲנִינָה. 3 כַּפָּרָה
pardonable adj סָלִיחַ, בַּר־סְלִיחָה
pardonably adv בְּאֹפֶן שֶׁאֶפְשָׁר לִסְלֹחַ
pare vt 1 גָּזַר, גָּזַז. 2 קִלֵּף. 3 הִפְחִית, חִסֵּר
parent n 1 הוֹרֶה, מוֹלִיד, מְחוֹלֵל. 2 אָב, אֵם. 3 מָקוֹר, סִבָּה, שֹׁרֶשׁ
parentage n 1 הוֹרוּת, מָקוֹר, יִחוּס, סִבָּה. 2 מִשְׁפָּחָה
parental adj אַבְהִי, אִמָּהִי
parenthood n הוֹרוּת
parenthesis n מַאֲמָר מֻסְגָּר, סוֹגְרַיִם
parenthetic(al) adj מֻסְגָּר, בְּסוֹגְרַיִם
parenthetically adv בְּמַאֲמָר מֻסְגָּר
paresthesia n נִמְלוּל
par excellence פַּר־אֶקְסֶלַנְס, בְּהֵא־הַיְדִיעָה
pariah n פַּרְיָה, מְנֻדֶּה, מֻחְרָם
pari-mutuel n הִמּוּר הֲדָדִי
pari passu בַּד בְּבַד, בְּאוֹתוֹ קֶצֶב, בְּעֵת וּבְעוֹנָה אַחַת
paring n 1 קִלּוּף. 2 קְלִפָּה
parish n 1 עֵדָה, קְהִלָּה. 2 אֵזוֹר קְהִלָּתִי
parishioner n חֲבֵר הַקְּהִלָּה
parity n שִׁוְיוֹן, דִּמְיוֹן
park vti, n 1 גָּדַר. 2 חָנָה, הֶחֱנָה. 3 פַּרְק, גַּן צִבּוּרִי
park-and-ride n חֲנֵה וָסַע
parka n פַּרְקָה
parking n חֲנָיָה, חֲנִיָּה

parking lot חֲנָיוֹן, מִגְרַשׁ־חֲנִיָּה
parking-meter n מַדְחָן
Parkinson's disease מַחֲלַת פַּרְקִינְסוֹן
parlance n לָשׁוֹן, נִיב, סִגְנוֹן דִּבּוּר
parley vi, n 1 הִתְדַּיֵּן, נָשָׂא וְנָתַן. 2 דִּיּוּן, מַשָּׂא וּמַתָּן, שִׂיחוֹת
parliament n פַּרְלָמֶנְט, בֵּית־נִבְחָרִים, בֵּית־מְחוֹקְקִים, כְּנֶסֶת (ישראל)
parliamentarian n פַּרְלָמֶנְטָר
parliamentary adj פַּרְלָמֶנְטָרִי
parlo(u)r n טְרַקְלִין, סָלוֹן, אַכְסַדְרָה
parlous adj מְסֻכָּן
parochial adj עֲדָתִי, קַרְתָּנִי
parochialism n עֲדָתִיּוּת, קַרְתָּנוּת
parochially adv בְּאֹפֶן קַרְתָּנִי
parodist n פָּרוֹדְיָן
parody vt, n 1 חִקָּה, סִלֵּף. 2 פָּרוֹדְיָה
parole vt, n 1 שִׁחְרֵר בְּהֵן צֶדֶק. 2 שִׁחְרוּר עַל תְּנַאי. 3 מִלַּת הַבְטָחָה, הֵן צֶדֶק
paroquet n תֻּכִּי
paroxysm n עֲוִית, הֶתְקֵף פִּתְאוֹמִי
parquet n פַּרְקֶט
par(r) n אִלְתִּית צְעִירָה
parricide n 1 הוֹרֵג הוֹרֶה. 2 הֲרִיגַת הוֹרֶה. 3 בּוֹגֵד בַּמּוֹלֶדֶת
parrot n תֻּכִּי
parry vt, n 1הֵדַף, הִתְחַמֵּק, הִשְׁתַּמֵּט. 2 הֲדִיפָה, הִתְחַמְּקוּת, הִשְׁתַּמְּטוּת
parse vt נִתַּח מִשְׁפָּט לַחֲלָקָיו
Parsee n פַּרְסִי
parsimonious adj חַסְכָנִי, קַמְּצָנִי, כִּילַי
parsimony n חַסְכָנוּת, קַמְּצָנוּת, צִמְצוּם
parsley n פֶּטְרוֹסְלִינוֹן, פֶּטְרוֹזִילְיָה
parsnip n גֶּזֶר לָבָן
parson n כֹּמֶר
parsonage n בֵּית הַכֹּמֶר
part vti, n 1 חִלֵּק, חָצָה. 2 הִפְרִיד, נִתֵּק, פִּסֵּק. 3 נִפְרַד, נֶחֱלַק. 4 חֵלֶק,

חֶבֶל, קֶטַע, פֶּרֶק.
5 תַּפְקִיד

part and parcel חֵלֶק בִּלְתִּי־נִפְרָד

part company with נִפְרַד מִן

part of speech חֵלֶק דִּבֵּר

part-time adj, adv 1 חֶלְקִי, זְמַנִּי.
2 בְּמִשְׂרָה חֶלְקִית

part with vt וִתֵּר, נָתַן

partake of vt נָטַל חֵלֶק, הִשְׁתַּתֵּף

parterre n 1 קוֹמַת קַרְקַע, פַּרְטֵר.
2 חֶלְקַת פְּרָחִים

parthenogenesis n רְבִיַּת בְּתוּלִים

Parthian adj בֶּן פַּרְתָּה

Parthian shot הֶעָרָה עוֹיֶנֶת (בשעת פרידה)

parti pris (Fr) 1 דֵּעָה קְדוּמָה. 2 דֵּעָה
מְשֻׁחֶדֶת

partial adj 1 חֶלְקִי. 2 נוֹשֵׂא פָּנִים.
3 מַעֲדִיף. 4 מְשֻׁחָד

partial to adj נוֹטֶה לְ־, מְחַבֵּב אֶת

partially adv בְּמִקְצָת, בְּחֶלְקוֹ

partiality n 1 הַעְדָּפָה, נְטִיָּה לְצַד אֶחָד.
2 מַשּׂוֹא פָּנִים

participant n מִשְׁתַּתֵּף, נוֹטֵל חֵלֶק

participate (in) vi הִשְׁתַּתֵּף, נָטַל חֵלֶק

participation n הִשְׁתַּתְּפוּת, נְטִילַת חֵלֶק

participial adj שַׁיָּךְ לְבֵינוֹנִי

participle n בֵּינוֹנִי (דיקדוק)

particle n 1 חֶלְקִיק, שֶׁמֶץ, גַּרְגִּיר, קֻרְטוֹב.
2 מִלַּת הַטַּעַם. 3 פְּרוּסַת
לֶחֶם הַקֹּדֶשׁ (כנסיה)

parti-coloured adj רַבְגּוֹנִי

particular adj מְסֻיָּם, מְיֻחָד

particularity n 1 יִחוּד, מְיֻחָדוּת, עַצְמִיּוּת.
2 קַפְּדָנוּת, זְהִירוּת

particularize vt פֵּרֵט

particularly adv בִּמְיֻחָד, בְּיִחוּד, בִּפְרָט

parting n adj 1 מַפְרִיד. 2 פְּרִידָה, הַפְרָדָה,
הַבְדָּלָה, הִתְפָּרְדוּת. 3 פְּטִירָה,
הִסְתַּלְּקוּת. 4 שְׁבִיל (שיער)

parting of ways פָּרָשַׁת דְּרָכִים

parting shot הֶעָרָה עוֹיֶנֶת (בשעת פרידה)

partisan adj, n 1 מְצַדֵּד, דָּבֵק בְּ־.
2 פַּרְטִיזָן

partition vt, n 1 חִלֵּק, חָצַץ. 2 חֲלֻקָּה,
הַפְרָדָה, מְחִצָּה, חַיִץ

partitive adj, n 1 מְחַלֵּק, חֶלְקִי. 2 שֵׁם
חֶלְקִי (דקדוק)

partly adv בְּמִקְצָת, בְּחֶלְקוֹ, בְּמִדַּת מָה

partner vt, n 1 הִשְׁתַּתֵּף. 2 הָיָה בֶּן (בַּת) זוּג
לְ־. 3 שֻׁתָּף, עָמִית. 4 רֵעַ,
חָבֵר. 5 בֶּן־זוּג, בַּת־זוּג

partnership n 1 שֻׁתָּפוּת, חֲבֵרוּת. 2 חוֹזֶה
שֻׁתָּפוּת

partridge n חָגְלָה (עוף)

part-time adj, adv 1 חֶלְקִי, זְמַנִּי. 2 בְּמִשְׂרָה
חֶלְקִית

parturition n לֵדָה, הַמְלָטָה

party n 1 מִפְלָגָה, סִיעָה, כַּת. 2 חֲבוּרָה,
צֶוֶת, חוּג. 3 מְעֻנְיָן, צַד,
בַּעַל דִּין. 4 מְסִבָּה

party-line n קַו מְשֻׁתָּף (טלפון)

parvenu n עָנִי שֶׁהִתְעַשֵּׁר

Paschal adj שֶׁל פֶּסַח

pasha n פֶּחָה

pass vti, n 1 עָבַר, חָלַף, הָלַךְ. 2 הִסְתַּיֵּם.
3 הִתְרַחֵשׁ, אֵרַע. 4 פָּסַק, אִשֵּׁר.
5 פָּסַח, דִּלֵּג עַל. 6 מָסַר, זָרַק.
7 הֶעֱבִיר. 8 הִגִּישׁ. 9 בִּלָּה (זמן).
10 מַעֲבָר, דֶּרֶךְ. 11 רִשָּׁיוֹן.
12 תְּעוּדַת מַעֲבָר. 13 צִיּוּן
מַעֲבָר. 14 הֶשְׁחֵל, הַשְׁחָלָה

pass away מֵת, הִסְתַּלֵּק מִן הָעוֹלָם

pass by 1 הִתְעַלֵּם. 2 עָבַר לְיַד־

pass for נֶחְשַׁב לְ־

pass off הִסְתַּיֵּם, הִתְעַלֵּם, הִתְקַבֵּל

pass off as הִתְחַזָּה, הִתְיַמֵּר

pass on 1 הֶעֱבִיר. 2 מֵת

pass out הִתְעַלֵּף

pass over פָּסַח, הִתְעַלֵּם

pass through הִתְנַסָּה

pass up 1 דָּחָה, סֵרֵב. 2 הֶחְמִיץ

pass muster הִתְקַבֵּל עַל הַדַּעַת

pass water הִשְׁתִּין
passable adj 1 עָבִיר. 2 מֵנִיחַ אֶת הַדַּעַת
passably adv בְּאֹפֶן שֶׁמֵּנִיחַ אֶת הַדַּעַת
passage n 1 מַעֲבָר, מִפְלָשׁ, דֶּרֶךְ. 2 זְכוּת מַעֲבָר. 3 מַסָּע, נְסִיעָה. 4 קֶטַע, פִּסְקָה, פָּסוּק. 5 מָבוֹא, פְּרוֹזְדוֹר. 6 אִשּׁוּר
passageway n 1 מִסְדְּרוֹן. 2 סִמְטָה, מַעֲבָר צַר
passé adj מְיֻשָּׁן, עָבָר, שֶׁאָבַד עָלָיו כֶּלַח
passenger n נוֹסֵעַ
passepartout n 1 פּוֹתֵחַ הַכֹּל, פּוֹתַחַת. 2 מִסְגֶּרֶת קַרְטוֹן לִתְמוּנָה
passerby n עוֹבֵר אֹרַח, הֵלֶךְ
passim adv פֹּה וָשָׁם
passing adj, adv, n 1 עוֹבֵר, חוֹלֵף, רִגְעִי. 2 מְאֹד. 3 מַעֲבָר. 4 מָוֶת
passion n 1 תַּאֲוָה, תְּשׁוּקָה. 2 הִתְלַהֲבוּת. 3 כַּעַס, זַעַם, חָרוֹן. 4 עִנּוּיִים, יִסּוּרִים. 5 פַּסְיָה (מוסיקה)
Passion (the) n יִסּוּרֵי יֵשׁוּ
passionate adj 1 מִתְאַוֶּה, חוֹמֵד, אוֹהֵב. 2 מָלֵא הִתְלַהֲבוּת. 3 רַגְזָן, חֲמוּם מֹחַ
passionately adv 1 בְּהִתְלַהֲבוּת, בְּלַהַט. 2 בְּתַאֲוָה, בְּרֶגֶשׁ
passion-flower n שְׁעוּנִית, פָּסִיפְלוֹרָה
passive adj, n 1 פַּסִּיבִי, סָבִיל, נְטוּל יָזְמָה. 2 פָּעוּל, נִפְעָל
passively adv בְּאֹרַח פַּסִּיבִי
passiveness, passivity n פַּסִּיבִיּוּת, חֹסֶר פְּעִילוּת, סְבִילוּת
pass-key n מַפְתֵּחַ־גַּנָּבִים
Passover n פֶּסַח, חַג הַפֶּסַח
passport n דַּרְכּוֹן
password n סִיסְמָה
past adj, prep, adv, n 1 עָבָר. 2 שֶׁעָבַר, שֶׁחָלַף, לְשֶׁעָבַר. 3 שֶׁל עָבָר (דקדוק). 4 מֵעֵבֶר לְ־, עַל פְּנֵי, מִחוּץ לְ־. 5 זְמַן עָבָר. 6 קוֹרוֹת הֶעָבָר
past master 1 מֻמְחֶה, רַב־אָמָן. 2 מְנַהֵל לְשֶׁעָבַר
pasta n 1 בָּצֵק, עִסָּה. 2 פַּסְטָה
paste vt, n 1 הִדְבִּיק, כִּסָּה. 2 עִסָּה, בָּצֵק. 3 דֶּבֶק. 4 מִשְׁחָה. 5 מִקְפָּה. 6 זְכוּכִית לַתַּעֲשִׂיַּת אַבְנֵי חֵן
pasteboard n קַרְטוֹן
pastel n 1 פַּסְטֶל. 2 אִיסָטִס. 3 כְּחוֹל
pastern n אֲצִיל הָרֶגֶל (סוס)
pasteurization n פִּסְטוּר
pasteurize vt פִּסְטֵר
pastiche n עִרְבּוּבְיָה, עֲרַבְרָב
pastille n 1 טַבְלִית, מִקְרֶשֶׁת, פַּסְטִיל. 2 עִפְרוֹן פַּסְטֶל
pastime n 1 בִּלּוּי, שַׁעֲשׁוּעִים. 2 תַּחְבִּיב
pastor n 1 רוֹעֶה. 2 כֹּמֶר, כֹּהֵן
pastoral adj, n 1 אִכָּרִי, רוֹעִי, פַּסְטוֹרָלִי. 2 אִידִילְיָה, פַּסְטוֹרָל. 3 אִגֶּרֶת בִּישׁוֹף (לעדתו)
pastorate n כְּמוּרָה, כְּהֻנָּה
pastry n 1 מַאֲפֶה, מִגְדָּנִים. 2 עוּגוֹת. 3 בָּצֵק
pastry cook 1 אוֹפֵה עוּגוֹת. 2 מוֹכֵר עוּגוֹת
pasturage n 1 מִרְעֶה, שְׂדוֹת מִרְעֶה, אָחוּ, מִסְפּוֹא. 2 רְעִיָּה
pasture vit, n 1 רָעָה. 2 מִרְעֶה, אָחוּ. 3 מִסְפּוֹא
pasty adj, n 1 דָּבִיק, בְּצֵקִי. 2 פַּשְׁטִידָה
pat vt, adj, adv, n 1 טָפַח, לִטֵּף, נָקַשׁ. 2 מַתְאִים, הוֹלֵם. 3 בְּעִתּוֹ, כָּרָאוּי. 4 טְפִיחָה קַלָּה, נְקִישָׁה, לְטִיפָה
patch vt, n 1 הִטְלִיא, הִכְלִיב, תִּקֵּן. 2 כֶּתֶם, רְבָב. 3 אִסְפְּלָנִית, תַּחְבֹּשֶׁת, טְלַאי. 4 מַטְלִית. 5 מִגְרָשׁ קָטָן, חֲתִיכָה. 6 שָׂרִיד
patch pocket כִּיס אָחוּי
patchwork n מַעֲשֵׂה טְלָאִים
patchily adv בִּטְלָאִים, טְלָאִים־טְלָאִים

patchouli n פַּצ'וּלִי, מִנְתָּה הֳדִית
patchy adj 1 טָלוּא. 2 בִּלְתִּי סָדִיר
pate n 1 רֹאשׁ. 2 שֵׂכֶל
pâté n פַּשְׁטִידִית, מִמְרָח (אוכל)
pâté de foi gras (Fr) פַּשְׁטִידִית כְּבֵד אַוָּזִים
patella n פִּקָּה, פִּקַּת הַבֶּרֶךְ
patent vti, adj, n 1 קִבֵּל פָּטֶנְט. 2 נָתַן פָּטֶנְט. 3 גָּלוּי, פָּעוּר, בָּרוּר. 4 מְבֹאָר. 5 פָּטֶנְט
patent leather עוֹר מַבְרִיק
patentee n בַּעַל פָּטֶנְט
patently adv גָּלוּי לְעֵין כֹּל
pater familias רֹאשׁ הַמִּשְׁפָּחָה
paternity n אַבְהוּת
Pater Noster (L) "אָבִינוּ" (תפילה נוצרית)
path n דֶּרֶךְ, מַסְלוּל, מִשְׁעוֹל, נָתִיב, מְסִלָּה
pathetic adj 1 פָּתֶטִי. 2 מַעֲצִיב, נוֹגֵעַ לַלֵּב
pathetically adv בְּעֹז רֶגֶשׁ, בְּפָּתֶטִיּוּת
pathfinder n 1 גַּשָּׁשׁ, חָלוּץ. 2 מוֹרֶה דֶּרֶךְ
pathogen(e) adj מַחֲלֶה, גּוֹרֵם מַחֲלָה (חידק)
pathological adj פָּתוֹלוֹגִי
pathologically adv בְּאֹרַח פָּתוֹלוֹגִי
pathologist n פָּתוֹלוֹג
pathology n פָּתוֹלוֹגְיָה
pathos n פָּתוֹס
pathway n שְׁבִיל, נָתִיב, מְסִלָּה
patience n 1סַבְלָנוּת, אֹרֶךְ רוּחַ, מְתִינוּת. 2 הִתְמָדָה, פַּסְיַנְס
patient adj, n 1 סַבְלָן, מָתוּן, אֶרֶךְ רוּחַ, מַתְמִיד. 2 חוֹלֶה, פַּצְיֶנְט, מְטֻפָּל
patiently adv בְּסַבְלָנוּת
patina n פָּטִינָה
patio n חָצֵר מְרֻצֶּפֶת
patisserie n מִגְדָּנִים, מִגְדָּנוֹת
patois n עָגָה, נִיב
patriarch n 1 אַחַד הָאָבוֹת, אָב רִאשׁוֹן. 2 פַּטְרִיאַרְךְ. 3 זָקֵן, בָּא בַּיָּמִים
patriarchal adj פַּטְרִיאַרְכָלִי
patriarchate n פַּטְרִיאַרְכָט
patrician adj, n 1 פַּטְרִיצִי. 2 אָצִיל, שׁוֹעַ, אֲרִיסְטוֹקְרָט
patricide n 1 הֲרִיגַת אָב. 2 הוֹרֵג אָבִיו
patrimonial adj שֶׁל נַחֲלַת אָבוֹת
patrimony n נַחֲלָה, מוֹרָשָׁה
patriot n 1 פַּטְרִיוֹט. 2 אוֹהֵב מוֹלַדְתּוֹ
patriotic adj פַּטְרִיּוֹטִי
patriotically adv בְּאֹפֶן פַּטְרִיּוֹטִי
patriotism n אַהֲבַת הַמּוֹלֶדֶת, פַּטְרִיּוֹטִיּוּת
patrol vt, n 1 פִּטְרֵל, סִיֵּר, שָׁמַר. 2 סִיּוּר, פַּטְרוֹל. 3 מִשְׁמָר
patrol car נַיֶּדֶת (משטרה)
patron n 1 פַּטְרוֹן, נוֹתֵן חָסוּת. 2 לָקוֹחַ קָבוּעַ
patronage n 1 פַּטְרוֹנוּת, תְּמִיכָה, חָסוּת. 2 הֱיוֹת לָקוֹחַ
patroness n פַּטְרוֹנִית
patronize vt 1 שִׁמֵּשׁ פַּטְרוֹן, נָתַן חָסוּת לְ־. 2 הִבִּיט מִגְּבוֹהַּ עַל. 3 הִתְנַשֵּׂא. 4 הָיָה לָקוֹחַ שֶׁל
patronizingly adv בְּהִתְנַשְּׂאוּת
patron saint "הַקָּדוֹשׁ הַפַּטְרוֹן"
patronymic n שֵׁם מִשֶּׁל הָאָב
patten n קַבְקָב
patter vti, n 1 נָקַשׁ, הִקִּישׁ, דָּפַק. 2 לָהַג, מִלְמֵל, רָטַן. 3 עָגָה, לַהַג, גִּבּוּב דְּבָרִים. 4 פַּטְפְּטָן
pattern vt, n 1 עִצֵּב, הֶעְתִּיק, חִקָּה. 2 דְּגָם, תַּבְנִית, מִדְגָּם, דֻּגְמָה. 3 תַּדְמִית, מְגַמָּה. 4 עֶרֶךְ
pattern on/upon עִצֵּב עַל, תִּכְנֵן לְפִי
patty n פַּשְׁטִידִית
paucity n מַחְסוֹר, מִעוּט
paunch n כָּרֵס, בֶּטֶן, קֵבָה
pauper n עָנִי, אֶבְיוֹן, קַבְּצָן
pauperism n אֶבְיוֹנוּת, קַבְּצָנוּת, דַּלּוּת
pauperize vt דִּלְדֵּל, רוֹשֵׁשׁ
pause vi, n 1 הִפְסִיק, שָׁבַת. 2 עָמַד, עָצַר. 3 שָׁהָה, הִתְעַכֵּב. 4 הַפְסָקָה,

הֲפוּגָה. 5 עִכּוּב, שִׁהוּי
pave vt רִצֵּף, סָלַל
pave the way for 1 סָלַל הַדֶּרֶךְ לְ־. 2 הֵקֵל עַל
pavement n 1 רִצּוּף, סְלִילָה. 2 מִדְרָכָה. 3 מַרְצֶפֶת. 4 מִסָּעָה
pavilion n בִּיתָן, פָּוִילְיוֹן
paw vt, n 1 נָהַג בְּגַסּוּת. 2 "שָׁלַח יָדַיִם". 3 רֶגֶל (בעל חיים)
pawl n לֶכֶד, צִפֹּרֶן
pawn vt, n 1 מִשְׁכֵּן, הֶעֱבִיט. 2 מַשְׁכּוֹן, עֲבוֹט, עֵרָבוֹן. 3 חַיָּל (שחמט), רַגְלִי. 4 כְּלִי שָׁרֵת
pawnbroker n מַשְׁכּוֹנַאי
pawnshop n בֵּית עֲבוֹט
pay vti, n 1 שִׁלֵּם, פָּרַע, גָּמַל, סִלֵּק. 2 סִפֵּק, הוֹעִיל. 3 הֵבִיא שָׂכָר, נָתַן רֶוַח. 4 שָׂכָר, גְּמוּל, מַשְׂכֹּרֶת. 5 תַּשְׁלוּם, פֵּרָעוֹן
pay back גָּמַל, הֶחֱזִיר
pay off סִלֵּק כָּל הַחוֹב
pay up שִׁלֵּם בִּמְלוֹאוֹ
payable adj בַּר־תַּשְׁלוּם, בַּר־פֵּרָעוֹן
payer n פּוֹרֵעַ, שַׁלָּם
paymaster n שַׁלָּם, פְּקִיד תַּשְׁלוּמִים
payment n תַּשְׁלוּם, פֵּרָעוֹן, גְּמוּל, סִלּוּק
payment on account/credit מִפְרָעָה
payola n בַּקְשִׁישׁ, שֹׁחַד, שַׁלְמוֹנִים
payphone n טֶלֶפוֹן צִבּוּרִי
payroll n 1 גִּלְיוֹן הַשָּׂכָר, גִּלְיוֹן תַּשְׁלוּמִים. 2 רְשִׁימַת מְקַבְּלֵי שָׂכָר
pea n אֲפוּנָה, קִטְנִית, אָפוּן
peashooter n יוֹרֶה אֲפוּנָה, אֶקְדַּח אֲפוּנִים
peace n 1 שָׁלוֹם. 2 שַׁלְוָה, שֶׁקֶט. 3 מְנוּחָה
peaceful adj 1 שָׁקֵט, שָׁלֵו. 2 אוֹהֵב שָׁלוֹם, שׁוֹחֵר שָׁלוֹם
peacefully adv בְּשֶׁקֶט, בְּשָׁלוֹם
peacefulness n שַׁלְוָה, מְנוּחָה
peacemaker n עוֹשֶׂה שָׁלוֹם, מַשְׁכִּין שָׁלוֹם
peace-offering n שְׁלָמִים, זֶבַח
peach n אֲפַרְסֵק
peacock n טַוָּס
peahen n טַוָּסָה
peak vti, n 1 הֵרִים בִּמְאֻנָּךְ. 2 חָלָה, כָּחַשׁ. 3 פִּסְגָּה, שִׂיא
peaked adj 1 מְחֻדָּד. 2 כָּחוּשׁ, רָזֶה
peaky adj כָּחוּשׁ, רָזֶה, חוֹלָנִי
peal vit, n 1 צִלְצֵל. 2 רָעַם. 3 צִלְצוּל (פעמונים). 4 קוֹל רַעַם
peanuts npl בָּטְנֵי אֲדָמָה, אֱגוֹזֵי אֲדָמָה
pear n אַגָּס
pearl vt, n 1 דָּלָה פְּנִינִים. 2 קִשֵּׁט בִּפְנִינִים. 3 פְּנִינָה, מַרְגָּלִית
pearl diver דּוֹלֵה פְּנִינִים
pearly adj פְּנִינִי
peasant n אִכָּר, כַּפְרִי, עוֹבֵד אֲדָמָה
peasantry n אִכָּרִים, אִכָּרוּת
peat n טוֹרֶף, כָּבוּל
peaty adj כְּבוּלִי
pebble n 1 אֶבֶן חָצָץ, חָצָץ. 2 צְרוֹר
pecan n אֱגוֹז הַפֵּקָן
peccadillo n 1 עֲבֵרָה קַלָּה. 2 חֻלְשָׁה, פְּגָם קַל
peccary n פֵּקָרִי, חֲזִיר אֲמֵרִיקָנִי
peck vt, n 1 נִקֵּר, חִטֵּט, דָּקַר. 2 הַקָּשָׁה, נִקּוּר. 3 נְשִׁיקָה חֲטוּפָה. 4 פֶּק. 5 מָנָה גְּדוּשָׁה
pecking order n 1 סֵדֶר הַנְּבִירָה. 2 סִדְרֵי קְדִימָה (בחברה)
peckish adj רָעֵב
pectin n פֶּקְטִין
pectoral adj 1 חָזִי. 2 צִנָּה, שִׁרְיוֹן הֶחָזֶה
peculate adv vit מָעַל, שָׁלַח יָד
peculation n מְעִילָה
peculiar adj מוּזָר, מְשֻׁנֶּה, מְיֻחָד
peculiarity n סְגֻלָּה, זָרוּת, מוּזָרוּת, תְּכוּנָה מְיֻחֶדֶת
peculiarly adv 1 בִּמְיֻחָד. 2 מוּזָרוּת
pecuniary adj כַּסְפִּי
pedagog(ue) n מוֹרֶה, מְחַנֵּךְ, פֵּדָגוֹג
pedagogic(al) adj חִנּוּכִי, פֵּדָגוֹגִי

pedagogy n הוֹרָאָה, פֵּדָגוֹגְיָה
pedal vti, n 1 דּוּשׁ. 2 דַּוְשָׁה, מִדְרָס. 3 פֶּדָל
pedant n קַפְּדָן, נַקְשָׁה, פֵּדַנְט
pedantic adj נוֹקְדָנִי, קַפְּדָנִי, פֵּדַנְטִי
pedantically adv בְּפֵּדַנְטִיּוּת
pedantry n נוֹקְדָנוּת, קַפְּדָנוּת
peddle vti רָכַל, תִּגֵּר
peddler n רוֹכֵל, תַּגְּרָן
pederast n סְדוֹמַאי, שׁוֹכֵב מִשְׁכַּב זְכוּר
pederasty n סְדוֹמָאוּת, מִשְׁכַּב זְכוּר
pedestal n כַּן, בָּסִיס, יְסוֹד
pedestrian adj, n 1 רַגְלִי, בָּרֶגֶל. 2 הוֹלֵךְ רֶגֶל
pedestrian crossing מַעֲבַר חֲצִיָּה
pedicure n פֶּדִיקוּר
pedigree n יִחוּס, אִילַן הַיִּחוּס
pediment n גַּמְלוֹן
pedlar n רוֹכֵל, תַּגְּרָן
pedometer n מַד צְעָדִים
peduncle n עֹקֶץ
peek vi, n 1 הֵצִיץ, הֵעִיף מַבָּט, חָטַף מַבָּט. 2 הֲצָצָה, מַבָּט חָטוּף
peek at vi הֵעִיף מַבָּט
peek-a-boo n נֶעְלַם וְהוֹפִיעַ (משחק)
peel vti, n 1 קִלֵּף, הֵסִיר, קָלַף. 2 הִתְקַלֵּף. 3 הִתְפַּשֵּׁט. 4 קְלִפָּה. 5 מַרְדֶּה
peelings npl 1 קְלִפָּה. 2 קֶלֶף. 3 קִלּוּף
peep vt, n 1 צִיֵּץ, צִפְצֵף. 2 הֵצִיץ, הֵעִיף מַבָּט, חָטַף מַבָּט. 3 צִיּוּץ, צִפְצוּף, הֶמְיָה. 4 הֲצָצָה, מַבָּט חָטוּף
peep-hole n חוֹר הֲצָצָה
peeping-Tom n מֵצִיץ גְּנוּבוֹת, מְצִיצָן
peer vi, n 1 הִתְבּוֹנֵן, רָאָה. 2 הוֹפִיעַ. 3 רֵעַ, חָבֵר. 4 שָׁוֶה, דּוֹמֶה. 5 אָצִיל
peer of the realm חֲבֵר בֵּית הַלּוֹרְדִים
peerage n אֲצֻלָּה, פִּירוּת
peeress n אֲצִילָה, פִּירִית
peer group קְבוּצַת שָׁוִים (פסיכולוגיה)
peerless adj שֶׁאֵין שֵׁנִי לוֹ
peeved adj מְרֻגָּז, מְקֻנָּט
peevish adj רַגְזָן, נִרְגָּז, זוֹעֵף, זוֹעֵם
peevishly adv בְּרֹגֶז
peevishness n רַגְזָנוּת, נִרְגָּנוּת
peg vti, n 1 תָּקַע, מִסְמֵר, יִתֵּד. 2 קָבַע. 3 מַסְמֵר, יָתֵד, אֶטֶב, וָו. 4 קוֹלָב
peg away at עָבַד בְּהַתְמָדָה
peignoir n גְּלִימַת בֹּקֶר (נשית)
pejorative adj הוֹלֵךְ וָרַע, לִגְנַאי
pejoratively adv לְהָרַע, לִגְנַאי
pekoe n פֵּקוֹאֶה, תֵּה שָׁחֹר
pelf n בֶּצַע, שָׁלָל
pelican n שַׂקְנַאי
pelisse n מְעִיל פַּרְוָה
pellet n גְּלוּלִית, גְּלוּלָה, כַּדּוּרִית
pell-mell adv בְּעִרְבּוּבְיָה
pellucid adj שָׁקוּף, צָלוּל, בָּהִיר
pelmet n פֶּלְמֶט, וִילוֹנִית (להסתרת מסילת הווילון)
pelt vti, n 1 רָגַם, יִדָּה, זָרַק. 2 נִתַּךְ בְּחָזְקָה. 3 מִהֵר, חָשׁ. 4 זְרִיקָה, יִדּוּי. 5 מְהִירוּת. 6 פַּרְוָה
pelvic adj שֶׁל אַגַּן הַיְרֵכַיִם
pelvis n אַגָּן, אַגַּן הַיְרֵכַיִם
pemmican n בָּשָׂר מְיֻבָּשׁ
pen vt, n 1 הִכְנִיס לְדִיר, כָּלָא בְּמִכְלָה. 2 כָּתַב, נִסַּח. 3 דִּיר, גְּדֵרָה, מִכְלָה. 4 עֵט, קוּלְמוֹס. 5 בַּרְבּוּרִית
pen up כָּלָא בְּמִכְלָה
penal adj 1 עָנְשִׁי, בַּר־עֹנֶשׁ. 2 פְּלִילִי
penal code דִּינֵי עֲנָשִׁין
penal servitude עֲבוֹדַת עֲנָשִׁין
penalization n עֲנִישָׁה, הַעֲנָשָׁה
penalize vt עָנַשׁ, הֶעֱנִישׁ, קָנַס
penalty n עֹנֶשׁ, קְנָס
penance n חֲרָטָה, תְּשׁוּבָה, חֲזָרָה בִּתְשׁוּבָה
pence npl רַבִּים שֶׁל penny
penchant n חֵשֶׁק, חִבָּה, נְטִיָּה חֲזָקָה

pencil vt, n 1 כָּתַב. 2 שִׂרְטֵט, צִיֵּר. 3 סִמֵּן. 4 עִפָּרוֹן. 5 מִכְחוֹל. 6 סִגְנוֹן. 7 שְׁפָתוֹן
pendant n 1 נְטִיפָה, עָגִיל. 2 נִסִּית, דֶּגֶל (ספנות) 3 תִּלְיוֹן
pendent adj תָּלוּי, בִּלְתִּי מֻכְרָע
pending adj, prep 1 תָּלוּי. 2 עַד אֲשֶׁר, בְּמֶשֶׁךְ
pendulous adj תָּלוּי, מִתְנוֹדֵד
pendulum n מְטֻטֶּלֶת
penetrability n חֲדִירוּת
penetrable adj חָדִיר
penetrate vti חָדַר, בָּקַע, פִּעְפֵּעַ, חִלְחֵל
penetrating adj חוֹדֵר, מַבְקִיעַ, מְחַלְחֵל
penetration n חֲדִירָה, הַבְקָעָה, חִלְחוּל
penetrative adj חוֹדֵר, מַבְקִיעַ, מְחַלְחֵל
pen-friend n חֲבֵר־עֵט
penguin n פִּנְגְּוִין
penicillin n פֶּנִיצִילִין
peninsula n חֲצִי־אִי
peninsular adj שֶׁל חֲצִי־אִי
penis n אֵיבַר הַזַּכְרוּת
penitence n 1 חֲרָטָה, תְּשׁוּבָה. 2 סִגּוּפִים
penitent adj מַבִּיעַ חֲרָטָה, בַּעַל תְּשׁוּבָה
penitential adj מַבִּיעַ חֲרָטָה
penitentiary adj, n 1 שֶׁל תְּשׁוּבָה, שֶׁל סְלִיחָה. 2 בֵּית כֶּלֶא, בֵּית סֹהַר
penknife n אוֹלָר
penmanship n כְּתִיבָה תַּמָּה
penname n כִּנּוּי סִפְרוּתִי, פְּסֵידוֹנִים
pennate n בַּעַל כְּנָפַיִם, בַּעַל נוֹצוֹת
penniless adj עָנִי, חֲסַר כֹּל
pennon n דֶּגֶל, נֵס
penny n פֶּנִי
penny-pinching n קַמְצָן
pennywise חַסְכָן
pennyworth שְׁוֵה־פְּרוּטָה
penology n תּוֹרַת הַהַעֲנָשָׁה
pen pusher פָּקִיד, בִּיּוּרוֹקְרָט
pension vt, n 1 נָתַן קִצְבָּה, נָתַן גִּמְלָה. 2 גִּמְלָה, קִצְבָּה, פֶּנְסְיָה. 3 פֶּנְסְיוֹן
pensionable adj בַּר־קִצְבָּה
pensioner n בַּעַל קִצְבָּה, גִּמְלַאי
pension off שִׁלַּח לְפֶנְסְיָה
pensive adj 1 חוֹשֵׁב, מְהַרְהֵר, מְהֻרְהָר. 2 עָצוּב
pensively adv 1 בְּהִרְהוּרִים. 2 בְּעַצְבוּת
pensiveness n 1 הִרְהוּרִים, מַחֲשָׁבוֹת. 2 עַצְבוּת
penstock n מַחְסוֹם (סכר)
pentagon n מְחֻמָּשׁ
pentagonal adj מְחֻמָּשׁ
pentameter n חָרוּז בֶּן חָמֵשׁ רַגְלַיִם
Pentateuch n הַחֻמָּשׁ
pentathlon n תַּחֲרוּת חָמֵשׁ
Pentecost n חַג הַשָּׁבוּעוֹת
Pentecostal adj שֶׁל חַג הַשָּׁבוּעוֹת
penthouse n דִּירַת גַּג, פֶּנְטְהָאוּז
pent-up adj עָצוּר (רגש)
penultimate adj, n 1 לִפְנֵי הָאַחֲרוֹן. 2 הֲבָרַת מִלְעֵיל
penumbra n פְּלַגְצֵל
penurious adj 1 דַּל, עָנִי. 2 קַמְּצָנִי, כִּילַי
penuriously adv בְּחֹסֶר כֹּל
penury, penuriousness n 1 דַּלּוּת, עֹנִי. 2 קַמְּצָנוּת, מַחְסוֹר
people vt, n sing, pl 1 יִשֵּׁב, אִכְלֵס, הוֹשִׁיב. 2 עַם, לְאֹם, אֻמָּה. 3 אוּכְלוּסִיָּה, תּוֹשָׁבִים, בְּרִיּוֹת, אֶזְרָחִים, אֲנָשִׁים, בְּנֵי אֱנוֹשׁ. 4 מִשְׁפָּחָה, קְרוֹבִים, הוֹרִים
people meter מַד צְפִיָּה (טלויזיה)
pep n מֶרֶץ, זְרִיזוּת, חֲרִיפוּת
pep talk דִּבְרֵי עִדּוּד
pep up 1 הִמְרִיץ, עוֹדֵד. 2 הִתְעוֹדֵד
pepper vt, n 1 פִּלְפֵּל, תִּבֵּל בְּפִלְפֵּל. 2 פִּלְפֵּל
pepper-caster n מְפַלְפֶּלֶת
peppercorn n 1 גַּרְגִּיר פִּלְפֵּל. 2 דָּבָר חֲסַר עֵרֶךְ

peppermill n מַטְחֵנַת פִּלְפֵּל
peppermint adj מִנְתָּה, נַעֲנָה
peppery n 1 מְפֻלְפָּל, חָרִיף, צוֹרֵב. 2 חַם מֶזֶג, רַגְזָן. 3 עוֹקְצָנִי
pepsin n פֶּפְּסִין
peptic adj עִכּוּלִי, מַרְבֵּה עִכּוּל
per prep דֶּרֶךְ, עַל יְדֵי, לְכָל, לְ־
per annum (L) לְשָׁנָה
per capita (L) לְאָדָם, לְגֻלְגֹּלֶת, לְאִישׁ
per cent לְמֵאָה, אָחוּז
per diem (L) 1 לְיוֹם. 2 דְּמֵי אֵשֶׁל
peradventure adv אוּלַי, יִתָּכֵן, אֶפְשָׁר, שֶׁמָּא
perambulate vt הִלֵּךְ, עָבַר, שׁוֹטֵט, סִיֵּר
perambulation n הֲלִיכָה, שׁוֹטְטוּת, סִיּוּר
perambulator n עֶגְלַת יְלָדִים
perceivable adj מֻרְגָּשׁ, מוּחָשׁ
perceivably adv בְּאֹפֶן מוּחָשִׁי
perceive vt 1 תָּפַס, הֵבִין, הִכִּיר, קָלַט. 2 הִבְחִין, הִרְגִּישׁ, רָאָה
percentage n אֲחוּזִים (למאה)
perceptibility n תְּפִיסוּת, מוּחָשׁוּת
perceptible adj תָּפִיס, מוּחָשׁ, בַּר־תְּפִיסָה
perceptibly adv בְּמוּחָשׁ, בְּאֹפֶן נִכָּר
perception n הַרְגָּשָׁה, תְּפִיסָה, תְּחוּשָׁה, הַשָּׂגָה
perceptive adj הֶמְחֵשִׁי, תּוֹפֵס, מַשִּׂיג
perceptively adv בְּכֹשֶׁר תְּפִיסָה
perch vi, n 1 יָשַׁב עַל מוֹט, יָשַׁב עַל עָנָף. 2 נָחַת. 3 הֶעֱמִיד, הִצִּיב. 4 מוֹט. 5 פֶּרְטְשׁ (מידה). 6 מַשְׁעֵנָה. 7 אוֹקוּנוֹס (דג)
perchance adv אוּלַי, שֶׁמָּא, יִתָּכֵן
percipient adj תּוֹפֵס, מֵבִין, מַשִּׂיג, מְהִיר־תְּפִיסָה
percolate vti 1 סִנֵּן, בִּשֵּׁל (קפה), פִּכְפֵּךְ. 2 הִסְתַּנֵּן
percolator n 1 מַסְנֵן, מְסַנֵּן. 2 חַלְחוּל, מַסְנֵן קָפֶה, פֶּרְקוֹלָטוֹר
percussion n 1 הַקָּשָׁה, דְּפִיקָה, נְקִישָׁה. 2 טְפִיחָה, תִּפּוּף
percussionist n מְתוֹפֵף
percussive adj הַקָּשָׁתִי
perdition n כְּלָיָה, חֻרְבָּן, אָבְדָן, גֵּיהִנּוֹם
peregrination n 1 מַסָּע, נְדִידָה, נְדוּדִים. 2 עֲלִיָּה לְרֶגֶל
peremptorily adv בְּהֶחְלֵטִיּוּת
peremptory adj הֶחְלֵטִי, מַכְרִיעַ, נֶחֱרָץ
perennial adj, n 1 נִמְשָׁךְ כָּל הַשָּׁנָה. 2 רַב־שְׁנָתִי. 3 מַתְמִיד, אֵיתָן.
perennially adv מִדֵּי שָׁנָה, בְּהַתְמָדָה
perfect vt, adj 1 שִׁכְלֵל, שִׁפֵּר, הִשְׁלִים. 2 שָׁלֵם, מֻשְׁלָם, כְּלִיל הַשְּׁלֵמוּת. 3 תָּמִים, תָּם, לְלֹא רְבָב. 4 טָהוֹר. 5 מְדֻיָּק
perfectibility n שְׁלֵמוּת, כְּלִיל הַשְּׁלֵמוּת
perfectible adj שֶׁאֶפְשָׁר לְשַׁכְלְלוֹ
perfection n שְׁלֵמוּת, שִׁכְלוּל, כְּלִיל הַשְּׁלֵמוּת
perfectionism n שְׁלֵמוּתָנוּת, שְׁאִיפָה לִשְׁלֵמוּת
perfectionist n שׁוֹאֵף לִשְׁלֵמוּת
perfectly adv בִּשְׁלֵמוּת, לַחֲלוּטִין
perfervid n נִלְהָב, לוֹהֵט, קַנַּאי
perfidious adj בּוֹגְדָנִי, מִתְכַּחֵשׁ, נוֹכֵל
perfidiously adv בְּכַחַשׁ, בְּמַעַל
perfidiousness n בְּגִידָה, מַעַל, כַּחַשׁ
perfidy n מְעִילָה, כַּחַשׁ, רַמָּאוּת
perforate vt 1 נָקַב, נִקֵּב, חָרַר. 2 חָדַר, קָדַח
perforated adj מְנֻקְבָּב
perforation n נִקּוּב, נִקְבּוּב, קְדִיחָה, קִדּוּחַ
perforce adv בְּהֶכְרֵחַ, עַל כָּרְחוֹ
perform vti 1 בִּצַּע, חוֹלֵל, קִיֵּם, עָרַךְ. 2 שִׂחֵק, הִצִּיג
performance n 1 בִּצּוּעַ, עֲשִׂיָּה. 2 הַצָּגָה, מִשְׂחָק. 3 מַעֲלָל, הַגְשָׁמָה
performing arts אָמָנֻיּוֹת הַבָּמָה
perfume vt, n 1 בִּשֵּׂם. 2 בֹּשֶׂם, רֵיחַ נִיחוֹחַ
perfumery n תַּמְרוּקִיָּה, מִבְשָׂמָה, פַּרְפוּמֶרְיָה

perfunctorily adv כִּלְאַחַר יָד, בְּשִׁטְחִיּוּת
perfunctory adj שִׁטְחִי, אָדִישׁ, כִּלְאַחַר יָד
pergola n עָרִיס, פֶּרְגוֹלָה
perhaps adv אוּלַי, שֶׁמָּא, יִתָּכֵן
perigee n פֶּרִיגֵאָה
perihelion n פֶּרִיהֶלְיוֹן
peril n סַכָּנָה
perilous adj מְסֻכָּן
perilously adv בְּסַכָּנָה
perimeter n הֶקֵּף, פֶּרִימֶטֶר
period n 1 תְּקוּפָה, פֶּרֶק זְמַן, עוֹנָה. 2 מִשְׁפָּט. 3 נְקֻדָּה (פיסוק). 4 מַחֲזוֹר, וֶסֶת, נִדָּה
periodic adj מַחֲזוֹרִי, תְּקוּפָתִי, עוֹנָתִי
periodical n כְּתַב עֵת, עִתּוֹן, תְּקוּפוֹן
periodically adv מִזְּמַן לִזְמַן, לְעִתִּים מְזֻמָּנוֹת
peripatetic adj 1 מִתְהַלֵּךְ, מְשׁוֹטֵט. 2 פֶּרִיפָּטֶטִי
peripheral adj הֶקֵּפִי, חִיצוֹנִי
peripheral equipment צִיּוּד הֶקֵּפִי (מחשב)
periphery n הֶקֵּף, פֶּרִיפֶרְיָה
periphrasis n 1 דִּבּוּר סְחוֹר סְחוֹר, אֲרִיכוּת לָשׁוֹן. 2 דִּבּוּר עָקִיף
periphrastic adj שֶׁל מִשְׁפָּט עָקִיף, בַּעֲקִיפִין
periscope n פֶּרִיסְקוֹפּ
perish vi 1 אָבַד, נִסְפָּה, גָּוַע, נִשְׁמַד. 2 הִתְקַלְקֵל, נָבַל, כָּלָה
perishable adj אָבֵד, בַּר־כְּלָיָה, מִתְכַּלֶּה
peristyle n אוּלָם עַמּוּדִים
peritonitis n צַפֶּקֶת, דַּלֶּקֶת הַצֶּפֶק
periwig n פֵּאָה נָכְרִית (של עו״ד)
periwinkle n 1 לִיטוֹרִינָה. 2 וִינְקָה
perjure vt נִשְׁבַּע לַשֶּׁקֶר
perjury n שְׁבוּעַת שֶׁקֶר
perk n הַכְנָסָה צְדָדִית, הֲטָבָה
perkily adv 1 בְּשׁוֹבְבוּת. 2 לְלֹא דֶּרֶךְ אֶרֶץ
perkiness n שׁוֹבְבוּת, חֻצְפָּה
perk up vit 1 הִתְעוֹדֵד, הִתְאוֹשֵׁשׁ. 2 הִזְדַּקֵּף
perky adj עַלִּיז, שׁוֹבָב, הוֹלֵל
perm n סִלְסוּל תְּמִידִי (שיער)
permafrost n קִפָּאוֹן תְּמִידִי
permanence n קֶבַע, קְבִיעוּת, תְּמִידוּת
permanency n 1 קְבִיעוּת, תְּמִידוּת. 2 הַתְמָדָה
permanent adj קָבוּעַ, תְּמִידִי, תָּדִיר
permanent dentition מִשְׁנָן קַיָּם
permanent teeth שִׁנַּיִם קַיָּמוֹת
permanent way מְסִלַּת בַּרְזֶל
permanent wave סִלְסוּל תְּמִידִי (שיער)
permanently adv לִצְמִיתוּת
permeability n חֲדִירוּת, חַלְחָלוּת
permeable adj חָדִיר, מְחַלְחֵל
permeate vt חָדַר, חִלְחֵל, הִרְוָה, הִתְפַּשֵּׁט
permeation n חֲדִירָה, חִלְחוּל, הַרְוָיָה, הִתְפַּשְּׁטוּת
permissible adj מֻתָּר, כָּשֵׁר, רַשַּׁאי
permissibly adv בְּהֶתֵּר
permission n רְשׁוּת, הֶתֵּר, הַרְשָׁאָה
permissive adj מַתִּיר, מַרְשֶׁה, מַתִּירָנִי
permissively adv 1 בְּמַתִּירָנוּת. 2 בְּהֶתֵּר, בִּרְשׁוּת
permissiveness n מַתִּירָנוּת
permit vt, n 1 הִרְשָׁה, הִתִּיר, אִפְשֵׁר. 2 הַרְשָׁאָה, רְשׁוּת, רִשָּׁיוֹן
permutation n 1 חִלּוּף, שִׁנּוּי. 2 תְּמוּרָה
permute vt הֶחֱלִיף, שִׁנָּה, הֵמִיר
pernicious adj מַשְׁחִית, מַמְאִיר, מַזִּיק
perniciously adv בְּאֹפֶן מַשְׁחִית
perniciousness n הֶזֵּק, קִלְקוּל, הֶפְסֵד
pernickety adj קַפְּדָן, קַטְנוּנִי
perorate vi נָאַם, סִכֵּם, הֶאֱרִיךְ בִּנְאוּם
peroration n חֲתִימַת נְאוּם, סִכּוּם
peroxide n עַל־תַּחְמֹצֶת
perpendicular adj, n 1 מְאֻנָּךְ, אֲנָכִי, נִצָּב. 2 אֲנָךְ, זָקוּף
perpendicularly adv בִּמְאֻנָּךְ
perpetrate vt בִּצַּע, עָשָׂה (עבירה)
perpetration n בִּצּוּעַ
perpetrator n 1 מְבַצֵּעַ. 2 עֲבַרְיָן

perpetual adj תְּמִידִי, נִצְחִי, מַתְמִיד
perpetually adv לִצְמִיתוּת
perpetuate vt הִנְצִיחַ, הִתְמִיד
perpetuation n הַנְצָחָה, הַתְמָדָה
perpetuity n נֶצַח, עוֹלָם וָעֶד
perplex vt 1 הֵבִיךְ, הִפְלִיא. 2 סִבֵּךְ, בִּלְבֵּל
perplexed adj 1 נָבוֹךְ, נִדְהָם. 2 מְסֻבָּךְ, מְבֻלְבָּל
perplexedly adv בִּמְבוּכָה
perplexity n 1 מְבוּכָה, תִּמָּהוֹן. 2 סִבּוּךְ, בִּלְבּוּל
perquisite n הַכְנָסָה צְדָדִית
perry n תֶּמֶד אַגָּסִים
per se (L) כְּשֶׁלְּעַצְמוֹ, מֵאֵלָיו
persecute vt 1 רָדַף. 2 הֵצִיק, עִנָּה, שָׂטַם, הִטְרִיד
persecution n 1 רְדִיפָה. 2 שִׂטְמָה, הַטְרָדָה
persecutor n 1 רוֹדֵף. 2 מְעַנֶּה, שׂוֹטֵם
perseverance n הַתְמָדָה, חֲרִיצוּת, עִקְשׁוּת
persevere vi הִתְמִיד, שָׁקַד, עָמַד עַל דַּעְתּוֹ
perseveringly adv בְּהַתְמָדָה
Persian adj, n 1 פַּרְסִי. 2 פַּרְסִית
persiflage n לֵצָנוּת, לִגְלוּג, הִתּוּל, לַעַג
persimmon n אֲפַרְסְמוֹן
persist vi הִתְמִיד, הִתְעַקֵּשׁ, שָׁקַד עַל
persist in vt הִתְמִיד בְּ־
persistence n 1 הַתְמָדָה, עַקְשָׁנוּת, שְׁקִידָה. 2 הִשְׁתַּהוּת, הִשָּׁאֲרוּת
persistent adj 1 מַתְמִיד, עַקְשָׁנִי. 2 לֹא־נָשִׁיר
persistently adv בְּהַתְמָדָה
person n 1 אָדָם, אִישׁ, בְּרִיָּה, בַּרְנָשׁ, נֶפֶשׁ. 2 גּוּף
persona n דְּמוּת, הַנֶּפֶשׁ הַפּוֹעֶלֶת
persona grata (L) אִישִׁיּוּת רְצוּיָה
persona non grata (L) פֶּרְסוֹנָה נוֹן גְּרָטָה, אִישִׁיּוּת בִּלְתִּי רְצוּיָה
personable adj בַּעַל הֲדָרָה, יְפֵה תֹּאַר, נָאֶה
personage n אִישִׁיּוּת
personal adj אִישִׁי, פְּרָטִי
personal pronoun כִּנּוּי גּוּף, שֵׁם גּוּף
personal estate מִטַּלְטְלִים, נְכָסִים נָדִים
personality n אִישִׁיּוּת
personally adv בְּאֹרַח אִישִׁי, בְּעַצְמוֹ, אִישִׁית
personalize vt שָׂם שְׁמוֹ עַל (נייר)
personate vt 1 גִּלֵּם תַּפְקִיד, שִׂחֵק כְּ־. 2 הִתְחַפֵּשׂ
personification n 1 הִתְגַּלְּמוּת, הַאֲנָשָׁה, אִנּוּשׁ. 2 מוֹפֵת, דֻּגְמָה, סֵמֶל
personify vt אִנֵּשׁ, הֶאֱנִישׁ, גִּלֵּם
personnel n מַנְגָּנוֹן, סֶגֶל עוֹבְדִים
perspective n תַּשְׁקִפֶת, פֶּרְסְפֶּקְטִיבָה
perspicacious adj שָׁנוּן, חָרִיף, חַד־שֵׂכֶל
perspicaciously adv בִּשְׁנִינוּת
perspicacity n חֲרִיפוּת, שְׁנִינוּת, חַדּוּת שֵׂכֶל
perspicuity n בְּהִירוּת, בְּרִירוּת, זַכּוּת, צַחוּת
perspicuous adj בָּהִיר, בָּרוּר, מוּבָן, זַךְ, צַח
perspiration n הַזָּעָה, זֵעָה, אִדּוּי
perspire vi הִזִּיעַ, אִדָּה
persuadable adj בַּר־שִׁכְנוּעַ, בַּר־שִׁדּוּל
persuade vt שִׁכְנֵעַ, רִצָּה, שִׁדֵּל
persuasion n 1 שִׁכְנוּעַ, שִׁדּוּל, פִּיּוּס. 2 הוֹכָחָה, אֱמוּנָה
persuasive adj מְשַׁכְנֵעַ, מְשַׁדֵּל, מַשְׁפִּיעַ
persuasively adv בְּאֹפֶן מְשַׁכְנֵעַ
persuasiveness n שִׁכְנוּעַ, שִׁדּוּל
pert adj חָצוּף, עַז־פָּנִים, שׁוֹבָב
pertain to נָגַע לְ־, הִתְיַחֵס לְ־, הָיָה שַׁיָּךְ לְ־
pertinacious adj עַקְשָׁן, טַרְדָן
pertinaciously adv בְּעַקְשָׁנוּת
pertinacity n עַקְשָׁנוּת, טַרְדָנוּת
pertinence n שַׁיָּכוּת, הִתְיַחֲסוּת
pertinent adj שַׁיָּךְ לְ־, נוֹגֵעַ לְ־
pertinently adv לָעִנְיָן
pertly adv בְּחֻצְפָּה
pertness n חֻצְפָּה, עַזּוּת פָּנִים

perturb vt 1 הִפְרִיעַ, הִטְרִיד, הֵבִיךְ. 2 בִּלְבֵּל, רִגֵּשׁ

perturbation n 1 הִתְרַגְּשׁוּת, מְבוּכָה, הַפְרָעָה, תִּמָּהוֹן. 2 אִי־שֶׁקֶט נַפְשִׁי

peruke n פֵּאָה נָכְרִית (לגבר)

perusal n עִיּוּן, קְרִיאָה בְּעִיּוּן

peruse vt בָּחַן, עִיֵּן, בָּדַק, קָרָא בְּעִיּוּן

Peruvian adj, n פֶּרוּאָנִי

pervade vt 1 חָדַר, פָּלַשׁ, פָּשָׂה. 2 הִתְפַּשֵּׁט, מִלֵּא

pervasion n 1 חֲדִירָה, פִּעְפּוּעַ, חִלְחוּל. 2 הִתְפַּשְּׁטוּת, מִלּוּי

pervasive adj 1 חוֹדֵר, מְחַלְחֵל. 2 מִתְפַּשֵּׁט

pervasiveness n הִתְפַּשְּׁטוּת, חֲדִירוּת

perverse adj נָלוֹז, מֻשְׁחָת, מְסַלֵּף, מְעֻוָּת, מְרֻשָּׁע, מַטְעֶה

perversely adv 1 בְּמַהְפָּךְ. 2 בְּדֶרֶךְ נְלוֹזָה

perversion n 1 שְׁחִיתוּת הַמִּדּוֹת, סְטִיָּה. 2 נְלִיזוּת. 3 סִלּוּף, עִוּוּת

perversity, perverseness n 1 נְלִיזוּת, סִלּוּף. 2 שְׁחִיתוּת הַמִּדּוֹת

pervert vt, n 1 סִלֵּף, עִוֵּת, הִשְׁחִית, קִלְקֵל. 2 מֻשְׁחָת, סוֹטֶה, נָלוֹז. 3 מוּמָר

pervious adj 1 חָדִיר, חוֹדֵר. 2 פָּתוּחַ לְהַשְׁפָּעָה

peseta n פֶּסֶטָה (מטבע)

peso n פֶּסוֹ (מטבע)

pessary n 1 טַבַּעַת הָרֶחֶם. 2 פְּתִילָה

pessimism n פֶּסִימִיּוּת

pessimist n פֶּסִימִיסְט, רוֹאֶה שְׁחֹרוֹת

pessimistic adj פֶּסִימִי

pessimistically adv בְּאֹפֶן פֶּסִימִי

pest n 1 טַרְדָן, טַרְחָן, מֵצִיק. 2 מַגֵּפָה, דֶּבֶר

pester vt הֵצִיק, הִטְרִיד, הִטְרִיחַ

pestiferous adj 1 אַרְסִי, מַדְבִּיק. 2 מַשְׁחִית, הַרְסָנִי

pestilence n 1 מַגֵּפָה, דֶּבֶר, נֶגֶף. 2 סִרְחוֹן, צַחֲנָה, בְּאֹשׁ

pestilent adj 1 מַדְבִּיק, מַחֲלֶה, מְסַכֵּן, מַטְרִיד, מַזִּיק. 2 מַסְרִיחַ, מַבְאִישׁ

pestilential adj 1 מַמְאִיר, מֵמִית. 2 מְסַכֵּן, מַזִּיק

pestle vt, n 1 כָּתַשׁ, כִּתֵּשׁ, גָּרַס. 2 עֱלִי, בֻּכְנָה

pet vt, n, adj 1 רָגַז, כָּעַס. 2 לִטֵּף, פִּנֵּק, חִבֵּק, נִשֵּׁק. 3 רֹגֶז, כַּעַס. 4 חַיַּת מַחְמָד

pet aversion דָּבָר שָׂנוּא בְּיוֹתֵר

pet name כִּנּוּי, כִּנּוּי חִבָּה

petal n עֲלֵה כּוֹתֶרֶת

petard n חֲזִיז, נַפָּץ

peter out הָלַךְ וְנֶעְלַם, נָמוֹג

petiole n פְּטוֹטֶרֶת

petition vt, n 1 הִפְצִיר, תָּבַע, בִּקֵּשׁ. 2 הִגִּישׁ עֲצוּמָה. 3 עֲצוּמָה, תְּבִיעָה, בַּקָּשָׁה, עֲתִירָה, פֵּטִיצְיָה

petition for הִגִּישׁ בַּקָּשָׁה לְ־

petitioner n עוֹתֵר, מְבַקֵּשׁ, מַעְתִּיר

petrel יַסְעוּר

petrification n הִתְאַבְּנוּת

petrify vti 1 אִבֵּן, הִקְשָׁה. 2 הִתְאַבֵּן

petrol n נֵפְט, דֶּלֶק

petroleum n נֵפְט

petroleum jelly וָזֶלִין

petrology n פֶּטְרוֹלוֹגְיָה

petticoat n 1 תַּחְתּוֹנִית. 2 שִׂמְלָה תַּחְתּוֹנָה

pettifogger n 1 פְּרַקְלִיט קַטְנוּנִי. 2 פַּלְפְּלָן

pettifogging adj קַטְנוּנִי, פַּלְפְּלָנִי

pettily adv בְּאֹרַח קַטְנוּנִי

pettiness n קַטְנוּנִיּוּת

pettish adj רָגִיז, רַגְזָן, מַרְגִּיז

pettishly adv בְּכַעַס

pettishness n רַגְזָנוּת

petty adj פָּעוּט, קָטָן, זָעִיר, קַל־עֵרֶךְ

petty cash קֻפָּה קְטַנָּה

petty larceny גְּנֵבָה פְּעוּטָה

petty officer מַשָּׁ"ק (חיל הים)

petulance n רַגְזָנוּת, תַּבְעָנוּת, חֹסֶר סַבְלָנוּת

petulant adj תַּבְעָנִי, רָגִיז
petulantly adv בְּרָגְזָה
petunia n פֶּטוּנְיָה
pew n 1 סַפְסָל. 2 מוֹשָׁב (בכנסיה)
pewit, pewee n קִיוִי, הַשָּׂרוֹנִי הַמְצַיֵּץ
pewter n 1 נֶתֶךְ בְּדִיל וּנְחֹשֶׁת. 2 כְּלֵי נֶתֶךְ
peyote n פֵּיוֹטֶה
pfennig n פְּפֶנִיג (מטבע)
phaeton n פָּאֶטוֹן, עֲגָלָה, כִּרְכָּרָה
phagocyte n כַּדּוּרִית בּוֹלַעַת
phalange n עֶצֶם הָאֶצְבַּע
phalanx n 1 הָמוֹן. 2 חֲטִיבָה בַּצָּבָא
phallic adj שֶׁל אֵיבַר הַמִּין הַזְּכָרִי
phallus n אֵיבַר הַמִּין
phantasm n שֵׁד, רוּחַ, חֶזְיוֹן תַּעְתּוּעִים, דִּמְיוֹן
phantasmagoria n תַּעְתּוּעִים, פַנְטַסְמָגוֹרְיָה
phantasmal adj דִּמְיוֹנִי, תַּעְתּוּעִי
phantasy, fantasy n דִּמְיוֹן, הֲזָיָה, פַנְטַסְיָה
phantom n מַחֲזֶה תַּעְתּוּעִים, שֵׁד, רוּחַ
Pharaoh n פַּרְעֹה
pharisaic(al) adj 1 פְּרוּשִׁי. 2 מִתְחַסֵּד
Pharisee n פָּרוּשׁ, פְּרוּשִׁי, מִתְחַסֵּד
pharmaceutical adj רִקְחִי
pharmacist n רוֹקֵחַ
pharmacologist n פַרְמָקוֹלוֹג
pharmacology n פַרְמָקוֹלוֹגְיָה
pharmacopoeia n רִקִּיחְתָּה, פַרְמָקוֹפֵּיָה
pharmacy n 1 רוֹקְחוּת. 2 בֵּית מִרְקַחַת
pharos n מִגְדַּלּוֹר, פָּרוֹס
pharyngitis n דַּלֶּקֶת הַלֹּעַ
pharynx n לֹעַ (הגרון)
phase vt, n 1 בִּצַּע בִּשְׁלַבִּים, חִלֵּק לִשְׁלַבִּים. 2 שָׁלָב, מַרְאֶה, צַד. 3 תְּקוּפָה
phase in נִכְנַס בִּשְׁלַבִּים
phase out יָצָא בִּשְׁלַבִּים
pheasant n פַּסְיוֹן
phenobarbital n פֵנוֹבַּרְבִּיטָל
phenol n פֵנוֹל
phenomenal adj מֻפְלָא, פֵנוֹמֵנָלִי, בִּלְתִּי רָגִיל
phenomenally adv בְּאֹפֶן מֻפְלָא
phenomenon n תּוֹפָעָה, פֵנוֹמֵן
phial n קַנְקַן, צְלוֹחִית, בַּקְבּוּקוֹן
philander vi עָגַב, חִזֵּר, עָסַק בַּאֲהַבְהָבִים
philanderer n עַגְבָן, מְחַזֵּר, אַהֲבָן
philanthropic adj נַדְבָנִי, פִילַנְטְרוֹפִי
philanthropist n נָדִיב, פִילַנְטְרוֹפּ, נַדְבָן
philanthropy n נַדְבָנוּת, פִילַנְטְרוֹפְּיָה
philatelic adj בּוּלָאִי
philatelist n בּוּלַאי
philately n בּוּלָאוּת
philharmonic adj פִילְהַרְמוֹנִי
Philippic n נְאוּם־הוֹקָעָה חָרִיף
Philistine n 1 פְּלִשְׁתִּי. 2 אָדָם חֲסַר תַּרְבּוּת
philological adj בַּלְשָׁנִי, פִילוֹלוֹגִי
philologist n בַּלְשָׁן, פִילוֹלוֹג
philology n פִילוֹלוֹגְיָה
philosopher n פִילוֹסוֹף, הוֹגֵה דֵעוֹת
philosophical adj פִילוֹסוֹפִי
philosophically adv בְּאֹרַח פִילוֹסוֹפִי, בְּקֹר רוּחַ
philosophize vi פִּלְסֵף, הִתְפַּלְסֵף
philosophy n פִילוֹסוֹפְיָה
philtre/er n שִׁקּוּי אַהֲבָה
phlegm n לֵחָה, רִיר
phlegmatic(al) adj פְלֶגְמָטִי, קַר־מֶזֶג, קַר־רוּחַ, אָדִישׁ
phlegmatically adv בַּאֲדִישׁוּת
phlox n שַׁלְהֶבִית
phobia n פוֹבְּיָה, בַּעַת, פַּחַד
phoenix n 1 חוֹל (צפור אגדית). 2 פֵנִיקְס
phone vti, n 1 טִלְפֵּן. 2 טֶלֶפוֹן
phone booth תָּא טֶלֶפוֹן
phoneme n פוֹנֵמָה
phonemic adj פוֹנֵמִי
phonemics npl פוֹנֵמִיקָה
phonetic adj פוֹנֵטִי
phonetics n פוֹנֵטִיקָה, הֲגָיָה
phon(e)y adj 1 מְזֻיָּף, מְדֻמֶּה. 2 רַמַּאי

phonic adj קוֹלִי
phonograph n מָקוֹל, פָּטֵיפוֹן, פוֹנוֹגְרָף
phonological adj פוֹנוֹלוֹגִי
phosphate n פוֹסְפָט, זַרְחָה
phosphoric, phosphorous adj זַרְחָנִי
phosphorus n זַרְחָן
photo n תַּצְלוּם, תְּמוּנָה
photo finish סִיּוּם צָמוּד, פוֹטוֹ פִינִישׁ
photo-call n מִפְגָּשׁ עִם צַלָּמֵי עִתּוֹנוּת
photocopier n מְכוֹנַת צִלּוּם
photocopy vt, n 1 הֶעְתִּיק בְּצִלּוּם. 2 צִלּוּם
photoelectric adj חַשְׁמַלּוֹרִי, פוֹטוֹאֶלֶקְטְרִי
photoelectric cell תָּא חַשְׁמַלּוֹרִי
photogenic adj פוֹטוֹגֶנִי
photograph vti, n 1 הִצְטַלֵּם. 2 צִלֵּם. 3 צִלּוּם
photographer n צַלָּם
photographic adj צִלּוּמִי
photogravure n דְּפוּס שֶׁקַע
photometer n פוֹטוֹמֶטֶר
photomontage n שִׁבּוּץ תְּמוּנוֹת, תְּמוּנָה מְשֻׁבֶּצֶת
photon n פוֹטוֹן
photosensitive adj רָגִישׁ לְאוֹר
photosynthesis n פוֹטוֹסִינְתֶּזָה
phrasal adj יוֹצֵר נִיב
phrase vt, n 1 הִבִּיעַ בְּמִלִּים. 2 מִשְׁפָּט, מַאֲמָר, צֵרוּף מִלִּים, בִּטּוּי. 3 מֵימְרָה, מְלִיצָה. 4 נִיב. 5 מָשָׁל, פִּתְגָּם
phrasebook n 1 שִׂיחוֹן. 2 נִיבוֹן
phraseology n מְלִיצוֹת נְבוּבָה, סִגְנוֹן נִמְלָץ, נֹסַח
phrenetic, frenetic adj מְשֻׁלְהָב, פֶּרֶא, קַנַּאי
phrenologist n פְרֶנוֹלוֹג
phrenology n פְרֶנוֹלוֹגְיָה
phthisis n שַׁחֶפֶת
phylactery npl תְּפִלִּין, טוֹטָפוֹת
phylum n מַעֲרָכָה, מַעֲרֶכֶת

physical adj 1 טִבְעִי, חָמְרִי, גַּשְׁמִי, גּוּפָנִי. 2 פִיסִי, פִיסִיקָלִי. 3 פִיסִיקָאִי
physical training אִמּוּן גּוּפָנִי
physically adv בְּאֹרַח פִיסִי, בְּאֹרַח גּוּפָנִי
physician n רוֹפֵא
physicist n פִיסִיקַאי
physics npl פִיסִיקָה
physiognomy n 1 פַּרְצוּפָאוּת, פִיסְיוֹגְנוֹמְיָה. 2 פָּנִים, קְלַסְתֵּר
physiological adj פִיסְיוֹלוֹגִי
physiologist n פִיסְיוֹלוֹג
physiology n פִיסְיוֹלוֹגְיָה
physiotherapist n פִיסְיוֹתֵּרַפִּיסְט
physiotherapy n פִיסְיוֹתֵּרַפְּיָה
physique n מִבְנֶה גּוּף
pi n 1 פִּי. 2 בִּלְבּוּל אוֹתִיּוֹת דְּפוּס, עִרְבּוּבְיָה
pianissimo adv, adj פְּיָנִיסִּימוֹ
pianist n פְּסַנְתְּרָן
piano adv, adj, n 1 חֶרֶשׁ, חֲרִישִׁי, פִּיאָנוֹ. 2 פְּסַנְתֵּר
pianoforte n פְּסַנְתֵּר
pianola n פִּיאָנוֹלָה
piaster, piastre n גְּרוּשׁ, פִּיאַסְטֵר
piazza n כִּכָּר, רְחָבָה
pibroch n פִּיבְּרוֹךְ (מוסיקה לחמת חלילים)
pica n פִּיקָא
picador n פִּיקָדוֹר
picaresque adj פִּיקָרֶסְקִי
piccalilli n פִּיקָלִילִי, רֹטֶב חָרִיף
piccolo n חֲלִילוֹן, פִּיקוֹלוֹ
pick vti, n 1 בָּחַר, בֵּרֵר. 2 קָטַף, לָקַט. 3 נָקַר, חִטֵּט. 4 עָדַר. 5 קָרַע. 6 עֲדִירָה, חִטּוּט. 7 לְקִיטָה, בְּרֵרָה, מִבְחָר, יְבוּל. 8 נֶקֶר, מַעְדֵּר. 9 דַּרְבָּן. 10 מַפְרֵט (מוס.)
pick at בֵּרֵר, מָצָא מוּמִים
pick off 1 קָטַף. 2 הִשְׁמִיד זֶה אַחַר זֶה
pick out בֵּרֵר, בָּחַר, הִבְדִּיל
pick up 1 הֵרִים, רָכַשׁ, קָלַט. 2 עָדַר,

חָפַר. 3 שִׁפֵּר, חָזַר לְאֵיתָנוֹ

pickaback adv עַל הַשֶּׁכֶם

pickerel n פִּיקֶרֶל (דג)

picket vti, n 1 גָּדַר, כָּלָא. 2 הִצִּיב מִשְׁמֶרֶת שׁוֹבְתִים. 3 מִשְׁמֶרֶת שׁוֹבְתִים

picket line שַׁרְשֶׁרֶת שׁוֹבְתִים/מַפְגִּינִים

pickings npl 1 לִקּוּט. 2 שָׁלָל, גְּנֵבוֹת. 3 שְׁאֵרִיּוֹת

pickle vt, n 1 כָּבַשׁ, שִׁמֵּר. 2 צִיר, כְּבוּשִׁים. 3 צָרָה

pickled meat בָּשָׂר מְצֻמָּת

pickles npl מַחֲמַצִּים

pickpocket vt, n 1 כִּיֵּס. 2 כַּיָּס

pick-up n לַקְטָן

pickup n 1 פָּטֵיפוֹן חַשְׁמַלִּי. 2 תְּפִיסָה, הֶאָצָה. 3 מַשָּׂאִית קַלָּה, טֶנְדֶּר, מִטְעָנִית. 4 הֶכֵּרוּת מִקְרִית

picky adj בַּרְרָנִי

picnic vi, n 1 הִשְׁתַּתֵּף בְּפִּיקְנִיק. 2 פִּיקְנִיק

picnicker n מִשְׁתַּתֵּף בְּפִּיקְנִיק

picric acid חֻמְצָה פִּיקְרִית

pictorial adj, n צִיּוּרִי, מְצֻיָּר

picture vti, n 1 צִיֵּר, צִלֵּם. 2 תֵּאֵר, הִסְבִּיר, בֵּאֵר. 3 תְּמוּנָה, צִיּוּר, תַּצְלוּם. 4 מַרְאֶה

picture card קְלַף תְּמוּנָה (מלך, מלכה, בחור)

picture hat כּוֹבַע נָשִׁים (רחב־שוליים)

picture puzzle תַּצְרֵף

pictures npl קוֹלְנוֹעַ, סְרָטִים

picturesque adj צִיּוּרִי, סַסְגּוֹנִי

picturesquely adv צִיּוּרִית

picturesqueness n צִיּוּרִיּוּת

pidgin n בְּלִיל לָשׁוֹן, פִּידְג'ין (שפה)

pie n 1 כִּיסָן. 2 פַּשְׁטִידָה. 3 עִרְבּוּבְיָה. 4 תַּעֲרֹבֶת אוֹתִיּוֹת דְּפוּס. 5 עוֹרֵב הַנְּחָלִים, עַקְעַק

piece de résistance (Fr) 1 הַמָּנָה הָעִקָּרִית. 2 הַמְּאֹרָע הָעִקָּרִי

piece of furniture רָהִיט

piece of advice עֵצָה

piece of news חֲדָשׁוֹת

piece together אִחָה, צֵרֵף

piece by piece בַּחֲלָקִים

piecemeal adv, adj 1 בַּחֲלָקִים. 2 לְסֵרוּגִין

pied adj סַסְגּוֹנִי, מְגֻוָּן

pied-à-terre (Fr) n מָעוֹן (ארעי), בַּיִת־שֵׁנִי

pier n מֵזַח, רָצִיף

pierce vt חָדַר, בָּקַע, נָקַב

piercing adj חוֹדֵר, נוֹקֵב, בּוֹקֵעַ

piercingly adv חוֹדְרָנִית

pier-glass n רְאִי אָרֹךְ

pierrot n פִּיֶּרוֹ, לֵיצָן, בַּדְּחָן

piety n אֲדִיקוּת, חֲסִידוּת, דָּתִיּוּת, רַחֲמָנוּת

piffle vi, n 1 פִּטְפֵּט, דִּבֵּר שְׁטֻיּוֹת. 2 שְׁטוּת, הֶבֶל

piffling adj שְׁטוּת

pig n חֲזִיר

pigeon n 1 יוֹנָה. 2 גּוֹזָל. 3 פֶּתִי, שׁוֹטֶה

pigeonhole vt, n 1 גָּנַז. 2 שׁוֹבָךְ. 3 תָּא

pigeon-toed adj בַּעַל "רַגְלֵי יוֹנָה"

piggery n 1 חֲזִירִיָּה, דִּיר חֲזִירִים. 2 חֲזִירוּת

piggish adj 1 חֲזִירִי. 2 זוֹלֵל, בַּלְעָן. 3 מְטֻנָּף, מְלֻכְלָךְ

piggy adj, n 1 חֲזִירִי. 2 חֲזִירוֹן

piggyback adv עַל הַשֶּׁכֶם

piggy bank קֻפַּת חֶסְכוֹנוֹת (בצורת חזיר)

pigheaded adj עַקְשָׁן

pigheadedly adv בְּעַקְשָׁנוּת

pigheadedness n עַקְשָׁנוּת

piglet n חֲזִירוֹן

pigment n צִבְעָן, פִּיגְמֶנְט

pigmy, pygmy n נַנָּס, גַּמָּד

pigskin n עוֹר חֲזִיר

pigsty n חֲזִירִיָּה, דִּיר חֲזִירִים

pigtail n צַמָּה עָרְפִּית

pike n 1 רֹמַח, כִּידוֹן, חֹד. 2 זְאֵב הַיָּם

pilaster n עַמּוּד

pilchard n סַרְדִּין, מָלִיחַ

pile vt, n 1 עָרַם, צָבַר, אָגַר, גִּבֵּב. 2 שֵׂעָר, מוֹךְ, פְּלוּמָה. 3 עֲרֵמָה, תֵּל. 4 מְדוּרָה. 5 מַצּוּבָה. 6 גֹּדֶשׁ,

מִצְבּוֹר, גִּבּוּב. 7 עֹשֶׁר רַב.
8 קוֹרָה. 9 כּוּר, סוֹלְלָה

pile driver תּוֹקֵעַ עַמּוּדִים

pile up vti, n 1 צָבַר, עָרַם, אָגַר. 2 הִצְטַבֵּר,
רִסֵּק. 3 הִצְטַבְּרוּת

piles npl טְחוֹרִים

pilfer vt גָּנַב, "סָחַב", לָקַח

pilferage n גְּנֵבָה, לַקְחָנוּת

pilferer n לַקְחָן, סַחֲבָן, גַּנָּב

pilgrim n 1 צַלְיָן, עוֹלֵה רֶגֶל. 2 הֵלֶךְ,
נוֹסֵעַ, נוֹדֵד

pilgrimage n 1 צַלְיָנוּת, עֲלִיָּה לְרֶגֶל.
2 נְדִידָה, נְסִיעָה

pill n 1 גְּלוּלָה. 2 כַּדּוּר. 3 טַרְדָן,
מְשַׁעֲמֵם

pillage vt, n 1 בָּזַז, שָׁדַד, שָׁלַל, חָמַס.
2 בִּזָּה, שֹׁד, חָמָס

pillager n בּוֹזֵז, חַמְסָן

pillar n 1 עַמּוּד, מַצֵּבָה. 2 כֵּן

pillar-box n תֵּבַת דֹּאַר

pillion n 1 כַּר הָאֻכָּף. 2 מוֹשָׁב אֲחוֹרִי

pillory vt, n 1 שָׂם בַּסַּד, הוֹקִיעַ פִּשְׁעוֹ.
2 עַמּוּד קָלוֹן, סַד

pillow vt, n 1 שִׁמֵּשׁ כַּר. 2 כַּר

pillowcase n צִפִּית, צִפָּה לְכַר

pilot vt, n 1 נִוֵּט, שִׁמֵּשׁ כְּקַבַּרְנִיט. 2 שִׁמֵּשׁ
כְּנַוָּט. 3 הִדְרִיךְ. 4 טַיָּס. 5 נַוָּט,
הַגַּאי. 6 מַדְרִיךְ, מוֹרֵה דֶּרֶךְ.
7 תָּכְנִית נִסְיוֹנִית

pilot-fish n דַּג־הֶחָלוּץ

pilot-burner, pilot-light n מַבְעֵר קָטָן

pimiento n פִּלְפֵּל סְפָרַדִּי

pimp vi, n 1 סִפֵּק זוֹנוֹת. 2 סַרְסוּר זְנוּת,
סַפַּק זוֹנוֹת

pimpernel n מַרְגָּנִית

pimple n חֲטָט, אֲבַעְבּוּעָה

pimpled, pimply adj מְכֻסֶּה חֲטָטִים

pin vt, n 1 תָּקַע בְּסִכָּה. 2 פָּרַף, חִבֵּר
בְּסִכָּה. 3 סִכָּה, פְּרִיפָה.
4 יָתֵד. 5 פִּין

pin down 1 אִלֵּף, רִתֵּק, תָּקַע. 2 הִגְדִּיר

pin money דְּמֵי־כִּיס

pin up שִׁפֵּד בְּסִכּוֹת

pinafore n סִנָּר

pince-nez n מִשְׁקְפֵי לַחַץ

pincers npl צְבָת, מֶלְקָחַיִם, מַלְקֵט

pincette n מַלְקֶטֶת

pinch vt, n 1 צָבַט, לָחַץ. 2 דָּחַק, הֵעִיק.
3 אָסַר, עָצַר. 4 גָּנַב, סָחַט.
5 חָסַךְ, קִמֵּץ. 6 צְבִיטָה.
7 לְחִיצָה, מוּעָקָה, מְצוּקָה.
8 שֶׁמֶץ, קַמְצוּץ, קֻרְטוֹב.
9 גְּנֵבָה

pinchbeck adj, n 1 מְזֻיָּף. 2 נֶתֶךְ פִּינְצְ'בֶּק.
3 חִקּוּי זָהָב

pine vi, n 1 נָמַק, עָרַג, הִתְגַּעְגַּע,
הִשְׁתּוֹקֵק. 2 אֹרֶן

pine cone אִצְטְרֻבָּל

pine for הִתְגַּעְגַּע

pine needles מַחֲטֵי הָאֹרֶן

pineapple n 1 אֲנָנָס. 2 רִמּוֹן־יָד

pinenut n צְנוֹבָר

ping vi, n 1 זִמְזֵם, שָׁרַק. 2 זִמְזוּם,
שְׁרִיקָה

ping-pong n טֶנִיס־שֻׁלְחָן, פִּינְג־פּוֹנְג

pinhead n 1 רֹאשׁ סִכָּה. 2 דָּבָר שֶׁל מַה
בְּכָךְ. 3 שׁוֹטֶה, סָכָל

pinion vt, n 1 קִצֵּץ כְּנָפַיִם. 2 כָּפַת, עָקַד.
3 כָּנָף, נוֹצַת כָּנָף, אֶבְרָה.
4 סַבֶּבֶת

pink vt, adj, n 1 נָקַב, דִּקֵּר. 2 וָרֹד. 3 צִפֹּרֶן.
4 שְׂמָאלִי מָתוּן.

pinkish adj וַרְדְרַד

pinnace n 1 אֳנִיַּת מִפְרָשׂ קַלָּה. 2 סִירַת
אֳנִיָּה

pinnacle n 1 פִּסְגָּה, שִׂיא. 2 צְרִיחַ

pinnate adj מְנֻצֶּה, נוֹצָתִי

pinpoint vt, n, adj 1 אִתֵּר בִּמְדֻיָּק. 2 תֵּאֵר
בִּמְדֻיָּק. 3 חֹד סִכָּה. 4 דָּבָר
חֲסַר עֵרֶךְ. 5 מְדֻיָּק

pinprick n 1 דְּקִירַת סִכָּה. 2 דְּקִירָה קְטַנָּה

pins and needles תְּחוּשַׁת עִקְצוּץ

pinstripe adj מְקֻוְקָו (אריג)
pint n פַּיְנְט (מידת קיבול)
pin-up n 1 נַעֲרַת רַאֲוָה. 2 תְּמוּנַת נַעֲרַת רַאֲוָה
pioneer vit, n 1 הָיָה חָלוּץ, עָבַד כְּחָלוּץ. 2 סָלַל. 3 הִדְרִיךְ. 4 יָזַם. 5 חָלוּץ. 6 סוֹלֵל דֶּרֶךְ. 7 חַפָּר
pious adj אָדוּק, דָּתִי, יְרֵא שָׁמַיִם
piously adv בַּאֲדִיקוּת
pip vit, n 1 בָּקַע (מביצה). 2 נִצַּח, הֵבִיס. 3 חַרְצָן. 4 נְקֻדָּה (בקוביה). 5 אִתּוּת (ברדיו). 6 אַסְכֶּרֶת הָעוֹפוֹת. 7 מַצַּב רוּחַ
pipe vti, n 1 חִלֵּל (חליל). 2 צָפַר (אונייה). 3 שָׁרַק. 4 הֶעֱבִיר בְּצִנּוֹרוֹת, צִנֵּר. 5 צִנּוֹר. 6 חָלִיל, קְנֵה אַבּוּב. 7 מַשְׁרוֹקִית. 8 צְפִירָה. 9 חֵמַת חֲלִילִים. 10 מִקְטֶרֶת
pipe-clay n חֹמֶר, חֵמַר מִקְטָרוֹת
pipedream n רַעְיוֹן שָׁוְא
pipeline n 1 צִנּוֹר, בִּיב. 2 קַו צִנּוֹרוֹת
piper n חֲלִילָן
pipette n 1 פִּיפִית, טִפִּי. 2 טַפְטֶפֶת
piping n 1 צְפִירָה, שְׁרִיקָה. 2 חִלּוּל (חליל). 3 מַעֲרֶכֶת צִנּוֹרוֹת. 4 צִפּוּי (עוגה)
piping hot חַם מְאֹד
pippin n 1 תַּפּוּחַ. 2 אִישׁ נַעֲרָץ. 3 כַּפְתּוֹר וָפֶרַח!
piquancy n חֲרִיפוּת, שְׁנִינוּת, פִּיקַנְטִיּוּת
piquant adj חָרִיף, מְפֻלְפָּל, פִּיקַנְטִי
piquantly adv בַּחֲרִיפוּת
pique vt, n 1 דָּקַר. 2 הִקְנִיט, קִנְטֵר, הֶעֱלִיב. 3 טִינָה, עֶלְבּוֹן, קִנְטוּר
piquet n פִּיקֶה (משחק קלפים)
piracy n 1 פִּירָטִיּוּת, שֹׁד יַמִּי. 2 גְּנֵבָה סִפְרוּתִית. 3 גְּנֵבַת פָּטֶנְט
piranha n פִּירַנְהָה
pirate vt, n 1 שָׁדַד. 2 הוֹצִיא לָאוֹר בְּלִי רְשׁוּת הַמְחַבֵּר. 3 הִשְׁתַּמֵּשׁ בְּפָטֶנְט שֶׁלֹּא בִּרְשׁוּת. 4 פִּירָט, שׁוֹדֵד יַמִּי. 5 גּוֹנֵב סִפְרוּתִי, גּוֹנֵב פָּטֶנְטִים
piratical adj פִּירָטִי
pirouette vi, n 1 הִסְתַּחְרֵר, הִסְתּוֹבֵב. 2 סִבּוּב, סְחַרְחֹרֶת, סְחַרְחוּר
pis aller צַעַד נוֹאָשׁ
piscatorial adj שֶׁל דַּיִג
Pisces n מַזַּל דָּגִים
pistachio n 1 פִּסְטוּק, בָּטְנָה. 2 בָּטְנִים
pistil n עֱלִי
pistol n אֶקְדָּח, אֶקְדּוֹחַ
piston n 1 שַׁסְתּוֹם. 2 בֻּכְנָה
pit vt, n 1 גִּרְעֵן, גִּלְעֵן. 2 חֵרֵר, נִקֵּב. 3 תִּחֵר. 4 גַּלְעִין, גַּרְעִין. 5 בּוֹר, שׁוּחָה, גֻּמָּה. 6 תְּהוֹם. 7 גֵּיהִנֹּם. 8 מַלְכֹּדֶת, פַּח. 9 גֹּב
pit one's wits against הִתְמוֹדֵד שִׂכְלִית נֶגֶד
pit-a-pat adv בְּנְקִישׁוֹת מְהִירוֹת וּקְצוּבוֹת
pitch vt, n 1 זִפֵּת. 2 נָטָה (אוהל). 3 אָהַל. 4 הֶעֱמִיד, תָּקַע, קָבַע. 5 זָרַק, הִשְׁלִיךְ. 6 הִגִּישׁ. 7 נָפַל, הִתְנַדְנֵד. 8 זֶפֶת, כֹּפֶר, עִטְרָן. 9 גֹּבַהּ, רָמָה. 10 דּוּכָן, מָקוֹם. 11 נִדְנוּד
pitch-black/dark adj שָׁחֹר מִשְׁחוֹר
pitch in vi עָבַד בְּמֶרֶץ
pitch into vt הִתְנַפֵּל, הִתְקִיף
pitched batlle 1 מַעֲרָכָה נְטוּשָׁה. 2 קְרָב עַז
pitcher n 1 כַּד. 2 זוֹרֵק, מַגִּישׁ
pitchfork vt, n 1 דָּחַק אֶל, דָּחַף אֶל. 2 קִלְשׁוֹן, מַזְרֶה, מַלְגֵּז
piteous adj מְעוֹרֵר רַחֲמִים, מְעוֹרֵר חֶמְלָה, עָלוּב, רַחוּם
piteously adv בְּאֹפֶן מְעוֹרֵר רַחֲמִים
pitfall n 1 מַלְכֹּדֶת, פַּח. 2 מִכְשׁוֹל, אֶבֶן נֶגֶף
pith n 1 עִקָּר, תַּמְצִית. 2 כֹּחַ, עָצְמָה, מֶרֶץ
pithily adv נִמְרָצוֹת
pithy adj 1 נִמְרָץ. 2 תַּמְצִיתִי. 3 מָלֵא תֹּכֶן

pitiable adj מְעוֹרֵר רַחֲמִים, עָלוּב, מִסְכֵּן
pitiably adv בְּאֹפֶן מְעוֹרֵר חֶמְלָה
pitiful adj מְעוֹרֵר רַחֲמִים, עָלוּב
pitifully adv בְּאֹפֶן מְעוֹרֵר חֶמְלָה
pitiless adj אַכְזָרִי, חֲסַר רַחֲמִים
pitilessly adv בְּאַכְזְרִיּוּת, לְלֹא רַחֲמִים
pittance n 1 קִצְבָּה פְּעוּטָה, הַכְנָסָה דַּלָּה. 2 סְכוּם פָּעוּט
pitter-patter n נְקִישׁוֹת מְהִירוֹת וּתְכוּפוֹת
pitting n גִּמּוּם
pituitary n יֹתֶרֶת הַמֹּחַ (בלוטה)
pity vt, n 1 רִחֵם, חָמַל, חָס. 2 רַחֲמָנוּת, רַחֲמִים, חֶמְלָה
pitying adj רַחוּם, חַנּוּן
pityingly adv בְּרַחֲמָנוּת
pivot vti, n 1 סָבַב עַל צִיר. 2 צִיר
pivotal adj 1 צִירִי. 2 מֶרְכָּזִי, מַכְרִיעַ
pivoting n סִבְסוּב
pixel n "פִּיקְסֶל", יְחִידַת צֶבַע בְּצַג־וִידֵיאוֹ
pixie, pixy n שֵׁדָה, פֵּיָה
pizza n פִּצָּה
pizzicato adj, adv 1 פִּיצִיקָטוֹ. 2 בְּפֵרוּט
placard n כְּרָזָה, מוֹדָעָה, הַכְרָזָה
placate vt שִׁכֵּךְ, פִּיֵּס, רִצָּה, כִּפֵּר פְּנֵי
place vt, n 1 שָׂם, הִנִּיחַ, הִצִּיב, הֶעֱמִיד. 2 הוֹשִׁיב, מִקֵּם. 3 הִפְקִיד, מִנָּה. 4 אִתֵּר. 5 זִהָה. 6 נִמְנָה עִם שְׁלֹשֶׁת הָרִאשׁוֹנִים. 7 מָקוֹם. 8 מַעֲמָד, מַצָּב, עֶמְדָּה. 9 מִשְׂרָה, תַּפְקִיד
place in oven טָמַן
placebo n תְּרוּפַת דֶּמֶה
place-mat n מַצָּעִית
placement n 1 הֲשָׂמָה, הַנָּחָה, הַצָּבָה. 2 מִנּוּי, סִדּוּר. 3 הַנָּחַת כַּדּוּר
placenta n שִׁלְיָה, פְּלָצֶנְטָה
placid adj שָׁלֵו, שָׁקֵט, רוֹגֵעַ
placidity n שֶׁקֶט, שַׁלְוָה, מְנוּחָה
placidly adv בְּנַחַת, בְּשַׁלְוָה
placket n 1 כִּיס, מִפְתָּח. 2 פְּרִיפָה
plagiarism n פְּלַגְיָט
plagiarist n פְּלַגְיָטוֹר
plagiarize vt גָּנַב יְצִירָה סִפְרוּתִית, גָּנַב פָּטֶנְט
plague vi, n 1 נָגַף, הִכָּה בְּדֶבֶר, הִדְבִּיק בְּמַגֵּפָה. 2 עִנָּה, הִטְרִיד. 3 דֶּבֶר, מַגֵּפָה, מַכָּה. 4 אָסוֹן. 5 טַרְדָן
plagu(e)y adj מַרְגִּיז, מַטְרִיד
plaice n דַּג מֹשֶׁה רַבֵּנוּ
plaid n אָרִיג מְלֻכְסָן, אָרִיג מְתֻשְׁבָּץ
plain adj, n 1 יָשָׁר, חָלָק, פָּתוּחַ. 2 פָּשׁוּט, בָּרוּר, מוּבָן. 3 גָּלוּי. 4 מִישׁוֹר, עֲרָבָה, עֵמֶק. 5 לֹא־מְסֻבָּךְ
plain clothes npl בְּגָדִים אֶזְרָחִיִּים
plain sailing נְסִיעָה שְׁקֵטָה
plain speaking יָשָׁר לָעִנְיָן
plainsong n שִׁיר פָּשׁוּט, אוּנִיסוֹן
plain-spoken מְדַבֵּר גְּלוּיוֹת
plainly adv בְּפַשְׁטוּת
plainness n פַּשְׁטוּת, צְנִיעוּת
plaint n 1 תְּלוּנָה, קֻבְלָנָה, תַּרְעֹמֶת. 2 קִינָה, סְפִידָה, יָגוֹן
plaintiff n תּוֹבֵעַ, טוֹעֵן, מַאֲשִׁים
plaintive adj עָצוּב, נוּגֶה, שֶׁל קִינָה
plaintively adv בְּעֶצֶב, בְּיָגוֹן
plaintiveness n עַצְבוּת
plait vt, n 1 קִפֵּל, קִמֵּט. 2 קָלַע, שִׁזֵּר. 3 שֶׁבֶץ. 4 קִפּוּל, קִמּוּט. 5 קְפָלִים. 6 מַחְלָפָה, צַמָּה
plan vt, n 1 תִּכְנֵן, תִּכֵּן, תִּכְנֵת. 2 חָשַׁב, זָמַם. 3 תָּכְנִית. 4 תַּרְשִׁים, שִׂרְטוּט. 5 מַפָּה. 6 רַעְיוֹן, תַּחְבּוּלָה, מַחֲשָׁבָה
planchette n מַדָּף, לוּחִית
plane vit, n 1 הֶחֱלִיק, הִקְצִיעַ. 2 הִתְרוֹמֵם, דָּאָה, רִחֵף. 3 מָטוֹס. 4 יָשָׁר. 5 מִישׁוֹר, מִשְׁטָח
plane geometry הַנְדָּסַת הַמִּישׁוֹר
plane tree דֹּלֶב

planet n כּוֹכַב לֶכֶת
planetarium n פְּלָנֶטַרְיוּם
planetary adj 1 פְּלָנֶטָרִי, שֶׁל הָעוֹלָם הַזֶּה. 2 נוֹדֵד, תּוֹעֶה
plangent adj מַרְעִישׁ, מַרְטִיט
plank vt, n 1 לִוַּח. 2 קֶרֶשׁ, קוֹרָה, לוּחַ. 3 דַּף. 4 סְעִיף
plank down vt שִׁלֵּם מִיָּד
planking n 1 לִוּוּחַ. 2 לוּחוֹת
plankton n פְּלַנְקְטוֹן
plant vt, n 1 נָטַע, שָׁתַל, זָרַע. 2 קָבַע. 3 הִשְׁרִישׁ. 4 יִסֵּד. 5 יִשֵּׁב. 6 צֶמַח. 7 נֶטַע, שְׁתִיל. 8 צִיּוּד. 9 בֵּית חֲרֹשֶׁת, מִפְעָל. 10 הוֹנָאָה, רַמָּאוּת
plantain n 1 לֶחֶךְ. 2 מוֹז, בָּנָנָה
plantation n 1 מַטָּע, אֲחֻזַּת מַטָּעִים. 2 מוֹשָׁבָה
planter n 1 נוֹטֵעַ. 2 מִתְיַשֵּׁב. 3 בַּעַל מַטָּעִים
plaque n 1 לוּחַ, טַבְלָה. 2 לוּחִית (שיניים). 3 רֹבֶד חַיְדַקִּים בְּשִׁנַּיִם
plasma n פְּלַסְמָה
plaster vt, n 1 טָח, טִיֵּחַ, כִּיֵּר. 2 הִדְבִּיק, גִּבֵּס. 3 רְטִיָּה, אִסְפְּלָנִית, תַּחְבֹּשֶׁת. 4 גֶּבֶס, טִיחַ
plaster cast 1 כִּיּוּר גֶּבֶס. 2 יְצִיקַת גֶּבֶס
plaster of Paris גֶּבֶס (לבן)
plastic adj, n 1 פְּלַסְטִי. 2 פְּלַסְטִיק
plastic art אָמָּנוּת פְּלַסְטִית
plasticity n פְּלַסְטִיּוּת, גְּמִישׁוּת
plastic surgery נִתּוּחַ פְּלַסְטִי
plate vt, n 1 צִפָּה, רִקַּע. 2 צַלַּחַת, קְעָרָה. 3 מַאֲכָל, אֲרוּחָה. 4 לוּחַ, פַּח, רִקּוּעַ. 5 אֲגֻדָּה. 6 שִׁנַּיִם תּוֹתָבוֹת, פְּלָטָה. 7 בָּסִיס
plateau n רָמָה, מִישׁוֹר
plate-layer n פּוֹעֵל מְסִלַּת־בַּרְזֶל
platform n 1 מִשְׁטָחִית, בָּמָה, דּוּכָן. 2 רָצִיף, מֵזַח. 3 קְרוֹן מַשָּׂא פָּתוּחַ. 4 מַצָּע, תָּכְנִית פְּעֻלָּה
plating n צִפּוּי, רִקּוּעַ, שִׁכְבָה
platinum n פְּלָטִינָה
platitude n שִׁטְחִיּוּת, רֵיקָנוּת, שִׁגְרִירוּת, בָּנָלִיּוּת
platitudinous adj נָדוֹשׁ, בָּנָלִי
platonic adj פְּלָטוֹנִי, אַפְּלָטוֹנִי
platoon n מַחְלָקָה
platter n 1 פִּנְכָּה, טַס. 2 תַּקְלִיט
platypus n בַּרְוָזָן
plaudit n תְּשׁוּאוֹת, מְחִיאוֹת כַּפַּיִם
plausible adj סָבִיר, מְהֵימָן, מִתְקַבֵּל עַל הַדַּעַת
plausibility n סְבִירוּת, מְהֵימָנוּת
plausibly adv בְּאֹפֶן מִתְקַבֵּל עַל הַדַּעַת
play vti, n 1 שִׂחֵק. 2 הִשְׁתַּעֲשַׁע, צָחַק. 3 נִגֵּן. 4 הִצִּיג, הֶעֱלָה עַל הַבָּמָה. 5 בִּצַּע, מִלֵּא תַּפְקִיד. 6 הֶעֱמִיד פָּנִים. 7 הִשְׁתַּתֵּף, עָסַק. 8 מִשְׂחָק. 9 שַׁעֲשׁוּעַ. 10 מַחֲזֶה. 11 נְגִינָה. 12 תִּמְרוֹן. 13 הֲלָצָה
play back 1 שִׁחְזֵר. 2 הִשְׁמִיעַ. 3 שִׁפּוּק
play down 1 הִקְטִין עֵרֶךְ. 2 הִמְעִיט בְּפִרְסוּם
play down to וִתֵּר לְ־
play fair שִׂחֵק מִשְׂחָק הוֹגֵן
play on/upon נִצֵּל
play on words מִשְׂחַק מִלִּים
play one's cards badly/well נִצֵּל יָפֶה (או רע) הָאֶפְשָׁרֻיּוֹת
play second fiddle מִלֵּא תַּפְקִיד מִשְׁנֶה
play the game נָהַג בְּיֹשֶׁר
play up 1 הֶאְדִּיר. 2 הִשְׁתּוֹלֵל
play up to הֶחֱנִיף
player n 1 שַׂחְקָן. 2 נַגָּן. 3 קוּבְיוּסְטוּס
playback n 1 שִׁעְתּוּק. 2 שִׁחְזוּר
playboy n נַעַר־שַׁעֲשׁוּעִים
playful adj עַלִּיז, בַּדְּחָן, אוֹהֵב שְׂחוֹק
playfully adv בַּעֲלִיזוּת, בִּצְחוֹק
playfulness n עַלִּיזוּת, שְׂחוֹק, קַלּוּת־רוּחַ
playground n מִגְרַשׁ מִשְׂחָקִים

playhouse n תֵּיאַטְרוֹן
playlet n מַעֲרְכוֹן, מַחֲזֶה קָצָר
play-off n תַּחֲרוּת מַכְרַעַת (המפסיד יוצא)
playpen n לוּל (לתינוק)
playwright n מַחֲזַאי
plaza n כִּכָּר
plea n 1 טַעֲנָה. 2 כְּתַב הֲגַנָּה. 3 אֲמַתְלָה, הִתְנַצְּלוּת. 4 בַּקָּשָׁה, תְּבִיעָה. 5 הַפְצָרָה. 6 עִרְעוּר
plea bargaining עֲשִׂיַּת עִסְקַת טִעוּן
plead vti 1 טָעַן. 2 סִנְגֵּר, לִמֵּד זְכוּת. 3 הִתְחַנֵּן, הִפְצִיר. 4 בִּקֵּשׁ. 5 הִצְהִיר. 6 הִצְטַדֵּק
plead for vt הִתְחַנֵּן לְקַבֵּל
plead against vt טָעַן נֶגֶד
plead guilty הוֹדָה בָּאַשְׁמָה
plead not guilty כָּפַר בָּאַשְׁמָה
plead with vt הִתְחַנֵּן
pleadingly adv בְּהַפְצָרוֹת
pleasance n תַּעֲנוּג, שַׁעֲשׁוּעַ, קֹרַת רוּחַ
pleasant adj נָעִים, נוֹחַ, עָרֵב, נָאֶה
pleasantly adv בִּנְעִימוּת
pleasantness n נְעִימוּת, עֲרֵבוּת, נוֹחוּת
pleasantry n עַלִּיזוּת, הֲלָצָה, נֶחְמָדוּת, שִׂמְחָה
please vti 1 הֵנָה, הִנְעִים, שִׁעֲשַׁע. 2 רִצָּה. 3 הוֹאִיל לְ־. 4 הִשְׂבִּיעַ רָצוֹן, סִפֵּק רָצוֹן. 5 מָצָא חֵן בְּעֵינֵי
pleased adj שְׂבַע רָצוֹן, מְרֻצֶּה
pleasing adj 1 מַנְעִים, מְשַׁעֲשֵׁעַ, נֶחְמָד. 2 עָנִיג
pleasingly adv בִּנְעִימוּת, בְּרָצוֹן
pleasurable adj מְעַנֵּג, מְהַנֶּה, מְשַׁעֲשֵׁעַ
pleasurably adv לַהֲנָאָה, בְּאֹפֶן מְשַׁעֲשֵׁעַ
pleasure n 1 הֲנָאָה, נַחַת רוּחַ. 2 תַּעֲנוּג, חֶדְוָה. 3 רָצוֹן, חֵשֶׁק, חֵפֶץ
pleat vt, n 1 קִפֵּל, קִמֵּט, עָשָׂה קִפּוּלִים. 2 קִפּוּל, קֶמֶט, כְּפָלִים
plebeian adj, n 1 פְּלֶבֵּי, הֲמוֹנִי. 3 הֶדְיוֹט, גַּס
plebiscite n מִשְׁאַל עַם
plectrum n מַפְרֵט
pledge vt, n 1 מִשְׁכֵּן, נָתַן עֲרֻבָּה, נָתַן בַּעֲבוֹט. 2 הִתְחַיֵּב, תָּקַע כַּף, שָׁתָה "לְחַיִּים". 3 מַשְׁכּוֹן, עֲבוֹט, עֵרָבוֹן, עֲרֻבָּה. 4 הִתְחַיְּבוּת, תְּקִיעַת כַּף, שְׁתִיַּת "לְחַיִּים"
plenary adj 1 מָלֵא, שָׁלֵם, מֻחְלָט. 2 שֶׁל הַמְּלִיאָה
plenipotentiary adj, n 1 מֻסְמָךְ, מֻרְשֶׁה. 2 צִיר מֻסְמָךְ. 3 שַׁגְרִיר
plenitude n מְלֵאוּת, שְׁלֵמוּת
plenteous adj שׁוֹפֵעַ, גָּדוּשׁ, רַב
plenteously adv בְּשֶׁפַע
plentiful adj שׁוֹפֵעַ, גָּדוּשׁ, מָלֵא
plentifully adv בְּשֶׁפַע
plenty n שֶׁפַע, גֹּדֶשׁ, עֹשֶׁר
plenty of adj שֶׁפַע שֶׁל
pleonasm n שְׂפַת יֶתֶר, כֶּפֶל לָשׁוֹן
plethora n מְלֵאוּת, גֹּדֶשׁ
pleurisy n דַּלֶּקֶת קְרוּם הֶחָזֶה
plexus n 1 מִקְלַעַת. 2 רֶשֶׁת, סְבַךְ
pliability n גְּמִישׁוּת, כְּפִיפוּת
pliable adj 1 כָּפִיף, גָּמִישׁ. 2 צַיְּתָן
pliancy n גְּמִישׁוּת, כְּפִיפוּת, רַכּוּת
pliant adj כָּפִיף, גָּמִישׁ, רַךְ
pliantly adv בִּכְפִיפוּת, בִּגְמִישׁוּת
pliers npl צְבָת, מֶלְקַחַת
plight vt, n 1 הִתְחַיֵּב, הִבְטִיחַ. 2 אֵרַס. 3 מַצָּב, סַכָּנָה, מְבוּכָה
plight one's troth הִתְאָרֵס
plimsoll line קַו פְּלִימְסוֹל
plimsolls npl נַעֲלֵי הִתְעַמְּלוּת
plinth n מַסָּד, בָּסִיס, תּוֹשֶׁבֶת
plod vit 1 הָלַךְ בִּכְבֵדוּת. 2 יָגַע, הִתְאַמֵּץ, עָבַד בְּפֶרֶךְ. 3 הֲלִיכָה בִּכְבֵדוּת. 4 הִתְאַמְּצוּת, יְגִיעָה
plonk vti, n 1 הִפִּיל בְּכֹחַ. 2 נָפַל. 3 נִגֵּן גָּרוּעַ. 4 יַיִן בְּאֵיכוּת גְּרוּעָה
plop vi, n 1 נָפַל וְצָלַל, צָלַל. 2 צְלִילָה

plosive adj, n פּוֹצֵץ
plot vti, n 1 קָשַׁר קֶשֶׁר, זָמַם, חָרַשׁ רָעָה. 2 תִּכְנֵן, הֵכִין תָּכְנִיּוֹת. 3 צִיֵּן, חִלֵּק. 4 מִגְרָשׁ, כִּכָּר, חֶלְקַת אֲדָמָה. 5 תַּרְשִׁים, מַפָּה, תָּכְנִית. 6 קֶשֶׁר, מֶרֶד. 7 עֲלִילָה. 8 מְזִמָּה
plotter n 1 קוֹשֵׁר, זוֹמֵם. 2 מְכוֹנָה מְשַׂרְטֶטֶת (פְּלוֹטֶר)
plough, plow vti, n 1 חָרַשׁ, פָּלַח. 2 פִּלֵּס. 3 הִתְקַדֵּם. 4 נִכְשַׁל (בבחינה). 5 מַחֲרֵשָׁה
ploughshare, plowshare n מוֹרָג
ploughman, plowman n חוֹרֵשׁ, אִכָּר
plough through הִתְקַדֵּם בְּקֹשִׁי
plover n חוֹפָמִי (צפור)
ploy n 1 תַּכְסִיס, אֶמְצָעִי. 2 תַּפְקִיד
pluck vti, n 1 עָקַר, תָּלַשׁ, מָרַט. 2 קָטַף. 3 פָּרַט. 4 רִמָּה, חָמַס, הוֹנָה. 5 מָשַׁךְ. 6 פָּסַל. 7 עֲקִירָה, מְשִׁיכָה. 8 אֹמֶץ־לֵב, מֶרֶץ
pluckily adv בְּאֹמֶץ־לֵב, בְּמֶרֶץ
plucky adj אַמִּיץ, תַּקִּיף, בַּעַל מֶרֶץ
plug vt, n 1 סָתַם, פָּקַק. 2 יָרָה. 3 הִכָּה בְּאֶגְרוֹף. 4 פִּרְסֵם לְלֹא הֶפְסֵק. 5 עָבַד לְלֹא לֵאוּת. 6 מְגוּפָה, פְּקָק, מַסְתֵּם. 7 תֶּקַע. 8 מַצָּת. 9 כִּכַּר טַבָּק. 10 תַּעֲמוּלָה מִסְחָרִית
plughole n אָבִיק
plug in חִבֵּר (חשמל)
plum n שָׁזִיף
plumage n נוֹצוֹת, נוֹצָה
plumb adv, n 1 זָקוּף, מְאֻנָּךְ, בִּמְאֻנָּךְ. 2 לַחֲלוּטִין. 3 אֲנָךְ, מִשְׁקֹלֶת
plumb line אֲנָךְ, אַמַּת הַמִּדָּה
plumbago n 1 גְּרָפִיט. 2 עָפְרִית
plumber n שְׁרַבְרַב
plumbing n 1 שְׁרַבְרָבוּת. 2 מַעֲרֶכֶת הַצִּנּוֹרוֹת
plume vt n 1 כִּסָּה בְּנוֹצוֹת. 2 קִשֵּׁט בְּנוֹצוֹת. 3 נוֹצָה. 4 פְּרָס. 5 קִשּׁוּט (נוצות)
plume oneself vi הִתְפָּאֵר, הִתְגָּאָה
plummet vi, n 1 צָנַח, צָלַל. 2 נָפַל. 3 אֲנָךְ
plump adj שְׁמַנְמַן, שָׁמֵן
plunder vt, n 1 שָׁדַד, גָּזַל, שָׁלַל, גָּנַב. 2 שֹׁד, גָּזֵל, שָׁלָל, גְּנֵבָה
plunge vti, n 1 הֵטִיל, הִשְׁלִיךְ, הִטְבִּיל. 2 צָלַל, שָׁקַע, נָפַל. 3 צְלִילָה, טְבִילָה
plunger n 1 צוֹלֵל. 2 טוֹבְלָן. 3 גּוּמִי לִפְתִיחַת סְתִימָה. 4 "פּוּמְפָּה"
pluperfect n עָבָר נִשְׁלָם, עָבָר לֶעָבָר
plural n רַבִּים, רִבּוּי
pluralism n רִבּוּי, פְּלוּרָלִיזְם
pluralist n פְּלוּרָלִיסְט
plurality n 1 רִבּוּי, רֹב. 2 עֹדֶף קוֹלוֹת
plus prep, adj, n 1 פְּלוּס, וְעוֹד, בְּצֵרוּף. 2 נוֹסָף. 3 חִיּוּבִי (חשמל). 4 עֹדֶף, עוֹדֵף. 5 יִתְרוֹן
plush adj, n 1 קְטִיפָנִי. 2 קְטִיפָה, פְּלוּסִין. 3 יֻקְרָתִי, מְפֹאָר
plutocracy n פְּלוּטוֹקְרַטְיָה
plutocrat n פְּלוּטוֹקְרָט
plutocratic adj פְּלוּטוֹקְרָטִי
plutonium n פְּלוּטוֹנְיוּם
ply vti, n 1 עָבַד, עָמַל. 2 הִטְרִיד, הִטְרִיחַ. 3 לֶבֶד, שִׁכְבָה, עֹבִי. 4 גָּדִיל. 5 מְגַמָּה
plywood n עֵץ לָבִיד
pneumatic adj אֲוִירִי, מְמֻלָּא אֲוִיר
pneumatically adv עַל יְדֵי לַחַץ אֲוִיר
pneumonia n דַּלֶּקֶת רֵאוֹת
poach vt 1 שָׁלַק (ביצה). 2 הִסִּיג גְּבוּל. 3 צָד בְּלִי רִשָּׁיוֹן. 4 פָּלַשׁ
poach on הִסִּיג גְּבוּל, פָּלַשׁ
poached eggs בֵּיצִים שְׁלוּקוֹת
poacher n מַסִּיג גְּבוּל
pock n אֲבַעְבּוּעָה
pocket vt, n 1 הִכְנִיס לַכִּיס. 2 הִרְוִיחַ.

3 לָקַח לְעַצְמוֹ, גָּנַב.
4 הִטְמִין, הִסְתִּיר. 5 כִּיס.
6 בָּלַע (עלבון). 7 שַׂק,
נַרְתִּיק, אַרְנָק. 8 נָקִיק

pocket money דְּמֵי־כִּיס, כֶּסֶף כִּיס

pocketbook n 1 פִּנְקַס כִּיס, פִּנְקַס רְשִׁימוֹת. 2 אַרְנָק. 3 סֵפֶר כִּיס

pocketful n מְלוֹא הַכִּיס

pockmarked adj סָטוּף, סָטִיף, מְגֻמָּם

pod vt 1 תִּרְמֵל, נָשָׂא תַּרְמִילִים. 2 הוֹצִיא מֵהַתַּרְמִילִים. 3 הִתְנַפֵּחַ. 4 תַּרְמִיל. 5 לַהֲקָה (ציפורים), עֵדֶר (לווייתנים)

podgy adj גּוּץ וְשָׁמֵן

podiatry n רִפּוּי מַחֲלוֹת הָרַגְלַיִם

podium n 1 דּוּכָן, בָּמָה. 2 חַיִץ. 3 סַפְסַל קִיר

poem n שִׁיר, פִּיּוּט, פּוֹאֵמָה

poet n מְשׁוֹרֵר, פַּיְטָן

poetess n מְשׁוֹרֶרֶת, פַּיְטָנִית

poetic adj שִׁירִי, פִּיּוּטִי, מְלִיצִי

poetic justice צֶדֶק פִּיּוּטִי, שָׂכָר/עֹנֶשׁ מִשָּׁמַיִם

poetic licence חֵרוּת הַפִּיּוּט

poetical adj שִׁירִי, פִּיּוּטִי

poetically adv בִּמְלִיצָה, בְּפִיּוּטִיּוּת

poet laureate מְשׁוֹרֵר הֶחָצֵר

poetry n שִׁירָה, פִּיּוּט

poignant adj נוֹקֵב, מַכְאִיב, צוֹרֵב, מְעוֹרֵר רְגָשׁוֹת

poignantly adv בְּרִגְשָׁנוּת

point vti, n 1 נִקֵּד. 2 שָׂם טַעֲמֵי קְרִיאָה. 3 הִצְבִּיעַ, כִּוֵּן. 4 נְקֻדָּה. 5 סוֹף פָּסוּק. 6 חֹד, דָּגֵשׁ, עֹקֶץ. 7 עִקָּר, תַּכְלִית, טַעַם. 8 פְּרָט, סָעִיף, עִנְיָן. 9 תְּכוּנָה

point at כִּוֵּן עַל, הִצְבִּיעַ עַל

point of departure נְקֻדַּת־מוֹצָא

point of no return n נְקֻדָּה שֶׁאֵין מִמֶּנָּה חֲזָרָה

point of view n נְקֻדַּת מַבָּט, עֶמְדָּה

point out הִצְבִּיעַ עַל, הוֹרָה עַל

point to צִיֵּן, כִּוֵּן לְ־

point-blank adj, adv 1 מִקָּרוֹב, מִיָּדִי. 2 בַּחֲרִיפוּת, לְלֹא פִּקְפּוּק

pointed adj 1 חַד, מְחֻדָּד. 2 חָרִיף, שָׁנוּן. 3 קוֹלֵעַ אֶל הַמַּטָּרָה. 4 מְנֻקָּד (עברית)

pointedly adv בְּעוֹקְצָנוּת, בִּמְפֻגָּן

pointer n 1 מוֹרֶה, מַצְבִּיעַ, חֹטֶר, מַחֲוָן. 2 מָחוֹג, מְחוֹג הַמַּעֲלוֹת. 3 רֶמֶז. 4 כֶּלֶב צַיִד

pointless adj חֲסַר טַעַם, חֲסַר תַּכְלִית

pointlessly adv לְלֹא טַעַם, לְלֹא כַּוָּנָה

poise vti, n 1 אִזֵּן, שָׁקַל. 2 רִחֵף, רִפְרֵף. 3 הִתְכּוֹנֵן. 4 אִזּוּן, יַצִּיבוּת, שִׁוּוּי מִשְׁקָל

poison vt, n 1 הִרְעִיל. 2 סִמֵּם, הִשְׁחִית. 3 רַעַל, אֶרֶס, סַם מָוֶת

poisonous adj מַרְעִיל, אַרְסִי, רָעִיל

poisonously adv בְּאֹפֶן אַרְסִי

poke vti, n 1 תָּחַב, תָּקַע. 2 הִפֵּךְ. 3 דָּחַף, הָדַף. 4 הִפְרִיעַ. 5 דְּחִיפָה, הֲדִיפָה. 6 תְּחִיבָה, נְעִיצָה

poke fun at לָעַג, לִגְלֵג

poker n 1 מַחְתָּה. 2 פּוֹקֶר (קלפים)

poker face n פָּנִים סְתוּמוֹת

poky adj 1 מְשַׁעֲמֵם, קַטְנוּנִי. 2 מֻגְבָּל, לֹא־נוֹחַ

polar adj קָטְבִּי, שֶׁל הַקֹּטֶב

polarity n קָטְבִּיּוּת

polarize vt קִטֵּב, הִקְטִיב

Polaroid n פּוֹלָרוֹאִיד

pole n 1 מוֹט, יָצוּל. 2 עַמּוּד. 3 קֹטֶב, צִיר

Pole n פּוֹלָנִי

polecat חֻלְדָּה, בּוֹאֵשׁ

poleax(e) vt, n 1 שָׁחַט בְּגַרְזֶן קְרָב. 2 גַּרְזֶן, גַּרְזֶן קְרָב

polemic adj, n 1 פּוּלְמוּסִי, פּוֹלֵמִי. 2 פּוּלְמוּס, מַחֲלֹקֶת

pole star n כּוֹכַב הַצָּפוֹן

pole-vault n קְפִיצָה בְּמוֹט

police vt, n 1 שָׁטַר, שָׁמַר, הֵגֵן, שִׁטֵּר.

2 מִשְׁטָרָה. 3 סֵדֶר צִבּוּרִי, מִשְׁטָר. 4 שׁוֹטְרִים

policeman n שׁוֹטֵר

policewoman n שׁוֹטֶרֶת

policy n 1 מְדִינִיּוּת. 2 תְּבוּנָה, חָכְמָה. 3 תְּעוּדַת בִּטּוּחַ

polio, poliomyelitis n שִׁתּוּק יְלָדִים

Polish adj, n 1 פּוֹלָנִי. 2 פּוֹלָנִית

polish vti, n 1 הִבְרִיק, מָרַק, צִחְצַח. 2 לִטֵּשׁ. 3 הִתְעַדֵּן. 4 צִחְצוּחַ, מֵרוּק, לִטּוּשׁ. 5 עִדּוּן, שִׁכְלוּל, שִׁפּוּר. 6 מִשְׁחָה, תַּמְרוּט

polite adj 1 מְנֻמָּס, אָדִיב, מְעֻדָּן. 2 תַּרְבּוּתִי, נִימוּסִי

politely adv בַּאֲדִיבוּת, בְּנִימוּס

politeness n אֲדִיבוּת, עִדּוּן, נִימוּס

politic adj 1 נָבוֹן, מְחֻכָּם. 2 פִּקֵּחַ, עַרְמוּמִי

political adj מְדִינִי, פּוֹלִיטִי

political correctness תְּקִינוּת פּוֹלִיטִית

politically adv מִבְּחִינָה מְדִינִית

politician n 1 מְדִינַאי. 2 תַּחְבְּלָן

politicize vti 1 שִׁוָּה אֹפִי פּוֹלִיטִי. 2 עָסַק (השתתף) בְּפּוֹלִיטִיקָה

politick vi עָסַק בְּפּוֹלִיטִיקָה

politics npl מְדִינִיּוּת, פּוֹלִיטִיקָה

polity n 1 מִשְׁטָר. 2 שִׁלְטוֹן

polka n פּוֹלְקָה

polka dots דֶּגֶם מְנֻקָּד (אריג)

poll vit, n 1 קִצֵּץ, גִּזֵּם, כָּרַת. 2 עָרַךְ מִפְקָד. 3 בָּחַר, הִצְבִּיעַ. 4 הַצְבָּעָה, בְּחִירוֹת. 5 מִפְקָד, סֶקֶר, מִשְׁאָל. 6 קַלְפֵּי

poll tax מַס גֻּלְגֹּלֶת

pollard vt, n 1 גָּדַע, גִּדַּע. 2 גִּזֵּם. 3 גְּדוּעַ קַרְנַיִם. 4 עֵץ גָּזוּם

pollen n אֲבָקָה, סִיג

pollinate vt הֶאֱבִיק

pollination n הַאֲבָקָה

polling booth/station קַלְפֵּי

polling day יוֹם הַבְּחִירוֹת

pollster n עוֹרֵךְ מִשְׁאָל

pollute vt טִנֵּף, לִכְלֵךְ, זִהֵם, טִמֵּא

pollution n טִנּוּף, לִכְלוּךְ, זִהוּם

polo n פּוֹלוֹ

polonaise n פּוֹלוֹנֶז

poltergeist n שֵׁד הָרַעַשׁ

poltroon n מוּג־לֵב, פַּחְדָן

polyandry n רִבּוּי בְּעָלִים

polyandrous adj רַבַּת בְּעָלִים (אשה)

polyanthus n בְּכוֹר אָבִיב

polygamist n פּוֹלִיגָמִיסְט

polygamous adj פּוֹלִיגָמִי

polygamy n פּוֹלִיגַמְיָה

polyglot adj, n פּוֹלִיגְלוֹט

polygraph n מְכוֹנַת אֱמֶת

polyhedron n פֵּאוֹן

polymath n אִישׁ־אֶשְׁכּוֹלוֹת

polymorphic/phous adj רַב־צוּרָתִי, פּוֹלִימוֹרְפִי

polyp n פּוֹלִיפּ

polyphony n רַב־קוֹלִיּוּת, פּוֹלִיפוֹנִי

polystyrene n פּוֹלִיסְטִירֶן, קַלְקַר

polysyllabic adj רַבַּת הֲבָרוֹת (מלה)

polytechnic, poly n מִכְלָלָה

polytheism n 1 אֱמוּנָה בְּאֵלִים רַבִּים. 2 עֲבוֹדַת אֱלִילִים

polytheistic adj פּוֹלִיתֵאִיסְטִי

polythene n פּוֹלִיאֶתִילֶן, נַיְלוֹן

pomade vt, n 1 דִּהֵן, מָשַׁח בְּמִשְׁחָה. 2 דֹּהַן, מִשְׁחָה

pomegranate n רִמּוֹן

pomelo n פּוֹמֶלוֹ

pommel vt, n 1 חָבַט, הִרְבִּיץ. 2 גֻּלָּה, גֶּבֶר הָאֻכָּף, תְּפוּס

pommy, pom n מְהַגֵּר בְּרִיטִי (אוסטרליה)

pomp n זֹהַר, הוֹד, הָדָר, הִתְהַדְּרוּת

pompon n פּוֹמְפּוֹן, צִיצָה, כַּדּוּרִית

pomposity n הִתְהַדְּרוּת, הָדָר, הוֹד

pompous adj מִתְהַדֵּר, מְנֻפָּח, יָהִיר

pompously adv בְּסִגְנוֹן מְנֻפָּח

poncho n פּוֹנְצ'וֹ

pond n 1 בְּרֵכָה. 2 בְּרֵכָה מְלָאכוּתִית. 3 אֲגַם
ponder vti 1 שָׁקַל, הִרְהֵר, חָשַׁב, הֶעֱרִיךְ. 2 הִתְבּוֹנֵן, הִתְעַמֵּק
ponderable adj שָׁקִיל, נִתָּן לְהַעֲרִיכוֹ
ponderous adj מַסִּיבִי, כָּבֵד
ponderously adv בִּכְבֵדוּת
poniard n פִּגְיוֹן
pontiff, pontifex n אַפִּיפְיוֹר
pontifical adj אַפִּיפְיוֹרִי
pontificate n אַפִּיפְיוֹרוּת
pontoon n 1 סִירַת גְּשָׁרִים. 2 פּוֹנְטוֹן
pony n סָיָח, פּוֹנִי
ponytail n זְנַב־סוּס
poodle n צַמְרוֹן, פּוּדֶל
pooh-pooh vt הֵקֵל בִּכְבוֹד, זִלְזֵל בְּ־
pool vt, n 1 הִפְקִיד בְּקֶרֶן מְשֻׁתֶּפֶת. 2 טוֹטוֹ. 3 מִקְוֵה מַיִם, בְּרֵכָה, שְׁלוּלִית. 4 קֻפָּה מְשֻׁתֶּפֶת. 5 חִבּוּר, פּוּל. 6 שֵׁרוּת מֶרְכָּזִי. 7 סְנוּקֶר
poop vti, n 1 עִיֵּף, הִתְעַיֵּף. 2 בֵּית אַחְרָה, יַרְכָּתַיִם
poor adj 1 עָנִי, דַּל. 2 מִסְכֵּן, עָלוּב. 3 יָרוּד, נָחוּת
poor thing אֻמְלָל, מִסְכֵּן
poor box קֻפְסַת צְדָקָה
poorhouse n הֶקְדֵּשׁ, בֵּית מַחְסֶה
poor law חֻקֵּי הָאֶבְיוֹנִים
poorly adj, adv 1 בְּקֹשִׁי, בְּקַמְצָנוּת. 2 חוֹלֶה
pop vti, adj, adv, n 1 הִתְפּוֹצֵץ, פּוֹצֵץ, נִפֵּץ. 2 עֲמָמִי. 3 קוֹל נֶפֶץ קַל. 4 אַבָּא. 5 זָקֵן
pop in vi בָּא פִּתְאֹם
pop out vi יָצָא בְּחִפָּזוֹן
popcorn n פּוֹפְּקוֹרְן, פִּצְפּוּצֵי תִּירָס
Pope n אַפִּיפְיוֹר
popery n אַפִּיפְיוֹרוּת (גנאי)
pop-eyed adj פְּעוּר עֵינַיִם
popish adj אַפִּיפְיוֹרִי (גנאי)
popinjay n 1 מִתְרַבְרֵב, שַׁחֲצָן. 2 תֻּכִּי
poplar n צַפְצָפָה (עץ)
poplin n פּוֹפְּלִין (בד)
poppet n 1 בֻּבָּה. 2 שַׁסְתּוֹם מְפֻלָּשׁ. 3 רֹאשׁ מַחֲרֵטָה
poppy n 1 פָּרָג. 2 אֹדֶם (של פרג)
poppycock n שְׁטֻיּוֹת, הֲבָלִים
populace n הָמוֹן, אֲסַפְסוּף, הַצִּבּוּר הָרָחָב
popular adj 1 עֲמָמִי, הֲמוֹנִי. 2 חָבִיב, אָהוּד, מְקֻבָּל. 3 שָׁוֶה לְכָל נֶפֶשׁ
popularity n פּוֹפּוּלָרִיּוּת, מוֹנִיטִין
popularly adv לְפִי הַמְקֻבָּל
popularization n עֲשִׂיָּה לַעֲמָמִי
popularize vt עָשָׂה פּוֹפּוּלָרִי, עָשָׂה מוּבָן
populate vt אִכְלֵס, יִשֵּׁב, הוֹשִׁיב
population n 1 אוּכְלוּסִיָּה, תּוֹשָׁבִים. 2 אִכְלוּס
populism n פּוֹפּוּלִיזְם
populist n פּוֹפּוּלִיסְט
populous adj מְאֻכְלָס בִּצְפִיפוּת
porcelain n 1 חַרְסִינָה. 2 כְּלֵי חַרְסִינָה
porch n 1 אַכְסַדְרָה, מִרְפֶּסֶת. 2 אִיתוֹן, חֲדַר כְּנִיסָה. 3 בִּנְיַן עַמּוּדִים
porcine adj חֲזִירִי
porcupine n קִפּוֹד
pore n נַקְבּוּבִית, נֶקֶב, חוֹר
pore over vt שָׁקַע בְּמַחֲשָׁבוֹת, עִיֵּן
pork n בְּשַׂר חֲזִיר
porker n חֲזִיר מְפֻטָּם
pornographer n פּוֹרְנוֹגְרָף
pornographic adj פּוֹרְנוֹגְרָפִי
pornography n פּוֹרְנוֹגְרַפְיָה
porosity, porousness n נַקְבּוּבִיּוּת
porous adj נַקְבּוּבִי, מְחַלְחֵל
porphyry n בַּהַט, פּוֹרְפִיר
porpoise n פּוֹקֵנָה, דּוֹלְפִין
porridge n דַּיְסָה
porringer n קְעָרַת דַּיְסָה
port vt, n 1 נָשָׂא, נָטַל, אָחַז. 2 נָמֵל, עִיר נָמֵל. 3 מִקְלָט לְעֵת צָרָה, מְקוֹם מִבְטַחִים. 4 נְשִׂיאַת

נֶשֶׁק. 5 שְׂמֹאל (צד). 6 יֵין אוֹפּוֹרְטוֹ, פּוֹרְט

portability n הִטַּלְטְלוּת, נַיָּדוּת

portable adj נַיָּד, מִטַּלְטֵל

portage n 1 הוֹבָלָה, קַו הוֹבָלָה. 2 דְּמֵי הוֹבָלָה

portal n 1 שַׁעַר, דֶּלֶת, פֶּתַח. 2 כְּנִיסָה, מָבוֹא

portcullis n סוֹרֵג מָגֵן זָז

portend vt בִּשֵּׂר, חָזָה, נִבָּא

portent n 1 אוֹת לַבָּאוֹת. 2 נֵס, פֶּלֶא. 3 סִימָן

portentous adj מְבַשֵּׂר, מְנַבֵּא, מַפְלִיא

portentously adv בְּנֵס, מְבַשֵּׂר רָעוֹת

porter n סַבָּל, שׁוֹעֵר

porterage n 1 סַבָּלוּת. 2 דְּמֵי סַבָּלוּת

portfolio n 1 תִּיק לִנְיָרוֹת. 2 רְשִׁימַת הַשְׁקָעוֹת. 3 מִשְׂרַת שַׂר

porthole n צֹהַר, אֶשְׁנָב, אֶשְׁקָף

portico n אִצְטַבָּה, סְטָו, שְׂדֵרַת עַמּוּדִים בַּכְּנִיסָה

portière n מָסָךְ כָּבֵד (לדלת)

portion vt, n 1 חִלֵּק, הִקְצִיב, הֶעֱנִיק. 2 נָתַן נְדוּנְיָה. 3 מָנָה, חֵלֶק. 4 יִעוּד, גּוֹרָל. 5 נְדוּנְיָה

portly adj 1 עָבֶה, בָּרִיא. 2 כַּרְסָן, שְׁמַנְמַן

portmanteau n 1 מִזְוָדָה. 2 מִלַּת כִּלְאַיִם

portrait n דְּיוֹקָן, תְּמוּנָה, צִלּוּם

portraitist n דְּיוֹקְנַאי, צַלָּם

portray vt צִיֵּר, תֵּאֵר, שִׁקֵּף

portrayal n צִיּוּר, תֵּאוּר, שִׁקּוּף

Portuguese adj, n 1 פּוֹרְטוּגָלִית, פּוֹרְטוּגֶזִית. 2 פּוֹרְטוּגָלִי

Portulaca n רֶגֶלַת הַגִּנָּה

pose vti, n 1 הִצִּיג, הֶעֱמִיד, הִנִּיחַ. 2 הֶעֱמִיד פָּנִים, הִתְחַפֵּשׂ. 3 עֶמְדָּה, מַצָּב, תְּנוּחָה, פּוֹזָה. 4 הַעֲמָדַת פָּנִים, הִתְחַפְּשׂוּת

pose for vi דִּגְמֵן, שִׁמֵּשׁ דֻּגְמָן

pose as vi הֶעֱמִיד פָּנִים

poseur n מַעֲמִיד פָּנִים

posh adj מְהֻדָּר, מְפֹאָר, נָאֶה, מְצֻחְצָח

posit vt הִצִּיג, הֶעֱמִיד, הִנִּיחַ

position n 1 הַצָּגָה, הַעֲמָדָה. 2 מַצָּב, עֶמְדָּה, מַעֲמָד, תְּנוּחָה. 3 מִשְׂרָה, תַּפְקִיד. 4 מַנָּח

positive adj, n 1 חִיּוּבִי. 2 בָּרוּר, מְפֹרָשׁ. 3 מֻחְלָט. 4 קוֹנְסְטְרוּקְטִיבִי. 5 פּוֹזִיטִיב. 6 חִיּוּב. 7 דַּרְגַּת הַפְּשִׁיטוּת (דקדוק)

positively adv 1 בְּלִי סָפֵק, בְּפֵרוּשׁ. 2 בְּחִיּוּב

positiveness n 1 חִיּוּבִיּוּת. 2 בִּטָּחוֹן

positivism n פּוֹזִיטִיבִיזְם

positivist n פּוֹזִיטִיבִיסְט

posse n 1 פְּלֻגַּת אֶזְרָחִים. 2 פְּלֻגַּת שׁוֹטְרִים

possess vt 1 הֶחֱזִיק, אָחַז, שָׁלַט, הָיָה לְ־. 2 כָּבַשׁ. 3 קִיֵּם יַחֲסֵי מִין

possessed adj אָחוּז דִּבּוּק

possession n 1 בַּעֲלוּת, חֲזָקָה. 2 נֶכֶס, רְכוּשׁ. 3 נַחֲלָה, קִנְיָן. 4 נְכָסִים, עשֶׁר. 5 טֵרוּף

possessive adj, n 1 קִנְיָנִי. 2 שׁוֹלֵט. 3 יַחַס הַקִּנְיָן

possessor n בַּעַל, בְּעָלִים

posset n חָלָב מְתֻבָּל

possibility n אֶפְשָׁרוּת, יְכֹלֶת

possible adj אֶפְשָׁרִי

possibly adv אוּלַי, אֶפְשָׁר

post vt, n 1 שָׁלַח בְּדֹאַר, שִׁלְשֵׁל בְּתֵבַת הַדֹּאַר. 2 הִצִּיב, הִדְבִּיק. 3 הִפְקִיד, מִנָּה. 4 הֶעֱבִיר. 5 דֹּאַר. 6 עַמּוּד, מְזוּזָה, כַּן. 7 עֶמְדָּה, מַצָּב. 8 מִשְׂרָה, תַּפְקִיד. 9 תַּחֲנָה, תַּצְפִּית

post meridiem, p.m. אַחַר הַצָּהֳרַיִם, אחה"צ

post mortem (L) 1 שֶׁלְּאַחַר הַמָּוֶת. 2 בְּדִיקָה שֶׁלְּאַחַר הַמָּוֶת

post office 1 דֹּאַר, בֵּית הַדֹּאַר. 2 מִשְׂרַד הַדֹּאַר

postage n דְּמֵי דֹּאַר
postage stamp בּוּל דֹּאַר
postal adj, n 1 שֶׁל דֹּאַר. 2 גְּלוּיָה
postal order הַמְחָאַת דֹּאַר
postbox n תֵּבַת דֹּאַר
postcard n גְּלוּיָה
postdate vt קָבַע תַּאֲרִיךְ מְאֻחָר, רָשַׁם תַּאֲרִיךְ דָּחוּי
poster n 1 מוֹדָעָה, כְּרָזָה, פְּלַקָט. 2 פּוֹסְטֶר
poste restante 1 דֹּאַר שָׁמוּר. 2 פּוֹסְט רֶסְטַנְט
posterior adj, n 1 מְאֻחָר, אֲחוֹרִי. 2 יַשְׁבָן
posterity n הֶעָתִיד, הַדּוֹרוֹת הַבָּאִים
postern n 1 דֶּלֶת אֲחוֹרִית. 2 כְּנִיסָה פְּרָטִית
postgraduate adj, n 1 מֻסְמָךְ. 2 בּוֹגֵר
posthaste adv בְּחִפָּזוֹן
posthumous adj שֶׁלְּאַחַר הַמָּוֶת
posthumously adv לְאַחַר הַמָּוֶת
postilion, postillion n רַכָּב
postman n דַּוָּר, נוֹשֵׂא מִכְתָּבִים
postmaster n מְנַהֵל דֹּאַר
Postmaster-General מְנַהֵל הַדֹּאַר הַכְּלָלִי
postnatal adj שֶׁלְּאַחַר הַלֵּידָה
postpone vt דָּחָה, עִכֵּב, הִשְׁהָה
postponement n דְּחִיָּה, הַשְׁהָיָה, דִּחוּי, עִכּוּב
postprandial adj שֶׁלְּאַחַר הַסְּעֻדָּה
postscript n הוֹסָפָה לַכָּתוּב, נ.ב., הֶעָרַת שׁוּלַיִם
postulant n 1 מֻעֲמָד. 2 מְבַקֵּשׁ
postulate vt, n 1 בִּקֵּשׁ, תָּבַע, דָּרַשׁ. 2 קָבַע, הִנִּיחַ. 3 תְּבִיעָה, בַּקָּשָׁה, דְּרִישָׁה. 4 הַנָּחָה, פּוֹסְטוּלָט
posture vti, n 1 הֶעֱמִיד, הִצִּיג. 2 הֶעֱמִיד פָּנִים. 3 עֶמְדָּה, מַצָּב. 4 תְּנוּחָה, יְצִיבָה
posy n זֵר פְּרָחִים
pot vt, n 1 הִכְנִיס לַקְּדֵרָה, בִּשֵּׁל בִּקְדֵרָה. 2 הִכְנִיס לְעָצִיץ. 3 קִצֵּר, תִּמְצֵת. 4 יָרָה מִטְוָח קָצָר. 5 קְדֵרָה, סִיר, קֻנְקַן, צִנְצֶנֶת. 6 עָצִיץ, כְּלִי חֶרֶס. 7 חֲשִׁישׁ
pot roast בְּשַׂר בָּקָר מְבֻשָּׁל
potbellied adj כְּרֵסָנִי
potbelly adj כְּרֵסָן, כָּרֵס
pothole n נֶקֶב, גֻּמָּה, מַכְתֶּשֶׁת
pothook n אַנְקוֹל לְסִיר
pothunter n 1 צַיַּד פֶּרֶא. 2 צַיַּד פְּרָסִים. 3 אַרְכֵיאוֹלוֹג חוֹבֵב
potshot n יְרִיָּה קַלָּה
potable adj בַּר־שְׁתִיָּה, רָאוּי לִשְׁתִיָּה
potash n אַשְׁלָג
potassium n אַשְׁלְגָן
potato n תַּפּוּחַ אֲדָמָה, תַּפּוּד
poteen n פּוֹטִין
potency n 1 אוֹן, כֹּחַ, עֹז, עָצְמָה. 2 כֹּחָנוּת, אוֹנוּת
potent adj 1 נִמְרָץ, כֹּחָנִי. 2 אַדִּיר, חָזָק. 3 בַּעַל כֹּחַ
potentate n 1 שַׁלִּיט, מֶלֶךְ, מוֹשֵׁל. 2 תַּקִּיף, רַב־עָצְמָה
potential adj, n 1 אֶפְשָׁרִי, פּוֹטֶנְצְיָאלִי. 2 מֶתַח (חשמל). 3 פּוֹטֶנְצְיָאל
potentiality n אֶפְשָׁרוּת, פּוֹטֶנְצְיָאלִיּוּת
potentially adv בְּכֹחַ, בְּפּוֹטֶנְצְיָה
potently adv בְּנִמְרָצוּת
pother n מְהוּמָה, רַעַשׁ
potion n 1 שִׁקּוּי. 2 מָנָה, לְגִימָה
potluck n אֲרוּחָה רְגִילָה
potpourri n פּוֹפּוּרִי, עִרְבּוּבְיָה
potsherd n שִׁבְרֵי חֶרֶס
pottage n נָזִיד, מְרַק סָמִיךְ
potted adj 1 מְשֻׁמָּר בִּקְדֵרָה. 2 מְבֻשָּׂם, שִׁכּוֹר
potter, putter vi, n 1 הִתְבַּטֵּל, בִּזְבֵּז אֶת הַזְּמַן. 2 קַדָּר, יוֹצֵר
pottery n קַדָּרוּת, כְּלֵי חֶרֶס
potty adj 1 קָטָן, נִקְלֶה. 2 פֶּתִי
pouch vt, n 1 שָׂם בְּשַׂק, הִכְנִיס בַּכִּיס.

2 נִפַּח. 3 שַׂק, אַמְתַּחַת, כִּיס, שַׂקִּיק

pouf, pouffe n 1 פּוּף. 2 דַּרְגָּשׁ, סַפָּה

poulterer n סוֹחֵר עוֹפוֹת

poultice vt, n 1 לִפֵּף, לִפֵּף, חָבַשׁ. 2 אִסְפְּלָנִית, תַּחְבֹּשֶׁת

poultry n עוֹפוֹת בַּיִת

pounce vi, n 1 זִנֵּק עַל, עָט עַל. 2 הִתְנַפֵּל, הִתְקִיף. 3 הִתְנַפְּלוּת, עִיטָה, הִשְׂתָּעֲרוּת

pounce at/on vt הִתְנַפֵּל, עָט

pound vti, n 1 הָלַם, חָבַט, הִכָּה. 2 כָּתַשׁ, שָׁחַק. 3 הָלַךְ בִּכְבֵדוּת. 4 פָּאוּנְד, לִיטְרָה, לִירָה. 5 מִכְלָה, דִּיר, מִכְלָאָה

poundage n דְּמֵי עֲמִילוּת

pour vti, n 1 שָׁפַךְ, יָצַק, נָסַךְ. 2 שָׁטַף, זָרַם, נָהַר. 3 מָזַג. 4 נִתַּךְ. 5 מָטָר, גֶּשֶׁם. 6 זֶרֶם, שְׁפִיכָה

pour cold water לָטַשׁ

pour oil on troubled waters שִׁכֵּךְ סְעָרָה, הִשְׁקִיט זַעַם

pourboire n תֶּשֶׁר, טִיפּ

pout vti, n 1 הֶחְמִיץ פָּנִים, שִׁרְבֵּט שְׂפָתַיִם. 2 הַזְעָמַת פָּנִים, פָּנִים חֲמוּצוֹת

poutingly adv בְּהַזְעָמַת פָּנִים

poverty n עֹנִי, דַּלּוּת, אֶבְיוֹנוּת

poverty-stricken adj עָנִי וְאֶבְיוֹן

powder vt, n 1 אִבֵּק, כִּסָּה בְּאָבָק. 2 כִּתֵּשׁ, שָׁחַק, הֵדַק. 3 אָבָק, אַבְקָה, אֲבָקָה. 4 אֲבַק שְׂרֵפָה

powder box פּוּדְרִיָּה

powder magazine מַחְסָן לַאֲבַק שְׂרֵפָה

powder room בֵּית כָּבוֹד, נוֹחִיּוּת

powdered adj אֲבָקִי

powdery adj מְאֻבָּק, דְּמוּי אֲבָקָה

power vt, n 1 סִפֵּק כֹּחַ. 2 כֹּחַ, חֹזֶק, עָצְמָה. 3 תֹּקֶף, כֹּשֶׁר, יְכֹלֶת. 4 חֶזְקָה. 5 שְׁלִיטָה, שִׁלְטוֹן, שְׂרָרָה, סַמְכוּת. 6 הֶסְפֵּק. 7 מַעֲצָמָה. 8 מִסְפָּר רַב, הַרְבֵּה

power cut הַפְסָקַת חַשְׁמַל

power dive 1 צָלַל בְּעָצְמָה. 2 צְלִילַת עָצְמָה (מטוס)

power of attorney יִפּוּי כֹּחַ, כְּתַב הַרְשָׁאָה

power plant תַּחֲנַת כֹּחַ (חשמל)

power politics מְדִינִיּוּת כֹּחַ

powerful adj 1 חָזָק, רַב־כֹּחַ, אַדִּיר, מָלֵא עָצְמָה. 2 בַּעַל יְכֹלֶת, בַּעַל הַשְׁפָּעָה

powerfully adv בְּכֹחַ, בְּאֹפֶן נִמְרָץ

powerhouse n תַּחֲנַת כֹּחַ

powerless adj אֵין אוֹנִים, חֲסַר אוֹנִים

powerlessly adv בְּחֹסֶר אוֹנִים

powwow vi, n 1 עָרַךְ דִּיּוּן, הִתְוַעֵד. 2 רוֹפֵא אֱלִיל. 3 דִּיּוּן סוֹעֵר

pox n 1 אֲבַעְבּוּעוֹת. 2 עַגֶּבֶת

practicability n מַעֲשִׂיּוּת

practicable adj אֶפְשָׁרִי, מַעֲשִׂי, שִׁמּוּשִׁי, בַּר בִּצּוּעַ

practicably n בְּאֹפֶן מַעֲשִׂי, מַעֲשִׂית

practical adj שִׁמּוּשִׁי, מַעֲשִׂי, אֶפְשָׁרִי, בַּר־בִּצּוּעַ

practical joke 1 תַּעֲלוּל, מַעֲשֵׂה קֻנְדֵּס. 2 קֻנְדֵּסוּת, "מְתִיחָה"

practicality n מַעֲשִׂיּוּת, שִׁמּוּשִׁיּוּת, נוֹחוּת

practically adv לְמַעֲשֶׂה

practise vti 1 תִּרְגֵּל, שִׁנֵּן, בִּצַּע. 2 עָסַק

practice n 1 תִּרְגּוּל, שִׁנּוּן, הִתְאַמְּנוּת. 2 הֶרְגֵּל. 3 פְּרַקְטִיקָה

practise what one preaches הָיָה נָאֶה דּוֹרֵשׁ וְנָאֶה מְקַיֵּם

practitioner n 1 עוֹסֵק, מִתְעַסֵּק. 2 רוֹפֵא. 3 עוֹרֵךְ דִּין

pr(a)esidium n נְשִׂיאוּת, פְּרֵזִידְיוּם

pr(a)etor n פְּרֵטוֹר

pragmatic(al) adj פְּרַגְמָטִי

pragmatically adv בִּפְרַגְמָטִיּוּת

pragmatism n פְּרַגְמָטִיזְם, פְּרַגְמָטִיּוּת

pragmatist n פְּרַגְמָטִיסְט, פְּרַגְמָטִי

prairie n אָחוּ, עֲרָבָה

prairie wolf n זְאֵב הָעֲרָבָה
praise vt, n 1 שִׁבַּח, הִלֵּל, פֵּאֵר, קִלֵּס, בֵּרֵךְ. 2 שֶׁבַח, הַלֵּל, תְּהִלָּה, בְּרָכָה
praiseworthily adv בְּאֹפֶן הָרָאוּי לְשֶׁבַח
praiseworthiness n שֶׁבַח, הַלֵּל, תְּהִלָּה
praiseworthy adj רָאוּי לְשֶׁבַח
prance vi, n 1 הִתְנַהֵג בִּיהִירוּת. 2 קִפֵּץ, פִּזֵּז. 3 קִפּוּץ, דְּהִירָה
prank n מַעֲשֵׂה קֻנְדֵס, קֻנְדֵּסוּת, לָצוֹן
prattle vi, n 1 פִּטְפֵּט, לִהֵג, גִּבֵּב. 2 פִּטְפּוּט, הֲבָלִים, שְׁטֻיּוֹת
prawn vi, n 1 דָּג פְּרָאוּנִים. 2 פְּרָאוּן, סַרְטָן, חֲסִילוֹן
pray vti 1 הִתְפַּלֵּל. 2 הִתְחַנֵּן, הִפְצִיר, בִּקֵּשׁ
prayer n 1 תְּפִלָּה. 2 בַּקָּשָׁה, תַּחֲנוּנִים, הַפְצָרָה. 3 מִתְפַּלֵּל
prayer book 1 סֵפֶר תְּפִלָּה. 2 מַחֲזוֹר, סִדּוּר
pre- pref קְדַם־, טְרוֹם־, לִפְנֵי, שֶׁלִּפְנֵי
preach vti דָּרַשׁ, נָאַם, הִטִּיף
preacher n דַּרְשָׁן, מַטִּיף, מַגִּיד, נוֹאֵם, כֹּמֶר
preamble n 1 הַקְדָּמָה, מָבוֹא, פְּתִיחָה. 2 פֶּתַח דָּבָר
prearrange vt סִדֵּר מֵרֹאשׁ
prearrangement n סִדּוּר מֵרֹאשׁ
prebend n הֶקְדֵּשׁ, שְׂכַר כֹּמֶר
prebendary n כֹּמֶר
precarious adj 1 מְסֻכָּן, לֹא־בָטוּחַ. 2 רוֹפֵף
precariously adv בְּחֹסֶר בִּטָּחוֹן
precast adj טְרוֹמִי
precaution n 1 זְהִירוּת. 2 אֶמְצָעֵי זְהִירוּת
precautionary adj מַזְהִיר, מִטַּעֲמֵי זְהִירוּת
precede vti 1 הִקְדִּים, קָדַם. 2 בָּא לִפְנֵי
precedence n 1 קְדִימָה, יִתְרוֹן, בְּכוֹרָה. 2 עֲדִיפוּת
precedent n תַּקְדִּים
preceding adj קוֹדֵם, מַקְדִּים
precentor n מְנַצֵּחַ (מקהלה)
precept n 1 הוֹרָאָה, פְּקֻדָּה. 2 מִצְוָה, צַו
preceptor n מוֹרֶה, מְחַנֵּךְ
precession n קְדִימָה, בְּכוֹרָה, הִתְקַדְּמוּת
precinct n 1 שֶׁטַח, תְּחוּם, מִגְרָשׁ. 2 חָצֵר. 3 סְבִיבָה. 4 מִדְרְחוֹב. 5 קַנְיוֹן
preciosity n דַּקְדְּקָנוּת, קַפְּדָנוּת
precious adj חָבִיב, אָהוּב, יָקָר, נַעֲלֶה
preciously adv מְאֹד
preciousness n יֹקֶר, חֲבִיבוּת
precipice n 1 תְּהוֹם. 2 מוֹרָד תָּלוּל
precipitate vt, adj, n 1 הִשְׁלִיךְ, הִפִּיל, זָרַק. 2 הֵאִיץ, הִמְרִיץ, זֵרֵז. 3 עִבָּה, הִתְעַבָּה. 4 שִׁקַּע. 5 תָּלוּל. 6 נֶחְפָּז, נִמְהָר, פִּתְאֹמִי. 7 שִׁכְבָה, מִשְׁקָע
precipitately adv בְּחִפָּזוֹן
precipitation n 1 שִׁקּוּעַ, מִשְׁקָע. 2 נְפִילָה, הַשְׁלָכָה, הַפָּלָה. 3 פַּחְזָנוּת, חִפָּזוֹן. 4 כַּמּוּת הַמִּשְׁקָעִים
precipitous adj תָּלוּל, מְשֻׁפָּע, פּוֹחֵז, פָּזִיז
precipitously adv בְּחִפָּזוֹן
précis vt, n 1 תִּמְצֵת, קִצֵּר, סִכֵּם. 2 קִצּוּר, תַּמְצִית, מִצּוּי, סִכּוּם
precise adj מְדֻיָּק, מְדַקְדֵּק, נָכוֹן
precisely adv בְּדִיּוּק, נָכוֹן
preciseness n דִּיּוּק, דַּיְּקָנוּת, נִמְרָצוּת
precision n דִּיּוּק, דַּיְּקָנוּת, צִמְצוּם
preclude vt הוֹצִיא מִכְּלָל, מָנַע מֵרֹאשׁ
preclusion n הוֹצָאָה מִכְּלָל, מְנִיעָה מֵרֹאשׁ
precocious adj בָּשֵׁל לִפְנֵי זְמַנּוֹ
precociousness, precosity n 1 הַבְשָׁלָה מֻקְדֶּמֶת. 2 הִתְבַּגְּרוּת מֻקְדֶּמֶת
precognition n יְדִיעָה מֻקְדֶּמֶת
preconceive vt חָשַׁב מֵרֹאשׁ
preconception n דֵּעָה מֻקְדֶּמֶת
preconcerted adj מְסֻדָּר מֵרֹאשׁ
precondition n תְּנַאי מֻקְדָּם
precursor n מְבַשֵּׂר, מַקְדִּים
precursory adj מְבַשֵּׂר, מַקְדִּים, מַכְרִיז
predator n 1 טוֹרֵף. 2 חַמְסָן
predatory adj 1 טוֹרֵף, טַרְפָּן. 2 חַמְסָן, שׁוֹדֵד
predecease vt מֵת לִפְנֵי
predecessor n 1 קוֹדֵם. 2 אָב, קַדְמוֹן

predestinate vt הוֹעִיד מֵרֹאשׁ, קָבַע מֵרֹאשׁ
predestination n יִעוּד מֵרֹאשׁ, גּוֹרָל, יִעוּד, גְּזֵרָה
predestined adj נִגְזָר מֵרֹאשׁ
predetermination n הַחְלָטָה, קְבִיעָה מֵרֹאשׁ
predetermine vt 1 הֶחְלִיט מֵרֹאשׁ. 2 גָּזַר מֵרֹאשׁ
predicament n 1 מַאֲמָר, קָטֵגוֹרְיָה. 2 מַצָּב מְסֻכָּן, מַצָּב מֵעִיק. 3 מַצָּב לֹא נָעִים
predicate vt, n 1 הִטִּיף, הִכְרִיז, אִשֵּׁר, בִּסֵּס. 2 נָשׂוּא. 3 תְּכוּנָה
predicative adj 1 נְשׂוּאִי, מְשַׁמֵּשׁ נָשׂוּא. 2 מְחַיֵּב
predict vt נִבָּא, נִחֵשׁ, חָזָה
predictability n חִזּוּי, נְבִיאוּת
predictable adj שֶׁנִּתָּן לְנַחֲשׁוֹ
prediction n 1 נִחוּשׁ, נִבּוּי. 2 חִזּוּי, תַּחֲזִית
predictor n 1 מְנַבֵּא, נָבִיא. 2 נַחֲשָׁן
predigest vt עִכֵּל מֵרֹאשׁ
predilection n הַעְדָּפָה, בִּכּוּר, הוֹתָרָה לְטוֹבָה
predispose vt 1 הִטָּה מֵרֹאשׁ, הִכְשִׁיר. 2 עָשָׂה רָגִישׁ לְ־
predisposition n 1 נְטִיָּה. 2 הַכְשָׁרָה. 3 רְגִישׁוּת, עֲלִילוּת
predominance n יִתְרוֹן, עֶלְיוֹנוּת, שְׁלִיטָה
predominant adj שׁוֹלֵט, שׁוֹרֵר, רוֹוֵחַ, מַכְרִיעַ
predominantly adv בְּעִקָּר, בְּאֹפֶן בּוֹלֵט
predominate vi גָּבַר עַל, מָשַׁל בְּ־, הִכְרִיעַ
preeminence n רוֹמְמוּת, עֶלְיוֹנוּת, נִכְבָּדוּת
preeminent adj דָּגוּל, נִכְבָּד, נַעֲלֶה, עֶלְיוֹן
preeminently adv בְּמִדָּה מַכְרַעַת, בְּאֹפֶן בּוֹלֵט
preempt vt הִקְדִּים, קָדַם וְסִכֵּל
preemption n הַקְדָּמָה, זְכוּת בַּר־מֶצֶר
preemptive adj מַקְדִּים, מוֹנֵעַ, מְסַכֵּל
preen vt 1 נִקָּה (נוצותיו) בְּמַקּוֹר. 2 הִתְהַדֵּר, הִתְגַּנְדֵּר
preen oneself on הִתְפָּאֵר בְּ־
preexist vi הָיָה קַיָּם לִפְנֵי
preexistence n קִיּוּם קוֹדֵם
preexistent adj קוֹדֵם, קַדְמוֹנִי
prefab n בַּיִת טְרוֹמִי
prefabricated adj טְרוֹמִי
prefabrication n יִצּוּר טְרוֹמִי
preface vt, n 1 הִקְדִּים. 2 כָּתַב הַקְדָּמָה. 3 הַקְדָּמָה, מָבוֹא, פֶּתַח־דָּבָר
prefatory adj מַקְדִּים, מְשַׁמֵּשׁ כְּהַקְדָּמָה
prefect n 1 פְּרֶפֶקְט, מוֹשֵׁל, נְצִיב. 2 רֹאשׁ מִשְׁטָרָה
prefecture n פְּרֶפֶקְטוּרָה
prefer vt 1 בָּחַר, בִּכֵּר, הֶעֱדִיף. 2 קִדֵּם, הֶעֱלָה
preferable adj עָדִיף, רָצוּי, מְבֻכָּר
preferably adv בַּעֲדִיפוּת
preference n 1 עֲדִיפוּת, הַעְדָּפָה. 2 זְכוּת בְּכוֹרָה. 3 חִבָּה יְתֵרָה
preferential adj 1 עָדִיף, מְבֻכָּר. 2 מַעְדִּיף, מְבַכֵּר. 3 מֻעֲדָף
preferment n 1 הַעְדָּפָה, עֲדִיפוּת, בִּכּוּר. 2 הַעֲלָאָה בְּמִשְׂרָה
prefigure vt תֵּאֵר מֵרֹאשׁ
prefix vt, n 1 הוֹסִיף תְּחִלִּית. 2 שָׂם לִפְנֵי, הִקְדִּים. 3 תְּחִלִּית
pregnancy n הֵרָיוֹן, עִבּוּר
pregnant adj 1 הָרָה, מְעֻבֶּרֶת. 2 טָעוּן (משמעות)
prehensile adj תָּפִיס, בַּר־תְּפִיסָה
prehistoric(al) adj בְּרֵאשִׁיתִי, פְּרֵהִיסְטוֹרִי, קְדַם־הִיסְטוֹרִי
prehistory n פְּרֵהִיסְטוֹרְיָה, קְדַם־הִיסְטוֹרְיָה
prejudge vt קָבַע יַחַס מֵרֹאשׁ
prejudgement n חֲרִיצַת דִּין מֵרֹאשׁ
prejudice vt, n 1 חָרַץ דִּין מֵרֹאשׁ. 2 הִטָּה לֵב, הִקְנָה דֵּעָה קְדוּמָה. 3 דֵּעָה קְדוּמָה
prejudicial adj 1 מַזִּיק, פּוֹגֵעַ. 2 מֻשְׁפָּע מִדֵּעָה קְדוּמָה
prelacy n 1 בִּישׁוֹפוּת, הֶגְמוֹנוּת.

2 שִׁלְטוֹן הַכְּנֵסִיָּה

prelate n בִּישׁוֹף, הֶגְמוֹן

preliminary adj, n 1 מַקְדִּים, מֵכִין. 2 פּוֹתֵחַ, טָרוּם. 3 הַקְדָּמָה, מָבוֹא

prelude vt, n 1 אִקְדֵּם. 2 אַקְדָּמָה, פְּרֶלוּד. 3 מָבוֹא, פְּתִיחָה

premarital adj טְרוֹם נִשּׂוּאִין, טְרוֹם כְּלוּלוֹת

premature adj בְּטֶרֶם עֵת, מַשְׁכִּים

premature baby פַּג

prematurely adv בְּלֹא עֵת, לִפְנֵי הַזְּמַן, מֻקְדָּם מִדַּי

premeditate vt זָמַם, תִּכְנֵן מֵרֹאשׁ

premeditation n זָדוֹן, כַּוָּנָה תְּחִלָּה

premier adj, n 1 רִאשׁוֹן, רֹאשׁ. 2 רֹאשׁ מֶמְשָׁלָה

premiership n רָאשׁוּת מֶמְשָׁלָה

première n הַצָּגַת בְּכוֹרָה, פְּרֶמְיֶרָה

premise vt, n 1 הִנִּיחַ, הִצִּיעַ. 2 הַנָּחָה, הַצָּעָה

premises npl חֲצֵרִים

premium n 1 פְּרָס, גְּמוּל. 2 פְּרֶמְיָה, דְּמֵי בִּטּוּחַ, שְׂכַר עִידּוּד

premonition n 1 אַזְהָרָה, הַתְרָאָה. 2 תְּחוּשָׁה לַבָּאוֹת

premonitory adj 1 מַזְהִיר, מַתְרֶה. 2 נְבוּאִי

prenatal adj שֶׁלִּפְנֵי הַלֵּדָה

prentice n שׁוּלְיָה

preoccupation n 1 דְּאָגָה, טִרְדָּה. 2 פִּזּוּר נֶפֶשׁ. 3 תְּפִיסָה מֵרֹאשׁ

preoccupy vt 1 הִדְאִיג, הִטְרִיד. 2 הֶעֱסִיק. 3 תָּפַס מֵרֹאשׁ

preordain vt גָּזַר מֵרֹאשׁ

prepackage vt אָרַז מֵרֹאשׁ

preparation n 1 הֲכָנָה, הַכְשָׁרָה, הַתְקָנָה. 2 הִתְכּוֹנְנוּת. 3 תַּכְשִׁיר, תַּרְקִיחַ

preparative, preparatory adj מֵכִין, מַקְדִּים, מַכְשִׁיר

prepare vt 1 הֵכִין, הִכְשִׁיר, הִתְקִין. 2 צִיֵּד, סִפֵּק. 3 הִתְכּוֹנֵן

preparedness n נְכוֹנוּת, כּוֹנְנוּת, הִתְכּוֹנְנוּת

prepay vt שִׁלֵּם מֵרֹאשׁ

prepayment n מִקְדָּמָה, תַּשְׁלוּם מֵרֹאשׁ

preponderance n 1 עֶלְיוֹנוּת, חֲשִׁיבוּת יֶתֶר, יִתְרוֹן. 2 עֹדֶף מַכְרִיעַ

preponderant adj עֶלְיוֹן, מַכְרִיעַ, עוֹלֶה עַל

preponderantly adv בְּאֹפֶן מַכְרִיעַ

preponderate vt הִכְרִיעַ, שָׁלַט, עָלָה עַל

preposition n מִלַּת יַחַס

prepositional adj שֶׁל מִלַּת יַחַס

prepossess vt 1 הֶחְדִּיר. 2 הִשְׁתַּלֵּט עַל. 3 מָשַׁךְ לֵב. 4 עָשָׂה רֹשֶׁם טוֹב

prepossessing adj מוֹשֵׁךְ, נָעִים

prepossession n 1 הַעֲסָקָה, נְטִיָּה. 2 מִשְׁפָּט קָדוּם

preposterous adj מְגֻחָךְ, אֱוִילִי, נִלְעָג

preposterously adv בֶּאֱוִילוּת

prepuce n עָרְלָה

prerecord vt הִקְלִיט מֵרֹאשׁ

prerequisite n תְּנַאי מֻקְדָּם

prerogative n 1 זְכוּת, זְכוּת־יֶתֶר. 2 יִתְרוֹן

presage vt, n 1 הִזְהִיר. 2 נִבֵּא, נִחֵשׁ, בִּשֵּׂר. 3 אַזְהָרָה. 4 נִבּוּי, אוֹת לַבָּאוֹת

presbyter n 1 זָקֵן. 2 כֹּמֶר. 3 זְקַן הָעֵדָה

Presbyterian adj, n פְּרֶסְבִּיטֶרְיָנִי

Presbyterianism n פְּרֶסְבִּיטֶרְיָנִיזְם

presbytery n 1 פְּרֶסְבִּיטֶרִי. 2 בֵּית דִּין שֶׁל זְקֵנִים. 3 בֵּית הַכֹּמֶר

prescience n רְאִיַּת הַנּוֹלָד, חָזוֹן

prescient adj יוֹדֵעַ מֵרֹאשׁ, חוֹזֶה מֵרֹאשׁ

prescribe vt 1 צִוָּה, הוֹרָה. 2 כָּתַב, קָבַע. 3 רָשַׁם מִרְשָׁם. 4 בִּטֵּל (תוקף)

prescript n 1 רָשׁוּם, נִכְתָּב. 2 קָבוּעַ. 3 הוֹרָאָה, כְּלָל

prescription n 1 הוֹרָאָה, מִרְשָׁם (רפואי). 2 זְכוּת חֲזָקָה

prescriptive adj 1 מְבֻסָּס עַל זְכוּת חֲזָקָה. 2 קוֹבֵעַ

presence n 1 נוֹכְחוּת. 2 הוֹפָעָה, מַרְאֶה. 3 מְצִיאוּת, קִיּוּם
presence of mind 1 יִשּׁוּב הַדַּעַת. 2 קֹר רוּחַ
present vt, adj, n 1 הֶעֱנִיק, הִגִּישׁ, הִצִּיג. 2 נָתַן. 3 נוֹכֵחַ, מָצוּי. 4 הֹוֶה, עַכְשָׁו. 5 מַתָּנָה, שַׁי, דּוֹרוֹן
presentable adj 1 בַּר הַצָּגָה, בַּר־הַבָּעָה. 2 מוּחָשִׁי, נָאֶה
presentably adv נָאֶה, בְּאֹפֶן הַנִּתָּן לְהַצָּגָה
presentation n 1 הַצָּגָה, הַעֲנָקָה, נְתִינָה. 2 מֶצָג, מֻשָּׂג, רַעְיוֹן. 3 מַצָּג (גינקולוגיה)
presentiment n 1 תְּחוּשָׁה מֻקְדֶּמֶת. 2 רֶגֶשׁ מְנַבֵּא רָעוֹת
presently adv 1 תֵּכֶף, מִיָּד. 2 בְּקָרוֹב, עוֹד מְעַט
preservable adj שָׁמִיר, מִשְׁתַּמֵּר
preservation n שִׁמּוּר, שְׁמִירָה, קִיּוּם
preservative adj, n מְשַׁמֵּר, שׁוֹמֵר
preserve vt, n 1 שָׁמַר, הֵגֵן. 2 הִנְצִיחַ. 3 קִיֵּם, אִחְזֵק. 4 כָּבַשׁ, שִׁמֵּר. 5 שְׁמוּרָה, תְּחוּם. 6 כְּבוּשִׁים, שִׁמּוּרִים
preside vi יָשַׁב רֹאשׁ, נִהֵל
presidency n נְשִׂיאוּת
president n 1 נָשִׂיא. 2 אַב בֵּית דִּין
presidential adj נְשִׂיאוּתִי, נְשִׂיאִי
pr(a)esidium n נְשִׂיאוּת, פְּרֶזִידְיוּם
press vt, n 1 לָחַץ, דָּחַק, מָעַךְ, סָחַט. 2 דָּרַךְ. 3 גִּהֵץ. 4 דָּחַס, צִפֵּף, כָּבַשׁ. 5 הִפְצִיר, בִּקֵּשׁ, דִּרְבֵּן. 6 אִלֵּץ, הִכְרִיחַ. 7 הֵעִיק, כָּפָה, נָגַשׂ, רָדַף. 8 לַחַץ. 9 מַכְבֵּשׁ, מַגְהֵץ, מַעְגִּילָה. 10 גַּת, בֵּית הַבַּד. 11 מַכְבֵּשׁ דְּפוּס. 12 בֵּית דְּפוּס. 13 דְּפוּס, עִתּוֹנוּת. 14 פִּרְסֹמֶת
press button לְחִיץ
press-gang n כְּנוּפְיַת כְּפִיָּה
press for vt תָּבַע, דָּרַשׁ
press on vti 1 לָחַץ עַל. 2 הִתְעַקֵּשׁ לְהִתְקַדֵּם
pressed for adj זָקוּק לְ־, לָחוּץ לְ־
presser-foot n מַלְחֵץ
presser-foot lever מְנוֹף הַמַּלְחֵץ
pressing adj דּוֹחֵק, לוֹחֵץ
press-stud n לַחְצָנִית
pressure n 1 לַחַץ. 2 לְחִיצָה, מוּעָקָה. 3 דְּחִיפוּת, הֲאָצָה. 4 כְּפִיָּה, אֹנֶס
pressure-cooker n סִיר לַחַץ
pressure-gauge n מַד־לַחַץ
pressurize vt תֵּאֵם לַחַץ
prestidigitation n לַהֲטוּטָנוּת, אֲחִיזַת־עֵינַיִם
prestidigitator n לַהֲטוּטָן
prestige n יֻקְרָה
prestigious adj בַּעַל יֻקְרָה
prestissimo adj, adv פְּרֶסְטִיסִימוֹ, מַהֵר מְאֹד
presto adj, adv פְּרֶסְטוֹ, מַהֵר, מִיָּד, אָץ (מִפְּעָם)
prestressed concrete בֵּטוֹן מְזֻיָּן
presumable adj מִסְתַּבֵּר, אֶפְשָׁרִי, נִרְאֶה
presumably adv יֵשׁ לְהַנִּיחַ, כַּנִּרְאֶה
presume vti 1 שִׁעֵר, הִנִּיחַ, סָבַר. 2 הֵעֵז, הִרְהִיב. 3 הִרְשָׁה לְעַצְמוֹ
presume upon נִצֵּל לְרָעָה
presumption n 1 הַנָּחָה, סְבָרָה, הַשְׁעָרָה. 2 חֻצְפָּה, הֶעָזָה
presumptive adj מְשֹׁעָר, סָבִיר, מְיֻסָּד
presumptuous adj חָצוּף, שַׁחֲצָן, גַּס
presumptuously adv בְּחֻצְפָּה
presuppose vt סָבַר, הִנִּיחַ מֵרֹאשׁ
presupposition n סְבָרָה, הַנָּחָה
pretence(se) n 1 טַעֲנָה, תְּבִיעָה. 2 תּוֹאֲנָה. 3 שַׁחֲצָנוּת
pretend vti 1 הֶעֱמִיד פָּנִים. 2 שָׁאַף לְ־
pretend to vt 1 טָעַן לְ־. 2 הִתְיַמֵּר
pretender n 1 טוֹעֵן. 2 מַעֲמִיד פָּנִים. 3 שְׁאַפְתָּן, יָמְרָן

pretension n יֻמְרָה
pretentious adj יֻמְרָנִי, מִתְגַּנְדֵּר, שַׁחֲצָנִי
pretentiously adv בְּיֻמְרָנוּת
pretentiousness n יֻמְרָנוּת, הִתְרַבְרְבוּת
preterit, n עָבָר (דקדוק)
preternatural adj עַל־טִבְעִי, לֹא־טִבְעִי
preternaturally adv שֶׁלֹּא בְּדֶרֶךְ הַטֶּבַע
pretext n אֲמַתְלָה, תּוֹאֲנָה
prettiness n יֹפִי, נוֹי, חֵמֶד
pretty adj יָפֶה, נָאֶה, נֶחְמָד, חָמוּד, נָעִים
pretty much/nearly/well כִּמְעַט
pretzel n כַּעַךְ, שְׁלוּבִית, בֵּיגֶל
prevail vi 1 גָּבַר, נִצַּח. 2 שָׂרַר, רָוַח. 3 הִצְלִיחַ, הִשְׁפִּיעַ עַל
prevail over/against נִצַּח, גָּבַר עַל
prevalence n שְׁכִיחוּת, הִתְפַּשְּׁטוּת, תְּפוּצָה, שְׁלִיטָה
prevalent adj 1 נָפוֹץ, רוֹוֵחַ, שׁוֹרֵר. 2 שָׁכִיחַ
prevalently n בְּאֹפֶן כְּלָלִי
prevaricate vi 1 עִוֵּת, סִלֵּף. 2 מָעַל
prevarication n 1 סִלּוּף, שֶׁקֶר. 2 מְעִילָה
prevent vt 1 מָנַע, עִכֵּב, עָצַר. 2 הִפְרִיעַ
preventable adj מָנִיעַ, בַּר־מְנִיעָה
preventative, preventive adj, n 1 מוֹנֵעַ, עוֹצֵר. 2 מַעְצוֹר, מְנִיעָה. 3 אֶמְצָעִי מְנִיעָה
prevention n מְנִיעָה, מֶנַע, עִכּוּב, עֲצִירָה
preview vt, n 1 הִצִּיג מֵרֹאשׁ, הֶרְאָה מֵרֹאשׁ. 2 הַצָּגָה מֻקְדֶּמֶת
previous adj קוֹדֵם, קָדוּם
previous to prep לִפְנֵי
previously adv לְפָנִים, בֶּעָבָר
prevision n חִזּוּי, רְאִיַּת הַנּוֹלָד
prey vt, n 1 טָרַף, שָׁדַד, בָּזַז. 2 נִקֵּר, הֵצִיק, הֵעִיק. 3 טֶרֶף, קָרְבָּן. 4 שָׁלָל, בִּזָּה
price vt, n 1 קָבַע מְחִיר. 2 מְחִיר. 3 דָּמִים. 4 פְּרָס, גְּמוּל. 5 שִׁלּוּמִים
priceless adj לֹא יְסֻלָּא בְּפָז, יָקָר מְאֹד
prick vti, n 1 דָּקַר, עָקַץ, נָעַץ, דִּקְרֵר. 2 עוֹרֵר, הִמְרִיץ, זָקַף. 3 דְּקִירָה
prick up one's ears הִטָּה אֹזֶן, זָקַף אָזְנָיו
prickle vti, n 1 עָקַץ, נָקַב, דָּקַר, עִקְצֵץ, דִּקְרֵר. 2 עֹקֶץ, חֹד, קוֹץ, שֵׂךְ
prickly adj דּוֹקֵר, עוֹקְצָנִי, דּוֹקְרָנִי, מְדַקְרֵר
pride n 1 גַּאֲוָה, גָּאוֹן. 2 יְהִירוּת, יֻמְרָנוּת. 3 כָּבוֹד עַצְמִי, הַעֲרָכָה עַצְמִית. 4 לַהֲקָה (אריות)
pride oneself on הִתְגָּאָה בְּ־
prie-dieu n הֲדוֹם תְּפִלָּה
priest n כֹּמֶר, כֹּהֵן־דָּת, גַּלָּח
priestess n כֹּהֶנֶת
priestcraft, priesthood n כְּהֻנָּה, כְּמוּרָה
priestly, priestlike adj 1 כְּכֹהֵן, כְּכֹמֶר. 2 בִּקְדֻשָּׁה
prig n שַׁחֲצָן, גַּנְדְּרָן, מְנֻפָּח
priggish adj שַׁחֲצָנִי, גַּנְדְּרָנִי, מִתְנַפֵּחַ
priggishly adv בְּשַׁחֲצָנוּת
priggishness n הִתְגַּנְדְּרוּת, הִתְנַפְּחוּת, שַׁחֲצָנוּת
prim adj דַּקְדְּקָן, מְעֻמְלָן, צָנוּעַ
prima ballerina רַקְדָנִית רָאשִׁית, פְּרִימָה בָּלֶרִינָה
primacy n 1 בְּכוֹרָה, עֶלְיוֹנוּת, רִאשׁוֹנוּת. 2 סַמְכוּת עֶלְיוֹנָה
prima donna פְּרִימָה דוֹנָה, זַמֶּרֶת רָאשִׁית
primaeval, primeval adj קָדוּם, קַדְמוֹן, הִיּוּלִי, בְּרֵאשִׁיתִי
prima facie (L) לִכְאוֹרָה, לִפְנֵי חֲקִירָה
primal adj 1 רִאשׁוֹנִי, הִיּוּלִי. 2 רָאשִׁי, יְסוֹדִי
primaries npl בְּחִירוֹת מֻקְדָּמוֹת
primarily adv קֹדֶם כֹּל, בְּרֹאשׁ וּבָרִאשׁוֹנָה
primary adj 1 רִאשׁוֹנִי, יְסוֹדִי. 2 עִקָּרִי
primate n 1 רַב־הֶגְמוֹן, אַרְכִיבִּישׁוֹף. 2 רַב־יוֹנֵק
prime vt, adj, n 1 הֵכִין, הִפְעִיל, תִּחֵל, טָעַן. 2 רִאשׁוֹן, רִאשׁוֹנִי. 3 קָדוּם. 4 מֻבְחָר, מְצֻיָּן. 5 מֵיטָב,

עִדִּית. 6 הַתְחָלָה, שַׁחַר.
7 נֹעַר, עֲלוּמִים, אָבִיב.
8 מִסְפָּר רִאשׁוֹנִי. 9 פְּרִימָה

prime minister רֹאשׁ מֶמְשָׁלָה

prime number מִסְפָּר רִאשׁוֹנִי

prime time שְׁעַת שִׂיא, צְפִיַּת־שִׂיא (טלוויזיה)

primer n 1 אַלְפוֹן. 2 סֵפֶר אָלֶף־בֵּית.
3 אוֹת דְּפוּס. 4 צֶבַע יְסוֹד

primigravida n מַבְכִּירָה (אישה)

priming n 1 תִּחוּל, אֲבַק־שְׂרֵפָה.
2 שִׁכְבַת צֶבַע יְסוֹדִית

primitive adj פְּרִימִיטִיבִי

primitively adv 1 מֵעִקָּרָא. 2 בִּפְרִימִיטִיבִיּוּת

primly adv בְּדִיּוּק, בְּדַיְקָנוּת

primness n דִּיּוּק, דַּיְקָנוּת

primogeniture n בְּכוֹרָה, זְכוּת בְּכוֹרָה

primordial adj 1 רֵאשִׁיתִי, קַדְמוֹנִי.
2 יְסוֹדִי, מְקוֹרִי

primp vti 1 גִּנְדֵּר, קִשֵּׁט. 2 הִתְגַּנְדֵּר,
הִתְקַשֵּׁט

primrose n רַקֶּפֶת

primrose path/way דֶּרֶךְ הַתַּעֲנוּגִים

primula n רַקֶּפֶת

primus n 1 רִאשׁוֹן בְּמַעֲלָה. 2 פְּרִימוּס

prince n נָסִיךְ

princedom n נְסִיכוּת

princely adj 1 נְסִיכִי. 2 אֲצִילִי, מַלְכוּתִי

princess n נְסִיכָה

principal adj, n 1 עִקָּרִי, רִאשׁוֹן, רָאשִׁי.
2 מְנַהֵל. 3 קוֹל רָאשִׁי

principally adv בְּעִקָּר

principality n נְסִיכוּת

principle n 1 עִקָּרוֹן, עִקָּר. 2 יְסוֹד

principled adj עֶקְרוֹנִי, בַּעַל עֶקְרוֹנוֹת

prink vt הִתְגַּנְדֵּר, הִתְקַשֵּׁט

print vti, n 1 הִדְפִּיס. 2 הֶחְתִּים, טָבַע, סִמֵּן.
3 חָרַת, חָקַק. 4 כָּתַב בְּאוֹתִיּוֹת
דְּפוּס. 5 דְּפוּס. 6 חִקּוּק.
7 אוֹתִיּוֹת דְּפוּס. 8 טְבִיעָה

printable adj דָּפִיס, רָאוּי לִדְפוּס

printer n 1 מַדְפִּיס. 2 מַדְפֶּסֶת (מחשב)

printing n הַדְפָּסָה, דְּפוּס

printing press מַכְבֵּשׁ־דְּפוּס

print-out n הֶדְפֵּס (מחשב)

prior adj, n 1 קוֹדֵם, קָדוּם. 2 רֹאשׁ מִנְזָר

prior to לִפְנֵי

prioress n 1 נְזִירָה רָאשִׁית. 2 מְנַהֶלֶת
מִסְדַּר־דָּתִי

priority n עֲדִיפוּת, דִּין קְדִימָה, זְכוּת
בְּכוֹרָה

priory n 1 מִנְזָר. 2 מִסְדָּר דָּתִי

prism n מִנְסָרָה, פְּרִיסְמָה

prismatic adj 1 מִנְסָרְתִּי. 2 רַב גּוֹנִי, סַסְגּוֹנִי

prison n בֵּית סֹהַר, בֵּית כֶּלֶא

prisoner n אָסִיר, חָבוּשׁ, שָׁבוּי

pristine adj קָדוּם, מְקוֹרִי, קַדְמוֹנִי

prithee inter אָנָּא, בְּבַקָּשָׁה

privacy n פְּרָטִיּוּת, צִנְעָה

private adj, n 1 פְּרָטִי, אִישִׁי, סוֹדִי, חֲשָׁאִי.
2 טוּרַאי, חַיָּל פָּשׁוּט

privateer n אֳנִיַּת שׁוֹדְדֵי יָם

privately adv בְּאֹפֶן פְּרָטִי

privation n 1 מַחְסוֹר, עֹנִי, דַּלּוּת. 2 הֶעְדֵּר,
שְׁלִילָה. 3 סִגּוּף, צַעַר

privatization n הַפְרָטָה

privet n לִיגוּסְטְרוּם

privilege n פְּרִיבִילֶגְיָה, זְכוּת יֶתֶר

privileged adj מְיֻחָס, בַּעַל זְכוּת מְיֻחֶדֶת

privy adj, n 1 פְּרָטִי, סוֹדִי, אִישִׁי, חֲשָׁאִי.
2 בֵּית שִׁמּוּשׁ, בֵּית כִּסֵּא

privy to שֻׁתָּף לְ־

prize vt, n 1 הֶעֱרִיךְ, הוֹקִיר. 2 פָּתַח
(בכוח) 3 פְּרָס

pro adv, n 1 בְּעַד. 2 נִמּוּק בְּעַד.
3 מִקְצוֹעָן

pros and cons נִמּוּקִים בְּעַד וָנֶגֶד

probability n סִכּוּי, הִסְתַּבְּרוּת, סְבִירוּת

probable adj 1 סָבִיר. 2 קָרוֹב לְוַדַּאי

probably adv מִן הַסְּתָם, יִתָּכֵן

probate vt, n 1 אִשֵּׁר צַוָּאָה. 2 אִשּׁוּר צַוָּאָה

probation n 1 מִבְחָן, נִסָּיוֹן, בְּחִינָה.

2 תְּקוּפַת מִבְחָן
probationary adj מִבְחָנִי, בְּחִינָתִי, נִסְיוֹנִי
probationer n נִבְחָן, עוֹמֵד לְמִבְחָן
probe vt, n 1 בָּחַן, בָּדַק, חָקַר. 2 מַבְחֵן, גָּשׁוֹשׁ. 3 בְּדִיקָה, חֲקִירָה וּדְרִישָׁה
probity n יֹשֶׁר, צֶדֶק, הֲגִינוּת
problem n בְּעָיָה, סֻגְיָה, שְׁאֵלָה
problematic adj 1 בְּעָיָתִי. 2 מְסֻפָּק, מֻטָּל בְּסָפֵק
problematically adv בְּסָפֵק
proboscis n 1 חֶדֶק. 2 חֹטֶם
procedural adj נָהָלִי, הֲלִיכִי
procedure n נֹהַל, הָלִיךְ, פְּרוֹצֶדוּרָה
proceed vi 1 הִתְנַהֵל, הִתְקַדֵּם, הִמְשִׁיךְ. 2 תָּבַע
proceed with vt הִמְשִׁיךְ
proceed from vi בָּא מִ־
proceed against vt תָּבַע לְמִשְׁפָּט
proceeding n 1 הָלִיךְ, דִּיּוּן. 2 תְּבִיעָה
proceeds npl פִּדְיוֹן, הַכְנָסָה
process vt, n 1 עִבֵּד. 2 תָּבַע לְדִין. 3 עִבּוּד. 4 תַּהֲלִיךְ, מֶשֶׁךְ, מַהֲלָךְ. 5 מִשְׁפָּט. 6 תְּבִיעָה לְדִין
procession n 1 תַּהֲלוּכָה. 2 מִצְעָד, צְעִידָה
processional adj תַּהֲלוּכָתִי
processor n 1 מְעַבֵּד. 2 יְחִידַת עִבּוּד־נְתוּנִים (מחשב)
proclaim vt הִכְרִיז, הִצְהִיר, פִּרְסֵם, בִּשֵּׂר
proclamation n 1 הַכְרָזָה, הַצְהָרָה. 2 גִּלּוּי דַּעַת, כְּרוּז, מִנְשָׁר
proclivity n נְטִיָּה
proconsul n פְּרוֹקוֹנְסוּל
proconsular adj פְּרוֹקוֹנְסוּלָרִי
proconsulate n פְּרוֹקוֹנְסוּלְיָה
procrastinate vi דָּחָה, עִכֵּב, הִשְׁהָה
procrastination n דִּחוּי, הַשְׁהָיָה, עִכּוּב
procreate vt 1 הוֹלִיד, חוֹלֵל. 2 יָצַר
procreation n הוֹלָדָה, יְצִירָה, לֵדָה
procurable adj בַּר־הַשָּׂגָה
procure vt 1 הִשִּׂיג, רָכַשׁ, הֵבִיא. 2 סִרְסֵר לִדְבַר עֲבֵרָה
procurement n הַשָּׂגָה, רְכִישָׁה, הֲבָאָה
procurer n סַרְסוּר, רוֹעֵה זוֹנוֹת
procuress n סַרְסוּרִית
prod vti, n 1 דִּרְבֵּן, זֵרֵז, הִמְרִיץ, עוֹרֵר. 2 דְּחִיפָה. 3 מַלְמָד
prodigal adj, n 1 פַּזְּרָנִי, בַּזְבְּזָנִי. 2 פַּזְּרָן, בַּזְבְּזָן
prodigality n פַּזְּרָנוּת, בַּזְבְּזָנוּת
prodigally adv בְּשֶׁפַע
prodigious adj 1 מַפְלִיא, נִפְלָא. 2 עָצוּם, עֲנָק
prodigiously adv לְהַפְלִיא
prodigy n 1 פֶּלֶא, נֵס, מוֹפֵת. 2 עִלּוּי
produce vt, n 1 יִצֵּר, הֵפִיק, הֵנִיב. 2 חוֹלֵל, בָּרָא. 3 הֵבִיא, הִצִּיג. 4 גָּרַם, עוֹרֵר. 5 הִמְשִׁיךְ. 6 יְבוּל, תְּנוּבָה. 7 תּוֹצֶרֶת, פְּרִי
producer n יַצְרָן, מֵפִיק
product n 1 תּוֹצָר, תּוֹצֶרֶת, מוּצָר. 2 פְּרִי, תּוֹצָאָה. 3 תְּבוּאָה, תְּפוּקָה. 4 מַכְפֵּלָה
production n יִצּוּר, תּוֹצֶרֶת, תְּפוּקָה
productive adj פּוֹרֶה, שׁוֹפֵעַ, יוֹצֵר, יַצְרָנִי, מוֹעִיל, פְּרוֹדוּקְטִיבִי
productively adv בְּפוֹרִיּוּת, בְּאֹרַח פּוֹרֶה
productivity n פּוֹרִיּוּת, פִּרְיוֹן, יַצְרָנוּת, פְּרוֹדוּקְטִיבִיּוּת
profanation n חִלּוּל, טִמּוּא, סִלּוּף
profane vt, adj 1 חִלֵּל, טִמֵּא, סִלֵּף. 2 טָמֵא. 3 חִלּוֹנִי. 4 מְחַלֵּל הַקֹּדֶשׁ
profanely adv בְּחִלּוּל הַקֹּדֶשׁ
profaneness n חִלּוּל הַשֵּׁם
profanity n 1 חִלּוּל הַקֹּדֶשׁ. 2 חֵרוּף, גִּדּוּף, נִבּוּל פֶּה
profess vti 1 הוֹדָה. 2 הִכְרִיז, הִצְהִיר, הוֹדִיעַ. 3 הֶעֱמִיד פָּנִים. 4 הִתְוַדָּה
professed adj 1 מֻשְׁבָּע, מְעֻשֶּׂה, מֻצְהָר, מֻכְרָז. 2 לִכְאוֹרָה, כִּבְיָכוֹל
professedly adv 1 גָּלוּי, בְּמֻצְהָר. 2 לִכְאוֹרָה,

כִּבְיָכוֹל

profession n 1 מִקְצוֹעַ. 2 הַצְהָרָה, הַכְרָזָה. 3 אֱמוּנָה

professional adj מִקְצוֹעִי, מִקְצוֹעָן

professionalism n מִקְצוֹעִיּוּת

professionally adv מִבְּחִינָה מִקְצוֹעִית

professor n 1 פְּרוֹפֶסוֹר, מוֹרֶה. 2 מֻמְחֶה. 3 מַצְהִיר, מַאֲמִין

professorial adj פְּרוֹפֶסוֹרִי

professorship n פְּרוֹפֶסוּרָה

proffer vt, n 1 הִצִּיעַ. 2 הַצָּעָה

proficiency n מְיֻמָּנוּת, מֻמְחִיּוּת, בְּקִיאוּת

proficient adj מְיֻמָּן, מֻמְחֶה, בָּקִיא, יַדְעָן

proficiently adv בְּמֻמְחִיּוּת, בִּמְיֻמָּנוּת

profile vt, n 1 תֵּאֵר דְּיוֹקָן, הֵכִין צְדוּדִית, הֵכִין תַּרְשִׁים. 2 דְּיוֹקָן, צְדוּדִית, פְּרוֹפִיל

profit vti, n 1 הִרְוִיחַ, הֵפִיק תּוֹעֶלֶת, הוֹעִיל. 2 רֶוַח, תּוֹעֶלֶת

profit and loss רֶוַח וְהֶפְסֵד

profit from/by הִרְוִיחַ, הֵפִיק רֶוַח מִ־

profit margin מֶתַח רְוָחִים

profitable adj מוֹעִיל, מֵבִיא רֶוַח, רִוְחִי

profitably adv בְּאֹפֶן מוֹעִיל, בְּרִוְחִיּוּת

profiteer vi, n 1 הִפְקִיעַ שְׁעָרִים. 2 סַפְסָר, רַוְחָן

profitless adj חֲסַר תּוֹעֶלֶת, עָקָר

profitlessly adv בְּחֹסֶר תּוֹעֶלֶת, לְלֹא רֶוַח

profligacy n הוֹלֵלוּת, פְּרִיצוּת, הֶפְקֵרוּת

profligate adj, n הוֹלֵל, פָּרוּץ, מֻפְקָר

pro forma פְּרוֹפוֹרְמָה, לְמַעַן הַסֵּדֶר

profound adj עָמֹק

profundity n עֹמֶק, תְּהוֹם, מְצוּלָה, מַעֲמַקִּים

profoundly adv עַד הַיְסוֹד, בְּהִתְעַמְּקוּת, מִקֶּרֶב לֵב

profuse adj 1 שׁוֹפֵעַ. 2 וַתְּרָן, פַּזְּרָנִי. 3 מַפְרִיז, מֻפְרָז

profusely adv בְּשֶׁפַע, לְמַכְבִּיר

profusion, שֶׁפַע, גֹּדֶשׁ, נְדִיבוּת,

profuseness n פַּזְּרָנוּת, הַפְרָזָה

progenitor n מוֹלִיד, אָב, מְחוֹלֵל

progeny n צֶאֱצָאִים, זֶרַע

prognosis n סְכוּת, תַּחֲזִית, אַבְחָנָה, פְּרוֹגְנוֹזָה

prognostic adj, n 1 סְכוּתִי, נְבוּאִי, מְנַבֵּא, מְבַשֵּׂר, סוֹכֶה. 2 סִימָן, סִכּוּי

prognosticate vt סָכָה, נִבֵּא, אִבְחֵן

program(me) vt, n 1 קָבַע תָּכְנִית, הִתְוָה, קָבַע מַצָּע. 2 תִּכְנֵת. 3 תָּכְנִית, מַצָּע. 4 תָּכְנָה. 5 תָּכְנִיָּה

programmer n מְתַכְנֵת

programning n תִּכְנוּת

programming language שְׂפַת־תִּכְנוּת

progress vi, n 1 הִתְקַדֵּם, הִתְפַּתֵּחַ, הִשְׁתַּפֵּר. 2 הִתְקַדְּמוּת, הִתְפַּתְּחוּת. 3 קִדּוּם, שִׁפּוּר. 4 קִדְמָה

progression n 1 הִתְקַדְּמוּת, הִתְפַּתְּחוּת, מַהֲלָךְ. 2 טוּר, פְּרוֹגְרֶסְיָה

progressive adj מִתְקַדֵּם, פְּרוֹגְרֶסִּיבִי

progressively adv בְּאֹפֶן מִתְקַדֵּם

progressiveness n פְּרוֹגְרֶסִּיבִיּוּת

prohibit vt אָסַר, מָנַע, עִכֵּב

prohibition n אִסּוּר, מְנִיעָה, עִכּוּב

prohibition law חֹק אִסּוּר מַשְׁקָאוֹת חֲרִיפִים

prohibitionist n תּוֹמֵךְ בְּחֹק אִסּוּר מַשְׁקָאוֹת חֲרִיפִים

prohibitive adj 1 מוֹנֵעַ, אוֹסֵר. 2 יָקָר מְאֹד

prohibitory adj מוֹנֵעַ, אוֹסֵר

project vti, n 1 תִּכְנֵן. 2 בָּלַט, הִבְלִיט. 3 הֵטִיל, הִשְׁלִיךְ. 4 הִקְרִין. 5 עִצֵּב. 6 שָׁלַח, שִׁגֵּר. 7 תָּכְנִית. 8 מֵיזָם, פְּרוֹיֶקְט

projectile adj, n 1 זָרִיק. 2 קָלִיעַ, טִיל

projection n 1 תִּכְנוּן. 2 הֲטָלָה, הֶטֵּל, הַשְׁלָכָה. 3 הַקְרָנָה. 4 בְּלִיטָה. 5 הַקְלָעָה

projectionist n מַקְרִין

projector n 1 מַטוֹל. 2 מַקְרֵין. 3 מַקְרֵנָה
prolapse vi, n 1 שָׁמַט, צָנַח. 2 שְׁמִיטָה, צְנִיחָה
proletariat n פְּרוֹלֶטַרְיוֹן
pro-life adj מִתְנַגֵּד לְהַפָּלוֹת
proliferate vti 1 הֵפִיץ. 2 הִתְפַּשֵּׁט, הִתְרַבָּה. 3 שִׂגְשֵׂג
proliferation n 1 הֲפָצָה. 2 הִתְפַּשְּׁטוּת, הִתְרַבּוּת. 2 שִׂגְשׂוּג
prolific adj פּוֹרֶה, שׁוֹפֵעַ, מֵנִיב
prolix adj רַב־מֶלֶל, אַרְכָן
prolixity n גִּבּוּב מִלִּים, אַרְכָנוּת
prologue n מָבוֹא, פֶּתַח דָּבָר, פְּרוֹלוֹג
prolong vt הֶאֱרִיךְ, הִרְחִיב, מָתַח
prolongation n הַאֲרָכָה, הַרְחָבָה, מְתִיחָה
prolonged adj מָאֳרָךְ
promenade vit, n 1 טִיֵּל, צָעַד. 2 טַיֶּלֶת. 3 טִיּוּל
prominence n 1 הַבְלָטָה, חֲשִׁיבוּת. 2 בְּלִיטָה
prominent adj 1 חָשׁוּב, נִכְבָּד, יָדוּעַ. 2 בּוֹלֵט
prominently adv בְּהַבְלָטָה
promiscuity n 1 הֶפְקֵרוּת (מינית). 2 אִי־הַבְחָנָה, תַּעֲרֹבֶת, עִרְבּוּבְיָה
promiscuous adj 1 מְעֻרְבָּב, מְעֹרָב, מֻפְקָר. 2 מִקְרִי, אַקְרָאִי
promiscuously adv בְּעִרְבּוּבְיָה, בְּהֶפְקֵרוּת
promise vti, n 1 הִבְטִיחַ, הִתְחַיֵּב. 2 הַבְטָחָה, הִתְחַיְּבוּת
Promised Land 1 יַעַד נִכְסָף. 2 הָאָרֶץ הַמֻּבְטַחַת
promising adj מַבְטִיחַ, מְעוֹרֵר תִּקְווֹת
promissory adj מַבְטִיחַ, מִתְחַיֵּב
promissory note שְׁטַר חוֹב
promontory n צוּק, כֵּף
promote vt 1 הֶעֱלָה, עוֹדֵד, סִיֵּעַ, קִדֵּם. 2 יָזַם, נִשָּׂא
promotion n 1 עֲלִיָּה, הַעֲלָאָה, קִדּוּם. 2 יִזּוּם, עִדּוּד. 3 קְדִימוֹן (סרט)
prompt vt, adj 1 עוֹרֵר, הֵנִיעַ, גֵּרָה. 2 סִיֵּעַ, זֵרֵז. 3 לָחַשׁ. 4 מוּכָן, נָכוֹן, מָהִיר. 5 מִיָּדִי
prompter n 1 מְעוֹדֵד, מְזָרֵז. 2 לַחֲשָׁן
promptly adv חִישׁ, מַהֵר, מִיָּד, בִּזְרִיזוּת
promptitude n זְרִיזוּת, מְהִירוּת, נִמְרָצוּת
promulgate vt הִכְרִיז, פִּרְסֵם, הוֹדִיעַ
promulgation n הַכְרָזָה, הֲפָצָה, פִּרְסוּם
prone adj מִשְׁתַּטֵּחַ, אַפַּיִם אַרְצָה, שָׁכוּב עַל הַבֶּטֶן
prone to מוּעָד לְ־, נוֹטֶה לְ־
proneness n 1 שְׂרִיעוּת, שְׁטִיחוּת. 2 נְטִיָּה
prong n 1 חֹד, שֵׁן. 2 לְשׁוֹן הָאַבְזָם
pronged adj מְחֻדָּד, מְשֻׁנָּן
pronominal adj כִּנּוּיִי
pronoun n n כִּנּוּי (דקדוק)
pronounce vti 1 בִּטֵּא, הִבִּיעַ. 2 הִשְׁמִיעַ, הִכְרִיז, הִצְהִיר. 3 חָרַץ מִשְׁפָּט
pronounceable adj בַּר־בִּטּוּי
pronounced adj 1 מְבֻטָּא. 2 מֻדְגָּשׁ, מֻבְהָק, מֻחְלָט
pronouncement n 1 בִּטּוּי, הוֹדָעָה, הַכְרָזָה. 2 חֲרִיצַת מִשְׁפָּט
pronto adv מִיָּד, חִישׁ
pronunciamento n 1 הַכְרָזָה, הַצְהָרָה, הוֹדָעָה. 2 קוֹל קוֹרֵא
pronunciation n מִבְטָא, הִגּוּי
proof n 1 רְאָיָה, הוֹכָחָה. 2 נִסָּיוֹן, מִבְחָן. 3 הַגָּהָה. 4 עָצְמָה
proof (against) חָסִין, אָטוּם, עָמִיד
proofread vti הִגִּיהַּ
proofreader n מַגִּיהַּ
prop vt, n 1 תָּמַךְ, סָעַד, הִשְׁעִין. 2 קוֹרָה, עַמּוּד, סָמוֹךְ, מִשְׁעָן, תּוֹמֵךְ. 3 אַבְזָר בָּמָה
propaganda n תַּעֲמוּלָה
propagandist n תַּעַמְלָן
propagandize vi תִּעֲמֵל
propagate vti 1 הֵפִיץ, פִּזֵּר, הֶעֱבִיר. 2 הִפְרָה, הִרְבָּה. 3 הִתְרַבָּה

propagation n 1 הֲפָצָה, הִתְפַּשְּׁטוּת. 2 הַפְרָיָה, פְּרִיָּה וּרְבִיָּה
propagator n מַפְרֶה, מֵפִיץ
propane n פְּרוֹפָּן
propel vt הֵנִיעַ, דָּחַף
propellant (lent) n מֵנִיעַ, דּוֹחֵף
propeller n מַדְחֵף, פְּרוֹפֶּלֶר
propensity n נְטִיָּה, תְּכוּנָה
proper adj 1 שַׁיָּךְ, מַתְאִים, נָכוֹן. 2 גּוּפָא
proper to מַתְאִים לְ־
proper fraction שֶׁבֶר אֲמִתִּי
properly adv כְּהֹגֶן, כַּיָּאוּת
proper name/noun שֵׁם פְּרָטִי
propertied adj בַּעַל נְכָסִים
property n 1 קִנְיָן, רְכוּשׁ, נְכָסִים. 2 מֶשֶׁק, אֲחֻזָּה. 3 תְּכוּנָה, סְגֻלָּה
prophecy n נְבוּאָה, חָזוֹן
prophesy vti, n 1 נִבֵּא, הִתְנַבֵּא, חָזָה. 2 נְבוּאָה
prophet n נָבִיא, חוֹזֶה
prophetic(al) adj נְבוּאִי, נְבִיאִי
prophetically adv בִּנְבוּאָה
prophylactic adj, n מוֹנֵעַ, פְּרוֹפִילַקְטִי
prophylaxis n מְנִיעָה, מֶנַע, טִפּוּל מוֹנֵעַ
propinquity n קִרְבָה, קֻרְבוּת, דִּמְיוֹן
propitiate vt פִּצָּה, רִצָּה, פִּיֵּס
propitiation n כַּפָּרָה, פִּצּוּי, רִצּוּי, פִּיּוּס
propitiatory adj מְכַפֵּר, מְרַצֶּה, מְפַיֵּס
propitious adj. 1 נוֹטֶה חֶסֶד. 2 מְעוֹדֵד, מְסַיֵּעַ. 3 חִיּוּבִי. 4 נוֹחַ
proponent n מַצִּיעַ, תּוֹמֵךְ
proportion vt, n 1 הִתְאִים, חִלֵּק. 2 יַחַס. 3 חֵלֶק, אָחוּז. 4 מֵמַד. 5 מַתְכֹּנֶת. 6 הַתְאָמָה
proportionable adj בְּהַתְאָמָה, פְּרוֹפּוֹרְצְיוֹנָלִי
proportional(ate) adj יַחֲסִי
proportionally(tely) adv בְּאֹפֶן יַחֲסִי
proposal n 1 הַצָּעָה. 2 הַצָּעַת נִשּׂוּאִין
propose vt 1 הִצִּיעַ, הִתְכַּוֵּן. 2 הִצִּיעַ נִשּׂוּאִין
proposition vt, n 1 הִצִּיעַ הַצָּעָה לֹא מוּסָרִית. 2 הַצָּעָה. 3 תָּכְנִית. 4 מִשְׁפָּט. 5 הַנָּחָה. 6 טַעֲנָה
propound vt 1 הִצִּיעַ, הֶעֱלָה. 2 הִצִּיג
proprietary adj, n קִנְיָנִי
proprietor n בַּעַל, בְּעָלִים
proprietress n בַּעֲלַת הָרְכוּשׁ
propriety n נִימוּסִין, הֲגִינוּת, יָאוּת, דֶּרֶךְ אֶרֶץ
props npl אַבְזְרֵי בָּמָה
propulsion n דְּחִיפָה, דַּחַף, הֲנָעָה, הֶנֵּעַ
propulsive adj מֵנִיעַ, דּוֹחֵף
prop-up vt הִשְׁעִין, תָּמַךְ בְּ־
pro-rata בְּאֹפֶן יַחֲסִי
prorogation n 1 הַשְׁהָיָה, עִכּוּב. 2 הַאֲרָכָה, דְּחִיָּה. 3 סִיּוּם מוֹשָׁב שֶׁל בֵּית נִבְחָרִים
prorogue vt 1 עִכֵּב, הִשְׁהָה. 2 הֶאֱרִיךְ, דָּחָה. 3 סִיֵּם מוֹשָׁב שֶׁל בֵּית נִבְחָרִים
prosaic adv פְּרוֹזָאִי, שִׁגְרָתִי
prosaically adv בְּאֹפֶן פְּרוֹזָאִי
proscenium n בִּימָה
proscribe vt 1 הֶחֱרִים, נִדָּה, הִגְלָה. 2 אָסַר
proscription n הַחְרָמָה, נִדּוּי, אִסּוּר
prose n סִפֹּרֶת, פְּרוֹזָה
prosecute vt 1 תָּבַע לְדִין. 2 הִתְמִיד
prosecution n 1 הַמְשָׁכָה, הַתְמָדָה, שְׁקִידָה. 2 תְּבִיעָה, אִשּׁוּם, קָטֵגוֹרְיָה
prosecutor n תּוֹבֵעַ, קָטֵגוֹר
proselyte n 1 גֵּר, גֵּר צֶדֶק. 2 מוּמָר
proselytize vti 1 גִּיֵּר, הִתְגַּיֵּר. 2 שִׁמֵּד. 3 הִשְׁתַּמֵּד
prosiness n שִׁגְרָה, פְּרוֹזָאִיּוּת
prosody n פְּרוֹסוֹדְיָה
prospect vi, n 1 חִפֵּשׂ, בָּדַק, בָּחַן. 2 יִחוּל, צְפִיָּה, תִּקְוָה. 3 סִכּוּי, אֶפְשָׁרוּת. 4 נוֹף. 5 מַעֲמָד
prospect for חִפֵּשׂ (מתכות)

prospective adj 1 מְיֻחָל, מְקֻוֶּה, צָפוּי. 2 עֲתִידִי (לקוח)
prospector n מְחַפֵּשׂ זָהָב וְכד׳
prospectus n פְּרוֹסְפֶּקְט, תָּכְנִית
prosper vti הִצְלִיחַ, שִׂגְשֵׂג, עָשָׂה חַיִל
prosperity n שִׂגְשׂוּג, שֶׁפַע, רְוָחָה, הַצְלָחָה
prosperous adj מַצְלִיחַ, מְשַׂגְשֵׂג, אָמִיד, עוֹשֶׂה חַיִל
prosperously adv בְּהַצְלָחָה, בְּשִׂגְשׂוּג
prostate n עַרְמוֹנִית, פְּרוֹסְטָטָה
prosthesis n אֵיבָר מְלָאכוּתִי, פְּרוֹטֶזָה
prostitute vt, n 1 מָכַר כִּשְׁרוֹנוֹ. 2 זָנָה, נָאַף. 3 מֻפְקָר, מֻשְׁחָת. 4 זוֹנָה, פְּרוּצָה, יַצְאָנִית
prostitution n 1 זְנוּת, פְּרִיצוּת, נִאוּף. 2 קָלוֹן, הֶפְקֵר
prostrate vt, adj 1 הִשְׁתַּטֵּחַ, הִתְרַפֵּס. 2 דִּכָּא, הִכְנִיעַ. 3 כִּלָּה. 4 מִשְׁתַּטֵּחַ, מִתְרַפֵּס. 5 שָׂרוּעַ, תָּשׁוּשׁ, מוּטָל אַרְצָה
prostration n 1 הִשְׁתַּטְּחוּת, כְּרִיעָה. 2 חֻלְשָׁה, תְּשִׁישׁוּת, אֲפִיסַת כֹּחוֹת
prosy adj מְשַׁעֲמֵם, שִׁגְרָתִי
protagonist n 1 דְּמוּת רָאשִׁית. 2 מַנְהִיג, דְּמוּת מוֹבִילָה
protect vt 1 הֵגֵן, שָׁמַר, גּוֹנֵן. 2 אִבְטַח
protection n 1 הֲגַנָּה, מָגֵן. 2 אִבְטוּחַ. 3 חָסוּת. 4 תְּעוּדַת מַעֲבָר. 5 כֶּסֶף סְחִיטָה
protectionism n מְדִינִיּוּת מָגֵן (כלכלה)
protectionist n תּוֹמֵךְ בִּמְדִינִיּוּת מָגֵן (כלכלה)
protective adj מָגֵן, שֶׁל הֲגַנָּה
protectively adv בְּאֹפֶן הֲגַנָּתִי
protector n 1 מָגֵן, גּוֹנֵן. 2 פַּטְרוֹן, נוֹתֵן חָסוּת
protectorate n פְּרוֹטֶקְטוֹרָט
protégé(e) n בֶּן חָסוּת, חוֹסֶה
protein n חֶלְבּוֹן, פְּרוֹטֵאִין
pro tem, pro-tempore זְמַנִּי, אֲרָעִי
protest vti, n 1 מָחָה, עִרְעֵר, קָבַל. 2 טָעַן בְּתֹקֶף. 3 הוֹדִיעַ, הִצְהִיר. 4 מְחָאָה, עִרְעוּר, קֻבְלָנָה. 5 הֶעָדָה
protest against מָחָה נֶגֶד, קָבַל עַל
Protestant adj, n 1 פְּרוֹטֶסְטַנְטִי. 2 פְּרוֹטֶסְטַנְט
protestantism n פְּרוֹטֶסְטַנְטִיּוּת
protester n מוֹחֶה (אדם)
protestingly adv תּוֹךְ מְחָאָה
protestation n מְחָאָה, טַעֲנַת נֶגֶד, הִתְנַגְּדוּת
protocol n 1 פְּרוֹטוֹקוֹל. 2 זִכְרוֹן דְּבָרִים, פְּרָטֵי־כֹּל
proton n פְּרוֹטוֹן
protoplasm n אַב־חֹמֶר, פְּרוֹטוֹפְּלַסְמָה
prototype n אַבְטִיפּוּס
protozoa npl אַבְחַיִּים, חַד־תָּאִיִּים
protract vt הֶאֱרִיךְ, מָתַח, הִמְשִׁיךְ
protraction n 1 הַאֲרָכָה. 2 שִׂרְבּוּב, הֲכָנַת תָּכְנִית (קרקע)
protractor n מַדְזָוִית, מַדְמַעֲלוֹת
protrude vit 1 הוֹצִיא, שִׂרְבֵּב הַחוּצָה. 2 הִזְדַּקֵּר
protrusion n הַבְלָטָה, הִזְדַּקְּרוּת
protrusive adj בּוֹלֵט, מִזְדַּקֵּר
protuberance n בְּלִיטָה, תְּפִיחָה, פִּטָּם, גַּבְנוּנִית
protuberant adj בּוֹלֵט, תָּפוּחַ
proud adj גֵּאֶה, גֵּא, יָהִיר, רַבְרְבָן
proudly adv בְּגַאֲוָה
provable adj בַּר הוֹכָחָה
prove vti 1 הוֹכִיחַ, וִדֵּא, אִמֵּת. 2 הִסְבִּיר. 3 הִתְבָּרֵר
proven adj מוּכָח
provenance n מָקוֹר, מוֹצָא
provender n 1 מִסְפּוֹא, תֶּבֶן. 2 צֵידָה
proverb n מָשָׁל, פִּתְגָּם
proverbial adj 1 פִּתְגָּמִי, מְשָׁלִי. 2 מְהֻלָּל, יָדוּעַ, מְפֻרְסָם
proverbially adv לְמוֹפֵת

provide for סַפֵּק, צַיֵּד, פַּרְנֵס, הִבְטִיחַ
provide against נִזְהַר מִ־, הִתְכּוֹנֵן לְ־
provided, providing (that) conj בִּתְנַאי שֶׁ־, אִם
providence n 1 הֲכָנָה, דְּאָגָה, הַשְׁגָּחָה. 2 הַשְׁגָּחָה עֶלְיוֹנָה. 3 זְהִירוּת
provident adj נָבוֹן, זָהִיר, דּוֹאֵג, חַסְכָנִי
providently adv בִּזְהִירוּת
providential adj בַּר מַזָּל, מִן הַשָּׁמַיִם
providentially adv מִן הַשָּׁמַיִם, בְּמַזָּל
province n 1 מָחוֹז, גָּלִיל. 2 מְדִינָה. 3 תְּחוּם
provincial adj, n 1 מְחוֹזִי, פְּרוֹבִינְצְיָאלִי, קַרְתָּנִי. 2 כַּפְרִי, קַרְתָּן, תּוֹשַׁב מָחוֹז
provincialism n קַרְתָּנוּת
provincially adv בְּקַרְתָּנוּת
provision vt, n 1 פַּרְנֵס, כַּלְכֵּל. 2 סִפֵּק מְלַאי. 3 הַסְפָּקָה, אַסְפָּקָה. 4 צִיּוּד, צֵידָה. 5 אֶמְצָעִי. 6 תְּנַאי, סְעִיף
provisional adj 1 אֲרָעִי, זְמַנִּי. 2 עַל־תְּנַאי
provisionally adv לְפִי שָׁעָה
proviso n 1 תְּנַאי. 2 סְיָג, תְּנַאי מַגְבִּיל
provisory adj 1 זְמַנִּי, אֲרָעִי. 2 עַל־תְּנַאי
provocation n 1 הִתְגָּרוּת, קִנְטוּר, הַקְנָטָה. 2 גֵּרוּי, פְּרוֹבוֹקַצְיָה
provocative adj מִתְגָּרֶה, מֵסִית, מְגָרֶה, פְּרוֹבוֹקָטִיבִי
provocatively adv בְּהִתְגָּרוּת
provoke vt עוֹרֵר, הֵסִית, גֵּרָה, הִקְנִיט
provoking adj מֵסִית, מַדִּיחַ, מַקְנִיט
provokingly adv בְּאֹרַח פְּרוֹבוֹקָטִיבִי
provost n 1 רֹאשׁ, נָגִיד. 2 רֹאשׁ מִכְלָלָה. 3 רֹאשׁ עֵדָה דָּתִית
prow n חַרְטֹם
prowess n 1 אֹמֶץ־לֵב, חַיִל. 2 כֹּשֶׁר גָּדוֹל, תְּעֻזָּה
prowl vti, n 1 אָרַב, הִכְמִין. 2 שׁוֹטֵט. 3 מַאֲרָב. 4 שׁוֹטְטוּת
prowler n שַׁטָּט, מְשׁוֹטֵט
proximate adj קָרוֹב, סָמוּךְ
proximity n קִרְבָה, סְמִיכוּת
proximo adv בַּחֹדֶשׁ הַבָּא
proxy n 1 מֻרְשֶׁה, בָּא כֹּחַ, שָׁלִיחַ. 2 הַרְשָׁאָה, בָּאוּת־כֹּחַ
prude n מִתְחַסֵּד, מִצְטַנֵּעַ
prudence n 1 זְהִירוּת, מְתִינוּת. 2 תְּבוּנָה
prudent(ial) adj 1 זָהִיר, מָתוּן. 2 נָבוֹן
prudently adv בִּתְבוּנָה, בִּזְהִירוּת
prudery n הִתְחַסְּדוּת, הִצְטַנְּעוּת
prudish adj מִתְחַסֵּד, מִצְטַנֵּעַ
prudishly adv בְּהִתְחַסְּדוּת
prune vt, n 1 גָּזַם, זָמַר, קִצֵּץ. 2 נִפָּה. 3 שְׁזִיף מְיֻבָּשׁ
pruning hook, knife מַזְמֵרָה
prurience(cy) n 1 תַּאַוְתָנוּת, חַשְׁקָנוּת. 2 תַּאֲוָה, תְּשׁוּקָה
prurient adj 1 תַּאַוְתָנִי, חַשְׁקָנִי. 2 הוֹלֵל, עוֹגֵב
pruriently adv בְּתַאַוְתָנוּת
Prussian adj, n פְּרוּסִי
pry vti 1 הֵצִיץ, חִטֵּט, הִסְתַּקְרֵן. 2 הֵרִים, פָּתַח
pryingly adv בְּסַקְרָנוּת, בְּחַטְטָנוּת
psalm n 1 מִזְמוֹר. 2 מִזְמוֹר תְּהִלִּים
psalmist n מְחַבֵּר מִזְמוֹרִים
psalmody n זְמִירַת מִזְמוֹרִים
psalter n 1 סֵפֶר תְּהִלִּים. 2 סֵפֶר זְמִירוֹת
psaltery n נֵבֶל
psephologist n חוֹקֵר בְּחִירוֹת וְהַצְבָּעוֹת
psephology n חֵקֶר בְּחִירוֹת וְהַצְבָּעוֹת
pseudo- pref דּוֹמֶה, מְזֻיָּף, פְּסֶבְדּוֹ־
pseudonym n שֵׁם בָּדוּי, פְּסֶבְדּוֹנִים
pseudonymous adj כָּתוּב בְּשֵׁם בָּדוּי, פְּסֶבְדּוֹנִימִי
Pshaw! interj אוּף! בּוּז!
psittacosis n צָרֶבֶת (מחלה)
psyche n פְּסִיכֶה, נֶפֶשׁ הָאָדָם
psychedelic adj פְּסִיכֶדֶלִי
psychiatric adj פְּסִיכִיאַטְרִי

psychiatrist n פְּסִיכִיאַטְר
psychiatry n פְּסִיכִיאַטְרִיָּה
psychic n, adj 1 חוֹלֶה פְּסִיכִי. 2 נַפְשִׁי, עַל־חוּשִׁי, נִסְתָּר. 3 מֶדְיוּם
psychic(al) adj פְּסִיכִי, נַפְשִׁי, רוּחָנִי
psychoanalysis n פְּסִיכוֹאֲנָלִיזָה
psychoanalyst n פְּסִיכוֹאֲנָלִיטִיקָן
psychoanalytic(al) adj פְּסִיכוֹאֲנָלִיטִי
psychologic(al) adj פְּסִיכוֹלוֹגִי
psychologist n פְּסִיכוֹלוֹג
psychology n פְּסִיכוֹלוֹגְיָה
psychopath n פְּסִיכוֹפַּת, חוֹלֵה נֶפֶשׁ
psychopathic adj פְּסִיכוֹפָּתִי
psychosis n פְּסִיכוֹזָה
psychosomatic adj פְּסִיכוֹסוֹמָטִי
psychotherapy n פְּסִיכוֹתֵרַפְּיָה
ptarmigan n טַרְמָכָן, שֶׂכְוִי הַשֶּׁלֶג
pteridophita n שָׂרָךְ
pterodactyl n פְּטֶרוֹדַקְטִיל
ptomaine n פְּטוֹמָאִין (רעל)
pub n פֻּנְדָּק, מִסְבָּאָה, בֵּית מַרְזֵחַ
puberty n בַּגְרוּת (מינית)
pubescence n הִתְבַּגְּרוּת (מינית)
pubescent adj, n מִתְבַּגֵּר (מינית)
pubis n 1 עֶרְוָה. 2 שְׂעַר הָעֶרְוָה
public adj, n 1 צִבּוּרִי, כְּלָלִי, פֻּמְבִּי. 2 צִבּוּר, כְּלָל, קָהָל
public prosecutor פְּרַקְלִיט הַמְּדִינָה
public school 1 בֵּית סֵפֶר פְּרָטִי (אנגליה). 2 בֵּית סֵפֶר מַמְלַכְתִּי (ארה״ב)
publican n 1 פֻּנְדְּקַאי. 2 מוֹכֵס
publication n 1 פִּרְסוּם. 2 הוֹצָאָה לְאוֹר
public house n מִסְבָּאָה, פֻּנְדָּק
public servant n עוֹבֵד מְדִינָה
public-spirited adj מָסוּר לְעִנְיְנֵי הַקְּהִלָּה
publicly adv בְּפַרְהֶסְיָה, בְּגָלוּי
publicist n פּוּבְּלִיצִיסְט, פִּרְסוּמַאי, עִתּוֹנַאי
publicity n פִּרְסֹמֶת, פִּרְסוּם
publicize vt פִּרְסֵם, גִּלָּה בְּרַבִּים
publish vt 1 פִּרְסֵם, הוֹצִיא לְאוֹר. 2 הוֹדִיעַ בְּרַבִּים
publisher n מוֹצִיא לְאוֹר, מו״ל
puce n חוּם כֵּהֶה
puck n שֵׁד, שֵׁדוֹן, פַּק
pucker vti, n 1 קִמֵּט, קִפֵּל. 2 קֶמֶט, קִפּוּל
puckish adj לֵיצָנִי, שֵׁדִי, שׁוֹבָב
puckishly adv בְּלֵיצָנוּת
pudding n לִפְתָּן, רַפְרֶפֶת
puddle n שְׁלוּלִית, רֶפֶשׁ
pudenda npl גֶּנִיטַלְיָה
pudgy adj שְׁמַנְמַן, גּוּץ
puerile adj יַלְדוּתִי
puerility n יַלְדוּתִיּוּת
puerperal fever קַדַּחַת הַלֵּדָה
Puerto-Rican adj, n פּוּרְטוֹרִיקָנִי
puff vit, n 1 נָשַׁם, נָשַׁף, נָשַׁב. 2 הִתְנַפֵּחַ, פָּלַט. 3 נִפַּח. 4 שִׁמַּח, סִחְרֵר, שִׁבַּח. 5 נְשִׁימָה, נְשִׁיפָה, מַשָּׁב. 6 כָּרִית, כֶּסֶת. 7 פַּחְזָנִית. 8 שֶׁבַח מֻגְזָם
puff pastry בְּצֵק עָלִים
puff up (out) 1 נִפַּח. 2 הִתְנַפֵּחַ
puffin n פְּרַטֶּרְקוּלָה (ציפור)
puffiness n 1 תְּפִיחוּת. 2 קֹצֶר נְשִׁימָה
puffy adj 1 תָּפוּחַ, נָפוּחַ. 2 נוֹשֵׁם, נוֹשֵׁף. 3 קְצַר נְשִׁימָה. 4 מְנֻפָּח, שָׁמֵן
pug n 1 חֹטֶם קָצָר וְרָחָב. 2 אֶגְרוֹפָן. 3 פַּג (כלב)
pugilist n מִתְאַגְרֵף, אֶגְרוֹפָן
pugilism n הִתְאַגְרְפוּת, אֶגְרוֹפָנוּת
pugilistic adj אֶגְרוֹפָנִי
pugnacious adj אוֹהֵב מָדוֹן, לוֹחֲמָנִי
pugnacity n לוֹחֲמָנוּת, אַהֲבַת מָדוֹן
pug nose אַף סוֹלֵד
pug-nosed adj בַּעַל אַף סוֹלֵד
puissance n עָצְמָה, אוֹן, תֹּקֶף
puissant adj תַּקִּיף, שַׂגִּיא כֹּחַ
pulchritude n יֹפִי, הוֹד, הָדָר
pule vi יִלֵּל, בָּכָה, יִבֵּב
pull vti, n 1 מָשַׁךְ, מָתַח. 2 גָּרַר. 3 מָצַץ. 4 חָתַר. 5 עִכֵּב, הֵאֵט.

3 נַעַל מָחוֹל. 4 נַעַל סְפּוֹרְט

pumpernickel n פּוּמְפֶּרְנִיקֶל

pumpkin n דְּלַעַת, קָרָא

pun vi, n 1 שִׂחֵק בְּמִלִּים. 2 שַׁעֲשׁוּעֵי לָשׁוֹן, לָשׁוֹן נוֹפֵל עַל לָשׁוֹן

punch vt, n 1 אִגְרֵף, הִכָּה. 2 הֵאִיץ, דָּחַף. 3 נִקֵּב, נָקַב. 4 אֶגְרוֹף, מַכָּה. 5 נַקָּב, מַקֵּב. 6 פּוּנְטְשׁ

Punch-and-Judy n תֵּיאַטְרוֹן בֻּבּוֹת

punch-line n הָעֹקֶץ שֶׁל הַבְּדִיחָה

punctilio n דַּקְדְּקָנוּת, נַקְדָנוּת

punctilious adj דַּקְדְּקָן, נַקְדָן

punctiliously adv בְּדַקְדְּקָנוּת

punctiliousness n קַפְּדָנוּת, דַּקְדְּקָנוּת

punctual adj דַּיְּקָן, דַּקְדְּקָן

punctually adv בְּדַיְּקָנוּת

punctuality n דִּיּוּק, דַּיְּקָנוּת

punctuate vt נִקֵּד, פִּסֵּק, הִטְעִים

punctuation n נִקּוּד, פִּסּוּק, הַטְעָמָה

puncture vti, n 1 נִקֵּב, נִקֵּר. 2 נֶקֶב, נֶקֶר, דֶּקֶר. 3 נִקּוּב, דִּקּוּר

pundit n 1 פַּנְדִּיט. 2 מְלֻמָּד, חָכָם

pungency n חֲרִיפוּת, חַדּוּת, פִּקְחוּת

pungent adj 1 עוֹקֵץ, חָרִיף, נוֹקֵב, צוֹרֵב. 2 עוֹקְצָנִי, מְפֻלְפָּל

pungently adv בְּעוֹקְצָנוּת

Punic adj פּוּנִי

punish vt הֶעֱנִישׁ, עָנַשׁ, קָנַס

punishable adj עָנִישׁ, בַּר־עֲנִישָׁה

punishment n עֹנֶשׁ, הַעֲנָשָׁה, קְנָס

punitive adj מַעֲנִישׁ, עוֹנֵשׁ

punk n 1 אוּד, צִתִּית. 2 חֲסַר עֵרֶךְ. 3 פַּנְקִיסְט

punkah n פּוּנְקָה, מְאַוְרֵר

punster n מְשַׂחֵק בְּמִלִּים

punt vti, n 1 בָּעַט. 2 חָתַר, שָׁט. 3 שִׂחֵק, הִמֵּר. 4 בְּעִיטָה. 5 סִירָה שְׁטוּחָה

puny adj 1 חַלָּשׁ, קָטָן, נַנָּס. 2 זוּטָר

pup n כְּלַבְלַב, גּוּר

pupa n גֹּלֶם (פרפר)

pupil n 1 אִישׁוֹן, בָּבַת עַיִן. 2 תַּלְמִיד,

6 מְשִׁיכָה. 7 מְצִיצָה, לְגִימָה. 8 הָעֹתֶק שֶׁל הַגָּהָה. 9 יִתְרוֹן. 10 פְּרוֹטֶקְצְיָה, הַשְׁפָּעָה

pull apart 1 בִּקֵּר, מָצָא פְּגָם. 2 פֵּרֵק

pull down 1 נִתֵּץ, הָרַס. 2 הִשְׁפִּיל

pull in 1 עָצַר לְיַד הַמִּדְרָכָה. 2 עָצַר בְּתַחֲנָה. 3 הֵדֵק

pull off 1 עָקַר, הוֹצִיא. 2 הִצְלִיחַ. 3 סִיֵּם

pull oneself together הִתְעוֹדֵד, הִתְאוֹשֵׁשׁ

pull one's weight תָּרַם תְּרוּמָה מְלֵאָה

pull over עָצַר לֹא בְּתַחֲנָה

pull round הֶחֱלִים, חָזַר לְאֵיתָנוֹ

pull strings מָשַׁךְ בְּחוּטִים

pull through הִתְגַּבֵּר, הִתְאוֹשֵׁשׁ

pull together פָּעֲלוּ יַחְדָּו

pull up עָצַר (אוטו)

pullet n פַּרְגִּית

pulley n גַּלְגֶּלֶת, גַּלְגִּלָּה

pullout n 1 נְסִיגָה. 2 תִּמְרוֹן הַיְשָׁרָה

pullover n אֲפֻדָּה, סֶוֶדֶר, פַּקֶּרֶס

pullulate vi שָׁרַץ, הִתְרַבָּה

pulmonary adj רֵאָתִי

pulp vt, n 1 מִיֵּךְ. 2 צִפָּה, מוֹךְ. 3 כְּתֹשֶׁת, מְחִית

pulpit n 1 דּוּכָן, בָּמָה. 2 הַטָּפָה

pulpy adj בְּשָׂרִי, מוֹכִי

pulque n עֲסִיס אֲגָבוֹת (משקה)

pulsar n 1 גֶּרֶם שְׁמֵימִי. 2 מִפְעָם

pulsate vti דָּפַק, הָלַם, פָּעַם, רָעַד, רִטֵּט

pulsation n פְּעִימָה, דְּפִיקָה, הֲלִימָה, רְעִידָה

pulse vi, n 1 פָּעַם, דָּפַק, הָלַם. 2 דֹּפֶק, פְּעִימָה. 4 קִטְנִית

pulverize vti 1 אִבֵּק, שָׁחַק, כִּתֵּת, טָחַן. 2 הָרַס, מָעַךְ, שִׁבֵּר

puma n פּוּמָה, קוּגָר

pumice, stone pumice n חֲפָף, אֶבֶן סְפוֹגִית

pummel vt הִכָּה בְּאֶגְרוֹף, חָבַט, הִרְבִּיץ

pump vti, n 1 שָׁאַב, נִפַּח, יָנַק. 2 מַשְׁאֵבָה.

חָנִיךְ. 3 דַּרְדַּק, קַטִּין
puppet n בֻּבָּה (על חוט)
puppy n 1 כְּלַבְלָב, גּוּר. 2 פִּרְחָח, טִפְּשׁוֹן
puppy fat שֻׁמָּן נְעוּרִים
puppy love אַהֲבַת בְּנֵי נְעוּרִים
purblind adj 1 קְצַר רְאִיָּה, כְּהֵה רְאִיָּה. 2 נֻקְשֶׁה, אָטוּם
purchase vt, n 1 קָנָה, רָכַשׁ, הִשִּׂיג. 2 הֵנִיף, הֵרִים. 3 קְנִיָּה, רְכִישָׁה, הַשָּׂגָה. 4 קִנְיָן. 5 מָנוֹף
purchasing power כֹּחַ קְנִיָּה, כֹּשֶׁר קְנִיָּה
purchasable adj 1 שָׁחִיד. 2 מָכִיר
purchaser n קוֹנֶה, קַנְיָן
purdah n פּוּרְדָּה
pure adj 1 טָהוֹר, צַח, זַךְ. 2 מְזֻקָּק. 3 לְלֹא דֹּפִי, לְלֹא חֵטְא. 4 תָּם, תָּמִים. 5 שָׁלֵם, מֻחְלָט
purely adv לְגַמְרֵי, כֻּלּוֹ
pureness n טֹהַר, זֹךְ, זַכּוּת, צַחוּת
purée n מְחִית, תַּמְחִית, רֶסֶק
purgative adj, n 1 מְטַהֵר, מְנַקֶּה. 2 סַם מְשַׁלְשֵׁל
purgation n טִהוּר, נִקָּיוֹן, חִטּוּי, שִׁלְשׁוּל
purgatory n, adj 1 גֵּיהִנּוֹם, מְקוֹם כַּפָּרָה לְחוֹטְאִים. 2 כַּפָּרָה. 3 מְחַטֵּא, מְנַקֶּה
purge vt, n 1 טִהֵר, נִקָּה, מֵרֵק. 2 טִהוּר, נִקּוּי. 3 סַם מְשַׁלְשֵׁל
purification n 1 טִהוּר, זִכּוּךְ, חִטּוּי, נִקּוּי. 2 טָהֳרָה
purify vt טִהֵר, זִכֵּךְ, נִקָּה
purism n טַהֲרָנוּת
Puritan adj, n 1 פּוּרִיטָנִי. 2 קַפְּדָן
puritanical adj 1 פּוּרִיטָנִי. 2 קַפְּדָן, מַחְמִיר
puritanically adv בְּאֹרַח פּוּרִיטָנִי
purity n טֹהַר, נִקָּיוֹן, צַחוּת, זַכּוּת, חַפּוּת
purl vi, n 1 רִקֵּם שָׂפָה, עָשָׂה אִמְרָה. 2 רִשְׁרֵשׁ. 3 לוּלָאָה. 4 רִשְׁרוּשׁ, אִוְשָׁה
purlieus npl 1 תְּחוּם, גְּבוּל. 2 פַּרְוָר
purloin vt גָּנַב, "סָחַב"
purloiner n גַּנָּב, סַחֲבָן
purple adj, n 1 אַרְגְּמָנִי, מַלְכוּתִי. 2 אַרְגָּמָן, סָגֹל. 3 חַשְׁמַנּוּת
purple heart לֵב הָאַרְגָּמָן (ציון לשבח)
purplish adj אַרְגְּמָנִי בְּמִקְצָת
purport vt, n 1 הִתְכַּוֵּן, הִתְיַמֵּר. 2 כַּוָּנָה, מַטָּרָה, מַשְׁמָעוּת, תַּכְלִית
purpose vt, n 1 יָזַם, תִּכְנֵן. 2 מַטָּרָה, יַעַד
purposeful adj תַּכְלִיתִי, הֶחְלֵטִי
purposefully adv בְּכַוָּנָה
purposeless adj לְחִנָּם, לַשָּׁוְא
purposely adv בְּזָדוֹן, בְּמֵזִיד, בְּכַוָּנָה
purposive adj תַּכְלִיתִי
purr vti, n 1 נָהַם, יִמְיֵם. 2 נְהִימָה, יִמְיוּם
purse vt, n 1 כִּוֵּץ (שפתיים), קִמֵּט (מצח). 2 שִׁלְשֵׁל לַכִּיס. 3 אַרְנָק, כִּיס, חָרִיט. 4 קֶרֶן, קֻפָּה
purse-proud adj גֵּאֶה עַל עָשְׁרוֹ
purser n 1 גִּזְבָּר. 2 כַּלְכָּל
purse-strings npl שְׂרוֹכֵי הַצְּרוֹר
pursuance n 1 מִלּוּי (תפקיד). 2 שְׁקִידָה
pursuant to בְּהֶמְשֵׁךְ לְ־, בְּהֶתְאֵם לְ־
pursue vt 1 רָדַף, הִמְשִׁיךְ. 2 הִתְמִיד, שָׁקַד. 3 הָלַךְ אַחֲרֵי
pursuit n 1 רְדִיפָה, דְּלִיקָה אַחֲרֵי. 2 מִקְצוֹעַ, מִשְׁלַח־יָד
pursy adj 1 קְצַר נְשִׁימָה. 2 שָׁמֵן
purulence n מֻגְלָתִיּוּת
purulent adj מֻגְלָתִי
purvey vti סִפֵּק, צִיֵּד
purveyance n אַסְפָּקָה, צִיּוּד
purveyor n סַפָּק
purview n 1 הֶקֵּף, תְּחוּם. 2 תְּחוּם רְאִיָּה
pus n מֻגְלָה
push vti, n 1 דָּחַף, הָדַף. 2 דָּחַק, לָחַץ, הִמְרִיץ. 3 נִדְחַף, הִתְפַּשֵּׁט, הִשְׁתָּעֵר. 4 דְּחִיפָה, הֲדִיפָה. 5 מַאֲמָץ. 6 לַחַץ. 7 הַתְקָפָה, תּוֹקְפָנוּת. 8 מֶרֶץ, יָזְמָה
push button לְחִיץ
push button telephone טֶלֶפוֹן לְחִיצִים

pushcart n עֶגְלַת יָד
pushchair n עֶגְלַת תִּינוֹקוֹת
pushing adj 1 דּוֹחֵף, דּוֹחֵק. 2 תּוֹקְפָנִי. 3 בַּעַל מֶרֶץ
push forward/on הִמְשִׁיךְ
push off הִסְתַּלֵּק, יָצָא לַדֶּרֶךְ
pushover n 1 בְּעָיָה קַלָּה. 2 פֶּתִי
pusillanimity n מֹרֶךְ לֵב
pusillanimous adj מוּג לֵב, פַּחְדָן
puss n 1 חֲתוּלָה, חָתוּל. 2 נַעֲרָה. 3 פַּרְצוּף. 4 פֶּה
pussycat n חֲתַלְתּוּלָה
pussy willow עֲרָבָה
pustule n מֻגֶּלֶת, שַׁלְבּוּקִית
put vti 1 שָׂם, הִנִּיחַ, נָתַן. 2 הִבִּיעַ, בִּטֵּא. 3 הֵטִיל, הָדַף. 4 נִוֵּט, הִפְנָה. 5 הִצִּיעַ
put about שִׁנָּה כִּוּוּן
put across הִסְבִּיר, הֶעֱבִיר
put aside 1 הִנִּיחַ בַּצַּד, שָׁמַר. 2 וִתֵּר
put at ease הִרְגִּיעַ
put away 1 שָׁמַר, הִנִּיחַ הַצִּדָּה. 2 זָלַל, סָבָא. 3 כָּלָא
put back הֵשִׁיב, הֶחֱזִיר
put by חָסַךְ
put down 1 דִּכָּא, הִשְׁפִּיל. 2 הֶעֱלָה בִּכְתָב. 3 יִחֵס
put-down n בִּקֹּרֶת
put forth 1 הִפְעִיל, הוֹשִׁיט. 2 הִצְמִיחַ. 3 הִצִּיעַ. 4 פִּרְסֵם
put forward הִצִּיעַ, הִגִּישׁ
put into/in 1 הִכְנִיס. 2 נִכְנַס
put off 1 דָּחָה. 2 כִּבָּה, סָגַר
put on 1 לָבַשׁ. 2 הֶעֱמִיד. 3 הִדְלִיק
put-on n הַעֲמָדַת פָּנִים
put out 1 הוֹצִיא, נִקֵּר (עין). 2 כִּבָּה (אור). 3 בִּלְבֵּל, הִרְגִּיז. 4 פִּרְסֵם. 5 גָּרַם אִי־נוֹחוּת. 6 נָבוֹךְ
put-out n הוֹצָאָה מֵהַמִּשְׂחָק
put right תִּקֵּן, יִשֵּׁר
put through 1 קִשֵּׁר. 2 הֶעֱבִיר. 3 הִקְשָׁה עַל
put to death הוֹצִיא לְהוֹרֵג
put together חִבֵּר, צֵרֵף
put to the test הֶעֱמִיד בְּמִבְחָן
put up 1 הִצִּיעַ. 2 הֵקִים, בָּנָה. 3 שִׁמֵּר. 4 זָמַם. 5 הֵלִין
put up with נָהַג בְּסַבְלָנוּת, סָבַל, וִתֵּר
putative adj נֶחְשָׁב, מְשֹׁעָר
putrefaction n 1 רָקָב, רִקָּבוֹן, רַקְבּוּבִית. 2 נֶמֶק
putrefy vti 1 הִרְקִיב. 2 נִרְקַב, נָמַק
putrid adj 1 רָקוּב, נִרְקָב. 2 מַסְרִיחַ. 3 מַסְלִיד
putridity n רִקָּבוֹן, רָקָב
putsch n פּוּטְשׁ, נִסָּיוֹן מְרִידָה
putt vti, n 1 הִכָּה מַכָּה קַלָּה. 2 מַכָּה קַלָּה (גולף)
putting green שֶׁטַח סָבִיב לַגֻּמָּה (גולף)
puttee n חוֹתָל, חוֹתֶלֶת
putty n מֶרֶק
puzzle vti, n 1 הִתְמִיהַּ, הֵבִיךְ, הִפְלִיא. 2 הִתְלַבֵּט, הִתְעַמֵּק. 3 חִידָה. 4 תִּמָּהוֹן, פְּלִיאָה. 5 מְבוּכָה
puzzle out פָּתַר
puzzle over הִתְעַמֵּק
puzzlement n תִּמָּהוֹן, מְבוּכָה, פְּלִיאָה
puzzling adj תִּמְהוֹנִי, מַתְמִיהַּ, מֵבִיךְ
pygmy, pigmy n נַנָּס, גַּמָּד
pyjamas, pajamas npl פִּיגָ׳מָה
pylon n 1 שַׁעַר. 2 עַמּוּד. 3 מִגְדַּלּוֹר
pyrroh(o)ea n זִיבַת מֻגְלָה
pyramid n פִּירָמִידָה
pyre n מְדוּרָה, מוֹקֵד
pyrites n פִּירִיטִים
pyrotechnic adj שֶׁל זִקּוּקִין דִּי־נוּר
pyrotechnics npl פִּירוֹטֶכְנִיקָה
Pyrrhic adj פִּירְהִי
Pyrrhic victory adj נִצָּחוֹן־פִּירוּס, נִצָּחוֹן יָקָר מִדַּי
python n פִּיתוֹן

Q

Q, q קְיוּ, ק, הָאוֹת הַשְּׁבַע־עֶשְׂרֵה שֶׁל הָאָלֶף־בֵּית הָאַנְגְּלִי

quack vi, adj, n 1 קִרְקֵר, גִּעְגַּע. 2 נוֹכֵל, רַמַּאי. 3 רוֹפֵא אֱלִיל. 4 קִרְקוּר, גַּעְגּוּעַ, קַעְקוּעַ

quackery n 1 רַמָּאוּת, נוֹכְלוּת, הוֹנָאָה. 2 רְפוּאַת־אֱלִיל

quad n 1 חָצֵר מְרֻבַּעַת. 2 רְבִיעִיָּה (ילדים)

quadrangle n 1 מְרֻבָּע. 2 חָצֵר מְרֻבַּעַת

quadrangular adj מְרֻבָּע, שֶׁיֵּשׁ לוֹ צוּרַת מְרֻבָּע

quadrant n 1 רְבִיעַ. 2 רֶבַע מַעְגָּל, רֶבַע עִגּוּל, קְוַדְרַנְט

quadratic adj רִבּוּעִי

quadrilateral adj בַּעַל אַרְבַּע צְלָעוֹת, מְרֻבָּע

quadrille n קְוַדְרִיל (ריקוד)

quadrillion n קְוַדְרִילְיוֹן

quadruped n הוֹלֵךְ עַל אַרְבַּע

quadruple adj 1 הִכְפִּיל פִּי אַרְבָּעָה. 2 פִּי אַרְבָּעָה

quadruplets n pl רְבִיעִיָּה (ילדים)

quadruplicate adj, n 1 פִּי אַרְבָּעָה. 2 בְּחֶזְקַת אַרְבַּע

quaff vti, n 1 גָּמַע, סָבָא, לָגַם, גָּמָא. 2 גְּמִיעָה, גְּמִיאָה, סְבִיאָה

quagmire n 1 בִּצָּה, רֶפֶשׁ, רְקָק. 2 מַצָּב קָשֶׁה

quail vi, n 1 חָרַד, פָּחַד, נִרְתַּע מִפַּחַד. 2 שְׂלָו

quaint adj מוּזָר וּמַקְסִים, שׁוֹנֶה, תִּמְהוֹנִי

quake vi, n 1 רָעַד, רָטַט, הִזְדַּעְזַע. 2 חִיל, זַעֲזוּעַ, רֶטֶט, חַלְחָלָה. 3 רְעִידַת אֲדָמָה

Quaker n קְוֵיקֶר

qualification n 1 סְגֻלָּה, מִדָּה, כְּשִׁירִים. 2 הִסְתַּיְּגוּת. 3 הַגְבָּלָה. 4 תְּעוּדַת הַסְמָכָה

qualified adj 1 כָּשִׁיר, רָאוּי, מְסֻגָּל, מַתְאִים. 2 מֻגְבָּל, מֻתְנֶה

qualifier n 1 מַסְמִיךְ, מַכְשִׁיר. 2 מַגְדִּיר, מְתָאֵר. 3 מַגְבִּיל, מַתְנֶה

qualify vti 1 הֶעֱרִיךְ, הִכְשִׁיר. 2 תֵּאֵר, כִּנָּה. 3 הִגְבִּיל, הִתְנָה. 4 קִבֵּל תְּעוּדַת הַסְמָכָה

qualify for 1 עָמַד בַּמִּבְחָן. 2 הִתְאִים, הָיָה רָאוּי

qualitative adj אֵיכוּתִי

quality n 1 אֵיכוּת, טִיב. 2 אֹפִי. 3 סְגֻלָּה, תְּכוּנָה

qualm n 1 חֲרָטָה, מוּסַר כְּלָיוֹת. 2 חֻלְשָׁה, בְּחִילָה

quandary n 1 הִסּוּס, הִתְלַבְּטוּת. 2 מְבוּכָה

quango n אִרְגּוּן אוֹטוֹנוֹמִי לְמֶחֱצָה

quantify vt כִּמֵּת, קָבַע כַּמּוּת

quantitative adj כַּמּוּתִי, מָדִיד

quantity n כַּמּוּת, גֹּדֶל, מִסְפָּר, מִדָּה

quantum n 1 קְוַנְטוּם. 2 סְכוּם, כַּמּוּת, מָנָה

quantum jump leap הִתְקַדְּמוּת מַהְפְּכָנִית

quarantine vt, n 1 שָׂם בְּהֶסְגֵּר. 2 הֶסְגֵּר. 3 תְּקוּפַת הֶסְגֵּר

quark n קְוָארְק

quarrel vi, n 1 רָב, הִתְקוֹטֵט, קִנְטֵר. 2 רִיב, מְרִיבָה, קְטָטָה, תִּגְרָה, קִנְטוּר

quarrel with vt הִתְקוֹטֵט עִם

quarrelsome adj נִרְגָּן, אִישׁ מָדוֹן, קַנְטְרָנִי

quarry vti, n 1 חָצַב, כָּרָה, חָפַר. 2 מִכְרֶה, מַחְצָבָה. 3 חַיָּה נִרְדֶּפֶת. 4 רִבּוּעַ זְכוּכִית. 5 אָדָם נִרְדָּף

quart n קְוָארְט (מידה)

quarter vt, n 1 רִבַּע. 2 הִתְאַכְסֵן. 3 אִכְסֵן,

שְׁכֵן. 4 רֶבַע, רְבִיעַ, רְבִיעִית. 5 רֹבַע, שְׁכוּנָה

quarter day תַּאֲרִיךְ מַשְׂכֹּרֶת רִבְעוֹנִית

quarterdeck n סִפּוּן עֶלְיוֹן

quarter-final n תַּחֲרוּת רֶבַע־גְּמַר

quartermaster n 1 אַפְסְנַאי. 2 הַגַּאי

quarterstaff n מוֹט

quarterly adj, n 1 שֶׁל רֶבַע. 2 כָּל רֶבַע שָׁנָה, רִבְעוֹנִי. 4 רִבְעוֹן

quartet n רְבִיעִיָּה (מוסיקה)

quarto n קְוַרְטוֹ

quartz n קְוַרְץ

quasar n גּוּף שְׁמֵימִי, קְוֵיזָר

quash vt בִּטֵּל, פָּסַל

quasi- pref מֵעֵין, כְּאִלּוּ

quassia n קְוַסְיָה (תרופה)

quatercentenary n הַשָּׁנָה הָ־400

quatrain n שִׁיר מְרֻבָּע, בַּיִת מְרֻבָּע (שירה)

quaver vi, n 1 סִלְסֵל, רָעַד. 2 רָטַט. 3 סִלְסוּל, רֶטֶט, רַעַד. 4 שְׁמִינִית־תָּו (מוסיקה)

quay n רָצִיף, מֵזַח

queasily adv בְּאֹפֶן מְעוֹרֵר בְּחִילָה

queasiness n בְּחִילָה, סְלִידָה

queasy adj 1 גּוֹרֵם בְּחִילָה. 2 בּוֹחֵל, סוֹלֵד. 3 בַּרְרָן, קַפְּדָן

queen n מַלְכָּה

queen bee דְּבוֹרָה־מַלְכָּה

queen mother הַמַּלְכָּה הָאֵם

queen it vi נָהֲגָה כְּמַלְכָּה

queenly adj כְּמַלְכָּה, דּוֹמֶה לְמַלְכָּה

queer vt, adj, n 1 קִלְקֵל, שִׁבֵּשׁ, הִפְרִיעַ. 2 נִכְנַס לְמַצָּב בִּישׁ. 3 תִּמְהוֹנִי, מוּזָר, מְשֻׁנֶּה. 4 הוֹמוֹ

queer someone's pitch קִלְקֵל לוֹ הַהִזְדַּמְּנוּת

queerly adv בְּאֹפֶן מוּזָר

queerness n זָרוּת, מְשֻׁנּוּת, מוּזָרוּת

quell vt 1 הִכְנִיעַ, דִּכָּא. 2 הִשְׁקִיט, שִׁכֵּךְ, הִרְגִּיעַ. 3 שָׂם קֵץ לְ־

quench vt 1 כִּבָּה. 2 שָׁבַר, רִוָּה. 3 צִנֵּן. 4 כָּבַשׁ (יצר)

quenchless adj שֶׁאֵין לְכַבּוֹתוֹ

quern n מַטְחֵנָה, רֵחַיִם

querulous adj מִתְלוֹנֵן, מָלֵא טְרוּנְיָה, רַגְזָן

querulously adv בִּטְרוּנְיָה

querulousness n נִרְגָּנוּת

query vt, n 1 שָׁאַל, חָקַר, הִקְשָׁה. 2 סִפֵּק. 3 שְׁאֵלָה, קֻשְׁיָה

quest n 1 חִפּוּשׂ, דְּרִישָׁה, בְּדִיקָה. 2 מַסָּע

quest for vt תָּר אַחַר, חִפֵּשׂ, בִּקֵּשׁ

question vt, n 1 שָׁאַל, חָקַר, בָּדַק. 2 הִטִּיל סָפֵק, פִּקְפֵּק. 3 שְׁאֵלָה, קֻשְׁיָה, בְּעָיָה. 4 סָפֵק. 5 מַחֲלֹקֶת

question mark סִימַן שְׁאֵלָה

questionable adj 1 מְפֻקְפָּק, מְסֻפָּק. 2 חָשׁוּד

questionably adv בְּסָפֵק

questioner n חוֹקֵר, שׁוֹאֵל

questioningly adv בְּדֶרֶךְ שְׁאֵלָה

questionnaire n שְׁאֵלוֹן

quetzal n קֶוֶטְצָל (ציפור)

queue vi, n 1 עָמַד בַּתּוֹר. 2 תּוֹר, שׁוּרָה

queue regulator מְסַדֵּר תּוֹר

quibble vi, n 1 הִתְפַּלְפֵּל, הִתְפַּלְסֵף. 2 פִּלְפּוּל, הִתְפַּלְסְפוּת

quibble over vt דִּקְדֵּק בִּזּוּטוֹת

quick adj 1 מָהִיר, זָרִיז, עֵר. 2 "מְמֻלָּח"

quicken vti 1 מִהֵר, זֵרֵז, עוֹדֵד. 2 הֵאִיץ. 3 הִזְדָּרֵז, נָע בִּמְהִירוּת

quickly adv 1 בִּמְהִירוּת, מַהֵר, מִיָּד. 2 בְּחִפָּזוֹן

Quick march! interj קָדִימָה־צְעַד!

quick-freeze vt הִקְפִּיא בִּמְהִירוּת

quickstep n קְוִיקְסְטֶפּ (ריקוד)

quick-tempered adj נוֹחַ לִכְעוֹס, מְהִיר חֵמָה

quick-witted adj מְהִיר תְּפִיסָה

quicklime n סִיד חַי

quickness n מְהִירוּת, זְרִיזוּת, חִפָּזוֹן
quicksand n חוֹלוֹת נָעִים, חוֹל טוֹבְעָנִי
quickset n גָּדֵר חַיָּה
quicksilver n כַּסְפִּית
quid n 1 חֲתִיכַת טַבָּק. 2 לִירָה (סטרלינג)
quid pro quo (L) גְּמוּל תַּחַת גְּמוּל, שְׁמֹר לִי וְאֶשְׁמֹר לְךָ
quiescence n שַׁלְוָה, דְּמָמָה, מַרְגּוֹעַ
quiescent adj 1 שָׁלֵו, שָׁקֵט, נִרְגָּע. 2 נִסְתָּר (דקדוק)
quiet vti, adj, n 1 הִשְׁקִיט, הֶחֱרִישׁ, הִרְגִּיעַ, פִּיֵּס. 2 שָׁקַט, נִרְגַּע, הִשְׁתַּתֵּק, הִתְפַּיֵּס. 3 שָׁקֵט, רוֹגֵעַ, שָׁלֵו, חֲרִישִׁי. 4 שֶׁקֶט, דְּמָמָה, שְׁתִיקָה, מַרְגּוֹעַ
quieten vti 1 הִשְׁתִּיק, הִשְׁקִיט. 2 שִׁכֵּךְ. 3 הִשְׁתַּתֵּק
quietly adv בְּנַחַת, בְּשֶׁקֶט
quietness n שֶׁקֶט, שַׁלְוָה, מְנוּחָה
quietude n שֶׁקֶט, דְּמָמָה, שַׁלְוָה, מְנוּחָה
quietus n 1 סִלּוּק, קֵץ, הִסְתַּלְּקוּת. 2 מָוֶת
quiff n תַּלְתַּל
quill n 1 קֻלְמוֹס (נוצה). 2 קְנֵה נוֹצָה. 3 דַּרְבָּן. 4 חָלִיל
quilt vt, n 1 עָשָׂה כֶּסֶת. 2 כֶּסֶת
quince n חַבּוּשׁ
quincentenary adj, n הַשָּׁנָה הַ־500
quinine n כִּינִין
Quinquagesima n הַיּוֹם הַחֲמִשִּׁים שֶׁלִּפְנֵי הַצּוֹם (נוצרי)
quin n אֶחָד מֵחֲמִישִׁיָּה (ילדים)
quinsy n חַנֶּקֶת
quintal n קְוִינְטָל
quintessence n תַּמְצִית, עִקָּר
quintessential adj 1 מַהוּתִי. 2 תַּמְצִיתִי, בְּהִתְגַּלְּמוּתוֹ (דבר)
quintet n חֲמִישִׁיָּה, חַמְשִׁית (מוסיקה)
quintuplets npl חֲמִישִׁיָּה (ילדים)

quip vi, n 1 הִתְלוֹצֵץ, הִתְבַּדֵּחַ. 2 חִדּוּד, הֲלָצָה, בְּדִיחָה
quire n קְוִירָה (נייר)
quirk n 1 אֲמַתְלָה, פִּלְפּוּל. 2 תֵּרוּץ, הִתְחַמְּקוּת
quisling n קְוִיסְלִינְג, בּוֹגֵד
quit vt, adj 1 נָטַשׁ, עָזַב, יָצָא. 2 וִתֵּר עַל. 3 פָּרַע, שִׁלֵּם. 4 פָּטוּר, מְשֻׁחְרָר, חָפְשִׁי
quite adv לְגַמְרֵי, לַחֲלוּטִין, כָּלִיל
Quite so! interj מַמָּשׁ כָּךְ !, נָכוֹן !
quits adj, adv שָׁקוּל, שָׁוֶה בְּשָׁוֶה
quittance n 1 פְּטוֹר. 2 פִּצּוּי, גְּמוּל
quiver vti, n 1 רָעַד, רָטַט. 2 הִזְדַּעְזֵעַ. 3 רַעַד, רֶטֶט. 4 תְּלִי, אַשְׁפַּת חִצִּים
qui vive (on the) עַל הַמִּשְׁמָר
quixotic adj 1 דּוֹן־קִישׁוֹטִי. 2 לֹא מַעֲשִׂי
quixotically adv בְּרוּחַ דּוֹן קִישׁוֹטִית
quiz vt, n 1 בָּחַן, שָׁאַל. 2 לִגְלֵג, חָמַד לָצוֹן. 3 עָרַךְ חִידוֹן. 4 מִשְׁאָל, בֹּחַן. 5 חִידוֹן
quizzical adj הִתּוּלִי, לֵצָנִי, מְשַׁעֲשֵׁעַ
quoin n 1 זָוִית, פִּנָּה. 2 אֶבֶן פִּנָּה
quoits npl מִשְׂחַק הַטַּבָּעוֹת
quondam (L) adj לְשֶׁעָבַר, לְפָנִים, מִי שֶׁהָיָה
quorum n מִנְיָן, קְווֹרוּם
quota n מִכְסָה
quotable adj בַּר־צִטּוּט
quotation n 1 צִיטָטָה, צִטּוּט, מוּבָאָה. 2 הַצָּעַת מְחִירִים
quotation marks מֵרְכָאוֹת, גֵּרְשַׁיִם
quote vt 1 צִטֵּט, צִיֵּן. 2 הִזְכִּיר. 3 נָקַב. 4 סִמֵּן בְּמֵרְכָאוֹת
quoth אָמַר, דִּבֵּר
quotidian adj, n 1 יוֹמִי, יוֹמְיוֹמִי. 2 קַדַּחַת יוֹמִית
quotient n מָנָה

R

R, r אַר, הָאוֹת הַשְּׁמוֹנֶה־עֶשְׂרֵה שֶׁל הָאָלֶף־בֵּית הָאַנְגְּלִי

rabbi n רַבִּי, רַב

rabbinate n רַבָּנוּת

rabbinical adj 1 רַבָּנִי. 2 תַּלְמוּדִי

rabbit n 1 אַרְנָב, אַרְנֶבֶת. 2 שָׁפָן. 3 שַׂחְקָן גָּרוּעַ

rabbit-hole n מְחִלַּת שְׁפַנִּים

rabbit-hutch n כְּלוּב שְׁפַנִּים

rabbit-warren n סְבַךְ מְחִלּוֹת שְׁפַנִּים

rabble n 1 אֲסַפְסוּף, עֵרֶב־רַב, הָמוֹן. 2 מוֹט בַּרְזֶל

rabble-rousing adj, n 1 הֲסָתַת הֶהָמוֹן. 2 דֶּמָגוֹגִי, מֵסִית הֶהָמוֹן

Rabelaisian adj רַבֶּלֶיָנִי, סָטִירִי

rabid adj 1 מִשְׁתּוֹלֵל, מִתְקַצֵּף. 2 מְטֹרָף. 3 נְגוּעַ כַּלֶּבֶת

rabies n כַּלֶּבֶת, בַּעַת מַיִם

rac(c)oon n דְּבִיבוֹן, רַקּוּן

race vti, n 1 הִשְׁתַּתֵּף בְּמֵרוֹץ. 2 הִתְחָרָה. 3 רָץ. 4 הֵרִיץ, הֵאִיץ. 5 מֵרוֹץ, תַּחֲרוּת, הִתְחָרוּת. 6 גֶּזַע, עַם, אֻמָּה. 7 סוּג, מִין

racecourse n מַסְלוּל־מְרוֹצִים

racial adj גִּזְעִי, גִּזְעָנִי

racialism n גִּזְעָנוּת

racialist n גִּזְעָן

racially adv מִבְּחִינָה גִזְעִית

racily adv 1 בַּחֲרִיפוּת, נִמְרָצוֹת. 2 בְּעַסִּיסִיּוּת

raciness n חֲרִיפוּת, נִמְרָצוּת

racism n גִּזְעָנוּת

racist n גִּזְעָן

rack vt, n 1 עִנָּה, יִסֵּר, הֵצִיק, הֵעִיק. 2 תָּלָה בְּקוֹלָב. 3 מִכְבָּר. 4 סַד. 5 אִצְטַבָּה, כּוֹנָן

rack one's brains אִמֵּץ אֶת מַחֲשַׁבְתּוֹ, הִתְחַבֵּט

racket vi, n 1 הִשְׁתּוֹלֵל. 2 הִתְהוֹלֵל. 3 מְהוּמָה, הֲמֻלָּה, שָׁאוֹן. 4 סְחִיטָה, סַחְטָנוּת. 5 מַחְבֵּט

racketeer n נוֹכֵל, סַחְטָן

raconteur n מְסַפֵּר סִפּוּרִים וּבְדִיחוֹת

racquet n מַחְבֵּט

racy adj 1 חַי, נִמְרָץ, עַלִּיז, נוֹקֵב, מְתֻבָּל. 2 גִּזְעִי, מְקוֹרִי

radar n מַכָּ״ם, רָדָר

radial adj, n 1 חִשּׁוּרִי, קַרְנִי. 2 צְמִיג רַדְיָלִי

radially adv בְּחִשּׁוּר, בְּאֹרַח מֶרְכָּזִי

radiance n נֹגַהּ, זֹהַר, זִיו

radiant adj קוֹרֵן, זוֹרֵחַ, מַקְרִין, זוֹהֵר

radiant heat קְרִינַת חֹם אִינְפְרָה־אֲדֻמָּה

radiantly adv בְּזֹהַר

radiate vti, adj 1 קָרַן, זָרַח. 2 הִקְרִין, הֵפִיץ. 3 שָׁפַע. 4 מַקְרִין, זוֹרֵחַ

radiation n קְרִינָה, הַקְרָנָה, הַפָּצָה, זְרִיחָה

radiator n 1 מַקְרֵן. 2 מְקָרֵר. 3 רַדְיָטוֹר

radical adj, n 1 שָׁרְשִׁי, יְסוֹדִי. 2 קִיצוֹנִי. 3 שֹׁרֶשׁ (√). 4 שָׁרְשׁוֹן, רָדִיקָל. 5 אוֹת שָׁרְשִׁית

radicalism n רָדִיקָלִיּוּת, קִיצוֹנִיּוּת, יְסוֹדִיּוּת

radicalize vt הִקְצִין

radically adv מֵעִקָּרָא, לַחֲלוּטִין, בְּאֹפֶן יְסוֹדִי

radicle n שָׁרְשׁוֹן

radii npl רבים של radius

radio n 1 רַדְיוֹ, אַלְחוּט. 2 שִׁדּוּר

radioactive adj רַדְיוֹאַקְטִיבִי

radioactivity n רַדְיוֹאַקְטִיבִיוּת
radiogram n מִבְרָק אַלְחוּטִי, רַדְיוֹגְרַמָּה
radiograph n תַּצְלוּם רֶנְטְגֶן
radiographer n רַדְיוֹגְרָף
radiography n רַדְיוֹגְרַפְיָה
radioisotope n אִיזוֹטוֹפּ רַדְיוֹאַקְטִיבִי
radiologist n רַדְיוֹלוֹג
radiology n רַדְיוֹלוֹגְיָה
radiotelescope n רַדְיוֹטֶלֶסְקוֹפּ
radiotherapy n רַדְיוֹתֵרַפְּיָה
radiotherapist n רַדְיוֹתֵרַפִּיסְט
radish n צְנוֹן, צְנוֹנִית
radium n רַדְיוּם
radius n 1 רַדְיוּס, מָחוֹג, חִשּׁוּר. 2 תְּחוּם
radix n בָּסִיס, יְסוֹד, שֹׁרֶשׁ
raffia n רַפְיָה, לֶכֶשׁ
raffish adj בֶּן בְּלִיַּעַל, מֵבִישׁ, זוֹל
raffishly adv בְּזוֹלוּת, בְּגַסוּת
raffle vt, n 1 הִגְרִיל, עָרַךְ הַגְרָלָה. 2 הַגְרָלָה. 3 פְּסֹלֶת, אַשְׁפָּה, גְּרוּטָאוֹת
raft vti, n 1 שִׁיֵּט רַפְסוֹדוֹת. 2 רִפְסֵד, הֶעֱבִיר בְּרַפְסוֹדָה. 3 רַפְסוֹדָה, דּוֹבְרָה
rafter n קוֹרָה
raftered adj מְקֹרֶה
rag vt, n 1 הִרְגִּיז, הִקְנִיט. 2 עָשָׂה מַעֲשֵׂי קֻנְדֵּס. 3 סְמַרְטוּט, סְחָבָה. 4 עִתּוֹן בָּזוּי
ragamuffin n יֶלֶד לְבוּשׁ קְרָעִים, יֶלֶד אַשְׁפַּתּוֹת
rage vi, n 1 כָּעַס, זָעַם, רָגַז. 2 סָעַר, גָּעַשׁ. 3 כַּעַס, זַעַם, חֵמָה, חָרוֹן. 4 זַעַף, סְעָרָה. 5 בֻּלְמוּס, תְּשׁוּקָה, שִׁגָּעוֹן לְ־. 6 הִתְלַהֲבוּת
ragged adj בָּלוּי, שָׁחוּק, מְמֻרְטָט, מְחֻסְפָּס
raggedly adv בִּקְרָעִים
raggedness n טְלָאִיּוּת, קְרִיעוּת
raglan n מְעִיל רַגְלָן
ragman n סְמַרְטוּטָר
ragout n תַּרְבִּיךְ
ragtag and bobtail אֲסַפְסוּף
ragtime n רֶגְטַיְם (מוס.)
raid vti, n 1 פָּשַׁט עַל, הִתְנַפֵּל, הִתְקִיף. 2 פְּשִׁיטָה, הִתְנַפְּלוּת, הַתְקָפָה
rail vti, n 1 הֵקִים גָּדֵר, הִנִּיחַ פַּסִּים. 2 פָּרַץ בְּזַעַם. 3 סוֹרֵג, סָרִיג, סְבָכָה. 4 מַעֲקֶה. 5 מְסִלַּת הַבַּרְזֶל
railing n 1 מַעֲקֶה, גָּדֵר. 2 פַּסִּים
raillery n לַעַג, שְׁנִינָה, לֵיצָנוּת
railroad, railway n מְסִלַּת בַּרְזֶל
raiment n בֶּגֶד, מַלְבּוּשׁ, כְּסוּת
rain vti, n 1 יָרַד גֶּשֶׁם. 2 הִמְטִיר, הִגְשִׁים. 3 גֶּשֶׁם, מָטָר, מִמְטָר, סַגְרִיר
rainbow n קֶשֶׁת (בענן)
rain cats and dogs יָרְדוּ גִּשְׁמֵי זַעַף
raincoat n מְעִיל גֶּשֶׁם
raindrop n אֶגֶל, טִפַּת גֶּשֶׁם
rainfall n 1 יְרִידַת גְּשָׁמִים. 2 כַּמּוּת הַגֶּשֶׁם, כַּמּוּת הַמִּשְׁקָעִים
rain gauge מַד־גֶּשֶׁם
rainproof adj אָטִים, לֹא חָדִיר, חֲסִין גֶּשֶׁם
rainstorm n סוּפַת גֶּשֶׁם
rainy adj גָּשׁוּם, סַגְרִירִי
raise vt, n 1 הֵרִים, הֶעֱלָה, הֵקִים, הִגְבִּיהַּ. 2 עוֹרֵר, כּוֹנֵן. 3 גִּדֵּל. 4 הֲרָמָה, הַעֲלָאָה, עֲלִיָּה. 5 תְּרוּמָה, הוֹסָפָה
raisin n צִמּוּק
raison d'être (Fr) זְכוּת קִיּוּם
raj n רַג', שִׁלְטוֹן (הודו)
raja(h) n רָגָ'ה, נָסִיךְ, מוֹשֵׁל (הודי)
rake vt, n 1 גָּרַף, אָסַף, צָבַר, שִׁדֵּד. 2 נָטָה, הִטָּה. 3 מַגְרֵפָה, מַגּוֹב, מַשְׂדֵּדָה. 4 מֻפְקָר, הוֹלֵל. 5 נְטִיָּה, לִכְסוּן. 6 שִׁפּוּעַ, שְׁפִיעָה
rake in גָּרַף
rakeoff n 1 גְּמוּל, שְׂכַר טִרְחָה. 2 טוֹבַת הֲנָאָה
rake up חִדֵּשׁ, חָשַׂף
rakish adj הוֹלֵל, פָּרוּץ
rallentando adv 1 הֲאָטָה. 2 בְּהָאָטָה (מוס.)
rally vti, n 1 קִבֵּץ, כִּנֵּס, הִקְהִיל. 2 הִזְעִיק,

רָכַשׁ נְפָשׁוֹת. 3 לָכַד. 4 הִתְעוֹדֵד, הִתְאוֹשֵׁשׁ, הֶחֱלִים. 5 הִתְקַבְּצוּת, הִתְכַּנְּסוּת, כִּנּוּס. 6 מִפְגָּן, מַסָּע. 7 חִלּוּפִים, חִלּוּפֵי כַּדּוּר (טניס) 8 מֵרוֹץ (מכוניות)

ram vt, n 1 נָגַח, דָּחַף, בָּטַשׁ, דָּחַק. 2 אַיִל. 3 אֵיל בַּרְזֶל. 4 מַזַּל טָלֶה

ramble vi, n 1 שׁוֹטֵט, טִיֵּל. 2 לָהַג, פִּטְפֵּט. 3 שׁוֹטְטוּת, טִיּוּל

rambling adj 1 לְלֹא קֶשֶׁר, תּוֹעֶה. 2 מְשׁוֹטֵט

rambunctious adj מִתְרַבְרֵב, פֶּרֶא, פָּרוּעַ

ramification n 1 הִסְתָּעֲפוּת. 2 הִתְפַּצְּלוּת. 3 סָעִיף, עָנָף. 4 הַשְׁלָכָה

ramify vt 1 הִסְתָּעֵף, שָׁלַח עֲנָפִים. 2 חִלֵּק לִסְעִיפִים, סֵעֵף

ramp n 1 כֶּבֶשׁ. 2 שִׁפּוּעַ, מַעֲבָר מְשֻׁפָּע

rampage vi, n 1 הִשְׁתּוֹלֵל, רָתַח, פָּרַץ בְּזַעַם. 2 זַעַם, רְתִחָה, הִשְׁתּוֹלְלוּת

rampageous adj קוֹלָנִי, מִתְפָּרֵעַ, מִתְפָּרֵץ, מִשְׁתּוֹלֵל

rampant adj פָּרוּעַ, לְלֹא מַעְצוֹר, יוֹצֵא מִגִּדְרוֹ

rampantly adv לְלֹא מַעְצוֹרִים

rampart n 1 דָּיֵק, סוֹלְלָה. 2 בִּצּוּר, מָגֵן

ramrod n שַׁרְבִיט, חֹטֶר, מָדוֹךְ

ramshackle adj רָעוּעַ, רוֹפֵף, מָט לִנְפֹּל

ran pt זמן עבר של הפועל to run

ranch n חַוָּה, מֶשֶׁק

rancher n 1 חַוַּאי, בַּעַל חַוָּה. 2 בּוֹקֵר

rancid adj מְעֻפָּשׁ, מַסְרִיחַ, רָקוּב

ranco(u)r n אֵיבָה, שִׂנְאָה, נְטִירַת אֵיבָה

rancorous adj נוֹטֵר אֵיבָה, שׂוֹטֵם, שׂוֹנֵא

random adj מִקְרִי, לֹא־מְכֻוָּן, אַקְרָאִי

random (at) לְלֹא הַכְוָנָה

randy adj 1 תַּאַוְתָנִי, בַּעַל תְּשׁוּקוֹת. 2 מִרְשַׁעַת, אוֹהֶבֶת מְדָנִים

ranee, rani n רָנִי, מַלְכָּה (הודי)

rang pt זמן עבר של הפועל to ring

range vti, n 1 עָרַךְ, סִדֵּר. 2 טִוַּח, הִתְיַצֵּב, כִּוֵּן. 3 הִשְׂתָּרַע, הִתְפַּשֵּׁט, נִמְשַׁךְ. 4 שׁוֹטֵט, נוֹדֵד, סוֹבֵב. 5 רֶכֶס. 6 טוּר, שׁוּרָה. 7 הֶקֵּף. 8 טְוָח, מִטְוָח. 9 תְּחוּם, גְּבוּל. 10 גִּוּוּן, מִבְחָר. 11 כַּר, אָחוּ. 12 כִּירָה. 13 מִגְבּוֹל. 14 מִנְעָד (מוס.)

ranger n 1 מְשׁוֹטֵט, סַיָּר. 2 אִישׁ קוֹמַנְדוֹ. 3 שׁוֹמֵר יְעָרוֹת. 4 חַיִל מִשְׁמָר

rank vti, adj, n 1 עָרַךְ בְּשׁוּרָה, הֶעֱמִיד בְּשׁוּרָה. 2 עָלָה בְּדַרְגָּה עַל. 3 נָשָׂא דַרְגָּה. 4 נִמְנָה, נֶחְשַׁב. 5 פָּרוּעַ, גַּס, מִתְפַּשֵּׁט. 6 מַבְאִישׁ, מַסְרִיחַ. 7 לַחֲלוּטִין, כָּלִיל, גָּמוּר. 8 דַּרְגָּה, מַעֲמָד, שִׁכְבָה. 9 טוּר, קַו, שׁוּרָה

rank and file פְּשׁוּטֵי הָעָם

ranking officer קָצִין בָּכִיר

rankle vi גֵּרָה, הִכְאִיב, צִעֵר

ransack vt 1 חִטֵּט, מִשְׁמֵשׁ בַּכֵּלִים. 2 חָמַס, בָּזַז

ransom vt, n 1 פָּדָה, גָּאַל, שִׁלֵּם כֹּפֶר. 2 כֹּפֶר, פִּדְיוֹן, פְּדוּת

rant vti, n 1 הִשְׁתּוֹלֵל, הִתְהוֹלֵל, דִּבֵּר עָתָק. 2 הִשְׁתּוֹלְלוּת, הִתְהוֹלְלוּת, דִּבְרֵי עָתָק

rap vti, n 1 הִכָּה, טָפַח, דָּפַק, חָבַט. 2 דְּפִיקָה, טְפִיחָה, חֲבָטָה. 3 עֹנֶשׁ. 4 דָּבָר שֶׁל מַה־בְּכָךְ

rap out vt דִּבֵּר בְּקוֹל רָם

rapacious adj חַמְדָן, עוֹשֵׁק, אוֹהֵב בֶּצַע, חוֹמֵס

rapaciously adv בְּחַמְסָנוּת

rapacity n חַמְסָנוּת, חַמְדָנוּת, אַהֲבַת בֶּצַע

rape vt, n 1 אָנַס, עִנָּה, שָׁדַד. 2 אֹנֶס. 3 שֹׁד, בִּזָּה

rapid adj 1 מָהִיר. 2 תָּלוּל

rapidity n מְהִירוּת

rapidly adv מַהֵר, בִּמְהִירוּת

rapid(s) npl אֶשֶׁד

rapier n סַיִף, דֶּקֶר

rapine n 1 אֹנֶס. 2 בִּזָּה, חָמָס, שֹׁד

rapist n אַנָּס, אוֹנֵס
rapport n יַחֲסִים, הַתְאָמָה, זִקָּה
rapprochement n הִתְקָרְבוּת, הִתְפַּיְּסוּת
rapscallion n נָבָל, בֶּן־בְּלִיַּעַל
rapt adj שָׁקוּעַ, מְרֻכָּז, שְׁטוּף שִׂמְחָה
rapture n הִתְפַּעֲלוּת, הִתְלַהֲבוּת, אֶקְסְטָזָה
rapturous adj מְשֻׁלְהָב, נִלְהָב
rapturously adv בְּהִתְלַהֲבוּת
rare adj 1 נָדִיר, לֹא־רָגִיל. 2 דָּלִיל, קָלוּשׁ. 3 נָא, לֹא מְבֻשָּׁל
rarefaction n 1 דִּלּוּל, הַקְלָשָׁה. 2 זִכּוּךְ
rarefy vti 1 הִקְלִישׁ, דִּבְלֵל. 2 עִדֵּן. 3 זִכֵּךְ, זִקֵּק
rarely adv נְדִירוֹת, לְעִתִּים רְחוֹקוֹת
rareness n נְדִירוּת, קְלִישׁוּת, דִּבְלוּל
raring adj מִתְלַהֵב, מִתְלַהֵט, מִשְׁתַּלְהֵב
rarity n נְדִירוּת, קְלִישׁוּת, דִּבְלוּל
rascal n נָבָל, בֶּן בְּלִיַּעַל, נוֹכֵל
rascally adj, adv 1 נוֹכֵל, נָבָל, שָׁפָל. 2 בְּשִׁפְלוּת
rase vt מָחָה, הָרַס עַד הַיְסוֹד
rash adj, n 1 נֶחְפָּז, פּוֹחֵז, פָּזִיז, נִמְהָר. 2 פְּרִיחָה, תִּפְרַחַת
rasher n נֵתַח דַּק (בשר)
rashly adv בִּפְזִיזוּת, בְּפַחֲזָנוּת
rashness n פְּזִיזוּת, פַּחֲזָנוּת
rasp vti, n 1 שִׁיֵּף, שִׁפְשֵׁף, פָּצַר, קִרְצֵף, גֵּרֵד. 2 צָרַם. 3 גֵּרָה, עִצְבֵּן. 4 מָשׁוֹף, שׁוֹפִין. 5 צְרִימָה. 6 קִרְצוּף
raspberry n פֶּטֶל
rasping adj 1 מְגָרֵד, מְקַרְצֵף. 2 צוֹרֵם
rat vi, n 1 לָכַד עַכְבָּרִים. 2 הִשְׁתַּמֵּט, עָרַק. 3 בָּגַד. 4 חֻלְדָּה. 5 מַלְשִׁין, בּוֹגֵד, מוּג־לֵב
rat on vt הִלְשִׁין, מָסַר
rat race מֵרוֹץ לְקִדּוּם בְּקַרְיֶרָה, תַּחֲרוּת פְּרוּעָה
rat(e)ability n אֲמִדָּנוּת
rat(e)able adj בַּר־שׁוּמָה, בַּר־הַעֲרָכָה
ratchet n מַחְגֵּר
rate vti, n 1 הֶעֱרִיךְ, שָׂם, הֶחְשִׁיב. 2 נָזַף, גָּעַר. 3 שִׁעוּר, מִדָּה. 4 קֶצֶב. 5 הַעֲרָכָה, עֵרֶךְ. 6 מְחִיר. 7 מַס, מֶכֶס, אַגְרָה, אַרְנוֹנָה. 8 שׁוּמָה, שַׁעַר
rates npl מִסִּים עִירוֹנִיִּים, מַס עִירוֹנִי
rather adv 1 מוּטָב שֶׁ־. 2 אֶל נָכוֹן, לְיֶתֶר דִּיּוּק. 3 לְמַדַּי. 4 עָדִיף
ratification n אִשּׁוּר, אִשְׁרוּר
ratify vt אִשֵּׁר, אִשְׁרֵר
rating n 1 מִדְרוּג, סִוּוּג, דֵּרוּג. 2 שׁוּמָה, הַעֲרָכָה. 3 דַּרְגָּה. 4 מַשָּׁ"ק. 5 גְּעָרָה, נְזִיפָה
ratio n יַחַס, עֵרֶךְ
ratiocination n הֶקֵּשׁ, הֶסֵּק
ration vt, n 1 קִצֵּב, הִנְהִיג צֶנַע. 2 סִפֵּק מָזוֹן. 3 מָנָה
rational adj שִׂכְלִי, שִׂכְלְתָנִי, הֶגְיוֹנִי, רַצְיוֹנָלִי
rationale n נִמּוּק, טַעַם, יְסוֹד עֶקְרוֹנִי
rationalism n שִׂכְלְתָנוּת, רַצְיוֹנָלִיזְם
rationalist n שִׂכְלְתָן, רַצְיוֹנָלִיסְט
rationalistic adj שִׂכְלְתָנִי, רַצְיוֹנָלִיסְטִי
rationalization n הַתְרָצָה, שִׂכְלוּן
rationalize vt שִׂכְלֵן, הִגְיֵן
rationally adv בְּהֶגְיוֹנִיּוּת
rationing n קִצּוּב, הַנְהָגַת צֶנַע
rat(t)an n 1 דֶּקֶל. 2 חֻטְרֵי דְּקָלִים
ratter n לוֹכֵד עַכְבָּרִים
rattle vti, n 1 קִרְקֵשׁ, טִרְטֵר, קִשְׁקֵשׁ. 2 פִּטְפֵּט. 3 בִּלְבֵּל, הֵבִיךְ. 4 קִרְקוּשׁ, קִשְׁקוּשׁ. 5 הֶמְיָה, נְהָמָה, פִּטְפּוּט. 6 טִרְטוּר, לְחִישָׁה (נחש). 7 רַעֲשָׁן
rattlesnake n אֶפְעֶה
rattling adj 1 מְקַשְׁקֵשׁ, מְקַרְקֵשׁ. 2 מְעַצְבֵּן
ratty adj רָגִיז, רַגְזָנִי
raucous adj 1 צָרוּד. 2 צוֹרֵם, רַעֲשָׁנִי
raucously adv 1 בִּצְרִידוּת. 2 בְּרַעֲשָׁנוּת
ravage vt, n 1 הָרַס, הֶחֱרִיד. 2 בָּזַז, שָׁדַד.

3 הֶרֶס, חֻרְבָּן

rave vi, n 1 רָגַז, הָזָה, הִשְׁתַּגֵּעַ, צָעַק בְּכַעַס. 2 דִּבֵּר בְּהִתְלַהֲבוּת עַל. 3 הִשְׁתּוֹלֵל. 4 מְסִבָּה פְּרוּעָה. 5 בִּקֹּרֶת נִלְהֶבֶת

ravel vti 1 הִפְרִיד, הִתִּיר, בֵּרֵר. 2 סִבֵּךְ, הִסְתַּבֵּךְ

raven n עוֹרֵב

ravening adj בַּלְעָן, חַמְסָן

ravenous adj רַעַבְתָן, זוֹלֵל, חַמְדָן

ravenously adv בְּרַעַבְתָנוּת, בִּזְלִילָה

ravine n נָקִיק, עֵמֶק צַר

raving adj 1 מְטֹרָף, הוֹזֶה, זוֹעֵף. 2 לְגַמְרֵי

ravioli n רַבְיוֹלִי

ravish vt 1 אָנַס. 2 חָטַף וְלָקַח. 3 הִקְסִים

ravishing adj מַקְסִים, מְלַבֵּב

ravishingly adv בְּכִבּוּשׁ־הַלֵּב

ravishment n 1 חֲטִיפָה. 2 אֹנֶס. 3 לִבּוּב, קֶסֶם, הַקְסָמָה

raw adj 1 גָּלְמִי, לֹא מְעֻבָּד. 2 גַּס. 3 חֲסַר נִסָּיוֹן. 4 נָא, לֹא מְבֻשָּׁל. 5 לֹא הוֹגֵן. 6 סַגְרִירִי

rawboned adj צָנוּם, רָזֶה

raw deal עָוֶל

raw flesh בָּשָׂר חַי

raw material חֹמֶר גֶּלֶם

rawly adv בְּגַסּוּת

rawhide adj שֶׁלַח, עוֹר גָּלְמִי

ray vit, n 1 זָרַח, קָרַן. 2 הִקְרִין. 3 קֶרֶן (אור)

rayon n זְהוֹרִית, רֵיוֹן

raze vt הָרַס עַד הַיְסוֹד

razor n 1 תַּעַר. 2 סַכִּין גִּלּוּחַ

razor-edge 1 חֹד הַלַּהַב. 2 מַצָּב קְרִיטִי

re n, prep 1 רֶה (צליל). 2 בְּעִנְיַן־, אֲשֶׁר לְ־. 3 שֵׁנִית, שׁוּב, חוֹזֵר (לפני פועל)

reach vti, n 1 הִגִּיעַ, הִשִּׂיג. 2 הוֹשִׁיט. 3 הִשְׂתָּרֵעַ. 4 הֶשֵּׂג־יָד, הַשָּׂגָה, הוֹשָׁטָה, הֶשֵּׂג

react vi 1 הֵגִיב, הֵשִׁיב. 2 עָנָה, פָּעַל

react against/on/to פָּעַל נֶגֶד, הֵגִיב לְ־

reaction n 1 תְּגוּבָה, הֲגָבָה, פְּעֻלַּת גּוֹמְלִין. 2 נְסִיגָה. 3 רֵיאַקְצְיָה

reactor n 1 מֵגִיב. 2 כּוּר אֲטוֹמִי

read vti 1 קָרָא. 2 לָמַד, עִיֵּן, שָׁנָה. 3 הֵבִין, פֵּרֵשׁ

read between the lines קָרָא בֵּין הַשִּׁיטִין

read into יִחֵס פֵּרוּשׁ

readability n קְרִיאוּת

readable adj 1 קָרִיא, בָּרוּר. 2 מְעַנְיֵן, מוֹשֵׁךְ

reader n 1 קוֹרֵא. 2 קַרְיָן, בַּעַל קְרִיאָה. 3 מַגִּיהַּ. 4 מַקְרָאָה. 5 מַרְצֶה. 6 מְתַקֵּן בְּחִינוֹת

readership n קְהַל הַקּוֹרְאִים

readily adv 1 בְּרָצוֹן. 2 בְּקַלּוּת, לְלֹא קֹשִׁי. 3 מִיָּד

readiness n 1 נְכוֹנוּת, כּוֹנְנוּת. 2 זְרִיזוּת. 3 תּוּשִׁיָּה

reading n 1 קְרִיאָה. 2 לַמְדָנוּת. 3 הַקְרָאָה. 4 קַרְיָנוּת. 5 חֹמֶר קְרִיאָה. 6 נֹסַח, גִּרְסָה

readjust vt סִדֵּר מֵחָדָשׁ, עָרַךְ מֵחָדָשׁ, הִתְקִין מֵחָדָשׁ

readjustment n סִדּוּר מֵחָדָשׁ, עֲרִיכָה מֵחָדָשׁ, הַתְקָנָה מֵחָדָשׁ

readmit vt הִכְנִיס מֵחָדָשׁ

ready adj 1 מוּכָן, נָכוֹן. 2 זָרִיז, מָהִיר

ready-made adj 1 מוּכָן. 2 שִׁגְרָתִי, שָׁגוּר

reaffirm vt חָזַר וְאִשֵּׁר, אִשֵּׁר שֵׁנִית

reafforest, reforest vt יִעֵר מֵחָדָשׁ

reafforestation, reforestation n יִעוּר מֵחָדָשׁ

reagent n מַפְעִיל, מֵגִיב, מְעוֹרֵר

real adj מַמָּשִׁי, אֲמִתִּי, מְצִיאוּתִי, מוּחָשִׁי, רֵיאָלִי

real estate נִכְסֵי דְּלָא נָיְדֵי, מְקַרְקְעִין

realign vti 1 עָרַךְ מֵחָדָשׁ. 2 נֶעֱרַךְ מֵחָדָשׁ

realism n רֵיאָלִיזְם, מְצִיאוּתִיּוּת

realist n מְצִיאוּתִי, רֵיאָלִיסְט

realistic adj מְצִיאוּתִי, רֵיאָלִיסְטִי

realistically adv בְּאֹפֶן מוּחָשִׁי, בִּמְצִיאוּת

reality n 1 מְצִיאוּת, רֵיאָלִיוּת. 2 מַמָּשׁוּת, מוּחָשִׁיּוּת. 3 הֲוָיָה
realization n 1 הַגְשָׁמָה, הִתְגַּשְּׁמוּת. 2 מִמּוּשׁ, הַמְחָשָׁה. 3 פְּרִיטָה
realize vt 1 הִגְשִׁים, בִּצֵּעַ. 2 הִמְחִישׁ, מִמֵּשׁ. 3 הֵבִין. 4 פָּרַט
really adv בֶּאֱמֶת, לַאֲמִתּוֹ שֶׁל דָּבָר
realm n 1 מַמְלָכָה, מַלְכוּת. 2 תְּחוּם, שֶׁטַח
realtor n סוֹכֵן מְקַרְקְעִין
realty n נִכְסֵי דְּלָא נָיְדֵי
ream vt, n 1 הִגְדִּיל נֶקֶב, הִרְחִיב חוֹר. 2 חֲבִילַת נְיָר (500 גליונות). 3 כַּמּוּת גְּדוֹלָה
reanimate vt הֶחֱיָה, עוֹדֵד
reap vti קָצַר, אָסַף
reaphook n מַגָּל
reaper n 1 קוֹצֵר. 2 מַקְצֵרָה
reappear vi הוֹפִיעַ מֵחָדָשׁ
reappearance n הוֹפָעָה מֵחָדָשׁ
reappraisal n אֻמְדָּן מֵחָדָשׁ, הַעֲרָכָה מְחֻדֶּשֶׁת
rear vti, adj, n 1 גִּדֵּל, חִנֵּךְ, רוֹמֵם. 2 הֵרִים, הִתְרוֹמֵם. 3 קָם בְּכַעַס. 4 עָמַד עַל הַבְּהוֹנוֹת. 5 אֲחוֹרִי, עָרְפִּי, אֲחוֹרָנִי. 6 אָחוֹר, עֹרֶף, מְאַסֵּף
rear-admiral n תַּת אַדְמִירָל
rear-guard n מְאַסֵּף
rearm vti 1 חִמֵּשׁ מֵחָדָשׁ. 2 חֻמַּשׁ מֵחָדָשׁ
rearmament n חִמּוּשׁ מֵחָדָשׁ
rearmost adj אֲחוֹרָנִי בְּיוֹתֵר
rearward n אֲחוֹרִי, מְאַסֵּף
rearwards adv אֲחוֹרַנִּית, לְאָחוֹר
reason vti, n 1 חָשַׁב, שָׁקַל, סָבַר. 2 נִתַּח, נִמֵּק. 3 דִּבֵּר בְּהִגָּיוֹן. 4 דָּן, הִתְוַכֵּחַ. 5 סִבָּה, נִמּוּק, טַעַם. 6 הַנְמָקָה, שְׁפִיטָה, סְבָרָה. 7 בִּינָה, תְּבוּנָה, שֵׂכֶל, הִגָּיוֹן. 8 דֵּעָה, דַּעַת
reasonable adj הֶגְיוֹנִי, סָבִיר, הוֹגֵן, מִתְקַבֵּל עַל הַדַּעַת
reasonably adv בְּאֹפֶן סָבִיר
reasoning n 1 שִׁקּוּל דַּעַת. 2 הַנְמָקָה, הַסָּקַת מַסְקָנוֹת. 3 מַחֲשָׁבָה, הִגָּיוֹן
reasonless adj לֹא־הֶגְיוֹנִי, לֹא־שָׁקוּל, חֲסַר נִמּוּק
reason out vt הוֹכִיחַ, שָׁקַל, הִסִּיק
reason with vt שִׁכְנֵעַ, שִׁדֵּל
reassemble vti 1 הִרְכִּיב מֵחָדָשׁ. 2 כִּנֵּס מֵחָדָשׁ. 3 הִתְכַּנְּסוּ מֵחָדָשׁ
reassert vt 1 אִשֵּׁר שֵׁנִית. 2 שָׁב וְעָלָה
reassess vt הֶעֱרִיךְ מֵחָדָשׁ
reassessment n הַעֲרָכָה מֵחָדָשׁ
reassurance n 1 הַבְטָחָה מֵחָדָשׁ. 2 בִּטּוּחַ מִשְׁנֶה
reassure vt 1 הִבְטִיחַ מֵחָדָשׁ, חָזַר וְהִבְטִיחַ. 2 הֶחֱזִיר אֵמוּן. 3 הִרְגִּיעַ
rebarbative adj מַבְעִית, דּוֹחֶה
rebate n 1 הֲנָחָה, הוֹזָלָה. 2 הֲטָבָה. 3 נִכּוּי. 4 הֶחְזֵר
rebel vi, n 1 מָרַד, הִתְקוֹמֵם, הִתְמָרֵד. 2 מוֹרֵד, מִתְקוֹמֵם
rebel against vt נָקְעָה נַפְשׁוֹ מִ־
rebellion n הִתְקוֹמְמוּת, מֶרֶד
rebellious adj מַמְרֶה, מַרְדָנִי
rebelliously adv בְּאֹפֶן מַרְדָנִי
rebelliousness n מַרְדָנוּת
rebirth n 1 תְּחִיָּה. 2 הִתְחַדְּשׁוּת
reboot vt כִּבָּה וְהִפְעִיל מֵחָדָשׁ (מחשב)
reborn adj נוֹלַד מֵחָדָשׁ
rebound vi, n 1 נִרְתַּע, קָפַץ לְאָחוֹר. 2 רֶתַע, רְתִיעָה, הֵרָתְעוּת. 3 קְפִיצָה אֲחוֹרַנִּית
rebound ball כַּדּוּר נִתָּר
rebuff vt, n 1 דָּחָה, סֵרַב, מֵאֵן, הֵשִׁיב פָּנִים רֵיקָם. 2 דְּחִיָּה, סֵרוּב, מֵאוּן
rebuild vt בָּנָה מֵחָדָשׁ
rebuke vt, n 1 גָּעַר, נָזַף, הוֹכִיחַ. 2 גְּעָרָה, נְזִיפָה, תּוֹכֵחָה
rebus n רֶבּוּס, חִידַת צִיּוּרִים

rebut vt סָתַר, הֵזֵם, הִכְחִישׁ
rebuttal n סְתִירָה, הֲזַמָּה, הַכְחָשָׁה
recalcitrance, עַקְשָׁנוּת,
recalcintrancy n הִתְמָרְדוּת
recalcitrant adj עַקְשָׁן, מַמְרֶה, מִתְמָרֵד
recall vt, n 1 קָרָא בַּחֲזָרָה, הֶחֱזִיר. 2 זָכַר, נִזְכַּר. 3 בִּטֵּל. 4 הֶחֱיָה. 5 קְרִיאָה חֲזָרָה. 6 זְכִירָה. 7 בִּטּוּל, הֲדָחָה
recant vti הִתְחָרֵט, חָזַר בּוֹ, נָסוֹג
recantation n 1 חֲרָטָה. 2 חֲזָרָה, נְסִיגָה. 3 הִתְכַּחֲשׁוּת
recap vti, n 1 חָזַר עַל, סִכֵּם. 2 סִכּוּם
recapitulate vti סִכֵּם, עָבַר בִּקְצָרָה עַל
recapitulation n 1 שִׁנּוּי. 2 סִכּוּם
recapture vt, n 1 כָּבַשׁ מֵחָדָשׁ, רָכַשׁ מֵחָדָשׁ. 2 כִּבּוּשׁ חוֹזֵר. 3 רְכִישָׁה מֵחָדָשׁ
recast vt 1 יָצַק שֵׁנִית. 2 עִצֵּב מֵחָדָשׁ
recede vi 1 נָסוֹג, נִרְתַּע. 2 הִתְרַחֵק
received adj מְקֻבָּל, שָׁגוּר
receipt vt, n 1 כָּתַב קַבָּלָה. 2 קַבָּלָה. 3 אִשּׁוּר, הַכְנָסָה. 4 תַּקְבּוּל
receive vt 1 קִבֵּל. 2 רָכַשׁ, לָקַח. 2 אֵרַח, קָלַט
received adj מְקֻבָּל, שָׁגוּר
receiver n 1 מְקַבֵּל. 2 שְׁפוֹפֶרֶת. 3 מַקְלֵט. 4 כּוֹנֵס נְכָסִים
receivership n 1 כּוֹנְסוּת נְכָסִים. 2 כִּנּוּס נְכָסִים
recent adj 1 חָדָשׁ, חָדִישׁ. 2 מִקָּרוֹב. 3 שֶׁל הַזְּמַן הָאַחֲרוֹן. 4 הָאַחֲרוֹן
recently adj לָאַחֲרוֹנָה, לֹא מִכְּבָר
receptacle n 1 בֵּית קִבּוּל, קִבּוּלִית. 2 מַצָּעִית (בוט)
reception n 1 קַבָּלָה. 2 הִתְקַבְּלוּת, קִבּוּל, קְלִיטָה. 3 מְסִבָּה, קַבָּלַת פָּנִים
receptionist n פְּקִיד קַבָּלָה
receptive adj 1 מְקַבֵּל, קוֹלֵט, נַעֲנֶה. 2 מְהִיר תְּפִיסָה
receptiveness, receptivity n 1 קְלִיטוּת, הֵעָנוּת, קְלִיטָה. 2 פְּתִיחוּת
recess n 1 הַפְסָקָה, חֻפְשָׁה. 2 גֻּמְחָה, שֶׁקַע. 3 נֶבֶךְ, מַחֲבוֹא
recession n 1 מִתּוּן, הֶאָטָה. 2 נְסִיגָה. 3 יְצִיאָה בְּתַהֲלוּכָה. 4 גֻּמְחָה
recessional adj, n 1 שֶׁל מִתּוּן. 2 הִימְנוֹן יְצִיאָה (בכנסיה)
recessive adj נַסְגָנִי
recharge vti, n 1 טָעַן שֵׁנִית, מִלֵּא מֵחָדָשׁ. 2 טְעִינָה מֵחָדָשׁ
rechargeable adj נִטְעָן
réchauffé adj שֶׁחֻמַּם מֵחָדָשׁ
recherché adj מְבֻקָּשׁ, מְעֻדָּן
recidivism n הִשָּׁנוּת, חֲזָרָה לְסוּרוֹ
recidivist n נִשְׁנֶה, חוֹזֵר לְסוּרוֹ
recipe n מַתְכּוֹן, מִרְשָׁם, רֵצֶפְּט
recipient n מְקַבֵּל, קוֹלֵט
reciprocal adj, n 1 הֲדָדִי. 2 פְּעֻלַּת גּוֹמְלִין. 3 מִסְפָּר הָפוּךְ
reciprocally adv הֲדָדִי, בַּהֲדָדִיּוּת, זֶה לָזֶה
reciprocate vti 1 גָּמַל, פָּעַל פְּעֻלַּת גּוֹמְלִין. 2 נָע אֲחוֹרַנִּית וְקָדִימָה
reciprocation n הֲדָדִיּוּת, יַחַס גּוֹמְלִין
reciprocity n הֲדָדִיּוּת, הַשְׁפָּעַת גּוֹמְלִין
recital n 1 רֶסִיטָל. 2 דִּקְלוּם. 3 סִפּוּר, תֵּאוּר
recitation n דִּקְלוּם, הַקְרָאָה, הַטְעָמָה
recitative n רֵצִיטָטִיב
recite vt 1 דִּקְלֵם, קָרָא. 2 פֵּרֵט, מָנָה
reckless adj פָּזִיז, לֹא־אַחֲרָאִי, פּוֹחֵז
recklessly adv בְּפַחֲזָנוּת
recklessness n פַּחֲזָנוּת, פְּזִיזוּת, אִי־זְהִירוּת
reckon vti 1 חָשַׁב, חִשְׁבֵּן. 2 סָבַר, הֶעֱרִיךְ. 3 סָמַךְ
reckon on/upon סָמַךְ עַל
reckon up סִכֵּם, עָשָׂה חֶשְׁבּוֹן
reckon with הֵבִיא בְּחֶשְׁבּוֹן
reckon without הִתְעַלֵּם מִ־
reckoning n חֲשִׁיבָה, חִשּׁוּב, הַשְׁעָרָה

reclaim vt 1 הֶחֱזִיר לְמוּטָב. 2 תִּקֵּן. 3 טִיֵּב, הִשְׁבִּיחַ. 4 תָּבַע. 5 נִקֵּז (ביצה)

reclamation n 1 הַחְזָרָה לְמוּטָב. 2 טִיּוּב, הַשְׁבָּחָה, הַכְשָׁרָה (קרקע). 3 נִקּוּז. 4 תְּבִיעָה

recline vit 1 נִשְׁעַן, הֵסֵב. 2 שָׁכַב, נָח. 3 נָטָה לְאָחוֹר

recluse n פָּרוּשׁ, מִתְבּוֹדֵד, נָזִיר

recognition n 1 הַכָּרָה, הֶכֵּר. 2 הַכָּרַת טוֹבָה, הוֹקָרָה. 3 זִהוּי, הַבְחָנָה, הֶכֵּרוּת

recognizable adj נִכָּר, בַּר־הֶכֵּר

recognizably adv בְּמִדָּה נִכֶּרֶת

recognizance n 1 הַכָּרָה, הֶכֵּרוּת. 2 הִתְחַיְּבוּת, עַרְבוּת

recognize vt 1 הִכִּיר, זִהָה, הִבְחִין. 2 נָתַן רְשׁוּת הַדִּבּוּר. 3 הִכִּיר בְּ־

recoil vi, n 1 נָסוֹג, נִרְתַּע. 2 רְתִיעָה, רֶתַע. 3 הַרְתָּעָה. 4 נְסִיגָה

recollect vti 1 זָכַר, נִזְכַּר. 2 אָסַף שׁוּב, קִבֵּץ מֵחָדָשׁ

recollection n זִכָּרוֹן, זְכִירָה, הִזָּכְרוּת

recommend vt הִמְלִיץ, הִצִּיעַ, יָעַץ

recommendation n 1 הַמְלָצָה, הַצָּעָה. 2 עֵצָה

recompense vt, n 1 פִּצָּה, גָּמַל. 2 פִּצּוּי, גְּמוּל. 3 שָׂכָר, שִׁלּוּם, שִׁלּוּמִים

reconcilable adj בַּר־פִּשּׁוּר, בַּר־פִּיּוּס

reconcile vt פִּיֵּס, הִשְׁלִים, יִשֵּׁב, רִצָּה

reconicle oneself to הִשְׁלִים עִם

reconciliation n 1 הַשְׁלָמָה, הַתְאָמָה, רִצּוּי. 2 פִּיּוּס, יִשּׁוּב

recondite adj נִסְתָּר, סָתוּם

recondition vt שִׁפֵּץ, חִדֵּשׁ

reconnaissance n 1 סִיּוּר. 2 חֲקִירָה, בְּדִיקָה

reconnoitre vti 1 סִיֵּר. 2 סָקַר, חָקַר

reconsider vt עִיֵּן מֵחָדָשׁ, בָּדַק מֵחָדָשׁ, דָּן מֵחָדָשׁ

reconstruct vt שִׁקֵּם, שִׁחְזֵר, קוֹמֵם, בָּנָה מֵחָדָשׁ

reconstruction n שִׁקּוּם, שִׁחְזוּר, קִמּוּם

record vti, n 1 רָשַׁם, הֶעֱלָה בִּכְתָב. 2 הִקְלִיט. 3 רְשׁוּמָה, זִכְרוֹן דְּבָרִים. 4 תְּעוּדָה, תִּיק. 5 הֶשֵּׂג, שִׂיא. 6 שֵׁם, עָבָר. 7 הַקְלָטָה, תַּקְלִיט. 8 רְשׁוּמַת מַחְשֵׁב

recorder n 1 רַשָּׁם, רוֹשֵׁם. 2 שׁוֹפֵט שָׁלוֹם. 3 מַקְלֵטָה, רַשַּׁמְקוֹל. 4 חָלִיל אָרְכִּי, חֲלִילִית

recording n הַקְלָטָה

records npl רְשׁוּמוֹת

recount vt, n 1 סִפֵּר, דִּוַּח. 2 מָנָה שֵׁנִית. 3 סְפִירָה נוֹסֶפֶת, סְפִירָה חוֹזֶרֶת

recoup vt 1 קִבֵּל חֲזָרָה. 2 שִׁלֵּם חֲזָרָה. 3 נִכָּה, פִּצָּה

recourse n 1 פְּנִיָּה. 2 מִפְלָט. 3 עֲתִירָה, עֲצוּמָה, תְּבִיעָה

recover vti 1 קִבֵּל בַּחֲזָרָה. 2 שָׁב לְאֵיתָנוֹ, הֶחֱלִים. 3 הֶחֱזִיר לְעַצְמוֹ. 4 הִתְעוֹדֵד, הִתְאוֹשֵׁשׁ

re-cover vt כִּסָּה שֵׁנִית

recoverable adj בַּר הֶחְזֵר

recovery n 1 קַבָּלָה בַּחֲזָרָה. 2 הַחְלָמָה, הַבְרָאָה, הִתְאוֹשְׁשׁוּת

recreant adj, n 1 פַּחְדָן, מוּג־לֵב. 2 בּוֹגֵד

recreation n בִּדּוּר, עִנּוּג, נֹפֶשׁ, שַׁעֲשׁוּעִים

recriminate vi הֵטִיל אַשְׁמַת נֶגֶד, הֶאֱשִׁימוּ זֶה אֶת זֶה

recrimination n אַשְׁמַת נֶגֶד

recriminatory adj שֶׁל הַאֲשָׁמָה הֲדָדִית

recrudescence n הַחְרָפָה מְחֻדֶּשֶׁת, הִתְחַדְּשׁוּת, חֲזָרָה

recruit vti, n 1 חִיֵּל, גִּיֵּס. 2 מִלֵּא אֶת הֶחָסֵר. 3 הֶחֱזִיר לְאֵיתָנוֹ, הֶחֱלִים. 4 רִעֲנֵן. 5 הִתְגַּיֵּס. 6 טִירוֹן, חָנִיךְ. 7 מְגַיֵּס, תּוֹמֵךְ

rectal adj שֶׁל הַחַלְחֹלֶת

rectangle n מַלְבֵּן
rectangular adj מַלְבֵּנִי
rectification n תִּקּוּן, יִשּׁוּר
rectifiable adj בַּר־תִּקּוּן
rectifier n מְיַשֵּׁר, מְתַקֵּן
rectify vt 1 יִשֵּׁר, תִּקֵּן. 2 זִקֵּק
rectilinear adj יְשָׁרִי
rectitude n יֹשֶׁר, הֲגִינוּת
recto n עַמּוּד יְמָנִי, דַּף יָמִין
rector n 1 נָגִיד, רֶקְטוֹר. 2 כֹּמֶר, כֹּהֵן
rectory n בֵּית הַכֹּמֶר
rectum n חַלְחֹלֶת, הַמְּעִי הַיָּשָׁר
recumbent adj שׁוֹכֵב, נוֹטֶה, שָׂרוּעַ
recuperate vti 1 הֵשִׁיב לְעַצְמוֹ. 2 הֵשִׁיב לְאֵיתָנוֹ. 3 הֶחֱלִים, הִבְרִיא, שָׁב לְאֵיתָנוֹ
recuperation n 1 הִתְאוֹשְׁשׁוּת, הַבְרָאָה, הַחְלָמָה. 2 הַחְזָרָה
recuperative adj מַבְרִיא, מַחֲלִים
recur vi חָזַר, שָׁב, נִשְׁנָה, הוֹפִיעַ שֵׁנִית
recurrence n חֲזָרָה, שִׁיבָה, הִשָּׁנוּת, הִתְרַחֲשׁוּת חוֹזֶרֶת
recurrent adj חוֹזֵר, שָׁב, נִשְׁנֶה
recusancy n אִי צִיּוּת, הַמְרָדָה
recusant adj, n מַמְרֶה, מוֹרֵד, לֹא־מְצַיֵּת
recycle vt מִחְזֵר
recycling n מִחְזוּר
red adj, n 1 אָדֹם. 2 אַדְמוֹנִי. 3 אֹדֶם
red carpet שְׁטִיחַ אָדֹם
red corpuscle כַּדּוּרִית אֲדֻמָּה
red currant דֻּמְדְּמָנִית
red heat חֹם לוֹהֵט
red herring מֵידָע מַטְעֶה, דָּבָר מַסִּיחַ הַדַּעַת
red light אוֹר אַזְהָרָה
red pepper פִּלְפֶּלֶת
red tape 1 סַחֶבֶת, נַיֶּרֶת. 2 דִּקְדּוּקֵי שְׂרָד
redact vt עָרַךְ, הִתְקִין לִדְפוּס
redaction n עֲרִיכָה, הַתְקָנָה לִדְפוּס
redbreast n אֲדֹם הֶחָזֶה (צִיפּוֹר)
redhead n אַדְמוֹנִי, גִ׳ינְגִ׳י
red-letter day יוֹם חַג, יוֹם שִׂמְחָה
redden vti 1 אִדֵּם, הֶאְדִּים. 2 הִסְמִיק, הִתְאַדֵּם
reddish adj אֲדַמְדַּם
redeem vti 1 פָּדָה, גָּאַל, הִצִּיל. 2 קִיֵּם, כִּפֵּר
redeemable adj בַּר פְּדִיָּה, שֶׁאֶפְשָׁר לִפְדּוֹתוֹ
redeemer n גּוֹאֵל, פּוֹדֶה, מַצִּיל
redemption n גְּאֻלָּה, פְּדוּת, יְשׁוּעָה, פְּדִיָּה, כַּפָּרָה
redemptive adj גּוֹאֵל, מַצִּיל, פּוֹדֶה
redeploy vt 1 הֶעֱבִיר מֵחֲזִית לַחֲזִית. 2 הֶחֱזִיר
red-handed adj ״עַל חַם״
red-hot adj 1 לוֹהֵט, מְלֻבָּן. 2 נִרְגָּז, רוֹתֵחַ. 3 לָהוּט
rediffusion n 1 טֶלֶוִיזְיָה בִּכְבָלִים. 2 שִׁדּוּר בְּמַעְגָּל סָגוּר
redness n אַדְמוּמִית, אַדְמִימוּת
redo vt 1 עָשָׂה שׁוּב. 2 שִׁפֵּץ
redolence n רֵיחָנוּת
redolent adj רֵיחָנִי
redouble vti 1 הִכְפִּיל, הִגְדִּיל, הִגְבִּיר. 2 כָּפַל
redoubt n מִבְצָר, מְצוּדָה
redoubtable adj מַטִּיל אֵימָה, מְסֻכָּן
redound vi נִזְקַף, נֶחְשַׁב (לִזְכוּת)
redress vt, n 1 פִּצָּה, פִּיֵּס, רִצָּה. 2 הִתְאִים, תִּקֵּן, יִשֵּׁר. 3 פִּצּוּי, פִּיּוּס, רִצּוּי. 4 תִּקּוּן עָוֶל
redskin n אֲדֹם הָעוֹר, אִינְדִּיאָנִי
reduce vti 1 הִפְחִית, הִמְעִיט, צִמְצֵם, תִּמְצֵת. 2 הֵאֵט, הֶחֱלִישׁ. 3 הִכְנִיעַ, כָּבַשׁ, הִכְרִיעַ. 4 פֵּרֵק. 5 כָּחַשׁ, רָזָה. 6 הִקְטִין, הִקְלִישׁ
reducible adj פָּרִיק, נִתָּן לְצִמְצוּם
reductio ad absurdum הֲבָאָה אֶל הָאַבְּסוּרְד
reduction n 1 הַפְחָתָה, הוֹרָדָה, צִמְצוּם. 2 נִכָּיוֹן, הֲנָחָה. 3 הָאָטָה,

הַחְלָשָׁה. 4 הַקְטָנָה, הַקְלָשָׁה

redundancy, redundance n 1 גֹּדֶשׁ, שֶׁפַע. 2 כֶּפֶל לָשׁוֹן 3 אַבְטָלָה. 4 יַתִּירוּת

redundant adj 1 מְיֻתָּר. 2 מֻבְטָל

reduplicate vt כָּפַל, הִכְפִּיל, חָזַר עַל

reduplication n כִּפּוּל, הַכְפָּלָה

redwing n קִיכְלִי לְבֶן־גַּבָּה

redwood n עֵץ הַסְּקוֹיָה

re-echo vi הִדְהֵד שׁוּב

reed n 1 קָנֶה, סוּף. 2 אַגְמוֹן. 3 לְשׁוֹנִית, אַבּוּב

reedy adj 1 דְּמוּי קָנֶה. 2 עֲשׂוּי קָנִים, מָלֵא קָנִים. 3 אַבּוּבִי. 4 דַּק, חָלוּשׁ (קול)

reef vt, n 1 גּוֹלֵל סֶרַח הַמִּפְרָשׂ. 2 סֶרַח הַמִּפְרָשׂ. 3 שׁוּנִית, רִיף

reefer n זִיג מַלָּחִים

reef-knot n קֶשֶׁר שָׁטוּחַ

reek vi, n 1 הִסְרִיחַ, הִבְאִישׁ, פִּגֵּל, נָדַף. 2 סִרְחוֹן. 3 אֵד, הֶבֶל. 4 עָשָׁן

reek of בָּאַשׁ

reel vt, n 1 כָּרַךְ בִּסְלִיל. 2 הָיָה הָמוּם, הִסְתַּחְרֵר. 3 הִתְנוֹדֵד, הִסְתּוֹבֵב. 4 גָּלִיל, כֶּבֶל, סְלִיל. 5 רִקּוּד

reel off דִּבֵּר בִּמְהִירוּת

reelect vt, n 1 בָּחַר מֵחָדָשׁ. 2 נִבְחַר מֵחָדָשׁ. 3 בְּחִירָה מֵחָדָשׁ

reeligible adj בַּר בְּחִירָה נוֹסֶפֶת

reenact vt 1 שִׁחְזֵר. 2 חוֹקֵק שֵׁנִית

re-enlist vit 1 הִתְגַּיֵּס מֵחָדָשׁ. 2 גִּיֵּס מֵחָדָשׁ

re-entry n כְּנִיסָה מֵחָדָשׁ, הַכְנָסָה חוֹזֶרֶת

reeve vt, n 1 הִשְׁחִיל חֶבֶל, חִזֵּק בִּקְשָׁרִים. 2 שׁוֹפֵט. 3 יו"ר מוֹעֶצֶת הַכְּפָר

refectory n מִזְנוֹן, חֲדַר אֹכֶל

refer vi 1 יִחֵס. 2 מָסַר. 3 הִפְנָה. 4 הִזְכִּיר, הִתְיַחֵס, הִתְכַּוֵּן, הִסְתַּמֵּךְ

refer to אִזְכֵּר, הִתְיַחֵס אֶל

referable adj שֶׁאֶפְשָׁר לְיַחֲסוֹ לְ־

referee n 1 שׁוֹפֵט. 2 בּוֹרֵר, פּוֹסֵק

reference n 1 יַחַס, קֶשֶׁר, מַרְאֵה מָקוֹם, אִזְכּוּר. 2 אַסְמַכְתָּא. 3 עִיּוּן. 4 הַמְלָצָה, מַמְלִיץ

reference book 1 סֵפֶר עֵזֶר, סֵפֶר שִׁמּוּשׁ. 2 סֵפֶר יַעַץ

referendum n מִשְׁאַל עַם, רֶפֶרֶנְדּוּם

referential adj נוֹגֵעַ, שֶׁל מַרְאֵה מָקוֹם

referral n הַפְנָיָה

refill vt, n 1 מִלֵּא, תִּדְלֵק. 2 תִּדְלוּק, מִלּוּי, מִלּוּא

refine vti זִקֵּק, זִכֵּךְ, עִדֵּן, טִהֵר

refined adj מְזֻקָּק, מְזֻכָּךְ, מְעֻדָּן, טָהוֹר

refinement n 1 זִקּוּק, עִדּוּן, זִכּוּךְ, טִהוּר. 2 שִׁכְלוּל, שִׁפּוּר. 3 אֲנִינוּת טַעַם

refiner n מְזַקֵּק, מְזַכֵּךְ

refinery n בֵּית זִקּוּק

refit vti, n 1 תִּקֵּן, שִׁפֵּץ, עָשָׂה בֶּדֶק. 2 תִּקּוּן, שִׁפּוּץ

reflate vt הֵבִיא לִצְמִיחָה מְחֻדֶּשֶׁת (כלכלה)

reflation n הַצְמָחָה (כלכלה)

reflect vti 1 שִׁקֵּף, הֶחֱזִיר. 2 הִשְׁתַּקֵּף. 3 שָׁקַל, הִרְהֵר

reflection, reflexion n 1 הִשְׁתַּקְּפוּת, הַחְזָרָה. 2 הִרְהוּר, מַחֲשָׁבָה. 3 הֶעָרָה

reflective adj 1 מְשַׁקֵּף, מְעַיֵּן. 2 מְעוֹרֵר הִרְהוּרִים, מְעוֹרֵר מַחֲשָׁבָה

reflectively adv בְּהִרְהוּרִים, בְּעִיּוּן

reflector n 1 מַחְזֵר. 2 זַרְקוֹר. 3 מַחֲזִירוֹר, רֶפְלֶקְטוֹר

reflex n תְּגוּבָה, רֶפְלֶקְס

reflexive adj, n 1 חוֹזֵר, רֶפְלֶקְסִיבִי. 2 הֶחְזֵרִי. 3 הִתְפַּעֵל

refloat vti 1 הֵשִׁיט מֵחָדָשׁ. 2 שָׁט מֵחָדָשׁ

reflux n שֵׁפֶל (מים)

reforest vt יִעֵר מֵחָדָשׁ

reforestation n יִעוּר מֵחָדָשׁ

reform vti, n 1 תִּקֵּן, שִׁפֵּר. 2 הֶחֱזִיר לְמוּטָב. 3 חָזַר לְמוּטָב. 4 תִּקּוּן, שִׁפּוּר, רֵפוֹרְמָה

reformation n שִׁנּוּי לְטוֹב, שִׁיבָה לְמוּטָב, רֵפוֹרְמַצְיָה

re-formation n עִצּוּב מְחֻדָּשׁ
reformatory adj, n 1 מְתַקֵּן, שׁוֹאֵף לְתַקֵּן. 2 מוֹסָד לַעֲבַרְיָנִים צְעִירִים
reformer n מְתַקֵּן, רֵפוֹרְמָטוֹר
refract vt שָׁבַר (קרן אור)
refraction n תִּשְׁבֹּרֶת, שְׁבִירַת קַרְנַיִם, הִשְׁתַּבְּרוּת, רֶפְרַקְצְיָה (אור)
refractory adj 1 עַקְשָׁן, מַמְרֶה. 2 עוֹמֵד בִּפְנֵי חֹם
refrain n פִּזְמוֹן חוֹזֵר, רֶפְרֵין
refrain from vt הִתְאַפֵּק, נִמְנַע מִ־
refresh vt 1 רִעְנֵן, קֵרֵר, צִנֵּן. 2 הֵשִׁיב נֶפֶשׁ. 3 חִדֵּשׁ
rbefresher adj, n מְרַעֲנֵן, מֵשִׁיב נֶפֶשׁ
refreshing adj 1 מְרַעֲנֵן. 2 מְעוֹדֵד
refreshingly adv בְּרַעֲנַנּוּת
refreshment n 1 רִעֲנוּן. 2 כִּבּוּד קַל, תִּקְרֹבֶת
refrigerant adj, n מְקָרֵר, מְצַנֵּן
refrigerate vti 1 קֵרֵר, צִנֵּן. 2 הִתְקָרֵר
refrigerator n מְקָרֵר, מַקְרֵר
refuel vti 1 תִּדְלֵק. 2 תֻּדְלַק
refuge n מִקְלָט, מַחֲסֶה, מִפְלָט
refugee n פָּלִיט
refulgence n זֹהַר, בָּרָק, נֹגַהּ
refulgent adj זוֹהֵר, מַבְרִיק, קוֹרֵן, מַקְרִין
refund vt, n 1 הֶחֱזִיר, שִׁלֵּם בַּחֲזָרָה. 2 הֶחְזֵר כֶּסֶף, הַחְזָרַת תַּשְׁלוּם
refurbish vt, adj שִׁקֵּם, חִדֵּשׁ, שִׁפֵּץ
refurbished מְחֻדָּשׁ
refusal n 1 סֵרוּב, מֵאוּן, דְּחִיָּה. 2 אוֹפְּצְיָה
refuse vti, n 1 סֵרֵב, מֵאֵן, דָּחָה. 2 פְּסֹלֶת, אַשְׁפָּה
refutable adj בַּר־הֲזַמָּה
refutation n הֲזַמָּה, סְתִירָה, הַכְחָשָׁה, הַפְרָכָה
refute vt הֵזֵם, הִפְרִיךְ, סָתַר
regain vt 1 קִבֵּל בַּחֲזָרָה, רָכַשׁ שׁוּב. 2 חָזַר לְ־, הִגִּיעַ שׁוּב
regal adj מַלְכוּתִי, מְפֹאָר
regale vt כִּבֵּד, אֵרַח, עִנֵּג, הוֹקִיר
regalia n pl 1 אוֹתוֹת מַלְכוּת. 2 בִּגְדֵי שְׂרָד
regally adv כְּיַד הַמֶּלֶךְ
regard vt, n 1 הֵבִיא בְּחֶשְׁבּוֹן, דָּאַג, הֶעֱרִיךְ. 2 הִבִּיט, הִשְׁגִּיחַ, רָאָה. 3 מַבָּט, הִתְבּוֹנְנוּת. 4 הוֹקָרָה, הַעֲרָכָה, תְּשׂוּמֶת לֵב, הִתְחַשְּׁבוּת. 5 יַחַס, הֶקְשֵׁר
regard to (with/in) בְּנוֹגֵעַ לְ־, אֲשֶׁר לְ־
regardful adj 1 מְכַבֵּד, מוֹקִיר, שָׂם לֵב. 2 קָשׁוּב, צַיְּתָן
regarding prep אֲשֶׁר לְ־, בְּעִנְיַן־
regardless adj 1 לֹא־זָהִיר, לְלֹא תְּשׂוּמַת לֵב. 2 לַמְרוֹת
regatta n רֶגַטָּה, תַּחֲרוּת שַׁיִט
regency n עוֹצְרוּת, עוֹצְרִים, שִׁלְטוֹן זְמַנִּי
regenerate vti, adj 1 חִדֵּשׁ. 2 הֵפִיחַ רוּחַ־חַיִּים. 3 הִתְחַדֵּשׁ. 4 חָזַר לְמוּטָב. 5 מְתֻקָּן, מְתַקֵּן. 6 שָׁב לִתְחִיָּה, נוֹלַד שֵׁנִית
regeneration n הִתְחַדְּשׁוּת, תְּחִיָּה, חִדּוּשׁ, רֶגֶנֶרַצְיָה
regent adj, n 1 עוֹצְרִי. 2 עוֹצֵר
reggae n רֶגַּאי (מוסיקה)
regicide n 1 הוֹרֵג מֶלֶךְ. 2 הֲרִיגַת מֶלֶךְ
regime n 1 מִשְׁטָר, שִׁלְטוֹן. 2 סֵדֶר אֲכִילָה
regimen n 1 שִׁלְטוֹן, מִשְׁטָר, שִׁיטָה. 2 הִתְנַהֲגוּת, מִשְׁמַעַת. 3 סֵדֶר אֲכִילָה
regiment n גְּדוּד, חֲטִיבָה
regimental adj גְּדוּדִי, חֲטִיבָתִי
regimentation n מִשְׁטוּר, נִהוּל
region n מָחוֹז, גָּלִיל, נָפָה, אֵזוֹר, חֶבֶל, תְּחוּם
regional adj מְחוֹזִי, אֲזוֹרִי, מֶרְחָבִי, גְּלִילִי
regionally adv לְפִי אֲזוֹרִים
register vti, n 1 רָשַׁם, כָּתַב, צִיֵּן, אִשֵּׁר. 2 שָׁלַח בְּדֹאַר רָשׁוּם. 3 הִתְאִים. 4 נִרְשַׁם. 5 יוֹמָן, רְשִׁימָה, פִּנְקָס. 6 צִיּוּן, רִשּׁוּם. 7 רוֹשֵׁם,

מוֹרֵד. 8 מוֹנֶה, מְשַׁלֵּב

registrar n רַשָּׁם

registration n 1 רִשּׁוּם, הַרְשָׁמָה, מִפְקָד. 2 מִשְׁלוֹחַ בְּדֹאַר רָשׁוּם. 3 מְנִיָּה

registry n 1 רִשּׁוּם, מִרְשָׁמָה. 2 פִּנְקָס. 3 אַרְכִיב

regnant adj שׁוֹלֵט, מוֹשֵׁל, מוֹלֵךְ

regress vi, n 1 חָזַר, נָסוֹג. 2 חֲזָרָה, נְסִיגָה

regression n 1 תְּסוּגָה, חֲזָרָה, נְסִיגָה. 2 סֵדֶר הָפוּךְ

regressive adj יוֹרֵד, רֶגְרֶסִּיבִי

regret vt, n 1 הִצְטַעֵר, הִתְנַחֵם. 2 הִתְחָרֵט. 3 צַעַר, חֲרָטָה, נִחוּמִים

regretful adj 1 מִצְטַעֵר, מַבִּיעַ צַעַר. 2 מַבִּיעַ נִחוּמִים

regretfully adv בְּצַעַר

regrettable adj מְצַעֵר

regrettably adv בְּאֹפֶן מְצַעֵר

regroup vti 1 שִׁעֲרֵךְ, עָרַךְ מֵחָדָשׁ. 2 הִתְאַרְגֵּן מֵחָדָשׁ

regular adj, n 1 רָגִיל, סָדִיר, מָצוּי. 2 תַּקִּין, מְסֻדָּר. 3 מְקֻבָּל, מֻסְמָךְ. 4 שָׁלֵם, גָּמוּר. 5 אֲמִתִּי. 6 חַיַּל קֶבַע. 7 נָזִיר. 8 אוֹרֵחַ קָבוּעַ

regularity n סְדִירוּת, קְבִיעוּת, רְגִילוּת

regularly adv בִּקְבִיעוּת, כַּהֲלָכָה

regularization n הַסְדָּרָה, וִסּוּת

regularize vt הִסְדִּיר, וִסֵּת

regulate vt הִסְדִּיר, וִסֵּת, תֵּאֵם, הִתְאִים, כִּוֵּן

regulation n 1 הַסְדָּרָה, וִסּוּת, כִּוּוּן. 2 תַּקָּנָה, חֹק

regulator n וַסָּת, מְוַסֵּת, מַסְדִּיר, כַּוֶּנֶת

regurgitate vit 1 הֶעֱלָה גֵּרָה. 2 הֶעֱלָה בַּחֲזָרָה

rehabilitate vt 1 שִׁקֵּם, קוֹמֵם, בָּנָה. 2 טִהֵר שֵׁם, הֵשִׁיב אֶת כְּבוֹדוֹ

rehabilitation n 1 שִׁקּוּם. 2 הֲשָׁבַת כָּבוֹד, טִהוּר שֵׁם

rehash vt, n 1 עִבֵּד מֵחָדָשׁ. 2 עִבּוּד מֵחָדָשׁ

rehearsal n חֲזָרָה, שִׁנּוּן, תִּשְׁנוּן

rehearse vti לַעֲשׂוֹת חֲזָרָה

rehouse vt שִׁכֵּן מֵחָדָשׁ

reign vi, n 1 מָשַׁל, מָלַךְ, שָׁלַט. 2 שִׁלְטוֹן, מָרוּת, מַלְכוּת. 3 תְּקוּפַת שִׁלְטוֹן

reimburse vt הֶחֱזִיר הַהוֹצָאוֹת, פִּצָּה

reimbursement n הַחְזָרַת הוֹצָאוֹת, פִּצּוּי, גְּמוּל

rein vt, n 1 רִסֵּן, עָצַר, בָּלַם. 2 מוֹשְׁכָה, מוֹסֵרָה, רֶסֶן

reincarnate vt, adj 1 גִּלֵּם מֵחָדָשׁ. 2 מְגֻלָּם מֵחָדָשׁ

reincarnation n גִּלְגּוּל חָדָשׁ, הִתְגַּלְּמוּת חוֹזֶרֶת

reindeer n אַיַּל הַצָּפוֹן

reinforce vt חִזֵּק, תִּגְבֵּר, הִגְבִּיר

reinforced concrete בֵּטוֹן מְזֻיָּן

reinforcement n 1 תִּגְבֹּרֶת. 2 חִזּוּק, הֶגְבֵּר

reinstate vt הֵשִׁיב עַל כַּנּוֹ, הֶחֱזִיר לְקַדְמוּתוֹ

reinstatement n הֲשָׁבָה עַל כַּנּוֹ, הַחְזָרָה לְקַדְמוּתוֹ

reinsurance n בִּטּוּחַ מִשְׁנֶה

reinsure vt בִּטַּח שֵׁנִית, בִּטַּח בִּטּוּחַ מִשְׁנֶה

reissue vt, n 1 הוֹצִיא מֵחָדָשׁ. 2 הוֹצָאָה מֵחָדָשׁ, תַּדְפִּיס

reiterate vt חָזַר וְשָׁנָה, חָזַר עַל

reiteration n הִשָּׁנוּת, חֲזָרָה

reject vt, n 1 דָּחָה, זָנַח, מָאַס, פָּסַל. 2 דְּחִיָּה, זְנִיחָה, זְרִיקָה. 3 מוּצָר שֶׁנִּפְסַל (סוּג ב׳)

rejection n דְּחִיָּה, סֵרוּב, זְנִיחָה, פְּסִילָה

rejection slip מִכְתַּב דְּחִיָּה

rejig vt צִיֵּד מֵחָדָשׁ

rejoice vti 1 שִׂמַּח, הִרְנִין. 2 שָׂמַח, עָלַז, שָׂשׂ

rejoicing n שִׂמְחָה, חֶדְוָה, עַלִּיזוּת

rejoin vti 1 הִתְחַבֵּר, הִתְאַחֵד, הִצְטָרֵף. 2 עָנָה, הֵשִׁיב עַל טַעֲנָה. 3 צֵרֵף מֵחָדָשׁ, חִבֵּר

rejoinder n 1 תְּשׁוּבָה. 2 תְּשׁוּבָה עַל טַעֲנָה
rejuvenate vti חִדֵּשׁ נְעוּרִים, הִצְעִיר
rejuvenation n חִדּוּשׁ נְעוּרִים, הַצְעָרָה
rekindle vti הִלְהִיב מֵחָדָשׁ, עוֹרֵר מֵחָדָשׁ, הֵצִית שׁוּב
relapse vi, n 1 חָזַר לְסוּרוֹ. 2 חֲזָרָה לְסוּרוֹ, הִשָּׁנוּת
relate vti 1 סִפֵּר, הִגִּיד, אָמַר. 2 קָשַׁר, יִחֵס לְ־. 3 הִתְיַחֵס, הִשְׁתַּיֵּךְ
related adj 1 מְסֻפָּר. 2 קָשׁוּר לְ־, קָרוֹב, סָמוּךְ
relation n 1 סִפּוּר, הַגָּדָה. 2 קֶשֶׁר, שַׁיָּכוּת, יַחַס. 3 קִרְבָה, זִקָּה. 4 שְׁאֵר בָּשָׂר, קָרוֹב מִשְׁפָּחָה
relation by marriage קִרְבַת חִתּוּן
relational database מַאֲגַר מֵידָע מְחֻלָּק לְ"שָׂדוֹת" (מחשב)
relations npl קְשָׁרִים, יְחָסִים
relationship n 1 קֶשֶׁר. 2 יַחַס, זִקָּה, שַׁיָּכוּת. 3 קִרְבָה, קִרְבָה מִשְׁפַּחְתִּית
relative adj, n 1 יַחֲסִי. 2 קָשׁוּר, נוֹגֵעַ, זוֹקֵק, תּוֹאֵם. 3 קָרוֹב, שְׁאֵר בָּשָׂר, בֶּן מִשְׁפָּחָה
relative clause פְּסוּקִית זִקָּה
relative pronoun כִּנּוּי זוֹקֵק
relatively adv יַחֲסִית, בְּעֵרֶךְ
relativity n יַחֲסִיּוּת
relax vti 1 הִרְפָּה, הִתִּיר. 2 נָפַשׁ, רָגַע, נָח. 3 הִתְבַּדֵּר. 4 נֶחֱלַשׁ
relaxation n 1 הַרְפָּיָה, הַתָּרָה, פֻּרְקָן. 2 הִתְבַּדְּרוּת, שַׁעֲשׁוּעַ, נֹפֶשׁ
relay vt, n 1 הִמְסִיר, הֶעֱבִיר. 2 הַעֲבָרָה. 3 הַמְסָרָה, מִמְסָר. 4 מִשְׁמֶרֶת
relay race מֵרוֹץ שְׁלִיחִים
relay station תַּחֲנַת מִמְסָר
release vt, n 1 שִׁחְרֵר, הִתִּיר, פָּטַר, גָּאַל. 2 פִּרְסֵם, הֵפִיץ. 3 שִׁחְרוּר, הַתָּרָה, פִּטּוּר. 4 פִּרְסוּם, הֲפָצָה. 5 תַּמְסִיר
relegate vt 1 הִגְלָה, שִׁלַּח. 2 הִזְנִיחַ. 3 הוֹרִיד לְדַרְגָּה נְמוּכָה
relegation n 1 נִדּוּי. 2 שִׁלּוּחַ, הַגְלָיָה. 3 הַזְנָחָה. 4 הוֹרָדָה
relent vi 1 הִתְרַכֵּךְ, הִתְמַתֵּן. 2 וִתֵּר
relentless adj אַכְזָרִי, לְלֹא רַחֵם
relentlessly adv בְּאַכְזְרִיּוּת, בְּלִי רַחֲמָנוּת
relevance, relevancy n שַׁיָּכוּת, קֶשֶׁר, נְגִיעָה
relevant adj נוֹגֵעַ, קָשׁוּר, שַׁיָּךְ, רֶלֶבַנְטִי
relevantly adv בְּאֹפֶן נוֹגֵעַ לָעִנְיָן
reliability n מְהֵימָנוּת, נֶאֱמָנוּת
reliable adj 1 מְהֵימָן, נֶאֱמָן. 2 בֶּן־סֶמֶךְ, בַּר סַמְכָא
reliably adv בִּמְהֵימָנוּת
reliance n 1 אֵמוּן, בִּטָּחוֹן, מְהֵימָנוּת. 2 הִשָּׁעֲנוּת
reliant adj בּוֹטֵחַ, סוֹמֵךְ עַל
relic n 1 שָׂרִיד, זֵכֶר. 2 מַזְכֶּרֶת
relict n 1 אַלְמָנָה. 2 שָׂרִיד
relief n 1 הֲקַלָּה, הַרְוָחָה. 2 פּוּגָה, פֻּרְקָן. 3 סַעַד, סִיּוּעַ. 4 תַּבְלִיט, תַּבְלִיט. 5 מַחֲלִיף, מְמַלֵּא מָקוֹם
relief map מַפַּת תַּבְלִיט
relieve vt 1 הֵקֵל, הִשְׁקִיט, הִרְגִּיעַ. 2 חִלֵּץ, שִׁחְרֵר. 3 סִיַּע, עָזַר, תָּמַךְ. 4 הִבְלִיט
relieve oneself 1 עָשָׂה צְרָכָיו. 2 הִתְפַּנָּה
religion n דָּת, אֱמוּנָה
religiose adj אָדוּק, חֲרֵדִי
religious adj 1 דָּתִי, אָדוּק, חָרֵד. 2 יְרֵא שָׁמַיִם, חָסִיד, מַאֲמִין
religiously adv 1 בַּאֲדִיקוּת, בְּחֶרְדַּת קֹדֶשׁ. 2 בְּקַפְּדָנוּת
reline vt בִּטֵּן מֵחָדָשׁ
relinquish vt נָטַשׁ, זָנַח, וִתֵּר עַל
relish vt, n 1 תִּבֵּל, נָתַן טַעַם. 2 הִתְעַנֵּג, נֶהֱנָה. 3 מַטְעָם מְיֻחָד. 4 קֶסֶם. 5 חֵשֶׁק, הֲנָאָה
relive vti 1 חָוָה שֵׁנִית, חָוָה מֵחָדָשׁ. 2 הִתְנַסָּה שֵׁנִית
relocation n עִתּוּק
reluctance n הִסְתַּיְּגוּת, חֹסֶר נְטִיָּה, אִי רָצוֹן

reluctant adj 1 מְמָאֵן, לֹא רוֹצֶה. 2 כָּפוּי, מְאֻלָּץ. 3 מְסֻיָּג
reluctantly adv בְּאִי רָצוֹן, בְּהִסְתַּיְּגוּת
rely on/upon vi סָמַךְ עַל, בָּטַח, נִשְׁעַן
remain vi נִשְׁאַר, נוֹתַר
remainder n שָׂרִיד, מוֹתָר, נִשְׁאָר
remains npl 1 שְׂרִידִים, שְׁיָרִים. 2 כִּתְבֵי־יָד בְּעִזָּבוֹן. 3 גּוּפָה
remake vt, n 1 עָשָׂה שׁוּב, עָשָׂה מֵחָדָשׁ. 2 עֲשִׂיָּה מֵחָדָשׁ. 3 מַהֲדוּרָה מְחֻדֶּשֶׁת
remand vt, n 1 הֶחֱזִיר לְמַאֲסָר. 2 הַחְזָרָה לְמַאֲסָר
remand (on) בְּמַעְצָר
remandment n הַאֲרָכַת מַעֲצָר
remark vti, n 1 הֵעִיר, שָׂם לֵב, הִבְחִין. 2 רָאָה. 3 הֶעָרָה, הַבְחָנָה. 4 תְּשׂוּמֶת לֵב, הִתְבּוֹנְנוּת
remarkable adj בּוֹלֵט, רָאוּי לְצִיּוּן, מְצֻיָּן
remarkably adv בְּהִצְטַיְּנוּת
remarriage n נִשּׂוּאִין שְׁנִיִּים
remarry vti הִתְחַתֵּן שֵׁנִית
rematch n מִשְׂחָק חוֹזֵר
remediable adj 1 בַּר תִּקּוּן. 2 שֶׁנִּתָּן לְרִפּוּי
remedial adj 1 מַרְפֵּא, תְּרוּפָתִי. 2 מְתַקֵּן
remedy vt, n 1 רִפֵּא, הֶעֱלָה אֲרוּכָה. 2 תִּקֵּן, הֵבִיא תַּקָּנָה. 3 רְפוּאָה, תְּרוּפָה, מַרְפֵּא. תַּקָּנָה, תִּקּוּן
remember vti 1 זָכַר, נִזְכַּר. 2 הִזְכִּיר
remembrance n 1 בְּרָכוֹת, פְּרִיסַת שָׁלוֹם. 2 זְכִירָה, זִכָּרוֹן, זֵכֶר
remilitarization n בִּצּוּר שֵׁנִית
remilitarize vt בִּצֵּר שֵׁנִית
remind vt הִזְכִּיר
reminder n תִּזְכֹּרֶת, מִזְכָּר, תַּזְכִּיר
reminisce vi הֶעֱלָה זִכְרוֹנוֹת
reminiscent adj מַזְכִּיר, מְעוֹרֵר זִכְרוֹנוֹת
reminiscently adv בְּתִזְכֹּרֶת
remiss adj רַשְׁלָן, רַשְׁלָנִי, מְזַלְזֵל, לֹא־זָהִיר
remission n 1 מְחִילָה, כַּפָּרָה, סְלִיחָה. 2 פְּטוֹר, שִׁחְרוּר. 3 הֲפָגָה, הֲפוּגָה. 4 נִכּוּי, הַפְחָתָה
remit vti 1 מָחַל, כִּפֵּר, סָלַח. 2 הִמְתִּיק, חָנַן, שִׁחְרֵר, פָּטַר. 3 שָׁלַח, הֶעֱבִיר. 4 דָּחָה
remittance n תַּשְׁלוּם, פֵּרָעוֹן, הַמְחָאָה
remittent adj 1 מֵאֵט, מִתְחַסֵּר. 2 סוֹלֵחַ. 3 מַרְפֶּה לְסֵרוּגִין
remnant n שְׁאֵרִית, שָׂרִיד, נוֹתָר
remodelling עִצּוּב מֵחָדָשׁ
remonstrance n מְחָאָה, תְּלוּנָה, טַעֲנָה, נְזִיפָה
remonstrate vi מָחָה, הִתְלוֹנֵן
remorse n חֲרָטָה, מוּסַר כְּלָיוֹת, נֹחַם
remorseful adj מִתְיַסֵּר, מִצְטַעֵר, מָלֵא חֲרָטָה
remorsefully adv מִתּוֹךְ חֲרָטָה
remorseless adj אַכְזָר, לְלֹא רַחֵם
remorselessly adv בְּאַכְזְרִיּוּת, לְלֹא חֲרָטָה
remote adj רָחוֹק, נִדָּח, מְרֻחָק
remote control 1 פִּקּוּחַ מֵרָחוֹק. 2 שְׁלַט־רָחוֹק
remotely adv מֵרָחוֹק
remoteness n רִחוּק
removable adj שָׁמִיט, מְטַלְטֵל, נִתָּן לְסִלּוּק
removal n 1 עֲקִירָה, סִלּוּק, הֲסָרָה. 2 הַעֲבָרָה, הַעְתָּקָה. 3 פִּטּוּרִין
remove vti 1 הֵסִיר. 2 הִרְחִיק. 3 הֶעֱבִיר, עָקַר, הֶעְתִּיק. 4 פִּטֵּר, סִלֵּק, הִדִּיחַ. 5 עֵבֶר דִּירָה
remunerate vt פִּצָּה, גָּמַל, רִצָּה
remuneration n פִּצּוּי, תַּשְׁלוּם שָׂכָר, גְּמוּל
remunerative adj מְשַׁתְּלֵם, מַכְנִיס רֶוַח
renaissance n 1 רֶנֵסַנְס. 2 תְּחִיָּה
renal adj כִּלְיָתִי
rename vt קָרָא בְּשֵׁם חָדָשׁ
renascent adj מִתְחַדֵּשׁ, קָם לִתְחִיָּה
rend vt קָרַע, גָּזַר, בָּקַע, שִׁסַּע
render vt 1 הִגִּישׁ, מָסַר. 2 גָּמַל. 3 בִּצַּע. 4 שִׁקֵּף. 5 תִּרְגֵּם.

6 עָשָׂה, הָפַךְ

rendering n 1 בִּצּוּעַ. 2 תִּרְגּוּם

rendezvous vi, n 1 נִפְגַּשׁ, נִזְדַּמֵּן. 2 מִפְגָּשׁ, פְּגִישָׁה, הִתְוַעֲדוּת

rendition n 1 בִּצּוּעַ. 2 תִּרְגּוּם, נֹסַח, גִּרְסָה. 3 מְסִירָה

renegade n 1 מוּמָר, מְשֻׁמָּד. 2 בּוֹגֵד, עָרִיק

renege vi 1 הִתְחָרֵט, הִתְכַּחֵשׁ. 2 זָרַק קְלָף מִסִּדְרָה אַחֶרֶת (במשחקי קלפים)

renew vt 1 חִדֵּשׁ, קוֹמֵם. 2 הִתְחִיל מֵחָדָשׁ

renewable adj בַּר־חִדּוּשׁ, מִתְחַדֵּשׁ

renewal n 1 חִדּוּשׁ, הַאֲרָכַת תֹּקֶף. 2 הִתְחַדְּשׁוּת

rennet n 1 מְסוֹ. 2 מִיץ קֵבָה

renounce vt 1 וִתֵּר. 2 זָנַח, נָטַשׁ, הִסְתַּלֵּק מִן־. 3 פָּרַשׁ, הִתְנַזֵּר. 4 הִתְכַּחֵשׁ

renovate vt חִדֵּשׁ, שִׁפֵּץ, תִּקֵּן, הֶחֱיָה

renovation n חִדּוּשׁ, תִּקּוּן, שִׁפּוּץ, הַחֲיָאָה

renovator n חַדְּשָׁן, מְחַיֶּה

renown n פִּרְסוּם, מוֹנִיטִין, תְּהִלָּה

renowned adj מְפֻרְסָם, מְהֻלָּל

rent vti, n 1 שָׂכַר, חָכַר. 2 הִשְׂכִּיר, הֶחְכִּיר. 3 שְׂכַר דִּירָה, דְּמֵי שִׁמּוּשׁ. 4 שְׂכִירוּת. 5 הַכְנָסָה. 6 קֶרַע, סֶדֶק, פֶּרֶץ. 7 זמן עבר ובינוני של הפועל to rend

rentier n בַּעַל הַכְנָסָה

renunciation n 1 וִתּוּר, הִסְתַּלְּקוּת, פְּרִישָׁה. 2 כְּתַב־וִתּוּר

reopen vti 1 פָּתַח מֵחָדָשׁ. 2 נִפְתַּח מֵחָדָשׁ

reorganization n רֵאִרְגּוּן, אִרְגּוּן מֵחָדָשׁ

reorganize vti רֵאִרְגֵּן, אִרְגֵּן מֵחָדָשׁ

reorient(ate) vti הִתְמַצֵּא מֵחָדָשׁ

rep n 1 אֲרִיג־צְלָעוֹת. 2 סוֹכֵן מְכִירוֹת. 3 תֵּיאַטְרוֹן רֶפֶּרְטוּאָרִי

repair vt, n 1 תִּקֵּן, שִׁפֵּץ, חִדֵּשׁ, שִׁכְלֵל. 2 תִּקּוּן, שִׁפּוּץ, חִדּוּשׁ

repair to vi הָלַךְ לְ־

repairable adj בַּר־תִּקּוּן

reparation n 1 תִּקּוּן, שִׁפּוּץ. 2 פִּצּוּי, שִׁלּוּמִים

repartee n תְּשׁוּבָה נִמְרֶצֶת, שִׂיחָה שְׁנוּנָה

repast n אֲרוּחָה, תִּקְרֹבֶת

repatriate vt הֶחֱזִיר לַמּוֹלֶדֶת

repatriation n הַחְזָרָה לַמּוֹלֶדֶת, שִׁיבָה לַמּוֹלֶדֶת

repay vt 1 שִׁלֵּם בַּחֲזָרָה. 2 גָּמַל, פִּצָּה, הֶחֱזִיר

repayable adj שֶׁיֵּשׁ לְשַׁלֵּם בַּחֲזָרָה

repayment n גְּמוּל, תַּשְׁלוּם בַּחֲזָרָה

repeal vt, n 1 בִּטֵּל, דָּחָה, הֵפֵר. 2 בִּטּוּל, דְּחִיָּה, הֲפָרָה

repeat vti שִׁנֵּן, חָזַר עַל, שָׁנָה

repeated adj נִשְׁנֶה, חוֹזֵר וְנִשְׁנֶה

repeatedly adv שׁוּב וָשׁוּב

repeater n 1 חוֹזֵר, שׁוֹנֶה, מְשַׁנֵּן. 2 מַהְדֵּר, מַגְבֵּר. 3 אוֹרְלוֹגִין, שְׁעוֹן עֶצֶר

repel vt 1 הָדַף, הִרְתִּיעַ, הֵשִׁיב אָחוֹר. 2 דָּחָה, הִגְעִיל

repellent adj, n 1 דּוֹחֶה, מַרְתִּיעַ. 2 מַגְעִיל, מְעוֹרֵר גֹּעַל. 3 אָטִים. 4 חֹמֶר אָטִים

repent vi 1 הִתְחָרֵט. 2 חָזַר בִּתְשׁוּבָה

repentance n 1 חֲרָטָה. 2 תְּשׁוּבָה

repentant adj 1 מִתְחָרֵט, מִתְנַחֵם. 2 חוֹזֵר בִּתְשׁוּבָה

repercussion n 1 הֵד, תְּהוּדָה. 2 הֲגָבָה, תְּגוּבָה. 3 הַרְתָּעָה. 4 רְתִיעָה

repertoire n רֶפֶּרְטוּאָר

repertory n 1 מְלַאי, אֹסֶף. 2 רֶפֶּרְטוּאָר

repetition n 1 חֲזָרָה, הִשָּׁנוּת. 2 הֶעְתֵּק, שִׁעְתּוּק

repetitious, repetitive adj 1 חוֹזֵר, נִשְׁנֶה. 2 מְשַׁעֲמֵם

rephrase vt נִסַּח מֵחָדָשׁ

repine vi הִתְמַרְמֵר, הִתְלוֹנֵן, רָגַז, רָטַן

replace vt 1 הֶחֱלִיף. 2 בָּא בִּמְקוֹם, מִלֵּא מָקוֹם. 3 הֶחֱזִיר לִמְקוֹמוֹ

replaceable adj חָלִיף

replacement n הַחְלָפָה, הַחְזָרָה, חִלּוּף, תַּחֲלִיף, תִּגְבֹּרֶת

replay vt, n 1 עָרַךְ מִשְׂחָק חוֹזֵר. 2 מִשְׂחָק חוֹזֵר. 3 הִשְׁמִיעַ שֵׁנִית

replenish vt 1 חִדֵּשׁ מְלַאי. 2 מִלֵּא שֵׁנִית

replenishment n חִדּוּשׁ מְלַאי, מִלּוּי מֵחָדָשׁ

replete adj גָּדוּשׁ, מָלֵא, שׁוֹפֵעַ, מְפֻטָּם

repletion n גֹּדֶשׁ, שֶׁפַע

replica n הֶעְתֵּק, שִׁעְתּוּק

reply vti, n 1 עָנָה, הֵשִׁיב, הֵגִיב. 2 מַעֲנֶה, תְּשׁוּבָה, תְּגוּבָה

report vti, n 1 דִּוַּח, הוֹדִיעַ, אָמַר, הִגִּיד. 2 הִצְהִיר, פִּרְסֵם. 3 הִלְשִׁין, הֶאֱשִׁים, הוֹצִיא לַעַז. 4 הִתְיַצֵּב. 5 רָשַׁם. 6 דּוּחַ, דִּין וְחֶשְׁבּוֹן. 7 הַרְצָאָה, הוֹדָעָה. 8 כַּתָּבָה, תַּסְקִיר, דִּוּוּחַ. 9 יְדִיעָה. 10 תְּעוּדָה. 11 קוֹל יְרִי

reportage n 1 כַּתָּבָה, רְשִׁימָה. 2 כַּתָּבוּת, תּוֹרְשְׁמָנוּת

reported adj 1 נִמְסַר, פֻּרְסַם. 2 מְדֻוָּח

reposted speech דִּבּוּר עָקִיף (דקדוק)

reportedly adv לְפִי הַשְּׁמוּעָה, כְּפִי שֶׁנִּמְסַר

reporter n כַּתָּב, דַּוָּח, עִתּוֹנַאי

repose vti, n 1 נָח, נָפַשׁ, שָׁכַב. 2 נָח עַל מִשְׁכָּבוֹ. 3 הֵנִיחַ. 4 רְעֲנֵן. 5 הִתְבַּסֵּס, נִשְׁעַן. 6 מְנוּחָה, מַרְגּוֹעַ, שַׁלְוָה

reposeful adj רוֹגֵעַ, שָׁלֵו, מַרְגִּיעַ

repository n 1 גַּנְזַךְ, בֵּית קִבּוּל, מַחְסָן. 2 קֶבֶר. 3 אִישׁ סוֹד

reprehend vt 1 גָּעַר, נָזַף, גִּנָּה. 2 הֶאֱשִׁים. 3 מָצָא פְּגָם בְּ־

reprehensible adj בַּר גִּנּוּי, מְגֻנֶּה, נָזִיף

represent vt 1 יִצֵּג. 2 תֵּאֵר, צִיֵּר. 3 סִמֵּל. 4 הִצִּיג, הִוָּה, גִּלֵּם

representation n 1 יִצּוּג. 2 תֵּאוּר, חִזָּיוֹן. 3 גִּלּוּם. 4 נְצִיגוּת, בָּאוּת כֹּחַ. 5 עֲצוּמָה, פְּנִיָּה. 6 דִּמּוּי, סִמּוּל, תְּמוּנָה

representative adj, n 1 יִצּוּגִי, מְיַצֵּג, אָפְיָנִי, טִיפּוּסִי. 2 נָצִיג, שָׁלִיחַ, צִיר, מֻרְשֶׁה, נִבְחָר

repress vt 1 עָצַר, בָּלַם, מָנַע. 2 הִדְחִיק, הִדְחָה. 3 דִּכָּא

repression n 1 דִּכּוּי, הַכְנָעָה. 2 עֲצִירָה, מְנִיעָה, בְּלִימָה. 3 הַדְחָקָה, הַדְחָיָה

repressive adj 1 מֵצִיק, מְדַכֵּא, נוֹגֵשׂ. 2 מַדְחִיק, מַדְחֶה

reprieve vt, n 1 דָּחָה. 2 הֵקֵל. 3 דְּחִיָּה, אַרְכָּה. 4 הֲקַלָּה

reprimand vt, n 1 נָזַף, גִּנָּה, גָּעַר, הוֹכִיחַ. 2 נְזִיפָה, גִּנּוּי, הוֹכָחָה

reprint vt, n 1 הִדְפִּיס שֵׁנִית. 2 תַּדְפִּיס

reprisal n נָקָם, נְקִימָה, פְּעֻלַּת גְּמוּל

reprise n שְׁנַאי

reproach vi, n 1 גָּעַר, נָזַף, הוֹכִיחַ, גִּנָּה. 2 נְזִיפָה, גְּעָרָה, תּוֹכָחָה. 3 גִּנּוּי. 4 חֶרְפָּה, בִּזָּיוֹן

reproachful adj מְגַנֶּה, מוֹכִיחַ, מְיַסֵּר

reproachfully adv בִּגְעָרָה, בְּתוֹכָחָה

reproachless adj לְלֹא דֹּפִי

reprobate vt, adj, n 1 גִּנָּה, הִרְשִׁיעַ. 2 רָשָׁע, חוֹטֵא, טָמֵא, מֻנְדֶּה, עַוָּל

reprobation n גִּנּוּי, הַרְשָׁעָה, תּוֹכָחָה, נִדּוּי

reproduce vti 1 הוֹלִיד, הִפְרָה. 2 הֶעְתִּיק, שִׁעְתֵּק, שִׁחְזֵר. 3 יָלַד

reproducible adj שַׁעְתִּיק, נִתָּן לְשִׁעְתּוּק

reproduction n 1 שִׁעְתּוּק, הֶעְתֵּק, שִׁחְזוּר, חִדּוּשׁ. 2 הַעְתָּקָה. 3 חִקּוּי. 4 יְלוּדָה, הוֹלָדָה, פְּרִיָּה וּרְבִיָּה

reproductive adj פּוֹרֶה, מַפְרֶה, שֶׁל רְבִיָּה

reprogram vt תִּכְנֵת מֵחָדָשׁ (מחשב)

reproof, reproval n גִּנּוּי, גְּעָרָה, נְזִיפָה, דֹּפִי, תּוֹכֵחָה

reprovable adj מְגֻנֶּה, בַּר גִּנּוּי

reprove vt גָּעַר, גִּנָּה, נָזַף, הוֹכִיחַ, בִּקֵּר

reprovingly adv בִּגְעָרָה, בְּגִנּוּי

reptile n 1 זוֹחֵל. 2 רֶמֶשׂ, שֶׁרֶץ

reptilian adj 1 זוֹחֵל, שֶׁל מַחְלֶקֶת הַזּוֹחֲלִים.

2 שָׁפָל, בָּזוּי

republic n קְהִלִּיָּה, רֶפּוּבְּלִיקָה

republican adj, n רֶפּוּבְּלִיקָנִי

republicanism n רֶפּוּבְּלִיקָנִיּוּת

repudiate vt 1 דָּחָה, הִכְחִישׁ. 2 כָּפַר בְּ־, הִתְכַּחֵשׁ. 3 גֵּרֵשׁ

repudiation n 1 דְּחִיָּה, הַכְחָשָׁה. 2 הִתְכַּחֲשׁוּת, מֵאוּן, גֵּרוּשׁ

repugnance n 1 בְּחִילָה, גֹּעַל, שְׁאָט נֶפֶשׁ, סְלִידָה. 2 סְתִירָה, נִגּוּד, אִי־הַתְאָמָה

repugnant adj 1 מַגְעִיל, מַבְחִיל, דּוֹחֶה. 2 סוֹתֵר, נוֹגֵד

repulse vt, n 1 הָדַף, דָּחָה. 2 סֵרֵב, גֵּרֵשׁ, הֵשִׁיב רֵיקָם. 2 הֲדִיפָה, דְּחִיָּה. 3 סֵרוּב, גֵּרוּשׁ, הֲשָׁבַת פָּנִים רֵיקָם

repulsive adj דּוֹחֶה, מַגְעִיל, נִתְעָב, מְעוֹרֵר שְׁאָט נֶפֶשׁ

repulsively adv בִּשְׁאָט נֶפֶשׁ

reputable adj נִכְבָּד, מְכֻבָּד, נְשׂוּא פָּנִים, מְפֻרְסָם

reputably adv בַּהֲגִינוּת

reputation n מוֹנִיטִין, שֵׁם טוֹב

repute vt, n 1 חָשַׁב לְ־, נֶחְשַׁב. 2 מוֹנִיטִין, פִּרְסוּם

reputedly adv לְפִי הַשְּׁמוּעָה, לְפִי הַגִּרְסָה הָרוֹוַחַת

request vt, n 1 בִּקֵּשׁ, שָׁאַל. 2 בַּקָּשָׁה, מִשְׁאָלָה, דְּרִישָׁה, בִּקּוּשׁ

requiem n תְּפִלַּת אַשְׁכָּבָה

require vt 1 דָּרַשׁ, תָּבַע, צִוָּה, בִּקֵּשׁ. 2 הָיָה זָקוּק לְ־, הָיָה צָרִיךְ

requirement n 1 צֹרֶךְ, נְחִיצוּת. 2 דְּרִישָׁה, תְּבִיעָה, בַּקָּשָׁה

requisite adj, n 1 דָּרוּשׁ, נָחוּץ, הֶכְרֵחִי. 2 צֹרֶךְ, הֶכְרֵחַ, נְחִיצוּת

requisition vt, n 1 תָּבַע, דָּרַשׁ. 2 הִפְקִיעַ, הֶחֱרִים, תָּפַס. 3 דְּרִישָׁה, תְּבִיעָה. 4 הַפְקָעָה, הַחְרָמָה

requital n 1 גְּמוּל, תַּשְׁלוּם, תַּגְמוּל, פִּצּוּי. 2 נָקָם

requite vt 1 גָּמַל, שִׁלֵּם. 2 נָקַם

reredos n מְחִצָּה

rerun vt, n 1 הִצִּיג שׁוּב. 2 הַצָּגָה מְחֻדֶּשֶׁת

rescind vi בִּטֵּל, הֵסִיר

rescript n 1 תְּשׁוּבָה בִּכְתָב. 2 צַו, פְּקֻדָּה. 3 הֶעְתֵּק

rescue vt, n 1 הִצִּיל, הוֹשִׁיעַ, שִׁחְרֵר, מִלֵּט. 2 הַצָּלָה, פְּדוּת, שִׁחְרוּר

rescuer n מַצִּיל, מוֹשִׁיעַ, מְשַׁחְרֵר

research vi, n 1 חָקַר, לָמַד, עָסַק בְּמֶחְקָר. 2 מֶחְקָר, חֵקֶר, חֲקִירָה

reseat vt הוֹשִׁיב שֵׁנִית, סִפֵּק מוֹשָׁבִים חֲדָשִׁים

resemblance n דִּמְיוֹן, דִּמּוּי

resemble vt דָּמָה

resent vt כָּעַס, נֶעֱלַב, שָׁמַר טִינָה

resentful adj שׂוֹנֵא, נֶעֱלָב, שׁוֹמֵר טִינָה

resentfully adv בְּכַעַס

resentment n כַּעַס, טִינָה, פְּגִיעָה, עֶלְבּוֹן, תַּעֲוּב

reservation n 1 שְׁמוּרָה, תְּחוּם מוֹשָׁב. 2 שְׁמִירָה. 3 הִסְתַּיְּגוּת, סְיָג. 4 מָקוֹם שָׁמוּר, הַזְמָנָה מֵרֹאשׁ

reserve vt, n 1 שָׁמַר, יִעֵד, עִתֵּד. 2 הִזְמִין. 3 מְלַאי, רֶזֶרְבָה, אוֹצָר, מִשְׁמֶרֶת. 4 הִסְתַּיְּגוּת, סְיָג. 5 עֲתוּדָה, חֵיל מִלּוּאִים. 6 קְרִירוּת, הִתְאַפְּקוּת, שַׁתְקָנוּת. 7 שְׁמוּרָה

reserved adj מְאֻפָּק, מְסֻיָּג, שַׁתְקָנִי

reservedly adv בְּשֶׁקֶט

reservist n עֲתוּדַאי, חַיָּל בְּמִלּוּאִים

reservoir n 1 מַאֲגָר, מִקְוֵה מַיִם. 2 מְלַאי

reset vi הֶחֱזִיר לִמְקוֹמוֹ, סִדֵּר מֵחָדָשׁ

resettle vti 1 יִשֵּׁב שׁוּב. 2 הִתְיַשֵּׁב שֵׁנִית

resettlement n 1 הִתְיַשְּׁבוּת מְחֻדֶּשֶׁת. 2 יִשּׁוּב מֵחָדָשׁ

reshuffle vt, n 1 אִרְגֵּן מֵחָדָשׁ, סִדֵּר מֵחָדָשׁ. 2 רֵאָרְגּוּן, סִדּוּר מֵחָדָשׁ,

חִלּוּפֵי־גְּבָרֵי

reside vi 1 גָּר, דָּר, שָׁכַן. 2 קַיָּם, נִמְצָא, חָיָה

residence n 1 דִּירָה, בַּיִת, מָעוֹן. 2 מְגוּרִים

resident adj, n 1 גֵּר, תּוֹשָׁב. 2 מְקוֹמִי. 3 נְצִיב

resident physician רוֹפֵא מְשֻׁתַּלֵּם

residential adj מַתְאִים לְדִיּוּר, שֶׁל מְגוּרִים

residual adj 1 נִשְׁאָר, מִשְׁתַּיֵּר. 2 שְׂרִידִי, מִשְׁקָעִי

residuary adj מִשְׁקָעִי, שְׂרִידִי

residue n שְׁאֵרִית, שְׁיָרִים, מִשְׁקָע, שָׂרִיד, עֹדֶף

resign vti 1 וִתֵּר עַל. 2 הִסְתַּלֵּק, הִתְפַּטֵּר. 3 נִכְנַע

resignation n 1 וִתּוּר. 2 הִסְתַּלְּקוּת, הִתְפַּטְּרוּת. 3 הַשְׁלָמָה, הִכָּנְעוּת. 4 הַכְנָעָה, צִדּוּק הַדִּין

resigned adj 1 נִכְנָע לְגוֹרָל. 2 מְוַתֵּר. 3 מְקַבֵּל אֶת הַדִּין

resignedly adv בְּהַכְנָעָה

resilience n 1 גְּמִישׁוּת, קְפִיצִיּוּת. 2 כֹּשֶׁר הִתְאוֹשְׁשׁוּת

resilient adj 1 גָּמִישׁ, קְפִיצִי. 2 מִתְאוֹשֵׁשׁ מַהֵר

resin n שְׂרָף

resinated, resinous adj שְׂרָפִי, מַשְׂרִיף, עָשׂוּי שְׂרָף

resist vti הִתְנַגֵּד, פָּעַל נֶגֶד, עָמַד בִּפְנֵי

resistance n 1 הִתְנַגְּדוּת, עֲמִידָה, עֲמִידוּת, כֹּחַ עֲמִידָה. 2 מַחְתֶּרֶת. 3 תְּנַגֹּדֶת

resistant adj 1 עָמִיד, חָסִין. 2 מִתְנַגֵּד

resister n מִתְנַגֵּד

resistor n נַגָּד

resole vt שָׂם סוּלְיָה חֲדָשָׁה

resolute adj תַּקִּיף, הֶחְלֵטִי, עוֹמֵד עַל דַּעְתּוֹ

resolutely adv בְּעֹז, בְּתַקִּיפוּת

resoluteness n תַּקִּיפוּת, הֶחְלֵטִיּוּת

resolution n 1 פֵּרוּק. 2 הַחְלָטָה, תַּקִּיפוּת, הֶחְלֵטִיּוּת. 3 פְּרִיקָה, הַפְרָדָה. 4 הֲמַסָּה, תְּמִסָּה

resolvable adj מָסִיס, פָּרִיק

resolve vti, n 1 פָּתַר, הִתִּיר. 2 הֵמֵס. 3 פֵּרֵק, הִפְרִיד. 4 הֶחְלִיט. 5 הֶחְלֵטִיּוּת, הַחְלָטָה

resonance n הִדְהוּד, תְּהוּדָה, הֵד

resonant adj מְהַדְהֵד, צוֹלֵל

resonate vi הִדְהֵד, הִצְטוֹלֵל

resonator n מָהוֹד

resort n 1 מְקוֹם מַרְגּוֹעַ, מְקוֹם נֹפֶשׁ. 2 מִפְלָט. 3 מִפְגָּשׁ. 4 אֶמְצָעִי, פְּנִיָּה, אֲחִיזָה. 5 שִׁמּוּשׁ בְּ־

resort to vi הָלַךְ, פָּנָה אֶל

resound vi הִדְהֵד, צוֹלֵל, הִצְטוֹלֵל

resoundingly adv בְּהִצְטוֹלְלוּת

resource n 1 מָקוֹר, מוֹצָא. 2 אֶמְצָעִי. 3 מַשְׁאַבִּים. 4 יְכֹלֶת, כֹּשֶׁר

resourceful adj בַּעַל תּוּשִׁיָּה

resourcefully adv בְּתוּשִׁיָּה, בְּכִשְׁרוֹן

resourcefulness n יְכֹלֶת, כִּשְׁרוֹן, תּוּשִׁיָּה

respect vt, n 1 כִּבֵּד, הוֹקִיר. 2 הִתְיַחֵס לְ־, הִתְחַשֵּׁב עִם. 3 כָּבוֹד, כִּבּוּד, הוֹקָרָה. 4 בְּרָכוֹת, דְּרִישַׁת שָׁלוֹם. 5 הִתְחַשְּׁבוּת, תְּשׂוּמֶת־לֵב

respectability n נִכְבָּדוּת, הֲגִינוּת

respectable adj 1 נִכְבָּד, מְכֻבָּד, נְשׂוּא פָּנִים. 2 בַּעַל שֵׁם טוֹב. 3 רַב לְמַדַּי

respectably adv בַּהֲגִינוּת, בְּכָבוֹד

respectful adj נִכְבָּד, אָדִיב, נוֹשֵׂא פָּנִים

respectfully adv בְּכָבוֹד, בְּדֶרֶךְ־אֶרֶץ

respecting prep בְּעִנְיַן, בִּדְבַר, בְּקֶשֶׁר עִם

respective adj שַׁיָּךְ, נוֹגֵעַ, קָשׁוּר, מִתְיַחֵס

respectively adv בְּהִתְיַחֲסוּת, בְּהֶתְאֵם

respiration n נְשִׁימָה, שְׁאִיפָה, הַנְשָׁמָה

respirator n 1 מַנְשִׁים. 2 מַסֵּכַת גַּז

respiratory adj שֶׁל נְשִׁימָה

respire vi נָשַׁם, שָׁאַף

respiteb vt, n 1 דָּחָה, הִשְׁהָה. 2 דְּחִיָּה,

שֶׁהָיָה, הַרְוָחָה, הֲפוּגָה

resplendence, resplendency n זֹהַר, בָּרָק, נֹגַהּ, הוֹד, נִצְנוּץ

resplendent adj מַזְהִיר, מַבְרִיק, זוֹרֵחַ, נוֹצֵץ

resplendently adv בְּזֹהַר, בְּהוֹד

respond vi 1 עָנָה, הֵשִׁיב. 2 הֵגִיב, נַעֲנָה

respondent n 1 מֵשִׁיב, עוֹנֶה. 2 נִתְבָּע, אַחֲרַאי

responsibility n 1 אַחֲרָיוּת. 2 הִתְחַיְּבוּת, עַרְבוּת

responsible adj אַחֲרַאי, נֶאֱמָן

responsibly adv בְּאַחֲרָיוּת

responsive adj נַעֲנֶה, מֵגִיב, עוֹנֶה

rest vti, n 1 נָח, נָפַשׁ, שָׁבַת. 2 שָׁכַב, יָשַׁן. 3 נִשְׁעַן, סָמַךְ, הִשְׁעִין, נִסְמַךְ. 4 הֵנִיחַ, יִסֵּד, בִּסֵּס. 5 הִפְסִיק, סִיֵּם. 6 מְנוּחָה, מַרְגּוֹעַ, שַׁלְוָה. 7 דְּמָמָה. 8 שֵׁנָה. 9 דְּמִימָה, הֶפְסֵק. 10 מַחֲסֶה, מִקְלָט. 11 שְׁאֵרִית, יִתְרָה, עֹדֶף

restaurant n מִסְעָדָה

restful adj מַרְגִּיעַ, מַשְׁקִיט, שָׁלֵו

restfully adv בְּשַׁלְוָה, בְּשֶׁקֶט, בְּנַחַת

restfulness n שֶׁקֶט, שַׁלְוָה, נַחַת

restitution n 1 הַחְזָרָה, הֲשָׁבָה. 2 פִּצּוּי, שִׁלּוּם, שִׁלּוּמִים

restive adj 1 עַקְשָׁן, מַרְדָן. 2 חֲסַר מְנוּחָה

restively adv בְּעַקְשָׁנוּת, בְּמַרְדָנוּת

restiveness n 1 עַקְשָׁנוּת, מַרְדָנוּת. 2 אִי־סַבְלָנוּת

restless adj עַצְבָּנִי, טָרוּד, נִרְגָּז, חֲסַר מְנוּחָה

restlessly adv בְּעַצְבָּנוּת, בְּאִי־שֶׁקֶט

restlessness n עַצְבָּנוּת, אִי־שֶׁקֶט

restock vt הִשְׁלִים מְלַאי, חִדֵּשׁ מְלַאי

restoration n 1 שִׁחְזוּר, שִׁקּוּם, קִמּוּם. 2 הַחְזָרָה, הֲשָׁבָה. 3 חִדּוּשׁ

restorative adj, n 1 מַבְרִיא, מְחַזֵּק, מְעוֹדֵד, מְשַׁקֵּם. 2 סַם חִזּוּק

restore vt 1 שִׁחְזֵר, שִׁקֵּם, קוֹמֵם. 2 עוֹדֵד, חִזֵּק, חִדֵּשׁ

restrain vt 1 עָצַר, בָּלַם, רִסֵּן. 2 הִבְלִיג, הִתְאַפֵּק

restraint n 1 מַעְצוֹר, עִכּוּב. 2 הִתְאַפְּקוּת, הַבְלָגָה

restrict vt הִגְבִּיל, צִמְצֵם, סִיֵּג

restriction n הַגְבָּלָה, סְיָג, צִמְצוּם

restrictive adj מַגְבִּיל, מְסַיֵּג

restrictively adv בְּצִמְצוּם

rest room בֵּית שִׁמּוּשׁ, שֵׁרוּתִים

result vi, n 1 נָבַע, יָצָא, צָמַח. 2 הִתְרַחֵשׁ. 3 הִסְתַּיֵּם, הִתְהַוָּה. 4 תּוֹצָאָה, תּוֹלָדָה. 5 מַסְקָנָה, תַּכְלִית

result in vi הֵבִיא לִידֵי, הִסְתַּיֵּם בְּ־

resultant adj, n 1 נוֹבֵעַ, יוֹצֵא. 2 תּוֹצָאָה, מַסְקָנָה. 3 שָׁקוּל. 4 מֻרְכָּב

resume vt 1 חִדֵּשׁ, הִתְחִיל מֵחָדָשׁ. 2 תִּמְצֵת, מִצָּה

résumé n 1 סִכּוּם, קִצּוּר, תַּמְצִית. 2 קוֹרוֹת חַיִּים

resumption n חִדּוּשׁ, חֲזָרָה

resurface vti 1 צִפָּה שֵׁנִית. 2 שָׂם צִפּוּי חָדָשׁ. 3 עָלָה עַל פְּנֵי הַמַּיִם

resurgence n תְּחִיָּה

resurgent adj קָם לִתְחִיָּה

resurrection n 1 תְּחִיַּת הַמֵּתִים. 2 תְּחִיָּה, הִתְחַדְּשׁוּת

resuscitate vti 1 הֶחֱיָה. 2 אוֹשֵׁשׁ

resuscitation n 1 הַחֲיָאָה. 2 תְּחִיָּה

retail vti, adj, n 1 מָכַר בְּקִמְעוֹנוּת. 2 סִפֵּר בִּפְרָטוּת. 3 נִמְכַּר בְּקִמְעוֹנוּת. 4 קִמְעוֹנִי. 5 קִמְעוֹנוּת

retain vt 1 אָחַז, הֶחֱזִיק. 2 שָׂכַר. 3 שָׁמַר

retainer n 1 עוֹצֵר, שׁוֹמֵר. 2 נוֹשֵׂא כֵּלִים, מְשָׁרֵת. 3 שְׂכַר עוֹרֵךְ־דִּין. 4 דְּמֵי קְדִימָה

retake vt, n 1 לָקַח שֵׁנִית. 2 צִלֵּם שֵׁנִית. 3 לְקִיחָה שֵׁנִית. 4 צִלּוּם שֵׁנִי

retaliate vi נָקַם, גָּמַל, שִׁלֵּם מִדָּה כְּנֶגֶד מִדָּה

retaliation n נְקָמָה, תַּגְמוּל, גְּמוּל, עַיִן תַּחַת עַיִן
retaliative, retaliatory adj נוֹקֵם, נַקְמָנִי
retard vt, n 1 הֵאֵט, עִכֵּב, הִשְׁהָה. 2 עִכּוּב, אִחוּר, פִּגּוּר
retarded adj מְפַגֵּר
retardation n הֲאָטָה, מְאַחֵר, מַעְצוֹר, עִכּוּב, אִחוּר
retch vi הִתְאַמֵּץ לְהָקִיא
retell vt סִפֵּר מֵחָדָשׁ
retention n 1 הַחְזָקָה, שְׁמִירָה. 2 זְכִירָה. 3 עֲצִירָה, הֵעָצְרוּת
retentive adj זוֹכֵר, בַּעַל כֹּשֶׁר זְכִירָה
retentively adv בְּכֹשֶׁר זְכִירָה
rethink vti, n שָׁקַל, בָּחַן, עִיֵּן מֵחָדָשׁ
reticence n הִתְאַפְּקוּת, שַׁתְקָנוּת
reticent adj מְאֻפָּק, שַׁתְקָנִי, שׁוֹתֵק
reticulate vti, adj 1 רִשֵּׁת. 2 מְרֻשָּׁת
reticule n רִשְׁתִּית
retina n רִשְׁתִּית (בעין)
retinue n פָּמַלְיָה, בְּנֵי לְוָיָה
retire vit 1 פָּרַשׁ, הִתְפַּטֵּר. 2 הִסְתַּלֵּק, נָסוֹג. 3 הָלַךְ לִישֹׁן. 4 הִתְבּוֹדֵד. 5 פִּטֵּר
retired adj 1 שֶׁפָּרַשׁ מֵעֲבוֹדָתוֹ. 2 מִתְבּוֹדֵד, פּוֹרֵשׁ. 3 בּוֹדֵד (מקום), מֻצְנָע, שָׁקֵט
retirement n 1 הִסְתַּלְּקוּת, הִתְבּוֹדְדוּת. 2 פְּרִישָׁה (לגמלאות). 3 נְסִיגָה
retiring adj 1 פּוֹרֵשׁ, מִתְבּוֹדֵד, נָסוֹג. 2 נֶחְבָּא אֶל הַכֵּלִים
retool vt הִתְאִים מַכְשִׁירִים לְיִצּוּר שׁוֹנֶה
retort vti, n 1 הֵשִׁיב כַּהֲלָכָה, עָנָה כַּיָּאוּת, נָתַן תְּשׁוּבָה נִצַּחַת. 2 תְּשׁוּבָה נִצַּחַת, תְּשׁוּבָה כַּהֲלָכָה. 3 אַבִּיק
retouch vt, n 1 שִׁנָּה, שִׁפֵּר, רִטֵּשׁ. 2 רִטּוּשׁ, שִׁפּוּר, שִׁנּוּי
retrace vt 1 הִתְחַקָּה. 2 עָקַב חֲזָרָה, הִתְחַקָּה עַל עִקְּבוֹתָיו. 3 תֵּאֵר שׁוּב

retract vti חָזַר בּוֹ, בִּטֵּל, הִתְכַּחֵשׁ, נָסוֹג
retractable adj כָּוִיץ, נָסִיג
retractile adj נָסִיג, הוֹלֵךְ אֲחוֹרַנִּית
retraction n בִּטּוּל, חֲזָרָה, הִתְכַּחֲשׁוּת
retreat vi, n 1 נָסוֹג, הִסִּיג. 2 הִתְבּוֹדֵד. 3 נְסִיגָה. 4 מִפְלָט, מַחֲסֶה, מִקְלָט. 5 הִתְבּוֹדְדוּת. 6 אוֹת נְסִיגָה
retrench vti 1 קִצֵּץ, צִמְצֵם, הִפְחִית, הִשְׁמִיט, קִמֵּץ. 2 בִּצֵּר
retrenchment n 1 קִצּוּץ, קִמּוּץ, צִמְצוּם, הַפְחָתָה. 2 בִּצּוּר
retrial n מִשְׁפָּט חוֹזֵר
retribution n תַּגְמוּל, גְּמוּל, עֹנֶשׁ
retributive adj מְשַׁלֵּם כִּגְמוּלוֹ, מַעֲנִישׁ
retrievable adj בַּר הַצָּלָה, בַּר תִּקּוּן
retrieval n 1 תִּקּוּן, הַצָּלָה, פִּצּוּי. 2 גְּבִיָּה
retrieve vti 1 גָּבָה. 2 הֶחֱזִיר, תִּקֵּן. 3 פִּצָּה, הִצִּיל. 4 שָׁלַף מֵידָע (מחשב)
retriever n מַחֲזִיר (כלב)
retroactive adj מַפְרֵעִי, רֶטְרוֹאַקְטִיבִי
retrograde vi, adj 1 נָסוֹג. 2 יָרַד, הִדַּרְדֵּר. 3 נָסוֹג, מַפְרֵעִי
retrogress vi 1 נָסוֹג לְאָחוֹר. 2 יָרַד. 3 הִדַּרְדֵּר
retrogression n 1 נְסִיגָה, יְרִידָה. 2 הִדַּרְדְּרוּת
retrogressive adj נָסוֹג, יוֹרֵד, מִדַּרְדֵּר
retrorocket n טִיל מֵאֵט
retrospect n מַבָּט לְאָחוֹר, אֲחוֹרַנִּית
retrospection n הִרְהוּרִים עַל הֶעָבָר, הִסְתַּכְּלוּת לֶעָבָר
retrospective adj בְּמַבָּט אֲחוֹרַנִּית, רֶטְרוֹסְפֶּקְטִיבִי
retrospectively adv 1 שֶׁלְּמַפְרֵעַ, לְמַפְרֵעַ. 2 בְּמַבָּט לְאָחוֹר. 3 בְּדִיעֲבַד
retroversion n פְּנִיָּה אֲחוֹרָה
return vti, n 1 חָזַר, שָׁב. 2 הֶחֱזִיר, הֵשִׁיב. 3 עָנָה. 4 חֲזָרָה, שִׁיבָה. 5 הַחְזָרָה. 6 תְּמוּרָה, רֶוַח,

הַכְנָסוֹת. 7 כַּרְטִיס הָלוֹךְ וְחָזוֹר. 8 שְׁבוּת

return fare מְחִיר כַּרְטִיס חֲזָרָה

return ticket 1 כַּרְטִיס חֲזָרָה. 2 כַּרְטִיס הָלוֹךְ וָשׁוֹב

returnable adj בַּר חֲזָרָה, בַּר הַחְזָרָה

reunion n 1 כִּנּוּס, הִתְקַבְּצוּת, קִבּוּץ, מִפְגָּשׁ. 2 הִתְאַחֲדוּת, אִחוּד

reunite vti 1 אִחֵד מֵחָדָשׁ. 2 הִתְאַחֵד שׁוּב

rev vt, n 1 הִתְנִיעַ, הֵאִיץ, הֵחִישׁ. 2 סִבּוּב, סֶבֶב, הִסְתּוֹבְבוּת

revaluation n 1 שִׁנּוּי עֲרָכִים. 2 יִסּוּף

revalue vt יִסֵּף

reveal vt 1 גִּלָּה, חָשַׂף. 2 פִּרְסֵם, הוֹדִיעַ

reveille n 1 תְּרוּעַת הַשְׁכָּמָה. 2 הַשְׁכָּמָה

revel vi, n 1 הִתְהוֹלֵל, הִתְעַנֵּג. 2 נֶהֱנָה. 3 הִתְהוֹלְלוּת, הִלּוּלָה

revelation n 1 גִּלּוּי, הִתְגַּלּוּת. 2 חִזָּיוֹן

revelry n הִלּוּלָה, "חִנְגָּה", הִתְהוֹלְלוּת

revenge vt, n 1 נָקַם, גָּמַל. 2 נְקָמָה, נָקָם, גְּמוּל, תַּגְמוּל

revengeful adj נַקְמָנִי, נוֹקֵם וְנוֹטֵר

revengefully adv בִּנְקָמָה, בְּנַקְמָנוּת

revenue n 1 הַכְנָסָה, רֶוַח. 2 הַכְנָסוֹת הַמֶּמְשָׁלָה

reverberate vti 1 הִדְהֵד. 2 הִשְׁתַּקֵּף, תִּשְׁבֵּר. 3 הֶחֱזִיר

reverberant adj מְהַדְהֵד, מֵרִיעַ

reverberation n 1 הִדְהוּד, הֵד. 2 שִׁקּוּף, הִשְׁתַּקְּפוּת. 3 חֲזָרָה, הַחְזָרָה. 4 הַטָּיָה. 5 תִּשְׁבֹּרֶת

revere vt כִּבֵּד, הוֹקִיר, הֶעֱרִיץ

reverence vt, n 1 כִּבֵּד, הוֹקִיר, הֶעֱרִיץ. 2 קִדָּה. 3 כָּבוֹד, הוֹקָרָה, הַעֲרָצָה, יִרְאַת כָּבוֹד

reverend adj, n 1 נִכְבָּד, נַעֲרָץ. 2 כֹּמֶר, כֹּהֵן דָּת

reverent, reverential adj נִכְבָּד, מְכֻבָּד, מוֹקִיר, מַעֲרִיץ

reverentially adv בְּכָבוֹד, בְּהוֹקָרָה

reverie n 1 חֲלוֹם, הֲזָיָה. 2 חֲלוֹם בְּהָקִיץ

revers n דַּשׁ, קִפּוּל

reversal n 1 הֲפִיכָה, הִפּוּךְ. 2 בִּטּוּל, הֲפָרָה

reverse vti, adj 1 הָפַךְ, הִתְהַפֵּךְ. 2 נָסוֹג, נָהַג אֲחוֹרַנִּית. 3 בִּטֵּל, הֵפֵר. 4 הָפוּךְ, אֲחוֹרִי, מְהֻפָּךְ. 5 גַּב (מטבע). 6 תְּבוּסָה

reversible adj הָפִיךְ, מְהֻפָּךְ

reversion n 1 חֲזָרָה, הֲפִיכָה. 2 בִּטּוּל, הֲפָרָה. 3 תּוֹרָשָׁה חוֹזֶרֶת

revetment n דִּפּוּן

review vti, n 1 סָקַר, בָּחַן, בָּדַק. 2 בִּקֵּר, כָּתַב סִקֹּרֶת, עָרַךְ מִסְקָר. 3 סְקִירָה, סִקּוּר. 4 מַאֲמַר בִּקֹּרֶת, סִקֹּרֶת. 5 כְּתַב־עֵת. 6 מִסְקָר

revile vt 1 גִּדֵּף, חֵרֵף, גִּנָּה. 2 נִבֵּל פִּיו

revise vt 1 בָּדַק. 2 עָרַךְ. 3 עִדְכֵּן. 4 הִגִּיהַּ. 5 שִׁנָּה, שִׁפֵּר

revision n 1 בְּדִיקָה. 2 עֲרִיכָה. 3 שִׁנּוּי, שִׁפּוּר. 4 הַגָּהָה. 5 מַהֲדוּרָה

revisionism n רֵבִיזְיוֹנִיזְם

revisionist n רֵבִיזְיוֹנִיסְט

revitalize vt הֶחֱיָה, הֵפִיחַ רוּחַ חַיִּים

revitalization n תְּחִיָּה

revival n 1 הַחֲיָאָה. 2 הִתְחַדְּשׁוּת, תְּחִיָּה

revive vti 1 קָם לִתְחִיָּה, הֵשִׁיב לִתְחִיָּה. 2 הִבְרִיא, הֶחֱיָה. 3 חִדֵּשׁ

revivify vt חִיָּה, הֶחֱיָה, חִדֵּשׁ

revocable adj בַּר בִּטּוּל

revocation n 1 הֲפָרָה, בִּטּוּל. 2 פְּסִילָה

revoke vti 1 בִּטֵּל, פָּסַל. 2 הֵפֵר

revolt vti, n 1 מָרַד, הִתְקוֹמֵם. 2 בָּחַל, גָּעַל. 3 הִבְחִיל, עוֹרֵר גֹּעַל. 4 מֶרֶד, מְרִידָה, הִתְקוֹמְמוּת, הֲפֵכָה, הֲפִיכָה. 5 בְּחִילָה

revolting adj מַבְחִיל, מְעוֹרֵר גֹּעַל

revolution n 1 מַהְפֵּכָה. 2 סִבּוּב, סֶבֶב, הַקָּפָה, סְבָב. 3 מַחֲזוֹר

revolutionary adj 1 מַהְפְּכָנִי. 2 מִסְתּוֹבֵב.

3 מַהְפְּכָן
revolutionize vt עוֹרֵר מַהְפֵּכָה, גָּרַם לְמַהְפֵּכָה
revolve vti 1 הִסְתּוֹבֵב, סָבַב. 2 סוֹבֵב, גִּלְגֵּל. 3 הִרְהֵר
revolver n אֶקְדָּח, אֶקְדּוֹחַ
revolving adj 1 מִסְתּוֹבֵב. 2 נַיָּד
revue n 1 תִּסְקֹרֶת, סְקִירָה. 2 רֶבְיוּ
revulsion n 1 בְּחִילָה, גֹּעַל. 2 שִׁנּוּי פִּתְאֹמִי
reward vt, n 1 גָּמַל, פִּצָּה. 2 הֶעֱנִיק פְּרָס. 3 פְּרָס, גְּמוּל, שָׂכָר
rewarding adj 1 כְּדָאִי, מְשְׁתַּלֵּם. 2 מְהַנֶּה
rewind vt 1 הֵרִיץ אֲחוֹרָה. 2 מָתַח שׁוּב קְפִיץ (שעון)
rewire vt הֶחֱלִיף חוּטֵי חַשְׁמַל
reword vt נִסֵּחַ מֵחָדָשׁ
rewrite vt, n 1 שִׁכְתֵּב, שִׁחְבֵּר. 2 שִׁכְתּוּב
rhapsodize vi הִתְלַהֵב
rhapsody n רַפְּסוֹדְיָה
rhea n יָעֵן, בַּת יַעֲנָה
rheostat n רֵאוֹסְטָט, מְכַוֵּן זֶרֶם
rhesus n קוֹף רֵזוּס
rhetoric n רֵטוֹרִיקָה, מְלִיצָה
rhetorical adj רֵטוֹרִי, נִמְלָץ, מְלִיצִי
rhetorically adv רֵטוֹרִית, בִּמְלִיצוּת
rhetorician n רֵטוֹרִיקָן
rheum n לֵחָה, נַזֶּלֶת, הִצְטַנְּנוּת
rheumatic adj, n 1 שִׁגְרוֹנִי. 2 שִׁגָּרוֹן
rheumatic fever n קַדַּחַת הַשִּׁגָּרוֹן
rheumatism n שִׁגָּרוֹן
rheumatoid adj שִׁגְרוֹנִי
rhinal adj אַפִּי, חָטְמִי, נְחִירִי
rhinoceros n קַרְנַף
rhezome n קְנֵה־שֹׁרֶשׁ
rhododendron n רוֹדוֹדֶנְדְּרוֹן
rhomb, rhombus n מְעֻיָּן
rhomboid adj, n 1 מְעֻיָּנִי. 2 מַקְבִּילִית
rhubarb n רִבָּס
rhyme vti, n 1 חָרַז, כָּתַב חֲרוּזִים. 2 חָרוּז, חֲרִיזָה, פִּיּוּט
rhymester n 1 חַרְזָן, חָרוֹז. 2 מְשׁוֹרֵר עָלוּב

rhythm n מִקְצָב, קֶצֶב, מִשְׁקָל, רִיתְמוּס
rhythmic(al) adj 1 מִקְצָבִי, קִצְבִּי. 2 שָׁקוּל, קָצוּב
rib vt 1 הִצְלִיעַ. 2 שִׁטָּה בְּ־. 3 קִנְטֵר. 4 צֵלָע, חֹמֶשׁ. 5 עָלֶה. 6 פַּס. 7 תְּפִיחָה
ribald adj גַּס, שָׁפָל, נִבְזֶה, מְנַבֵּל פִּיו
ribaldry n גַּסּוּת, שִׁפְלוּת, נִבּוּל פֶּה
riband, ribbon n סֶרֶט, פְּתִיל
riboflavin n רִבּוֹפְלָוִין, וִיטָמִין B_2
rice n אֹרֶז
rice-paper נְיַר אֹרֶז
rich adj 1 עָשִׁיר, רַב־עֵרֶךְ. 2 יָקָר. 3 שׁוֹפֵעַ, מָלֵא. 4 הָדוּר, מְפֹאָר. 5 מֵזִין, דָּשֵׁן. 6 חַי. 7 מְשַׁעֲשֵׁעַ, מְהַנֶּה
riches npl 1 עֹשֶׁר, עֲשִׁירוּת. 2 שֶׁפַע. 3 הוֹן, רְכוּשׁ, נְכָסִים. 4 כֶּסֶף
richly adv בְּשֶׁפַע, בְּיָד רְחָבָה
richness n עֹשֶׁר, עֲשִׁירוּת
rick vt, n 1 עָרַם, הֶעֱרִים. 2 עֲרֵמָה, גָּדִישׁ. 3 נֶקַע
rickets רַכִּית, רַכֶּכֶת
rickety adj 1 תָּשׁוּשׁ, שָׁבִיר. 2 חוֹלֵה רַכִּית. 3 רָעוּעַ, רוֹפֵף
rickshaw n רִיקְשָׁה
ricochet vit, n 1 נִתַּר. 2 חָזַר וּפָגַע. 3 נִתֵּז. 4 נָתִיר, נֶתֶז, רְסִיס חוֹזֵר
rid vt 1 שִׁחְרֵר, הֵסִיר, פִּטֵּר. 2 נָטַשׁ. 3 חִלֵּץ
riddance n הִתְפַּטְּרוּת, הִשְׁתַּחְרְרוּת, שִׁחְרוּר
ridden pp to ride בינוני עבר של הפועל
riddle vt, n 1 חָד חִידָה. 2 פָּתַר, פִּעְנֵחַ. 3 כָּבַר, נִפָּה. 4 נִקֵּב. 5 בָּחַן, הֵצִיף בִּשְׁאֵלוֹת. 6 קֻשְׁיָה, חִידָה, מָשָׁל. 7 כְּבָרָה, נָפָה
ride vit, n 1 רָכַב. 2 נָסַע, שָׁט. 3 עָגַן, צָף. 4 הִרְכִּיב, הוֹבִיל. 5 אִלְתֵּר. 6 רְכִיבָה. 7 נְסִיעָה, טִיּוּל. 8 מִשְׁעוֹל רוֹכְבִים
rider n 1 פָּרָשׁ, רוֹכֵב. 2 נִסְפָּח, סֶפַח

ridge vt, n 1 תָּלַם, הִתְלִים, תִּלֵּם. 2 תֶּלֶם. 3 גַּב (בהמה). 4 רֶכֶס, קַו פָּרָשַׁת הַמַּיִם

ridicule vt, n 1 לָעַג, הִתְקַלֵּס, שָׂם לִצְחוֹק. 2 קֶלֶס, לַעַג, צְחוֹק, שְׁנִינָה

ridiculous adj מְגֻחָךְ, אֱוִילִי, מַצְחִיק

ridiculously adv בְּלַעַג

riding n רְכִיבָה

rife adj שָׁכִיחַ, נָפוֹץ, רוֹוֵחַ, שׁוֹפֵעַ

rife with מָלֵא, מְשֻׁפָּע

riff n נוֹשֵׂא חוֹזֵר (מוסיקת ג׳ז)

riffle vti 1 עִלְעֵל, דִּפְדֵּף. 2 עָבַר עַל פְּנֵי

riff-raff n אֲסַפְסוּף, עֵרֶב־רַב, אָרְחֵי־פָּרְחֵי

rifle vt, n 1 בָּזַז, שָׁדַד, גָּנַב. 2 יָרָה בְּרוֹבֶה. 3 רוֹבֶה

rift vti, n 1 פָּרַץ, קָרַע, שָׁבַר, בָּקַע. 2 סֶדֶק, קֶרַע, בֶּקַע, פִּרְצָה

rig vti, n 1 שָׂם מַעֲטֶה, סִפֵּק כְּלֵי אֳנִיָּה. 2 צִיֵּד. 3 קִשֵּׁט. 4 רִמָּה, הוֹנָה. 5 מַעֲטֶה, חִבֵּל, צִיּוּד אֳנִיָּה. 6 רְמִיָּה, הוֹנָאָה

rig out צִיֵּד, הִלְבִּישׁ

rigging n חִבֵּל, צִיּוּד, מַעֲטֶה

right vt, adj, adv, n 1 תִּקֵּן, סִדֵּר. 2 עָשָׂה צֶדֶק. 3 יִשֵּׁר. 4 יָשָׁר. 5 צוֹדֵק, נָכוֹן. 6 הוֹגֵן, אֲמִתִּי, הוֹלֵם. 7 שָׁפוּי, בָּרִיא. 8 יְמָנִי. 9 יֹשֶׁר, צֶדֶק. 10 זְכוּת, מִשְׁפָּט. 11 נְכוֹנוּת, חֲזָקָה. 12 יָמִין, יַד יָמִין. 13 לַחֲלוּטִין, כָּלִיל

right-angled יְשַׁר־זָוִית

right as rain בָּרִיא לְגַמְרֵי

right away מִיָּד, תֵּכֶף וּמִיָּד

righteous adj יָשָׁר, צַדִּיק, תָּמִים

righteously adv בְּיֹשֶׁר, בְּצֶדֶק

right now מִיָּד, עַכְשָׁו, מִיָּדִי

rightly adv בְּצֶדֶק, כַּחֹק, כַּיָּאוּת

righteousness n יֹשֶׁר, צֶדֶק, תֹּם

rightful adj 1 חֻקִּי. 2 צוֹדֵק, הוֹגֵן. 3 נָכוֹן, מַתְאִים, מַגִּיעַ

rightfully adv כַּחֹק, בְּיֹשֶׁר, בְּצֶדֶק

right-handed adj 1 יְמָנִי, מַיְמִין. 2 חָרוּץ, מְיֻמָּן

rightist adj, n יְמָנִי, שַׁמְרָן, שַׁמְרָנִי

right-minded adj צוֹדֵק, כֵּן, מַאֲמִין בְּצֶדֶק

rigid adj 1 קָשִׁיחַ, צָפוּד, קָשֶׁה. 2 קָשׁוּחַ. 3 קַפְדָן, נֻקְשֶׁה, עַקְשָׁן

rigidity n 1 קְשִׁיחוּת, קֹשִׁי, נֻקְשׁוּת. 2 קַפְּדָנוּת

rigidly adv בִּקְשִׁיחוּת, בְּקַפְּדָנוּת

rigmarole n פִּטְפּוּט, גִּבּוּב מִלִּים, דִּבְרֵי הֶבֶל

rigor mortis (L) צְפִידַת מָוֶת

rigorous adj 1 קָשֶׁה, קָשׁוּחַ, מַחֲמִיר. 2 מְדַקְדֵּק, קַפְּדָנִי

rigorously adv בְּחֻמְרָה, בְּקַפְּדָנוּת

rigo(u)r n 1 קֹשִׁי, חֻמְרָה, קְשִׁיחוּת. 2 קַפְּדָנוּת, דַּיְקָנוּת

rile vt הִקְנִיט, הִרְגִּיז

rill n יוּבַל, פֶּלֶג

rim vt, n 1 הִקִּיף, הִגְבִּיל. 2 עָשָׂה שָׂפָה, שִׂפָּה. 3 קָצֶה, שָׂפָה, חִשּׁוּק

rind n קְרוּם, קְלִפָּה, גֶּלֶד

rinderpest n דֶּבֶר בְּהֵמוֹת

ring vti, n 1 צִלְצֵל. 2 הִשְׁמִיעַ. 3 טִלְפֵּן. 4 צָלַל. 5 הִקִּיף, כִּתֵּר, סָגַר עַל, עִטֵּר. 6 שָׂם חָח עַל (בהמה). 7 צִלְצוּל. 8 צְלִיל, קוֹל, טוֹן. 9 קְרִיאָה. 10 טַבַּעַת. 11 עִגּוּל, מַעְגָּל. 12 עָגִיל, זִירָה. 13 כְּנוּפְיָה, חוּג, קְבוּצָה

ringing adj, n 1 מְצַלְצֵל. 2 צִלְצוּל, צְלִיל

ringleader n מַנְהִיג כְּנוּפְיָה

ringlet n תַּלְתַּל

ring off סִיֵּם שִׂיחָה (טלפון)

ring up טִלְפֵּן, צִלְצֵל לְ־

rink n חֲלַקְלַקָּה

rinse vt, n 1 שָׁטַף, הֵדִיחַ. 2 שְׁטִיפָה, הֲדָחָה

riot vi, n 1 פָּרַע, הִתְפָּרֵעַ. 2 הִתְהוֹלֵל. 3 חַי חַיֵּי פְּרִיצוּת. 4 פְּרָעוֹת. 5 הִשְׁתּוֹלְלוּת, מְהוּמָה, רַעַשׁ. 6 הִתְהוֹלְלוּת, הִלּוּלָא וְחִנְגָּא

rioter n פּוֹרֵעַ

riotous adj 1 מִשְׁתּוֹלֵל. 2 רַעֲשָׁנִי. 3 פּוֹרֵעַ, פָּרוּץ. 4 מִתְהוֹלֵל

riotously adv בְּהֶפְקֵרוּת, בְּרַעַשׁ

rip vti, n 1 קָרַע, נִתֵּק, פָּרַם. 2 בָּקַע, שִׁסַּע, בִּתֵּק. 3 נִקְרַע, נִבְקַע. 4 אָץ, עָט. 5 קֶרַע, פְּרִימָה, הַתָּרָה. 6 גֵּבֶא מַיִם. 7 מֻפְקָר

ripcord n חֶבֶל הַתָּרָה, שֶׁנֶץ

riparian adj חוֹפִי

ripe adj 1 בָּשֵׁל, מְבֻשָּׁל. 2 מְפֻתָּח, מְבֻגָּר. 3 מוּכָן

ripely adv בְּשִׁכְלוּל, בְּצוּרָה בְּשֵׁלָה

ripen vti 1 בָּשַׁל, גָּמַל. 2 הִבְשִׁיל. 3 הִתְבַּשֵּׁל, הִתְבַּגֵּר

ripeness n בְּשֵׁלוּת

riposte n תְּשׁוּבָה נִצַּחַת, תְּשׁוּבָה כַּהֲלָכָה

ripple vti, n 1 הֶעֱלָה אַדְווֹת. 2 תִּלְתֵּל, סִלְסֵל. 3 רִשְׁרֵשׁ. 4 הִתְגַּלְגֵּל. 5 סָרַק. 6 אַדְוָה, גַּל. 7 סִלְסוּל, תִּלְתּוּל. 8 אִוְשָׁה, רִשְׁרוּשׁ. 9 מַסְרֵקָה

ripsaw n מַסּוֹר גַּס

riptide n גֵּאוּת חֲזָקָה (מים)

rise vi, n 1 קָם, הִתְרוֹמֵם. 2 עָלָה, גָּאָה, תָּפַח. 3 עָמַד. 4 הִתְקוֹמֵם, הִתְמָרֵד. 5 גָּדַל, צָמַח, גָּבַר. 6 זָרַח. 7 גִּלָּה, רָאָה. 8 זְרִיחָה, עֲמִידָה, קִימָה. 9 עֲלִיָּה. 10 צְמִיחָה, גִּדּוּל, תְּפִיחָה

rise up vi הִתְקוֹמֵם, הִתְמָרֵד

risen pp בינוני עבר של הפועל to rise

risible adj מַצְחִיק, מְגֻחָךְ, מְעוֹרֵר צְחוֹק

rising adj 1 עוֹלֶה, מוֹפִיעַ. 2 מִתְבַּגֵּר, מִתְקָרֵב לְ־

risk vt, n 1 סִכֵּן, הִסְתַּכֵּן, חֵרֵף נַפְשׁוֹ, נִסָּה. 2 סִכּוּן, סַכָּנָה. 3 הִסְתַּכְּנוּת

riskily adv תּוֹךְ סִכּוּן

riskiness n סַכָּנָה, הִסְתַּכְּנוּת

risky adj מְסֻכָּן, מִסְתַּכֵּן

risotto n אֹרֶז מְתֻבָּל

risqué adj נוֹעָז, גּוֹבֵל בְּגַסּוּת

rissole n קְצִיצָה

rite n טֶקֶס, נֹהַג, מִנְהָג, פֻּלְחָן

ritual adj, n 1 דָּתִי, שֶׁל טֶקֶס דָּתִי, פֻּלְחָנִי. 2 פֻּלְחָן

ritualism n טִקְסִיּוּת

ritualist n דּוֹגֵל בְּטִקְסִיּוּת

ritualistic adj טִקְסִי, פֻּלְחָנִי

ritually adv בְּהֶתְאֵם לַטֶּקֶס אוֹ לַפֻּלְחָן

rival vt, n 1 הִתְחָרָה, הִתְמוֹדֵד. 2 מִתְחָרֶה, יָרִיב

rivalry n הִתְחָרוּת, יְרִיבוּת

river adj, n נַחַל, נָהָר

river basin אַגַּן הַנָּהָר

riverbed n אָפִיק

riverside n שְׂפַת הַנָּהָר

rivet vt, n 1 סִמְרֵר, הִדֵּק. 2 רִכֵּז, תָּקַע. 3 רִתֵּק. 4 מַסְמֶרֶת

rivulet n פֶּלֶג, יוּבַל

roach n 1 חִפּוּשִׁית הַבַּיִת, כְּנִימָה, מַקָּק. 2 לֵיאוּצִיקוּס

road n 1 דֶּרֶךְ, כְּבִישׁ. 2 אֹרַח, נָתִיב

roadblock n מַחְסוֹם דֶּרֶךְ

roadhouse n פֻּנְדָּק, מָלוֹן

roadstead n מֵזַח, מְבוֹא־יָם

roadster n 1 מְכוֹנִית דּוּ־מוֹשָׁבִית פְּתוּחָה. 2 סוּס רְכִיבָה. 3 אֳנִיָּה לְיַד הַמֵּזַח

roadway n דֶּרֶךְ, כְּבִישׁ

roam vit שׁוֹטֵט, נָדַד

roamer n שׁוֹטְטָן, נוֹדֵד, נָע וָנָד

roar vi, n 1 רָעַם, שָׁאַג, צָהַל, גָּעָה, גָּעַשׁ. 2 רַעַם, צָהֳלָה, שְׁאָגָה. 3 שָׁאוֹן, הֲמֻלָּה

roaring adj, n 1 גּוֹעֵשׁ, רוֹעֵשׁ, צוֹהֵל. 2 שְׁאִיגָה

roast vti, adj, n 1 צָלָה, קָלָה, אָפָה, צִנֵּם. 2 לִבֵּן, חִמֵּם. 3 נִצְלָה, נִקְלָה. 4 צָלוּי. 5 צָלִי. 6 קְלִיָּה, אַסְכָּלָה

roastbeef n בְּשַׂר עָדֶה

rob vt שָׁדַד, גָּזַל, עָשַׁק, חָמַס
robber n שׁוֹדֵד, גַּזְלָן, גַּנָּב
robbery n שֹׁד, גְּזֵלָה, גְּנֵבָה, חָמָס
robe vti, n 1 לָבַשׁ. 2 הִלְבִּישׁ. 3 גְּלִימָה, לְבוּשׁ, שִׂמְלָה, חָלוּק
robin n אֲדֹם הֶחָזֶה (ציפור)
robot n רוֹבּוֹט
robust adj חָסֹן, בָּרִיא, חָזָק
robustly adv נִמְרָצוֹת, בְּחֹסֶן
robustness n בְּרִיאוּת, חֹסֶן, חֹזֶק
rock vti, n 1 נִדְנֵד, נִעְנַע. 2 הִתְנַדְנֵד, הִתְנוֹעֵע. 3 סֶלַע, צוּר, אֶבֶן, כֵּף. 4 נִעְנוּעַ
rock bottom תַּחְתִּית, הַנְּקֻדָּה הַגְּרוּעָה בְּיוֹתֵר
rocksalt n גְּבִישֵׁי מֶלַח
rockery n מִשְׁתָּלָה בְּאַדְמַת סְלָעִים
rocket n טִיל, רָקֵטָה
rocketry n תּוֹרַת הַטִּילִים
rocking adj 1 מְנַדְנֵד, מְנַעֲנֵעַ. 2 נִעֲנוּעַ
rocking chair כִּסְנוֹעַ
rocky adj 1 סַלְעִי, תַּקִּיף, יַצִּיב. 2 מִתְנוֹעֵעַ, לֹא יַצִּיב
rod n 1 מוֹט, מַטֶּה, שֵׁבֶט. 2 חַכָּה. 3 קָנֶה (מידה)
rode pt זמן עבר של הפועל to ride
rodent n מְכַרְסֵם, נַבְרָן
rodeo n רוֹדֵאוֹ
rodomontade n רַבְרְבָנוּת, שַׁחֲצָנוּת
roe n 1 בֵּיצֵי דָּגִים. 2 זֶרַע דָּגִים. 3 אַיָּלָה
rogation n תְּחִנָּה, תְּפִלָּה
Roger! interj בְּסֵדֶר! נִתְקַבֵּל!
rogue n 1 נוֹכֵל, רַמַּאי, בֶּן־בְּלִיַּעַל. 2 שׁוֹבָב
rogue elephant 1 פִּיל פְּרָאִי. 2 מִתְבּוֹדֵד
roguery n תַּרְמִית, הִתְהוֹלְלוּת, רִשְׁעוּת
roguish adj 1 נוֹכֵל, רַמַּאי. 2 שׁוֹבָב, חוֹמֵד לָצוֹן
roguishly adv בְּשׁוֹבְבוּת, בְּנוֹכְלוּת
roguishness n 1 נוֹכְלוּת, רַמָּאוּת. 2 שׁוֹבְבוּת
roisterer n מִתְהוֹלֵל, רוֹעֵשׁ
role n 1 תַּפְקִיד. 2 פַּרְטִית
roll vti, n 1 הִתְנוֹעֵעַ, נִטַּלְטֵל. 2 הִתְפַּלֵּשׁ. 3 הִתְגַּלְגֵּל, הִסְתּוֹבֵב. 4 הִתְנַחְשֵׁל. 5 הִסְתַּלְסֵל. 6 הִדְהֵד. 7 גִּלְגֵּל, סוֹבֵב. 8 פִּלְבֵּל. 9 כָּבַשׁ. 10 נָסַע, גָּלַל. 11 הִשְׁמִיעַ. 12 גָּלִיל, מְגִלָּה. 13 גִּלְגּוּל. 14 לַחְמָנִיָּה, גְּלֻסְקָה. 15 רְשִׁימָה, קָטָלוֹג. 16 עִרְגּוּל. 17 תִּפּוּף
roll cake גְּלִילָה
roll call מִפְקַד נוֹכְחוּת, קְרִיאַת הַשֵּׁמוֹת
roll collar צַוָּארוֹן נִגְלָל
roll out רִדֵּד
roller n 1 מַכְבֵּשׁ. 2 גָּלִיל. 3 מַעְגִּילָה, מַגְלֵל, מַעְגֶּלֶת. 4 חִתּוּל. 5 תַּחְבֹּשֶׁת
roller coaster רַכֶּבֶת סְחַרְחֶרֶת
roller skates גַּלְגִּלִּיּוֹת
rollicking adj עַלִּיז, שָׂמֵחַ, מִתְהוֹלֵל, מִשְׁתּוֹלֵל
rolling n טִלְטוּל, גִּלְגּוּל, עִרְגּוּל
rolling stocks מְצַאי נַיָּד
rolling pin מַעְגִּילָה, מַעֲרוֹךְ
roll of honour מְגִלַּת הַכָּבוֹד
roll of the waves תְּנוּעַת גַּלִּים
roly-poly n 1 שְׁמַנְמַן, גּוּץ וְשָׁמֵן. 2 דַּיְסַת פֵּרוֹת
Roman adj, n 1 רוֹמִי. 2 רוֹמָאִי
roman à clef רוֹמָן מַפְתֵּחַ
romance n 1 רוֹמַנְסָה. 2 רוֹמָן. 3 פָּרָשַׁת אֲהָבִים. 4 סִפּוּר בַּדִּים, דִּמְיוֹן
Romanesque adj רוֹמָנִי
romantic adj, n 1 רוֹמַנְטִי, רִגְשִׁי. 2 רוֹמַנְטִיקָן
romantically adv בְּאֹפֶן רוֹמַנְטִי
romanticism n רוֹמַנְטִיקָה, רִגְשִׁיּוּת
romanticist n רוֹמַנְטִיסְט, רוֹמַנְטִיקָן
romanticize vti שִׁוָּה צִבְיוֹן רוֹמַנְטִי
Romany adj, n 1 צוֹעֲנִי. 2 צוֹעֲנִית (לשון)

romp vi, n 1 הִשְׁתּוֹבֵב, הִתְהוֹלֵל. 2 זָכָה. 3 שׁוֹבָב, עַלִּיז. 4 שׁוֹבְבוּת, עַלִּיזוּת. 5 זְכִיָּה קַלָּה

rondeau, rondo n רוֹנְדוֹ

rood n 1 צְלָב. 2 רוּד (1,015 מ"ר)

roof vt, n 1 כִּסָּה בְּגַג. 2 גַּג. 3 קוֹרַת גַּג, מַחֲסֶה. 4 שִׂיא

rook vti, n 1 רִמָּה, הוֹנָה. 2 עוֹרֵב. 3 רַמַּאי, נוֹכֵל. 4 צְרִיחַ

rookie n טִירוֹן

room n 1 חֶדֶר, תָּא. 2 לִשְׁכָּה. 3 מָקוֹם. 4 דִּירָה. 5 רֶוַח. 6 מַעֲמָד, מִשְׂרָה

roomer n דַּיָּר, דַּיַּר מִשְׁנֶה

roomful n מְלוֹא הַחֶדֶר

roomily adv בְּרֶוַח, בִּרְוָחָה

rooming-in n כְּפִיפָה אַחַת (לאם ולילד)

room-mate n שֻׁתָּף לְחֶדֶר

roomy adj מְרֻוָּח

roost vi, n 1 נָח עַל מוֹט. 2 לָן, הֵלִין, אִכְסֵן. 3 יָשֵׁן. 4 מוֹט. 5 לוּל. 6 מְקוֹם לִינָה

rooster n תַּרְנְגוֹל, גֶּבֶר

root vti, n 1 הֵקִים, יָסַד. 2 הִשְׁתָּרֵשׁ, הִכָּה שָׁרָשִׁים, הִשְׁרִישׁ. 3 חִטֵּט, נָבַר. 4 עוֹדֵד, הֵרִיעַ. 5 שֹׁרֶשׁ. 6 מָקוֹר. 7 יְסוֹד

root crop יַרְקוֹת שֹׁרֶשׁ

root and branch כָּלִיל, עַד הַיְסוֹד

root out, root up vt הִשְׁמִיד, שֵׁרֵשׁ, עָקַר

rootless adj תָּלוּשׁ, חֲסַר שָׁרָשִׁים

rope vt, n 1 קָשַׁר. 2 פִּלְצֵר. 3 כָּבַל, כִּבֵּל. 4 הָיָה דָּבִיק. 5 חֶבֶל. 6 כֶּבֶל, מֵיתָר. 7 חֶבֶל־תְּלִיָּה. 8 פִּלָּצוּר. 9 נֶגַע הַחוּטִים

rope dancer, rope walker שַׁוָּר, מְרַקֵּד (מהלך) עַל חֶבֶל

rope in פִּתָּה, שִׁדֵּל

rope off הִקִּיף בַּחֲבָלִים

rosary n 1 עֲרוּגַת שׁוֹשַׁנִּים. 2 מַחֲרֹזֶת אַלְמֻגִּים (לתפילות)

rose pt, n 1 זמן עבר של הפועל to rise. 2 וֶרֶד, שׁוֹשַׁנָּה. 3 נְחִיר

roseate adj 1 וַרְדִּי, וָרֹד. 2 אוֹפְּטִימִי

rosebud n נִצַּת וֶרֶד

rosebush n וַרְדִּינָה, שִׂיחַ וְרָדִים

rosemary n רוֹסְמָרִין

rosette n שׁוֹשֶׁנֶת

rosewood n הַסִּיסָם הַשָּׁחֹר

rosin n נָטָף, שָׂרָף

roster n רְשִׁימָה, לוּחַ תּוֹרָנוּת

rosy adj 1 וָרֹד, וַרְדִּי. 2 מַסְמִיק

rot vit, n 1 רָקַב, נִרְקַב, נָמַק. 2 הִרְקִיב, הִשְׁחִית, קִלְקֵל. 3 רָקָב, רִקָּבוֹן. 4 שְׁטֻיּוֹת, הֲבָלִים

rota n 1 רְשִׁימָה. 2 סֵדֶר. 3 רוֹטָה

Rotarian n רוֹטָרִי, רוֹטַרְיָן

rotary adj תּוֹרָנִי, מַחֲזוֹרִי

rotary hook כִּרְכָּר

rotate vit 1 הִסְתּוֹבֵב, הִתְגַּלְגֵּל, הִתְחַלֵּף. 2 סוֹבֵב, מִחְזֵר, גִּלְגֵּל

rotation n 1 סִיבוּב, הִסְתּוֹבְבוּת, הִתְחַלְּפוּת. 2 מַחֲזוֹר. 3 תּוֹרָנוּת

rotatory adj 1 סִבּוּבִי, מִסְתּוֹבֵב. 2 מַחֲזוֹרִי

rote n שִׁגְרָה, שִׁנּוּן בְּעַל־פֶּה

rotgut n יַיִן שָׂרָף יָרוּד

rotisserie n 1 מַעֲדַנִּיַּת בָּשָׂר. 2 שַׁפּוּד

rotogravure n רוֹטוֹגְרָוִיר, דְּפוּס שֶׁקַע

rotor n חוּגָה, רוֹטוֹר, מֵאִיץ

rotten adj 1 רָקוּב, נִרְקָב, מַסְרִיחַ. 2 מֻשְׁחָת. 3 קְלוֹקֵל

rottenly adv 1 בְּרִקָּבוֹן. 2 בְּאֹפֶן גָּרוּעַ

rottenness n רֶקֶב, רִקָּבוֹן

rotter n נָבָל, נוֹכֵל, שָׁפָל, בֶּן־בְּלִיַּעַל

rotund adj 1 עָגֹל. 2 עֲגַלְגַּל, שְׁמַנְמַן

rotunda n רוֹטוּנְדָה

rotundly adv בַּעֲגִילוּת

rotundity n עֲגִילוּת, עֲגַלְגַּלּוּת

rouble n רוּבָּל

roué n מֻשְׁחָת, נוֹאֵף

rouge vt, n 1 הֶאְדִּים, פִּרְכֵּס. 2 אֹדֶם. 3 סֹמֶק. 4 פִּרְכּוּס, שְׂפָתוֹן

rough vt, adj, adv, n 1 חִסְפֵּס. 2 מְחֻסְפָּס,

טְרוּשׁ. 3 גַּס רוּחַ, לֹא־מְנֻמָּס. 4 גָּלְמִי, מְפֹרָךְ. 5 קָשֶׁה, בְּגַסּוּת. 6 אַדְמַת טְרָשִׁים, חֹמֶר גָּלְמִי

roughage n 1 חֹמֶר גָּלְמִי. 2 סֻבִּין, סִיבִים

rough-and-ready שִׁמּוּשִׁי, יָעִיל (לא מלוטש)

rough and tumble 1 מְבֻלְגָּן. 2 מַאֲבָק, הִתְכַּתְּשׁוּת

rough copy טְיוּטָה

rough diamond 1 יַהֲלוֹם גָּלְמִי. 2 כִּשְׁרוֹן לֹא מְפֻתָּח

roughen vti 1 חִסְפֵּס. 2 הִתְחַסְפֵּס

roughly adv 1 בְּגַסּוּת. 2 בְּקֵרוּב

roulade n גְּלִילָה

roulette n 1 רוּלֶטָה, מַעְגִּילָה קְטַנָּה. 2 מַקְדֵּדָה

round vti, adj, adv prep n 1 עִגֵּל, סִבֵּב, סָבַב. 2 הִשְׁלִים, שִׁכְלֵל. 3 הִקִּיף. 4 הִתְעַגֵּל, הִתְגַּלְגֵּל. 5 הִתְפַּתֵּחַ. 6 עָגֹל, כַּדּוּרִי, גְּלִילִי. 7 שָׁלֵם, רָצוּף, גְּלוּי־לֵב. 8 סָבִיב, מִסָּבִיב. 9 עִגֵּל, עִגּוּל, עֲגַלְגַּלּוּת. 10 סִבּוּב, מַחֲזוֹר. 11 אֲוָזִית הַיָּרֵךְ

roundabout adj, n 1 עוֹקֵף, עָקִיף, לֹא יָשָׁר. 2 עֲקִיפִין. 3 סְחַרְחֵרָה. 4 כִּכָּר

round about 1 מִסָּבִיב, בְּכָל הַכִּוּוּנִים. 2 בְּעֵרֶךְ

round off סִיֵּם, הִשְׁלִים

round up כִּנֵּס, קִבֵּץ, אָסַף

rounded n עָגֹל, מְעֻגָּל

roundelay n רוֹנְדְּלֵי

rounders npl מַעְגָּלִים, הַקָּפוֹת

roundish adj עֲגַלְגַּל

roundly adv כָּלִיל, לַחֲלוּטִין, בְּמֶרֶץ

roundsman n מְפַקֵּחַ, בּוֹדֵק

roundup n 1 קִבּוּץ הָעֵדֶר. 2 מָצוֹד

rouse vti 1 הֵקִים, עוֹרֵר. 2 הֵעִיר. 3 הִרְגִּיז, הִקְנִיט. 4 שִׁלְהֵב. 5 הִתְעוֹרֵר

rout vt, n 1 הֵבִיס, נָגַף, הִנְחִיל תְּבוּסָה, הֵנִיס. 2 חִטֵּט, נָבַר. 3 מְנוּסָה, תְּבוּסָה

route vt, n 1 נִתֵּב, כִּוֵּן. 2 דֶּרֶךְ, נָתִיב, מַסְלוּל. 3 מְסִלָּה

routine adj, n 1 שִׁגְרָתִי. 2 שִׁגְרָה, נֹהַג, נֹהַל, סֵדֶר קָבוּעַ

rove vit, n 1 שׁוֹטֵט, נָדַד. 2 הִשְׁחִיל. 3 נִפֵּץ. 4 שׁוֹטְטוּת, נְדִידָה. 5 חוּט

rover n 1 נוֹדֵד. 2 שׁוֹדֵד־יָם

row vit, n 1 רָב. 2 נָזַף, גָּעַר. 3 חָתַר, שָׁט. 4 רַעַשׁ. 5 מְרִיבָה. 6 נְזִיפָה. 7 שׁוּרָה

rowan n חִוְרָן (שיח)

rowdily adv בִּפְרָאוּת, בְּגַסּוּת

rowdiness n גַּסּוּת, פְּרָאוּת

rowdy adj פֶּרֶא, מֵפֵר סֵדֶר, אִישׁ מָדוֹן

rowel n דָּרְבָן

rower n חוֹתֵר, מְשׁוֹטַאי, שַׁיָּט

rowlock n בֵּית־מָשׁוֹט

royal adj מַלְכוּתִי

royalist n מְלוּכָנִי

royally adv כְּיַד הַמֶּלֶךְ

royalties npl תַּמְלוּגִים

royalty n 1 מַלְכוּת. 2 תַּמְלוּגִים. 3 זְכוּת מַלְכוּתִית

rub vti, n 1 שִׁפְשֵׁף, חִכֵּךְ, גֵּרֵד. 2 הִתְחַכֵּךְ, הִשְׁתַּפְשֵׁף. 3 שִׁפְשׁוּף, חִכּוּךְ. 4 מְרִיחָה

rub down עִסָּה, הֶחֱלִיק, לִטֵּשׁ

rubdown n עִסּוּי, מַשָּׁשׁ

rub in מָרַח

rub off 1 גֵּרֵד, מָחַק. 2 נִמְחַק

rub out 1 מָחַק, מָחָה. 2 הָרַג

rub up לִטֵּשׁ, הִבְרִיק

rub-a-dub n תִּפּוּף, תִּפְתּוּף, נְקִישַׁת תֹּף

rubber n 1 גּוּמִי. 2 מַחַק, מוֹחֵק. 3 צֶמֶג. 4 עַרְדָּל, נַעַל גּוּמִי

rubbery adj מָתִיחַ, כְּמוֹ גּוּמִי

rubbing n שִׁפְשׁוּף, חִכּוּךְ, עִסּוּי

rubbish n 1 פְּסֹלֶת, אַשְׁפָּה, זֶבֶל. 2 הֲבָלִים, שְׁטֻיּוֹת

rubbishy adj חֲסַר עֵרֶךְ, זוֹל

rubble n 1 חָצָץ, גְּוִיל. 2 פְּסֹלֶת בִּנְיָן

rubblework n בְּנִיָּה בַּאֲבָנִים קְטַנּוֹת

rubicund adj אֲדַמְדַּם, וָרֹד

rubric n 1 כּוֹתֶרֶת. 2 מָדוֹר, טוּר. 3 עַמּוּדָה

ruby adj, n 1 אָדֹם. 2 אֹדֶם

ruck vti, n 1 קִמֵּט. 2 הִתְקַמֵּט. 3 קֶמֶט. 4 הָמוֹן, הֲמוֹן הָעָם

rucksack n תַּרְמִיל־גַּב

ructions npl רַעַשׁ, מְהוּמָה, תִּגְרָה

rudder n הֶגֶה

ruddle n אוֹכְרָה אֲדֻמָּה, אֹדֶם

ruddy adj אֲדַמְדַּם, אַדְמוֹנִי, אָדֹם

rude adj 1 גַּס, בּוּר, מְחֻסְפָּס. 2 חָצוּף, פּוֹגֵעַ

rudely adv בְּגַסּוּת, בְּחֻצְפָּה

rudeness n גַּסּוּת, חֻצְפָּה, חֹסֶר דֶּרֶךְ־אֶרֶץ

rudimentary adj רִאשׁוֹנִי, יְסוֹדִי

rudiments npl יְסוֹדוֹת רִאשׁוֹנִיִּים

rue vt הִתְחָרֵט, הִצְטַעֵר

rueful adj מְצַעֵר, עָגוּם, נוּגֶה, עָצוּב

ruefully adv בְּצַעַר, בְּעֶצֶב

ruff n 1 צַוָּארוֹן קָלוּעַ. 2 שְׁחֹר הַזָּנָב (דג)

ruffian n בִּרְיוֹן, אַלָּם, אֵימְתָן

ruffianism n בִּרְיוֹנוּת, גַּסּוּת, פִּרְאוּת

ruffianly adj אֵימְתָנִי, פִּרְאִי

ruffle vti, n 1 קִמֵּט, קִפֵּל, פָּרַע, חִסְפֵּס. 2 הִרְגִּיז, הֵצִיק. 3 הִתְקַמֵּט. 4 תָּפַף. 5 קִמּוּט, קִפּוּל. 6 מַלְמָלָה. 7 הַפְרָעָה, הַרְגָּזָה. 8 אַדְוָה

rug n מַרְבָד, שָׁטִיחַ, שְׂמִיכָה

Rugby n 1 רַגְבִּי. 2 רוּגְבִּי (משחק)

rugged adj 1 מְחֻסְפָּס, מְקֻמָּט. 2 מְטֹרָשׁ, סַלְעִי, גַּבְנוּנִי. 3 קָשֶׁה. 4 חָזָק, אֵיתָן

ruin vti, n 1 הָרַס, הִשְׁמִיד, הֶחֱרִיב. 2 הֵשֵׁם, הִשְׁחִית, רוֹשֵׁשׁ. 3 אָנַס, פִּתָּה. 4 הִתְרוֹשֵׁשׁ. 5 הֶרֶס, חֻרְבָּן, מַפָּלָה. 6 הֲרִיסָה, עִיֵּי מַפֹּלֶת. 7 חֻרְבָּה, עֲזוּבָה. 8 אָסוֹן, שׁוֹאָה. 9 הָרוּס (אדם)

ruination n הֲרִיסָה, הֶרֶס, חֻרְבָּן

ruinous adj הָרוּס, שׁוֹמֵם, חָרֵב, מַחֲרִיב, הַרְסָנִי

rule vti, n 1 שָׁלַט, מָשַׁל, מָלַךְ. 2 רִסֵּן. 3 פָּסַק, קָבַע. 4 סִרְגֵּל, שִׂרְטֵט. 5 כְּלָל, תַּקָּנָה. 6 הֲלָכָה, נֹהַג, מִנְהָג. 7 צַו. 8 מִמְשָׁל, שִׁלְטוֹן, מִשְׁטָר. 9 קַו, סַרְגֵּל

rule of thumb עִקָּרוֹן מַעֲשִׂי

rule over vt שָׁלַט עַל

rule out vt בִּטֵּל, פָּסַל

ruler n 1 מוֹשֵׁל, שַׁלִּיט, מֶלֶךְ. 2 סַרְגֵּל

ruling adj, n 1 מוֹשֵׁל, שׂוֹרֵר. 2 הַחְלָטָה, קְבִיעָה. 3 קִוְקוּו, שִׂרְטוּט

rum n רוּם

rumba n רוּמְבָּה

rumble vit, n 1 הִשְׁמִיעַ. 2 רָעַם, רָעַשׁ, הָמָה. 3 קוֹל רַעַם. 4 הֶמְיָה

rumbustious adj קוֹלָנִי, רַעֲשָׁנִי

ruminant adj, n מַעֲלֵה גֵרָה

ruminate vi 1 הֶעֱלָה גֵרָה. 2 הִרְהֵר, חָשַׁב

rumination n 1 הַעֲלָאַת גֵּרָה. 2 הִרְהוּר, מַחֲשָׁבָה

rummage vi, n 1 חִטֵּט, מִשְׁמֵשׁ. 2 חִפֵּשׂ בְּקַפְּדָנוּת. 3 חִטּוּט, חִפּוּשׂ. 4 שִׁירַיִם

rummage sale 1 מְכִירַת שְׁיָרִים. 2 מְכִירָה כְּלָלִית

rummy adj, n 1 מוּזָר, מְשֻׁנֶּה. 2 רֶמִי

rumo(u)r vt, n 1 הֵפִיץ שְׁמוּעָה. 2 שְׁמוּעָה, רִנָּה

rump n אֲחוֹרַיִם, עַכּוּז

rump steak בְּשַׂר עַכּוּז

rumple vt, n 1 קִמֵּט. 2 פָּרַע. 3 עִרְבֵּב. 4 קֶמֶט, קֶפֶל

rumpus n 1 מְהוּמָה, שָׁאוֹן. 2 תִּגְרָה

run vti, n 1 רָץ, נָס, בָּרַח. 2 מִהֵר, חָשׁ. 3 הִזְרִים. 4 נָסַע. 5 נָטַף, נָזַל, דָּלַף. 6 חָלַף. 7 נִמְשַׁךְ. 8 תָּקַע. 9 הִבְרִיחַ. 10 נִהֵל, הֵרִיץ.

11 רִיצָה, מֵרוֹץ. 12 מַהֲלָךְ, מֶרְחָק. 13 מֶשֶׁךְ. 14 כִּוּוּן, מְגַמָּה. 15 תְּרוּצָה. 16 סוּג. 17 דִּיר. 18 שִׁמּוּשׁ. 19 טִיסָה. 20 תְּמוּרָה. 21 ״רַכֶּבֶת״ (בגרב)

run across נִתְקַל בְּ-

run after 1 רָדַף. 2 חִזֵּר אַחֲרֵי

run along הִסְתַּלֵּק

run away בָּרַח, נָס, נִמְלַט

run down 1 הִפְסִיק, נֶעֱצַר. 2 הִתְנַגֵּשׁ. 3 נֶחֱלַשׁ. 4 מָתַח בִּקֹּרֶת. 5 עָיֵף. 6 גִּלָּה, מָצָא

run for הִצִּיג מֻעֲמָדוּת לְ-

run in 1 הֵכִיל, נִכְלַל. 2 רָץ, פָּרַץ. 3 עָצַר, אָסַר, כָּלָא. 4 עָשָׂה הֲרָצָה

run off with נִמְלַט עִם

run out 1 הִסְתַּיֵּם, כָּלָה. 2 גֵּרֵשׁ, הֵנִיס. 3 אָזַל, נִגְמַר. 4 דָּלַף

run out on עָרַק, נָטַשׁ, עָזַב

run over דָּרַךְ, דָּרַס, עָבַר עַל

run up against נִתְקַל, הִתְנַגֵּשׁ

runabout n 1 נָע וָנָד. 2 עֲגָלָה קַלָּה. 3 מְכוֹנִית קְטַנָּה

runaway adj, n 1 בּוֹרֵחַ, נִמְלָט. 2 דּוֹהֵר. 3 פָּלִיט, עָרִיק. 4 מְנוּסָה

rundown adj, n 1 לֹא מְכֻוָּן. 2 הָרוּס, רָעוּעַ, מוּתָשׁ. 3 סִכּוּם

rung n, p.p. 1 חָוָק, עָנָק, שָׁלָב. 2 אֶדֶן. 3 בינוני עבר של הפועל to ring

runner n 1 רָץ, שָׁלִיחַ. 2 סוֹכֵן, גּוֹבֶה. 3 שָׁטִיחַ צַר. 4 טַפְסָן. 5 מֵאִיץ, גַּלְגַּל מוּנָע. 6 מִתְחָרֶה

runner bean שְׁעוּעִית (מטפס)

runner-up n מִשְׁנֶה לַמְנַצֵּחַ

running adj, n 1 רָץ, זוֹרֵם. 2 מְטַפֵּס. 3 זָב. 4 פָּעִיל. 5 רָצוּף, שׁוֹטֵף. 6 רִיצָה, מֵרוֹץ, תַּחֲרוּת. 7 נִהוּל

running commentary תֵּאוּר חַי, פַּרְשָׁנוּת שׁוֹטֶפֶת

running costs הוֹצָאוֹת שׁוֹטְפוֹת

running water מַיִם זוֹרְמִים

running knot קֶשֶׁר זָז

run-through n 1 תַּעֲבִיר, חֲזָרָה. 2 קְרִיאָה מְהִירָה

runway n 1 מַסְלוּל, מַסְלוּל הַמְרָאָה. 2 מִכְלָאָה

rupee n רוּפִּיָּה

rupture vti, n 1 קָרַע, נִתֵּק. 2 הִתְנַתֵּק, נִקְרַע. 3 קֶרַע, שֶׁבֶר, נִתּוּק

rural adj כַּפְרִי, חַקְלָאִי

ruse n תַּחְבּוּלָה, עָרְמָה, תַּרְמִית

rush vti, n 1 מִהֵר, אָץ, גָּח, זִנֵּק. 2 הֵאִיץ, הֵחִישׁ. 3 הִסְתָּעֵר, הִתְפָּרֵץ. 4 מְהִירוּת, חִפָּזוֹן, בֶּהָלָה, פְּזִיזוּת, רִיצָה. 5 הִתְפָּרְצוּת, הִסְתָּעֲרוּת. 6 דֹּחַק. 7 אַגְמוֹן, סָמָר

rush hour שְׁעַת נְהִירָה, שְׁעַת דֹּחַק

rusk n צְנִים

rust vti, n 1 הֶחֱלִיד, נֶחֱלַד. 2 הִתְנַוֵּן. 3 חֲלֻדָּה. 4 חִלָּדוֹן. 5 נִוּוּן

rustic adj, n 1 כַּפְרִי, קַרְתָּנִי. 2 מְגֻשָּׁם, מְחֻסְפָּס. 3 אִכָּר, בֶּן כְּפָר

rusticate vi הִתְאַכֵּר, הָיָה לְאִכָּר

rusticity n כַּפְרִיּוּת, קַרְתָּנוּת

rustle vti, n 1 רִשְׁרֵשׁ, אִוֵּשׁ. 2 גָּנַב (בקר). 3 רִשְׁרוּשׁ, אִוְשָׁה

rusty adj 1 חָלוּד, מְיֻשָּׁן. 2 חוֹרֵק. 3 פָּגוּם

rut vi, n 1 הִתְיַחֵם, הִזְדַּוֵּג. 2 הִתְיַחֲמוּת, תַּאֲנָה. 3 תֶּלֶם, חָרִיץ. 4 שִׁגְרָה

ruthless adj אַכְזָרִי, אַכְזָר, לֹא יוֹדֵעַ רַחֵם

ruthlessly adv בְּאַכְזָרִיּוּת, לְלֹא רַחֵם

ruthlessness n אַכְזְרִיּוּת

rutted adj מָלֵא חֲרִיצִים

rye n 1 שִׁיפוֹן. 2 וִיסְקִי שִׁיפוֹן

rye bread לֶחֶם שִׁיפוֹן

rye grass עֵשֶׂב הַשִּׁיפוֹן

ryot n אִכָּר (הודי)

S

S, s n אֶס, הָאוֹת הַתְּשַׁע־עֶשְׂרֵה שֶׁל הָאָלֶף־בֵּית הָאַנְגְּלִי

Sabbatarian adj, n 1 שַׁבַּתְיָנִי. 2 שַׁבַּתְיָן, 3 מַחְמִיר בִּשְׁמִירַת הַשַּׁבָּת (נוצרי)

Sabbath n 1 שַׁבָּת. 2 יוֹם א׳ (לנוצרי)

sabbatical adj, n 1 שַׁבַּתִּי. 2 שַׁבָּתוֹן

sabbatical year שְׁנַת שְׁמִיטָּה

sable adj, n 1 שָׁחֹר. 2 דָּלָק, צוֹבֶל

sabot n קַבְקָב, כַּפְכַּף

sabotage vt, n 1 חִבֵּל. 2 חַבָּלָה

saboteur n 1 חַבְּלָן. 2 מְחַבֵּל

sabre(er) vt, n 1 פָּצַע בְּסַיִף, דָּקַר בְּסַיִף. 2 סַיִף, חֶרֶב

sac n כִּיס, שַׂק

saccharin(e) n סָכָרִין

saccharine adj 1 סֻכָּרִי, מָתוֹק. 2 מְתַקְתַּק, סָכָרִינִי

sacerdotal adj 1 כֹּהֲנִי, שֶׁל כֹּהֵן. 2 שֶׁל כְּהֻנָּה

sacerdotalism n 1 כְּהֻנָּה, הַכֹּהֲנִים. 2 זְכֻיּוֹת־יֶתֶר לַכֹּהֲנִים

sachet n שַׂקִּיק, כִּיסוֹן

sack vt, n 1 אָרַז בְּשַׂקִּים. 2 קָשַׁר בְּשַׂק. 3 שָׁדַד, בָּזַז. 4 פִּטֵּר. 5 שַׂק, אַמְתַּחַת, תַּרְמִיל, מַרְצוּף. 6 פִּטּוּרִים. 7 שֹׁד, בִּזָּה, בְּזִיזָה. 8 סֶק (יין לבנבן)

sackbut n טְרוֹמְבּוֹן

sackcloth n 1 שַׂק, אֲרִיג שַׂקִּים. 2 לְבוּשׁ שַׂק

sackcloth and ashes אֵבֶל, שַׂק וָאֵפֶר

sacrament n 1 מִצְוָה (נוצרי). 2 טֶקֶס פֻּלְחָנִי

sacramental adj קָדוֹשׁ, מְקֻדָּשׁ, פֻּלְחָנִי

sacred adj 1 קָדוֹשׁ, מְקֻדָּשׁ. 2 מֻקְדָּשׁ

sacred cow 1 מֵעַל בִּקֹּרֶת, שֶׁאָסוּר לִפְגֹּעַ בּוֹ. 2 "פָּרָה קְדוֹשָׁה"

sacredly adv בִּקְדֻשָּׁה

sacredness n קְדֻשָּׁה

sacrifice vti, n 1 הִקְרִיב קָרְבָּן, זָבַח. 2 וִתֵּר עַל, הִתְמַסֵּר. 3 מָכַר בְּהֶפְסֵד. 4 קָרְבָּן, מִנְחָה, זֶבַח. 5 הַקְרָבָה, מְסִירוּת, הִתְמַסְּרוּת

sacrificial adj שֶׁל הַקְרָבָה, שֶׁל קָרְבָּן

sacrilege n חִלּוּל הַקֹּדֶשׁ

sacrilegious adj שֶׁל חִלּוּל הַקֹּדֶשׁ

sacristan n שַׁמָּשׁ, שַׁמַּשׁ כְּנֵסִיָּה

sacristy n חֲדַר תַּשְׁמִישֵׁי הַקְּדֻשָּׁה

sacrosanct adj קָדוֹשׁ מְאֹד

sacrum n עֶצֶב

sad adj 1 עָצוּב, נוּגֶה, עָגוּם. 2 מְצַעֵר, מַעֲצִיב. 3 קוֹדֵר, כֵּהֶה

sadden vti 1 הֶעֱצִיב, הֶעְגִּים. 2 הִתְעַצֵּב

saddle vt, n 1 אִכֵּף, חָבַשׁ. 2 הֶעֱמִיס, הִטִּיל. 3 אֻכָּף, מַרְדַּעַת. 4 מוֹשָׁב

saddler n אֻכָּפָן, כָּרָר

saddlery n אֻכָּפָנוּת, כָּרָרוּת, רִתְמָה

sadhu n צַדִּיק (הודי)

sadism n סָדִיזְם, סָדִיסְם

sadist n סָדִיסְט

sadistic adj סָדִיסְטִי

sadly adv 1 בְּצַעַר, בְּיָגוֹן. 2 לְמַרְבֵּה הַצַּעַר

sadness n עַצְבוּת, צַעַר, יָגוֹן, תּוּגָה

sadomasochism n סָדוֹמָסוֹכִיזְם

sadomasochist n סָדוֹמָסוֹכִיסְט

safari n סָפָרִי

safe adj, n 1 בָּטוּחַ, שָׁמוּר, מוּגָן. 2 נֶאֱמָן, מְהֵימָן. 3 לֹא מְסֻכָּן. 4 נָצוּר. 5 כַּסֶּפֶת, קֻפָּה. 6 תֵּבָה

safe and sound בָּרִיא וְשָׁלֵם
safe-conduct n 1 תְּעוּדַת מַעֲבָר, רִשְׁיוֹן מַעֲבָר. 2 מִשְׁמַר לִוּוּי
safeguard vt, n 1 שָׁמַר עַל, הֵגֵן עַל, אִבְטַח. 2 מִשְׁמָר, שְׁמִירָה, מַחֲסֶה. 3 הֶתְקֵן בְּטִיחוּת. 4 רִשְׁיוֹן מַעֲבָר. 5 מִשְׁמַר לִוּוּי
safe-keeping n שְׁמִירָה, הַבְטָחָה, הֲגַנָּה
safely adv 1 בְּשָׁלוֹם. 2 בְּבִטְחָה
safety n 1 בִּטָּחוֹן, בְּטִיחוּת. 2 זְהִירוּת. 3 נִצְרָה
safety belt חֲגוֹרַת בִּטָּחוֹן
safety pin פְּרִיפָה, סִכַּת בִּטָּחוֹן
safety razor 1 סַכִּין־גִּלּוּחַ בְּטִיחוּתִי. 2 מְכוֹנַת גִּלּוּחַ
saffron n כַּרְכֹּם, זַעְפְּרָן
sag vi, n 1 שָׁקַע, כָּרַע, הִתְכּוֹפֵף, הִתְקַעֵר, שָׁמַט. 2 שְׁקִיעָה, שֶׁקַע, כֶּפֶף, דִּלְדּוּל
saga n סָגָה, סִפּוּר עֲלִילָה
sagacious adj שָׁנוּן, חָרִיף, מְמֻלָּח, עָרוּם, פִּקֵּחַ
sagaciously adv בְּפִקְחוּת
sagacity n שְׁנִינוּת, חֲרִיפוּת, פִּקְחוּת, עָרְמָה
sage adj, n 1 חָכָם, נָבוֹן, בַּר־אוֹרְיָן. 2 מַרְוָה
sagely adv בְּחָכְמָה
sagging n וִלּוּן
Sagittarius n קֶשֶׁת (מזל)
sago n סָגוֹ
sahib n אָדוֹן (הודי)
said pt, adj 1 זמן עבר ובינוני עבר של הפועל to say. 2 נִזְכָּר לְעֵיל, דִּלְעֵיל
sail vit, n 1 שָׁט, הִפְלִיג, נָסַע. 2 הִמְרִיא, רָחַף. 3 עָף, דָּאָה. 4 הֵעִיף. 5 מִפְרָשׂ, תִּפְרֹשֶׂת. 6 הַפְלָגָה, מַסָּע
sailor n מַלָּח, סַפָּן, חוֹבֵל, יַמַּאי, יוֹרֵד־יָם
saint n קָדוֹשׁ, חָסִיד, צַדִּיק
sainted adj 1 מְקֻדָּשׁ, קָדוֹשׁ, צַדִּיק. 2 מָנוֹחַ, נָח עֵדֶן
sainthood n 1 קְדֻשָּׁה, קְדוֹשׁוּת. 2 קְדוֹשִׁים
saintliness n קְדֻשָּׁה
saintly adj שֶׁל קָדוֹשׁ
sake n 1 סִבָּה , מַטָּרָה. 2 תּוֹעֶלֶת, טוֹבָה
sake n סָקִי, שֵׁכַר אֹרֶז
salaam vi, n 1 בֵּרֵךְ לְשָׁלוֹם. 2 שָׁלוֹם
sal(e)able adj מָכִיר, בַּר־מְכִירָה
salacious adj תַּאַוְתָנִי, זְנוּתִי, פּוֹרְנוֹגְרָפִי
salaciously adv בְּתַאַוְתָנוּת
salaciousness, salacity n תַּאַוְתָנוּת, זְנוּת, פּוֹרְנוֹגְרַפְיָה
salad n 1 סָלָט, חַסָּה. 2 בְּלִיל
salad days יְמֵי הָעֲלוּמִים, יְמֵי בֹּסֶר
salad dressing רֹטֶב לְסָלָט
salamander n סָלָמַנְדְּרָה
salami n סָלָמִי
salaried adj בְּשָׂכָר, מְקַבֵּל מַשְׂכֹּרֶת
salary n שָׂכָר, מַשְׂכֹּרֶת
sale n 1 מְכִירָה, מֶכֶר, מִמְכָּר. 2 מְכִירָה פֻּמְבִּית, מְכִירָה כְּלָלִית
salesman n 1 זַבָּן, מוֹכֵר. 2 סוֹכֵן
salesmanship n 1 זַבָּנוּת, מוֹכְרָנוּת. 2 אֻמָּנוּת הַמְּכִירָה
saleswoman n זַבָּנִית, מוֹכֶרֶת
salient adj, n 1 בּוֹלֵט, מִזְדַּקֵּר. 2 חָשׁוּב, נִכָּר. 3 מְזַנֵּק. 4 מִבְלָט, בְּלִיטָה
saline adj, n 1 מִלְחִי, מָלוּחַ, מָלֵחַ. 2 מִלְחִית
saliva n רִיר, רֹק
salivary adj רִירִי, רֻקִּי
salivate vi הֵרִיר, רָר
sallow vi, adj 1 הֶחֱוִיר, חִוֵּר. 2 חִוֵּר, צְהַבְהַב
sally vi, n 1 הֵגִיחַ, זִנֵּק, פָּרַץ, הִתְפָּרֵץ. 2 גִּיחָה, זִנּוּק, הִסְתָּעֲרוּת
salmon n, adj 1 אִלְתִּית, סַלְמוֹן. 2 וָרֹד־צְהַבְהַב

salon n 1 טְרַקְלִין. 2 חֲדַר אוֹרְחִים
saloon n 1 מִסְבָּאָה. 2 אוּלָם, טְרַקְלִין
salsify n זְקַן הַתַּיִשׁ
salt vt, adj, n 1 מָלַח, הִמְלִיחַ. 2 תִּבֵּל. 3 מִלְחִי, מָלוּחַ. 4 מְפֻלְפָּל, מְתֻבָּל, חָרִיף. 5 מֶלַח. 6 תֶּבֶל. 7 מַמְלֵחָה. 8 מַלָּח
salt of the earth מֶלַח הָאָרֶץ, בְּנֵי עֲלִיָּה
saltcellar n מִמְלָחָה
saltiness n מְלִיחוּת
saltpeter(tre) n מְלַחַת
salty adj מָלוּחַ, מְמֻלָּח, חָרִיף, מְפֻלְפָּל
salubrious adj 1 מַבְרִיא, טוֹב לַבְּרִיאוּת. 2 יְקָרָתִי, מְכֻבָּד
salutary adj מַבְרִיא, מוֹעִיל, נוֹשֵׂא בְּרָכָה
salutation n 1 בְּרָכָה, בִּרְכַּת שָׁלוֹם. 2 דִּבְרֵי פְּתִיחָה
salute vi 1 בֵּרַךְ, קִדֵּם בִּבְרָכָה. 2 הִצְדִּיעַ. 3 הַצְדָּעָה. 4 בְּרָכָה, בִּרְכַּת שָׁלוֹם. 5 יְרִיּוֹת כָּבוֹד
salvage vt, n 1 הִצִּיל. 2 נִצֵּל. 3 חִלֵּץ. 4 רְכוּשׁ נִצָּל. 5 נִצֹּלֶת
salvation n 1 הַצָּלָה. 2 הִנָּצְלוּת. 3 יֵשַׁע, יְשׁוּעָה, גְּאֻלָּה. 4 גּוֹאֵל, מַצִּיל, מוֹשִׁיעַ
salve vt, n 1 הִצִּיל. 2 הִצְדִּיק, בִּסֵּס. 3 חָבַשׁ. 4 שָׂם מָזוֹר, הֵקֵל, שִׁכֵּךְ. 5 מִשְׁחָה, מָזוֹר. 6 חֲנֻפָּה
salver n טַס, מַגָּשׁ
salvo n 1 מַטָּח. 2 מַטַּח הַצְדָּעָה. 3 פְּרָט, זוּלַת, מִלְּבַד. 4 תְּרוּעַת הֵידָד
sal volatile 1 קַרְבּוֹנַט הָאַמּוֹנְיוּם. 2 מֶלַח הֲרָחָה
Samaritan n שׁוֹמְרוֹנִי
samba n סַמְבָּה
same adj, pron 1 אוֹתוֹ, עַצְמוֹ. 2 הַיְנוּ הָךְ, שָׁוֶה, דּוֹמֶה. 3 אָחִיד, חַד גּוֹנִי. 4 הַנִּזְכָּר לְעֵיל
sameness n 1 דִּמְיוֹן, זֶהוּת, שִׁוְיוֹן. 2 חַדְגּוֹנִיּוּת, אֲחִידוּת
samovar n מֵחַם
sampan n סַמְפָּן
sample vt, n 1 דָּגַם, הִדְגִּים. 2 טָעַם, נִסָּה. 3 דֻּגְמָה, מוֹפֵת, מִדְגָּם
sample survey סֶקֶר מִדְגָּמִי
sampler n 1 דַּגָּם. 2 דַּגְמָן, בּוֹדֵק. 3 מִין אֲרִיגָה
samurai n סָמוּרַאי
sanatorium n בֵּית הַבְרָאָה, מִבְרָאָה
sanctification n 1 הַקְדָּשָׁה, הִתְקַדְּשׁוּת. 2 קִדּוּשׁ, טִהוּר
sanctify vt 1 קִדֵּשׁ, טִהֵר. 2 הִקְדִּישׁ
sanctimonious adj מִתְחַסֵּד, צָבוּעַ
sanctimoniously adv בִּצְבִיעוּת
sanction vt, n 1 אִשֵּׁר, קִיֵּם. 2 עוֹדֵד, תָּמַךְ. 3 נָתַן תֹּקֶף. 4 אִשּׁוּר, הַרְשָׁאָה. 5 תְּמִיכָה, עִדּוּד. 6 חֹק, תַּקָּנָה
sanctions npl סַנְקְצִיּוֹת, עִצּוּמִים
sanctity n קְדֻשָּׁה, צִדְקוּת, חֲסִידוּת
sanctuary n 1 מִקְדָּשׁ, מָקוֹם קָדוֹשׁ. 2 אֹהֶל מוֹעֵד. 3 מִקְלָט
sanctum n 1 מָקוֹם קָדוֹשׁ, מִקְדָּשׁ. 2 מִקְלָט, רְשׁוּת הַיָּחִיד
sand vt, n 1 זָרָה חוֹל, כִּסָּה בְּחוֹל. 2 עָלָה עַל שִׂרְטוֹן. 3 שִׁפְשֵׁף בִּנְיַר זְכוּכִית. 4 חוֹל. 5 חוֹלוֹת
sandal n סַנְדָּל
sandalled adj 1 מְסֻנְדָּל. 2 נָעוּל סַנְדָּלִים
sandalwood n 1 אַלְמֹג, אַלְגֹּם (עץ). 2 חוּם
sandbar n שִׂרְטוֹן
sandblast vt חָקַק בְּחוֹל, נִקָּה בְּסִילוֹן חוֹל
sanddune n חוֹלִית, חוֹלָה, דְּיוּנָה
sandglass n שְׁעוֹן חוֹל
sandpaper n נְיַר זְכוּכִית
sandpiper n בִּצָּנִית
sandwich vt, n 1 כָּרַךְ, עָשָׂה כָּרִיךְ. 2 מִצַּע, הִרְבִּיד. 3 כָּרִיךְ, סֶנְדְּוִיץ׳
sandwichman n אִישׁ פִּרְסוּם, כָּרוֹז
sandy adj חוֹלִי
sane adj 1 שָׁפוּי, בָּרִיא בְּרוּחוֹ.

sarcasm n לַעַג, שְׁנִינָה, עוֹקְצָנוּת, סַרְקַזְם
sarcastically adv בְּלַעַג, בְּסַרְקַזְם, סַרְקַסְטִית
sarcastic adj שָׁנוּן, עוֹקְצָנִי, סַרְקַסְטִי
sarcophagus n גְּלוֹסְקָמָה
sardine n טְרִית, סַרְדִּין
sardonic adj לַגְלְגָנִי, עוֹקְצָנִי, אַרְסִי, עוֹקֵץ
sardonically adv בְּאַרְסִיּוּת, בִּמְרִירוּת
sari n סָרִי
sarong n סָרוֹנג
sarsaparilla n קִיסוֹסִית
sartorial adj 1 חַיָּטִי. 2 שֶׁל חַיָּט
sash n 1 אַבְנֵט. 2 רְצוּעָה, סֶרֶט. 3 מִסְגֶּרֶת חַלּוֹן
sat pt זמן עבר ובינוני של הפועל to sit
satanic adj שְׂטָנִי, מְרֻשָּׁע
satchel n יַלְקוּט, מִזְוָדָה
sate vt הִשְׂבִּיעַ
satellite n 1 לַוְיָן, יָרֵחַ. 2 גָּרוּר
satellite town עִיר־בַּת
satiate vt, adj 1 הִשְׂבִּיעַ, הִרְוָה. 2 שָׂבֵעַ, רָווּי
satiety n שֹׂבַע, רְוָיָה
satin adj, n 1 מַבְרִיק, מְמֹרָט. 2 סָטִין, אַטְלַס
satinwood n אִזְדָּרֶכֶת
satire n סָטִירָה
satirical adj סָטִירִי
satirically adv בְּאֹרַח סָטִירִי
satirist n סָטִירִיקָן
satirize vt חִבֵּר סָטִירָה, לִגְלֵג עַל
satisfaction n 1 סִפּוּק, שְׂבִיעוּת רָצוֹן, קֹר רוּחַ. 2 רִצּוּי, פִּצּוּי, כַּפָּרָה. 3 פֵּרָעוֹן, גְּמוּל. 4 הֵעָנוּת, תְּשׁוּבָה
satisfactorily adv בְּאֹפֶן מַשְׂבִּיעַ רָצוֹן
satisfactory adj 1 מְרַצֶּה, מְפַיֵּס, מְפַצֶּה. 2 מְסַפֵּק, מַשְׂבִּיעַ רָצוֹן
satisfy vt 1 סִפֵּק, מִלֵּא. 2 שִׁכְנֵעַ. 3 רִוָּה, הִשְׂבִּיעַ. 4 הִשְׂבִּיעַ רָצוֹן. 5 פָּתַר, פִּצָּה, רִצָּה, פִּיֵּס.

2 הֶגְיוֹנִי, מְפֻכָּח, נָבוֹן
sanely adv בְּשְׁפִיּוּת
sang pt זמן עבר של הפועל to sing
sang froid (Fr) קוֹר רוּחַ, שְׁלִיטָה עַצְמִית
sangaree n סַנְגְּרִיָּה
sanguinary adj עָקֹב מִדָּם, צְמֵא דָם, אַכְזָר
sanguine adj 1 בּוֹטֵחַ, מָלֵא תִּקְוָה, שָׂמֵחַ. 2 אַדְמוֹנִי, אֲדַמְדַּם. 3 דָּמִי, חַם מֶזֶג
sanitarium n בֵּית הַבְרָאָה, מַבְרָאָה
sanitary adj 1 בְּרִיאוּתִי. 2 תַּבְרוּאָתִי, תַּבְרוּאִי. 3 סָנִיטָרִי, הִיגְיֵנִי. 4 בֵּית שִׁמּוּשׁ, מִשְׁתָּנָה
sanitation n תַּבְרוּאָה, סָנִיטַצְיָה
sanity n שְׁפִיּוּת, שֵׂכֶל בָּרִיא, צְלִילוּת הַדַּעַת
sank pt זמן עבר של הפועל to sink
sans prep בְּלִי, לְלֹא
Sanskrit adj, n 1 סַנְסְקְרִיטִית. 2 סַנְסְקְרִיט
Santa Claus "סַנְטָה קְלָאוּס"
sap vti, n 1 הוֹצִיא מֹהַל, הֵנִיס לֵחַ, מָצַץ. 2 הִתִּישׁ, דִּלְדֵּל. 3 חָתַר, עִרְעֵר יְסוֹדוֹת. 4 מֹהַל, לֵחַ. 5 מִיץ, תַּמְצִית. 6 חִיּוּת, אֱיָל. 7 מַחְתֶּרֶת. 8 חֲפִירָה. 9 טִפֵּשׁ, פֶּתִי
sapience n חָכְמָה, תְּבוּנָה
sapient adj חָכָם, נָבוֹן
sapiently adv בְּחָכְמָה
sapless adj קָמוּל, יָבֵשׁ, סָחוּט, חֲסַר חִיּוּת
sapling n 1 שָׁתִיל, נֶטַע. 2 נַעַר, עוּל יָמִים
sapper n 1 חַפָּר, חוֹפֵר. 2 טוּרַאי
Sapphic adj 1 שֶׁל סַפְּפוֹ. 2 שֶׁל שִׁיר אַהֲבָה. 3 לֶסְבִּי
sapphire n סַפִּיר
sappy adj 1 עֲסִיסִי, רַעֲנָן. 2 נִמְרָץ, מָלֵא מֶרֶץ. 3 שׁוֹטֶה, פֶּתִי
sapwood n לִבְנֶה
saraband n סָרַבַּנְד (ריקוד)
Saracen adj, n סָרָצֵנִי, מֻסְלְמִי, עֲרָבִי

6 נַעֲנָה, פָּרַע

satrap n אֲחַשְׁדַּרְפָּן, נְצִיב עָרִיץ

saturate vt רָוָה, הִרְוָה, הִגְדִּישׁ, גָּדַשׁ, מִלֵּא

saturation n רְוָיָה, רִוּוּי, הַרְוָיָה

Saturday n שַׁבָּת, יוֹם הַשַּׁבָּת

saturn n שַׁבְּתַאי, סָטוּרְן

saturnalia npl סָטוּרְנַלְיָה, הִלּוּלָא וְחִנְגָּא

saturnine adj 1 נוֹלָד שַׁבְּתַאי אוֹ מֻשְׁפָּע מִכּוֹכַב הַלֶּכֶת. 2 עָצוּב. 3 קוֹדֵר, רְצִינִי

satyr n סָטִיר, תַּאַוְתָן, הוֹלֵל

satyric adj סָטִירִי

sauce vti, n 1 תִּבֵּל, שָׂם רֹטֶב. 2 הִגְבִּיר, הִנְעִים. 3 הִתְחַצֵּף. 4 רֹטֶב, תַּבְלִין, מְחִית. 5 חֻצְפָּה. 6 עֲסִיסִיּוּת

sauceboat n בֵּית רֹטֶב

saucepan n אִלְפָּס, מַרְחֶשֶׁת, סִיר

saucer n קְעָרִית, תַּחְתִּית, פִּנְכָּה

saucy adj 1 חָצוּף, חֻצְפָּנִי. 2 שׁוֹבָב

sauerkraut n כְּרוּב כָּבוּשׁ

sauna n סָאוּנָה, מֶרְחַץ אֵדִים

saunter vi, n 1 טִיֵּל, שׁוֹטֵט, הִתְהַלֵּךְ בְּנַחַת. 2 טִיּוּל, שׁוֹטְטוּת, הֲלִיכָה בְּנַחַת

saurian adj, n 1 לְטָאִי. 2 דְּמוּי לְטָאָה. 3 זוֹחֵל, לְטָאָה

sausage n נַקְנִיק, נַקְנִיקִית

sausage-roll n גְּלִילַת בָּשָׂר

saute adj vt 1 מְטֻגָּן מַהֵר. 2 טִגֵּן מַהֵר

savage vt, adj, n 1 תָּקַף, נָשַׁךְ, בָּעַט, רָמַס. 2 פִּרְאִי, בַּרְבָּרִי. 3 אַכְזָרִי. 4 זוֹעֵם, זוֹעֵף, נִרְגָּז. 5 פֶּרֶא. 6 פֶּרֶא אָדָם, אַכְזָר

savagely adv בְּפִרְאוּת, בְּאַכְזְרִיּוּת

savagery(ness) n פִּרְאוּת, אַכְזְרִיּוּת, בַּרְבָּרִיּוּת

savanna(h) n סָוָנָה

savant n מַדְעָן, מְלֻמָּד, לַמְדָן

save vti, prep 1 הִצִּיל, הוֹשִׁיעַ, חִלֵּץ. 2 נָצַר, שָׁמַר, חָפָה, גּוֹנֵן. 3 קִמֵּץ, צָבַר. 4 חָסַךְ. 5 הִתְקַיֵּם. 6 מִלְּבַד, אֶלָּא, אִם כֵּן

saveloy n נַקְנִיק מְתֻבָּל

saving adj 1 מַצִּיל, מוֹשִׁיעַ, גּוֹאֵל. 2 שׁוֹמֵר, מְשַׁמֵּר. 3 חוֹסֵךְ, חַסְכָנִי, חֶסְכוֹנִי. 4 מַגְבִּיל. 5 מְפַצֶּה, מְכַפֵּר, מְרַצֶּה. 6 הַצָּלָה, חִלּוּץ, גְּאֻלָּה. 7 שִׁמּוּר. 8 חִסָּכוֹן. 9 הִסְתַּיְּגוּת, הַגְבָּלָה

savings npl חֶסְכוֹנוֹת

savio(u)r n גּוֹאֵל, מוֹשִׁיעַ, מָשִׁיחַ

savoir-faire n כִּשְׁרוֹן, יְכֹלֶת, תְּבוּנָה

savo(u)r vt, n 1 הָיָה לוֹ טַעַם שֶׁל, הָיָה לוֹ רֵיחַ שֶׁל. 2 תִּבֵּל, טָעַם. 3 הֵרִיחַ, הִתְעַנֵּג עַל. 4 טַעַם, רֵיחַ, תַּבְלִין. 5 צִבְיוֹן, תְּכוּנָה. 6 פִּרְסוּם

savory n 1 צַתְרָה. 2 פַּרְפֶּרֶת

savo(u)ry adj, n 1 עָרֵב, רֵיחָנִי, נָעִים, מְתַאֲבֵן. 2 פַּרְפֶּרֶת. 3 מָלוּחַ, מְתֻבָּל

savoy n כְּרוּב הַגִּנָּה

saw vti, n, pt 1 נִסֵּר, חָתַךְ, גָּזַר. 2 הֶעֱבִיר הָלוֹךְ וָחֲזוֹר. 3 מַסּוֹר, מְגֵרָה. 4 פִּתְגָּם, אִמְרָה. 5 זמן עבר של הפועל to see

sawdust n נְסֹרֶת

sawhorse n חֲמוֹר שֶׁל נַסָּרִים

sawmill n מִנְסָרָה

sawn pp בינוני עבר של הפועל to saw

saxifrage n בְּקַעְצוּר

Saxon adj, n סַקְסוֹנִי

saxophone n סַקְסוֹפוֹן

saxophonist n סַקְסוֹפוֹנַאי

say vt, n 1 אָמַר, הִגִּיד, דִּבֵּר, הִצְהִיר. 2 דִּבּוּר, דְּבָרִים. 3 אִמְרָה. 4 חַוַּת דַּעַת

saying n אִמְרָה, מֵימְרָה, פִּתְגָּם, מָשָׁל

scab n 1 גֶּלֶד. 2 גָּרֶדֶת, שְׁחִין. 3 מֵפֵר שְׁבִיתָה

scabbard n נְדָן, נַרְתִּיק

scabbing n מִקְרַחַת

scabies n גָּרָד, גָּרֶדֶת, שְׁחִין

scabious adj 1 מְגֻלָּד. 2 גַּרְבִּי, שְׁחִינִי. 3 שַׁעֲרוּרִיָּתִי

scabrous adj מְחֻסְפָּס, גַּס, קַשְׂקַשִּׂי

scads npl הַרְבֵּה מְאֹד

scaffold n 1 גַּרְדּוֹם. 2 פִּגּוּם

scaffolding n פִּגּוּמִים

scald vt, n 1 הִגְעִיל, שָׁלַק, מָלַג, חָלַט. 2 הַגְעָלָה. 3 כְּוִיָּה. 4 מַכַּת שֶׁמֶשׁ

scale vt, n 1 טִפֵּס, עָלָה. 2 הִתְאִים, דֵּרֵג. 3 הִפְחִית. 4 הִתְקַדֵּם. 5 הֵסִיר קַשְׂקַשִּׂים. 6 קִלֵּף. 7 כִּסָּה, צִפָּה. 8 יָדָה, קָלַע. 9 סֻלָּם. 10 דֵּרוּג. 11 כַּף מֹאזְנַיִם. 12 סַרְגֵּל, קְנֵה מִדָּה. 13 קַשְׂקֶשֶׂת. 14 קְלִפָּה

scale mark שֶׁנֶת

scales (the) npl מֹאזְנַיִם

scallop vt, n 1 גָּזַר בְּצוּרָה מְסֻלְסֶלֶת (בד). 2 דְּפוּס אֲפִיָּה (בצורת צדפה). 3 צִדְפָּה. 4 סִלְסוּל

scallywag, scalawag n נָבָל, בֶּן־בְּלִיַּעַל

scalp vt, n 1 קִרְקֵף, פָּשַׁט הָעוֹר. 2 סִפְסֵר, סִרְסֵר. 3 קַרְקֶפֶת

scalpel n אִזְמֵל

scaly adj 1 קַשְׂקַשׂ, קַשְׂקַשְׂתִּי. 2 בָּזוּי, מָאוּס, שָׁפָל, מְגֻנֶּה. 3 מְכֻסֶּה אַבְנִית

scamp vt, n 1 עָשָׂה מְלַאכְתּוֹ רַשְׁלָנִית, בִּצַּע עַל רֶגֶל אַחַת. 2 נִבְזֶה, נָבָל, שָׁפֵל. 3 קֻנְדָּס, שׁוֹבָב

scamper vi, n 1 בָּרַח, נָס. 2 מְנוּסָה, בְּרִיחָה

scampi npl סַרְטָנִים

scan vti, n 1 שָׁקַל, בָּדַק, סָרַק. 2 קָבַע מִשְׁקָל (שיר), קָרָא בְּהַתְאָמָה. 3 הֶעֱבִיר מַבָּט חָטוּף. 4 סָרַק שֶׁטַח (קרניים אלקטרוניות). 5 סְרִיקָה (אלקטרונית)

scandal n שַׁעֲרוּרִיָּה, מְהוּמָה, סְקַנְדָּל

scandalize vt 1 שִׁעֲרֵר, עוֹרֵר שַׁעֲרוּרִיָּה. 2 הִשְׁמִיץ. 3 זִעְזַע

scandalmonger n שַׁעֲרוּרָן

scandalmongering n שַׁעֲרוּרָנוּת

scandalous adj 1 שַׁעֲרוּרִיָּתִי, מַחְפִּיר, מְזַעְזֵעַ. 2 מַשְׁמִיץ, מְשַׁקֵּף

scandalously adv בְּאֹפֶן שַׁעֲרוּרִיָּתִי

Scandinavian adj, n 1 סְקַנְדִּינָבִי. 2 סְקַנְדִּינָבִית

scansion n קְבִיעַת מִשְׁקָל (שיר), נִתּוּחַ שִׁירִי

scant vt, adj 1 קִמֵּץ, צִמְצֵם, קִצֵּץ. 2 זָעוּם, דָּלִיל, מִזְעָר, מְצֻמְצָם

scantily adv בְּצִמְצוּם

scantiness n צִמְצוּם, חֶסֶר

scantling n 1 שֶׁמֶץ, קַרְטוֹב. 2 קוֹרָה קְטַנָּה

scanty adj זָעוּם, דַּל, מְצֻמְצָם, צַר, לֹא מַסְפִּיק

scapegoat n שָׂעִיר לַעֲזָאזֵל

scapegrace n 1 רֵיקָא, לֹא־יִצְלַח, בַּטְלָן. 2 נָבָל, בֶּן־בְּלִיַּעַל

scapula n עֶצֶם הַשֶּׁכֶם

scar vti, n 1 צִלֵּק, הִשְׁאִיר צַלֶּקֶת. 2 פֶּצַע, צַלֶּקֶת, שָׂרֶטֶת, קֶמֶט. 3 כֵּף, צוּק, שֶׁן־סֶלַע

scarab n 1 חִפּוּשִׁית. 2 חִפּוּשִׁית פַּרְעֹה

scarce adj נָדִיר, יְקַר מְצִיאוּת

scarcely adv בְּקֹשִׁי, כִּמְעַט שֶׁלֹּא

scarcely ever כִּמְעַט אַף פַּעַם לֹא, בְּדֹחַק, בְּקֹשִׁי

scarcity n 1 נְדִירוּת. 2 מַחְסוֹר, חֹסֶר, צִמְצוּם

scare vti, n 1 הִפְחִיד, הִבְהִיל, הֶחֱרִיד. 2 פָּחַד, נִבְהַל, יָרֵא. 3 פַּחַד, בֶּהָלָה

scarecrow n דַּחְלִיל

scare stiff הִפְחִיד פַּחַד מָוֶת

scarf n 1 צָעִיף. 2 מִשְׁקַף חוֹפֵף. 3 סוּדָר

scarify vt 1 שָׂרַט, סָרַט. 2 צָלַק. 3 תִּחֵחַ. 4 הוֹכִיחַ קָשׁוֹת

scarlet adj, n שָׁנִי

scarlet fever שָׁנִית

scarp n מַתְלוּל, מִדְרוֹן
scathing adj נוֹקֵב, חָרִיף, פּוֹגֵעַ
scathingly adv בַּחֲרִיפוּת
scatter vti, n 1 פִּזֵּר, הֵפִיץ, זָרָה. 2 הִפְרִיד, חִלֵּק. 3 הֵנִיס, הִבְרִיחַ. 4 בִּזְבֵּז. 5 הִתְפַּזֵּר, נָס. 6 פִּזּוּר, תִּפְזֹרֶת, הִתְפַּזְּרוּת
scatterbrain n, **scatterbrained** adj מְפֻזַּר דַּעַת, קַל דַּעַת
scattered adj מְפֻזָּר, נָפוֹץ, זָרוּי
scatty adj חֲלוּשׁ שֵׂכֶל
scavenge vi 1 נִקָּה רְחוֹבוֹת, טִאטֵא, פִּנָּה. 2 חִטֵּט בְּאַשְׁפָּה
scavenger n 1 מְנַקֶּה, מְטַאטֵא רְחוֹבוֹת. 2 אוֹכֵל נְבֵלוֹת. 3 מְחַטֵּט בְּאַשְׁפָּה
scenario n 1 תַּסְרִיט, עֲלִילָה. 2 סְצֵינַרְיוּם, תַּרְחִישׁ
scenarist n תַּסְרִיטַאי
scene n 1 מַרְאֶה, תְּמוּנָה, חִזָּיוֹן, נוֹף. 2 סְצֵינָה. 3 מְקוֹם הִתְרַחֲשׁוּת. 4 מִקְרֶה, תַּקְרִית. 5 שַׁעֲרוּרִיָּה, מְהוּמָה. 6 תְּמוּנָה, מַעֲמָד. 7 בִּימָה
scene-shifter n עוֹבֵד בָּמָה
scenery n 1 תַּפְאוּרָה. 2 נוֹף, מַרְאֶה
scenic adj 1 בִּימָתִי, תַּפְאוּרָתִי, צִיּוּרִי. 2 דְּרָמָטִי, תֵּיאַטְרוֹנִי
scent vt, n 1 בִּשֵּׂם. 2 הֵרִיחַ. 3 הִדִּיף רֵיחַ. 4 חָשַׁד. 5 רֵיחַ. בֹּשֶׂם. 6 חוּשׁ רֵיחַ. 7 עֲקֵבוֹת, רֶמֶז
scepter(tre) n 1 שַׁרְבִיט, שֵׁבֶט. 2 מַלְכוּת, שִׁלְטוֹן
sceptic, skeptic n סַפְקָן, פַּקְפְּקָן, אֶפִּיקוֹרוֹס
sceptical, skeptical adj סַפְקָנִי, סְקֶפְּטִי, קְטַן־אֲמָנָה, אֶפִּיקוֹרְסִי
sceptically, skeptically adv בְּסָפֵק, בְּחֹסֶר אֵמוּן, בְּסַפְקָנוּת
scepticism, skepticism n 1 סַפְקָנוּת, סְקֶפְּטִיּוּת. 2 אֶפִּיקוֹרְסִיּוּת

schedule vt, n 1 תִּכְנֵן לוּחַ זְמַנִּים, שִׁבֵּץ בְּלוּחַ זְמַנִּים. 2 רָשַׁם, מִיֵּן. 3 תִּכְנֵן, שִׁבֵּץ. 4 לוּחַ זְמַנִּים. 5 מִפְרָט
schematic adj סְכֵימָתִי
schematically adv בְּקַוִּים עִקָּרִיִּים
scheme vi, n 1 תִּכְנֵן, תָּכַן. 2 הֵכִין תַּרְשִׁים. 3 תִּחְבֵּל, זָמַם. 4 סְכֵמָה
scherzo n סְקֶרְצוֹ
schism n קֶרַע, מַחֲלֹקֶת, פֵּרוּד, פִּלּוּג
schismatic adj פַּלְגָנִי, מְפַלֵּג
schist n צִפְחָה
schizoid adj, n 1 סְכִיצוֹאִידִי. 2 פִּצּוּל הָאִישִׁיּוּת
schizophrenia n סְכִיצוֹפְרֶנְיָה, שַׁסַּעַת, שִׁסָּעוֹן
schizophrenic adj, n סְכִיצוֹפְרֶנִי
schnapps n שְׁנַפְּס, יַיִשׁ, יַיִן שָׂרָף
schnittlauch n בַּצְלִית
schnitzel n שְׁנִיצֶל, כְּתִיתָה
schnorkel, snorkel n שְׁנוֹרְקֶל, צִנְרָן
scholar n 1 מְלֻמָּד, לַמְדָן, תַּלְמִיד חָכָם. 2 סְטוּדֶנְט אוּנִיבֶרְסִיטָה. 3 חוֹקֵר, לוֹמֵד, חָכָם
scholarliness לַמְדָנוּת
scholarly adj לַמְדָנִי, מְלֻמָּד, חָכָם
scholarship n 1 לַמְדָנוּת, דַּעַת, תּוֹרָה, חָכְמָה. 3 מִלְגָּה, מַעֲנָק לִמּוּדִים, סְטִיפֶּנְדְיָה
scholastic adj, n 1 לִמּוּדִי, אֶסְכּוֹלַסְטִי, חִנּוּכִי. 2 חָכָם, לוֹמֵד, לַמְדָן
school vt, n 1 חִנֵּךְ, הוֹרָה. 2 בֵּית סֵפֶר, בֵּית מִדְרָשׁ, בֵּית חִנּוּךְ. 3 אַסְכּוֹלָה, זֶרֶם, שִׁיטָה. 4 מָכוֹן, פָּקוּלְטָה. 5 נְחִיל דָּגִים
schoolfellow n חָבֵר לְלִמּוּדִים
schooling n חִנּוּךְ, לִמּוּד, הוֹרָאָה
schoolmaster n מוֹרֶה, מְחַנֵּךְ
schoolmate n חָבֵר לְבֵית סֵפֶר

schoolmistress n מוֹרָה, מְחַנֶּכֶת
schooner n 1 סְקוּנֶר, אֳנִיַּת מִפְרָשִׂים. 2 כּוֹס גְּבוֹהָה
schwa n שְׁוָא
sciatic adj יְרֵכִי, שֶׁל גִּיד הַנָּשֶׁה
sciatica n נָשִׁית (מחלה)
science n 1 מַדָּע, דַּעַת, חָכְמָה, תּוֹרָה. 2 מַדַּע הַטֶּבַע
science fiction 1 סִפֹּרֶת מַדָּע. 2 מַדָּע בִּדְיוֹנִי
scientific adj 1 מַדָּעִי. 2 שִׁיטָתִי, מְדֻיָּק
scientifically adv בְּאֹפֶן מַדָּעִי
scientist n מַדְּעָן, אִישׁ מַדָּע
scintillate vi נִצְנֵץ, הִבְהֵב, זָהַר, הִבְרִיק
scintillation n נִצְנוּץ, הִבְהוּב, הַבְרָקָה
scion n 1 חֹטֶר, נֵצֶר. 2 צֶאֱצָא, יוֹרֵשׁ
scissors npl מִסְפָּרַיִם
sclerosis n הִסְתַּיְּדוּת, טָרֶשֶׁת
scoff vi, n 1 לִגְלֵג, לָעַג, בָּז. 2 לִגְלוּג, לַעַג, בּוּז
scoffer n לַגְלְגָן, לַעֲגָן
scoffingly adv בְּלִגְלוּג, בְּלַעַג
scold vti, n 1 גָּעַר, נָזַף, גִּנָּה. 2 חֵרֵף, גִּדֵּף. 3 מִרְשַׁעַת, אֵשֶׁת מְדָנִים
sconce n פָּמוֹט קִיר
scone n רָקִיק, לַחְמָנִית מְתוּקָה
scoop vt, n 1 הִשִּׂיג סְקוּפּ. 2 דָּלָה, שָׁאַב, גָּרַף, כָּרָה. 3 עִצֵּב, קָעַר. 4 כַּף, מַצֶּקֶת, יָעֶה. 5 מַגְרֵד. 6 דְּלִי, שָׁאוּב. 7 רֶוַח גָּדוֹל. 8 סְקוּפּ
scooter n 1 גַּלְגַּלַּיִם, קוֹרְקִינֶט. 2 קַטְנוֹעַ. 3 סִירָה מְהִירָה
scorbutic adj צַפְדִּינִי, נָגוּעַ בְּצַפְדִּינָה
scorch vti 1 צָרַב, חָרַךְ, כָּוָה. 2 הִכְמִישׁ. 3 יִבֵּשׁ. 4 הִשְׁמִיד, הִכְחִיד. 5 נִכְוָה, נִצְרַב, נֶחֱרַךְ. 6 נָסַע בִּמְהִירוּת מֻפְרֶזֶת
scorched-earth n אֲדָמָה חֲרוּכָה
scorching adj נוֹקֵב, צוֹרֵב
score vti, n 1 מָנָה, סִכֵּם. 2 עָשָׂה חֲרִיצִים, סִמֵּן בַּחֲרִיצִים. 3 תִּזְמֵר יְצִירָה. 4 הֶעֱרִיךְ, זָכָה, הִשִּׂיג, גָּבַר. 5 חִשּׁוּב, מִנְיָן. 6 תּוֹצָאָה. 7 זְכִיָּה. 8 צִיּוּן, סִימָן, חָרִיץ, תָּו, שֶׂרֶטֶת, קַו. 9 תַּכְלִיל, פַּרְטִיטוּרָה
score out מָחַק
score up הִצְלִיחַ, זָקַף לִזְכוּת
scorer n 1 רוֹשֵׁם הַנְּקֻדּוֹת. 2 מַבְקִיעַ שַׁעַר. 3 מְסַמֵּן
scorn vt, n 1 בָּז, לָעַג, תִּעֵב. 2 דָּחָה בְּבוּז. 3 בּוּז, לַעַג, תִּעוּב, חוּכָא וְאִטְלוּלָא
scornful adj מָלֵא בּוּז
scornfully adv בְּבוּז, בִּשְׁאָט נֶפֶשׁ
Scorpio n עַקְרָב (מזל)
scorpion n עַקְרָב
scot n 1 מַס, הֶטֵּל. 2 יְלִיד סְקוֹטְלַנְד
scot-free adj לְלֹא קְנָס/עֹנֶשׁ
Scotch, Scottish, Scots adj 1 סְקוֹטִי. 2 סְקוֹטִית
scotch vt, n 1 חָתַךְ, שָׂרַט. 2 פָּצַע, הֵמִית, הִשְׁמִיד. 3 סִכֵּל, הִפְרִיעַ. 4 תָּקַע טְרִיז, בָּלַם. 5 טְרִיז, מַעֲצֵר, עִכּוּב
scoundrel n נָבָל, נִבְזֶה, נוֹכֵל, שָׁפָל, בֶּן־בְּלִיַּעַל
scour vt, n 1 מָרַק, מֵרֵק, צִחְצֵחַ. 2 נִקָּה, שָׁטַף, הֵדִיחַ, טִהֵר, פִּנָּה, כִּבֵּס. 3 עָבַר, סָרַק. 4 מֵרוּק, צִחְצוּחַ. 5 נִקּוּי, שְׁטִיפָה. 6 הֲדָחָה, גְּרִיפָה. 7 חֹמֶר נִקּוּי. 8 דִּיזֶנְטֶרְיַת הַבָּקָר
scourge vt, n 1 הִצְלִיף, הִלְקָה, יִסֵּר. 2 הֶלֶם. 3 שׁוֹט, שֵׁבֶט, פַּרְגּוֹל. 4 נֶגַע, מַכָּה
scout vi, n 1 סִיֵּר, גִּשֵּׁשׁ, רִגֵּל. 2 חָקַר, בָּדַק. 3 חִפֵּשׂ, חִטֵּט. 4 דָּחָה, בָּז, לָעַג עַל. 5 צוֹפֶה. 6 סַיָּר, גַּשָּׁשׁ, מְרַגֵּל. 7 שׁוֹמֵר. 8 תַּצְפִּית
scow n אַרְבָּה, סִירָה
scowl vi, n 1 הִזְעִים עַפְעַפַּיִם, לָבַשׁ קַדְרוּת. 2 הִקְפִּיד. 3 הַזְעָמַת עַפְעַפַּיִם,

מַבָּט זוֹעֵם

scrabble vi, n — 1 שִׂרְבֵּט, קִשְׁקֵשׁ. 2 שִׂרְבּוּט, קִשְׁקוּשׁ

scrag vt, n — 1 חָנַק, מָלַק, שִׁנֵּק. 2 צַוָּאר, עֹרֶף

scraggy adj — 1 מְחֻסְפָּס, מְסֻקָּס. 2 כָּחוּשׁ, רָזֶה, צָנוּם

scram vi — הִסְתַּלֵּק

scramble vti, n — 1 הִתְקַדֵּם עַל אַרְבַּע, זָחַל. 2 הִתְאַמֵּץ לַחְטֹף, חָתַר לְהַשִּׂיג. 3 גִּבֵּב, עִרְבֵּב. 4 טָרַף, עִרְבֵּל. 5 טִפּוּס מְאֻמָּץ, הִדָּחֲקוּת

scrambled eggs — בֵּיצִים טְרוּפוֹת

scrap vit, n — 1 פֵּרֵק, הִשְׁלִיךְ, פָּסַל. 2 רָב, הִתְקוֹטֵט. 3 חֲתִיכָה, קֶטַע, פִּסָּה, בָּדָל. 4 שְׁאֵרִיּוֹת, פְּסֹלֶת, גְּרוּטָה, גְּרוּטָאוֹת, נְפֹלֶת. 5 רִיב, קְטָטָה

scrapbook n — סֵפֶר הַדְבָּקוֹת

scrap heap — 1 גְּבָבָה. 2 מִזְבָּלָה

scrap iron — גְּרוּטָאוֹת

scrape vti, n — 1 גֵּרַד, שִׁיֵּף, הִקְצִיעַ, גִּלַּח. 2 יִשֵּׁר, מֵרֵק, הֶחֱלִיק, לִטֵּשׁ. 3 הִתְחַכֵּךְ. 4 צָרַם. 5 שִׁיּוּף, גֵּרוּד. 6 שָׂרֶטֶת, גַּלֶּחֶת. 7 חֲרִיקָה, קוֹל צוֹרֵם. 8 שִׁפְשׁוּף, חִכּוּךְ

scrape a living — הִתְקַיֵּם בְּקשִׁי

scrape along — הִצְלִיחַ לְהִסְתַּדֵּר

scrape through — עָמַד בְּקשִׁי

scrape together — חָסַךְ דֵּי הַצֹּרֶךְ

scrappily adv — לְמִקְטָעִין

scrappiness n — קְטִיעוּת, טְלָאִים טְלָאִים

scrappy adj — 1 מְקֻטָּע, שַׁבְרִירִי, מְבֻלְבָּל. 2 אוֹהֵב מָדוֹן

scratch vt, n — 1 שִׁפְשֵׁף. 2 גֵּרַד, פָּצַע, סָרַט, קָרַע. 3 חִטֵּט, חָפַר, חָתַר. 4 צָרַם, חָרַק. 5 גֵּרֵד, מָחַק. 6 הִתְגָּרֵד, הִתְחַכֵּךְ. 7 שִׂרְבֵּט. 8 צָבַר בְּמַאֲמָץ. 9 הִסְתַּדֵּר בְּקשִׁי. 10 גֵּרוּד, שְׂרִיטָה. 11 פֶּצַע, שָׂרֶטֶת. 12 צְרִימָה, חֲרִיקָה. 13 שִׂרְבּוּט. 14 קַו זִנּוּק. 15 פֵּאָה נָכְרִית חֶלְקִית. 16 מִתְחָרֶה שָׁוֵה זְכֻיּוֹת

scratch out — מָחַק, מָחָה

scrawl vti, n — 1 שִׂרְבֵּט. 2 שִׂרְבּוּט

scrawny adj — רָזֶה, כָּחוּשׁ, צָנוּם

scream vit, n — 1 צָוַח, צָרַח. 2 שָׁרַק, יִלֵּל. 3 צָחַק צְחוֹק פָּרוּעַ. 4 צְוָחָה, זְעָקָה, צְרִיחָה. 5 שְׁרִיקָה, יְלָלָה. 6 אָדָם מְשַׁעֲשֵׁעַ

screamingly adv — בְּאֹפֶן צַוְחָנִי

scree n — 1 אֶבֶן, חַלּוּק. 2 צְרוֹר. 3 עֲרֵמַת אֲבָנִים

screech vit, n — 1 צָוַח, צָרַח, צִפְצֵף. 2 צְוָחָה, צְרִיחָה

screech-owl n — לִילִית

screed n — 1 נְאוּם נִלְהָב אוֹ מְיַגֵּעַ. 2 קֶטַע פְּרוֹזָה אָרֹךְ. 3 גֶּזֶר עֵץ

screen vti, n — 1 סָכַךְ, הִסְתִּיר, כִּסָּה, הִצְפִּין. 2 כָּבַר, סִנֵּן, נִפָּה. 3 סִוֵּג, מִיֵּן. 4 מִסֵּךְ. 5 הִקְרִין, צִלֵּם, הִסְרִיט. 6 מָסָךְ, מִרְקָע. 7 חַיִץ, מָגֵן, מְחִצָּה. 8 נָפָה. 9 רֶשֶׁת, סָרִיג, סוֹרֵג

screen test — מִבְחַן בַּד

screening n — חֲצִיצָה, סִכּוּךְ

screenplay n — תַּסְרִיט

screw vti, n — 1 בָּרַג, הִבְרִיג. 2 פִּתֵּל, כִּוֵּן. 3 כָּפָה, סָחַט, אִלֵּץ, הוֹצִיא בְּכֹחַ. 4 הִתְבָּרֵג. 5 זִיֵּן, דָּפַק. 6 בֹּרֶג. 7 סְלִיל, תַּבְרִיג, הַבְרָגָה. 8 לַחַץ, כְּפִיָּה

screwdriver n — מַבְרֵג

scribble vti — 1 שִׂרְבֵּט, קִשְׁקֵשׁ. 2 שִׂרְבּוּט, קִשְׁקוּשׁ

scribbler n — קַשְׁקְשָׁן

scribe n — סוֹפֵר, מְחַבֵּר, לַבְלָר

scrimmage n — 1 מְרִיבָה, קְטָטָה, תִּגְרָה. 2 עֶצֶם הַמִּשְׂחָק בְּכַדּוּרֶגֶל. 3 מְהוּמָה

scrimp vi קִמֵּץ, צִמְצֵם

scrip n 1 פֶּתֶק, רְשִׁימָה. 2 תְּעוּדָה, הַמְחָאָה. 3 שְׁטָר, אִגֶּרֶת חוֹב

script n 1 כְּתָב. 2 כְּתַב־יָד. 3 כְּתִיבָה. 4 תַּסְרִיט

scripted adj 1 שֶׁל תַּסְרִיט. 2 שֶׁנִּקְרָא מִן הַכְּתָב

scriptural adj מִקְרָאִי, שֶׁל כִּתְבֵי־הַקֹּדֶשׁ

Scripture n כִּתְבֵי הַקֹּדֶשׁ, תַּנַ״ךְ

scriptwriter n תַּסְרִיטַאי

scrofula n חֲזִירִית

scrofulous adj 1 נָגוּעַ בַּחֲזִירִית. 2 מֻשְׁחָת

scroll n 1 מְגִלָּה. 2 רְשִׁימָה. 3 גְּלִילָה. 4 שַׁבְלוּל

scrotum n מַאֲשָׁכָה

scrounge vi שְׁנוֹרֵר, קִבְּצֵן

scrub vti, n 1 שִׁפְשֵׁף, גֵּרֵד, בֵּרֵשׁ. 2 נִקָּה, טִהֵר. 3 שִׁפְשׁוּף, גֵּרוּד, נִקּוּי, בֵּרוּשׁ. 4 שִׂיחַ. 5 מִבְרֶשֶׁת, מַטְאֲטֵא. 6 סְבַךְ שִׂיחִים

scrubber n 1 סוֹלְקָן. 2 מְנַקֵּה רְצָפוֹת. 3 זוֹנָה, פְּרוּצָה

scrubbing-brush n מִבְרֶשֶׁת

scrubby adj 1 מְכֻסֶּה שִׂיחִים. 2 נַנָּסִי, גָּמוּד. 3 שָׁפָל, נִבְזֶה

scruff n עֹרֶף

scruffy adj 1 שָׁפָל, נִבְזֶה. 2 בָּלוּי, שָׁחוּק, פָּרוּעַ

scrum, scrummage n מְרִיבָה, קְטָטָה, תִּגְרָה, מְהוּמָה

scrumptious adj מְצֻיָּן, נִפְלָא, מִמַּדְרֵגָה רִאשׁוֹנָה

scruple vi, n 1 פִּקְפֵּק, הִסֵּס. 2 הִרְגִּישׁ יִסּוּרֵי חֲרָטָה. 3 חֲרָטָה, רְתִיעָה מַצְפּוּנִית, מוּסַר כְּלָיוֹת

scrupulous adj 1 דַּקְדְּקָן, דַּיְּקָן. 2 זָהִיר. 3 בַּעַל מַצְפּוּן

scrupulously adv בְּדַקְדְּקָנוּת, בְּנֶאֱמָנוּת

scrutineer n בּוֹחֵן, בּוֹדֵק

scrutinization n בְּדִיקָה, בְּחִינָה

scrutinize vt בָּדַק, בָּחַן, עִיֵּן

scrutiny n 1 בְּחִינָה, בְּדִיקָה. 2 הַצְבָּעָה

scuba n מִתְקַן צְלִילָה

scud vi, n 1 רָץ, נָע בִּמְהִירוּת. 2 הֶחֱלִיק. 3 נִיעָה, תְּנוּעָה מְהִירָה, רִיצָה. 4 הַחְלָקָה

scuff vit 1 גֵּרֵר הָרַגְלַיִם, דִּשְׁדֵּשׁ. 2 חִסְפֵּס, שִׁפְשֵׁף

scuffle vi, n 1 הִשְׁתַּתֵּף בְּתִגְרָה. 2 תִּגְרָה, קְטָטָה

scull vti, n 1 חָתַר. 2 מָשׁוֹט

scullery n קִיטוֹן כְּלֵי הַמִּטְבָּח

scullion n שׁוּלְיַת טַבָּח

sculpt vti גִּלֵּף, פָּסַל

sculptor n פַּסָּל, גַּלָּף, חַטָּב

sculptress n פַּסֶּלֶת, פַּסָּלִית

sculptural adj פִּסּוּלִי

sculpture vti, n 1 פָּסַל, חָטַב, חָקַק. 2 גִּלֵּף, פִּסֵּל. 3 פִּסּוּל. 4 פֶּסֶל

scum vti, n 1 גָּרַף קֶצֶף, קִפָּה. 2 הֶעֱלָה קֶצֶף. 3 זֻהֲמָה, חֶלְאָה. 4 פְּסֹלֶת

scupper vt, n 1 הִשְׁמִיד. 2 אָבִיק

scurf n 1 קַשְׂקַשִּׂים. 2 גֶּלֶד, קְרוּם

scurfy adj 1 נֶאֱלָח, מְזֹהָם. 2 מְכֻסֶּה סְבִים, מָלֵא קַשְׂקַשִּׂים

scurrility n נִבּוּל פֶּה, גַּסּוּת

scurrilous adj גַּס, פָּרוּץ, מְנַבֵּל פִּיו

scurry vi, n 1 מִהֵר, אָץ־רָץ. 2 מֵרוֹץ קָצָר

scurvily adv בְּנִבְזוּת

scurvy adj, n 1 מָאוּס, נִבְזֶה, בָּזוּי, נֶאֱלָח. 2 צַפְדִּינָה

scut n זָנָב קָצָר

scutcheon n מָגֵן

scuttle vti, n 1 רָץ מַהֵר, נָס, בָּרַח. 2 טִבַּע אֳנִיָּה. 3 מְכַל לְפֶחָם

Scylla and Charybdis הַפַּטִּישׁ וְהַסַּדָּן, הַפַּח וְהַפַּחַת

scythe vt, n 1 קָצַר, כָּסַח. 2 חֶרְמֵשׁ

sea n יָם, אוֹקְיָנוֹס. 2 גַּל, נַחְשׁוֹל.

3 יַמָּה, מַבּוּל

sea horse סוּס הַיָּם, סוּסוֹן יָם

sea level פְּנֵי הַיָּם

sea wall חוֹמַת יָם

sea-bed n קַרְקָעִית הַיָּם

seaboard n חוֹף יָם, שְׂפַת הַיָּם

seaborne adj מוּשָׁט, מוּבָל בַּיָּם

seafaring n 1 יַמָּאוּת, מַלָּחוּת. 2 נְסִיעָה בַּיָּם. 3 קָשׁוּר עִם יָם

seafront n טַיֶּלֶת לְאֹרֶךְ הַיָּם

seagull n שַׁחַף

sealegs npl רַגְלֵי סַפָּן מְנֻסֶּה

eal vt, n 1 חָתַם, אִשֵּׁר, קִיֵּם, הֵעִיד. 2 אָטַם, סָכַר. 3 צָד כַּלְבֵי־יָם. 4 כֶּלֶב־יָם. 5 פַּרְוַת כֶּלֶב־יָם. 6 חוֹתָם, אוֹת, חוֹתֶמֶת, סִימָן. 7 גֻּשְׁפַּנְקָה. 8 אֶטֶם, סֶתֶם

sealer n 1 חוֹתֵם. 2 מִמְשָׁח סוֹתֵם, חוֹמֶר אִטּוּם. 3 בּוֹדֵק מִשְׁקָלוֹת וּמִדּוֹת. 4 צַיַּד כַּלְבֵי־יָם

sealing wax חֹמֶר חוֹתָם, שַׁעֲוָה

seam vt, n 1 תָּפַר, מִשֵּׁק. 2 קִמֵּט (הפנים). 3 נִסְדַּק. 4 תֶּפֶר, מִשֶּׁק. 5 קֶמֶט. 6 צַלֶּקֶת. 7 מִרְבָּץ. 8 סֶדֶק

seam ripper מַפְּרֵם

seaman n 1 יַמַּאי, מַלָּח, יוֹרֵד־יָם. 2 טוּרַאי (בצי)

seamanship n יַמָּאוּת, מַלָּחוּת

seamless adj לְלֹא תֶּפֶר, חֲסַר תֶּפֶר

seamstress n תּוֹפֶרֶת

seamy adj 1 מְצֻלָּק, סָטוּף. 2 שָׁפָל, גָּרוּעַ, לֹא נָעִים

séance n סֵאַנְס

seaport n 1 נָמֵל. 2 עִיר נָמֵל

sear vt, adj, n 1 שָׁדַף, הִכְמִישׁ, הִקְמִיל, יִבֵּשׁ. 2 כָּוָה, צָרַב. 3 הִקְשָׁה, הִקְשִׁיחַ. 4 יָבֵשׁ, קָמֵל, כָּמוּשׁ. 5 כְּוִיָּה, צַלֶּקֶת. 6 דּוּקְרָן

search vti, n 1 חִפֵּשׂ, גִּשֵּׁשׁ, מִשֵּׁשׁ. 2 נָקַב, חָדַר. 3 גָּלַשׁ. 4 חִפּוּשׂ, מִשּׁוּשׁ, גִּשּׁוּשׁ. 5 בְּדִיקָה, בִּלּוּשׁ

searching adj חוֹקֵר, בּוֹדֵק, בּוֹלֵשׁ

searchingly adv בְּאֹפֶן נוֹקֵב

searchlight n 1 זַרְקוֹר. 2 אֲלֻמַּת אוֹר

search party צֶוֶת חִפּוּשׂ, מִשְׁלַחַת הַצָּלָה

search warrant פְּקֻדַּת חִפּוּשׂ, צַו חִפּוּשׂ

seascape n נוֹף יַמִּי

seashore n שְׂפַת יָם

seasick adj חוֹלֵה יָם

seasickness n מַחֲלַת יָם

seaside n חוֹף, חוֹף יָם

season vti, n 1 תִּבֵּל, הִשְׁבִּיחַ, הִבְשִׁיל. 2 יִבֵּשׁ. 3 חִשֵּׁל, אִקְלֵם, הִרְגִּיל. 4 עוֹנָה, תְּקוּפָה, עֵת, זְמַן. 5 שָׁנָה. 6 תַּבְלִין

seasonable adj מַתְאִים, בְּעִתּוֹ

seasonal adj עוֹנָתִי

seasoning n 1 תַּבְלִין. 2 תִּבּוּל

season ticket כַּרְטִיס עוֹנָתִי, כַּרְטִיס מָנוּי

seat vt, n 1 הוֹשִׁיב. 2 אִכְלֵס. 3 סִפֵּק מְקוֹמוֹת יְשִׁיבָה. 4 מוֹשָׁב, כִּסֵּא, סַפְסָל, דּוּכָן. 5 מְקוֹם יְשִׁיבָה. 6 בָּסִיס, תּוֹשֶׁבֶת

seat belt חֲגוֹרַת בְּטִיחוּת (במכונית)

seawards adv הַיָּמָּה, לְעֵבֶר הַיָּם

seaworthy adj 1 יַמִּי. 2 כָּשֵׁר לְשַׁיִט

secateurs npl מַזְמֵרָה

secede vt פָּרַשׁ, נִתֵּק יְחָסִים

secession n 1 פְּרִישָׁה, הִתְבַּדְּלוּת. 2 נִתּוּק יְחָסִים

secessionist n מְחַיֵּב פְּרִישָׁה

seclude vt הִפְרִיד, בִּדֵּל, בּוֹדֵד

secluded adj מֻפְרָשׁ, מְבֻדָּד, בּוֹדֵד

seclusion n 1 בִּדּוּד, בְּדִידוּת, הִתְבּוֹדְדוּת, פְּרִישׁוּת, נְזִירוּת. 2 הֶסְגֵּר. 3 אֲטִימָה

second vt, adj, adv, n 1 הִצְבִּיעַ. 2 תָּמַךְ, עָזַר. 3 הִשְׁאִיל. 4 שֵׁנִי. 5 אַחֵר, נוֹסָף. 6 מִשְׁנִי, שֵׁנִי בְּמַעֲלָה.

7 שֵׁנִית. 8 תּוֹמֵךְ, עוֹזֵר.
9 שׁוֹשְׁבִין. 10 הִלּוּךְ
שֵׁנִי. 11 שְׁנִיָּה, רֶגַע

secondarily adv בְּאֹפֶן מִשְׁנִי
secondary adj מִשְׁנִי
second best שֵׁנִי בְּמַעֲלָה, בֵּינוֹנִי
second childhood בַּטְלָנוּת זִקְנָה, יַלְדוּת שְׁנִיָּה
second class סוּג ב׳, מִסּוּג יָרוּד
second cousin דּוֹדָן מִשְׁנֶה
second fiddle כִּנּוֹר שֵׁנִי
second hand 1 מְשֻׁמָּשׁ, יָד שְׁנִיָּה. 2 מְחוֹג הַשְּׁנִיּוֹת (שעון)
second nature הֶרְגֵּל מֻשְׁרָשׁ, טֶבַע שֵׁנִי
second-rate adj מִמַּדְרֵגָה שְׁנִיָּה
second sight רְאִיַּת הַנּוֹלָד
second thoughts מַחֲשָׁבָה לְאַחַר הַמַּעֲשֶׂה, הִרְהוּר שֵׁנִי
second to none רִאשׁוֹן בְּמַעֲלָה, אֵין כָּמוֹהוּ
second wind הִתְאוֹשְׁשׁוּת (הנשימה)
secondly adv שֵׁנִית
secrecy n 1 סוֹדִיּוּת, חֲשָׁאִיּוּת. 2 צְנִעָה, סֵתֶר. 3 הִסְתַּגְּרוּת, הִסְתַּתְּרוּת
secret adj, n 1 סוֹדִי, חֲשָׁאִי. 2 מֻצְנָע, חָבוּי, נִסְתָּר. 3 טָמִיר, נֶעְלָם. 4 סֵתֶר, מִסְתּוֹרִין. 5 סוֹד, רָז
secret agent סוֹכֵן חֲשָׁאִי, בַּלָּשׁ
secrete vt 1 הִצְפִּין, הִסְתִּיר, גָּנַז, הִטְמִין. 2 הִפְרִישׁ
secret service שֵׁרוּת חֲשָׁאִי, בּוֹלֶשֶׁת
secretarial n 1 מִשְׂרָדִי, לַבְלָרִי. 2 שֶׁל מַזְכִּיר
secretory adj, n 1 מַפְרִישׁ. 2 בַּלּוּטָה מַפְרִישָׁה
secretion n 1 הַפְרָשָׁה, תַּפְרִישׁ. 2 הַסְתָּרָה, הַצְפָּנָה
secretive adj 1 מְסֻגָּר, מִסְתַּגֵּר, לֹא גָּלוּי, שַׁתְקָן. 2 מַפְרִישׁ
secretively adv בַּחֲשַׁאי, בְּסוֹדִיּוּת
secretiveness n הִסְתַּתְּרוּת, סוֹדִיּוּת, חֲשָׁאִיּוּת

secretly adv בְּסוֹד, בַּחֲשַׁאי
sect n 1 כַּת, כִּתָּה, סִיעָה. 2 אַסְכּוֹלָה
sectarian adj, n 1 בֶּן כַּת. 2 כּוֹפֵר, פּוֹרֵשׁ. 3 צַר־אֹפֶק, קַנַּאי
secterianism n כִּתָּתִיּוּת, צָרוּת־אֹפֶק, קַנָּאוּת
section vt, n 1 חָתַךְ, חִלֵּק, בִּתֵּר. 2 פֶּלַח, קֶטַע, בֶּתֶר. 3 סָעִיף, פִּסְקָה, פָּרָשָׁה. 4 חֻלְיָה, חֵלֶק. 5 חֶבֶל, מָחוֹז, אֵזוֹר. 6 שִׁכְבָה, מָדוֹר. 7 מַחְלָקָה, כִּתָּה. 8 חֲתָךְ
sectional adj 1 מְחוֹזִי, חֶבְלִי. 2 מְקוֹמִי. 3 חֶלְקִי. 4 מִתְפָּרֵק
sectionalism n נֶאֱמָנוּת מְקוֹמִית, קַנָּאוּת מְקוֹמִית
sector n 1 מִגְזָר. 2 גִּזְרָה, קֶטַע, אֵזוֹר, עָנָף
secular adj 1 חִלּוֹנִי, אֶזְרָחִי. 2 מִתְמַשֵּׁךְ יוֹבְלוֹת
secularism n חִלּוֹנִיּוּת
secularist n חִלּוֹנִי
secularize vt חִלֵּן
secure vt, adj 1 הִשִּׂיג, קִבֵּל. 2 אִבְטֵחַ, חִפָּה. 3 בִּצֵּר, שִׁרְיֵן, חִזֵּק. 4 שָׁמַר, נָצַר, סָגַר, נָעַל. 5 וִדֵּא, הִבְטִיחַ. 6 בִּטַּח, עָרַב. 7 בָּטוּחַ, מוּגָן, שָׁמוּר, נָצוּר. 8 שַׁאֲנָן, שָׁלֵו
securely adv 1 בְּבִטָּחוֹן, לָבֶטַח. 2 קָשׁוּר הֵיטֵב
securities npl בִּטּוּחוֹת
security n 1 בִּטָּחוֹן. 2 אַבְטָחָה, בְּטִיחוּת. 3 וַדָּאוּת, שַׁלְוָה. 4 הֲגַנָּה, תְּרִיס, מַחֲסֶה. 5 אַחֲרָיוּת, עֲרֻבָּה, מַשְׁכּוֹן. 6 עָרֵב, אַחֲרַאי. 7 שְׁטָר. 8 נְיָרוֹת עֵרֶךְ, בִּטְחוֹנוֹת
security risk סִכּוּן בִּטְחוֹנִי
sedan n 1 מְכוֹנִית סְגוּרָה. 2 אַפִּרְיוֹן

sedate vt, adj 1 נָתַן סַם מַרְגִּיעַ. 2 שָׁקֵט, שָׁלֵו, רוֹגֵעַ, מְיֻשָּׁב

sedately adv 1 בִּמְתִינוּת. 2 בְּשַׁלְוָה

sedateness n מְתִינוּת, שַׁלְוָה, יִשּׁוּב הַדַּעַת

sedation n הַרְגָּעָה, שִׁכּוּךְ

sedative adj, n 1 מַרְגִּיעַ, מְשַׁכֵּךְ, מַשְׁקִיט. 2 סַם מַרְגִּיעַ, שַׁכָּךְ

sedentary adj יָשׁוּב, קָבוּעַ, יַצִּיב

sedge n כָּרִיךְ (צמח)

sediment n 1 מִשְׁקָע, קֻבַּעַת. 2 סְחֹפֶת

sedimentary adj מִשְׁקָעִי, מֵכִיל מִשְׁקָעִים

sedition n הֲסָתָה, הִתְקוֹמְמוּת

seditious adj מֵסִית, מְקוֹמֵם

seduce vt 1 הִדִּיחַ, הִשִּׁיא. 2 פִּתָּה, שִׁדֵּל, הִתְעָה. 3 הִקְסִים

seduction n 1 פִּתּוּי, הַדָּחָה, שִׁדּוּל, הֲסָתָה. 2 פִּתָּיוֹן

seductive adj 1 מְפַתֶּה, מוֹשֵׁךְ. 2 מַקְסִים

sedulous adj חָרוּץ, שַׁקְדָן, מַתְמִיד

sedulously adv בְּהַתְמָדָה, בַּחֲרִיצוּת

see vti, n 1 רָאָה, חָזָה. 2 הִבִּיט, הִתְבּוֹנֵן, הִסְתַּכֵּל. 3 סָקַר, מָצָא, גִּלָּה. 4 בֵּרֵר, וִדֵּא. 5 דָּאַג, טִפֵּל. 6 פָּגַשׁ, הִתְרָאָה עִם, לִוָּה. 7 סָבַר, הִרְהֵר. 8 מוֹשָׁב, מֶרְכָּז. 9 כֵּס

see about 1 טִפֵּל בְּ־. 2 שָׁקַל, חָקַר

see off לִוָּה (לקראת נסיעה)

see out לִוָּה הַחוּצָה

see through 1 יָרַד לְעֹמֶק הַדָּבָר. 2 לִוָּה (תהליך) עַד הַסּוֹף

see to טִפֵּל בְּ־, דָּאַג לְ־

seed vit, n 1 הִבְשִׁיל. 2 הִצִּיב שַׂחְקָן (ספורט). 3 זָרַע. 4 גִּרְעֵן. 5 זֶרַע. 6 זְרָעִים. 7 זֵרָעוֹן, גַּרְעִין, גַּרְגִּיר. 8 מָקוֹר, רֵאשִׁית. 9 צֶאֱצָאִים, מוֹצָא, גֶּזַע, יַחַשׂ

seedbed n מִשְׁתָּלָה, מִנְבָּטָה, חֲמָמָה

seedless adj לְלֹא גַרְעִינִים

seedling n שְׁתִיל

seed pearls פְּנִינִים זַעֲרוּרִיּוֹת

seed potatoes תַּפּוּדִים לִזְרִיעָה

seeds npl זֵרָעוֹנִים

seedy adj 1 גַּרְעִינִי, מָלֵא זֵרָעוֹנִים. 2 בָּלוּי, שָׁחוּק. 3 תָּשׁוּשׁ, מְדֻכְדָּךְ, מֻזְנָח

seek vt 1 חִפֵּשׂ, בִּקֵּשׁ, חָקַר, שָׁאַל, דָּרַשׁ. 2 נִסָּה

seek after חִזֵּר אַחֲרֵי, רָדַף אַחֲרֵי

seek for חִפֵּשׂ, בִּקֵּשׁ

seeker n 1 מְחַפֵּשׂ, דּוֹרֵשׁ. 2 מְבַקֵּשׁ

seem vi 1 נִרְאָה, הִסְתַּבֵּר. 2 הָיָה נִדְמֶה

seeming adj 1 נִדְמֶה, נִרְאֶה. 2 מְעֻשֶּׂה

seemingly adv לִכְאוֹרָה, לְמַרְאִית עַיִן

seemliness n הֲגִינוּת, הַתְאָמָה, נֹעַם

seemly adj נָאֶה, הוֹלֵם, מַתְאִים, יָאֶה

seen pp בינוני עבר של הפועל to see

seep vi נָטַף, נָזַל, טִפְטֵף, דָּלַף, חִלְחֵל

seepage n נְטִיפָה, נְזִילָה, דְּלִיפָה, חִלְחוּל

seer n רוֹאֶה, חוֹזֶה, נָבִיא

seersucker n שִׁירְשָׂקֶר

seesaw vi, n 1 הִתְנַדְנֵד, עָלָה וְיָרַד. 2 נַדְנֵדָה

seethe vi 1 רָתַח. 2 תָּסַס, סָעַר, רָגַשׁ

seether n קְדֵרָה, קַלַּחַת, דּוּד

see-therough adj שָׁקוּף

segment vt, n 1 קָטַע, חִלֵּק. 2 קֶטַע, פֶּרֶק, פֶּלַח, מִקְטָע

segmentation n 1 הִתְחַלְּקוּת, הִתְפַּלְּגוּת, הִתְקַטְּעוּת. 2 פִּלּוּג, קִטּוּעַ

segregate vt 1 הִפְרִיד, הִבְדִּיל, בּוֹדֵד. 2 נִפְרַד, פָּרַשׁ, הִתְבַּדֵּל

segregation n 1 הַפְרָדָה, הַבְדָּלָה, בִּדּוּד. 2 פְּרִישָׁה, הִפָּרְדוּת, הִבָּדְלוּת

seignior(neur) n 1 אָדוֹן, שַׁלִּיט, אָצִיל. 2 בַּעַל אֲחֻזָּה

seine vt, n 1 דָּג בְּמִכְמֹרֶת. 2 מִכְמֹרֶת

seismic adj רַעֲשִׁי

seismograph n מַדְרַעַד, סֵיסְמוֹגְרָף

seismologist n סֵיסְמוֹלוֹג

seismology n סֵיסְמוֹלוֹגְיָה

seize vt 1 תָּפַס, חָטַף, אָחַז. 2 הִשְׁתַּלֵּט עַל, לָכַד. 3 הֶחֱרִים, עִקֵּל. 4 שָׁבָה, אָסַר. 5 נִצֵּל. 6 קָשַׁר בְּחֶבֶל

seizure n 1 תְּפִיסָה, לְכִידָה, הִשְׁתַּלְּטוּת. 2 הַתְרָמָה, עִקּוּל. 3 הֶתְקֵף, שָׁבָץ

seldom adv לְעִתִּים נְדִירוֹת, לְעִתִּים רְחוֹקוֹת

select vt, adj 1 בָּחַר, בֵּרֵר, בָּרַר. 2 נִבְחָר, מֻבְחָר. 3 בַּרְרָן

select committee וַעֲדָה פַּרְלָמֶנְטָרִית

selection n 1 מִבְחָר, בְּחִירָה, בְּרֵרָה, בְּרִירָה. 2 הַבְּחָרוּת

selective adj בָּרִיר, בַּרְרָנִי, בָּחִיר, בְּחִירִי

selective immigration הֲגִירָה בּוֹרֶרֶת

selectively adv בְּאֹפֶן בַּרְרָנִי, בְּרִירוּת

selectivity n בְּרֵרוּת, בַּרְרָנוּת

selenium, (Se) n סֵלֶנְיוּם

self n 1 עַצְמוֹ, הָ"אֲנִי". 2 עַצְמִיּוּת, זֶהוּת, אִישִׁיּוּת

self-abasement n הַשְׁפָּלָה עַצְמִית, שִׁפְלוּת רוּחַ

self-activating adj אוֹטוֹמָטִי

self-addressed adj מְמֻעָן לְעַצְמוֹ

self-appointed adj מְמֻנֶּה עַצְמִי

self-assertion n הִתְבַּלְּטוּת, הִתְעַצְּמוּת

self-assurance n בִּטָּחוֹן עַצְמִי

self-cent(e)red adj 1 אָנֹכִיִּי, אֶגוֹצֶנְטְרִי. 2 קָבוּעַ כְּמֶרְכָּז

self-collected adj מָתוּן, מְיֻשָּׁב, שׁוֹלֵט בְּרוּחוֹ

self-coloured adj 1 בַּעַל צֶבַע טִבְעִי, שֶׁצִּבְעוֹ מְקוֹרִי. 2 בַּעַל צֶבַע אֶחָד

self-command n שְׁלִיטָה עַצְמִית

self-complacency n שְׂבִיעַת רָצוֹן מֵעַצְמוֹ, שַׁאֲנַנּוּת

self-confessed adj מֻצְהָר

self-confidence n בִּטָּחוֹן עַצְמִי

self-conscious adj חָדוּר תּוֹדַעַת עַצְמוֹ, בַּיְשָׁן

self-consciousness n תּוֹדָעָה עַצְמִית, בַּיְשָׁנוּת

self-contained adj עַצְמָאִי, נוֹשֵׂא אֶת עַצְמוֹ

self-control n שְׁלִיטָה עַצְמִית, כִּבּוּשׁ הַיֵּצֶר, רִסּוּן עַצְמִי

self-controlled adj שׁוֹלֵט בְּעַצְמוֹ

self-defence n הֲגַנָּה עַצְמִית, הִתְגּוֹנְנוּת

self-denial n הִתְכַּחֲשׁוּת לְעַצְמוֹ, וַתְּרָנוּת, הִתְנַזְּרוּת

self-denying adj מִתְכַּחֵשׁ לְעַצְמוֹ

self-determination n הַגְדָּרָה עַצְמִית

self-discipline n מִשְׁמַעַת עַצְמִית, רִסּוּן עַצְמִי

self-educated adj אוֹטוֹדִידַקְט

self-effacing adj עָנָו, שְׁפַל־רוּחַ, צָנוּעַ

self-employed adj עַצְמָאִי

self-esteem n כָּבוֹד עַצְמִי

self-evident adj מוּבָן מֵאֵלָיו

self-explanatory adj בָּרוּר מֵעַצְמוֹ

self-help n עֶזְרָה עַצְמִית

self-important adj חָשׁוּב בְּעֵינֵי עַצְמוֹ, מְנֻפָּח

self-imposed adj שֶׁהִטִּיל עַל עַצְמוֹ

self-indulgence n 1 מְחִילָה עַצְמִית. 2 הִתְפַּנְּקוּת

self-indulgent adj 1 מוֹחֵל לְעַצְמוֹ. 2 מִתְפַּנֵּק

self-locking adj שֶׁנִּסְגָּר אוֹטוֹמָטִית

self-made adj בִּזְכוּת עַצְמוֹ

self-opinionated adj יָהִיר, מַחְשִׁיב רַק אֶת עַצְמוֹ

self-pity n חֶמְלָה עַצְמִית

self-portrait n דְּיוֹקַן־עַצְמִי

self-possessed adj מְיֻשָּׁב בְּדַעְתּוֹ, מָתוּן, שָׁלֵו

self-posession n יִשּׁוּב הַדַּעַת

self-preservation n הִשְׁתַּמְּרוּת, יֵצֶר הַקִּיּוּם הָעַצְמִי

self-raising adj תּוֹפֵחַ מֵעַצְמוֹ

self-reliant adj סוֹמֵךְ עַל עַצְמוֹ
self-reliance n בִּטָּחוֹן עַצְמִי
self-respect n כָּבוֹד עַצְמִי
self-respecting adj מוֹקִיר עַצְמוֹ
self-righteous adj מִתְחַסֵּד, צַדִּיק בְּעֵינָיו
self-sacrifice n הַקְרָבָה עַצְמִית
self-sacrificing adj מַקְרִיב עַצְמוֹ
self-seeker n רוֹדֵף טוֹבַת עַצְמוֹ, אֶגוֹאִיסְט
self-seeking adj, n 1 אָנֹכִיִּי. 2 רְדִיפַת טוֹבַת עַצְמוֹ, אָנֹכִיּוּת
self-service n שֵׁרוּת עַצְמִי
self-sown adj זָרוּעַ מֵאֵלָיו
self-starter n מַתְנֵעַ
self-styled adj מְכֻנֶּה עַל יְדֵי עַצְמוֹ, מִתְיַמֵּר, מִתְפָּאֵר
self-sufficiency n 1 אִי־תְּלוּת (באחרים), עַצְמָאוּת. 2 יְהִירוּת, יֻמְרָה
self-sufficient adj 1 עַצְמָאִי, עוֹמֵד בִּרְשׁוּת עַצְמוֹ. 2 יָהִיר
self-supporting adj מְכַלְכֵּל עַצְמוֹ
self-will n עַקְשָׁנוּת, קְשִׁי עֹרֶף
self-willed adj עַקְשָׁן, קְשֵׁה־עֹרֶף
selfish adj אָנֹכִיִּי
selfishly adv בְּאָנֹכִיּוּת
selfishness n אָנֹכִיּוּת
selfsame adj זֶהֶה, אוֹתוֹ עַצְמוֹ
sell vti, n 1 מָכַר. 2 סָחַר. 3 שִׁכְנֵעַ. 4 בָּגַד, הִסְגִּיר, הוֹנָה, רִמָּה. 5 נִמְכַּר. 6 תַּרְמִית, תַּחְבּוּלָה
sell by date תַּאֲרִיךְ אַחֲרוֹן לְשִׁווּק
sell off vt מָכַר הַכֹּל, חִסֵּל עֵסֶק
sell out vt 1 מָכַר מְכִירָה כְּלָלִית. 2 בָּגַד, מָעַל
sell short vt מָכַר בְּחֶסֶר, רִמָּה
seller n 1 סוֹחֵר, מוֹכֵר, זַבָּן, רוֹכֵל. 2 חֵפֶץ נִמְכָּר
selvage, selvedge n שָׂפָה (בגד)
selves pl הרבים של self
semantic adj סֵמַנְטִי
semantics n סֵמַנְטִיקָה
semaphore n 1 רַמְזוֹר (לרכבות). 2 אִתּוּת בִּדְגָלִים
semblance n 1 מַרְאִית עַיִן, הַעֲמָדַת פָּנִים. 2 מַרְאֶה, צוּרָה, דְּמוּת
semen n זֶרַע (של זכר)
semester n 1 מַחֲצִית שָׁנָה. 2 סֶמֶסְטֶר, עוֹנַת לִמּוּדִים
semi- pref חֲצִי, לְמֶחֱצָה, חֶלְקִי
semi-breve n תָּו שָׁלֵם
semicircle n חֲצִי עִגּוּל, חֲצִי גֹּרֶן עֲגֻלָּה
semicircular adj עָגֹל לְמֶחֱצָה
semicolon n נְקֻדָּה וּפְסִיק (;)
semiconscious adj בְּהַכָּרַת־מָה, בְּהַכָּרָה לְמֶחֱצָה
semi-detached adj 1 מְפֹרָד לְמֶחֱצָה. 2 דּוּ־מִשְׁפַּחְתִּי
semi-final n חֲצִי גְּמָר
semifinalist n מִשְׁתַּתֵּף בְּתַחֲרוּת חֲצִי גְּמָר
seminal adj 1 מַפְרֶה. 2 רִאשׁוֹנִי, הִיּוּלִי. 3 מְקוֹרִי
semi-official adj רִשְׁמִי לְמֶחֱצָה
semiquaver n חֵלֶק שִׁשָּׁה־עָשָׂר שֶׁל תָּו, טַ"זִּית־תָּו
semitone n חֲצִי־טוֹן (מוזיקה)
semitrailer n גָּרוּר נִתְמָךְ
semi-tropical adj סוּבּ־טְרוֹפִּי
semivowel n חֲצִי תְּנוּעָה
seminar n סֶמִינַרְיוֹן
seminarist n סֶמִינָרִיסְט, תַּלְמִיד סֶמִינָר
seminary n סֶמִינָר
Semite n שֵׁמִי
Semitic adj שֵׁמִי
semolina n סֹלֶת
senate n סֶנָט
senator n סֵנָטוֹר
senatorial adj סֵנָטוֹרִי
send vt 1 שָׁלַח, שִׁלַּח, שִׁגֵּר. 2 הֵנִיס, הִבְרִיחַ. 3 הִקְסִים
send away סִלֵּק, פִּטֵּר, שִׁלַּח
send down 1 גֵּרֵשׁ מֵהָאוּנִיבֶרְסִיטָה. 2 שִׁלַּח לְמַאֲסָר
send for הִזְמִין, קָרָא, שָׁלַח לְהָבִיא, זִמֵּן

send forth הוֹצִיא, פִּרְסֵם
send in הִגִּישׁ
send off שִׁגֵּר, שִׁלַּח, גֵּרֵשׁ
send on שָׁלַח קָדִימָה
send out שָׁלַח, שִׁגֵּר
send packing גֵּרֵשׁ בְּחֶרְפָּה
send up 1 שָׁלַח לְמָקוֹם גָּבוֹהַּ יוֹתֵר. 2 חִקָּה
send-off n 1 מְסִבַּת פְּרִידָה, דֶּרֶךְ צְלֵחָה. 2 מִשְׁלוֹחַ, שִׁגּוּר
send-up n חִקּוּי
senescence n הִזְדַּקְנוּת
senescent adj מִזְדַּקֵּן
seneschal n שַׂר מֶשֶׁק
senile adj סֵנִילִי, עוֹבֵר־בָּטֵל
senility n סֵנִילִיּוּת
senior adj, n 1 בָּכִיר, קָשִׁישׁ. 2 הָאָב. 3 הַבְּכוֹר. 4 סְטוּדֶנְט הַשָּׁנָה הָאַחֲרוֹנָה
senior citizen גִּמְלַאי
seniority n 1 בְּכִירוּת, וָתִיקוּת, וֶתֶק. 2 קְשִׁישׁוּת
senna n כַּסִּיָּה
sensation n 1 תְּחוּשָׁה, חִישָּׁה. 2 הַרְגָּשָׁה, הִתְרַגְּשׁוּת. 3 סֶנְסַצְיָה
sensationalism n סֶנְסַצְיוֹנָלִיזְם
sensationally adv בְּאֹפֶן סֶנְסַצְיוֹנִי
sense vt, n 1 חָשׁ, קָלַט, הִרְגִּישׁ, הֵבִין. 2 חוּשׁ, תְּחוּשָׁה, רֶגֶשׁ. 3 הַכָּרָה, תּוֹדָעָה. 4 חָכְמָה, תְּבוּנָה. 5 מַשְׁמָע, מוּבָן, כַּוָּנָה. 6 טַעַם, שַׂחַר, הִגָּיוֹן, תּוֹעֶלֶת
senseless adj 1 נְטוּל חוּשׁ, נְטוּל רֶגֶשׁ. 2 מְטֻפָּשׁ, נוֹאָל, חֲסַר טַעַם. 3 חֲסַר הַכָּרָה
sensibility n רְגִישׁוּת, תְּחוּשָׁה, חוּשִׁיּוּת
sensible adj 1 נָבוֹן, הֶגְיוֹנִי, סָבִיר. 2 מוּחָשׁ, מֻרְגָּשׁ. 3 חָשׁ, מַרְגִּישׁ. 4 נִכָּר
sensibly adv 1 בִּתְבוּנָה, בְּחָכְמָה. 2 בְּאֹפֶן מוּחָשִׁי
sensitive adj 1 רָגִישׁ, פָּגִיעַ. 2 מַרְגִּישׁ, עֶרָנִי. 3 עָדִין, חוּשָׁנִי, חוּשִׁי
sensitively adv בִּרְגִישׁוּת
sensitivity n רְגִישׁוּת
sensor n חַיְשָׁן
sensory adj חוּשִׁי, תְּחוּשָׁתִי
sensual adj 1 חוּשָׁנִי, תַּאַוְתָנִי. 2 גּוּפָנִי, בְּשָׂרִי
sensualism n חוּשָׁנִיּוּת, תַּאַוְתָנוּת
sensualist n נֶהֱנְתָן, תַּאַוְתָן
sensuality n 1 תַּאַוְתָנוּת, נֶהֱנָתָנוּת. 2 זִמָּה, נִאוּף, זְנוּנִים
sensuous adj חוּשִׁי, תְּחוּשָׁתִי, חוּשָׁנִי, תַּאַוְתָנִי
sensuously adv בְּחוּשָׁנִיּוּת
sensuousness n חוּשָׁנוּת
sent pt זמן עבר ובינוני עבר של הפועל to send
sentence vt, n 1 דָּן, שָׁפַט, חָרַץ דִּין, גָּזַר. דִּין. 2 מִשְׁפָּט (תחביר), פָּסוּק, מַאֲמָר. 3 פְּסַק דִּין, הַחְלָטָה
sententious adj נִמְרָץ, יָמְרָנִי, מְנֻפָּח, מְלִיצִי
sententiously adv בְּנִמְרָצוּת, בִּמְלִיצוּת
sentient adj מַרְגִּישׁ, בַּעַל חוּשִׁים
sentiment n 1 רְגִישׁוּת, רַגְשָׁנוּת. 2 דֵּעָה. 3 תַּרְגִּישׁ (פסיכולוגיה)
sentimental adj רַגְשָׁנִי, רִגְשִׁי, רָגִישׁ
sentimentalist n רַגְשָׁנִי, רִגְשִׁי
sentimentality n רַגְשָׁנוּת, רִגְשִׁיּוּת, סֶנְטִימֶנְטָלִיּוּת
sentimentalize vti 1 עָשָׂה לְרַגְשָׁנִי. 2 דִּבֵּר בְּרַגְשָׁנוּת
sentinel, sentry n זָקִיף, נוֹטֵר
sentry box מְלוּנַת הַזָּקִיף
sepal n עֲלֵה גָּבִיעַ (בוטניקה)
separability n הִפָּרְדוּת, הַפְרָדָה, פְּרִידוּת
separable adj פָּרִיד, מִתְפָּרֵד
separably adv בְּאֹפֶן שֶׁאֶפְשָׁר לְהַפְרִידוֹ

separate vti, adj, n 1 הִפְרִיד, הִבְדִּיל, חִלֵּק. 2 פִּסֵּק, פִּלֵּג, נִתֵּק. 3 הִבְחִין. 4 שִׁחְרֵר (צבא). 5 הִתְבַּדֵּל. 6 נִבְדָּל, נִפְרָד. 7 פָּרוּד, פּוֹרֵשׁ. 8 עַצְמָאִי. 9 תַּדְפִּיס
separately adv בְּנִפְרָד, לְחוּד
separates n פְּרִידִים (לבוש)
separating zipper רוֹכְסָן מִתְפָּרֵד
separation n 1 הִפָּרְדוּת, הִנָּתְקוּת, הִבָּדְלוּת. 2 הַפְרָדָה, הַבְדָּלָה, פִּלּוּג, נִתּוּק
separatist n בַּדְלָן
separator n מַפְרֵדָה
sepia n 1 דְּיוֹנוּן. 2 צֶבַע חוּם־אֲדַמְדַּם
sepsis n אֶלַח (הַדָּם)
septet n שְׁבִיעִיָּה, שַׁבְעִית
septic adj, n 1 אִלְחִי, אָלוּחַ. 2 אֶלַח
septic tank בּוֹר סְפִיגָה (שפכים)
septic(a)emia n אֶלַח דָּם, הַרְעָלַת דָּם
septuagenarian n בֶּן שִׁבְעִים
Septuagint n תַּרְגּוּם הַשִּׁבְעִים
sepulchral adj 1 שֶׁל קֶבֶר. 2 שֶׁל קְבוּרָה. 3 קוֹדֵר, עָגוּם. 4 נְכָאִים (קול)
sepulchre(cher) n 1 קֶבֶר, כּוּךְ. 2 קְבוּרָה
sepulture n 1 קֶבֶר. 2 קְבוּרָה, מְקוֹם קְבוּרָה
sequel n 1 תּוֹצָאָה, תּוֹלָדָה. 2 הֶמְשֵׁךְ
sequence n 1 הִשְׁתַּלְשְׁלוּת, רֶצֶף. 2 סִדְרָה, טוּר. 3 הֶמְשֵׁכִיּוּת, מַעֲקֹבֶת (מוס.)
sequent(ial) adj רָצוּף, רוֹצֵף, נִמְשָׁךְ, עוֹקֵב
sequester vt 1 הִפְרִיד, הִפְרִישׁ, הִבְדִּיל. 2 עִקֵּל, הִפְקִיעַ, הֶחֱרִים, הִקְפִּיא
sequestered adj 1 מֻפְרָד, מֻבְדָּל. 2 נִדָּח, מְבֻדָּד
sequestrate vt 1 הִפְקִיעַ, עִקֵּל, הֶחֱרִים. 2 הִקְפִּיא (רכוש)
sequestration n הַפְקָעָה, הַחְרָמָה, עִקּוּל
sequin n 1 סֶקִין. 2 דִּיסְקִית מַבְרִיקָה
sequins npl נַצְנַצִּים
sequoia n סֶקְווֹיָה
seraglio n הַרְמוֹן, בֵּית הַנָּשִׁים
seraph n שָׂרָף, מַלְאָךְ
serenade vt, n 1 שָׁר סֶרֶנָדָה. 2 סֶרֶנָדָה
serendipity n כִּשְׁרוֹן לִמְצִיאַת "מְצִיאוֹת"
serenely adv בְּשַׁלְוָה
serenity n 1 שַׁלְוָה, רֹגַע. 2 הוֹד, רוֹמְמוּת. 3 צַחוּת, צְלִילוּת, בְּהִירוּת
serf n צָמִית, מְשֻׁעְבָּד
serfdom n שִׁעְבּוּד לַקַּרְקַע, עַבְדוּת
serge n סֶרְג׳
sergeant n סַמָּל (צבא)
sergeant-major n רַב־סַמָּל
serial adj, n 1 סִדּוּר, סוֹדֵר, סִדּוּרִי, סִדְרָתִי. 2 סִדְרָה
serial port חִבּוּר סִדְרָתִי (מחשב)
serialize vt פִּרְסֵם בְּהֶמְשֵׁכִים
serially adv בְּאֹרַח סִדּוּרִי
seriatim adv בְּזֶה אַחַר זֶה
sericultural adj שֶׁל גִּדּוּל מֶשִׁי
sericulture n גִּדּוּל מֶשִׁי
sericulturist n מְגַדֵּל מֶשִׁי
series n 1 סִדְרָה, מַעֲרָכָה. 2 שׁוּרָה, שַׁלְשֶׁלֶת
seriocomic adj רְצִינִי־קוֹמִי, רְצִינִי־בַּדְּחָנִי
serious adj רְצִינִי, חָמוּר
seriously adv בִּרְצִינוּת
seriousness n רְצִינוּת, חֻמְרָה, כֹּבֶד־רֹאשׁ
sergeant-at-arms n 1 קְצִין הַטֶּקֶס. 2 קְצִין בִּטָּחוֹן. 3 קְצִין הַכְּנֶסֶת
sermon n דְּרָשָׁה, הַטָּפָה
sermonize vti 1 דָּרַשׁ, הִטִּיף. 2 הוֹכִיחַ
serous adj נַסְיוּבִי, קָלוּשׁ, מֵימִי
serpent n נָחָשׁ, עַכְנַאי, עֶכֶן
serpentine adj 1 עֲקַלָּתוֹן, עֲקַלְקַל. 2 נִפְתָּל, מִתְפַּתֵּל. 3 נְחָשִׁי. 4 עָרוּם, שְׂטָנִי. 5 נַחְשׁוֹן
serrated adj 1 מְשֻׁנָּן. 2 מְסוֹרִי

serried adj צָפוּף, דָּחוּס, מְלֻכָּד

serum n נַסְיוּב

servant n 1 מְשָׁרֵת, שַׁמָּשׁ. 2 עֶבֶד

serve vti, n 1 שֵׁרֵת. 2 עָזַר. 3 שִׁמֵּשׁ, כִּהֵן. 4 פָּעַל. 5 הוֹעִיל. 6 הִגִּישׁ. 7 סִפֵּק, מָסַר. 8 הִרְבִּיעַ. 9 עָטַף, לִפֵּף. 10 פְּתִיחָה. 11 תּוֹר. 12 חֲבָטַת הַגָּשָׁה

service vt, n 1 שֵׁרֵת, טִפֵּל, בָּדַק. 2 תִּקֵּן. 3 תִּחְזֵק. 4 שֵׁרוּת. 5 זִמּוּן

serviceable adj שָׁמִישׁ, מוֹעִיל, תַּכְלִיתִי

serviette n מַפִּית

servile adj 1 כָּנוּעַ, נִכְנָע, מִתְרַפֵּס. 2 מְשֻׁעְבָּד, עַבְדוּתִי

servilely adv בְּהַכְנָעָה

servility n 1 הַכְנָעָה, נִכְנָעוּת, הִתְרַפְּסוּת. 2 נֶאֱמָנוּת יְתֵרָה

serving n מָנָה

servitor n מְשָׁרֵת, שַׁמָּשׁ, נוֹשֵׂא כֵּלִים

servitude n 1 עַבְדוּת, שִׁעְבּוּד, תְּלוּת. 2 עֲבוֹדַת פֶּרֶךְ

sesame n שֻׁמְשׁוּם, שֻׁמְשְׁמִין

sesquipedalian adj 1 שֶׁאָרְכּוֹ רֶגֶל וָחֵצִי. 2 אָרֹךְ מְאֹד

session n 1 מוֹשָׁב, יְשִׁיבָה. 2 אֲסֵפָה. 3 עוֹנָה

set vti, n 1 שָׂם, הֵנִיחַ, הֶעֱמִיד. 2 הִרְכִּיב. 3 קָבַע. 4 הוֹשִׁיב, עָרַךְ. 5 הִקְרִיב, הִגִּיעַ. 6 רָשַׁם, הֶעֱלָה עַל הַכְּתָב, חָתַם. 7 שִׁעֵר, אָמַד, קָצַב. 8 סִלֵּא, הֶעֱרִיךְ, הוֹקִיר. 9 הִפְקִיד, מִנָּה, הִצִּיב, הוֹעִיד. 10 הִצִּיג, הֶעֱלָה, הֵטִיל עַל. 11 הֵכִין, סִדֵּר, כִּוֵּן, כּוֹנֵן, וִסֵּת. 12 שִׁבֵּץ, קִשֵּׁט. 13 הִדְגִּיר. 14 הִצִּיעַ, הִצִּיג, הִרְצָה. 15 הִקְשִׁיחַ. 16 הִפְנָה, הֵסֵב. 17 שִׁסָּה בְּ־. 18 הֶחֱזִיר לְקַדְמוּתָהּ. 19 תִּמְלֵל. 20 שָׁקַע, יָרַד. 21 הִתְקַשֵּׁחַ. 22 הִתְגַּבֵּן, תָּפַח. 23 מַעֲרֶכֶת, סִדְרָה. 24 קְבוּצָה. 25 הַתְאָמָה, הֶתְאֵם, הֲלִימוּת. 26 כִּוּוּן, מְגַמָּה. 27 מַצָּג. 28 הִתְקַשְּׁרוּת. 29 שְׁתִיל, נֵצֶר. 30 הִתְקַשּׁוּת, הִתְיַצְּבוּת. 31 מַקְלֵט. 32 תַּפְאוּרָה. 33 עֶמְדָּה. 34 סִדְרַת מִשְׂחָקִים (טניס)

set about 1 הִתְחִיל. 2 תָּקַף

set apart/aside הִפְרִיד, הִפְרִישׁ, הִקְצָה

set back עִכֵּב, עָצַר

set down 1 הֵנִיחַ, שָׂם. 2 יִחֵס לְ־. 3 רָשַׁם, הֶעֱלָה עַל הַכְּתָב. 4 הֶעֱרִיךְ, אָמַד. 5 קָבַע

set forth 1 יָצָא, הִפְלִיג. 2 פִּרְסֵם, נִסַּח, הוֹדִיעַ, הִצְהִיר

set of wall-selives דְּפָפָה

set off 1 פִּצֵּץ. 2 הִבְלִיט, הִגְבִּיר, עוֹרֵר, הִמְרִיץ. 3 יָצָא לַדֶּרֶךְ

set on/upon 1 שִׁסָּה, דִּרְבֵּן, הִמְרִיץ. 2 הִפְצִיר

set out 1 הִצִּיג לְרַאֲוָה, פֵּרַשׂ. 2 הִתְחִיל, יָצָא

set to הִתְחִיל בְּמֶרֶץ

set up 1 הֶעֱמִיד, הִצִּיב. 2 מִנָּה, הֵקִים, יִסֵּד, הֶעֱלָה, יָסַד. 3 הִרְכִּיב. 4 הִצִּיג, הִצִּיעַ, שָׁטַח. 5 גָּרַם. 6 הִתְחִיל. 7 כִּבֵּד

setback n 1 מַפָּלָה, תְּבוּסָה, כִּשָּׁלוֹן. 2 עֲצִירָה, הֵעָצְרוּת

set-square n 1 מְשֻׁלָּשׁ. 2 זָוִיתוֹן, מַזְוִית

set-to n תִּגְרַת יָדַיִם

setup n 1 מַעֲרָךְ, מִבְנֶה, אִרְגּוּן. 2 בִּמּוּי, בִּיּוּם. 3 כִּבּוּד

settee n דַּרְגָּשׁ, סַפָּה קְטַנָּה

setter n 1 קוֹבֵעַ, מְסַדֵּר. 2 כֶּלֶב צַיִד

setting n 1 קְבִיעָה, סִדּוּר. 2 סְבִיבָה, רֶקַע. 3 מִסְגֶּרֶת, מִשְׁבֶּצֶת. 4 תַּפְאוּרָה. 5 מַנְגִּינָה. 6 דְּגִירָה

settle vti, n 1 סִדֵּר, הִסְדִּיר. 2 הֶחְלִיט, קָבַע, עָרַךְ. 3 פָּרַע, חִסֵּל (חשבון). 4 הִתְיַשֵּׁב, הִשְׁתַּקַּע. 5 הוֹשִׁיב, הִשְׁכִּין, שִׁכֵּן. 6 אִכְלֵס, יִשֵּׁב, הִנְחִיל. 7 הֵסִיר דְּאָגָה, הֵסִיר מוּעָקָה. 8 יִשֵּׁר (הדורים).

9 הַשְׁקִיט, הִרְגִּיעַ, הִשְׁתִּיק. 10 יִצֵּב, בִּסֵּס. 11 שִׁקַּע, הִשְׁקִיעַ. 12 זִכֵּךְ, הִצְלִיל. 13 מָסַר, הֶעֱבִיר לִרְשׁוּת. 14 בָּא לִכְלַל הֶסְכֵּם, הִתְפַּשֵּׁר. 15 נָחַת, נָח. 16 הִשְׁתָּרֵר, הִתְמַקֵּם, הִתְיַצֵּב, הִסְתַּדֵּר. 17 הִזְדַּכֵּךְ, הִצְטַלֵּל. 18 סִפְסֵל

settle down 1 הִשְׁתַּקֵּעַ, הִתְיַשֵּׁב. 2 שָׁקַע בְּהַדְרָגָה

settle down to הִתְפַּנָּה, הִתְמַסֵּר לְ־

settle for הִסְתַּפֵּק בְּ־

settle up שִׁלֵּם, פָּרַע (חשבון)

settled adj 1 קָבוּעַ, אֵיתָן, יַצִּיב. 2 מְיֻשָּׁב, מְאֻכְלָס. 3 בָּא עַל סִפּוּקוֹ

settlement n 1 סִדּוּר, הַסְדָּרָה, יִשּׁוּב, יִצּוּב. 2 יַצִּיבוּת, קֶבַע, הֶסְדֵּר, הֶסְכֵּם. 3 פֵּרָעוֹן, סִלּוּק (חוב). 4 יִשּׁוּר הַדּוּרִים. 5 הוֹרָשָׁה, הַסְמָכָה, כְּתִיבַת נֶכֶס לְ־. 6 הִתְנַחֲלוּת, הֵאָחֲזוּת, מוֹשָׁב, כְּפָר, יִשּׁוּב

settler n מִתְיַשֵּׁב, מִשְׁתַּקֵּעַ

seven adj, n שִׁבְעָה, שֶׁבַע

seventeen adj, n 1 שִׁבְעָה־עָשָׂר. 2 שְׁבַע־עֶשְׂרֵה

seventeenth adj, n 1 הַשִּׁבְעָה־עָשָׂר. 2 הַשְּׁבַע־עֶשְׂרֵה

seventh adj, n 1 שְׁבִיעִי. 2 שְׁבִיעִית

seventies npl הַשִּׁבְעִים

seventieth adj, n 1 הַשִּׁבְעִים. 2 חֵלֶק הַשִּׁבְעִים

seventy adj, n שִׁבְעִים

sever vti 1 הִפְרִיד, נִתֵּק. 2 שִׁסַּע, שִׁסֵּף, בִּתֵּר, גָּזַר, קָרַע. 3 קִצֵּץ, עָרַף

several adj 1 אֲחָדִים, אֵי־אֵלֶּה, שׁוֹנִים. 2 פְּרָטִי, לְחוּד, יָחִיד. 3 בִּפְנֵי עַצְמוֹ

severally adv 1 בְּנִפְרָד, לְחוּד, כָּל אֶחָד בִּפְנֵי עַצְמוֹ. 2 אֶחָד אֶחָד

severance n 1 הַפְרָדָה, הַבְדָּלָה. 2 נִתּוּק

severance pay פִּצּוּיֵי פִּטּוּרִין

severe adj 1 חָמוּר, קָשֶׁה, רְצִינִי. 2 אָנוּשׁ, מַמְאִיר, חָרִיף. 3 קַפְּדָנִי, דַּקְדְּקָנִי. 4 עַז, מְיַגֵּעַ

severely adv בַּחֲמָרָה, קָשׁוֹת

severity n 1 חֻמְרָה, רְצִינוּת. 2 קַפְּדָנוּת, חֲרִיפוּת. 3 אַכְזְרִיּוּת. 4 עַזּוּת, עָצְמָה

sew vti תָּפַר, אִחָה, חִבֵּר

sewage n שְׁפָכִים, מֵי בִּיּוּב

sewer n 1 בִּיב, תְּעָלַת בִּיּוּב, צִנּוֹר בִּיּוּב. 2 תּוֹפֵר, חַיָּט

sewerage n 1 בִּיּוּב, בִּיבִים, שְׁפָכִים. 2 נִבּוּל פֶּה

sewing n תְּפִירָה

sewing machine מְכוֹנַת תְּפִירָה

sewn pp to sew בינוני עבר של הפועל

sex vt, n 1 קָבַע הַמִּין. 2 מִין, מִינִיּוּת. 3 מְשִׁיכָה מִינִית

sexagenarian adj, n בֶּן שִׁשִּׁים

sexism n הַפְלָיָה מִינִית

sexless adj לְלֹא מִין, נְטוּל מִינִיּוּת, טֻמְטוּם

sextant n סֶקְסְטַנְט, מַדְזָוִית

sextet n שִׁשִּׁיָּה, שִׁתִּית

sexton n שַׁמָּשׁ

sexual adj מִינִי

sexuality n מִינִיּוּת

sexually adv בְּאֹפֶן מִינִי

sexy adj מְעוֹרֵר תַּאֲוָה (מינית), אֵרוֹטִי

shabbily adv בְּאֹפֶן בָּלוּי

shabbiness n 1 קְרָעִים, בְּלוֹיֵי סְחָבוֹת. 2 עֲלִיבוּת. 3 שִׁפְלוּת

shabby adj 1 בָּלֶה, בָּלוּי, מְמֻרְטָט, מְרֻפָּט. 2 עָלוּב, דַּל. 3 נִקְלֶה, מֵבִישׁ

shack n צְרִיף, בִּקְתָּה

shackle vt, n 1 כִּבֵּל. 2 מָנַע, עִכֵּב. 3 טַבַּעַת אֲזִקִּים

shad n עֲלוֹזָה (דג)

shade vti, n 1 סָכַךְ, הֵצֵל. 2 הֶאֱפִיל, הֵעִיב, עִמְעֵם. 3 הִסְתִּיר. 4 הִשְׁתַּנָּה בְּהַדְרָגָה. 5 צֵל. 6 סוֹכֵךְ, וִילוֹן, תְּרִיס. 7 אֲפֵלָה,

shaker n 1 מְבַזֶּקֶת. 2 מְנַעֵר, מַטְרֵף
Shakespearian adj שֶׁקְסְפִּירִי
shakily adv בְּלֹא יַצִּיבוּת
shakiness n אִי יַצִּיבוּת, רְפִיפוּת, הִתְנוֹדְדוּת
shaky adj 1 רָפֶה, חַלָּשׁ, רָעוּעַ, מִתְנוֹעֵעַ, מִתְנוֹדֵד. 2 רוֹעֵד, רוֹטֵט
shale n פֶּצֶל, צִפְחָה
shall aux v פועל עזר המציין עתיד בגוף ראשון ופקודה בגוף שני ושלישי
shallot n בְּצַלְצוּל
shallow adj 1 רָדוּד, לֹא עָמֹק. 2 שִׁטְחִי
shallows npl מַיִם רְדוּדִים
sham vti, adj, n 1 חִקָּה, זִיֵּף, הֶעֱמִיד פָּנִים, הִתְחַפֵּשׂ. 2 מְזֻיָּף, מְחֻקֶּה. 3 תַּרְמִית, הוֹנָאָה. 4 הַעֲמָדַת פָּנִים. 5 מִתְחַפֵּשׂ, מַעֲמִיד פָּנִים
shaman n שָׁמָן, רוֹפֵא אֱלִיל
shamble vi הָלַךְ בִּכְבֵדוּת, גָּרַר אֶת רַגְלָיו
shambles npl בַּלָּגָן, אַנְדְּרוֹלוֹמוּסְיָה
shame vt, n 1 בִּיֵּשׁ, הִכְלִים, הֶעֱלִיב. 2 הִשְׁפִּיל, הֵמִיט קָלוֹן. 3 בּוּשָׁה, חֶרְפָּה, כְּלִמָּה. 4 בִּזָּיוֹן, עֶלְבּוֹן
shamefaced adj עָנָו, בַּיְשָׁן, נָבוֹךְ, נִכְלָם
shamefacedly adv בַּעֲנָוָה, בִּמְבוּכָה
shameful adj 1 מֵבִישׁ, מַחְפִּיר. 2 לֹא הָגוּן
shamefully adv בְּאֹפֶן מַחְפִּיר
shameless adj 1 חָצוּף, מְחֻצָּף. 2 חֲסַר בּוּשָׁה, מֵבִישׁ, מַחְפִּיר
shamelessly adv בְּלֹא בּוּשָׁה, בְּמֵצַח נְחוּשָׁה
shamelessness n חֹסֶר בּוּשָׁה
shampoo vt, n 1 חָפַף הָרֹאשׁ. 2 חֲפִיפַת רֹאשׁ. 3 שַׁמְפּוּ
shamrock n תִּלְתָּן
shandy n מֶזֶג, תַּמְזִיג
shanghai vt חָטַף, כָּפָה עַל
shank n 1 שׁוֹק, רֶגֶל. 2 מַקֵּל, מוֹט. 3 קָנֶה. 4 כַּוֶּנֶת. 5 סוֹף, סִיּוּם

חֲשֵׁכָה. 8 אָהִיל, מָגִנּוֹר. 9 גָּוֶן. 10 מִצְחָה
shading n 1 סוֹכֵךְ, מַחֲסֶה, הַצְלָלָה. 2 גָּוֶן, גּוֹנִית
shadow vt, n 1 הֵצֵל, עִרְפֵּל. 2 סָכַךְ. 3 הֵעִיב, הִקְדִיר, עִמְעֵם. 4 בָּלַשׁ, סִמֵּל, עָקַב. 5 הִשְׁתַּנָּה בְּהַדְרָגָה. 6 צֵל, צְלָלִים
shadow cabinet מֶמְשֶׁלֶת צְלָלִים
shadowy adj 1 צְלָלִי, אַפְלוּלִי, מוּצָל. 2 מֵצֵל, אָפֵל, מְעֻמְעָם, מְעֻרְפָּל
shaft n 1 מוֹט, כְּלוֹנָס, חֹטֶר. 2 חֵץ, רֹמַח. 3 אֲלֻמָּה, קֶרֶן. 4 יָדִית, קַת. 5 מַצֵּבָה, יָד. 6 יָצוּל. 7 פִּיר. 8 קַת הַמַּחַט
shag n 1 סְבַךְ שֶׁל שֵׂעָר. 2 חִסְפּוּס. 3 טַבַּק גַּס
shaggily adv בְּאֹפֶן פָּרוּעַ
shagginess n שְׂעִירוּת, פֶּרַע
shaggy adj 1 שָׂעִיר, מְדֻבְלָל. 2 פָּרוּעַ, מְחֻסְפָּס
shaggy dog story סִפּוּר אָרֹךְ וּמְשַׁעֲמֵם
shah n שַׁח (מלך אירן)
shake vti, n 1 נִעְנַע, טִלְטֵל. 2 נִפְנֵף, נוֹפֵף. 3 נִעֵר, טָרַף. 4 לָחַץ יָד (לשלום). 5 זִעְזַע. 6 טִרְלֵל. 7 הִתְנַדְנֵד, רָעַד. 8 נִעְנוּעַ, טִלְטוּל, רְעִידָה, רַעַד, זַעֲזוּעַ. 9 רַעַשׁ, רְעִידַת אֲדָמָה. 10 בְּקִיעַ, טִרְלוּל. 11 בְּקִיעַ. 12 לְחִיצַת יָד
shake-down n מִטַּת עֲרַאי
shake off 1 הִתְנַעֵר מִ־, הִפָּטֵר מִן. 2 נִפֵּץ (מלח מעל הבשר)
shake out 1 נִעֵר, נִעְנַע, פָּרַשׂ (דגל). 2 יְרִידָה כַּלְכָּלִית קַלָּה
shake up 1 טִלְטֵל, נִעֵר. 2 אִרְגֵּן מֵחָדָשׁ. 3 אִרְגּוּן־מֵחָדָשׁ יְסוֹדִי. 4 חִלּוּפֵי גַּבְרֵי. 5 זַעֲזוּעַ

shan't (shall not) פועל עזר המציין עתיד או ציווי עם שלילה

shantung n שַׁנְטוּנג

shanty n 1 צְרִיף, בִּקְתָּה. 2 זֶמֶר מַלָּחִים

shantytown n רֹבַע עֹנִי, שְׁכוּנַת עֹנִי

shape vti, n 1 עִבֵּד, הִתְאִים, סִגֵּל. 2 צָר, עִצֵּב, גִּבֵּשׁ. 3 נִסַּח. 4 כִּוֵּן, הִתְגַּבֵּשׁ. 5 הִתְקַבֵּל, הִסְתַּדֵּר, הִשְׁתַּלְשֵׁל. 6 צוּרָה. 7 דְּמוּת, מַרְאֶה, בָּבוּאָה. 8 דְּפוּס, תַּבְנִית. 9 הִתְגַּלְּמוּת, מַצָּב, הִתְגַּשְּׁמוּת

shapeless adj 1 חֲסַר צוּרָה, רוֹפֵף. 2 גָּלְמִי. 3 מְעֻוָּת

shapelessly adv בְּחֹסֶר צוּרָה

shapelessness n חֹסֶר צוּרָה, גָּלְמִיּוּת

shapely adj חָטוּב, יְפֵה צוּרָה, נָעִים לָעַיִן

shard n 1 שֶׁבֶר, חֶרֶס. 2 כְּנַף חֲפִיפָה

share vti, n 1 חִלֵּק. 2 נָטַל חֵלֶק, הִשְׁתַּתֵּף. 3 קִבֵּל חֵלֶק. 4 חֵלֶק. 5 מְנָיָה. 6 מָנָה, הַקְצָבָה. 7 סַכִּין הַמַּחֲרֵשָׁה, לַהַב

share out 1 חִלֵּק. 2 חֲלֻקָּה

share in הִשְׁתַּתֵּף

share and share alike חִלֵּק חֵלֶק כְּחֵלֶק

shareholder n בַּעַל מְנָיָה אוֹ בַּעַל מְנָיוֹת

shark n 1 כָּרִישׁ. 2 נוֹכֵל, מְנַצֵּל

sharp adj, n 1 חַד, מְחֻדָּד, שָׁנוּן, מֻשְׁחָז. 2 תָּלוּל, עָרוּם. 3 חָרִיף, מְמֻלָּח, נוֹקֵב. 4 צוֹרֵם. 5 בּוֹלֵט, בָּרוּר. 6 עַז. 7 מָהִיר, נִמְרָץ. 8 עֵרָנִי, חָמוּר. 9 נָסֵק. 10 דָּבָר חַד. 11 נוֹכֵל, רַמַּאי

sharp edge חֻרְפָּה

sharp practice מַעֲשֵׂה רְמִיָּה

sharpen vti 1 חִדֵּד, הִשְׁחִיז. 2 הֶחֱרִיף. 3 הִבְלִיט. 4 הִתְחַדֵּד. 5 הִנְסִיק

sharpener n 1 מְחַדֵּד, מְחַדֵּד. 2 מַשְׁחִיז

sharply adv בַּחֲרִיפוּת

sharpness n חַדּוּת, חֲרִיפוּת

sharpshooter n קַלָּע, צַלָּף

sharp-witted adj שָׁנוּן, חֲרִיף־הַשֵּׂכֶל, פִּקֵּחַ

shatter vti 1 נִפֵּץ, שִׁבֵּר. 2 רוֹפֵף, עִרְעֵר, זִעְזַע. 3 הִתְנַפֵּץ, הִתְעַרְעֵר

shave vti 1 גִּלַּח. 2 קִלֵּף, הִקְצִיעַ. 3 כִּסַּח. 4 נָגַע נְגִיעָה קַלָּה. 5 הִתְגַּלֵּחַ

shaver n 1 גַּלָּב, סַפָּר. 2 מְכוֹנַת־גִּלּוּחַ. 3 תַּעַר

shaving brush מִבְרֶשֶׁת גִּלּוּחַ

shavings npl שְׁפָאִים, שְׁבָבִים

shawl n צָעִיף, שָׁל, רְדִיד

she pron 1 הִיא. 2 נְקֵבָה, אִשָּׁה

she-ass n אָתוֹן

she-devil n אֵשֶׁת־שְׂטָנִים

she-goat n עֵז

sheaf vt, n 1 אִלֵּם, כָּרַךְ, צָרַר, אָרַז. 2 צְרוֹר. 3 אֲלֻמָּה. 4 כְּרִיכָה

shears npl 1 מִסְפָּרַיִם. 2 מִגְזָזַיִם

shear vt 1 גָּזַר, גָּזַז. 2 סִפֵּר. 3 נָטַל, שָׁלַל, הוֹצִיא בְּמִרְמָה

sheath n נָדָן, נַרְתִּיק, תִּיק

sheathe vt הִכְנִיס לַנָּדָן, הֵשִׁיב לְנַרְתִּיק

sheaves npl 1 אֲלֻמּוֹת. 2 גַּלְגִּלּוֹת

shebang n עִנְיָן, עֵסֶק

shed vt, n 1 הִזִּיל, שָׁפַךְ, הִקִּיז. 2 הֵפִיץ, נָתַן. 3 הֵטִיל. 4 הִקְרִין. 5 הֵשִׁיר, הִשִּׁיל. 6 נָשַׁל. 7 צְרִיף. 8 סְכָכָה, בִּקְתָּה. 9 מַחֲסֶה, מַחֲבוֹא. 10 שֵׂעָר

sheen n זֹהַר, בָּרָק, פְּאֵר

sheep n 1 צֹאן. 2 כֶּבֶשׂ, כִּבְשָׂה, רָחֵל, רְחֵלָה. 3 אִישׁ תָּמִים

sheepdog n כֶּלֶב רוֹעִים

sheepfold n דִּיר, מִכְלָאָה

sheepish adj רָהוּי, מְבֻיָּשׁ, נָבוֹךְ

sheepishly adv בְּבַיְשָׁנוּת

sheepshearing n 1 גְּזִיזָה, גֵּז. 2 חֲגִיגוֹת הַגֵּז

sheepishness n בַּיְשָׁנוּת

sheepskin n 1 עוֹר כֶּבֶשׂ. 2 קְלָף. 3 דִּיפְּלוֹמָה

sheer vi, adj 1 סָטָה, נָטָה, הִטָּה. 2 שָׁקוּף, זַךְ, טָהוֹר. 3 גָּמוּר, מֻחְלָט. 4 זָקוּף, תָּלוּל, אֲנָכִי

sheer nonsense שְׁטוּת גְּמוּרָה

sheet vt, n 1 צִיֵּד בִּסְדִינִים, סִפֵּק סְדִינִים. 2 כִּסָּה, צִפָּה, עָטַף. 3 סָדִין. 4 גִּלָּיוֹן, יְרִיעָה, עָלֶה, דַּף. 5 רִקּוּעַ, פַּח

sheet-lightning n בְּרַק יְרִיעָה

sheeting n 1 רִקּוּעַ. 2 אָרִיג לִסְדִינִים

sheik(h) n שֵׁיךְ

shekel n שֶׁקֶל

sheldrake n טַדוֹרְנָה

shelf n 1 מַדָּף, אִצְטַבָּה, רַף. 2 שִׁכְבַת סְלָעִים. 3 שִׂרְטוֹן

shell vt, n 1 קִלֵּף. 2 הִפְגִּיז, הִפְצִיץ, הִרְעִישׁ. 3 הִתְקַלֵּף. 4 קְלִפָּה. 5 קוֹנְכִית, קַסְוָה. 6 שִׁרְיוֹן. 7 פְּצָצָה, פָּגָז. 8 קְרוּם, תַּרְמִיל. 9 רַכִּיכָה, צֶדֶף, שַׁבְּלוּל

shellfish n רַכִּיכוֹת

shellproof adj חֲסִין פְּגָזִים

shellshock n הֶלֶם קְרָב

shellac n לַכָּה מְזֻקֶּקֶת

shelter vti, n 1 שִׁמֵּשׁ מַחֲסֶה. 2 נָתַן מַחֲסֶה. 3 הֵגֵן עַל, שָׁמַר עַל. 4 מַחֲסֶה, מִקְלָט. 5 חָסוּת

shelve vti 1 הִשְׁתַּפֵּעַ, נָטָה. 2 גָּנַז, דָּחָה לִזְמַן אַחֵר. 3 פִּטֵּר, וִתֵּר. 4 הִנִּיחַ עַל מַדָּף

shelves npl אִצְטַבָּאוֹת, כּוֹנָנִיּוֹת

shepherd vt, n 1 רָעָה, הוֹבִיל. 2 רוֹעֶה, רוֹעֵה צֹאן. 3 רוֹעֶה רוּחָנִי

shepherd's pie פַּשְׁטִידָה כַּפְרִית

shepherdess n רוֹעָה

sherbet n שֶׁרְבֶּט, גְּלִידַת פֵּרוֹת

sheriff n שֶׁרִיף

sherry n שֶׁרִי

shibboleth n 1 שִׁבֹּלֶת. 2 מֵימְרָה, סִיסְמָה. 3 נִיב אָפְיָנִי. 4 מִנְהָג שֶׁהִתְיַשֵּׁן

shield vt, n 1 הֵגֵן עַל, חִפָּה עַל, שָׁמַר עַל, סָכַךְ עַל. 2 מָגֵן, צִנָּה, תְּרִיס. 3 שִׁרְיוֹן. 4 שֶׁלֶט־יוּחֲסִין

shift vti, n 1 הֶעְתִּיק, הֵזִיז, הֶעֱבִיר, הֶחֱלִיף. 2 זָז, נֶעְתַּק, עָקַר. 3 הִסְתַּדֵּר. 4 הַעְתָּקָה, הֲזָזָה, הַעֲבָרָה, הֶסֵּט. 5 מִשְׁמֶרֶת. 6 חִלּוּף, שִׁנּוּי. 7 תַּחְבּוּלָה, עָרְמָה. 8 תִּמְרוֹן

shiftily adv בְּעָרְמָה

shiftiness n עַרְמוּמִיּוּת, תַּחְבְּלָנוּת, תַּכְסִיסָנוּת

shifty adj עַרְמוּמִי, תַּחְבְּלָנִי, תַּכְסִיסָנִי

shiftless adj 1 חֲסַר יְכֹלֶת, חֲסַר רָצוֹן. 2 נִרְפֶּה, עַצְלָן, בַּטְלָן

shilling n שִׁילִינְג

shilly-shally vi, n 1 הִסֵּס, פִּקְפֵּק, פָּסַח עַל שְׁתֵּי הַסְּעִפִּים. 2 הִסּוּס, פִּקְפּוּק, פְּסִיחָה עַל שְׁתֵּי הַסְּעִפִּים

shimmer vi, n 1 נִצְנֵץ, הִבְלִיחַ, הִבְהֵב. 2 נִצְנוּץ, הַבְלָחָה, הִבְהוּב

shin n שׁוֹקָה

shin up vt טִפֵּס

shine vit, n 1 זָהַר, זָרַח, הִבְהִיק, הִבְרִיק, נִצְנֵץ. 2 הִצְטַיֵּן, הִזְהִיר. 3 צִחְצַח. 4 הִדְלִיק (אור), הִזְרִיחַ. 5 אוֹר, זֹהַר, נֹגַהּ. 6 בָּרָק, בֹּהַק. 7 צִחְצוּחַ. 8 מֶזֶג אֲוִיר נוֹחַ

shingle vt, n 1 רִעֵף, חוֹפֵף, כִּסָּה, חִפָּה. 2 סִפֵּר (ראש) קָצָר מְאֹד. 3 רַעַף, אָרִיחַ. 4 תִּסְפֹּרֶת קְצָרָה (נשים). 5 חָצָץ, חַלּוּקֵי יָם. 6 שֶׁלֶט (קטן)

shingles npl שַׁלְבֶּקֶת, חֲזָזִית

shining adj מֵאִיר, זוֹהֵר, זוֹרֵחַ, מַזְהִיר, קוֹרֵן

shiny adj 1 מַבְרִיק, נוֹצֵץ, קוֹרֵן. 2 מְצֻחְצָח

ship vti, n 1 הִטְעִין עַל אֳנִיָּה, הוֹבִיל בִּסְפִינָה. 2 אֳנִיָּה, סְפִינָה

shipboard (on) בָּאֳנִיָּה

shipbuilder n בּוֹנֵה אֳנִיּוֹת

ship's chandler סַפָּק לָאֳנִיּוֹת

shipload n מִטְעַן אֳנִיָּה

ship oars הִכְנִיס הַמְּשׁוֹטִים בְּתוֹךְ הַסִּירָה

ship off שִׁלַּח

shipper n 1 עֲמִיל מֶכֶס 2 סוֹכֵן מִשְׁלוֹחַ

shipyard n מִסְפָּנָה

shipment n הַטְעָנָה, מִטְעָן, מִשְׁלוֹחַ, סְחוֹרָה

shipping n 1 מִשְׁגּוֹר, מִשְׁלוֹחַ, הוֹבָלָה. 2 צִי, סְפֵנָה, אֳנִי. 3 שַׁיִט, סַפָּנוּת

shipshape adj, adv 1 עָרוּךְ כַּהֲלָכָה. 2 קַב וְנָקִי, "טִיפ־טוֹפ"

shipwreck vt, n 1 טִבַּע סְפִינָה, הִטְבִּיעַ. 2 הִטָּרְפוּת סְפִינָה. 3 חָרְבַּת אֳנִיָּה. 4 חֻרְבָּן, הֶרֶס

shipwright n בּוֹנֵה אֳנִיּוֹת, מְתַקֵּן אֳנִיּוֹת

shire n מָחוֹז

shire horse סוּס מַשָּׂא

shirk vti הִשְׁתַּמֵּט, הִתְחַמֵּק

shirker n מִשְׁתַּמֵּט, מִתְחַמֵּק

shirt n כֻּתֹּנֶת, חֻלְצָה

shirtwaist(er) n שִׂמְלָה מְכֻפְתֶּרֶת

shishkebab n שִׁישְׁקַבַּבּ

shit vti, n 1 הֶחֱרִיא, חִרְבֵּן. 2 חָרָא. 3 שְׁטֻיּוֹת

shiver vi, n 1 הִתְנַפֵּץ, הִתְפּוֹצֵץ. 2 רָעַד, רָטַט. 3 הִרְעִיד. 4 רְסִיס, קֵיסָם. 5 רַעַד, צְמַרְמֹרֶת, חַלְחָלָה

shivery adj 1 שָׁבִיר, פָּרִיךְ. 2 רוֹעֵד, חָרֵד

shoal n 1 מַיִם רְדוּדִים. 2 שִׂרְטוֹן. 3 הָמוֹן, שֶׁפַע. 4 נְחִיל דָּגִים, עֲדַת דָּגִים

shock vti, n 1 הָלַם, הִדְהִים, זִעְזַע, הֵמַם. 2 פִּלֵּץ, הֶחֱרִיד. 3 הִתְנַגֵּשׁ בְּחָזְקָה. 4 אִלֵּם. 5 הֶלֶם, זַעֲזוּעַ. 6 צְרוֹר אֲלֻמּוֹת. 7 סְבַךְ, שֵׂעָר, צִיצָה

shocking adj 1 מְזַעֲזֵעַ, מַדְהִים, מְתֹעָב, מַבְהִיל. 2 "נוֹרָא"

shod pp זמן עבר ובינוני עבר של הפועל to shoe

shoddy adj, n 1 יָרוּד, גָּרוּעַ, מְזֻיָּף. 2 יְמַרְנוּת. 3 אָרִיג זוֹל

shoe vt, n 1 הִנְעִיל, פִּרְזֵל, סִנְדֵּל. 2 מִנְעָל, נַעַל. 3 סַנְדָּל. 4 גָּשִׁישׁ, חִשּׁוּק, סוּלְיָה (צמיג). 5 פַּרְסָה

shoeblack n מְצַחְצֵחַ נַעֲלַיִם

shoehorn n כַּף נַעַל

shoelace n שְׂרוֹךְ נַעַל

shoetree n אִמּוּם

shoemaker סַנְדְּלָר

shogun n שׁוֹגוּן

shone pt זמן עבר ובינוני עבר של הפועל to shine

shook pt זמן עבר של הפועל to shake

shoot vti, n 1 יָרָה, פָּגַע. 2 צָד. 3 הִנְחִית, הִמְטִיר. 4 הֵעִיף, הֵטִיל, שִׁגֵּר. 5 שִׁחְרֵר, הִשְׁלִיךְ. 6 שָׁפַךְ, רוֹקֵן, הֵרִיק, הוֹרִיד. 7 נִמֵּר, פִּסְפֵּס, גִּוֵּן. 8 הִבְלִיט, הוֹצִיא. 9 הִצְמִיחַ, שָׁלַח, שִׁלַּח. 10 צִלֵּם. 11 פּוֹצֵץ. 12 מָדַד, נָתַן, מָסַר, הֶעֱבִיר. 13 זִנֵּק, קָפַץ, טָס. 14 בִּצְבֵּץ, יָצָא, נָבַט, הֵנֵץ, לִבְלֵב. 15 בָּלַט, הִשְׁתַּרְבֵּב. 16 חָלַף לְפֶתַע. 17 יְרִי, יְרִיָּה. 18 צַיִד, קְלִיעָה. 19 גִּדּוּל, צְמִיחָה. 20 יוֹנֵק, נֵצֶר, חֹטֶר. 21 אֶשֶׁד, מַפַּל מַיִם. 22 מוֹרָד

shoot down vt 1 הִפִּיל. 2 חִסֵּל (טענות). 3 הָרַג, יָרָה

shooting n 1 יְרִי, יְרִיּוֹת. 2 צַיִד

shooting-brake n טֶנְדֶּר

shooting-range n מִטְוָח יְרִי

shop vi, n 1 עָרַךְ קְנִיּוֹת. 2 הִלְשִׁין. 3 חֲנוּת. 4 בֵּית מְלָאכָה, סַדְנָה

shop assistant זַבָּן, מוֹכֵר
shop floor 1 אוּלַם יִצּוּר. 2 פּוֹעֲלֵי הַיִּצּוּר
shopkeeper n חֶנְוָנִי
shoplift vi גָּנַב בַּחֲנוּת, סָחַב
shopping n עֲרִיכַת קְנִיּוֹת
shopping center קַנְיוֹן
shop-steward n נְצִיג הָעוֹבְדִים (בבית חרושת)
shopwalker n מַשְׁגִּיחַ בַּחֲנוּת, מַדְרִיךְ לַקּוֹחוֹת
shopwindow n חַלּוֹן רַאֲוָה
shore n 1 חוֹף, גָּדָה, שָׂפָה. 2 תּוֹמֶכֶת, מִשְׁעָן, מִתְמָךְ
shore up vt תָּמַךְ
shorn pp בינוני עבר של הפועל to shear
short adj, adv, n 1 קָצָר, נָמוּךְ, צַר. 2 חָסֵר, לָקוּי. 3 תַּמְצִיתִי, מְצֻמְצָם. 4 פָּרִיר, פָּרִיךְ. 5 קֹצֶר, קִצּוּר. 6 קֶצֶר (חשמל). 7 פִּתְאֹם, בִּקְצָרָה, בְּגַסּוּת
short and sweet חַד וְחָלָק, קָצָר וְקוֹלֵעַ
short circuit קֶצֶר
short shrift 1 טִפּוּל קָצָר וַחֲסַר סַבְלָנוּת
shortage n מַחְסוֹר, חֶסֶר, גֵּרָעוֹן
shortcake n עוּגָה פְּרִיכָה
shortchange vt 1 נָתַן עֹדֶף פָּחוֹת מִן הַמַּגִּיעַ. 2 רִמָּה, הוֹנָה
shortcoming n מִגְרַעַת, חִסָּרוֹן, מִגְבָּלָה
shortcut n קֶפֶּנְדַּרְיָא, קִצּוּר דֶּרֶךְ
shorten vti 1 קִצֵּר, צִמְצֵם, מִעֵט, הִקְטִין. 2 הִתְקַצֵּר, הִצְטַמְצֵם
shortfall n 1 גֵּרָעוֹן. 2 חֹסֶר
shorthand n קַצְרָנוּת
short-handed adj 1 חֲסַר עוֹבְדִים. 2 קְצַר־יָדַיִם
short-list vt, n 1 הִכְנִיס לִרְשִׁימַת הַמֻּעֲמָדִים. 2 רְשִׁימַת הַמֻּעֲמָדִים
short-lived adj קְצַר יָמִים
shortly adv 1 בְּקָרוֹב, בִּמְהֵרָה. 2 בְּקִצּוּר.

3 בְּפַסְקָנוּת, בְּגַסּוּת
shortness n קִצּוּר, קֹצֶר, חֹסֶר
short of חָסֵר, פָּחוֹת מִ־
shortsighted adj 1 קְצַר רְאִיָּה. 2 חֲסַר מָעוֹף
short-tempered adj קְצַר־אַפַּיִם, כַּעֲסָן
short-term adj, n קְצַר מוֹעֵד
shorts npl 1 מִכְנָסַיִם קְצָרִים. 2 תַּחְתּוֹנִים
shot adj, n 1 יָרוּי. 2 מְגֻוָּן, מְגֻמָּר. 3 בָּלוּי, הָרוּס. 4 יְרִיָּה. 5 נִסָּיוֹן, נִחוּשׁ. 6 קָלִיעַ. 7 תַּצְלוּם, צִלּוּם. 8 רֶסֶס. 9 מְנַת הַזְּרָקָה (סם). 10 קַלָּע. 11 מַכָּה, חֲבָטָה. 12 עבר ובינוני עבר של הפועל to shoot
shotgun n רוֹבֶה צַיִד
should aux. verb צָרִיךְ
shoulder vt, n 1 דָּחַף, הָדַף (בכתף). 2 כִּתֵּף, הִכְתִּיף (רובה). 3 נָשָׂא עַל כְּתֵפָיו. 4 כָּתֵף, שֶׁכֶם
shoulder blade עֶצֶם הַשֶּׁכֶם
shoulder strap 1 כּוֹתֶפֶת, כִּתְפָּה. 2 כְּתֵפָה, כְּתֵפִיָּה
shout vti, n 1 צָוַח, צָעַק, צָרַח. 2 הֵרִיעַ. 3 צְעָקָה, צְוָחָה, צְרָחָה. 4 תְּרוּעָה
shout down הִשְׁתִּיק בִּצְעָקוֹת
shove vt, n 1 הָדַף, דָּחַף. 2 נִדְחַק. 3 דְּחִיפָה, הֲדִיפָה
shove off הִסְתַּלֵּק, הִתְרַחֵק
shovel vt, n 1 הֶעֱבִיר בְּיָעֶה. 2 גָּרַף, חָתָה. 3 יָעֶה, מַחְתָּה, אֵת
shovelful n מְלוֹא הַיָּעֶה
show vti, n 1 הֶרְאָה, הִצִּיג, גִּלָּה, הִפְגִּין. 2 הִסְבִּיר, הוֹרָה. 3 נִרְאָה, הוֹפִיעַ. 4 גִּלּוּי, הוֹפָעָה, מִפְגָּן. 5 רַאֲוָה. 6 מַחֲזֶה, הַצָּגָה, תְּצוּגָה. 7 הִזְדַּמְּנוּת
show business תַּעֲשִׂיַּת הַשַּׁעֲשׁוּעִים
show in הִכְנִיס

show off 1 הִצִּיג לְרַאֲוָה. 2 הִתְיַהֵר, הִתְנַשֵּׂא. 3 גַּנְדְּרָן, מִתְהַדֵּר
show out לִוָּה אֶל הַדֶּלֶת
show over/round/ around הֶרְאָה אֶת הַסְּבִיבָה, לָקַח לְסִיּוּר
show up 1 הוֹפִיעַ, בִּצְבֵּץ. 2 הוֹקִיעַ
showbiz n עִסְקֵי שַׁעֲשׁוּעִים, עִסְקֵי בִּדּוּר
showcase n 1 תֵּבַת־רַאֲוָה, תֵּבַת תְּצוּגָה. 2 חַלּוֹן רַאֲוָה
showdown n גִּלּוּי הַקְּלָפִים, הַכְרָעָה
shower vti, n 1 הִמְטִיר, הִזְלִיף. 2 הִשְׁפִּיעַ. 3 יָרַד (גשם). 4 הִתְקַלֵּחַ. 5 מָטָר, גֶּשֶׁם (קצר), מִמְטָח. 6 מִקְלַחַת
shower hand מַקְלֵחַ
showery adj מִמְטָרִי
showman n אֲמַרְגָּן
showmanship n אֲמַרְגָּנוּת
showroom n חֲדַר תְּצוּגָה
shown pp בינוני עבר של הפועל to show
showy adj 1 גַּנְדְּרָנִי, טַרְזָנִי. 2 רוֹעֵשׁ, צַעֲקָנִי
shrank pt זמן עבר של הפועל to shrink
shrapnel n רְסִיס, רְסִיסִים (פגז)
shred vt, n 1 קָרַע לִגְזָרִים, גָּזַר (לגזרים). 2 קֶרַע, גֶּזֶר. 3 רְסִיס, בָּדָל, קַרְטוֹב
shredder n מַגְרֵסַת־נְיָר
shrew n 1 חַדַּף. 2 מִרְשַׁעַת, סוֹרֶרֶת, נִרְגָּנִית
shrewd adj פִּקֵּחַ, עַרְמוּמִי, חָרִיף, שָׁנוּן
shrewdly adv בְּפִקְחוּת
shrewdness n פִּקְחוּת, חֲרִיפוּת, עַרְמוּמִיּוּת
shrewish adj נִרְגֶּנֶת, גַּדְּפָנִית, נִרְשָׁעָה
shrewishly adv בְּרִשְׁעוּת
shrewishness n רִשְׁעוּת, נִרְגָּנוּת, גַּדְּפָנוּת
shriek vit, n 1 צָוַח, צָרַח. 2 צָחַק בְּקוֹל רָם. 3 צְוָחָה, צְרִיחָה
shrike n חַנְקָן (ציפור)
shrill vi, adj 1 צָוַח, צָרַח. 2 צַוְחָנִי, צַרְחָנִי
shrimp vi, n 1 דָּג חֲסִילוֹנִים. 2 חֲסִילוֹן. 3 נַנָּס, גַּמָּד
shrine n 1 מִשְׁכָּן, מִזְבֵּחַ. 2 קֶבֶר קָדוֹשׁ
shrink vit 1 הִתְכַּוֵּץ, הִצְטַמֵּק, פָּחַת. 2 כִּוֵּץ, צִמֵּק. 3 נָסוֹג, נִרְתַּע
shrinkage n הִתְכַּוְּצוּת, הִצְטַמְּקוּת, כְּוִיצוּת, פְּחָת
shrive vt וִדָּה, הִתְוַדָּה
shrivel vti 1 כָּמַשׁ, קָמַל, הִצְטַמֵּק. 2 הִכְמִישׁ, צִמֵּק
shroud vi, n 1 כָּרַךְ (מת) בְּתַכְרִיכִים. 2 כִּסָּה, הִסְוָה, הִצְפִּין. 3 רִכְסָה. 4 תַּכְרִיכִים. 5 מַעֲטֶה
shrub n שִׂיחַ
shrubbery n שִׂיחִים
shrug vti, n 1 מָשַׁךְ בִּכְתֵפָיו. 2 מְשִׁיכַת כְּתֵפַיִם
shrunk pt בינוני עבר של הפועל to shrink
shrunken adj pp 1 מְכֻוָּץ, מְצֻמָּק. 2 זמן עבר של הפועל to shrink
shuck vt, n 1 קִלֵּף, הֵסִיר. 2 קְלִפָּה. 3 קְלִפַּת הַשּׁוּם
shudder vi, n רָעַד, הִתְחַלְחֵל, הִזְדַּעְזַע
shuffle vit, n 1 טָרַף (קלפים). 2 בִּלְבֵּל, עִרְבֵּב. 3 גֵּרַר הָרַגְלַיִם. 4 טְרִיפָה (קלפים). 5 גְּרִירַת הָרַגְלַיִם. 6 עִרְבּוּב, בִּלְבּוּל
shun vt הִתְרַחֵק, הִשְׁתַּמֵּט, סָר מִן
shunt vti, n 1 עִתֵּק, הֶעֱבִיר, הִטָּה. 2 סָטָה. 3 עִתּוּק, הַעֲבָרָה, הַפְנָיָה
shunter n עַתָּק (רכבת)
shush vit, interj 1 ששש!, שֶׁקֶט!, הַס!. 2 הִסָּה
shut vti, adj 1 סָגַר, הֵגִיף, אָטַם, עָצַם, חָסַם, סָתַם, נָעַל. 2 נִסְגַּר, הוּגַף, נֶעֱצַם, נֶחְסַם
shut away 1 כָּלָא. 2 הֶחְבִּיא. 3 הִתְחַבֵּא, הִסְתַּתֵּר
shut down 1 סָגַר, נִסְגַּר, יָרַד. 2 סְגִירָה, נְעִילָה
shut in אָסַר, כָּלָא, עָצַר, צָר עַל
shut off 1 סָגַר, חָסַם. 2 מַחְסוֹם,

שַׁסְתּוֹם, סֶגֶר

shut out 1 מָנַע (כניסה). 2 מְנִיעַת כְּנִיסָה

shut up vti 1 סָתַם, כָּלָא, סָגַר. 2 הִשְׁתִּיק. 3 שָׁתַק

shut-down n 1 הַשְׁבָּתָה. 2 הַפְסָקָה. 3 סְגִירָה, נְעִילָה

shuttle vti, n 1 נָע הָלוֹךְ וָשׁוֹב. 2 הֶעֱבִיר הָלוֹךְ וָשׁוֹב (נוסעים). 3 שֵׁרוּת (תחבורה). 4 בַּכְיָר

shuttle diplomacy דִּיפְּלוֹמַטְיָה שֶׁל דִּלּוּגִים

shuttlecock n נוֹצִית, כַּדּוּר נוֹצָה

shutter vt, n 1 סָגַר תְּרִיסִים, תָּרַס. 2 שָׂם תְּרִיסִים. 3 תְּרִיס, מְגוּפָה, מִכְסֶה. 4 צִמְצָם. 5 סֶגֶר

shy vit, adj, n 1 נִרְתַּע, נָסוֹג. 2 זָרַק, הִשְׁלִיךְ. 3 בַּיְּשָׁן, נֶחְבָּא אֶל הַכֵּלִים. 4 חָסֵר. 5 רְתִיעָה, נְסִיגָה. 6 זְרִיקָה, הַשְׁלָכָה

shyly adv בְּבַיְּשָׁנוּת

shyness n בַּיְּשָׁנוּת

shyster n 1 נוֹכֵל, רַמַּאי. 2 פְּרַקְלִיט־לִדְבַר־עֲבֵרָה

sialolithiasis n חֲצֶצֶת בַּלּוּטוֹת הָרֹק

Siamese adj, n 1 סִיאָמִי. 2 סִיאָמִית

Siberian adj סִיבִּירִי

sibilant adj, n שׁוֹרֵק (פונטיקה)

sibling n אָח, אָחוֹת

siblings npl אַחָאִים

sibyl n סִיבִּילָה, מַגֶּדֶת־עֲתִידוֹת, מְכַשֵּׁפָה

sibylline adj 1 נְבוּאִי, מִסְתּוֹרִי. 2 שֶׁל סִיבִּילָה

sic adv כָּךְ, כָּכָה

Sicilian adj, n סִיצִילְיָאנִי

sick vt, adj 1 שִׁסָּה. 2 חוֹלֶה, דָּוֶה, חוֹלָנִי. 3 סוֹלֵד מִ־, בּוֹחֵל בְּ־, קָץ בְּ־. 4 מַרְגִּישׁ בְּחִילָה, מֵקִיא. 5 מְדֻכְדָּךְ. 6 מְקֻלְקָל. 7 נָגוּעַ

sick and tired נִמְאַס לוֹ

sick bay/berth חֲדַר חוֹלִים (באניה), מִרְפָּאָה

sick leave חֻפְשַׁת מַחֲלָה

sick at heart עִם כְּאֵב בַּלֵּב

sick for חוֹלֶה לְ־

sick up הֵקִיא

sicken vit 1 חָלָה. 2 הֶחֱלָה. 3 עוֹרֵר בְּחִילָה

sickening adj 1 מַגְעִיל, מַבְחִיל. 2 מַחֲלֶה

sickeningly adv בְּאֹפֶן מַגְעִיל

sickish adj 1 חוֹלֶה בְּמִקְצָת. 2 מַגְעִיל בְּמִקְצָת

sickle n חֶרְמֵשׁ

sickly adj 1 חוֹלָנִי. 2 מַבְחִיל, מַחֲלֶה

sickness n חֳלִי, מַחֲלָה

side n 1 צַד, עֵבֶר, צֶלַע, שָׂפָה, גָּדָה. 2 חֵלֶק, קָצֶה, אֲגַף. 3 נִבְחֶרֶת, קְבוּצָה

side door דֶּלֶת צְדָדִית

side with נָטָה לְצַד

sideboard n מִזְנוֹן

sidecar n סִירַת אוֹפַנּוֹעַ

side effect הַשְׁפָּעַת לְוַאי

sidekick n 1 חָבֵר קָרוֹב, רֵעַ. 2 עוֹזֵר, שֻׁתָּף

sideline n 1 עֲבוֹדָה צְדָדִית, עִסּוּק צְדָדִי. 2 קַו־הַחוּץ (של מגרש)

sidelong adj, adv 1 בַּאֲלַכְסוֹן. 2 מְלֻכְסָן, מְצֻדָּד

sidereal adj כּוֹכָבִי

sidesaddle n אֻכַּף נָשִׁים

sideslip vi, n 1 הֶחֱלִיק הַצִּדָּה. 2 הַחְלָקָה הַצִּדָּה

sidesman n נַגָּן גַּ׳ז

sidestep vti, n 1 צָעַד הַצִּדָּה. 2 הִתְחַמֵּק, חָמַק, הִשְׁתַּמֵּט

sidetrack vt, n 1 עָתַק, עִתֵּק. 2 הִסִּיחַ הַדַּעַת. 3 מְסִלָּה צְדָדִית

sidewalk n מִדְרָכָה

sideward(s) adv הַצִּדָּה, לַצַּד

sideways, sidewise adv 1 מִן הַצַּד, בַּאֲלַכְסוֹן. 2 הַצִּדָּה

siding n שְׁלוּחָה (רכבת)

sidle vi הִצְטַדֵּד, הָלַךְ בְּצִדּוּד
siege n מָצוֹר
sienna n סִיֶּנָּה
sierra n 1 סְיֶרָה, רֶכֶס הָרִים. 2 קוֹלְיָפָס (דג)
siesta n סְיֶסְטָה, מְנוּחַת הַצָּהֳרַיִם
sieve vt, n 1 כָּבַר, נִפָּה. 2 נָפָה, כְּבָרָה
sift vti 1 כָּבַר, נִפָּה. 2 סִנֵּן. 3 בָּחַן, בָּדַק. 4 הִפְרִיד, נִתַּח
sigh vi, n 1 נֶאֱנַח, גָּנַח. 2 אֲנָחָה, גְּנִיחָה
sight vt, n 1 רָאָה, חָזָה, כִּוֵּן, צָפָה, הִתְבּוֹנֵן. 2 סָקַר. 3 מַרְאֶה, חִזָּיוֹן. 4 נוֹף. 5 רְאִיָּה, רְאוּת, הַשְׁקָפָה, מַבָּט. 6 כַּוֶּנֶת
sight for sore eyes מַרְנִין לֵב, מַרְפֵּא לָעַיִן
sighted adj בַּעַל רְאִיָּה
sightless adj עִוֵּר
sightseeing n סִיּוּר, תִּיּוּר, טִיּוּל
sightseer n תַּיָּר, טַיָּל, מְסַיֵּר
sign vti, n 1 סִמֵּן, הִתְוָה. 2 רָמַז. 3 חָתַם, הִתְחַיֵּב. 4 אוֹת, סִימָן, מוֹפֵת, צִיּוּן. 5 שֶׁלֶט. 6 רֶמֶז, רְמִיזָה
sign in חָתַם בַּכְּנִיסָה
sign of the zodiac מַזָּל
sign off 1 סִיֵּם מִשְׁדָּר. 2 סִיֵּם בַּחֲתִימָה
signal vti, adj, n 1 אוֹתֵת. 2 נָתַן אוֹת. 3 בּוֹלֵט, מֻבְהָק. 4 אוֹת, אִתּוּת
signalize vt 1 אוֹתֵת. 2 צִיֵּן, הִדְגִּישׁ, הִבְלִיט
signatory n חוֹתֵם, בָּא עַל הֶחָתוּם
signature n חֲתִימָה, חֲתִימַת יָד, סִימָנִית
signature tune 1 נְגִינַת הֶכֵּר, נְעִימַת פְּתִיחָה. 2 אוֹת הַתַּחֲנָה
signboard n שֶׁלֶט, לוּחַ מוֹדָעוֹת
signet n חוֹתָם, גּוּשְׁפַּנְקָה
significance(cy) n מַשְׁמָעוּת, הוֹרָאָה, מוּבָן, מֻבְהָקוּת
significant adj מַשְׁמָעוּתִי, בּוֹלֵט, מֻבְהָק
significantly adv בְּאֹפֶן מַשְׁמָעוּתִי
signification n מַשְׁמָעוּת, כַּוָּנָה, מוּבָן
significative adj מַשְׁמָעוּתִי
signify vti 1 צִיֵּן, הוֹרָה, רָמַז. 2 הָיָה סִימָן לְ־
sign on vit 1 הִתְגַּיֵּס. 2 נִרְשַׁם. 3 הֶחְתִּים
sign out vi חָתַם בִּיצִיאָה
signpost n שֶׁלֶט, תַּמְרוּר
Sikh n 1 אָדָם סִיקִי. 2 סִיקִי
silage n תַּחְמִיץ
silence vt, n 1 הִשְׁתִּיק, הִשְׁקִיט, שִׁתֵּק, הִסָּה, הִדְמִים. 2 שְׁתִיקָה, אֵלֶם, דְּמָמָה. 3 שִׁכְחָה, דְּמִימָה
silence gives consent שְׁתִיקָה כְּהוֹדָאָה דָמְיָא
silencer n מַשְׁתֵּק, מַשְׁקֵט
silent adj 1 שׁוֹתֵק, מַחֲרִישׁ, אִלֵּם, דָּמוּם. 2 שַׁתְקָנִי. 3 מֻשְׁתָּק
silently adv בִּשְׁתִיקָה, בִּדְמָמָה
silhouette vt, n 1 תֵּאֵר בִּצְלָלִית, הִשְׁלִיךְ צְלָלִית. 2 צְלָלִית
silica n צֹרָן דּוּ־חַמְצָנִי
silicate n סִילִיקָט
silicon n צֹרָן, סִילִיקוֹן
silicon chip שְׁבַב צֹרָן
silicone n סִילִיקוֹן
silicosis n צֹרֶנֶת
silk adj, n 1 מִשְׁיִי, דְּמוּי מֶשִׁי. 2 מֶשִׁי
silk screen printing הֶדְפֵּס מֶשִׁי
silkworm n טַוַּאי־הַמֶּשִׁי, תּוֹלַעַת הַמֶּשִׁי
silken adj מִשְׁיִי
silkiness n מִשְׁיוּת
silky adj 1 מִשְׁיִי. 2 עָדִין, רַךְ
sill n מִפְתָּן, אֶדֶן, סַף
silliness n טִפְּשׁוּת, אִוֶּלֶת
silly adj 1 טִפְּשִׁי. 2 טִפֵּשׁ, שׁוֹטֶה, אֱוִיל
silo n 1 תַּחְמִיץ. 2 מִגְדַּל תַּחְמִיץ
silt vit, n 1 שָׁקַע סְחֹפֶת. 2 נִסְתַּם בִּסְחֹפֶת. 3 סָתַם בִּסְחֹפֶת. 4 סְחֹפֶת
silver adj, n 1 כַּסְפִּי, מְכֻסָּף, כָּסוּף. 2 כֶּסֶף
silver birch שַׁדָּר, לִבְנֶה צְפוֹנִי
silverfish n דַּג הַכֶּסֶף
silver plate 1 כְּלֵי כֶּסֶף. 2 צִפּוּי כֶּסֶף

silver screen מָסָךְ (קולנוע)
silver spoon 1 כַּפִּית שֶׁל כֶּסֶף. 2 פִּנּוּק
silver wedding חֲתֻנַּת כֶּסֶף
silversmith n צוֹרֵף כֶּסֶף, כַּסָּף
silverware n כְּלֵי כֶּסֶף
silvery adj כַּסְפִּי, בְּצֶבַע כֶּסֶף
simian adj, n 1 קוֹפִי. 2 קוֹף
similar adj דּוֹמֶה, מַקְבִּיל
similarity n דִּמְיוֹן, הֶקֵּשׁ
similarly adv בְּאֹפֶן דּוֹמֶה
simile n מָשָׁל, דִּמְיוֹן, דֻּגְמָה
similitude n דִּמְיוֹן, דִּמּוּי, מָשָׁל
simmer vit, n 1 פִּעְפֵּעַ, עָמַד לִרְתֹּחַ. 2 בְּשֶׁקֶט. 3 פִּעְפּוּעַ. 4 חִמּוּם
simony n מְעִילָה בַּקֹּדֶשׁ
simoom, simoon n סַמּוּם
simper vi, n 1 חִיֵּךְ חִיּוּךְ מְעֻשֶּׂה. 2 חִיּוּךְ מְעֻשֶּׂה
simple adj 1 פָּשׁוּט. 2 תָּמִים, תָּם, יָשָׁר, כֵּן, עָנָו, רָגִיל. 3 שׁוֹטֶה, טִפֵּשׁ
simpleminded adj 1 גְּלוּי לֵב, תָּמִים, יָשָׁר, כֵּן. 2 שׁוֹטֶה, פֶּתִי, רְפֵה הַשֵּׂכֶל
simpleton n פֶּתִי, שׁוֹטֶה
simplicity n 1 פַּשְׁטוּת, תְּמִימוּת. 2 כֵּנוּת, טִבְעִיּוּת. 3 טִפְּשׁוּת, שַׁטְיוּת
simplification n פִּשּׁוּט
simplify vt פִּשֵּׁט, הֵקֵל
simply adv פָּשׁוּט, בְּפַשְׁטוּת
simulacrum n 1 הַעֲמָדַת פָּנִים. 2 דָּבָר לֹא מַמָּשִׁי
simulate vt הֶעֱמִיד פָּנִים, הִתְחַפֵּשׂ, הִדְמָה
simulation הַדְמָיָה
simulator n בַּדַּאי, מַעֲמִיד פָּנִים, מַדְמֶה
simultaneous adj סִימוּלְטָנִי, בּוֹ־זְמַנִּי
simultaneity, simultaneousness n סִימוּלְטָנִיּוּת, בּוֹזְמַנִּיּוּת
simultaneously adv בּוֹ־זְמַנִּית
sin vi, n 1 חָטָא, פָּשַׁע, עָוָה. 2 נָאַף. 3 חֵטְא, פֶּשַׁע, עֲבֵרָה
sin against פָּשַׁע נֶגֶד
since adv, prep conj 1 מֵאָז. 2 הוֹאִיל וְ־, לְאוֹר. 3 מֵאָז שֶׁ־
sincere adj כֵּן, אֲמִתִּי, יָשָׁר
sincerely adv בְּכֵנוּת
sincereness n כֵּנוּת, יֹשֶׁר, אֲמִתִּיּוּת
sincerity n כֵּנוּת, יֹשֶׁר, אֲמִתִּיּוּת
sinecure n סִינֵקוּרָה
sine die לִזְמַן בִּלְתִּי מֻגְבָּל
sine qua non חִיּוּנִי, תְּנַאי הֶכְרֵחִי
sinew n 1 גִּיד, מֵיתָר. 2 שְׁרִירִיּוּת, מֶרֶץ
sinewy adj 1 שְׁרִירִי, גִּידִי. 2 תַּקִּיף, חָזָק
sinful adj 1 חוֹטֵא, רָשָׁע. 2 לֹא מוּסָרִי
sinfully adv בְּחֵטְא
sinfulness n רֶשַׁע, חֵטְא, אִי־מוּסָרִיּוּת
sing vit 1 שָׁר, זִמֵּר, רָן, רִנֵּן. 2 הִתְנַגֵּן, זִמְזֵם. 3 פִּיֵּט
singable adj לִירִי, מֶלוֹדִי, זַמְּרָנִי
sing-along n שִׁירָה בְּצִבּוּר
singe vti, n 1 חָרַךְ, צָרַב, כָּוָה, הִבְהֵב. 2 הִבְהוּב, חֲרִיכָה, כְּוִיָּה
singer n 1 זַמָּר. 2 צִפּוֹר שִׁיר. 3 מְשׁוֹרֵר, פַּיְטָן. 4 חוֹרֵךְ, מְהַבְהֵב
single adj, n 1 יָחִיד, בּוֹדֵד, יְחִידִי. 2 אֶחָד. 3 פָּנוּי, רַוָּק
single out בָּחַר, יִחֵד, בֵּרֵר
single-breasted adj עִם טוּר אֶחָד שֶׁל כַּפְתּוֹרִים
single-handed adj 1 בּוֹדֵד, בְּכֹחוֹת עַצְמוֹ. 2 בְּיָד אַחַת
single-minded adj 1 כֵּן, יָשָׁר. 2 מָסוּר לְמַטָּרָה אַחַת, נָחוּשׁ בְּדַעְתּוֹ
singleness n 1 מְסִירוּת, תַּקִּיפוּת. 2 כֵּנוּת, תְּמִימוּת
singlet n גּוּפִיָּה
singleton n 1 בּוֹדֵד, יָחִיד (קלף). 2 בֵּן יָחִיד
singly adv בִּיחִידוּת, לְבַדּוֹ
singsong adj, n 1 חַדְגּוֹנִי. 2 חַדְגּוֹנִיּוּת, קֶצֶב חַדְגּוֹנִי. 3 שִׁירָה בְּצִבּוּר

singular adj, n 1 יָחִיד, בּוֹדֵד. 2 מְיֻחָד. 3 נָדִיר
singularity n 1 יְחִידִיּוּת, יְחִידוּת. 2 נְדִירוּת
singularize vt יִחֵד
singularly adv 1 בִּמְיֻחָד. 2 בִּלְשׁוֹן יָחִיד
sinister adj 1 שְׂמָאלִי. 2 רָשָׁע, מְרֻשָּׁע. 3 מְבַשֵּׂר רָעוֹת
sink vti, n 1 שָׁקַע, צָלַל, טָבַע. 2 נִכְנַס, חָדַר. 3 שִׁקַּע, הִשְׁקִיעַ, הִטְבִּיעַ. 4 נֶחֱלַשׁ. 5 בִּיב שְׁפָכִים. 6 כִּיּוֹר, עָבִיט
sink in vi חָדַר
sink into vi שָׁקַע
sinkable adj שָׁקִיעַ
sinking n צְלִילָה, שְׁקִיעָה
sinner n חוֹטֵא, רָשָׁע, עֲבַרְיָן
sinology n סִינוֹלוֹגְיָה
sinologist n סִינוֹלוֹג
sinuosity n הִתְפַּתְּלוּת, עֲקַלְקַלּוּת, הִתְעַקְּלוּת
sinuous adj מִתְפַּתֵּל, מִתְעַקֵּל, עֲקַלָּתוֹן
sinus n גַּת (אנטומיה)
sinusitis n דַּלֶּקֶת הַגַּת
sip vti, n 1 לָגַם, טָעַם. 2 לְגִימָה
sir n סֵר, אָדוֹן, מַר, אֲדוֹנִי
sirdar n מְפַקֵּד, מַנְהִיג (בהודו)
sire vt, n 1 הוֹלִיד. 2 אָב. 3 סוּס הַרְבָּעָה. 4 הוֹד מַעֲלָתְךָ
siren n 1 סִירֶנָה, בְּתוּלַת יָם. 2 צוֹפָר
sirloin n נֵתַח, עֲנִיבָה וֶרֶד (בשר)
sirocco n רוּחַ קָדִים
sisal n סִיב, אֲגָבָה
sissy n רַכְרוּכִי
sister n 1 אָחוֹת. 2 אָחוֹת רַחֲמָנִיָּה. 3 נְזִירָה
sisterhood n 1 אֲחוֹתִיּוּת. 2 אֲגֻדַּת נָשִׁים
sister-in-law n גִּיסָה
sisterly adj כְּאָחוֹת
sit vit 1 יָשַׁב. 2 רָכַב. 3 דָּגַר, קִנֵּן, רָבַץ. 4 כִּהֵן
sit back יָשַׁב בְּחִבּוּק יָדַיִם
sit down 1 יָשַׁב, הִתְיַשֵּׁב. 2 שְׁבִיתַת שֶׁבֶת
sit in 1 הִשְׁתַּתֵּף. 2 מִלֵּא מָקוֹם. 3 הַפְגָּנַת־שֶׁבֶת
sit on the fence לֹא נָקַט עֶמְדָּה, יָשַׁב עַל הַגָּדֵר
sit out 1 יָשַׁב עַד הַסּוֹף. 2 לֹא הִשְׁתַּתֵּף
sit tight 1 הֶחֱרִישׁ, שָׁתַק. 2 לֹא זָז
sit up 1 יָשַׁב זָקוּף. 2 יָשַׁב עֵר
sitar n סִיטָר (כלי נגינה)
site vt, n 1 מִקֵּם, אִתֵּר. 2 מָקוֹם, אֲתַר. 3 מִגְרָשׁ
siting n מִקּוּם
sitter n 1 יוֹשֵׁב. 2 דּוֹגֶרֶת. 3 שׁוֹמֵר טַף. 4 דֻּגְמָנִית. 5 דָּבָר קַל
sitting n 1 יְשִׁיבָה, מוֹשָׁב. 2 דְּגִירָה
sitting duck מַטָּרָה נוֹחָה
sitting member חָבֵר פָּעִיל
sitting-room n חֲדַר אוֹרְחִים
situated adj נִמְצָא, שׁוֹכֵן, חוֹנֶה, שָׁרוּי
situation n 1 מַצָּב. 2 מִקּוּם, עֶמְדָּה, מַעֲמָד. 3 מִשְׂרָה
six adj, n 1 שֵׁשׁ. 2 שִׁשָּׁה
sixfold adj, adv 1 מְשֻׁשֶּׁה. 2 פִּי שִׁשָּׁה
sixes and sevens (at) בְּעִרְבּוּבְיָה
sixpence n חֲצִי שִׁילִינְג, שִׁשָּׁה פֶּנְס
sixteen adj, n 1 שִׁשָּׁה־עָשָׂר. 2 שֵׁשׁ־עֶשְׂרֵה
sixteenth adj, n 1 הַשִּׁשָּׁה־עָשָׂר. 2 הַשֵּׁשׁ־עֶשְׂרֵה
sixth adj, n 1 שִׁשִּׁי, שִׁשִּׁית. 2 סֶקְסְטָה
sixth form כִּתָּה י״א אוֹ י״ב
sixth former תַּלְמִיד בְּכִתָּה י״א אוֹ י״ב
sixth sense הַחוּשׁ הַשִּׁשִּׁי
sixthly adv שִׁשִּׁית
sixtieth adj, n חֵלֶק הַשִּׁשִּׁים
sixties (the) npl שְׁנוֹת הַשִּׁשִּׁים
sixty adj, n שִׁשִּׁים
size vt, n 1 מִיֵּן, עָרַךְ, קָבַע, מָדַד. 2 הִדְבִּיק, הִקְשָׁה. 3 גֹּדֶל, מִדָּה, שִׁעוּר. 4 דֶּבֶק, מַרְקָה
size up vt הֶעֱרִיךְ, תָּהָה עַל קַנְקַנּוֹ שֶׁל

siz(e)able adj בַּר מִדּוֹת, נִכָּר
sizzle vi, n 1 לָחַשׁ, רָחַשׁ. 2 לַחַשׁ, רְחִישָׁה. 3 תְּסִיסָה
skate vi, n 1 הֶחֱלִיק, גָּלַשׁ. 2 גַּלְגִּלִּית, מַחֲלִיקַיִם. 3 תְּרִיסָנִית (דג)
skateboard n גַּלְגִּלִּית
skating rink מַסְלוּל הַחְלָקָה
skein n דּוּלְלָה, פְּקַעַת סְלִיל
skeleton n 1 שֶׁלֶד, עַמּוּד שִׁדְרָה. 2 גַּרְעִין
skeleton in the cupboard קָלוֹן חֲשָׁאִי
skeleton key מַפְתֵּחַ גַּנָּבִים, פּוֹתַחַת
skep n כַּוֶּרֶת מִקַּשׁ
skeptic n סַפְקָנִי, סְקֶפְּטִי
skeptical adj סַפְקָנִי, סְקֶפְּטִי
sketch vit, n 1 תִּוָּה, רָשַׁם, תֵּאֵר, שִׂרְטֵט. 2 מִתְוֶה, תַּרְשִׁים, תֵּאוּר, סְקִיצָה, רִשְׁמֶת. 3 מַעַרְכוֹן
sketch out שִׂרְטֵט, הִתְוָה
sketchily adv בְּאֹפֶן כְּלָלִי
sketchiness n כְּלָלִיּוּת, רָאשֵׁי פְּרָקִים
skew adj אֲלַכְסוֹנִי, מְלֻכְסָן, מְשֻׁפָּע, עָקֹם
skewer n שַׁפּוּד
ski vi, n 1 גָּלַשׁ, הֶחֱלִיק. 2 סְקִי, מִגְלָשׁ,
skid vi, n 1 בָּלַם, עָצַר, גָּרַר. 2 הֶחֱלִיק. 3 בֶּלֶם, סָמוֹךְ. 4 פָּגוֹשׁ
skid row n 1 רֹבַע אָרְחֵי פָּרְחֵי. 2 הַדַּרְדְּרוּת
skiff n בּוּצִית
skill n 1 כֹּשֶׁר, יְכֹלֶת, מְיֻמָּנוּת, מֻמְחִיּוּת. 2 זְרִיזוּת
skill subjects מִקְצוֹעוֹת מְיֻמָּנוּת
skilled adj 1 מְיֻמָּן, מֻמְחֶה, מְנֻסֶּה. 2 זָרִיז
skillet n מַרְחֶשֶׁת, מַחֲבַת
skil(l)ful adj מַכְשָׁר, מְיֻמָּן, מֻמְחֶה, מְנֻסֶּה
skil(l)fully adv בִּמְיֻמָּנוּת, בְּמֻמְחִיּוּת
skim vti קִפָּה, הֵסִיר שַׁמֶּנֶת (מחלב), הֵסִיר קְרוּם
skim through עָבַר בְּרִפְרוּף
skimmed milk חָלָב דַּל־שֻׁמָּן
skimmer n מְקַפָּה
skimp vti קִמֵּץ, נָתַן בְּצִמְצוּם
skimpily adv בְּצִמְצוּם, בְּקַמְּצָנוּת
skimpy adj 1 קַמְּצָנִי, מְצֻמְצָם. 2 קָטָן. 3 דַּל
skin vti, n 1 כִּסָּה בְּעוֹר, הִקְרִים. 2 פָּשַׁט עוֹר. 3 פָּשַׁט, קִלֵּף. 4 הוֹנָה, רִמָּה. 5 עוֹר. 6 נוֹד, חֵמֶת. 7 גֶּלֶד, קְרוּם
skin-deep adj שִׁטְחִי, לֹא עָמֹק
skin diving צְלִילָה בְּלִי צִיּוּד צְלִילָה
skinflint n קַמְּצָן, כִּילַי
skintight adj הָדוּק, חָפוּת
skinny adj רָזֶה, כָּחוּשׁ
skint adj עָנִי מָרוּד
skip vti, n 1 דִּלֵּג, נִתֵּר, קִפֵּץ, פָּסַח עַל, הִשְׁמִיט. 2 דִּלּוּג, קְפִיצָה, נְתִירָה. 3 הַשְׁמָטָה, פְּסִיחָה
ski-pole n מַטֵּה גְּלִישָׁה
skipper n 1 דּוֹלֵג, מְדַלֵּג. 2 רַב חוֹבֵל. 3 מְפַקֵּד מָטוֹס
skirl n קוֹל חֵמַת־חֲלִילִים
skirmish vi, n 1 הִתְכַּתֵּשׁ, הִתְנַגֵּשׁ. 2 תִּגְרָה, הִתְנַגְּשׁוּת, הִתְכַּתְּשׁוּת
skirt vti, n 1 עָקַף, עָבַר לְאֹרֶךְ הַשָּׂפָה. 2 חֲצָאִית, שִׂמְלָה. 3 שָׂפָה, קָצֶה
skirting-board n שִׁפֹּלֶת
skis npl מִגְלָשַׁיִם
skit n לַעַג, סָטִירָה, בּוּרְלֶסְקָה, מַעַרְכוֹן סָטִירִי
skittish adj 1 עַצְבָּנִי. 2 קַפְּרִיזִי
skittishly adv בְּשׁוֹבְבוּת
skittishness n שׁוֹבְבוּת
skittle n 1 יָתֵד, קוֹנָה. 2 מִשְׂחַק הַכַּדֹּרֶת
skivvy n מְשָׁרֶתֶת, שִׁפְחָה
skua n סְקוּאָה, שַׁחַף טַפִּיל
skulk vi 1 אָרַב. 2 הִסְתַּתֵּר. 3 הִתְחַמֵּק, הִשְׁתַּמֵּט
skull n 1 גֻּלְגֹּלֶת, קָדְקֹד. 2 קַרְקֶפֶת
skullcap n כִּפָּה
skullduggery n מְזִמּוֹת, תְּכָכִים, תַּחְבּוּלוֹת, תַּעֲלוּלִים
skunk n 1 בּוֹאֵשׁ. 2 נִבְזֶה, נָבָל

sky n שָׁמַיִם, רָקִיעַ, שְׁחָקִים
sky blue 1 תָּכֹל. 2 תְּכֵלֶת
skydiving n צְנִיחָה חָפְשִׁית
sky-high adv מַאֲמִיר, עַד הַשָּׁמַיִם
skylark n עֶפְרוֹנִי
skylight n צֹהַר, אֶשְׁנָב
skyrocket vi עָלָה פִּתְאֹם (מחיר)
skyscraper n גּוֹרֵד שְׁחָקִים
skyward(s) adv אֶל עָל, הַשָּׁמַיְמָה
slab n לוּחַ, טַבְלָה, פְּרוּסָה
slack vi, adj 1 רָפָה, הִתְבַּטֵּל, הִשְׁתַּמֵּט, רָשַׁל. 2 רִפָּה, הִתְרַשֵּׁל. 3 רַשְׁלָן, בַּטְלָן. 4 רָפוּי, לֹא מָתוּחַ
slacken vti 1 עִכֵּב, הֵאֵט, שִׁכֵּךְ, הִמְעִיט. 2 רָפָה, הִתְרוֹפֵף, נֶחֱלַשׁ
slackly adv בְּרִפְיוֹן
slackness n רִפְיוֹן, הָאָטָה, עַצְלוּת, רִשּׁוּל
slack off 1 נִרְפָּה, נֶחֱלַשׁ. 2 הֵאֵט, יָרַד לְשֵׁפֶל
slacks npl מִכְנָסַיִם אֲרֻכִּים
slag n סִיגִים, פְּסֹלֶת
slain pp בינוני עבר של הפועל to slay
slake vt הִרְוָה, הִשְׂבִּיעַ, שִׁכֵּךְ, הֵפִיג, כִּבָּה
slalom n גְּלִישַׁת סְקִי בִּסְלָאלוֹם
slam vti, n 1 טָרַק, דָּחַף בְּכֹחַ. 2 גִּדֵּף, גִּנָּה. 3 טְרִיקָה
slam (grand) נִצָּחוֹן (ברידג')
slander vt, n 1 הִשְׁמִיץ, הִלְעִיז, הָלַךְ רָכִיל. 2 הַשְׁמָצָה, דִּבָּה, לַעַז, רְכִילוּת
slanderous adj מַשְׁמִיץ, דִּבָּתִי, מַלְעִיז
slang vt, n 1 נִבֵּל אֶת פִּיו. 2 עָגָה, סְלֶנְג
slant vit, n 1 נָטָה, הִתְלַכְסֵן, הִשְׁתַּפֵּעַ. 2 הִטָּה, לִכְסֵן, שִׁפֵּעַ. 3 שִׁפּוּעַ, נְטִיָּה, הַטָּיָה, מִדְרוֹן
slantingly, slantwise adv בַּאֲלַכְסוֹן
slap vt, n, adv 1 סָטַר, טָפַח. 2 סְטִירָה, מַכָּה, טְפִיחָה. 3 פִּתְאֹם, יָשָׁר אֶל
slapdash adj, adv 1 נִמְהָר, חִפּוּז, קַל דַּעַת. 2 פִּתְאֹם, בְּבֶהָלָה, בְּחִפָּזוֹן
slapstick n לֵיצָנוּת
slap-up adj מְצֻיָּן, נִפְלָא
slash vti, n 1 פָּצַע, שָׂרַט. 2 הִצְלִיף. 3 חָתַךְ, פֶּצַע, סְרִיטָה, שְׂרִיטָה. 4 הַצְלָפָה. 5 לוֹכְסָן
slat n רְפָפָה, לוּחִית, פַּס, פָּסִיס
slate vt, n 1 כִּסָּה בְּצִפְחָה, רִעֵף. 2 נָזַף, בִּקֵּר, גִּנָּה. 3 צִפְחָה
slating n 1 רִעוּף, רְעָפִים. 2 בִּקֹּרֶת חֲמוּרָה, נְזִיפָה
slatted shutter תְּרִיס רְפָפוֹת
slattern n רַשְׁלָנִית, מְרֻשֶּׁלֶת
slaty adj דּוֹמֶה לְצִפְחָה, אָפֹר
slaughter vt, n 1 שָׁחַט, טָבַח, קָטַל. 2 קֶטֶל, שְׁחִיטָה, טֶבַח
slaughterhouse n בֵּית־מִטְבָּחַיִם
Slav adj, n סְלָבִי
slave n עֶבֶד, שִׁפְחָה, אָמָה
slave driver נוֹגֵשׂ, מְנַצֵּל, מַעֲבִיד בְּפֶרֶךְ
slaver over הִתְחַנֵּף, הִתְרַפֵּס
slavery n עַבְדוּת, שִׁעְבּוּד
slave trade סְחַר עֲבָדִים
slavish adj מְשֻׁעְבָּד, נִרְצָע, נִקְלֶה
slavishly adv כְּעֶבֶד נִרְצָע
Slavonic adj סְלָבוֹנִי
slaw n סָלָט כְּרוּב
slay vt 1 הָרַג, הֵמִית, טָבַח. 2 הָרַס, הִשְׁמִיד
sleazy adj קָלוּשׁ, רוֹפֵף, מֻזְנָח, מְפֻקְפָּק
sled(ge) vi, n 1 נָסַע בְּמִזְחֶלֶת. 2 הוֹבִיל בְּמִזְחֶלֶת. 3 מִזְחֶלֶת, מִגְרָרָה
sleek vt, adj 1 הֶחֱלִיק, לִטֵּשׁ, צִחְצֵחַ. 2 מְלֻטָּשׁ, חֲלַקְלַק. 3 בָּרִיא, דָּשֵׁן
sleekly adv חֲלַקְלַקּוֹת
sleekness n חֲלַקְלַקּוּת, לִטּוּשׁ, צִחְצוּחַ
sleep vi, n 1 יָשַׁן, נִרְדַּם, נָם. 2 שָׁכַב, לָן. 3 שֵׁנָה, תַּרְדֵּמָה, תְּנוּמָה
sleep in לָן בִּמְקוֹם הָעֲבוֹדָה
sleep out לָן מִחוּץ לְבֵיתוֹ
sleep off הֵפִיג בְּשֵׁנָה

sleep on הֵלִין, שָׁקַל לִפְנֵי הַחְלָטָה
sleep through הוֹסִיף לִישֹׁן
sleep with שָׁכַב עִם
sleepily adv מִתּוֹךְ שֵׁנָה
sleepiness n תַּרְדֵּמָה, רְדִימוּת
sleeping n שֵׁנָה
sleeping bag שַׂק שֵׁנָה
sleeping car קְרוֹן שֵׁנָה
sleeping draught סַם שֵׁנָה
sleeping partner שֻׁתָּף לֹא פָּעִיל
sleeping pill גְּלוּלַת שֵׁנָה
sleeping sickness מַחֲלַת הַשֵּׁנָה
sleepless adj חֲסַר שֵׁנָה, חֲסַר מְנוּחָה
sleeplessly adv בְּחֹסֶר שֵׁנָה
sleeplessness n נְדוּדֵי שֵׁנָה
sleepwalker n סַהֲרוּרִי
sleepy adj מְנֻמְנָם, רָדוּם, עַצְלָנִי
sleet vi, n 1 יָרַד חֲנָמַל. 2 חֲנָמַל
sleety adj חֲנָמַלִּי
sleeve n שַׁרְווּל
sleeve coupling מַצְמֶדֶת
sleeveless adj חֲסַר שַׁרְווּלִים
sleeveless pullover אֲפֻדָּה
sleigh vit, n 1 נָסַע בְּמִזְחֶלֶת. 2 הוֹבִיל בְּמִגְרָרָה. 3 מִגְרָרָה, מִזְחֶלֶת
sleight n לַהֲטוּט, תַּחְבּוּלָה
sleight of hand אֲחִיזַת עֵינַיִם
slender adj 1 תָּמִיר, זָקוּף. 2 דַּל, קָלוּשׁ, זָעוּם. 3 עָדִין
slenderness n עֲדִינוּת, דַּקּוּת
slept pt זמן עבר ובינוני עבר של הפועל to sleep
sleuth n 1 כֶּלֶב גִּשּׁוּשׁ, כֶּלֶב מִשְׁטָרָה. 2 בַּלָּשׁ, שׁוֹטֵר חֶרֶשׁ
slew vit 1 סָבַב, נָטָה. 2 סוֹבֵב, הִפְנָה. 2 זמן עבר של הפועל to slay
slice vit, n 1 פָּרַס, פָּלַח. 2 פְּרוּסָה, פֶּלַח, נֵתַח, חֵלֶק
slicer n מַפְרֵסָה
slick vi, adj, n 1 לִטֵּשׁ, צִחְצַח, מָרַח. 2 חֲלַקְלַק, עָרוּם. 3 מַבְרִיק, מְצֻחְצָח. 4 חֶלְקָה, מִרְדֶּה
slid pt זמן עבר של הפועל to slide
slide vit, n 1 הֶחֱלִיק, גָּלַשׁ, הִגְלִישׁ. 2 זַחִית. 3 הַחְלָקָה, גְּלִישָׁה, חֲלַקְלַקָּה. 4 מַסְלוּל הַחְלָקָה. 5 שְׁקוּפִית. 6 זְכוּכִית מְכַסָּה. 7 מַגְלֵשָׁה. 8 מַפֹּלֶת
slide carrier רֶכֶב הַשְּׁקוּפִית
slide rule סַרְגֵּל־חִשּׁוּב
sliding door דֶּלֶת הֲזָזָה
sliding scale סֻלָּם מִשְׁתַּנֶּה (דרוג)
slight vt, adj, n 1 זִלְזֵל, הֶעֱלִיב, הֵקֵל בִּכְבוֹד. 2 קַל, שָׁבִיר. 3 מוּעָט, קָטָן, פָּעוּט. 4 הַזְנָחָה, בִּזּוּי, פְּגִיעָה
slightingly adv בְּזִלְזוּל
slightly adv בְּמִקְצָת, בְּקַלּוּת, קַלּוֹת
slightness n 1 קְצָת, מְעַט, קָטָן. 2 קַטְנוּת, זְעִירוּת
slim vi, adj 1 רָזָה, כָּחַשׁ. 2 הִרְזָה. 3 רָזֶה, כָּחוּשׁ
slime vt, n 1 טִנֵּף, לִכְלֵךְ, כִּסָּה בְּרֶפֶשׁ. 2 טִיט, רֶפֶשׁ, בֹּץ, טִנֹּפֶת
slimily adv 1 בְּהַרְפָּשָׁה, בְּטִנּוּף. 2 בְּאֹפֶן מַבְחִיל
slimness n דַּקּוּת, דַּקּוּת גֵּו
slimy adj טִיטִי, רִפְשִׁי, מְלֻכְלָךְ, מְטֻנָּף, דּוֹחֶה, מַגְעִיל
sling vt, n 1 יָרָה בְּקֶלַע, הִשְׁלִיךְ בְּקֶלַע. 2 תָּלָה. 3 מִקְלַעַת, קֶלַע. 4 קְלִיעָה. 5 אֶגֶד, מִתְלֶה, תְּלִי, לוּלָאָה. 6 מַעֲנָב
sling mud at הִשְׁמִיץ, הֵטִיל דֹּפִי בְּ־
slink vi הִתְגַּנֵּב, הִתְחַמֵּק
slip vit, n 1 מָעַד, הֶחֱלִיק, נִשְׁמַט, חָמַק. 2 כָּשַׁל, טָעָה. 3 שִׁחְרֵר, הִתִּיר, פָּטַר. 4 לָבַשׁ אוֹ פָּשַׁט מַהֵר. 5 תַּחְתּוֹנִית. 6 טָעוּת, פְּלִיטָה, מִשְׁגֶּה. 7 הַחְלָקָה, מְעִידָה. 8 תַּקָּלָה. 9 יִחוּר. 10 צִפָּה
slip stitch תַּךְ נִסְתָּר

slipcover n צִפָּה, עֲטִיפָה
slipknot n קֶשֶׁר מַחֲלִיק, קֶשֶׁר רוֹפֵף
slipon n בֶּגֶד קַל לִלְבֹּשׁ
slipper n מָסוּל, נַעַל־בַּיִת
slipperiness n חֲלַקְלַקּוּת, חֲמַקְמַקּוּת
slippery adj חֲלַקְלַק, חָמִיק, חֲמַקְמַק, עַרְמוּמִי
slippy adj חֲלַקְלַק, חֲמַקְמַק, זָרִיז
slipshod adj מְרֻשָּׁל, מְזֻנָּח
slipstream n רוּחַ הַמַּדְחֵף
slit vti, n 1 שִׁסֵּף, שִׁסַּע, בִּתֵּק. 2 שֶׁסֶף, שִׁסּוּף, שֶׁסַע, בְּקִיעַ
slither vi הֶחֱלִיק
sliver vt, n 1 כָּרַת לְקֵיסָמִים. 2 קֵיסָם, רְסִיס
slobber vti, n 1 רָר, הֵרִיר. 2 נִשֵּׁק פְּעָמִים רַבּוֹת. 3 רִיר, רֹק
sloe n שְׁזִיף בָּר
slog vti, n 1 הָלַם קָשֶׁה. 2 עָמַל, יָגַע. 3 כִּתֵּת רַגְלַיִם. 4 מַהֲלֻמָּה
slogan n 1 מֵימְרָה, סִיסְמָה. 2 קְרִיאַת קְרָב
slogger n פּוֹעֵל, עוֹבֵד, עָמֵל
sloop n בּוּצִית, דּוּגִית
slop vti, n 1 שָׁפַךְ, גָּלַשׁ. 2 נִשְׁפַּךְ. 3 מֵי שְׁפָכִים, מֵי כְּבָסִים
slope vti, n 1 הִשְׁתַּפֵּעַ, נָטָה, מִדְרֵן. 2 שִׁפּוּעַ, מִדְרוֹן
sloping adj מְשֻׁפָּע, מִדְרוֹנִי, אֲלַכְסוֹנִי
slopingly adv בַּאֲלַכְסוֹן
sloppily adv בְּרִשּׁוּל
sloppiness n רִשּׁוּל
sloppy adj 1 מְרֻשָּׁל, מְלֻכְלָךְ, רָטֹב. 2 לֹא־הוֹלֵם, מִשְׁתַּפֵּךְ
slosh vti 1 הִתְפַּלֵּשׁ, הִתִּיז. 2 נִעֵר, נִעְנַע. 3 הִשְׁתַּכְשֵׁךְ. 4 הִכָּה. 5 רֶפֶשׁ, בֹּץ, טִיט
slot vt, n 1 עָשָׂה חָרִיץ. 2 שִׁבֵּץ. 3 חָרִיץ, סֶדֶק. 4 מִשְׁבֶּצֶת (שדור)
slot machine אוֹטוֹמַט מַטְבֵּעַ
sloth n 1 עַצְלָן (בעל חיים). 2 עַצְלוּת, עַצְלָנוּת
slothful adj עַצְלָנִי, נִרְפֶּה, מְרֻשָּׁל
slouch vi, n 1 הָלַךְ בַּעֲצַלְתַּיִם. 2 תָּלָה בְּרִפְיוֹן. 3 עַצְלָן, נִרְפֶּה. 4 עֲמִידָה מְרֻשֶּׁלֶת, רִפְיוֹן
slouchingly adv בְּעַצְלָנוּת, בְּרַשְׁלָנוּת
slough vt, n 1 נָשַׁל, הִשִּׁיל. 2 נֶשֶׁל. 3 בִּצָּה. 4 תְּהוֹם. 5 דִּכְדּוּךְ, יֵאוּשׁ, מַפַּח־נֶפֶשׁ
slough of despond יְוֵן מְצוּלָה, תְּהוֹם הַיֵּאוּשׁ
slovenliness n רִשּׁוּל, רַשְׁלָנוּת
slovenly adj 1 רַשְׁלָנִי. 2 מְלֻכְלָךְ, מְטֻנָּף, מְזֹהָם
slow vit, adj, adv 1 הֵאֵט, הִשְׁהָה, עִכֵּב. 2 אִטִּי, מָתוּן. 3 הַדְרָגָתִי, מִתְמַהְמֵהַּ. 4 לְאַט
slowdown n הֶאָטָה
slow-motion n הִלּוּךְ־אִטִּי
slow-witted adj קְשֵׁה תְּפִיסָה, קֵהֶה
slowly adv לְאַט, אַט־אַט
slowness n אִטִּיּוּת
slow up/down vit הֵאֵט
slowworm n קַמְטָן (לטאה)
slug vt, n 1 הִכָּה, הִצְלִיף. 2 שַׁבְּלוּל, זַחַל, חִלָּזוֹן. 3 מְטִיל. 4 קְלִיעַ כַּדּוּר. 5 אֲסִימוֹן. 6 לְגִימָה
sluggard adj 1 עַצְלָנִי, נִרְפֶּה. 2 עַצְלָן, עָצֵל
sluggish adj עַצְלָן, נִרְפֶּה
sluggishly adv בְּרִפְיוֹן, בְּעַצְלָנוּת
sluggishness n עַצְלָנוּת, רִפְיוֹן
sluice vi, n 1 הִשְׁקָה, שָׁטַף. 2 סֶכֶר. 3 תְּעָלָה. 4 אֲרֻבָּה
slum vi, n 1 סִיֵּר בְּמִשְׁכְּנוֹת עֹנִי. 2 מִשְׁכְּנוֹת עֹנִי
slumber vit, n 1 יָשֵׁן, נָם. 2 תְּנוּמָה
slumberous adj 1 מְנֻמְנָם, רָדוּם. 2 שׁוֹקֵט
slump vi, n 1 נָפַל, הִתְמוֹטֵט. 2 הִתְמוֹטְטוּת, נְפִילָה
slung pt זמן עבר ובינוני עבר של הפועל to sling
slunk pt זמן עבר ובינוני עבר של

הפועל to slink

slur vti, n 1 הִבְלִיעַ, טִשְׁטֵשׁ. 2 קֶשֶׁר (צלילים). 3 כֶּתֶם, רְבָב

slur over הִבְלִיעַ

slurry n 1 מִשְׁחָה דְלִילָה. 2 מַיִם עֲכוּרִים

slush n שְׁלוּגִית, רֶפֶשׁ

slush fund קֶרֶן סוֹדִית (שוחד)

slushy adj נִרְפָּשׁ, עָכוּר, מְרֻפָּשׁ

slut n 1 פְּרוּצָה, יַצְאָנִית. 2 מְרֻשֶּׁלֶת

sluttish adj רַשְׁלָנִי, מְטֻנָּף

sly adj 1 עַרְמוּמִי. 2 פִּקֵּחַ

slyly adv בְּעָרְמָה

slyness n עָרְמָה, פִּקְחוּת, עַרְמוּמִיּוּת

smack vt, n 1 נָשַׁק בְּרַעַשׁ. 2 סָטַר, הִרְבִּיץ. 2 מַכָּה, סְטִירָה. 3 נְשִׁיקָה מְצַלְצֶלֶת. 4 סִירַת דַּיִג. 5 טַעַם, קֻרְטוֹב, שֶׁמֶץ

smack in the eye יָשָׁר בַּפַּרְצוּף

smack one's lips לִקֵּק אֶת הַשְּׂפָתַיִם

small adj, n 1 קָטָן, צַר, דַּק. 2 מְעַט, זָעִיר, פָּעוּט. 3 קַטְנוּנִי, לֹא־חָשׁוּב. 4 קַטְנוּת, קֹטֶן. 5 בְּחִינוֹת (אוקספורד)

small change פֶּרֶט, כֶּסֶף קָטָן

small fry 1 דְּגֵי רְקָק. 2 טַף

small hours שְׁעוֹת הַקְּטַנּוֹת שֶׁל הַלַּיְלָה

small letters אוֹתִיּוֹת קְטַנּוֹת, אוֹתִיּוֹת טַל וּמָטָר

small skewer שַׁפּוּדִית

small talk פִּטְפּוּט, שִׂיחָה קַלָּה, שִׂיחַת חֻלִּין

smallholder n בַּעַל נַחֲלָה זָעִיר

smallholding n נַחֲלָה קְטַנָּה

small-minded adj קַטְנוּנִי, צַר אֹפֶק

smallness n 1 קַטְנוּת, קַטְנוּנִיּוּת. 2 צָרוּת עַיִן, צָרוּת מֹחִין

smallpox n אֲבַעְבּוּעוֹת

small-town adj קַרְתָּנִי

smarmy adj מַבְחִיל, מַמְאִיס

smart vi, adj, n 1 כָּאַב, סָבַל. 2 עַז, חָרִיף, נוֹקֵב. 3 פִּקֵּחַ, מְמֻלָּח. 4 גַּנְדְּרָן, מְצֻחְצָח. 5 כְּאֵב, סֵבֶל

smart aleck יָמְרָן, שַׁחְצָן, חָצוּף

smarten vti 1 יִפָּה, קִשֵּׁט. 2 רִעֲנֵן

smartly adv 1 בִּזְרִיזוּת, בִּמְהִירוּת. 2 יָפֶה, הֵיטֵב. 3 בִּתְבוּנָה, בְּחָכְמָה. 4 בְּעָצְמָה

smartness n 1 זְרִיזוּת, פִּקְחוּת, חֲרִיפוּת. 2 גַּנְדְּרָנוּת, אֶלֶגַנְטִיּוּת

smash vti, n 1 נִפֵּץ, רִסֵּק, מָחַץ. 2 הִנְחִית. 3 הִתְנַפֵּץ, הִתְרַסֵּק, הִתְמוֹטֵט. 4 הִתְנַגֵּשׁ. 5 מַכָּה, מַהֲלֻמָּה. 6 הַנְחָתָה. 7 הִתְמוֹטְטוּת, פְּשִׁיטַת רֶגֶל

smash-and-grab n גְּנֵבַת חֲטִיפָה

smash-hit n לָהִיט

smashing adj 1 מַכְרִיעַ, מוֹחֵץ. 2 הַרְסָנִי. 3 נִפְלָא

smash-up n 1 חֻרְבָּן, הֶרֶס. 2 הִתְנַגְּשׁוּת

smatter(ing) n יְדִיעָה שִׁטְחִית, שֶׁמֶץ, מְעַט

smear vti, n 1 מָרַח, סָךְ, מָשַׁח. 2 טִנֵּף. 3 הִשְׁמִיץ. 4 כֶּתֶם, רְבָב

smell vti, n 1 הֵרִיחַ, רִחְרֵחַ. 2 הִסְרִיחַ. 3 בָּלַשׁ. 4 רֵיחַ, הֲרָחָה. 5 סֻרְחוֹן

smell a rat חָשַׁד

smelling salts מִלְחֵי הֲרָחָה

smelly adj מַסְרִיחַ

smelt vt, pp 1 הִתִּיךְ. 2 זמן עבר של הפועל to smell

smilax n קִיסוֹסִית

smile vi, n 1 חִיֵּךְ, הֵאִיר פָּנִים. 2 חִיּוּךְ, בַּת צְחוֹק

smilingly adv בְּחִיּוּךְ

smirch vt, n 1 הִכְתִּים, לִכְלֵךְ, טִנֵּף. 2 כֶּתֶם, רְבָב, לִכְלוּךְ, טִנּוּף

smirk vi, n 1 חִיֵּךְ חִיּוּךְ מְעֻשֶּׂה. 2 חִיּוּךְ מְעֻשֶּׂה

smite vt 1 הִכָּה, הָלַם. 2 הֵבִיס. 3 יִסֵּר, הֵצִיק. 4 הֶעֱנִישׁ, פָּגַע. 5 קָסַם, הִקְסִים, שָׁבָה

smith n נַפָּח, חָרָשׁ, צוֹרֵף

smithereens npl רְסִיסִים
smithy n מַפָּחָה
smitten pp בינוני עבר של הפועל to smite
smock n 1 חָלוּק, מַעֲפֹרֶת. 2 תַּחְתּוֹנִית אִשָּׁה
smocking n קִשּׁוּט בְּקִפְלֵי חוּטִים תְּפוּרִים
smog n עַרְפִּיחַ
smoke vit, n 1 עִשֵּׁן. 2 קִטֵּר, עָשַׁן. 3 עָשָׁן, עִשּׁוּן. 4 אֵד. 5 קְטֹרֶת. 6 עֲרָפֶל. 7 סִיגַרְיָה, סִיגָרָה
smoke out 1 עִשֵּׁן. 2 הוֹצִיא מִמְּאוּרָתוֹ (בעשן)
smoke screen מָסַךְ עָשָׁן
smokestack n אֲרֻבָּה, מַעֲשֵׁנָה
smoked adj מְעֻשָּׁן
smoker n 1 מְעַשֵּׁן. 2 קְרוֹן עִשּׁוּן. 3 מְסִבַּת גְּבָרִים
smoking n עִשּׁוּן
smoking car/carriage/ compartment קְרוֹן עִשּׁוּן
smoking room חֲדַר עִשּׁוּן
smoking table טְרִיסְקָל
smoky adj 1 מְעַשֵּׁן, עָשֵׁן, עֲשָׁנִי. 2 אָפוּף עָשָׁן
smo(u)lder vi, n 1 יָקַד, בָּעַר בַּמִּסְתָּרִים. 2 אֵשׁ סְמוּיָה, בְּעִירָה בְּלִי לֶהָבָה
smooth vt, adj 1 הֶחֱלִיק, יִשֵּׁר, שִׁכֵּךְ, הֵקֵל, הִרְגִּיעַ. 2 חָלָק, מְלֻטָּשׁ. 3 חֲלַקְלַק, מְצַחְצָח
smoothly adv בְּאֹפֶן חָלָק, לְמֵישָׁרִים
smoothness n 1 חֲלָקוּת, חֲלַקְלַקּוּת. 2 לִטּוּשׁ
smorgasbord n פַּרְפְּרָאוֹת, אֲרוּחָה קַלָּה
smote pt זמן עבר של הפועל to smite
smother vt 1 חָנַק, הֶחֱנִיק. 2 הִדְחִיק, כִּבָּה. 3 הִסְתִּיר, הִבְלִיעַ
smother with הֵצִיף בְּ־
smudge vit, n 1 טִשְׁטֵשׁ, מָרַח, טִנֵּף, הִכְתִּים. 2 כֶּתֶם, רְבָב
smug adj שְׂבַע רָצוֹן מֵעַצְמוֹ
smuggle vt הִבְרִיחַ, הִגְנִיב
smuggler n מַבְרִיחַ
smugly adv מִתּוֹךְ שְׂבִיעוּת רָצוֹן עַצְמִית
smugness n שְׂבִיעוּת רָצוֹן עַצְמִית
smut vt, n 1 פִּיֵּחַ, הִכְתִּים, הִשְׁחִיר. 2 פִּיחַ, כֶּתֶם, רְבָב. 3 נִבּוּלִים, דִּבְרֵי תּוֹעֵבָה
smuttily adv בְּלִכְלוּךְ, בְּנִבּוּל פֶּה
smuttiness n לִכְלוּךְ, נִבּוּל פֶּה
snack n אֲרוּחָה קַלָּה
snaffle vt, n 1 מִתֵּג. 2 מֶתֶג, פַּג (רסן)
snag vit, n 1 הִשְׁחִית, קִלְקֵל. 2 נִתְפַּס. 3 מִכְשׁוֹל, קֹשִׁי. 4 חֹטֶר, גֶּדֶם עָנָף. 5 קֶרַע
snail n חִלָּזוֹן, שַׁבְּלוּל
snake vi, n 1 הִתְפַּתֵּל. 2 נָחָשׁ, עֶכֶן
snaky adj 1 נְחָשִׁי. 2 פְּתַלְתֹּל. 3 נוֹכֵל
snap vti, adj, n 1 חָטַף (בשיניים), נִשְׁבַּר פִּתְאֹם, הִכִּישׁ. 2 קָפַץ עַל. 3 פָּקַע, הִפְקִיעַ. 4 סָגַר בִּטְרִיקָה. 5 הִשְׁמִיעַ פִּצְפּוּץ, הִשְׁתַּחְרֵר בִּנְשִׁיקָה. 6 צִלֵּם. 7 פִּתְאֹמִי, שֶׁל פֶּתַע, שֶׁל חֶתֶף. 8 פְּקִיעָה. 9 תֶּפֶס קְפִיצִי, לְחִיץ, לַחְצָנִית. 10 עוּגַת רָקִיק. 11 תַּצְלוּם, צִלּוּם. 12 תְּנוּפָה, זְרִיזוּת. 13 חֶתֶף, פֶּתַע
snap at קָפַץ עַל, זִנֵּק
snap up 1 קָפַץ, חָטַף. 2 שִׁסַּע
snapdragon n לֹעַ הָאֲרִי (פרח)
snapshot n תַּצְלוּם (בזק)
snappish adj עוֹקְצָנִי, נַשְׁכָנִי, חֲרִיף תְּגוּבָה
snappishly adv בְּעוֹקְצָנוּת
snappishness n עוֹקְצָנוּת, חֲרִיפוּת
snappy adj 1 מָהִיר, זָרִיז. 2 גַּנְדְּרָן, אָפְנָתִי
snare vt, n 1 לָכַד, הִטְמִין פַּח. 2 מַלְכֹּדֶת, רֶשֶׁת, פַּח, מוֹקֵשׁ
snarl vti, n 1 נָהַם. 2 רָטַן, רָגַן. 3 נְהִימָה. 4 תַּרְעֹמֶת, רְטִינָה
snarl up vti, n

1 סִבֵּךְ, הִסְתַּבֵּךְ. 2 תִּסְבֹּכֶת, סִבּוּךְ, מְבוּכָה

snatch vt, n 1 חָטַף, גָּזַל. 2 חֲטִיפָה, תְּפִיסָה

snazzy adj מוֹשֵׁךְ, נָעִים, לָבוּשׁ הָדָר

sneak vit, n 1 הִתְגַּנֵּב. 2 הִגְנִיב. 3 הִלְשִׁין. 4 מַלְשִׁין

sneak thief גַּנְבָן, גַּנָּב חַטְפָן

sneakers npl נַעֲלֵי הִתְעַמְּלוּת

sneaking adj 1 חֲשָׁאִי, כָּמוּס. 2 לֹא מֻגְדָּר

sneakingly adv בַּחֲשָׁאִיּוּת

sneaky adj 1 חֲשָׁאִי. 2 מַלְשִׁין

sneer vi, n 1 לִגְלֵג, גִּחֵךְ. 2 לַעַג וָקֶלֶס, לִגְלוּג

sneeringly adv בְּלַגְלְגָנוּת

sneer at לָעַג, לִגְלֵג

sneeze vi, n 1 הִתְעַטֵּשׁ, זוֹרֵר. 2 הִתְעַטְּשׁוּת, עִטּוּשׁ

snick vt, n 1 גָּזַר, חָתַךְ (במספריים). 2 חֶתֶךְ אוֹ חָרִיץ קָטָן

snicker vi, n 1 צָחַק צְחוֹק טִפְּשִׁי. 2 צְחוֹק עָצוּר

snide adj 1 עַרְמוּמִי. 2 לַעֲגָנִי, עוֹקְצָנִי, פּוֹגֵעַ

sniff vit, n 1 רִחְרֵחַ, הֵרִיחַ, שָׁאַף רוּחַ (דרך האף). 2 רִחְרוּחַ, הֲרָחָה

sniffle vi מָשַׁךְ דֶּרֶךְ נְחִירָיו

snifter n 1 כּוֹס צָרַת פֶּה. 2 לְגִימָה

snigger vi, n 1 צָחַק צְחוֹק טִפְּשִׁי. 2 צְחוֹק עָצוּר

snip vt, n 1 גָּזַר, גָּזַז. 2 גְּזִירָה בְּמִסְפָּרַיִם. 3 חֲתִיכָה גְזוּרָה. 4 רַעַשׁ הַגְּזִירָה

snipe n חַרְטוֹמָן

snipe at צָלַף, יָרָה מִמַּאֲרָב

sniper n צַלָּף

snippet n חֲתִיכָה, פִּסָּה, קֶטַע

snivel vi, n 1 הִתְבַּכְיֵן. 2 הִזִּיל מֵי חֹטֶם. 3 הִתְבַּכְיְנוּת. 4 הַפְרָשַׁת הָאַף

snob n סְנוֹב, גַּנְדְּרָן, שַׁחְצָן

snobbery n סְנוֹבִּיּוּת

snobbish adj סְנוֹבִּי

snobbishness n סְנוֹבִּיּוּת

snood n סֶרֶט קִשּׁוּט

snooker n סְנוּקֶר

snoop vi, n 1 רִחְרֵחַ, חִטֵּט. 2 חַטְטָן, רַחְרְחָן

snootily adv בִּיהִירוּת

snooty adj רַבְרְבָן, יָהִיר, סְנוֹב

snooze vi, n 1 נִמְנֵם, חָטַף תְּנוּמָה. 2 תְּנוּמָה, שֵׁנָה חֲטוּפָה

snore vi, n 1 נָחַר. 2 נְחִירָה

snorkel, schnorkel n שְׁנוֹרְקֶל, צַנְרָן

snort vi, n 1 חִרְחֵר, נָחַר, הִשְׁמִיעַ נַחֲרָה. 2 נְחִירָה, קוֹל נַחֲרָה

snot n מֵי חֹטֶם, נַזֶּלֶת

snotty adj 1 יָהִיר, מִתְנַשֵּׂא. 2 מָלֵא נַזֶּלֶת

snout n חַרְטוֹם, חֹטֶם, אַף

snow vi, n 1 יָרַד שֶׁלֶג, הִשְׁלִיג. 2 כִּסָּה בְּשֶׁלֶג. 3 שֶׁלֶג. 4 קוֹקָאִין

snowball n כַּדּוּר שֶׁלֶג

snowblind adj מְסֻנְוָר שֶׁלֶג

snowblindness n סִנְווּר שֶׁלֶג

snowbound adj כָּלוּא בְּשֶׁלֶג

snowcapped/clad/covered adj מְכֻסֶּה שֶׁלֶג

snowdrift עֲרֵמַת שֶׁלֶג

snowdrop n שַׁלְגִּיָּה

snowfall n שְׁלִיגָה

snowfield n אֵזוֹר מֻשְׁלָג

snowflake n פְּתִית שֶׁלֶג

snow-white adj צָחֹר, לָבָן כַּשֶּׁלֶג

snub vti, n 1 הִשְׁפִּיל, דָּחָה בְּגַסּוּת. 2 אַף סוֹלֵד. 3 הַשְׁפָּלָה, זִלְזוּל

snub-nosed adj בַּעַל אַף סוֹלֵד

snuff vti, n 1 רִחְרֵחַ, הֵרִיחַ. 2 טַבַּק הֲרָחָה. 3 הֲרָחָה

snuff out כִּבָּה, חִסֵּל

snuffle vi, n 1 מָשַׁךְ בִּנְחִירַיִם. 2 אִנְפֵּף. 3 אִנְפּוּף. 4 חִרְחוּר, נְחִירָה

snug adj 1 נוֹחַ, חָמִים, חַם. 2 מְכֻרְבָּל

snuggery n 1 מָקוֹם חָמִים וָנוֹחַ. 2 מִשְׂרָה נוֹחָה
snuggle vi 1 הִתְרַפֵּק, נִצְמַד אֶל. 2 הִתְכַּרְבֵּל
snugly adv מֻקָּף נוֹחִיּוּת וַחֲמִימוּת
snugness n נוֹחִיּוּת וַחֲמִימוּת
so adv 1 כָּךְ, כֵּן, כֹּה. 2 כָּל כָּךְ. 3 וּבְכֵן, אִם כֵּן, עַל כֵּן, לְפִיכָךְ. 4 כְּמוֹ כֵן. 5 כָּךְ וְכָךְ, כָּזֹאת וְכָזֹאת
so that conj כְּדֵי, כָּךְ שֶׁ־, עַל מְנָת שֶׁ־
so long as כָּל עוֹד
so far as כָּל זְמַן שֶׁ־
So far, so good! עַד כָּאן הַכֹּל כַּשּׁוּרָה!
so-so adv כָּכָה
so-and-so n פְּלוֹנִי
so far adv עַד כָּאן
so to say, so to speak כִּבְיָכוֹל
so, sol n סוֹל (מוסיקה)
soak vti, n 1 סָפַג, רָוָה, נִרְטַב. 2 שָׁרָה, הִשְׁרָה, הִרְטִיב. 3 הַרְטָבָה, שְׁרִיָּה. 4 שִׁכּוֹר. 5 הוֹלֵלוּת
soak through הִרְטִיב לַחֲלוּטִין
soap vt, n 1 סִבֵּן. 2 הִסְתַּבֵּן. 3 סַבּוֹן, בּוֹרִית
soapbox n בָּמָה מְאֻלְתֶּרֶת
soap-dish n סַבּוֹנִיָּה
soapflakes npl פְּתִיתֵי סַבּוֹן
soap opera אוֹפֶּרַת סַבּוֹן
soapsuds npl מֵי סַבּוֹן, מֵי קֶצֶף
soapy adj 1 סַבּוֹנִי, מְסֻבָּן. 2 חַנְפָנִי, מַחֲנִיף
soar vi, n 1 הִגְבִּיהַּ עוּף, הִרְקִיעַ שְׁחָקִים. 2 הִתְרוֹמֵם, הִמְרִיא. 3 הַמְרָאָה, הִתְרוֹמְמוּת, דְּאִיָּה
sob vit, n 1 הִתְיַפֵּחַ. 2 הִתְיַפְּחוּת
sober vti, adj 1 פִּכֵּחַ, הִתְפַּכֵּחַ. 2 פִּכֵּחַ, לֹא שָׁתוּי. 3 מְפֻכָּח, שָׁפוּי, מְיֻשַּׁב־דַּעַת, מָתוּן
sober down/up הִתְפַּכֵּחַ
soberly adv בְּדֵעָה צְלוּלָה
sober-minded adj מְיֻשָּׁב, מְפֻכָּח, צְלוּל־דַּעַת
soberness, sobriety n 1 פִּכְּחוּת, הִתְפַּכְּחוּת. 2 מְתִינוּת. 3 צְלִילוּת־דַּעַת
sobriquet n כִּנּוּי, שֵׁם כִּנּוּי
so-called adj 1 הַמְכֻנֶּה, הַמִּתְקָרֵא. 2 כִּבְיָכוֹל
soccer n כַּדּוּרֶגֶל
sociability n חַבְרוּתִיּוּת
sociable adj חַבְרוּתִי, יְדִידוּתִי
sociably adv בְּאֹפֶן חַבְרוּתִי
social adj, n 1 חֶבְרָתִי. 2 חַבְרוּתִי, יְדִידוּתִי. 3 קִבּוּצִי. 4 מְסִבָּה
social education חִנּוּךְ חֶבְרָתִי
social security 1 בִּטּוּחַ לְאֻמִּי. 2 בִּטּוּחַ סוֹצְיָאלִי
socialism n סוֹצְיָאלִיזְם
socialist adj, n 1 סוֹצְיָאלִיסְטִי. 2 סוֹצְיָאלִיסְט
socialite n אִישׁ הַחֶבְרָה הַגְּבוֹהָה
socialization n חִבְרוּת
socialize vti בִּלָּה בְּחֶבְרָה
socially adv חֶבְרָתִית
society n 1 חֶבְרָה, אֲגֻדָּה, עֲמֻתָּה. 2 חַבְרוּתָא
sociological adj סוֹצְיוֹלוֹגִי
sociologist n סוֹצְיוֹלוֹג
sock vt, n 1 הָלַם, הִכָּה. 2 מַהֲלֻמָּה. 3 גֶּרֶב. 4 מִדְרָס. 5 קוֹמֶדְיָה
socket n בֵּית־נוּרָה, מַצְמֶדֶת, פּוֹתָה, תּוֹשֶׁבֶת
Socratic adj סוֹקְרָטִי
sod n אַדְמַת עֵשֶׂב, רֶגֶב אֲדָמָה
soda n סוֹדָה, נֶתֶר
soda fountain דּוּכַן סוֹדָה
soda pop גָּזוֹז
soda water מֵי סוֹדָה
sodden adj 1 רָווּי, סָפוּג, רָטֹב. 2 צָמִיג, בְּצֵקִי. 3 תָּפוּחַ. 4 קֵהֶה, מְטֻמְטָם
sodium n נַתְרָן
sodomite n סְדוֹמִי

sodomy n מַעֲשֵׂה סְדוֹם, מִשְׁכַּב זְכוּר

sofa n סַפָּה, דַּרְגָּשׁ

soft adj 1 רַךְ, עָדִין. 2 מָתוּן, מְמֻזָּג, נוֹחַ. 3 גָּשׁוּם, לַח, מַפְשִׁיר. 4 לֹא עַז, לֹא חַד. 5 חַלָּשׁ, חָלוּשׁ. 6 חֲרִישִׁי

soft-boiled adj מְגֻלְגֶּלֶת, רַכָּה (ביצה)

soft currency מַטְבֵּעַ רַךְ

soft drink מַשְׁקֶה קַל

soft landing נְחִיתָה רַכָּה

soft option הַדֶּרֶךְ הַקַּלָּה

soft palate הַחֵךְ הָרַךְ

soft shoulder שׁוּלַיִם רַכִּים (כביש)

soft pedal 1 עִמְעֵם, טִשְׁטֵשׁ, הִשְׁתִּיק. 2 דַּוְשַׁת עִמְעוּם

soft soap 1 הֶחֱנִיף. 2 סִבֵּן בְּסַבּוֹן נוֹזֵל. 3 סַבּוֹן נוֹזֵל. 4 חֲנֻפָּה

soft spoken חֲרִישִׁי, מָתוּן, רַךְ

soft spot רִכְרוּךְ, חִבָּה

softball n כַּדּוּר תַּחֲנוּת

softheaded adj שׁוֹטֶה, רְפֵה שֵׂכֶל

softhearted adj רַחֲמָן, חַנּוּן, רַךְ־לֵבָב

software n תָּכְנָה

softwitted adj חֲלוּשׁ שֵׂכֶל

soften vti 1 רִכֵּךְ, עִדֵּן. 2 הֵמֵס, הִתִּיךְ. 3 הִתְרַכֵּךְ, הִתְעַדֵּן

softish adj רַכְרוּכִי, רַכִּיךְ

softly adv בְּרַכּוּת, בַּעֲדִינוּת, חֶרֶשׁ

softness n רַכּוּת, עֲדִינוּת, מְתִינוּת

sogginess n רְטִיבוּת, לַחוּת, רְוָיָה

soggy adj רָטֹב, לַח, רָווּי, שָׁרוּי

soigné(e) adj מְטֻפָּח, עָשׂוּי בִּקְפִידָה

soil vti, n 1 טִנֵּף, לִכְלֵךְ. 2 הֵזִין בְּמִסְפּוֹא יָרֹק (בעל חיים). 3 הִתְלַכְלֵךְ. 4 אֲדָמָה, קַרְקַע, עָפָר. 5 לִכְלוּךְ, צוֹאָה, כֶּתֶם, רְבָב, זֶבֶל

soirée n נֶשֶׁף, נִשְׁפִּיָּה, מְסִבָּה

sojourn vi, n 1 שָׁהָה, גָּר, עָשָׂה. 2 שְׁהִיָּה, הִתְאָרְחוּת, בִּקּוּר

sojourner n עוֹבֵר אֹרַח

solace vt, n 1 נִחֵם, עוֹדֵד, שִׁכֵּךְ. 2 נֶחָמָה, נִחוּמִים, תַּנְחוּמִים

solar adj שִׁמְשִׁי, סוֹלָרִי

solar cell סוֹלְלָה סוֹלָרִית

solar plexus מִקְלַעַת הַשֶּׁמֶשׁ, מִקְלַעַת שִׁמְשִׁית

solar year שְׁנַת חַמָּה

solarium n חֲדַר שֶׁמֶשׁ, חֲמָמִית

sold pt זמן עבר ובינוני עבר של הפועל to sell

solder vt, n 1 הִלְחִים, אִחָה. 2 הַלְחָמָה, לַחַם. 3 אִחוּי, חִבּוּר

soldering iron מַלְחֵם

soldier vi, n 1 שֵׁרֵת בַּצָּבָא. 2 חַיָּל, אִישׁ צָבָא. 3 טוּרַאי

soldier of fortune חַיָּל שָׂכוּר, חֶרֶב לְהַשְׂכִּיר

soldier on vi הִתְגַּבֵּר, הִמְשִׁיךְ לְהִתְמוֹדֵד

soldierly adj כְּחַיָּל, חַיָּלִי

soldiery n חַיָּלִים, צָבָא, גַּיִס

sole vt, adj, n 1 סִנְדֵּל, הִתְקִין סוּלְיָה. 2 יָחִיד, בּוֹדֵד, בִּלְבַדִּי. 3 סוּלְיָה. 4 כַּף רֶגֶל. 5 סַנְדָּל (דג)

solecism n 1 שִׁבּוּשׁ לְשׁוֹנִי. 2 חֹסֶר נִימוּס

solely adv בִּלְבַד, אַךְ וְרַק

solemn adj 1 חֲגִיגִי, טִקְסִי, פוֹרְמָלִי. 2 מָסָרְתִּי, קָדוֹשׁ

solemnity n 1 חֲגִיגִיּוּת, הֲדָרָה, הוֹד. 2 יִרְאַת כָּבוֹד, הַדְרַת קֹדֶשׁ. 3 חֲגִיגָה טִקְסִית

solemnization n 1 חֲגִיגָה. 2 מַתַּן תֹּקֶף חֻקִּי. 3 סִדּוּר קִדּוּשִׁין

solemnize vt 1 חָגַג. 2 בִּצַּע טֶקֶס. 3 סִדֵּר קִדּוּשִׁין. 4 הִשְׁרָה רְצִינוּת

solemnly adv בַּחֲגִיגִיּוּת, בְּיִרְאַת כָּבוֹד

solemness n חֲגִיגִיּוּת, יִרְאַת כָּבוֹד

sol-fa n סוֹלְמִיּוּת, סוֹלְפֶג׳

solicit vti 1 בִּקֵּשׁ, הִפְצִיר, הֶעְתִּיר. 2 פִּתָּה, שִׁדֵּל (לדבר עבירה)

solicitation n 1 בַּקָּשָׁה, הַפְצָרָה, הַעְתָּרָה,

תְּחִנָּה. 2 פִּתּוּי, שִׁדּוּל. 3 הַזְמָנָה, חִזּוּר

solicitor n 1 מַפְצִיר, שְׁתַדְּלָן. 2 עוֹרֵךְ דִּין, פְּרַקְלִיט

solicitous adj שׁוֹאֵף, מִשְׁתּוֹקֵק, חָרֵד, דּוֹאֵג

solicitously adv בִּדְאָגָה

solicitude n דְּאָגָה, חֲרָדָה, זְהִירוּת

solid adj, n 1 מוּצָק. 2 אָטוּם, מַמָּשִׁי. 3 מָלֵא, יַצִּיב, חָסֹן. 4 אָחִיד. 5 מְבֻסָּס, נֶאֱמָן. 6 מֶרְחָבִי

solid state מַצַּב הַמּוּצָק

solidarity n סוֹלִידָרִיּוּת

solidification n מִצּוּק, הִתְמַצְּקוּת, הִתְעַבּוּת, הִתְלַכְּדוּת

solidify vti 1 מִצֵּק, גִּבֵּשׁ, יִצֵּב. 2 הִתְמַצֵּק, הִתְגַּבֵּשׁ, הִתְיַצֵּב

solidity n 1 מוּצָקוּת, מִקְשָׁה. 2 מִקְשִׁיּוּת, מַמָּשׁוּת. 3 נֶפַח, תְּפוּסָה

solidly adv בְּאֹפֶן מוּצָק

solidness n מוּצָקוּת

soliloquize vi דִּבֵּר אֶל עַצְמוֹ, נָשָׂא מוֹנוֹלוֹג

soliloquy n מוֹנוֹלוֹג

solipsism n סוֹלִיפְּסִיזְם

solitaire n 1 יַהֲלוֹם יָחִיד. 2 "סַבְלָנוּת" (משחק קלפים)

solitarily adv בָּדָד, לְבָדָד

solitary adj 1 נָזִיר, פָּרוּשׁ. 2 בּוֹדֵד, גַּלְמוּד

solitude n בְּדִידוּת, גַּלְמוּדוּת, גַּלְמוּדִיּוּת

solo n סוֹלוֹ

soloist n סוֹלָן

Solon n סוֹלוֹן, מְחוֹקֵק נָבוֹן

solstice n הִפּוּךְ־הַקַּיִץ, ־הַחֹרֶף

solubility n מְסִיסוּת, הֲמַסּוּת

soluble adj 1 מָסִיס. 2 פָּתִיר

solution n 1 פִּתְרוֹן, הַתָּרָה. 2 תְּמִסָּה, הֲמַסָּה. 3 נְמִיסָה. 4 הַפְרָדָה, פֵּרוּק

solvable adj 1 פָּתִיר. 2 מָסִיס

solve vt 1 פָּתַר, הִתִּיר. 2 הִבְהִיר, בֵּאֵר

solvency n 1 כֹּשֶׁר פֵּרָעוֹן. 2 מְסִיסוּת

solvent adj, n 1 בַּר פֵּרָעוֹן. 2 מָסִיס. 3 מֵמֵס, מְמוֹסֵס

somatic adj גּוּפָנִי, פִיסִי

somber(re) adj קוֹדֵר, עָצוּב, נִדְכֶּה, עָגוּם

sombreness n קַדְרוּת, עַגְמוּת, נְכָאִים

sombrero n סוֹמְבְּרֵרוֹ

some adj indef pron. אֵיזֶה, אֵיזֶשֶׁהוּ, אֶחָד, אֲחָדִים, כַּמָּה, מַשֶּׁהוּ, מְעַט, קְצָת, מִקְצָת

somebody pron 1 מִישֶׁהוּ, מָאן דְּהוּ. 2 אָדָם חָשׁוּב

somebody else מִישֶׁהוּ אַחֵר

somehow adv אֵיכְשֶׁהוּ

someone pron מָאן דְּהוּ, מִישֶׁהוּ

someplace adv אֵי־שָׁם

somersault vi, n 1 עָשָׂה סַלְטָה. 2 סַלְטָה, קְפִיצַת עֹז

something pron מַשֶּׁהוּ, דְּבַר־מָה

sometime adv 1 פַּעַם, לְפָנִים, לִפְעָמִים. 2 אֵי־פַּעַם

sometimes adv לְעִתִּים, מִפַּעַם לְפַעַם, לִפְרָקִים

someway adv בְּדֶרֶךְ זוֹ אוֹ אַחֶרֶת

somewhat adv בְּמִקְצָת, בְּמִדַּת מָה

somewhere adv אֵי־שָׁם

somnambulism n סַהֲרוּרִיּוּת

somnambulist n סַהֲרוּרִי

somnolence n נַמְנֶמֶת

somnolent adj 1 מְנַמְנֵם, נָם. 2 מַרְדִּים

somnolently adv בְּנִמְנוּם

son n 1 בֵּן. 2 יֶלֶד, צֶאֱצָא

sonar n סוֹנָר

sonata n סוֹנָטָה

song n שִׁיר, זֶמֶר, מַנְגִּינָה, מִזְמוֹר

song and dance הִצְטַדְּקוּת, עֲשִׂיַּת רוּחַ

songster n 1 זַמָּר. 2 פַּיְטָן, מְשׁוֹרֵר. 3 צִפּוֹר שִׁיר

songstress n 1 זַמֶּרֶת, זַמָּרִית. 2 מְשׁוֹרֶרֶת, פַּיְטָנִית

sonic adj קוֹלִי, סוֹנִי

son-in-law n חָתָן (לגבי חותן)
sonnet n סוֹנֶטָה, שִׁיר זָהָב
sonneteer n מְחַבֵּר סוֹנֶטוֹת, סוֹנֶטָן
sonny n יֶלֶד קָטָן, בְּנִי
sonority n 1 צוֹלְלוּת (קול). 2 הֲדְהוּד
sonorous adj צוֹלֵל (קול)
sonorously adv בְּצוֹלְלוּת
soon adv בִּמְהֵרָה, בְּקָרוֹב, בְּהֶקְדֵּם, מִיָּד
sooner or later בְּמֻקְדָּם אוֹ בִּמְאֻחָר
soot vt, n 1 פִּיֵּחַ, כִּסָּה בְּפִיחַ. 2 פִּיחַ
soothe vt הִרְגִּיעַ, שִׁכֵּךְ, רִכֵּךְ
soothsayer n מַגִּיד עֲתִידוֹת
sooty adj מְפֻיָּח, פִּיחָנִי
sop n 1 לֶחֶם שָׁרוּי. 2 שֹׁחַד, פְּרָס, אֶתְנָן
sop up הִשְׁרָה, הִרְטִיב, הִסְפִּיג
sophism n סוֹפִיזְם
sophist n סוֹפִיסְט
sophisticated adj מְתֻחְכָּם
sophistication n תִּחְכּוּם, תַּחְכְּמָנוּת
sophistry n פַּלְפְּלָנוּת, סוֹפִיסְטִיּוּת, סוֹפִיסְטִיקָה
sophomore n סוֹפוֹמוֹר, סְטוּדֶנְט שָׁנָה ב׳
soporific adj מַרְדִּים
sopping adj סְפוּג מַיִם, שָׁרוּי, רָווּי
soppy adj 1 סְפוּג מַיִם, שָׁרוּי, רָווּי. 2 רַגְשָׁן
soprano adj, n 1 סוֹפְּרָן. 2 זַמֶּרֶת סוֹפְּרָן
sorbet n שֶׁרְבֶּט
sorcerer n קוֹסֵם, מְכַשֵּׁף, אַשָּׁף
sorceress n קוֹסֶמֶת, אַשֶּׁפֶת
sorcery n כִּשּׁוּף, קְסָמִים, אַשָּׁפוּת
sordid adj 1 מְלֻכְלָךְ, מְטֻנָּף, מְזֹהָם, בָּזוּי. 2 מֻשְׁחָת, שָׁפָל, נִתְעָב
sordidly adv בְּאֹפֶן מְלֻכְלָךְ
sordidness n 1 לִכְלוּךְ, טִנּוּף, זִהוּם. 2 שִׁפְלוּת, שְׁחִיתוּת
sore adj, n 1 מַכְאִיב, כּוֹאֵב, מַדְאִיג. 2 קִיצוֹנִי, אָנוּשׁ. 3 חָמוּר. 4 פֶּצַע, חַבּוּרָה. 5 זִכָּרוֹן מְצַעֵר
sorely adv 1 אֲנוּשׁוֹת. 2 מְאֹד, בַּחֲמָרָה
sorghum n דּוּרָה
sorority n אֲגֻדַּת נָשִׁים, מוֹעֲדוֹן נָשִׁים
sorrel adj, n 1 אֲדַמְדַּם־חוּם, שָׁרֹק. 2 חֻמְעָה
sorrow vi, n 1 הִצְטַעֵר, הִתְעַצֵּב. 2 צַעַר, הֶעֱצִיב. 3 צַעַר, יָגוֹן, תּוּגָה. 4 עֶצֶב, עַצְּבוּת
sorrowful adj עָצוּב, עָגוּם, מָלֵא צַעַר
sorrowfully adv בְּצַעַר, בְּיָגוֹן
sorry adj 1 מָלֵא צַעַר, מִצְטַעֵר. 2 מִתְחָרֵט. 3 מַעֲצִיב, עָלוּב, אֻמְלָל
sort vt, n 1 מִיֵּן, סִוֵּג. 2 הִתְרוֹעֵעַ. 3 הִפְרִיד, בֵּרֵר. 4 הִתְאִים, הָלַם. 5 סוּג, מִין, מַחְלָקָה. 6 טִיב, אֹפֶן, דֶּרֶךְ
sort out vt מִיֵּן וְסִדֵּר
sorter n מַיָּן, מְמַיֵּן, מְסַוֵּג
sortie n גִּיחָה, יְצִיאָה
SOS n 1 הַצִּילוּ!, קְרִיאַת עֶזְרָה, אֶס. אוֹ. אֶס.
sot n שִׁכּוֹר
sottish adj שִׁכּוֹר מוּעָד
sottishly adv עַד כְּדֵי טִמְטוּם
sottishness n שִׁכְרוּת
sotto voce בַּחֲצִי קוֹל
so(u)briquet n כִּנּוּי, שֵׁם כִּנּוּי, שֵׁם לְוַאי
soufflé n תְּפִיחָה, סוּפְלֶה
sough vi, n 1 רִשְׁרֵשׁ, הָמָה. 2 הֶמְיָה, רִשְׁרוּשׁ, אִוְשָׁה
sought pt זמן עבר ובינוני עבר של הפועל to seek
soul n 1 נֶפֶשׁ, נְשָׁמָה, רוּחַ. 2 רוּחַ חַיָּה, נֶפֶשׁ חַיָּה. 3 הִתְגַּלְּמוּת
soul music מוּסִיקָה כּוּשִׁית אֲמֵרִיקָאִית
soul-destroying adj מְשַׁעֲמֵם, מְדַכֵּא
soulful adj רוּחָנִי, רִגְשִׁי, מְפַעֵם
soulfully adv בִּנְשָׁמָה יְתֵרָה
soulless adj חֲסַר רֶגֶשׁ, חֲסַר לֵב
soullessly adv בְּחֹסֶר רֶגֶשׁ
soul-searching n חֶשְׁבּוֹן־נֶפֶשׁ
soul-stirring adj מְרַגֵּשׁ, נוֹגֵעַ לַלֵּב

sound vti, adj, adv, n 1 הַשְׁמִיעַ קוֹל, בִּטֵּא, הִבִּיעַ. 2 נִשְׁמַע. 3 הִצְטוֹלֵל, הִדְהֵד. 4 מָדַד עֹמֶק, עָרַךְ מְדִידוֹת, גִּשֵּׁשׁ. 5 בָּדַק, בָּחַן, חָדַר. 6 בָּרִיא, חָלִים. 7 אֵיתָן, מוּצָק, יַצִּיב. 8 בָּטוּחַ, מְהֵימָן, הֶגְיוֹנִי. 9 מַקִּיף, רָצוּף. 10 עָמֹק, יְסוֹדִי, יָעִיל, נָכוֹן. 11 מֵצַר יָם. 12 שַׁלְפּוּחִית שֶׁל דָּג. 13 מַחְדֵּר. 14 מִצְלוֹל

sound barrier מַחְסוֹם הַקּוֹל

sound box תֵּבַת תְּהוּדָה

sound effects פַּעֲלוּלֵי קוֹל

sound of mind שָׁפוּי, בָּרִיא

sound out חָקַר, בָּדַק, בָּחַן

sound projector מְטוֹלְנוֹעַ קוֹלִי

sound track פַּסְקוֹל

sounding board 1 לוּחַ תְּהוּדָה. 2 מָשׁוֹב

soundings npl 1 בְּדִיקוֹת עֹמֶק. 2 גִּשּׁוּשִׁים, תְּגוּבוֹת

soundless adj חֲסַר קוֹל, דּוֹמֵם, מַחֲרִישׁ

soundlessly adv בְּחֹסֶר קוֹל

soundly adv 1 בְּהִגָּיוֹן, בְּצוּרָה נְבוֹנָה. 2 כַּהֹגֶן

soundness n 1 אֵיתָנוּת, בְּרִיאוּת. 2 יַצִּיבוּת, שְׁלֵמוּת. 3 יְעִילוּת

soundproof adj חֲסִין קוֹל, אֲטִים קוֹל

soup n מָרָק

soupçon n שֶׁמֶץ, קַרְטוֹב

soup kitchen בֵּית תַּמְחוּי

sour vti, adj, n 1 הֶחְמִיץ. 2 חָמוּץ, תּוֹסֵס. 3 רוֹגֵז, זוֹעֵף. 4 בֹּסֶר

source n מָקוֹר, מַעְיָן

sour grapes 1 בְּאוּשִׁים. 2 זִלְזוּל מִקֹּצֶר־יָד

sourly adv חֲמוּצוֹת

sourness n חֲמִיצוּת

souse vt, n 1 כָּבַשׁ, שָׁרָה. 2 טָבַל, שָׁפַךְ עַל. 3 כְּבָשִׁים. 4 הַשְׁרָיָה, הַטְבָּלָה

south n דָּרוֹם, נֶגֶב

southeast n דְּרוֹם־מִזְרָח

southeaster n סוּפָה דְּרוֹמִית־מִזְרָחִית

southeasterly adj דְּרוֹמִית־מִזְרָחִית

southeastern adj דְּרוֹמִי־מִזְרָחִי

southerly adj, adv דְּרוֹמִי, מִדָּרוֹם

southern adj דְּרוֹמִי

southermost adj הַדְּרוֹמִי בְּיוֹתֵר

south pole הַקֹּטֶב הַדְּרוֹמִי, הַצִּיר הַדְּרוֹמִי

southward(s) adj דָּרוֹמָה, נֶגְבָּה, אֶל הַדָּרוֹם

southwester n רוּחַ סְעָרָה דְּרוֹמִית־מַעֲרָבִית

southwesterly adj דְּרוֹמִי־מַעֲרָבִי

southwestern adj דְּרוֹמִי־מַעֲרָבִי

souvenir n מַזְכֶּרֶת, מַתָּנָה

sovereign adj, n 1 מַלְכוּתִי. 2 רִבּוֹנִי. 3 שַׁלִּיט. 4 סוֹבְרֵן. 5 מֶלֶךְ, קֵיסָר

sovereignty n רִבּוֹנוּת, שִׁלְטוֹן

sow vt, n 1 זָרַע, הֵפִיץ. 2 חֲזִירָה. 3 טְחָבִית

sown pp בינוני עבר של הפועל to sow

soy, soya n סוֹיָה

spa n 1 מַעְיַן מִינֶרָלִי. 2 מַעְיַן מַרְפֵּא

space vt, n 1 רִוַּח, פִּזֵּר, פִּסֵּק. 2 חָלָל, מֶרְחָב. 3 רֶוַח. 4 מָקוֹם, מֶרְחָק. 5 שֶׁטַח, שׁוּלַיִם. 6 הַפְסָקָה, פֶּסֶק

space out הִשְׁאִיר רֶוַח בֵּין

space capsule תָּא חָלָל

space helmet קַסְדַּת חָלָל

space rocket טִיל חָלָל

space shuttle מַעְבֹּרֶת־חָלָל

space suit בֶּגֶד חָלָל

spaceship n חֲלָלִית

spacecraft n חֲלָלִית

spacious adj מְרֻוָּח, רַב־מִדּוֹת, נִרְחָב

spaciously adv נִרְחָבוֹת, בְּרַחֲבוּת

spade n 1 אֵת. 2 עָלֶה (קלפים)

spadeful n מְלוֹא הָאֵת

spadework n עֲבוֹדַת הֲכָנָה

spaghetti n אִטְרִיּוֹת, סְפָּגֶטִי

Spam n סְפֶּם, בְּשַׂר מְשֻׁמָּר (חזיר)

span vt, n 1 נִמְתַּח, הִשְׂתָּרַע עַל, גִּשֵּׁר עַל.

2 זֶרֶת, הִקִּיף. 3 זֶרֶת. 4 אֹרֶךְ, רֹחַק, מֶשֶׁךְ. 5 פֶּשֶׁט, שֵׂרוּעַ. 6 מִפְתָּח. 7 צֶמֶד

spangle vt, n 1 קִשֵּׁט בְּלוּחִיּוֹת כֶּסֶף. 2 לוּחִית נוֹצֶצֶת

Spaniard n סְפָרַדִּי

Spanish adj, n סְפָרַדִּי, סְפָרַדִּית

spank vt הִלְקָה, הִצְלִיף, הִרְבִּיץ

spanking adj, n 1 מָהִיר, זָרִיז. 2 יוֹצֵא מִן הַכְּלָל, עָצוּם. 3 הַלְקָאָה, מַכּוֹת (בעכוז)

spanner n מַפְתֵּחַ לִבְרָגִים, מַפְתֵּחַ לְאֻמִּים

spar vi, n 1 הִתְאַגְרֵף, הִתְנַצֵּחַ. 2 פַּצֶּלֶת. 3 הִתְקוֹטְטוּת, קְטָטָה. 4 כְּלוֹנָס, קוֹרָה

sparring partner מִתְאַגְרֵף אִמּוּנִים

spare vt, adj, n 1 חָשַׂךְ, מָנַע מִן. 2 מָחַל, חָס עַל. 3 וִתֵּר עַל, קִמֵּץ. 4 שֶׁל חִלּוּף, שֶׁל רֶזֶרְבָה. 5 כָּחוּשׁ, רָזֶה. 6 זָעוּם, קַמְּצָנִי. 7 חֵלֶק חִלּוּף, חֵלֶף

spare wheel גַּלְגַּל חִלּוּף

sparely adv בְּצִמְצוּם, בְּקִמּוּץ, בְּקֹשִׁי

spareness n כְּחִישׁוּת, רָזוֹן, דַּלּוּת

sparing adj חַסְכָנִי, דַּל, זָעוּם, קַמְּצָן

sparingly adv בְּצִמְצוּם, בְּחִסָּכוֹן

spark vit, n 1 נָצַץ, נִצְנֵץ. 2 הִצִּית, הֵפִיק נִיצוֹץ. 3 זִיק, נִיצוֹץ, שְׁבִיב, גִּץ, הַצָּתָה

spark off עוֹרֵר, הִדְלִיק

spark(ing)-plug מַצֶּת

sparkle vi, n 1 נָצַץ, נִצְנֵץ. 2 בִּעְבַּע. 3 נִצְנוּץ

sparkling adj מְבַעְבֵּעַ, תּוֹסֵס, עֵר

sparrow n דְּרוֹר, פְּרוּשׁ

sparse adj דָּלִיל, קָלוּשׁ, מְדֻבְלָל, לֹא־צָפוּף

sparsely adv בִּדְלִילוּת

sparseness, sparsity n דְּלִילוּת, קְלִישׁוּת

Spartan adj, n סְפַּרְטָנִי

spasm n עֲוִית

spasmodic adj עֲוִיתִי, סְפַּזְמוֹדִי

spasmodically adv בְּאֹפֶן עֲוִיתִי

spastic adj, n 1 עֲוִיתִי. 2 חוֹלֵה־עֲוִית

spat vi, n, pt 1 סָטַר, טָפַח. 2 סְטִירָה, טְפִיחָה. 3 גַּמָּשָׁה, מַחֲפֶה. 4 מִין חִלָּזוֹן. 5 זמן עבר של הפועל to spit

spate n 1 שִׁטָּפוֹן, מַבּוּל. 2 גַּל

spatial adj מֶרְחָבִי

spatially adv בַּמֶּרְחָב

spatter vti, n 1 הֵפִיץ, הִתִּיז. 2 הַתָּזָה, זִלּוּף, טִפְטוּף

spatula n קֶרֶץ, מָרִית

spavin n צַלַּעַת (סוס)

spavined adj צוֹלֵעַ (סוס), חוֹלֵה צַלַּעַת

spawn vti, n 1 הֵטִיל בֵּיצִים. 2 הוֹלִיד, יָלַד, הִשְׁרִיץ. 3 הוּטְלוּ, נוֹלְדוּ. 4 צֶאֱצָאִים, שְׁרָצִים. 5 בֵּיצֵי דָגִים

spay vt עִקֵּר (נקבה של בע״ח)

speak vti דִּבֵּר, הִבִּיעַ, אָמַר, הִגִּיד, נָאַם, הִתְבַּטֵּא, הִטִּיף

speak with/to 1 שׂוֹחַח עִם. 2 הֵעִיד כִּי. 3 נָגַע בְּ־

speak for 1 דִּבֵּר בְּשֵׁם, יִצֵּג דֵּעוֹת. 2 הֵעִיד עַל. 3 בִּקֵּשׁ

speak out/up דִּבֵּר בְּקוֹל רָם

speak one's mind הִבִּיעַ אֶת דַּעְתּוֹ, דִּבֵּר לְלֹא חֲשָׁשׁ

speaker n 1 נוֹאֵם, דּוֹבֵר, מַטִּיף, דַּרְשָׁן. 2 יוֹשֵׁב־רֹאשׁ בֵּית הַנִּבְחָרִים. 3 רַמְקוֹל

speakership n נְשִׂיאוּת בֵּית הַנִּבְחָרִים

spear vt, n 1 שִׁפֵּד, דָּקַר בְּרֹמַח, תָּקַע רֹמַח, חָדַר. 2 חֲנִית, רֹמַח, כִּידוֹן. 3 צִלְצָל

spearhead n 1 רֹאשׁ הַמַּחַץ. 2 רֹאשׁ חֲנִית

spearmint n נַעֲנַע, מִנְתָּה

spec (on) בְּסִכּוּן, בִּסְפֶּקוּלַצְיָה

special adj מְיֻחָד, לֹא־רָגִיל

special delivery 1 מְסִירָה מְיֻחֶדֶת. 2 מִכְתָּב דָּחוּף, אֶקְסְפְּרֶס

specialist n מֻמְחֶה
special(i)ty n 1 יִחוּד, סְגֻלָּה. 2 מֻמְחִיּוּת
specialization n 1 הִתְמַחוּת, הִתְמַקְצְעוּת. 2 הַפְרָטָה, יִחוּד
specialize vti 1 הִתְמַחָה, הִתְמַקְצֵעַ. 2 יִחֵד, סִגֵּל
specially adv בִּמְיֻחָד, בְּיִחוּד, בִּפְרָט
specie n מְצַלְצְלִים, מַטְבְּעוֹת
species n מִין, סוּג, מַחְלָקָה, זַן
specific adj 1 מֻגְדָּר, יִחוּדִי, סְגֻלִּי. 2 מְסֻיָּם, אָפְיָנִי. 3 שֶׁל מִין, שֶׁל סוּג
specifically adv בִּמְיֻחָד
specification n מִפְרָט, פֵּרוּט, פְּרָט, פְּרָטָה
specific gravity מִשְׁקָל סְגֻלִּי
specify vt פֵּרֵט, הִפְרִיט, פֵּרֵשׁ
specimen n דֻּגְמָה, מִדְגָּם
specious adj מַטְעֶה, לִכְאוֹרָה
speciously adv לִכְאוֹרָה
speciousness n אֱמֶת לִכְאוֹרָה
speck n 1 כֶּתֶם, רְבַב, פְּגַם. 2 נְקֻדָּה
specked adj מְנֻקָּד
speckle n נְקֻדָּה
speckled adj מְנֻמָּר
spectacle n 1 מַחֲזֶה, מַרְאֶה. 2 הַצָּגָה
spectacles npl מִשְׁקָפַיִם
spectacular adj מַרְהִיב, מְרַתֵּק
spectacularly adv נֶהְדָּר, בְּאֹפֶן מְרַתֵּק
spectactor n צוֹפֶה
specter(re) n 1 רוּחַ רְפָאִים. 2 תַּחֲזִית
spectral adj 1 שֶׁל רְפָאִים. 2 סְפֶּקְטְרִי, תַּחֲזִיתִי
spectroscope n סְפֶּקְטְרוֹסְקוֹפּ
spectroscopic adj סְפֶּקְטְרוֹסְקוֹפִּי
spectrum n תַּחֲזִית, סְפֶּקְטְרוּם
speculate vi 1 הִרְהֵר, שָׁקַל, חָשַׁב, עִיֵּן. 2 סִפְסֵר
speculation n 1 הִרְהוּר, שִׁקּוּל, עִיּוּן, הַשְׁעָרָה. 2 סַפְסָרוּת
speculative adj 1 הִרְהוּרִי, עִיּוּנִי, מַחֲשַׁבְתִּי. 2 לֹא מַעֲשִׂי. 3 סַפְסָרִי, הַרְפַּתְקָנִי
speculatively adv 1 בְּאֹפֶן הִרְהוּרִי. 2 בְּאֹפֶן סְפֶּקוּלָטִיבִי
speculator n סַפְסָר
sped pt זמן עבר ובינוני עבר של הפועל to speed
speech n 1 דִּבּוּר, הַבָּעָה, שָׂפָה, לָשׁוֹן. 2 כֹּשֶׁר דִּבּוּר. 3 שִׂיחָה, נְאוּם, דְּרָשָׁה
speech therapy טִפּוּל בְּלִקּוּיֵי דִבּוּר
speechify vi דִּרְשֵׁן, לְהֵג
speechless adj 1 אִלֵּם, שׁוֹתֵק. 2 הָמוּם, מֻכֵּה אֵלֶם
speechlessly adv לְלֹא אֹמֶר וּדְבָרִים
speed vit, n 1 מִהֵר, חָשׁ, אָץ. 2 הֵחִישׁ, שִׁלַּח, הֵאִיץ. 3 וִסֵּת מְהִירוּת, קָבַע מְהִירוּת. 4 מְהִירוּת, זְרִיזוּת, הֶחָשָׁה
speed trap מִכְמֹנֶת
speed up vti הֵחִישׁ, הִגְבִּיר מְהִירוּת
speeding n נְהִיגָה בִּמְהִירוּת מֻפְרֶזֶת
speedometer n מַד מְהִירוּת
speedily adv בִּמְהִירוּת
speedway n 1 אוֹטוֹסְטְרָדָה. 2 מַסְלוּל מֵרוֹץ (לאופנועים)
speedwell n בֵּרוֹנִיקָה (פרח)
speedy adj 1 מָהִיר, זָרִיז. 2 מִיָּדִי
spel(a)eologist n חוֹקֵר מְעָרוֹת
spel(a)eology n חֵקֶר מְעָרוֹת
spell vti, n 1 אִיֵּת, אִבְגֵּד. 2 הֶחֱלִיף. 3 לָחַשׁ, הִשְׁבִּיעַ, לָחַשׁ-נָחַשׁ. 4 כִּשּׁוּף, קֶסֶם. 5 תּוֹר, פֶּרֶק, תְּקוּפָה (קצרה)
spell out 1 אִיֵּת, קָרָא בְּקֹשִׁי. 2 הִבְהִיר
spellbind vt הִקְסִים, רִתֵּק
spellbound adj מֻקְסָם
spelling n 1 אִיּוּת, אִבְגּוּד. 2 תַּרְגִּיל כְּתִיב
spelt n 1 חִטָּה קָשָׁה. 2 זמן עבר ובינוני עבר של הפועל to spell
spend vti 1 הוֹצִיא, אָכַל. 2 צָרַךְ, נִצֵּל. 3 בִּזְבֵּז, כִּלָּה. 4 הֶעֱנִיק, הִקְדִּישׁ. 5 הִתִּישׁ, אִבֵּד
spendthrift n בַּזְבְּזָן, פַּזְּרָן

spent adj, pt 1 תָּשׁוּשׁ, נִלְאֶה, מְדֻלְדָּל. 2 זמן עבר ובינוני עבר של הפועל to spend
spent force שֶׁאָבַד עָלָיו הַכֶּלַח
sperm n זֶרַע (של זכר)
spermatozoon n זַרְעִין, זַרְעוֹן, זֶרַע
spermaceti n חֵלֶב לִוְיָתָן
spew vti, n 1 הֵקִיא. 2 קִיא
sphere n 1 כַּדּוּר. 2 גְּלוֹבּוּס. 3 תְּחוּם, חוּג. 4 הֶקֵּף
spherical adj כַּדּוּרִי
spheroid n סְפֵרוֹאִיד
sphincter n שְׁרִיר־טַבַּעְתִּי
sphinx n סְפִינְקְס
spice vt, n 1 תִּבֵּל, בִּשֵּׂם. 2 תֶּבֶל, תַּבְלִין
spicily adv בְּתִבּוּל, מְפֻלְפָּל
spiciness n חֲרִיפוּת, תִּבּוּל, בַּשְׂמִיּוּת
spick and span צַח וּמְצֻחְצָח
spicy adj מְתֻבָּל, נוֹקֵב, פִּיקַנְטִי
spider n עַכָּבִישׁ
spider's web קוּרֵי עַכָּבִישׁ
spidery adj עַכְּבִישִׁי
spigot n מְגוּפָה, בֶּרֶז
spike vt, n 1 סִמְרֵר. 2 סִכֵּל. 3 מַסְמֵר, דָּרְבָן, וָו. 4 קוּלְיָס קָטָן. 5 שִׁבֹּלֶת. 6 לְשׁוֹן הָאַבְזָם
spike his guns סִכֵּל תָּכְנִיּוֹתָיו
spikenard n 1 נֵרְדְּ. 2 נַרְדִּינוֹן
spill vti, n 1 שָׁפַךְ, פִּזֵּר, זָרַק, הִפִּיל. 2 גָּלַשׁ, נִשְׁפַּךְ, הִשְׁלִיךְ. 3 שְׁפִיכָה, גְּלִישָׁה, נְפִילָה. 4 קֵיסָם, יָתֵד. 5 פִּסָּה (נייר)
spill the beans גִּלָּה סוֹד
spillway n מִבְרָץ, מִגְלָשׁ
spilt pt זמן עבר ובינוני עבר של הפועל to spill
spin vti, n 1 טָוָה, שָׁזַר. 2 סִחְרֵר, חָג. 3 הִסְתּוֹבֵב, הִסְתַּחְרֵר. 4 הִסְתּוֹבְבוּת, סִחְרוּר. 5 סִבּוּב, שְׁזוּר
spin out הֶאֱרִיךְ, הִרְחִיב דִּבּוּר
spin a yarn סִפֵּר סִפּוּר
spinach n תֶּרֶד
spinal adj שֶׁל הַשִּׁדְרָה
spinal column עַמּוּד הַשִּׁדְרָה
spinal cord חוּט הַשִּׁדְרָה
spindle n 1 כִּישׁוֹר, פֶּלֶךְ, כּוּשׁ. 2 מִשְׁעֶנֶת, צִיר, בֹּרֶג הַמֶּלְחָצַיִם. 3 אָדָם כָּחוּשׁ
spindle-legged, spindle-shanks adj דַּק רַגְלַיִם
spindle-tree n פִּלְכּוֹן
spindly adj דַּק
spindrift n קֶצֶף (של מי ים)
spine n 1 שִׁדְרָה (עמוד). 2 עֹקֶץ, קוֹץ. 3 דָּרְבָן. 4 גַּב (ספר)
spine-chiller סֶרֶט/סִפּוּר אֵימִים
spineless adj 1 חֲסַר שִׁדְרָה, חֲסַר חֻלְיוֹת. 2 חֲסַר אֹפִי. 3 רַכְרוּכִי, מוּג־לֵב. 4 לְלֹא קוֹצִים
spinet n סְפִּינֶט, פְּסַנְתֵּרוֹן
spinnaker n מִפְרָשׂ מְשֻׁלָּשׁ גָּדוֹל (בספינת מרוץ)
spinner 1 טוֹוֶה. 2 מְכוֹנַת טְוִיָּה. 3 עַכָּבִישׁ
spinney n חֹרֶשׁ, חֳרְשָׁה, סְבַךְ
spinning n טְוִיָּה
spinning jenny מְכוֹנַת טְוִיָּה
spinning mill מַטְוִיָּה, מִטְוָאָה
spinning top סְבִיבוֹן
spinning wheel גַּלְגַּל טְוִיָּה
spin-off n 1 מוּצָר־לְוַאי. 2 תּוֹעֶלֶת צְדָדִית
spinster n רַוָּקָה, בְּתוּלָה זְקֵנָה
spinsterhood n רַוָּקוּת (נשית)
spiral vi, adj, n 1 נָע בְּאֹרַח לוּלְיָנִי. 2 בָּרְגִּי, לוּלְיָנִי, סְלִילִי, סְפִּירָלִי. 3 לוּלְיָן, חִלָּזוֹן
spire vi, n 1 הִתְרוֹמֵם, עָלָה, צָמַח. 2 חָרוּט צַר, מִגְדָּל שָׁפוּד, תֹּרֶן מִגְדָּל
spirit n 1 רוּחַ. 2 נֶפֶשׁ, נְשָׁמָה. 3 אִישׁ רוּחַ, בַּעַל שְׁאָר־רוּחַ. 4 כֹּחַ רָצוֹן, אֹמֶץ רוּחַ, חִיּוּת, עֹז.

5 אֹפִי, תְּכוּנָה. 6 כַּוָּנָה, מְגַמָּה, נְטִיָּה. 7 יַ״שׁ, מַשְׁקֶה כָּהֳלִי

spirit away/off הֶעֱלִים, חָטַף

spirited adj אַמִּיץ, עַז, נִמְרָץ, שׁוֹפֵעַ חַיִּים

spirit lamp stove מְנוֹרַת כֹּהַל

spiritless adj רְפֵה רוּחַ, חֲסַר חִיּוּנִיּוּת

spirit level פֶּלֶס מַיִם

spiritual adj, n 1 רוּחָנִי, נַפְשִׁי, שִׂכְלִי. 2 מוּסָרִי, עֲדִין. 3 קָדוֹשׁ, דָּתִי. 4 נֶאֱצָל. 5 שִׁיר דָּת (שחור אמריקני)

spiritualism n רוּחָנִיּוּת, סְפִּירִיטוּאָלִיזְם

spiritualist n סְפִּירִיטוּאָלִיסְט

spirituality n 1 רוּחָנִיּוּת. 2 יִרְאַת כָּבוֹד

spiritually adv בְּרוּחָנִיּוּת, רוּחָנִית

spiritualization n 1 עִלּוּי, הַאֲצָלָה. 2 הִתְעַלּוּת, הִתְאַצְלוּת

spiritualize vt 1 עִלָּה, אִצֵּל, הֶאֱצִיל. 2 טִהֵר

spirituous adj 1 כָּהֳלִי. 2 מְזֻקָּק

spit vti, n 1 יָרַק, רָקַק, הֵרִיר. 2 פָּלַט, הִפְלִיט. 3 שִׁפֵּד, דָּקַר. 4 יְרִיקָה, רֹק, רְקִיקָה. 5 שַׁפּוּד. 6 לָשׁוֹן יַבָּשָׁה

spit at/on/upon הֶעֱלִיב, בָּז, הִתְעַלֵּל

spite vt, n 1 הִכְעִיס, קִנְטֵר, הִרְגִּיז. 2 טִינָה, רִשְׁעוּת, קִנְטוּר, זָדוֹן, אֵיבָה

spite of (in) לַמְרוֹת

spiteful adj מַרְגִּיז, קַנְטְרָנִי, זְדוֹנִי

spitefully adv לְהַכְעִיס

spitefulness n קַנְטְרָנוּת, הַרְגָּזָה

spitting image n קְלַסְתֵּר מְדֻיָּק

spittle n רֹק, רִיר

spittoon n מַרְקֵקָה

splash vti, n 1 הִתִּיז, הִזָּה, הִצְלִיף, שִׁכְשֵׁךְ, הִרְפִּישׁ. 2 הַתָּזָה, נֶתֶז, הַרְפָּשָׁה. 3 כֶּתֶם

splash out בִּזְבֵּז כְּסָפִים

splashdown n נְחִיתָה בַּיָּם (חללית)

splatter vti, n 1 הִתִּיז, נִתֵּז, הִזָּה. 2 הַתָּזָה, הַזָּאָה

splay vti, adj, n 1 לִכְסֵן. 2 הִתְלַכְסֵן. 3 מוֹרָד, שִׁפּוּעַ, מִדְרוֹן. 4 מְשֻׁפָּע, מְפֻשָּׂק

splayfoot n רֶגֶל שְׁטוּחָה

splayfooted adj שְׁטוּחַ רַגְלַיִם

spleen n 1 טְחוֹל. 2 רִשְׁעוּת, חֵמָה, דִּכְדּוּךְ. 3 מָרָה שְׁחֹרָה

splendid adj מַזְהִיר, מַבְהִיק, נֶהְדָּר, מְפֹאָר

splendidly adv בְּרֹב פְּאֵר, בְּצוּרָה מַזְהִירָה

splendiferous adj נִפְלָא, מְצֻיָּן, נֶהְדָּר, כַּפְתּוֹר וָפֶרַח

splendo(u)r n זֹהַר, בָּרָק, נֹגַהּ, הָדָר, הוֹד

splenetic adj רַגְזָן, קוֹדֵר, מַר־נֶפֶשׁ, מְרֻשָּׁע

splice vt, n 1 חִבֵּר. 2 מַחְבָּר, חִבּוּר, אִחוּי

splicer n מְחַבֵּר, כַּבְלָר

splint vt, n 1 שָׂם בְּקַשֶּׁשֶׁת, קָשַׁר גָּשִׁישׁ. 2 קַשֶּׁשֶׁת, גָּשִׁישׁ, יוֹתֶרֶת גֶּרֶם. 3 כָּפִיס, קֵיסָם

splinter vti, n 1 שִׁבֵּר, נִתֵּז, נִפֵּץ. 2 הִתְנַפֵּץ, הִתְנַתֵּץ. 3 רְסִיס, קֵיסָם, שְׁבָב, נֶתֶז

splinter group סִיעָה פּוֹרֶשֶׁת, פֶּלֶג

splintery adj מִתְנַתֵּץ, מְרֻסָּס

split vti, adj, n 1 בִּקַּע, שִׁבֵּר, פִּצֵּל. 2 חִלֵּק. 3 נִבְקַע, נִשְׁתַּבֵּר, נִתְפַּצֵּל. 4 נִפְרַד, הִפְרִיד. 5 בָּקוּעַ, שָׁסוּעַ, פָּצוּל, מְפֻלָּג, מְשֻׁסָּע, מְפֻשָּׂק. 6 בְּקִיעָה, הִתְפַּצְּלוּת. 7 שֶׁבֶר, בֶּקַע, סֶדֶק. 8 פִּצּוּל, פִּלּוּג

split hairs הִתְפַּלְפֵּל

split mind/personality אִישִׁיּוּת מְפֻצֶּלֶת

split off פִּלֵּג, פִּצֵּל

split one's sides הִתְפַּקֵּעַ מִצְּחוֹק

split second 1 הֶרֶף־עַיִן. 2 בּוֹ בָּרֶגַע

split up 1 פִּצֵּל, הִפְרִיד. 2 הִתְפַּצֵּל. 3 נִפְרַד (מבן זוג)

split-level adj דּוּ־מִפְלָסִי, רַב־מִפְלָסִי

splitting headche כְּאֵב־רֹאשׁ חָזָק

splodge, splotch n כֶּתֶם, רְבָב

splurge vi, n 1 עָשָׂה "הַצָּגָה", "הִשְׁוִיץ". 2 בִּזְבֵּז כֶּסֶף. 3 הַצָּגָה

splutter vi, n 1 הִתִּיז מִפִּיו, הִפְלִיט, עִלֵּג. 2 מְהוּמָה, קוֹל רַעַשׁ. 3 עִלְּגוּת, גִּמְגּוּם

spoil vti, n 1 בָּזַז, נִצֵּל. 2 הִשְׁחִית, קִלְקֵל, הָרַס. 3 פִּנֵּק. 4 חִסֵּל, הָרַג. 5 הִבְאִישׁ, הִתְקַלְקֵל. 6 בִּזָּה, שָׁלָל, מַלְקוֹחַ, חָמָס. 7 חֲפֹרֶת

spoilage n נְפֹלֶת

spoiling for מִשְׁתּוֹקֵק לְ־

spoilsport n מַשְׁבִּית שִׂמְחָה

spoilt pt זמן עבר ובינוני עבר של הפועל to spoil

spoke n pt 1 חִשּׁוּר. 2 זמן עבר של הפועל to speak

spoken pp בינוני עבר של הפועל to speak

spokesman n דּוֹבֵר

spokeswoman n דּוֹבֶרֶת

spoliation n 1 גְּזֵילָה, מְשִׁסָּה, שְׁדִידָה, בְּזִיזָה, סְחִיטָה. 2 הַשְׁחָתָה

spondaic adj שֶׁל מָאֳרָךְ

sponge vti, n 1 סִפֵּג, נִקָּה בִּסְפוֹג, הִרְטִיב בִּסְפוֹג. 2 מָחָה, טִשְׁטֵשׁ, מָחַק. 3 סָחַט. 4 סְפוֹג. 5 טַפִּיל. 6 מַחַק

sponge on/upon חַי עַל חֶשְׁבּוֹן, הָיָה טַפִּיל

sponge off 1 רָחַץ בִּסְפוֹג. 2 "שְׁנוֹרֵר"

sponge cake לֶבְנָן, תּוּפִין

sponginess n סְפוֹגִיּוּת

spongy adj סְפוֹגִי, סוֹפֵג, רָווּי, חֲסַר מוּצָקוּת

sponsor vt, n 1 אִמֵּץ, נָתַן חָסוּת. 2 עָרַב. 3 עָרֵב, מֵלִיץ יֹשֶׁר, סַנְדָּק. 4 מְמַמֵּן. 5 מַגִּישׁ

spontaneity n סְפּוֹנְטָנִיּוּת

spontaneous adj סְפּוֹנְטָנִי

spontaneously adv סְפּוֹנְטָנִית

spontaneousness n סְפּוֹנְטָנִיּוּת

spoof vti, n 1 רִמָּה, הֶעֱרִים עַל. 2 לָעַג, לִגְלֵג, שִׁטָּה. 3 תַּחְבּוּלָה. 4 הוֹנָאָה, רַמָּאוּת. 5 לֵיצָנוּת, לִגְלוּג, לַעֲגָנוּת

spook n רוּחַ, שֵׁד, רוּחַ רְפָאִים

spooky adj שֵׁדִי, מַבְעִית, שֶׁל שֵׁדִים וְרוּחוֹת

spool n סְלִיל, אַשְׁוָה

spoon vt, n 1 לָקַח בְּכַף. 2 הֵרִים, גָּרַף, דָּחַף. 3 הֶעְתִּיר אַהֲבָה. 4 הִתְנַשֵּׁק. 5 כַּף, כַּפִּית

spoon-feed vt 1 הֶאֱכִיל בְּכַף. 2 פִּנֵּק

spoonerism n סְפּוּנֶרִיּוּת

spoonful n 1 מְלוֹא הַכַּף. 2 כַּמּוּת קְטַנָּה

spoor n עֲקֵבוֹת, עִקְבוֹת חַיָּה

sporadic adj סְפּוֹרָדִי

sporadically adv בְּסֵרוּגִין, מִזְּמַן לִזְמַן

spore n נֶבֶג

sporran n כִּיס עוֹר (סקוטי)

sport vit, n 1 שִׁעֲשַׁע, בִּדֵּר, שִׂחֵק. 2 הִתְגַּנְדֵּר, הִשְׁתַּעֲשַׁע, הִשְׁתּוֹבֵב. 3 סְפּוֹרְט. 4 שַׁעֲשׁוּעִים, בִּדּוּר. 5 לָצוֹן, צְחוֹק

sporting adj 1 סְפּוֹרְטִיבִי, סְפּוֹרְטָאִי. 2 הוֹגֵן, נָדִיב, הָגוּן. 3 עַלִּיז

sporting chance הִזְדַּמְּנוּת הוֹגֶנֶת

sportingly adv בְּאֹרַח סְפּוֹרְטִיבִי

sportive adj עַלִּיז, שׁוֹבָב, מְשַׁעֲשֵׁעַ

sportively adv בַּעֲלִיזוּת

sportiveness n עַלִּיזוּת, לָצוֹן

sports car מְכוֹנִית סְפּוֹרְט

sportsman n סְפּוֹרְטַאי

sportsmanlike adj 1 סְפּוֹרְטִיבִי. 2 הוֹגֵן

sportsmanship n 1 סְפּוֹרְטִיבִיּוּת, רוּחַ סְפּוֹרְטִיבִית. 2 הֲגִינוּת

sportswoman n סְפּוֹרְטָאִית

spot vti, n 1 נִקֵּד, נִמֵּר. 2 הִכְתִּים, לִכְלֵךְ. 3 נִכְתַּם. 4 קִבֵּל כְּתָמִים. 5 גִּלָּה, זִהָה, אִתֵּר. 6 מָקוֹם,

3 זַאֲטוּט, דַּרְדַּק. 4 קִשּׁוּט
sprigged adj מְעֻטָּר נְצָרִים
sprightliness n עַלִּיזוּת, צָהֳלָה, חִיּוּת, עֲלִיצוּת
sprightly adj, adv 1 עַלִּיז, עֵר, שָׂמֵחַ, תּוֹסֵס. 2 בַּעֲלִיזוּת, בִּזְרִיזוּת
spring vti, n 1 קָפַץ, זִנֵּק, נִתֵּר. 2 הוֹפִיעַ, צָץ, צָמַח, נוֹצַר, בָּא, נָבַע. 3 הִתְרוֹמֵם, הִתְּמֵר. 4 הִתְעַקֵּם, הִתְעַקֵּל, הִתְעַוֵּת. 5 פָּקַע, נִסְדַּק. 6 נֶחֱרַד מֵרִבְצוֹ. 7 הִזְנִיק, הִקְפִּיץ. 8 הִפְתִּיעַ. 9 שִׁחְרֵר (ממאסר). 10 הִתְפּוֹצֵץ (מוקש). 11 הִתִּיר. 12 קְפִיצָה, נִתּוּר, זִנּוּק. 13 קְפִיץ, קְפִיצִיּוּת. 14 פְּקִיעָה, הִתְבַּקְּעוּת. 15 הִתְעַקְּמוּת, עִקּוּם, עִוּוּת. 16 מַעְיָן, מָקוֹר, מוֹצָא. 17 מֵנִיעַ. 18 אָבִיב, רֵאשִׁית פְּרִיחָה. 19 דְּלִיפָה
spring a leak הִתְחִיל דּוֹלֵף
springboard n 1 מַקְפֵּצָה. 2 קֶרֶשׁ קְפִיצָה
springbok n אַנְטִילוֹפָּה דְּרוֹם אַפְרִיקָנִית
spring-clean vt נִקָּה יְסוֹדִית
spring-cleaning n נִקּוּי יְסוֹדִי, נִקּוּי פֶּסַח
springlike adj אֲבִיבִי
spring mattress מִזְרַן קְפִיצִים
springtide, springtime n אָבִיב, תּוֹר הָאָבִיב
spring up vi 1 צָמַח, הִתְהַוָּה. 2 קָפַץ
sprinkle vt, n 1 הִזָּה, הִתִּיז, זִלֵּף, הִזְלִיף, בָּזַק. 2 הִמְטִיר, זִרְזֵף. 3 זָרָה. 4 זִלּוּף. 5 זִרְזוּף, גֶּשֶׁם קַל. 6 קֹרֶט, קֻרְטוֹב, מְעַט
sprinkler n 1 מַמְטֵרָה. 2 מַזֶּה, מִזָּה
sprinkling n 1 הַזָּאָה, הַתָּזָה, בְּזִיקָה. 2 קֹרֶט, קֻרְטוֹב
sprint vi, n 1 רָץ, גָּמָא. 2 רִיצָה, גְּמוּא, מָאוֹץ
sprinter n רָץ, גַּמְאָן
sprit n קוֹרָה, מוֹט

נְקֻדָּה. 7 חֲבַרְבּוּרָה, נֶמֶשׁ. 8 קֻרְטוֹב, קֹרֶט
spot check בְּדִיקַת אַקְרַאי
spotless adj לְלֹא רְבָב, לְלֹא דֹּפִי
spotlessly adv לְלֹא פְּגָם
spotlight n 1 זַרְקוֹר, אֲלֻמַּת אוֹר. 2 לְעֵינֵי הַצִּבּוּר
spotted adj 1 מְנֻמָּר, נָקֹד. 2 מְלֻכְלָךְ, מֻכְתָּם
spotting n כִּתְמוּם
spouse n בֶּן־זוּג, בַּת־זוּג
spout vit, n 1 הִתִּיז. 2 נִתַּז. 3 דִּקְלֵם. 4 מִשְׁכֵּן. 5 שְׁפוֹפֶרֶת, זַרְבּוּבִית, דַּד, חֶדֶק. 6 מַרְזֵב, מַזְחִילָה. 7 סִילוֹן
sprain vti, n 1 שָׁמַט, גָּרַם נְקִיעָה. 2 נֶקַע, נְקִיעָה, שֶׁמֶט
sprang pt זמן עבר של הפועל to spring
sprat n 1 שְׁפְּרוֹט. 2 מָלִיחַ צָעִיר
sprawl vi, n 1 הִסְתָּרֵחַ, הִשְׂתָּרַע, הִשְׁתַּטֵּחַ. 2 זָחַל, הִתְפַּשֵּׁט. 3 הִסְתָּרְחוּת, הִשְׂתָּרְעוּת
spray vt, n 1 רִסֵּס, זִלֵּף, הִתִּיז. 2 זִלּוּף, רִסּוּס. 3 מַרְסֵס, מַזְלֵף. 4 זַלְזַל
spray gun מַרְסֵס, אֶקְדַּח רִסּוּס
sprayer n מַרְסְסָהנ
spread vti, n 1 פִּזֵּר, הֵפִיץ, הֵנִיס. 2 פָּרַשׂ, שָׁטַח, הִצִּיעַ, גּוֹלֵל, שִׁטַּח. 3 כִּסָּה, צִפָּה, מָרַח. 4 הִשְׂתָּרַע, הִתְפַּשֵּׁט. 5 שֵׂרוּעַ, הֶקֵּף. 6 תְּפוּצָה. 7 כִּסּוּי. 8 הִשְׂתָּרְעוּת, הִתְפַּשְּׁטוּת, הִתְרַחֲבוּת. 9 מִמְרָח. 10 שֻׁלְחָן עָרוּךְ, סְעוּדָה
spread-eagle vt, adj 1 קָשַׁר אָדָם בְּפִשּׂוּק גַּפַּיִם. 2 פְּרוּשׂ כְּנָפַיִם. 3 מִתְרַבְרֵב, מְנֻפָּח, רוֹעֵשׁ
spread-over n פִּזּוּר שְׁעוֹת הָעֲבוֹדָה
spreadsheet n גִּלָּיוֹן לְעִבּוּד נְתוּנִים (מחשב)
spree n הִלּוּלָה, חִנְגָּה, מִשְׁתֶּה
sprig vt, n 1 קִשֵּׁט בִּנְצָרִים. 2 נֵצֶר, חֹטֶר.

sprite n 1 רוּחַ, שֵׁד. 2 פֵיָה
spritsail n מִפְרָשׂ מוּסָף
sprout vit, n 1 נָבַט, בִּצְבֵּץ, צָמַח, גָּדַל. 2 הִצְמִיחַ, הִנְבִּיט. 3 נֶבֶט, נֵצֶר. 4 כְּרוּב נִצָּנִים
spruce vti, adj, n 1 הִלְבִּישׁ יָפֶה, הִתְגַּנְדֵּר. 2 מְגֻנְדָּר, מְצֻחְצָח. 3 אֲשׁוּחִית
sprucely adv בְּגִנְדּוּר
spruceness n הִתְגַּנְדְּרוּת
sprung pp בינוני עבר של הפועל to spring
spry adj פָּעִיל, זָרִיז, נִמְרָץ
spud n 1 מַכּוֹשׁ. 2 פִּגְיוֹן, דֶּקֶר. 3 מַקְלֵף. 4 תַּפּוּחַ־אֲדָמָה, תַּפּוּד
spume vi, n 1 הִקְצִיף, הֶעֱלָה קֶצֶף. 2 קֶצֶף
spun pp זמן עבר ובינוני עבר של הפועל to spin
spun glass חוּטֵי זְכוּכִית
spunk n 1 חֹמֶר מִתְלַקֵּחַ. 2 אֹמֶץ
spur vti, n 1 דִּרְבֵּן, הִמְרִיץ, זֵרֵז. 2 נֶחְפַּז, מִהֵר. 3 דָּרְבָן. 4 תַּמְרִיץ. 5 דְּחִיפָה, הַמְרָצָה. 6 זִיז, בְּלִיטָה. 7 שְׁלוּחָה
spur on עוֹדֵד, הִמְרִיץ
spur of the moment (on the) מִנֵּיהּ וּבֵיהּ, בּוֹ בָּרֶגַע
spurious adj 1 מְזֻיָּף. 2 מְדֻמֶּה, מְלָאכוּתִי
spuriously adv בְּאֹפֶן מְזֻיָּף
spuriousness n זִיּוּף, מְלָאכוּתִיּוּת
spurn vt, n 1 דָּחָה בְּבוּז, זִלְזֵל. 2 בָּעַט. 3 דְּחִיָּה בְּבוּז, יַחַס זִלְזוּל
spurt vi, n 1 קָלַח, זָרַם, שָׁטַף, פָּרַץ בְּסִילוֹן. 2 עָשָׂה מַאֲמָץ עֶלְיוֹן. 3 סִילוֹן, קִלּוּחַ, זְנִיקָה. 4 הִתְפָּרְצוּת, פֶּרֶץ. 5 מַאֲמָץ עֶלְיוֹן
sputnik n סְפּוּטְנִיק
sputter vit, n 1 הִתִּיז מִפִּיו. 2 עִלֵּג, לָהַג. 3 דִּבֵּר בְּחִפָּזוֹן. 4 הַתָּזַת רֹק, קוֹל הַתָּזָה. 5 עִלְּגוּת, לַהַג. 6 דִּבּוּר חִפּוּז
sputum n כִּיחַ, רִיר, רֹק
spy vit, n 1 רִגֵּל. 2 תָּר, סִיֵּר. 3 בָּדַק, בָּחַן. 4 רָאָה, צָפָה. 5 הִשְׁגִּיחַ, הִבְחִין, גִּלָּה. 6 מְרַגֵּל. 7 סַיָּר. 8 רִגּוּל
spy on רִגֵּל אַחֲרֵי
spyglass n מִשְׁקֶפֶת
spy-hole n חוֹר הֲצָצָה
squab adj, n 1 גּוּץ וְשָׁמֵן, סְגַלְגַּל. 2 בַּיְשָׁן, חֲסַר נִסָּיוֹן, צָעִיר. 3 גּוֹזָל. 4 עוּל יָמִים, נַעַר. 5 כַּר. 6 סַפָּה
squabble vi, n 1 הִתְקוֹטֵט, רָב. 2 קְטָטָה, מְהוּמָה, מְרִיבָה
squad n 1 קְבוּצָה, חֻלְיָה, כִּתָּה. 2 מְכוֹנִית שִׁטּוּר
squadron n 1 שַׁיֶּטֶת. 2 טַיֶּסֶת. 3 גְּדוּד. 4 פְּלֻגָּה
squalid adj 1 עָלוּב, מִסְכֵּן. 2 מְלֻכְלָךְ, מְזֹהָם, מְטֻנָּף
squalidly adv בְּאֹפֶן מְזֹהָם
squall vi, n 1 צָרַח, צָוַח. 2 סְעָרָה, סוּפָה. 3 צְוָחָה, צְרִיחָה
squalor n חֲלִכָאוּת, נִוּוּל, מִסְכֵּנוּת
squander vt בִּזְבֵּז, כִּלָּה, פִּזֵּר
squanderer n בַּזְבְּזָן
square vti, adj, adv, n 1 רִבֵּעַ. 2 יִשֵּׁר, אִזֵּן. הִתְאִים, סִדֵּר. 3 שִׁחֵד, מָרַח. 4 רָבוּעַ, מְרֻבָּע, מַלְבֵּנִי. 5 יְשַׁר זָוִית. 6 רִבּוּעִי, בַּעַל מִשְׁבְּצוֹת. 7 מַתְאִים, מְאֻזָּן, נָקִי. 8 מְדַיֵּק, קַפְּדָן, יָשָׁר, כֵּן, הָגוּן. 9 מַשְׂבִּיעַ, מְסַפֵּק. 10 מֻחְלָט, חַד־מַשְׁמָעִי. 11 בְּיֹשֶׁר, בַּהֲגִינוּת. 12 רִבּוּעַ, מַלְבֵּן. 13 מִשְׁבֶּצֶת. 14 זָוִיתוֹן. 15 תֶּקֶן, דֶּגֶם. 16 רִבֵּעַ. 17 רְחָבָה, כִּכָּר
square brackets סוֹגְרַיִם מְרֻבָּעִים
square deal עֵסֶק יָשָׁר, טִפּוּל הוֹגֵן
square joint מִקְשָׁר פָּשׁוּט
square meal אֲרוּחָה מַשְׂבִּיעָה
square measure מִדַּת שֶׁטַח

square off תָּפַס עֶמְדַּת קְרָב
square up with שִׁלֵּם, פָּרַע
square the circle רִבֵּעַ אֶת הַמַּעְגָּל, עָשָׂה אֶת הַבִּלְתִּי אֶפְשָׁרִי
square with הִתְאִים
square up to בָּא מוּכָן לִקְרָב
squareness n רִבּוּעִיּוּת
squarely adv יְשִׁירוּת
square-rigged adj בַּעַל מִעֲטֶה רִבּוּעִי
squash vti, n 1 מָעַךְ, כָּתַת, עִסָּה. 2 דָּחַס. 3 נִדְחַס, נִדְחַק. 4 הִשְׁתִּיק. 5 דַּיְסָה, מְעִיכָה. 6 דְּחִיקָה, דְּחִיסָה. 7 נְפִילַת גּוּף רַךְ. 8 סְקְווֹשׁ (משחק). 9 מִיץ מְמֻתָּק, מֶתֶק. 10 כִּשּׁוּת, דְּלַעַת הַגִּנָּה
squat vi, adj 1 יָשַׁב בִּשְׁפִיפָה, כָּרַע. 2 תָּפַס קַרְקַע אוֹ צִיּוּר לֹא לוֹ, פָּלַשׁ. 3 גּוּץ וְרָחָב. 4 שְׁפִיפָה
squatter n מִתְנַחֵל פּוֹלֵשׁ, מִתְיַשֵּׁב לְלֹא רִשְׁיוֹן
squaw n סְקְווֹ, אִשָּׁה אִינְדְּיָאנִית
squawk vi, n 1 צָוַח, צָרַח. 2 קִעֲקַע, קִרְקֵר. 3 הִתְאוֹנֵן, הִתְמַרְמֵר. 4 צְוָחָה. 5 קִעְקוּעַ, קִרְקוּר. 6 תְּלוּנָה רַעֲשָׁנִית
squeal vit, n 1 יִבֵּב, יִלֵּל, צָוַח. 2 הִלְשִׁין. 3 הִתְאוֹנֵן, מָחָה. 4 יְבָבָה, יְלָלָה
squealer n 1 יַלְלָן, יַבְּבָן, צַוְחָן. 2 מַלְשִׁין
squeamish adj אִסְטְנִיס, אֲנִין דַּעַת, רָגִישׁ
squeamishly adv בְּאִסְטְנִיסִיּוּת יְתֵרָה
squeamishness n אִסְטְנִיסִיּוּת, אֲנִינוּת דַּעַת
squeegee vt, n 1 נִקָּה בְּמַגֵּב. 2 מַגֵּב
squeeze vti, n 1 סָחַט, מָעַךְ, לָחַץ, עִסָּה. 2 מְעִיכָה, סְחִיטָה. 3 לְחִיצָה. 4 דֹּחַק, צְפִיפוּת. 5 מִזְמוּז
squelch vti, n 1 רָמַס, דָּרַס, מָחַץ, רוֹצֵץ. 2 בּוֹסֵס בְּרֶפֶשׁ. 3 קוֹל הֲלִיכָה בְּרֶפֶשׁ. 4 תְּשׁוּבָה נִצַּחַת
squib n 1 זִקּוּק אֵשׁ, זִקּוּק סְרָק. 2 כַּתָּבָה אַרְסִית
squid n 1 דְּיוֹנוּן. 2 דֶּמֶה שֶׁל דְּיוֹנוּן
squiggle n שִׁרְבּוּט
squiggly adj מְשֻׁרְבָּט
squint vi, n 1 פָּזַל, לִכְסֵן מַבָּט. 2 פְּזוּל, פְּזִילָה
squint-eyed adj 1 פּוֹזֵל. 2 עוֹיֵן, מְשֻׁחָד, צַר עַיִן
squire vt, n 1 לִוָּה. 2 שֵׁרֵת, נָשָׂא כֵּלִים. 3 תֹּאַר כָּבוֹד. 4 נוֹשֵׂא כֵּלִים. 5 בַּעַל אֲחֻזָּה. 6 אַבִּיר
squirearchy n מַעֲמַד בַּעֲלֵי אֲחֻזּוֹת
squirm vi, n 1 הִתְפַּתֵּל, פִּרְכֵּס, פִּרְפֵּר. 2 פִּתּוּל, הִתְפַּתְּלוּת, פִּרְכּוּס, פִּרְפּוּר
squirrel n סְנָאִי
squirt vti, n 1 קִלֵּחַ, הִתִּיז, הִזָּה, זָלַף, פָּלַט. 2 סִילוֹן דַּק. 2 סִילוֹן שֶׁל נוֹזֵל. 3 מַזְרֵק, מַזְלֵף
St. Peter's fish אַמְנוּן
stab vt, n 1 דָּקַר, תָּקַע. 2 דְּקִירָה, תְּקִיעָה, פְּצִיעָה
stab in the back תְּקִיעַת סַכִּין בַּגַּב
stability n 1 יַצִּיבוּת, קְבִיעוּת. 2 הֶחְלֵטִיּוּת
stabilization n 1 יִצּוּב. 2 הִתְיַצְּבוּת
stabilize vti יִצֵּב
stabilizer n מְיַצֵּב
stable vt, adj, n 1 שִׁכֵּן בְּאֻרְוָה. 2 יַצִּיב, קָבוּעַ, אֵיתָן, בַּר קְיָמָא. 3 אֻרְוָה. 4 מֶשֶׁק הָאֻרְוָה
stabling n 1 אֻרְוָה, אֻרְווֹת. 2 מָקוֹם בְּאֻרְוָה
staccato adj, adv 1 סְטַקָּטוֹ, נָתוּק. 2 נְתוּקוֹת
stack vt, n 1 עָרַם, סָדַר. 2 עֲרֵמָה, צִבּוּר, סְוָאר. 4 גָּדִישׁ. 5 מַצּוּבָה. 6 אֲרֻבָּה, מַעֲשֵׁנָה. 7 הָמוֹן, כַּמּוּת גְּדוֹלָה
stacking n סִוּוּר

stadium n 1 אִצְטַדְיוֹן. 2 סְטַדְיָה (מידת אורך)

staff vt, n 1 גִּיֵּס עוֹבְדִים. 2 מַטֶּה, מוֹט, מִשְׁעֶנֶת. 3 שֵׁבֶט, שַׁרְבִיט. 4 סֶגֶל, חֶבֶר עוֹבְדִים, מַנְגָּנוֹן. 5 מִפְקָדָה. 6 חַמְשָׁה (מוס). 7 בַּיִת (בשיר)

stag n 1 צְבִי, אַיָּל. 2 שׁוֹר מְסֹרָס. 3 סוֹחֵר מְנָיוֹת

stag party מְסִבָּה לִגְבָרִים בִּלְבַד

stage vti, n 1 בִּיֵּם, הֶעֱלָה עַל בָּמָה. 2 בָּמָה, בִּימָה, דּוּכָן, מַדָּף. 3 זִירָה. 4 תֵּיאַטְרוֹן. 5 שָׁלָב, קֶטַע

stagecoach n קְרוֹן תַּחֲנוֹת

stagecraft n אָמָּנוּת הַבָּמָה

stage direction הוֹרָאוֹת בִּיּוּם

stage fright אֵימַת הַצִּבּוּר, פַּחַד הַבָּמָה

stage whisper לְחִישָׁה מְטֻעֶמֶת

stagflation n סְטַגְפְלַצְיָה

stagger vit, n 1 הִתְנוֹדֵד, הִתְמוֹטֵט, מָעַד. 2 הִסֵּס, פִּקְפֵּק. 3 מוֹטֵט, הֶמְעִיד, עִרְעֵר. 4 סִדֵּר בְּסִכְסָךְ. 5 סִדֵּר לְסֵרוּגִין. 6 הִתְנוֹדְדוּת, הִתְמוֹטְטוּת. 7 הִסּוּס, פִּקְפּוּק. 8 סִדּוּר בְּסִכְסָךְ

stagiaire (Fr) n מִתְמַחֶה

staging n 1 בִּיּוּם. 2 פִּגּוּם. 3 נִהוּל קַו תַּחְבּוּרָה שֶׁל מֶרְכָּבוֹת, שֶׁל יְחִידוֹת צָבָא

stagnancy n 1 קִפָּאוֹן, קְפִיאָה, שֵׁפֶל, חֹסֶר פְּעֻלָּה. 2 הִסְתָּאֲבוּת

stagnant adj קוֹפֵא, קוֹפֵא עַל שְׁמָרָיו, נִרְפֶּה

stagnate vi 1 קָפָא, קָפָא עַל שְׁמָרָיו. 2 הִסְתָּאֵב

stagnation n 1 קִפָּאוֹן, קְפִיאָה, שֵׁפֶל, חֹסֶר פְּעֻלָּה. 2 הִסְתָּאֲבוּת

stagy adj מְבֻיָּם, בִּימָתִי, תֵּיאַטְרָלִי

staid adj 1 מְיֻשָּׁב, מָתוּן. 2 כְּבַד רֹאשׁ

staidly adv בְּאֹפֶן מְיֻשָּׁב

staidness n יִשּׁוּב הַדַּעַת

stain vti, n 1 הִכְתִּים, לִכְלֵךְ. 2 צָבַע, גִּוֵּן. 3 כֶּתֶם, רְבָב. 4 צֶבַע. 5 צָרָב

stained glass זְכוּכִית מְגֻוֶּנֶת

stainless adj 1 לְלֹא רְבָב, חֲסַר דֹּפִי. 2 לֹא חָלִיד

stainless steel פְּלָדַת אַל חֶלֶד

stair n מַדְרֵגָה

staircase, stairway n מַדְרֵגוֹת, מַעֲרֶכֶת מַדְרֵגוֹת, גֶּרֶם־מַדְרֵגוֹת

stake vt, n 1 סִמֵּן בִּיתֵדוֹת. 2 סִכֵּן, הִמֵּר. 3 הִמּוּר, פְּרָס, הִתְעָרְבוּת. 4 יָתֵד, מוֹט. 5 עֵרָבוֹן. 6 מוֹקֵד (שׂרפה)

stake out/off 1 הֶעֱלָה תְּבִיעָה. 2 תָּקַע יָתֵד

stake-out n 1 מַאֲרָב. 2 מַעֲקָב (משטרה)

stalactite n סְטָלַקְטִיט, נָטִיף

stalagmite n סְטָלַגְמִיט, זָקִיף

stale vi, adj 1 הִפְחִית עֶרְךְּ, הוֹזִיל, כִּלָּה. 2 הִבְאִישׁ. 3 הִתְיַשֵּׁן. 4 לֹא טָרִי, בָּאוּשׁ, מְעֻפָּשׁ. 5 מְיֻשָּׁן, נָדוֹשׁ

stalemate vt, n 1 הִגִּיעַ לִנְקֻדַּת קִפָּאוֹן. 2 פַּט. 3 תֵּיקוּ

staleness n בְּאִישׁוּת

stalk vti, n 1 צָעַד בְּגַאֲוָה. 2 הִתְקָרֵב חֶרֶשׁ. 3 אָרַב (ציד). 4 גִּבְעוֹל, קֶלַח, קָנֶה

stall vti, n 1 הִכְנִיס לָאֻרְוָה. 2 שָׁמַר בְּרֶפֶת. 3 הִתְחַמֵּק, הִשְׁתַּמֵּט. 4 עִכֵּב, דָּחָה, עָצַר. 5 בִּיתָן. 6 כֻּרְסָה, כִּסֵּא, מוֹשָׁב. 7 דּוּכָן, שֻׁלְחָן, תָּא. 8 אֻרְוָה, רֶפֶת. 9 בֵּית־אֶצְבַּע

stall-fed adj אָבוּס, מְפֻטָּם

stallion n סוּס רְבִיעָה

stalwart adj, n 1 אֵיתָן, תַּקִּיף, הֶחְלֵטִי, חָזָק. 2 חָסִיד מֻשְׁבָּע, נֶאֱמָן

stamen n אַבְקָן

stamina n הַתְמָדָה, עֲמִידוּת, חֹסֶן, כֹּשֶׁר עֲמִידָה
stammer vit, n 1 גִּמְגֵּם. 2 גִּמְגּוּם, גַּמְגְּמָנוּת
stammeringly adv בְּגִמְגּוּם
stamp vti, n 1 הֶחְתִּים, הִטְבִּיעַ, בִּיֵּל. 2 גָּרַס, בָּטַשׁ, כָּתַשׁ. 3 רָקַע, דָּרַךְ. 4 אִפְיֵן. 5 בּוּל. 6 תָּוִית. 7 מִטְבָּע, טְבִיעָה. 8 חוֹתָם, חוֹתֶמֶת, מַטְבַּעַת. 9 תְּכוּנַת אֹפִי. 10 דְּרִיכָה, רְקִיעָה. 11 אֹפִי, צוּרָה
stamp out הִשְׁמִיד, בִּעֵר, שֵׁרֵשׁ, מָחַק
stampede vti, n 1 הֵנִיס, נָס בְּבֶהָלָה. 2 הִתְפַּזְּרוּת בְּבֶהָלָה. 3 מְנוּסַת בֶּהָלָה
stamping ground מְקוֹם הִתְכַּנְּסוּת חָבִיב
stance n 1 תְּנוּחָה, צוּרַת עֲמִידָה. 2 מַצָּב, גִּישָׁה
stanchion n עַמּוּד, זְקוּפָה, פָּצִים
stand vit, n 1 עָמַד, קָם, הִזְדַּקֵּף. 2 הִתְמִיד, הֶחֱזִיק מַעֲמָד, סָבַל, נָשָׂא. 3 הֶעֱמִיד, הִצִּיב. 4 כִּלְכֵּל, כִּבֵּד. 5 הִתְאִים. 6 לֹא נִכְשַׁל. 7 עֲמִידָה. 8 הַפְסָקָה. 9 עֶמְדָּה, מַעֲמָד. 10 דּוּכָן, קִיּוֹסְק, כַּן. 11 תַּחֲנָה, חֲנָיָה, עֲצִירָה
stand aside הָלַךְ הַצִּדָּה, הִתְרַחֵק
stand back הָלַךְ אֲחוֹרָה, נָסוֹג
stand bail שִׁלֵּם הָעַרְבוּת
stand by 1 עָמַד לִימִין, תָּמַךְ. 2 הִמְתִּין
stand clear הִתְרַחֵק
stand fast/firm עָמַד אֵיתָן
stand for סִמֵּל, צִדֵּד, דָּגַל בְּ־
stand guard עָמַד עַל הַמִּשְׁמָר
stand in 1 עָזַר, הוֹעִיל. 2 הֶחֱלִיף
stand off עָמַד מִנֶּגֶד, הִתְחַמֵּק, הִתְרַחֵק
stand one's ground הֶחֱזִיק מַעֲמָד, עָמַד אֵיתָן
stand out 1 בָּלַט, הִתְבַּלֵּט. 2 הָיָה אֵיתָן
stand over דָּחָה
stand to 1 הָיָה נָכוֹן. 2 הָיָה סָלוּל
stand up קָם, עָמַד
stand up to עָמַד בִּפְנֵי, גִּלָּה אֹמֶץ לֵב
standard adj, n 1 דֶּגֶל. 2 תֶּקֶן. 3 רָמָה. 4 קְנֵה־מִדָּה. 5 בָּסִיס שֶׁל מַטְבֵּעַ. 6 עַמּוּד. 7 כִּתָּה. 8 תִּקְנִי
Standard Engliish אַנְגְּלִית תִּקְנִית
standard of living n רָמַת חַיִּים
standard time הַשָּׁעוֹן הָרִשְׁמִי
standard-bearer n דַּגְלָן
standardization n תִּקְנוּן, קְבִיעַת תֶּקֶן, סְטַנְדַּרְטִיזַצְיָה
standardize vt תִּקְנֵן, הֶאֱחִיד, קָבַע תֶּקֶן
standby n 1 מַצַּב הָכֵן. 2 עוֹזֵר מְהֵימָן
stand-in n 1 חָלִיף, תַּחֲלִיף. 2 מַהְלְכִים
standing n, adj 1 עֲמִידָה. 2 עֶמְדָּה, מַעֲמָד. 3 קְבִיעוּת, יַצִּיבוּת, וֶתֶק. 4 מַתְמִיד, קָבוּעַ
standoffish adj 1 מִסְתַּיֵּג, מִתְרַחֵק. 2 מִתְנַשֵּׂא
standoffishly adv בְּהִסְתַּיְּגוּת
standpoint n נְקֻדַּת מַבָּט
standstill n עֲמִידָה, קִפָּאוֹן, הַקְפָּאָה
stand-up comedy מִצְחָק
stank pt זמן עבר של הפועל to stink
stanza n בַּיִת (בשיר)
staple vt, adj, n 1 מִיֵּן צֶמֶר. 2 הִכְלִיב. 3 עִקָּרִי. 4 מִצְרָךְ עִקָּרִי, תּוֹצֶרֶת רָאשִׁית. 5 חֹמֶר גֶּלֶם. 6 מַסְמֵר חֵת. 7 חוּטֵי צֶמֶר, לִיף. 8 כְּלִיב
stapler n 1 מַכְלֵב, מַהֲדֵק. 2 מְמַיֵּן צֶמֶר
star vti, n 1 כִּכֵּב, כִּבֵּב. 2 סִמֵּן בְּכוֹכָב, קִשֵּׁט בְּכוֹכָב. 3 הִצְטַיֵּן, הִתְנוֹסֵס. 4 כּוֹכָב. 5 גּוֹרָל, מַזָּל, יִעוּד. 6 שַׂחֲקָן דָּגוּל. 7 עִטּוּר (בצורת כוכב)
star of David מָגֵן־דָּוִד
starboard n צַד יָמִין, יָמִין
starch vt, n 1 עִמְלֵן. 2 הִקְשִׁיחַ. 3 עֲמִילָן.

4 נֻקְשׁוּת

starchy adj 1 עֲמִילָנִי. 2 נֻקְשֶׁה, קַפְּדָנִי

stardom n כּוֹכָבוּת, דַּרְגַּת כּוֹכָב

stare vit, n 1 לָטַשׁ עֵינַיִם, תָּקַע מַבָּט. 2 לְטִישַׁת עַיִן, מַבָּט תּוֹהֶה

starfish n כּוֹכַב־יָם

stark adj, adv 1 נֻקְשֶׁה, קָפוּא, קָשִׁיחַ. 2 גָּמוּר, מֻחְלָט, מֻבְהָק. 3 לְגַמְרֵי, כָּלִיל, לַחֲלוּטִין

starless adj לְלֹא כּוֹכָבִים, אָפֵל

starlet adj כּוֹכָבוֹן, כּוֹכָבָנִית

starlight n אוֹר כּוֹכָבִים

starlit adj מוּאָר כּוֹכָבִים

starry adj 1 מְכֻכָּב, מַזְהִיר. 2 דְּמוּי־כּוֹכָב. 3 שֶׁל הַכּוֹכָבִים

Star-Spangled Banner 1 הַדֶּגֶל שֶׁל אַרְהַ"ב. 2 הַהִמְנוֹן שֶׁל אַרְצוֹת הַבְּרִית

start vit, n 1 הִתְחִיל, הֵחֵל, פָּתַח בְּ־. 2 זִנֵּק, נִתֵּר. 3 יִסֵּד. 4 הִפְעִיל, הִתְנִיעַ, הִזְנִיק. 5 הֵצִית. 6 הַתְחָלָה, פְּתִיחָה. 7 גִּיחָה, זִנּוּק, נִתּוּר. 8 הַתְנָעָה, הַזְנָקָה. 9 הַפְלָגָה, יְצִיאָה לַדֶּרֶךְ. 10 אוֹת זִנּוּק. 11 מִקְדָּם, יִתְרוֹן

start off פָּתַח, הִתְחִיל

start out הִפְלִיג, יָצָא לַדֶּרֶךְ

start up הִתְנִיעַ

starter n 1 מַתְנֵעַ. 2 מַזְנִיק. 3 מַתְחִיל, מַפְלִיג. 4 מְזַנֵּק. 5 מִתְאַבֵּן, מָנָה־רִאשׁוֹנָה

starting n הַתְחָלָה, יְצִיאָה

starting point נְקֻדַּת זִנּוּק, נְקֻדַּת מוֹצָא

startle vti 1 הֶחֱרִיד, זִעְזַע, הִרְתִּיעַ. 2 הִתְחַלְחֵל, נִדְהַם

startling adj מַדְהִים, מַחֲרִיד, מַתְמִיהַּ

startlingly adj בְּתַדְהֵמָה

starvation n רָעָב, הַרְעָבָה, חֶרְפַּת רָעָב

starve vti 1 רָעַב, גָּוַע בְּרָעָב. 2 הֵמִית בְּרָעָב. 3 סָבַל חֶרְפַּת רָעָב

starved surface מִשְׁטָח צָמֵא

stash vt, n 1 הֶחְבִּיא, הִסְתִּיר, הִצְפִּין. 2 מַחֲבוֹא, מִכְמָן

state vt, n 1 אָמַר, הִבִּיעַ, הִצְהִיר, קָבַע, צִיֵּן, נִסַּח. 2 מַצָּב, מַעֲמָד. 3 מְדִינָה. 4 שִׁלְטוֹן, רָשׁוּת. 5 פְּאֵר, הָדָר, רוֹמְמוּת

state of affairs נְסִבּוֹת, מַצַּב עִנְיָנִים

state of mind מַצַּב־רוּחַ, הֲלָךְ־רוּחַ

state of the art חָדִישׁ, מְעֻדְכָּן

statecraft n מְדִינָאוּת

stateless adj חֲסַר נְתִינוּת

stateliness n פְּאֵר, הוֹד, הָדָר, רוֹמְמוּת

stately adj מְפֹאָר, אוֹמֶר כָּבוֹד

statement n הַצְהָרָה, הוֹדָעָה, גִּלּוּי דַּעַת, דּוּ"חַ

stateroom n 1 תָּא, קַבִּינָה (באוניה). 2 תָּא שֵׁנָה (ברכבת)

state's evidence עֵדוּת שֶׁל עֵד מְדִינָה

statesman n מְדִינַאי

statesmanlike adj מְדִינָאִי

statesmanship n מְדִינָאוּת

static adj 1 נַיָּח, קָבוּעַ, עוֹמֵד, סְטָטִי. 2 קוֹפֵא עַל שְׁמָרָיו. 3 הַפְרָעוֹת (רדיו)

statics npl סְטָטִיקָה

station vt, n 1 הִפְקִיד, הִצִּיב, הֶעֱמִיד. 2 תַּחֲנָה. 3 מָקוֹם, עֶמְדָּה. 4 בָּסִיס

stationmaster n מְנַהֵל תַּחֲנָה (רכבת)

station wagon מְכוֹנִית דּוּ שִׁמּוּשִׁית, סְטֵיישֶׁן

stationary adj נַיָּח, קָבוּעַ, יַצִּיב

stationer n מוֹכֵר מַכְשִׁירֵי כְּתִיבָה

stationery n מַכְשִׁירֵי כְּתִיבָה

statistical adj סְטָטִיסְטִי

statistically adv בְּאֹרַח סְטָטִיסְטִי

statistics npl סְטָטִיסְטִיקָה

statuary adj, n 1 פִּסְלִי. 2 פְּסָלִים

statue n פֶּסֶל, אַנְדַּרְטָה

statuesque adj מְחֻטָּב, מְפֻסָּל

statuette n פִּסְלוֹן

stature n 1 קוֹמָה, גֹּבַהּ. 2 שִׁעוּר קוֹמָה
status n מַעֲמָד, מַצָּב, חֲזָקָה
status quo סְטָטוּס קְווֹ, הַמַּצָּב הַקַּיָּם
status quo ante סְטָטוּס קְווֹ אַנְטֶה, הַמַּצָּב הַקּוֹדֵם
statute n חֹק, תַּקָּנָה
statute law חֹק כָּתוּב
statutory adj חֻקִּי, סְטָטוּטוֹרִי, עַל פִּי חֹק
sta(u)nch vt, adj 1 עָצַר (דם). 2 כָּשִׁיר, אֵיתָן, מָסוּר, מְהֵימָן
staunchly adv בִּמְסִירוּת, בְּנֶאֱמָנוּת
staunchness n 1 מְסִירוּת, נֶאֱמָנוּת, אֲדִיקוּת. 2 אֲטִימוּת, כְּשִׁירוּת לְהַפְלָגָה
stave vti, n 1 פָּרַץ פִּרְצָה, נִפֵּץ. 2 לִוָּה. 3 חִזֵּק. 4 עִוֵּת, מָעַךְ. 5 נִפְרַץ. 6 לְמוֹד (חבית). 7 בַּיִת (שיר). 8 חָוָק. 9 חַמְשָׁה (מוס.)
stave in 1 פָּרַץ. 2 מָעַךְ, מָחַץ
stave off 1 הָדַף, דָּחָה. 2 עָצַר
stay vit, n 1 שָׁכַן, הִתְאַכְסֵן, הִתְאָרֵחַ, שָׁהָה. 2 עָצַר, הִפְסִיק. 3 הֵלִין, לָן. 4 נִשְׁאַר, חִכָּה, הִמְתִּין עַד. 5 תָּמַךְ, סָמַךְ. 6 מָנַע, דָּחָה. 7 הֶחֱזִיק מַעֲמָד, עָצַר כֹּחַ. 8 נִשְׁעַן, עִגֵּן. 9 הִתְעַכְּבוּת, שְׁהִיָּה. 10 עֲצִירָה, הַפְסָקָה. 11 עִכּוּב, מְנִיעָה, מַעְצוֹר. 12 סְבֹלֶת, כֹּחַ סֵבֶל. 13 מַשְׁעֵן, סְמוֹכָה
stay put נִשְׁאַר בִּמְקוֹמוֹ, לֹא זָז
stay the course הִמְשִׁיךְ עַד הַסּוֹף, לֹא וִתֵּר
stay up נִשְׁאַר עֵר
staying power כֹּשֶׁר־עֲמִידָה
stead n מָקוֹם, אֲתַר
steadfast adj 1 יַצִּיב, אֵיתָן. 2 סָדִיר, קָבוּעַ. 3 מַתְמִיד, מֻחְלָט
steadfastly adv בְּתַקִּיפוּת, בְּהַתְמָדָה
steadfastness n תַּקִּיפוּת, הַתְמָדָה, אֵיתָנוּת
steadily adv לְלֹא הֶסּוּס
steadiness n קְבִיעוּת, הַתְמָדָה
steady vti, adj 1 יִצֵּב, אִמֵּץ, חִזֵּק. 2 הִתְיַצֵּב, הִתְחַזֵּק. 3 אֵיתָן, תַּקִּיף, יַצִּיב, קָבוּעַ. 4 נֶאֱמָן, מָסוּר, מְהֵימָן. 5 חָרוּץ, קָצוּב
steak n אֻמְצָה, סְטֵיק
steal vt, n 1 גָּנַב, חָטַף. 2 הִתְגַּנֵּב, הִתְחַמֵּק. 3 "מְצִיאָה"
steal a march on זָכָה בְּיִתְרוֹן בְּעָרְמָה
stealth n חֲשָׁאִיּוּת, הִתְגַּנְּבוּת, סוֹדִיּוּת
stealthily adv בַּסֵּתֶר, בַּחֲשַׁאי
stealthy adj עַרְמוּמִי, מִתְגַּנֵּב, מִתְחַמֵּק
steam vti, n 1 הֶעֱלָה קִיטוֹר, הֶעֱלָה הֶבֶל, אִדָּה. 2 בִּשֵּׁל בְּאֵדִים. 3 קִיטוֹר, הֶבֶל, אֵדִים
steam engine קַטָּר, מְנוֹעַ קִיטוֹר
steam up vti 1 כִּסָּה אֵדִים. 2 הֶאֱפִיל, הִתְכַּסָּה אֵדִים
steamboat, steamer, steamship n אֳנִיַּת קִיטוֹר
steamroller vt, n 1 הִפְעִיל מַכְבֵּשׁ, כָּבַשׁ. 2 מָעַךְ, דִּכָּא, נִפֵּץ. 3 מַכְבֵּשׁ. 4 אֶמְצָעֵי דִּכּוּי
steed n סוּס, סוּס רְכִיבָה
steel vt, n 1 הִקְשָׁה, חִשֵּׁל, חִסֵּם, פִּלֵּד. 2 פְּלָדָה, פֶּלֶד. 3 חֶרֶב
steel-clad adj 1 מְצֻפֶּה פְּלָדָה. 2 לָבוּשׁ שִׁרְיוֹן
steel-plated adj מְכֻסֶּה פְּלָדָה
steel wool צֶמֶר פְּלָדָה
steel works מִפְעַל פְּלָדָה
steely adj פַּלְדִּי, מְפֻלָּד
steelyard n מֹאזְנַיִם
steenbok n יָעֵל דְּרוֹם אַפְרִיקָנִי
steep vt, adj 1 הִשְׁרָה, הִרְוָה. 2 תָּלוּל
steepen vit 1 תִּלֵּל. 2 נַעֲשָׂה תָּלוּל
steeple n צְרִיחַ, מִגְדַּל כְּנֵסִיָּה
steeplechase n 1 מֵרוֹץ מִכְשׁוֹלִים. 2 מֵרוֹץ סוּסִים
steeplejack n 1 מְנַקֵּה אֲרֻבּוֹת. 2 מְתַקֵּן

אֲרֻבּוֹת

steeply adv בִּתְלִילוּת

steepness n תְּלִילוּת, זְקִיפוּת

steer vti, n 1 כִּוֵּן, הִדְרִיךְ, נִוֵּט. 2 שׁוֹר, פַּר צָעִיר (מסורס)

steer clear of הִתְרַחֵק, הִתְחַמֵּק

steerage n 1 הַכְוָנָה, הִגּוּי. 2 מַחְלָקָה שְׁלִישִׁית (באוניה)

steerage way תְּנוּעָה הַמְאַפְשֶׁרֶת הִגּוּי (אוניה)

steering n 1 הִגּוּי. 2 מַעֲרֶכֶת הַהֶגֶה, מַנְגְּנוֹן הַהִגּוּי

steering committee וַעֲדַת הִגּוּי

steering gear מַנְגְּנוֹן הַהִגּוּי

steering wheel גַּלְגַּל הַהֶגֶה

steersman n הַגַּאי, קַבַּרְנִיט

stele, stela n אַסְטֵלָה, מַצֵּבָה

stellar adj 1 כּוֹכָבִי. 2 רָאשִׁי, עִקָּרִי

stem vt, n 1 חָסַם, עָצַר, עִכֵּב. 2 הֵסִיר קֻלַּח, הֵסִיר גִּבְעוֹל. 3 נָבַע. 4 גִּבְעוֹל, קָנֶה. 5 שֹׁרֶשׁ (מלה). 6 רֶגֶל, רֶגֶל הַתָּו (מוס.). 7 קְנֵה הַחַרְטוֹם, חַרְטוֹמִית (אוניה). 8 שַׁלְשֶׁלֶת מִשְׁפָּחָה. 9 פְּטוֹטֶרֶת

stem from נָבַע מִן

stench n סִרְחוֹן, צַחֲנָה, רֵיחַ רַע

stencil vt, n 1 שִׁכְפֵּל. 2 שַׁעֲוִית, סְטֶנְסִיל. 3 דֻּגְמָה, שַׁבְּלוֹנָה

sten gun מַקְלֵעַ סְטֶן

stenographer n קַצְרָן

stenography n קַצְרָנוּת

stentorian adj אַדִּיר, חָזָק מְאֹד (קול)

step vi, n 1 צָעַד, פָּסַע, הָלַךְ. 2 מָדַד בִּצְעָדִים. 3 צַעַד, פְּסִיעָה, צְעִידָה. 4 הֲלִיכָה, הִלּוּךְ. 5 מַדְרֵגָה, שָׁלָב, חָוָק. 6 סֻלָּם, מַעֲלָה, דַּרְגָּה. 7 פְּעֻלָּה

step aside סָטָה, סָר הַצִּדָּה, פִּנָּה דֶּרֶךְ

step down 1 הִתְפַּטֵּר, הִסְתַּלֵּק. 2 הוֹרִיד, הִפְחִית, הִקְטִין

step in 1 הִתְעָרֵב. 2 נִכְנַס, בִּקֵּר, סָר לְ־

step up הִגְדִּיל, הִגְבִּיר

step-by-step adv בְּהַדְרָגָה, צַעַד צַעַד

stepbrother n אָח חוֹרֵג

stepchild n בֵּן חוֹרֵג, בַּת חוֹרֶגֶת

stepdaughter n בַּת חוֹרֶגֶת

stepfather n אָב חוֹרֵג

stepladder n דַּרְגָּרַג, סֻלָּם

stepmother n אֵם חוֹרֶגֶת

stepparent n הוֹרֶה חוֹרֵג

steppe n עֲרָבָה

stepping-stone n 1 אֶבֶן מִדְרָךְ. 2 מַקְפֵּצָה, קֶרֶשׁ קְפִיצָה

stepsister n אָחוֹת חוֹרֶגֶת

stepson n בֵּן חוֹרֵג

stereophonic adj סְטֶרֵאוֹפוֹנִי

stereoscope n סְטֶרֵאוֹסְקוֹפּ

stereoscopic adj סְטֶרֵאוֹסְקוֹפִּי

stereotype vt, n 1 עָשָׂה סְטֶרֵאוֹטִיפּ, הִטְפִּיס, הֶעְתִּיק. 2 סְטֶרֵאוֹטִיפּ, אִמָּה

sterile adj 1 עָקָר, מְעֻקָּר. 2 סְרָק, לֹא־פּוֹרֶה. 3 מְחֻטָּא, סְטֵרִילִי

sterility n 1 עֲקָרוּת. 2 סְטֵרִילִיּוּת

sterilization n 1 עִקּוּר. 2 חִטּוּי, סְטֵרִילִיזַצְיָה

sterilize vt 1 עִקֵּר. 2 סֵרֵס. 3 חִטֵּא

sterling adj, n 1 שְׁטֶרְלִינְג, סְטֶרְלִינְג. 2 אֲמִתִּי, תִּקְנִי, מְהֵימָן. 3 רַב־עֵרֶךְ, מְעֻלֶּה

sterling silver כֶּסֶף טָהוֹר

stern adj, n 1 קָשֶׁה, חָמוּר, קַפְּדָנִי, מַחְמִיר. 2 יַרְכָתַיִם (אוניה). 3 אֲחוֹרַיִם. 4 זָנָב

sternly adv בְּקַפְּדָנוּת, בְּחֻמְרָה

sternness n חֻמְרָה, קַפְּדָנוּת

sternum n עֶצֶם הֶחָזֶה

stertorous adj נוֹחֵר, נַחֲרָנִי

stertorously adv בְּנַחֲרָנוּת

stet vi בַּטֵּל תִּקּוּן (דפוס)

stethoscope n סְטֶתוֹסְקוֹפּ, מַסְכֵּת

stetson n כּוֹבַע בּוֹקְרִים
stevedore n סַוָּר
stew vti, n 1 בִּשֵּׁל. 2 הִתְבַּשֵּׁל. 3 הִזִּיעַ, דָּאַג, חָרַד. 4 תַּבְשִׁיל (בשר)
steward n 1 מְנַהֵל, מְמֻנֶּה, אֶפִּיטְרוֹפּוֹס. 2 בֶּן־מֶשֶׁק־בַּיִת. 3 דַּיָּל
stewardess adj דַּיֶּלֶת
stewardship n 1 דַּיָּלוּת. 2 הַנְהָלַת מֶשֶׁק בַּיִת
stewed adj 1 מְאֻדֶּה. 2 שִׁכּוֹר, בְּגִלּוּפִין. 3 מֻדְאָג, עַצְבָּנִי
stew-pan, stew-pot n מַרְחֶשֶׁת, אִלְפָּס
stick vti, n 1 תָּקַע, נָעַץ, הִכְנִיס, תָּחַב. 2 דָּקַר, שִׁפֵּד. 3 הִדְבִּיק, הִצְמִיד. 4 תָּמַךְ בִּסְמוֹכָה, קָשַׁר בִּסְמוֹכָה. 5 סִדֵּר בִּמְשׂוּרָה. 6 נִתְקַע, נִדְבַּק, נִטְפַּל, נִצְמַד. 7 עָמַד בְּ־, הֶחֱזִיק מַעֲמָד, סָבַל. 8 חֹטֶר, שֵׁבֶט, מַטֶּה, מַקֵּל, שַׁרְבִּיט, קָנֶה. 9 תֹּרֶן. 10 לֹא־יֻצְלָח. 11 שַׁרְבִּיט נִצּוּחַ. 12 קוֹפֵא עַל שְׁמָרָיו. 13 מְשׂוּכָה. 14 הִדָּבְקוּת
stick in הִכְנִיס, תָּחַב
stick at 1 פִּקְפֵּק. 2 הִתְמִיד בְּ־
stick down הִדְבִּיק, הוֹסִיף
stick on הִדְבִּיק, נִדְבַּק
stick out בָּלַט, הִתְבַּלֵּט, הִזְדַּקֵּר
stick to 1 נִדְבַּק, נִצְמַד. 2 דָּבַק בְּ־
stick up בָּלַט מַעְלָה
sticker n 1 מַדְבֵּקָה, תָּוִית. 2 קוֹץ, עֹקֶץ
stickily adv בְּאֹפֶן דָּבִיק
stickiness n 1 דְּבִיקוּת. 2 קְשָׁיִים
sticking-plaster n אֶגֶד מַדְבֵּק, רְטִיָּה מַדְבֶּקֶת
stick-in-the-mud adj, n דּוֹרֵךְ בַּמָּקוֹם, שׁוֹקֵט עַל שְׁמָרָיו
stickler n קַפְּדָן, עַקְשָׁן, עוֹמֵד עַל קוֹצוֹ שֶׁל יוֹד
stick-on adj דָּבִיק
stickshift n מוֹט־הִלּוּכִים (מכונית)
stick-up n שֹׁד

sticky adj 1 דָּבִיק, צָמִיג. 2 רַע וָמַר
sticky label מַדְבֵּקָה
stiff adj 1 קָשִׁיחַ, נֻקְשֶׁה. 2 סָמִיךְ, דָּחוּס. 3 מְסֻיָּג, זָהִיר, רִשְׁמִי. 4 עִקֵּשׁ, קָשׁוּחַ. 5 חָרִיף, אֵיתָן. 6 אָשׁוּן
stiffneck n קִשְׁיוֹן הָעֹרֶף
stiffnecked adj קְשֵׁה עֹרֶף, עַקְשָׁן
stiffly adv בְּקַשְׁיוּת, בִּקְשִׁיחוּת
stiff upper lip שִׁוְיוֹן נֶפֶשׁ, קֹר רוּחַ
stiffen vti 1 הִקְשָׁה, הִקְשִׁיחַ. 2 עִבָּה. 3 חִזֵּק, גִּבֵּשׁ. 4 נִתְקַשָּׁה, נִתְקַשַּׁח. 5 נִתְעַבָּה
stiffness n קְשִׁיחוּת, קַשְׁיוּת
stifle vti 1 חָנַק, הֶחֱנִיק, שִׁנֵּק, דִּכָּא, כָּבַשׁ. 2 נֶחֱנַק
stigma n אוֹת קָלוֹן, כֶּתֶם, סְטִיגְמָה
stigmata npl פִּצְעֵי הַצְּלִיבָה (נצרות)
stigmatize vt הִכְתִּים, הִכְוָה, הִדְבִּיק אוֹת קָלוֹן
stile n 1 מַדְרֵגָה. 2 מְזוּזָה פְּנִימִית
stiletto n פִּגְיוֹן דַּק, מַקָּב
still vt, adj, adv, n 1 הִשְׁקִיט, הִרְגִּיעַ, שִׁכֵּךְ. 2 שָׁקֵט, דּוֹמֵם, שׁוֹתֵק, שָׁלֵו. 3 עוֹד, עֲדַיִן. 4 דְּמָמָה. 5 תַּצְלוּם, תְּמוּנַת דֹּם. 6 מַזְקֵקָה
still life דּוֹמֵם (ציור)
still projector מְטוֹל שְׁקוּפִיּוֹת
stillbirth n לֵדַת־מֵת
stillborn adj 1 מֵת־לֵדָה, שֶׁנּוֹלַד מֵת (ולד). 2 נֵפֶל
stillroom n 1 מַזְקֵקָה. 2 מַחְסַן מַשְׁקָאוֹת
stillness n 1 דְּמָמָה. 2 שֶׁקֶט
stilted adj מוּרָם, מְנֻפָּח, מְלָאכוּתִי
stiltedly adv בְּיֻמְרָנוּת
stilts npl קַבַּיִם
Stilton n גְּבִינַת סְטִילְטוֹן
stimulant n, adj 1 מְעוֹרֵר, מַמְרִיץ, מְגָרֶה. 2 סַם מַמְרִיץ
stimulate vt עוֹרֵר, הִמְרִיץ, הִלְהִיב, דִּרְבֵּן
stimulating adj מַלְהִיב, מַמְרִיץ, מְדַרְבֵּן

stimulation n 1 גֵּרוּי. 2 הַמְרָצָה, הַלְהָבָה

stimulus n הַמְרָצָה, דְּחִיפָה, גֵּרוּי

sting vti, n 1 עָקַץ. 2 הִכְאִיב, יִסֵּר. 3 פָּגַע, צָרַב. 4 עֹקֶץ. 5 עֲקִיצָה, צְרִיבָה

stingily adv בְּקַמְצָנוּת

stinginess n קַמְצָנוּת

stingy adj 1 קַמְצָן, כִּילַי. 2 עוֹקְצָנִי, נוֹקֵב

stink vti, n 1 הִסְרִיחַ, צָחַן, בָּאַשׁ. 2 הִסְלִיד. 3 סִרְחוֹן, בָּאְשָׁה, צַחֲנָה

stint vt, n 1 צִמְצֵם, הִגְבִּיל. 2 צִמְצוּם, הַגְבָּלָה. 3 מִכְסָה. 4 חוֹפָמִי (עוף)

stipend n 1 שְׂכַר קָבוּעַ, מַשְׂכֹּרֶת. 2 מַעֲנָק, קִצְבָּה, סְטִיפֶּנְדְּיָה

stipendiary adj, n 1 מְקַבֵּל שְׂכַר קָבוּעַ. 2 מְקַבֵּל מַעֲנָק

stipple vt נִמֵּר

stipulate vti 1 הִתְנָה, הֶעֱמִיד תְּנַאי. 2 הִבְטִיחַ, עָרַב

stipulation n הַתְנָיָה, תְּנָיָה, הַעֲמָדַת תְּנָאִים

stir vti, n 1 הֵנִיעַ, בָּחַשׁ, חָתָה. 2 נָע, זָז. 3 עוֹרֵר, הִלְהִיב, חוֹלֵל. 4 רַעַשׁ, מְהוּמָה, הִתְרַגְּשׁוּת, תְּסִיסָה, הִתְעוֹרְרוּת. 5 נְגִיעָה קַלָּה. 6 בֵּית סֹהַר. 7 בְּחִישָׁה

stir up vt 1 חִרְחֵר, הֵסִית. 2 עוֹרֵר, דִּרְבֵּן

stirring adj מְעוֹרֵר, מְגָרֶה. 2 מַלְהִיב

stirringly adv בְּהִתְרַגְּשׁוּת

stirrup n מִשְׁוֶרֶת, אַרְכּוֹף, רְכֻבָּה

stirrup cup כּוֹסִית פְּרִידָה

stitch vti, n 1 תָּפַר, תִּפֵּר, אִחָה, הִכְלִיב. 2 תַּךְ, תֶּפֶר, לוּלָאָה, כְּלִיבָה, אִחוּי. 3 דְּקִירָה, כְּאֵב־חַד

stitch regulator כַּוֶּנֶת הַתַּךְ

stoa n סְטָו

stoat n סַמּוּר מְלָכִים

stock vt, adj, n 1 צָבַר, אָגַר, אָצַר. 2 צִיֵּד, הֶחֱזִיק בְּמְּלַאי. 3 הִצְטַיֵּד. 4 שִׁגְרָתִי, קָבוּעַ, רָגִיל. 5 מְלַאי. 6 אִגְּרוֹת־חוֹב, מְנָיוֹת. 7 בּוּל (עץ), גֶּזַע (עץ). 8 יִחוּס, שַׁלְשֶׁלֶת יוּחֲסִין, שֵׁבֶט, מִשְׁפָּחָה. 9 יְסוֹד, תַּמְצִית. 10 כֶּבֶשׁ בְּנִיָּה. 11 אַרְכֻּבָּה. 12 סַד. 13 כְּרוּב (צמח). 14 עֲנִיבָה רְחָבָה

stock exchange בּוּרְסָה

stock up הִצְטַיֵּד

stockade n חִפּוּף, גֶּדֶר מְשׂוּכוֹת, מִכְלָאָה

stockbreeder n מְגַדֵּל בְּהֵמוֹת

stockbroker n 1 סוֹכֵן מְנָיוֹת. 2 סַרְסוּר בּוּרְסָה

stockholder n בַּעַל מְנָיוֹת

stockily adv בְּצוּרַת גּוּץ וְחָסֹן

stocking n גֶּרֶב

stock-in-trade n 1 מְלַאי סְחוֹרוֹת. 2 צִיּוּד לְנִהוּל מִסְחָר. 3 דָּבָר קָבוּעַ

stockist n 1 סַפָּק. 2 מַחֲזִיק בְּמְּלַאי

stockpile vt, n 1 צָבַר, אָגַר. 2 מְלַאי. 3 מַאֲגָר, אֲגִירָה

stock-still adv רָתוּק לִמְקוֹמוֹ, לְלֹא נִיעַ

stocktaking n 1 סְפִירַת הַמְּלַאי. 2 הַעֲרָכַת מַצָּב

stocky adv גּוּץ וּשְׁמַנְמַן

stodge vti, n 1 פִּטֵּם, אָבַס, זָלַל. 2 אֹכֶל כָּבֵד, דַּיְסָה סְמִיכָה. 3 אֲרוּחָה דְּשֵׁנָה

stodgy adj 1 כָּבֵד, סָמִיךְ, שָׁמֵן, מַשְׂבִּיעַ. 2 דָּחוּס, מְנֻפָּח

stoic adj, n סְטוֹאִי

stoical adj סְטוֹאִי

stoically adv בְּאֹרַח סְטוֹאִי

stoicism n סְטוֹאִיּוּת

stoke vit 1 סִפֵּק דֶּלֶק. 2 טִפֵּחַ, חָתָה, לִבָּה

stoke up vt מִלֵּא אֶת הַכֶּרֶס

stoke-hold/hole n מַסָּקָה, חֲדַר הַסָּקָה

stole pt n 1 גְּלִימָה, צָעִיף. 2 אִצְטְלָה. 3 זמן עבר של הפועל to steal

stolen pp בינוני עבר של הפועל to steal

stolid adj אָדִישׁ, חֲסַר רֶגֶשׁ, שְׁוֵה נֶפֶשׁ

stolidity, stolidness n חֹסֶר רֶגֶשׁ, אֲדִישׁוּת
stolidly adv בַּאֲדִישׁוּת
stomach vt, n 1 בָּלַע, אָכַל. 2 סָבַל. 3 בֶּטֶן, קֵבָה, כֶּרֶס, אִצְטוֹמְכָה
stomachache n כְּאֵב בֶּטֶן
stomp vi, n 1 דָּרַךְ, דָּרַס, בָּעַט. 2 דְּרִיכָה, בְּעִיטָה. 3 רְקִיעָה
stone vt, n 1 סָקַל, רָגַם, יָדָה. 2 גִּלְעֵן, חִלֵּץ. 3 אֶבֶן סֶלַע. 4 אֶבֶן טוֹבָה. 5 גַּלְעִין. 6 מַצֶּבֶת־קֶבֶר. 7 טַבְלָה לְעַמּוּד. 8 סְטוֹן (משקל)
Stone Age n תְּקוּפַת הָאֶבֶן
stone-cold adj קַר כָּאֶבֶן
stone-deaf adj חֵרֵשׁ גָּמוּר
stonewall vt הִפְעִיל תַּכְסִיסֵי הַשְׁהָיָה
stoneware n כְּלֵי חֶרֶס זְכוּכִיִּים
stonework n סַתָּתוּת, מְלֶאכֶת אֶבֶן
stonily adv כְּאֶבֶן, בְּקַשְׁיחוּת
stony adj 1 אַבְנִי, סַלְעִי, טַרְשִׁי. 2 קָשֶׁה, קָשׁוּחַ, קַר, חֲסַר רַחֲמִים
stood pt זמן עבר ובינוני עבר של הפועל to stand
stooge n שַׁמָּשׁ, עוֹזֵר לְקוֹמִיקוֹן, מְלַחֵךְ פִּנְכָּה, מְשַׁמֵּשׁ תַּחֲלִיף
stooge for vt שֵׁרֵת אוֹתוֹ, הָיָה כְּלִי שָׁרֵת
stool n 1 שְׁרַפְרַף. 2 הֲדוֹם. 3 חִרְבּוּן, צוֹאָה. 4 בֵּית כִּסֵּא. 5 פִּתָּיוֹן. 6 מוֹסֵר, מַלְשִׁין, מוֹדִיעַ
stool pigeon 1 יוֹנַת פִּתָּיוֹן. 2 מַלְשִׁין, מוֹדִיעַ, מוֹסֵר
stoop vti, n 1 הִתְכּוֹפֵף, הִרְכִּין רֹאשׁ, גָּחַן. 2 אַכְסַדְרָה, מִרְפֶּסֶת, מַדְרֵגוֹת. 3 הִתְכּוֹפְפוּת, גְּחִינָה. 4 הַשְׁפָּלַת עַצְמוֹ
stoop to הִשְׁפִּיל עַצְמוֹ
stop vti, n 1 עָצַר, בָּלַם. 2 סָתַם, פָּקַק. 3 סָגַר, אָטַם. 4 סִתֵּם (מוסיקה). 5 מָנַע. 6 פָּסַק, חָדַל, נִפְסַק, נֶעֱמַד. 7 נִשְׁאַר, הִתְאַכְסֵן. 8 עֲצִירָה, בְּלִימָה. 9 הַפְסָקָה, עִכּוּב. 10 סְתִימָה, סְגִירָה, סִתּוּם. 11 קֵץ, סִיּוּם, סוֹף. 12 תַּחֲנָה, חֲנָיָה, שְׁהִיָּה. 13 נְקֻדָּה. 14 עֶצֶר
stop by בִּקֵּר, קָפַץ לְבִקּוּר
stop dead עָצַר פִּתְאֹם
stop cock שַׁסְתּוֹם, בֶּרֶז מַפְסִיק
stop up 1 סָתַם, מִלֵּא. 2 אָטַם. 3 עֲצִירָה
stopgap מְמַלֵּא־מָקוֹם זְמַנִּי, פְּקָק
stopover n 1 תַּחֲנַת בֵּינַיִם. 2 חֲנִיַּת־בֵּינַיִם
stoppage n 1 עֲצִירָה, מַעֲצוֹר. 2 הַפְסָקָה, עִכּוּב. 3 סְתִימָה. 4 הִתְאַטְּמוּת, אֹטֶם
stopper vt, n 1 פָּקַק, סָתַם. 2 סַתָּם, פַּקָּק. 3 פְּקָק, מְגוּפָה. 4 עֶצֶר, מַעְצוֹר. 5 מִגְבָּלָה. 6 בַּלָּם
stop-press n עִם סְגִירַת הָעִתּוֹן (הַגִּלָּיוֹן)
stopwatch n שְׁעוֹן־עֶצֶר
storage n 1 אַחְסָנָה, אִחְסוּן. 2 מַחְסָן. 3 דְּמֵי־אַחְסָנָה
storage jar קַנְקַן
store vt, n 1 אִחְסֵן. 2 צִיֵּד. 3 צָבַר, אָגַר. 4 חֲנוּת, מַחְסָן. 5 מְלַאי. 6 סְחוֹרָה, מִצְרָכִים. 7 שֶׁפַע, כַּמּוּת גְּדוֹלָה. 8 עֲתוּדוֹת
store up vt אָגַר, אָצַר
storehouse n 1 מַחְסָן. 2 שֶׁפַע
storekeeper n 1 חֶנְוָנִי. 2 מַחְסָנַאי
storey n קוֹמָה, דְּיוֹטָה
storeyed adj בַּעַל קוֹמוֹת, בַּעַל דְּיוֹטוֹת
storied adj 1 יָדוּעַ בַּהִיסְטוֹרְיָה, מְעַנְיֵן. 2 בַּעַל קוֹמוֹת, בַּעַל דְּיוֹטוֹת
stork n חֲסִידָה
storm vti, n 1 סָעַר, גָּעַשׁ, רָגַשׁ. 2 זָעַף, רָגַז, זָעַם. 3 הִשְׁתּוֹלֵל, הִתְרַגֵּשׁ. 4 הִסְתָּעֵר, הִתְפָּרֵץ. 5 סְעָרָה, סוּפָה
storm-beaten adj נִלְכַּד בִּסְעָרָה
stormbound adj מְנֻתָּק מֵחֲמַת סְעָרָה

storm-centre n 1 מֶרְכַּז הַסְּעָרָה. 2 מוֹקֵד הַפֻּרְעָנוּת
storm cloud עֲנָנָה, עָנָן קוֹדֵר
storm in a teacup סְעָרָה בִּצְלוֹחִית מַיִם
stormily adv 1 בִּסְעָרָה. 2 בַּחֲמַת־זַעַם
stormproof adj חֲסִין סְעָרָה
storm-tossed adj סָעוּר, נִסְעָר
storm trooper חַיַּל פְּלֻגּוֹת הַסַּעַר (נאצי)
storm troops פְּלֻגּוֹת סַעַר (נאציות)
stormy adj סָעוּר, גּוֹעֵשׁ, מִתְפָּרֵץ
story n 1 סִפּוּר, גִּרְסָה. 2 עֲלִילָה, מַעֲשֶׂה. 3 הִיסְטוֹרְיָה, מַעֲשִׂיָּה, סִפּוּר בַּדִּים. 4 קוֹמָה, דְּיוֹטָה
story-board n לוּחַ עֲלִילָה
storyteller n 1 מְסַפֵּר. 2 שַׁקְרָן, בַּדַּאי
stout adj, n 1 אַמִּיץ, נוֹעָז, נִמְרָץ. 2 נֶאֱמָן, חָזָק, חָסֹן. 3 שְׁמַנְמַן, כְּרֵסָנִי. 4 שֵׁכָר לֶתֶת
stouthearted adj אַמִּיץ לֵב
stoutly adv בְּאֹמֶץ
stoutness n אֹמֶץ, תַּקִּיפוּת
stove n תַּנּוּר, כִּירָה
stow vt אִחְסֵן, אָרַז, עָרַם
stow away vti 1 הִסְתִּיר, הִצְפִּין, הִצְטַפֵּן, הִסְתַּתֵּר. 2 נָסַע כְּנוֹסֵעַ סָמוּי
stowaway n נוֹסֵעַ סָמוּי
straddle vti 1 יָשַׁב בְּפִשּׂוּק רַגְלַיִם. 2 פָּסַח עַל שְׁתֵּי הַסְּעִפִּים
strafe vt 1 הִבְזִיק, הִפְצִיץ. 2 יִסֵּר בְּאַכְזָרִיּוּת
straggle vi 1 סָטָה, שׁוֹטֵט, תָּעָה. 2 נִשְׂרַךְ, פִּגֵּר
straggler n 1 נֶחְשָׁל, מְפַגֵּר. 2 נִתָּק
straggly adj מְשׁוֹטֵט, נֶחְשָׁל, מְפַגֵּר
straight adj, adv, n 1 יָשָׁר, יָשִׁיר. 2 תָּמִים, טָהוֹר, הָגוּן. 3 בְּמֵישָׁרִין. 4 יְשִׁירוּת. 5 מִישׁוֹר. 6 רֶצֶף
straight ahead יָשָׁר קָדִימָה
straight away תֵּכֶף וּמִיָּד, לְלֹא דִּחוּי
straight joint מִקְשָׁר פָּשׁוּט
straight off מִיָּד
straighten vti 1 יִשֵּׁר, הִזְקִיף. 2 הִתְיַשֵּׁר, הִזְדַּקֵּף
straightforward adj 1 גְּלוּי־לֵב, יָשָׁר, כֵּן. 2 פָּשׁוּט
straightforwardly adv 1 בְּיֹשֶׁר, בְּכֵנוּת, בִּגְלוּי־לֵב. 2 בְּפַשְׁטוּת
straightness n יֹשֶׁר
straightway adv מִיָּד, לְלֹא דִּחוּי
strain vti, n 1 מָתַח, הִמְתִּיחַ. 2 אִמֵּץ. 3 סִנֵּן. 4 עִקֵּם. 5 דָּחַק. 6 סִלֵּף. 7 הִתְאַמֵּץ. 8 מֶתַח, מְתִיחָה, מְתִיחוּת, לַחַץ. 9 מַאֲמָץ, אִמּוּץ. 10 פְּגִיעָה. 11 לַחַן, מַנְגִּינָה, צְלִיל. 12 גֶּזַע, מוֹצָא, זַן, יִחוּס. 13 תְּכוּנָה, אֹפֶן, נְטִיָּה. 14 נִימָה, רוּחַ, כִּוּוּן
strain at vt הִתְאַמֵּץ, שָׁאַף
strain off vt סִנֵּן
strained adj 1 מָתוּחַ, מוּתָשׁ. 2 דָּחוּק, אָנוּס. 3 מְסֻנָּן
strainer n מְסַנֶּנֶת, מִסְנֶנֶת
strait adj, n 1 צַר, מֻגְבָּל, דָּחוּק. 2 הָדוּק, מָתוּחַ. 3 מֵצַר, מְצוּקָה, צָרָה
straiten vt הֵצֵר, הִגְבִּיל, צִמְצֵם, הֵצִיק
straitened circumstances תְּנָאֵי מְצוּקָה (כספית)
straitjacket n מְעִיל בֶּלֶם
straitlaced adj קַפְּדָנִי, מַחְמִיר
straitness n הֵצֵר, הַגְבָּלָה, צִמְצוּם
strand vt, n 1 הֶעֱלָה עַל שִׂרְטוֹן, הֶעֱלָה עַל הַחוֹף. 2 שְׂעָרָה. 3 גָּדָה, שְׂפַת־יָם. 4 גָּדִיל. 5 נִימָה
stranded adj נֶעֱזָב לְנַפְשׁוֹ
strange adj 1 זָר. 2 נָכְרִי, לֹא־מֻכָּר. 3 מוּזָר, מְשֻׁנֶּה, מַתְמִיהַּ
strangely adv בְּאֹפֶן מוּזָר
strangeness n זָרוּת, מְשֻׁנּוּת, נָכְרוּת
stranger n זָר נָכְרִי
strangle vt חִנֵּק, חָנַק, שִׁנֵּק, דִּכָּא

stranglehold n אֲחִיזַת חֶנֶק, תְּפִיסַת חֶנֶק

strangulation n חֲנִיקָה, חֶנֶק, שִׁנּוּץ

strap vt, n 1 קָשַׁר. 2 הִשְׁחִיז. 3 הִלְקָה. 4 חָבַשׁ. 5 רְצוּעָה, פַּס, סֶרֶט

strap on/up vt חָבַשׁ, קָשַׁר

strapping adj חָסֹן, גָּבוֹהַּ, גָּדוֹל

strata npl שְׁכָבוֹת, רְבָדִים

stratagem n תַּכְסִיס, תַּחְבּוּלָה, עָרְמָה

strategic(al) adj אַסְטְרָטֶגִי

strategically adv בְּאֹפֶן אַסְטְרָטֶגִי

strategist n אַסְטְרָטֶג, תַּכְסִיסָן

strategy n אַסְטְרָטֶגְיָה

stratification n 1 רִבּוּד, שִׁטּוּחַ. 2 הִתְהַוּוּת שְׁכָבוֹת

stratify vt רִבֵּד, שִׁטַּח

stratosphere n סְטְרָטוֹסְפֵרָה

stratum n שִׁכְבָה, רֹבֶד

straw n 1 דָּבָר חֲסַר עֵרֶךְ. 2 תֶּבֶן, קַשׁ, גִּבְעוֹל

strawberry n תּוּת־שָׂדֶה

strawboard n קַרְטוֹן גַּס

straw-colo(u)red adj צָהֹב בָּהִיר

straw poll/vote הַצְבָּעַת נִסָּיוֹן

stray vi, adj, n 1 נָדַד, תָּעָה. 2 סָטָה, סָר. 3 פָּזוּר, תּוֹעֶה, בּוֹדֵד. 4 נוֹדֵד, תּוֹעֶה. 5 יֶלֶד אָבוּד אוֹ בּוֹרֵחַ

streak vti, n 1 קִוְקֵו, פִּסְפֵּס, סִמֵּן בְּפַסִּים. 2 נָע בִּמְהִירוּת הַבָּזָק. 3 קַו, פַּס. 4 קַו אֹפִי, נְטִיָּה

streaking n שִׁבּוּל

streaky adj 1 מְפֻסְפָּס, מְקֻוְקָו. 2 לֹא יַצִּיב

stream vi, n 1 נָהַר, זָרַם, שָׁטַף. 2 הִתְנוֹפֵף. 3 זָלַג. 4 גָּלַשׁ. 5 זֶרֶם, נַחַל, פֶּלֶג, שֶׁטֶף

stream of consciousness זֶרֶם הַתּוֹדָעָה (ספרות)

streamer n 1 פַּס, סֶרֶט. 2 דֶּגֶל, נֵס

streamlet n יוּבַל, פֶּלֶג

streamline vt 1 יִעֵל. 2 עָשָׂה דַּק

streamlined adj 1 מְעֻצָּב, חָדִישׁ, מְעֻדְכָּן. 2 יָעִיל

street n 1 רְחוֹב. 2 דֶּרֶךְ

streetcar n חַשְׁמַלִּית

strength n 1 כֹּחַ, עֹצֶם, עֹז, חַיִל. 2 תֹּקֶף, עָצְמָה. 3 מַצָּבָה

strengthen vti 1 חִזֵּק, אָזַר חַיִל, אִמֵּץ. 2 הִתְחַזֵּק

strenuous adj נִמְרָץ, פָּעִיל, זָרִיז, נִלְהָב

strenuously adv נִמְרָצוֹת

strenuousness n נִמְרָצוּת

streptococcus n נֶקֶד מְשֻׁרְשָׁר

stress vt, n 1 הִדְגִּישׁ, הִטְעִים, הִבְלִיט. 2 לָחַץ, דָּחַק, הִטְרִיחַ. 3 הַדְגָּשָׁה, דָּגֵשׁ, הַטְעָמָה. 4 נַחַץ, טַעַם, נְגִינָה. 5 לַחַץ, דְּחָק, דֹּחַק. 6 הַטְרָחָה, מְצוּקָה

stretch vit, n 1 מָתַח, פָּרַשׂ. 2 אִמֵּץ, הִפְרִיז. 3 הִשְׂכִּיב. 4 הִתְמַשֵּׁךְ, נִמְשַׁךְ, נִמְתַּח. 5 מֶשֶׁךְ, רֶצֶף. 6 מֶרְחָק. 7 מִשְׁטָח. 8 תְּקוּפַת מַאֲסָר. 9 פֶּרֶק זְמַן. 10 מְתִיחָה

stretch out vti הִתְמַתַּח, הִשְׁתַּטַּח. 2 מָתַח, מָשַׁךְ. 3 הִשְׂתָּרַע

stretcher n 1 אֲלוּנְקָה. 2 מוֹתֵחַ, סָמוֹךְ, מְיַשֵּׁר

stretcher bond מִקְשָׁר מוּזָז, מִקְשָׁר חוֹצֶה

stretchy adj נִמְתָּח, גָּמִישׁ, אֶלַסְטִי

strew vt 1 פִּזֵּר, זָרָה, הֵפִיץ. 2 כִּסָּה

strewn pp בינוני עבר של הפועל to strew

stricken adj מֻכֶּה, נָגוּעַ, פָּגוּעַ

strict adj 1 חָמוּר, קַפְּדָן. 2 מְדֻיָּק, מְדַקְדֵּק, מְפֹרָשׁ

strictly adv 1 בִּמְפֹרָשׁ. 2 בְּקַפְּדָנוּת, בִּמְדֻיָּק. 3 בְּחֻמְרָה

strictness n חֻמְרָה, קַפְּדָנוּת

stricture n 1 בִּקֹּרֶת, נְזִיפָה, הַשָּׂגָה. 2 הֲצָרָה, הִצָּרוּת. 3 מֵצַר

stridden pp בינוני עבר של הפועל

to stride

stride vi, n — 1 פָּסַע, עָבַר בִּפְסִיעָה גַּסָּה, הִתְהַלֵּךְ. 2 עָמַד אוֹ יָשַׁב בְּפִשּׂוּק רַגְלַיִם. 3 פְּסִיעָה. 4 פְּסִיעָה גַּסָּה, הִתְקַדְּמוּת

strident adj — צוֹרֵם, צוֹרְמָנִי, צוֹרְחָנִי

stridently adv — בִּצְלִיל צוֹרְמָנִי

stridulate vi — צִרְצֵר, חָרַק

stridulation n — צִרְצוּר, חֲרִיקָה

strife n — מְרִיבָה, סִכְסוּךְ, מַחֲלֹקֶת, סִכְסוּךְ

strike vti, n — 1 הָלַם, חָבַט, הִכָּה, הִלְקָה. 2 פָּגַע, קָלַע, הִתְקִיף. 3 כִּוֵּן. 4 טָבַע (מטבע). 5 הוֹרִיד (דגל), פֵּרֵק (אוהל). 6 אִזֵּן. 7 עָשָׂה רֹשֶׁם. 8 שָׁבַת. 9 שְׁבִיתָה. 10 מַהֲלֻמָּה, מַכָּה, חֲבָטָה. 11 גִּלּוּי, תַּגְלִית. 12 טְבִיעָה (מטבע). 13 הַצְלָחָה, מַזָּל טוֹב. 14 מָחוֹג. 15 אֵיכוּת מְצֻיֶּנֶת. 16 הַתְקָפָה

strike a bargain — עָשָׂה עֵסֶק, עָשָׂה הֶסְכֵּם

strike oil — גִּלָּה נֵפְט, הִתְעַשֵּׁר

strike root — הִשְׁתָּרֵשׁ, הִכָּה שָׁרָשִׁים

strike down — 1 הִפִּיל, פָּגַע. 2 הִשְׁכִּיב, הִכְרִיעַ אַרְצָה

strike off — 1 הִתִּיז, כָּרַת. 2 מָחַק, נִכָּה

strike on/upon — נִתְקַל בְּ־

strike out — 1 מָחַק. 2 יָצָא מֵהַמִּשְׂחָק. 3 יָצָא לְדֶרֶךְ חֲדָשָׁה

strike up — פָּתַח, הִתְחִיל

strikebound adj — מֻשְׁבָּת

strikebreaker n — מֵפֵר שְׁבִיתָה

striker n — 1 שׁוֹבֵת. 2 מַכֶּה, הוֹלֵם. 3 צִלְצָל

striking adj — מַרְשִׁים, מְעוֹרֵר תְּשׂוּמֶת לֵב

strikingly adv — בְּאֹפֶן מַרְשִׁים

string vt, n — 1 קָשַׁר, קִשֵּׁר. 2 חָרַז, שִׁבֵּץ, צֵרֵף. 3 הִדֵּק, מָתַח. 4 הֵסִיר סִיבִים. 5 חוּט, נִימָה. 6 מֵיתָר. 7 פְּתִיל, סִיב, גִּיד. 8 שְׂרוֹךְ. 9 מַחֲרֹזֶת

string along — רִמָּה, הוֹנָה, "מָשַׁךְ בָּאַף"

string bean — שְׁעוּעִית

string out — 1 חָרַז מַחֲרֹזֶת. 2 פָּרַשׂ בְּשׁוּרָה

string qartet — רְבִיעִיַּת כְּלֵי־קֶשֶׁת

string up — 1 תָּלָה. 2 עִצְבֵּן

stringency n — 1 חֻמְרָה, הַקְפָּדָה. 2 דֹּחַק, מַחְסוֹר

stringent adj — 1 קַפְּדָן, מַחְמִיר, חָמוּר. 2 דּוֹחֵק

stringently adv — בְּחֻמְרָה, בְּקַפְּדָנוּת

strip vti, n — 1 הִפְשִׁיט, פָּשַׁט. 2 הֵסִיר, שָׁלַל. 3 חָשַׂף. 4 שָׁדַד, רוֹקֵן. 5 קִלֵּף. 6 פֵּרֵק. 7 הִתְפַּשֵּׁט, הִתְעַרְטֵל. 8 רְצוּעָה, פַּס, סֶרֶט. 9 שׁוּרָה. 10 מַסְלוּל (שדה תעופה)

strip cartoon — סֶרֶט מְצֻיָּר, קוֹמִיקְס

stripe n — 1 פַּס, רְצוּעָה. 2 הַלְקָאָה. 3 סִימַן דַּרְגָּה

striped adj — מְפֻסְפָּס, חֲבַרְבּוּר

stripper n — 1 נוֹזֵל/מַכְשִׁיר לַהֲסָרַת צֶבַע, מַקְלֵף

striptease n — חַשְׂפָּנוּת

strive vi — חָתַר, הִתְאַמֵּץ, נֶאֱבַק, הִשְׁתַּדֵּל

strobe n — סְטְרוֹבּוֹסְקוֹפּ

strode pt — זמן עבר של הפועל to stride

stroke vt, n — 1 לִטֵּף. 2 חָתַר. 3 מַכָּה, הֲלִימָה, מַהֲלֻמָּה. 4 הַלְקָאָה, הַצְלָפָה. 5 נְקִישָׁה. 6 נִקּוּף, נְקִיפָה. 7 מְחִי. 8 קַו, תְּנוּעַת עֵט. 9 שָׁבָץ, הֶתְקֵף מְשַׁתֵּק. 10 תְּנוּעָה, מַהֲלָךְ. 11 תְּנוּפַת מָשׁוֹט, מָשׁוֹט, שַׁיָּט. 12 לְטִיפָה. 13 לוֹכְסָן

stroke of luck — מַזָּל טוֹב

stroll vi, n — 1 טִיֵּל בְּנַחַת, הִתְהַלֵּךְ, שׁוֹטֵט. 2 טִיּוּל בְּנַחַת, הֲלִיכָה

stroller n — 1 טַיָּל, הֵלֶךְ, נָע וָנָד. 2 עֶגְלַת יְלָדִים

strong adj — 1 חָזָק, עַז, בָּרִיא, יַצִּיב, אֵיתָן. 2 חָרִיף, מְשַׁכֵּר. 3 תַּקִּיף, נִמְרָץ

stronghold n מִשְׂגָּב, מִבְצָר, מָעוֹז
strongly adv נִמְרָצוֹת, בְּתַקִּיפוּת
strong-minded adj בַּעַל רָצוֹן חָזָק
strong-willed adj עַקְשָׁן, נִמְרָץ
strontium n 1 סְטְרוֹנְצְיוּם. 2 נְשֹׂרֶת
strop vt, n 1 הִשְׁחִיז. 2 רְצוּעַת הַשְׁחָזָה
strophe n סְטְרוֹפָה, בַּיִת בְּשִׁיר
strove pt זמן עבר של הפועל to strive
struck pt זמן עבר של הפועל to strike
structural adj מִבְנִי
structurally adv מִבְּחִינַת הַמִּבְנֶה
structure n 1 מִבְנֶה. 2 בִּנְיָן, צוּרָה
strudel n כְּרוּכִית, שְׁטְרוּדֶל
struggle vi, n 1 נֶאֱבַק, נִלְחַם. 2 הִתְלַבֵּט, הִתְאַמֵּץ. 3 מַאֲבָק, מִלְחָמָה. 4 הֵאָבְקוּת. 5 הִתְלַבְּטוּת, נַפְתּוּלִים
strum vt פָּרַט
strumpet n זוֹנָה, יַצְאָנִית, פְּרוּצָה
strung pt זמן עבר ובינוני עבר של הפועל to string
strung up מָתוּחַ, עַצְבָּנִי, מִתְרַגֵּשׁ
strut vi, n 1 לִצְעֹד בְּשַׁחֲצָנוּת. 2 הִתְנַשֵּׂא, הִתְרַבְרֵב. 3 הֲלִיכָה מִתְנַשֵּׂאת. 4 תְּמוֹכָה
strychnine n סְטְרִיכְנִין
stub vt, n 1 נִתְקַל. 2 שֵׁרֵשׁ, עָקַר שֹׁרֶשׁ. 3 סִלֵּק גְּדָמִים. 4 כִּבָּה. 5 גֶּדֶם. 6 זָנָב, זָנָב קָטוּעַ. 7 חִבּוּר, תְּלוּשׁ, סֶפַח
stubble n שֶׁלֶף, זִיפִים
stubbly adj זִיפִי
stubborn adj 1 עַקְשָׁן, עִקֵּשׁ, קְשֵׁה־עֹרֶף. 2 מַתְמִיד, מָסוּר
stubbornly adv בְּעַקְשָׁנוּת
stubbornness n עַקְשָׁנוּת
stubby adj 1 קָצָר וְעָבֶה. 2 זִיפִי
stucco n 1 טִיחַ, כִּסָּה בְּטִיחַ. 2 טִיַּח. 3 עֲבוֹדַת טִיחַ
stuck pt זמן עבר ובינוני עבר של הפועל to stick
stuck-up adj מְנֻפָּח, יָהִיר, מִתְנַשֵּׂא, שַׁחֲצָן
stud vt, n 1 שִׁבֵּץ, זָרַע, פִּזֵּר. 2 חָף, פֶּשֶׁק. 3 נַעַץ, מַסְמֵר. 4 כַּפְתּוֹר, גֻּלָּה. 5 בֹּרֶג. 6 חַוַּת סוּסִים. 7 סוּס רְבִיעָה
studded with זָרוּעַ, מְשֻׁבָּץ
stud-farm n אֻרְוָה, חַוַּת סוּסֵי רְבִיעָה
student n תַּלְמִיד, לַמְדָן, מִתְלַמֵּד, תַּלְמִיד־חָכָם, סְטוּדֶנְט
studio n 1 אֻלְפָּן. 2 חֲדַר־עֲבוֹדָה
studio apartment/flat דִּירַת־חֶדֶר
studied adj מְכֻוָּן, מְחֻשָּׁב, מְעֻשֶּׂה
studio audience קְהַל שׁוֹמְעִים
studio couch סַפָּה־מִטָּה
studious adj 1 מַתְמִיד, שַׁקְדָנִי, חָרוּץ. 2 חוֹבֵב לִמּוּדִים. 3 הוֹגֶה, מְכֻוָּן
studiously adv 1 בִּמְכֻוָּן, בְּכַוָּנָה. 2 בְּשַׁקְדָנוּת
studiousness n שַׁקְדָנוּת, הַתְמָדָה
study vti, n 1 לָמַד, חָקַר, שִׁנֵּן, עִיֵּן. 2 דָּאַג, שָׁקַד, בָּדַק. 3 תִּרְגֵּל, הִתְאַמֵּן. 4 לִמּוּד, חֵקֶר, עִיּוּן. 5 תּוֹרָה, דַּעַת. 6 חִנּוּךְ, מֶחְקָר. 7 מִדְרָשׁ, סֻגְיָה. 8 שִׂרְטוּט, סְקִיצָה. 9 אֶטְיוּד. 10 חֲדַר עֲבוֹדָה
stuff vt, n 1 דָּחַס, גָּדַשׁ, מִלֵּא. 2 פִּטֵּם, אָבַס, הִלְעִיט. 3 פִּחְלֵץ. 4 פָּקַק, סָתַם. 5 חֹמֶר. 6 סְחוֹרָה. 7 חֲפָצִים
stuffed adj מְלֻא
stuffed shirt נֹאד נָפוּחַ, רַבְרְבָן נִקְלֶה
stuffily adv 1 בְּזַעַם. 2 בִּצְרוּת אֹפֶק. 3 בְּחֶנֶק
stuffing n 1 הַלְעָטָה, פִּטּוּם. 2 מִלּוּי, מְלִית
stuffiness n 1 מַחֲנָק. 2 צָרוּת אֹפֶק
stuffy adj 1 מַחֲנִיק, מְעֻפָּשׁ. 2 צַר־אֹפֶק
stultification n 1 הִתְקַלְּסוּת. 2 שִׂימָה לְאַל, סִכּוּל, בִּטּוּל
stultify vt 1 הִתְקַלֵּס, עָשָׂה לִמְגֻחָךְ. 2 סִכֵּל, בִּטֵּל

stumble vi, n 1 מָעַד, נִכְשַׁל, כָּשַׁל. 2 טָעוּת, מִשְׁגֶּה. 3 מְעִידָה, מִכְשׁוֹל
stumble across/upon נִתְקַל בְּמַפְתִּיעַ בְּ־
stumbling block אֶבֶן נֶגֶף, מִכְשׁוֹל
stump vit, n 1 הֵבִיךְ, הֵבִיא בִּמְבוּכָה. 2 הָלַךְ בִּצְעָדִים כְּבֵדִים. 3 עָרַךְ מַסַּע נְאוּמִים. 4 גֶּדֶם. 5 זָנָב, בָּדָל. 6 שְׁאֵרִית. 7 בָּמָה. 8 מַקֵּל (קריקט)
stumpy adj גּוּץ, קָצָר וְעָבֶה
stumpy speeches נְאוּמֵי בְּחִירוֹת
stun vt הָמַם, הִדְהִים
stung pt זמן עבר ובינוני עבר של הפועל to sting
stunk pp בינוני עבר של הפועל to stink
stunning adj מַדְהִים, נִפְלָא, יָפֶה לְהַפְלִיא
stunningly adv לְהַפְלִיא
stunt vt, n 1 גִּמֵּד, נִנֵּס, הִקְטִין. 2 טָס בִּתְצוּגָה נוֹעֶזֶת. 3 לַהֲטוּט. 4 מְשִׂימָה
stunted adj מְגֻמָּד, מְגֻוָּץ
stunt-man adv פַּעֲלוּלָן, כָּפִיל (בקולנוע)
stupefaction n 1 קֵהוּת חוּשִׁים. 2 תַּדְהֵמָה
stupefy vt 1 הִקְהָה חוּשִׁים. 2 הִדְהִים
stupendous adj עָצוּם, כַּבִּיר, מַתְמִיהַּ, מַפְלִיא
stupendously adv לְהַפְלִיא
stupid adj טִפֵּשׁ, שׁוֹטֶה, אֱוִיל, סָכָל, מְטֻמְטָם
stupidity n טִפְּשׁוּת, אֱוִילוּת, סִכְלוּת, טִמְטוּם
stupidly adv בְּטִמְטוּם
stupor n דַּהֶמֶת, קֵהָיוֹן, דִּהוּם
sturdily adv בְּאֹמֶץ, בְּתַקִּיפוּת
sturdiness n 1 אֹמֶץ, נִמְרָצוּת, תַּקִּיפוּת. 2 יַצִּיבוּת
sturdy adj 1 אַמִּיץ, נִמְרָץ, תַּקִּיף. 2 יַצִּיב
sturgeon n חִדְקָן (דג)
stutter vit, n 1 גִּמְגֵּם. 2 גִּמְגּוּם
stutterer n מְגַמְגֵּם, כְּבַד־פֶּה

sty n חֲזִירִיָּה
sty(e) n שְׂעוֹרָה (בעין)
stygian adj 1 סְטִיקְסִי. 2 אָפֵל, קוֹדֵר. 3 גֵּיהִנּוֹמִי, שְׁאוֹלִי
style vt, n 1 כִּנָּה, קָרָא. 2 סִגְנֵן. 3 הִשְׁתַּמֵּשׁ בְּתֹאַר. 4 צִפֹּרֶן, חֶרֶט, מַחְדֵּר, מַחַט. 5 סִגְנוֹן. 6 סוּג, אָפְנָה. 7 תֹּאַר, נֹסַח
stylish adj מְהֻדָּר, שֶׁבְּאָפְנָה, אֶלֶגַנְטִי
stylishly adv בְּהִדּוּר, לְפִי הָאָפְנָה הָאַחֲרוֹנָה
stylishness n הִדּוּר, הָדָר, אֶלֶגַנְצְיָה
stylist n סִגְנוֹנַאי, מְסַגְנֵן
stylistic adj סִגְנוֹנִי
stylistically adv בְּצוּרָה סִגְנוֹנִית
stylize vt סִגְנֵן
stylus n חֶרֶט, מַחַט
stymie vt, n 1 שָׂם מִכְשׁוֹל. 2 מִכְשׁוֹל
styptic adj, n עוֹצֵר דָּם
Styx n סְטִיקְס
suasion n שִׁכְנוּעַ, פִּתּוּי
suave n נוֹחַ, נְעִים־הֲלִיכוֹת, מְנֻמָּס
suavely adv בְּגִנּוּנֵי חֵן
suavity n נֹעַם, נְעִימוּת, חֵן, חֲבִיבוּת
sub vit מִלֵּא מָקוֹם
sub- pref (תחילית) תַּחַת, מִתַּחַת, תַּת־, ־מִשְׁנֶה, מִשְׁנִי, חֶלְקִי
subaltern adj, n 1 זוּטָר, מִשְׁנֶה, עוֹזֵר. 2 קָצִין זוּטָר
subcommittee n וַעֲדַת מִשְׁנֶה
subconscious adj, n 1 תַּת־הַכָּרָתִי, תַּת־מוּדָעִי. 2 תַּת־הַכָּרָה, תַּת־מוּדָע
subconsciously adv בְּתַת־הַכָּרָה
subcontinent n תַּת־יַבֶּשֶׁת
subcontract vti, n 1 עָרַךְ חוֹזֶה־מִשְׁנֶה. 2 חוֹזֶה־מִשְׁנֶה
subcontractor n קַבְּלַן־מִשְׁנֶה
subcutaneous adj תַּת־עוֹרִי
subdivide vti חִלֵּק חֲלֻקַּת מִשְׁנֶה
subdivision n חֲלֻקַּת מִשְׁנֶה
subdue vt 1 הִכְנִיעַ, הִכְרִיעַ, כָּבַשׁ, הִדְבִּיר.

2 אִלֵּף, בִּיֵּת. 3 רִכֵּךְ, הִנְמִיךְ. 4 עִמְעֵם

subdued adj 1 מְעֻרְפָּל, מְעֻמְעָם. 2 רַךְ, כָּבוּשׁ

subedit vt עָרַךְ עֲרִיכַת־מִשְׁנֶה

subeditor n עוֹרֵךְ־מִשְׁנֶה

subheading n כּוֹתֶרֶת מִשְׁנֶה

subhuman adj תַּת אֱנוֹשִׁי

subject vt, n 1 הִכְנִיעַ, שִׁעְבֵּד, דִּכָּא. 2 מָסַר, הִגִּישׁ, חָשַׂף. 3 כָּפוּף, נָתוּן. 4 מֻתְנֶה, בִּתְנַאי. 5 נָתִין. 6 נוֹשֵׂא, עִנְיָן. 7 מִקְצוֹעַ לִמּוּד

subject to בְּהִתְחַשֵּׁב עִם, כָּפוּף לְ־

subject matter תֹּכֶן, נוֹשֵׂא

subjection n 1 הַכְנָעָה, שִׁעְבּוּד, רְדִיָּה. 2 כְּפִיפָה, כְּפִיפוּת. 3 חֲשִׂיפָה, הֶחָשְׂפוּת

subjective adj סוּבְּיֶקְטִיבִי

subjectively adv סוּבְּיֶקְטִיבִית

subjectivity n סוּבְּיֶקְטִיבִיּוּת

sub judice סוּבּ יוּדִיצֶה, שֶׁבְּדִיּוּן

subjugate vt שִׁעְבֵּד, הִכְנִיעַ, כָּבַשׁ

subjugation n שִׁעְבּוּד, דִּכּוּי, כִּבּוּשׁ

subjunctive adj, n דֶּרֶךְ הַשֶּׁמָּא, מוֹדוּס הַתְּלוּי

sublease vti, n 1 הִשְׂכִּיר שְׂכִירוּת מִשְׁנֶה. 2 הֶחְכִּיר חֲכִירַת מִשְׁנֶה. 3 שְׂכִירוּת מִשְׁנֶה

sublet vti הִשְׂכִּיר שְׂכִירוּת מִשְׁנֶה

sublieutenant n סֶגֶן מִשְׁנֶה

sublimate vt, n 1 זִכֵּךְ, זִקֵּק. 2 עִדֵּן, טִהֵר. 3 הָפַךְ מוּצָק לְגַז. 4 סוּבְּלִימַט

sublimation n 1 זִכּוּךְ, זִקּוּק. 2 עִדּוּן, טִהוּר, הַאֲצָלָה. 3 סוּבְּלִימַצְיָה

sublime vt, adj, n 1 זִקֵּק, זִכֵּךְ, טִהֵר. 2 הָפַךְ מוּצָק לְגַז. 3 רוֹמֵם, הֶעֱלָה. 4 נַעֲלֶה, נִשְׂגָּב, שַׂגִּיב. 5 שֶׂגֶב, רוֹמְמוּת, נַעֲלֶה

subliminal adj תַּת־הַכָּרָתִי

sublimity n שֶׂגֶב, רוֹמְמוּת, עִלָּאוּת, נִשְׂגָּבוּת, אֲצִילוּת

sub-machine gun תַּת־מַקְלֵעַ

submarine adj, n 1 תַּת־מֵימִי. 2 צוֹלֶלֶת

submerge vti 1 הִטְבִּיל, טִבֵּעַ, שִׁקַּע. 2 צָלַל, שָׁקַע, טָבַל

submergence, submersion n 1 הַטְבָּלָה, טְבִילָה, צְלִילָה, שְׁקִיעָה. 2 הֵעָלְמוּת

submersible adj, n 1 צוֹלֶלֶת. 2 בַּר־טְבִילָה, בַּר־צְלִילָה

submission n 1 כְּנִיעָה, הַכְּנָעוּת, נִכְנָעוּת. 2 צַיְּתָנוּת, עֲנָוָה. 3 הַגָּשָׁה, מְסִירָה. 4 טִעוּן (במשפט)

submissive adj נִכְנָע, צַיְּתָן

submissively adj בְּהַכְנָעָה

submissiveness n צַיְּתָנוּת, הַכְנָעָה

submit vti 1 הִגִּישׁ, מָסַר, טָעַן. 2 הִצְהִיר. 3 נִכְנַע, הִשְׁלִים, צִיֵּת, קִבֵּל מָרוּת

submit to vt הִשְׁלִים, נִכְנַע לְ־

subnormal adj תַּת־נוֹרְמָלִי

suborbital adj תַּת־סִדְרָתִי

subordinate vt, adj, n 1 שִׁעְבֵּד, הִכְנִיעַ. 2 נָחוּת, כָּפוּף, מִשְׁנִי. 3 מְשֻׁעְבָּד, טָפֵל, זְקָתִי. 4 פָּקוּד, זוּטָר

subordination n 1 כְּפִיפוּת, צִיּוּת. 2 כְּנִיעָה, שִׁעְבּוּד. 3 נְחִיתוּת

suborn vt שִׁחֵד, פִּתָּה, שִׁדֵּל לִדְבַר עֲבֵרָה

subornation n שִׁחוּד, שֹׁחַד, פִּתּוּי, שִׁדּוּל לִדְבַר עֲבֵרָה

subplot n עֲלִילַת־מִשְׁנֶה

subp(o)ena vt, n 1 הִזְמִין לְדִין. 2 הַזְמָנָה לְדִין

sub rosa בַּחֲשַׁאי, בְּסוֹד

subroutine n סִדְרַת־מִשְׁנֶה שֶׁל פְּקֻדּוֹת (מחשב)

subscribe vit 1 חָתַם. 2 תָּרַם. 3 תָּמַךְ, נִמְנָה עִם, הִתְחַיֵּב

subscribe to vt 1 חָתַם עַל. 2 תָּמַךְ בְּ־

subscription n 1 חֲתִימָה, הַחְתָּמָה. 2 מָנוּי, הִמָּנוּת. 3 הֶסְכֵּם, אִשּׁוּר, הַסְכָּמָה, הִתְחַיְּבוּת

subsequent adj לְאַחַר, עוֹקֵב, רָצוּף

subsequently adv לְאַחַר מִכֵּן, אַחַר כָּךְ

subserve vt 1 הוֹעִיל, עָזַר, טִפֵּחַ. 2 שֵׁרֵת

subservience n 1 הִתְרַפְּסוּת, נִכְנָעוּת, שִׁעְבּוּד. 2 כְּפִיפוּת

subservient adj 1 מִתְרַפֵּס, נִכְנָע, מְשֻׁעְבָּד. 2 כָּפוּף, מוֹעִיל

subserviently adv בְּהִתְרַפְּסוּת

subset n קְבוּצַת־מִשְׁנֶה, תַּת־קְבוּצָה

subside vi 1 שָׁקַע, צָלַל. 2 יָרַד, שָׁפַל. 3 שָׁכַךְ, רָגַע, פָּג

subsidence n שְׁקִיעָה, שְׁכִיבָה

subsidize vt סִבְסֵד, נָתַן סוּבְּסִידְיָה

subsidy n סוּבְּסִידְיָה, תְּמִיכָה, מַעֲנָק

subsist vi הִתְקַיֵּם, חַי, מַמְשִׁיךְ לִחְיוֹת, הִתְפַּרְנֵס

subsistence level מַשְׂכֹּרֶת־דֹּחַק

subsistence wage מַשְׂכֹּרֶת מִינִימוּם

subsistence n 1 קִיּוּם, מִחְיָה, פַּרְנָסָה. 2 אֶמְצָעֵי מִחְיָה, דְּמֵי כַּלְכָּלָה. 3 מְצִיאוּת, הֲוָיָה

subsoil n קַרְקַע שְׁתִית, שָׁתִית

subsonic adj תַּת קוֹלִי

substance n 1 חֹמֶר. 2 עֶצֶם, מַהוּת. 3 עִקָּר, תַּמְצִית, תֹּכֶן. 4 מַמָּשׁוּת, רְכוּשׁ

substandard adj תַּת תִּקְנִי

substantial adj 1 יְסוֹדִי, מַמָּשִׁי, קַיָּם. 2 נִכָּר. 3 אֵיתָן, מוּצָק. 4 עִקָּרִי

substantially adv בְּעִקָּר, בְּעֶצֶם

substantiate vt הוֹכִיחַ, בִּסֵּס, אִמֵּת, קִיֵּם, מִמֵּשׁ

substantiation n מִמּוּשׁ, גִּלּוּם, אִמּוּת, הוֹכָחָה, בִּסּוּס

substantival adj 1 שֶׁל שֵׁם עֶצֶם. 2 עַצְמָאִי

substantive adj, n 1 עַצְמָאִי, מַמָּשִׁי, יֵשׁוּתִי, מְצִיאוּתִי, תַּמְצִיתִי. 2 שֵׁם עֶצֶם

substation n תַּחֲנַת־מִשְׁנֶה

substitute vti, n 1 הֶחֱלִיף, תִּחְלֵף. 2 הִצִּיב. 3 תַּחֲלִיף, נוֹבֶלֶת, חָלִיף. 4 מְמַלֵּא מָקוֹם

substitution n 1 תַּחֲלִיף, הַחְלָפָה, הֲמָרָה. 2 מִלּוּי מָקוֹם. 3 הַצָּבָה, הֶצֵּב

subterfuge n תַּחְבּוּלָה, תּוֹאֲנָה, מַעֲשֵׂה עָרְמָה

subterranean adj 1 תַּת־קַרְקָעִי. 2 חֲשָׁאִי, סוֹדִי, מַחְתַּרְתִּי

subtitle n 1 כּוֹתֶרֶת מִשְׁנֶה. 2 תַּרְגּוּם בְּגוּף הַסֶּרֶט

subtle adj 1 קָלוּשׁ, לֹא־סָמִיךְ. 2 מְעֻדָּן, חֲמַקְמַק, מִסְתּוֹרִי. 3 שָׁנוּן, חָרִיף, עָרוּם. 4 תַּחְבְּלָן

subtlety n 1 דַּקּוּת, עֲדִינוּת. 2 הַבְחָנָה דַּקָּה. 3 שְׁנִינוּת, חֲרִיפוּת. 4 חָכְמָה, פִּקְחוּת. 5 מְיֻמָּנוּת. 6 עַרְמוּמִיּוּת

subtly adv 1 בְּדַקּוּת, בַּעֲדִינוּת. 2 בִּשְׁנִינוּת, בְּעַרְמוּמִיּוּת

subtract vt חִסֵּר, גָּרַע, הִפְחִית, נִכָּה

subtraction n חִסּוּר, גְּרִיעָה, הַפְחָתָה, נִכּוּי

subtropic(al) adj סוּבְּטְרוֹפִּי

suburb n פַּרְוָר, פַּרְבָּר

suburban adj פַּרְוָרִי, פַּרְבָּרִי

suburbia n הַפַּרְוָרִים

subvention n מַעֲנָק, סוּבְּסִידְיָה

subversion n הֲפִיכָה, חֲתִירָה

subversive adj חַתְרָנִי, הַרְסָנִי

subvert vt הָרַס, הִשְׁחִית, חָתַר, עִרְעֵר

subway n 1 רַכֶּבֶת תַּחְתִּית. 2 מַעֲבָר תַּת־קַרְקָעִי

succeed vit 1 עָקַב, בָּא אַחֲרֵי. 2 בָּא בִּמְקוֹם. 3 יָרַשׁ. 4 הִצְלִיחַ

success n 1 הַצְלָחָה, בְּרָכָה, תּוּשִׁיָּה. 2 מַצְלִיחַ, בַּר־מַזָּל

successful adj מַצְלִיחַ, מְבֹרָךְ, מֻצְלָח

successfully adv בְּהַצְלָחָה

succession n 1 סִדְרָה, שׁוּרָה, מַעֲרָכָה. 2 רְצִיפוּת. 3 זְכוּת יְרֻשָּׁה. 4 יְרֻשָּׁה, יוֹרְשִׁים
successive adj רָצוּף, בָּזֶה אַחַר זֶה
successively adv בִּרְצִיפוּת
successor n יוֹרֵשׁ, בָּא אַחֲרָיו
succinct adj תַּמְצִיתִי, מְקֻצָּר
succinctly adv בְּקִצּוּר, בְּתַמְצִיתִיּוּת
succinctness n קִצּוּר, תַּמְצִיתִיּוּת
succo(u)r vt, n 1 עָזַר, תָּמַךְ, סִיֵּעַ. 2 עֶזְרָה, תְּמִיכָה, סִיּוּעַ
succulence n עֲסִיסִיּוּת, בַּשְׂרָנִיּוּת
succulent adj טָעִים, עֲסִיסִי, בַּשְׂרָנִי
succumb vi 1 נִכְנַע. 2 מֵת, נִפְטַר
such adj 1 כְּמוֹ. 2 כָּזֶה, כָּזֹאת, כָּאֵלֶּה. 3 כֹּה, כָּל כָּךְ. 4 שֶׁכָּזֶה, שֶׁכָּזֹאת, שֶׁכָּאֵלֶּה
such as כְּגוֹן, כְּמוֹ
suchlike adj דּוֹמֶה, כַּיּוֹצֵא בָּזֶה
suck vti, n 1 מָצַץ, יָנַק. 2 מְצִיצָה, יְנִיקָה. 3 מְשִׁיכָה. 4 סְפִיגָה. 5 לְגִימָה
sucker n 1 יוֹנֵק. 2 פֶּתִי, תָּם. 3 נְבִיטָה, בִּצְבּוּץ. 4 טַפִּיל. 5 מַרְחֶשֶׁת. 6 כַּפְתּוֹר מְצִיצָה
sucking pig חֲזִירוֹן
suckle vti 1 הֵינִיק, גִּדֵּל. 2 יָנַק
suckling n יוֹנֵק, עוֹלָל, עוּל
sucrose n סֻכַּר־מַאֲכָל
suction n 1 יְנִיקָה, מְצִיצָה. 2 שְׁאִיבָה, שְׁאִיפָה
sudden adj פִּתְאוֹמִי
suddenly adv פִּתְאוֹם
suddenness n פִּתְאוֹמִיּוּת
suds npl קֶצֶף סַבּוֹן
sue vti 1 בִּקֵּשׁ, הִפְצִיר. 2 תָּבַע לְדִין, הִגִּישׁ מִשְׁפָּט
sue for vt הִתְחַנֵּן, הֶעְתִּיר, תָּבַע
suede n גָּמֹשׁ, זָמֹשׁ (עור)
suet n חֵלֶב כְּלָיוֹת (של בקר)
suffer vit 1 סָבַל, הִתְעַנָּה, הִתְיַסֵּר. 2 נָשָׂא, הִתְנַסָּה. 3 הִרְשָׁה. 4 נֶעֱנַשׁ, נִפְגַּע
sufferance (on) adv שֶׁלֹּא מֵרָצוֹן, בְּחֶסֶד, מִתּוֹךְ סוֹבְלָנוּת
sufferer n 1 סוֹבֵל, סוֹבְלָן. 2 קָרְבָּן
suffering n סֵבֶל, יִסּוּרִים, צַעַר
suffice vti 1 הִסְפִּיק, הָיָה דַּי. 2 הָיָה מְסֻגָּל. 3 הִשְׂבִּיעַ רָצוֹן
sufficiency n 1 דַּיּוּת, סְפִיקָה, יְעִילוּת, יְכֹלֶת. 2 שַׁחֲצָנוּת, בִּטָּחוֹן עַצְמִי
sufficient adj 1 דַּי, מַסְפִּיק. 2 יָעִיל, מְסֻגָּל
sufficiently adv בְּמִדָּה מַסְפֶּקֶת
suffix n סוֹפִית, סִיֹּמֶת
suffocate vti 1 חָנַק, הֶחֱנִיק. 2 הִרְגִּישׁ מַחֲנָק. 3 נֶחֱנַק
suffocation n חֲנִיקָה, מַחֲנָק, הֵחָנְקוּת
suffrage n 1 הַצְבָּעָה, הַבָּעַת דֵּעָה. 2 זְכוּת בְּחִירָה
suffragette n סוּפְרָגִיסְטִית, לוֹחֶמֶת לְשִׁוְיוֹן הַנָּשִׁים
suffuse vt 1 צִפָּה, כִּסָּה. 2 הִתְפַּשֵּׁט, פִּעְפַּע, פִּזֵּר, שָׁפַךְ
suffusion n פִּעְפּוּעַ, מִשְׁפָּךְ, פִּזּוּר, הִתְפַּשְּׁטוּת
sugar vti, n 1 סִכֵּר, מִתֵּק, הִמְתִּיק. 2 סֻכָּר. 3 מְתִיקוּת. 4 "מֹתֶק"
sugar beet סֶלֶק סֻכָּר
sugar bowl מִסְכֶּרֶת
sugarcane n קְנֵה סֻכָּר
sugarcoated adj מְמֻתָּק, מְצֻפֶּה סֻכָּר
sugar daddy זָקֵן וְעָשִׁיר (מאהב)
sugarloaf n חָרוּט סֻכָּר
sugarplum סֻכָּרִיָּה
sugar tongs מֶלְקָחַיִם לְסֻכָּר
sugary adj 1 סֻכָּרִי, מְסֻכָּר, מְתַקְתַּק. 2 מַחֲמִיא
suggest vt 1 הִצִּיעַ, יָעַץ. 2 עוֹרֵר, רָמַז. 3 הִזְכִּיר
suggestible adj מַשִּׂיא, שֶׁאֶפְשָׁר לְהַצִּיעַ אוֹתוֹ
suggestion n 1 הַשָּׂאָה (פסיכולוגיה). 2 יִעוּץ, הַצָּעָה. 3 רֶמֶז, רְמִיזָה.

4 אִזְכּוּר
suggestive adj מְרַמֵּז, מְעוֹרֵר
suggestively adv בִּרְמִיזָה
sui generesis (L) מְיֻחָד בְּמִינוֹ
sui juris (L) בִּרְשׁוּת עַצְמוֹ
suicidal adj הִתְאַבְּדוּתִי
suicide n 1 הִתְאַבְּדוּת. 2 מִתְאַבֵּד
suit vti, n 1 הִתְאִים, הָלַם, הִשְׂבִּיעַ רָצוֹן, מָצָא חֵן. 2 חֲלִיפָה, תִּלְבֹּשֶׁת. 3 בַּקָּשָׁה. 4 סִדְרָה, מַעֲרֶכֶת, רֶצֶף. 5 מִשְׁפָּט, תְּבִיעָה. 6 חִזּוּר, בַּקָּשַׁת יָד
suit oneself vi עָשָׂה כִּרְצוֹנוֹ
suit down to the ground הָיָה מַתְאִים עַד לַפְּרָט הָאַחֲרוֹן
suitability n הַתְאָמָה, הֲלִימוּת
suitable adj מַתְאִים, הוֹלֵם, רָאוּי
suitably adv כָּרָאוּי, כַּיָּאוּת
suitcase n מִזְוָדָה
suite n 1 פָּמַלְיָה, בְּנֵי לְוָיָה. 2 מַעֲרֶכֶת. 3 מָדוֹר (מלון). 4 סוּאִיטָה (מוס.). 5 דִּירָה. 6 הֶמְשֵׁךְ
suitor n 1 בַּעַל דִּין, תּוֹבֵעַ. 2 מַפְצִיר, מְחַזֵּר (אחר אשה), מְבַקֵּשׁ
sulfa, sulpha n סוּלְפָה
sulfate, sulphate n סוּלְפָט
sulfur, sulphur n גָּפְרִית
sulfuric, sulphuric adj גָּפְרָתִי
sulfurous, sulphurous adj גָּפְרִיתִי
sulk vi, n 1 זָעַם, הָיָה סַר וְזָעֵף. 2 זַעַף, זַעַם, שְׁתִיקַת זַעַף
sulkily adv בְּזַעַם, בְּזַעַף
sulkiness n זַעַם, זַעַף
sulky adj, n 1 זוֹעֵף, זוֹעֵם. 2 דּוּ־אוֹפַנִּית (עגלה)
sullen adj 1 עָגוּם, עָצוּב, נִדְכָּא. 2 קוֹדֵר, שׁוֹמֵר טִינָה. 3 נוּגֶה
sullenly adv קְדוֹרַנִּית, בְּפָנִים חֲמוּצוֹת
sullenness n קַדְרוּת, עַצְבוּת
sully vt, n 1 הִכְתִּים, טִמֵּא, טִנֵּף, לִכְלֵךְ. 2 כֶּתֶם, לִכְלוּךְ, רְבָב

sultan n שׁוּלְטָן
sultana n 1 שׁוּלְטָנָה. 2 סוּלְטָנָה (ענבים)
sultanate n שׁוּלְטָנוּת
sultriness n 1 מַחֲנָק. 2 לַהַט רְגָשׁוֹת
sultry adj 1 הָבִיל, לוֹהֵט, חַם מְאֹד. 2 מְשֻׁלְהָב
sum n 1 סְכוּם. 2 סִכּוּם, תַּמְצִית. 3 תַּרְגִּיל חֶשְׁבּוֹן
sum up סִכֵּם
sumac(h) n 1 סֻמָּק. 2 אוֹג (בוט.)
summarily adv 1 בְּקִצָּרָה. 2 בְּלִי מַחֲשָׁבָה
summarize vt 1 סִכֵּם. 2 תִּמְצֵת
summary adj, n 1 תַּמְצִיתִי, מְסַכֵּם, מַקִּיף, מְקֻצָּר. 2 קִצּוּר, סִכּוּם, תַּמְצִית
summation n 1 סִכּוּם, סַךְ־הַכֹּל. 2 תַּמְצִית
summer vi, adj, n 1 בִּלָּה אֶת הַקַּיִץ. 2 רָעָה בַּקַּיִץ. 3 קֵיצִי. 4 קַיִץ
summertime n עֵת קַיִץ, יְמוֹת הַחַמָּה
summer time שְׁעוֹן קַיִץ
summing-up n נְאוּם סִכּוּם (במשפט)
summit n פִּסְגָּה, שִׂיא
summit meeting וְעִידַת פִּסְגָּה
summit talk וְעִידַת פִּסְגָּה
summon vt 1 כִּנֵּס, זִמֵּן, קָרָא. 2 תָּבַע. 3 צִוָּה לְהוֹפִיעַ
summons npl זִמּוּן, צַו, אוֹת אַזְעָקָה
sump n 1 עוּקָה. 2 בּוֹר קִבּוּל. 3 בּוֹר שְׁפָכִים, בּוֹר שׁוֹפְכִין (שפכים)
sumpter n בֶּהֱמַת מַשָּׂא
sumptuary adj 1 מַסְדִּיר הוֹצָאוֹת. 2 מַגְבִּיל פַּזְרָנוּת
sumptuous adj הָדוּר, מְפֹאָר, יָקָר, נִפְלָא
sumptuously adv בְּהִדּוּר, נִפְלָא
sumptuousness n הִדּוּר, פְּאֵר, שֶׁפַע
sun vt, n 1 חִמֵּם, יִבֵּשׁ (בשמש). 2 זָרַח, קָרַן. 3 שֶׁמֶשׁ, חַמָּה. 4 יוֹם
sun bird צוּפִית
sunbaked adj מְיֻבָּשׁ בַּשֶּׁמֶשׁ
sunbathe vi הִשְׁתַּזֵּף, קִבֵּל אַמְבַּט שֶׁמֶשׁ
sunbeam n קֶרֶן אוֹר, קֶרֶן שֶׁמֶשׁ

sunburn n כְּוִיַּת שֶׁמֶשׁ
sunburned(nt) adj נִכְוָה בַּשֶּׁמֶשׁ, שָׁזוּף
sundae n גְּלִידַת פֵּרוֹת
Sunday n יוֹם רִאשׁוֹן, יוֹם א׳
sunder vt הִפְרִיד, הִבְקִיעַ, נִתֵּק
sundial n שְׁעוֹן שֶׁמֶשׁ
sundown n שְׁקִיעַת הַחַמָּה
sundowner n 1 נוֹדֵד, קַבְּצָן. 2 מַשְׁקֵה בֵּין הָעַרְבַּיִם
sundrenched adj סָפוּג שֶׁמֶשׁ, מוּצָף שֶׁמֶשׁ
sundries npl שׁוֹנוֹת, שׁוֹנִים
sundry adj מִמִּינִים שׁוֹנִים
sunflower n חַמָּנִית
sung pp בינוני עבר של הפועל to sing
sunk pp בינוני עבר של הפועל to sink
sunken adj שָׁקוּעַ
sunless adj אָפֵל, חָשׁוּךְ, לְלֹא־שֶׁמֶשׁ
sunlight אוֹר שֶׁמֶשׁ
sunlit adj מוּצָף שֶׁמֶשׁ
sunnily adv בְּעַלִּיזוּת, בַּחֲמִימוּת
sunny adj זוֹהֵר, מַזְהִיר, זוֹרֵחַ, מוּצָף שֶׁמֶשׁ
sunrise n 1 זְרִיחַת הַשֶּׁמֶשׁ. 2 זְרִיחָה
sunset n 1 שְׁקִיעַת הַחַמָּה. 2 שְׁקִיעָה
sunshade n סוֹכֵךְ, שִׁמְשִׁיָּה, סַךְ־אוֹר
sunshine n 1 אוֹר שֶׁמֶשׁ, זְרִיחַת שֶׁמֶשׁ. 2 נֹגַהּ, זֹהַר
sunstroke n מַכַּת־שֶׁמֶשׁ
suntan n שִׁזּוּף
sup vi, n 1 אָכַל אֲרוּחַת־עֶרֶב. 2 לָגַם, גָּמַע, שָׁתָה. 3 לְגִימָה, גְּמִיעָה, גְּמִיאָה
super adj, pref 1 נִצָּב, מְיֻחָד, לֹא רָצוּי. 2 עֶלְיוֹן, עִלִּי, מֵעַל. 3 ־עַל
superabundance n שֶׁפַע, גֹּדֶשׁ
superabundant adj שׁוֹפֵעַ, גּוֹדֵשׁ, גָּדוּשׁ, יָתֵר
superannuate vti 1 פָּרַשׁ לְגִמְלָאוֹת. 2 הוֹצִיא לְגִמְלָאוֹת
superannuation n פְּרִישָׁה לְגִמְלָאוֹת
superb adj נִפְלָא, נַעֲלֶה, נֶהְדָּר
superbly adv בְּאֹפֶן נִפְלָא
supercargo n עֲמִיל חוּץ לָאָרֶץ, מְמֻנֶּה עַל הַמִּסְחָר
supercharge n מִטְעָן גָּדוּשׁ
supercharger n מַדְחֵס גִּדּוּשׁ
supercilious adj יָהִיר, גַּאַוְתָן, שַׁחֲצָנִי
superciliously adv בִּיהִירוּת
superciliousness n יְהִירוּת, גַּאַוְתָנוּת
superego n אֲנִי עֶלְיוֹן
supererogation n עֲשִׂיַּת יֶתֶר
superficial adj שִׁטְחִי, חִיצוֹנִי
superficiality n שִׁטְחִיּוּת, חִיצוֹנִיּוּת
superficially adv בְּשִׁטְחִיּוּת
superficies npl שֶׁטַח, שֶׁטַח חִיצוֹנִי, פְּנֵי הַשֶּׁטַח, חִיצוֹנִיּוּת
superfine adj 1 עָדִין בְּיוֹתֵר, דַּק בְּיוֹתֵר. 2 אִסְטְנִיס
superfluity n 1 שֶׁפַע, מוֹתָר, עֹדֶף. 2 מוֹתָרוֹת
superfluous adj מְיֻתָּר, לֹא חָשׁוּב
superhuman adj עַל־אֱנוֹשִׁי
superimpose vt הִנִּיחַ עַל, הוֹסִיף עַל, גִּבֵּב, רִכֵּב
superintend vt פִּקַּח, הִשְׁגִּיחַ עַל
superintendence n פִּקּוּחַ, הַשְׁגָּחָה
superintendent n 1 מְפַקֵּחַ, מַשְׁגִּיחַ, מְמֻנֶּה. 2 רַב־פַּקָּד (משטרה)
superior adj, n 1 בָּכִיר, עֶלְיוֹן, עִלִּי. 2 מְשֻׁבָּח, נַעֲלֶה. 3 מֵעַל. 4 יָהִיר, שַׁחֲצָנִי. 5 מְמֻנֶּה עַל. 6 רֹאשׁ מִנְזָר
superiority n עֶלְיוֹנוּת, עֲדִיפוּת
superlative adj, n מֻפְלָג, הַפְלָגָתִי, עִלָּאִי, עִלִּי
superman n אָדָם עֶלְיוֹן, אָדָם עִלָּאִי
supermarket n מַרְכּוֹל, כָּל־בּוֹ, סוּפֶּרְמַרְקֶט
supernal adj עֶלְיוֹן, גָּבוֹהַּ, שְׁמֵימִי
supernatural adj עַל־טִבְעִי, פִּלְאִי, נִסִּי
supernaturally adv בְּאֹפֶן עַל טִבְעִי
supernumerary adj, n 1 עוֹבֵד מוּסָף, נִצָּב. 2 נוֹסָף, מְיֻתָּר

superpower n מַעֲצֶמֶת עַל

superscription n 1 כְּתֹבֶת עֶלְיוֹנָה. 2 כְּתֹבֶת, מַעַן

supersede vt 1 הֶחֱלִיף. 2 דָּחָה, בִּטֵּל, הִשְׁמִיט

supersession n בִּטּוּל, הֲמָרָה

supersonic adj עַל־קוֹלִי

superstition n אֱמוּנָה תְּפֵלָה

superstitious adj 1 שֶׁל אֱמוּנוֹת תְּפֵלוֹת. 2 מַאֲמִין בֶּאֱמוּנוֹת תְּפֵלוֹת

superstructure n 1 בִּנְיַן־עַל. 2 עִלִּית

supertax n מַס נוֹסָף

supervene vi בָּא לְפֶתַע, הִתּוֹסֵף

supervise vt פִּקַּח, הִשְׁגִּיחַ

supervision n פִּקּוּחַ, הַשְׁגָּחָה

supervisor n מְפַקֵּחַ, מַשְׁגִּיחַ, מְנַהֵל

supervisory adj פִּקּוּחִי, מְפַקֵּחַ

supine adj, n 1 פְּרַקְדָּן. 2 נִרְפֶּה, עָצֵל, אָדִישׁ, שְׁוֵה־נֶפֶשׁ

supinely adv בַּאֲדִישׁוּת

supper n אֲרוּחַת עֶרֶב

supperless adj בְּלִי אֲרוּחַת עֶרֶב

supplant vt לָקַח מָקוֹם, תָּפַס מְקוֹמוֹ שֶׁל

supple adj 1 גָּמִישׁ, כָּפִיף. 2 סָגִיל, מָהִיר. 3 מִסְתַּגֵּל, נִכְנָע

supplement vt, n 1 הוֹסִיף, הִשְׁלִים, מִלֵּא הֶחָסֵר. 2 תּוֹסֶפֶת, מוּסָף, נִסְפָּח, הַשְׁלָמָה

supplementary adj נוֹסָף, מוּסָף, מַשְׁלִים, מְמַלֵּא הֶחָסֵר

suppleness n גְּמִישׁוּת

suppli(c)ant n מְבַקֵּשׁ, מַעְתִּיר, מִתְחַנֵּן, מִתְפַּלֵּל

supplicate vti הִתְחַנֵּן, הִתְפַּלֵּל, הֶעְתִּיר, בִּקֵּשׁ

supplication n תְּחִנָּה, הַפְצָרָה, הַעְתָּרָה, תַּחֲנוּנִים

supplier n סַפָּק

supplies npl 1 צֵידָה, מִצְרָכִים. 2 אַסְפָּקָה

supply vt, n 1 סִפֵּק, הִמְצִיא, צִיֵּד, מִלֵּא. 2 הַסְפָּקָה, אַסְפָּקָה, מְלַאי, מִצְרָכִים, צֵידָה

supply and demand הֶצֵּעַ וּבִקּוּשׁ

support vt, n 1 תָּמַךְ. 2 סָמַךְ, סִיֵּעַ. 3 פִּרְנֵס. 4 נָשָׂא, סָבַל. 5 תְּמִיכָה. 6 סְמִיכָה, סוֹמֵךְ, סָמוֹךְ. 7 תְּמוּכָה. 8 פַּרְנָסָה

supporter n תּוֹמֵךְ, מֵלִיץ יֹשֶׁר

supportive adj 1 נִסְבָּל. 2 תּוֹמֵךְ

suppose vt 1 הִנִּיחַ, שִׁעֵר. 2 סָבַר

supposed adj 1 מְשֹׁעָר, אָמוּר, מְדֻמֶּה. 2 מְקֻבָּל

supposedly adv כִּמְשֹׁעָר

supposing conj בְּמִקְרֶה שֶׁ־

supposition n הַנָּחָה, הַשְׁעָרָה

suppository n פְּתִילָה, נֵרוֹן, נֵר (תרופה)

suppress vt 1 דִּכָּא, הֶעֱלִים. 2 הִדְחִיק. 3 בִּטֵּל, הִשְׁמִיט, הִפְסִיק

suppression n 1 דִּכּוּי. 2 סְגִירָה. 3 הַכְנָעָה, בִּטּוּל. 4 הַעֲלָמָה, הַסְתָּרָה. 5 הַדְחָקָה

suppressive adj מְדַכֵּא, מַכְנִיעַ, מַעְלִים

suppressor n 1 מְדַכֵּא. 2 מַעְלִים

suppurate vi מִגֵּל, הִתְמַגֵּל

suppuration n מִגּוּל

supra adv לְעֵיל, מֵעַל

supranational adj עַל־לְאֻמִּי

supremacy n עֶלְיוֹנוּת

supreme adj 1 עֶלְיוֹן. 2 עִלָּאִי. 3 נִשְׂגָּב. 4 מַכְרִיעַ

supremely adv בְּאֹפֶן מַכְרִיעַ

surcharge vt, n 1 הִגְדִּישׁ, דָּחַס, הֶעֱמִיס יָתֵר עַל הַמִּדָּה. 2 דָּרַשׁ תַּשְׁלוּם נוֹסָף. 3 מִטְעָן יָתֵר, מִטְעָן נוֹסָף. 4 תַּשְׁלוּם נוֹסָף

surd adj, n 1 לֹא־קוֹלִי. 2 אִי־רַצְיוֹנָלִי. 3 מִסְפָּר אִי־רַצְיוֹנָלִי. 4 עִצּוּר לֹא קוֹלִי

sure adj בָּטוּחַ, וַדַּאי, אָמְנָם, אָכֵן

sure enough בְּלִי סָפֵק

surefooted adj 1 בָּטוּחַ. 2 צוֹעֵד בְּבִטְחָה. 3 שֶׁאֵינוֹ מוֹעֵד

surely adv בְּוַדַּאי, בְּלִי סָפֵק

sureness n בִּטָּחוֹן, וַדָּאוּת, בִּטְחָה

surety n 1 עֵרָבוֹן, עַרְבוּת, עֲרֻבָּה. 2 עָרֵב. 3 בִּטָּחוֹן, וַדָּאוּת. 4 בָּטוּחַ

surf n דֹּכִי, מִשְׁבָּרִים, נַחְשׁוֹלִים

surfboard n גַּלְשָׁן

surfboat n חֲסָקָה, סִירַת דֹּכִי

surf-riding n גַּלְשָׁנוּת גַּלִּים

surface vti, n 1 לִטֵּשׁ, צִפָּה, יִשֵּׁר, הִקְצִיעַ. 2 הֶעֱלָה, עָלָה (על פני המים). 3 שֶׁטַח חִיצוֹנִי, דֹּפֶן. 4 מִשְׁטָח

surface mail דֹּאַר רָגִיל

surfeit vt, n 1 סָבָא, זָלַל, שָׂבַע. 2 גֹּדֶשׁ, שֶׁפַע, הֲצָפָה. 3 זְלִילָה, סְבִיאָה, שֹׂבַע

surfing n גַּלְשָׁנוּת גַּלִּים

surge vi 1 גָּעַשׁ, הִתְנוֹדֵד, הִתְפָּרֵץ, הִסְתָּעֵר. 2 דֹּכִי, גַּלִּים. 3 תְּנוּעָה גַּלִּית, פְּרִיצָה קָדִימָה. 4 גַּל־נֵד

surgeon n מְנַתֵּחַ, כִּירוּרְג

surgical adj נִתּוּחִי, כִּירוּרְגִי

surgically adv בְּנִתּוּחַ, עַל יְדֵי נִתּוּחַ

surgery n 1 כִּירוּרְגְיָה. 2 מִרְפָּאָה

surliness n גַּסּוּת, חֲמִיצוּת פָּנִים, חֹסֶר אֲדִיבוּת

surly adj גַּס, חֲמוּץ פָּנִים, לֹא־אָדִיב, לֹא מְנֻמָּס

surmise vt, n 1 סָבַר, שִׁעֵר, נִחֵשׁ. 2 סְבָרָה, הַשְׁעָרָה, נִחוּשׁ

surmount vt נִצַּח, הִתְגַּבֵּר עַל, עָלָה עַל

surmountable adj שֶׁאֶפְשָׁר לְהִתְגַּבֵּר עָלָיו

surname n 1 שֵׁם מִשְׁפָּחָה. 2 כִּנּוּי, שֵׁם לְוַאי

surpass vt עָלָה עַל

surpassing adj נִפְלָא, לְלֹא תַּחֲרוּת, מִצְטַיֵּן

surplice n גְּלִימָה שֶׁל כֹּמֶר

surpliced adj לָבוּשׁ גְּלִימָה

surplus n עֹדֶף, יִתְרָה, יוֹתֶרֶת, מוֹתָר

surprise vt, n 1 הִפְתִּיעַ, הִדְהִים, הִפְלִיא. 2 הַפְתָּעָה, תִּמָּהוֹן, הִשְׁתּוֹמְמוּת

surprised adj מֻפְתָּע, נִדְהָם, מִשְׁתּוֹמֵם

surprisedly adv 1 בְּהַפְתָּעָה, בְּמַפְתִּיעַ. 2 בְּתִמָּהוֹן, בִּתְמִיהָה

surprising adj מַפְתִּיעַ, מַפְלִיא, מַתְמִיהַּ

surprisingly adv בְּמַפְתִּיעַ

surrealism n סוּרֵיאָלִיזְם

surrealist n סוּרֵיאָלִיסְט

surrealistic adj סוּרֵיאָלִיסְטִי

surrender vti, n 1 מָסַר, הִסְגִּיר. 2 נִכְנַע, הִתְמַסֵּר. 3 הִפָּדָה

surreptitious adj חֲשָׁאִי, בִּגְנֵבָה, מִתְחַתְּרִי

surreptitiously adv בַּחֲשַׁאי, בִּגְנֵבָה

surrogate n מְמַלֵּא מָקוֹם, תַּחֲלִיף, בָּא־כֹּחַ

surrogate mother אֵם פּוּנְדְּקָאִית

surround vt הִקִּיף, סוֹבֵב, כִּתֵּר, עָטַר, אָפַף

surrounding adj מַקִּיף, מִצְרָנִי, שָׁכֵן

surroundings npl סְבִיבָה

surtax n מַס יֶסֶף, מֵיסָף

surveillance n הַשְׁגָּחָה, פִּקּוּחַ

survey vt, n 1 סָקַר, בָּדַק, בָּחַן, תֵּאֵר, מָדַד. 2 סֶקֶר, סְקִירָה. 3 בְּחִינָה, בְּדִיקָה. 4 מֶחְקָר. 5 תֵּאוּר

surveyor n 1 מוֹדֵד, סוֹקֵר, בּוֹחֵן, בּוֹדֵק. 2 מַשְׁגִּיחַ, מְפַקֵּחַ. 3 מַעֲרִיךְ. 4 קְצִין מֶכֶס

survival n הִשָּׂרְדוּת, שְׂרִידָה

survive vti הִשְׂתָּרֵד, שָׂרַד

survivor n פָּלִיט, שָׂרִיד, נִצּוֹל

susceptibility n רְגִישׁוּת

susceptible adj רָגִישׁ

susceptible to adj נִתָּן לְ־, נוֹחַ לְ־

suspect vt, adj, n 1 חָשַׁד, חָשַׁשׁ. 2 פִּקְפֵּק. 3 חָשׁוּד, מְפֻקְפָּק

suspend vt 1 הִשְׁהָה, דָּחָה. 2 בִּטֵּל זְמַנִּית, הִפְסִיק. 3 תָּלָה. 4 הִשְׁעָה

suspended material רְחִפֶת

suspender belt בִּירִיּוֹת

suspenders npl כְּתֵפוֹת, כְּתֵפִיּוֹת

suspense n 1 מֶתַח, מְתִיחוּת. 2 אִי־וַדָּאוּת, אִי־הַכְרָעָה, אִי־הַחְלָטָה
suspension n 1 תְּלִיָּה. 2 הַפְסָקָה, בִּטּוּל זְמַנִּי. 3 הַשְׁעָיָה. 4 מַתְלֶה. 5 עִכּוּב. 6 תַּרְחִיף. 7 תַּתְלִית
suspension bridge גֶּשֶׁר תָּלוּי
suspicion n 1 חֲשַׁד, חֲשָׁשׁ. 2 קַרְטוֹב, זֵכֶר, רֶמֶז
suspicious adj 1 חָשׁוּד, מְפַקְפֵּק. 2 חוֹשֵׁד, חַשְׁדָנִי
suspiciously adv בַּחֲשָׁד, בְּחַשְׁדָנוּת
suspiciousness n חַשְׁדָנוּת
sustain vt 1 נָשָׂא, קִיֵּם, הֶחֱזִיק, תָּמַךְ. 2 חִזֵּק, עוֹדֵד. 3 סָבַל, הִתְנַסָּה בְּ־. 4 אִשֵּׁר, אִמֵּת, בִּסֵּס
sustainable adj בַּר קְיָמָא
sustenance n מִחְיָה, מָזוֹן, תְּזוּנָה, תְּמִיכָה
suttee n סָטִי, שְׂרֵפַת אַלְמָנָה (הודו)
suture vt, n 1 תָּפַר, אִחָה. 2 תֶּפֶר, מִשְׁלָב, שֶׁלֶב
suzerain n רִבּוֹן
suzerainty n רִבּוֹנוּת
svelte adj תָּמִיר, גָּמִישׁ
swab vt, n 1 נִקָּה, שָׁטַף, מָרַח, מָשַׁח. 2 מַטְלִית, סְחָבָה. 3 מִשְׁטָח, דְּגִימָה
swaddle vt, n 1 כָּרַךְ, חִתֵּל, כִּרְבֵּל. 2 חִתּוּל. 3 תַּחְבֹּשֶׁת
swagger vi, n 1 הִתְרַבְרֵב, הִתְפָּאֵר, הִתְנַשֵּׂא. 2 הִתְנַשְּׂאוּת, שַׁחֲצָנוּת, הִתְרַבְרְבוּת
swain n 1 כַּפְרִי צָעִיר. 2 מְאַהֵב, מְחַזֵּר
swallow vti, n 1 בָּלַע, לָעַט, זָלַל. 2 בְּלִיעָה, לְגִימָה, וֶשֶׁט. 3 סְנוּנִית
swam pt to swim זמן עבר של הפועל
swami n סְוָמִי, חָכָם (הודו)
swamp vt, n 1 הֵצִיף, טִבַּע, שִׁקַּע. 2 הִכְנִיעַ, הִכְרִיעַ, הִבְלִיעַ. 3 בִּצָּה, בֹּץ
swampy adj טוֹבְעָנִי, בִּצָּתִי

swan n בַּרְבּוּר
swan dive צְלִילַת בַּרְבּוּר
swan song שִׁירַת בַּרְבּוּר, מִפְעָל אַחֲרוֹן
swansdown n 1 נוֹצוֹת בַּרְבּוּר. 2 אָרִיג כֻּתְנָה
swank vi, n 1 הִתְגַּנְדֵּר, הִתְרַבְרֵב, הִתְפָּאֵר. 2 הִתְגַּנְדְּרוּת, הִתְרַבְרְבוּת. 3 גַּנְדְּרָן, טַרְזָן, רַבְרְבָן
swanky adj גַּנְדְּרָנִי, רַבְרְבָנִי, טַרְזָנִי
swap vti, n 1 הֶחֱלִיף. 2 הִתְחַלֵּף. 3 הַחְלָפָה, חִלּוּפִים
sward n דֶּשֶׁא
swarm vi, n 1 שָׁרַץ. 2 נִקְהַל. 3 הִתְקַהֵל. 4 טִפֵּס (בידיים וברגליים). 5 נְחִיל, עֵדָה, לַהֲקָה, שֶׁרֶץ, רְחִישָׁה
swarm up vt שָׁרַץ
swart, swarthy adj כֵּהֶה, שְׁחַרְחַר
swashbuckler n 1 שַׁחֲצָן, רַבְרְבָן. 2 הַרְפַּתְקָן
swashbuckling adj 1 שַׁחֲצָנִי, רַבְרְבָנִי. 2 הַרְפַּתְקָנִי
swastika n צְלַב הַקֶּרֶס
swat vt, n 1 הִצְלִיף, הִכָּה מַכָּה זְרִיזָה. 2 מַכָּה
swath(e) vt, n 1 חָבַשׁ, עָטַף, כִּרְבֵּל. 2 תַּחְבֹּשֶׁת. 3 עָמִיר, מִשְׁעוֹל קָצוּר
sway vit, n 1 הִתְנוֹדֵד, הִתְנַדְנֵד. 2 פָּסַח עַל שְׁתֵּי הַסְּעִפִּים, הִסֵּס. 3 נִדְנֵד, נִפְנֵף, הִטָּה, הִשְׁפִּיעַ. 4 נִעְנוּעַ, נִדְנוּד
swear vti 1 נִשְׁבַּע. 2 חֵרֵף, גִּדֵּף, נִבֵּל פֶּה. 3 הִשְׁבִּיעַ, הִכְרִיז. 4 חִלֵּל הַשֵּׁם
swear in הִשְׁבִּיעַ
swear by הֶאֱמִין בְּ־, בָּטַח בְּ־, נִשְׁבַּע בְּ־
swear off נָדַר, וִתֵּר עַל, הִבְטִיחַ לַחְדֹּל
swear at קִלֵּל, חֵרֵף, גִּדֵּף
swear to נִשְׁבַּע בִּשְׁבוּעָה
swear to secrecy נִשְׁבַּע לִשְׁמֹר סוֹד
swearword n מִלַּת חֵרוּף, קְלָלָה, נִבּוּל פֶּה

sweat vit, n 1 הַזִּיעַ. 2 עָמַל קָשֶׁה. 3 פָּלַט. 4 סָבַל, נֶעֱנַשׁ. 5 נִצֵּל, הֶעֱבִיד קָשֶׁה. 6 הִתְסִיס, רִתֵּךְ. 7 זֵעָה
sweat blood עָבַד עֲבוֹדַת פֶּרֶךְ
sweated labour עֲבוֹדַת פֶּרֶךְ
sweatshop n בֵּית חֲרֹשֶׁת נַצְלָנִי
sweater n 1 אֲפֻדָּה, סְוֶדֶר, סְרִגָה. 2 נַצְלָן
sweaty adj מַזִּיעַ, מְפָרֵךְ
Swede n שְׁוֵדִי
swede n כְּרוּב הַלֶּפֶת
Swedish adj, n 1 שְׁוֵדִי. 2 שְׁוֵדִית
sweep vti, n 1 טִאטֵא, כִּבֵּד, נִקָּה. 2 גָּרַף, סָחַף, שָׁטַף. 3 עָבַר בִּמְהִירוּת. 4 חָלַף עַל פְּנֵי. 5 נָע בִּתְנוּפָה. 6 הֶעֱבִיר בִּמְהִירוּת, חָלַף כְּסוּפָה. 7 טִאטוּא, טֵאוּט, כִּבּוּד. 8 מְחִי. 9 סְחִיפָה, מְשִׁיכָה. 10 סְרִיקָה. 11 טְוָח, הֶקֵּף. 12 תְּנוּפָה. 13 מְנַקֵּה אֲרֻבּוֹת. 14 זְכִיָּה בְּכָל הַפְּרָסִים. 15 מָשׁוֹט אָרֹךְ
sweep away בִּעֵר, גָּרַף
sweep up טִאטֵא, כִּבֵּד
sweeper n מְנַקֶּה, מְטַאטֵא
sweeping adj, n 1 כּוֹלְלָנִי. 2 סוֹחֵף, שָׁלֵם, גּוֹרֵף. 3 נִקּוּי, טִאטוּא, טֵאוּט, גְּרִיפָה, סְחִיפָה
sweepingly adv בְּאֹפֶן מַקִּיף
sweepstake n 1 מֵרוֹץ סוּסִים. 2 פַּיִס, תַּחֲרוּת פְּרָסִים
sweet adj, n 1 מָתוֹק. 2 נָעִים, רֵיחָנִי, עָרֵב. 4 נֶחְמָד, חָבִיב. 5 מְתִיקוּת, מֶתֶק. 6 סֻכָּרִיָּה. 7 מַטְעַמִּים
sweet on מְחַזֵּר אַחֲרֵי, מְאֹהָב
sweetbread n 1 לַבְלָב. 2 בַּלּוּטַת הַתִּימוּס
sweetbriar, sweetbrier n וֶרֶד אֶגְלַנְטִין
sweeten vti 1 הִמְתִּיק, הִנְעִים, מִתֵּק. 2 מִתֵּן, שִׁכֵּךְ, רִכֵּךְ, עִדֵּן
sweetening n 1 הַמְתָּקָה. 2 חֹמֶר מַמְתִּיק
sweetheart n אָהוּב, אֲהוּבָה
sweetish adj מְתַקְתַּק
sweetmeat n מַמְתָּק, סֻכָּרִיָּה
sweet pea אָפוּן רֵיחָנִי
sweet potato בָּטָטָה, תַּפּוּד מָתוֹק
sweet william צִפֹּרֶן צְפוּפָה
sweetly adv בִּמְתִיקוּת, בְּנֹעַם, עָרֵב לַחֵךְ
sweetness n מְתִיקוּת
sweet-talk vt הִתְחַנֵּף אֶל
swell vit, adj, n 1 תָּפַח, הִתְנַפֵּחַ, גָּאָה, גָּבַר, הִתְרַחֵב. 2 נִפֵּחַ, הִגְבִּיר, הִרְחִיב. 3 נָאֶה, מְהֻדָּר. 4 הִתְנַפְּחוּת, הִתְרַחֲבוּת, תְּפִיחוּת, תְּפִיחָה. 5 הִתְגַּבְּרוּת, גֵּאוּת. 6 אָדָם חָשׁוּב, טַרְזָן
swell up הִתְנַפֵּחַ
swelling n תְּפִיחוּת, נְפִיחוּת, הִתְנַפְּחוּת
swelter vi הִזִּיעַ, הִתְעַלֵּף (מחום)
swept pt זמן עבר ובינוני עבר של הפועל to sweep
swerve vit, n 1 סָטָה, פָּנָה. 2 הִפְנָה, הִסְטָה. 3 סְטִיָּה, פְּנִיָּה
swift adj, n 1 מָהִיר, זָרִיז. 2 סִיס
swiftly adv בִּמְהִירוּת, בִּזְרִיזוּת
swiftness n מְהִירוּת, זְרִיזוּת
swig vti, n 1 לָגַם. 2 לְגִימָה גְדוֹלָה
swill vti, n 1 שָׁטַף, שָׁפַךְ. 2 שָׁתָה לְשָׁכְרָה, סָבָא. 3 שְׁפָכִים, שְׁפֹכֶת. 4 שְׁטִיפָה
swill out שָׁטַף
swim vti, n 1 שָׂחָה, צָף. 2 רִחֵף, גָּלַשׁ. 3 הַשְׂחָה. 4 שְׂחִיָּה
swimming costume בֶּגֶד יָם (לנשים)
swimming pool בְּרֵכַת־שְׂחִיָּה
swimming trunks npl בֶּגֶד יָם (לגברים)
swimmingly adv בְּקַלּוּת, בְּהַצְלָחָה רַבָּה, בְּלִי תְּקָלוֹת
swimsuit n בֶּגֶד יָם
swindle vti, n 1 הוֹנָה, רִמָּה. 2 הוֹנָאָה, רַמָּאוּת, תַּרְמִית
swindler n רַמַּאי, נוֹכֵל
swine n חֲזִיר
swineherd n רוֹעֵה חֲזִירִים
swinish adj חֲזִירִי, גַּס

swing vit, n 1 הִתְנַדְנֵד, הִתְנוֹדֵד, הִתְנוֹעֵעַ. 2 נִעְנַע, נִדְנֵד. 3 סוֹבֵב. 4 נִעְנוּעַ, נִדְנוּד. 5 תְּנוּפָה. 6 נַדְנֵדָה. 7 מַהֲלָךְ. 8 סְוִינְג (ריקוד)

swinge vt חָבַט, הִכָּה, הָלַם, הִלְקָה, הִצְלִיף

swinging adj 1 גָּדוֹל, עָצוּם, עֲנָק. 2 מְהַנֶּה, נָעִים

swipe vt, n 1 גָּנַב. 2 חָבַט, הִכָּה. 3 מַהֲלֻמָּה, חֲבָטָה

swirl vit, n 1 הִתְעַרְבֵּל, הִסְתַּחְרֵר, הִתְחוֹלֵל, הִסְתּוֹבֵב. 2 סְחַרְחֹרֶת, הִסְתּוֹבְבוּת

swish vit, adj, n 1 רִשְׁרֵשׁ, שִׁכְשֵׁךְ, הִצְלִיף. 2 טַרְזָן, הָדוּר. 3 רִשְׁרוּשׁ, אִוְשָׁה, הַצְלָפָה

Swiss adj, n 1 שְׁוֵיצִי. 2 שְׁוֵיצָרִי

switch vti, n 1 הִצְלִיף, כִּשְׁכֵּשׁ, נִפְנֵף. 2 הֶעֱבִיר, הֶחֱלִיף. 3 הֵסִיט. 4 מִתֵּג, הִדְלִיק. 5 עִתֵּק. 6 שַׁרְבִיט. 7 הַצְלָפָה. 8 תַּלְתַּל. 9 הַחְלָפָה, הַעֲבָרָה, הַעְתָּקָה. 10 מֶתֶג. 11 מָסוֹט

switch off כִּבָּה, נִתֵּק

switch on חִבֵּר, הִדְלִיק

switch over הֶעְתִּיק, הֶעֱבִיר, עָבַר

switchboard n רַכֶּזֶת, מֶרְכָּזִיָּה, לוּחַ חִבּוּרִים

swivel vti, n 1 סָבַב עַל, כּוֹנֵן. 2 הִסְתּוֹבֵב, הִתְכַּוְנֵן. 3 סְבִיבוֹל

swob vt, n 1 נִקָּה, שָׁטַף. 2 מָרַח, מָשַׁח. 3 מַטְלִית, סְחָבָה. 4 מִשְׂעֶרֶת. 5 דְּגִימָה

swollen pp בינוני עבר של הפועל to swell

swoon vi, n 1 הִתְעַלֵּף. 2 דָּעַךְ. 3 הִתְעַלְּפוּת

swoop vi, n 1 עָט, חָטַף. 2 עֲטָה. 3 חֲטִיפָה

swop vti, n 1 הֶחֱלִיף. 2 הִתְחַלֵּף. 3 הַחְלָפָה, חֲלִיפִין

sword n חֶרֶב, סַיִף

sworddance n מְחוֹל חֲרָבוֹת

swordfish n דַּג־הַחֶרֶב

swordplay n סִיּוּף, סַיָּפוּת

swordsman n סַיָּף

swordsmanship n סַיָּפוּת

swore pt זמן עבר של הפועל to swear

sworn adj 1 מֻשְׁבָּע. 2 בינוני עבר של הפועל to swear

swot vit, n 1 לָמַד בִּשְׁקִידָה. 2 הִצְלִיף, הִכָּה. 3 לוֹמֵד בִּשְׁקִידָה. 4 מַכָּה, מַהֲלֻמָּה

swum pp בינוני עבר של הפועל to swim

swung pp זמן עבר ובינוני עבר של הפועל to swing

sybarite n סִיבָּרִיט, רוֹדֵף תַּעֲנוּגוֹת

sybaritic adj סִיבָּרִיטִי

sycamore n שִׁקְמָה

sycophant n 1 חַנְפָן, מִתְרַפֵּס. 2 מַלְשִׁין

sycophantic adj מַחֲנִיף, חַנְפָנִי, הִתְרַפְּסוּתִי

syllabary n רְשִׁימַת הֲבָרוֹת

syllabic adj הֲבָרִי, שֶׁל הֲבָרוֹת

syllabicate, syllabify, syllabize vt חִלֵּק לַהֲבָרוֹת

syllabication, syllabification n חִבּוּר הֲבָרוֹת

syllable n הֲבָרָה

syllabus n תָּכְנִית לִמּוּדִים

syllogism n הֶקֵּשׁ, סִילוֹגִיזְם

syllogistic adj הֶקֵּשִׁי, סִילוֹגִיסְטִי

sylph n סִילְף, נַעֲרָה תְּמִירָה

sylph-like adj עֲדִינָה, תְּמִירָה

sylvan, silvan adj יַעֲרִי

symbiosis n סִימְבְּיוֹזָה, חַיֵּי שִׁתּוּף

symbol n סֵמֶל, סִימָן, צִיּוּן

symbolic(al) adj סִמְלִי

symbolically adv בְּאֹרַח סִמְלִי

symbolism n סִימְבּוֹלִיזְם, סִמְלִיּוּת

symbolization n סִמּוּל

symbolize vt סִמֵּל

symmetric(al) adj סִימֶטְרִי
symmetrically adv בְּאֹרַח סִימֶטְרִי
symmetry n סִימֶטְרִיָּה
sympathetic adj אָהוּד, נָעִים, חָמוּד, חִנָּנִי, אוֹהֵד, סִימְפָּטִי
sympathetically adv בְּאַהֲדָה
sympathize vi 1 אָהַד, סִמְפֵּט. 2 רִחֵם, הִשְׁתַּתֵּף בְּצַעַר
sympathizer n אוֹהֵד
sympathy n 1 אַהֲדָה, סִימְפַּטְיָה. 2 הִשְׁתַּתְּפוּת בְּצַעַר
symphonic adj סִימְפוֹנִי
symphony n סִימְפוֹנְיָה
symposium n סִימְפּוֹסְיוֹן, כִּנּוּס
symptom n 1 סִימָן, תַּסְמִין. 2 סִימַן הֶכֵּר, סִימְפְּטוֹם
symptomatic adj סִימְפְּטוֹמָטִי
symptomatically adv סִימְפְּטוֹמָטִית
synagogue n בֵּית־כְּנֶסֶת
synchronization n 1 תֵּאוּם, סִינְכְּרוּן. 2 תִּזְמוּן
synchronize vti 1 סִנְכְּרֵן, תֵּאֵם. 2 תִּזְמֵן
syncopate vt סִנְקֵף, נִסֵּג
syncopation n סִינְקוֹפָּה, הַבְלָעָה
syncope n 1 סִינְקוֹפָּה. 2 הַבְלָעַת תְּנוּעָה. 3 הִתְעַלְּפוּת, אִבּוּד הַהַכָּרָה
syncretism n מִזּוּג יְסוֹדוֹת
syndic n מֻרְשֶׁה, נֶאֱמָן
syndicalism n סִינְדִּיקָלִיזְם
syndicalist n סִינְדִּיקָלִיסְט
syndicate n סִינְדִּיקָט, תַּאֲגִיד
syndrome n תִּסְמֹנֶת
synod n 1 סִינוֹד, כְּנֵסִיָּה דָּתִית. 2 מוֹעָצָה, וְעִידָה
synonym n מִלָּה נִרְדֶּפֶת, סִינוֹנִים, תַּרְדִּיף
synonymous adj נִרְדָּף, סִינוֹנִימִי
synopsis adj תַּמְצִית, קִצּוּר
synoptic adj תַּמְצִיתִי, מְקֻצָּר, סִינוֹפְּטִי
synoptically adv בְּתַמְצִיתִיּוּת
syntactic adj תַּחְבִּירִי
syntactically adv מִבְּחִינַת הַתַּחְבִּיר
syntax n תַּחְבִּיר
synthesis n מְזִיגָה, סִינְתֶּזָה
synthesize vt מִזֵּג, אִחֵד, צֵרֵף, סִנְתֵּז
synthetic adj מְלָאכוּתִי, סִינְתֶּטִי
synthetically adv בְּאֹרַח סִנְתֶּטִי
syphilis n עַגֶּבֶת
syphilitic adj, n 1 עֲגַבְתִּי. 2 חוֹלֵה עַגֶּבֶת
syphon n גִּשְׁתָּה, סִיפוֹן
syringe vt, n 1 הִזְרִיק. 2 מַזְרֵק
syrup n שִׂירוֹב, סִירוֹפּ
syrupy adj מְתַקְתַּק
system n 1 שִׁיטָה. 2 מַעֲרֶכֶת, מִבְנֶה. 3 מִשְׁטָר
system analist מְנַתֵּחַ מַעֲרָכוֹת (מחשב)
systematic(al) adj שִׁיטָתִי
systematically adv שִׁיטָתִית, בְּאֹפֶן שִׁיטָתִי
systematization n 1 שִׁיטָתִיּוּת. 2 קְבִיעַת שִׁיטָה
systematize vt הָפַךְ לְשִׁיטָה, קָבַע שִׁיטָה
systemic adj מַעֲרַכְתִּי
systole n 1 הִתְכַּוְּצוּת. 2 הֲבָרָה אֲרֻכָּה (בשיר)
systolic adj הִתְכַּוְּצוּתִי

T

T, t טִי, ט, הָאוֹת הָעֶשְׂרִים שֶׁל הָאָלֶף־בֵּית הָאַנְגְּלִי

tab n 1 דַּשׁ. 2 שְׂרוֹךְ, שָׂפָה, רְצוּעָה. 3 תָּג. 4 תָּוִית. 5 שַׁבֶּל

tab block צְמֶדֶת שַׁבֶּל

tabard n 1 מְעִיל קָצָר. 2 אַדֶּרֶת אַבִּירִים

tabby n 1 מֶשִׁי גַּלִּי. 2 חֲתוּלָה

tabernacle n 1 סֻכָּה, מִשְׁכָּן. 2 בֵּית תְּפִלָּה. 3 אֲרוֹן לֶחֶם־הַקֹּדֶשׁ

table vt, n 1 עָרַךְ טַבְלָאוֹת. 2 הֵסִיר מֵהַשֻּׁלְחָן, דָּחָה (הצעה). 3 הִנִּיחַ עַל הַשֻּׁלְחָן, הִצִּיעַ. 4 לוּחַ, טַבְלָה. 5 שֻׁלְחָן. 6 סְעֻדָּה, כִּבּוּד, מָזוֹן. 7 רְשִׁימָה

table of contents תֹּכֶן־הָעִנְיָנִים

tablecloth n מַפָּה, מַפַּת שֻׁלְחָן

tableland n רָמָה

tablelinen n מַפּוֹת שֻׁלְחָן

tablespoon n 1 כַּף לְמָרָק. 2 כַּף לְהַגָּשָׁה

table-talk n שִׂיחַת רֵעִים

tableware n כְּלֵי שֻׁלְחָן

Tables of the Law לוּחוֹת הַבְּרִית

tableau n 1 תְּמוּנָה חַיָּה. 2 הַצָּגַת פֶּתַע

table d'hôte תַּפְרִיט בִּמְחִיר אָחִיד

tablet n 1 לוּחַ. 2 דַּפְדֶּפֶת, פִּנְקָס. 3 טַבְלִית, גְּלוּלָה

tabloid n 1 טַבְלִית. 2 עִתּוֹן מְאֻיָּר. 3 צְהֻבּוֹן

taboo vt, n, adj 1 הֶחֱרִים, נִדָּה. 2 אָסַר. 3 קִדֵּשׁ. 4 טַאבּוּ, אִסּוּר. 5 חֵרֶם, נִדּוּי. 6 הֶקְדֵּשׁ, קָדוֹשׁ. 7 מְנֻדֶּה, מֻחְרָם

tabor n טַנְבּוּר, טַמְבּוּר, תּוּפִיף

tabular adj 1 לוּחִי, שָׁטוּחַ. 2 עָרוּךְ, מְסֻדָּר, מְחֻשָּׁב

tabulate vt לִוַּח, רִדֵּד

tabulator n לַוָּח, טַבְלָר, עוֹרֵךְ טַבְלָאוֹת

tabulation n 1 לִוּוּחַ, רִדּוּד. 2 עֲרִיכָה בְּטַבְלָאוֹת

tachograph n טָכוֹגְרָף, רוֹשֵׁם מְהִירוּת, רוֹשֵׁם סִבּוּבִים

tacit adj 1 מוּבָן מֵאֵלָיו, מִשְׁתַּמֵּעַ. 2 שׁוֹתֵק, דּוֹמֵם

tacitly adv בִּשְׁתִיקָה

taciturn adj שַׁתְקָנִי, דּוֹמֵם, שׁוֹתֵק

taciturnity n שַׁתְקָנוּת, שְׁתִיקָה

tack vti, n 1 נָעַץ, סִמְרֵר. 2 אִחָה, חִבֵּר, הִכְלִיב. 3 פָּקַם, נִפְקַם. 4 נַעַץ, יָתֵד. 5 אִחוּי, חִבּוּר, הַכְלָבָה

tacking stich תַּךְ הַכְלָבָה

tackle vti, n 1 הִתְמוֹדֵד, יָשַׁב עַל הַמְּדוֹכָה. 2 בָּלַם, עָצַר, הִכְשִׁיל. 3 אַבְזָר, חֶבֶל, צִיּוּד. 4 בְּלִימָה, הַכְשָׁלָה, הַפָּלָה אַרְצָה. 5 חֵץ, חִבֵּל

tact n 1 טַקְט, נִימוּס. 2 חוּשׁ הַמִּשּׁוּשׁ, מַגָּע

tactful adj 1 טַקְטִי, עָדִין, בַּעַל הַבְחָנָה דַּקָּה. 2 בַּעַל טַקְט, מְנֻמָּס

tactfully adv בְּאֹפֶן טַקְטִי, בְּנִימוּס

tactic n טַקְטִיקָה, תַּכְסִיסָנוּת

tactical adj טַקְטִי

tactician n טַקְטִיקָן, תַּכְסִיסָן

tactile adj מִשּׁוּשִׁי, מוּחָשִׁי, מַמָּשִׁי

tactless adj חֲסַר טַקְט, גַּס, חֲסַר נִימוּס

tactlessly adv בְּחֹסֶר טַקְט, בְּאִי־נִימוּס

tactlessness n חֹסֶר טַקְט, חֹסֶר נִימוּס

tactual adj מִשּׁוּשִׁי, שֶׁל חוּשׁ הַמִּשּׁוּשׁ

tadpole n רֹאשָׁן

taffeta n טָפֶטָה

taffrail n מַעֲקֵה יַרְכָתַיִם

taffy n 1 סֻכָּרִיּוֹת. 2 חֲנֻפָּה

tag vti, n 1 הִצְמִיד תָּג, צֵרֵף, חִזֵּק (שרוך). 2 חֵרֵז (שיר). 3 גָּזַז. 4 הִתְחַקָּה אַחֲרֵי, עָקַב. 5 נָגַע בְּ־ (משחק). 6 קָצֶה שֶׁל שְׂרוֹךְ (מתכתי). 7 אֹזֶן הַנַּעַל. 8 מַתְלֶה. 9 תָּג, תָּוִית, תָּו. 10 סֶרֶט, סֶרַח. 11 תַּלְתַּל. 12 תּוֹפֶסֶת (משחק ילדים). 13 צִיטָטָה נְדוֹשָׁה

tag along הִתְחַקָּה אַחֲרֵי, עָקַב

tail vti, n 1 שָׂם זָנָב. 2 זִנֵּב. 3 עָמַד בַּקָּצֶה, עָמַד בַּתּוֹר. 4 הִתְחַקָּה אַחֲרֵי, עָקַב. 5 הִזְדַּנֵּב. 6 זָנָב, אַלְיָה. 7 כָּנָף (בגד), שֹׁבֶל. 8 שָׁבִיט. 9 סִחְרוּר. 10 תּוֹר. 11 בַּלָּשׁ, מְרַגֵּל

tailboard n לוּחַ אֲחוֹרִי, דֹּפֶן אֲחוֹרִי

tailend n קָצֶה, סִיּוּם, סוֹף

tail light פָּנָס אֲחוֹרִי

tailcoat n בֶּגֶד עֶרֶב (לגברים), פְּרַאק, מִצְנָף

tailspin n סִחְרוּר (של מטוס)

tailor vt, n 1 חִיֵּט, תָּפַר. 2 הִתְאִים, סִגֵּל. 3 חַיָּט

tailor-made adj 1 מַעֲשֵׂה חַיָּט. 2 מְחֻיָּט

tailoring n חַיָּטוּת, תְּפִירָה

taint vti, n 1 טִמֵּא, זִהֵם, דִּבֵּק. 2 הִשְׁחִית, קִלְקֵל. 3 אִלַּח, הִכְתִּים. 4 נִשְׁחַת, נִזְדַּהֵם. 5 אִלּוּחַ, הַשְׁחָתָה, קָלוֹן, דֹּפִי, כֶּתֶם, שֶׁמֶץ

take vti, n 1 לָקַח, נָטַל, אָחַז. 2 רִתֵּק, שָׁבָה. 3 תָּפַס, קִבֵּל, לָכַד. 4 נִצֵּל, הֵפִיק. 5 הוֹלִיךְ. 6 הִצְלִיחַ. 7 הֵבִין, הִנִּיחַ. 8 נִדְבַּק (במחלה). 9 הִתְרַשֵּׁם. 10 פֵּרֵשׁ. 11 חָשַׁב לְ־. 12 הִסְכִּים לְ־, הִתְחַיֵּב לְ־. 13 לְקִיחָה, נְטִילָה, קַבָּלָה. 14 הַכְנָסוֹת, רֶוַח. 15 שָׁלָל. 16 מַחֲזֶה. 17 צִלּוּם (הסרטה)

take advantage of נִצֵּל (לרעה)

take for granted קִבֵּל כְּמוּבָן מֵאֵלָיו

take exception to הִתְנַגֵּד, הִבִּיעַ מֹרַת רוּחַ

take after דָּמָה לְ־, פָּעַל כְּ־

take apart פֵּרֵק

take away הֵסִיר, הִכְרִית, שָׁלַל, הִפְחִית

take-away adj נִתָּן לָקַחַת

take back לָקַח בַּחֲזָרָה, חָזַר בּוֹ, הִתְחָרֵט

take down 1 הוֹרִיד, הִשְׁפִּיל, פֵּרֵק. 2 הֶעֱלָה בִּכְתָב, רָשַׁם, הֶעְתִּיק

takedown n פֵּרוּק, הַשְׁפָּלָה

take down a peg or two הִשְׁפִּיל, מִעֵט דְּמוּתוֹ

take in 1 קִבֵּל, הִכְנִיס, הִכְלִיל. 2 הֵבִין. 3 אֵרַח, אִכְסֵן. 4 הוֹלִיךְ שׁוֹלָל

take off 1 הֵסִיר, פָּשַׁט, חָלַץ. 2 הֵמִית. 3 הִסְתַּלֵּק. 4 הִמְרִיא, זִנֵּק. 5 חִקָּה

takeoff n 1 הַמְרָאָה, נְתִירָה. 2 קָרִיקָטוּרָה, חִקּוּי

take on 1 נָטַל אַחֲרָיוּת. 2 הֶעֱסִיק (אדם). 3 הִתְרַתֵּחַ, גִּלָּה כַּעַס

take out הֵסִיר, הוֹצִיא, חִלֵּץ

take over נָטַל פִּקּוּד

take to 1 הֵחֵל בְּ־. 2 חִבֵּב, נִמְשַׁךְ אֶל

taken pp בינוני עבר של הפועל to take

taken ill נָפַל לְמִשְׁכָּב

taking adj, n 1 מוֹשֵׁךְ, שׁוֹבֵה לֵב. 2 מְדַבֵּק. 3 לְקִיחָה, זְכִיָּה

takings npl הַכְנָסוֹת, רֶוַח

talc(um) n טַלְק

tale n 1 סִפּוּר, מַעֲשִׂיָּה, מַעֲשֶׂה, אַגָּדָה. 2 בְּדָיָה

talebearer, tale-teller n רְכִילַאי, מַלְעִיז, בַּדַּאי

talent n 1 כִּשָּׁרוֹן. 2 כִּכָּר (כסף)

talent scout צַיַּד־כִּשְׁרוֹנוֹת

talented adj מְחוֹנָן, מֻכְשָׁר, בַּעַל כִּשְׁרוֹן

talisman n קָמֵיעַ, קֶסֶם, כְּשָׁפִים, טָלִיסְמָא, טָלִיסְמָה

talk vti, n 1 דִּבֵּר, סָח, שׂוֹחַח, פִּטְפֵּט. 2 רִכֵּל, הָלַךְ רָכִיל. 3 הִרְצָה. 4 שִׂיחָה. 5 נְאוּם, הַרְצָאָה

talk about דִּבֵּר עַל, פִּטְפֵּט
talk back עָנָה בְּחֻצְפָּה
talk down 1 הִשְׁתִּיק, זִלְזֵל. 2 מָסַר הוֹרָאוֹת, הִנְחִית
talk down to הִתְנַשֵּׂא, הִתְיַהֵר
talk over שׂוֹחַח, דָּן
talkative adj פַּטְפְּטָן, מְלַהֵג
talking-point n נוֹשֵׂא לְשִׂיחָה
talking to נְזִיפָה, תּוֹכָחָה
tall adj 1 גָּבוֹהַּ, רָם, נִשָּׂא, תָּמִיר. 2 יָפֶה, אַמִּיץ. 3 מֻגְזָם, מֻפְרָז
tall order 1 מְשִׂימָה קָשָׁה. 2 דְּרִישָׁה מֻגְזֶמֶת
tall story דִּבְרֵי גֻזְמָה
tallish adj גַּבְהוּהִי, גְּבַהְבַּהּ, גָּבוֹהַּ בְּמִקְצָת
tallness n גַּבְהוּת, גֹּבַהּ
tallow n חֵלֶב
tally vi, n 1 רָשַׁם, חִשֵּׁב. 2 הִתְיַשֵּׁב עִם, הִתְאִים לְ־. 3 חֶשְׁבּוֹן, חִשּׁוּב, הֶסְכֵּם, הַתְאָמָה
Tally-ho! interj טָלִי הוֹ! (צייד שועלים)
Talmud n תַּלְמוּד
talon n 1 צִפֹּרֶן, טֹפֶר. 2 לְשׁוֹן הַמַּנְעוּל. 3 שׁוֹבֵר (ניירות ערך). 4 שְׁאֵרִית הַקְּלָפִים
talus n 1 עַרְקוֹם. 2 מִדְרוֹן
tamable adj אָלִיף, בַּר אִלּוּף
tamale n טָמָל
tamarind n תָּמָר הֹדִּי
tamarisk n אֵשֶׁל
tambour n 1 טַנְבּוּר, תֹּף. 2 רִקְמָה
tambourine n טַנְבּוּר, תֹּף, טַנְבּוּרִין, טַנְבּוּרִית
tame vt, adj 1 אִלֵּף, בִּיֵּת, תִּרְבֵּת. 2 הִכְנִיעַ, רִסֵּן, שִׁכֵּךְ. 3 מְאֻלָּף, מְתֻרְבָּת, בֵּיתִי, מְבֻיָּת. 4 נִכְנָע, צַיְּתָן. 5 מְשַׁעֲמֵם. 6 מְעֻבָּד
tamer n מְאַלֵּף
tam-o'-shanter, tammy n כֻּמְתָּה סְקוֹטִית
tamp vt סָתַם חוֹר
tamper with vt זָמַם, שִׁחֵד, חִבֵּל, נָגַע בְּ־
tan vti, n, adj 1 שִׁזֵּף. 2 עִפֵּץ, עִבֵּד עוֹר. 3 הִשְׁתַּזֵּף. 4 הִלְקָה. 5 עָפָץ. 6 שִׁזָּפוֹן. 7 חוּם־צְהַבְהַב. 8 שֶׁל שִׁזּוּף
tandem adv, n 1 בְּשׁוּרָה עָרְפִּית, זֶה אַחַר זֶה. 2 אוֹפַנַּיִם דּוּ־מוֹשָׁבִיִּים
tang vi, n 1 הִתְקִין לָשׁוֹן. 2 צִלְצֵל, הִרְעִישׁ, הִקִּישׁ. 3 טַעַם חָרִיף, רֵיחַ חָרִיף. 4 קֶרֶטוֹב, שֶׁמֶץ. 5 לָשׁוֹן, בְּלִיטָה. 6 צְלִיל, צִלְצוּל
tangent n מַשִּׁיק, טַנְגֶּנְס
tangerine n מַנְדָּרִינָה, טַנְגֶ'רִין
tangibility n מְשִׁישׁוּת, מַמָּשׁוּת, מוּחָשׁוּת
tangible adj מָשִׁישׁ, מוּחָשׁ, מַמָּשִׁי, בַּר־מִשּׁוּשׁ
tangibly adv בְּאֹפֶן מַמָּשִׁי
tangle vti, n 1 סִבֵּךְ, עִרְבֵּב. 2 נִתְבַּלְבֵּל, הִסְתַּבֵּךְ. 3 סְבַךְ, פְּקַעַת, סִבּוּךְ
tango n טַנְגּוֹ
tank n 1 טַנְק. 2 מְכָל, דּוּד
tankard n גָּבִיעַ, אַנְטָל, קַנְקַן
tanker n 1 מְכָלִית. 2 מְטוֹס תִּדְלוּק
tanner n בּוּרְסִי, מְעַבֵּד עוֹרוֹת
tannery n בּוּרְסְקִי, בֵּית חֲרֹשֶׁת לְעוֹרוֹת
tannin n טַנִּין, בּוּרְסָן
tansy n עֵשֶׂב הַתּוֹלָעִים
tantalize vt הִקְנִיט, יִסֵּר, טִנְטֵל
tantamount adj שָׁקוּל כְּנֶגֶד, כָּמוֹהוּ כְּ, שָׁוֶה לְ־
tantrum n הִתְפָּרְצוּת זַעַם
tap vti, n 1 טָפַח עַל. 2 הִקִּישׁ, דָּפַק קַלּוֹת. 3 הוֹסִיף עוֹר. 4 מָזַג. 5 קָדַח. 6 פָּתַח, בֵּרֵז. 7 סָחַט. 8 דְּפִיקָה, טְפִיחָה. 9 עוֹר. 10 מְגוּפָה, בֶּרֶז. 11 מַבְרֵז, זַרְבּוּבִית. 12 מִסְבָּאָה. 13 מִסְעָף. 14 בֵּרוּז
tapdance n רִקּוּד טְפִיחָה, טֶפּ, "סְטֶפְּס"
taproot n שֹׁרֶשׁ רָאשִׁי
tape vt, n 1 קָשַׁר בְּסֶרֶט. 2 הִקְלִיט (על סרט).

3 סֶרֶט, רְצוּעָה, מַגְלוּל, סֶרֶט־מִדָּה

tape deck רְשַׁמְקוֹל, טֵיפּ

tape measure מַגְלוּל, סֶרֶט־מִדָּה

taperecorder רְשַׁמְקוֹל סִרְטִי, טֵיפּ

taproom n מִסְבָּאָה

tapeworm n תּוֹלַעַת־הַסֶּרֶט, צֶסְטוֹדָה

taper vti, n, adj 1 הִפְחִית, נִקְלַשׁ. 2 הָלַךְ וְצַר, הִתְיַדֵּד, הִתְחַדֵּד. 3 נֵר דַּק. 4 הִתְחַדְּדוּת, הִתְיַדְּדוּת

tapestried מְכֻסֶּה־שָׁטִיחַ

tapestry n שָׁטִיחַ, מַרְבַד, טַפֵּיט

tapioca n טַפְּיוֹקָה

tapir n טַפִּיר

tapster n מוֹזֵג, מוֹזֶגֶת

tar vt, n 1 זִפֵּת. 2 זֶפֶת, עִטְרָן. 3 יוֹרֵד־יָם

tar and feather מָרַח בְּזֶפֶת וְנוֹצוֹת (עונש)

tarantella n טָרַנְטֶלָּה

tarantula n עַכְשׁוּב, עַקְרַבּוּת

tarboosh n תַּרְבּוּשׁ

tardily adv 1 בְּאִחוּר, בְּפִגּוּר. 2 בַּעֲצַלְתַּיִם, לְאַט

tardiness n אִחוּר, פִּגּוּר, הִתְמַהְמְהוּת

tardy adj 1 אִטִּי, מְאַחֵר, מְפַגֵּר. 2 מִשְׁתַּהֶה, מִתְמַהְמֵהַּ

tare n 1 טָרָה. 2 בִּקְיָה תַּרְבּוּתִית

target n 1 מַטָּרָה, יַעַד, תַּכְלִית

tariff n 1 תַּעֲרִיף. 2 מֶכֶס מָגֵן. 3 רְשִׁימַת מִכְסֵי מָגֵן

tarmac n 1 מַסְלוּל הַמַּרְאָה. 2 אַסְפַלְט

tarn n אֲגַם־הָרִים קָטָן

tarnish vti, n 1 הִכְהָה, עִמֵּם, לִכְלֵךְ. 2 כָּהָה, הוּעַם, עָמַם. 3 כֵּהוּת, הַכְהָיָה, רְבָב, כֶּתֶם

taro n קוֹלְקָס

tarpaulin n אַבַּרְזִין, בְּרֶזֶנְט

tarpon n טַרְפּוֹן (דג)

tarragon n לַעֲנָה דְּרָקוֹנִית

tarry vi, adj 1 הִתְאַחֵר, הִשְׁתַּהָה, הִתְמַהְמַהּ. 2 מְזֻפָּת, מְעֻטְרָן

tarsal adj, n 1 שֶׁל שֹׁרֶשׁ הָרֶגֶל. 2 שֶׁל מִרְדַּד הָעַפְעַף. 3 עֶצֶם שֹׁרֶשׁ הָרֶגֶל

tarsus n 1 שֹׁרֶשׁ הָרֶגֶל. 2 מִרְדַּד הָעַפְעַפַּיִם

tart adj, n 1 חָרִיף, חָמוּץ, שָׁנוּן, נוֹקֵב. 2 פַּת־פֵּרוֹת, עוּגַת־פֵּרוֹת. 3 זוֹנָה, מֻפְקֶרֶת

tartan n 1 סְפִינָה חַד־תָּרְנִית. 2 טַרְטָן

tartar n 1 טָטָרִי. 2 חֲצַץ הַשִּׁנַּיִם, טַרְטָר

tartaric acid חֻמְצַת טַרְטָר

tartar sauce רֹטֶב טַרְטָר

tartlet n קַלְתִּית

tartly adv בַּחֲמִיצוּת, בַּחֲרִיפוּת

tartness n חֲמִיצוּת, חֲרִיפוּת

task vt, n 1 הֵטִיל מַס. 2 הֵטִיל חוֹבָה עַל, הֵטִיל מַטָּלָה, הֶעֱמִיס עַל. 3 מַס. 4 מַטָּלָה, מְשִׂימָה, תַּפְקִיד. 5 מִכְסָה. 6 מַעֲמָסָה, חוֹבָה

taskmaster n נוֹגֵשׂ, מַשְׁגִּיחַ, מְנַהֵל עֲבוֹדָה

tassel n גְּדִיל, פִּיף, צִיצִית

taste vti, n 1 טָעַם. 2 טִעֵם. 3 הִתְנַסָּה. 4 נִסָּה. 5 טְעִימָה. 6 קֻרְטוֹב. 7 טַעַם. 8 הַבְחָנָה, נְטִיָּה, חִבָּה

taste bud פֶּקַע הַטַּעַם

tasteful adj 1 טָעִים, עָרֵב. 2 בַּעַל טַעַם

tasteless adj חֲסַר טַעַם, תָּפֵל

tastily adv בְּטוּב טַעַם

tasty adj טָעִים, עָרֵב

tat vit רָקַם, עָשָׂה תַּחְרִים

Ta-ta! interj שָׁלוֹם!, לֵךְ לְשָׁלוֹם

tatter n קֶרַע, סְחָבָה, סְמַרְטוּט

tattered adj מְרֻפָּט, קָרוּעַ וּבָלוּי

tatterdemalion n לְבוּשׁ סְחָבוֹת, מְרֻפָּט

tatting n תַּחְרִים, מַלְמָלָה, סַלְסָלָה

tattle vit, n 1 פִּטְפֵּט, הִרְכִּיל, רִכֵּל, רָכַל. 2 הִלְשִׁין. 3 פִּטְפּוּט, רְכִילוּת, הֲבָלִים

tattler n 1 פַּטְפְּטָן, רַכְלָאִי. 2 מַלְשִׁין. 3 בִּצְנִית

tattoo vt, n 1 קִעְקַע. 2 תָּפַף. 3 קִעְקוּעַ, כְּתֹבֶת קַעֲקַע. 4 תִּפּוּף מָהִיר. 5 כִּבּוּי אוֹרוֹת. 6 תְּרוּעַת הַשְׁכָּבָה

tatty adj מֵבִישׁ, נִקְלֶה, מְמֻרְטָט
taught pt pp זמן עבר ובינוני עבר של הפועל to teach
taunt vt, n 1 חֵרֵף, גִּדֵּף, לָעַג, לִגְלֵג. 2 חֵרוּף, גִּדּוּף, לַעַג, לִגְלוּג
tauntingly adv בְּחֵרוּף, בְּלִגְלוּג
Taurus n שׁוֹר (מזל)
taut adj מָתוּחַ, דָּרוּךְ
tautly adv בְּרְקִיעָה
tautological adj טַבְטוֹלוֹגִי, טָוטוֹלוֹגִי
tautology n טַבְטוֹלוֹגְיָה, יִתּוּר לָשׁוֹן
tavern n מִסְבָּאָה, פֻּנְדָּק
tawdrily adv בְּצַעֲקָנוּת, בְּחֹסֶר טַעַם
tawdry adj מַבְרִיק וְזוֹל
tawny adj שָׁזוּף, צְהַב־חוּם
tax vt, n 1 הֶעֱרִיךְ, שָׂם, אָמַד. 2 הִטִּיל מַס. 3 הֶעֱמִיס עַל. 4 הֶאֱשִׁים. 5 מַס, מֶכֶס, הֵטֶל, מַעֲמָסָה
taxability n אֶפְשָׁרוּת מִסּוּי
taxable adj בַּר־מִסּוּי, חַיָּב בְּמַס
taxation n הֲטָלַת מַס, מִסּוּי
tax-free adj 1 פָּטוּר מִמַּס. 2 פָּטוּר מִמֶּכֶס
taxi, taxicab n מוֹנִית
taxidermist n אַדְרַאי, פַּחְלָץ
taxidermy n אַדְרָאוּת, פַּחְלָצוּת
taxonomy n סִוּוּג, מִיּוּן
tea n תֵּה
tea table טְרִיסְקָל
teacaddy n 1 צִנְצֶנֶת לְתֵה. 2 קֻפְסַת־תֵּה
teacake n עוּגַת תֵּה
teacloth n מַגֶּבֶת מִטְבָּח
teacosy n מַטְמֵן
teacup n סֵפֶל תֵּה
teaparty n מְסִבַּת תֵּה
teapot n תֵּיוֹן, קֻמְקוּם תֵּה
teaset n מַעֲרֶכֶת כְּלֵי תֵּה
teatime n שְׁעַת תֵּה
teatowel n מַגֶּבֶת כֵּלִים
teach vti לִמֵּד, הוֹרָה, חִנֵּךְ, הִדְרִיךְ, אִלֵּף, הִנְחִיל
teach-in n לְמִידָה בְּצַוְתָּא
teacher n מוֹרֶה, מְלַמֵּד, מְחַנֵּךְ
teaching n הוֹרָאָה, לִמּוּד, תּוֹרָה
teak n טִיק, שֶׂגֶא
teal n שַׁרְשִׁיר, בַּרְוָז כָּחֹל
team vi, n 1 רָתַם צֶמֶד. 2 הִצְטָרֵף. 3 נָהַג צֶמֶד. 4 צֶוֶת. 5 צֶמֶד, לַהֲקָה, קְבוּצָה, נִבְחֶרֶת. 6 עֲגָלָה
team up with הִצְטָרֵף, הִתְחַבֵּר
teamster n 1 עֶגְלוֹן. 2 נַהַג מַשָּׂאִית
teamwork n עֲבוֹדַת צֶוֶת
tear vti, n 1 קָרַע, טָרַף, שִׁסַּע, פָּצַע. 2 תָּלַשׁ, קָטַף, עָקַר. 3 נִקְרַע, נִתְלַשׁ. 4 הִשְׁתּוֹלֵל, הִתְפָּרֵץ. 5 קְרִיעָה, קֶרַע, נִתּוּק. 6 דֶּמַע, דִּמְעָה, אֶגֶל. 7 הִתְפָּרְצוּת, הִשְׁתּוֹלְלוּת
tear drop דִּמְעָה, אֶגֶל, נְטִיפָה
teargas n גַּז מַדְמִיעַ
tearful adj בּוֹכֶה, עָצוּב, מַזִּיל דְּמָעוֹת
tearfully adv בִּדְמָעוֹת
tearless adj חֲסַר דִּמְעָה, נְטוּל יְכֹלֶת לִבְכּוֹת
tearoom n בֵּית־קָפֶה, מִזְנוֹן
tease vti, n 1 הִקְנִיט, הִרְגִּיז, קִנְטֵר. 2 סָרַק, קֵרֵד, קִרְצֵף. 3 הִפְרִיד. 4 קַנְטְרָן. 5 הַקְנָטָה, קִנְטוּר, גֵּרוּי
teaser n גַּרְיָן
teasingly adv בְּהַקְנָטָה
teaspoon n כַּפִּית
teaspoonful n מְלוֹא הַכַּפִּית
tea-strainer n מְסַנֶּנֶת לְתֵה
teasel, teazel, teazle n קַרְדָּה, מַגְרֶדֶת
teat n דַּד, פִּטְמָה
technical adj טֶכְנִי, מֵיכָנִי
technicality n טֶכְנִיּוּת
technically adv מִבְּחִינָה טֶכְנִית
technician n טֶכְנַאי
technique n טֶכְנִיקָה
technocracy n טֶכְנוֹקְרַטְיָה
technocrat n טֶכְנוֹקְרָט
technological adj טֶכְנוֹלוֹגִי
technologist n טֶכְנוֹלוֹג
technology n טֶכְנוֹלוֹגְיָה

teddy bear דֻּבּוֹן
tedious adj מְשַׁעֲמֵם, מְיַגֵּעַ, מְעַיֵּף
tediously adv בְּשִׁעֲמוּם
tediousness n שִׁעֲמוּם, חַדְגּוֹנִיּוּת
tedium n שִׁעֲמוּם, חַדְגּוֹנִיּוּת
tee n 1 טִי, הָאוֹת T. 2 מַטָּרָה. 3 תְּלָלִית (גולף)
teem vi 1 שָׁרַץ, שָׁפַע. 2 הֵרִיק, יָצַק, שָׁפַךְ
teem with שָׁפַע, שָׁרַץ
teenage adj שֶׁל גִּיל הַטִּפֵּשׁ־עֶשְׂרֵה
teenager n טִפֵּשׁ־עֶשְׂרֵה
teens npl שְׁנוֹת הָעֶשְׂרֵה
teeny adj קָטָן, זַעֲרוּרִי
teeny-bopper n בַּת בְּגִיל הַטִּפֵּשׁ־עֶשְׂרֵה
teeter vi הִתְנַדְנֵד
teeth pl רבים של tooth
teethe vi הִצְמִיחַ שִׁנַּיִם
teetotal adj 1 מִתְנַזֵּר (משתיה). 2 גָּמוּר, כָּלִיל, מֻחְלָט
teetota(l)ler n מִתְנַזֵּר (מאלכוהול)
teetotum n סְבִיבוֹן
tegument n עָטִיף
tele-pref רָחוֹק, לְמֵרָחוֹק
telecast vt, n 1 שִׁדֵּר בְּטֶלֶוִיזְיָה. 2 שִׁדּוּר טֶלֶוִיזְיָה
telecommunications npl תִּקְשֹׁרֶת, טֶלֶקוֹמוּנִיקַצְיָה
telegram n מִבְרָק, טֶלֶגְרָמָּה
telegraph vti, n 1 הִבְרִיק, טִלְגְּרֵף. 2 מִבְרָקָה
telegrapher, telegraphist n מִבְרְקָן
telegraphic adj מִבְרָקִי, טֶלֶגְרָפִי
telegraphese n סִגְנוֹן טֶלֶגְרָפִי
telegraphy n טֶלֶגְרַפְיָה
telemetry n מְדִידַת רֹחַק, טֶלֶמֶטְרִיָּה
teleological adj טֶלֶאוֹלוֹגִי, שֶׁל תַּכְלִיתִיּוּת
teleologist n טֶלֶאוֹלוֹג
teleology n טֶלֶאוֹלוֹגְיָה, תּוֹרַת הַתַּכְלִיתִיּוּת
telepathic adj טֶלֶפָּתִי
telepathist n טֶלֶפָּת
telepathy n טֶלֶפַּתְיָה

telephone vt, n 1 טִלְפֵּן. 2 טֶלֶפוֹן
telephone exchange מִרְכֶּזֶת טֶלֶפוֹן
telephonist n טֶלֶפוֹנַאי
telephony n טֶלֶפוֹנָאוּת
telephotograph n תַּצְלוּם־רַחַק
telephotography n צִלּוּם־רַחַק
teleprinter n טֶלֶפְּרִינְטֶר, מַדְפֵּס רַחַק
teleprompter n מָסָךְ לַחֲשָׁן, מַקְרֵאַת עֵזֶר
telescope n טֶלֶסְקוֹפּ
televiewer n צוֹפֶה טֶלֶוִיזְיָה
televise vt שִׁדֵּר בְּטֶלֶוִיזְיָה
television n טֶלֶוִיזְיָה
telex n טֶלֶקְס
telfer, telpher n רַכֶּבֶל, רַכְבָּל
tell vti, n 1 סִפֵּר, מָנָה, חִשֵּׁב. 2 אָמַר, סִפֵּר, הִגִּיד, מָסַר. 3 הוֹדִיעַ, הִבִּיעַ, צִוָּה. 4 גִּלָּה, הִבְחִין, הִכִּיר. 5 תֵּל
tell off vt נָזַף, הוֹכִיחַ
teller n 1 מְסַפֵּר, מוֹדִיעַ, מְתָאֵר. 2 שַׁלָּם, קֻפַּאי. 3 מוֹנֶה־קוֹלוֹת
telling adj, n 1 עַז, נִמְרָץ, מַרְשִׁים. 2 סִפּוּר
tellingly adv בְּאֹרַח נִמְרָץ
telltale n 1 הוֹלֵךְ רָכִיל, פַּטְפְּטָן. 2 מַחֲוָן. 3 שְׁעוֹן רוֹשֵׁם. 4 סִימַן אַזְהָרָה
Telstar n טֶלְסְטָר
temerity n 1 עַזּוּת, הֶעָזָה. 2 פַּחֲזָנוּת, פְּזִיזוּת
temper vti, n 1 אִזֵּן. 2 הִמְתִּיק. 3 הִפְשִׁיר. 4 הִרְפָּה. 5 מִזֵּג, מִתֵּן. 6 עִרְבֵּב. 7 רִכֵּךְ. 8 כִּוְנֵן. 9 הִתְעַרְבֵּב, הִתְאַזֵּן. 10 מֶזֶג, מַצַּב רוּחַ. 11 תְּכוּנָה, טֶבַע, אֹפִי. 12 הַרְפָּיָה. 13 מִתּוּן
tempera n טֶמְפֶּרָה, צְבָעִים
temperament n 1 מֶזֶג, תְּכוּנָה, טֶמְפֶּרָמֶנְט. 2 אִזּוּן
temperamental adj הֲפַכְפַּךְ, רָגִיז, רַגְזָן
temperamentally adv 1 מִבְּחִינַת הַמֶּזֶג. 2 בַּהֲפַכְפְּכוּת
temperance n 1 הִנָּזְרוּת מִמַּשְׁקָאוֹת חֲרִיפִים. 2 אִפּוּק, מִתּוּן

temperate adj 1 מָתוּן, מְמֻזָּג, מְאֻזָּן. 2 פִּכֵּחַ. 3 כּוֹבֵשׁ יִצְרוֹ
temperately adv בְּמְתִינוּת
temperateness n מְתִינוּת
temperature n מִדַּת הַחֹם, טֶמְפֶּרָטוּרָה
tempest n 1 סְעָרָה, סוּפָה. 2 מְהוּמָה
tempestuous adj 1 סוֹעֵר, סוֹאֵן. 2 נִרְגָּשׁ
tempestuously adv בִּסְעָרָה
template, templet n 1 מַד־בַּקָּרָה. 2 טֹפֶס, דְּפוּסִית. 3 תַּדְמִית
temple n 1 הֵיכָל, מִשְׁכָּן, מִקְדָּשׁ. 2 מַמְתֵּחַ. 3 רַקָּה, צֶדַע, צְדָעָה
tempo n מִפְעָם, קֶצֶב, טֶמְפּוֹ
temporal adj 1 זְמַנִּי, חוֹלֵף. 2 חִלּוֹנִי, שֶׁל הָעוֹלָם הַזֶּה. 3 צִדְעִי, רַקָּתִי
temporarily adv אַרְעִית, זְמַנִּית, לְפִי שָׁעָה
temporariness n אַרְעִיּוּת, זְמַנִּיּוּת
temporary adj זְמַנִּי, אַרְעִי, חוֹלֵף, עֲרַאי
temporize vi הִסְתַּגֵּל, הִתְפַּשֵּׁר, הִתְאִים אֶת עַצְמוֹ
tempt vt נִסָּה, פִּתָּה, שִׁכְנֵעַ, מָשַׁךְ
temptation n פִּתּוּי, גֵּרוּי הַיֵּצֶר, מַדּוּחַ
tempter n 1 יֵצֶר הָרָע. 2 מַדִּיחַ, מְפַתֶּה, מֵסִית
tempting adj מְגָרֶה, מוֹשֵׁךְ, מְפַתֶּה
temptress n מְפַתָּה, מוֹשֶׁכֶת
ten n, adj 1 עֲשָׂרָה, עֶשֶׂר. 2 עֲשִׂירִיָּה
tenability n עֲמִידוּת, אֶפְשָׁרוּת הַהֲגַנָּה
tenable adj עָמִיד, בַּר־הֲגַנָּה
tenacious adj 1 עַקְשָׁן. 2 דָּבִיק, אָחוּז, מִדַּבֵּק
tenaciously adv בְּעַקְשָׁנוּת, בְּחָזְקָה
tenaciousness, tenacity n 1 עַקְשָׁנוּת. 2 הִדַּבְּקוּת. 3 עֲמִיקוּת
tenancy n אֲרִיסוּת, חֲכִירָה, שְׂכִירוּת
tenant vt, n 1 שָׂכַר, חָכַר. 2 אָרִיס, חוֹכֵר, שׂוֹכֵר, דַּיַּר מִשְׁנֶה
tenantry n 1 אֲרִיסוּת, חֲכִירוּת. 2 אֲרִיסִים
tench n טִינְקָה (דג)
tend vti 1 הִשְׁגִּיחַ, טִפֵּל. 2 טִפַּח, עִבֵּד. 3 הוֹבִיל, נָטָה
tendency n כִּוּוּן, מְגַמָּה, נְטִיָּה, פְּנִיָּה, טֶנְדֶּנְצְיָה
tendentious adj מְגַמָּתִי
tendentiously בִּמְגַמָּתִיּוּת
tendentiousness n מְגַמָּתִיּוּת
tender vti, adj, n 1 הִצִּיעַ, הִגִּישׁ. 2 טִפֵּל בְּרֹךְ. 3 רַךְ, רָפֶה, עָדִין, רָגִישׁ. 4 מַשְׁגִּיחַ, מְטַפֵּל. 5 אִסְטְנִיס, אֲנִין־הַדַּעַת. 6 טֶנְדֶּר. 7 מִכְרָז. 8 הַצָּעָה. 9 קְרוֹן־פֶּחָם (רכבת). 10 אֳנִיַּת הַסְפָּקָה
tenderfoot n טִירוֹן, "יָרֹק", מִקָּרוֹב־בָּא
tenderhearted adj רַחֲמָן, עֲדִין־הַלֵּב
tenderize vt רִכֵּךְ (בשר)
tenderloin n בְּשַׂר אֲחוֹרַיִם (בהמת מאכל)
tenderly adv בַּחֲמִימוּת, בַּעֲדִינוּת, בְּנֹעַם
tenderness n רֹךְ, רַכּוּת, עֲדִינוּת
tendon n גִּיד, מֵיתָר
tendril n קְנוֹקֶנֶת
tenement n 1 דִּירָה. 2 אֲחֻזָּה. 3 שִׁכּוּן. 4 נַדְלָ"ן. 5 חֲזָקָה
tenet n 1 עִקָּר, עִקָּרוֹן, יְסוֹד. 2 דּוֹקְטְרִינָה, הַשְׁקָפָה
tenfold adv כְּפוּל עֲשָׂרָה, פִּי עֲשָׂרָה, עֲשֶׂרֶת מוֹנִים
tennis n טֶנִיס (משחק)
tennis elbow דַּלֶּקֶת־הַמַּרְפֵּק
tenon n שֶׁגֶם, שֵׁן, מַחְבֵּר
tenon saw מַסּוֹר־גַּב
tenor n 1 מַהֲלָךְ, מְגַמָּה. 2 טֶנוֹר (זמר)
tenpence n עֲשָׂרָה פֶּנִים
tenpins npl מִשְׂחַק הַכַּדֹּרֶת
tense vti, adj 1 מָתַח. 2 נִמְתַּח. 3 הִתְמַתַּח. 4 מָתוּחַ, דָּרוּךְ. 5 זְמַן־הַפֹּעַל
tensely adv בִּדְרִיכוּת, בִּמְתִיחוּת
tenseness n דְּרִיכוּת, מְתִיחוּת
tensile adj 1 מָתוּחַ. 2 מָתִיחַ
tension n דְּרִיכוּת, מְתִיחוּת, הִתְרַגְּשׁוּת, מַאֲמָץ
tent n 1 אֹהֶל, סֻכָּה, מְלוּנָה. 2 מוּךְ

tentacle n 1 זְרוֹעַ צַיִד. 2 מָשׁוֹשׁ

tentative adj נִסְיוֹנִי, אֲרָעִי, זְמַנִּי

tentatively adv לְנִסָּיוֹן, זְמַנִּית

tenterhooks adv בְּמַצָּב דָּרוּךְ

tenth n, adj 1 עֲשִׂירִי. 2 עֲשִׂירִית, עִשָּׂרוֹן. 3 דֶּצִימָה

tenuity n דַּקּוּת, עֲדִינוּת, רְפִיפוּת

tenuous adj דַּק, עָדִין, קָלוּשׁ

tenure n 1 אֲחִיזָה, הַחְזָקָה. 2 חֲכִירוּת. 3 קְבִיעוּת

tepee n טִיפִּי (אוהל אינדיאני)

tepid adj פּוֹשֵׁר

tepidity, tepidness n פּוֹשְׁרוּת

tepidly adv בְּאֹפֶן פּוֹשֵׁר

tercentenary, tercentennial adj, n 1 יוֹבֵל שְׁלֹשׁ מֵאוֹת שָׁנִים. 2 שֶׁל יוֹבֵל שְׁלֹשׁ מֵאוֹת שָׁנִים

tercet n שְׁלִישִׁיָּה, טְרִיאוֹלָה, שְׁלָשׁוֹן, טְרִיוֹ

tergiversate vi 1 סִלֵּף, עִוֵּת, זִיֵּף. 2 בָּגַד, פָּנָה עֹרֶף, הִשְׁתַּמֵּט

tergiversation n 1 סִלּוּף, עִוּוּת, זִיּוּף. 2 בְּגִידָה, פְּנִיַּת עֹרֶף, הִשְׁתַּמְּטוּת

term vt, n 1 כִּנָּה, קָרָא בְּשֵׁם. 2 מֻנָּח, כִּנּוּי, מֻשָּׂג, מִלָּה, בִּטּוּי. 3 מוֹעֵד, תְּקוּפָה, מֶשֶׁךְ, עוֹנָה, סֶמֶסְטֶר. 4 אֵיבָר, מְחֻבָּר (מתימטיקה). 5 גְּבוּל, קָצֶה

termagant n מִרְשַׁעַת, סוֹרֶרֶת, אֵשֶׁת מְדָנִים

terminable adj בַּר־סִיּוּם, מִסְתַּיֵּם, מֻגְבָּל

terminal adj, n 1 סוֹפִי, אַחֲרוֹן, קִיצוֹנִי, עוֹנָתִי. 2 מָסוֹף

terminate vti 1 סִיֵּם, גָּמַר. 2 הִסְתַּיֵּם, חָדַל. 3 הִפְסִיק, הִגְבִּיל, הֶחְדִּיל

termination n 1 סִיּוּם, סְיָם, קֵץ, גְּבוּל, תְּחוּם. 2 סוֹפִית. 3 תּוֹצָאָה

terminological adj מִנּוּחִי, טֶרְמִינוֹלוֹגִי

terminology n מִנּוּחַ, טֶרְמִינוֹלוֹגְיָה

terminus n 1 סוֹף, קָצֶה, מַטָּרָה. 2 תַּחֲנָה סוֹפִית. 3 מָסוֹף

termite n נְמָלָה לְבָנָה, טֶרְמִיט

terms npl 1 תְּנָאִים, פְּרָטִים (חוזה). 2 הַסְכָּמָה

terms of reference תְּחוּם סַמְכוּת

tern n 1 סְנוּנִית מַיִם (עוף). 2 שְׁלִישִׁיַּת מִסְפְּרֵי פַּיִס

Terpsichorean adj שֶׁל טֶרְפְּסִיקוֹרֶה, שֶׁל רִקּוּדִים

terrace n 1 מִדְרָג, מַדְרֵגָה, טֶרַסָּה. 2 גַּג שָׁטוּחַ. 3 מִרְפֶּסֶת, אַכְסַדְרָה. 4 שׁוּרַת בָּתִּים

terraced adj מְדֹרָג

terra-cotta n טֶרָה־קוֹטָה

terra firma יַבָּשָׁה, יְסוֹד מוּצָק

terrain n קַרְקַע, אֲדָמָה, מִגְרָשׁ

terra incognita אֶרֶץ לֹא־נוֹדַעַת, נֵכָר

terrapin n צַב הַיָּם

terrestrial adj 1 אַרְצִי, יַבַּשְׁתִּי. 2 גַּשְׁמִי

terrible adj נוֹרָא, אָיֹם, מַבְעִית, מַבְהִיל

terribly adv בְּאֹפֶן נוֹרָא, מְאֹד, עָצוּם

terrier n שַׁפְלָן (כלב ציד נמוך)

terrific adj נֶהְדָּר, מְצֻיָּן

terrifically adv 1 בְּצוּרָה נֶהְדֶּרֶת. 2 בְּצוּרָה אֲיֻמָּה. 3 מְאֹד

terrify vt הִבְעִית, הֶחֱרִיד, הִפִּיל אֵימָה

territorial adj, n 1 אַרְצִי, מְחוֹזִי, גְּלִילִי, טֶרִיטוֹרְיָלִי. 2 חַיָּל מִלּוּאִים

territory n 1 אֶרֶץ, גָּלִיל, חֶבֶל אֶרֶץ. 2 תְּחוּם פְּעֻלָּה. 3 אֵזוֹר

terror n 1 אֵימָה, בְּעָתָה, פַּחַד גָּדוֹל, טֵרוֹר. 2 אֵימְתָן, בִּרְיוֹן. 3 אֵימְתָנוּת, אַלִּימוּת. 4 פֶּגַע רַע, טַרְדָן

terrorism n אֵימְתָנוּת, בִּרְיוֹנוּת, טֶרוֹרִיזְם

terrorist n אֵימְתָן, בִּרְיוֹן, טֶרוֹרִיסְט

terrorize vt הִפִּיל אֵימָה, הֵטִיל פַּחַד

terror-struck, terror-stricken adj מֻכֵּה אֵימָה, נִפְחָד, אֲחוּז חֲרָדָה

terse adj 1 תַּמְצִיתִי, קָצָר, לָעִנְיָן. 2 מְחֻסְפָּס, גַּס

tersely adv בְּקִצּוּר, קְצָרוֹת

terseness n קִצּוּר, קְצָרוּת
tertian adj שְׁלִישׁוֹנִי
tertiary adj שְׁלִישִׁי, שְׁלִישׁוֹנִי
tertiary education הַשְׂכָּלָה גְּבוֹהָה (על־תיכונית)
terylene n טֶרִילִין
tessellated adj עָשׂוּי מַעֲשֵׂה פְּסֵיפָס
test vt, n 1 בָּדַק, בָּחַן, נִסָּה. 2 זִקֵּק, צֵרֵף. 3 בְּחִינָה, מִבְחָן, בֹּחַן, נִסָּיוֹן. 4 צֶרֶף. 5 קְלִפָּה, קְרוּם
test case 1 מִשְׁפָּט לְדֻגְמָה. 2 מִבְחַן תַּקְדִּימִי
test match תַּחֲרוּת (בינלאומית)
test tube מַבְחֵנָה
testament n 1 צַוָּאָה. 2 בְּרִית
testamentary adj שֶׁל צַוָּאָה, בְּהֶתְאֵם לְצַוָּאָה
testate n, adj בַּעַל צַוָּאָה
testator n מוֹרִישׁ, מְצַוֶּה, בַּעַל צַוָּאָה
testatrix n מוֹרִישָׁה
testicle n אֶשֶׁךְ
testify vti הֵעִיד, הִצְהִיר, הוֹכִיחַ, נָתַן עֵדוּת
testily adv בְּרֹגֶז
testimonial n 1 עֵדוּת, תְּעוּדָה. 2 מִכְתַּב הוֹקָרָה. 3 מִכְתַּב הַמְלָצָה
testimony n עֵדוּת, הַצְהָרָה
testiness n רֹגֶז, רַגְזָנוּת
testing times יְמֵי מִבְחָן, יָמִים קָשִׁים
testy adj רָגִיז, רַגְזָן, זוֹעֵף
tetanus n צַפֶּדֶת, טֶטָנוּס
tetchy adj רָגִיז, מְהִיר חֵמָה, רַגְזָנִי
tête-à-tête n, adv 1 בְּאַרְבַּע עֵינַיִם. 2 טֵנְדּוּ, שִׂיחַת שְׁנַיִם
tether vt, n 1 קָשַׁר בְּאַפְסָר. 2 אַפְסָר, רֶסֶן. 3 תְּחוּם
Teuton n טֶבְטוֹן, גֶּרְמָנִי
Teutonic adj טֶבְטוֹנִי, גֶּרְמָנִי
text n 1 גִּרְסָה, נֹסַח, טֶקְסְט. 2 תַּמְלִיל, לִבְרִית
textbook n 1 סֵפֶר לִמּוּד. 2 לִבְרִית
textile n טֶקְסְטִיל
textilemill n בֵּית חֲרשֶׁת לְטֶקְסְטִיל
textual adj 1 מִלּוּלִי. 2 שֶׁל נֹסַח
texture n 1 מִרְקָם, מַאֲרָג. 2 מַסֶּכֶת
thalidomide n תָּלִידוֹמִיד
than conj מִ־, מֵאֲשֶׁר
thank vt הוֹדָה, נָתַן תּוֹדָה
Thank you! inter תּוֹדָה!
thanks npl, interj תּוֹדָה, תּוֹדוֹת, רַב תּוֹדוֹת!
thanks to prep הוֹדוֹת לְ־, תּוֹדוֹת לְ־
thankful adj אֲסִיר תּוֹדָה
thankfully adv בְּהַכָּרַת תּוֹדָה
thankfulness n הַכָּרַת תּוֹדָה
thankless adj כְּפוּי תּוֹדָה
thanksgiving n הוֹדָיָה, יוֹם הוֹדָיָה
that adj, pron, adv, conj, rel. pron 1 זֶה, זֹאת, הַהוּא, הַלָּה, הַלָּזֶה, בּוֹ, בָּהּ. 2 שֶׁ־, אֲשֶׁר. 3 כְּדֵי שֶׁ־. 4 עַד שֶׁ־. 5 מִפְּנֵי שֶׁ־. 6 עַד כְּדֵי כָּךְ, כָּל־כָּךְ
that far adv כֹּה רָחוֹק
that long adv כֹּה אָרֹךְ
thatch vt, n 1 סָכַךְ, כִּסָּה. 2 סְכָךְ
thatched roof גַּג מְסֻכָּךְ
thaw vit, n 1 נָמַס. 2 הֵמֵס. 3 פָּשַׁר. 4 הִפְשִׁיר. 5 הֵפִיג קְרִירוּת. 6 הַפְשָׁרָה. 7 חֲמִימוּת
the def. art. הַ־, הָ־, הֶ־
theater(tre) n 1 תֵּיאַטְרוֹן, זִירָה, אוּלָם. 2 אָמָּנוּת הַדְּרָמָה
theatre of war זִירַת־קְרָב, זִירַת מִלְחָמָה
theatergoer n שׁוֹחֵר תֵּיאַטְרוֹן
theatrical adj 1 תֵּיאַטְרוֹנִי, תֵּיאַטְרָלִי. 2 מְבֻיָּם. 3 מְעֻשֶּׂה
theatrically adv בְּאֹפֶן תֵּיאַטְרָלִי
thee pron לְךָ, לָךְ, אוֹתְךָ, אוֹתָךְ
theft n גְּנֵבָה
their adj שֶׁלָּהֶם, שֶׁלָּהֶן
theirs pron שֶׁלָּהֶם, שֶׁלָּהֶן

theism n תֵּיאִיזְם
theist n תֵּיאִיסְט
theistic(al) adj תֵּיאִיסְטִי
them pron 1 אוֹתָם, אוֹתָן. 2 לָהֶם, לָהֶן
thematic adj תֵּימָתִי, שֶׁל נוֹשֵׂא
theme n 1 תֵּמָה. 2 חִבּוּר, מַסָּה. 3 תֹּכֶן. 4 נוֹשֵׂא, רַעְיוֹן
themselves reflex pron 1 עַצְמָם, עַצְמָן. 2 בְּעַצְמָם, בְּעַצְמָן
then adv 1 אָז, אַחַר, אַחֲרֵי־כֵן, לְאַחַר מִכֵּן. 2 אִם כֵּן, וּבְכֵן, אֵפוֹא
then and there לְאַלְתַּר, בּוֹ בַּמָּקוֹם
thence adv 1 מֵאָז. 2 מִשָּׁם. 3 מֵעַתָּה. 4 לְפִיכָךְ, עַל כֵּן
thenceforth, thenceforward adv מֵאָז וָהָלְאָה, מִשָּׁם וְאֵילָךְ
theocracy n תֵּיאוֹקְרַטְיָה, שִׁלְטוֹן הַדָּת
theocratic adj תֵּיאוֹקְרָטִי
theodolite n תֵּיאוֹדוֹלִיט
theologian n תֵּיאוֹלוֹג
theological adj תֵּיאוֹלוֹגִי
theology n תֵּיאוֹלוֹגְיָה
theorem n הַנָּחָה, מִשְׁפָּט (מתימטיקה), תֵּיאוֹרֶמָה
theoretic(al) adj תֵּיאוֹרֶטִי, עִיּוּנִי, מֻפְשָׁט
theoretically adv לַהֲלָכָה
theorist n תֵּיאוֹרֶטִיקָן
theorize vi הָגָה, יָצַר תֵּיאוֹרִיוֹת
theory n תּוֹרָה, הֲלָכָה, עִיּוּן, שִׁיטָה, הַנָּחָה, סְבָרָה, תֵּיאוֹרְיָה
theosophical adj תֵּיאוֹסוֹפִי
theosophist n תֵּיאוֹסוֹף
theosophy n תֵּיאוֹסוֹפְיָה
therapeutic(al) adj מַרְפֵּא, רְפוּאִי, רִפּוּיִי
therapeutics npl תּוֹרַת הָרִפּוּי
therapist n מְרַפֵּא
therapy n רִפּוּי
there adv, interj 1 שָׁם, שָׁמָּה, לְשָׁם. 2 בָּזֶה. 3 הֲרֵי, הִנֵּה
there is יֵשׁ, יֶשְׁנוֹ
there are יֶשְׁנָם, יֶשְׁנָן
there was הָיָה, הָיְתָה
there were הָיוּ
thereabouts adv בְּסָמוּךְ לְ־, בְּקֵרוּב
thereafter adv אַחֲרֵי כֵן, לְאַחַר מִכֵּן
thereby adv בְּכָךְ, בָּזֶה, עַל יְדֵי כָּךְ
therefore adv לָכֵן, עַל כֵּן, לְפִיכָךְ, הִלְכָּךְ, מִכָּאן שֶׁ־
therein adv בְּזֶה, שָׁם, בְּעִנְיָן זֶה
thereinafter adv לְהַלָּן, שֶׁלְּהַלָּן
thereof adv מִכָּאן, מִזֶּה, הֵימֶנּוּ
thereon adv עַל זֶה, בְּנוֹגֵעַ לְזֶה
thereto adv יָתֵר עַל כֵּן, נוֹסָף לָזֶה, כְּתוֹצָאָה מִכָּךְ
thereunder adv 1 שֶׁעַל פִּיו, שֶׁלְּפִיו. 2 שֶׁמִּתַּחַת לָזֶה
thereupon adv 1 לְפִיכָךְ, לָכֵן. 2 מִיָּד לְאַחַר מִכֵּן
therm n תֶּרְם
thermal adj, n 1 תֶּרְמִי, חַם. 2 זֶרֶם אֲוִיר חַם
thermal capacity יְכֹלֶת תֶּרְמִית
thermodynamics npl תֶּרְמוֹדִינָמִיקָה
thermometer n מַדְחֹם
thermosetting adj עִצּוּב תֶּרְמִי
thermos bottle/flask n תֶּרְמוֹס
thermostat n תֶּרְמוֹסְטָט, וַסַּת־חֹם
thermostatic adj תֶּרְמוֹסְטָטִי
thesaurus n אֶגְרוֹן, תֵּיסָאוּרוּס
these pron, pl אֵלֶּה, אֵלּוּ, הַלָּלוּ, הָאֵלֶּה
theses npl מַסּוֹת, הַנָּחוֹת, תֵּיזוֹת
thesis n מַסָּה, תֵּיזָה, מֶחְקָר, הַנָּחָה
Thespian adj, n 1 תֶּסְפִּי. 2 דְּרָמָטִי. 3 שַׂחְקָן
thews npl 1 כֹּחַ שְׁרִירִי. 2 שְׁרִירִים, עָצְמָה
they pron הֵם, הֵן
thick adj 1 עָבֶה, עָבֹת. 2 גָּדוּשׁ, סָמִיךְ, מְעֻבֶּה, דָּחוּס, עָב. 3 עָמֹק. 4 עָמוּם, צָרוּד (קול). 5 מְטֻמְטָם, טִפְּשִׁי
thick and thin בְּכָל הַתְּנָאִים, בָּאֵשׁ וּבַמַּיִם

thicken vti 1 הֶעֱבָה, עִבָּה. 2 הִתְעַבָּה, עָבָה. 3 הִסְמִיךְ, סִבֵּךְ. 4 רָבַךְ, הִרְבִּיךְ. 5 הִסְתַּבֵּךְ

thickening n 1 תַּסְמִיךְ, עִבּוּי. 2 בְּלִילָה. 3 רְבִיכָה

thicket n חֳרְשָׁה, סְבַךְ־יַעַר

thickly adv עָבֶה, בִּדְחִיסוּת

hickness n 1 עָבוּת, עֹבִי. 2 סְמִיכוּת, דְּחִיסוּת

thickset adj 1 צָפוּף, דָּחוּס. 2 סָמִיךְ, סָבוּךְ. 3 גּוּץ, רְחַב גֶּרֶם

thick-skinned adj קְשֵׁה־לֵב, דַּל־רֶגֶשׁ, אָדִישׁ

thief n גַּנָּב

thieve vit גָּנַב

thievery n גְּנֵבָה, גַּנָּבוּת

thievish adj 1 מִתְגַּנֵּב, גַּנַּבְתָּנִי. 2 עָרוּם

thievishly adv כְּגַנָּב

thigh n יָרֵךְ

thimble n 1 אֶצְבָּעוֹן. 2 שְׁפוֹפָר. 3 עִזְקָה, טַבַּעַת

thimbleful n קֻרְטוֹב, קֹרֶט

thin vti, adj 1 דִּלֵּל, הֵדֵל, הֵדַק. 2 הִקְלִישׁ. 3 דָּלַל, דַּק, כָּחַשׁ, רָזָה, נִדַּלְדֵּל. 4 דַּק, כָּחוּשׁ, רָזֶה. 5 זָעוּם. 6 דָּלִיל, קָלוּשׁ. 7 שָׁקוּף. 8 חָלוּשׁ, חִוֵּר. 9 צִיּוּצִי

thin down כָּחַשׁ, רָזָה, צָנַם

thin out vit דִּלֵּל, הֶחֱלִישׁ, הֵפִיג, הִקְלִישׁ

thine adj, pron 1 שֶׁלְּךָ. 2 שֶׁלָּךְ

thing n 1 דָּבָר, חֵפֶץ, עֶצֶם, כְּלִי. 2 מְאֹרָע, מַעֲשֶׂה, מִקְרֶה. 3 מַצָּב, עִנְיָן. 4 נֶכֶס. 5 יְצוּר

thingummy, thingumabob, thingumajig n הַהוּא, מַה־שְּׁמוֹ

think vi 1 הִרְהֵר, חָשַׁב, הָגָה. 2 סָבַר, שִׁעֵר, עִיֵּן, דִּמָּה, שָׁקַל

think about שָׁקַל בַּדָּבָר

think better of שִׁנָּה דֵּעָה, חָזַר בּוֹ

think nothing of§ זִלְזֵל, בִּטֵּל עֶרְכּוֹ שֶׁל

think of זָכַר, הֶעֱלָה עַל הַדַּעַת

think out תִּכְנֵן, פָּתַר, הֶחְלִיט

think over הִרְהֵר, הִתְבּוֹנֵן, עִיֵּן

think tank צֶוֶת־מֹחוֹת, צֶוֶת־חֲשִׁיבָה

think up גִּלָּה, הִמְצִיא

thinkable adj בַּר־חֲשִׁיבָה, סָבִיר, מִתְקַבֵּל עַל הַדַּעַת

thinker n הוֹגֶה, חוֹשֵׁב, הוֹגֶה דֵעוֹת, פִילוֹסוֹף

thinking adj, n 1 חוֹשֵׁב. 2 מַחֲשָׁבָה, חֲשִׁיבָה

thinner n מְדַלֵּל

thinness n דַּקּוּת, קְלִישׁוּת

thinning n תַּדְלִיל

third adj, n 1 שְׁלִישִׁי. 2 שְׁלִישׁ. 3 שְׁלִשׁ. 4 טֶרְצָה

third degree 1 חֲקִירָה אַכְזָרִית. 2 דַּרְגָּה שְׁלִישִׁית

third party צַד שְׁלִישִׁי

third-rate adj מִסּוּג שְׁלִישִׁי, מִסּוּג יָרוּד

thirst vi, n 1 צָמֵא. 2 עָרַג, נִכְסַף, כָּמַהּ, הִשְׁתּוֹקֵק. 3 צָמָא, צִמָּאוֹן. 4 עֶרְגוֹן, כְּמִיהָה, תְּשׁוּקָה

thirstily adv בְּצָמָא, בְּצִמָּאוֹן

thirsty adj 1 צָמֵא. 2 צָחִיחַ. 3 נִכְסָף, שׁוֹאֵף. 4 מַצְמִיא

thirteen adj, n 1 שְׁלֹשָׁה עָשָׂר. 2 שְׁלֹשׁ עֶשְׂרֵה

thirteenth adj, n 1 הַשְּׁלֹשָׁה עָשָׂר, הַשְּׁלֹשׁ עֶשְׂרֵה. 2 הַחֵלֶק הַשְּׁלֹשָׁה עָשָׂר (1/13)

thirtieth adj, n 1 הַשְּׁלֹשִׁים. 2 חֵלֶק הַשְּׁלֹשִׁים (1/30)

thirty adj, n שְׁלֹשִׁים

this adj, pron זֶה, זֹאת, הַזֶּה, הַזֹּאת, הַלָּזֶה, הַלֵּזוּ

thistle n קוֹץ, דַּרְדַּר, בַּרְקָן

thistledown n מוֹךְ הַדַּרְדַּר

thither adv שָׁם, שָׁמָּה, לְשָׁם

'tho conj, adv 1 אִם כִּי, עַל אַף, הֲגַם שֶׁ־, אַף כִּי. 2 אוּלָם

thong n רְצוּעָה (עור)

thorax n חָזֶה
thorn n 1 קוֹץ, עֹקֶץ. 2 דַּרְדַּר
thorny adj 1 קוֹצִי, דוֹקְרָנִי, עוֹקְצָנִי. 2 מַכְאִיב, מַטְרִיד, מַמְאִיר
thorough adj 1 מֻחְלָט, גָּמוּר, מֻשְׁלָם, כּוֹלֵל. 2 יְסוֹדִי, קַפְּדָנִי, מַקִּיף
thoroughbred n, adj 1 גִּזְעִי, טְהוֹר גֶּזַע. 2 מְחֻנָּךְ, מְנֻמָּס, בֶּן תַּרְבּוּת
thoroughfare n רְחוֹב, מַעֲבָר, דֶּרֶךְ הַמֶּלֶךְ
thoroughgoing adj 1 מֻחְלָט, כּוֹלֵל, שָׁלֵם. 2 יְסוֹדִי, קַפְּדָנִי. 3 מַעֲמִיק
thoroughly adv כָּלִיל, לְגַמְרֵי, בִּיסוֹדִיּוּת
thoroughness n שְׁלֵמוּת, יְסוֹדִיּוּת
those pron, adj אוֹתָם, אוֹתָן, הָהֵם, הָהֵן
thou pron אַתָּה, אַתְּ
though conj, adv 1 אִם כִּי, עַל אַף, הֲגַם שֶׁ־. 2 אוּלָם
thought npl 1 מַחֲשָׁבָה, חֲשִׁיבָה, הִרְהוּר. 2 דִּמְיוֹן. 3 דֵּעָה, רַעְיוֹן. 4 זמן עבר ובינוני עבר של הפועל to think
thoughtful adj 1 מְהַרְהֵר, חוֹשֵׁב. 2 זָהִיר, רְצִינִי. 3 חָרֵד, דּוֹאֵג, מִתְחַשֵּׁב
thoughtfully adv בִּדְאָגָה, מִתּוֹךְ תְּשׂוּמֶת־לֵב
thoughtfulness n דְּאָגָה, תְּשׂוּמַת־לֵב
thoughtless adj חֲסַר מַחֲשָׁבָה, לֹא־זָהִיר, נִמְהָר
thoughtlessly adv בִּפְזִיזוּת, בְּאִי־הִתְחַשְּׁבוּת
thoughtlessness n חֹסֶר זְהִירוּת
thousand adj, n אֶלֶף
thousandfold adj, adv פִּי אֶלֶף
thousandth adj, n 1 הָאֶלֶף. 2 אַלְפִּית
thraldom n עַבְדוּת, שִׁעְבּוּד
thrall n 1 עֶבֶד, מְשֻׁעְבָּד. 2 שִׁעְבּוּד, עַבְדוּת
thrash vti 1 דָּשׁ, חָבַט. 2 הִלְקָה, יִסֵּר בְּמַכּוֹת
thrashing n הַלְקָאָה, חֲבָטָה
thread vt, n 1 הִשְׁחִיל, חָרַז מַחֲרֹזֶת. 2 תִּבְרֵג, הִשְׁתָּרֵךְ. 3 חוּט, פְּתִיל, סִיב, נִימָה, מְשִׁיחָה. 4 עוֹרֵק. 5 צְפִירָה, תַּבְרִיג, תַּבְרֹגֶת
thread loop לוּלָאָה
thread tension דִּסְקוֹת הַמְּתִיחָה
thread tension knob כַּפְתּוֹר הַמְּתִיחָה
threadbare adj 1 בָּלוּי, מָהוּהַּ, מְרֻפָּט, שָׁחוּק. 2 נָדוֹשׁ. 3 לָבוּשׁ קְרָעִים
threading n מַעֲרֶכֶת הַשְׁלִיבָה
threadlike adj נִימִי, חוּטִי
threat n אִיּוּם, סַכָּנָה, פֶּגַע
threaten vti 1 אִיֵּם עַל, בִּשֵּׂר רָעוֹת. 2 סִכֵּן
threateningly adv בְּאֹפֶן מְאַיֵּם
three adj, n 1 שְׁלֹשָׁה. 2 שָׁלֹשׁ
three-cornered adj מְשֻׁלַּשׁ־קְצָווֹת
three-decker n 1 תְּלַת־סִפּוּנִי. 2 תְּלַת־קוֹמָתִי
three-dimensional adj תְּלַת־מְמַדִּי
threefold adj, adv מְשֻׁלָּשׁ, פִּי שְׁלֹשָׁה
threepence n שְׁלֹשָׁה פֶּנִים
threepenny adj 1 שָׁוֶה שְׁלֹשָׁה פֶּנִים. 2 דַּל עֵרֶךְ
three-legged adj תְּלַת־רַגְלִי
three-ply adj תְּלַת־שִׁכְבָתִי
three-quarter adj שֶׁל שְׁלֹשָׁה רְבָעִים
threescore n, adj 1 שִׁשִּׁים. 2 שֶׁל שִׁשִּׁים
threesome n שְׁלִישִׁיָּה
three-way junction מִסְעָף
three-wheeled adj תְּלַת אוֹפַן
threnody n קִינָה, מִסְפֵּד
thresh vti דָּשׁ, חָבַט
thresher n 1 דַּיָּשׁ, מוֹרַג. 2 מְכוֹנַת דִּישָׁה
threshing דִּישָׁה
threshing-floor גֹּרֶן
threshing-machine מְכוֹנַת דִּישָׁה
threshold n מִפְתָּן, סַף, אַסְקֻפָּה
threw pt זמן עבר של הפועל to throw

thrice adv שָׁלֹשׁ פְּעָמִים

thrift n 1 חִסָּכוֹן, קִמּוּץ, חַסְכָנוּת. 2 עַדְעַד

thriftily adv בְּחִסָּכוֹן, בְּקִמּוּץ

thriftless n בַּזְבְּזָנִי

thriftlessness בַּזְבְּזָנוּת

thrifty adj חֶסְכוֹנִי, מְקַמֵּץ, חוֹסֵךְ

thrill vti, n 1 הִרְעִיד, הִרְטִיט. 2 הִתְרַגֵּשׁ, נִמְתַּח. 3 רָטַט, רָעַד. 4 רֶטֶט, הִתְרַגְּשׁוּת, חִיל. 5 חֲוָיָה

thriller n 1 מַרְטִיט, מַרְעִיד. 2 סִפּוּר מֶתַח

thrive vi הִצְלִיחַ, שִׂגְשֵׂג, פָּרַח

thriving adj מְשַׂגְשֵׂג, פּוֹרֵחַ, מַצְלִיחַ

thrivingly adv בְּהַצְלָחָה

throat n גָּרוֹן, גַּרְגֶּרֶת, לֹעַ

throaty adj גְּרוֹנִי, צָרוּד

throb vi, n 1 פָּעַם, הָלַם, דָּפַק. 2 פְּעִימָה, הַלְמוּת, דְּפִיקָה

throes npl 1 חֶבְלֵי לֵדָה, צִירֵי לֵדָה. 2 יִסּוּרִים

thrombosis n פַּקֶּקֶת, קָרִישׁ, תְּרוֹמְבּוֹזָה

thrombus n פֶּקֶק

throne n 1 כֵּס מַלְכוּת, כִּסֵּא־מְלוּכָה, תְּרוֹנוֹס. 2 מַלְכוּת, שִׁלְטוֹן מֶלֶךְ

throng vit, n 1 הִתְקַהֵל, הִצְטוֹפֵף, צָבָא עַל. 2 שֶׁרֶץ. 3 הָמוֹן, עַם־רַב

throstle n 1 קִיכְלִי, טֶרֶד. 2 מַטְוִיָּה

throttle vt, n 1 הֶחֱנִיק, שִׁנֵּק, דִּכָּא, שִׁתֵּק. 2 מַשְׁנֵק, מַצְעֶרֶת

through adv, prep, adj 1 בְּעַד, בְּקֶרֶב, בְּרַחֲבֵי, דֶּרֶךְ, לְאֹרֶךְ, לְמֶשֶׁךְ. 2 בְּאֶמְצָעוּת. 3 בִּגְלַל. 4 יָשִׁיר. 5 מִקָּצֶה לְקָצֶה. 6 לַחֲלוּטִין

through and through 1 לִפְנֵי וְלִפְנִים. 2 יָשָׁר וְהָפוּךְ, כָּל כֻּלּוֹ

throughout adv, prep בְּכָל, כֻּלּוֹ, בְּכָל מָקוֹם, מִכָּל הַבְּחִינוֹת

throughway n כְּבִישׁ מָהִיר

throve pt זמן עבר של הפועל to thrive

throw vt, n 1 הֵטִיל, זָרַק, הִשְׁלִיךְ, הִפִּיל. 2 שָׁפַךְ, יִדָּה. 3 שָׁזַר, עִצֵּב. 4 הֲטָלָה, זְרִיקָה, הַשְׁלָכָה, הַפָּלָה. 5 טְוַח זְרִיקָה

throw about הֵפִיץ, פִּזֵּר, בִּזְבֵּז

throw away זָרַק, בִּזְבֵּז, הִשְׁלִיךְ

throw down the gauntlet קָרָא תִּגָּר, הוֹעִיד לְדוּ־קְרָב

throw in 1 הוֹסִיף חִנָּם. 2 הִצְטָרֵף. 3 הִזְרִיק

throw off נָטַשׁ, זָרַק, הוֹרִיד, הִפְסִיק

throw out דָּחָה, פָּלַט, הוֹצִיא, גֵּרֵשׁ

throw up 1 וִתֵּר. 2 הֵקִיא. 3 הִתְפַּטֵּר

throwaway n 1 לְשִׁמּוּשׁ חַד־פַּעֲמִי. 2 כִּלְאַחַר־יָד

throwback n חֲזָרָה לְקַדְמוּת, תּוֹרַשְׁתִּיּוּת

thrown pp בינוני עבר לפועל to throw

thrum vti פָּרַט עַל, נִגֵּן

thrush n 1 קִיכְלִי, טֶרֶד (ציפור). 2 פִּטְרִיַּת־הַפֶּה. 3 פִּטְרִיַּת־צַוַּאר־הָרֶחֶם

thrust vti, n 1 דָּחַף, הָדַף, דָּחַק, נָעַץ, דָּקַר. 2 נִדְחַק. 3 כָּבַשׁ, הִבְקִיעַ. 4 דְּחִיפָה, דַּחַף. 5 תְּחִיבָה, דְּקִירָה, נְעִיצָה. 6 לַחַץ, מְשִׁיכָה

thud n חֲבָטָה

thug n 1 רוֹצֵחַ, שׁוֹדֵד, סַכִּינַאי. 2 בִּרְיוֹן

thuggery n רֶצַח, שֹׁד

thumb vi, n 1 דִּפְדֵּף בְּ־. 2 אֲגוּדָל, בֹּהֶן

thumb-nail sketch רָאשֵׁי פְּרָקִים

thumbscrew n 1 בֹּרֶג כְּנָפַיִם. 2 מַמְעֵךְ בֹּהֶן

thumbtack נַעַץ

thump vti, n 1 חָבַט, הִלְקָה, הָלַם. 2 פָּעַם. 3 פָּסַע בִּכְבֵדוּת. 4 חֲבָטָה, הַקָּשָׁה, מַהֲלֻמָּה, מַכָּה. 5 פְּעִימָה

thumping adj עָצוּם, גָּדוֹל מְאֹד

thunder vit, n 1 רָעַם, הִרְעִים. 2 רַעַם, רַעַשׁ

thunderbolt n בָּרָק, חֲזִיז

thunderclap n נֶפֶץ רַעַם, קוֹל רַעַם

thunderous adj רוֹעֵם, סוֹעֵר, מַחֲרִישׁ אָזְנַיִם

thunderstorm n סוּפַת־רְעָמִים

thunderstruck adj 1 מֻכֵּה־רַעַם, הֲלוּם־

רַעַם. 2 נִדְהָם, הָמוּם

thurible n מַחְתָּה, בָּזִיךְ, מַקְטֵר

Thursday n יוֹם חֲמִישִׁי, יוֹם ה׳

thus adv כָּךְ, כָּכָה, כֹּה, כָּזֶה, כָּזֹאת, לָכֵן, מִכָּאן שֶׁ־, אֵפוֹא

thus far adv עַד כָּאן

thwack vt, n 1 הִכָּה, חָבַט. 2 מַכָּה, חֲבָטָה

thwart vt, n 1 הִכְשִׁיל, סִכֵּל, שָׂם לְאַל. 2 סַפְסַל הַשַּׁיָּטִים

thyme n קוֹרָנִית

thyroid n תְּרִיס, בַּלּוּטַת הַתְּרִיס

ti n 1 קוֹרְדִּילִינָה (דקל). 2 סִי (מוס.)

tiara n 1 נֵזֶר. 2 מִצְנֶפֶת מַלְכוּת. 3 כֶּתֶר מְשֻׁלָּשׁ (של האפיפיור). 4 סַמְכוּת הָאַפִּיפְיוֹר

tibia n שׁוֹקָה, עֶצֶם הַשּׁוֹק, טִבְיָה

tic n עֲוִית, טִיק

tick vti, n 1 בָּדַק, סִמֵּן. 2 טִקְטֵק. 3 קַרְצִית. 4 טִקְטוּק, דְּפִיקַת לֵב. 5 רֶגַע. 6 סִימַן בְּדִיקָה

tick over vi נָע בְּאִטִּיּוּת

tick off vt 1 סִפֵּר. 2 נָזַף

ticker n 1 שָׁעוֹן. 2 לֵב

tickertape n סֶרֶט־טִיקֶר, סֶרֶט טֶלֶפְּרִינְטֶר

ticket vt, n 1 הִדְבִּיק פֶּתֶק, הִדְבִּיק תָּוִית. 2 תָּוִית. 3 כַּרְטִיס. 4 דּוּ״חַ חֲנָיָה

ticket-collector n כַּרְטִיסָן

ticket office 1 מִשְׂרַד לְכַרְטִיסִים. 2 קֻפָּה

tickle vti, n 1 דִּגְדֵּג, גֵּרָה. 2 שִׁעֲשַׁע, שִׂמַּח. 3 דִּגְדּוּג, גֵּרוּי

ticklish adj 1 רָגִישׁ לְדִגְדּוּג. 2 עָדִין, לֹא יַצִּיב

tidal adj שֶׁל גֵּאוּת וָשֵׁפֶל

tidal wave 1 נַחְשׁוֹל הַרְסָנִי. 2 תְּנוּעָה מִתְפַּשֶּׁטֶת

tiddler n 1 דָּג קָטָן. 2 תִּינוֹק

tiddly winks טִידְלִי וִינְקְס (משחק דיסקיות)

tide(s) n 1 גֵּאוּת וָשֵׁפֶל, מוֹעֲדֵי־יָם. 2 זֶרֶם, מְגַמָּה, הֲלָךְ דֵּעוֹת

tide over עָזַר לְהִתְגַּבֵּר

tidily adv בְּאֹפֶן מְסֻדָּר, נָקִי

tidiness n סֵדֶר, נִקָּיוֹן

tidings npl יְדִיעוֹת, חֲדָשׁוֹת, בְּשׂוֹרוֹת

tidy vt, adj, n 1 סִדֵּר, נִקָּה, פִּנָּה. 2 נָקִי, מְסֻדָּר, יָפֶה. 3 טוֹב, מַשְׂבִּיעַ רָצוֹן, גָּדוֹל. 4 צִפִּית

tidy up סִדֵּר, נִקָּה, פִּנָּה

tie vti, n 1 קָשַׁר, חִבֵּר, אָגַד, הִדֵּק. 2 כָּפָה, חִיֵּב. 3 הִתְחַתֵּן, נִשָּׂא. 4 קֶשֶׁר, קִשּׁוּר, חִבּוּר. 5 תֵּיקוּ. 6 קֶשֶׁת. 7 אֶדֶן (במסילת ברזל)

tie down 1 עִכֵּב, מָנַע. 2 קָשַׁר, אִגֵּד, צָרַר, רָתַם. 3 הִגְבִּיל

tie in with קָשַׁר, הִדֵּק, חִבֵּר

tie up קָשַׁר, אִגֵּד

tie-break n שְׁבִירַת־שִׁוְיוֹן (טניס)

tie-on adj מְקֻשָּׁר

tie-up n 1 קֶשֶׁר. 2 הַפְסָקָה, קִפָּאוֹן

tier vt, n 1 עָרַךְ בְּשׁוּרָה. 2 טוּר, נִדְבָּךְ, שׁוּרָה

tiff n קֶצֶף, כַּעַס, תִּגְרָה

tiger n 1 נָמֵר, טִיגְרִיס. 2 אַכְזָר, צְמֵא לְדָם

tigercat n חָתוּל נְמֵרִי

tigerlily n שׁוֹשַׁן נְמֵרִי

tigerish adj 1 נְמֵרִי. 2 אַכְזָרִי, צְמֵא־דָם

tight adj 1 מְהֻדָּק, הָדוּק. 2 צַר, חָמוּר, קָשֶׁה. 3 אָטִים. 4 קַמְּצָן. 5 שִׁכּוֹר, שָׁתוּי. 6 נָדִיר. 7 מְצֻמְצָם

tighten vti 1 אִמֵּץ, הִדֵּק, חִזֵּק. 2 מָתַח. 3 צִמְצֵם. 4 הִתְהַדֵּק

tightfisted adj קַמְּצָן, קְמוּץ־יָד

thigh-fitting adj הָדוּק, צָמוּד

tight-lipped adj שׁוֹמֵר פִּיו, נוֹצֵר פִּיו

tight corner/spot מַלְכּוֹד

tightrope n חֶבֶל מָתוּחַ

tightly adv 1 בְּצִמְצוּם. 2 בִּמְהֻדָּק

tightness n הִדּוּק, אִמּוּץ

tights npl גַּרְבֵּי מִכְנָס

tigress n 1 נְמֵרָה, טִיגְרִיסָה. 2 אַכְזָרִית

tilapia n אַמְנוּן (דג)

tilde n זַרְקָה, טִילְדֶה (~)

tile vt, n 1 רִעֵף. 2 רִצֵּף. 3 רַעַף. 4 מַרְצֶפֶת, אָרִיחַ

till vt, prep, conj, n 1 עִבֵּד, חָרַשׁ. 2 קֻפָּה רוֹשֶׁמֶת. 3 עַד שֶׁ־, עַד

tillage n עִבּוּד, חֲרִישָׁה

tiller n 1 אִכָּר, חוֹרֵשׁ. 2 יָדִית (להגה)

tilt vti, n 1 הִטָּה, לִכְסֵן, שִׁפֵּעַ. 2 הִסְתָּעֵר, הִתְנַצֵּחַ. 3 סִיּוּף. 4 תַּחֲרוּת. 5 שִׁפּוּעַ, לִכְסוּן

till at windmills נִלְחַם בְּטַחֲנוֹת־רוּחַ, נִלְחַם בְּאוֹיְבִים מְדֻמִּים

tilth n קַרְקַע חֲרוּשָׁה, קַרְקַע מְעֻבֶּדֶת

timber n 1 עֵצִים, עֵצָה. 2 קוֹרָה, צֵלָע (עץ)

timbre n גָּוֶן, גּוֹן הַקּוֹל

timbrel n טַנְבּוּרִית

time vt, n 1 עִתֵּת. 2 תִּזְמֵן. 3 זְמַן, עֵת, פְּנַאי, שָׁהוּת. 4 שָׁעָה. 5 תְּקוּפָה, מוֹעֵד. 6 קֶצֶב, טֶמְפּוֹ, מִפְעָם. 7 פַּעַם

time-card n כַּרְטִיס נוֹכְחוּת (לעובד)

time-clock שְׁעוֹן נוֹכְחוּת

time-hono(u)red adj מְקֻדָּשׁ, מְכֻבָּד

timekeeper n 1 שָׁעוֹן. 2 עִתַּאי. 3 שׁוֹפֵט הַזְּמַן

timelag n 1 הַפְסָקָה. 2 מִרְוָח

time-lapse n דּוֹלֵג־זְמַן (סרט)

timeless adj נִצְחִי, אֵינְסוֹפִי

timeliness n דַּיְקָנוּת, עִתִּיּוּת

timely adj בְּעִתּוֹ

time-out n פֶּסֶק־זְמַן

timepiece n שָׁעוֹן

timesaving adj חוֹסֵךְ זְמַן

time-server n חַנְפָן, אוֹפּוֹרְטוּנִיסְט, סְתַגְּלָן

timeswitch n מַפְסֵק

timetable n לוּחַ זְמַנִּים

time warp מִנְהֶרֶת הַזְּמַן

timid adj פַּחְדָן, בַּיְשָׁן

timidity n 1 פַּחְדָנוּת, בַּיְשָׁנוּת. 2 חַיְשָׁנוּת

timidly adv בְּהַסְסָנוּת, בְּבַיְשָׁנוּת

timing n 1 עִתּוּי. 2 הֶסְדֵּר קֶצֶב. 3 תִּזְמוּן

timorous adj פַּחְדָן, חָרֵד, הַסְסָנִי

timorously adv בְּהַסְסָנוּת, בְּפַחְדָנוּת

timothy n אִיטָן זְנַב הֶחָתוּל (דשא)

timpani n תֻּנְפָּן

timpanist n תֻּנְפָּנַאי

tin vt, n 1 שִׁמֵּר, כָּבַשׁ. 2 צִפָּה בִּבְדִיל. 3 בְּדִיל. 4 פַּח. 5 פַּחִית. 6 מָעוֹת, מְצַלְצְלִים

tin foil נְיַר כֶּסֶף, נְיַר אֲלוּמִינְיוּם

Tin Pan Alley יְצִירַת הַמּוּסִיקָה הָעֲמָמִית

tincture vt, n 1 גִּוֵּן, צָבַע. 2 הִסְפִּיג. 3 גָּוֶן, צֶבַע, מִשְׁרָה, תְּמִסָּה

tinder n חֹמֶר הַצָּתָה

tine n חֹד, שֵׁן

tinfoil n רִקּוּעַ פַּח, רִקּוּעַ בְּדִיל

ting vti, n 1 צִלְצֵל. 2 צְלִיל, צִלְצוּל

tinge vt, n 1 צָבַע, תִּבֵּל. 2 גָּוֶן, צֶבַע. 3 תִּבּוּל

tingle vi, n 1 כָּאַב, דָּקַר. 2 עִקְצוּץ

tinker vi, n 1 הִטְלִיא, הִכְלִיב, עָבַד כְּפֶחָח. 2 פֶּחָח, מַכְלִיב, מַטְלִיא

tinkle vit, n 1 קִשְׁקֵשׁ, צִלְצֵל. 2 צִלְצוּל, קִשְׁקוּשׁ

tinned adj מְשֻׁמָּר (מזון)

tinny adj 1 בְּדִילִי. 2 נוֹצֵץ וְזוֹל. 3 מְקַשְׁקֵשׁ

tinpot adj נָפוּחַ, רֵיק מִתֹּכֶן

tinsel vt, n 1 קִשֵּׁט בְּסִדְקִית, שִׁוָּה בָּרָק מְזֻיָּף. 2 סִדְקִית. 3 רַבְרְבָנוּת

tinselly adj רַבְרְבָנִי

tinsmith n פֶּחָח, רוֹקֵעַ

tint vt, n 1 גִּוֵּן, גִּוְנֵן, דִּיֵּת. 2 גָּוֶן, בֶּן צֶבַע, דִּיּוּת

tintinnabulation n צִלְצוּל

tiny adj זָעִיר, זַעֲרוּרִי, קְטַנְטַן

tip vti, n 1 חִדֵּד, כִּסָּה חֹד. 2 נָגַע, טָפַח, הִקִּישׁ. 3 תִּשֵּׁר, הִתְשִׁיר. 4 הִטָּה, הָפַךְ, לִכְסֵן. 5 הֵסִיר. 6 הִזְהִיר, רָמַז, גִּלָּה סוֹד. 7 אִזֵּן. 8 חֹד, עֹקֶץ, קָצֶה. 9 פִּסְגָּה. 10 בָּדָל.

11 תֶּשֶׁר, מַתָּת. 12 נְגִיעָה, טְפִיחָה.
13 רֶמֶז. 14 יְדִיעָה סוֹדִית

tip off הִזְהִיר

tip-off n רֶמֶז, גִּלּוּי סוֹד, אַזְהָרָה

tip over 1 הִטָּה, הָפַךְ. 2 הִתְהַפֵּךְ

tippet n צַוָּארוֹן, סוּדָר, רְדִיד

tipping lorry מַשָּׂאִית רְכִינָה

tipple vit, n 1 שָׁתָה לְשָׁכְרָה. 2 הִפִּיל. 3 מַשְׁקֶה, טִפָּה מָרָה

tippler n שַׁתְיָן, שִׁכּוֹר

tipster n מְגַלֶּה סוֹדוֹת

tipsy adj מְבֻסָּם, בְּגִלּוּפִין

tip the scale הִכְרִיעַ אֶת הַכַּף

tiptoe (on) adv עַל בְּהוֹנוֹת

tiptoe vi הִבְהִין

tiptop adj, adv מְצֻיָּן, שׁוּפְרָא דְשׁוּפְרָא, כַּפְתּוֹר וָפֶרַח

tip up הִטָּה, לִכְסֵן

tirade n גִּבּוּב מִלִּים, נְאוּם הַעֲלָבָה

tire, tyre n צְמִיג

tire vti 1 עָיֵף, הִתְעַיֵּף, יָגַע. 2 הִשְׁתַּעֲמֵם. 3 עִיֵּף, הֶלְאָה

tired adj עָיֵף, נִלְאָה, מְיֻגָּע

tiredly adv בַּעֲיֵפוּת, בִּלְאוּת

tired of מְשֻׁעֲמָם, עָיֵף מ־

tired out עָיֵף, מְיֻגָּע

tiredness n עֲיֵפוּת, לֵאוּת

tireless adj בִּלְתִּי נִלְאֶה

tirelessly adv בְּלִי לֵאוּת

tiresome adj מַטְרִיד, מַלְאֶה

tiring adj מַטְרִיד, מַרְגִּיז, מְשַׁעֲמֵם, מְעַיֵּף

tissue n 1 רִקְמָה, אָרִיג. 2 מַסֶּכֶת, מִרְקָם

tissue paper מַלְמָלִית, נְיַר מֶשִׁי, נְיָר רַךְ

tit n 1 יַרְגָּזִי. 2 שַׁד, פִּטְמָה

tit for tat עַיִן תַּחַת עַיִן, מִדָּה כְּנֶגֶד מִדָּה

titan n נָפִיל, עֲנָק, טִיטָן

titanic adj טִיטָנִי, עֲנָקִי, כַּבִּיר

titbit n 1 מָנָה יָפָה. 2 חֲתִיכָה הָרְאוּיָה לְהִתְכַּבֵּד. 3 פִּסַּת רְכִילוּת

tithe vti, n 1 לָקַח מַעֲשֵׂר. 2 נָתַן מַעֲשֵׂר, עִשֵּׂר. 3 מַעֲשֵׂר

titillate vt דִּגְדֵּג

titillation n דִּגְדּוּג

titivate vti 1 קִשֵּׁט. 2 הִתְקַשֵּׁט, הִתְגַּנְדֵּר

title vt, n 1 כִּנָּה. 2 שֵׁם, כּוֹתֶרֶת, כּוֹתָר. 3 שַׁעַר, פֶּרֶק, חֵלֶק. 4 כְּתֹבֶת. 5 תֹּאַר, כִּנּוּי. 6 זְכוּת, חֲזָקָה. 7 בַּעֲלוּת, זְכוּת־קִנְיָן

title deed שְׁטַר קִנְיָן

title page עַמּוּד שַׁעַר, שַׁעַר הַסֵּפֶר

title role תַּפְקִיד רָאשִׁי

titter vi, n 1 גִּחֵךְ, צָחַק צְחוֹק עָצוּר. 2 צִחְקוּק, גִּחוּךְ

tittle n שֶׁמֶץ, קַמְצוּץ, קֻרְטוֹב

tittle-tattle n רְכִילוּת, לָשׁוֹן הָרָע, פִּטְפּוּט

titular adj 1 בְּשֵׁם בִּלְבַד, שֶׁל שֵׁם. 2 בַּעַל תֹּאַר

tizzy n הִתְרַגְּשׁוּת יֶתֶר

TNT n טִי־אֶן־טִי, ט.נ.ט.

to prep, part, adv אֶל, לְ־, עַד לְ־, לְעֵבֶר, עַד, עַד כְּדֵי, לְפִי, לְעֻמַּת, כְּנֶגֶד

to and fro הָלוֹךְ וָשׁוֹב, הֵנָּה וָהֵנָּה

toad n 1 קַרְפָּדָה. 2 בָּזוּי, נִבְזֶה

toadstool n פִּטְרִיָּה אַרְסִית, פִּטְרִיַּת רַעַל

toady vi, n 1 הֶחֱנִיף, הִתְרַפֵּס. 2 חַנְפָן, מִתְרַפֵּס, מְלַחֵךְ פִּנְכָּה

toast vt, n 1 קָלָה, חִמֵּם. 2 נִקְלָה, הִתְחַמֵּם. 3 הִצִּיעַ כּוֹס לְחַיִּים. 4 שָׁתָה לְחַיִּים. 5 צְנִים, טוֹסְט. 6 שְׁתִיַּת לְחַיִּים

toaster n מַצְנֵם, מַקְלֶה, טוֹסְטֶר

toaster-oven n תַּנּוּרוֹן

toastmaster n מַנְחֶה, קוֹנְפְרַנְסְיֶה

toastrack n מַעֲמָד לִצְנִים

tobacco n טַבָּק

tobacconist n טַבָּקַאי

toboggan vi, n 1 נָסַע בְּמִזְחֶלֶת. 2 יָרַד בִּמְהִירוּת. 3 מִזְחֶלֶת, טַבָּגָן

toccata n טוֹקָטָה

tocsin n אַזְעָקָה, פַּעֲמוֹן אַזְעָקָה

today adv, n 1 הַיּוֹם. 2 כַּיּוֹם, בְּיָמֵינוּ, בַּזְּמַן הַזֶּה
toddle vi דִּדָּה, הִדַּדָּה, הָלַךְ לְאַט
toddler n 1 מְדַדֶּה. 2 תִּינוֹק
toddy n עֲסִיס תְּמָרִים, תָּמָר הִינְדִּי, פּוּנְץ׳
to-do n מְהוּמָה, מְבוּכָה, הֲמֻלָּה, רַעַשׁ
toe vt, n 1 נָגַע בִּבְהוֹנוֹת הָרֶגֶל. 2 אֶצְבַּע הָרֶגֶל
toe the line הָלַךְ בַּתֶּלֶם, צִיֵּת בְּקַפְּדָנוּת
toenail n צִפֹּרֶן אֶצְבַּע הָרֶגֶל
toffee n טוֹפִי
toffee-nosed adj מְנֻפָּח, יָהִיר
tog vt, n 1 הִלְבִּישׁ, לָבַשׁ. 2 בֶּגֶד, לְבוּשׁ. 3 יְחִידַת שִׁמּוּר חֹם
toga n גְּלִימָה, טוֹגָה
together adv יַחַד, בְּיַחַד, יַחְדָּו, בְּצַוְתָּא, בְּעֵת וּבְעוֹנָה אַחַת
toggle n 1 פִּקָּה. 2 לוּלַב הַקֶּשֶׁר
togs npl בְּגָדִים
toil vi, n 1 עָמַל, טָרַח. 2 הִתְקַדֵּם, פִּלֵּס דֶּרֶךְ. 3 עָמָל, יְגִיעָה, טִרְחָה
toilet n 1 חֲדַר רַחְצָה, בֵּית שִׁמּוּשׁ. 2 שֻׁלְחַן פִּרְכּוּס. 3 פִּרְכּוּס
toiletpaper n נְיַר טוּאָלֶט
toiletries npl צָרְכֵי רַחֲצָה (סבון, משחה וכו׳)
toilsome adj מְעַיֵּף, מְיַגֵּעַ, מַכְבִּיד
Tokay n טוֹקַי, יֵין טוֹפָּז
token n 1 סִימָן, אוֹת, עֵדוּת, סֵמֶל. 2 תָּו, תָּוִית. 3 אֲסִימוֹן
told pt, pp זמן עבר ובינוני עבר של הפועל to tell
tolerable adj 1 סָבִיל, נִסְבָּל, לֹא רַע. 2 בִּבְרִיאוּת טוֹבָה
tolerably adv בְּמִדָּה נִסְבֶּלֶת
tolerance n 1 סוֹבְלָנוּת. 2 סְבִילוּת, כֹּחַ־עֲמִידָה, נוֹגְדָנוּת, סִבֹּלֶת
tolerant adj 1 סוֹבְלָן, סוֹבְלָנִי. 2 עָמִיד, נוֹגְדָנִי
tolerantly adv בְּסוֹבְלָנוּת
tolerate vt 1 הִרְשָׁה, הִתִּיר, הִשְׁלִים עִם. 2 נָהַג בְּסוֹבְלָנוּת. 3 סָבַל, נָשָׂא
toll vit, n 1 צִלְצֵל. 2 צִלְצוּל. 3 מַס, תַּשְׁלוּם. 4 מֶכֶס, הֶטֵּל
tollbar, tollgate n מַחְסוֹם מֶכֶס
tomahawk n טוֹמָהוֹק
tomato n עַגְבָנִיָּה
tomb n קֶבֶר, כּוּךְ
tombola n טוֹמְבּוֹלָה
tombstone n מַצֵּבָה
tomboy n נַעֲרָה פְּרוּעָה וְשׁוֹבָבָה
tomcat n חָתוּל (זכר)
tome n כֶּרֶךְ עָבֶה
tomfool n טִפֵּשׁ, סָכָל, פֶּתִי, שׁוֹטֶה
tomfoolery n 1 טִפְּשׁוּת, סִכְלוּת, פְּתַיּוּת. 2 תַּכְשִׁיטִים חַסְרֵי־עֵרֶךְ
tommygun n טוֹמִיגָן, תַּת־מַקְלֵעַ
tomography n טוֹמוֹגְרַפְיָה
tomorrow adv, n 1 מָחָר. 2 בֶּעָתִיד
tom-tit n יַרְגָּזִי (ציפור)
tomtom n טַמְטָם, תֹּף אַפְרִיקָנִי
ton n טוֹנָה
tonal adj 1 קוֹלִי, צְלִילִי. 2 טוֹנָלִי
tonality n 1 קוֹלִיּוּת, צְלִילִיּוּת. 2 טוֹנָלִיּוּת
tone vti, n 1 שִׁוָּה טוֹן, שִׁוָּה גָּוֶן, הִרְמֵן, גִּוֵּן. 2 טוֹן, קוֹל, צְלִיל. 3 נְעִימָה, טַעַם, נְגִינָה. 4 אֹפִי, תְּכוּנָה, אֹפֶן. 5 גָּוֶן, נֹסַח, רוּחַ. 6 יַחַס, הִתְנַהֲגוּת. 7 סִגְנוֹן
tone control וַסַּת צְלִיל
tone down 1 רִכֵּךְ, הֶחֱלִישׁ. 2 הִנְמִיךְ
tone up חִזֵּק, הֶעֱלָה אֶת הַטּוֹן
tone in הִרְמֵן, הִתְאִים
tone-deaf adj חֵרֵשׁ לִצְלִילִים
tongs npl צְבָת, מֶלְקָחַיִם
tongue n 1 לָשׁוֹן. 2 שָׂפָה. 3 דִּבֵּר. 4 דִּבּוּר, אֹרַח־דִּבּוּר. 5 לְשׁוֹנִית. 6 נִיב. 7 עִנְבָּל, יָצוּל. 8 זְרוֹעַ, שֶׁגֶם
tongue-in- מִן הַשָּׂפָה וְלַחוּץ, לֹא

cheek בְּכֵנוּת, מִתְחַכֵּם

tongue-tied adj כְּבַד לָשׁוֹן, כְּבַד פֶּה

tongue-twister n מִשְׁפָּט קָשֶׁה־בִּטּוּי, "שׁוֹבֵר שִׁנַּיִם"

tonic n, adj 1 מְעוֹדֵד, מְחַזֵּק, בַּעַל מֶתַח. 2 צְלִילִי, קוֹלִי. 3 טוֹנִיק, סַם חִזּוּק

tonight adv, n 1 הַלַּיְלָה. 2 הַלַּיְלָה הַזֶּה

tonnage n 1 טוֹנָז', תְּפוּסָה, תְּכוּלָה, מַס אֳנִיּוֹת. 2 מְחִיר הוֹבָלָה לְטוֹנָה

tonne n טוֹנָה (משקל)

tonsil n שָׁקֵד (בגרון)

tonsilitis n שַׁקֶּדֶת, דַּלֶּקֶת הַשְּׁקֵדִים

tonsorial adj סַפָּרִי, שֶׁל סַפָּר, שֶׁל גִּלּוּחַ

tonsure n קַרְקֶפֶת גַּלָּח

too adv 1 נוֹסָף, גַּם, אַף, כְּמוֹ כֵן. 2 יוֹתֵר מִדַּי

took pt זמן עבר של הפועל to take

tool n 1 כְּלִי, מַכְשִׁיר. 2 מְכוֹנָה. 3 אֶמְצָעִי

tooth n 1 שֵׁן. 2 בְּלִיטָה, זִיז, חֹד. 3 תֵּאָבוֹן. 4 כִּרְסוּם, גִּיּוּץ

toothache n כְּאֵב שִׁנַּיִם

toothbrush n מִבְרֶשֶׁת שִׁנַּיִם

toothless adj חֲסַר שִׁנַּיִם

toothpaste n מִשְׁחַת שִׁנַּיִם

toothpick n מַחְצָצָה, קֵיסָם, קִסָּם

toothsome adj עָרֵב, טָעִים

top vt, n 1 הֵסִיר קָצֶה. 2 כִּסָּה. 3 הָיָה בְּרֹאשׁ. 4 גָּזַם. 5 הִצְטַיֵּן כְּרִאשׁוֹן. 6 קָפַץ מֵעַל. 7 עָמַד בְּרֹאשׁ, פִּסֵּג. 8 קָדְקֹד, רֹאשׁ, צַמֶּרֶת, פִּסְגָּה. 9 רֵאשִׁית. 10 הַקָּצֶה הָעֶלְיוֹן. 11 שִׂיא, כְּלִיל־. 12 אָמִיר. 13 מִכְסֶה. 14 אֲפֻדָּה

top brass אַחֲ"מִים, רָמֵי הַמַּעֲלָה

top drawer חָשׁוּב, עֶלְיוֹן, מֵהַשִּׁכְבָה הָעֶלְיוֹנָה

top hat צִילִינְדֶּר (כובע), מִגְבַּעַת

top secret סוֹדִי בְּיוֹתֵר

top up vt מִלֵּא עַד הַסּוֹף

topaz n פִּטְדָה, טוֹפָּז

top-dressing n דִּשּׁוּן שִׁטְחִי, דִּשּׁוּן עֶלְיוֹן

toper n שַׁתְיָן, שִׁכּוֹר

top-flight, top-notch adj נַעֲלֶה, מִמַּדְרֵגָה רִאשׁוֹנָה

top-gallant n רָם, עַלְעִלִּי

topi n מִגְבַּעַת שֶׁמֶשׁ

topiary n, adj 1 גַּנָּנוּת, נוֹי, גַּן אָמָּנוּתִי. 2 שֶׁל גַּנָּנוּת אָמָּנוּתִית

topic n נוֹשֵׂא, נוֹשֵׂא לְדִיּוּן

topical adj 1 מְקוֹמִי. 2 שֶׁל נוֹשֵׂא. 3 אַקְטוּאָלִי

topically adv אַקְטוּאָלִית

topless adj בְּלִי חָזִיָּה

topmast n תֹּרֶן עִלִּי

topmost adj עֶלְיוֹן, גָּבוֹהַּ בְּיוֹתֵר

topographical adj טוֹפּוֹגְרָפִי

topography n טוֹפּוֹגְרַפְיָה

topper n צִילִינְדֶר, מִגְבַּעַת

topping n, adj 1 רֹטֶב, צִיר, מִיץ. 2 נִפְלָא, מְצֻיָּן, מַזְהִיר. 3 רַם הַמַּעֲלָה

topple vit 1 נָפַל, הִתְנוֹדֵד. 2 הִפִּיל, הָפַךְ, הֵנִיד

top-ranking adj לְעֵלָּא וּלְעֵלָּא, רַם דֶּרֶג

topsail n מִפְרָשׂ עִלִּי

topsoil n קַרְקַע עִלִּית

topsy-turvy adj, adv 1 מְבֻלְבָּל, הָפוּךְ, פָּרוּעַ, מְהֻפָּךְ. 2 בִּמְבוּכָה, בְּעִרְבּוּבְיָה

toque n מִצְנֶפֶת, כּוֹבַע (לנשים)

tor n גִּבְעָה, גִּבְעַת סְלָעִים, צוּק

torch n 1 לַפִּיד, אֲבוּקָה. 2 מַבְעֵר, מָאוֹר. 3 פָּנָס

tore pt זמן עבר של הפועל to tear

toreador n לוֹחֵם שְׁוָרִים, טוֹרֵאָדוֹר

torment vt, n 1 הִטְרִיד, הֵצִיק, הִכְאִיב. 2 יִסֵּר, עִנָּה. 3 עִנּוּי, יִסּוּרִים, צַעַר, מְצוּקָה

tormentor n מְעַנֶּה, מֵצִיק

torn pp בינוני עבר של הפועל to tear

tornado n עַלְעוֹל, טוֹרְנָדוֹ

torpedo vt, n 1 טִרְפֵּד, חִבֵּל. 2 טוֹרְפֶּדוֹ. 3 דַּג הַחַשְׁמַל. 4 טַרְפֶּדֶת

torpid adj אָדִישׁ, אִטִּי, רָדוּם, קֵהֶה חוּשִׁים

torpidity, torpidness n 1 רַדְמָנוּת, אֲדִישׁוּת, אִטִּיּוּת, קֵהוּת חוּשִׁים. 2 תַּרְדֵּמַת חֹרֶף

torpidly adv בַּאֲדִישׁוּת, בַּעֲצַלְתַּיִם

torpor n תַּרְדֵּמָה, קֵהָיוֹן, קֵהוּת

torque n פִּתּוּל, זְרוֹעַ פִּתּוּל

torrent n 1 זֶרֶם עַז, שֶׁטֶף, פֶּרֶץ. 2 מַבּוּל, גֶּשֶׁם שׁוֹטֵף

torrential adj זִרְמִי, עַז, שׁוֹטֵף

torrid adj לוֹהֵט, בּוֹעֵר, יוֹקֵד

torridity n 1 לַהַט, חֹם לוֹהֵט. 2 צְחִיחוּת

torsion n 1 פִּתּוּל, עִקּוּל, עִקּוּם. 2 עִוּוּת, סִלּוּף

torso n 1 קֶטַע, יְצִירָה לֹא גְמוּרָה. 2 פֶּסֶל לְלֹא רֹאשׁ וְרַגְלַיִם

tort n נֶזֶק, נְזִיקִין

tortilla n מַצַּת תִּירָס

tortoise n צָב

tortoiseshell n שִׁרְיוֹן הַצָּב

tortuous adj מְפֻתָּל, מִתְפַּתֵּל, מְעֻוָּת, עָקֹם

tortuously adv נִפְתָּלוֹת, עֲקַלְקַלּוֹת

torture vt, n 1 עִנָּה, הֵצִיק, עִוֵּת. 2 סִלֵּף, עִקֵּם. 3 עִנּוּי, מַכְאוֹב, יִסּוּרִים, עִוּוּת

torturer n מְעַנֶּה, מְעַוֵּת

Tory n, adj טוֹרִי, שַׁמְּרָן

tosh n שְׁטֻיּוֹת, הֶבֶל

toss vt, n 1 זָרַק, הִשְׁלִיךְ. 2 צָנַף, הֵטִיל, טִלְטֵל. 3 נִעְנַע, נִפְנֵף. 4 נִטַּלְטֵל, הִתְנוֹעֵעַ, הִתְהַפֵּךְ. 5 זְרִיקָה, הַשְׁלָכָה, הֲטָלָה. 6 טְוַח זְרִיקָה. 7 הַפָּלַת גּוֹרָל

toss off הֵרִיק כּוֹס, שָׁתָה בִּלְגִימָה אַחַת

toss up הִפִּיל גּוֹרָל

toss-up n זְרִיקַת מַטְבֵּעַ, הַפָּלַת גּוֹרָל

tot n 1 פָּעוֹט, תִּינוֹק, עוֹלָל. 2 לְגִימָה. 3 מַשֶּׁהוּ. 4 סַךְ־הַכֹּל, סה"כ, סִכּוּם

tot up vt סִכֵּם

total vti, adj, n 1 סִכֵּם, עָלָה לְ־, הִסְתַּכֵּם. 2 שָׁלֵם, כּוֹלֵל, מַקִּיף, כָּלִיל, מֻחְלָט. 3 סִכּוּם, סַךְ הַכֹּל

total surface מַעֲטֶפֶת (גיאומטריה)

totalitarian adj רוֹדָנִי, טוֹטָלִיטָרִי

totalitarianism n רוֹדָנוּת, טוֹטָלִיטָרִיּוּת

totality n שְׁלֵמוּת, מִכְלוֹל

totally adv לְגַמְרֵי, לַחֲלוּטִין, כָּלִיל

tote vt, n 1 נָשָׂא, סָחַב. 2 חֲבִילָה. 3 נְשִׂיאַת נֶשֶׁק

totem n טוֹטֶם

totter vi הִתְנוֹדֵד, מָעַד, הִתְמוֹטֵט, הִדַּדָּה

tottery adj מִתְנוֹדֵד, רָעוּעַ, לֹא־יַצִּיב

toucan n טוּקָן

touch vti, n 1 נָגַע, מָשַׁשׁ, מִשֵּׁשׁ. 2 טָפַח, בָּא בְּמַגָּע עִם. 3 גָּבַל, הִגִּיעַ, הִשִּׂיג. 4 פָּגַע, נָגַע לְרָעָה. 5 עָגַן, שָׁהָה. 6 הֶעֱבִיר עַל. 7 פָּרַט. 8 עָסַק בְּ־, דָּן בְּ־. 9 הִזְכִּיר, הֵנִיחַ יָדוֹ עַל. 10 הִשְׁתַּוָּה אֶל. 11 הִשְׁפִּיעַ. 12 הִרְגִּיז. 13 סָחַט. 14 נְגִיעָה, מַגָּע, מִשּׁוּשׁ, חוּשׁ הַמִּשּׁוּשׁ. 15 שִׂרְטוּט קַל. 16 לְטוּשׁ אַחֲרוֹן. 17 קַרְטוֹב. 18 טַעַם, נִימָה. 19 הֶתְקֵף קַל, הַתְקָפָה קַלָּה. 20 כֶּתֶם, רְבָב. 21 מַגּוּעַ. 22 תְּכוּנָה

touch and go בְּמַצָּב קָשֶׁה, עַל הַגְּבוּל

touch at עָגַן, שָׁהָה

touch down נָחַת

touch off 1 הִפְעִיל. 2 שִׂרְטֵט בְּחִפָּזוֹן

touch on/upon הִזְכִּיר, נָגַע בְּ־, דָּן בְּ־

touch up תִּקֵּן, שִׁפֵּר

touch (in) adv בְּקֶשֶׁר

touchable adj מָשִׁישׁ, מוּחָשִׁי, מַמָּשִׁי

touchdown n 1 שַׁעַר (כדורגל). 2 נְחִיתָה

touché interj יָפֶה דִּבַּרְתָּ!, כָּל הַכָּבוֹד!

touchily adv בְּרֹגֶז, בִּרְגִישׁוּת

touchiness n רְגִיזוּת, רַגְזָנוּת, רְגִישׁוּת

touching adj נוֹגֵעַ אֶל הַלֵּב, פָּתֶטִי

touchingly adv בְּאֹפֶן נוֹגֵעַ לַלֵּב
touchline n קַו־גְּבוּל
touchstone n אֶבֶן בֹּחַן, קְנֵה־מִדָּה
touch-type vi טִקְטֵק עִוֵּר
touchy adj 1 רָגִיז, רַגְזָן, רַתְחָן, רָגִישׁ. 2 קַל הַצָּתָה. 3 עָדִין
tough adj 1 קָשֶׁה. 2 מְחֻסְפָּס, גַּס, קָשׁוּחַ. 3 קָשֶׁה לְעִיסָה. 4 קָשֶׁה שִׁכְנוּעַ, עַקְשָׁן. 5 מֵצִיק, מַטְרִיד. 6 עַז, פֶּרֶא
toughen vti 1 הִקְשָׁה, הִתְקַשָּׁה. 2 הִתְעַקֵּשׁ
toughly adv בְּקשִׁי, בְּחֻמְרָה
toughness n 1 קשִׁי, חֹזֶק. 2 גַּסּוּת, קְשִׁיחוּת
toupee n 1 פֵּאָה נָכְרִית. 2 תַּלְתַּל, בְּלוֹרִית
tour vit, n 1 טִיֵּל, תִּיֵּר, סִיֵּר, תָּר, נָסַע. 2 סוֹבֵב, הִקִּיף. 3 טִיּוּל, תִּיּוּר, סִיּוּר. 4 סִבּוּב, הֶקֵּף
tour de force מַעֲשֵׂה־גְבוּרָה
tourism n תַּיָּרוּת
tourist n תַּיָּר
tournament n 1 תַּחֲרוּת. 2 סִבּוּב
tourney vi, n 1 תַּחֵר. 2 תַּחֲרוּת
tourniquet n חַסָּם (רפואה)
tousle vt 1 פָּרַע, סָתַר. 2 עִרְבֵּב, בִּלְבֵּל
tout n 1 בּוֹלֵשׁ, מְרַגֵּל (מירוצי סוסים). 2 מְחַזֵּר אַחֲרֵי לָקוֹחוֹת, סַפְסָר
tout for חִזֵּר אַחֲרֵי
tow vt, n 1 גָּרַר, מָשַׁךְ. 2 גְּרִירָה, מְשִׁיכָה. 3 גְּרוּרָה. 4 גְּרָר
tow boat גּוֹרֶרֶת, סְפִינַת גְּרָר
toward, towards prep 1 לְעֵבֶר, לִקְרַאת, לְעֻמַּת. 2 לְגַבֵּי, כְּלַפֵּי. 3 מוּל. 4 לְטוֹבַת
towel vt, n 1 נִגֵּב, יִבֵּשׁ. 3 מַגֶּבֶת
towel-horse, towelrack n מִתְלֵה מַגָּבוֹת
towel(l)ing n אֲרִיג מַגָּבוֹת
tower vi, n 1 הִתְנַשֵּׂא, הִתְרוֹמֵם, נִשָּׂא. 2 מִגְדָּל
tower above 1 שָׁלַט עַל. 2 עָלָה עַל
tower of strength מִגְדַּל עֹז
towering adj מִתְרוֹמֵם, מִתְנַשֵּׂא, מִתְנוֹסֵס, גָּבוֹהַּ, רָם
towering intellect חָכְמָה מֻפְלֶגֶת
town n עִיר, קִרְיָה, עֲיָרָה
town council מוֹעֶצֶת הָעִיר
town hall 1 בֵּית הָעִירִיָּה. 2 אוּלַם הַמּוֹעָצָה
townee, townie n עִירוֹנִי
townsfolk npl תּוֹשָׁבֵי הָעִיר, עִירוֹנִיִּים
township n 1 עֲיָרָה. 2 עִירִיָּה. 3 עִיר קְטַנָּה, יְחִידָה עִירוֹנִית
tox(a)emia n רַעֶלֶת דָּם, טוֹקְסֶמְיָה
toxic adj רַעֲלִי, מֻרְעָל, אַרְסִי
toxicity n רַעֲלִיּוּת, רַעֲלָנוּת, רְעִילוּת
toxicology n טוֹקְסִיקוֹלוֹגְיָה, חֵקֶר הָרְעָלִים
toxin n רַעֲלָן, טוֹקְסִין
toy n 1 צַעֲצוּעַ. 2 שַׁעֲשׁוּעַ. 3 תַּחְבִּיב
toy with הִצְטַעֲצֵעַ, הִשְׁתַּעֲשֵׁעַ
trace vt, n 1 עָקַב, הָלַךְ אַחֲרֵי, הִתְחַקָּה. 2 חָקַר, חִפֵּשׂ. 3 גִּלָּה. 4 שִׂרְטֵט, הֶעְתִּיק, רָשַׁם, קִוְקֵו. 5 נָתַב. 6 עָקֵב, עִקְבָה, עֲקֵבוֹת, רֹשֶׁם, סִימָן, עֵדוּת, נָתִיב, זֵכֶר. 7 שֶׁמֶץ, קַמְצוּץ, מַשֶּׁהוּ, קֹרֶטוֹב. 8 הֶעָקֵב
trace back vti עָקַב אַחֲרֵי
trace out vt שִׂרְטֵט
traceable adj בַּר עִקּוּב
tracer n עוֹקֵב, חוֹקֵר, נוֹתֵב
tracery n 1 קִשּׁוּטֵי אֶבֶן. 2 קִשּׁוּטֵי תַּחְרִים. 3 מַעֲשֵׂה רֶשֶׁת
traces npl רִתְמָה, מוֹשְׁכוֹת
trachea n קָנֶה, צִנּוֹר הַנְּשִׁימָה
trachoma n גַּרְעֶנֶת, טְרָכוֹמָה
tracing n 1 הִתְחַקּוּת, מַעֲקָב, עֲקִיבָה. 2 שִׂרְטוּט
tracing paper נְיַר שְׁקוּף
track vt, n 1 עָבַר. 2 הָלַךְ בְּדַרְכּוֹ שֶׁל, יָצָא בְּעִקְבוֹת. 3 הִשְׁאִיר עֲקֵבוֹת. 4 הִתְקִין מְסִלָּה (רכבת). 5 רָץ בְּמַסְלוּל. 6 גָּרַר, מָשַׁךְ. 7 פַּסֵּי מְסִלָּה, מְסִלַּת בַּרְזֶל. 8 חָרִיץ

traduce vt הַלְעִיז, הִשְׁמִיץ, הוֹצִיא דִבָּה, הָלַךְ רָכִיל
traffic n 1 תַּעֲבוּרָה, תַּחְבּוּרָה, תְּנוּעָה. 2 מִסְחָר
traffic in סָחַר, הֶחֱלִיף
traffic light רַמְזוֹר
trafficker n סוֹחֵר־סַמִּים
tragedian n 1 טְרָגִיקָן. 2 שַׂחְקַן טְרָגֶדְיוֹת
tragedienne n 1 טְרָגִיקָנִית. 2 שַׂחְקָנִית טְרָגֶדְיוֹת
tragedy n 1 טְרָגֶדְיָה. 2 אָסוֹן
tragic(al) adj 1 טְרָגִי. 2 מַעֲצִיב, עָצוּב, נוּגֶה
tragically adv בְּאֹפֶן טְרָגִי
tragicomedy n טְרָגִיקוֹמֶדְיָה
tragicomic adj טְרָגִי קוֹמִי
trail vti, n 1 גָּרַר, סָחַב. 2 הִתְחַקָּה. 3 אִזֵּן. 4 סָלַל. 5 נִגְרַר, הִשְׁתָּרֵךְ, הִזְדַּחֵל. 6 נֶחֱלַשׁ, הִתְאַפֵּק, הִתְפַּתֵּל. 7 עֲקֵבוֹת, סִימָן. 8 שְׁבִיל, נָתִיב. 9 שֹׁבֶל. 10 אִזּוּן. 11 מְאַסֵּף. 12 אִבְקָה
trail-blazing adj מַהְפְּכָנִי, מְפַלֵּס דֶּרֶךְ
trailer n גּוֹרֵר, גָּרוּר, מְצֻעֶנֶת
train vti, n 1 הִדְרִיךְ, אִמֵּן, הִכְשִׁיר, הִרְגִּיל. 2 חִנֵּךְ, עִצֵּב, אִלֵּף. 3 כִּוֵּן. 4 תִּרְגֵּל, הִתְאַמֵּן. 5 רַכֶּבֶת. 6 שַׁיָּרָה, תַּהֲלוּכָה, מַסָּע. 7 פָּמַלְיָה, בְּנֵי לְוָיָה. שֹׁבֶל (של שמלה). 9 מַהֲלָךְ
train of thought מַהֲלַךְ מַחֲשָׁבָה
trainbearer n נוֹשֵׂא הַשֹּׁבֶל
trainee n 1 טִירוֹן, חָנִיךְ, שׁוּלְיָה. 2 מִתְאַמֵּן, מִתְלַמֵּד
trainer n 1 מְאַמֵּן, מַדְרִיךְ, מְאַלֵּף. 2 נַעַל הִתְעַמְּלוּת
training n אִמּוּן, הַדְרָכָה, אִלּוּף
training camp מַחֲנֵה אִמּוּנִים
training college בֵּית מִדְרָשׁ לְמוֹרִים
train-spotting n 1 הִשְׁתַּלְשְׁלוּת, סִדְרָה.

שֶׁל אוֹפַן. 9 עֲקֵבוֹת, טְבִיעוֹת רֶגֶל. 10 שְׁבִיל, נָתִיב. 11 מַסְלוּל מֵרוֹץ. 12 מִפְסָק. 13 זַחַל
track down לָכַד, מָצָא
tracked carrying vehicle זַחֲלִית
track suit אִמּוּנִית, בִּגְדֵי הִתְעַמְּלוּת
tracker n 1 כֶּלֶב גִּשּׁוּשׁ. 2 גַּשָּׁשׁ
tracking n עִקּוּב
tract n 1 אֵזוֹר, מֶרְחָב, חֶבֶל אֶרֶץ, שֶׁטַח. 2 תְּקוּפָה. 3 מִזְמוֹר. 4 מַסֶּכֶת, קוּנְטְרֵס, עָלוֹן, חִבּוּר
tractability n נוֹחוּת, נְהִילוּת, צַיְּתָנוּת
tractable adj נוֹחַ, צַיְּתָנִי, מְקַבֵּל מָרוּת
traction n גְּרִירָה, מְשִׁיכָה, מְתִיחָה
tractor n טְרַקְטוֹר
trade vti, n 1 סָחַר, תָּגַר, רָכַל. 2 מִסְחָר, סַחַר, עֵסֶק. 3 אֻמָּנוּת, מְלָאכָה, מִקְצוֹעַ. 4 לָקוֹחוֹת
trade in 1 נָתַן כְּחֵלֶק מֵהַמְּחִיר. 2 עֵסֶק חֲלִיפִין
trade mark/name סִימָן מִסְחָרִי
trade on נִצֵּל
trade unionism פְּעֻלּוֹת הָאִגּוּד הַמִּקְצוֹעִי
trade unionist 1 חָבֵר בְּאִגּוּד מִקְצוֹעִי. 2 דּוֹגֵל בְּאִגּוּד מִקְצוֹעִי
trade winds רוּחוֹת קְבוּעוֹת
trade-in n קְנִיָּה בַּהֲמָרָה
trade-off n אִזּוּן
trader n 1 סוֹחֵר, רוֹכֵל, תַּגָּר. 2 חֲבֵר הַבּוּרְסָה. 3 אֳנִיַּת סוֹחֵר
tradesfolk, tradespeople npl סוֹחֲרִים, אֻמָּנִים, רוֹכְלִים, בַּעֲלֵי מְלָאכָה
tradesman n 1 סוֹחֵר, חֶנְוָנִי. 2 אֻמָּן, בַּעַל מְלָאכָה
trade-union n אִגּוּד מִקְצוֹעִי
trading n מִסְחָר, סַחַר, מִקָּח וּמִמְכָּר
tradition n מָסֹרֶת, מְסוֹרָה
traditional adj מָסָרְתִּי
traditionalism n מָסָרְתִּיּוּת
traditionalist n מָסָרְתִּי, שׁוֹמֵר מָסֹרֶת

2 שַׁיָּרָה

traipse vi שׁוֹטֵט, הָלַךְ בָּטֵל

trait n תְּכוּנָה, אֹפִי, סְגֻלָּה, סִימָן

traitor n בּוֹגֵד, מוֹעֵל

traitorous adj בּוֹגְדָנִי

traitorously adv בְּבוֹגְדָנוּת

traitress n בּוֹגֶדֶת, מוֹעֶלֶת

tram, tramcar n חַשְׁמַלִּית, קְרוֹן כּוֹרִים

tramline n מְסִלָּה חַשְׁמַלִּית

trammel vt כָּבַל, רִסֵּן, עָצַר

trammels npl מַעְצוֹרִים, כְּבָלִים

tramp vti, n 1 שׁוֹטֵט, נָדַד. 2 דָּרַךְ, רָמַס. 3 הֵלֶךְ, מְשׁוֹטֵט. 4 קוֹל צְעָדִים. 5 קַבְּצָן. 6 שׁוֹטְטוּת. 7 פְּרוּצָה, מֻפְקֶרֶת. 8 לוּחִית נַעַל. 9 טִיּוּל בָּרֶגֶל, שׁוֹטְטוּת

trample vt 1 דָּרַךְ, דָּרַס, רָמַס. 2 דְּרִיכָה, רְמִיסָה, דְּרִיסָה. 3 קוֹל דְּרִיכָה

trample on vt פָּגַע, זִלְזֵל

trampoline n מַקְפֵּצָה, קַפֶּצֶת

trance n חֶרְגּוֹן, טְרַנְס, אֶקְסְטָזָה

tranquil adj שָׁקֵט, שָׁלֵו, רוֹגֵעַ, שׁוֹקֵט

tranquillize vt הִרְגִּיעַ, הִשְׁקִיט

tranquillizer n 1 מַרְגִּיעַ. 2 סַם מַרְגִּיעַ, כַּדּוּר־הַרְגָּעָה

tranquilly adv רְגוּעוֹת, בְּהַשְׁקֵט

tranquility n שֶׁקֶט, שַׁלְוָה, מְנוּחָה, מַרְגּוֹעַ

transact vt נִהֵל, הִשְׁלִים, בִּצַּע

transaction n 1 עִסְקָה, עֵסֶק. 2 הוֹצָאָה אֶל הַפֹּעַל, מִבְצָע. 3 פְּרוֹטוֹקוֹל, דִּין וְחֶשְׁבּוֹן

transalpine adj שֶׁמֵּעֵבֶר לָאַלְפִּים

transatlantic adj טְרַנְסְאַטְלַנְטִי

transcend vt עָלָה עַל, יָצָא אֶל מֵעֵבֶר

trancscendence(cy) n עֶלְיוֹנוּת, נִשְׂגָּבוּת, עַל־טִבְעִיּוּת

transcendent adj נַעֲלֶה, עֶלְיוֹן, נִשְׂגָּב

transcendental adj נַעֲלֶה, עֶלְיוֹן, עַל־טִבְעִי, טְרַנְסְצֶנְדֶּנְטָלִי

transcontinental adj עֵבֶר־יַבַּשְׁתִּי

transcribe vt הֶעְתִּיק, תִּעְתֵּק

transcript n הֶעְתֵּק, תַּעְתִּיק

transcription n 1 הַעְתָּקָה, הֶעְתֵּק, תַּעְתִּיק. 2 הַקְלָטָה, תַּעְתּוּקָה

transducer n מַתְמֵר

transept n אֲגַף רָחְבִּי (בכנסיה דמוית צלב)

transfer vti, n 1 הֶעֱבִיר, מָסַר ל־. 2 הָיָה מֵעֵבֶר, עָבַר. 3 הַעֲבָרָה, מְסִירָה, הֲסָבָה

transferability n עֲבִירוּת

transferable adj עָבִיר

transference n הַעֲבָרָה, מְסִירָה, מַעֲבָר

transfiguration n 1 הִשְׁתַּנּוּת. 2 שִׁנּוּי צוּרָה, טְרַנְסְפִיגוּרַצְיָה

transfigure vt שִׁנָּה צוּרָה, קִדֵּשׁ

transfix vt 1 פִּלַּח, דָּקַר. 2 שִׁתֵּק, אִבֵּן

transformation n 1 שִׁנּוּי, שִׁנּוּי צוּרָה, הִשְׁתַּנּוּת. 2 תְּמוּרָה

transformer n שַׁנַּאי, טְרַנְסְפוֹרְמָטוֹר

transfuse vt 1 הֵרִיק. 2 עֵרָה (דם)

transfusion n 1 הֲרָקָה. 2 עֵרוּי, עֵרוּי דָּם

transgress vti הֵפֵר, עָבַר עַל, חָטָא, פָּשַׁע

transgression n הֲפָרָה, עֲבֵרָה, חֵטְא, פֶּשַׁע

transience, transiency n חֲלִיפָה, אֲרָעִיּוּת, רְגִיעוּת

transient adj, n 1 חוֹלֵף, עוֹבֵר, אֲרָעִי, זְמַנִּי, רִגְעִי. 2 עוֹבֵר אֹרַח

transistor n טְרַנְזִיסְטוֹר

transistorized adj עַל בְּסִיס טְרַנְזִיסְטוֹרִים

transit n מַעֲבָר, שִׁנּוּי, הַעֲבָרָה, סִבּוּב

transition n 1 מַעֲבָר, שִׁנּוּי, חִלּוּף, גְּשִׁירָה. 2 תְּקוּפַת־בֵּינַיִם

transitional adj חוֹלֵף, שֶׁל מַעֲבָר

transitionally adv אֲרָעִית

transitive verb פֹּעַל יוֹצֵא

transitory adj אֲרָעִי, חוֹלֵף, בֶּן־חֲלוֹף

translatable adj בַּר תִּרְגּוּם, מִתַּרְגֵּם

translate vti 1 תִּרְגֵּם. 2 הֵזִיז, הֶעֱבִיר. 3 פִּעְנֵחַ, בֵּאֵר

translation n 1 תִּרְגּוּם, הַעְתָּקָה. 2 פִּעְנוּחַ, בֵּאוּר. 3 הַתָּקָה, הֲזָזָה

translator n 1 תֻּרְגְּמָן, מְתַרְגֵּם. 2 מַעְתִּיק

(במכשיר טלפון)

transliterate vt תִּעְתֵּק

transliteration n תַּעְתִּיק אוֹתִיּוֹת, תִּעְתּוּק

translucence n שְׁקִיפוּת, עִמּוּם

translucent adj עָמוּם, שָׁקוּף לְמֶחֱצָה, מַעֲבִיר אוֹר, בּוֹהֵק

transmigration n 1 נְדִידָה, הֲגִירָה. 2 גִּלְגּוּל (נשמות)

transmission n 1 מְסִירָה, הַנְחָלָה, הַעֲבָרָה. 2 הַמְסָרָה. 3 מִמְסָרָה, תִּמְסֹרֶת. 4 שִׁדּוּר

transmit vt 1 הֶעֱבִיר, הִנְחִיל, מָסַר, שָׁלַח. 2 הִמְסִיר. 3 שִׁדֵּר

transmitter n 1 מַעֲבִיר, מוֹסֵר. 2 מַשְׁדֵּר

transmogrification n שִׁנּוּי מֻחְלָט

transmogrify vt שִׁנָּה לַחֲלוּטִין

transmutable adj בַּר־חִלּוּף, בַּר־שִׁנּוּי

transmutation n שִׁנּוּי צוּרָה, הֲפִיכָה, הֲמָרָה

transmute vt הָפַךְ, הֵמִיר, הֶחֱלִיף

transoceanic adj עֵבֶר־אוֹקְיָנוּסִי

transom n 1 חָנָק, עָצָה. 2 מַשְׁקוֹף

transparence, transparency n 1 שְׁקִיפוּת, בְּהִירוּת. 2 שֶׁקֶף, שְׁקוּפִית

transparent adj 1 שָׁקוּף, בָּרוּר, גָּלוּי. 2 גְּלוּי־לֵב. 3 מוּבָן

transparently adv בְּבֵרוּר

transpiration adj 1 הַזָּעָה, הַפְרָשָׁה, דִּיּוּת. 2 הִתְרַחֲשׁוּת

transpire vi 1 הִזִּיעַ, פָּלַט. 2 הִתְרַחֵשׁ. 3 נוֹדַע, הִתְגַּלָּה

transplant vti הִשְׁתִּיל

transplantation n הַשְׁתָּלָה

transpolar adj שֶׁמֵּעֵבֶר לַקֹּטֶב

transport vt, n 1 הוֹבִיל, הִסִּיעַ, הֶעֱבִיר. 2 הֶגְלָה, גֵּרֵשׁ, שִׁלַּח. 3 הָרַג. 4 הִקְסִים. 5 תּוֹבָלָה תַּחְבּוּרָה, תַּעֲבוּרָה

transportable adj יָבִיל, נַיָּד, בַּר־הוֹבָלָה

transportation n 1 הוֹבָלָה, הַסָּעָה, הַעֲבָרָה. 2 כְּלִי הוֹבָלָה. 3 גֵּרוּשׁ, שִׁלּוּחַ, הַגְלָיָה. 4 הִתְלַהֲבוּת. 5 שִׁגּוּעַ

transposition n 1 הַעֲבָרָה, שִׂכּוּל, חִלּוּף, שִׁנּוּי סֵדֶר. 2 הַשָּׂאָה, הֶשֵּׂא. 3 הַחְלָפַת סֻלָּם (מוס.)

transpose vt 1 הֶחֱלִיף, שָׂכַל, שִׁנָּה סֵדֶר, הֶעֱבִיר, הִשִּׂיא. 2 הֶחֱלִיף סֻלָּם

transposed adj מְשֻׁחְלָף

transship vt שִׁטְעֵן

transshipment n שִׁטְעוּן

transubstantiation n דּוֹקְטְרִינַת הַהֲמָרָה (נוצרית)

transversal, transverse adj חוֹתֵךְ, רָחְבִּי, אֲלַכְסוֹנִי

transversely adv בַּאֲלַכְסוֹן

transvestite n קוֹקְסִינֶל

trap vt, n 1 לָכַד, טָמַן פַּח, שָׂם מַלְכֹּדֶת. 2 פִּתָּה, הִשִּׁיא. 3 מַלְכֹּדֶת, פַּח, רֶשֶׁת. 4 כִּיס־מַיִם. 5 כּוֹלֶא. 6 טַנְבּוּרִית. 7 מֵעִיף מַטָּרוֹת. 8 עֲגָלָה דּוּ־אוֹפַנִּית. 9 מִטַּלְטְלִים, מִטְעָן

trapeze n טְרַפֶּז

trapezium, trapezoid n מְרֻבָּע (בעל שתי צלעות מקבילות)

trapper n לוֹכֵד, צַיָּד

trappings npl 1 קִשּׁוּטֵי מַלְבּוּשׁ. 2 עֲדִי הַסּוּס

Trappist n נָזִיר שַׁתְקָן, טְרַפִּיסְט

trash n 1 פְּסֹלֶת, אַשְׁפָּה, זֶבֶל. 2 אֲסַפְסוּף. 3 דְּבָרִים בְּטֵלִים, שְׁטֻיּוֹת. 4 רְסִיסִים, קְרָעִים

trashy adj 1 חֲסַר עֵרֶךְ. 2 פְּסָלְתִּי, פָּסוּל

trauma n טְרָאוּמָה, חֲבָלָה

traumatic adj טְרָאוּמָטִי, חוֹבְלָנִי

travail n 1 עֲבוֹדָה, עָמָל, יְגִיעָה. 2 חֶבְלֵי לֵדָה

travel vi, n 1 נָסַע, עָבַר, שָׁט, נָד. 2 נָדַד, שׁוֹטֵט. 3 נְסִיעָה, מַסָּע. 4 תְּנוּעָה. 5 מַחֲזוֹר, מַסְלוּל, מַהֲלָךְ

travel(l)er n 1 נוֹסֵעַ, תַּיָּר. 2 סוֹכֵן נוֹדֵד. 3 עוֹבֵר אֹרַח

traveller's cheque הַמְחָאַת נוֹסְעִים

travel(l)ing adj נוֹדֵד, נַיָּד

travelog(ue) n 1 הַרְצָאַת מַסָּע. 2 סֶרֶט מַסָּע

traverse vt, n 1 עָבַר, חָצָה, חָתַךְ. 2 הָלַךְ הָלוֹךְ וָחזוֹר. 3 בָּדַק, בָּחַן, דָּן. 4 חוֹתֵךְ, חוֹצֶה, אֲלַכְסוֹן. 5 חֲצִיָּה, מַעֲבָר. 6 מַסְלוּל זִיגְזַגִּי. 7 צִדּוּד

travesty vt, n 1 חִקָּה, עָשָׂה לְלַעַג. 2 חִקּוּי נִלְעָג, לַעַג, פָּרוֹדְיָה, עִוּוּת

trawl vti, n 1 דִּיֵּג בְּמִכְמֹרֶת. 2 מִכְמֹרֶת, רֶשֶׁת

trawler n 1 מִכְמָרְתָּן. 2 סִירַת מִכְמֹרֶת

tray n מַגָּשׁ, טַס

treacherous adj בּוֹגְדָנִי, כּוֹזֵב, לֹא־נֶאֱמָן, מִרְמָה

treacherously adv בְּכַחַשׁ

treachery n בְּגִידָה, מְעִילָה, תַּרְמִית, כַּחַשׁ

treacle n 1 תְּרוּפָה נֶגֶד רַעַל. 2 צֳרִי. 3 דִּבְשָׁה

treacly adj 1 דִּבְשָׁתִי. 2 מְתַקְתַּק. 3 דָּבִיק

tread vt, n 1 הָלַךְ, צָעַד, פָּסַע. 2 דָּרַךְ, רָמַס, דָּרַס. 3 הִדְבִּיר. 4 הִזְדַּוֵּג (עופות). 5 חִשֵּׁק (צמיג). 6 הִכְנִיעַ, נִכְנַע. 7 הֲלִיכָה, דְּרִיכָה, פְּסִיעָה. 8 קוֹל צְעִידָה. 9 רְמִיסָה, הַדְבָּרָה. 10 כַּף רֶגֶל. 11 מִדְרָךְ, מִדְרָס. 12 סוּלְיָה. 13 הַכְנָעָה. 14 חִשּׁוּק. 15 הִזְדַּוְּגוּת (עופות)

tread down רָמַס, הָרַס

tread on 1 דָּרַךְ עַל. 2 הֶעֱלִיב, הִלְבִּין פָּנֵי

tread on air הָיָה בָּעֲנָנִים, הָלַךְ בְּשִׂמְחָה

tread out 1 דָּרַךְ (ענבים). 2 הִשְׁמִיד. 3 כִּבָּה

tread the boards שִׂחֵק עַל הַבָּמָה

tread water עָמַד בְּתוֹךְ מַיִם, דִּוֵּשׁ בַּמַּיִם

treadle vt, n 1 דִּוֵּשׁ. 2 דַּוְשָׁה

treadmill n 1 מְכוֹנַת דַּיִשׁ. 2 חַדְגּוֹנִיּוּת מְיַגַּעַת. 3 מְסִלַּת כֹּשֶׁר

treason n בְּגִידָה, מְעִילָה, מַעַל, קֶשֶׁר

treasonable adj 1 בּוֹגֵד, מוֹעֵל. 2 שֶׁל בְּגִידָה

treasonably adv בִּבְגִידָה

treasonous adj בּוֹגֵד, מוֹעֵל

treasure vt, n 1 אָצַר, הִטְמִין, הִפְקִיד. 2 הוֹקִיר. 3 אוֹצָר. 4 מַטְמוֹן. 5 עֹשֶׁר, כֶּסֶף

treasurer n גִּזְבָּר

treasure trove מַטְמוֹן, אוֹצָר

treasure up אָגַר, אָצַר

treasury n 1 בֵּית־אוֹצָר. 2 מִשְׂרַד הָאוֹצָר. 3 קֻפַּת הַמֶּמְשָׁלָה. 4 אוֹצַר בָּלוּם

treat vti, n 1 טִפֵּל, דָּן, עָסַק, נָהַג. 2 הִזְמִין, כִּבֵּד. 3 נָשָׂא וְנָתַן. 4 תִּקְרֹבֶת, כִּבּוּד. 5 תַּעֲנוּג. 6 הַזְמָנָה. 7 בִּדּוּר

treat with נָשָׂא וְנָתַן

treatise n מַסָּה, מַסֶּכֶת, מִדְרָשׁ

treatment n 1 טִפּוּל. 2 הִתְנַהֲגוּת, יַחַס

treaty n הֶסְכֵּם, בְּרִית, אֲמָנָה, חוֹזֶה

treble vti, adj, n 1 שִׁלֵּשׁ, הִכְפִּיל בְּשָׁלֹשׁ. 2 גָּדַל פִּי שְׁלֹשָׁה. 3 פִּי שְׁלֹשָׁה, מְשֻׁלָּשׁ. 4 סוֹפְּרָן, דִּיסְקַנְט

treble clef 1 מַפְתֵּחַ־דִּיסְקַנְט. 2 מַפְתֵּחַ סוֹל. 3 מַפְתֵּחַ כִּנּוֹר

tree n 1 עֵץ, אִילָן. 2 עַמּוּד, קוֹרָה. 3 גַּרְדּוֹם

tree fern שָׂרָךְ

treeless adj חֲסַר עֵצִים

trefoil n תִּלְתָּן

trek vi, n 1 נָסַע, נָדַד. 2 נָסַע בְּעֶגְלַת שׁוֹר. 3 נְסִיעָה, נְדִידָה. 4 רְכִיבָה בְּעֶגְלַת שׁוֹר

trellis n סְבָכָה, סוֹרֵג, עָרִיס

tremble vi, n 1 רָעַד, חָרַד, רָטַט. 2 רַעַד, חֲרָדָה

tremendous adj 1 עָצוּם, גָּדוֹל, מַתְמִיהַּ.

2 מַבְהִיל, מַחֲרִיד, מַבְעִית

tremendously adv 1 מְאֹד. 2 הַרְבֵּה מְאֹד

tremolo n רַעֲדוּד (מוסיקה)

tremor n 1 רַעַד אֲדָמָה. 2 רְעָדָה, רֶטֶט, חִיל, צְמַרְמֹרֶת

tremulous adj רוֹעֵד, רוֹטֵט, חָרֵד, נִבְהָל

trench vt, n 1 חָפַר, בִּצֵּר בַּחֲפִירוֹת. 2 הִתְחַפֵּר. 3 חֲפִירָה, תְּעָלָה, חָפִיר

trenchancy n חֲרִיפוּת, חַדּוּת, מְרִירוּת, נִמְרָצוּת

trenchant adj חָרִיף, חַד, חוֹדֵר, נוֹקֵב, נִמְרָץ, בָּרוּר

trenchantly adv בַּחֲרִיפוּת

trencher n 1 חַפָּר, מַתְעֵל. 2 טַס מָזוֹן

trencherman n 1 אַכְלָן, זוֹלֵל. 2 טַפִּיל

trend vi, n 1 נָטָה, נִמְשַׁךְ, הִשְׂתָּרֵעַ. 2 נְטִיָּה, מְגַמָּה, מַהֲלָךְ, כִּוּוּן

trendsetter n מְחַדֵּשׁ אָפְנָה

trendsetting adj, n 1 חִדּוּשׁ אָפְנָה. 2 מְחַדֵּשׁ אָפְנָה

trendy adj אָפְנָתִי

trepan n 1 מַקְדֵּחַ, מַקָּב. 2 קִדּוּחַ, קְדִיחָה

trephine vt, n 1 נִסֵּר עֲצָמוֹת. 2 מַסּוֹר עֲצָמוֹת

trepidation n 1 רַעַד, רְעָדָה, רֶטֶט. 2 בֶּהָלָה, חֲרָדָה

trespass vi, n 1 הִסִּיג גְּבוּל. 2 חָטָא, פָּשַׁע, עָבַר עַל. 3 הַסָּגַת גְּבוּל. 4 עֲבֵרָה, חֵטְא, פֶּשַׁע, עָווֹן

trespass against עָבַר עַל, פָּשַׁע כְּלַפֵּי

tresspasser n עֲבַרְיָן, מַסִּיג גְּבוּל

tress n תַּלְתַּל, גְּדִיל, קְוֻצָּה

trestle n מִתְמָךְ, תִּתְמֹכֶת, חֲמוֹר (לשולחן)

trestle bridge גֶּשֶׁר מִתְמָכִים

trews npl מִכְנְסֵי־מִשְׁבְּצוֹת הֲדוּקִים

tri- prefix תְּלַת־, שָׁלֹשׁ־, שְׁלָשׁ־

triad n 1 שְׁלִישִׁיָּה, שִׁלּוּשׁ. 2 תְּלַת־צְלִיל

trial n 1 מִשְׁפָּט, שְׁפִיטָה. 2 בֹּחַן, מִבְחָן. 3 נִסָּיוֹן, נִסּוּי, נִסֵּי. 4 סֵבֶל, יִסּוּרִים

trial and error נְסִיָּה וּטְעִיָּה

triangle n מְשֻׁלָּשׁ

triangular adj מְשֻׁלָּשׁ, דְּמוּי מְשֻׁלָּשׁ

tribal adj שִׁבְטִי

tribalism n שִׁבְטִיּוּת

tribe n 1 שֵׁבֶט, קְבוּצָה, מִשְׁפָּחָה. 2 מַחְלָקָה, סִדְרָה

tribulation n סֵבֶל, צָרָה, תְּלָאָה, זַעֲזוּעַ

tribunal n 1 בֵּית מִשְׁפָּט. 2 בֵּית דִּין. 3 חֶבֶר שׁוֹפְטִים

tribune n 1 טְרִיבּוּן. 2 בָּמָה, דּוּכָן, טְרִיבּוּנָה

tributary adj, n 1 מְשַׁלֵּם מַס, מְשֻׁעְבָּד. 2 עוֹזֵר, צְדָדִי. 3 זְרוֹעַ (נהר), יוּבַל, פֶּלֶג

tribute n 1 מַס, מַס עוֹבֵד. 2 שַׁי, מִנְחָה. 3 הַכָּרַת טוֹבָה, שֶׁבַח

trice vt, n 1 הֶעֱלָה וְקָשַׁר. 2 רֶגַע קָט, הֶרֶף עַיִן

trick vt, n 1 רִמָּה, הוֹנָה, תִּעְתַּע. 2 הִשְׁטָה, תִּחְבֵּל. 3 הֵתֵל בְּ־, הֶעֱרִים עַל. 4 לַהֲטוּט, אֲחִיזַת עֵינַיִם. 5 תַּחְבּוּלָה, עָרְמָה, הוֹנָאָה. 6 מַעֲשֵׂה קוּנְדֵּס, תַּעְתּוּעִים, הִתּוּלִים. 7 תַּכְסִיס מְפַלְפָּל. 8 הֶרְגֵּל. 9 לְקִיחָה (קלפים)

trick into 1 הִדִּיחַ (לדבר עבירה). 2 פִּתָּה לְ־

trick out of הוֹצִיא בְּמִרְמָה

trick out/up קִשֵּׁט, הִתְקַשֵּׁט

trickery n רַמָּאוּת, הוֹנָאָה, עַרְמוּמִיּוּת, תַּחְבּוּלָנוּת

trickle vti, n 1 טִפְטֵף, נָטַף, זָלַף, דָּלַף, זִרְזֵף. 2 טִפְטוּף, זְלִיפָה, דֶּלֶף, זַרְזִיף

trickster n נוֹכֵל, רַמַּאי

tricky adj 1 רַמַּאי, נוֹכֵל, גּוֹנֵב דַּעַת. 2 עַרְמוּמִי, תַּחְבְּלָן. 3 מְסֻבָּךְ, מַכְשִׁיל, מָלֵא תַּהְפּוּכוֹת

tricolo(u)r n תְּלַת צִבְעִי, תְּלַת גּוֹנִי

tricycle n תְּלַת אוֹפַן

trident n שְׁלֹשׁ קִלְשׁוֹן

triennial adj, n 1 תְּלַת־שְׁנָתִי. 2 מִדֵּי שָׁלֹשׁ

שָׁנִים

trifle vti, n — 1 הֵקֵל רֹאשׁ, הִשְׁתַּעֲשֵׁעַ. 2 הִתְבַּטֵּל. 3 בִּזְבֵּז, בִּלָּה לָרִיק. 4 דָּבָר פָּעוּט, דָּבָר חֲסַר עֵרֶךְ. 5 סְכוּם פָּעוּט, מוּעָט. 6 בָּגָטֶלָה, זוּטָה. 7 נֶתֶךְ בְּדִיל וּנְחֹשֶׁת. 8 עוּגַת לִפְתָּן

trifle with — נָהַג בְּקַלּוּת דַּעַת

trifle away — בִּזְבֵּז זְמַנּוֹ לָרִיק

trifler n — גֶּבֶר קַל דַּעַת, אִשָּׁה קַלַּת דַּעַת

trifling adj — חֲסַר עֵרֶךְ, פָּעוּט, מִצְעָר

trigger n — הֶדֶק

trigger-happy adj — קַל־הֶדֶק

trigger off — 1 הִפְעִיל, עוֹרֵר. 2 הֵחִישׁ, זֵרֵז

trigonometry n — טְרִיגוֹנוֹמֶטְרִיָּה

trilateral adj — תְּלַת צַלְעִי, תְּלַת צְדָדִי

trilby n — כּוֹבַע לֶבֶד

trill vti, n — 1 טִרְלֵל, סִלְסֵל. 2 טְרִיל, טִרְלוּל, סִלְסוּל

trillion n — טְרִילְיוֹן

trilogy n — טְרִילוֹגְיָה

trim vt, adj, n — 1 גָּזַם, גָּזַז, זָמַר. 2 הֶחֱלִיק, קִרְצֵף, שָׁף. 3 הִקְבִּיל, סִגֵּל, הִתְאִים. 4 גָּעַר, נָזַף. 5 הִכָּה, הִלְקָה. 6 קִשֵּׁט, יִפָּה. 7 הִתְפַּשֵּׁר, שִׁנָּה דֵעוֹתָיו. 8 מְסֻדָּר, נָקִי, מְצֻחְצָח. 9 מְקֻשָּׁט, נָאֶה. 10 סֵדֶר, מַצָּב תַּקִּין. 11 שְׁפִיעָה, כֹּשֶׁר הַצִּיפָה, כֹּשֶׁר הַפְלָגָה. 12 צִיּוּד. 13 יִפּוּי, קִשּׁוּט. 14 גִּזּוּם. 15 אֹפִי. 16 גְּזִירָה, קְצֹצֶת

trimaran n — טְרִימָרָן

trimly adv — בְּסֵדֶר, בְּמַצָּב טוֹב

trimming n — 1 גִּזּוּם, קִשּׁוּט. 2 רִפּוּד. 3 יְזֹמֶת. 4 נְסֹרֶת, נְשֹׁרֶת. 5 קְצֹצֶת. 6 גְּעִירָה. 7 הַלְקָאָה. 8 אֲבִזָרִים. 9 מַפָּלָה, תְּבוּסָה

trimning npl — תּוֹסָפוֹת (אוכל)

trimness n — טַרְזָנוּת, גַּנְדְּרָנוּת

trinitrotoluene, T.N.T. n — ט.נ.ט., חֹמֶר נֶפֶץ, טְרִינִיטְרוֹלוּאֶן

trinity n — 1 הַשִּׁלּוּשׁ הַקָּדוֹשׁ. 2 שְׁלִישִׁיָּה, שְׁלֹשָׁה

trinket n — 1 קִשּׁוּט, עֲדִי זוֹל. 2 דָּבָר פָּעוּט

trio n — טְרִיוֹ, שְׁלִישִׁיָּה, שַׁלְשִׁית

trip vit, n — 1 מָעַד. 2 טָעָה, שָׁגָה, נִכְשַׁל. 3 דִּלֵּג, פִּזֵּז. 4 הִמְעִיד, הִפִּיל. 5 הֵבִיךְ, הִטְעָה, הִכְשִׁיל. 6 הֵרִים עֹגֶן. 7 טִיּוּל, מַסָּע, נְסִיעָה. 8 מְעִידָה, הַמְעָדָה, הַכְשָׁלָה. 9 טָעוּת, שְׁגִיאָה, מִשְׁגֶּה, כִּשָּׁלוֹן. 10 טְפִיפָה. 11 פִּזּוּז. 12 שְׁמוֹט מַצְמֵד

trip over/up — 1 נָפַל, מָעַד. 2 הִמְעִיד, הִכְשִׁיל

tripper n — 1 טוֹפֵף. 2 טַיָּל, תַּיָּר. 3 הֶתְקֵן שְׁמוּט

tripping adj — מָהִיר, זָרִיז

trippingly adv — בִּטְפִיפָה

tripartite adj — 1 תְּלַת צְדָדִי. 2 תְּלַת חֶלְקִי

tripe n — 1 מֵעַיִם. 2 שְׁטֻיּוֹת, דְּבָרִים בְּטֵלִים

triple vti, n — 1 שִׁלֵּשׁ. 2 פִּי שְׁלֹשָׁה. 3 מְשֻׁלָּשׁ. 4 תְּלַת־צְדָדִי

triplex adj — 1 מְשֻׁלָּשׁ. 2 פִּי שְׁלֹשָׁה. 3 זְכוּכִית בִּטָּחוֹן. 4 מִקְבָּץ מְשֻׁלָּשׁ

triplicate vt, adj — 1 שִׁלֵּשׁ. 2 בִּשְׁלֹשָׁה הֶעְתֵּקִים

tripod n — חֲצוּבָה, תְּלַת־רֶגֶל

triptych n — 1 מִסְגֶּרֶת תְּלַת־לוּחִית. 2 שֻׁלְחָן תְּלַת־לוּחִי. 3 לוּחִית מְשֻׁלֶּשֶׁת

trireme n — טְרִירֶמָה

trisect vt — חִלֵּק לִשְׁלֹשָׁה

trite adj — נָדוֹשׁ, שָׁדוּף, שָׁחוּק, שֶׁאָבַד עָלָיו כֶּלַח

tritely adv — בְּצוּרָה נְדוֹשָׁה

triteness n — בָּנָלִיּוּת, נְבִיבוּת

triumph vi, n — 1 נִצַּח, הִצְלִיחַ. 2 חָגַג נִצָּחוֹן. 3 נִצָּחוֹן. 4 תַּהֲלוּכַת נִצָּחוֹן

triumph over — נִצַּח עַל, גָּבַר עַל

triumphal adj — נִצְחָנִי

triumphant adj — 1 מְנַצֵּחַ, מַצְלִיחַ. 2 נִפְלָא

triumphantly adv בְּנִצָּחוֹן, כִּמְנַצֵּחַ
triumvir n טְרִיוּמְוִיר
triumvirate n טְרִיוּמְוִירָט
trivet n חֲצוּבָה, תְּלַת־רֶגֶל
trivia npl קְטַנּוֹת, פַּכִּים קְטַנִּים
trivial adj פָּעוּט, נָדוֹשׁ, תָּפֵל, טְרִיוְיָאלִי
triviality n טְרִיוְיָאלִיּוּת
trivialize vt נִדֵּשׁ
trochaic adj עִלִּי, טְרוֹכָאִי
trochée n עִלִּי, טְרוֹכֵי
trod pt זמן עבר של הפועל to tread
trodden pp בינוני עבר של הפועל to tread
troglodyte n שׁוֹכֵן מְעָרוֹת
troika n טְרוֹיְקָה
Trojan adj, n טְרוֹיָנִי
Trojan horse n סוּס טְרוֹיָנִי
troll vi, n 1 זִמֵּר בְּעַלִּיזוּת. 2 דָּג בְּחַכָּה. 3 הִסְתּוֹבֵב. 4 דִּבֵּר בְּשֶׁטֶף. 5 גִּלְגֵּל לָשׁוֹן. 6 דִּיּוּג בְּחַכָּה. 7 טְרוֹל, נַנָּס, גַּמָּד
trolley n עֶגְלַת רוֹכֵל, קְרוֹנִית
trolleybus, trolley car n חַשְׁמַלִּית
trombone n טְרוֹמְבּוֹן
trombonist n טְרוֹמְבּוֹנַאי
troop vit, n 1 הִתְקַבֵּץ, הִתְאַסֵּף, נִקְהַל. 2 עָבַר בַּסָּךְ. 3 קִבֵּץ, לִכֵּד. 4 קְבוּצָה, לַהֲקָה. 5 הָמוֹן. 6 פְּלֻגָּה, סוֹלְלָה, מַחְלָקָה. 7 גְּיָסוֹת, חַיָּלִים, צָבָא
troop-carrier n נַגְמָ״שׁ, נוֹשֵׂא־גְּיָסוֹת מְשֻׁרְיָן
troop the colour הָלַךְ בַּסָּךְ עִם הַדֶּגֶל
trooper n 1 חַיָּל, טוּרַאי. 2 פָּרָשׁ. 3 סוּס פָּרָשִׁים. 4 שׁוֹטֵר־רוֹכֵב. 5 אֳנִיַּת צָבָא
trope n 1 מָשָׁל, הַשְׁאָלָה. 2 מִזְמוֹר, לַחַן
trophy n 1 מַלְקוֹחַ, שָׁלָל. 2 סֵמֶל גְּבוּרָה. 3 מַזְכֶּרֶת נִצָּחוֹן. 4 מַצֶּבֶת נִצָּחוֹן
tropic n טְרוֹפִּיק
tropical adj 1 טְרוֹפִּי, חַם מְאֹד
trot vit, n 1 דָּהַר. 2 הֵרִיץ, זֵרֵז. 3 דְּהִירָה קַלָּה, צְעָדִים זְרִיזִים
trot out vt הִצִּיג לְרַאֲוָה
troth n 1 כֵּנוּת, נֶאֱמָנוּת, מְסִירוּת. 2 אֵרוּסִים
trotter n 1 צַעֲדָן. 2 רֶגֶל בְּהֵמָה
troubadour n טְרוּבָּדוּר
trouble vti, n 1 הִפְרִיעַ, הִדְאִיג, הִרְגִּיז, הִכְאִיב, הֵצִיק, הֶלְאָה. 2 עָכַר, דָּאַג. 3 הִצְטַעֵר. 4 יָגַע, טָרַח, הִתְאַמֵּץ. 5 דְּאָגָה, טִרְדָּה, טִרְחָה. 6 רֹגֶז. 7 קֹשִׁי, צָרָה, מְצוּקָה. 8 הַפְרָעָה, מְהוּמָה. 9 מֵחוֹשׁ, מַחֲלָה. 10 מַאֲמָץ, בִּלְבּוּל מֹחַ
troubled adj מֻדְאָג, מֻטְרָד
troublemaker n מְסַכְסֵךְ, מְעוֹרֵר מְדָנִים
troubleshooter n מְתַקֵּן פְּגָמִים, בּוֹרֵר
troublesome adj 1 מַדְאִיג. 2 מַטְרִיד, מַטְרִיחַ, מַפְרִיעַ, גּוֹרֵם צָרוֹת
troublous adj 1 מֻפְרָע, נִסְעָר, נִרְגָּז. 2 מַפְרִיעַ
trough n 1 אֵבוּס, שֹׁקֶת. 2 עֲרֵבָה, מִשְׁאֶרֶת, רְהָטִים. 3 שֶׁקַע (ברומטרי)
trounce vt 1 הִכָּה, הִלְקָה, עָנַשׁ. 2 הִכְנִיעַ, נִצֵּחַ
troupe n לַהֲקָה, קְבוּצָה, צֶוֶת
trousers npl מִכְנָסַיִם
trousseau n נִכְסֵי מְלוֹג, טְרוּסוֹ, נְדוּנְיָה
trout n טְרוּטָה, דַּג שֶׁמֶךְ, פּוֹרֶל
trowel n 1 כַּף סַיָּדִים. 2 מָרִית. 3 מַגְרֵפָה, מַעְדֵּר
troy n מִשְׁקַל טְרוֹי
truancy n הֵעָדְרוּת, הִשְׁתַּמְּטוּת (מבית ספר)
truant adj, n בּוֹרֵחַ, מִשְׁתַּמֵּט, נֶעְדָּר
truce n הֲפוּגָה, שְׁבִיתַת נֶשֶׁק זְמַנִּית
truck n 1 מַשָּׂאִית, מְכוֹנִית מַשָּׂא. 2 קְרוֹן מַשָּׂא. 3 מְרִיצָה. 4 סַחַר חֲלִיפִין. 5 חֲלִיפִין. 6 רְכֻלָּה. 7 שְׁטֻיּוֹת,

דִּבְרֵי הַבַּאי

truck tractor גּוֹרֵר תּוֹמֵךְ

truckle to הִתְרַפֵּס, נִכְנַע, הִשְׁתַּפֵּל

truckle bed מִטַּת גַּלְגַּלִּים

truculence n עַזּוּת, פְּרָאוּת, אַכְזְרִיּוּת

truculent adj עַז, פֶּרֶא, אַכְזָר, גַּס

truculently adv בִּפְרָאוּת

trudge vi, n 1 הָלַךְ בִּכְבֵדוּת, צָעַד כִּיגִיעָה, הִשְׁתָּרֵךְ. 2 הֲלִיכָה בִּכְבֵדוּת

true adj, n, adv 1 אֲמִתִּי, נֶאֱמָן, מְהֵימָן, כֵּן. 2 מְדֻיָּק. 3 מְקוֹרִי, טִבְעִי. 4 נָכוֹן, רָאוּי, כָּשֵׁר. 5 יָשָׁר. 6 נִכְבָּד. 7 בֶּאֱמֶת, בְּדַיְקָנוּת

true blue נֶאֱמָן, אֲמִתִּי, מָסוּר

true-hearted adj נֶאֱמָן, מָסוּר, כֵּן, יָשָׁר

true to life כְּמוֹ הַחַיִּים

true up הִתְאִים בְּדִיּוּק

truffle n כְּמֵהָה (פטריה)

truism n אֲמִתָּה, אֱמֶת מֻסְכֶּמֶת

truly adv בֶּאֱמֶת, בְּכֵנוּת, בְּלֵב שָׁלֵם

trump vti, n 1 נִצַּח, זָכָה. 2 קְלַף נִצָּחוֹן, טְרַמְפּ, סִדְרָה

trump up vt תִּחְבֵּל נֶגֶד, הוֹנָה, הִמְצִיא

trumpery adj, n שְׁטֻיּוֹת, הֲבָלִים, בְּרַק כּוֹזֵב, רַמָּאוּת

trumpet vti, n 1 חִצְצֵר. 2 הֵרִיעַ, צָהַל. 3 חֲצוֹצְרָה

truncate vt 1 קָטַע, קִטַּע, קִצֵּץ. 2 כָּרַת, גָּמַם

truncheon n אַלָּה, מַטֶּה, שַׁרְבִיט

trundle vti, n 1 גִּלְגֵּל, סוֹבֵב. 2 הִתְגַּלְגֵּל, הִסְתּוֹבֵב. 3 הִתְגַּלְגְּלוּת, גִּלְגּוּל. 4 גַּלְגִּלָּה

trunk n 1 גֶּזַע. 2 גּוּף. 3 חֶדֶק (פיל). 4 קַמְטָר, תֵּבָה, אַרְגָּז. 5 תָּא מִטְעָן (במכונית). 6 קַו בֵּין־עִירוֹנִי

trunk call שִׂיחַת חוּץ

trunk road כְּבִישׁ רָאשִׁי

trunks npl בֶּגֶד־יָם (לגבר)

truss n 1 מִתְמָךְ, תּוֹמֵךְ. 2 צְרוֹר, אֶגֶד, חֲבִילָה. 3 חֲגוֹרַת שֶׁבֶר

truss up vt 1 קָשַׁר, אָגַד, צָרַר. 2 תָּמַךְ, חִזֵּק

trust vti, n 1 הֶאֱמִין, סָמַךְ. 2 בָּטַח. 3 קִוָּה, יִחֵל. 4 אֵמוּן, אֱמוּנָה, מִבְטָח, תִּקְוָה, תּוֹחֶלֶת. 5 אַשְׁרַאי. 6 נֶאֱמָנוּת, אֶפִּיטְרוֹפְּסוּת. 7 מִשְׁמֶרֶת, פִּקָּדוֹן. 8 מוֹנוֹפּוֹל, טְרַסְט

trust fund קֶרֶן נֶאֱמָנוּת

trust in בָּטַח בְּ־, הֶאֱמִין לְ־

trust to 1 הִפְקִיד בִּידֵי. 2 סָמַךְ עַל

trustee n נֶאֱמָן, מְמֻנֶּה

trustful, trusting adj בּוֹטֵחַ, מַאֲמִין

trustfully adv מִתּוֹךְ אֵמוּן

trustingly adv בְּנֶאֱמָנוּת

trustworthiness n מְהֵימָנוּת

trustworthy adj מְהֵימָן, רָאוּי לְאֵמוּן

trusty adj נֶאֱמָן, מְהֵימָן

truth n 1 אֱמֶת, יֹשֶׁר, כֵּנוּת. 2 מְהֵימָנוּת, דִּיּוּק, דַּיְקָנוּת. 3 עֻבְדָּה

truthful adj אֲמִתִּי, כֵּן

truthfully adv נָכוֹן, בְּכֵנוּת

truthfulness n נְכוֹנוּת, כֵּנוּת

try vti, n 1 נִסָּה, בָּחַן, בָּדַק. 2 זִקֵּק, הִתִּיךְ. 3 הֶעֱמִיד בְּמִבְחָן. 4 דָּן, שָׁפַט. 5 הוֹגִיעַ, אִמֵּץ. 6 הִתְאַמֵּץ, הִשְׁתַּדֵּל. 7 נִסָּיוֹן, מַאֲמָץ, הִשְׁתַּדְּלוּת. 8 בְּחִינָה, בְּדִיקָה

try for נִסָּה לְהַשִּׂיג

try on נִסָּה, בָּחַן, מָדַד (בגד)

try out בָּחַן, הֶעֱמִיד לְמִבְחָן

tryout n מִבְחָן, בְּדִיקָה

trying adj מַרְגִּיז, מַכְבִּיד, קָשֶׁה מִנְּשׂוֹא, מְעַיֵּף

tryst n 1 פְּגִישָׁה, מִפְגָּשׁ, רֵאָיוֹן. 2 מְקוֹם מִפְגָּשׁ

Tsar n צָאר, צָר

Tsarina n צָארִינָה, צָרִינָה

tsetse n צֶצֶה (זבוב)

tub n 1 אַמְבָּט, גִּיגִית, עָבִיט. 2 עֲרֵבָה. 3 חֶבְיוֹנָה. 4 "אֳנִיַּת אַמְבָּט"

tuba n טוּבָּה

tubby adj 1 דְּמוּי אַמְבָּט. 2 גּוּץ וְשָׁמֵן. 3 עֲמוּם קוֹל, חֲסַר תְּהוּדָה

tube n 1 אַבּוּב, צִנּוֹר, זַרְנוּק, שְׁפוֹפֶרֶת, קָנֶה. 2 סִמְפּוֹן. 3 מְנוֹרָה (רדיו). 4 רַכֶּבֶת תַּחְתִּית (לונדון)

tuber n גַּבְשׁוּשִׁית. 2 פְּקַעַת

tubeless adj לְלֹא אַבּוּב, טְיוּבְּלֶס

tuberculosis n שַׁחֶפֶת

tuberculous שַׁחַפְתִּי, מְשֻׁחָף, שָׁחוּף

tubing n צִנּוֹרוֹת, צַנֶּרֶת

tub-thumper n דַּרְשָׁן חוֹצֵב לֶהָבוֹת

tubular adj אַבּוּבִי, שְׁפוֹפַרְתִּי, צִנּוֹרִי

tubular bells פַּעֲמוֹנִיָּה

tuck vti, n 1 הִכְנִיס, תָּחַב. 2 כִּרְבֵּל, כִּסָּה, עָטַף. 3 הִפְשִׁיל, קִפֵּל, קִמֵּט. 4 חָפַת. 5 קֶפֶל, הַפְשָׁלָה, חִפּוּת. 6 אֹכֶל

tuck in 1 קִפֵּל בְּתוֹךְ. 2 זָלַל, אָכַל בְּתֵאָבוֹן

tuck into תָּחַב, הִכְנִיס

tucker n 1 עוֹשֶׂה חֲפָתִים. 2 צַוָּארוֹן

tuck-in n זְלִילָה

Tuesday n יוֹם ג׳, יוֹם שְׁלִישִׁי

tuft n צִיצָה, כְּשׁוּת, פֶּקַע

tufted adj 1 מְצֻיָּץ. 2 מְאֻשְׁכָּל

tug vti, n 1 גֵּרַר, מָשַׁךְ, סָחַב. 2 הִתְאַמֵּץ. 3 מְשִׁיכָה, גְּרִירָה, עָמָל. 4 מַאֲבָק. 5 סְפִינַת גְּרָר

tugboat n סְפִינַת גְּרָר

tug-of-war n 1 מְשִׁיכַת חֶבֶל. 2 מַאֲבָק חָרִיף

tuition n 1 הוֹרָאָה, הַדְרָכָה, לִמּוּד. 2 שְׂכַר לִמּוּד

tulip n צִבְעוֹנִי

tulle n מַלְמָלָה, טוּל

tumble vit, n 1 מָעַד, כָּשַׁל, נָפַל, הִתְגַּלְגֵּל. 2 הִתְהַפֵּךְ (לוליין). 3 בִּלְבֵּל, גָּרַם אִי־סֵדֶר, פָּרַע. 4 סָתַר (שיער). 5 הִפִּיל, גִּלְגֵּל. 6 הִנְחִית. 7 נְפִילָה. 8 הִתְגַּלְגְּלוּת, הִתְהַפְּכוּת (לוליין). 9 בִּלְבֹּלֶת, עִרְבּוּבְיָה. 10 מְהוּמָה

tumble to נִפְקְחוּ עֵינָיו, הֵבִין פִּתְאוֹם

tumbledown adj מָט לִנְפֹּל, רָעוּעַ

tumbler n 1 כּוֹס. 2 לוּלְיָן. 3 נִצְרַת מַנְעוּל. 4 כֶּלֶב צַיִד. 5 יוֹנָה מִתְהַפֶּכֶת. 6 נַחוּם־תַּקּוּם (צעצוע)

tumbrel, tumbril n 1 עֶגְלַת זֶבֶל. 2 עֶגְלַת הַמּוּבָלִים לַגַּרְדּוֹם. 3 דּוּפַנִית (להובלת נשק)

tumescence n תְּפִיחָה, תְּפִיחוּת

tumescent adj תּוֹפֵחַ

tumid adj תָּפוּחַ, נָפוּחַ

tummy n בֶּטֶן, קֵבָה

tumo(u)r n גִּדּוּל (סרטן), שְׂאֵת, תְּפִיחָה

tumult n הֲמֻלָּה, מְהוּמָה, שָׁאוֹן, רַעַשׁ, הֶמְיָה

tumultuous adj רוֹעֵשׁ, רוֹגֵשׁ, פָּרוּעַ, נִרְעָשׁ, נִפְעָם

tumultuously adv בַּהֲמֻלָּה, בְּשָׁאוֹן

tumulus n גַּל, תֵּל

tuna n 1 טוּנָה, טוּנוּס. 2 צַבָּר

tundra n טוּנְדְּרָה

tune vti, n 1 כִּוְנֵן, הִכְוִין, הִתְאִים. 2 נִגֵּן. 3 שָׁר. 4 נְעִימָה, הַרְמוֹנְיָה, לַחַן. 5 כִּוְנוּן, הֶכְוֵן

tune in כִּוְנֵן הָרַדְיוֹ

tune with הִתְאִים, עָלָה בְּקָנֶה אֶחָד

tuneful adj מֶלוֹדִי, הַרְמוֹנִי, עָרֵב לָאֹזֶן

tunefully adv בְּאֹפֶן מֶלוֹדִי

tunefulness n מֶלוֹדִיּוּת

tuner n 1 מַכְוֵן. 2 רַדְיוֹ (מקלט). 3 כַּוְנָן (פסנתר)

tung oil שֶׁמֶן שֶׁל קִמְחִית פּוֹרְד

tungsten n וּולְפְרָם

tunic n 1 טוּנִיקָה, אִצְטְלָה. 2 מְעִיל קָצָר, מִקְטֹרֶן

tuning n כִּוְנוּן

tuning fork קוֹלָן, מַצְלֵל

tunnel vti, n 1 חָצַב, כָּרָה. 2 חָפַר מִנְהָרָה. 3 מִנְהָרָה, נִקְבָּה

tunnel vision 1 רְאִיָּה צָרָה. 2 הַשְׁקָפָה צָרַת־אֳפָקִים

tunny n טוּנָה, טוּנוּס (דג)

tuppence n שְׁנֵי פֶּנִים

tuppenny adj שָׁוֶה שְׁנֵי פֶּנִים, זוֹל, חֲסַר עֵרֶךְ

turban n מִצְנֶפֶת, טוּרְבָּן, צָנִיף

turbaned adj מְטֻרְבָּן

turbid adj 1 עָכוּר, דָּלוּחַ, נִרְפָּשׁ. 2 מְעֻבֶּה, סָמִיךְ

turbidity, turbidness n דְּלִיחוּת, עֲכִירוּת

turbine n טוּרְבִּינָה

turbojet n מָנוֹעַ סִילוֹן

turboprop n מַדְחֵף סִילוֹן

turbot n פּוּטִית (דג)

turbulence n 1 אַנְדְּרָלָמוּסְיָה, רַעַשׁ, סַעֲרַת רוּחוֹת, אִי־שֶׁקֶט. 2 מְעַרְבֹּלֶת

turbulent adj רוֹגֵשׁ, נִסְעָר, פָּרוּעַ, תּוֹסֵס, רוֹעֵשׁ

turd n צוֹאָה, חֲרָאִים

tureen n מָגֵס, מָרָקִיָּה

turf n 1 עֵשֶׂב, דֶּשֶׁא. 2 מֵרוֹץ סוּסִים. 3 כָּבוּל, טוּרְף

turgid adj 1 נָפוּחַ, מְנֻפָּח. 2 מְלִיצִי. 3 מִתְרַבְרֵב, שַׁחֲצָנִי

turgidity n 1 תְּפִיחָה, נְפִיחוּת. 2 מְלִיצִיּוּת. 3 הִתְרַבְרְבוּת, שַׁחֲצָנוּת

Turk n טוּרְקִי

Turkish adj n 1 טוּרְקִי. 2 טוּרְקִית

Turkish bath מֶרְחָץ טוּרְקִי

Turkish delight חַלְקוּם, מַעֲדַנִּים טוּרְקִיִּים

turmeric n כַּרְכֹּם (צמח)

turmoil n מְהוּמָה, אַנְדְּרָלָמוּסְיָה

turn vti, n 1 סוֹבֵב, הָפַךְ. 2 הִטָּה. 3 תָּלָה בְּ־, שִׁנָּה, הִפְנָה. 4 קִלְקֵל (קיבה). 5 חָרַט. 6 הֵמִיר, סָבַב, פָּנָה, נָטָה. 7 הִסְתּוֹבֵב, הִתְהַפֵּךְ. 8 הִתְעַקֵּם, הִסְתַּחְרֵר. 9 הִתְמַלֵּא בְּחִילָה, 10 הֶחְמִיץ (חלב). 11 הִשְׁתַּנָּה. 12 הִתְקַלְקֵל. 13 סִבּוּב, פְּנִיָּה, תַּפְנִית, מִפְנֶה. 14 נְטִיָּה. 15 מְגַמָּה. 16 צוּרָה. 17 טִיּוּל קָצָר. 18 הֲלִיכָה. 19 שְׁעַת כֹּשֶׁר, הִזְדַּמְּנוּת, תּוֹר, מַחֲזוֹר. 20 חֲזָרָה. 21 מַטָּרָה. 22 שֵׁרוּת. 23 כְּפַלְפֵּל (מוס). 24 אוֹת הֲפוּכָה. 25 זַעֲזוּעַ. 26 הַתְקָפָה

turn about הִתְהַפֵּךְ, פָּנָה לְאָחוֹר

turn adrift גֵּרֵשׁ, הִרְחִיק

turn against 1 הִטָּה נֶגֶד. 2 הָפַךְ אוֹיֵב

turn away 1 הִרְחִיק, גֵּרֵשׁ. 2 הִתְרַחֵק, הִפְנָה עֹרֶף

turn back 1 סוֹבֵב, הָפַךְ. 2 הֶחֱזִיר. 3 הִסְתּוֹבֵב, חָזַר

turn down דָּחָה (הצעה)

turn in 1 הֶחֱזִיר, הִכְנִיס, קִפֵּל. 2 שָׁכַב לִישֹׁן

turn into הָפַךְ לְ־, נֶהְפַּךְ לְ־

turn off 1 כִּבָּה. 2 סָגַר

turn on 1 הִדְלִיק. 2 פָּתַח

turn out 1 גֵּרֵשׁ. 2 כִּבָּה. 3 פִּטֵּר

turn over הָפַךְ, הֶעֱבִיר, הֶחֱלִיף, הִתְהַפֵּךְ

turn round הָפַךְ, סוֹבֵב, הִסְתּוֹבֵב

turn to 1 הֵחֵל. 2 פָּנָה לְעֶזְרָה

turn up 1 הוֹפִיעַ, הִגִּיעַ. 2 חָשַׂף, גִּלָּה. 3 קִפֵּל

turn-off n 1 דָּבָר דּוֹחֶה. 2 הִסְתָּעֲפוּת, פְּנִיָּה

turn-out n 1 נוֹכְחִים, מִשְׁתַּתְּפִים. 2 צִיּוּד. 3 תּוֹצֶרֶת, תְּפוּקָה. 4 שְׁבִיתָה, שׁוֹבֵת

turn-up n 1 חֵפֶת (מכנסיים). 2 מְהוּמָה, קְטָטָה

turning n 1 פְּנִיָּה, נְטִיָּה, אִגּוּף. 2 חֲרִיטָה. 3 עִצּוּב, סִגְנוּן

turning point נְקֻדַּת מִפְנֶה

turnip n לֶפֶת

turnkey n סוֹהֵר

turnover n 1 הֲפִיכָה. 2 שִׁנּוּי. 3 מַחֲזוֹר, פִּדְיוֹן, הוֹן חוֹזֵר. 4 מַחֲזוֹרִיּוּת. 5 קְפוּלִית

turnpike n 1 כְּבִישׁ אַגְרָה. 2 שַׁעַר אַגְרָה. 3 מַחְסוֹם אַגְרָה. 4 כְּבִישׁ רָאשִׁי
turnstile n מַחְסוֹם כְּנִיסָה
turpentine n טֶרְפֶּנְטִין, שְׂרַף אֵלָה
turpitude n שִׁפְלוּת, נַבְלוּת, שְׁחִיתוּת
turquoise (Fr) adj, n 1 פִּרוּזָג, טוּרְקִיז (אבן טובה). 2 צֶבַע טוּרְקִיז
turret n צְרִיחַ
turtle n צָב
turtledove n תּוֹר
turtlenecked adj הָדוּק לַצַּוָּאר
tusk n חַט, נִיב (שן)
tussle vi, n 1 הִתְגּוֹשֵׁשׁ, הִתְקוֹטֵט. 2 הִתְגּוֹשְׁשׁוּת, הִתְקוֹטְטוּת
tussock n צִיצָה
tutelage n אֶפִּיטְרוֹפְּסוּת, הַשְׁגָּחָה, הַדְרָכָה, פִּקּוּחַ
tutelary adj אֶפִּיטְרוֹפְּסִי, מַשְׁגִּיחַ, פִּקּוּחִי
tutor vt, n 1 הוֹרָה, הִדְרִיךְ, חִנֵּךְ, אִמֵּן. 2 מַשְׁגִּיחַ, מַדְרִיךְ, מוֹרֶה
tutorial adj, n 1 לִמּוּדִי. 2 שִׁעוּר פְּרָטִי
tutti-frutti n טוּטִי־פְרוּטִי, סָלַט פֵּרוֹת, גְּלִידַת פֵּרוֹת
tutu n חֲצָאִית קְצָרָה (בלט)
tuxedo n חֲלִיפַת עֶרֶב
twaddle vi, n 1 פִּטְפֵּט, לְהֵג, קִשְׁקֵשׁ. 2 פִּטְפּוּט, לְהוּג, הֲבָלִים
twain n שְׁנַיִם, זוּג
twang vti, n 1 אִנְפֵּף. 2 אִנְפּוּף, צְלִיל חַד
'twas = it was הָיָה
tweak vt, n 1 צָבַט, מָרַט. 2 צְבִיטָה, מְרִיטָה
twee adj רַכְרוּכִי
tweed n טְוִיד (בד)
'tween prep, adv בֵּין
'tween-decks npl בֵּין הַסִּפּוּנִים
tweet vi, n 1 צִיֵּץ. 2 צִיּוּץ
tweeter n רַמְקוֹל (לתדירויות גבוהות)
tweezer npl מַלְקֵט, מַלְקֶטֶת
twelfth adj, n 1 הַשְּׁנֵים־עָשָׂר, הַשְּׁתֵּים־עֶשְׂרֵה, הַי״ב. 2 חֵלֶק שְׁנֵים עָשָׂר
twelve adj, n 1 שְׁנֵים עָשָׂר. 2 שְׁתֵּים עֶשְׂרֵה
twelvemonth n שָׁנָה
twentieth adj, n 1 הָעֶשְׂרִים. 2 עֶשְׂרִימִית
twenty adj, n עֶשְׂרִים
twice adv 1 פַּעֲמַיִם. 2 כִּפְלַיִם, פִּי שְׁנַיִם
twiddle vti, n 1 הִשְׁתַּעֲשֵׁעַ. 2 סוֹבֵב, הִסְתּוֹבֵב. 3 סִבּוּב
twig vt, n 1 הִתְבּוֹנֵן, רָאָה. 2 הֵבִין, תָּפַס בְּמַבָּטוֹ, תָּפַס בְּרֶמֶז. 3 חֹטֶר, זְמוֹרָה, זַלְזַל
twiggy adj שְׂרִיגִי, מָלֵא זַלְזַלִּים
twilight n דִּמְדּוּמִים, בֵּין הָעַרְבַּיִם
twill n 1 חִבּוּר מְלֻכְסָן. 2 שְׁתִי וָעֵרֶב (בד)
twin n 1 תְּאוֹם, כָּפוּל. 2 כָּפִיל
twine vti, n 1 הִשְׂתָּרֵג. 2 שָׁזַר, פִּתֵּל, כָּרַךְ, לִפֵּף. 3 חוּט שָׁזוּר, חֶבֶל דַּק
twinge vi, n 1 נִצְבַּט, הִרְגִּישׁ דְּקִירָה, הִרְגִּישׁ כְּאֵב חַד. 2 דְּקִירָה, צְבִיטָה, כְּאֵב חַד
twinge of conscience נְקִיפַת מַצְפּוּן
twinkle vi, n 1 מִצְמֵץ, פִּלְבֵּל. 2 נִצְנֵץ, זָהַר, זָרַח, קָרַץ. 3 נִצְנוּץ, מִצְמוּץ
twinkling n נִצְנוּץ, מִצְמוּץ, הֶרֶף עַיִן
twirl vti, n 1 סוֹבֵב, גִּלְגֵּל, כִּרְכֵּר. 2 הִסְתּוֹבֵב. 3 סִבּוּב, כִּרְכּוּר. 4 הִסְתּוֹבְבוּת
twist vti, n 1 שָׁזַר, כָּרַךְ, לִפֵּף, פִּתֵּל, עִקֵּם. 2 סִבֵּךְ. 3 הִתְפַּתֵּל, הִתְעַקֵּם, הִשְׂתָּרֵג. 4 הִתְכּוֹפֵף. 5 מַעֲקָם, מַעֲקָל. 6 טְוִיסְט (ריקוד). 7 סִבּוּב, הִסְתּוֹבְבוּת. 8 מִשְׁזָר, פִּתּוּל, מִפְתָּל. 9 סִלּוּף. 10 קְלִיעָה. 11 כְּפִיפָה, עִקּוּם. 12 חַלָּה קְלוּעָה
twist of fate מְנַת גּוֹרָל
twist someone's arm אִלֵּץ, הִכְרִיחַ, סוֹבֵב אֶת יָדוֹ
twisted adj 1 עָקֹם. 2 מְפֻתָּל, לוּלְיָנִי, קָלוּעַ, שָׁזוּר
twister n 1 רַמַּאי, נוֹכֵל. 2 סַלְפָן. 3 סוּפַת

טוֹרְנָדוֹ

twit vt, n 1 הִקְנִיט, גִּנָּה, לִגְלֵג. 2 גִּנּוּי, לִגְלוּג. 3 טִפֵּשׁ

twitch vti, n 1 מָשַׁךְ, קָטַף, חָטַף, כִּוֵּץ. 2 פִּרְפֵּר, הִתְעַוֵּת. 3 מְשִׁיכָה, עֲוִית. 4 הִתְכַּוְּצוּת, כִּוּוּץ

twitter vi, n 1 צִיֵּץ, צִפְצֵף. 2 צִיּוּץ, צִפְצוּף. 3 הִתְרַגְּשׁוּת

'twixt prep בֵּין

two adj, n 1 שְׁנַיִם, שְׁתַּיִם. 2 שְׁנֵי, שְׁתֵּי

two-dimensional adj 1 דּוּ־מְמַדִּי. 2 שָׁטוּחַ. 3 פַּשְׁטָנִי

two-faced adj דּוּ־פַּרְצוּפִי

twofold adj, adv כָּפוּל, כִּפְלַיִם

twopence n שְׁנֵי פֶּנִים

twopenny adj שֶׁשָּׁוְיוֹ שְׁנֵי פֶּנִים, זוֹל, חֲסַר עֵרֶךְ

two-ply adj 1 כָּפוּל, כְּפוּל שְׁזִירָה, כְּפוּל עֹבִי. 2 דּוּ־שִׁכְבָתִי, דּוּ־חוּטִי

two-seater n דּוּ־מוֹשָׁבִי, דּוּ־מוֹשָׁבִית

twosome n 1 זוּג, צֶמֶד. 2 שְׁנַיִם

two-timing adj בּוֹגֵד, רַמַּאי

two-way adj דּוּ־כִּוּוּנִי, דּוּ־סִטְרִי

tycoon n טַיְקוּן, עָשִׁיר מֻפְלָג, אֵיל עֲסָקִים

tyke, tike n רֵיקָא, פִּרְחָח

tympanum n תֹּף, תֹּף הָאֹזֶן, תֻּפִּית

type vti, n 1 סִמֵּן, סִוֵּג. 2 תִּקְתֵּק, הִקְלִיד. 3 טִיפּוּס, אֹפִי, דֻּגְמָה, דְּגַם, דֶּגֶם. 4 אוֹת, תָּו, סִימָן. 5 סוּג

typecast vt 1 קָבַע תַּפְקִיד (לשחקן). 2 יָצַק אוֹתִיּוֹת

typeface n 1 שֶׁטַח אוֹתִיּוֹת דְּפוּס. 2 סוּג אוֹתִיּוֹת

typescript n כְּתַב־יָד

typesetter n סַדָּר (דפוס)

typewrite vt הִדְפִּיס, תִּקְתֵּק

typewriter n מְכוֹנַת כְּתִיבָה

typewriting n כַּתְבָנוּת

typewritten adj מְתֻקְתָּק, מֻדְפָּס

typhoid fever טִיפוּס הַבֶּטֶן

typhoon n טַיְפוּן

typhus n טִיפוּס

typical adj אָפְיָנִי, סִמְלִי, טִיפּוּסִי

typically adv טִיפּוּסִית, אָפְיָנִית

typify vt אִפְיֵן, סִמֵּל

typist n כַּתְבָן, כַּתְבָנִית

typographer n מַדְפִּיס, טִיפּוֹגְרָף

typographic adj טִיפּוֹגְרָפִי

typography n טִיפּוֹגְרַפְיָה, מְלֶאכֶת הַדְּפוּס

tyrannic(al) adj רוֹדָנִי, אַכְזָרִי, עָרִיץ

tyrannize vti רָדָה בְּ־, דִּכָּא

tyrannize over רָדָה עַל

tyranny n 1 רוֹדָנוּת, עָרִיצוּת. 2 אַכְזְרִיּוּת

tyrant n 1 רוֹדָן, טִירָן, עָרִיץ. 2 אַכְזָר

tyre, tire n צְמִיג

tyro, tiro n טִירוֹן, מַתְחִיל, דַּרְדַּק, חָנִיךְ

tzar n צַאר, צָר

tzarina n צָארִית, צָרִית

U

U, u יוּ, הָאוֹת הָעֶשְׂרִים־וְאַחַת שֶׁל הָאָלֶף־בֵּית הָאַנְגְּלִי

U-boat n צוֹלֶלֶת

ubiquitous adj נִמְצָא בְּכָל מָקוֹם

ubiquity n הִמָּצְאוּת בְּכָל מָקוֹם

udder n עֲטִין, כְּחָל

UFO n עב״ם (עצם בלתי מזוהה)

uglify vt הִכְעִיר, כִּעֵר

ugliness n כִּעוּר

ugly adj 1 מְכֹעָר, מָאוּס, בָּזוּי. 2 מְתֹעָב, דּוֹחֶה. 3 רַע. 4 מַדְאִיג

ugly customer אָדָם מְסֻכָּן

UHT milk חָלָב עָמִיד

ukase n אוּקָז, צַו מַלְכוּת

ukulele n אוּקוּלֶלֶה

ulcer n 1 אוּלְקוּס, כִּיב, מֻרְסָה. 2 נֶגַע

ulcerate vti 1 כִּיֵּב, הִתְכַּיֵּב

ulceration n כִּיּוּב, הִתְכַּיְּבוּת

ulcerous adj כִּיבִי, מְכֻיָּב

ulna n גֹּמֶד (עצם המרפק)

ulster n מְעִיל אַלְסְטֶר

ulterior adj 1 רָחוֹק, מְאֻחָר, עָתִיד. 2 כָּמוּס, נִסְתָּר

ulterior motive מֵנִיעַ כָּמוּס

ultimate adj 1 אַחֲרוֹן, סוֹפִי, יְסוֹדִי. 2 קִיצוֹנִי. 3 עֶקְרוֹנִי

ultimately adv לְבַסּוֹף, לָאַחֲרוֹנָה

ultimatum n אוּלְטִימָטוּם

ultimo adj שֶׁל הַחֹדֶשׁ שֶׁעָבַר

ultra- prefix מֵעֵבֶר לְ־, מֵעַל, אוּלְטְרָא־

ultramarine adj, n 1 שֶׁמֵּעֵבֶר לַיָּם. 2 כָּחֹל שֶׁל יָם

ultramontane adj שֶׁמֵּעֵבֶר לֶהָרִים

ultrasonic adj עַל־קוֹלִי

ultrasound n עַל־שִׁמְעִי

ultraviolet adj אוּלְטְרָה־סָגֹל, עַל־סָגֹל

ultra vires אוּלְטְרָה וִירֶס, מֵעֵבֶר לַסַּמְכוּת

ululation n יְלוּל, יִבּוּב, הֶמְיָה

ululate vi יִלֵּל, יִבֵּב

umber adj, n 1 חוּם זֵיתִי. 2 צֶבַע חוּם זֵיתִי

umbilical adj טַבּוּרִי, שָׁרְרִי

umbilical cord חֶבֶל הַטַּבּוּר

umbilicus n טַבּוּר

umbrage n 1 עֶלְבּוֹן, פְּגִיעָה. 2 צֵל, אֲפֵלָה, מְצִלָּה

umbrella n מִטְרִיָּה, סוֹכֵךְ, שִׁמְשִׁיָּה

umlaut n אוּמְלָאוּט

umpire vit, n 1 פָּסַק, הֶחְלִיט, הִכְרִיעַ. 2 בּוֹרֵר, פּוֹסֵק, מַכְרִיעַ. 3 שׁוֹפֵט (ספורט)

umpteen adj הַרְבֵּה מְאֹד, אֵין סְפוֹר

umpteenth adj הַמִּי יוֹדֵעַ כַּמָּה

un- prefix אִי־, לֹא־, בְּלִי, לְלֹא

unabashed adj חֲסַר בּוּשָׁה

unabated adj 1 לְלֹא הֲפוּגָה. 2 בִּמְלוֹא כֹּחוֹ

unable adj חֲסַר אוֹנִים, חֲסַר יְכֹלֶת

unabridged adj בִּמְלוֹאוֹ, לֹא־מְקֻצָּר

unacceptable adj לֹא רָצוּי, לֹא מֵנִיחַ אֶת הַדַּעַת

unaccompanied adj בְּגַפּוֹ, לְלֹא לִוּוּי

unaccountable adj 1 מוּזָר. 2 לֹא אַחֲרַאי. 3 שֶׁאֵין לְהַסְבִּירוֹ

unaccountably adv בְּאֹפֶן מוּזָר

unaccounted-for 1 נֶעְדָּר. 2 שֶׁאֵין לְהַסְבִּיר, מוּזָר

unaccustomed adj לֹא רָגִיל, חָדָשׁ, מוּזָר

unadulterated adj טָהוֹר, לֹא־מָהוּל, לְלֹא תּוֹסָפוֹת

unadvisable adj לֹא כְּדָאִי, לֹא רָצוּי

unadvised adj 1 לְלֹא עֵצָה. 2 לְלֹא מַחֲשָׁבָה, נֶחְפָּז, פָּזִיז

unadvisedly adv בְּאֹפֶן נֶחְפָּז, בְּנֶחְפָּזוּת

unaffected adj 1 כֵּן, אֲמִתִּי, טִבְעִי, פָּשׁוּט, לֹא מְעֻשֶּׂה. 2 בִּלְתִּי מֻשְׁפָּע

unafraid adj בְּלִי פַּחַד, לְלֹא חַת

unalienable adj שֶׁאֵינוֹ בַּר הַעֲבָרָה

unalloyed adj טָהוֹר, בְּלִי סַגְסֹגֶת

unalterable adj לֹא מִשְׁתַּנֶּה, אֵיתָן, תְּמִידִי

unanimity n דֵּעָה אַחַת, תְּמִימוּת דֵּעִים, פֶּה אֶחָד

unanimous adj פֶּה אֶחָד

unanimously adv בְּדֵעָה אַחַת, פֶּה אֶחָד

unannounced adj לְלֹא הוֹדָעָה

unanswerable adj שֶׁאֵין לִסְתֹּר אוֹתוֹ

unanswered adj לְלֹא תְּשׁוּבָה, לְלֹא הֵעָנוּת

unapproachable adj 1 בִּלְתִּי נָגִישׁ. 2 שֶׁאֵין לוֹ מִתְחָרֶה

unarmed adj 1 לֹא חָמוּשׁ, לֹא מְזֻיָּן. 2 חֲסַר מָגֵן

unasked adj שֶׁלֹּא נִשְׁאַל

unassailable adj 1 שֶׁאֵין לְהַתְקִיפוֹ. 2 שֶׁאֵין לְהַפְרִיחוֹ, שֶׁאֵין לְעַרְעֵר עָלָיו

unassuming adj צָנוּעַ, עָנָו, פָּשׁוּט

unassumingly adv בִּצְנִיעוּת

unattached adj 1 עַצְמָאִי, חָפְשִׁי. 2 לֹא מְאֹרָס, לֹא נָשׂוּי. 3 לֹא מְעֻקָּל

unattainable adj שֶׁאִי אֶפְשָׁר לְהַשִּׂיגוֹ

unattended adj 1 לְלֹא שְׁמִירָה, לְלֹא הַשְׁגָּחָה. לְלֹא לִוּוּי. 3 לְלֹא טִפּוּל

unauthorized adj 1 לְלֹא אִשּׁוּר, לֹא מֻסְמָךְ. 2 שֶׁלֹּא בִּרְשׁוּת

unavailing adj עָקָר, חֲסַר תּוֹעֶלֶת, לַשָּׁוְא, לֹא מוֹעִיל

unavoidable adj בִּלְתִּי־נִמְנָע, שֶׁאֵין לְבַטֵּל

unavoidably adv בְּהֶכְרֵחַ, בְּאֹפֶן בִּלְתִּי נִמְנָע

unaware adj 1 לֹא זָהִיר. 2 בְּלֹא יוֹדְעִים

unawares adv בְּלֹא יוֹדְעִים, בְּאֹרַח פִּתְאֹמִי

unbacked adj 1 לְלֹא גִּבּוּי, לְלֹא תְּמִיכָה. 2 חֲסַר גַּב

unbalanced adj 1 לֹא מְאֻזָּן, לֹא שָׁקוּל. 2 לֹא שָׁפוּי, מְטֹרָף. 3 לֹא מִשְׁתַּוֶּה

unbar vt פָּתַח, הֵסִיר הַבְּרִיחַ

unbearable adj בִּלְתִּי נִסְבָּל

unbearably adv בְּאֹרַח בִּלְתִּי נִסְבָּל

unbeaten adj בִּלְתִּי מְנֻצָּח

unbecoming adj לֹא מַתְאִים, לֹא הוֹלֵם, לֹא יָאֶה

unbeknown(st) adj, adv 1 לֹא יָדוּעַ. 2 בְּלִי יְדִיעָתוֹ שֶׁל

unbelief n כְּפִירָה, מִינוּת, חֹסֶר אֱמוּנָה

unbelievably adv בְּאֹרַח שֶׁלֹּא יֵאָמֵן

unbeliever n כּוֹפֵר

unbelieving adj כּוֹפֵר, סַפְקָן, חֲסַר אֱמוּנָה

unbelievingly adv בִּכְפִירָה, בְּלִי לָתֵת אֵמוּן

unbend vti 1 הִתִּיר, הִרְפָּה, יִשֵּׁב, הֵפִיג, רִפָּה. 2 הִתְיַשֵּׁר, פָּג, רָפָה

unbending adj קָשֶׁה, נֻקְשֶׁה, קָשִׁיחַ, לֹא גָּמִישׁ

unbias(s)ed adj לֹא מְשֻׁחָד, בְּלִי מַשּׂוֹא פָּנִים

unbidden adj לֹא נִדְרָשׁ, לֹא מְזֻמָּן, לֹא קָרוּא

unbind vt 1 הִתִּיר, שִׁחְרֵר. 2 פִּתַּח

unblushing adj חֲסַר בּוּשָׁה

unborn adj טֶרֶם לֵדָה, שֶׁטֶּרֶם נוֹלַד

unbosom vt הִתְוַדָּה, גִּלָּה, שָׁפַךְ לִבּוֹ

unbound adj 1 לֹא קָשׁוּר. 2 לְלֹא גְּבוּל. 3 פָּזוּר. 4 לֹא כָּרוּךְ

unbounded adj לְלֹא גְּבוּל, לֹא מְרֻסָּן

unbowed adj 1 לֹא נִכְנָע, לֹא מְוַתֵּר. 2 לֹא מִתְכּוֹפֵף

unbreakable adj בִּלְתִּי שָׁבִיר

unbridled adj 1 לֹא מְרֻסָּן. 2 לֹא מְמֻשְׁמָע, חַמְסָן, מֻפְקָר

unbroken adj 1 שָׁלֵם. 2 רָצוּף, נִמְשָׁךְ. 3 לֹא מְאֻלָּף. 4 לֹא פָּגוּם

unbuckle vt 1 הִתִּיר, נִתֵּק. 2 רִפָּה מֶתַח, הִרְגִּיעַ

unburden vt 1 פָּרַק מִטְעָן. 2 הִרְגִּיעַ, שָׁפַךְ

לְבָבוֹ

unbutton vt הִתִּיר הַכַּפְתּוֹרִים

uncalled-for adj 1 לֹא נָחוּץ, שֶׁאֵין בּוֹ צֹרֶךְ 2 חָצוּף, חֲסַר נִימוּס

uncannily adv בְּאֹפֶן מִסְתּוֹרִי

uncanny adj 1 מִסְתּוֹרִי, מוּזָר. 2 שֶׁלֹּא מֵהָעוֹלָם הַזֶּה

uncared-for adj מֻזְנָח, לְלֹא הַשְׁגָּחָה

unceasing adj בִּלְתִּי פּוֹסֵק

unceasingly adv בְּאֹרַח בִּלְתִּי פּוֹסֵק

unceremonious adj לֹא רִשְׁמִי, לְלֹא גִּנּוּנִים

unceremoniously adv בְּאֹפֶן בִּלְתִּי רִשְׁמִי

uncertain adj 1 מְפֻקְפָּק, מְסֻפָּק. 2 לֹא וַדַּאי, מְעֻרְפָּל. 3 לֹא בָּטוּחַ, לֹא יַצִּיב

uncertainly adv לְלֹא וַדָּאוּת, לְלֹא בִּטָּחוֹן

uncertainty n 1 פִּקְפּוּק. 2 אִי־וַדָּאוּת, אִי־יַצִּיבוּת. 3 חֹסֶר בִּטָּחוֹן

unchangeable adj לֹא־מִשְׁתַּנֶּה, אֵיתָן, קָבוּעַ

unchanged adj לְלֹא שִׁנּוּי

uncharitable adj 1 קַפְּדָן, מַחְמִיר. 2 לֹא אָדִיב, מוֹתֵחַ בִּקֹּרֶת

uncharted adj בִּלְתִּי נוֹדָע, לְלֹא מִפּוּי

unchecked adj 1 בִּלְתִּי מְשֻׁבָּץ. 2 לֹא בָּדוּק

uncivil adj חֲסַר נִימוּסִים, לֹא מְנֻמָּס

uncivilized adj לֹא תַּרְבּוּתִי, לֹא מְפֻתָּח

unclaimed adj שֶׁלֹּא נִדְרַשׁ, לְלֹא בְּעָלִים

uncle n 1 דּוֹד. 2 מַלְוֶה עַל מַשְׁכּוֹן

unclean adj מְלֻכְלָךְ, מְטֻנָּף, טָמֵא, לֹא טָהוֹר

unclouded adj בָּהִיר, לְלֹא עֲנָנִים

uncoil vti 1 הִתִּיר. 2 הִתְמַתַּח, הִתְיַשֵּׁר

uncolo(u)red adj 1 חִוֵּר, דָּהוּי. 2 לְלֹא צֶבַע. 3 מְטֻשְׁטָשׁ

uncomfortable adj לֹא־נוֹחַ, לֹא נָעִים

uncomfortably adv בְּאִי־נוֹחוּת

uncommitted adj לְלֹא הִתְחַיְּבוּת, לְלֹא הִזְדַּהוּת

uncommon adj נָדִיר, לֹא רָגִיל, לֹא מָצוּי

uncommonly adv נְדִירוֹת, בְּאֹפֶן בִּלְתִּי שִׁגְרָתִי

uncomplimentary adj 1 לֹא מַחְמִיא. 2 מַשְׁפִּיל, מְבַזֶּה

uncompromising adj לֹא גָּמִישׁ, בִּלְתִּי מִתְפַּשֵּׁר

unconcern n אֲדִישׁוּת, חֹסֶר דְּאָגָה, חֹסֶר עִנְיָן

unconcerned adj אָדִישׁ, חֲסַר הִתְעַנְיְנוּת

unconcernedly adv בַּאֲדִישׁוּת

unconditional adj לְלֹא תְּנָאִים, מֻחְלָט

unconditionally adv לַחֲלוּטִין, לְלֹא תְּנָאִים

unconditioned adv מֻחְלָט, לֹא מֻתְנֶה, לְלֹא תְּנָאִים

unconfirmed adj שֶׁלֹּא אֻשַּׁר

uncongenial adj 1 בִּלְתִּי מַתְאִים. 2 מָאוּס, אַנְטִיפָּתִי

unconquerable adj בִּלְתִּי כָּבִישׁ

unconscionable adj 1 לֹא מוּסָרִי. 2 לֹא סָבִיר

unconscious adj, n 1 חֲסַר הַכָּרָה. 2 לֹא מוּדָע. 3 תַּת־הַכָּרָה

unconsciously adv 1 בְּחֹסֶר הַכָּרָה. 2 בְּחֹסֶר מוּדָעוּת

unconsciousness n 1 חֹסֶר הַכָּרָה. 2 חֹסֶר תּוֹדָעָה, אַל־יֶדַע

unconsidered adj 1 לֹא מָתוּן, לֹא מְתֻחְשָׁב. 2 אַפְסִי, חֲסַר עֵרֶךְ

uncontrollable adj לְלֹא רִסּוּן, בִּלְתִּי רָסִין

unconventional adj חוֹרֵג מֵהַמְקֻבָּל, לֹא קוֹנְבֶנְצְיוֹנָלִי

uncork vt פִּקֵּק, חִלֵּץ פְּקָק, פָּתַח

uncouple vt הִתִּיר, הִפְרִיד, שִׁמֵּט

uncouth adj לֹא מְנֻמָּס, מְשֻׁנֶּה, לֹא תַּרְבּוּתִי

uncover vt 1 חָשַׂף, גִּלָּה, עִרְטֵל. 2 הֵסִיר הַכּוֹבַע

uncrossed adj לֹא מְשֻׂרְטָט (המחאה)

uncrowned adj לֹא מֻכְתָּר

unction n 1 מְשִׁיחַת הַקֹּדֶשׁ. 2 שֶׁמֶן מִשְׁחָה, מִשְׁחַת רִפּוּי. 3 הִתְלַהֲבוּת, דִּבְרֵי כִּבּוּשִׁים. 4 חֲבִיבוּת

מֻפְרֶזֶת, כֵּנוּת מְעֻשָׂה
unctuous adj 1 שַׁמְנִי. 2 מַרְגִּיעַ. 3 חָלָק מִדַּי, מִתְרַפֵּס. 4 סַבּוֹנִי, מְעֻשֶּׂה, חֲלַקְלַק
uncultivated adj 1 בּוּר, לֹא מְעֻבָּד. 2 לֹא מְטֻפָּח, מֻזְנָח
uncultured adj 1 לֹא תַּרְבּוּתִי. 2 בּוּר, עַם הָאָרֶץ
undamaged adj לֹא נִזָּק, לֹא פָּגוּם, שָׁלֵם
undated adj לְלֹא תַּאֲרִיךְ
undaunted adj בְּלִי מֹרֶךְ, לְלֹא פַּחַד
undauntedly adv בְּלִי פַּחַד
undeceive vt הִשְׂכִּיל, פָּקַח עֵינַיִם
undecided adj 1 מְהַסֵּס. 2 לֹא מֻחְלָט
undeclared adj לֹא מֻצְהָר, לֹא מֻכְרָז, שֶׁלֹּא הֻכְרַז עָלָיו
undefeated adj שֶׁלֹּא הֻכְרַע, שֶׁלֹּא הוּבַס, שֶׁלֹּא נֻצַּח
undefended adj לְלֹא הֲגַנָּה, בִּלְתִּי מוּגָן
undefiled adj לְלֹא רְבָב, טָהוֹר, נָקִי
undefined adj מְעֻרְפָּל, לֹא בָּרוּר, לֹא מֻגְדָּר
undemonstrative adj מְאֻפָּק, עָצוּר
undeniable adj שֶׁאֵין לְהַכְחִישׁ, שֶׁאֵין לִסְתֹּר
undeniably adv בְּלִי סָפֵק
undenominational adj לֹא כִּתָּתִי, לֹא עֲדָתִי
under adv, prep, adj 1 תַּחַת, מִתַּחַת, לְמַטָּה, פָּחוֹת. 2 לְפִי, בְּהֶתְאֵם. 3 תַּחְתִּי, תַּחְתּוֹן. 4 תַּת־, סְגָן, מִשְׁנֶה. 5 חָסֵר, מְשֻׁעְבָּד. 6 לְמַטָּה מִ־
underact vti 1 שִׂחֵק בְּהִתְאַפְּקוּת. 2 פָּעַל בְּהִתְאַפְּקוּת
under age קָטִין
underarm adj, adv 1 מִתַּחַת לַזְּרוֹעַ. 2 בְּבֵית הַשֶּׁחִי
under arms 1 מְזֻיָּן. 2 בְּהִכּוֹן, עֲרוּכִים
underbelly n 1 כֶּרֶס, בֶּטֶן. 2 נְקֻדַּת הַתֻּרְפָּה
underbid vt הִצִּיעַ מְחִיר נָמוּךְ
underbrush n שִׂיחִים, סְבַךְ
undercarriage n 1 תּוֹשֶׁבֶת, כַּן נְשִׂיאָה. 2 גַּלְגַּלֵּי נְחִיתָה
undercharge vt חִיֵּב מִתַּחַת לַמְּחִיר
underclothes npl תַּחְתּוֹנִים, לְבָנִים
underclothing n לְבָנִים, תַּחְתּוֹנִים
undercover adj, adv 1 חֲשָׁאִי, סוֹדִי. 2 בַּחֲשַׁאי
undercurrent n 1 זֶרֶם תַּחְתִּי. 2 אֲוִירָה סְמוּיָה, מְגַמָּה נִסְתֶּרֶת
undercut vt 1 גִּלֵּף. 2 הִצִּיעַ מְחִירִים נְמוּכִים
underdeveloped adj מִתְפַּתֵּחַ, תַּת־מְפֻתָּח
underdog n 1 מְקֻפָּח. 2 מֻעֲמָד לְהַפְסִיד, מַפְסִידָן
underdone adj לֹא מְבֻשָּׁל דַּיּוֹ
underestimate vt, n 1 אָמַד בְּחֶסֶר, לֹא הֶעֱרִיךְ כָּרָאוּי. 2 אֹמֶד חָסֵר, הַעֲרָכָה פְּחוּתָה
underexpose vt חָשַׂף בְּחָסֵר (בצילום)
underexposure n חֲשִׂיפָה בְּחָסֵר (בצילום)
underfed pt pp זמן עבר ובינוני עבר של הפועל to underfeed
underfeed vt הֵזִין בְּמִדָּה לֹא מַסְפֶּקֶת
underfloor adj תַּת־קַרְקָעִי
underfoot adv 1 מִתַּחַת לָרַגְלַיִם. 2 לְמַטָּה, עַל הַקַּרְקַע
undergarment n תַּחְתּוֹנִים, לְבוּשׁ תַּחְתּוֹן
undergo vt 1 סָבַל, נָשָׂא. 2 הִתְנַסָּה, עָבַר
undergraduate n סְטוּדֶנְט (תואר ראשון)
underground adj, adv, n 1 תַּת־קַרְקָעִי. 2 סוֹדִי, מַחְתַּרְתִּי, חֲשָׁאִי. 3 מִתַּחַת לַקַּרְקַע. 4 מַחְתֶּרֶת. 5 רַכֶּבֶת תַּחְתִּית
undergrowth n שִׂיחִים, סְבַךְ
underhand adv, adj 1 בַּחֲשַׁאי, בְּעָרְמָה. 2 חֲשָׁאִי, סוֹדִי, עַרְמוּמִי
underhanded adj 1 חֲשָׁאִי, סוֹדִי. 2 מַתְעֶה, מַטְעֶה
underhung adj בְּלוּט לֶסֶת תַּחְתּוֹנָה
underlie vt 1 תָּמַךְ, הִנִּיחַ יְסוֹד. 2 הָיָה מֻנָּח תַּחַת
underline vt הִדְגִּישׁ, הֶעֱבִיר קַו מִתַּחַת

underling n נְחוּת דַּרְגָּה, כָּפוּף, מְשֻׁעְבָּד
underlying adj 1 מֻנָּח מִתַּחַת. 2 יְסוֹדִי. 3 נִסְתָּר, מְעֻרְפָּל. 4 מִשְׁתַּמֵּעַ
undermanned adj חָסֵר עוֹבְדִים
undermentioned adj שֶׁנִּזְכַּר לְמַטָּה
undermine vt חָתַר תַּחַת, עִרְעֵר (יסודות)
undermost adj נָמוּךְ בְּיוֹתֵר
underneath adv, prep 1 מִתַּחַת, לְמַטָּה מִ־, תַּחַת. 2 בְּמַסְוֶה
undernourished adj דַּל תְּזוּנָה
undernourishment n תַּת־תְּזוּנָה
underpants npl תַּחְתּוֹנִים
underpass n מַעֲבָר תַּחְתִּי
underpay vt שִׁלֵּם מִתַּחַת לְעֶרְכּוֹ
underpayment n שָׂכָר יָרוּד
underpin vt תָּמַךְ מִן הַיְסוֹד, חִזֵּק
underpopulated adj דַּל אוּכְלוּסִין
underprivileged adj מְקֻפָּח, טָעוּן טִפּוּחַ
underproduction n מִעוּט תְּפוּקָה, יִצּוּר חָסֵר
underrate vt מִעֵט בְּעֶרְכּוֹ שֶׁל, הֶעֱרִיךְ פָּחוֹת מִדַּי, זִלְזֵל
underscore vt הִדְגִּישׁ, הֶעֱבִיר קַו מִתַּחַת
undersecretary n תַּת־מַזְכִּיר, תַּת־שַׂר
undersell vt מָכַר בְּזוֹל
undersexed adj בְּלִי דַּחַף מִינִי
undershirt n גּוּפִיָּה
underside n הַצַּד הַתַּחְתִּי
undersign vt חָתַם מַטָּה
undersigned adj 1 הֶחָתוּם מַטָּה, הח״מ. 2 הַחֲתוּמִים מַטָּה
undersized adj קְצַר מִדָּה, גַּמּוּד
underskirt n תַּחְתּוֹנִית
understaffed adj לֹא מְאֻיָּשׁ דַּיּוֹ
understand vt 1 הֵבִין. 2 סָבַר, פֵּרֵשׁ
understandable adj בַּר הֲבָנָה, מוּבָן, בָּרוּר
understandably adv בְּצוּרָה מוּבֶנֶת
understanding n 1 הֲבָנָה, בִּינָה, שֵׂכֶל. 2 פֵּרוּשׁ, דַּעַת, תְּפִיסָה, סְבָרָה. 3 הֶסְכֵּם

understate vt נָקַט לְשׁוֹן הַמְעָטָה
understatement n 1 לְשׁוֹן הַמְעָטָה. 2 אִי הַדְגָּשָׁה
understock vt סִפֵּק מְלַאי קָטָן מִדַּי
understood pt זמן עבר ובינוני עבר של הפועל to understand
understudy n, vit 1 לָמַד תַּפְקִיד. 2 שַׂחְקָן מַחֲלִיף
undertake vt הִתְחַיֵּב, הִבְטִיחַ, עָרַב, הֵטִיל עַל עַצְמוֹ
undertaken pp בינוני עבר של הפועל to undertake
undertaker n 1 קַבְּרָן. 2 מְסַדֵּר לְוָיוֹת
undertaking n 1 הִתְחַיְּבוּת, מְשִׂימָה, הַבְטָחָה. 2 אַחֲרָיוּת, קַבְּלָנוּת
under-the-counter adj 1 חֲשָׁאִי. 2 נָדִיר, יָקָר
undertone n גָּוֶן רַךְ
undertook pt זמן עבר של הפועל to undertake
undertow n זְרִימָה לַיָּם, סְחִיפָה
undervaluation n הַמְעָטַת עֵרֶךְ, זִלְזוּל
undervalue vt מִעֵט בְּעֶרְכּוֹ שֶׁל, זִלְזֵל
underwater adj תַּת מֵימִי
underwear n לְבָנִים, תַּחְתּוֹנִים
underweight adj, n 1 מִתַּחַת לַמִּשְׁקָל. 2 מִשְׁקָל חָסֵר
underwent pt זמן עבר של הפועל to undergo
underwhelm vt שִׁעֲמֵם
underworld n 1 שְׁאוֹל. 2 הָעוֹלָם הַתַּחְתּוֹן
underwrite vt 1 חָתַם מַטָּה. 2 בִּטַּח
undeserved adj שֶׁאֵינוֹ רָאוּי לוֹ
undesigning adj 1 יָשָׁר, כֵּן, הוֹגֵן, פָּשׁוּט. 2 בְּלִי כַּוָּנַת זָדוֹן
undesirable adj, n בִּלְתִּי רָצוּי
undetermined adj לֹא מֻגְדָּר, לֹא קָבוּעַ
undeveloped adj לֹא מְפֻתָּח, נֶחֱשָׁל
undid pt זמן עבר של הפועל to undo
undigested adj לֹא מְעֻכָּל

undigestible adj לֹא מִתְעַכֵּל
undignified adj לֹא מְכֻבָּד
undischarged adj לֹא נִפְרַע, לֹא שֻׁלַּם, לֹא סֻלַּק
undiscovered adj שֶׁטֶּרֶם נִגְלָה
undismayed adj אַמִּיץ לֵב, עַז רוּחַ
undisputed adj שֶׁאֵינוֹ שָׁנוּי בְּמַחֲלֹקֶת
undisturbed adj לֹא מֻטְרָד, לֹא מֻפְרָע
undivided adj לֹא מְחֻלָּק
undo vt 1 סִלֵּק, הֵסִיר. 2 הָרַס, הִשְׁמִיד. 3 הִתִּיר, פָּתַח
undock vti הוֹצִיא מִמִּסְפָּנָה
undoing n 1 חֻרְבָּן, הֶרֶס. 2 סְתִירָה. 3 בִּטּוּל
undone pp to undo בינוני עבר של הפועל
undoubted adj שֶׁאֵינוֹ מֻטָּל בְּסָפֵק
undoubtedly adv בְּוַדַּאי, אֶל נָכוֹן, בְּלִי סָפֵק
undreamed-of, **undreamt-of** adj שֶׁלֹּא חָלְמוּ עָלָיו
undress vti, n 1 הִפְשִׁיט, עִרְטֵל. 2 הֵסִיר תַּחְבֹּשֶׁת. 3 פָּשַׁט, הִתְפַּשֵּׁט. 4 לְבוּשׁ רָגִיל, לְבוּשׁ לֹא רִשְׁמִי. 5 עֵירֹם
undue adj 1 שֶׁלֹּא לְצֹרֶךְ, מֻפְרָז. 2 לֹא יָאֶה, לֹא הוֹגֵן. 3 שֶׁלֹּא חָל זְמַן פֵּרְעוֹנוֹ
undulate vit 1 הִתְנַחְשֵׁל. 2 תִּלְתֵּל, סִלְסֵל
undulation n גַּלִּיּוּת, סִלְסוּל, תִּלְתּוּל, הִתְנוֹדְדוּת
unduly adv 1 בְּהַפְרָזָה. 2 שֶׁלֹּא כַּדִּין
undutiful adj מוֹרֵד, מִתְקוֹמֵם, חֻצְפָּן
undying adj נִצְחִי, אַלְמוֹתִי, לָעַד
unearned adj שֶׁאֵינוֹ רָאוּי
unearth vt 1 חָשַׂף, גִּלָּה. 2 חָפַר, כָּרָה, הֶעֱלָה מִן הַקַּרְקַע
unearthly adj 1 עַל־טִבְעִי. 2 מִסְתּוֹרִי
unease n מְתִיחוּת, עַצְבָּנוּת, אִי־נוֹחוּת
uneasily adv בְּעַצְבָּנוּת, בְּאִי־נוֹחוּת
uneasiness n אִי־נוֹחוּת, חֹסֶר מְנוּחָה
uneasy adj מָתוּחַ, עַצְבָּנִי, מֻדְאָג, חֲסַר מְנוּחָה
uneaten adj שֶׁלֹּא נֶאֱכַל
uneducated adj נִבְעָר, בּוּר, חֲסַר חִנּוּךְ
unemployable adj לֹא שִׁמּוּשִׁי, שֶׁאֵינוֹ עָבִיד
unemployed adj בָּטֵל, מֻבְטָל, חֲסַר־עֲבוֹדָה
unemployment אַבְטָלָה, חֹסֶר עֲבוֹדָה
unenployment benefit דְּמֵי־אַבְטָלָה
unending adj מַתְמִיד, נִצְחִי, לְלֹא סוֹף
unendingly adv בְּהַתְמָדָה
unendurable adj בִּלְתִּי נִסְבָּל
unenlightened adj אָטוּם, סָתוּם
unenviable adj שֶׁאֵין לְקַנֵּא בּוֹ
unequal adj 1 לֹא שָׁוֶה, לֹא מְאֻזָּן. 2 לֹא מַתְאִים. 3 לֹא הוֹגֵן
unequalled adj שֶׁאֵין כְּמוֹתוֹ, שֶׁאֵין דּוֹמֶה לוֹ
unequally adv בְּאֹפֶן בִּלְתִּי שָׁוֶה
unequivocal adj חַד מַשְׁמָעִי, בָּרוּר
unerring adj בָּטוּחַ, מְדֻיָּק
uneven adj 1 מְחֻסְפָּס. 2 לֹא אָחִיד, מִשְׁתַּנֶּה. 3 לֹא זוּגִי. 4 לֹא מְאֻזָּן
unevenly adv בְּאֹפֶן לֹא אָחִיד
unevenness n 1 חִסְפּוּס. 2 הִשְׁתַּנּוּת. 3 חֹסֶר אִזּוּן
unexampled adj חֲסַר תַּקְדִּים
unexceptionable adj לְלֹא רְבַב, לְלֹא עֲרָר
unexpected adj לֹא צָפוּי, פִּתְאוֹמִי
unexpectedly adv בְּאֹרַח בִּלְתִּי צָפוּי
unfading adj שֶׁלֹּא נָבֵל, שֶׁלֹּא פָּג, שֶׁלֹּא דָּהָה
unfailing adj נֶאֱמָן, לֹא אַכְזָב, בָּטוּחַ
unfair adj לֹא הוֹגֵן, לֹא יָשָׁר, עַרְמוּמִי
unfairly adv בְּעַרְמוּמִיּוּת
unfairness n חֹסֶר הֲגִינוּת
unfaithful adj 1 לֹא נֶאֱמָן, לֹא מָסוּר. 2 בּוֹגֵד, נוֹאֵף. 3 כּוֹפֵר. 4 לֹא יָשָׁר. 5 לֹא מְדֻיָּק
unfaithfully adv בְּחֹסֶר מְהֵימָנוּת
unfaithfulness n חֹסֶר נֶאֱמָנוּת, בְּגִידָה
unfaltering adj הֶחְלֵטִי, תַּקִּיף, אֵיתָן
unfalteringly adv בְּהֶחְלֵטִיּוּת

unfamiliar adj לֹא יָדוּעַ, לֹא רָגִיל, לֹא בָּקִי, זָר
unfashionable adj 1 חֲסַר צוּרָה, מְעֻקָּם. 2 מְיֻשָּׁן, שֶׁעָבַר זְמַנּוֹ. 3 לֹא אָפְנָתִי
unfasten vt הִתִּיר, פָּתַח
unfathomable adj שֶׁאֵין לָרֶדֶת לְעָמְקוֹ, שֶׁאֵין לַהֲבִינוֹ
unfavo(u)rable adj 1 לֹא רָצוּי, לֹא נָעִים. 2 שְׁלִילִי. 3 דּוֹחֶה
unfeeling adj 1 חֲסַר רֶגֶשׁ, נְטוּל רֶגֶשׁ. 2 קְשֵׁה לֵב, אַכְזָר
unfeelingly adv בְּחֹסֶר רֶגֶשׁ
unfeigned adj אֲמִתִּי, כֵּן, לֹא מְעֻשֶּׂה, טִבְעִי
unfettered adj חָפְשִׁי, מְשֻׁחְרָר
unfinished adj לֹא גָּמוּר, לֹא מֻשְׁלָם, לֹא מְלֻטָּשׁ
unfit adj פָּסוּל, פָּגוּם, לֹא רָאוּי, לֹא מַתְאִים
unflagging adj מַתְמִיד, בִּלְתִּי נִלְאֶה, לֹא פּוֹסֵק
unflappable adj שָׁלֵו, שׁוֹקֵט
unfledged adj 1 לֹא בָּשֵׁל, לֹא בּוֹגֵר, לֹא מְפֻתָּח. 2 חֲסַר נוֹצוֹת
unflinching adj תַּקִּיף, עַז
unfold vti 1 גָּלַל, גּוֹלֵל, גִּלָּה, פָּרַשׂ, פִּתַּח, הִסְבִּיר. 2 נִגְלַל, הִתְפַּתַּח, נִפְרַשׂ
unforeseeable adj בִּלְתִּי נִרְאֶה מֵרֹאשׁ
unforeseen adj 1 בִּלְתִּי צָפוּי. 2 פִּתְאֹמִי
unforgettable adj בִּלְתִּי נִשְׁכָּח
unforgiving adj נוֹקֵם וְנוֹטֵר, אַכְזָרִי
unfortunately adv לְרֹעַ הַמַּזָּל, לְמַרְבֵּה הַצַּעַר
unfounded adj לְלֹא יְסוֹד, חָשׁוּד, שֶׁאֵין לוֹ יְסוֹד
unfrequented adj נָטוּשׁ, לְלֹא קָהָל
unfriendly adj עוֹיֵן, לֹא יְדִידוּתִי
unfrock vt הִדִּיחַ כֹּהֵן מִכְּהֻנָּתוֹ
unfruitful adv 1 עָקָר, לֹא פּוֹרֶה. 2 חֲסַר תּוֹצָאוֹת
unfurl vti 1 פָּרַשׂ, שָׁטַח, גָּלַל. 2 נִפְרַשׂ, נִגְלַל
unfurnished adj לֹא מְרֹהָט, לְלֹא רִהוּט
ungainly adj מְסֻרְבָּל, גַּמְלוֹנִי, מְגֻשָּׁם, חֲסַר חֵן
ungentlemanlike, ungentlemanly adj לֹא הוֹגֵן, חֲסַר נִימוּס
ungodly adj 1 נִתְעָב. 2 נוֹרָא, לֹא סָבִיר. 3 כּוֹפֵר, חוֹטֵא, רָשָׁע
ungovernable adj לֹא צַיְּתָן, פָּרוּעַ, פֶּרֶא
ungraceful adj מְסֻרְבָּל, גַּלְמוֹנִי, חֲסַר חֵן
ungrateful adj 1 כְּפוּי טוֹבָה. 2 לֹא נָעִים, לֹא מִשְׁתַּלֵּם (תפקיד)
unguarded adj 1 לֹא מוּגָן, לֹא נִשְׁמָר. 2 לֹא זָהִיר, רַשְׁלָן
unguent n מִשְׁחָה
unhallowed adj 1 טָמֵא, מְחֻלָּל. 2 לֹא מְקֻדָּשׁ. 3 מְרֻשָּׁע
unhand vt הִרְפָּה, הֵסִיר יָדָיו מִ־
unhappily adv 1 לְרֹעַ הַמַּזָּל, לְמַרְבֵּה הַצַּעַר. 2 בְּאֻמְלָלוּת
unhappiness n אֻמְלָלוּת, מִסְכֵּנוּת, עַצְבוּת
unhappy adj אֻמְלָל, מִסְכֵּן, עָצוּב, רַע מַזָּל
unharmed adj 1 שָׁלֵם, בָּרִיא, בָּרִיא וְשָׁלֵם. 2 לֹא נִפְגָּע
unhealthy adj 1 חוֹלֶה, לֹא בָּרִיא. 2 לֹא מוּסָרִי. 3 מַזִּיק לַבְּרִיאוּת. 4 מְסֻכָּן
unheard adj לֹא נִשְׁמָע
unheard-of adj 1 חֲסַר תַּקְדִּים. 2 לֹא יָדוּעַ
unheeded adj בִּלְתִּי מֻבְחָן
unhesitating adj בְּלִי הִסּוּס
unhesitatingly adv לְלֹא פִּקְפּוּק, לְלֹא הִסּוּס
unhinge vt 1 עָקַר מִן הַצִּירִים, הֵסִיר. 2 בִּלְבֵּל, הֵבִיךְ, שִׁגַּע
unholy adj 1 לֹא קָדוֹשׁ, לֹא מְקֻדָּשׁ. 2 טָמֵא, חוֹטֵא, רָשָׁע. 3 חִלּוֹנִי
unhook vt הוֹרִיד מִוָּו, הֵסִיר מִוָּו
unhoped-for adj לֹא צָפוּי, לֹא מְיֻחָל, לֹא מְקֻוֶּה
unhorse vt 1 הִפִּיל מֵעַל סוּס. 2 הֵבִיךְ

unhurt adj לְלֹא פֶּגַע, בָּרִיא וְשָׁלֵם
unicorn n חַדְקֶרֶן
unidentified adj בִּלְתִּי מְזֹהֶה, לֹא מְזֹהֶה
unidentified flying object (UFO) עֶצֶם בִּלְתִּי מְזֹהֶה (עַבַּ"ם)
unification n אִחוּד, הַאֲחָדָה
uniform adj, n 1 אָחִיד. 2 עָקִיב, קָבוּעַ. 3 שָׁוֶה, קָצוּב, עִקְבִי. 4 מַדִּים, בִּגְדֵי שְׂרָד
uniformed adj לָבוּשׁ מַדִּים, לָבוּשׁ בִּגְדֵי שְׂרָד
uniformity n 1 אֲחִידוּת. 2 חַד גּוֹנִיּוּת
unify vt אִחֵד, חִבֵּר
unilateral adj חַד־צְדָדִי
unilaterally adv בְּאֹפֶן חַד־צְדָדִי
unimpaired adj בִּלְתִּי נִפְגָּם
unimpeachable adj לְלֹא פְּגָם, שָׁלֵם לְלֹא דֹפִי
unimportant adj לֹא חָשׁוּב
uninformed adj שֶׁלֹּא הוֹדִיעוּ לוֹ, חֲסַר יֶדַע
uninhibited adj 1 לֹא מָנוּעַ. 2 שֶׁאֵין עָלָיו אִסּוּר
uninspired adj בְּלִי הַשְׁרָאָה
unintelligible adj לֹא מוּבָן, מְטֻשְׁטָשׁ
unintentional adj בִּשְׁגָגָה, שֶׁלֹּא בְּכַוָּנָה
unintentionally adv בְּלִי כַּוָּנָה
uninterested adj לֹא מְעֻנְיָן, אָדִישׁ, שְׁוֵה נֶפֶשׁ
union n 1 אִחוּד, אִגּוּד, בְּרִית. 2 אֲגֻדָּה, אִגּוּד מִקְצוֹעִי. 3 נִשּׂוּאִין, נִשּׂוּאִים
unionist 1 אַחְדוּתָן. 2 חָבֵר אֲגֻדָּה מִקְצוֹעִית. 3 שַׁמְרָן
Union Jack n דֶּגֶל הָאִחוּד, הַדֶּגֶל הַבְּרִיטִי
unique adj יָחִיד בְּמִינוֹ, יִחוּדִי
uniquely adv בְּאֹפֶן יָחִיד בְּמִינוֹ
uniqueness n יִחוּד, מְיֻחָדוּת
unisex adj 1 חַד־מִינִי. 2 מַתְאִים לִשְׁנֵי הַמִּינִים
unison n 1 אַחְדוּת, הַתְאָמָה. 2 הַרְמוֹנְיָה, אוּנִיסוֹן
unit n יְחִידָה

Unitarian adj, n אוּנִיטָרִי
Unitarianism n אוּנִיטָרִיּוּת
unite vti 1 אִחֵד, חִבֵּר, לִכֵּד, קִשֵּׁר, מִזֵּג. 2 זִוֵּג. 3 הִתְאַחֵד, הִצְטָרֵף, הִתְחַבֵּר
unitedly adv בַּאֲחִידוּת
unity n 1 אַחְדוּת, אִחוּד. 2 אֲחִידוּת. 3 שְׁלֵמוּת, הַתְאָמָה. 4 הֶסְכֵּם. 5 אֶחָד, אַחַת. 6 יְחִידָה
universal adj 1 כּוֹלֵל, כְּלָלִי, מַקִּיף. 2 עוֹלָמִי, אוּנִיבֶרְסָלִי
universality n כְּלָלִיּוּת, עוֹלָמִיּוּת, אוּנִיבֶרְסָלִיּוּת
universally adv בְּאֹרַח אוּנִיבֶרְסָלִי
universe n 1 עוֹלָם, תֵּבֵל, יְקוּם, אוּנִיבֶרְס. 2 אֱנוֹשׁוּת, הֲוָיָה
university n אוּנִיבֶרְסִיטָה, מִכְלָלָה
unjust adj 1 לֹא צוֹדֵק. 2 לֹא הוֹגֵן
unjustifiable adj לֹא מֻצְדָּק
unjustly adv בְּאֹפֶן לֹא צוֹדֵק
unkempt adj 1 לֹא מְסֹרָק, לֹא מְסֻדָּר. 2 מְרֻשָּׁל, גַּס
unkind adj אַכְזָר, גַּס, רַע־לֵב
unkindly adv בְּחֻמְרָה, בְּחֹסֶר אֲדִיבוּת
unkindness n גַּסּוּת, חֹסֶר אֲדִיבוּת, אַכְזְרִיּוּת, קְשִׁיחוּת
unknown adj, n 1 לֹא יָדוּעַ, בִּלְתִּי נוֹדָע. 2 אַלְמוֹנִי, זָר. 3 נֶעְלָם, נִסְתָּר
unknown quantity גּוֹרֵם נֶעְלָם
unknowing adj לְלֹא יְדִיעָה
unlatch vt פָּתַח (מנעול), הֵסִיר הַבְּרִיחַ
unlawful adj לֹא חֻקִּי, לֹא כַּדִּין
unlawfully adv בְּאֹפֶן בִּלְתִּי חֻקִּי
unlearn vt 1 שָׁכַח הַנִּלְמָד. 2 שִׁנָּה הֶרְגֵּל
unleash vt 1 הִתִּיר הָרְצוּעָה. 2 שִׁלַּח לַחָפְשִׁי. 3 שִׁלַּח רֶסֶן
unleavened adj לֹא חָמֵץ
unlearened bread מַצָּה
unless conj 1 מִלְּבַד, כִּי אִם, אִם לֹא. 2 אֶלָּא אִם כֵּן
unlettered adj בּוּר, עַם הָאָרֶץ

unlike prep שׁוֹנֶה, לֹא דוֹמֶה
unlikelihood n אִי הִתְקַבְּלוּת עַל הַדַּעַת
unlikely adj לֹא סָבִיר
unlimited adj לְלֹא גְבוּל, בִּלְתִּי מֻגְבָּל
unlimitedly adv לְלֹא גְבוּל, בְּלִי הַגְבָּלָה
unlined adj בְּלִי שׁוּרוֹת, בְּלִי קַוִּים
unlisted adj לֹא רָשׁוּם
unload vti 1 פָּרַק, פֵּרֵק. 2 נִפְרַק
unlock vti 1 פָּתַח, הֵסִיר (מנעול). 2 גִּלָּה. 3 נִפְתַּח
unlooked-for adj לֹא חָזוּי, לֹא צָפוּי, לֹא מְיֻחָל
unloose vt רִפָּה, שִׁחְרֵר, הִרְפָּה
unluckily adv לְצַעֲרֵנוּ, לְמַרְבֵּה הַצַּעַר
unlucky adj בִּישׁ גַּדָּא, אֻמְלָל, לְלֹא מַזָּל, מֻכֵּה גוֹרָל
unman vt 1 סֵרֵס, נָטַל כֹּחַ גַּבְרָא. 2 הִפְחִיד, דִּכְדֵּךְ. 3 הֵמֵס לִבּוֹ
unmanageable adj שֶׁלֹּא נִתָּן לְהִשְׁתַּלֵּט עָלָיו
unmanly adj 1 לֹא גַּבְרִי. 2 פַּחְדָנִי
unmanned adj 1 לֹא־מְאֻיָּשׁ. 2 לֹא מְיֻשָּׁב
unmannerly, unmannered adj גַּס, לֹא מְנֻמָּס, לֹא מְחֻנָּךְ, חֲסַר נִימוּס
unmarried adj רַוָּק, לֹא נָשׂוּי
unmask vt 1 הֵסִיר הַמַּסְוֶה, הֵסִיר הַלּוֹט. 2 חָשַׂף הָאֱמֶת
unmatchable adj שֶׁאֵין שֵׁנִי לוֹ
unmatched adj שֶׁאֵין כָּמוֹהוּ
unmentionable adj הַס מִלְּהַזְכִּיר
unmerciful adj חֲסַר רַחֲמִים, קְשֵׁה־לֵב, אַכְזָר
unmercifully adv בְּאַכְזְרִיּוּת, בְּלִי רַחֲמָנוּת
unmerited adj שֶׁאֵינוֹ רָאוּי
unmindful adj 1 שׁוֹכֵחַ, שֶׁלֹּא שָׂם לִבּוֹ. 2 פָּזִיז, לֹא זָהִיר
unmistakable adj בָּרוּר, מְפֹרָשׁ, שֶׁאֵין לְטָעוּת בּוֹ
unmistakably adv בְּבֵרוּר, בִּמְפֹרָשׁ
unmitigated adj 1 שֶׁלֹּא הֻמְתַּק, שֶׁלֹּא פָּג, שֶׁלֹּא מֻרְכָּךְ. 2 גָּמוּר, מֻחְלָט
unmixed adj טָהוֹר, לֹא מָהוּל, לֹא מְעֹרָב, לֹא בָּלוּל
unmoved adj 1 אָדִישׁ, שְׁוֵה נֶפֶשׁ. 2 לְלֹא תְּזוּזָה
unnatural adj 1 מְלָאכוּתִי, מְעֻשֶּׂה, כָּפוּי. 2 לֹא טִבְעִי, לֹא נוֹרְמָלִי. 3 מְעֻוָּת
unnaturally adv בְּאֹפֶן לֹא נוֹרְמָלִי
unnecessarily adv לְלֹא צֹרֶךְ, מְיֻתָּר
unnecessary adj לֹא נָחוּץ, מְיֻתָּר
unnerve vt הֶחֱלִישׁ, רִפָּה יָדַיִם
unnerved adj מְבֹהָל, עַצְבָּנִי, מְעֻרְעָר (מפחד)
unnoticed adj לֹא מֻרְגָּשׁ, בִּלְתִּי מֻבְחָן
unnumbered adj 1 לֹא סָפוּר, לֹא מְמֻסְפָּר. 2 לְאֵין סְפוֹר
unobtainable adj לְלֹא הַשָּׂגָה, לֹא זָמִין
unobtrusive adj זָהִיר, לֹא בּוֹלֵט, דִּיסְקְרֶטִי
unobtrusively adv בְּדִיסְקְרֶטִיּוּת
unoccupied adj 1 פָּנוּי, רֵיק, לֹא תָּפוּס. 2 לֹא כָּבוּשׁ. 3 מְבֻטָּל, בָּטֵל
unofficial adj לֹא רִשְׁמִי
unofficially adv בְּאֹפֶן לֹא רִשְׁמִי
unorthodox adj 1 חַדְשָׁנִי. 2 לֹא מְקֻבָּל. 3 לֹא שַׁמְרָנִי. 4 לֹא דָּבֵק בַּמֻּסְכָּמוֹת
unostentatious adj צָנוּעַ, פָּשׁוּט
unpack vti 1 פָּתַח מִזְוָדוֹת. 2 פָּרַק מַשָּׂא
unpaid adj לֹא שֻׁלַּם, לֹא נִפְרַע
unpalatable adj 1 לֹא נָעִים. 2 לֹא טָעִים
unparalleled adj שֶׁאֵין כָּמוֹהוּ, שֶׁאֵין שֵׁנִי לוֹ
unpardonable adj שֶׁאֵין לוֹ כַּפָּרָה
unparliamentary adj 1 לֹא פַּרְלָמֶנְטָרִי. 2 לֹא הוֹלֵם
unperceived adj לֹא מֻבְחָן
unperturbed adj בְּלִי הִתְרַגְּשׁוּת
unplaced adj 1 בְּלִי מָקוֹם. 2 לֹא מְאֻתָּר
unplayable adj לֹא מַתְאִים לְמִשְׂחָק
unpleasant adj לֹא נָעִים, דּוֹחֶה
unpleasantly adv בְּאֹפֶן לֹא נָעִים

unpleasantness n אִי־נְעִימוּת
unpopular adj 1 לֹא עֲמָמִי. 2 לֹא מְקֻבָּל, לֹא פּוֹפּוּלָרִי
unpractised adj לֹא מְנֻסֶּה, לֹא מְאֻמָּן
unprecedented adj חֲסַר תַּקְדִּים
unpredictable adj 1 לֹא עִקְבִי, הֲפַכְפַּךְ (אדם). 2 שֶׁלֹּא נִתָּן לְחִזּוּי
unprejudiced adj בְּלִי דֵעָה קְדוּמָה, לְלֹא מַשּׂוֹא פָּנִים
unpremeditated adj בִּשְׁגָגָה, לֹא בְּזָדוֹן
unprepared adj לֹא מוּכָן
unpretending, **unpretentious** adj כֵּן, אֲמִתִּי, בְּלִי הַעֲמָדַת פָּנִים
unprincipled adj חֲסַר עֶקְרוֹנוֹת, לֹא מוּסָרִי
unprintable adj 1 שֶׁאֵינוֹ רָאוּי לְפִרְסוּם. 2 שֶׁאֵין לְהַדְפִּיסוֹ
unproductive adj לֹא מוֹעִיל, בִּלְתִּי יַצְרָנִי, עָקָר
unprofessional adj לֹא מִקְצוֹעִי
unprofitable adj לֹא רִוְחִי
unprompted adj סְפּוֹנְטָנִי
unprotected adj לְלֹא הֲגַנָּה, לֹא מוּגָן
unprovided for adj 1 לְלֹא צִיּוּד. 2 לְלֹא פַּרְנָסָה, לְלֹא תְּמִיכָה, לְלֹא אֶמְצָעֵי מִחְיָה
unprovoked adj לְלֹא הֲסָתָה
unpublished adj שֶׁלֹּא פֻּרְסַם
unpunished adj שֶׁלֹּא בָּא עַל עָנְשׁוֹ
unputdownable adj שֶׁבִּלְתִּי נִתָּן לְהַנִּיחַ בַּצַּד (ספר), מְרַתֵּק
unqualified adj 1 לֹא כָּשִׁיר, לֹא מֻסְמָךְ. 2 לֹא מֻגְבָּל, מֻחְלָט
unquenchable adj שֶׁאֵינוֹ יוֹדֵעַ שֹׂבַע
unquestionable adj וַדַּאי, שֶׁאֵין עָלָיו עוֹרְרִין, לֹא מֻטָּל בְּסָפֵק
unquestionably adv בְּוַדָּאוּת, לְלֹא סָפֵק
unquestioned adj 1 שֶׁאֵין חוֹלְקִים עָלָיו. 2 שֶׁלֹּא נִבְדַּק, שֶׁלֹּא נֶחְקַר
unquestioning adj בְּלִי שְׁאֵלוֹת, בְּלִי עוֹרְרִין
unquiet adj לֹא שָׁקֵט, חֲסַר מְנוּחָה
unquietly adv בְּחֹסֶר שֶׁקֶט
unquote v (imper. only) סָגַר מֵרְכָאוֹת (בגמר ציטטה)
unravel vti 1 הִתִּיר, פָּתַר. 2 הִבְהִיר, הִסְבִּיר. 3 פִּעְנֵחַ. 4 הִתְפַּתֵּחַ
unread adj 1 שֶׁלֹּא נִקְרָא. 2 לֹא מְלֻמָּד, לֹא מַשְׂכִּיל
unready adj לֹא־מוּכָן, לֹא מְתֻקָּן
unreal adj לֹא־אֲמִתִּי, לֹא מַמָּשִׁי, דִּמְיוֹנִי
unreasonable adj 1 לֹא הֶגְיוֹנִי, לֹא נָבוֹן. 2 מֻפְרָז, עָצוּם
unreasoning adj חֲסַר מַחֲשָׁבָה, לֹא הֶגְיוֹנִי
unrecognizable adj שֶׁלֹּא נִתָּן לְהַכִּירוֹ
unrefined adj 1 לֹא מְזֻקָּק, לֹא צָרוּף. 2 לֹא מְחֻנָּךְ, לֹא עָדִין, גַּס, הֲמוֹנִי
unrelenting adj 1 אַכְזָר, קָשׁוּחַ, חֲסַר רַחֲמִים. 2 לֹא וַתְּרָן, לֹא גָמִישׁ
unreliable adj 1 לֹא־מְהֵימָן. 2 לֹא רִשְׁמִי
unrelieved adj חַדְגּוֹנִי, מוֹנוֹטוֹנִי, מְשַׁעֲמֵם
unremitting adj מַתְמִיד, בִּלְתִּי פּוֹסֵק
unrepentant adj עַקְשָׁן, עִקֵּשׁ, לְלֹא חֲרָטָה
unrequited adj לְלֹא גְמוּל
unreserved adj 1 גְּלוּי־לֵב, לְלֹא תְּנַאי. 2 לֹא שָׁמוּר, לֹא מֻגְבָּל
unreservedly adv לְלֹא סְיָגִים
unrest n 1 אִי־שֶׁקֶט, אִי־מְנוּחָה. 2 תְּסִיסָה, מְתִיחוּת
unrestrained adj לְלֹא הַגְבָּלָה, לְלֹא מַעֲצוֹרִים
unrewarded adj לְלֹא פְּרָס
unriddle vt פָּתַר, פִּעְנֵחַ
unripe adj לֹא בָּשֵׁל, בֹּסֶר
unrival(l)ed adj לְלֹא מִתְחָרֶה, שֶׁאֵין דּוֹמֶה לוֹ
unroll vti 1 פֵּרֵשׂ, גּוֹלֵל, גִּלָּה, הִצִּיג. 2 נִפְרַשׂ, נִגְלַל
unroofed balcony גְּזֻזְטְרָה
unruffled adj שָׁקֵט, שָׁלֵו
unruly adj פָּרוּעַ, נִסְעָר, לֹא צַיְּתָן
unsafe adj לֹא בָּטוּחַ, מְסֻכָּן

unsaid adj בְּלִי מִלִּים

unsatisfactory adj לֹא מֵנִיחַ אֶת הַדַּעַת

unsatisfied adj שֶׁלֹּא בָּא עַל סִפּוּקוֹ

unsavo(u)ry adj חֲסַר טַעַם, לֹא נָעִים

unsay vt חָזַר בּוֹ

unscalable adj שֶׁלֹּא נִתָּן לְטַפֵּס עָלָיו

unscathed adj לֹא נִפְגַּע, לֹא נִזּוֹק

unscramble vt פִּעְנֵחַ

unscrew vt פָּתַח בֹּרֶג, פֵּרֵק

unscrupulous adj חֲסַר מַצְפּוּן, לֹא מוּסָרִי

unscrupulously adv לְלֹא נְקִיפוּת מַצְפּוּן

unseal vt הֵסִיר חוֹתָם, פָּתַח

unseasonable adj 1 שֶׁלֹּא בְּעִתּוֹ. 2 לֹא רָגִיל

unseasoned adj 1 לֹא מְתֻבָּל. 2 לֹא מְנֻסֶּה

unseat vt 1 הוֹרִיד מִמּוֹשָׁבוֹ. 2 הִפִּיל מֵהָאֻכָּף. 3 הִדִּיחַ מִכְּהֻנָּתוֹ

unseemly adj לֹא נָאֶה, לֹא מַתְאִים, לֹא יָאֶה

unseen adj, n לֹא נִרְאֶה, סָמוּי, נִסְתָּר

unseen passage קֶטַע עָלוּם

unselfish adj רְחַב־לֵב, נֶאֱמָן, לֹא־אָנֹכִיִּי

unselfishness n מְסִירוּת נֶפֶשׁ, לֹא אָנֹכִיּוּת, נֶאֱמָנוּת

unsettle vt שִׁגַּע, הִפְרִיעַ, בִּלְבֵּל, זִעְזַע

unsettled adj 1 מֻפְרָע, לֹא מְיֻשָּׁב. 2 שֶׁלֹּא הֻכְרַע, מִשְׁתַּנֶּה

unshaken adj 1 חָזָק, אֵיתָן. 2 שֶׁלֹּא זֻעְזַע

unsheltered adj לְלֹא הֲגַנָּה, בִּלְתִּי מוּגָן

unshod adj 1 יָחֵף. 2 לְלֹא פַּרְסָה

unsightly adj מְכֹעָר, רַע־הַמַּרְאֶה

unsightliness n כִּעוּר

unskilled, unskillful adj לֹא מְאֻמָּן, לֹא מְנֻסֶּה, לֹא מִקְצוֹעִי, לֹא מְיֻמָּן

unsociable adj לֹא יְדִידוּתִי, לֹא חֶבְרָתִי

unsolicited adj 1 לֹא מְבֻקָּשׁ. 2 לֹא רָצוּי

unsophisticated adj תָּמִים, טִבְעִי, פָּשׁוּט, לֹא מְתֻחְכָּם

unsound adj 1 לֹא בָּטוּחַ. 2 לֹא בָּרִיא, לֹא שָׁלֵם. 3 מְקֻלְקָל, רָקוּב. 4 לֹא קָבִיל, לֹא אָמִין

unsparing adj בַּזְבְּזָן, לֹא חַסְכָן, נָדִיב

unspeakable adj מְגֻנֶּה, רַע, שֶׁאֵין לְהַבִּיעַ

unspeakably adv בְּאֹפֶן מְגֻנֶּה

unspoken adj בִּשְׁתִיקָה, בְּלִי מִלִּים

unstable adj 1 רוֹפֵף, הֲפַכְפַּךְ, לֹא יַצִּיב. 2 רְפֵה־נֶפֶשׁ

unsteadily adv בְּאִי יַצִּיבוּת

unsteadiness n אִי־יַצִּיבוּת, רְפִיפוּת

unsteady adj הֲפַכְפַּךְ, לֹא יַצִּיב, כּוֹשֵׁל, מִתְנוֹדֵד

unstrained adj 1 קַל, נָקֵל, נוֹחַ. 2 גָּמִישׁ. 3 לֹא־מְסֻנָּן

unstrung adj 1 חַלָּשׁ, עַצְבָּנִי. 2 חֲסַר מֵיתָרִים, רְפוּי מֵיתָרִים

unstuck adj 1 לֹא דָבוּק. 2 נִכְשָׁל

unstudied adj טִבְעִי, לֹא מְעֻשֶּׂה, לֹא בָּקִי

unsuccessful adj לֹא מֻצְלָח

unsuccessfully adv בְּלִי הַצְלָחָה

unsufferable adj בִּלְתִּי נִסְבָּל, קָשֶׁה מִנְּשׂא

unsuitable, unsuited adj לֹא מַתְאִים, לֹא הוֹלֵם, לֹא יָאֶה

unsullied adj נָקִי, שֶׁלֹּא הֻכְתַּם, שֶׁלֹּא טֻנַּף

unsung adj שֶׁלֹּא שָׁרוּ לִכְבוֹדוֹ, שֶׁלֹּא זָכָה לְהַכָּרָה

unsure adj חֲסַר בִּטָּחוֹן

unsurmountable adj מְצֻיָּן, עֶלְיוֹן, שֶׁאֵין לִגְבֹּר עָלָיו

unsurpassed adj שֶׁלֹּא גָבְרוּ עָלָיו

unsuspected adj לֹא חָשׁוּד

unswerving adj מַתְמִיד, שַׁקְדָן

unswervingly adv בְּהַתְמָדָה

untamed adj לֹא־מְאֻלָּף, לֹא מְתֻרְגָּל

unthinkable adj שֶׁאֵין לְהַעֲלוֹת עַל הַדַּעַת

unthinking adj חֲסַר מַחֲשָׁבָה, לֹא מִתְחַשֵּׁב

unthinkingly adv לְלֹא מַחֲשָׁבָה

unthought-of שֶׁלֹּא מִתְקַבֵּל עַל הַדַּעַת, לֹא שֹׁעַר

untidily adv בְּאִי־סֵדֶר, בְּאֹפֶן מְרֻשָּׁל

untidy adj מְרֻשָּׁל, פָּרוּעַ, לֹא מְסֻדָּר

untie vt הִתִּיר, חִלֵּץ, שִׁחְרֵר

until conj 1 עַד, עַד אֲשֶׁר, עַד שֶׁ־.

2 לֹא לִפְנֵי

untimely adj מֻקְדָּם, לֹא בְּעִתּוֹ, לִפְנֵי זְמַנּוֹ

untiring adj שֶׁאֵינוֹ יוֹדֵעַ לֵאוּת

unto prep 1 עַד. 2 לְ־, אֶל

untold adj 1 שֶׁלֹּא סֻפַּר, שֶׁלֹּא הֻבַּע. 2 לְאֵין סְפֹר

untouchable adj, n 1 שֶׁאֵין לָגַעַת בּוֹ. 2 טָמֵא, מְנֻדֶּה

untoward adj רַע־הַמַּזָּל

untrained adj לְלֹא הֲכָנָה

untranslatable adj לֹא נִתָּן לְתִרְגּוּם

untried adj 1 שֶׁלֹּא נֻסָּה, שֶׁלֹּא נִבְדַּק. 2 שֶׁלֹּא הָעֳמַד לְמִשְׁפָּט

untrimmed adj לֹא גָזוּר

untroubled adj שָׁקֵט, שָׁלֵו

untrue adj 1 לֹא־נָכוֹן, כּוֹזֵב, שִׁקְרִי. 2 בּוֹגֵד

untrustworthy adj לֹא מְהֵימָן

untruth n שֶׁקֶר, חֹסֶר אֱמֶת

untruthful adj כּוֹזֵב, לֹא־אֲמִתִּי, שַׁקְרָן

unused adj 1 חָדָשׁ, שֶׁלֹּא הִשְׁתַּמְּשׁוּ בּוֹ. 2 לֹא רָגִיל, לֹא מֻרְגָּל

unused to adj לֹא רָגִיל, לֹא מֻרְגָּל

unusual adj נָדִיר, לֹא שָׁכִיחַ

unusually adv שֶׁלֹּא כָּרָגִיל

unutterable adj שֶׁאֵין לְתָאֵר, שֶׁאֵין לְבַטֵּא

unvarnished adj לֹא מְצֻחְצָח, לֹא מְקֻשָּׁט, פָּשׁוּט

unveil vti 1 חָשַׂף, גִּלָּה. 2 הִתְגַּלָּה

unvoiced adj שֶׁלֹּא בֻּטָּא, שֶׁלֹּא הֻבַּע

unwariness n אִי זְהִירוּת, פְּזִיזוּת

unwarned adj לֹא זָהִיר, לֹא נִזְהָר, לֹא עֵרָנִי

unwarranted adj 1 לֹא חֻקִּי, לֹא מֻצְדָּק. 2 לְלֹא הַרְשָׁאָה

unwary adj פָּזִיז, לֹא זָהִיר, נִמְהָר

unwelcome adj לֹא רָצוּי, לֹא נָעִים

unwell adj חוֹלֶה, לֹא בָּרִיא

unwholesome adj חוֹלָנִי, מַזִּיק

unwieldy adj כָּבֵד, גָּדוֹל, מְגֻשָּׁם, מַסְּבִּי, שֶׁקָּשֶׁה לְהִשְׁתַּמֵּשׁ בּוֹ

unwilling adj מְמָאֵן, מְסָרֵב

unwillingly adv בְּאִי־רָצוֹן

unwillingness n אִי־רָצוֹן, מֵאוּן, סֵרוּב

unwind vti הִתִּיר, הִפְרִיד

unwise adj לֹא־נָבוֹן, לֹא־מְחֻכָּם, טִפְּשִׁי

unwisely adv בְּטִפְּשׁוּת

unwitting adj לֹא יוֹדֵעַ, לֹא מִתְכַּוֵּן, בְּשׁוֹגֵג

unwittingly adv בְּאֹפֶן בִּלְתִּי יָדוּעַ

unwonted adj לֹא רָגִיל, לֹא מָצוּי, נָדִיר

unworthy adj לֹא רָאוּי, נִקְלֶה, בָּזוּי

unwrap vt גּוֹלֵל, פָּרַשׂ, פָּתַח

unwritten adj לֹא כָּתוּב, שֶׁבְּעַל־פֶּה

unyielding adj לֹא מְוַתֵּר, לֹא נִכְנָע

unyoke vt הֵסִיר הָעֹל

unzip vt פָּתַח (רוכסן)

up vti, adv, prep 1 קָם, הִתְחִיל, הֵקִים. 2 הֵרִים, הִגְבִּיר, הֶעֱלָה, הִרְבָּה. 3 עַד. 4 מַעְלָה, אֶל־עָל, עַל. 5 מוּל. 6 כָּל אֶחָד. 7 מַאֲמִיר. 8 יְחִי !, עֲלֵה !. 9 תּוֹסֵס. 10 זָקוּף, עוֹמֵד, מוּרָם. 11 לְמַעְלָה, בְּמַעֲלֶה

up and about מַחֲלִים

ups and downs עֲלִיּוֹת וִירִידוֹת

up-and-coming adj 1 מַבְטִיחַ. 2 מַצְלִיחַ, זָרִיז

up to 1 מוּכָן, מְסֻגָּל. 2 עַד

up to the minute מְעֻדְכָּן, עַדְכָּנִי

upbeat n, adj 1 הֶדֶה־מַעֲלָה (מוסיקה). 2 אוֹפְּטִימִי, עַלִּיז

upbraid vt נָזַף, גָּעַר, גִּנָּה

upbringing n 1 חִנּוּךְ, טִפּוּחַ. 2 גִּדּוּל

upcountry adj, n 1 בִּפְנִים הָאָרֶץ. 2 פְּנִים הָאָרֶץ

update vt, n 1 עִדְכֵּן. 2 עִדְכּוּן

upfront adj 1 גָּלוּי, פָּתוּחַ. 2 יָשִׁיר, כֵּן

upgrade vt, n 1 הֶעֱלָה בְּדַרְגָּה. 2 שִׁפֵּר. 3 יִקֵּר. 4 שִׁדְרֵג. 5 מוֹרָד, מַעֲלֶה

upgrading n שִׁדְרוּג

upheaval n הִתְפָּרְצוּת, מְהוּמָה, הַפְרָעָה, תַּהְפּוּכָה

upheave vt 1 הֵרִים, הֶעֱלָה. 2 הִתְפָּרֵץ

upheld pt, pp זמן עבר ובינוני עבר של הפועל to uphold
uphill adj, adv 1 עוֹלֶה. 2 מְיַגֵּעַ, קָשֶׁה. 3 מַעְלָה. 4 בְּמַעֲלֵה הָהָר
uphold vt 1 הֶחֱזִיק, חִזֵּק, קִיֵּם. 2 תָּמַךְ, עוֹדֵד
upholster vt רִפֵּד
upholstery n רִפּוּד, רַפָּדוּת
upkeep n הַחְזָקָה, קִיּוּם, פַּרְנָסָה
upland n רָמָה
uplift vt, n 1 הֵרִים, רוֹמֵם, הֶעֱלָה. 2 גִּדֵּל, שִׁפֵּר. 3 הֲרָמָה, הַעֲלָאָה, שִׁפּוּר, עִדּוּד. 4 רָמָה. 5 הִתְרוֹמְמוּת הָרוּחַ, הִתְעַלּוּת
upmarket adj, adv מְשֻׁבָּח, יְקָרָתִי, בְּרָמָה גְּבוֹהָה
upmost adj עֶלְיוֹן
upon prep 1 עַל, עַל פְּנֵי. 2 אַחֲרֵי. 3 נֶגֶד
upper adj עֶלְיוֹן, עִלִּי, כְּלַפֵּי מַעְלָה
upper arm זְרוֹעַ
upper class(es) הַמַּעֲמָד הַגָּבוֹהַּ
uppercut n מַכַּת סַנְטֵר (אגרופנות)
Upper House הַבַּיִת הָעֶלְיוֹן
uppermost adj, adv 1 עֶלְיוֹן בְּיוֹתֵר. 2 רֹאשׁ וְרִאשׁוֹן
uppish adj יָהִיר, רַבְרְבָן, שַׁחֲצָן
uppity adj מִתְנַשֵּׂא, רַבְרְבָן, שַׁחֲצָן
upright adj, n 1 זָקוּף, נִצָּב. 2 תָּמִים, יָשָׁר, מְכֻבָּד. 3 זְקִיפוּת, יַשְׁרוּת. 4 פְּסַנְתֵּר זָקוּף
uprightly adj בִּזְקִיפוּת
uprightness n 1 זְקִיפוּת. 2 יֹשֶׁר, כֵּנוּת
uprising n הִתְקוֹמְמוּת, מֶרֶד
uproar n רַעַשׁ, שָׁאוֹן, מְהוּמָה, זְעָקָה
uproarious adj רוֹעֵשׁ, צַעֲקָנִי, סוֹאֵן, הוֹמֶה
uproariously adv בְּשָׁאוֹן, בְּרַעַשׁ גָּדוֹל
uproot vt שֵׁרֵשׁ, עָקַר, הִשְׁמִיד
upset vti, n, adj 1 קִלְקֵל, הֵבִיךְ, בִּלְבֵּל. 2 הִדְאִיג. 3 רָצַף. 4 הִתְהַפֵּךְ, הִתְבַּלְבֵּל. 5 הֲפִיכָה, הַפְתָּעָה, קְטָטָה. 6 מַצַּב רוּחַ רַע, מֶדְאָג. 7 הָפוּךְ. 8 נָבוֹךְ, עַצְבָּנִי
upshot n מַסְקָנָה, תּוֹצָאָה, סִכּוּם
upside down 1 בִּמְהֻפָּךְ. 2 עַל הָרֹאשׁ
upstage vt, adv, adj 1 הֵבִיךְ, בִּלְבֵּל. 2 בְּיַרְכְּתֵי הַבִּימָה. 3 בַּיְשָׁן, מִתְרַחֵק. 4 נֶחְבָּא אֶל הַכֵּלִים
upstairs adv לְמַעְלָה, בַּקּוֹמָה שֶׁלְּמַעְלָה
upstanding adj זָקוּף, מְכֻבָּד, יָשָׁר, הָגוּן
upstart n הֶדְיוֹט שֶׁעָלָה לִגְדֻלָּה
upstream adv 1 בְּמַעֲלֵה הַנָּהָר. 2 נֶגֶד הַזֶּרֶם
upsurge n 1 הִתְרוֹמְמוּת, הִתְנַשְּׂאוּת. 2 גַּל גּוֹאֶה, עֲלִיָּה. 3 הִתְגַּבְּרוּת
uptake n 1 תְּפִיסָה, הֲבָנָה. 2 מוֹבַל עָשָׁן
uptight adj מָתוּחַ, מְעֻצְבָּן
up-to-date מְעֻדְכָּן, עַדְכָּנִי
uptown adj, adv, n 1 בְּמַעֲלֵה הָעִיר. 2 מַעֲלֵה הָעִיר. 3 רֹבַע מְגוּרִים
upturn vt, n 1 הָפַךְ, הִפְנָה כְּלַפֵּי מַעְלָה. 2 מַהְפָּךְ
upward adj עוֹלֶה
upwards adv לְמַעְלָה, בַּעֲלִיָּה
uranium n אוּרָן, אוּרַנְיוּם
urban adj עִירוֹנִי
urban agglomeration גּוּשׁ עָרִים
urbane adj אָדִיב, מְנֻמָּס, יְפֵה הֲלִיכוֹת
urbanely adv נִימוּסִית
urbanity n נִימוּסִים, אֲדִיבוּת
urbanization n עִיּוּר, אוּרְבָּנִיזַצְיָה
urbanize vt עִיֵּר
urbanized adj מְעֻיָּר
urchin n 1 פִּרְחָח, זַאֲטוּט, שׁוֹבָב. 2 קִפּוֹד הַיָּם
urea n שֶׁיְּנָן
uremia n רַעֶלֶת שֶׁיְּנָן
urge vt 1 הֵאִיץ, הֵחִישׁ, הִמְרִיץ, זֵרֵז. 2 עוֹרֵר, דָּחַף. 3 תָּבַע, טָעַן. 4 דְּחִיפָה, דַּחַף, יֵצֶר
urgency n דְּחִיפוּת, נְחִיצוּת, מִיָּדִיּוּת
urgent adj דָּחוּף, תָּכוּף, מִיָּדִי

uric adj שִׁתְנִי, שֶׁל שֶׁתֶן
urinary adj שִׁתְנִי
urinal n 1 מִשְׁתָּנָה. 2 כְּלִי לְשֶׁתֶן
urinate vi הִשְׁתִּין, הֵטִיל מַיִם
urine n שֶׁתֶן
urn n 1 כַּד, קַנְקַן. 2 קֶבֶר, צִנְצֶנֶת אֵפֶר (של מת)
urticaria n סִרְפֶּדֶת
us pron אוֹתָנוּ, לָנוּ
usage n 1 נֹהַג, שִׁמּוּשׁ, מִנְהָג, הֶרְגֵּל. 2 נִימוּס. 3 דְּפוּס לָשׁוֹן
use vti, n 1 הִשְׁתַּמֵּשׁ, הִפְעִיל. 2 נָהַג, נִצֵּל, צָרַךְ. 3 הִתְרַגֵּל. 4 בִּזְבֵּז, הוֹצִיא, כִּלָּה. 5 שִׁמּוּשׁ, נִצּוּל. 6 תּוֹעֶלֶת, תַּכְלִית. 7 מִנְהָג, הֶרְגֵּל. 8 טוֹבַת הֲנָאָה. 9 נֹסַח (דת)
used to adj 1 רָגִיל לְ־. 2 מֻרְגָּל, רָגִיל. 3 מְשֻׁמָּשׁ. 4 מְנֻסֶּה
used to vi נָהַג לְ־ (בעבר בלבד)
useful adj מוֹעִיל, שִׁמּוּשִׁי, תּוֹעַלְתִּי
usefully adv בְּאֹפֶן מוֹעִיל
usefulness n תּוֹעֶלֶת, תּוֹעַלְתִּיּוּת
useless adj חֲסַר תּוֹעֶלֶת, חֲסַר עֵרֶךְ, סְרָק
uselessly adv לַשָּׁוְא, לְלֹא הוֹעִיל
uselessness n חֹסֶר תּוֹעֶלֶת
user n מִשְׁתַּמֵּשׁ
user-friendly adj יְדִידוּתִי לַמִּשְׁתַּמֵּשׁ
usher vt, n 1 הִכְנִיס אָדָם, הִצִּיג. 2 הִכְרִיז/ בִּשֵּׂר עַל בּוֹאוֹ. 3 סַדְּרָן, שׁוֹמֵר עַל הַסַּף. 4 כָּרוֹז
usher in vt הִכְנִיס בַּחֲגִיגִיּוּת, פָּתַח, נִהֵל
usherette n סַדְּרָנִית
usual adj רָגִיל, מְקֻבָּל, מָצוּי
usually adv בְּדֶרֶךְ כְּלָל, לָרֹב
usucaption, usucapion חֲזָקָה
usufruct n 1 טוֹבַת הֲנָאָה. 2 רְוָחִים, רֶוַח
usurer n נוֹשֶׁה, נוֹשְׁכָן, מַלְוֶה בְּרִבִּית (קצוצה)
usurious adj נוֹשְׁכָנִי, שֶׁל נֶשֶׁךְ
usurp vt חָמַס, עָשַׁק, גָּזַל, נָטַל בְּכֹחַ, הִסִּיג גְּבוּל
usurpation n חַמְסָנוּת, עֹשֶׁק, הַסָּגַת גְּבוּל
usury n נֶשֶׁךְ
utensil n כְּלִי, מַכְשִׁיר
uterine adj 1 רַחְמִי. 2 שֶׁל הָאֵם
uterus n רֶחֶם
utilitarian adj, n 1 שִׁמּוּשִׁי, תּוֹעַלְתִּי, תּוֹעַלְתָּנִי. 2 תּוֹעַלְתָּן
utilitarianism n תּוֹעַלְתָּנוּת, תּוֹעַלְתִּיּוּת
utility n 1 תּוֹעֶלֶת, שִׁמּוּשׁ. 2 שֵׁרוּת צִבּוּרִי. 3 תּוֹעַלְתָּנוּת
utilizable adj מוֹעִיל, בַּר שִׁמּוּשׁ, בַּר תּוֹעֶלֶת
utilization n נִצּוּל, שִׁמּוּשׁ, הֲפָקַת תּוֹעֶלֶת
utilize vt נִצֵּל, שִׁמֵּשׁ, הִשְׁתַּמֵּשׁ, הֵפִיק תּוֹעֶלֶת
utmost adj, n 1 קִיצוֹנִי, אַחֲרוֹן, סוֹפִי. 2 הַגָּדוֹל בְּיוֹתֵר, הַגָּבוֹהַּ בְּיוֹתֵר
Utopia n אוּטוֹפְּיָה
utopian adj אוּטוֹפִּי
utter vt, adj 1 הִבִּיעַ, בִּטֵּא, אָמַר. 2 פִּרְסֵם, הֵפִיץ. 3 גָּמוּר, מֻחְלָט, כָּלִיל, לְלֹא סְיָג
utterance n הַבָּעָה, בִּטּוּי, דִּבּוּר, הוֹדָעָה, מִלָּה
utterly adv לְגַמְרֵי, לַחֲלוּטִין, כָּלִיל
uttermost adj, n הַגָּדוֹל בְּיוֹתֵר, הָרָחוֹק בְּיוֹתֵר
U-turn n סִבּוּב פַּרְסָה
uvula n עִנְבָּל, לְהָאָה
uvular adj עִנְבָּלִי
uxorious adj אוֹהֵב אִשְׁתּוֹ יֶתֶר עַל הַמִּדָּה, נִכְנָע לְאִשָּׁה
uxoriousness n אַהֲבָה עִוֶּרֶת לְאִשָּׁה
urgently adv בִּדְחִיפוּת, בְּמַפְגִּיעַ

V

V, v ו׳, ו׳; הָאוֹת הָעֶשְׂרִים וּשְׁתַּיִם שֶׁל הָאָלֶף־בֵּית הָאַנְגְּלִי

vacancy n 1 רֵיק, רֵיקוּת, רֵיקָנוּת. 2 חָלָל, מָקוֹם פָּנוּי. 3 פַּעַר. 4 מִשְׂרָה פְּנוּיָה. 5 אֲדִישׁוּת. 6 בַּטָּלָה

vacant adj 1 רֵיק, פָּנוּי, נָבוּב. 2 חָפְשִׁי, בָּטֵל. 3 נָעוּר, עָזוּב

vacantly adv חֲסַר הַבָּעָה, בְּמַבָּט בּוֹהֶה

vacate vt 1 פִּנָּה, שִׁחְרֵר, עָזַב. 2 בִּטֵּל

vacation n 1 חֹפֶשׁ, חֻפְשָׁה, פַּגְרָה, נֹפֶשׁ. 2 הַפְסָקָה. 3 פִּנּוּי

vacation course קוּרְס קַיִץ

vaccinate vt 1 הִרְכִּיב. 2 חִסֵּן

vaccination n 1 הַרְכָּבָה. 2 חִסּוּן

vaccine n תַּרְכִּיב

vacillate vi 1 הִסֵּס, פִּקְפֵּק, הִתְלַבֵּט. 2 הִתְנוֹעֵעַ

vacillation n 1 הִסּוּס, פִּקְפּוּק, הִתְלַבְּטוּת. 2 הִתְנוֹעֲעוּת, הִתְנוֹדְדוּת

vacuity n חָלָל, רֵיקָנוּת, רֵיקוּת

vacuous adj 1 רֵיק, נָבוּב, נָעוּר. 2 חֲסַר תַּכְלִית

vacuum vt, n 1 נִקָּה בְּשׁוֹאֵב־אָבָק. 2 רֵיק, חָלָל רֵיק, וָקוּאוּם

vacuum cleaner שׁוֹאֵב־אָבָק

vacuum-flask/bottle תֶּרְמוֹס

vacuum pump מַשְׁאֵבַת רִיק

vacuum tube/valve שְׁפוֹפֶרֶת רִיק

vade-mecum n 1 וָדֶה מֵקוּם, מַדְרִיךְ. 2 סֵפֶר שִׁמּוּשִׁי

vagabond adj, n נַוָּד, נוֹדֵד, נָע־וָנָד, הֵלֶךְ, שׁוֹטְטָן

vagary n קַפְּרִיזָה, שִׁגָּעוֹן

vagina n בֵּית הָרֶחֶם, נַרְתִּיק

vaginal adj נַרְתִּיקִי

vagrancy n נַוָּדוּת, נְדִידָה, נְדוּדִים, שׁוֹטְטוּת

vagrant adj, n נָע וָנָד, הֵלֶךְ, מְשׁוֹטֵט

vague adj, n מְעֻרְפָּל, סָתוּם, עָמוּם, כֵּהֶה

vagueness n עִרְפּוּל, אִי־בְּהִירוּת

vain adj 1 סְרָק, הַבְלִי, אַפְסִי, שָׁוְא. 2 רֵיק, חֲסַר עֵרֶךְ. 3 רַבְרְבָן, מִתְנַפֵּחַ

vainglorious adj רַבְרְבָן, שַׁחֲצָן, יָהִיר

vaingloriously adv בְּשַׁחֲצָנוּת

vainglory n יְהִירוּת, רַבְרְבָנוּת

vainly adv לַשָּׁוְא, לְלֹא תּוֹעֶלֶת

vale n עֵמֶק, בִּקְעָה

valance, valence n וִילוֹן, כַּרְכֶּבֶת

valediction n נְאוּם פְּרִידָה, בִּרְכַּת פְּרִידָה

valedictory adj, n 1 שֶׁל פְּרִידָה. 2 נְאוּם פְּרִידָה

valence, valency n עֶרְכּוּת, עֶרְכִּיּוּת

valentine n 1 אָהוּב, אֲהוּבָה. 2 מִכְתַּב אֲהָבִים. 3 מַתְּנַת אוֹהֵב

valerian n וָלֶרְיָן

valet vt, n 1 שֵׁרֵת, שִׁמֵּשׁ. 2 שַׁמָּשׁ, מְשָׁרֵת

valetudinarian adj, n 1 חוֹלָנִי, מִתְחַלֶּה. 2 חוֹלֶה, נָכֶה

valiance n אֹמֶץ לֵב, גְּבוּרָה

valiant adj אַמִּיץ־לֵב, עַז רוּחַ, גִּבּוֹר

valiantly adv בְּאֹמֶץ, בִּגְבוּרָה

valid adj 1 תָּקֵף, בַּר־תֹּקֶף, כָּשֵׁר. 2 שָׁרִיר

validate vt אִשֵּׁר, אִשְׁרֵר, נָתַן תֹּקֶף

validity n אִשּׁוּר, אִשְׁרוּר, תֹּקֶף, תְּקֵפוּת

validly adv כַּחֹק

valise n מִזְוָדָה

valley n עֵמֶק, בִּקְעָה, גַּיְא

valorous adj אַמִּיץ־לֵב, גִּבּוֹר

valo(u)r n אֹמֶץ־לֵב, גְּבוּרָה

valuable adj 1 בַּעַל עֵרֶךְ, יְקַר־עֵרֶךְ. 2 יָקָר, מוֹעִיל, חָשׁוּב

valuables npl חֶפְצֵי־עֵרֶךְ

valuation n עֵרוּךְ, הַעֲרָכָה, שׁוּמָה

value vt, n 1 הֶעֱרִיךְ, שָׂם, אָמַד. 2 הוֹקִיר, הֶחְשִׁיב. 3 עֵרֶךְ, שֹׁוִי. 4 תְּמוּרָה. 5 מַשְׁמָעוּת

value added tax (V.A.T) n מַס עֵרֶךְ מוּסָף (מע"מ)

valueless adj לְלֹא עֵרֶךְ, חֲסַר עֵרֶךְ

valuer n מַעֲרִיךְ, שַׁמַּאי

valve n 1 שַׁסְתּוֹם, מַסְתֵּם, מָגוֹף. 2 קַשְׂוָה (בוט.). 3 שְׁפוֹפֶרֶת, מְנוֹרַת רַדְיוֹ

valvular adj מַסְתֵּמִי

vamp vti, n 1 הִטְלִיא. 2 חִדֵּשׁ צוּרָתוֹ. 3 אִלְתֵּר (במוס). 4 פֶּנֶת, טְלַאי. 5 אִלְתּוּר (במוס). 6 עַרְפָּדִית, "וַמְפּ"

vamp up 1 חִבֵּר מְטֻלָּאִים (מאמר). 2 שִׁפֵּץ, תִּקֵּן, שִׁפֵּר

vampire n 1 עַרְפָּד. 2 עֲלוּקָה. 3 סַחְטָן

van n 1 חָלוּץ. 2 מְכוֹנִית, טֶנְדֶּר, מַשָּׂאִית

vandal n וַנְדָּל, בַּרְבָּרִי

vandalism n וַנְדָּלִיּוּת, בַּרְבָּרִיּוּת, פִּרְאוּת

vandalize vt לִהְיוֹת וַנְדָּל

vane n 1 שַׁבְשֶׁבֶת. 2 כָּנָף. 3 לַהַב (של מדחף)

vanguard n 1 חָלוּץ. 2 חֵיל־חָלוּץ

vanilla n שֶׁנֶף, וָנִיל

vanish vi נֶעְלַם, חָלַף

vanishing cream קְרֶם פָּנִים

vanishing point נְקֻדַּת הֶעְלֵם

vanity n 1 הֶבֶל, הֲבָלִים, הַבְלוּת. 2 הִתְרַהֲבוּת, הִתְרַבְרְבוּת, גַּנְדְּרָנוּת

vanity case/bag 1 קֻפְסַת פִּרְכּוּס, תִּיק אִפּוּר. 2 פּוּדְרִיָּה

vanity table שֻׁלְחַן פִּרְכּוּס

vanquish vt נִצַּח, הֵבִיס, הִדְבִּיר, גָּבַר עַל

vantage n תּוֹעֶלֶת, יִתְרוֹן

vantage point מִצְפּוֹר, נְקֻדַּת תַּצְפִּית

vapid adj תָּפֵל, חֲסַר טַעַם, מְשַׁעֲמֵם

vapidity, vapidness n תְּפֵלוּת, חֹסֶר טַעַם, שִׁעֲמוּם

vapidly adv בְּחֹסֶר טַעַם

vaporization n אִדּוּי, הִתְאַדּוּת

vaporize vti אִדָּה, הִתְאַדָּה

vaporous adj 1 אֵדִי, מְעֻרְפָּל, מַהְבִּיל, מְעֻמְעָם. 2 דִּמְיוֹנִי, לֹא מַמָּשִׁי

vapo(u)r n 1 אֵד, הֶבֶל, קִיטוֹר. 2 דִּמְיוֹן

vapo(u)r trails אֵדֵי סִילוֹן

variability n הִשְׁתַּנּוּת, מִשְׁתַּנּוּת

variable adj, n 1 מִשְׁתַּנֶּה. 2 הֲפַכְפַּךְ, שׁוֹנֶה, חָלִיף

variably adv בְּאֹפֶן מִשְׁתַּנֶּה

variance n 1 שִׁנּוּי, הִשְׁתַּנּוּת, הֲפַכְפְּכָנוּת. 2 מַחֲלֹקֶת, סְתִירָה, חִלּוּקֵי דֵעוֹת

variation n 1 שִׁנּוּי, שֹׁנִי, הִשְׁתַּנּוּת. 2 וָרִיאַצְיָה

varicolo(u)red adj רַבְגּוֹנִי, סַסְגּוֹנִי

varicose veins דָּלִיּוֹת הָרַגְלַיִם

varied adj שׁוֹנֶה, מְגֻוָּן, רַבְגּוֹנִי

variegated adj שׁוֹנֶה, מְגֻוָּן

variegation n שׁוֹנוּת, גִּוּוּן, רַבְגּוֹנִיּוּת

variety n 1 מִבְחָר, מִסְפָּר, רַבְגּוֹנִיּוּת. 2 זַן, מִין, סוּג. 3 שׁוֹנוּת, גִּוּוּן. 4 תֵּיאַטְרוֹן וַרְיֶטֶה

variform adj מְגֻוָּן, רַב־צוּרָתִי

variorum edition מַהֲדוּרָה רַבַּת פֵּרוּשִׁים

various adj 1 שׁוֹנֶה, מְגֻוָּן. 2 שׁוֹנִים, כַּמָּה, אֵי־אֵלּוּ

varlet n 1 עוֹזֵר, מְשָׁרֵת. 2 נָבָל, בֶּן־בְּלִיַּעַל

varmint n 1 שׁוֹבָב. 2 שְׁרָצִים

varnish vt, n 1 לִכָּה, מָשַׁח בְּלַכָּה. 2 יִפָּה, צִחְצַח, פִּרְכֵּס. 3 לַכָּה, בָּרָק

varsity n 1 אוּנִיבֶרְסִיטָה. 2 נִבְחֶרֶת, צֶוֶת

vary vti 1 שִׁנָּה, גִּוֵּן, הֶחֱלִיף. 2 הִשְׁתַּנָּה, הִתְחַלֵּף

vascular adj צִנּוֹרִי, שֶׁל כְּלֵי הַדָּם

vase n כַּד, צִנְצֶנֶת, אֲגַרְטָל

vasectomy n נִתּוּחַ צִנּוֹר הַזֶּרַע, עִקּוּר

vaseline n וָזֶלִין

vassal n 1 צָמִית, וַסָּל, אָרִיס פֵיאוֹדָלִי. 2 מְשָׁרֵת, עֶבֶד
vassalage n שִׁעְבּוּד, עַבְדוּת, מַעֲמַד הַצְּמִיתִים
vast adj רָחָב, נִרְחָב, מְרֻוָּח, עָצוּם
vastly adv בְּמִדָּה רַבָּה, הַרְבֵּה
vastness n 1 גֹּדֶל, רַחֲבוּת, עֹצֶם. 2 מֶרְחָב, מֶרְחַבְיָה
vat n מְכָל, חָבִית, גַּת, יֶקֶב, פִּיתוֹס
vaudeville n ווֹדֶבִיל
vault vit 1 נִתֵּר, קָפַץ. 2 קָמַר, הִתְקַמֵּר. 3 נִתּוּר, קְפִיצָה, נְתִירָה. 4 קִמּוּר, קִמְרוֹן, כִּפָּה. 5 מְעָרָה, כּוּךְ. 6 מַרְתֵּף. 7 כַּסֶּפֶת
vaulted adj קָמוּר, מְקֻמָּר, מְקֻשָּׁת
vaulting horse חֲמוֹר הִתְעַמְּלוּת
vaunt vit הִתְפָּאֵר, הִתְרַבְרֵב
vauntingly adv בְּהִתְהַלְּלוּת
veal n 1 עֵגֶל. 2 בְּשַׂר עֵגֶל
VCR (video cassette recorder) מַכְשִׁיר וִידֵיאוֹ
vector n 1 וֶקְטוֹר. 2 נוֹשֵׂא מַחֲלָה. 3 מָחוֹג, חֵץ
veer vi 1 פָּנָה, שִׁנָּה כִּוּוּן. 2 שִׁנָּה דֵעָה. 3 חָג
vegan adj, n טִבְעוֹנִי
vegetable adj, n 1 צִמְחִי. 2 יָרָק, יְרָקוֹת. 3 צוֹמֵחַ, צֶמַח
vegetarian adj, n צִמְחוֹנִי
vegetate vi 1 צָמַח, גָּדַל. 2 הִתְנַוֵּן
vegetation n 1 צִמְחִיָּה, צְמִיחָה. 2 גִּדּוּל, גְּדִילָה. 3 הִתְנַוְּנוּת
vehemence n הִתְלַהֲבוּת, לַהַט, נִמְרָצוּת, תַּקִּיפוּת
vehement adj תַּקִּיף, נִלְהָב, נִמְרָץ
vehemently adv בְּהִתְלַהֲבוּת
vehicle n 1 רֶכֶב, מְכוֹנִית, כְּלִי רֶכֶב. 2 כְּלִי, אֶמְצָעִי, מַעֲבִיר
vehicular adj 1 רִכְבִּי. 2 מְשַׁמֵּשׁ כְּאֶמְצָעִי
veil vt, n 1 צָעִיף, כִּסָּה, הִסְתִּיר, הִסְוָה. 2 צָעִיף, רְעָלָה, הִינוּמָה. 3 וִילוֹן, מַסְוֶה, מַעֲטֶה
vein n 1 וְרִיד. 2 גִּיד, נִימָה. 3 עוֹרֵק. 4 מִכְרֶה, מִרְבָּץ. 5 מֶזֶג, טִיב, נְטִיָּה
veined adj וְרִידָנִי, מְגֻיָּד
velcro n צַמְדָן (זִיפִּים)
veld n פֶּלֶט, נְאוֹת דֶּשֶׁא
vellum n קְלָף, מְגִלָּה
velocipede n 1 אוֹפַנַּיִם. 2 תְּלַת־אוֹפַן
velocity n מְהִירוּת
velvet n קְטִיפָה
velveteen n קְטִיפִין
velvety adj קְטִיפָנִי
venal adj 1 שָׁחִיד. 2 מֻשְׁחָת
venality adj שְׁחִידוּת, שְׁחִיתוּת
vend vt מָכַר
vendee n קוֹנֶה, לָקוֹחַ
vendetta n גְּאֻלַּת דָּם, נְקָמָה
vending machine אוֹטוֹמַט מְכִירוֹת
vendor n 1 מוֹכֵר, זַבָּן. 2 אוֹטוֹמַט מְכִירָה
veneer vt, n 1 הִלְבִּיד, לָבַד. 2 צִפָּה בִּקְלִיף. 3 לֶבֶד, קְלִיף, לָבִיד. 4 בָּרָק חִיצוֹנִי
venerable adj 1 נִכְבָּד, נְשׂוּא פָּנִים. 2 מְקֻדָּשׁ, נַעֲרָץ. 3 עַתִּיק
venerate vt כִּבֵּד, הוֹקִיר, הֶעֱרִיץ
veneration n כִּבּוּד, הוֹקָרָה, הַעֲרָצָה
venereal adj 1 מִינִי. 2 נָגוּעַ בְּמַחֲלַת מִין
venereal disease מַחֲלַת מִין
Venetian adj וֶנֶצְיָנִי, שֶׁל וֶנֶצְיָה
venetian blind תְּרִיס רְפָפוֹת
Venezuelan adj, n וֶנֶצוּאֶלִי
vengeance n נְקָמָה, נָקָם
vengeful adj נוֹקֵם, מִתְנַקֵּם, נַקְמָנִי
vengefully adv בְּנַקְמָנוּת
vengefulness n נַקְמָנוּת, נְקִימָה וּנְטִירָה
venial adj סָלִיחַ, בַּר־כַּפָּרָה
venison n בְּשַׂר צְבִי

venom n 1 אֶרֶס, רַעַל. 2 רִשְׁעוּת, רֹעַ לֵב
venomous adj 1 אַרְסִי. 2 רַע לֵב, רָשָׁע
venomously adv 1 אַרְסִית. 2 בְּרִשְׁעוּת
venous adj וְרִידִי, וְרִידָנִי
vent vt, n 1 עָשָׂה פֶּתַח, הוֹצִיא. 2 נָתַן מַבָּע, הִבִּיעַ, פִּרְסֵם. 3 יָצָא, זָרַם. 4 מוֹצָא, יְצִיאָה. 5 פֶּתַח אִוְרוּר, אַוְרָר
ventilate vt 1 אִוְרֵר, חִמְצֵן. 2 בָּחַן בָּרַבִּים, בֵּרֵר בְּפֻמְבֵּי
ventilation n 1 אִוְרוּר. 2 דִּיּוּן פֻּמְבִּי
ventilator n מְאַוְרֵר
ventricle n חֶדֶר (בלב), קֵבִית, חָלָל
ventriloquism n וֶנְטְרִילוֹקִיזְם
ventriloquist n וֶנְטְרִילוֹקִיסְט
venture vti, n 1 הֵעֵז, הִרְהִיב עֹז. 2 סִכֵּן, הִסְתַּכֵּן. 3 הֶעָזָה, עֹז, תְּעֻזָּה. 4 סִכּוּן
venture on vt הֵעֵז לַעֲסֹק
venturesome, venturous adj 1 מִסְתַּכֵּן, מְחָרֵף נַפְשׁוֹ. 2 מְסֻכָּן. 3 הַרְפַּתְקָן
venturously adv בְּהֶעָזָה
venue n 1 מְקוֹם הַפֶּשַׁע. 2 מְקוֹם הַמִּשְׁפָּט. 3 מְקוֹם הָעֲלִילָה
Venus n 1 וֶנוּס. 2 נֹגַהּ, אַיֶּלֶת הַשַּׁחַר
veracious adj אֲמִתִּי, כֵּן, נֶאֱמָן
veraciously adv בְּכֵנוּת
veracity n כֵּנוּת, אֲמִתּוּת, נֶאֱמָנוּת
veranda(h) n מִרְפֶּסֶת, אַכְסַדְרָה
verb n פֹּעַל
verbal adj 1 מִלּוּלִי. 2 שֶׁבְּעַל פֶּה
verbal noun שֵׁם הַפֹּעַל
verbalize vt 1 בִּטֵּא בְּמִלִּים, הִבִּיעַ בְּמִלִּים. 2 הִרְבָּה בְּמִלִּים. 3 הָפַךְ לְפֹעַל
verbally adv 1 בְּאֹפֶן מִלּוּלִי. 2 בְּעַל פֶּה
verbatim adv, adj בְּאֹפֶן מִלּוּלִי
verbena n וֶרְבֶּנָה
verbiage n גִּבּוּב דְּבָרִים, פִּטְפּוּט, לַהַג
verbose adj מְגַבֵּב מִלִּים
verbosely adv בְּגִבּוּב מִלִּים
verbosity, verboseness n גִּבּוּב דְּבָרִים, מֶלֶל
verdancy n 1 יַרְקוּת. 2 טִירוֹנוּת
verdant adj 1 יָרֹק. 2 טִירוֹן, חֲסַר נִסָּיוֹן
verdict n פְּסַק דִּין, גְּזַר דִּין, הַחְלָטָה
verdigris n קַנְקַנְתּוּם, יְרֹקֶת (על פליז)
verdure n 1 יֶרֶק, יַרְקוּת, צִמְחִיָּה. 2 רַעֲנַנּוּת
verge n 1 גְּבוּל, קָצֶה, שׁוּל, סַף, שׁוּלַיִם. 2 שַׁרְבִיט, מַטֶּה. 3 תְּחוּם שִׁפּוּט. 4 צִיר הַמְּטֻטֶּלֶת
verge on vt 1 גָּבַל עִם. 2 הָיָה עַל סַף
verger n 1 נוֹשֵׂא שַׁרְבִיט. 2 שַׁמַּשׁ כְּנֵסִיָּה
verifiable adj בַּר־אִמּוּת, בַּר־וִדּוּא
verification n אִמּוּת, וִדּוּא, אִשּׁוּר, הוֹכָחָה
verify vt 1 אִמֵּת, וִדֵּא, הוֹכִיחַ. 2 אִשֵּׁר, בָּדַק
verily adv אָכֵן, לְמַעֲשֶׂה
verisimilitude n הִסְתַּבְּרוּת, סְבִירוּת, אֶפְשָׁרוּת
veritable adj אֲמִתִּי, מַמָּשִׁי
verity n אֲמִתִּיּוּת, מַמָּשִׁיּוּת, מְצִיאוּת
vermicelli n אִטְרִיּוֹת
vermiform n תּוֹלָעִי, דְּמוּי תּוֹלַעַת
vermillion adj, n שָׁשַׁר, שָׁנִי, תּוֹלָע (צבע)
vermin n 1 רֶמֶשׂ, שֶׁרֶץ. 2 אֲסַפְסוּף
verminous adj אֲכוּל כְּנִימָה
vermouth n יֵין לַעֲנָה, וֶרְמוּת
vernacular adj, n 1 מְקוֹמִי, מְיֻחָד לַמָּקוֹם. 2 לְשׁוֹן הַמָּקוֹם
vernal adj 1 אֲבִיבִי. 2 רַעֲנָן, צָעִיר
veronica n בֶּרוֹנִיקָה
verruca n יַבֶּלֶת, גַּבְשׁוּשׁ
versatile adj 1 סְתַגְּלָנִי, סָגִיל. 2 רַב־צְדָדִי
versatility n 1 סְתַגְּלָנוּת, סְגִילוּת. 2 רַב־צְדָדִיּוּת
verse n 1 חָרוּז. 2 שִׁיר, פִּיּוּט. 3 שִׁירָה. 4 פָּסוּק (בתנ״ך)
versed in בָּקִי, מְנֻסֶּה
versification n חֲרִיזָה, חַרְזָנוּת

versifier n חַרְזָן, מְשׁוֹרֵר
versify vt 1 חָרַז, הֶחֱרִיז. 2 כָּתַב שִׁיר, חִבֵּר שִׁיר
version n 1 נֹסַח, גִּרְסָה. 2 תַּרְגּוּם. 3 הַפְנָיָה
verso n הִפּוּךְ, הַצַּד הַשֵּׁנִי, עֵבֶר הַדַּף
versus, vs. prep נֶגֶד, מוּל, לְעֻמַּת
vertebra n חֻלְיָה
vertebral adj 1 חֻלְיָתִי. 2 עֲשׂוּי חֻלְיוֹת
vertebral column עַמּוּד הַשִּׁדְרָה
vertebrate adj, n בַּעַל חֻלְיוֹת
vertex n 1 פִּסְגָּה, רוּם, קָדְקֹד. 2 כּוֹתֶרֶת, זֵנִית
vertical adj, n 1 מְאֻנָּךְ, זָקוּף, נִצָּב. 2 אֲנָךְ
vertically adv בִּמְאֻנָּךְ
vertices npl פְּסָגוֹת
vertiginous adj מְסַחְרֵר
vertigo n סְחַרְחֹרֶת
verve n 1 מֶרֶץ, חִיּוּת. 2 הַשְׁרָאָה
very adj, adv 1 מֻחְלָט, שָׁלֵם, גָּמוּר. 2 עֶצֶם. 3 עִקָּר, מַמָּשׁ. 4 אוֹתוֹ עַצְמוֹ. 5 מְאֹד
ver(e)y light זִקּוּק (איתות)
very much adv הַרְבֵּה מְאֹד
vesicle n שַׁלְחוּפִית, שַׁלְפּוּחִית, בּוּעִית
vesicular adj מְשֻׁלְחָף, מְשֻׁלְבָּק
vespers npl תְּפִלַּת עַרְבִית
vessel n 1 כְּלִי־שַׁיִט, סְפִינָה, אֳנִיָּה. 2 כְּלִי קִבּוּל. 3 כַּד, קַנְקַן. 4 צִנּוֹר. 5 מְקַבֵּל
vest vti, n 1 הִלְבִּישׁ, הֶעֱטָה. 2 הִקְנָה. 3 גּוּפִיָּה. 4 אֲפֻדָּה
vestal adj, n 1 שֶׁל וֶסְטָה. 2 וֶסְטָלָה. 3 בְּתוּלָה. 4 צְנוּעָה. 5 נְזִירָה
vested interest זְכֻיּוֹת מֻקְנוֹת, אִינְטֶרֶסִים מְשֻׁרְיָנִים
vestibule n 1 כְּנִיסָה, מָבוֹא. 2 מִסְדְּרוֹן, פְּרוֹזְדוֹר
vestige n שָׂרִיד, זֵכֶר, עָקֵב
vestigial adj שְׂרִידִי, שֶׁל זֵכֶר

vestment n בֶּגֶד, לְבוּשׁ, גְּלִימָה
vestry n 1 חֲדַר תְּפִלָּה. 2 וַעַד הַכְּנֵסִיָּה
vestryman n חֲבֵר וַעַד הַקְּהִלָּה
vesture n מַעֲטֶה, לְבוּשׁ
vet vt, n 1 בָּדַק, בָּחַן, חָקַר. 2 רוֹפֵא וֶטֶרִינָרִי
vetch n בִּקְיָה
veteran adj, n 1 וָתִיק. 2 מְנֻסֶּה, בָּקִי
veterinarian n וֶטֶרִינָר
veterinary adj וֶטֶרִינָרִי
veto vt, n 1 הִטִּיל וֶטוֹ. 2 וֶטוֹ
vex vt 1 הִרְגִּיז, הִכְעִיס, הִקְנִיט, הֵצִיק. 2 חָלַק עַל, הִסְעִיר
vexation n הַרְגָּזָה, הֲצָקָה, דְּאָגָה, חֲרָדָה
vexatious adj מַרְגִּיז, מַכְעִיס, מְקַנְטֵר, מַקְנִיט
vexed point נְקֻדָּה שֶׁנִּדּוֹנָה בְּהַרְחָבָה
via prep דֶּרֶךְ, בְּאֶמְצָעוּת
viability n 1 חִיּוּנִיּוּת, אֶפְשָׁרוּת הַקִּיּוּם. 2 מַעֲשִׂיּוּת, אֶפְשָׁרוּת בִּצּוּעַ
viable adj 1 חִיּוּנִי, קַיָּם. 2 אֶפְשָׁרִי, בַּר בִּצּוּעַ. 3 בַּעַל סִכּוּי
viaduct n אוּבָל, גֶּשֶׁר דְּרָכִים, מַעֲבַר מַיִם
vial n צְלוֹחִית, כּוֹסִית
via media שְׁבִיל הַזָּהָב, דֶּרֶךְ הַבֵּינַיִם
viands npl מַאֲכָלִים
vibrant adj 1 רוֹטֵט, רוֹעֵד. 2 הוֹמֶה, שׁוֹקֵק. 3 מָלֵא מֶרֶץ
vibraphon n וִיבְּרָפוֹן
vibrate vit 1 רִטֵּט, הִרְעִיד, זִעְזַע, נִדְנֵד. 2 רָטַט, רָעַד, הִתְנוֹעֵעַ, הִתְנוֹדֵד, פִּקְפֵּק, הִזְדַּעְזַע
vibrating machine מַרְטֵטָה
vibrato n תַּרְטִיט, וִיבְּרָטוֹ
vicar n 1 כֹּמֶר, עוֹזֵר לְבִישׁוֹף. 2 חָלִיף, מְמַלֵּא־מָקוֹם
vicarage n 1 כְּמוּרָה, כְּהֻנָּה. 2 בֵּית הַכֹּמֶר
vicarious adj 1 מְמַלֵּא מָקוֹם. 2 חֲלִיפִי, מַאֲצָל
vicariously adv בְּדֶרֶךְ חֲלִיפִית
vice n, prep 1 מֻלְחָצַיִם. 2 חֵטְא, עָווֹן,

מִדָּה רָעָה. 3 בִּמְקוֹם.
4 סְגָן, מִשְׁנֶה

vice-chancellor n — 1 סְגַן קַנְצְלֶר. 2 סְגַן נְשִׂיא הָאוּנִיבֶרְסִיטָה

viceroy n — מִשְׁנֶה לַמֶּלֶךְ

vice versa — לְהֶפֶךְ, הַפּוּכוֹ שֶׁל דָּבָר

vicinity n — שְׁכֵנוּת, סְבִיבָה, קִרְבַת מָקוֹם

vicious adj — 1 רָשָׁע, רַע, מַרְשִׁיעַ, לֹא מוּסָרִי. 2 לָקוּי, פָּגוּם, מַטְעֶה. 3 מְסֻכָּן, מַשְׁחִית

vicious circle — מַעְגַּל קְסָמִים

viciously adv — בְּרִשְׁעוּת

viciousness n — רִשְׁעוּת, זָדוֹן, רֹעַ

vicissitude n — תַּהְפּוּכָה, שִׁנּוּי לְרָעָה

victim n — קָרְבָּן, טֶרֶף, שָׂעִיר לַעֲזָאזֵל

victimization n — 1 הֲפִיכָה לְקָרְבָּן. 2 רַמָּאוּת, הוֹנָאָה

victimize vt — 1 עָשָׂה אוֹתוֹ לְקָרְבָּן. 2 רִמָּה, הוֹנָה

victor n — מְנַצֵּחַ

Victorian adj, n — וִיקְטוֹרְיָאנִי

Victoria plum — עוּגַת פֵּרוֹת

victorious adj — מְנַצֵּחַ

victoriously adv — בְּנִצָּחוֹן

victory n — נִצָּחוֹן

victual vti, n — 1 סִפֵּק מָזוֹן, צִיֵּד. 2 הִצְטַיֵּד

victual(l)er n — 1 סַפָּק. 2 פּוּנְדְּקִי

victuals npl — מִצְרְכֵי מָזוֹן

vide v imper — רְאֵה, עַיֵּן

videlicet, viz. adv — הַיְנוּ, כְּלוֹמַר

video adj, n — וִידֵאוֹ

video-clip — קְלִיט (וידיאו)

videotape vt, n — 1 הִקְלִיט בְּוִידֵאוֹ. 2 סֶרֶט וִידֵאוֹ

vie vi — הִתְחָרָה, הִתְמוֹדֵד

view vt, n — 1 הִבִּיט, רָאָה, הִשְׁקִיף. 2 בָּדַק, בָּחַן, שָׁקַל, חָשַׁב. 3 רְאִיָּה, מַבָּט, הַשְׁקָפָה. 4 מַרְאֶה, מַחֲזֶה, תְּמוּנָה. 5 נוֹף. 6 בְּחִינָה, בְּדִיקָה. 7 תִּקְוָה. 8 מַטָּרָה. 9 סְקִירָה, תֵּאוּר כְּלָלִי

viewer n — רוֹאֶה, צוֹפֶה

viewfinder n — כַּוֶּנֶת

viewpoint n — 1 נְקֻדַּת מַבָּט. 2 הַשְׁקָפָה, עֶמְדָּה

vigil n — 1 עֵרוּת, עֵרָנוּת, מִשְׁמָר, שִׁמּוּרִים. 2 תְּפִלַּת לַיְלָה. 3 עֶרֶב חַג (נוצרי)

vigilance n — 1 הַשְׁגָּחָה, כּוֹנְנוּת, מִשְׁמָר. 2 נְדוּדֵי־שֵׁנָה

vigilant adj — עֵר, עֵרָנִי, זָהִיר, דָּרוּךְ

vigilante n — וִיגִילַנְט

vigilantly adv — בְּעֵרָנוּת, בִּדְרִיכוּת

vignette n — 1 גַּפְנִית, עִטֹּרֶת. 2 תֵּאוּר קָצָר

vigorous adj — חָזָק, נִמְרָץ, עַז, חָסֹן, תַּקִּיף

vigorously adv — בְּמֶרֶץ, בְּתֹקֶף

vigo(u)r n — אוֹן, מֶרֶץ, עֹז, תֹּקֶף, עָצְמָה

Viking adj, n — וִיקִינְג

vile adj — שָׁפָל, רָשָׁע, נִתְעָב, נִקְלֶה

vilely adv — בְּשִׁפְלוּת

vileness n — שִׁפְלוּת, רֶשַׁע, נִבְזוּת

vilification n — חֵרוּף, גִּדּוּף, הַשְׁמָצָה, הַלְעָזָה

vilify vt — הִשְׁמִיץ, הִלְעִיז, גִּדֵּף, חֵרֵף

villa n — חֲוִילָה, וִילָה

village n — כְּפָר, מוֹשָׁבָה

villager n — כַּפְרִי, בֶּן־כְּפָר

villain n — נִבְזֶה, נָבָל, שָׁפָל, בֶּן בְּלִיַּעַל

villainous adj — מַשְׁחִית, נִתְעָב, רָשָׁע, פּוֹשֵׁעַ

villainously adv — בְּרִשְׁעוּת

villainy n — נְבָלָה, נִבְזוּת, שִׁפְלוּת, פֶּשַׁע

villein n — צָמִית לְמֶחֱצָה, אָרִיס

villeinage n — אֲרִיסוּת

vim n — מֶרֶץ, עֹז, כֹּחַ, עָצְמָה

vinaigrette n — 1 צִנְצֶנֶת תְּבָלִים. 2 רֹטֶב חֹמֶץ לְסָלָט

vindicate vt — 1 הִצְדִּיק, הֵגֵן עַל. 2 אִשֵּׁר, נִקָּה (מאשמה). 3 נָקַם

vindication n — 1 הַצְדָּקָה, הֲגַנָּה. 2 צִדּוּד בִּזְכוּת, הוֹכָחָה

vindictive adj — נוֹקֵם, נַקְמָנִי, נַקְמָן

vindictively adv — מִתּוֹךְ נָקָם

vindictiveness n נָקָם, נַקְמָנוּת
vine n 1 גֶּפֶן. 2 קִיסוֹס, מְטַפֵּס
vinegar n 1 חֹמֶץ. 2 חֲמוּץ־פָּנִים
vinery n 1 גְּפָנִים. 2 חֲמָמַת גְּפָנִים. 3 כֶּרֶם
vineyard n 1 כֶּרֶם. 2 כַּר־פְּעֻלָּה
vinous adj 1 יֵינִי. 2 סוֹבֵא יַיִן
vintage n 1 בָּצִיר. 2 עוֹנַת הַבָּצִיר. 3 עֲנָבִים, יַיִן. 4 סוּג, תּוֹצֶרֶת, יְבוּל
vintner n יֵינָן
vinyl n וִינִיל
viol n וְיוֹל
viola n 1 וְיוֹלָה, כּוֹנֶרֶת. 2 סֶגֶל
violate vt 1 הֵפֵר, חִלֵּל. 2 אָנַס. 3 עָבַר עַל. 4 פָּגַע. 5 הִפְרִיעַ, הִשְׁבִּית
violation n 1 הֲפָרָה, חִלּוּל. 2 אֹנֶס. 3 עֲבֵרָה, הַפְרָעָה, פְּגִיעָה
violence n 1 אַלִּימוּת, חָמָס. 2 חֵמָה, פֶּרֶץ, פְּרָאוּת, עִוּוּת, שֶׁצֶף
violent adj 1 אַלִּים, חוֹמֵס, כּוֹעֵס, פִּרְאִי. 2 מְעֻוָּת
violently adv בְּאַלִּימוּת
violet n, adj 1 סֶגֶל, סְגַלִּית. 2 סָגֹל
violin n כִּנּוֹר
violinist n כַּנָּר
violoncello n צֶ׳לוֹ, וְיוֹלוֹנְצֶ׳לוֹ
viper n 1 צֶפַע, אֶפְעֶה. 2 צִפְעוֹנִי. 3 רַע־לֵב
virago n 1 מִרְשַׁעַת, סוֹרֶרֶת, אֵשֶׁת מְדָנִים. 2 אֵשֶׁת־חַיִל
virgin adj, n 1 בְּתוּלָה, בָּתוּל. 2 טָהוֹר, תָּמִים, צָנוּעַ
virginal adj, n 1 בְּתוּלִי. 2 שֶׁל בְּתוּלִים. 3 תָּמִים, צָנוּעַ, טָהוֹר, זַךְ. 4 שֶׁלֹּא נָגְעוּ בּוֹ
virginals npl צֶ׳מְבָּלוֹ
Virginia creeper הַקִּיסוֹס הָאֲמֶרִיקָנִי
virginity n 1 בְּתוּלִים. 2 טֹהַר, צְנִיעוּת, תֹּם
Virgo n בְּתוּלָה (מזלות)
virgule n 1 פְּסִיק. 2 מֶתֶג, קַו
virile adj 1 גַּבְרִי, זְכָרִי. 2 חָזָק, תַּקִּיף, אַמִּיץ, עַז. 3 פּוֹרֶה
virility n 1 גַּבְרִיּוּת, גַּבְרוּת, זַכְרוּת. 2 תַּקִּיפוּת, אוֹן. 3 פּוֹרִיּוּת
virologist n וִירוֹלוֹג
virology n וִירוֹלוֹגְיָה
virtu, vertu n 1 חֶפְצֵי אָמָּנוּת. 2 מְלֶאכֶת מַחֲשֶׁבֶת
virtual adj לְמַעֲשֶׂה, בְּפֹעַל, כְּמוֹהוּ כְּ־
virtual reality מְצִיאוּת מְדֻמָּה (מחשב)
virtually adv בְּכֹחַ, בְּעֶצֶם, לְמַעֲשֶׂה
virtue n 1 מַעֲלָה, מִדָּה טוֹבָה. 2 יֹשֶׁר, מוּסָר, תֹּם, תְּמִימוּת. 3 יְכֹלֶת, סְגֻלָּה, מִצְוָה
virtuosity n וִירְטוּאוֹזִיּוּת, בִּצּוּעַ מֻשְׁלָם
virtuoso n וִירְטוּאוֹזוֹ, מֻשְׁלָם, רַב־אָמָּן
virtuous adj 1 מוּסָרִי, יָשָׁר, צַדִּיק, חָסִיד. 2 יָעִיל, מֻכְשָׁר
virtuously adv בְּיֹשֶׁר, מוּסָרִית
virulence n 1 אַרְסִיּוּת. 2 אַלִּימוּת, רִשְׁעוּת. 3 שִׂנְאָה עַזָּה
virulent adj 1 אַרְסִי. 2 אַלִּים. 3 מַמְאִיר, מֵמִית, מִדַּבֵּק
virulently adv 1 בְּאַרְסִיּוּת. 2 בְּרִשְׁעוּת
virus n 1 נָגִיף, וִירוּס. 2 רַעַל, אֶרֶס
visa vt, n 1 נָתַן אַשְׁרָה, הִנְפִּיק וִיזָה. 2 אַשְׁרָה, וִיזָה
visage n 1 חָזוּת, מַרְאֶה. 2 פָּנִים, פַּרְצוּף
vis-à-vis adv, prep 1 פָּנִים אֶל פָּנִים. 2 מוּל, לְעֻמַּת
viscera npl קְרָבַיִם
visceral adj 1 שֶׁל הַקְּרָבַיִם. 2 אִינְסְטִינְקְטִיבִי
viscosity n צְמִיגוּת
viscount n וִיקוֹנְט, וִיקָאוּנְט
viscountess n וִיקוֹנְטֶס, וִיקָאוּנְטֶס
viscountcy n וִיקוֹנְטִיּוּת
viscous adj צָמִיג, דָּבִיק
vise, vice n מֶלְחָצַיִם
visibility n רְאוּת, רְאִיּוּת
visible adj נִרְאֶה, גָּלוּי לָעֵינַיִם, בָּרוּר
visibly adv גְּלוּיוֹת, בְּגָלוּי
vision n 1 חָזוֹן. 2 רְאִיָּה, מַרְאֶה. 3 דִּמְיוֹן, חֲלוֹם

visionary n, adj 1 חוֹזֶה, חוֹלֵם. 2 מִתְעַתֵּעַ, מְדַמְיֵן. 3 דִּמְיוֹנִי
visit vti, n 1 בִּקֵּר, סָר אֶל, בָּא אֶל. 2 סִיֵּר. 3 פָּקַד. 4 הִתְאָרֵחַ. 5 בִּקּוּר, סִיּוּר. 6 הִתְאָרְחוּת
visitant n 1 מְבַקֵּר, אוֹרֵחַ, מְסַיֵּר. 2 צִפּוֹר נוֹדֶדֶת
visitation n 1 בִּקּוּר, סִיּוּר. 2 גְּמוּל, גְּמִילָה. 3 עֹנֶשׁ. 4 נֶחָמָה מִשָּׁמַיִם. 5 עֹנֶשׁ/גְמוּל מִשָּׁמַיִם
visitor n אוֹרֵחַ, מְבַקֵּר
visor n 1 מִצְחָה, מִצְחַת קַסְדָּה. 2 מַסֵּכָה. 3 שִׁרְיוֹן פָּנִים. 4 מָגֵן־שֶׁמֶשׁ
vista n מַרְאֶה, נוֹף, אֹפֶק, מַחֲזֶה
visual adj חֲזוּתִי, נִרְאֶה, גָּלוּי
visual aid עֶזְרֵי־לִמּוּד חֲזוּתִיִּים
visual display unit מָסָךְ, צַג אֶלֶקְטְרוֹנִי, מָסוֹף (מחשב)
visualization n הַחֲזָיָה, חִזּוּי
visualize vt 1 חָזָה, הֶחֱזָה. 2 הִמְחִישׁ בְּדִמְיוֹנוֹ
visually adv בְּאֹפֶן חֲזוּתִי
vital adj 1 חִיּוּנִי. 2 הֶכְרֵחִי, נָחוּץ
vital signs סִימָנֵי חַיִּים
vital statistics. 1 תְּנוּעָה טִבְעִית (סטטיסטיקה). 2 מִדּוֹת שֶׁל גּוּף הָאִשָּׁה
vitality n חִיּוּת, מֶרֶץ, וִיטָלִיּוּת
vitalize vt חִיֵּן, הֶחֱיָה
vitally adv נָחוּץ בְּיוֹתֵר, הֶכְרֵחִי
vitals npl 1 אֵיבָרִים חִיּוּנִיִּים. 2 יְסוֹדוֹת חִיּוּנִיִּים
vitamin n וִיטָמִין
vitiate vt הִשְׁחִית, קִלְקֵל
vitrage n חַלּוֹן מַסְכִּית
vitreous adj זְכוּכִי, זְגוּגִי
vitrify vt זִגֵּג, הָפַךְ לִזְכוּכִית
vitriol n וִיטְרִיוֹל
vitriolic adj וִיטְרִיוֹלִי, נוֹקֵב, צוֹרֵב, אַרְסִי
vituperate vt גִּדֵּף, גִּנָּה, בִּזָּה, הִשְׁמִיץ
vituperation n גִּדּוּף, גִּנּוּי, בִּזּוּי, הַשְׁמָצָה
vituperative adj מְגַדֵּף, מְגַנֶּה, מְבַזֶּה, מַשְׁמִיץ
vivace adv מָלֵא חַיִּים, עֵרָנִית (מוס)
vivacious adj עַלִּיז, חַי, עֵרָנִי
vivaciously adv בְּעַלִּיזוּת, עֵרָנִית
vivacity n חִיּוּנִיּוּת, עֵרָנוּת, הִתְלַהֲבוּת
vivid adj חַי, נִמְרָץ, תּוֹסֵס, עֵרָנִי
vividly adv בְּצוּרָה חַיָּה
vividness n 1 חִיּוּת. 2 בְּהִירוּת
vivify vt הֶחֱיָה, הֵפִיחַ רוּחַ חַיִּים
viviparous adj יוֹלֶדֶת צֶאֱצָאִים חַיִּים
vivisect vt נִתַּח גּוּף חַי
vivisection n בִּתּוּר גּוּף חַי
vivisectionist n דּוֹגֵל בְּבִתּוּר גּוּף חַי
vixen n 1 שׁוּעָלָה. 2 מִרְשַׁעַת, סוֹרֶרֶת
vixenish adj מִרְשַׁעַת, סוֹרֶרֶת
viz adv דְּהַיְנוּ, כְּלוֹמַר
vizi(e)r n וָזִיר, שַׂר
vocabulary n אוֹצַר מִלִּים, רְשִׁימַת מִלִּים
vocal(ic) adj קוֹלִי, קוֹלָנִי
vocalist n זַמָּר
vocalize vt 1 הָגָה. 2 זִמֵּר. 3 הִשְׁמִיעַ קוֹל. 4 נִקֵּד
vocally adv בְּקוֹל, בְּמִלִּים, בְּשִׁירָה
vocation n 1 יִעוּד, תְּעוּדָה. 2 תַּפְקִיד, מִקְצוֹעַ, מְלָאכָה
vocational adj מִקְצוֹעִי, שֶׁל מִקְצוֹעַ
vocative adj, n 1 שֶׁל יַחֲסַת פְּנִיָּה. 2 יַחֲסַת פְּנִיָּה
vociferate vt צָעַק, זָעַק, צָוַח, צָרַח
vociferation n צְעָקָה, צְוָחָה, צְרִיחָה
vociferous adj צַעֲקָנִי, צַוְחָנִי, קוֹלָנִי
vociferously adv בִּצְעָקָה, בְּקוֹלָנִיּוּת
vodka n ווֹדְקָה
vogue n 1 אָפְנָה, סִגְנוֹן. 2 פִּרְסוּם, הַסְכָּמָה
voice vt, n 1 בִּטֵּא, הִבִּיעַ, הִשְׁמִיעַ. 2 הִכְרִיז, הוֹדִיעַ. 3 הִצְלִיל. 4 קוֹל, בִּטּוּי, דֵּעָה. 5 צְלִיל. 6 שְׁמוּעָה
voiced consonant עִצּוּר קוֹלִי
voiceless adj אִלֵּם, חֲסַר קוֹל, דּוֹמֵם
voiceless consonant עִצּוּר אָטוּם, לֹא

קוֹלִי

voice-over n קְרַיְנוּת בְּסֶרֶט

void vt, adj, n 1 בִּטֵּל. 2 רוֹקֵן, הֵרִיק. 3 בָּטֵל, נְטוּל תֹּקֶף. 4 רֵיק, נָעוּר, פָּנוּי. 5 חָלָל, רִיק. 6 פַּעַר, פִּרְצָה

voile n מַלְמָלָה, אָרִיג שָׁקוּף

volatile adj 1 מִתְנַדֵּף, נָדִיף. 2 מִשְׁתַּנֶּה, הֲפַכְפַּךְ, חוֹלֵף. 3 קַל דַּעַת

volatility n 1 נְדִיפוּת, הִתְנַדְּפוּת. 2 הֲפַכְפָּכוּת, קַלּוּת דַּעַת

volcanic adj ווּלְקָנִי, שֶׁל הַר גַּעַשׁ

volcano n הַר גַּעַשׁ, ווּלְקָן

vole n חֻלְדָּה, עַכְבָּר

volition n 1 רָצוֹן, רְצִיָּה. 2 בְּחִירָה, הַחְלָטָה

volley vti, n 1 יָרָה צְרוֹר יְרִיּוֹת. 2 הִכָּה בִּיעָף. 3 נוֹרָה בְּמַטָּח. 4 מַטָּח יְרִיּוֹת, צְרוֹר יְרִיּוֹת. 5 מַכַּת יְעָף

volleyball n כַּדּוּרְעָף, כַּדּוּר יְעָף

volt n 1 ווֹלְט. 2 זִנּוּק, נִתּוּר. 3 תַּפְנִית, חֲמִיקָה (סיוף)

voltage n ווֹלְטַז׳, מֶתַח

volte face פְּנִיָּה אֲחוֹרָה, תַּפְנִית

volubility n פַּטְפְּטָנוּת, לַהַג, רְהִיטוּת, שֶׁטֶף

voluble adj פַּטְפְּטָן, פַּטְפְּטָנִי, רָהוּט, מַרְבֶּה דְבָרִים

volubly adv בְּלַהַג, בְּשֶׁטֶף, בִּרְהִיטוּת

volume n 1 כֶּרֶךְ, סֵפֶר. 2 נֶפַח. 3 שֶׁפַע, כַּמּוּת, עָצְמָה

volume control וַסַּת עָצְמָה

voluminous adj 1 רַב־כְּרָכִים. 2 שׁוֹפֵעַ, רַב־מְמַדִּים, פּוֹרֶה. 3 עָבֶה, כָּבֵד

voluntarily adv בְּהִתְנַדְּבוּת, מֵרָצוֹן

voluntary adj, n חָפְשִׁי, רְצוֹנִי, הִתְנַדְּבוּתִי

volunteer vti, n 1 הִתְנַדֵּב, הִצִּיעַ. 2 מִתְנַדֵּב

voluptuary n מִתְמַכֵּר לְתַעֲנוּגוֹת, תַּאַוְתָן

voluptuous adj תַּאַוְתָנִי, חוּשָׁנִי

voluptuously adv בְּתַאַוְתָנוּת

voluptuousness n תַּאַוְתָנוּת, חוּשָׁנוּת

volute n 1 מְגִלַּת חִלָּזוֹן, חֶלְזוֹנִיּוּת. 2 לוֹיָה, ווֹלוּטָה

voluted adj חֶלְזוֹנִי, לוּלְיָנִי

vomit vit, n 1 הֵקִיא. 2 הֲקָאָה, קִיא. 3 סַם הֲקָאָה

voodoo n ווּדוּ, כִּשּׁוּף, כְּשָׁפִים

voracious adj זוֹלֵל, רַעַבְתָן, בַּלְעָן

voraciously adv בִּרְעַבְתָנוּת

voracity n רְעַבְתָנוּת

vortex n 1 מְעַרְבֹּלֶת. 2 פִּסְגָּה

vortices npl שִׁבּוֹלוֹת, מְעַרְבּוֹלוֹת

vote vit, n 1 בָּחַר, הִצְבִּיעַ. 2 הֶחְלִיט. 3 הִכְרִיז. 4 הִקְצִיב. 5 קוֹל, דֵּעָה, הַצְבָּעָה. 6 זְכוּת בְּחִירָה. 7 הַקְצָבָה

vote for בָּחַר בְּעַד

vote against הִצְבִּיעַ נֶגֶד

vote down הֶחְלִיט נֶגֶד

voteless adj חֲסַר זְכוּת הַצְבָּעָה

voter n בּוֹחֵר, מַצְבִּיעַ

votive adj מְקֻדָּשׁ, מֻקְדָּשׁ

vouch vti 1 הֵעִיד, אִשֵּׁר, קִיֵּם. 2 הִבְטִיחַ, עָרַב לְ־

voucher n 1 מֵעִיד, מְאַשֵּׁר. 2 שׁוֹבֵר קְנִיָּה. 3 תְּעוּדָה. 4 עָרֵב

vouchsafe vt הֶעֱנִיק, הוֹאִיל לְ־, הִסְכִּים בְּרֹב טוּבוֹ, הִבְטִיחַ, הִרְשָׁה, עָרַב

vow vt, n 1 נָדַר, הִצְהִיר, הִבְטִיחַ. 2 נֶדֶר, הַבְטָחָה

vowel n אֵם קְרִיאָה, תְּנוּעָה

vox n קוֹל, צְלִיל

vox populi קוֹל הֶהָמוֹן, קוֹל הָעָם

voyage vi, n 1 נָסַע, הִפְלִיג. 2 נְסִיעָה, מַסָּע, הַפְלָגָה

voyager n נוֹסֵעַ, יוֹצֵא לְמַסָּע

voyeur n מְצִיץ

vulcanite n גֻּמִּי מְגֻפָּר

vulcanization n גִּפּוּר

vulcanize vt גִּפֵּר

vulgar adj 1 גַּס, שָׁפָל. 2 הֲמוֹנִי, עֲמָמִי. 3 פָּשׁוּט

vulgarity n גַּסּוּת, הֲמוֹנִיּוּת

vulgarization n הִמּוּן, ווּלְגָּרִיזַצְיָה

vulgarize vt הִמֵּן, הִשְׁפִּיל

vulgarly adv בְּגַסּוּת, ווּלְגָּרִית

vulgate n ווּלְגָטָה

vulnerability n פְּגִיעוּת, פְּצִיעוּת

vulnerable adj פָּגִיעַ, פָּצִיעַ

vulpine adj 1 שׁוּעָלִי. 2 עָרוּם

vulture n פֶּרֶס

vulva n פֹּת

vying adj מִתְחָרֶה

W

W, w דַּבְל־יוּ, הָאוֹת הָעֶשְׂרִים וְשָׁלֹשׁ שֶׁל הָאָלֶף־בֵּית הָאַנְגְּלִי

wad vt, n 1 אִגֵּד, צָרַר. 2 מָעַךְ, הִדְבִּיק יַחַד. 3 רִפֵּד, פָּקַק. 4 אֶגֶד, חֲבִילָה, חֲפִיסָה. 5 פְּקָק, מְגוּפָה. 6 עֹשֶׁר רַב

wadding n 1 מִלּוּא, חֹמֶר רִפּוּד. 2 מוֹךְ, צֶמֶר גֶּפֶן

waddle vi, n 1 טָפַף, הִטְפִּיף. 2 טְפִיפָה

wade vit חָצָה, עָבַר בִּכְבֵדוּת (מים)

wade in הִתְחִיל בְּמֶרֶץ

wade into הִסְתָּעֵר

wader n 1 חוֹצֶה. 2 מַגָּפֵי יְרֵכַיִם. 3 חוֹפְמִי

wadi n וָדִי, נַחַל אַכְזָב

wading bird חוֹפְמִי

wafer n אֲפִיפִית, מַצִּיָּה, רָקִיק, וַפְל

waffle n 1 וַפְל, וַפְלָה, אֲפִיפִית. 2 פִּטְפּוּטֵי סְרָק

waft vt, n 1 הֵנִיף, נָשָׂא. 2 רִחֵף. 3 רְחִיפָה, הִנָּשְׂאוּת, נְשִׁימָה

wag vti, n 1 נִעְנַע, נִדְנֵד, כִּשְׁכֵּשׁ. 2 נָע, הִתְנַדְנֵד. 3 נִעְנוּעַ, כִּשְׁכּוּשׁ. 4 לֵיצָן, בַּדְּחָן

wage vt, n 1 עָרַךְ, נִהֵל (מלחמה). 2 שָׂכָר, מַשְׂכֹּרֶת. 3 גְּמוּל

wager vt, n 1 הִמֵּר, הִתְעָרֵב. 2 הִמּוּר, הִתְעָרְבוּת

waggery n לֵיצָנוּת, בַּדְּחָנוּת

waggish adj לֵיצָנִי, שָׂמֵחַ, עַלִּיז

waggishly adv בְּאֹפֶן לֵיצָנִי

waggle vti, n 1 כִּשְׁכֵּשׁ, נִעְנַע. 2 נִפְנֵף. 3 הִתְנוֹעֵעַ, הִתְנַדְנֵד. 4 כִּשְׁכּוּשׁ, נִעְנוּעַ

wag(g)on n 1 קָרוֹן, עֲגָלָה. 2 הָעֲגָלָה הַגְּדוֹלָה

wag(g)oner n עֶגְלוֹן, קָרָר

wagon-lit n קְרוֹן שֵׁנָה

wagtail n נַחֲלִיאֵלִי

waif n אֲסוּפִי, עֲזוּבִי

wail vit, n 1 קוֹנֵן, סָפַד, בָּכָה. 2 הִתְאַבֵּל. 3 קִינָה, בְּכִיָּה, נְהִי

wain n עֲגָלָה, קָרוֹן

wainscot vt, n 1 לִוַּח, סִפֵּן בְּלוּחוֹת. 2 צִפּוּי עֵץ

waist n 1 מָתְנַיִם. 2 מִגְרָע. 3 חֶבֶק

waistband n אֵזוֹר, חֲגוֹרָה

waistcoat n 1 חֲזִיָּה (לגבר). 2 לְסוּטָה

waist-deep adj מַגִּיעַ עַד הַמָּתְנַיִם

waist-high adj בְּגֹבַהּ הַמָּתְנַיִם

waistline n קַו הַמֹּתֶן

wait vti, n 1 חִכָּה, הִמְתִּין, צִפָּה. 2 הִשְׁתַּהָה. 3 צִפִּיָּה, הַמְתָּנָה. 4 מַאֲרָב

wait on שִׁמֵּשׁ, שֵׁרֵת, הִגִּישׁ

wait up חִכָּה עַד מְאֻחָר

waits npl קְבוּצַת זַמָּרֵי חַג הַמּוֹלָד

waiter n מֶלְצַר

waiting adj, n 1 מְחַכֶּה, מְשַׁמֵּשׁ. 2 חִכּוּי, הַמְתָּנָה. 3 שֵׁרוּת

waiting list רְשִׁימַת הַמְתָּנָה

waiting room חֲדַר הַמְתָּנָה

waitress n מֶלְצָרִית

waive vt וִתֵּר, נִמְנַע מ־

waiver n 1 וִתּוּר. 2 כְּתַב וִתּוּר

wake vti, n 1 הֵעִיר, עוֹרֵר. 2 הִתְעוֹרֵר. 3 הֵקִיץ. 4 לֵיל שִׁמּוּרִים. 5 עֲקֵבוֹת. 6 שֹׁבֶל

wakeful adj עֵרָנִי, עֵר

wakefulness n עֵרָנוּת, עֵרוּת

waken vti 1 הֵעִיר, עוֹרֵר. 2 נֵעוֹר, הִתְעוֹרֵר, הֵקִיץ

wake up vti 1 הִתְעוֹרֵר. 2 הֵעִיר
waking adj 1 עֵרָנוּת. 2 עֵר
walk vit, n 1 הָלַךְ, צָעַד, פָּסַע. 2 הִתְהַלֵּךְ, הִתְקַדֵּם. 3 הוֹלִיךְ, הִצְעִיד. 4 הֲלִיכָה, צְעִידָה. 5 דֶּרֶךְ, מַעֲבָר, מִדְרָכָה, מִשְׁעוֹל, שְׁבִיל. 6 מִקְצוֹעַ, עִסּוּק. 7 מַסְלוּל, טִיּוּל
walk away with נִצֵּחַ בְּקַלּוּת
walk into 1 תָּקַף, הִסְתָּעֵר. 2 יִסֵּר, גָּעַר
walk of life 1 מִקְצוֹעַ. 2 אֹרַח חַיִּים
walk off עָזַב, הָלַךְ, הִסְתַּלֵּק
walk off with זָכָה בְּ־
walk out on עָזַב, נָטַשׁ, הִסְתַּלֵּק
walk up to הִתְקָרֵב לְ־
walk over נִצֵּחַ בְּקַלּוּת
walkabout n 1 טִיּוּל, מַסָּע. 2 סִיּוּר בְּקֶרֶב קָהָל
walker n הַלְכָן, הַלָּךְ
walk-on adj, n תַּפְקִיד קַל (במחזה), נִצָּב
walkout n שְׁבִיתָה (עובדים)
walkover n נִצָּחוֹן קַל
walking adj, n 1 נוֹדֵד. 2 הֲלִיכָה, הִלּוּךְ
walking stick מַקֵּל הֲלִיכָה
walkie-takie n שַׁחְנוֹעַ, מַשְׁדֵּר מִטַּלְטֵל
wall vt, n 1 הֵקִים קִיר. 2 הִקִּיף בְּקִיר. 3 סָתַם, סָכַר. 4 בִּצֵּר. 5 קִיר, כֹּתֶל, חוֹמָה. 6 מְחִצָּה
wallaby n וָלַבִּי (חיה)
wallet n אַרְנָק
walleye n עַיִן לַבְנוּנִית
wallflower n 1 קַרְפְּלוֹן. 2 "פֶּרַח קִיר"
wallpaper vt, n 1 הִדְבִּיק נְיַר־קִיר. 2 נְיַר־קִיר, טַפֵּט
wallop vt, n 1 הִלְקָה, חָבַט, הָלַם, הִכָּה. 2 מַהֲלֻמָּה
wallow vi, n 1 הִתְפַּלֵּשׁ, הִתְגַּלְגֵּל לַהֲנָאָתוֹ. 2 חַי חַיֵּי תַּאֲוָה, גָּאָה. 3 הִתְפַּלְּשׁוּת, מִרְבָּץ
wall-to-wall adj 1 מִקִּיר־לְקִיר. 2 שֶׁנִּמְצָא בְּכָל מָקוֹם
walnut n אֱגוֹז מֶלֶךְ, אֱגוֹז מֹחַ
walrus n סוּס יָם, נִיבְתָן
waltz vti, n 1 רָקַד וַלְס. 2 וַלְס (המחול)
wampum n 1 חֲרוּזִים. 2 כֶּסֶף (המונית)
wan adj חִוֵּר, קוֹדֵר, אָפֵל, עָצוּב
wand n מַטֶּה, שַׁרְבִיט
wander vit 1 שׁוֹטֵט, נָדַד, נָד. 2 תָּעָה, אָבַד, סָטָה
wanderer n מְשׁוֹטֵט, נָע וָנָד
wandering adj, n 1 מִתְפַּתֵּל. 2 מְשׁוֹטֵט, נוֹדֵד. 3 נְדִידָה, תְּעִיָּה. 4 מַסָּעוֹת
wanderlust n נַוָּדוּת, נוֹדְדוּת, תַּאֲוַת נְדוּדִים
wane vi, n 1 הִתְמַעֵט, הָלַךְ וּפָחַת. 2 הִתְעַמְעֵם. 3 הִתְמַעֲטוּת, דְּעִיכָה, שְׁקִיעָה
wangle vt, n 1 תִּכְסֵס, תִּחְבֵּל, פִּתָּה, זִיֵּף. 2 תַּחְבּוּלָה. 3 תַּכְסְסָנוּת, פִּתּוּי
wanly adv 1 בְּפָנִים חִוְּרִים. 2 אֵין אוֹנִים, בַּחֲלָשָׁה
wanness n חִוָּרוֹן
want vti, n 1 חָסַר. 2 צָרִיךְ. 3 רָצָה, חָפֵץ, חָפַץ. 4 הִזְדַּקֵּק. 5 מַחְסוֹר, חֹסֶר. 6 בִּקּוּשׁ, רְצִיָּה. 7 צֹרֶךְ, הִזְדַּקְּקוּת
want for חָסַר, צָרַךְ, הִזְדַּקֵּק
wanting adj 1 חָסֵר, נֶעְדָּר. 2 לָקוּי
wanton vi, adj, n 1 הִתְהוֹלֵל, הִתְעַלֵּס. 2 בִּזְבֵּז, פִּזֵּר. 3 הִשְׁתַּעֲשֵׁעַ. 4 מֻפְקָר, חוּשָׁנִי, מֻשְׁחָת. 5 מִתְהוֹלֵל. 6 פְּרוּצָה, יַצְאָנִית
wantonly adv בְּהֶפְקֵרוּת, בְּזָדוֹן
wantonness n הֶפְקֵרוּת, פְּרִיצוּת
war vi, n 1 לָחַם, נִלְחַם, נֶאֱבַק, רָב. 2 מִלְחָמָה, מַעֲרָכָה, מַאֲבָק. 3 סִכְסוּךְ, רִיב
war dance מְחוֹל הַקְּרָב
war horse 1 סוּס מִלְחָמָה. 2 אִישׁ לְמוּד קְרָבוֹת

warble vi, n 1 סַלְסֵל בְּקוֹל. 2 סִלְסוּל בְּקוֹל
warbler n סִבְכִּי (ציפור)
war clouds סַכָּנַת מִלְחָמָה
war cry זַעֲקַת קְרָב
ward vt, n 1 דָּחָה, מָנַע. 2 שָׁמַר, הֵגֵן. 3 הָדַף. 4 שְׁמִירָה, הֲגַנָּה. 5 אֶפִּיטְרוֹפְּסוּת, הַשְׁגָּחָה. 6 בִּיתָן, מָדוֹר, מַחְלָקָה. 7 רֹבַע. 8 חָנִיךְ, אָמוּן. 9 חָף (מפתח)
warden n 1 שׁוֹמֵר, סוֹהֵר, כַּלַּאי. 2 רַב־סוֹהֵר. 3 מְמֻנֶּה, אֶפִּיטְרוֹפּוֹס, פַּקָּח. 4 מְנַהֵל (של מוסד)
warder n 1 שׁוֹמֵר, סוֹהֵר. 2 שַׁרְבִיט
ward off vt הָדַף
wardress n סוֹהֶרֶת
wardrobe n 1 מֶלְתָּחָה. 2 אֲרוֹן בְּגָדִים. 3 מַלְבּוּשִׁים
wardroom n מְגוּרֵי הַקְּצִינָה
ware n 1 כְּלֵי חֶרֶס, כֵּלִים. 2 סְחוֹרָה, מִצְרָכִים
warehouse vt, n 1 אִחְסֵן. 2 מַחְסָן, חֲנוּת. 3 מַחְסַן עֲרֻבָּה
warfare n מִלְחָמָה, לְחִימָה, לָחְמָה
warhead n רֹאשׁ חֵץ
warily adv בִּזְהִירוּת
wariness n זְהִירוּת
warlike adj מִלְחַמְתִּי, צְבָאִי
warlock n מְכַשֵּׁף
war-lord n מְפַקֵּד צְבָאִי, מַצְבִּיא
warm vti, adj 1 שִׁלְהֵב, הִלְהִיב, הִלְהִיט, חִמֵּשׁ. 2 הִתְחַמֵּם, הִתְלַהֵב. 3 חַם, מְחֻמָּם. 4 לְבָבִי, נִלְהָב, לוֹהֵט. 5 חַי, כֵּן, מְעוֹדֵד
warm to vt הִתְלַהֵב, הִתְלַהֵט
warm up vti 1 חִמֵּם. 2 הִתְחַמֵּם, הִתְלַהֵב
warm-blooded adj 1 חַם מֶזֶג. 2 חַם הַדָּם
warm-hearted adj לְבָבִי, יְדִידוּתִי
warmly adv בְּחֹם, בִּלְבָבִיּוּת
warmonger n מְחַרְחֵר מִלְחָמָה
warmth n 1 חֲמִימוּת, לְבָבִיּוּת, חֹם. 2 הִתְלַהֲבוּת
warn vt הִזְהִיר, הִתְרָה
warn off vt הִרְחִיק, סִלֵּק
warning adj, n 1 מַזְהִיר, מַתְרֶה, מַתְרִיעַ. 2 אַזְהָרָה, הַזְהָרָה, אַתְרָאָה, הַתְרָאָה
warp vti, n 1 עִקֵּל, פִּתֵּל, עִקֵּם, עִוֵּת, כָּפַף. 2 הִתְעַקֵּל, הִתְעַקֵּם, הִתְפַּתֵּל. 3 עִקּוּל, פִּתּוּל, עִקּוּם, עִוּוּת. 4 שְׁתִי (אריגה)
warp and weft שְׁתִי וָעֵרֶב
warped door דֶּלֶת מְעֻקֶּשֶׁת
warrant vt, n 1 הִרְשָׁה, אִשֵּׁר. 2 הִצְדִּיק, הִבְטִיחַ. 3 עָרַב. 4 יִפָּה כֹּחַ. 5 הַרְשָׁאָה. 6 פְּקֻדַּת מַאֲסָר. 7 עַרְבוּת, עֲרֻבָּה. 8 הַצְדָּקָה, סַמְכוּת. 9 שׁוֹבֵר, רִשְׁיוֹן. 10 יִפּוּי כֹּחַ, כְּתַב מִנּוּי
warrant officer תַּת קָצִין
warranty n 1 אַחֲרָיוּת, כְּתַב אַחֲרָיוּת. 2 תַּעֲרוּבָה
warren n 1 שְׁפַנִּיָּה. 2 מְאוּרָה. 3 מָבוֹךְ
warring adj יְרִיבִים, מִסְתַּכְסְכִים
warrior n לוֹחֵם
warship n אֳנִיַּת מִלְחָמָה
wart n יַבֶּלֶת
wartime n שְׁעַת מִלְחָמָה, עֵת מִלְחָמָה
war-worn adj עֲיֵף מִלְחָמָה
war widow אַלְמְנַת מִלְחָמָה
wary adj זָהִיר, חַשְׁדָנִי
was pt זמן עבר של הפועל to be
wash vti, n 1 רָחַץ, שָׁטַף. 2 כִּבֵּס, הֵדִיחַ. 3 הֵצִיף, גָּרַף, סָחַף. 4 נִשְׁטַף, נִגְרַף, נִסְחַף. 5 רְחִיצָה, שְׁטִיפָה. 6 נִקּוּי. 7 הֲצָפָה, גְּרִיפָה, סְחִיפָה. 8 כְּבָסִים
wash away/off/out סִלֵּק, הוֹצִיא
wash down 1 כִּבֵּס, שָׁטַף. 2 בָּלַע עִם שְׁתִיָּה
wash up הֵדִיחַ כֵּלִים
wash one's hands of הֵסִיר מֵעַל עַצְמוֹ

אַחֲרָיוּת

washbasin, washbowl n קְעָרַת רַחְצָה

washed-out adj 1 דָּהוּי. 2 תָּשׁוּשׁ

wash-out n 1 כִּשָּׁלוֹן, אַכְזָבָה. 2 סְחִיפָה. 3 בִּטּוּל. 4 מוּצָף. 5 תָּשׁוּשׁ, סָחוּט

washroom n 1 חֲדַר כְּבִיסָה. 2 חֲדַר נוֹחִיּוּת, בֵּית שִׁמּוּשׁ

washstand n 1 אַגַּן רַחְצָה. 2 כִּיּוֹר, גִּיגִית

washable adj כָּבִיס, רָחִיץ

washer n 1 כּוֹבֵס, מְכַבֵּס. 2 "שַׁיְבָּה", דִּיסְקִית

washerwoman n כּוֹבֶסֶת

washing n 1 רְחִיצָה, כְּבִיסָה, שְׁטִיפָה, הֲדָחָה. 2 הֲצָפָה. 3 כְּבָסִים

washing machine מְכוֹנַת־כְּבִיסָה

wasn't (was not) עבר שלילי של הפועל to be

wasp n צִרְעָה, דַּבּוּר

wasp's nest קֵן צְרָעוֹת

waspish adj עוֹקֵץ, רַגְזָן, כַּעֲסָן

waspwaist n מָתְנַיִם דַּקִּים

wassail n interj 1 שֵׁכַר תְּבָלִים, מִשְׁתֶּה. 2 לְחַיִּים!

wastage n 1 בִּזְבּוּז, הֶפְסֵד. 2 בְּלַאי, פְּחָת. 3 פְּסֹלֶת (מוחלטת)

waste vti, adj, n 1 בִּזְבֵּז, פִּזֵּר. 2 הֶחְמִיץ. 3 הִשְׁחִית, קִלְקֵל, הֶחֱרִיב. 4 נִדַּלְדֵּל, הִתְבַּזְבֵּז, הִתְקַלְקֵל. 5 שׁוֹמֵם, חָרֵב, בּוּר. 6 מְיֻתָּר. 7 שְׁמָמָה. 8 קִלְקוּל, פְּסֹלֶת. 9 בִּזְבּוּז

wastebasket n סַל פְּסֹלֶת

wasteful adj בַּזְבְּזָן, מַשְׁחִית, פַּזְּרָנִי

wasteland n אַדְמַת בּוּר, שְׁמָמָה

wastepipe n צִנּוֹר שׁוֹפְכִין

wastrel n בַּטְלָן, עַצְלָן, לֹא יִצְלַח, פַּזְרָן

watch vti, n 1 צָפָה, הִתְבּוֹנֵן. 2 חִכָּה, צִפָּה. 3 שָׁמַר, הִשְׁגִּיחַ. 4 נִזְהַר, נִשְׁמַר. 5 הָיָה עֵר. 6 אַשְׁמוּרָה. 7 שְׁמִירָה, מִשְׁמָר. 8 צְפִיָּה. 9 שְׁמוּרִים, עֵרָנוּת. 10 תַּצְפִּית. 11 שְׁעוֹן יָד

watch one's step נִזְהַר

Watch out! הִזָּהֵר!

watch out for חִכָּה לְהִזְדַּמְּנוּת

watch over שָׁמַר, הִשְׁגִּיחַ עַל

watchdog n 1 כֶּלֶב שְׁמִירָה. 2 שׁוֹמֵר נֶאֱמָן

watchful adj עֵר, עֵרָנִי, דָּרוּךְ

watchfully adv בִּזְהִירוּת

watchfulness n עֵרָנוּת, זְהִירוּת, דְּרִיכוּת

watchmaker n שֶׁעָן

watchman n שׁוֹמֵר

watchword n סִיסְמָה

watchwork n מַנְגְּנוֹן הַשָּׁעוֹן

water vti, n 1 הִשְׁקָה, הִרְוָה, רִוָּה. 2 מָהַל בְּמַיִם, הִרְטִיב. 3 זָלַג, רָר. 4 מַיִם. 5 שֶׁתֶן. 6 דְּמָעוֹת

water down מִתֵּן, הִמְתִּיק, עִדֵּן

water mill טַחֲנַת מַיִם

water polo כַּדּוּר־מַיִם

waterbird n עוֹף מַיִם

waterborne adj מוּבָל בָּאֳנִיָּה, מוּשָׁט

water-carafe n לָגִין

waterclock n שְׁעוֹן מַיִם

watercloset n בֵּית שִׁמּוּשׁ, בֵּית כִּסֵּא

watercolo(u)r n צֶבַע מַיִם, אַקְוָרֶל

watercourse n זֶרֶם, זֶרֶם מַיִם, תְּעָלָה

watercress n גַּרְגִּיר־הַנְּחָלִים

waterfall n אֶשֶׁד, מַפָּל, מַפַּל־מַיִם

waterfowl n עוֹף הַמַּיִם

waterfront n שֶׁטַח חוֹף, שֶׁטַח נָמֵל

waterhen n גִּירוּת (עוף מים)

watering n 1 הַשְׁקָאָה, הַשְׁקָיָה. 2 מַשְׁקֶה

watering can מַזְלֵף

watering place מְקוֹר מַיִם

water lily נִימְפֵיאָה (צמח)

waterline n קַו הַמַּיִם

waterlogged adj רָווּי מַיִם, מוּצָף מַיִם

watermark n סִימַן מַיִם

watermelon n אֲבַטִּיחַ

waterpower n 1 כֹּחַ הַמַּיִם. 2 זְכוּת הַמַּיִם

waterproof adj אָטִים, חָסִין, עֲמִיד מַיִם

watershed n קַו פָּרָשַׁת הַמַּיִם

waterskin n נֹאד, חֵמֶת

waterspout n עַמּוּד מַיִם

watertable n פְּנֵי מֵי הַתְּהוֹם

watertight adj 1 אָטִים. 2 מְדֻקְדָּק, מֻשְׁלָם

waterwheel n 1 גַּלְגַּל מַיִם. 2 אַנְטִילְיָה

waterworks n 1 מְכוֹן מַיִם, מִפְעֲלֵי מַיִם. 2 דְּמָעוֹת

watery adj 1 מֵימִי. 2 דּוֹמֵעַ

wave vit, n 1 הִתְנַחְשֵׁל, נָע כְּגַל, הִתְנוֹפֵף. 2 נוֹפֵף, נִפְנֵף. 3 גַּל, נַחְשׁוֹל. 4 סִלְסוּל. 5 נִפְנוּף (יד)

wave aside דָּחָה, בִּטֵּל

wavelength אֹרֶךְ גַּל, תְּדִירוּת, תֶּדֶר

waver vi 1 הִתְנוֹדֵד, הִתְנוֹעֵעַ. 2 הִבְהֵב, הִבְלִיחַ. 3 רָעַד. 4 פִּקְפֵּק, הִסֵּס. 5 מָט

wavy adj 1 מְפֻתָּל, מְסֻלְסָל. 2 גַּלִּי. 3 רוֹעֵד

wax vi, n 1 דֹּנַג. 2 צָמַח, גָּדַל. 3 גָּבַר, נִהְיָה. 4 הִתְמַלֵּא. 5 דּוֹנַג, שַׁעֲוָה

wax paper, waxed paper נְיַר שַׁעֲוָה

waxwork n 1 מַעֲשֵׂה שַׁעֲוָה. 2 מוּזֵיאוֹן שַׁעֲוָה

waxen adj 1 שַׁעֲוָנִי, מְדֻנָּג. 2 רַךְ, כִּיּוּרִי

way n 1 דֶּרֶךְ, אֹרַח, מַהֲלָךְ. 2 אֹפֶן, שִׁיטָה. 3 כִּוּוּן. 4 נֹהַל, נֹהַג. 5 נָתִיב, שְׁבִיל, כְּבִישׁ, רְחוֹב. 6 מַסְלוּל, מְסִלָּה

way down יְרִידָה

way in כְּנִיסָה

way out יְצִיאָה

way through מַעֲבָר

wayfarer n נוֹסֵעַ, עוֹבֵר אֹרַח, נוֹדֵד, הֵלֶךְ

wayfaring n נְסִיעָה, הֲלִיכָה

waylay vt אָרַב, שָׁדַד, לְסַטֵּס, לִסְטֵם

way-out adj יוֹצֵא דֹּפֶן, חָרִיג

wayside n צִדֵּי דְּרָכִים, שְׂפַת הַכְּבִישׁ

wayward adj עַקְשָׁן, מַמְרֶה, סוֹרֵר, קַפְּרִיסִי

we pron אָנוּ, אֲנַחְנוּ

weak adj 1 חַלָּשׁ, רָפֶה, תָּשׁוּשׁ, רוֹפֵף. 2 קָלוּשׁ. 3 שָׁבִיר

weaken vit 1 הֶחֱלִישׁ, הִתִּישׁ, הִקְלִישׁ. 2 מָהַל. 3 נֶחֱלַשׁ, רָפָה

weakling n חֲסַר מֶרֶץ, תָּשׁוּשׁ, חַלַּשְׁלוּשׁ

weakly adj, adv 1 חַלָּשׁ, תָּשׁוּשׁ, רָפֶה, חוֹלָנִי. 2 בְּחֻלְשָׁה

weak-kneed adj רְפֵה־בִּרְכַּיִם, פַּחְדָן

weakness n חֻלְשָׁה, תְּשִׁישׁוּת, רִפְיוֹן

weal n 1 רְוָחָה, אֹשֶׁר. 2 חַבּוּרָה

weald n יַעַר

wealth n 1 עֹשֶׁר, רְכוּשׁ, נְכָסִים. 2 שֶׁפַע

wealthily adv 1 בְּעֹשֶׁר. 2 בְּשֶׁפַע

wealthy adj 1 עָשִׁיר, אָמִיד. 2 שׁוֹפֵעַ

wean vt גָּמַל

weapon n 1 כְּלִי־נֶשֶׁק, כְּלִי־זַיִן. 2 נֶשֶׁק, זַיִן

weaponless adj חֲסַר מָגֵן

wear vti, n 1 לָבַשׁ, נָעַל, חָבַשׁ, עָנַד, עָנַב. 2 בִּלָּה. 3 בָּלָה, נִתְבַּלָּה. 4 שָׁחַק, נִשְׁחַק. 5 עִיֵּף, הֶלְאָה, נִלְאָה. 6 לְבוּשׁ, מַלְבּוּשִׁים. 7 בְּלַאי, בְּלִיָּה, שְׁחִיקָה. 8 שִׁמּוּשׁ, פְּחָת

wear and tear הִשְׁתַּחֲקוּת, בְּלַאי

wear away vti 1 בִּזְבֵּז. 2 כָּלָה, כִּלָּה

wear down vti הִתִּישׁ, נִצַּח

weariless adj בִּלְתִּי נִלְאֶה

wearily adv לַעֲיֵפָה

weariness n עֲיֵפוּת, לֵאוּת

wearing adj מְיַגֵּעַ, מְעַיֵּף, מַלְאֶה

wear off נֶחֱלַשׁ בְּהַדְרָגָה

wear on עָבַר, חָלַף

wearisome adj מְעַיֵּף, מְיַגֵּעַ, מַלְאֶה

weary vti, adj 1 הִטְרִיחַ, הִטְרִיד. 2 עִיֵּף, הוֹגִיעַ, הֶלְאָה. 3 עָיֵף, יָגֵעַ, נִלְאָה. 4 מְעַיֵּף. 5 מָאוּס, מַטְרִיחַ

weasel n סַמּוּר

weather vti, n 1 יִבֵּשׁ (באוויר). 2 אִוְרֵר, הִדְהָה. 3 שִׁפֵּעַ, הִמְדִּיר. 4 הִתְגַּבֵּר. 5 דָּהָה, בָּלָה. 6 מֶזֶג אֲוִיר

weather-beaten adj 1 מְחֻשָּׁל. 2 מֻכֶּה

רוחות

weather-bound adj שֶׁנִּדְחָה בִּגְלַל מֶזֶג הָאֲוִיר

weathercock n שַׁבְשֶׁבֶת

weather forecast תַּחֲזִית מֶזֶג אֲוִיר

weather-proof adj עָמִיד בִּפְנֵי מֶזֶג אֲוִיר

weather vane שַׁבְשֶׁבֶת

weave vti, n 1 אָרַג, טָוָה. 2 שָׁזַר. 3 פִּתֵּל. 4 הִשְׁתַּזֵּר, הִתְפַּתֵּל, הִשְׁתָּרֵךְ. 5 מַאֲרָג, אֲרִיגָה. 6 מִרְקָם

weaver n 1 אוֹרֵג. 2 הַפָּרוּשׁ הָאוֹרֵג

web n 1 אֶרֶג, מַאֲרָג, מִרְקָם. 2 קוּרֵי־עַכָּבִישׁ. 3 רֶשֶׁת, צוּר

webbed adj בַּעַל קְרוּם־שְׂחִיָּה

webfooted adj בַּעַל רַגְלֵי קְרוּם־שְׂחִיָּה

we'd = we had, we would כינוי גוף ופועל עזר בעבר

wed vti 1 הִשִּׂיא, חִתֵּן. 2 נָשָׂא. 3 הִתְחַתֵּן

wedded, wed pt, pp זמן עבר ובינוני עבר של הפועל to wed

wedding n חֲתֻנָּה, נִשּׂוּאִין, טֶקֶס כְּלוּלוֹת

wedge vt, n 1 בָּקַע, טָרַז. 2 נָעַץ טְרִיז, נָעַץ יָתֵד. 3 טְרִיז, יָתֵד, מְשֻׁלָּשׁ

wedlock n נִשּׂוּאִין, חֲתֻנָּה, כְּלוּלוֹת

Wednesday n יוֹם רְבִיעִי, יוֹם ד׳

wee adj זַעֲרוּרִי, פָּעוּט

weed vt, n 1 נִכֵּשׁ, עִשֵּׂב, שֵׁרֵשׁ. 2 עֵשֶׂב רַע. 3 טַבָּק. 4 סִיגָרִיָּה, סִיגָר. 5 לְבוּשׁ, בִּגְדֵי אֵבֶל

weed out vt שֵׁרֵשׁ, עִקֵּר, בִּעֵר

weedy adj 1 מָלֵא עֲשָׂבִים רָעִים. 2 עָלוּב, רָזֶה, תָּשׁוּשׁ

week n שָׁבוּעַ

weekday n יוֹם חֹל

weekend n סוֹף שָׁבוּעַ

weekly adj, adv, n 1 שְׁבוּעִי. 2 בְּכָל שָׁבוּעַ. 3 שְׁבוּעוֹן

weeny adj קְטַנְטַן, זַעֲרוּרִי

weep vti 1 בָּכָה, בִּכָּה, דָּמַע. 2 קוֹנֵן, הִתְאַבֵּל

weeping adj, n 1 בּוֹכֶה. 2 דּוֹמֵעַ, נוֹטֵף, מְטַפְטֵף. 3 בְּכִיָּה, בְּכִי, קִינָה

weeping willow עֲרָבַת בָּבֶל

weevil n תּוֹלַעַת זִיפִית

weft n עֵרֶב (באריגה)

weigh vti 1 שָׁקַל. 2 הִכְרִיעַ. 3 הִכְבִּיד. 4 נֶחְשַׁב

weigh down הִכְבִּיד עַל, הֵעִיק

weigh in שָׁקַל, נִשְׁקַל

weigh up שָׁקַל

weigh anchor הֵרִים עֹגֶן

weigh out שָׁקַל (במאזניים)

weight vt, n 1 הִכְבִּיד, הֵעִיק. 2 שִׁקְלֵל. 3 הוֹסִיף מִשְׁקָל. 4 מִשְׁקָל. 5 עֵרֶךְ, חֲשִׁיבוּת, הַשְׁפָּעָה. 6 מַשָּׂא, מַעֲמָסָה, כֹּבֶד

weightily adv בִּכְבֵדוּת

weightiness n 1 כֹּבֶד. 2 חֲשִׁיבוּת

weighting n 1 שִׁקְלוּל. 2 תּוֹסֶפֶת יְחוּדִית

weightless n חֲסַר מִשְׁקָל

weightlessness n חֹסֶר מִשְׁקָל

weight lifting הֲרָמַת מִשְׁקוֹלוֹת

weighty adj 1 כָּבֵד, מֵעִיק. 2 חָשׁוּב

weir n 1 סֶכֶר. 2 מַחְסוֹם, מִגְלָשׁ

weird adj 1 עַל טִבְעִי, מִסְתּוֹרִי. 2 מוּזָר

welcome vt, adj 1 קִבֵּל פָּנִים, קִדֵּם בִּבְרָכָה. 2 קִבֵּל בְּרָצוֹן. 3 רָצוּי, נָעִים, מְעוֹדֵד, מְבֹרָךְ. 4 חָפְשִׁי

welcoming adj מַכְנִיס אוֹרְחִים

weld vti 1 רִתֵּךְ. 2 חִבֵּר, הִצְמִיד. 3 הִתְחַבֵּר

welder n רַתָּךְ

welfare n סַעַד, רְוָחָה, יְשׁוּעָה, בְּרִיאוּת

welkin n כִּפַּת הַשָּׁמַיִם

we'll = we shall, we will כנוי גוף ראשון רבים עם פועל עזר של עתיד

well vi, adv, n 1 נָבַע, פָּרַץ. 2 הִזְנִיק, פִּכָּה. 3 יָפֶה, טוֹב, הֵיטֵב. 4 כַּהֲלָכָה, כָּרָאוּי. 5 בְּאֵר, מַעְיָן,

מָקוֹר. 6 מִפְלָשׁ
well-advised adj שֶׁקִּבֵּל עֵצָה טוֹבָה
well-appointed adj מְצֻיָּד כַּהֲלָכָה
well-being n בְּרִיאוּת, אֹשֶׁר, רְוָחָה
well-connected adj בַּעַל קְשָׁרִים
well-disposed adj 1 יְדִידוּתִי. 2 מִתְכַּוֵּן לְטוֹב
well-done adj עָשׂוּי יָפֶה, מְבֻשָּׁל יָפֶה
well-found adj מְצֻיָּד כַּהֲלָכָה, רָאוּי לְשֶׁבַח
well-founded adj מְבֻסָּס
well-groomed adj מְהֻדָּר, לָבוּשׁ בִּקְפִידָה
well-informed adj מֻסְמָךְ, יוֹדֵעַ דָּבָר
well-intentioned adj בַּעַל כַּוָּנוֹת טוֹבוֹת
well-known adj יָדוּעַ, מְפֻרְסָם
well-marked adj בָּרוּר
well-meaning adj בַּעַל כַּוָּנוֹת טוֹבוֹת
well-meant adj מִתּוֹךְ כַּוָּנָה טוֹבָה
well-nigh adv כִּמְעַט
well-off adj אָמִיד, בַּר מַזָּל
well-read adj 1 בָּקִי בְּסִפְרוּת. 2 שֶׁקָּרָא הַרְבֵּה
well-timed adj בְּעִתּוֹ
well-to-do adj אָמִיד
well-tried adj 1 שָׁחוּק. 2 מְנֻסֶּה
well-turned adj מְנֻסָּח כַּהֲלָכָה
well-versed adj מֻמְחֶה, יַדְעָן, בָּקִי
well-worn adj נָדוֹשׁ, בָּלֶה
Wellington boots מַגָּפַיִם לְגֶשֶׁם
Welsh adj, n 1 וֶלְשִׁי. 2 וֶלְשִׁית
Welsh rabbit/rarebit טוֹסְט־גְּבִינָה
welsher n מִשְׁתַּמֵּט מִתַּשְׁלוּם
welt n 1 אִמְרָה. 2 חַבּוּרָה, צַלֶּקֶת
welter vi, n 1 הִתְפַּלֵּשׁ, הִתְגּוֹלֵל, הִתְבּוֹסֵס. 2 עִרְבּוּבְיָה, אַנְדְּרָלָמוּסְיָה. 3 הִתְפַּלְּשׁוּת, הִתְגּוֹלְלוּת
welterweight n מִשְׁקָל חֲצִי כָּבֵד (בינוני)
wen n כִּיס חֵלֶב
wench vi, n 1 הִתְחַבֵּר עִם פְּרוּצָה. 2 בַּחוּרָה, נַעֲרָה
wend one's way הוֹעִיד פָּנָיו, הָלַךְ
went pt זמן עבר של הפועל to go
wept pt זמן עבר ובינוני עבר של הפועל to weep
we're (we are) זמן הווה של הפועל to be
were pt זמן עבר של הפועל to be
werewolf n אָדָם־זְאֵב
west adv, n 1 מַעֲרָב. 2 מַעֲרָבָה
westerly adj, adv, n 1 מַעֲרָבִי. 2 מַעֲרָבָה. 3 רוּחַ מַעֲרָבִית
western adj, n 1 מַעֲרָבִי. 2 מַעֲרָבוֹן
westerner n מַעֲרָבָן
westernize vt מִעֲרֵב
westernization n מַעֲרָבִיּוּת
westernmost adj שֶׁבִּקְצֵה מַעֲרָב
westward adj מַעֲרָבִי
westerward(s) adv מַעֲרָבָה
wet vt, adj, n 1 הִרְטִיב, לִחְלֵחַ. 2 לַח, רָטֹב. 3 רְטִיבוּת, מַיִם, גֶּשֶׁם
wet blanket מְרַפֶּה יָדַיִם, פֶּסִימִי
wet-nurse n מֵינֶקֶת (לא האם)
wetness n רְטִיבוּת
wetting n הַרְטָבָה
wether n אַיִל מְסֹרָס
we've (we have) 1 יֵשׁ לָנוּ. 2 פועל עזר
whack vt, n 1 הָלַם, הִצְלִיף, הִלְקָה, סָטַר. 2 מַהֲלֻמָּה, מַכָּה, הַלְקָאָה. 3 חֵלֶק, מָנָה. 4 תּוֹר
whacked adj עָיֵף, תָּשׁוּשׁ
whale vi, n 1 צָד לִוְיָתָנִים. 2 לִוְיָתָן
whaler n לִוְיְתָנִית
wharf n רָצִיף, מֵזַח, מַעֲגָן
wharfage n דְּמֵי רָצִיף, רְצִיפִים
what inter adj, pron 1 מַה. 2 אֵיזֶה, אֵיזוֹ, אֵילוּ. 3 מַה שֶּׁ־
what for? לְשֵׁם מָה?
what if? וּמָה אִם?
whatever adj, pron 1 מַה, כָּל מַה, כָּל שֶׁ־. 2 כָּלְשֶׁהוּ
whatnot n 1 מַה שֶּׁתִּרְצֶה. 2 כּוֹנָנִית
whatsoever מַה, כָּל מַה, כָּלְשֶׁהוּ
wheat n חִטָּה
wheaten adj מֵחִטָּה, שֶׁל חִטָּה

wheedle vt 1 פִּתָּה, הֶחֱנִיף, הִשִּׂיא. 2 הִדִּיחַ

wheel n 1 גַּלְגַּל, אוֹפָן. 2 סִבּוּב. 3 הֶגֶה. 4 גּוֹרָל

wheelbarrow n מְרִיצָה

wheelchair n כִּסֵּא גַלְגַּלִּים

wheelwright n גַּלְגַּלָּן

wheeze vit, n 1 גָּנַח, נָשַׁם בִּכְבֵדוּת. 2 גְּנִיחָה

wheezily adv בִּגְנִיחָה

wheeziness n נְשִׁימָה כְּבֵדָה

whelk n 1 שַׁבְּלוּל יַמִּי. 2 רַכִּיכָה, תְּפִיחָה, מֻגְלִית

whelp vi, n 1 הִמְלִיטָה. 2 גּוּר, כְּלַבְלָב

When? interr, adv מָתַי?

when conj 1 כַּאֲשֶׁר, בְּשָׁעָה שֶׁ־. 2 אֵימָתַי

whence adv מִנַּיִן, מֵהֵיכָן

whenever adv, conj בְּכָל פַּעַם שֶׁ־. 2 אֵי־פַּעַם

Where? interr, adv אֵיפֹה?, אַיֵּה?, הֵיכָן?

where adv, rel conj 1 אֵיפֹה, הֵיכָן. 2 אַיֵּה, לְאָן?. 3 מָקוֹם

whereabouts adv, n 1 הֵיכָן? 2 בִּסְבִיבָה, בִּשְׁכֵנוּת. 3 מְקוֹם הִמָּצְאוֹ

whereas conj הֱיוֹת, הוֹאִיל, מֵאַחַר שֶׁ־

whereby rel, adv 1 שֶׁבּוֹ, שֶׁבְּאֶמְצָעוּתוֹ. 2 בַּמֶּה?, כֵּיצַד?

wherein adv שֶׁבּוֹ, שֶׁשָּׁם, הֵיכָן שֶׁ־

whereupon, whereon conj לְפִיכָךְ, עַל כָּךְ

wherever adv בְּכָל מָקוֹם שֶׁ־, כָּל מָקוֹם שֶׁ־

wheresoever conj בַּאֲשֶׁר

whereto adj 1 לְאָן, לְהֵיכָן. 2 לְשֵׁם מַה

wherewithal n אֶמְצָעִים

wherry n בּוּצִית, אַרְבָּה, סִירַת מְשׁוֹטִים

whet vt 1 חִדֵּד, הִשְׁחִיז. 2 גֵּרָה, עוֹרֵר, הִמְרִיץ

whether conj אִם, בֵּין אִם

whetstone n אֶבֶן מַשְׁחֶזֶת

whey n מֵי גְבִינָה, נַסְיוּב

which adj, pron, rel pron 1 אֵיזֶה, אֵיזוֹ. 2 אֲשֶׁר, שֶׁ־

whichever adj, pron אֵיזֶה שֶׁהוּא, כָּלְשֶׁהוּ

whiff n 1 הֶבֶל, מַשָּׁב, נְשִׁיבָה, נְשִׁיפָה. 2 נְדִיפָה

while n, conj 1 זְמַן, עֵת, שָׁעָה. 2 כְּשֶׁ־, בְּעוֹד, עַד שֶׁ־, בִּזְמַן שֶׁ־

while away בִּלָּה, הֶעֱבִיר זְמַנּוֹ

whilst conj בְּעוֹד, בְּשָׁעָה שֶׁ־

whim n 1 קַפְּרִיזָה, גַּחֲמָה. 2 מַדְלֶה

whimper vit, n 1 יִבֵּב, בָּכָה. 2 יְבָבָה

whims(e)y n קַפְּרִיזָה, גַּחַם, גַּחֲמָה

whimsical adj 1 קַפְּרִיזִי. 2 מוּזָר, מְשֻׁנֶּה

whimsicality n קַפְּרִיזִיּוּת, גַּחֲמָנוּת

whimsically adv בְּקַפְּרִיזִיּוּת

whine vti, n 1 יִבֵּב, יִלֵּל, נָהַם. 2 יְבָבָה, נְהִימָה, יְלָלָה

whinny vi, n 1 צָהַל. 2 צָהֳלָה

whip vt, n 1 הִצְלִיף, פִּרְגֵּל, הִלְקָה. 2 חָטַף, זָרַק. 3 נִצַּח, עָלָה עַל, זִנֵּק. 4 הֵבִיא, אָסַף. 5 עוֹרֵר. 6 קָשַׁר. 7 הֶעֱלָה. 8 הִקְצִיף. 9 רִכֵּז. 10 שׁוֹט, מַגְלֵב, פַּרְגּוֹל. 11 מַצְלִיף

whiplash n 1 הַצְלָפָה. 2 רְצוּעַת הַשּׁוֹט

whipping n הַצְלָפָה, הַלְקָאָה

whipping boy שָׂעִיר לַעֲזָאזֵל

whipping post עַמּוּד הַקָּלוֹן

whippersnapper n שַׁחֲצָן, רַבְרְבָן חֲסַר חֲשִׁיבוּת

whippet n זַרְזִיר מָתְנַיִם

whippoorwill n סִיס לַיְלָה אֲמֵרִיקָנִי

whir(r) vi, n 1 זִמְזֵם, רִשְׁרֵשׁ. 2 זִמְזוּם, רִשְׁרוּשׁ

whirl vti, n 1 הִסְתּוֹבֵב, סָבַב. 2 סִחְרֵר. 3 הִסְתּוֹבְבוּת, סִחְרוּר. 4 סְחַרְחֹרֶת. 5 עִרְבּוּל

whirligig n 1 סְבִיבוֹן. 2 גַּלְגַּל חוֹזֵר. 3 סְבִיבוֹנִית. 4 מְעַרְבֹּלֶת

whirlpool n 1 מְעַרְבֹּלֶת. 2 ג'קוּזִי

whirlwind n סוּפָה, מְעַרְבֹּלֶת אֲוִיר

whisk vit, n 1 טִאטֵא. 2 טָרַף, הִקְצִיף. 3 הֶחְטִיף. 4 חָלַף, מִהֵר.

5 הִסְתּוֹבֵב. 6 מַטְאֲטֵא. 7 מַקְצֵף

whisker n 1 זְקַן לְחָיַיִם. 2 שְׂפָמוֹן

whisk(e)y n וִיסְקִי

whisper vti, n 1 לָחַשׁ, לִחְשֵׁשׁ, רִחְשֵׁשׁ, רָחַשׁ. 2 לְחִישָׁה, לַחַשׁ. 3 אִוְשָׁה, רַחַשׁ

whispering gallery יָצִיעַ הַלְּחִישׁוֹת

whist n וִיסְט (קלפים)

whistle vit, n 1 שָׁרַק, צִפֵּר. 2 מַשְׁרוֹקִית, צַפְצֵפָה. 3 שְׁרִיקָה, צִפְצוּף

whistle for הִשְׁתּוֹקֵק לַשָּׁוְא

whistle down the wind הִתְוַכֵּחַ לְלֹא תּוֹעֶלֶת

whit n חֶלְקִיק, שֶׁמֶץ, קַרְטוֹב

white adj, n 1 לָבָן, צָחֹר. 2 חִוֵּר. 3 טָהוֹר, זַךְ. 4 הָגוּן. 5 לַבְנוּת, לַבְקָנוּת, צַחוּת, זַכּוּת

white lie שֶׁקֶר קָטָן

white-collar adj, n 1 פָּקִיד, צַוָּארוֹן לָבָן. 2 פְּקִידוּתִי

whited sepulcher(re) צָבוּעַ, מִתְחַסֵּד

white-hot adj 1 לוֹהֵט. 2 נִלְהָב מְאֹד, תַּאַוְתָן

whiten vti 1 הִלְבִּין, סִיֵּד. 2 חָוַר

whiteness n לֹבֶן, לַבְנוּת, חִוָּרוֹן

whither interr adv, rel adv 1 לְהֵיכָן? לְאָן? 2 לְכָל מָקוֹם

whithersoever rel adv לְכָל מָקוֹם שֶׁ־

whitewash vt, n 1 סִיֵּד. 2 טִהֵר, נִקָּה, חִפָּה. 3 סִיד, תַּרְחִיץ. 4 חִפּוּי

whitish adj לְבַנְבַּן, לְבַנוּנִי

whitlow n דַּחַס, מֻרְסָה (באזור הציפרניים)

Whitsun (Whitsunday) שָׁבוּעוֹת (חג נוצרי)

Whitsuntide n שְׁבוּעַ חַג הַשָּׁבוּעוֹת (נוצרי)

whittle vti גָּלַף, גִּלֵּף, שִׁבֵּב, קוֹסֵס, הוֹרִיד

whiz(z) vi, n 1 שָׁרַק, זִמְזֵם. 2 שְׁרִיקָה, זִמְזוּם

whiz kid יֶלֶד פֶּלֶא

who interr pron, rel pron 1 מִי שֶׁ־. 2 אֲשֶׁר

Whoa! interj עֲמֹד!, עֲצֹר!

whodunit n סִפּוּר בַּלָּשִׁי

whoever pron יִהְיֶה אֲשֶׁר יִהְיֶה, כָּל מִי שֶׁ־

whole adj, n 1 כָּל, כָּלִיל, שָׁלֵם. 2 שְׁלֵמוּת, כְּלָלוּת

wholehearted adj כֵּן, לְבָבִי, בְּכָל לֵב

wholeheartedly adv בְּכֵנוּת, בִּלְבָבִיּוּת

wholemeal n 1 חִטָּה מְלֵאָה. 2 קֶמַח מָלֵא

wholesale adj סִיטוֹנִי

wholesale dealer סִיטוֹנַאי

wholesome adj בָּרִיא, מַבְרִיא

wholewheat n חִטָּה מְלֵאָה

wholly adv שָׁלֵם, כָּלִיל, בִּשְׁלֵמוּת, לַגְמְרֵי

whom pron, rel pron 1 אֶת מִי?, לְמִי? 2 שֶׁאוֹתוֹ

whoop vit, n 1 צָעַק, זָעַק. 2 הֵרִיעַ. 3 צְעָקָה, קְרִיאָה. 4 גְּנִיחָה

whooping cough שַׁעֶלֶת

whopper n 1 דָּבָר עָצוּם, גָּדוֹל מְאֹד. 2 בְּדוּתָה, שֶׁקֶר בּוֹלֵט

whopping adj גָּדוֹל, עֲנָקִי, עָצוּם

whore n זוֹנָה, פְּרוּצָה

whorl n 1 דּוּר. 2 חֻלְיָה שַׁבְּלוּלִית, טַבַּעַת סְפִּירָלִית

whose interr pron, rel pron 1 שֶׁל מִי?. 2 אֲשֶׁר... שֶׁלּוֹ

whosoever pron כָּל מִי, כָּל אֲשֶׁר, יִהְיֶה אֲשֶׁר יִהְיֶה

why interr adv, rel adv, interj 1 לָמָּה, מַדּוּעַ, מִפְּנֵי מָה. 2 וַדַּאי, מָה!

wick n פְּתִילָה

wicked adj 1 רָשָׁע, רַע, מֻרְשָׁע. 2 שׁוֹבָב

wickedly adv בְּרִשְׁעוּת

wickedness n רֶשַׁע, רִשְׁעוּת, רֹעַ לֵב

wicker n זֶרֶד, נֵצֶר

wickerchair n כִּסֵּא נְצָרִים, כִּסֵּא קַשׁ

wickerwork n 1 זְרָדִים, נְצָרִים. 2 עֲבוֹדַת קְלִיעָה

wicket n 1 פִּשְׁפָּשׁ, אֶשְׁנָב. 2 מַקֵּל קְרִיקֶט. 3 שַׁעֲרוֹן (קריקט)

wide adj 1 רָחָב, נִרְחָב. 2 פָּתוּחַ לִרְוָחָה

wide open פָּעוּר, פָּתוּחַ לִרְוָחָה

wide-awake adj עֵר לְגַמְרֵי

wide-eyed adj 1 תָּמִים, נָאִיבִי. 2 נִדְהָם. 3 פְּעוּר־עֵינַיִם

widely adv בְּמִדָּה מְרֻבָּה

widen vti 1 הִרְחִיב. 2 הִתְרַחֵב, הִתְפַּשֵּׁט

wideness n פְּעִירוּת, רֹחַב

wide-ranging 1 מַקִּיף, נִרְחָב. 2 מַרְחִיק לֶכֶת

widespread adj נָפוֹץ בְּיוֹתֵר

widgeon n בַּרְוָז

widow n אַלְמָנָה

widowed adj אַלְמָן, אַלְמָנָה

widower n אַלְמָן

widowhood n אַלְמְנוּת

width n רֹחַב

wield vt הֶחֱזִיק וְהִשְׁתַּמֵּשׁ

wife n אִשָּׁה, רַעְיָה, זוּגָה

wifelike, wifely adj הִתְנַהֲגוּת כְּאֵשֶׁת אִישׁ

wig n פֵּאָה נָכְרִית

wigged adj חָבוּשׁ פֵּאָה נָכְרִית

wigging n גְּעָרָה, נְזִיפָה

wiggle vti, n 1 כִּשְׁכֵּשׁ, נִדְנֵד. 2 כִּשְׁכּוּשׁ, נִדְנוּד

wight n אָדָם, יְצוּר אֱנוֹשִׁי

wigwam n וִיגְוָם, אֹהֶל אִינְדְּיָאנִי

wild adj, adv, n 1 פֶּרֶא, פִּרְאִי. 2 בָּר, פָּרוּעַ, שׁוֹמֵם. 3 סוֹעֵר, לָהוּט. 4 בְּפִרְאוּת. 5 שְׁמָמָה, מִדְבָּר

wild boar חֲזִיר בָּר

wild duck בַּרְוַז בָּר

wild goat תְּיָשׁ בָּר

wildcat adj, n 1 פָּזִיז, כָּרוּךְ בְּסִכּוּן. 2 חֲתוּל בָּר. 3 פֶּרֶא אָדָם

wildcat strike שְׁבִיתָה פִּרְאִית

wilderness n שְׁמָמָה, צִיָּה, מִדְבָּר

wild-goose chase פְּעֻלַּת סְרָק, מַאֲמָץ שָׁוְא

wild oats 1 שִׁבֹּלֶת שׁוּעָל. 2 הִשְׁתּוֹלְלוּת נְעוּרִים

wildfire n אֵשׁ מִתְלַקַּחַת

wildlife n הַחַי, עוֹלַם הַחַי

wildly adv בְּפִרְאוּת

wildness n פִּרְאוּת, שְׁמָמָה

wile n 1 מֶשֶׁךְ, פִּתָּה. 2 תַּחְבּוּלָה, עָרְמָה, תַּכְסִיס

wil(l)ful adj זְדוֹנִי, מְכֻוָּן

wil(l)fully adv בְּמִתְכַּוֵּן, בְּזָדוֹן

wilfulness n עַקְשָׁנוּת, כַּוָּנָה

will aux verb, vt, n 1 חָפֵץ, רָצָה, הִשְׁתּוֹקֵק. 2 הֶחְלִיט. 3 הוֹרִישׁ, צִוָּה, פָּקַד. 4 רָצוֹן. 5 כֹּחַ רָצוֹן, הֶחְלֵטִיּוּת. 6 צַוָּאָה. 7 פועל עזר של עתיד

willing adj 1 רְצוֹנִי, מוּכָן, חָפֵץ, רוֹצֶה, מִשְׁתּוֹקֵק. 2 מִתּוֹךְ רָצוֹן

willingly adv בְּרָצוֹן

willingness n הַסְכָּמָה, נְכוֹנוּת

willies npl עַצְבָּנוּת, רֹגֶז, חֲרָדָה

will-o'-the-wisp n 1 אַשְׁלָיָה, אַכְזָבָה. 2 אוֹר מַתְעֶה

willow n עֲרָבָה

willowy adj גָּמִישׁ, דַּק גֵּו

willy-nilly adv בְּעַל כָּרְחוֹ

wilt vi 1 קָמַל, נָבַל, כָּמַשׁ. 2 דָּהָה, נֶחֱלַשׁ, נִקְמַל

wily adj עָרוּם, עַרְמוּמִי, רַמַּאי

wimple n כְּבֵנָה, צָעִיף

win vti, n 1 נִצַּח. 2 זָכָה, הִצְלִיחַ, הִשִּׂיג. 3 הִגִּיעַ. 4 רָכַשׁ, קָנָה, שָׁבָה. 5 נִצָּחוֹן, זְכִיָּה, הַצְלָחָה

wince vi, n 1 עִוֵּת פָּנִים, הִתְכַּוֵּץ. 2 נִרְתַּע. 3 רְתִיעָה, הֵרָתְעוּת. 4 הִתְכַּוְּצוּת

winch vt, n 1 הֵנִיף, הֵרִים. 2 כַּנֶּנֶת, אַרְכֻּבָּה, מָנוֹף

wind vti, n 1 סִבֵּב, סוֹבֵב. 2 לִפֵּף, כָּרַךְ, שָׁזַר. 3 הֵנִיף, הֵרִים. 4 פָּנָה. 5 הִתְפַּתֵּל, הִתְעַגֵּל, הִתְעַקֵּל. 6 כּוֹנֵן (שעון). 7 נִכְרַךְ. 8 רִחְרֵחַ, עָקַב, אָרַב.

9 גָּנַח. 10 תָּקַע (שופר). 11 סִבּוּב, כְּרִיכָה, לִפּוּף. 12 פְּנִיָּה, עִקּוּל, פִּתּוּל. 13 סֻבֵּב. 14 רוּחַ, סוּפָה, סְעָרָה. 15 נְשִׁימָה. 16 רֶמֶז, שְׁמוּעָה. 17 הֶבֶל, רַבְרְבָנוּת, יְהִירוּת

wind instrument כְּלִי נְשִׁיפָה

wind up 1 סִיֵּם, חִסֵּל, גָּמַר. 2 כּוֹנֵן. 3 הֵרִים, הֵנִיף

windbag n פַּטְפְּטָן

windbreaker, windcheater n 1 שׁוֹבֵר־רוּחַ. 2 מְעִיל־רוּחַ

windfall n 1 נְשֹׁרֶת רוּחַ. 2 "מְצִיאָה", מַזָּל טוֹב. 3 רֶוַח לֹא צָפוּי

winding adj מִתְפַּתֵּל, לוּלְיָנִי

winding stairs מַדְרֵגוֹת לוּלְיָנִיּוֹת

winding-sheet n תַּכְרִיכִים (למת)

windlass n כַּנֶּנֶת, אַרְכֻּבָּה, מָנוֹף

windless adj בְּלִי אֲוִיר

windmill n טַחֲנַת רוּחַ

window n חַלּוֹן, אֶשְׁנָב

window box אַדְנִית

window dressing קִשּׁוּט חַלּוֹן רַאֲוָה

window frame מִסְגֶּרֶת הַחַלּוֹן

window pane שִׁמְשָׁה, זְגוּגִית

window-envelope מַעֲטֶפֶת חַלּוֹן

window-shopping n הֲצָצָה בְּחַלּוֹנוֹת רַאֲוָה

windowsill n אֶדֶן הַחַלּוֹן

windpipe n קָנֶה, גַּרְגֶּרֶת

windrow n גְּדוּדִית

windscreen, windshield n 1 מָגֵן רוּחַ. 2 שִׁמְשָׁה קִדְמִית

windscreen wiper מַגֵּב שִׁמְשָׁה

windswept adj שְׁטוּף רוּחוֹת

windward adj, n 1 גָּלוּי לָרוּחַ, לְצַד הָרוּחַ. 2 אֵזוֹר הָרוּחַ, גְּלוּי רוּחַ

windy adj 1 רוּחִי, חָשׂוּף לָרוּחַ. 2 רֵיק, חֲסַר תֹּכֶן

wine vt, n 1 הִשְׁקָה בְּיַיִן, סָבָא, שָׁתָה יַיִן. 2 יַיִן. 3 מַשְׁקֶה

wine cellar מַרְתֵּף יַיִן

winebag, wineskin n נֹאד יַיִן

wing vti, n 1 עָשָׂה כְּנָפַיִם, הֵעִיף, הֵרִים, זֵרֵז, הִמְהִיר. 2 יָרָה. 3 טָס, עָף. 4 יֵרֵט. 5 כָּנָף. 6 אֲגַף, יָצִיעַ. 7 זְרוֹעַ. 8 עָנָף. 9 כַּנְפֵי־טַיִס

winger n קִיצוֹנִי יְמָנִי/שְׂמָאלִי (ספורט)

wingless adj חֲסַר כְּנָפַיִם

wingspan n מֻטַּת כְּנָפַיִם

wink vti, n 1 רָמַז, קָרַץ, מִצְמֵץ. 2 עָצַם עַיִן, הִתְעַלֵּם מִ־. 3 אוֹתֵת, נִצְנֵץ. 4 קְרִיצָה. 5 רֶגַע

winkle n שַׁבְּלוּל

winkle out הוֹצִיא בְּכֹחַ

winner n מְנַצֵּחַ, זוֹכֶה

winning adj מְנַצֵּחַ, מְלַבֵּב, מוֹשֵׁךְ

winning post קַו־הַגְּמָר

winnings npl רְוָחִים

winnow vt, n 1 נִפָּה, זָרָה. 2 נִתַּח, בֵּרֵר וְחָקַר. 3 נָפָה, מִזְרֶה

winsome adj מַקְסִים, מְלַבֵּב, מוֹשֵׁךְ

winsomely adv בְּקֶסֶם

winsomeness n קֶסֶם, שְׁבִיַּת לֵב

winter vi, n 1 חָרַף, הֶחֱרִיף. 2 חֹרֶף

wintery adj 1 חָרְפִּי. 2 קַר, סוֹעֵר. 3 קוֹדֵר

wipe vti, n 1 מָחָה, נִגֵּב, קִנֵּחַ, סָפַג. 2 נִגּוּב, סְפִיגָה, מְחִיָּה. 3 שִׁפְשׁוּף

wipe away נִגֵּב, סָפַג

wipe off 1 מָחַק, מָחָה. 2 סִלֵּק, בִּטֵּל

wipe up 1 סָפַג. 2 הִשְׁמִיד, הֵבִיס

wiper n מַגֵּב

wire vti, n 1 תִּיֵּל. 2 הִבְרִיק, טִלְגְּרֵף. 3 חוּט, תַּיִל. 4 מִבְרָק, טֶלֶגְרָמָה. 5 טֶלֶגְרָף

wire cleaner מְשׁוּפָה

wire recorder רְשַׁמְקוֹל תַּיִלִי

wireless adj, n 1 אַלְחוּטִי. 2 אַלְחוּט

wire-wool n צֶמֶר פְּלָדָה

wire-worm n תּוֹלַעַת חוּט

wiry adj

1 תֵּילִי, מְחוּט בַּרְזֶל. 2 דַּק וּשְׁרִירִי

wisdom n חָכְמָה, תְּבוּנָה, בִּינָה, דַּעַת

wise adj, n 1 חָכָם, נָבוֹן. 2 זָהִיר, מְיֻשָּׁב. 3 מְלֻמָּד. 4 דֶּרֶךְ, אֹפֶן, פָּנִים

wiseacre n מִתְחַכֵּם

wisecrack n הִתְחַכְּמוּת

wisely adv בִּתְבוּנָה, בְּחָכְמָה

wish vti, n 1 רָצָה, חָפֵץ, שָׁאַף. 2 הִתְאַוָּה, הִשְׁתּוֹקֵק. 3 אִחֵל, בֵּרֵךְ. 4 צִוָּה, כָּפָה, הִכְרִיחַ. 5 מִשְׁאָלָה, שְׁאֵלָה, רָצוֹן, חֵפֶץ. 6 בְּרָכָה, אִחוּל

wishbone n עֶצֶם הַבְּרִיחַ, עֶצֶם הַקִּלְשׁוֹן

wishful adj רְצוֹנִי, מִתְאַוֶּה, נִכְסָף

wishful thinking הִרְהוּרֵי לֵב

wishy-washy adj 1 צָנוּם, חָלוּשׁ. 2 מָהוּל, חַלָּשׁ, מֵימִי. 3 חֲסַר עֵרֶךְ

wisp n 1 אָנִיץ, חֲבִילָה, אֲגֻדָּה. 2 פִּקַּעַת. 3 שֶׁמֶץ

wispy adj דַּק, קָלוּשׁ

wisteria n וִיסְטֶרְיָה

wistful adj 1 מְהַרְהֵר. 2 עַגְמוּמִי

wistfully adv בְּעַגְמִימוּת

wit n 1 בִּינָה, שֵׂכֶל, הֲבָנָה. 2 שְׁנִינָה, חִדּוּד. 3 פִּקְחוּת

witch n 1 מְכַשֵּׁפָה. 2 מִרְשַׁעַת

witchcraft, witchery n כִּשּׁוּף, קְסָמִים, קֶסֶם

witch-hunt n צֵיד מְכַשֵּׁפוֹת

witching adj 1 כִּשּׁוּפִי. 2 מַקְסִים

with prep עִם, בְּ־, אֵצֶל, מִן, לַמְרוֹת

with child בְּהֵרָיוֹן, הָרָה

withal adv בְּכָל זֹאת, נוֹסָף לָזֶה

withdraw vti נָסוֹג, הִסְתַּלֵּק, יָצָא

withdrawal n 1 נְסִיגָה. 2 פְּרִישָׁה. 3 הוֹצָאָה, הֲסָרָה. 4 מְשִׁיכָה

withdrawn adj, pp 1 מֻפְנָם, מְסֻגָּר. 2 בינוני עבר של הפועל to withdraw

withdrew pt זמן עבר של הפועל to withdraw

withe, withy n עֲרָבָה, נֵצֶר, זֶרֶד

wither vti 1 קָמַל, כָּמַשׁ, נָבַל. 2 הִצְטַמֵּק, הִתְכַּוֵּץ

withers npl מַפְרֶקֶת (סוס)

withheld pt pp זמן עבר ובינוני עבר של הפועל to withhold

withhold vt מָנַע, עָצַר, עִכֵּב

within prep, adv פְּנִימָה, בִּפְנִים, בְּתוֹךְ, לְתוֹךְ, בְּקֶרֶב, בִּתְחוּם, בְּלֵב

without prep, adv 1 בַּחוּץ, הַחוּצָה. 2 בְּלִי, בְּלֹא, בִּלְעֲדֵי

withstand vt 1 עָמַד בְּ־, נָשָׂא. 2 סָבַל

withstood pt, pp זמן עבר ובינוני עבר של הפועל to withstand

witless adj 1 טִפְּשִׁי. 2 חֲסַר־תְּבוּנָה

witness vt, n 1 הֵעִיד. 2 הָיָה עֵד. 3 רָאָה, הֶרְאָה. 4 עֵד. 5 עֵד רְאִיָּה. 6 עֵדוּת

witness-box/stand דּוּכַן־הָעֵדִים

witticism n אִמְרָה שְׁנוּנָה, חִדּוּד

wittiness n שְׁנִינוּת, חֲרִיפוּת

wittingly adv 1 בְּיוֹדְעִין, בְּכַוָּנָה. 2 בְּזָדוֹן

witty adj 1 שָׁנוּן, מְחֻכָּם. 2 נָבוֹן, פִּקֵּחַ

wives npl נָשִׁים

wizard n קוֹסֵם, מְכַשֵּׁף

wizardry n כְּשָׁפִים, כִּשּׁוּף, קְסָמִים

wizened adj 1 קָמֵל, נוֹבֵל. 2 מְצֻמָּק

woad n אִיסָטִיס

wobble vit, n 1 הִתְנוֹדֵד, הִתְנוֹעֵעַ. 2 רָעַד, רָטַט. 3 פִּקְפֵּק, הִסֵּס. 4 נִדְנוּד, נִעְנוּעַ

wobbly adj 1 מִתְנַדְנֵד, מִתְנוֹעֵעַ. 2 מְהַסֵּס, מְפַקְפֵּק

woe interj, n 1 אוֹי, אֲבוֹי, הוֹי. 2 כְּאֵב, מַכְאוֹב, צַעַר, עֶצֶב

woebegone adj עָצוּב, נוּגֶה

woeful adj 1 אֻמְלָל, עָלוּב. 2 עָצוּב, מַעֲצִיב

woefully adv בְּצַעַר, לַמִּצְעָר
woke pt זמן עבר של הפועל to wake
woken pp בינוני עבר של הפועל to wake
wold n אָחוּ, כַּר, אֲפָר
wolf vt, n 1 זָלַל, בָּלַע בְּרַעַבְתָנוּת. 2 זְאֵב. 3 רוֹדֵף נָשִׁים
wolfcub n 1 גּוּר זְאֵב. 2 גּוּר־צוֹפִים
wolfhound n כֶּלֶב־זְאֵב
wolfwhistle n "שְׁרִיקַת זְאֵב", שְׁרִיקַת הִתְפַּעֲלוּת לְבַחוּרָה
wolfish adj 1 זְאֵבִי. 2 פִּרְאִי, אַכְזָרִי, חַמְסָנִי
wolfram n ווֹלְפְרָם
woman n אִשָּׁה
womanhood n נָשִׁיּוּת, נַקְבוּת, טֶבַע הַנָּשִׁים
womanish adj נָשִׁי
womanize vi נָאַף, חִזֵּר אַחֲרֵי נָשִׁים
womanizer n מְחַזֵּר אַחֲרֵי נָשִׁים, רוֹדֵף שְׂמָלוֹת
womankind n נָשִׁים, הַמִּין הַנָּשִׁי
womanly adv, adj 1 כְּאִשָּׁה, כְּדֶרֶךְ לְנָשִׁים. 2 נָשִׁי
womenfolk npl נָשִׁים
womb n 1 רֶחֶם. 2 בֶּטֶן. 3 חֵיק
wombat n ווֹמְבָּט
won pt, pp זמן עבר של הפועל to win
wonder vti, n 1 הִתְפַּלֵּא, תָּמַהּ, הִשְׁתּוֹמֵם, הִשְׁתָּאָה, תָּהָה. 2 פֶּלֶא, מוֹפֵת, נֵס. 3 תִּמָּהוֹן, הִתְפַּלְּאוּת, תְּמִיהָה
wonder at vt הִתְפַּלֵּא, תָּמַהּ
wonder about vt פִּקְפֵּק
wonderful adj מַפְלִיא, מַתְמִיהַּ, תָּמוּהַּ, נִפְלָא
wonderfully adv בְּאֹפֶן נִפְלָא
wonderland n אֶרֶץ הַפְּלָאוֹת
wonderment n תְּמִיהָה, הִשְׁתּוֹמְמוּת
wondrous adj נִפְלָא, מַפְלִיא
wonky adj רוֹפֵף, מָט לִנְפֹּל
wont adj, n 1 רָגִיל. 2 הֶרְגֵּל, מִנְהָג, נֹהַג
wonted adj רָגִיל, מֻרְגָּל
woo vt 1 חִזֵּר, שִׁדֵּל. 2 הִתְחַנֵּן, הִפְצִיר
wood n 1 עֵץ, עֵצָה. 2 חֻרְשָׁה, יַעַר. 3 חָבִית, חָבִיֹּנֶת
wood alcohol כֹּהֶל מֶתִילִי
woodbine n יַעְרָה
woodcut n חִטּוּב, חִתּוּךְ עֵץ
woodcutter n 1 חוֹטֵב עֵצִים. 2 מְגַלֵּף בְּעֵץ
wooded adj מְיֹעָר
wooden adj 1 עֵצִי, מְעֻצֶּה. 2 נֻקְשֶׁה, קָשֶׁה. 3 גָּלְמָנִי, חֲסַר מַבָּע. 4 טִפְּשִׁי
wooden spoon בַּחֲשָׁה
woodheaded adj מְטֻמְטָם, גֹּלֶם, קֵהֶה, שׁוֹטֶה
wood louse כְּנִימָה
woodland n אֶרֶץ יְעָרוֹת, יַעַר
woodpecker n נַקָּר (ציפור)
wood pigeon יוֹנַת בָּר
woodwind n כְּלֵי נְשִׁיפָה מֵעֵץ
woodwork n עֲבוֹדוֹת עֵץ
woody adj 1 מְיֹעָר, יַעֲרִי. 2 עֵצִי, דְּמוּי עֵץ
woof n 1 עֵרֶב. 2 אָרִיג
wool n צֶמֶר
woolgathering adj, n 1 מְפֻגָּר. 2 פִּזּוּר נֶפֶשׁ, הֲזָיָה
wool(l)en adj צַמְרִי, עָשׂוּי צֶמֶר
wool(l)ens npl אֲרִיגֵי צֶמֶר
woolsack n 1 כָּרִית צֶמֶר. 2 מְקוֹם מוֹשָׁבוֹ שֶׁל יוֹ"ר בֵּית הַלּוֹרְדִים
woo(l)ly adj, n 1 צַמְרִי, צָמִיר. 2 מְעֻרְפָּל, מְטֻשְׁטָשׁ. 3 חֲסַר בָּרָק
woozy adj מְבֻלְבָּל, מְטֻשְׁטָשׁ
word vt, n 1 הִבִּיעַ בְּמִלִּים, נִסַּח, דִּבֵּר. 2 מִלָּה, דָּבָר, דִּבּוּר. 3 מַאֲמָר, אִמְרָה. 4 סִיסְמָה, צַו, פְּקֻדָּה. 5 יְדִיעָה, חֲדָשָׁה. 6 הַבְטָחָה, הִתְחַיְּבוּת
word for word מִלּוּלִית, מִלָּה בְּמִלָּה
word-blind adj לוֹקֶה בְּדִסְלֶקְסְיָה
wordiness n מֶלֶל, לַהַג, מַלְלָנוּת
wording n נִסּוּחַ, הַבָּעָה, סִגְנוֹן

wordless adj מַחֲרִישׁ, לְלֹא מִלִּים
word-of-mouth adj בְּעַל פֶּה
word-perfect adj עַל בֻּרְיוֹ
word-processor n מְעַבֵּד תַּמְלִילִים
word-splitting n פִּלְפּוּל, דִּקְדּוּקֵי עֲנִיּוֹת
wordy adj רַב מֶלֶל, מַלְלָנוּת
wore pt זמן עבר של הפועל to wear
work vti, n עָבַד, עָמַל, בִּצֵּעַ
work in 1 הִכְנִיס, נִכְנַס. 2 חָדַר
work on/upon הִשְׁפִּיעַ עַל
work out 1 פָּתַר, מָחַק, הֵסִיר. 2 סִיֵּם. 3 הוֹצִיא לְפֹעַל. 4 הִתְעַמֵּל. 5 אִמּוּן, תִּרְגּוּל. 6 מִבְחָן מֻקְדָּם
work strength מַצָּבָה
work up פִּתֵּחַ, עוֹרֵר
workable adj עָבִיד, בַּר בִּצּוּעַ, מַעֲשִׂי
workaday adj יוֹמְיוֹמִי, שִׁגְרָתִי, מַעֲשִׂי
workaholic n מְשֻׁגָּע לַעֲבוֹדָה
worker n פּוֹעֵל, עוֹבֵד, עָמֵל
working adj, n 1 עוֹבֵד, פּוֹעֵל. 2 חָרוּץ. 3 עֲבוֹדָה, תִּפְעוּל, הַפְעָלָה. 4 מִכְרֶה. 5 תְּסִיסָה
working breakfast/ lunch/dinner אֲרוּחַת עֲבוֹדָה
working class פְּרוֹלֶטַרְיוֹן, מַעֲמַד הַפּוֹעֲלִים
working day 1 יוֹם חֹל, יוֹם עֲבוֹדָה. 2 שְׁעוֹת עֲבוֹדָה
working capital הוֹן חוֹזֵר
working hypothesis יְדִיעוֹת שִׁמּוּשִׁיּוֹת
working knowledge יְדִיעוֹת תִּפְעוּל
work-load n עֹמֶס־עֲבוֹדָה
workman n 1 פּוֹעֵל, עוֹבֵד. 2 אֻמָּן, בַּעַל מְלָאכָה
workmanlike, workmanly adj כְּבַעַל מִקְצוֹעַ, כְּבַעַל מְלָאכָה
workmanship n אֻמָּנוּת, מְלָאכָה
workroom, workshop n בֵּית מְלָאכָה
works npl 1 כְּתָבִים. 2 עֲבוֹדוֹת. 3 מִפְעָל

world n עוֹלָם, יְקוּם, תֵּבֵל
world without end לָנֶצַח, לְעוֹלָם וָעֶד
world-class adj עוֹלָמִי, בְּקְנֵה־מִדָּה עוֹלָמִי
worldliness n גַּשְׁמִיּוּת, חִלּוֹנִיּוּת, הִתְמַכְּרוּת לְחַיֵּי הָעוֹלָם הַזֶּה
worldly adj גַּשְׁמִי, עוֹלָמִי, שֶׁל הָעוֹלָם הַזֶּה
worm vti, n 1 חָדַר, הִתְגַּנֵּב. 2 זָחַל. 3 תִּלַּע. 4 הִסְתַּנֵּן, הִתְפַּתֵּל. 5 הוֹצִיא בְּמִרְמָה. 6 תּוֹלַעַת שִׁלְשׁוּל, רִמָּה, כֶּרֶץ. 7 הַבְרָגָה, תַּבְרִיג, תִּבְרֹגֶת. 8 סְלִיל, חִלָּזוֹן
worm-eaten adj 1 מְתֻלָּע, אֲכוּל תּוֹלָעִים. 2 יָשָׁן־נוֹשָׁן
wormhole n חוֹר תּוֹלַעַת
wormwood n לַעֲנָה
wormy adj 1 מְתֻלָּע, תּוֹלָעִי
worn pp בינוני עבר של הפועל to wear
worn out adj 1 שָׁחוּק, בָּלוּי. 2 נִלְאֶה, תָּשׁוּשׁ
worried adj מֻדְאָג, דּוֹאֵג, חוֹשֵׁשׁ
worrisome adj 1 מַדְאִיג, מַטְרִיד, מְצַעֵר, מַלְאֶה. 2 מֻדְאָג
worry vti, n 1 הִטְרִיד, הֵצִיק, הִדְאִיג, הִקְנִיט. 2 דָּאַג, חָרַד. 3 דְּאָגָה, צַעַר
worrying adj מַדְאִיג, מַטְרִיד
worryingly adv בְּהַטְרָדָה, בִּדְאָגָה
worse adj, adv גָּרוּעַ, נָחוּת
worse and worse מִדְּחִי אֶל דֶּחִי
worse for wear בָּלוּי, שָׁחוּק
worsen vti הֵרַע, הוּרַע
worship vti, n 1 סָגַד, הֶעֱרִיץ, כִּבֵּד, הֶאֱלִיל. 2 הִתְפַּלֵּל
worshipful adj נִכְבָּד, נַעֲרָץ
worship(p)er n 1 סוֹגֵד, מַעֲרִיץ. 2 מִתְפַּלֵּל, עוֹבֵד לַה׳
worst vt, adj, n 1 נִצַּח, הִכְנִיעַ, הֵבִיס. 2 הֲכִי רַע, הֲכִי גָּרוּעַ
worsted n 1 חוּט מֻשְׁזָר. 2 אֲרִיג סָרוּק (צמר)
worsted wool צֶמֶר סָרוּק

worth adj, n 1 שָׁוֶה, רָאוּי, כְּדָאִי. 2 עֵרֶךְ, שֹׁוִי, חֲשִׁיבוּת

worthily adv כָּרָאוּי, כַּיָּאוּת

worthiness n כַּשְׁרוּת, כְּדָאִיּוּת

worthless adj 1 חֲסַר עֵרֶךְ, נִתְעָב, בָּזוּי. 2 חֲסַר תּוֹעֶלֶת

worthlessness n חֹסֶר עֵרֶךְ, פְּסוּל, הֶבֶל

worthy adj בַּעַל עֵרֶךְ, כְּדָאִי, רָאוּי, מַתְאִים, נָאוֹת

would pt to will זמן עבר של פועל העזר

would-be adj 1 מִתְיַמֵּר, כִּבְיָכוֹל. 2 עָתִיד לִהְיוֹת

would rather עָדִיף

wound pt, pp זמן עבר ובינוני עבר של הפועל to wind

wound vt, n 1 פָּצַע, פָּגַע, הִכְאִיב, הִזִּיק. 2 הֶעֱלִיב. 3 פֶּצַע, פְּגִיעָה. 4 עֶלְבּוֹן

wounded adj פָּצוּעַ, פָּגוּעַ, נִפְגָּע

wove to weave זמן עבר של הפועל

wrack n 1 אַצּוֹת, עֵשֶׂב־יָם. 2 הַשְׁמָדָה, הֶרֶס, חֳרָבוֹת. 3 טְרֹפֶת, שְׁלַל הַיָּם

wraith n שֵׁד, רוּחַ, רוּחַ רְפָאִים, אוֹב

wrangle vi, n 1 הִתְנַצֵּחַ, רָב, הִתְכַּתֵּשׁ, הִתְוַכַּח, הִתְדַּיֵּן. 2 רִיב, דִּין וּדְבָרִים, מָדוֹן, קְטָטָה

wrangler n 1 בּוֹקֵר. 2 אִישׁ רִיב וּמָדוֹן

wrap vti, n 1 עָטַף, כִּרְבֵּל, עָטָה, כִּסָּה. 2 אָרַז, הֵלִיט, כָּרַךְ. 3 מַעֲטֶה, עֲטִיפָה

wrap up vt 1 עָטַף, כִּרְבֵּל, אָרַז. 2 סִיֵּם, גָּמַר

wrapper n 1 עוֹטֵף, אוֹרֵז. 2 גְּלִימָה, חָלוּק. 3 עֲטִיפָה, מַעֲטֶה, אֲרִיזָה

wrapping n חֹמֶר עֲטִיפָה

wrapping paper נְיַר עֲטִיפָה

wrath n זַעַם, חֵמָה, כַּעַס, רֹגֶז, קֶצֶף, חָרוֹן

wrathful adj זוֹעֵם, רוֹגֵז

wrathfully adv בְּזַעַם, בְּרֹגֶז, בְּחֵמָה

wreak vt 1 נָקַם, נָגַף. 2 שָׁפַךְ חֲמָתוֹ עַל

wreath n 1 זֵר, עֲטָרָה, גְּדִיל. 2 תִּימְרָה (עשן)

wreathe vt 1 קָלַע, שָׁזַר, עָטַר, הִקִּיף. 2 עָשָׂה לְזֵר, עִטֵּר בְּזֵר. 3 הִשְׁתַּזֵּר, לִפֵּף. 4 הִתְאַבֵּךְ, הִסְתַּרֵג

wreck vt, n 1 הֶחֱרִיב, הִשְׁחִית. 2 טָרַף, הָרַס. 3 הֵבִיס, פֵּרֵק. 4 טְרֹפֶת, שְׂרִידִים, שְׁלַל הַיָּם. 5 הֶרֶס, הַשְׁמָדָה

wreckage n 1 הֶרֶס, כִּלָּיוֹן, חֻרְבָּן. 2 טְרֹפֶת, שִׁבְרֵי אֳנִיָּה. 3 חֲלָקִים

wren n גִּדְרוֹן (ציפור)

wrench vt, n 1 סִבֵּב, פִּתֵּל. 2 הִכְאִיב, נָקַע. 3 סִבּוּב, פִּתּוּל. 4 מַפְתֵּחַ (כלי). 5 סִלּוּף, עִוּוּת, עִקּוּם. 6 יָגוֹן. 7 פְּרִידָה מַכְאִיבָה

wrest vt, n 1 חָטַף, גָּזַל. 2 סָחַב בְּכֹחַ, מָשַׁךְ בְּכֹחַ. 3 מְשִׁיכָה, סְחִיבָה, חֲטִיפָה

wrestle vti, n 1 נֶאֱבַק, הִתְגּוֹשֵׁשׁ, הִתְאַבֵּק. 2 הִתְאַמֵּץ, יָגַע. 3 הֵאָבְקוּת, מַאֲבָק, הִתְגּוֹשְׁשׁוּת

wrestler n מִתְאַבֵּק, מִתְגּוֹשֵׁשׁ

wrestling n הֵאָבְקוּת, הִתְגּוֹשְׁשׁוּת

wretch n 1 אֻמְלָל, עָלוּב, מִסְכֵּן. 2 נִבְזֶה, נִקְלֶה

wretched adj 1 אֻמְלָל, עָלוּב, מִסְכֵּן. 2 שָׁפָל, נִבְזֶה, בָּזוּי

wretchedly adv בְּנִבְזוּת, בְּשִׁפְלוּת

wretchedness n 1 אֻמְלָלוּת. 2 נִבְזוּת, רֹעַ

wriggle vit, n 1 כִּשְׁכֵּשׁ, נִפְתַּל, הִתְפַּתֵּל. 2 נִעְנַע. 3 הִתְחַמֵּק, חָמַק, נֶחֱלַץ. 4 כִּשְׁכּוּשׁ, פִּתּוּל, נִעְנוּעַ. 5 הֵחָלְצוּת, הִתְחַמְּקוּת

wring vt, n 1 פִּתֵּל, עִקֵּם. 2 סָחַט, מִצָּה. 3 הִכְאִיב, עִנָּה, הֵצִיק. 4 סְחִיטָה, מִצּוּי, לְחִיצָה, נְגִישָׂה

wringer n 1 מַסְחֵט. 2 סוֹחֵט, סַחְטָן

wringing wet רָווּי מַיִם, רָטֹב מְאֹד
wring one's hands פָּכַר יָדָיו
wrinkle vti, n 1 קִמֵּט, קִפֵּל. 2 הִתְקַמֵּט. 3 קֶמֶט, קֶפֶל. 4 תַּחְבּוּלָה, עֵצָה טוֹבָה
wrinkling n קִמְטוּט
wrist n פֶּרֶק הַיָּד
wristlet n צָמִיד, אֶצְעָדָה
wristwatch n שְׁעוֹן יָד
writ n 1 כְּתָב, שְׁטָר. 2 צַו, פְּקֻדָּה, תְּעוּדָה
write vit 1 כָּתַב. 2 רָשַׁם, חִבֵּר, תֵּאֵר. 3 הִצְהִיר, כִּנָּה
write down רָשַׁם, הֶעֱלָה בִּכְתָב
write off 1 מָחַק, בִּטֵּל. 2 הֶעְתִּיק, כָּתַב בִּזְרִיזוּת. 3 מְחִיקָה, בִּטּוּל. 4 הֶפְסֵד מָלֵא
write out 1 הֶעְתִּיק. 2 נִסַּח
write up 1 תֵּאֵר בִּכְתָב, נִסַּח נִסּוּחַ חִיּוּבִי. 2 תֵּאוּר, כַּתָּבָה חִיּוּבִית, מַאֲמָר. 3 רְשִׁימַת בִּקֹּרֶת
writer n סוֹפֵר, מְחַבֵּר, כַּתְבָן
writhe vi הִתְפַּתֵּל, הִתְעַוֵּת, הִתְעַקֵּם
writing cabinet/desk מִכְתָּבָה, שֻׁלְחַן כְּתִיבָה
writing pad דַּפְדַּף
writing paper נְיַר כְּתִיבָה
writing materials חָמְרֵי כְּתִיבָה
writings npl כְּתָבִים, יְצִירָה סִפְרוּתִית
written adj pp 1 כָּתוּב. 2 בינוני עבר של הפועל to write
wrong vt, adj, n 1 עָשָׂה עָוֶל, טָעָה, הִטְעָה. 2 לֹא נָכוֹן, מְעֻוָּת. 3 מֻטְעֶה, מְשֻׁבָּשׁ. 4 מַטְעֶה, כּוֹזֵב. 5 טָעוּת, רַע, חֵטְא, רֶשַׁע, עָוֶל. 6 טוֹעֶה
wrongly adv בְּטָעוּת
wrongdoer n חוֹטֵא, עֲבַרְיָן
wrongdoing n עֲבַרְיָנוּת
wrongheaded adj עַקְשָׁן, קְשֵׁה־עֹרֶף
wrongful adj עוֹשֵׁק, לֹא־יָשָׁר
wrongfully adv בְּטָעוּת, שֶׁלֹּא כַּדִּין
wrote pt זמן עבר של הפועל to write
wroth adj זוֹעֵם, זוֹעֵף, רוֹגֵז
wrought adj 1 מְעֻצָּב, יָצוּק, מְחֻשָּׁל. 2 חָשִׁיל
wrung pt, pp זמן עבר ובינוני עבר של הפועל to wring
wry adj 1 עָקֹם, מְעֻוֶּה, מְעֻוָּת, מְפֻתָּל. 2 צִינִיקָן
wry face עֲוִית פָּנִים
wry smile צְחוֹק מְעֻשֶּׂה
wryneck n סַבְרֹאשׁ (ציפור)

X

X, x 1 אֶקְס, הָאוֹת הָעֶשְׂרִים וְאַרְבַּע שֶׁל הָאָלֶף־בֵּית הָאַנְגְּלִי. 2 אִיקְס

xenophobia n שִׂנְאַת זָרִים, קְסֶנוֹפוֹבְּיָה

Xerox vt הֶעְתִּיק בְּזִ׳רוֹקְס, צִלֵּם (מסמך)

Xmas = Christmas n חַג הַמּוֹלָד

x-ray vt, n 1 צִלֵּם בְּקַרְנֵי רֶנְטְגֶן. 2 בָּדַק בְּצִלּוּם רֶנְטְגֶן. 3 רֶנְטְגֶן (קרן)

xylophone n קְסִילוֹפוֹן, מַקּוֹשִׁית

Y

Y, y וַי, הָאוֹת הָעֶשְׂרִים וְחָמֵשׁ שֶׁל הָאָלֶף־בֵּית הָאַנְגְּלִי

yacht vi, n 1 הִפְלִיג בְּיַכְטָה, שָׁט בִּסְפִינַת טִיּוּל. 2 יַכְטָה, אֳנִיַּת טִיּוּל, מִפְרָשִׂית

yachtsman n 1 שַׁיָּט. 2 בַּעַל יַכְטָה

yachting n שַׁיִט בְּיַכְטָה

yahoo n בּוּר, גַּס

yak n יָק (בהמה)

yam n בַּטָּטָה, תַּפּוּחַ־אֲדָמָה מָתוֹק

yammer vi, n 1 צָרַח, צָוַח, יִבֵּב. 2 צְרִיחָה, צְוָחָה, יְבָבָה

yank vt 1 טִלְטֵל, עָקַר, שָׁלַף, מָשַׁךְ בְּכֹחַ. 2 מְשִׁיכָה, טִלְטוּל, עֲקִירָה

yank(ee) n יֶנְקִי, אֲמֶרִיקָאִי

yap vi, n 1 נָבַח. 2 פִּטְפֵּט, לָהַג. 3 נְבִיחָה. 4 פִּטְפּוּט, לַהַג. 5 פַּטְפְּטָן

yard vt, n 1 כָּלָא, שָׁמַר בִּגְדֵרָה. 2 חָצֵר, מִגְרָשׁ, קַרְפִּיף. 3 יַרְד (מידה)

yardarm n זְרוֹעַ אִיסְקַרְיָה (בתורן)

yardstick n קְנֵה מִדָּה

yarn n 1 חוּט, מַטְוֶה. 2 סִפּוּר אָרֹךְ

yarrow n אֲכִילֵיאַת אֶלֶף־הֶעָלֶה (צמח)

yashmak n יַשְׁמָק, רְעָלָה

yaw vi, n 1 סִבְסֵב, נָטָה מֵהַדֶּרֶךְ. 2 סִבְסוּב

yawl n 1 סִירָה. 2 מִפְרָשִׂית טִיּוּל

yawn vi, n 1 פִּהֵק, פָּעַר. 2 נִפְעַר. 3 פִּהוּק. 4 פְּעִירָה

yaws npl פַּטֶּלֶת (מחלה)

yea adv, interj, n 1 כֵּן, בֶּאֱמֶת. 2 חִיּוּב, אוֹמֵר הֵן

year n 1 שָׁנָה. 2 מַחֲזוֹר

yearling n בֶּן שָׁנָה (סוס)

yearly adj, adv 1 שְׁנָתִי. 2 מִדֵּי שָׁנָה

yearn vt עָרַג, הִשְׁתּוֹקֵק, הִתְגַּעְגֵּעַ

yearning n גַּעְגּוּעִים, כִּסּוּפִים, כְּמִיהָה

yeast n שְׁמָרִים, שְׂאוֹר

yeasty adj 1 שְׁמָרִי. 2 מַקְצִיף, תּוֹסֵס. 3 קַל דַּעַת, מְרַפְרֵף, קַלִּיל

yell vti, n 1 צָעַק, צָרַח, צָוַח, שָׁאַג. 2 צְעָקָה, צְרִיחָה, צְוָחָה. 3 תְּרוּעָה

yellow adj 1 צָהֹב. 2 פַּחְדָן, מוּג לֵב

yellow fever צַהֶבֶת

yellowish adj צְהַבְהַב, צֲהַבוֹנִי

yellowness n צֹהַב

yellow press עִתּוֹנוּת צְהֻבָּה, סֶנְסַצְיוֹנִית

yelp vi, n 1 נָבַח, יִבֵּב, יִלֵּל. 2 נְבִיחָה, יְלָלָה, יְבָבָה

yen vi, n 1 הִשְׁתּוֹקֵק, עָרַג. 2 תְּשׁוּקָה, חֵשֶׁק, עֶרְגּוֹן, עֶרְגָּה. 3 יֶן (מטבע)

yeoman n 1 בַּעַל אֲחֻזָּה. 2 אִכָּר עַצְמָאִי. 3 לַבְלָר

yeoman of the guard אִישׁ מִשְׁמַר הַמֶּלֶךְ

yeomanry n 1 בַּעֲלֵי אֲחֻזָּה. 2 פָּרָשִׁים מִתְנַדְּבִים

yes interj, n 1 כֵּן, הֵן. 2 הַסְכָּמָה

yesterday adv, n אֶתְמוֹל

yet adv, conj 1 עוֹד, עֲדַיִן. 2 עַד כֹּה

yeti n יֶטִי (בהמה)

yew n טַקְסוּס (עץ)

Yiddish n, adj 1 אִידִישׁ, אִידִית. 2 אִידִי

yield vti, n 1 הֵנִיב, נָתַן פְּרִי. 2 הִכְנִיס, גָּמַל. 3 נִכְנַע. 4 וִתֵּר, זָנַח. 5 נָסוֹג. 6 תְּנוּבָה, יְבוּל. 7 הַכְנָסָה, רֶוַח, פְּרִי. 8 תּוֹצֶרֶת, תְּפוּקָה, תְּשׁוּאָה. 9 כְּנִיעָה

yield to 1 נִכְנַע. 2 וִתֵּר

yield up מָסַר, הֶעֱבִיר

yodel vti, n 1 יִדֵּל, יִדְלֵל. 2 יוֹדֶל

yoga n יוֹגָה

yogi n יוֹגִי, סַגְּפָן

yog(h)(o)urt n יוֹגוּרְט

yoke vt, n 1 שָׂם עֹל, חִבֵּר, הִצְמִיד. 2 הִשִּׂיא. 3 הִתְחַבֵּר, נִצְמַד. 4 עֹל, אֵסֶל. 5 צֶמֶד שְׁוָרִים. 6 אֲכָפִית

yokel n בֶּן כְּפָר נָאִיבִי

yolk n 1 חֶלְמוֹן. 2 חֵלֶב הַצֶּמֶר

yon(der) adv, adj 1 הַהוּא. 2 שָׁם, שָׁמָּה

yore (of) adv לְפָנִים, קֹדֶם

you pron 1 אַתָּה, אַתְּ. 2 אַתֶּם, אַתֶּן. 3 אוֹתְךָ, אוֹתָךְ. 4 לְךָ, לָךְ. 5 לָכֶם, לָכֶן. 6 מִישֶׁהוּ, אָדָם

young adj, n 1 צָעִיר, רַךְ בַּשָּׁנִים. 2 טִירוֹן, יָרֹק. 3 גּוּר, וָלָד

youngish adj צָעִיר

youngster n עֶלֶם, צָעִיר, נַעַר, בָּחוּר

your adj 1 שֶׁלְּךָ, שֶׁלָּךְ. 2 שֶׁלָּכֶם, שֶׁלָּכֶן

you're = you are 1 הִנְּךָ, הִנֵּךְ. 2 הִנְּכֶם, הִנְּכֶן

yours pron 1 שֶׁלְּךָ, שֶׁלָּךְ. 2 שֶׁלָּכֶם, שֶׁלָּכֶן

yourself reflex pron עַצְמְךָ, עַצְמֵךְ

yourselves pl pron עַצְמְכֶם, עַצְמְכֶן

youth n 1 נְעוּרִים, עֲלוּמִים. 2 נֹעַר. 3 עֶלֶם, נַעַר, צָעִיר, בָּחוּר

youth hostel אַכְסַנְיַת־נֹעַר

youthful adj נַעֲרִי

youthfully adv כְּצָעִיר

youthfulness n צְעִירוּת

yowl vi יִבֵּב, יִלֵּל

yo-yo n יוֹ־יוֹ

yule חַג הַמּוֹלָד

Yule-log n גֶּזַע־עֵץ בְּחַג הַמּוֹלָד

yuletide תְּקוּפַת חַג הַמּוֹלָד

Z

Z, z זֵט, זִי, הָאוֹת הָאַחֲרוֹנָה שֶׁל הָאָלֶף־בֵּית הָאַנְגְּלִי

zany adj, n 1 לֵיצָנִי, מוּקְיוֹנִי. 2 לֵיצָן, מוּקְיוֹן. 3 שׁוֹטֶה

zapping n שִׁלְטוּט

zeal n 1 קַנָּאוּת, מְסִירוּת. 2 לַהַט, הִתְלַהֲבוּת

zealot n קַנַּאי

zealotry n קַנָּאוּת

zealous adj קַנָּאִי, לָהוּט

zealously adv בְּקַנָּאוּת

zebra n זֶבְּרָה

zebra crossing מַעֲבַר חֲצִיָּה (להולכי רגל)

zebu n זֶבּוּ (שור)

zeitgeist n רוּחַ־הַזְּמַן

Zen n זֶן

zenith n 1 זֶנִית. 2 שִׂיא, פִּסְגָּה

zephir n צֶפְרִיר

zeppelin n צֶפֶּלִין

zero n 1 אֶפֶס, 0. 2 אַפְסִיּוּת

zest n 1 טַעַם, הֲנָאָה. 2 תַּבְלִין. 3 חֵשֶׁק, הִתְלַהֲבוּת, עֹנֶג

zigzag vi, adj, adv, n 1 זִגְזֵג, הִזְדַּגְזֵג. 2 זִיגְזַגִּי, מְזֻגְזָג, עֲקַלָּתוֹן. 3 בַּעֲקַלָּתוֹן. 4 זִיגְזַג

zilch n אֶפֶס, אֶפֶס־אֲפָסִים, אֶפֶס גָּמוּר

zillion n מִסְפָּר אֵין־סוֹפִי

zimmer n חֲדַר נֹפֶשׁ

zinc n אָבָץ

zinc coated מְאֻבָּץ, מְגֻלְוָן

zinc wating אִבּוּץ, גִּלְווּן

zinnia n צִינְיָה

Zionism n צִיּוֹנוּת

Zionist adj, n צִיּוֹנִי

zip vti, n 1 רָכַס, רִכְסֵן. 2 חָלַף בִּשְׁרִיקָה. 3 שְׁרִיקָה. 4 רֻכְסָן. 5 מִקּוּד

zip code מִקּוּד (דואר)

zipper n רוּכְסָן

zip up vti רִכְסֵן, רָכַס

zither n קַתְרוֹס, צִיתָר

zodiac n גַּלְגַּל הַמַּזָּלוֹת

zombie n זוֹמְבִּי, רוֹבּוֹט

zonal adj אֲזוֹרִי

zone vt, n 1 תִּחֵם, חִלֵּק לַאֲזוֹרִים. 2 אֵזוֹר, חֶבֶל, שֶׁטַח. 3 גְּבוּל, תְּחוּם

zoning n תִּחוּם, תְּחִימָה, אִזּוּר

zoo n בֵּיבָר, גַּן חַיּוֹת

zoological adj זוֹאוֹלוֹגִי

zoologist n זוֹאוֹלוֹג

zoology n זוֹאוֹלוֹגְיָה

zoom vi, n 1 נָסַק בִּמְהִירוּת. 2 זִמְזֵם. 3 נְסִיקָה פִּתְאֹמִית. 4 זִמְזוּם

zoom lens עֲצָמִית זוּם

zoophyte n זוֹאוֹפִיט, בַּעַל חַיִּים צִמְחִי

zucchini n קִשּׁוּא

Zulu adj, n זוּלוּ

תַּקְצִיר הַדִּקְדּוּק הָאַנְגְּלִי

Summary of English Grammar

The English Alphabet – הָאָלֶף־בֵּית הָאַנְגְּלִי

אותיות רישיות Capital Letters	אותיות זעירות Small Letters	שם האות Name	הצליל Sound
A	a	אֵי	אַ, אֵי
B	b	בִּי	בּ
C	c	סִי	ק, ס
D	d	דִי	ד
E	e	אִי	אֶ, אִי
F	f	אֶף	פ
G	g	גִ׳י	ג, ג׳
H	h	אֵיץ׳	ה
I	i	אַי	אִ, אַי
J	j	גֵ׳י	ג׳
K	k	קֵי	ק
L	l	אֶל	ל
M	m	אֶם	מ
N	n	אֶן	נ
O	o	אוֹ	אוֹ, אוֹאוּ
P	p	פִּי	פּ
Q	q	קְיוּ	קוּאֶ
R	r	אַר	ר
S	s	אֶס	ס
T	t	טִי	ט
U	u	יוּ	אַ, אוּ, יוּ
V	v	וִי	ו
W	w	דַבֶּלְיוּ	אוּאֶ
X	x	אֶקְס	קס
Y	y	אוּאַי	י
Z	z	זֶד או זִי	ז

The English Grammar – הַדִּקְדּוּק הָאַנְגְּלִי

The English Alphabet – הָאָלֶף־בֵּית הָאַנְגְּלִי

האלף בית האנגלי מונה עשרים ושש אותיות, מהם עשרים ואחד עיצורים וחמש תנועות.

Pronunciation – הַמִּבְטָא

השפה האנגלית מאופיינת על ידי חוסר אחידות באורח ההיגוי של צורות כתיב שונות. אותו צרור אותיות יבוטא במלים שונות לחלוטין אחרת, כאשר דוגמא בולטת היא הצרור של ough:

cough = קוֹף
bough = בַּאוּ
tough = טַף
ought = אוֹט
through = תְ׳רוּ

המקור לחוסר אחידות זה של ההיגוי מצוי בתהליכים ההיסטוריים של השפה, שהרי צורות כתיב שונות משקפות היגויים פונטיים של תקופות עתיקות, שאין להם קשר אל ההיגוי העכשווי.

סיבה נוספת לחוסר האחידות בהיגוי, זוהי העובדה שהאנגלית מהווה סינתזה של כמה וכמה שפות, שהבולטות ביניהן הן הניבים הגרמניים של האנגלים והסקסים, אותם שבטים אשר יישבו את האיים הבריטיים החל מהמאה השישית לספירה, ואף נתנו לאנגליה את שמה.

הניבים של האנגלים והסקסים הושפעו גם מרבדי שפה קודמים, השפה הקלטית של הבריטים, הניבים הסקנדינביים של הוויקינגים, ואף השפה הרומית, אשר הטביעו איזשהו חותם אחרי כמה מאות שנים של כיבוש. לאחר גלי ההתיישבות של האנגלים והסקסים היה כיבוש נוסף של הנורמנדים דוברי הצרפתית (ויליאם הכובש, 1066 לספירה).

המירקם הלשוני הסבוך אשר נוצר על ידי הרבדים האלה הביא למספר תוצאות מעניינות. לא ניתן לסווג את האנגלית בצורה מובהקת כשפה טאוטונית, קלטית או רומנית. כמו כן, הרגלי האיות אינם מתיישבים עם מערכת כללים מסודרת.

קיים חוסר אחידות בכתיב ובהיגוי מחד גיסא, ומאידך עושר רב של מלים נרדפות נתרמו משפות שונות לאורך השלבים ההיסטוריים אשר ליוו את התפתחות השפה האנגלית.

ננסה להדגים את העושר הלשוני הזה באמצעות הגירסאות הרבות למושג "חזיר". יש לפחות שבע מלים באנגלית שפירושן "חזיר", אשר נכנסו משפות שונות. כדי להסתדר ביחד במערכת המילונית האנגלית, כל מלה קיבלה תת־תפקיד בתחום ה"חזירות":

1. pig — חזיר (המונח הכללי ביותר)
2. boar — חזיר בר, מתאים לציד
3. swine — חזיר (מהניבים הגרמניים) הפך למונח גנאי לבן אדם
4. hog — חזיר בן זכר, מגודל לשחיטה
5. sow — חזירה
6. ham — בשר רגל שוק של חזיר
7. bacon — גב של חזיר
8. pork — בשר חזיר

הַתְּנוּעוֹת - *The Vowels*

באלפבית האנגלי יש חמש תנועות (A-E-I-O-U-(Vowels, ולכל אחת מהן כמה ביצועים פונטיים. בנוסף על העדר אחידות פונטית של התנועות, יש גם צירופי תנועות (דיפתונגים) שאף להם אין היגוי אחיד. לדוגמא:

1. E = אֶ — אִי
MET = מֶט
ME = מִי

2. EA = אֶה — אִי
MEAT = מִיט
HEAD = הֶד

3. U = אוּ — אַ
BUT = בַּט
PUT = פּוּט

4. OU = אַאוּ — אוּ
OUT = אַאוּט
ROUTE = רוּט

התופעה הזו של חוסר האחידות בביצוע הפונטי, הן של העיצורים והן של התנועות, נובעת מהרקע ההיסטורי המורכב מחד גיסא, ומאידך גורמת לקושי באיות, לא רק ללומדי השפה, אלא גם לדובריה.

נוסיף לנתונים האלה את העובדה שלכל קהיליות דוברי האנגלית בעולם יש נוהגי היגוי משלהן, ומהר מאוד נגלה שבין ההיגוי הבריטי לבין האמריקאי, לדוגמא, השוואת ביצוע הפונטי של התנועות מראה שוני רב. לדוגמא, ה־**a** הקצרה בהיגוי האמריקאי דומה מאוד ל־**e** הקצרה באנגלית, ויקשה מאוד על אוזן דובר עברית להבדיל בין **man** לבין **men** אצל האמריקאי, כאשר הבריטי מבצע אותם כ־אַ וכ־אֶ.

Capital Letters – אוֹתִיּוֹת רֵישִׁיּוֹת

משתמשים באותיות רישיות:

1. בהתחלת משפט
2. א) בהתחלת שמות פרטיים של אנשים: .John, Ann
ב) בהתחלת שמות של מקומות גיאוגרפיים: .London, Canada, France
ג) בהתחלת תואר תפקיד: .Prime Minister, Lord Major
3. לציון ראשי תיבות ושמות קיבוציים: .S.O.S., W.C
4. לאחר מרכאות אשר מציינות פתיחת דיבור ישיר.
5. בהתחלת כל שורה בשירה.
6. בקיצורים: .Mrs., Prof., Dr

Grammatical Structure – מִבְנֶה דִּקְדּוּקִי

לא ניתן להציג את המבנה הדקדוקי של השפה האנגלית במספר מצומצם של עמודים. הכוונה היא לפרט את הקטגוריות הדקדוקיות, חלקי הַדִּבֵּר, שהם החוליות המרכיבות את שרשרת התחביר.

אחת התכונות המאפיינות ביותר של השפה האנגלית, היא היכולת של מִלה מסוימת, לשמש כמספר חלקי דיבר לפי ההקשר התחבירי, מבלי לשנות כלל צורה. תכונה זו הביאה לאחת ההחלטות התכנוניות של המילון, בכך שכל מִלה מופיעה פעם אחת בלבד, עם כל הפירושים האפשריים, ולא כמספר ערכים נפרדים, שכל אחד מהם הוא חלק דיבר אחר. דוגמא טובה יש במלה **still** אשר מופיעה במילון כתואר שם, תואר פועל, שם עצם וגם כפועל.

1. תֹּאַר שֵׁם (adjective) – **Still** waters run deep.
מים שקטים חודרים עמוק.
2. תֹּאַר פֹּעַל (adverb) – Stand **still**!
עמוד בלי לזוז!
3. פֹּעַל (verb) – Music may **still** the hysterical child.
המוסיקה אולי תרגיע את הילד ההיסטרי.
4. שֵׁם עֶצֶם (noun) – We make whiskey with a **still**.
אנו מיצרים ויסקי באמצעות מזקקה.

The Article – הַיִּדּוּעַ

באנגלית יש לא רק תווית מידעת (definite article) **"the"** אשר ממלאה תפקיד כמעט זהה לזה של "ה" הידיעה בעברית, אלא גם תווית מסתמת (indefinite article) **a, an** המציינת עצם בלתי ידוע ביחיד. התווית **an** משמשת לפני שמות עצם אשר מתחילים בתנועה:

an apple, a book
the apple, the book

יש לשים לב ששמות חומרים או מושגים בלתי ספירים (uncountable) אינם מקבלים התווית **a**, וגם אין להם צורת רבים.

The Noun – שֵׁם הָעֶצֶם

1. באנגלית אין מין דקדוקי. הסיומת ess, המציינת את הנקבה, מוגבלת למספר תארי תפקיד, ואיננה עוד קטגוריה דקדוקית פרודוקטיבית, לדוגמא:

זכר	נקבה
poet	poetess
prince	princess
duke	duchess
murderor	murderess

2. הריבוי של שם העצם מצוין ע״י הוספת האות s.

The Plural S ending – כְּלָלֵי כְּתִיב בְּהוֹסָפַת s שֶׁל רַבִּים

א. אחרי האותיות s, sh, ch, x, z ו o מוסיפים es במקום s.

יָחִיד	רַבִּים
a box	boxes
a watch	watches
a tomato	tomatoes

ב. האות y אחרי עיצור הופכת ל־i ומקבלת הסיומת es.

a baby – babies
a city – cities

לאות y אחרי תנועה מוסיפים s כרגיל.

a boy – boys
a donkey – donkeys

ג. כאשר שם עצם מסתיים באות f או ב־fe סיומת הרבים משתנה ל־ves ברוב המקרים:

a thief – thieves
a knife – knives

יוצאים מן הכלל

a chief – chiefs
a piano – pianos
a radio – radios
a roof – roofs

ד. ישנם שמות עצם אחדים אשר לצורת הריבוי שלהם אין כלל מגדיר:

a child – children
a man – men
a woman – women
an ox – oxen

a foot – feet
a tooth – teeth
a goose – geese
a mouse – mice

שמות עצם זהים ביחיד וברבים

a sheep – sheep
a deer – deer
a fish – fish (fishes אפשר גם)

The Adjective – הַתֹּאַר

תואר השם, שתפקידו להוסיף מידע על שם העצם אליו הוא צמוד, נכנס בין התווית לבין שם העצם:

a **good** boy
the **good** boy

לפעמים הוא מופיע בנפרד, כנשׂוא:

The boy is **good**.

כאשר שם העצם מאופיין בסיומת רבים, אין מוסיפים האות **s** לתואר השם.
זה נכון גם כאשר תואר השם מועצם כשם קיבוצי:

the **rich** = העשירים
the **good** boys = הילדים הטובים

לתואר השם יש שלוש דרגות, והן:

Positive – דרגת החיוב
Comparative – דרגת היתרון
Superlative – דרגת ההפלגה

דרגת החיוב מציין תיאור פשוט של תכונה:

a rich man = אדם עשיר

דרגת היתרון מאפשרת השוואה בין שני עצמים לגבי אותה תכונה.

Man A is **richer** than man B

דרגת ההפלגה מאפשרת לציין הצטיינות של בעל תכונה מסוימת מתוך קבוצה

של לפחות שלושה:

יתרון: – Man A is **richer** than man B
הפלגה: – Man C is the **richest** of them all

כללי כתיב ביצירת דרגות היתרון וההפלגה של תואר השם:

1. יש הכפלת עיצור בתארי שם חד־הברתיים אשר מסתיימים בתנועה ועיצור (פרט לאותיות **x**, **y** ו־**w**).

hot	ho**tt**er	ho**tt**est
thin	thi**nn**er	thi**nn**est
slow	slower	slowest

2. כאשר תואר שם מסתיים באות **y** (אחרי עיצור), **y** הופכת ל־**i** לפני **er**.

happy	happ**i**er	happ**i**est
pretty	prett**i**er	prett**i**est

3. בונים את דרגות היתרון וההפלגה בתארים בעלי שלוש הברות ויותר בעזרת **more** ו־**most** שהן עצמן דרגות ההשוואה של **much** ו־**many**

beautiful	more beautiful	most beautiful
important	more important	most important

מספר צורות יוצאות מן הכלל

good	better	best
bad	worse	worst
much	more	most
many	more	most

צורת ההפלגה תמיד מופיעה עם התווית **the**

He is **the richest man** in town.

בלי ה׳ הידיעה **most** מקבל משמעות של ״מאוד״:

She is the **most** beautiful woman in the room (הפלגה)
She is a **most** beautiful woman (מאד)

גם שמות עצם ממוקמים לפני שם עצם אחר יכולים למלא תפקיד של לוואי.

תיק מיועד לבית ספר = a school bag
מלון דירות = an apartment hotel

שימוש כזה של עצם איננו מקביל לסמיכות, אלא מציין תת־קבוצה מקבוצה כללית יותר, תפקיד של תואר השם בדרך כלל.

The Pronoun – *שֵׁם הַגּוּף*

את הכינויים ניתן לסווג לפי קבוצות, כדלקמן:

1. כִּנּוּיֵי הַגּוּף הָאִישִׁיִּים — Personal Pronouns

יחסת נושא	יחסת מושא
	יָחִיד
I	me
You	you
He	him
She	her
It	it
	רַבִּים
We	us
You	you
They	them

2. כִּנּוּיֵי קִנְיָן — Posessive Pronouns

בְּצָמוּד לְעֶצֶם	צוּרָה נִפְרֶדֶת
	יָחִיד
my	mine
your	yours
his	his
her	hers
its	its
	רַבִּים
our	ours
your	yours
their	theirs

3. כִּנּוּיֵי רֶמֶז — Demonstrative Pronouns

בְּיָחִיד — This, that

בְּרַבִּים — These, those

4. כִּנּוּיֵי יַחַס — Relative Pronouns

לִבְנֵי אָדָם — Who, whose, whom

לְדוֹמְמִים — which

כְּלָלִי — that

Indefinite Pronouns — 5. כִּנּוּיִים סְתָמִיִּים

wehoever, whatever, whichever
nothing, something, anything
no-one, someone, anyone
nobody, somebody, anyone
one
none

Interrogative Pronouns — 6. כִּנּוּיֵי שְׁאֵלָה

What?, Which?, Who?, Whom?, Whose?

The Adverb – תֹּאַר הַפֹּעַל

תואר הפועל, תפקידו לתאר זמן, מקום, אופן, כמות, שלילה, תנאי, ויתור או כל הרחבה (modification) לגבי הנשוא הפעלי.
באנגלית רק תארי האופן מהווים קטגוריה מורפולוגית, בהיותם נגזרים מתארי השם, על ידי הוספת **ly**.

תֹּאַר הַפֹּעַל	תֹּאַר הַשֵּׁם
nicely	nice
slowly	slow

כְּלָלֵי כְּתִיב בְּתָאֳרֵי אֹפֶן

1. האות **y** הופכת ל־**i** לפני הסיומת **y**.

happy – happily
crafty – craftily

2. אם תואר מסתיים בצירופים **ple ,ble**, ה־**e** נופלת ומוסיפים האות **y**.

simple – simply

3. אם תואר מסתיים באותיות **ic**, מוסיפים האותיות **ally**

romantic – romantically

4. אם תואר מסתיים באותיות **ll** מוסיפים רק **y**.

dull – dully

5. תארי שם אחדים אינם מוסיפים את הסיומת **ly**:

fast
hard
early
late
far
straight

למלה **hardly** יש משמעות מיוחדת של "כמעט ולא"

הוּא עוֹבֵד קָשֶׁה = He works hard

הוּא בְּקֹשִׁי עוֹבֵד = He hardly works

The Verb – הַפֹּעַל

הפועל נבדל משאר חלקי הדיבֵּר בכך שהוא מכיל קטגוריה של זמן דקדוקי. לגבי מבנה הפועל, קיימים רק שני זמנים בסיסיים, ואלה ההווה הפשוט והעבר הפשוט. בטבלת הפעלים האנגליים יופיעו שלושה חלקים, כאשר הראשון מהווה בסיס הפועל, שממנו נבנה ההווה הפשוט (present simple) והחלק השני מייצג את העבר הפשוט (past simple). בסיס הפועל נחוץ גם לבניית הזמנים המורכבים עם פעלי עזר מודאליים, כגון:

can, must, should, will, shall, may

והוא מהווה גם מקור (infinitive) וציווי (imperative).

נבדוק בסיס של פועל חריג אחד

take – took – taken

הֹוֶה פָּשׁוּט — I **take** my son to school every day.

עָתִיד מוֹדָלִי — I will **take** him tomorrow.

מָקוֹר — I want to **take** him now.

צִוּוּי — **Take** him to school now!

לפני שנותנים רשימת זמני הפועל באנגלית, צריך לזכור שחלוקת קו הזמן, אשר זורם מן העבר דרך ההווה והלאה לעתיד, שונה באנגלית מאשר בעברית. מעבר למושגי עבר, הווה ועתיד יש להבחין בין פעולות נקודתיות לבין פעולות ממושכות. בתוך מערך העבר, יש "לפני עבר" וגם "אחרי עבר". גם בעתיד יש "לפני עתיד" ו"אחרי עתיד".

קַו הַזְּמַן

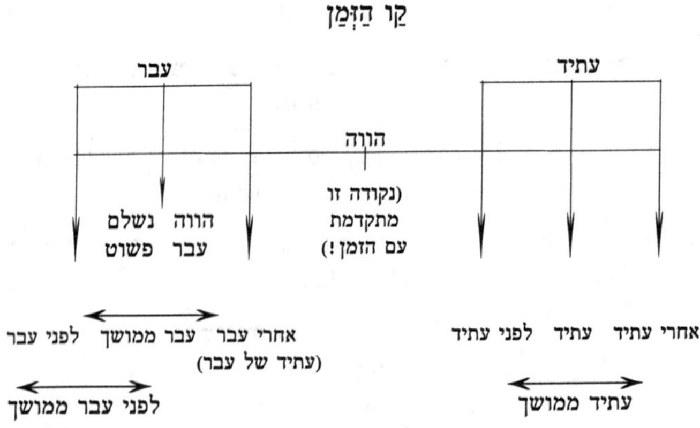

כפי שמסתבר משרטוט של קו הזמן, יש הרבה גיוון בקטגוריות הזמן והאספקט בפועל האנגלי.

חוץ מההווה הפשוט והעבר הפשוט, שאר הזמנים מורכבים מפועל עזר יחד עם בינוני פועל (**Present Participle**) או הבינוני הפעול (**Past Participle**).

הבינוני הפעול הינו החלק השלישי בטבלת הפעלים החריגים. את כל שאר הצורות הפועליות ניתן להרכיב באמצעות שלושת החלקים, וגם הבינוני הפועל נבנה על ידי הוספת האותיות **ing** לבסיס בפועל.

בכל אחד מן הזמנים יש להבדיל בין צורה חיובית, שלילית ושאלה. כמובן שעוד גיוון ניתן על ידי המערכת הסבילה (**Passive Voice**), אשר מכפילה את מספר האפשרויות.

להלן טבלת הזמנים הבסיסיים המציגה מגוון האפשרויות לגבי **הנסתר**.

יש לשים לב ל־**s**, הנוספת בגוף נסתר בהווה הפשוט, ולא בשום גוף אחר.

לפעלים שמסתיימים ב־**S**, **CH**, **SH**, **Z**, **X**, או **O** מוסיפים **ES**.

לפועל שמסתיים ב־**Y** אחרי עיצור, מורידים ה־**Y** ומוסיפים **IES**.

לנוחיות המעין הוכנה טבלה של כל זמני הפועל באנגלית, המבטאים את מערך הזמנים (ראה עמודים 562–563). הטבלה מבוססת על הפועל to take.

The Principal Parts of the Verb – חֲלָקֵי הַפֹּעַל

הפעלים האנגליים נחלקים ל״שלמים״ ול״חריגים״.

בפעלים השלמים מוסיפים ed לצורת הבסיס כדי לבנות גם את העבר הפשוט וגם את הבינוני הפעול.

Present Participle – כְּלָלֵי כְּתִיב בְּבֵינוֹנִי פּוֹעֵל

הבינוני הפועל, הזהה בצורתו לשם הפועל (**Gerund**) נוצר ע״י הוספת האותיות **ing** לבסיס הפועל.

1. בסיס פועל אשר מסתיים בתנועה (**a,e,i,o,u**) בתוספת על עיצור (להוציא **x,y,z**) מכפיל את העיצור האחרון לפני הוספת ה־**ing** בתנאי שההברה האחרונה של הבסיס מוטעמת:

בָּסִיס שֶׁל הֲבָרָה אַחַת sit – sitting

הֲבָרָה אַחֲרוֹנָה מֻטְעֶמֶת beˈgin – beˈginning

אֵין הַכְפָּלָה כִּי הַטַּעַם בַּהֲבָרָה הָרִאשׁוֹנָה ˈopen – ˈopening

2. האות **e** נופלת לפני **ing**, כאשר לפניה עיצור

come – coming
make – making

Spelling Rules for Past Simple – כְּלָלֵי כְּתִיב בְּתַצּוּרַת הֶעָבָר הַפָּשׁוּט

1. העיצור האחרון של הבסיס מוכפל לפני האותיות **ed** כאשר הטעם נופל על ההברה האחרונה, ובתנאי שיש תנועה קצרה לפני העיצור האחרון.

stop – stopped
perˈmit – permitted

2. לבסיס פועל שמסתיים באות **e**, מוסיפים האות **d** בלבד.

hope – hoped
live – lived

3. האות **y** הופכת ל־**i** (אחרי עיצור) לפני האותיות **ed**.

hurry – hurried
study – studied

טַבְלַת הַפְּעָלִים – *Table of Verbs*

יש לשים לב כי בהרבה מקרים יש זהות בין צורת העבר הפשוט לבין הבינוני הפעול. הפעלים מסודרים בקבוצות לפי המאפיינים הפונולוגיים, ובתוך כל קבוצה נשמר הסדר האלפביתי.

הַפֹּעַל הַשָּׁלֵם – *Regular Verbs*

בפעלים השלמים, יש לשים לב להיגוי הפונטי של סיומת **ed** לפי הקבוצות הבאות:

1. **[id]** אחרי **d** ו־**t**: ended, rested
2. **[d]** אחרי עיצורים קוליים פרט לאות **d**: called, managed
3. **[t]** אחרי עיצורים אטומים/לא קוליים פרט לאות **t**: looked, kissed, coughed

הַפְּעָלִים הַחֲרִיגִים – *Irregular Verbs*

ניתן לסווג את הפעלים החריגים לפי הקבוצות הבאות:

1. מוסיפים האות **d**; תנועת הבסיס משתנה:

flee	fled	fled
hear	heard	heard
say	said	said
sell	sold	sold
tell	told	told

2. מוסיפים האות **d**; העיצור בסיום הבסיס נופל:

can	could	אין
have	had	had
make	made	made
shall	should	אין
will	would	אין

3. מוסיפים האות **t** לבסיס:

burn	burnt	burnt
dwell	dwelt	dwelt
learn	learnt	learnt
smell	smelt	smelt
spell	spelt	spelt
spill	spilt	spilt
spoil	spoilt	spoilt

4. **כתוצאה מהוספת האות t, האות d בסיום של הבסיס נופלת:**

bend	bent	bent
build	built	built
lend	lent	lent
rend	rent	rent
send	sent	sent
spend	spent	spent

5. מוסיפים האות **t**; תנועת הבסיס משתנה:

creep	crept	crept
deal	dealt	dealt
dream	dreamt	dreamt
feel	felt	felt
keep	kept	kept
kneel	knelt	knelt
lean	leant	leant
lose	lost	lost
mean	meant	meant
sleep	slept	slept
sweep	swept	swept
weep	wept	wept

הערה: האות v הופכת ל־f לפני t

bereave	bereft	bereft
cleave	cleft	cleft
leave	left	left

6. מוסיפים האות **t** אחרי שינוי צורני של הבסיס:

beseech	besought	besought
bring	brought	brought

buy	bought	bought
catch	caught	caught
fight	fought	fought
may	might	might
seek	sought	sought
teach	taught	taught

7. שלושת החלקים של הפועל זהים:

burst	burst	burst
cast	cast	cast
cost	cost	cost
cut	cut	cut
hit	hit	hit
hurt	hurt	hurt
let	let	let
put	put	put
rid	rid	rid
set	set	set
shed	shed	shed
shut	shut	shut
slit	slit	slit
split	split	split
spread	spread	spread
sweat	sweat	sweat
thrust	thrust	thrust

8. שינוי בתנועת הבסיס, אצל פעלים המסתיימים באותיות **t ,d**

bind	bound	bound
bleed	bled	bled
breed	bred	bred
feed	fed	fed
find	found	found
get	got	got
grind	ground	ground
hold	held	held
lead	led	led
lay	laid	laid
light	lit	lit(lighted)
meet	met	met
read	read	read

shoot	shot	shot
sit	sat	sat
speed	sped	sped
spit	spat	spat
stand	stood	stood
wind	wound	wound

9. שינוי תנועה ללא תוספת האותיות **d** או **t**:

cling	clung	clung
dig	dug	dug
fling	flung	flung
hang	hung	hung(hanged)
shine	shone	shone
sling	slung	slung
slink	slunk	slunk
spin	spun	spun
sting	stung	stung
strike	struck	struck
string	strung	strung
swing	swung	swung
wring	wrung	wrung

10. שינויים בתנועה: בצורת העבר הפשוט והבינוני הפעול.

begin	began	begun
come	came	come
dring	drank	drunk
ring	rang	rung
run	ran	run
shrink	shrank	shrunk
sing	sang	sung
sink	sank	sunk
spring	sprang	sprung
stink	stank	stunk
swim	swam	swum

11. שינויים בתנועה, בתוספת האות **n** בבינוני הפעול

be	was/were	been
beat	beat	beaten
beat	beat	beaten

bear	bore	born(e)
bid	bade	bidden/bid
bite	bit	bitten
break	broke	broken
choose	chose	chosen
do	did	done
draw	drew	drawn
eat	ate	eaten
fall	fell	fallen
fly	flew	flown
forbid	forbad(e)	forbidden
forget	forgot	forgotten
forsake	forsook	forsaken
freeze	froze	frozen
go	went	gone
give	gave	given
hide	hid	hidden
lie	lay	lain
ride	rode	ridden
rise	rose	risen
see	saw	seen
slay	slew	slain
shake	shook	shaken
smite	smote	smitten
speak	spoke	spoken
steal	stole	stolen
strive	strove	striven
swear	swore	sworn
take	took	taken
tear	tore	torn
thrive	throve	thriven
tread	trod	trodden
wake	woke	woken
wear	wore	worn
weave	wove	woven

12. פעלים שלמים, המאפשרים צורה חלופית עם סיומת **n** בבינוני פעול

hew	hewed	hewed/hewn
mow	mowed	mowed/mown
saw	sawed	sawed/sawn
sew	sewed	sewed/sewn
shear	sheared	sheared/shorn
show	showed	showed/shown
sow	sowed	sowed/sown
strew	strewed	strewed/strewn

English Verb Tenses

Active Voice — פָּעִיל

שְׁאֵלָה	שְׁלִילִי	חִיּוּבִי	שֵׁם הַזְּמַן
Does he take?	He doesn't take	He takes	הֹוֶה פָּשׁוּט Present Simple
Is he taking?	He is not taking	He is taking	הֹוֶה מְמֻשָּׁךְ Present Progressive
Did he take?	He did not take	He took	עָבָר פָּשׁוּט Past Simple
Will he take?	He will not/ won't take	He will take	עָתִיד Future
Was he taking?	He was not taking	He was taking	עָבָר מְמֻשָּׁךְ Past Progressive
Has he taken?	He has not taken	He has taken	הֹוֶה נִשְׁלָם Present Perfect
Had he taken?	He had not taken	He had taken	עָבָר נִשְׁלָם Past Perfect Simple
Has he been taking?	He has not been taking	He has been taking	הֹוֶה נִשְׁלָם מְמֻשָּׁךְ Present Perfect
Had he been taking?	He had not been taking	He had been taking	עָבָר נִשְׁלָם מְמֻשָּׁךְ Past Perfect
Would he take?	He would not take	He would take	עָבָר שֶׁל עָתִיד Future Past
Will he have taken?	He will not have taken	He will have taken	עָתִיד נִשְׁלָם Future Perfect
Would he have taken?	He would not have taken	He would have taken	עָבָר שֶׁל עָתִיד נִשְׁלָם Future Past Perfect

Verb Tenses

Passive Voice — סָבִיל

חִיּוּבִי	שְׁלִילִי	שְׁאֵלָה
He is taken	He is not taken	Is he taken?
He is being taken	He is not being taken	Is he being taken?
He was taken	He was not taken	Was he taken?
He will be taken	He will not be taken	Will he be taken?
He was being taken	He was not being taken	Was he being taken?
He has been taken	He has not been taken	Has he been taken?
He had been taken	He had not been taken	Had he been taken?
He has been being taken	He has not been being taken	Has he been being taken?
He had been being taken	He had not being taken	Had he being taken?
He will have been taken	He will not have been taken	Would he be taken?
He will have been taken	He will not have been taken	Will he have been taken?
He would have beenb taken	He would not have been taken	Would he have been taken?

הערה: הפועל to take נבחר להדגמה כי הינו חריג בשלושת חלקיו, שהם:
take – took – taken.

NTC's

מִלּוֹן עִבְרִי וְאַנְגְּלִי

NTC's HEBREW and ENGLISH Dictionary

Arie Comey and Naomi Tsur

NTC Publishing Group

NTC's

מִלּוֹן עִבְרִי וְאַנְגְּלִי

אריה קומיי ונעמי צור

לפרחיה
הפרח בגני

אריה קומיי

נר לזכרו של אבי המנוח,
פרופסור יוסף יפה,
מדען בעל חזון ושוחר
השפה העברית, אשר
החדיר בי אהבת השפה
משחר ילדותי.

נעמי צור

תֹּכֶן

הקדמה

המטרה העיקרית של מילון זה הינה להסב הנאה למעיין בערכיו. אנו תקווה כי מטרה זו תושג במידה שווה הן על ידי דוברי אנגלית החפצים ללמוד עברית והן על ידי דוברי העברית המעוניינים להעמיק את ידיעותיהם באנגלית.

עבודה לקסיקוגרפית מחייבת פשרות: אם המילון מסורבל מדי הוא פחות נוח לשימוש, ומאידך, אם הוא תמציתי מדי עלולים להגרע ממנו ערכים חיוניים. פרופ׳ הנרי סויט — ששימש השראה לדמותו של פרופסור היגינס במחזה ״פיגמליון״ מאת ג׳ורג׳ ברנרד שו, ומחבר ״המילון האנגלו־סקסוני לתלמיד״ היטיב לתאר זאת: ״באופן פרדוקסלי מסתבר, כי מילון טוב הינו בהכרח מילון רע...״, אמירה זו מביעה את הדילמה הנצחית של הלקסיקוגרף.

לפניכם מילון דו־לשוני בכרך אחד, בתבנית חדשנית. לכאורה מופיעים במילון כ־100,000 ערכים, אך למעשה הם הרבה יותר, מכיוון שעל המשתמש לזכור שכל ערך מופיע רק פעם אחת על כל פירושיו השונים, גם אם אלה שייכים לחלקי דיבר שונים. אוצר המלים מכוון למעיין בן־תקופתנו, על כן לא נכללו בו צורות ארכאיות ומלים נדירות. כל הערכים מופיעים בכתיב חסר.

לכל חלק של המילון יש נספח המציג את עיקרי המערכת הדקדוקית של אותה שפה, באופן פשוט ובהיר. הנספחים האלה כוללים טבלאות של פעלים ופרדיגמות בשתי השפות. בחלק העברי־אנגלי מובאת נטיית הפועל השלם על כל שבעת הבניינים, וכן נטיית מילות היחס הנושאות סופיות פרונומינליות. בחלק האנגלי־עברי מופיעות טבלאות של הפעלים החריגים וגם טבלה של הזמנים הבסיסיים, כולל הצורות, הפעילות והסבילות.

בחלק העברי־אנגלי יש תעתיק פונטי של כל מלה (לא של המלים המורכבות), בהתאם לטבלה של הערכים הפונטיים המופיעה ברשימה האלפבתית, בתחילת הנספח הדקדוקי. הצירופים זכו להתייחסות שווה בכך שלא הוצגו כערכים משניים, לא בתרגום ואף לא בסדר הופעתם. צירוף של שתי מלות יסוד נכלל רק כאשר משמעות ההרכב שונה מצירוף המשמעויות הנפרדות, או אם התרגום לשפה השניה נעשה באמצעות מלה אחת בלבד, כדוגמא:

1. באנגלית — dead end (מילולית: סוֹף מֵת)
פירושו: לְלֹא מוֹצָא, מָבוֹי סָתוּם.
2. בעברית — אֱמוּנָה תְּפֵלָה (מילולית: tasteless belief)
הפירוש הנכון הינו superstition באנגלית.

בחלק העברי־אנגלי הפעלים מופיעים בהטיית נסתר עבר, כל בנין לפי סדר אלפבתי נכון ולא מתחת לשורש, שאין לו מקום במילון זה. בכך יוקל השימוש במילון למתחילים, אשר אינם מצויים דיים בנבכי הדקדוק העברי.

לדוגמא: מהשורש **כתב** מופיעות הצורות של כל בנין במקום המתאים מבחינת הסדר האלפבתי:

1. כָּתַב — to write
2. נִכְתַּב — to be written
3. כִּתֵּב — to engrave
4. כֻּתַּב — to be engraved
5. הִכְתִּיב — to dictate
6. הֻכְתַּב — to be dictated
7. הִתְכַּתֵּב — to correspond

בחלק האנגלי־עברי, הפעלים המורכבים מפועל בסיסי בתוספת מלת יחס מופיעים כערכים נפרדים ועצמאיים. זו הקטגוריה הדקדוקית הפעילה ביותר באנגלית של ימינו, ואכן פעלים חדשים נוצרים לעתים קרובות מבלי להזכיר את שמות הפעולה ושמות הפועל שנגזרו מהם. לדוגמא:

הֶרְאָה — to show

1. הִתְפָּאֵר. — to show off
2. הִצִּיג בְּרַאֲוָה

רַבְרְבָן — show-off = boaster

במילון זה כל הערכים הינם בעלי מעמד שווה. הצורות הנגזרות מחלק דיבר מסויים מופיעים כערכים נפרדים. ואומנם התהליכים שונים משפה לשפה. באנגלית לדוגמא, תארי הפועל נגזרים מתארי השם, מה שאין כך בהכרח בעברית.

בחלק האנגלי־עברי ניתנה עדיפות לאיות האמריקאי, על אף שנוהגי הלשון הבריטיים לא הוזנחו.

אנו מודעים לפשרות שנאלצנו לנהוג לפיהן במהלך העשיה של המילון.

אנו מקווים שמילון זה מציג תמונה מהימנה לשתי השפות, וישמש לעזר לאלה שזה מקרוב באו לישראל, וכן לאלה ברחבי תבל המבקשים להיכנס לעולם הלא מוכר של הדקדוק העברי. כמו כן, דוברי עברית החפצים ללמוד אנגלית ימצאו שהמילון הינו נוח לעיון.

תודתנו נתונה לד״ר יוסף רייף על עבודתו הנאמנה בבדיקת כתב היד למילון בשתי השפות, שהודות לעמלו הועשר היקף המילון. כמו כן יבוא על הברכה, מר ברוך אורן, שעבודתו בהגהת החומר נעשתה בהתלהבות ובמומחיות. תודתנו לגב׳ אהובה אורן על הערותיה והארותיה.

לבסוף אנו מודים למפעלי דפוס ״כתר״, לעובדיו המסורים, ובמיוחד לצבי ולר, ליעקב פולק, נוגה וייס וגליה שניידר על ביצוע עבודה קשה זו.

המחברים והמוציא לאור

קְצוּרִים

ז	זָכָר	פי	פֹּעַל יוֹצֵא
זור	זָכָר וּנְקֵבָה	פיוע	פֹּעַל יוֹצֵא וְעוֹמֵד
זז	זָכָר זוּגִי	פע	פֹּעַל עוֹמֵד
זר	זָכָר רַבִּים	רת	רָאשֵׁי תֵּבוֹת
מג	מִלַּת גּוּף	שהפ	שֵׁם הַפֹּעַל
מח	מִלַּת חִבּוּר	שמ	שֵׁם מִסְפָּר
מי	מִלַּת יַחַס	שמז	שֵׁם מִסְפָּר זָכָר
מק	מִלַּת קְרִיאָה	שמנ	שֵׁם מִסְפָּר נְקֵבָה
מש	מִלַּת שְׁאֵלָה	ת	תֹּאַר
נ	נְקֵבָה	תהפ	תֹּאַר הַפֹּעַל
נז	נְקֵבָה זוּגִית	תנ	תֹּאַר נְקֵבָה
נר	נְקֵבָה רַבּוֹת	תר	תֹּאַר רַבִּים

The Hebrew Alphabet -- הָאָלֶף־בֵּית הָעִבְרִי

Printed Letter	Rashi	Script	Numerical Value	Name	Phonetic Equivalent	Notes
א	א	א	1	alef	’	mute = glottal stop
בּ/ב	ב	ב	2	bet/vet	b/v	
גּ/ג	ג	ג	3	gimel	g	
דּ/ד	ד	ד	4	dalet	d	
ה	ה	ה	5	he	h	
ו	ו	ו	6	vav	v	
ז	ז	ז	7	zayin	z/ʒ	ז׳ = ʒ as in pleasure
ח	ח	ח	8	xet	x	ח = (x) ch as in Bach
ט	ט	ט	9	tet	t	
י	י	י	10	yod	i/y	
כּ/כ/ך	כ/ך	כ/ך	20	kaf/xaf	k/x	כ = (x) ch as in Loch
ל	ל	ל	30	lamed	l	
מ/ם	מ/ם	מ/ם	40	mem	m	
נ/ן	נ/ן	נ/ן	50	nun	n	
ס	ס	ס	60	samex	s	
ע	ע	ע	70	’ayin	’	mute = glottal stop
פּ/פ/ף	פ/ף	פ/ף	80	pe/fe	p/f	
צ/ץ	צ/ץ	צ/ץ	90	tsade	ts/ch	צ׳ = ch as in cheese
ק	ק	ק	100	kof	k	
ר	ר	ר	200	resh	r	
שׁ/שׂ	שׁ/שׂ	שׁ/שׂ	300	shin/sin	sh/s	
תּ/ת	ת	ת	400	tav	t	

א

א 1 Aleph, first letter of the Hebrew alphabet. 2 one. 3 first.

אָב ז [av] 1 father. 2 patriarch. 3 leader, chief. 4 ancestor. 5 Ab (month)

אָב חוֹרֵג stepfather

אָב שִׁלֵּשׁ great grandfather

אַב בֵּית דִּין President of Court of Justice

אַב הָעוֹרְקִים aorta

אַב מָזוֹן basic food constituent, nutrient

אֵב ז [ev] 1 tender, green shoot. 2 youth

אַבָּא ז [ˈaba] daddy, papa, father

אֲבַבִית נ [avˈavit] exanthema

אִבְגֵּד פ״י [ivˈged] to spell

אִבְגּוּד ז [ivˈgud] spelling

אָבַד פ״ע [aˈvad] to get lost, perish, die

אָבַד דֶּרֶךְ to get lost, lose one's way

אָבַד עָלָיו כֶּלַח no longer relevant

אִבֵּד פ״י [iˈbed] 1 to lose. 2 to destroy, annihilate

אִבֵּד עַצְמוֹ (לָדַעַת) to commit suicide

אֲבֵדָה נ [aveˈda] 1 loss. 2 casualty

אָבְדוּ עֶשְׁתּוֹנוֹתָיו to become confused, lose one's nerve, lose control

אֲבַדּוֹן ז [avaˈdon] 1 destruction, ruin. 2 hell

אָבְדָן, אַבְדָן ז [ovˈdan] ruin, loss, destruction

אָבָה פ״ע [aˈva] to want, desire, consent

אֵבֶה ז [eˈve] reed, cane

אַבָּה נ [aˈba] puncheon (printing)

אַבְהוּת נ [avˈhut] fatherhood, paternity

אַבְהִי ת [avˈhi] fatherly, paternal

אַבּוּב ז [aˈbuv] 1 oboe, pipe. 2 reed, tube

אַבּוּב רוֹפְאִים stethoscope

אַבּוּבָן [abuˈvan] oboist

אָבוּד ת [aˈvud] 1 lost. 2 hopeless

אִבּוּד ז [iˈbud] loss, waste, ruin

אִבּוּד לָדַעַת suicide

אֲבוֹי מ״ק [aˈvoi] Oh dear!, alas

אֶבוֹלוּצְיָה נ [evoˈlutsya] evolution

אָבוּס ת [aˈvus] fattened

אֵבוּס ז [eˈvus] feeding trough, manger, stall

אִבּוּס ז [iˈbus] fattening

אִבּוּץ ז [eˈbuts] zinc coating, galvanization

אָבוּק ת [aˈvuk] dusty

אִבּוּק ז [iˈbuk] 1 dusting. 2 pulverization

אֲבוֹקָדוֹ ז [avoˈkado] avocado

אֲבוּקָה נ [avuˈka] torch

אָבוֹת ז״ר [aˈvot] ancestors, patriarchs

אַבְזֵם, אַבְזָם ז [avˈzem, avˈzam] buckle

אַבְזָר ז [avˈzar] accessory, spare part

אִבְחָה נ [ivˈxa] 1 slaughter. 2 sparkle. 3 swing, waving

אִבְחוּן ז [ivˈxun] diagnosis

אַבְחֹמֶר ז [avˈxomer] protoplasm

אִבְחֵן פ״י [ivˈxen] to diagnose

אַבְחָנָה נ [avxaˈna] distinction, diagnosis

אִבְטוּחַ ז [ivˈtu'ax] protection, insurance

אִבְטֵחַ פ״י [ivˈtax] to secure, protect

אַבְטָחָה נ [avtaˈxa] 1 promise. 2 securing, protection

אַבְטָחָה נ [avtaˈxa] 1 promise. 2 securing, protection

אֲבַטִּיחַ ז [avaˈtiʼax] watermelon

אַבְטִיפּוּס ז [avtiˈpus] prototype, archetype

אַבְטָלָה נ [avtaˈla] unemployment

אָבִיב ז [aˈviv] spring (season)

אֲבִיבִי ת [aviˈvi] springlike

אֶבְיוֹן ת״ז [evˈyon] 1 poor, needy, miserable. 2 pauper

אֲבִיּוֹנָה נ [aviyoˈna] 1 libido. 2 lust

אֶבְיוֹנוּת נ [evyoˈnut] poverty, pauperism

אֲבִיזָר ז [aviˈzar] spare part, accessory

אָבִיךְ ת [aˈvix] hazy, misty

אֲבִיכוּת נ [aviˈxut] haziness, mistiness

אֲבִילָה נ [aviˈla] mourning

אֲבִיסָה נ [aviˈsa] fattening

אָבִיק ז״ת [aˈvik] 1 pipe, tube. 2 dusty, powdery

אַבִּיק ז [aˈbik] retort, alembic

אַבִּיר ז״ת [aˈbir] 1 knight, cavalier. 2 strong, valiant

אַבִּירוּת נ [abiˈrut] 1 knighthood, chivalry. 2 valo(u)r

אַבִּירִי ת [aʼbiˈri] courageous, valiant

אֹבֶךְ ז [ˈovex] haze, haziness

אָבַל פ״ע [aˈval] 1 to mourn, lament. 2 to languish, wither

אָבֵל ת״ז [aˈvel] 1 mourner, lamenter. 2 desolate

אֵבֶל ז [ˈevel] mourning, lamentation, sorrow

אֲבָל מ״ח [aˈval] but, however

אֲבֵלוּת נ [aveˈlut] mourning

אֶבֶן נ [ˈʼeven] 1 stone. 2 weight. 3 gem

אֶבֶן בֹּחַן 1 criterion. 2 test-stone

אֶבֶן גִּיר chalkstone, limestone

אֶבֶן חֵן gem, precious stone

אֶבֶן טוֹבָה jewel

אֶבֶן נֶגֶף stumbling block

אֶבֶן פִּנָּה cornerstone

אֶבֶן קֶלַע slingstone

אֶבֶן רֵחַיִם millstone

אֶבֶן שׁוֹאֶבֶת lodestone, magnet

אֶבֶן שָׂפָה kerbstone, curbstone

אִבֵּן פ״י [iˈben] to petrify, fossilize

אַבְנוּן ז [avˈnun] small stone, pebble

אַבְנוּנִי ת [avnuˈni] stony

אַבְנֵט ז [avˈnet] girdle, belt

אָבְנַיִם ז״ז [ovˈnayim] potter's wheel

אַבְנִית נ [avˈnit] 1 lime residue. 2 dental calculus

אָבַס, אִבֵּס פ״י [aˈvas, ʼiˈbes] to feed, stuff

אֲבַעְבּוּעָה נ [avaʼbuˈʼa] blister, boil

אֲבַעְבּוּעוֹת נ״ר [avaʼbuˈʼot] smallpox

אַבְעוֹרֶק ז [avʼˈorek] aorta

אָבָץ ז [aˈvats] zinc

אִבֵּץ פ״י [ibˈets] to coat with zinc

אָבָק ז [aˈvak] dust, powder

אֲבַק שְׂרֵפָה gunpower

אָבַק פ״י [aˈvak] to embrace, clasp

אֶבֶק ז [ˈevek] loop, buttonhole

אִבֵּק פ״י [iˈbek] to powder, pulverize

אֲבָקָה נ [avaˈka] loop, buttonhole

אֲבָקָה נ [avaˈka] 1 powder. 2 pollen

אִבְקָה נ [ivˈka] buttonhole

אַבְקַת רִיחָה snuff

אַבְקָן ז [avˈkan] stamen

אֵבֶר ז [ˈever] limb, member, organ

אֶבְרָה נ [evˈra] 1 wing, plumes. 2 pinion

אַבַּרְזִין ז [abarˈzin] tarpaulin

אַבְרֵךְ ז [avˈrex] 1 young man. 2 young married yeshiva scholar

אַבְרֵךְ מְשִׁי fine young man

אַבְרָקַיִם ז״ז [avraˈkayim] breeches,

['egel] drop אֶגֶל ז
[a'gam] lake, pond, pool אֲגַם ז
[a'gem] sad, mournful, melancholic אָגֵם ת
[i'gem] to collect, channel water (into a lake or pond) אִגֵּם פ״י
[ag'mon] reed, bulrush, cane אַגְמוֹן ז
[agami'ya] coot, water-fowl אֲגַמִּיָּה נ
[a'gamit] coot אֲגַמִית נ
['ogen] rim, brim, flange אֹגֶן ז
[a'gan] basin, bowl אַגָּן ז
pelvis אַגַּן הַחֲלָצַיִם, אַגַּן הַיְרֵכַיִם
[a'gas] 1 pear. 2 bulb אַגָּס ז
[aga'sa] pear tree אַגָּסָה נ
[a'gaf] to flank, close, hem in אָגַף פ״י
[a'gaf] 1 wing. 2 flank. 3 department. 4 side אֲגַף ז
[i'gef] to outflank, flank אִגֵּף פ״י
[a'gar] to accumulate, collect אָגַר פ״י
[a'gra] 1 fee, toll, charge. 2 licence-fee אַגְרָה נ
[e'gron] thesaurus, lexicon, glossary אֶגְרוֹן ז
[e'grof] fist אֶגְרוֹף ז
[i'gruf] boxing אִגְרוּף ז
[egro'fit] brass knuckles אֶגְרוֹפִית נ
[egro'fan] boxer, pugilist אֶגְרוֹפָן ז
[egrofa'nut] boxing, pugilism אֶגְרוֹפָנוּת נ
[agar'tal] vase אֲגַרְטָל ז
[a'gran] collector אַגְרָן ז
[i'gref] to box אִגְרֵף פ״י
[i'geret] 1 letter, epistle. 2 edict אִגֶּרֶת נ
air-letter, aerogram אִגֶּרֶת אֲוִיר
debenture, bond אִגֶּרֶת חוֹב
[ed] steam, vapo(u)r אֵד ז
[i'da] to steam, vaporize אִדָּה פ״י
[ed'ham] emanation אֶדְהָם ז
[ad'va] wavelet, ripple אַדְוָה נ

pantaloons
[a'gav] 1 with regard to. 2 incidentally, by the way אַגַּב מ״י, תה״פ
casually, incidentally אַגַּב אֹרַח
[a'gad] to bind, tie, join together אָגַד פ״י
['eged] 1 bunch, cluster, group. 2 tie, knot. 3 bandage, plaster אֶגֶד ז
[i'ged] to tie, combine, amalgamate אִגֵּד פ״י
[ug'da] division (military) אֻגְדָּה נ
[agu'da] 1 association, union, society. 2 bundle, pack אֲגֻדָּה נ
[aga'da] legend, tale, myth אַגָּדָה נ
[aga'di] legendary, mythical אַגָּדִי ת
[a'gud] tied, joined אָגוּד ת
[i'gud] 1 society, union, association. 2 binding אִגּוּד ז
conurbation אִגּוּד עָרִים
[agu'dal] thumb, big toe אֲגוּדָל ז
[e'goz] nut, walnut אֱגוֹז ז
peanut אֱגוֹז אֲדָמָה
coconut אֱגוֹז הֹדּוּ
soft-shelled nut אֱגוֹז פֶּרֶךְ
hard-shelled nut אֱגוֹז קַנְטְרָן
difficult problem, difficult person, "hard nut" אֱגוֹז קָשֶׁה
[ego'za] nut tree, walnut tree אֱגוֹזָה נ
[ego'zit] small nut, nutlet אֱגוֹזִית נ
[i'gum] water storage אִגּוּם
[i'guf] outflanking אִגּוּף ז
[a'gur] accumulated, collected, hoarded אָגוּר ת
[ago'ra] agora אֲגוֹרָה נ
[a'gid] gill אָגִיד ז
[agi'da] binding, tying, bunching אֲגִידָה נ
[agi'ra] collecting, accumulation, hoarding אֲגִירָה נ

[i'duy] steaming, evaporation, vaporization אִדּוּי ז
[a'don] master, mister, lord, Sir אָדוֹן ז
Lord of the World, God אֲדוֹן עוֹלָם
[ado'nut] Lordship, mastery אֲדוֹנוּת ז
[ado'nai] the Lord, God אֲדוֹנָי ז
[a'duk] orthodox, pious, devout אָדוּק ת
[e'di] steamy, vaporous אֵדִי ת
[a'div] polite, courteous, kind אָדִיב ת
[adi'vut] politeness, courtesy, kindness אֲדִיבוּת נ
[adi'kut] orthodoxy, piety, devotion אֲדִיקוּת נ
[a'dir] 1 powerful, mighty. 2 noble, glorious אַדִּיר ת
[adi'rut] powerfulness, mightiness אַדִּירוּת נ
[a'dish] indifferent, apathetic אָדִישׁ ת
[adi'shut] apathy, inertia, indifference אֲדִישׁוּת נ
[a'dam] man, human being, person אָדָם ז
superman אָדָם עֶלְיוֹן
[a'dam] to be red, redden אָדַם פ״ע
[a'dom] 1 red. 2 gold coin אָדֹם ת
['odem] 1 red, redness. 2 ruby אֹדֶם ז
[i'dem] to redden אִדֵּם פ״י
[adam'dam] reddish, ruddy אֲדַמְדַּם ת
[adamda'mut] reddishness אֲדַמְדַּמּוּת נ
[adam'demet] rubella, rubeola, "German Measles" אֲדַמְדֶּמֶת נ
[ada'ma] soil, land, earth, ground אֲדָמָה נ
scorched earth אֲדָמָה חֲרוּכָה
[admu'mi] reddish, rubicund אַדְמוּמִי ת
[admumi'yut] redness, flush אַדְמוּמִיּוּת נ
[admo'ni] reddish אַדְמוֹנִי ת
[admo'nit] peony אַדְמוֹנִית נ
[ad'mut] redness אַדְמוּת נ
[ad'memet] erythema אַדְמֶמֶת נ
[a'demet] rubella, rubeola, "German Measles" אַדֶּמֶת נ
the Holy Land אַדְמַת הַקֹּדֶשׁ
foreign land אַדְמַת נֵכָר
Holy Land אַדְמַת קֹדֶשׁ
['eden] base, foundation, pedestal, tie אֶדֶן ז
window sill אֶדֶן הַחַלּוֹן
[ad'nut] mastery, lordliness, reign אַדְנוּת נ
[ado'nai] the Lord, God אֲדֹנָי ז
['edek] dropper אֶדֶק ז
[a'dar] Adar (Hebrew month) אֲדָר ז
['eder] 1 garment, mantle. 2 splendo(u)r. 3 pleura. 4 maple אֶדֶר ז
['eder] hide, stuffed skin (animal) אֵדֶר ז
[i'der] to glorify, exalt אִדֵּר פ״י
[adra'ba] on the contrary אַדְּרַבָּא, אַדְּרַבָּה תה״פ
[id'ra] fishbone אִדְרָה נ
[idri'ya] eider duck אִדְרִיָּה נ
[adri'xal] architect אַדְרִיכָל ז
[adrixa'lut] architecture אַדְרִיכָלוּת נ
[a'deret] 1 glory, magnificence. 2 clock, coat, mantle אַדֶּרֶת נ
[i'dashon] apathy אִדָּשׁוֹן ז
[ed'shoni] apathetic אֶדְשׁוֹנִי ת
[a'hav] to love, like אָהַב פ״י
[a'hev] 1 lover. 2 loving אָהֵב ת
['ohav] love אֹהַב ז
[aha'va] love, affection אַהֲבָה נ
self-love, egotism אַהֲבַת עַצְמוֹ
greed, avarice, lust for money אַהֲבַת בֶּצַע
profound love אַהֲבַת נֶפֶשׁ
eternal love אַהֲבַת עוֹלָם

[ahavhaˈvim] flirtation אֲהַבְהָבִים ז״ר
[aˈhad] to like, support with sympathy אָהַד פ״י
[ahaˈda] sympathy, positive feeling אֲהֲדָה נ
[aˈha] Oh! אֲהָהּ! מ״ק
[aˈhuv] 1 beloved, lover. 2 liked אָהוּב ת
[aˈhud] liked, likeable אָהוּד ת
[ehi] Where? אֱהִי מ״ש
[ahil] lampshade אָהִיל ז
[ahal] aloe אָהָל ז
[ˈohel] 1 tent, tabernacle. 2 shelter, dwelling-place אֹהֶל ז
[iˈhel] to pitch a tent אִהֵל פ״י
[o] or, either אוֹ מ״ח
only then אוֹ אָז
[ov] 1 skin, leather bag. 2 sorcerer, necromancer אוֹב ז
[oˈved] lost, stray אוֹבֵד ת
1 perplexed. 2 helpless אוֹבֵד עֵצוֹת
[uˈval] 1 aqueduct. 2 stream אוּבָל ז
[oˈged] 1 copula. 2 buncher, binder אוֹגֵד ז
[ogˈdan] classe(u)r, binder אוֹגְדָן ז
[ˈogust] August אוֹגוּסְט ז
[oˈger] 1 collector. 2 hamster. 3 lexicographer אוֹגֵר ז
[ud] fire-stick, firebrand אוּד ז
[oˈdot] 1 circumstances, occasion. 2 about אוֹדוֹת נ״ר מ״י
[aˈva] desire, lust, passion אַוָּה נ
[iˈva] to desire, yearn for, lust אִוָּה פ״י
[oˈhev] 1 lover, friend. 2 loving אוֹהֵב ז, ת
[oˈhed] 1 adherent, follower, fan. 2 sympathetic. 3 supporter אוֹהֵד ז״ת
[iˈvuy] desire, wish אִוּוּי ז
[aˈvaz] gander אַוָּז ז
[avaˈza] goose אַוָּזָה נ
[avˈzon] young goose, gosling אַוְזוֹן ז
[ˈoto] automobile, motorcar אוֹטוֹ ז
[otoˈbus] bus אוֹטוֹבּוּס ז
vending machine אוֹטוֹמָט מְכִירוֹת
[otoˈmati] automatic אוֹטוֹמָטִי ת
[otoˈnomi] autonomous אוֹטוֹנוֹמִי ת
[oi] Ah! Alas! אוֹי! מ״ק
Oh dear! אוֹי וַאֲבוֹי!
[oˈyev] enemy, adversary אוֹיֵב ז
[oˈya] Oh dear! אוֹיָה מ״ק
[eˈvil] 1 stupid, foolish. 2 fool אֱוִיל ת״ז
[eviˈlut] foolishness, stupidity אֱוִילוּת נ
[eviˈli] silly, stupid אֱוִילִי ת
[aˈvir] air אֲוִיר ז
[aviˈra] atmosphere אֲוִירָה נ
[aviˈron] airplane, aeroplane, aircraft אֲוִירוֹן ז
[aviˈri] air, of air אֲוִירִי ת
[aviriˈya] 1 air-force. 2 squadron אֲוִירִיָּה נ
[ul] 1 strength. 2 body אוּל ז
[uˈlai] perhaps, maybe אוּלַי תה״פ
[oˈlyar] attendant at public baths אוֹלְיָר ז
[uˈlam] 1 hall, aula. 2 but, however אוּלָם ז, מ״ח
[ulˈkus] ulcer אוּלְקוּס ז
[’oˈlar] penknife, pocketknife אוֹלָר ז
[iˈvelet] folly, foolishness אִוֶּלֶת נ
[om] 1 nut, screw-nut. 2 ohm אוֹם ז
[oˈmen] 1 nurse, tutor. 2 foster אוֹמֵן ת״ז
[uˈman]craftsman, artisan אוּמָן ז
[umaˈnut] craft, craftsmanship אוּמָנוּת נ
[oˈmenet] 1 nurse, governess, nanny אוֹמֶנֶת נ

אָוֶן ז ['aven] iniquity, injustice, evil
אוֹן ז [on] 1 strength, power. 2 grief, sorrow
אוֹנָאָה נ [ona'’a] fraud, deceit, cheating
אוֹנָאַת דְּבָרִים insulting language
אוֹנוּת נ [o'nut] strength, force, potency
אוּנִיבֶרְסִיטָה נ [uni'versita] university
אוֹנָן ז [o'nan] masturbator
אוֹנֵן ז [o'nen] mourner
אוֹנָנוּת נ [ona'nut] masturbation
אוֹנֵס ז [o'nes] rapist, violator
אוּנְקִיָּה, אוּקִיָּה נ [unki'ya] ounce
אוּנְקָל ז [un'kal] hook
אוֹפֶה ז [o'fe] baker
אוֹפְּטִי ת ['opti] optical
אוֹפַן ז [o'fan] wheel
אוֹפַן הַמַּזָּלוֹת the Zodiac
אוֹפַנּוֹעַ ז [ofa'no'a] motorcycle
אוֹפַנּוֹעָן ז motorcyclist
אוֹפַנַּיִם ז״ז [ofa'nayim] bicycle
אוֹפַנָּן ז [ofa'nan] cyclist
אוֹפֵף פ״י [o'fef] to surround, encompass
אוֹפֶּרָה נ ['opera] opera
אוֹצֵר ז [o'tser] curator
אוֹצָר ז [o'tsar] 1 treasure, treasury. 2 storehouse, granary
אוֹצָר בָּלוּם 1 great erudition. 2 large, inmense treasure
אוֹצַר הַמְּדִינָה the treasury, exchequer
אוֹצַר מִלִּים vocabulary, lexicon
אוֹצְרוֹת חשֶׁךְ hidden wealth
אוֹצְרוֹת קֹרַח immense weatlh
אוֹקְטוֹבֶּר ז [ok'tober] October
אוֹקְיָנוּס ז [ok'yanus] ocean
אוֹר ז, פ״ע [or]1 light, brightness. 2 to become light, shine
אוֹר חוֹזֵר reflection, reflected light
אוֹר לְיוֹם the night before
אוֹר פָּנָיו good humo(u)r, welcoming face
אוּר ז [ur] fire, illumination, flame
אוֹרֵב ז [o'rev] waylayer, ambusher
אוֹרְבָנִי ת [orva'ni] waylaying, lurking
אוֹרֵג ז [o'reg] weaver
אוֹרְגָּן ז [or'gan] organ
אוֹרְגָּנִי ת [or'gani] organic
אוֹרָה נ ['ora] 1 light, radiance. 2 happiness. 3 rocket (plant)
אוֹרֶה ז [o're] fruit-picker
אֲוֵרָה נ [ave'ra] stable, manger, crib
אִוְרוּר ז [iv'rur] ventilation, airing
אוֹרֵז ז [o'rez] packer, wrapper
אוֹרֵחַ ז [o're’ax] guest, visitor
אוֹרְחָה נ [or'xa] caravan
אוֹרִי ת [o'ri] luminous, lucent, bright
אוֹרִיגִינָלִי ת [origi'nali] original
אוֹרְיוֹן ז [or'yon] Orion
אוֹרְיָן ז [or'yan] 1 learning, erudition. 2 the Law
אוֹרְיָנוּת נ [orya'nut] 1 scholarship. 2 literacy
אַוְרִירִי ת [avri'ri] airy
אַוְרִירִיּוּת נ [avriri'yut] airiness
אוֹרִית נ [o'rit] radium
אוֹרְלוֹגִין ז [orlo'gin] clock
אוֹרָנִי ת [ora'ni] luminous, light
אוֹרְקוֹלִי ת [orko'li] audiovisual, "sight and sound"
אִוְרֵר פ״י [iv'rer] to ventilate, air
אַוְרָר ז [av'rar] vent
אוֹרְתּוֹדוֹקְסִי ת [orto'doksi] orthodox
אוֹרְתּוֹפֶּדִי ת [orto'pedi] orthopedic
אָוַשׁ, אִוֵּשׁ פ״ע [a'vash] to rustle, fizz
אֶוֶשׁ ז ['evesh] rustle, whisper, murmur
אִוְשָׁה נ [iv'sha] rustle, flutter, murmur
אִוְשׁוּשׁ ז [iv'shush] rustle, flutter
אִוְשֵׁשׁ פ״ע [iv'shesh] to rustle, flutter,

sound

[oˈshesh] to encourage אוֹשֵׁשׁ פ״י

[ot] 1 sign, mark. 2 token, indication. 3 testimony. 4 letter. 5 miracle אוֹת ז

alarm, warning אוֹת אַזְעָקָה

literally אוֹת בְּאוֹת

model, paragon אוֹת וּמוֹפֵת

prepositional prefix אוֹת יַחַס

mark of infamy אוֹת קָלוֹן, אוֹת קַיִן

desire, passion, wish אַוַּת נֶפֶשׁ

[oˈta] 1 her, it. 2 the same אוֹתָהּ

[oˈto] 1 him, it. 2 the same אוֹתוֹ

the same thing אוֹתוֹ דָּבָר

the identical אוֹתוֹ עַצְמוֹ

astronomical signs אוֹתוֹת הַשָּׁמַיִם

[oˈtut] conciliation, harmony אוֹתוּת נ

[otiˈyot] letters אוֹתִיּוֹת נ״ר

printing letters אוֹתִיּוֹת דְּפוּס

guttural consonants אוֹתִיּוֹת הַגָּרוֹן

palatal consonants אוֹתִיּוֹת הַחֵךְ

lingual consonants אוֹתִיּוֹת הַלָּשׁוֹן

mute consonants אוֹתִיּוֹת הָרִפְיוֹן

formative, prefixable letters אוֹתִיּוֹת הַשִּׁמּוּשׁ

dental consonants אוֹתִיּוֹת הַשִּׁנַּיִם

labial consonants אוֹתִיּוֹת הַשְּׂפָתַיִם

script, handwritten letters אוֹתִיּוֹת כְּתָב

bold letters אוֹתִיּוֹת מְאִירוֹת עֵינַיִם

capital letters אוֹתִיּוֹת רַבָּתִיּוֹת

small letters, small print אוֹתִיּוֹת שֶׁל טַל וּמָטָר

big letters, large print אוֹתִיּוֹת שֶׁל קִדּוּשׁ לְבָנָה

[oˈtenti] authentic אוֹתֶנְטִי ת

[oˈtet] to signal אוֹתֵת פ״י

[az] then, therefore, so אָז תה״פ

[azhaˈra] warning אַזְהָרָה נ

[eˈzov] hyssop, moss, marjoram אֵזוֹב ז

[azoˈvi] mossy, hyssop-like אֲזוֹבִי ת

[ezovˈyon] lavender אֱזוֹבְיוֹן ז

[azovit] marjoram, onigarum אֲזוֹבִית נ

[ezoˈteri] esoteric אֶזוֹטֶרִי ת

[iˈzun] equilibrium, balancing, levelling אִזּוּן ז

[aˈzur] girded, girt, belted אָזוּר ת

[eˈzor] 1 zone, area, region. 2 belt, girdle אֵזוֹר ז

[iˈzur] zoning אִזּוּר ז

[azora] belt, girdle אֲזוֹרָה נ

[azoˈri] regional, zonal אֲזוֹרִי ת

[aˈzai] then, in that case אֲזַי תה״פ

[aziˈla] lack, scarcity אֲזִילָה נ

[aziˈna] audition, hearing אֲזִינָה נ

[aziˈra] girding אֲזִירָה נ

girding loins, plucking up courage אֲזִירַת מָתְנַיִם

[aziˈrut] strengthening, binding אֲזִירוּת נ

[izˈkur] reference, citation quotation אִזְכּוּר ז

[izˈker] to refer to, quote, cite אִזְכֵּר פ״י

[azkaˈra] 1 memorial service. 2 Tetragrammaton (in full) אַזְכָּרָה נ

[aˈzal] to be used up, to run out אָזַל פ״ע

weakness, helplessness אֶזֶל (אֹזֶל) יָד

[azˈlut] weakness אַזְלוּת נ

helpessness, weakness אָזְלַת יָד

[uzmiˈya] swaddling-clothes, swathing-clothes אֻזְמִיָּה, אֻזְמִית נ

[izˈmel] 1 chisel, scalpel. 2 to chisel אִזְמֵל ז פיו״ע

[izmaˈragd] emerald אִזְמָרַגְד ז

[aˈzan] to listen, hear, attend אָזַן פ״י

[aˈzen] weapon-holder, belt אָזֵן ז

[ˈozen] ear, handle אֹזֶן ז

handle אֹזֶן כְּלִי

אֹזֶן נַעַל shoe-strap, bootstrap
אֹזֶן עֲרֵלָה deaf ear
אֹזֶן קַשֶּׁבֶת a willing ear
אֹזֶן הַכִּידוֹן sword belt, baldric
אִזֵּן פ״י [i'zen] 1 to balance, weigh. 2 to temper. 3 to level, make horizontal
אָזְנָה נ [o'zna] handle
אַזְנוֹנִי ת [azno'ni] big-eared, flap-eared
אַזְנָחָה נ [azna'xa] neglect, negligence, omission
אָזְנַיִם לַכֹּתֶל walls have ears
אָזְנִית נ [oz'nit] earphone, auricle
אַזְעָקָה נ [a'z'a'ka] alarm, siren
אֲזִקִּים ז״ר [azi'kim] handcuffs, chains
אָזַר פ״י [a'zar] to belt, gird
אָזַר חַיִל to take heart, take courage
אָזַר מָתְנָיו to pluck up courage
אִזֵּר פ״י [i'zer] 1 to surround. 2 to encourage
אֲזֵרָה נ [aza'ra] 1 girdle, belt. 2 district, zone
אִזְרוּחַ ז [iz'ru'ax] naturalization, granting or acquiring chitizenship
אֶזְרוֹעַ נ [ez'ro'a] arm
אֶזְרָח ז [ez'rax] citizen, civilian
אִזְרַח פ״י [iz'rax] to naturalize, grant citizenship
אֶזְרָחוּת נ [ezra'xut] citizenship
אֶזְרָחִי ת [ezra'xi] 1 civil, civic. 2 civilian
אָח ז נ מ״ק [ax] 1 brother, kinsman. 2 friend, fellow. 3 fire-place. 4 Woe! Alas!
אָח חוֹרֵג stepbrother
אֹחַ ז [o'ax] owl
אֶחָא ז, מ״ק [exa] brother, kinsman, brer
אַחֲאִי ת [a'xai] brotherly, fraternal

אַחַד־עָשָׂר ש״מ [a'xad-'a'sar] eleven
אֶחָד ז ש״מ [e'xad] 1 one, single. 2 first. 3 someone
אֶחָד אֶחָד one by one, one at a time, singly
אֶחָד בְּאֶחָד identical
אֶחָד לְאֶחָד one after the other
אִחֵד פ״י [i'xed] to unite, unify, join
אַחְדוּת נ [ax'dut] unity, solidarity
אֲחָדוֹת נ״ר [axa'dot] some
אַחְדוּתִי ת [axdu'ti] having unity, unified
אַחְדוּתִיּוּת נ [axduti'yut] unity
אֲחָדִים ז״ר [axa'dim] some, several
אִחָה פ״י [i'xa] 1 to mend, sew, stitch. 2 to darn, patch. 3 to weld
אַחֲוָה נ [axa'hut] fraternity, brotherhood
אֲחָהִי ת [axa'hi] brotherly, fraternal
אחה״צ P.M., in the afternoon
אָחוּ ז ['axu] 1 reeds, grasses. 2 meadow, lea
אָחוּד ת [a'xud] united, joined
אִחוּד ז [i'xud] unification, union
אַחֲוָה נ [ax'va] brotherhood, fraternity
אָחוּז ז״ת [a'xuz] 1 seized, held, confined. 2 percent
אָחוּז הַחֲסִימָה minimum percentage
אֲחוּזִים ז״ר [axu'zim] percentage
אָחוּי ת [a'xuy] stitched, mended, patched, knit together
אִחוּי ז [i'xuy] stitching, patch, mend
אִחוּל ז [i'xul] congratulation, greeting
אָחוֹר ז [a'xor] 1 back, backside. 2 posterior, rear. 3 flank, rump. 4 behind
אָחוּר ת [a'xur] late, delayed
אִחוּר ז [i'xur] lateness, delay
אָחוֹרָה תה״פ [a'xora] 1 backwards.

[aˈxal] greeting, wish אַחַל ז
[iˈxel] to greet, wish, congratulate אִחֵל פ״י
[axaˈle] would that... אַחֲלַי, אַחֲלֵי מ״ק
[ixˈsun] storage אִחְסוּן ז
[ixˈsen] to store אִחְסֵן פ״י
[axsaˈna] storing, storage אַחְסָנָה נ
[axˈpar] fossil אַחְפָּר ז
[aˈxar] to be late, overstay, dally אָחַר פ״ע
[aˈxar] 1 post. 2 after, afterwards, behind אַחַר מ״י תה״פ
afterwards, later אַחַר כָּךְ
[aˈxer] 1 other, second, different. 2 gentile, foreigner אַחֵר ת
[eˈxer] 1 to be late, detain. 2 to miss אֵחַר, אֵחֵר פיו״ע
[axraˈʼi] 1 responsible person. 2 guarantor אַחֲרַאי ז
[axˈrai] responsible, accountable אַחֲרָאִי ת
[axˈron] last, latter, latest אַחֲרוֹן ת
[axroˈna] 1 lately, finally, lastly. 2 last (f) אַחֲרוֹנָה תה״פ, ת
[axroˈni] last, final, latter אַחֲרוֹנִי ת
[axaˈrai] after me אַחֲרַי
[axaˈre] after אַחֲרֵי מ״י תה״פ
after all, eventually אַחֲרֵי כִּכְלוֹת הַכֹּל
afterwards אַחֲרֵי כֵן
[axraˈyut] responsibility, warranty, guarantee אַחֲרָיוּת נ
[axaˈrit] 1 end, posterity. 2 remnant אַחֲרִית נ
epilogue אַחֲרִית דָּבָר
End of Days, the Latter Days, Days of the Messiah אַחֲרִית הַיָּמִים
[aˈxeret] 1 otherwise, differently. 2 different (f) אַחֶרֶת ת תה״פ
[aˈxat] one (f) אַחַת ש״מ נ
[axat-ʼesˈre] eleven (f) אַחַת־עֶשְׂרֵה ש״מ נ

2 in retrospect, retrograde
[axuoˈre] behind אֲחוֹרֵי מ״י
[aˈxoˈri] posterior אֲחוֹרִי ת
[axoˈrayim] backside, buttocks אֲחוֹרַיִם ז״ר
[axoraˈni] rear, back, hindmost אֲחוֹרָנִי ת
[axoraˈnit] rearwards, in reverse, backwards אֲחוֹרַנִּית תה״פ
[aˈxot] 1 sister. 2 nurse. 3 kinswoman. 4 friend אָחוֹת נ
stepsister אָחוֹת חוֹרֶגֶת
nurse אָחוֹת רַחֲמָנִיָּה
[axvati] fraternal, brotherly אַחֲוָתִי ת
[axvatiˈyut] brotherhood, fraternity אַחֲוָתִיּוּת נ
[aˈxaz] 1 to seize, hold, take, grip. 2 possess, abide by. 3 strengthen אָחַז פ״י
to play tricks, delude אָחַז אֶת הָעֵינַיִם
[ˈexez] handle, grip אֶחֶז ז
[iˈxez] to join, conceal אִחֵז פ״י
[axuˈza] estate, property, possession אֲחֻזָּה נ
information retrieval אִחְזוּר מֵידָע
[axzaˈni] snatching, tenacious אַחְזָנִי ת
patrimony אֲחֻזַּת־אָבוֹת
family grave אֲחֻזַּת נַחֲלָה (קֶבֶר)
[axiˈgome] bog-rush אֲחִיגֹמֶא ז
[aˈxid] uniform, consistent, homogeneous אָחִיד ת
[axiˈdut] uniformity, consistency, homogenity אֲחִידוּת נ
[axiˈza] 1 grip, hold, seizing. 2 basis, anchorage. 3 grasp אֲחִיזָה נ
deception, fraud אֲחִיזַת עֵינַיִם
[aˈxilu] fever, shiver, shudder אֲחִילוּ ז
[axˈyan] nephew אַחְיָן ז
[axyaˈnit] niece אַחְיָנִית נ

אַט תה״פ [at] slowly
אַט אַט very slowly
אֵט ז [et] sorcerer, magician, soothsayer
אִטְאֵט פ״י [it'ˈet] to decelerate, reduce speed
אֲטָב ז [a'tav] railing, bannister
אֶטֶב ז ['etev] paper-clip, clothes peg
אֲטָבִיסְטִי ת [ataˈvisti] atavistic
אָטָד ז [a'tad] thorn bush, bramble
אָטוֹם ז [aˈtom] atom
אָטוּם ת [aˈtum] 1 impermeable, sealed. 2 unvoiced, aphonic. 3 dull, obtuse
אֲטוּם לֵבָב hard-hearted, obtuse, dull-witted
אִטּוּם ז [iˈtum] sealing, caulking
אֲטוֹמִי ת [aˈtomi] atomic
אֲטוּמִים ז״ר [atu'mim] the dead (sealed in graves)
אֲטוּנָס ז [atuˈnas] tunny, tuna fish
אָטוּר ת [aˈtur] sealed, clad
אִטֵּט פ״י [iˈtet] to decelerate, slow down
אִטִּי ת [iˈti] slow, laboured, leisurely
אֶטְיוּד ז [etˈyud] étude, study
אִטִּיּוּת נ [itiˈyut] slowness, tardiness
אָטִים ת [a'tim] impermeable, sealed, waterproof, airtight
אֲטִימָה נ [ati'ma] 1 sealed, closing. 2 stoppage
אֲטִימוּת נ [ati'mut] 1 impermeability, impenetrability. 2 dullness. 3 opacity
אָטִיף ז [a'tif] pone, hole
אִטְלוּלָא, אִטְלוּלָה נ [itlu'la] joke, jest, mockery
אִטְלוּלִי ת [itlu'li] laughable, ludicrous
אִטְלִיז ז [it'liz] butcher's shop
אַטְלַס ז ['atlas] atlas

אָטַם פ״י [a'tam] 1 to seal, close up. 2 obstruct, stop up
אָטִים ת [a'tim] 1 sealed. 2 opaque. 3 obtuse. 4 dull
אֶטֶם ז ['etem] seal, gasket
אֹטֶם ז ['otem] blockage, stoppage
אֹטֶם הַלֵּב coronary infaret
אִטֵּם פ״י [i'tem] to close, seal up
אַטְמָה נ [at'ma] thigh, flank
אַטְמוֹסְפֵירָה נ [atmos'fera] atmosphere
אַטְמוּת נ [at'mut] opaqueness, opacity
אֶטֶף ז ['etef] little hole
אָטַר פ״י [a'tar] to close, shut, seal
אִטֵּר ת [i'ter] left-handed
אִטֵּר יַד יְמִינוֹ left-handed
אִטְּרוּת נ [it'rut] left-handedness
אִטְרִיָּה נ [itri'ya] noodle, macaroni, vermicelli, etc.
אַטֶּרֶת נ [a'teret] left-handedness
אֵי מ״ש [e] Where?
אֵי אָז sometime
אֵי לָזֹאת therefore, consequently
אֵי לְכָךְ therefore
אֵי פַּעַם sometime
אֵי שָׁם somewhere
אִי ז מ״ח מ״ק [i] 1 island, isle. 2 jackal. 3 without, not. 4 if. 5 oh!, alas!
אִי אֵמוּן non-confidence
אִי אֶפְשָׁר impossible
אִי לָחְמָה nonbelligerency
אִי נוֹחוּת 1 discomfort. 2 embarrasment
אִי סֵדֶר disorder
אִי סְפִיקָה insufficiency
אִי־צֶדֶק injustice
אִי רָצוֹן unwillingness, reluctance
אָיַב, אִיֵּב פ״י [a'yav] to hate, be hostile
אֵיבָה נ [e'va] 1 hostility, animosity. 2 antagonism
אֵיבַת עוֹלָם eternal enmity

[ei'var] 1 limb, organ. 2 member. 3 penis אֵיבָר ז
[ed] 1 calamity. 2 non-Jewish feast אֵיד ז
[i'deya] idea, notion אִידֵיאָה נ
[ide'o'logi] ideological אִידֵיאוֹלוֹגִי ת
[ide'o'logiya] ideology אִידֵיאוֹלוֹגְיָה נ
[ide''ali] ideal אִידֵיאָלִי ת
[id'yot] idiot אִידְיוֹט ת
[id'yoti] idiotic אִידְיוֹטִי ת
[i'dili] idyllic אִידִילִי ת
['idish] Yiddish אִידִישׁ, אִידִית ז״נ
[i'dax] that, the other אִידָךְ מ״ג
[i'dan] bast, inner bark אִידָן ז
[edz] AIDS אֵידְס ז
[a'ya] hawk, falcon, vulture אַיָּה נ
['a'ye] Where?, where אַיֵּה תה״פ מ״ש
[a'yehu] Where is he? אַיֵּהוּ
[a'yehi] Where is she? אַיֵּהִי
[i'yud] evaporation, vaporization אִיּוּד ז
[i'yux] qualification אִיּוּךְ ז
[i'yum] 1 menace, threat. 2 warning אִיּוּם ז
[i'yun] negation, denial אִיּוּן ז
[i'yur] illustration אִיּוּר ז
[i'yut] spelling, lettering אִיּוּת ז
['eze] which, who אֵיזֶה מ״ג
some... or other אֵיזֶשֶׁהוּ
[eze'hu] which, who אֵיזֶהוּ מ״ג
['ezo] which אֵיזוֹ מ״ג
some... or other אֵיזוֹשֶׁהִי
[ezo'hi] which, who אֵיזוֹהִי מ״ג
[i'yet] to slow, reduce אִיֵּט פ״י
[i'tan] reed, timothy (bot.) אִיטָן ז
[ex] How?, how אֵיךְ ז תה״פ
somehow אֵיכְשֶׁהוּ
somehow אֵיךְ שֶׁיִּהְיֶה
[a'yex] Where are you? (f) אַיֵּךְ
[i'jex] to qualify אִיֵּךְ פ״י
[a'yeka] Where are you? (m) אַיֶּכָּה

[e'xa] 1 Lamentations (Book of). 2 how אֵיכָה תה״פ
[e'xut] quality אֵיכוּת נ
[exu'ti] qualitative, of high quality אֵיכוּתִי ת
[e'xan] Where? אֵיכָן תה״פ
['ayil] 1 ram. 2 head, chief. 3 magnate, tycoon. 4 pilaster אַיִל ז
battering ram אֵיל בַּרְזֶל
[e'yal] power, strength, potency אֱיָל ז
[a'yal] deer, stag, buck אַיָּל ז
reindeer אַיָּל צְפוֹנִי
[i'yel] 1 to strengthen, fortify. 2 to skip, jump אִיֵּל פ״י
[aya'la] hind, doe אַיָּלָה נ
['elu] which אֵילוּ מ״ג
[eya'lut] power, strength, might אֱיָלוּת נ
magnates, tycoons אֵילֵי הַהוֹן
[e'lax] further, onwards אֵילָךְ תה״פ
[e'lam]hall, porch אֵילָם ז
[i'lan] tree אִילָן ז
tree bearing no fruit אִילַן סְרָק
dawn, aurora, morning star אַיֶּלֶת הַשַּׁחַר
[a'yom] terrible, horrible, dreadful אָיֹם ת
Shocking! Awful! אָיֹם וְנוֹרָא
[a'yam] Where are they? אַיָּם
[i'yem] 1 to threaten, menace. 2 to frighten, intimidate אִיֵּם פ״י
to threaten him אִיֵּם עָלָיו
[e'ma] 1 terror, fright. 2 fear, panic אֵימָה נ
[e'mim] 1 terrors, horrors. 2 giants אֵימִים ז״ר
[e'mal] enamel אֵימָל ז
[e'mat] when אֵימַת תה״פ

אֵימָתָה נ [e'mata] terror
אֵימָתַי תה״פ [ema'tai] when, wherever
אֵימְתָן ז [em'tan] terrorist
אֵימְתָנוּת נ [emta'nut] terrorism, violence
אֵימְתָנִי ת [emta'ni] terroristic, horrible
אַיִן ז תה״פ ['ayin] 1 nothing, nought. 2 where. 3 without, not, no. 4 there is/are not
אֵין תה״פ [en] 1 not, nothing. 2 there is/are not. 3 without, lacking
אֵין אוֹנִים helpless, powerless, impotent
אֵין דָּבָר never mind, it is of no importance
אִיֵּן פ״י [i'yen] to negate, nullify
אֵינוּת נ [e'nut] abeyance
אֵינְסוֹף ז [en'sof] infinity
אֵינְסוֹפִי ת [enso'fi] infinite
אֵינְסוֹפִיּוּת נ [ensofi'yut] infinity, endlessness
אֵיפֹה תה״פ מ״ש [e'fo] Where?, where
אֵיפָה וְאֵיפָה double standard, discrimination
אִיצָה נ [i'tsa] haste, hurry
אִיקוֹנִין ז [i'konin] icon, image
אַיָּר ז [a'yar] illustrator
אִיָּר ז [i'yar] Iyar (Hebrew month)
אִיֵּר פ״י [i'yer] to illustrate
אִירוֹנִי ת [i'roni] ironic, ironical
אֵירוֹפָּה נ [e'ropa] Europe
אִישׁ ז [ish] 1 man, male, human being. 2 husband. 3 hero. 4 anyone, anybody
אִישׁ אִישׁ everyone
אִישׁ אֲדָמָה farmer
אִישׁ בְּלִיַּעַל villain, rascal, scoundrel
אִישׁ בְּשׂוֹרָה prophet, bearer of tidings
אִישׁ דָּמִים murderer, shedder of blood
אִישׁ הַבֵּינַיִם centre(er) player, "jumper"
אִישׁ הָרוּחַ man of culture, erudition
אִישׁ זְרוֹעַ violent, aggressive person
אִישׁ חֹק officer of the law, law-abiding person
אִישׁ מָגֵן defender
אִישׁ מַדָּע scientist
אִישׁ מְזִמּוֹת plotter, trouble-maker
אִישׁ סְגֻלָּה distinguished person
אִישׁ עֵט writer
אִישׁ צִבּוּר public figure
אִישׁ צָבָא soldier, military man
אִישׁ רִיב quarrelsome
אִישׁ תְּבוּנָה intelligent, wise person
אִישׁ תְּכָכִים plotter, crafty person
אִיֵּשׁ פ״י [i'yesh] to man
אִישָׁה נ [i'sha] thicket, underbrush
אִישׁוֹן ז [i'shon] 1 pupil, eyeball. 2 bull's-eye, target. 3 dwarf
אִישׁוֹן לַיְלָה middle, dead of night, midnight
אִישׁוּת נ [i'shut] matrimony, marital relationship or status
אִישִׁי ת [i'shi] personal, private
אִישִׁיּוּת נ [ishi'yut] personality, personage
אִישִׁים ז״ר [i'shim] important people, V.I.P.s
אִישִׁית תה״פ [i'shit] personally, in person
אִיֵּת פ״י [i'yet] to spell
אִיתוֹן ז [i'ton] entrance, vestibule
אֵיתָן ז ת [e'tan] strong, firm, perernnial, steadfast
אֵיתָנוּת נ [eta'nut] strength, steadfastness
אַךְ מ״ח תה״פ [ax] 1 but, however, only. 2 surely, truly
אַךְ וְרַק exclusively, only
אָכוּל ת [a'xul] 1 eaten, digested.

אִכֵּל פ״י [i'kel] 1 to disgest, consume. 2 to corrode, burn
אֻכַּל ת [u'kal] 1 was consumed. 2 was burnt
אִכְלוּס ז [ix'lus] peopling, populating
אֻכְלוּסִיָּה נ [uxlusi'ya] population
אַכְלָן ז [ax'lan] eater, glutton
אַכְלָנוּת נ [axla'nut] gluttony
אִכְלֵס פ״י [ix'les] to populate, fill with people
אַכֶּלֶת נ [a'kelet] consumption, wasting away
אָכֹם ת [a'xom] dark brown, blackish
אִכֵּם פ״י [i'kem] to blacken
אַכְמוּמִית נ [ax'mumit] comedo, blackhead
אֻכְמִית נ [ux'mit] black chalk
אַכְמֹמֶת נ [ax'momet] melanoma, black malignancy
אֻכְמָנִיָּה, אֻכְמָנִית נ [uxmani'ya] blackberry, blueberry
אַכֶּמֶת נ [a'kemet] melanosis
אָכֵן תה״פ [a'xen] 1 indeed, certainly. 2 but, yet
אִכֵּן פ״י [i'ken] 1 to locate, identify. 2 to pinpoint
אַכְסַדְרָה נ [axsa'dra] 1 corridor, lobby, porch, vestibule. 2 terrace, veranda
אִכְסוּן ז [ix'sun] 1 accommodation, hospitality, lodging. 2 storing
אִכְסֵן פ״י [ix'sen] to accommodate, lodge, put up. 2 to quarter, billet. 3 to store
אַכְסְנָאוּת נ [axsana''ut] hospitality, accommodation
אַכְסְנַאי, אַכְסְנַי ז [axsa'nai] 1 host. 2 guest, lodger
אַכְסַנְיָה נ [axsani'ya] 1 hostel, inn, hotel. 2 lodging, shelter.

2 corroded
אִכּוּל ז [i'kul] 1 digestion. 2 corrosion. 3 combustion. 4 consumption
אִכּוּן ז [i'kun] 1 location, locating. 2 identifying, pinpointing
אָכוּף ת [a'xuf] 1 saddled. 2 enforced
אִכּוּף ז [i'kuf] 1 saddling. 2 enforcement
אַכְזָב ז [ax'zav] 1 deceptive, illusory. 2 intermittent. 3 dried-up (river, spring)
אִכְזֵב פ״י [ix'zev] to disappoint, fail
אַכְזָבָה נ [axza'va] disappointment, disillusion
אִכְזוּב ז [ix'zuv] causing disappointment
אֶכְּזוֹטִי ת [ek'zoti] exotic
אֶכְּזֶמָה נ [ek'zema] eczema
אַכְזָר ז ת [ax'zar] cruel, harsh, brutal, relentless
אִכְזֵר פ״י [ix'zer] to brutalize, make cruel
אַכְזָרִי ת [axza'ri] cruel, harsh
אַכְזְרִיּוּת נ [axzari'yut] cruelty, brutality, harshness
אָכָט, אָכָטִיס ז [a'xat, 'axa'tis] agate
אָכִיל ת [a'xil] edible, eatable
אֲכִילָה נ [axi'la] 1 eating. 2 consumption
אָכִיף ת [a'xif] enforceable
אֲכִיפָה נ [axi'fa] compulsion, enforcement
אָכַל פ״י [a'xal] 1 to eat, consume. 2 to devour, destroy
אָכַל פָּנָיו to put to shame
אָכַל קֻרְצָה 1 to inform against. 2 to slander
אֹכֶל ז ['oxel] food, meal
אוֹכֵל אָדָם cannibal
אוֹכֵל בָּשָׂר carnivore, carnivorous
אֹכֶל נֶפֶשׁ edible food

3 auspices
אִכְסֵר פ״י [ix'ser] to assess roughly
אַכְסָרָה תה״פ [axsa'ra] by rough, estimation, by approximation
אָכַף פ״י [a'xaf] to enforce, force, compel
אֶכֶף ז ['exef] pressure, stress, load, burden
אַכָּף ז [a'kaf] saddler (harness-maker)
אִכֵּף פ״י [i'kef] to saddle
אֻכָּף ז [u'kaf] saddle
אַכְפָּה נ [ax'pa] pressure, burden
אֻכָּפָן ז [uka'fan] harness-maker, saddler
אִכָּר ז [i'kar] farmer, peasant
אִכֵּר פי״ע [i'ker] to make or become a farmer
אִכָּרָה נ [ika'ra] peasant, farmer (f)
אֶכְרוֹעַ ז [ex'ro'a] anise, cumin
אִכָּרוּת נ [ika'rut] farming, husbandry
אַכְרָזָה נ [axra'za] announcement, declaration, proclamation,
אִכְשׁוּר ז [ix'shur] conditioning
אַל תה״פ [al] 1 not, no. 2 Don't! 3 non-. 4 -less
אַל נָא please do not...
אַל תִּשְׁכָּחֵנִי Do not forget me...!
אֶל מ״י [el] to, into, at, by
אֶל עָל into the sky
אֵל ז [el] 1 God. 2 power, ability
אֶלָּא תה״פ, מ״י ['ela] but, except, save
אֶלָּא אִם כֵּן unless
אַלְאֶלַח ז [al''elax] pure, aseptic thing
אַלְאֶלְחִי ת [al'el'xi] pure, aseptic
אַלִּבָּא דְ... מ״י [a'liba d...] according to, in the opinion of
אַלִּבָּא דֶאֱמֶת actually, really, truly
אַלִּבָּא דִידִי in my opinion, according to me
אַלְבּוֹם ז [al'bom] album
אֶלְגָּבִישׁ ז [elga'vish] 1 crystal. 2 meteor. 3 hailstone
אַלֶּגוֹרִי ת [ale'gori] allegorical
אַלְגֹּם ז [al'gom] sandalwood, rosewood
אֶלֶגַנְטִי ת [ele'ganti] elegant
אַלְדְּקָן ז [alde'kan] beardless, clean-shaven
אָלָה נ פ״ע [a'la] 1 oath. 2 curse. 3 covenant. 4 to swear. 5 to lament
אֵלָה נ [e'la] 1 oak, terebinth. 2 goddess
אַלָּה נ [a'la] club, baton, cudgel
אֵלֶּה מ״ז ['ele] these
אִלָּה פ״י [i'la] to insult
אֱלוֹהַּ ז [e'loha] God
אֱלֹהוּת נ [elo'hut] Divinity
אֱלֹהִי ת [elo'hi] divine, celestial, godly
אֱלֹהִים ז [elo'him] 1 God. 2 gods
אֵלּוּ מ״ג ['elu] these, those
אִלּוּ מ״ח ['ilu] if
אָלוּחַ ת [a'lu'ax] infected, septic
אִלּוּחַ ז [i'lu'ax] infection, sepsis
אֱלוּל ז [e'lul] Elul (Hebrew month)
אִלּוּלֵא, אִלּוּלֵי מ״ח [ilu'le] if... not
אָלוּם ת [a'lum] 1 silent, dumb. 2 bundled
אֲלוּם ז [a'lum] 1 alum. 2 vegetable, shrub
אִלּוּם ז [i'lum] 1 dumbness, silence. 2 shearing, stacking
אַלּוֹן, אֵלוֹן ז [a'lon] oak, terebinth
אַלּוּף נ [a'luf] 1 brigadier, aluf. 2 champion. 3 chief, leader. 4 friend. 5 domesticated animal. 6 lord
אַלּוּף מִשְׁנֶה colonel
אִלּוּף ז [i'luf] taming, domestication
אָלוּץ ת [a'luts] compelled, forced, coerced

אִלּוּץ ז [i'luts] compulsion, coercion, forcing constraint

אֱלוּת נ [e'lut] lament, moan, wail

אַלְזַהַם ז [al'zaham] antiseptic

אַלְזָן ז [al'zan] atrophy

אָלַח, אִלַּח פ״י [a'lax, 'i'lax] to infect, contaminate, taint

אֶלַח ז ['elax] infection, contamination, sepsis

אַלְחוּט ז [al'xut] wireless, radio

אִלְחוּט ז [il'xut] broadcasting

אַלְחוּטָאוּת נ [alxuta'ut] wireless operation

אַלְחוּטַאי, אַלְחוּטָן ז [alxu'tai] radio operator

אַלְחוּטִי ת [alxu'ti] of radio

אִלְחוּשׁ ז [il'xush] an(a)esthetism, an(a)esthetizing

אַלְחוּשׁ ז [al'xush] an(a)esthesia

אַלְחוּשִׁי ת [alxu'shi] an(a)esthetic

אִלְחִי ת [il'xi] septic

אִלְחֵשׁ פ״י [il'xesh] to anaesthetize

אֱלֵי מ״י [e'le] to, unto, towards

אִלַּי ז [i'lai] lamenter, wailer

אַלְיֶדַע ז [al'yeda] subconscious, unconsious

אַלְיָה נ [al'ya] 1 fat tail. 2 ear lobe

אַלְיָה וְקוֹץ בָּהּ mixed blessing, fly in the ointment

אִלְיָה נ [il'ya] lamentation, elegy

אַלְיוֹן ז [al'yon] thumb, big toe

אֲלִיחָה נ [ali'xa] contamination, infection

אֱלִיל ז ת [e'lil] 1 idol, false god. 2 false, vain

אֱלִילָה נ [eli'la] goddess, idol (f)

אֱלִילוּת נ [eli'lut] idolatry, paganism

אֱלִילִי ת [eli'li] idolatrous, pagan

אַלִּים ת [ali'm] 1 violent. 2 strong, powerful

אֲלִימָה נ [ali'ma] sheaving, bundling

אַלִּימוּת נ [ali'mut] violence, terrorism

אַלִּיפוּת נ [ali'fut] championship

אַלְכּוֹהוֹל ז [alko'hol] alcohol

אֲלַכְסוֹן ז [alax'son] diagonal, hypotenuse

אֲלַכְסוֹנִי ת [alaxso'ni] diagonal, slant-wise, oblique

אֲלַכְסוֹנִית תה״פ [alaxso'nit] diagonally, obliquely

אִלֵּל פ״י [i'lel] to search, investigate

אַלָּם ז [a'lam] strong, vigorous, aggressive person

אָלַם פ״ע [a'lam] to become silent, be mute

אֵלֶם ז ['elem] dumbness, muteness, silence

אִלֵּם ז פ״י ת [i'lem]1 dumb, silent, mute. 2 to bind (sheaves)

אַלְמֹג ז [al'mog] 1 coral. 2 sandalwood

אַלְמֻגִּי ת [almu'gi] coraliferous, coral line

אֲלֻמָּה נ [alu'ma] sheaf, bundle

אַלְמוֹן ז [al'mon] 1 widowhood, loneliness. 2 alder (tree)

אִלְמוּן ז [il'mun] widowing

אִלָּמוֹן ז [ila'mon] dumbness

אַלְמוֹנִי ז״ת [almo'ni] 1 someone unknown. 2 anonymous

אַלְמוֹנִיּוּת נ [almoni'yut] anonymity, namelessness

אַלְמָוֶת ז [al'mavet] immortality, deathlessness

אַלָּמוּת נ [ala'mut] violence, force, lawlessness

אִלְמוּת נ [il'mut] muteness, dumbness

אִלְמָלֵא, אִלְמָלֵי מ״ח [ilma'le] if... not

אַלְמָן ז [al'man] widower

אִלְמֵן פ״י [il'men] to widow

אַלְמָנָה נ [alma'na] widow

אַלְמְנוּת נ [alma'nut] widowhood

אֶלֶמֶנְטָרִי ת [elemen'tari] elementary
אֲלֻמַּת אוֹר beam, shaft of light
אַלְמַתַּכְתִּי ת [almatax'ti] non-metallic
אֲלֻנְטִית נ [alun'tit] towel
אֲלֻנְקַאי ז [alun'kai] stretcher bearer
אֲלֻנְקָה נ [alun'ka] stretcher
אֶלַסְטִי ת [e'lasti] elastic
אִלְסָר ז [il'sar] hazelnut
אָלַף פ״ע [a'laf] to learn
אָלֶף נ ['alef] alef, the first letter of Hebrew alphabet
אִלֵּף פ״י [i'lef] to tame, train, domesticate
אֶלֶף ז ['elef] 1 one thousand. 2 clan, family. 3 cattle
אָלֶפְבֵּית ז [alef'bet] alphabet
אַלְפוֹן ז [al'fon] alphabetically-indexed book or file
אֶלִפְּטִי ת [e'lipti] eliptic
אַלְפִּי ת [al'pi] thousandth
אַלְפַּיִם ז״ז [al'payim] two thousand
אַלְפִּית נ [al'pit] a thousandth part
אֻלְפָּן ז [ul'pan] 1 studio. 2 school. 3 ulpan
אִלְפָּס ז [il'pas] cooking-pot, casserole, pan
אֶלִפְּסָה נ [e'lipsa] ellipse
אֹלֶץ ז ['elets] compulsion, coercion
אִלֵּץ פ״י [i'lets] to compel, force
אַלְקוּם ז [al'kum] inert
אֱלֹקוּת נ [elo'kut] Divinity
אֱלֹקִי ת [elo'ki] divine
אֱלֹקִים ז [elo'kim] God
אַלְקֻרְאָן ז [alkur''an] the Koran
אַלֶרְגִּיָה נ [a'lergiya] allergy
אִלְתּוּר ז [il'tur] improvisation, impromptu
אִלְתִּית נ [il'tit] salmon
אִלְתֵּר פ״י [il'ter] to improvise
אַלְתְּרָן ז [alte'ran] improviser
אֵם נ [em] 1 mother, matriarch. 2 female, womb. 3 matrix. 4 metropolis. 5 benefactress. 6 basis, authority, steoretype
אֵם הַדֶּרֶךְ crossroads
אֵם חוֹרֶגֶת stepmother
אֵם קְרִיאָה vowel
אִם מ״ח [im] 1 if, in case. 2 on, whether
אִם כִּי although
אִם כֵּן if so, consequently
אֹם זו״נ [om] 1 nation, people. 2 nut, screw-nut
אִמָּא נ [i'ma] mother, mama, ma
אַמְבָּט ז [am'bat(ya)] bathtub, bath, washtub
אַמְבַּטְיָה נ
אַמְבָּר ז [am'bar] granary, grainstone, millstone
אַמְגּוּשׁ ז ['amgush] magician, wizard, persian priest
אָמַד פ״י [a'mad] to estimate, assess, appraise
אֹמֶד ז ['omed] estimation, assessment, evaluation
אֹמֶד הַדַּעַת deliberation, conjecture
אִמֵּד פ״י [i'med] to estimate, appraise, calculate
אֻמְדָּן ז [um'dan] estimate, evaluation, assessment
אֻמְדַּן הַדַּעַת conjecture, reflection
אֻמְדָּנָה נ [umda'na] assessment, estimate
אֻמְדָּנִי ת [umda'ni] concerned with calculating, evaluating
אָמָה נ [a'ma] maid servant, female slave, serving-maid
אַמָּה נ [a'ma] 1 cubit, forearm. 2 cell. 3 middle finger. 4 penis. 5 doorpost. 6 canal, sewer
אִמָּה נ [i'ma] matrix
אֻמָּה נ [u'ma] nation, people
אַמְהוּת נ [am'hut] servitude, condition

corroboration
United Nations, U.N. אֻמּוֹת מְאֻחָדוֹת
[a'mid] prosperous, rich, affluent, well to do אָמִיד ת
[ami'da] estimation, assessment אֲמִידָה נ
[ami'dut] prosperity, richness, affluence אֲמִידוּת נ
[a'min] 1 trustworthy, reliable. 2 authentic, genuine אָמִין ת
[ami'nut] reliability, genuineness, authenticity, credibility אֲמִינוּת נ
[a'mits] courageous, brave, valiant אַמִּיץ ת
brave אַמִּיץ לֵב
[ami'tsut] bravery, courage, strength אַמִּיצוּת נ
[a'mir] tree-top אָמִיר ז
[e'mir] Emir אֶמִיר ז
[ami'ra] saying, utterance, speech אֲמִירָה נ
[a'mal] to become miserable, languish, fail אָמַל פ״י
[a'mel] unfortunate, wretched אָמֵל ת
[e'mal] enamel אֶמָל ז
[i'mel] to coat with enamel אִמֵּל פ״י
[ame'lut] unhappiness אֲמֵלוּת נ
[im'lel] to make miserable, unhappy אִמְלֵל פ״י
[um'lal] miserable, wretched, unfortunate, feeble אֻמְלָל ת
[umla'lut] misery, wretchedness, pitifulness אֻמְלָלוּת נ
[a'man] to foster, nurse, nurture אָמַן פ״י
[a'men] 1 loyalty, truth. 2 Amen, surely אָמֵן ז תה״פ
['omen] faith, trust, fidelity אֹמֶן ז

of serfdom
[ima'hot] ancestresses, mothers, matriarchs, matrices אִמָּהוֹת נ״ר
[ima'hut] motherhood, maternity אִמָּהוּת נ
[ima'hi] maternal, motherly אִמָּהִי ת
[a'mud] estimated אָמוּד ת
[amoda''ut] diving אָמוֹדָאוּת נ
[amo'dai] diver אָמוֹדַאי, אָמוֹדַי ז
[a'mul] miserable, weak, wretched אָמוּל ת
[i'mum] tailor's model, shoe-tree, manikin, mannequin אִמּוּם ז
[a'mon] 1 apprentice, pupil. 2 craftsman. 3 educator. 4 Amon אָמוֹן ז
[a'mun] 1 educated, trained. 2 faithful אָמוּן ת
[e'mun] confidence, loyalty, fidelity אֵמוּן ז
[i'mun] training, coaching אִמּוּן ז
[emu'na] 1 faith, belief. 2 religion. 3 confidence אֱמוּנָה נ
false belief, vain trust אֱמוּנַת שָׁוְא
[emu'nim] confidence, trust, loyalty אֱמוּנִים ז״ר
[imu'nit] track suit, training clothes אִמּוּנִית נ
[a'muts] 1 elected, adopted. 2 destined אָמוּץ ת
[i'muts] 1 strengthening, encouragement. 2 adoption אִמּוּץ ז
[emotsyo'nali] emotional אֶמוֹצְיוֹנָלִי ת
[a'mur] mentioned, supposed אָמוּר ת
[amo'ra] Talmudic sage, Amora אָמוֹרָא ז
[amorti'zatsya] wear, amortisation אֲמוֹרְטִיזַצְיָה נ
[emo'ri] Amorite אֱמוֹרִי ת
[i'mut] verification, אִמּוּת ז

[o'man] 1 artist, expert. 2 craftsman, skilled artisan — אָמָן, אָמָּן ז

[u'man] skilled artisan or craftsman — אֻמַּן (יָד)

[i'men] to train, educate, coach — אִמֵּן פ״י

[om'na] 1 education. 2 truly — אָמְנָה נ תה״פ

[ama'na] 1 convention, pact. 2 trust, faith. 3 credit — אֲמָנָה נ

violet, pansy — אַמְנוֹן וְתָמָר ז

[am'nun] Tilapia (fish), St. Peter's fish — אַמְנוּן ז

[oma'nut] art, artistry, artistic creatvity — אֳמָנוּת, אָמָּנוּת נ

[omanu'ti] artistic — אֳמָנוּתִי, אָמָּנוּתִי ת

[oma'nit] artist (f) — אֳמָנִית, אָמָּנִית נ

[om'nam] really, truly, indeed — אָמְנָם, אֻמְנָם תה״פ

[am'mats] to be strong, vigorous — אָמַץ פ״ע

[a'mots] ash-colored, grey-brown — אָמֹץ ת

['omets] courage, bravery, vigour — אֹמֶץ ז

courage — אֹמֶץ לֵב

[i'mets] 1 to encourage, strengthen. 2 to adopt — אִמֵּץ פ״י

[amtsa''a] invention — אַמְצָאָה נ

[am'tsa] courage, vigour — אָמְצָה, אַמְצָה נ

[um'tsa] steak — אֻמְצָה נ

['emtsa] middle, mean — אֶמְצַע ז

[emtsa''ut] 1 means, agency. 2 mediacy, mediation — אֶמְצָעוּת נ

[emtsa''i] 1 middle, medium, median. 2 means, measure — אֶמְצָעִי ז

[emtsa''im] wherewithal, means, measures — אֶמְצָעִים ז״ר

[a'mar] 1 to say, tell. 2 to intend, mean. 3 to command — אָמַר פ״י

['emer, ''omer] speech, utterance — אֵמֶר, אֹמֶר ז

[amra''a] 1 take-off, departure 2 mutiny, disobedience — אַמְרָאָה נ

[amar'gan] impressario — אֲמַרְגָּן ז

[im'ra] 1 proverb, aphorism, maxim — אִמְרָה נ

[ameri'kai] American — אֲמֵרִיקָאִי ז

[ameri'kani] American — אֲמֵרִיקָנִי ת

[amar'kal] administrator — אֲמַרְכָּל ז

[amarka'lut] administration — אֲמַרְכָּלוּת נ

[amarka'li] administrative — אֲמַרְכָּלִי ת

catchword, byword — אִמְרַת כָּנָף

[a'mesh] dark — אָמֵשׁ ת

['emesh] last night, yesterday evening — אֶמֶשׁ תה״פ

[amsha'la] pretext, excuse — אַמְשָׁלָה נ

[e'met] 1 truth, verity. 2 veracity, honesty — אֱמֶת נ

criterion — אַמַּת מִדָּה

canal, sewer — אַמַּת מַיִם

doorpost — אַמַּת סַף

[i'met] to verify, attest, corroborate, confirm — אִמֵּת פ״י

[ami'ta] 1 axiom. 2 truth — אֲמִתָּה נ

[ami'tut] veracity, truth, authenticity — אֲמִתּוּת, אֲמִתִּיּוּת נ

[am'taxat] pouch, purse, bag, sack — אַמְתַּחַת נ

[ami'ti] real, genuine, authentic — אֲמִתִּי ת

[amat'la] pretext, excuse — אֲמַתְלָה נ

[an] where, whither — אָן תה״פ

['ana] Please, I beg of you — אָנָּא מ״ק

[in'ba] nit — אִנְבָּה נ

[ang'li] English, Englishman — אַנְגְּלִי ת ז

[ang'lit] English language — אַנְגְּלִית נ

[angar'ya] forced labour, corvee — אַנְגַּרְיָה נ

['enax] sigh אֶנַח ז
[i'nax] to sigh אִנַּח פ״י
[ana'xa] sigh, groan, moan אֲנָחָה נ
[a'naxnu] we אֲנַחְנוּ מ״ג
[anti'shemi] 1 antisemitic. 2 antisemite אַנְטִישֵׁמִי ת ז
[anti'shemiyut] antisemitism אַנְטִישֵׁמִיּוּת נ
[an'tal] vessel, fingerbowl אַנְטָל ז
[antil'ya] water-wheel אַנְטְלְיָה נ
[an'tarktika] Antarctic אַנְטַרְקְטִיקָה נ
[o'ni] fleet, flotilla אֳנִי ז
['oni] mourning אֹנִי ז
[a'ni] 1 I. 2 ego אֲנִי ז מ״ג
[oni'ya] ship, sailing vessel, liner אֳנִיָּה נ
[ani'ya] sorrow, mourning, wailing אֲנִיָּה נ
[ani'yut] egoism, egotism, personal feeling אֲנִיּוּת נ
[a'nin] 1 delicate, sensitive, refined, discerning. 2 sybaritic, dainty אָנִין ת
[ani'na] mourning, sorrow אֲנִינָה נ
[ani'nut] 1 mourning, grief. 2 delicacy, over-refinement אֲנִינוּת נ
[ani'sa] rape, violation אֲנִיסָה נ
[a'nits] bundle אָנִיץ ז
swift-sailing ship אָנִיַּת אֵבֶה
[a'nax] plumb-line, perperdicular, vertical אֲנָךְ ז
[a'nex] onyx אֲנֵךְ ז
[i'nex] 1 to straighten. 2 to draw a perpendicular. 3 to coat with lead. 4 to solder אִנֵּךְ פ״י
[ano'xi] I אָנֹכִי מ״ג
[ana'xi] vertical, perpendicular אֲנָכִי ת
[ano'xi'yut] ego(t)ism, selfishness אָנֹכִיּוּת נ
[anaxi'yut] verticality, perpendicularity אֲנָכִיּוּת נ

[an'droginos] hermaphrodite אַנְדְּרוֹגִינוֹס ז
[androlo'musya] chaos, confusion, pandemonium אַנְדְּרוֹלוֹמוּסְיָה נ
[an'darta] monument, statue אַנְדַּרְטָה נ
['ana] 1 where, whither? 2 to lament. 3 to deceive אָנָה תה״פ מ״ק פיו״ע
[i'na] 1 to cause, bring about. 2 to deceive אִנָּה פ״י
[u'na] 1 to be caused, brought about. 2 lobe אֻנָּה נ פ״ע
['anu] we אָנוּ מ״ג
[a'non] sad, mournful אָנוֹן ת
[a'nona] anona אֲנוֹנָה נ
[a'nuna] annuity, annual produce אַנּוּנָה
[ano'nimi] anonymous אֲנוֹנִימִי ת
[a'nus] 1 forced, compelled. 2 forced convert אָנוּס ת ז
[i'nus] compulsion, force אִנּוּס ז
[anu'sa] raped, ravished אֲנוּסָה ת נ
[a'nuf] 1 angry. 2 reprinended אָנוּף ת
[a'nuk] plaintive אָנוּק ת
[anor'mali] abnormal אֲנוֹרְמָלִי ת
[a'nush] mortal, serious, incurable אָנוּשׁ ת
[e'nosh] man, human being אֱנוֹשׁ ז
[i'nush] personification אִנּוּשׁ ז
[anu'shot] incurably, critically, fatally אֲנוּשׁוֹת תה״פ
[eno'shut] mankind, humanity, human race אֱנוֹשׁוּת נ
[eno'shi] 1 human. 2 humane, kind אֱנוֹשִׁי ת
[enoshi'yut] kindness, humanity אֱנוֹשִׁיּוּת נ
[a'nax] to sigh, moan, lament אָנַח פ״ע

אָנֹכִיִּי ת [ano'xi] egoistical, self-loving
אֲנָכִית תה״פ [ana'xi] vertically
אָנַן פ״ע [a'nan] 1 to mourn, lament. 2 to masturbate
אֲנָנָס ז [ana'nas] pineapple
אָנַס, אִנֵּס פ״י [a'nas] 1 to violate, rape. 2 to force, compel
אֹנֶס ז ['ones] 1 rape. 2 force, compulsion
אַנָּס ז [a'nas] rapist, violator
אָנַף פ״ע [a'naf] to be, become angry
אָנֵף ת [a'nef] angry, angered
אֶנֶף ז ['enef] anger
אִנֵּף פ״ע [i'nef] to irritate, annoy
אֻנַּף פ״ע [u'naf] to be punished, be rebuked
אֲנָפָה נ [ana'fa] heron
אִנְפּוּף ז [in'puf] nasalization, grunting
אַנְפּוֹרְיָה נ [anpor'ya] emporium, merchandise
אַנְפִּי ת [an'pi] nasal, rhinal
אֲנָפִית נ [ana'fit] egret
אִנְפֵּף פ״ע [in"pef] to nasalize, grunt
אַנְפְּפָנִי ת [anpefa'ni] one who speaks through his nose
אָנַק פ״ע [a'nak] to groan, sigh
אֶנֶק ז ['enek] sigh, groan
אֲנָקָה נ [ana'ka] 1 groan, moan. 2 ferret
אַנְקוֹל ז [an'kol] hook
אַנְקוֹר ז [an'kor] sparrow
אֻנְקִיָּה נ [unki'ya] ounce
אִנְקֵל פ״י [in'kel] to hook
אֻנְקַל ז [un'kal] to be hooked
אֶנֶרְגִּיָה נ [e'nergiya] energy
אֲנַרְכְיָה נ [a'narxya] anarchy, chaos
אִנֵּשׁ פ״י [i'nesh] 1 to humanize. 2 to personify
אֲנָשִׁים ז״ר [ana'shim] people, men

אַסְדָּה נ [as'da] raft
אַסְדִּית נ [as'dit] pushcart, small barge
אָסוּךְ ז [a'sux] 1 oil can, oiler. 2 lubricator
אָסוּם ת [a'sum] 1 abundant. 2 stored
אִסּוּם ז [i'sum] storage
אָסוֹן ז [a'son] disaster, calamity
אָסוּף ת [a'suf] collected, gathered, compiled
אִסּוּף ז [i'suf] collection, compilation
אֲסוּפִי ז [asu'fi] foundling
אַסּוֹצְיַאצְיָה נ [aso'tsyatsya] association, link, connection
אָסוּר ת [a'sur] 1 forbidden, prohibited. 2 chained, imprisoned
אֵסוּר ז [e'sur] fetters, chains, shackles
אִסּוּר ז [i'sur] prohibition, ban, injunction
אָסוּתָא נ מ״ק [a'suta] 1 medicine, remedy. 2 God bless you!, Gesundheit!
אִסְטוֹמְכָה נ [istom'xa] stomach
אִסְטְוָנִית נ [istva'nit] hall, porch, salon
אַסְטֶלָה נ [as'tela] stele, engraved stone
אִסְטְנִיס ז [iste'nis] delicate, sensitive, refined
אִסְטְנִיסוּת נ [isteni'sut] refinement, delicacy
אַסְטְרוֹלוֹג ז [astro'log] astrologer
אַסְטְרוֹנוֹם ז [astro'nom] astronomer
אַסְטְרוֹנוֹמִי ת [astro'nomi] astronomical, enormous
אַסְטְרָטֶג ז [astra'teg] strategist
אַסְטְרָטֶגִי ת [astra'tegi] strategic(al)
אִסְטְרַטְיָה נ [istrat'ya] 1 troop, legion. 2 street road
אַסְטְרָלִי ת [as'trali] astral
אִסִּיִּים ז״ר [isi'yim] Essenes

[asi'ma] storage אֲסִימָה נ
[asi'mon] token, blank coin, slug אֲסִימוֹן ז
[as'yani] Asian, Asiatic אַסְיָנִי ת
[a'sif] 1 recollection, harvest, ingathering. 2 collected works אָסִיף ז
[asi'fa] 1 death. 2 assembly, gathering. 3 recollection אֲסִיפָה נ
[a'sir] prisoner, captive אָסִיר, אַסִּיר ז
bed-ridden, chronically ill אֲסִיר מִטָּה
[asi'ra] 1 imprisonment. 2 binding. 3 prisoner (f) אֲסִירָה נ
grateful אֲסִיר תּוֹדָה
Prisoners of Zion אֲסִירֵי צִיּוֹן
[eskad'ron] squadron אֶסְקַדְרוֹן ז
[as'kola] 1 school, school of thought. 2 tendency, system אַסְכּוֹלָה נ
[aska'la] 1 ladder. 2 grill, grid. 3 gangway אַסְכָּלָה נ
[aska'ra] diphtheria אַסְכָּרָה נ
['esel] pole, yoke אֶסֶל ז
[islam] Islam אִסְלָאם
[as'la] lavatory seat אַסְלָה נ
[a'sam] storehouse, granary אָסָם ז
['osem] abundance, bounty אֹסֶם ז
[i'sem] to store אִסֵּם פ״י
[asma'xa] supporting evidence אַסְמָכָה נ
[a'smaxta] 1 reliable evidence, support, proof. 2 reference אַסְמַכְתָּא, אַסְמַכְתָּה נ
[a'saf, 'i'sef] 1 to collect, gather, assemble. 2 to remove, withdraw אָסַף, אִסֵּף פ״י
to die אָסַף רוּחוֹ
['osef] collection אֹסֶף ז
Hands off! Take your hands off! אֱסֹף יָדֶיךָ
[ase'fa] 1 assembly, meeting. 2 collection אֲסֵפָה נ
general assembly, general meeting אֲסֵפָה כְּלָלִית
statutory meeting אֲסֵפָה מְכוֹנֶנֶת
[asu'pa] group, collection אֲסֻפָּה נ
[es'pog] sponge אֶסְפּוֹג ז
[espo'git] doughnut אֶסְפּוֹגִית נ
[ispla'nit] plaster, adhesive bandage אִסְפְּלָנִית נ
[as'fan] collector, hoarder אַסְפָן ז
[asfa'nut] collecting אַסְפָנוּת נ
[asaf'suf] mob, rabble, riff-raff אֲסַפְסוּף ז
[as'peset] lucerne grass, alfalfa אַסְפֶּסֶת נ
[aspa'ka] supply אַסְפָּקָה נ
[aspa'klarya] crystal glass, mirror אַסְפַּקְלַרְיָה נ
[aspa'ragus] asparagus אַסְפָּרָגוּס ז
[as'kof] threshold, doorstep, doormat אַסְקֹף ז, אַסְקֻפָּה נ
[a'sar] 1 to forbid, ban. 2 to confine, bind. 3 to imprison אָסַר פ״י
['oser] prohibition, detention אֹסֶר ז
[i'sar, ''esar] oath forbidding perjury אִסָּר, אֱסָר ז
[asa'ra] harnessing אֲסָרָה נ
the day after a festival אִסְרוּ חַג
[es'teti] aesthetic אֶסְתֶּטִי ת
['astma] asthma אַסְתְּמָה נ
[iste'nis] delicate, sensitive, refined אִסְתְּנִיס ז
[isteni'sut] refinement, delicacy אִסְתְּנִיסוּת נ
['aster] aster (plant) אַסְתֵּר ז
[af] 1 nose. 2 face. 3 anger, wrath. 4 also, too. 5 even אַף ז מ״ח
even if אַף אִם
although, even though אַף כִּי, אַף שֶׁ...
nevertheless אַף עַל פִּי כֵן

[a'fad] to gird, clothe אָפַד פ״י
[i'ped] to clothe, encompass אִפֵּד פ״י
[afu'da] 1 pullover, sweater. 2 ephod אֲפֻדָּה נ
[a'peden] 1 summer palace. 2 pavilion אַפֶּדֶן ז
[a'fa] to bake אָפָה פ״י
[e'fo] subsequently, then, however אֵפוֹא תה״פ
[a'fud] 1 girded, clothed. 2 encircled אָפוּד ת
[e'fod] 1 ephod. 2 covering. 3 ancient idol אֵפוֹד ז
[apo'tropos] guardian, trustee, administrator אַפּוֹטְרוֹפּוֹס ז
[apo'tropsut] trusteeship, guardianship, administration אַפּוֹטְרוֹפְּסוּת נ
[a'fuy] baked אָפוּי ת
[i'puy] 1 characterization. 2 baking אִפּוּי ז
[a'ful] dark, shaded אָפוּל ת
[i'pul] blackout אִפּוּל ז
[apolo'geti] apologetic, defensive אַפּוֹלוֹגֶטִי ת
[apolo'getika] self-justification, apologetics אַפּוֹלוֹגֶטִיקָה נ
[a'fun] 1 bean, pea. 2 arranged in order אָפוּן ז ת
[a'pon] small nose אַפּוֹן ז
[i'pun] 1 torturing on the wheel. 2 cycling, wheeling אִפּוּן ז
[afu'na] pea אֲפוּנָה נ
[a'fus] valueless, weak, powerless אָפוּס ת
powerless, helpless, without strength אֲפוּס כֹּחַ
['epos] epic poem אֶפּוֹס ז
[i'pus] negation, cancellation, nullification אִפּוּס ז
[a'fuf] encompassed, enveloped אָפוּף ת
[epo'feya] epopee, epic work אֶפּוֹפֵיָה נ
[a'futs] crowded, enclosed אָפוּץ ת
[i'puk] restraint, holding back אִפּוּק ז
[apokri'fim] Apocrypha אַפּוֹקְרִיפִים ז״ר
[i'pur] make-up אִפּוּר ז
[apote'kai] concerned with mortgages, pawning אַפּוֹתֵיקָאִי ת
[apo'teka] 1 store. 2 pharmacy, drugstore. 3 mortgage אַפּוֹתֵיקָה, אַפּוֹתֵיקִי ז
[a'faz] 1 to jump, skip. 2 to scoff, jeer אָפַז פ״ע
[afta'ra] farewell address, sermon, epilogue אַפְטָרָה נ
[epi'tropos] 1 administrator, trustee. 2 guardian אֶפִּטְרוֹפּוֹס ז
[epi'tropsut] 1 trusteeship, guardianship. 2 administration אֶפִּטְרוֹפְּסוּת נ
['ofi] character, nature אֹפִי ז
[a'pi] nasal אַפִּי ת
['epi] epic אֶפִּי ת
[afi'da] aphid, plant louse אֲפִידָה נ
[afi'ya] baking אֲפִיָּה נ
[if'yun] characterization אִפְיוּן ז
[a'fil] late, late-ripening. 2 late harvest אָפִיל ת, ז
[afi'lut] delay, lateness אֲפִילוּת נ
[a'payim] nostrils, face אַפַּיִם ז״ז
[if'yen] to characterize אִפְיֵן פ״י
['ofya'ni] characteristic אָפְיָנִי ת
[ofya'nut] affinity אָפְיָנוּת נ
[afi'sa] absence, lack, cessation אֲפִיסָה נ
exhaustion, weakness אֲפִיסַת כֹּחוֹת
[afi'sut] stoppage, cessation אֲפִיסוּת נ
[afi'si] null אֲפִיסִי ת
[afi'fa] encircling, wrapping, surrounding אֲפִיפָה נ
[apif'yor] Pope אַפִּיפְיוֹר ז

[af'ner] candlefish אַפְנֵר ז
[ofna'ti] fashionable, modish, stylish אָפְנָתִי ת
[a'fes] 1 to be exhausted, cease, disappear. 2 null, void אָפֵס פ״ע ת
['efes] 1 zero, nil, naught. 2 end. 3 but, only, however אֶפֶס ז תה״פ
a complete zero אֶפֶס אֲפָסִים
a smattering אֶפֶס קָצֵהוּ
['ofes] ankle אֹפֶס ז
[i'pes] 1 to nullify, to annihilate. 2 to set at zero. 3 to synchronize אִפֵּס פ״י
[af'sut, 'afsi'yut] futility, insignificance אַפְסוּת, אַפְסִיּוּת נ
[af'si] insignificant, almost valueless אַפְסִי ת
[of'sayim] ankles אָפְסַיִם ז״ז
[af'san] nihilist אַפְסָן ז
[afsana''ut] 1 storekeeping. 2 quarter mastering אַפְסְנָאוּת נ
[afse'nai] quartermaster, storekeeper אַפְסְנַאי ז
[af'sanut] nihilism אַפְסָנוּת ז
[afsa'ni] nihilistic אַפְסָנִי ת
[afsan'ya] provisioning, supplying אַפְסַנְיָה נ
[afsin'tin] absinthe, wormwood אַפְסִינְתִּין ז
[af'sar] halter, bridle, harness אַפְסָר ז
[if'ser] to tether, harness אִפְסֵר פ״י
['efa] nothingness, zero אֶפַע ז
[ef''e] poisonous snake, viper אֶפְעֶה ז
[a'faf] double thread, double-weave אָפָף ז
[a'faf, 'i'pef] to wrap, encompass, envelop אָפַף, אִפֵּף פ״י
to cheat אָפַף עַל פ״י

[apifyo'ri] papal אַפִּיפְיוֹרִי ת
[afi'fit] wafer-biscuit, waffle אֲפִיפִית נ
[a'fits] compressed, condensed, insipid אָפִיץ ת
[afi'tsa] fit, spasm אֲפִיצָה נ
[a'fik] 1 riverbed, channel. 2 stream אָפִיק ז
[afiko'man] 1 afikoman. 2 dessert אֲפִיקוֹמָן ז
[epi'korsi] 1 sceptic, heretic, atheist. 2 Epicurean אֶפִּיקוֹרְסִי ת
[a'fal] to be dark, darker אָפַל פ״ע
[a'fel] dark, gloomy אָפֵל ת
['ofel, 'a'fel] darkness, gloom אֹפֶל, אֲפֵל ז
[i'pel] to darken אִפֵּל פ״י
[afe'la] darkness אֲפֵלָה נ
[a'filu] even if, even though אֲפִלּוּ מ״ח
[af'lul] darkish, murky אַפְלוּל, אַפְלוּלִי ת
[if'lul] darkening אִפְלוּל ז
[aflu'lit] dimess, dusk אַפְלוּלִית נ
[afe'lut] darkness אֲפֵלוּת נ
[apla'toni] Platonic אַפְּלָטוֹנִי ת
[afla'ya] discrimination אַפְלָיָה נ
[afli'lut] nebulosity אַפְלִילוּת נ
[apli'katsya] application, practical use אַפְּלִיקַצְיָה נ
[if'lel] to darken, dim אִפְלֵל פ״י
[a'fan] to cycle אָפַן פ״י
['ofen] 1 manner, way. 2 mode, fashion אֹפֶן ז
[i'fen] 1 to wheel. 2 to torture on the wheel אִפֵּן פ״י
[of'nai] 1 fashion model. 2 fashion designer אָפְנַאי ז, אָפְנָאִית נ
[afun'da] money belt אֲפֻנְדָּה נ
[af'na] fashion, mode, style אָפְנָה נ
[if'nun] modulation אִפְנוּן ז
[if'nen] to modulate אִפְנֵן פ״י

[aˈfats] gallnut אָפָץ ז

[aˈfats, ʼiˈpets] to fit, adjust, fasten אָפַץ, אִפֵּץ פ״י

[ˈofets] hock-joint, chuck אֹפֶץ ז

[aˈfak] to channel, lead אָפַק פ״ע

[ˈofek] horizon אֹפֶק ז

[iˈpek] to restrain, overcome אִפֵּק פ״י

[eˈfekt] effect אֶפֶקְט ז

[efekˈtivi] effective אֶפֶקְטִיבִי ת

[ofˈki] horizontal אָפְקִי ת

[ofˈkit] horizontally אָפְקִית תה״פ

[aˈfor] 1 grey, gloomy. 2 prosaic אָפֹר ת

[ˈefer] ashes אֵפֶר ז

[aˈfar] meadow, pasture אֲפָר ז

[aˈfer] 1 mask. 2 eyecover אֲפֵר ז

[aˈpar] make-up expert אַפָּר ז

[iˈper] 1 to make into ashes. 2 to make-up (cosmetics) אִפֵּר פ״י

[afeˈra] mineral אֲפֵרָה נ

[eˈfroʼax] chick, nestling אֶפְרוֹחַ ז

[afruˈri] greyish, ashen אַפְרוּרִי ת

[afoˈrut] greyness, greyishness אֲפֹרוּת נ

[efˈri] ashen אֶפְרִי ת

[apirˈyon] sedan chair אַפִּרְיוֹן ז

[aforiˈyut] greyishness, ashiness אֲפֹרִיּוּת נ

[aˈfriz] roof structure אַפְרִיז ז

[apˈril] April אַפְּרִיל ז

[afarˈkas, ʼafarˈkeset] 1 funnel. 2 auricle. 3 earpiece, earcap אֲפַרְכָּס ז אֲפַרְכֶּסֶת נ

[afarseˈmon] persimmon, balsam tree אֲפַרְסְמוֹן ז

[afarˈsek] peach אֲפַרְסֵק ז

[afarˈpar] greyish אֲפַרְפַּר ת

[ifˈrer] to grey, to make grey אִפְרֵר פ״י

[aprakˈdan] supine, lying down אַפְּרַקְדָּן תה״פ

[afraˈsha] secretion אַפְרָשָׁה נ

[efraˈti] 1 nobleman, aristocrat. 2 Ephraimite אֶפְרָתִי ת

[aˈfash] to wish, desire אָפַשׁ פ״י

[ˈefesh] wish, desire אֶפֶשׁ ז

[ifˈshur] enabling, facilitation אִפְשׁוּר ז

[efˈshar] 1 possible. 2 possibly אֶפְשָׁר תה״פ

[ifˈsher] to enable, make possible אִפְשֵׁר פ״י

[efshaˈrut] possibility אֶפְשָׁרוּת נ

[efshaˈri] possible אֶפְשָׁרִי ת

[aˈpati] apathetic אַפָּתִי ת

[ats] 1 to hurry, rush, hasten. 2 hasty אָץ פ״ע ת

[itsˈbuʼa] fingering אִצְבּוּעַ ז

[ˈetsba] 1 finger, forefinger, index finger. 2 inch. 3 penis אֶצְבַּע נ

[itsˈba] to mark fingerings, to digitate אִצְבַּע פ״י

[etsbaˈʼon] thimble אֶצְבָּעוֹן ז

[etsbeʼoˈni] 1 pygmy, dwarf. 2 Tom Thumb אֶצְבְּעוֹנִי ת

[aˈtsa] alga(e), seaweed אַצָּה נ

[atsˈva] 1 batch of loaves (to be baked). 2 batch (comp) אַצְוָה נ

[aˈtsul] 1 ennobled. 2 delegated אָצוּל ת

[iˈtsul] 1 ennoblement. 2 delegation אִצּוּל ז

[aˈtsur] 1 latent. 2 preserved, guarded אָצוּר ת

[iˈtsur] preservation, conservation אִצּוּר ז

[itstaˈba] shelf, ledge אִצְטַבָּה נ

[itstaˈgnin] astrologer אִצְטַגְנִין ז

[itstagniˈnut] astrology אִצְטַגְנִינוּת נ

[itstadˈyon] stadium אִצְטַדְיוֹן ז

[itstomˈxa] stomach אִצְטוֹמְכָא, אִצְטוֹמְכָה נ

[atseˈton] acetone אֲצֵטוֹן ז

[itstvaˈna] cylinder אִצְטְוָנָה נ

red stone
[ik'dem] to prelude (music) אִקְדֵּם פ״י
[akade'mai] academic אֲקָדֶמַאי ז
[akda'ma] preface, prelude, prologue אַקְדָּמָה נ
[aka'demi] academic אֲקָדֶמִי ת
[aka'demya] academy אֲקָדֶמְיָה נ
[a'ko] ibex אַקּוֹ ז
[a'kon] fishing basket אַקּוֹן ז
[eko'nomi] economical אֶקוֹנוֹמִי ת
[a'kusti] acoustic אֲקוּסְטִי ת
[a'kord] chord אַקּוֹרְד ז
[akt] act אַקְט ז
[aktu''ali] pertinent, feasible אַקְטוּאָלִי ת
[aktu''ar] actuary אַקְטוּאָר ז
[i'klum] acclimatization אִקְלוּם ז
[a'klim] climate אַקְלִים ז
[ak'limi] climatic אַקְלִימִי ת
[eka'liptus] eucalyptus אֶקָלִיפְּטוּס ז
[i'klem] to acclimatize אִקְלֵם פ״י
[ik'nun] portrayal אִקְנוּן ז
[ik'nen] to portray אִקְנֵן פ״י
[aks'yoma] axiom אַקְסִיוֹמָה נ
[akra''i] incidental, occasional, chance אַקְרָאִי ת
[ak'rai] chance, random אַקְרַאי ז
[akrai'yut] chance, randomness אַקְרָאִיּוּת נ
[akro'bati] acrobatic אַקְרוֹבָּטִי ת
[akro'batika] acrobatics אַקְרוֹבָּטִיקָה נ
[akrosti'xon] acrostic אַקְרוֹסְטִיכוֹן ז
[er''el] 1 angel. 2 hero אֶרְאֵל ז
[er'e'li] 1 angelic. 2 heroic אֶרְאֵלִי ת
[a'rav, 'e'rav] to ambush, waylay אָרַב, אֵרַב פ״ע
['erev, ''orev] ambush, lair אֶרֶב, אֹרֶב ז
[ar'ba] boat, barge אַרְבָּה נ
[ar'be] locust אַרְבֶּה ז
[aru'ba] 1 chimney, vent. 2 dovecote. 3 orbit (eye) אֲרֻבָּה נ

[itsteva'ni] cylindrical אִצְטְוָנִי ת
[itste'la] 1 cloak, mantle. 2 duty, role, responsibility אִצְטְלָה נ
[itste'lit] jerkin, outer clothing אִצְטְלִית נ
[itstru'bal] pine cone, acorn אִצְטְרֻבָּל ז
[itstruba'li] cone-like אִצְטְרֻבָּלִי ת
[a'tsil] 1 noble, aristocrat. 2 extremity, end אָצִיל ז״ת
[a'tsil] upper arm, arm-pit אַצִּיל ז, אַצִּילָה נ
[atsi'la] 1 inspiration, vesting. 2 noblewoman אֲצִילָה נ
[atsi'lut] nobility, aristocracy אֲצִילוּת נ
[atsi'li] noble, aristocratic אֲצִילִי ת
delegation of authority אֲצִילַת סַמְכוּת
[a'tsin] infusion אַצִּין ז
[atsi'ra] hoarding, accumulation אֲצִירָה נ
[a'tsal] 1 to reserve, set apart. 2 to delegate. 3 to inspire אָצַל פ״י
['etsel] 1 near, beside. 2 at. 3 with, according to אֵצֶל מ״י
[i'tsel] to ennoble אִצֵּל פ״י
[atsu'la] nobility, aristocracy אֲצֻלָּה נ
[atsula'ti] noble, aristocratic אֲצֻלָּתִי ת
[a'tsan] sprinter, runner אַצָּן ז
[ets'a'da] bracelet, bangle אֶצְעָדָה נ
[i'tsets] to press, pressure אִצֵּץ פ״י
[a'tsar, 'i'tser] to collect, accumulate, store as treasure אָצַר, אִצֵּר פ״י
[a'tsar] collector, hoarder, speculator אַצָּר ז
[akba'la] parallelism אַקְבָּלָה נ
[ek'do'ax] revolver, pistol אֶקְדּוֹחַ ז
[ek'dax] 1 carbuncle, garnet. 2 revolver, gun אֶקְדָּח ז
[ekda'xan] pistoleer, gunman אֶקְדָּחָן ז
[ek'daxat] garnet, carbuncle, אֶקְדַּחַת נ

אַרְבֵּל ז [ar'bel] riddle, sieve
אִרְבֵּל פ״י [ir'bel] to sift, riddle
אַרְבַּע נ [ar'ba] four (f)
אַרְבַּע־עֶשְׂרֵה [ar'ba-'es'rei] fourteen (f)
אַרְבָּעָה ז [arba''a] four (m)
אַרְבָּעָה־עָשָׂר [arba'a-'a'sar] fourteen
אַרְבָּעוֹן ז [arba''on] 1 tetrahedron. 2 quadrilateral
אַרְבְּעוֹנִי ת [arba'o'ni] tetrahedral
אַרְבָּעִים זו״נ [arba'im] forty
אָרַג, אֵרַג פ״י [a'rag, 'e'rag] to weave
אֶרֶג ז ['ereg] 1 weaving, texture, textile. 2 shuttle
אִרְגּוּן ז [ir'gun] organization
אִרְגּוּנִי ת [irgu'ni] organizational
אַרְגְּוָנִית נ [argeva'nit] purple garment
אַרְגָּז ז [ar'gaz] case, box
אִרְגֵּז פ״י [ir'gez] to encase, pack in a case
אַרְגִּיעָה ז [arga''a] instant, moment
אַרְגָּמָן ז [arge'man] purple
אַרְגֶּמֶנֶת נ [arga'menet] purpura, erythema
אִרְגֵּן פ״י [ir'gen] to organize
אַרְגָּעָה נ [arga'a] pacification, calming down
אָרָד ז [a'rad] bronze
אָרֹד ת [a'rod] bronze
אֵרַד פ״י [e'rad] to bronze
אַרְדִּיכָל ז [ardi'xal] architect
אַרְדִּיכָלוּת נ [ardixa'lut] architecture
אָרָה פ״י [a'ra] to pick, pluck, gather
ארה״ב United States of America, U.S.A.
אֲרוּבָה נ [aru'va] baker's tray
אָרוּג ת [a'rug] woven
אֵרוּג ז [e'rug] textile, woven cloth
אֻרְוָה נ [ur'va] stable
אָרוּז ת [a'ruz] 1 packed. 2 tied up
אֵרוּחַ ז [e'ru'ax] 1 hospitality. 2 accomodation
אֲרוּחָה נ [aru'xa] meal, food, dish
אֲרוּחַת בֹּקֶר breakfast
אֲרוּחַת עֶרֶב dinner, supper
אֲרוּחַת צָהֳרַיִם lunch
אֶרוֹטִי ת [e'roti] erotic
אָרוּי ת [a'ruy] collected, recollected, picked, gathered
אֲרוּכָה נ [aru'xa] healing, recovery
אָרוֹן ז [a'ron] 1 cupboard, closet, cabinet. 2 ark. 3 coffin
אֲרוֹן בְּגָדִים wardrobe
אֲרוֹן הַבְּרִית The Ark of the Covenant
אֲרוֹן לַיְלָה bedside table
אֻרְוָן ז [ur'van] groom, stable boy, ostler
אָרוּס ז ת [a'rus] fiancé, betrothed
אֵרוּס ז [e'rus] engagement, betrothal
אֲרוּסָה נ ת [aru'sa] fiancée, engaged, betrothed
אֵרוּסִים, אֵרוּסִין ז״ר [eru'sim] betrothal, engagement
אֵרוּעַ ז [e'ru'a] event, incident, happening
אָרוּר ת [a'rur] cursed, damned
אֵרוּר ז [e'rur] curse, malediction
אָרַז פ״י [a'raz] to pack, tie
אֶרֶז ז ['erez] cedar tree
אֹרֶז ז ['orez] rice
אַרְזִית נ [ar'zit] risotto
אַרְזָף ז [ar'zaf] buttercup, ranunculus
אָרַח פ״י [a'rax] to journey, travel, wander
אֵרַח פ״י [e'rax] 1 to accommodate, entertain, put up. 2 receive (give) hospitality
אֹרַח ז ['orax] 1 path, way, route. 2 manner, condition
אֹרַח חַיִּים way of life, life-style
אֹרַח נָשִׁים menstruation

[arxe'o'log] archaeologist ז אַרְכֵאוֹלוֹג
[arxe'o'logi] archaeological ת אַרְכֵאוֹלוֹגִי
[ar'xai] archaic ת אַרְכָאִי
[ir'kev] to crank פ״י אִרְכֵּב
[arka'va] assembly, mounting נ אַרְכָּבָה
[arku'ba] 1 crankhandle. 2 knee-joint, shank נ אַרְכֻּבָּה
[ar'ka] extension, prolongation נ אַרְכָּה
[aru'ka] bedstead, bedboard נ אֲרֻכָּה
[ar'xon] archon, ruler ז אַרְכוֹן
[ar'kof] 1 stirrup. 2 stocks ז אַרְכּוֹף
[ar'xut] length נ אַרְכוּת
[aru'kot] 1 at length, lengthily. 2 long (f) נ״ר תה״פ אֲרֻכּוֹת
[ar'xi] 1 the authorities. 2 the biggest ז אַרְכִי
[or'ki] longitudinal ת אָרְכִּי
[arxi'yon] archives ז אַרְכִיּוֹן
[arxi'yoni] archival ת אַרְכִיּוֹנִי
[arximan'drit] Archimandrite ז אַרְכִימַנְדְּרִיט
[arxi'pelag] archipelago ז אַרְכִיפֶּלָג
[ar'kan] verbose, talkative, long-winded ז אַרְכָן
[arka'nut] verbosity נ אַרְכָנוּת
[arka'ni] tiresome, boring, long-winded ת אַרְכָנִי
[arax'rax] longish ת אֲרַכְרַךְ
[ar'mon] palace ז אַרְמוֹן
[ara'mi] Aramaean, Aramaic ת אֲרַמִּי
[ara'mit] Aramaic נ אֲרָמִית
[arme'li] widower, solitary, lonely ז ת אַרְמְלִי
['oren] pine, pinewood ז אֹרֶן
[ar'nevet] rabbit, hare ז אַרְנֶבֶת נ, אַרְנָב
[or'na] boletus, mushroom נ אָרְנָה
[ar'nona] property tax (rates) נ אַרְנוֹנָה
[orni'ya] pine mushroom נ אָרְנִיָּה
[ar'nak] purse, pouch, bag ז אַרְנָק

['arxe 'parxe] tramps, vagabonds, good-for-nothings אָרְחֵי פָּרְחֵי
[ar'tezi] artesian ת אַרְטֶזִי
[arti'leriya] artillery נ אַרְטִילֶרְיָה
['ari] Aryan ת אָרִי
sea lion אֲרִי הַיָּם
[ari'yel] 1 hero, brave man. 2 Ariel, Jerusalem ז אֲרִיאֵל
[ari'va] ambush נ אֲרִיבָה
[a'rig] cloth, textile, weave ז אָרִיג
[ari'ga] weaving נ אֲרִיגָה
[ari'ya] packing, gathering נ אֲרִיָּה
[ar'ye] lion ז אַרְיֵה, אֲרִי
[a'riz] packable, packageable ת אָרִיז
[ari'za] packing, package נ אֲרִיזָה
[a'riyax] 1 brick, tile. 2 bar. 3 square bracket ז אָרִיחַ
[a'rix] long ת אָרִיךְ
long-play אֲרִיךְ נֶגֶן
[ari'xa] 1 length. 2 patience נ אֲרִיכָה
[ari'xut] lengthiness, prolongation נ אֲרִיכוּת
patience, restraint אֲרִיכוּת אַף
longevity אֲרִיכוּת יָמִים
[arina'mal] ant lion ז אֲרִינָמָל
[a'ris] serf, land-tenant, leaseholder ז אָרִיס
[aristo'krati] aristocratic ת אֲרִיסְטוֹקְרָטִי
[ari'sut] land tenancy, serfdom נ אֲרִיסוּת
[ari''a] event, occurrence נ אֲרִיעָה
[ari'ra] curse, malediction נ אֲרִירָה
[ari'ran] dagger, poniard ז אֲרִירָן
[ari'sha] expression נ אֲרִישָׁה
[a'rax] to last, lengthen, endure פ״ע אָרַךְ
[a'rox] long ת אָרֹךְ
['erex] 1 long. 2 cure, remedy ת ז אֶרֶךְ
['orex] length ז אֹרֶךְ
patience אֹרֶךְ רוּחַ

אָרַס פ״י [a'ras] to lease, rent
אֵרַס פ״י [e'ras] to betroth
אֶרֶס ז ['eres] poison, venom
אַרְסִי ת [ar'si] 1 poisonous, venomous. 2 virulent
אַרְסִיּוּת נ [arsi'yut] poisonousness, toxicity
אַרְסָנִי ת [arsa'ni] arsenic
אֵרַע פ״ע [e'ra] to happen, occur, befall
אֵרָעוֹן ז [era''on] incident, event
אֲרָעִי ת [ara''i] temporary, ephemeral, transient
אֲרָעִיּוּת נ [ara'i'yut] temporariness, transience
אַרְעִית נ [ar''it] base, bottom
אֲרָעִית תה״פ [ara''it] temporarily
אֶרֶץ נ ['erets] earth, land, country, ground, soil, territory
אֶרֶץ הַקֹּדֶשׁ the Holy Land
אֶרֶץ יִשְׂרָאֵל The Land of Israel
אֶרֶץ מוֹלֶדֶת native country
אַרְצוֹת הַבְּרִית 1 United States. 2 USA
אַרְצִי ת [ar'tsi] 1 nation-wide. 2 national
אַרְצִית נ [ar'tsit] termite
אֶרֶק ז ['erek] earth
אַרְקָה נ [ar'ka] 1 parasite, worm. 2 earth, ground
אַרְקְטִי ת ['arkti] arctic
אָרֶקֶת נ [a'reket] jaundice
אָרַר, אֵרַר פ״י [a'rar] to curse, damn
אֶרֶר ז ['erer] malediction, curse
אָרַשׂ, אֵרַשׂ פ״י [a'ras, 'e'ras] to betroth
אֲרֶשֶׁת נ [a'reshet] expression
אֲרֶשֶׁת פָּנִים facial expression
אֲרִיתְמֶטִי ת [arit'meti] arithmetical
אֵשׁ נ [esh] 1 fire. 2 heat. 3 wrath
אֵשׁ תֹּפֶת hell-fire
אֶשְׁבּוֹל ז [esh'bol] cob, spadix
אַשְׁבֹּרֶן ז [ash'boren] 1 plateau, level country. 2 pool, pond, dip
אַשְׁגָּרָה נ [ashga'ra] 1 routine, habit. 2 fluency
אָשַׁד, אִשֵּׁד פ״ע [a'shad, 'i'shed] to flow
אֶשֶׁד ז ['eshed] waterfall, cataract, cascade, rapid(s)
אֲשֵׁדָה נ [ashe'da] 1 slope, declivity. 2 waterfall
אִשָּׁה נ [i'sha] woman, wife, female
אִשֶּׁה ז [i'she] burnt offering, sacrifice
אַשְׁוָה נ [ash'va] reel, spool
אַשּׁוּחַ ז [a'shu'ax] fir-tree
אִשּׁוּם ז [i'shum] accusation, charge, incrimination, indictment
אָשׁוּן ת [a'shun] rough, stiff, rigid
אֱשׁוּן ז [e'shun] 1 darkness, middle of night. 2 middle, center. 3 time, epoch
אִשּׁוּן ז [i'shun] darkness
אָשׁוּר ז נ [a'shur] 1 step, pace. 2 beech tree, beech-wood
אַשּׁוּר ת [a'shur] 1 Assyria. 2 step, pace
אִשּׁוּר ז [i'shur] 1 confirmation, approval. 2 endorsement, sanction. 3 authorization
אֲשׁוּרָה נ [ashu'ra] step, pace
אִשּׁוּשׁ ז [i'shush] strengthening, securing, verification
אָשׁוּת נ [a'shut] mole
אִשּׁוּת נ [ishut] 1 wedlock, marital status. 2 femininity
אֶשְׁחָר ז [esh'xar] buckthorn, rhamnus (bot.)
אִשִּׁי ת [i'shi] 1 ardent. 2 fiery, fire-like
אָשְׁיָה נ [osh'ya] 1 foundation, basis. 2 chassis. 3 principles
אָשִׁיחַ ז [a'shiyax] canal, sewer

2 Satan, the Devil
[ashmeda''i] Satanic, diabolical אַשְׁמְדָאִי ת
[ash'ma] 1 guilt, blame, fault. 2 charge, accusation אַשְׁמָה נ
[ash'mur] vigil, watch אַשְׁמוּר ז, אַשְׁמוּרָה נ
[ash'mai] sinner, offender אַשְׁמַי ז
[ash'man] gloom, darkness, grave אַשְׁמָן ז
[ash'moret] 1 vigil, watch. 2 day (or night) watch אַשְׁמֹרֶת נ
[i'shen] to stiffen אִשֵּׁן פ״ע
[esh'nav] small window, vent, cashier's box, porthole אֶשְׁנָב ז
[ish'nev] to fenestrate אִשְׁנֵב פ״י
[eshna'bai] information clerk אֶשְׁנַבַּאי ז
[eshna'bon] loophole, small vent אֶשְׁנַבּוֹן ז
[ash'na] moss אַשְׁנָה נ
['eshef] sorcery, magic, witchcraft אֶשֶׁף ז
[a'shaf] 1 magician, sorcerer, wizard. 2 chef אַשָּׁף ז
[ash'pa] 1 dung, rubbish, garbage. 2 quiver (archery) אַשְׁפָּה נ
[ish'puz] 1 hospitalization. 2 accommodation אִשְׁפּוּז ז
[ish'pez] 1 to hospitalize. 2 to accommodate אִשְׁפֵּז פ״י
[ashpa'za] hospitalization אַשְׁפָּזָה נ
[asha'fi] magical אַשָּׁפִי ת
[ush'piz] 1 guest, visitor. 2 inkeeper, host אֻשְׁפִּיז ז
[ash'par] clothes-repairer, decorator אַשְׁפָּר ז
[esh'par] portion, morsel אֶשְׁפָּר ז
[ashpa'ra] 1 completion of weaving, finishing. 2 curing אַשְׁפָּרָה נ
[ashpa'ton] garbage can, dustbin אַשְׁפַּתּוֹן ז

[a'shin] stiff, rigid אָשִׁין ת
[ashi'nut] stiffness, rigidity אֲשִׁינוּת נ
[a'shish] 1 old man. 2 ruins אָשִׁישׁ ז
[ashi'sha] 1 cake. 2 flagon, bottle אֲשִׁישָׁה נ
[ashi'shut] strength, firmness, solidity אֲשִׁישׁוּת נ
['eshex] testicle אֶשֶׁךְ ז
[esh'kol] 1 cluster, bunch. 2 great schōlar אֶשְׁכּוֹל ז
[eshko'lit] grapefruit אֶשְׁכּוֹלִית נ
[ash'ki] testicular, testiculate אַשְׁכִּי ת
[ashka'ma] dawn, daybreak אַשְׁכָּמָה נ
[ashke'naz] Ashkenaz אַשְׁכְּנַז ז
[ashkena'zi] Ashkenazi אַשְׁכְּנַזִּי ת
[esh'kaf] hopper אֶשְׁכָּף ז
[ush'kaf] 1 cobbler, shoe-maker. 2 saddler, tanner אֻשְׁכָּף ז
[ushka'fut] saddlery אֻשְׁכָּפוּת נ
[esh'kar] gift, present, offering אֶשְׁכָּר ז
[eshke'ro'a] box tree, box-wood אֶשְׁכְּרוֹעַ ז
[a'shexet] orchitis אַשֶּׁכֶת נ
bed & breakfast accomodation אֵשֶ״ל ז
['eshel] 1 tamarisk. 2 great scholar. 3 inn אֵשֶׁל ז
[ash'lag] potash אַשְׁלָג ז
[ashle'gan] potassium אַשְׁלְגָן ז
[ashla'ya] 1 false hope, delusion. 2 illusion אַשְׁלָיָה נ
[a'sham] guilt, blame, sin אָשָׁם ז
[a'sham] to sin, transgress אָשַׁם פ״ע
[a'shem] guilty, culpable אָשֵׁם ת
['oshem] offence, crime, guilt אֹשֶׁם ז
[i'shem] to accuse, blame אִשֵּׁם פ״י
[ash'mai] offender, wrongdoer, sinner אַשְׁמָאִי ת
[ashme'dai] 1 Asmodeus. אַשְׁמְדַאי ז

אַשְׁפַּתּוֹת נ״ר [ashpa'tot] dunghill, rubbish heap
אֹשֶׁק ז ['oshek] ammoniac, ammonia
אָשַׁר פ״ע [a'shar] to walk, go
אֹשֶׁר ז ['osher] happiness, bliss, contentment
אֲשֶׁר מ״י מ״ח [a'sher] 1 who, which, that. 2 as to, regarding
אִשֵּׁר פיו״ע [i'sher] 1 to confirm, verify, sanction. 2 to guide
אַשְׁרָאִי ת [ashra''i] pertaining to credit
אַשְׁרַאי ז [ash'rai] credit
אַשְׁרָה נ [ash'ra] 1 visa. 2 permit
אִשְׁרוּר ז [ish'rur] ratification
אַשְׁרֵי מ״ק [ash'rei] Blessed! Happy!
אִשְׁרֵר פ״י [ish'rer] to ratify
אֶשֶׁשׁ ז ['eshesh] flagon, bottle
אָשָׁשׁ ז [a'shash] drug
אִשֵּׁשׁ פ״י [i'shesh] to encourage, strengthen
אֵשֶׁת נ ['eshet] 1 woman. 2 wife of
אֵשֶׁת אִישׁ married woman
אֵשֶׁת חַיִל woman of valo(u)r
אֶשְׁתָּקַד תה״פ [eshta'kad] last year
אֵת מ״י [et] 1 with. 2 accusative marker
אֵת ז מ״י [et] spade, shovel, ploughshare
אַתְּ מ״ג [at] you (f. sing)
אָתָא, אָתָה פ״ע [a'ta] to come, arrive
אֶתְגָּר ז [et'gar] challenge
אַתָּה מ״ג [a'ta] you (m. sing)
אִתָּה פ״ע [i'ta] to address familiarly
אָתוּי ז ת [a'tuy] 1 newly arrived. 2 immigrant
אָתוֹן נ [a'ton] she-ass, donkey
אִתּוּר ז [i'tur] localization, correct placement, pin-pointing
אִתּוּרִית נ [itu'rit] beeper
אִתּוּת ז [i'tut] signalling
אִתְחוּל ז [it'xul] booting (computers)
אַתְחָלָה, אַתְחַלְתָּא נ [atxa'la] beginning, commencement
אֶתִּי ת ['eti] ethical
אֲתִיָּה נ [at'ya] arrival, coming, entry
אַתִּיק ז [a'tik] 1 column. 2 porch, entry, buttress
אֶתִיקָה נ ['etika] ethics
אֶתְכֶם מ״ג [et'xem] you (m. pl.)
אִתְּכֶם מ״ג [it'xem] with you (m. pl.)
אֶתְכֶן מ״ג [et'xen] you (f. pl.)
אִתְּכֶן מ״ג [it'xen] with you (f. pl.)
אַתְלֵטִי ת [at'leti] athletic
אַתֶּם מ״ג [a'tem] you (m. pl.)
אִתָּם מ״ג [i'tam] with them (m. pl.)
אֶתְמְהָה מ״ק [etme'ha] Strange!, I wonder!
אֶתְמוֹל ז תה״פ [et'mol] yesterday
אַתָּן ז [a'tan] tonic
אַתֶּן מ״ג [a'ten] you (f. pl.)
אִתָּן מ״ג [i'tan] with them (f. pl.)
אֶתְנָה [et'na] present, gift
אֶתְנַחְתָּא נ [et'naxta] pause, semicolon, rest, interlude
אֶתְנָן ז [et'nan] 1 present, gift. 2 harlot's pay
אָתַר, אִתֵּר פ״י [a'tar, i'ter] to localize, isolate, pin-point
אֶתֶר ז ['eter] ether
אַתָּר ז [a'tar] tourist, sightseer
אֲתַר ז [a'tar] place, site, location
אֶתְרוֹג ז [et'rog] ethrog, citron
אִתְרַע מַזָּלוֹ events took a turn for the worst (for him)
אָתַת, אִתֵּת פ״י [a'tat, i'tet] to signal
אַתָּת ז [a'tat] signaller
אַתָּתוּת נ [ata'tut] signalling

ב

ב 1 Bet, second letter of the Hebrew alphabet. 2 second

בַּ־, בָ, בֶּ־, בֵּ־, בְּ־, בִּ־ א״י [ba, be, bi] 1 in, within, at, on. 2 with, by. 3 because of, for

בָּא ז פ״ע ת [ba] 1 coming, arriving. 2 to come, arrive. 3 enter, reach. 4 happen, occur. 5 set. 6 next

בָּא אֶל אֲבוֹתָיו to pass away

בָּא בַּיָּמִים old, advanced in years, aged

בָּא כֹּחַ attorney, agent, deputy, legal representative

בָּא לָעוֹלָם to be born

בָּא שִׁמְשׁוֹ to come on hard times, run out of luck

בְּאִבּוֹ תה״פ [be'i'bo] in his prime, while still young, in tender age

בַּאֲדִיבוּת תה״פ [ba'adi'vut] politely, courteously

בַּאֲדִישׁוּת תה״פ [ba'adi'shut] indifferently, apathetically

בְּאַהֲבָה תה״פ [be'aha'va] lovingly

בְּאַהֲדָה תה״פ [be'aha'da] sympathetically

בָּאוֹבָּב ז [ba'o'bab] baobab

בָּאוּר ת [ba''ur] explained, clarified, expounded

בֵּאוּר ז [be''ur] explanation, commentary

בָּאוּשׁ ז״ת [ba''ush] 1 stinking, spoilt. 2 rotten, corrupt. 3 putrid. 4 unripe (grapes)

בָּאוּת כֹּחַ legal representation

בְּאוֹתוֹ [be'o'to] in the same

בְּאוֹתוֹ אֹפֶן similarly, likewise

בְּאִחוּר תה״פ [be'i'xur] late

בָּאַחֲרוֹנָה תה״פ [ba'axaro'na] 1 lately, recently. 2 lastly

בְּאַחֲרָיוּת תה״פ [be'axara'yut] 1 reliably, responsibly. 2 under guarantee

בְּאַחַת תה״פ [be'a'xat] definitely, insistently

בְּאִטִּיּוּת תה״פ [be'iti'yut] slowly, gradually

בָּאֵי מוֹעֵד pilgrims

בָּאֵי עוֹלָם humankind, mankind

בְּאֵיבָה תה״פ [be'e'va] hostilely, with enmity

בְּאֵימָה תה״פ [be'e'ma] in terror

בְּאֵין מ״י [be''en] without, in the absence of

בְּאֵין בְּרֵרָה there being no alternative

בְּאִישָׁה נ [be'i'sha] stinking, stench

בְּאִישׁוּת נ [be'i'shut] stench, putrefaction

בְּאַכְזְרִיּוּת תה״פ [be'axzari'yut] cruelly

בַּאֲלַכְסוֹן תה״פ [ba'alax'son] diagonally

בְּאִם מ״ח [be''im] if, in case

בְּאֹמֶד תה״פ [be''omed] approximately

בֶּאֱמוּנָה תה״פ [be'emu'na] faithfully, loyally

בְּאֶמְצַע תה״פ [be''emtsa] in the middle, midway, halfway

בְּאֶמְצָעוּת מ״י [be'emtsa''ut] by means of, through

בֶּאֱמֶת תה״פ [be'e'met] really, sincerely, truly

בְּאֹפֶן תה״פ [be''ofen] in a... way

בַּאֲצִילוּת תה״פ [ba'atsi'lut] nobly

בְּאַקְרַאי תה״פ [be'a'krai] by chance,

accidentally, fortuitously, randomly

בָּאַר, בֵּאֵר פ״י [ba''ar, be''er] to explain, clarify, elucidate

בְּאֵר נ [be''er] well, pit

בְּאֵר שַׁחַת נ hell, grave

בְּאֹרַח תה״פ [be''orax] in a... way

בְּאֹרַח רִשְׁמִי officially, formally

בַּאֲרִיכוּת תה״פ [ba'ari'xut] lengthily, at length, in detail

בְּאֹרֶךְ תה״פ [be''orex] longways, longwise

בָּאַשׁ פ״ע [ba''ash] to stink, putrefy

בְּאֹשׁ ז [be''osh] stench, stink

בָּאְשָׁה נ [ba''sha] fetidness

בַּאֲשֶׁר לְ... מ״י with regard to

בָּאְשֶׁת נ [ba''eshet] 1 stench. 2 halitosis

בָּבָא ז״נ ['bava] 1 gate, door, portal (book). 2 pupil of eye

בֻּבָּה נ [bu'ba] doll, puppet

בִּבְהִילוּת תה״פ [bivhi'lut] hastily, precipitately

בִּבְהִירוּת תה״פ [bivhi'rut] clearly, plainly, lucidly

בְּבֶהָלָה תה״פ [beveha'la] in panic, in a rush

בָּבוּאָה נ [bavu''a] 1 reflection. 2 image

בֻּבּוֹן ז [bu'bon] puppet, doll

בַּבּוֹנָג ז [babo'nag] chamomile, camomile

בִּבְחִינַת מ״י [bivxi'nat] in the capacity of, serving as

בְּבִטְחָה, בְּבִטָּחוֹן תה״פ [bevit'xa] 1 safely, securely. 2 assuredly

בִּבְלִי מ״י [bi'vli] without

בִּבְקִיאוּת תה״פ [bivki'ut] expertly, eruditely, knowledgeably

בַּבֹּקֶר הַשְׁכֵּם early, at first light

בְּבַקָּשָׁה תה״פ [bevaka'sha] Please!

בְּבֵרוּר תה״פ [beve'rur] clearly, certainly

בְּבֹשֶׁת פָּנִים shamefacedly, humiliatedly

בָּבַת עַיִן apple of the eye

בְּבַת אַחַת at once, simultaneously, in one fell swoopb

בַּג ז [bag] food, ration, portion

בָּגַד פע״י [ba'gad] 1 to betray, deceive. 2 to clothe, dress, wear

בֶּגֶד ז ['beged] 1 garment, clothing, dress. 2 betrayal, deceit, treachery

בֶּגֶד יָם bathing-suit, swimming costume

בְּגָדָה נ [bega'da] betrayal, deceitx

בַּגְדָנוּת נ [bagda'nut] disloyalty, treachery

בְּגֶדֶר מ״י [be'geder] within the scope of, equatable with

בָּגוֹד ז״ת [ba'god] traitor, renegade

בִּגּוּד ז [bi'gud] clothing, apparel

בָּגוּר ת [ba'gur] adult, mature

בְּגִידָה נ [begi'da] betrayal, treason, infidelity

בְּגִין מ״י [be'gin] for, because of

בַּגִּיר ז [ba'gir] adult, mature

בְּגִירָה נ [begi'ra] maturity

בַּגִּירוּת נ [bagi'rut] puberty, adolescence

בְּגָלוּי תה״פ [bega'luy] openly, publicly

בְּגִלּוּי לֵב frankly, sincerely

בְּגִלּוּפִין תה״פ [begilu'fin] tipsily, drunkenly

בִּגְלַל מ״י [bi'glal] on account of, because of, for

בְּגַפּוֹ תה״פ [bega'po] alone, singly

בָּגַר פ״ע [ba'gar] to mature, grow up

בַּגְרוּת נ [ba'grut] 1 adolescence. 2 maturity .3 matriculation

בַּד ז [bad] 1 cloth, textile, material. 2 screen. 3 bar, pole. 4 branch, beam, oil-press. 5 part, portion.

[ba'dul] separated, isolated, kept apart — בָּדוּל ת

[bi'dul] 1 differentiation, distinction, . 2 zinc(k)ing, galvanizing — בִּדּוּל ז

[bado'nag] linoleum, oilcloth — בַּדּוֹנָג ז

[ba'duk] proved, tested, verified, checked — בָּדוּק ת

[bdu'ki] foundling — בְּדוּקִי ז

[ba'dur] scattered — בָּדוּר ת

[bi'dur] entertainment, diversion, distraction — בִּדּוּר ז

[bidu'ri] entertaining — בִּדּוּרִי ת

[bdut, bedu'ta] 1 lie, falsehood. 2 fantasy, legend — בְּדוּת, בְּדוּתָה נ

[ba'dax] to joke, to be merry — בָּדַח פ״ע

[ba'de'ax] light-hearted, merry — בָּדֵחַ ת

[bi'dax] to gladden, delight, entertain — בִּדַּח פ״י

with awe and compassion — בִּדְחִילוּ וּרְחִימוּ

[bida'xon] buffoonery, clownery — בַּדְּחוֹן ז

[bidexi'fut] urgently — בִּדְחִיפוּת תה״פ

[bad'xit] farce — בַּדְחִית נ

[bad'xan] comedian, joker, humorist, clown — בַּדְחָן ז

[bid'xen] to clown, jest — בִּדְחֵן פ״י

[badxa'nut] joking, buffoonery, merrymaking — בַּדְחָנוּת נ

[badxa'ni] entertaining, clownish, funny — בַּדְחָנִי ת

[be'dei] for, with a view to — בְּדֵי מ״י

[bedi''a] falsehood, fabrication — בְּדִיאָה, בְּדִיאוּת נ

[ba'did] 1 spade, hoe. 2 hole, canal, foss(e). 3 discrete — בָּדִיד ז

[be'did] rod, twig — בְּדִיד ז

[ba'did] twig, small branch — בַּדִּיד ז

[bedi'da] 1 small olive press. 2 solitude, seclusion — בְּדִידָה נ

6 lie, fiction

equally, alongside, simultaneously — בַּד בְּבַד

emery cloth — בַּד שָׁמִיר

[ba'da, bi'da] to feign, lie, concoct fiction — בָּדָא, בִּדָּא פ״י

[bada''ut] 1 lie, falsehood. 2 fiction, imposture — בַּדָּאוּת נ

[be'dai] fiction, fantasy — בְּדַאי ז

[bada''i] lying, cheating, deceiving — בַּדָּאִי ת

[ba'dai] liar, imposter, cheat — בַּדַּאי ז

[bidve'kut] zealously, eagerly, devoutly — בִּדְבֵקוּת תה״פ

[bid'var] concerning, regarding, about — בִּדְבַר מ״י

[ba'dad] alone, lonely — בָּדָד תה״פ

[ba'dad] to be alone, isolated — בָּדַד פ״ע

['beded] loneliness, solitude — בֶּדֶד ז

[ba'dad] olive-treader — בַּדָּד ז

[bi'ded] 1 to isolate, seclude, segregate. 2 to insulate — בִּדֵּד פ״י

[ba'da] 1 to concoct, invent, make up, fabricate. 2 to separate, isolate — בָּדָה פ״י

[bi'da] to falsify, prove a liar — בִּדָּה פ״י

[ba'du] false, invented — בָּדוּא ת

['bedui] Bedouin — בֶּדוּאִי ז״ת

[ba'dud] 1 lonely, solitary. 2 torn, tattered — בָּדוּד ת

[be'dod] loneliness, solitude — בְּדוֹד ז

[bi'dud] 1 isolation, insulation. 2 segregation, seclusion — בִּדּוּד ז

[ba'du'ax] amused, gay, merry, jolly — בָּדוּחַ ת

[bi'du'ax] diversion, distraction, entertainment — בִּדּוּחַ ז

[ba'duy] 1 false, invented. 2 imaginary, made up — בָּדוּי ת

[bi'duy] 2 falsehood, prevarication. 2 fantasy — בִּדּוּי ז

[bedi'dut] loneliness, solitude, isolation בְּדִידוּת נ
[beda'ya] 1 fantasy, legend. 2 falsehood, fabrication בְּדָיָה נ
[bedi'ya] fiction, falsehood בְּדִיָּה נ
[bid'yon] fantasy, fiction בִּדְיוֹן ז
[bedi'yuk] exactly, precisely בְּדִיּוּק תה״פ
[bedi'xa] joke, jest בְּדִיחָה נ
lightheartedness, hilarity בְּדִיחוּת הַדַּעַת
[be'dil] 1 tin. 2 for, in order that, for the sake of בְּדִיל ז, מ״י
[bedi'la] separation, segregation בְּדִילָה נ
[bedi'lit] 1 plumb line. 2 tin בְּדִילִית נ
[ba'dim] made-up words, fantasies בַּדִּים ז״ר
[bedi'a'vad] after the event, post factum, a posteriori בְּדִיעֲבַד תה״פ
[bdi'ka] 1 test, check, probe. 2 search, investigation בְּדִיקָה נ
[ba'dit] baton, beater בַּדִּית נ
[ba'dal] 1 end-piece, flap. 2 residue בָּדָל ז
[ba'dal] 1 to depart. 2 to remove, separate בָּדַל פיו״ע
[ba'del] detached, separate בָּדֵל ת
['bodel] divider, separating wall בֹּדֶל ז
earlobe בְּדַל אֹזֶן
cigarette end, butt בְּדַל סִיגָרִיָּה
[bi'del] to segregate, differentiate בִּדֵּל פ״י
[bedilu'gin] desultorily, haphazardly, with ommissions בְּדִלּוּגִין תה״פ
[bida'lon] separation בִּדָּלוֹן ז
[bede'lut] detachment, aloofness בְּדֵלוּת נ
[be'dolax] crystal בְּדֹלַח ז
Hobson's choice, there being no other option בִּדְלֵית בְּרֵרָה

[bad'lan] segregationist, isolationist בַּדְלָן ז
[badla'nut] segregation, isolationism בַּדְלָנוּת נ
[badla'ni] segregational, separatist, isolationist בַּדְלָנִי ת
at dead of night בִּדְמִי הַלַּיִל
in the prime of (his) life בִּדְמִי יָמָיו
[ba'dan] wine or olive presser בַּדָּן ז
[ba'dak] 1 to examine, inspect, check, test. 2 to repair, reinforce בָּדַק פ״י
['bedek] 1 check, examination. 2 repair. 3 maintenance בֶּדֶק ז
[ba'dak] 1 censor. 2 examiner, tester בַּדָּק ז
[bi'dek] to censor, examine, criticize בִּדֵּק פ״י
[bad'kan] 1 pedant. 2 fussy, meticulous, pedantic בַּדְקָן ז ת
[badka'nut] scrupulousness, pedantry בַּדְקָנוּת נ
[bi'doket] censorship בִּדֹּקֶת נ
['beder] entertainment, pastime בֶּדֶר ז
[bi'der] 1 to entertain, amuse, delight. 2 spread, disseminate בִּדֵּר פ״י
[be'derex] by, through, in the manner of בְּדֶרֶךְ מ״י
generally, usually בְּדֶרֶךְ כְּלָל
indirectly, obliquely בְּדֶרֶךְ עֲקִיפִין
[bad'ran] entertainer, comedian, artist בַּדְרָן ז
[badra'nut] entertainment בַּדְרָנוּת נ
[badra'ni] pleasant, entertaining בַּדְרָנִי ת
[ba] in her, in it בָּהּ א״י, מ״ג
at the same time, while בָּהּ בְּשָׁעָה
[behavla'ta] markedly, prominently, conspicuously בְּהַבְלָטָה תה״פ
[bahava'na] understandingly בַּהֲבָנָה תה״פ
[behagza'ma] exaggera- בְּהַגְזָמָה תה״פ

luminescence
[ba'hir] bright, light, clear, lucid בָּהִיר ת
[behi'rut] clearness, brightness, lucidity בְּהִירוּת נ
[behi'kon] at the ready, on the alert בְּהִכּוֹן תה״פ
[behaxna'’a] resignedly בַּהַכְנָעָה תה״פ
[behex're'ax] necessarily, of necessity בְּהֶכְרֵחַ תה״פ
['bahal, beha'la] 1 fright, alarm. 2 panic, confusion בַּהַל ז, בֶּהָלָה נ
[bi'hel] 1 to frighten. 2 to hasten, hustle בֵּהֵל פ״י
[behala'tsa] 1 mockingly. 2 rhetorically בַּהֲלָצָה תה״פ
[ba'helet] panic, dismay בַּהֶלֶת נ
[ba'hem] in them (m) בָּהֶם א״י, מ״ג
[be'ham] drover בֶּהָם, בֶּהָמִי ז
[bi'hem] 1 to brutalize. 2 to drive an animal בֵּהֵם פ״י
[behe'ma] 1 animal, beast. 2 cattle בְּהֵמָה נ
1 large cattle, bovine, animals. 2 cows בְּהֵמָה גַּסָּה
1 small cattle. 2 sheep, goats בְּהֵמָה דַקָּה
[baha'mut] bestiality, brutishness בַּהֲמוּת נ
[behe'mot] 1 beasts, animals. 2 hippopotamus בְּהֵמוֹת ז נ״ר
[baha'mi] bestial, animal-like בַּהֲמִי ת
[baham'yut] bestiality, animal nature בַּהֲמִיּוּת נ
[ba'hen] in them (f) בָּהֶן א״י, מ״ג
['bohen] thumb, big toe בֹּהֶן ז
honestly בְּהֵן צֶדֶק
[bahana'’a] enjoyably בַּהֲנָאָה
[behi'sus] hesitantly בְּהִסּוּס תה״פ
unintentionally, unexpectedly בְּהֶסַּח הַדַּעַת

tedly
[bahagi'nut] honestly, decently, respectably בַּהֲגִינוּת תה״פ
[beheg'nev] surreptitiously בְּהֶגְנֵב תה״פ
[behadga'sha] emphatically בְּהַדְגָּשָׁה תה״פ
[behi'dur] elegantly, splendidly בְּהִדּוּר תה״פ
[behadra'ga] gradually בְּהַדְרָגָה תה״פ
reverently, respectfully בַּהֲדְרַת כָּבוֹד
[ba'ha] to wonder, be surprised בָּהָה פ״ע
[bi'ha] to amaze, surprise בִּהָה פ״י
['bohu] 1 emptiness, void. 2 chaos, confusion בֹּהוּ ז
[ba'hul] 1 panic-stricken, anxious. 2 frightened, worried. 3 urgent בָּהוּל ת
[ba'hun] thumbed, leaning on toes בָּהוּן ת
[ba'huk] bright, radiant בָּהוּק ת
[behoka'ra] appreciatively בְּהוֹקָרָה תה״פ
[beho'rit] 1 mole. 2 stain, blot בְּהוֹרִית נ
[behizda'men] 1 occasionally. 2 cheaply, at bargain price בְּהִזְדַּמֵּן, בְּהִזְדַּמְּנוּת תה״פ
[behexa've] surreptitiously בְּהֵחָבֵא תה״פ
[behex'let] definitely, certainly, absolutely בְּהֶחְלֵט תה״פ
[behex'resh] secretly, confidentially בְּהֶחְרֵשׁ תה״פ
['bahat] alabaster בַּהַט ז
[baha'ti] alabastrine בַּהֲטִי ת
[behi'ya] bewilderment, astonishment בְּהִיָּה נ
[behi'la] fright, confusion, consternation בְּהִילָה נ
[behi'lut] 1 haste, hurry. 2 excitement, panic, alarm בְּהִילוּת נ
[behi'ka] lustre(er), בְּהִיקָה, בְּהִיקוּת נ

[behistay'gut] with reservations בְּהִסְתַּיְּגוּת תה"פ
[behes'ter] secretly, surreptitiously בְּהֶסְתֵּר תה"פ
[beha'ara'xa] apprecia-tively בְּהַעֲרָכָה תה"פ
[behafra'za] excessively, exaggeratedly בְּהַפְרָזָה תה"פ
[behitstay'nut] with distinction, excellently בְּהִצְטַיְּנוּת תה"פ
[behatsla'xa] 1 Good luck!. 2 successfully בְּהַצְלָחָה תה"פ מ"ק
[behetsne'a] modestly, secretly בְּהֶצְנֵעַ תה"פ
[ba'hak] to shine בָּהַק, בָּהֵק פ"ע
['bohak] 1 vitiligo. 2 brightness בֹּהַק ז
[behek'dem] 1 soon, early. 2 without delay בְּהֶקְדֵּם תה"פ
[beha'kits] while awake, during waking hours בְּהָקִיץ תה"פ
[baha'kan] 1 vitiliginous. 2 albino בַּהֲקָן, בַּהַק ז
[bahaka'nut] leukodermia בַּהֲקָנוּת נ
[bahaka'ni] albino בַּהֲקָנִי ת
[ba'heket] albinism, vitiligo בַּהֶקֶת נ
[ba'har] to become clear בָּהַר פ"ע
['bahar, 'bohar] clearness, clarity בַּהַר, בֹּהַר ז
[bi'her] 1 to clarify. 2 to darken בִּהֵר פ"י
[behar'be] largely, to a great extent, a great deal בְּהַרְבֵּה תה"פ
[baharu'rit] dawn, daybreak בַּהֲרוּרִית נ
freckles בַּהֲרוֹת קַיִץ
[beharxa'va] in great detail, in full בְּהַרְחָבָה תה"פ
[bahara'tsa] in the run-in period בַּהֲרָצָה תה"פ
[ba'heret] 1 freckle. 2 macula בַּהֶרֶת נ
[behash'a'la] 1 on loan. 2 metaphorically, figuratively בְּהַשְׁאָלָה תה"פ

[behet'em] accordingly בְּהֶתְאֵם תה"פ
[behitlaha'vut] eagerly, enthusiastically בְּהִתְלַהֲבוּת תה"פ
[behatma'da] consist-ently, perserveringly בְּהַתְמָדָה תה"פ
[behe'ter] with permission בְּהֶתֵּר תה"פ
[bo] in him, in it, therein בּוֹ
simultaneously, while, whereas בּוֹ בַּזְּמַן
on the same day בּוֹ בַּיּוֹם
immediately, straight away בּוֹ בַּמָּקוֹם
instantly בּוֹ בָּרֶגַע
[bo] 1 to come, arrive, enter, reach. 2 coming, arrival בּוֹא פ"ע ש"פ
[bo'a'xa] towards, in the direction of, approaching בּוֹאֲךָ, בּוֹאֲכָה תה"פ
Welcome! בּוֹאֲךָ לְשָׁלוֹם
[bo''esh] skunk בּוֹאֵשׁ ז
[buvi'ya] reflection, echo, repercussion בּוּבִיָּא, בּוּבִיָּה נ
[bo'ged] 1 traitor, betrayer. 2 renegade בּוֹגֵד ת
[bogda'nut] betrayal, treachery בּוֹגְדָנוּת נ
[bogda'ni] treacherous, traitorous, treasonable בּוֹגְדָנִי ת
[bo'ger] 1 adult, mature. 2 adolescent. 3 graduate בּוֹגֵר ז ת
[bevada''ut] definitely, undoubtedly בְּוַדָּאוּת תה"פ
[beva'dai] certainly, surely בְּוַדַּאי תה"פ
[bo'ded] 1 isolate, separate, segregate. 2 lonely, solitary, alone בּוֹדֵד פ"י ת
[bo'de] inventor, fabricator בּוֹדֶה ז
[bo'dek] examiner, inspector בּוֹדֵק ז
[bo'he] astonished, stupefied בּוֹהֶה ת
[bo'hek] albino, vitiliginous בּוֹהֵק ת, בּוֹהֲקָן ז

[buz] mockery, scorn, shame בּוּז ז
[bo'zez] robber, plunderer, looter בּוֹזֵז ז
[bo'xen] 1 examiner, tester. 2 critical, appraising בּוֹחֵן ז, ת
[bo'xer] voter, elector בּוֹחֵר ז
[bo'te] biting, caustic, severely critical בּוֹטֶה ת
[bota'nai] botanist בּוֹטָנַאי ז
[bo'tani] botanical בּוֹטָנִי ת
[bo'tanika] botany בּוֹטָנִיקָה נ
[boi'shan] shy, bashful person בּוֹיְשָׁן ז
[bux] noise, confusion בּוּךְ ז
[boks] boxing, punch בּוֹכְּס ז
[bok'ser] 1 boxer. 2 boxer dog בּוֹכְּסֶר ז
[bul] 1 stamp. 2 coupon. 3 block, log. 4 produce. 5 bull's eye בּוּל ז
1 log. 2 blockhead בּוּל עֵץ
[bula''ut] philately, stamp collecting בּוּלָאוּת נ
[bula''i] philatelic בּוּלָאִי ת
[bu'lai] philatelist, stamp-collector בּוּלַאי ז
[bo'let] prominent, remarkable, eminent בּוֹלֵט ת
[bu'li] primitive בּוּלִי ת
[bo'lel] to assimilate בּוֹלֵל פ״י
[bo'lem] 1 stopper, blocker. 2 inhibitive בּוֹלֵם ז ת
[bol'a'ni] avid, voracious, greedy בּוֹלְעָנִי ת
[bo'lesh] detective בּוֹלֵשׁ ז
[bo'leshet] detective criminal investigation department בּוֹלֶשֶׁת נ
[bo'ne] 1 builder, mason. 2 beaver. 3 constructive בּוֹנֶה ז ת
Freemasons בּוֹנִים חָפְשִׁים
[bo'nen] 1 to observe, meditate. 2 to understand בּוֹנֵן פיו״ע
[bone'nut] intuition, insight, perspicacity בּוֹנְנוּת נ
[bo'ses] to trample, tread heavily, wallow בּוֹסֵס פ״י
[bu''a] 1 bubble. 2 blister, blob. 3 bladder, vesicle בּוּעָה נ
[bo''el] adulterer, co-habiter, copulate בּוֹעֵל ז
[bu''enet] pox בּוּעֶנֶת נ
[bo''er] 1 burning, ablaze. 2 ignorant, boor בּוֹעֵר ז ת
soap-bubble בּוּעַת סַבּוֹן
[buts] fine linen, byssus בּוּץ ז
[bo'tsin] verbascum, mulle(i)n בּוֹצִין ז
[bu'tsit] canoe, dinghy בּוּצִית נ
[bo'tser] vintager בּוֹצֵר ז
[bu'ka] wilderness, desolation בּוּקָה נ
[bu'kits(a)] elm בּוּקִיץ ז, בּוּקִיצָה נ
[bo'ke'a[piercing, breaking through, penetrating, emerging בּוֹקֵעַ ת
[bok'a'ni] pricking, emerging, penetrating בּוֹקְעָנִי ת
[bo'kek] 1 empty, barren. 2 sterile. 3 to empty, destroy בּוֹקֵק ת פ״י
[bo'ker] cowboy, herdsman בּוֹקֵר ז
[bok'rut] cattle raising בּוֹקְרוּת נ
[bor] 1 cistern, hole, pit. 2 dungeon, grave. 3 borax בּוֹר ז
cesspit, bottomless pit בּוֹר סוֹפֵג
[bur] 1 uncultivated field. 2 boor, ignoramus בּוּר ז
complete ignoramus בּוּר וְעַם־הָאָרֶץ
[bo're] Creator, God, the Almighty בּוֹרֵא ז
[bu'rut] ignorance, illiteracy בּוּרוּת נ
[bo'rez] wine-seller בּוֹרֵז ז
[bo're'ax] deserter, runaway, escapee בּוֹרֵחַ ז
[bur'nas] 1 hooded cape. 2 hood בּוּרְנָס ז

בּוּרְסָה, בֻּרְסָה נ ['bursa] stock-exchange
בּוּרְסָן ז [bur'san] stock-broker
בּוֹרֵק ז [bo'rek] sparkling, brilliant, splendid
בּוֹרֵר ז [bo'rer] 1 arbitrator, arbiter. 2 selector, sorter
בּוֹרֵר אֲפִיקִים channel selector
בּוֹרְרוּת נ [bore'rut] arbitration
בּוֹרְרוּת חוֹבָה compulsory arbitration
בּוֹרְרוּת רְשׁוּת optional arbitration
בּוֹשׁ ז פ״ע [bosh] 1 shame, disgrace. 2 embarrassment. 3 to be ashamed, in disgrace
בּוֹשׁ וְהִכָּלֵם Shame on you!
בּוּשָׁה נ [bu'sha] shame, disgrace
בּוּשָׁה וְחֶרְפָּה, בּוּשָׁה וּכְלִמָּה Shame! What a disgrace!
בּוֹשֵׂם ז [bo'sem] perfumer
בּוֹשְׂמָנִי ת [bosma'ni] perfumed
בּוֹשֵׁשׁ פ״ע [bo'shesh] to be late, be dilatory
בְּוַתְּרָנוּת תה״פ [bevatra'nut] indulgently, unstintingly
בָּז פ״י [baz] to despise, scorn, disdain
בַּז ז [baz] 1 hawk, falcon. 2 booty, spoil. 3 loot, pillage
בָּזָא פ״י [ba'za] 1 to divide, cut through. 2 to loot, pillage
בַּזַּאי ז [ba'zai] ravager, pillager, destroyer
בָּזֹאת, בְּזֹאת תה״פ [ba'zot, be'zot] thus, hereby, by this
בִּזְבּוּז ז [biz'buz] waste, prodigality, dissipation
בִּזְבֵּז פ״י [biz'bez] to waste, spend, squander
בַּזְבְּזָן ז ת [bazbe'zan] wastrel, prodigal, extravagant
בַּזְבְּזָנוּת נ [bazbeza'nut] wastefulness, extravagance
בַּזְבְּזָנִי ת [bazbeza'ni] wasteful, extravagant, thriftless
בְּזָדוֹן תה״פ [beza'don] willfully, with malicious intent
בָּזָה פ״י [ba'za] to despise, scorn, mock
בְּזֹה נֶפֶשׁ contemptible, despised
בָּזֶה תה״פ [ba'ze] hereby, thus, in this
בִּזָּה פ״י נ [bi'za] 1 to scorn, humiliate. 2 to desecrate. 3 plunder, loot
בִּזְהִירוּת תה״פ [bizhi'rut] carefully, prudently
בָּזוֹז ז [ba'zoz] robber, pillager, plunderer
בָּזוּז ת [ba'zuz] looted, pillaged, robbed
בָּזוּי ת [ba'zuy] despised, scorned, abject
בִּזּוּי ז [bi'zuy] scorning, mockery, abasement
בְּזוֹל תה״פ [be'zol] cheap, cheaply
בַּזּוֹן ז [ba'zon] falcon chick
בָּזוּעַ ת [ba'zu'a] torn, rent
בִּזּוּעַ ז [bi'zu'a] tearing, rending
בָּזוּק ת [ba'zuk] sprinkled
בָּזוּר ת [ba'zur] dispersed, decentralized
בִּזּוּר ז [bi'zur] dispersal, decentralization
בָּזַז פ״י [ba'zaz] to spoil, sack, loot, pillage
בִּזָּיוֹן ז [biza'yon] 1 shame, disgrace. 2 contempt, scorn
בִּזְיוֹנִי ת [bizyo'ni] shameful, disgraceful, opprobrious
בְּזִיזָה נ [bzi'za] pillage, robbery
בָּזִיךְ, בָּזֵךְ ז [ba'zix] goblet, censer, vessel
בְּזִיל הַזּוֹל very cheap
בְּזִיעָה נ [bezi''a] tearing, rendering
בָּזִיק ז [ba'zik] flash
בְּזִיקָה נ [bezi'ka] 1 flash. 2 spilling, spreading

affectionately
בְּחַדְרֵי חֲדָרִים 1 behind the scenes. 2 in a hidden place
בְּחֻבּוֹ תה״פ [bexu'bo] inside, within, in his heast
בָּחוּל ת [ba'xul] 1 prematurely ripe. 2 disgusting, repulsive
בִּחוּל ז [bi'xul] 1 repulsion, aversion. 2 early ripeness
בָּחוֹן ז [ba'xon] 1 examiner, inspector. 2 detector. 3 criterion
בָּחוּן ת [ba'xun] tested, proven, checked
בַּחוּן ז [ba'xun] watchtower
בַּחוּץ תה״פ [ba'xuts] outside
בָּחוּר ז ת [ba'xur] 1 youth, bachelor. 2 fiancé. 3 chosen
בָּחוּר כָּאֲרָזִים, בָּחוּר כָּאֶרֶז 1 a strong young man. 2 a good fellow (jolly)
בַּחוּרָה נ [baxu'ra] 1 girl, maiden. 2 fiancée
בְּחוּרוֹת נ״ר, בְּחוּרִים ז״ר [bexu'rot, bexurim] youth, early years
בָּחוּשׁ ת [ba'xush] mixed, stirred
בִּחוּשׁ ז [bi'xush] mixing, stirring
בְּחָזְקָה תה״פ [bexoz'ka] by force, with force
בְּחֹזֶק יָד by force, forcibly
בְּחֶזְקַת מ״י [bexez'kat] 1 in the capacity of. 2 to the nth degree (maths.)
בְּחִיּוּב תה״פ [bexi'yuv] positively, affirmatively
בְּחַיֵּי רֹאשִׁי מ״ק I swear that it is so!
בְּחַיֶּיךָ מ״ק [bexa'yexa] Please, I beg of you!
בְּחִילָה נ [bexi'la] nausea, revulsion
בְּחִינָה נ [bexi'na] 1 examination, test. 2 aspect, point of view
בָּחִיר ת [ba'xir] chosen, select, senior
בְּחִירָה נ [bexi'ra] 1 choice, selection. 2 election

בַּזְיָר ז [baz'yar] falconer, hawker
בָּזֵךְ ז [ba'zex] goblet, censer, vessel
בִּזְכוּת מ״י [bi'zxut] thanks to, by right of, due to
בַּזֶּלֶת נ [ba'zelet] basalt
בַּזַּלְתִּי ת [bazal'ti] basaltic
בַּזְּמַן תה״פ [baz'man] on time
בַּזְּמַן הָאַחֲרוֹן lately, recently
בַּזְּמַן הַזֶּה these days, nowadays
בִּזְמַנּוֹ [bizma'no] 1 at one time. 2 in due time
בָּזַע, בִּזַּע פ״י [ba'za, bi'za] to tear, rend
בֶּזַע ז ['beza] tear, rend
בִּזְעֵיר אַנְפִּין on a small scale, in miniature
בְּזַעַם תה״פ [be'za'am] angrily, crossly
בְּזַעַף תה״פ [be'za'af] angrily, wrathfully
בְּזֵעַת אַפָּיו by the sweat of his brow
בָּזָק ז [ba'zak] lightning, flash
בָּזַק פיו״ע [ba'zak] 1 to strew, scatter. 2 to flash. 3 to dust, sprinkle
בִּזֵּק פ״י [bi'zek] to sprinkle, spread
בֶּזֶק ז ['bezek] 1 shred. 2 telecommunication
בִּזְקִיפָה תה״פ [bizki'fa] erectly, vertically
בָּזָר ז [ba'zar] bazaar
בָּזַר פ״י [ba'zar] to scatter, disperse, distribute, spread
בִּזֵּר פ״י [bi'zer] to disperse, decentralize
בִּזְרוֹעַ תה״פ [biz'ro'a] by force, violently
בִּזְרוֹעַ נְטוּיָה with a strong arm, forcibly
בִּזְרִיזוּת תה״פ [bizri'zut] dexterously, nimbly, agilely, quickly
בַּזְרָן ז ת [baz'ran] 1 wastrel, prodigal. 2 wasteful, extravagant
בְּחִבָּה תה״פ [bexi'ba] lovingly,

[bexi'rot] elections בְּחִירוֹת נ״ר
primaries בְּחִירוֹת מַקְדִּימוֹת
[bexi'sha] mixing, stirring בְּחִישָׁה נ
[ba'xal] 1 to abhor, hate, detest. 2 to ripen בָּחַל פ״ע
['baxal] repugnance, abhorrence בַּחַל ז
[bi'xel] to ripen בִּחֵל פ״י
['boxal] 1 ripening fig. 2 puberty בֹּחַל ז
[bexilu'fim] alternatingly בְּחִלּוּפִים, בְּחִלּוּפִין תה״פ
[bexum'ra] severely, rigorously בְּחֻמְרָה תה״פ
[ba'xan, bi'xen] to test, examine, try, check בָּחַן, בִּחֵן פ״י
['baxan] watchtower בַּחַן ז
[be'xan] 1 examiner, inspector. 2 assayer, audit clerk בֶּחָן ז
['boxan] 1 quiz, examination, test, trial. 2 criterion בֹּחַן ז
[be'xen] agreeably, pleasantly בְּחֵן תה״פ
very cheaply בִּחְנֵי חִנָּם
[baxa'nin] antenna (insect) בַּחֲנִין ז
[bexi'nam] gratis, free of charge בְּחִנָּם תה״פ
in dire poverty בְּחֹסֶר כֹּל
[bexof'za] hastily, precipitately בְּחָפְזָה תה״פ
willingly, with pleasure בְּחֵפֶץ לֵב
[bexofshi'yut] freely, unrestrainedly, boldly בְּחָפְשִׁיּוּת תה״פ
almost free, at minimal cost בַּחֲצִי חִנָּם
[bexuts'pa] rudely, insolently בְּחֻצְפָּה תה״פ
[ba'xar] to choose, elect, prefer, select בָּחַר פ״י
['baxar] tilling בַּחַר ז
[baxara'da] timorously, in fear and trembling, anxiously בַּחֲרָדָה תה״פ
[baxa'rut] youth, adolescence בַּחֲרוּת נ
[baxari'fut] sharply, cleverly, subtly בַּחֲרִיפוּת תה״פ
[bexari'tsut] diligently בַּחֲרִיצוּת תה״פ
[baxa'ran] 1 fastidious, selective. 2 meticulous, choosy בַּחֲרָן ז
[baxara'nut] 1 fastidiousness. 2 selectiveness בַּחֲרָנוּת נ
[baxara'ni] selective, choosy בַּחֲרָנִי ת
with great self-sacrifice, at the risk of one's life בְּחֵרוּף נֶפֶשׁ
[ba'xash, bi'xesh] to stir, mix בָּחַשׁ, בִּחֵשׁ פ״י
['baxash] mixing, stirring בַּחַשׁ ז
[baxa'shai] secretly בַּחֲשַׁאי תה״פ
[baxa'sha] ladle, muddler בַּחֲשָׁה נ
[baxashivut] importantly בַּחֲשִׁיבוּת תה״פ
[baxashe'xa] in the dark, darkly, sombre(r)ly בַּחֲשֵׁכָה תה״פ
[baxa'shan] troublemaker בַּחֲשָׁן ז
[bat] to look, see, regard, consider בָּט פ״ע
[ba'ta, bi'te] to express, pronounce, articulate בָּטָא, בִּטֵּא פ״י
[bita''on] 1 journal, review, organ. 2 mouthpiece. 3 periodical בִּטָּאוֹן ז
[bit'but] swelling, tumescence, protrusion בִּטְבּוּט ז
[bit'bet] to swell, bulge, protrude בִּטְבֵּט פ״י
[ba'ta] to express, utter, pronounce בָּטָה פ״י
[bi'tu] 1 expression, utterance. 2 phrase, idiom בִּטּוּא ז
[be'tov] well, for the best בְּטוֹב תה״פ
Sleep well! בְּטוֹב תָּלִין

idleness
[beti'lut] idleness, indolence בְּטִילוּת נ
[ba'tish] tamper (tool) בַּטִּישׁ ז
[beti'sha] beating, knocking בְּטִישָׁה נ
[ba'tel] 1 unemployed, null. 2 to cease, stop, be idle בָּטֵל פ״ע ת
null and void בָּטֵל וּמְבֻטָּל
[ba'tal] idle, unemployed בַּטָּל ז
[bi'tel] to cancel, revoke, rescind, undo. 2 to despise בִּטֵּל פ״י
[bete'la] indolence, laziness בְּטֵלָה נ
[bata'la] 1 laziness, negligence. 2 idleness, unemployment בַּטָּלָה נ
[bita'lon] idleness, laziness בִּטָּלוֹן ז
[bat'lan] idler, loafer בַּטְלָן ז
[batla'nut] 1 idleness, laziness. 2 negligence, inefficacy בַּטְלָנוּת נ
[batla'ni] idler, slacker, careless, inefficient בַּטְלָנִי ת
['beten] 1 stomach, belly, abdomen. 2 depth, bulge בֶּטֶן נ
the grave בֶּטֶן שְׁאוֹל
['boten] peanut בֹּטֶן ז
[bi'ten] 1 to line, interline. 2 to cover with concrete בִּטֵּן פ״י
[bot'na] pistachio nut בָּטְנָה נ
[bit'na] lining (cloth) בִּטְנָה נ
[bat'nun] double bass בַּטְנוּן ז
[batnu'ni] 1 gastric. 2 bellied בַּטְנוּנִי ת
[batnu'nit] cello, violoncello בַּטְנוּנִית נ
[bat'nan] potbellied בַּטְנָן ז
[beta''ut] erroneously, by mistake בְּטָעוּת תה״פ
[be'terem] before בְּטֶרֶם מ״י, מ״ח
[ba'tash] 1 to kick, beat. 2 to grind, pound בָּטַשׁ פ״י
['betesh] kick, knock בֶּטֶשׁ ז
[ba'tash] grinder, pounder בַּטָּשׁ ז
[bi'tesh] to tamp בִּטֵּשׁ פ״י
[beta'sha] 1 beating, בְּטָשָׁה נ

[betuv'xa] would you kindlly... בְּטוּבְךָ
[betova'to] with his approval בְּטוֹבָתוֹ
[ba'tu'ax] 1 secure, certain, assured. 2 safe, confident בָּטוּחַ ת
[bi'tu'ax] 1 insurance. 2 assurance בִּטּוּחַ ז
[batu'xa] 1 security. 2 safety. 3 guarantee. 4 axiom בְּטוּחָה נ
[betu'xani] I am sure... בָּטוּחַנִי
[bi'tuy] 1 expression, utterance. 2 phrase, idiom בִּטּוּי ז
[ba'tul] idle, lazy בָּטוּל ת
[bi'tul] 1 cancellation, annulment. 2 abolition. 3 disrespect בִּטּוּל ז
[be'ton] concrete בֶּטוֹן ז
pre stressed concrete בֶּטוֹן דָּרוּךְ
re inforced conrete בֶּטוֹן מְזֻיָּן
[bi'tun] lining, interlining. 2 placing concrete בִּטּוּן ז
[ba'tush] trampled בָּטוּשׁ ת
[bi'tush] trampling, treading בִּטּוּשׁ ז
[ba'tax] to trust, rely on, depend on בָּטַח פ״ע
['betax] 1 confidence. 2 safety. 3 tranquility. 4 for sure, certainly בֶּטַח ז תה״פ
[be'tax] threshold, sill בֶּטַח ז
[bi'tax] to insure בִּטַּח פ״י
[bit'xa] security, confidence, assurance בִּטְחָה נ
[bita'xon] 1 confidence, security. 2 defence. 3 guarantee בִּטָּחוֹן ז
self-confidence, self-assurance בִּטָּחוֹן עַצְמִי
[bitxo'ni] concerned with security, defence בִּטְחוֹנִי ת
[ba'tata] sweet potato, yam בָּטָטָה נ
[beti'xut] safety, security בְּטִיחוּת נ
[ba'til] unemployed, idle בָּטִיל ז
[beti'la] unemployment, בְּטִילָה נ

stamping. 2 kick, knock
בַּטָּשׁוּת נ [bata'shut] grinding, milling
בְּטֹשֶׁת נ [be'toshet] kick, knock
בֵּי ז [bei] the house of...
בִּי מ״י מ״ק [bi] 1 in me, within me. 2 Please!
בִּיאָה נ [biy''a] 1 coming, arrival. 2 cohabitation, intercourse. 3 appearance
בְּיֵאוּשׁ תה״פ [beye''ush] hopelessly, despairingly
בִּיאוּת כֹּחַ legal representation
בִּיאַת הַשֶּׁמֶשׁ sunset
בִּיאַת כֹּחַ legal representation
בִּיב ז [biv] gutter, sewer, drain
בַּיָּב ז [ba'yav] sewerage worker
בִּיֵּב פ״י [bi'yev] to lay drains, to canalize, make sewers
בִּיבוֹנִי ת [bivo'ni] connected with or pertaining to sewers
בֵּיבָר ז [be'var] zoo, menagerie
בִּיבָר ז [bi'var] beaver
בְּיָגוֹן תה״פ [beya'gon] sorrowfully, sadly
בְּיָגוֹן קוֹדֵר in deep grief, in deep sorrow
בַּיָּד תה״פ [ba'yad] by hand, manually
בְּיָד קָשָׁה 1 sternly, strictly. 2 by force
בְּיָד רְחָבָה generously, liberally
בְּיָד רַכָּה benevolently
בֵּידְיוֹ ז [be'dyo] inkstand, inkpot
בִּיּוּב ז [bi'yuv] sewers, drainage
בְּיוֹדְעִין תה״פ [beyod''in] deliberately, knowingly
בִּיּוּל ז [bi'yul] stamping
בִּיּוֹלוֹגִי ת [biyo'logi] biological
בְּיוֹם מִן הַיָּמִים some day, one day
בִּיּוּם ז [bi'yum] staging, mise-en-scène, dramatizing
בִּיּוּן ז [bi'yun] 1 intelligence, secret service. 2 interpolation
בִּיּוּץ ז [bi'yuts] 1 ovulation. 2 thickening with egg
בְּיֹקֶר תה״פ [be'yoker] expensive, dear
בִּיּוּשׁ ז [bi'yush] putting to shame, embarrassment
בִּיּוּת ז [bi'yut] taming, domestication
בְּיוֹתֵר תה״פ [beyo'ter] most
בְּיִחוּד תה״פ [beyi'xud] especially, particularly
בִּיֵּל פ״י [bi'yel] to stamp
בַּיָּם ז [ba'yam] producer, stage manager
בִּיֵּם פ״י [bi'yem] to direct, produce, stage (theater)
בִּימַאי ז [bi'mai] stage manager, director
בִּימָה נ [bi'ma] 1 stage. 2 platform. 3 pulpit
בִּימָנִי ת [bima'ni] theatrical
בִּימָר ז [bi'mar] stage technician
בִּימָתִי נ [bima'ti] theatrical, of the stage, histrionic
בֵּין מ״י [ben] 1 between, among. 2 during. 3 either. 4 inter-, intra- (in compounds)
בֵּין כֹּה וָכֹה notwithstanding, anyhow, at any rate
בִּיֵּן פ״י [bi'yen] to interpolate
בִּינָה נ [bi'na] understanding, intelligence, comprehension
בֵּינוֹנִי ז ת [beno'ni] 1 medium, mediocre. 2 present tense. 3 intermediate
בֵּינוֹנִיּוּת נ [benoni'yut] mediocrity
בֵּינוֹת מ״י [be'not] between, among
בֵּינַיִם ז״ז [be'nayim] 1 middle, interim. 2 intermediate
בִּינִית נ [bi'nit] barbel (fish)
בֵּינְלְאֻמִּי ת [benle'u'mi] international

evil

[bai'shan] 1 shy bashful. 2 modest, timid — בַּיְשָׁן ת

[baisha'nut] 1 bashfulness, shyness. 2 timidity, modesty — בַּיְשָׁנוּת נ

[baisha'ni] shy, embarrassed — בַּיְשָׁנִי ת

[be'yosher] honestly, fairly — בְּיֹשֶׁר תה״פ

['bayit] 1 house, home. 2 clan, tribe. 3 family, household. 4 Temple. 5 stanza, verse. 6 receptacle, container. 7 interior, inside. 8 byte — בַּיִת ז

vagina — בֵּית חִיצוֹן

apartment house, block of flats, condominium — בֵּית מְשֻׁתָּף

Upper House, House of Lords — בֵּית עֶלְיוֹן

The First Temple — בַּיִת רִאשׁוֹן

The Second Temple — בַּיִת שֵׁנִי

The Lower House, House of Commons — בַּיִת תַּחְתּוֹן

[bet] Beth, second letter of the Hebrew Alphabet — בֵּית נ

1 household, family, clan. 2 source, foundation — בֵּית אָב

old-age home — בֵּית אָבוֹת

textile mill — בֵּית אֲרִיגָה

packing-house — בֵּית אֲרִיזָה

oil press — בֵּית בַּד

brothel — בֵּית בֹּשֶׁת

law court, tribunal — בֵּית דִּין

printing house, printing press — בֵּית דְּפוּס

pharynx — בֵּית בְּלִיעָה

guest house — בֵּית הָאֲרָחָה

convalescent home, sanatorium — בֵּית הַבְרָאָה

chest, thorax — בֵּית הֶחָזֶה

The Temple — בֵּית הַמִּקְדָּשׁ

parliament, house of representatives — בֵּית הַנִּבְחָרִים

[benle'umi'yut] internationality (ism) — בֵּינְלְאֻמִּיּוּת נ

[bina'ti] intelligible — בֵּינָתִי ת

[ben'tayim] meanwhile, in the meantime — בֵּינְתַיִם תה״פ

[be'sa] trough — בֵּיסָה נ

[bi'sa] trampling — בִּיסָה נ

[biysodi'yut] thoroughly — בִּיסוֹדִיּוּת תה״פ

[biy'i'lut] efficiently, effectively — בִּיעִילוּת תה״פ

[bi''af] in a rush, headlong, very fast — בִּיעָף תה״פ

[bi'yets] 1 to ovulate. 2 to egg — בִּיֵּץ פ״י

[be'tsa] egg — בֵּיצָה נ

[be'tsi] oval, ovular, elliptical — בֵּיצִי ת

[betsi'ya] fried eggs — בֵּיצִיָּה נ

[be'tsit] ovule — בֵּיצִית נ

[betsi'ti, betsa'ni] oval, ovular, elliptical — בֵּיצִיתִי, בֵּיצָנִי ת

[bi'kar] fundamentally — בִּיקָר תה״פ

[be'yoker] expensive, dear, dearly — בְּיֹקֶר תה״פ

[ba'yir] cistern, pit — בַּיִר נ

[beyir''a] reverently — בְּיִרְאָה תה״פ

[bi'ra] 1 capital, metropolis. 2 citadel, fortress, palace. 3 beer — בִּירָה נ

[bi'rit] 1 garter, sleeve band. 2 ring, hoop, clip, fastener — בִּירִית נ

[bira'ti] metropolitan — בִּירָתִי ת

[bish] bad, wrong — בִּישׁ ז ת

unlucky, unfortunate — בִּישׁ גַּדָּא, בִּישׁ מַזָּל

[bish'gad]1 unlucky person. 2 misfortune — בִּישְׁגַּד ז

[bi'yesh] to shame, embarrass, put to shame, offend — בִּיֵּשׁ פ״י

with careful consideration — בְּיִשּׁוּב הַדַּעַת

[bi'shof] bishop — בִּישׁוֹף ז

[bi'shut] badness, wickedness, — בִּישׁוּת נ

בֵּית הֵרָיוֹן womb, uterus
בֵּית וַעַד club, meeting place
בֵּית זוֹנוֹת brothel, whorehouse
בֵּית זִקּוּק refinery, distillery
בֵּית זְרוֹעַ sleeve
בֵּית חוֹלִים hospital
בֵּית חַיִּים 1 cemetery. 2 source of life
בֵּית חֲרֹשֶׁת factory
בֵּית יָד 1 handle. 2 glove. 3 sleeve
בֵּית יוֹצֵר 1 potter's workshop. 2 workshop
בֵּית יְצִיקָה foundry
בֵּית יְתוֹמִים orphanage
בֵּית כָּבוֹד W.C., toilet, lavatory, bathroom
בֵּית כֶּלֶא prison, penitentiary
בֵּית כְּנֶסֶת synagogue
בֵּית כִּסֵּא lavatory, bathroom, toilet, latrine
בֵּית מִדְרָשׁ 1 synagogue. 2 seminary, school. 3 Rabbinical college
בֵּית מְחוֹקְקִים parliament, legislature
בֵּית מַחְסֶה asylum, poorhouse, shelter, almshouse
בֵּית מִטְבָּחַיִם slaughterhouse
בֵּית מְלָאכָה workshop, studio
בֵּית מָלוֹן hotel
בֵּית מַלְכוּת 1 dynasty. 2 royal palace
בֵּית מְנוֹרָה socket, lamp-holder
בֵּית מַרְגּוֹעַ resthouse, hotel
בֵּית מַרְזֵחַ tavern, inn, pub
בֵּית מֶרְחָץ 1 bath-house. 2 public bath(s)
בֵּית מִרְקַחַת drugstore, chemist's shop
בֵּית מְשֻׁגָּעִים mental hospital, asylum for the insane
בֵּית מִשְׁפָּט court of law
בֵּית נְכוֹת museum
בֵּית נְקֵבָה, בֵּית נְקוּבָה anus
בֵּית נְתִיבוֹת 1 terminal. 2 railway station
בֵּית סֹהַר prison, jail
בֵּית סֵפֶר school
בֵּית סֵפֶר יְסוֹדִי (עֲמָמִי) elementary school, primary school
בֵּית סֵפֶר תִּיכוֹן high school, grammar school
בֵּית עָלְמִין cemetery, graveyard
בֵּית קְבָרוֹת cemetery, graveyard
בֵּית קָפֶה café
בֵּית רַבָּן school
בֵּית שֶׁחִי armpit
בֵּית שִׁמּוּשׁ toilet, lavatory, bathroom
בֵּית תַּמְחוּי 1 soup kitchen. 2 public kitchen
בֵּית תְּפִלָּה 1 place of worship. 2 synagogue
בַּיָּת ז [ba'yat] domestic animal
בִּיֵּת פ״י [bi'yet] to tame, domesticate
בֻּיַּת פ״ע [bu'yat] to be tamed, domesticated
בֵּיתִי ת [be'ti] domestic, homely
בֵּיתִיּוּת נ [beti'yut] homeliness, domesticity
בִּיתָן ז [bi'tan] 1 pavilion. 2 palace, castle. 3 booth
בְּיֶתֶר שְׂאֵת with increased vigour, more energetically
בָּךְ מ״ג [bax] in you, with you (fsing)
בְּךָ מ״ג [be'xa] in you, with you
בָּכָא ז [ba'xa] 1 poplar, balsam. 2 weeping, mourning. 3 diaspora
בִּכְבֵדוּת תה״פ [bixve'dut] heavily
בְּכָבוֹד תה״פ [bexa'vod] respectfully, honorably
בִּכְבוֹדוֹ וּבְעַצְמוֹ in person, by himself
בִּכְדֵי מ״ח, מ״י [bix'de] 1 in order that. 2 to the extent of

[bix'di] in vain, for nothing בִּכְדִי תה״פ
[ba'xa] to cry, weep, mourn, deplore בָּכָה פ״ע
['bexe] weeping, crying, wailing בֶּכֶה ז
[be'xo] thus, in that way בְּכֹה
[bi'ka] to mourn, lament בִּכָּה פ״י
[ba'xuy] bewailed, mourned, lamented בָּכוּי ת
[bi'kuy] mourning, lament בִּכּוּי ז
[bexava'na] intentionally, on purpose בְּכַוָּנָה תה״פ
[be'xor] 1 firstborn, eldest. 2 senior, elder בְּכוֹר ז
primrose, primula בְּכוֹר אָבִיב
[bi'kur] 1 early ripening, first fruits. 2 preference, preferring בִּכּוּר ז
[bexo'ra] 1 primogeniture, inheritance. 2 seniority, priority בְּכוֹרָה נ
[bexo'rot] Bekhorot, (Talmudic tractate) בְּכוֹרוֹת ז״ר
[bexo'rut] primogeniture, status of being first-born בְּכוֹרוּת נ
[biku'ri] premature, precious בִּכּוּרִי ת
[biku'rim] first fruits בִּכּוּרִים
[ba'xut] 1 crying, weeping. 2 mourning, lamentation בָּכוּת נ
[be'xo'ax] 1 by force, forcibly. 2 potentially. 3 in the capacity of בְּכֹחַ תה״פ, מ״י
[be'xi] weeping, tears, crying בְּכִי ז
[be'xi-tov] for the best, very well בְּכִי־טוֹב תה״פ
[bix'ya, bexi'ya] 1 weeping, crying. 2 misfortune בִּכְיָה, בְּכִיָּה נ
irreversible damage בְּכִיָּה לְדוֹרוֹת
[bax'yan] cry-baby, blubberer בַּכְיָן ז
[baxya'nut] tearfulness, crying בַּכְיָנוּת נ
[baxya'ni] tearful, tending to cry easily בַּכְיָנִי ת
[ba'xir] 1 senior, superior. 2 elder בָּכִיר ת
[bux'yar] shuttle בֻּכְיָר ז
[ba'kir] ripening early, early to ripen בַּכִּיר ת
[baki'ra] first rains of the season בַּכִּירָה נ
[bexi'rut] seniority בְּכִירוּת נ
terrible, the worst possible בְּכִי רַע
[be'xax] thereby, thus בְּכָךְ תה״פ
anyway, at any rate בְּכָל אֹפֶן
nevertheless, be that as it may בְּכָל זֹאת
impatiently, desperately, anxiously בְּכִלְיוֹן עֵינַיִם
[bix'lal] 1 generally, in general. 2 inclusive. 3 at all בִּכְלָל תה״פ
[ba'xem] in you (m. pl.), with you, through you בָּכֶם מ״י, מ״ג
[bexa'ma] for how much, at what price בְּכַמָּה
[ba'xen] in you (f. pl.), with you, through you בָּכֶן מ״י
[be'xen] in that case, consequently בְּכֵן
[bux'na] piston בֻּכְנָה נ
[bexe'nut] frankly, sincerely, honestly בְּכֵנוּת תה״פ
ungratefully בִּכְפִיּוּת טוֹבָה
together, in one go בִּכְפִיפָה אַחַת
['bexer] young camel בֵּכֶר ז
[bi'ker] 1 to prefer, choose. 2 to recognize as first-born. 3 to bear a first child. 4 to ripen early בִּכֵּר פ״י
[bix'ra] young camel (f) בִּכְרָה נ
[bix'tav] written, in writing בִּכְתָב תה״פ
[bal] 1 not. 2 ball בַּל תה״פ ז
[be'lo] without בְּלֹא מ״י
in any case, anyhow בְּלָאו הָכֵי
[bela''ot] rags, tatters, shreds בְּלָאוֹת נ״ר

בְּלַאי ז [be'lai] amortization, wear and tear
בַּלַּאי ז [ba'lai] rag dealer
בְּלָאִים ז״ר [bela''im] rags, tatters
בְּלֵב כָּבֵד sorrowfully, heavy-heartedly
בְּלֵב קַל light-heartedly
בְּלֵב שָׁלֵם sincerely, wholeheartedly
בִּלְבָבִיּוּת תה״פ [bilevavi''yut] cordially
בִּלְבַד תה״פ [bil'vad] only, solely
בִּלְבַדִּי ת [bilva'di] exclusive, special
בִּלְבַדִּיּוּת נ [bilvadi'yut] exclusivity
בִּלְבּוּל ז [bil'bul] 1 confusion, disorder. 2 perplexity
בִּלְבּוּל מֹחַ nuisance, bother
בִּלְבּוּלְיָה נ [bilbuli'ya] confusion, disorder
בֻּלְבּוּל ז [bul'bul] 1 song thrush. 2 penis
בִּלְבֵּל פ״י [bil'bel] to confuse, perplex, muddle, mix
בַּלְבָּלָה נ [balba'la] disorder, confusion
בַּלְבְּלָן ז ת [balbe'lan] 1 disturber. 2 troublemaker
בַּלְבְּלָנִי ת [balbela'ni] causing muddle, confusion
בִּלְבֹּלֶת נ [bil'bolet] disorder, confusion
בָּלָגָן ז [bala'gan] chaos, upheaval, mess, disorder
בַּלָּדָה נ [ba'lada] ballad
בַּלְדָּר ז [bal'dar] courier, emissary
בָּלָה פ״ע [ba'la] 1 to wear out, decay. 2 to wither, wilt
בָּלֶה ת shabby, worn out
בִּלָּה פ״י נ 1 to corrode. 2 to spend, waste. 3 to outlive, outlast. 4 mixture
בִּלָּה בַּנְּעִימִים to have a good time
בִּלֵּהַ, בִּלֵּהַ פ״י [bi'lah, bi'leha] to daunt, frighten, intimidate
בַּלָּהָה נ [bala'ha] terror, horror, calamity

בְּלַהַט תה״פ [be'lahat] vehemently, eagerly, enthusiastically
בְּלְהִיטוּת תה״פ [bilhi'tut] ardently, avidly
בְּלוֹ ז [be'lo] excise, indirect taxation
בְּלוֹאִים, בְּלוֹאוֹת ז״ר [belo''im] rags, old clothes
בַּלּוּט ז [ba'lut] 1 acorn. 2 gland
בַּלּוּטָה נ [balu'ta] gland
בַּלּוּטַת הַכָּרֵס pancreas
בַּלּוּטַת הַתְּרִיס thyroid
בַּלּוּטִי ת [balu'ti] glandular
בַּלּוּטֹמֶת נ [balu'tomet] adenoma
בָּלוּי ת [ba'luy] 1 ragged, worn out, tattered, used up
בִּלּוּי ז [bi'luy] 1 pastime, recreation. 2 consumption, wearing out
בָּלוּל ת [ba'lul] mixed
בָּלוּם ת [ba'lum] 1 blocked, closed. 2 full, comprehensive. 3 braked
בְּלוֹם ז [be'lom] butt, end
בִּלּוּם ז [bi'lum] 1 brake. 2 interval
בַּלּוֹן ז [ba'lon] balloon, soap-bubble
בְּלוֹנְדִּינִי ת [blon'dini] blond, fair-haired
בָּלוּס ת [ba'lus] mixed, miscellaneous
בָּלוּעַ ת [ba'lu'a] swallowed, hidden
בִּלּוּעַ ז [bi'lu'a] erosion, destruction. 2 gear. 3 covering
בְּלוֹף ז [blof] bluff
בְּלוֹק ז [blok] 1 block. 2 bloc
בִּלּוּק ז [bi'luk] destruction
בִּלּוּק הַנֶּפֶשׁ schizophrenia
בְּלוֹרִית נ [belo'rit] 1 lock of hair, fore-lock. 2 braid
בִּלּוּשׁ ז [bi'lush] 1 investigation, search. 2 detective work
בָּלוּת ת [ba'lut] erosion
בְּלוּת נ [be'lut] menopause
בָּלַח פ״ע [ba'lax] to flicker

בָּלִיעַ ת [baˈliya] able to be swallowed, absorbable
בְּלִיעָה נ [bliˈya] 1 swallowing. 2 greed, gluttony. 3 absorption
בְּלִיַּעַל ז [beliˈya'al] 1 wickedness, ungodliness. 2 scoundrel, rascal
בִּלְיַרְד ז [bilˈyard] billiards, pool
בְּלִישָׁה נ [beliˈsha] search, detection, scrutiny
בְּלֵית בְּרֵרָה there being no alternative, Hobson's choice
בָּלַל פ״י [baˈlal] 1 to mix, mingle. 2 to confuse, confound
בֶּלֶל ז [ˈbelel] 1 mixture, fodder
בָּלָלַיְקָה נ [balaˈlaika] balalaika
בָּלַם פ״י [baˈlam] 1 to stop halt, restrain, curb. 2 to brake
בֶּלֶם ז [ˈbelem] 1 brake. 2 barrier. 3 dam
בֶּלֶם יָד hand brake
בַּלָּם ז [baˈlam] 1 brake, buffer. 2 back (soccer)
בִּלֵּם פ״י [biˈlem] to brake, stop
בֻּלְמוּס ז [bulˈmus] 1 voracity, bulimis. 2 mania, craze
בֻּלְמוּסִי ת [bulmuˈsi] voracious, crazed
בַּלָּן ז [baˈlan] bath attendant
בַּלָּנִית נ [balˈnit] bath towel
בָּלַס פ״י [baˈlas] 1 to gather sycamore fruit. 2 to mix, jumble
בַּלִּיסְטְרָה נ [balisˈtra] catapult
בָּלַע פ״י [baˈla] 1 to swallow, devour. 2 to gulp down, absorb
בֶּלַע ז [ˈbela] 1 mouthful, gobbet. 2 slander, deceit. 3 absorption
בַּלָּע ז [baˈla] glutton
בִּלַּע פ״י [biˈla] 1 to destroy. 2 to confuse
בִּלְעֵד פ״י [bilˈ'ed] to set apart, make exclusive

בְּלַחַשׁ תה״פ [beˈlaxash] sotto voce, whisperingly
בָּלַט פ״ע [baˈlat] 1 to be conspicuous, outstanding. 2 to project, protrude
בֶּלֶט ז [ˈbelet] 1 projection, bulge. 2 relief
בַּלָּט תה״פ [baˈlat] secretly
בַּלֶּט ז [baˈlet] ballet
בִּלֵּט פ״י [biˈlet] to emphasize, project
בַּלָּטָה נ [baˈlata] tile
בֶּלֶטְרִיסְטִי ת [beleˈtristi] pertaining to fine literature
בֶּלֶטְרִיסְטִיקָה נ [beleˈtristika] the writing of artistic fiction, "belles lettres"
בְּלִי מ״ז [beˈli] 1 without, excluding. 2 destruction, annihilation
בְּלִי הֶרֶף incessantly, unceasingly
בְּלִי חָשָׂךְ ininterrupted
בְּלִי מֵשִׂים unwittingly, unintentionally
בְּלִי נֶדֶר 1 God willing. 2 I won't swear to it
בְּלִי שֵׁם anonymous, nameless
בְּלָיָה, בְּלִיָּה נ, בִּלָּיוֹן ז [belaˈya, beliˈya] decay, wearing out, deterioration
בִּלְיוֹן ז [bilˈyon] billion
בְּלִיחָה נ [beliˈxa] sparkling, twinkling
בְּלִיטָה נ [beliˈta] bulge, protrusion, projection
בְּלִיטוּת נ [beliˈtut] prominence, protrusion, relief
בְּלִיל ז [beˈlil] 1 mash, mixed fodder. 2. mixture, pot pourri
בְּלִילָה נ [beliˈla] 1 mixing, mixture. 2 confusion
בָּלִים ת [baˈlim] able to be stopped, restrainable
בְּלִימָה נ [beliˈma] 1 braking, stopping. 2 nothing, void
בְּלִימַת פֶּה shutting up, keeping quiet

[bil'a'di] exclusive בִּלְעָדִי ת
[bil'a'de] apart from, save, except בִּלְעֲדֵי מ״י
[bil'adi'yut] exclusivity, exclusiveness בִּלְעָדִיּוּת נ
[bal''an] glutton, greedy person בַּלְעָן ז
[bal'a'nut] gluttony, greediness בַּלְעָנוּת נ
[bal'a'ni] greedy, voracious בַּלְעָנִי ת
[ba'lak, bi'lek] to destroy בָּלַק, בִּלֵּק פ״י
[bi'lak] bloke, fellow, someone בִּלָק ז
[ba'lash, bi'lesh] 1 to search, detect. 2 to investigate, check בָּלַשׁ, בִּלֵּשׁ פ״י
[ba'lash] detective, investigator בַּלָּשׁ ז
euphemistically בִּלְשׁוֹן סַגִּי נְהוֹר
[bala'shut] detective work, investigation בַּלָּשׁוּת נ
[bala'shi] detective בַּלָּשִׁי ת
[bal'shan] linguist, philologist בַּלְשָׁן ז
[balsha'nut] linguistics, philology בַּלְשָׁנוּת נ
[balsha'ni] linguistic, philological בַּלְשָׁנִי ת
[ba'leshet] secret police, plainclothes police בַּלֶּשֶׁת נ
[bil'ti] 1 except, without. 2 not. 3 un-, in- בִּלְתִּי מ״ח מ״י
only if, unless בִּלְתִּי אִם
impenetrable בִּלְתִּי חָדִיר
illegal בִּלְתִּי חֻקִּי ת
incomprehensible בִּלְתִּי מוּבָן
unconscious, unaware בִּלְתִּי מוּדָע
invulnerable, that cannot be hurt בִּלְתִּי פָּגִיעַ
involuntary בִּלְתִּי רְצוֹנִי
independent בִּלְתִּי תָּלוּי
[bam] them, in them, with them (mpl) בָּם מ״י מ״ג
[bama'ut] stage direction בַּמָּאוּת נ
[ba'mai] director בַּמַּאי ז
[bimevu'xa] confusedly, perplexedly, embarrassedly בִּמְבוּכָה תה״פ
['bambuk] bamboo בַּמְבּוּק ז
[bemug'ba] raised בְּמֻגְבָּה תה״פ
[bemid'bar] Book of Numbers (Bible) בְּמִדְבַּר
[ba'ma] 1 stage, pulpit, forum. 2 elevation, platform. 3 height, altar בָּמָה נ
[ba'me] in what, in which בַּמֶּה
[bi'ma] to stage, produce בִּמָּה פ״י
[bimehi'rut] quickly בִּמְהִירוּת תה״פ
[bimehe'ra] soon, speedily בִּמְהֵרָה תה״פ
[ba'mo] in them (m) בָּמוֹ מ״ג
[be'mo] with, by means of בְּמוֹ מ״י
[bi'muy] 1 direction. 2 staging, production בִּמּוּי ז
[bimu'yi] scenographic בִּמּוּיִי ת
[beme'zid] maliciously, with evil intent בְּמֵזִיד תה״פ
[bimzu'man] in cash, cash down בִּמְזֻמָּן תה״פ
at one fell swoop, in one go בִּמְחִי יָד
[bimexi'la] please, Pardon me! בִּמְחִילָה תה״פ
[bimeyu'xad] especially, particularly בִּמְיֻחָד תה״פ
[bema'tuta] Please! בְּמָטוּתָא תה״פ
['bamya] okra בַּמְיָה נ
[bemesha'rim] 1 directly. 2 frankly בְּמֵישָׁרִים, בְּמֵישָׁרִין תה״פ
[bimexu'van] intentionally בִּמְכֻוָּן תה״פ
[bimemu'tsa] on average בִּמְמֻצָּע תה״פ
[bimenu'sa] in flight, escaping בִּמְנוּסָה תה״פ
[bemaf'giya] emphatically, categorically בְּמַפְגִּיעַ תה״פ
[bimefo'rat] specifically, in detail בִּמְפֹרָט תה״פ

בְּמְפֹרָשׁ תה״פ [bimfo'rash] explicitly
בְּמַפְתִּיעַ תה״פ [bemaf'tiya] surprisingly, unexpectedly
בְּמַקְבִּיל תה״פ [bemak'bil] at the same time, simultaneously
בְּמֻקְדָּם תה״פ [bemuk'dam] early
בִּמְקוֹם מ״י [bim'kom] instead of
בְּמִקְצָת תה״פ [bemik'tsat] somewhat
בְּמִקְרֶה תה״פ [bemi'kre] accidentally, by chance, fortuitously
בְּמֶרֶץ תה״פ [be'merets] energetically
בְּמֶשֶׁךְ תה״פ [be'meshex] during
בְּמִתּוּן תה״פ [bemi'tun] moderately
בָּמָתִי ת [bama'ti] scenographic
בִּמְתִינוּת תה״פ [bimeti'nut] prudently
בְּמִתְכַּוֵּן תה״פ [bemitka'ven] intentionally, deliberately
בְּמַתְכֹּנֶת [bemat'konet] according to, in the framework of
בָּן פ״ע [ban] to understand, perceive
בֵּן נ [ben] 1 son, boy, child. 2 aged, worthy of. 3 native, inhabitant
בֶּן אָדָם human being, person
בֶּן אָח, בֶּן אָחוֹת nephew
בֶּן אַלְמָוֶת immortal
בֶּן אֲפָר fescue, festuca (plant)
בֶּן בַּיִת 1 familiar, feeling at home. 2 close friend, habitué
בֶּן בְּלִיַּעַל rascal, scoundrel, villain
בֶּן בְּנוֹ grandson
בֶּן בִּצּוּעַ practicable, achievable
בֶּן בָּקָר calf
בֶּן בְּרִית 1 ally. 2 Jew
בֶּן גֹּוֶן undertone, nuance
בֶּן דּוֹד, בֶּן דּוֹדָה cousin (m)
בֶּן דּוֹר contemporary
בֶּן דֵּעָה, בֶּן דַּעַת sensible, wise, clever
בֶּן זוּג 1 spouse. 2 partner, mate
בֶּן חַיִל brave, valiant, hero
בֶּן חֲלוֹף 1 transient, passing. 2 mortal

בֶּן חִלּוּף changeable, permutable
בֶּן חוֹרִים, בֶּן חוֹרִין free man, freeborn
בֶּן יוֹם, בֶּן יוֹמוֹ 1 one day old. 2 ephemeral
בֶּן יִשְׂרָאֵל Jew, Israelite
בֶּן כִּלְאַיִם mongrel, hybrid, crossbreed
בֶּן כָּנָף bird, fowl
בֶּן כְּפָר countryman, rustic, peasant
בֶּן לְוָיָה companion, escort
בֶּן מֶלֶךְ prince
בֶּן מִשְׁפָּחָה relative, relation
בֶּן סֶמֶךְ authoritative, reliable
בֶּן נַעֲוַת הַמַּרְדּוּת perverse and stubborn
בֶּן עַוְלָה scoundrel, rascal
בֶּן קַיָּמָא lasting, durable
בֶּן רֶשֶׁף spark
בֶּן שַׁחַץ beast of prey, savage animal
בֶּן שִׂיחָה interlocutor
בֶּן שֶׁמֶן fruitful, fat, rich
בֶּן תּוֹרָה learned, scholarly
בֶּן תְּמוּתָה mortal, human
בֶּן תַּעֲרֹבֶת hybrid, mongrel
בֶּן תַּרְבּוּת 1 cultured, educated. 2 domesticated
בֵּן ז [ben] son, boy, child
בֵּן חוֹרֵג stepson
בֵּן יָחִיד only child
בֵּן יַקִּיר beloved son, favo(u)rite
בֵּן פּוֹרָת beloved, worthy
בִּן לַיְלָה overnight
בִּן רֶגַע at once, instantaneously
בִּנְאוּם ז [bin'’um] internationalization
בַּנָּאוּת נ [bana'’ut] construction, building
בַּנָּאִי ת [bana'’i] constructional
בַּנַּאי ז [ba'nai] constructor, builder
בִּנְאֵם פ״י [bin'’em] to internationalize
בְּנֶאֱמָנוּת תה״פ [bene’ema'nut] loyally, faithfully

בְּנְדִיבוּת תה״פ [binedi'vut] generously
בָּנָה פ״י [ba'na] 1 to build, construct. 2 to establish, form, build up
בָּנָה אָב to serve as basis for
בִּנָּה פ״י [bi'na] 1 to strengthen. 2 to repair, reconstruct. 3 to build up
בְּנָהוּת נ [bena'hut] sonhood, filial relation
בָּנוּ מ״י מ״ג ['banu] in us
בָּנוּי ת [ba'nuy] built, constructed, erected
בִּנּוּי ז [bi'nuy] 1 building up. 2 construction
בָּנוֹת נ״ר [ba'not] 1 daughters. 2 girls
בְּנוֹת בְּרִית allies
בְּנוּת נ [be'nut] sonhood, filial relation
בֶּנְזִין ז [ben'zin] petrol, fuel, benzene
בְּנַחַת תה״פ [be'naxat] undisturbedly, calmly, with satisfaction
בְּנֵי אָדָם people, mortals
בְּנֵי בַּיִת 1 close friends. 2 relatives
בְּנֵי בָנִים grandchildren, descendants
בְּנֵי בְּרִית 1 allies (m). 2 Jews
בְּנֵי זְרוֹעַ scoundrels, rascals
בְּנֵי יִשְׂרָאֵל The Children of Israel, The Jewish People
בְּנֵי מֵעַיִם intestines, guts, bowels
בְּנֵי מִשְׁפָּחָה the family, relatives
בְּנֵי צֹאן flock, sheep, herds
בִּנְיָה נ [bin'ya] building
בְּנִיָּה נ [beni'ya] construction, building
בֶּנְיוּת, בְּנִיּוּת נ [ben'yut] sonhood, filial relation
בְּנִיחוּתָא תה״פ [beni'xuta] comfortably, gently, relaxedly
בֶּנְיִי ת [ben'yi] filial
בָּנִים ז״ר [ba'nim] 1 sons. 2 boys
בְּנִימוּס תה״פ [beni'mus] politely, courteously

בִּנְיָן ז [bin'yan] 1 building, structure. 2 edifice. 3 conjugation
בִּנְיַן אָב 1 basic principle, guiding rule
בִּנְיַן עַל superstructure
בָּנָלִי ת [ba'nali] banal
בָּנָלִיּוּת נ [ba'naliyut] banality
בְּנִמְצָא תה״פ [benim'tsa] available, existing
בָּנָנָה נ [ba'nana] banana
בַּנְּעִימִים תה״פ [bane'i'mim] pleasantly, agreeably
בְּנֹעַם תה״פ [be'no'am] nicely, pleasingly
בְּנִפְרָד תה״פ [beni'frad] separately
בְּנַפְשׁוֹ [benaf'sho] in mortal danger
בַּנְק ז [bank] bank
בַּנְק רֶכֶב drive-in bank
בַּנְקָאוּת נ [banka''ut] banking, commerce
בַּנְקָאִי ת [banka''i] concerned with banking
בַּנְקַאי ז [ban'kai] banker
בְּנָקֵל תה״פ [bena'kel] easily
בַּס ז [bas] bass, low-pitched
בָּס פ״י [bas] to trample
בְּסַבְלָנוּת תה״פ [besavla'nut] patiently, tolerantly
בְּסֵדֶר תה״פ [be'seder] in order, all right
בָּסָה פ״י [ba'sa] to trample
בְּסוֹד תה״פ [be'sod] secretly
בִּסּוּם ז [bi'sum] 1 perfuming, scenting. 2 spraying
בַּסּוֹן ז [ba'son] bassoon
בִּסּוּס ז [bi'sus] consolidation, establishment, strengthening
בַּסּוֹף תה״פ [ba'sof] finally
בָּסוּר ת [ba'sur] raw, crude, unripe
בְּסִיטוֹנוּת תה״פ [besito'nut] wholesale
בָּסִים ת [ba'sim] aromatic, fragrant, sweet-smelling

בְּסִימוּת נ [besiˈmut] fragrance, flavor
בָּסִיס ז [baˈsis] 1 basis, foundation. base. 2 alkali. 3 pedestal
בְּסִיסָה נ [besiˈsa] trampling
בְּסִיסִי ת [besiˈsi] 1 alkaline. 2 basic, fundamental
בְּסִיסִיּוּת נ [besisiˈyut] 1 thoroughness, elementariness. 2 alkalinity
בְּסִיַּעְתָּא דִשְׁמַיָּא with God's help, God willing
בָּסִיר ת [baˈsir] unripe, immature
בְּסִירָה, בְּסִירוּת נ [besiˈra] rawness, crudity
בְּסַךְ הַכֹּל all in all, by and large, in total
בַּסָּךְ [baˈsax] in procession
בְּסִכּוּם תה״פ [besiˈkum] in conclusion, finally
בָּסַם פ״ע [baˈsam] to be pleasant, agreeable
בֹּסֶם ז [ˈbosem] perfume, aroma
בַּסָּם ז [baˈsam] perfumer
בִּסֵּם פ״י [biˈsem] 1 to perfume. 2 to flavo(u)r. 3 to gladden
בֻּסְמָן ז [busˈman] perfumer
בְּסֹמֶת נ [beˈsomet] fragrance, flavo(u)r, aroma
בָּסַס פ״ע [baˈsas] to trample, tread
בִּסֵּס פ״י [biˈses] 1 to base, establish. 2 to consolidate
בְּסָפֵק תה״פ [besaˈfek] doubtfully, undecided
בָּסַר, בִּסֵּר פ״ע [baˈsar, biˈser] to flout, despise, spurn
בֶּסֶר ז [ˈbeser] unripeness, crudity, immaturity
בֹּסֶר ז [ˈboser] immature, crude, unripe
בְּסֵרוּגִים, בְּסֵרוּגִין תה״פ [beseruˈgim] alternately, intermittently
בִּסָּרוֹן ז [bisaˈron] spurning, flouting

בַּסְרוּת, בַּסְרָנוּת נ [basrut] unripeness, immaturity
בֻּסְתָּן ז [busˈtan] garden, orchard
בֻּסְתָּנָאוּת נ [bustanaˈʼut] gardening
בֻּסְתָּנַאי ז [bustaˈnai] gardener
בְּסֵתֶר תה״פ [beˈseter] secretly
בָּע פ״ע [ba] to rejoice, be glad
בַּעְבּוּעַ ז, בִּעְבּוּעָה נ [baʼˈbuʼa] 1 bubble. 2 blister
בִּעְבּוּעַ ז [biʼˈbuʼa] bubbling, effervescence
בַּעֲבוּר מ״י [baʼaˈvur] 1 for the sake of. 2 for
בִּעְבַּע פיו״ע [biʼba] to bubble, gurgle
בְּעַד מ״י [beˈʼad] 1 for, pro. 2 in favour of
בַּעֲדִינוּת תה״פ [baʼadiˈnut] delicately, gently
בָּעָה פ״י [baˈʼa] 1 to bubble, cause bubbles. 2 to reveal
בְּעוֹד תה״פ [beˈʼod] while, after, within
בְּעוֹד יוֹם before sunset
בְּעוֹד מוֹעֵד in good time, in due season
בָּעוּט ת [baˈʼut] kicked
בִּעוּט ז [biˈʼut] kicking
בַּעֲוֹנוֹתָיו [beʼoxˈrav] for his sins, to his detriment
בָּעוּל ת [baˈʼul] 1 owned. 2 experienced
בְּעוּלָה נ [beʼuˈla] 1 married woman. 2 deflowered
בָּעוֹלָם תה״פ [baʼoˈlam] in the (whole) world
בָּעוּר ת [baˈʼur] 1 burned, removed
בִּעוּר ז [biˈʼur] 1 burning. 2 removal, clearing. 3 destruction. 4 mopping up
בָּעוּת ת [baˈʼut] terrified, frightened
בִּעוּת ז [biˈʼut] terror, dread, nightmare

בֹּעַז ז [bo'ʼaz] farmer, landowner
בְּעֹז תה״פ [be'ʼoz] vigorously, strongly
בְּעַזּוּת תה״פ [be'azut] insolently, daringly
בֹּעֲזִי ת [bo'a'zi] bourgeois
בֹּעֲזִיּוּת נ [boazi'yut] bourgeoisie
בְּעֶזְרַת הַשֵּׁם with God's help, God willing
בָּעַט, בִּעֵט פ״י [ba'ʼat, bi'ʼet] 1 to kick. 2 to trample. 3 to despise, spurn
בַּעַט ז, בְּעָטָה נ ['ba'at, be'a'ta] kick, kicking
בִּעֲטֵט פ״י [bi'a'tet] to kick feebly
בְּעֶטְיוֹ שֶׁל- מ״י because of, due to
בַּעֲטָן ז [ba'a'tan] kicker
בַּעֲטָנוּת נ [ba'ata'nut] 1 kicking, scorn. 2 rebellion
בַּעֲטָנִי ת [ba'ata'ni] 1 rebellious. 2 recalcitrant
בְּעָיָה נ [be'a'ya] dilemma, problem, question
בְּעִיּוּן תה״פ [be'i'yun] thoroughly, with concentration
בְּעִיטָה נ [be'i'ta] kick
בְּעִילָה נ [be'i'la] 1 deflowering. 2 cohabitation, coitus
בְּעַיִן תה״פ [be'ʼayin] 1 available, actual. 2 exactly, unchanged
בְּעַיִן יָפָה generously, unstintingly
בְּעַיִן צָרָה 1 meanly, meagrely. 2 enviously
בָּעִיר ת [ba'ʼir] inflammable, combustible
בְּעִיר ז [be'ʼir] cattle, domestic animals
בְּעִירָה נ [be'i'ra] 1 burning. 2 conflagration
בְּעֵירֹם תה״פ [be'e'rom] naked, nude
בְּעִיתָה, בְּעִיתוּת נ [be'i'ta, be'i'tut] fear, anxiety

בְּעָיָתִי ת [be'aya'ti] problematic
בְּעָיָתִיּוּת נ [be'ayati'yut] the problem
בְּעָיָתָנוּת נ [be'aytanut] problematics
בָּעַל פ״י [ba'ʼal] 1 to marry. 2 to have sexual intercourse with, copulate. 3 to dominate, control
בַּעַל ז ['ba'al] 1 husband. 2 owner, possessor. 3 master, lord. 4 Ba'al
בַּעַל אֶגְרוֹף bully, ruffian
בַּעַל אוֹ diffident, hesitant, reluctant
בַּעַל אוֹב necromancer, soothsayer
בַּעַל אֲחֻזָּה landowner
בַּעַל אַחֲרָיוּת responsible
בַּעַל אֲמָנָה trustworthy, reliable
בַּעַל אֶמְצָעִים wealthy, rich
בַּעַל אַף irritable, irrascible
בַּעַל אֹפִי of strong character
בַּעַל בִּין, בַּעַל בִּינָה intelligent
בַּעַל בַּיִת 1 landlord, houseowner. 2 master
בַּעַל בְּרִית ally, confederate
בַּעַל גּוּף stout, corpulent
בַּעַל דְּבָב opponent, enemy
בַּעַל דָּבָר 1 owner. 2 party, person concerned. 3 Satan
בַּעַל דִּין 1 litigant. 2 opponent
בַּעַל דִּמְיוֹן visionary, dreamer
בַּעַל דֵּעָה influential
בַּעַל דַּעַת intelligent, clever
בַּעַל דַּרְגָּה high-ranking
בַּעַל הַבְּרָכוֹת God
בַּעַל הוֹן capitalist, man of substance
בַּעַל הַכָּרָה conscientious
בַּעַל הַמֵּאָה rich person
בַּעַל הַמְצָאוֹת 1 inventor 2 wily
בַּעַל הֲנָאָה hedonist, epicurean
בַּעַל הֶעָזָה valiant, daring
בַּעַל הַשְׂכָּלָה learned, erudite
בַּעַל וֶתֶק experienced, senior
בַּעַל זְבוּב Beelzebub

בַּעַל זְכוּת privileged
בַּעַל זָקָן bearded
בַּעַל זְרוֹעַ violent, strong
בַּעַל חוֹב 1 debtor. 2 creditor
בַּעַל חַיִּים animal
בַּעַל חֲלוֹמוֹת dreamer, visionary
בַּעַל חֻלְיוֹת vertebrate
בַּעַל חֵמָה irritable, easily angered
בַּעַל חֹמֶר materialist
בַּעַל טַעַם person of good taste
בַּעַל יָזְמָה resourceful, one who takes initiative
בַּעַל יְכֹלֶת capable
בַּעַל יִסּוּרִים sufferer, suffering
בַּעַל כֹּחַ strong
בַּעַל כִּיס rich man
בַּעַל כָּנָף bird, fowl
בַּעַל כִּשְׁרוֹן talented, gifted
בַּעַל לָשׁוֹן 1 eloquent. 2 slanderer. 3 linguist
בַּעַל מִדּוֹת 1 virtuous. 2 large
בַּעַל מוּם deformed, blemished, invalid, cripple
בַּעַל מוֹפֵת miracle-worker
בַּעַל מְזִמּוֹת schemer, plotter
בַּעַל מְלָאכָה 1 artisan, craftsman. 2 employer
בַּעַל מָמוֹן wealthy, man of property
בַּעַל מָעוֹף imaginative, far-seeing
בַּעַל מִצְווֹת pious
בַּעַל מִקְצוֹעַ professional, expert
בַּעַל מַרְפְּקִים pusher, go-getter
בַּעַל מֶרֶץ energetic
בַּעַל מִשְׁפָּחָה married, family man
בַּעַל נְכָסִים rich, affluent
בַּעַל נִימוּסִים polite, courteous, well-mannered
בַּעַל נִסָּיוֹן man of experience, veteran
בַּעַל סוֹד 1 Kabbalist. 2 loyal, faithful
בַּעַל עֲבֵרָה sinner, trespasser
בַּעַל עֵסֶק businessman

בַּעַל עֵצָה adviser, counsel(l)or
בַּעַל עֵרֶךְ valuable, important
בַּעַל פִּיפִיּוֹת 1 ambiguous, double-edged. 2 serrated
בַּעַל פִּקָּדוֹן depositor
בַּעַל פַּרְנָסָה self-supporting
בַּעַל פְּשָׁרָה conciliatory, capable of compromise
בַּעַל צְדָקָה philanthropist, benefactor
בַּעַל קַב crippled, lame
בַּעַל קַבָּלָה Kabbalist
בַּעַל קוֹמָה tall, outstanding
בַּעַל קִצְבָּה pensioner
בַּעַל קַרְנַיִם horned
בַּעַל רֶגֶשׁ 1 sensitive. 2 sensible
בַּעַל רַחֲמִים merciful, compassionate
בַּעַל שְׁבוּעָה ally, sworn friend
בַּעַל שִׂיחָה conversationalist
בַּעַל שֵׂכֶל clever, intelligent
בַּעַל שֵׁם 1 wonder worker. 2 well-known, famous
בַּעַל שִׂמְחָה celebrant, organizer of celebration
בַּעַל שְׂרָרָה wil(l)ful, dominant, in key position
בַּעַל תַּאֲוָה greedy, lustful
בַּעַל תּוֹרָה scholarly, learned
בַּעַל תַּחְבּוּלוֹת crafty, perspicacious
בַּעַל תְּפִיסָה perceptive
בַּעַל תְּפִלָּה cantor, prayer leader
בַּעַל תְּשׁוּבָה repentant, penitent
בְּעַל כָּרְחוֹ unwillingly, against one's will
בְּעַל פֶּה 1 orally. 2 by vote, off by heart
בְּעִלּוּם שֵׁם incognito
בַּעֲלוּת נ [ba'a'lut] ownership, rights of possession
בַּעֲלִיל תה"פ [ba'a'lil] clearly, expressly
בְּעָלִים ז"ר [be'a'lim] 1 owner. 2 legal personality

בְּעָלְמָא תה״פ [be'ˈalma] without aim or value, unintentionally

בַּעֲלַת בַּיִת housewife, landlady, matron

בַּעֲמִידָה תה״פ [ba'amiˈda] standing

בָּעַן פ״ע [ba'ˈan] to implore

בְּעֹנֶג תה״פ [be'ˈoneg] delightfully, with pleasure

בַּעֲנָוָה תה״פ [ba'anaˈva] humbly, modestly

בַּעַץ ז [ˈba'ats] zinc, pewter

בְּעֶצֶב תה״פ [be'ˈetsev] sadly, sorrowfully

בְּעֶצֶם תה״פ [be'ˈetsem] actually, as a matter of fact

בַּעֲקִיפִין תה״פ [ba'akiˈfin] indirectly

בְּעִקָּר תה״פ [be'iˈkar] mainly, chiefly, especially

בְּעִקָּרוֹן תה״פ [be'ikaˈron] in principle, principally

בָּעַר פ״ע [ba'ˈar] 1 to burn. 2 to clear, remove. 3 to be stupid. 4 to be urgent

בַּעַר ז [ˈba'ar] stupid, ignorant, boor, oaf

בִּעֵר פ״י [bi'ˈer] 1 to ignite. 2 to burn up, consume. 3 to annihilate eradicate

בְּעֵרָבוֹן מֻגְבָּל limited, Ltd

בְּעֵרָה נ [be'eˈra] fire, conflagration

בַּעֲרוּת נ [ba'aˈrut] 1 stupidity, ignorance. 2 boorishness, loutishness

בְּעֵרֶךְ תה״פ [be'ˈerex] approximately, roughly

בַּעַת ז [ˈba'at] 1 morbid fear. 2 phobia

בַּעַת גְּבָהִים acrophobia

בַּעַת חוּצוֹת agrophobia

בַּעַת סֶגֶר claustrophobia

בִּעֵת פ״י [bi'ˈet] to terrify, frighten

בְּעֵת תה״פ [be'ˈet] during, while, at the time of

בְּעֵת וּבְעוֹנָה אַחַת simultaneously, at one and the same time

בְּעָתָה נ [be'aˈta] panic, dread, horror

בִּעֲתוּת ז [bi'aˈtut] fear, shock, nightmare

בְּפֶה מָלֵא 1 explicitly. 2 unreservedly, wholeheartedly

בְּפֶה רַךְ persuasively, in a conciliatory manner

בְּפֻמְבֵּי תה״פ [befumˈbi] publicly, in public

בִּפְנֵי תה״פ [bifˈne] in front of, before, in the presence of

בִּפְנִים מ״י [bifˈnim] inside, within

בְּפֹעַל תה״פ [beˈfo'al] 1 actually, in fact, effectively. 2 acting

בְּפַרְהֶסְיָה תה״פ [befarˈhesya] publicly, openly, flagrantly

בִּפְרוֹטְרוֹט תה״פ [bifrotˈrot] minutely, in detail

בְּפֵרוּשׁ תה״פ [befeˈrush] specifically, explicitly

בִּפְרָט תה״פ [biˈfrat] in particular, particularly

בְּפֶרֶךְ תה״פ [beˈferex] oppressively, crushingly

בִּפְרֹס מ״י [biˈfros] on the eve of, just before

בְּפַשְׁטוּת תה״פ [befashˈtut] simply

בֹּץ ז [bots] mud, mire

בַּצְבּוּץ ז [batsˈbuts] hemp

בִּצְבּוּץ ז [bitsˈbuts] sprouting, burgeoning

בִּצְבֵּץ פ״ע [bitsˈbets] 1 to sprout, burgeon. 2 to burst, break out

בְּצֹבֶר תה״פ [beˈtsover] in bulk

בְּצֶדֶק תה״פ [beˈtsedek] rightly, justly, fairly, equitably

בִּצָּה נ [biˈtsa] swamp, marsh

[ba'tsa] ditch, pond בָּצָע ז
[ba'tsa] 1 to slice. 2 to break off. 3 to compromise. 4 to be greedy בָּצַע פ״י
['betsa] 1 profit, usury. 2 lucre. 3 greed, avarice בֶּצַע ז
[bi'tsa] 1 to perform. 2 to implement, perpetrate, execute בִּצַּע פ״י
[be'tsa'ar] regretfully, sorrowfully בְּצַעַר תה״פ
[ba'tsats] 1 to squeeze out, execute. 2 to sprout, appear בָּצַץ פיו״ע
[ba'tsak] 1 to swell, rise. 2 to stick, adhere בָּצַק פ״ע
[ba'tsek] 1 dough, pastry. 2 swollen בָּצֵק ז ת
[ba'tsak] hydropic, dropsical בַּצָּק ז
[ba'tseket] œdema, dropsy בַּצֶּקֶת נ
[batsak'ti]1 pastry-like. 2 dropsical, hydropic בַּצַּקְתִּי ת
[ba'tsar] 1 to gather, harvest. 2 to subdue, reduce בָּצַר פ״י
['betser] 1 strength, support. 2 ore בֶּצֶר ז
[bi'tser] to fortify, strengthen, secure בִּצֵּר פ״י
[bats'ra] sheepfold, enclosure בָּצְרָה נ
[bits'ra] fortress בִּצְרָה נ
[bitsa'ron] 1 fortress. 2 drought בִּצָּרוֹן ז
[ba'tsoret] drought, scarcity בַּצֹּרֶת נ
[bitsa'ti] swampy, marshy בִּצָּתִי ת
[bak, ba'ka] gnat, midge בַּק, בַּקָּה ז נ
[bak'buk] bottle בַּקְבּוּק ז
[bik'bek] 1 to bottle. 2 to drip from a bottle בִּקְבֵּק פ״י
[ba'ka] to be, become expert בָּקָה פ״י
very loudly, at the top of one's voice בְּקוֹלֵי קוֹלוֹת
[ba'ku'a] cleft, split, spliced בָּקוּעַ ת
[bi'ku'a] split, cleft, chopping בִּקּוּעַ ז

[ba'tsu'a] sliced בָּצוּעַ ת
[bi'tsu'a] 1 implementation, realization. 2 performance. 3 legal compromise, arbitration בִּצּוּעַ ז
[bitsu''i] pertaining to performance, implementation בִּצּוּעִי ת
[ba'tsur] 1 fortified, protected. 2 harvested, gathered בָּצוּר ת
[bi'tsur] 1 strengthening. 2 fortification, citadel, fortress בִּצּוּר ז
field works בִּצּוּרֵי שָׂדֶה
[be'tsavta] together, in company בְּצַוְתָּא תה״פ
[bits'xok] jokingly בִּצְחוֹק תה״פ
[bi'tsi, bu'tsi] swampy, marshy בִּצִּי, בֻּצִּי ת
[ba'tsil] 1 onion-picking. 2 bacillus בָּצִיל ז
[betsi'ya] slicing, cutting בְּצִיעָה נ
[betsi'tsa] dripping בְּצִיצָה נ
[ba'tsik] 1 doughnut. 2 dough. 3 pastry-like בָּצִיק ז ת
[betsi'ka] swelling, (o)edema בְּצִיקָה נ
[ba'tsir, betsi'ra] 1 vintage. 2 absence, lack בָּצִיר ז, בְּצִירָה נ
[bi'tsit, bu'tsit] canoe, skiff, dinghy בִּצִּית, בֻּצִּית נ
[ba'tsal] onion, bulb בָּצָל ז
[bi'tsel] to sprout in thin stalks בִּצֵּל פ״י
[betsa'li] onion-like בְּצָלִי ת
[bats'lit] chive בַּצְלִית נ
[betsal'tsul] bulblet, shallot בְּצַלְצוּל, בְּצַלְצַל ז
[betsim'tsum] sparingly, frugally, meagre(r)ly בְּצִמְצוּם תה״פ
[bitsa'ni] swampy, marshy בִּצָּנִי, בֻּצָּנִי ת
[betsin''a] modestly, secretly בִּצְנִעָה תה״פ

open

בָּקוּק ת [baˈkuk] empty, destroyed, wasted

בִּקּוּק ז [biˈkuk] emptying, draining, destruction

בִּקּוּר ז [biˈkur] 1 visit, call. 2 criticism, investigation. 3 attendance.

בִּקּוּשׁ ז [biˈkush] demand

בַּקְטֶרְיָה נ [bakˈterya] bacterium

בָּקִי ת [baˈki] expert, skilled, erudite, well-versed

בְּקִיאוּת נ [bekiˈyut]1 proficiency, expert knowledge, erudition

בַּקְיָה, בִּקְיָה נ [bakˈya, bikˈya] vetch

בָּקִיעַ ז ת [baˈkiya] 1 breach, crack, cleft. 2 fissionable

בְּקִיעָה נ [bekiˈya] 1 breach, splitting cleft, fissure. 2 eruption

בְּקִיעוּת נ [bekiˈyut] tendency to fissure

בְּקִיקָה נ [bekiˈka] destruction

בַּקָּלָה נ [ˈbakala] cod, hake

בָּקֶלִיט ז [bakeˈlit] bakelite

בָּקַע פ״י [baˈka] 1 to cleave, break, split, sever. 2 to penetrate. 3 to break through

בֶּקַע ז [ˈbeka] 1 rift, crevice, split. 2 hernia

בִּקַּע פ״י [biˈka] to cleave, break, split, chop

בִּקְעָה נ [bikˈʼa] valley, lowland, basin

בְּקַפְּדָנוּת תה״פ [bekapdaˈnut] strictly, meticulously

בְּקִצּוּר תה״פ [bekiˈtsur] briefly, in short

בְּקֹצֶר רוּחַ impatiently

בָּקָר ז [baˈkar] cattle, herd, oxen

בֹּקֶר ז [ˈboker] morning

בֹּקֶר טוֹב Good morning!

בַּקָּר ז [baˈkar] 1 cowherd, cowboy. 2 reviewer, critic. 3 inspector

בֵּקָר ז [beˈkar] natural (mus.)

בִּקֵּר פ״י [biˈker] 1 to visit, attend. 2 to examine, audit. 3 to control, check. 4 to criticize

בְּקֶרֶב מ״י [beˈkerev] among, amid

בַּקָּרָה נ [bakaˈra] control, guidance

בְּקָרוֹב תה״פ [bekaˈrov] soon, shortly

בְּקֵרוּב תה״פ [bekeˈruv] approximately

בְּקָרִי ת [bekaˈri] 1 bovine. 2 of morning

בַּקְרָן ז [bakˈran] over-critical, severe critic

בַּקְרָנוּת נ [bakraˈnut] censoriousness

בַּקְרָנִי ת [bakraˈni] censorious

בִּקֹּרֶת נ [biˈkoret] 1 criticism, review. 2 censure

בִּקֹּרֶת הַמִּקְרָא Biblical exegesis

בִּקָּרְתִּי ת [bikorˈti] critical, censorious

בִּקָּרְתִּיּוּת נ [bikortiˈyut] criticism, censoriousness

בִּקֵּשׁ פ״י [biˈkesh] 1 to ask, beg, wish. 2 to request, demand. 3 to search, seek, intend

בַּקָּשָׁה נ [bakaˈsha] 1 request, wish, desire. 2 petition, entreaty

בְּקֹשִׁי תה״פ [beˈkoshi] hardly, barely

בַּקְשִׁישׁ ז [bakˈshish] tip, bribe

בַּקְשָׁן ז [bakˈshan] nagger, one who pesters

בַּקְשָׁנוּת נ [bakshaˈnut] petitioning, requesting

בֶּקֶת, בִּקְתָּה נ [ˈbeket, bikˈta] hut, cottage

בָּר ז פיו״ע [bar] 1 wheat, grain, corn. 2 countryside. 3 outside, exterior. 4 to lay waste, strip

בַּר ז פיו״ע ת [bar] 1 exterior. 2 except, besides. 3 pure, clear. 4 bar. 5 son

בַּר אֲבָהָן highborn, of good family

בַּר אוֹרְיָן learned, erudite
בַּר בֵּי רַב pupil, student
בַּר בִּצּוּעַ practicable, achievable
בַּר דַּעַת intelligent, clever
בַּר חֲלוֹף transient, ephemeral
בַּר לֵבָב hearty, brave
בַּר מַזָּל lucky, fortunate
בַּר מִנַּן 1 dead, corpse, deceased. 2 God forbid
בַּר מֶצֶר neighbo(u)r
בַּר נָשׁ someone, fellow, guy
בַּר סַמְכָא authoritative, authorized
בַּר עֳנָשִׁים, בַּר עֳנָשִׁין punishable, old enough to be held responsible
בַּר פְּלֻגְתָּא antagonist, adversary
בַּר קְיָמָא lasting, durable
בֹּר ז [bor] 1 purity, innocence. 2 lye, alkali, borax. 3 boron
בָּרָא פ״י [ba'ra] to create, shape, form
בֵּרֵא פ״י [be'ra] to cut down, fell, deforest
בְּרֹאשׁ תה״פ [be'rosh] at the head, principally
בְּרֵאשִׁית נ תה״פ [bere'shit] 1 Genesis. 2 in the beginning
בְּרֵאשִׁיתִי ת [bereshi'ti] primeval
בְּרֵאשִׁיתִיּוּת נ [bereshiti'yut] beginning, primordiality
בַּרְבּוּר ז [bar'bur] swan
בָּרַבִּים תה״פ [bara'bim] publicly
בַּרְבָּרִי ז ת [bar'bari] barbarian, barbaric, vandalistic
בַּרְבָּרִיּוּת נ [bar'bariyut] barbarism, barbarity, vandalism
בָּרַג פ״י [ba'rag] to screw
בֵּרֵג פ״י [be'reg] to unscrew
בֹּרֶג ז ['boreg] screw
בֻּרְגָּה נ [bur'ga] blockhouse
בֻּרְגּוּל ז [bur'gul] wheat groats
בְּרֹגֶז תה״פ [be'rogez] at odds, on bad terms, angrily

בָּרְגִּי ת [bor'gi] spiral, screw-like
בָּרְגִּיּוּת נ [borgi'yut] spirality
בָּרֶגֶל תה״פ [ba'regel] on foot, walking
בֻּרְגַּן פ״ע [bur'gan] to become bourgeois
בֻּרְגָּנוּת נ [burga'nut] bourgeoisie
בֻּרְגָּנִי ת [burga'ni] bourgeois
בָּרָד ז [ba'rad] hail, hailstone
בָּרַד פ״ע [ba'rad] to hail
בָּרֹד ת [ba'rod] spotted, pied, dappled
בֶּרֶד ז ['bered] hailstorm
בַּרְדְּלָס ז [barde'las] cheetah, panther
בֻּרְדָּם ז [burdam] dysentery
בַּרְדָּס ז [bar'das] hood, cowl
בְּרַדְרַד ת [beradrad] speckled
בָּרֶדֶת נ [ba'redet] pinta (disease)
בָּרָה פ״י [ba'ra] 1 to eat, taste. 2 to choose, select
בִּרְהִיטוּת תה״פ [birehi'tut] fluently, rapidly
בָּרוּא ז ת [ba'ru] creature
בֵּרוּא ז [be'ru] deforesting
בָּרוּג ת [ba'rug] screwed
בָּרוּד ז [ba'rud] gunpowder, explosion
בְּרָווֹ ז ['bravo] Bravo!
בַּרְוָז ז, בַּרְוָזָה נ [bar'vaz, barva'za] 1 duck, drake. 2 gossip, canard, hearsay
בֵּרוּז ז [be'ruz] tapping
בַּרְוָזוֹן ז [barva'zon] duckling
בַּרְוָזִיָּה נ [barvazi'ya] duck-roost
בַּרְוָזָן ז [barva'zan] duckbill
בָּרֶוַח תה״פ [be'revax] abundantly, widely-spaced, profitably
בְּרוּטוֹ ז ['bruto] gross
בְּרוּטָלִי ת [bru'tali] brutal
בְּרוּטָלִיּוּת נ [bru'taliyut] brutality
בָּרוּי ז [ba'ruy] creature, evidence
בָּרוּךְ ת [ba'rux] blessed
בָּרוּךְ הַבָּא Welcome!
בָּרוּךְ הַשֵּׁם Thank God! God be

explicitly, without clouding the issue בְּרָחֵל בִּתְּךָ הַקְּטַנָּה

[beraxa'mim] mercifully, compassionately בְּרַחֲמִים, בְּרַחֲמָנוּת תה״פ

[bar'xan] 1 runaway, fugitive. 2 deserter. 3 bankrupt בַּרְחָן ז

[barza'nut] desertion, evasion בַּרְחָנוּת נ

[barxa'ni] evasive, elusive בַּרְחָנִי ת

[bar'xash] gnat בַּרְחָשׁ ז

[ba'ri] 1 certain, sure. 2 certainly, surely בָּרִי ז תה״פ

['bori] 1 health, strength. 2 certainty בֹּרִי ז

[ba'ri] 1 healthy, stout. 2 robust בָּרִיא ז ת

robust, fat man, "well-covered" בָּרִיא בָּשָׂר

[beri''a] 1 creation, making. 2 world, cosmos בְּרִיאָה נ

[beri'yut] health, fitness, soundness בְּרִיאוּת נ

[beriyu'ti] sanitary, healthy, salubrious בְּרִיאוּתִי ת

[beri'ga] screwing בְּרִיגָה נ

[bir'ya] food בִּרְיָה נ

[beri'ya] 1 creation, nature. 2 creature, human being בְּרִיָּה נ

[bar'yom] ephemerid, mayfly בַּרְיוֹם ז

[bar'yon] barium בַּרְיוֹן ז

[bir'yon] ruffian, hoodlum, bully, thug בִּרְיוֹן ז

[biryo'nut] ruffianism, hooliganism בִּרְיוֹנוּת נ

[biryo'ni] bullying בִּרְיוֹנִי ת

[bar'yut] health בַּרְיוּת נ

bodily health בַּרְיוּת גּוּפָא

[beri'yot] 1 people. 2 mankind בְּרִיּוֹת זונ״ר

[beri'za] 1 breeze. 2 tapping בְּרִיזָה נ

[ba'riyax] escape, fugitive בָּרִיחַ ז ת

[be'riyax] 1 bolt, bar, latch. בְּרִיחַ ז

blessed!

[be'rom] 1 fine woven cloth. 2 bromine, bromium בְּרוֹם ז ת

[baro'meter] barometer בָּרוֹמֶטֶר ז

['bronza] bronze בְּרוֹנְזָה נ

[bru'net] brunette בְּרוּנֶט ז

[be'ronika] veronica, speedwell בֶּרוֹנִיקָה נ

[be'rus] tannery, tanning בֵּרוּס ז

[be'ruts] surplus, overflow בֵּרוּץ ז

[ba'rur] 1 clear, evident. 2 bright, lucid, polished. 3 clearly, obviously בָּרוּר ת

[be'rur] 1 enquiry. 2 selection. 3 clarification, elucidation בֵּרוּר ז

[be'rush] brushing בֵּרוּשׁ ז

[brosh] cypress tree, fir בְּרוֹשׁ ז

[ba'rot, ba'rut] food, nutriment בָּרוֹת, בָּרוּת נ

[brot] fir, cypress בְּרוֹת ז

[ba'raz]to tap, open tap בָּרַז פ״י

['berez] tap בֶּרֶז ז

[bir'zul] 1 iron-plating. 2 shoeing בִּרְזוּל ז

[bar'zel] iron בַּרְזֶל ז

wrought iron בַּרְזֶל חָשִׁיל

cast iron בַּרְזֶל יָצוּק, בַּרְזֶל יְצִיקָה

steel בַּרְזֶל עָשׁוֹת

[bir'zel] to coat with iron בִּרְזֵל פ״י

[barzi'lai] smith, blacksmith בַּרְזִלַּאי, בַּרְזִלַּי ז

[barzi'li] ferrous, of iron בַּרְזִלִּי ת

[barzili'yut] the quality of iron בַּרְזִלִּיּוּת נ

[barzi'lan] iron bender בַּרְזִלָּן ז

[barzila'nut] iron bending בַּרְזִלָּנוּת נ

[barzila'ni] ferric בַּרְזִלָּנִי ת

[bre'zent] tarpaulin בְּרֶזֶנְט ז

[ba'rax] 1 to run away, flee, escape, elope. 2 to bolt בָּרַח פיו״ע

['berax] billy goat בֶּרַח ז

[bera'xot] Berakhot (Talmudic tractate) בְּרָכוֹת נ״ר

[bera'kut] softly, gently, tenderly בְּרַכּוּת תה״פ

[berexi'ya] greenhead, wild duck בְּרֵכִיָּה נ

[birki'ya] hock, hockjoint בִּרְכִּיָּה נ

[be'ram] however, truly, but בְּרַם תה״פ

[bir'na] castle, palace בִּרְנָה נ

[bar'nash] 1 fellow, guy. 2 man, mortal בַּרְנָשׁ ז

['beres] tanning בֶּרֶס ז

[be'ras] woollen blanket בְּרַס ז

[be'ras] to tan בֵּרַס פ״י

[bir'suk] tanning בִּרְסוּק ז

[bur'sut] tannery בֻּרְסוּת נ

[bur'si] tanner בֻּרְסִי ז

[bar'sam] head cold בַּרְסָם ז

[bir'sek] to tan בִּרְסֵק פ״י

[burska'’ut] tanning בֻּרְסְקָאוּת נ

[burska'’i] tanner בֻּרְסְקָאִי ז

[burs'kut] tannery בֻּרְסְקוּת נ

[burs'ki] tanner בֻּרְסְקִי ז

[berif'ruf] superficially, browse בְּרִפְרוּף תה״פ

[ba'rats, be'rats] to overflow, spill over בָּרַץ, בֵּרֵץ פ״י

[bera'tson] willingly, gladly בְּרָצוֹן תה״פ

with great pleasure, most willingly בְּרָצוֹן רַב

[biretsi'nut] seriously, earnestly בִּרְצִינוּת תה״פ

[ba'rak] 1 lightning. 2 flash, glitter. 3 shine, lustre(er) בָּרָק ז

[ba'rak] 1 to flash, lighten. 2 to shine, sparkle בָּרַק פ״י

[bar'kai] morning star בַּרְקַאי ז

[bera'kayim] breeches, knickerbockers בְּרָקַיִם ז״ר

[bar'kit] glaucoma בַּרְקִית נ

2 clavicle, collarbone

[beri'xa] 1 flight, escape. 2 desertion בְּרִיחָה, בְּרִיחוּת נ

[bari'ton] baritone בָּרִיטוֹן ז

[beri'xa] 1 kneeling. 2 brood. 3 branch planted to take root בְּרִיכָה נ

[brayil] Braille בְּרַיְל ז

[bir'yen] to terrorize בִּרְיֵן פ״י

[bris'tol] cardboard בְּרִיסְטוֹל ז

[bari'kada] barricade בָּרִיקָדָה נ

[beri'ka] 1 glare, light. 2 splendor, radiance בְּרִיקָה נ

[beri'kut] shine, glitter בְּרִיקוּת נ

[beri'ra] selection, choice בְּרִירָה נ

[beri'rut] 1 clarity, lucidity. 2 selectivity בְּרִירוּת נ

publicly, openly, brazenly בְּרֵישׁ גְּלֵי

[beri'sha] brushing בְּרִישָׁה נ

['borit] 1 soap. 2 lye, lixium בֹּרִית נ

[brit] covenant, treaty, pact, alliance בְּרִית נ

The Soviet Union, U.S.S.R. בְּרִית הַמּוֹעָצוֹת

circumcision בְּרִית מִילָה

everlasting covenant בְּרִית עוֹלָם

peace treaty בְּרִית שָׁלוֹם

[ba'raita] Baraita, (external oral law) בָּרַיְתָא נ

[ba'rax] 1 to kneel, genuflect בָּרַךְ פיו״ע

['berex] 1 knee. 2 lap בֶּרֶךְ נ

[beûrax, beûrex] 1 to bless, greet, praise. 2 to congratulate. 3 to curse בֵּרַךְ, בֵּרֵךְ פ״י

['borex] plough beam בֹּרֶךְ ז

[be'rox] softly, gently בְּרֹךְ תה״פ

[bera'xa] 1 greeting, regards. 2 blessing, benediction. 3 profit, benefit. 4 blasphemy בְּרָכָה נ

lost labo(u)r, wasted effort בְּרָכָה לְבַטָּלָה

[bere'xa] pond, pool, cistern בְּרֵכָה נ

בַּרְקָן ז [bar'kan] briar
בַּרְקָנִית נ [barka'nit] beetle
בָּרֶקֶת, בָּרְקַת נ [ba'reket] agate
בָּרָר ז [ba'rar] selector, picker
בָּרַר פ״י [ba'rar] 1 to choose, select, pick. 2 to examine, investigate. 3 to sift, purify
בֵּרֵר פ״י [be'rar] 1 to explain, clarify. 2 to purify. 3 to find out
בְּרָרָה נ [bera'ra] culls, leftovers
בְּרֵרָה נ [bere'ra] 1 choice, selection. 2 alternative
בַּרְרָן ז [bare'ran] 1 selector, picker. 2 fastidious, choosy person
בַּרְרָנוּת נ [barera'nut] 1 choosiness, fastidiousness. 2 selectivity
בַּרְרָנִי ת [barera'ni] choosy, fastidious
בְּרֵרַת מֶחְדָּל default (computer)
בֵּרַשׁ פ״י [be'rash] to brush
בִּרְשׁוּת מ״י [bir'shut] with the permission of
בְּרַשְׁלָנוּת תה״פ [berashla'nut] carelessly, negligently
בִּשְׁאָט נֶפֶשׁ abhorrently, with repulsion
בִּשְׁבִיל מ״י [bish'vil] for, on behalf of, for the sake of
בִּשְׁגָגָה, בְּשׁוֹגֵג תה״פ [bishga'ga] mistakenly, unintentionally
בְּשִׁוְיוֹן נֶפֶשׁ indifferently, nonchalantly
בָּשׁוּל ת [ba'shul] 1 cooked. 2 ripe
בִּשּׁוּל ז [bi'shul] 1 cooking, cookery. 2 ripening
בְּשׁוּם אֹפֶן by no means, in no way
בָּשׂוּם ת [ba'sum] perfumed, scented, fragrant
בִּשּׂוּם ז [bi'sum] perfuming, aromatization
בִּשּׂוּר ז [bi'sur] announcing, augury
בְּשׂוֹרָה נ [beso'ra] 1 tidings, news. 2 reward. 3 gospel
בְּשֵׂיבָה טוֹבָה ripe old age
בָּשִׁיל ז ת [ba'shil] 1 ripening season. 2 ripening
בְּשִׁילָה נ [beshi'la] ripening, maturation
בְּשִׁילוּת נ [beshi'lut] ripeness, maturity
בָּשִׂים ת [ba'sim] 1 aromatic, fragrant. 2 delicious, flavo(u)red
בְּשִׂימָה נ [besi'ma] 1 fragrance, scent. 2 tipsiness
בְּשִׂימוּת נ [besi'mut] pleasantness
בְּשִׂימַת לֵב consideringly, attentively
בָּשַׁל, בִּשֵּׁל פיו״ע [ba'shal, bi'shel] 1 to ripen, grow, mature. 2 to cook
בָּשֵׁל ת [ba'shel] 1 ripe, mature. 2 cooked
בְּשֶׁל מ״י [be'shel] because of, owing to
בִּשְׁלַבִּים תה״פ [bishla'bim] gradually
בְּשֵׁלוּת נ [beshe'lut] ripeness, maturity
בִּשְׁלִילָה [bishli'la] negatively
בִּשְׁלָמָא תה״פ [bishela'ma] granted that
בִּשְׁלֵמוּת תה״פ [bishle'mut] completely, in full
בְּשֶׁלְּמִי תה״פ [beshel'mi] on whose account, for whose sake
בַּשְׁלָן ז [bash'lan] cooker
בְּשֵׁם מ״י [be'shem] on behalf of, in the name of
בָּשַׂם פ״ע, בִּשֵּׂם פ״י [ba'sam, bi'sem] to spice, perfume, aromatize
בֹּשֶׂם, בֶּשֶׂם, בָּשָׂם ז ['bosem] 1 perfume, spice. 2 balm, fragrance, aroma
בַּשָּׂם ז [ba'sam] perfumer, spicer
בְּשִׂמְחָה תה״פ [besim'xa] happily, with pleasure
בָּשְׂמִי ת [bos'mi] fragrant
בָּשְׂמִיּוּת נ [bosmi'yut] fragrance, spiciness
בְּשֵׁן וָעַיִן at great loss

בָּשְׁנָה נ [bosh'na] shame
בָּשָׁנִית נ [bosha'nit] basalt
בָּשַׁס פ״י [ba'shas] to trample, crush
בִּשְׁעַת מ״י [bish''at] during
בִּשְׁעַת מַעֲשֶׂה in flagrante delicto
בְּשָׂפָה רָפָה 1 unwillingly, half-heartedly. 2 in a whisper
בְּשִׁפּוּעַ תה״פ [beshi'pu'a] slopingly, sloped
בַּשֵּׁפֶל תה״פ [ba'shefel] at low ebb, in poor condition
בְּשֶׁפַע תה״פ [be'shefa] abundantly, plentifully
בְּשֶׁצֶף קֶצֶף in violent anger, in flaming fury
בְּשֶׁקֶט תה״פ [be'sheket] quietly, calmly
בְּשֶׁקֶר יְסוֹדוֹ baseless, groundless, unfounded
בָּשָׂר ז [ba'sar] 1 meat. 2 flesh. 3 body, creature, kindred
בָּשָׂר וָדָם flesh and blood, mortal
בָּשָׂר חַי 1 raw meat. 2 living flesh
בְּשַׂר־תּוֹתָחִים cannon-fodder
בָּשַׂר, בִּשֵּׂר פ״י [ba'sar, bi'ser] 1 to announce, proclaim. 2 to presage, portend
בִּשְׂרוֹנִי ת [bisro'ni] carnivorous
בִּשְׂרוֹנִיּוּת נ [bisroni'yut] meat-eating
בְּשָׂרִי ת [besa'ri] 1 fleshy, meaty, succulent. 2 with meat only
בְּשָׂרִיּוּת נ [besari'yut] corpulence, fatness, fleshiness
בְּשָׂרִים ז״ר [besa'rim] carnality
בִּשְׁרִירוּת לֵב arbitrarily
בַּשְׂרָנִי ת [basra'ni] fleshy, meaty
בָּשַׁשׁ פ״ע [ba'shash] to be late, tarry
בְּשָׂשׂוֹן תה״פ [besa'son] joyfully, joyously
בֹּשֶׁת נ ['boshet] 1 indemnity. 2 shame, embarrassment. 3 shameful object
בֹּשֶׁת פָּנִים 1 shamefacedness. 2 disappointment. 3 modesty, humility
בִּשְׁתִיקָה תה״פ [bishti'ka] silently, noiselessly, without comment
בַּת נ [bat] 1 daughter. 2 girl. 3 born in, native of. 4 aged. 5 bat (measure). 6 one time
בַּת אָח, בַּת אָחוֹת niece
בַּת בַּיִת habitué, friend of the family
בַּת בְּלִיַּעַל wicked woman
בַּת בִּצּוּעַ practicable, achievable
בַּת בְּרִית 1 ally (f). 2 Jewish woman
בַּת גַּלִּים nymph
בַּת דּוֹד, בַּת דּוֹדָה cousin (f)
בַּת זוּג 1 female partner, mate. 2 helpmate. 3 spouse, wife, consort
בַּת חַוָּה woman, "daughter of Eve"
בַּת חוֹרֶגֶת stepdaughter
בַּת יַעֲנָה ostrich
בַּת לְוָיָה female companion, escort
בַּת מִצְוָה bat-mitzva
בַּת עַיִן pupil of the eye
בַּת צְחוֹק, בַּת שְׂחוֹק smile
בַּת קוֹל 1 echo. 2 divine voice
בְּתֵאָבוֹן תה״פ [bete'a'von] 1 Bon appétit! Enjoy the meal! 2 with appetite
בִּתְדִירוּת תה״פ [bitedi'rut] regularly, frequently
בָּתָה נ ['bata] waste land, untilled land
בְּתוֹךְ מ״י [be'tox] inside, within
בְּתוֹךְ תּוֹכוֹ at heart, deep down, in his heart of hearts
בָּתוּל ז [ba'tul] 1 bachelor. 2 virgin (male)
בְּתוּלָה נ [betu'la] 1 virgin. 2 girl, maid. 3 virgo
בְּתוּלִי ת [betu'li] virginal, hymeneal

בְּתוּלִיּוּת נ [betuli'yut] virginity, innocence
בְּתוּלִים ז״ר [betu'lim] virginity, maidenhood
בְּתוּלַת הַיָּם mermaid
בָּתוּק ת [ba'tuk] perforated, cut, pierced
בִּתּוּק ז [bi'tuk] perforation, cutting, piercing
בִּתּוּר ז [bi'tur] dissection, bisection
בְּתוֹר, בְּתוֹרַת מ״י [be'tor, beto'rat] as, in the capacity of
בַּתְּחִלָּה תה״פ [batexi'la] primarily, at first, at the outset
בָּתִּים ז״ר [ba'tim] houses, homes
בְּתֹם לֵב sincerely, in good faith
בִּתְמִימוּת תה״פ naïvely
בִּתְנַאי שֶׁ־ מ״ח on condition that, provided
בְּתֻפִּים וּבִמְחוֹלוֹת with great joy
בִּתֵּק פ״י [bi'tek] to stab, pierce, perforate
בְּתֹקֶף תה״פ [be'tokef] valid, in force
בָּתַר, בִּתֵּר פ״י מ״י [ba'tar, bi'ter] 1 to bisect, halve, dissect, divide. 2 after, part-
בֶּתֶר ז ['beter] 1 piece, part. 2 disruption. 3 fistula
בִּתְרוֹן ז [bi'tron] ravine, canyon, gorge

ג

ג ['gimel] 1 Gimmel, third letter of the Hebrew alphabet. 2 three. 3 third
גֵּא, גֵּאֶה ת [ge, ge'ʼe] haughty, arrogant, proud
גָּאָה פ״י [ga'ʼa] 1 to rise, grow. 2 to be exalted
גֵּאָה פ״י נ [ge'ʼa] 1 to raise, exalt. 2 to extol. 3 haughtiness, arrogance
גֵּאוֹגְרַפִי ת [ge'o'grafi] geographic, geographical
גֵּאוֹגְרַפְיָה נ [ge'o'grafya] geography
גֵּאוֹדֶזְיָה נ [ge'o'desya] geodesy, land-surveying
גֵּאוֹדֶטִי ת [ge'o'deti] geodesic
גַּאֲוָה נ [ga'a'va] pride, conceit, vanity
גָּאוּל ת [ga'ʼul] redeemed
גֵּאוּל ז [ge'ʼul] dirt, slime
גֵּאוֹלוֹגִי ת [ge'o'logi] geological
גֵּאוֹלוֹגְיָה נ [ge'o'logya] geology
גֵּאוֹמֶטְרִי ת [ge'o'metri] geometric, geometrical
גֵּאוֹמֶטְרִיָּה נ [ge'o'metriya] geometry
גָּאוֹן ז ת [ga'ʼon] 1 genius. 2 scholar. 3 grandeur, splendour. 4 Ga'on. 5 tide
גַּאֲוָן, גַּאַוְתָן ז [ga'a'van] boastful, proud, haughty, conceited
גַּאֲוָנוּת, גַּאַוְתָנוּת נ [ga'ava'nut] pride, boastfulness, conceit
גְּאוֹנוּת נ [ge'o'nut] 1 genius. 2 the position of Ga'on
גְּאוֹנִי ת [ge'o'ni] 1 of genius. 2 Ga'onic
גְּאוֹנִיּוּת נ [ge'oni'yut] genius
גֵּאוֹצֶנְטְרִי ת [ge'o'tsentri] geocentric
גֵּאוּת נ [ge'ʼut] 1 majesty, glory. 2 pride, arrogance. 3 swell, high-tide. 4 boom (economic)
גֵּאוּת הַיָּם marine tide
גֵּאוּת וָשֵׁפֶל ebb and flow
גַּאֲוַת יְחִידָה esprit de corps
גֵּאוּת כַּלְכָּלִית economic prosperity, boom
גַּאַוְתָנִי ת [ga'avta'ni] conceited, vain, boastful
גְּאִיָּה [ge'iya] fade-in
גְּאֵיוֹן ז [ge'e'yon] presumptuous, insolent
גֵּאָיוֹת ז״ר [ge'a'yot] valleys
גָּאַל פ״י [ga'ʼal] 1 to redeem, rescue, liberate. 2 to defile, profane
גָּאַל דָּמוֹ to avenge as a kinsman
גֵּאֵל פ״י [ge'ʼel] 1 to defile, pollute. 2 to desecrate, profane
גֹּאַל ז, פ״ע ['go'al] 1 defilement, desecration. 2 to be polluted. 3 to be disqualified. 4 to be disgusted
גְּאֻלָּה נ [ge'u'la] 1 redemption, liberation. 2 reclamation
גְּאֻלַּת דָּם blood vengeance
גַּב ז [gav] 1 back, rear. 2 outside, exterior. 3 raised platform. 4 projection
גֵּב ז [gev] 1 waterhole, cistern. 2 locust. 3 board, plank
גֹּב ז [gov] 1 den, pit, lair. 2 manhole
גֹּב אֲרָיוֹת lions' den
גֶּבֶא ז ['geve] 1 hole, pit.

2 cistern, pool, lagoon

גַּבָּאוּת נ [gabaˈ'ut] 1 office of treasurer. 2 collectorship. 3 office of the gabbai

גַּבַּאי ז [gaˈbai] 1 beadle, gabbai. 2 treasurer

גָּבַב, גִּבֵּב פ״י [gaˈvav, giˈbev] to collect, gather, accumulate

גְּבָב ז [geˈvav] heap, pile, rakings

גִּבֵּב דְּבָרִים to chatter, be garrulous

גְּבָבָה נ [gevaˈva] stubble, straw, rakings

גַּבְּבָן ז [gabeˈvan] verbose, loquacious

גַּבְּבָנוּת נ [gabevaˈnut] verbocity, loquaciousness

גַּבְּבָנִי ת [gabevaˈni] loquacious, over-talkative

גָּבָה פ״י [gaˈva] to collect due payment

גָּבָה עֵדוּת to take evidence

גָּבַהּ פ״ע [gaˈvah] 1 to be tall, high. 2 to rise, be exalted

גָּבַהּ לִבּוֹ to be haughty

גֹּבַהּ ז [ˈgovah] 1 height, altitude. exaltation, loftiness

גֹּבַהּ אַף, גֹּבַהּ לֵב, גֹּבַהּ עֵינַיִם, גֹּבַהּ רוּחַ haughtiness, arrogance, conceit

גָּבֹהַּ ת [gaˈvoha] 1 high, tall, lofty. 2 exalted

גְּבַהּ אַף, גְּבַהּ לֵב, גְּבַהּ עֵינַיִם arrogant, conceited

גַּבָּה נ [gaˈba] eyebrow

גַּבְהוּת נ [gavˈhut] 1 tallness, height. 2 pride, haughtiness

גַּבְהוּת לֵב, גַּבְהוּת רוּחַ haughtiness, arrogance

גַּבְהָן ז [gavˈhan] 1 tall. 2 haughty

גַּבְהָנוּת נ [gavhaˈnut] 1 tallness. 2 arrogance

גַּבְהָנִי ת [gavhaˈni] proud, arrogant

גְּבַהְתָּן ת [gevaˈhetan] haughty

גְּבַהְתָּנוּת נ [gehavtaˈnut] haughtiness

גָּבוּב ת [gaˈvuv] gathered, amassed

גִּבּוּב ז [giˈbuv] gathering, amasing, conglomeration

גִּבּוּב דְּבָרִים verbosity, loquacity

גָּבוֹהַּ ת [gaˈvoha] 1 high, tall. 2 lofty, proud. 3 the Most High

גָּבוּי ת [gaˈvuy] collected, paid up

גִּבּוּי ז [gibuy] 1 backing, support. 2 collection. 3 back up (comp.)

גְּבוּל ז [geˈvul] 1 border, boundary, frontier, limit. 2 territory

גִּבּוּל ז [giˈbul] kneading

גְּבוּלָה נ [gevuˈla] border, boundary

גְּבוּלִי ת [gevuˈli] bordering, borderline

גִּבּוּן ז [giˈbun]1 cheese-making. 2 bending, supination. 3 humping

גִּבּוּס ז [giˈbus] setting in a plaster cast

גִּבּוּעַ ז [giˈbu'a] swell

גִּבּוֹר ז [giˈbor] 1 hero, mighty, valiant, courageous. 2 central character

גִּבּוֹר חַיִל mighty, valiant, courageous, hero

גְּבוּרָה נ [gevuˈra] heroism, valo(u)r, courage

גְּבוּרוֹת ז״ר [gevuˈrot] octogenary, old age

גְּבוּרַת אֲנָשִׁים virility

גְּבוּרוֹת גְּשָׁמִים timely rains

גְּבוּשׁ ז [geˈvush] gravel stone

גִּבּוּשׁ ז [giˈbush] consolidation, crystallization, materialization

גִּבַּח פ״י [giˈbax] to pluck, shave hair on forehead

גִּבֵּחַ ז [giˈbe'ax] 1 bald. 2 very tall person

גַּבַּחַת נ [gaˈbaxat] baldness (on the forehead)

[gav'lut] compactness, wreathed work גַּבְלוּת נ
[gav'lit] 1 balcony. 2 carina. (bot.) 3 protuberance. גַּבְלִית נ
[ga'ban] cheese maker, cheese vendor גַּבָּן ז
[gi'ben] 1 hunchback, hunchbacked. 2 to make cheese. 3 to hunch, hump גִּבֵּן ז פיו״ע
[gav'nun] 1 hunch, hump. 2 rounded summit, sugarloaf hill גַּבְנוּן ז
[gavnu'ni] hunchbacked, convex, gibbous, peaked גַּבְנוּנִי ת
[gavnuni'yut] convexity, protuberance גַּבְנוּנִיּוּת נ
[gavnu'nit] protuberance גַּבְנוּנִית נ
[gaba'nut] cheese-making גַּבָּנוּת נ
[giv'nut] gibbosity, hunchedness גִּבְנוּת נ
[gavni'nut] convexity גַּבְנִינוּת נ
[gav'non] hunch, hump, peak גַּבְנֹן ז
[giv'nen] to hump, hunch גִּבְנֵן פ״י
[gavnu'ni] 1 humped, hunched. 2 convex גַּבְנֻנִּי ת
[gi'benet] hunchback, hump גִּבֶּנֶת נ
['geves] plaster, gypsum, plaster-cast גֶּבֶס ז
[ga'bas] plasterer גַּבָּס ז
[gi'bes] to plaster, to put in a plaster-cast גִּבֵּס פ״י
[gıv'si] containing plaster, gypsum גִּבְסִי, גִּבְסָנִי ת
['geva] hill, height, hillock גֶּבַע ז
[gi'ba] to hunch, hump גִּבַּע פ״י
[gi'be'a] hunched, humped גִּבֵּעַ ת
[giv''a] hill, height גִּבְעָה נ
[gıv''ol] stem, stalk גִּבְעוֹל ז
[ga'var] 1 to be strong, mighty. 2 to overcome, overpower. 3 to conquer, defeat גָּבַר פ״ע

[ge'vi] cistern, pit, hollow גְּבִי ז
[ga'bi] dorsal, of the back גַּבִּי ת
[gevi'ya] collection of money owed גְּבִיָּה נ
[gevi'ha] protuberance, bump גְּבִיהָה נ
[giv'yon] collection גִּבְיוֹן ז
[gevi'la] kneading גְּבִילָה נ
[ga'vin] eyebrow גָּבִין ז
[gu'viana] collect(ion) גֻּבְיָנָא, גֻּבְיָנָה נ
[gevi'na] cheese גְּבִינָה נ
lean cheese גְּבִינָה כְּחוּשָׁה, גְּבִינָה רַכָּה
fatty, rich cheese גְּבִינָה שְׁמֵנָה
[ga'viya] 1 goblet, bowl, cup, chalice. 2 calyx גָּבִיעַ ז
[gevi''a] hump גְּבִיעָה נ
[gevi''on] 1 small goblet. 2 cupule, calycle גְּבִיעוֹן ז
[gevi'o'nit] fritillary (bot.) גְּבִיעוֹנִית נ
[gevi''i] cup-shaped, bell-shaped, sepaloid גְּבִיעִי ת
[gevi''an] fern גְּבִיעָן ז
[ge'vir] 1 master, lord. 2 rich, wealthy man גְּבִיר ז
[gvi'ra] 1 lady, mistress. 2 rich, wealthy woman. 3 queen-mother גְּבִירָה נ
[gvi'rut] richness, wealth גְּבִירוּת נ
[gvi'ri] befitting a wealthy person גְּבִירִי ת
[ga'vish] crystal גָּבִישׁ ז
[gevi'shut] crystallinity גְּבִישׁוּת נ
[gevi'shi] crystalline גְּבִישִׁי ת
taking evidence גְּבִיַּת עֵדוּת
[ga'val] to limit, confine, set a limit. 2 to adjoin, border on. 3 to knead, mix גָּבַל פ״י
[ga'bal] kneader גַּבָּל ז
[gi'bel] to knead, mix, mould גִּבֵּל פ״י
[gav'lul] 1 lump of dough. 2 clod of mud גַּבְלוּל ז

גֶּבֶר ז ['gever] 1 man, male. 2 hero. 3 phallus. 4 cock, rooster

גֹּבֶר ז ['gover] increase, increment

גִּבֵּר פ״י [gi'ber] to strengthen, encourage

גַּבְרָא ז ['gavra] 1 man, male. 2 virility

גַּבְרָא קְטִילָא worthless person

גַּבְרָא רַבָּא important person, "big shot"

גַּבְרוּת נ [gav'rut] virility, masculinity

גַּבְרִי ת [gav'ri] virile, manly, masculine

גַּבְרִיּוּת נ [gavri'yut] masculinity, virility, manhood

גַּבְרִית תה״פ [gav'rit] cock-like, like a rooster

גַּבְרָן ז [gav'ran] manlike, virile

גַּבְרָנוּת נ [gavra'nut] entering the state of manhood

גְּבֶרֶת נ [ge'veret] 1 Mrs., Miss, Ms. 2 Lady, dame, madam, mistress

גְּבַרְתָּן ז [gevar'tan] 1 strong, valiant. 2 bully, browbeater. 3 manly

גְּבַרְתָּנוּת נ [gvarta'nut] bullying

גְּבַרְתָּנִי ת [gvarta'ni] bully

גִּבֵּשׁ פ״י [gi'besh] to crystallize, consolidate, stabilize

גֻּבַּשׁ פ״ע [gu'bash] to be crystallized, consolidated

גְּבָשָׁה נ [gva'sha] rubble, gravel

גַּבְשׁוּשׁ ז [gav'shush] protuberance, wart

גַּבְשׁוּשִׁי ת [gavshu'shi] protuberant

גַּבְשׁוּשִׁית נ [gavshu'shit] 1 hillock, molehill, mound. 2 hump, knob

גִּבְשֵׁשׁ פ״י [giv'shesh] to render hilly, humped

גַּבְשֶׁשֶׁת נ [gav'sheshet] tuberosity

גֻּבְתָּה נ [guv'ta] hose, tube, pipe

גִּבְתּוֹן ז [gıb'ton] bunting, yellow-hammer (bird)

גַּג ז [gag] roof

גַּגּוֹן ז [ga'gon] awning

גִּגִּית נ [gi'git] tub, large bowl

גַּגָּן ז [ga'gan] roof-maker, thatcher

גָּד פיו״ע ז [gad] 1 to attack, raid. 2 to tell, say. 3 Gad

גַּד ז ת [gad] 1 luck, fortune. 2 coriander

גֵּד ז [ged] wormwood

גֹּד אוֹ אָגֹּד You take it or else I shall!

גֻּדְגְּדָנִית נ [gudgeda'nit] cherry, blackberry

גָּדַד פ״י [ga'dad] 1 to cut. 2 to pick, to lop off. 3 to band together

גָּדָה נ [ga'da] 1 bank, shore. 2 brim, rim

גָּדוּד ת [ga'dud] 1 cut off, cut down. 2 harvested, picked. 3 emptyhanded

גְּדוּד ז [ge'dud] 1 band, troop, group. 2 regiment, detachment. 3 mound

גִּדּוּד ז [gi'dud] mound, furrow

גְּדוּדָה נ [gedu'da] incision, cut, slit

גְּדוּדִי ת [gedu'di] regimental

גְּדוּדִית נ [gedu'dit] 1 small band. 2 ruins. 3 triangular mound

גְּדוּדָן ז [gedu'dan] trooper

גָּדוֹל ת [ga'dol] 1 great, large, big

גִּדּוּל ז [gi'dul] 1 growth, raising. 2 breeding. 3 cultivation, crop. 4 tumor

גִּדּוּל פֶּרֶא wild growth

גְּדוֹלוֹת נ״ר [gedo'lot] 1 high estate, greatness. 2 haughtiness

גִּדּוּלֵי בָּר wild crops

גִּדּוּלִי ת [gidu'li] concerned with cultivation

גָּדוּם ת [ga'dum] crippled, maimed,

2 burial mound
[gedi'sha] 1 stacking, heaping. גְּדִישָׁה נ
2 excess, engorgement
excess, exaggeration, overdoing גְּדִישַׁת הַסְּאָה
[ga'dal] 1 to grow, increase. 2 to become great. 3 to plait, braid גָּדַל פיו"ע
[ga'del] 1 growing, increasing. 2 plaited, braided גָּדֵל ת
['godel] 1 greatness, magnitude, size. 2 maturity. 3 quantity גֹּדֶל ז
arrogance, pride, vanity, magnanimity גֹּדֶל לֵב, גֹּדֶל לֵבָב
magnanimity, generosity גֹּדֶל נֶפֶשׁ, גֹּדֶל רוּחַ
fatness, fleshiness גֹּדֶל בָּשָׂר
[ga'dal] coiffeur, hairdresser גַּדָּל ז
[gi'del] 1 to rear, raise, grow. 2 to praise, magnify, extol גִּדֵּל פ"י
[gu'dal] to be raised, trained, grown, educated גֻּדַּל פ"ע
[gedu'la] 1 greatness. 2 high standing. 3 importance גְּדֻלָּה נ
[gida'lon] elephantiasis גִּדָּלוֹן ז
[gad'lut] 1 greatness, magnitude. 2 arrogance, haughtiness גַּדְלוּת נ
[gad'lan] haughty, arrogant, snob גַּדְלָן ז ת
[gadla'nut] haughtiness, arrogance גַּדְלָנוּת נ
[ga'delet] coiffeuse, hairdresser (f) גַּדֶּלֶת נ
[ga'dam] to cut, sever, amputate גָּדַם פ"י
['gedem] stump, trunk גֶּדֶם ז
[gi'dem] 1 amputee, crippled, maimed. 2 to amputate גִּדֵּם ת פ"י
amputated
[gi'dum] amputation, cutting גִּדּוּם ז
[ga'du'a] hewn, cut down, felled, lopped גָּדוּעַ ת
[gi'du'a] felling, cutting down, amputating גִּדּוּעַ ז
[ga'duf] disgraced, opprobrious גָּדוּף ת
[gi'duf(a)] scorn, insult, invective, curse גִּדּוּף ז, גִּדּוּפָה נ
[ga'dur] 1 fenced, fenced-in. 2 segregated, separated גָּדוּר ת
[gi'dur] 1 fencing. 2 restraint, abstention. 3 hedging גִּדּוּר ז
[ga'dush] replete, congested, full to the brim, overflowing גָּדוּשׁ ת
[gi'dush] overabundance, excess גִּדּוּשׁ ז
[ga'dot] 1 banks, shores. 2 rims גָּדוֹת נ"ר
[ge'di] kid (m), young goat גְּדִי ז
[gedi'da] 1 incision. 2 date-picking גְּדִידָה נ
[gedi'ya] kid (f), young goat גְּדִיָּה נ
[gidyo'ni] stubborn, capricious גִּדְיוֹנִי ת
[gidyoni'yut] capriciousness גִּדְיוֹנִיּוּת נ
[gid'yi] goat-like, caprine גִּדְיִי ת
[ga'dil] 1 fringe, tassel. 2 braid, strand, festoon גְּדִיל ז
[gedi'la] 1 growth, increase. 2 weaving of tassels גְּדִילָה נ
[gedi'lan] thistle גְּדִילָן ז
[gad'yan] locust, grasshopper גַּדְיָן ז
[gedi'a] cutting, felling, hewing, chopping down גְּדִיעָה נ
[gedi'fa] 1 scorning, cursing. 2 blasphemy, invective גְּדִיפָה נ
[gedi'ra] 1 fencing off. 2 restraint גְּדִירָה נ
[ga'dish] 1 stack, heap. גָּדִישׁ ז

[gid'mut] 1 maiming, disabling. 2 leprosy גִּדְמוּת נ
[ga'demet] leprosy גַּדֶּמֶת נ
[ga'da] 1 to hew, chop, cut down גָּדַע פ״י
['geda] piece, part, bit גֶּדַע ז
[gi'da] to cut off, hew down, fell גִּדַּע פ״י
[gi'de'a] 1 hornless. 2 person with arm amputated to the shoulder גִּדֵּעַ ז ת
[gida''on] felling, cutting גִּדָּעוֹן ז
[ga'daf] plume, long feather גַּדָּף ז
['gedef] curse, blasphemy, insult גֶּדֶף ז
[gi'def] to blaspheme, curse, defame גִּדֵּף פ״י
[gad'fan] curser, blasphemer, reviler גַּדְפָן ז
[gadfa'nut] blasphemy, cursing גַּדְפָנוּת נ
[gadfa'ni] reviling, blaspheming גַּדְפָנִי ת
[ga'dar] 1 to fence, enclose. 2 to block. 3 to define, determine גָּדַר פ״י
to refrain, abstain from גָּדַר עַצְמוֹ מִן־
[ga'der] 1 fence, hedge, railing. 2 refuge. 3 restriction. 4 limit, definition גָּדֵר נ
hedge, hedgerow גָּדֵר חַיָּה
barbed-wire fence גָּדֵר תַּיִל
[gi'der] 1 to fence, enclose, confine. 2 to define, determine גִּדֵּר פ״י
[gede'ra] pen, corral, sheepfold, enclosure גְּדֵרָה נ
[gid'ron] wren גִּדְרוֹן ז
[gid'ri] definable גִּדְרִי ת
[ge'deret] enclosure, cloister גֶּדֶרֶת נ
[ga'dash] 1 to heap, overflow. 2 to stack גָּדַשׁ, גִּדֵּשׁ פ״י
to exaggerate, overdo גָּדַשׁ אֶת הַסְּאָה
['godesh] surplus, engorgement, overflowing גֹּדֶשׁ ז
[ge'doshet] repletion, glut גְּדֹשֶׁת נ
[ga'hai] hygienist גַּהַאי ז
[ga'ha] to heal, cure גָּהָה פיו״ע
[ge'ha] 1 medicine, remedy, healing. 2 semblance גֵּהָה נ
[gi'huts] ironing, pressing גִּהוּץ ז
[gi'huk] belch, burp גִּהוּק ז
[ga'hur] prostrate, bent over גָּהוּר ת
[gi'hur] 1 breath(e). 2 lying down, crouching גִּהוּר ז
[ge'hut] hygiene, medicine גֵּהוּת נ
[gehu'ti] hygienic, conducive to health גֵּהוּתִי ת
[ga'hat] to engrave, carve גָּהַט פ״י
[gehi'ta] engraving, carving גְּהִיטָה נ
[ge'him] the sky גְּהִים ז״ר
[gehi'ka] belching, burping גְּהִיקָה נ
[gehi'ra] prostration, lying down גְּהִירָה נ
[ga'hats] to be glad גָּהַץ פ״ע
[ge'hats] ironer, presser גֶּהָץ, גַּהֲצָן ז
[gi'hets] to iron, press גִּהֵץ פ״י
[geha'tsut] ironing גֶּהָצוּת נ
[gahatsa'nut] ironing גַּהֲצָנוּת נ
[ga'hak, gi'hek] to belch גָּהַק, גִּהֵק פ״ע
['gahak] belch, burp גַּהַק ז
[ga'har] 1 to stoop, stretch. 2 to crouch over. 3 to roar, shout גָּהַר פיו״ע
['gahar] 1 stooping, stretching. 2 crevice גַּהַר ז
['gohar] breathing out, exhalation גֹּהַר ז
[geha'ra] noise גְּהָרָה נ
[gav] 1 back. 2 trunk גַּו ז
[gev] 1 back. 2 trunk. 3 interior גֵּו ז

[go'ya] gentile woman גּוֹיָה נ
[gevi'ya] corpse, cadaver גְּוִיָּה נ
[gu'yava] guava גּוּיָבָה ז
[go'yut] 1 impiety, heathenism. 2 status of gentils גּוֹיוּת נ
[ge'vil] 1 coarse parchment. 2 scroll. 3 unhewn stone גְּוִיל ז
[gevi''a] agony, dying, decease גְּוִיעָה נ
[gol] 1 tongue of a bell. 2 goal גּוֹל ז
[go'la] exile, Diaspora גּוֹלָה נ
[go'le] exile, fugitive גּוֹלֶה ז
[gul'yar] squire גּוּלְיָר ז
[go'lel] 1 to roll, wrap round. 2 to unroll, unfold. 3 burial stone גּוֹלֵל פ״י ז
[golma'nut] formlessness, boorishness גּוֹלְמָנוּת נ
[golma'ni] 1 shapeless. 2 boorish, rough גּוֹלְמָנִי ת
[golf] golf גּוֹלְף ז
['gulash] goulash גּוּלָשׁ ז
[golsha'ni] slippery גּוֹלְשָׁנִי ת
[gom'a'ni] rapid, fast גּוֹמְאָנִי ת
[go'mel] 1 benefactor. 2 reciprocator. 3 correlative גּוֹמֵל ז
[gom'lin] reciprocity, mutuality גּוֹמְלִין, גּוֹמְלִים
[gu'matz] hole, excavation גּוּמָץ
['gaven, 'geven] tint, color, nuance, tinge, tone, hue גָּוֶן, גֶּוֶן ז
[gi'ven] 1 to color, enhance with many colors, to shade. 2 to diversify. 3 to tone גִּוֵּן פ״י
[gong] gong גּוֹנְג ז
['dʒungel] jungle ג׳וּנְגֶל ז
[gav'non] tinge, tone, tint גַּוְנוֹן, גְּוַנְוַן ז
[giv'nun] toning, tinging, tinting גִּוְנוּן ז

[go''el] 1 redeemer. 2 Messiah. 3 kinsman, relative גּוֹאֵל ז
avenger (of blood) גּוֹאֵל הַדָּם
['gu'ash] gouache גּוּאָשׁ ז
[gov, go'vai] locust גּוֹב, גּוֹבַי ז
[go've] collector (money, taxes) גּוֹבֶה ז
[gu'vaina] reversal of charges, collect גּוּבַיְנָא ז
[go'vel] 1 kneader. 2 bordering גּוֹבֵל ז ת
[gob'len] tapestry גּוֹבְּלֶן ז
[go'ver] increasing גּוֹבֵר ת
[god] water-skin, leather water-bottle גּוֹד ז
[gud] 1 to attack, raid, troop. 2 to tell, say גּוּד פ״י
[go'ded] date-picker גּוֹדֵד ז
[go'der] 1 fence-maker. 2 mason, builder גּוֹדֵר ז
[god'rot] livestock, sheep (in fold) גּוֹדְרוֹת נ״ר
[ge'va] 1 body. 2 hulk. 3 pride גֵּוָה נ
[gi'vun] 1 variety, diversity. 2 coloring, toning גִּוּוּן ז
[ga'vu'a] agonizing, in agony גָּווּעַ ת
[gi'vu'a] agony גִּוּוּעַ ז
[guz] to pass away, go by, disappear גּוּז פ״ע
[go'zez] shearer, clipper גּוֹזֵז ז
[go'zal] fledgling, nestling, chick גּוֹזָל ז
1 nestling. 2 youngster גּוֹזָל רַךְ
[go'zel, goz'lan] bandit, brigand, robber גּוֹזֵל, גּוֹזְלָן ז
[go'zem] pruner גּוֹזֵם ז
[guz'ma] exaggeration גּוּזְמָא, גּוּזְמָה נ
[goi] 1 nation, people. 2 gentile גּוֹי ז
[ge'vi] body, corpse גְּוִי ז

גַּוְנוּנִי ת [gavnu'ni] variegated, multicolored, diversified
גַּוְנוּנִיּוּת נ [gavnuni'yut] variety, diversification
גּוֹנֵחַ ת [go'ne'ax] querulous, plaintive, grunt
גַּוְנִינוּת נ [gavni'nut] variegation
גּוֹנִית נ [go'nit] nuance, connotation, shade of meaning
גִּוֵּן פ״י [giv'nen] to color in different shades
גּוֹנֵן ז [go'nen] private (civil defence), protector
גּוֹנְנוּת נ [gone'nut] defensiveness, self-defence
גּוֹסֵס ז [go'ses] dying, moribund
גּוֹסְסוּת נ [gose'sut] death throes
גָּוַע פ״ע [ga'va] to die, expire
גָּוֵעַ ת [ga've'a] agonizing, dying, moribund
גֶּוַע ז ['geva] agony, death
גִּוַּע פ״י [gi'va] to agonize, cause agony
גִּוָּעוֹן ז [giva''on] yearning, longing
גּוֹעֵשׁ ת [go''esh] stormy, storming
גּוּף ז פ״י [guf] 1 body, person, being. 2 essence, element, entity. 3 to seal, close, cork
גּוּף הָעִנְיָן the main point
גּוּף רִאשׁוֹן 1 first person. 2 party
גּוּף שְׁלִישִׁי third person
גּוּף שֵׁנִי second person
גּוּפָא ז ['gufa] the main theme, essence
גּוּפָה נ [gu'fa] corpse, dead body, cadaver
גּוּפִי ת [gu'fi] bodily, physical, of the body
גּוּפִיָּה נ [gufi'ya] undershirt, vest
גּוּפִיּוּת נ [gufi'yut] materiality, corporeality
גּוּפִיף ז [gu'fif] corpuscle, small body, particle
גּוּפִיפוֹן ז [gufi'fon] microsome
גּוּפִיפֵי נֶגֶד antibodies
גּוּפִיפִי ת [gufi'fi] corpuscular
גּוּפָן ז [go'fan] 1 kind of grape. 2 form of letters, typography. 3 font
גּוּפָנִי ת [gufa'ni] corporeal, physical, bodily
גּוּפָנִיּוּת נ [gufani'yut] materiality, corporeality
גּוּץ ת [guts] dwarf, short, stunted, undersized
גּוֹר ז [gor] cub, whelp, puppy
גּוּר ז פ״ע [gur] 1 cub, whelp. 2 to live, dwell, settle. 3 to fear, dread. 4 to crowd together
גּוֹרְגְּרָן ז ת [gorge'ran] glutton, gobbler, voracious
גְּוַרְדְּיָה נ ['gvardiya] 1 Guards. 2 important group
גּוֹרֵד שְׁחָקִים skyscraper
גּוּרִית נ [gu'rit] 1 beetle. 2 cub
גּוֹרָל ז [go'ral] fate, fortune, luck, destiny, lot
גּוֹרָלִי ת [gora'li] fateful, crucial, critical
גּוֹרָלִיּוּת נ [gorali'yut] fatefulness
גּוֹרֵם ז [go'rem] 1 factor, cause. 2 multiple
גּוֹרֵר ז [go'rer] 1 tug. 2 tugboat
גּוֹרֵר תּוֹמֵךְ truck tractor
גּוּשׁ עָרִים (urban) agglomeration
גּוּשׁ ז [gush] 1 lump, clod, bulk. 2 bloc, mass
גִּוֵּשׁ פ״י [gi'vesh] to lump, group
גּוּשָׁה נ [gu'sha] lump, clod
גּוּשִׁי ת [gu'shi] 1 pertaining to a bloc (pol.). 2 lumpy
גּוּשִׁיּוּת נ [gushi'yut] solidarity, compactness, lumpiness

[gezi'ma] pruning גְּזִימָה נ

[ga'zir] 1 log, faggot, piece, chip. 2 differentiable (math.). 3 hedge parsley גָּזִיר ז ת

[gezi'ra] 1 cutting, cut. 2 differentiation גְּזִירָה נ

[gezi'rut] etymology גְּזִירוּת נ

[geziri'yot] off-cuts, cutouts, clippings גְּזִירִיּוֹת נ״ר, גְּזִירִים ז״ר

[ga'zit] 1 stone-hewing. 2 hewn stone גָּזִית נ

[ga'zal] to rob, spoil, steal, plunder, seize, take away גָּזַל פ״י

[ga'zel, 'gezel] 1 robbery, plunder. 2 stolen goods, loot, booty גָּזֵל, גֶּזֶל ז

[gaz'lan] robber, scoundrel, rascal גַּזְלָן ז

[gazla'nut] robbery, brigandage, banditry גַּזְלָנוּת נ

[gazla'ni] robber-like גַּזְלָנִי ת

[ga'zam] to prune, clip off גָּזַם פ״י

[ga'zam] maggot גָּזָם ז

['gezem] pruned branches, pruning גֶּזֶם ז

[ga'zam] exaggerator גַּזָּם ז

[gi'zem] 1 to prune. 2 to exaggerate גִּזֵּם פ״י

[guz'ma] exaggeration גֻּזְמָא, גֻּזְמָה נ

[gaz'man] exaggerator גַּזְמָן ז

[gazma'nut] exaggeration גַּזְמָנוּת, גֻּזְמָנוּת נ

[ge'zomet] trimmed branches גְּזֹמֶת נ

['geza] 1 trunk. 2 race. 3 stem (gram.) גֶּזַע ז

[giz''i] 1 racial. 2 pure-bred, thoroughbred גִּזְעִי ת

[giz'i'yut] purity of stock, thoroughbredness גִּזְעִיּוּת נ

[giz''an] racist גִּזְעָן ז

[gu'shish] grain, particle גּוּשִׁישׁ ז

[goshma'ni] material גּוּשְׁמָנִי ת

['goti] gothic גּוֹתִי ת

[gev'tan] haughty, arrogant, conceited גֵּוְתָן ז

[gevta'nut] arrogance, haughtiness גֵּוְתָנוּת נ

[gevta'ni] haughty גֵּוְתָנִי ת

[gaz] 1 gas. 2 to pass away, disappear גָּז ז פיו״ע

[gaz] 1 gas. 2 falcon. 3 insect גַּז ז

[gez] 1 sheep-shearing, shorn wool. 2 fleece. 3 mowing גֵּז ז

[giz'bar] treasurer גִּזְבָּר ז

[giz'ber] to serve as treasurer גִּזְבֵּר פ״ע

[gizba'rut] office of treasurer גִּזְבָּרוּת נ

[gi'za] shorn wool, fleece גִּזָּה נ

[ga'zuz] cut, shorn גָּזוּז ת

[ga'zoz] soda water, lemonade גַּזּוֹז ז

[gi'zuz] shearing גִּזּוּז ז

[gzus'tra] balcony, porch (unroofed) גְּזוּזְטְרָה, גְּזוֹזְטְרָה נ

[ga'zul] robbed, despoiled גָּזוּל ת

[gazo'lin] gasoline, petrol גָּזוֹלִין ז

[ga'zum] pruned, trimmed גָּזוּם ת

[gi'zum] 1 trimming, pruning, chopping. 2 exaggeration גִּזּוּם ז

[ga'zon] meadow, promenade גַּזּוֹן ז

[ga'zur] 1 cut out. 2 derived גָּזוּר ת

[gi'zur] cutting גִּזּוּר ז

[ga'zaz, gi'zez] to cut, shear, clip, trim גָּזַז, גִּזֵּז פ״י

[ga'zaz] shearer גַּזָּז ז

[ge'zozet] spool, reel גְּזֹזֶת נ

[ga'zezet] ring worm גַּזֶּזֶת נ

[ga'zi] gaseous, gassy גַּזִּי ת

[ga'ziz] 1 piece, fragment. 2 shearing season. 3 able to be sheared גָּזִיז ז ת

[gezi'za] shearing, cutting, clipping גְּזִיזָה נ

[giz'aˈnut] racism גִּזְעָנוּת נ
[giz'aˈni] racial גִּזְעָנִי ת
[gaˈzar] 1 to cut, fell, clip. 2 to ordain, decree. 3 to derive. 4 to differentiate גָּזַר פ״י
to decide, resolve גָּזַר אֹמֶר
to pronounce a verdict גָּזַר דִּין
to prohibit, ban גָּזַר עַל דָּבָר
[gaˈzar] cutter, pruner גַּזָּר ז
[ˈgezer] 1 carrot. 2 piece, off-cut, chip גֶּזֶר ז
[giˈzer] to trim, prune גִּזֵּר פ״י
[gizˈra] 1 figure, shape 2 sector, section. 3 balcony. 4 conjugation (gram.) גִּזְרָה נ
[gezeˈra] decree, edict, restrictive law גְּזֵרָה נ
analogy, syllogism גְּזֵרָה שָׁוָה
[gizaˈron] etymology גִּזָּרוֹן ז
[gizroˈni] etymological גִּזְרוֹנִי ת
[gazˈran] cutter גַּזְרָן ז
[gzarˈkash] hay-cutter גְּזַרְקַשׁ ז
[gax] to burst forth, gush out גָּח פ״ע
[gaˈxa] to incline, lean, bend גָּחָה פ״ע
[giˈxux] 1 giggle, smirk. 2 derision. 3 absurdity גִּחוּךְ ז
[gaˈxum] infatuated, capricious גָּחוּם ת
[gaˈxon] belly, venter (zool.) גָּחוֹן ז
[gaˈxun] bent, crooked גָּחוּן ת
[giˈxor] rubicund, red-faced גִּחוֹר ת
[gexiˈya] lolling, stooping, bending גְּחִיָּה, גְּחִינָה נ
[giˈxex] 1 to giggle, laugh. 2 to grin, smile גִּחֵךְ פ״ע
[gixˈkex] to jest גִּחְכֵּךְ פ״ע
[gaxaˈxan] jester גַּחֲכָן ז
[gaxexaˈnut] jesting גַּחֲכָנוּת נ
[gaxexaˈni] ridiculous, jocular, jesting גַּחֲכָנִי ת

[gaˈxal] to be inflamed, glow גָּחַל פ״ע
[ˈgaxal, geˈxal] live coal גַּחַל, גֶּחָל ז
[gaxaˈlil] small piece of coal גַּחֲלִיל ז
[gaxliˈli] burning, glowing, fervent גַּחֲלִילִי ת
[gaxliˈlit] firefly, glowfly גַּחֲלִילִית נ
[gaxaˈlit] carbuncle גַּחֲלִית נ
[gixˈlel] to burn גִּחְלֵל פ״י
[gaˈxelet] 1 burning coal, glowing ember, anthrax. 2 carbuncle. 3 home fires גַּחֶלֶת נ
[ˈgaxam] caprice גַּחַם ז, גַּחֲמָה נ
[gaxˈmon] 1 incendiary. 2 capricious גַּחְמוֹן ז ת
[gaxamaˈni] capricious גַּחֲמָנִי ת
[gaˈxan] to bend, stoop, lean, incline גָּחַן פ״ע
[gaˈxan] genet גָּחָן ז
[ˈgaxar] grotto, crevice גַּחַר ז
[get] 1 legal document, bill. 2 divorce decree גֵּט ז
[ˈgeto] ghetto גֶּטוֹ ז
[giˈtin] Gittin – Talmudic tractate גִּטִּין ז״ר
[gai, ge] valley, vale, ravine, gorge גַּי, גַּיְא, גֶּיא, גֵּיא ז
[gid] 1 tendon, sinew. 2 penis. 3 gut גִּיד ז
thigh muscle, sinew of femoral vein גִּיד הַנָּשֶׁה
[giˈyed] to cut veins, bleed, porge the sinew גִּיֵּד פ״י
[giˈdi] veiny, tendinous גִּידִי ת
[giˈha] brightness, shine גִּיהַּ ז
[giˈha] brightness, brilliance גִּיהָה נ
[gehiˈnom] Gehenna, hell, Valley of Hinnom גֵּיהִנּוֹם, גֵּיהִנֹּם זו״נ
[giˈyud] 1 cutting of veins, sinews. 2 bleeding to death גִּיּוּד ז
[giˈyuz] gassing גִּיּוּז ז
[giˈyus] 1 call-up, mobilization, גִּיּוּס ז

[giˈyes] 1 to enlist, conscript, recruit, mobilize. 2 to raise (funds) גִּיֵּס פ״י

[giˈsut] relationship between brothers and sisters-in-law גִּיסוּת נ

[ˈgayif] three-dimensionality גַּיִף ז

[gaˈyaf] adulterer, fornicator גַּיָּף ז

[dʒip] jeep ג׳יפּ ז

[ˈgayitz] 1 rodent. 2 art of engraving, etching גַּיִץ ז

[gaˈyatz] engraver, etcher גַּיָּץ ז

[giˈyetz] 1 to engrave, etch. 2 to cut, mill. 3 to squeak גִּיֵּץ פ״י

[gaˈyetzet] milling cutter, cutter גַּיֶּצֶת נ

[gir] 1 chalk, lime. 2 arrow. 3 limestone גִּיר ז

[gaˈyar] plasterer גַּיָּר ז

[giˈyer] to proselytize, convert to Judaism גִּיֵּר פ״י

[guˈyar] to be converted to Judaism גֻּיַּר פ״ע

[giˈri] chalky, calcareous גִּירִי ת

[giriˈyut] chalkiness גִּירִיּוּת נ

[dʒiˈraf(a)] giraffe ג׳ירָף ז, ג׳ירָפָה נ

[giˈsha] 1 approach, attitude. 2 access גִּישָׁה נ

[gal] to rejoice, delight גָּל פיו״ע

[gal] 1 heap, pile, mound. 2 well, fountain. 3 ruins. 4 shaft. 5 wave. 6 lever גַּל ז

[gol] 1 marble, ball. 2 clapper גֹּל ז

[glai] 1 exposed area. 2 décolletage גְּלַאי ז

[gaˈlai] wave-detector, detector גַּלַּאי ז

[gaˈlav, giˈlev] to shave, barber גָּלַב, גִּלֵּב פ״י

[gaˈlav] barber גַּלָּב ז

[galaˈvut] haircutting, enlistment, conscription, draft. 2 recruitment גַּלָּבוּת נ

[giˈyutz] 1 engraving, cutting. 2 squeaking, scraping גִּיּוּץ ז

[giˈyor] convert to Judaism גִּיּוֹר ז

[giˈyur] conversion to Judaism גִּיּוּר ז

[giˈyoret] female convert to Judaism גִּיּוֹרֶת נ

[gaˈyut] 1 heathenism. 2 status of gentiles גַּיּוּת נ

[giˈyez] to gas גִּיֵּז פ״י

[ˈgeyzer] geyser גֵּיזֶר ז

[ˈgiyax] 1 sally, sortie. 2 to burst forth גִּיחַ ז פ״ע

[giˈxa] dash, breaking out גִּיחָה נ

[giˈtara] guitar גִּיטָרָה נ

[gil] 1 age, generation. 2 joy, delight. 3 bell, clapper. 4 to rejoice, take delight גִּיל ז פ״ע

middle age גִּיל הָעֲמִידָה

retirement age גִּיל הַפְּרִישָׁה

chronological age גִּיל טִבְעִי

infancy, tender years גִּיל רַךְ

mental age גִּיל שִׂכְלִי

[giˈlai] contemporary, of the same age גִּילַאי ז

[giˈla] joy, delight, gladness גִּילָה, גִּילַת נ

[gematriˈya] using letters as numerals, numerology גִּימַטְרִיָּא נ

[gimˈnasya] high school, secondary school גִּימְנַסְיָה נ

[ginekoˈlog] gynecologist גִּינֶקוֹלוֹג ז

[ˈgayis] 1 column, regiment. 2 army, corps גַּיִס ז

fifth column גַּיִס חֲמִישִׁי

[gis] brother-in-law גִּיס ז

[giˈsa] sister-in-law גִּיסָה נ

[gaˈyas] enlister, recruiting officer גַּיָּס ז

hairdressing
[ga'lag, gi'leg] to chatter, prattle, mock גָּלַג, גִּלֵּג פ״ע
[ge'lag] mockery, fun, jeer גְּלָג ז
[gil'gul] 1 rolling, revolving. 2 kneading. 3 reincarnation, transmigration. 4 vicissitude. 5 metamorphosis. 6 metempsychosis גִּלְגּוּל ז
1 development. 2 chat גִּלְגּוּל דְּבָרִים
transfiguration, metamorphosis גִּלְגּוּל נְפָשׁוֹת, גִּלְגּוּל נְשָׁמוֹת
imposition of additional oath גִּלְגּוּל שְׁבוּעָה
[gal'gal] 1 wheel, cycle. 2 winch, pulley. 3 whirlwind. 4 cylinder, sphere גַּלְגַּל ז
steering-wheel גַּלְגַּל הַהֶגֶה
the Zodiac גַּלְגַּל הַמַּזָּלוֹת
spare wheel גַּלְגַּל חִלּוּף
coupling wheel גַּלְגַּל מַצְמִיד
gear, cog wheel גַּלְגַּל שִׁנַּיִם
fly wheel גַּלְגַּל תְּנוּפָה
[gil'gel] 1 to roll, revolve. 2 to cause. 3 to use. 4 to knead. 5 to impose additional duty גִּלְגֵּל פ״י
to soft-boil an egg גִּלְגֵּל בֵּיצָה
to chat, chatter גִּלְגֵּל בִּדְבָרִים
to deal with someone גִּלְגֵּל עִמּוֹ
to take pity on גִּלְגֵּל רַחֲמִים עַל
to converse, hold conversation גִּלְגֵּל שִׂיחָה
[galgi'la] pulley-wheel גַּלְגִּלָּה, גַּלְגֶּלֶת נ
[galgil'on] pulley, roller, ring גַּלְגִּלּוֹן ז
[galga'lut] roundness, sphericality גַּלְגַּלּוּת נ
[galga'li] round, wheel-like, spherical גַּלְגַּלִּי ת
roller blades גַּלְגִּלִּיּוֹת לַהַב
[galgi'layim] 1 roller-skates. 2 scooter גַּלְגִּלַּיִם ז״ז
[galgi'lit] roller skate גַּלְגִּלִּית נ
[gul'golet] 1 cranium, skull. 2 head. 3 head-tax גֻּלְגֹּלֶת נ
death's head moth גֻּלְגֹּלֶת הַמֵּת
[gal'gan] chatterer, windbag גַּלְגָּן ז
[galga'nut] chattering, garrulity גַּלְגָּנוּת נ
[galga'ni] blustering, boasting, chattering גַּלְגָּנִי ת
[ga'lad] to solidify, congeal, be frozen גָּלַד פ״ע
['geled] 1 skin, hide. 2 scab, crust. 3 layer גֶּלֶד ז
[gil'da] sole גִּלְדָּה נ
[gil'don] fritters, skin גִּלְדּוֹן ז
fritters גִּלְדֵי שֶׁמֶן
[gil'di, gilda'ni] skin-like, leathery גִּלְדִּי, גִּלְדָּנִי ת
[glad'yola] gladiola גְּלַדְיוֹלָה נ
[glad'yator] gladiator גְּלַדְיָטוֹר ז
[ga'ledet] dermatosis גַּלֶּדֶת נ
[gu'la] 1 round marble. 2 water-source. 3 round handle גֻּלָּה נ
[ga'la] 1 to discover, reveal. 2 to appear, expose. 3 to wander, go into exile גָּלָה פ״ע
[gi'la] 1 to reveal, disclose. 2 to discover. 3 to unveil, expose גִּלָּה פ״י
to express one's opinion גִּלָּה דַעְתּוֹ
[ga'luv] shaved, shaven גָּלוּב ת
[gi'luv] engraving, etching גִּלּוּב ז
['globus] globe גְּלוֹבּוּס ז
[glo'bali] 1 global. 2 all round גְּלוֹבָּלִי ת
[gi'lug] mocking, mockery גִּלּוּג ז
[glog'lut] scoffing גְּלוֹגְלוּת נ
[ga'lud] 1 frozen, iced, congealed. 2 shinned, flayed גָּלוּד ת

[gilu'fin] tipsiness, mild drunkenness גִּלּוּפִין ז״ר
[glu'koza] glucose גְּלוּקוֹזָה נ
[glo'koma] glaucoma גְּלוֹקוֹמָה נ
[ga'lut] exile, dispersion, Diaspora גָּלוּת נ
[galu'ti] ghetto-like גָּלוּתִי ת
[galuti'yut] ghetto character גָּלוּתִיּוּת נ
[gi'lax] to shave גִּלַּח פ״י
[gu'lax] to be shaved גֻּלַּח פ״ע
[ga'lai] detector גַּלַּי ז
[ga'li] 1 undulating, wavy, fluctuating. 2 Gallic גַּלִּי ת
ultra-sound גַּלֵּי עַל־שֵׁמַע
[ga'ley'a] galley גַּלֵּיאָה נ
[geli'va] shaving גְּלִיבָה נ
[ge'lid] 1 ice. 2 jelly גְּלִיד ז
[geli'dai] icecream vendor, manufacturer גְּלִידַאי, גְּלִידָן ז
[geli'da] icecream גְּלִידָה נ
[gelidi'ya] icecream parlor גְּלִידִיָּה נ
[gila'yon] 1 newspaper copy. 2 sheet, page. 3 margin. 4 slate. 5 mirror. 6 apocalypse גִּלָּיוֹן ז
indictment גִּלְיוֹן אִשּׁוּם
printer's sheet גִּלְיוֹן דְּפוּס
[gali'yut] undulation, waviness, fluctuation גַּלִּיּוּת נ
[ga'lil] 1 cylinder, reel, roll. 2 province, region. 3 Galilee גָּלִיל ז
[geli'la] 1 rolling, circuit. 2 province, territory. 3 roulade, roll cake גְּלִילָה נ
[geli'li] 1 cylindrical. 2 regional. 3 Galilean גְּלִילִי ת
[gelili'yut] cylindricality גְּלִילִיּוּת נ
[geli'ma] mantle, robe, cloak גְּלִימָה נ
[gal'yan] undulate, wavy גַּלְיָן ת
[galya'ni] undulating גַּלְיָנִי ת
[geli'fa] etching, engraving גְּלִיפָה נ

[gil'vun] galvanization גִּלְוּוּן ז
[ga'lu'ax] 1 shaven, tonsured. 2 shaveling גָּלוּחַ ת
[gi'lu'ax] shaving גִּלּוּחַ ז
[ga'luy] 1 open, revealed, visible. 2 candid, frank גָּלוּי ת
well-known, public knowledge גָּלוּי וְיָדוּעַ
[gi'luy] 1 discovery, revelation. 2 exposure גִּלּוּי ז
1 manifesto. 2 declaration גִּלּוּי דַּעַת
sincerity גִּלּוּי לֵב
sincere, open-hearted גְּלוּי לֵב
1 incest. 2 fornication גִּלּוּי עֲרָיוֹת
bare-headedness גִּלּוּי רֹאשׁ
bare-headed גְּלוּי רֹאשׁ
Divine Revelation גִּלּוּי שְׁכִינָה
[gelu'ya] postcard גְּלוּיָה נ
[gelu'yot] frankly, openly, candidly גְּלוּיוֹת תה״פ
[ga'lul] rolled, convolute גָּלוּל ת
[gi'lul] 1 indecency, obscenity. 2 idol גִּלּוּל ת
[gel'ula] pill גְּלוּלָה נ
[gilu'lim] 1 idols. 2 idolatry גִּלּוּלִים ז״ר
[ga'lum] 1 hidden, latent. 2 inchoate. 3 crude, raw גָּלוּם ת
[ge'lom] mantle, robe גְּלוֹם ז
[gi'lum] embodiment, personification גִּלּוּם ז
[gelu'ma] glume (bot.) גְּלוּמָה נ
[gilven] to galvanize גִּלְוֵן פ״י
[ga'lon] gallon גַּלּוֹן ז
[gal'vani] galvanic גַּלְוָנִי ת
[galo'ni] wavy, billowy, undulating גַּלּוֹנִי ת
[gi'lu'a] revelation, disclosure גִּלּוּעַ ז
[ga'luf] engraved, etched גָּלוּף ת
[gi'luf] engraving, etching גִּלּוּף ז
[gelu'fa] 1 block, cliché. 2 woodcut, etching גְּלוּפָה נ

גְּלִישָׁה נ [geli'sha] 1 gliding. 2 skiing. 3 boiling over, overflowing. 4 digression. 5 surfing

גָּלָל, גֶּלֶל ז [ga'lal] dung, faeces, excrement

גָּלַל פ״י [ga'lal] to roll, wrap, furl

גִּלֵּל פ״י [gi'lel] to unfold, unfurl

גְּלָל ז מ״י [ge'lal] 1 heavy stone. 2 on account of

גְּלַל כֵּן accordingly, for this reason

גָּלַם פ״י [ga'lam] 1 to fold. 2 to design. 3 to embody

גֶּלֶם ז ['gelem] raw materials

גֹּלֶם ז ['golem] 1 larva, embryo, chrysalis. 2 lump, shapeless mass. 3 robot. 4 idiot, dummy

גִּלֵּם פ״י [gi'lem] to embody, personify, interpret

גִּלְמֵד פ״י [gil'med] to isolate, make lonely, bereave

גַּלְמוֹד ז [gal'mod] lonely, forlorn

גַּלְמוּד ת [gal'mud] 1 solitary, lonely. 2 barren, sterile

גַּלְמוּדוּת, גַּלְמוּדִיּוּת נ [gal'mudut] loneliness, solitude

גַּלְמוּשׁ ז [gal'mush] lever-wood

גָּלְמוּת נ [gol'mut] crudeness

גָּלְמִי ת [gol'mi] raw, crude, shapeless

גַּלְמִידוּת נ [galmi'dut] loneliness, solitude

גָּלְמִיּוּת נ [golmi'yut] crudeness

גָּלְמִית נ [gol'mit] larva, chrysalis

גָּלְמָנִי ת [golma'ni] clumsy, awkward

גַּל־נֵד surge

גַּלַנְטֶרְיָה נ [galan'teriya] fancy goods, haberdashery

גַּלָּנִי ת [gala'ni] undulating, wavy

גְּלֻסְקְמָה נ [gluske'ma] sarcophagus, ossuary

גָּלַע, גִּלַּע פ״י [ga'la, gila] to erupt, break out, burst out

גֶּלַע ז ['gela] erosion

גַּלְעֵד ז [gal''ed] monument, dolmen, memorial

גַּלְעִין ז [gal''in] kernel, pit, stone, seed

גַּלְעִינִי ת [gal'i'ni] containing a stone or kernel

גִּלְעֵן פ״י [gil''en] to pit, stone (olives, fruit)

גָּלַף פ״י [ga'laf] to engrave, etch, carve

גֶּלֶף ז ['gelef] etching

גַּלָּף ז [ga'laf] 1 zincographer. 2 carver, engraver

גִּלֵּף פ״י [gi'lef] to etch, carve, engrave

גַּלְפְּכֹל ז [glaf'kol] pantograph

גְּלֻפְקָה, גְּלֻפְקְרָה נ [gluf'ka] woollen blanket

גָּלֶרְיָה נ [ga'leriya] gallery

גָּלָשׁ ז [ga'lash] boiling water

גָּלַשׁ פ״ע [ga'lash] 1 to overflow, boil over. 2 to ski, skate. 3 to slide down. 4 to digress

גַּלָּשׁ ז [ga'lash] skier

גֶּלֶשׁ ז ['gelesh] slip, sliding, slipping, glide

גִּלְשׁוֹן ז [gil'shon] glider

גַּלָּשׁוּת נ [gala'shut] skiing

גַּלְשָׁן ז [gal'shan] 1 skier. 2 surfboard

גַּלְשַׁן רוּחַ surfer

גַּלֶּשֶׁת נ [ga'leshet] eczema

גֻּלַּת הַכּוֹתֶרֶת masterpiece, crowning point, highlight

גַּם מ״ח [gam] also, too, even

גַּם אֶחָד none, not one

גַּם אִם even if

גַּם כִּי even though

גַּם כֵּן also, too

גָּמָא, גִּמֵּא פ״י [ga'ma] to sip, drink

גֹּמֶא ז ['gome] papyrus

[ge'mai] delicacy, sweetmeat גְּמַאי ז
[gam''an] sprinter גַּמְאָן ז
[gim'gum] 1 stammer, stutter. 2 hesitation גִּמְגּוּם ז
[gim'gem] 1 to stammer, stutter. 2 to hesitate גִּמְגֵּם פ״י
[gamge'man] stammerer, stutterer גַּמְגְּמָן ז
[gamgema'nut] 1 vocal hesitation. 2 stammering, stuttering גַּמְגְּמָנוּת נ
[gamgema'ni] 1 stammering. 2 hesitant, faltering גַּמְגְּמָנִי ת
[gim'gomet] stammering, stuttering, hesitation גִּמְגֹּמֶת נ
[ga'mad] to contract, reduce, stunt גָּמַד פיו״ע
['gemed] rudiment גֶּמֶד ז
['gomed] 1 cubit. 2 muzzle. 3 diminutiveness. 4 ulna גֹּמֶד ז
[ga'mad] dwarf, mannikin, pygmy גַּמָּד ז
[gi'med] to reduce, shrink, condense, dwarf גִּמֵּד פ״י
[gama'dut] dwarfishness גַּמָּדוּת נ
[gama'di] dwarfish, shrunken גַּמָּדִי ת
[ga'ma] to sip, drink, swallow גָּמָה פ״י
[ga'ma] gamut גַּמָּה נ
[ga'mud] 1 contracted, shrunken. 2 rudimentary. 3 dwarfish, undersized גָּמוּד ת
[gi'mud] dwarfishness, reduction גִּמּוּד ז
[gi'muy] aim, object גִּמּוּי ז
[ga'mul] 1 weaned baby. 2 one who has been repaid גָּמוּל ת
[ge'mul] 1 reward, benefit. 2 pay. 3 reprisal גְּמוּל ז
weanling גְּמוּל חָלָב
[gi'mol] muzzle גִּמּוֹל ז
[gi'mul] ripeness, ripening, maturing גִּמּוּל ז
[gemu'la] reward, recompense גְּמוּלָה נ
[ga'mum] cut, lopped, truncated גָּמוּם ת
[gi'mum] cutting, lopping, pitting גִּמּוּם ז
[gemumi'ya] 1 rut, furrow. 2 groove גְּמוּמִיָּה, גְּמוּמִית נ
[gi'mon] 1 little yoke. 2 muzzle. 3 strap, band גִּמּוֹן ז
[gimo'nit] chord, band, thong גִּמּוֹנִית נ
[ga'mu'a] swallowed, gulped, sipped גָּמוּעַ ת
[gi'mu'a] gulping, swallowing גִּמּוּעַ ז
[ga'mur] 1 finished, concluded, ended. 2 complete, perfect. 3 absolute. 4 ripe. 5 dead גָּמוּר ת
[gi'mur] 1 finish. 2 burning incense. 3 completion גִּמּוּר ז
[ga'mush] flexible, elastic גָּמוּשׁ ת
[gi'mush] softening, relaxing גִּמּוּשׁ ז
[gi'mez] 1 to prune, fertilize dates. 2 to give harsh artistic criticism גִּמֵּז, גָּמַז
[gimzi'ya] twig, tender branch גִּמְזִיָּה נ
[ga'max] to be capricious גָּמַח פ״ע
[gim'xa] capriciousness, obstinacy גִּמְחָה נ
[gum'xa] niche, alcove, recess גֻּמְחָה נ
[gam'xon] capricious, obstinate גַּמְחוֹן, גַּמְחָן ז
[gamxo'ni] stubborn, dogged, obstinate גַּמְחוֹנִי, גַּמְחָנִי ת
[ge'mi] reed, thread, rush גֶּמִי, גְּמִי ז
['gumi, gumi'ya] 1 rubber. 2 rubber band גֻּמִּי ז, גֻּמִּיָּה נ

גְּמִיאָה נ [gemi'ya] sipping, gulping down, drinking

גָּמִיד ת [ga'mid] undersized, reduced

גְּמִידָה נ [gemi'da] stunting, dwarfing

גְּמִיָּה נ [gemi'ya] sipping, sip

גְּמִילָה נ [gemi'la] 1 recompensing. 2 ripening. 3 weaning

גְּמִילוּת נ [gemi'lut] deed, payment, recompense

גְּמִילוּת חֶסֶד, גְּמִילוּת חֲסָדִים benevolence, philanthropy

גְּמִימָה נ [gemi'ma] pruning

גְּמִיעָה נ [gemi''a] swallowing, drinking

גְּמִירָה נ [gemi'ra] completion, conclusion, ending

גְּמִירוּת נ [gemi'rut] terminability

גָּמִישׁ ת [ga'mish] 1 flexible, elastic. 2 supple, lithe

גְּמִישׁוּת נ [gemi'shut] elasticity, flexibility

גָּמָל ז [ga'mal] camel

גָּמָל נְמֵרִי giraffe

גָּמַל פיו"ע [ga'mal] 1 to ripen. 2 to wean. 3 to reward, recompense

גָּמֵל ת [ga'mel] mature

גֶּמֶל ז ['gemel] 1 reciprocity. 2 pension

גְּמַל הַצֹּאן, גְּמַל עֵז llama

גְּמַל שְׁלֹמֹה praying mantis

גַּמָּל ז [ga'mal] cameleer, camel driver

גִּמֵּל פיו"ע [gi'mel] 1 to wean. 2 to drive a camel

גִּמְלָאוּת נ [gimla''ut] retirement

גַּמְלָה נ [gam'la] gangway, gang board

גִּמְלָה נ [gim'la] pension, benefit

גַּמְלוֹן, גַּמְלָן ז ת [gam'lon] kingsize, very large

גַּמְלוֹנִי, גַּמְלָנִי ת [gamlo'ni] big large

גַּמְלוֹנִיּוּת, גַּמְלָנִיּוּת נ [gamloni'yut] largeness, great size

גְּמֵלוּת נ [geme'lut] ripeness, maturity

גַּמָּלוּת נ [gama'lut] cameleering

גְּמַלִּי ת [gema'li] camel-like

גַּמֶּלֶת נ [ga'melet] camelry, caravan of camels

גָּמַם, גִּמֵּם פ"י [ga'mam, gi'men] to cut, lop, peel

גְּמָמִית נ [gema'mit] 1 waterhole. 2 dimple. 3 pockmark

גָּמַע, גִּמַּע פ"י [ga'ma, gi'ma] 1 to drink, swallow. 2 gulp down

גֶּמַע ז ['gema] sip, swallow

גִּמֵּץ פ"י [gi'metz] to dig, excavate

גֻּמָּץ ז [gu'matz] hole, excavation

גָּמַר פ"ע [ga'mar] 1 to finish, end, complete. 2 to deduce, infer

גָּמַר אֹמֶר to decide, resolve, come to a decision

גֶּמֶר, גֹּמֶר ז ['gemer] 1 end, conclusion. 2 final exam, finish

גְּמָר ז [ge'mar] finals, finish

גְּמַר דִּין judgment, verdict

גִּמֵּר פ"י [gi'mer] 1 to perfume, burn spices. 2 to finish, put final touches

גְּמָרָא, גְּמָרָה נ [gema'ra] Gemara

גֻּמְרָה נ [gum'ra] 1 burning coal live coal. 2 carbuncle

גֶּמֶשׁ, גֹּמֶשׁ ז ['gemesh] 1 elasticity, flexibility. 2 malleability

גִּמֵּשׁ פ"י [gi'mesh] to render soft, pliable, flexible

גְּמָשָׁה נ [gema'sha] spats

גֻּמַּת חֵן dimple

גַּן ז [gan] garden, orchard, park

גַּן חַיּוֹת zoo, zoological garden

גַּן יְלָדִים kindergarten, playschool

גַּן יָרָק vegetable garden, kitchen garden

paradise, Garden of Eden גַּן עֵדֶן
park, public garden גַּן צִבּוּרִי
[gen] gene גֶּן ז
[gana'ʼut] disrepute, disgrace גַּנָּאוּת נ
[ge'nai] reproach, shame, derogation גְּנַאי ז
[ga'nav] to steal, rob, thieve גָּנַב, גִּנֵּב פ״י
[ga'nav] thief, burglar, robber גַּנָּב ז
to plagiarize גָּנַב דְּבָרִים
to deceive, delude, cheat גָּנַב דַּעְתּוֹ
[gene'va] theft, robbery, stealing גְּנֵבָה נ
[gin'bar] ginger גִּנְבָּר ז
[gan'grena] gangrene גַּנְגְּרֶנָה נ
[gun'da] company, regiment, squadron גֻּנְדָּה נ
[gin'dur] excessive dressing-up, embellishment גִּנְדּוּר ז
[gin'der] to beautify, embellish, adorn גִּנְדֵּר פ״י
[gun'dar] squadron leader גֻּנְדָּר ז
[gand'ran] dandy, fop, coxcomb גַּנְדְּרָן ת
[gandra'nut] coquetry, ostention, foppishness גַּנְדְּרָנוּת נ
[gandra'ni] coquetish, foppish גַּנְדְּרָנִי ת
[ga'na] orchard, grove גַּנָּה נ
[gi'na] 1 small garden. 2 to censure, denounce. 3 to defame, condemn גִּנָּה נ פ״י
[ga'nuv] 1 stolen. 2 great (slang) גָּנוּב ת
[geno'genet] awning, canopy גְּנוֹגֶנֶת נ
[ga'nuz] hidden, concealed, latent גָּנוּז ת
[gi'nuz] filing, storing in archives גִּנּוּז ז
[ga'nu'ax] 1 sighing. 2 head-cold, chill גָּנוּחַ ת
[gi'nu'ax] sigh, breath גִּנּוּחַ ז
[ga'nuy] censured, criticized גָּנוּי ת
[gi'nuy] censure, condemnation גִּנּוּי ז
[ga'nun] guarded, defended גָּנוּן ת
[gi'nun] 1 manners, etiquette. 2 gardening גִּנּוּן ז
[ga'non] nursery school, play-school גָּנוֹן ז
[geno'na] awning, canopy גְּנוֹנָה נ
requirements of protocol גִּנּוּנֵי טֶקֶס
gracious manners גִּנּוּנֵי נִימוּס
[ginu'ni] defensive גִּנּוּנִי ת
[gnusi'ya] 1 birth. 2 genesis גְּנוּסְיָה נ
[ge'nut] 1 slander, libel. 2 defamation, disgrace גְּנוּת ז
[ga'naz] 1 to hide, conceal, store, shelve. 2 bury (holy books). 3 to file גָּנַז פ״י
['genez] treasure, coffer גֶּנֶז ז
[ga'naz] curator, archivist, keeper גַּנָּז ז
[gi'nez] to shelve, file גִּנֵּז פ״י
[gan'zax] archives, treasure house גַּנְזַךְ ז
[gan'zan] archivist, filing-clerk גַּנְזָן ז
[ga'nax] 1 to groan. 2 to cough blood גָּנַח פ״ע
[gena'xa] groan גְּנָחָה נ
[ganxa'ni] whining, sighing גַּנְחָנִי ת
[ga'naxat] asthma גַּנַּחַת נ
[ganax'ti] asthmatic גַּנַּחְתִּי ת
[ge'neti] genetic גֶּנֶטִי ת
[geni'za] 1 hiding, storage. 2 archives גְּנִיזָה נ
[geni'xa] 1 groan, coughing. 2 wheeze, wheezing גְּנִיחָה נ
[ga'nan] to defend, protect, guard, shelter גָּנַן פ״י
[ga'nan] gardener, horticulturalist גַּנָּן ז

גַּנָּנוּת נ [gana'nut] gardening, horticulture

גַּנֶּנֶת נ [ga'nenet] 1 kindergarten teacher. 2 gardener (f)

גֶּנֶרָל ז [gene'ral] general

גָּס פ״י [gas] to break, split

גַּס ז פ״ע [gas] 1 coarse, vulgar. 2 large, ample, bulky. 3 obscene. 4 to be haughty

גַּס רוּחַ vulgar, rude

גִּסָּא ז ['gisa] side

גָּסָה פ״ע [ga'sa] to belch, burp

גִּסּוּי ז [gi'suy] belching, eructation, burping

גַּסּוּת נ [ga'sut] rudeness, vulgarity

גַּסּוּת רוּחַ coarseness, rudeness

גְּסִיָּה נ [gesi'ya] eructation, belching

גְּסִיסָה נ [gesi'sa] dying, agony

גָּסַס פ״י [ga'sas] to be dying, moribund, expiring

גִּעְגּוּעַ ז [gi''gu'a] crowing, cackling

גַּעְגּוּעִים ז״ר [ga'gu''im] longing, yearning, nostalgia

גִּעְגַּע פיו״ע [gi''ga] 1 to dig, make holes. 2 to quack, crow, cackle. 3 to long, yearn

גַּעֲדָה נ [ga'a'da] teucrium (bot.)

גָּעָה פ״ע [ga''a] 1 to moo, low. 2 to wail, moan, weep

גָּעוּל ת [ga''ul] dirty, unclean

גִּעוּל ז [gi''ul] 1 loathing, nausea, abhorrence. 2 scalding, scouring

גְּעִי ז [ge''i] moo, low

גְּעָיָה, גְּעִיָּה נ [ge'a'ya] lowing, mooing, baaing

גְּעִילָה נ [ge''i'la] loathing, abhorrence

גְּעִישָׁה נ [ge'i'sha] agitation, eruption, storming

גָּעַל, גִּעֵל פ״י [ga'al] 1 to abhor, reject, detest, shun. 2 to scald, purify

גַּעַל, גֹּעַל ז ['ga'al, 'go'al] disgust, repulsion, nausea

גֹּעַל נֶפֶשׁ loathing, disgust

גָּעֳלִי ת [go'a'li] disgusting, abominable

גָּעֳלִיּוּת נ [goali'yut] loathsomeness

גָּעַר, גִּעֵר פ״ע [ga''ar] to rebuke, scold. 2 to curse

גַּעַר ז ['ga'ar] reproach, scolding

גְּעָרָה נ [ge'a'ra] reproof, rebuke

גָּעַשׁ פ״ע [ga''ash] 1 to storm, shake, tremble. 2 to moo

גַּעַשׁ ז ['ga'ash] quake, eruption

גַּעֲשִׁי ת [ga'a'shi] volcanic

גַּעֲשָׁן ז [ga'a'shan] raging, furibund

גַּעֲשָׁנִי ת [ga'asha'ni] volcanic, rampaging

גַּעַת ש״פ ['ga'at] touch, touching

גָּף פ״י [gaf] to close, cork, shut

גַּף זו״נ [gaf] 1 wing. 2 handle, rim. 3 flight-command unit. 4 back, body

גַּפָּה נ [ga'pa] 1 riverbank. 2 hedge. 3 loose stone wall. 4 squadron. 5 upper part of shoe

גִּפּוּל ז [gi'pul] impulse, caprice

גָּפוּף ת [ga'fuf] embraced

גִּפּוּף ז [gi'puf] embrace, hug, encircling

גִּפּוּר ז [gi'pur] 1 fumigation with sulfur. 2 vulcanizing

גַּפַּיִם ז״ז [ga'payim] limbs (hands and feet)

גִּפֵּל פ״י [gi'pel] to urge on

גֶּפֶן נ ['gefen] 1 vine. 2 shoot, tendril

גֻּפְנָן ז [guf'nan] Assyrian plum

גַּפָּס ז [ga'pas] plasterer

גִּפֵּס פ״י [gi'pes] to plaster

['gifsus] gypsum גִּפְסוּס ז
[gi'pef] to embrace גִּפֵּף פ״י
['gofer] gopher, cypress, cedar, fir גֹּפֶר ז
[gi'per] to vulcanize, sulphurize גִּפֵּר פ״י
[gaf'rur] match גַּפְרוּר ז
[gif'rut] fumigation, sulphating גִּפְרוּת נ
[gof'ri] sulphide גָּפְרִי ת
[gof'rit] sulphur גָּפְרִית נ
[gofri'ti] sulphuric, sulphurous גָּפְרִיתִי, גָּפְרִיתָנִי ת
[gif'ret] to sulphurize גִּפְרֵת פ״י
[gofra'ti] sulphuric גָּפְרָתִי ת
['gefet] 1 olive waste. 2 rape (from grapes or other fruits) גֶּפֶת נ
[gaf'tan] haughty, arrogant גַּפְתָּן ז
[gafta'nut] haughtiness, arrogance גַּפְתָּנוּת נ
[gafta'ni] rude, overbearing גַּפְתָּנִי ת
[getz] 1 spark, flicker. 2 bog, mudhole, mud גֵּץ ז
[gar] to live, dwell, reside, sojourn גָּר פ״ע
[ger] 1 stranger, foreigner. 2 convert (Judaism) גֵּר ז
[ga'rav] 1 eczema. 2 itch, scurvy, scabies. 3 wine pitcher גָּרָב ז
[ga'rav] to put on or wear stockings. 2 to rob גָּרַב פ״י
['gerev] stocking, hose גֶּרֶב ז
[gir'bev] to cover with a sock גִּרְבֵּב פ״י
[gar'bon] panty hose גַּרְבּוֹן ז
[gar'bit] hosetops גַּרְבִּית נ
[gar'ban] 1 itchy, mangy. 2 keg, barrel גַּרְבָּן ז
[ga'revet] scabies, eczema גָּרֶבֶת נ
[gir'gur] 1 gargle, gargling. 2 croak, croaking. 3 chattering. 4 picking berries גִּרְגּוּר ז
[girgu'ri] guttural גִּרְגּוּרִי ת
[gar'gir] 1 grain. 2 berry. 3 nasturtium. 4 cress גַּרְגִּיר ז
[gargi'ri] granular גַּרְגִּירִי, גַּרְגְּרָנִי ת
[gar'ger] berry, grain, granule גַּרְגֵּר ז
[gir'ger] 1 to gargle. 2 to pick berries. 3 to dry berries גִּרְגֵּר פ״י
[garga'rut] gluttony, voracity גַּרְגָּרוּת, גַּרְגְּרָנוּת נ
[garge'ran] glutton, voracious גַּרְגְּרָן ז
[gargera'nit] sweet trefoil, trigonella (bot.) גַּרְגְּרָנִית נ
[gar'geret] 1 throat. 2 neck. 3 windpipe, trachea. 4 gluttony גַּרְגֶּרֶת נ
[ga'rad] 1 to scratch, scrape. 2 to plait, braid גָּרַד, גֵּרֵד פ״י
['gered] 1 erasure. 2 tassel, fringe גֶּרֶד ז
[gre'da] 1 exclusively, only. 2 abortion. 3 purely, merely גְּרֵדָא תה״פ
[gir'ded] to erase, scratch גִּרְדֵּד פ״י
[gir'da] 1 bark, fillings, shavings גִּרְדָּה נ
[gar'dom] 1 scaffold, gallows. 2 block, stump גַּרְדּוֹם ז
[gir'dum] beheading גִּרְדּוּם ז
[gardo'mi] of the gallows גַּרְדּוֹמִי ת
[gir'dem] to behead גִּרְדֵּם פ״י
[gar'dan] scratcher, itcher גַּרְדָּן ז
[garda'nut] itching, scratching גַּרְדָּנוּת נ
[ga'redet] scabies, itching גָּרֶדֶת נ
[ga'rodet] shavings, chips, scraps גְּרֹדֶת נ
[ge'ra] 1 cud, rumination. 2 torso. 3 grain. 4 convert (f). 5 to incite, provoke. 6 to ruminate גֵּרָה נ פיו״ע
[ga'ruv] stockinged, גָּרוּב ת

wearing stockings
[g'rog] ginger גְּרוֹג ז
[gro'geret] 1 dried fig. 2 very thin person גְּרוֹגֶרֶת נ
[ga'rod] footscraper גָּרוֹד ז
[ga'rud] scratched, erased גָּרוּד ת
[ge'rud] scratching, scraping גֵּרוּד ז
[geru'da] filings, shavings גְּרוּדָה נ
[ga'ruz] cut, sliced גָּרוּז ת
[ge'ruʒ] cutting, slicing גֵּרוּז ז
[gru'ta] junk, scrap iron גְּרוּטָה, גְּרוּטָא נ, גְּרוּטָאוֹת, גְּרוּטוֹת נ״ר
[gro'teski] grotesque גְּרוֹטֶסְקִי ת
[ga'ruy] 1 provoked, excited. 2 stimulated גָּרוּי ת
[ge'ruy] stimulus, provocation גֵּרוּי ז
[ga'rum] 1 gaunt, bony, skeletal. 2 oversized גָּרוּם ת
[geru'mim] additional measure (granted by vendor) גֵּרוּמִים נ״ר
[ga'ron] 1 throat, gullet, larynx. 2 neck גָּרוֹן ז
[gero'ni] guttural, throaty גְּרוֹנִי ת
[ga'ros] miller, grist-maker גָּרוֹס ז
[ga'rus] crushed, ground גָּרוּס ת
[ge'rus] grinding, grist גֵּרוּס ז
[ga'ru'a] 1 bad, inferior. 2 worse. 3 awful, terrible גָּרוּעַ ת
[ge'ru'a] 1 deficit, shortage. 2 reduction, discount גֵּרוּעַ ז
[ga'ruf] swept, raked, cleaned גָּרוּף ת
[ge'ruf] sweeping, raking גֵּרוּף ז
[ga'rur] 1 towed. 2 dependent, follower. 3 satellite. 4 trailer גָּרוּר ת ז
semitrailer גָּרוּר נִתְמָךְ
[ge'rur] dragging, towing גֵּרוּר ז
[gror] boulder גְּרוֹר ז
[ga'rush] divorced (m), divorcé. גָּרוּשׁ ז
[ge'rush] expulsion, deportation גֵּרוּשׁ ז
[grush] coin of low denomination גְּרוּשׁ ז
[geru'sha] divorced (f), divorcée גְּרוּשָׁה נ
[geru'shim] divorce גֵּרוּשִׁים, גֵּרוּשִׁין ז״ר
[ge'rut] 1 alien, foreign status. 2 conversion to Judaism גֵּרוּת נ
[ga'raz] to cut, slice גָּרַז פ״י
[ge'rez] to grease גֵּרֵז פ״י
[ga'raʒ] garage גָּרָז׳ ז
[gar'zen] axe, hatchet גַּרְזֶן ז
[gir'zen] to axe, cut with an axe גִּרְזֵן פ״י
[ga'ri] excitable, irritable, sensitive גָּרִי ת
[ga'rid] 1 dry, rainless season. 2 arid land גָּרִיד ז
[geri'da] 1 curettage, scraping. 2 abrasion, scratching גְּרִידָה נ
[geri'dut] sensitivity, excitability גְּרִידוּת נ
[geri'ya] excitement, stimulation גְּרִיָּה נ
[geri'ma] causing, causation גְּרִימָה נ
[ga'rian] teaser גָּרְיָן ז
[ga'ris] 1 grits, groats. 2 crumbs גָּרִיס ז
[ge'ris] semolina גְּרִיס ז
[geri'sa] 1 dish of beans. 2 crushing, pounding גְּרִיסָה נ
pearl barley גְּרִיסֵי פְּנִינָה
[geri''a] decrease, diminution גְּרִיעָה נ
[geri'ut] 1 inferiority, badness. 2 deterioration, worsening גְּרִיעוּת נ
[geri'fa] raking, sweeping גְּרִיפָה נ
[ga'rir] towable, movable גָּרִיר ת
[geri'ra] towing, dragging גְּרִירָה נ
[geri'rut] tendency to be גְּרִירוּת נ

[gir'ʼen] 1 to stone, pit. 2 to enucleate גִּרְעֵן פ״י
[gar'ʼenet] trachoma גַּרְעֶנֶת נ
[ga'raf] 1 to sweep, rake, shovel. 2 to amass, collect גָּרַף פ״י
['geref] flood, inundation גֶּרֶף ז
[graf] 1 bedpan, chamber-pot. 2 Graf. 3 graph גְּרָף ז
['grafi] graphic גְּרָפִי ת
[gra'fit] graphite גְּרָפִיט ז
[grafi'kai] graphic artist גְּרָפִיקַאי ז
['grafika] graphics, graphic art גְּרָפִיקָה נ
[ge'rofet] gravel גְּרֹפֶת נ
[ga'rar] 1 to drag, tow. 2 to involve. 3 to grate, saw. 4 to pull along גָּרַר פ״י
[ge'rar] 1 towing, trailing. 2 dragging, pulling. 3 secondary גְּרָר ז
[gera'ra] 1 sledge, sleigh. 2 carriage, saddle גְּרָרָא, גְּרָרָה נ
[ge'rash] 1 to expel, evict, deport. 2 to divorce. 3 to yield גֵּרַשׁ, גָּרַשׁ פ״י
['geresh] produce, fruit גֶּרֶשׁ ז
['geresh] 1 geresh, circumflex. 2 groats, grits. 3 apostrophe גֵּרֶשׁ ז
[ger'shayim] inverted commas גֵּרְשַׁיִם ז״ז
[gash] Come here! גַּשׁ !
[gish'gush] tinkle, rustle גִּשְׁגּוּשׁ ז
[gish'gesh] to rustle, tinkle גִּשְׁגֵּשׁ פ״י
[ga'shum] 1 rainy. 2 wet, dripping גָּשׁוּם ת
[gi'shum] realization, implementation גִּשּׁוּם ז
[gi'shur] bridging, bridgework גִּשּׁוּר ז, גְּשִׁירָה נ
[ga'shosh] 1 co(l)lipers. 2 explorer, probe גָּשׁוֹשׁ ז

dragged, pulled along
[geri'sha] expulsion גְּרִישָׁה נ
[ga'ram, ge'ram] 1 to cause, bring about. 2 to gnaw, break bones גָּרַם, גֵּרַם פ״י
['gerem] 1 bone. 2 body. 3 strength. 4 self גֶּרֶם ז
[gram] cause, factor גְּרָם ז
[gram] gram(me) גְּרַם ז
[gra'ma] cause, factor גְּרָמָא ז, גְּרָמָה נ
[gramo'fon] phonograph, gramophone גְּרַמּוֹפוֹן ז
[gar'mi] bony, osseous, ostial גַּרְמִי ת
[ga'ran] to laryngize גָּרַן פ״י
['goren] 1 threshing floor. 2 threshing season. 3 barn גֹּרֶן נ
[ge'ranyum] geranium גֶּרַנְיוּם, גֶּרַנְיוֹן ז
[gra'nit] granite גְּרָנִיט ז
[ga'ras] to crush, mill, grind. 2 to learn, study. 3 to maintain, determine גָּרַס פ״י
[gir'sa] 1 version. 2 text. 3 variant, alternative גִּרְסָא, גִּרְסָה נ
[gar'si] miller, grit maker גַּרְסִי ז
[ga'ra] 1 barber. 2 cupper, bloodletter גָּרָע ז
[ga'ra, ge'ra] 1 to detract, lessen, reduce. 2 to deduct, subtract. 3 to trim, shear גָּרַע, גֵּרַע פ״י
[gera'ʼon] deficit, shortage גֵּרָעוֹן ז
[gir'ʼun] granulation, granulosity גִּרְעוּן ז
[gir'oʼni] in debit, suffering from deficit גִּרְעוֹנִי ת
[gar'ʼut] diminution, shortage, deduction גַּרְעוּת נ
[gar'ʼin] 1 stone, kernel. 2 nucleus. 3 granule גַּרְעִין ז
[garʼi'ni] 1 fundamental. 2 nuclear. 3 granular גַּרְעִינִי ת

[gi'shush] groping, feeling, tentative exploration גִּשּׁוּשׁ ז, גְּשִׁישָׁה נ
[gishu'shi] palpable גִּשּׁוּשִׁי ת
[ga'sham] 1 to rain. 2 precipitate גָּשַׁם פ״ע
['geshem] 1 rain, shower. 2 substance, matter גֶּשֶׁם ז
['goshem] substance גֹּשֶׁם ז
[gi'shem] to carry out, realize גִּשֵּׁם פ״י
[gish'ma] water-spout, gutter גִּשְׁמָה נ
[gish'mon] 1 light rain. 2 substance, matter גִּשְׁמוֹן ז
[gash'm(i)ut] substance corporeality גַּשְׁמוּת, גַּשְׁמִיּוּת נ
[gash'mi] 1 material, physical, substantial. 2 corporeal, bodily גַּשְׁמִי ת
[gashma'nut] materiality, corporeality גַּשְׁמָנוּת נ
[gush'panka] 1 seal, cachet. 2 approval גֻּשְׁפַּנְקָה נ
['gesher] bridge גֶּשֶׁר ז
[gisher] to bridge גִּשֵּׁר, גָּשַׁר פ״י
[gish'ron] 1 culvert, viaduct. 2 small bridge גִּשְׁרוֹן ז
[ga'shash] to touch, feel ground גָּשַׁשׁ פ״י
['geshesh] touch, feel גֶּשֶׁשׁ ז
[ga'shash] 1 scout, pathfinder. 2 explorer, tracker גַּשָּׁשׁ ז
[gi'shesh] 1 to feel, grope. 2 to scout גִּשֵּׁשׁ פ״י
[gasha'shut] scouting גַּשָּׁשׁוּת נ
[gi'shet] to siphon גִּשֵּׁת פ״י
[gish'ta] siphon גִּשְׁתָּה נ
[gat] 1 wine-press, wine pit. 2 vat, cistern. 3 sinus גַּת נ
[gi'ti] wine-treader גִּתִּי ז
[gi'tit] gittit (biblical musical instrument) גִּתִּית נ

ד

ד 1 Dalet, fourth letter of the Hebrew alphabet. 2 four. 3 fourth

דַּ־, דִּ־, דְּ־ מ״ח מ״י [da, di, de] 1 of, about. 2 who, which

דָּא מ״ג פ״ע [da] 1 this, that. 2 to fly, glide

דָּא עָקָא that is the trouble

דָּאַב פ״ע [da'ˈav] to lament, pine, grieve, languish

דָּאֵב ת [da'ˈev] languid, pining, grieving

דָּאַב ז, **דְּאָבָה, דְּאִיבָה** נ [ˈda'av, de'aˈva] grief, sorrow

דְּאָבוֹן ז [de'aˈvon] regret, sorrow, distress

דָּאַג פ״ע [da'ˈag] 1 to care, worry. 2 to fear, dread. 3 to take care of, deal with

דַּאַג ז, **דְּאָגָה** נ [ˈda'ag, de'aˈga] 1 worry, anxiety. 2 care, concern

דָּאָה נ פ״ע [da'ˈa] 1 vulture, hawk, falcon. 2 to soar, fly. 3 to glide

דָּאוּב ת [da'ˈuv] grieved, suffering, afflicted

דָּאוֹן ז [da'ˈon] glider

דְּאִיָּה נ [de'iˈya] 1 flying, soaring, flight. 2 gliding

דֹּאַר ז [ˈdo'ar] mail, post

דֹּב ז [dov] bear

דֹּב הַיָּם sea-bear, ursal

דֹּב הַכִּיס opossum

דֹּב הַנְּמָלִים ant-bear

דֹּב הַקֶּרַח polar bear

דָּבָא פ״י [daˈva] to overflow, abound, be plentiful

דֹּבֶא ז [doˈve] 1 abundance, plenty, affluence. 2 grief, pain

דָּבַב פ״י [daˈvav] 1 to speak. 2 to whisper, murmur

דִּבֵּב פ״י [diˈbev] to dub

דֶּבֶב ז [ˈdevev] interview

דְּבָבָה נ [devaˈva] 1 hostility, enmity. 2 talking, conversation

דֻּבְדְּבָן ז [duvdeˈvan] cherry

דִּבָּה נ [diˈba] 1 defamation, slander. 2 libel

דֻּבָּה נ [duˈba] she-bear

דָּבוּב ת [daˈvuv] hostile, antagonistic

דִּבּוּב ז [diˈbuv] 1 utterance, talk. 2 interviewing. 2 dubbing

דָּבוּק ת [daˈvuk] 1 stuck, attached, affixed. 2 loyal, devoted

דִּבּוּק ז [diˈbuk] 1 attachment. 2 evil spirit. 3 obsession. 4 dibbuk

דְּבוּקָה נ [devuˈka] 1 evil spirit. 2 stick. 3 binding

דָּבוּר ת [daˈvur] said, uttered

דְּבוֹר ז [deˈvor] drone

דַּבּוּר ז [daˈbur] hornet

דִּבּוּר ז [diˈbur] 1 speech, talk. 2 utterance

דְּבוֹרַאי ז [devoˈrai] beekeeper, apiculturist

דְּבוֹרָה נ [devoˈra] bee

דְּבוֹרִיָּה, דְּבוֹרִית נ [devoriˈya, devoˈrit] swarm of bees

דְּבוֹרָנִי ת [devoraˈni] hymenopteran

דֻּבִּי ת ז [duˈbi] 1 bear-like. 2 teddy-bear

דִּבְיוֹנִים ז״ר [divyoˈnim] dung, pigeon

[davka'ni] 1 glutinous. 2 contagious דַּבְקָנִי ת
[da'var] 1 thing, matter. 2 word, speech. 3 event. 4 something, anything דָּבָר ז
['dever] plague, pest, pestilence דֶּבֶר ז
[da'bar] leader, guide דַּבָּר ז
[di'ber] 1 to talk, speak. 2 commandment, speech דִּבֵּר פ״י ז
[du'bar] to be spoken דֻּבַּר פ״ע
[div'ra] 1 word. 2 precept, commandment דִּבְרָה נ
[dib'rot] commandments דִּבְּרוֹת ז״ר
printed matter דִּבְרֵי דְפוּס
1 Chronicles. 2 history דִּבְרֵי הַיָּמִים
[dab'ran] 1 orator, master of rhetoric. 2 chatterbox, loquacious דַּבְּרָן ז
[dabra'nut] 1 oratory. 2 verbosity, loquacity דַּבְּרָנוּת נ
[dabra'ni] 1 eloquent. 2 loquacious דַּבְּרָנִי ת
[da'beret] logorrhea דַּבֶּרֶת, דִּבֹּרֶת נ
[da'vash] 1 to sweeten. 2 to ferment דָּבַשׁ פ״ע
['davesh] syrupy דָּבֵשׁ ת
['dovesh, dvash] 1 honey. 2 syrup דֹּבֶשׁ, דְּבַשׁ ז
[div'sha] 1 molasses. 2 melilot דִּבְשָׁה נ
[div'shon] humming-bird דִּבְשׁוֹן ז
[divsho'ni] syrupy, honeyed דִּבְשׁוֹנִי ת
[div'shi] 1 honey-like. 2 mellifluous דִּבְשִׁי ת
[divshi'yut] honey quality, mellifluousness דִּבְשִׁיּוּת נ
[div'shit] melica (bot.) דִּבְשִׁית נ
[duv'shan] honey cake דֻּבְשָׁן ז
[da'beshet] hump (camel) דַּבֶּשֶׁת נ
[dag] 1 fish. 2 to fish דָּג ז פ״י

droppings
[dubi'yut] 1 bearlike quality. 2 clumsiness דֻּבִּיּוּת נ
[de'bili] 1 incapacitated, weak. 2 idiotic דֶּבִּילִי ת
[da'vik] 1 adhesive, sticky. 2 viscous, gummy דָּבִיק ת
[devi'ka] 1 sticking, attaching. 2 adherance, loyalty דְּבִיקָה נ
[devi'kut] 1 stickiness, adhesiveness. 2 adherence דְּבִיקוּת נ
[de'vir] 1 sanctuary, temple. 2 the Holy of Holies דְּבִיר ז
[deve'la] 1 fig cake, fig roll. 2 lump דְּבֵלָה נ
[dav'lul] protrusion, ruffle דַּבְלוּל ז
[div'lul] rarefaction, thinning-out דִּבְלוּל ז
[div'lel] 1 to rarefy. 2 to ruffle דִּבְלֵל פ״י
[div''on] tannin דִּבְעוֹן ז
[da'vak] 1 to stick, be glued, be attached. 2 to cleave, adhere דָּבַק פ״ע
[da'vek] 1 loyal. 2 sticking to, adhering to. 3 persistant in. 4 contagious דָּבֵק ת
['devek] 1 glue, paste. 2 point, welding. 3 adhesion דֶּבֶק ת
[di'bek] to stick, glue together דִּבֵּק פ״י
['debka] debka, Arab folk dance דֶּבְקָה נ
[div'kon] 1 mistletoe. 2 collodium (med.) דִּבְקוֹן ז
[divku'ki] 1 adhesive, sticky. 2 viscous, glutinous דִּבְקוּקִי, דִּבְקִי ת
[deve 'kut] adhesiveness, devotion דְּבֵקוּת נ
[divki'yut] viscosity, glutinosity דִּבְקִיּוּת, דַּבְקָנוּת נ

[degi'la] 1 flag-hoisting. 2 adherence דְּגִילָה נ
[degi'ma] sampling דְּגִימָה נ
[degi'ra] 1 brooding, hatching. 2 incubation דְּגִירָה נ
[degi'sha] accentuation, emphasising דְּגִישָׁה, דְּגִישׁוּת נ
[da'gal] 1 to hoist a flag, banner. 2 to believe in, adhere to, abide by דָּגַל פ״י
['degel] 1 flag, banner, ensign, standard. 2 troop, division, cohort דֶּגֶל ז
[da'gal, dag'lan] flagman, standard-bearer דַּגָּל, דַּגְלָן ז
[di'gel] 1 to hoist the flag. 2 to glorify, exalt דִּגֵּל פ״י
[dig'lai] flagman דִּגְלַאי ז
[dig'lon] small-flag, pennant דִּגְלוֹן ז
[da'gam] to sample דָּגַם פ״י
['degem] 1 sample. 2 model. 3 specimen. 4 pattern דֶּגֶם ז
[dgam] pattern, design דְּגָם ז
[di'gem] 1 to standardize, exemplify דִּגֵּם פ״י
[dug'ma] 1 example, sample. 2 specimen, type. 3 prototype דֻּגְמָא, דֻּגְמָה נ
[dugma''i, dugma'ti] exemplary דֻּגְמָאִי, דֻּגְמָתִי ת
[dug'man, dugma'nit] model, mannequin דֻּגְמָן ז, דֻּגְמָנִית נ
[da'gan] 1 corn, grain, cereal. 2 nourishment דָּגָן ז
manna דְּגַן שָׁמַיִם
[di'gen] to harvest corn דִּגֵּן פ״י
[dega'ni] of corn, of cereal דְּגָנִי ת
[degani'ya] cornflower, centaury דְּגָנִיָּה נ
[degani'yim] cereals דְּגָנִיִּים ז״ר
[da'gar] to hatch, incubate דָּגַר פ״י

squid דַּג הַדְּיוֹ
swordfish דַּג הַחֶרֶב, דַּג הַסַּיִף
serranoid דַּג הַמַּשּׂוֹר
hammerhead דַּג הַפַּטִּישׁ
herring (salted) דָּג מָלוּחַ
sole, flatfish דַּג מֹשֶׁה רַבֵּנוּ
[daga''ut] ichthyology, fishbreeding דַּגָּאוּת נ
[da'gai] ichthyologist, fishbreeder דַּגַּאי ז
[dag'dag] small fish, fingerling דַּגְדָּג ז
[dig'deg] to tickle, titullate דִּגְדֵּג פ״י
[dagde'gan] clitoris דַּגְדְּגָן ז
[dagdega'nut] tickling דַּגְדְּגָנוּת נ
[dagdega'ni] ticklish, touchy דַּגְדְּגָנִי ת
[dig'dug] tickle, tickling דִּגְדּוּג ז
[da'ga] 1 fish (collective). 2 fish (f). 3 small fish. 4 to multiply, proliferate דָּגָה נ פ״ע
[dgu'git] skiff, fishing-boat דְּגוּגִית נ
[da'guy] plentiful, swarming, abounding דָּגוּי ת
[da'gul] outstanding, prominent דָּגוּל ת
[di'gul] 1 flag-hoisting, unfurling. 2 applause, praise. 3 upholding דִּגּוּל ז
presenting arms דִּגּוּל נֶשֶׁק
[di'gum] sample, selection of דִּגּוּם ז
[di'gun] corn-gathering, harvesting דִּגּוּן ז
[da'gur] hatched דָּגוּר ת
[di'gur] hatching דִּגּוּר ז
[da'gush] accented, marked with a dagesh דָּגוּשׁ ת
[di'gush] accentuation דִּגּוּשׁ ז
[da'gig] small fish, sprat, fingerling דָּגִיג ז
[dagi'ya] multiplication, proliferation דְּגִיָּה נ

דֶּגֶר ז [ˈdeger] hatch, brood, covey
דַּגְרָנוּת נ [dagraˈnut] hatching, brooding
דַּגְרָנִית נ [dagraˈnit] broody hen
דָּגֵשׁ ז [daˈgesh] dagesh, accent
דִּגֵּשׁ פ״י [diˈgesh] to accent, mark with dagesh
דַּגְשָׁן ז [dagˈshan] emphasizer, accentuator
דַּד ז [dad] 1 bosom, breast. 2 nipple. 3 tap, teat
דִּדָּה פ״ע [diˈda] 1 to hop, skip. 2 to walk. 3 to lead
דִּדּוּי ז [diˈduy] 1 hopping. 2 assisting to walk
דַּדּוֹן ז [daˈdon] nipple, teat
דַּדָּנִית נ [dadaˈnit] large-breasted (f)
דָּהָה, דִּהָה פ״ע [daˈha, diˈha] to fade
דֵּהֶה ת [deˈhe] fading, dim
דָּהוּהַּ ת [daˈhuha] pale, wan
דָּהוּי ת [daˈhuy] faded
דִּהוּי ז [diˈhuy] fading, discolo(u)ration
דָּהוּם ת [daˈhum] stupefied
דִּהוּם ז [diˈhum] stupor, stupefaction
דָּהוּן ת [daˈhun] 1 greasy, fatty. 2 tired
דְּהִי ז, דְּהִיָּה נ [deˈhi, dehiˈya] fading, discoloration
דְּהִימָה נ [dehiˈma] stupor, stupefaction
דְּהִינָה נ [dehiˈna] oiling, smearing
דְּהַיְנוּ תה״פ [dehaiˈnu] in other words, namely
דְּהִירָה נ [dehiˈra] galloping, gallop
דַּהְלִיָּה נ [ˈdalya] dahlia
דָּהַם פ״ע [daˈham]1 to be astounded. 2 to be perplexed
דַּהַם ז [ˈdaham] astonishment
דַּהַן ז [ˈdahan] 1 pomade. 2 grease
דִּהֵן פ״י [diˈhen] to grease, polish
דֹּהַן ז פ״ע [ˈdohan] 1 pomade. 2 black leather polish. 3 to be greased
דָּהַר פ״ע [daˈhar] to gallop
דַּהַר, דֹּהַר ז [ˈdahar, ˈdohar] gallop
דִּהֵר פ״ע [diˈher] 1 to gallop. 2 to skip, jump
דְּהָר ז, דְּהָרָה נ [deˈhar, dehaˈra] 1 skip, jump. 2 gallop. 3 drum
דַּהֲרוּר ז [dahaˈrur] light gallop
דַּהֲרָן ז [dahaˈran] galloper, courser, racehorse
דַּהֲרָנִי ת [daharaˈni] galloping, tending to gallop
דוֹ ז [do] Do, C (mus.)
דוּ ש״מ [du] 1 two. 2 bi-, di-
דוּ אֵיבָר binomial
דוּ אוֹפַן two-wheeled cart
דוּ חַיִּים amphibian
דוּ יָדִי ambidextrous
דוּ יַרְחוֹן bimonthly
דוּ לְשׁוֹנִי bilingual
דוּ מְמַדִּי two-dimensional
דוּ מְנוֹעִי twin-engined
דוּ מַשְׁמָעוּת ambiguity
דוּ מַשְׁמָעִי ambiguous, equivocal
דוּ סִטְרִי two-way
דוּ עֶרְכִּי ambivalent, bivalent
דוּ עֶרְכִּיּוּת ambivalence
דוּ פַּרְצוּפִי double-faced, two-faced, hypocritical
דוּ פַּרְצוּפִיּוּת hypocrisy
דוּ צְדָדִי two-sided, bilateral
דוּ קִיּוּם co-existence
דוּ קְרָב duel
דוּ רָאשִׁי two-headed, biceps
דוּ רַגְלִי two-legged, biped
דוּ שְׁבוּעוֹן fortnightly, journal
דוּ שְׁבוּעִי biweekly
דוּ שִׂיחַ dialogue
דוּ שְׁנָתִי bi-annual, biennial
דוּ תַּחְמֹצֶת dioxide
דוּ תַּכְלִיתִי bi-functional, having dual

[di'vax] to report, inform דִּוַּח פ״י
[do'xe] 1 repulsive, repellent. 2 offensive דּוֹחֶה ת
[du'xai] amphibian דּוּחַי ז
[do'xek] oppressor דּוֹחֵק ז
[dvai] 1 sickness, distress. 2 nostalgia. 3 sickbed דְּוַי ז
[da'vai] distressed, afflicted דַּוַּי ת
[devi'ya] sorrow, affliction דְּוִיָּה נ
[dox] 1 deep, profound. 2 mole דּוֹךְ ז״ת
[dux] 1 to pound, crush. 2 place דּוּךְ פ״י ז
[duxi'fat] hoopoe דּוּכִיפַת נ
[du'xan] 1 platform. 2 pulpit, rostrum. 3 vendor's stand דּוּכָן ז
[duxa'nai] pedlar, vendor דּוּכָנַאי ז
[dux'sustos] simple parchment דּוּכְסוּסְטוֹס ז
[dolga'ni] desultory, lackadaisical דּוֹלְגָנִי ת
[dole'la] skein, hank, ball (thread) דּוֹלְלָה נ
[dol'fin] dolphin דּוֹלְפִין ז
[dolfa'ni] dripping, tending to drip דּוֹלְפָנִי ת
[do'lek] burning דּוֹלֵק ת
[do'me] similar, like דּוֹמֶה ת
[du'ma] 1 stillness, silence. 2 grave. 3 hell. 4 prostitute. 5 angel of death דּוּמָה נ
[dumi'ya] silence דּוּמִיָּה נ
[domin'yon] dominion, self-ruling colony דּוֹמִינְיוֹן ז
[do'mem] 1 inanimate. 2 mineral. 3 to pacify, silence דּוֹמֵם ת ז פי״ע
[du'mam] silently, speechlessly דּוּמָם תה״פ
[do'me'a, dom'a'ni] weepy, tearful דּוֹמֵעַ, דּוֹמְעָנִי ת
purpose
diphthong דוּ תְנוּעָה
[du'’et, du'it] duet דּוּאֶט ז, דּוּאִית נ
[do'vev] to cause to speak דּוֹבֵב פ״י
[do'ver] spokesman דּוֹבֵר ז
[dov'ra] raft, barge דּוֹבְרָה נ
[dov'rut] spokesmanship דּוֹבְרוּת נ
[dug] to fish דּוּג פ״י
[du'ga] 1 skiff, fishing-boat. 2 fishery, fishing דּוּגָה נ
[du'git] fishing-boat, skiff, dinghy דּוּגִית נ
[dogra'nit, do'geret] broody hen דּוֹגְרָנִית, דּוֹגֶרֶת נ
[dod] 1 uncle. 2 friend, person. 3 lover, beloved דּוֹד ז
great uncle דּוֹד סָב
[dud] 1 kettle, pot. 2 boiler. 3 vat דּוּד ז
[da'vad] 1 kettlemaker. 2 boilermaker דַּוָּד ז
[du'da] mandrake, mandragora, love-apple דּוּדָא ז
['doda] aunt דּוֹדָה נ
[dava'dut] boilermaking דַּוָּדוּת נ
[do'dim] 1 love. 2 uncles דּוֹדִים ז״ר
[do'dan] cousin (m) דּוֹדָן ז
second cousin (m) דּוֹדָן מִשְׁנֶה
[dodanit] cousin (f) דּוֹדָנִית נ
second cousin (f) דּוֹדָנִית מִשְׁנֶה
[da'va] 1 to be doleful, sick. 2 to be menstruating דָּוָה נ פ״ע
[da've] sick, sad, mournful, menstruating (woman) דָּוֶה ת
[di'vu'ax] reporting דִּוּוּחַ ז
[da'vuy] 1 sad, mournful. 2 afflicted דָּווּי ת
[di'vuy] affliction דִּוּוּי ז
[di'vush] pedalling, drill דִּוּוּשׁ ז
['du'ax] report, statement דּוּחַ ז
[da'vax] reporter דַּוָּח ז

sorghum
[do'ron] gift, present דּוֹרוֹן ז
[do'rex] wine-treader דּוֹרֵךְ ז
[do'res] 1 raptorial, predatory. 2 running over דּוֹרֵס ת
[dor'san] predator, predatory דּוֹרְסָן ז
[dorsa'nut] predatory behaviour דּוֹרְסָנוּת נ
[do'resh] commentator, expounder דּוֹרֵשׁ ז
sending regards דּוֹרֵשׁ שְׁלוֹמוֹ
[dush] 1 to crush, pound. 2 to tread on. 3 to be familiar with. 4 to cohabit דּוּשׁ פ״י ת
[di'vesh] to pedal, treadle, drill דִּוֵּשׁ פ״י
[dav'sha] 1 pedal. 2 treadle דַּוְשָׁה נ
[du'siyax] conversation, dialogue דּוּשִׂיחַ ז
[du'shen] double-toothed, bi-dentate דּוּשֵׁן ז
[do'shesh] to thresh, pound דּוֹשֵׁשׁ פ״י
brake pedal דַּוְשַׁת הַבֶּלֶם
clutch pedal דַּוְשַׁת הַמַּצְמֵד
[dut] pot, hole, well, cistern דּוּת נ
[da'xa] 1 to repel, reject. 2 to refuse, decline. 3 to postpone, put off דָּחָה פ״י
[di'xa] 1 to postpone, delay. 2 to push דִּחָה פ״י
[da'xuy] 1 postponed, deferred. 2 rejected, repelled, refused דָּחוּי ת
[di'xuy] postponement, delay דִּחוּי ז
[daxa'van] small ornamental table דַּחֲוָן ז
[da'xus] 1 dense, thick. 2 compressed, compact דָּחוּס ת
[di'xus] density דִּחוּס ז
[da'xuf] 1 urgent, pressing. 2 hurried, much needed דָּחוּף ת
[da'xuk] 1 hard-pressed. דָּחוּק ת

[dun] 1 to judge, consider. 2 to sentence. 3 to discuss, argue. 4 to conclude. 5 to persist דּוּן פי״ע
['donag] wax דּוֹנַג ז
[donagi'yut] waxiness דּוֹנַגִּיּוּת נ
[du'nam] dunam, unit of land area (1,000 m^2) דּוּנָם ז
[dufa'nit] two-wheeler, two-wheeled carriage דּוּפַנִּית נ
[do'fek] tombstone, gravestone דּוֹפֵק ז
[du'fra] fig that bears fruit twice a year דּוּפְרָה נ
[duts] 1 to rejoice. 2 to leap, dance, spring, bound דּוּץ פ״ע
[duk] to consider, examine thoroughly דּוּק פ״ע
[dav'ka] 1 precisely, exactly. 2 just so דַּוְקָא, דַּוְקָה תה״פ
[dav'kan] 1 meticulous, pedant. 2 obstinate, stubborn דַּוְקָן ז״ת
[davka'nut] 1 pedantry. 2 obstinacy דַּוְקָנוּת נ
[dok'ran] 1 splinter, chip. 2 thorn, thistle דּוֹקְרָן ז
[duk'ran] 1 cane, reed. 2 spring דּוּקְרָן ז
[dokra'nut] 1 sharpness. 2 sarcasm דּוֹקְרָנוּת נ
[dokra'ni] 1 thorny, prickly. 2 barbed, pungent דּוֹקְרָנִי ת
[dor] 1 generation. 2 period, age, epoch, era דּוֹר ז
[dur] 1 circle. 2 major (mus.). 3 to dwell, sojourn. 4 to inhabit דּוּר ז פי״ע
[da'var] postman, mailman דַּוָּר ז
[du'regel] biped דּוּרֶגֶל ז
['dura] maise, corn, durra, דּוּרָה נ

[da'xel] afraid דָּחֵל ת
[dax'lil] 1 scarecrow. 2 bogeyman דַּחְלִיל ז
['doxan] millet, panicum דֹּחַן ז
[dox'nit] 1 miliaria. 2 millet דָּחְנִית נ
[dox'nan] millet דָּחְנָן ז
[da'xenet] miliaria דַּחֶנֶת נ
[da'xas, di'xes] 1 to press, compress. 2 to condense, supercharge דָּחַס, דִּחֵס פ״י
['daxas] 1 density, pressure. 2 agnail, whitlow דַּחַס ז
['doxas] squash, crush, compactness דֹּחַס ז
[dexa'sa] pressure, squeezing דְּחָסָה נ
[de'xoset] compactness דְּחֹסֶת נ
[da'xaf, di'xef] 1 to push, drive. 2 to impel, thrust דָּחַף, דִּחֵף פ״י
['daxaf] 1 impulse, urge. 2 push, drive, thrust, surge דַּחַף, דֹּחַף ז
[dxaf] impulse דְּחָף ז
[daxafo'ni] impulsive דַּחֲפוֹנִי ת
[dax'por] bulldozer דַּחְפּוֹר ז
[dax'fan] impetuous, impulsive דַּחְפָן ז
[daxfa'nut] impulsiveness דַּחְפָנוּת נ
[daxfa'ni] impetuous דַּחְפָנִי ת
[da'xak] 1 to press, urge. 2 to suppress. 3 to oppress דָּחַק פ״י
['doxak] 1 overcrowdedness, pressure. 2 stress, poverty. 3 emergency, exigency דֹּחַק ז
[di'xek] 1 to compel, force. 2 to repress דִּחֵק פ״י
[de'xak] 1 need, penury. 2 pressure, emergency דְּחָק ז
[daxa'kut] 1 pressure. 2 need, poverty דַּחֲקוּת נ
[dai] 1 enough. 2 plenty, sufficiently דַּי ז תה״פ
[di] which, that דִּי מ״ח
2 narrow, tight. 3 scarce. 4 hard-up
[di'xuk] 1 overcrowding, pressure. 2 dubious interpretation דִּחוּק ז
[de'xut] 1 postponement, delay. 2 cancellation, repulsion דְּחוּת נ
[de'xi] failure, downfall דְּחִי ז
bad to worse (from) דְּחִי אֶל דֶּחִי
[dexi'ya] 1 postponement. 2 repulsion. 3 rejection. 4 suspension, cancellation דְּחִיָּה נ
[da'xil] 1 terrible, dreaded. 2 fearful דָּחִיל ת
[dexi'la, de'xilu] fear, anxiety, awe דְּחִילָה, דְּחִילוּ נ
awe and reverence דְּחִילוּ וּרְחִימוּ
[dexi'lut] fear, awesomeness דְּחִילוּת נ
[dax'yan] procrastinator דַּחְיָן ז
[daxya'nut] procrastination, unnecessary postponement דַּחְיָנוּת נ
[daxya'ni] 1 repulsive. 2 tending to procrastination דַּחְיָנִי ת
[da'xis] compressible דָּחִיס ת
[dexi'sa] 1 compression. 2 squeezing in דְּחִיסָה נ
[dexi'sut] 1 compressibility. 2 density, compactness דְּחִיסוּת נ
[de'xif] tappet דְּחִיף ז
[dexi'fa] 1 push, impulse. 2 stimulus, incentive דְּחִיפָה נ
[dexi'fut] urgency דְּחִיפוּת נ
[dexi'fi] impulsive דְּחִיפִי ת
[dexi'ka] 1 push, pressing, pressure. 2 suppression דְּחִיקָה נ
[dexi'kut] privation, neediness דְּחִיקוּת נ
forcing the issue דְּחִיקַת הַקֵּץ
[da'xal] to be afraid דָּחַל פ״ע

דִּיאָה נ [diˈʼa] soaring, gliding
דַּיָּג ז [daˈyag] fisherman
דַּיִג ז, דַּיָּגוּת נ [ˈdayig, dayaˈgut] fishing, fishery
דִּיֵּג פ״י [diˈyeg] to fish
דִּידִי מ״ג [diˈdi] as regards myself, for myself
דִּידָם מ״ג [diˈdam] with regard to them
דַּיָּה נ [daˈya] kite, falcon
דְּיוֹ זו״נ [dyo] ink
דִּיוָאן ז [diˈvan] divan, couch
דִּיּוּג ז [diˈyug] fishing
דְּיוֹטָה נ [dyoˈta] storey, floor
דְּיוּמָד ז [dyuˈmad] double column
דִּיּוּן ז [diˈyun] 1 discussion, debate. 2 consideration, deliberation
דְּיוֹנוּן ז [dyoˈnon] ink-fish, squid
דְּיוֹפִי ז [dyoˈfi] syphon
דְּיוֹפַן ז [dyoˈfan] limber, barrow
דִּיּוּק ז [diˈyuk] exactness, precision, punctuality
דְּיוֹקָן ז [dyoˈkan] portrait, image
דְּיוֹקָן עַצְמִי self-portrait
דַּיּוֹר ז [daˈyor] tenant, occupant
דִּיּוּר ז [diˈyur] 1 accommodation. 2 housing. 3 dwelling
דְּיוֹת נ [dyot] Indian ink
דִּיּוּת נ [diˈyut] 1 perspiration, transpiration. 2 diffusion
דְּיוֹתָה נ [dyoˈta] inkstand, inkwell
דִּיכָה נ [diˈxa] pounding, crushing
דַּיָּל ז [daˈyal] steward, air steward
דַּיֶּלֶת נ [daˈyelet] stewardess, air hostess
דִּימוֹס ז [diˈmos] 1 amnesty, pardon. 2 acquittal, discharge. 3 retirement
דִּין ז פ״ע [din] 1 law, rule. 2 verdict, judgment. 3 justice. 4 quarrel. 5 to argue, dispute. 6 to litigate. 7 to rule. 8 to judge, sentence
דִּין וּדְבָרִים dispute, controversy
דִּין וְחֶשְׁבּוֹן 1 report. 2 rendering of account
דַּיָּן ז [daˈyan] rabbinical judge
דִּיֵּן פ״י [diˈyen] to discuss, argue, contend
דִּינוּר [diˈnur] of fire
דַּיָּנוּת נ [dayaˈnut] judicature, the office of rabbinical judge
דִּינֵי מָמוֹנוֹת civil law
דִּינֵי עֳנָשִׁין penal law
דַּיְנָן ז [daiˈnan] squabbler, disputer
דִּינָר ז [diˈnar] denarius, dinar
דַּיְסָה, דַּיְסָא נ [daiˈsa] porridge
דִּיצָה נ [diˈtsa] joy, amusement
דָּיֵק ז [daˈyek] mole, rampart, dyke, siege-wall
דַּיָּק ז [daˈyak] punctual person
דִּיֵּק פ״י [diˈyek] to be punctual, accurate
דַּיָּקוּת נ [dayaˈkut] punctuality, precision, exactness
דַּיְקָן ז, דַּיְקָנִי ת [daiˈkan, daikaˈni] 1 punctual, exact. 2 pedantic, meticulous
דַּיְקָנוּת נ [daikaˈnut] punctuality, precision, accuracy
דִּיר ז [dir] shed, fold, sty
דַּיָּר ז [daˈyar] tenant, lodger, occupant
דַּיַּר מִשְׁנֶה subtenant
דִּיֵּר פ״י [diˈyer] 1 to house. 2 to accommodate. 3 to graze
דִּירָה נ [diˈra] 1 apartment, flat. 2 house. 3 lodging, dwelling
דִּירֶקְטוֹרְיוֹן ז [direktorˈyon] board of directors
דַּיָּרוּת נ [dayaˈrut] rental, lease
דַּיִשׁ ז [ˈdayish] 1 treading, trampling. 2 threshing. 3 threshing time

[da'yash] thresher דַּיָּשׁ ז
[di'yesh] to thresh דִּיֵּשׁ פ״י
[di'sha] 1 threshing. 2 routine, habit דִּישָׁה נ
[di'shon] antelope, addax דִּישׁוֹן ז
['dayit] transudate, osmosis, seepage דַּיִת ז
[da'yat] inker, ink-diffuser דַּיָּת ז
[di'yet] 1 to ink, diffuse. 2 to exude, sweat דִּיֵּת פ״י
[dya'teke] will, testament דְּיָתֵיקֵי נ
[dax] to pound, crush דָּךְ פ״י
[dax] wretched, oppressed דַּךְ ז ת
[da'ka] subjugated, oppressed, crushed דַּכָּא ז ת
[di'ka] 1 to oppress, crush, suppress. 2 to depress דִּכָּא פ״י
[dika''on] depression, melancholy דִּכָּאוֹן ז
[dix'dux] 1 depression, dejection, dismay. 2 hypochondria דִּכְדּוּךְ ז
[dix'dex] to oppress, depress, dismay דִּכְדֵּךְ פ״י
[da'xa] 1 to bow, bend down. 2 to be crushed, broken דָּכָה פ״ע
[da'ka] 1 bruising. 2 testicle דַּכָּה נ
[di'ka] to depress, bruise, oppress דִּכָּה פ״י
[da'xuy] oppressed, suppressed דָּכוּי ת
[di'kuy] suppression, oppresion דִּכּוּי ז
[da'xon] shelf דָּכוֹן ז
[di'kun] 1 dependence, subjugation. 2 crookedness דִּכּוּן ז
['doxi] 1 crashing of waves. 2 noise. 3 surf דֳּכִי ז
[di'kex] 1 to oppress, dismay. 2 to overwhelm דִּכֵּךְ פ״י
[di'ken] to bend, lower דִּכֵּן פ״י
[du'kas] duke דֻּכָּס ז
[duka'sut] duchy, dukedom דֻּכָּסוּת נ
[duka'si] ducal דֻּכָּסִי ת
[duka'sit] duchess דֻּכָּסִית נ
[dal] 1 door, entrance. 2 sparse, meagre. 3 lean. 4 poor, humble. 5 to deduct, raise דַּל ז פ״ע ת
[da'lai] drawer of water דַּלַּאי ז
[do'lev] plane-tree דֹּלֶב ז
[da'lag, di'leg] 1 to jump, leap. 2 to skip. 3 to omit, dodge דָּלַג, דִּלֵּג פ״ע
['deleg] jump, leap דֶּלֶג ז
[dal'git] skipping-rope דַּלְגִּית נ
[dal'gan] 1 jumper. 2 circus equestrian דַּלְגָּן ז
[dalga'nut] jumping, leaping, skipping דַּלְגָּנוּת נ
[dalga'ni] jumper, skipper דַּלְגָּנִי ת
[dil'dul] 1 depletion, thinning out. 2 weakness, atrophy. 3 impoverishment. 4 loose flap of skin דִּלְדּוּל ז
[dil'del] 1 to weaken, exhaust. 2 to impoverish, deplete. 3 to loosen דִּלְדֵּל פ״י
[da'la] 1 to draw (water), raise. 2 to reveal, bring out דָּלָה פ״י
[da'la] 1 the poor, the weak, the masses. 2 curl, lock, ringlet דַּלָּה נ
[di'la] to save, raise up דִּלָּה פ״י
[di'lug] 1 leap, jump. 2 skip. 3 omission דִּלּוּג ז
[da'lu'ax] turbid, muddy, filthy דָּלוּחַ ת
[di'lu'ax] filth, pollution דִּלּוּחַ ת
[di'luy] drawing (water) דִּלּוּי ז
[da'lul] thin, sparse דָּלוּל ת
[di'lul] dilution, thinning דִּלּוּל ז
[delu''im] gourds, pumpkins דְּלוּעִים ז״ר
[da'luf] leaked, dripping דָּלוּף ת

[di'luf] leak, drip דִּלּוּף ז
[da'luk] 1 lit up, alight. sore. 2 inflamed, 3 pursued דָּלוּק ת
[da'lut] 1 poverty, penury. 2 meagreness, sparseness. 3 leanness, thinness דַּלּוּת נ
[da'ax, di'lax] 1 to make turbid, foul. 2 to pollute דָּלַח, דִּלַּח פ״י
['delax] muddiness, turbidity דֶּלַח ז
[da'laxat] 1 murky foul water. 2 sewage water דַּלַּחַת נ
[dela'tor] slanderer, informer דֶּלָטוֹר ז
[dil'ter] to slander, inform on, backbite דִּלְטֵר פ״ע
[dli] 1 bucket, pail. 2 Aquarius דְּלִי ז
[da'lai] drawer of water דַּלַּי ז
[deli'ga] 1 jumping, skipping. 2 omission דְּלִיגָה נ
[dali'ya] 1 dahlia. 2 tendril, trailing branch דָּלִיָּה נ
[deli'ya] drawing of water דְּלִיָּה נ
[dali'yut] 1 languidness. 2 languishment דַּלְיוּת נ
[dali'yut] varicosis, varicosity דָּלִיּוּת נ
[deli'xa, deli'xut] filth, turbidity דְּלִיחָה, דְּלִיחוּת נ
[da'lil] thin, sparse, meagre דָּלִיל ת
[de'lil] cord, thread דְּלִיל ז
[deli'lut] thinness, sparsity דְּלִילוּת נ
[deli'fa] dripping, leak, leakage דְּלִיפָה נ
[da'lik] inflammable, combustible דָּלִיק ת
[deli'ka] 1 fire, conflagration. 2 lighting, kindling. 3 chase, pursuit דְּלִיקָה נ
[deli'kut] inflammability, combustibility דְּלִיקוּת נ
[da'lit] 1 varix. 2 climbing vine דָּלִית נ
information retrieval דְּלִיַּת מֵידָע

[dali'ti] varicose דָּלִיתִי ת
[da'lal] 1 to dwindle, waste away. 2 to atrophy, decline דָּלַל פ״ע
[di'lel] to thin out, dilute דִּלֵּל פ״י
[dil''el] the above דִּלְעֵיל תה״פ
[dal'a'ni] pumpkinlike דַּלַּעֲנִי ת
[de'la'at] marrow, pumpkin, gourd דְּלַעַת נ
[da'laf] to drip, leak דָּלַף פ״י
['delef] leak, leakage, dripping דֶּלֶף ז
[di'lef] to spread, divulge, publish דִּלֵּף פ״י
[dil'pa] gutter, drainpipe דִּלְפָּה נ
[dal'fon] pauper, poor man דַּלְפוֹן ז
[del'pek] 1 counter. 2 three-legged table דֶּלְפֵּק ז
[da'lak] 1 to burn, glow, be alight. 2 to chase, pursue דָּלַק פי״ע
['delek] fuel, oil דֶּלֶק ז
[dele'ka] fire, conflagration דְּלֵקָה נ
[dilka'man] the following, as follows דִּלְקַמָּן תה״פ
[da'leket] infection, inflammation דַּלֶּקֶת נ
[dalak'ti] infective, inflammatory דַּלַּקְתִּי ת
['dalet] 1 dalet (fourth letter of Hebrew language). 2 four. 3 fourth דָּלֶת נ
['delet] 1 door, entrance. 2 first line, cover, column דֶּלֶת נ
[dal'ton] deltoid, kite-skaped quadrangle דַּלְתּוֹן ז
[dela'tayim] double doors דְּלָתַיִם נ״ר
[dal'tit] small door דַּלְתִּית נ
[dam] blood דָּם ז
[dam] 1 to keep quiet, remain silent. 2 to stand still דַּם פ״ע
wine דַּם אֶשְׁכּוֹל, דַּם עֲנָבִים
[dom] 1 Silence! Quiet! דֹּם תה״פ, מ״ק

3 character
[di'mut] imaging דִּמּוּת נ
[da'mi] bloody, gory דָּמִי ת
['domi] resemblance, similarity דֹּמִי ז
['domi] stillness, quietness, silence דֳּמִי ז
registration fee דְּמֵי הַרְשָׁמָה
deposit, payment in advance דְּמֵי קְדִימָה
chartered freight דְּמֵי שֶׂכֶר
tip, service charge דְּמֵי שְׁתִיָּה, דְּמֵי שֵׁרוּת
[de'mi] silence, quietness דְּמִי ז
[demi'ya] analogy, similarity דְּמִיָּה נ
[dim'yon] 1 similarity, resemblance. 2 imagination, fantasy. 3 likeness דִּמְיוֹן ז
[dimyo'ni] 1 imaginary, illusory. 2 fictitious דִּמְיוֹנִי ת
[dam'yut] likeness, similarity דַּמְיוּת נ
[da'mim] 1 money. 2 value, cost. 3 fee, price. 4 blood דָּמִים ז״ר
[demi'ma] 1 silence, stillness. 2 subsiding, fading. 3 bleeding דְּמִימָה נ
[dim'yen] to imagine, fancy דִּמְיֵן פ״ע
[demi''a] weeping, crying, shedding tears דְּמִיעָה נ
[da'max] to sleep דָּמַךְ פ״ע
[da'mam] 1 to be still, mute, dumb. 2 to stand still. 3 to bleed דָּמַם פ״ע
['demem] 1 haemorrhage, bleeding. 2 stillness דֶּמֶם ז
[di'mem] to bleed, haemorrhage דִּמֵּם פי״ע
[dema'ma] silence, stillness דְּמָמָה נ
[dame'man] h(a)emophiliac דַּמְּמָן ז
[damema'nut] h(a)emophilia דַּמְּמָנוּת, דַּמֶּמֶת נ
['domen] dung, excrement דֹּמֶן ז

2 to attention.
3 waiting, inert
[dmai] 1 doubtful tithing. 2 questionable or doubtful matter דְּמַאי, דְּמַי ז
[dim'dum] 1 dim light. 2 afterglow, twilight. 3 confusion, stupor דִּמְדּוּם ז
[dimdu'mim] dimness, twilight דִּמְדּוּמִים ז״ר
[dim'dem] 1 to rave. 2 to glimmer דִּמְדֵּם פ״ע
[dumdemani'ya] bloodberry, red currant דֻּמְדְּמָנִיָּה, דַּמְדְּמִית נ
[da'ma] 1 to be similar, resemble. 2 to cease, stop. 3 to destroy דָּמָה פ״י
['deme] dummy דֶּמֶה ז
[di'ma] 1 to compare, liken. 2 to imagine, simulate, fancy. 3 to believe, intend דִּמָּה פ״י
[da'muy] 1 resembling. 2 similar, like דָּמוּי ת
[di'muy] 1 simile. 2 likeness, comparison. 3 notion, idea דִּמּוּי ז
[dimu'yi] figurative דִּמּוּיִי ת
[da'mux] sleepy, asleep דָּמוּךְ ת
[da'mum] 1 bleeding. 2 silent. 3 silently דָּמוּם ת תה״פ
[di'mum] bleeding, haemorrhage דִּמּוּם ז
[demu'mit] adonis דְּמוּמִית נ
[di'mun] 1 imagination, fantasy. 2 resemblance, similarity דִּמּוּן ז
[da'mu'a] tearful, lachrymose דָּמוּעַ ת
[di'mu'a] 1 tear-shedding, lachrymation. 2 mixture of Terumah and Hullin דִּמּוּעַ ז
[de'mut] 1 figure, shape. 2 image, likeness. דְּמוּת נ

[di'’ex] 1 to extinguish. 2 to destroy דִּעֵךְ פ״י
[da'’ats] to nail דָּעַץ פ״י
['da’at] knowledge, wisdom דַּעַת נ
[da’'tan] 1 intelligent, sensible. 2 resolute, opinionated, stubborn. 3 assertive דַּעְתָּן ז
[da’ta'nut] 1 intelligence. 2 persistence. 3 assertiveness דַּעְתָּנוּת נ
[daf] 1 page, leaf. 2 plank דַּף ז
microfiche דַּף זְעוּר
[dif'duf] browsing, leafing through דִּפְדּוּף ז
[daf'daf] common veneer, thin leaf, writing pad דַּפְדַּף ז
[dif'def] to leaf through, turn pages, browse דִּפְדֵּף פ״י
[daf'defet] notepad, file, scrapbook דַּפְדֶּפֶת נ
[di'pa] to slur, vilify דִּפָּה פ״י
[da'fun] set in the wall, revetted, screened דָּפוּן ת
[di'pun] plating, screening דִּפּוּן ז
[da'fus] pointed דָּפוּס ת
[dfus] 1 print, printing. 2 printing press. 3 form, pattern, mould דְּפוּס ז
lithograph דְּפוּס אֶבֶן
phototype דְּפוּס אוֹר
relief print דְּפוּס בֶּלֶט
photogravure דְּפוּס שֶׁקַע
[dfu'si] graphical, concerned with printing דְּפוּסִי ת
[da'puf] laminated דָּפוּף ת
[di'fuf] pagination דִּפּוּף ז
[defu'fa] bookcase, rack דְּפוּפָה, דְּפָפָה נ
[da'fuk] knocked, beaten דָּפוּק ת
['dofi] 1 fault, blemish. 2 scorn, insult דֹּפִי ז
[da'fis] printable דָּפִיס ת

[di'men] to manure דִּמֵּן פ״י
[da'ma, di'ma] 1 to weep cry. 2 to mix Terumah with Hullin דָּמַע, דִּמַּע פי״ע
['dema] 1 tear(s). 2 juice. 3 oil. 4 wine. 5 the priest’s share דֶּמַע ז
[dim'’a] tear דִּמְעָה נ
[dam'’an] tearful, weepy דַּמְעָן ז
[dam’a'nut] tearfulness, lachrymation דַּמְעָנוּת, דַּמַּעַת נ
['damka] draughts, checkers דַּמְקָה נ
[dan] 1 to judge, sentence. 2 to contend, argue. 3 to litigate. 4 to punish, rule דָּן פ״י
[de'na] this דְּנָא מ״ג
[di'neg] to wax דִּנֵּג פ״י
[din'dun] ring דִּנְדּוּן ז
[din'den] to ring דִּנְדֵּן פי״ע
[danda'na] scale-fern דַּנְדַּנָּה נ
[de'na] this דְּנָה מ״ג
[di'nug] waxing, coating with wax דִּנּוּג ז
[de'nan] this, the aforementioned דְּנַן מ״ג
[dis'ka] 1 disc. 2 summons דִּסְקָה נ
[dis'kus] 1 disc, discus. 2 discussion (col.) דִּסְקוּס ז
[dis'ki] discoid, disc-like דִּסְקִי ת
[dis'kit] 1 washer, tab. 2 soldier’s identity disc דִּסְקִית נ
['de’a] knowledge, wisdom דֵּעַ ז
[de'’a] view, opinion, mind דֵּעָה נ
prejudice, preconception דֵּעָה קְדוּמָה
[da'’ux] extinct, extinguished דָּעוּךְ ת
[di'’ux, de’i'xa] 1 sinking. 2 dying, extinction. 3 fade out דִּעוּךְ ז, דְּעִיכָה נ
[de’i'tsa] nailing דְּעִיצָה נ
[da'’ax] 1 to fade, die out. 2 to extinguish. 3 to be crushed דָּעַךְ פי״ע

דְּפִיסָה נ [defi'sa] moulding

דְּפִיק ז, דְּפִיקָה נ [de'fik, defi'ka] 1 beat, knock. 2 mistreatment. 3 fatal stroke

דִּפְלֵם פ״י [dip'lem] to give a diploma

דָּפַן פ״י [da'fan] 1 to force, compel. 2 to push to the wall

דֹּפֶן זו״נ ['dofen] wall, screen, partition, side

דִּפֵּן פ״י [di'pen] to revet, plate

דַּפְנָה נ [daf'na] laurel

דַּפְנִית נ [daf'nit] partition, wall

דָּפַס פ״י [da'fas] to print, publish

דֶּפֶס ז ['defes] cast

דַּפָּס ז [da'pas] 1 printer. 2 moulder

דִּפֵּף פ״י [di'pef] to paginate

דָּפַק פ״י [da'fak] 1 to knock. 2 to beat. 3 to throb. 4 to mistreat

דֶּפֶק ז, דְּפֵקָה נ ['defek, defe'ka] 1 fiasco. 2 pulsation. 3 throbbing

דֹּפֶק ז ['dofek] pulse

דַּפְקָנִי ת [dafka'ni] pulsative

דַּפְרוֹן ז [daf'ron] music sheet

דִּפְתָּר ז [dif'tar] 1 parchment. 2 record. 3 copybook

דִּפְתֵּר פ״י [dif'ter] to record, put down, document

דִּפְתְּרָא נ [dif'te'ra] 1 parchment. 2 notebook

דִּפְתָּרוּת, דִּפְתָּרְנוּת נ [difta'rut] bookkeeping, registration

דָּץ פ״ע [dats] 1 to rejoice. 2 to bound, spring

דֶּצֶמְבֶּר ז [de'tsember] December

דָּק פ״ע [dak] 1 to examine. 2 to make thin

דַּק ז פ״י ת [dak] 1 dust. 2 minute. 3 cataract. 4 thin, lean. 5 to crush, to make thin

דֹּק ז [dok] 1 gauze, fine mesh. 2 sky, heaven. 3 fineness, thinness. 4 cataract, film

דִּקְדּוּק ז [dik'duk] 1 grammar. 2 detail. 3 exactness, precision

דִּקְדּוּק מְתָאֵר descriptive grammar

דִּקְדּוּק פּוֹסֵק normative grammar

דִּקְדּוּקִי ת [dikdu'ki] grammatical

דִּקְדּוּקֵי שְׂרָד red tape

דַּקְדַּק ז ת תה״פ [dak'dak] 1 very thin. 2 thinly. 3 micrococcus

דִּקְדֵּק פ״י [dik'dek] 1 to be precise, pedantic. 2 to scrutinize. 3 to crush, pulverize

דַּקְדְּקָן ז [dakde'kan] 1 grammarian. 2 meticulous, fastidious person

דַּקְדְּקָנוּת נ [dakdeka'nut] meticulousness, fastidiousness

דַּקְדֶּקֶת נ [dak'deket] crumbs, squashed left overs

דָּקָה פ״ע [da'ka] 1 to become thin. 2 to make thin

דַּקָּה נ [da'ka] 1 minute. 2 balcony. 3 tuberculosis

דִּקּוּק ז [di'kuk] thinning, making thin

דָּקוֹר ז [da'kor] chisel, borer, drill

דָּקוּר ת [da'kur] punctured, stabbed, pricked

דִּקּוּר ז [di'kur] 1 stabbing. 2 puncturing

דַּקּוּת נ [da'kut] 1 thinness, fineness. 2 delicacy, subtlety

דַּקִּים ז״ר [da'kim] small intestine

דַּקִּיק ת [da'kik] fine, very thin, tenuous

דַּקִּיקוּת נ [daki'kut] tenuousness, extreme thinness

דְּקִירָה נ [deki'ra] 1 stabbing, pricking, puncture. 2 prick, sting

דֶּקֶל ז ['dekel] 1 palm tree. 2 date palm

[di'klai] palm gardener דִּקְלַאי, דִּקְלַי ז
[di'klum] recitation of poetry or prose דִּקְלוּם ז
[dik'li] of the palm tree דִּקְלִי ת
[di'klem] to recite, declaim דִּקְלֵם פ״י
[di'kek] to crush, pound דִּקֵּק פ״י
[da'kar, di'ker] 1 to stab, bore through. 2 to puncture דָּקַר, דִּקֵּר פ״י
['deker] 1 pick, hoe, drill. 2 stab דֶּקֶר ז
['dakar] Jaffa cod, grouper (fish) דַּקָּר ז
[di'krur] prick, puncture דִּקְרוּר ז
[dakra'nut] prickliness דַּקְרָנוּת נ
[dakra'ni] prickly דַּקְרָנִי ת
[dar] 1 neighbour, tenant. 2 to dwell, live, reside דָּר ז פ״ע
[dar] mother of pearl דַּר ז
[dera'’on] disgrace, shame, aversion דֵּרָאוֹן ז
[dir'bun] spurring, encouragement דִּרְבּוּן ז
[dor'van] 1 spur, goad, prick. 2 prickle, sting, quill דָּרְבָן ז
[dar'ban] porcupine דַּרְבָּן ז
[dir'ben] to spur on, goad, urge, exhort דִּרְבֵּן פ״י
[de'reg] 1 to make steps, stairs. 2 to terrace. 3 to grade, gradate דֵּרֵג פ״י
['dereg] 1 grade, degree, rank. 2 echelon דֶּרֶג ז
[dar'ga] 1 step, stair. 2 grade, degree. 3 standard, rank, level דַּרְגָּה נ
[deraq'no'a] escalator דְּרַגְנוֹעַ ז
[deraq'rag] stepladder דְּרַגְרַג ז
[dar'gash] foot-rest, low stool דַּרְגָּשׁ ז
[dar'dur] wooden barrel, vat, cask דַּרְדּוּר ז
[dir'dur] 1 rolling, dispersing. 2 roll (drum) דִּרְדּוּר ז
[dar'das] sandal, slipper דַּרְדָּס ז
[dar'dak] 1 pupil, novice. 2 child, infant דַּרְדַּק ז
[dardaka'’ut] 1 childishness. 2 teaching small children דַּרְדַּקָּאוּת נ
[dardaka'’i] childish, infantile דַּרְדַּקָּאִי ת
[dar'dar] thistle, thorn דַּרְדַּר ז
[dir'der] to roll down דִּרְדֵּר פ״ע
[dar'deret] 1 rock-fall. 2 side-drum. 3 saw-wort (plantS) דַּרְדֶּרֶת נ
[da'rug] 1 terraced. 2 graded דָּרוּג ת
[de'rug] 1 terracing. 2 grading. 3 scaling דֵּרוּג ז
[da'rox] 1 trigger. 2 wine treader. 3 olive-treader דָּרוֹךְ ז
[da'rux] 1 tense, taut. 2 paved. 3 prepared, at the ready, aligned דָּרוּךְ ת
[de'rux] tension דֵּרוּךְ ז
[da'rom] south דָּרוֹם ז
[da'roma] southwards, to the south דָּרוֹמָה תה״פ
[dero'mi] southern, southerly דְּרוֹמִי ת
[da'rus] 1 prey. 2 trampled, trodden דָּרוּס ת
[da'rur, dero'ri] free, emancipated דָּרוּר, דְּרוֹרִי ת
[de'ror] 1 liberty, freedom. 2 sparrow דְּרוֹר ז
[derori'ya] amnesty, pardon דְּרוֹרְיָה נ
[da'rosh] preacher דָּרוֹשׁ ז
[da'rush] needed, required, wanted דָּרוּשׁ ת
[de'rush] 1 sermon, homily. 2 lecture, speech. 3 thesis דְּרוּשׁ ז
[deru'shi] based on exposition or commentary דְּרוּשִׁי ת
[deri'xa] 1 cocking, aiming. 2 treading, trampling. 3 stepping. 4 winding up דְּרִיכָה נ
[deri'xut] 1 tension, alert. 2 state of preparedness דְּרִיכוּת נ

3 to lecture, preach, expound, interpret
[drash] exposition, exegesis דְּרָשׁ ז
[dra'sha] 1 sermon, homily. 2 oration דְּרָשָׁה נ
[dar'shan] 1 commentator, preacher דַּרְשָׁן ז
[dir'shen] 1 to sermonize. 2 to harangue דִּרְשֵׁן פ״י
[darsha'nut] sermonizing, preaching דַּרְשָׁנוּת נ
[darsha'ni] preachable, expoundable דַּרְשָׁנִי ת
[dash] 1 to thresh, crush, pound. 2 to trample. 3 to become accustomed דָּשׁ ז פ״י
[dash] lapel, flap דַּשׁ ז
[da'sha] to shoot up, sprout דָּשָׁא פ״ע
['deshe] 1 green grass. 2 lawn דֶּשֶׁא ז
[dish''a] 1 lawn. 2 grass field, turf דִּשְׁאָה נ
[dish'dush] trampling, treading דִּשְׁדּוּשׁ ז
[dish'desh] to tread, trample דִּשְׁדֵּשׁ פ״ע
[da'shu] grassy, grass-covered דָּשׁוּא ת
[di'shu] herbage דִּשּׁוּא ז
[da'shun] fatty, succulent, fertilized דָּשׁוּן ת
[di'shun] fertilization דִּשּׁוּן ז
[da'shosh] groats maker דָּשׁוֹשׁ ז
[da'shan] to grow fat, fatten דָּשַׁן פ״ע
[da'shen, da'shon] fat, fertile, creamy דָּשֵׁן, דָּשֹׁן ת
['deshen] 1 fertilizer, manure. 2 ashes. 3 fatness, oil. 4 abundance, affluence דֶּשֶׁן ז
['doshen] fat, fatness דֹּשֶׁן ז
[di'shen] to fatten, fertilize דִּשֵּׁן פ״י

[deri'sa] treading, trampling, running over דְּרִיסָה נ
1 foothold. 2 access, right of entry דְּרִיסַת רֶגֶל
[deri'sha] 1 demand, request. 2 enquiry דְּרִישָׁה נ
greetings, regards דְּרִישַׁת שָׁלוֹם
[da'rax] 1 to step, walk, tread. 2 to cock, aim דָּרַךְ פ״ע
['derex] 1 route, way, road. 2 path, course. 3 method. 4 custom. 5 means. 6 grammatical mood. 7 through, by, via דֶּרֶךְ זו״נ מ״י
by the way, incidentally דֶּרֶךְ אַגַּב
1 courtesy, consideration. 2 sexual intercourse דֶּרֶךְ אֶרֶץ
1 highway, highroad. 2 sure way דֶּרֶךְ הַמֶּלֶךְ
menstruation דֶּרֶךְ נָשִׁים
[dar'kon] passport דַּרְכּוֹן ז
['drama] drama דְּרָמָה נ
[drama'turgiya] dramaturgy דְּרָמָטוּרְגְיָה נ
['deren] mite, grub, flea דֶּרֶן ז
['doren] gift, present דֹּרֶן ז
[da'ras] 1 to press. 2 to tread on, trample. 3 to catch prey. 4 to tear. 5 to force-feed דָּרַס פ״י
['deres] 1 prey. 2 tread דֶּרֶס ז
[de'ras] to trample, tread under foot דֵּרַס פ״ע
[dera'sa] slaughtering דְּרָסָה נ
[dra'kon] dragon דְּרָקוֹן ז
[da'rar] 1 to liberate, free. 2 to emancipate דָּרַר פ״י
[dera'ra] 1 arguments. 2 affair, business. 3 loss. 4 liberty דְּרָרָא, דְּרָרָה נ
[da'reret] psittacosis דָּרֶרֶת נ
[da'rash] 1 to demand, require. 2 to ask for. דָּרַשׁ פ״י

דַּשְׁנוּנִי ת [dashnu'ni] fatty, fertile

דַּשְׁנוּת נ [dash'nut] fertility, fatness

דָּשַׁשׁ פ״י [da'shash] to pound

דָּת נ [dat] 1 religion, faith. 2 decree, law. 3 denomination, custom

דָּתִי ז ת [da'ti] religious, orthodox

דָּתִיּוּת נ [dati'yut] religiousness, piety, orthodoxy

דָּתָנוּת נ [data'nut] mock-religion, pseudo-religiousness

ה

ה [he] 1 "He", fifth letter of the Hebrew alphabet. 2 five, fifth

הָ־, הַ־, הֶ [ha, ha, he] the

הֲ־, הַ־, הֶ־ [ha, ha, he] interrogative prefix

ה׳ [he] God, symbol of the Tetragrammaton

הֲ... אִם [ha ... im] whether /if ... or

הָא כֵּיצַד How come? How is it possible?

הָא לָמַדְתָּ From this you may deduce

הֵא מ״ק נ [he] 1 the letter "he". 2 behold, here

הֵא הַיְדִיעָה the definite article

הֵא הַמְּגַמָּה suffix indicating motion towards

הֵא הַקְּרִיאָה vocative prefix

הֵא הַשְּׁאֵלָה interrogative particle

הֵאָבְדוּת נ [he'avˈdut] 1 disappearance, loss. 2 destruction

הֶאֱבִיד פ״י [he'eˈvid] to destroy, ruin

הֶאֱבִיךְ פ״י [he'eˈvix] 1 to confuse. 2 to raise clouds of dust. 3 to condense, make hazy

הֶאֱבִיל פ״י [he'eˈvil] to cause sorrow, cause to mourn

הָאֳבַל פ״ע [ho'aˈval] to mourn, be sorry

הַאֲבָסָה נ [ha'avaˈsa] feeding (animals)

הַאֲבָקָה נ [ha'avaˈka] 1 pollination. 2 fumigation

הֵאָבְקוּת נ [he'avˈkut] wrestling, struggle

הֶאֱדִיב פי״ע [he'eˈdiv] 1 to make polite. 2 to sadden, grieve

הֶאְדִּים פי״ע [he'eˈdim] 1 to redden. 2 to become red

הֶאְדִּיר פי״ע [he'eˈdir] to glorify, magnify, exalt

הֶאֱדִישׁ פי״ע [he'eˈdish] 1 to make indifferent. 2 to become indifferent

הַאְדָּמָה נ [ha'daˈma] reddening

הַאְדָּרָה נ [ha'daˈra] magnifying, glorification

הֵאָהֲבוּת נ [he'ahaˈvut] courting, wooing

הֶאֱהִיל פי״ע [he'eˈhil] to cover, shelter, tent, shade

הַאֲהָלָה נ [ha'ahaˈla] cover, sheltering with tents

הֵאוֹת פ״ע [heˈ'ot] 1 to agree, consent. 2 to suit. 3 to be satisfied with

הֵאוֹתוּת נ [he'oˈtut] consent

הֶאֱזִין פ״ע [he'eˈzin] 1 to listen, attend. 2 to obey

הַאֲזָנָה נ [ha'azaˈna] listening, hearing

הֵאָזְרוּת נ [he'azˈrut] strengthening, taking courage

הֶאָח מ״ק [heˈ'ax] Hurrah!

הָאֳחַד פ״ע [ho'aˈxad] to be unified, standardized

הַאֲחָדָה נ [ha'axaˈda] unification, standardization

הָאֳחַז פ״ע [ho'aˈxaz] to be attached, connected

הַאֲחָזָה נ [ha'axaˈza] 1 connection. 2 connecting, attachment

הֵאָחֲזוּת נ [he'axˈzut] 1 settlement. 2 taking root, installing oneself

הֶאֱחִיד פ״י [he'eˈxid] to unify, standardize

הֶאֱחִיז פ״י [he'e'xiz] to cause to hold, cause to seize
הֶאֱחִיר פ״י [he'e'xir] to delay, hold up, postpone
הָאֳחַר פ״ע [ho'a'xar] to be delayed
הַאֲחָרָה נ [ha'axa'ra] delayment, postponement
הֵאֵט פ״י [he''et] to slow down, decelerate, lessen speed
הֶאָטָה נ [he'a'ta] 1 slowing-down, deceleration. 2 "go-slow"
הֶאָטְמוּת נ [he'at'mut] opacity, impenetrability
הַאי מ״ג [hai] this
הָאֵיךְ תה״פ [ha''ex] how
הֵאִיץ פ״י [he''its] to speed up, cause to accelerate
הֵאִיר פ״י [he''ir] to shed light, illuminate
הֶאֱכִיל פ״י [he'e'xil] to feed, nourish
הַאֲכָלָה נ [ha'axa'la] feeding, nourishment
הֶאֱלָה פ״י [he'e'la] 1 to put under oath, swear. 2 to cause mourning
הָאֵלֶּה מ״ג [ha''ele] those
הַאֲלָהָה נ [ha'ala'ha] deification, apotheosis
הָאֱלֹהִים מ״ק [ha'elo'him] By God!
הַאֲלָחָה נ [ha'ala'xa] 1 infection, contamination. 2 pollution
הֵאָלְחוּת נ [he'al'xut] contamination
הֶאֱלִיהַּ פ״י [he'e'liha] to deify, worship
הֶאֱלִיחַ פ״י [he'e'liyax] 1 to pollute, contaminate. 2 to infect
הֶאֱלִיף פ״י [he'e'lif] 1 to produce thousands. 2 to multiply by the thousand
הַאֲלָלָה נ [ha'ala'la] deification
הַאֲלָמָה נ [ha'ala'ma] causing dumbness
הֵאָלְמוּת נ [he'al'mut] muteness, silence
הֵאָלְצוּת נ [heal'tsut] compulsion, coercion
הַאִם [ha''im] interrogative particle
הַאֲמָדָה נ [ha'ama'da] estimation, assessment
הֶאֱמִיץ פ״ע [he'e'mits] to display strength, to be courageous
הֶאֱמִיר פ״י [he'e'mir] 1 to praise, glorify. 2 to increase. 3 to appreciate
הֶאֱמִית פ״י [he'e'mit] to verify, confirm, corroborate
הַאֲמָנָה נ [ha'ama'na] 1 accreditation. 2 confirmation. 3 faith
הַאֻמְנָם תה״פ [ha'um'nam] Really? Is that so?
הַאֲמָרָה נ [ha'ama'ra] 1 laudification, praise. 2 increase
הַאֲמָתָה נ [ha'ama'ta] verification, authentication
הֵאָנְחוּת נ [he'an'xut] sighing, moaning
הֶאֱנִין פ״י [he'e'nin] to bewail, lament
הֶאֱנִישׁ פ״י [he'e'nish] to personify, humanize
הֵאָנְסוּת נ [he'an'sut] coercion, compulsion
הֵאָנְקוּת נ [he'an'kut] moaning, groaning
הַאֲנָשָׁה נ [ha'ana'sha] personification, humanization, anthropomorphism
הֶאֱסִים פ״י [he'e'sim] to store
הַאֲסָמָה נ [ha'asa'ma] storage
הֵאָסְפוּת נ [he'as'fut] 1 gathering. 2 death, decease
הֶאֱפִיל פ״י [he'e'fil] 1 to darken. 2 to obscure. 3 to become dark
הֶאֱפִיר פ״י [he'e'fir] 1 to become gray. 2 to make gray

הַאֲפָלָה נ [ha'afa'la] 1 black-out. 2 darkening, obscuring. 3 obscuration

הַאֲפָרָה נ [ha'afa'ra] powdering

הֶאָצָה נ [he'a'tsa] 1 acceleration. 2 hurrying, urging, pressing

הֶאֱצִיל פ״י [he'e'tsil] 1 to ennoble, knight. 2 to sublimate. 3 to inspire. 4 to influence, emanate. 5 to impart, delegate

הַאֲצָלָה נ [ha'atsa'la] 1 ennoblement. 2 inspiration, emanation. 3 sublimation. 4 delegation

הֶאָצְלוּת נ [he'ats'lut] inspiration, bestowal

הֵאָצְרוּת נ [he'ats'rut] accumulation

הֵאָרְגוּת נ [he'ar'gut] 1 incorporation. 2 interweaving

הֶאָרָה נ [he'a'ra] 1 illumination, brightening. 2 illustration

הַאֲרָחָה נ [ha'ara'xa] 1 accommodation. 2 hospitality

הֶאֱרִיחַ פ״י [he'e'riyax] to accommodate, entertain

הֶאֱרִיךְ פי״ע [he'e'rix] 1 to become long. 2 to lengthen, prolong, extend

הֶאֱרִיךְ אַפּוֹ to be patient

הֶאֱרִיק פ״י [he'e'rik] to earth, ground

הֶאֱרֵךְ ז [he'e'rex] extension

הַאֲרָכָה נ [ha'ara'xa] lengthening, prolongation

הַאֲרָקָה נ [ha'ara'ka] grounding, earthing (electricity)

הֶאֱשִׁים פ״י [he'e'shim] to accuse, blame, indict

הֶאֱשִׁיר פ״י [he'e'shir] to make happy

הַאֲשָׁמָה נ [ha'asha'ma] accusation, indictment, charge

הַאֲשָׁרָה נ [ha'asha'ra] causing happiness

הַב פ״י [hav] 1 to give. 2 Let us... Come on!

הַבָּא [ha'ba] the next, the coming, the second, other

הֲבָאָה נ [hava'a] 1 offering, bringing. 2 quotation

הֲבַאי ז [ha'vai] 1 nonsense, piffle. 2 exaggeration. 3 hyperbole

הִבְאִישׁ פי״ע [hiv'ish] 1 to stink, putrefy. 2 to rot, decompose

הַבְאָשָׁה נ [hav'a'sha] 1 stink, stench. 2 defamation, insult

הַבְגָּרָה נ [havga'ra] adolescence, maturing

הַבְדָּדָה נ [havda'da] 1 insulation. 2 isolation

הִבְדָּה פ״י [hiv'da] 1 to deny, prove false. 2 to conceal

הִבְדִּיל פ״י [hiv'dil] 1 to separate, divide. 2 to differentiate, discern, distinguish

הֶבְדֵּל ז [hev'del] 1 difference. 2 distinction. 3 remainder

הַבְדָּלָה, אַבְדָּלָה נ [havda'la] 1 separation, division. 2 distinction, differentiation

הִבָּדְלוּת נ [hibad'lut] 1 segregation. 2 isolation, separation. 3 dissimulation

הָבָה מ״ק ['hava] Let us!, give

הַבְהָב ז [hav'hav] 1 gift. 2 sacrifice, burnt offering

הִבְהֵב פי״ע [hiv'hev] 1 to flicker. 2 to singe, scorch. 3 to hesitate, waver

הִבְהִיל פי״ע [hiv'hil] 1 to alarm, frighten. 2 to hasten

הִבְהִיק פי״ע [hiv'hik] 1 to polish, brighten. 2 to shine

הִבְהִיר פי״ע [hiv'hir] 1 to clarify, elucidate. 2 to brighten. 3 to become clear

הַבְהָלָה נ [havha'la] panic, dismay

הִבָּהֲלוּת נ [hibaha'lut] fright, alarm

הַבְהָמָה נ [havha'ma] 1 bestiality, vulgarity. 2 rudeness, coarseness. 3 brutalization

הֶבְהֵק ז, הַבְהָקָה נ [hev'hek], flash, flare

הֶבְהֵר ז [hev'her] clarification

הַבְהָרָה נ [havha'ra] illumination, elucidation, clarification

הָבוּר ת [ha'vur] articulated

הִבּוּר ז [hi'bur] articulation

הִבְזָה פ״י [hiv'za] to despise, scorn, abase

הַבְזָיָה נ [havza'ya] scorn, denigration

הִבְזִיק פי״ע [hiv'zik] 1 to sprinkle, scatter. 2 to flash

הֶבְזֵק ז [hev'zek] 1 flash. 2 blitz. 3 news flash

הַבְזָקָה נ [havza'ka] 1 flashing. 2 blitz

הִבְחִיל פי״ע [hiv'xil] 1 to ripen early. 2 to cause to ripen early

הִבְחִין פ״י [hiv'xin] 1 to distinguish. 2 to discern, discriminate

הַבְחָלָה נ [havxa'la] ripening, blanching

הֶבְחֵן ז [hev'xen] distinction

הַבְחָנָה נ [havxa'na] 1 discernment. 2 differentiation, discrimination. 3 diagnosis

הִבָּחֲרוּת נ [hibaxa'rut] election, selection

הֶבֵּט ז [he'bet] aspect, slant

הַבְטָאָה נ [havta''a] pronouncing, utterance

הַבָּטָה נ [haba'ta] glance, look, perusal

הַבְטָחָה, [havta'xa] 1 promise, pledge.

אַבְטָחָה נ 2 assurance, insurance. 3 protection, security

הַבְטָיָה נ [havta'ya] utterance, pronouncement

הִבְטִיחַ פ״י [hiv'tiyax] 1 to promise, assure. 2 to pledge. 3 to secure, guarantee

הִבְטִיל פ״י [hiv'til] 1 to suspend, interrupt. 2 to lock out, suspend employment

הִבְטִין פ״י [hiv'tin] to make pregnant, impregnate

הֶבְטֵל ז [hev'tel] de-activation

הַבְטָלָה נ [havta'la] 1 unemployment. 2 lockout. 3 inactivation

הֵבִיא פ״י [he'vi] 1 to bring. 2 to cause. 3 to lead to

הִבִּיט פ״ע [hi'bit] to look, watch, regard, observe

הֵבִיךְ פ״י [he'vix] to confuse, bewilder, perplex

הָבִיל ת [ha'vil] 1 steamy, vaporous. 2 humid. 3 sultry

הֵבִין פ״י [he'vin] 1 to understand, comprehend. 2 to scrutinize, study

הֵבִיס פ״י [he'vis] to beat, defeat, better

הִבִּיעַ פ״י [hi'bi'a] to utter, express

הֵבִיר פ״י [he'vir] to lay waste

הֲבִירָה נ [havi'ra] utterance, pronunciation, articulation

הֵבִישׁ פ״י [he'vish] to shame, disgrace, embarrass

הִבְכָּה פ״י [hiv'ka] to cause to cry, upset

הִבְכִּירָה פ״ע [hiv'kira] to give birth to the first born

הַבְכָּרָה נ [havka'ra] 1 first birth. 2 primogeniture

הָבַל פ״ע [ha'val] to be or become

2 exposure, denudation

הִבְעִיר פ״י [hiv'ʼir] 1 to burn, kindle, inflame. 2 to graze. 3 to scour, purge

הִבְעִית פ״י [hiv'ʼit] to terrify, frighten

הֶבְעֵר ז [hev'ʼer] 1 kindling, burning. 2 arson

הַבְעָרָה נ [hav'a'ra] 1 kindling, burning. 2 destruction, removal

הַבְעָתָה נ [hav'a'ta] 1 intimidation. 2 terrorization

הִבָּעֲתוּת נ [hiba'a'tut] 1 panic, fear. 2 state of terror, apalledness

הִבְצִיל פ״ע [hiv'tsil] to sprout, bud

הִבְקִיעַ פי״ע [hiv'kiy'a] 1 to penetrate, break through. 2 to assault, storm. 3 to score

הִבְקִיר פ״י [hiv'kir] to abandon

הַבְקָעָה נ [havka'ʼa] 1 breakthrough, penetration. 2 score. 3 assault

הֶבְקֵר ז [hev'ker] 1 no-man's land, state of ownerlessness. 2 anarchy, lawlessness

הָבַר פ״י [ha'var] to pronounce, articulate

הֵבֵר פ״י [he'ver] 1 to cleanse, purify. 2 to polish. 3 to elect, choose

הַבְרָאָה נ [havra'ʼa] 1 convalescence, recovery. 2 refreshment, feeding. 3 healing, curing

הִבָּרְאוּת נ [hibar'ʼut] creating, creation

הַבְרָגָה נ [havra'ga] screwing, screwing motion

הִבְרָה פ״י [hiv'ra] 1 to feed, give food. 2 to keep vigil

הֲבָרָה נ [hava'ra] 1 pronunciation. 2 syllable. 3 noise. 4 rumour, report

הִבָּרוֹן ז [hiba'ron] phonetics

הֶבְרוֹנִי ת [hevro'ni] phonetic

הַבְרָחָה נ [havra'xa] 1 smuggling, vain, behave foolishly

הֶבֶל ז תה״פ ['hevel] 1 vanity, futility, foolishness. 2 steam, vapo(u)r. 3 idol. 4 in vain

הֲבֵל הֲבָלִים 1 vanity, foolishness, folly. 2 vanity of vanities

הַבְלָגָה נ [havla'ga] restraint, self-discipline

הַבְלוּת נ [hav'lut] folly

הַבְלָחָה נ [havla'xa] flickering, shimmer

הַבְלָטָה נ [havla'ta] 1 prominence, relief. 2 emphasis, stress

הַבְלִי ת [hav'li] 1 vain, futile. 2 absurd

הִבְלִיג פ״ע [hiv'liq] to exercise self-discipline, restraint

הִבְלִיחַ פ״ע [hiv'liyax] to flicker

הִבְלִיט פ״י [hiv'lit] to emphasize, give prominence to, stress

הִבְלִיעַ פי״ע [hiv'liy'a] 1 to cause to swallow. 2 to swallow, take in. 3 to insert

הִבָּלְמוּת נ [hibal'mut] stoppage, check, breaking

הֶבְלֵעַ ז [hev'le'a] merger

הַבְלָעָה נ [havla'ʼa] 1 absorption. 2 swallowing, ingestion. 3 incorporation

הִבָּלְעוּת נ [hibal'ʼut] 1 swallowing, ingestion. 2 absorption

הָבְנֶה ז [hov'ne] ebony

הֲבָנָה נ [hava'na] understanding, comprehension

הִבָּנוּת נ [hiba'nut] building, construction

הָבְנִי ת [hov'ni] made of ebony

הָבְנִית נ [hav'nit] ebonite

הֲבָסָה נ [hava'sa] routing, defeat

הַבָּעָה נ [haba'ʼa] expression

הַבְעָיָה נ [hav'a'ya] 1 problem.

contraband. 2 concealment. 3 barring

הִבְרִיא פ״ע [hiv'ri] 1 to recover, recuperate, convalesce. 2 to fatten. 3 to heal, cure

הִבְרִיג פ״י [hiv'rig] to screw

הִבְרִיד פ״י [hiv'rid] 1 to hail. 2 to storm

הַבְרָיָה נ [havra'ya] feeding, refreshing

הִבְרִיחַ פ״י [hiv'riy'ax] 1 to smuggle. 2 to throw out. 3 to infiltrate

הִבְרִיךְ פ״י [hiv'rix] 1 to make kneel. 2 to replant, transplant. 3 to bear, give birth

הִבְרִיס פ״י [hiv'ris] to bray

הִבְרִיק פ״י [hiv'rik] 1 to glitter, flash. 2 to polish, brighten. 3 to cable, telegraph

הַבְרָכָה נ [havra'xa] 1 making kneel. 2 replanting, transplanting

הַבְרָסָה נ [havra'sa] tanning, currying

הֶבְרֵק ז [hev'rek] polish, lustre

הַבְרָקָה נ [havra'ka] 1 brightening, glittering, flashing. 2 flash of inspiration

הַבְרָשָׁה נ [havra'sha] brushing, brush

הֲבָרָתִי ת [havara'ti] syllabic

הִבְשִׁיל פ״י [hiv'shil] to ripen, mature

הִבְשִׂים פ״ע [hiv'sim] to perfume, spice, aromatize

הֶבְשֵׁל ז, הַבְשָׁלָה נ [hev'shel], ripening, maturation

הַבְשָׂמָה נ [havsa'ma] aromatization, perfuming

הֲגָאִי ת [haga''i] phonetic

הַגַּאי, הַגַּי ז [ha'gai] 1 navigator, pilot. 2 helmsman

הִגְאִיל פ״י [hig''il] to defile, stain

הִגָּאֲלוּת נ [higa'a'lut] 1 redemption, salvation. 2 staining, dirtying

הֶגֶב ז [he'gev] reactance (electricity)

הֲגָבָה נ [haga'va] response, reaction, retort

הִגְבָּה פ״י [hig'ba] 1 to collect. 2 to make collect

הַגְבָּהָה נ [hagba'ha] 1 elevation, raising. 2 jacking

הִגָּבוּת נ [higa'vut] collecting

הֶגֵבִי ת [hege'vi] reactive, stimulatory

הִגְבִּיהַּ פ״ע [hig'biha] 1 to grow tall. 2 to raise, elevate. 3 to exalt

הִגְבִּיל פ״י [hig'bil] 1 to limit, restrict. 2 to define. 3 to confine. 4 to knead

הִגְבִּיר פ״ע [hig'bir] 1 to strengthen, increase. 2 to amplify, intensify

הֶגְבֵּל ז [heg'bel] restriction, restraint

הַגְבָּלָה נ [hagba'la] 1 restriction, limitation. 2 delimitation, demarcation

הַגְבָּנָה נ [hagba'na] cheese-making

הֶגְבֵּר ז [heg'ber] 1 strengthening, reinforcement. 2 amplification

הַגְבָּרָה נ [hagba'ra] intensification, reinforcement, amplification

הֶגֵּד ז [he'ged] 1 maxim, proverb. 2 utterance

הַגָּדָה נ [haga'da] 1 telling, tale. 2 saga, legend. 3 Passover Seder text

הַגָּדִי ת [haga'di] legendary

הִגְדִּיל פ״ע [hig'dil] 1 to increase, enlarge. 2 to extend, expand. 3 to become great

הִגְדִּיר פ״י [hig'dir] 1 to define, classify. 2 to denote

הִגְדִּישׁ פ״י [hig'dish] 1 to heap, pile up. 2 to exaggerate, overdo

הֶגְדֵּל ז [heg'del] exaggeration, hyperbole

הַגְדָּלָה נ [hagda'la] 1 enlargement. 2 magnification

הַגְדָּרָה נ [hagda'ra] definition

הַגְדָּשָׁה נ [hagda'sha] 1 overdoing, exaggeration. 2 overfilling, overloading

הָגָה פ״י ז [ha'ga] 1 to pronounce, utter. 2 to study, meditate. 3 to murmur. 4 to remove, divert

הֶגֶה ז ['hege] 1 sound, sigh, moan. 2 rudder, helm. 3 steering-wheel, tiller

הִגְהָה פ״י [hig'ha] 1 to heal, cure. 2 to blind. 3 to proofread

הַגָּהָה נ [haga'ha] 1 proofreading. 2 annotation

הָגוּי ת [ha'gui] pronounced

הִגּוּי ז [hi'gui] 1 pronunciation. 2 steering

הִגּוּיִי ת [higu'yi] phonetic

הַגּוֹמֵל [hago'mel] The Lord, Saviour

הָגוּן ת [ha'gun] 1 honest, respectable. 2 decent, proper

הַגְוָנָה נ [hagva'na] flatness, range, gradation

הֲגוּנוּת נ [hagu'nut] honorability, dignity

הָגוּת נ [ha'gut] cogitation, scholarly meditation

הָגוּתִי ת [hagu'ti] logical, mental

הִגְזִים פ״י [hig'zim] 1 to exaggerate. 2 to threaten

הֶגְזֵם ז, הַגְזָמָה נ [heg'zem, hagza'ma], hyperbole, exaggeration

הֶגְזֵר ז [heg'zer] tabu, prohibition

הַגָּחָה נ [haga'xa] eruption, outburst

הִגְחִיל פ״ע [hig'xil] to glow, blaze

הֵגִיב פ״י [he'giv] to react, respond, retort

הָגִיג ז [ha'gig] 1 thought, meditation. 2 prayer

הִגִּיד פ״י [hi'gid] to say, tell, narrate

הֲגָיָה, הֲגִיָּה נ [haga'ya, hagi'ya] study 1 meditation. 2 pronunciation, expression. 3 reading, perusal

הִגִּיהַּ פ״י [hi'giha] 1 to brighten. 2 to proofread

הִגָּיוֹן ז [higa'yon] 1 logic, common sense. 2 reason, rationality. 3 meditation, study

הֶגְיוֹנִי ת [hegyo'ni] 1 logical, rational. 2 reasonable

הֶגְיוֹנִיּוּת נ [hegyoni'yut] rationale, logicality

הֵגִיז פ״י [he'giz] 1 to fly. 2 to bring over

הֵגִיחַ פ״ע [he'giy'ax] to assault, burst forth

הִגִּיחַ פ״י [hi'giy'ax] to butt

הִגְיֶנָה, הִיגְיֶנָה נ [hig'yena] hygiene

הֲגִינוּת נ [hagi'nut] 1 fairness, decency. 2 propriety, respectability

הִגְיֶנִי, הִיגְיֶנִי ת [hig'yeni] hygienic

הֵגִיס פ״י [he'gis] to stir, mix

הִגִּיעַ פ״ע [hi'giy'a] 1 to arrive, reach. 2 to approach. 3 to be deserved. 4 to bring close to. 5 to suffice

הֵגִיף פ״י [he'gif] 1 to close, shut. 2 to slam, bolt

הֵגִיר פ״י [he'gir] to shed, throw down, pour out

הֲגִירָה נ [hagi'ra] migration.

הֲגִירָה בּוֹרֶרֶת selective immigration

הֲגִירָה יוֹצֵאת emigration

הֲגִירָה נִכְנֶסֶת immigration

הִגִּישׁ פ״י [hi'gish] 1 to present. 2 to offer, bring near, serve

הַגְלָדָה נ [hagla'da] 1 forming a scab, coagulation. 2 icing, freezing

הֶגְלָה, הִגְלָה פ״י [heg'la, hig'la] to banish, deport, send into exile

הִגָּלוּת נ [higa'lut] appearance, manifestation

הִגְלִיד פ״ע [hig'lid] to crust, form a scab

הַגְלָיָה נ [hagla'ya] 1 banishment, deportation. 2 exile

הִגְלִיל פ״י [hig'lil] to limit, confine

הִגְלִישׁ פ״י [hig'lish] to cause to boil over, overflow

הַגְלָשָׁה נ [hagla'sha] 1 boiling over. 2 sliding, gliding

הֲגַם תה״פ [ha'gam] although

הֲגַם כִּי, הֲגַם שֶׁ־ even though, even if

הַגְמָאָה נ [hagma''a] 1 drink, sip. 2 giving to drink

הַגְמָדָה נ [hagma'da] belittling, dwarfing

הֶגְמוֹן ז [heg'mon] 1 bishop. 2 ruler, leader

הֶגְמוֹנוּת נ [hegmo'nut] bishopric

הֶגְמוֹנְיָה נ [hegmon'ya] 1 hegemony, leadership. 2 supremacy, domination. 3 administrative district, diocese

הֶגְמוֹנִיּוּת נ [hegmoni'yut] hegemony, predominance

הִגְמִיא פ״י [hig'mi] to water, give to drink

הַגְמָלָה נ [hagma'la] 1 weaning. 2 withdrawal (drugs). 3 abstention. 4 ripening

הִגָּמְלוּת נ [higam'lut] 1 privation, abstention. 2 weaning

הַגְמָעָה נ [hagma''a] drink

הִגָּמְרוּת נ [higam'rut] conclusion

הַגְמָשָׁה נ [hagma'sha] relaxation, making more flexible

הָגֵן ת [ha'gen] hono(u)rable, respectable

הֶגֶן ז ['hegen] protection, refuse

הֵגֵן פ״י [he'gen] to defend, protect

הֹגֶן ז ['hogen] 1 respectability, fairness. 2 convenience

הֶגְנֵב ז, הַגְנָבָה נ [heg'nev, hagna'va] smuggling, stealth, surreptitiousness

הֲגָנָה, הֲגַנָּה נ [haga'na] 1 defence, protection. 2 Hagana

הִגָּנְזוּת נ [higan'zut] concealment

הִגְנִיב פ״י [hig'niv] to smuggle, introduce surreptitiously

הֲגַנָּתִי ת [hagana'ti] defensive

הֵגֵס פ״י [he'ges] 1 to harden, roughen, coarsen. 2 to be rude

הֲגָסָה נ [haga'sa] stirring, mixing

הֲגַסָּה נ [haga'sa] rudeness, roughness, coarseness

הֶגֵּעַ ז [he'ge'a] 1 touching, contact. 2 arrival. 3 capacity

הַגָּעָה נ [haga''a] 1 arrival, approach. 2 touching, reaching

הִגְעִיל פ״י [hig''il] 1 to disgust, nauseate. 2 to scald, cleanse. 3 to abort

הִגְעִישׁ פ״י [hig''ish] to excite, shake, storm

הַגְעָלָה נ [hag'a'la] scouring, scalding, rinsing

הַגְעָשָׁה נ [hag'a'sha] excitement, commotion

הֲגָפָה נ [haga'fa] closing, shutting

הִגֵּר פ״ע [hi'ger] to migrate, emigrate, immigrate

הַגָּרָה נ [haga'ra] 1 spilling. 2 hemorrhage

הִגְרִיד פ״ע [hig'rid] to get dry

הִגְרִיל פ״י [hig'ril] 1 to cast lots. 2 to select by lottery

הִגְרִים פ״י [hig'rim] to slaughter an animal

הִגְרִיס פ״י [hig'ris] to crush

הֶגְרֵל ז [heg'rel] luck, chance

הַגְרָלָה נ [hagra'la] lottery, raffle

[hagra'ma] 1 cause, motive, occasion. 2 slaughtering (in ritual way) הַגְרָמָה נ

[higar'mut] motivation, causality הִגָּרְמוּת נ

[hagra'sa] crushing, pounding הַגְרָסָה נ

[hagra''a] detraction, degradation הַגְרָעָה נ

[higar'fut] drifting, dragging, raking הִגָּרְפוּת נ

[higare'rut] drawing, trailing, towing, dragging הִגָּרְרוּת נ

[he'gesh] feed הֶגֵּשׁ ז

[hu'gash] to be served, offered, presented הֻגַּשׁ פ״ע

[haga'sha] 1 serving (food). 2 submitting, presentation הַגָּשָׁה נ

[hig'shim] 1 to carry out, realize, fulfil. 2 to rain, precipitate הִגְשִׁים פ״י

[hig'shir] to bridge הִגְשִׁיר פ״י

[heg'shem] realization, implementation הֶגְשֵׁם ז

[hagsha'ma] 1 fulfilment, realization. 2 execution, implementation. 3 rain-making הַגְשָׁמָה נ

[hed] echo הֵד ז

[had'a'va] causing of grief הַדְאָבָה נ

[had'a'ga] causing worry, anxiety הַדְאָגָה נ

[hid''a] to cause to glide, fly הִדְאָה פ״י

[hid''iv] 1 to distress, sadden, grieve. 2 to melt הִדְאִיב פ״י

[hid''ig] to worry, trouble, distress, concern הִדְאִיג פ״י

[had'a'ya] gliding הַדְאָיָה נ

[hada'va] causing distress, grief הֲדָבָה נ

[hid'bik] 1 to stick, glue, affix. 2 to infect. 3 overtake, catch up הִדְבִּיק פ״י

[hid'bir] 1 to subdue, overpower. 2 to conquer, vanquish. 3 to exterminate, fumigate הִדְבִּיר פ״י

[hid'bish] 1 to convert into honey. 2 to ferment, go bad הִדְבִּישׁ פ״ע

[hida'bek] 1 to cling, cleave, be joined. 2 to be infected, contract disease הִדַּבֵּק פ״ע

[hadba'ka] 1 glueing, sticking. 2 reaching, overtaking. 3 injection, contagion הַדְבָּקָה נ

[hidav'kut] 1 joining, affixing. 2 infection, contagion. 3 adhesion, loyalty הִדָּבְקוּת, הִדַּבְּקוּת נ

[hida'ber] to speak, converse. 2 to agree to, to negotiate הִדַּבֵּר פ״ע

[hadba'ra] 1 extermination, destruction. 2 submission, pest control הַדְבָּרָה נ

[hidav'rut] 1 communication, negotiation, reaching, agreement, dialogue הִדָּבְרוּת, הִדַּבְּרוּת נ

[hadba'sha] fermentation, spoiling (honey) הַדְבָּשָׁה נ

[hid'ga] to multiply, spawn הִדְגָּה פ״י

[hadga'ya] fish-breeding הַדְגָּיָה נ

[hid'gil] 1 to glorify, praise. 2 to flag. 3 to call to the colors הִדְגִּיל פ״י

[hid'gim] to demonstrate, illustrate הִדְגִּים פ״י

[hid'gir] 1 to incubate, hatch. 2 to put to brood הִדְגִּיר פ״י

[hid'gish] 1 to emphasize, stress. 2 to insert a dagesh הִדְגִּישׁ פ״י

[hadga'la] 1 glorifying, praising. 2 calling to the colors הַדְגָּלָה נ

[hadga'ma] demonstration, הַדְגָּמָה נ

illustration, exemplification

[hadga'ra] incubation, hatching הַדְגָּרָה נ

[hed'gesh, hadga'sha] 1 stress, emphasis, 2 accent, accentuation. 3 underlining הֶדְגֵּשׁ ז, הַדְגָּשָׁה נ

[hi'ded] 1 to cheer. 2 to resound, echo הֵידֵד פי״ע

[hada'di] mutual, reciprocal הֲדָדִי ת

[hadadi'yut] reciprocity, mutuality הֲדָדִיּוּת נ

[hada'dit] reciprocally, mutually הֲדָדִית תה״פ

[ha'da] 1 to extend, stretch out. 2 to beat time (rhythm) הָדָה פ״י

['hede] musical beat הֶדֶה ז

[hid'hed] to echo, resound, sound הִדְהֵד פ״ע

[hid'ha] 1 to fade, dim. 2 to become discolored הִדְהָה פ״י

[hid'hud] echoing, resonance הִדְהוּד ז

[hida'hut] fading, discoloration הִדָּהוּת נ

[hid'hiv] to sadden, pain, upset הִדְהִיב פ״י

[hadha'ya] discoloration, fading הַדְהָיָה נ

[hid'him] 1 to astound, perplex. 2 to shock, horrify הִדְהִים פ״י

[hid'hir] to spur on, gallop הִדְהִיר פ״י

[hadha'ma] stupefaction, astonishment הַדְהָמָה נ

[hidaha'mut] astonishment, horror, surprise הִדָּהֲמוּת נ

[hadha'ra] galloping, spurring on הַדְהָרָה נ

[hid'va] to distress, upset, grieve, pain הִדְוָה פ״י

[ha'dux] 1 subdued, oppressed. 2 trampled, downtrodden הָדוּךְ ת

[ha'dom] stool, footstool הֲדוֹם ז

[hi'dum] dismemberment, dissection הִדּוּם ז

[hi'dus] hopping, scrabbling (for food) הִדּוּס ז

[ha'duf] 1 pushed, thrust, repelled, beaten off הָדוּף ת

[ha'duk] tight, close, fastened tight הָדוּק ת

[hi'duk] tightening, fastening tight הִדּוּק ז

[ha'dur] 1 adorned, glorious, elegant. 2 uneven, hilly ground הָדוּר ת ז

[hi'dur] 1 adornment, ornamentation. 2 honour, respect. 3 elegance הִדּוּר ז

[hadu'rot] elegantly הֲדוּרוֹת תה״פ

[hadu'rim] 1 difficulties. 2 rugged places הֲדוּרִים ז״ר

[hada'xa] rinsing, washing (dishes) הֲדָחָה נ

[hada'xa] removal, ousting, dismissal from office הַדָּחָה נ

[hid'xa] 1 to repress. 2 to postpone, delay הִדְחָה פ״י

[hadxa'ya] 1 postponement, causing delay. 2 repression הַדְחָיָה נ

[hid'xis] to compress, pack tightly הִדְחִיס פ״י

[hid'xik] to repress, psychologically reject הִדְחִיק פ״י

[hadxa'sa] compression הַדְחָסָה נ

[hidaxa'sut] agglomeration, compressedness הִדָּחֲסוּת נ

[hidaxa'fut] push, drive, propelling הִדָּחֲפוּת נ

[hadxa'ka] repression, psychological rejection הַדְחָקָה נ

[hidaxa'kut] crowding, jostling הִדָּחֲקוּת נ

['hodi] Indian, Indic הֹדִי ת ז

impoverished

[hidalde'lut] deterioration, impoverishment הִדַּלְדְּלוּת נ

[hid'la] to trail, trellis הִדְלָה פ״י

[hada'la] thinning out, weeding out הֲדַלָּה נ

[hadla'xa] muddiness, befouling, dirtying הַדְלָחָה נ

[hid'lig] 1 to jump, leap. 2 to skip over הִדְלִיג פ״י

[hadla'ya] trailing, trellising הַדְלָיָה נ

[hid'liy'ax] 1 to dirty, pollute, befoul. 2 to make turbid הִדְלִיחַ פ״י

[hid'lif] to leak, drip הִדְלִיף פ״י

[hid'lik] 1 to light, ignite. 2 to make a bonfire הִדְלִיק פ״י

[hadla'la] 1 dilution. 2 weeding הַדְלָלָה נ

[hadla'fa] 1 leak, drip. 2 leakage הַדְלָפָה נ

[hadla'ka] 1 lighting, kindling. 2 injection הַדְלָקָה נ

[hidal'kut] ignition, setting alight הִדָּלְקוּת נ

[ha'dam] to cut, dismember הָדַם פ״י

[he'dam] to destroy הֵדַם פ״י

[hi'dem] 1 to cut up, dismember. 2 to dissect הִדֵּם פ״י

[hida'ma] to resemble הִדַּמָּה פ״י

[hida'mut] 1 similarity, resemblance. 2 assimilation הִדַּמּוּת נ

[hadma'ya] simulation הַדְמָיָה נ

[hid'mim] 1 to silence, make silent. 2 to destroy. 3 to calm, appease הִדְמִים פ״י

[hid'miy'a] to shed tears , cry הִדְמִיעַ פ״י

[hadma'ma] 1 shutting down. 2 silencing, stilling הַדְמָמָה נ

[hadma'’a] weeping הַדְמָעָה נ

[he'div] 1 to pine. 2 to spill, scatter הֵדִיב פ״י

[hi'did] 1 to remove, scale away. 2 to banish הִדִּיד פ״י

[hadi'ya] beating, battimento (music) הֲדִיָּה נ

[hed'yot] 1 layman, commoner. 2 vulgar, simple, ordinary הֶדְיוֹט ז

[hedyo'tut] 1 laity. 2 vulgarity. 3 ignorance הֶדְיוֹטוּת נ

[hedyo'ti] 1 foolish, silly. 2 lay, ignorant, vulgar הֶדְיוֹטִי ת

[hed'iyut] echolalia (med.) הֵדִיוּת נ

[he'si’ax] to rinse, wash הֵדִיחַ פ״י

[hi'diy’ax] 1 to dismiss. 2 to banish, expel. 3 to seduce הִדִּיחַ פ״י

[hid'yet] 1 to make dull or stupid. 2 to think someone foolish הִדְיֵט פ״י

[hida'yen] 1 to debate, dispute. 2 to sue הִדַּיֵּן פ״י

[hiday'nut] controversy, debate, dispute הִדַּיְּנוּת נ

[hi'dif] to spread, emit smell הִדִּיף פ״י

[hadi'fa] pushing hard, repulsion, beating off הֲדִיפָה נ

[he'dits] to cause joy, gladden, cheer הֵדִיץ פ״י

[ha'dir] repeatable הָדִיר ת

[hadi'rut] repeatablity, ability to be repeated הֲדִירוּת נ

[hi'dir] to prohibit, adjure הִדִּיר פ״י

[ha'dax] to trample, oppress, subdue הָדַךְ פ״י

[hadka'’a] suppression, oppression הַדְכָּאָה נ

[he'del] to thin, thin out הֵדֵל פ״י

[hadla'ga] omission, jumping הַדְלָגָה נ

[hidal'del] 1 to become loose, thin. 2 to become הִדַּלְדֵּל פ״ע

[he'dan] resonator הֵדָן ז
[ha'das] myrtle הֲדַס ז
[hi'des] to scrabble, scratch for food הִדֵּס פ״י
[hada'sa] 1 myrtle. 2 Hadassah הֲדַסָּה נ
[hada'si] of myrtle הֲדַסִּי ת
[hid'’ix] to put out, flicker, fade הִדְעִיךְ פ״י
[had’a'xa] fading הַדְעָכָה נ
[hida’ax'ut] extinguishing, flickering, fading הִדָּעֲכוּת נ
[ha'daf] 1 to push, thrust. 2 to repel, repulse. 3 to reject הָדַף פ״י
['hedef] 1 shock, blast. 2 repulsion הֶדֶף ז
blast of air (after explosion) הֶדֶף אֲוִיר
[hada'fa] push, thrust, kick הֲדִפָה נ
[hid'pis] to print הִדְפִּיס פ״י
[hed'pes] 1 print, reprint. 2 facsimile. 3 copy הֶדְפֵּס ז
[hadpa'sa] typing, printing הַדְפָּסָה נ
[ha'dak] to fasten, tighten הָדַק פ״י
[he'dak] 1 to pulverize, crush. 2 to destroy הֵדַק פ״י
['hedek] 1 trigger. 2 clip הֶדֶק ז
[hi'dek] 1 to fasten, tighten. 2 to cover, plug הִדֵּק פ״י
[ha'dar] 1 splendo(u)r, majesty. 2 ornament. 3 citrus fruit הָדָר ז
[ha'dar] 1 to honour, esteem. 2 adorn, show deference. 3 to return הָדַר פי״ע
['heder] beauty, glory, majesty הֶדֶר ז
[hi'der] 1 to adorn. 2 to honour, glorify. 3 to respect הִדֵּר פ״י
[hadra'’a] flour poor quality הַדְרָאָה נ
[hidarbe'nut] impulse, urge, self-inducement הִדַּרְבְּנוּת נ
[hadra'ga] 1 progression. 2 gradation הַדְרָגָה נ
[hadra'gi, hadraga'ti] gradual, progressive הַדְרָגִי, הַדְרָגָתִי ת
[hadragati'yut] gradualness הַדְרָגָתִיּוּת נ
[hidar'der] 1 to decline, roll down. 2 deteriorate הִדַּרְדֵּר פ״ע
[hidarde'rut] decline, rolling down הִדַּרְדְּרוּת ז
[hada'ra] 1 splendo(u)r, glory. 2 dignity הֲדָרָה נ
[had'rut] majesty, hono(u)r הַדְרוּת נ
[hid'rig] 1 to grade, gradate. 2 to make steps הִדְרִיג פ״י
[hid'rix] 1 to guide, train, instruct. 2 to lead. 3 to attach, foreclose הִדְרִיךְ פ״י
[hid'rim] to face south, travel southwards הִדְרִים פ״י
[hid'rin] to present as a gift הִדְרִין פ״י
[hadar'yan] repeater הֲדַרְיָן ז
[hid'rir] 1 to liberate, emancipate. 2 to manumit הִדְרִיר פ״י
[hadra'xa] 1 instruction, training. 2 guidance, direction הַדְרָכָה נ
[hidar'xut] state of being loaded, alert הִדָּרְכוּת נ
[hadraxa'ti] instructional, guiding הַדְרָכָתִי ת
[hadra'ma] facing south, travelling south הַדְרָמָה נ
[had'ran] encore, repeat הַדְרָן ז
[had'ran] fop, elegant dresser הַדְרָן ז
[hadra'nut] vanity, foppery הַדְרָנוּת נ
[hidar'sut] running over הִדָּרְסוּת נ
[hadra'ra] liberation, emancipation הַדְרָרָה נ
[hidar'shut] requirement, demand הִדָּרְשׁוּת נ
1 dignity. 2 dignified appearance הַדְרַת פָּנִים
[hadsha'’a] grass cultivation, הַדְשָׁאָה נ

considering that, since. 2 to agree, consent

[ho'ʼel na] Please! Would you kindly? הוֹאֶל נָא

[hu'ʼar] 1 to be lit, illuminated. 2 to be cursed הוּאַר פ״ע ת

[hiva'ʼesh] 1 to despair, give up. 2 to be disappointed הִוָּאֵשׁ פ״ע

[hiva'a'shut] desperation, disappointment הִוָּאֲשׁוּת נ

[hova'ʼa] 1 offering, bringing. 2 quotation הוֹבָאָה נ

[ho'vil] 1 to convey, conduct. 2 to transport הוֹבִיל פ״י

[ho'vir] to lay waste, fallow הוֹבִיר פ״י

[ho'vish] 1 to dehydrate, dry. 2 to shame, disgrace הוֹבִישׁ פ״י

[hova'la] 1 transportation, removal. 2 conveyance, haulage הוֹבָלָה נ

[ho'ver] astrologer הוֹבֵר ז

[hova'ra] wasteland הוֹבָרָה נ

[ho'ga] to sadden, grieve הוֹגָה פ״ע

[ho'ge] thinker, philosopher הוֹגֶה, הוֹגֶה דֵעוֹת

[ho'giy'a] to tire, weary, fatigue הוֹגִיעַ פ״י

[ho'gen] 1 suitable, reasonable. 2 fair, decent הוֹגֵן ת

[hu'gan] young camel הוּגָן ז

[hu'gan] to be protected, defended הוּגַן פ״ע

[hoga'ʼa] exhaustion, fatigue הוֹגָעָה נ

[hod] glory, splendo(u)r הוֹד ז

majestic splendo(u)r הוֹד וְהָדָר

His Majesty הוֹד מַלְכוּתוֹ

His Highness הוֹד מַעֲלָתוֹ

His Holiness, his Reverence הוֹד קְדֻשָּׁתוֹ

His Eminence הוֹד רוֹמְמוּתוֹ

[hoda'ʼa] 1 consent, thanks. 2 confession, admission הוֹדָאָה נ

lawn cultivation

[hid'shi] to sprout הִדְשִׁיא פ״י

[heh'bil] 1 to steam, boil. 2 to cheat, deceive הֶהְבִּיל פ״י

[hahva'la] vapourizing הַהֲבָלָה נ

[hahba'la] vanity הַהְבָּלָה נ

[heh'ga] 1 to pronounce, utter. 2 to murmur הֶהְגָּה פ״י

[heha'gut] utterance הֶהָגוּת נ

[heh'dir] to reprint, republish הֶהְדִּיר פ״י

[hahda'ra] re-publication הַהְדָּרָה נ

[ha'hu] 1 he. 2 that (m) הַהוּא מ״ג

[ha'hi] 1 she. 2 that (f) הַהִיא מ״ג

[he'hid] to echo, resound הֵהִיד פ״י

[he'him] 1 to be agitated. 2 to moan, sigh הֵהִים פי״ע

[he'hin] to dare, venture, hazard הֵהִין פ״ע

[he'hel] 1 to shine, gleam. 2 to illuminate הֵהֵל פי״ע

[hehe'lil] to shine, gleam הֶהֱלִיל פ״י

[ha'hem, 1 they. 2 those (m) הָהֵם, הָהֵמָּה מ״ג

[ha'hen, ha'hena] 1 they. 2 those (f) הָהֵן, הָהֵנָּה

[hehe'na] 1 to entertain, to delight. 2 to benefit הֶהֱנָה פ״י

[heha'nut] pleasure, enjoyment הֵהָנוּת נ

[hehe'sa] to silence הֶהֱסָה פ״י

[hoh'pax] to be turned over הָהְפַּךְ פ״ע

[hehaf'xut] 1 conversion. 2 inversion. 3 overthrowing הֵהָפְכוּת נ

[hehar'gut] death, decease הֵהָרְגוּת נ

[hehar'sut] destruction הֵהָרְסוּת נ

[hu] he, it הוּא מ״ג

[hu'ʼat] to be slowed down הוּאַט פ״ע

[ha'vai] exaggeration, hyperbole הֲבַאי ז

[ho'ʼil] 1 whereas, הוֹאִיל מ״ח פ״ע

admonition

הִוָּכְחוּת נ [hivax'xut] realization, conviction

הוֹכִיחַ פ״י [ho'xiy'ax] to prove, provide evidence. 2 to demonstrate. 3 to admonish, rebuke

הוּכַן פ״ע [hu'xan] to be prepared, made ready

הוֹלָדָה נ [hola'da] 1 begetting. 2 procreation

הִוָּלְדוּת נ [hival'dut] birth

הוֹלִיד פ״י [ho'lid] 1 to procreate, beget. 2 to cause, give rise to

הוֹלִיךְ פ״י [ho'lix] 1 to guide, lead. 2 to conduct, transport

הוֹלִיךְ שׁוֹלָל to lead astray, mislead

הוֹלָכָה נ [hola'xa] 1 transportation. 2 conduction. 3 delivery. 4 convection

הוֹלֵל פ״י ז ת [ho'lel] 1 to madden. 2 jester, fool. 3 unruly, licentious

הוֹלַל פ״ע [ho'lal] to become mad, be maddened

הוֹלֵלוּת נ [hole'lut] 1 foolishness, madness. 2 hooliganism. 3 licentiousness, debauchery

הוֹלֵם ת [ho'lem] 1 proper, suitable. 2 fitting, appropriate

הוֹמֶה ת [ho'me] noisy, bustling

הוֹמִיָּה נ [homi'ya] noise, upheaval

הוֹמֵם פ״י [ho'mem] 1 to stun, confuse. 2 to confound, perplex

הוּמָנִי ת [hu'mani] 1 humane. 2 pertaining to the humanities

הוֹמוֹגֶנִי ת [homo'geni] homogeneous

הוֹן ז תה״פ [hon] 1 capital (money). 2 riches, wealth. 3 abundance. 4 enough

הוֹן חוֹזֵר working capital

הוֹדָה פ״י [ho'da] 1 to acknowledge, thank. 2 to admit, confess. 3 to glorify, extol

הוֹדוֹת נ״ר תה״פ [ho'dot] 1 thanks. 2 due to, thanks to, owing to

הוֹדִי, הֹדִּי ת ז Indian, Indic

הוֹדָיָה נ [hoda'ya] 1 thanksgiving. 2 praise, eulogy

הוֹדִיעַ פ״י [ho'diy'a] to inform, notify

הִוָּדַע פ״ע [hiva'da] to be known, to become known

הוֹדָעָה נ [hoda''a] notice, notification, announcement

הִוָּדְעוּת נ [hiva'a'dut] recognition, revelation, publicizing

הָוָה פ״ע [ha'va] to be, exist, constitute

הַוָּה נ [ha'va] trouble, destruction, ruin, mischief

הֹוֶה ז [ho've] 1 the present. 2 present tense. 3 existing, actual

הִוָּה פ״י [hi'va] 1 to constitute, comprise. 2 to establish, bring about

הִוּוּן ז [hi'vun] capitalization

הוֹזֶה ז [ho'ze] 1 delirious, dreamer. 2 visionary

הוֹזִיל פ״י [ho'zil] to cheapen, reduce price

הוֹזָלָה נ [hoza'la] reduction, cheapening

הוֹחִיל פ״ע [ho'xil] 1 to hope. 2 to expect, wait

הֲוָיָה נ [hava'ya] 1 existence, being. 2 dispute, debate. 3 casuistry

הֲוִיָּה נ [havi'ya] existence, being

הוֹכֵחַ ז [ho'xe'ax] proof, evidence, demonstration

הוֹכָחָה נ [hoxa'xa] 1 proof, evidence. 2 demonstration. 3 rebuke,

הוֹן עָתֵק enormous wealth
הוֹן תּוֹעָפוֹת mint of money
הִוֵּן פ״י [hi'ven] to capitalize
הוֹנָאָה נ [hona''a] fraud, deceit, cheating
הוֹנָה פ״י [ho'na] 1 to deceive, cheat. 2 to maltreat, oppress. 3 to vex, annoy
הוֹנָיָה נ [hona''ya] deceit, cheating, swindling
הוֹנָקָה נ [hona'ka] sucking, nursing, breast-feeding
הוֹסִיף פ״י [ho'sif] to add, increase, augment
הוֹסָפָה נ [hosa'fa] addition, increase
הִוָּסְפוּת נ [hivas'fut] addition, being added
הִוָּסְרוּת נ [hivas'rut] suffering
הוֹעָדָה נ [ho'a'da] convocation, summoning
הִוָּעֲדוּת נ [hiva'a'dut] meeting
הוֹעִיד פ״י [ho''id] 1 to invite, summon. 2 to set apart, designate. 3 to destine
הוֹעִיל פ״י [ho''il] to be helpful, benefit, to be of use
הוֹעָלָה נ [ho'a'la] help, benefit
הִוָּעֲצוּת נ [hiva'a'tsut] consultation
הוֹפִיעַ פ״י [ho'fiy'a] 1 to appear, be manifest, shine. 2 to come out
הוֹפָעָה נ [hofa''a] 1 appearance. 2 performance, show. 3 phenomenon
הוּץ ז [huts] palm-leaf
הוֹצָאָה נ [hotsa''a] 1 taking out. 2 expenditure. 3 publication, edition. 4 execution
הוֹצָאָה לָאוֹר publication
הוֹצָאָה לְפֹעַל 1 implementation. 2 execution
הוֹצָאַת דִּבָּה defamation, slander, libel
הוֹצָאַת סְפָרִים publishing house
הוֹצָאַת שֵׁם רַע slander, libel
הוֹצִיא פ״י [ho'tsi] 1 to take out, remove. 2 to extract, withdraw. 3 to spend. 4 to produce
הוֹצִיק פ״י [ho'tsik] to pour out
הִוָּצְרוּת נ [hivats'rut] formation, creation
הוֹקִיעַ פ״י [ho'kiy'a] 1 to denounce, condemn. 2 to hang
הוֹקִיר פ״י [ho'kir] to appreciate, cherish
הוֹקָעָה נ [hoka''a] denunciation, condemnation
הוֹקָרָה נ [hoka'ra] 1 appreciation, esteem. 2 gratitude, recognition. 3 increase, rise
הוֹרָאָה נ [hora''a] 1 instruction, teaching. 2 directive, order. 3 indication, meaning
הוֹרֵג ז [ho'reg] killer, executioner
הַוְרָדָה נ [havra'da] 1 becoming or making pink. 2 blush
הוֹרָדָה נ [hora'da] lowering, decrease, reduction, diminution
הוֹרָה נ פ״י [ho'ra] 1 mother, parent (f). 2 pregnancy. 3 hora (dance). 4 to teach, instruct. 5 to show, point. 6 to command, enjoin
הוֹרֶה ז [ho're] father, parent (m)
הוֹרוּת נ [ho'rut] 1 parentage. 2 parenthood
הִוְרִיד פ״י [hiv'rid] 1 to blush. 2 to make or become pink
הוֹרִיד פ״י [ho'rid] 1 to lower, decrease, subtract. 2 to remove. 3 to drop
הוֹרָיָה נ [hora'ya] teaching, instruction
הוֹרִים ז״ר [ho'rim] parents

הוֹרִים אוֹמְנִים foster parents

הוֹרִיק פ״י [hoˈrik] 1 to be, become green. 2 to make green

הוֹרִיר פ״י [hoˈrir] to spit

הוֹרִישׁ פ״י [hoˈrish] 1 to bequeath, will. 2 to dispossess, impoverish

הוֹרֵס ז ת [hoˈres] destroyer, ruiner

הוֹרְסָנִי ת [horsaˈni] destructive

הוֹרָקָה נ [horaˈka] 1 painting green. 2 becoming green

הוֹרָשָׁה נ [horaˈsha] 1 bequeathing, giving possession. 2 dispossession

הוֹשָׁבָה נ [hoshaˈva] 1 seating, placing. 2 placement

הוֹשָׁטָה נ [hoshaˈta] handing, extending

הוֹשִׁיב פ״י [hoˈshiv] 1 to set, seat. 2 to settle, populate. 3 to appoint

הוֹשִׁיט פ״י [hoˈshit] to extend, hand, reach, stretch

הוֹשִׁיעַ פ״י [hoˈshiy'a] 1 to help, succour. 2 to save, rescue, deliver

הוֹשָׁעָה נ [hoshaˈ'a] redemption, delivery

הוֹשַׁעְנָא [hosha'ˈna] Hosanna

הוֹשַׁעְנָא רַבָּה Hosanna Rabba

הוֹשַׁעְנוֹת נ״ר [hosha'ˈnot] willow branches

הוֹתִיר פ״י [hoˈtir] 1 to leave, spare, set aside. 2 to let, allow, permit

הוֹתֵר תה״פ [hoˈter] enough, surplus

הוֹתָרָה נ [hotaˈra] 1 leaving. 2 residue, remnant

הִוָּתְרוּת נ [hivatˈrut] remaining, being left

הוֹתֵת פ״ע [hoˈtet] 1 to attack, assail. 2 to rely on

הַזָּאָה נ [hazaˈ'a] sprinkling

הִזְדַּבֵּן פ״ע [hizdaˈben] to be sold

הִזְדַּבְּנוּת נ [hizdabˈnut] selling, sale

הֲזָדָה נ [hazaˈda] wilful act, act of malice

הִזְדַּהֵב פ״ע [hizdaˈhev] to become gold-coloured

הִזְדַּהֲבוּת נ [hizdahaˈvut] gilding, gilt

הִזְדַּהָה פ״ע [hizdaˈha] 1 to identify oneself. 2 to be identified. 3 to identify with

הִזְדַּהוּת נ [hizdaˈhut] identification, solidarity

הִזְדַּהֵם פ״ע [hizdaˈhem] to become infected, contaminated, polluted

הִזְדַּהֲמוּת נ [hizdahaˈmut] polluting, becoming infected

הִזְדַּוֵּג פ״ע [hizdaˈveg] 1 to mate, couple. 2 to copulate. 3 to be joined together

הִזְדַּוְּגוּת נ [hizdavˈgut] 1 coupling, mating. 2 copulation, coitus

הִזְדַּיֵּן פ״ע [hizdaˈyen] 1 to arm, to arm oneself. 2 to have sexual intercourse (coll.)

הִזְדַּיְּנוּת נ [hizdaiˈnut] 1 armament, arming. 2 sexual intercourse

הִזְדַּיֵּף פ״ע [hizdaˈyef] to be falsified, forget

הִזְדַּיְּפוּת נ [hizdaiˈfut] forgery, falsification

הִזְדַּכֵּךְ פ״ע [hizdaˈkex] to be or become clear, pure

הִזְדַּכְּכוּת נ [hizdakˈxut] 1 purification, clarification. 2 catharsis

הִזְדַּמֵּם פ״ע [hizdaˈmem] to be caught in the act of perjury

הִזְדַּמְּמוּת נ [hizdameˈmut] being caught in the act of perjury

הִזְדַּמֵּן פ״ע [hizdaˈmen] to happen by, to chance, occur

הִזְדַּמְּנוּת נ [hizdamˈnut] 1 opportunity.

[hizda'rez] 1 to be alert, circumspect. 2 to hurry up, be brisk הִזְדָּרֵז פ״ע
[hizdar'zut] 1 hurry, haste. 2 briskness, alertness הִזְדָּרְזוּת נ
[ha'za] 1 to hallucinate, dream. 2 to day dream, be sleepy הָזָה פ״ע
[hi'za] to sprinkle הִזָּה פ״י
[hazha'va] gilding, gold-plating הַזְהָבָה נ
[hiz'hiv] 1 to gild. 2 to become golden הִזְהִיב פ״י
[hiz'him] to infect, contaminate, pollute הִזְהִים פ״י
[hiz'hir] to warn, admonish, caution. 2 to shine, glow הִזְהִיר פי״ע
[hazha'ma] contamination, pollution הַזְהָמָה נ
[hizaha'mut] filth, dirt, filthiness הִזָּהֲמוּת נ
[hazha'ra] warning, caution הַזְהָרָה נ
[hizaha'rut] caution, carefulness, taking care הִזָּהֲרוּת נ
[ha'zuy] dreamed, imagined הָזוּי ת
[he'zez, haza'za] 1 shifting, moving. 2 displacement, removal הֶזֵּז ז, הֲזָזָה נ
[hiz'xiy'ax] to remove, dislocate הִזְחִיחַ פ״י
[hiz'xil] 1 to crawl, cringe. 2 to flow הִזְחִיל פ״י
[hazxa'la] trailing, causing to crawl, dragging הַזְחָלָה נ
[he'ziv] to drip, shed הֵזִיב פ״ע
[he'zid] 1 to boil, seethe. 2 to act maliciously הֵזִיד פי״ע
[haza'ya] fantasy, delusion, hallucination, dream הֲזָיָה נ
[haza'ya] sprinkling הַזָּיָה נ
[he'ziz] to move, displace, הֵזִיז פ״י
2 meeting
[hizda'nev] 1 to trail along after, tag along. 2 to queue after הִזְדַּנֵּב פ״ע
[hizdan'vut] trailing behind, queuing הִזְדַּנְּבוּת נ
[hizda''ze'a] 1 to be shocked, appalled. 2 to shudder, quiver הִזְדַּעְזֵעַ פ״ע
[hizda'ze''ut] 1 state of shock, fright. 2 shuddering, quavering הִזְדַּעְזְעוּת נ
[hizda''em] to become angry הִזְדַּעֵם פ״ע
[hizda'a'mut] anger, annoyance, irritation הִזְדַּעֲמוּת נ
[hizda''ef] to be or become enraged, sulk הִזְדַּעֵף פ״ע
[hizdaa''fut] getting into a rage, fury הִזְדַּעֲפוּת נ
[hizda''ek] to shout, cry out הִזְדַּעֵק פ״ע
[hizda'a'kut] outcry, hullaballoo, alarm הִזְדַּעֲקוּת נ
[hizda'ken] to grow old, become old, senile הִזְדַּקֵּן פ״ע
[hizdak'nut] ageing, aging, growing old, senility הִזְדַּקְּנוּת נ
[hizda'kef] 1 to stand up. 2 stand erect, straight הִזְדַּקֵּף פ״ע
[hizdak'fut] 1 standing erect. 2 erection הִזְדַּקְּפוּת נ
[hizda'kek] 1 to need, be in need of. 2 to be purified, refined, distilled הִזְדַּקֵּק פ״ע
[hizdake'kut] 1 need, recourse. 2 purification הִזְדַּקְּקוּת נ
[hizda'ker] 1 to project, protrude. 2 to stall הִזְדַּקֵּר פ״ע
[hizdak'rut] 1 prominence, protrusion. 2 stalling הִזְדַּקְּרוּת נ

[hiz'min] 1 to invite, call. 2 to order. 3 to summon הִזְמִין פ״י

[hazama'na] 1 invitation. 2 order. 3 summons הַזְמָנָה נ

[he'zen] nutrition, feeding הֶזֵּן ז

[hiz'na] 1 to prostitute, make depraved. 2 to debauch, fornicate הִזְנָה פ״י

[haza'na] nourishment, feeding, alimentation הֲזָנָה נ

[hazna'xa] neglect, negligence, abandonment הַזְנָחָה נ

[hiz'niy'ax] to neglect, abandon הִזְנִיחַ פ״י

[hiz'nik] 1 to prepare for start of race. 2 to cause to spurt הִזְנִיק פ״י

[hazna'ka] 1 start (of race). 2 causing to spurt הַזְנָקָה נ

[haza''a] sweat, perspiration הֲזָעָה נ

[hiz''im] 1 to enrage, anger, infuriate. 2 to shake, convulse הִזְעִים פ״י

[hiz''if] 1 to show anger, scowl. 2 to infuriate, anger הִזְעִיף פ״י

[hiz''ik] 1 to cry for, call for, alarm. 2 to warn, sound alarm. 3 to proclaim. 4 to convoke הִזְעִיק פ״י

[haz'a'ma] infuriating, enragement הַזְעָמָה נ

[haz'a'fa] glowering, scowling הַזְעָפָה נ

[hez''ek] 1 urgent call-up, alarm call הֶזְעֵק ז

[haz'a'ka] 1 alarm, siren, warning. 2 call-up, convocation הַזְעָקָה נ

[hiza'a'kut] being called up הִזָּעֲקוּת נ

[he'zek, haza'ka] 1 loss, damage. 2 injury, harm הֶזֵּק ז, הֲזָקָה נ

[hiz'kin] to age, make or become old הִזְקִין פו״ע

[hiz'kif] to straighten, erect, shift הִזְקִיף פ״י

[he'ziy'ax] 1 to budge, displace, shift. 2 to rebuff, disparage הֵזִיחַ פ״י

[hi'ziy'ax] to move, shift הִזִּיחַ פ״י

[he'zil] 1 to cheapen, reduce. 2 to humiliate הֵזִיל פ״י

[hi'zil] 1 to shed (tears), drop, infuse. 2 to distil הִזִּיל פ״י

[he'zin] to feed, nourish הֵזִין פ״י

[hi'ziy'a] to sweat, perspire הִזִּיעַ פ״ע

[hi'zik] to harm, hurt, damage הִזִּיק פ״י

[hi'zir] 1 to abstain, forbear. 2 to separate, dissociate הִזִּיר פ״י

[he'zex] to purify, cleanse הֵזֵךְ פ״י

[haza'ka] cleansing, purification הֲזַכָּה נ

[hiza'kut] becoming cleansed, purified הִזַּכּוּת נ

[hiz'kir] 1 to remind, note, mention. 2 to commemorate הִזְכִּיר פ״י

[hazka'ra] 1 memorial service. 2 mention, reference. 3 reminder, memorandum הַזְכָּרָה נ

[hizax'rut] remembering, recollecting הִזָּכְרוּת נ

[haza'la, hoza'la] 1 reduction, cheapening. 2 depreciation הֲזָלָה ז הוֹזָלָה נ

[haza'la] 1 sprinkling, shedding (tears). 2 infusion הֲזָלָה נ

[hiz'lif] to sprinkle, spray, water הִזְלִיף פ״י

[hazla'fa] sprinkling, spraying, watering הַזְלָפָה נ

[he'zem] to refute, contradict הֵזֵם פ״י

[he'zem, haza'ma] refutation, contradiction, proof of perjury הֶזֵּם ז הֲזַמָּה נ

2 to insert, instil, introduce

הַחְדָּלָה נ [haxda'la] cessation, stoppage

הַחְדָּרָה נ [haxda'ra] insertion, penetration

הֶחֱוָה פ״י [hexe'va] 1 to show, display. 2 to opine, express

הֶחֱוִיר פ״י [hexe'vir] to pale, turn pale, whiten, blanch

הַחְוָרָה נ [haxva'ra] 1 blanching, pallor. 2 clarification, elucidation

הֶחֱזָה פ״י [hexe'za] to show, exhibit, appear to be, visualize

הֶחֱזִיק פ״י [hexe'zik] 1 to hold, possess. 2 to seize. 3 to contain. 4 to detain. 5 to strengthen, support

הֶחֱזִיק מַעֲמָד to hold one's ground, to stand firm, to keep going, to endure

הֶחֱזִיר פ״י [hexe'zir] 1 to give back, restore. 2 to reflect. 3 to retract, revoke

הַחְזָקָה נ [haxza'ka] 1 maintenance. 2 support. 3 holding, seizing

הַחְזָקַת טוֹבָה gratitude, gratefulness

הַחְזָקַת מַעֲמָד persistence in the face of difficulties

הֶחְזֵר ז [hex'zer] 1 reflex. 2 return, restoration. 3 repayment, rebate

הַחְזָרָה נ [haxza'ra] 1 restoration, return. 2 handing back. 3 refund. 4 reflection

הֶחְזֵרִי ת [hexze'ri] concerned with reflexes

הָחְטָא פ״ע [hox'ta] 1 to be misled, led astray, sin. 2 to be missed

הַחְטָאָה נ [haxta'a] 1 bad aim, missing. 2 corruption, misleading

place upright

הִזְקִיק פ״י [hiz'kik] 1 to oblige, compel. 2 to have need of

הַזְקָפָה נ [hazka'fa] erection

הִזָּקְפוּת נ [hizak'fut] straightening up

הַזְקָקָה נ [hazka'ka] requirement

הִזָּקְקוּת נ [hizake'kut] need, necessity

הַזְרָחָה נ [hazra'xa] shining, effulgence

הִזְרִיחַ פ״י [hiz'riy'ax] 1 to glow, gleam. 2 to turn East

הִזְרִים פ״י [hiz'rim] 1 to let flow. 2 to flood, stream. 2 to discharge

הִזְרִיעַ פ״י [hiz'riy'a] 1 to inseminate, impregnate, sow. 2 to ejaculate

הִזְרִיק פ״י [hiz'rik] to inject

הַזְרָמָה נ [hazra'ma] 1 directing of flow. 2 causing to flow

הַזְרָעָה נ [hazra''a] 1 insemination, sowing. 2 seed production

הַזְרָקָה נ [hazra'ka] injection, injecting

הִזָּרְקוּת נ [hizar'kut] 1 being thrown, projection. 2 sprinkling, spraying

הַחְבָּאָה נ [haxba''a] concealment, hiding

הֵחָבְאוּת נ [hexav''ut] being hidden, concealed

הֶחְבִּיא פ״י [hex'bi] to hide, conceal

הֶחְבִּיר פ״י [hex'bir] 1 to compose, join. 2 to pool, string together

הֶחְבֵּר ז [hex'ber] 1 association of ideas, connection. 2 stitching

הַחְבָּרָה נ [haxba'ra] socialization

הֶחְגִּיר פ״ע [hex'gir] to stagger, reel

הַחְגָּרָה נ [haxga'ra] lameness, limp

הֵחַד פ״ע [he'xad] to sharpen

הֶחְדִּיל פ״י [hex'dil] to stop, cease

הֶחְדִּיר פ״י [hex'dir] 1 to penetrate.

הֶחֱטִיא פ״י [hex'ti] 1 to miss. 2 to corrupt, incite. 3 to sin, cause to sin

הַחֲיָאָה נ [haxya''a] 1 resurrection, revival. 2 resuscitation. 3 restoration

הֶחֱיָה פ״ע [hex'ya] 1 to resuscitate, revive. 2 to keep alive. 3 to refresh

הֵחִיל פ״י [he'xil] 1 to shake. 2 to cause to happen

הֵחִישׁ פ״י [he'xish] 1 to hasten, rush, hurry. 2 to speed up, accelerate

הֶחְכִּים פ״ע [hex'kim] 1 to make wise. 2 to grow wise. 3 to be wise

הֶחְכִּיר פ״י [hex'kir] to lease, let

הַחְכָּמָה נ [haxka'ma] imparting knowledge, making or becoming wise

הַחְכָּרָה נ [haxka'ra] leasing, letting

הֵחֵל פ״י [he'xel] 1 to begin, start. 2 to profane, desecrate

הָחֵל מִ־ תה״פ [ha'xel mi-] beginning with, as of

הַחְלָאָה נ [haxla''a] 1 causing sickness. 2 illness

הַחְלָדָה נ [haxla'da] rusting

הֶחָלָה נ [hexa'la] 1 start, beginning. 2 application, operation

הֶחֱלָה פ״י [hexe'la] to make ill, sick

הַחְלָטָה נ [haxla'ta] decision, resolution

הֶחְלֵטִי ת [hexle'ti] decisive, definitive

הֶחְלֵטִיּוּת נ [hexleti'yut] decisiveness, resoluteness

הֶחְלֵטִית תה״פ [hexle'tit] definitely, decisively, certainly

הֶחֱלִיא פי״ע [hexe'li] 1 to make sick. 2 to cause sickness

הֶחֱלִיד פי״ע [hexe'lid] 1 to make or become rusty. 2 to become obsolete. 3 to stab, thrust

הַחֲלָיָה נ [haxla'ya] sickness, illness

הֶחְלִיט פ״י [hex'lit] 1 to decide, resolve. 2 to determine

הֶחֱלִים פ״י [hex'lim] 1 to recover, recuperate. 2 to cure, heal. 3 to cause to dream

הֶחֱלִיף פ״י [hex'lif] 1 to change. 2 to substitute, exchange. 3 to renew

הֶחֱלִיף אֶת הַיּוֹצְרוֹת to mistake one for another

הֶחֱלִיף כֹּחַ to refresh oneself, rest

הֶחֱלִיץ פ״י [hex'lits] 1 to gird, arm. 2 to strengthen, invigorate

הֶחֱלִיק פי״ע [hex'lik] 1 to smooth. 2 to slide, slip, glide. 3 to skate. 4 to flatter

הֶחֱלִיק לָשׁוֹן to speak flatteringly

הֶחֱלִישׁ פ״י [hex'lish] to weaken, enfeeble

הַחְלָמָה נ [haxla'ma] 1 convalescence, recuperation. 2 recovery

הֶחְלֵף ז [hex'lef] change

הַחְלָפָה נ [haxla'fa] 1 exchange, change. 2 substitution, replacement

הַחְלָצָה נ [haxla'tsa] straightening, strengthening

הֵחָלְצוּת נ [hexal'tsut] 1 deliverance, escape, release. 2 pioneering

הֶחְלֵק ז [hex'lek] portamento (music)

הַחְלָקָה נ [haxla'ka] 1 gliding, skating, skiing. 2 slide, slip, skid. 3 smoothing. 4 flattery

הֵחָלְקוּת נ [hexal'kut] 1 division, partition. 2 dissension, discard

הַחְלָשָׁה נ [haxla'sha] weakening, enfeeblement

הֵחָלְשׁוּת נ [hexal'shut] enfeeblement, becoming weak

הֵחֵם פ״י [he'xem] to make warm, heat

הֶחְמִיא פ״י [hex'mi] to compliment, flatter

הֶחְמִיץ פי״ע [hex'mits] 1 to make sour, acidify, ferment. 2 to become sour, leavened. 3 to miss (opportunity)

הֶחְמִיר פי״ע [hex'mir] 1 to aggravate. 2 to make or become worse. 3 to be strict. 4 to burn, parch

הַחְמָצָה נ [haxma'tsa] 1 souring, fermentation, leavening. 2 missing, postponement. 3 oxidation

הַחְמָרָה נ [haxma'ra] 1 worsening, aggravation. 2 increasing strictness

הֶחֱנָה פ״י [hex'na] to park

הַחְנָטָה נ [haxna'ta] 1 mummification, embalming. 2 germination, sprouting

הַחְנָיָה נ [haxna'ya] parking

הֶחֱנִיט פ״י [hex'nit] 1 to embalm, mummify. 2 to sprout, germinate

הֶחֱנִיף פי״ע [hex'nif] 1 to flatter, toady to. 2 to simulate, pretend. 3 to defile, pollute

הֶחֱנִיק פ״י [hex'nik] to suffocate, strangle, stifle

הַחְנָפָה נ [haxna'fa] 1 flattery. 2 fawning, toadying

הַחְנָקָה נ [haxna'ka] 1 suffocation, strangling. 2 nitrification, nitrogenation

הֵחָנְקוּת נ [hexan'kut] strangulation, asphyxiation

הֶחֱסָה פ״י [hexe'sa] 1 to give refuge, shelter. 2 to protect, defend

הַחְסָיָה נ [haxsa'ya] 1 refuge, shelter. 2 protection, defence

הֶחְסִין פ״י [hex'sin] 1 to store. 2 to immunize, render immune

הֶחְסִיר פ״י [hex'sir] 1 to deduct, subtract. 2 to omit. 3 to be absent

הֵחָסְמוּת נ [hexas'mut] 1 being blocked, sealed in. 2 being concealed because of secrecy

הַחְסָנָה נ [haxsa'na] storage

הֵחָסְנוּת נ [hexas'nut] becoming strong, immune

הֶחְסֵר ז [hex'ser] reduction, subtraction

הַחְסָרָה נ [haxsa'ra] 1 missing, omission. 2 reduction, subtraction

הֵחָפְזוּת נ [hexaf'zut] hurry, haste, fluster

הֶחְפִּיר פ״י [hex'pir] 1 to be ashamed, in disgrace. 2 to put to shame, disgrace

הֶחְפִּישׁ פ״י [hex'pish] to set free, release

הַחְפָּשָׂה נ [haxpa'sa] disguise, dressing-up

הַחְצָאָה נ [haxtsa'’a] division, bisection

הֵחָצוּת נ [hexa'tsut] division, halving

הֶחֱצִיב פ״י [hexe'tsiv] to destroy, slay, cut

הֶחֱצִיף פ״י [hexe'tsif] to be or become insolent, impertinent

הַחְצָנָה נ [axtsa'na] externalization

הַחְצָפָה, הַחְצָפַת פָּנִים נ [haxtsa'fa] insolence, impertinence

הֵחָקְרוּת נ [hexak'rut] interrogation, investigation

הַחְרָבָה נ [haxra'va] destruction, devastation

הֶחָרְבוּת נ [hexar'vut] devastation, laying waste

הַחְרָדָה נ [haxra'da] 1 terrorization, causing fright. 2 intimidation
הֶחֱרָה פ״י [hexe'ra] to be or become angry, incensed
הֶחֱרִיא פ״י [hexe'ri] to defecate
הֶחֱרִיב פ״י [hexe'riv] 1 to destroy, devastate, lay waste. 2 to become waste
הֶחֱרִיד פ״י [hexe'rid] 1 to terrify, horrify. 2 to alarm
הֶחֱרִיז פ״י [hexe'riz] 1 to string, thread. 2 to rhyme, versify
הֶחֱרִים פ״י [hex'rim] 1 to confiscate, forfeit, boycott. 2 to outlaw, ostracize, to destroy, doom. 3 to excommunicate
הֶחֱרִיף פ״ע [hex'rif] 1 to winter. 2 to aggravate, worsen, exacerbate
הֶחֱרִישׁ פ״ע [hex'rish] 1 to be silent. 2 to deafen. 3 to forge
הַחְרָמָה נ [haxra'ma] 1 confiscation, requisition. 2 banning, boycott, excommunication. 3 destruction
הַחְרָפָה נ [haxra'fa] worsening, aggravation, exacerbation
הֶחְרֵשׁ ז [hex'resh] 1 silence. 2 secrecy
הַחְרָשָׁה נ [haxra'sha] 1 silence, dumbness. 2 deafening
הֶחָרְתוּת נ [hexar'tut] engraving, carving
הַחְשָׁבָה נ [haxsha'va] appreciation, according importance
הֵחָשְׁבוּת נ [hexash'vut] reckoning, consideration
הַחְשָׁדָה נ [haxsha'da] suspicion
הֵחָשְׁדוּת נ [hexash'dut] being suspect
הֶחָשָׁה נ [hexa'sha] 1 acceleration. 2 speed
הֶחֱשָׁה פ״ע [hexe'sha] 1 to keep silent, still. 2 to silence, quieten, hush
הֶחְשִׁיב פ״י [hex'shiv] 1 to esteem, value, prize. 2 to appreciate
הֶחֱשִׁיד פ״י [hexe'shid] to arouse suspicion, to cause to suspect
הֶחֱשִׁיךְ פ״ע [hexe'shix] 1 to darken. 2 to become dark
הֶחֱשִׂיף פ״י [hexe'sif] to reveal, disclose
הַחְשָׁכָה נ [haxsha'xa] darkening, obscuration
הֵחָשְׁכוּת נ [hexash'xut] darkening
הַחְשָׂפָה נ [haxsa'fa] disclosure
הֵחָשְׂפוּת נ [hexas'fut] uncovering, being revealed, exposure
הֵחַת פ״י [he'xat] to shatter, smash
הֶחְתִּים פ״ע [hex'tim] to sign, have signed, affix seal. 2 to conclude, finalize
הֵחָתְכוּת פ״ע [hexat'xut] dissection
הַחְתָּמָה נ [haxta'ma] 1 seal, signature. 2 subscription
הֵחָתְמוּת נ [hexat'mut] signing
הַטָּאָה נ [hata'’a] 1 bending, diversion. 2 declination, deflection
הֲטָבָה נ [hata'va] 1 improvement, betterment. 2 bonus, amelioration, benefit
הִטְבִּיל פ״י [hit'bil] 1 to dip, immerse. 2 to baptize
הִטְבִּיעַ פ״י [hitbi'’a] 1 to impress, imprint, mark. 2 to mint. 3 to sink, drown
הַטְבָּלָה נ [hatba'la] 1 dipping, immersion. 2 baptism
הִטָּבְלוּת נ [hitav'lut] immersion
הַטְבָּעָה נ [hatba'’a] 1 coining, minting. 2 sinking, drowning
הִטָּבְעוּת נ [hitav'’ut] 1 coining, minting. 2 sinking
הִטַּגֵּן פ״ע [hita'gen] to be fried, fry

work

הֲטָלָה נ [hata'la] 1 throwing, casting. 2 projection

הַטָּלָה נ [hata'la] 1 laying. 2 throwing. 3 levying, imposition

הִטַּלְטֵל פ״ע [hital'tel] 1 to wander. 2 to be carried

הִטַּלְטְלוּת נ [hitalte'lut] 1 wandering, peregrination. 2 mobility, portability

הִטְלִיא פ״י [hit'li] to patch, have patched

הַטְלָיָה נ [hatla'ya] patch, patchwork

הִטְלִיל פ״י [hit'lil] to cover in dew, bedew

הִטַּמֵּא פ״ע [hita'me] to become unclean, impure

הַטְמָאָה נ [hatma'’a] defilement, desecration

הִטָּמְאוּת נ [hitam'’ut] becoming defiled, defilement

הִטְמִיא פ״י [hit'mi] to sully, profane, define

הִטְמִין פ״י [hit'min] 1 to hide, conceal, bury, cache. 2 to place (in oven)

הִטְמִיעַ פ״י [hit'miy'a] to assimilate, absorb

הַטְמָנָה נ [hatma'na] hiding, concealment

הִטָּמְנוּת נ [hitam'nut] concealment, being hidden away

הַטְמָעָה נ [hatma'’a] assimilation, absorption

הִטָּמְעוּת נ [hitam'’ut] assimilation, integration

הַטְמָרָה נ [hatma'ra] storing, storage

הַטְנָה נ [hat'na] willow sandal

הִטַּנֵּף פ״ע [hita'nef] to become dirty, defile oneself

הִטַּנְּפוּת נ [hitan'fut] defilement, contamination

הִטַּגְּנוּת נ [hitag'nut] frying, being fried

הִטָּה פ״י [hi'ta] 1 to bend, avert, turn away. 2 to direct. 3 to inflect. 4 to conjugate, decline

הִטַּהֵר פ״ע [hita'her] to be purified, to become pure

הִטַּהֲרוּת נ [hitaha'rut] purification

הִטּוּי ז [hi'tuy] 1 diversion, bending. 2 inclination

הֶטֵּחַ ז [he'te'’ax] knock, beating

הֲטָחָה נ [hata'xa] 1 thrust. 2 beating, knocking

הִטְחִיב פ״י [hit'xiv] to dampen, make mouldy, moisten

הִטְחִין פ״י [hit'xin] 1 to crush, have ground. 2 to digest, masticate

הֲטָחַת דְּבָרִים insolent speech, fling (in his face)

הֵטִיב פי״ע [he''tiv] 1 to ameliorate, better, improve. 2 to benefit, do good. 3 to succeed

הֵטִיב אֶת לִבּוֹ to take delight

הִטַּיְּבוּת נ [hitai'vut] amelioration, improvement

הַטָּיָה נ [hata'ya] 1 diversion, deflection. 2 bending, declination

הֵטִיחַ פ״י [he'tiy'ax] 1 to plaster, smear. 2 to knock, strike. 3 to have sexual intercourse

הֵטִיל פ״י [he'til] 1 to throw, impose. 2 to inflict, cast. 3 to lay

הִטִּיל פ״י [hi'til] 1 to impose, set place. 2 to lay

הֵטִיס פ״י [he'tis] 1 to fly. 2 to send by plane

הִטִּיף פ״י [hi'tif] 1 to drip, drop. 2 to preach, utter

הֶטֶל ז [he'tel] 1 fee, tax. 2 projection (geometry). 3 levy, impost

הַטְלָאָה נ [hatla'’a] patching, patch

הֵטֵס ז [heˈtes] air lift

הֲטָסָה נ [hataˈsa] 1 flying. 2 transportation by air

הַטְעָאָה נ [hat'aˈ'a] 1 feint. 2 sophism. 3 deception, misleading

הִטְעָה פ״י [hitˈ'a] 1 to mislead, deceive. 2 to cheat, lead astray

הַטְעָיָה נ [hat'aˈya] 1 deception. 2 sophism

הִטְעִים פ״י [hitˈ'im] 1 to stress, emphasize. 2 to accent. 3 to give to taste

הִטְעִין פ״י [hitˈ'in] 1 to load. 2 to charge, impose

הַטְעָמָה נ [hat'aˈma] 1 emphasis, stress, accentuation. 2 recitation

הַטְעָנָה נ [hat'aˈna] 1 loading. 2 charging

הַטָּפָה נ [hataˈfa] 1 preaching, sermonizing. 2 dripping, dropping

הִטְפִּיחַ פ״י [hitˈpiy'ax] to moisten

הִטְפִּיס פ״י [hitˈpis] to duplicate, copy

הִטְפִּישׁ פ״ע [hitˈpish] to make stupid, stultify

הִטַּפֵּל פ״ע [hitaˈpel] 1 to join. 2 attend, accost

הִטַּפְּלוּת נ [hitafˈlut] attending, accosting

הִטַּפְּלוּת נ [hitapˈlut] concern, occupation

הֶטְפֵּס ז [hetˈpes] copy, draft

הַטְפָּסָה נ [hatpaˈsa] 1 copying. 2 printing

הִטַּפֵּשׁ פ״ע [hitaˈpesh] 1 to act stupidly. 2 to play the fool

הַטְפָּשָׁה נ [hatpaˈsha] nonsense, foolishness

הִטַּפְּשׁוּת נ [hitapˈshut] silliness, foolishness

הַטָּפַת מוּסָר moralizing, preaching

הַטָּפָתִי ת [hatafaˈti] pertaining to preaching, sermonizing

הַטְרָדָה נ [hatraˈda] annoyance, bother, harassment

הִטָּרְדוּת נ [hitarˈdut] nuisance, bother

הֶטְרֵחַ ז, הַטְרָחָה נ [hetreˈ'ax, hatraˈxa] trouble, annoyance

הִטְרִיד פ״י [hitˈrid] to bother, trouble, pester, annoy

הִטְרִיחַ פ״י [hitˈriy'ax] 1 to harass, bother. 2 to overwork

הִטְרִים פ״י [hitˈrim] to precede, anticipate, forestall

הִטְרִיף פ״י [hitˈrif] 1 to make unfit for consumption. 2 to declare not "kasher"

הַטְרָפָה נ [hatraˈfa] forbidding food, pronouncing "taref"

הִטָּרְפוּת נ [hitarˈfut] 1 destruction. 2 being devoured as prey. 3 alienation, madness

הִטַּשְׁטֵשׁ פ״ע [hitashˈtesh] 1 to become blurred, illegible. 2 to be obliterated, erased

הִטַּשְׁטְשׁוּת נ [hitashteˈshut] blurring, obliteration, defacing

הֵי מ״ק מ״ש [he] 1 Hey!. 2 Here is... Behold. 2 "he" fifth letter of alphabet

הִי מ״ג נ [hi] 1 alas, ay. 2 who. 2 grief, wailing

הִיא מ״ג [hi] she, it

הִיא הִיא the very same (f)

הֵיאַךְ, הֵיאָךְ תה״פ [heˈ'ax] how

הִיֵּד פ״י [hiˈyed] to praise

הֵידָד מ״ק [heˈdad] Hurrah! Bravo! Cheers!

הֻיְּדוֹת נ״ר [huyˈdot] choruses, songs of praise

הִידְרוֹקָן ז [hidroˈkan] hydropsy

[hidra'kon] hydropsy, dropsy הִידְרָקוֹן ז

[ha'ya] 1 to be, exist. 2 to become, remain. 3 to belong to הָיָה פ״ע

[hi'ya] to cause to be, bring about הִיָּה פ״י

[hiyu'li] primitive, primeval הִיּוּלִי ת

[hiyuli'yut] primitiveness הִיּוּלִיּוּת נ

[hiyula'ni] primitive, formless, raw הִיּוּלָנִי ת

[ha'yom] 1 today. 2 nowadays הַיּוֹם תה״פ

[hi'yun] acceptation, approval הִיּוּן ז

[he'yot] 1 being. 2 to be. 2 since, considering הֱיוֹת נ פ״ע

[he'tev] properly, well הֵיטֵב תה״פ

[he'tiv] 1 to better, improve. 2 to benefit, do good. 3 to do well הֵיטִיב פ״י

[hex] how הֵיךְ תה״פ

[he'xal] 1 shrine, temple. 2 palace. 3 the Temple. 4 the ark of the covenant הֵיכָל ז

[he'xan] where הֵיכָן תה״פ

[he'lil] to wail, lament, moan הֵילִיל פ״ע

[he'lax] here is/are, here you have הֵילָךְ

[hele'xax] therefore הֵילְכָךְ

[he'min] to turn to the right הֵימִין פ״ע

[hey'max] from you הֵימָךְ

[heyma'na] turning to the right הַיְמָנָה נ

[hey'mena] from her הֵימֶנָּה מ״ג

[hey'menu] from him הֵימֶנּוּ מ״ג

[him'non] hymn, song of praise, anthem הִימְנוֹן ז

[hin] 1 hin (ancient liquid measure). 2 to dare, venture הִין ז פ״ע

[hai'nu] that is, namely הַיְנוּ תה״פ

it makes no difference, it is just the same הַיְנוּ הַךְ

[he'nika] to suckle, nurse, breastfeed הֵינִיקָה פ״י

[he'sir] to chastise, punish הֵיסִיר פ״י

[hey'shir] 1 to straighten, make straight. 2 to proceed directly הֵישִׁיר פ״ע

[haisha'ra] straightening, rectification הַיְשָׁרָה נ

[hayita'xen] Can it be? הֲיִתָּכֵן מ״ש

[hax] this, that הָךְ מ״ג

[hax'a'va] causing pain, infliction of pain הַכְאָבָה נ

[hix''a] 1 to beat, strike. 2 to cause pain. 3 to break הִכְאָה פ״י

[haka''a] striking, beating הַכָּאָה נ

[hix''iv] to hurt, wound, aggrieve, cause sorrow הִכְאִיב פ״י

[haxba'da] 1 encumbrance, burden. 2 inconvenience, bother. 3 sweeping הַכְבָּדָה נ

[hikav'dut] respectability, esteemed status הִכָּבְדוּת נ

[hix'bid] to burden, encumber הִכְבִּיד פ״י

[hix'bir] to multiply, increase in quantity הִכְבִּיר פ״י

[hikav'lut] being shackled, chained הִכָּבְלוּת נ

[haxba'ra] increase, multiplication הַכְבָּרָה נ

[hi'ka] 1 to beat, strike, hit. 2 to hurt. 3 to kill, slay. 4 to plague, afflict. 5 to conquer, defeat הִכָּה פ״י

to take root הִכָּה שֹׁרֶשׁ

1 to repent. 2 to regret הִכָּה עַל חֵטְא

[hix'ha] to make or become dark, dim הִכְהָה פ״י

[haxha'ya] dimming, הַכְהָיָה נ

darkening

[hika'vut] scorching, burning, scalding הִכָּווּת נ

[hix'vin] 1 to set, regulate. 2 to guide, direct, steer. 3 to tune הִכְוִין פ״י

[hex'ven] 1 guidance. 2 tuning, regulation הֶכְוֵן ז

[hi'kon] 1 to be ready, get ready. 2 On your marks! הִכּוֹן פ״ע מ״ק

[haxva'na] 1 direction, guidance. 2 setting, regulation. 3 alignment הַכְוָנָה נ

[ha'kot] 1 to strike, beat. 2 to punish הַכּוֹת פ״י

[hex'zev] disproof, confutation הֶכְזֵב ז

[haxza'va] disappointment, disillusionment הַכְזָבָה נ

[hikaz'vut] disillusionment הִכָּזְבוּת נ

[hix'ziv] 1 to disappoint, disillusion. 2 to frustrate, falsify, deny הִכְזִיב פ״י

[hax'xa'da] destruction, annihilation הַכְחָדָה נ

[hikaxa'dut] annihilation, extinction הִכָּחֲדוּת נ

[hix'xid] 1 to destroy, annihilate, wipe out. 2 to hide, conceal הִכְחִיד פ״י

[hix'xil] to make or become blue הִכְחִיל פי״ע

[hixe'xish] 1 to deny, disavow. 2 to contradic, rebut. 3 to become thin הִכְחִישׁ פי״ע

[haxxa'la] turning blue, making blue הַכְחָלָה נ

[hex'xesh] 1 denial. 2 rebuttal, contradiction הֶכְחֵשׁ ז

[haxexa'sha] 1 denial. 2 contradiction, disapproval, rebuttal. 3 becoming thin, lean הַכְחָשָׁה נ

[hikaxa'shut] denial, non-acceptance הִכָּחֲשׁוּת נ

[ha'xi] 1 really. 2 the most (superlative particle) הֲכִי מ״ח תה״פ

[haka'ya] beating, hitting, striking הַכָּיָה נ

[he'xil] 1 to contain, include, comprise. 2 to sustain, bear הֵכִיל פ״י

[he'xin] to arrange, fix, prepare הֵכִין פ״י

[haxei'tsad] how, how on earth הַכֵּיצַד

[hi'kir] 1 to recognize, observe. 2 to acknowledge. 3 to be acquainted with הִכִּיר פ״י

[hi'kish] 1 to bite, sting. 2 to strike, beat הִכִּישׁ פ״י

[ha'kol] everything, everybody, everyone הַכֹּל מ״ג

[haxla'’a] crossbreeding, hybridization הַכְלָאָה נ

[hikal'’ut] imprisonment, incarceration הִכָּלְאוּת נ

[haxla'va] tacking, preparatory sewing, basting הַכְלָבָה נ

[haxa'la] capacity, amount contained הֲכָלָה נ

[hix'li] to crossbreed, hybridize הִכְלִיא פ״י

[hix'liv] 1 to tack, baste, stitch. 2 to bungle, botch. 3 to staple הִכְלִיב פ״י

[hix'lil] 1 to include. 2 to generalize. 3 to marry הִכְלִיל פ״י

[hix'lim] to insult, affront, humiliate הִכְלִים פ״י

[hex'lel] generalization הֶכְלֵל ז

[haxla'la] 1 generalization. 2 generality. 3 inclusion. הַכְלָלָה נ

[hikale'lut] inclusion, incorporation הִכָּלְלוּת נ

2 silvering
[hix'ʼis] 1 to anger, enrage. 2 to irritate, provoke — הִכְעִיס פ״י
[hix'ʼir] to render ugly, uglify — הִכְעִיר פ״י
[hax'a'sa] 1 annoyance, angering. 2 provocation, irritation — הַכְעָסָה נ
[hax'a'ra] uglification — הַכְעָרָה נ
[hix'pil] to double, multiply, fold — הִכְפִּיל פ״י
[hix'pish] to trample, abase, degrade, besmear — הִכְפִּישׁ פ״י
[haxpa'la] duplication, multiplication, folding — הַכְפָּלָה נ
[hikaf'lut] doubling — הִכָּפְלוּת נ
[haxpasha] muddying, degradation, disgracing, besmirching — הַכְפָּשָׁה נ
[ha'xar] to be unfriendly, make fun of — הָכַר פ״ע
[he'ker] 1 mask, sign. 2 attribute. 3 recognition — הֶכֵּר ז
[haka'ra] 1 discernment. 2 acquaintance. 3 recognition, awareness. 4 cognition — הַכָּרָה נ
[heke'rut] acquaintance — הֶכֵּרוּת נ
[haxra'za] 1 announcement. 2 declaration, proclamation — הַכְרָזָה נ
[hex're'ax] necessity, compulsion — הֶכְרֵחַ ז
[haxra'xa] forcing, compulsion — הַכְרָחָה נ
[hexre'xi] 1 essential, vital, necessary. 2 indispensable — הֶכְרֵחִי ת
[hexrexi'yut] necessity, indispensability — הֶכְרֵחִיּוּת נ
[hix'riz] to proclaim, declare, announce — הִכְרִיז פ״י
[hix'riy'ax] to compel, force — הִכְרִיחַ פ״י
[hix'riy'a] 1 to outbalance. — הִכְרִיעַ פ״י

[haxla'ma] humiliation, affront, insult — הַכְלָמָה נ
[hikal'mut] shyness, bashfulness — הִכָּלְמוּת נ
[haxla'ra] chlorination — הַכְלָרָה נ
[hix'min] to hide, conceal — הִכְמִין פ״י
[hix'mish] to wither, wrinkle — הִכְמִישׁ פ״ע
[haxma'na] 1 concealment. 2 secret witnessing. 3 ambush — הַכְמָנָה נ
[hikam'rut] 1 awakening. 2 mercy, compassion — הִכָּמְרוּת נ
[ha'xen] 1 alert. 2 at the ready — הָכֵן ז תה״פ
[haxa'na] preparation, planning — הֲכָנָה נ
[hix'nis] 1 to insert, bring in, introduce. 2 to admit, let in. 3 to make a profit, earn — הִכְנִיס פ״י
[hix'niy'a] 1 to subdue, subjugate, overcome. 2 to humiliate — הִכְנִיעַ פ״י
[hix'nif] 1 to encourage, embolden. 2 to lend wing — הִכְנִיף פ״ע
[haxna'sa] 1 introduction, insertion. 2 income, earnings, revenue — הַכְנָסָה נ
[hikan'sut] entry, entrance — הִכָּנְסוּת נ
hospitality — הַכְנָסַת אוֹרְחִים
bridal ceremony, bridal fund — הַכְנָסַת כַּלָּה
[haxna'ʼa] 1 subjugation, suppression. 2 submission — הַכְנָעָה נ
[hikan'ʼut] submission, surrender — הִכָּנְעוּת נ
[hix'sif] 1 to silverplate. 2 to be or become grey, silver — הִכְסִיף פ״י
[haxsa'fa] 1 silvering. 2 drying up — הַכְסָפָה נ
[hikas'fut] 1 nostalgia. — הִכָּסְפוּת נ

2 to determine, decide.
3 to subdue, overpower

הִכְרִית פ״י [hix'rit] 1 to annihilate, destroy. 2 to remove, withdraw

הַכָּרָנִי ת [haka'rani] cognitive

הֶכְרֵעַ ז [hex're'a] 1 preponderance. 2 surplus, overweight. 3 determining factor

הַכְרָעָה נ [haxra''a] 1 critical decision, tipping the scales. 2 defeat, victory

הַכָּרַת טוֹבָה gratitude, gratefulness

הִכָּרֵת פ״ע [hika'ret] 1 to be cut off. 2 to be destroyed. 3 to be signed (treaty)

הַכְרָתָה נ [haxra'ta] annihilation, destruction, extermination

הִכָּרְתוּת נ [hikar'tut] 1 being cut off, severed. 2 being signed (treaty)

הַכָּרָתִי ת [hakara'ti] conscious

הַכָּשָׁה נ [haka'sha] 1 striking, beating. 2 bite

הִכְשִׁיל פ״י [hix'shil] 1 to cause to fail, obstruct, thwart. 2 to lead astray, mislead. 3 to stumble

הִכְשִׁיר פ״י [hix'shir] 1 to train, prepare, equip. 2 to authorize, legalize. 3 to make "kasher"

הַכְשָׁלָה נ [haxsha'la] 1 obstruction, failure. 2 causing to fail

הִכָּשְׁלוּת נ [hikash'lut] 1 failure. 2 stumbling

הֶכְשֵׁר ז [hex'sher] 1 authorization, validation. 2 certificate of "kashrut". 3 making "kasher"

הַכְשָׁרָה נ [haxsha'ra] 1 preparation, training. 2 qualification, fitness. 3 making "kasher"

הִכֵּת פ״י [hi'ket] to strike, beat

הַכְתָּבָה נ [haxta'va] dictation

הִכָּתְבוּת נ [hikat'vut] being written

הִכְתִּיב פ״י [hix'tiv] to dictate

הִכְתִּים פ״י [hix'tim] to stain, soil, sully, tarnish, blot

הִכְתִּיף פ״י [hix'tif] to shoulder

הִכְתִּיר פ״י [hix'tir] to crown

הַכְתָּמָה נ [haxta'ma] staining, sullying, defilement, besmirching

הִכָּתְמוּת נ [hikat'mut] being sullied, stained

הַכְתָּפָה נ [haxta'fa] shouldering, support

הַכְתָּרָה נ [haxta'ra] coronation, crowning

הַל פ״ע [hal] to sparkle, glitter

הֵל ז [hel] halo, crowing radiance

הֲלֹא תה״פ [ha'lo] surely

הָלְאָה תה״פ ['hal'a] further on, ahead, hence, away

הֶלְאָה פ״י [hel''a] to tire, weary, exhaust, fatigue

הִלְאִים פ״י [hil''im] to nationalize

הַלְאָמָה נ [hal'a'ma] nationalization

הִלְבִּיד פ״י [hil'bid] to stick, glue together, laminate

הִלְבִּין פ״ע [hil'bin] 1 to bleach, whiten. 2 to go pale, blanch. 3 to clarify. 4 to shame

הִלְבִּישׁ פ״י [hil'bish] to dress, clothe, wrap

הַלְבָּנָה נ [halba'na] 1 whitening, bleaching. 2 shaming, embarrassing

הַלְבָּשָׁה נ [halba'sha] 1 clothing, clothes. 2 dressing

הֻלֶּדֶת נ [hu'ledet] birth

הַלָּה מ״ג [ha'la] that

הִלָּה נ [hi'la] 1 halo, radiance. 2 crown, glory

הַלְהָבָה נ [halha'va] illumination, arousal of enthusiasm

הַלְהָטָה נ [halha'ta] causing to burn,

welding

[halxa'na] composition (mus.) הַלְחָנָה נ

[hilaxa'tsut] being pressed, pressure, uptight הִלָּחֲצוּת נ

[halxa'ta] panting הַלְחָתָה נ

[hala'ta] covering, enfolding, wrapping הֲלָטָה נ

[he'liz] to libel, slander הֵלִיז פי"ע

[he'lit] to cover, wrap, enfold הֵלִיט פ"י

[ha'lix] 1 gait, step. 2 manner, custom. 3 procedure, practice. 4 proceeding הָלִיךְ ז

[hali'xa] 1 walking, going. 2 custom, manner. 3 caravan, procession הֲלִיכָה נ

home economics הֲלִיכוֹת הַבַּיִת

[hali'ma] beating, striking הֲלִימָה נ

[hali'mut] suitability, fittingness הֲלִימוּת נ

[he'lin] 1 to accommodate, put up. 2 to withhold (wages). 3 to grumble, complain הֵלִין פ"י

[hi'lin] to complain, grumble הִלִּין פ"י

[he'lits] 1 to deride, mock, scorn. 2 to recommend, intercede. 3 to defend. 4 to interpret, translate הֵלִיץ פ"י

[ha'lax] 1 to go, walk, step. 2 to travel, depart. 3 to pass, disappear הָלַךְ פ"ע

[ha'lax] 1 movement, proceeding. 2 toll, road-tax הֲלָךְ ז

mood, prevalent attitude or outlook הֲלָךְ רוּחַ

[ha'lax] walker, rambler הַלָּךְ ז

['helex] 1 traveller. 2 stream, flow. 3 wanderer, wayfarer הֵלֶךְ ז

[hi'lex] 1 to walk. 2 to move, proceed הִלֵּךְ פ"ע

[hala'xa] 1 ruling, tradition, הֲלָכָה נ

fanning (flames)

[hil'hiv] 1 to imbue with enthusiasm. 2 to excite, inflame הִלְהִיב פ"י

[hil'hit] 1 to cause to blaze, kindle, fan (flames) הִלְהִיט פ"י

[halva'ʼa] loan, credit הַלְוָאָה נ

[hale'vai] if only, would that הַלְוַאי מ"ק

[hil'va] to lend, loan (money) הִלְוָה פ"י

[hila'vut] accompaniment, being accompanied הִלָּווּת נ

[halva'ya] 1 funeral. 2 cortege. 3 accompaniment הַלְוָיָה נ

[ha'lox] 1 going, walking. 2 one way, the way there הָלוֹךְ פ"ע

[hi'lux] 1 gear. 2 gait, carriage. 3 perambulation הִלּוּךְ ז

[hi'lul] praising, laudation הִלּוּל ז

[hilu'la] 1 festivity, celebration. 2 party, merry-making הִלּוּלָא, הִלּוּלָה נ

[hilu'lim] merrymaking הִלּוּלִים ז"ר

[ha'lum] shocked, smitten, struck הָלוּם ת

[ha'lom] hither, to this point הֲלוֹם תה"פ

[hi'lum] harmony, consonance הִלּוּם ז

[ha'laz] that one (m) הַלָּז מ"ג

[hala'za] slander, rumo(u)r, libel הֲלָזָה נ

[hala'ze] that one (m) הַלָּזֶה מג"ז

[hale'zu] that one (f) הַלֵּזוּ מג"נ

[hil'xim] to solder, weld הִלְחִים פ"י

[hil'xin] to compose (mus.) הִלְחִין פ"י

[hil'xits] 1 to press. 2 to distress הִלְחִיץ פ"י

[hil'xit] to pant הִלְחִית פ"י

[hel'xem] join, welding הֶלְחֵם ז

[halxa'ma] 1 welded or soldered joint. 2 soldering, הַלְחָמָה נ

law. 2 theory. 3 Halakha

הִלְכוּתִי, הֲלָכִי ת [hilxu'ti, hala'xi] 1 Halakhic. 2 theoretical

הִלְכָּךְ תה״פ [hil'kax] therefore, consequently

הַלְכָן ז [hal'xan] walker, wanderer

הִלְכָתִי ת [hilxa'ti] Halakhic

הָלַל פ״ע [ha'lal] 1 to shine, glitter. 2 to joke, be boisterous

הִלֵּל פ״י [hi'lel] to praise, laud, glorify, commend

הַלֵּל ז [ha'lel] praise, psalm, thanksgiving

הֻלַּל ת [hu'lal] to be praised, lauded, commended

הַלָּלוּ מ״ג [ha'lalu] these, those

הַלְלוּיָהּ מ״ק [halelu'ya] Hallelujah! Lord be praised!

הָלַם פ״י [ha'lam] 1 to strike, hit. 2 to suit, fit, become. 3 to stun, shock, daze

הֶלֶם ז ['helem] 1 shock. 2 blow, concussion

הֹלֶם ז ['holem] beating, stroke, blow

הֲלֹם תה״פ [ha'lom] 1 hither. 2 now, the present

הִלֵּם פ״י [hi'lem] to suit, fit, become

הַלְמַאי מ״ש [hal'mai] why

הַלְמוּת נ [hal'mut] 1 striking, beating. 2 throbbing. 3 hammer. 4 fitness, suitability

הִלְמִי נ [hil'mi] brine

הֲלָנָה נ [hala'na] 1 accommodation, putting up. 2 withholding, delaying (wages)

הַלָּנָה נ [hala'na] grumbling, complaint

הַלְעָבָה נ [hal'a'va] 1 insult. 2 scorn

הַלְעָגָה נ [hal'a'ga] derision, mockery

הַלְעָזָה נ [hal'a'za] 1 slander, libel. 2 translation

הַלְעָטָה נ [hal'a'ta] 1 feeding, stuffing with food. 2 overfeeding. 3 bribery

הִלְעִיב פ״י [hil''iv] to insult, affront, deride

הִלְעִיג פ״י [hil''ig] to scorn, ridicule, mock

הִלְעִיז פ״י [hil''iz] 1 to slander, defame. 2 to translate

הִלְעִיט פ״י [hil''it] to fatten, stuff, feed up

הִלָּפְתוּת נ [hilaf'tut] flinching, quailing, recoil

הֲלָצָה נ [hala'tsa] 1 joke, fun. 2 rhetoric

הֲלָצִי ת [hala'tsi] jocular, fun

הַלְקָאָה נ [halka''a] 1 whipping, flogging. 2 flagellation

הִלְקָה פ״י [hil'ka] 1 to flog, whip, lash. 2 to scourge, afflict

הִלְקוּט ז [hil'kut] feeding, stuffing

הֶלְקֵט ז [hel'ket] capsule, pyxidium

הִלְקֵט פ״י [hil'ket] to stuff, feed (poultry)

הַלְקָטָה נ [halka'ta] feeding, fattening

הַלְקָיָה נ [halka'ya] 1 flogging, whipping. 2 flagellation

הִלְקִישׁ פ״י [hil'kish] to delay, retard, ripen late

הַלְקָשָׁה נ [halka'sha] delay, tardiness

הִלְשִׁין פ״י [hil'shin] 1 to inform against, denounce. 2 to slander, calumniate

הַלְשָׁנָה נ [halsha'na] 1 informing, denouncement. 2 slander, calumny

הָם פ״ע [ham] 1 to moan, sigh. 2 to agitate

הֵם מ״ג [hem] 1 they (m). 2 those (m)

הִמְאִיד פ״י [him''id] to magnify, multiply

[him'ʼis] 1 to annoy, bother. 2 to abhor, detest. 3 to cause to be a burden הִמְאִיס פ״י
[him'ʼir] 1 to pierce, wound. 2 to infect, contaminate. 3 to be malignant הִמְאִיר פ״י
[hamʼa'sa] causing repulsion הַמְאָסָה נ
[himaʼa'sut] 1 abhorrence. 2 surfeit הִמָּאֲסוּת נ
[him'dir] to be oblique, incline, slope הִמְדִּיר פ״י
[hamda'ra] obliqueness, slope, declivity הַמְדָּרָה נ
[ha'ma] 1 to hum. 2 to be noisy. 3 to coo (doves). 4 to rumble, growl הָמָה פ״ע
['hema] they (m) הֵמָּה מ״ג
[hi'ma] 1 to covet, desire, crave. 2 to be noisy, busy הִמָּה פ״ע
[him'hum] 1 humming, buzzing. 2 murmuring הִמְהוּם ז
[himaha'lut] 1 mixing. 2 being tempered. 3 mixing different liquids הִמָּהֲלוּת נ
[him'hem] 1 to hum, buzz. 2 to rustle, stammer, murmur הִמְהֵם פ״ע
[ha'mum] confounded, stunned, terrified הָמוּם ת
[hi'mum] amazement, stupefaction הִמּוּם ז
[ha'mon] 1 crowd, multitude. 2 mob, mass. 3 noise, commotion הָמוֹן ז
pity, compassion הֲמוֹן מֵעַיִם
[hamo'ni] 1 vulgar, boorish. 2 popular, common הֲמוֹנִי ת
[hamoni'yut] 1 vulgarity, commonness. 2 boorishness הֲמוֹנִיּוּת נ
[hamo'nit] vulgarly הֲמוֹנִית תה״פ
[hi'mur] 1 bet, wager. 2 risk, gamble. 3 gambling, betting הִמּוּר ז
[himaz'gut] 1 blending, mixing. 2 assimilation הִמָּזְגוּת נ
[hamxa'ʼa] 1 cheque, check. 2 assignment הַמְחָאָה נ
[hima'xut] deletion, erasure הִמָּחוּת נ
[hamxa'za] dramatization הַמְחָזָה נ
[him'xiz] to dramatize הִמְחִיז פ״י
[him'xish] to concretize, bring home, actualize, enhance understanding of הִמְחִישׁ פ״י
[hamxa'sha] concretization, first-hand demonstration, realization הַמְחָשָׁה נ
[hama'ta] destruction, devastation הֲמָטָה נ
[him'tir] 1 to rain, shower. 2 to bring down הִמְטִיר פ״י
[hamta'ra] 1 rain, shower. 2 watering, irrigation הַמְטָרָה נ
[hem'ya] 1 sound, noise. 2 cooing, bleating. 3 passion הֶמְיָה נ הֶמְיוֹן ז
[he'mit] 1 to cast, throw down. 2 to shake, shock הֵמִיט פ״י
[he'mix] to lower, sink הֵמִיךְ פ״י
[heémil] to destroy הֵמִיל פ״י
[hami'ma] 1 break, fracture, breakage. 2 surprise, astonishment הֲמִימָה נ
[hem'yan] special belt, girdle הֶמְיָן ז
[he'mir] 1 to convert. 2 to substitute, change. 3 to exchange הֵמִיר פ״י
[he'mish] to remove, take away הֵמִישׁ פ״י
[ha'mit] sound, crying הֲמִית נ
[he'mit] 1 to kill, put to death. 2 to execute הֵמִית פ״י
[he'mex] 1 to humiliate, degrade, demean. 2 to lower הֵמֵךְ פ״י
[himal'ʼut] filling up, הִמָּלְאוּת נ

repletion

הֲמֻלָּה נ [hamuˈla] 1 tumult, uproar. 2 sound, noise

הַמְלָחָה נ [hamlaˈxa] salting, salination

הִמָּלְחוּת נ [himalˈxut] being salted, salination

הִמְלִיחַ פ״י [himˈliy’ax] to salt

הַמְלָטָה נ [hamlaˈta] 1 rescue, escape. 2 parturition. 3 giving birth (mammals)

הִמָּלְטוּת נ [himalˈtut] escaping, fleeing

הִמְלִיט פ״י [himˈlit] to deliver, save, rescue

הִמְלִיטָה פ״י [himˈlita] to give birth (mammals)

הִמְלִיךְ פ״י [himˈlix] to make king, enthrone, crown

הִמְלִיץ פ״י [himˈlits] to recommend

הִמָּלֵךְ פ״ע [himaˈlex] 1 to consult, take advice. 2 to consider, determine

הַמְלָכָה נ [hamlaˈxa] 1 making king. 2 coronation, crowning

הִמָּלְכוּת נ [himalˈxut] consultation

הַמְלָצָה נ [hamlaˈtsa] 1 reference, credential. 2 recommendation

הָמַם פ״י [haˈmam] 1 to stun, stupefy, dumbfound. 2 to frighten, terrify

הִמֵּם פ״י [hiˈmem] 1 to stun. 2 to terrify

הֲמָמָה נ [hamaˈma] 1 noise, uproar. 2 stupefaction

הָמַן פ״ע [haˈman] to make popular, popularize

הִמְנָה פ״י [himˈna] 1 to enrol, enlist, subscribe. 2 to include

הִמְנוֹן ז [himˈnon] hymn, anthem

הִמָּנוּת נ [himaˈnut] 1 inclusion, belonging. 2 subscription

הִמְנִיעַ פ״י [himˈniy’a] to restrain

הִמָּנְעוּת נ [himanˈ’ut] 1 avoidance, restraint. 2 abstinence, abstention

הֶמֶס ז [ˈhemes] 1 melting, dissolving. 2 brushwood

הֵמֵס פ״י [heˈmes] to melt, dissolve, soften

הִמֵּס פ״ע [hiˈmes] to dissolve, liquefy

הֲמַסָּה נ [hamaˈsa] dissolving, liquefaction

הִמַּסּוּת נ [himaˈsut] being dissolved, melted

הַמְעָדָה נ [ham’aˈda] 1 slipping, stumbling, toppling. 2 causing to fall

הִמָּעֲדוּת נ [hima’aˈdut] stumbling

הֶמְעֵט ז [hemˈ’et] reduction, decrease, diminution

הַמְעָטָה נ [ham’aˈta] lessening, diminishing

הִמָּעֲטוּת נ [hima’aˈtut] underestimation, diminishing

הִמְעִיד פ״י [himˈ’id] to cause to slip, stumble

הִמְעִיט פ״י [himˈ’it] 1 to diminish, lessen . 2 to belittle. 3 to do little. 4 to oppress

הִמָּעֲכוּת נ [hima’aˈxut] being crushed

הַמַּפָּץ הַגָּדוֹל the big bang

הַמְצָאָה נ [hamtsaˈ’a] 1 invention. 2 device, contrivance. 3 supply, provision

הִמָּצְאוּת נ [himatsˈ’ut] 1 being, existing. 2 presence, existence

הִמְצִיא פ״י [himˈtsi] 1 to provide, supply. 2 to fabricate, contrive. 3 to invent

הִמְצִיעַ פ״י [himˈtsiy’a] to determine the center, find the means

הֵמֵק פ״י״ע [heˈmek] to rot, putrefy

הֲמַקָּה נ [hamaˈka] rot, putrefaction

sequel. 2 duration. 3 prolongation

[hamsha'xa] 1 continuation, prolongation. 2 conducting הַמְשָׁכָה נ

[himash'xut] continuance, duration הִמָּשְׁכוּת נ

[hemshe'xi] continual, continued הֶמְשֵׁכִי ת

[hemshexi'yut] continuity הֶמְשֵׁכִיּוּת נ

[ham'shel] control, rule, power הַמְשֵׁל ז

[hem'shel] analogy, simile, comparison הֶמְשֵׁל ז

[hamsha'la] 1 ruling, control. 2 analogy, simile. 3 metaphor הַמְשָׁלָה נ

[hama'ta] killing, putting to death הֲמָתָה נ

[hamta'xa] stretching, straining הַמְתָּחָה נ

[himat'xut] tension, strain הִמָּתְחוּת נ

[him'tiy'ax] to stretch, extend הִמְתִּיחַ פ״י

[him'tin] 1 to wait, await. 2 to be patient, moderate הִמְתִּין פ״ע

[him'tik] 1 to sweeten. 2 to desalinate. 3 to mitigate הִמְתִּיק פ״י

[hamta'na] waiting, wait הַמְתָּנָה נ

[hamta'ka] 1 sweetening. 2 desalination. 3 mitigation הַמְתָּקָה נ

[himat'kut] sweetening הִמָּתְקוּת נ

euthanasia הֲמָתַת חֶסֶד

[hen] 1 they (f). 2 here, behold. 3 whether, if. 4 yes הֵן מ״ג תה״פ

parole, word of honour הֵן צֶדֶק

[hin''a] 1 to embellish, beautify. 2 to adorn, decorate הִנְאָה פ״י

[hana''a] 1 enjoyment, pleasure. 2 benefit. הֲנָאָה נ

[hama'kom] God, the Omnipresent הַמָּקוֹם ז

[he'mar] to embitter, grieve הֵמַר פ״י

[hi'mer] 1 to gamble, bet, wager. 2 to take a risk הִמֵּר פ״ע

[hamra''a] 1 flight, take-off. 2 mutiny, disobedience. 3 fattening, feeding הַמְרָאָה נ

[hamra'da] incitement to rebellion הַמְרָדָה נ

[him'ra] 1 to disobey, provoke. 2 to rebel, defy, offend. 3 to fatten הִמְרָה פ״י

[hama'ra] 1 change, exchange. 2 conversion הֲמָרָה נ

[him'ri] to take off, take flight הִמְרִיא פ״י

[him'rid] to incite to rebellion הִמְרִיד פ״י

[hamra'ya] disobedience, contumacy הַמְרָיָה נ

[him'rix] 1 to soften. 2 to intimidate הִמְרִיךְ פ״י

[him'rits] 1 to stimulate, urge on. 2 to energize, animate הִמְרִיץ פ״י

[him'rir] to embitter, make bitter הִמְרִיר פ״י

[hamra'xa] softening הַמְרָכָה נ

[hem'rets, hamra'tsa] spurring on, stimulation, encouragement הֶמְרֵץ ז, הַמְרָצָה נ

[he'mesh] to palpate, grope הֵמֵשׁ פ״י

[him'sha] to draw out הִמְשָׁה פ״י

[himash'xut] being anointed, anointment הִמָּשְׁחוּת נ

[him'shix] 1 to continue, go on. 2 to prolong, extend. 3 to conduct, channel הִמְשִׁיךְ פ״י

[him'shil] 1 to compare, liken. 2 to establish rule הִמְשִׁיל פ״י

[hem'shex] 1 continuation, הֶמְשֵׁךְ ז

2 conduct, behaviour.
3 administration
[hi'nehu] Here he is הִנֵּהוּ
[hi'nehi] Here she is הִנֵּהִי
[hin'hig] 1 to lead, manage, direct. 2 to instigate, establish הִנְהִיג פ״י
[hin'hir] to illumine, enlighten הִנְהִיר פ״י
[hanha'la] 1 management, administration. 2 directorate, board of directors, executive הַנְהָלָה נ
accountancy, bookkeeping הַנְהָלַת חֶשְׁבּוֹנוֹת
[hanha'ra] 1 illumination. 2 fluorescence הַנְהָרָה נ
[hi'no] He is הִנּוֹ
[hin'va] 1 to praise, glorify. 2 to adorn, embellish הִנְוָה פ״י
[hi'nu'ax] depositing, placing הִנּוּחַ ז
[hinu'ma] 1 veil. 2 bridal veil הִנּוּמָה נ
[hanza'ra] abnegation, abstention הַנְזָרָה נ
[hinaz'rut] abstinence, temperance הִנָּזְרוּת נ
[hana'xa] 1 reduction, discount. 2 repose, rest הֲנָחָה נ
[hana'xa] 1 placing, deposition. 2 supposition, hypothesis. 3 coining (words). 4 theory, premise הַנָּחָה נ
[hin'xa] 1 to guide, lead. 2 to preside. 3 to act as compère, host הִנְחָה פ״י
[hanxa'ya] 1 guidance, leading. 2 term of reference, instruction, directive הַנְחָיָה נ
[hin'xil] 1 to cause, motivate. 2 to bequeath, leave. 3 to bestow, confer הִנְחִיל פ״י
[hin'xit] 1 to lay down, deal הִנְחִית פ״י
3 avoidance, prevention
[hana''tan] hedonist הֲנָאתָן ז
[hana'ata'nut] hedonism הֲנָאתָנוּת נ
[hinav''ut] prophesying, foretelling, forecasting הִנָּבְאוּת נ
[hana'va] producing, yielding הֲנָבָה נ
[hanba'ta] sprouting, germination, budding הַנְבָּטָה נ
[hin'bit] to sprout, germinate הִנְבִּיט פ״י
[hanga'da] opposition, contrast, antagonism הַנְגָּדָה נ
[hin'gid] to oppose, contrast הִנְגִּיד פ״י
[hin'gin] 1 to intone, play (music). 2 to accentuate, stress הִנְגִּין פ״י
[hanga'na] 1 accent, stress. 2 intonation. 2 playing music הַנְגָּנָה נ
[hinag''ut] being infected, contaminated הִנָּגְעוּת נ
[hinag'rut] spilling, flowing הִנָּגְרוּת נ
[he'ned] to banish, expel הֵנֵד פ״י
[he'ned] movement, nod, flicker הֶנֵד ז, הֲנָדָה נ
[hin'dez] to meditate, ponder הִנְדֵּז פ״ע
[hin'des] to engineer, survey הִנְדֵּס פ״י
[handa'sa] 1 geometry. 2 engineering הַנְדָּסָה נ
[handa'si] 1 geometrical. 2 concerned with engineering הַנְדָּסִי ת
[hinad'fut] 1 evaporation. 2 disappearance הִנָּדְפוּת נ
['hena] 1 they (f). 2 hither הֵנָּה מ״ג תה״פ
to and fro הֵנָּה וָהֵנָּה
[hi'na] 1 to please, gladden. 2 to benefit, profit הִנָּה פ״ע
[hi'na] she is הִנָּהּ מ״ג
[hi'ne] behold, here is/are הִנֵּה מ״ח מ״ק
[hanha'ga] 1 leadership. הַנְהָגָה נ

blossom
[he'nika] to suckle, nurse, breast-feed הֵינִיקָה פ״י
[hi'nax] (here) you are (f. sing) הִנָּךְ מ״ג
[hin'xa, hi'neka] (here) you are (m. sing) הִנְּךָ, הִנֶּךָ, הִנְּכָה מ״ג
[hin'xem] (here) you are (m pl) הִנְּכֶם מ״ג
[hin'xen] (here) you are (f pl) הִנְּכֶן מ״ג
[hi'nam] (here) they are (m pl) הִנָּם, הִנָּמוֹ מ״ג
[hin'mix] 1 to lower, depress. 2 to flatter הִנְמִיךְ פ״י
[hanma'xa] lowering, bringing-down הַנְמָכָה נ
[hen'mek, hanma'ka] 1 argumentation, justification. 2 reasoning הֶנְמֵק ז, הַנְמָקָה נ
[hi'nan](here) they are (f) הִנָּן מ״ג
[hine'nu, hi'nenu] (here) we are הִנְנוּ, הִנֵּנוּ, הִנֵּנוּ מ״ג
[hine'ni, hi'neni] (here) I am הִנְנִי, הִנֵּנִי מ״ג
[hana'sa] smuggling away, helping escape הֲנָסָה נ
[hinas'xut] extraction הִנָּסְחוּת נ
[hin'six] to crown as prince הִנְסִיךְ פ״י
[hansa'xa] 1 making a prince. 2 camouflage הַנְסָכָה נ
[he'ne'a, hana''a] 1 action, propulsion. 2 motivation הֶנֵּעַ ז, הֲנָעָה נ
[hin''il] to put on shoes הִנְעִיל פ״י
[hin''im] 1 to cause delight, pleasure. 2 to entertain. 3 to sing, play הִנְעִים פ״י
[hin''ir] 1 to rouse, stir. 2 to encourage הִנְעִיר פ״י
[han'a'la] 1 wearing shoes. 2 shoes, footwear הַנְעָלָה נ
[hina'a'lut] being locked הִנָּעֲלוּת נ
[han'a'ma] gratification, הַנְעָמָה נ
out. 2 to land, disembark. 3 to bring down, prostrate
[hanxa'la] imparting, endownment הַנְחָלָה נ
[hinaxa'mut] 1 regret, contrition. 2 compassion הִנָּחֲמוּת נ
[hanxa'ta] 1 application. 2 landing. 3 bringing down, dealing out הַנְחָתָה נ
[hina'tut] 1 conjugation. 2 declension הִנָּטוּת נ
[hinat''ut] planting הִנָּטְעוּת נ
[hinat'shut] being abandoned, relinquished הִנָּטְשׁוּת נ
[he'ni] to dissuade, prevent, avoid הֵנִיא פ״י
[he'niv] 1 to yield, produce. 2 to express. 3 to thrive הֵנִיב פ״י
[he'nid] 1 to move, nod, blink. 2 to expel, banish, outlaw הֵנִיד פ״י
[hana'ya] enjoyment, pleasure הֲנָיָה נ
[he'niy'ax] 1 to calm. 2 to set at rest. 3 to grant rest הֵנִיחַ פ״י
[hi'niy'ax] 1 to put down, deposit. 2 to suppose, assume. 3 to allow, permit. 4 to leave. 5 to designate. הִנִּיחַ פ״י
[he'nis] 1 to rout, chase away, drive away. 2 to rescue, save הֵנִיס פ״י
[haniy''a] motivation הֲנִיעָה נ
[he'niy'a] 1 to shake, move. 2 to start, activate. 3 to urge, motivate, impel. 4 to prompt. 5 to disturb הֵנִיעַ פ״י
[he'nif] 1 to sprinkle, spray. 2 to wave, toss, brandish. 3 to fan הֵנִיף פ״י
[he'nits] to bud, bloom, הֵנִיץ פ״י

artificial respiration
[hinash'lut] dispossession, eviction הִנָּשְׁלוּת נ
[hansha'ma] 1 causing to breathe. 2 artificial respiration הַנְשָׁמָה נ
[hinat'zut] being scattered, blown up הִנָּתְזוּת נ
[hina'tek] to be disrupted, disconnected, severed הִנָּתֵק פ״ע
[hinat'kut] 1 cutting off, severance, sundering. 2 removal הִנָּתְקוּת נ
[hinat'shut] dispossession, eviction הִנָּתְשׁוּת נ
[has] silence, hush הַס מ״ק
[he'sev] 1 to surround, encircle. 2 to transfer. 3 to turn. 4 to endorse הֵסֵב פ״י
[he'sev] 1 endorsement. 2 yaw (ship or aircraft) 3 reclining. הֵסֵב ז
[hasa'va, hasa'ba] 1 reclining. 2 transfer. 3 endorsement הֲסָבָה, הֲסָבָּה נ
[his'bir] to explain, illustrate הִסְבִּיר פ״י
to welcome הִסְבִּיר פָּנִים
[hes'bex] complication הֶסְבֵּךְ ז
[hisav'xut] confusion, muddle הִסָּבְכוּת נ
[hes'ber] explanation הֶסְבֵּר ז
[hasba'ra] 1 information, propaganda. 2 explanation, interpretation הַסְבָּרָה נ
welcome הַסְבָּרַת פָּנִים
[hasbara'ti] explanatory. informative הַסְבָּרָתִי ת
[hasa'ga] 1 shift, displacement. 2 trespass הֲסָגָה נ
[his'gir] 1 to hand over, deliver. 2 to surrender. 3 to extradite. 4 to isolate הִסְגִּיר פ״י
[hasga'la] 1 becoming purple. 2 modification. הַסְגָּלָה נ

causing pleasure
[hina'a'tsut] being pinned, stuck הִנָּעֲצוּת נ
[ha'nef, 'henef] wave, brandishing, lifting הָנֵף, הֶנֶף, הֶנֵף ז
[hana'fa] 1 wielding, waving, swinging. 2 sifting, sieving הֲנָפָה נ
[hin'pik] to issue הִנְפִּיק פ״י
[hen'pek] endorsement, authentication הֶנְפֵּק ז
[hanpa'ka] issue הַנְפָּקָה נ
[hanpa'sha] animation הַנְפָּשָׁה נ
[hinaf'shut] rest, repose, relaxation הִנָּפְשׁוּת נ
[ha'nets] shining, glittering, rising הָנֵץ ז
[he'nets] 1 to sprout, bud. 2 to shine, gleam הֵנֵץ פ״י
[hana'tsa] budding, flowering, sprouting הֲנָצָה נ
[hantsa'xa] 1 perpetuation, immortalization. 2 commemoration הַנְצָחָה נ
[hin'tsiy'ax] to perpetuate, immortalize הִנְצִיחַ פ״י
[hinats'lut] being saved, escape הִנָּצְלוּת נ
[hana'ka] suckling, nursing, breastfeeding הֲנָקָה נ
[hina'kut] cleansing, purification הִנָּקוּת נ
[hinak'tut] undertaking הִנָּקְטוּת נ
[hinak'mut] revenge, vengeance הִנָּקְמוּת נ
[hina'se] 1 to be raised, lifted, carried. 2 to boast. 3 to be married (woman) הִנָּשֵׂא פ״ע
[hinas''ut] 1 being raised, lifted. 2 being married. 3 boasting הִנָּשְׂאוּת נ
[hin'shim] 1 to revive, apply הִנְשִׁים פ״י

הִסָּחֵף פ״ע [hisa'xef] 1 to be dragged. 2 to be eroded. 3 to be carried away, enthusiastic

הִסָּחֲפוּת נ [hisaxa'fut] 1 dragging. 2 erosion. 3 becoming, being enthusiastic

הֶסֵּט ז, הֲסָטָה נ [he'set, hasata] 1 switch, shift. 2 deviation, deflection. 3 parallax

הִסְטִין פ״י [his'tin] to accuse, slander

הִסִּיג פ״י [hi'sig] 1 to remove, displace. 2 to trespass

הִסִּיג גְּבוּל to trespass

הֵסִיחַ פ״י [he'siy'ax] to talk, converse

הִסִּיחַ פ״י [hi'siy'ax] to remove, divert, deflect

הֵסִיט פ״י [he'sit] to budge, shift, move

הֵסִיךְ פ״י [he'six] to oil, lubricate

הֵסִיךְ רַגְלָיו to urinate, pass water

הִסִּיךְ פ״י [hi'six] 1 to pour, offer libation. 2 to anoint

הִסִּיעַ פ״י [hi'siy'a] 1 to transport, convey. 2 to lead, escort. 3 to carry

הֵסִיף פ״י [he'sif] to exterminate, destroy, annihilate

הִסִּיק פ״י [hi'sik] 1 to heat, light a fire. 2 to burn. 3 to conclude, deduce, infer

הֵסִיר פ״י [he'sir] 1 to remove, take away. 2 to put away. 3 to stop, annul. 4 to divert

הֵסִית, הִסִּית פ״י [he'sit, hi'sit] 1 to instigate, incite. 2 to tempt, persuade. 3 to seduce, lead astray

הֲסָכָה נ [hasa'xa] 1 oiling, pouring, anointing, lubrication. 2 melting

הַסָּכָה נ [hasa'xa] casting, founding

הִסְכִּיל פ״ע [his'kil] to act foolishly

הִסְכִּים פ״ע [his'kim] 1 to agree, 3 acclimatization

הֶסְגֵּר ז [hes'ger] 1 closing, locking. 2 quarantine. 3 parenthesis. 4 blockade, embargo

הַסְגָּרָה נ [hasga'ra] 1 extradition. 2 closing

הִסָּגְרוּת נ [hisag'rut] being closed, confined

הַסָּגַת גְּבוּל trespass, encroachment

הִסְדִּיר פ״י [his'dir] 1 to settle, arrange. 2 to regulate, regularize. 3 to adjust

הִסָּדְקוּת נ [hisad'kut] cracking, being cracked

הֶסְדֵּר ז, הַסְדָּרָה נ [hes'der] arrangement, settlement

הִסָּה פי״ע [hi'sa] 1 to quieten, hush, silence. 2 to be silent

הַסְהָדָה נ [hasha'da] testimony, evidence

הִסְהִיד פ״י [his'hid] to testify, attest

הִסְוָה פ״י [his'va] 1 to camouflage. 2 to disguise, conceal

הַסְוָאָה נ [hasva''a] camouflage

הִסּוּי ז [hi'suy] quietening, hushing, silencing

הִסּוּס ז [hi'sus] hesitation, irresoluteness, vacillation

הֶסַּח ז [he'se'ax] 1 removal, turning. 2 diversion, distraction. 3 sublimation

הֶסַּח הַדַּעַת inadvertence, lack of attention

הִסָּחֲבוּת נ [hisaxa'vut] 1 dragging, trailing. 2 being dragged

הֲסָחָה נ [hasa'xa] conversation

הַסָּחָה נ [hasa'xa] 1 removal. 2 diversion

הִסָּחֲטוּת נ [hisaxa'tut] 1 squeezing, pressing. 2 wringing out. 3 blackmailing

[hasesa'nut] hesitation, vacillation, irresolution הַסְסָנוּת נ

[hasesa'ni] hesitant, wavering הַסְסָנִי ת

negligence, carelessness הֶסֵּעַ דַּעַת

[he'se'a] move, movement הֶסֵּעַ ז

[hasa''a] 1 transportation, transport. 2 ride, move הַסָּעָה נ

[his'id] to cater הִסְעִיד פ״י

[his''ir] 1 to enrage, infuriate. 2 to agitate, perturb, excite הִסְעִיר פ״י

[has'a'ra] agitation, excitation, arousal הַסְעָרָה נ

[hisa'a'rut] 1 storminess, state of turbulence. 2 storming הִסָּעֲרוּת נ

[hes'peg] impregnation, absorption הֶסְפֵּג ז

[haspa'ga] sponging, dabbing dry הַסְפָּגָה נ

[hisaf'gut] absorption, assimilation, integration הִסָּפְגוּת נ

[hes'ped] 1 obituary, eulogy, funeral sermon. 2 mourning, lamentation הֶסְפֵּד ז

[haspa'da] lamenting, eulogizing הַסְפָּדָה נ

[his'pa] to add הִסְפָּה פ״י

[hisa'fut] decease, demise הִסָּפוּת נ

[hisaf'xut] joining, attachment הִסָּפְחוּת נ

[his'pig] 1 to dry up, sponge. 2 to impregnate הִסְפִּיג פ״י

[his'pid] to mourn, lament, eulogize הִסְפִּיד פ״י

[his'pik] 1 to suffice. 2 to manage. 3 to supply. 4 to enable הִסְפִּיק פ״י

[hes'pek] 1 output, capacity. 2 supply, power הֶסְפֵּק ז

consent, concur. 2 to approve

[his'kin] to be/become used to, accustomed to הִסְכִּין פ״ע

[his'kit] 1 to keep silent. 2 to listen attentively הִסְכִּית פ״י

[hes'kem] 1 agreement, pact, accord. 2 approval, consent הֶסְכֵּם ז

[haska'ma] 1 agreement, acceptance. 2 harmony. 3 conformity הַסְכָּמָה נ

[heske'mi] conventional, agreed הֶסְכֵּמִי ת

[heskemi'yut] conformism הֶסְכֵּמִיּוּת נ

[hes'ken] habit, custom הֶסְכֵּן ז

[haska'na] 1 adjustment. 2 habituation הַסְכָּנָה נ

[hisa'lax] to be forgiven, pardoned הִסָּלַח פ״ע

[hisal'xut] forgiveness, being pardoned הִסָּלְחוּת נ

[hasla'ma] escalation הַסְלָמָה נ

[his'mix] 1 to attach, join. 2 to correlate. 3 to thicken. 4 to authorize. 5 to graduate, ordain הִסְמִיךְ פי״ע

[his'mik] 1 to blush. 2 to redden הִסְמִיק פ״י

[hasma'xa] 1 linking, joining. 2 correlation. 3 thickening. 4 authorization. 5 graduation, ordination הַסְמָכָה נ

[hasma'ka] 1 blushing, flushing. 2 reddening הַסְמָקָה

[his'nin] to strain, filter הִסְנִין פ״י

[hes'nen] straining, filter הֶסְנֵן ז

[hasna'na] straining, filtering הַסְנָנָה נ

[hi'ses] to hesitate, doubt, vacillate הִסֵּס פ״ע

[hase'san] hesitant, irresolute הַסְסָן ז

הַסְפָּקָה נ [haspa'ka] 1 supply, provision. 2 maintenance

הֶסֵּק ז [he'sek] 1 heating. 2 inference, conclusion. 3 deduction

הַסָּקָה נ [hasa'ka] 1 heating. 2 setting on fire. 3 conclusion, inference

הֲסָרָה נ [hasa'ra] 1 removal. 2 dismissal

הַסְרָחָה נ [hasra'xa] stink, odo(u)r, stench

הַסְרָטָה נ [hasra'ta] filming

הִסְרִיחַ פ״י [his'riy'ax] to stink, smell bad

הִסְרִיט פ״ע [his'rit] to film, shoot

הִסְרִיךְ פ״י [his'rix] to join, attach

הַסְרָכָה נ [hasra'xa] adherence

הֶסֵּת ז [he'set] 1 inducement, instigation. 2 persuasion

הִסְתָּאֵב פ״ע [hista''ev] 1 to become corrupted, defiled. 2 to go bad

הִסְתָּאֲבוּת נ [hista'a'vut] 1 corruption, defilement. 2 degeneration

הִסְתַּבֵּךְ פ״ע [hista'bex] to become entangled, involved, embroiled

הִסְתַּבְּכוּת נ [histab'xut] involvement, entanglement, complication

הִסְתַּבֵּל פ״ע [hista'bel] to be burdened, loaded

הִסְתַּבְּלוּת נ [histab'lut] 1 being loaded. 2 being fat

הִסְתַּבֵּן פ״ע [hista'ben] to soap oneself

הִסְתַּבְּנוּת נ [histab'nut] soaping, lathering

הִסְתַּבֵּר פ״ע [hista'ber] 1 to become evident, clear. 2 to be logical, reasonable. 3 to be likely

הִסְתַּבְּרוּת נ [histab'rut] 1 probability, reasonability

הִסְתַּבְּרוּתִי ת [histabru'ti] evident, clear, manifest

הִסְתַּגֵּל פ״ע [hista'gel] 1 to familiarize oneself. 2 to adapt oneself

הִסְתַּגְּלוּת נ [histag'lut] adaptation, habituation

הִסְתַּגְנֵן פ״ע [histag'nen] to be stylized

הִסְתַּגֵּף פ״ע [hista'gef] 1 to mortify the flesh. 2 to abstain from, suffer privation

הִסְתַּגְּפוּת נ [histag'fut] 1 privation, abstinence, mortification of the flesh

הִסְתַּגֵּר פ״ע [hista'ger] 1 to segregate oneself, be secluded. 2 to be closed, close oneself

הִסְתַּגְּרוּת נ [histag'rut] 1 segregation, self-withdrawal. 2 introversion, retirement

הִסְתַּדֵּק פ״ע [hista'dek] to be cracked, split

הִסְתַּדְּקוּת נ [histad'kut] crack, split

הִסְתַּדֵּר פ״ע [hista'der] 1 to work out, be arranged, organized. 2 to be settled, to settle in

הִסְתַּדְּרוּת נ [histad'rut] 1 organization, association. 2 union, the Histadrut

הִסְתַּדְּרוּתִי ת [histadru'ti] 1 of the union, of the Histadrut. 2 organizational

הֲסָתָה, הַסָּתָה נ [hasa'ta] 1 provocation, incitement, sedition. 2 instigation

הִסְתּוֹבֵב פ״ע [histo'vev] 1 to revolve, turn round, rotate. 2 to wonder about, loiter

הִסְתּוֹבְבוּת נ [histove'vut] 1 rotation, gyration. 2 loitering

הִסְתּוֹדֵד ז [histo'ded] to whisper, talk in secret

הִסְתּוֹדְדוּת נ [histode'dut] whispering, confidential talk

הִסְתַּוָּה פ״ע [hista'va] to camouflage oneself

הִסְתַּוּוּת נ [hista'vut] adoption of camouflage

הִסְתּוֹלֵל פ״ע [histo'lel] 1 to trample, oppress. 2 to be arrogant, overbearing

הִסְתּוֹלְלוּת נ [histole'lut] 1 bullying. 2 arrogance, oppression

הִסְתּוֹפֵף פ״ע [histo'fef] 1 to frequent, haunt. 2 to find shelter. 3 to stand on the threshold

הִסְתּוֹפְפוּת נ [histofe'fut] 1 visiting frequently. 2 standing on the threshold

הִסְתַּחֵב פ״ע [hista'xev] to be dragged, trail along

הִסְתַּחֲבוּת נ [histaxa'vut] dragging, servility

הִסְתַּחֵט פ״ע [hista'xet] to be squeezed, pressed

הִסְתַּחֲטוּת נ [histaxa'tut] squeezing, pressing

הִסְתַּחֵף פ״ע [hista'xef] 1 to become eroded, be eroded. 2 to be swept away

הִסְתַּחֲפוּת נ [histaxa'fut] 1 erosion. 2 enthusiasm

הִסְתַּחֵר פ״ע [hista'xer] to trade, do business

הִסְתַּחֲרוּת נ [histaxa'rut] commerce, business, trade

הִסְתַּחְרֵר פ״ע [histax'rer] 1 to revolve, spin, round. 2 to feel dizzy, giddy

הִסְתַּחְרְרוּת נ [histaxre'rut] dizziness, giddiness

הִסְתַּיֵּג פ״ע [hista'yeg] 1 to abstain. 2 to have reservations

הִסְתַּיְּגוּת נ [histai'gut] reservation, demur, demurral

הִסְתַּיֵּד פ״ע [hista'yed] 1 to be calcified. 2 to whisper

הִסְתַּיְּדוּת נ [histai'dut] calcification

הִסְתַּיֵּם פ״ע [hista'yem] 1 to finish, end, conclude. 2 to be marked

הִסְתַּיֵּעַ פ״ע [hista'ya'] to be aided, helped

הִסְתַּיְּעוּת נ [histai''ut] receiving aid, assistance

הִסְתַּיֵּף פ״ע [hista'yef] 1 to fence. 2 to finish, end

הִסְתַּיְּפוּת נ [histai'fut] fencing

הִסְתִּיר פ״י [his'tir] to hide, conceal

הִסְתַּכֵּל פ״ע [hista'kel] 1 to observe, look. 2 to contemplate

הִסְתַּכְּלוּת נ [histak'lut] 1 observation, looking. 2 contemplation

הִסְתַּכְּלוּתִי ת [histaklu'ti] observable, visual

הִסְתַּכֵּם פ״ע [hista'kem] to amount to, to total, add up

הִסְתַּכְּמוּת נ [histak'mut] summing up, totaling

הִסְתַּכֵּן פ״ע [hista'ken] to take risks, endanger oneself

הִסְתַּכְּנוּת נ [histak'nut] taking risks, endangering oneself

הִסְתַּכְסֵךְ פ״ע [histax'sex] 1 to quarrel, dispute, be in conflict. 2 to become embroiled

הִסְתַּכְסְכוּת נ [histaxse'xut] quarrel, friction, dispute

הִסְתַּלְסֵל פ״ע [histal'sel] 1 to curl. 2 to trill

הִסְתַּלְסְלוּת נ [histalse'lut] curling, rippling, trilling

הִסְתַּלֵּעַ פ״ע [hista'la] fossilization, petrifaction

הִסְתַּלְּעוּת נ [histal'ut] fossilization,

dazzled, blinded

[hista'nen] 1 to be strained, sifted, filtered. 2 to be infiltrate הִסְתַּנֵּן פ״ע

[histane'nut] 1 filtering, straining. 2 infiltration הִסְתַּנְּנוּת נ

[hista'nef] 1 to be joined, affiliated. 2 to become a branch of הִסְתַּנֵּף פ״ע

[histan'fut] joining, affiliation הִסְתַּנְּפוּת נ

[hista'’ef] 1 to diverge, branch out. 2 to fork, to be divided הִסְתָּעֵף פ״ע

[hista’a'fut] 1 divergence, branching out. 2 fork, road junction הִסְתָּעֲפוּת נ

[hista'’er] 1 to assault, attack. 2 to charge, assail. 3 to rage, storm הִסְתָּעֵר פ״ע

[hista’a'rut] 1 to assault, attack. 2 charge, rush. 3 outburst, storming הִסְתָּעֲרוּת נ

[hista'peg] to wipe oneself dry הִסְתַּפֵּג פ״ע

[histap'gut] wiping dry הִסְתַּפְּגוּת נ

[hista'pax] to join onto, be annexed, attached הִסְתַּפֵּחַ פ״ע

[histap'xut] joining on, attachment, annexation הִסְתַּפְּחוּת נ

[hista'pek] 1 to be satisfied, manage, make do. 2 to take supplies. 3 to doubt הִסְתַּפֵּק פ״ע

[histap'kut] 1 frugality, thrift. 2 self-sufficiency הִסְתַּפְּקוּת נ

[hista'per] to have one’s hair cut, to be barbered הִסְתַּפֵּר פ״ע

[histap'rut] haircutting, barbering הִסְתַּפְּרוּת נ

[hista'kev] to be hurt, sore, scratch הִסְתַּקֵּב פ״ע

petrifaction

[hista'lef] to be distorted, garbled, falsified הִסְתַּלֵּף פ״ע

[histal'fut] distortion, garbling, falsification הִסְתַּלְּפוּת נ

[hista'lek] 1 to depart, withdraw. 2 to get out. 3 to pass away הִסְתַּלֵּק פ״ע

[histal'kut] 1 departure, withdrawl. 2 cessation, death, demise הִסְתַּלְּקוּת נ

[hista'me] to be, become blind הִסְתַּמֵּא פ״ע

[histam'’ut] blindness, becoming blind הִסְתַּמְּאוּת נ

[hista'ma] to become blind הִסְתַּמָּה פ״ע

[hisat'mut] blockage, plugging הִסָּתְמוּת נ

[hista'mex] 1 to rely, refer to. 2 to be supported הִסְתַּמֵּךְ פ״ע

[histam'xut] reliance, reference הִסְתַּמְּכוּת נ

[hista'mel] to be symbolized הִסְתַּמֵּל פ״ע

[histam'lut] symbolization הִסְתַּמְּלוּת נ

[hista'mem] to poison, drug oneself הִסְתַּמֵּם פ״ע

[histame'mut] drugging oneself, taking poison, self-poisoning הִסְתַּמְּמוּת נ

[hista'men] 1 to be denoted, indicated, marked. 2 to take shape, stand out הִסְתַּמֵּן פ״ע

[histam'nut] 1 being indicated, marked. 2 taking shape הִסְתַּמְּנוּת נ

[hista'mer] to bristle הִסְתַּמֵּר פ״ע

[histam'rut] bristling הִסְתַּמְּרוּת נ

[histan'ver] to be dazzled, blinded הִסְתַּנְוֵר פ״ע

[histanve'rut] being הִסְתַּנְוְרוּת נ

הִסְתַּקְּבוּת נ [histakˈvut] soreness, scratch

הִסְתַּקֵּף פ״ע [histaˈkef] 1 to libel, slander. 2 to happen

הִסְתַּקְּפוּת נ [histakˈfut] defamation, slander, libel

הִסְתַּקְרֵן פ״ע [histakˈren] to be, become curious

הִסְתַּקְרְנוּת נ [histakreˈnut] curiosity, inquisitiveness

הֶסְתֵּר ז [hesˈter] concealment, hiding

הֶסְתֵּר בִּינָה dementia

הֶסְתֵּר פָּנִים 1 anger. 2 ignoring

הִסְתַּרְבֵּל פ״ע [histarˈbel] to become clumsy, unwieldy

הִסְתַּרְבְּלוּת נ [histarbeˈlut] clumsiness, awkwardness

הִסְתָּרֵג פ״ע [histaˈreg] to be interwoven, intertwined

הִסְתָּרְגוּת נ [histarˈgut] interweaving, intertwining

הַסְתָּרָה נ [hastaˈra] concealment, hiding

הִסָּתְרוּת נ [hisatˈrut] 1 concealment, hiding. 2 contradiction, denial, refutation

הִסְתָּרַח פ״ע [histaˈrax] 1 to sprawl. 2 to extend, stretch

הִסְתָּרְחוּת נ [histarˈxut] extension, stretching, sprawling

הִסְתָּרֵט פ״ע [histaˈret] to be scratched

הִסְתָּרְטוּת נ [histarˈtut] scratching

הִסְתָּרֵךְ פ״ע [histaˈrex] 1 to be joined, adhere. 2 to trail, trudge

הִסְתָּרְכוּת נ [histarˈxut] trailing, trudging

הִסְתָּרֵס פ״ע [histaˈres] 1 to be garbled, distorted. 2 to be castrated

הִסְתָּרְסוּת נ [histarˈsut] 1 transposition. 2 castration. 3 distortion

הִסְתָּרֵק פ״ע [histaˈrek] 1 to comb one's hair. 2 to have one's hair set

הִסְתָּרְקוּת נ [histarˈkut] hairdressing, combing

הִסְתַּתֵּם פ״ע [histaˈtem] to be sealed, blocked, clogged

הִסְתַּתְּמוּת נ [histatˈmut] sealing up, blocking, clogging

הִסְתַּתֵּר פ״ע [histaˈter] to hide, conceal oneself

הִסְתַּתְּרוּת נ [histatˈrut] hiding, concealment

הַעֲבָדָה, הַעֲבָדוֹת נ [ha'avaˈda] 1 employment. 2 cultivation. 3 tanning

הֶעָבָה נ [he'aˈva] 1 overclouding, darkening. 2 scowling, lowering

הֶעֱבָה פ״י [he'eˈva] to thicken

הַעֲבָטָה נ [ha'avaˈta] pawning, lending

הֶעֱבִיב פ״י [he'eˈviv] 1 to cover with clouds. 2 to become cloudy

הֶעֱבִיד פ״י [he'eˈvid] 1 to employ. 2 to compel to work, enslave

הֶעֱבִיט פ״י [he'eˈvit] to lend, pawn

הֶעֱבִיר פ״י [he'eˈvir] 1 to transform. 2 to transfer. 3 to remove. 4 to cancel, pardon

הֶעֱבֵר ז [he'eˈver] exposition (music)

הַעֲבָרָה נ [ha'avaˈra] 1 transference, transfer. 2 handing over. 3 relay. 4 passing. 5 metaphor

הֶעְגִּיל פ״י [he'ˈgil] to round off, make circular

הֶעְגִּים פ״י״ע [he'ˈgim] to grieve, sadden

הֶעְגִּין פ״י [he'ˈgin] to anchor

הַעֲגָלָה נ [ha'agaˈla] rounding, making round

הַעֲגָנָה נ [ha'agaˈna] anchorage

הֶעָגְנוּת נ [he'agˈnut] 1 anchorage, anchoring. 2 dependence.

2 weakness, debility
הֶעָטְפוּת נ [he'at'fut] 1 wrapping, covering. 2 weakening, becoming weak
הֵעִיב פ״י [he''iv] 1 to be cloudy, cloud over. 2 to darken, obscure
הֵעִיד פ״י [he''id] 1 to testify, attest. 2 to affirm. 3 to warn
הֵעִיז פ״י [he''iz] 1 to gather, be gathered. 2 to bring into safety
הֵעִיף פ״י [he''if] 1 to set in flight, fly. 2 to throw, cast
הֵעִיק פ״י [he''ik] to press, oppress, depress
הֵעִיר פ״י׳ע [he''ir] 1 to waken. 2 to remark, comment. 3 to observe, note. 4 to rouse, stir
הַעְכָּבָה נ [ha'ka'va] delay, postponement
הַעְכָּרָה, הֶעָכְרוּת נ [ha'ka'ra, he'ax'rut] fouling, muddying
הַעֲלָאָה נ [ha'ala''a] 1 raising, lifting. 2 rise, increase. 3 promotion
הַעֲלָבָה נ [ha'ala'va] insult, offence
הֶעָלְבוּת נ [he'al'vut] being insulted, offended
הֶעֱלָה פ״י [he'e'la] 1 to raise, lift, elevate. 2 to promote, increase. 3 to bring immigrants to Israel
הֶעֱלָה עַל נֵס to exalt, glorify
הֵעָלוּת נ [he'a'lut] rising
הֶעֱלִיב פ״י [he'e'liv] to insult, offend
הַעֲלָיָה נ [ha'ala'ya] 1 rising, raising, lifting. 2 sacrifice, immolation
הֶעֱלִיל פ״י [he'e'lil] 1 to slander, libel, defame. 2 to calumniate, discredit
הֶעֱלִים פ״י [he'e'lim] to hide, conceal, keep from view
הֶעֱלִיץ פ״י [he'e'lits] to gladden, make

3 being or becoming an "aguna" (abandoned wife)
הַעֲדָאָה נ [ha'ada''a] 1 testimony, bearing witness. 2 warning
הֶעָדָה נ [he'a'da] 1 certification. 2 protest (commerce)
הֶעֱדָה פ״י [he'e'da] to adorn, decorate
הֶעְדִּין פ״ע [he''din] 1 to bind, connect. 2 to refine, ennoble
הֶעְדִּיף פ״י [he''dif] 1 to prefer, give precedence. 2 to exceed
הֶעְדִּיר פ״י [he''dir] to remove, deprive, lessen
הַעֲדָנָה נ [ha'ada'na] refinement
הֶעְדֵּף ז [he''def] surplus, excess
הַעְדָּפָה נ [ha'da'fa] 1 preference. 2 excessiveness
הֶעָדֵר, הֶעְדֵּר ז [he'a'der, he''der] lack, absence, want
הֵעָדְרוּת נ [he'ad'rut] absence, absenteeism
הֶעֱוָה פ״ע [he'e'va] to sin, transgress
הַעֲוָיָה נ [ha'ava'ya] grimace, pulling faces
הֵעֵז פ״ע [he''ez] 1 to dare, be bold, brazen. 2 to be stronger, more intense. 3 to harden
הֵעֵז מֵצַח, הֵעֵז פָּנִים to be impudent, insolent
הֵעָזְבוּת נ [he'az'vut] abandonment, desertion
הֶעָזָה, הַעֲזָה נ [he'a'za, ha'a'za] 1 audacity, daring. 2 hazard, venture. 3 insolence, impudence
הֵעָזְרוּת נ [he'az'rut] assistance, aid, help
הֶעָטָה נ [he'a'ta] wrap, cover
הֶעֱטָה פ״י [he'e'ta] to wrap, cover
הֶעֱטִיף פ״י [he'e'tif] to be weak, feeble
הֶעֱטִיר פ״י [he'e'tir] to crown
הַעֲטָפָה נ [ha'ata'fa] 1 wrap, cover.

merry

[ha’alaˈla] false accusation הַעֲלָלָה נ

[he’ˈlem] 1 forgetfulness, inattention. 2 ignorance. 3 the unknown הֶעְלֵם ז

[ha’alaˈma] 1 concealment, withholding. 2 ignorance הַעֲלָמָה נ

[he’alˈmut] disappearance הֵעָלְמוּת נ

[heˈ’em] to dim, dull הֵעֵם פ״י

[ha’amaˈda] presentation, setting up, erection הַעֲמָדָה נ

[he’amˈdut] 1 standing. 2 stopping, halting הֵעָמְדוּת נ

affectation, pretence, simulation הַעֲמָדַת פָּנִים

[he’aˈma, ha’aˈma] dimness, dullness הֶעָמָה, הַעַמָּה נ

[he’eˈmid] 1 to stand, erect, place. 2 to appoint, to stop, suspend. 4 to rebuild, establish הֶעֱמִיד פ״י

to pretend, simulate הֶעֱמִיד פָּנִים

[he’eˈmis] 1 to load, charge, burden. 2 to overload, overburden הֶעֱמִיס פ״י

[he’eˈmik] 1 to deepen. 2 to go deep down. 3 to penetrate הֶעֱמִיק פ״ע

[he’eˈmit] to confront, to compare by confrontation הֶעֱמִית פ״י

[ha’amaˈma] dimness, dullness הַעֲמָמָה נ

[ha’amaˈsa] loading הַעֲמָסָה נ

[ha’amaˈka] 1 deepening. 2 in-depth examination. 3 profundity הַעֲמָקָה נ

[ha’amaˈta] confrontation, comparison by contrast הַעֲמָתָה נ

[he’aˈnut] response, assent, consent הֵעָנוּת נ

[he’eˈni] to become poor הֶעֱנִי פ״ע

[he’eˈnin] to cloud, become cloudy הֶעֱנִין פ״ע

[he’eˈnik] 1 to grant, award, bestow. 2 to wear הֶעֱנִיק פ״י

[he’eˈnish] to punish, penalize הֶעֱנִישׁ פ״י

[ha’anaˈfa] ramification, branching הַעֲנָפָה נ

[he’eˈnek] grant, award, bonus הֶעֱנֵק ז

[ha’anaˈka] granting, awarding, bestowal הַעֲנָקָה נ

[ha’anaˈfa] 1 punishment. 2 penalization. 3 warning הַעֲנָשָׁה נ

[he’anˈshut] punishment הֵעָנְשׁוּת נ

[he’eˈsik] 1 to employ. 2 to engage. 3 to keep busy הֶעֱסִיק פ״י

[ha’asaˈka] employment, engagement הַעֲסָקָה נ

[he’asˈkut] 1 occupation, business. 2 task, work הֵעָסְקוּת נ

[he’aˈfa] flying הֶעָפָה נ

[he’ˈpil] 1 to climb, rise. 2 to enter illegally הֶעְפִּיל פ״ע

[ha’paˈla] 1 climbing. 2 daring, venture, audacity. 3 illegal entry הַעְפָּלָה נ

[ha’atsaˈva] causing of sadness, grief הַעֲצָבָה נ

[he’atsˈvut] sadness, sorrow הֵעָצְבוּת נ

[he’eˈtsiv] to sadden, grieve, pain הֶעֱצִיב פ״י

[he’eˈtsim] 1 to strengthen, intensify, fortify. 2 to shut, close. 3 to reinforce הֶעֱצִים פ״י

[ha’atsaˈma] intensification, strengthening הַעֲצָמָה נ

[he’atsˈmut] closing, shutting הֵעָצְמוּת נ

[he’atsˈrut] 1 cessation, retention, stoppage. 2 arrest, detention הֵעָצְרוּת נ

[ha'ara'xa] 1 assessment, evaluation. 2 appreciation, esteem הַעֲרָכָה נ
[he'ar'xut] 1 deployment, preparedness. 2 arrangement הֵעָרְכוּת נ
[ha'ara'ma] 1 cheating, deception. 2 evasion. 3 heaping up הַעֲרָמָה נ
[he'ar'mut] accumulation, piling up, heap הֵעָרְמוּת נ
[ha'ara'tsa] 1 admiration, veneration. 2 adoration, worship הַעֲרָצָה נ
[he'e'sa] to promote, cause, encourage הֶעֱשָׂה פ״י
[he'e'siv] to cover with grass, become grassy הֶעֱשִׂיב פ״ע
[he'e'shir] to enrich הֶעֱשִׁיר פ״ע
[he'e'sir] to tithe הֶעֱשִׂיר פ״י
[ha'asha'na] smokiness הַעֲשָׁנָה נ
[ha'asha'ra] enrichment הַעֲשָׁרָה נ
[he''tim] to darken, grow dark הֶעְתִּים פ״י
[he''tik] 1 to move, transfer. 2 to copy. 3 to translate הֶעְתִּיק פ״י
[he''tir] 1 to supplicate, entreat. 2 to multiply, make abundant הֶעְתִּיר פ״ע
[he''tek] 1 copy. 2 transfer, move. 3 translation הֶעְתֵּק ז
[ha'ta'ka] 1 copying. 2 shift, move. 3 representation. 4 translation הַעְתָּקָה נ
[he'at'kut] transference, removal הֵעָתְקוּת נ
[ha'ta'ra] 1 entreaty, plea, supplication. 2 garrulity הַעְתָּרָה נ
[he'at'rut] 1 granting a request, consent. 2 response הֵעָתְרוּת נ
[hif''a] 1 to destroy, scatter. 2 to direct, turn הִפְאָה פ״י

[he''kev] map-tracing הֶעְקֵב ז
[he'ak'dut] 1 being tied, binding. 2 sacrifice, immolation הֵעָקְדוּת נ
[he'a'ka] 1 pressure. 2 oppression, depression הֲעָקָה נ
[he'e'kir] 1 to castrate. 2 to sterilize הֶעֱקִיר פ״י
[ha'aka'ma] 1 bending, curving. 2 distorting, twisting הַעֲקָמָה נ
[ha'aka'fa] subterfuge, circumlocution הַעֲקָפָה נ
[he'ak'rut] 1 becoming barren. 2 sterilization. 3 uprooting. 4 removal, exile הֵעָקְרוּת נ
[ha'ara''a] copulation, coitus הַעֲרָאָה נ
[ha'a'rev] towards evening, at sunset הַעֲרֵב תה״פ
[ha'ara'va] staying till evening הַעֲרָבָה נ
[he'a'ra] 1 note, comment, remark. 2 footnote, annotation. 3 suggestion הֶעָרָה נ
[he'e'ra] 1 to base, strip, uncover. 2 to pour out, spill, empty. 3 to stimulate copulate הֶעֱרָה פ״י
[he'e'riv] 1 to become evening, grow dark. 2 to sweeten הֶעֱרִיב פ״ע
[ha'ara'ya] coitus, copulation הַעֲרָיָה נ
[he'e'rix] 1 to value, assess, estimate. 2 to appreciate, esteem הֶעֱרִיךְ פ״י
[he'e'rim] 1 to be cunning, artful. 2 to grow wise. 3 to trick, deceive. 4 to evade. 5 to heap up הֶעֱרִים פ״י
[he'e'rif] to drip, spray, shower הֶעֱרִיף פ״י
[he'e'rits] 1 to admire. 2 to adore, worship. 3 to awe, terrify הֶעֱרִיץ פ״י

[hafa'ga] 1 relaxation, relief. 2 easing, lessening. 3 reduction הֲפָגָה נ

[hafga'za] shelling, bombardment הַפְגָּזָה נ

[hif'giz] to shell, bombard הִפְגִּיז פ״י

[hif'gin] 1 to demonstrate. 2 to exhibit. 3 to protest הִפְגִּין פ״י

[hif'giy'a] 1 to strike, assail. 2 to encounter. 3 to entreat, intercede. 4 to afflict with הִפְגִּיעַ פ״י

[hif'gish] to introduce, bring together הִפְגִּישׁ פ״י

[hipag'mut] damaging, impairing הִפָּגְמוּת נ

[hafga'na] demonstration הַפְגָּנָה נ

[hafgana'ti] for effect, demonstrative הַפְגָּנָתִי ת

[hafga''a] supplication, plea הַפְגָּעָה נ

[hipag''ut] vulnerability הִפָּגְעוּת נ

[hafga'sha] 1 introduction, bringing together. 2 confrontation הַפְגָּשָׁה נ

[hipag'shut] meeting הִפָּגְשׁוּת נ

[hef'da, hif'da] 1 to redeem, rescue. 2 to free, release הֶפְדָּה הִפְדָּה פ״י

[hipa'dut] 1 redemption, release. 2 convertibility הִפָּדוּת נ

[hafu'ga] 1 intermission, lull, pause. 2 truce, cease-fire. 3 remission הֲפוּגָה נ

[ha'fux] 1 upside-down, inside-out. 2 inverted, inverse, reverse הָפוּךְ ת

[hi'pux] 1 inversion. 2 reversal, contrary, converse. 3 solstice הִפּוּךְ ז

[hafxa'da] intimidation הַפְחָדָה נ

[hafa'xa] 1 blowing, inflating. 2 flatulence. 3 insufflation הֲפָחָה נ

[hapa'xa] 1 blow. 2 flatulence הַפָּחָה נ

[hif'xid] to frighten, scare, intimidate הִפְחִיד פ״י

[hif'xiz] to make reckless, extravagant הִפְחִיז פ״י

[hif'xit] 1 to reduce, diminish, lessen. 2 to devaluate, subtract. 3 to dwindle הִפְחִית פ״י״ע

[hafxa'ta] 1 decrease, reduction. 2 devaluation. 3 lessening, diminution הַפְחָתָה נ

[hif'tir] 1 to release, set free. 2 to dismiss, sack. 3 to read the Haftarah. 4 to conclude הִפְטִיר פ״י

[hef'ter] 1 discharge. 2 postlude, finale הֶפְטֵר ז

[hafta'ra] 1 valediction, end, conclusion. 2 Haftara הַפְטָרָה נ

[hipat'rut] release from, riddance הִפָּטְרוּת נ

[he'fig] 1 to mitigate, reduce. 2 to relax. 3 to relieve הֵפִיג פ״י

[he'fiy'ax] 1 to blow. 2 to exhale, breathe. 3 to utter, say הֵפִיחַ פ״י

[hi'piy'ax] to blow הִפִּיחַ פ״י

[hafi'xa] breathing, blowing הֲפִיחָה נ

[ha'fix] 1 convertible, reversible. 2 transformable הָפִיךְ ת

[hafi'xa] 1 overturning, change. 2 revolt, insurrection, coup d'état הֲפִיכָה נ

[hafi'xut] reversibility הֲפִיכוּת נ

[hi'pil] 1 to throw down, drop. 2 to destroy, defeat, overcome הִפִּיל פ״י

[hi'pila] to miscarry, abort הִפִּילָה פ״י

[he'fis] 1 to appease, pacify, calm. 2 to conciliate. 3 to relieve, ease, allay הֵפִיס פ״י

[hi'piy'a] to blow, revive, breathe into הִפִּיעַ פ״י

[he'fits] 1 to distribute, הֵפִיץ פ״י

[haf'le (va'fele)] How wonderful! הַפְלֵא (וָפֶלֶא) מ״ק

[hafla''a] 1 astonishment, surprise. 2 distinction הַפְלָאָה נ

[hipal''ut] amazement, surprise הִפָּלְאוּת נ

[hef'leg] 1 interval, gap. 2 interruption. 3 evasion, temporizing. 4 exaggeration, hyperbole הֶפְלֵג ז

[hafla'ga] 1 departure, setting sail. 2 exaggeration, hyperbole. 3 overdoing. 4 superlative הַפְלָגָה נ

[hif'la] 1 to distinguish, separate. 2 to discriminate הִפְלָה פ״י

[hapa'la] 1 dropping, letting fall. 2 overturning. 3 miscarriage, abortion הַפָּלָה נ

[hafla'ta] 1 ejection, expulsion. 2 blurting out הַפְלָטָה נ

[hipal'tut] escape, outburst הִפָּלְטוּת נ

[hif'li] to surprise, amaze, astonish הִפְלִיא פ״י

to work marvels הִפְלִיא לַעֲשׂוֹת

[hif'lig] 1 to depart, set sail. 2 to remove. 3 to divert. 4 to exaggerate, overpraise הִפְלִיג פ״ע

[hafla'ya] discrimination הַפְלָיָה נ

[hif'lit] 1 to eject, emit, vomit. 2 to utter, issue. 3 to let slip. 4 to engender הִפְלִיט פ״י

[hif'lits] 1 to shock. 2 to appal, horrify. 3 to fart הִפְלִיץ פ״י

[hafla'la] incrimination, condemnation הַפְלָלָה נ

[hafna''a] turn, turning הַפְנָאָה נ

[hif'na] 1 to turn. 2 to refer, pass on. 3 to divert הִפְנָה פ״י

[hip'nut] hypnosis, hypnotizing הִפְּנוּט ז

circulate. 2 to spread, scatter, disperse

[he'fik] 1 to obtain, acquire, derive. 2 to produce. 3 to extract, elicit. 4 to reel, stagger הֵפִיק פ״י

to achieve one's evil designs הֵפִיק זְמָמוֹ

to derive benefit הֵפִיק תּוֹעֶלֶת

[hi'pik] 1 to issue, bring out. 2 to extract, derive. 3 to win הִפִּיק פ״י

[he'fir] to cancel, nullify, annul הֵפִיר פ״י

[ha'fax] 1 to turn out, invert. 2 to overturn, overthrow. 3 to upset. 4 to change into, become הָפַךְ פ״י

to turn tail and run הָפַךְ עֹרֶף

to make tremendous efforts הָפַךְ עוֹלָמוֹת

['hefex, 'hofex] 1 contrary, opposite. 2 reverse. 3 antonym הֶפֶךְ, הֵפֶךְ, הֹפֶךְ ז

[hi'pex] 1 to stir, mix. 2 to invert, upturn הִפֵּךְ פ״י

[hafe'xa] 1 overthrow, revolt. 2 destruction הֲפֵכָה נ

[haf'ki, hof'ki] 1 opposite, contradictory. 2 reverse. 3 contrary, opposed הַפְכִּי, הָפְכִּי ת

[hafki'yut] oppositeness, polarity, contradiction הַפְכִּיּוּת נ

[hafax'pax] 1 inconsistent, fickle. 2 turncoat. 3 crooked, perverse. 4 capricious הֲפַכְפַּךְ ת

[hafaxpa'kut] fickleness, inconsistency הֲפַכְפַּכּוּת נ

[hafaxpe'xan] changeable, flighty, inconsistent הֲפַכְפְּכָן ז

[hafaxpexa'nut] capriciousness, inconsistency הֲפַכְפְּכָנוּת נ

הִפְנוֹטִי ת [hip'noti] hypnotic

הִפָּנוּת נ [hipa'nut] disengagement

הִפְנֵט פ״י [hip'net] to hypnotize

הַפְנָיָה נ [hafna'ya] 1 turn, turning. 2 referring, passing on. 3 diversion

הִפְנִים פ״י [hif'nim] 1 to internalize. 2 to indent

הַפְנָמָה נ [hafna'ma] 1 introversion, internalization. 2 indentation

הֶפְסֵד ז, הַפְסָדָה נ [hef'sed] 1 loss, harm, damage. 2 defeat. 3 absence

הִפָּסְדוּת נ [hipas'dut] perdition, ruination

הֲפָסָה נ [hafa'sa] 1 conciliation, appeasement. 2 casting lots

הִפְסִיד פ״י [hif'sid] 1 to lose, waste. 2 to damage, spoil. 3 to be beaten

הִפְסִיעַ פ״י [hif'siy'a] to walk, stride, step

הִפְסִיק פי״ע [hif'sik] 1 to stop, cease. 2 to interrupt, separate

הִפָּסְלוּת נ [hipas'lut] disqualification

הַפְסָעָה נ [hafsa''a] step, pace

הֶפְסֵק ז [hef'sek] 1 interruption, stop, cessation. 2 pause

הַפְסָקָה נ [hafsa'ka] 1 pause. 2 interval, intermission. 3 disconnection

הִפָּסְקוּת נ [hipas'kut] cessation, stopping

הַפְעָטָה נ [haf'a'ta] reduction, diminution

הִפְעִיל ז פ״י [hif''il] 1 to activate, operate, set going, cause. 2 causative conjugation

הִפְעִים פ״י [hif''im] 1 to excite, rouse, animate. 2 to throb

הֶפְעֵל ז [hef''el] activation, operation

הַפְעָלָה נ [haf'a'la] activation, operation, setting in motion

הִפָּעֲלוּת נ [hipa'a'lut] 1 impression, effect. 2 excitement

הַפַּעַם תה״פ [ha'pa'am] this time, for the moment

הַפְעָמָה נ [haf'a'ma] 1 pulsation. 2 stimulation, excitement, animation

הִפָּעֲמוּת נ [hipa'a'mut] excitement

הִפָּעֲרוּת נ [hipa'a'rut] 1 yawning. 2 opening wide

הֲפָצָה נ [hafa'tsa] 1 distribution, circulation. 2 spreading, scattering

הִפְצִיל פ״י [hif'tsil] to split, divide, subdivide

הִפְצִיעַ פי״ע [hif'tsiy'a] 1 to crack, split. 2 to wound. 3 to break through, burst forth

הִפְצִיץ פ״י [hif'tsits] to bomb, bombard

הִפְצִיר פ״ע [hif'tsir] 1 to entreat, beg, implore. 2 to insist. 3 to refuse, be obdurate

הַפְצָעָה נ [haftsa''a] breaking, through, bursting forth

הִפָּצְעוּת נ [hipats''ut] wounding

הַפְצָצָה נ [haftsa'tsa] bombing, air raid

הֶפְצֵר ז, הַפְצָרָה נ [hef'tser, haftsa'ra] entreaty, plea, insistence

הַפְקָדָה נ [hafka'da] 1 sum deposited. 2 appointment. 3 allocation

הִפָּקְדוּת נ [hipak'dut] 1 census, roll call. 2 being counted

הֲפָקָה נ [hafa'ka] 1 production. 2 extraction, derivation. 3 acquisition. 4 compatibility

הַפָּקָה נ [hapa'ka] utterance, articulation

הִפָּקְחוּת נ [hipak'xut] opening,

[hafra'xa] 1 flowering, blossoming. 2 spreading, dissemination. 3 causing to fly הַפְרָחָה נ

[hafra'ta] 1 privatization. 2 deduction. 3 detailing הַפְרָטָה נ

[hipar'tut] 1 detailed specification. 2 changing money הִפָּרְטוּת נ

[hif'ri] 1 to grow wild, savage. 2 to bloom, bear fruit הִפְרִיא פי"ע

[hif'rig] to worsen, deteriorate הִפְרִיג פ"י

[hif'rid] 1 to separate, divide. 2 to distinguish. 3 to decompose הִפְרִיד פ"י

[hafra'ya] 1 fertilization. 2 rendering fertile הַפְרָיָה נ

[hif'riz] to exaggerate, overdo, overstate הִפְרִיז פ"י

[hif'riyax] 1 to make flower, bloom. 2 to fly. 3 to spread הִפְרִיחַ פי"ע

[hif'rit] 1 to itemize, state in detail. 2 to privatize הִפְרִיט פ"י

[hif'rix] 1 to crush, break open (nuts). 2 to refute, prove wrong הִפְרִיךְ פ"י

[hif'rin] 1 to provide, assign. 2 to endow הִפְרִין פ"י

[hif'ris] to have hooves הִפְרִיס פ"י

[hif'riya] to disturb, interrupt, interfere הִפְרִיעַ פ"י

[hif'rits] 1 to multiply, spread. 2 to be insolent הִפְרִיץ פ"י

[hif'rish] 1 to set aside, separate. 2 to excrete, secrete, exude הִפְרִישׁ פ"י

[hafra'xa] refutation, counter-argument הַפְרָכָה נ

[hipar'kos] governor הִפַּרְכוֹס ז

[hi'parkiya] province, district הִפַּרְכִּיָּה נ

[hafra'na] dowry, endowment הַפְרָנָה נ

sobering

[hif'kid] 1 to deposit. 2 to commit, commend. 3 to appoint, assign הִפְקִיד פ"י

[hif'kiy'a] 1 to break, split. 2 to confiscate, appropriate. 3 to redeem, discharge הִפְקִיעַ פ"י

to overcharge הִפְקִיעַ שַׁעַר

[hif'kir] to abandon, forfeit, renounce הִפְקִיר פ"י

[hafka''a] 1 appropriation, requisition. 2 relcase, discharge הַפְקָעָה נ

profiteering הַפְקָעַת שְׁעָרִים

[hef'ker] 1 ownerless. 2 licentiousness, anarchy. 3 no-man's land הֶפְקֵר ז

[hafka'ra] abandonment, renunciation הַפְקָרָה נ

[hefke'rut] lawlessness, irresponsibility הֶפְקֵרוּת נ

[hefke'ri] without responsibility הֶפְקֵרִי ת

[ha'fer] 1 nullification, annulment. 2 violation הָפֵר ז

[he'fer] 1 to violate, infringe, breach. 2 to frustrate, nullify הֵפֵר פ"י

[hafra''a] fertilization, insemination הַפְרָאָה נ

[hef'red] division, separation הֶפְרֵד ז

[hafra'da] severance, segregation, division הַפְרָדָה נ

[hipar'dut] separation, splitting, severing, detachment הִפָּרְדוּת נ

[hafa'ra] 1 breach, violation, infringement. 2 nullification, annulment הֲפָרָה נ

[hif'ra] 1 to fertilize, make fertile. 2 to impregnate הִפְרָה פ"י

[hafra'za] 1 exaggeration, hyperbole. 2 overstatement הַפְרָזָה נ

הִפָּרְסוּת נ [hipar'sut] deployment, arrangement

הַפְרָעָה נ [hafra'’a] 1 disturbance, interference. 2 interruption

הִפָּרְעוּת נ [hipar'’ut] 1 becoming wild, rioting. 2 settlement of payment, clearance. 3 bringing to trial

הֶפְרֵשׁ ז [hef'resh] 1 difference. 2 remainder

הַפְרָשָׁה נ [hafra'sha] 1 setting aside, allocation. 2 secretion, excretion. 3 allowance

הֶפְרֵשִׁיּוּת נ [hefreshi'yut] discrepancy

הֶפְשֵׁט ז [hef'shet] 1 skinning, flaying. 2 stripping, undressing. 3 abstraction. 4 facilitation

הַפְשָׁטָה נ [hafsha'ta] 1 skinning, flaying. 2 stripping, undressing. 3 abstraction. 4 facilitation

הִפְשִׁיט פ״י [hif'shit] 1 to undress, strip. 2 to flay, skin. 3 to simplify. 4 to stretch out

הִפְשִׁיל פ״י [hif'shil] 1 to roll up, roll back. 2 to flange. 3 to twist, knot

הִפְשִׁיעַ פ״י [hif'shiya] 1 to lead astray. 2 to accuse, incriminate

הִפְשִׁיר פ״י [hif'shir] 1 to melt, defrost, thaw. 2 to temper, make tepid

הַפְשָׁלָה נ [hafsha'la] 1 rolling up, folding back. 2 flanging

הֶפְשֵׁר ז [hef'sher] 1 melting. 2 tempering

הַפְשָׁרָה נ [hafsha'ra] melting, thawing, defrosting

הִפָּתְחוּת נ [hipat'xut] opening, being opened

הִפְתִּיעַ פ״י [hif'tiya] to surprise, startle, amaze

הִפָּתְלוּת נ [hipat'lut] winding, meandering

הַפְתָּעָה נ [hafta'’a] surprise

הֶפְתֵּק ז [hef'tek] store-room, food-store

הַצְבָּאָה נ [hatsba'’a] 1 generalship, office of high command. 2 marshalcy

הַצָּבָה נ [hatsa'va] 1 placing, setting, stationing, erecting. 2 substitution

הִצְבִּיא פ״י [hits'bi] 1 to command. 2 to recruit, mobilize, conscript

הִצְבִּיעַ פ״ע [hits'biy’a] 1 to vote, cast a vote. 2 to indicate, point to

הַצְבָּעָה נ [hatsba'’a] 1 voting, polling. 2 pointing, indicating

הֶצֵּג ז [he'tseg] exposition, presentation

הַצָּגָה נ [hatsa'ga] 1 presentation, show, play. 2 introduction. 3 performance

הַצָּגַת בְּכוֹרָה première

הַצְדָּאָה נ [hatsda'’a] 1 tournament, joust. 2 gladiatorial combat

הַצְדָּדָה נ [hatsda'da] slope, slant, incline

הִצְדָּה פ״י [hits'da] to devastate, destroy, lay waste

הַצִּדָּה תה״פ ומ״ק [ha'tsida] 1 sideways, aside. 2 Careful! Move aside!

הִצְדִּיד פ״ע [hits'did] 1 to avert, turn aside. 2 to lateralize

הִצְדִּיעַ פ״ע [hits'di’ya] to salute

הִצְדִּיק פ״י [hits'dik] 1 to vindicate, justify, 2 to make righteous

הַצְדָּעָה נ [hatsda'’a] salute

הֶצְדֵּק ז, הַצְדָּקָה נ [hets'dek, hatsda'ka] 1 excuse, justification.

2 vindication, exculpation

הִצָּדְקוּת נ [hitsad'kut] being right

הִצָּה פ״י [hi'tsa] to cause a struggle, have a quarrel

הַצְהָבָה נ [hatsha'va] making or becoming yellow

הִצְהִיב פ״י״ע [hits'hiv] to make or become yellow

הִצְהִיל פ״י [hits'hil] to cheer, gladden

הִצְהִיר פ״י [hits'hir] 1 to declare, proclaim. 2 to brighten. 3 to press olives

הַצְהָלָה נ [hatsha'la] gladdening, rejoicing

הַצְהָרָה נ [hatsha'ra] declaration, proclamation, statement

הַצְהָרָתִי ת [hatshara'ti] declarative, pertaining to declaration

הַצְוָחָה נ [hatsva'xa] piercing shout

הִצּוּץ ז [hi'tsuts] glance, glimpse

הִצְחִיחַ פ״ע [hits'xiyax] 1 to make or become dry, arid. 2 to be bright

הַצְחָחָה נ [hatsxa'xa] aridness, drying-up

הִצְחִין פ״י [hits'xin] to stink, smell bad

הִצְחִיק פ״י [hits'xik] to amuse, make laugh, be funny

הִצְחִיר פ״י [hits'xir] to whiten, bleach

הַצְחָקָה נ [hatsxa'ka] mocking, ridiculing

הִצְטַבַּע פ״ע [hitsta'ba] to paint oneself, use make-up

הִצְטַבְּעוּת נ [hitstab''ut] making up, painting oneself

הִצְטַבֵּר פ״ע [hitsta'ber] to accumulate, pile up

הִצְטַבְּרוּת נ [hitstab'rut] accumulation, accretion

הִצְטַדֵּד פ״ע [hitsta'ded] 1 to move aside. 2 to keep to the side

הִצְטַדְּדוּת נ [hitstade'dut] moving aside, keeping aside

הִצְטַדֵּק פ״ע [hitsta'dek] to justify oneself, apologize

הִצְטַדְּקוּת נ [hitstad'kut] apology, self-justification

הִצְטַהֵב פ״ע [hitsta'hev] to turn yellow

הִצְטַהֲבוּת נ [hitstaha'vut] yellowing

הִצְטַהֵל פ״ע [hitsta'hel] to rejoice, exult, jubilate

הִצְטַהֲלוּת נ [hitstaha'lut] elation, rejoicing

הִצְטַוָּה פ״ע [hitsta'va] to be ordered, commanded

הִצְטַוּוּת נ [hitsta'vut] ordinance, being ordered

הִצְטַוַּח פ״ע [hitsta'vax] to scream, shriek, screech

הִצְטַוְּחוּת נ [hitstav'xut] screaming, shrieking

הִצְטוֹלֵל פ״ע [hitsto'lel] to resound, sound

הִצְטוֹלְלוּת נ [hitstole'lut] resonance

הִצְטוֹפֵף פ״ע [hitsto'fef] to be crowded, congested, huddle

הִצְטוֹפְפוּת נ [hitstofe'fut] crowding, squashing, huddle

הִצְטַוֵּת פ״ע [hitsta'vet] to join, unite with

הִצְטַוְּתוּת נ [hitstav'tut] teaming up, joining together

הִצְטַחְצֵחַ פ״ע [hitstax'tse'ax] to be polished, shine, gleam

הִצְטַחְצְחוּת נ [hitstaxtse'xut] polishing, gloss, shine

הִצְטַחֵק פ״ע [hitsta'xek] 1 to chuckle, titter. 2 to smile, laugh

הִצְטַחֲקוּת נ [hitstaxa'kut] chuckle,

tittering

[hitstax'kek] to chuckle, titter הִצְטַחְקֵק פ״ע

[hitstaxke'kut] chuckling, tittering הִצְטַחְקְקוּת נ

[hitsta'yed] to equip oneself, to be equipped הִצְטַיֵּד פ״ע

[hitstay'dut] provision, equipment הִצְטַיְּדוּת נ

[hitsta'yen] 1 to excel, be excellent. 2 to be distinguished הִצְטַיֵּן פ״ע

[hitstay'nut] distinction, excellence הִצְטַיְּנוּת נ

[hitsta'yets] to chirp, twitter הִצְטַיֵּץ פ״ע

[hitstai'tsut] chirp, twitter הִצְטַיְּצוּת נ

[hitsta'yer] 1 to be drawn, painted. 2 to be pictured, described הִצְטַיֵּר פ״ע

[hitstay'rut] 1 portrayal, picturing. 2 impression הִצְטַיְּרוּת נ

[hitsta'lev] 1 to intersect, cross. 2 to cross oneself הִצְטַלֵּב פ״ע

[hitstal'vut] 1 crossroads, intersection. 2 crucifixion, making the sign of the cross הִצְטַלְּבוּת נ

[hitsta'lel] 1 to sink, be submerged. 2 to become clear, limpid הִצְטַלֵּל פ״ע

[hitstale'lut] clarification הִצְטַלְלוּת נ

[hitsta'lem] to be photographed הִצְטַלֵּם פ״ע

[hitstal'mut] being photographed הִצְטַלְּמוּת נ

[hitstal'tsel] to telephone one another הִצְטַלְצֵל פ״ע

[hitstaltse'lut] reciprocal telephoning הִצְטַלְצְלוּת נ

[hitsta'lek] 1 to form a scar, scab. 2 to leave a scar הִצְטַלֵּק פ״ע

[hitstal'kut] scarring, cicatrization הִצְטַלְּקוּת נ

[hitstam'tsem] 1 to limit, restrict oneself. 2 to be reduced, condensed, diminished הִצְטַמְצֵם פ״ע

[hitstamtse'mut] diminishing, reduction, minimization הִצְטַמְצְמוּת נ

[hitsta'mek] to shrink, shrivel הִצְטַמֵּק פ״ע

[hitstam'kut] 1 shrinking, shriveling. 2 contraction, dessication הִצְטַמְּקוּת נ

[hitsta'nen] 1 to cool down, become cold. 2 to catch cold הִצְטַנֵּן פ״ע

[hitstane'nut] 1 catching cold. 2 being chilled הִצְטַנְּנוּת נ

[hitsta'na] 1 to be modest, meek. 2 to pretend to be modest. 3 to hide הִצְטַנֵּעַ פ״ע

[hitstan''ut] 1 modesty. 2 mock modesty. 3 hiding הִצְטַנְּעוּת נ

[hitsta'nef] 1 to be wound, wrapped. 2 to be folded. 3 to contract, shrink הִצְטַנֵּף פ״ע

[hitstan'fut] 1 wrapping, rolling up. 2 shrinking, contraction הִצְטַנְּפוּת נ

[hitsta''ef] to be covered, veiled הִצְטַעֵף פ״ע

[hitsta'a'fut] 1 veiling. 2 covering, enclosing הִצְטַעֲפוּת נ

[hitsta'a'tsa] to boast, brag, vaunt הִצְטַעֲצַע פ״ע

[hitsta'atse''ut] boasting, bragging הִצְטַעַצְעוּת נ

[hitsta''ek] to squeak, screech, outcry הִצְטַעֵק פ״י

[hitsta'a'kut] outcry, squeaking הִצְטַעֲקוּת נ

[hitsta''er] 1 to be sorry, regret, deplore. 2 to be הִצְטַעֵר פ״ע

straitening

[hiˈtsiv] 1 post, put, place. 2 to substitute הִצִּיב פ״י

[hiˈtsig] 1 to present, display. 2 introduce. 3 to establish, demonstrate הִצִּיג פ״י

[hiˈtsil] to save, rescue הִצִּיל פ״י

[hiˈtsiya] 1 to suggest, offer, propose. 2 to arrange (bed). 3 to unfold הִצִּיעַ פ״י

[heˈtsif] 1 to flood, inundate. 2 to swamp הֵצִיף פ״י

[heˈtsits] 1 to peep, glance. 2 to blossom, bud הֵצִיץ פ״י

[heˈtsik] 1 to annoy, pester. 2 to irritate. 3 to constrain, afflict הֵצִיק פ״י

[hiˈtsik] 1 to pour. 2 to cast, melt הִצִּיק פ״י

[hiˈtsit] 1 to light, kindle. 2 to set aflame, ignite הִצִּית פ״י

[heˈtsel] to shade, cast shadow הֵצֵל פ״י

[hatzla'ˈva] 1 cross breeding, hybridization. 2 crucifixion הַצְלָבָה נ

[hitsalˈvut] being crucified הִצָּלְבוּת נ

[hatsaˈla] saving, salvation הַצָּלָה נ

[hitsaˈlut] roasting, broiling הִצָּלוּת נ

[hatslaˈxa] success, good fortune הַצְלָחָה נ

[hitsˈliv] 1 to cross. 2 to crossbreed. 3 to intersect. 4 to crucify הִצְלִיב פ״י

[hitsˈliy'ax] 1 to succeed, prosper. 2 to make successful הִצְלִיחַ פי״ע

[hitsˈlil] 1 to clarify, purify. 2 to sink, submerge. 3 to set to music. 4 to record הִצְלִיל פ״י

[hitsˈlif] 1 to whip, flog. 2 to castigate. 3 to criticize הִצְלִיף פ״י

[hatslaˈla] 1 clarification. הַצְלָלָה נ

sad, grieve

[hitsta'aˈrut] regret, sorrow הִצְטַעֲרוּת נ

[hitstaˈpef] to crowd, cram together הִצְטַפֵּף פ״ע

[hitstapˈfut] crowding, jam, crush הִצְטַפְּפוּת נ

[hitstafˈtsef] to be crowded together הִצְטַפְצֵף פ״ע

[hitstaftseˈfut] crowding, throng, press הִצְטַפְצְפוּת נ

[hitstaˈrev] to be or get burnt, scalded, sunburnt הִצְטָרֵב פ״ע

[hitstarˈvut] 1 burning, scorching. 2 sunburn, scalding הִצְטָרְבוּת נ

[hitstaˈred] to become or be hoarse הִצְטָרֵד פ״ע

[hitstarˈdut] hoarseness הִצְטָרְדוּת נ

[hitstaˈrax] to scream, yell הִצְטָרַח פ״ע

[hitstarˈxut] screaming, yelling הִצְטָרְחוּת נ

[hitstaˈrex] to need, find necessary, have need of הִצְטָרֵךְ פ״ע

[hitstarˈxut] 1 need, necessity. 2 requirement הִצְטָרְכוּת נ

[hitstaˈra] to become leprous הִצְטָרַע פ״ע

[hitstarˈ'ut] becoming leprous, leprosy הִצְטָרְעוּת נ

[hitstaˈref] to join, be melted הִצְטָרֵף פ״ע

[hitstarˈfut] joining, affiliation הִצְטָרְפוּת נ

[hitstarˈtser] 1 to chirp. 2 to grate, rasp הִצְטַרְצֵר פ״ע

[hitstartseˈrut] chirping, rasping הִצְטַרְצְרוּת נ

[hitstaˈrer] to be or become narrow הִצְטָרֵר פ״ע

[hitstareˈrut] 1 chirping, rasping. 2 narrowing, הִצְטָרְרוּת נ

modesty
[hits'nir] to entube, pipe הִצְנִיר פ״י
[hets'ne'a] 1 secret, hiding. 2 modesty, chastity הֶצְנֵעַ ז
[hatsna''a] concealment, hiding הַצְנָעָה נ
[hatsna'ra] piping, entubing הַצְנָרָה נ
[he'tse'a] 1 offer, bid. 2 supply הֶצֵּעַ ז
[hats'a'da] 1 march, walk. 2 advance הַצְעָדָה נ
[hatsa''a] 1 suggestion, offer. 2 presentation, introduction. 3 spreading out, arranging bedclothes הַצָּעָה נ
[hits''id] 1 to walk, lead, march. 2 to advance, promote הִצְעִיד פ״י
[hits''if] to veil, cover הִצְעִיף פ״י
[hits''ik] to rally, summon, call up הִצְעִיק פ״י
[hits''ir] 1 to pain, hurt. 2 to belittle, reduce. 3 to rejuvenate, become young הִצְעִיר פי״ע
[hats'a'fa] veiling, covering הַצְעָפָה נ
[hats'a'ra] rejuvenation הַצְעָרָה נ
[hatsa'fa] 1 flooding, inundation. 2 dumping. 3 overflowing הֲצָפָה נ
[hits'pin] 1 to hide, conceal. 2 to encode, encypher. 3 to go north הִצְפִּין פ״י
[hits'pif] to condense, thicken, press הִצְפִּיף פ״י
[hatspa'na] 1 concealment. 2 coding. 3 going north הַצְפָּנָה נ
[hatsa'tsa] 1 glance, peep. 2 blooming, sprouting, flowering הֲצָצָה נ
[hatsa'ka] bullying, pestering, nagging הֲצָקָה נ
[hatsa'ka] melting, casting הַצָּקָה נ

2 submerging, sinking. 3 setting to music. 4 shadowing
[hets'lef] whip, flog, lash הֶצְלֵף ז
[hatsla'fa] 1 lashing, whipping. 2 flagellation, castigation. 3 criticism הַצְלָפָה נ
[hatsma''a] making thirsty, causing thirst הַצְמָאָה נ
[hets'med] linkage, adherence, joining הֶצְמֵד ז
[hatsma'da] coupling, linkage, attachment הַצְמָדָה נ
[hitsam'dut] attachment, being linked הִצָּמְדוּת נ
[hatsma'xa] 1 growing, sprouting. 2 production הַצְמָחָה נ
[hits'mi] to make thirsty, cause thirst הִצְמִיא פ״י
[hits'mid] 1 to attach, link, couple, join. 2 to bring together הִצְמִיד פ״י
[hits'mi'ax] 1 to bring forth, produce. 2 to sprout, cause to grow הִצְמִיחַ פ״י
[hits'mit] 1 to destroy, extirpate. 2 to subjugate, enslave permanently הִצְמִית פ״י
[hatsma'ta] annihilation, extermination הַצְמָתָה נ
[he'tsen] to cool, chill הֵצֵן פי״ע
['hotsen] 1 armament, weapon. 2 flax-stalk. 3 horse הֹצֶן ז
[hatsa'na] cooling, chilling הֲצַנָּה נ
[hets'ne'ax] parachuting הֶצְנֵחַ ז
[hatsna'xa] parachuting הַצְנָחָה נ
[hits'ni'ax] 1 to parachute. 2 to let fall, bring down הִצְנִיחַ פ״י
[hits'niy'a] 1 to hide, conceal. 2 to be modest הִצְנִיעַ פ״י
to behave humbly, with הִצְנִיעַ לֶכֶת

[hikav'’ut] being fixed, determined הִקָּבְעוּת נ
[hika'vets] to be assembled, gathered, grouped הִקָּבֵץ פ״ע
[hakba'tsa] 1 grouping. 2 stream הַקְבָּצָה נ
[hikav'tsut] congregation, ingathering הִקָּבְצוּת נ
[hikav'rut] interment, burial, inhumation הִקָּבְרוּת נ
[haka'da] lighting, igniting הַקָּדָה נ
[hakda'xa] 1 spoiling, overdoing. 2 marring הַקְדָּחָה נ
[hik'di'ax] 1 to mar, spoil. 2 to make feverish הִקְדִּיחַ פ״י
[hik'dim] 1 to anticipate, precede. 2 to greet. 3 to be early הִקְדִּים פי״ע
[hik'dir] 1 to darken, obscure. 2 to depress, sadden, grieve הִקְדִּיר פי״ע
[hik'dish] 1 to dedicate, to devote. 2 to sanctify, hallow. 3 to consecrate. 4 to designate הִקְדִּישׁ פ״י
[hakda'ma] 1 introduction, foreward, prologue, preface. 2 anticipation הַקְדָּמָה נ
[hakda'ra] 1 darkening, obscuring. 2 depressing הַקְדָּרָה נ
[hek'desh] 1 consecration, dedication. 2 religious trust. 3 old age home. 4 poor house הֶקְדֵּשׁ ז
[hakda'sha] 1 dedication. 2 devotion. 3 consecration, sanctification הַקְדָּשָׁה נ
[hik'ha] 1 to blunt, dull. 2 to set on edge הִקְהָה פ״י
[hakha'ya] 1 setting on edge. 2 blunting, dulling הַקְהָיָה נ
[hik'hil] 1 to convoke, הִקְהִיל פ״י

[he'tser] 1 to make narrow. 2 to vex, oppress. 3 to regret, be sorry הֵצֵר פ״י
[hatsra'va] burning, cauterization הַצְרָבָה נ
[hitsar'vut] being burned, scalded הִצָּרְבוּת נ
[hatsa'ra] 1 narrowing. 2 constriction הֲצָרָה נ
[hitsa'rut] 1 narrowing. 2 constriction. 3 stenosis הִצָּרוּת נ
[hatsra'xa] 1 castling (chess). 2 screaming, yelling הַצְרָחָה נ
[hits'riv] to burn, cauterize הִצְרִיב פ״י
[hits'rid] to make or become hoarse הִצְרִיד פ״י
[hits'riyax] 1 to castle (chess) 2 to scream, yell הִצְרִיחַ פ״ע
[hits'rix] 1 to necessitate, require. 2 to oblige הִצְרִיךְ פ״י
[hatsra'xa] obligation, necessitation הַצְרָכָה נ
[hatsra'na] formalisation הַצְרָנָה נ
[hets'ref] connection, attachment, junction הֶצְרֵף ז
[hitsar'fut] refining, purifying, cleansing הִצָּרְפוּת נ
[he'tset] ignition הֶצֵּת ז
[hatsa'ta] 1 lighting, kindling. 2 ignition הַצָּתָה נ
[haka'’a] 1 vomiting. 2 retching הֲקָאָה נ
[hik'bil] 1 to be parallel, similar. 2 to fit הִקְבִּיל פי״ע
[hik'biy'a] to decide, fix, install הִקְבִּיעַ פ״י
[hek'bel] parallel הֶקְבֵּל ז
[hakba'la] 1 comparison. 2 matching. 3 parallelism הַקְבָּלָה נ
[hakba'’a] 1 immobilization. 2 fixation. 3 institution הַקְבָּעָה נ

[hiˈkif] 1 to surround, encircle. 2 to enclose. 3 to comprise, include הִקִּיף פ״י

[heˈkits] 1 to awake, awaken. 2 to rouse, arouse הֵקִיץ פ״ע

[heˈkir] to dig, pour forth הֵקִיר פ״י

[heˈkish] 1 to compare, contrast. 2 to analogise הֵקִישׁ פ״י

[hiˈkish] 1 to beat, strike, drum. 2 to knick, tap הִקִּישׁ פ״י

[heˈkel] 1 to lighten, ease. 2 to reduce, facilitate. 3 to dishonor הֵקֵל פ״י

[heˈkel] 1 affront, insult. 2 confusion. 3 dishonor הֶקֵל ז

[haklaˈ'a] 1 insult, affront. 2 toasting, roasting הַקְלָאָה נ

[hakaˈla] 1 lightening, relief. 2 easing הֲקָלָה, הֲקַלָּה

[hikˈla] to dishonor הִקְלָה פ״י

[haklaˈta] recording הַקְלָטָה נ

[hikalˈtut] 1 acclimatization, adaptation. 2 absorption הִקָּלְטוּת נ

[hikˈlit] to record הִקְלִיט פ״י

[hikˈlish] to weaken, thin, dilute הִקְלִישׁ פ״י

[hikalˈ'ut] chance arrival הִקָּלְעוּת נ

[hikalˈfut] peeling הִקָּלְפוּת נ

[haklaˈsha] 1 weakening. 2 thinning, dilution הַקְלָשָׁה נ

[hikalˈshut] rarefaction הִקָּלְשׁוּת נ

[haˈkem, heˈkem] approval, confirmation הָקֵם, הֶקֵּם ז

[hakaˈma] 1 establishment, setting up, erection. 2 fulfilment, confirmation. 3 construction הֲקָמָה נ

[hakmaˈxa] adding flour, thickening with flour הַקְמָחָה נ

[hikˈmiy'ax] to flour, add flour הִקְמִיחַ פ״י

[hikˈmil] 1 to wither, wilt. convene, assemble. 2 to summon הִקְמִיל פ״י

[hakˈhel] 1 assembly, convocation. 2 meeting, concourse הַקְהֵל ז

[hikaˈhel] to assemble, convoke, summon הִקָּהֵל פ״ע

[hakhaˈla] meeting, convocation הַקְהָלָה נ

[hikahaˈlut] ingathering, agglomeration הִקָּהֲלוּת נ

[hikˈva] 1 to encourage, give hope. 2 to collect, gather הִקְוָה פ״י

[hikaˈvut] collection, pooling הִקָּווּת נ

[hakvaˈya] pooling, collecting הַקְוָיָה נ

[heˈkez] blood letting, draining הֶקֵּז ז

[hakaˈza] phlebotomy, bleeding, venesection הַקָּזָה נ

[haktaˈva] polarization הַקְטָבָה נ

[hikˈtiv] to polarize הִקְטִיב פ״י

[hikˈtin] to reduce, lessen, diminish הִקְטִין פ״ע

[hikˈtir] 1 to offer sacrifice. 2 to burn incense הִקְטִיר פ״י

[haktaˈna] 1 diminution, reduction. 2 diminutive הַקְטָנָה נ

[hekˈter] burnt incense, sacrifice הֶקְטֵר ז

[haktaˈra] sacrificing, burning incense הַקְטָרָה נ

[heˈki] 1 to vomit, disgorge, regurgitate. 2 retch הֵקִיא פ״י

[hakiyˈ'a] 1 vomit. 2 retch הֲקִיאָה נ

[hikˈiz] 1 to bleed. 2 to puncture הִקִּיז פ״י

[heˈkim] 1 to raise, erect, set up. 2 to appoint, confirm. 3 to establish הֵקִים פ״י

[hakiˈma] raising הֲקִימָה נ

[heˈkif] 1 to lend, sell on credit. 2 to give credit הֵקִיף פ״י

[hik'pi] to freeze, congeal הִקְפִּיא פ״י
[hik'pid] 1 to provoke, vex. 2 to be strict, meticulous הִקְפִּיד פ״י
[hik'pid] to fold, double up הִקְפִּיל פ״י
[hik'pits] 1 to cause to jump. 2 to bounce. 3 to promote, advance, raise הִקְפִּיץ פ״י
[hakpa'tsa] 1 jumping. 2 bouncing. 3 promotion, raise הַקְפָּצָה נ
[haktsa'’a] 1 allocation, allotment. 2 reserving, setting aside הַקְצָאָה נ
[haktsa'va] 1 appropriation. 2 allocation. 3 budgetary provision הַקְצָבָה נ
[hik'tsa] 1 to allocate. 2 to remove. 3 to scrape הִקְצָה פ״י
[haka'tsa] waking up, awakening הֲקָצָה נ
[hik'tsiv] to allot, assign allocate (money) הִקְצִיב פ״י
[hik'tsin] 1 to promote to officers' rank. 2 to radicalise הִקְצִין פ״י
[hik'tsiy'a] 1 to plane, smooth. 2 to scrape הִקְצִיעַ פ״י
[hik'tsif] 1 to whisk, beat. 2 to make foam, bubble. 3 to infuriate, enrage הִקְצִיף פ״י
[hik'tsir] to shorten, to become short הִקְצִיר פ״יע
[haktsa'na] 1 commissioning of officers. 2 polarization. 3 extremism הַקְצָנָה נ
[haktsa'’a] planing, smoothing, scrape הַקְצָעָה נ
[haktsa'fa] 1 enraging, angering. 2 foaming. 2 whipping הַקְצָפָה נ
[haktsa'ra] 1 abridgement, abbreviation. 2 shortening הַקְצָרָה נ
[ha'ker] pouring forth הָקֵר ז
2 to fade
[hakma'la] 1 wilting, withering. 2 fading הַקְמָלָה נ
[hakna'’a] transference, cession הַקְנָאָה נ
[hik'na] 1 to bestow, hand over. 2 to transfer. 3 to impart הִקְנָה פ״י
[hakna'ta] 1 irritation, teasing. 2 annoyance, provocation הַקְנָטָה נ
[hik'ni] to annoy, irritate, make jealous הִקְנִיא פ״י
[hakna'ya] imparting, giving over, inculcating, transfer הַקְנָיָה נ
[hikan'sut] fine, penalty, forfeit הִקָּנְסוּת נ
[hik'sim] to fascinate, captivate, charm, enchant הִקְסִים פ״י
[haksa'ma] charm, attraction, fascination הַקְסָמָה נ
[haka'’a] sprain, dislocation הַקָּעָה נ
[he'kef] 1 circumference, perimeter. 2 scope, range. 3 orbit. 3 turnover הֶקֵּף ז
[hakpa'’a] congealing, freezing הַקְפָּאָה נ
[hikaf'’ut] freezing, congealing הִקָּפְאוּת נ
[hakpa'da] 1 strictness, precision, pedantry. 2 meticulousness, exactness הַקְפָּדָה נ
[haka'fa] delayed payment, credit הֲקָפָה נ
[hik'pa] 1 to freeze. 2 to overflow, run over הִקְפָּה פ״י
[haka'fa] 1 encirclement, circuit. 2 encompassing, surrounding. 3 revolution הַקָּפָה נ
[heke'fi] 1 comprehensive, general. 2 circumferential, peripheral הֶקֵּפִי ת

[he'ker] 1 to cool, chill. 2 to make flow — הֵקֵר פ״י

[hakra''a] declamation, recitation, reading out loud — הַקְרָאָה נ

[hikar''ut] calling, summoning, convocation — הִקָּרְאוּת נ

[hek'rev, hakra'va] 1 sacrifice, offering. 2 bringing near — הֶקְרֵב ז הַקְרָבָה נ

[hikar'vut] 1 nearness. 2 rapprochement — הִקָּרְבוּת נ

[hik'ra] 1 to cause to happen, bring about. 2 to appoint, establish — הִקְרָה פ״י

[hakra'xa] 1 balding. 2 moulting. 3 freezing — הַקְרָחָה נ

[hik'ri] 1 to read out, recite. 2 to call, name — הִקְרִיא פ״י

[hik'riv] 1 to sacrifice. 2 to offer. 3 to approach. 4 to bring near — הִקְרִיב פ״ע

[hakra'ya] solicitation, requirement — הַקְרָיָה נ

[hik'riy'ax] to shear, pluck, go bald — הִקְרִיחַ פ״ע

[hik'rim] to encrust, coat, form a scab — הִקְרִים פ״י

[hik'rin] 1 to radiate. 2 to irradiate, illuminate. 3 to have horns. 4 to screen — הִקְרִין פ״י

[hik'ris] 1 to turn sour. 2 to crack, warp — הִקְרִיס פ״י

[hik'riy'a] to bereave — הִקְרִיעַ פ״י

[hik'rish] to freeze, chill, solidify — הִקְרִישׁ פ״י

[hakra'ma] 1 encrustation. 2 creaming — הַקְרָמָה נ

[hakta'na] 1 radiation. 2 screening (films) — הַקְרָנָה נ

[hikar'ut] tearing, being torn — הִקָּרְעוּת נ

[hakra'sha] coagulation, jelling, clotting — הַקְרָשָׁה נ

[hikar'shut] freezing, solidification — הִקָּרְשׁוּת נ

[hekesh] 1 syllogism. 2 analogy, comparison. 3 beating, tapping — הֶקֵּשׁ ז

[haksh''a] 1 hardening, stiffen. 2 solidifying — הַקְשָׁאָה נ

[hek'shev, haksha'va] 1 attention, attentiveness. 2 listening, hearkening — הֶקְשֵׁב ז הַקְשָׁבָה נ

[haka'sha] analogy, comparison, syllogism — הֲקָשָׁה נ

[hik'sha] 1 to harden, stiffen. 2 to cause difficulties. 3 to be stubborn, obdurate — הִקְשָׁה פ״ע

[haka'sha] 1 beating, tapping. 2 drumming, striking. 3 percussion — הַקָּשָׁה נ

[haksha'xa] hardening, stiffening — הַקְשָׁחָה נ

[heke'shi] 1 analogical, analogous. 2 syllogistic — הֶקֵּשִׁי ת

[hik'shiv] 1 to listen, pay attention. 2 to heed, obey — הִקְשִׁיב פ״י

[haksha'ya] 1 stiffening, hardening. 2 solidifying — הַקְשָׁיָה נ

[hik'shi'ax] to harden — הִקְשִׁיחַ פ״י

[hek'sher] 1 context. 2 connection — הֶקְשֵׁר ז

[haksha'ra] relation, connection — הַקְשָׁרָה נ

[hikash'rut] linking, being joined — הִקָּשְׁרוּת נ

[har] mountain — הַר ז

volcano — הַר גַּעַשׁ

[her''a] 1 to show, exhibit. 2 to manifest — הֶרְאָה פ״ע

[hera'ut] 1 appearance. 2 ostensibility — הֵרָאוּת נ

[ha'rai] mountain-climber — הָרַאי ז

[har''el] 1 altar (Temple).- — הַרְאֵל ז

used to. 2 to train

[hir'giy'a] 1 to calm, pacify, tranquillize, placate. 2 to rest הִרְגִּיעַ פי"ע

[hir'gish] 1 to feel, sense. 2 to perceive, notice, realize הִרְגִּישׁ פ"ע

[her'gel] habit, custom הֶרְגֵּל ז

[harga'la] 1 accustoming, habituating. 2 training הַרְגָּלָה נ

[herge'li] habitual, usual הֶרְגֵּלִי ת

[herag'nut] complaining, grumbling הֵרָגְנוּת נ

[harga'’a] 1 pacification, tranquillization, calming, quieting. 2 sedation הַרְגָּעָה נ

[herag'’ut] 1 calming down, relaxing. 2 tranquillization הֵרָגְעוּת נ

[her'gesh, harga'sha] 1 feeling, sensation. 2 perception הֶרְגֵּשׁ ז הַרְגָּשָׁה נ

[herge'shi] sentimental, pertaining to feeling הֶרְגֵּשִׁי ת

[he'red] 1 to flatten. 2 to make shallow הֵרֵד פ"י

[hir'da] to subdue, subjugate הִרְדָּה פ"י

[har'duf] oleander הַרְדּוּף ז

[harduf'nin] black salsify (bot.) הַרְדּוּפְנִין ז

[hir'dim] 1 to put to sleep. 2 to anaesthetize הִרְדִּים פ"י

[hir'dif] 1 to pursue, chase. 2 to persecute הִרְדִּיף פ"י

[her'dem] narcosis הֶרְדֵּם ז

[harda'ma] 1 anaesthesia. 2 anaesthetic. 3 putting to sleep הַרְדָּמָה נ

[herad'mut] falling asleep, sleepiness, drowsiness הֵרָדְמוּת נ

[harda'fa] 1 chase, pursuit. 2 punishment. 3 synonymity הַרְדָּפָה נ

['hara] 1 to conceive, be 2 Mount Sinai. 3 Jerusalem הָרָה פ"ע ת נ

[harba'da] stratification, layering הַרְבָּדָה נ

[har'be] 1 a lot, a great deal. 2 many, much הַרְבֵּה תה"פ ת

[hir'ba] 1 to increase, multiply. 2 to extend, enlarge. 3 to do much, do frequently הִרְבָּה פ"י

[hir'biv] 1 to multiply by ten thousand. 2 to make rain הִרְבִּיב פ"י

[hir'bid] 1 to praise. 2 to adorn הִרְבִּיד פ"י

[harba'ya] multiplication, propagation, increase הַרְבָּיָה נ

[hir'bix] to thicken הִרְבִּיךְ פ"י

[hir'biy'a] 1 to mate. 2 to fertilize הִרְבִּיעַ פ"י

[hir'bits] 1 to smack, spank. 2 to lay down, crouch. 3 to teach, provide. 4 to disseminate הִרְבִּיץ פ"י

[harba'xa] thickening הַרְבָּכָה נ

[harba'’a] copulation, mating הַרְבָּעָה נ

[harba'tsa] 1 beating, striking. 2 sprinkling. 3 causing to lie down הַרְבָּצָה נ

[ha'rag] murderer, killer, assassin הָרָג ז

[ha'rag] 1 to kill, slay. 2 to spoil, destroy, ruin הָרַג פ"י

['hereg] killing, slaughter הֶרֶג ז

[hare'ga] 1 killing, slaughter. 2 manslaughter הֲרֵגָה נ

[harga'za] 1 causing annoyance, irritation. 2 provocation הַרְגָּזָה נ

[hir'giz] to anger, irritate, annoy, upset הִרְגִּיז פ"י

[hir'gil] 1 to accustom, habituate, familiarize, make הִרְגִּיל פ"י

pregnant. 2 pregnant. 3 pregnancy

[haˈre] 1 conceived. 2 pregnant — הָרֶה ת

[harhaˈva] daring, audacity — הַרְהָבָה נ

[hirˈhur] meditation, thought, reflection — הִרְהוּר, הַרְהוֹר ז

[hirˈhiv] 1 to encourage, embolden. 2 to astound, excite. 3 to pay homage — הִרְהִיב פי״ע

to pluck up courage, to muster one's courage — הִרְהִיב עֹז (בְּנַפְשׁוֹ)

[hirˈhit] 1 to lay rafters. 2 to accelerate, speed — הִרְהִיט פ״י

[hirˈhin] to pledge, mortgage, deposit — הִרְהִין פ״י

[harhaˈna] deposit, mortgage — הַרְהָנָה נ

[hirˈher] 1 to meditate, reflect. 2 to think, ruminate — הִרְהֵר פ״ע

[heˈro'i] heroic — הֶרוֹאִי ת

[hero'iˈyut] heroism, heroic vein — הֶרוֹאִיּוּת נ

[haˈrog] murderer, killer — הָרוֹג ז

[haˈrug] killed, slain — הָרוּג ז ת

[hirˈva] 1 to quench thirst, to water. 2 to saturate — הִרְוָה פ״י

[harvaˈxa] relief, comfort, spaciousness — הַרְוָחָה נ

[haˈruy] conceived — הָרוּי ת

[harvaˈya] saturation — הַרְוָיָה נ

[hirˈviyax] 1 to earn, gain, profit. 2 to relieve, alleviate, ease — הִרְוִיחַ פי״ע

[heˈron] pregnancy, conception — הֵרוֹן ז

[haˈrus] destroyed, ruined, devastated — הָרוּס ת

[heˈrus] destruction, devastation — הֶרוּס ז

[harzaˈ'a] slimming, thinning — הַרְזָאָה נ

[hirˈza] to become or make thinner — הִרְזָה פי״ע

[harzaˈya] slimming, dieting — הַרְזָיָה נ

[harxaˈva] 1 broadening, widening. 2 amplification, enlargement — הַרְחָבָה נ

[haraˈxa] sniffing, smelling — הֲרָחָה נ

[hirˈxiv] 1 to broaden, enlarge. 2 to improve, relieve — הִרְחִיב פי״ע

[hirˈxits] to wash, bathe — הִרְחִיץ פ״י

[hirˈxik] 1 to reject, avert. 2 to remove, dismiss. 3 to go far — הִרְחִיק פ״י

to dare to go further, to go too far — הִרְחִיק לֶכֶת

[hirˈxish] 1 to whisper, murmur. 2 to express. 3 to set moving. 4 to swarm — הִרְחִישׁ פי״ע

[harxaˈfa] throwing up, letting fly, tossing — הַרְחָפָה נ

[harxaˈtsa] washing, bathing — הַרְחָצָה נ

[harˈxek] far away — הַרְחֵק תה״פ

[herˈxek] distance, interval — הֶרְחֵק ז

[harxaˈka] 1 removal. 2 ban. 3 rejection, estrangement — הַרְחָקָה נ

[hartaˈva] 1 wetting, moistening. 2 bed-wetting — הַרְטָבָה נ

[heratˈvut] getting wet, wetting — הֵרָטְבוּת נ

[hirˈta] 1 to bandage, poultice. 2 to cure, heal — הִרְטָה פ״י

[hartaˈta] vibratility — הַרְטָטָה נ

[hirˈtiv] 1 to wet, moisten. 2 to urinate — הִרְטִיב פי״ע

[hirˈtit] 1 to tremble, quiver, shiver. 2 to move, shift — הִרְטִיט פי״ע

[haˈre] 1 aspect, quality. 2 characteristic. 3 Behold! — הֲרֵי ז מ״ח

[heˈriv] 1 to quarrel, wrangle. 2 to embroil — הֵרִיב פ״י

[hariˈga] 1 killing, slaughter. 2 manslaughter, homicide. 3 execution הֲרִיגָה נ

[haraˈya] pregnancy הֲרָיָה נ

[hariˈya] pregnant woman הָרִיָּה נ

[heraˈyon] pregnancy הֵרָיוֹן ז

[heˈriy'ax] to smell, scent, sense הֵרִיחַ פ״ע

[heˈrim] 1 to pick up, lift, raise. 2 to remove, lift off. 3 to exact. 4 to set up. 5 to contribute הֵרִים פ״י

[haˈrenu] we are surely הֲרֵינוּ

[haˈreni] I am surely הֲרֵינִי

[hariˈsa] 1 destruction, ruin. 2 demolition. 3 daring הֲרִיסָה נ

[hariˈsut] destruction, ruin הֲרִיסוּת נ

[heˈriy'a] 1 to cheer, roar, shout, applaud. 2 to blare, reverberate הֵרִיעַ פ״י

[hariyˈ'a] shouting, cheer, exulting הֲרִיעָה נ

blink, flicker of an eye הֲרִיפַת עַיִן

[heˈrits] 1 to despatch, expedite. 2 to rush, make run. 3 to run in הֵרִיץ פ״י

[heˈrik] 1 to empty, pour out. 2 to draw out הֵרִיק פ״י

[heˈrir] 1 to flow, discharge. 2 to salivate, drool הֵרִיר פ״ע

[heˈrax] to soften, mollify הֵרַךְ פ״י

[herˈkev] 1 composition. 2 compound הֶרְכֵּב ז

[harkaˈva] 1 putting together, assembly. 2 composition. 3 grafting. 4 vaccination. 5 loading, mounting. 6 implantation הַרְכָּבָה נ

[herkeˈvi] component, complex, integral הֶרְכֵּבִי ת

[harkaˈza] concentration, centralization הַרְכָּזָה נ

[hirˈkiv] 1 to carry, load. 2 to assemble, put together. 3 to mount. 4 to combine, compound. 5 to graft. 6 to implant הִרְכִּיב פ״י

[hirˈkiz] 1 to concentrate. 2 to centralize הִרְכִּיז פ״י

[hirˈkix] to soften הִרְכִּיךְ פ״ע

[hirˈkil] to slander, gossip, backbite הִרְכִּיל פ״ע

[hirˈkin] 1 to bend incline, bow. 2 to lower הִרְכִּין פ״י

[hirˈkis] to trample, stamp הִרְכִּיס פ״י

[hirˈkish] to impart הִרְכִּישׁ פ״י

[harkaˈna] bending, bowing הַרְכָּנָה נ

[harkaˈsha] imparting הַרְכָּשָׁה נ

[haraˈma] raising, lifting, removal הֲרָמָה נ

[harˈmon] 1 harem. 2 palace הַרְמוֹן ז

[hirˈmun] harmonization הִרְמוּן ז

[herˈmeti] hermetical הֶרְמֵטִי ת

[harˈman] 1 decree, order. 2 license, permission הַרְמָן ז

[hirˈmen] to harmonize הִרְמֵן פ״י

[heramˈsut] being trampled הֵרָמְסוּת נ

weight lifting הֲרָמַת מִשְׁקָלוֹת

[harˈnug] mistletoe הַרְנוּג ז

[harnuˈga] chaffinch הַרְנוּגָה נ

[hirˈnin] to gladden, cheer up הִרְנִין פ״ע

[haˈras] 1 to destroy, ruin. 2 to demolish, pull down. 3 to dare הָרַס פ״ע

[heˈras] to destroy, ruin utterly הֵרַס פ״י

[ˈheres] destruction, ruin, demolition, havoc הֶרֶס ז

[harˈsan] destroyer הַרְסָן ז

[harsaˈnut] destructiveness הַרְסָנוּת נ

[harsaˈni] destructive, הַרְסָנִי ת

הַרְפָּאָה נ [harpa'’a] 1 cure, treatment. 2 appeasement
הִרְפָּה פ״י [hir'pa] 1 to desist from. 2 to slacken, relax. 3 to abandon, forsake
הֵרָפְאוּת נ [heraf'’ut] recovery, return to good health
הַרְפָּיָה נ [harpa'ya] 1 relaxation, loosening. 2 tempering
הִרְפִּישׁ פ״י [hir'pish] 1 to humiliate. 2 calumniate, slander. 3 to trample upon, subdue
הַרְפַּתְקָה נ [harpat'ka] 1 adventure. 2 trouble, mishap
הַרְפַּתְקָן ז [harpat'kan] adventurer
הַרְפַּתְקָנוּת נ [harpatka'nut] love of adventure, adventurousness
הַרְפַּתְקָנִי ת [harpatka'ni] adventurous
הֵרֵץ פ״י [he'rets] to crush, shatter
הַרְצָאָה נ [hartsa'’a] 1 lecture, address. 2 gracious acceptance. 3 counting, specifying
הֶרְצֵד ז [her'tsed] waving, shifting
הֲרָצָה נ [hara'tsa] 1 running in. 2 causing to run, running
הִרְצָה פ״י [hir'tsa] 1 to lecture, address. 2 to count, specify. 3 to satisfy, pay off
הֶרְצוֹג ז ['hertsog] duke, noble
הֵרָצוּת נ [hera'tsut] desirability, being wanted
הֵרָצְחוּת נ [herats'xut] killing, murder, assassination
הַרְצָיָה נ [hartsa'ya] acceptance, approbation
הִרְצִין פי״ע [hir'tsin] 1 to make or become serious. 2 to aggravate
הַרְצָנָה נ [hartsa'na] 1 seriousness, gravity
הֵרָצְעוּת נ [herats'’ut] piercing, ruinous
הֵרַע פ״ע [he'ra] to harm, maltreat, injure
הַרְעָבָה נ [har'a'va] starvation, depriving of food
הַרְעָדָה נ [har'a'da] causing to tremble, shake, vibrate
הִרְעָה פ״י [hir'’a] to graze, pasture
הֲרָעָה נ [hara'’a] 1 harm, damage. 2 deterioration, worsening. 3 fanfare. 4 jubilation
הִרְעִיב פ״י [hir'’iv] to starve, deprive of food
הִרְעִיד פי״ע [hir'’id] 1 to cause to shake, tremble, vibrate. 2 to shiver. 3 to frighten
הִרְעִיל פ״י [hir'’il] to poison
הִרְעִים פי״ע [hir'’im] 1 to thunder. 2 to enrage, infuriate, anger, rile, increase
הִרְעִיף פ״י [hir'’if] 1 to drip, drop. 2 to impart, convey. 3 to instil, inspire
הִרְעִישׁ פי״ע [hir'’ish] 1 to make noise, shock, agitate. 2 to bombard, shell
הַרְעָלָה נ [har'a'la] poisoning, intoxication
הַרְעָלַת דָּם septicemia
הַרְעָלַת קֵבָה food poisoning
הַרְעָמָה נ [har'a'ma] 1 thundering, fulmination. 2 infuriating, vexation, annoyance
הַרְעָפָה נ [har'a'fa] 1 dropping, dripping, drizzle. 2 instilment, imparting
הַרְעָשָׁה נ [har'asha] 1 bombardment, cannonade. 2 creation of noise, upheaval
הֶרֶף מ״ק ז ['heref] stop, pause
הֶרֶף עַיִן moment, instant

[harsha'ma] 1 registration, enrolment. 2 inscription הַרְשָׁמָה נ
[herash'mut] being listed, registered הֵרָשְׁמוּת נ
[harsha'’a] conviction, condemnation הַרְשָׁעָה נ
['heret] 1 thymus. 2 sweet bread הֶרֶת נ
[har'ta] to become pregnant הָרְתָה פ״ע
[harta'xa] 1 boiling, scalding. 2 causing irritation, anger הַרְתָּחָה נ
[hir'tiy’ax] 1 to boil, heat to boiling-point. 2 to anger, enrage, infuriate הִרְתִּיחַ פ״י
[hir'tim] to harness, yoke הִרְתִּים פ״י
[hir'tiy’a] 1 to deter, daunt. 2 to startle, alarm הִרְתִּיעַ פ״ע
[hir'tik] to knock, rap הִרְתִּיק פ״ע
[hir'tit] to tremble, quiver הִרְתִּית פ״ע
[harta'ma] harnessing הַרְתָּמָה נ
[herat'mut] being harnessed, harnessing oneself, undertaking הֵרָתְמוּת נ
[harta'’a] 1 deterrence. 2 withdrawal הַרְתָּעָה נ
[herat'’ut] recoiling, withdrawal, flinching הֵרָתְעוּת נ
[harta'ka] beating, knocking הַרְתָּקָה נ
[herat'kut] 1 being bound, tied. 2 fixation הֵרָתְקוּת נ
[he'se] musical transposition הֶשֵּׂא ז
[hash’a'va] pumping, drawing הַשְׁאָבָה נ
[hisha’a'vut] pumping, suction, drawing הִשָּׁאֲבוּת נ
[hasha'’a] 1 temptation, beguiling. 2 suggestion הַשָּׁאָה נ
autosuggestion הַשָּׁאָה עַצְמִית
[hish'’a] to ruin, devastate, destroy הִשְׁאָה פ״י
[hasa'’a] 1 marrying. 2 lifting, punctuation הַשָּׂאָה נ
[harka'va] decomposition, putrefaction הַרְקָבָה נ
[herak'vut] decomposing, rotting הֵרָקְבוּת נ
[her'ked] sifting הֶרְקֵד ז
[harka'da] 1 dancing, making dance. 2 jostling, jolting. 3 sifting הַרְקָדָה נ
[hara'ka] 1 emptying, discharging. 2 translation הֲרָקָה נ
[hir'kiv] 1 to rot, decay. 2 to putrefy, decompose הִרְקִיב פ״ע
[hir'kid] 1 to set dancing. 2 to sift, winnow הִרְקִיד פ״י
[hir'kiy’ax] 1 to spice, mix. 2 to dispense, concoct הִרְקִיחַ פ״י
[hir'kiy’a] 1 to flatten. 2 to zoom up, rise high. 3 to be high, exalted הִרְקִיעַ פ״ע
[herak'mut] composition, formation הֵרָקְמוּת נ
[harka'’a] 1 flattening. 2 flying high, zooming high. 3 exaltation הַרְקָעָה נ
[herak'’ut] flattening, beating הֵרָקְעוּת נ
['herer] 1 mountain. 2 range of mountains הֶרֶר, הָרָר ז
[hara'ri] mountainous, hilly הֲרָרִי ת
[harari'yut] mountainousness הֲרָרִיּוּת נ
[harsha'’a] permission, authorization הַרְשָׁאָה נ
[hir'sha] 1 to let, allow, permit. 2 to authorise הִרְשָׁה פ״י
[harsha'ya] permission, authorization הַרְשָׁיָה נ
[hir'shim] to impress הִרְשִׁים פ״י
[hir'shiy’a] 1 to convict, incriminate. 2 to condemn, accuse. 3 to sin הִרְשִׁיעַ פ״ע

transporting. 3 supposition, pronouncement

[hash'a'ya] destruction, devastation הַשְׁאָיָה נ

[hish''il] 1 to lend, loan. 2 to use metaphorically הִשְׁאִיל פ״י

[hish''if] 1 to cause to breathe. 2 to inhale הִשְׁאִיף פ״י

[hish''ir] 1 to leave, spare. 2 to leave behind הִשְׁאִיר פ״י

[hash'a'la] 1 lending, loan. 2 metaphor הַשְׁאָלָה נ

[hash'a'fa] 1 inhalation. 2 respiration הַשְׁאָפָה נ

[hesh''er] everlastingness, immortality הֶשְׁאֵר ז

[hash'a'ra] 1 leaving. 2 remaining הַשְׁאָרָה נ

[hisha'a'rut] 1 staying, remaining. 2 survival. 3 immortality הִשָּׁאֲרוּת נ

giving advice, counselling הַשָּׁאַת עֵצָה

[ha'shev, hasha'va] return, restoration, giving back הָשֵׁב ז הֲשָׁבָה נ

[hasha'va] blowing הַשָּׁבָה נ

[hasa'va] becoming grey, greying הֲשָׂבָה נ

[hisha'von] 1 restoration, restitution. 2 drawback הִשָּׁבוֹן ז

[hashba'xa] betterment, improvement הַשְׁבָּחָה נ

[hish'biy'ax] 1 to better, improve. 2 to calm, still, allay הִשְׁבִּיחַ פי״ע

[hish'biy'a] to adjure, swear, impose an oath הִשְׁבִּיעַ פ״י

[his'biy'a] 1 to satisfy, satiate. 2 to sate, glut הִשְׂבִּיעַ פ״י

to satisfy, cause satisfaction הִשְׂבִּיעַ רָצוֹן

[hish'bits] 1 to set, classify. 2 to grade, slot הִשְׁבִּיץ פ״י

[hish'bir] to assist in childbirth הִשְׁבִּיר פ״י

[hish'bit] 1 to cancel, end, terminate. 2 to instigate a strike הִשְׁבִּית פ״י

[hashba''a] 1 adjuring, swearing in. 2 invocation הַשְׁבָּעָה נ

[hasba''a] satisfaction, satiating הַשְׂבָּעָה נ

causing satisfaction הַשְׂבָּעַת רָצוֹן

[hashba'tsa] 1 grading, scaling. 2 fixing הַשְׁבָּצָה נ

[hashba'ra] selling, supply הַשְׁבָּרָה נ

[hishav'rut] breaking, breakage הִשָּׁבְרוּת נ

[hashba'ta] 1 lock-out, strike. 2 termination, closure, cessation הַשְׁבָּתָה נ

[he'seg] achievement, attainment הֶשֵּׂג ז

ability, means, reach הֶשֵּׂג יָד

[hasga'va] exaltation, glorification הַשְׂגָּבָה נ

[hish'ga] to mislead, misdirect הִשְׁגָּה פ״י

[his'ga] 1 to increase, magnify, augment. 2 to prosper, flourish הִשְׂגָּה פ״י

[hasa'ga] 1 achievement. 2 acquisition. 3 criticism. 4 objection, reservation הַשָּׂגָה נ

[hashga'xa] 1 overseeing, supervision. 2 attention, case, monitoring. 3 Providence הַשְׁגָּחָה נ

Divine Providence הַשְׁגָּחָה עֶלְיוֹנָה

[his'giv] to exalt, glorify הִשְׂגִּיב פ״י

[hashga'ya] deception, misleading הַשְׁגָּיָה נ

[hasga'ya] exaltation, glorification הַשְׂגָּיָה נ

[hish'giy'ax] 1 to care for, mind. 2 to pay attention, supervise, oversee הִשְׁגִּיחַ פ״ע

[hish'gir] 1 to habituate, accustom. 2 to inculcate. 3 to start, run in הִשְׁגִּיר פ״י

[hishag'lut] cohabiting, sexual in tercourse הִשָּׁגְלוּת נ

[hashga'ra] 1 habituation, inculcation. 3 stereotyping הַשְׁגָּרָה נ

ability, means, reach הַשָּׂגַת יָד

[hish'dif] to roast, toast, shrivel הִשְׁדִּיף פ״י

[hi'sha] 1 to forget. 2 to harass, pursue הִשָּׁה פ״י

[hish'ha] to delay, defer, retard הִשְׁהָה פ״י

[hashha'ya] 1 delaying, procrastination, deferment הַשְׁהָיָה נ

[hashva''a] 1 comparison, similarity. 2 analogy. 2 equation הַשְׁוָאָה נ

[hashva'a'ti] comparative הַשְׁוָאָתִי ת

[hish'va] 1 to compare. 2 to equate. 3 to equalize, level הִשְׁוָה פ״י

[hashva'ya] 1 comparison. 2 equalization הַשְׁוָיָה נ

[hishaz'fut] being sunburnt, suntanned הִשָּׁזְפוּת נ

[he'shax] 1 to bend. 2 to degrade, humiliate הֵשַׁח פ״י

[hish'xa] 1 to bow, bend. 2 to oppress, depress. 3 to degrade הִשְׁחָה פ״י

[his'xa] 1 to float, to set swimming. 2 to flood הִשְׂחָה פ״י

[hasa'xa] dialogue, conversation הֲשָׂחָה נ

[hisha'xut] inclination הִשָּׁחוּת נ

[hashxa'za] sharpening, whetting הַשְׁחָזָה נ

[hashxa'ya] doubling, bending, folding הַשְׁחָיָה נ

[hasxa'ya] setting afloat הַשְׂחָיָה נ

[hish'xiz] to sharpen הִשְׁחִיז פ״י

[hish'xit] to slaughter הִשְׁחִיט פ״י

[hish'xil] 1 to thread. 2 to pass through. 3 to roar הִשְׁחִיל פ״י

[hish'xim] 1 to brown, bronze. 2 to tan הִשְׁחִים פ״י״ע

[hish'xin] to warm, heat הִשְׁחִין פ״י

[hish'xik] 1 to rub off. 2 to wear away. 3 to pulverize הִשְׁחִיק פ״י

[his'xik] 1 to mock, deride. 2 to amuse, entertain הִשְׂחִיק פ״י״ע

[hish'xir] 1 to rise early. 2 to blacken, darken. 3 to besmirch הִשְׁחִיר פ״י״ע

[hish'xit] 1 to corrupt, spoil. 2 to destroy, ruin. 3 to besmirch הִשְׁחִית פ״י

[hesh'xel] loom, drawing-in הֶשְׁחֵל ז

[hashxa'la] threading, insertion הַשְׁחָלָה נ

[hashxa'ma] browning, tanning הַשְׁחָמָה נ

[hashxa'na] heating, warming הַשְׁחָנָה נ

[hashxa'ka] wearing down, grinding down הַשְׁחָקָה נ

[hishaxa'kut] wearing down, grinding down הִשָּׁחֲקוּת נ

[hashxa'ra] 1 blackening. 2 denigration, besmirching. 3 dawning הַשְׁחָרָה נ

[hesh'xet] 1 corruption. 2 damage הֶשְׁחֵת ז

[hashxa'ta] 1 destruction, damage. 2 disfigurement הַשְׁחָתָה נ

[hashta''a] mockery, scoffing הַשְׁטָאָה נ

[hasha'ta] setting afloat, הֲשָׁטָה נ

[hi'shil] 1 to drop, let fall. 2 to cast, shed, slough הִשִּׁיל פ״י
[he'sim] to place, set up, establish הֵשִׂים פ״י
[he'shik] to give abundantly הֵשִׁיק פ״י
[hi'shik] 1 to touch, graze, come in contact. 2 to osculate. 3 to launch הִשִּׁיק פ״י
[hi'sik] to kindle, light, heat הִשִּׂיק פ״י
[hi'shir] 1 to pluck, pull out. 2 to drop, shed, discard הִשִּׁיר פ״י
[he'sir] to appoint a ruler הֵשִׂיר פ״י
[he'sis] to gladden, cheer, cause joy הֵשִׂישׂ פ״י
[he'shit] to set, make, place, put הֵשִׁית פ״י
[he'shex] to calm, allay, mitigate הֵשֵׁךְ פ״י
[hashka'va] 1 putting to bed. 2 laying to rest, funeral. 3 requiem הַשְׁכָּבָה נ
[hashka'xa] forgetfulness, oblivion הַשְׁכָּחָה נ
[hishaxe'xut] forgetting, forgetfulness הִשָּׁכְחוּת נ
[hish'kiv] 1 to put to bed. 2 to bed, couch. 3 to place, lay הִשְׁכִּיב פ״י
[hish'kiy'ax] to cause to forget הִשְׁכִּיחַ פ״י
[his'kil] 1 to prosper, succeed. 2 to study, acquire wisdom. 3 to enlighten, instruct, teach הִשְׂכִּיל פ״י
[hish'kil] to miscarry הִשְׁכִּיל פ״י
[hish'kim] 1 to rise early. 2 to anticipate הִשְׁכִּים פ״י
[hish'kin] 1 to settle, place, establish. 2 to put up, accommodate הִשְׁכִּין פ״י
[hish'kir] to make drunk, sailing הִשְׁכִּיר פ״י
[hish'ta] to mock, deride הִשְׁטָה פ״י
[hashta'xa] spreading, unfolding הַשְׁטָחָה נ
[hishat'xut] extension, expanse הִשָּׁטְחוּת נ
[hish'tiy'ax] to spread, stretch הִשְׁטִיחַ פ״י
[his'tin] 1 to vilify. 2 to denounce. 3 to hate, accuse הִשְׂטִין פ״י
[hish'tif] 1 to flood. 2 to float הִשְׁטִיף פ״י
[hasta'na] 1 accusation, blaming. 2 denunciation, vilification הַשְׂטָנָה נ
[hashta'fa] flooding, floating הַשְׁטָפָה נ
[hi'shi] 1 to beguile, deceive, seduce. 2 to mislead, dupe הִשִּׁיא פ״י
[hi'si] 1 to give in marriage. 2 to send, give. 3 to transfer, transport. הִשִּׂיא פ״י
[he'shiv] 1 to answer, reply. 2 to restore, give back. 3 to replace. 4 to revoke הֵשִׁיב פ״י
[hi'shiv] to blow, breathe הִשִּׁיב פ״י
[he'siv] 1 to turn grey. 2 to grow old הֵשִׂיב פ״י
[hi'sig] 1 to achieve, obtain, 2 to catch up, overtake. 3 to grasp, conceive. 4 to criticize הִשִּׂיג פ״י
[hasi'ga] achievement, attainment הַשִּׂיגָה נ
[he'siy'ax] 1 to talk, converse. 2 to start a conversation הֵשִׂיחַ פי״ע
[he'shit] 1 to launch, sail, float. 2 to transport by boat. 3 to row הֵשִׁיט פ״י
[hi'shix] 1 to bite, sting. 2 to exact or practise usury הִשִּׁיךְ פ״י

[hish'lix] 1 to throw, shed, expel. 2 to abandon, reject — הִשְׁלִיךְ פ״י
[hish'lim] 1 to complete, accomplish. 2 to reconcile, pacify, make peace — הִשְׁלִים פי״ע
to come to terms — הִשְׁלִים עִם
[hish'lif] to cut — הִשְׁלִיף פ״י
[hish'lish] 1 to deposit. 2 to divide by three — הִשְׁלִישׁ פ״י
[hashla'xa] 1 throwing out, ejection. 2 projection. 3 implication — הַשְׁלָכָה נ
[hesh'lem] 1 completion. 2 reconciliation, pacification. 3 conclusion — הֶשְׁלֵם ז
[hashl'a'ma] 1 completion. 2 complement. 3 payment. 4 supplementary studies — הַשְׁלָמָה נ
coming to terms — הַשְׁלָמָה עִם
[hashla'sha] depositing — הַשְׁלָשָׁה נ
[ha'shem] The Lord (in avoidance of Tetragrammaton) — הַשֵּׁם
[he'sham] 1 to destroy, devastate. 2 to appal — הֵשַׁם פ״י
[hism'’il] to turn left — הִשְׂמְאִיל פ״ע
[hasma'la] turning to the left — הַשְׂמָאלָה נ
[hash'med, hesh'med] ruin, destruction, annihilation — הַשְׁמֵד, הֶשְׁמֵד ז
[hisha'med] to be destroyed, devastated — הִשָּׁמֵד פ״ע
[hashma'da] destruction, total devastation, extermination — הַשְׁמָדָה נ
[hisham'dut] destruction, ruin — הִשָּׁמְדוּת נ
[hasa'ma] assignment, placement — הֲשָׂמָה נ
[hasma'xa] joy, gladness, rejoicing — הַשְׂמָחָה נ
[hesh'met] 1 remission, — הֶשְׁמֵט ז

intoxicate
[his'kir] 1 to rent, let, hire out. 2 to pay, fix a price — הִשְׂכִּיר פ״י
[has'kel] intelligence, discernment, cleverness — הַשְׂכֵּל ז
[haska'la] 1 education, knowledge, erudition, culture. 2 enlightenment, Haskala — הַשְׂכָּלָה נ
[haskala'ti] educational, instructional — הַשְׂכָּלָתִי ת
[hash'kem] early in the morning — הַשְׁכֵּם תה״פ
[hashka'ma] 1 early rising. 2 reveille, alarm call — הַשְׁכָּמָה נ
[hashka'na] settling, placing, establishing — הַשְׁכָּנָה נ
[hashka'ra] intoxication, drunkenness — הַשְׁכָּרָה נ
[haska'ra] leasing, renting, hiring out — הַשְׂכָּרָה נ
[hisax'rut] letting, rental — הִשָּׂכְרוּת נ
[hashla'ga] snowstorm, blizzard — הַשְׁלָגָה נ
[hasha'la] shedding, dropping — הֲשָׁלָה נ
[hish'la] to mislead, delude — הִשְׁלָה פ״י
[hashla'xa] despatch, sending — הַשְׁלָחָה נ
[hishal'xut] sending, consignment — הִשָּׁלְחוּת נ
[hashla'ta] 1 enforcement, imposition. 2 restoration. 3 setting up in rule — הַשְׁלָטָה נ
[hish'lig] to snow, cover in snow — הִשְׁלִיג פ״י
[hashla'ya] 1 illusion. 2 delusion — הַשְׁלָיָה נ
[hish'liy'ax] to send, have sent — הִשְׁלִיחַ פ״י
[hish'lit] 1 to enforce, establish, restore. 2 to put in control, in command — הִשְׁלִיט פ״י

[hish'na] 1 to teach, instruct. 2 to inculcate, indoctrinate הִשְׁנָה פ״י

[hisha'nut] 1 return, relapse. 2 repetition, repetitiveness הִשָּׁנוּת נ

[his'ni] to make hateful, hate הִשְׂנִיא פ״י

[hashna'ya] 1 instruction. 2 indoctrination. 3 change הַשְׁנָיָה נ

[hashna'ta] graduation, gradation הַשְׁנָתָה נ

[hishas'fut] partition, cleavage הִשָּׁסְפוּת נ

[he'sha] to block, obstruct הֵשַׁע פ״ע

[hish'ʼa] to suspend הִשְׁעָה פ״י

[hash'a'ya] suspension הַשְׁעָיָה נ

[hish'ʼin] 1 to lean. 2 to support, rely הִשְׁעִין פ״י

[his'ʼir] to grow hairy הִשְׂעִיר פ״ע

[hash'a'na] support, reliance הַשְׁעָנָה נ

[hisha'a'nut] dependence, leaning, reliance הִשָּׁעֲנוּת נ

[hash'a'ra] conjecture, assumption, hypothesis הַשְׁעָרָה נ

[has'a'ra] 1 hairiness, fuzziness. 2 pubescence הַשְׂעָרָה נ

[hasha'fa] polishing, shining הֲשָׁפָה נ

[hishaf'tut] judgment הִשָּׁפְטוּת נ

[hish'pil] 1 to humiliate, degrade. 2 to mortify, demean, humble. 3 to lower הִשְׁפִּיל פ״י

[hish'piy'a] 1 to influence, affect. 2 to give abundantly, profusely. 3 to slant הִשְׁפִּיעַ פ״ע

[hishaf'xut] spilling הִשָּׁפְכוּת נ

[hesh'pel] slump, lowering, degradation הֶשְׁפֵּל ז

[hashpa'la] humiliation, abasement הַשְׁפָּלָה נ

[hesh'pe'a] abundance, plenty הֶשְׁפֵּעַ ז

[hashpa'ʼa] 1 influence, cancelling. 2 release הַשְׁפָּעָה נ

[hashma'ta] 1 omission, deletion. 2 cancellation. 3 breach הַשְׁמָטָה נ

[hisham'tut] 1 dislocation. 2 omission, leaving out. 3 slipping הִשָּׁמְטוּת נ

[hish'mid] 1 to destroy, devastate. 2 to apostatize הִשְׁמִיד פ״י

[his'miy'ax] to gladden, cheer, cause joy הִשְׂמִיחַ פ״י

[hish'mit] 1 to omit, leave out. 2 to remove. 3 to release הִשְׁמִיט פ״י

[his'mil] to turn left הִשְׂמִיל פ״ע

[hish'mim] 1 to appal, horrify. 2 to be stupefied הִשְׁמִים פי״ע

[hish'min] 1 to fatten, make fat. 2 to grow fat הִשְׁמִין פי״ע

[hish'miy'a] 1 to announce, tell. 2 to perform music, sing. 3 to assemble, summon הִשְׁמִיעַ פ״י

[hish'mits] to slander, libel, vilify, defame הִשְׁמִיץ פ״י

[hesh'men] greasing, lubrication הֶשְׁמֵן ז

[hashma'na] 1 making or becoming fat, obesity. 2 greasing, oiling הַשְׁמָנָה נ

[hashma'ʼa] 1 declaration, announcement. 2 playing, sounding, voicing הַשְׁמָעָה נ

[hisham'ʼut] 1 obedience, submission. 2 hearing הִשָּׁמְעוּת נ

[hashma'ʼut] uttering, making heard הַשְׁמָעוּת נ

[hashma'tsa] defamation, slander, libel הַשְׁמָצָה נ

[hisham'rut] care, prudence, discretion הִשָּׁמְרוּת נ

[hasna'ʼa] hate, hatred הַשְׂנָאָה נ

2 to induce, inspire, evoke. 3 to maintain, support

[hisar'tut] being scratched, bruised — הִשָּׂרְטוּת נ

[hashra'ya] 1 immersion. 2 inspiration, induction — הַשְׁרָיָה נ

[hish'rits] 1 to swarm. 2 to spawn — הִשְׁרִיץ פי״ע

[hish'rish] 1 to implant, instil. 2 to take root — הִשְׁרִישׁ פי״ע

[hashraya'ti] inductive — הַשְׁרָיָתִי ת

[hisar'fut] burning — הִשָּׂרְפוּת נ

[hashra'tsa] swarming, spawning — הַשְׁרָצָה נ

[hashra'sha] taking root, implanting — הַשְׁרָשָׁה נ

[hash'ta] now — הַשְׁתָּא תה״פ

[hasha'ta] this year — הָשַׁתָּא תה״פ

[hishta''eg] to roar, bellow — הִשְׁתָּאֵג פ״ע

[hishta''a] to wonder, be astonished, be amazed — הִשְׁתָּאָה פ״ע

[hishta''ut] wonderment, astonishment, amazement — הִשְׁתָּאוּת נ

[hishta'a'nen] to remain still, tranquil — הִשְׁתַּאֲנֵן פ״ע

[hishta'ane'nut] tranquillity, peacefulness — הִשְׁתַּאַנְנוּת נ

[hishta'bax] 1 to boast, be snobbish. 2 to be praised. 3 to improve, become finer — הִשְׁתַּבַּח פ״ע

[hishtab'xut] 1 self-praise, boastfulness. 2 improvement, betterment — הִשְׁתַּבְּחוּת נ

[hishta'bel] to grow into ears of corn, to sprout — הִשְׁתַּבֵּל פ״ע

[hishtab'lut] growing into ears of corn — הִשְׁתַּבְּלוּת נ

[hishta'ba] to be satisfied, sated — הִשְׁתַּבַּע פ״ע

[hishta'bets] to be graded, integrated, fitted in, — הִשְׁתַּבֵּץ פ״ע

effect, bearing. 2 abundance, fullness. 3 inspiration

[hashpa'ra] finishing process in weaving cloth — הַשְׁפָּרָה נ

[he'shek] launching — הֶשֵּׁק ז

[hashka''a] 1 irrigation, watering. 2 drinking — הַשְׁקָאָה נ

[hasha''a] 1 touching, grazing. 2 launching. 3 osculation. 4 anastomosis — הַשָּׁקָה נ

[hish'ka] 1 to water, irrigate. 2 to give to drink — הִשְׁקָה פ״י

[hash'ket, hesh'ket] quiet, repose, calm — הַשְׁקֵט, הֶשְׁקֵט ז

[hashka'ta] tranquillization, quieting, pacification — הַשְׁקָטָה נ

[hashka'ya] 1 irrigation, watering. 2 drinking — הַשְׁקָיָה נ

[hish'kit] 1 to calm, quiet. 2 to pacify, appease. 3 to remain calm — הִשְׁקִיט פ״י

[hish'kiy'a] 1 to invest. 2 to sink — הִשְׁקִיעַ פ״י

[hish'kif] 1 to observe, watch, regard. 2 to review, survey. 3 to contemplate — הִשְׁקִיף פ״ע

[hesh'ke'a] sedimentation — הֶשְׁקֵעַ ז

[hashka''a] 1 submergence. 2 investment. 3 sedimentation — הַשְׁקָעָה נ

[hesh'kef] panorama, view — הֶשְׁקֵף ז

[hashka'fa] 1 view, outlook. 2 conception, attitude. 3 looking, survey, review — הַשְׁקָפָה נ

[hashka'tsa] abomination — הַשְׁקָצָה נ

[hashra''a] 1 inspiration. 2 intuition, induction. 3 immersion — הַשְׁרָאָה נ

[hashra''i] inductive — הַשְׁרָאִי ת

[hasha'ra] 1 shedding, dropping. 2 exfoliation — הַשָּׁרָה נ

[hish'ra] 1 to soak, immerse. — הִשְׁרָה פ״י

dovetailed

הִשְׁתַּבְּצוּת נ [hishtab'tsut] integration, dovetailing

הִשְׁתַּבֵּר פ״ע [hishta'ber] 1 to be broken, smashed. 2 to be refracted.

הִשְׁתַּבְּרוּת נ [hishtab'rut] 1 refraction. 2 breaking up

הִשְׁתַּבֵּשׁ פ״ע [hishta'besh] 1 to be spoilt, deteriorate. 2 to botch, bungle, be mishandled

הִשְׁתַּבְּשׁוּת נ [hishtab'shut] blunder, confusion, mishandling

הִשְׂתַּגֵּב פ״ע [hista'gev] 1 to fortify oneself. 2 to be exalted

הִשְׂתַּגְּבוּת נ [histag'vut] fortification, exaltation

הִשְׁתַּגֵּל פ״ע [hishta'gel] to cohabit

הִשְׁתַּגְּלוּת נ [hishtag'lut] cohabitation

הִשְׁתַּגַּע פ״ע [hishta'ga'] 1 to go mad. 2 to play the fool, act crazy

הִשְׁתַּגְּעוּת נ [hishtag''ut] 1 going mad. 2 acting crazy

הִשְׁתַּגֵּר פ״ע [hishta'ger] to become routine

הִשְׁתַּגְּרוּת נ [hishtag'rut] adaptation, acclimatization

הִשְׂתַּגְשֵׂג פ״ע [histag'seg] to prosper, grow apace, progress

הִשְׂתַּגְשְׂגוּת נ [histagse'gut] progress, prosperity, branching out

הִשְׁתַּדֵּךְ פ״ע [hishta'dex] to become linked through marriage

הִשְׁתַּדְּכוּת נ [hishtad'xut] 1 marriage. 2 match-making

הִשְׁתַּדֵּל פ״י [hishta'del] 1 to attempt, try. 2 to strive, endeavour. 3 to lobby

הִשְׁתַּדְּלוּת נ [hishtad'lut] endeavour, attempt, effort, lobbying

הִשְׁתַּדֵּף פ״ע [hishta'def] to suffer blight

הִשְׁתַּדְּפוּת נ [hishtad'fut] blighting

הִשְׁתָּה פ״י [hish'ta] to weave, warp

הִשְׁתַּהָה פ״ע [hishta'ha] 1 to delay, tarry. 2 to hesitate, pause

הִשְׁתַּהוּת נ [hishta'hut] 1 stay, pause, hesitation. 2 delay, tarrying

הִשְׁתַּהֵק פ״ע [hishta'hek] to hiccup, hiccough

הִשְׁתּוֹבֵב פ״ע [hishto'vev] 1 to be naughty, boisterous. 2 to make mischief

הִשְׁתּוֹבְבוּת נ [hishtove'vut] naughtiness, boisterousness

הִשְׁתַּוָּה פ״ע [hishta'va] 1 to become equal, correspond. 2 to come to terms

הִשְׁתַּוּוּת נ [hishta'vut] equivalence, correspondence, similarity

הִשְׁתּוֹחֵחַ פ״ע [hishto'xax] to be sorry, dejected, depressed

הִשְׁתּוֹחֲחוּת נ [hishtoxa'xut] depression, dejectedness

הִשְׁתּוֹלֵל פ״ע [hishto'lel] to go mad, to be unruly

הִשְׁתּוֹלְלוּת נ [hishtole'lut] 1 wildness, frenzy. 2 disorderliness, unruliness

הִשְׁתּוֹמֵם פ״ע [hishto'mem] 1 to look, gaze. 2 to wonder. 3 to be astonished, surprised. 4 to be horrified

הִשְׁתּוֹמְמוּת נ [hishtome'mut] surprise, astonishment, wonder, amazement

הִשְׁתּוֹנֵן פ״ע [hishto'nen] to be pierced

הִשְׁתּוֹנְנוּת נ [hishtone'nut] sharpening

הִשְׁתַּוַּע פ״ע [hishta'va'] to cry out

הִשְׁתּוֹפֵף פ״ע [hishto'fef] to crouch, stoop

הִשְׁתּוֹפְפוּת נ [hishtofe'fut] crouching, stooping

הִשְׁתַּוֵּק פ״ע [hishta'vek] to be marketed

[hishtav'kut] marketing הִשְׁתַּוְּקוּת נ
[hishto'kek] to crave, yearn, long for הִשְׁתּוֹקֵק פ״ע
[hishtoke'kut] yearning, craving, longing הִשְׁתּוֹקְקוּת נ
[hishta'zef] to become tanned, sunburned הִשְׁתַּזֵּף פ״ע
[hishtaz'fut] sunbathing הִשְׁתַּזְּפוּת נ
[hishta'zer] to be interwoven, interlaced הִשְׁתַּזֵּר פ״ע
[hishtaz'rut] interweaving, interlacing הִשְׁתַּזְּרוּת נ
[hishta'xed] to take bribes הִשְׁתַּחֵד פ״ע
[hishtaxa'dut] bribery הִשְׁתַּחֲדוּת נ
[hishtaxava''a] prostration, bowing הִשְׁתַּחֲוָאָה נ
[hishtaxa'va] to prostrate oneself, bow down הִשְׁתַּחֲוָה פ״ע
[hishtaxava'ya] prostration, genuflection הִשְׁתַּחֲוָיָה נ
[hishta'xez] to be whetted, sharpened, הִשְׁתַּחֵז פ״ע
[hishtaxa'zut] sharpening, whetting הִשְׁתַּחֲזוּת נ
[hishtax'zer] to be reconstructed, reconstituted הִשְׁתַּחְזֵר פ״ע
[hishtaxze'rut] reconstruction, reconstitution הִשְׁתַּחְזְרוּת נ
[hishta'xel] to squeeze through, be threaded הִשְׁתַּחֵל פ״ע
[hishtaxem] to become brown הִשְׁתַּחֵם פ״ע
[hishtaxa'mut] browning הִשְׁתַּחֲמוּת נ
[hishta'xen] to get hot, get warm הִשְׁתַּחֵן פ״ע
[hishta'xef] to grow thin הִשְׁתַּחֵף פ״ע
[hishtaxa'fut] 1 thinness. 2 being stricken with tuberculosis הִשְׁתַּחֲפוּת נ
[hishta'xets] to boast, brag, be arrogant הִשְׁתַּחֵץ פ״ע
[hishtaxa'tsut] boastfulness, arrogance הִשְׁתַּחֲצוּת נ
[hishta'xek] 1 to be erased. 2 to be pulverized הִשְׁתַּחֵק פ״ע
[hishtaxa'kut] 1 abrasion, effacement. 2 pulverization הִשְׁתַּחֲקוּת נ
[hishta'xer] to blacken, darken הִשְׁתַּחֵר פ״ע
[hishtaxa'rut] blackening הִשְׁתַּחֲרוּת נ
[hishtax'rer] 1 to be freed, released, liberated. 2 to release oneself הִשְׁתַּחְרֵר פ״ע
[hishtaxre'rut] 1 release, emancipation, liberation. 2 demobilization, discharge הִשְׁתַּחְרְרוּת נ
[hishta'ta] 1 to go mad, become insane. 2 to behave stupidly הִשְׁתַּטָּה פ״ע
[hishta'tut] madness הִשְׁתַּטּוּת נ
[hishta'tax] 1 to lie flat, lie down. 2 to stretch oneself, prostrate oneself הִשְׁתַּטַּח פ״ע
[hishtat'xut] stretching, prostration הִשְׁתַּטְּחוּת נ
[hishta'tef] 1 to take a shower. 2 to be rinsed, washed הִשְׁתַּטֵּף פ״ע
[hishtat'fut] showering, rinsing, ablution הִשְׁתַּטְּפוּת נ
[hishta'yex] 1 to belong to, join. 2 to be affiliated הִשְׁתַּיֵּךְ פ״ע
[hishtay'xut] 1 belonging, affiliation. 2 membership, attachment הִשְׁתַּיְּכוּת נ
[hish'til] to transplant הִשְׁתִּיל פ״ע
[hish'tin] to urinate, pass water הִשְׁתִּין פ״ע
[hishta'yef] to be filed, smoothed הִשְׁתַּיֵּף פ״ע
[hishtai'fut] filing, smoothing הִשְׁתַּיְּפוּת נ

[hish'tik] 1 to silence. 2 to hush up. 3 to paralyse הִשְׁתִּיק פ״י

[hishta'yer] to remain, survive הִשְׁתַּיֵּר פ״ע

[hishtai'rut] survival, remaining הִשְׁתַּיְּרוּת נ

[hish'tit] to base, found הִשְׁתִּית פ״י

[hishta'kax] to be forgotten הִשְׁתַּכַּח פ״ע

[hishtak'xut] oblivion הִשְׁתַּכְּחוּת נ

[hishtax'lel] to improve, be perfected הִשְׁתַּכְלֵל פ״ע

[hishtaxle'lut] perfection, improvement, הִשְׁתַּכְלְלוּת נ

[hishta'ken] to settle, house oneself, set up house הִשְׁתַּכֵּן פ״ע

[hishtak'nut] 1 settlement. 2 localization הִשְׁתַּכְּנוּת נ

[hishtax'na] to be convinced, persuaded הִשְׁתַּכְנַע פ״ע

[hishtaxne'ut] convincing, persuasion הִשְׁתַּכְנְעוּת נ

[hishta'ker] to become drunk, intoxicated הִשְׁתַּכֵּר פ״ע

[hista'ker] 1 to earn a wage, salary. 2 to receive remuneration הִשְׂתַּכֵּר פ״ע

[hishtak'rut] drunkenness, intoxication הִשְׁתַּכְּרוּת נ

[histak'rut] wage-earning, payment for work done הִשְׂתַּכְּרוּת נ

[hishtax'shex] to waddle, paddle, dabble הִשְׁתַּכְשֵׁךְ פ״ע

[hishtaxshe'xut] paddle, waddling, dabbling הִשְׁתַּכְשְׁכוּת נ

[hishta'lev] 1 to fit in, be integrated. 2 to be joined הִשְׁתַּלֵּב פ״ע

[hishtal'vut] integration, fitting in, joining in הִשְׁתַּלְּבוּת נ

[hashta'la] 1 transplantation. 2 replanting young seedlings. הַשְׁתָּלָה נ

[hishtal'hev] 1 to glow, burn strongly. 2 to be inflamed, enthusiastic הִשְׁתַּלְהֵב פ״ע

[hishtalha'vut] 1 flaming, burning. 2 ardo(u)r, fervo(u)r הִשְׁתַּלְהֲבוּת נ

[hishat'lut] planting הִשָּׁתְלוּת נ

[hishta'lax] 1 to be sent, despatched, consigned. 2 to run wild הִשְׁתַּלַּח פ״ע

[hishtal'xut] 1 being sent, consignation. 2 running wild הִשְׁתַּלְּחוּת נ

[hishta'let] 1 to achieve domination, gain control. 2 to master, prevail, rule הִשְׁתַּלֵּט פ״ע

[hishtal'tut] domination, control, monopolizing, rule הִשְׁתַּלְּטוּת נ

[hishta'lem] 1 to be paid, remunerated. 2 to be profitable. 3 to improve qualifications, supplement education הִשְׁתַּלֵּם פ״ע

[hishtal'mut] 1 advanced or supplementary training. 2 perfecting, completion הִשְׁתַּלְּמוּת נ

[hishta'lef] to be extracted, withdrawn הִשְׁתַּלֵּף פ״ע

[hishtal'fut] extraction, withdrawal הִשְׁתַּלְּפוּת נ

[hishta'lef] 1 to be divided into three. 2 to be tripled, trebled. 3 to become an adjutant הִשְׁתַּלֵּשׁ פ״ע

[hishta'lef] 1 trisection. 2 becoming an adjutant הִשְׁתַּלְּשׁוּת נ

[hishtal'shel] 1 to hang, drop, slither down. 2 to develop, evolve. 3 to be chained הִשְׁתַּלְשֵׁל פ״ע

[hishtalshe'lut] 1 development, concatenation. 2 chaining הִשְׁתַּלְשְׁלוּת נ

[hishta'med] 1 to apostasize. 2 to be converted הִשְׁתַּמֵּד פ״ע

[hishtas'ʼut] splitting, cleavage הִשְׁתַּסְּעוּת נ

[hishta'sef] to split, crack הִשְׁתַּסֵּף פ״ע

[hishtas'fut] cleft, crack, split הִשְׁתַּסְּפוּת נ

[hishta'ʼbed] 1 to be enslaved, subjugated. 2 to be mortgaged הִשְׁתַּעְבֵּד פ״ע

[hishtaʼb'dut] 1 enslavement, submission. 2 mortgaging הִשְׁתַּעְבְּדוּת נ

[hishta'ʼa] 1 to converse, discuss. 2 to waver, vacillate הִשְׁתָּעָה פ״ע

[hishta'ʼut] conversation הִשְׁתָּעוּת נ

[hishta'ʼel] to cough הִשְׁתַּעֵל פ״ע

[hishtaʼa'lut] cough, coughing הִשְׁתַּעֲלוּת נ

[hishtaʼa'mem] to be bored הִשְׁתַּעֲמֵם פ״ע

[hishtaʼame'mut] tedium, boredom, dullness הִשְׁתַּעַמְמוּת נ

[hishta'ʼer] to be estimated, conjectured הִשְׁתָּעֵר פ״ע

[hista'ʼer] to assault, storm, attack הִשְׂתָּעֵר פ״ע

[hishtaʼa'rut] estimation, evaluation הִשְׁתָּעֲרוּת נ

[histaʼa'rut] assailing, taking by storm הִשְׂתָּעֲרוּת נ

[hishta'ʼsha'] to be entertained, amused הִשְׁתַּעֲשֵׁעַ פ״ע

[hishta'she'ut] recreation, entertainment הִשְׁתַּעַשְׁעוּת נ

[hishta'pa] 1 to become sober. 2 to become quiet הִשְׁתַּפָּה פ״ע

[hishta'put] sobriety, sobering down, calming הִשְׁתַּפּוּת נ

[hishta'pex] 1 to overflow. 2 to confide in הִשְׁתַּפֵּךְ פ״ע

[hishtap'xut] 1 overflow, outpouring. 2 effusion. הִשְׁתַּפְּכוּת נ

(from Judaism)

[hishtam'dut] apostasy, conversion (from Judaism) הִשְׁתַּמְּדוּת נ

[hishta'met] to evade duty, shirk, dodge הִשְׁתַּמֵּט פ״ע

[hishtam'tut] evasion. shirking, dodging הִשְׁתַּמְּטוּת נ

[hishta'men] 1 to be oiled, greased. 2 to grow fat הִשְׁתַּמֵּן פ״ע

[hishtam'nut] 1 lubrication, oiling. 2 obesity, fatness הִשְׁתַּמְּנוּת נ

[hishta'maʼ] 1 to be heard. 2 to be understood, interpreted, deduced. 3 to keep in touch הִשְׁתַּמַּע פ״ע

[hishtam'ʼut] meaning, understanding הִשְׁתַּמְּעוּת נ

[hishta'mer] 1 to be conserved, preserved. 2 to be careful, cautious הִשְׁתַּמֵּר פ״ע

[hishtam'rut] 1 caution, preservation, survival. 2 conservation הִשְׁתַּמְּרוּת נ

[hishta'mesh] to use, employ הִשְׁתַּמֵּשׁ פ״ע

[hishtam'shut] use, employment הִשְׁתַּמְּשׁוּת נ

[hista'ne] to hate, loathe, abhor הִשְׂתַּנֵּא פ״ע

[hashta'na] urination הַשְׁתָּנָה נ

[hishta'na] to change, be different, vary, alter הִשְׁתַּנָּה פ״ע

[hishta'nut] 1 change, difference. 2 transformation הִשְׁתַּנּוּת נ

[hishtanek] to be choked, suffocated, strangled. הִשְׁתַּנֵּק פ״ע

[hishtan'kut] suffocation, strangulation הִשְׁתַּנְּקוּת נ

[hishta'sa] to be incited, provoked הִשְׁתַּסָּה פ״ע

[hishta'saʼ] to be split, cleft הִשְׁתַּסַּע פ״ע

[hishtak'fut] 1 reflection. 2 transparence הִשְׁתַּקְּפוּת נ
[hishta'kets] to defame, dishonour הִשְׁתַּקֵּץ פ״ע
[hishtak'tsut] defamation, dishonour הִשְׁתַּקְּצוּת נ
[hishtak'shek] to creak, rustle, grate הִשְׁתַּקְשֵׁק פ״ע
[hishtakshe'kut] creak, rustle, grate הִשְׁתַּקְשְׁקוּת נ
[hishta'rev] to get sunburned, sunstroke הִשְׁתָּרֵב פ״ע
[hishtar'bev] 1 to be extended, prolonged. 2 to be mistakenly placed, inserted הִשְׁתַּרְבֵּב פ״ע
[hishtarbe'vut] 1 extension, prolongation. 2 misplacing הִשְׁתַּרְבְּבוּת נ
[hishtar'vut] getting sunburnt, sunstroke הִשְׁתָּרְבוּת נ
[hista'reg] to interknit, interweave, interlace הִשְׂתָּרֵג פ״ע
[histar'gut] interweaving, interlacing הִשְׂתָּרְגוּת נ
[hista'ret] to be scratched, lacerated הִשְׂתָּרֵט פ״ע
[histar'tut] scratching, laceration הִשְׂתָּרְטוּת נ
[hista'rex] to plod along הִשְׂתָּרֵךְ פ״ע
[histar'xut] plodding along הִשְׂתָּרְכוּת נ
[hista'ra'] 1 to extend, spread out. 2 to recline הִשְׂתָּרַע פ״ע
[histar''ut] 1 extending, spreading out. 2 reclining הִשְׂתָּרְעוּת נ
[hista'rer] 1 to dominate, prevail. 2 to rule, govern הִשְׂתָּרֵר פ״ע
[histare'rut] prevalence, domination, rule הִשְׂתָּרְרוּת נ
[hishta'resh] to take root, to be rooted הִשְׁתָּרֵשׁ פ״ע
[hishtar'shut] taking root הִשְׁתָּרְשׁוּת נ
[hishtar'sher] to be הִשְׁתַּרְשֵׁר פ״ע
3 discharge
[hishta'pel] 1 to ebb, be low. 2 to be indolent, negligent הִשְׁתַּפֵּל פ״ע
[hishtap'lut] 1 lowering, sinking, ebbing. 2 slackness, negligence הִשְׁתַּפְּלוּת נ
[hishta'pa'] to slant, slope הִשְׁתַּפֵּעַ פ״ע
[hishtap''ut] slanting, sloping הִשְׁתַּפְּעוּת נ
[hishta'pets] to be improved, embellished, repaired, renovated הִשְׁתַּפֵּץ פ״ע
[hishtap'tsut] repair, improvement, renovation הִשְׁתַּפְּצוּת נ
[hishta'per] to improve, get better הִשְׁתַּפֵּר פ״ע
[hishtap'rut] improvement הִשְׁתַּפְּרוּת נ
[hishtaf'shef] 1 to be rubbed. 2 to work very hard. 3 to become polished הִשְׁתַּפְשֵׁף פ״ע
[hishtafshe'fut] 1 very hard work. 2 rubbing. 3 polishing הִשְׁתַּפְשְׁפוּת נ
[hesh'tek] estoppel הֶשְׁתֵּק ז
[hashta'ka] 1 silencing, hushing. 2 suppression, muffling הַשְׁתָּקָה נ
[hishta'kel] to weigh oneself הִשְׁתַּקֵּל פ״ע
[hishtak'lut] weighing oneself הִשְׁתַּקְּלוּת נ
[hishta'kem] to rehabilitate oneself, be rehabilitated הִשְׁתַּקֵּם פ״ע
[hishtak'mut] 1 self-rehabilitation. 2 rehabilitation הִשְׁתַּקְּמוּת נ
[hishta'ka'] 1 to settle. 2 to sink הִשְׁתַּקַּע פ״ע
[hishtak''ut] 1 settlement. 2 sinking, setting הִשְׁתַּקְּעוּת נ
[hishta'kef] 1 to be reflected. 2 to be visible הִשְׁתַּקֵּף פ״ע

chained

הִשְׁתַּרְשְׁרוּת נ [hishtarshe'rut] chaining, linking by chain

הַשְׁתָּתָה נ [hashta'ta] founding, basing

הִשְׁתַּתֵּף פ״ע [hishta'tef] to participate, share in, take part

הִשְׁתַּתְּפוּת נ [hishtat'fut] participation

הִשְׁתַּתֵּק פ״ע [hishtatek] 1 to fall silent. 2 to become dumb

הִשְׁתַּתְּקוּת נ [hishtat'kut] becoming silent

הִתְאַבֵּד פ״ע [hit'a'bed] to commit suicide

הִתְאַבְּדוּת נ [hit'ab'dut] suicide, self-destruction

הִתְאַבֵּךְ פ״ע [hit'a'bex] to billow or swirl upwards

הִתְאַבְּכוּת נ [hit'ab'xut] 1 billowing, rising. 2 interference

הִתְאַבֵּל פ״ע [hit'a'bel] to mourn, grieve, lament

הִתְאַבְּלוּת נ [hit'ab'lut] mourning, grief

הִתְאַבֵּן פ״ע [hit'a'ben] to be petrified, fossilized

הִתְאַבְּנוּת נ [hit'ab'nut] 1 petrification, fossilization. 2 paralysis

הִתְאַבֵּק פ״ע [hit'a'bek] 1 to wrestle, grapple. 2 to be or become dusty

הִתְאַבְּקוּת נ [hit'ab'kut] 1 gathering dust. 2 wrestling, struggling

הִתְאַגֵּד פ״ע [hit'a'ged] 1 to combine, unite. 2 to form a union

הִתְאַגְּדוּת נ [hit'ag'dut] association, union, organization

הִתְאַגֵּר פ״ע [hit'a'ger] to be collected, gathered

הִתְאַגְּרוּת נ [hit'ag'rut] accumulation, gathering

הִתְאַגְרֵף פ״ע [hitag'ref] to box

הִתְאַגְרְפוּת נ [hitagre'fut] boxing

הִתְאַדֵּב פ״ע [hit'a'dev] to become polite, courteous

הִתְאַדְּבוּת נ [hit'ad'vut] politeness, courtesy

הִתְאַדָּה פ״ע [hit'a'da] to evaporate, be vaporized

הִתְאַדּוּת נ [hit'a'dut] evaporation

הִתְאַדֵּם פ״ע [hit'a'dem] 1 to blush, flush. 2 to turn red, glow red

הִתְאַדְּמוּת נ [hit'ad'mut] 1 flushing, blushing. 2 reddening

הִתְאַדֵּן פ״ע [hit'a'den] to become master, gain mastery

הִתְאַדְּנוּת נ [hit'ad'nut] mastery

הִתְאַדֵּר פ״ע [hit'a'der] to be glorified, glorious

הִתְאַדְּרוּת נ [hit'ad'rut] glorification, exaltation

הִתְאַדֵּשׁ פ״ע [hit'a'desh] to be or become indifferent or apathetic

הִתְאַדְּשׁוּת נ [hitad'shut] indifference, apathy

הִתְאַהֵב פ״ע [hit'a'hev] to fall in love

הִתְאַהֲבוּת נ [hit'aha'vut] 1 falling in love. 2 love affair

הִתְאַהֵד פ״ע [hit'a'hed] to sympathize, be in sympathy with

הִתְאַהֲדוּת נ [hit'aha'dut] sympathizing

הִתְאַוָּה פ״ע [hit'a'va] to desire, want, crave

הִתְאַוּוּת נ [hit'a'vut] desiring, longing, craving

הִתְאוֹנֵן פ״ע [hit'o'nen] to complain, grumble, protest

הִתְאוֹנְנוּת נ [hit'one'nut] complaint, protest

הִתְאַוְרֵר פ״ע [hit'av'rer] 1 to take fresh air. 2 to be ventilated

הִתְאַוְרְרוּת נ [hit'avre'rut] airing, ventilation

הִתְאוֹשֵׁשׁ פ״ע [hit'o'shesh] 1 to recover. 2 to regain courage

הִתְאוֹשְׁשׁוּת נ [hit'oshe'shut] 1 recovery, comeback. 2 encouragement

הִתְאַזֵּן פ״ע [hit'a'zen] to be balanced, gain equilibrium

הִתְאַזְּנוּת נ [hit'az'nut] balancing, equilibrium

הִתְאַזֵּר פ״ע [hit'a'zer] to gird oneself, be strong

הִתְאַזְּרוּת נ [hit'az'rut] strengthening oneself

הִתְאַזְרַח פ״ע [hit''az'rax] 1 to become nationalized, acquire citizenship. 2 to be familiarized

הִתְאַזְרְחוּת נ [hit'azre'xut] 1 naturalization. 2 familiarisation

הִתְאַחֵד פ״ע [hit'a'xed] 1 to combine, unite. 2 to be amalgamated

הִתְאַחֲדוּת נ [hit'axa'dut] 1 organization, union. 2 unification

הִתְאַחָה פ״ע [hit'a'xa] 1 to be stitched together. 2 to heal, mend, knit together

הִתְאַחֲוָה פ״ע [hit'axa'va] to fraternize

הִתְאַחֲווּת נ [hit'axa'vut] fraternization

הִתְאַחוּת נ [hit'a'xut] knitting together, healing

הִתְאַחֵז פ״ע [hit'a'xez] to settle, take a grip

הִתְאַחֲזוּת נ [hit'axa'zut] settlement

הִתְאַחֵר פ״ע [hit'a'xer] to be late, arrive late

הִתְאַחֲרוּת נ [hit'axa'rut] 1 lateness, tardiness. 2 delay

הִתְאַטָּה פ״ע [hit'a'ta] to be slowed, delayed, to slow down

הִתְאַטּוּת נ [hit'a'tut] slowing down, deceleration

הִתְאַיֵּד פ״ע [hit'a'yed] to be evaporated

הִתְאַיְּדוּת נ [hitai'dut] evaporation

הִתְאִים פ״ע [hit''im] 1 to fit, suit, match. 2 to coordinate. 3 to adapt, adjust

הִתְאַכְזֵב פ״ע [hit'ax'zev] to be disappointed, frustrated

הִתְאַכְזְבוּת נ [hit'axze'vut] frustration, disappointment

הִתְאַכְזֵר פ״ע [hit'ax'zer] to be cruel, brutal

הִתְאַכְזְרוּת נ [hit'axze'rut] cruel or brutal behaviour

הִתְאַכֵּל פ״ע [hit'a'kel] 1 to be digested. 2 to be consumed. 3 to be burnt

הִתְאַכְּלוּת נ [hit'ak'lut] process of digestion

הִתְאַכְלֵס פ״ע [hit'ax'les] to be or become populated

הִתְאַכְלְסוּת נ [hit'axle'sut] population, becoming populated

הִתְאַכְסֵן פ״ע [hit'ax'sen] 1 to put up, stay, board, lodge

הִתְאַכְסְנוּת נ [hit'axse'nut] accommodation

הִתְאַכֵּר פ״ע [hit'aker] 1 to be or become a farmer. 2 to rusticate

הִתְאַכְּרוּת נ [hit'ak'rut] 1 adaptation to country life. 2 rustication

הִתְאַלֵּם פ״ע [hit'a'lem] 1 to become dumb. 2 to be struck dumb

הִתְאַלְּמוּת נ [hit'al'mut] dumbness, becoming dumb

הִתְאַלְמֵן פ״ע [hit'al'men] to be widowed

הִתְאַלְמְנוּת נ [hit'alme'nut] widowhood

הֶתְאֵם ז [het''em] 1 accordance, accord. 2 harmony

[hit'a'pa] to be baked הִתְאַפָּה פ״ע
[hit'a'put] baking הִתְאַפּוּת נ
[hit'a'pel] 1 to become dark. 2 to overshadow הִתְאַפֵּל פ״ע
[hit'ap'lut] darkness, darkening הִתְאַפְּלוּת נ
[hit'af'lel] to be darkened, dimmed הִתְאַפְלֵל פ״ע
[hit'afle'lut] dimming, darkening הִתְאַפְלְלוּת נ
[hit'a'pes] 1 to be zeroed, nullified. 2 to vanish הִתְאַפֵּס פ״ע
[hit'ap'sut] 1 vanishing. 2 nullification הִתְאַפְּסוּת נ
[hit'a'pek] to hold back, restrain oneself, show forbearance הִתְאַפֵּק פ״ע
[hit'ap'kut] 1 self-restraint, forbearance. 2 continence הִתְאַפְּקוּת נ
[hit'a'per] to make up הִתְאַפֵּר פ״ע
[hit'ap'rut] making up, using cosmetics הִתְאַפְּרוּת נ
[hit'af'sher] to become or be made possible הִתְאַפְשֵׁר פ״ע
[hit'afshe'rut] possibility הִתְאַפְשְׁרוּת נ
[hit'a'tsel] 1 to be ennobled. 2 to emanate הִתְאַצֵּל פ״ע
[hit'ats'lut] 1 ennoblement. 2 emanation הִתְאַצְּלוּת נ
[hit'ak'lem] 1 to be acclimatized. 2 to adjust to environment הִתְאַקְלֵם פ״ע
[hit'akle'mut] orientation, acclimatization, adjustment הִתְאַקְלְמוּת נ
[hit'a'reg] to be woven, interlaced הִתְאָרֵג פ״ע
[hit'ar'gut] weaving, interlacing הִתְאָרְגוּת נ
[hit'ar'gen] to be organized, arranged הִתְאַרְגֵּן פ״ע
[hit'arge'nut] organization, הִתְאַרְגְּנוּת נ

[hat'a'ma] 1 compatibility, suitability. 2 harmony, accord. 3 coordination הַתְאָמָה נ
[hit'am'lel] to be or become miserable, wretched, unhappy הִתְאַמְלֵל פ״ע
[hit'amle'lut] unhappiness, wretchedness הִתְאַמְלְלוּת נ
[hit'a'men] to train oneself, practise הִתְאַמֵּן פ״ע
[hit'am'nut] training, practising הִתְאַמְּנוּת נ
[hit'a'mets] 1 to make an effort, exert oneself. 2 to strive הִתְאַמֵּץ פ״ע
[hit'am'tsut] endeavo(u)r, effort, strain הִתְאַמְּצוּת נ
[hit'a'mer] to boast, brag הִתְאַמֵּר פ״ע
[hit'am'rut] boasting, bragging הִתְאַמְּרוּת נ
[hit'a'met] to come true, be confirmed, be verified הִתְאַמֵּת פ״ע
[hit'am'tut] verification הִתְאַמְּתוּת נ
[hit'a'na] to find a pretext הִתְאַנָּה פ״ע
[hit'a'nut] teasing, provocation הִתְאַנּוּת נ
[hit'a'nef] to be angry הִתְאַנֵּף פ״ע
[hit'an'fut] anger, fury הִתְאַנְּפוּת נ
[hit'a'nesh] to be humanized, personified הִתְאַנֵּשׁ פ״ע
[hit'an'shut] humanization, personification הִתְאַנְּשׁוּת נ
[hit'as'lem] to become a Moslem, convert to Islam הִתְאַסְלֵם פ״ע
[hit'asle'mut] becoming a Moslem הִתְאַסְלְמוּת נ
[hit'a'sef] to be gathered, congregate, assemble הִתְאַסֵּף פ״ע
[hit'as'fut] gathering, congregation הִתְאַסְּפוּת נ

getting organized

[hit’aˈrax] to lodge, stay, board, be put up. 2 to be given hospitality — הִתְאָרֵחַ פ״ע

[hit’arˈxut] lodging, accommodation, staying — הִתְאָרְחוּת נ

[hit’aˈrex] to lengthen, become long — הִתְאָרֵךְ פ״ע

[hit’arˈxut] 1 prolongation, extension. 2 lengthening — הִתְאָרְכוּת נ

[hit’aˈres] to become engaged, affianced — הִתְאָרֵס פ״ע

[hit’arˈsut] engagement, betrothal — הִתְאָרְסוּת נ

[hit’aˈra] to occur, happen, take place — הִתְאָרַע פ״ע

[hit’arˈ’ut] occurrence, event, happening — הִתְאָרְעוּת נ

[hit’aˈrer] to be cursed — הִתְאָרֵר פ״ע

[hit’areˈrut] anathema, curse, damnation — הִתְאָרְרוּת נ

[hit’aˈres] to become engaged, betrothed — הִתְאָרֵשׂ פ״ע

[hit’arˈsut] engagement, betrothal — הִתְאָרְשׂוּת נ

[hit’aˈsher] to be verified, confirmed, attested — הִתְאַשֵּׁר פ״ע

[hit’ashˈrut] confirmation, verification, attestation — הִתְאַשְּׁרוּת נ

[hit’aˈter] to be localized — הִתְאַתֵּר פ״ע

[hit’atˈrut] localization — הִתְאַתְּרוּת נ

[hitbaˈ’er] 1 to be clarified, become clear. 2 to be explained, expounded — הִתְבָּאֵר פ״ע

[hitba’aˈrut] clarification, elucidation — הִתְבָּאֲרוּת נ

[hitbaˈ’esh] 1 to become odious, hateful. 2 to stink — הִתְבָּאֵשׁ פ״ע

[hitba’aˈshut] 1 stench. 2 offensiveness — הִתְבָּאֲשׁוּת נ

[hitbaˈger] 1 to mature. 2 to become adult — הִתְבַּגֵּר פ״ע

[hitbagˈrut] maturing, maturity, adolescence — הִתְבַּגְּרוּת נ

[hitbaˈda] 1 to be proved false, wrong. 2 to be proved a liar — הִתְבַּדָּה פ״ע

[hitbaˈdut] 1 being proved wrong. 2 falsification, confutation — הִתְבַּדּוּת נ

[hitbaˈdax] 1 to jest, joke. 2 to be amused, entertained — הִתְבַּדֵּחַ פ״ע

[hitbadˈxut] 1 jesting, joking. 2 amusement, entertainment — הִתְבַּדְּחוּת נ

[hitbaˈdel] 1 to be separate, withdrawn. 2 to stand aloof, detach oneself — הִתְבַּדֵּל פ״ע

[hitbadˈlut] 1 separation, segregation. 2 isolation, apartheid. 3 dissociation — הִתְבַּדְּלוּת נ

[hitbadˈlax] to crystallize, form crystals — הִתְבַּדְלַח פ״ע

[hitbadleˈxut] crystallization — הִתְבַּדְלְחוּת נ

[hitbaˈder] 1 to be amused, entertained. 2 to be spread, scattered — הִתְבַּדֵּר פ״ע

[hitbadˈrut] 1 diversion, entertainment. 2 scattering, divergence — הִתְבַּדְּרוּת נ

[hitbaˈhel] to become frightened, alarmed, confused — הִתְבַּהֵל פ״ע

[hitbahaˈlut] alarm, panic, confusion — הִתְבַּהֲלוּת נ

[hitbaˈhem] to become bestial, brutalized — הִתְבַּהֵם פ״ע

[hitbahaˈmut] animalization, bestialization — הִתְבַּהֲמוּת נ

[hitbaˈhek] to be shining, glitter, gleam — הִתְבַּהֵק פ״ע

[hitba'xesh] to be mixed, stirred הִתְבַּחֵשׁ פ״ע

[hitbaxa'shut] mixing, stirring הִתְבַּחֲשׁוּת נ

[hitba'te] 1 to express oneself. 2 to be expressed, uttered הִתְבַּטֵּא פ״ע

[hitbat''ut] 1 expression. 2 self-expression הִתְבַּטְּאוּת נ

[hitbat'bet] to be swollen, fester הִתְבַּטְבֵּט פ״ע

[hitbatbe'tut] swelling, festering הִתְבַּטְבְּטוּת נ

[hitba'tel] 1 to lounge, be idle. 2 to be cancelled, abolished. 3 to feel insignificant הִתְבַּטֵּל פ״ע

[hitbat'lut] 1 loafing, idling. 2 abolition. 3 self-denial, self-disparegement הִתְבַּטְּלוּת נ

[hitba'yesh] to be ashamed, feel shame הִתְבַּיֵּשׁ פ״ע

[hitbay'shut] shame, embarrassment הִתְבַּיְּשׁוּת נ

[hitbal'bel] to be or become confused, perplexed הִתְבַּלְבֵּל פ״ע

[hitbalbe'lut] confusion, befuddlement הִתְבַּלְבְּלוּת נ

[hitba'la] to be worn out, decayed, destroyed הִתְבַּלָּה פ״ע

[hitba'lut] wear, wear and tear הִתְבַּלּוּת נ

[hitba'let] to stand out, protrude, be prominent הִתְבַּלֵּט פ״ע

[hitbal'tut] prominence, conspicuousness הִתְבַּלְּטוּת נ

[hitba'sem] 1 to be perfumed, fragrant. 2 to become drunk, to be intoxicated הִתְבַּסֵּם פ״ע

[hitbas'mut] 1 perfuming. הִתְבַּסְּמוּת נ

[hitbaha'kut] shining, glittering הִתְבַּהֲקוּת נ

[hitba'her] 1 to brighten, become bright. 2 to become clear, be clarified הִתְבַּהֵר פ״ע

[hitbaha'rut] brightening, clarification, elucidation הִתְבַּהֲרוּת נ

[hitbo'ded] 1 to be isolated, seclude oneself. 2 to become a hermit. 3 to retire הִתְבּוֹדֵד פ״ע

[hitbode'dut] 1 seclusion, retirement. 2 segregation הִתְבּוֹדְדוּת נ

[hitbo'lel] to assimilate הִתְבּוֹלֵל פ״ע

[hitbole'lut] assimilation הִתְבּוֹלְלוּת נ

[hitbo'nen] 1 to observe, look, consider. 2 to be prudent, sensible הִתְבּוֹנֵן פ״ע

[hitbone'nut] 1 observation, consideration. 2 reflection, contemplation הִתְבּוֹנְנוּת נ

[hitbo'ses] 1 to welter, be rolled. 2 to be trampled הִתְבּוֹסֵס פ״ע

[hitbose'sut] weltering, wallowing הִתְבּוֹסְסוּת נ

[hitbo'kek] to become waste, be devastated הִתְבּוֹקֵק פ״ע

[hitboke'kut] being laid waste, devastated הִתְבּוֹקְקוּת נ

[hitbo'shesh] 1 to be late, delayed. 2 to be ashamed הִתְבּוֹשֵׁשׁ פ״ע

[hitboshe'shut] 1 shame, shamefulness. 2 delay, tardiness הִתְבּוֹשְׁשׁוּת נ

[hitbaz'bez] to be wasted, squandered הִתְבַּזְבֵּז פ״ע

[hitbazbe'zut] dissipation, waste הִתְבַּזְבְּזוּת נ

[hitba'za] 1 to be despised, scorned. 2 to degrade oneself הִתְבַּזָּה פ״ע

[hitba'zut] humiliation, self-degradation הִתְבַּזּוּת נ

2 drunkenness, inebriation

הִתְבַּסֵּס פ״ע [hitba'ses] 1 to be based. 2 to gain strength, be consolidated

הִתְבַּסְּסוּת נ [hitbase'sut] consolidation, establishment

הִתְבַּעְבֵּעַ פ״ע [hitba''ba'] to bubble, effervesce

הִתְבַּעְבְּעוּת נ [hitba'be''ut] bubbling, effervescence

הִתְבָּעוּת נ [hitav''ut] 1 claim, demand. 2 being sued

הִתְבַּעֵר פ״ע [hitba''er] 1 to be cleansed, purged. 2 to be destroyed

הִתְבַּעֲרוּת נ [hitba'a'rut] 1 cleansing, purging. 2 destruction

הִתְבַּצֵּעַ פ״ע [hitba'tsa'] to be executed, performed, carried out

הִתְבַּצְּעוּת נ [hitbats''ut] performance, execution, realization

הִתְבַּצֵּר פ״ע [hitba'tser] to be fortified, to fortify oneself

הִתְבַּצְּרוּת נ [hitbats'rut] strengthening, fortification

הִתְבַּקֵּא פ״ע [hitba'ke] to become proficient, adept

הִתְבַּקְּאוּת נ [hitbak''ut] attainment of proficiency. adeptness

הִתְבַּקֵּעַ פ״ע [hitba'ka'] to burst, rent, be cleft or split

הִתְבַּקְּעוּת נ [hitbak''ut] fission, splitting, cleavage

הִתְבַּקֵּשׁ פ״ע [hitba'kesh] 1 to be asked, invited, requested. 2 to be called for

הִתְבַּקְּשׁוּת נ [hitbak'shut] being invited, requested

הִתְבָּרֵג פ״ע [hitba'reg] 1 to screw, to be screwed. 2 to fit in

הִתְבָּרְגוּת נ [hitbar'gut] being screwed, fitted in

הִתְבַּרְגֵּן פ״ע [hitbar'gen] to become bourgeois

הִתְבַּרְגְּנוּת נ [hitbarge'nut] becoming bourgeois

הִתְבַּרְיֵן פ״ע [hitbar'yen] to become a bully, a hooligan

הִתְבַּרְיְנוּת נ [hitbarye'nut] bullying, hooliganism

הִתְבָּרֵךְ פ״ע [hitba'rex] 1 to be blessed. 2 to be congratulated

הִתְבָּרְכוּת נ [hitbar'xut] 1 blessing oneself, blessedness. 2 self-congratulation

הִתְבָּרֵר פ״ע [hitba'rer] 1 to become clear, apparent. 2 to be purified

הִתְבָּרְרוּת נ [hitbare'rut] clarification, clearing up

הִתְבַּשֵּׁל פ״ע [hitba'shel] 1 to be stewed, cooked. 2 to ripen, mature

הִתְבַּשְּׁלוּת נ [hitbash'lut] 1 maturation, ripening. 2 boiling, stewing

הִתְבַּשֵּׂם פ״ע [hitba'sem] 1 to become drunk, intoxicated. 2 to be perfumed, fragrant

הִתְבַּשְּׂמוּת נ [hitbas'mut] 1 perfuming. 2 inebriation, drunkenness

הִתְבַּשֵּׂר פ״ע [hitba'ser] to receive news

הִתְבַּשְּׂרוּת נ [hitbas'rut] receiving news

הִתְגָּאָה פ״ע [hitga''a] 1 to be proud, exalted. 2 to boast

הִתְגָּאוּת נ [hitga''ut] boasting, arrogance

הִתְגָּאֵל פ״ע [hitga''el] to defile oneself, pollute oneself

הִתְגָּאֲלוּת נ [hitga'a'lut] defilement, pollution

הִתְגַּבֵּב פ״ע [hitga'bev] 1 to be piled up, heaped. 2 to accumulate

הִתְגַּבְּבוּת נ [hitgab'vut] piling up, accumulation

be conceited. 3 to abstain
הִתְגַּדְּרוּת נ [hitgad'rut] 1 haughtiness, conceit, vainglory. 2 fencing in. 3 distinction
הִתְגַּהֵץ פ״ע [hitga'hets] to be ironed, pressed
הִתְגַּהֲצוּת נ [hitgaha'tsut] ironing
הִתְגּוֹדֵד פ״ע [hitgo'ded] 1 to gather, cluster together. 2 to lacerate, scratch oneself
הִתְגּוֹדְדוּת נ [hitgode'dut] 1 gathering, massing together. 2 self-laceration
הִתְגּוֹלֵל פ״ע [hitgo'lel] 1 to welter, roll, wallow. 2 to grumble, provoke, assail
הִתְגּוֹלְלוּת נ [hitgole'lut] 1 wallowing, rolling, weltering. 2 provocation, reclamation
הִתְגַּוֵּן פ״ע [hitga'ven] to be diversified, variegated
הִתְגַּוְּנוּת נ [hitgav'nut] variegation, variation, shading
הִתְגּוֹנֵן פ״ע [hitgo'nen] to defend oneself
הִתְגּוֹנְנוּת נ [hitgone'nut] self-defence, self-protection
הִתְגּוֹרֵר פ״ע [hitgo'rer] to stay, live, dwell
הִתְגּוֹרְרוּת נ [hitgore'rut] dwelling, living, residing
הִתְגּוֹשֵׁשׁ פ״ע [hitgo'shesh] to wrestle, fight
הִתְגּוֹשְׁשׁוּת נ [hitgoshe'shut] wrestling
הִתְגַּזֵּם פ״ע [hitga'zem] to be exaggerated, overrated
הִתְגַּזְּמוּת נ [hitgaz'mut] exaggeration, excess
הִתְגַּיֵּס פ״ע [hitga'yes] 1 to enlist, be mobilized. 2 to volunteer
הִתְגַּיְּסוּת נ [hitgai'sut] enlisting,

הִתְגַּבֵּהַ פ״ע [hitga'bah] 1 to become haughty. 2 to be raised
הִתְגַּבְּהוּת נ [hitgab'hut] rising, being lifted
הִתְגַּבֵּל פ״ע [hitga'bel] to be mixed, kneaded, moulded
הִתְגַּבְּלוּת נ [hitgabe'lut] kneading
הִתְגַּבֵּן פ״ע [hitga'ben] 1 to curdle, form cheese. 2 to become hunched, hunchback
הִתְגַּבְּנוּת נ [hitga'bnut] 1 curdling, forming cheese. 2 humping
הִתְגַּבְנֵן פ״ע [hitgav'nen] to become hunched, humped
הִתְגַּבְנְנוּת נ [hitgavne'nut] humping, hunching
הִתְגַּבֵּר פ״ע [hitga'ber] 1 to overcome, prevail. 2 to increase in strength
הִתְגַּבְּרוּת נ [hitgab'rut] 1 victory. 2 strengthening
הִתְגַּבֵּשׁ פ״ע [hitga'besh] 1 to crystallize, consolidate. 2 to be integrated
הִתְגַּבְּשׁוּת נ [hitgab'shut] 1 integration. 2 crystallization, consolidation
הִתְגַּדֵּל פ״ע [hitga'del] 1 to boast. 2 to be magnified, exalted
הִתְגַּדְּלוּת נ [hitgad'lut] haughtiness, boasting, arrogance
הִתְגַּדֵּם פ״ע [hitga'dem] 1 to be hewn. lopped. 2 to be amputated
הִתְגַּדְּמוּת נ [hitgad'mut] amputation, severance
הִתְגַּדַּע פ״ע [hitga'da'] to be cut off, amputated
הִתְגַּדְּעוּת נ [hitgade''ut] cutting off, amputation
הִתְגַּדֵּר פ״ע [hitga'der] 1 to distinguish oneself, excel. 2 to boast,

mobilization

הִתְגַּיֵּר פ״ע [hitga'yer] to convert to Judaism

הִתְגַּיְּרוּת נ [hitgai'rut] conversion to Judaism

הִתְגַּלְגֵּל פ״ע [hitgal'gel] 1 to revolve, roll. 2 to happen, emerge, evolve. 3 to transmigrate

הִתְגַּלְגְּלוּת נ [hitgalge'lut] 1 rolling, rotation. 2 metamorphosis, transmigration. 2 evolution, development

הִתְגַּלָּה פ״ע [hitga'la] 1 to appear. 2 to be discovered, revealed, uncovered

הִתְגַּלּוּת נ [hitga'lut] 1 revelation, discovery. 2 exposure. 3 advent, visitation

הִתְגַּלַּח פ״ע [hitga'lax] to be shaved

הִתְגַּלְּחוּת נ [hitgal'xut] being shaved

הִתְגַּלֵּם פ״ע [hitga'lem] 1 to be embodied, manifested. 2 to pupate

הִתְגַּלְּמוּת נ [hitgal'mut] 1 embodiment, incarnation, manifestation. 2 metamorphosis

הִתְגַּלַּע פ״ע [hitgala'] to erupt, break out, burst out

הִתְגַּלְּעוּת נ [hitgal''ut] breaking out, outbreak, flaring up

הִתְגַּלֵּף פ״ע [hitga'lef] to be engraved, etched

הִתְגַּלְּפוּת נ [hitgal'fut] engraving, etching

הִתְגַּלֵּשׁ פ״ע [hitga'lesh] to roll, slide, ski

הִתְגַּלְּשׁוּת נ [hitgal'shut] sliding, rolling

הִתְגַּמְגֵּם פ״ע [hitgam'gem] 1 to stutter, stammer. 2 to hesitate

הִתְגַּמְגְּמוּת נ [hitgamge'mut] 1 stuttering. stammering. 2 hesitation

הִתְגַּמֵּד פ״ע [hitga'med] to made small, be dwarfed

הִתְגַּמְּדוּת נ [hitgam'dut] reduction, dwarfing

הִתְגַּמֵּל פ״ע [hitga'mel] 1 to abstain, refrain. 2 to be weaned

הִתְגַּמְּלוּת נ [hitga'm'lut] 1 weaning. 2 ripening. 3 abstention, holding back

הִתְגַּמֵּר פ״ע [hitga'mer] 1 to terminate. 2 to ripen. 3 to be scented

הִתְגַּמְּרוּת נ [hitgam'rut] 1 termination. 2 ripeness, ripening. 3 being scented

הִתְגַּמֵּשׁ פ״ע [hitga'mesh] to become elastic, flexible

הִתְגַּמְּשׁוּת נ [hitgam'shut] elasticity, flexibility

הִתְגַּנֵּב פ״ע [hitga'nev] to steal in or out, to slip in or out

הִתְגַּנְּבוּת נ [hitgan'vut] stealth, stealing in or out

הִתְגַּנְדֵּר פ״ע [hitgan'der] to be coquettish, dandified

הִתְגַּנְדְּרוּת נ [hitgande'rut] 1 coquetry, coquettishness. 2 arrogance

הִתְגַּנָּה פ״ע [hitga'na] to be disgraced, despised

הִתְגַּנּוּת נ [hitga'nut] self-blame, self-condemnation

הִתְגַּסָּה פ״ע [hitga'sa] 1 to be rude, vulgar. 2 to be rough

הִתְגַּסּוּת נ [hitga'sut] vulgarity, rude conduct, bad manners

הִתְגַּעְגַּע פ״ע [hitga''ga'] to yearn, long, be nostalgic

הִתְגַּעְגְּעוּת נ [hitga'ge''ut] nostalgia, yearning, longing

הִתְגַּעֵל פ״ע [hitga''el] 1 to be soiled,

2 linking

הִתְדַּבֵּק פ״ע [hitda'bek] 1 to cling, join. 2 to contract. 3 be infected

הִתְדַּבְּקוּת נ [hitdab'kut] 1 adherence, attachment. 2 infection

הִתְדַּבֵּר פ״ע [hitda'ber] to talk, converse

הִתְדַּבְּרוּת נ [hitdab'rut] conversation, parleying

הִתְדַּיֵּן פ״ע [hitda'yen] 1 to sue, litigate. 2 to debate

הִתְדַּיְּנוּת נ [hitdai'nut] 1 litigation. 2 debate

הִתְדַּיֵּר פ״ע [hitda'yer] to dwell, sojourn

הִתְדִּיר פ״ע [hit'dir] to be frequent, regular

הִתְדַּיְּרוּת נ [hitdai'rut] dwelling, sojourning

הִתְדַּיֵּת פ״ע [hitda'yet] 1 to be exuded. 2 to be inked

הִתְדַּיְּתוּת נ [hitdai'tut] diffusion

הִתְדַּלְדֵּל פ״ע [hitdal'del] 1 to become impoverished. 2 to dwindle, decline. 3 to hang limp

הִתְדַּלְדְּלוּת נ [hitdalde'lut] 1 privation, impoverishment. 2 hanging limp

הִתְדַּמָּה פ״ע [hitda'ma] 1 to be likened, compared. 2 to be assimilated phonetically

הִתְדַּמּוּת נ [hitda'mut] 1 likening, comparison. 2 elision, assimilation

הִתְדַּמֵּעַ פ״ע [hitda'ma'] to be tearful

הִתְדַּמְּעוּת נ [hitdam''ut] tearfulness

הִתְדַּפֵּק פ״ע [hitda'pek] to beat, knock strongly

הִתְדַּפְּקוּת נ [hitdap'kut] beating, knocking

הִתְדַּקְדֵּק פ״ע [hitdak'dek] 1 to become tainted. 2 to feel disgust

הִתְגַּעֲלוּת נ [hitga'a'lut] being soiled, sullied

הִתְגָּעֵשׁ פ״ע [hitga''esh] to quake, storm, erupt

הִתְגָּעֲשׁוּת נ [hitga'a'shut] 1 outburst. 2 eruption. 3 excitement, agitation

הִתְגַּפֵּר פ״ע [hitga'per] 1 to be fumigated, sulphurized. 2 to be vulcanized

הִתְגַּפְּרוּת נ [hitgap'rut] fumigation, sulphurization, dusting

הִתַּגֵּר פ״ע [hita'ger] to bargain, haggle

הִתְגָּרֵד פ״ע [hitga'red] to scratch oneself

הִתְגָּרְדוּת נ [hitgar'dut] scratching oneself

הִתְגָּרָה פ״ע [hitga'ra] to provoke, challenge, tease

הִתְגָּרוּת נ [hitga'rut] provocation, teasing, challenge

הִתַּגְּרוּת נ [hitag'rut] bargaining, haggling

הִתְגָּרֵם פ״ע [hitga'rem] to ossify

הִתְגָּרְמוּת נ [hitgar'mut] ossification

הִתְגָּרַע פ״ע [hitga'ra] to deteriorate, worsen

הִתְגָּרְעוּת נ [hitgar''ut] worsening, deterioration

הִתְגָּרֵשׁ פ״ע [hitga'resh] to divorce, be divorced

הִתְגָּרְשׁוּת נ [hitgar'shut] divorce

הִתְגַּשֵּׁם פ״ע [hitga'shem] 1 to be realized. 2 to materialize

הִתְגַּשְּׁמוּת נ [hitgash'mut] 1 realization. 2 materialization

הִתְגַּשֵּׁר פ״ע [hitga'sher] to be bridged, linked

הִתְגַּשְּׁרוּת נ [hitgash'rut] 1 bridging.

thin. 2 to be pulverized

הִתְדַּקְדְּקוּת נ [hitdakdeˈkut] pulverization

הִתְדַּרְבֵּן פ״ע [hitdarˈben] to be urged, spurred on

הִתְדַּרְבְּנוּת נ [hitdarbeˈnut] spurring on, stimulation

הִתְדָּרֵג פ״ע [hitdaˈreg] 1 to be graded, classified. 2 to gain promotion

הִתְדָּרְגוּת נ [hitdarˈgut] grading, classification

הִתְדַּרְדֵּר פ״ע [hitdarˈder] 1 to decline, deteriorate. 2 to roll, roll down

הִתְדַּרְדְּרוּת נ [hitdardeˈrut] 1 rolling down. 2 decline, deterioration

הַתְדָּרָה נ [hatdaˈra] 1 regularity, constancy. 2 frequency, perseverance

הִתְדַּשֵּׁן פ״ע [hitdaˈshen] 1 to grow fat. 2 to turn into ashes

הִתְדַּשְּׁנוּת נ [hitdashˈnut] 1 fattening. 2 incineration

הִתְהַבְהֵב פ״ע [hithavˈhev] to be singed, scorched, roasted

הִתְהַבְהֲבוּת נ [hithavheˈvut] sing(e)ing, scorching, roasting

הִתְהַדְיֵט פ״ע [hithadˈyet] to behave commonly, vulgarly

הִתְהַדְיְטוּת נ [hithadyeˈtut] vulgarization, popularization

הִתְהַדֵּף פ״ע [hithaˈdef] to be pushed, driven, thrust back, repelled

הִתְהַדְּפוּת נ [hithadˈfut] repulsion

הִתְהַדֵּק פ״ע [hithaˈdek] to be closer linked, tightened

הִתְהַדְּקוּת נ [hithadˈkut] tightening, fastening

הִתְהַדֵּר פ״ע [hithaˈder] 1 to overdress, be ostentatious. 2 to boast, show off

הִתְהַדְּרוּת נ [hithadˈrut] 1 ostentation, overdressing. 2 arrogance

הִתְהַוָּה פ״ע [hithaˈva] 1 to be formed, come to be. 2 to become a reality, transpire

הִתְהַוּוּת נ [hithaˈvut] being formed, transpiring, coming about

הִתְהַוּוּתִי ת [hithavuˈti] formative, constituent

הִתְהוֹלֵל פ״ע [hithoˈlel] 1 to go mad. 2 to be wild, unruly. 3 to run riot

הִתְהוֹלְלוּת נ [hitholeˈlut] wildness, riotousness

הִתְהַלֵּךְ פ״ע [hithaˈlex] 1 to walk, go about. 2 to behave, conduct oneself

הִתְהַלְּכוּת נ [hithalˈxut] 1 walking about. 2 behaviour, conduct

הִתְהַלֵּל פ״ע [hithaˈlel] 1 to be praised. 2 to boast, praise oneself

הִתְהַלְּלוּת נ [hithaleˈlut] self-praise, boasting, bragging

הִתְהַמֵּן פ״ע [hithaˈmen] to become popular, vulgarized

הִתְהַמְּנוּת נ [hithamˈnut] popularization, vulgarization

הִתְהַמֵּר פ״ע [hithaˈmer] to indulge in betting, wagering

הִתְהַמְּרוּת נ [hithamˈrut] betting, wagering

הִתְהַפֵּךְ פ״ע [hithaˈpex] 1 to turn over, be inverted. 2 to be overturned

הִתְהַפְּכוּת נ [hithapˈxut] 1 inversion, reversal. 2 overturning. 3 transformation

הִתְהַתֵּךְ פ״ע [hithaˈtex] to be melted,

הִתְוַתֵּק פ״ע [hitva'tek] 1 to become a veteran. 2 to gain seniority

הִתְוַתְּקוּת פ [hitvat'kut] becoming senior, veteran

הֵתֵז פ״ע [he'tez] to cut off, snap off, break off

הֶתֵּז ז [he'tez] 1 ricochet, shrapnel. 2 splash. 3 articulation

הַתָּזָה נ [hata'za] 1 cutting off, breaking off. 2 splashing, spraying. 3 articulation

הִתְחַבֵּא פ״ע [hitxa'be] to hide, be hidden

הִתְחַבְּאוּת נ [hitxab''ut] hiding, concealment

הִתְחַבֵּב פ״ע [hitxa'bev] 1 to be liked, loved. 2 to become endeared. 3 to be popular

הִתְחַבְּבוּת נ [hitxabe'vut] 1 becoming loved, liked. 2 popularization

הִתְחַבֵּט פ״ע [hitxa'bet] 1 to try hard, exert oneself. 2 to struggle with a dilemma

הִתְחַבְּטוּת נ [hitxab'tut] 1 dilemma. 2 struggle, exertion. 3 clash

הִתְחַבֵּק פ״ע [hitxa'bek] to embrace reciprocally, cuddle, hug

הִתְחַבְּקוּת נ [hitxab'kut] embracing, cuddling, hug

הִתְחַבֵּר פ״ע [hitxa'ber] 1 to associate with, be connected with. 2 to be written, composed. 3 to be joined

הִתְחָבֵר פ״ע [hitxa'ver] to become friends

הִתְחַבְּרוּת נ [hitxab'rut] 1 joining, attachment. 2 union, association

הִתְחַגֵּר פ״ע [hitxa'ger] 1 to become lame, start to limp.

dissolved

הִתְהַתְּכוּת נ [hithat'xut] melting, dissolution, fusion

הַתְוָאָה נ [hatva''a] 1 marking, ticking. 2 sketching, outlining

הִתְוַדָּה פ״ע [hitva'da] to confess, own up

הִתְוַדּוּת נ [hitva'dut] confession, owning up

הִתְוַדַּע פ״ע [hitva'da] 1 to make oneself known, reveal one's identity. 2 to introduce oneself, make acquaintance

הִתְוַדְּעוּת נ [hitvad''ut] 1 disclosure of identity. 2 introduction. 3 revelation

הִתְוָה פ״י [hit'va] 1 to mark, tick. 2 to sketch, outline. 3 to survey

הִתּוּז ז [hi'tuz] sprinkling

הַתְוָיָה נ [hatva'ya] 1 ticking, marking. 2 sketch, outline. 3 survey

הִתּוּךְ ז [hi'tux] melting, fusion

הִתְוַכַּח פ״ע [hitva'kax] to argue, debate, dispute, discuss

הִתְוַכְּחוּת נ [hitvak'xut] arguing, disputing, debating

הִתּוּל ז [hi'tul] mockery, derision, ridicule

הִתּוּלִי ת [hitu'li] mocking, ironic, sarcastic

הֲתוּלִים ז״ר [hatu'lim] ridicule, derision

הִתּוֹסֵף, הִתְוַסֵּף פ״ע [hito'sef, hitva'sef] to be added

הִתּוֹסְפוּת, הִתְוַסְּפוּת נ [hitos'fut] addition, accretion

הִתְוַסֵּת פ״ע [hitva'set] to be regulated

הִתְוַסְּתוּת נ [hitvas'tut] regulation

הִתְוַעֵד פ״ע [hitva''ed] 1 to meet. 2 to assemble, be convened

הִתְוַעֲדוּת נ [hitva'a'dut] meeting, convention, convocation

2 to put on a belt

[hitxag'rut] 1 lameness, limping. 2 wearing a belt הִתְחַגְּרוּת נ

[hitxa'ded] 1 to become sharp, acute. 2 to become clearly defined הִתְחַדֵּד פ״ע

[hitxade'dut] sharpening הִתְחַדְּדוּת נ

[hitxa'dek] to be stuck in, squeezed in הִתְחַדֵּק פ״ע

[hitxad'kut] sticking in הִתְחַדְּקוּת נ

[hitxa'der] to penetrate הִתְחַדֵּר פ״ע

[hitxad'rut] penetration הִתְחַדְּרוּת נ

[hitxa'desh] to be regenerated, renewed הִתְחַדֵּשׁ פ״ע

[hitxad'shut] renewal, regeneration הִתְחַדְּשׁוּת נ

[hitxo'vev] to compromise הִתְחוֹבֵב פ״ע

[hitxove'vut] compromise הִתְחוֹבְבוּת נ

[hitxa'va] to undergo, experience הִתְחַוָּה פ״ע

[hitxa'vut] experiencing הִתְחַווּת נ

[hitxo'lel] 1 to happen. 2 to brew, burst. 3 to dance. 4 to fear, quake הִתְחוֹלֵל פ״ע

[hitxole'lut] 1 outburst, outbreak. 2 formation, generation. 3 whirling, dance הִתְחוֹלְלוּת נ

[hitxa'ver] 1 to become pale. 2 to become clear, be clarified הִתְחַוֵּר פ״ע

[hitxav'rut] 1 clarification. 2 becoming pale הִתְחַוְּרוּת נ

[hitxa'za] to pose, appear to be, to be an imposter הִתְחַזָּה פ״ע

[hitxa'zut] configuration, posturing הִתְחַזּוּת נ

[hitxa'zek] 1 to gain strength, become strong. 2 to take courage הִתְחַזֵּק פ״ע

[hitxaz'kut] strengthening הִתְחַזְּקוּת נ

[hitxa'ta] 1 to behave in a spoilt way. 2 to be absolved, expiate, be purified הִתְחַטָּא פ״ע

[hitxat'’ut] 1 wheedling, spoilt behaviour, cajolery. 2 self-purification הִתְחַטְּאוּת נ

[hitxa'tev] to be carved, etched הִתְחַטֵּב פ״ע

[hitxat'vut] carving, etching הִתְחַטְּבוּת נ

[hitxa'tet] to be exhumed הִתְחַטֵּט פ״ע

[hitxate'tut] exhumation הִתְחַטְּטוּת נ

[hitxa'yev] 1 to commit oneself, undertake. 2 to be obliged. 3 to be found guilty הִתְחַיֵּב פ״ע

[hitxai'vut] 1 obligation, commitment. 2 conclusion, corollary הִתְחַיְּבוּת נ

[hitxa'ya] 1 to be revived. 2 to become adjusted הִתְחַיָּה פ״ע

[hitxa'yut] renaissance, revival, rebirth הִתְחַיּוּת נ

[hitxa'yex] to smile הִתְחַיֵּךְ פ״ע

[hitxai'xut] smiling הִתְחַיְּכוּת נ

[hit'xil] to begin, start הִתְחִיל פ״ע

[hitxa'yel] to enlist, become a soldier הִתְחַיֵּל פ״ע

[hitxai'lut] enlistment הִתְחַיְּלוּת נ

[hitxa'kex] to scratch, rub against הִתְחַכֵּךְ פ״ע

[hitxak'xut] 1 rubbing, friction. 2 disaccord הִתְחַכְּכוּת נ

[hitxax'lel] to redden, to become red הִתְחַכְלֵל פ״ע

[hitxaxle'lut] reddening, blushing הִתְחַכְלְלוּת נ

[hitxa'kem] 1 to be a wiseguy, be impertinent. 2 to try to outwit. 3 to become wise הִתְחַכֵּם פ״ע

[hitxak'mut] 1 sophistry, הִתְחַכְּמוּת נ

[hitxal'shut] 1 weakening. 2 fainting, swooning הִתְחַלְּשׁוּת נ

[hatxala'ti] initial, primary, preliminary הַתְחָלָתִי ת

[hatxa'ma] delimitation, demarcation הַתְחָמָה נ

[hitxa'mem] 1 to become warm, hot. 2 to get excited, inflamed הִתְחַמֵּם פ״ע

[hitxame'mut] heating up, warming up הִתְחַמְּמוּת נ

[hitxa'mets] 1 to be spoilt, turn sour. 2 to spoil, deteriorate הִתְחַמֵּץ פ״ע

[hitxam'tsut] 1 souring. 2 acidification הִתְחַמְּצוּת נ

[hitxam'tsen] to oxidize, be oxidized הִתְחַמְצֵן פ״ע

[hitxamtse'nut] oxidization הִתְחַמְצְנוּת נ

[hitxa'mek] 1 to evade, shirk. 2 dodge. 3 disappear הִתְחַמֵּק פ״ע

[hitxam'kut] 1 evasion, shirking. 2 dodging. 3 disappearance הִתְחַמְּקוּת נ

[hitxa'mesh] to arm הִתְחַמֵּשׁ פ״ע

[hitxam'shut] armament הִתְחַמְּשׁוּת נ

[hitxan'xen] to titivate, be coquettish הִתְחַנְחֵן פ״ע

[hitxanxa'nut] coquetry, titivation הִתְחַנְחֲנוּת נ

[hitxa'nex] 1 to be educated. 2 to be inaugurated, dedicated הִתְחַנֵּךְ פ״ע

[hitxan'xut] 1 education. 2 inauguration הִתְחַנְּכוּת נ

[hitxa'nen] to beg, implore, entreat הִתְחַנֵּן פ״ע

[hitxane'nut] pleading, supplication, entreaty הִתְחַנְּנוּת נ

[hitxa'nef] to flatter, fawn, toady הִתְחַנֵּף פ״ע

pretended wisdom. 2 impertinence

[hatxa'la] start, beginning הַתְחָלָה נ

[hitxa'la] to pretend to be ill, to malinger הִתְחַלָּה פ״ע

[hitxa'lut] malingering, hypochondria הִתְחַלּוּת נ

[hitxal'xel] 1 to quake, shudder. 2 to be moved, frightened. 3 to penetrate, filter through הִתְחַלְחֵל פ״ע

[hitxalxa'lut] 1 quivering, trembling. 2 filtering through, penetration הִתְחַלְחֲלוּת נ

[hatxa'li] initial, elementary הַתְחָלִי, הֶתְחֵלִי ת

[hitxa'lel] 1 to be profaned, desecrated. 2 to be redeemed הִתְחַלֵּל פ״ע

[hitxale'lut] profanation, desecration הִתְחַלְּלוּת נ

[hitxa'len] to become secular, profane הִתְחַלֵּן פ״ע

[hitxal'nut] secularization הִתְחַלְּנוּת נ

[hitxa'lef] 1 to change, be changed. 2 to change places. 3 to change clothes הִתְחַלֵּף פ״ע

[hitxal'fut] change, exchange, substitution הִתְחַלְּפוּת נ

[hilxa'lets] 1 to become a pioneer. 2 to prepare for war. 3 to volunteer, rally הִתְחַלֵּץ פ״ע

[hitxal'tsut] pioneering, volunteering, rallying הִתְחַלְּצוּת נ

[hitxa'lek] 1 to be divided, distributed. 2 to be divisible. 3 to slip, slide הִתְחַלֵּק פ״ע

[hitxal'kut] 1 divisibility, division. 2 slipping הִתְחַלְּקוּת נ

[hitxa'lesh] 1 to faint, swoon. 2 to become weak הִתְחַלֵּשׁ פ״ע

[hitxan'fut] flattering, fawning, toadying הִתְחַנְּפוּת נ

[hitxa'sed] 1 to be falsely pious. 2 to be hypocritical הִתְחַסֵּד פ״ע

[hitxas'dut] 1 hypocrisy. 2 false piety הִתְחַסְּדוּת נ

[hitxa'sel] 1 to be nullified, annihilated. 2 to be liquidated הִתְחַסֵּל פ״ע

[hitxas'lut] liquidation, annihilation הִתְחַסְּלוּת נ

[hitxa'sem] to be forged, tempered הִתְחַסֵּם פ״ע

[hitxas'mut] forging, tempering הִתְחַסְּמוּת נ

[hitxa'sen] 1 to become immune. 2 to be immunized. 3 to become strong הִתְחַסֵּן פ״ע

[hitxas'nut] 1 immunization. 2 fortification, strengthening הִתְחַסְּנוּת נ

[hitxas'pes] to become rough, scaly הִתְחַסְפֵּס פ״ע

[hitxaspe'sut] coarsening, roughening, becoming scaly הִתְחַסְפְּסוּת נ

[hitxa'ser] 1 to decrease, diminish. 2 to wane הִתְחַסֵּר פ״ע

[hitxas'rut] 1 decrease, diminution. 2 waning הִתְחַסְּרוּת נ

[hitxa'pa] to be covered, overlap הִתְחַפָּה פ״ע

[hitxa'put] overlapping הִתְחַפּוּת נ

[hitxa'per] to become entrenched, dig oneself in הִתְחַפֵּר פ״ע

[hitxap'rut] digging-in, entrenchment הִתְחַפְּרוּת נ

[hitxa'pesh] to be set at liberty, emancipated הִתְחַפֵּשׁ פ״ע

[hitxa'pes] to dress up, disguise oneself, masquerade הִתְחַפֵּשׂ פ״ע

[hitxap'shut] emancipation הִתְחַפְּשׁוּת נ

[hitxap'sut] 1 disguising oneself, masquerading. 2 simulation, hypocrisy הִתְחַפְּשׂוּת נ

[hitxa'tsef] to be cheeky, impertinent, insubordinate הִתְחַצֵּף פ״ע

[hitxats'fut] impertinence, rudeness, insubordination הִתְחַצְּפוּת נ

[hitxa'ka] to investigate, scrutinize, follow up הִתְחַקָּה פ״ע

[hitxa'kut] searching, investigation הִתְחַקּוּת נ

[hitxar'ben] 1 to fail, flop. 2 to defecate הִתְחַרְבֵּן פ״ע

[hitxarbe'nut] 1 failure. 2 disappointment. 3 defecation הִתְחַרְבְּנוּת נ

[hitxa'ra] 1 to compete, contend, vie. 2 to emulate הִתְחָרָה פ״ע

[hitxa'rut] 1 competition, contest, rivalry. 2 emulation הִתְחָרוּת נ

[hitxa'rez] 1 to rhyme, versify. 2 to be strung, threaded הִתְחָרֵז פ״ע

[hitxar'zut] 1 rhyming. 2 threading, stringing הִתְחָרְזוּת נ

[hitxa'ret] 1 to regret. 2 to change one's mind, repent הִתְחָרֵט פ״ע

[hitxar'tut] 1 repentance, contrition, remorse. 2 changing one's mind הִתְחָרְטוּת נ

[hitxa'ref] 1 to be cursed, abused. 2 to winter, hibernate. 3 to aggravate, worsen הִתְחָרֵף פ״ע

[hitxar'fut] 1 aggravation, exacerbation. 2 hibernation הִתְחָרְפוּת נ

[hitxa'rets] to be or become diligent הִתְחָרֵץ פ״ע

[hitxar'tsut] diligence, industriousness הִתְחָרְצוּת נ

[hitxa'resh] 1 to become deaf. 2 to be ploughed. 3 to whisper הִתְחָרֵשׁ פ״ע

[hitxar'shut] 1 deafness, הִתְחָרְשׁוּת נ

[hittab'ʼut] coining, impression, stamp הִתְטַבְּעוּת נ

[hitya'ʼesh] to despair, give up הִתְיָאֵשׁ פ״ע

[hityaʼa'shut] despair, desperation הִתְיָאֲשׁוּת נ

[hitya'bev] to sob, wail הִתְיַבֵּב פ״ע

[hityabe'vut] wailing, sobbing הִתְיַבְּבוּת נ

[hitya'bel] 1 to retire. 2 to rejoice, jubilate. 3 to be afflicted with warts הִתְיַבֵּל פ״ע

[hityab'lut] 1 retirement. 2 rejoicing, jubilation. 3 affliction with warts הִתְיַבְּלוּת נ

[hityabe'ma] to marry deceased husband's brother הִתְיַבְּמָה פ״ע

[hityab'mut] marriage to deceased husband's brother הִתְיַבְּמוּת נ

[hitya'besh] to dry up, become dry, dehydrated הִתְיַבֵּשׁ פ״ע

[hityab'shut] becoming dry, dehydrated הִתְיַבְּשׁוּת נ

[hitya'gen] to be sorrowful הִתְיַגֵּן פ״ע

[hityag'nut] sorrowfulness הִתְיַגְּנוּת נ

[hitya'gaʼ] 1 to become tired, exhausted. 2 to toil הִתְיַגַּע פ״ע

[hityag'ʼut] weariness, fatigue הִתְיַגְּעוּת נ

[hitya'ded] 1 to fraternize, make friends. 2 to become friends הִתְיַדֵּד פ״ע

[hityade'dut] 1 becoming friends. 2 fraternization הִתְיַדְּדוּת נ

[hitya'hed] to become Jewish הִתְיַהֵד פ״ע

[hityaha'dut] conversion to Judaism הִתְיַהֲדוּת נ

[hitya'her] 1 to brag, boast. 2 to be arrogant, haughty הִתְיַהֵר פ״ע

[hityaha'rut] boastfulness, haughtiness הִתְיַהֲרוּת נ

becoming deaf. 2 whispering

[hitxa'shev] 1 to consider, think over, to take into account. 2 to be considered הִתְחַשֵּׁב פ״ע

[hitxash'vut] reflexion, consideration, reflection הִתְחַשְּׁבוּת נ

[hitxa'shel] to be forged, shaped, moulded הִתְחַשֵּׁל פ״ע

[hitxash'lut] forging, strengthening הִתְחַשְּׁלוּת נ

[hitxash'mel] to be electrified, electrocuted הִתְחַשְׁמֵל פ״ע

[hitxashme'lut] electrification, electrocution הִתְחַשְׁמְלוּת נ

[hitxa'sef] 1 to be stripped, uncovered, revealed. 2 to get undressed הִתְחַשֵּׂף פ״ע

[hitxas'fut] stripping, undressing הִתְחַשְּׂפוּת נ

[hitxa'shek] 1 to desire, feel like. 2 to be pressed together הִתְחַשֵּׁק פ״ע

[hitxash'kut] desiring, lusting הִתְחַשְּׁקוּת נ

[hitxa'sher] 1 to become cloudy, overcast. 2 to darken הִתְחַשֵּׁר פ״ע

[hitxash'rut] clouding over, becoming dark, overcast הִתְחַשְּׁרוּת נ

[hitxa'tex] 1 to be cut into pieces. 2 to become attractive, stunning הִתְחַתֵּךְ פ״ע

[hitxat'xut] 1 cutting up. 2 becoming stunning הִתְחַתְּכוּת נ

[hitxa'ten] to get married, be wed הִתְחַתֵּן פ״ע

[hitxat'nut] 1 marriage. 2 intermarriage הִתְחַתְּנוּת נ

[hitta'baʼ] to be coined, impressed, stamped הִתְטַבַּע פ״ע

3 to feel remorse

הִתְיַסְּרוּת נ [hityas'rut] 1 suffering, affliction. 2 remorse. 3 chastening

הִתְיַעֵל פ"ע [hitya''el] to become efficient, to increase efficiency

הִתְיַעֲלוּת נ [hitya'a'lut] becoming more efficient

הִתְיָעֵץ פ"ע [hitya''ets] to consult, take advice, deliberate

הִתְיָעֲצוּת נ [hitya'a'tsut] consultation, deliberation

הִתְיַפָּה פ"ע [hitya'pa] 1 to titivate, adorn oneself. 2 to become handsome, beautiful

הִתְיַפּוּת נ [hitya'put] 1 coquetry. 2 beautification

הִתְיַפֵּחַ פ"ע [hitya'pax] to sob, cry, wail, weep

הִתְיַפְּחוּת נ [hityap'xut] weeping, sobbing, wailing

הִתְיַפְיֵף פ"ע [hityaf'yef] to dandify oneself

הִתְיַפְיְפוּת נ [hityafye'fut] dandifying

הִתְיַצֵּב פ"ע [hitya'tsev] 1 to stand up. 2 to report (for duty). 3 to withstand. 4 to be stabilized, consolidated

הִתְיַצְּבוּת נ [hityats'vut] 1 standing up. 2 stabilization, consolidation. 3 reporting (for duty)

הִתִּיק פ"ע [hi'tik] to remove

הִתְיַקֵּר פ"ע [hitya'ker] to become dear, expensive

הִתְיַקְּרוּת נ [hityak'rut] 1 rise in price, increase in cost. 2 self-esteem

הִתִּיר פ"י [hi'tir] 1 to release, untie, unfasten. 2 to allow. 3 to annul, cancel

הִתְיַוֵּן פ"ע [hitya'ven] to Hellenize, adopt Greek manners and customs

הִתְיַוְּנוּת נ [hityav'nut] Hellenization

הִתִּיז פ"י [hi'tiz] 1 to splash, spray, sprinkle. 2 to cut off. 3 to articulate

הִתְיַחֵד פ"ע [hitya'xed] 1 to be alone, to segregate oneself. 2 to be bonded with, at one with

הִתְיַחֲדוּת נ [hityaxa'dut] 1 isolation, solitude. 2 segregation. 3 communion

הִתְיַחֵם פ"ע [hitya'xem] to be in heat, to rut

הִתְיַחֲמוּת נ [hityaxa'mut] rutting, being in heat

הִתְיַחֵס, הִתְיַחֵשׂ פ"ע [hitya'xes] 1 to treat, deal with. 2 to appertain, belong, be related to. 3 to refer

הִתְיַחֲסוּת, הִתְיַחֲשׂוּת נ [hityaxa'sut] 1 attitude, bearing. 2 conduct, treatment. 3 pertinence, relationship. 4 arrogance

הִתִּיךְ פ"ע [hi'tix] to melt, dissolve

הִתְיַלֵּד פ"ע [hitya'led] 1 to be born. 2 to be infantile, babyish

הִתְיַלְּדוּת נ [hityal'dut] 1 childishness. 2 birth, pedigree

הִתְיַמֵּר פ"ע [hitya'mer] 1 to aspire, be pretentious. 2 to purport, pretend

הִתְיַמְּרוּת נ [hityam'rut] aspiration, pretentiousness

הִתְיַסֵּד פ"ע [hitya'sed] to be founded, established

הִתְיַסְּדוּת נ [hityas'dut] foundation, establishment

הִתְיַסֵּר פ"ע [hitya'ser] 1 to suffer. 2 to be chastised.

[hitya're] to fear, dread, be in awe הִתְיָרֵא פ"ע

[hityar'ʼut] fearing, dreading הִתְיָרְאוּת נ

[hi'tish] 1 to weaken, sap, exhaust. 2 to uproot הִתִּישׁ פ"י

[hitya'shev] 1 to settle. 2 to take a seat, sit down. 3 to be settled. 4 to be compatible הִתְיַשֵּׁב פ"ע

[hityash'vut] 1 settlement. 2 due thought, consideration הִתְיַשְּׁבוּת נ

[hityashvu'ti] pertaining to settlement, colonialization הִתְיַשְּׁבוּתִי ת

[hitya'shen] to become old, antiquated, out of date, obsolete הִתְיַשֵּׁן פ"ע

[hityash'nut] 1 obsolescence. 2 becoming old, old-fashioned הִתְיַשְּׁנוּת נ

[hitya'sher] to become straight, straighten הִתְיַשֵּׁר פ"ע

[hityash'rut] straightening הִתְיַשְּׁרוּת נ

[hitya'tem] to be orphaned הִתְיַתֵּם פ"ע

[hityat'mut] being or becoming an orphan הִתְיַתְּמוּת נ

[hi'tex] to smelt הִתֵּךְ פ"י

[hitka'bed] 1 to hono(u)r or respect oneself. 2 to be honoured. 3 to help oneself to food הִתְכַּבֵּד פ"ע

[hitkab'dut] hono(u)ring הִתְכַּבְּדוּת נ

[hitka'bes] to be washed, laundered הִתְכַּבֵּס פ"ע

[hitkab'sut] laundering, washing הִתְכַּבְּסוּת נ

[hata'xa] smelting, fusing הַתָּכָה נ

[hitka'ven] to mean, intend הִתְכַּוֵּן פ"ע

[hitkav'nut] meaning, intending הִתְכַּוְּנוּת נ

[hitko'nen] 1 to prepare oneself. 2 to be established הִתְכּוֹנֵן פ"ע

[hitkone'nut] 1 preparation. 2 establishment, stabilization הִתְכּוֹנְנוּת נ

[hitko'fef] to bend, bend down הִתְכּוֹפֵף פ"ע

[hitkofe'fut] bending, stooping הִתְכּוֹפְפוּת נ

[hitka'vets] to shrink, contract הִתְכַּוֵּץ פ"ע

[hitkav'tsut] shrinking, contraction הִתְכַּוְּצוּת נ

[hitka'xesh] to abjure, deny, disown הִתְכַּחֵשׁ פ"ע

[hitkaxa'shut] denial, abjuration, disavowal הִתְכַּחֲשׁוּת נ

[hit'kif] 1 to connect, join. 2 to accelerate. 3 to be speeded up הִתְכִּיף פי"ע

[hitka'la] to be abolished, destroyed, eliminate הִתְכַּלָּה פ"ע

[hitka'lut] elimination, annihilation הִתְכַּלּוּת נ

[hitkal'kel] to subsist, be maintained, be sustained הִתְכַּלְכֵּל פ"ע

[hitkalke'lut] subsistence, maintenance הִתְכַּלְכְּלוּת נ

[hitka'lel] to be included, comprised הִתְכַּלֵּל פ"ע

[hitkale'lut] inclusion, incorporation הִתְכַּלְּלוּת נ

[hitka'na] 1 to call oneself. 2 to be surnamed הִתְכַּנָּה פ"ע

[hitka'nut] adoption of a pseudonym הִתְכַּנּוּת נ

[hitka'nes] 1 to assemble, convene. 2 to be introverted. 3 to shrink, converge הִתְכַּנֵּס פ"ע

[hitkan'sut] 1 meeting, assembly. 2 convergence. 3 shrinking. 4 introversion הִתְכַּנְּסוּת נ

[hitka'sa] to be or become covered or wrapped הִתְכַּסָּה פ"ע

הִתְכַּסּוּת נ [hitka'sut] covering, wrapping

הִתְכַּעֵס פ״ע [hitka''es] to become angry, lose one's temper

הִתְכַּעֲסוּת נ [hitka'a'sut] loss of temper, becoming angry

הִתְכַּעֵר פ״ע [hitka''er] to become ugly

הִתְכַּעֲרוּת נ [hitka'a'rut] uglification

הִתְכַּפֵּל פ״ע [hitka'pel] 1 to be folded, to fold up. 2 to be multiplied, doubled

הִתְכַּפְּלוּת נ [hitkap'lut] 1 folding up. 2 multiplication, doubling

הִתְכַּפֵּר פ״ע [hitka'per] to be expiated, atoned

הִתְכַּפְּרוּת נ [hitkap'rut] expiation, atonement

הִתְכַּפֵּשׁ פ״ע [hitka'pesh] to wallow, roll about

הִתְכַּפְּשׁוּת נ [hitkap'shut] wallowing

הִתְכַּרְבֵּל פ״ע [hitkar'bel] to wrap oneself warmly

הִתְכַּרְבְּלוּת נ [hitkarbe'lut] wrapping up warmly

הִתְכַּרְכֵּם פ״ע [hitkar'kem] to be or become yellow

הִתְכַּרְכְּמוּת נ [hitkarke'mut] turning yellow, becoming jaundiced

הִתְכַּרְסֵם פ״ע [hitkar'sem] to be gnawed, chewed

הִתְכַּרְסְמוּת נ [hitkarse'mut] gnawing, chewing

הִתְכַּשֵּׁר פ״ע [hitka'sher] 1 to become proficient, skilled. 2 to be prepared, qualify, train

הִתְכַּשְּׁרוּת נ [hitkash'rut] 1 training, qualification. 2 dexterity, skilfulness

הִתְכַּתֵּב פ״ע [hitka'tev] to correspond

הִתְכַּתְּבוּת נ [hitkat'vut] correspondence

הִתְכַּתֵּשׁ פ״ע [hitka'tesh] to fight, brawl, wrangle

הִתְכַּתְּשׁוּת נ [hitkat'shut] quarrel, fight, brawl

הֶתֶל ז ['hetel] joke, jest

הֵתֵל, הִתֵּל פ״י [he'tel, hi'tel] to mock, banter, jest

הִתְלַבָּה פ״ע [hitla'ba] to flare up, be kindled

הִתְלַבּוּת נ [hitla'but] flaring up, catching fire

הִתְלַבֵּט פ״ע [hitla'bet] 1 to roam, rove. 2 to toil, worry oneself. 3 to be perplexed

הִתְלַבְּטוּת נ [hitlab'tut] 1 perplexity, dilemma. 2 anxiety, toil

הִתְלַבְלֵב פ״ע [hitlav'lev] to sprout, bud, blossom

הִתְלַבְלְבוּת נ [hitlavle'vut] budding, blooming

הִתְלַבֵּן פ״ע [hitla'ben] 1 to become white. 2 to be clarified

הִתְלַבְּנוּת נ [hitlab'nut] 1 whitening, blanching. 2 incandescence. 3 clarification

הִתְלַבֵּשׁ פ״ע [hitla'besh] to get dressed, attire oneself

הִתְלַבְּשׁוּת נ [hitla'bshut] dressing, getting dressed

הִתְלַהֵב פ״ע [hitla'hev] 1 to get excited, become enthusiastic. 2 to be inflamed, kindled

הִתְלַהֲבוּת נ [hitlaha'vut] 1 enthusiasm, excitement. 2 fervo(u)r, ardo(u)r. 3 catching fire

הִתְלַהֵט פ״ע [hitla'het] to blaze, burn, glow

הִתְלַהֲטוּת נ [hitlaha'tut] 1 blazing, glowing. 2 incandescence

הִתְלַהְלֵהַּ פ״ע [hitlah'lah] to revel, go wild

הִתְלַהְלְהוּת נ [hitlahle'hut] revelry

[hitlax'lex] to become dirty, be soiled הִתְלַכְלֵךְ פ״ע

[hitlaxle'xut] dirtying, soiling, sullying הִתְלַכְלְכוּת נ

[hitlax'sen] to slant, be diagonal, oblique הִתְלַכְסֵן פ״ע

[hitlaxse'nut] slanting, obliquity הִתְלַכְסְנוּת נ

[hitla'med] 1 to learn by oneself, to teach oneself. 2 to be apprenticed הִתְלַמֵּד פ״ע

[hitlam'dut] 1 self-instruction. 2 apprenticeship הִתְלַמְּדוּת נ

[hat'lan] mocker, joker הַתְּלָן ז

[hatla'nut] jesting, mockery הַתְּלָנוּת נ

[hatla'ni] amusing, funny הַתְּלָנִי ת

[hatla''a] 1 worminess, decay. 2 sprouting, germination הַתְלָעָה נ

[hitla''ez] to become foreign, alien הִתְלַעֵז פ״ע

[hitla'a'zut] becoming foreign, alien הִתְלַעֲזוּת נ

[hitla''la'] to choke הִתְלַעְלַע פ״ע

[hitla'le''ut] choking הִתְלַעְלְעוּת נ

[hitla'kax] 1 to catch fire. 2 to flare up הִתְלַקַּח פ״ע

[hitlak'xut] catching fire, flaring up, inflammability הִתְלַקְּחוּת נ

[hitla'ket] 1 to be caught. 2 to be gathered, collected הִתְלַקֵּט פ״ע

[hitlak'tut] being gathered, collected הִתְלַקְּטוּת נ

[hitlak'lek] to lick oneself הִתְלַקְלֵק פ״ע

[hitlakle'kut] self-licking הִתְלַקְלְקוּת נ

[hitla'kek] 1 to toady, fawn. 2 to lick oneself הִתְלַקֵּק פ״ע

[hitlake'kut] fawning, toadying הִתְלַקְּקוּת נ

[hital'shut] 1 uprooting. 2 displacement הִתָּלְשׁוּת נ

[ha'tam] there הָתָם תה״פ

[hitla'hem] to fight, exchange blows הִתְלַהֵם פ״ע

[hitla'hek] 1 to assemble, congregate. 2 to gather together, form groups הִתְלַהֵק פ״ע

[hitlaha'kut] grouping, congregation הִתְלַהֲקוּת נ

[hitla'va] to go along with, escort, accompany הִתְלַוָּה פ״ע

[hitla'vut] escort הִתְלַוּוּת נ

[hitlu'la] joke, prank, jest הִתְלוּלָה נ

[hitlo'nen] 1 to complain, grumble. 2 to dwell, lodge הִתְלוֹנֵן פ״ע

[hitlone'nut] 1 grumble, complaint. 2 lodging, board הִתְלוֹנְנוּת נ

[hitlo'tsets] to mock, jest, joke הִתְלוֹצֵץ פ״ע

[hitlotse'tsut] jesting, mockery, derision הִתְלוֹצְצוּת נ

[hita'lut] 1 suspension, hanging. 2 dependence הִתָּלוּת נ

[hitlax'lax] to become damp, be moistened הִתְלַחְלַח פ״ע

[hitlaxle'xut] moistening, becoming damp הִתְלַחְלְחוּת נ

[hitla'xesh] to whisper, conspire הִתְלַחֵשׁ פ״ע

[hitlaxa'shut] whispering, conspiring הִתְלַחֲשׁוּת נ

[hitla'tesh] to be polished, sharpened הִתְלַטֵּשׁ פ״ע

[hitlat'shut] polish, sharpening הִתְלַטְּשׁוּת נ

[hit'liy'a] to make or become wormy, worm-eaten הִתְלִיעַ פ״ע

[hitla'ked] 1 to unite, merge. 2 to coincide, coalesce הִתְלַכֵּד פ״ע

[hitlak'dut] unification, merging, rallying round הִתְלַכְּדוּת נ

הֵתַם, הֵתֵם פ״י [heˈtam, heˈtem] 1 to finish, complete. 2 to destroy. 3 to summarize

הִתְמָאֵס פ״ע [hitmaˈ'es] to become repugnant, loathsome

הִתְמָאֲסוּת נ [hitma'aˈsut] loathing, repugnance

הִתְמַגֵּל פ״ע [hitmaˈgel] to fester, suppurate

הִתְמַגְּלוּת נ [hitmagˈlut] festering, suppuration

הֶתְמֵד ז [hetˈmed] 1 constancy, diligence. 2 inertia

הַתְמָדָה נ [hatmaˈda] 1 perseverance, persistence. 2 duration. 3 inertia

הַתְמָדִי ת [hatmaˈdi] 1 constant, durable. 2 inert

הִתַּמַּה פ״ע [hitaˈmah] to be amazed, astonished

הַתְמָהָה נ [hatmaˈha] wonder, amazement

הִתַּמְּהוּת נ [hitamˈhut] amazement, astonishment

הִתְמַהְמַהּ פ״ע [hitmahˈmah] to linger, tarry, delay

הִתְמַהְמְהוּת נ [hitmahmeˈhut] lingering, tarrying, delay

הִתְמַהֵר פ״ע [hitmaˈher] to become faster, speed up

הִתְמַהֲרוּת נ [hitmahaˈrut] acceleration, speeding up

הִתְמוֹגֵג פ״ע [hitmoˈgeg] to melt, dissolve

הִתְמוֹגְגוּת נ [hitmogeˈgut] 1 melting, dissolving. 2 gratification, pleasure

הִתְמוֹדֵד פ״ע [hitmoˈded] 1 to compete. 2 to come to terms with, cope with

הִתְמוֹדְדוּת נ [hitmodeˈdut] 1 rivalry. 2 competition. 3 wrestling match, struggle

הִתְמוֹטֵט פ״ע [hitmoˈtet] 1 to topple over, totter. 2 to break down, collapse

הִתְמוֹטְטוּת נ [hitmoteˈtut] 1 tottering, toppling. 2 breakdown, collapse

הִתְמוֹלֵל פ״ע [hitmoˈlel] to become withered, faded, wilted

הִתְמוֹלְלוּת נ [hitmoleˈlut] withering, fading

הִתְמוֹסֵס פ״ע [hitmoˈses] to thaw, melt, dissolve

הִתְמוֹסְסוּת נ [hitmoseˈsut] dissolving, melting

הִתְמַזֵּג פ״ע [hitmaˈzeg] to merge, fuse, blend, coalesce

הִתְמַזְּגוּת נ [hitmazˈgut] merging, fusion, amalgamation, integration

הִתְמַזֵּל פ״ע [hitmaˈzel] to be lucky, fortunate

הִתְמַזְּלוּת נ [hitmazˈlut] good fortune, luck

הִתְמַזְמֵז פ״ע [hitmazˈmez] 1 to be softened, wasted. 2 to pet, flirt, philander

הִתְמַזְמְזוּת נ [hitmazmeˈzut] 1 flirting, philandering. 2 softening

הִתְמַזְרֵחַ פ״ע [hitmazˈrax] 1 to become orientalized, easternized

הִתְמַזְרְחוּת נ [hitmazreˈxut] orientalization, easternization

הִתְמַחָה פ״ע [hitmaˈxa] 1 to specialize, major. 2 to become an expert

הִתְמַחוּת נ [hitmaˈxut] 1 proficiency, specialization. 2 expertise

הִתְמַחֵק פ״ע [hitmaˈxek] to be erased, deleted

הִתְמַחֲקוּת נ [hitmaxaˈkut] deletion,

הִתַּמְּמוּת נ [hitame'mut] hypocrisy, feigned simplicity

הִתְמַמֵּן פ״ע [hitma'men] to be financed

הִתְמַמְּנוּת נ [hitmam'nut] financing

הִתְמַמֵּשׁ פ״ע [hitma'mesh] 1 to be realized. 2 to materialize

הִתְמַמְּשׁוּת נ [hitmam'shut] realization, materialization

הִתְמַנָּה פ״ע [hitma'na] 1 to be nominated. 2 to be appointed, assigned

הִתְמַנּוּת נ [hitma'nut] appointment, nomination

הִתְמַסְכֵּן פ״ע [hitmas'ken] 1 to become poor, miserable. 2 to feign misery

הִתְמַסְכְּנוּת נ [hitmaske'nut] 1 feigned wretchedness. 2 impoverishment

הִתְמַסְמֵס פ״ע [hitmas'mes] to soften, be dissolved

הִתְמַסְמְסוּת נ [hitmasme'sut] dissolving, softening

הִתְמַסֵּר פ״ע [hitma'ser] 1 to devote oneself. 2 to surrender. 3 to be handed over

הִתְמַסְּרוּת נ [hitmas'rut] 1 surrender. 2 devotion, dedication

הִתְמַעֵט פ״ע [hitma''et] 1 to diminish, decrease. 2 to be lessened, reduced

הִתְמַעֲטוּת נ [hitma'a'tut] 1 diminution, decrease. 2 lessening, reduction

הִתְמַעֵךְ פ״ע [hitma''ex] to be crushed, squashed

הִתְמַעֲכוּת נ [hitma'a'xut] crushing, squashing

הִתְמַעֲרֵב פ״ע [hitma'a'rev] to become westernized, adopt erasure

הִתְמַטָּה פ״ע [hitma'ta] to recline, be in bed

הִתְמַטּוּת נ [hitma'tut] reclining, lying in bed

הִתְמַטְמֵט פ״ע [hitmat'met] 1 to collapse. 2 to be shaken, totter

הִתְמַטְמְטוּת נ [hitmatme'tut] toppling over, collapse

הִתְמִיד פ״ע [hit'mid] to persevere, persist, be consistent

הִתְמִיהַּ פ״י [hit'miha] to astonish, amaze, wonder

הִתְמִים פ״ע [hit'mim] to make whole, honest, perfect

הִתְמַיֵּן פ״ע [hitma'yen] to be sorted, classified

הִתְמַיְּנוּת נ [hitmai'nut] sorting out, classification

הִתָּמְכוּת נ [hitam'xut] support, backing

הִתְמַכֵּר פ״ע [hitma'ker] 1 to devote oneself. 2 to become addicted

הִתְמַכְּרוּת נ [hitmak'rut] 1 devotion, dedication. 2 addiction

הִתְמַלֵּא פ״ע [hitma'le] 1 to be full, filled. 2 to be fulfilled

הִתְמַלְּאוּת נ [hitmal''ut] 1 filling up. 2 fulfilment, realization

הִתְמַלַּח פ״ע [hitma'lax] to be or become salty, salinated

הִתְמַלְּחוּת נ [hitmal'xut] salination

הִתְמַלֵּט פ״ע [hitma'let] to escape, flee

הִתְמַלְּטוּת נ [hitmal'tut] escape, flight

הִתְמַלֵּךְ פ״ע [hitma'lex] 1 to usurp a throne. 2 to have oneself made king

הִתְמַלְּכוּת נ [hitmal'xut] usurpation

הִתַּמֵּם פ״ע [hita'mem] 1 to act honestly, uprightly. 2 to feign simplicity

western ways

הִתְמַעַרְבוּת נ [hitma'ar'vut] westernization

הִתְמַצֵּא פ״ע [hitma'tse] 1 to have one's bearings, find one's way. 2 to be well oriented

הִתְמַצְּאוּת נ [hitmats''ut] 1 orientation. 2 familiarity

הִתְמַצָּה פ״ע [hitma'tsa] 1 to be drained, exhausted, used up. 2 to be settled completely

הִתְמַצּוּת נ [hitma'tsut] 1 extraction. 2 exhaustion

הִתְמַצְמֵץ פ״ע [hitmats'mets] 1 to blink, wink. 2 to smack one's lips

הִתְמַצְמְצוּת נ [hitmatsme'tsut] 1 lip-smacking 2 blinking, winking.

הִתְמַצַּע פ״ע [hitma'tsa'] 1 to be in the middle, be between. 2 to be divided in two. 3 to mediate

הִתְמַצְּעוּת נ [hitmats''ut] 1 being in the middle. 2 centricity. 3 division into halves

הִתְמַצֵּק פ״ע [hitma'tsek] to solidify, consolidate

הִתְמַצְּקוּת נ [hitmats'kut] solidification, consolidation

הִתְמַקֵּחַ פ״ע [hitma'kax] 1 to haggle, bargain. 2 to negotiate

הִתְמַקְּחוּת נ [hitmak'xut] 1 bargaining, haggling. 2 negotiation

הִתְמַקְיֵן פ״ע [hitmak'yen] to clown, play the clown

הִתְמַקְיְנוּת נ [hitmakye'nut] clowning, buffoonery

הִתְמַקֵּם פ״ע [hitma'kem] 1 to be located, situated. 2 to settle down

הִתְמַקְּמוּת נ [hitmak'mut] 1 taking up position, settling down. 2 location, situation

הִתְמַקְמֵק פ״ע [hitmak'mek] to rot, putrefy, decay

הִתְמַקְמְקוּת נ [hitmakme'kut] rotting, putrefaction

הִתְמַקְצֵעַ פ״ע [hitmak'tsa'] to learn or acquire a profession

הִתְמַקְצְעוּת נ [hitmaktse''ut] specialization, qualification

הִתַּמֵּר פ״ע [hita'mer] to rise, go up

הִתְמָרֵד פ״ע [hitma'red] to rebel, revolt, mutiny

הִתְמָרְדוּת נ [hitmar'dut] rebellion, mutiny

הִתַּמְּרוּת נ [hitam'rut] rising up, going up

הִתְמָרַח פ״ע [hitma'rax] 1 to be smeared, plastered. 2 to be spread

הִתְמָרְחוּת נ [hitmar'xut] smearing, spreading

הִתְמָרֵט פ״ע [hitma'ret] 1 to be pulled, plucked. 2 to moult

הִתְמָרְטוּת נ [hitmar'tut] moulting, plucking

הִתְמָרֵךְ פ״ע [hitma'rex] to become soft

הִתְמָרְכוּת נ [hitmar'xut] softening

הִתְמַרְמֵר פ״ע [hitmar'mer] 1 to be embittered, exasperated. 2 to complain, grumble

הִתְמַרְמְרוּת נ [hitmarme'rut] resentment, embitterment, exasperation

הִתְמָרֵס פ״ע [hitma'res] to fester, suppurate

הִתְמָרְסוּת נ [hitmar'sut] ulceration, suppuration

הִתְמָרֵק פ״ע [hitma'rek] to be cleansed, polished

הִתְמָרְקוּת נ [hitmar'kut] cleansing, scouring, polishing

הִתְנַבְּאוּת נ [hitnab'ut] prophesying
הִתְנַבֵּל פ״ע [hitnaˈbel] to be degraded
הִתְנַבְּלוּת נ [hitnabˈlut] self-abasement, despicableness
הִתְנַגֵּב פ״ע [hitnaˈgev] to dry oneself, wipe oneself
הִתְנַגְּבוּת נ [hitnagˈvut] drying, wiping
הִתְנַגֵּד פ״ע [hitnaˈged] 1 to oppose, be against. 2 to resist, combat
הִתְנַגְּדוּת נ [hitnagˈdut] 1 opposition, objection. 2 resistance, antagonism
הִתְנַגֵּחַ פ״ע [hitnaˈgax] 1 to bicker, spar. 2 to tussle, wrestle
הִתְנַגְּחוּת נ [hitnagˈxut] tussle, wrestling
הִתְנַגֵּן פ״ע [hitna'gen] to be played, sung
הִתְנַגְּנוּת נ [hitnagˈnut] playing, singing
הִתְנַגֵּעַ פ״ע [hitnaˈga'] to be infected, contract a disease
הִתְנַגְּעוּת נ [hitnag'ut] being infected, afflicted
הִתְנַגֵּף פ״ע [hitnaˈgef] 1 to be hurt, smitten. 2 to stumble
הִתְנַגְּפוּת נ [hitnagˈfut] stumbling
הִתְנַגֵּשׁ פ״ע [hitnaˈgesh] 1 to collide. 2 to clash, conflict. 3 to approach
הִתְנַגְּשׁוּת נ [hitnagˈshut] 1 collision. 2 clash, conflict
הִתְנַדֵּב פ״ע [hitnaˈdev] 1 to volunteer. 2 to donate
הִתְנַדְּבוּת נ [hitnadˈvut] 1 donation. 2 volnuteering
הִתְנַדְּבוּתִי ת [hitnadvuˈti] voluntary
הִתְנַדָּה פ״ע [hitnaˈda] to be banished, excommunicated
הִתְנַדּוּת נ [hitnaˈdut] banishment, excommunication
הִתְנַדְנֵד פ״ע [hitnadˈned] 1 to swing,

הִתְמָרֵר פ״ע [hitmaˈrer] 1 to become bitter. 2 to suffer grievously
הִתְמָרְרוּת נ [hitmareˈrut] bitterness, suffering
הִתְמַשֵּׁךְ פ״ע [hitmaˈshex] 1 to extend, endure, last. 2 to be continuous
הִתְמַשְּׁכוּת נ [hitmashˈxut] 1 extension, spreading out. 2 continuity, continuance
הִתְמַשְׂכֵּל פ״ע [hitmasˈkel] 1 to become learned, enlightened. 2 to claim to be educated
הִתְמַשְׂכְּלוּת נ [hitmaskeˈlut] 1 acquiring education. 2 intellectualization
הִתְמַשֵּׁל פ״ע [hitmaˈshel] to resemble, be linked to
הִתְמַשְּׁלוּת נ [hitmashˈlut] 1 analogy. 2 resemblance
הִתְמַשֵּׁשׁ פ״ע [hitmaˈshesh] to touch, feel, grope
הִתְמַשְׁשׁוּת נ [hitmasheˈshut] groping, feeling, touching
הִתְמַתַּח פ״ע [hitmaˈtax] 1 to stretch oneself. 2 to spread, extend
הִתְמַתְּחוּת נ [hitmatˈxut] stretching, spreading
הִתְמַתֵּק פ״ע [hitmaˈtek] to become sweet, be sweetened
הִתְמַתְּקוּת נ [hitmatˈkut] sweetening
הַתְנָאָה נ [hatna'a] conditioning, subjecting to conduct
הִתְנָאָה פ״ע [hitna'a] to adorn oneself
הִתְנָאוּת נ [hitna'ut] self-adornment, coquetry
הִתְנָאֵץ פ״ע [hitna'ets] to degrade oneself
הִתְנָאֲצוּת נ [hitna'aˈtsut] grovelling, self-degredation
הִתְנַבֵּא פ״ע [hitnaˈbe] to prophesy, foretell

see-saw, rock. 2 to fluctuate, oscillate

הִתְנַדְנְדוּת נ [hitnadne'dut] 1 swaying, swinging. 2 fluctuation, oscillation

הִתְנַדֵּף פ״ע [hitna'def] 1 to evaporate. 2 to vanish, disappear

הִתְנַדְּפוּת נ [hitnad'fut] 1 evaporation. 2 vanishment, disappearance

הִתְנָה פ״י [hit'na] to stipulate, subject to conditions

הִתְנָה אֲהָבִים 1 to have a love affair. 2 to make love

הִתְנַהֵג פ״ע [hitna'heg] to behave, act, conduct oneself

הִתְנַהֲגוּת נ [hitnaha'gut] behaviour, conduct

הִתְנַהֲגוּתִי ת [hitnahagu'ti] behavioural

הִתְנַהֲגוּתָן ז [hitnahagu'tan] behaviourist

הִתְנַהֲגוּתָנוּת נ [hitnahaguta'nut] behaviourism

הִתְנַהֲגוּתָנִי ת [hitnahaguta'ni] behaviouristic

הִתְנַהֵל פ״ע [hitna'hel] 1 to be conducted, managed. 2 to proceed, journey

הִתְנַהֲלוּת נ [hitnaha'lut] proceeding, management

הִתְנוֹבֵב פ״ע [hitno'vev] to begin to flourish

הִתְנוֹבְבוּת נ [hitnove'vut] flourishing

הִתְנוֹדֵד פ״ע [hitno'ded] to oscillate, fluctuate, wobble

הִתְנוֹדְדוּת נ [hitnode'dut] 1 fluctuation, oscillation. 2 swaying, reeling

הִתְנַוָּה פ״ע [hitna'va] to be ostentatious

הִתְנַוּוּת נ [hitna'vut] self-adornment

הִתְנַוֵּל פ״ע [hitna'vel] to be deformed, disfigured, uglified

הִתְנַוְּלוּת נ [hitnav'lut] disfigurement

הִתְנַוֵּן פ״ע [hitna'ven] 1 to degenerate, deteriorate, decline. 2 to atrophy

הִתְנַוְּנוּת נ [hitnav'nut] 1 degeneration, deterioration. 2 decadence, decline. 3 atrophy

הִתְנוֹסֵס פ״ע [hitno'ses] 1 to be raised, hoisted, flown. 2 to sparkle. 3 to occur miraculously

הִתְנוֹסְסוּת נ [hitnose'sut] 1 fluttering, flying, waving. 2 sparkle

הִתְנוֹעַע פ״ע [hitno''a'] to move, sway, swing

הִתְנוֹעֲעוּת נ [hitno'a''ut] movement, swaying, swinging

הִתְנוֹפֵף פ״ע [hitno'fef] to flutter, wave, be hoisted

הִתְנוֹפְפוּת נ [hitnofe'fut] flying, fluttering, waving

הִתְנוֹצֵץ פ״ע [hitno'tsets] to glitter, shine, sparkle, twinkle

הִתְנוֹצְצוּת נ [hitnotse'tsut] glittering, sparkling, flashing

הִתְנַזֵּל פ״ע [hitna'zel] 1 to become liquid, liquefy. 2 to catch a cold

הִתְנַזְּלוּת נ [hitnaz'lut] 1 liquefaction. 2 catching cold

הִתְנַזֵּר פ״ע [hitna'zer] 1 to abstain from, give up. 2 to be or become a hermit

הִתְנַזְּרוּת נ [hitnaz'rut] 1 abstinence, abstention. 2 asceticism. 3 entering a convent or monastery

הַתְנָחָה נ [hatna'xa] switching off

הִתְנַחֵל פ״ע [hitna'xel] 1 to settle. 2 to take possesion, acquire

הִתְנַחֲלוּת נ [hitnaxa'lut] settlement

הִתְנַחֵם פ״ע [hitna'xem] to find comfort, be consoled

הִתְנַחֲמוּת נ [hitnaxa'mut] consolation, regret, solace

הִתְנַחְשֵׁל פ״ע [hitnax'shel] to become rough, wavy

הִתְנַחְשְׁלוּת נ [hitnaxshe'lut] storminess of waves

הִתְנַטָּה פ״ע [hitna'ta] 1 to incline, to be inclined. 2 to be conjugated, declined

הִתְנַטּוּת נ [hitna'tut] 1 inclination. 2 declension. 3 conjugation

הַתְנָיָה נ [hatna'ya] conditioning, stipulation

הִתְנִיחַ פ״י [hit'niy'ax] to switch off

הִתְנִיעַ פ״י [hit'niy'a] to start, set in motion

הִתְנַכָּה פ״ע [hitna'ka] to be discounted, to be subtracted

הִתְנַכּוּת נ [hitna'kut] discounting, subtraction

הִתְנַכֵּל פ״ע [hitna'kel] to plot, conspire, intrigue

הִתְנַכְּלוּת נ [hitnak'lut] intrigue, conspiracy, plotting

הִתְנַכֵּר פ״ע [hitna'ker] 1 to be treated as a stranger. 2 to be alienated, estranged

הִתְנַכְּרוּת נ [hitnak'rut] 1 alienation, estrangement. 2 ignoring

הִתְנַכֵּשׁ פ״ע [hitna'kesh] to be weeded out

הִתְנַכְּשׁוּת נ [hitnak'shut] weeding out

הִתְנַמֵּךְ פ״ע [hitna'mex] 1 to become lower. 2 to abase oneself

הִתְנַמְּכוּת נ [hitnam'xut] 1 lowering. 2 self-abasement

הִתְנַמְנֵם פ״ע [hitnam'nem] to doze, drowse, nap

הִתְנַמְנְמוּת נ [hitnamne'mut] dozing, drowsiness, sleepiness

הִתְנַמֵּס פ״ע [hitna'mes] to be melted, dissolved

הִתְנַמְּסוּת נ [hitnam'sut] melting, dissolving

הִתְנַמֵּק פ״ע [hitna'mek] 1 to reason. 2 to putrefy

הִתְנַמְּקוּת נ [hitnam'kut] 1 reasoning. 2 necrotization, putrefaction

הִתְנַמֵּר פ״ע [hitna'mer] to be variegated

הִתְנַמְּרוּת נ [hitnam'rut] variegation

הִתְנַנֵּס פ״ע [hitna'nes] to dwarf, be dwarfed

הִתְנַנְּסוּת נ [hitnan'sut] dwarfing

הִתְנַסָּה פ״ע [hitna'sa] 1 to endure, experience, suffer. 2 to be tried, tested

הִתְנַסּוּת נ [hitna'sut] 1 testing, trial. 2 experiencing

הִתְנַסַּח פ״ע [hitna'sax] to be formulated, drafted

הִתְנַסְּחוּת נ [hitnas'xut] formulation, drafting

הִתְנַסֵּר פ״ע [hitna'ser] to be sawn

הִתְנַסְּרוּת נ [hitnas'rut] sawing

הַתְנָעָה נ [hatna'a] 1 starting up. 2 setting in motion

הִתְנַעֵל פ״ע [hitna'el] to put on shoes, boots

הִתְנַעֲלוּת נ [hitna'a'lut] wedging

הִתְנַעֵם פ״ע [hitna'em] to be or become pleasant

הִתְנַעֲמוּת נ [hitna'amut] 1 pleasantness. 2 melodization

הִתְנַעְנֵעַ פ״ע [hitna'na'] 1 to sway, swing, rock. 2 to wriggle. 3 to vibrate

הִתְנַעְנְעוּת נ [hitna'ne'ut] 1 swaying, swinging. 2 wriggling. 3 vibration

הִתְנַעֵץ פ״ע [hitna'ets] to be nailed

הִתְנַעֲצוּת נ [hitna'a'tsut] nailing

הִתְנַעֵר פ״ע [hitna'ʼer] 1 to wake up. 2 to shake oneself. 3 to be encouraged, stimulated. 4 to be rejuvenated. 5 to dissociate oneself

הִתְנַעֲרוּת נ [hitna'a'rut] 1 rejuvenation. 2 shaking oneself. 3 awakening. 4 dissociation

הִתְנַפָּה פ״ע [hitna'ʼpa] to be sifted, sieved

הִתְנַפּוּת נ [hitna'put] sifting, sieving

הִתְנַפֵּחַ פ״ע [hitna'pax] 1 to swell, expand. 2 to be inflated, blown up. 3 to be conceited

הִתְנַפְּחוּת נ [hitnap'xut] 1 swelling, expansion. 2 conceit, vanity, self-glory

הִתְנַפֵּל פ״ע [hitna'pel] 1 to attack, assault, assail. 2 to prostrate oneself

הִתְנַפְּלוּת נ [hitnap'lut] 1 attack, assault. 2 prostration

הִתְנַפְנֵף פ״ע [hitnaf'nef] to flutter

הִתְנַפְנְפוּת נ [hitnafne'fut] fluttering

הִתְנַפֵּץ פ״ע [hitna'pets] to be smashed, shattered, broken into pieces

הִתְנַפְּצוּת נ [hitnap'tsut] smashing, shattering

הִתְנַפֵּשׁ פ״ע [hitna'pesh] 1 to be lively, animated. 2 to rest, repose. 3 to take a holiday

הִתְנַפְּשׁוּת נ [hitnap'shut] 1 animation. 2 repose, rest. 3 vacation

הִתְנַצָּה פ״ע [hitna'tsa] 1 to contend, fight, struggle. 2 to be covered with feathers

הִתְנַצּוּת נ [hitna'tsut] 1 fighting, sparring. 2 feathering, plumage

הִתְנַצֵּחַ פ״ע [hitna'tsax] 1 to argue, try to get the upperhand. 2 to bicker, wrangle

הִתְנַצְּחוּת נ [hitnats'xut] 1 dispute, contest. 2 controversy, wrangling

הִתְנַצֵּל פ״ע [hitna'tsel] to apologize, excuse oneself

הִתְנַצְּלוּת נ [hitnats'lut] apology, excuse

הִתְנַצְנֵץ פ״ע [hitnats'nets] to sparkle, twinkle, glitter

הִתְנַצְנְצוּת נ [hitnatsne'tsut] sparkle, glittering, twinkling

הִתְנַצֵּר פ״ע [hitna'tser] to be converted to Christianity

הִתְנַצְּרוּת נ [hitnats'rut] conversion to Christianity

הִתְנַקֵּב פ״ע [hitna'kev] to be perforated

הִתְנַקְּבוּת נ [hitnak'vut] perforation

הִתְנַקֵּד פ״ע [hitna'ked] to be dotted, pointed

הִתְנַקְּדוּת נ [hitnak'dut] pointing, punctuation

הִתְנַקָּה פ״ע [hitna'ka] 1 to become clean. 2 to be exonerated, exculpated

הִתְנַקּוּת נ [hitna'kut] 1 cleansing, cleaning. 2 exoneration, exculpation

הִתְנַקֵּז פ״ע [hitna'kez] to be drained

הִתְנַקְּזוּת נ [hitnak'zut] draining

הִתְנַקֵּם פ״ע [hitna'kem] to get revenge, take revenge

הִתְנַקְּמוּת נ [hitnak'mut] revenge, vengeance

הִתְנַקֵּר פ״ע [hitna'ker] to be pierced, gouged, pecked

הִתְנַקְּרוּת נ [hitnak'rut] gouging, pecking, piercing

הִתְנַקֵּשׁ פ״ע [hitna'kesh] to attempt murder

הִתְנַקְּשׁוּת נ [hitnak'shut] attempted

murder

הִתְנַשֵּׂא פ״ע [hitna'se] 1 to rise, arise. 2 to be arrogant, patronizing. 3 to boast. 4 to be exalted

הִתְנַשְּׂאוּת נ [hitnas''ut] 1 elevation, rising. 2 haughtiness, arrogance

הִתְנַשֵּׁל פ״ע [hitna'shel] to fall off, slough

הִתְנַשְּׁלוּת נ [hitnash'lut] falling off, sloughing

הִתְנַשֵּׁם פ״ע [hitna'shem] to breathe heavily, gasp, pant

הִתְנַשְּׁמוּת נ [hitnash'mut] breathing, panting, gasping

הִתְנַשֵּׁף פ״ע [hitna'shef] breathe, exhale

הִתְנַשְּׁפוּת נ [hitnash'fut] exhaling, breathing, panting

הִתְנַשֵּׁק פ״ע [hitna'shek] to kiss one another

הִתְנַשְּׁקוּת נ [hitnash'kut] kissing one another

הִתְנַתֵּז פ״ע [hitna'tez] to be splashed, sprayed

הִתְנַתְּזוּת נ [hitnat'zut] splashing, spraying

הִתְנַתֵּחַ פ״ע [hitna'tax] 1 to be cut up, dissected. 2 to be operated on. 3 to be analysed

הִתְנַתְּחוּת נ [hitnat'xut] undergoing surgery

הִתְנַתֵּק פ״ע [hitna'tek] to be broken, disconnected, cut off

הִתְנַתְּקוּת נ [hitnat'kut] 1 disconnection. 2 being severed, cut off

הִתְסִיס פ״י [hit'sis] 1 to animate, rouse, stimulate. 2 to ferment, cause fermentation

הַתְסָסָה נ [hatsa'sa] 1 fermentation. 2 arousal, stimulation

הִתְּעֵב פ״ע [hita''ev] to be loathed, abominable

הִתְעַבֵּד פ״ע [hit'a'bed] 1 to be worked, adapted. 2 to be tanned. 3 to be enslaved

הִתְעַבְּדוּת נ [hit'ab'dut] 1 adaptation. 2 being worked. 3 enslavement

הַתְעָבָה נ [hat'a'va] 1 abomination. 2 detestation

הִתְעַבָּה פ״ע [hit'a'ba] 1 to thicken, become denser. 2 to condense

הִתְעַבּוּת נ [hit'a'but] 1 condensation. 2 thickening

הִתְּעֲבוּת נ [hit'a'vut] annoyance, irritation

הִתְעַבֵּר פ״ע [hit'a'ber] 1 to conceive, become pregnant. 2 to become angry, furious

הִתְעַבְּרוּת נ [hit'ab'rut] 1 conception, impregnation. 2 anger, annoyance

הִתְעַבְרֵר פ״ע [hit'av'rer] to be adapted to Hebrew, Hebraized

הִתְעַבְרְרוּת נ [hit'avre'rut] Hebraization

הִתְעַבֵּשׁ פ״ע [hit'a'besh] to become mouldy

הִתְעַבְּשׁוּת נ [hit'ab'shut] mouldiness

הִתְעַגֵּב פ״ע [hit'a'gev] to lust

הִתְעַגְּבוּת נ [hit'ag'vut] lusting

הִתְעַגֵּל פ״ע [hit'a'gel] 1 to become round, circular. 2 to roll

הִתְעַגְּלוּת נ [hit'ag'lut] 1 rounding, becoming round. 2 rolling

הִתְעַגֵּם פ״ע [hit'agem] to become sad, sorrowful

הִתְעַגְּמוּת נ [hit'ag'mut] becoming sad, sorrowing

הִתְעַגֵּן פ״ע [hit'a'gen] 1 to anchor. 2 to be deserted

הִתְעַגְּנוּת נ [hit'ag'nut] 1 anchorage. 2 desertion

הִתְעַדֵּן פ״ע [hit'a'den] 1 to become refined. 2 to be smooth, delicate. 3 to enjoy, luxuriate

הִתְעַדְּנוּת נ [hit'ad'nut] 1 enjoyment, luxuriation, bliss. 2 refinement

הִתְעָה פ״י [hit''a] 1 to mislead. 2 to deceive, beguile

הִתְעוֹדֵד פ״ע [hit'o'ded] to take heart, be encouraged, cheer up

הִתְעוֹדְדוּת נ [hit'ode'dut] taking heart, cheering up

הִתְעוֹלֵל פ״ע [hit'o'lel] to maltreat, treat brutally, cruelly

הִתְעוֹלְלוּת נ [hit'ole'lut] persecution, maltreatment

הִתְעוֹנֵן פ״ע [hit'o'nen] to foretell, augur, presage

הִתְעוֹנְנוּת נ [hit'one'nut] augury, omen, presage

הִתְעוֹפֵף פ״ע [hit'o'fef] to fly, hover

הִתְעוֹפְפוּת נ [hit'ofe'fut] flying

הִתְעַוֵּר פ״ע [hit'a'ver] to become blind

הִתְעַוְּרוּת נ [hit'av'rut] blindness, becoming blind

הִתְעוֹרֵר פ״ע [hit'o'rer] 1 to wake up, rise. 2 to be stirred. 3 to become aware, alert

הִתְעוֹרְרוּת נ [hit'ore'rut] 1 awakening. 2 stirring, excitement. 3 revival

הִתָּעוּת נ [hita''ut] misleading, being led astray

הִתְעַוֵּת פ״ע [hit'a'vet] 1 to be twisted, contorted. 2 to be perverted, distorted

הִתְעַוְּתוּת נ [hit'av'tut] 1 contortion. 2 perversion, distortion

הִתְעַזֵּז פ״ע [hit'a'zez] to gain strength, become stronger

הִתְעַזְּזוּת נ [hit'aze'zut] audacity, daring

הִתְעַזֵּר פ״ע [hit'a'zer] to be helped, aided, assisted

הִתְעַזְּרוּת נ [hit'az'rut] assistance, aid

הִתְעַטֵּף פ״ע [hit'a'tef] 1 to wrap oneself, be enfolded. 2 to become faint, weak

הִתְעַטְּפוּת נ [hit'at'fut] 1 enveloping, wrapping. 2 faintness, fatigue

הִתְעַטֵּר פ״ע [hit'a'ter] 1 to adorn oneself. 2 to be crowned, ennobled. 3 to be surrounded, protected

הִתְעַטְּרוּת נ [hit'at'rut] 1 adornment. 2 crowning, ennoblement

הִתְעַטֵּשׁ פ״ע [hit'a'tesh] to sneeze

הִתְעַטְּשׁוּת נ [hit'at'shut] sneezing

הִתְעִיב פ״ע [hit''iv] to perform an abomination, act abominably

הַתְעָיָה נ [hat'a'ya] 1 misleading. 2 deception, deceit

הִתְעַיֵּן פ״ע [hit'a'yen] to balance

הִתְעַיְּנוּת נ [hit'ay'nut] balancing

הִתְעַיֵּף פ״ע [hit'a'yef] to become tired, weary

הִתְעַיְּפוּת נ [hit'ay'fut] fatigue, tiredness, weariness

הִתְעַכֵּב פ״ע [hit'a'kev] 1 to be held up, delayed. 2 to linger, tarry

הִתְעַכְּבוּת נ [hit'ak'vut] delay

הִתְעַכֵּל פ״ע [hit'a'kel] 1 to be digested. 2 to be consumed

הִתְעַכְּלוּת נ [hit'ak'lut] 1 digestion. 2 consumption

הִתְעַלָּה פ״ע [hit'a'la] 1 to rise, be raised. 2 to be exalted. 3 to excel. 4 to boast

הִתְעַלֵּו פ״ע [hit'a'lev] to be covered with leaves

הִתְעַלְּוּת נ [hit'al'vut] foliation

הִתְעַלּוּת נ [hit'aˈlut] 1 elevation. 2 rise, ascent. 3 excelling oneself

הִתְעַלֵּל פ״ע [hit'aˈlel] to abuse, maltreat

הִתְעַלְּלוּת נ [hit'aleˈlut] cruelty, abuse, maltreatment

הִתְעַלֵּם פ״ע [hit'aˈlem] 1 to vanish, disappear. 2 to ignore, overlook. 3 to neglect, deny

הִתְעַלְּמוּת נ [hit'alˈmut] 1 disregard, overlooking. 2 disappearance

הִתְעַלֵּס פ״ע [hit'aˈles] 1 to make love. 2 to dally romantically

הִתְעַלְּסוּת נ [hit'alˈsut] 1 dalliance, flirting. 2 love-making

הִתְעַלַּע פ״ע [hit'aˈla'] to swallow, lick

הִתְעַלְּעוּת נ [hit'alˈ'ut] sipping, draught

הִתְעַלֵּף פ״ע [hit'aˈlef] to faint, swoon

הִתְעַלְּפוּת נ [hit'alˈfut] fainting, swooning

הִתְעַמֵּל פ״ע [hit'aˈmel] 1 to work very hard. 2 to drill, exercise

הִתְעַמְּלוּת נ [hit'amˈlut] gymnastics, physical training

הִתְעַמֵּם פ״ע [hit'aˈmem] to become faint, dim

הִתְעַמְּמוּת נ [hit'ameˈmut] dimming, faintness

הִתְעַמֵּס פ״ע [hit'aˈmes] to become loaded up

הִתְעַמְּסוּת נ [hit'amˈsut] loading

הִתְעַמְעֵם פ״ע [hit'amˈem] to dim, become faint

הִתְעַמְעֲמוּת נ [hit'am'aˈmut] faintness, dimming

הִתְעַמֵּץ פ״ע [hit'aˈmets] to be closed

הִתְעַמְּצוּת נ [hit'aˈmtsut] closing

הִתְעַמֵּק פ״ע [hit'aˈmek] to delve deeply into, study seriously

הִתְעַמְּקוּת נ [hit'amkut] profundity, depth of study

הִתְעַמֵּר פ״ע [hit'aˈmer] to abuse, maltreat

הִתְעַמְּרוּת נ [hit'amˈrut] maltreatment, abuse

הִתְעַנֵּג פ״ע [hit'aˈneg] 1 to enjoy oneself, relish. 2 to be pampered, delicate

הִתְעַנְּגוּת נ [hit'anˈgut] enjoyment, pampering

הִתְעַנָּה פ״ע [hit'aˈna] 1 to be tortured, tormented. 2 to fast, afflict oneself

הִתְעַנֵּו פ״ע [hit'aˈnev] to abase oneself, humble oneself, be humble

הִתְעַנְּווּת נ [hit'anˈvut] humility, humbleness of spirit

הִתְעַנּוּת נ [hit'aˈnut] 1 torment. 2 fasting

הִתְעַנְיֵן פ״ע [hit'anˈyen] to take an interest, be interested

הִתְעַנְיְנוּת נ [hit'anyeˈnut] interest, concern, attention

הִתְעַנֵּן פ״ע [hit'anˈen] to become cloudy, cloud over

הִתְעַנְּנוּת נ [hit'aneˈnut] clouding

הִתְעַנֵּף פ״ע [hit'aˈnef] 1 to branch off. 2 to be ramified

הִתְעַנְּפוּת נ [hit'anˈfut] ramification

הִתְעַנֵּק פ״ע [hit'aˈnek] to become enormous, giant-like

הִתְעַנְּקוּת נ [hit'anˈkut] becoming enormous

הִתְעַנֵּשׁ פ״ע [hit'aˈnesh] to be punished, penalized

הִתְעַנְּשׁוּת נ [hit'anˈshut] punishment

הִתְעַסָּה פ״ע [hit'aˈsa] 1 to be massaged. 2 kneaded

הִתְעַסּוּת נ [hit'aˈsut] 1 massage. 2 kneading

הִתְעַסֵּס פ״ע [hit'a'ses] 1 to become juicy. 2 to effervesce

הִתְעַסְּסוּת נ [hit'ase'sut] juiciness, effervescence

הִתְעַסֵּק פ״ע [hit'a'sek] 1 to deal with. 2 to meddle. 3 to dispute, quarrel

הִתְעַסְּקוּת נ [hit'as'kut] 1 dealings, business. 2 meddling

הִתְעַפֵּר פ״ע [hit'a'per] to be or become dusty

הִתְעַפְּרוּת נ [hit'ap'rut] dustiness

הִתְעַפֵּשׁ פ״ע [hit'a'pesh] to be or become mouldy, musty

הִתְעַפְּשׁוּת נ [hit'ap'shut] mustiness, mouldiness

הִתְעַצֵּב פ״ע [hit'a'tsev] 1 to grieve, sorrow, become sad. 2 to be formed, shaped

הִתְעַצְּבוּת נ [hit'ats'vut] 1 sorrow, sadness. 2 shaping, formation

הִתְעַצְבֵּן פ״ע [hit'ats'ben] 1 to become nervous. 2 to be out of temper, irritated

הִתְעַצְבְּנוּת נ [hit'atsbe'nut] 1 irritability. 2 nervousness

הִתְעַצָּה פ״ע [hit'a'tsa] to become wooden

הִתְעַצּוּת נ [hit'a'tsut] process of turning into wood

הִתְעַצֵּל פ״ע [hit'a'tsel] 1 to be lazy, idle. 2 to dilly-dally

הִתְעַצְּלוּת נ [hit'ats'lut] laziness, idleness, sloth

הִתְעַצֵּם פ״ע [hit'a'tsem] 1 to become more powerful. 2 to multiply. 3 to endeavour. 4 to be shut. 5 to ossify

הִתְעַצְּמוּת נ [hit'ats'mut] 1 effort, endeavour. 2 intensification. 3 ossification. 4 embodiment

הִתְעַקֵּל פ״ע [hit'a'kel] 1 to twist, curve. 2 to be distorted

הִתְעַקְּלוּת נ [hit'ak'lut] twisting, winding, meandering

הִתְעַקֵּם פ״ע [hit'a'kem] 1 to become crooked. 2 to be twisted, distorted

הִתְעַקְּמוּת נ [hit'ak'mut] bending, twisting, becoming crooked

הִתְעַקֵּף פ״ע [hit'a'kef] to be circumvented, surrounded

הִתְעַקֵּר פ״ע [hit'a'ker] 1 to be or become barren, sterile. 2 to be uprooted, eliminated

הִתְעַקְּרוּת נ [hit'ak'rut] 1 barrenness. 2 uprooting, extirpation

הִתְעַקֵּשׁ פ״ע [hit'a'kesh] to persist, be obstinate, stubborn

הִתְעַקְּשׁוּת נ [hit'ak'shut] obstinacy, stubbornness

הִתְעָרֵב פ״ע [hit'a'rev] 1 to intervene, interfere, meddle. 2 to be mixed, intermingle. 3 to bet, wager

הִתְעַרְבֵּב פ״ע [hit'ar'bev] 1 to be mixed, jumbled

הִתְעַרְבְּבוּת נ [hit'arbe'vut] mixture, intermixing

הִתְעָרְבוּת נ [hit'ar'vut] 1 interference, intervention. 2 betting, wager

הִתְעַרְבֵּל פ״ע [hit'ar'bel] 1 to be mixed. 2 to be confused, muddled

הִתְעַרְבְּלוּת נ [hit'arbe'lut] 1 mixture, mingling. 2 eddying

הִתְעָרָה פ״ע [hit'a'ra] 1 to settle in, strike roots. 2 to be joined, become part. 3 to be integrated

הִתְעָרוּת נ [hit'a'rut] 1 taking root. 2 settling in. 3 integration

הִתְעַרְטֵל פ״ע [hit'ar'tel] to denude

[hitpa'a'rut] 1 boasting, bragging. 2 glorification הִתְפָּאֲרוּת נ

[hitpa'ger] 1 to die. 2 to become a carcass, a corpse הִתְפַּגֵּר פ״ע

[hitpag'rut] dying הִתְפַּגְּרוּת נ

[hitpa'der] to powder oneself הִתְפַּדֵּר פ״ע

[hitpad'rut] powdering הִתְפַּדְּרוּת נ

[hitpa'hek] to gape, yawn הִתְפַּהֵק פ״ע

[hitpaha'kut] yawning, gaping הִתְפַּהֲקוּת נ

[hitpo'tsets] 1 to break up, burst. 2 to explode הִתְפּוֹצֵץ פ״ע

[hitpotse'tsut] 1 break-up, burst. 2 explosion הִתְפּוֹצְצוּת נ

[hitpo'rer] to crumble, collapse הִתְפּוֹרֵר פ״ע

[hitpore'rut] 1 crumbling, collapse. 2 break-down, dissolution הִתְפּוֹרְרוּת נ

[hitpa'zer] 1 to be spread. 2 to be dispersed, scattered. 3 to break ranks הִתְפַּזֵּר פ״ע

[hitpaz'rut] 1 scattering, dissemination. 2 dispersal, dispersion הִתְפַּזְּרוּת נ

[hatpa'xa] 1 causing to rise, swell. 2 to inflate הַתְפָּחָה נ

[hitpa'xem] 1 to be carbonized. 2 to be dirtied by coal הִתְפַּחֵם פ״ע

[hitpaxa'mut] 1 becoming dirtied by coal. 2 carbonization הִתְפַּחֲמוּת נ

[hitpa'xes] to be flattened, compressed הִתְפַּחֵס פ״ע

[hitpaxa'sut] compression, flattening הִתְפַּחֲסוּת נ

[hitpa'tem] to overeat, stuff oneself, be fattened up הִתְפַּטֵּם פ״ע

[hitpat'mut] overeating, fattening, gluttony הִתְפַּטְּמוּת נ

oneself, be naked

[hit'arte'lut] undressing, stripping הִתְעַרְטְלוּת נ

[hit'ar'sel] 1 to swing. 2 to waddle, stagger הִתְעַרְסֵל פ״ע

[hit'arse'lut] swinging, interlocking הִתְעַרְסְלוּת נ

[hit'ar''er] 1 to be shaken, undermined. 2 to be weakened, sapped הִתְעַרְעֵר פ״ע

[hit'ar'a'rut] upsetting, undermining הִתְעַרְעֲרוּת נ

[hit'ar'pel] 1 to become foggy, misty. 2 to become obscure הִתְעַרְפֵּל פ״ע

[hit'arpe'lut] 1 mistiness, fogginess. 2 obscurity, dimness הִתְעַרְפְּלוּת נ

[hit'a'sev] to become grassy, weedy הִתְעַשֵּׂב פ״ע

[hit'as'vut] grassing over הִתְעַשְּׂבוּת נ

[hit'a'shen] to be full of smoke, smoked הִתְעַשֵּׁן פ״ע

[hit'ash'nut] smokiness הִתְעַשְּׁנוּת נ

[hit'a'sher] to grow rich, become wealthy הִתְעַשֵּׁר פ״ע

[hit'a'ser] to be tithed הִתְעַשֵּׂר פ״ע

[hit'ash'rut] enrichment, becoming wealthy הִתְעַשְּׁרוּת נ

[hit'as'rut] tithing הִתְעַשְּׂרוּת נ

[hit'a'shet] to reflect, reconsider הִתְעַשֵּׁת פ״ע

[hit'ash'tut] reflection, reconsideration הִתְעַשְּׁתוּת נ

[hit'a'ted] 1 to be destined, designated. 2 to get ready, prepare הִתְעַתֵּד פ״ע

[hit'ate'dut] 1 preparation. 2 designation הִתְעַתְּדוּת נ

[hitpa''er] 1 to boast, brag. 2 to be glorified, praised הִתְפָּאֵר פ״ע

הִתְפַּטֵּר פ״ע [hitpa'ter] to resign
הִתְפַּטְּרוּת נ [hitpat'rut] resignation
הִתְפִּיחַ פי״ע [hit'piy'ax] to swell, dilate
הִתְפַּיֵּחַ פ״ע [hitpa'yax] to be sooted
הִתְפַּיְּחוּת נ [hitpai'xut] sootiness
הִתְפַּיֵּךְ פ״ע [hitpa'yex] to apply make-up
הִתְפַּיְּכוּת נ [hitpai'xut] making up, applying cosmetics
הִתְפִּיל פ״י [hit'pil] 1 to render insipid, tasteless. 2 to desalinate
הִתְפִּיס פ״י [hit'pis] 1 to have caught. 2 to apperceive
הִתְפַּיֵּס פ״ע [hitpa'yes] to make peace, be reconciled
הִתְפַּיְּסוּת נ [hitpai'sut] reconciliation
הִתְפִּיר פ״י [hit'pir] to resew
הִתְפַּכֵּחַ פ״ע [hitpa'kax] 1 to sober up, become sober. 2 to be disillusioned
הִתְפַּכְּחוּת נ [hitpak'xut] 1 sobering, sobriety. 2 disillusionment
הִתְפַּלֵּא פ״ע [hitpa'le] 1 to wonder, marvel, be surprised. 2 to perform wonders
הִתְפַּלְּאוּת נ [hitpal''ut] wonder, surprise, amazement
הִתְפַּלֵּג פ״ע [hitpa'leg] 1 to split up, diverge. 2 to be divided, separated
הִתְפַּלְּגוּת נ [hitpal'gut] 1 splitting up, divergence. 2 separation, segmentation
הַתְפָּלָה נ [hatpa'la] 1 rendering tasteless. 2 desalination
הִתְפַּלֵּחַ פ״ע [hitpa'lax] 1 to be split. 2 to sneak in, out
הִתְפַּלְּחוּת נ [hitpal'xut] 1 splitting. 2 sneaking in, out
הִתְפַּלֵּט פ״ע [hitpa'let] 1 to escape. 2 to be saved, delivered
הִתְפַּלְּטוּת נ [hitpal'tut] 1 escape. 2 deliverance, rescue
הִתְפַּלֵּל פ״ע [hitpa'lel] to pray
הִתְפַּלְּלוּת נ [hitpale'lut] prayer, praying
הִתְפַּלְמֵס פ״ע [hitpal'mes] to dispute, argue, wrangle
הִתְפַּלְמְסוּת נ [hitpalme'sut] dispute, controversy, debate
הִתְפַּלְסֵף פ״ע [hitpal'sef] to speculate, philosophize
הִתְפַּלְסְפוּת נ [hitpalse'fut] speculation, philosophizing
הִתְפַּלְפֵּל פ״ע [hitpal'pel] 1 to argue, dispute. 2 to quibble, split hairs
הִתְפַּלְפְּלוּת נ [hitpalpe'lut] quibbling, casuistry
הִתְפַּלֵּץ פ״ע [hitpa'lets] 1 to be shaken. 2 to shudder, quake
הִתְפַּלְּצוּת נ [hitpal'tsut] shiver, quake, shudder
הִתְפַּלֵּשׁ פ״ע [hitpa'lesh] to roll, wallow
הִתְפַּלְּשׁוּת נ [hitpal'shut] rolling, wallowing
הִתְפַּנָּה פ״ע [hitpa'na] 1 to be free, vacant. 2 to make oneself available. 3 to be emptied, cleared
הִתְפַּנּוּת נ [hitpa'nut] 1 becoming free, vacant. 2 availability
הִתְפַּנֵּם פ״ע [hitpa'nem] to be introverted
הִתְפַּנְּמוּת נ [hitpan'mut] introversion
הִתְפַּנֵּק פ״ע [hitpa'nek] 1 to pamper, indulge oneself. 2 to behave in a spoilt way
הִתְפַּנְּקוּת נ [hitpan'kut] 1 pampering, spoiling. 2 self-indulgence
הַתְפָּסָה נ [hatpa'sa] 1 seizing, capture. 2 apperception

to see
[hitpak'xut] 1 shrewdness. 2 regaining sight הִתְפַּקְּחוּת נ
[hitpa'kel] to peel הִתְפַּקֵּל פ״ע
[hitpa'ka'] to burst, split, explode הִתְפַּקֵּעַ פ״ע
[hitpak''ut] bursting, splitting, cracking הִתְפַּקְּעוּת נ
[hitpak'pek] 1 to be shaken, undermined. 2 to be loosened הִתְפַּקְפֵּק פ״ע
[hitpakpe'kut] shakiness, looseness הִתְפַּקְפְּקוּת נ
[hitpa'kek] 1 to be corked, plugged. 2 to be loosened הִתְפַּקֵּק פ״ע
[hitpake'kut] 1 dislocation. 2 disintegration, decomposition. 3 occlusion, clog הִתְפַּקְּקוּת נ
[hitpa'ker] 1 to apostatize. 2 to act indecently, licentiously, impiously הִתְפַּקֵּר פ״ע
[hitpak'rut] 1 apostasy. 2 impiety, licentiousness הִתְפַּקְּרוּת נ
[het'per] seam, stitching הֶתְפֵּר ז
[hitpa're] to become wild הִתְפָּרֵא פ״ע
[hitpar''ut] unruliness, hooliganism הִתְפָּרְאוּת נ
[hitpa'red] 1 to be parted, separated. 2 to be scattered, broken up הִתְפָּרֵד פ״ע
[hitpar'dut] 1 division, separation. 2 dissociation, breaking apart הִתְפָּרְדוּת נ
[hatpa'ra] resewing, stitching הַתְפָּרָה נ
[hitaf'rut] being sewn, patched, mended הִתָּפְרוּת נ
[hitpa'rez] to be demilitarized הִתְפָּרֵז פ״ע
[hitpar'zut] demilitarization הִתְפָּרְזוּת נ

[hitaf'sut] 1 seizure, capture. 2 apprehension הִתָּפְסוּת נ
[hitpa'sek] 1 to be severed. 2 to be delivered הִתְפַּסֵּק פ״ע
[hitpas'kut] severance הִתְפַּסְּקוּת נ
[hitpa''et] to become tiny, be diminished הִתְפַּעֵט פ״ע
[hitpa'a'tut] diminution הִתְפַּעֲטוּת נ
[hitpa''el] 1 to admire, be impressed. 2 to be accomplished, performed. 3 hitpa'el, reflexive conjugation הִתְפַּעֵל פ״ע ז
[hitpa'a'lut] admiration, excitement הִתְפַּעֲלוּת נ
[hitpa''em] to be agitated, worked up, perturbed הִתְפַּעֵם פ״ע
[hitpa'a'mut] agitation, excitement הִתְפַּעֲמוּת נ
[hitpa''nax] to be deciphered הִתְפַּעְנַח פ״ע
[hitpa'en'xut] decipherment הִתְפַּעְנְחוּת נ
[hitpa'tsax] 1 to burst into song. 2 to be cracked, split הִתְפַּצַּח פ״ע
[hitpats'xut] cracking, splitting הִתְפַּצְּחוּת נ
[hitpa'tsel] to fork, be divided, subdivide הִתְפַּצֵּל פ״ע
[hitpats'lut] ramification, division, subdivision הִתְפַּצְּלוּת נ
[hitpats'pets] to be split, cracked הִתְפַּצְפֵּץ פ״ע
[hitpatspe'tsut] cracking, splitting הִתְפַּצְפְּצוּת נ
[hitpa'ked] to be counted, enumerated, mustered הִתְפַּקֵּד פ״ע
[hitpak'dut] numbering, mustering, counting הִתְפַּקְּדוּת נ
[hitpa'kax] 1 to become clever, shrewd. 2 to begin הִתְפַּקַּח פ״ע

הִתְפַּרְחֵחַ פ״ע [hitparˈxeax] to behave wildly, loutishly

הִתְפַּרְחֲחוּת נ [hitparxaˈxut] hooliganism, boorishness

הִתְפָּרֵט פ״ע [hitpaˈret] 1 to be changed. 2 to be detailed, specified

הִתְפָּרְטוּת נ [hitparˈtut] detailing, itemization

הִתְפָּרֵךְ פ״ע [hitpaˈrex] 1 to crumble, break in pieces. 2 to be refuted

הִתְפָּרְכוּת נ [hitparˈxut] 1 crumbling. 2 refutation

הִתְפַּרְכֵּס פ״ע [hitparˈkes] to titivate, make up

הִתְפַּרְכְּסוּת נ [hitparkeˈsut] titivation, overdressing

הִתְפָּרֵם פ״ע [hitpaˈrem] to fray, split, come apart (stitching)

הִתְפָּרְמוּת נ [hitparˈmut] splitting, fraying, coming apart

הִתְפַּרְנֵס פ״ע [hitparˈnes] to make a living, earn a living

הִתְפַּרְנְסוּת נ [hitparneˈsut] self-support

הִתְפַּרְנֵק פ״ע [hitparˈnek] to be pampered, spoiled

הִתְפַּרְנְקוּת נ [hitparneˈkut] self-indulgence

הִתְפָּרֵס פ״ע [hitpaˈres] 1 to be spread out, deployed. 2 to fan out

הִתְפָּרְסוּת נ [hitparˈsut] 1 deployment. 2 fanning out

הִתְפַּרְסֵם פ״ע [hitparˈsem] 1 to become famous, notorious. 2 to be published. 3 to be advertised

הִתְפַּרְסְמוּת נ [hitparseˈmut] 1 publicity, advertising. 2 becoming famous. 3 publication

הִתְפָּרַע פ״ע [hitpaˈra'] 1 to become unruly, get wild. 2 to be relieved. 3 to be discharged

הִתְפָּרְעוּת נ [hitparˈ'ut] 1 unruliness, rowdiness. 2 disturbance of the peace, riot

הִתְפָּרֵץ פ״ע [hitpaˈrets] 1 to burst into, break forth. 2 to rebel, revolt. 3 violent breaking and entering. 4 to erupt

הִתְפָּרְצוּת נ [hitparˈtsut] 1 breaking in. 2 outbreak, outburst. 3 revolt. 4 eruption

הִתְפָּרֵק פ״ע [hitpaˈrek] 1 to break up, disintegrate. 2 to relax. 3 to be unloaded. 4 to be dismantled

הִתְפַּרְקֵד פ״ע [hitparˈked] to sprawl

הִתְפַּרְקְדוּת נ [hitparkeˈdut] sprawling, lounging

הִתְפָּרְקוּת נ [hitparˈkut] 1 relaxation. 2 disintegration. 3 unloading, dismantling

הִתְפָּרֵשׁ פ״ע [hitpaˈresh] 1 to be interpreted, explained. 2 to be specified, detailed. 3 to be separated

הִתְפָּרֵשׂ פ״ע [hitpaˈres] to be deployed, dispersed, spread out

הִתְפָּרְשׁוּת נ [hitparˈshut] explanation, interpretation

הִתְפָּרְשׂוּת נ [hitparˈsut] dispersal, deployment, spreading out

הַתְפָּשָׂה נ [hatpaˈsa] 1 seizing, catching. 2 apperception

הִתָּפְשׂוּת נ [hitafˈsut] 1 being caught, seizure. 2 apprehension

הִתְפַּשֵּׁחַ פ״ע [hitpaˈshax] 1 to be split, crushed. 2 to be torn, cracked

הִתְפַּשְּׁחוּת נ [hitpashˈxut] tearing, renting

הִתְפַּשֵּׁט פ״ע [hitpaˈshet] 1 to spread, extend. 2 to expand.

together. 2 to be in conjunction

[hitkab'tsut] gathering, assembly, collection הִתְקַבְּצוּת נ

[hitka'dem] 1 to advance, progress. 2 to be progressive הִתְקַדֵּם פ״ע

[hitkad'mut] advance, progress הִתְקַדְּמוּת נ

[hitka'der] to grow dark, be darkened הִתְקַדֵּר פ״ע

[hitkad'rut] darkening, overclouding הִתְקַדְּרוּת נ

[hitka'desh] 1 to purify oneself. 2 to be sanctified, hallowed. 3 to dedicate oneself הִתְקַדֵּשׁ פ״ע

[hitkad'shut] 1 dedication. 2 purification, sanctification הִתְקַדְּשׁוּת נ

[hata'ka] 1 removal, displacement. 2 severance. 3 translation הַתָּקָה נ

[hitka'ha] 1 to be dulled, become blunt. 2 to become hardened הִתְקַהָה פ״ע

[hitka'hut] dullness, bluntness, hardening הִתְקַהוּת נ

[hitka'hel] to gather, assemble, form a crowd הִתְקַהֵל פ״ע

[hitkaha'lut] gathering, crowding, assembling הִתְקַהֲלוּת נ

[hitko'tet] to quarrel, brawl, squabble הִתְקוֹטֵט פ״ע

[hitko'te'tut] quarreling, brawling, squabble הִתְקוֹטְטוּת נ

[hitko'mem] 1 to rebel, revolt, resist, rise against. 2 to be indignant הִתְקוֹמֵם פ״ע

[hitkome'mut] rebellion, revolt, insurrection הִתְקוֹמְמוּת נ

[hitko'shesh] to assemble, gather הִתְקוֹשֵׁשׁ פ״ע

[hitkoshe'shut] gathering, הִתְקוֹשְׁשׁוּת נ

3 to undress. 4 to be flattened, straightened

[hitpash'tut] 1 spreading. 2 expansion. 3 undressing הִתְפַּשְּׁטוּת נ

[hitpa'sek] to spread הִתְפַּשֵּׂק פ״ע

[hitpas'kut] spreading הִתְפַּשְּׂקוּת נ

[hitpa'sher] to compromise, reach a compromise הִתְפַּשֵּׁר פ״ע

[hitpash'rut] compromise הִתְפַּשְּׁרוּת נ

[hitpa'ta] to be seduced, enticed הִתְפַּתָּה פ״ע

[hitpa'tut] seduction, persuasion הִתְפַּתּוּת נ

[hitpa'tax] 1 to develop. 2 to loosen. 3 to be opened. 4 to evolve הִתְפַּתַּח פ״ע

[hitpat'xut] 1 evolution. 2 development הִתְפַּתְּחוּת נ

[hitpa'tel] 1 to meander, wind, twist. 2 to be evasive, wriggle, writhe הִתְפַּתֵּל פ״ע

[hitpat'lut] 1 meandering, winding. 2 evasiveness, wriggling, writhing הִתְפַּתְּלוּת נ

[hitpat'pet] to crumble הִתְפַּתְפֵּת פ״ע

[hitpatpe'tut] crumbling הִתְפַּתְפְּתוּת נ

[he'tek] separation הֶתֵּק ז

[hitka'bel] 1 to be accepted, received. 2 to be acceptable הִתְקַבֵּל פ״ע

to be conceivable, reasonable הִתְקַבֵּל עַל הַדַּעַת

to be agreeable, acceptable הִתְקַבֵּל עַל הַלֵּב

[hitkab'lut] acceptance, receiving הִתְקַבְּלוּת נ

[hitka'ba'] to be fixed, determined הִתְקַבַּע פ״ע

[hitkab''ut] determination הִתְקַבְּעוּת נ

[hitka'bets] 1 to be assembled, gathered הִתְקַבֵּץ פ״ע

assembling

הִתְקַטֵּן פ"ע [hitka'ten] 1 to contract, shrink. 2 to lessen, diminish

הִתְקַטְּנוּת נ [hitkat'nut] diminution, lessening

הִתְקַטַּע פ"ע [hitka'ta'] to be cut off, amputated

הִתְקַטְּעוּת נ [hitkat''ut] cutting off, amputation

הִתְקַטֵּף פ"ע [hitka'tef] to be cut, mutilated

הִתְקַטְּפוּת נ [hitkat'fut] cutting, hacking, mutilation

הִתְקַטֵּר פ"ע [hitka'ter] 1 to be scented, incensed. 2 to be sacrificed

הִתְקַטְּרוּת נ [hitkat'rut] 1 incensing. 2 sacrificing, offering of sacrifice

הִתְקִיל פ"ע [hit'kil] to trip up, to fail

הִתְקַיֵּם פ"ע [hitka'yem] 1 to take place. 2 to survive, subsist. 3 to materialize

הִתְקַיְּמוּת נ [hitkai'mut] 1 subsistence. 2 materialization, realization. 3 conservation. 4 occurrence

הִתְקִין פ"ע [hit'kin] 1 to install, set up. 2 to prepare, fit. 3 to decree, ordain

הִתְקִיעַ פ"י [hit'kiy'a] to cause to blow

הִתְקִיף פ"ע [hit'kif] to attack, assault

הַתְקָלָה נ [hatka'la] stumbling-block, obstacle

הִתָּקְלוּת נ [hitak'lut] 1 encounter. 2 collision, clash

הִתְקַלַּח פ"ע [hitka'lax] to take a shower

הִתְקַלְּחוּת נ [hitkal'xut] taking a shower, showering

הִתְקַלֵּל פ"ע [hitka'lel] to be cursed, abhorred

הִתְקַלְּלוּת נ [hitkale'lut] execration, abomination

הִתְקַלֵּס פ"ע [hitka'les] 1 to mock, deride. 2 to boast, be praised

הִתְקַלְּסוּת נ [hitkal'sut] 1 mockery, derision. 2 praise. 3 boasting

הִתְקַלֵּף פ"ע [hitka'lef] to peel, to be peeled

הִתְקַלְּפוּת נ [hitkal'fut] peeling, shedding, sloughing

הִתְקַלְקֵל פ"ע [hitkal'kel] 1 to be spoilt, damaged. 2 to go bad (food). 3 to be ruined. 4 to be corrupted

הִתְקַלְקְלוּת נ [hitkalke'lut] 1 corruption. 2 spoiling

הִתְקַלֵּשׁ פ"ע [hitka'lesh] to be thinned, diluted

הִתְקַלְּשׁוּת נ [hitkal'shut] thinning down, rarefaction

הִתְקַמֵּט פ"ע [hitka'met] to become creased, wrinkled, furrowed

הִתְקַמְּטוּת נ [hitkam'tut] creasing, crumpling, wrinkling

הִתְקַמֵּץ פ"ע [hitka'mets] 1 to shrink. 2 to be clenched

הִתְקַמְּצוּת נ [hitkam'tsut] 1 clenching. 2 contraction. 3 miserliness, close-fistedness

הִתְקַמֵּר פ"ע [hitka'mer] 1 to become convex, vaullted. 2 to be arched, curved, domed

הִתְקַמְּרוּת נ [hitkam'rut] convexity

הֶתְקֵן ז [het'ken] device, apparatus, mechanism

הִתְקַנֵּא פ"ע [hitka'ne] to become jealous

הִתְקַנְּאוּת נ [hitkan''ut] jealousy

התקנדס פ״ע [hitkan'des] to be mischievous, naughty

התקנדסות נ [hitkande'sut] mischievousness, naughtiness

התקנה נ [hatka'na] 1 installation. 2 ordaining. 3 adjustment, arrangement

התקנות נ [hitak'nut] being mended, repaired

התקנח פ״ע [hitka'nax] to wipe oneself, blow one's nose

התקנחות נ [hitkan'xut] wiping oneself

התקסר פ״ע [hitka'ser] to become emperor

התקסרות נ [hitkas'rut] becoming emperor

התקעות נ [hitak''ut] 1 wedging, fixing. 2 embedding. 3 being stuck

התקעקע פ״ע [hitka''aka'] to be eradicated, exterminated

התקעקעות נ [hitka'k''ut] eradication, extermination

התקער פ״ע [hitka''er] to become concave, hollow

התקערות נ [hitka'a'rut] concavity, hollowness

התקף ז [het'kef] attack

התקפד פ״ע [hitka'ped] to become strict

התקפדות נ [hitkap'dut] strictness

התקפה נ [hatka'fa] attack, assault, onslaught

התקפות נ [hitak'fut] being attacked, assaulted

התקפח פ״ע [hitka'pax] 1 to be deprived, robbed. 2 to deprive oneself

התקפחות נ [hitkap'xut] deprivation

התקפל פ״ע [hitka'pel] 1 to be folded, doubled. 2 to decamp, break camp

התקפלות נ [hitkap'lut] 1 folding, doubling. 2 decamping, breaking camp

התקפתי ת [hatkafa'ti] offensive, pertaining to attack

התקצף פ״ע [hitka'tsef] to be angry, enraged

התקצפות נ [hitkats'fut] anger, indignation

התקצץ פ״ע [hitka'tsets] 1 to be minced, chopped. 2 to be curtailed

התקצצות נ [hitkatse'tsut] 1 mincing. 2 curtailment

התקצר פ״ע [hitka'tser] 1 to become short, be shortened. 2 to be curtailed

התקצרות נ [hitkats'rut] shortening, curtailment

התקרא פ״ע [hitka're] 1 to be called. 2 to call oneself

התקראות נ [hitkar''ut] pretence

התקרב פ״ע [hitka'rev] 1 to approach, draw near. 2 to be imminent. 3 to be sacrificed, offered up

התקרבות נ [hitkar'vut] 1 approach, approximation. 2 convergence

התקרזל פ״ע [hitkar'zel] 1 to be waved, set, curled. 2 to be rolled

התקרזלות נ [hitkarze'lut] waving, curling

התקרח פ״ע [hitka'rax] to be or become bald

התקרחות נ [hitkar'xut] 1 balding, baldness. 2 icing up

התקרם פ״ע [hitka'rem] to be crusted

התקרמות נ [hitkar'mut] 1 hardening. 2 cuticularization

התקרן פ״ע [hitka'ren] 1 to be radiate. 2 to have horns, grow horns

התקרנות נ [hitkar'nut] 1 radiation. 2 sprouting or having horns

התקרע פ״ע [hitka'ra'] 1 to be torn,

damaged, rent

הִתְקָרְעוּת נ [hitkarˈ'ut] tearing, ripping

הִתְקָרֵר פ"ע [hitkaˈrer] 1 to catch cold. 2 to be or grow cold

הִתְקָרְרוּת נ [hitkareˈrut] cooling, chilling, catching cold

הִתְקָרֵשׁ פ"ע [hitkaˈresh] 1 to coagulate, congeal. 2 to become hard, rigid

הִתְקָרְשׁוּת נ [hitkarˈshut] 1 coagulation, congealing. 2 rigidness, rigidity

הִתְקַשָּׁה פ"ע [hitkaˈsha] 1 to become hard, harden. 2 to find difficult

הִתְקַשּׁוּת נ [hitkaˈshut] 1 hardening, stiffening. 2 obduracy. 3 sclerosis

הִתְקַשַּׁח פ"ע [hitkaˈshax] to become tough, callous, harsh

הִתְקַשְּׁחוּת נ [hitkashˈxut] callousness, harshness

הִתְקַשֵּׁט פ"ע [hitkaˈshet] 1 to adorn oneself. 2 to straighten, correct, set straight

הִתְקַשְּׁטוּת נ [hitkashˈtut] 1 preening, self-adornment. 2 verification

הִתְקַשְׁקֵשׁ פ"ע [hitkashˈkesh] to rattle, clatter

הִתְקַשְׁקְשׁוּת נ [hitkashkeˈshut] rattling, clattering

הִתְקַשֵּׁר פ"ע [hitkaˈsher] 1 to contact. 2 to be connected, linked. 3 to be knotted, tied. 4 to conspire

הִתְקַשְּׁרוּת נ [hitkashˈrut] 1 connection, link. 2 commitment. 3 conspiracy

הֶתֵּר ז [heˈter] 1 permission. 2 permit, authorization. 3 untying, loosening. 4 resolution

הֶתֵּר עִסְקָה icense for transaction

הַתְרָאָה נ hatraˈ'a] 1 warning, caution. 2 ultimatum

הִתְרָאָה פ"ע [hitraˈ'a] 1 to see each other. 2 to appear, pretend. 3 to meet again

הִתְרָאֲוָה פ"ע [hitra'aˈva] to be an exhibitionist

הִתְרָאֲווּת נ [hitra'aˈvut] exhibitionism

הִתְרָאוּת נ [hitraˈ'ut] 1 meeting one another. 2 simulation

הִתְרַבֵּד פ"ע [hitraˈbed] to be stratified

הִתְרַבְּדוּת נ [hitrabˈdut] stratification

הִתְרַבָּה פ"ע [hitraˈba] 1 to increase, multiply

הִתְרַבּוּת נ [hitraˈbut] 1 multiplication, multiplicity. 2 increase, propagation

הִתְרַבֵּץ פ"ע [hitraˈbets] to be sprinkled

הִתְרַבְּצוּת נ [hitrabˈtsut] sprinkling, watering

הִתְרַבְרֵב פ"ע [hitravˈrev] to boast, be vainglorious

הִתְרַבְרְבוּת נ [hitravreˈvut] 1 boasting, haughtiness. 2 vanity, conceit

הַתְרָגָה נ [hatraˈga] yellowishness

הִתְרַגֵּז פ"ע [hitraˈgez] to become angry, enraged

הִתְרַגְּזוּת נ [hitragˈzut] 1 aggravation. 2 rage, irritation

הִתְרַגֵּל פ"ע [hitraˈgel] to be or become accustomed

הִתְרַגְּלוּת נ [hitragˈlut] familiarization, habituation, accustoming oneself

הִתַּרְגֵּם פ"ע [hitarˈgem] to be translated

הִתַּרְגְּמוּת נ [hitargeˈmut] translating, translation

הִתְרַגֵּן פ"ע [hitraˈgen] to complain,

grumble

[hitrag'nut] grumbling, complaining הִתְרַגְּנוּת נ

[hitra'gesh] 1 to be excited, moved. 2 to storm, rage הִתְרַגֵּשׁ פ״ע

[hitrag'shut] excitement, emotion הִתְרַגְּשׁוּת נ

[hitra'ded] to be flattened, beaten flat הִתְרַדֵּד פ״ע

[hitrade'dut] flattening הִתְרַדְּדוּת נ

[hit'ra] to warn, forewarn, caution הִתְרָה פ״י

[hata'ra] 1 untying, loosening. 2 authorization, permission. 2 dissolution, annulment הַתָּרָה נ

[hitra'hev] 1 to be haughty, boastful. 2 to be insolent הִתְרַהֵב פ״ע

[hitraha'vut] arrogance, boasting, ostentation הִתְרַהֲבוּת נ

[hitra'het] 1 to become more fluent. 2 to be furnished הִתְרַהֵט פ״ע

[hitraha'tut] 1 furnishing. 2 fluency הִתְרַהֲטוּת נ

[hitra'va] 1 to be saturated. 2 to slake thirst. 3 to be imbued הִתְרַוָּה פ״ע

[hitra'vut] 1 saturation. 2 quenching of thirst הִתְרַוּוּת נ

[hitra'vax] 1 to feel relief, be comfortable. 2 to be spacious הִתְרַוַּח פ״ע

[hitrav'xut] 1 spacing-out. 2 airing. 3 erosion הִתְרַוְּחוּת נ

[hitro'xax] to be eroded הִתְרוֹחַח פ״ע

[hitroxa'xut] erosion הִתְרוֹחֲחוּת נ

[hitro'mem] 1 to rise, ascend. 2 to be exalted, extolled הִתְרוֹמֵם פ״ע

[hitrome'mut] 1 rising, ascending. 2 exaltation, feeling uplifted הִתְרוֹמְמוּת נ

[hitro'nen] to rejoice הִתְרוֹנֵן פ״ע

[hitrone'nut] rejoicing, joy, hilarity הִתְרוֹנְנוּת נ

[hitro'ses] to be cracked, crushed הִתְרוֹסֵס פ״ע

[hitrose'sut] crushing הִתְרוֹסְסוּת נ

[hitro''a'] 1 to collapse, be broken, shaken. 2 to fraternize, befriend הִתְרוֹעַע, הִתְרוֹעֵעַ פ״ע

[hitro'a''ut] 1 dilapidation. 2 fraternization. הִתְרוֹעֲעוּת נ

[hitro'fef] 1 to become weak, loose. 2 to be enfeebled הִתְרוֹפֵף פ״ע

[hitrofe'fut] weakening, enfeeblement, dilapidation הִתְרוֹפְפוּת נ

[hitro'tsets] 1 to run about, run around. 2 to struggle, jostle הִתְרוֹצֵץ פ״ע

[hitrotse'tsut] 1 rushing around, running around. 2 struggle, conflict, collusion הִתְרוֹצְצוּת נ

[hitro'ken] to be emptied, evacuated הִתְרוֹקֵן פ״ע

[hitrok'nut] emptying הִתְרוֹקְנוּת נ

[hitro'shesh] to become poor, impoverished הִתְרוֹשֵׁשׁ פ״ע

[hitro'she'shut] impoverishment הִתְרוֹשְׁשׁוּת נ

[hatra'za] 1 hurling, casting. 2 diarrhoea הַתְרָזָה נ

[hitra'zut] loss of weight, thinning הִתְרַזּוּת נ

[hitra'xev] to expand, broaden, widen הִתְרַחֵב פ״ע

[hitraxa'vut] expansion, broadening הִתְרַחֲבוּת נ

[hitra'xets] 1 to wash oneself. 2 to take a bath, bathe הִתְרַחֵץ פ״ע

הִתְרַחֲצוּת נ [hitraxa'tsut] bathing, washing, ablutions

הִתְרַחֵק פ״ע [hitra'xek] 1 to go far away. 2 to remain aloof, shun. 3 to become remote

הִתְרַחֲקוּת נ [hitraxa'kut] 1 keeping one's distance. 2 aloofness. 3 being far-removed

הִתְרַחְרֵחַ פ״ע [hitrax'rax] 1 to sniff, smell, detect. 2 to sniff around, scent out

הִתְרַחְרְחוּת נ [hitraxre'xut] sniffing, smelling

הִתְרַחֵשׁ פ״ע [hitra'xesh] to occur, happen

הִתְרַחֲשׁוּת נ [hitraxa'shut] happening, occurrence

הִתְרַטֵּב פ״ע [hitra'tev] to become wet, get wet

הִתְרַטְּבוּת נ [hitrat'vut] wetting

הִתְרַטְרֵט פ״ע [hitrat'ret] to tremble, vibrate

הִתְרַטְרְטוּת נ [hitratre'tut] trembling, vibration

הִתְרִיג פי״ע [hit'rig] 1 to become yellow. 2 to brighten

הַתְרָיָה נ [hatra'ya] warning, caution

הִתְרִיז פ״ע [hit'riz] 1 to burst, throw. 2 to have diarrhoea

הִתְרִים פ״י [hit'rim] to raise funds, enlist contributions

הִתְרִיס פ״י [hit'ris] 1 to dare, defy. 2 to challenge, oppose

הִתְרִיעַ פ״י [hit'triy'a] 1 to warn, protest. 2 to sound the horn

הִתְרִיף פ״ע [hit'rif] to weaken, soften

הִתְרַכֵּב פ״ע [hitra'kev] 1 to combine. 2 to coalesce. 3 to be amalgamated, compounded

הִתְרַכְּבוּת נ [hitrak'vut] 1 combination. 2 compounding, amalgamation

הִתְרַכֵּז פ״ע [hitra'kez] to concentrate

הִתְרַכְּזוּת נ [hitrak'zut] concentration

הִתְרַכֵּךְ פ״ע [hitra'kex] 1 to become soft, soften. 2 to be mollified

הִתְרַכְּכוּת נ [hitrak'xut] softening

הַתְרָמָה נ [hatra'ma] fund-raising, asking for contributions

הַתְרָסָה נ [hatra'sa] 1 defiance, opposition. 2 challenge

הִתְרַסֵּן פ״ע [hitra'sen] to be restrained, restrain oneself

הִתְרַסְּנוּת נ [hitras'nut] restraining, self-restraint

הִתְרַסֵּס פ״ע [hitra'ses] to be crushed, shattered

הִתְרַסְּסוּת נ [hitrase'sut] crushing, shattering

הִתְרַסֵּק פ״ע [hitra'sek] to be smashed, broken into pieces

הִתְרַסְּקוּת נ [hitras'kut] crashing, being smashed

הִתְרַעֵב פ״ע [hitra''ev] to starve, suffer starvation

הִתְרַעֲבוּת נ [hitra'a'vut] starvation, starving

הִתְרַעֵד פ״ע [hitra''ed] to tremble, quake

הִתְרַעֲדוּת נ [hitra'a'dut] trembling

הַתְרָעָה נ [hatra''a] 1 warning, alarm. 2 blowing the horn

הִתְרָעוּת נ [hitra''ut] friendship, association, comradeship

הִתְרַעֵל פ״ע [hitra''el] to poison oneself, to be poisoned

הִתְרַעֲלוּת נ [hitra'a'lut] poisoning

הִתְרַעֵם פ״ע [hitra''em] to complain, resent, grumble

הִתְרַעֲמוּת נ [hitra'a'mut] grumbling, complaining

הִתְרַעֲנֵן פ״ע [hitra'a'nen] to refresh oneself, be refreshed

הִתְרַעֲנְנוּת נ [hitra'ane'nut] freshening up, refreshment

הִתְרַעְרַע פ"ע [hitra''ra'] 1 to worsen, become worse. 2 to be undermined

הִתְרַעְרְעוּת נ [hitra're''ut] worsening

הִתְרַעֵשׁ פ"ע [hitra''esh] to be moved, stirred, touched

הִתְרַעֲשׁוּת נ [hitra'a'shut] 1 excitement. 2 earthquake

הִתְרַפֵּא פ"ע [hitra'pe] 1 to recover, get better, get well. 2 to heal

הִתְרַפְּאוּת נ [hitrap''ut] 1 recovery. 2 curing, healing

הִתְרַפֵּד פ"ע [hitra'ped] to be upholstered

הִתְרַפְּדוּת נ [hitrap'dut] upholstering

הִתְרַפָּה פ"ע [hitra'pa] to slacken

הִתְרַפּוּת נ [hitra'put] slackening, relaxing

הִתְרַפֵּט פ"ע [hitra'pet] to wear out, fall to pieces

הִתְרַפְּטוּת נ [hitrap'tut] wearing out

הִתְרַפֵּס פ"ע [hitra'pes] to grovel, be servile, abase oneself

הִתְרַפְּסוּת נ [hitrap'sut] grovelling, self-abasement, servility

הִתְרַפֵּק פ"ע [hitra'pek] 1 to yearn, long for. 2 to cling to, lean on

הִתְרַפְּקוּת נ [hitrap'kut] 1 clinging, hugging. 2 yearning, nostalgia

הַתְרָצָה נ [hatra'tsa] rationalization

הִתְרַצָּה פ"ע [hitra'tsa] 1 to acquiesce, become reconciled. 2 to try to please

הִתְרַצּוּת נ [hitra'tsut] acquiescence, conciliatory behaviour

הִתְרַקֵּב פ"ע [hitra'kev] to rot, decay, go bad

הִתְרַקְּבוּת נ [hitrak'vut] rotting, putrescence, putrefaction

הִתְרַקֵּם פ"ע [hitra'kem] to be formed, shaped

הִתְרַקְּמוּת נ [hitrak'mut] formation, taking shape

הִתְרַקַּע פ"ע [hitra'ka'] to be stretched, spread

הִתְרַקְּעוּת נ [hitrak''ut] spreading, stretching

הִתְרַשֵּׁל פ"ע [hitra'shel] to be negligent, slovenly, careless

הִתְרַשְּׁלוּת נ [hitrash'lut] negligence, carelessness

הִתְרַשֵּׁם פ"ע [hitra'shem] to be impressed, to form an impression

הִתְרַשְּׁמוּת נ [hitrash'mut] forming an impression

הִתְרַשַּׁע פ"ע [hitra'sha'] to become evil, wicked

הִתְרַשְּׁעוּת נ [hitrash''ut] evilness, wickedness

הִתְרַשֵּׁף פ"ע [hitra'shef] to glow, sparkle

הִתְרַשְּׁפוּת נ [hitrash'fut] glow, sparkle

הִתְרַתַּח פ"ע [hitra'tax] 1 to get angry, enraged. 2 to boil over

הִתְרַתְּחוּת נ [hitrat'xut] 1 anger, rage. 2 boiling

הִתְרַתֵּךְ פ"ע [hitra'tax] to be welded

הִתְרַתְּכוּת נ [hitrat'xut] welding

הֵתֵשׁ פ"י [he'tesh] to weaken, sap, enfeeble

הֲתַשָּׁה נ [hata'sha] weakening, enfeeblement, attrition

הַתָּשָׁה נ [hata'sha] destruction, uprooting

הִתְשׁוֹטֵט פ"ע [hitsho'tet] to roam, rove

הִתְשׁוֹטְטוּת נ [hitshote'tut] roaming, vagrancy

ו

ו 1 Vav - the sixth letter of the Hebrew alphabet. 2 six. 3 sixth

וָ־, וַ־, וֶ־, וֵ־, וִ־, וּ־, וְ־ [va, ve, vi, u] 1 and, also. 2 but, then, therefore

וָאדִי ז ['vadi] wadi, ravine

וַאֲדָר ז [va'a'dar] 13th month of Jewish leap year

וָאטִיקָאן ז [vati'kan] the Vatican

וְאֵילָךְ מ״ג [ve'i'dax] and so on, and so forth

וָאֵילָךְ תה״פ [va'e'lax] henceforth, from now on

וְאִלּוּ מ״ח [ve''ilu] whereas

וּבְכֵן מ״ח [uve'xen] therefore, and so, accordingly

וּבִלְבַד שֶׁ־ provided, on condition that

וְגוֹמֵר [vego'mer] etcetera

וִדֵּא פ״י [vi'de] 1 to ascertain, verify. 2 to validate, authenticate

וַדָּאָה נ [vada''a] 1 axiom. 2 certainty

וַדָּאוּת נ [vada''ut] certainty, certitude

וַדַּאי ז תה״פ [va'dai] 1 certainty. 2 certainly, surely, definitely

וַדָּאִי ת [vada''i] sure, certain, undoubted

וַדָּאִיּוּת נ [vada'yut] certainty

וִדָּה פ״י [vi'da] to hear confession, confess

וִדּוּא ז [vi'du] ascertainment, validation

וִדּוּי ז [vi'duy] 1 confession. 2 confessional

וִדּוּיִי ת [vidu'yi] confessional

וִדּוּעַ ז [vi'du'a] information

וַדַּי ז תה״פ [va'dai] 1 certainty. 2 certainly

וָדִי ז ['vadi] 1 wadi, ravine. 2 river-bed, gorge

וָדִיּוֹן ז [vadi'yon] brooklet, small ravine

וְדִין הוּא the rule is, the logical conclusion is...

וֶדַע ז ['veda'] information

וִדַּע פ״י [vi'da'] to inform, let know

וְהוּא שֶׁ־ only if

וְהִנֵּה תה״פ [vehi'ne] suddenly, all at once

וָו זו״נ [vav] 1 hook, nail. 2 peg. 3 Vav, Waw (letter)

וָו הַהִפּוּךְ, הַמְהַפֵּךְ conversive Vav

וָו הַחִבּוּר conjunctive Vav

וָוִית נ [va'vit] small hook

ווֹלְט ז [volt] volt

ווֹלְטָז׳ ז [vol'taʒ] voltage

ווֹלְטְמֶטֶר ז [volt'meter] voltmeter

ווֹלְפְרָם ז [volf'ram] wulfram, tungsten

ווּלְקָן ז [vul'kan] 1 Vulcan. 2 volcano

ווּלְקָנִי ת [vul'kani] volcanic

וָזִיר ז [va'zir] 1 minister. 2 vizier

וָזִירוּת נ [vazi'rut] office of vizier, office of minister

וָזֶלִין ז [vaze'lin] vaseline

וָט ז [vat] watt

וֶטוֹ ז ['veto] veto

וֶטֶרִינָר ז [veteri'nar] veterinarian, vet.

וֶטֶרִינָרִי ת [veteri'nari] veterinary

[va'lo] otherwise, if not, or else וָלֹא
that is not the case וְלֹא הִיא
nothing at all וְלֹא כְלוּם
moreover וְלֹא עוֹד אֶלָּא
[vul'gata] the Vulgate וֻלְגָטָה נ
[vul'gari] vulgar, coarse, common וֻלְגָרִי ת
[va'lad] 1 child, new-born baby. 2 foetus, embryo. 3 cub of an animal וָלָד ז
secondary cause of defilement וְלַד הַטֻּמְאָה
grandsons וַלְדֵי וְלָדוֹת
[valda'nut] multiparity, fruitfulness וַלְדָנוּת נ
[valda'nit] multipara וַלְדָנִית נ
[ule'vai] God willing וּלְוַאי תה״פ
[valu'ta] 1 currency. 2 foreign exchange וָלוּטָה נ
[vi'lun] curtaining, sagfing וִלּוּן ז
[vi'len] to drape, curtain וִלֵּן פ״י
[va'lensya] Valencia (kind of orange) וָלֶנְסִיָה נ
[vals] waltz וַלְס ז
[vulkan] 1 Vulcan. 2 volcano וֻלְקָן ז
[vul'kani] volcanic וֻלְקָנִי ת
[valer'yan] valerian (med.) וָלֶרְיָן ז
[valer'yana] valeriana (bot.) וָלֶרְיָנָה נ
more especially as, for the additional reason that וּמַה גַּם
[van'dal] vandal וַנְדָּל ז
[vanda'li] vandalistic וַנְדָּלִי ת
[van'daliyut] vandalism וַנְדָּלִיּוּת נ
['venus] Venus וֶנוּס נ
[va'nil] vanilla וָנִיל ז
[ve'neri] venereal וֶנֶרִי ת
[vi'sut] 1 control. 2 regulation, adjustment וִסּוּת ז
[va'sit] regular, periodic וָסִית ת
[va'sal] vassal, serf וַסָּל ז
[va'saliyut] vassalage, וַסָּלִיּוּת נ

[vai] Alas! Oh dear! וַי מ״ק
once upon a time וַיְהִי הַיּוֹם
at all costs, come what may וִיהִי מָה
[vi'yola] viola וְיוֹלָה נ
[vyo'lan] viola-player וְיוֹלָן ז
[vyolon'tshelo] violoncello, 'cello וְיוֹלוֹנְצֶ׳לוֹ ז
['viza] visa וִיזָה נ
[vai'zata] fool, ninny, booby וַיְזָתָא ז
[vita'min] vitamin וִיטָמִין ז
[vit'raʒ] vitrage וִיטְרָג׳ ז
[vit'rina] 1 shop window. 2 glass showcase וִיטְרִינָה נ
[vila''a] curtain, veil וִילָאָה נ
['vila] 1 villa. 2 mansion וִילָה נ
[vi'lon] 1 curtain. 2 veil. 3 heaven. 4 velum וִילוֹן ז
[vilo'ni] 1 curtain-like. 2 velar וִילוֹנִי ת
[vilo'nit] small curtain וִילוֹנִית נ
[vilo'nar] curtain-maker וִילוֹנָר ז
[vayik'ra] Leviticus וַיִּקְרָא ז
['virus] virus וִירוּס ז
[vexado'me] and so on and so forth וְכַדּוֹמֶה
[vi'ku'ax] 1 discussion, debate. 2 argument, dispute. 3 controversy, polemic וִכּוּחַ ז
useless or futile argument וִכּוּחַ סְרָק
[viku'xi] controversial, polemic וִכּוּחִי ת
[vexu'le] and so on, etcetera וְכוּלֵי
['vexax] argument וֶכַח ז
[vi'kax] to argue, dispute וִכַּח פ״ע
[vak'xan] arguer, debater וַכְּחָן ז
[vakxa'nut] controversy, debating וַכְּחָנוּת נ
[vakxa'ni] disputable וַכְּחָנִי ת
[ve'xi] 1 Is it likely that? 2 as if וְכִי מ״ח, מ״ש
[vexu'le] etcetera וְכֻלֵּה

serfdom

[vaˈsat] regulator, adjusting mechanism — וַסָּת ז

brightnes control — וַסַּת בְּהִירוּת

contrast control — וַסַּת נִגּוּד

volume control — וַסַּת עָצְמָה

tone control — וַסַּת צְלִיל

[ˈveset] 1 menstruation, period. 2 manner, custom — וֶסֶת זו״נ

[viˈset] 1 to regulate, adjust. 2 to control — וִסֵּת פ״י

[visˈti] menstrual — וִסְתִּי ת

[vaˈʼed] forever, for always — וָעֶד תה״פ

[ˈvaʼad] 1 committee, board. 2 council, meeting, assembly — וַעַד ז

executive committtee — וַעַד פּוֹעֵל

[viˈʼed] 1 to invite, convene. 2 to convoke, assemble — וִעֵד פ״י

[vaʼaˈda] commission, committee, board — וַעֲדָה נ

permanent committee — וַעֲדָה מַתְמֶדֶת

parity committee — וַעֲדָה פָּרִיטֶטִית

steering committee — וַעֲדַת הִגּוּי

sub-committee — וַעֲדַת מִשְׁנֶה

[vaˈʼud] convoked, convened — וָעוּד ת

[viˈʼud] appointment of a meeting, convocation — וִעוּד ז

[veˈʼod] and so forth, etcetera — וְעוֹד

[viˈʼut] corruption — וִעוּת ז

[veʼiˈda] congress, conference, convention — וְעִידָה נ

summit meeting — וְעִידַת פִּסְגָּה

[viˈʼet] to corrupt — וִעֵת פ״י

[ˈvektor] vector — וֶקְטוֹר ז

[ˈvakf] Waqf — וַקְף ז

[vaˈrod] pink, rosy — וָרֹד ת

[ˈvered] 1 rose. 2 sirloin (meat) — וֶרֶד ז

[veˈred] to paint pink, make rosy — וֵרֵד פ״י

[varˈdut] slight blush — וַרְדּוּת נ

[varˈdi] rosy, pinkish — וַרְדִּי ת

[varˈdina] 1 rose blush. 2 rosary — וַרְדִּינָה נ

[vardiˈnon] attar of roses — וַרְדִּינוֹן ז

[vradˈrad] rosy, pinkish — וְרַדְרַד ת

[vradraˈdut] pinkishness — וְרַדְרַדּוּת נ

[vaˈredet] erysipelas — וָרֶדֶת נ

[vrid] vein — וְרִיד ז

[vriˈdi] venous, veiny — וְרִידִי ת

[varˈyant] version, variant — וַרְיַנְט ז

[varˈyatsya] variation — וַרְיַצְיָה נ

[ˈveshet] gullet, esophagus — וֵשֶׁט ז

[veˈtu] and more, this also — וְתוּ מ״ח

and that is all, there is nothing to be added — וְתוּ לָא

[viˈtur] 1 concession. 2 cession, renunciation. 3 surrender. 4 waiving — וִתּוּר ז

[vaˈtin] aorta — וָתִין ז

[vaˈtik] 1 old, senior. 2 old-times. 3 veteran, experienced — וָתִיק ת

[vatiˈkut] 1 seniority. 2 experience — וָתִיקוּת נ

[vatiˈkin] antiquities — וָתִיקִין ז״ר

[ˈvetek] seniority, experience — וֶתֶק ז

[viˈtek] to praise, commend — וִתֵּק פ״י

[viˈter] 1 to give up, waive, forgo. 2 to relinquish, cede — וִתֵּר פ״י

[vataˈra] trifle, bagatelle — וַתָּרָה נ

[vitaˈron] 1 concession. 2 renunciation — וִתָּרוֹן ז

[vatˈran] 1 acquiescent. 2 indulgent, compliant — וַתְּרָן ת

[vatraˈnut] compliance, acquiescence, giving in — וַתְּרָנוּת נ

[vatraˈni] compliant, acquiescent — וַתְּרָנִי ת

ז

[ˈzayin] 1 Zayin, seventh letter of Hebrew alphabet. 2 seven. 3 seventh ז

[zeˈʼev] wolf זְאֵב ז

hake זְאֵב הַיָּם ז

pike זְאֵב הַמַּיִם ז

prairie-wolf, coyote זְאֵב עֶרֶב, זְאֵב עֲרָבוֹת

[ze'evˈʼev] wolf – cub זְאֶבְאֵב ז

[ze'eˈva] she-wolf זְאֵבָה נ

[ze'eˈvon] small wolf זְאֵבוֹן ז

[ze'eˈvi] wolf-like, lupine זְאֵבִי ת

[ze'eviˈyut] wolfishness זְאֵבִיּוּת נ

[ze'eˈvit] 1 lupus vulgaris (illness). 2 wolf-like זְאֵבִית נ תה״פ

[ze'evaˈni] wolfish, lupine זְאֵבָנִי ת

[ze'eˈvonet] she – wolf זְאֵבֹנֶת נ

[zaˈʼevet] lupus vulgaris זָאֶבֶת נ

[za'aˈtut] 1 kid, youngster. 2 nipper, hoodlum, urchin זַאֲטוּט ז

[za'atuˈti] juvenile, youthful זַאֲטוּטִי ת

[zi'aˈtet] to make or become childish זְאֲטֵט פ״י

[zot] this (f) זאת מ״ג נ

in other words, that is, i.e. זאת אוֹמֶרֶת

moreover זאת וְעוֹד

far from it, on the contrary זאת לֹא זאת

[zav] to spout, drip, pour זָב פיו״ע, ז

[zaˈvad] 1 to donate, endow. 2 to bestow in marriage זָבַד פ״י

[ˈzeved] present, gift, bestowal זֶבֶד ז

[ziˈbed] to cause to curdle זִבֵּד פ״י

[zivˈda] sour cream, curds, butterfat זִבְדָּה נ

[zivdaˈni] creamy זִבְדָּנִי ת

[zeˈvuv] fly זְבוּב ז

[zevuˈvon] small fly, gnat זְבוּבוֹן ז

[zevuvoˈnit] amanita, death-cup (bot.) זְבוּבָנִית נ

[zaˈvud] bestowed, granted זָבוּד ת

[ziˈbud] present, gift, bestowal זִבּוּד ז

[zaˈvu'ax] slaughtered, beheaded זָבוּחַ ת

[ziˈbu'ax] 1 sacrifice, offering. 2 slaughtering זִבּוּחַ ז

[zaˈvul] 1 joined, tied, stuck. 2 fertilized, manured זָבוּל ת

[zeˈvul] 1 the fourth heaven 2 abode. 3 the Temple זְבוּל ז

[ziˈbul] 1 manuring, fertilizing. 2 pagan sacrifice זִבּוּל ז

[zaˈvon] client, customer זָבוֹן ז

[ziˈbun] sale, selling זִבּוּן ז

[zibuˈri] poor quality, shoddy, trashy זִבּוּרִי ת

[zevoˈrit] ballast זְבוֹרִית נ

[zaˈvut] 1 flux, flow. 2 gonorrhea זָבוּת נ

[zaˈvax] 1 to slaughter, immolate. 2 to sacrifice זָבַח פ״י

[ˈzevax] sacrificial slaughter (beast for offering) זֶבַח ז, זִבְחָה נ

[ziˈbax] to sacrifice זִבַּח פ״י

[zeviˈda] 1 gift, present. 2 joining זְבִידָה נ

[zeviˈxa] sacrificing, slaughtering זְבִיחָה נ

[zaˈvil] 1 manuring season. 2 hoe זָבִיל ז

[zeˈvil] cartridge זְבִיל ז

[zeviˈla] embrace, carress זְבִילָה נ

[zevi'li] embracing, caressing ת זְבִילִי
[zevi'na] 1 sale, selling. 2 merchandise, goods נ זְבִינָה
[za'val] 1 to dwell, live with. 2 to exalt, extol. 3 to join, attach פ״י זָבַל
['zevel] 1 manure, fertilizer. 2 dung, excrement. 3 trash, rubbish ז זֶבֶל
[za'bal] 1 dustman, garbage – collector. 2 manurer, dung-spreader ז זַבָּל
[zi'bel] 1 to manure, fertilize. 2 to offer pagan sacrifice. 3 dung-beetle פ״י ז זִבֵּל
[zavle'gan] tearful, bleary-eyed ז זַבְלְגָן
[zavlega'nut] 1 tearfulness. 2 sentimentality נ זַבְלְגָנוּת
[zavlega'ni] tearful, lachrymose, sentimental ת זַבְלְגָנִי
[za'belet] 1 dungheap, midden. 2 rubbish-dump, garbage-dump נ זַבֶּלֶת
[za'van] to buy, purchase פ״י זָבַן
[za'ban] salesman ז זַבָּן
[zi'ben] to vend, sell פ״י זִבֵּן
[zaba'nut] salesmanship נ זַבָּנוּת
[zaba'rit] ballast נ זַבָּרִית
[zi'boret] 1 wasp, hornet. 2 trash נ זִבֹּרֶת
[zag] 1 grapeskin, peel. 2 bell. 3 rook, crow ז זָג
[zag] transparent, diaphanous ת זַג
[za'gag] 1 to glaze. 2 to render transparent, glassy פ״י זָגַג
[za'gag] glazier, glassmaker ז זַגָּג
['zegeg] 1 hoarfrost, frost. 2 enamel ז זֶגֶג
[zi'geg] 1 to glaze. 2 to ice פ״י זִגֵּג
[zaga'gut] glaziery, glassmaking נ זַגָּגוּת
[zag'dom] 1 crosseyed, squint-eyed. 2 obliquely ת תה״פ זַגְדּוֹם
[zag'dan] cross-eyed, squinting ת זַגְדָּן
[za'gug] glassy, glazed ת זָגוּג
[zi'gug] 1 glazing. 2 enamel ז זִגּוּג
[zegu'ga] glass נ זְגוּגָה
[zegu'gi] 1 vitreous, glassy. 2 diaphanous, transparent ת זְגוּגִי
[zegugi'yut] glassiness, vitrescence נ זְגוּגִיּוּת
[zegu'git] 1 glass. 2 glaze, enamel. 3 vitreous humo(u)r נ זְגוּגִית
[zegugi'ti] vitreous, glassy ת זְגוּגִיתִי
[zeguga'ni] enameling ת זְגוּגָנִי
[za'gud] unequal ת זָגוּד
[za'gut] transparence, vitreousness נ זַגּוּת
[zig'zag] zigzag ז זִגְזַג
[zig'zeg] 1 to zigzag. 2 to make transparent, polish פ״י זִגְזֵג
[zigza'gi] zigzag ת זִגְזַגִּי
[zigza'git] in zigzag fashion תה״פ זִגְזַגִּית
[za'gig] 1 transparent, diaphanous. 2 vitreous, vitric. 3 crystal ז ת זָגִיג
[zegi'ga] manufacture of glass נ זְגִיגָה
[za'git] brood-hen נ זָגִית
[zad] to scheme, plot פיו״ע זָד
[zed] 1 scoundrel, villain. 2 wanton ז זֵד
[za'da] 1 breach, aperture. 2 to premeditate נ פ״ע זָדָה
[za'don] 1 malice, wantonness. 2 premeditation, malignity ז זָדוֹן
[ze'don] insolent, rascal ז זֵדוֹן
malice, malevolence זְדוֹן לֵב
[zedo'ni] malicious, malevolent ת זְדוֹנִי
[zedoni'yut] malevolence, wickedness נ זְדוֹנִיּוּת
[zedo'nit] with malicious תה״פ זְדוֹנִית

plating
[za'hoha] arrogant, haughty זָהוֹהַּ ת
[zi'huy] identification זִהוּי ז
[za'hum] 1 filthy, dirty. 2 polluted, contamined, infected זָהוּם ת
[zi'hum] 1 contamination, pollution. 2 infection, defilement זִהוּם ז
air pollution זִהוּם אֲוִיר
[zihu'mi] infectious, bacterial זִהוּמִי ת
[za'hur] sparkling, brilliant, radiant זָהוּר ת
[zi'hur] brilliance, radiance, glow זִהוּר ז
[zeho'rim] 1 raiment. 2 purple cloth זְהוֹרִים ז״ר
[zeho'rit] 1 crimson. 2 shine, sparkle. 3 rayon. 4 scarlatina זְהוֹרִית נ
[ze'hut] 1 identity. 2 exact equivalence זֶהוּת נ
[zehu'ti] 1 identical. 2 pertaining to identity זֶהוּתִי ת
[zehi'vut] gilding זְהִיבוּת נ
[zih'yon] splendo(u)r, pride זִהְיוֹן ז
[zehi'ma] foulness, befouling זְהִימָה נ
[za'hir] careful, prudent, cautious זָהִיר ת
[zehi'ra] brightness, brilliance זְהִירָה נ
[zehi'rot] prudently זְהִירוֹת תה״פ
[zehi'rut] care, prudence, caution זְהִירוּת נ
[za'ham] to infect, befoul, soil זָהַם פ״י
['zaham] dirt, filth זַהַם ז
['zoham] 1 foulness, befouling. 2 foam, froth זֹהַם ז
[zi'hem] 1 to pollute, infect זִהֵם פ״י

intent
[ze] this, that (m) זֶה מ״ג ז
to each other, to one another זֶה אֶל זֶה
each other, one another זֶה אֶת זֶה
with each other, with one another זֶה בָּזֶה
1 the conclusion is. 2 this is the rule זֶה הַכְּלָל
successively זֶה וָזֶה
for a long time, long since זֶה יָמִים רַבִּים
thus and thus זֶה כָּזֶה
one to another זֶה לָזֶה, זֶה לָזוֹ
recently זֶה מִקָּרוֹב
just now זֶה עַתָּה
[zo] this (f) זוֹ מ״ג נ
[za'hav] gold זָהָב ז
pure gold זָהָב סָגוּר
beaten gold זָהָב שָׁחוּט
[za'hav] to become gilded זָהַב, פ״ע
[zi'hev] to gild זִהֵב, פ״י
[za'hov] golden זָהֹב ת
[ze'hav] goldsmith זֶהָב ז
['zohav] gold colour זֹהַב ז
[zehav'hav] practically golden זְהַבְהַב ת
[zehavha'but] goldenness זְהַבְהֲבוּת נ
[zahavo'ni] gilded זַהֲבוֹנִי ת
[zeha'vi] goldsmith זֶהָבִי ז
[zeha'vi] golden, gilded זְהָבִי ת
[zeha'vit] gagea (plant) זְהָבִית נ
[zaha'van] oriole זַהֲבָן ז
[za'hevet] chrysiasis, auriasis זַהֶבֶת נ
[zi'ha] to identify זִהָה פ״י
[ze'he] identical זֵהֶה ת
['zehu] this is, that is (m) זֶהוּ
that's it זֶהוּ זֶה
[za'huv] 1 golden. 2 gilded coin, guilder זָהוּב ז ת
[zi'huv] gilding, gilt, gold- זִהוּב ז

2 doublet
[zud] to hatch, weave, plot, scheme זוּד פ״ע
[ze'vad] 1 personal luggage. 2 military kit זֶוֶד ז
[za'vad] suitcase maker זַוָּד ז
[zi'ved] to outfit זִוֵּד פ״י
[zi'va] to shine, be splendid זִוָּה פ״י
[zo'he] arrogant, naughty זוֹהֵא, זוֹהֶה ת
[zo'her] brilliant, radiant זוֹהֵר ת
[za'vug] coupled, mated, matched זָווּג ת
[zi'vug] 1 coupling, matching. 2 mating. 3 matchmaking. 4 matrimony זִוּוּג ז
[zivu'gi] conjugal זִוּוּגִי ת
[zi'vud] luggage, baggage זִוּוּד ז
[zi'vur] squinting, astigmatism זִוּוּר ז
[zuz] 1 to move, go away. 2 to shift. 3 to remove. 4 zuz (coin) זוּז פ״ע ז
['zu'ax] 1 to move. 2 to rise 3 to be proud, haughty זוּחַ פ״ע
[zo'xel] 1 reptile, creeper. 2 crawling, creeping 3 gradual זוֹחֵל ז ת
[zoxa'lim] reptiles זוֹחֲלִים ז״ר
[zoxala'ni] reptilian, creepy זוֹחֲלָנִי ת
[zot] bottom זוֹט ז
[zut] bag זוּט ז
[zu'ta] small, minor, short זוּטָא, זוּטִי ת
[zu'ta] 1 trifle, triviality. 2 miniature זוּטָה נ
seabed, floor of ocean זוּטוֹ שֶׁל יָם
bottom of the world זוּטוֹ שֶׁל עוֹלָם
[zuto'ni] miniaturist זוּטוֹנִי
[zu'tot] trifles, bagatelles זוּטוֹת
[zu'tar] 1 low-ranking, junior. 2 subaltern. 3 little, tiny זוּטָר ז ת
[zevi'gut] matchability, זְוִיגוּת נ

contaminate. 2 to cover with dung
[zoha'ma] 1 filth, muck. 2 scum זְהָמָה, זֻהֲמָה נ
[za'har] to shine, sparkle זָהַר פ״י
['zahar] warning, caution זַהַר ז
[zi'her] 1 to shine. 2 to enjoin זִהֵר פ״י
['zohar] brightness, splendo(u)r זֹהַר ז
[zoha'ra] brightness, radiance זָהֳרָה נ
[zaha'rur] 1 radiance, glow. 2 ray of light זַהֲרוּר ז
[zaharu'ri] glowing, radiant זַהֲרוּרִי ת
[zaharu'rit] 1 crimson cloth. 2 brightness, radiance זַהֲרוּרִית נ
[zaha'rir] brightness, glow זַהֲרִיר ז
[zahari'rut] 1 radiance. 2 enlightening זַהֲרִירוּת נ
[zaha'rit] phosphorus זַהֲרִית נ
[zihe'rer] to shine, sparkle זִהְרֵר פיו״ע
[zo] this (f) זוֹ מ״ג
[zu] which, that זוּ מ״ח
[zov] 1 menstrual flow. 2 flow, secretion. 3 gonorrhea זוֹב ז
1 bleeding. 2 haemorrhage זוֹב דָּם
[zuv] to flow, discharge, spout זוּב פ״ע
[zo'vev] to drip, secrete זוֹבֵב פ״ע
[zo've'ax] slaughterer זוֹבֵחַ ז
[zo'van] sheath זוֹבָן ז
[zug] 1 pair, couple. 2 mate. 3 bell, gong. 4 scissors זוּג ז
['zeveg] 1 mating, marriage. 2 zygosis זֶוֶג ז
[zi'veg] 1 to couple, match, pair. 2 to mate זִוֵּג פ״י
[zu'ga] 1 wife, spouse. 2 female partner זוּגָה נ
[zu'gi] 1 dual. 2 even. 3 binary זוּגִי ת
[zugi'yut] duality זוּגִיּוּת נ
[zu'git] cart, wagon זוּגִית נ
[zu'gan] 1 sygophyllum. זוּגָן ז

falsehood, perversity
[zomema'ni] perverse, deceitful, wicked זוֹמְמָנִי ת
[zo'mer] pruner זוֹמֵר ז
[zun] 1 to feed, nourish. 2 darnel (bot.) זוּן פ״י ז
[zo'na] prostitute, whore זוֹנָה נ
[zo'ne] fornicator, adulterer זוֹנֶה ז
[zo'nut] prostitution זוֹנוּת נ
[za've'a] horrible, dreadful זָוֵעַ ת
['zeva] horror, dread זֶוַע ז
['zu'a] 1 to move. 2 to quake, tremble, shudder. 3 to be horrified זוּעַ פ״ע
[zi'va] to horrify, harrow זִוַּע פ״י
[zeva''a] 1 horror, terror. 2 atrocity. 3 earthquake, trembling זְוָעָה נ
[zo''em] angry, irate, wrathful זוֹעֵם ז ת
[zo'ama'ni] irritable, irascible זוֹעֲמָנִי ת
[zo''ef] choleric, angry זוֹעֵף ת
[zo'a'fot] angrily, wrathfully זוֹעֲפוֹת תה״פ
[zav'a'ti] frightful, horrible זַוְעָתִי ת
[zav'ati'yut] frightfulness זַוְעָתִיּוּת נ
[zur] 1 to be alienated. 2 to press, crush, squash. 3 to withdraw, retreat. 4 line זוּר ז פיו״ע
[zi'ver] 1 to squint. 2 crosseyed, squinting זֵוֵר פ״ע ז
[zu're] 1 scattered, strewn. 2 spread, cast זוּרֶה ת
[ziv'rut] astigmatism זִוְרוּת נ
[zorxa'ni] phosphoric זוֹרְחָנִי ת
[zo'rem] flowing, running זוֹרֵם
[zorma'ni] fluid, fluent זוֹרְמָנִי ת
[ʒur'nal] journal, diary, magazine ז׳וּרְנָל ז
[ʒurna'listika] journalism ז׳וּרְנָלִיסְטִיקָה נ

compatibility
adjacent angles זָוִיּוֹת צְמוּדוֹת
alternate angles זָוִיּוֹת קָדְקֳדִיּוֹת
[za'vit] 1 angle. 2 corner זָוִית נ
acute angle זָוִית חַדָּה
right angle זָוִית יְשָׁרָה
obtuse, oblique angle זָוִית קֵהָה
view point זָוִית רְאוּת, זָוִית רְאִיָּה
[zavi'ton] T-square זָוִיתוֹן ז
[zavi'ti] angular זָוִיתִי ת
[zo'xe] winner זוֹכֶה ז
[zol] 1 cheapness. 2 cheap זוֹל ז ת
[zul] 1 to waste, lavish, squander. 2 to be cheap זוּל פיו״ע
[zo'lut] cheapness זוֹלוּת נ
[zo'lel] 1 gourmand, glutton. 2 voracious. 3 despised, despicable זוֹלֵל ז ת
[zole'lut] gluttony, greed זוֹלְלוּת נ
[zole'lan] 1 glutton, greedy. 2 phagocytic זוֹלְלָן ז
[zolela'nut] greediness, gluttony זוֹלְלָנוּת נ
[zolela'ni] greedy, voracious זוֹלְלָנִי ת
[zu'lat] 1 fellow man. 2 except, besides, apart from זוּלַת ז מ״י
[zula'ti] 1 other. 2 altruist, disinterested. 3 unrelated. 4 except for זוּלָתִי ת מ״י
[zulati'yut] altruism, philanthropy זוּלָתִיּוּת נ
[zula'tan] philanthropist זוּלָתָן ז
[zulata'nut] altruism, philanthropy זוּלָתָנוּת נ
[zulata'ni] philanthropic זוּלָתָנִי ת
[zom, zo'mit] gravy, broth זוֹם ז, זוֹמִית נ
[zo'mem] plotting, scheming, contriving זוֹמֵם ז ת
[zomema'nut] deceit, זוֹמְמָנוּת נ

[zo'rePa] sower, seeder זוֹרֵעַ ז
[zo'rer] to sneeze זוֹרֵר פ״ע
[zi'vet] to square זִוֵּת פ״י
[zaz] to move, shift זָז פ״ע
[zax] 1 to be haughty. 2 to rise. 3 vexed, annoyed זָח פ״ע ת
to be arrogant, haughty זָח לִבּוֹ (עָלָיו)
to be conceited, self-satisfied זָחָה דַעְתּוֹ (עָלָיו)
[za'xo'ax] proud, insolent זָחוֹחַ, זָחוּחַ ת
[za'xon] sliding caliper זָחוֹן ז
[za'xut] arrogance זָחוּת נ
haughtiness, insolence זָחוּת הַדַּעַת
[za'xiy'ax] mobile, movable זָחִיחַ ת
[zexi'xut] 1 haughtiness. 2 mobility. 3 euphoria זְחִיחוּת נ
pride, conceit זְחִיחוּת הַדַּעַת
[za'xil] 1 cowed. 2 terrified זָחִיל ת
[zexi'la] 1 crawling. 2 grovelling, abasement. 3 flowing slowly. 4 very slow progress זְחִילָה נ
[za'xir] painful bowel movement זָחִיר ז
[za'xal] 1 to crawl, creep. 2 to grovel, cringe. 3 to flow slowly. 4 to progress slowly. 5 to fear זָחַל פ״ע
['zaxal] 1 larva, maggot. 2 caterpillar זַחַל ז
[za'xel] fearful, timorous זָחֵל ת
[zaxa'li] crawling, creeping זַחֲלִי ת
[zax'lil] caterpillar, vehicle equipped for rough ground זַחְלִיל ז
[zaxli'li] caterpillar-like זַחְלִילִי ת
[zaxa'lit] caterpillar זַחֲלִית נ
[zix'lel] to crawl along, wriggle זִחְלֵל פ״ע
[zax'lam] 1 armoured truck. 2 carring vehicle זַחְלָם ז
[zax'lan] 1 dawdler. 2 toady. 3 slipper זַחְלָן ז
[zaxla'nut] 1 slowness, dawdling. 2 toadying, obsequiousness זַחְלָנוּת נ
[zaxla'ni] 1 creeping, crawling. 2 reptile זַחְלָנִי ת
[za'xelet] 1 herpes. 2 slowness, dilatoriness. זַחֶלֶת נ
[zax'tan] 1 proud man. 2 haughty, proud זַחְתָּן ז
[zaxta'nut] haughtiness, arrogance זַחְתָּנוּת נ
[zaxta'ni] arrogant, proud, haughty זַחְתָּנִי ת
[za'teret] fruit disease זַטֶּרֶת נ
[zi'tur] decrease, reduction זִטּוּר ז
[za'tir] 1 small. 2 young זָטִיר ת
[ziv] flow, secretion, leak, discharge זִיב ז
[zi'va] 1 flow. 2 menstruation. 3 gonorrhea זִיבָה נ
[zi'vut] 1 gonorrhea. 2 sauce, juice זִיבוּת נ
[zivu'ti] pertaining to secretion, discharge זִיבוּתִי, זִיבָנִי ת
['zayig] glazing זַיִג ז
[zig] close-fitting jacket זִיג ז
[za'yag] craftsman in enamel זַיָּג ז
[zi'yeg] to glaze, cover with glass זִיֵּג פ״י
[zaya'gut] glazing, enameling זַיָּגוּת נ
[zi'yed] to enamel, glaze זִיֵּד פ״י
[ze'don] raging, boiling, malignant זֵידוֹן ז ת
[zedo'nut] malignancy, malevolence זֵידוֹנוּת נ
[zedo'ni] malicious, wicked זֵידוֹנִי ת
[ziv] 1 radiance, brightness. 2 bloom, freshness. 3 glory זִיו ז
[zi'yug] 1 enamel coating. זִיּוּג ז

[za'yaf] forger, faker זַיָּף ז
[zif] bristle זִיף ז
[zi'yef] 1 to forge, falsify, counterfeit. 2 to adulterate זִיֵּף פ״י
[zu'yaf] to be forged, faked זֻיַּף פ״ע
[zi'fai] forger, counterfeiter זִיפַאי ז
[zaya'fut] forgery זַיָּפוּת נ
[zif'zif] coarse sand, gravel זִיפְזִיף ז
[zi'fi] bristly, made of bristles זִיפִי ת
[zi'fit] cotton-worm זִיפִית נ
[zai'fan] 1 forger. 2 one who plays or sings out of tune זַיְפָן ז
[zi'fan] foxtail זִיפָן ז
[zaifa'nut] 1 falsification, forgery, 2 lack of intonation זַיְפָנוּת נ
[zifa'ni] bristly זִיפָנִי ת
[zik] 1 sparkle, spark. 2 storm, gale. 3 glimmer. 4 meteor. 5 ghost זִיק ז
[zi'ka] 1 connection, tie, link. 2 obligation, duty. 3 spark. 4 storm זִיקָה נ
[zir] 1 seed pod. 2 stalk. 3 large jar זִיר ז
[zi'ra] 1 arena, ring. 2 amphitheater זִירָה נ
[zeya'ra] mangle זְיָרָה נ
['zayit] 1 olive. 2 olive tree זַיִת ז
[za'yat] olive-grower זַיָּת ז
[ze'ti] olivaceous זֵיתִי ת
[zeti'ya] olive grove זֵיתִיָּה נ
[zeti'yut] oiliness זֵיתִיּוּת נ
[zax] 1 to be clean, clear, pure. 2 stainless, transparent. 3 pure, clear. 4 innocent זַךְ פ״ע ת
[zox] 1 purity, clarity. 2 lucidity, transparence זֹךְ ז
[zaka'’ut] 1 innocence. 2 entitlement זַכָּאוּת נ
[za'kai] 1 worthy, righteous. 2 innocent, acquitted. זַכַּאי ת
2 embellishment
[zi'va] 1 glory. 2 brightness זִיוָה נ
[zi'yun] 1 arming, armament. 2 sexual intercourse זִיּוּן ז
[ziva'ni] bright, radiant, fresh זִיוָנִי ת
[ziva'nit] lily of the valley זִיוָנִית נ
[zi'yuf] 1 forgery, fraud. 2 inaccuracy of intonation זִיּוּף ז
[ziyu'fi] pertaining to forgery זִיּוּפִי ת
[ziv'tan] handsome, comely, paragon זִיוְתָן ת
[zivta'nut] handsomeness זִיוְתָנוּת נ
[zivta'ni] bright, handsome זִיוְתָנִי ת
[ziz] 1 projection, bracket. 2 movement. 3 insect, mite. 4 mythical bird זִיז ז
[zi'za] slight movement זִיזָה, זִיזוּת נ
[zi'zi] rough זִיזִי ת
[zi'zit] bracket, console, shelf זִיזִית נ
[ziza'ni] movable, mobile זִיזָנִי ת
[ziza'nit] worm זִיזָנִית נ
['ziy'ax, zi'xa] 1 indent, imprinting. 2 landslide, avalanche זִיחַ ז, זִיחָה נ
[zil] 1 cheapness. 2 dripping, drizzle. 3 Go! זִיל ז
[zi'la] 1 fine rain, drizzle. 2 flow זִילָה נ
[zi'lut] 1 cheapness. 2 scorn, disrespect זִילוּת נ
[zim] gill זִים ז
['zayin] 1 weapon, weaponry, arms. 2 letter "zayin". 3 penis זַיִן ז
[za'yan] fornicator זַיָּן ז
[zi'yen] 1 to arm, reinforce. 2 to fornicate זִיֵּן פ״י
[zi'na] supply, nourishment זִינָה נ
['ziy’a, ziy'’a] 1 tremor, quake. 2 flutter, oscillation. 3 palpitation זִיעַ ז, זִיעָה נ

3 meriting, entitled to
[zakai'yut] merit, entitlement זַכָּאִיּוּת נ
[za'xa] to win, gain, earn זָכָה פ״ע
[zi'ka] 1 to acquit, exonerate, vindicate. 2 to entitle. 3 to credit זִכָּה פ״י
[zu'ka] 1 to be acquitted. 2 to be credited זֻכָּה פ״ע
[zi'kuy] 1 crediting. 2 acquittal, exoneration. 3 entitling, vesting זִכּוּי ז
[za'xux] clear, transparent, immaculate, refined זָכוּךְ ת
[zi'kux] 1 cleansing, refining. 2 purification זִכּוּךְ ז
[zexu'xi] glassy, vitreous זְכוּכִי ת
[zexu'xit] glass זְכוּכִית נ
magnifying glass זְכוּכִית מַגְדֶּלֶת
[zexuxi'ti] glassy, vitreous זְכוּכִיתִי ת
[zexu'xan] 1 glass-worker, glazier. 2 glass-dealer. 3 frit, silica זְכוּכָן ז
[za'xur] 1 remembered, mentioned. 2 remembering זָכוּר ת
[ze'xur] 1 male. 2 necromancy זְכוּר ז
[zi'kur] 1 masculinization. 2 reminder, remembrance זִכּוּר ז
[zexu'rani] I recall, I remember זְכוּרַנִי
[ze'xut] 1 right, privilege. 2 merit, virtue. 3 credit. 4 acquittal. 5 benefit, favor זְכוּת נ
hereditary privilege. 2 ancestral merits זְכוּת אָבוֹת
privilege זְכוּת יֶתֶר
precedence, right of way זְכוּת קְדִימָה
[za'kut] 1 purity, clarity, transparence. 2 innocence זַכּוּת נ
[zix'zux] purification, cleansing זִכְזוּךְ ז
[zax'zax] transparent, pure זַכְזַךְ ת
[zix'zex] to purify, cleanse זִכְזֵךְ פ״י
[zexi'ya] 1 right, privilege. 2 winning, gaining זְכִיָּה נ
[zika'yon] 1 merit, right. 2 concession זִכָּיוֹן ז
copyright זְכֻיּוֹת יוֹצְרִים
[za'xix] transparent, clear זָכִיךְ ת
[zexi'ra] 1 remembrance, memory, remembering זְכִירָה נ
[za'xax] 1 to be pure, bright. 2 to shine זָכַךְ פ״ע
[za'kax] glassworker זַכָּךְ ז
[zi'kex] 1 to purify, cleanse, refine. 2 to purge זִכֵּךְ פ״י
[za'xar] 1 male. 2 masculine. 3 penis זָכָר ז ת
[za'xar] 1 to remember, recall. 2 to memorize זָכַר פ״י
['zexer] 1 trace, reminder. 2 souvenir, memento. 3 remembrance זֵכֶר ז
[zi'ker] to masculinize, render masculine זִכֵּר פ״י
[zix'ra] association זִכְרָה נ
of blessed memory זִכְרוֹ לִבְרָכָה
[zika'ron] 1 remembrance, memory. 2 memorial, commemoration זִכָּרוֹן, זִכְרוֹן ז
1 record, memorandum, protocol, minutes. 2 aide-memoire זִכְרוֹן דְּבָרִים
of blessed memory זִכְרוֹנוֹ לִבְרָכָה
[zixro'not] memoirs, reminiscences זִכְרוֹנוֹת ז״ר
[zixro'ni] mnemonic זִכְרוֹנִי ת
[zax'rut] 1 virility. 2 penis. 3 maleness. 4 courage, bravery זַכְרוּת נ
[zexa'ri] masculine, male זְכָרִי ת
[zixri'ya] forget-me-not זִכְרִיָּה נ, זִכְרִינִי ז
[zax'ran] having a good memory זַכְרָן ז
[zaxra'nut] good memory זַכְרָנוּת נ
[zaxra'ni] memorable זַכְרָנִי ת

[zal] 1 to squander, lavish, waste. 2 to be cheap. 3 mean, base. 4 cheap — זָל ז פיו"ע ת
[za'lag] to drip, flow, trickle, spout — זָלַג פיו"ע
[zal'gan] weeping, tearful — זַלְגָן ת
[zalga'ni] tearful — זַלְגָנִי ת
[zalde'kan] thin-bearded person — זַלְדְקָן ז
[zaldeka'ni] beardless, hairless — זַלְדְקָנִי ת
[zi'lug] dripping, spurting, flowing — זִלּוּג ז
[zi'lu'ax] sprinkling, spraying — זִלּוּחַ ז
[zi'lul] derision, disrespect — זִלּוּל ז
[zelu''a] 1 amphora, jar. 2 sprinkler, sprayer — זְלוּעַ ז
[za'luf] sprinkled, sprayed — זָלוּף ת
[zi'luf] sprinkling, spraying — זִלּוּף ז
[za'lut] 1 cheapness. 2 meanness, degradation — זָלוּת נ
[zil'zul] scorn, derision, disrespect — זִלְזוּל ז
[zal'zal] spring, shoot — זַלְזַל ז
[zil'zel] to scorn, disdain, despise — זִלְזֵל פ"י
[zal'zelet] clematis — זַלְזֶלֶת נ
[za'lax] to spray, sprinkle — זָלַח פ"י
[za'lax] sprinkler — זַלָּח ז
[za'le'ax] flooded, inundated, swamped — זָלֵחַ ת
['zelax] 1 perfume. 2 spray — זֶלַח ז
[zi'lax] to sprinkle, spray — זִלַּח פ"י
[zeli'ga] dripping, sprinkling — זְלִיגָה נ
[zeli'la] gluttony, voracious eating, gorging — זְלִילָה נ
[zeli'fa] dripping, sprinkling — זְלִיפָה נ
[za'lal] to gorge, eat voraciously — זָלַל פ"י
['zelel] gluttony, greediness — זֶלֶל ז
[zi'lel] to despise, scorn, disdain — זִלֵּל פ"י
[zale'lan] glutton — זַלְלָן ז
[zalela'nut] gourmandism, greed, gluttony — זַלְלָנוּת נ
[zalela'ni] gluttonous — זַלְלָנִי ת
[zelal'ta] phagocyte — זְלַלְתָּא ז
[zil''uf] terror, dread, horror — זִלְעוּף ז
[zil''ef] to terrify, daunt, horrify — זִלְעֵף פ"י
[zal'a'fa] 1 storm, trembling. 2 fever. 3 terror, dread — זַלְעָפָה, זִלְעָפָה נ
[za'laf] 1 to sprinkle, spray. 2 to flow slowly, trickle — זָלַף פ"י
[za'laf] sprinkler — זַלָּף ז
['zelef] 1 sprinkling, spray. 2 scent, perfume — זֶלֶף ז
[zi'lef] to sprinkle, spray — זִלֵּף פ"י
[zal'fan] sprinkler — זַלְפָן ז
[zam] 1 to think. 2 to plot, scheme — זָם פ"ע
[zi'ma] 1 plot, scheme. 2 vice, depravity. 3 malicious intent. 4 lechery — זִמָּה נ
[za'mum] muzzled, gagged — זָמוּם ת
[ze'mum] 1 prophylactic, condom. 2 muzzle — זְמוּם ז
[za'mun] in cash, cash down — זָמוּן ת
[zi'mun] 1 invitation, summons. 2 meeting, encounter. 3 quorum (for grace after meals) — זִמּוּן ז
[ze'mor] vine shoot — זְמוֹר ז
[zi'mur] 1 singing, melody. 2 pruning, trimming — זִמּוּר ז
[zemo'ra] branch, shoot, twig — זְמוֹרָה נ
[zemo'rit] vine shoot — זְמוֹרִית נ
alien corn, foreign element — זְמוֹרַת זָר
[zam'zum] 1 drone. 2 vibrator — זַמְזוּם ז
[zim'zum] buzz, hum, whirr — זִמְזוּם ז
[zimzu'mi] humming, buzzing — זִמְזוּמִי ת
[zam'zam] buzzer, vibrator — זַמְזָם ז

[zimˈzem] to buzz, hum, croon זִמְזֵם פיו"ע
[zamzeˈma] 1 humming, droning. 2 bumblebee זַמְזֵמָה נ
[zamzeˈman] buzzer זַמְזְמָן ז
[zamzemaˈni] buzzing, vibrating זַמְזְמָנִי ת
[zamˈzemet] buzzing in the ears זַמְזֶמֶת נ
[zimˈzomet] buzzing זִמְזֹמֶת נ
[zimˈyon] 1 intention, aim. 2 project זִמְיוֹן ז
[zemiˈma] plot, scheme זְמִימָה נ
[zemiˈmut] unconsciousness זְמִימוּת נ
[zaˈmin] 1 available. 2 cashable זָמִין ת
[zemiˈna] payment in cash זְמִינָה נ
[zemiˈnut] 1 availability. 2 cashability זְמִינוּת נ
[zaˈmir] 1 nightingale. 2 strength. 3 pruning season. 4 melody, singing זָמִיר ז
[zemiˈra] 1 singing, song. 2 hymn. 3 pruning. 4 nightingale זְמִירָה נ
[zemiˈron] 1 book of hymns. 2 small song bird זְמִירוֹן ז
[zemiˈrot] hymns, songs of praise זְמִירוֹת נ"ר
[zaˈmit] brine זָמִית נ
[zaˈmam] 1 to plot, scheme. 2 to intrigue, conspire. 3 to muzzle זָמַם פ"י
[ˈzemem] plot זֶמֶם ז
[zeˈmam] 1 intrigue, plot. 2 perjury. 3 muzzle. 4 abstract concept זְמָם ז
[ziˈmem] to refute, invalidate, rebut זִמֵּם פ"י
[zman] 1 time. 2 date, season. 3 tense. 4 fate. 5 occasion, circumstance זְמַן ז
[ziˈmen] 1 to invite, convene, summon. 2 to fix, appoint. 3 to prepare זִמֵּן פ"י
[zimˈna] tempo, rate זִמְנָה נ
[zemaˈni] 1 interim, ad hoc. 2 temporary, provisional זְמַנִּי ת
[zemaniˈyut] 1 temporariness, temporary status. 2 non-permanency זְמַנִּיּוּת נ
[zemaˈnit] temporarily, ad hoc זְמַנִּית תה"פ
[zaˈmar] to prune, trim זָמַר פ"י
[zaˈmar] singer, vocalist זַמָּר ז
[ˈzemer] 1 singing. 2 song, tune. 3 hymn. 4 deer, chamois זֶמֶר ז
[ziˈmer]1 to sing, praise, laud. 2 to play (music) זִמֵּר פ"י
[zemaˈragd] emerald זְמָרַגְדְּ ז
[zemaragˈdi] emerald like זְמָרַגְדִּי ת
[zimˈra] 1 singing. 2 music. 3 choice fruit, produce זִמְרָה נ
[zimˈrur] humming, melody, intonation זִמְרוּר ז
[zamaˈrut] vocalism, professional singing זַמָּרוּת נ
[zimriˈya] choir festival זִמְרִיָּה נ
[zamˈrir] jingle זַמְרִיר ז
[zamaˈrit] singer (f) זַמָּרִית נ
[zamˈran] singer (m) זַמְרָן ז
[zamraˈnut] singing זַמְרָנוּת נ
[zamraˈni] melodious, musical זַמְרָנִי ת
[zimˈrer] to hum, intone זִמְרֵר פ"י
[zaˈmeret] singer (f) זַמֶּרֶת נ
[zimraˈti] melodious, musical זִמְרָתִי ת
[zimratiˈyut] musicality, melodiousness זִמְרָתִיּוּת נ
[zan] to feed, sustain, provide for זָן פ"י
[zan] 1 sort, kind, variety. 2 variant. 3 food זַן ז

[za'nai] adulterer, fornicator, lecher זַנַּאי ז
[za'nav] 1 tail. 2 end, stump. 3 appendage זָנָב ז
[zi'nev] 1 to curtail, cut short. 2 to pursue זִנֵּב פ״י
[zin'ba] tail strap, crupper זִנְבָּה נ
[zena'von] stub, small tail זְנָבוֹן ז
[zena'vi] tail-like, caudal זְנָבִי ת
[zenav'yon] dove-tail זְנַבְיוֹן ז
[zan'van] thrush זַנְבָן ז
[zenav'nav] small tail, stump, stub זְנַבְנָב ז
[zenav'no'a] wagtail (bird) זְנַבְנוֹעַ ז
[zanva'ni] tailed זַנְבָנִי ת
[zanva'nit] stomach parasite זַנְבָנִית נ
[zang'vil] ginger זַנְגְּבִיל ז
['zened] 1 cubit. 2 forearm זֶנֶד ז
[zin'di] elbow-shaped זִנְדִּי ת
[za'na] 1 to prostitute, fornicate. 2 to commit adultery. 3 to turn away זָנָה פ״ע
[zi'na] to fornicate, debauch, prostitute זִנָּה פ״ע
[zi'nuv] 1 curtailing, cutting short. 2 trimming זִנּוּב ז
[za'nu'ax] neglected, forsaken זָנוּחַ ת
[zenu'nim] prostitution, harlotry, adultery זְנוּנִים ז״ר
[zi'nok] effervescent spring זִנּוֹק ז
[zi'nuk] 1 jump, leap. 2 start זִנּוּק ז
[ze'nut] 1 prostitution, harlotry. 2 idolatry זְנוּת נ
[za'nax] 1 to neglect, abandon. 2 to bail out זָנַח פ״י
[za'nai] adulterer, fornicator זַנַּי ז
[zeni'ya] fornication, adultery זְנִיָּה נ
[za'niax] discardable זָנִיחַ ת
[zeni'xa] desertion, neglect, abandonment זְנִיחָה נ
[zeni'ka] start, jump, leap זְנִיקָה נ
[za'nak] to jump, leap זָנַק פ״ע
['zenek] 1 jump, leap. 2 spurt זֶנֶק ז
[zi'nek] 1 to jump, leap. 2 to start. 3 to squirt, spurt זִנֵּק פ״ע
[zan'kan] jumper זַנְקָן ז
['ʒaner] genre, art-form ז׳נְר, ז׳אנְר ז
[za'] 1 to move. 2 to tremble, quake, shuddder. 3 to be horrified זָע פ״ע
['ze'a] sweat, perspiration זֵעַ ז
[ze''a] 1 sweat, perspiration. 2 humidity זֵעָה נ
['za'av, za'a'va] horror, terror, dread, outrage זַעַו ז, זַעֲוָה נ
[za''ux] oppressed, trampled זָעוּךְ ת
[za''um] 1 angry, furious. 2 object of anger. 3 small, meagre זָעוּם ת
[za'ava'ni] terrible, dreadful זַעֲוָנִי ת
[za''uf] enraged, angered זָעוּף ת
[zi''uf] anger, irritation זִעוּף ז
[za'a'zu'a] 1 shock, agitation. 2 tremor, shudder. 3 trauma זַעֲזוּעַ ז
brain concussion זַעֲזוּעַ מֹחַ
[zi''za'] 1 to shock, horrify. 2 to shake, agitate זִעְזַע פ״י
[za'a'tut] 1 youngster. 2 kid, brat, nipper זַעֲטוּט ז
[ze'i'ma] anger, ire, wrath זְעִימָה נ
[ze'i'mut] scarcity, meagreness זְעִימוּת נ
[za''ir] small, little, tiny זָעִיר ת
[ze''er] a little, a small bit זְעֵיר תה״פ
1 minute, miniature. 2 diminutive זְעֵיר אַנְפִּין
[ze'i'ra] little, small זְעִירָא ת
[ze'i'rut] 1 insignificance. 2 smallness. 3 pettiness זְעִירוּת נ
[za''ax] 1 to put out, quench, extinguish. 2 to oppress זָעַךְ פ״י

זָעַם פיו״ע [za'’am] 1 to be angry, furious. 2 to chide. 3 to curse
זַעַם ז ['za’am] anger, fury, rage
זַעֲמָן ז [za’a'man] 1 quick-tempered, irascible
זָעַף פ״ע [za'’af] 1 to be vexed, upset. 2 to be angry, resentful
זַעַף ז ['za’af] anger, rage, ire
זָעֵף ת [za'’ef] angry, cross, ill-tempered
זַעֲפָה נ [za’a'fa] fury, anger, wrath
זַעֲפָן ז [za’a'fan] bad-tempered, irritable
זַעֲפָנוּת נ [za’afa'nut] irascibility, spleen, tetchiness
זַעֲפָנִי ת [za’afa'ni] irascible
זְעַפְרָן ז [ze’af'ran] saffron
זָעַק פ״ע [za'’ak] 1 to cry, shout, call out. 2 to lament, wail, implore
זַעַק ז ['za’ak] 1 cry, shout. 2 outcry
זְעָקָה נ [ze’a'ka] 1 shout. 2 clamo(u)r, outcry
זַעֲקָנוּת נ [za’aka'nut] uproar, din, shouting
זַעֲקָנִי ת [za’aka'ni] clamorous, shouting
זָעַר פ״ע [za'’ar] to reduce, lessen, shorten
זַעֲרוּר, זַעֲרוּרִי ת [za’a'rur, za’aru'ri] tiny, minuscule, microscopic
זַעֲרוּרִיּוּת, זְעַרְעָרוּת נ [za’aruri'yut] pettiness, minuteness
זְעַרְעַר ת [ze’ar'ar] very small, tiny
זֵעַת אַפַּיִם the sweat of one’s brow
זַעְתָּן ז [za’'tan] haughty, boastful
זַעְתָּנוּת נ [za'ta'nut] boastfulness
זַעְתָּנִי ת [za’ta'ni] boastful
זַעְתָּר ז [za’atar] thyme, satureja (bot.)
זָפוּף ת [za'fuf] pitched, coated, tarred
זִפּוּף ז [zi'puf] pitching, tarring
זָפוּת ת [za'fut] coated in pitch, asphalted
זִפּוּת ז [zi'put] pitching, asphalting
זְפִיפָה נ [zefi'fa] caulking, coating in pitch
זְפִיתָה נ [zefi'ta] caulking, coating in pitch
זָפַף, זִפֵּף פ״י [za'faf, zi'pef] to tar, asphalt, coat in pitch
זֶפֶק ז ['zefek] gizzard
זַפֶּקֶת נ [za'peket] 1 strumosis. 2 overactive thyroid
זַפְרָן ז [zaf'ran] saffron
זָפַת פ״י [za'fat] to pitch, tar
זַפָּת ז [za'pat] asphalt worker
זֶפֶת נ ['zefet] asphalt, pitch tar
זִפֵּת פ״י [zi'pet] 1 to coat with pitch, asphalt. 2 to spoil
זַפָּתוּת נ [zapa'tut] caulking
זַךְ פ״י [zak] to purify, refine
זֵק ז [zek] 1 spark. 2 fetter, chain
זִקָּה נ [zi'ka] 1 relation, link, tie. 2 obligation, duty
זְקוּנוֹת נ״ר [zeku'not] senility
זְקוּנִים ז״ר [zeku''nim] old age, advanced years
זָקוּף ת [za'kuf] 1 erect, upright, vertical. 2 perpendicular
זִקּוּף ז [zi'kuf] straightening, making straight
זְקוּפָה נ [zeku'fa] 1 perpendicular, upright. 2 pillar, post, column
זָקוּק ז ת [za'kuk] 1 coin. 2 needing, dependent. 3 chained. 4 refined
זִקּוּק ז [zi'kuk] 1 refining, purifying. 2 spark, flare
זִקּוּקִין דִּינוּר 1 fiery sparks.

to be insolent זָקַף חָטְמוֹ
[za'kaf] 1 erector. 2 rigger זַקָּף ז
[za'kef] 1 perpendicular (of right angle). 2 bollard. 3 disjunctive accent (Bible) זָקֵף ז
[zik'pa] 1 vertical. 2 erection זִקְפָּה נ
[za'kak] 1 to refine, purify, distil. 2 to bind, oblige, force זָקַק פ״י
[za'kak] 1 refiner, distiller. 2 water-carrier זַקָּק ז
['zekek] carat זֶקֶק ז
[zi'kek] 1 to purify, distil. 2 to censure זִקֵּק פ״י
[zake'kan] 1 censor. 2 censorious זַקְּקָן ז ת
[za'kar] to push, thrust, cast זָקַר פ״י
[zi'ker] to project, jut out זִקֵּר פ״י
[zar] 1 to become distant, estranged. 2 strange, odd. 3 stranger, foreigner זָר פיו״ע ת ז
[zer] 1 garland, wreath. 2 frame, border זֵר ז
[za'ra] loathing, repulsion זָרָא ז
[za'rav] 1 to gush, flow. 2 to heat זָרַב פ״ע
['zerev] 1 felt. 2 shoe-lining זֶרֶב ז
[ze'rev] to melt זֵרֵב פ״י
[zir'ba] blennorrhea זִרְבָּה נ
[zar'buv] 1 nose (car). 2 face, countenance זַרְבּוּב ז
[zarbu'vit] spout, tap, mouthpiece זַרְבּוּבִית נ
[ʒar'gon] jargon זַ׳רְגּוֹן ז
[za'rad] 1 to sprout, grow up. 2 to howl, roar, whine זָרַד פיו״ע
['zered] shoot, twig, sprout זֶרֶד ז
[za'ra] 1 to strew, scatter, spread. 2 to winnow. 3 stranger, foreigner (f) זָרָה נ פ״י
[ze'ra] 1 to strew, scatter, disperse. 2 to inquire, זֵרָה פ״י

2 fireworks
[ziku'kit] rocket זִקּוּקִית נ
[zi'kur] elevation, erection זִקּוּר ז
[zi'kim] 1 fetters, shackles. 2 streaking זִקִּים ז״ר
[za'kif] 1 sentinel, guard. 2 erectile, pillar, stalagmite זָקִיף ז
[zeki'fa] 1 crediting, charging. 2 setting up זְקִיפָה נ
[zeki'fut] erectness, uprightness זְקִיפוּת נ
[za'kik] 1 follicle. 2 pure זָקִיק ז ת
[zeki'ka] 1 purification, cleansing. 2 dependence, relation, 3 filtration זְקִיקָה נ
[zeki'kut] need, dependence זְקִיקוּת נ
[zeki'ra] thrusting, pushing זְקִירָה נ
[zi'kit] chameleon זִקִּית נ
[za'kan] beard זָקָן ז
pubic hair זְקַן תַּחְתּוֹן
[za'ken] 1 old, aged. 2 elder, grandfather. 3 scholar, sage. 4 to age, grow old. 5 senior זָקֵן ז פ״ע ת
['zoken] old age זֹקֶן ז
absinthe זְקַן אֵלִיָּהוּ
goatsbeard זְקַן הַתַּיִשׁ
[zik'na] old age זִקְנָה נ
[zeke'na] 1 old, elderly (f. sing). 2 old woman, crone זְקֵנָה ת נ
[zak'nun] barbel זַקְנוּן ז
[zeka'nun] carp זְקַנּוּן ז
[zak'nut] old age, sensitivity, dotage זַקְנוּת נ
[zeke'nim] old men, elders, veterans זְקֵנִים ז״ר
[zak'nan] fox-tail millet (bot.) זַקְנָן ז
[zekan'kan] small beard זְקַנְקַן ז
[za'kaf, zi'kef] 1 to erect, raise. 2 to charge, credit. 3 to attribute זָקַף, זִקֵּף פ״י

investigate

זָרוּד ת [za'rud] pruned, trimmed

זֵרוּד ז [ze'rud] trimming, pruning

זֵרוּז ז [ze'ruz] 1 acceleration, speeding up. 2 catalysis

זָרוּחַ ת [za'ru'ax] resplendent, shining, radiant

זָרוּי ת [za'ruy] 1 scattered, dispersed. 2 winnowed

זֵרוּי ז [ze'ruy] 1 scattering, dispersal. 2 winnowing

זָרוּם ת [za'rum] torrential

זֵרוֹן ז [zeron] 1 bouquet. 2 marsh-hawk, harrier

זָרוּעַ ת [za'ru'a] sown, strewn, seeded

זֵרוֹעַ ז [ze'ro'a] stone, pit, kernel

זֵרוּעַ ז [ze'ru'a] seeding, sowing

זְרוֹעַ נ [ze'ro'a] 1 arm, forearm. 2 army, fighting-force. 3 tributary (river). 4 spoke (wheel)

זָרוּק ת [za'ruk] negligent, careless

זָרוּת נ ת [za'rut] 1 strangeness, anomaly. 2 peculiarity, eccentricity

זָרָז ז [za'raz] 1 stimulant. 2 catalyst

זֵרֵז פ״י [ze'rez] 1 to urge, accelerate. 2 to fortify

זִרְזוּף ז [zir'zuf] drizzle

זַרְזִיף ז [zar'zif] raindrop, shower

זַרְזִיר ז [zar'zir] 1 starling. 2 greyhound

זַרְזִיר מָתְנַיִם greyhound

זַרְזִיר עֵט graphomaniac

זִרְזֵף פיו״ע [zir'zef] 1 to flow, trickle. 2 to drip, let flow

זָרַח פ״ע [za'rax] 1 to shine, glow. 2 to appear, come out. 3 to be phosphorescent

זֶרַח ז ['zerax] shining, glowing

זַרְחָה נ [zar'xa] phosphorus

זַרְחוֹרִי ת [zarxo'ri] phosphorescent

זַרְחִי ת [zar'xi] phosphatic

זַרְחִית נ [zar'xit] phosphorus

זַרְחִיתִי ת [zarxi'ti] phosphorescent

זַרְחָן ז [zar'xan] phosphorus

זִרְחֵן פ״י [zir'xen] to phosphoresce

זַרְחָנִי ת [zarxa'ni] phosphorescent, phosphorous

זָרַחַת נ [za'raxat] firefly

זְרִיבָה נ [zeri'va] flowing, dripping

זָרִיד ז [za'rid] thin grain

זְרִידָה נ [zeri'da] trimming, sprouting

זְרִיָּה נ [zeri'ya] 1 dissemination, sprinkling, winnowing. 2 ejaculation

זָרִיז ז ת [za'riz] 1 quick, alert. 2 girth. 3 diligent, efficient. 4 grinding

זְרִיזוּת נ [zeri'zut] quickness, agility, alertness

זְרִיחָה נ [zeri'xa] 1 sunrise. 2 shining, brightness

זְרִימָה נ [zeri'ma] flowing, flow

זָרִיעַ ז [za'riy'a] 1 seedling. 2 sowing season

זְרִיעָה נ [zeriy''a] sowing

זְרִיקָה נ [zeri'ka] 1 throw, throwing. 2 injection. 3 projection. 4 sprinkling

זְרִירָה נ [zeri'ra] sneeze, sneezing

זָרַם פיו״ע [za'ram] 1 to flow, stream. 2 to flood, sweep away

זֶרֶם ז ['zerem] 1 stream, flow. 2 course, tide, trend. 3 current

זֵרֵם פ״י [ze'rem] 1 to drag, trail. 2 to wash over

זֶרֶם חִלּוּפִים alternating current

זֶרֶם יָשָׁר direct current

זִרְמָה נ [zir'ma] 1 flowing, stream. 2 flood. 3 ejaculation, emission

זַרְנוּק ז [zar'nuk] 1 hose. 2 tube

[zarˈnix] arsenic זַרְנִיךְ ז

[zaˈraʼ] 1 to sow, plant seeds. 2 to spread, scatter זָרַע פ״י

[ˈzeraʼ] 1 seed. 2 corn. 3 sperm, semen. 4 offspring זֶרַע ז

[zeraˈʼon] 1 sperm, spermatozoon. 2 seed. 3 achene (bot.) זֵרָעוֹן ז

[zarˈʼi] spermatic זַרְעִי ת

[zarˈʼit] 1 descendents, posterity. 2 lark זַרְעִית נ

[zaˈrak] 1 to throw, toss, cast. 2 to throw away, expel זָרַק פ״י

[ˈzerek] 1 serum. 2 injectum, injected substance זֶרֶק ז

[zarˈka] zarka, name of an accent (Bible) זַרְקָא ז

[zarˈka] 1 arrow. 2 sound hole (violin) זַרְקָה נ

[zarˈkor] 1 projector. 2 searchlight זַרְקוֹר ז

[zarkoˈran] 1 stagehand. 2 controller of stage lights זַרְקוֹרָן ז

[zarˈkan] thrower, hurler, pitcher זַרְקָן ז

[zaˈrar] 1 to sneeze. 2 to rest, relax. 3 to spread זָרַר פ״ע

[zaˈrat, zeˈrat] to span זָרַת, זֵרַת פ״י

[ˈzeret] 1 little finger. 2 span זֶרֶת נ

ח

ח 1 Het – eighth letter of the Hebrew alphabet. 2 eight. 3 eighth

חַאן ז [xan] caravanserai, khan

חָב פיו״ע ת [xav] 1 to be indebted, owe. 2 liable, obligated

חֹב ז [xov] 1 bosom. 2 inside, interior

חִבֵּא פ״י [xiˈbe] to hide, conceal

חָבַב פ״י [xaˈvav] to love, like, be fond of

חִבֵּב פ״י [xiˈbev] 1 to like, be fond of. 2 to cause to be loved

חָבָה פ״ע [xaˈva] to hide away, conceal oneself

חִבָּה נ [xiˈba] 1 affection, fondness. 2 esteem

חָבוּא ת [xaˈvu] hidden, concealed

חָבוּט ת [xaˈvut] 1 beaten, stricken. 2 oppressed. 3 worn out

חִבּוּט ז [xiˈbut] beating, flagellation, castigation

חָבוּי ת [xaˈvuy] hidden, latent

חָבוּל ת [xaˈvul] 1 wounded. 2 tied up, packaged. 3 mortgaged, pawned

חֲבוֹל ז [xaˈvol] pledge, pawn

חִבּוּל ז [xiˈbul] 1 sabotage, ruin. 2 pawning, pledging. 3 labour pains

חֲבוֹלָה נ [xavoˈla] pledge, pawn

חִבּוּץ ז [xiˈbuts] churning (butter)

חָבוּק ת [xaˈvuk] 1 embraced. 2 clasped, attached, joined

חִבּוּק ז [xiˈbuk] embrace, hug

חָבוּר ת [xaˈvur] 1 joined, attached. 2 linked, associated. 3 fan

חֲבוּר ז [xaˈvur] 1 stut, slip (paper). 2 pool (business)

חִבּוּר ז [xiˈbur] 1 connection, link. 2 composition, essay, treatise. 3 junction

חֲבוּרָה נ [xavuˈra] 1 band, group, gang. 2 company, society. 3 bruise, wound

חַבּוּרָה נ [xabuˈra] wound, bruise, boil

חָבוּשׁ ת [xaˈvush] 1 worn, put on (a hat). 2 bandaged. 3 saddled. 4 imprisoned

חַבּוּשׁ ז [xaˈbush] quince

חִבּוּשׁ ז [xiˈbush] bandage, dressing. 2 wearing (a hat). 3 saddling. 4 imprisonment

חָבוּת נ [xaˈvut] 1 debt, liability. 2 obligation, indebtedness.

חָבוּת חֹק legal liability

חָבַט פ״י [xaˈvat] to beat, strike, knock

חֶבֶט ז [ˈxevet] 1 buckle, fastening. 2 shock, blow

חִבֵּט פ״י [xiˈbet] to strike down, knock down, beat

חֲבָטָה נ [xavaˈta] 1 beating, stroke. 2 shock

חֲבִי ז [xaˈvi] hiding place, lair, retreat

חֲבִיאָה נ [xaviˈʼa] hide-out, cache

חָבִיב ת [xaˈviv] 1 lovely, beloved, lovable. 2 dear, pleasant

חֲבִיבוּת נ [xaviˈvut] dearness, aimiability, pleasantness

חֶבְיוֹן ז [xevˈyon] 1 secret, mystery. 2 secret place, hiding place

[xaval'bal] bind weed חֲבַלְבָּל ז
[xev'la] portion, estate חֶבְלָה נ
[xava'la] 1 injury, wounding. 2 indemnity. 3 trauma חֲבָלָה נ
[xaba'la] sabotage, destruction חַבָּלָה נ
[xibe'la] to give birth חִבְּלָה פ״י
labo(u)r pains חֶבְלֵי לֵדָה
death throes חֶבְלֵי מָוֶת
[xav'lan] ropemaker, rigger חַבְלָן ז
[xab'lan] 1 sapper. 2 saboteur חַבְּלָן ז
[xabla'nut] sabotage, destruction חַבְּלָנוּת נ
[xabla'ni] destructive חַבְּלָנִי ת
[xabla'nit] destroyer (ship) חַבְּלָנִית נ
[xa'vas] 1 to strike, beat. 2 to compress חָבַס פ״י
['xovets] 1 buttermilk. 2 whey חֹבֶץ ז
[xi'bets] 1 to churn (butter). 2 to coagulate, solidify חִבֵּץ פ״י
[xuv'tsa] 1 buttermilk. 2 whey חֻבְצָה נ
[xava'tselet] lily חֲבַצֶּלֶת נ
[xa'vak] 1 to embrace, clasp, hug. 2 to encircle, encompass חָבַק פ״י
['xevek] 1 band, garter. 2 girth. 3 riband, necklace. 4 clinch, clasp. 5 banderole חֶבֶק ז
[xi'bek] to embrace, caress, enfold חִבֵּק פ״י
[xa'var] 1 to associate, join, together. 2 to bewitch, enchant חָבַר פ״י
[xa'bar] 1 associate, partner. 2 magician, wizard חַבָּר ז
[xa'ver] 1 friend, comrade. 2 partner, associate. 3 fellow, member. 4 scholar חָבֵר ז
Member of the Knesset, M.K. חֲבֵר כְּנֶסֶת, ח״כ
councilor, councilman חֲבֵר מוֹעָצָה
['xever] 1 band, troop. חֶבֶר ז

[xevyo'na] keg, small cask חֶבְיוֹנָה נ
[xevyo'nit] clitoris חֶבְיוֹנִית נ
[xavi'ta] beating, blow, knock חֲבִיטָה נ
[xavi'la] 1 bundle, parcel. 2 band, group. 3 pledge, pawn. 3 wound, bruise חֲבִילָה נ
[xavi'yonet] keg, small barrel חֲבִיֹּנֶת נ
[xavi'sa] 1 compression. 2 battering חֲבִיסָה נ
[xa'vits] pudding, pie. 2 dumpling חָבִיץ ז
[xavi'tsa] pudding, custard חֲבִיצָה נ
[xavi'ka] 1 embrace, clasp. 2 contact, grasp חֲבִיקָה נ
[xavi'sha] 1 bandaging, dressing. 2 wearing (a hat). 3 saddling. 4 imprisonment חֲבִישָׁה נ
[xa'vit] 1 barrel, keg, drum, cask. 2 jar חָבִית נ
[xavi'ta] omelette חֲבִיתָה נ
[xavi'tit] pancake חֲבִיתִית נ
[xa'val] 1 wounding, injury. 2 indemnity חָבָל ז
[xa'val] 1 to wound, injure, damage. 2 to pawn, pledge. 3 to act, corruptly חָבַל פ״י
[xa'val] It's a pity! What a shame! חֲבָל מ״ק
[xa'bal] 1 saboteur, wrecker. 2 rope and cord-maker חַבָּל ז
['xevel] 1 cord, rope, cable. 2 ancient measuring line. 3 portion. 4 region, district. 5 snare חֶבֶל ז
['xevel] 1 pain, pang. 2 labo(u)r pains. 3 agony, suffering חֵבֶל ז
[xi'bel] 1 to plot, scheme. 2 to injure, damage. 3 to rig. 4 to give birth. 5 ropes, rigging חִבֵּל פ״י ז

2 company, league. 3 commonwealth. 4 thrall, witchery, enchantment

League of Nations חֶבֶר הַלְאֻמִּים

commonwealth חֶבֶר הָעַמִּים ז

jury חֶבֶר מֻשְׁבָּעִים

board of trustees חֶבֶר נֶאֱמָנִים

[xiˈber] 1 to join, connect, link. 2 to add. 3 to compose, write חִבֵּר פ״י

[xavarˈbur] spotted, marked חֲבַרְבּוּר ת

[xavarbuˈra] spot, mark, stripe חֲבַרְבּוּרָה נ

[xavarˈbar] striped lizard חֲבַרְבָּר ז

[xavarbaˈri] striped, streaked, spotted חֲבַרְבָּרִי ת

[xaveˈra] 1 friend (f). 2 consort חֲבֵרָה נ

[xevˈra] 1 company, association. 2 society. חֶבְרָה נ

subsidiary company חֶבְרָה בַּת

burial society חֶבְרָה קַדִּישָׁא

[xuˈbara] bustard (bird). חֻבָּרָה נ

[xaveˈrut] 1 membership, fellowship. 2 friendship חֲבֵרוּת, חַבְרוּתָא נ

[xivˈrut] socialization חִבְרוּת נ

[xavruˈti] 1 sociable, friendly. 2 social חַבְרוּתִי ת

[xavrutiˈyut] sociability, amity חַבְרוּתִיּוּת נ

[xaveˈri] friendly, amicable, aimiable חֲבֵרִי ת

[xavˈraya] friends, comrades חַבְרַיָּא ז״ר

[xevˈraya] friends, gang, clique חֶבְרַיָּה נ״ר

parent company חֶבְרַת גַּג

[xaˈveret] companion (f), friend (f) חֲבֶרֶת נ

[xevraˈti] 1 social. 2 sociable חֶבְרָתִי ת

[xevratiˈyut] sociability חֶבְרָתִיּוּת נ

[xaˈvash] 1 to bandage, bind. 2 to saddle. 3 put on, wear (hat). 4 to imprison חָבַשׁ פ״י

to attend school חָבַשׁ סַפְסָל

[xaˈbash] bandage-maker, expert bandager חַבָּשׁ ז

[xiˈbesh] 1 to bandage. 2 to put on (hat). 3 to package, tie up חִבֵּשׁ פ״י

[ˈxovesh] bandage, bandaging חֹבֶשׁ ז

[xavaˈsha] 1 bandaging. 2 saddling חֲבָשָׁה נ

[xavˈshush] beetle חַבְשׁוּשׁ ז

[ˈxevet] buckle חֶבֶת ז

Love of Zion, Hibat Zion חִבַּת צִיּוֹן

[xaviˈtit] pancake, blintze חֲבִתִּית נ

[xavˈtan] cooper, barrel-maker חַבְתָּן ז

[xavtaˈnut] cooperage, manufacture of barrels חַבְתָּנוּת נ

[xag] 1 to go round, move in a circle. 2 to fly round. 3 to circumscribe חָג פיו״ע

[xag] 1 feast, celebration, holiday. 2 to celebrate, feast חַג ז פיו״ע

Passover, Pesakh חַג הָאָבִיב

Hanukka, Feast of Lights חַג הָאוּרִים

Sukkot, Feast of Tabernacles חַג הָאָסִיף

Shavuot, Pentecost, Feast of Weeks חַג הַבִּכּוּרִים

Christmas חַג הַמּוֹלָד

Shavuot, Pentecost חַג הַקָּצִיר

[xadʒ] Haj, Muslim pilgrimage to Mecca חַג׳ ז

[xaˈga] 1 trembling, horror. 2 non-Jewish festival חָגָּא ז

[xagˈ'om] festival חַגָּאם ז

[xaˈgav] 1 grasshopper. חָגָב ז

2 locust

חָגַג פ״י [xa'gag] 1 to celebrate, feast. 2 to observe. 3 to dance, reel

חֶגֶג ז ['xegeg] festival, feast

חָגָו ז [xa'gav] 1 cleft, crack. 2 ravine, crevice

חֲגוֹר ז [xa'gor] 1 belt, girdle. 2 accoutrements. 3 bandolier

חָגוּר ת [xa'gur] belted, girded, girt

חֲגוֹרָה נ [xago'ra] belt, girdle

חֲגִיגָה נ [xagi'ga] 1 celebration, festivity. 2 festive ceremony, sacrifice. 3 Talmudic tractate

חֲגִיגִי ת [xagi'gi] 1 festive. 2 solemn, ceremonial

חֲגִיגִיּוּת נ [xagigi'yut] festiveness, festive spirit

חֲגִיגִית תה״פ [xagi'git] 1 festively. 2 ceremoniously, solemnly

חֲגִירָה נ [xagi'ra] 1 belting. 2 belt, girdle. 3 lameness

חָגְלָה נ [xog'la] partridge

חָגַר פיו״ע [xa'ga] 1 to wear (belt). 2 to encircle. 3 to limp, hobble. 4 to leap, jump

חִגֵּר ת [xi'ger] lame

חִגְּרוּת נ [xig'rut] lameness, limping

חָד פיו״ע [xad] 1 to be sharp. 2 to pose a riddle

חַד ת ש״מ [xad] 1 sharp, acute. 2 ingenious, subtle. 3 mono-, uni-, one-

חַד גּוֹנִי ת monotonous

חַד וְחָלָק simple and straight forward

חַד לְשׁוֹנִי ת monolingual

חַד מִינִי ת monosexual, unisexual

חַד מְמַדִּי ת unidimensional

חַד מַשְׁמָעִי ת unequivocal

חַד סִטְרִי ת one-way

חַד עֶרְכִּי ת monovalent

חַד עֶרְכִּיּוּת נ monovalence

חַד פְּסִיגִי ת monocotyledon

חַד פַּעֲמִי ת unique, single

חַד פַּעֲמִיּוּת נ uniqueness, singleness

חַד צְדָדִי ת unilateral, one-sided, partial, biased

חַד צְדָדִיּוּת נ unilaterality, one-sidedness

חַד צוּרָתִי ת monomorphic

חַד צוּרָתִיּוּת נ monomorphism

חַד שִׂיחַ ז monologue

חַד שְׁנָתִי ת annual

חַד תָּאִי ת unicellular, monocellular

חֹד ז [xod] sharp point, sharpness

חַדְגּוֹנִי ת [xadgo'ni] monotonous, single-colo(u)red

חַדְגּוֹנִיּוּת נ [xadgoni'yut] monotony

חִדֵּד פ״י [xi'ded] to sharpen

חָדָה פ״ע [xa'da] to rejoice, be glad

חִדָּה פ״י [xi'da] to gladden, cheer

חָדוּד ת [xa'dud] sharpened, distinct, clear-cut

חֲדוּד ז [xa'dud] point, blade

חִדּוּד ז [xi'dud] 1 sharpening. 2 sarcasm, wit

חֲדוּדִי ת [xadu'di] 1 cuspidal. 2 conical

חֲדוּדִית נ [xadu'dit] cone

חֶדְוָה נ [xed'va] joy, gladness, delight

חֲדוֹפָן ז [xado'fan] wheelbarrow

חִדּוּק ז [xi'duk] plug, stopper

חָדוּר ת [xa'dur] 1 saturated. 2 imbued

חִדּוּר ז [xi'dur] 1 infiltration. 2 penetration

חִדּוּשׁ ז [xi'dush] 1 renewal, revival. 2 innovation

חֲדוּת נ [xa'dut] 1 sharpness, keenness. 2 cistern, pit

חָדִיד ת [xa'did] sharp-witted,

keen-witted

חֲדִילָה נ [xadi'la] cessation, stopping

חָדִיר ת [xa'dir] penetrable, permeable

חֲדִירָה נ [xadi'ra] penetration

חֲדִירוּת נ [xadi'rut] penetrability, permeability

חָדִישׁ ת [xa'dish] novel, new, modern

חֲדִישׁוּת נ [xadi'shut] modernism

חָדַל פ"י [xa'dal] 1 to cease, stop. 2 to desist, forbear. 3 to refrain

חָדֵל ת [xa'del] 1 transient, passing. 2 ceasing, failing. 3 lacking

חֶדֶל ז ['xedel] 1 cessation. 2 transient material world

חֹדֶל ז ['xodel] lack, cessation

חֲדַל אִישִׁים worthless (person)

חֲדָלָה נ [xada'la] cessation, stopping

חִדָּלוֹן ז [xida'lon] 1 ruin. 2 nothingness

חִדָּלוֹן וֶסֶת menopause

חַדַּף ז [xa'daf] sorex, shrew

חֶדֶק ז ['xedek] 1 trunk. 2 snout

חֵדֶק ז ['xedek] 1 thorn, thorn-bush. 2 notch, slot

חִדֵּק פ"י [xi'dek] to squeeze, press, pierce

חִדְקוֹנִית נ [xidko'nit] weevil

חָדַר פ"ע [xa'dar] 1 to penetrate, enter. 2 to infiltrate

חֲדַר אֹכֶל dining room

חֲדַר נֹפֶשׁ zimmer

חֲדַר שֵׁנָה bedroom

חֶדֶר ז ['xeder] 1 room, chamber. 2 heder

חַדְרוֹן ז [xad'ron] cubicle, small room

חַדְרִי ת [xad'ri] ventricular

חַדְרֵי בֶטֶן 1 sharp words. 2 entrails

חַדְרֵי חֲדָרִים the innermost chambers, behind the scenes

חַדְרָן ז [xad'ran] valet, servant, room-attendant

חַדְרָנוּת נ [xadra'nut] the job of the valet or chamber maid

חַדְרָנִית נ [xadra'nit] chamber maid

חָדָשׁ ת [xa'dash] new, fresh

חֹדֶשׁ ז ['xodesh] 1 month. 2 first day of month. 3 new moon

חִדֵּשׁ פ"י [xi'desh] 1 to renew, renovate. 2 to innovate

חֻדַּשׁ פ"ע [xu'dash] to be renewed, renovated

חֲדָשָׁה נ [xada'sha] 1 novelty. 2 news item

חֲדָשׁוֹת נ"ר [xada'shot] news, tidings

חָדְשִׁי ת [xod'shi] monthly

חַדְשָׁן ז [xad'shan] 1 renovator, innovator. 2 inventor

חַדְשֵׁן ז [xad'shen] sea-unicorn, unicorn

חַדְשָׁנוּת נ [xadsha'nut] inventiveness

חָו ז [xav] index

חַוָּאוּת נ [xava'’ut] farming

חַוַּאי ז [xa'vai] farmer

חוֹב ז [xov] 1 debt. 2 obligation, indebtedness

חוּב ז [xuv] stitch

חוֹבֵב ז [xo'vev] 1 lover, admirer. 2 amateur, dilettante. 3 fond of

חוֹבְבוּת נ [xove'vut] 1 liking. 2 amateurism

חוֹבְבֵי צִיּוֹן Hovevei Zion, Lovers of Zion

חוֹבְבָן ז [xove'van] amateur, dilettante

חוֹבְבָנוּת נ [xoveva'nut] amateurism

חוֹבָה נ [xo'va] 1 obligation, duty. 2 blame, guilt. 3 debit, liability

חוֹבֵל ז [xo'vel] 1 sailor, seaman. 2 Cordelier

חוֹבְלָן ז [xov'lan, xovla'ni] 1 ruinous

destructive. 2 traumatic חוֹבְלָנִי ת
[xovla'nut] sabotage, destruction חוֹבְלָנוּת נ
[xovla'nit] destroyer (ship) חוֹבְלָנִית נ
[xov'kan] folder, simple file חוֹבְקָן ז
[xo'ver] sorceror, wizard חוֹבֵר ז
[xo'veret] booklet, pamphlet חוֹבֶרֶת נ
[xo'vesh] medical orderly, dresser, bandager חוֹבֵשׁ ז
scholarly, studious type חוֹבֵשׁ סַפְסָל
[xov'shut] wound-dressing חוֹבְשׁוּת נ
[xug] 1 circle. 2 class. 3 range, compass. 4 study-circle. 5 area. 6 to circle חוּג ז פ״י
[xo'geg] 1 celebrant. 2 festive. 3 pilgrim חוֹגֵג ז ת
[xu'ga] 1 dial. 2 lark, woodlark חוּגָה נ
[xo'ger] non-commissioned soldier חוֹגֵר ז
[xud] to pose riddles חוּד פ״י
[xo'der] penetrating, penetrative חוֹדֵר ת
[xodra'nut] penetrativeness חוֹדְרָנוּת נ
[xodra'ni] penetrating חוֹדְרָנִי ת
[xa'va] to experience, live through, undergo חָוָה פ״י
[xa'va] 1 opinion, statement. 2 farm, ranch. 3 Eve חַוָּה נ
[xi'va] to pronounce, state חִוָּה פ״י
[xa'vuy] 1 stated, expressed. 2 experienced חָווּי ת
[xi'vuy] statement, indication חִוּוּי ז
[xi'vur] 1 paleness. 2 elucidation, clarification חִוּוּר ז
[xo'ze] 1 agreement, contract. 2 pact. 3 visionary, seer חוֹזֶה ז
[xo'zi] contractual חוֹזִי ת
[xo'zer] 1 circular (letter). 2 returning. 3 repeated חוֹזֵר ז ת
penitent חוֹזֵר בִּתְשׁוּבָה
so on and so forth חוֹזֵר חֲלִילָה
[xo'zerni] I regret חוֹזְרַנִי
['xo'ax] 1 briar, thistle. 2 thorn. 3 fissure, cleft. 4 hook, ring חוֹחַ ז
[xo'xi] thorny חוֹחִי ת
[xo'xit] goldfinch חוֹחִית נ
[xo'xan] thistle, cotton, thistle חוֹחָן ז
[xoxa'ni] spiny, thorny חוֹחָנִי ת
[xut] 1 thread. 2 wire. 3 cord, line, string. 4 filament חוּט ז
wire חוּט בַּרְזֶל
1 scarlet thread. 2 sign, characteristic חוּט הַשָּׁנִי
spine, spinal cord חוּט הַשִּׁדְרָה
[xo'te] sinner, transgressor חוֹטֵא ז
[xo'tev] 1 hewer. 2 carver חוֹטֵב ז
wood cutter חוֹטֵב עֵצִים
[xu'ti] thread-like חוּטִי ת
[xuta'ni] filiform, filament-like חוּטָנִי ת
[xo'tef] 1 snatcher, grabber. 2 kidnapper, abductor חוֹטֵף ז
[xava'ya] experience חֲוָיָה נ
[xavi'la] 1 villa, mansion. 2 cottage חֲוִילָה נ
[xavaya'ti] giving rise to elation, uplifting חֲוָיָתִי ת
[xu'xa] jest, fun, mockery חוּכָא, חוּכָה נ
חוּכָא וּטְלוּלָא
[xo'xex] 1 hesitant, wavering. 2 rubbing. 3 fricative (phonetics) חוֹכֵךְ ז ת
[xo'xer] tenant, lessee, hirer חוֹכֵר ז
[xol] 1 sand. 2 weekday. 3 secular, temporal, profane. 4 phoenix חוֹל ז
[xo'la'at] serious illness חוֹלַאַת נ
[xo'lev] milkman, dairyman חוֹלֵב ת
[xo'le] 1 sick, ill. 2 patient חוֹלֶה ת
epileptic חוֹלֵה נוֹפְלִים

חולֶה נֶפֶש, חולֶה רוּחַ 1 mentally ill. 2 insane, mad

חולִי ת [xo'li] sandy

חולִית נ [xo'lit] sand dune

חולֵל פיו"ע [xo'lel] 1 to create, bring about, produce, perform. 2 to quake, cause fear. 3 to hope

חולָם ז [xo'lam] holam, Hebrew vowel "o"

חולֵם ז [xo'lem] dreamer, visionary

חולְמָנִי ת [xolma'ni] dreamer, dreaming

חולָנִי ת [xola'ni] 1 sickly, chronically ill. 2 morbid, diseased

חולָנִיּוּת נ [xolani'yut] 1 sickliness. 2 morbidity

חולֵף ז ת [xo'lef] 1 passing, fleeting. 2 ephemeral, transient

חולֵץ, חולְצָן ז [xo'lets, xol'tsan] 1 pincers, corkscrew. 2 puller, extractor

חולֵק ז [xo'lek] dissenting

חוּם ז ת [xum] brown

חומֵד ז [xo'med] anxious, eager, keen

חומָה נ [xo'ma] 1 wall. 2 rampart. 3 shelter

חומותַיִם זו"נ [xomo'tayim] double wall

חוּמִית נ [xu'mit] 1 calory. 2 alga

חומֵל, חומְלָנִי ת [xo'mel] merciful, compassionate

חומֵס, חומְסָן ז [xo'mes, xom'san] robber, rapacious

חומְקָנִי ת [xomka'ni] 1 evasive. 2 slippery, elusive

חַוָּן ז [xa'van] farmer

חונֵט ז [xo'net] embalmer

חונֵךְ ת [xo'nex] trainer, tutor

חונֵן פ"י [xo'nen] 1 to favour, provide, bless with. 2 to take pity on

חונֵף, חונְפָנִי [xo'nef] flatterer

חוּס פ"י [xus] 1 to pity, take pity on. 2 to spare

חוסֶה ז [xo'se] 1 one who seeks shelter. 2 protégé

חוסֵךְ ז [xo'sex] 1 economizer, saver. 2 thrifty, economical

חוסֵם ז [xo'sem] obstacle, barrier

חוף ז [xof] coast, shore, beach

חופֵז ת [xo'fez] hurrying, hasty

חופְזָנִי ת [xofza'ni] impetuous, hasty

חופִי ת ז [xo'fi] 1 coastal. 2 sanderling

חופָמִי ז [xofa'mi] shore bird, plover

חופָנִי ת [xofa'ni] coastal

חופָנִית נ [xofa'nit] mollusk, mollusc

חופֵף ת [xo'fef] overlapping, congruent

חופֵר ז [xo'fer] 1 excavator, digger. 2 sapper

חוּץ ז [xuts] 1 outside, exterior. 2 street, market

חוּץ מִן, חוּץ מִ־ except for, apart from, besides

חוּץ לָאָרֶץ abroad, overseas

חוצֵב ז [xo'tsev] stonecutter, mason

חוצֶה ז [xo'tse] bisector

חוצֶה צֶלַע median

חוּצִי ת [xu'tsi] external

חוצֶלֶת נ [xo'tselet] mat

חָוָק ז [xa'vak] transom, rung of ladder

חוקֵק ז פ"י [xo'kek] 1 legislator. 2 to legislate, enact

חוקֵר ז [xo'ker] 1 investigator. 2 scholar, researcher

חָוַר פ"ע [xa'var] to become pale, blench

חָוָר ז [xa'var] chalky soil, clay

חִוָּר ת [xi'var] pale, pallid

חִוֵּר פ"י ת [xi'ver] 1 to be or become pale. 2 to clarify, elucidate.

copse. 2 hut
חוּשִׁי ת [xu'shi] sensual, sensuous
חוּשָׁם ז ['xusham] simpleton
חוּשָׁן ז [xu'shan] sensual person
חוּשָׁנִי ת [xusha'ni] voluptuous
חוּשָׁנִיּוּת נ [xushaniy'ut] sensuality
חוֹשְׂפָנִי ת [xosfa'ni] revealing
חוֹשֵׁק ז [xo'shek] 1 passionate. 2 lover
חוֹשְׁשְׁנִי, חוֹשְׁשַׁנִי ת [xoshe'shani] I am afraid that...
חַוַּת דַּעַת opinion
חוֹתֵךְ ז ת [xo'tex] 1 incisive, sharp. 2 transversal, intersecting
חוֹתָל ז [xo'tal] 1 swaddling clothes. 2 leggings. 3 basket
חוֹתֶלֶת ז [xo'telet] 1 wrapper. 2 gaiter, puttee. 3 basket
חוֹתָם ז [xo'tam] 1 seal. 2 mark, stamp. 3 imprint, die
חוֹתַם בְּרִית circumcision
חוֹתֵם ז [xo'tem] signer, signatory
חוֹתֶמֶת נ [xo'temet] seal, rubber stamp
חוֹתֵן ז [xo'ten] father-in-law
חוֹתֶנֶת נ [xo'tenet] mother-in-law
חָז פ״י [xaz] 1 to prophesy, predict, foresee. 2 to visualize
חֲזָאוּת נ [xaza''ut] forecasting
חַזַּאי ז [xa'zai] meteorologist, forecaster (weather)
חָזָה פ״י [xa'za] 1 to predict, foresee, foretell. 2 to observe, perceive
חָזֶה ז [xa'ze] chest, breast
חִזָּה פ״י [xi'za] to forecast, predict
חָזוּי ת [xa'zuy] foreseen
חִזּוּי ז [xi'zuy] forecasting, envisioning
חָזוֹן ז [xa'zon] 1 vision, prophecy. 2 revelation
חֲזוֹן לַיְלָה dream

3 pale, pallid, wan
חוֹר, חֹר ז [xor] 1 hole, aperture. 2 eye-socket. 3 foramen, pore. 4 nobleman, freeman
חוּר ז [xur] fine white linen, cambric
חֲוַרְבָּר ז [xavar'bar] striped lizard
חוֹרֵג ת״ז [xo'reg] 1 step-. (father, mother, etc). 2 aberrant, irregular
חוֹרְגוּת נ [xor'gut] status of step-child
חֲוָרָה נ [xava'ra] marl, clay
חִוְרָה נ [xiv'ra] pallor, whiteness
חִוָּרוֹן ז [xiva'ron] paleness, wanness
חֲוַרְוַר ת ז [xavar'var] 1 pallid. 2 cataract
חֲוַרְוַר פ״ע [xavar'var] to become pale
חֲוַרְוָרוּת נ [xavarva'rut] paleness, wanness
חֲוַרוּרִי ת [xavru'ri] colo(u)rless, withered, wan
חֲוַרוּרִית נ [xavru'rit] paleness
חִוְרוּת נ [xiv'rut] pallor, wanness
חוֹרַי ז״ר [xo'rai] 1 gauze. 2 kind of lace
חוֹרִין ז״ר [xo'rin] freedom
חִוַּרְיָן ת [xivar'yan] pallid, whitened
חֲוַרִירוּת נ [xavri'rut] paleness, wanness
חוֹרֵף ז ת [xo'ref] 1 reproacher. 2 hibernating
חוֹרֵק ת [xo'rek] scraping grating,
חוֹרֵשׁ ז [xo'resh] 1 plougher, ploughman. 2 evil-thinker. 3 blacksmith
חוֹרֵת ז [xo'ret] engraver, etcher
חֲוֶרֶת נ [xa'veret] pallor, paleness
חוּשׁ ז פיו״ע [xush] 1 sense, feeling. 2 to feel, sense, worry. 3 to hurry
חוֹשֵׁב ז [xo'shev] 1 thinker. 2 artificer, craftsman
חוּשָׁה נ [xu'sha] 1 grove, thicket,

חִזּוּק ז [xi'zuk] 1 reinforcement, support. 2 corroboration
חִזּוּר ז [xi'zur] 1 circling, return. 2 wooing, courting. 3 repetition, iteration
חָזוּת נ [xa'zut] 1 seeing, looking. 2 vision, revelation. 3 appearance. 4 aspect. 5 contract, pact
חָזוּתִי ת [xazu'ti] visual, optical
חָזַז, חִזֵּז פ״י [xazaz, xi'zez] to flash
חֲזָזִית נ [xaza'zit] 1 acne. 2 herpes. 3 lichen. 4 moss
חָזִי ת [xa'zi] of the breast, pectoral, thoracic
חֱזִי ז ['xozi] aspect, nature
חֲזָיָה נ [xaza'ya] 1 seeing, observing, beholding. 2 view
חֲזִיָּה נ [xazi'ya] 1 brassière, bra. 2 waistcoat, vest. 3 seeing, observing
חִזָּיוֹן ז [xiza'yon] 1 vision, revelation. 2 drama, play. 3 lichen, moss. 4 phenomenon
חָזִיז ז [xa'ziz] 1 flash, thunderbolt. 2 cloud. 3 lichen
חֲזִינָה נ [xazi'na] knob
חֲזִיר ז [xa'zir] 1 pig, swine. 2 boar. 3 pork
חֲזִיר בָּר wild boar
חֲזִיר יָם guinea-pig
חֲזִירָה נ [xazi'ra] 1 sow. 2 return
חֲזִירוֹן ז [xazi'ron] piglet, piggy, shoat
חֲזִירוּת נ [xazi'rut] swinishness, piggishness
חֲזִירִי ת [xazi'ri] swinish, piggish
חֲזִירִיָּה נ [xaziri'ya] swinery, piggery
חֲזִירִית נ [xazi'rit] scrofula
חֲזִית נ [xa'zit] 1 front, façade. 2 foreground

חֲזִיתִי ת [xazi'ti] frontal
חָזַם פ״י [xa'zam] to cut, trim
חַזָּן ז [xa'zan] 1 cantor. 2 beadle
חִזֵּן פ״י [xi'zen] to serve as cantor, to lead the prayers in song
חַזָּנוּת נ [xaza'nut] 1 liturgical Jewish music. 2 office of cantor
חַזָּנִי ת [xaza'ni] cantoral
חָזָק ת תה״פ [xa'zak] 1 strong, powerful. 2 vigorous, robust. 3 forte. 4 strongly, powerfully (music).
חָזַק פ״י [xa'zak] 1 to be strong, firm. 2 to increase. 3 to be hard
חָזֵק ת [xa'zek] increasing in strength, gaining strength
חֹזֶק, חֵזֶק ז ['xozek, 'xezek] 1 strength, force. 2 intensity
חִזֵּק פ״י [xi'zek] 1 to strengthen, harden. 2 to re-inforce, intensify
חֻזַּק פ״ע [xu'zak] to be strengthened
חָזְקָה נ [xoz'ka] strength, might, power
חֲזָקָה נ [xaza'ka] 1 seizing. 2 usucaption, usucapion 3 probability, presumption
חֶזְקָה נ [xez'ka] 1 strength. 2 power (mathematics)
חָזַר פ״ע [xa'zar] 1 to return. 2 to revert. 3 to repeat, rehearse. 4 to repent, retract
חָזַר אַחַר to court, woo
חָזַר בּוֹ to reconsider, repent, recant, change one's mind
חָזַר בִּתְשׁוּבָה to make act of penitence
חָזַר חֲלִילָה 1 to recur repeatedly. 2 and so on, etcetera
חִזֵּר פ״י [xi'zer] 1 to court, woo. 2 to beg. 3 to circulate. 4 to iterate

[xaza'ra] 1 return. 2 revision. 3 repetition. 4 rehearsal. 5 recourse, reconsideration — חֲזָרָה נ
[xazar'zir] piglet, shoat — חֲזַרְזִיר ז
[xazar'zar] gooseberry — חֲזַרְזָר ז
[xaz'ran] 1 persistent. 2 wooer. 3 penitent, regretful — חַזְרָן ז
[xiz'ran] bamboo — חִזְרָן ז
[xaz'rar] sorb apple — חַזְרָר, חֻזְרָר ז
[xa'zeret] strong radish, horseradish — חֲזֶרֶת נ
[xa'zeret] mumps, parotitis — חַזֶּרֶת נ
[xi'zoret] refrain, chorus — חִזֹּרֶת נ
[xax] 1 nose-ring, bracelet. 2 tendril — חָח ז
[xat] 1 incisor. 2 cold chisel. 3 plough bit — חַט ז
[xa'ta] 1 to sin, transgress. 2 to err, miss — חָטָא פ״י
[xa'ta] sinner — חַטָּא ז
[xet] 1 sin, transgression. 2 guilt, fault — חֵטְא ז
[xi'te] 1 to cleanse, disinfect. 2 to purify. 3 to fumigate — חִטֵּא פ״י
[xata''a, xa'tat] sin, transgression — חֲטָאָה, חַטָּאָה, חַטָּאת נ
[xa'tav] to chop, hew — חָטַב פ״י
[xa'tav] carver, sculptor — חַטָּב ז
[xi'tev] 1 to sculpt, carve. 2 to divide (into units) — חִטֵּב פ״י
[xi'ta] 1 wheat. 2 to restore, give back — חִטָּה נ פ״י
[xi'tu] disinfection, cleansing — חִטּוּא ז
[xa'tuv] 1 carved, hewn. 2 shapely, well shaped — חָטוּב ת
[xi'tuv] 1 carving. 2 sculpture. 3 separating into units — חִטּוּב ז
[xatu'va] tapestry, complex embroidery — חֲטוּבָה נ
[xa'tut] 1 scarred, pock-marked. 2 dented, slotted — חָטוּט ת
[xi'tut] 1 scratching, picking. 2 digging, slotting. 3 search, discovery — חִטּוּט ז
[xato'teret] hunch, hump — חֲטוֹטֶרֶת נ
[xi'tuy] 1 purification, disinfection. 2 fumigation — חִטּוּי ז
[xi'tum] nasalization, twang — חִטּוּם ז
[xa'tuf] 1 quick, hasty, sudden. 2 kidnapped, abducted — חָטוּף ת
[xatu'fot] suddenly, in snatches — חֲטוּפוֹת תה״פ
[xatu'fi] kidnapped child — חֲטוּפִי ז
[xit'xut] boring, scratching — חִטְחוּט ז
[xit'xet] to scratch, scrape — חִטְחֵט פ״י
[xa'tat] 1 scab. 2 pimple, boil — חָטָט ז
[xa'tat, xi'tet] 1 to dig, bore, scratch. 2 to search — חָטַט, חִטֵּט פ״י
[xate'tan] 1 faultfinder. 2 digger. 3 nosey — חַטְטָן ז
[xateta'nut] meddling, fault-finding, nosing around — חַטְטָנוּת נ
[xateta'ni] overscrupulous, meddling, prying, interfering — חַטְטָנִי ת
[xa'tetet] furunculosis — חַטֶּטֶת נ
[xati'va] 1 cutting, splitting, chopping. 2 unit, block. 3 brigade — חֲטִיבָה נ
high school — חֲטִיבָה עֶלְיוֹנָה
junior high school — חֲטִיבַת בֵּינַיִם
[xativa'ti] of a brigade — חֲטִיבָתִי ת
[xati'ta] scratching, prying — חֲטִיטָה נ
[xa'tif] snack — חָטִיף ז
[xati'fa] kidnapping, abduction, snatching — חֲטִיפָה נ
[xati'fut] 1 hurry, haste. 2 abruptness — חֲטִיפוּת נ
[xa'tam] 1 to restrain, control oneself. 2 to snort, nasalize — חָטַם, חִטֵּם פ״ע
[xa'tam] muzzle, nose-ring — חָטָם ז

חֹטֶם ז ['xotem] 1 nose, snout. 2 knob

חָטְמִי ת [xot'mi] nasal

חָטַף, חִטֵּף פ״י [xa'taf, xi'tef] 1 to kidnap, abduct. 2 to snatch, seize. 3 to be in a hurry

חֲטָף ז [xa'taf] khataf, extra-short vowel

חַטְפָן ז [xat'fan] kidnapper, abductor, snatcher

חַטְפָנוּת נ [xatfa'nut] kidnapping, snatching

חֹטֶר ז ['xoter] branch, shoot, rod

חַי ז פ״ע ת תה״פ [xai] 1 animal. 2 vital 3 raw, fresh. 4 to live, exist. 5 alive. 6 lively

חַי וְקַיָּם alive and well

חַיָּב ת [xa'yav] 1 guilty, culpable, convicted. 2 obliged, bound. 3 owing, indebted

חִיֵּב פ״י [xi'yev] 1 to compel, oblige. 2 to convict, find guilty. 3 to debit, charge

חִיֵּג פ״י [xi'yeg] to dial

חִיֵּד פ״י [xi'yed] to neutralize

חִידָה נ [xi'da] 1 riddle, enigma. 2 puzzle

חִידוֹן ז [xi'don] quiz

חַיְדַּק ז [xai'dak] bacterium, germ, microbe

חָיָה פ״ע [xa'ya] 1 to live, be alive. 2 to subsist. 3 to recover. 4 to survive

חַיָּה נ [xa'ya] 1 animal, beast. 2 life, breath of life. 3 midwife. 4 woman in childbirth

חָיֶה ת [xa'ye] lively, alive, full of life

חִיָּה פ״י [xi'ya] 1 to keep alive. 2 to revive. 3 to resurrect. 4 to refresh, enliven

חִיּוּב ז [xi'yuv] 1 obligation. 2 guilt, conviction. 3 affirmative. 4 debiting, charging

חִיּוּבִי ת [xiyu'vi] 1 affirmative, positive. 2 compulsory

חִיּוּבִיּוּת נ [xiyuvi'yut] positiveness, positive attitude

חִיּוּג ז [xi'yug] dialling

חָיוּד ת [xa'yud] neutral

חִיּוּד ז [xi'yud] neutralization

חִיּוּדִי ת [xiyu'di] neutral

חִיּוּדִיּוּת נ [xiyudi'yut] neutrality

חִיּוּט ז [xi'yut] 1 needlework. 2 seam

חִיּוּךְ ז [xi'yux] smile

חִיּוּל ז [xi'yul] 1 enlistment, recruitment, mobilization

חִיּוּנָה נ [xiyu'na] 1 sustenance, necessary foodstuff, victuals

חִיּוּנִי ת [xiyu'ni] 1 vital, essential. 2 indispensable

חִיּוּנִיּוּת נ [xiyuni'yut] vital need, indispensability

חִיּוּץ ז [xi'yuts] partition, division

חַיּוּת נ [xa'yut] 1 life. 2 vitality

חִיּוּת נ [xi'yut] animation, vitality, living

חַיְזָר ז [xai'zar] alien

חַיָּט ז [xa'yat] tailor

חִיֵּט פ״י [xi'yet] to tailor

חַיָּטוּת נ [xaya'tut] tailoring

חַיַּי! מ״ק [xa'yai] Upon my life!

חַיֵּי בְּשָׂרִים carnal dissipation, immorality

חַיִּים ז״ר ת״ר מ״ק [xa'yim] 1 livelihood, life. 2 alive, living. 3 blessing (after sneezing)

חַיָּךְ ז [xa'yax] 1 joker, jester. 2 stutterer

חִיֵּךְ פ״ע [xi'yex] to smile

חַיְכָן ז [xai'xan] 1 smiler, sanguine person. 2 jester, joker

חַיְכָנִי ת [xaixa'ni] smiling, sanguine

3 dissenter. 4 extern
חִיצוֹנִי ת [xitso'ni] external, exterior, outside, outer
חִיצוֹנִיּוּת נ [xitsoni'yut] outside, externality
חֵיק ז [xek] 1 bosom. 2 lap. 3 thorax. 4 inside
חִירִיק ז [xi'rik] 1 Hirik, Hebrew vowel [i]. 2 small, insignificant
חִישׁ תה"פ [xish] fast, quickly, speedily
חִישָׁה נ [xi'sha] 1 speed, haste, swiftness. 2 thicket
חִישׁוּנוּת נ [xisho'nut] sensibility
חִישׁוּנִי ת [xisho'ni] sensitive
חַיְשָׁן ז [xai'shan] hesitant, shy, timid
חַיְשָׁנוּת נ [xaisha'nut] hesitance, shyness, timidity
חַיְשָׁנִי ת [xaisha'ni] hesitant, instinctive
חַיָּתִי ת [xaya'ti] animal-like, bestial
חַיָּתִיּוּת נ [xayati'yut] bestiality
חֵךְ ז [xex] palate
חָכָה פ"ע [xa'xa] 1 to wait. 2 to hope
חִכָּה פ"י [xi'ka] 1 to wait, await. 2 to angle. 3 to expect
חַכָּה נ [xa'ka] fishing-rod
חִכּוּי ז [xi'kuy] waiting, expectation
חִכּוּךְ ז [xi'kux] 1 friction, rubbing. 2 conflict. 3 eczema
חִכּוּם ז [xi'kum] witticism
חָכוֹר ז [xa'xor] lessee, hirer, tenant
חָכוּר ת [xa'xur] leased
חִכּוּר ז [xi'kur] lease, rental
חִכְכּוּךְ ז [xix'kux] spitting, expectoration
חִכְכֵּךְ פ"ע [xix'kex] to spit, expectorate
חִכִּי ת [xi'ki] palatal
חִכָּיוֹן ז [xika'yon] expectation, expectance, waiting

חַיִל ז ['xayil] 1 power, strength. 2 wealth. 3 virtue. 4 force, army
חֵיל אֲוִיר air force
חֵיל הַיָּם navy
חֵיל מַצָּב garrison
חֵיל רַגְלִים infantry
חֵיל תּוֹתְחָנִים artillery corps
חַיָּל ז [xa'yal] 1 soldier. 2 pawn (chess)
חִיל ז [xil] 1 shudder, trembling. 2 pain, anguish
חִיֵּל פ"י [xi'yel] 1 to recruit, enlist, mobilize
חִילָה נ [xi'la] 1 fear, anguish. 2 incidence (math.)
חַיָּלוּת נ [xaya'lut] soldiery
חַיָּלִי ת [xaya'li] military, soldierly
חֵילִי ת [xe'li] military
חִילָף ז [xi'lash] eragrostis, tickle-grass
חַיֶּלֶת נ [xa'yelet] woman soldier
חִימֶרָה נ [xi'mera] 1 chimera, monster. 2 delusion
חִין ז [xin] 1 grace, beauty, charm. 2 prayer, entreaty
חִיֵּן פ"ע [xi'yen] to vitalize
חַיִס ז ['xayis] 1 protection. 2 pedigree, relationship
חִיסָה נ [xi'sa] pity, mercy, protection
חַיְעַד ז [xai''ad] aizoon, everlasting
חִיֵּף פ"י [xi'yef] to scrape, graze, rub
חַיִץ ז ['xayits] 1 barrier. 2 screen. 3 buffer
חִיֵּץ פ"י [xi'yets] 1 to partition, separate off. 2 to compartmentalize
חִיצָה נ [xi'tsa] 1 barrier, partition. 2 thicket
חִיצוֹן ז ת [xi'tson] 1 outer, external. 2 outside, outward.

חֲכִינָה נ [xaxi'na] viper
חֲכִירָה נ [xaxi'ra] lease, rental
חֲכִירוּת נ [xaxi'rut] leasing, tenancy
חָכַךְ פיו"ע [xa'xax] 1 to rub, scratch. 2 to hesitate
חֶכֶךְ ז ['xexex] scab, itch, itching
חִכֵּךְ פ"י [xi'kex] 1 to scratch, rub. 2 to clear one's throat, croak
חֲכָכִית נ [xaxa'xit] itch
חַכֶּכֶת נ [xa'kexet] eczema
חַכְלִיל ז ת [xax'lil] 1 reddishness. 2 reddish, rubicund
חַכְלִיל הַזָּנָב red-tail
חַכְלִילוּת נ [xaxli'lut] reddishness
חַכְלִילִי ת [xaxli'li] rubicund
חִכְלֵל פ"י [xix'lel] to redden, blush, flush
חָכָם ז ת [xa'xam] 1 wise, intelligent, clever. 2 skilful, cunning. 3 erudite, learned. 4 a scholar, Haham
חָכַם פ"ע [xa'xam] to be or become wise
חֲכָמָה נ ת [xaxa'ma] 1 wise, intelligent (f). 2 skilful (f)
חָכְמָה נ [xox'ma] 1 intelligence, skill. 2 wisdom, knowledge. 3 learning, science. 4 wisecrack
חָכְמָה נִסְתָּרָה occult sciences, Kabbalah
חַכְמָן ז [xax'man] 1 wise, clever. 2 shrewd, sagacious
חָכְמַת הַיָּד palmistry, cheiromancy
חָכְמַת הַכּוֹכָבִים astronomy
חָכַר פ"ע [xa'xar] to hire, lease
חַכְרָן ז [xax'ran] tenant, lessee
חַכְרָנוּת נ [xaxra'nut] leasing, tenancy
חָל, חוּל פ"ע [xal] 1 to occur, happen, fall on. 2 to apply, concern. 3 tremble, fear. 4 to dance. 5 to wait. 6 to be valid
חָל פ"ע [xal] 1 to secularize. 2 to pray, beg
חֵל ז [xel] 1 rampart, bastion. 2 moat
חֹל ז [xol] 1 workday. 2 secular, common
חֹל הַמּוֹעֵד the intermediate days of a feast
חֶלְאָה נ [xel''a] filth, refuse, dirt
חֳלָאִים ז"ר [xola''im] sickness, illness
חֲלָאִים ז"ר [xala''im] ornament, necklace, jewels
חֶלְאַת אָדָם slum of earth
חָלָב ז [xa'lav] milk
חָלַב פ"י [xa'lav] 1 to milk. 2 to yield milk
חֲלֵב חֶמְאָה whey
חֵלֶב ז ['xelev] 1 fat, grease. 2 sebum. 3 the best part, the cream
חִלְבָּה נ ['xilba] fenugreek (spice)
חֶלְבּוֹן ז [xel'bon] 1 albumen. 2 protein. 3 white of egg
חֶלְבּוֹנִי ת [xelbo'ni] albuminous
חֲלָבִי ת [xala'vi] 1 milky, lactic. 2 lactescent. 3 milchik
חֲלַבְלוּב ז [xalav'luv] wolf's milk, spurge (bot).
חַלְבָּן ז [xal'ban] milkman
חֶלְבְּנָה נ [xelbe'na] galbanum
חַלְבָּנוּת נ [xalba'nut] dairying
חֲלַגְלוֹגָה נ [xalaglo'ga] purslane, portulaca (bot).
חָלַד פ"י [xa'lad] 1 to rust. 2 to dig, undermine, sap
חָלֵד ת [xa'led] rusty, rusted
חֶלֶד ז ['xeled] 1 world. 2 life-time. 3 rust
חִלֵּד פ"י [xi'led] to dig, undermine, sap
חֹלֶד ז ['xoled] mole

[xa'la'da] thrusting the slaughtering-knife חֲלָדָה נ
[xalu'da] rust חֲלֻדָּה נ
[xul'da] 1 rat. 2 polecat חֻלְדָּה נ
[xila'don] wheat rust חִלָּדוֹן ז
[xa'la] 1 to be sick, ill. 2 to fall sick חָלָה פ״י
[xa'la] Halla, special bread for the Sabbath חַלָּה נ
[xi'la] 1 to pray, implore. 2 to make sick, ill. 3 to sweeten, soften חִלָּה פ״י
[xa'lud] rusty חָלוּד ת
[xal'va] halva, nougat חַלְוָה נ
[xa'lut] 1 absolute, definite. 2 scalded חָלוּט ת
[xi'lut] 1 decree. 2 forfeiture חִלּוּט ז
[xi'luy] 1 beseeching, entreaty, imploring. 2 sweetening. חִלּוּי ז
[xa'lul] 1 hollow. 2 hole, cavity. 3 pore. 4 profane, desecrated חָלוּל ת
[xi'lul] desecration, profanation חִלּוּל ז
[xaluli'yut] 1 hollowness. 2 porosity חֲלוּלִיּוּת נ
[xa'lom] 1 dream. 2 vision חֲלוֹם ז
nightmare חֲלוֹם בַּלָּהוֹת
[xa'lum] dreamed, envisioned חָלוּם ת
[xa'lon] window חַלּוֹן ז
vitrage חַלּוֹן מַסְכִּית
shop-window חַלּוֹן רַאֲוָה
[xi'lun] secularization חִלּוּן ז
higher echelons, corridors of power חַלּוֹנוֹת גְּבוֹהִים
[xilo'ni] 1 secular, profane, lay. 2 temporal, wordly חִלּוֹנִי ת
[xiloni'yut] secularity חִלּוֹנִיּוּת נ
[xalo'nit] small window חַלּוֹנִית נ
[xa'lof] 1 ephemeral thing, vanishing. 2 perishing חֲלוֹף ז
[xi'luf] exchange, change חִלּוּף ז
metabolism חִלּוּף חֳמָרִים
correspondence, exchange of letters חִלּוּף מִכְתָּבִים
[xalu'fa] alternative חֲלוּפָה נ
reshuffle, change of personnel חִלּוּפֵי גַּבְרֵי
[xilu'fi] alternative חִלּוּפִי ת
[xilu'fit] amoeba חִלּוּפִית נ
[xa'luts] 1 pioneer, vanguard. 2 spearhead. 3 forward (football). 4 uncovered, exposed חָלוּץ ז ת
[xi'luts] 1 deliverance, rescue. 2 extraction. 3 elimination. 4 strengthening חִלּוּץ ז
[xalu'tsa] 1 pioneer (f), vanguard (f) חֲלוּצָה נ
[xalu'tsi] 1 pioneering. 2 innovative חֲלוּצִי ת
[xalutsi'yut] pioneering חֲלוּצִיּוּת נ
[xa'luk] 1 bathrobe. 2 robe, tunic. 3 different, divided חָלוּק ז ת
[xa'luk] pebble, shingle חַלּוּק ז
[xi'luk] 1 division. 2 difference חִלּוּק ז
[xa'lush] weak, feeble, exhausted חָלוּשׁ ת
[xalu'sha] 1 weakness. 2 debility, defeat חֲלוּשָׁה נ
[xa'lut] 1 sickness. 2 incidence, inception. 3 maturity חָלוּת נ
[xila'zon] 1 snail. 2 ring, cataract. 3 worm חִלָּזוֹן ז
murex חֶלְזוֹן הָאַרְגָּמָן
[xelzo'ni] spiral, heliform חֶלְזוֹנִי ת
[xil'zen] to wind, spiral חִלְזֵן פ״י
[xal'xul] percolator חַלְחוּל ז
[xil'xul] 1 permeation. 2 infiltration, penetration. 3 trembling, shaking חִלְחוּל ז
[xil'xel] 1 to shake, tremble. חִלְחֵל פ״ע

4 interchangeable, replaceable

[xali'fa] 1 suit, outfit. 2 change, replacement, substitution חֲלִיפָה נ

[xali'fot] alternately, by turns חֲלִיפוֹת תה״פ

[xali'fim/n] barter, exchange חֲלִיפִים, חֲלִיפִין ז״ר

correspondence, exchange of letters חֲלִיפַת מִכְתָּבִים

[xali'tsa] 1 removal. 2 untying 3 extraction. 4 stripping. 5 battledress. 6 Halitza. חֲלִיצָה נ

[xa'lik] 1 divisible. 2 smooth חָלִיק ת

[xa'lik] slur (music). 2 tie חָלִיק ז

[xali'ka] 1 parcellation, division. 2 embrace, caress. 3 antagonism. 4 shirt, robe חֲלִיקָה נ

[xali'kut] 1 smoothness. 2 flattery חֲלִיקוּת נ

[xoli'ra] cholera חֳלִירָע ז

[xali'sha] weakness, enfeeblement חֲלִישָׁה, חֲלִישׁוּת נ

[xulya'ti] vertebral חֻלְיָתִי ת

[xulyata'nim] vertebrates חֻלְיָתָנִים ז״ר

['xelex] wretch, poor person חֵלֶךְ ז

[xelka''ut] poverty, penury, indigence חֶלְכָּאוּת נ

[xelka''im] wretched, poverty-stricken (m. pl) חֶלְכָּאִים ז״ר

oppressed and wretched חֶלְכָּאִים וְנִדְכָּאִים

[xel'xa] unfortunate, dejected (f. sing) חֶלְכָה נ

[xa'lal] 1 vacuum, void. 2 dead, slain. 3 outer space. 4 disqualified for priesthood חָלָל ז ת

[xa'lal] 1 to be hollow. 2 to die, expire. 3 to play the flute חָלַל פ״ע

[xi'lel] 1 to violate, desecrate. 2 to redeem. 3 to pierce, 2 to permeate, trickle through. 3 to percolate חִלֵּל פ״י

[xalxa'la] 1 trembling, shudder. 2 panic, anguish, pain חַלְחָלָה נ

[xalxala'ni] quaking, quivering, trembling חַלְחֲלָנִי ת

[xal'xolet] rectum חַלְחֹלֶת נ

[xa'lat] 1 to decide, resolve, ascertain. 2 to brew, scald חָלַט פ״י

['xelet] dough, puffed-pastry חֶלֶט ז

[xi'let] to forfeit, foreclose חִלֵּט פ״י

[xalta'ni] definite, certain, determined חַלְטָנִי ת

[xa'li] ornament, necklace חֲלִי ז

['xoli] 1 sickness, illness, disease. 2 ailment, suffering חֳלִי, חֹלִי ז

epilepsy חֳלִי נְפִילָה

cholera חֳלִי רַע

entirely secular, profane חֻלֵּי חֻלִּין

[xali'va] milking חֲלִיבָה נ

[xa'lid] rusty, corrosive חָלִיד ת

[xel'ya] ornament, jewel חֶלְיָה נ

[xul'ya] 1 link (in a chain). 2 vertebra חֻלְיָה נ

[xila'yon] infirmity, illness חִלָּיוֹן ז

[xali'ta] scalding, pouring hot water (on dough or tea) חֲלִיטָה נ

[xa'lil] flute, pipe חָלִיל ז

[xa'lila] Heaven forbid! חָלִילָה תה״פ מ״ק

[xa'lila] again and again חֲלִילָה נ תה״פ

[xali'lon] 1 piccolo, small flute. 2 flageolet חֲלִילוֹן ז

[xali'lut] hollowness חֲלִילוּת נ

[xali'lit] recorder חֲלִילִית נ

[xali'lan] flautist, piper חֲלִילָן ז

[xa'lim] healthy, sane חָלִים ת

[xu'lin] 1 secularity. 2 Hullin (Talmudic tractate) חֻלִּין ז״ר

[xa'lif] 1 shoot, branch. 2 Caliph. 3 substitute, relief. חָלִיף ז ת

[xul'tsa] shirt, blouse חֻלְצָה נ
[xala'tsayim] loins חֲלָצַיִם ז״ז
['xalak] 1 pebble. 2 smooth. 3 bald, hairless. 4 flatterer חָלָק ז ת
[xa'lak] 1 to divide, share. 2 to apportion, impart. 3 to be smooth. 4 to disagree חָלַק פיו״ע
['xelek] 1 part, share. 2 fate, lot. 3 inheritance. 4 plot of land. 5 smoothness חֵלֶק ז
flattery חֵלֶק לָשׁוֹן
['xelek] pebble, shingle חֶלֶק ז
[xi'lak] 1 herring. 2 someone or other חִלָּק ז
Tom, Dick and Harry חִלָּק וּבִלָּק
[xi'lek] 1 to divide up. 2 to allot, share. 3 to distribute. 4 to separate, differentiate חִלֵּק פ״י
[xalu'ka] 1 division, partition. 2 distribution. 3 difference of opinion. 4 distribution of charity חֲלֻקָּה נ
[xel'ka] 1 plot, lot, field. 2 smooth part, bald part. 3 portion, holding חֶלְקָה נ
[xala'kot] 1 flattery. 2 flatteringly, smoothly חֲלָקוֹת נ״ר תה״פ
[xala'kut] smoothness חֲלָקוּת נ
pebbles חַלְּקֵי נַחַל
spare parts חֶלְקֵי חִלּוּף
[xel'ki] partial חֶלְקִי ת
[xelki'yut] proportional part חֶלְקִיּוּת נ
[xel'kik] 1 particle. 2 molecule חֶלְקִיק ז
[xel'kit] partly, partially חֶלְקִית תה״פ
[xalak'lak] slippery, smooth חֲלַקְלַק ז
[xalakla'ka] 1 skating-rink. 2 smooth, slippery ground חֲלַקְלַקָּה נ
[xalakla'kot] 1 slipperiness. 2 flatteringly חֲלַקְלַקּוֹת נ״ר תה״פ
[xalakla'kut] 1 flattery. חֲלַקְלַקּוּת נ
wound. 4 to play the flute
[xala'li] 1 profaned. 2 hollow, empty. 3 spatial חֲלָלִי ת
[xala'lit] 1 spaceship. 2 minute cavity חֲלָלִית נ
[xa'lam] 1 to dream. 2 to be strong חָלַם פיו״ע
[xala'ma] clay, loam חֲלָמָה נ
[xel'mon] egg yolk חֶלְמוֹן ז
[xel'mo'ni] yolky, consisting of egg yolk חֶלְמוֹנִי ת
[xelmo'nit] saffron חֶלְמוֹנִית נ
[xala'mish] flint, silex חַלָּמִישׁ ז
[xalmi'shi] rocky, stony חַלְמִישִׁי ת
[xel'mit] mallow, malva (bot) חֶלְמִית נ
[xal'man] dreamer חַלְמָן ז
[xil'men] to separate (yolk from white) חִלְמֵן פ״י
[xi'len] to secularize חִלֵּן פ״י
[xul'sa, xul'sit] silica, quartz חֻלְסָה, חֻלְסִית נ
[xa'laf] 1 to pass away. 2 to vanish. 3 to sprout again חָלַף פ״ע
[xa'laf] slaughterer's knife חַלָּף ז
['xelef] 1 change, reversal. 2 spare part. 3 wildgrass. 4 instead of חֵלֶף ז מ״י
[xi'lef] to substitute, change, replace חִלֵּף פ״י
[xil'pa] 1 grama grass. 2 sprout, shoot חִלְפָּה נ
[xil'pit] swordfish חִלְפִּית נ
[xal'fan] moneychanger חַלְפָן ז
[xalfa'nut] moneychanging חַלְפָנוּת נ
[xa'latz] 1 to take off, untie, remove. 2 to grant Halitza. 3 to deliver, rescue. 4 to arm. 5 to eliminate חָלַץ פיו״ע
['xelets] loin, hip חֶלֶץ ז
[xi'lets] 1 to deliver, rescue. 2 to extract. 3 to eliminate חִלֵּץ פ״י

2 slipperiness
חֲלַקְלַקָן ז [xalakla'kan] flatterer
חֶלְקַת לָשׁוֹן smooth talk, flattery
חָלַשׁ פ"ע [xa'lash] 1 to weaken, enfeeble. 2 to be weak. 3 to overlook, dominate. 4 to cast lots
חַלָּשׁ ת [xa'lash] 1 weak, feeble. 2 exhausted, drained
חֶלֶשׁ ז ['xelesh] lot
חִלֵּשׁ פ"י [xi'lesh] to weaken, enfeeble
חֹלֶשׁ ז ['xolesh] weakness, feebleness
חֻלְשָׁה נ [xul'sha] weakness, frailty, weariness
חֲלָשׁוּת נ [xala'shut] debility, exhaustion
חֲלַשְׁלַשׁ ת [xalash'lash] weak, feeble
חַלַּת דְּבַשׁ honeycomb
חִלְתִּית נ [xil'tit] asafetida, laserwort
חָם ז [xam] father-in-law
חַם ת [xam] hot, warm
חֹם ז [xom] 1 heat, warmth. 2 temperature, fever
חֶמְאָה נ [xem''a] 1 butter. 2 cream
חָמַד פ"י [xa'mad] to covet, desire, lust after
חָמַד לָצוֹן to jest
חֶמֶד ז ['xemed] 1 grace, charm. 2 delight, loveliness
חִמֵּד פ"י [xi'med] 1 to desire, lust for. 2 to pamper
חֹמֶד ז ['xomed] 1 darling. 2 grace. 3 prettiness, loveliness
חֶמְדָּה נ [xem'da] 1 delight. 2 jewel, gem. 3 lustfulness
חַמְדָן ז [xam'dan] 1 lustful, covetous. 2 envious
חַמְדָנוּת נ [xamda'nut] 1 greed, avarice. 2 lustfulness, covetousness
חַמְדָנִי ת [xamda'ni] lustful, greedy
חַמָּה נ [xa'ma] 1 sun. 2 fever. 3 heat, warmth. 4 summer
חֵמָה נ [xe'ma] 1 anger, wrath, rage. 2 heat. 3 poison
חָמוּד ת [xa'mud] 1 delightful, darling. 2 charming, lovely, pretty
חִמּוּד ז [xi'mud] 1 desire, lust. 2 yearning, craving
חֲמוּדוֹת נ"ר [xamu'dot] loveliness, beauty, grace
חָמוּם ת [xa'mum] heated, hot
חֲמוּם מֹחַ excitable, hot-blooded, quick-tempered
חִמּוּם ז [xi'mum] heating, warming
חִמּוּס ז [xi'mus] violence, robbery
חָמוֹץ ת [xa'mots] 1 oppressed. 2 oppressor, violent
חָמוּץ ת [xa'muts] 1 sour. 2 acid. 3 red. 4 oppressed
חִמּוּץ ז [xi'muts] 1 souring. 2 acidification
חַמּוּק ז [xa'muk] curve, bend
חֲמוֹר ז [xa'mor] 1 donkey, ass. 2 blockhead. 3 trestle, easel
חֲמוֹר גֶּרֶם 1 strong ass. 2 complete idiot
חֲמוֹר הַיָּם ז codfish
חָמוּר ת [xa'mur] serious, severe, grave
חֲמוֹרִי ת [xom'ri] donkey-like, asinine
חָמוּשׁ ת [xa'mush] 1 armed. 2 equipped
חִמּוּשׁ ז [xi'mush] 1 armament, arms. 2 multiplication by five
חָמוֹת נ [xa'mot] mother-in-law
חַמּוּת נ [xa'mut] warmth, heat
חֹמֶט ז ['xomet] lizard
חֲמִיטָה נ [xami'ta] 1 waffle. 2 pancake
חֲמִילָה נ [xami'la] 1 coarse leather. 2 sheepskin jacket
חָמִים ת [xa'mim] 1 warm. 2 cosy

חֻמְעָה נ [xum'ʼa] rumex, sorrel
חָמֵץ ז [xa'mets] 1 leavened, leaven. 2 hametz
חִמֵּץ פ״י [xi'mets] 1 to acidify, make sour. 2 to leaven, ferment. 3 to delay, defer
חֹמֶץ ז ['xomets] vinegar
חֹמֶץ בֶּן יַיִן unworthy son
חִמְצָה נ [xim'tsa] chick-pea(s)
חֻמְצָה נ [xum'tsa] acid
חִמְצוּן ז [xim'tsun] 1 oxidation. 2 oxygenization
חֻמְצִיּוּת נ [xumtsi'yut] acidity
חַמְצִיץ ז [xam'tsits] sorrel, wood sorrel
חֲמַצְמַץ ת [xamats'mats] 1 sourish. 2 vinegary
חַמְצָן ז [xam'tsan] oxygen
חִמְצֵן פ״י [xim'tsen] 1 to oxidize. 2 to oxygenize
חַמְצָנִי ת [xamtsa'ni] oxygenic
חַמֶּצֶת נ [xa'metset] acidosis, hyperchlorhydria
חָמַק פ״ע [xa'mak] 1 to escape, evade. 2 to slip away, go away
חֲמַקְמַק ת [xamak'mak] evasive, elusive, shirking
חֲמַקְמַקּוֹת תה״פ [xamakma'kot] evasively
חֲמַקְמַקּוּת נ [xamakma'kut] evasiveness, elusiveness
חַמְקָן ז [xam'kan] 1 shirker. 2 evasive, elusive
חַמְקָנוּת נ [xamka'nut] shirking, evasiveness
חֲמַקְתָּנִי ת [xamakta'ni] elusive, evasive
חָמַר פיו״ע [xa'mar] 1 to foam, froth. 2 to tar, asphalt. 3 to become strict. 4 to parch. 5 to heap
חַמָּר ז [xa'mar] donkey-driver
חֵמָר ז [xe'mar] asphalt, bitumen, clay

חַמִּים ז״ר [xa'mim] 1 hot water. 2 hot springs
חֲמִימוּת נ [xami'mut] 1 warmth. 2 cosiness
חַמִּין ז״ר [xa'min] 1 cholent. 2 hot water
חָמִיץ ז ת [xa'mits] 1 sourish, acid. 2 seasoned
חֲמִיצָה נ [xami'tsa] borscht, beetroot soup
חֲמִיצוּת נ [xami'tsut] sourness, acidity
חֲמִיקָה נ [xami'ka] escape, flight
חֲמִישִׁי ש״מ [xami'shi] fifth
חֲמִישִׁיָּה נ [xamishi'ya] 1 quintet. 2 quintuplets, quins
חֲמִישִׁית נ [xami'shit] fifth part
חֻמִּית נ [xu'mit] calory
חָמַל פ״ע [xa'mal] 1 to pity, have pity
חֶמֶל ז, חֶמְלָה נ ['xemel, xem'la] pity, compassion, mercy
חָמָם ז [xa'mam] cardamom
חָמַם פ״ע [xa'mam] 1 to be angry. 2 to get hot, become warm.
חִמֵּם פ״י [xi'mem] to heat, warm
חֲמָמָה נ [xama'ma] hothouse, greenhouse
חַמָּן ז [xa'man] sun-image
חַמָּנִית נ [xama'nit] sunflower
חָמָס ז [xa'mas] 1 injustice, injury. 2 violence, oppression
חָמַס פ״י [xa'mas] 1 to rob, extort. 2 to oppress, destroy
חַמְסִין ז [xam'sin] hamsin, sirocco, heatwave
חַמְסִינִי ת [xamsi'ni] hot-and-dry, heatwave
חַמְסָן ז [xam'san] 1 robber, predator. 2 cruel, oppressor
חַמְסָנוּת נ [xamsa'nut] 1 robbery, violence. 2 oppression
חִמַּע פ״י [xi'ma] to acidify

חֶמֶר ז ['xemer] wine (poetic)
חִמֵּר פיו"ע [xi'mer] to drive a donkey
חֹמֶר ז ['xomer] 1 clay, mortar. 2 material, matter, stuff
חֹמֶר גֶּלֶם raw material
חֹמֶר נֶפֶץ explosives
חַמְרָה נ [xam'ra] red loam
חָמְרָה נ [xom'ra] hardware (computers)
חֻמְרָה נ [xum'ra] 1 severity, strictness. 2 restriction. 3 gravity
חַמָּרוּת נ [xama'rut] donkey-driving
חָמְרִי ת [xom'ri] 1 material. 2 corporeal
חִמְרִיָּה נ [ximri'ya] warbler
חָמְרִיּוּת נ [xomri'yut] materialism
חֲמַרְמַר פ"ע [xomar'mar] 1 to be burnt. 2 to turn red, blush
חֲמַרְמֹרֶת נ [xamar'moret] hangover
חַמְרָן ז [xam'ran] aluminium
חִמְרֵן פ"י [xim'ren] to make materialistic
חָמְרָנוּת [xomra'nut] materialism
חָמְרָנִי ת [xomra'ni] materialistic
חַמֶּרֶת נ [xa'meret] caravan of donkeys
חָמֵשׁ נ ש"מ [xa'mesh] five (f)
חֲמֵשׁ־עֶשְׂרֵה [xamesh-'es're] fifteen (f)
חִמֵּשׁ פ"י [xi'mesh] 1 to arm. 2 to divide or multiply by five
חֹמֶשׁ ז ['xomesh] 1 fifth part. 2 five-year period. 3 belly, stomach
חֻמָּשׁ ז [xu'mash] a book of the Pentateuch
חַמְשָׁה נ [xam'sha] 1 musical staff. 2 five (group)
חֲמָשָׁה נ [xama'sha] quintuple, five-fold product
חֲמִשָּׁה ז ש"מ [xami'sha] five (m)
חֲמִשָּׁה־עָשָׂר ז ש"מ [xamisha'a'sar] fifteen (m)
חֲמִשִּׁים ש"מ [xami'shim] fifty

חַמְשִׁיר ז [xam'shir] limerick
חַמְשִׁית נ [xam'shit] quintet
חֵמֶת נ ['xemet] goatskin, waterskin
חֵמַת חֲלִילִים 1 bagpipes. 2 wind-bag
חֵן ז [xen] 1 charm, grace. 2 favo(u)r
חֵן חֵן! Thank you! Much obliged!
חָנַב פ"ע [xa'nav] to bleat
חָנַג, חִנֵּג פ"ע [xa'nag, xi'neg] to dance, feast
חִנְגָּא, חִנְגָּה נ ['xinga] party, celebration, dance
חָנָה פיו"ע [xa'na] 1 to encamp, park. 2 to settle, dwell. 3 to besiege
חָנוּט ז ת [xa'nut] 1 mummy. 2 embalmed
חִנּוּךְ ז [xi'nux] 1 education. 2 training. 3 upbringing
חִנּוּךְ יְחִידָנִי individual education
חִנּוּכִי ת [xinu'xi] educational, pedagogical
חָנוּן ת [xa'nun] gracious, lovely
חַנּוּן ת [xa'nun] merciful, compassionate
חִנּוּן ז [xi'nun] pardoning, reprieving
חֶנְוָנוּת נ [xenva'nut] shopkeeping
חֶנְוָנִי ז [xenva'ni] shopkeeper
חָנוּק ת [xa'nuk] 1 strangled, suffocated. 2 pressed
חֲנוּת נ [xa'nut] 1 store, shop. 2 guardpost
חִנְחֵן פ"י [xin'xen] 1 to implore. 2 to adorn, be coquettish
חָנַט פ"י [xa'nat] 1 to mummify, embalm. 2 to ripen
חַנָּט ז [xa'nat] mummifier, embalmer
חֶנֶט ז ['xenet] unripeness
חֲנָטָה נ [xana'ta] 1 ripening. 2 embalming
חֲנָיָה, [xana'ya, xani'ya] 1 parking.

[xa'naf] 1 to flatter, toady, smooth-talk. 2 to be polluted, defiled, prophane חָנַף פ"ע

[xa'nef] 1 flatterer. 2 evildoer, sinner. 3 hypocrite חָנֵף ת

['xonef, xanu'pa] 1 flattery, toadying. 2 hypocrisy. 3 godlessness חֹנֶף ז, חֲנֻפָּה נ

[xan'fan] 1 flatterer. 2 sycophant חַנְפָן ז

[xanfa'nut] flattery, sycophancy חַנְפָנוּת נ

[xanfa'ni] flattering חַנְפָנִי ת

[xa'nak] 1 to strangle, throttle. 2 to suffocate. 3 to oppress חָנַק פ"י

['xenek] 1 strangulation. 2 execution by suffocation חֶנֶק ז

[xi'nek] 1 to strangle, throttle. 2 to suffocate חִנֵּק פ"י

[xan'ka] nitrate חַנְקָה נ

[xin'kun] nitrification חִנְקוּן ז

[xan'ki] nitrous, nitric חַנְקִי ת

[xan'kan] 1 nitrogen. 2 shrike, butcherbird חַנְקָן ז

[xin'ken] to nutrify, nitrogenize חִנְקֵן פ"י

[xanka'ni] nitric, nitrogenous חַנְקָנִי ת

[xas] 1 to pity, take pity. 2 to spare, save חָס פ"י

God forbid! חַס וְחָלִילָה!

['xesed] 1 favo(u)r, grace. 2 mercy, charity. 3 disgrace, shame חֶסֶד ז

[xi'sed] 1 to benefit, help. 2 to deprecate, reproach חִסֵּד פ"י

[xa'sa] 1 to find protection, refuge. 2 to trust חָסָה פ"י

['xasa] lettuce חַסָּה נ

[xa'sud] 1 graceful, charming. 2 hypocrite חָסוּד ת

2 encampment, bivouac חֲנִיָּה נ

[xen'yon] parking lot חֶנְיוֹן ז

[xani'ta] mummifying, embalming חֲנִיטָה נ

[xa'nix] disciple, apprentice, pupil, trainee, cadet חָנִיךְ ז

[xani'xa] 1 pupil (f), apprentice (f). 2 surname חֲנִיכָה נ

[xani'xut] apprenticeship חֲנִיכוּת נ

[xani'xayim] gums חֲנִיכַיִם ז"ר

[xani'na] 1 amnesty, pardon. 2 mercy, clemency, compassion חֲנִינָה נ

[xani'nut] clemency, mercy חֲנִינוּת נ

[xani'fa, xani'fut] flattery, blandishment חֲנִיפָה, חֲנִיפוּת נ

[xani'ka] 1 strangulation, stifling. 2 suffocation חֲנִיקָה נ

[xa'nit] spear, javelin חֲנִית נ

[xa'nax] 1 to consecrate, dedicate. 2 to inaugurate. 3 to train, teach חָנַךְ פ"י

[xi'nex] 1 to educate, teach. 2 to inaugurate חִנֵּךְ פ"י

[xanu'ka] 1 Hanukka, Feast of Lights. 2 inauguration, consecration, dedication חֲנֻכָּה נ

[xanuki'ya] Hannuka lamp חֲנֻכִּיָּה נ

[xi'nam] 1 free-of-charge, gratis. 2 in vain חִנָּם תה"פ

[xana'mal] sleet, hail חֲנָמַל ז

[xa'nan] 1 to bestow, donate. 2 to pardon, amnesty. 3 to favo(u)r, grant, endow חָנַן פ"י

[xi'nen] 1 to implore, beseech. 2 to beg for mercy חִנֵּן פ"י

[xina'nut] gracefulness, comeliness חִנָּנוּת נ

[xina'ni] 1 attractive. 2 comely, graceful, pleasing חִנָּנִי ת

[xina'nit] daisy חִנָּנִית נ

חָסוּי ת [xa'suy] protected, guarded
חִסּוּי ז [xi'suy] refuge, protection
חָסוּךְ ת [xa'sux] 1 saved, put by. 2 lacking, wanting in
חֲסוּךְ בָּנִים childless, barren
חִסּוּל ז [xi'sul] 1 liquidation. 2 elimination
חָסוּם ת [xa'sum] 1 blocked, obstructed. 2 muzzled. 3 enclosed, inscribed
חִסּוּם ז [xi'sum] 1 edge. 2 muzzle. 3 hardening. 4 forging, tempering.
חִסּוּן ז [xi'sun] 1 strengthening. 2 immunization, innoculation
חִסּוּר ז [xi'sur] 1 subtraction, reduction. 2 lack, absence
חָסוּת נ [xa'sut] 1 protection, refuge. 2 patronage, auspices
חַסְחוּס ז [xas'xus] cartilage, gristle
חָסִיד ז ת [xa'sid] 1 righteous, pious. 2 charitable, benevolent. 3 devotee, follower. 4 Hassid
חֲסִידָה נ [xasi'da] 1 stork. 2 pious (f)
חֲסִידוּת נ [xasi'dut] 1 righteousness, piety. 2 charity, benevolence. 3 Hassidism
חֲסִיָּה נ [xasi'ya] asylum, refuge, shelter
חִסָּיוֹן ז [xisa'yon] 1 protection, shelter, harbo(u)r. 2 grace, privilege
חָסִיל ז [xa'sil] locust
חֲסִילוֹן ז [xasi'lon] shrimp
חֲסִימָה נ [xasi'ma] 1 blockage, blocking. 2 limitation, restraint. 3 muzzling. 4 stupidity. 5 blade of axe
חָסִין ת [xa'sin] 1 immune, resistant. 2 mighty, strong. 3 proof
חֲסִין אֵשׁ fire proof, non-inflammable
חֲסִינָה נ [xasi'na] wicker basket
חֲסִינוּת נ [xasi'nut] 1 immunity. 2 strength
חֲסִית נ [xa'sit] onion
חָסַךְ, חִסֵּךְ פ״י [xa'sax, xi'sex] to save, spare, economize
חֶסֶךְ ז ['xesex] 1 deficit. 2 lack, shortage
חִסָּכוֹן ז [xisa'xon] 1 economizing, saving. 2 frugality, thriftiness
חֶסְכוֹנִי ת [xesxo'ni] frugal, thrifty, parsimonious
חַסְכָן ז [xas'xan] economical, thrifty
חַסְכָנוּת נ [xasxa'nut] economizing
חַסְכָנִי ת [xasxa'ni] economical, thrifty
חָסַל פ״י [xa'sal] 1 to destroy, liquidate. 2 to consume, cut off. 3 to end, conclude
חֲסַל! מ״ק It's over!
חִסֵּל פ״י [xi'sel] 1 to liquidate, terminate. 2 to eliminate
חַסְלָן ז [xas'lan] destroyer, agent of destruction
חַסְלָנוּת נ [xasla'nut] destructiveness
חַסְלָנִי ת [xasla'ni] destructive
חָסַם פ״י [xa'sam] 1 to block, obstruct, bar. 2 to muzzle. 3 to temper, forge
חַסָּם ז [xa'sam] tourniquet
חֶסֶם ז ['xesem] blockage, obstruction
חִסֵּם פ״י [xi'sem] to forge, temper, harden
חָסֹן ת [xa'son] sturdy, strong, powerful
חִסֵּן פ״י [xi'sen] 1 to immunize, innoculate. 2 to praise. 3 to strengthen
חֹסֶן ז ['xosen] 1 riches, wealth. 2 immunity. 3 strength, power. 4 uncombed flax

protect. 2 bonnet of car. 3 lamp shade

[xu'pa] 1 wedding canopy. 2 marriage ceremony חֻפָּה נ

[xa'fuz] 1 hasty, hurried, rushed. 2 slapdash חָפוּז ת

[xa'fuy] covered, wrapped חָפוּי ת

embarrassed, perplexed חֲפוּי רֹאשׁ

[xi'puy] 1 covering, wrapping. 2 whitewashing. 3 concealment. 4 protection, cover חִפּוּי ז

[xa'fun] held in the hand חָפוּן ת

[xi'puf] 1 stockade, fence. 2 congruence חִפּוּף ז

[xafu'ra] ditch, trench חֲפוּרָה נ

[xafu'rit] canary grass, darnel, phalaris חֲפוּרִית נ

[xi'push] emancipation, liberation חִפּוּשׁ ז

[xi'pus] search, quest, investigation חִפּוּשׂ ז

[xipu'shit] beetle חִפּוּשִׁית נ

ladybird, stag beetle חִפּוּשִׁית מֹשֶׁה רַבֵּנוּ

scarab חִפּוּשִׁית פַּרְעֹה

black beetle, meloid חִפּוּשִׁית רְפוּאָה

[xa'fut] rolled up, turned up חָפוּת נ

[xa'put] innocence, guiltlessness חַפּוּת נ

[xa'faz] to hasten, rush, hurry חָפַז פ״ע

[xof'za] haste, hurry, rush חָפְזָה נ

[xipa'zon] precipitancy, haste, flurry חִפָּזוֹן ז

[xefzo'ni] hasty, precipitate חֶפְזוֹנִי ת

[xa'fi] flap, overlap חָפִי ז

[xafi'ya] covering, overlapping חֲפִיָּה נ

[xafi'na] handful חֲפִינָה נ

[xafi'sa] 1 packet, deck, bar, piece. 2 small bag חֲפִיסָה נ

[xafi'fa] 1 shampooing. חֲפִיפָה נ

[xis'pus] 1 roughness, ruggedness. 2 scaliness. 3 coarsening חִסְפּוּס ז

[xaspa'nit] pityriasis (med.) חַסְפָּנִית נ

[xis'pes] 1 to make rough, coarsen. 2 to make scaly חִסְפֵּס פ״י

[xas'peset] pellagra (med.) חַסְפֶּסֶת נ

[xasa'ka] surfboat חֲסָקָה נ

[xa'sar] 1 to be absent, missing. 2 to be deficient, lacking. 3 to diminish, lessen. 4 to be missed חָסַר פ״ע

[xa'ser] 1 less, minus. 2 wanting, lacking חָסֵר ת

['xeser] 1 shortage, deficiency, lack. 2 poverty, indigence חֶסֶר ז

[xi'ser] 1 to deduct, subtract. 2 to lessen. 3 to reduce, decrease. 4 to short-change חִסֵּר פ״י

['xoser] 1 lack, shortage, want. 2 absence, dearth חֹסֶר ז

helplessness חֹסֶר אוֹנִים

[xis'ra] debit balance חִסְרָה נ

tastelessness, insipidity חֹסֶר טַעַם

[xes'ron] 1 defect, deficiency. 2 loss חֶסְרוֹן ז

[xisa'ron] 1 disadvantage, draw-back, defect. 2 deficiency, shortage חִסָּרוֹן ז

[xaf] 1 stud. 2 to rub, scrub חָף ז פ״י

[xaf] 1 innocent. 2 pure. 3 innocuous. 4 to rub, scrape חַף ז פ״י

[xa'fa] cover, wrapper חָפָא ז

[xi'pe] 1 to slander, defame. 2 to concoct, fabricate חִפֵּא פ״י

[xa'pai] slanderer, calumniator חַפַּאי ז

[xa'fa] to cover, overlap חָפָה פ״י

[xa'fe] bract (bot.) חָפֶה ז

[xi'pa] 1 to cover, hide, חִפָּה נ פ״י

2 congruence. 3 overlapping
[xafi'tsa] desire, will, wish חֲפִיצָה נ
[xa'fir] ditch, trench חָפִיר ז
[xafi'ra] excavation, dig חֲפִירָה נ
[xafi'sa] search, quest חֲפִישָׂה נ
[xa'fit] 1 lid, cover. 2 bracteole (bot.) חָפִית נ
[xi'pit] 1 escutcheon. 2 finger plate חִפִּית נ
[xa'fan] 1 to grip, grasp. 2 to take a handful חָפַן פ״י
[xa'pan] masseur חַפָּן ז
['xofen] handful חֹפֶן ז
[xa'faf] 1 to superimpose, overlap. 2 to be congruent. 3 to cover, shield. 4 to rub. 5 to shampoo חָפַף פ״י
[xa'faf] 1 carp. 2 pumice-stone חֲפַף ז
[xi'pef] 1 to rub, scrub. 2 to shampoo חִפֵּף פ״י
[xafa'fit] skin disease חֲפָפִית נ
[xa'fats] to arrive quickly חָפַץ פ״י
[xa'fets] 1 to wish, want, desire. 2 to like, be friendly towards חָפֵץ פ״ע
['xefets] 1 wish, desire. 2 delight. 3 object, article. 4 luggage, baggage חֵפֶץ ז
diligence, industriousness חֵפֶץ כַּפַּיִם
[xef'tsa] wish, desire חֶפְצָה נ
[xef'tsit] caprice, whim חֶפְצִית נ
[xa'far] 1 to dig, excavate. 2 to explore. 3 to be ashamed חָפַר פיו״ע
[xa'par] 1 digger. 2 sapper. 3 pioneer חַפָּר ז
['xefer] 1 digging, excavation. 2 shame חֵפֶר ז
[xafe'ra] trench חֲפֵרָה נ
[xaf'rur] ore, mineral חַפְרוּר ז
[xafar'peret] mole חֲפַרְפֶּרֶת נ
[xa'foret] 1 dug-up soil. 2 borrow materal חֲפֹרֶת נ
[xa'fas] to search for חָפַשׂ פ״י
['xefes] 1 search. 2 device, examination חֵפֶשׂ ז
[xi'pesh] to liberate, set free חִפֵּשׁ פ״י
[xi'pes] 1 to search for, seek. 2 to investigate חִפֵּשׂ פ״י
['xofesh] 1 freedom, liberty. 2 vacation, leave, holiday חֹפֶשׁ ז
[xuf'sha] vacation, leave, holiday חֻפְשָׁה נ
[xof'shi] 1 free, unrestricted. 2 non-religious. 3 liberal, secular חָפְשִׁי ת
[xofshi'yut] 1 freedom, liberty. 2 lack of religious observance חָפְשִׁיּוּת נ
[xap'san] searcher, inquirer, investigator חַפְּשָׂן ז
[xa'fat] 1 to fold, roll up, turn up. 2 to tuck חָפַת, חִפֵּת פ״י
['xefet] 1 fold, tuck. 2 cuff links חֵפֶת ז
[xets] 1 arrow, dart. 2 flash. 3 vector חֵץ ז
in spite of someone חֵץ בְּעֵינוֹ
brackets, parenthesis חֲצָאֵי לְבָנָה
square brackets חֲצָאֵי לְבֵנָה
[xatsa'i'yut] 1 half-measure. 2 incompleteness חֲצָאִיּוּת נ
[xatsa''im] halves חֲצָאִים ז״ר
[xatsa''it] skirt חֲצָאִית נ
[xa'tsav] 1 urginea. (bot). 2 earthen or stone pitcher חָצָב ז
[xa'tsav] to quarry, dig out. 2 to carve, chisel. 3 to hew, shape חָצַב פ״י
[xa'tsav] stonecutter, stonemason, quarryman חַצָּב ז

חַצֶּבֶת נ [xa'tsevet] measles
חָצָה פ״י [xa'tsa] 1 to divide, cut. 2 to cross. 3 to halve, bisect
חִצָּה פ״י [xi'tsa] to halve, bisect, divide into two
חָצוּב ת [xa'tsuv] 1 hewn, quarried. 2 sculptured. 3 chiselled
חִצּוּב ז [xi'tsuv] 1 quarrying, stonecutting. 2 carving
חֲצוּבָה נ [xatsu'va] tripod, three-legged base
חָצוּי ת [xa'tsuy] halved, bisected, split, divided into two
חִצּוּי ז [xitsuy] 1 bisection. 2 halving, dividing
חָצוּף ת [xa'tsuf] insolent, rude, impertinent
חֲצוֹצְרָה, חֲצוֹצֶרֶת נ [xatsots'ra] 1 cornet, bugle. 2 trumpet. 3 tube
חֲצוֹצְרָן ז [xatsots'ran] 1 trumpeter. 2 bugler
חֲצוֹצְרַת הָרֶחֶם fallopian tube
חֲצוֹת נ [xa'tsot] midnight
חֲצִי ז [xa'tsi] 1 half. 2 middle, centre, center
חֲצִי אִי peninsula
חֵצִי ז [xe'tsi] 1 center, middle. 2 arrow
חֲצִיבָה נ [xatsi'va] 1 hewing, quarrying. 2 carving
חֲצָיָה, חֲצִיָּה נ [xatsa'ya, xatsi'ya] 1 halving, dividing in two. 2 crossing. 3 bisection
חָצִיל ז [xa'tsil] eggplant, aubergine
חֲצִיפוּת נ [xatsi'fut] insolence, impertinence
חָצִיץ ז [xa'tsits] partition, separator
חֲצִיצָה נ [xatsi'tsa] 1 partitioning, screening. 2 partition, interposition
חָצִיר ז [xa'tsir] hay, grass
חֲצִיר גַּגּוֹת withering grass
חַצָּל ז [xa'tsal] matmaker
חֹצֶן ז ['xotsen] bosom, lap
חֻצְפָּה נ [xuts'pa] insolence, impertinence
חֻצְפָּן ז [xuts'pan] insolent, impertinent person
חֻצְפָּנוּת נ [xutspa'nut] impudence, cheek
חֻצְפָּנִי ת [xutspa'ni] insolent, impertinent
חָצָץ ז [xa'tsats] 1 gravel, stone. 2 calculus
חָצַץ פיו״ע [xa'tsats] 1 to partition, divide, separate. 2 to lead (printing)
חֲצַץ ז [xa'tsats] partition, screen
חִצֵּץ פ״י [xi'tsets] 1 to divide, separate. 2 to smash. 3 to explode
חֲצָצָה נ [xatsa'tsa] 1 partition. 2 leads (printing)
חִצְצוּר ז [xitse'tsur] trumpeting
חִצְצֵר פ״ע [xitse'tser] to trumpet, blow the trumpet
חַצֶּצֶת נ [xa'tsetset] calculosis, lithiasis
חַצֶּצֶת בַּלּוּטוֹת הָרֹק sialdithiasis
חַצֶּצֶת הַכְּלָיוֹת nephrolithiasis
חַצֶּצֶת הַמָּרָה cholelithiasis
חַצֶּצֶת הַשֶּׁתֶן urolithiasis
חָצֵר נ [xa'tser] 1 yard, courtyard, enclosure. 2 court. 3 village, suburb
חֲצֵרִים נ״ר [xatse'rim] premises
חַצְרָן ז [xats'ran] 1 janitor, gate-keeper. 2 courtier
חַצְרָנוּת נ [xatsra'nut] 1 gate-keeping. 2 courtiership
חַצְרָנִי ת [xatsra'ni] courtly
חַק פ״י [xak] 1 to legislate.

2 to carve, etch
[xek] bosom, lap חֵק ז
[xok] 1 law, statute. 2 rule. 3 custom, 4 boundary. 5 portion. 6 share, task חֹק ז
immutable law חֹק בַּל יַעֲבֹר
Law of the Return חֹק הַשְּׁבוּת
by-law חֹק עֵזֶר
penal law חֹק עֳנָשִׁין
[xa'kai] imitator, mimic חַקַּאי ז
[xi'ka] 1 to imitate, ape, copy. 2 to emulate. 3 to draw, engrave, carve חִקָּה פ״י
[xu'ka] 1 constitution. 2 ordinance, edict. 3 rule, custom, law חֻקָּה נ
[xi'kuy] imitation, copying חִקּוּי ז
[xi'kun] clysis, administering an enema חִקּוּן ז
[xi'kuk] 1 carving, engraving. 2 legislation, enacting חִקּוּק ז
[xi'kur] searching, inquest, examination חִקּוּר ז
['xaki] khaki חָקִי ז
[xu'ki] legal חֻקִּי ת
[xuki'yut] legality, legitimacy חֻקִּיּוּת נ
[xak'yan] impersonator, imitator, mimic חַקְיָן ז
[xakya'nut] mimicry, art of imitating חַקְיָנוּת נ
[xakya'ni] imitative חַקְיָנִי ת
[xaki'ka] 1 legislation, enactment. 2 carving, engraving חֲקִיקָה נ
[xaki'ra] 1 investigation. 2 Inquisition חֲקִירָה נ
cross examination חֲקִירַת שְׁתִי וָעֵרֶב
[xakla''ut] 1 agriculture. 2 farming, agronomy חַקְלָאוּת נ
[xakla''i] agricultural, farmingb חַקְלָאִי ת
[xak'lai] farmer, agriculturalist חַקְלַאי ז
[xa'kan, xi'ken] to administer an enema חָקַן, חִקֵּן פ״י
['xoken] clyster, enema חֹקֶן ז
[xa'kak] 1 to engrave, carve. 2 to inscribe. 3 to enact, legislate חָקַק פ״י
[xa'kak] hollow, crevice, cavity חֲקָק ז
['xekek] law, decree חֵקֶק ז
thoughts, reflections חִקְקֵי לֵב
[xaka'kim] laws, enactments, decrees חֲקָקִים ז״ר
[xa'kar] 1 to investigate. 2 to interrogate. 3 to search, examine, probe חָקַר פ״י
['xeker] 1 investigation, research. 2 survey, study חֵקֶר ז
[xi'ker] to examine, scrutinize חִקֵּר פ״י
[xake'ra] citadel, fortress חַקְרָה נ
thoughts, reflections חִקְרֵי לֵב
[xak'ran] 1 researcher, investigator. 2 casuist חַקְרָן ז
[xakra'nut] 1 researching, examining. 2 casuistry חַקְרָנוּת נ
[xuka'ti] constitutional חֻקָּתִי ת
[xara''im] excrement, feces חֲרָאִים ז״ר
[xa'rav] 1 to be ruined, ravaged, destroyed. 2 to ruin, destroy. 3 to be arid, dry חָרַב פי״ע
[xa'rev] 1 destroyed, ruined. 2 desolated, waste. 3 arid, dry חָרֵב ת
['xerev] 1 sword. 2 sabre. 3 plough-share, blade. 4 aridness, dryness חֶרֶב נ
double-edged sword חֶרֶב פִּיפִיּוֹת
['xorev] 1 aridity, drought. 2 waste, desolation חֹרֶב ז
[xara'va] 1 dryness. 2 dry, חָרָבָה נ

[xa'ruz] 1 bead, pearl. 2 rhyme, verse. 3 strung, threaded. 4 rhyming — חָרוּז ז ת
blank verse — חָרוּז לָבָן
[xe'ruz] 1 bead. 2 verse — חֵרוּז ז
[xaru'za] stanza, strophe — חֲרוּזָה נ
[xaru'zi] rhymed, set to verse — חֲרוּזִי ת
[xa'rut] 1 engraved, etched. 2 incised, inscribed. 3 cone — חָרוּט ז
[xaru'ti] conical, conic — חֲרוּטִי ת
[xa'rux] scorched, singed — חָרוּךְ ת
[xa'rul] thorn, nettle, bramble — חָרוּל ז
[xa'rum] 1 flatnosed, snubnosed. 2 blunt — חָרוּם ת
[xe'rum] emergency — חֵרוּם ז
[xaru'maf] snubnosed — חֲרוּמַף ז
[xa'ron] anger, wrath — חָרוֹן, חֲרוֹן אַף ז
[xa'ruf] despised, despicable — חָרוּף ת
[xe'ruf] curse, abuse, blasphemy — חֵרוּף ז
1 selflessness, great devotion. 2 great risk, self-sacrifice — חֵרוּף נֶפֶשׁ
[xaru'fa] betrothed, fiancée — חֲרוּפָה נ
[xa'ruts] 1 industrious, diligent. 2 determined. 3 fine gold. 4 gulch — חָרוּץ ז ת
[xa'ruk] 1 grooved, serrated. 2 insect. 3 pointed with a hirik — חָרוּק ת
[xe'ruk] 1 notching. 2 grating sound. 3 gnashing (teeth) — חֵרוּק ז
[xa'rur] 1 perforated, bored, drilled. 2 freedman — חָרוּר ת ז
[xe'rur] perforation, holing — חֵרוּר ז
[xa'rush] 1 ploughed. 2 furrowed — חָרוּשׁ ת
[xa'rut] palm-branch, palm-leaf — חֲרוּת נ
[xa'rut] 1 engraved. 2 inscribed — חָרוּת ת

arid land
[xor'ba] 1 waste, ruin. 2 wilderness — חָרְבָּה נ
[xar'ba] pruning-knife — חַרְבָּה נ
[xur'ba] 1 ruin, waste. 2 shack — חֻרְבָּה נ
[xara'von] heat, drought — חֲרָבוֹן ז
[xer'bon] failure, fiasco — חֶרְבּוֹן ז
[xir'ben] 1 to ruin, foul up. 2 to excrete — חִרְבֵּן פ״י
[xur'ban] destruction, ruin — חֻרְבָּן ז
[xa'rag] 1 to deviate, digress. 2 to exceed — חָרַג פ״י
[xar'gol] grasshopper — חַרְגּוֹל ז
[xera'gon] deviation, digression — חֶרָגוֹן ז
[xa'rad] 1 to tremble, quake. 2 to be anxious, worried — חָרַד פ״ע
[xa'red] 1 fearful, afraid. 2 anxious, apprehensive. 3 orthodox, pious — חָרֵד ת
[xara'da] anxiety, worry, apprehension — חֲרָדָה נ
[xar'don] lizard — חַרְדּוֹן ז
[xare'di] ultra-orthodox, pious, religious — חֲרֵדִי ת
[xaredi'yut] ultra-orthodoxy — חֲרֵדִיּוּת נ
[xar'dal] mustard — חַרְדָּל ז
[xarda'li] 1 containing mustard. 2 mustard-like, mustard-colo(u)red — חַרְדָּלִי ת
[xarda'lit] 1 cascade, waterfall, cataract — חַרְדָּלִית נ
awesome reverence — חֶרְדַּת קֹדֶשׁ
[xa'ra] 1 to be angry, vexed. 2 to regret, deplore, resent. 3 to burn, glow — חָרָה פ״י
[xa'ruv] carob — חָרוּב ז
[xaru'vit] carob tree — חֲרוּבִית נ
[xa'roz] rhymester, composer of verse — חָרוֹז ז

חֵרוּת נ [xe'rut] freedom, liberty

חָרַז פ״י [xa'raz] 1 to string, thread. 2 to rhyme, compose verses

חֶרֶז ז ['xerez] rhyme, verse

חַרְזָן ז [xar'zan] rhymester, composer of verses

חַרְזָנוּת נ [xarza'nut] 1 rhyming, versification. 2 doggerel

חַרְזָנִי ת [xarza'ni] metric, metrical

חַרְחֲבִינָה נ [xarxa'vina] eryngium (bot.)

חַרְחוּר ז [xar'xur] 1 gangrene. 2 plough-staff

חִרְחוּר ז [xir'xur] 1 instigation, incitement. 2 burnt crust. 3 braying. 4 gargling. 5 clearing the throat

חִרְחֵר פיו״ע [xir'xer] 1 to grunt, bray. 2 to incite, provoke. 3 to gurgle, gargle. 4 to clear the throat. 5 to pierce

חַרְחֲרָן ז [xarxa'ran] instigator, provocator

חַרְחֲרָנוּת נ [xarxara'nut] incitement, provocation

חַרְחֲרָנִי ת [xarxara'ni] 1 quarrelsome, provocative. 2 grunting, gargling

חָרַט פ״י [xa'rat] 1 to chisel, engrave, carve. 2 to repent, regret

חָרָט ז [xa'rat] turner, engraver, carver, etcher

חֶרֶט ז ['xeret] 1 stylus, chisel. 2 pen, pencil. 3 etching. 4 regret, remorse

חֲרָטָה נ [xara'ta] 1 repentance, regret. 2 penitence, contrition

חַרְטוֹם ז [xar'tom] 1 prow. 2 beak, snout, nose

חַרְטוֹמָן ז [xarto'man] woodcock, snipe

חַרְטוֹמַן הַיָּם ז gar-fish

חָרָטוּת נ [xara'tut] turnery, working with a lathe

חַרְטִית נ [xar'tit] inscription

חַרְטֹם ז [xar'tom] 1 magician (Egypt). 2 writer of Hieroglyphics. 3 prow, beak

חֹרִי ז [xo'ri] cake

חֳרִי אַף anger, wrath

חָרִיג ז ת [xa'rig] 1 exceptional, unusual. 2 anomalous, irregular

חֲרִיגָה נ [xari'ga] 1 deviation, irregularity. 2 exception

חֲרִיגוּת נ [xari'gut] anomaly, exception, irregularity

חָרָיָה נ [xara'ya] palm leaf, palm branch

חִרְיוֹנִים ז״ר [xir'yo'nim] chicken dirt, bird droppings,

חֲרִיזָה נ [xari'za] 1 stringing, threading. 2 rhyming, versification

חָרִיט ז [xa'rit] 1 purse, handbag. 2 kerchief

חֲרִיטָה נ [xari'ta] 1 turning. 2 carving, etching

חֲרִיכָה נ [xari'xa] burning, scorching

חָרִיעַ ז [xa'ri'a] safflower

חָרִיף ת [xa'rif] 1 sharp, pungent. 2 acute. 3 witty, subtle, clever. 4 severe

חֲרִיפָה נ [xari'fa] hibernation

חֲרִיפוּת נ [xari'fut] 1 sharpness, pungency. 2 acuteness, wittiness. 3 severity

חָרִיץ ז [xa'rits] 1 slot, fissure. 2 slice. 3 furrow, groove. 4 ditch.

חֲרִיצָה נ [xari'tsa] 1 grooving, fluting. 2 deciding, decreeing

חֲרִיצוּת, חָרִיצוּת נ [xari'tsut] diligence, industriousness

2 ban, embargo. 3 anathema. 4 boycott. 5 disgrace. 6 fishing-net

חָרְמָה נ [xor'ma] destruction, annihilation

חֶרְמֵשׁ ז [xer'mesh] 1 sickle, scythe. 2 flax

חֶרְמֵשִׁית נ [xerme'shit] pruning-knife

חָרָס ז [xa'ras] potter

חֶרֶס ז ['xeres] 1 sun. 2 sherd, broken pottery. 3 clay. 4 scabes

חַרְסָה ז [xar'sa] sun

חַרְסִינָה נ [xar'sina] porcelain, chinaware

חַרְסִית נ [xar'sit] 1 clay-soil. 2 clay

חֲרֹסֶת נ [xa'roset] 1 mixture. 2 haroset

חָרַף פיו״ע [xa'raf] 1 to hibernate, winter. 2 to insult, abuse. 3 to aggravate, worsen

חֶרֶף מ״י ['xeref] despite, in spite of

חֵרֵף פ״י [xe'ref] to insult, abuse, vilify, upbraid

חֹרֶף ז ['xoref] winter

חֶרְפָּה נ [xer'pa] 1 disgrace, shame. 2 reproach

חֻרְפָּה נ [xur'pa] 1 edge, blade, point, bit. 2 sharp-edge

חַרְפּוּשִׁית נ [xarpu'shit] scarab, beetle

חָרְפִּי ת [xor'pi] wintry, pertaining to winter

חָרְפָּן ז [xor'pan] mink

חָרַץ פיו״ע [xa'rats] 1 to cut, notch, nick. 2 to resolve, decree, determine. 3 to be diligent

חֶרֶץ ז ['xerets] 1 cut, incision. 2 slot, fissure, furrow. 3 destruction

חַרְצֹב ז [xar'tsov] ganglion

חִרְצֵב פ״י [xir'tsev] 1 to bond, fetter. 2 to constrain, force

חַרְצֻבָּה נ [xartsu'ba] shackle, fetter,

חֲרִיצַת דִּין 1 verdict, judgement. 2 pronouncement of sentence

חֲרִיצַת לָשׁוֹן slander, threat

חָרִיק ז [xa'rik] groove

חֲרִיקָה נ [xari'ka] 1 grating, grinding. 2 gnashing

חָרִיר ז [xa'rir] 1 eyelet, aperture. 2 eye of a needle

חֲרִירָה נ [xari'ra] perforation

חֲרִירִי ת ז [xari'ri] 1 boring, drilling, perforating. 2 borer, driller, perforator

חָרִישׁ ז [xa'rish] 1 ploughing season. 2 land for ploughing. 3 ploughing

חֲרִישָׁה נ [xari'sha] 1 ploughing, earing. 2 deafness. 3 silence

חֲרִישׁוּת נ [xari'shut] 1 deafness. 2 stillness, quietness, silence. 3 discretion

חֲרִישִׁי ת [xari'shi] 1 silent. 2 still, quiet. 3 whispering. 4 discreet

חֲרִיתָה נ [xari'ta] 1 engraving, carving. 2 incision

חָרָךְ ז [xa'rax] 1 loophole. 2 lattice. 3 aperture

חָרַךְ, חֵרֵךְ פ״י [xarax, xe'rex] to burn, singe, scorch

חֲרֵכָה נ [xare'xa] roasting fire

חֵרָכוֹן ז [xera'xon] dryness, oppressive heat

חֲרֹכֶת נ [xa'roxet] burning, burn

חֲרֶלֶת נ [xa'relet] urticaria, nettlerash

חָרָם ז [xa'ram] 1 fisherman. 2 robber. 3 confiscator

חָרַם פיו״ע [xa'ram] 1 to swear, vow. 2 to cast a net

חֵרֶם ז ['xerem] 1 excommunication.

bond

חַרְצִית נ [xar'tsit] chrysanthemum

חַרְצָן נ [xar'tsan] kernel, pip

חָרַק פיו״ע [xa'rak] to grate, scratch, gnash

חֵרֵק פ״י [xe'rek] 1 to notch, groove. 2 to grate, grind

חֶרֶק ז ['xerek] insect

חֲרֵקָה נ [xare'ka] gnashing, scratching

חֲרָקִירִי נ [xara'kiri] harakiri

חַרְקָן ז [xar'kan] entomologist

חַרְקָנוּת נ [xarka'nut] entomology

חָרָר ז [xa'rar] eyelet, eye-hole, aperture

חָרַר פיו״ע [xa'rar] 1 to drill a hole, bore through. 2 to be dry, scorched

חָרֵר ת [xa'rer] scorched, parched, dried up

חֵרֵר פ״י [xe'rar] to set free, release

חֲרָרָה נ [xa'rara] 1 griddle cake. 2 clot. 3 stack. 4 eruption, rash

חֲרֵרָה נ, חֲרֵרִים ז״ר [xare'ra, xare'rim] wasteland, barren land

חָרָשׁ ז [xa'rash] 1 craftsman, artisan. 2 magician

חָרַשׁ פיו״ע [xa'rash] 1 to plough. 2 to be silent. 3 to be deaf. 4 to deafen

חָרַשׁ אֶבֶן to work as a mason

חָרַשׁ בַּרְזֶל to work as a blacksmith

חֵרֵשׁ פיו״ע [xe'rash] to deafen, make deaf

חֶרֶשׁ תה״פ ['xeresh] secretly, silently

חֵרֵשׁ ז [xe'resh] deaf

חֶרֶס ז ['xeres] sun

חֹרֶשׁ ז ['xoresh] thicket, grove, coppice

חֹרְשָׁה נ [xor'sha] copse, grove

חֻרְשָׁה נ [xur'sha] wood, grove

חֵרְשׁוּת נ [xer'shut] deafness

חֻרְשָׁף ז [xur'shaf] artichoke

חֲרֹשֶׁת נ [xa'roshet] industry, manufacture

חֲרָשְׁתִּי ת [xarash'ti] industrial, manufacturial

חֲרַשְׁתָּן ז [xarash'tan] industrialist, manufacturer

חָרָת ז [xa'rat] share cropper

חָרַת פ״י [xa'rat] to engrave, carve, inscribe

חֶרֶת נ ['xeret] 1 blacking. 2 engraving

חַרְתָּה נ [xar'ta] printer's ink

חֲרֹתֶת נ [xa'rotet] inscription, imprint

חָשׁ פ״ע [xash] 1 to feel, sense. 2 to perceive. 3 to be anxious. 4 to hurry, hasten

חֲשָׁאִי ת [xasha''i] 1 secret, private. 2 clandestine, surreptitious

חֲשַׁאי ז [xa'shai] silence, quiet, stillness

חֲשָׁאִיּוּת נ [xashai'yut] secrecy

חָשַׁב פ״י [xa'shav] 1 to think, mean, consider. 2 to esteem, value highly. 3 to plan

חַשָּׁב ז [xa'shav] bookkeeper, accountant

חֵשֶׁב ז ['xeshev] girdle, belt, sash

חִשֵּׁב פ״י [xi'shev] 1 to calculate. 2 to compute, reckon. 3 to esteem, value

חֶשְׁבּוֹן ז [xesh'bon] 1 arithmetic. 2 account, bill. 3 invoice. 4 reckoning

חִשָּׁבוֹן ז [xisha'von] device, invention

חֶשְׁבּוֹנָאוּת נ [xeshbona''ut] accounting, accountancy

חֶשְׁבּוֹנַאי ז [xeshbo'nai] accountant

חֶשְׁבּוֹנִי ת [xeshbo'ni] arithmetical

חֶשְׁבּוֹנִיָּה נ [xeshboni'ya] abacus

חֶשְׁבּוֹנִית מַס receipt detailing v.a.t.

חַשְׁבָן ז [xash'van] arithmetician, mathematician

חִשְׁבֵּן פ״י [xish'ben] to reckon, calculate

חָשַׁד פ״י [xa'shad] 1 to suspect, distrust. 2 to fear

חֲשָׁד, חֶשֶׁד ז [xa'shad, 'xeshed] suspicion, distrust

חִשֵּׁד פ״י [xi'shed] 1 to abuse. 2 to voice suspicion of

חַשְׁדָן ז [xash'dan] suspicious, wary

חַשְׁדָנוּת נ [xashda'nut] suspiciousness

חַשְׁדָנִי ת [xashda'ni] suspicious

חָשָׁה פ״ע [xa'sha] to be silent, still, quiet

חָשׁוּב ת [xa'shuv] 1 important. 2 considered, esteemed

חִשּׁוּב ז [xi'shuv] 1 reckoning, calculation, computation. 2 consideration

חָשׁוּד ת [xa'shud] suspect, suspicious, suspected

חָשׁוּךְ ת [xa'shux] dark, obscure

חָשׂוּךְ ת [xa'sux] lacking, without

חִשּׁוּל ז [xi'shul] 1 strengthening, forging. 2 being retarded, behindhand

חָשׁוּל ת [xa'shul] strong, sturdy, solid

חֶשְׁוָן ז [xesh'van] Heshvan, second month of Hebrew calendar

חָשׂוּף ת [xa'suf] 1 naked, vulnerable. 2 uncovered, exposed

חִשּׂוּף ז [xi'suf] 1 exposure. 2 revelation

חָשׁוּק ז ת [xa'shuk] 1 ring, hoop. 2 desired, beloved

חִשּׁוּק ז [xi'shuk] ring, rim, hoop

חִשּׁוּר ז [xi'shur] 1 spoke, hub. 2 dripping

חֻשְׁחָשׁ ז [xush'xash] wild citrus, hushhash

חֲשַׁי ז [xa'shai] secrecy

חֲשִׁיבָה נ [xashi'va] 1 thinking, cogitation. 2 reckoning, computing

חֲשִׁיבוּת נ [xashi'vut] importance, significance

חָשִׁיל ת [xa'shil] 1 forgeable. 2 malleable

חֲשִׂיף ז [xa'sif] 1 herd, flock. 2 block

חֲשִׂיפָה נ [xasi'fa] 1 uncovering, denuding. 2 exposure

חֲשִׂיפוּת נ [xasi'fut] exposure, liability to exposure

חֲשִׁיקָה נ [xashi'ka] lusting, desire

חֲשִׁישׁ ז [xa'shish] hashish, "grass"

חָשַׁךְ פ״ע [xa'shax] to darken, be dark, grow dim

חָשֵׁךְ ת [xa'shex] obscure, dark, unlit

חָשֹׁךְ ת [xa'shox] 1 despicable, vicious. 2 ignorant

חֹשֶׁךְ ז ['xoshex] darkness, obscurity

חֹשֶׁךְ מִצְרַיִם pitch dark, pitch black

חֲשָׂךְ ז [xa'sax] intermission, cessation

חָשַׂךְ פיו״ע [xa'sax] 1 to withhold, refrain. 2 to save, spare. 3 to restrain

חֲשֵׁכָה נ [xashe'xa] darkness

חַשְׁכּוּכִית נ [xashku'xit] darkness, dimness, gloom

חִשָּׁכוֹן ז, חַשְׁכוּת נ [xisha'xon, xash'xut] darkness, obscurity, blackout

חַשָּׁל ז [xa'shal] forger, smith

חֵשֶׁל ז ['xeshel] weakness, debility

חִשֵּׁל פ״י [xi'shel] 1 to forge, temper. 2 to strengthen, toughen. 3 to weaken

חַשְׁלָן ז [xash'lan] smith, forger
חִשְׁמוּל ז [xish'mul] electrification
חַשְׁמַל ז [xash'mal] 1 electricity. 2 amber
חִשְׁמֵל פ״י [xish'mel] to electrify
חַשְׁמַלָּאוּת נ [xashmala''ut] 1 electricity. 2 electrical work
חַשְׁמַלַּאי ז [xashma'lai] electrician
חַשְׁמַלִּי ת [xashma'li] electric, electrical
חַשְׁמַלִּית נ [xashma'lit] tram, streetcar
חַשְׁמָן ז [xash'man] 1 cardinal. 2 noble
חֹשֶׁן ז ['xoshen] Hoshen, breastplate
חָשַׂף פ״י [xa'saf] 1 to uncover, reveal, expose. 2 to detect, discover. 3 to draw (water)
חַשָּׂף ז [xa'saf] detector
חֶשֶׂף ז ['xesef] 1 décolletage. 2 erosion
חֶשְׂפָּה נ [xes'pa] exposed part (tree)
חַשְׂפָן ז [xas'fan] 1 exposer, detector. 2 exhibitionist. 3 stripper
חַשְׂפָנוּת נ [xasfa'nut] 1 strip-tease. 2 exhibitionism. 3 exposing
חַשְׂפָנִית נ [xasfa'nit] stripper, strip-tease artist
חָשַׁק פ״י [xa'shak] 1 to desire, lust, crave, covet. 2 to fasten, unite
חֵשֶׁק ז ['xeshek] 1 desire, lust. 2 pleasure, enthusiasm
חִשֵּׁק פ״י [xi'shek] to fasten, unite, tie up
חֶשְׁקָה נ [xesh'ka] passion, desire, lust
חַשְׁקָן ז [xash'kan] lustful, libidinous, covetous
חַשְׁקָנוּת נ [xashka'nut] lustfulness, lascivity
חַשְׁקָנִי ת [xashka'ni] lustful, lascivious
חָשַׁר, חִשֵּׁר פ״י [xa'shar, xi'sher] to drip, disti(l)l
חֶשֶׁר, חֹשֶׁר ז ['xesher, 'xosher] rain, drizzle
חַשְׁרָה נ [xash'ra] 1 gathering of water. 2 nimbus
חַשְׁרַת מַיִם gathered waters
חָשַׁשׁ פ״ע [xa'shash] 1 to be afraid, apprehensive. 2 to feel pain
חֲשָׁשׁ ז [xa'shash] apprehension, anxiety, misgiving
חֲשַׁשׁ ז [xa'shash] chaff, hay
חֲשַׁשָּׁה נ [xasha'sha] hay-barn
חַשְׁשָׁן ז [xashe'shan] hesitant, apprehensive
חַשְׁשָׁנוּת נ [xashesha'nut] hesitation, apprehensiveness
חַשְׁשָׁנִי ת [xashesha'ni] hesitant, fearful
חַת פ״ע שמ״ג ת [xat] 1 to be afraid, fear. 2 one, single (f). 3 afraid
חֵת נ [xet] 1 fear, dread. 2 staple
חָתָה פיו״ע [xa'ta] 1 to rake, stir up. 2 to abhor, dread
חִתָּה נ [xi'ta] fear, terror
חִתּוּי ז [xi'tuy] raking, gathering
חָתוּךְ ת [xa'tux] 1 cut. 2 intersected
חִתּוּךְ ז [xi'tux] 1 cutting. 2 etching. 3 section, intersection
חִתּוּךְ דֹּפֶן caesarean section
חִתּוּךְ הַדִּבּוּר articulation
חָתוּל ז [xa'tul] cat
חִתּוּל ז [xi'tul] 1 nappy, diaper. 2 wrapping, bandage. 3 swaddling-clothes
חֲתוּלָה נ [xatu'la] cat (f)
חָתוּם ת [xa'tum] 1 signed. 2 stamped, sealed. 3 signatory. 4 closed, blocked. 5 subscriber
חִתּוּם ז [xi'tum] 1 sealing, stamping. 2 underwriting, signing.

חֹתֶם אָטִים hermetic seal

חִתֵּם פ״י [xi'tem] 1 to block, seal. 2 to underwrite

חָתָן ז [xa'tan] 1 bridegroom. 2 son-in-law

חִתֵּן פ״י [xi'ten] 1 to marry off. 2 to perform a wedding ceremony

חֲתֻנָּה נ [xa'tu'na] wedding, marriage ceremony

חַתְנוּת נ [xat'nut] 1 wedlock

חָתַף פ״י [xa'taf] 1 to rob, plunder. 2 to snatch, grab

חֶתֶף ז ['xetef] robbery

חָתַר פ״י [xa'tar] 1 to row. 2 to subvert, undermine, sabotage. 3 to break through, strive

חַתְרָן ז [xat'ran] subverter, saboteur, underminer

חַתְרָנוּת נ [xatra'nut] 1 subversion, sabotage. 2 underground activity

חַתְרָנִי ת [xatra'ni] subversive

חָתַת פ״ע [xa'tat] to be shattered, broken

חֲתַת ז [xa'tat] fright, terror

חִתֵּת פ״י [xi'tet] 1 to break, shatter. 2 to terrify

3 end, seal

חִתּוּן ז [xi'tun] marriage, marrying

חִתְחוּת ז [xit'xut] bumpiness

חַתְחַת ז [xat'xat] obstacle

חֲתִיָּה נ [xati'ya] gathering, raking

חֲתִיךְ ז [xa'tix] a handsome boy, hunk

חֲתִיכָה נ [xati'xa] 1 bit, piece, slice. 2 cutting. 3 a beautiful girl

חֲתִימָה נ [xati'ma] 1 signature. 2 end, conclusion, finale. 3 subscription

חֲתִירָה נ [xati'ra] 1 undermining, sabotage. 2 digging, ditch. 3 effort. 4 rowing

חִתִּית נ [xi'tit] fright, terror, dread

חָתַךְ פ״י [xa'tax] 1 to cut, slice. 2 to intersect, articulate

חֶתֶךְ, חֲתָךְ ז ['xetex, xa'tax] 1 incision, cut. 2 wound. 3 piece. 4 cross-section

חִתֵּךְ פ״י [xi'tex] 1 to cut, slice, carve. 2 to articulate. 3 to engrave

חִתֵּל פ״י [xi'tel] 1 to diaper, swaddle. 2 to bandage, wrap

חֲתֻלָּה נ [xatu'la] bandage, wrapping

חֲתַלְתּוּל ז [xatal'tul] kitten, small cat

חָתַם פ״י [xa'tam] 1 to sign, seal, stamp. 2 to subscribe. 3 to complete. 4 to close, block

חַתָּם ז [xa'tam] 1 sealer, stamper. 2 underwriter

ט

ט 1 Tet, ninth letter of the Hebrew alphabet. 2 nine. 3 ninth

טָאוּט ת [ta'ʼut] swept, brushed

טֵאוּט ז [te'ʼut] sweeping, brushing

טֵאֵט פ״י [te'ʼet] to sweep, brush

טִאטֵא פ״י [ti'ʼte] to sweep, brush

טִאטוּא ז [ti'tu] sweeping, brushing

טָב ת [tav] 1 good. 2 benign

טַבּוּ ז [ta'bu] 1 Tabu (government office for registry of property). 2 taboo

טָבוּחַ ת [ta'vu'ax] slaughtered

טִבּוּחַ ז [ti'bu'ax] slaughter

טָבוּל ת [ta'vul] 1 immersed, dipped. 2 untithed

טִבּוּל ז [ti'bul] 1 dipping, baptism. 2 snack. 3 making subject to tithing

טָבוּעַ ת [ta'vu'a] 1 drowned, sunk. 2 stamped, minted, coined. 3 imprinted

טִבּוּעַ ז [ti'bu'a] 1 sinking, drowning. 2 submergence. 3 minting, coining. 4 ringing (birds)

טַבּוּר ז [ta'bur] 1 navel. 2 hub, center. 3 highest point

טַבּוּר הָאוֹפַן hub of wheel

טִבּוּר ז [ti'bur] navel

טַבּוּרִי ת ז [tabu'ri] 1 Washington navel (orange). 2 umbilical

טַבּוּרִית נ [tabu'rit] 1 umbilicus. 2 navelwort

טָבַח פ״י [ta'vax] 1 to slaughter, kill, butcher, massacre. 2 to cook, dress

טַבָּח ז [ta'bax] 1 cook, chef. 2 butcher, slaughterer. 3 executioner

טֶבַח ז ['tevax] slaughter, massacre, slaying

טִבְחָה נ [tiv'xa] 1 meat for cooking. 2 slaughter, massacre

טַבָּחוּת נ [taba'xut] 1 slaughtering. 2 cooking, cookery

טַבָּחִית, טַבַּחַת נ [taba'xit] cook (f)

טַבְטוֹלוֹגְיָה נ [tavto'logiya] tautology

טְבִיחָה נ [tevi'xa] slaughter, massacre

טְבִילָה נ [tevi'la] 1 immersion, dipping. 2 baptism

טָבִין ז״ר [ta'vin] bonds, securities

טָבִין וּתְקִילִין hard cash, solid money

טְבִיעָה נ [teviy'ʼa] 1 sinking, drowning. 2 minting, stamping

טְבִיעוּת עַיִן perception, perspicacity, insight, observation

טְבִיעַת אֶצְבָּעוֹת fingerprinting

טְבִיעַת עַיִן discernment, assessment at a glance

טָבַל פ״ע [ta'val] 1 to dip, immerse. 2 to sink, submerge. 3 to bathe. 4 to tithe

טֶבֶל ז ['tevel] untithed produce

טִבֵּל פ״י [ti'bel] 1 to immerse, dip. 2 to season

טַבְלָה נ [tav'la] 1 table, list. 2 plate, board

טַבְלִית נ [tav'lit] tablet, pastille, pill

טַבְלָן ז [tav'lan] 1 diver, dipper. 2 grebe (bird)

טָבַע פיו״ע [ta'va] 1 to coin, mint. 2 to sink, be drowned. 3 to imprint, stamp

טֶבַע ז ['teva] 1 nature. 2 character. 3 coin, medal. 4 element. 5 universe. 6 reputation
טֶבַע שֵׁנִי second nature, habit
טָבַע פ״י [ti'ba'] to sink, drown
טִבְעוֹן ז [tiv''on] naturalist
טִבְעוֹנוּת נ [tiv'o'nut] 1 naturalism. 2 vegetarianism. 3 veganism
טִבְעוֹנִי ת [tiv'o'ni] 1 vegan. 2 vegetarian
טִבְעִי ת [tiv''i] natural
טִבְעִיּוּת נ [tiv'i'yut] naturalness
טַבַּעַת נ [ta'ba'at] 1 ring. 2 signet-ring. 3 torus (geometry)
טַבַּעְתִּי ת [taba''ti] ringlike, annular
טִבְעָתָן ז [tiv'a'tan] naturalist
טִבְעָתָנוּת נ [tiv'ata'nut] naturalism
טִבְעָתָנִי ת [tiv'ata'ni] naturalistic
טַבָּק ז [ta'bak] tobacco
טַבַּק רִיחָה snuff
טַבָּקַאי ז [taba'kai] tobacconist
טֵבֵת ז [te'vet] Tevet – tenth month in Hebrew calendar
טִגּוּן ז [ti'gun] frying
טֻגָּנִים ז״ר [tuga'nim] chips
טִגֵּן פ״י [ti'gen] to fry
טִגְרִיס ז ['tigris] tiger
טֵה ז [te] tea
טָהוֹר ת [ta'hor] 1 pure, clean, untainted. 2 immaculate
טִהוּר ז [ti'hur] 1 purge. 2 purification, cleansing. 3 refining
טָהַר פ״ע [ta'har] 1 to be clean, pure. 2 to be cleansed
טִהֵר פ״י [ti'her] 1 to purify, cleanse. 2 to purge. 3 to exonerate. 3 to refine
טֹהַר ז ['tohar] 1 purity. 2 brightness. 3 integrity
טֹהַר הַמִּדּוֹת uprightness, morality, integrity
טְהוֹר־יָדַיִם clean-handed
טְהוֹר לֵב guileless, pure of heart
טָהֳרָה, טַהֲרָה נ [toha'ra, taha'ra] cleansing, purity
טָהֳרוֹת, טְהָרוֹת נ״ר [toha'rot] Toharot, sixth order of the Mishna
טַהֲרָן ז [taha'ran] purist
טַהֲרָנוּת נ [tahara'nut] purism
טַהֲרָנִי ת [tahara'ni] purist
טָו ז [tav] yarn for spinning
ט״ו בִּשְׁבָט 15th of Shevat, the New Year for Trees
טַוַּאי ז [ta'vai] spinner
טַוַּאי הַמֶּשִׁי silkworm
טַוָּאִים ז״ר [tava''im] Bombycoidae, kind of butterfly
טוֹב ז פ״ע ת [tov] 1 fairness. 2 benefit. 3 to be good, fine. 4 good, agreeable. 5 kind. 6 well
טוֹב לֵב benevolent, charitable, generous
טוּב ז [tuv] 1 goodness, kindness. 2 virtue. 3 wealth, riches
טוּב טַעַם good taste, good form
טוּב לֵב, טוּב לֵבָב generosity, charity, benevolence
טוֹבָה נ [tov'a] 1 favo(u)r, kindness. 2 welfare, prosperity
טוּבָּה [tub'a] tuba
טוֹבוֹת נ [to'vot] kindness
טוּבִים, טוּבִין ז״ר [tu'vim, tu'vin] goods, merchandise
טוֹבֵל ז [to'vel] 1 baptist (bird). 2 bather
טוֹבְלָן ז [tov'lan] plunger
טוֹבַת הֲנָאָה benefit, perk
טוֹבַת עַיִן benevolence, kindliness
טוֹבְעָנִי ת [tov'a'ni] swampy, marshy, waterlogged
טָוָה פ״י [ta'va] to spin, weave
טֹוֶה, טוֹוֶה ז [to've] spinner

טְווּחַ ז [ti'vu'ax] ranging, range-finding
טָווּי ת [ta'vuy] spun
טִוּוּי ז [ti'vuy] spinning
טוּזִיג ז [tu'zig] picnic
טוּחַ ת ['tu'ax] plastered, coated
טְוָח ז [tvax] range, term
טַוָּח ז [ta'vax] range-taker
טִוַּח פ״י [ti'vax] to fix or find the range
טוּחָה נ [tu'xa] kidney, inner part
טוֹחֵן ז [to'xen] miller
טוֹחֶנֶת נ [to'xenet] 1 molar (tooth). 2 miller (f). 3 miller's wife
טוּט ז [tut] blast of the shofar
טוֹטָלִי ת [to'tali] complete, total, comprehensive
טוֹטָלִיטָרִי ת [totali'tari] totalitarian
טוֹטָף ז [to'taf] carrier-pigeon's ring
טוֹטֶפֶת נ [to'tefet] 1 phylactery. 2 frontlet. 3 forelock
טְוִי ז [tvi] 1 web. 2 fabric, cloth
טַוַּי ז [ta'vai] spinning
טוּיָה נ [tu'ya] thuja (plant)
טְוִיָּה נ [tvi'ya] spinning
טוֹקְסִין ז [tok'sin] toxin
טוּל ז [tul] tulle
טוֹלֶרַנְטִי ת [tole'ranti] tolerant
טוֹלֶרַנְטִיּוּת נ [tole'rantiyut] tolerance
טוּמְטוּם ז [tum'tum] hermaphrodite
טוֹן ז [ton] 1 ton. 2 tone
טוּנְדְּרָה נ ['tundra] tundra
טוֹנָה נ ['tona] ton
טוּנָה נ ['tuna] tuna
טוֹנוּס ז ['tonus] tonus
טוֹנָז' ז [to'naʒ] tonnage
טוּס פ״ע [tus] to fly
טַוָּס ז [ta'vas] peacock
טוֹעֶה ת [to''e] wrong, erroneous
טוֹעֵן ז [to''en] 1 pretender. 2 pleader. 3 claimant

טוֹפּוֹגְרָפִי ת [topo'grafi] topographical
טוֹפּוֹגְרַפְיָה נ [topo'grafya] topography
טוֹפְפָנִי ת [tofefa'ni] mincing, sprightly
טוּר ז [tur] 1 row, column. 2 line, file. 3 series, progression. 4 mountain
טוּרַאי ז [tu'rai] private (mil.)
טוּרְבִּינָה נ [tur'bina] turbine
טוֹרְדָן ת [tor'dan] nagger, pesterer
טוֹרְדָנוּת נ [torda'nut] vexing, nagging
טוֹרְדָנִי ת [torda'ni] troublesome, wearisome
טוֹרְחָן ז [tor'xan] nagger, worrier
טוֹרִי ת [to'ri] Tory
טוּרִי ת [tu'ri] linear, lineal
טוּרִיָּה נ [tu'riya] hoe
טוּרַיִם ז״ז [tu'rayim] 1 wall-rocket. 2 double-rank
טוּרִית נ [tu'rit] sowing machine
טוֹרְנָדוֹ ז [tor'nado] tornado
טוּרְנִיר ז [tur'nir] tournament
טוֹרֵף ז ת [to'ref] 1 carnivorous. 2 predator, predatory. 3 rapacious. 4 scrambler. 5 shuffler
טוֹרְפֶּדוֹ ז [tor'pedo] torpedo
טוֹרְפָנִי ת [torfa'ni] predatory, rapacious
טוּרְקִי ת [tur'ki] Turkish
טוּשׁ פ״י ז [tush] 1 to polish. 2 felt-tip pen. 3 Indian ink
טָח פיו״ע [tax] to plaster, smear, coat
טָח תָּפֵל to talk nonsense
טַח פ״ע [tax] to be covered, coated
טַחַב ז ['taxav] humidity, mustiness, mouldiness, dampness
טְחָב ז [te'xav] moss, bryophite
טָחוּב ת [ta'xuv] damp, mouldy, musty
טְחוֹל ז [txol] spleen, milt
טָחוֹן ז [ta'xon] millstone, mill
טָחוּן ת [ta'xun] 1 ground, milled.

טִיט ז [tit] 1 mud, mire. 2 clay, loam, soil
טִיט הַיָּוֵן 1 clinging mud. 2 suffering
טִיֵּט פ״י [ti'yet] 1 to draft. 2 to plaster. 3 to dirty, mess up
טִיטִי ת [ti'ti] 1 muddy, miry. 2 of loam, of clay
טַיָּל ז [ta'yal] tripper, rambler, hiker, walker
טִיֵּל פ״י [ti'yel] 1 to walk, stroll. 2 to ramble, hike. 3 to go on a trip
טִיל ז [til] missile, projectile
טַיְלָן ז [tai'lan] 1 tripper, stroller, rambler. 2 idler
טַיֶּלֶת נ [ta'yelet] 1 promenade, esplanade. 2 hiker (f)
טִין ז [tin] clay, loam, silt, mud
טִינָה נ [ti'na] resentment, grudge, grievance
טִינִי ת [ti'ni] of clay, loam
טִינִית נ [ti'nit] Plasticine
טַיִס ז [ta'yis] aviation, flying, flight
טַיָּס ז [ta'yas] pilot, airman
טִיסָה נ [ti'sa] flight, flying
טַיְסָן ז [tai'san] flighty, hasty
טִיסָן ז [ti'san] model airplane
טִיסָנָאוּת נ [tisana''ut] making and flying of airplane models
טַיֶּסֶת נ [ta'yeset] 1 air squadron. 2 pilot (f)
טִיסַת שֶׂכֶר charter flight
טִיעָה נ [tiy''a] plantation
טִיף ז [tif] 1 drop, drip. 2 stand (for stove)
טִיֵּף פ״ע [ti'yef] 1 to drop, drip. 2 to drizzle
טַיְפוּן ז [tai'fun] typhoon
טִיפוּס ז ['ti'fus] 1 typhus. 2 typhoid fever
טִיפֶּקְס ז [tipp'ex] correction fluid

2 minced
טָחוּר ת [ta'xur] hemorrhoidal
טְחוֹרִים ז״ר [txo'rim] hemorrhoids, piles
טִחְטֵחַ פ״ע [tix'tax] to rumble, burr
טְחִינָה נ [texi'na] 1 milling, grinding. 2 sesame oil
טְחִינִים ז״ר [texi'nim] grist
טְחִירָה נ [texi'ra] tenesmus (med)
טָחַן פ״י [ta'xan] 1 to grind, mill. 2 to crush, oppress
טֶחָן ז [te'xan] miller
טַחֲנָה נ [taxa'na] mill
טַחֲנַת רוּחַ windmill
טָחַר פ״ע [ta'xar] to strain (bowels)
טַחֲרָן ז [taxa'ran] toiler, heavy-goer
טַחֲרָנוּת נ [taxara'nut] effort of straining, heavy-going
טֶטָנוּס ז ['tetanus] tetanus, lockjaw
טֶטְרָאֶדֶר ז [tetra''eder] tetrahedron
טִיב ז [tiv] 1 quality. 2 character, nature. 3 connection, business
טִיֵּב פ״י [ti'yev] to improve, ameliorate
טֵיגָן ז [te'gan] frying-pan
טִיּוּב ז [ti'yuv] 1 improvement, amelioration. 2 upgrading
טִיּוּחַ ז [ti'yu'ax] plastering
טִיּוּט ז [ti'yut] preparing a rough copy
טְיוּטָה נ [tyu'ta] rough copy, draft
טִיּוּל ז [ti'yul] 1 walk, outing. 2 trip, excursion
טַיּוּן ז [ta'yun] inula, elecampane
טֵיוֹן ז [te'yon] teapot
טִיּוּס ז [ti'yus] flying
טַיָּח ז [ta'yax] plasterer
טִיחַ ז ['tiy'ax] plaster
טִיֵּחַ פ״י [ti'yax] 1 to plaster, coat, daub. 2 to cover over defects
טִיחָה נ [ti'xa] plastering
טַיָּחוּת נ [taya'xut] plastering

טִירָדָה נ [tiˈrada] tirade
טִירָה נ [tiˈra] 1 castle. 2 fortress, fort. 3 palace. 4 habitation
טַיָּרָה נ [taˈyara] kite
טִירוֹן ז [tiˈron] 1 recruit, novice. 2 beginner, neophyte
טִירוֹנוּת נ [tiroˈnut] 1 basic army training. 2 novitiate, apprenticeship
טִירוֹנִי ת [tiroˈni] pertaining to recruits
טִירָז' ז [tiˈraʒ] 1 tirage. 2 circulation (newspaper)
טִירָן ז [tiˈran] tyrant
טֵית נ [tet] Tet, ninth letter of Hebrew alphabet
טִכּוּס ז [ˈtiˈkus] 1 arrangement, organization. 2 consulting
טִכּוּס עֵצָה deliberation, consultation
טֶכְנַאי ז [texˈnai] technician
טֶכְנוֹלוֹג ז [texnoˈlog] technologist
טֶכְנוֹלוֹגְיָה נ [texnoˈlogya] technology
טֶכְנִי ת [ˈtexni] technical
טֶכְנִיּוֹן ז [texniˈyon] Institute of Technology
טֶכְנִיקָה נ [ˈtexnika] technique
טָכַס פ״י [taˈxas] 1 to stand on ceremony. 2 to arrange, decorate
טֶכֶס ז [ˈtexes] ceremony
טִכֵּס פ״י [tiˈkes] 1 to arrange, organize. 2 to consult, deliberate
טִכֵּס עֵצָה to consult, deliberate
טַקְסָה נ [takˈsa] 1 tax. 2 quota
טֶקְסְט ז [tekst] text
טֶקְסְטִיל ז textile
טִכְסִי ת [tixˈsi] ceremonial
טַקְסִימֶטֶר ז [taksiˈmeter] taximeter
טַכְסִיס ז [taxˈsis] 1 tactic, stratagem, device. 2 machination
טַכְסִיסָן ז [taxsiˈsan] tactician

טַכְסִיסָנוּת נ [taxsisaˈnut] tactical skill
טִכְסֵס פ״י [tixˈses] 1 to contrive, devise. 2 to plan operations
טַל ז [tal] dew
טָלָא, טִלֵּא פ״י [taˈla, tiˈle] to patch
טַלַּאי ז [taˈlai] patcher
טְלַאי ז [tlai] patch
טְלָאִים ז״ר [telaˈʼim] piecemeal
טֶלֶגְרָף ז [teleˈgraf] telegraph
טִלְגְּרֵף פ״י [tilˈgref] to telegraph, wire, cable
טֶלֶגְרָפַאי ז [telegraˈfai] telegraphist
טֶלֶגְרָפִי ת [teleˈgrafi] telegraphic
טֶלֶגְרָפִית תה״פ [teleˈgrafit] telegraphically
טָלָה פ״י [taˈla] to patch, mend
טָלֶה ז [taˈle] 1 lamb. 2 Aries (const.)
טָלוּא ת [taˈlu] patched, mended
טֶלֶוִיזְיָה נ [teleˈvizya] television
טָלוּל ת [taˈlul] dewy, bedewed
טִלּוּל ז [tiˈlul] 1 covering with dew. 2 providing shade, protection
טְלוּלָא ז [teluˈla] jest, derision, mockery
טִלְטוּל ז [tilˈtul] 1 transferring, moving. 2 wandering, journeying
טַלְטַל ז [talˈtal] 1 connecting-rod, piston. 2 movable property
טִלְטֵל פ״י [tilˈtel] 1 to move, transfer. 2 to handle. 3 to wander
טַלְטֵלָה נ [talteˈla] 1 hurling, throwing. 2 wandering
טַלְטְלָנִים ז״ר [talteˈlanim] jiggle bars
טִלְטֹלֶת נ [tilˈtolet] transferring, moving, transporting
טְלִי ז [tlai] patch
טַלִּי ז [taˈlai] patcher, patchworker
טַלְיָה נ [talˈya] yearling lamb
טִלְיָה נ [tilˈya] linden tree, basswood
טַלִּית נ [taˈlit] Tallit (prayer shawl)

טִלֵּל פ״י [ti'lel] 1 to bedew. 2 to cover over, overshadow
טִלְלוֹן ז [tile'lon] linden tree, tilia
טְלָלִים ז״ר [tela'lim] dew
טֶלֶסְקוֹפּ ז [tele'skop] telescope
טֶלֶף ז ['telef] hoof
טֶלֶפוֹן ז [tele'fon] telephone
טֶלֶפוֹן לְחִיצִים push-botton telephone
טִלְפּוּן ז [til'pun] communication by telephone
טֶלֶפוֹנַאי ז [telefo'nai] telephonist
טֶלֶפוֹנִי ת [telefo'ni] telephonic
טֶלֶפוֹנִית תה״פ [tele'fonit] by telephone
טִלְפֵּן פ״י [til'pen] to telephone
טֶלֶפְּרִינְטֶר ז [tele'printer] teleprinter
טֶלֶפַּתְיָה נ [tele'patya] telepathy
טַלְק ז [talk] talcum powder, talc
טֶלֶקְס ז [telex] telex
טָמֵא פ״ע ת [ta'me] 1 to be or become unclean, defiled, corrupt. 2 corrupted, unclean, defiled
טִמֵּא פ״י [ti'me] to defile, profane, taint
טֻמְאָה נ [tum''a] 1 taint, impurity. 2 defilement, pollution. 3 sin, abomination
טַמְבּוּרִין ז [tambu'rin] tambourine
טֶמְבֶּל ז ['tembel] fool
טֶמְבֶּר ז ['tember] timbre
טִמּוּא ז [ti'mu] 1 defilement, pollution. 2 filth
טָמוּם ת [ta'mum] 1 stupid, thick headed. 2 solid, massive
טָמוּן ז ת [ta'mun] 1 cache, hiding-place. 2 concealed, hidden
טְמוּנָה נ [temu'na] secret
טִמּוּעַ ז [ti'mu'a] 1 assimilation. 2 mixture
טָמוּר ת [ta'mur] secret, latent, hidden, concealed
טִמְטוּם ז [tim'tum] 1 stupidity, dullness. 2 kneading
טִמְטוּם הַלֵּב lack of sensitivity
טִמְטוּם הַמֹּחַ stupidity, crassness
טֻמְטוּם ז ['tumtum] 1 idiot. 2 neuter. 3 of undetermined sex
טִמְטֵם פ״י [tim'tem] 1 to dull, blunt, stupefy. 2 to knead
טִמְיוֹן ז [tim'yon] government treasury
טְמִינָה נ [temi'na] 1 concealment, hiding. 2 corner in an oven for keeping food warm
טָמִיעַ ת [ta'miy'a] able to be mixed in, assimilated
טְמִיעָה נ [temiy''a] assimilation, absorption, integration
טְמִיעוּת נ [temiy''ut] assimilability, absorbability
טָמִיר ת [ta'mir] 1 secret, hidden, latent. 2 cryptic
טָמִיר וְנֶעְלָם God (who is hidden)
טָמַם פ״י [ta'mam] to close, fill up
טָמַן פ״י [ta'man] to hide, conceal, bury
טָמַן יָדוֹ בַּצַּלַּחַת to sit idle
טָמַן רֶשֶׁת, טָמַן פַּחִים to set a trap
טֶמְפּוֹ ז ['tempo] tempo, rhythm
טֶמְפֶּרָטוּרָה נ [tempera'tura] temperature
טֶמְפֶּרָמֶנְט ז [tempera'ment] temperament
טָמַר פ״י [ta'mar] to hide, conceal
טֶנֶא ז ['tene] wicker basket, pannier
טַנְבּוּר ז [tan'bur] tambourine
טַנְדּוּ תה״פ [tan'du] together, both together
טֶנְדֶּר ז ['tender] truck, pick-up
טִנּוּן ז [ti'nun] flooding, soaking
טֻנּוּס ז ['tunus] tuna, tunny
טָנוּף ת [ta'nuf] filthy, dirty
טִנּוּף ז [ti'nuf] 1 filth, dirt. 2 soiling,

dirtying
[te'nor] tenor טֶנוֹר ז
[te'ni] bin, receptacle טְנִי ז
[ta'nin] tannin טַנִּין ז
['tenis] tennis טֶנִּיס ז
table tennis, ping-pong טֶנִּיס שֻׁלְחָן
[teni'fa] filthiness, dirt טְנִיפָה נ
[ta'nan] to become wet, moist, damp טָנַן פ״ע
[ti'nen] to make wet, moisten, dampen טִנֵּן פ״י
['tenef] dirt, filth, grime טֶנֶף ז
[ti'nef] 1 to soil, dirty. 2 befoul, besmirch טִנֵּף פ״י
[ti'nofet] dirt, filthiness טִנֹּפֶת נ
[tank] tank (mil.) טַנְק ז
[tan'kai] tankdriver טַנְקַאי ז
[ti'nar, tin'ra] flint טִנָּר ז, טִנְרָה נ
[tas] to fly טָס פ״י
[tas] saucer, salver, tray טַס ז
[test] driving-test, test טֶסְט ז
thrombocytes טַסִּיּוֹת דָּם
[ta'sit] small tray, platelet טַסִּית נ
[ta''a] 1 to make a mistake, err. 2 to go astray, get lost טָעָה פ״ע
[ta''un] 1 needing, requiring. 2 loaded, charged. 3 laden טָעוּן ת
[te''on] 1 load, burden. 2 carrying capacity טְעוֹן ז
[ti''un] 1 loading, burdening. 2 stating the case, reasoning, argumentation טִעוּן ז
underprivileged טְעוּנֵי טִפּוּחַ
[ta''ut] error, fault, mistake טָעוּת נ
[te'i'ya] making mistakes, erring טְעִיָּה נ
[ta''im] tasty, delicious טָעִים ת
[te'i'ma] 1 tasting. 2 sampling טְעִימָה נ
[te'i'mut] tastiness טְעִימוּת נ
[te'i'na] 1 loading. טְעִינָה נ

2 charging, charge
[ta''am] 1 to taste, savo(u)r, flavo(u)r. 2 to sample, try. 3 to be stressed טָעַם פ״י
['ta'am] 1 taste, flavo(u)r. 2 sense, reason. 3 accent, intonation טַעַם ז
1 unhelpful reason. 2 bad taste טַעַם לִפְגָם
1 helpful reason. 2 good taste טַעַם לְשֶׁבַח (לִשְׁבָח)
aftertaste טַעַם לְוַאי
[ti''em] to test by tasting, regulate taste טִעֵם פ״י
[ta''an] 1 to load, charge. 2 to carry, be laden. 3 to sue, claim. 4 to maintain, state טָעַן פיו״ע
['ta'an] load, cargo, freight טַעַן ז
['to'an] 1 freight, cargo. 2 plea, claim טֹעַן ז
[ta'a'na] 1 argument, claim. 2 slander טַעֲנָה נ
controversy, claims and counterclaims טְעָנוֹת וּמַעֲנוֹת
objection, counter-argument טַעֲנַת נֶגֶד
[taf] children טַף ז
[ti'pa] drop טִפָּה נ
[tip-ti'pa] a little bit, small amount טִפ־טִפָּה נ
alcoholic drink, liquor טִפָּה מָרָה
[ta'fu'ax] 1 tense, tight. 2 the sky. 3 damp, moistened טָפוּחַ ז ת
[ti'pu'ax] 1 care, attendance. 2 nursing טִפּוּחַ ז
[tefu'xa] sky טְפוּחָה נ, טְפוּחִים ז״ר
[ta'fui] nit, flea טָפוּי ת
[ta'ful] joined, attached, connected טָפוּל ת
[ti'pul] 1 case, attention. טִפּוּל ז

carpet. 3 matting
[ta'pil] parasite טַפִּיל ז
[tefi'la] 1 care, tending, treatment. 2 imputation טְפִילָה נ
[tapi'lut] parasitism טַפִּילוּת נ
[tapi'li] parasitic, parasitical טַפִּילִי ת
bit by bit, little by little טִפִּין טִפִּין תה"פ
[tefi'fa] mincing walk טְפִיפָה נ
[ta'fal] 1 to attach, join, affix. 2 to impute, attribute טָפַל פ"י
[ta'pal] liar, slanderer, maligner טַפָּל ז
[ta'fel] 1 tasteless, insipid. 2 subsidiary, subordinate טָפֵל ת
['tefel] 1 child. 2 putty טֶפֶל ז
[ti'pel] 1 to care for, look after. 2 to treat. 3 to handle טִפֵּל פ"י
[tu'pal] 1 to be treated. 2 to be cared for טֻפַּל פ"ע
[tefe'la] 1 subordination, dependence. 2 addition. 3 subsidiary (f) טְפֵלָה נ
[tif'lut] imputation טִפְלוּת נ
[tefe'lut] 1 dullness, inanity. 2 insipidity, tastelessness טְפֵלוּת נ
giblets טִפְלֵי עוֹף
[tefa'lim] children טְפָלִים ז"ר
[te'folet] putty טְפֹלֶת נ
[ti'ponet] 1 tiny drop. 2 a small amount טִפֹּנֶת נ
[ti'pes] 1 to climb, ascend. 2 to copy טִפֵּס פ"י
['tofes] 1 form. 2 copy, sample. 3 mould טֹפֶס ז
[taf'san] builder, mould expert טַפְסָן ז
[tap'san] 1 climber. 2 creeper טַפְּסָן ז
[tafsa'nut] preparing moulds for concrete, moulding טַפְסָנוּת נ
[tapsa'nut] climbing טַפְּסָנוּת נ
[taf'sar, tif'sar] 1 scribe. 2 angel. 3 government clerk טַפְסָר, טִפְסָר ז
2 treatment. 3 nursing, tending. 4 accessory
[tefu'la] affix טְפוּלָה נ
[tipu'li] pertaining to care or treatment טִפּוּלִי ת
[tfus] pattern, mould טְפוּס ז
[ti'pus] 1 type, kind. 2 model, specimen. 3 climbing טִפּוּס ז
[tipu'si] typical, characteristic טִפּוּסִי ת
[tipusi'yut] characteristic manner טִפּוּסִיּוּת נ
[ta'fuf] 1 exact, precise. 2 tight, crowded. 3 dandified טָפוּף ת
[ta'fush] 1 fat, dense. 2 silly, foolish טָפוּשׁ ת
[ta'put] infancy, childhood טַפּוּת נ
[ta'fax] 1 to knock, strike. 2 to moisten טָפַח פ"י
['tefax] span, handsbreadth טֶפַח ז
undersized span טֶפַח עָצֵב
oversized span טֶפַח שׂוֹחֵק
['tofax] vetchling, lathyrus, pea טֹפַח ז
1 to nurse, foster, cultivate. 2 to knock, strike. 3 to spread out טִפַּח פ"י
[tif'xa] roof-beam, coping, corbel טִפְחָה נ
[tif'tuf] 1 dripping. 2 dribble טִפְטוּף ז
[tif'tef] to drip, drop, dribble טִפְטֵף פיו"ע
[tafta'fa] automatic watering regulator טַפְטָפָה נ
[taf'tefet] dropper, pipette טַפְטֶפֶת נ
[tfi, ta'pi] 1 narrow-necked jug. 2 oil-jar. 3 dropper טְפִי, טַפִּי ז
[ti'pi] drop like טִפִּי ת
[ta'fiy'ax] 1 pitcher. 2 pitch-black, black טָפִיחַ ז ת
[tefi'xa] 1 knock, slap. 2 spanning. 3 tap טְפִיחָה נ
[ta'pet] 1 wall-paper. 2 rug, טַפֵּיט ז

טָפַף פ״ע [ta'faf] to walk mincingly, foppishly
טֶפֶף ז ['tefef] mincing, tripping along
טֹפֶר ז ['tofer] claw, talon
טָפַשׁ פ״ע [ta'fash] 1 to grease, fat. 2 to be silly, dull, stupid
טֶפֶשׁ ז ['tefesh] stupidity
טִפֵּשׁ ז ת פ״י [ti'pesh] 1 to be stupid, dull. 2 fool. 3 stupid, silly
טִפֵּשׁ מְטֻפָּשׁ complete idiot
טִפֵּשׁ עֶשְׂרֵה teenager
טִפְּשׁוֹן ז [tip'shon] 1 silly fool. 2 ninny
טִפְּשׁוּת נ [tip'shut] stupidity, foolishness, silliness
טִפְּשִׁי ת [tip'shi] stupid, foolish, silly
טִפַּת חָלָב 1 drop of milk. 2 mother and child day-care center
טַצְדָּקָה נ [tatsda'ka] pretext, excuse
טָקוּס ת [ta'kus] ceremonial
טַקְט ז [takt] tact
טִקְטוּק ז [tik'tuk] 1 typing. 2 ticking
טַקְטִי ת ['takti] 1 tactful. 2 tactical
טַקְטִיקָה נ ['taktika] tactics
טִקְטֵק פ״ע [tik'tek] 1 to tick. 2 to type
טֶקֶס ז ['tekes] 1 ceremony. 2 etiquette, protocol
טִקֵּס פ״י [ti'kes] to arrange or organize a ceremony
טִקְסִי ת [tik'si] ceremonial
טִקְסִיּוּת נ [tiksi'yut] ceremonialism, standing on ceremony
טַקְסָן ז [tak'san] emcee, master of ceremonies
טֻרְבָּל ז [tur'bal] threshing machine
טְרָגֶדְיָה נ [tra'gedya] tragedy
טְרָגִי ת ['tragi] tragic
טְרָגִיּוּת נ ['tragi'yut] tragedy
טְרָגִיקוֹן, טְרָגִיקָן ז [tragi'kon, tragi'kan] 1 tragic actor. 2 tragedian
טָרַד, טֵרֵד פ״י [ta'rad, te'red] 1 to flow. 2 to banish, expel. 3 to propel, push. 4 to disturb, bother
טֶרֶד ז ['tered] 1 trouble, bother. 2 thrush, songbird
טִרְדָּה נ [tir'da] 1 trouble, bother. 2 care, worry, distress
טֵרָדוֹן ז [tera'don] obsession
טַרְדָן ז [tar'dan] nuisance, heckler
טַרְדָנוּת נ [tarda'nut] bothersomeness
טַרְדָנִי ת [tarda'ni] bothersome, annoying
טָרָה נ פ״י [ta'ra] 1 to throw. 2 gross weight, tare
טְרוּבָּדוּר ז [truba'dur] troubado(u)r
טָרוּד ת [ta'rud] 1 busy, occupied. 2 troubled, bothered
טֵרוּד ז [te'rud] 1 banishment, expulsion. 2 disturbance, bothering, interference
טָרוּז ת [ta'ruz] 1 wedged. 2 cuneiform
טָרוּט ת [ta'rut] bleary
טְרוּטָה נ [tru'ta] trout
טְרוֹכֵאוּס ז [tro'xe'us] trochee (metre)
טְרוֹם מ״י [trom] before, ante-, pre-
טְרוֹם הִיסְטוֹרִי ת pre-historic
טְרוֹם מִלְחַמְתִּי ת pre-war
טְרוֹמְבּוֹזָה נ [trom'boza] thrombosis
טְרוֹמְבּוֹן ז [trom'bon] trombone
טְרוֹמִי ת [tro'mi] prefabricated
טְרוּנְיָה נ [trun'ya] complaint, grudge
טָרוּף ת [ta'ruf] 1 ravaged. 2 mixed, scrambled. 3 shuffled. 4 ritually unfit
טֵרוּף, טֵרוּף הַדַּעַת [te'ruf] craziness, madness, insanity
טְרוֹפִּי ת ['tropi] tropical
טְרוֹפִּיזְם ז [tro'pizem] tropism
טְרוֹפִּיק ז ['tropik] tropic

טֶרוֹר ז [teˈror] 1 terror. 2 terrorism

טֶרוֹרִיסְט ז [teroˈrist] terrorist

טֶרוֹרִיזְם ז [teroˈrizem] terrorism

טָרוּשׁ ת [taˈrush] rocky, rugged, craggy

טַרְזָן ז [tarˈzan] 1 dandy, fop. 2 foppish. 3 Tarzan

טַרְזָנוּת נ [tarzaˈnut] dandyism, foppery

טַרְזָנִי ת [tarzaˈni] foppish, dandified

טָרַח פ״ע [taˈrax] to take pains, trouble

טֹרַח ז [ˈtorax] bother, hardship, trouble

טַרְחָא נ [tarˈxa] tarha, disjunctive accent

טִרְחָה נ [tirˈxa] trouble, bother

טַרְחוּת נ [tarˈxut] concern, effort

טַרְחָן ז [tarˈxan] troublesome, bothersome, boring

טַרְחָנוּת נ [tarxaˈnut] taking trouble, bothering

טַרְחָנִי ת [tarxaˈni] annoying

טִרְטוּר ז [tirˈtur] 1 rattle, clatter, noise. 2 bother

טִרְטֵר פ״ע [tirˈter] 1 to rattle, hum. 2 to bother

טַרְטֵרָה נ [tarteˈra] roar, racket, din

טַרְטְרָן ז [tarteˈran] noisy, rowdy, restless

טַרְטְרָנוּת נ [tarteraˈnut] noisiness, rowdiness

טַרְטְרָנִי ת [tarteraˈni] rowdy, noisy

טָרִי ת [taˈri] 1 fresh, new. 2 moist

טְרִיגוֹן ז [triˈgon] triangle

טְרִיגוֹנוֹמֶטְרִי ת [trigonoˈmetri] trigonometrical

טְרִיגוֹנוֹמֶטְרִיָּה נ [trigonoˈmetriya] trigonometry

טְרִיוֹ ז [ˈtriyo] trio

טְרִיּוּת נ [triˈyut] 1 freshness, newness. 2 recentness

טְרִיז ז [triz] wedge, gusset

טָרִיחַ ת [taˈriyʼax] troublesome, causing nuisance

טְרִיחָה נ [teriˈxa] trouble

טְרִיטוֹן ז [triˈton] 1 triton. 2 three-tone interval (mus.)

טֶרִיטוֹרְיָלִי ת [teritorˈyali] territorial

טְרִילוֹגְיָה נ [triˈlogya] trilogy

טְרִילְיוֹן ז [trilˈyon] trillion

טְרִימֶסְטֶר ז [triˈmester] trimester, term

טִרְיָן ז [tirˈyan] tray

טְרִיפָה נ [triˈfa] 1 beating, scrambling. 2 shuffling, mixing. 3 rending, tearing

טְרִיקָה נ [triˈka] 1 slamming, banging. 2 snakebite

טְרִיקוֹ ז [triˈko] tricot

טָרִית נ [taˈrit] sponge cake

טְרִית נ [trit] sardine

טְרִיתוֹת נ״ר [triˈtot] sardines

טְרָכוֹמָה נ [traˈxoma] trachoma

טְרַכְסִיד ז [traxˈsid] coarse lime

טִרְלֵל פ״ע [tirˈlel] to trill

טָרַם, טֵרֵם פ״י [taˈram] to anticipate

טֶרֶם תה״פ [ˈterem] 1 not yet. 2 before, in advance of

טֶרְמִיט ז [terˈmit] termite

טֶרְמִינוֹלוֹגְיָה נ [terminoˈlogya] terminology

טְרֶמְפּ ז [tremp] lift, hitch

טְרַנְזִיט ז [ˈtranzit] transit

טְרַנְזַקְצְיָה נ [tranˈzaktsya] transaction

טְרַנְס־ (תחילית) [trans-] trans-

טְרַנְסְפּוֹרְט ז [ˈtransport] 1 transport. 2 consignment

טְרַנְסְפוֹרְמָטוֹר ז [transforˈmator] transformer

טְרַנְסְפֶר ז [transˈfer] transfer

טְרַנְסְצֶנְדֶּנְטָלִי ת [transtsendenˈtali] transcendental

טְרַנְסְקְרִיפְּצְיָה נ [trans'kriptsya] transcription

טֶרַסָּה נ [te'rasa] terrace

טַרְסִי ז [tar'si] weaver, filigree worker

טְרַסְקָל ז [tras'kal] basket

טְרִיסְקָל ז [tris'kal] tea table, smoking table

טָרָף ז ת [ta'raf] 1 leaf, blade. 2 freshly plucked leaf. 3 detached, plucked

טָרַף פ״י [ta'raf] 1 to ravage, prey on. 2 to knock, strike. 3 to beat, scramble, shuffle, mix. 4 to declare not kosher

טָרַף נַפְשׁוֹ to commit suicide

טָרֵף ת [ta'ref] non-kosher

טֶרֶף ז ['teref] 1 prey. 2 food. 3 mixture

טֵרֵף פ״י [te'ref] 1 to shake, move. 2 to confuse, madden

טֹרֶף ז ['toref] embargo, seizure, sequestration

טִרְפֵּד פ״י [tir'ped] 1 to torpedo. 2 to sabotage, cause to fail

טַרְפֶּדֶת נ [tar'pedet] torpedo boat

טְרֵפָה נ [tre'fa] 1 prey. 2 non-kosher food

טִרְפָּה נ [tir'pa] foreclosure, seizure

טֵרָפוֹן ז [tera'fon] delirium, madness

טַרְפוּת נ [tar'fut] unfitness for consumption

טְרַפֶּז ז [tra'pez] trapeze

טַרְפַּחַת נ [tar'paxat] mouth of the womb, cervix

טַרְפָן ז [tar'fan] 1 cruel, predatory. 2 rapacious. 3 breaker of dietary law

טֶרְפֶּנְטִין ז [terpen'tin] turpentine

טְרַפֶּצְיָה נ [tra'petsya] 1 trapeze. 2 trapezoid, trapezium

טַרְפֵּשׁ ז [tar'pesh] diaphragm, midriff

טָרַק פ״י [ta'rak] to bang, slam

טְרַקְטוֹר ז ['traktor] tractor

טְרַקְטוֹרַאי ז [trakto'rai] tractor driver

טְרַקְלִין ז [trak'lin] 1 salon, parlo(u)r. 2 reception

טֶרַרְיוֹן ז [terar'yon] terrarium

טֶרֶשׁ ז ['teresh] rock, stone, boulder

טְרֵשָׁה נ [tere'sha] rocky ground

טַרְשִׁי ת [tar'shi] stony, rocky

טַרְשֶׁמֶת נ [tar'shemet] scleroma

טַרְשָׁנִית נ [tarsha'nit] cynocrambe, hound's tongue (plant)

טָרֶשֶׁת נ [ta'reshet] sclerosis

טִשְׁטוּשׁ ז [tish'tush] 1 blur, smudge. 2 blurring, smudging

טִשְׁטֵשׁ פ״י [tish'tesh] to blur, smudge, cover over

י

י 1 Yod, tenth letter of the Hebrew alphabet. 2 ten. 3 tenth

[ya''av] to long for, desire, yearn for יָאַב פ״ע

[ya''a] 1 to befit, become. 2 to be suitable, proper, fair יָאָה פ״ע

[ya''e] suitable, fitting, right יָאֶה ת

[ye''or] 1 Nile. 2 river, lake. 2 water-course יְאוֹר ז

[ye''ush] despair, dejection, despondency יֵאוּשׁ ז

[ya''ut] 1 properly. 2 fitting, proper יָאוּת תה״פ ת

[ya''ash] to despair יָאַשׁ פ״ע

[ye''esh] to cause despair, make desperate יֵאֵשׁ פ״י

[yo''ash] to be made desperate, caused despair יֹאַשׁ פ״ע

[yi'be] to import יִבֵּא פ״י

[yu'ba] to be imported יֻבָּא פ״ע

[yi'bev] 1 to sob, weep. 2 to lament, mourn יִבֵּב פ״ע

[yeva'va] wailing, sobbing, lamentation יְבָבָה נ

May he live! יִבָּדֵל לְחַיִּים

[ye'vu, yi'bu] 1 importing. 2 imported goods יְבוּא, יִבּוּא ז

[yevu''an] importer יְבוּאָן ז

[yi'buv] sobbing, wailing יִבּוּב ז

[ye'vul] 1 crop, yield. 2 harvest. 3 produce, fruit יְבוּל ז

[yi'bul] 1 celebrating a jubilee. 2 weeding יִבּוּל ז

[yi'bum] levirate marriage יִבּוּם ז

[yi'bush] 1 drying. 2 draining. 3 dessication יִבּוּשׁ ז

[yav'xush] 1 insect. 2 gnat, mosquito יַבְחוּשׁ ז

[ya'vil] transportable, mobile יָבִיל ת

[yevi'lut] transportability, mobility יְבִילוּת נ

[ya'val] 1 brook, stream. 2 water-course יָבָל ז

[yi'bel] 1 to weed. 2 to grow corns. 3 to celebrate a jubilee יִבֵּל פ״י

[yavlu'li] corny, covered in warts יַבְלוּלִי ת

[yab'lit] crab-grass יַבְּלִית נ

[ya'belet] 1 corn, callus. 2 blister. 3 wart, verruca יַבֶּלֶת נ

[yabal'ti] corny, calloused, blistered יַבַּלְתִּי ת

[ya'vam] brother-in-law יָבָם ז

[yi'bem] to marry dead brother's widow יִבֵּם פ״י

[yeva'ma] sister-in-law יְבָמָה נ

[yav'mut] levirate marriage יַבְמוּת נ

[yav'ru'ax] mandrake יַבְרוּחַ ז

[ya'vesh] 1 dry. 2 boring, monotonous. 3 to become dry, dehydrated יָבֵשׁ פ״ע ת

[yi'besh] to dry, drain יִבֵּשׁ פ״י

['yovesh] 1 dryness, drought. 2 dehydration יֹבֶשׁ ז

[yaba'sha] mainland, dry land יַבָּשָׁה נ

[yeve'shut] 1 dryness, aridity. 2 monotony יְבֵשׁוּת נ

[ye'voshet] 1 monotony. 2 dryness, drought יְבֹשֶׁת נ

[ya'beshet] 1 continent. יַבֶּשֶׁת נ

2 mainland, dry land
[yabash'ti] continental, pertaining to dry land יַבַּשְׁתִּי ת
[ya'gev] field, arable land יָגֵב ז
[yi'ga] to distress, pain יִגָּה פ״י
['yagu'ar] jaguar יָגוּאָר ז
[ya'gon] sadness, grief, sorrow יָגוֹן ז
[ya'gun] grieved, sad יָגוּן ת
[yego'ni] sorrowful, grieving יְגוֹנִי ת
[ya'gu'a] tired, fatigued יָגוּעַ ת
[ya'gor] afraid, fearful יָגוֹר ת
[yegi'va] cultivation of the land, agriculture יְגִיבָה נ
[ya'giy'a] fatigued, tired, exhausted יָגִיעַ ת
[ye'giy'a] effort, toil, work יְגִיעַ ז
fruits of one's labo(u)r יְגִיעַ כַּפַּיִם
[yegiy''a] effort, strain, exertion יְגִיעָה נ
[ya'ga'] earnings, gains יָגָע ז
[ya'ga'] 1 to labour, toil. 2 to be weary, fatigued יָגַע פ״י
[ya'ge'a] tired, fatigued, exhausted יָגֵעַ ת
['yega] 1 toil, effort, exertion. 2 weariness, exhaustion יֶגַע ז
[yi'ga] to tire out, weary, exhaust יִגַּע פ״י
Seek and you shall find! יָגַעְתָּ וּמָצָאתָ
[ye'gar] heap of stones יְגַר ז
[ya'gor] to fear, be afraid יָגֹר פ״י
[yad] 1 hand, arm. 2 foreleg. 3 monument, memorial. 4 part, share יָד נ
unison, accord, unanimity יָד אַחַת
hand in hand, together יָד בְּיָד
1 Yad Vashem. 2 living monument יָד וָשֵׁם
1 mighty hand. 2 might, strength יָד חֲזָקָה
free hand, freedom of manoeuvre יָד חָפְשִׁית
generosity יָד פְּתוּחָה
miserliness, close-fistedness, parsimony יָד קְמוּצָה
harshness, severity יָד קָשָׁה
1 generosity. 2 amplitude, largeness. 3 abundance יָד רְחָבָה
courage יָד רָמָה
right hand, second in command יַד יְמִינוֹ
[ya'da] 1 cuff. 2 to throw, cast יָדָה נ פ״י
[yi'da] to throw, cast יִדָּה פ״י
1 to throw a stone at. 2 to besmirch יִדָּה אֶבֶן בְּ־
to draw lots, cast lots יִדָּה גּוֹרָל
1 meddlesome, aggressive. 2 intruder, meddler יָדוֹ בַּכֹּל
to be at an advantage יָדוֹ עַל הָעֶלְיוֹנָה
to be at a disadvantage יָדוֹ עַל הַתַּחְתּוֹנָה
[ye'dug] fishery, fishing יְדוּג ז
[ye'dod] 1 spark. 2 washbowl יְדוֹד ז
[yi'duy] throwing, casting יִדּוּי ז
[yedo'nit] 1 muff. 2 handcuff יְדוֹנִית נ
[ya'do'a] 1 magician, wizard. 2 necromancer יַדּוֹעַ ז
[ya'du'a] 1 famous, well-known. 2 certain יָדוּעַ ת
sickly, frail יְדוּעַ חֹלִי
[yi'du'a] 1 adding definite article. 2 giving information יִדּוּעַ ז
common-law wife יְדוּעָה בַּצִּבּוּר
[ya'did] 1 friend. 2 beloved יָדִיד ז ת
[yedi'dut] friendship יְדִידוּת נ
[yedidu'ti] friendly, amicable יְדִידוּתִי ת
[ya'dayim] hands יָדַיִם נ״ז
[yad'yan] aggressive, pugnacious יַדְיָן ז
[yediy''a] 1 information. 2 knowledge, awareness יְדִיעָה נ

[yehu'di] 1 Jew. 2 Jewish יְהוּדִי ז ת
[yehudi'ya] 1 Jewess 2 Jewish (f) יְהוּדִיָּה נ ת
[yehu'dit] 1 Jewish dialect, Yiddish, Ladino. 2 Judith. 3 Jewish (f) יְהוּדִית נ ת
[yahva] Yahweh, Lord, God. 2 tetragrammaton יְהֹוָה
[ye'hi] Let it be! יְהִי פ״ע
Come what may יְהִי מָה
Would that, I wish that, God will that יְהִי רָצוֹן
[ya'hir] arrogant, haughty, proud יָהִיר ת
[yehi'rut] arrogance, haughtiness, pride יְהִירוּת נ
[yaha'lom] 1 diamond. 2 onyx יַהֲלוֹם ז
[yahalo'man] diamond merchant יַהֲלוֹמָן ז
[yahaloma'nut] trade in diamonds יַהֲלוֹמָנוּת נ
[yoha'ra, yuha'ra] pride, arrogance, haughtiness יָהֳרָה, יֻהֲרָה נ
[yoha'ran] arrogant, presumptuous יָהֳרָן ז
[yohara'nut] arrogance, haughtiness יָהֳרָנוּת נ
[yo'vel] 1 jubilee. 2 ram. 3 ram's horn, shofar. 4 anniversary יוֹבֵל ז
[yu'val] stream, brook, tributary יוּבַל ז
[yovsha'ni] dry, arid יוֹבְשָׁנִי ת
[yo'gev] farmer, husbandman יוֹגֵב ז
[yod, yud] Yod, Yud, tenth letter of the Hebrew alphabet יוֹד, יוּד ז
[yod] iodine יוֹד ז
[yo'did] iodide יוֹדִיד ז
scholar יוֹדֵעַ סֵפֶר

[yediy''on] bulletin, information sheet יְדִיעוֹן ז
geography יְדִיעַת הָאָרֶץ
astronomy, cosmology יְדִיעַת הַשָּׁמַיִם
[ya'dit] handle, grip יָדִית נ
[yeda'ni] manual, worked by hand יְדָנִי ת
[ya'da'] 1 to comprehend, know. 2 to have carnal knowledge יָדַע פ״י
['yeda'] 1 knowledge. 2 skill. 3 know-how יֶדַע ז
folklore יֶדַע עַם
[yi'da'] 1 to inform, put in the picture. 2 to appoint, assign. 3 to affix definite article יִדַּע פ״י
[yid'o'ni] soothsayer, necromancer יִדְּעוֹנִי ז
[yad''ut] 1 conscience, consciousness. 2 expertise יַדְּעוּת נ
[yad''an] 1 scholar, savant. 2 knowledgeable, erudite. 3 expert יַדְּעָן ז ת
[yad'a'nut] 1 expertness, expertise. 2 erudition יַדְּעָנוּת נ
[ya] 1 The Lord God. 2 Woe! Alas! יָהּ ז מ״ק
[ye'he] he/it will be יְהֵא פ״ע
[yahav] to give, bring, provide יָהַב פ״י
[ye'hav] 1 levy, tax, burden. 2 hope, chance יְהָב ז
[yi'hed] to judaize, convert to Judaism יִהֵד פ״י
[yaha'dut] 1 Judaism, Jewishness. 2 Jewry יַהֲדוּת נ
[yi'hud] conversion to Judaism יִהוּד ז
[yehu'dai] Jew, Israelite יְהוּדַאי ת
[yehu'da] 1 Juda. 2 Yehuda. 3 Judah יְהוּדָה נ

יוֹדֵעַ חֵן 1 kabbalist. 2 expert
יוֹזֵם ז [yo'zem] promoter, initiator
יוֹחֲנָה נ [yoxa'na] locust
יוּטָה נ [yu'ta] jute
יוֹלְדִים ז״ר [yol'dim] parents
יוֹלֶדֶת נ [yo'ledet] woman in confinement, or just after giving birth
יוּלִי ז ['yuli] July
יוֹם ז [yom] 1 day. 2 time. 3 daylight
יוֹם א׳, יוֹם רִאשׁוֹן Sunday
יוֹם ב׳, יוֹם שֵׁנִי Monday
יוֹם ג׳, יוֹם שְׁלִישִׁי Tuesday
יוֹם ד׳, יוֹם רְבִיעִי Wednesday
יוֹם ה׳, יוֹם חֲמִישִׁי Thursday
יוֹם ו׳, יוֹם שִׁשִּׁי Friday
יוֹם הַבִּכּוּרִים Pentecost, Feast of First Fruits
יוֹם הַזִּכָּרוֹן Remembrance Day, Memorial Day
יוֹם הַכִּפּוּרִים, יוֹם כִּפּוּר Day of Atonement
יוֹם הֻלֶּדֶת birthday
יוֹם הַשָּׁנָה anniversary
יוֹם זִכָּרוֹן Memorial Day
יוֹם חֹל weekday, ordinary working day
יוֹם טוֹב feast, festival, holiday
יוֹמוֹן ז [yo'mon] daily newspaper
יוֹמִי ת [yo'mi] daily, of one day's duration
יוֹמְיוֹם תה״פ [yom'yom] everyday
יוֹמְיוֹמִי ת [yomyo'mi] daily, every day happening
יוֹמַיִם [yo'mayim] two days
יוֹמִית תה״פ נ [yo'mit] 1 on a daily basis. 2 a day's work
יוֹמָם תה״פ [yo'mam] by day, in daytime hours
יוֹמָן ז [yo'man] 1 diary, journal. 2 register

יוֹמָנַאי ז [yoma'nai] 1 diarist. 2 officer on duty
יָוָן ז [ya'van] Greece
יוֹן ז [yon] 1 pigeon, dove. 2 ion
יָוֵן ז [ya'ven] 1 mud, sludge. 2 ooze. 3 muck
יְוֵן מְצוּלָה 1 deep mire. 2 great trouble
יִוֵּן פ״י [yi'ven] to Hellenize
יוֹנָה נ [yo'na] dove, pigeon
יוֹנָה תַמָּה 1 pure dove. 2 pretending innocence
יַוְנוּת נ [yav'nut] Hellenism
יוֹנִי ת [yo'ni] 1 Ionian, Ionic. 2 dove-like
יוּנִי ז ['yuni] June
יְוָנִי ת ז [yeva'ni] Grecian, Greek, Hellenistic
יְוָנִית נ [yeva'nit] Greek
יוֹנֵק ז [yo'nek] 1 mammal. 2 shoot, sapling. 3 suckling baby
יוֹנֵק הַדְּבַשׁ honeysucker, small songbird
יוֹנֵק עִלָּאִי primate
יוֹנְקִים ז״ר [yon'kim] mammals
יוֹנֶקֶת נ [yo'neket] sucker, young shoot
יוֹנַת דֹּאַר carrier pigeon
יוֹנַת הַסְּלָעִים rock pigeon
יוֹעֶזֶר ז [yo''ezer] maiden hair (plant)
יוֹעֵץ ז [yo''ets] adviser, counsellor
יוֹעֵץ הַכֶּתֶר adviser to the crown, king or queen's counsel
יוֹעֵץ מִשְׁפָּטִי Legal adviser
יוֹעֵץ סְתָרִים confidential adviser, confidant
יוֹצֵא ת [yo'tse] 1 outgoing. 2 ex-graduate. 3 transitive (verb)
יוֹצֵא דֹפֶן exceptional, unusual, singular
יוֹצֵא וּבָא coming and going

3 residual, left-over
too much, too many יוֹתֵר מִדַּי
[yo'teret] 1 extra. 2 left-over, additional part יוֹתֶרֶת נ
lobe of the liver יוֹתֶרֶת הַכָּבֵד
[ya'zum] 1 initiated. 2 conceived יָזוּם ת
[yi'zum] promotion, initiation יִזּוּם ז
[yiz'kor] Yizkor, memorial prayer יִזְכֹּר ז
[ya'zam] to promote, initiate יָזַם פ״י
[ya'zam] promoter, initiator, entrepreneur יַזָּם ז
[yi'zem] 1 to hatch, weave. 2 to initiate, promote יִזֵּם פ״י
[yoz'ma] initiative יָזְמָה נ
[yozma'nut] enterprise, capacity for initiative יָזְמָנוּת נ
[yozma'ni] venturesome, enterprising יָזְמָנִי ת
[ya'za'] one who sweats a lot יַזָּע ז
['yeza] sweat, perspiration יֶזַע ז
[yaz''an] boaster, braggart יַזְעָן ז
[yaz'a'nut] boasting, bragging יַזְעָנוּת נ
[ya'za'at] perspiration יַזַּעַת נ
[ya'xad] to be united, joined יָחַד פ״ע
['yaxad, yax'dav] together, jointly, collectively יַחַד, יַחְדָּו תה״פ
[yi'xed] 1 to assign, allocate, devote. 2 to characterize יִחֵד פ״י
[yi'xud] 1 distinctiveness, singularity. 2 setting aside, appropriating יִחוּד ז
[yixu'di] 1 exclusive. 2 distinctive יִחוּדִי ת
[yixudi'yut] exclusiveness, distinctiveness יִחוּדִיּוּת נ
[yi'xul] hope, wish יִחוּל ז
[yi'xum] rut, heat, sexual excitement יִחוּם ז

1 son, child. 2 offspring, descendant יוֹצֵא חֲלָצָיו, יוֹצֵא יְרֵכוֹ
exceptional, extraordinary יוֹצֵא מִן הַכְּלָל
someone who completed military service יוֹצֵא צָבָא
[yots'a'nit] prostitute, street walker יוֹצְאָנִית נ
[yo'tser] 1 creator, maker, generator. 2 God. 3 potter יוֹצֵר ז
potter יוֹצֵר חֶרֶשׂ
[yotsra'ni] creative יוֹצְרָנִי ת
[yotsrani'yut] creativity, creativeness יוֹצְרָנִיּוּת נ
[yo'kesh] trapper, snarer יוֹקֵשׁ ז
[yo'keshet] minelayer (ship) יוֹקֶשֶׁת נ
[yo'red] 1 emigrant (from Israel). 2 impoverished person. 3 iambus יוֹרֵד ז
dead, grave-dweller יוֹרֵד בּוֹר, יוֹרֵד דּוּמָה
seaman, sailor יוֹרֵד יָם
[yo'redet] 1 waterfall, cascade. 2 stream יוֹרֶדֶת נ
[yo'ra] 1 kettle, cauldron. 2 boiler יוֹרָה נ
[yo're] 1 first rain. 2 shooter, marksman יוֹרֶה ז
[yu'ridi] juridical, having foundation in the law יוּרִידִי ת
[yu'rist] jurist, qualified lawyer יוּרִיסְט ז
[yo'resh] successor, heir, legatee יוֹרֵשׁ ז
crown prince, heir to the throne יוֹרֵשׁ עֶצֶר
[yo'shev] 1 inhabitant, resident. 2 sitting, seated יוֹשֵׁב ז
idler, layabout, loafer יוֹשֵׁב קְרָנוֹת
chairman, chair person יוֹשֵׁב רֹאשׁ
[yo'ter] 1 much. 2 more. יוֹתֵר תה״פ ת

יִחוּס, יִחוּשׁ ז [yi'xus] 1 genealogy, family tree. 2 pedigree, distinguished birth
יִחוּף ז [yi'xuf] bare footedness
יִחוּר ז [yi'xur] shoot, twig
יָחִיד ת [ya'xid] 1 only, single, unique. 2 singular. 3 individual
יָחִיד בְּדוֹרוֹ eminent
יָחִיד בְּמִינוֹ unique, outstanding
יְחִידָאִי ת [yexida'’i] unique
יְחִידָה נ [yexi'da] 1 unit. 2 only (f). 3 the soul
יְחִידוּת נ [yexi'dut] 1 privacy, loneliness. 2 singleness, singularity
יְחִידֵי סְגֻלָּה outstanding élite, chosen few
יְחִידִי ת [yexi'di] alone, by oneself
יְחִידָנִי ת [yexi'dani] individual
יְחִימָה נ [yexi'ma] rut, heat, sexual passion
יִחֵל פ״ע [yi'xel] to expect, hope for, look forward to
יָחַם פ״ע [ya'xam] to be in heat, sexually excited
יִחֵם פי״ע [yi'xem] to rut, to excite sexually
יַחֲמָה נ [yaxa'ma] pregnancy, conception
יַחְמוּעַ ז [yax'mu’a] roebuck, fallow deer
יַחְנוּן ז [yax'nun] hellebore (plant)
יַחְנוּק ז [yax'nuk] cistanche (plant)
יַחַס ז ['yaxas] 1 relation, connection. 2 descent. 3 ratio, proportion. 4 case (grammar)
יַחַס גּוֹמְלִין mutual relations
יַחַס הָפוּךְ inverse proportion
יַחַס הַפָּעוּל accusative case
יַחַס הַקִּנְיָן possessive case
יַחַס יָשָׁר 1 direct relation. 2 nominative case
יִחֵס פי״ע [yi'xes] 1 to ascribe, attribute. 2 to relate, connect. 3 to trace the descent
יֹחַס ז ['yoxas] genealogy, pedigree, descent
יֻחַס פ״ע [yu'xas] to be ascribed, attributed
יַחֲסָה נ [yaxa'sa] case (grammar)
יַחֲסוּת נ [yaxa'sut] relativity, relatedness
יַחֲסֵי גּוֹמְלִין reciprocal relations
יַחֲסֵי מִין sexual intercourse
יַחֲסֵי צִבּוּר public relations
יַחֲסִי ת [yaxa'si] relative, proportional
יַחֲסִיּוּת נ [yaxasi'yut] relativity, relativism
יָחֲסִין, יֻחֲסִין ז״ר [yoxa'sin, yuxa'sin] genealogy, pedigree
יַחֲסִית תה״פ [yaxa'sit] relatively
יַחְסָן ז [yax'san] 1 distinguished, noble. 2 snobbish
יַחְסָנוּת נ [yaxsa'nut] 1 haughtiness, arrogance. 2 breeding
יַחְסָנִי ת [yaxsa'ni] 1 aristocratic. 2 privileged, eminent. 3 arrogant, supercilious
יַחַף ז ['yaxaf] 1 barefootedness. 2 foot-soreness
יָחֵף ת [ya'xef] barefoot, unshod
יִחֵף פ״ע [yi'xef] to be barefoot, take shoes off
יַחֲפוּת נ [yaxa'fut] barefootedness
יְחֵפוּת נ [yexe'fut] foot-soreness
יַחְפָן ז [yax'fan] ragamuffin, barefoot
יַחַשׂ ז ['yaxas] genealogy, lineage, descent
יָטַב פ״ע [ya'tav] to be merry, of good heart
יְיָ ז [ado'nai] Adonai, the Lord,

[yi'led] to act as midwife, assist at birth, deliver — יִלֵּד פ״י
[yal'da] to give birth, bear — יָלְדָה פ״י
[yal'da] girl, daughter, female child, young girl — יַלְדָּה נ
[yal'don] youngster, child, boy — יַלְדוֹן ז
[yal'dut] childhood — יַלְדוּת נ
[yaldu'ti] childish, infantile — יַלְדוּתִי ת
[yalduti'yut] childishness — יַלְדוּתִיּוּת נ
1 world events. 2 worldly troubles — יַלְדֵי הַזְּמַן, יַלְדֵי יָמִים
thoughts, ideas — יַלְדֵי רוּחַ
[ya'lud] newborn — יָלוּד ת
mortal, born of woman — יְלוּד אִשָּׁה
[yi'lud] assistance at birth, acting as midwife — יִלּוּד
[yi'lod] newborn child — יִלּוֹד ז
[yelu'da] birthrate — יְלוּדָה נ
[ya'lid] 1 native of. 2 indigenous — יָלִיד ז
born into slavery — יְלִיד בַּיִת
[ye'lel] waiting, lament — יְלֵל ז
[yi'lel] to weep, sob, lament — יִלֵּל פ״ע
[yela'la] wailing, howling — יְלָלָה נ
[yale'lan] cry-baby, winger — יַלְלָן ז
[ya'lefet] scabies — יַלֶּפֶת נ
['yelek] 1 locust. 2 locust larva — יֶלֶק ז
[yal'kut] 1 satchel, schoolbag. 2 rucksack. 3 anthology, thesaurus — יַלְקוּט ז
[yam] 1 sea, ocean, lake. 2 west — יָם ז
the Mediterranean Sea — יָם הָאַחֲרוֹן, הַגָּדוֹל
the Dead Sea — יָם הַמֶּלַח, הַמָּוֶת
the Mediterranean Sea — יָם הַתִּיכוֹן
The Talmud — יָם הַתַּלְמוּד
Sea of Galilee, Kinneret — יָם כִּנֶּרֶת
1 the Red Sea. 2 the Reed Sea — יַם־סוּף
[yem] 1 hot spring. 2 donkey. — יֵם ז
God
['yidish] Yiddish — יִידִישׁ ז
['yayin] wine — יַיִן ז
old wine, preserved wine, cellared wine — יֵין הַמְשֻׁמָּר
pure wine — יֵין חַי
1 spirits. 2 liquor, liqueur — יֵין שָׂרוּף, יֵין שָׂרָף, יַ״שׁ
[ya'yan] 1 winemaker, vintner. 2 expert in wines — יַיָּן ז
vermouth — יֵין לַעֲנָה
heathen wine — יֵין נֶסֶךְ
[ye'ni] vinous, winy, made from wine — יֵינִי ת
[ye'nan] 1 wine-merchant, wine-dealer. 2 wine-maker — יֵינָן ז
Congratulations! Well done! — יִישַׁר כֹּחַ, יִישַׁר כֹּחֲךָ
[ya'xol] 1 able, capable. 2 permitted — יָכוֹל ת
[ya'xolni] I can — יָכוֹלְנִי
[ya'xiy'ax] demonstrable — יָכִיחַ ת
[yexi'xut] demonstrability — יְכִיחוּת נ
[ya'xin] Yakhin (right hand pillar of Temple) — יָכִין ז
two pillars of the community — יָכִין וּבֹעַז
[ya'xol] to be able, allowed — יָכֹל פ״ע
to overcome someone — יָכֹל לוֹ
[ye'xolet] ability, capability — יְכֹלֶת נ
omnipotence — יְכֹלֶת כֹּל
[ya'lad] 1 to bear, beget. 2 to reproduce, procreate. 3 to give birth — יָלַד פ״י
['yeled] 1 child, boy. 2 son — יֶלֶד ז
waif, stray, abandoned child — יֶלֶד הֶפְקֵר
Benjamin, child born to elderly parents — יֶלֶד זְקוּנִים
darling child — יֶלֶד חֶמֶד, יֶלֶד שַׁעֲשׁוּעִים
child progidy — יֶלֶד פֶּלֶא

3 wild pigeon
[yama'ut] seamanship, seacraft — יַמָּאוּת נ
[ya'mai] seaman, sailor — יַמַּאי ז
[yama'i] naval, marine, maritime — יַמָּאִי ת
['yambus] iambus, iamb — יַמְבּוּס ז
[ya'ma] lake — יַמָּה נ
['yama] 1 to the sea. 2 westwards — יָמָּה תה"פ
[ye'mot] 1 days of. 2 season, age of — יְמוֹת ז"ר
ancient times, olden days — יְמוֹת עוֹלָם
of cursed memory — יִמַּח שְׁמוֹ
Middle Ages, Medieval period — יְמֵי הַבֵּינַיִם
working days, week days — יְמֵי הַמַּעֲשֶׂה
antiquity, olden days, ancient times — יְמֵי קֶדֶם
[ya'mi] maritime, of the sea — יַמִּי ת
1 days. 2 lifetime. 3 years, age — יָמִים ז"ר
Days of Awe (New Year and Day of Atonement) — יָמִים נוֹרָאִים
[ya'min] 1 right hand, right side. 2 the right. 3 south — יָמִין ז
[ya'mina] to the right — יָמִינָה תה"פ
[yemi'nut] rightism — יְמִינוּת נ
[yemi'ni] 1 right. 2 right-handed. 3 Benjaminite — יְמִינִי ת
[yam'lu'ax] nitraria, salt bush — יַמְלוּחַ ז
[yema'ma] twenty-four hours — יְמָמָה נ
[yi'men] 1 to veer starboard. 2 to prepare, appoint — יִמֵּן פ"י
[yema'ni] 1 right, right-handed. 2 right-wing, conservative — יְמָנִי ת
[yemani'yut] conservatism, right-wing policy — יְמָנִיּוּת נ
[yom'ra] pretension — יָמְרָה, יֻמְרָה נ
[yomra'nut] ambitiousness, pretentiousness — יָמְרָנוּת נ
[yomra'ni] pretentious, ambitious — יָמְרָנִי ת
[yan'but] prosopis (plant) — יַנְבּוּט ז
[ya'na] to oppress — יָנָה פ"י
May he rest in peace! R.I.P. — יָנוּחַ בְּשָׁלוֹם עַל מִשְׁכָּבוֹ
['yanu'ar] January — יָנוּאָר ז
[yeno'ka, yanu'ka] child, youngster — יְנוֹקָא, יַנּוּקָא ז
[yeni'ka] 1 suckling. 2 absorption, imbibing. 3 young twig — יְנִיקָה נ
[ya'nak] 1 to suckle. 2 to absorb, imbibe. 3 to be influenced — יָנַק פ"י
['yenek] suckling — יֶנֶק ז
[yan'kut] early infancy — יַנְקוּת, יַנְקוּתָא נ
[yanku'ti] pertaining to early infancy — יַנְקוּתִי ת
[yan'shuf] owl — יַנְשׁוּף ז
1 to found, establish. 2 to arrange, institute — יָסַד פ"י
[yi'sed] 1 to found, establish. 2 to organize, form — יִסֵּד פ"י
[ye'sod] 1 basis, foundation. 2 base. 3 element — יְסוֹד ז
[ye'sud] foundation — יְסוּד ז
founding, establishment — יִסּוּד ז
[yesu'da] basis, foundation — יְסוּדָה נ
[yeso'di] 1 elementary. 2 basic, fundamental. 3 main, primary, cardinal, chief — יְסוֹדִי ת
[yesodi'yut] thoroughness, carefulness — יְסוֹדִיּוּת נ
[yi'suf] revaluation — יִסּוּף ז
[yi'sur] 1 affliction, suffering. 2 punishment, correction — יִסּוּר ז
[yisu'rim] torment, suffering — יִסּוּרִים ז"ר

יָסַךְ פ״י [yaˈsax] to anoint
יַסְמִין ז [yasˈmin] jasmine
יַסְעוּר ז [yasˈ’ur] puffin
יָסַף פ״י [yaˈsaf] 1 to continue, persist. 2 to add, increase, augment
יֶסֶף ז [ˈyesef] 1 coda (music). 2 addition, extra
יִסֵּף פ״י [yiˈsef] to revalue
יָסַר, יִסֵּר פ״י [yaˈsar, yiˈser] 1 to punish, chastise. 2 to correct
יָעַד פ״י [yaˈ’ad] 1 to appoint, assign. 2 to designate, determine
יַעַד ז [ˈya’ad] 1 aim, purpose. 2 goal, target, objective. 3 destination
יִעֵד פ״י [yiˈ’ed] 1 to designate, assign, destine. 2 to betroth, engage
יָעָה פ״י [yaˈ’a] to sweep up
יָעֶה ז [yaˈ’e] shovel, scoop, dust pan
יָעוּד ת [yaˈ’ud] 1 intended, designed. 2 designated, dedicated
יִעוּד ז [yiˈ’ud] 1 vocation, mission. 2 designation, calling. 3 promise, assurance
יִעוּל ז [yiˈ’ul] making efficient
יָעוּץ ת [yaˈ’uts] advised, considered, deliberate
יִעוּץ ז [yiˈ’uts] advice, counselling
יָעוּר ת [yaˈ’ur] afforested, planted with trees
יִעוּר ז [yiˈ’ur] afforestation
יָעַט פ״י [yaˈ’at] 1 to wrap, cover. 2 to clothe
יְעִידָה נ [ye’iˈda] 1 designation, assignment. 2 betrothal. 3 statement
יָעִיל ת [yaˈ’il] efficient, effective
יְעִילוּת נ [ye’iˈlut] efficiency, efficacy, effectiveness
יַעַל ז [ˈya’al] benefit, profit
יָעֵל ז [yaˈ’el] ibex, mountain goat (m)
יִעֵל פ״י [yiˈ’el] to make more efficient
יְעֵלָה, יַעֲלָה נ [ye’eˈla, ya’aˈla] 1 gazelle. 2 graceful girl
יַעֲלַת חֵן 1 graceful woman. 2 charming person
יַעַן מ״י [ˈya’an] because of, on account of
יַעַן אֲשֶׁר, יַעַן כִּי מ״ח since, because
יָעֵן ז [yaˈ’en] ostrich (m)
יְעֵנָה נ [ya’aˈna] ostrich (f)
יָעַף פ״ע [yaˈ’af] to be tired, weary, exhausted
יָעֵף ת [yaˈ’ef] tired, weary
יִעֵף פ״י [yiˈ’ef] 1 to tire, weary. 2 to annoy, bore
יְעָף ז [ˈye’af] 1 flight. 2 volley. 3 haste, rush
יַעֶפֶת נ [yaˈ’efet] jet lag
יַעַף ז [ˈya’af] weariness, tiredness
יָעַץ פ״י [yaˈ’ats] 1 to advise, give counsel. 2 to consult
יִעֵץ פ״י [yeˈ’ets] to advise
יַעַץ ז [ˈya’ats] giving advice
יַעַר נ [ˈya’ar] 1 forest, wood. 2 honeycomb
יַעַר בְּרֵאשִׁית, יַעַר עַד virgin forest, natural untouched forest
יִעֵר פ״י [yiˈ’er] to afforest
יַעְרָה נ [ya’ˈra] 1 honeycomb. 2 honeysuckle
יַעֲרִי ת [ya’aˈri] from the forest, belonging to the forest
יַעֲרָן ז [ya’aˈran] forester, forest warden
יַעֲרָנוּת נ [ya’araˈnut] forestry
יַעֲרָנִי ת [ya’araˈni] from a forest
יַעֲרַת דְּבַשׁ honeycomb
יַפַּאי ז [yaˈpai] 1 decorator. 2 cosmetician

יַפָּאִית נ [yapa'ʼit] 1 cosmetician (f). 2 decorator (f)

יָפָה פ״ע ת [ya'fa] 1 to be or become beautiful, nice. 2 pretty, nice, beautiful (f)

יָפֶה ת תה״פ [ya'fe] 1 handsome, beautiful. 2 well, nicely, fittingly

יָפֶה יָפֶה תה״פ [ya'fe ya'fe] very well, excellently

יָפֶה כֹּחוֹ to be valid, applicable

יְפֵה מַרְאֶה good-looking

יְפֵה נוֹף 1 Jerusalem. 2 having a nice surrounding view

יְפֵה נֶפֶשׁ delicate, refined, high-souled

יְפֵה תֹּאַר handsome, goodlooking

יִפָּה פ״י [yi'pa] 1 to beautify, embellish, decorate. 2 to improve. 3 to praise

יִפָּה כֹּחוֹ to authorize, empower

יְפֵהפֶה ת [yefe'fe] pretty, lovely, handsome

יִפּוּי ז [yi'puy] adornment, beautification

יִפּוּי כֹּחַ 1 power of attorney. 2 authorization, accreditation

יֹפִי ז ['yofi] beauty, splendo(u)r, loveliness

יָפְיוּת נ [yof'yut] beauty, prettiness

יִפְיֵף פ״י [yif'yef] to adorn, decorate

יְפֵיָפָה פ״ע [yafya'fa] to be or become beautiful

יְפֵיפֶה ת [yefe'fe] pretty, very beautiful

יְפֵיפוּת נ [yefe'fut] beauty, splendo(u)r

יַפָּנִי ת [ya'pani] Japanese

יֶפַע ז ['yefa] splendo(u)r, beauty

יִפְעָה נ [yif'a] 1 brightness, brilliance. 2 comeliness, loveliness

יַפְרוּק ז [yaf'ruk] glasswort, anabasis

יָצָא פ״ע [ya'tsa] 1 to emerge, come out. 2 to depart, leave. 3 to go away, out. 4 to be exempt. 5 to defecate

יָצָא בְּדִימוֹס to retire, resign

יָצָא בְּשֵׁן וָעַיִן to suffer serious losses

יָצָא הַגּוֹרָל לְ... the lot fell to...

יָצָא חָלָק to come off unpunished, to be cleared

יָצָא יְדֵי חוֹבָתוֹ to fulfill one's obligation

יָצָא לָאוֹר to be published

יָצָא לִבּוֹ אַחֲרֵי to long for, miss

יָצָא לוֹ שֵׁם to become famous, renowned

יָצָא לַפֹּעַל to be implemented, carried out

יָצָא מִגִּדְרוֹ to lose one's temper

יָצָא מֵחֲלָצָיו to be born of

יָצָא מִידֵי־ to be freed of

יָצָא מִכֵּלָיו to burst out, flare up

יָצָא מִן הַכְּלָל to be the exception

יָצָא שְׂכָרוֹ בְּהֶפְסֵדוֹ to lose more than one gains

יִצֵּא פ״י [yi'tse] to export

יָצְאָה נַפְשׁוֹ 1 to be frightened. 2 to die

יָצְאָה הַשֶּׁמֶשׁ 1 the sun rose. 2 the sun came out

יָצְאָה הַשָּׁנָה the year ended

יַצְאָן ז [yats'ʼan] gadabout

יַצְאָנוּת נ [yats'a'nut] prostitution, harlotry

יַצְאָנִית נ [yats'a'nit] 1 streetwalker, whore, prostitute. 2 gadabout (f)

יִצֵּב פ״י [yi'tsev] to stabilize, consolidate

יִצֵּג פ״י [yi'tseg] to represent

יִצְהָר ז [yits'har] pure oil, fine oil
יְצוּא, יִצּוּא ז [ye'tsu, yi'tsu] exportation, exporting
יְצוּאָן ז [yetsu'’an] exporter
יִצּוּב ז [yi'tsuv] stabilization, consolidation
יִצּוּג ז [yi'tsug] representation
יִצּוּגִי ת [yitsu'gi] representative
יָצוּל ז [ya'tsul] shaft, plough-shaft
יָצוּעַ ז [ya'tsu’a] bed, couch
יָצוּק ת [ya'tsuk] cast, molten, forged
יְצוּקָה נ [yetsu'ka] mould, matrix, stamp casting
יְצוּר ז [ye'tsur] creature
יִצּוּר ז [yi'tsur] 1 production. 2 fabrication
יָצִיא ז [ya'tsi] descendant
יְצִיאָה נ [yetsiy'’a] 1 exit, way out. 2 departure. 3 death. 4 defecation
יַצִּיב ת [ya'tsiv] stable, firm, steady
יְצִיבָה נ [yetsi'va] posture
יַצִּיבוּת נ [yatsi'vut] stability, firmness
יַצִּיג ת [ya'tsig] representative
יְצִיגָה נ [yetsi'ga] standing, posture
יָצִיעַ זו"נ [ya'tsiy’a] 1 gallery, balcony. 2 mattress
יְצִיקָה נ [yetsi'ka] 1 melting, casting. 2 pouring
יְצִיר ז [ye'tsir] 1 creature, figure. 2 entity. 3 creation
יְצִיר כַּפָּיו production, creation
יְצִירָה נ [yetsi'ra] 1 composition, work of art, opus. 2 creation, formation. 3 pottery
יְצִירִי ת [yetsi'ri] 1 creative. 2 generative
יֶצַע ז ['yetsa] background, backdrop
יָצַק פ"י [ya'tsak] 1 to melt down. 2 to pour
יָצַק מַיִם עַל יְדֵי־ to be a disciple of, apprenticed to
יֶצֶק ז ['yetsek] cast
יַצֶּקֶת נ [ya'tseket] cast iron
יָצַר פ"י [ya'tsar] 1 to create, produce, form. 2 to devise, contrive
יֵצֶר ז ['yetser] 1 instinct, impulse. 2 tendency, inclination, nature. 3 desire, lust. 4 being, creature
יֵצֶר הַטּוֹב good nature, instinct for good
יֵצֶר הָרָע tendency to evil, evil nature
יִצֵּר פ"י [yi'tser] to produce, manufacture
יֻצַּר פ"ע [yu'tsar] to be produced, manufactured
יַצְרָן ז [yats'ran] manufacturer, producer
יַצְרָנוּת נ [yatsra'nut] 1 manufacture, productivity. 2 creativity
יַצְרָנִי ת [yatsra'ni] 1 productive, generative. 2 creative
יָצַת פ"ע [ya'tsat] to kindle, burn
יֶקֶב ז ['yekev] 1 wine-cellar, winery. 2 wine-press
יָקַד פ"ע [ya'kad] to burn, blaze, kindle
יִקְהָה נ [yik'ha] 1 obedience, reverence. 2 submission
יְקוֹד ז [ye'kod] burning, blaze, fire
יָקוּד ז ת [ya'kud] 1 hearth. 2 burning, blazing
יְקוּם ז [ye'kum] 1 nature, life. 2 the world, the universe
יְקוּמִי ת [yeku'mi] cosmic, universal
יָקוּץ ת [ya'kuts] unsleeping, awake
יִקּוּר ז [yi'kur] 1 raising of prices. 2 appreciation, esteem
יָקוֹשׁ, [ya'kosh, ya'kush] 1 hunter,

יָקוּשׁ ז ת trapper. 2 hunted, trapped
יְקִידָה נ [yeki'da] burning
יְקִיזָה נ [yeki'za] blood-letting, bleeding, leeching
יְקִיעָה נ [yeki''a] 1 dislocation, sprain. 2 deviation, aloofness
יְקִיצָה נ [yeki'tsa] 1 awakening. 2 alarm-call. 3 alertness, wakefulness
יַקִּיר ת [ya'kir] 1 beloved, darling, dear. 2 worthy, respectable, notable
יֶקֶם ז ['yekem] cauldron
יַקִינְתּוֹן ז [yakin'ton] hyacinth
יָקַע פ״ע [ya'ka'] 1 to move, be dislocated, displaced. 2 to be alienated
יָקַץ פי״ע [ya'kats] to awake, rouse, wake-up
יָקָר ת [ya'kar] 1 dear. 2 expensive, precious, valuable. 3 rare, scarce
יָקַר פ״ע [ya'kar] 1 to be dear, precious. 2 to be valued, prized. 3 to be heavy
יֹקֶר ז ['yoker] expense, costliness, dearness
יֹקֶר הַמִּחְיָה high cost-of-living
יְקָר ז [ye'kar] 1 honor, respect, dignity. 2 precious things. 3 value
יְקַר הַמְּצִיאוּת rare, scarce, hard to come by
יְקַר עֵרֶךְ valuable
יְקַר רוּחַ magnanimous, noble
יִקֵּר פ״י [yi'ker] 1 to make more expensive. 2 to honour, prize. 3 to endear
יָקְרָה, יֻקְרָה נ [yok'ra, yuk'ra] prestige
יְקָרָה נ ת [yeka'ra] 1 favo(u)r. 2 dear (f). 3 preciousness

יַקְרוּנִית נ [yakru'nit] beetle
יַקְרוּת נ [yak'rut] 1 dearness. 2 dignity, importance
יַקְרָן ז [yak'ran] profiteer, one who overcharges
יַקְרָנוּת נ [yakra'nut] overcharging, overpricing
יָקֹשׁ פ״י [ya'kosh] 1 to trap, ensnare. 2 to lay mines
יָרֵא פ״ע [ya're] 1 to fear, apprehend. 2 to respect, revere
יֵרֵא פ״י [ye're] to frighten, terrify
יְרֵא שָׁמַיִם reverent, God-fearing
יִרְאָה נ [yir''a] 1 fear, dread. 2 idol. 3 awe, reverence
יַרְאוֹר ז [yar''or] spotlight projector
יָרְאוּי ת [yar''uy] fearful, dreadful
יִרְאַת אֱלֹהִים, יִרְאַת ה׳ fear of God, piety
יִרְאַת כָּבוֹד reverence, veneration, respect
יִרְאַת שָׁמַיִם piety
יַרְבּוּז ז [yar'buz] amaranthus (plant)
יַרְבּוּעַ ז [yar'bu'a] jerboa (animal)
יַרְגָּזִי ז [yarga'zi] titmouse
יָרַד פ״ע [ya'rad] 1 to go down, descend. 2 to deteriorate. 3 to emigrate (from Israel)
יָרַד דוּמָה to die
יָרַד הַיּוֹם evening is approaching
יָרַד הַלַּיְלָה night has fallen
יָרַד לְטִמְיוֹן to be lost
יָרַד לְסוֹף דַּעְתּוֹ to grasp the meaning of
יָרַד מִנְּכָסָיו to become impoverished, poor, fall on hard times
יָרַד מֵעַל הַפֶּרֶק 1 to be removed from the agenda. 2 to be no longer possible
יָרַד פְּלָאִים to deteriorate shockingly
יָרַד שְׁאוֹלָה to die

יָרָה פ״י [ya'ra] 1 to shoot, fire. 2 to throw. 3 to pour. 4 to teach, instruct

יָרָה אֶבֶן פִּנָּה to lay a cornerstone

יֵרוּא ז [ye'ru] threat, intimidation

יָרוֹד ז [ya'rod] cataract

יָרוּד ת [ya'rud] 1 poor, inferior. 2 reduced, depleted

יֵרוּד ז [ye'rud] devaluation

יֵרוּט ז [ye'rut] interception

יְרוֹקָה נ [yero'ka] 1 moss, seaweed. 2 jaundice. 3 rustiness

יְרוֹקִית נ [yero'kit] warbler

יְרוֹקַת הַחֲמוֹר squirting cucumber, butter apple

יְרוֹקַת הַנְּחֹשֶׁת copper sulfate

יָרֵחַ ז [ya're'ax] moon

יֶרַח ז ['yerax] month

יֶרַח בּוּל Marheshvan (Hebrew month)

יֶרַח הָאֵיתָנִים Tishri (Hebrew month)

יֶרַח דְּבַשׁ honeymoon

יֶרַח זִיו Iyyar (Hebrew month)

יַרְחוֹן ז [yar'xon] monthly publication

יַרְחִי ת [yar'xi] monthly

יְרֵחִי ת [yere'xi] pertaining to the moon

יָרַט פ״ע [ya'rat] to be precipitate, rush, veer

יֵרֵט פ״י [ye'ret] to intercept, force down

יְרִי ז [ye'ri] shooting, firing

יָרִיב ז [ya'riv] 1 rival, opponent, antagonist. 2 foe, enemy, adversary

יְרִיבוּת נ [yeri'vut] rivalry, competition

יְרִיד ז [ye'rid] fair, market

יְרִידָה נ [yeri'da] 1 descent. 2 decline, deterioration, decrease. 3 emigration (from Israel)

יְרִידָה מִנְּכָסִים impoverishment, falling on hard times

יְרִיטָה נ [yeri'ta] 1 skid. 2 interception

יְרִיעָה נ [yeriy'’a] 1 sheet of paper, papyrus. 2 tent-cloth, canvas. 3 proof-sheet. 4 curtain, hanging

יְרִיקָה נ [yeri'ka] spitting, expectoration

יָרֵךְ נ [ya'rex] 1 thigh, loin, hip. 2 femur. 3 side, flank

יַרְכָה נ [yar'xa] 1 edge, extremity. 2 back court, stern, rear. 3 remote area

יַרְכִּית נ [yar'kit] tunica

יַרְכָּתוֹן ז [yarka'ton] feuilleton

יַרְכְּתֵי אֶרֶץ corners of the earth

יַרְכָתַיִם נ״ר [yarka'tayim] stern of ship

יַרְמוּלְקָה נ ['yarmulka] skullcap

יָרַע פ״ע [ya'ra’] 1 to be afraid. 2 to be angry

יָרַק פ״ע [ya'rak] 1 to be or become green. 2 to spit, expectorate

יָרָק ז [ya'rak] 1 vegetable. 2 greens

יָרֹק ת [ya'rok] green

יֶרֶק ז ['yerek] vegetation, foliage, greenery

יֵרֵק פ״י [ye'rek] to make green, colo(u)r with green

יֹרֶק ז ['yorek] green colo(u)r

יֶרֶק עָלֶה chlorophyl

יַרְקוֹן ז [yar'kon] greenfinch

יֵרָקוֹן ז [yera'kon] 1 jaundice, icterus. 2 chlorosis, mildew

יַרְקוֹנִי ת [yar'koni] greenish, verdant

יַרְקוּעַ ז [yar'ku’a] rolling-pin

יַרְקוּת נ [yar'kut] greenery, verdure

יַרְקָן ז [yar'kan] 1 greengrocer. 2 vegetable-grower

יַרְקָנוּת נ [yarka'nut] greengrocery

יְרַקְרַק ת [yerak'rak] greenish

יְרַקְרַקּוּת נ [yerakra'kut] greenishness, paleness
יְרֹקֶת נ [ye'roket] waterweeds, moss
יָרַשׁ פ״י [ya'rash] 1 to inherit. 2 to succeed, be heir to, possess
יֵרֵשׁ פ״י [ye'resh] 1 to seize, take possession. 2 to impoverish
יְרֵשָׁה, יְרֻשָּׁה נ [yere'sha, yeru'sha] heritage, inheritance, birthright
יֵשׁ ז תה״פ [yesh] 1 being, existance, fact, substance. 2 there is/are
יֵשׁ אֲשֶׁר sometimes
יֵשׁ אֶת נַפְשׁוֹ to wish
יֵשׁ בְּדַעְתּוֹ to intend, have in mind
יֵשׁ בּוֹ it contains, is sufficient
יֵשׁ וָיֵשׁ It depends
יַ״שׁ (יַיִן שָׂרָף) ז [yas] brandy, liquor
יָשַׁב פ״ע [ya'shav] 1 to sit. 2 to live, settle, reside. 3 to dwell, inhabit
יָשַׁב אֶל עַקְרַבִּים to be on tenterhooks
יָשַׁב בְּדִין to sit in court
יָשַׁב בָּטֵל to sit idle
יָשַׁב בִּישִׁיבָה to attend a meeting
יָשַׁב בְּתַעֲנִית to fast
יָשַׁב עַל הַמְּדוֹכָה to meditate, ponder
יָשַׁב רֹאשׁ to preside, chair a meeting
יִשֵּׁב פ״י [yi'shev] 1 to settle. 2 to accomodate, clarify, solve
יֻשַּׁב פ״ע [yu'shav] 1 to be settled. 2 to be solved
יַשְׁבָן ז [yash'van] 1 colonizer, sitter. 2 idler, layabout. 3 buttocks, rump
יַשְׁבָנוּת נ [yashva'nut] colonization
יַשְׁבָנִי ת [yashva'ni] colonizing
יָשׁוּב ת [ya'shuv] 1 seated. 2 settled, populated, inhabited
יִשּׁוּב ז [yi'shuv] 1 settlement. 2 population. 3 elucidation. 4 resolution. 5 consideration
יִשּׁוּב הַדַּעַת 1 consideration. 2 calm, composure, tranquility
יִשּׁוּב הָעוֹלָם 1 civilization, civilized life. 2 social welfare
יִשּׁוּבִי ת [yishu'vi] 1 tame. 2 civilized, domesticated. 3 relating to settlement
יִשּׂוּם ז [yi'sum] 1 application. 2 implementation
יִשּׁוּן ז [yi'shun] 1 aging. 2 lulling, putting to sleep
יְשׁוּעָה, יְשׁוּעָתָה נ [yeshu''a, yeshu'a'ta] 1 help, rescue. 2 salvation, redemption. 3 prosperity
יֵשׁוּעִי ז ת [yeshu''i] Jesuit, Jesuitical
יִשּׁוּר ז [yi'shur] 1 straightening. 2 rectification
יְשׁוּרוּן ז [yeshu'run] Yeshurun (name for Israel)
יֵשׁוּת נ [ye'shut] being, existence, entity
יֶשַׁח ז ['yeshax] 1 humiliation. 2 hunger
יְשִׁיבָה נ [yeshi'va] 1 sitting, meeting. 2 settlement. 3 school of Talmudic learning. 4 session
יְשִׁימוֹן ז [yeshi'mon] wilderness, wasteland, desert
יָשִׁיר ת [ya'shir] direct
יְשִׁירוֹת תה״פ [yeshi'rot] directly
יְשִׁירוּת נ [yeshi'rut] straightness, directness
יָשִׁישׁ ת [ya'shish] 1 aged, elderly. 2 venerable
יְשִׁישׁוּת נ [yeshi'shut] venerable old age
יֶשְׁךָ [yesh'xa] you are (m. sing.)
יֶשְׁכֶם, יִשְׁכֶם [yesh'xem] you are (m.pl)

[yish'ra] integrity, uprightness נ יִשְׁרָה
[yish'ron] honesty ז יִשְׁרוֹן
[yash'rut] honesty, integrity נ יַשְׁרוּת
[yesha'rot] righteously תה״פ יְשָׁרוֹת
[yash'ran] upright man ז יַשְׁרָן
[yashra'nut] uprightness נ יַשְׁרָנוּת
[yashra'ni] straight forward ת יַשְׁרָנִי
[ya'ted] 1 peg, pin, wedge, nail. 2 iambus נ יָתֵד
[yi'ted] to peg, wedge פ״י יִתֵּד
[yete'da] 1 peg, wedge, nail. 2 importance, cornerstone נ יְתֵדָה
[yete'di] cuneiform, wedge-like ת יְתֵדִי
[yi'tud] pegging, wedging, sharpening ז יִתּוּד
[ya'tux] tongs ז יַתּוּךְ
[ya'tom] 1 orphan. 2 waif, abandoned child ז יָתוֹם
[yi'tum] orphaning ז יִתּוּם
[yeto'ma] orphan (f) נ יְתוֹמָה
[yi'tur] 1 excess, residue. 2 superfluity, redundance ז יִתּוּר
[ya'tush] 1 gnat. 2 mosquito ז יַתּוּשׁ
[ya'tir] superfluous, redundant ת יַתִּיר
[yati'rut] superfluity, redundance נ יַתִּירוּת
[yita'xen] maybe, perhaps, possibly תה״פ יִתָּכֵן
[ya'tam] to be orphaned, become an orphan פ״ע יָתַם
['yetem] orphanhood ז יֶתֶם
[yat'mut] orphanhood נ יַתְמוּת
[ya'ter] 1 superfluous, surplus. 2 abundant, advantageous ת יָתֵר
moreover, in addition יָתֵר מִכֵּן (עַל כֵּן)
['yeter] 1 remainder, rest. 2 surplus. 3 rope, cord. 4 hypotenuse ז יֶתֶר
[yi'ter] 1 to add. 2 to overdo. פ״י יִתֵּר

[yesh'xen] you are (f.pl) יֶשְׁכֶן, יֶשְׁכֶן
[ya'sham] to be desolate פ״ע יָשַׁם
[yi'sem] to apply, implement פ״י יִשֵּׂם
[yu'sam] to be implemented פ״ע יֻשַּׂם
[ya'shan] old ת יָשָׁן
very old, obsolete, ancient יָשָׁן נוֹשָׁן
[ya'shen] 1 to slumber, sleep. 2 asleep, sleeping פ״ע ת יָשֵׁן
['yoshen] oldness, antiquity ז יֹשֶׁן
[yesh'na] there is (f. sing.) יֶשְׁנָהּ
[yesh'no] there is (m. sing.) יֶשְׁנוֹ
[yash'nut] oldness, sensitivity נ יַשְׁנוּת
[yesh'nut] reality, existence נ יֶשְׁנוּת
the dead יְשֵׁנֵי עָפָר
[yash'nan] 1 sleepy, somnolent. 2 lazy, drone ז יַשְׁנָן
[yesh'nan] there are (f.pl.) יֶשְׁנָן
['yesha'] salvation, deliverance ז יֶשַׁע, יֵשַׁע
[yash'fe] jasper ז יָשְׁפֵה
[ya'shar] 1 straight, upright. 2 honest, just, fair. 3 direct. 4 pleasing ת יָשָׁר
[ya'shar] 1 to go straight, be straight. 2 to be pleasing פ״ע יָשַׁר
['yosher] 1 honesty, integrity. 2 directness ז יֹשֶׁר
orthography יֹשֶׁר הַכְּתִיבָה
righteous, pure of heart יְשַׁר דֶּרֶךְ
rectangular יְשַׁר זָוִית
straightforward יְשַׁר לֵב
[yi'sher] 1 to straighten. 2 to level פ״י יִשֵּׁר
to settle difficulties יִשֵּׁר הַדּוּרִים
[yisra''el] 1 Israel. 2 State of Israel. 3 kingdom of Israel ז יִשְׂרָאֵל
[yisra'e'li] 1 Israeli. 2 Israelite ז ת יִשְׂרְאֵלִי
[yisra'eli'yut] the quality of being Israeli נ יִשְׂרְאֵלִיּוּת

יִתְרָה נ [yit'ra] 1 remainder, left-over. 2 balance (bank). 3 abundance, wealth

יְתֵרָה מִזּוֹ furthermore

יִתְרוֹן ז [yit'ron] 1 advantage, superiority. 2 profit, gain 3 to leave surplus

יְתֵרוּת נ [yete'rut] superiority

יִתְרַת זְכוּת credit balance

יִתְרַת חוֹבָה debit balance

יְתֶרֶת נ [ye'teret] appendix, lobe

כ

כ 1 Kaph, eleventh letter of the Hebrew alphabet. 2 twenty, 20

ךְ 1 final kaph. 2 five hundred, 500

כָּ־, כַּ־, כֶּ־, כֵּ־, כִּ־, כְּ־ [ka, ke, ki] 1 as, like. 2 about, approximately

כְּ־... כְּ־ [ke... ke] like... like

כָּאַב פ״ע [ka'av] 1 to hurt, ache, cause pain. 2 to feel pain

כְּאֵב ז [ke'ev] pain, ache, sorrow

כָּאוּב ת [ka'uv] painful, hurting, aching

כְּאֶחָד תה״פ [ke'e'xad] unanimously, jointly, together

כְּאֵיבָה נ [ke'i'va] pain

כְּאַיִן וּכְאֶפֶס worthless, insignificant

כְּאִלּוּ תה״פ [ke'ilu] as if, as though

כָּאָמוּר תה״פ [ka'a'mur] as aforesaid, as was aforementioned

כָּאן תה״פ [kan] 1 here, in this case. 2 now

כַּאֲשֶׁר מ״ח [ka'a'sher] when, while

כַּבָּאוּת נ [kaba'ut] fire-fighting, fire-extinguishing

כַּבַּאי ז [ka'bai] fireman

כַּבָּב ז [ka'vav] kebab, kabbab

כִּבֵּב פ״י [ki'bev] to roast meat, prepare kebab

כָּבֵד ז פ״ע ת [ka'ved] 1 liver. 2 to be heavy, onerous. 3 heavy, weighty, important

כָּבֵד בְּ־ rich in, opulent in

כָּבֵד לִבּוֹ to be stubborn

כֹּבֶד ז ['koved] 1 heaviness, weight. 2 gravity

כֹּבֶד רֹאשׁ seriousness, gravity

כְּבַד אֹזֶן hard of hearing

כְּבַד לֵב obstinate, unyielding

כְּבַד לָשׁוֹן slow of speech, stammerer

כְּבַד פֶּה slow of speech

כְּבַד תְּנוּעָה clumsy, awkward, gauche

כִּבֵּד פ״י [ki'bed] 1 to hono(u)r, venerate. 2 to esteem, respect. 3 to offer food, be hospitable. 4 to sweep, clean

כָּבְדָה אָזְנוֹ to be hard of hearing

כְּבוּדָּה נ [kevu'da] 1 property, wealth. 2 belongings, baggage

כְּבֵדוּת נ [keve'dut] 1 heaviness, weight. 2 clumsiness. 3 slowness, difficulty

כָּבָה פ״ע [ka'va] to be extinguished, snuffed out, go out

כִּבָּה פ״י [ki'ba] to extinguish, put out

כָּבוֹד ז [ka'vod] 1 hono(u)r, respect, glory. 2 wealth, high status. 3 distinction, importance

כָּבוּד ת [ka'vud] 1 hon(u)orable. 2 respected, hono(u)red

כִּבּוּד ז [ki'bud] 1 hono(u)ring, respect. 2 refreshments. 3 sweeping

כָּבוּי ת [ka'vuy] extinguished

כִּבּוּי ז [ki'buy] extinguishing, putting out, quenching

כָּבוּל ת ז [ka'vul] 1 chained, fettered, shackled. 2 bound, tied. 3 hairnet. 4 turf, peat. 5 dry land

כְּבוֹל ז [ke'vul] siphon

כָּבוּן ת [ka'vun] fastened, pinned, clasped

כָּבוּס ת [ka'vus] washed, laundered

כִּבּוּס ז [ki'bus] washing, laundering

כְּבוּסָה נ [kevu'sa] washing water, soap suds

כָּבוּשׁ ת [ka'vush] 1 conquered, subjugated. 2 preserved, pickled. 3 paved, pressed

כִּבּוּשׁ ז [ki'bush] 1 conquest. 2 subjugation, overcoming. 3 pickling. 4 pressing down

כְּבוּשִׁים ז״ר [kevu'shim] 1 tinned food. 2 pickles, preserves

כְּבִידָה נ [kevi'da] gravitation, force of gravity

כְּבִיָּה נ [kevi'ya] 1 extinguishing, putting out. 2 going out, off

כִּבְיָכוֹל תה״פ [kivya'xol] as it were, so-called

כְּבִילָה נ [kevi'la] binding, shackling, fettering

כָּבִיס ת [ka'vis] washable

כְּבִיסָה נ [kevi'sa] 1 laundering, washing. 2 the laundry

כְּבִיסוּת ת [kevi'sut] washability

כְּבִיר ז [kvir] covering, mattress, couch

כַּבִּיר ת [ka'bir] 1 mighty, enormous. 2 grand, great

כְּבִירָה נ [kevi'ra] sieving, sifting

כַּבִּירוּת נ [kabi'rut] might, enormity, greatness

כָּבִישׁ ת [ka'vish] conquerable

כְּבִישָׁה נ [kevi'sha] 1 subjugation, conquest. 2 pickling, preserving. 3 pressing

כְּבִישׁוּת נ [kevi'shut] 1 capacity for subjugation. 2 ability to be pickled

כַּבְכַּב ז [kav'kav] clay pot or lid

כָּבַל פ״י [ka'val] 1 to bind, shackle, fetter. 2 to restrain, limit, constrain

כֶּבֶל ז ['kevel] 1 fetter, shackle. 2 rope, cable. 3 constraint, limitation

כִּבֵּל פ״י [ki'bel] to fetter, chain

כָּבַן, כִּבֵּן פ״י [ka'van, ki'ben] to pin, clasp

כְּבֵנָה נ [keve'na] 1 hairnet. 2 clasp, brooch

כָּבַס, כִּבֵּס פ״י [ka'vas, ki'bes] to wash, launder

כַּבָּס ז [ka'bas] laundryman, washerman

כְּבָסִים ז״ר [keva'sim] laundry, washing

כָּבַר פ״י [ka'var] 1 to sieve, sift. 2 to riddle

כְּבָר תה״פ [kvar] 1 already. 2 long since, long ago

כְּבָרָה נ [keva'ra] sieve

כִּבְרָה נ [kiv'ra] 1 measure of distance. 2 area, span

כָּבַשׁ, כִּבֵּשׁ פ״י [ka'vash] 1 to subjugate, conquer. 2 to subdue. 3 to win over. 4 to pickle. 5 to roll press

כַּבָּשׁ ז [ka'bash] 1 conqueror. 2 subduer. 3 canner

כֶּבֶשׁ ז ['kevesh] 1 gangway, ramp, gangplank. 2 secret, mystery. 3 pickle

כֶּבֶשׂ ז ['keves] 1 sheep. 2 lamb

כִּבְשָׂה, כַּבְשָׂה נ [kiv'sa] ewe, ewe-lamb

כִּבְשׁוֹן ז [kiv'shon] 1 secret, mystery. 2 oven

כִּבְשָׁן ז [kiv'shan] 1 oven, furnace, kiln. 2 combustion chamber

כַּבֶּשֶׁת נ [ka'beshet] pickles, preserves, conserves

כְּבַתְּחִלָּה תה״פ [kevatexi'la] as at the outset, as at the beginning

כְּגוֹן תה״פ מ״י [ke'gon] 1 for instance, for example. 2 like

כְּגוֹן דָּא like this

[kad] 1 jar, jug, pot. 2 oval, rounded, blunt. 3 when, as — כַּד ז׳/נ ת מ״ח
[kod] ovalness, blunt-end — כֹּד ז
[keˈdai] 1 worthwhile, profitable. 2 worthy, of merit, deserving — כְּדַאי תה״פ ת
[kedaˈyut] profitability, rentability, desirability — כְּדָאִיּוּת נ
[kidvaˈʼe] properly, fitly, as required — כִּדְבָעֵי תה״פ
[kaˈdad] potter, jug-maker — כַּדָּד ז
[kiˈded] 1 to make smooth or round. 2 to make pots — כִּדֵּד פ״י
[kaˈdum] 1 dredger, dredging machine. 2 grappling iron — כַּדּוּם ז
[kaˈdur] round, spherical — כָּדוּר ת
[kaˈdur] 1 ball. 2 globe, sphere. 3 pill. 4 bullet — כַּדּוּר ז
baseball — כַּדּוּר בָּסִיס
earth, planet earth, globe — כַּדּוּר הָאָרֶץ
[kaduˈregel] football, soccer — כַּדּוּרֶגֶל ז
[kaduragˈlan] footballer, soccer player — כַּדּוּרַגְלָן ז
[kaduˈri] 1 round, spherical. 2 globular — כַּדּוּרִי ת
handball — כַּדּוּרְיָד
[kaduriˈyut] rotundity, roundness — כַּדּוּרִיּוּת נ
[kaduˈrit] 1 small ball. 2 cell, corpuscle. 3 globule 4 pompon — כַּדּוּרִית נ
water polo — כַּדּוּר מַיִם
rebound (ball) — כַּדּוּר נִתָּר
[kadurˈsal] basketball — כַּדּוּרְסַל ז
[kadursaˈlan] basketball player — כַּדּוּרְסַלָּן ז
volleyball — כַּדּוּר יַעַף
balloon — כַּדּוּר פּוֹרֵחַ
cauliflower — כַּדּוּר פֶּרַח
stray bullet — כַּדּוּר שׁוֹטֶה, תּוֹעֶה
table tennis, ping-pong — כַּדּוּר שֻׁלְחָן
softball, baseball — כַּדּוּר תַּחֲנוֹת
[keˈdai] worthwhile, profitable — כְּדַי תה״פ
[keˈde] in order to, with the aim of — כְּדֵי מ״י תה״פ
in order that — כְּדֵי לְ־, כְּדֵי שֶׁ־
[keˈdi] in vain — כְּדִי תה״פ
[kadiˈdit, kaˈdit] jug, jar, vase — כַּדִּידִית, כַּדִּית נ
[kadˈkod] 1 porphyry. 2 carbuncle, jacinth — כַּדְכֹּד ז
[kedilhaˈlan] as follows — כִּדְלְהַלָּן תה״פ
[kedilkaˈman] as follows — כִּדְלְקַמָּן תה״פ
[kaˈdan] to tie, chain, yoke — כָּדַן פ״י
[kaˈdan] hyacinth — כַּדָּן ז
[kiˈden] to bayonet, pierce with bayonet — כִּדֵּן פ״י
[kiˈder] to make round — כִּדֵּר פ״י
[kidˈrur] dribbing (a ball) — כִּדְרוּר ז
[kidˈrer] to dribble (a ball) — כִּדְרֵר פ״י
[kaˈdoret] 1 small ball. 2 bowling — כַּדֹּרֶת נ
properly, lawfully — כַּדָּת וְכַדִּין
[ko] 1 so, thus. 2 here, now — כֹּה תה״פ
hither and thither — כֹּה וָכֹה
Congratulations! — כֹּה לֶחָי
[keˈhai] like this, like that — כְּהַאי מ״ג
[kaˈhogen] properly, suitably, fairly — כַּהֹגֶן תה״פ
[kaˈha] 1 to be or become dim, dark. 2 to be dull, obtuse — כָּהָה פ״ע
[keˈha] 1 healing, medication, cure. 2 dull, faint (f) — כֵּהָה נ ת
[keˈhe] 1 dark, dim, faint. 2 blunt, obtuse — כֵּהֶה ת
[kiˈha] 1 to darken, weaken. 2 to rebuke, admonish, reproach — כִּהָה פ״ע
a small amount — כְּהוּא זֶה

tending to conquer
[ko'ded] roundish, oval כּוֹדֵד ת
[ka'va] to burn, scald, scorch כָּוָה פ״י
[ka'va] slit, vent, hatchway כַּוָּה נ
[ki'va] to burn, cauterize כִּוָּה פ״י
[ki'vun] 1 direction, course. 2 intention, aim. 3 tuning, intonation כִּוּוּן ז
[ki'vuts] shrinking, contraction כִּוּוּץ ז
[kuz] 1 oil vessel. 2 ancient fluid measure כּוּז ז
[ko'zev] 1 delusive, untrue. 2 false, lying. 3 misleading כּוֹזֵב ת
['ku'ax] to expectorate, spit כּוּחַ פ״ע
[koi] deer of unidentified species כּוֹי ז
[kevi'ya] 1 burn, scald. 2 cauterization כְּוִיָּה נ
[ka'vits] shrinkable, able to contract כָּוִיץ ת
[kevitsa] 1 shrinking, contraction. 2 cramp כְּוִיצָה נ
[kevi'tsut] shrinkage, contractability כְּוִיצוּת נ
[kux] 1 niche, crypt, alcove. 2 pit. 3 burial cave כּוּךְ ז
[ko'xav] 1 star. 2 planet. 3 pip. 4 planet Mercury. 5 asterisk כּוֹכָב ז
the sun כּוֹכַב חַמָּה
starfish כּוֹכַב־יָם ז
planet כּוֹכַב־לֶכֶת ז
meteor כּוֹכָב נוֹפֵל ז
comet כּוֹכָב שֶׁבֶט, כּוֹכַב שָׁבִיט
fixed star כּוֹכָב שֶׁבֶת
[koxa'von] 1 starlet. 2 asterisk כּוֹכָבוֹן ז
[koxa'vut] stardom כּוֹכָבוּת נ
[koxa'vi] stellar, starry, starlike כּוֹכָבִי ת
[koxa'vit] 1 starwort, stellaria. 2 asteroid. כּוֹכָבִית נ

[ka'huy] dim, dark כָּהוּי ת
[ki'huy] 1 opacity, faintness. 2 dimming, obscuration. 3 rebuke, admonition כִּהוּי ז
[ki'hun] 1 service as a priest. 2 holding office כִּהוּן ז
[ke'hut] 1 dimness, darkness. 2 dullness, bluntness. 3 faintness כֵּהוּת נ
poor eyesight כֵּהוּת עֵינַיִם
[kehi'ya] dimness, obscurity כְּהִיָּה נ
[kiha'yon] darkness, dimness כִּהָיוֹן ז
['kohal] alcohol, spirits כֹּהַל ז
methylated spirits כֹּהַל מְפֻגָּל
[koha'li] alcoholic כָּהֳלִי ת
[kahala'xa] correctly, properly, thoroughly כַּהֲלָכָה תה״פ
[ki'hen] 1 to serve as priest. 2 to hold office. 3 to officiate כִּהֵן פ״ע
to serve hono(u)rably כִּהֵן פְּאֵר
[ko'hen] priest, minister, cleric כֹּהֵן ז
more and more כָּהֵנָּה וְכָהֵנָּה
[kehu'na] 1 priesthood. 2 service, holding office כְּהֻנָּה נ
[koha'ni] priestly, sacerdotal כֹּהֲנִי ת
[ko'henet] 1 priestess. 2 priest's wife or daughter כֹּהֶנֶת נ
[ko''ev] painful, hurtful כּוֹאֵב ת
[kuv] thorn כּוּב ז
[ko'ves] laundryman כּוֹבֵס ז
['kova'] hat כּוֹבַע ז
[kova''a] haycock כּוֹבָעָה נ
[kova''i] pertaining to hats כּוֹבָעִי ת
[kova''it] cap, beret כּוֹבָעִית נ
[kova''an] hatter, hatmaker כּוֹבָעָן ז
[ko'vesh] conqueror, vanquisher כּוֹבֵשׁ, כּוֹבְשָׁן ז
[kovsha'nut] policy of conquest, expansionism כּוֹבְשָׁנוּת נ
[kovsha'ni] expansionist, כּוֹבְשָׁנִי ת

[ko'nes] 1 receiver. 2 part of winnowing shovel. 3 intake — כּוֹנֵס ז ת
official receiver — כּוֹנֵס נְכָסִים
[kon'sut] receivership — כּוֹנְסוּת נ
[ko'neret] viola — כּוֹנֶרֶת נ
concentration of thought — כַּוָּנַת הַלֵּב
[ka'venet] sight (of weapon), viewfinder — כַּוֶּנֶת נ
[kos] 1 glass, goblet. 2 lot, portion. 3 owl — כּוֹס זו״נ
cupping glass — כּוֹס רוּחַ
[kosi'ya, ko'sit] small glass, wine glass — כּוֹסִיָּה, כּוֹסִית נ
[ko'fax] small cooking stove — כּוֹפָח ז
[ko'fel] multiplier — כּוֹפֵל ז
[ko'fer] 1 unbeliever, agnostic. 2 heretic. 3 desecrater — כּוֹפֵר ז
[ka'vats] to shrink, contract — כָּוַץ פ״ע
[ka'vets] shrinkable, able to contract — כָּוֵץ ת
['kevets] 1 shrinkage. 2 cramp — כֶּוֶץ ז
[ki'vets] to shrink, contract — כִּוֵּץ פ״י
['kor] kor, ancient dry measure — כּוֹר ז
[kur] 1 furnace, melting pot. 2 pile, crucible — כּוּר ז
melting-pot — כּוּר הִתּוּךְ
[ko're] miner, prospecter — כּוֹרֶה ז
[ko'rex] binder, bookbinder — כּוֹרֵךְ ז
[kor'xan] file, binder — כּוֹרְכָן ז
[ko'rem] vinegrower, vinedresser — כּוֹרֵם ז
[kav'ran] apiarist, beekeeper — כַּוְּרָן ז
[kavra'nut] beekeeping — כַּוְּרָנוּת נ
[kur'sa] armchair, easy chair — כּוּרְסָה נ
[ka'veret] beehive, hive — כַּוֶּרֶת נ
[ko'ret] cutter, reaper — כּוֹרֵת ז
[kosh] spindle — כּוֹשׁ ז
[ku'shi] 1 Ethiopian. 2 black person, negro — כּוּשִׁי ז״ת
[ko'shel] 1 feeble, helpless, failing. 2 bungler — כּוֹשֵׁל ז״ת

3 asterisk
[kox'van] Rhagadiolus (plant) — כּוֹכְבָן ז
[ko'xevet] 1 star (f). 2 Venus — כּוֹכֶבֶת נ
[ko'xelet] a perfumed charm — כּוֹכֶלֶת נ
[ko'lav] hook — כּוֹלָב ז
all this, so much — כּוֹלֵּי הַאי
[kol'xit] culex, mosquito — כּוֹלְכִית נ
[ko'lel] 1 community. 2 comprehensive, inclusive. 3 inclusively — כּוֹלֵל ז ת תה״פ
[kolela'ni] comprehensive, generalizing — כּוֹלְלָנִי ת
[ko'lef] stone chisel — כּוֹלֵף ז
[ku'maz] 1 ornament. 2 buckle, bracelet — כּוּמָז ז
[kom'sa] stack, rick — כּוֹמְסָה נ
[komsa'ni] introverted — כּוֹמְסָנִי ת
[ka'van] 1 pagan sacrificial cake. 2 pretence, expression. 3 aimer of artillery — כַּוָּן ז
[ke'van] directly, straight — כֵּוָן תה״פ
[ki'ven] 1 to direct, aim. 2 to tune, attune — כִּוֵּן פ״י
[kava'na] 1 intention, aim. 2 meaning. 3 devotion, attention — כַּוָּנָה נ
[kiv'nun] 1 adjustment, regulation. 2 tuning — כִּוְנוּן ז
flattering expression — כַּוָּנֵי חֵן
[kav'nan] (piano) tuner — כַּוְנָן ז
[kiv'nen] 1 to adjust, regulate, fix. 2 to tune — כִּוְנֵן פ״י
[ko'nan] 1 rack. 2 alert — כּוֹנָן ז
[ko'nen] 1 to establish, set up, found. 2 to erect, set. 3 to direct — כּוֹנֵן פ״י
[kone'nut] alertness, state of stand-by, readiness — כּוֹנְנוּת נ
[kona'nit] bookcase, sideboard — כּוֹנָנִית נ
[kav'nenet] crook, shank — כַּוְנֶנֶת נ

כּוֹשָׁרוֹת נ״ר [kosha'rot] 1 prosperity, happiness. 2 strength
כּוֹתֵב ז [ko'tev] 1 writer, scribe, scrivener. 2 pointed end
כּוֹתֶבֶת נ [ko'tevet] dried date
כּוּתָח ז [ku'tax] 1 sauce, dressing. 2 sour milk, buttermilk
כּוּתִי ז [ku'ti] 1 non-jewish. 2 Samaritan
כּוֹתֶפֶת נ [ko'tefet] epaulette
כּוֹתָר ז [ko'tar] 1 title, headline. 2 bobbin holder
כּוֹתֶרֶת נ [ko'teret] 1 headline, caption. 2 corolla. 3 capital
כּוֹתֶרֶת מִשְׁנֶה subtitle
כּוֹתֵשׁ ז [ko'tesh] mortar
כָּזָב ז [ka'zav] 1 deceit, falsehood, lie. 2 mendacity. 3 idolatry
כָּזַב פ״י [ka'zav] 1 to prevaricate. 2 to lie
כִּזֵּב פ״י [ki'zev] 1 to delude, mislead. 2 to speak untruth, misinform
כִּזָּבוֹן ז [kiza'von] lie, falsehood
כַּזְבָן ז [kaz'van] liar, mendacious person
כִּזְבֵּן פ״י [kiz'ben] to lie, spin yarns
כַּזְבָנוּת נ [kazva'nut] deceitfulness, lying
כַּזְבָנִי ת [kazva'ni] deceitful, mendacious
כִּזּוּב ז [ki'zuv] misleading, deluding
כַּח פ״ע [kax] to spit, cough up
כֵּחַ ז ['ke'ax] coughing, spit
כֹּחַ ז ['ko'ax] 1 power, force, might, strength. 2 ability. 3 wealth. 4 validity. 5 lizard
כֹּחַ אָדָם manpower
כֹּחַ גַּבְרָא potency, sexual power
כֹּחַ כֹּחוֹ vicarious force, indirect action
כֹּחַ סוּס horsepower
כֹּחַ עֶלְיוֹן force majeure
כַּחַד ז ['kaxad] 1 deception. 2 concealment
כִּחֵד פ״י [ki'xed] 1 to hide, conceal. 2 to deny, suppress
כָּחָה פ״ע [ka'xa] to spit, expectorate, cough up
כֹּחוֹ יָפֶה to be operative, valid
כֹּחוֹ רַע to be weak, invalid
כִּחוּד ז [ki'xud] 1 concealment. 2 deception, suppression
כְּחוֹל ז [ke'xol] blueness
כָּחוּשׁ ת [ka'xush] lean, thin, meagre
כִּחוּשׁ ז [ki'xush] denial, disavowal, disclaiming
כָּחַח פ״ע [ka'xax] to cough, splutter
כֹּחִי ת [ko'xi] vigorous, potential
כֹּחִיּוּת נ [koxi'yut] potentiality
כְּחִילָה נ [kexi'la] painting blue
כְּחִילוּת נ [kexi'lut] lividness
כְּחִישָׁה נ [kexi'sha] 1 denial. 2 thinness, leanness. 3 poorness
כְּחִישׁוּת נ [kexi'shut] thinness, leanness
כִּחְכַּח פ״ע [kix'kax] to cough, expectorate
כָּחָל ז [ka'xal] 1 roller (bird). 2 blue eye make-up, kohl
כָּחַל פ״י [ka'xal] to make or become blue
כַּחַל ז ['kaxal] kohl, blue eye-shadow
כָּחֹל ת [ka'xol] blue, azure
כִּחֵל פ״י [ki'xel] to colour blue
כֹּחַל ז ['koxal] kohl, antimony
כְּחָל ז [ke'xal] udder
כַּחְלוּלִי ת [kaxlu'li] bluish
כַּחְלוּלִית נ [kaxlu'lit] bluishness
כִּחָלוֹן ז [kixa'lon] cyanosis, blueness of skin, lividity
כְּחַלְחַל ת [kexal'xal] bluish

[ki'yus] pickpocketing כִּיּוּס ז
1 similar. 2 of like kind כַּיּוֹצֵא בּוֹ
[ki'yor] 1 washbasin, sink. 2 bowl, pot כִּיּוֹר ז
[ki'yur] 1 moulding, modelling. 2 wainscotting, panelling כִּיּוּר ז
['kiy'ax] phlegm, mucus, spittle כִּיחַ ז
[ka'yax] someone who often spits and coughs כַּיָּח, כַּיְחָן ז
[ki'xa] phlegm, expectoration כִּיחָה נ
[kix'li] 1 thrush. 2 partridge כִּיכְלִי ז
['kayil] measure, measurement, gauge כַּיִל ז
[ka'yal] 1 surveyor, measurer כַּיָּל ז
[ki'yel] to gauge, measure, survey כִּיֵּל פ״י
[ki'la] canopy, mosquito net כִּלָּה נ
[ki'lon] dolichocephalous כִּילוֹן ז
[ki'lut] niggardliness, parsimony, stinginess כִּילוּת נ
[ki'lai] miser, avaricious כִּילַי ז
[ke'laf] 1 axe, hatchet. 2 adze כֵּילָף ז
[ki'mai] chemist כִּימַאי ז
[ki'ma] the Pleiades (stars) כִּימָה נ
[ki'mi] chemical כִּימִי ת
['kimya] chemistry כִּימְיָה נ
[kimi'kalim] chemicals כִּימִיקָלִים ז״ר
[ka'yas] cutpurse, pickpocket כַּיָּס
[kis] 1 pocket. 2 pouch, purse. 3 property, wealth כִּיס ז
patch pocket כִּיס אָחוּי
inset pocket כִּיס מְשֻׁקָּע
[ki'yes] to pickpocket כִּיֵּס פ״י
[ki'son] small pocket כִּיסוֹן ז
[kaya'sut] pickpocketing כַּיָּסוּת נ
[kisan] 1 dumpling. 2 cyst. 3 kreplech כִּיסָן ז
[kis'ta] cyst כִּיסְתָּה נ
[ki'yef] 1 to force, subdue. 2 to have fun, enjoy oneself כִּיֵּף פ״י
[ke'tsad] how כֵּיצַד תה״פ מ״ש

[kexal'xolet] bluishness כְּחַלְחֹלֶת נ
[kaxli'li] bluish כַּחְלִילִי ת
[ka'xelet] 1 cyanosis. 2 bruising כַּחֶלֶת נ
[koxa'ni] aggressive, powerful כֹּחָנִי ת
[koxani'yut] powerfulness, potency כֹּחָנִיּוּת נ
[ka'xash] 1 to become lean, thin. 2 to be reduced, diminish כָּחַשׁ פ״ע
['kaxash] 1 leanness, thinness. 2 lying, deceit, perfidy כַּחַשׁ ז
[ke'xash] liar, cheater כֶּחָשׁ ז
[ki'xesh] 1 to deny. 2 to lie, deceive כִּחֵשׁ פ״ע
[ka'xeshet] marasmus, wasting away of the body כַּחֶשֶׁת נ
[ke'xetef] suddenly כְּהֶרֶף תה״פ
[ki] 1 for, because, since. 2 that. 3 when, as. 4 if. 5 although. 6 burn, scald כִּי מ״ח ז
in that case, then כִּי אָז
unless כִּי אִם
since, therefore כִּי עַל כֵּן
undoubtedly, definitely כִּי עַתָּה
[kaya'’ut] properly, fairly כַּיָּאוּת תה״פ
[kiv] ulcer, canker כִּיב ז
[kid] calamity, misfortune, catastrophe כִּיד ז
[ki'dod] spark כִּידוֹד ז
[ki'don] 1 spear. 2 javelin, bayonet כִּידוֹן ז
[kaya'du’a] as is known כַּיָּדוּעַ תה״פ
[ki'dor] 1 attack. 2 ball, round lump כִּידוֹר ז
[ki'yul] 1 titration (chemistry). 2 measurement, calibration כִּיּוּל ז
[ka'yom] nowadays, today, these days כַּיּוֹם תה״פ
[ke'van] directly, straight כֵּיוָן תה״פ
because, since כֵּיוָן שֶׁ־ מ״ח

[ˈkayir] moulding, head-moulding כַּיִר ז
[kiˈyer] 1 to model, mould. 2 to panel כִּיֵּר פ״י
[kiˈra] movable stove כִּירָה נ
[kiˈrurg] surgeon כִּירוּרְג ז
[kiˈrurgi] surgical כִּירוּרְגִי ת
[kiˈrurgya] surgery כִּירוּרְגְיָה נ
[kiˈrayim] stove, cooking stove, burners כִּירַיִם ז״ז
[kiˈshor] distaff, spindle כִּישׁוֹר ז
[kax] thus, so כָּךְ תה״פ
[kaˈxav, kiˈkev] to star כָּכַב, כִּכֵּב פ״י
[ˈkaxa] 1 so, thus. 2 like that כָּכָה תה״פ
[kaˈxuv] starry, star-spangled כָּכוּב ת
[kiˈkar] 1 square, place. 2 plain, valley. 3 talent. 4 loaf כִּכָּר נ
Jordan Valley כִּכַּר הַיַּרְדֵּן
loaf of bread כִּכַּר לֶחֶם
1 in letter and spirit. 2 literally כִּכְתָבוֹ (וְכִלְשׁוֹנוֹ)
[kal] to measure כָּל פ״י
[kol] 1 all, whole. 2 each, every, any כָּל, כֹּל מ״ג
whenever, each time כָּל אֵימַת שֶׁ־
supermarket, general store כָּל בּוֹ
1 might is right. 2 rule of force כָּל דְּאַלִּים גְּבַר
whoever is hungry כָּל דִּכְפִין
so much, to such an extent כָּל כָּךְ
in its entirety כָּל כֻּלּוֹ
Kol Nidrei (all the vows) כָּל נִדְרֵי
as long as כָּל עוֹד
his very being כָּל עַצְמוֹ
entirely, altogether כָּל עִקָּר
sufficiently, enough כָּל צָרְכּוֹ
whatever, the slightest כָּל שֶׁהוּא
certainly, surely כָּל שֶׁכֵּן
1 omnipotent. 2 factotum כֹּל יָכוֹל
[kaˈla] 1 to imprison, jail. 2 to detain, arrest. 3 to restrain, confine כָּלָא פ״י
[ˈkele] jail, prison, penitentiary כֶּלֶא ז
casually, offhand כִּלְאַחַר יָד
[keˈlai] loss, waste כְּלַאי ז
[kaˈlai] warden, warder, jailer כַּלַּאי ז
[kilˈʼayim] 1 crossbreeding, hybridism. 2 Kilayim (Mishnaic tractate) כִּלְאַיִם ז״ז
[ˈkelev] dog, hound כֶּלֶב ז
bloodhound, police dog כֶּלֶב גִּשּׁוּשׁ
Alsatian, wolf hound כֶּלֶב זְאֵב
seal כֶּלֶב יָם
otter כֶּלֶב מַיִם, כֶּלֶב נָהָר
scoundrel, rotter כֶּלֶב מֵת
bloodhound, hunter כֶּלֶב צַיִד
rabid dog כֶּלֶב שׁוֹטֶה
watch dog כֶּלֶב שְׁמִירָה
[kiˈlev] to tack, stich roughly, baste כִּלֵּב פ״י
[kalˈba] 1 dog (f). 2 bitch כַּלְבָּה נ
[kalˈbon] puppy, small dog כַּלְבּוֹן ז
[kalˈbi] canine, dog-like כַּלְבִּי ת
[kalbiˈya] kennels כַּלְבִּיָּה
[kalbiˈyut] doggishness כַּלְבִּיּוּת נ
[kilˈbit] fingerling (fish), stickleback כִּלְבִּית נ
[kelavˈlav] puppy, pup, young dog כְּלַבְלָב ז
[kelavlaˈvon] lap dog כְּלַבְלָבוֹן ז
[kalˈban] dog-trainer, handler כַּלְבָּן ז
[kalbaˈnut] dog-breeding, dog-training כַּלְבָּנוּת נ
[kaˈlevet] rabies כַּלֶּבֶת נ
[keˈlavta] bitch, shrew כְּלַבְתָּא נ
[kaˈla] 1 to end, be finished, completed. 2 to perish. 3 destruction, end. 4 wholly, utterly כָּלָה נ פ״ע תה״פ
[kaˈla] 1 bride. 2 daughter-in-law. 3 sweetheart. 4 the כַּלָּה נ

1 holy vessel. 2 religious ministrants — כְּלִי קֹדֶשׁ
vehicle, car — כְּלִי רֶכֶב
all this, so much — כֻּלֵּי הַאי
everyone, the whole world — כֻּלֵּי עָלְמָא
lightning rod, lightning arrester (conductor) — כַּלִּיא בָּרָק
[keliy'ʼa] imprisonment, incarceration — כְּלִיאָה נ
[kliv] hook, staple — כְּלִיב ז
[keli'va] 1 clamp, vice. 2 work-basket. 3 tacking, rough stitching — כְּלִיבָה נ
[kil'ya] kidney — כִּלְיָה נ
[kela'ya] annihilation, destruction. 2 wastage — כְּלָיָה נ
[kila'yon] destruction, ruin — כִּלָּיוֹן ז
complete destruction — כִּלָּיוֹן חָרוּץ
yearning, impatient longing — כִּלְיוֹן עֵינַיִם
impatience — כִּלְיוֹן רוּחַ
[kela'yot] kidneys — כְּלָיוֹת נ״ר
[ka'lil] 1 entire, total, whole. 2 entirely, totally. 3 burnt offering — כָּלִיל ת תה״פ ז
[ke'lil] 1 crown, corona. 2 wreath. 3 entire — כְּלִיל ז
red bud, cercis — כְּלִיל־הַחֹרֶשׁ
perfectly beautiful, beautiful to perfection — כְּלִיל יֹפִי
[ke'lilut] integrity — כְּלִילוּת נ
lightning conductor — כַּלִּירַעַם ז
[ka'lax] coarse silk — כָּלָךְ ז
['kelex] ferula — כֶּלֶךְ ז
[ka'lex] Cease! Turn away! Get out! — כַּלֵּךְ מ״ק
[kil'kul] 1 maintenance, support. 2 nourishment — כִּלְכּוּל ז
[kil'kit] stickleback (fish) — כַּלְכִּיד, כִּלְכִּית נ
[kil'kel] 1 to feed, nourish. — כִּלְכֵּל פ״י
Sabbath
[ka'le] transient, ephemeral, passing — כָּלֶה ת
[ki'la] 1 to finish, complete, end. 2 to destroy. 3 to canopy. 4 canopy — כִּלָּה נ פ״י
[kula'ham] all of them — כֻּלָּהֶם
[ka'lu] imprisoned — כָּלוּא ת
[ke'lu] prison, jail — כְּלוּא ז
[kluv] cage — כְּלוּב ז
[ki'luy] 1 finishing, completion. 2 destruction, annihilation — כִּלּוּי ז
[ka'lul] 1 incorporated, included. 2 complete, comprehensive — כָּלוּל ת
[ki'lul] 1 incorporating, inclusion. 2 integration, completion — כִּלּוּל ז
[kelu'lot] 1 engagement. 2 wedding, nuptials — כְּלוּלוֹת נ״ר
[kilu'li] integrative, integral — כִּלּוּלִי ת
[klum] 1 anything (after negative). 2 something. 3 interrogative particle — כְּלוּם ז
[klo'mar] in other words, namely, so to speak — כְּלוֹמַר תה״פ
[kelo'nas] 1 stilt. 2 pole — כְּלוֹנָס ז
[klor] chlorine — כְּלוֹר ז
[klori'natsya] chlorination — כְּלוֹרִינַצְיָה נ
powerful yearning — כְּלוֹת הַנֶּפֶשׁ נ
['kelax] freshness, usefulness — כֶּלַח ז
[ke'lai] 1 miser. 2 scoundrel, rascal — כֵּלַי ת
[ku'le] 1 everything. 2 everyone — כֻּלֵּי
[kli] 1 tool, implement. 2 organ. 3 instrument, utensil. 4 weapon. 5 vessel — כְּלִי ז
weapon — כְּלִי זַיִן
1 musical instrument. 2 popular musician — כְּלִי זֶמֶר
pottery — כְּלִי יוֹצֵר

2 to maintain, support.
3 to hold, contain.
4 to endure, bear

[kalkaˈla] 1 economy. 2 provision, supply — כַּלְכָּלָה נ

[kalkaˈli] economic — כַּלְכָּלִי ת

[kalkaˈlan] economist — כַּלְכְּלָן ז

[kaˈlal] 1 to complete. 2 to include, comprise. 3 to perfect. 4 to decide. 5 to generalize — כָּלַל פ״י

[kiˈlel] 1 to include. 2 to perfect. 3 to crown — כִּלֵּל פ״י

[klal] 1 principle, rule. 2 total, whole. 3 entirety. 4 public, community — כְּלָל ז

at all, absolutely, completely — כְּלָל וּכְלָל, כְּלָל

to sum up, in short — כְּלָלוֹ שֶׁל דָּבָר

[kelaˈlut] generality — כְּלָלוּת נ

[kelaˈli] 1 general. 2 universal. 3 common — כְּלָלִי ת

[klaliˈyut] 1 generality. 2 entirety — כְּלָלִיּוּת נ

[keliˈma] reproach, insult, affront — כְּלִמָּה, כְּלִמּוּת נ

[kalaˈnit] anemone — כַּלָּנִית נ

as, just so — כִּלְעֻמַּת שֶׁ־

[keˈlaf] axe, pick axe, hatchet — כֵּלַף ז

[ˈkelef] sunburn — כֶּלֶף ז

[kelaˈpe] 1 with regard to, in respect of. 2 towards. 3 vis à vis — כְּלַפֵּי מ״י

[kolsheˈhu] whatever, somewhat, to a slight extent — כָּלְשֶׁהוּ, כָּלְשֶׁהִי

[kamduˈbar] as agreed — כַּמְדֻבָּר

as it seems to me — כִּמְדֻמֶּה, כִּמְדֻמֶּה לִי, כִּמְדֻמַּנִי

[kaˈmah] to yearn, pine, long for — כָּמַהּ פ״ע

[kaˈma, kaˈme] 1 some, several. 2 how, how much — כַּמָּה, כַּמֶּה תה״פ

[kaˈmeha] longing, yearning, eager — כָּמֵהַּ ת

[keˈmah] longing, nostalgia — כֵּמַהּ ז

[keˈmo] as, like — כְּמָה תה״פ

to quantify — כִּמָּה פ״ע

just as — כְּמָה שֶׁ־

many times — כַּמָּה וְכַמָּה

[kemeˈha] truffle — כְּמֵהָה נ

[kimaˈhon] longing, yearning — כִּמָּהוֹן ז

[kemeˈhut] affinity — כְּמֵהוּת נ

[kemeˈhim] 1 desire, longing yearning. 2 mushrooms — כְּמֵהִים, כְּמֵהִין נ״ר

[keˈmo] 1 like, as. 2 when, as soon as — כְּמוֹ מ״ח מ״י

likewise, in the manner — כְּמוֹ כֵן

[kamuˈvan] of course — כַּמּוּבָן תה״פ

[kaˈmuha] longed for — כָּמוּהַּ ת

[kaˈmohu] like him — כָּמוֹהוּ

[keˈmohem] like them (m) — כְּמוֹהֶם

[kemoˈhen] like them (f) — כְּמוֹהֶן

[kiˈmuy] quantification — כִּמּוּי ז

[kaˈmon] cumin — כַּמּוֹן ז

[kaˈmus] 1 hidden, concealed. 2 latent, secret — כָּמוּס ת

[kemuˈsa] capsule — כְּמוּסָה ז

[kaˈmur] heated, excited — כָּמוּר ת

[kemuˈra] clergy, priesthood — כְּמוּרָה נ

[kaˈmush] dried, withered, wrinkled — כָּמוּשׁ ת

[kiˈmush] withering, wrinkling — כִּמּוּשׁ ז

[keˈmot] as, like — כְּמוֹת מ״י

unchanged, as it is — כְּמוֹת שֶׁהוּא

[kaˈmut] quantity — כַּמּוּת נ

[kamuˈti] quantitative — כַּמּוּתִי ת

[kimetaxaˈve] within the range of — כִּמְטַחֲוֵי תה״פ

[kemiˈha] yearning, pining, longing — כְּמִיהָה נ

[kemiˈna] hiding, concealment — כְּמִינָה נ

[kemiˈra] 1 storing of fruit — כְּמִירָה נ

[ki'na] 1 flea, louse. 2 to name, give a name, designate כִּנָּה נ פ״י

[ki'nuy] 1 name, nickname. 2 pronoun. 3 epithet. 4 pseudonym כִּנּוּי ז

pseudonym, "nom de plume" כִּנּוּי סִפְרוּתִי

[ka'non] brazier, fire-pan כָּנוֹן ז

[ki'nun] 1 organ. 2 founding, establishment. 3 taking aim. 4 wrapping, coiling כִּנּוּן ז

[ki'nus] 1 conference, meeting, convention. 2 gathering. 3 collection. 4 folding כִּנּוּס ז

[ka'nus] 1 placed inside. 2 dented, folded inwards. 3 internalized כָּנוּס ת

[kenu'sa] married woman כְּנוּסָה נ

[ka'nu'a] obedient, docile, submissive כָּנוּעַ ת

[kenufi'ya] 1 gang, band. 2 crowd כְּנוּפְיָה נ

[ki'nor] 1 violin. 2 harp כִּנּוֹר ז

[ke'nut] sincerity, honesty, candor כֵּנוּת נ

[kin'yon] nomenclature, terminology כִּנְיוֹן ז

[keni'ma] vermin, insect כְּנִימָה נ

insect of the coccid family כְּנִימַת מָגֵן

[keni'sa] 1 entrance, entry. 2 introduction, beginning. 3 input, inlet. 4 entrance way כְּנִיסָה נ

[keniy''a] submission, capitulation, surrender כְּנִיעָה נ

[keniy''ut] submissiveness, resignation כְּנִיעוּת נ

[ki'nam] louse, gnat, flea, lice כִּנָּם נ

[ki'nemet] pediculosis כִּנֶּמֶת נ

[ki'nen] 1 to regulate, adjust. 2 to lay (gun). 3 to coil כִּנֵּן פ״י

for ripening. 2 heating, arousal

[kemi'sha] withering, fading, wrinkling כְּמִישָׁה נ

[ka'man, ki'men] to hide, conceal כָּמַן, כִּמֵּן פ״י

[kema'na] 1 ambush, trap. 2 hiding-place כְּמָנָה נ

[kam'non] anise, sweet cumin כַּמְנוֹן ז

[ka'mas] 1 to hide, conceal. 2 to store, lay up כָּמַס פ״י

[kim''at] almost, nearly, practically כִּמְעַט

[ka'mar] 1 to fish, spread a net. 2 to heat, warm. 3 to store underground כָּמַר פ״י

['kemer] ripened fruit כֶּמֶר ז

[ki'mer] to spread a net, fish כִּמֵּר פ״י

['komer] priest, parson, vicar כֹּמֶר ז

[kemo'ra] clergy, priesthood כְּמֻרָה נ

[komri'ya] 1 monastery. 2 convent. 3 nun כָּמְרִיָּה נ

[kim'rir] darkness, blackness, gloom כִּמְרִיר ז

[kom'rit] nun כָּמְרִית נ

[ka'mash] to fade, wither, shrivel כָּמַשׁ פ״ע

[ka'mesh] withered, faded כָּמֵשׁ ת

['kemesh] fading, withering כֶּמֶשׁ ז

[ki'mesh] to shrink, shrivel, wrinkle כִּמֵּשׁ פ״י

[kima'shon] blight, wilting כִּמָּשׁוֹן ז

[kum'ta] 1 beret. 2 skullcap כֻּמְתָּה נ

[kan] 1 base, pedestal, stand. 2 post, position כַּן ז

[ken] 1 yes. 2 thus, so. 3 honestly. 4 sincere. 5 base, pedestal. 6 louse, flea כֵּן ז ת תה״פ

[ka'na] 1 plant, shoot. 2 base, stand. 3 easel כַּנָּה נ

[ka'nenet] winch, crank כַּנֶּנֶת נ
[ka'nas] 1 to gather, convene. 2 to congregate. 3 to bring in. 4 to be shortened כָּנַס פ״י
['kenes] 1 meeting, conference, convention, assembly. 2 rally כֶּנֶס ז
[ki'nes] 1 to gather, assemble. 2 to convene, convoke כִּנֵּס פ״י
[knesi'ya] 1 church. 2 assembly, meeting כְּנֵסִיָּה נ
[knesya'ti] ecclesiastical כְּנֵסִיָּתִי ת
['kneset] 1 Knesset (Israeli parliament). 2 assembly. 3 synagogue כְּנֶסֶת נ
[kin''a] 1 goods, merchandise. 2 humiliation, submissiveness כִּנְעָה נ
['kna'an] 1 merchant, trader. 2 Canaan. 3 Phoenicia כְּנַעַן ז
[kna'a'ni] 1 Canaanite. 2 merchant, trader כְּנַעֲנִי ת
[ka'naf] 1 wing. 2 corner, edge. 3 protection כָּנָף נ
[ka'naf] 1 to embrace, hug. 2 to flank, surround כָּנַף פ״י
[ka'nef] retiring, withdrawn כָּנֵף ת
[ki'nef] to make wings כִּנֵּף פ״י
songbird כְּנַף רְנָנִים
[kenufi'ya] 1 gang, band. 2 crowd כְּנֻפְיָה נ
[knufya'ti] gang-like כְּנֻפְיָתִי ת
[kenaf'naf] winglet, small wing כְּנַפְנָף ז
[ka'nar] violonist, fiddler כַּנָּר ז
[ki'nar] artichoke כִּנָּר ז
[ki'ner] to play the violin כִּנֵּר פ״י
[kanir''e] apparently, seemingly כַּנִּרְאֶה תה״פ
[kana'rut] violin-playing, art of playing violin כַּנָּרוּת נ
[kana'rit] canary כַּנָּרִית נ
[kin'rer] to play violin badly, "saw" כִּנְרֵר פ״ע
[kes] 1 throne. 2 seat, chair כֵּס ז
['kese] new moon כֶּסֶא, כֶּסֶה ז
[ki'se] 1 seat, chair. 2 throne כִּסֵּא ז
[kis''on] 1 highchair, baby-chair. 2 stool כִּסְאוֹן ז
[kus'bar] coriander כֻּסְבָּר ז
[ke'seder] in order, as required כְּסֵדֶר, כְּסִדְרוֹ
[ki'sa] 1 to hide, cover up. 2 to cover, conceal כִּסָּה, כָּסָה פ״י
[ka'su'ax] mown, cut down כָּסוּחַ ת
[ki'su'ax] 1 lawn-mowing. 2 clearing, mowing כִּסּוּחַ ז
[ki'suy] 1 cover, blanket. 2 covering. 3 coverage כִּסּוּי ז
[ksuy] cover, lid כְּסוּי ז
[ka'suy] covered, concealed כָּסוּי ת
[ka'sul] limping כָּסוּל ת
[ka'sus] gnawed, chewed, bitten כָּסוּס ת
[ka'suf] 1 longed for, desired. 2 silvered, gray, silvery כָּסוּף ת
[ki'suf] 1 longing, yearning. 2 silvery, covering with silver כִּסּוּף ז
[ke'sut] 1 cover, covering. 2 garment. 3 protection כְּסוּת נ
[ka'sax] to mow, clear, cut down כָּסַח פ״י
[ka'sax] thorn-cutter, mower כַּסָּח ז
[ki'sax] to mow down כִּסַּח פ״י
[kis'ya, kesa'ya] glove כִּסְיָה, כְּסָיָה נ
[kesi'xa] mowing, clearing כְּסִיחָה נ
[ksil] 1 fool, simpleton, dolt. 2 Orion כְּסִיל ז
[kesi'lut] foolishness, stupidity כְּסִילוּת נ
[kesi'ma] haircutting כְּסִימָה נ
[kesi'sa] gnawing, biting כְּסִיסָה נ
[kesi'fut] longing, yearning כְּסִיפוּת נ

['kesex] strap, lace כֶּסֶךְ ז
[kis'kus] 1 grinding teeth. 2 scrubbing, polishing כִּסְכּוּס ז
[kasku'sim] ground barley כַּסְכּוּסִים ז״ר
[kis'kes] 1 to scrub, polish. 2 to crunch, grind with teeth כִּסְכֵּס פ״י
[kas'keset] washboard, scrubbing board כַּסְכֶּסֶת נ
[ka'sal] to be stupid, foolish כָּסַל פ״ע
['kesel] 1 stupidity, foolishness. 2 loin, flank כֶּסֶל ז
['kesel] hope, confidence, trust כֶּסֶל ז
[kis'la] 1 infatuation, folly. 2 confidence, hope כִּסְלָה נ
[kis'lev] Kislev, month of Jewish calendar כִּסְלֵו ז
[ka'sam] to cut, clip (hair) כָּסַם פ״י
[ku'semet] spelt, buckwheat כֻּסֶּמֶת נ
[kes'no'a] rocking chair כִּסְנוֹעַ ז
[ka'sas] 1 to grind, crunch. 2 to bite, gnaw. 3 to count, reckon כָּסַס פיו״ע
[ka'saf] 1 to yearn, pine, long for. 2 to turn silver כָּסַף פ״ע
[ka'saf] 1 silversmith. 2 money-changer כַּסָּף ז
[ka'sof] silvery, silver-colo(u)red כָּסֹף ת
['kesef] 1 silver. 2 money כֶּסֶף ז
mercury, quicksilver כֶּסֶף חַי
['kosef] longing, yearning כֹּסֶף ז
[kus'pa] sediment כֻּסְפָּה נ
[kisa'fon] yearning, longing כִּסָּפוֹן ז
[kas'pi] 1 silvery. 2 financial, monetary כַּסְפִּי ת
[kasa'fi] 1 silversmith. 2 money-changer כַּסָּפִי ז
[kesa'fim] sums of money, finance כְּסָפִים ז״ר
[kas'pit] mercury, quicksilver כַּסְפִּית נ
[kesaf'saf] silvery, silverish כְּסַפְסַף ת
[ka'sefet] 1 safe. 2 cash register. 3 silver leaf כַּסֶּפֶת נ
[ka'sat] cushion-maker, quilt-maker כַּסָּת ז
['keset] pillow, cushion, bolster כֶּסֶת נ
[ka''us] angry, irate, annoyed כָּעוּס ת
[ka''ur] ugly, repulsive כָּעוּר ת
[ki''ur] ugliness כִּעוּר ז
[ke''en] like, a kind of כְּעֵין תה״פ
[ke'i'sa] anger, raging כְּעִיסָה נ
[ke'i'rut] ugliness, repulsiveness כְּעִירוּת נ
[ka''ax] beigel, pretzel (bread roll) כַּעַךְ ז
[ki''ku'a] coughing, clearing one's throat כִּעְכּוּעַ ז
[ki''ka'] to cough, clear one's throat כִּעְכַּע פ״ע
[ka''as] to be angry, irate כָּעַס פ״ע
['ka'as] anger, vexation, ire כַּעַס ז
[ki''es] to anger, enrage, vex כִּעֵס פ״י
[ka'a'san] irascible כַּעֲסָן ז
[ka'asa'nut] irascibility, tetchiness כַּעֲסָנוּת נ
[ka'asa'ni] quick to anger, irascible כַּעֲסָנִי ת
[ka''ar, ki''er] to make ugly, uglify כָּעַר, כִּעֵר פיו״ע
['ko'ar] ugliness, ugly appearance כֹּעַר ז
['ka'as] anger, ire כַּעַשׂ ז
[ka''et] now, at present כָּעֵת
[kaf] Kaph, eleventh letter of Hebrew alphabet כַּף נ
final Kaph [ךְ] כַּף סוֹפִית
[kaf] 1 spoon. 2 palm of hand. 3 foot, sole of foot. 4 handle, scale. 5 branch (palm) כַּף נ
saltwort, chenopodium כַּף אַוָּז
one side of the scales, balance כַּף הַמֹּאזְנַיִם
door handle כַּף הַמַּנְעוּל
credit כַּף זְכוּת

כַּף חוֹבָה 1 discredit. 2 debit
כַּף הַיָּד palm (of hand), hand
כַּף רֶגֶל sole of the foot
כֵּף ז [kef] 1 cape, headland. 2 cliff, rock. 3 peak
כָּפָה פ״י [ka'fa] 1 to compel, force, oblige. 2 to invert, turn over
כַּפָּה נ [ka'pa] 1 hand, palm. 2 palm-branch
כִּפָּה נ [ki'pa] 1 dome, vault. 2 cap, skullcap. 3 heap, clump
כָּפוּי ת [ka'fuy] 1 compelled, forced, constrained. 2 inverted
כְּפוּי טוֹבָה ingrate, ungrateful
כָּפוּל ת [ka'ful] 1 double, two-fold. 2 multiplied. 3 folded
כִּפּוּל ז [ki'pul] 1 folding, crease. 2 duplication
כְּפוּלָה נ [kefu'la] 1 multiple. 2 fold
כָּפוּן ת [ka'fun] starved, hungry
כָּפוּף ת [ka'fuf] 1 bowed, bent. 2 subordinate, subject to
כִּפּוּף ז [ki'puf] 1 bowing, stooping. 2 bending
כָּפוּר ת [ka'fur] 1 frosty, frosted. 2 frost-covered
כְּפוֹר ז [kfor] 1 frost. 2 goblet, cup
כִּפּוּר ז [ki'pur] 1 pardon, forgiveness. 2 atonement, expiation
כְּפוֹרִי ת [kefo'ri] frosty
כָּפוּשׁ ת [ka'fush] 1 ugly, crude. 2 trampled on
כָּפוּת ז ת [ka'fut] 1 bound hand and foot, fettered. 2 bandaged. 3 block of wood
כִּפֵּחַ ת [ki'pe'ax] long-legged, very tall
כְּפִי מ״י [ke'fi] according to, in accordance with
כֻּפִיָּה נ [kufi'ya] mackerel, scomber
כְּפִיָּה נ [kefi'ya] 1 compulsion, coercion. 2 inversion, overturning. 3 epilepsy
כָּפִיָּה נ [ka'fiya] Arab traditional head-scarf
כִּפְיוֹן ז [kif'yon] 1 bending, stooping. 2 overturning. 3 epilepsy
כִּפְיוֹן טוֹבָה ingratitude
כְּפִיּוּת נ [kefi'yut] bending, bowing
כְּפִיּוּת טוֹבָה ingratitude
כָּפִיל ז [ka'fil] 1 double. 2 duplicate. 3 ghost
כְּפִילָה נ [kefi'la] 1 doubling, folding. 2 multiplying
כְּפִילוּת נ [kefi'lut] 1 duality, dualism. 2 overlapping. 3 duplication, folding
כָּפִיס ז [ka'fis] 1 beam. 2 rafter. 3 girder
כָּפִיף ת [ka'fif] flexible, malleable
כְּפִיפָה נ [kefi'fa] 1 bending, flexion. 2 subordination. 3 wicker basket, cage
כְּפִיפוּת נ [kefi'fut] 1 subordination, subjection. 2 flexibility, malleability
כְּפִיר ז [ke'fir] young lion
כְּפִירָה נ [kfi'ra] 1 heresy, atheism. 2 denial, contradiction. 3 young lioness
כְּפִישָׁה נ [kefi'sha] basket
כְּפִיַּת טוֹבָה ingratitude
כַּפִּית נ [ka'pit] teaspoon
כְּפִיתָה נ [kefi'ta] binding, trussing, tying up
כְּפִיתוּת נ [kefi'tut] bandage, subjection
כַּפְכַּף ז [kaf'kaf] clog, wooden shoe
כָּפַל פ״י [ka'fal] 1 to fold. 2 to double, duplicate. 3 to multiply, increase
כֶּפֶל ז ['kefel] 1 fold. 2 multiplication

כֶּפֶל בָּבוּאָה ghost images
כֶּפֶל כִּפְלַיִם much more, many more
כֶּפֶל לָשׁוֹן alliteration
כִּפֵּל פ״י [ki'pel] 1 to fold. 2 to double, duplicate
כְּפָל ז [kfal] duplicate
כִּפְלוֹן ז [kif'lon] longevity
כִּפְלַיִם תה״פ [kif'layim] twofold, doubly, twice as much
כַּפְלָן ת [kaf'lan] doubling, multiplying
כָּפַן פיו״ע [ka'fan] 1 to incline, bend. 2 to be hungry
כָּפָן ז [ka'fan] hunger, famine
כַּפָּנִי ת [kapa'ni] palmate (leaf)
כַּפְנִית נ [kaf'nit] wild date
כָּפַף פ״י [ka'faf] 1 to bend, incline. 2 to curve. 3 to compel
כֶּפֶף ז ['kefef] bending, bowing, stooping
כְּפָפָה ז [kefa'fa] 1 glove. 2 gauntlet
כָּפַר פ״י [ka'far] 1 to disavow, deny. 2 to be heretical, atheistic. 3 to tar, besmear, pitch
כִּפֵּר פ״י [ki'per] 1 to pardon, forgive. 2 to expiate, atone
כִּפֵּר פָּנָיו to pacify someone
כֹּפֶר ז ['kofer] 1 ransom. 2 indemnity. 3 pitch. 4 camphor. 5 village
כֹּפֶר נֶפֶשׁ ransom
כְּפָר ז [kfar] village
כַּפָּרָה נ [kapa'ra] 1 forgiveness, pardon. 2 expiation. atonement. 3 absolution, indulgence
כַּפְרִי, כְּפָרִי ת [kaf'ri] 1 rural, rustic. 2 bucolic. 3 villager. 4 of a village
כַּפְרִיּוּת, כְּפָרִיּוּת נ [kafri'yut] 1 country life. 2 rusticity
כַּפְרָן ז [kaf'ran] 1 heretic, atheist. 2 liar, denier
כַּפְרָנוּת נ [kafra'nut] 1 lying, denial. 2 atheism, heresy. 3 evasion
כַּפֹּרֶת נ [ka'poret] 1 Kapporet. 2 curtain
כָּפַשׁ פ״י [ka'fash] 1 to tread upon, trample
כֹּפֶשׁ ז ['kofesh] 1 pressure, trampling. 2 fruit basket
כָּפַת, כִּפֵּת פ״י [ka'fat, ki'pet] to tie, bind
כֹּפֶת ז ['kofet] bale, ball, block
כֻּפְתָּה נ [kuf'ta] 1 cutlet. 2 dumpling
כַּפְתּוֹר ז [kaf'tor] 1 button, stud. 2 knob. 3 capital. 4 bud
כַּפְתּוֹר הַקָּנֶה Adam's apple
כַּפְתּוֹר וָפֶרַח! Excellent! First Class!
כִּפְתּוּר ז [kif'tur] buttoning, fastening
כִּפְתֵּר פ״י [kif'ter] to button
כַּר ז [kar] 1 pillow, cushion. 2 saddle. 3 mattress. 4 meadow, field. 5 fat ram, sheep. 6 camel
כַּר נִרְחָב 1 wide scope. 2 ample opportunities
כֹּר ז [kor] Kor, dry measure (grain)
כָּרָאוּי תה״פ [kara'’uy] properly, suitably
כִּרְאוֹת עֵינָיו as he sees fit
כָּרַב פ״י [ka'rav] to plough
כְּרָב ז [ke'rav] ploughland, fallow
כְּרָב נָח, כְּרָב נָע fallowland
כִּרְבֵּל פ״י [kir'bel] 1 to enwrap, envelop. 2 to sieve, sift
כַּרְבֹּלֶת נ [kar'bolet] 1 crest, tuft. 2 coxcomb
כְּרָגָא, כְּרָגָה נ [kera'ga] poll tax
כָּרָגִיל תה״פ [kara'gil] as usual, in the usual way
כְּרֶגַע תה״פ [ke'rega] at this moment
כָּרָה פ״י [ka'ra] 1 to dig. 2 to mine. 3 to buy, trade, bargain.

announce. 2 to advertise
[keraˈza] 1 poster, broadsheet. 2 advertisement, placard — כְּרָזָה נ
[keraˈzi] amphibian — כְּרָזִי ת
[karˈzil] shepherd's apprentice — כַּרְזִיל ז
[ˈkorax] compulsion, necessity — כֹּרַח ז
[karˈtis] ticket, card — כַּרְטִיס ז
[kartisiˈya] 1 special ticket for repeated use. 2 card index, card file — כַּרְטִיסִיָּה נ
[kartiˈsan] ticket-seller, bus-conductor — כַּרְטִיסָן ז
[kirˈtes] to file in a card index — כִּרְטֵס פ״י
[karˈteset] card index, card file — כַּרְטֶסֶת נ
[kari] courier — כָּרִי ז
[keˈri] heap of grain — כְּרִי ז
[keriˈva] ploughing — כְּרִיבָה נ
[keriˈya] digging, mining — כְּרִיָּה נ
[keriˈza] cry of challenge — כְּרִיזָה נ
[kaˈrix] 1 sandwich. 2 sedge — כָּרִיךְ ז
[keriˈxa] 1 bookbinding. 2 swathing, wrapping. 3 combining, involvement. 4 small leaf — כְּרִיכָה נ
[kerixiˈya] bookbindery — כְּרִיכִיָּה נ
[keriyˈʾa] kneeling, bowing, genuflection — כְּרִיעָה נ
[kaˈrish] shark — כָּרִישׁ ז
[kaˈrit] pad, cushion, pillow — כָּרִית נ
[keriˈta] 1 cutting, excision. 2 felling (tree). 3 divorce, separation. 4 extirpation — כְּרִיתָה נ
contracting an alliance, forming a treaty — כְּרִיתַת בְּרִית
[kaˈrax] 1 to bind. 2 to wrap, swathe. 3 to combine. 4 to implicate, involve — כָּרַךְ, כֵּרַךְ פ״י
[ˈkerex] 1 volume. 2 bundle, bunch. 3 roll of parchment. 4 to arrange a banquet — כֶּרֶךְ ז
to call for attention — כָּרָה אֹזֶן
to plot, machinate — כָּרָה רָעָה
[keˈra] feast, banquet — כֵּרָה נ
[kruv] 1 cherub, angel. 2 cabbage — כְּרוּב ז
kohlrabi — כְּרוּב־הַקֶּלַח ז
[kruˈvit] cauliflower — כְּרוּבִית נ
[kaˈroz] herald, announcer, crier — כָּרוֹז ז
[kruz] 1 proclamation. 2 announcement, manifesto — כְּרוּז ז
[kaˈruy] excavated, mined — כָּרוּי ת
[kravˈya] caraway — כְּרַוְיָה נ
[kaˈrux] 1 wrapped, swathed. 2 bound. 3 involved, implicated — כָּרוּךְ ת
[kruˈxa] intestine, bowels, gut — כְּרוּכָה נ
[kruxˈya] crane — כְּרוּכְיָה נ
[kruˈxit] strudel, sweet rolled pastry — כְּרוּכִית נ
[krom] chrome (metal) — כְּרוֹם ז
[krum] 1 yellow or green colo(u)r. 2 mythical multicolored bird — כְּרוּם ז
[kromoˈsoma] chromosome — כְּרוֹמוֹסוֹמָה נ
[kroˈmati] chromatic — כְּרוֹמָטִי ת
[kerˈvan] stone curlew — כֵּרְוָן ז
[kronoˈgraf] chronograph — כְּרוֹנוֹגְרָף ז
[kronoˈlogi] chronological — כְּרוֹנוֹלוֹגִי ת
[kronoˈlogya] chronology — כְּרוֹנוֹלוֹגְיָה נ
[ˈkroni] chronic — כְּרוֹנִי ת
[ˈkronika] chronicle — כְּרוֹנִיקָה נ
[kaˈruʾa] 1 kneeling. 2 devoted, submissive — כָּרוּעַ ת
[kaˈrut] 1 hewn, cut down. 2 signed (treaty). 3 mutilated — כָּרוּת ת
castrated, emasculated — כְּרוּת שָׁפְכָה
[kaˈraz] 1 to proclaim, — כָּרַז פ״י

[kur'sa] armchair כֻּרְסָה ז
[kir'sum] gnawing, grinding כִּרְסוּם ז
[kar'som] cutter, milling instrument כַּרְסֹם ז
[kir'sem] 1 to gnaw, chew, nibble. 2 to tooth, serrate כִּרְסֵם פ"י
[karse'man] rodent כַּרְסְמָן ז
[kar'san] potbellied, corpulent כַּרְסָן ז
[karsa'fit] locust כַּרְסְפִית, כַּרְסֶפֶת נ
[keras'ras] small belly כְּרַסְרַס ז
[karstan] large-bellied, stout person כַּרְסְתָן ז
[ka'ra'] 1 to collapse, droop, sink. 2 to kneel, bow, crouch כָּרַע פ"י
['kera] 1 leg. 2 post כֶּרַע ז
[kar'pas] 1 celery. 2 linen כַּרְפַּס ז
['kerets] threadworm, ascarid כֶּרֶץ ז
[kar'kom] siege forces כַּרְקוֹם ז
[ka'rar] saddlemaker כָּרָר ז
[kere'sha] leek כְּרֵשָׁה נ
[kar'shina] vetch כַּרְשִׁינָה נ
[ka'rat, ke'rat] 1 to cut. 2 to lop off. 3 to fell, cut down כָּרַת, כֵּרַת פ"י
to form an alliance כָּרַת אֲמָנָה, כָּרַת בְּרִית
[ka'ret] 1 destruction, extermination. 2 premature death (divine punishment) כָּרֵת ז
['koret] trunk (tree) כֹּרֶת ז
[kar'ti] 1 leek. 2 greenish כַּרְתִּי ז ת
['kesev] sheep, lamb כֶּשֶׂב ז
[kis'ba] ewe, ewe-lamb כִּשְׂבָּה נ
[ka'sa] to grow fat כָּשָׂה פ"י
[ka'se] fat, stout, obese כָּשֶׂה ת
[ka'shuf] bewitched, under a spell, enchanted כָּשׁוּף ת
[ki'shuf] 1 magic, enchantment. 2 witchcraft, sorcery כִּשּׁוּף ז

4 binding, wrapping
[krax] metropolis, city כְּרַךְ ז
[kar'kov] rim, edge, border, cornice כַּרְכֹּב ז
[kir'kev] to rim, encircle כִּרְכֵּב פ"י
[kar'kevet] moulding plane כַּרְכֶּבֶת נ
[kir'kur] 1 leap, jump. 2 twirl, gyration. 3 beating round the bush, circumlocution כִּרְכּוּר ז
[kra'ki] urban, metropolitan כְּרַכִּי ת
[kar'kom] 1 saffron. 2 crocus כַּרְכֹּם ז
[kir'kem] to make or become yellow כִּרְכֵּם פ"י
[karku'mi] saffron-colo(u)red, orange-red כַּרְכֻּמִּי ת
[kir'kar] 1 rotary hook. 2 spindle כִּרְכָּר ז
[kir'ker] to leap, twirl, gyrate, dance כִּרְכֵּר פ"ע
[kirka'ra] 1 cab, carriage. 2 dromedary, camel כִּרְכָּרָה נ
[kar'keshet] 1 tube, pipe. 2 colon, rectum כַּרְכֶּשֶׁת נ
[ke'roxet] bunch, bundle כְּרֹכֶת נ
[ka'ram] 1 to heap, pile up. 2 to work in a vineyard כָּרַם פ"י
[ka'rom] saffron-yellow כָּרֹם ת
['kerem] 1 vineyard. 2 grove כֶּרֶם ז
olive-grove כֶּרֶם זַיִת
[kir'mez] to punch כִּרְמֵז פ"י
[kar'mil] crimson כַּרְמִיל ז
[kar'mel] 1 Carmel. 2 fruitful land. 3 green grain boiled כַּרְמֶל ז
[karme'lit] 1 lawn, plot of land. 2 area neither privately nor publicly owned כַּרְמְלִית נ
[ka'remet] bower, trellised vine כָּרֶמֶת נ
[ka'res, 'keres] belly, abdomen כָּרֵס, כֶּרֶס נ

כִּשּׁוּר ז [kiˈshur] 1 qualification. 2 capacity

כַּשּׁוּרָה תה"פ [kashuˈra] properly, correctly

כִּשּׁוּרִים ז"ר [kishuˈrim] qualifications

כְּשׁוּת נ [keˈshut] 1 pubic hair. 2 wild plant, hops. 3 lanugo

כַּשִּׁיל ז [kaˈshil] sledgehammer

כָּשִׁיר ת [kaˈshir] 1 fit, capable. 2 qualified

כְּשִׁירוּת נ [keshiˈrut] fitness, worthiness

כִּשְׁכּוּשׁ ז [kishˈkush] wagging (tail), wiggling

כִּשְׁכֵּשׁ פ"י [kishˈkesh] to wag (tail), wiggle

כָּשַׁל פ"ע [kaˈshal] 1 to stumble, totter. 2 to lapse, droop. 3 to fail

כָּשַׁל כֹּחוֹ to be weakened, lose one's strength

כֶּשֶׁל ז [ˈkeshel] 1 failure, lapse. 2 lapse, slip

כִּשָּׁלוֹן ז [kishaˈlon] 1 failure. 2 ruin, downfall. 3 mistake

כִּשָּׁלוֹן חָרוּץ complete failure

כַּשָּׁף, כַּשְׁפָן ז [kaˈshaf] wizard, magician, sorcerer

כֶּשֶׁף ז [ˈkeshef] sorcery, witchcraft, magic

כִּשֵּׁף פ"י [kiˈshef] 1 to practise sorcery. 2 to bewitch, enchant

כַּשָּׁפוּת, כַּשְׁפָנוּת נ [kashaˈfut] sorcery, wizardry

כְּשָׁפִים ז"ר [keshaˈfim] wonders, miracles

כָּשַׁר פ"ע [kaˈshar] 1 to be fit, right, proper. 2 to succeed, prosper

כָּשֵׁר ת [kaˈsher] 1 fit, proper, valid. 2 legitimate, right. 3 kosher

כִּשֵּׁר פ"י [kiˈsher] 1 to make kosher. 2 to make fit, proper, lawful

כֹּשֶׁר ז [ˈkosher] 1 fitness, aptitude. 2 capability, capacity. 3 faculty, ability

כִּשָּׁרוֹן ז [kishaˈron] 1 aptitude, talent. 2 skill, ability

כִּשְׁרוֹנוּת נ [kishroˈnut] flair, aptitude, talentedness

כִּשְׁרוֹנִי ת [kishroˈni] gifted, talented

כַּשְׁרוּת נ [kashˈrut] 1 worthiness, fitness. 2 lawfulness, validity. 3 Kashrut (dietary laws)

כַּת נ [kat] 1 sect, faction. 2 company, group. 3 party, class. 4 herd. 5 cast

כָּתַב פ"י [kaˈtav] 1 to write. 2 to record, register

כָּתַב תְּנָאִים 1 to state conditions. 2 to dictate terms

כְּתָב ז [ktav] 1 writing. 2 handwriting, script. 3 writ, document, scripture

כְּתַב־־אֲמָנָה credentials

כְּתַב אַשְׁמָה impeachment, charge, accusation

כְּתַב חֲלִיפִים promissory note

כְּתַב הַחַרְטֻמִּים hieroglyphic script

כְּתַב יָד 1 manuscript. 2 handwriting

כְּתַב יִתֵדוֹת cuneiform script

כְּתַב מִנּוּי 1 letter of appointment. 2 authorization

כְּתַב סְתָרִים code, cypher

כְּתַב עֵת journal, periodical, magazine

כַּתָּב ז [kaˈtav] 1 correspondent, reporter. 2 scribe

כִּתֵּב פ"י [kiˈtev] 1 to engrave, inscribe. 2 to scribble

כְּתֻבָּה נ [ketuˈba] marriage contract, Ketuba

[kata'va] report, news item, article — כַּתָּבָה נ
[ketu'bot] Ketubot (Talmudic tractate) — כְּתֻבּוֹת נ״ר
[kata'vut] reportage — כַּתָּבוּת נ
Holy Scriptures — כִּתְבֵי הַקֹּדֶשׁ
[keta'vi] graphic, written — כְּתָבִי ת
[kat'van] 1 scribe. 2 typist (m) — כַּתְבָן ז
[katva'nut] typing — כַּתְבָנוּת נ
[katva'nit] 1 typist (f). 2 clerk, secretary (f) — כַּתְבָנִית נ
[ka'tevet] correspondent, reporter (f) — כַּתֶּבֶת נ
[ke'tovet] 1 inscription. 2 address. 3 epigraph — כְּתֹבֶת נ
tattoo — כְּתֹבֶת קַעֲקַע
[ki'ta] 1 class, classroom. 2 section, detachment, platform. 3 faction, sect — כִּתָּה נ
[ka'tuv] 1 passage, text. 2 Biblical passage. 3 written, inscribed — כָּתוּב ז ת
[ketu'vim] The Writings (Bible), Hagiographa — כְּתוּבִים ז״ר
Apocrypha — כְּתוּבִים אַחֲרוֹנִים
[ka'tum] stained, marked — כָּתוּם ת
[ki'tuf] 1 shouldering, carrying — כִּתּוּף ז
[ki'tur] 1 beleaguerment, siege. 2 surrounding, encircling. 3 hemming in — כִּתּוּר ז
[ka'tush] crushed, ground, pounded — כָּתוּשׁ ת
[ki'tush] pounding, crushing — כִּתּוּשׁ ז
[ka'tut] pounded, ground, crushed — כָּתוּת ת
[ki'tut] crushing, pounding — כִּתּוּת נ
tiring walk — כִּתּוּת רַגְלַיִם
small groups, small factions — כִּתֵּי כִּתּוֹת
[ke'tiv] writing, spelling, orthography — כְּתִיב ז
defective spelling — כְּתִיב חָסֵר
plene spelling — כְּתִיב מָלֵא
[kti'va] writing — כְּתִיבָה נ
calligraphy — כְּתִיבָה תַּמָּה
[kti'vi] orthographic, orthographical — כְּתִיבִי ת
geography — כְּתִיבַת הָאָרֶץ
[ka'tish] 1 mallet. 2 pestle. 3 stamper. 4 meat pounder — כַּתִּישׁ ז
[keti'sha] crushing, pounding — כְּתִישָׁה נ
[ka'tit] 1 beaten oil, pressed oil. 2 friction, sore — כָּתִית ז ת
[keti'ta] 1 pounding, crushing. 2 mincemeat. 3 schnitzel — כְּתִיתָה נ
['kotel] 1 wall. 2 side — כֹּתֶל ז
Western Wall, Wailing Wall — כֹּתֶל מַעֲרָבִי
[kete'la] varthemia (bot.) — כְּתֵלָה נ
[kot'lit] 1 cutlet. 2 climbing ivy — כָּתְלִית נ
[ka'tom] orange (colo(u)r) — כָּתֹם ת
['ketem] 1 stain, mark. 2 fine gold — כֶּתֶם ז
fine gold, Ophir gold — כֶּתֶם אוֹפִיר, כֶּתֶם פָּז
['kotem] orange (colo(u)r) — כֹּתֶם ז
as before, as recently — כִּתְמוֹל שִׁלְשׁוֹם
[ketam'tam] orangeish, orange-like — כְּתַמְתַּם ת
[ka'tan] cotton dealer, cotton trader — כַּתָּן ז
['koten, kut'na] cotton — כֹּתֶן, כֻּתְנָה
[ku'tonet] 1 shirt, tunic. 2 cloak — כֻּתֹּנֶת נ
nightshirt, nightdress, nightgown — כְּתֹנֶת לַיְלָה
[ka'taf] bearer, carrier, porter — כַּתָּף ז
[ka'tef] 1 shoulder. 2 side, flank. 3 support — כָּתֵף נ
[ki'tef] to shoulder, carry — כִּתֵּף פ״י

כְּתֵפָה נ [kete'fa] brace, suspender

כִּתְפָה נ [kit'fa] epaulette

כִּתְפִיָּה, כְּתֵפִיָּה נ [kitfi'ya] 1 suspender, brace. 2 vest, waistcoat

כְּתֵפָנִי ת [ketefa'ni] broad-shouldered

כֶּתֶר ז ['keter] 1 crown. 2 garland. 3 diadem

כִּתֵּר פ״י [ki'ter] 1 to encircle, surround. 2 to besiege. 3 to headline

כִּתְרוֹן ז [kit'ron] coronilla

כָּתַשׁ, כִּתֵּשׁ פ״י [ka'tash] to pound, crush

כֹּתֶשׁ ז ['kotesh] mortar (tool)

כַּתְּשָׁן ז [kat'shan] 1 pounder, crusher. 2 bruiser, brawler

כְּתֹשֶׁת ז [ke'toshet] pulp

כָּתַת פ״י [ka'tat] 1 to pound, grind down. 2 to smash, crush

כִּתֵּת פ״י [ki'tet] 1 to pound, beat. 2 to destroy

כִּתָּתִי ת [kita'ti] 1 factorial, sectarian. 2 of a class; classroom

כִּתָּתִיּוּת נ [kitati'yut] sectarianism, factionalism

ל

ל	1 Lamed, twelfth letter of Hebrew alphabet. 2 thirty. 3 thirtieth
לְ-, לַ-, לִ-, לֵ-, לִ-, לֶ- מ״י	[la, le, li] to, for, into, towards, by, with
לָא סַגִּי	insufficient
לֹא תה״פ	[lo] 1 no, not. 2 without
לֹא בְּאָלֶף רַבָּתִי	1 No, definitely not. 2 a flat refusal
לֹא זוֹ אַף זוֹ	1 moreover. 2 not only... but also
לֹא יִצְלַח, לֹא יֻצְלָח	good-for-nothing, unfit
לֹא כָּל שֶׁכֵּן	all the more so
לֹא כְלוּם	nothing at all
לֹא מְקֻוָּן	off line
לֹא נָקַף אֶצְבַּע	not to lift a finger
לֹא עָלֵינוּ	May it never happen to us!
לֹא תַעֲשֶׂה	1 prohibition. 2 negative precept
לָאָה פ״ע	[la'ʼa] 1 to become exhausted. 2 to fail for lack of strength
לֵאֶה ת	[le'ʼe] tired, fatigued, exhausted
לָאו תה״פ	[lav] 1 no, not. 2 negative commandment
לָאו דַּוְקָא	not necessarily
לְאוֹר תה״פ	[le'ʼor] in the light of, in view of
לֵאוּת נ	[le'ʼut] fatigue, lassitude, exhaustion
לְאָחוֹר תה״פ	[le'a'xor] backwards, in reverse
לְאַחַר מ״י	[le'a'xar] after, following
לָאַחֲרוֹנָה תה״פ	[la'axaro'na] recently, lately
לָאַט פיו״ע	[la'ʼat] 1 to cover, conceal. 2 to whisper, murmur
לְאַט תה״פ	[le'ʼat] slowly
לְאַט לְךָ	Take it easy!
לְאֵין מִסְפָּר, לְאֵין סְפוֹר	innumerable, countless
לְאֵין עֲרֹךְ	incomparably
לְאֵין קֵץ	endless, unendingly
לְאֵין שִׁעוּר	immeasurably
לְאִיטָה נ	[le'i'ta] murmur, whisper
לְאַלְתַּר תה״פ	[le'al'tar] at once, on the spot, forthwith
לְאֹם ז	[le'ʼom] 1 nation, people, folk. 2 nationality
לְאֻמִּי ת	[le'u'mi] national
לְאֻמִּיּוּת נ	[le'umi'yut] 1 nationalism. 2 nationality
לְאֻמָּנוּת נ	[le'uma'nut] nationalism, chauvinism
לְאֻמָּנִי ת	[le'uma'ni] nationalistic, chauvinistic
לֵאמֹר תה״פ	[le'mor] that is to say, i.e., namely
לַאֲמִתּוֹ שֶׁל דָּבָר	truly speaking, as a matter of fact
לְאָן תה״פ	[le'ʼan] Where? Whither?
לְאֹרֶךְ תה״פ	[le'ʼorex] lengthwise
לַאֲשׁוּרוֹ תה״פ	[la'ashu'ro] thoroughly, aright
לַאֲשֶׁר	[la'a'sher] to whom, to what
לְאָשְׁרִי תה״פ	[le'osh'ri] luckily, fortunately
לֵב ז	[lev] 1 heart. 2 mind, brain. 3 character, courage. 4 center, centre, middle. 5 bosom,

pulp, core
לֵב אֶבֶן cruel temperament
לֵב אֶחָד unanimous, of one mind
לֵב בָּשָׂר pity, compassion
לֵב הָעֵץ marrow, pith
לֵב זָהָב kindhearted
לֵב טָהוֹר honesty, sincerity
לֵב טוֹב a kind heart
לֶב־יָם the high seas, out at sea
לֵב לִבּוֹ heart of hearts, innermost self
לֵבָב ז [le'vav] heart
לִבֵּב פ״י [li'bev] 1 to attract, fascinate. 2 to encourage, strengthen. 3 to fry pancakes. 4 to inflame, blaze up
לְבָבִי ת [leva'vi] cordial, amicable, hearty
לְבָבִיּוּת נ [levavi'yut] cordiality, kindliness, amicability
לָבַד פ״י [lavad] 1 to be left alone. 2 to be unique. 3 to join, combine
לֶבֶד ז ['leved] felt
לְבַד תה״פ [le'vad] 1 alone, apart. 2 without assistance
לְבַד מִ־ apart from
לִבֵּד פ״י [li'bed] 1 to work in felt. 2 to veneer
לְבַדָּד תה״פ [leva'dad] alone
לַבָּה נ [la'ba] 1 flame. 2 lava
לִבָּה נ פ״י [li'ba] 1 core, heart, inside. 2 to inflame, kindle
לָבוּב ת [la'vuv] 1 wrapped up. 2 laminated. 3 cordate, heart-shaped
לִבּוּב ז [li'buv] 1 frying pancakes. 2 enchantment, fascination
לְבוּבָה נ [levu'va] brassiere
לָבוּד ת [la'vud] veneered, laminated
לִבּוּד ז [li'bud] covering with felt
לָבוּט ת [la'vut] 1 hesitant, irresolute. 2 questionable. 3 suffering, anxious
לִבּוּט ז [li'but] 1 exertion, toil. 2 trouble, difficulty. 3 hesitation, irresolution
לִבּוּי ז [li'buy] 1 fanning. 2 inflaming, kindling
לִבּוּן ז [li'bun] 1 cleansing. 2 bleaching, whitening. 3 elucidation. 4 brickmaking
לִבּוֹנָאָה נ [libona''a] ancient Hebrew script
לְבוֹנָה נ [levo'na] incense
לָבוּשׁ ת [la'vush] clothed, dressed, robed
לְבוּשׁ ז [le'vush] 1 clothing, dress, attire. 2 covering, cover
לְבִזְבֵּז ז [leviz'bez] 1 frame. 2 rim
לָבַט פ״י [la'vat] 1 to harass, bother. 2 to toil, suffer
לֶבֶט ז ['levet] 1 dilemma. 2 effort, exertion. 3 pain, torture
לָבֶטַח תה״פ [la'vetax] 1 safely. 2 for sure, of a surety
לְבַטָּלָה תה״פ [levata'la] in vain, to no purpose
לָבִיא ז [la'vi] lion
לְבִיָּא, לְבִיאָה נ [levi'ya] lioness
לְבִיבָה נ [levi'va] 1 doughnut. 2 latke
לָבִיד ז [la'vid] 1 plywood. 2 veneer
לֻבְּיָה נ [luvi'ya] blackeyed pea, lubya
לְבִישָׁה נ [levi'sha] dressing, wearing
לְבַל תה״פ [le'val] lest, so as
לַבְלָב ז [lav'lav] pancreas
לִבְלֵב פ״ע [liv'lev] 1 to sprout, bud. 2 to blossom, bloom
לִבְלוּב ז [liv'luv] sprouting, budding, blooming
לִבְלִי מ״י [liv'li] without
לִבְלִי חֹק unlimitedly

לִבְלִי חָת fearlessly, dauntlessly
לִבְלְתִּי תה״פ [levil'ti] lest, in order not
לַבְלָר ז [lav'lar] 1 clerk, secretary. 2 scribe
לַבְלָרוּת נ [lavla'rut] bureaucratic work, clerical work
לָבָן ת [la'van] white
לָבַן פ״י [la'van] to make bricks
לַבָּן ז [la'ban] 1 brickmaker. 2 laundryman
לֶבֶּן ז ['leben] buttermilk, sour milk, yoghurt
לִבֵּן פ״י [li'ben] 1 to whiten, bleach. 2 to clarify, elucidate. 3 to cleanse, purify
לֹבֶן ז ['loven] 1 whiteness. 2 semen
לְבַנְבַּן ת [levan'ban] whitish
לִבְנָה נ [liv'na] lymph
לִבְנֶה ז [liv'ne] birch tree
לְבָנָה נ ת [leva'na] 1 moon. 2 white(f)
לְבֵנָה נ [leve'na] 1 brick, tile. 2 line of Biblical verse
לַבְנוּן ז [lav'nun] bleak (fish)
לַבְנוּנִי ת [lavnu'ni] whitish
לַבְנוּת נ [lav'nut] whiteness
לְבָנִים ז״ר [leva'nim] underwear, lingerie
לַבְנִין ז [lav'nin] butterfly, cabbage-butterfly
לַבְנִינוּת נ [lavni'nut] whitishness
לִבְנִית נ [liv'nit] the white of the eye
לֻבְנָן [luv'nan] sponge cake
לְבַסּוֹף, לִבְסוֹף תה״פ [leva'sof] finally, in the end, at last
לַבְקָן ז [lav'kan] albino
לַבְקָנוּת נ [lavka'nut] albinism
לְבַר תה״פ [le'var] outside, from without
לִבְרִיאוּת! מ״ק [livri'yut] To your health! Bless you!
לִבְרִית נ [liv'rit] libretto
לִבְרָכָה תה״פ [livra'xa] with compliments
לָבַשׁ פ״י [la'vash] 1 to put on. 2 to wear. 3 to wrap, cover
לֹג ז [log] log, (liquid measure)
לְגַבֵּי מ״י [lega'be] with regard to, concerning
לְגַבֵּי דִידִי for my part, from my point of view
לְגֵו תה״פ [le'gev] within, inside
לָגַז פ״י [la'gaz] to stack, pile
לִגְיוֹן ז [lig'yon] legion
לִגְיוֹנָר ז [ligyo'nar] legionary, legionnaire
לְגִיזָה נ [legi'za] stacking, piling
לֶגִיטִימִי ת [legi'timi] legitimate
לְגִימָה נ [legi'ma] 1 mouthful. 2 swallow, sip, gulp. 2 sample tasting
לָגִין ז [la'gin] jar, jug, water-caraf
לֶגִיסְלָטִיבִי ת [legisla'tivi] legislative
לִגְלֵג פ״ע [lig'leg] to scoff, mock, sneer
לַגְלְגָן ז [lagle'gan] scoffer, mocker
לַגְלְגָנוּת נ [laglega'nut] mockery, scorn, derisiveness
לַגְלְגָנִי ת [laglega'ni] derisive, scoffing
לִגְלוּג ז [lig'lug] mockery, derision
לָגַם פ״י [la'gam] 1 to sip, gulp. 2 to sample, taste
לֹגֶם ז, לָגְמָה נ ['logem] mouthful, sip
לְגַמְרֵי תה״פ [legam're] completely, entirely
לִגְנָה נ [lig'na] furrow, strip
לְדַאֲבוֹן לִבִּי to my regret, to my sorrow
לְדַאֲבוֹנִי תה״פ [leda'avo'ni] to my regret, unfortunately
לְדֻגְמָה [ledug'ma] 1 for example. 2 exemplary, model
לֵדָה נ [le'da] birth

לְדִידִי תה"פ [ledi'di] as far as I'm concerned

לְדִלּוּגִין תה"פ [ledilu'gin] on and off, alternately

לֶדֶת ['ledet] birth

לָהּ מ"ג [la] to/for her

לְהָאָה נ [leha''a] uvula (bot.)

לָהַב פ"ע [la'hav] 1 to flame, burn. 2 to flash, glitter

לַהַב ז ['lahav] 1 blade. 2 flash, glitter. 3 flame

לְהַבָּא תה"פ [leha'ba] in future, henceforth

לְהַבְדִּיל תה"פ [lehav'dil] in contrast

לֶהָבָה נ [leha'va] flame

לְהָבִיא תה"פ מ"י [leha'vi] 1 including. 2 inclusively

לַהַבְיוֹר ז [lahav'yor] flame-thrower, flame-projector

לַהֶבֶת נ [la'hevet] flame

לָהַג, לִהֵג פ"י [la'hag, li'heg] 1 to utter, pronounce. 2 to prattle, talk nonsense

לַהַג ז ['lahag] 1 prattle, twaddle. 2 dialect

לַהֲגָנוּת נ [lahaga'nut] prattle, garrulousness

לַהֲגָנִי ת [lahaga'ni] garrulous

לַהֲדֵי תה"פ [laha'de] 1 near. 2 jointly, together

לְהֶדְיָא תה"פ [lehed'ya] specifically, expressly

לַהֲדַ"ם [laha'dam] completely false, untrue

לָהָה פ"ע [la'ha] 1 to be or become tired, exhausted. 2 to faint

לֵהֶה ת [le'he] tired, weary, exhausted

לִהוּג ז [li'hug] prattle, twaddle

לָהוּט ת [la'hut] 1 eager, excited, keen. 2 enthusiastic, fervent

לִהוּט ז [li'hut] 1 blazing, burning. 2 bringing to intense heat

לְהוֹצִיא מ"י [leho'tsi] except, apart from, excluding

לִהוּק ז [li'huk] casting (roles)

לָהַט פיו"ע [la'hat] to burn, glow, flame, kindle

לַהַט ז ['lahat] 1 blaze, flame, heat. 2 sorcery, witchcraft. 3 incandescence. 4 fervo(u)r, excitement

לִהֵט פ"י ז [li'het] 1 to inflame, set ablaze. 2 acrobatics

לַהֲטוּט ז [laha'tut] 1 jugglery, trickery. 2 acrobatics

לַהֲטוּטָן ז [lahatu'tan] 1 juggler. 2 acrobat

לִהֲטֵט פ"י [liha'tet] to juggle, conjure

לָהִיב ת [la'hiv] fiery, spirited

לְהִיגָה נ [lehi'ga] to juggle, conjure

לָהִיט ז ת [la'hit] 1 hit, schlager. 2 ardent

לְהִיטוּת נ [lehi'tut] 1 ardo(u)r, eagerness. 2 zeal, enthusiasm. 3 craving

לְהֵיכָן תה"פ מ"ש [lehe'xan] Where to? Whither?

לְהַכְעִיס תה"פ [lehax''is] spitefully

לִהֲלוּהַּ ז [liha'luha] craziness

לַהֲלָכָה תה"פ [lahala'xa] theoretically, in theory

לְהַלָּן תה"פ [leha'lan] as follows, below, later

לָהֶם מ"ג [la'hem] for them, to them (m)

לָהֶן מ"ג [la'hen] for them, to them (f)

לְהֶפֶךְ תה"פ [la'hefex] on the contrary

לְהַפְלִיא תה"פ [lehaf'li] amazingly, remarkably

לַהַק ז ['lahak] 1 troop, group, band. 2 air-squadron, wing

לִהֵק פ"י [li'hek] 1 to congregate, assemble. 2 to cast (role)

[laha'ka] 1 troupe, company. 2 group, band. 3 flight (birds). 4 pack (wolves). 5 ensemble — לַהֲקָה נ

[lehitra'ʼot] See you again! Goodbye! Au revoir! — לְהִתְרָאוֹת! מ״ק

[lo] for him, to him — לוֹ מ״ג

[lu] if — לוּ מ״ח

[le'vai] 1 auxiliary, attachment. 2 attribute, adjective. 3 surname. 4 secondary — לְוַאי ז

[la'vai] accompanist — לַוַּאי ז

[lo'ven] brickmaker — לוֹבֵן ז

[lu'dar] gladiator — לוּדָר ז

[la'va] to borrow — לָוָה פ״י

[li'va] to accompany, escort — לִוָּה פ״י

[lo'het] burning, flaming-hot — לוֹהֵט ת

[lo've] borrower — לוֹוֶה ז

[li'vu'ax] 1 tabulation. 2 planking, plating — לִוּוּחַ ז

[li'vuy] escort, accompaniment — לִוּוּי ז

[luz] 1 hazelnut. 2 gland. 3 to stray, turn away — לוּז ז פ״ע

[lu'za] scandal, libel — לוּזָה נ

['levax] board, slab — לֶוַח ז

['lu'ax] 1 plank, board, table. 2 slab, plate. 3 blackboard. 4 schedule, calendar. 5 almanac — לוּחַ ז

calendar — לוּחַ הַשָּׁנָה

timetable, curriculum — לוּחַ הַשִּׁעוּרִים

timetable, itinerary — לוּחַ זְמַנִּים

story-board — לוּחַ עֲלִילָה

[li'vax] 1 to tabulate. 2 to plank, board up — לִוַּח פ״י

The Ten Commandments, Tablets of the law — לוּחוֹת הַבְּרִית

[luxo'tayim] dominoes — לוּחוֹתַיִם ז״ז

[lu'xit] plate, lamella — לוּחִית נ

[lo'xem] 1 fighter, warrior, combatant. 2 belligerent — לוֹחֵם ז

[loxa'ma] 1 warfare, fighting. 2 belligerence — לוֹחֲמָה נ

[loxa'mut] belligerency — לוֹחֲמוּת נ

[loxasha'ni] whispering, whispered — לוֹחֲשָׁנִי ת

[lot] 1 cover, veil, envelope. 2 labdanum, lotus — לוֹט ז

[lut] 1 to wrap up, cover. 2 to cloak. 3 enclosed, concealed — לוּט ת פ״י

['loto] lotto, lottery — לוֹטוֹ ז

['lotus] lotus — לוֹטוּס ז

['levi] Levi, Levite — לֵוִי ז

[le'vai] 1 attribute, adjective. 2 secondary, adjunct — לְוַי ז

[liv'ya] 1 garland, pendant, wreath. 2 cry of woe — לִוְיָה נ

ornament, decoration, jewel — לִוְיַת חֵן

[lo'ya] festoon, volute — לוֹיָה נ

[leva'ya] 1 funeral. 2 escort, accompaniment — לְוָיָה נ

[lav'yan] satellite, sputnik — לַוְיָן ז

communications satellite — לַוְיַן תִּקְשֹׁרֶת

[livya'tan] 1 whale. 2 sea-monster. 3 Leviathan — לִוְיָתָן ז

[livy'tanit] whaler — לִוְיָתָנִית נ

[lox'san] 1 stroke. 2 diagonally — לוֹכְסָן ז תה״פ

[lul] 1 hen-run, chicken-coop. 2 playpen. 3 spiral staircase — לוּל ז

[lu'le] unless, if not — לוּלֵא מ״ח

[lula'ʼa] 1 loop, eyelet. 2 stitch. 3 knot, noose — לוּלָאָה נ

[lu'lai] poultryman — לוּלַאי ז

bow line — לוּלְאַת הַצָּלָה

[lo'lav] bolt, nut — לוֹלָב ז

[lu'lav] 1 Lulav. 2 shoot, twig. 3 palmbranch — לוּלָב ז

[lola'vit] small bolt or nut — לוֹלָבִית נ

[lu'le] unless, if not — לוּלֵי מ״ח

[lul'yan] acrobat — לוּלְיָן ז

[lulya'nut] acrobatics — לוּלְיָנוּת נ

לוּלְיָנִי ת [lulya'ni] spiral, twisted
לוּלָן ז [lu'lan] poultry-farmer
לוֹמְבַּרְד ז [lom'bard] pawnshop
לוּן פ״ע [lun] 1 stay overnight, to lodge. 2 to grumble, complain
לוֹמַר [lo'mar] to say, utter
לוּנְטִית נ [lun'tit] towel
לוֹנְכִית נ [lon'xit] 1 javelin, lance. 2 dagger
לוֹעֵז ז [lo'’ez] stranger, foreigner, alien
לוֹעֲזִי ת [lo’a'zi] strange, foreign
לוֹעֲזִיּוּת נ [lo'azi'yut] foreignness
לוֹעֲזִית נ [lo’a'zit] foreign language
לוֹעֲנִית נ [lo’a'nit] figwort
לוּף ז [luf] arum lily, priest's hood (plant)
לוּפָה נ [lu'fa] luffa, towel gourd
לוּפִית נ [lu'fit] arisarum, friar's cowl (plant)
לוֹצֵץ ז [lo'tsets] scoffer, mocker, joker
לוֹקֵחַ ז [lo'ke’ax] client, customer, buyer
לוּשׁ פ״י [lush] to knead
לָז מ״ג פ״ע [laz] 1 that one. 2 to turn aside, stray
לָזֹאת [la'zot] that one (f)
לַזְבֵּז, לִזְבֵּז ז [laz'bez] rim, frame
לִזְבֶּזֶת נ [lizbe'zet] gunwale, gunnel
לְזוּת נ [le'zut] crookedness, perversity
לְזוּת שְׂפָתַיִם calumny, perverse talk
לְזִירָה [le'zira] lasing
לַח ת [lax] humid, damp, moist
לֵחַ ז ['le’ax] freshness, vigo(u)r
לֵחָה נ [le'xa] 1 humidity, moisture. 2 phlegm, sputum, saliva
לְחוּד תה״פ [le'xud] separately, alone, singly

לָחוּךְ ת [la'xux] eaten, tasted, licked, sampled
לִחוּךְ ז licking, tasting, sampling
לִחוּךְ־פִּנְכָּה flattery, toadying
לְחוּם ז [le'xum] flesh
לָחוּץ ת [la'xuts] 1 under pressure, depressed. 2 pressed, compressed
לִחוּשׁ ז [li'xush] whispering
לַחוּת, לֵחוּת נ [la'xut] 1 humidity, dampness. 2 freshness
לִחַח פ״ע [li'xax] to moisten, humidify
לֶחִי, לְחִי זו״נ [le'xi] 1 cheek, jaw. 2 handle
לֶחְיָה, לֶחְיוֹנִי ת נ [lex'ya] cheek-strap
לְחַיֵּי מ״ק [lexa'yei] Cheers to...!
לְחַיִּים! מ״ק [le'xayim] "Your health!" "Cheers!"
לְחִיכָה נ [lexi'xa] 1 licking, lapping. 2 chewing, champing
לָחִים ת [la'xim] fit to fight, fighting fit
לְחִימָה נ [lexi'ma] 1 belligerency. 2 fighting, warfare
לָחִין ת [la'xin] melodious, melodic, tuneful
לְחִיץ ז [le'xits] 1 pushbutton, press button. 2 press-stud
לְחִיצָה נ [lexi'tsa] 1 press, pressing. 2 urge
לְחִיצַיִם ז״ז [lexi'tsa'yim] press-studs
לְחִיצַת יָד handshake
לְחִישָׁה נ [lexi'sha] 1 whispering, hissing. 2 prompting
לְחִיתָה נ [lexi'ta] lolling, panting
לָחַךְ פ״י [la'xax] to lick, lap up
לֶחֶךְ ז ['lexex] fleawort, plantain (plant)
לִחֵךְ פ״י [li'xex] 1 to graze, chew. 2 to lap, lick. 3 to flatter, toady. 4 to burn
לַחְכָן ז [laxe'xan] 1 licker. 2 toadier,

flatterer
[lix'lu'ax] dampening, moistening לִחְלוּחַ ז
[laxlu'xi] dampish, humid, fresh לַחְלוּחִי ת
[laxlu'xit] 1 humidity, moisture, dampness. 2 vigo(u)r, freshness לַחְלוּחִית נ
[laxalu'tin] completely, utterly, entirely לַחֲלוּטִין תה״פ
[laxalu'fin] alternately, in the alternative לַחֲלוּפִין תה״פ
[lax'lax] dampish לַחְלַח ת
[laxla'xut] moisture, humidity לַחְלָחוּת נ
[la'xam] 1 to fight, make war. 2 to eat bread, eat לָחַם פיו״ע
['laxem] combat, battle, fight לַחֶם ז
['lexem] 1 bread. 2 loaf of bread. 3 food לֶחֶם ז
daily portion, daily needs לֶחֶם חֻקּוֹ
[lox'ma] 1 war, warfare. 2 belligerency לָחְמָה נ
[lax'mit] conjunctiva לַחְמִית נ
[laxmani'ya] bread roll, crescent roll לַחְמָנִיָּה, לַחְמָנִית נ
['laxan] melody, tune לַחַן ז
[li'xen] to sing, hum לִחֵן פ״י
[lexe'na] concubine, mistress לְחֵנָה נ
[lexi'nam] in vain, to no purpose לְחִנָּם תה״פ
[lexof'shi] at liberty לְחָפְשִׁי תה״פ
[la'xats] 1 to press, crush. 2 to force, constrain. 3 to oppress לָחַץ פ״י
['laxats] 1 pressure. 2 coercion, compulsion. 3 oppression לַחַץ ז
[laxatsa''in] by halves לַחֲצָאִין תה״פ
[laxtsa'nit] press-button, switch לַחְצָנִית נ
[la'xash] 1 to whisper. 2 to prompt. 3 to hiss. 4 to charm לָחַשׁ פ״י
['laxash] 1 whisper, murmur. 2 spell, charm. 3 amulet. 4 hiss לַחַשׁ ז
abracadabra לַחַשׁ נַחַשׁ
[li'xash] 1 to whisper. 2 to hiss. 3 to utter a charm לִחֵשׁ פ״י
[laxa'shush] whisper, murmur לַחֲשׁוּשׁ ז
[lax'shan] 1 prompter. 2 whisperer, murmurer לַחְשָׁן ז
[laxsha'nut] prompting לַחְשָׁנוּת נ
[lix'shesh] to murmur, whisper לִחְשֵׁשׁ פ״י
[le'xoshet] whispering לְחשֶׁת נ
[lat] 1 spell, enchantment, charm. 2 silence. 3 to cover, envelop לָט ז פ״י
[leta''a] lizard לְטָאָה נ
[leto'vat] for the benefit of לְטוֹבַת מ״י
[li'tuf] stroking, caress, pat לִטּוּף ז
[la'tush] 1 polished, finished. 2 improved לָטוּשׁ ת
[li'tush] 1 sharpening. 2 polishing, honing לִטּוּשׁ ז
[leti'fa] caressing, patting, stroking לְטִיפָה נ
[leti'sha] polishing, burnishing לְטִישָׁה נ
[leti'shut] polish, shine, glass לְטִישׁוּת נ
['lotem] rockrose, cistus לֹטֶם ז
['letef] caress, embrace, pat לֶטֶף ז
[la'taf, li'tef] to stroke, caress, pat, fondle לָטַף, לִטֵּף פ״י
[latfa'ni] stroking, caressing, fondling לַטְפָנִי ת
[la'tash] 1 to polish, burnish. 2 to whet, hone. 3 to pour (cold water) לָטַשׁ פ״י

to knead לָטַשׁ בָּצֵק
to make a mental effort לָטַשׁ מֹחוֹ
1 to set eyes on. 2 to set one's sights on לָטַשׁ עֵינָיו
[li'tesh] 1 to polish, burnish. 2 to sharpen, perfect לִטֵּשׁ פ״י
[li] for me, to me לִי מ״ג
['liga] league לִיגָה נ
[le'yad] near, at, by, beside לְיַד מ״י
[li'de] 1 to, into the hands of. 2 to a state of לִידֵי מ״י
[li'za] calumny, slander לִיזָה נ
[liyxi'dim] in retail לִיחִידִים תה״פ
[lita'i] Lithuanian לִיטָאִי תו״ז
[lit'ra] pound, libra (weight) לִיטְרָה נ
[le'ka] there is not לֵיכָּא תה״פ
there is no fear לֵיכָּא לְמֵחַשׁ
['layil] 1 night, darkness. 2 suffering, misery לַיִל, לֵיל
Good night! Sleep well! לֵיל מְנוּחָה!
Seder night, Passover feast לֵיל סֵדֶר
Sabbath eve לֵיל שַׁבָּת
1 night of vigil. 2 sleeplessness לֵיל שִׁמּוּרִים
['laila] 1 night, darkness. 2 misery, suffering לַיְלָה ז
[le'li] nocturnal, nightly לֵילִי ת
[li'lit] 1 owl. 2 Lilith לִילִית נ
[li'lax] lilac לִילָךְ ז
[li'mon] lemon לִימוֹן ז
[leya'mim] 1 subsequently. 2 in due course לְיָמִים
[li'men] port, harbo(u)r לִימֵין, לִימָן ז
[lin] to lodge לִין פ״ע
[li'na] lodging, overnight stay לִינָה נ
[lif] fibre לִיף ז
[li'fi] fibrous לִיפִי ת
[lits] 1 to mock, jest, clown. 2 to recommend, intercede. 3 braid לִיץ פ״ע ז
[li'tsa] jest, joke לִיצָה נ

[le'tsan] clown, buffoon, jester לֵיצָן ז
[letsa'nut] clowning, buffoonery, joking לֵיצָנוּת נ
[letsa'ni] clownish, comical לֵיצָנִי ת
['layish] 1 lion. 2 dough לַיִשׁ ז
[la'yash] kneader, breadmaker לַיָּשׁ ז
[li'sha] kneading לִישָׁה נ
[let] there is not לֵית תה״פ
[lax] to/for you (f. sing.) לָךְ מ״ג
[le'xa] to/for you (m. sing.) לְךָ מ״ג
[lix'o'ra] apparently, seemingly לִכְאוֹרָה תה״פ
[le'xan] here, so far לְכָאן תה״פ
[lix'vod] 1 in hono(u)r of. 2 on the occasion of. 3 to (on letters) לִכְבוֹד מ״י
[la'xad] 1 to capture, catch. 2 to seize, conquer. 3 to obtain by lot לָכַד פ״י
['lexed] trap, snare לֶכֶד ז
[li'ked] 1 to unite. 2 to blend, combine לִכֵּד פ״י
[lix'de] about לִכְדֵי מ״י
[la'ka] varnish, lacquer לַכָּה, לַכָּא נ
[le'xa] 1 for you (m. sing). 2 Go! לְכָה מ״ג פ״ע
[li'ka] to varnish, lacquer לִכָּה פ״י
[li'kud] 1 consolidation. 2 unity, uniting. 3 compactness לִכּוּד ז
[li'kuy] varnishing לִכּוּי ז
[la'xid] 1 xanthium (bot.). 2 coherent. 3 stickable לָכִיד ז״ת
[lexi'da] capture, seizure לְכִידָה נ
[la'xis] whitefish, grayling לָכִיס ז
[le'xax] 1 therefore. 2 to this לָכֵן
at most לְכָל הַיּוֹתֵר תה״פ
at the very latest לְכָל הַמְאֻחָר
as soon as possible, at the earliest לְכָל הַמֻּקְדָּם
at the least לְכָל הַפָּחוֹת תה״פ
to whom it may לְכָל מָאן דְּבָעֵי

['lemed] knowledge, learning, study לֶמֶד ז
[li'med] 1 to teach, instruct. 2 to train לִמֵּד פ״י
to defend, argue in favo(u)r of לִמֵּד זְכוּת עַל־
to accuse, indict, arraign, charge לִמֵּד חוֹבָה עַל־
to plead the cause of לִמֵּד סָנֵגוֹרְיָה עַל־
to prosecute לִמֵּד קָטֵגוֹרְיָה עַל־
[lom'da] educational software לָמְדָה ז
[lema'dai] sufficiently, quite, to a certain extent לְמַדַּי תה״פ
[lam'dan] 1 scholar, erudite. 2 Talmudic scholar לַמְדָן ז
[lamda'nut] 1 learning, erudition. 2 Talmudic learning לַמְדָנוּת נ
[lamda'ni] scholarly, learned לַמְדָנִי ת
['lama, la'me] Why? Wherefore? לָמָּה, לָמֶה, לָמָה תה״פ מ״ש
['lama] 1 llama. 2 Lama. 3 nonentity, nothingness לָמָה ז״נ
[la'mo] for them, to them לָמוֹ מ״י
[le'mo] to, for לְמוֹ מ״י
[la'mud] 1 trained, taught. 2 accustomed, used לָמוּד ת
[li'mud] 1 study, custom. 2 instruction, teaching. 3 stave (barrel) לִמּוּד ז
[limu'di] 1 educational, instructive. 2 didactic, pedagogic לִמּוּדִי ת
[la'mokaz] to bearer לַמּוֹכַּ״ז
[lemo'fet] exemplary לְמוֹפֵת תה״פ
['lamut] the "why" or "wherefore" לָמוּת נ
[lemo'tar] needless, superfluous לְמוֹתָר
[lamoxo'rat] the following day, on the morrow לַמָּחֳרָת

concern
[lix'lux] 1 dirt. 2 dirtying, soiling לִכְלוּךְ ז
[lixlu'xit] 1 Cinderella. 2 ugly woman. 3 moisture לִכְלוּכִית נ
[lix'lex] 1 to dirty, soil, befoul. 2 to moisten לִכְלֵךְ פ״י
[laxle'xan] dirtier, befouler, mucker לַכְלְכָן ז
[la'xem] to/for you (m. pl.) לָכֶם מ״ג
[la'xen] to/for you (f. pl.) לָכֶן מ״ג
[lix'sun] obliqueness, tilt, slanting לִכְסוּן ז
[leksi'kon] 1 vocabulary, lexicon. 2 dictionary לֶכְּסִיקוֹן ז
[lix'sen] to slant, to place diagonally לִכְסֵן פ״י
['lexesh] 1 raffia. 2 cedar fibre לֶכֶשׁ ז
[lix'she] when לִכְשֶׁ־ מ״ח
['lexet] going לֶכֶת שה״פ
[lexat'xila] a priori, from the outset לְכַתְּחִלָּה תה״פ
[le'lo] without לְלֹא מ״י
ineffectually, unproductively לְלֹא הוֹעִיל
unbearably, intolerably לְלֹא נְשֹׂא
undoubtedly, certainly לְלֹא סָפֵק
1 ad infinitum. 2 countless לְלֹא סְפֹר
[lelamde'xa] From this you can learn... לְלַמֶּדְךָ
[lim'od] exceedingly, very much לִמְאֹד תה״פ
[leme'a] per cent לְמֵאָה
[lemibarisho'na] from the beginning לְמִבָּרִאשׁוֹנָה תה״פ
[la'mad] 1 to learn, study. 2 to become accustomed to לָמַד פ״י
['lamed] Lamed, twelfth letter of Hebrew alphabet לָמֶד נ
[la'med] 1 learning. 2 taught, accustomed לָמֵד ת

לְמַטָּה תה״פ [le'mata] 1 below, down, under. 2 infra

לָמִיד ת [la'mid] 1 learnable. 2 docile. 3 teachable

לְמִידָה נ [lemi'da] 1 learning, study. 2 teaching

לְמַכְבִּיר תה״פ [lemax'bir] abundantly, profusely

לִמְלוּם ז [lim'lum] muttering, mumbling

לִמְלֵם פ״י [lim'lem] 1 to mumble, babble. 2 to mutter, grumble

לַמְלְמָן ז [lamle'man] 1 mumbler. 2 grumbler, mutterer

לְמִן מ״י [le'min] from

לְמַעֵט מ״י [lema''et] except, excluding

לְמַעְלָה תה״פ [le'ma'ala] above, before

לְמַעַן מ״ח מ״י [le'ma'an] 1 in order that, so that. 2 for the sake of

לְמַעַן הַשֵּׁם for God's sake, for Heaven's sake

לְמַעֲצָבָה תה״פ [lema'atse'va] sadly, regrettably

לְמַעֲשֶׂה תה״פ [lema'a'se] in fact, actually

לַמְפָּד ז [lam'pad] lamp

לְמַפְרֵעַ תה״פ [lemaf're'a] 1 in advance, on account, as down payment. 2 retrospectively, de facto

לְמִצְעָר [lamits''ar] at least, for a little while

לְמִקְּטָעִין תה״פ [limkuta''in] intermittently

לְמַרְאִית עַיִן 1 ostensibly. 2 apparently, outwardly

לְמַרְבֵּה הַ־ much as

לַמָּרוֹם תה״פ [lama'rom] upwards, to the sky

לַמְרוֹת מ״י [lam'rot] despite, in spite of

לַמְרוֹת שֶׁ־ מ״ח although

לְמֵרָחוֹק תה״פ [lemera'xok] from afar, from a distance

לְמַשְׁחִית תה״פ [lemash'xit] with a view to destruction

לְמָשָׁל תה״פ [lema'shal] for example, for instance

לְמִשְׁעִי תה״פ [lemish''i] smoothly, perfectly, flawlessly

לְמָתוֹק תה״פ [lema'tok] sweetly, softly

לָן פ״ע [lan] 1 to stay overnight, lodge. 2 to remain, abide

לְנֶגֶד מ״י [le'neged] in front of

לָנוּ מ״ג ['lanu] to us, for us

לְנָכוֹן תה״פ [lena'xon] correctly, appropriately

לְנֹכַח מ״י [le'noxax] 1 in view of, considering. 2 because of, on account of

לָנֶצַח תה״פ [la'netsax] forever, eternally

לְנֶצַח נְצָחִים for ever and ever

לְסוֹף תה״פ [le'sof] at last, finally

לְסוּטָה נ [lesu'ta] blouse, waistcoat

לִסְטוּת, לִסְטִיּוּת נ [lis'tut] robbery, piracy

לִסְטִים ז [lis'tim] robber, pirate

לִסְטֵם פ״י [lis'tem] to rob, plunder

לסה״נ Common Era, C.E., A.D.

לְסֵרוּגִין תה״פ [leseru'gin] alternately

לֶסֶת נ ['leset] jaw

לִסְתָּנִי ת [lista'ni] maxillary

לֹעַ ז ['lo'a] 1 throat, pharynx. 2 crater. 3 mouth. 4 muzzle

לֹעַ אֲרִי ז antirrhinum, snapdragon

לֹעַ הָאֲרִי the lion's den

לַעַב ז ['la'av] insult, disgrace

לָעַג, לִעֵג פ״ע [la''ag, li''eg] to mock, scorn, ridicule, sneer

לַעַג ז ['la'ag] 1 scorn, derision. 2 stammering

לַעַג לָרָשׁ sarcasm

לַעֲגֵי שָׂפָה 1 stammering, stuttering. 2 babbling

לַעֲגָן ז [la'a'gan] stammerer, joker, jester

לַעֲגָנוּת נ [la'aga'nut] derision, mockery

לַעֲגָנִי ת [la'aga'ni] derisive, mocking

לָעַד תה״פ [la''ad] forever, eternally

לָעָה פ״ע [la''a] 1 to stammer, stutter. 2 to swallow

לָעוּג ת [la''ug] scorned, ridiculed, mocked

לִעוּג ז [li''ug] scorn, derision, mockery

לָעוֹז ז [la''oz] 1 stranger, foreigner. 2 speaker of a foreign language

לְעוֹלָם תה״פ [le'o'lam] forever

לְעוֹלָם לֹא never

לְעוֹלָם וָעֶד for ever and ever

לְעוֹלְמֵי עַד, לְעוֹלְמֵי עוֹלָמִים, לְעוֹלָמִים for all eternity

לָעוֹן ז [la''on] kind of vegetable

לָעוּן ת [la''un] bitter

לָעוּס ת [la''us] 1 chewed, masticated. 2 rehashed, hackneyed

לָעַז פ״ע [la''az] 1 to slander, disparage. 2 to speak a foreign language

לַעַז ז ['la'az] 1 slander, calumny. 2 foreign language.

לִעֵז פ״י [li'ez] to translate from Hebrew

לָעַט פ״י [la''at] to swallow, gulp down, devour

לַעַט ז ['la'at] swallowing, gulping

לֹעִי ת [lo''i] guttural, pharyngeal

לְעִיגָה נ [le'i'ga] jeering, mockery, derision

לְעִיזָה נ [le'i'za] defamation, slander

לְעִיטָה נ [le'i'ta] 1 gorging. 2 stuffing, fattening

לְעֵיל תה״פ [le''el] aforesaid, above, preceding

לְעֵינֵי מ״י [le'e'ne] in the presence of

לְעֵינֵי הַשֶּׁמֶשׁ in broad daylight

לָעִיס ת [la''is] chewable

לְעִיסָה נ [le'i'sa] chewing, mastication

לְעֵלָּא מִ־ מ״י [le'e'la] beyond, more than

לְעֵלָּא וּלְעֵלָּא the very best, finest

לַעֲלוּעַ ז [la'a'lu'a] pharyngalization, gutturalization

לִעֲלַע פ״ע [li'a'la'] 1 to choke, stutter. 2 to gutturalize in speech

לְעֻמַּת מ״י [le'u'mat] as opposed to, in contrast to

לַעֲנָה נ [la'a'na] 1 bitterness, gall. 2 wormwood, absinthe

לָעִנְיָן תה״פ [la'in'yan] to the point

לֹעֲנִית נ [lo'a'nit] figwort (bot.)

לָעַס פ״י [la''as] to chew, masticate

לָעַע פ״י [la''a'] to swallow

לְעַצְמוֹ [le'ats'mo] for himself, in itself

לְעֵרֶךְ תה״פ [le''erex] approximately, roughly

לְעֵת מ״י [le''et] at the time of

לְעֵת מְצֹא when the time comes

לְעֵת עַתָּה for the time being

לְעִתִּים תה״פ [le'i'tim] sometimes

לְעִתִּים קְרוֹבוֹת frequently, often

לְעִתִּים רְחוֹקוֹת rarely, seldom

לָפַד פ״ע [la'fad] to burn

לֶפֶד ז ['lefed] dessert, compote

לָפוּף ת [la'fuf] wrapped, wound

לִפּוּף ז [li'puf] wrapping, winding, swathing

לָפוּת ת [la'fut] bound, closely tied

לִפּוּת ז [li'put] spicing, flavo(u)ring

לְפָחוֹת, לַפָּחוֹת תה״פ [lefa'xot] at least

לְפִי מ״י [le'fi] according to, in accordance with
לְפִי שֶׁ־ מ״ח because, since
לְפִי שָׁעָה for the time being, in the present situation
לַפִּיד ז [la'pid] 1 torch. 2 flame
לַפִּיד אֵשׁ blazing fire, tall flame
לְפִיכָךְ תה״פ [lefi'xax] accordingly, therefore
לְפִיפָה נ [lefi'fa] winding, swathing
לְפִיתָה נ [lefi'ta] 1 clasping, binding tight. 2 dessert, compote
לִפְלוּף ז [lif'luf] discharge from the eyes
לִפְלֵף פ״י [lif'lef] to shed tears
לפנה״ס Before Common Era, B.C.E.
לפנה״צ A.M. ante meridien
לִפְנוֹת מ״י [lif'not] towards
לִפְנוֹת בֹּקֶר towards morning, at dawn
לִפְנוֹת עֶרֶב at sunset, towards evening
לִפְנַי מ״י [li'fnai] within, inside
לִפְנַי וְלִפְנִים 1 the heart of the matter. 2 the Holy of Holies. 3 the innermost place
לִפְנֵי תה״פ מ״י [lif'ne] 1 before. 2 in front of. 3 ago
לִפְנִים תה״פ [lif'nim] inside, within
לִפְנִים מִשּׁוּרַת הַדִּין leniently, beyond the strict letter of the law
לְפָנִים תה״פ [lefa'nim] 1 formerly, previously, in the past. 2 in the front, forwards
לַפָּנִים תה״פ [lapa'nim] at first sight, apparently, ostensibly
לִפְעָמִים תה״פ [lif'a'mim] sometimes, from time to time
לָפַף, לִפֵּף פ״י [la'faf, li'pef] 1 to wrap round, bind, swathe
לְפָפָה נ [lefa'fa] wrapping, winding
לִפְרָט גָּדוֹל Jewish date (including thousands)
לִפְרָט קָטָן Jewish date (abbreviated)
לִפְרָקִים תה״פ [lifra'kim] at intervals, periodically
לָפַת פ״י [la'fat] to clasp, bind tightly
לֶפֶת נ ['lefet] turnip
לִפֵּת פ״י [li'pet] to flavo(u)r, spice
לְפָתִית נ [lefa'tit] hirschfeldia (bot.)
לִפְתָּן ז [lif'tan] dessert, compote
לְפֶתַע תה״פ [le'feta] suddenly
לָץ פ״י [lats] to mock, jest, joke
לֵץ ז [lets] 1 buffoon, clown, jester. 2 devil, demon
לְצַד מ״י [le'tsad] next to, adjoining
לִצְדָדִים [litseda'dim] 1 sideways. 2 on all sides
לָצוֹן ז [la'tson] fun, mockery, frivolity
לִצְמִיתוּת תה״פ [litsemi'tut] for good, for keeps
לְצַעֲרִי תה״פ [letsa'a'ri] unfortunately, regretfully
לְצֹרֶךְ מ״י [le'tsorex] for the purpose of
לָקָה פ״ע [la'ka] 1 to be beaten. 2 to be hurt, fall ill. 3 to be eclipsed. 4 to have shortcomings
לָקוֹחַ ז [la'ko'ax] client, customer
לָקוּחַ ת [la'ku'ax] 1 taken. 2 bought, acquired
לִקּוּחַ ז [li'ku'ax] purchase, acquisition
לִקּוּחִין ז״ר [liku'xin] marriage settlement
לָקוֹט ז [la'kot] gleaner
לִקּוּט ז [li'kut] 1 gleaning, gathering, collecting. 2 compilation, collection
לָקוּי ת [la'kuy] 1 faulty, deficient. 2 defective
לִקּוּי ז [li'kuy] 1 defect, fault. 2 eclipse
לִקּוּי חַמָּה solar eclipse
לִקּוּי לְבָנָה lunar eclipse

לִקּוּי מְאוֹרוֹת eclipse, obscuration
לְקוּת נ [le'kut] defect, blemish, deficiency
לָקַח פ״י [la'kax] 1 to take. 2 to buy, acquire. 3 to receive, accept. 4 to conquer
לָקַח אִשָּׁה to marry, wed
לָקַח בַּשְּׁבִי to take prisoner, capture, make captive
לָקַח חֶבֶל, לָקַח חֵלֶק to take part, participate
לָקַח לִתְשׂוּמַת לִבּוֹ to take into one's consideration
לֶקַח ז ['lekax] lesson, moral
לַקְחָן ז [lak'xan] pilferer, thieving
לָקַט פ״י [la'kat] 1 to gather, glean. 2 to collect, assemble. 3 to compile. 4 to patch, mend
לֶקֶט ז ['leket] 1 gleaning. 2 collection, assortment. 3 anthology. 4 seam, patch
לִקֵּט פ״י [li'ket] 1 to collect, compile. 2 to gather, glean. 3 to extract. 4 to catch
לֶקְטִיקָה נ ['lektika] litter, sedan-chair
לַקְטָן ז [lak'tan] 1 compiler. 2 eclectic. 3 gatherer. 4 pick-up
לַקְטָנוּת נ [lakta'nut] eclecticism
לַקְטָנִי ת [lakta'ni] eclectic
לְקִיָּה נ [leki'ya] 1 flogging. 2 defect
לָקִיחַ ת [la'kiy'ax] inflammable, combustible
לְקִיחָה נ [leki'xa] 1 taking. 2 buying, acquisition. 3 marriage. 4 bargaining
לְקִיטָה נ [leki'ta] 1 picking, gleaning. 2 gathering, collecting
לְקִיקָה נ [leki'ka] 1 licking. 2 sipping
לָקִישׁ ז [la'kish] 1 laggard. 2 slow-coach. 3 late crop, late rain

לִקְלוּק ז [lik'luk] licking
לִקְלֵק פ״י [lik'lek] to lick
לְקַמָּן תה״פ [leka'man] below, further on, ahead
לָקַק, לִקֵּק פ״י [la'kak, li'kek] to lick
לַקְקָן ז [lake'kan] 1 a sweet on a stick. 2 sweet-tooth. 3 flatterer
לַקְקָנוּת נ [lakeka'nut] 1 liking for sweets, tendency to lick. 2 flattery
לִקְרַאת מ״י [lik'rat] 1 in preparation for. 2 towards, opposite
לֶקֶשׁ ז ['lekesh] 1 aftergrass. 2 aftermath. 3 late crop
לִקֵּשׁ פ״י [li'kesh] to gather late crops
לְרַאֲוָה [lera'a'va] for show, on exhibition
לָרִאשׁוֹנָה תה״פ [larisho'na] 1 for the first time. 2 formerly, at the outset
לָרֹב תה״פ [la'rov] 1 for the most part, mostly. 2 abundantly
לְרַבּוֹת מ״י [lera'bot] including
לְרֶגֶל מ״י [le'regel] 1 due to, owing to. 2 on the occasion of
לְרַגְלֵי מ״י [lerag'le] at the foot of
לִרְגָעִים [lirega''im] 1 from time to time. 2 at times
לִרְוָחָה תה״פ [lireva'xa] 1 generously. 2 widely, spaciously
לָרֹחַב [la'roxav] widthwise
לָרִיק, לְרִיק תה״פ [la'rik, le'rik] in vain, to no purpose
לְרַע תה״פ [le'ra] below, underneath
לְרָצוֹן תה״פ [lera'tson] knowingly, intentionally
לָשֹׂבַע, לְשָׂבְעָה תה״פ [la'sova] to the point of repletion
לְשַׁד ז [le'shad] 1 sap, juice, fat. 2 vigor, vitality. 3 marrow,

medulla

לְשֵׁד פ״י [liˈshed] 1 to fatten. 2 to invigorate, vitalize

לְשַׁדִּי ת [leshaˈdi] 1 marrowy. 2 fat, juicy. 3 vigorous

לַשָּׁוְא תה״פ [laˈshav] in vain, to no purpose

לָשׁוּד ת [laˈshud] fat, succulent, juicy

לְשׁוּם מ״י [leˈshum] on behalf of, for

לָשׁוֹן נ [laˈshon] 1 language. 2 tongue. 3 speech. 4 expression, style

לָשׁוֹן נוֹפֵל עַל לָשׁוֹן pun, conundrum, play on words

לָשׁוֹן נְקִיָּה euphemism, respectful language

לְשׁוֹן הָאַבְזָם pin, clasp, prong, spike

לָשׁוֹן הָרַע calumny, slander, evil gossip

לְשׁוֹן זָכָר masculine gender

לְשׁוֹן יַבָּשָׁה cape (geography)

לְשׁוֹן יָחִיד singular

לְשׁוֹן יָם gulf, bay, inlet

לְשׁוֹן מֹאזְנַיִם 1 power to tip the scales. 2 tongue of scale

לְשׁוֹן נְקֵבָה feminine gender

לְשׁוֹן סַגִּי נְהוֹר euphemism

לְשׁוֹן רַבִּים plural

לְשׁוֹנַאי ז [leshoˈnai] linguist

לְשׁוֹנִי ת [leshoˈni] 1 linguistic. 2 lingual

לְשׁוֹנִיּוּת נ [leshoniˈyut] 1 linguality. 2 pertinence to language

לְשׁוֹנִיִּים ת״ר [leshoniˈyim] linguliflorae (bot.)

לְשׁוֹנִית נ [leshoˈnit] 1 lingule (bot.). 2 reed, languette. 3 small strap

לָשִׁיד ת [laˈshid] juicy, fat, succulent

לֶשֶׁךְ ז [ˈleshex] pit of orchestra

לִשְׁכָּה נ [lishˈka] 1 chamber, office, bureau. 2 cabinet, lodge

לִשְׁכָּן ז [lishˈkan] office-worker, clerk

לִשְׁלֶשֶׁת נ [lishˈleshet] poultry manure

לֶשֶׁם ז [ˈleshem] 1 opal. 2 jacinth

לְשֵׁם מ״י [leˈshem] for the sake of, for

לִשְׁמָהּ [liˈshma] for its own sake, with no ulterior motive

לַשָּׁן ז [laˈshan] punster

לַשְׁנָן ת ז [lashˈnan] chatterbox, loquacious

לְשֶׁעָבַר תה״פ [leshe'aˈvar] formerly, previously, ex-

לְשִׁעוּרִין תה״פ [leshiuˈrin] in instalments

לַשֶּׁקֶר תה״פ [laˈsheker] in vain

לְתֵאָבוֹן מ״ק [lete'aˈvon] "Bon appétit!"

לְתוֹךְ מ״י [leˈtox] into

לָתוּת ת [laˈtut] soaked, immersed

לְתִיתָה נ [letiˈta] soaking, matting, immersion

לֶתֶךְ ז [ˈletex] 1 crate. 2 ancient dry measure

לְתֻמּוֹ, לְפִי תֻּמּוֹ תה״פ [letuˈmo] without guile, innocently

לְתָמִיד תה״פ [letaˈmid] for always, for ever

לָתַת פ״י [laˈtat] 1 to soak, immerse. 2 to malt

לָתֵת [laˈtet] giving, to give

לֶתֶת ז [ˈletet] soaked grain, malt

מ

מ 1 Mem, thirteenth letter of the Hebrew alphabet. 2 forty
ם 1 final Mem. 2 six hundred
מֵ־, מִ־ א״י [me, mi] 1 from, of. 2 (more) than. 3 since
מַאֲבוּס ז [ma'a'vus] 1 storehouse, granary. 2 crib, manger, feeding-trough
מְאֻבְטָח ת [me'uv'tax] guarded, protected
מְאֻבָּן ת ז [me'u'ban] 1 fossilized, petrified. 2 paralysed. 3 fossil
מְאֻבָּץ ת [me'u'bats] zinc-plated, zinc coated, galvanized
מַאֲבָק ז [ma'a'vak] 1 struggle, conflict. 2 anther (bot.)
מַאֲבֵק ז [ma'a'vek] duster
מְאֻבָּק ת [me'u'bak] 1 dusty, powdered. 2 dusted
מְאֻגָּד ת [me'u'gad] 1 connected, tied. 2 associated, incorporated in a union, affiliated
מַאֲגוֹר ז [ma'a'gor] 1 store, reserve. 2 reservoir
מְאֻגָּן ת [me'u'gan] edged, rimmed
מְאֻגָּף ת [me'u'gaf] outflanked
מַאֲגָר ז [ma'a'gar] 1 reserve supply. 2 reservoir. 3 consortium
מְאַגְרֵף ז [me'a'gref] 1 boxing trainer. 2 boxer
מְאֻגְרָף ת [me'u'graf] with clenched fists
מְאֹד, מאוֹד ז תה״פ [me''od] 1 very, extremely, much. 2 might, power
מַאֲדֶה ז [ma'a'de] steamed food, steamed stew
מְאֻדֶּה ת [me'u'de] steamed
מַאְדִּים ז [ma''dim] Mars
מְאֹדָּם ת [me'o'dam] painted red, rouged
מֵאָה נ ש״מ [me''a] 1 one hundred. 2 century
מַאֲהָב ז [ma'a'hav] flirt, flirting
מְאַהֵב ז [me'a'hev] 1 lover. 2 suitor
מְאֹהָב ת [me'o'hav] enamoured, in love, lovesick
מְאַהֶבֶת נ [me'a'hevet] mistress, lover (f)
מַאֲהָל ז [ma'a'hal] encampment
מַאֲוֶה ז [ma'a've] desire
מְאֻוֶּה ת [me'u've] desired
מַאֲוַי ז [ma'a'vai] desire, wish
מְאוּמָה ז [me'u'ma] 1 something. 2 anything. 3 blemish
מֵאוּן ז [me''un] 1 refusal. 2 non-acceptance. 3 reluctance
מָאוֹס ז [ma''os] foulness, filth, loathing
מָאוּס ת [ma''us] repulsive, loathsome, abominable
מִאוּס ז [mi''us] abomination, abhorrence, repugnance
מָאוֹץ ז [ma'otz] sprint
מְאוֹץ הַגְּדִילָה growth spurt
מָאוֹר ז [ma''or] 1 light, illumination. 2 brightness, radiance. 3 aperture, sky-light
מַאֲוֵר ז [ma'a'ver] exhaust-pipe
מְאוֹר פָּנִים 1 welcome. 2 hospitality, courtesy
מְאֻוָּר ת [me'u'var] ventilated, aired
מְאוֹרָה נ [me'o'ra] additional Sabbath

[mai] 1 May. 2 What? Why? מַאי ז מ״ש
What can we learn from it? מַאי קָא מַשְׁמַע לָן
[me'a'yed] 1 carburet(t)or. 2 inhalation machine, inhaler. 3 vaporizer מְאַיֵּד ז
[me'u'yad] 1 evaporated. 2 steamed מְאֻיָּד ת
on the other hand, from the other point of view מֵאִידָךְ (גִּסָּא)
[me'u'yax] qualified, qualitative מְאֻיָּךְ ת
[me'u'yam] 1 frightened. 2 threatened מְאֻיָּם ת
[me'ema'tai] Since when? From when? מֵאֵימָתַי תה״פ מ״ש
[me''ayin] From where? Whence? מֵאַיִן תה״פ מ״ש
[me'a'yen] rescinding, negating מְאַיֵּן ז
[me'u'yan] negative, negated מְאֻיָּן ת
[me'i'sa] 1 abhorrence, disgust. 2 loathing מְאִיסָה נ
[me''its] 1 accelerator. 2 primer מֵאִיץ ז
[me''ir] shining, luminous מֵאִיר ת
1 pleasing to the eye. 2 legible מֵאִיר עֵינַיִם
[me'u'yash] manned מְאֻיָּשׁ ת
[me''it] one-hundredth מֵאִית נ
[me'ax'zev] disappointing מְאַכְזֵב ת
[me'ux'zav] disappointed מְאֻכְזָב ת
[ma'a'xal] 1 food. 2 meal, dish מַאֲכָל ז
[me'a'kel] corrosive, caustic מְאַכֵּל ת
[me'u'kal] 1 digested. 2 consumed מְאֻכָּל ת
[me'ax'les] settler, populator מְאַכְלֵס ת
[me'ux'las] 1 populated, inhabited. 2 populous מְאֻכְלָס ת
[ma'a'xelet] slaughterer's knife מַאֲכֶלֶת נ

morning prayer
[me'u'ra] 1 hole, cave. 2 lair, den מְאוּרָה נ
[me'av'rer] fan, ventilator מְאַוְרֵר ז
[me'uv'rar] ventilated, aired מְאֻוְרָר ת
[me'o'shash] steady, firm, established מְאוֹשָׁשׁ ת
[me'o'tet] 1 signaller. 2 signalling מְאוֹתֵת ז ת
[me''az] since then, from then on מֵאָז תה״פ
from time immemorial מֵאָז וּמִקֶּדֶם, מֵאָז וּמִתָּמִיד
[ma'a'zin] 1 listener. 2 eavesdropper מַאֲזִין ז
[me'az'ker] citated, quotated מְאַזְכֵּר ת
[ma'a'zan] 1 balance. 2 balance-sheet מַאֲזָן ז
[me'u'zan] 1 horizontal, level. 2 balanced. 3 rhythmical, metrical מְאֻזָּן ת
[ma'aze'na] aileron מַאֲזֵנָה נ
[moz'nayim] scales, balance מֹאזְנַיִם ז״ז
[me'uz'nan] ear-shaped מְאֻזְנָן ת
[me'uz'rax] 1 naturalized. 2 demobilized מְאֻזְרָח ת
[me'u'xad] united מְאֻחָד ת
[me'u'xe] 1 joined. 2 pressed, squashed together מְאֻחֶה ת
[me'a'xor] 1 from behind, from the rear. 2 at the back, behind מֵאָחוֹר תה״פ
[me'axo're] behind מֵאֲחוֹרֵי מ״י
[ma'a'xaz] 1 grasp, grip. 2 handle. 3 case-mate מַאֲחָז ז, מַאֲחֹזֶת נ
[ma'a'xez] paper-clip, holder מַאֲחֵז ז
[me'ux'san] stored מְאֻחְסָן ת
since מֵאַחַר שֶׁ־
[me'a'xer] 1 late, tardy. 2 slow. 3 latecomer מְאַחֵר ת ז
[me'u'xar] late מְאֻחָר ת תה״פ

מַאֲכֹלֶת נ [ma'a'xolet] 1 food. 2 woodworm
מַאֲכֹלֶת־אֵשׁ fire, combustion
מְאֻכָּף ת [me'u'kaf] saddled
מְאַלְחֵשׁ ת ז [me'al'xesh] 1 anaesthetic. 2 anaesthetist
מֵאֵלָיו תה״פ [me'e'lav] 1 of himself/ itself. 2 by himself/itself
מְאַלֶּמֶת נ [me'a'lemet] combine-harvester, binder
מְאַלֵּף ז ת [me'a'lef] 1 tamer. 2 coach, trainer. 3 illustrative, instructive, useful
מְאֻלָּף ת [me'u'laf] 1 tamed. 2 trained, domesticated
מְאַלֵּץ ת [me'a'lets] compulsive, compelling
מְאֻלָּץ ת [me'u'lats] 1 forced, compelled. 2 ill-at-ease, strained
מְאַלְתֵּר ז ת [me'al'ter] 1 improviser. 2 improvisatory
מְאֻלְתָּר ת [me'ul'tar] improvised
מַאֲמִין ז [ma'a'min] believer
מְאַמֵּן ז [me'a'men] 1 coach, trainer. 2 instructor
מַאֲמָן ת [ma'a'man] accredited
מְאֻמָּן ת [me'u'man] 1 trained. 2 skilled
מַאֲמָץ ז [ma'a'mats] effort, exertion, stress
מְאַמֵּץ ז״ת [me'a'mets] 1 adopter. 2 adoptive. 3 demanding of effort
מְאֻמָּץ ת [me'u'mats] 1 adopted. 2 strenuous
מַאֲמָר ז [ma'a'mar] 1 article, essay. 2 clause, sentence. 3 utterance. 4 saying
מַאֲמָר מֻסְגָּר 1 parenthesis. 2 parenthetical expression
מְאֻמְרָק ת [me'um'rak] Americanized

מְאַמֵּת ז ת [me'a'met] 1 certifier, verifier. 2 confirming, corroborating
מְאֻמָּת ז [me'u'mat] authenticated, verified, corroborated
מָאן מ״ג [man] who, which
מָאן דְּהוּ someone, somebody
מֵאֵן פ״ע [me''en] 1 to refuse, decline. 2 to repudiate
מְאֻנָּךְ ת [me'u'nax] 1 vertical. 2 perpendicular
מְאֻנְפָּף ת [me'un'paf] nasalized
מְאֻנָּס ת [me'u'nas] 1 forced. 2 raped, violated. 3 desecrated
מְאֻנְקָל ת [me'un'kal] 1 hooked. 2 attached by a hook
מָאַס פ״י [ma''as] to hate, abhor, detest
מְאֻסָּם ת [me'u'sam] stored, in storage
מְאַסֵּף ז [me'a'sef] 1 rear-guard. 2 public transport vehicle (stopping at all stations). 3 collector
מְאֻסָּף ת [me'u'saf] collected
מְאֻסְפָּלְט ת [me'us'falt] asphalted
מַאֲסָר ז [ma'a'sar] 1 imprisonment. 2 prison, arrest
מַאֲפֶה ז [ma'a'fe] 1 pastry. 2 anything baked
מַאֲפִיָּה נ [ma'afi'ya] bakery
מְאַפְיֵן ז ת [me'af'yen] 1 typical. 2 characteristic
מְאֻפְיָן ת [me'uf'yan] characterized
מְאֻפָּל ת [mo'a'fal] dark, obscure
מַאֲפָל ז [ma'a'fel] 1 something dark, obscure. 2 darkness, obscurity
מְאֻפָּל ת [me'u'pal] darkened, blacked out
מַאֲפֵלָה נ [ma'afe'la] 1 camera obscura. 2 darkroom
מַאְפֵּלְיָה נ [ma'pel'ya] deep darkness

[me'uf'lal] darkened, obscured מְאֻפְלָל ת
[me'a'pes] 1 calibrator, graduator. 2 zeroing, synchronizing מְאַפֵּס ז ת
[me'u'pas] 1 negative. 2 zeroed. 3 graduated, calibrated. 4 worth nothing מְאֻפָּס ת
[me'u'pats] fitting well מְאֻפָּץ ת
[me'u'pak] 1 self-controlled. 2 reserved, restrained מְאֻפָּק ת
[me'a'per] make-up artist מְאַפֵּר ז ת
[me'u'par] made-up (cosmetics) מְאֻפָּר ת
[ma'afe'ra] ashtray מַאֲפֵרָה נ
[me'uts'ba] fingered, dactylate מְאֻצְבָּע ת
[me'uk'lam] acclimatized מְאֻקְלָם ת
[ma'a'rav] ambush, ambuscade מַאֲרָב ז
[me'a'rev] ambusher מְאָרֵב ז
[ma'a'rag] 1 weave, web. 2 contexture מַאֲרָג ז
[me'ar'gen] organizer מְאַרְגֵּן ז ת
[me'ur'gan] organized מְאֻרְגָּן ת
[me'e'ra] imprecation, curse מְאֵרָה נ
[ma'aru'fa] rake, shovel מַאֲרוּפָה נ
[me'a're'ax] host מְאָרֵחַ ז
[ma'are'xa] 1 inn, hostel. 2 shovel, rake מַאֲרֵחָה נ
[ma'a'rix] 1 verbose, long-winded. 2 Biblical accent מַאֲרִיךְ ז ת
[mo'a'rax] 1 oblong. 2 extended, protracted מֹאֳרָךְ ת
[ma'a'rex] lengthener, extension piece מַאֲרֵךְ ז
[ma'ar'xan] garrulous, verbose person מַאַרְכָן ז
[me'o'ras] engaged, fiancé, affianced, betrothed מְאֹרָס ז
[me'ora'sa] fiancée, engaged, betrothed (f) מְאֹרָסָה נ
[me'o'ra] 1 event. 2 riot מְאֹרָע ז
[mo'a'rak] connected to the ground, earthed מֹאֳרָק ת
[ma'asha'xa] scrotum מַאֲשָׁכָה נ
[me'ush'paz] 1 hospital patient. 2 hospitalized מְאֻשְׁפָּז ת ז
[me'a'sher] 1 than. 2 from מֵאֲשֶׁר מ״י
[me'a'sher] 1 approver. 2 confirming, verifying, approving מְאַשֵּׁר ז ת
[me'u'shar] 1 happy, content. 2 confirmed, approved. 3 verified, authenticated מְאֻשָּׁר ת
[me'a'shrer] ratifier מְאַשְׁרֵר ז ת
[me'u'shash] strengthened, steady מְאֻשָּׁשׁ ת
[me''at] a hundred (of) מְאַת ש״מ
[me''et] 1 from. 2 by מֵאֵת מ״י
[ma''tayim] two hundred מָאתַיִם ש״מ
[me'a'ter] 1 locating. 2 localizing מְאַתֵּר ת
[me'u'tar] 1 circumscribed. 2 localized. 3 located מְאֻתָּר ת
[mav''ish] foul, putrid, stinking מַבְאִישׁ ת
[meva''er] 1 commentator, interpreter. 2 explanatory מְבָאֵר ז
[mevo''ar] explained, clarified, elucidated מְבֹאָר ת
[mevu'gar] 1 adult. 2 mature, grown-up מְבֻגָּר ת ז
[mav'ded] insulator מַבְדֵּד ז
[meva'ded] insulating מְבַדֵּד ת
[mevu'dad] 1 isolated, secluded. 2 insulated מְבֻדָּד ת
[miv'dok] dock מִבְדּוֹק ז
[meva'de'ax] humorous, jocular, amusing, funny, comical מְבַדֵּחַ ת
[mevu'dax] laughable, funny מְבֻדָּח ת
[mav'dil] 1 separator, מַבְדִּיל ז ת

[mevo'ah] lobby מְבוֹאָה נ
[mevo'dad] 1 isolated. 2 insulated מְבוֹדָד ת
[ma'voy] 1 alley, lane. 2 passage, entrance מָבוֹי ז
1 impasse, blind alley. 2 deadlock מָבוֹי סָתוּם
[ma'vox] labyrinth, maze מָבוֹךְ ז
[mevu'xa] embarrassment, confusion, perplexity מְבוּכָה נ
[ma'bul] deluge, flood, inundation מַבּוּל ז
[mevu'sa] defeat, reverse, trouncing מְבוּסָה נ
[ma'bu'a] fountain, spring מַבּוּעַ ז
[mevu'ka] desolation, desert, devastation מְבוּקָה נ
[mevu'shayim] pudenda, genitals, genitalia מְבוּשַׁיִם ז״ז, מְבוּשִׁים ז״ר
[mevaz'bez] 1 prodigal. 2 wasteful, dissipative מְבַזְבֵּז ז ת
[mevuz'baz] wasted, squandered, dissipated מְבֻזְבָּז ת
[meva'ze] 1 scorner, despiser. 2 scorning, despising מְבַזֶּה ז ת
[mevu'ze] despised, despicable, contemptible מְבֻזֶּה ת
[mav'zek] flash light מַבְזֵק ז
[miv'zak] flash מִבְזָק ז
[miv'zeket] shaker מִבְזֶקֶת נ
[miba'xuts] externally, on the face of it מִבַּחוּץ תה״פ
[miv'xor] selection, choice pickings מִבְחוֹר ז
[mibexi'nat] from the point of view of מִבְּחִינַת מ״י
[miv'xan] 1 test, trial. 2 criterion. 3 probation מִבְחָן ז
cloze מִבְחָן מִלּוּי
[mavxe'na] test-tube מַבְחֵנָה נ
[miv'xar] 1 selection, divider. 2 dividing, separating מִבְחָר ז
[miv'dal] difference, distinction מִבְדָּל ז
[muv'dal] 1 isolated, kept apart. 2 separated, divided off מֻבְדָּל ת
[mevud'lax] crystallized מְבֻדְלָח ת
[mav'dek] tester, instrument for testing מַבְדֵּק ז
[miv'dak] test, check-up, analysis מִבְדָּק ז
[mivda'ka] 1 censor's office. 2 testing laboratory. 3 sorting office מִבְדָּקָה נ
[meva'der] entertaining, amusing מְבַדֵּר ת
[mevu'dar] entertained, amused מְבֻדָּר ת
[mav'hil] 1 frightful, terrible. 2 frightening, alarming מַבְהִיל ת
[mav'hik] glowing, shining, radiant מַבְהִיק ת
[mevo'hal] 1 scared, alarmed, frightened. 2 hasty, haphazard מְבֹהָל ת
[mevo'ham] 1 beastly, bestial. 2 brutish מְבֹהָם ת
[muv'hak] 1 outstanding, clear, indubitable. 2 par excellence. 3 distinguished, significant מֻבְהָק ת
[muvha'kut] excellence, outstanding talent, significance מֻבְהָקוּת נ
[meva'her] clarifying, elucidating מְבַהֵר ת
[mevo'har] clarified, elucidated מְבֹהָר ת
[ma'vo] 1 input. 2 entrance, approach. 3 alley. 4 preface, preamble, introduction מָבוֹא ז

choice. 2 élite
[muv'xar] selected, choice, hand-picked מֻבְחָר ת
[mav'xesh] ladle, spoon מַבְחֵשׁ ז
[ma'bat] 1 look, glance. 2 view, aspect, sight מַבָּט, מֶבָּט ז
[miv'ta] 1 pronunciation, accent. 2 utterance, idiom, expression מִבְטָא ז
[mevu'ta] 1 pronounced, uttered, expressed. 2 articulated מְבֻטָּא ת
[mav'te'ax] fuse, safety-fuse מַבְטֵחַ ז
[miv'tax] 1 safety, security. 2 reliance, trust. 3 fortress מִבְטָח ז
[mav'te'ax] insurer, underwriter מְבַטֵּחַ ז ת
[mevu'tax] 1 insured. 2 assured מְבֻטָּח ת
[muv'tax] 1 promised, assured. 2 guaranteed, warranted מֻבְטָח ת
[muv'taxni] I am sure that... מֻבְטָחַנִי
[meva'tel] rescinding, negating, nullifying מְבַטֵּל ת
[mevu'tal] 1 annulled, null, canceled. 2 rescinded. 3 insignificant, meagre מְבֻטָּל ת
[muv'tal] unemployed, redundant מֻבְטָל ת
[mevu'tan] 1 lined, padded. 2 coated in cement מְבֻטָּן ת
from birth מִבֶּטֶן וּמִלֵּדָה
[me'vix] 1 confusing, perplexing. 2 embarrassing מֵבִיךְ ת
[meva'yel] stamper (postal) מְבַיֵּל ז
[mevu'yal] stamped (postal) מְבֻיָּל ת
[meva'yem] 1 stage-manager. 2 dramatizer מְבַיֵּם ז
[mevu'yam] 1 staged, put on, artificial. 2 dramatized, arranged for theater מְבֻיָּם ת
[me'vin] 1 understanding, comprehending. 2 expert, connoisseur מֵבִין ת ז
[mi'ben] from, from among מִבֵּין מ"י
[mevi'nut] 1 expertness, expertise. 2 knowledgeability, understanding מְבִינוּת נ
[mibe'not] from among, from מִבֵּינוֹת מ"י
[mevu'yats] 1 egg-like, egg-shaped, oval. 2 ovulated מְבֻיָּץ ת
[mevu'yar] pitted, pocked מְבֻיָּר ת
[me'vish] 1 shameful, degrading. 2 embarrassing מֵבִישׁ ת
[meva'yesh] embarrassing, putting to shame מְבַיֵּשׁ ת
[mevu'yash] shamed, put to shame, embarrassed מְבֻיָּשׁ ת
[meva'yet] 1 tamer. 2 taming מְבַיֵּת ז ת
[mevu'yat] 1 domesticated, tame, house- trained. 2 homing מְבֻיָּת ת
[mi'bayit] internally, from within מִבַּיִת תה"פ
[mavki'ra] primipara מַבְכִּירָה נ
elderly primigravida מַבְכִּירָה מְאֻחֶרֶת
[mevul'bal] confused, muddled מְבֻלְבָּל ת
[mevul'gan] in disarray, messy, untidy מְבֻלְגָּן ת
[mav'let] model, mould, block, die מַבְלֵט ז
[miv'lat] 1 protuberance, salient. 2 relief מִבְלָט ז
[mi'bli] without מִבְּלִי מ"י
unintentionally מִבְּלִי מֵשִׂים
[mav'lig] holding back, exercising restraint מַבְלִיג ת
[mav'lel] mixer, jammer מַבְלֵל ז
[mevu'lam] swollen מְבֻלָּם ת
[muv'la] 1 deeply inserted. מֻבְלָע ת

[miv'tsa] 1 operation, mission. 2 project, task מִבְצָע ז
[mevu'tsa] 1 executed, carried-out. 2 performed מְבֻצָּע ת
[mivtsa'’i] operational מִבְצָעִי ת
[mevu'tsats] muddy, boggy, marshy מְבֻצָּץ ת
[miv'tsar] fortress, citadel, stronghold מִבְצָר ז
[mevu'tsar] fortified מְבֻצָּר ת
[mavtse'ra] pruning hook מַבְצֵרָה נ
[miv'ka] breach, fissure, gap מִבְקָע ז
[mevu'ka] split, cleft, breached מְבֻקָּע ת
[meva'ker] 1 critic. 2 reviewer. 3 guest, visitor. 4 controller. 5 inspector מְבַקֵּר ז
auditor מְבַקֵּר חֶשְׁבּוֹנוֹת
[mevu'kar] 1 controlled, kept within reasonable limits. 2 criticized. 3 visited מְבֻקָּר ת
[meva'kesh] 1 applicant. 2 petitioner מְבַקֵּשׁ ז
[mevu'kash] 1 required, wanted. 2 sought after. 3 request מְבֻקָּשׁ ת ז
[mivra'’a] rest-house, sanatorium מִבְרָאָה נ
[mibarisho'na] from the beginning, from the outset מִבָּרִאשׁוֹנָה תה״פ
[mibere'shit] ab initio, from the outset מִבְּרֵאשִׁית תה״פ
[mav'reg] screwdriver מַבְרֵג ז
[muv'rag] screwed מֻבְרָג ת
[mevo'rag] unscrewed מְבֹרָג ת
[mavre'ga] screw-cutter מַבְרֵגָה נ
[miv'rosh] brush, glue-brush מִבְרוֹשׁ ז
[mav'rez] 1 tap, screw-tap. 2 spigot, faucet מַבְרֵז ז
[mevo'raz] 1 tapped. 2 equipped with a tap מְבֹרָז ת

2 incidental. 3 mingled
[mibal’a'de] except, save מִבַּלְעֲדֵי מ״י
[muv'la’at] enclave מֻבְלַעַת נ
[mevu'lak] desolate, laid waste מְבֻלָּק ת
[mibil'ti] since... not, because ... not מִבִּלְתִּי מ״ח
[mevun'’am] internationalized מְבֻנְאָם ת
[miv'ne] 1 structure, frame, formation. 2 building, construction מִבְנֶה ז
[mevu'ne] 1 built-in. 2 well-built. 3 rebuilt מְבֻנֶּה ת
[muv'ne] structured, built in מֻבְנֶה ת
[meva'sem] 1 perfumer. 2 intoxicating, inebriating מְבַסֵּם ז ת
[mevu'sam] 1 perfumed, scented. 2 intoxicated, drunk מְבֻסָּם ת
[meva'ses] 1 establisher, founder. 2 establishing, laying foundation מְבַסֵּס ז ת
[mevu'sas] 1 established. 2 based. 3 well-off מְבֻסָּס ת
[ma'ba] 1 expression, utterance. 2 gesture מַבָּע ז
through מִבַּעַד לְ- מ״י
[mav'’e] 1 causing blisters. 2 devastating. 3 exposing מַבְעֶה ז
[mib'’od] for the duration of, so long as... מִבְּעוֹד מ״י
[mav'’er] burner מַבְעֵר ז
[mevo'’ar] 1 burnt. 2 ignited, lighted. 3 cleared, removed מְבֹעָר ת
[mibif'nim] from within, from inside מִבִּפְנִים תה״פ
[mevu'tsal] 1 onion-shaped. 2 bulbous, bulbaceous מְבֻצָּל ת
[meva'tse’a] 1 performer. 2 executor מְבַצֵּעַ ז

מְבֻרְזָל ת [mevur'zal] ironclad
מִבְרָח ז [miv'rax] 1 fugitive. 2 flight, escape. 3 shelter, asylum. 4 contraband
מֻבְרָח ת [muv'rax] smuggled
מַבְרִיא ז [mav'ri] 1 convalescent. 2 salutary. 3 healthy
מַבְרִיחַ ז [mav'ri'ax] smuggler, dealer in contraband
מַבְרִיק ת [mav'rik] 1 brilliant, shining. 2 glittering, polished. 3 exceptionally clever
מֻבְרָךְ ת [muv'rax] 1 kneeling. 2 bent into the ground (a branch)
מְבָרֵךְ ז ת [meva'rex] 1 benedictory. 2 one who utters blessing
מְבֹרָךְ ת [mevo'rax] 1 blessed. 2 welcome, praiseworthy
מְבֹרָץ ת [mevo'rats] crammed, jam-packed, splitting at the seams
מִבְרָק ז [miv'rak] telegram, cable, wire
מִבְרָקָה נ [mivra'ka] telegraph office
מְבֹרָר ת [mevo'rar] 1 explained, elucidated. 2 selected
מִבְרֶשֶׁת נ [miv'reshet] brush
מִבְשָׁל ז [miv'shal] cooking
מְבַשֵּׁל ז [meva'shel] cook, cooker (m)
מְבֻשָּׁל ת [mevu'shal] cooked
מַבְשֵׁלָה נ [mavshe'la] 1 kitchen. 2 cookery
מְבַשֶּׁלֶת נ [meva'shelet] 1 cook, cooker (f). 2 cookery. 3 place for cooking
מְבַשֵּׂם ז ת [meva'sem] 1 perfumer. 2 intoxicating, inebriating
מְבֻשָּׂם ת [mevu'sam] 1 spiced, scented. 2 drunk, intoxicated
מִבְשָׂמָה נ [mivsa'ma] perfumery
מְבַשֵּׂר נ [meva'ser] 1 messenger, herald. 2 Elijah. 3 precursor
מְבֻשָּׂר ת [mevu'sar] informed, heralded
מְבֻתָּק ת [mevu'tak] pierced, cut, hewn
מִבְתָּר ז [miv'tar] 1 cut(ting) (railway). 2 gorge
מְבֻתָּר ת [mevu'tar] cleft, sliced
מָג ז פ״ע [mag] 1 magician. 2 to melt
מְגֹאָל ת [mego'ʼal] sullied, polluted, stained
מַגֵּב ז [ma'gev] wiper, windscreen-wiper, windshield wiper, squeegee
מִגְבָּב ז [mig'bav] heap, conglomerate
מְגֻבָּב ת [megu'bav] heaped, stacked, piled up
מִגְבָּה נ [mig'ba] fund, collection (money)
מַגְבֵּהַ ז [magbe'ha] jack, jackscrew
מִגְבָּה ז [mig'bah] 1 elevation, height. 2 unit for measuring height
מֻגְבָּה ת [mug'bah] raised, elevated
מִגְבּוֹל ז [mig'bol] range, compass, gamut
מַגְבּוֹן ז [mag'von] cleansing tissue
מַגְבִּיל ת [mag'bil] 1 limiting, restrictive. 2 qualifying (adjective)
מַגְבִּיר ת [mag'bir] 1 amplifying. 2 enlarging, heightening
מַגְבִּיר קוֹל ז megaphone, loudspeaker
מַגְבִּית נ [mag'bit] campaign for funds, appeal to raise money, fund-drive, collection
מֻגְבָּל ת [mug'bal] 1 limited, restricted. 2 bounded, confined. 3 handicapped
מְגֻבָּל ת [megu'bal] kneaded, mixed
מַגְבֵּלָה נ [magbe'la] concrete mixer
מִגְבָּלָה נ [migba'la] 1 disadvantage. 2 limitation, restriction. 3 cord, string
מֻגְבָּלוּת נ [mugba'lut] 1 limitedness.

[migda'lor] lighthouse מִגְדַּלּוֹר ז
[mag'delet] magnifying glass מַגְדֶּלֶת נ
[mega'delet] 1 nursemaid, nurse. 2 hairdresser, braider of hair מְגַדֶּלֶת נ
[mig'dan] 1 gift. 2 confection, sweetmeat מִגְדָּן ז
[migdana''ut] pastry-making מִגְדְּנָאוּת נ
[migda'nai] pastry-cook מִגְדְּנַאי ז
[migda'not] gifts, presents מִגְדָּנוֹת נ״ר
[migdani'ya] pastry-shop, confectionery מִגְדָּנִיָּה נ
[mug'dar] defined מֻגְדָּר ת
[megu'dar] fenced, walled, enclosed, hedged מְגֻדָּר ת
[mu'gah] revised, edited, corrected, proof-read מֻגָּה ת
[mag'hets] iron (for clothes) מַגְהֵץ ז
[mego'hats] ironed, pressed מְגֹהָץ ת
[migha'tsa] place where ironing is done מִגְהָצָה נ
[mi'go] since, as, because, for מִגּוֹ מ״ח
[ma'gov] reactor מָגוֹב ז
[ma'gov] rake מַגּוֹב ז
[ma'god] hanger, rack מָגוֹד ז
[ma'goz] vanishing מָגוֹז ז
[mi'gul] purulence, suppuration מִגּוּל ז
[mego'lal] rolled, bound in a roll מְגוֹלָל ת
[mig'van] 1 colo(u)r range. 2 diversity, variety מִגְוָן ז
[megu'van] 1 diverse in colo(u)r, varied. 2 diversified מְגֻוָּן ת
[mig'venet] colo(u)rfulness, variegation מִגְוֶנֶת נ
[ma'gu'a] artist's touch on musical instrument מַגּוּעַ ז
[ma'gof] 1 value, stop-clock. 2 sluice מָגוֹף ז

2 state of being handicapped
[mega'ben] cheesemaker מְגַבֵּן ז
[megu'ban] 1 rounded, convex. 2 hunched, humped מְגֻבָּן ת
[migba'na] cheese-factory מִגְבָּנָה נ
[meguv'nan] hunched, humped, rounded מְגֻבְנָן ת
[mig'ba] top hat, silk hat מִגְבָּע ז
[mig'ba'at] rimmed hat מִגְבַּעַת נ
[mag'ber] amplifier, booster מַגְבֵּר ז
[mug'bar] 1 amplified, intensified. 2 increased, heightened מֻגְבָּר ת
[mig'bash] crystallization מִגְבָּשׁ ז
[megu'bash] 1 crystallized. 2 clearly-formed. 3 united, harmonious (a group) מְגֻבָּשׁ ת
[meguv'shash] rough, tuberculate מְגֻבְשָׁשׁ ת
[ma'gevet] towel מַגֶּבֶת נ
[ma'gag, 'megeg] kind of reed מָגָג, מֶגֶג ז
[ma'gag] to melt, squeeze, soften מָגַג פ״י
['meged] 1 tastiness, sweetness. 2 excellence מֶגֶד ז
[mi'ged] to sweeten, delight מִגֵּד פ״י
[mig'dol] 1 pylon. 2 tall support-structure מִגְדּוֹל ז
[mag'dir] 1 definer, guide. 2 defining, definitive מַגְדִּיר ז ת
[mig'dal] 1 tower, turret. 2 pulpit, stage. 3 cupboard מִגְדָּל ז
silo מִגְדַּל הַחְמָצָה
[mug'dal] 1 enlarged, augmented. 2 magnified מֻגְדָּל ת
[mega'del] grower, breeder מְגַדֵּל ז
[megu'dal] 1 grown-up, adult. 2 overgrown מְגֻדָּל ת

[meguˈfa] plug, cap מְגוּפָה נ

[maˈgor] 1 terror, dread. 2 dwelling מָגוֹר ז

[maˈgur] subdued, knocked out מָגוּר ת

[miˈgur] 1 defeat, knockout. 2 destruction מִגּוּר ז

[megoˈra] fear, terror, fright מְגוֹרָה נ

[meguˈra] 1 dread, terror. 2 granary, storehouse. 3 reservoir, cell. 4 residence מְגוּרָה נ

[meguˈrim] dwelling, abode, residence, habitation מְגוּרִים ז״ר

[maˈgosh] magician, wizard, sorcerer מָגוֹשׁ ז

[migzaˈzayim] shears, clippers מִגְזָזַיִם ז״ז

[magˈzim] 1 exaggerator. 2 hyperbolic, extravagant מַגְזִים ז ת

[magaˈzin] 1 magazine. 2 newsreel מָגָזִין ז

[migˈzam] hyperbole, excess, exaggeration מִגְזָם ז

[mugˈzam] overdone, exaggerated מֻגְזָם ת

[migˈzar] 1 segment, piece. 2 sector מִגְזָר ז

[magzeˈra] 1 saw. 2 cutters. 3 paper saw מַגְזֵרָה נ

[migzaˈrayim] wire cutters מִגְזָרַיִם ז״ז

[migˈzeret] paper ornament מִגְזֶרֶת נ

[maˈgax] 1 goring. 2 butt, end joint מַגָּח ז

[meguˈxax] ridiculous, absurd, laughable מְגֻחָךְ ת

[ˈmagi] magic מָגִי ת

[megiˈga] melting, softening מְגִיגָה נ

[maˈgid] 1 narrator, herald. 2 preacher, moralizer. 3 fortune teller מַגִּיד ז

[meguˈyad] 1 veined. 2 with arteries open מְגֻיָּד ת

[magiˈdut] moralizing, preaching, sermonizing מַגִּידוּת נ

[magiˈdi] sermonizing, moralizing מַגִּידִי ת

[maˈgiha] proofreader, corrector מַגִּיהַּ נ

[megaˈyes] recruiter, enlister, mobilizer מְגַיֵּס ז

[meguˈyas] recruited, drafted, enlisted מְגֻיָּס ת

[maˈgiy’a] to arrive, reach מַגִּיעַ פ״ע

he deserves, merits it מַגִּיעַ לוֹ

door closer מֵגִיף דֶּלֶת ז

[meguˈyats] sparked מְגֻיָּץ ת

[megaˈyer] convertor to Judaism מְגַיֵּר ז

[meguˈyar] convert to Judaism מְגֻיָּר ת

[maˈgish] 1 waiter. 2 servant. 3 feeding מַגִּישׁ ז

[maˈgal] sickle, scythe מַגָּל ז

[miˈgel] 1 to suppurate. 2 to infect מִגֵּל פ״י

[ˈmogel] purulence, pus, matter מֹגֶל ז

[magˈlev] lash, whip מַגְלֵב ז

[megulˈgal] 1 metamorphosed, reincarnated. 2 rolled, rounded מְגֻלְגָּל ת

[mugˈlad] congealed, crusted מֻגְלָד ת

[mugˈla] pus, matter, purulence מֻגְלָה נ

[megaˈle] 1 discoverer. 2 detector מְגַלֶּה ז

[megiˈla] 1 roll, scroll. 2 charter. 3 Megillah מְגִלָּה נ

[meguˈle] revealed, uncovered, open מְגֻלֶּה ת

[magˈlul] tape measure מַגְלוּל ז

[megulˈvan] galvanized מְגֻלְוָן ת

[magˈle’ax] razor, shaver מַגְלֵחַ ז

[meguˈlax] shaved מְגֻלָּח ת

מְגֵן פ״י [mi'gen] 1 to deliver, hand over. 2 to shield, protect, guard

מֻגָּן פ״ע ת [mu'gan] 1 to be delivered, handed over. 2 protected, shielded, guarded

מֻגְנָב ת [mug'nav] 1 contraband, smuggled. 2 surreptitious, clandestine

מְגֻנְדָּר ת [megun'dar] prettified, dandified, coquettish

מְגִנָּה נ [megi'na] sorrow, grief, trouble

מְגֻנֶּה ת [megu'ne] indecent, improper, deplorable

מִגְנוּט ז [mig'nut] magnetization

מָגִנּוֹר ז [magi'nor] lampshade

מִגְנָזָה ז [migna'za] records, archives

מַגְנֵט ז [mag'net] magnet

מִגְנֵט פ״י [mig'net] to magnetize

מַגְנֵטִי ת [mag'neti] magnetic

מַגְנֵטִיּוּת נ [mag'netiyut] magnetism

מִגְנָן ז [mig'nan] defence, fortification

מִגְנָנָה נ [migna'na] defensive

מָגֵס ז [ma'ges] tureen, large pot

מַגָּע ז [ma'ga'] 1 touch, contact. 2 connection

מַגְעִיל ת [mag''il] disgusting, repulsive, repugnant

מִגְעָל ז [mig''al] repugnance, nausea, disgust

מְגֹעָל ת [mego''al] disgusting, revolting, nauseating

מִגְעֶרֶת נ [mig''eret] 1 failure, misfortune. 2 rebuke

מַגָּף ז [ma'gaf] boot

מַגֵּפָה נ [mage'fa] 1 plague, pestilence. 2 epidemic. 3 defeat, rout. 4 wound

מְגֻפָּף ת [megu'paf] encircled, embraced

מַגְלֵל ז [mag'lel] roller

מַגְלֵל (לִסְלִיל) (bobbin) winder

מַגְלֵלָה, מִגְלֶלֶת נ [magle'la, mig'lelet] tape-line tape measure

מַגָּלָן ז [maga'lan] ibis, sicklebill

מְגֻלְעָן ת [megul''an] pitted

מַגְלֵף ז [mag'lef] engraving tool, carving knife

מְגֻלָּף ת [megu'laf] engraved, carved

מִגְלָפָה נ [migla'fa] zincography

מִגְלָשׁ ז [mig'lash] 1 weir, waterfall. 2 smooth slope. 3 slide, skid

מִגְלָשָׁה נ [migla'sha] toboggan, sleigh

מַגְלֵשָׁה נ [magle'sha] children's slide (in a playground)

מִגְלָשַׁיִם ז״ז [migla'shayim] skis

מֻגְלָתִי ת [mugla'ti] purulent, suppurating, septic

מִגְמֵג פ״י [mig'meg] to stir, mix

מְגַמְגֵם ז ת [megam'gem] 1 stutterer, stammerer. 2 hesitant, vacillating

מְגֻמְגָם ת [megum'gam] slurred, indistinct, stammered

מְגַמָּה נ [mega'ma] 1 aim, orientation, direction, purpose. 2 tendency, proclivity

מְגֻמָּם ת [megu'mam] pocked

מֻגְמָר ת [mug'mar] completed, accomplished, perfected

מְגַמָּתִי ת [megama'ti] tendentious

מְגַמָּתִיּוּת נ [megamati'yut] tendentiousness

מָגֵן ז [ma'gen] 1 shield, protector, defender. 2 protection, defence. 3 fullback

מָגֵן דָּוִד Star of David

מַגָּן ז [ma'gan] 1 worthless gift. 2 free gift

מֵגֵן ז [me'gen] 1 defender. 2 back, fullback

[mag'per] 1 sulphurator. 2 vulcanizer מַגְפֵּר ז

[megu'par] 1 sulphurized. 2 vulcanized. 3 fumigated מְגֻפָּר ת

[magefa'ti] epidemic מַגֵּפָתִי ת

[ma'gor] shavings מָגוֹר ז

[mi'ger] to defeat, rout, destroy מִגֵּר פ״י

[mag'red] scraper, grater מַגְרֵד ז

[mego'rad] scraped, grated מְגֹרָד ת

[mag'redet] scourer, scouring-brush מַגְרֶדֶת נ

[maga'ra] carpenter's shop מַגָּרָה נ

[mega're] 1 stimulating, appetizing. 2 rousing, provocative מְגָרֶה ת

[mege'ra] 1 drawer. 2 case. 3 saw מְגֵרָה נ

[mego're] 1 irritated. 2 stimulated מְגֹרֶה ת

[ma'gros] grinder, mill מַגְרוֹס ז

[magro'fit] 1 hook poker. 2 ploughshank מַגְרוֹפִית נ

[mu'gral] raffled, won by lottery מֻגְרָל ת

[mego'ram] 1 boneless. 2 filleted, boned מְגֹרָם ת

[magre'sa] crusher, grinder, mill מַגְרֵסָה נ

[mig'ra'] 1 shortage. 2 vice, fault, defect מִגְרָע ז

[mego'ra'] notched, nicked מְגֹרָע ת

[migra''a] niche, hollow, recess, alcove מִגְרָעָה נ

[megur''an] seeded מְגֻרְעָן ת

[mag'ra'at] plane, fillister plane מַגְרַעַת נ

[mig'ra'at] 1 shortcoming, disadvantage. 2 defect, deficiency מִגְרַעַת נ

[mag'ref] 1 shovel. 2 trowel מַגְרֵף ז

[magre'fa] 1 rake, shovel. 2 organ (ancient musical instrument) מַגְרֵפָה נ

[migra'fa] clod, divot מִגְרָפָה נ

[mig'rar] trailer מִגְרָר ז

[mego'rar] sawn מְגֹרָר ת

[migra'ra] sleigh, sledge, sled מִגְרָרָה נ

[mig'reret] grater מִגְרֶרֶת נ

[mig'rash] plot, lot, ground מִגְרָשׁ ז

[mega'resh] expeller, evicter מְגָרֵשׁ ת ז

[mego'rash] 1 exiled, evicted. 2 divorced. 3 expelled מְגֹרָשׁ ת

[ma'gash] tray מַגָּשׁ ז

[mu'gash] 1 presented, served. 2 handed over, given מֻגָּשׁ ת

[mag'shim] 1 rainmaker. 2 realizer. 3 embodiment מַגְשִׁים ז

[megu'sham] 1 clumsy, rough, heavy. 2 coarse, materialistic. 3 drenched, rain-soaked מְגֻשָּׁם ת

[megu'shar] bridged מְגֻשָּׁר ת

[mag'shesh] sounder מַגְשֵׁשׁ ז

[mad] 1 measure. 2 meter. 3 gauge. 4 dress, clothing מַד ז

people-meter מַד צְפִיָּה

[mud''ag] concerned, worried, anxious מֻדְאָג ת

[mud'a'gut] anxiety, concern מֻדְאָגוּת נ

[mid''e] gliding-field מִדְאֶה ז

[mud''e] glider-borne מֻדְאֶה ת

[mad''or] photometer, light meter מַדְאוֹר ז

[mide'o'raita] from the Torah מִדְּאוֹרַיְתָא

[mad'bir] exterminator מַדְבִּיר ז

[mid'bax] course, layer מִדְבָּךְ ז

[meduv'lal] sparse, loose, straggly מְדֻבְלָל ת

[mad'bek] hinge מַדְבֵּק ז

[mida'bek] 1 contagious, מִדַּבֵּק ת

infectious. 2 adhesive, adherent

[mud'bak, medu'bak] 1 glued, stuck, gummed. 2 infected מֻדְבָּק, מְדֻבָּק ת

[madbe'ka] sticker, sticky label (adhesive) מַדְבֵּקָה נ

[mad'ber] suppressor מַדְבֵּר ז

[meda'ber] 1 speaker. 2 first person singular מְדַבֵּר ז

[mid'bar] 1 desert, wilderness. 2 speech, utterance, talk מִדְבָּר ז

[medu'bar] 1 current topic. 2 spoken of, agreed on מְדֻבָּר ת

[midba'ri] desert, barren, desolated מִדְבָּרִי ת

[midbari'yut] desolation, quality of desert, wilderness מִדְבָּרִיּוּת נ

[medab'rim] 1 speakers. 2 first person plural מְדַבְּרִים ז״ר

[mad'besh] honeypot מַדְבֵּשׁ ז

[medu'bash] 1 honeyed, sweetened. 2 hunched, humped מְדֻבָּשׁ ת

[medug'dag] tickled, ticklish מְדֻגְדָּג ת

[mid'ge] fishery, pisciculture, fish-breeding מִדְגֶּה ז

[mid'gam] 1 sample, specimen. 2 model, pattern, design מִדְגָּם ז

[mud'gam] 1 sampled. 2 modelled. 3 illustrated, demonstrated מֻדְגָּם ת

[mud'gar] incubated, hatched מֻדְגָּר ת

[madge'ra] incubator מַדְגֵּרָה נ

[mad'gesh] punch, sharp-pointed chisel מַדְגֵּשׁ ז

[mud'gash] 1 emphasized, stressed. 2 emphatic. 3 having a dagesh מֻדְגָּשׁ ת

[mad'geshem] rain-gauge מַדְגֶּשֶׁם ז

[ma'dad, mi'ded] to gauge, measure, survey מָדַד, מִדֵּד פ״י

[ma'dad] index מַדָּד ז

cousumer's price index מַדַּד הַמְּחִירִים לַצַּרְכָן

cost-of-living-index מַדַּד יֹקֶר הַמִּחְיָה

[meded] 1 measurement. 2 primrose-willow מֶדֶד ז

[mi'da] 1 measure, dimension. 2 extent, degree. 3 quality, principle. 4 size. 5 tax, toll מִדָּה נ

[madhe'va] oppression, tyranny מַדְהֵבָה נ

[medo'han] greased, oiled מְדֹהָן ת

[mid'har] gallop מִדְהָר ז

[ma'dud] measured מָדוּד ת

[mi'dud] measuring, gauging מִדּוּד ז

[mad've] affliction, calamity מַדְוֶה ז

[me'duza] jellyfish מֶדוּזָה נ

[ma'du'ax] 1 seduction, fascination. 2 allure, lure מַדּוּחַ ז

[medu'vax] reported מְדֻוָּח ת

[madu'xim] lures, incitements מַדּוּחִים ז״ר

[mad'vim] costumes, uniforms מַדְוִים ז״ר

[ma'dox] 1 pestle. 2 rammer מָדוֹךְ ז

[medo'xa] 1 mortar. 2 seat, saddle. 3 boat מְדוֹכָה נ

[ma'don] quarrel, dispute, altercation מָדוֹן ז

[ma'du'a] Why? For what reason? מַדּוּעַ תה״פ

[medu'var] nailed מְדֻוָּר ת

[ma'dor] 1 section, branch. 2 compartment. 3 rubric. 4 habitation. 5 suite (hotel) מָדוֹר ז

[medu'ra] 1 bonfire, camp fire. 2 fire, flame, pyre מְדוּרָה נ

[medu'sha] threshing מְדוּשָׁה נ

[mi'dot] 1 Mishnaic tractate. 2 virtues מִדּוֹת נ״ר

[mido'ti] ethical, moral, מִדּוֹתִי ת

virtuous

מַדְזָוִית ז [madza'vit] protractor

מַדְזְמַן ז [mad'zman] chronometer

מַדְזֶרֶם ז [mad'zerem] ammeter

מֻדָּח ת [mu'dax] 1 dethroned, dismissed from office. 2 banished, exiled, overthrown

מִדְחֶה ז [mid'xe] 1 obstacle, pitfall, snare. 2 mistake, error. 3 fallacy

מַדְחִית נ [mad'xit] moratorium

מַדְחָלָב ז [madxa'lav] lactometer

מַדְחֹם ז [mad'xom] thermometer

מַדְחָן ז [mad'xan] parking meter

מַדְחֵס ז [mad'xes] compressor

מַדְחֵף ז [mad'xef] propeller

מַדְחֵפָה נ [madxe'fa] 1 overthrow, downfall. 2 obstacle

מֻדְחָק ת [mud'xak] repressed

מַדְחֵקָה נ [madxe'ka] crowding, press, crush

מַדְחַשְׁמַל ז [madxash'mal] electricity meter

מַדְטְוָח ז [mad'tvax] range-finder

מִדַּי תה"פ [mi'dai] too much, overmuch

מִדֵּי מ"י [mi'de] each (time)

מִדֵּי פַּעַם occasionally, to time

מָדִיד ת [ma'did] measurable, mensurable

מַדִּיד ז [ma'did] gauge, caliper

מְדִידָה נ [medi'da] measure, measurement, surveying

מְדִידוּת נ [medi'dut] measurability

מַדִּיחַ ז [ma'diy'ax] enticer, one who misleads, seducer

מֵדִיחַ כֵּלִים ז [me'diy'ax] 1 dishwasher. 2 dishwashing machine

מַדִּים ז"ר [ma'dim] uniform

מִדְיָן ז [mid'yan] quarrel, strife

מִדִּין ז"ר [mi'din] seat of judgement

מְדִינָאוּת נ [medina''ut] statesmanship, diplomacy

מְדִינַאי ז [medi'nai] statesman, politician

מְדִינָאִי ת [medina''i] diplomatic, statesmanlike

מְדִינָה נ [medi'na] 1 state, country. 2 land, region. 3 province

מְדִינִי ת [medi'ni] political

מְדִינִיּוּת נ [medini'yut] policy

מְדִינָתִי ת [medina'ti] pertaining to the state

מְדַיֵּק ת [meda'yek] 1 punctual, exact, precise. 2 scrupulous

מְדֻיָּק ת [medu'yak] exact, precise, accurate

מְדֻיָּר ת [medu'yar] inhabited, occupied

מְדִישָׁה נ [medi'sha] thresher, threshing-machine

מְדַכֵּא ת ז [meda'ke] 1 depressing. 2 oppressive. 3 oppressor

מְדֻכָּא ת [medu'ka] 1 oppressed. 2 depressed, miserable

מַדְכֹּבֶד ז [mad'koved] barometer

מְדַכְדֵּךְ ת [medax'dex] depressing, distressing, grievous

מְדֻכְדָּךְ ת [medux'dax] dejected, low in spirits

מַדְכֹּחַ ז [mad'ko'ax] dynamometer

מֵדֶל, מְדַלֵּל ז [me'del, meda'lel] thinner

מְדֻלְדָּל ת [medul'dal] 1 meagre, scant, thin. 2 hanging, dangling. 3 poor. 4 atrophic

מַדְלֶה ז [mad'le] crane, derrick

מֻדְלֶה ת [mud'le] trained (vine or creeper)

מִדְלָח ז [mid'lax] 1 muddiness, turbidity. 2 puddle, pool

מַדְלַחוּת נ [madla'xut] hygrometer

מַדְלַחַץ ז [mad'laxats] manometer

מְדַלֵּל ז [meda'lel] thinner, diluent
מִדְלָעָה, מִדְלַעַת נ [midla''a] pumpkin-field
מִדְלֶפֶת נ [mid'lefet] gutter spout
מַדְלֵק ז [mad'lek] lighter
מֻדְלָק ת [mud'lak] 1 lit, lighted, alight. 2 inflamed, ignited
מְדֻמְדָּם ת [medum'dam] confused, dazed, befuddled
מְדַמֶּה ז [meda'me] imaginative
מַדְמֶה ז [mad'me] simulator
מְדֻמֶּה ת [medu'me] 1 apparent, seeming. 2 simulated. 3 imagined, imaginary
מַדְמְהִירוּת נ [madmehi'rut] speedometer
מַדְמַיִם ז [mad'mayim] water meter
מַדְמִיעַ ת [mad'miy'a] causing tears
מַדְמֵנָה נ [madme'na] dunghill
מְדֻמָּע ת [medu'ma] tearful, lachrymose
מַדְמַעֲלוֹת ז [madma'a'lot] protractor
מָדָן ז [ma'dan] quarrel
מְדֻנָּג ת [medu'nag] waxed, cerated
מַדְנֶשֶׁם ז [mad'neshem] spirometer
מַדָּע ז [ma'da'] 1 science. 2 study. 3 knowledge
מַדְעֹבִי ז [mad''ovi] calipers
מַדָּעוּת, מַדָּעִיּוּת נ [mada''ut] scientific method, scientific approach
מַדָּעִי ת [mada''i] scientific
מִדְעָךְ ז [mid''ax] fading, fader
מַדְּעָן ז [mad''an] scientist
מַדָּף ז [ma'daf] 1 shelf. 2 plank, board. 3 bird trap
מַדְפִּיס ז [mad'pis] printer
מְדֻפְלָם ת [medu'plam] having a diploma, qualified
מַדְפֵּן ז [mad'pen] disc-plough
מִדְפָּס ז [mid'pas] printed matter
מַדְפֵּס רַחַק teleprinter
מֻדְפָּס ת [mud'pas] printed
מַדְפֵּסָה נ [madpe'sa] printing machine
מִדְפָּסָה נ [midpa'sa] printing press
מַדְפֶּסֶת נ [mad'peset] printer (computer)
מְדַקְדֵּק ז ת [medak'dek] 1 grammarian. 2 punctual, meticulous, pedantic
מְדֻקְדָּק ת [meduk'dak] exact, precise, detailed, rigorous
מַדְקֹטֶר ז [mad'koter] hole gauge
מְדַקְלֵם ז [medak'lem] reciter, reader
מְדֻקְלָם ת [meduk'lam] recited, declaimed
מַדְקֵר ז [mad'ker] piercer, awl
מְדֻקָּר ת [medu'kar] pierced, stabbed
מַדְקֵרָה נ [madke'ra] piercing, stabbing, stab
מֶדֶר ז ['meder] 1 loam, clay. 2 bevel
מֻדָּר ת [mu'dar] 1 votive. 2 removed from, kept away from. 3 sectionalized
מְדַרְבֵּן ז ת [medar'ben] 1 goading, urging, pushing. 2 incentive, stimulation
מְדֻרְבָּן ת [medur'ban] stimulated, urged on, spurred
מִדְרָג ז [mid'rag] 1 terrace. 2 stagger. 3 hierarchy
מִדְרֵג פ״י [mid'reg] 1 to terrace. 2 to grade, graduate. 3 to stagger
מֻדְרָג ת [mud'rag] 1 scaled, graded, stepped. 2 graduated
מְדֹרָג ת [medo'rag] 1 terraced, layered. 2 gradual
מַדְרֵגָה נ [madre'ga] 1 stair, step. 2 degree, grade. 3 terrace. 4 level, rank
מִדְרוּג ז [mid'rug] 1 staggering. 2 terracing. 3 rating
מַדְרוּחַ ז [mad'ru'ax] anemometer
מִדְרוֹן ז [mid'ron] slope, decline,

declivity, slant

מִדְרוֹן ז [midˈrun] slope, slopingness

מִדְרוֹנִי ת [midroˈni] steeply sloping, craggy

מִדְרְחוֹב ז [midraˈxov] pedestrian precinct, mall

מַדְרִיךְ ז [madˈrix] 1 guide, trainer, instructor. 2 guidebook, handbook, directory

מַדֶּרֶךְ ז [maˈderex] speedometer, pedometer

מִדְרָךְ ז [midˈrax] 1 foothold, footrest. 2 tread

מֻדְרָךְ ת [mudˈrax] guided, instructed

מִדְרָכָה נ [midraˈxa] pavement, sidewalk

מִדְרֵן פ״י [midˈren] to slope

מִדְרָס ז [midˈras] 1 treading, stepping, step. 2 foot support

מִדְרָסָה נ [midraˈsa] doormat

מַדְרַעַד ז [madˈra'ad] seismograph

מַדְרַעַשׁ ז [madˈra'ash] seismograph

מִדְרָשׁ ז [midˈrash] 1 exposition, commentary. 2 sermon, homily. 3 Midrash

מִדְרָשָׁה נ [midraˈsha] college, school, academy, seminary

מִדְרָשִׁי ת [midraˈshi] 1 midrashic. 2 homiletic

מִדְשָׁאָה נ [midshaˈ'a] lawn, area of tended grass

מַדְשֶׁטַח ז [madˈshetax] planimeter

מְדֻשָּׁן ת [meduˈshan] 1 fatty, fat. 2 oily, adipose. 3 rich, blessed

מְדֻשַּׁן עֹנֶג satisfied, contented

מִדַּת הַדִּין 1 strict justice. 2 severity, strictness

מָה, מַה, מֶה מ״ג [ma, me] 1 what, which. 2 wherefore, why

מָה אִם perhaps

מַה בֵּין... לְ־/לְבֵין? What's the difference between?

מַה בְּכָךְ triviality, trifle

מַה גַּם שֶׁ־ especially as...

מַה טַּעַם? Why? For what reason?

מַה לּוֹ? Why should he?

מַה לִּי וָלוֹ? What is he to me?

מַה לְּךָ? What is the matter with you?

מַה שֶּׁאֵין כֵּן But it is not so

מַה שֶּׁהוּא, מַשֶּׁהוּ something

מַה שְּׁלוֹמוֹ? How is he?

מְהַבְהֵב ת ז [mehavˈhev] 1 hesitant, wavering. 2 flickering. 3 flickering traffic light

מְהֻבְהָב ת [mehuvˈhav] roasted

מַהְבִּיל ת [mahˈbil] 1 steaming, vaporous. 2 mistaken, corrupt, faulty

מְהֻגָּן ת [mehuˈgan] honest, decent, worthy

מְהַגֵּר ז [mehaˈger] 1 emigrant. 2 immigrant, newcomer

מַהֲדוּרָה נ [mahaduˈra] edition

מַהֲדִיר ז [mahaˈdir] 1 editor. 2 reviser, reader

מְהַדֵּק ז [mehaˈdek] 1 paper-clip, clamp, fastener. 2 staple

מְהֻדָּק ת [mehuˈdak] 1 tight, fastened. 2 stapled, clipped

מְהַדֵּר ת [mehaˈder] meticulous, zealous, pedantic

מְהֻדָּר ת [mehuˈdar] 1 adorned, ornate. 2 elegant, luxurious

מַהוּ מ״ג [ˈmahu] What is it? What is he?

מַהוּ שֶׁ־? Is it correct that...?

מָהוֹד ז [maˈhod] resonator

מַהֲוֶה ז [mahaˈve] process

מָהוּהַ ת [maˈhu'ah] tattered, worn, shabby

[ma'hul] 1 diluted, watered down. 2 blended, mixed. 3 circumcised מָהוּל ת
[mi'hul] blend, mixture מִהוּל ז
[mehu'ma] 1 tumult, confusion. 2 trouble, nuisance, uproar מְהוּמָה נ
[mehuma'tan] troublemaker מְהוּמָתָן ז
[mi'hur] haste, hurry, speed מִהוּר ז
[ma'hut] 1 quality, character. 2 nature, being. 3 essence מַהוּת נ
[mahu'ti] 1 considerable. 2 essential. 3 qualitative מַהוּתִי ת
['mahi] What is it (f)? מַהִי מ״ג
[mehe'xan] Whence. 2 Where from? מֵהֵיכָן תה״פ מ״ש
[mehi'la] 1 mixing, dilution. 2 adulteration. 3 circumcision מְהִילָה נ
[mehe'man] 1 trustworthy, reliable. 2 responsible. 3 authentic מְהֵימָן ת
[mehema'nut] 1 reliability, trustworthiness. 2 authenticity מְהֵימָנוּת נ
[ma'hir] 1 quick, fast, rapid. 2 prompt, smart מָהִיר ת
[mehi'rut] 1 speed, velocity. 2 promptness, deftness מְהִירוּת נ
[ma'hal] 1 to dilute, water down. 2 to circumcise. 3 to adulterate מָהַל פ״י
['mohal] 1 sap. 2 juice מֹהַל ז
[maha'lax] 1 journey, walking distance. 2 course, move. 3 circuit, walk. 4 gear מַהֲלָךְ ז
[mahala'xa] promenade מַהֲלָכָה נ
[mahel'xim] 1 access. 2 coming and going מַהְלְכִים ז״ר
[maha'lal] praise מַהֲלָל ז
[mehu'lal] 1 praised, lauded. 2 praiseworthy, laudable מְהֻלָּל ת
[mahalu'ma] knock, stroke, blow מַהֲלֻמָּה נ
[ma'hem] What are they? (m) מָהֵם מ״ג
[me'hem] from them (m) מֵהֶם מ״י
[mih'mah] to delay, hold up, detain מִהְמַהּ פ״י
[mahamo'ra] pit מַהֲמוֹרָה נ
[meha'mem] astounding, astonishing, shocking מְהַמֵּם ת
[ma'hen] What are they? (f) מָהֵן מ״ג
[me'hen] from them (f) מֵהֶן מ״י נו״ג
[meha'mer] gambler, better מְהַמֵּר ז
[mehan'des] engineer מְהַנְדֵּס ז
[mehande'sut] engineering מְהַנְדְּסוּת נ
[meha'ne] enjoyable מְהַנֶּה ת
[mahe'pax] 1 tropic. 2 reversal מַהְפָּךְ ז
[mahe'pax] Mahpakh (Biblical accent) מַהְפַּךְ ז
[mehu'pax] 1 reversed. 2 inverted, overturned מְהֻפָּךְ ת
[mahape'xa] 1 revolution. 2 rebellion. 3 upheaval, destruction מַהְפֵּכָה נ
[mahep'xan] revolutionary, rebel מַהְפְּכָן ז
[mahepxa'nut] revolutionism מַהְפְּכָנוּת נ
[mahepxa'ni] revolutionary מַהְפְּכָנִי ת
[mah'pexet] stocks, pillory מַהְפֶּכֶת נ
[mehap'net] 1 hypnotizer, hypnotist. 2 hypnotic מְהַפְּנֵט ז ת
[mehup'nat] hypnotized מְהֻפְּנָט ת
[mehuk'tsa] 1 smoothed, planed. 2 polished, refined מְהֻקְצָע ת
[ma'har] to pay dowry for a wife מָהַר פ״י
[ma'her] quickly, rapidly, fast מַהֵר תה״פ
[mi'her] 1 to hurry, hasten. 2 to speed up, accelerate. 3 to rush, expedite מִהֵר פיו״ע

['mohar] dowry, bridal settlement מֹהַר ז
[mehe'ra] quickly, rapidly מְהֵרָה תה״פ
[mehur'har] reflective, meditative, thoughtful מְהֻרְהָר ת
[mehur'man] hormonal מְהֻרְמָן ת
[meha'res] destroyer מְהָרֵס ז
[mehu'tax] melted, fused מְהֻתָּךְ ת
[mahata'la] 1 joke, mockery, jest. 2 comedy, farce מַהֲתַלָּה נ
[mo'a'vi] Moabite מוֹאָבִי ז
[mu''ar] illuminated, lit-up מוּאָר ת
[mo'va] entrance מוֹבָא ז
[mu'va] 1 brought, fetched. 2 quoted, cited. 3 imported מוּבָא ת
[muva''a] 1 quotation, citation. 2 extract מוּבָאָה נ
[mo'vil] 1 conveyor, carrier. 2 conduit, aqueduct. 3 leading, foremost מוֹבִיל ז ת
pipeline, aqueduct מוֹבִיל מַיִם
[mu'val] transported, conveyed, conduit מוּבָל ת
[mo'velet] carrier מוֹבֶלֶת נ
[mu'van] 1 meaning, sense. 2 understood. 3 intelligible, comprehensible. 4 understandable מוּבָן ז ת
[muvani'yut] 1 intelligibility. 2 comprehensibility מוּבָנִיּוּת נ
[mu'vas] 1 trampled, trodden. 2 routed, beaten, trounced מוּבָס ת
[mu'var] fallow, uncultivated מוּבָר ת
[mug] to melt, dissolve מוּג פ״ע
cowardly, faint-hearted מוּג לֵב ת
[mo'gag] 1 to be melted. 2 to become discouraged מוֹגַג פ״ע
[mo'geg] to melt, dissolve, soften מוֹגֵג פ״י
[mo'ge] oppressor מוֹגֶה ז
[mu'gan] 1 protected. 2 defended מוּגָן ת
[mu'gaf] shut, closed מוּגָף ת
[moge'ra] store, reserve supply מוֹגֵרָה נ
[mevu'da] 1 ascertained. 2 confirmed. 3 confessed מְוֻדָּא ת
[mo'ded] 1 meter. 2 index. 3 surveyor. 4 modulus. 5 to measure, gauge מוֹדֵד ז פ״י
[mo'da] fashion, trend, mode מוֹדָה נ
[mo'de] 1 grateful, thankful. 2 confessing, admitting, owning up מוֹדֶה ת
[meva'de] confessor מְוַדֶּה ז
[mu'dax] 1 ousted, dismissed 2 expelled, banished מֻדָּח ת
[mo'di'a] 1 herald, announcer. 2 informer, informant מוֹדִיעַ ז
[modi''in] 1 information. 2 intelligence (military) מוֹדִיעִין ז״ר
[modi''ini] pertaining to intelligence service מוֹדִיעִינִי ת
[mo'da'] 1 acquaintance. 2 relative, friend מוֹדָע ז
[mu'da'] 1 conscious, aware. 2 awareness, consciousness מוּדָע ז ת
[moda''a] 1 announcement, notice. 2 advertisement, poster מוֹדָעָה נ
[muda''ut] awareness, consciousness מוּדָעוּת נ
[mu'dak] thin מוּדָק ת
[mo'derni] modern מוֹדֶרְנִי ת
[mo'derniyut] modernity מוֹדֶרְנִיּוּת נ
[mu'had] resonant מוּהָד ת
[mo'hel] circumciser מוֹהֵל ז
[moz] banana מוֹז ז
[muze''on] museum מוּזֵיאוֹן ז
[mo'zaika] mosaic מוֹזָאִיקָה נ
[mo'zeg] barman, taverner, bartender מוֹזֵג ז

[ˈmuza] 1 muse. 2 inspiration מוּזָה נ

[muˈzaz] moved, shifted, removed מוּזָז ת

[ˈmuzika] music מוּזִיקָה נ

[muziˈkali] musical מוּזִיקָלִי ת

[muziˈkaliyut] musicality מוּזִיקָלִיּוּת נ

[muˈzal] reduced in price, cheaper מוּזָל ת

[muˈzar] strange, peculiar, queer מוּזָר ת

[muzaˈrut] strangeness, peculiarity, oddity מוּזָרוּת נ

[muˈxag] celebrated מוּחָג ת

[muˈxam] heated, warmed מוּחָם ת

[muˈxan] pardoned, amnestied מוּחָן ת

[moˈxek] eraser, rubber מוֹחֵק ז

[muˈxak] 1 legislated, enacted. 2 engraved מוּחָק ת

[muˈxash] 1 hastened, expedited, accelerated. 2 tangible, concrete מוּחָשׁ ת

[muxaˈshi] tangible, real, concrete מוּחָשִׁי ת

[muxashiˈyut] tangibility, reality, concreteness מוּחָשִׁיּוּת נ

[mot] 1 pole, rod, bar. 2 yoke. 3 failure, falling מוֹט ז

needle bar מוֹט הַמַּחַט

[mut] to shake, quake, waver, collapse מוֹט פ״ע

[muˈtav] 1 beneficiary, payee. 2 preferable, better מוּטָב ז ת

[moˈta] 1 yoke. 2 oppression. 3 pole. 4 collapse, failure מוֹטָה נ

[ˈmoto] motto מוֹטוֹ ז

[moˈtet] 1 to collapse. 2 to shake, move, knock over מוֹטֵט פ״י

[moˈtetet] linkage מוֹטֶטֶת נ

[moˈtiv] motif, motive מוֹטִיב ז

[moˈtit] small rod, stick מוֹטִית נ

[muˈtal] 1 tossed, thrown. 2 lying, placed. 3 imposed, inflicted מוּטָל ת

[mox] down, cotton wool מוֹךְ ז

dental pulp מוֹךְ הַשֵּׁן

[mux] to become poor, impoverished מוּךְ פ״ע

[muˈxax] proved, proven מוּכָח ת

[moˈxiˈax] admonisher, preacher מוֹכִיחַ ז

[muˈxal] included, comprised מוּכָל ת

[muˈxan] ready, prepared מוּכָן ת

[muxˈnai] machine-gunner מוּכְנַאי ז

[muxˈni] 1 mechanical, automatic. 2 pulley. מוּכְנִי ז ת

[muxˈnit] 1 mechanically. 2 automatically מוּכְנִית תה״פ

[moˈxes, moxˈsan] 1 customs officer. 2 tax collector מוֹכֵס, מוֹכְסָן ז

[moˈxer] seller, salesman, vendor מוֹכֵר ז

[mol] 1 flat (music), minor. 2 opposite, against מוֹל מ״י ז

[mul] 1 facing, opposite, against. 2 to circumcise. 3 circumcised מוּל מ״י פ״י ת

[moˈlad] 1 birth. 2 new man מוֹלָד ז

[muˈlad] from birth, congenital, hereditary מוּלָד ת

[moˈledet] 1 kindred, family. 2 motherland, homeland. 3 offspring, progeny מוֹלֶדֶת נ

[muˈlat] mulatto מוּלָט ז

[mulˈyar] 1 samovar, cauldron. 2 boiler מוּלְיָאר, מוּלְיָר ז

[moˈlid] progenitor, procreator מוֹלִיד ז

[moˈlix] 1 conductor. 2 lead, leader מוֹלִיךְ ז

[moliˈxut] conductivity מוֹלִיכוּת נ

[muˈlit] mullet מוּלִית נ

[moˈlel] to wither, fade, מוֹלֵל פ״ע

adding. 2 augmenter

[musi'kai] musician מוּסִיקָאִי ז

['musika] music מוּסִיקָה נ

[musi'kali] musical מוּסִיקָלִי ת

[musi'kaliyut] musicality מוּסִיקָלִיּוּת נ

[mu'sax] garage מוּסָךְ ז

[mo'ses] 1 to melt, thaw. 2 to dissolve מוֹסֵס ז

[mu'saf] 1 additional, extra, supernumerary. 2 Musaf (prayer). 3 supplement מוּסָף ז ת

[mus'kat] muscat מוּסְקָט ז

[mo'ser] 1 informer. 2 fetter, shackle מוֹסֵר ז

[mu'sar] 1 correction, reproof. 2 ethics, morals. 3 bond, fetter. 4 punishment מוּסָר ז

moral lesson מוּסַר הַשְׂכֵּל

repentance, remorse, contrition מוּסַר כְּלָיוֹת

[musa'rai] moralist מוּסָרַאי ז

[mose'ra] rein, trace, bond מוֹסֵרָה נ

[musa'ri] ethical, moral מוּסָרִי, מוּסְרָנִי ת

[musari'yut] 1 morality, ethics. 2 moralism מוּסָרִיּוּת נ

[musa'ran] moralist מוּסָרָן ז

[musra'nut] moralizing מוּסְרָנוּת נ

[mu'sat] incited, instigated מוּסָת ת

[mevu'sat] regulated, controlled מְוֻסָּת ת

[mu'’av] cloudy, overcast מוּעָב ת

[mo'’ad] meeting-place, club מוֹעָד ז

[mo'’ed] 1 appointed time, season, term. 2 meeting. 3 congregation. 4 an order of the Mishnah מוֹעֵד ז

[mu'’ad] 1 prone, tending to, liable to. 2 cautioned, warned. 3 notorious, well-known מוּעָד ת

wilt, decay

[mevu'lan] curtained מְוֻלָּן ת

[mum] defect, fault, blemish, deformity מוּם ז

[mu'mos] clown, mimic, jester מוּמוֹס ז

[mu'mam] crippled, maimed מוּמָם ת

[mu'mas] melted, dissolved מוּמָס ז ת

[mu'mar] 1 convert, apostate. 2 converted מוּמָר ז ת

[muma'rut] apostasy מוּמָרוּת נ

[mu'mat] put to death, slain, killed מוּמָת ת

[mu'nad] cast away, expelled מוּנָד ת

[mo'ne] 1 counter. 2 meter, register. 3 numerator מוֹנֶה ז

[mo'nom] monomial מוֹנוֹם ז

[moni'tin] 1 renown, fame, reputation. 2 coin, medal, currency. 3 goodwill מוֹנִיטִין ז

[moni'tari] monetary, financial מוֹנִיטָרִי ת

[mo'nit] taxi מוֹנִית נ

[mu'nas] repelled, rebuffed, driven back מוּנָס ת

[mo'ne’a] 1 preventive. 2 prophylactic. 3 hinderer. 4 impediment מוֹנֵעַ ת ז

[mu'na] motor driven, engine-powered מוּנָע ת

[mu'naf] flown, raised aloft מוּנָף ת

[mu'sav] 1 surrounded, encircled. 2 endorsed. 3 applied, referred. 4 spiral staircase מוּסָב ת ז

[mo'sad] 1 institution. 2 basis. 3 establishment. 4 foundation מוֹסָד ז

[mu'sad] based, founded מוּסָד ת

[mu'sat] moved, shifted, budged מוּסָט ת

[mo'sif] 1 supplementing, מוֹסִיף ת ז

מוּצָא ת [mu'tsa] 1 exported. 2 taken out

מוֹצָאָה נ [motsa'’a] 1 toilet, privy, W.C. 2 sewer

מוֹצָאֵי שַׁבָּת, מוצ״ש Saturday night

מוֹצִיא ת ז [mo'tsi] taking out, bringing out

מוֹצִיא לְאוֹר, מו״ל publisher

מוֹצִיא לְפֹעַל executor

מוּצָל ת [mu'tsal] shaded, shadowed

מוּצָף ת [mu'tsaf] flooded, showered with

מוּצָק ז ת [mu'tsak] 1 solid, hard. 2 cast. 3 compact

מוּצָקוּת נ [mutsa'kut] solidness, compactness, solidity

מוּצֶקֶת נ [mu'tseket] mould, casting

מוּצָר ז [mu'tsar] product

מוּק ז [muk] gaiter

מוּקָא ת [mu'ka] retched, vomited, regurgitated

מוֹקֵד ז [mo'ked] 1 focus. 2 stake, fire. 3 hearth. 4 center for information. 5 altar

מוֹקְדָה נ [mok'da] 1 hearth. 2 fire

מוֹקָה נ ['moka] mocca flavo(u)r or colo(u)r

מוּקְיוֹן ז [muk'yon] joker, jester, clown

מוֹקִיר ת [mo'kir] 1 admirer. 2 respectful, deferential. 3 appreciative

מוּקָם ת [mu'kam] erected, set-up, established

מוּקָע ת [mu'ka’] 1 censured, blamed, stigmatized. 2 hanged

מוּקָף ת [mu'kaf] 1 on credit, credited. 2 surrounded

מוֹקֵשׁ ז [mo'kesh] 1 snare, trap. 2 mine

מוֹקְשַׁאי ז [mok'shai] miner, sapper

מוֹרָא ז, מוֹרָאָה נ [mo'ra] 1 fright, fear,

מוּעָדָה נ [mu’a'da] 1 refuge, asylum. 2 tryst, rendezvous

מוֹעֲדוֹן ז [mo’a'don] club, social meeting-place

מוֹעֲדֵי־הַיָּם tides

מוּעָט ת [mu'’at] small, scant

מוֹעִיל ת [mo'’il] useful, beneficial, profitable

מוּעָם ת [mu'’am] dulled, dimmed

מוֹעֵן ז [mo'’en] sender, addresser

מוּעָף ז ת [mu'’af] 1 set in flight, flown. 2 weariness

מוֹעָצָה נ [mo’a'tsa] council, board

מוֹעֵצָה נ [mo’e'tsa] 1 plan, device. 2 counsel, advice. 3 plot

מוֹעַצְתִּי ת [mo’ats'ti] federated, federal

מוּעָקָה נ [mu’a'ka] 1 oppression, distress. 2 pressure

מוּעָר ת [mu'’ar] observed, noted, remarked upon

מוּפָז ת [mu'faz] gilded, gilt

מוֹפָע ז [mo'fa’] appearance, show, spectacle

מוֹפָעָה נ [mofa'’a] appearance, spectacle

מוּפָק ת [mu'fak] 1 extracted, derived. 2 produced

מוּפָר ת [mu'far] 1 annulled, cancelled. 2 broken, disobeyed. 3 frustrated

מוֹפֵת ז [mo'fet] 1 wonder, miracle. 2 paragon. 3 exemplar. 4 demonstration, proof

מוֹפְתִי ת [mof'ti] 1 exemplary. 2 prodigious, miraculous

מוּפְתִּי ז ['mufti] Mufti

מוֹץ ז [mots] chaff

מוֹצָא ז [mo'tsa] 1 exit, outlet. 2 egress. 3 origin, source. 4 orient. 5 fountain. 6 utterance, speech

dread. 2 reverence
[mo'rag] 1 threshing sledge. 2 palate — מוֹרַג ז
[mo'rad] descent, slope, declivity — מוֹרָד ז
[mo'red] rebel, insurgent, mutineer — מוֹרֵד ז
[mu'rad] dismounted, lowered, taken down — מוּרָד ת
[mo'ra] 1 teacher (f). 2 razor. 3 fear, dread — מוֹרָה ז
[mo're] 1 teacher (m). 2 rebel, mutineer. 3 shooter, archer. 4 first rain — מוֹרֶה ז
1 guide. 2 manual, guide-book — מוֹרֵה דֶרֶךְ
1 judge. 2 rabbi, dayan — מוֹרֵה הוֹרָאָה
judge — מוֹרֵה צֶדֶק
watch — מוֹרֵה שָׁעוֹת
[mo'rat] polished, burnished, shining — מוֹרָט ת
[mor'yas] 1 brine. 2 salted fish-sauce — מוֹרְיָס ז
[mo'rik] turning green — מוֹרִיק ת
[mo'rir] salivating, expectorating — מוֹרִיר ת
[mo'rish] 1 impoverisher, pauperizer. 2 legator — מוֹרִישׁ ז
[mo'ral] 1 morale. 2 ethics, morality — מוֹרָל ז
[mu'ram] raised, elevated — מוּרָם ת
[mora'nit] lance, spear — מוֹרָנִית נ
[morf'yum] morphine — מוֹרְפִיוּם ז
[mu'rak] emptied, vacated — מוּרָק ת
[mo'rash] 1 possession, heritage. 2 inheritance — מוֹרָשׁ ז
[mora'sha] legacy, heritage — מוֹרָשָׁה נ
thoughts, wishes — מוֹרָשֵׁי לֵבָב
[mo'reshet] heritage — מוֹרֶשֶׁת נ
annoyance, dissatisfaction — מוֹרַת רוּחַ
[mush] 1 to remove. 2 to depart. 3 to feel, touch — מוּשׁ פיו״ע
[mo'shav] 1 session, sitting. 2 seat, place. 3 domicile, residence. 4 Moshav, co-operative settlement — מוֹשָׁב ז
old-age home — מוֹשַׁב זְקֵנִים
[mu'shav] returned, restored — מוּשָׁב ת
[mosha'va] 1 settlement, village. 2 colony — מוֹשָׁבָה נ
[mosha'vi] having seats — מוֹשָׁבִי ת
[mu'shat] 1 floated, sailed. 2 extended, stretched — מוּשָׁט ת
[mo'shiv] settler — מוֹשִׁיב ז
[mo'shit] extending, stretching — מוֹשִׁיט ז
[mo'shiy'a] savio(u)r, deliverer, helper — מוֹשִׁיעַ ז
[mo'shex] 1 attractive. 2 withdrawer — מוֹשֵׁךְ ז ת
[mosh'xa] rein — מוֹשְׁכָה נ
[mo'shel] 1 governor, ruler. 2 fabulist, author of fables — מוֹשֵׁל ז
[mosha''a] salvation, succour, deliverance — מוֹשָׁעָה נ
[mushk] musk — מוּשְׁק ז
[mu'shar] sung, chanted — מוּשָׁר ת
['mavet] death — מָוֶת ז
[mut] to die, perish — מוּת פ״ע
[mo'tav] 1 board, meeting. 2 board of governers — מוֹתָב ז
[mu'tag] brand-name — מוּתָג ז
[mot'xan] thriller — מוֹתְחָן ז
[mo'tar] 1 remainder, remnant. 2 surplus. 3 abundance. 4 superfluousness. 5 advantage — מוֹתָר ז
[mota'rot] luxury — מוֹתָרוֹת ז״ר
[mu'tash] 1 weak, exhausted. 2 enfeebled, weakened — מוּתָשׁ ת
[mo'tet] to kill, put to death — מוֹתֵת פ״י
[mezu'a'tat] urchin-like — מְזֻאֲטָט ת

3 fusion, amalgamation
air-conditioning מִזּוּג אֲוִיר
[mezu'vag] coupled, paired מְזֻוָּג ת
[miz'vad] 1 kit-bag. 2 luggage, baggage מִזְוָד ז
[mizva'da] suitcase, traveling bag מִזְוָדָה נ
[mizva'donet] small bag מִזְוָדֹנֶת נ
[meza've] 1 pantry. 2 storeroom, larder מְזָוֶה ז
[mezu've] angled, angular מְזֻוֶּה ת
[mezu'za] 1 door-post, lintel, jamb. 2 mezuzah מְזוּזָה נ
[ma'zut] mazut, crude oil מָזוּט ז
[maz'vit] T-square מַזְוִית נ
[ma'zon] food, nourishment מָזוֹן ז
[mezo'not] 1 alimony. 2 child support payments מְזוֹנוֹת ז״ר
[mezo'ni] nutritive מְזוֹנִי ת
[meza've'a] frightening, horrendous, awful מְזַוֵּעַ ת
[ma'zor] 1 bandage, dressing. 2 wound, pain. 3 scrubbing-board. 4 remedy, medication מָזוֹר ז
[mezu'vat] angular, angulate מְזֻוָּת ת
['mezax] 1 quay, pier, jetty. 2 girdle, belt מֵזַח ז
[mazxi'la] gutter, drainpipe מַזְחִילָה נ
[miz'xelet] sled, sledge, sleigh מִזְחֶלֶת נ
[me'zig] consonance, concord מְזִיג ז
[mezi'ga] 1 blending, mixing. 2 mixture, merger. 3 fusing. 4 pouring out מְזִיגָה נ
[me'zid] 1 malicious, wilful. 2 intentional, deliberate מֵזִיד ת
[mezu'yaz] projecting, knobbed מְזֻיָּז ת
[me'zin] nutritious, nutritive, nourishing מֵזִין ת
[mezu'yan] 1 armed. 2 equipped מְזֻיָּן ת

[miz'be'ax] altar מִזְבֵּחַ ז
[mezu'bal] 1 manured. 2 fertilized מְזֻבָּל ת
[mizba'la] 1 rubbish dump, garbage dump. 2 dunghill מִזְבָּלָה נ
[ma'zag] 1 to mix, blend. 2 to pour out, fill מָזַג פ״י
['mezeg] 1 temperament, disposition. 2 blend, mixture מֶזֶג ז
weather מֶזֶג אֲוִיר
[mi'zeg] 1 to blend, combine, mix. 2 to temper, fuse מִזֵּג פ״י
[meza'geg] glazier מְזַגֵּג ז
[mezu'gag] 1 glazed. 2 frosted מְזֻגָּג ת
[mizga'ga] glass factory מִזְגָּגָה נ
[miz'gi] temperamental מִזְגִּי ת
[maz'gan] 1 air conditioner. 2 wine server, cupbearer מַזְגָּן ז
air conditioner מַזְגַּן אֲוִיר
[ma'za] to become tired, weaken מָזָה פ״ע
['maze] 1 What is this?. 2 sprinkler מַזֶּה ז מ״ג
[mi'za] 1 sprinkler. 2 oiler, oilcan מִזָּה נ
[mi'ze] 1 hence, from this. 2 on the one hand מִזֶּה
[muz'hav] gilded, gold-plated מֻזְהָב ת
[mezo'he] 1 identified. 2 in sympathy with מְזֹהֶה ת
[maz'hir] 1 shining, glowing. 2 bright, radiant. 3 warning, cautionary מַזְהִיר ת
[mezo'ham] 1 dirty, filthy. 2 infected. 3 polluted מְזֹהָם ת
[muz'har] warned, cautioned מֻזְהָר ת
[ma'zug] 1 mixed, blended. 2 poured into מָזוּג ת
[maz'veg] clutch מַזְוֵג ז
[mi'zug] 1 blending, mixing, combining. 2 synthesis. מִזּוּג ז

light entertainment
[mazmu'tai] entertainer מַזְמוּטַאי ז
[miz'mor] 1 hymn, psalm, chant. 2 song, air מִזְמוֹר ז
[miz'mez] 1 to pet, flirt. 2 to soften מִזְמֵז פ״י
[miz'met] to entertain מִזְמֵט פ״ע
[maz'min] 1 inviter, host. 2 client, customer מַזְמִין ז
[muz'man] guest, invitee מֻזְמָן ת
[mezu'man] 1 summoned. 2 ready. 3 one of three diners required for ritual blessing מְזֻמָּן ת
[mi'zman] long ago, long since מִזְּמַן תה״פ
[mezuma'nim] cash מְזֻמָּנִים ז״ר
[meza'mer] 1 singer. 2 singing מְזַמֵּר ז ת
[mazme'ra] pruning hook מַזְמֵרָה נ
[mezam'ra] snuffers, forceps מְזַמְּרָה נ
[mezima'ta] device, plot מְזִמָּתָה נ
[mezu'nav] tailed, having a tail מְזֻנָּב ת
[miz'nevet] "Shtreiml", fur-rimmed hat מִזְנֶבֶת נ
[miz'non] 1 bar, buffet. 2 set of shelves, sideboard מִזְנוֹן ז
[mizno'nai] server of a buffet מִזְנוֹנַאי ז
[muz'nax] neglected, unattended מֻזְנָח ת
[maz'nek] 1 spout. 2 spray, jet מַזְנֵק ז
[miz'nak] alarm מִזְנָק ז
[miz''ur] reduction in size, diminution מִזְעוּר ז
[meza''ze'a] shocking, horrifying, alarming מְזַעֲזֵעַ ת
[mezu''za'] shocked, horrified מְזֻעְזָע ת
[maz''ek] alarm bell מַזְעֵק ז
[miz''ar] little, minimum מִזְעָר תה״פ
[meza'yef] 1 forger, faker. 2 falsifying. 3 out of tune מְזַיֵּף ז
[mezu'yaf] 1 spurious, false. 2 forged, counterfeit. 3 out of tune מְזֻיָּף ת
[ma'zik] 1 harmful, injurious. 2 pest. 3 menace. 4 imp, mischief-maker מַזִּיק ז
[mezux'zax] purified מְזֻכְזָךְ ת
[maz'kir] 1 secretary. 2 recorder, scribe מַזְכִּיר ז
[mazki'rut] 1 secretariat. 2 secretary's office מַזְכִּירוּת נ
[meza'kex] purifier, cleanser מְזַכֵּךְ ז
[mezu'kax] purified, cleansed מְזֻכָּךְ ת
[miz'kar] 1 memorandum. 2 reminder מִזְכָּר ז
[muz'kar] mentioned מֻזְכָּר ת
[maz'keret] 1 souvenir, memento. 2 record, memorandum מַזְכֶּרֶת נ
[ma'zal] 1 luck, fortune. 2 fate, destiny. 3 sign of Zodiac מַזָּל ז
Congratulations! מַזָּל טוֹב!
[maz'leg] fork מַזְלֵג ז
[mezal'zel] 1 scorner. 2 disdainful, derisive מְזַלְזֵל ז ת
[mezul'zal] disdained, scorned, unesteemed מְזֻלְזָל ת
[mezul''af] tempestuous, stormy מְזֻלְעָף ת
[maz'lef] 1 sprayer, sprinkler. 2 dropper, pipette. 3 watering-can מַזְלֵף ז
[mezu'laf] sprayed, sprinkled מְזֻלָּף ת
[mezi'ma] 1 device, plot. 2 machination, stratagem. 3 design, intention מְזִמָּה נ
[miz'muz] 1 petting, flirting. 2 softening מִזְמוּז ז
[maz'mut] amusement, מַזְמוּט ז

[miz'ʼer] to reduce, diminish in size מִזְעֵר פ״י
[miz'a'ri] minimal, tiny, minimum מִזְעָרִי ת
[miz'ʼeret] miniature מִזְעֶרֶת נ
[mezu'paf] tarred, asphalted מְזֻפָּף ת
[mezu'pat] 1 tarred, asphalted. 2 rotten, awful, poor quality מְזֻפָּת ת
[maz'kin] aging, making old מַזְקִין ת
[mezu'kan] 1 bearded. 2 elderly מְזֻקָּן ת
[miz'kaf] 1 outpost. 2 ship, voucher מִזְקָף ז
[mezu'kak] refined, distilled מְזֻקָּק ת
[mazke'ka] refinery, distillery מַזְקֵקָה נ
[ma'zar] 1 to spin, twist. 2 to be spoilt מָזַר פיו״ע
[ma'zar] constellation מַזָּר ז
[mi'zer] 1 to help ripen. 2 to weave, embroider מִזֵּר פ״י
[mazre'va] coil, spool מַזְרֵבָה נ
[miz'ra] winnowed grain, chaff מִזְרָה נ
[miz're] 1 winnower. 2 pitchfork מִזְרֶה ז
[mezo're] winnowed, scattered מְזֹרֶה ת
[miz'ron] mattress מִזְרוֹן, מִזְרָן ז
[maza'rot] Zodiac מַזָּרוֹת ז״ר
[meza'rez] 1 accelerating, urging. 2 catalyst מְזָרֵז ת
[mezo'raz] 1 diligent, nimble. 2 speeded up, hastened מְזֹרָז ת
[miz'rax] 1 East, orient. 2 Mizrah. 3 Levant מִזְרָח ז
[mizra'xi] eastern, oriental, Levantine מִזְרָחִי ת
[mizraxi'yut] orientalism, Levantinism מִזְרָחִיּוּת נ
[mizra'xan] orientalist, scholar of oriental studies מִזְרָחָן ז
[mizrexa'nut] oriental studies מִזְרְחָנוּת נ
[mizrexa'ni] orientalistic מִזְרְחָנִי ת
[maz'rem] channeling מַזְרֵם ז
[meza'rim] 1 scattering winds. 2 clouds מְזָרִים ז״ר
[muz'ram] 1 conducted, channeled, streamed. 2 flooded מֻזְרָם ת
[miz'ra'] seed land, sown area מִזְרָע ז
[mazre'ʼa] drill, sowing machine מַזְרֵעָה נ
[muz'rak] injected מֻזְרָק ת
[maz'rek] syringe מַזְרֵק ז
[miz'rak] bowl, vessel, basin מִזְרָק ז
[mizra'ka] fountain מִזְרָקָה נ
['me'ax] 1 fatness, fat. 2 marrow, medulla מֵחַ ז
['mo'ax] 1 brain. 2 mind, intelligence. 3 marrow מֹחַ ז
spinal cord מֹחַ הַשִּׁדְרָה
bone marrow מֹחַ עֲצָמוֹת, מֹחַ עֶצֶם
[ma'xa] 1 to knock. 2 to clap, applaud מָחָא פ״י
to clap hands, applaud מָחָא כַּף
[mexa'ʼa] protest, objection מֶחָאָה, מְחָאָה נ
[max'vo] 1 hiding-place, cache. 2 hide-out מַחֲבוֹא, מַחֲבוֹי ז
[maxvo'ʼa] hiding-place, refuge מַחֲבוֹאָה נ
[max'bosh] solitary confinement מַחְבּוֹשׁ ז
[max'bet] 1 racket, bat. 2 flail. 3 carpet beater מַחְבֵּט ז
[maxbe'ta] threshing-machine מַחְבֵּטָה נ
[mexa'bel] 1 demon, devil. 2 destroyer, saboteur. 3 terrorist מְחַבֵּל ז
[mexu'bal] 1 sabotaged, destroyed. 2 frustrated מְחֻבָּל ת

[mexu'bats] churned מְחֻבָּץ ת
[maxbe'tsa] churn מַחְבֵּצָה נ
[max'vak] 1 hug, clasp. 2 hoop מַחְבָּק ז
[mexu'bak] embraced, hugged, held tight מְחֻבָּק ת
[max'bar] 1 joint. 2 splice. 3 group, company מַחְבָּר ז
[max'ber] 1 connector. 2 dovetail. 3 stapler מַחְבֵּר ז
[mex'bar] 1 union, league. 2 joint מֶחְבָּר ז
[mexa'ber] 1 author, writer. 2 composer. 3 joiner, combiner מְחַבֵּר ז
[mexu'bar] 1 connected, joined. 2 stapled. 3 composed, written. 4 number added מְחֻבָּר ת
[max'beret] 1 notebook, copybook. 2 booklet, pamphlet מַחְבֶּרֶת נ
[mexa'beret] 1 crossbeam. 2 authoress, composer (f) מְחַבֶּרֶת נ
[max'vat] frying pan מַחֲבַת נ
[mexu'gav] split, cleft מְחֻגָּו ת
[max'gar] 1 harness, girding. 2 bow מַחְגָּר ז
[max'ger] ratchet, locking mechanism, escapement מַחְגֵּר ז
[max'goret] girdle, girth-strap מַחֲגֹרֶת נ
[me'xad] on one hand, from one point of view מֵחַד (גִּסָּא)
[max'ded] sharpener מַחְדֵּד, מְחַדֵּד ז
[mexu'dad] 1 sharpened. 2 acute, sharp, witty מְחֻדָּד ת
[mex'dal] 1 omission, oversight. 2 neglect. 3 default מֶחְדָּל ז
[mexa'dash] again, afresh מֵחָדָשׁ
[mexa'desh] 1 innovator. 2 restorer, renovator מְחַדֵּשׁ ז
[mexu'dash] refurbished, renovated, restored מְחֻדָּשׁ ת
[ma'xa] 1 to wipe. 2 to erase, delete. 3 to protest. 4 to obliterate. 5 to cleanse מָחָה פיו״ע
[mi'xa] 1 to clean, wipe. 2 to dissolve מִחָה פיו״ע
[ma'xog] hand, pointer מָחוֹג ז
[mexu'ga] compass, pair of compasses מְחוּגָה נ
[maxa've] indicator, pointer, index מַחֲוֶה ז
[mexe'va] gesture, gesticulation מֶחֱוָה נ
[maxa'va] 1 expression, phrase. 2 demonstration מַחֲוָה נ
[ma'xoz] 1 district, region, country. 2 canton, diocese. 3 harbo(u)r. 4 border מָחוֹז ז
destination, aim מְחוֹז חֵפֶץ
[mexo'zi] regional, district מְחוֹזִי ת
[ma'xuy] 1 erased, deleted, dissolved. 2 wiped out, blotted out מָחוּי ת
[mi'xuy] 1 obliteration, erasure, deletion. 2 protest, opposition מִחוּי ז
[ma'xox] garter, corset מָחוֹךְ ז
[ma'xol] 1 dance, dancing. 2 circle מָחוֹל ז
[ma'xul] pardoned, forgiven מָחוּל ת
[mexo'la] dance מְחוֹלָה נ
[mexo'lit] chorea, St Vitus' dance (disease) מְחוֹלִית נ
[mexo'lel] 1 dancer. 2 doer, performer. 3 generator מְחוֹלֵל ז
[mexo'lal] 1 empty, hollow. 2 killed, slain מְחוֹלָל ת
[maxa'van] indicator, pointer מַחֲוָן ז
[mo'xon] cerebellum מֹחוֹן ז

2 supported. 3 considered.
4 convinced

מְחַזֵּר ז [mexa'zer] 1 suitor, wooer. 2 lover, follower. 3 going round

מַחְזֵר ז [max'zer] reflector

מִחְזֵר פ״י [mi'xzer] to recycle

מֻחְזָר ת [mux'zar] 1 returned, restored. 2 reflected, refracted

מַחְזֹרֶת נ [max'zoret] period, full sentence

מָחַט פ״י [ma'xat] 1 to clean, trim. 2 to snuff, to blow

מַחַט נ ['maxat] 1 needle. 2 pin

מֹחַט ז ['moxat] snuff

מְחַטֵּא ז [mexa'te] antiseptic, disinfectant

מְחֻטָּא ת [mexu'ta] disinfected, clean

מְחֻטָּב ת [mexu'tav] 1 well-formed. 2 carved, engraved, chiselled

מְחֻטָּט ת [mexu'tat] pimply, pockmarked

מַחֲטָנִי ת [maxata'ni] coniferous, needle-shaped

מַחֲטָף ז [maxa'taf] kidnapping, seizure, capture

מְחֻטָּר ת [mexu'tar] humped

מֹחִי ת [mo'xi] cerebral, of the brain

מְחִי ז [me'xi] blow, smack, stroke

מְחִיאָה נ [mexi''a] 1 clapping. 2 picking

מְחִיאַת כַּפַּיִם clapping hands, applause

מְחַיֵּב ת [mexa'yev] 1 binding. 2 debiting, placing in debt

מְחֻיָּב ת [mexu'yav] forced, obliged, bound

מְחֻיָּבוּת נ [mexuya'vut] obligation, commitment

מִחְיָה נ [mix'ya] 1 scar. 2 sustenance, living, livelihood

מְחוֹנָן ת [mexo'nan] 1 talented, gifted. 2 pardoned, amnestied

מְחוֹנָנוּת נ [mexona'nut] giftedness, brilliance

מָחוּק ת [ma'xuk] 1 erased, deleted. 2 level, flat, even

מְחוֹקֵק ז [mexo'kek] 1 legislator, lawmaker. 2 engraver, carver

מְחֻוָּר ת [mexu'var] elucidated, clarified

מָחוֹשׁ ז [ma'xosh] antenna, feeler

מֵחוֹשׁ ז [me'xosh] 1 ache, pain. 2 apprehension

מַחֲזָאוּת נ [maxaza''ut] dramatics, dramaturgy

מַחֲזַאי ז [maxa'zai] dramatist, playwright

מַחֲזֶה ז [maxa'ze] 1 play, drama. 2 spectacle. 3 view, sight. 3 apparition

מַחֲזֵה־שָׁוְא hallucination

מֶחֱזָה נ [mexe'za] window

מַחֲזוֹר ז [maxa'zor] 1 series. 2 cycle, circulation. 3 rotation. 4 festival prayer-book. 5 year, class

מִחְזוּר ז [mix'zur] recycling

מַחֲזוֹרִי ת [maxzo'ri] 1 periodic. 2 circulatory. 3 recurring

מַחֲזוֹרִיּוּת נ [maxzori'yut] 1 recurrence, periodicity. 2 cycle

מַחֲזִיָּה, מַחֲזִית נ [maxazi'ya] sketch, playlet

מַחֲזִירוֹר ז [maxazi'ror] reflector

מַחֲזִית נ [maxa'zit] mirror, glass

מַחֲזֶמֶר ז [maxa'zemer] musical show

מַחֲזֵק ז [maxa'zek] handle, holder, grip

מְחֻזָּק ת [mexu'zak] reinforced, strengthened

מֻחְזָק ת [mux'zak] 1 held, maintained.

מְחִיָּה נ [mexi'ya] 1 obliteration, erasure. 2 destruction, elision

מְחִיטָה נ [mexi'ta] 1 snuffing (candle). 2 blowing one's nose

מְחֻיָּל ת [mexu'yal] enlisted, mobilized, enrolled

מְחִילָה נ [mexi'la] 1 forgiveness, pardon. 2 remission

מְחִיצָה נ [mexi'tsa] 1 partition, wall. 2 wounding

מְחִיקָה נ [mexi'ka] 1 erasing, erasure, deletion. 2 eliminating, cancellation

מְחִיקוֹן ז [mexi'kon] Tipp-ex

מְחִיר ז [me'xir] 1 price, cost. 2 value. 3 wages, hire

מְחִירוֹן ז [mexi'ron] price-list, tariff

מְחִישָׁה נ [mexi'sha] feeling, perception

מְחִית נ [me'xit] 1 purée, mash. 2 pulp. 3 sauce

מְחֻכֶּה ת [mexu'ke] expected, awaited, longed-for

מַחְכִּיר ז [max'kir] lessor, renter, landlord

מְחֻכָּךְ ת [mexu'kax] rubbed, scraped

מְחֻכָּם ת [mexu'kam] clever, wise, sagacious

מֻחְכָּר ת [mux'kar] leased, hired, rented

מָחַל פ״י [ma'xal] 1 to pardon, forgive. 2 to forgo, renounce

מַחַל ז ['maxal] illness

מֹחַל ז ['moxal] juice

מַחְלָבָה נ [maxla'va] dairy

מֻחְלָד ת [mux'lad] rusty, rusted

מַחֲלָה נ, מַחֲלֶה ז [maxa'la] illness, sickness, disease

מְחִלָּה נ [mexi'la] 1 burrow, hollow. 2 cavern, cave

מַחֲלוֹב ז [maxa'lov] milking-stand, milking-machine

מַחֲלוּי ז [maxa'luy] sickness, disease

מְחֻלְחָל ת [mexul'xal] 1 quaking, shaking. 2 capillary. 3 permeated

מָחְלָט, מֻחְלָט ת [mux'lat] 1 definite, certain. 2 absolute. 3 decided

מַחֲלִים ת [maxa'lim] convalescent, recuperating

מַחֲלִיקָה נ [maxali'ka] smoother, polisher

מַחֲלִיקַיִם ז״ז [maxali'kayim] skates, ice-skates

מְחֻלָּל ת [mexu'lal] 1 desecrated, profaned. 2 redeemed. 3 pierced, wounded

מָחֳלָן ז [mox'lan] merciful, clement, forgiver

מַחֲלָף ז [max'laf] knife, slaughterer's knife

מַחְלֵף ז [max'lef] 1 converter. 2 transformer. 3 highway interchange

מֶחְלָף ז [mex'laf] interchange, traffic interchange

מָחְלָף, מֻחְלָף ת [mox'laf] changed, exchanged

מַחְלָפָה נ [maxla'fa] braid, lock of hair, plait

מַחְלֵץ ז [max'lets] cork-screw

מַחֲלָצוֹת נ״ר [maxla'tsot] gala dress, festive costume, attire

מַחְלְצַיִם ז״ז [maxla'tsayim] small roller or compressor

מַחְלֵק ז [max'lek] smoother

מֻחְלָק ת [mux'lak] smoothed, planed

מְחַלֵּק ז [mexa'lek] 1 denominator. 2 distributor, divider, sharer

מְחֻלָּק ת [mexu'lak] 1 divided. 2 dividend

מַחְלָקָה נ [maxla'ka] 1 department.

[mexa'mat] owing to, because of מֵחֲמַת מ״י
iatrogenic מֵחֲמַת טִפּוּל
[mo'xan] brainy person מֹחָן ז
[maxna'’ut] camping מַחֲנָאוּת נ
[maxna'’i] camper מַחֲנָאִי ת
[maxa'ne] 1 encampment, camp. 2 army base, corps מַחֲנֶה זו״נ
1 detention camp. 2 quarantine מַחֲנֵה הֶסְגֵּר
concentration camp מַחֲנֵה רִכּוּז
[moxa'ni] cerebral מֹחָנִי ת
[maxa'nayim] 1 two armies. 2 dodge-ball מַחֲנַיִם ז״ז
[mexa'nex] 1 class teacher. 2 educator, pedagog, teacher מְחַנֵּךְ ז
[mexu'nax] educated, well-mannered מְחֻנָּךְ ת
[max'nak] 1 suffocation, stifling. 2 throttling, strangulation מַחֲנָק ז
[mexu'nak] 1 strangled, suffocated. 2 restrained, inhibited מְחֻנָּק ת
[maxa'se] 1 refuge, shelter. 2 protection, cover מַחֲסֶה, מַחְסֶה ז
[max'sol] liquidation מַחֲסוֹל ז
[max'som] 1 barrier, obstacle. 2 barricade. 3 muzzle, gag. 4 bridle. 5 cut-off מַחְסוֹם ז
[maxso'mit] barrier, hurdle מַחְסוֹמִית נ
[max'sor] 1 shortage. 2 poverty מַחְסוֹר ז
[mexu'sal] finished, liquidated מְחֻסָּל ת
[mexu'sam] tempered מְחֻסָּם ת
[max'san] 1 store, warehouse. 2 depot, magazine מַחְסָן ז
[mexu'san] 1 immunized, immune. 2 innoculated, vaccinated. 3 proof מְחֻסָּן ת

2 class, division. 3 platoon. 4 ward
[max'loket] 1 discord, dissension. 2 dispute, controversy מַחֲלֹקֶת נ
[maxlak'ti] departmental, divisional מַחְלַקְתִּי ת
[mux'lash] weakened, enfeebled מֻחְלָשׁ ת
[maxa'lat] musical instrument (Bible) מַחֲלַת נ
seasickness מַחֲלַת הַיָּם
mental illness מַחֲלַת נֶפֶשׁ, מַחֲלַת רוּחַ
[me'xam] large kettle, samovar מֵחַם ז
[maxma'’a] compliment, flattery מַחֲמָאָה נ
[maxme'’a] butter-dish מַחֲמֵאָה נ
[max'mad] 1 delight, desire. 2 loveliness, charm מַחְמָד, מַחְמַד ז
precious thing מַחְמַד עֵינַיִם
[maxma'dim] precious things, treasures מַחֲמַדִּים, מַחֲמוּדִים ז״ר
[max'mir] 1 pedant. 2 strict, meticulous. 3 martinet מַחְמִיר ז ת
[max'mal] beloved, darling מַחְמָל ז
[mexu'mam] 1 heated. 2 annoyed, irritated מְחֻמָּם ת
[max'mats] pickle, sour food מַחְמָץ, מַחְמַץ ז
[mux'mats] 1 soured, pickled. 2 overlooked, missed מֻחְמָץ ת
[maxma'tzim] pickles מַחֲמַצִּים ז״ר
[mexam'tsen] oxidizer מְחַמְצֵן ז
[maxme'tsan] compost heap מַחְמְצָן ז
[mexum'tsan] 1 oxidized. 2 oxygenized. 3 bleached מְחֻמְצָן ת
[max'metset] leavened dough מַחְמֶצֶת נ
[mexu'mash] 1 pentagon. 2 five-sided מְחֻמָּשׁ ז ת

מַחְסְנָאוּת נ [maxsena'’ut] warehousing, storage, storekeeping

מַחְסָנַאי ז [maxsa'nai] warehouse keeper

מַחְסָנִית נ [maxsa'nit] magazine (rifle), cassette

מְחֻסְפָּס ת [mexus'pas] rough, uneven

מְחַסֵּר ז [mexa'ser] subtracting

מְחֻסָּר ז ת [mexu'sar] 1 deprived of, bereft of. 2 -less

מְחֻסַּר יֶשַׁע helpless

מְחֻסַּר עֲבוֹדָה unemployed, redundant

מַחֲפֶה ז [maxa'fe] spat, gaiter

מַחְפֶּה ז [max'pe] shelter

מְחֻפֶּה ת [mexu'pe] covered, coated

מַחְפִּיר ת [max'pir] shameful, disgraceful

מֶחְפָּצָה נ [mexpa'tsa] jewel-case

מַחְפֵּר ז [max'per] bulldozer, dredge, digger

מְחֻפָּר ת [mexu'par] dug-in, defended, fortified

מַחְפֹּרֶת נ [max'poret] trench, mine

מְחֻפָּשׁ ת [mexu'pash] liberated, released

מְחֻפָּשׂ ת [mexu'pas] 1 disguised, dressed-up. 2 missed

מָחַץ פ״י [ma'xats] to crush, smite, wound

מַחַץ ז ['maxats] wound, blow, bruise

מַחְצָב ז [max'tsav] 1 mineral, ore. 2 quarry. 3 origin

מַחְצֵב ז [max'tsev] quarrying

מַחְצָבָה נ [maxtsa'va] quarry

מַחְצָבִי ת [maxtsa’vi] mineral

מֶחֱצָה נ [mexe'tsa] half

מֶחֱצָה לְמֶחֱצָה half-and-half, fifty-fifty

מְחִצָּה נ [mexi'tsa] 1 partition, wall. 2 barrier, bar

מַחֲצִית נ [maxa'tsit] 1 half. 2 half-time

מַחְצֶלֶת נ [max'tselet] mat

מְחֻצָּף ת [mexu'tsaf] impertinent, insolent

מַחְצֵצָה נ [maxtse'tsa] toothpick

מְחַצְצֵר ז [mexatse'tser] trumpeter, bugler

מָחַק פ״י ['maxak] 1 to erase, delete. 2 to write off. 3 to even out. 4 to perforate, pierce

מַחַק ז [ma'xak] rubber, eraser

מְחָק ז [me'xak] levelling-rod, evener

מִחֵק פ״י [mi'xek] to erase

מְחַקֶּה ז [mexa'ke] imitator, mimic

מְחֻקֶּה ת [mexu'ke] 1 engraved, carved. 2 erased. 3 imitated, mimicked

מְחֻקָּק ז ת [mexu'kak] 1 engraved, carved. 2 enacted

מֶחְקָר ז [mex'kar] 1 research, study. 2 secret, hidden place. 3 published research

מֶחְקָרִי ת [mexka'ri] pertaining to research

מָחָר תה״פ [ma'xar] 1 tomorrow. 2 in the future, hereafter

מַחֲרָאָה נ [maxra'’a] toilet, W.C., latrine

מָחֳרָב ת [mox'rav] destroyed, ruined, desolated

מְחֻרְבָּן ת [mexur'ban] 1 bad, failed. 2 awful, rotten, filthy

מָחֳרָד ת [mox'rad] frightened, terrified

מַחֲרוֹץ ז [maxa'rots] cheese-knife

מְחֹרָז ת [mexo'raz] 1 rhymed. 2 strung, threaded

מַחֲרֹזֶת נ [max'rozet] 1 necklace. 2 string of beads. 3 series, chain

מְחַרְחֵר ז [mexar'xer] 1 provocateur, inciter, instigator.

2 trouble-maker
מְחַרְחֵר מִלְחָמָה warmonger
מַחֲרָטָה נ [maxara'ta] turnery, lathe-shop
מַחֲרֵטָה נ [maxare'ta] lathe
מַחֲרִיב ז ת [maxa'riv] 1 destroyer. 2 destructive
מַחֲרִיד ת [maxa'rid] shocking, frightful, frightening
מַחֲרִישׁ ת [maxa'rish] 1 silent, mute, speechless. 2 deafening
מְחֹרָךְ ת [mexo'rax] scorched, charred, singed
מְחֹרָל ת [mexo'ral] thistly
מָחֳרָם ת [mox'ram] boycotted, banned, ostracized
מַחֲרֹסֶת נ [maxa'roset] dessert dish
מְחֹרָץ ת [mexo'rats] grooved, fissured
מַחֲרֵצָה נ [maxare'tsa] grooving-plane
מַחֲרֵק ז [maxa'rek] cutter, chisel
מַחֲרֹקֶת נ [maxa'roket] cutting edge, cut of file
מְחֹרָר ת [mexo'rar] 1 perforated, punched, riddled. 2 liberated, freed
מַחֲרֵשָׁה, מַחֲרֶשֶׁת נ [maxare'sha] plough, plow
מָחֳרָת תה"פ [moxo'rat] the next day, the day after
מָחֳרָתַיִם [moxora'tayim] the day after tomorrow
מַחְשָׁב ז [max'shav] thought, thinking
מַחְשֵׁב ז [max'shev] computer
מְחַשֵּׁב ז [mexa'shev] calculator
מְחֻשָּׁב ת [mexu'shav] 1 calculated. 2 planned, considered, carefully reckoned
מִחְשֵׁב פ"י [mix'shev] to computerize
מַחֲשָׁבָה נ [maxsha'va] thought
מַחֲשָׁבִי ת [maxsha'vi] conceptual, pertaining to thought
מַחֲשֶׁבֶת נ [max'shevet] skill, art, craft
מַחֲשַׁבְתִּי ת [maxshav'ti] 1 conceptual. 2 mental, speculative
מַחְשׂוֹף ז [max'sof] 1 open place, clearing. 2 décolletage, exposed shoulders
מַחְשָׁךְ ז [max'shax] darkness, gloom
מֻחְשָׁךְ ת [mux'shax] darkened
מְחֻשָּׁל ת [mexu'shal] forged
מְחֻשְׁמָל ת [mexush'mal] electrified, electrocuted
מַחְשֵׂף ז [max'sef] small shovel
מְחֻשָּׁק ת [mexu'shak] 1 hooped, girdled. 2 lusting
מַחְשָׁשָׁה נ [maxsha'sha] hashish smoking-room
מַחְתָּה נ [max'ta] 1 shovel. 2 firepan
מְחִתָּה נ [mexi'ta] 1 destruction, ruin. 2 terror, consternation
מַחְתּוֹם ז [max'tom] beeswax
מְחֻתְחָת ת [mexut'xat] bumpy
מַחְתֵּךְ ז [max'tex] 1 cutter. 2 shears
מַחְתֵּךְ גִּידִים tenotome
מַחְתֵּךְ עוֹר dermatome
מַחְתֵּךְ שְׁקֵדִים tonsillotome
מֶחְתָּךְ ת [mex'tax] 1 section. 2 cross-section
מְחֻתָּךְ ת [mexu'tax] 1 articulated, pronounced. 2 chopped, cut. 3 formed, shaped
מַחְתֵּכָה נ [maxte'xa] slicing-machine
מְחֻתָּל ת [mexu'tal] wrapped, diapered, swaddled
מְחֻתָּם ת [mexu'tam] sealed, signed
מְחֻתָּן ת [mexu'tan] in-law, relation by marriage
מְחֻתָּנוּת נ [mexuta'nut] relationship by marriage
מַחְתֶּרֶת נ [max'teret] 1 underground political movement.

5 headquarters
[mi'ta] 1 bed, couch. 2 litter. 3 bier — מִטָּה נ
[mu'ta] 1 spread, expansion. 2 span — מֻטָּה נ
[mu'te] 1 inclined, slanting. 2 perversion, injustice — מֻטֶּה ז ת
[meto'har] purified, purged, cleansed — מְטֹהָר ת
[mitva'’a] spinning-mill, spindle — מִטְוָאָה נ
[mi'tuv] optimigation — מִטּוּב
[mat've] 1 yarn. 2 spinning — מַטְוֶה ז
[mit'vax] range — מִטְוָח ז
[metu'vax] pointed, aimed — מְטֻוָּח ת
[mi'tut] 1 collapse, tottering. 2 infirmity — מִטּוּט ז
[meto'telet] 1 pendulum. 2 plumb-line — מְטוֹטֶלֶת נ
[matvi'ya] spinning mill — מַטְוִיָּה נ
[ma'tol] 1 projector. 2 ski-pole. 3 launcher — מָטוֹל ז
epidiascope — מָטוֹל שְׁקוּפִיּוֹת
[ma'tos] aeroplane, aircraft, airplane, plane — מָטוֹס ז
[metosa'’ut] 1 aeronautics. 2 aircraftsmanship — מְטוֹסָאוּת נ
[meto'sai] air-force recruit — מְטוֹסַאי ז
[ma'tax] salvo — מַטָּח ז
[metaxa've] range — מְטַחֲוֶה ז
[mat'xen] handmill, grinding-mill — מַטְחֵן ז
[matxe'na] mincer, mincing machine — מַטְחֵנָה נ
['metet] fall, downfall, collapse — מֶטֶט ז
nervous breakdown — מֶטֶט עֲצַבִּים
[metu'telet] pendulum, plumb-line — מְטֻטֶּלֶת נ
[me'tiv] benefactor — מֵטִיב ז
[metu'yav] bettered, — מְטֻיָּב ת

2 breach
[maxtar'ti] underground, clandestine — מַחְתַּרְתִּי ת
[maxtar'tan] member of underground movement — מַחְתַּרְתָּן ז
[mat] 1 mate (chess). 2 to fall, be ruined — מָט ז פ״ע
[mete'’or] meteor — מֶטֶאוֹר ז
[mata'te] broom, brush — מַטְאֲטֵא ז
[meta'te] sweeper, dustman — מְטַאטֵא ז
[mat'be’ax] slaughter, massacre — מַטְבֵּחַ ז
[mit'bax] kitchen — מִטְבָּח ז
[mitba'xon] kitchenette — מִטְבָּחוֹן ז
[mat'bil] 1 immerser. 2 baptist, baptizer — מַטְבִּיל ז
[mut'bal] 1 immersed, dipped. 2 baptized — מֻטְבָּל ת
[mitba'la] dipping-pan, dipper — מִטְבָּלָה נ
[mat'be’a] 1 coin. 2 die. 3 currency. 4 medal. 5 type, formula — מַטְבֵּעַ זו״נ
idiom, idiomatic phrase — מַטְבֵּעַ לָשׁוֹן
[mit'ba’] imprint, mark, stamp — מִטְבָּע ז
[mut'ba’] 1 coined, minted. 2 stamped, imprinted. 3 inherent, innate — מֻטְבָּע ת
[metu'ba’] 1 ringed. 2 sunk — מְטֻבָּע ת
[mitba'’a] mint — מִטְבָּעָה נ
[matbe'’i] 1 coin-shaped. 2 stereotyped, commonplace — מַטְבְּעִי ת
[matbe'’an] coin-maker, coin-expert, coiner, numismatist — מַטְבְּעָן ז
[mat'ba’at] die, mould — מַטְבַּעַת נ
[metu'gan] fried — מְטֻגָּן ת
['mata] below, underneath, down — מַטָּה תה״פ
[ma'te] 1 staff, rod. 2 tribe. 3 twig, stem. 4 branch. — מַטֶּה ז

[matmo'nit] treasure, hidden treasure מַטְמוֹנִית נ
secrets (of the heart) מַטְמוֹנִיּוֹת (הלב)
[matmo'ra] granary, silo מַטְמוֹרָה נ
[mit'met] to shake, topple, totter מִטְמֵט פ״י
[metum'tam] 1 stupid, foolish, dumb. 2 fool, dullard מְטֻמְטָם ת ז
[mut'man] hidden, concealed מֻטְמָן ת
[mat'mon] 1 hot plate. 2 tea-cozy מַטְמֵן ז
[mit'mana] landfill, dump מִטְמָנָה נ
[mat'monet] treasure מַטְמֹנֶת נ
[mut'ma'] 1 assimilated. 2 mixed מֻטְמָע ת
[mat'moret] cache מַטְמֹרֶת נ
[ma'tan] lower, under, below מַטָּן תה״פ
[meta'nen] humidifier, moisturizer מְטַנֵּן ז
[metu'nan] 1 humid, damp. 2 muddied, seeped מְטֻנָּן ת
[metu'naf] filthy, dirty, foul מְטֻנָּף ת
[ma'tas] flight מַטָּס ז
[ma'ta'] 1 plantation. 2 orchard מַטָּע ז
[mat'e] 1 misleading, deceptive. 2 erroneous, mistaken מַטְעֶה ת
[mut'e] mistaken, faulty, erroneous מֻטְעֶה ת
[mata'a] plantation, cultivation מַטָּעָה נ
[mat'am] delicacy, savoury, delicatessen מַטְעָם ז
[mit'am] tasting, savouring, sampling מִטְעָם ז
[mut'am] 1 accented, stressed, emphasized. 2 tasted, savoured מֻטְעָם ת
[mi'ta'am] on behalf of, in מִטַּעַם מ״י

improved, enhanced
[me'tiy'ax] thrower, knocker מֵטִיחַ פ״י
[metu'yax] plastered מְטֻיָּח ת
[metu'yat] scribbled roughly, drafted מְטֻיָּט ת
[me'til] 1 throwing. 2 projecting, casting מֵטִיל ת
[me'til] bar, ingot מְטִיל ז
[meta'yel] walker, rambler, hiker מְטַיֵּל ז
[ma'til] imposing מַטִּיל ת
[meti'la] broody-hen, laying-hen מְטִילָה נ
[meti'lan] bombardier מְטִילָן ז
[ma'tif] preacher, sermonizer מַטִּיף ז
[metu'kas] formal, ritual, ceremonial מְטֻכָּס ת
[mu'tal] 1 imposed, placed. 2 incurred. 3 inflicted מֻטָּל ת
questionable, doubtful מֻטָּל בְּסָפֵק
[metu'la] patched מְטֻלָּא ת
[mata'la] task, assignment, chore מַטָּלָה נ
[metul'tal] mobile, movable, portable מְטֻלְטָל ת
[mital'tel] movable, able to be transferred מִטַּלְטֵל ת
[mitalte'lim/n] chattels, movables מִטַּלְטְלִים, מִטַּלְטְלִין ז״ר
[metul'telet] pendulum מְטוּלְטֶלֶת נ
[mat'lit] 1 rag, duster. 2 patch מַטְלִית נ
[metu'lal] 1 dewy, bedewed. 2 shady מְטֻלָּל ת
[matla'nit] rag, duster מַטְלָנִית נ
[metu'ma] filthy, defiled, polluted מְטֻמָּא ת
[mit'mut] collapse, fall, tottering מִטְמוּט ז
[mat'mon] 1 treasure, hoard. 2 underground מַטְמוֹן ז

the name of

[mat'a'mim] delicatessen, goodies — מַטְעַמִּים ז״ר

[mat''emet] tasting — מַטְעֶמֶת נ

[mat''en] charger, loader — מַטְעֵן ז

[mit''an] 1 cargo, load. 2 freight, baggage. 3 charge (explosive) — מִטְעָן ז

[mut''an] 1 loaded. 2 charged — מֻטְעָן ת

[meto''an] pierced, stabbed — מְטֹעָן ת

[mata''an] planter — מַטָּעָן ז

[mit''anit] pick-up, pick-up truck — מִטְעָנִית נ

[ma'ta'at] 1 plantation. 2 cultivation — מַטַּעַת נ

[mat'pe] fire extinguisher — מַטְפֶּה ז

[metu'pax] 1 tended, nurtured. 2 cherished, well looked-after — מְטֻפָּח ת

[mit'paxat] 1 handkerchief. 2 headscarf, shawl. 3 wrapper, covering — מִטְפַּחַת נ

[metaf'tef] dropper — מְטַפְטֵף ז

[meta'fisika] metaphysics — מֶטָפִיסִיקָה נ

[meta'fisi] metaphysical — מֶטָפִיסִי ת

[meta'pel] 1 male-nurse. 2 attendant — מְטַפֵּל ז

[metu'pal] 1 burdened, loaded. 2 cared-for, treated — מְטֻפָּל ת

[meta'pes] climber, creeper — מְטַפֵּס ז

[mut'pas] typed, stereotyped — מֻטְפָּס ת

[metu'pash] foolish, stupid, silly — מְטֻפָּשׁ ת

[ma'tar] rain, shower, rainfall — מָטָר ז

['meter] metre, meter — מֶטֶר ז

[mit'rad] bother, nuisance, vexation — מִטְרָד ז

[mut'rad] 1 bothered, troubled, worried. 2 banished, expelled — מֻטְרָד ת

[mata'ra] 1 aim, object, target. 2 purpose, goal — מַטָּרָה נ

[metropo'lin] metropolis, capital city — מֶטְרוֹפּוֹלִין נ

[met'raʒ] metric measurement — מֶטְרַז׳

[meto'raz] dandy, fop — מְטֹרָז ת

[metur'zan] foppish — מְטֻרְזָן ת

[mut'rax] bothered, troubled, disturbed — מֻטְרָח ת

['metri] metric, metrical — מֶטְרִי ת

[mitri'ya] umbrella — מִטְרִיָּה נ

[mut'ram, meto'ram] 1 prior, previous. 2 anticipated — מֻטְרָם, מְטֹרָם ת

[mat'ref] shaker, whisk — מַטְרֵף ז

[meto'raf] crazy, mad, insane, lunatic — מְטֹרָף ת

[metur'pad] 1 torpedoed. 2 sabotaged, frustrated — מְטֻרְפָּד ת

[meto'rash] stony, rocky — מְטֹרָשׁ ת

[metush'tash] 1 blurred, unclear. 2 stunned, dazed. 3 illegible — מְטֻשְׁטָשׁ ת

wing span spread — מֻטַּת כְּנָפַיִם

1 Procrustean bed. 2 very narrow place — מִטַּת סְדוֹם

shallow water — מֵי אָפְסַיִם

boric acid — מֵי בּוֹר

urine — מֵי בִּרְכַּיִם

perfume, scent — מֵי בֹּשֶׂם

mead — מֵי דְבַשׁ

cleansing water, purification water — מֵי חַטָּאת

dung, sewage, refuse — מֵי מַדְמֵנָה

calm waters — מֵי מְנוּחוֹת

bone of contention — מֵי מְרִיבָה

herb water — מֵי מִשְׁרָה

cleansing waters — מֵי נִדָּה

the flood, the deluge — מֵי נֹחַ

wine, grape juice — מֵי עֲנָבִים

poison — מֵי רֹאשׁ, רוֹשׁ

deep waters — מֵי שָׁחוּ

water of boiled — מֵי שֶׁלֶק, מֵי שְׁלָקוֹת

undertaking

[meyu'zam] initiated מְיֻזָּם ת

[meyu'zan] fattened מְיֻזָּן ת

[me'za'] sweater מֵיזָע ז

[meyu'za] sweaty, perspiring מְיֻזָּע ת

[meya'xed] unifier, unifying factor מְיַחֵד ז

[meyu'xad] 1 special, unique. 2 extraordinary מְיֻחָד ת

unique מְיֻחָד בְּמִינוֹ

[meyuxa'dut] singularity, uniqueness מְיֻחָדוּת נ

[meyu'xal] awaited, longed-for, expected מְיֻחָל ת

[meyu'xam] in heat, rutting מְיֻחָם ת

[meyu'xas] 1 ascribed, attributed. 2 distinguished, of good genealogy מְיֻחָס ת

['mayit] fall, collapse, failure מַיִט ז

[me'tav] optimum, the best מֵיטָב ז

[me'tiv] benefactor מֵיטִיב ז

[mi'xa] impoverishment מִיכָה נ

[mi'xal] brook, stream מִיכָל ז

[mil] mile מִיל ז

[me'la] Never mind! מֵילָא מ״ק

[meya'led] accoucheur, obstetrician מְיַלֵּד ז

[meyal'dut] midwifery, obstetrics מְיַלְּדוּת נ

[meya'ledet] 1 midwife. 2 obstetrician (f) מְיַלֶּדֶת נ

[me'la] fraxinus (tree) מֵילָה נ

[mi'la] 1 circumcision. 2 penis מִילָה נ

[mil'yon] million מִילְיוֹן ז

[milyo'ner] millionaire מִילְיוֹנֶר ז

[mi'litsya] militia, people's army מִילִיצְיָה נ

[me'lat] 1 fine wool. 2 earlobe מֵילָת נ

['mayim] water מַיִם ז״ר

1 fresh water. 2 arak, brandy מַיִם חַיִּים

vegetables

drainage water, sewage מֵי שׁוֹפְכִין

underground water מֵי תְּהוֹם

[mi] 1 Who?. 2 Whoever. 3 anyone. 4 mi (mus.) מִי מ״ג ז

[meyo''ash] desperate, hopeless, despairing מְיֹאָשׁ ת

[meyu'ba] imported מְיֻבָּא ת

[meyu'bal] 1 horny, corned. 2 blistered, calloused. 3 jubileed מְיֻבָּל ת

[meyu'bash] dried, dessicated מְיֻבָּשׁ ת

[meyu'gan] sorrowful, gloomy, afflicted מְיֻגָּן ת

[meya'ge'a] exhausting, wearying, tiring מְיַגֵּעַ ת

[meyu'ga'] tired, exhausted, fatigued מְיֻגָּע ת

[mi'yad] immediately, at once, forthwith מִיָּד תה״פ

[mi'yad] from מִיַּד מ״י

[meyu'dad] friendly מְיֻדָּד ת

[miy'de] 1 from. 2 something מִידֵי מ״י

[miya'di] immediate, instant, instantaneous מִיָּדִי ת

[miyadi'yut] immediacy מִיָּדִיּוּת נ

[me'da] information מֵידָע ז

[meyu'da] 1 acquaintance, friend. 2 marked, definite מְיֻדָּע ז ת

[meda''on] information pamphlet מֵידָעוֹן

[mi'ha] anyhow, anyway מִיהָא תה״פ

[meyu'had] converted Jew מְיֻהָד ת

[mi'hu] 1 Who is he? Who is it?. 2 but, anyhow מִיהוּ מ״ג

[mi'hut] identity מִיהוּת ז

[mi'yun] 1 classification, sorting. 2 indexing, categorization מִיּוּן ז

[mayo'nit] mayonnaise מָיוֹנִית נ

[me'zam] enterprise, initiative, מֵיזָם ז

מַיִם לַחַץ scant water
מִיֵּם פ״י [mi'yem] 1 to water, dilute. 2 to hydrate, hydrogenize
מֵימָה נ [me'ma] hydrate
מֵימוֹן ז [me'mon] hydrocharis
מִימוּנָה נ [mi'muna] Mimuna festival
מִימֶטִי ת [mi'meti] imitative
מֵימִי ת [me'mi] watery, aqueous, thin
מֵימִיָּה נ [memi'ya] water bottle, canteen
מִיָּמָיו [miya'mav] at no time, never
מֵימִיּוּת נ [memi'yut] 1 wateriness. 2 thinness, shallowness
מִיָּמִים תה״פ [miya'mim] long ago
מִיָּמִים יָמִימָה every year, continually
מַיְמִין ת [mai'min] 1 right-handed. 2 leaning to the right (politics)
מֵימָן ז [me'man] hydrogen
מְיֻמָּן ת [meyu'man] 1 alert. 2 skilled, dexterous. 3 adroit
מְיֻמָּנוּת נ [meyuma'nut] skill, proficiency
מֵימָנִי ת [mema'ni] hydrogenous
מֵימְרָה נ [mem'ra] proverb, adage, maxim, saying
מַיֶּמֶת נ [ma'yemet] dropsy, anasarca
מַיֶּמֶת הַצֶּפֶק ascites
מִין ז [min] 1 sex. 2 kind, gender. 3 sort, variety, species. 4 heretic
מִין זָכָר masculine gender
מִין נְקֵבָה feminine gender
מִין סְתָמִי neuter gender
מַיָּן ז [ma'yan] sorter, classifier
מִיֵּן פ״י [mi'yen] to classify, catalog, sort out
מִינוּס ז ['minus] minus
מִינִי ת [mi'ni] 1 sexual. 2 venereal
מִינִיּוּת ז [mini'yut] sexuality, sexiness
מִינִימוּם ז ['minimum] minimum
מִינִימָלִי ת [mini'mali] minimal
מִינִיסְטֶרְיוֹן ז [minister'yon] ministry
מֵינִיקָה נ [meni'ka] wet-nurse
מֵינִיקוּת נ [meni'kut] wet-nursing, suckling
מֵינֶקֶת נ [me'neket] 1 wet-nurse. 2 siphon
מִינָרֶט ז [mina'ret] minaret
מִינֶרָלִי ת [mine'rali] mineral
מְיַסֵּד ז [meya'sed] founder, establisher
מְיֻסָּד ת [meyu'sad] founded, established
מֵיסָף ז [me'saf] surtax
מְיֹעָד ת [meyo''ad] 1 destined, headed for. 2 designated
מְיַעֵל ז [meya''el] helpful, contributing to greater efficiency, efficacious
מְיֹעָל ת [meyo''al] made efficient
מְיָעֵץ ת [meya''ets] adviser
מְיֹעָר ת [meyo''ar] afforested, wooded
מְיֻפֶּה ת [meyu'pe] 1 embellished, adorned. 2 beautified. 3 empowered
מְיֻפֵּה כֹּחַ empowered, granted power of attorney
מֵיפָע ז [me'fa] recital, appearance
מִיץ ז [mits] 1 juice, squash. 2 pressing, squeezing
מְיֻצָּא ת [meyu'tsa] exported
מְיֻצָּב ת [meyu'tsav] stabilized, stable
מְיַצֵּג ז [meya'tseg] representative, representing
מְיֻצָּג ת [meyu'tsag] represented
מִיצָה נ [mi'tsa] knot
מְיֻצָּר ת [meyu'tsar] manufactured, produced
מְיֹרָא ת [meyo'ra] frightened, awed
מַיִשׁ ז ['mayish] nettle tree

3 serving-dish
מְכֻבָּד ת [mexu'bad] hono(u)rable, respected, esteemed
מְכַבֶּדֶת נ [mexa'bedet] platter, dish
מְכַבֶּה ז [mexa'be] extinguisher, fireman
מְכַבֵּה אֵשׁ 1 fireman. 2 fire-extinguisher
מַכְבֵּנָה נ [maxbe'na] hairpin
מַכְבֵּס ז [max'bes] washer
מְכֻבָּס ת [mexu'bas] washed, laundered
מִכְבָּסָה נ [mixba'sa] laundry
מַכְבֵּר ז [max'ber] coverlet, mat
מִכְבָּר ז [mix'bar] 1 grate, network, lattice, rack. 2 grill
מִכְּבָר תה"פ [mik'var] long ago, long since
מַכְבֶּרֶת נ [max'beret] large sieve
מַכְבֵּשׁ ז [max'besh] 1 press. 2 roller, compressor
מְכֻבָּשׁ ת [mexu'bash] pressed, compressed
מִכְבָּשָׁה נ [mixba'sha] pickling factory
מִכְּדֵי מ"י [mik'de] than required, than
מִכְּדִי מ"ח [mike'di] since, whereas, as
מְכֻדָּן ת [mexu'dan] 1 tied, fettered. 2 bayoneted
מְכֻדָּר ת [mexu'dar] spherical, ball-shaped
מַכָּה נ [ma'ka] 1 blow, stroke. 2 wound. 3 defeat. 4 trouble, plague
מֻכֶּה ת [mu'ke] 1 beaten, struck. 2 ill, sick. 3 battered. 4 smitten
מֻכֵּה יָרֵחַ moonstruck
מֻכֵּה סַנְוֵרִים dazzled, blinded
מֻכֵּה שְׁחִין 1 leprous. 2 itchy, mangy
מֻכֵּה תִּמָּהוֹן stunned, stupefied, dazed
מִכְוָה נ [mix'va] burn, scald
מָכוֹךְ ז [ma'xox] shuttle

מְיַשֵּׁב ז [meya'shev] settler, colonizer
מְיֻשָּׁב ת [meyu'shav] 1 seated. 2 settled, colonized. 3 calm, sober, prudent. 4 inhabited
מִישֶׁהוּ [mishe'hu] somebody, someone
מִישׁוֹר ז [mi'shor] 1 plain, plateau. 2 plane, surface. 3 honesty
מִישׁוֹרִי ת [misho'ri] plane, level, flat
מְיֻשָּׁן ת [meyu'shan] 1 old. 2 archaic, outmoded, obsolete. 2 sleepy, somnolent
מְיַשֵּׁר ז [meya'sher] 1 rectifier. 2 planer, leveller
מְיֻשָּׁר ת [meyu'shar] 1 straightened, levelled. 2 straight, right
מֵישָׁרִים ז"ר [mesha'rim] 1 straightness, righteousness. 2 evenness, equity, justice
מִישֹׁרֶת נ [mi'shoret] platform
מֵיתָד ז [me'tad] peg-box, dowel
מְיֻתָּד ת [meyu'tad] 1 staked, pegged. 2 cuneiform
מִיתָה נ [mi'ta] 1 death. 2 demise, decease
מְיֻתָּם ת [meyu'tam] 1 orphaned. 2 solitary, isolated
מֵיתָר ז [me'tar] 1 string, chord. 2 cord, sinew
מְיֻתָּר ת [meyu'tar] 1 unnecessary, superfluous. 2 redundant
מִיתַת נְשִׁיקָה painless death
מָךְ ת [max] poor, humble, abject
מַכְאוֹב ז [max''ov] 1 pain, trouble. 2 anguish, disease
מַכְאִיב ת [max''iv] painful, hurtful, distressing
מִכָּאן תה"פ [mi'kan] hence, from here, henceforth
מַכְבֵּד ז, [max'bed] 1 blooming.
מַכְבֶּדֶת נ 2 broom, palm-branch.

[mexu'la] container (cargo) מְכוּלָה נ
[ma'xon] 1 institute, institution. 2 site, place, dwelling. 3 basis, foundation מָכוֹן ז
[max'ven] regulator, tuner מַכְוֵן ז
[mexu'van] 1 directed, aimed. 2 oriented. 3 intentional. 4 adjusted, set. 5 tuned מְכֻוָּן ת
[mux'van] 1 adjusted, regulated, set. 2 tuned מֻכְוָן ת
[mi'kun] mechanization מִכּוּן ז
[mix'van] orientation מִכְוָן ז
[mexona'ʼut] mechanics מְכוֹנָאוּת נ
[mexo'nai] mechanic מְכוֹנַאי ז
[mexo'na] 1 machine, engine. 2 base, stand מְכוֹנָה נ
[mexo'nit] car, motor-car, automobile מְכוֹנִית נ
[mexo'nen] 1 founder, establisher. 2 mechanic מְכוֹנֵן ז
[mexuv'nan] tuned מְכֻוְנָן ת
polygraph מְכוֹנַת אֱמֶת
press, printing-press מְכוֹנַת דְּפוּס
calculator מְכוֹנַת חִשּׁוּב
machine-gun מְכוֹנַת יְרִיָּה
washing-machine מְכוֹנַת כְּבִיסָה
typewriter מְכוֹנַת כְּתִיבָה
drilling-machine מְכוֹנַת קִדּוּחַ
sewing-machine מְכוֹנַת תְּפִירָה
infernal machine מְכוֹנַת תֹּפֶת
[mix'vats] contraction, spasm, cramp מִכְוָץ ז
[mexu'vats] shrunk, contracted, cramped מְכֻוָּץ ת
[ma'xur] 1 sold. 2 addicted. 3 bribed. 4 betrayed מָכוּר ת
[mexo'ra] 1 origin, homeland 2 birthplace, descent מְכוֹרָה, מְכוּרָה נ
[max'veret] apiary, beehive מִכְוֶרֶת נ
[mexora'ti] native, indigenous, original מְכוֹרָתִי ת

[ma'kosh] 1 knocker, clapper 2 hoe, pick-axe. 3 hoeing. 4 tongue, key מַכּוֹשׁ ז
[mako'shit] 1 xylophone. 2 drumstick. 3 castanet מַכּוֹשִׁית נ
[ma'xut] impoverishment, poverty מָכוּת נ
[ma'kot] Mishnaic tractate מַכּוֹת נ״ר
[mi'ko'ax] by virtue of מִכֹּחַ מ״י
[mix'xol] paintbrush מִכְחוֹל, מַכְחֵל ז
[mux'xash] 1 denied, refuted. 2 contradicted מֻכְחָשׁ ת
[mike'van] since, as מִכֵּיוָן
[ma'xix] 1 poor. 2 abject and lonely מָכִיךְ ת
[me'xil] containing, including, comprising מֵכִיל ת
[me'xin] preparatory, establishing מֵכִין פ״י
[mexi'na] preparatory course מְכִינָה נ
[ma'xir] able to be sold, saleable מָכִיר ת
[ma'kir] 1 friend, acquaintance. 2 knowing, recognizing מַכִּיר ז
grateful, obligated מַכִּיר טוֹבָה
[mexu'yar] moulded מְכֻיָּר ת
[mexi'ra] sale מְכִירָה נ
general sale, clearance sale מְכִירָה כְּלָלִית
auction, public auction מְכִירָה פֻּמְבִּית
[ma'kish] 1 stinging, biting. 2 knocking, striking מַכִּישׁ פ״י
[ma'xax] to sink low, be humbled מָכַךְ פ״ע
[mux'kav] starred, starry, spangled מֻכְכָּב, מְכֻכָּב ת
[me'xal] container, receptacle, tank מֵכָל ז
flushing tank מְכַל הֲדָחָה
anyhow, anyway מִכָּל מָקוֹם תה״פ
entirely מִכֹּל וָכֹל

מְכֻלָּא ת [mux'la] mongrel, hybrid
מִכְלָאָה נ [mixla''a] fold, pen
מַכְלֵב ז [max'lev] stapler
מִכְלָב ז [mix'lav] basting, tacking, rough stitching
מִכְלָה נ [mix'la] 1 fold, corral, pen. 2 perfection, completeness
מִכְלוֹל ז [mix'lol] 1 complex, entirety. 2 totality, perfection
מַכְלוּלִים ז״ר [maxlu'lim] 1 splendid ware. 2 splendo(u)r, ornaments
מִכְּלִי שֵׁנִי second-hand
מַכְלִיב ז [max'liv] tacker, baster
מְכָלִית נ [mexa'lit] tanker
מְכֻלָּל ת [mexu'lal] 1 integral, comprehensive. 2 crowned, adorned
מֻכְלָל ת [mux'lal] 1 included, contained. 2 general, inclusive, comprehensive
מִכְּלַל- [mi'klal] 1 from, out of. 2 consequently
מִכְּלַל שֶׁ- hence, it follows that
מִכְלָלָה נ [mixla'la] college
מַכֹּלֶת נ [ma'kolet] grocery
מַכָּ״ם [ma'kam] radar
מִכֶּם [mi'kem] from you (m)
מַכְמוֹר ז [max'mor] net, snare
מִכְמֵךְ פ״י [mix'mex] to press, crush
מִכְמָן ז [mix'man] treasure, hoard, cache
מִכְמֹנֶת נ [mix'monet] speed trap
מִכְמָס ז [mix'mas] hiding-place
מִכְמָר ז [mix'mar] net, snare
מִכְמֹרֶת נ [mix'moret] net, trawl
מִכְמַרְתָּן ז [mixmar'tan] trawler
מִכֶּן [mi'ken] from you (f)
מִכֵּן פ״י [mi'ken] to mechanize
מְכַנֶּה ז [mexa'ne] denominator
מְכַנֶּה מְשֻׁתָּף common denominator
מְכֻנֶּה ת [mexu'ne] 1 named, called. 2 nicknamed
מֶכָנִיּוּת נ [me'xaniyut] mechanicalness
מַכְנִיס ז [max'nis] lucrative, profitable, remunerative
מַכְנִיס אוֹרְחִים hospitable
מֶכָנִיקָה נ [me'xanika] mechanics
מְכֻנָּם ת [mexu'nam] lousy, infected with lice
מִכְנָס ז [mix'nas] 1 stock. 2 income. 3 breech, trouser-leg
מֻכְנָס ת [mux'nas] 1 collected, gathered. 2 imported
מְכֻנָּס ת [mexu'nas] 1 folded, tucked. 2 assembled, collected. 3 intraverted
מְכֻנָּסוּת נ [mexuna'sut] introspection, introvertedness
מִכְנָסַיִם ז״ר [mixna'sayim] trousers, breeches, pants, slacks
מִכְנָף ז [mix'naf] tail-coat
מְכֻנָּף ת [mexu'naf] winged, pinioned
מֶכֶס ז ['mexes] 1 customs. 2 tax, toll levy, duty
מִכְסָה נ [mix'sa] 1 allocation, quota, norm. 2 amount, quantity, number
מִכְסֶה ז [mix'se] cover, lid
מְכַסָּה נ [mexa'sa] clothing, garment
מְכַסֶּה ז [mexa'se] covering
מְכֻסֶּה ת [mexu'se] covered
מַכְסֵחָה נ [maxse'xa] lawnmower
מַכְסִיף ת [max'sif] silvering, whitening
מְכֻסָּס ת [mexu'sas] chewed, ground, gnawed
מֻכְסָף ת [mux'saf] silvered, silver-plated
מְכֹעָר ת [mexo''ar] ugly, nasty, repulsive
מַכְפִּיל ז [max'pil] doubler, multiplier
מֻכְפָּל, [mux'pal, mexu'pal] 1 doubled.

מְכֻפָּל ת 2 duplicated. 3 multiplied
מַכְפֵּלָה נ [maxpe'la] product (maths)
מַכְפֶּלֶת נ [max'pelet] 1 duplicating machine. 2 hem
מְכֻפָּשׁ ת [mux'pash] trampled, trodden
מְכַפְתֵּר ז [mexaf'ter] buttoning, button-hook
מְכֻפְתָּר ת [mexuf'tar] buttoned
מָכַר פ״י [ma'xar] 1 to sell. 2 to deliver, hand over. 3 to betray
מַכָּר ז [ma'kar] acquaintance, friend
מֶכֶר ז ['mexer] 1 sale. 2 price. 3 goods, merchandise
מֻכָּר ת [mu'kar] 1 familiar, known. 2 recognized. 3 approved
מְכֻרְבָּל ת [mexur'bal] 1 clothed, wrapped. 2 enveloped, covered. 3 crested
מְכֵרָה נ [mexe'ra] land of origin, fatherland, motherland
מִכְרֶה ז [mix're] mine, pit
מִכְרָז ז [mix'raz] tender, public announcement of job offer
מֻכְרָז ז [mux'raz] declared, announced, proclaimed
מֻכְרָח ת [mux'rax] forced, bound, compelled, obliged
מַכְרִיז ז [max'riz] 1 crier, announcer. 2 auctioneer
מַכְרִיעַ ת [max'riy'a] 1 determining, decisive. 2 arbitrator. 3 amphibrach
מְכֹרָךְ ת [mexo'rax] bound
מְכֻרְכָּב ת [mexur'kav] rimmed, edged, ridged, friezed
מְכֻרְכָּם ת [mexur'kam] yellow, saffron-colo(u)red
מְכֹרָס ת [mexo'ras] potbellied, corpulent
מְכַרְסֵם ז ת [mexar'sem] 1 rodent. 2 gnawing, nibbling
מְכֻרְסָם ת [mexur'sam] gnawed, nibbled
מְכַרְסֶמֶת נ [mexar'semet] small grinder, mill
מֻכְרָע ת [mux'ra] 1 defeated, routed. 2 decided, determined
מַכְרֵת ז [max'ret] surgical amputating instrument
מֻכְרָת ת [mux'rat] separate, cut off, unconnected
מִכְשׁוֹל ז [mix'shol] 1 obstacle, impediment. 2 failure
מִכְשׁוֹל לֵב feeling of remorse
מַכְשִׁיר ז [max'shir] instrument, tool, implement
מַכְשִׁירִין ז״ר [maxshi'rin] Machshirin, Talmudic tractate
מַכְשִׁירָן ז [maxshi'ran] operator of mechanical instruments
מַכְשִׁירָנוּת נ [maxshira'nut] care of tools and instruments
מֻכְשָׁל ת [mux'shal] 1 thwarted, tripped up. 2 stumbling
מַכְשֵׁלָה נ [maxshe'la] 1 obstacle, impediment. 2 mess, ruin. 3 mismanagement
מְכַשֵּׁף ז [mexa'shef] wizard, sorceror, magician
מְכֻשָּׁף ת [mexu'shaf] bewitched, enchanted, entranced
מְכַשֵּׁפָה נ [mexashe'fa] 1 witch, hag, crone. 2 nasty woman
מְכַשְּׁפוּת נ [mexash'fut] wizardry, sorcery, magic
מְכַשְּׁפָן ז [mexash'fan] sorceror, wizard
מֻכְשָׁר ת [mux'shar] 1 fitted, made ready. 2 capable, talented. 3 kashered, made ritually fit
מַכַּת שֶׁמֶשׁ sunstroke
מַכְתֵּב ז [max'tev] stylus

מִכְתָּב ז [mix'tav] 1 letter, missive. 2 epistle
מִכְתָּב גָּלוּי open letter
מִכְתָּב חוֹזֵר circular letter
מִכְתַּב אַשְׁרַאי letter of credit
מֻכְתָּב ת [mux'tav] 1 dictated. 2 registered, recorded
מְכֻתָּב ז [mexu'tav] addressee, consignee
מַכְתֵּבָה, מִכְתָּבָה נ [maxte'va] escritoire, desk, writing cabinet
מְכִתָּה נ [mexi'ta] fragments, splinters
מַכְתּוֹף ז [max'tof] shoulder
מַכְתִּיר ת [max'tir] 1 crowning. 2 hono(u)ring, awarding
מִכְתָּם ז [mix'tam] 1 golden vessel. 2 epigram, aphorism
מֻכְתָּם ת [mux'tam] 1 stained, defiled. 2 spotted, blotted, notorious
מְכֻתָּף, מְכֻתָּף ת [mexu'taf] shouldered
מְכַתֵּף ז [mexa'tef] carrier, porter
מֻכְתָּר ז ת [mux'tar] 1 crowned. 2 titled. 3 Mukhtar, village chief
מְכֻתָּר ת [mexu'tar] encircled, surrounded
מַכְתֵּשׁ ז [max'tesh] 1 mortar. 2 crater, hollow. 3 tooth-socket, cavity
מַכְתֶּשֶׁת נ [max'teshet] small mortar
מָל פ״י [mal] to circumcise
מָלֵא ת פיו״ע [ma'le] 1 full, complete. 2 filled, replete. 3 drunk. 4 to be full, to overflow
מְלֵא יָמִים old-aged, elderly
מְלֹא ז [me'lo] 1 contents, capacity. 2 fullness
מִלֵּא פ״י [mi'le] 1 to fill, satisfy. 2 to fulfill. 3 to stuff
מִלֵּא מָקוֹם to substitute, replace someone
מַלְאֶה ת [mal'’e] tiring, exhausting, boring

מְלֵאָה נ [mele'’a] fullness, plenty, abundance
מְלָאוֹ לִבּוֹ to dare
מְלֵאוּת נ [mele'’ut] completeness, fullness
מְלַאי ז [me'lai] stock, inventory
מַלְאָךְ ז [mal'’ax] 1 angel. 2 herald messenger
מַלְאַךְ הַמָּוֶת angel of death
מְלָאכָה נ [mela'xa] 1 work, labo(u)r. 2 task, employment. 3 handicraft
מַלְאֲכוּת נ [mal’a'xut] deputation, mission, delegation
מְלָאכוּתִי ת [melaxu'ti] artificial
מְלָאכוּתִיּוּת נ [melaxuti'yut] artificiality
מַלְאָכִי ת [mal'a'xi] angelic
מְלֶאכֶת נ [me'lexet] 1 work, labo(u)r. 2 skill, craft
מְלֶאכֶת יָד handiwork, handicraft
מְלֶאכֶת מַחֲשֶׁבֶת craftsmanship
מֻלְאָם ת [mul'’am] nationalized
מַלְאָן ז [mal'’an] filler
מִלֵּאת נ [mi'let] 1 filling. 2 fullness, capacity
מְלַבֵּב ת [mela'bev] endearing, cordial, heartening
מְלֻבָּב ת [melu'bav] heart-shaped
מִלְּבַד מ״י [mil'vad] besides, excluding
מִלְבָּדָה נ [milba'da] 1 felt factory. 2 varnish factory
מְלֻבֶּה ת [melu'be] 1 inflamed, kindled. 2 fanned
מַלְבּוּשׁ ז [mal'bush] dress, garment, clothes
מְלֻבָּז ת [melu'baz] rimmed
מַלְבִּין ת [mal'bin] 1 bleacher, whitener. 2 whitening
מַלְבֵּן ז [mal'ben] 1 rectangle. 2 frame. 3 mould
מְלֻבָּן ת [melu'ban] 1 white-hot.

2 strong, tempered

מִלְבָּנָה נ [milba'na] 1 brickworks. 2 brickyard

מַלְבֵּנִי ת [malbe'ni] rectangular

מַלְבֵּנִית נ [malbe'nit] small rectangle

מִלְּבַר תה״פ [mil'var] outwardly, externally, from without

מְלֻבָּשׁ ת [melu'bash] dressed, attired, clad

מָלַג פ״י [ma'lag] 1 to scald, pluck. 2 to earn interest

מִלְגָּה נ [mil'ga] scholarship, award

מִלְּגַו, מִלְּגֵו תה״פ [mil'gav] 1 internally, from within. 2 capital outlay

מַלְגֵּז ז [mal'gez] pitchfork, fork

מַלְגֵּזָה נ [malge'za] fork-lift truck

מְלֻגְלָג ת [melug'lag] sneered at, ridiculous

מִלָּה נ [mi'la] 1 word. 2 speech. 3 particle

מִלָּה בְּמִלָּה literal, literally

מְלֹהָט ת [melo'hat] incandescent

מִלּוֹא ז [mi'lo] 1 fortress, citadel. 2 packing

מִלּוּא ז [mi'lu] 1 filling, stuffing. 2 fullness, capacity

מִלּוּאָה נ [milu''a] 1 panel. 2 inset, inlay

מִלּוּאִים ז״ר [milu''im] 1 reserve (army). 2 filling. 3 supplement, addition. 4 consecration

מָלוּג ת [ma'lug] scalded

מְלוֹג ז [me'log] benefit from interest or usufruct

מְלוּגְמָה נ [melug'ma] 1 plaster, poultice. 2 medicine, remedy

מַלְוֶה ז [mal've] lender, creditor

מִלְוֶה ז [mil've] loan, bond of credit

מְלַוֶּה ז ת [mela've] 1 accompanying. 2 escort, companion

מְלֻוֶּה ת [melu've] accompanied, escorted

מָלוּחַ ת [ma'lu'ax] salted, salty, saline

מַלּוּחַ ז [ma'lu'ax] saltbush

מִלּוּט ז [mi'lut] deliverance, escape, salvation

מִלּוּי ז [mi'luy] 1 refill. 2 stuffing. 3 fulfillment

מִלּוּי מָקוֹם 1 replacement. 2 substitute

מְלוּכָה נ [melu'xa] 1 reign, dominion. 2 monarchy, kingdom

מְלוּכָן ז [melu'xan] monarchist, royalist

מְלוּכָנוּת נ [meluxa'nut] monarchism

מְלוּכָנִי ת [meluxa'ni] monarchic

מִלּוּל ז [mi'lul] utterance, speech

מִלּוּלִי ת [milu'li] literal, verbal

מִלּוּלִיּוּת נ [miluli'yut] 1 verbosity. 2 literalness

מִלּוּלָן ז [milu'lan] verbalist

מָלוֹן ז [ma'lon] 1 hotel. 2 lodging

מֶלוֹן ז [me'lon] melon

מִלּוֹן ז [mi'lon] dictionary

מִלּוֹנָאוּת נ [milona''ut] lexicography

מְלוֹנָאוּת נ [melona''ut] hotel-keeping

מְלוֹנַאי ז [melo'nai] hotelier, hotel-keeper

מִלּוֹנָאִי ת [milona''i] lexicographic

מִלּוֹנַאי ז [milo'nai] lexicographer

מְלוּנָה נ [melu'na] 1 kennel. 2 lodge, watchman's hut

מְלוֹנוֹעַ ז [melo'no'a] motel

מִלּוֹנוּת נ [milo'nut] lexicography

מָלוֹשׁ ז [ma'losh] 1 kneading-trough. 2 kneading-machine

מְלֻזְבָּז ת [meluz'baz] corniced, rimmed

מֶלַח ז [ma'lax] rag, torn clothing

מָלַח פ״י [ma'lax] to salt, salinate

מָלֵחַ ת [ma'le'ax] salty

מֶלַח ז ['melax] salt

מֶלַח גַּס rock-salt, course-grained

salt
מֶלַח דַּק common, fine salt
מַלָּח ז [ma'lax] seaman, sailor
מְלֵחָה נ [mele'xa] salina
מְלֵחוּת נ [mele'xut] saltiness, brackishness
מַלָּחוּת נ [mala'xut] seamanship
מִלְחִי ת [mil'xi] salty, saline
מַלְחִין ז [mal'xin] composer
מִלְחִית נ [mil'xit] saltwort
מְלַחֵךְ ז [mela'xex] licker, toady
מְלַחֵךְ פִּנְכֵּי (פִּנְכָּא) flatterer, toady
מְלַחְלַח ת [melax'lax] salted, briny
מְלַחְלָחוּת נ [melaxla'xut] saltiness, brackishness
מַלְחֵם ז [mal'xem] soldering iron
מֻלְחָם ת [mul'xam] welded, soldered
מִלְחָמָה נ [milxa'ma] 1 war. 2 conflict, controversy
מִלְחַמְתִּי ת [milxam'ti] warlike, militant, bellicose, belligerent
מִלְחַמְתִּיּוּת נ [milxamti'yut] 1 militancy. 2 militarism
מַלְחֵץ ז [mal'xets] presser-foot
מֶלְחָצַיִם ז״ז [melxa'tsayim] 1 pincers, forceps. 2 vice
מַלְחֶצֶת נ [mal'xetset] clamp
מְלַחֵשׁ ז [mela'xesh] sorcerer, charmer, magician
מְלַחַת נ [me'laxat] saltpetre, nitre
מְלַחַת הָאַשְׁלְגָן potassium nitrate
מַלַּחַת נ [ma'laxat] salt-pan, saltern
מָלַט פ״ע [ma'lat] to escape
מַלְט ז [malt] malt
מֶלֶט ז ['melet] 1 cement. 2 mortar
מִלֵּט פ״י [mi'let] 1 to rescue, deliver. 2 to lay eggs. 3 to cement
מַלְטָנִית נ [malta'nit] fertile female animal, multipara
מְלֻטָּשׁ ת [melu'tash] 1 polished. 2 sharpened
מִלְטָשָׁה נ [milta'sha] diamond-polishing workshop
מַלְטֶשֶׁת נ [mal'teshet] 1 grindstone. 2 grinding or polishing machine
מִלֵּי דְּאַרְעָא mundane words
מִלֵּי דְּעָלְמָא secular words, worldly affairs
מִלֵּי דִּשְׁמַיָּא serious matters, sacred words
מְלִיא ז [me'li] stuffed (vegetables)
מְלִיאָה נ [meliy''a] plenum, plenary session
מְלִיגָה נ [meli'ga] 1 scalding. 2 rent, annuity
מֻלְיָה נ [mul'ya] praline
מִלְיוֹן ש״מ [mil'yon] million
מִלְיוֹנִית ש״מ [milyo'nit] millionth
מִלְיוֹנֶר ז [milyo'ner] millionaire
מָלִיחַ ז ת [ma'li'ax] 1 herring. 2 salted, saline. 3 pickled
מְלִיחָה נ [meli'xa] salting, pickling
מְלִיחוּת נ [meli'xut] saltiness, salinity
מְלִיטָה נ [meli'ta] 1 birth, parturition. 2 flight, escape. 3 binding
מְלִיל ז [me'lil] dumpling
מְלִילָה נ [meli'la] 1 ripe ear of corn. 2 treading, stamping. 3 dribbling. 4 icicle
מִלִּימֶטֶר ז [mili'meter] milimetre
מֵלִיץ ז [me'lits] 1 advocate, defender. 2 interpreter. 3 rhetorician
מֵלִיץ יֹשֶׁר advocate, one who intercedes
מְלִיצָה נ [meli'tsa] 1 metaphor. 2 rhetoric. 3 riddle, aphorism, proverb
מְלִיצִי ת [meli'tsi] 1 rhetorical, poetic, flowery. 2 proverbial
מְלִיצִיּוּת נ [melitsi'yut] floweriness of speech

מְלִיקָה נ [meli'ka] wringing a bird's neck
מִלְיַרְד ש"מ [mil'yard] billion, milliard
מִלְיַרְדֶר ז [milyar'der] billionaire, milliardaire
מְלִית נ [me'lit] filling, stuffing
מִלִּית נ [mi'lit] particle (grammar)
מָלַךְ פ"ע [ma'lax] 1 to rule, reign. 2 to be king. 3 to determine
מַלַּךְ [ma'lax] trifle
מֶלֶךְ ז ['melex] 1 king, sovereign. 2 monarch, ruler
מֹלֶךְ ז ['molex] Moloch
מְלַכֵּד ז ת [mela'ked] 1 unifying. 2 agglutinant
מְלֻכָּד ת [melu'kad] united, consolidated
מִלְכֵּד פ"י [mil'ked] 1 to set a trap. 2 to sabotage
מַלְכֹּדֶת נ [mal'kodet] trap, snare
מַלְכָּה נ [mal'ka] 1 queen. 2 the Sabbath
מְלֻכֶּה ת [melu'ke] varnished, lacquered
מִלְכּוּד ז [mil'kud] 1 setting a trap. 2 a tight spot. 3 catch
מַלְכוּת נ [mal'xut] 1 royalty, monarchy. 2 kingship. 3 kingdom
מַלְכוּתִי ת [malxu'ti] royal, regal, majestic
מְלֻכְלָךְ ת [melux'lax] dirty, filthy, soiled
מְלֻכְסָן ת [melux'san] oblique, slant, standing, diagonal
מִלְכַתְּחִלָּה תה"פ [milxatxi'la] from the outset, a priori
מָלַל פיו"ע [ma'lal] 1 to hem, stitch, fringe. 2 to rub, scrape. 3 to stir. 4 to wither
מֶלֶל ז ['melel] 1 speech. 2 lyrics. 3 utterance. 4 verbosity
מִלֵּל פ"י [mi'lel] 1 to talk, say, speak. 2 to articulate
מְלָל ז [me'lal] seam, hem, fringe
מַלְמָד ז [mal'mad] goad
מְלַמֵּד ז [mela'med] teacher, tutor
מְלֻמָּד ז ת [melu'mad] 1 scholar. 2 learned, erudite, scholarly
מְלַמְּדוּת נ [melam'dut] 1 teaching, tutoring. 2 coaching
מִלְמוּל ז [mil'mul] 1 mumbling, muttering. 2 grime, stain
מִלְמַטָּה תה"פ [mil'mata] from the bottom, from below
מִלְמֵל פ"ע [mil'mel] to mumble, mutter
מַלְמָלָה נ [malma'la] muslin, gauze
מַלְמָלִית נ [malma'lit] tissue paper
מִלְמַעְלָה תה"פ [mil'ma'la] from above
מִלְעוּז ז [mil''oz] slander
מְלֹעָז ת [melo''az] 1 influenced by foreign languages. 2 foreign
מִלְּעֵיל תה"פ [mil''el] 1 from above. 2 penultimate accent
מִלְּעֵילִי ת [mil'e'li] accented on the penultimate
מַלְעָן ז [mal''an] husk, glume, awn
מַלְפָן ז [mal'fan] tamer
מְלֻפָּף ת [melu'paf] wrapped, swathed
מְלָפְפוֹן ז [melafe'fon] cucumber
מְלֻפָּת ת [melu'pat] spiced, flavo(u)red, seasoned
מֶלֶץ ז ['melets] eloquence, grandiloquence
מֶלְצַר ז [mel'tsar] 1 waiter. 2 steward
מֶלְצָרוּת נ [meltsa'rut] waiting, waiter's work
מָלַק פ"י [ma'lak] to wring the neck of a fowl
מִלְקֶה ז [mil'ke] ecliptic
מֻלְקֶה ת [mul'ke] flogged, whipped, flagellated

מַלְקוֹחַ ז [mal'ko'ax] 1 booty, plunder, spoils. 2 confiscation of enemy property
מַלְקוֹחַיִם ז״ז [malko'xayim] jaws
מַלְקוֹשׁ ז [mal'kosh] last rain (before the summer)
מַלְקוֹת נ״ר [mal'kot] flogging, strokes of the lash
מַלְקוּת נ [mal'kut] flogging, flagellation
מֶלְקָחַיִם ז״ז [melka'xayim] pincers, pliers, tongs, forceps
מֶלְקַחַת נ [mel'kaxat] pliers
מַלְקֵט ז [mal'ket] pincette
מְלֻקָּט ת [melu'kat] collected, compiled
מַלְקֶטֶת נ [mal'ketet] tweezers, pincette
מְלֻקָּק ת [melu'kak] licked
מָלַרְיָה נ [ma'lariya] malaria
מִלְרַע תה״פ [mil'ra] 1 accent on final syllable. 2 from the bottom
מִלְרָעִי ת [milra''i] accented on the final syllable
מִלְרָעִיּוּת נ [milra'i'yut] acuteness of accent
מַלְשִׁין ז [mal'shin] informer, denouncer
מַלְשִׁינוּת נ [malshi'nut] informing, denouncing
מַלְשָׁן ז [mal'shan] informer
מְלָשְׁנִי ז [melash'ni] of slanderous nature
מִלְּתָא נ ['milta] word, spoken word
מִלַּת גּוּף personal pronoun
מִלַּת חִבּוּר, מִלַּת קִשּׁוּר conjunction
מִלַּת יַחַס preposition
מִלַּת קְרִיאָה 1 exclamation. 2 interjection
מֶלְתָּחָה נ [melta'xa] 1 wardrobe, vestry. 2 cloakroom
מַלְתָּעָה נ [malta''a] 1 fang. 2 canine tooth. 3 jaws

מַלְתְּרָה נ [malte'ra] girder, beam
מֵם נ [mem] Mem, 13th letter of Hebrew alphabet
מַמְאִיר ת [mam''ir] 1 malignant. 2 cancerous
מַמְאִירוּת נ [mam'i'rut] 1 malignancy. 2 stinging. 3 mortality
מַמְגּוּרָה נ [mamgu'ra] 1 granary, silo. 2 storehouse. 3 cupboard
מְמֻגָּל ת [memu'gal] purulent, virulent, septic
מְמֻגָּף ת [memu'gaf] booted
מֵמַד ז [me'mad] 1 dimension. 2 measure, extent
מְמַדִּים ז״ר [mema'dim] proportions, scales, measures
מְמֻדָּד ת [memu'dad] measured, measurable
מְמֻדָּן ת [memu'dan] 1 courteous, polite. 2 civilized, urbane
מָמוֹן ז [ma'mon] 1 wealth, property. 2 riches. 3 Mammon
מִמּוּן ז [mi'mun] financing, funding
מָמוֹנַאי ז [mamo'nai] financier
מָמוֹנִי ת [mamo'ni] monetary, pertaining to finance
מִמּוּר ז [mi'mur] conversion, apostasy
מִמּוּשׁ ז [mi'mush] realization, bringing into effect, carrying out
מַמּוּתָה נ [ma'muta] mammoth
מַמְזֵג ז [mam'zeg] 1 carburettor. 2 mixer, blender
מִמְזָג ז [mim'zag] cocktail, mixed drink
מְמֻזָּג ת [memu'zag] 1 air-conditioned. 2 temperate, moderate. 3 blended, integrated
מִמְזָגָה נ [mimza'ga] tavern, bar, pub
מְמֻזָּל ת [memu'zal] fortunate, lucky
מְמֻזְלָג ת [memuz'lag] forked, fork-tailed

מְמֻזְמָז ת [memuz'maz] softened, spoiled by use, fingered
מַמְזֵר ז [mam'zer] 1 bastard. 2 cunning man
מַמְזֵרוּת נ [mamze'rut] bastardy
מַמְזֵרִי ת [mamze'ri] 1 bastardly, mongrel. 2 crafty
מַמְזֶרֶת נ [mam'zeret] bastard (f)
מַמְחֶה ז [mam'xe] blender
מְמֻחֶה ת [memu'xe] 1 fat, marrowed. 2 in legal protest
מֻמְחֶה ז ת [mum'xe] 1 expert, specialist. 2 skilled, experienced, efficient
מֻמְחָז ת [mum'xaz] dramatized
מִמְחָטָה נ [mimxa'ta] 1 handkerchief. 2 kerchief
מֻמְחִיּוּת נ [mumxi'yut] 1 mastery, skill. 2 expertise, expertness
מֻמְחָשׁ ת [mum'xash] tangible, palpable
מְמֻחְשָׁב ת [memux'shav] computerized
מִמְטָר ז [mim'tar] shower
מֻמְטָר ת [mum'tar] 1 sprinkled, watered. 2 showered
מַמְטֵרָה נ [mamte'ra] sprinkler
מִמִּי [mi'mi] from whom
מְמֻיָּח ת [memu'yax] marrowed, pithy
מִמֵּילָא תה"פ [mime'la] at any rate, anyhow
מְמַיֵּן ז [mema'yen] sorter, classifier
מְמֻיָּן ת [memu'yan] classified, sorted out
מְמַיֶּנֶת נ [mema'yenet] sorting-machine
מֵמִיר ז [me'mir] converter, transformer
מָמִישׁ ת [ma'mish] realizable
מִמֵּךְ [mi'mex] 1 from you (f) 2 than you
מִמְּךָ [mim'xa] 1 from you (m) 2 than you

מְמֻכָּן ת [memu'kan] mechanized
מִמְכָּר ז [mim'kar] 1 sale. 2 goods, merchandise
מִמְכֶּרֶת נ [mim'keret] sale
מָמֵל, מֶמֶל ז [ma'mel, 'memel] olive-pressing stone
מְמַלֵּא מָקוֹם 1 acting. 2 substitute, relief
מְמֻלָּא ת [memu'la] stuffed, filled
מַמְלֵחַ ז [mam'le'ax] salting-board
מְמֻלָּח ת [memu'lax] 1 salty. 2 briny. 3 witty, sharp, smart
מִמְלָחָה נ [mimla'xa] salt cellar
מְמֻלְכָּד ת [memul'kad] booby-trapped, sabotaged
מַמְלָכָה נ [mamla'xa] 1 kingdom, empire. 2 reign, sovereignty
מַמְלְכוּת נ [mamle'xut] 1 king. 2 reign, dominion
מַמְלַכְתִּי ת [mamlax'ti] state, national
מַמְלַכְתִּיּוּת נ [mamlaxti'yut] statehood, nationhood
מְמֻלְמָל ת [memul'mal] 1 muttered. 2 made of muslin
מֻמְלָץ ת [mum'lats] recommended
מְמֻמָּן ת [memu'man] financed, funded, backed financially
מְמֻמָּשׁ ת [memu'mash] realized, effected, materialized
מִמֵּן פ"י [mi'men] to finance
מִמֶּנָּה [mi'mena] 1 from her. 2 than her
מְמֻנֶּה ת [memu'ne] 1 nominated. 2 appointed. 3 in charge, trustee
מִמֶּנּוּ [mi'menu] 1 from him. 2 than him
מְמֻנּוּת נ [memu'nut] 1 trusteeship, mandate. 2 appointment. 3 letter of appointment

[miˈmeni] from me מִמֶּנִּי
[memuˈna] motorized מְמֻנָּע ת
[memuˈsad] institutionalized, established מְמֻסָּד ת
[mimˈsad] establishment מִמְסָד ז
[memusˈxar] commercialized מְמֻסְחָר ת
[mimˈsax] 1 cocktail, punch. 2 libation מִמְסָךְ ז
[memusˈmas] 1 dissolved, melted. 2 macerated מְמֻסְמָס ת
[memusˈmar] nailed מְמֻסְמָר ת
[memasˈper] numerator מְמַסְפֵּר ז
[memusˈpar] numbered, numerated מְמֻסְפָּר ת
[mimˈsar] relay מִמְסָר ת
[mimsaˈra] gear, transmission line מִמְסָרָה נ
[memusˈrak] comb-shaped, serrated מְמֻסְרָק ת
[mimˈʼad] 1 lapse, failure. 2 slip מִמְעָד ז
[memuˈʼat] diminished, reduced, minimized מְמֻעָט ת
[memoˈʼax] squashed, crumpled מְמֹעָךְ ת
[miˈmaʼal] from above, on top מִמַּעַל תה״פ
[memoˈʼan] addressed מְמֹעָן ת
[mimˈtsa] 1 finding, find. 2 discovery מִמְצָא ז
[mamˈtsi] inventor מַמְצִיא ז
[memuˈtsa] 1 average, mean, medium. 2 mediocre מְמֻצָּע ת
[memuˈkam] 1 localized. 2 located מְמֻקָּם ת
[memukˈmak] rotten, decayed, decrepit מְמֻקְמָק ת
[memuˈkash] mined מְמֻקָּשׁ ת
[ˈmemer] bitterness, affliction, sorrow מֶמֶר ז
[mamˈre] obstinate, rebellious, turbulent מַמְרֵא ת
[mimraˈʼa] landing-strip, air-strip מִמְרָאָה נ
[mamˈre] 1 disobedient. 2 contumacious מַמְרֶה ת
[mamroˈrim] ranco(u)r, bitterness, resentment מַמְרוֹרִים ז״ר
[mimˈrax] spread מִמְרָח ז
[mimˈraxat] jam מִמְרַחַת נ
[mamˈret] polisher, burnisher מַמְרֵט ז
[memoˈrat] 1 polished. 2 frayed, shabby מְמֹרָט ת
[memurˈtat] frayed, threadbare מְמֻרְטָט ת
[memurˈmar] embittered, exasperated, disgruntled מְמֻרְמָר ת
[mumˈrats] encouraged, stimulated מֻמְרָץ ת
[memoˈrar] embittered, annoyed מְמֹרָר ת
[maˈmash] 1 concreteness, reality. 2 really, exactly מַמָּשׁ ז תה״פ
[miˈmesh] to realize, put into effect מִמֵּשׁ פ״י
[mimˈshe] spillway מִמְשֶׁה ז
[mamaˈshut] substantiality, reality, concreteness מַמָּשׁוּת נ
[mimˈshax] 1 anointing, unction. 2 colo(u)r, wash מִמְשָׁח ז
[memushˈtar] disciplined, arranged according to regimen מְמֻשְׁטָר ת
[mamaˈshi] real, tangible, concrete, substantial מַמָּשִׁי ת
[mamashiˈyut] reality, actuality מַמָּשִׁיּוּת נ
[mimˈshax] 1 bait, lure. 2 draft (bank) מִמְשָׁךְ ז
[memuˈshax] 1 prolonged, lengthy. 2 continuous מְמֻשָּׁךְ ת
[memushˈkan] mortgaged מְמֻשְׁכָּן ת

מְמַשֵּׁל ז [mema'shel] fabulist, author of fables
מִמְשָׁל ז [mim'shal] 1 administration. 2 government, rule
מֶמְשָׁלָה נ [memsha'la] 1 government. 2 rule, dominion
מִמְשָׁלָה נ [mimsha'la] allegory, fable, parable
מֶמְשַׁלְתִּי ת [memshal'ti] governmental
מְמֻשְׁמָע ת [memush'ma'] disciplined
מְמַשְׁמֵשׁ וּבָא imminent, forthcoming
מִמְשָׁק ז [mim'shak] 1 administration, management. 2 rustle, rattle. 3 economics. 4 interface
מְמֻשְׁקָף ת [memush'kaf] bespectacled, spectacled
מִמְשָׁשׁ ז [mim'shash] massage
מְמֻתָּג ת [memu'tag] 1 bridled. 2 with a bit
מַמְתֵּחַ ז [mam'te'ax] 1 muscle-developer. 2 tightener, stretcher
מִמְתָּח ז [mim'tax] stretch, spin, bias
מַמְתִּיק ז [mam'tik] sweetener
מְמֻתָּן ת [memu'tan] slowed, curbed, sobered
מִמְתָּנָה נ [mimta'na] waiting-room
מַמְתָּק ז [mam'tak] sweet, candy
מְמֻתָּק ת [memu'tak] sweetened, sugared, candied
מֻמְתָּק ת [mum'tak] sweetened
מַמְתַּקִּיָּה נ [mamtaki'ya] sweet-shop, candy store
מָן ז מ״ג [man] 1 manna. 2 Who? What?
מִן מ״י [min] 1 from, of. 2 because of. 3 than
מִן הַמִּנְיָן 1 regular, ordinary. 2 registered
מִן הַסְּתָם 1 apparently. 2 probably
מִן הָרָאוּי desirable, proper

מִנְאָם ז [min''am] speech
מְנָאֵף ז [mena''ef] adulterer, fornicator
מְנַאֵץ ת [mena''ets] despising, scorning
מְנֹאָץ ת [meno''ats] despised, scorned, spurned
מְנֻבָּא ת [menu'ba] prophesied, foretold
מִנְבָּג ז [min'bag] sporage, spore-case
מִנְבָּטָה נ [minba'ta] seed-bed
מְנֻגָּב ת [menu'gav] wiped, towelled, cleaned
מִנֶּגֶד [mi'neged] opposite, aloof, aside, afar
מְנֻגָּד ת ז [menu'gad] 1 contrary, opposite. 2 opponent
מַנְגִּינָה נ [mangi'na] 1 melody, tune. 2 song
מְנַגֵּן ז [mena'gen] musician, player
מַנְגָּנוֹן ז [manga'non] 1 mechanism, machinery. 2 apparatus. 3 staff, personnel
מַנְגְּנוֹנִי ת [mangeno'ni] administrative
מְנֻגָּע ת [menu'ga] stricken, diseased, afflicted
מְנַדֵּב ז [mena'dev] benefactor, donor
מִנְדָּה נ [min'da] tribute, land-tax
מְנֻדֶּה ת [menu'de] 1 ex-communicated, outcast. 2 ostracized, banished. 3 pariah, untouchable
מַנְדָּט ז [man'dat] 1 mandate. 2 power of attorney, authorization. 3 parliamentary seat
מָנָה נ פ״י [ma'na] 1 portion, ration, dose. 2 share, course. 3 quotient. 4 to number, count
מִנָּה פ״י [mi'na] 1 to appoint. 2 to allot, assign
מִנְהָג ז [min'hag] 1 custom, practice, manner, fashion. 2 habit,

[menu'sa] flight, escape, rout מְנוּסָה נ
[ma'no'a] motor engine מָנוֹעַ ז
[ma'nu'a] 1 prevented. 2 avoided מָנוּעַ ת
[mi'nu'a] motorization, mechanization מִנּוּעַ ז
[meno''i] motorized מְנוֹעִי ת
[ma'nof] 1 incentive, stimulus. 2 crane, lever, derrick מָנוֹף ז
presser-foot lever מְנוֹף הַמַּלְחֵץ
[meno'fai] crane-driver מְנוֹפַאי ז
[ma'nor] 1 warp, weaver's beam. 2 boom מָנוֹר ז
[meno'ra] 1 lamp, candlestick, candelabrum. 2 light, torch. 3 menorah מְנוֹרָה נ
[menu'zal] with a cold, having a runny nose, rheumy מְנֻזָּל ת
[menu'zaf] reprimanded, rebuked, admonished מְנֻזָּף ת
[min'zar] 1 monastery, convent, cloister. 2 governor, minister מִנְזָר ז
[menu'zar] segregated, cloistered, secluded מְנֻזָּר ת
[ma'nax] position (in playing musical instrument) מַנָּח ז
[mi'nax] to classify, term, designate מִנַּח פ"י
[mu'nax] 1 term. 2 laid, placed, lying מֻנָּח ז ת
[man'xe] 1 moderator, compère. 2 guiding מַנְחֶה ז ת
[min'xa] 1 offering, oblation, gift. 2 afternoon prayer מִנְחָה נ
[mun'xe] guided, directed מֻנְחֶה ת
[mena'xot] Menahot, Talmudic tractate מְנָחוֹת נ"ר
[mena'xe'ax] fragrant, scented מְנַחֵחַ ת
[mena'xem] 1 comforter, consoler. 2 comforting, conduct מְנַחֵם ז ת
[minha'gi] 1 habitual, usual. 2 customary, conventional מִנְהָגִי ת
[man'hig] leader מַנְהִיג ז
[manhi'gut] leadership מַנְהִיגוּת נ
[min'hal] management, administration מִנְהָל ז
[mena'hel] 1 director, manager. 2 headmaster, principal מְנַהֵל ז
accountant מְנַהֵל חֶשְׁבּוֹנוֹת
foreman מְנַהֵל עֲבוֹדָה
bookkeeper מְנַהֵל פִּנְקָסִים
[meno'hal] managed, directed, administered מְנֹהָל ת
[minha'la] 1 executive board directorate. 2 administration מִנְהָלָה נ
[minha'li] administrative, managerial מִנְהָלִי, מִנְהַלְתִּי ת
[minha'ra] 1 tunnel. 2 cave, grotto מִנְהָרָה נ
[ma'nod] shaking, wagging מָנוֹד ז
[ma'no'ax] 1 rest, repose, quiet. 2 resting-place. 3 deceased, the late מָנוֹחַ ז ת
[mi'nu'ax] terminology מִנּוּחַ ז
[menu'xa] 1 rest, repose, calm. 2 resting-place מְנוּחָה נ
[man'vet] logbook מַנְוֵט ז
[ma'nuy] 1 subscriber, member 2 counted. 3 designated מָנוּי ז ת
definitely resolved מָנוּי וְגָמוּר
[mi'nuy] 1 appointment. 2 nomination מִנּוּי ז
[menu'val] 1 scoundrel. 2 despicable, rotten מְנֻוָּל ז ת
[ma'non] 1 ruler, tyrant. 2 heir מָנוֹן ז
[menu'van] 1 degenerate. 2 atrophied מְנֻוָּן ת
[mi'nun] dosage, dosing מִנּוּן ז
[ma'nos] 1 refuge, retreat. 2 escape, flight מָנוֹס ז

consoling

month of Av מְנַחֵם אָב

[menu'xam] comforted, consoled מְנֻחָם ת

[mun'xat] brought to land מֻנְחָת ת

[mena'xesh] sorcerer, diviner מְנַחֵשׁ ז

[min'xat] landing-ground מִנְחָת ז

[menu'te] predisposed, biased, inclined מְנֻטֶּה ת

[man'tef] dropper מַנְטֵף ז

[menu'tral] neutralized מְנֻטְרָל ת

[menu'trak] abbreviated, abridged מְנֻטְרָק ת

[me'ni] destiny, fate מְנִי ז

[mi'ne, mi'ni] from, of, since מִנֵּי, מִנִּי מ״י

[mena'ya] 1 share, stock. 2 portion, part מְנָיָה נ

[meni'ya] enumeration, scoring מְנִיָּה נ

[ma'ni'ax] one who lays down, establishes מַנִּיחַ ז

[me'ni'ax] pacifying, calming, restful מֵנִיחַ ת

[mi'nim] stringed instruments מִנִּים ז״ר

[min'yan] 1 quorum. 2 vote, number. 3 minyan מִנְיָן ז

[mi'nayin] From where? Whence? מִנַּיִן תה״פ

[minya'ni] 1 quantitative. 2 numerical מִנְיָנִי ת

[me'niy'a] 1 motive, cause. 2 stimulus, incentive. 3 motor מֵנִיעַ ז

[meni''a] 1 prevention, objection. 2 obstacle, impediment. 3 prophylaxis מְנִיעָה נ

[me'nif] elevator, jack מֵנִיף פ״י

[meni'fa] fan מְנִיפָה נ

[man'kal] director general מַנְכָּ״ל

[menu'kash] weeded מְנֻכָּשׁ ת

[mena'lan] From where? מְנָלַן

[menam'nem] somnolent, sleepy מְנַמְנֵם ז

[menum'nam] drowsy, dozing off מְנֻמְנָם ת

[menu'mas] polite, refined, courteous מְנֻמָּס ת

[menu'mak] explained, reasoned, justified מְנֻמָּק ת

[menu'mar] mottled, flecked, speckled, variegated מְנֻמָּר ת

[menu'mash] freckled מְנֻמָּשׁ ת

[mi'nen] 1 to apportion, dispense. 2 to dose מִנֵּן פ״י

[menu'se] experienced, skilled, tested מְנֻסֶּה ת

[menu'sax] 1 formulated, phrased. 2 styled, drafted מְנֻסָּח ת

[menu'sar] sawed, cut, sawn מְנֻסָּר ת

[minsa'ra] 1 prism. 2 saw-mill מִנְסָרָה נ

[ma'na'] 1 to prevent, avoid. 2 to refuse, deny, withhold מָנַע פ״י

['mena] 1 prevention. 2 prophylaxis מֶנַע ז

[mi'na'] to motorize מִנֵּעַ פ״י

[min''ad] range, diapason מִנְעָד ז

[man''ul] 1 lock. 2 bolt מַנְעוּל ז

[min''al] 1 footwear, shoe. 2 lock מִנְעָל ז

[meno''al] shoed, shod מְנֹעָל ת

[man'a'mim] 1 delicacies, dainties. 2 pleasures, delights מַנְעַמִּים ז״ר

[mena''ne'a] key מְנַעְנֵעַ ז

[meno''ar] 1 shaken, beaten. 2 emptied מְנֹעָר ת

[menu'pe] 1 sifted, strained. 2 clean מְנֻפֶּה ת

[menu'pax] 1 exaggerated. 2 swollen. 3 inflated. 4 haughty. 5 indignant, enraged מְנֻפָּח ת

[manpe'ta] cotton-carding מַנְפֵּטָה נ

[min'shar] manifesto, proclamation מִנְשָׁר ז
[me'nat] portion מְנָת נ
one's lot, fate מְנָת גּוֹרָלוֹ, מְנָת חֶלְקוֹ
intelligence quotient, I.Q. מְנָת מִשְׂכָּל
[menu'tav] channeled מְנֻתָּב ת
[min'ta] mint מִנְתָּה נ
[mena'te'ax] 1 surgeon. 2 analyst מְנַתֵּחַ ז
[menu'tax] 1 operated on. 2 dissected. 3 analyzed מְנֻתָּח ת
[menat'xut] surgery מְנַתְּחוּת נ
[menu'tak] 1 disconnected, cut off. 2 isolated, disoriented מְנֻתָּק ת
[mena'ter] hopping, jumping מְנַתֵּר ת
[mas] 1 tax. 2 tribute. 3 fee, levy, duty מַס ז
poll tax מַס גֻּלְגֹּלֶת
income tax מַס הַכְנָסָה
membership fee מַס חָבֵר
lip-service מַס שְׂפָתַיִם
[meso''av] filthy, dirty, contaminated מְסֹאָב ת
[ma'sai] essayist מַסַּאי ז
[me'sav] 1 sitting round table. 2 armchair. 3 environment. 4 cornice. 5 bearing מֵסַב ז
[me'sev] 1 surrounding going round. 2 endorser. 3 reclining מֵסֵב ז
[misba''a] 1 tavern, inn. 2 bar, saloon מִסְבָּאָה נ
[mas'bev] diestock מַסְבֵּב ז
[mesa'bev] cause מְסַבֵּב ז
[mesu'bav] effect, result מְסֻבָּב ת
[mesi'ba] 1 party. 2 evolution, encirclement. 3 winding staircase מְסִבָּה נ
[mis'bo] drunkenness מִסְבּוֹא ז
[mesi'bot] 1 circumstances, factors. 2 parties מְסִבּוֹת נ"ר
round about, around מִסָּבִיב תה"פ

machine
[menu'pats] 1 shattered, smashed. 2 hackled, carded, combed מְנֻפָּץ ת
[mun'pak] issued מֻנְפָּק ת
paper dispenser מַנְפֵּק נְיָר
[menu'tse] feathered, plumate מְנֻצֶּה ת
[mena'tse'ax] 1 conductor. 2 victor, winner. 3 winning, conquering, triumphant מְנַצֵּחַ ז ת
[menu'tsax] defeated, beaten, vanquished, conquered מְנֻצָּח ת
[mun'tsax] perpetuated, recorded for posterity מֻנְצָח ת
[mena'tsel] 1 exploiter, utilizer. 2 abuser מְנַצֵּל ז
[menu'tsal] 1 exploited, used. 2 abused מְנֻצָּל ת
[menu'tsan] budded מְנֻצָּן ת
[mena'kev] perforator, punch מְנַקֵּב ז
[menu'kav] perforated, pierced מְנֻקָּב ת
[menuk'bav] perforated מְנֻקְבָּב ת
[mena'ked] 1 punctuator. 2 pointer מְנַקֵּד ז
[menu'kad] 1 punctuated, pointed with vowels. 2 spotted מְנֻקָּד ת
[mena'ke] 1 cleaner. 2 cleansing מְנַקֶּה ז ת
[menu'ke] cleaned, cleansed מְנֻקֶּה ת
[menaki'ya] 1 libation bowl. 2 brush מְנַקִּיָּה נ
[mena'ker] porger, vein-remover מְנַקֵּר ז
[menu'kar] 1 porged, cleansed. 2 perforated, pierced מְנֻקָּר ת
[min'saa] carrier מִנְשָׂאָה
[min'shax] bite מִנְשָׁךְ ז
[menu'shal] 1 disinherited. 2 outlawed מְנֻשָּׁל ת
[min'shak] interface מִנְשָׁק ז

מִסָּבִיב לְ- מ״י around

מְסֻבִּים, מְסֻבִּין ז״ר [mesu'bim] 1 fellow diners, banqueters. 2 reclining

מְסֻבָּךְ ת [mesu'bax] intricate, tangled, complicated, complex

מִסְבָּךְ ז [mis'bax] 1 maze. 2 lattice

מְסֻבָּן ת [mesu'ban] soapy, soaped

מִסְבָּנָה נ [misba'na] soap factory

מֻסְבָּר ת [mus'bar] clarified, explained

מֶסֶג ז ['meseg] alloy

מִסְגָּד ז [mis'gad] mosque

מְסֻגָּל ת [mesu'gal] 1 capable, able. 2 qualified, suited, apt

מְסַגְנֵן ז [mesag'nen] styler, editor, stylist

מְסֻגְנָן ת [mesug'nan] stylized, styled, edited

מְסֻגְסָג ת [mesug'sag] alloyed, fused, mixed

מַסְגֵּר ז [mas'ger] 1 locksmith. 2 lock. 3 jail, prison

מִסְגָּר ז [mis'gar] closure, shutting

מִסְגֵּר פ״י [mis'ger] to frame

מְסֻגָּר ת [mesu'gar] closed, shut

מֻסְגָּר ת [mus'gar] 1 bracketed. 2 extradited. 3 completely isolated

מַסְגֵּרוּת נ [masge'rut] locksmith's work, locksmithing

מַסְגֵּרִיָּה נ [masgeri'ya] locksmithy, locksmith's shop

מִסְגֶּרֶת נ [mis'geret] 1 framework, frame. 2 orbit, limit, border, edge

מַסָּד ז [ma'sad] 1 basis, foundation. 2 base, pedestal

מִסְדָּר ז [mis'dar] 1 formation order. 2 parade

מְסַדֵּר ז [mesa'der] 1 arranger. 2 typesetter. 3 composer

מְסֻדָּר ת [mesu'dar] 1 tidy, arranged. 2 composed, set

מַסְדֵּר תּוֹר queue regulator

מִסְדָּרָה נ [misda'ra] typesetting room

מִסְדְּרוֹן ז [misde'ron] corridor

מַסְדֶּרֶת נ [mas'deret] type-setting machine

מַסָּה נ [ma'sa] 1 trial, test. 2 essay. 3 mass, bulk

מִסָּה נ ['misa] 1 measure, quota, allotment. 2 contribution. 3 mass (church)

מְסוֹ ז [me'so] rennet, rennin

מְסֻוָּג ת [mesu'vag] classified, graded

מַסְוֶה ז [mas've] 1 disguise, cover, veil. 2 pretext

מֻסְוֶה ת [mus've] 1 disguised, masked. 2 camouflaged

מָסוֹט ז [ma'sot] switch

מַסּוֹי ז [ma'soy] burden, load

מִסּוּי ז [mi'suy] taxation, imposition

מָסוּךְ ת [ma'sux] blended, mixed

מִסּוּךְ ז [mi'sux] 1 camouflaging. 2 curtaining, screening, masking

מְסוּכָה נ [mesu'xa] 1 hedge, hurdle. 2 lubrication

מַסּוּל ז [ma'sul] slipper

מַסּוּלַיִם ז״ז [masu'layim] slippers

מַסְוָן ז [mas'van] camouflager

מְסוֹס ז [me'sos] rottenness, worminess

מַסּוֹעַ ז [ma'so'a] conveyor-belt

מָסוֹף ז [ma'sof] terminal

מַסּוֹק ז [ma'sok] helicopter

מַסּוֹר ז [ma'sor] saw

מָסוֹר ז [ma'sor] informer, traitor

מָסוּר ת [ma'sur] 1 devoted. 2 given, handed over

מְסוֹרָה נ [meso'ra] Massorah (traditional jewish text)

מַסּוֹרִית נ [maso'rit] small saw, fret saw

[ma'sis] soluble, meltable מָסִיס ת
[mesi'sut] solubility מְסִיסוּת נ
[mesa'ye'a] 1 auxiliary, assistant. 2 supportive, helping. 3 corroborative מְסַיֵּעַ ז ת
[mesu'yaf] 1 laggard, lazy. 2 late ripening מְסֻיָּף ת
[mesi'fas] low screen, fence מְסִיפָס ז
[ma'sik] 1 olive harvest, olive picking. 2 picked olives מָסִיק ז
[ma'sik] 1 heater, stoker. 2 concluding, inferring מַסִּיק ז ת
[me'sik] robber, tyrant, oppressor מֵסִיק ז
[mesi'ka] olive-picking מְסִיקָה נ
[me'sir] removing, taking off מֵסִיר ת
[mesi'ra] 1 communication, transmission. 2 informing, talebearing. 3 delivery מְסִירָה נ
[mesi'rut] devotion, dedication מְסִירוּת נ
1 self-abnegation. 2 extreme devotion מְסִירוּת נֶפֶשׁ
[me'sit] instigator, inciter, agitator מֵסִית ז
[ma'sax] 1 screen. 2 curtain, veil, hanging מָסָךְ ז
[ma'sax] to mix, blend, mingle מָסַךְ פ״י
['mesex] mixed drink מֶסֶךְ ז
[mi'sex] to screen, curtain מִסֵּךְ פ״י
[mase'xa] 1 mask. 2 molten image מַסֵּכָה נ
[mis'ka] cocktail מִסְכָּה נ
[mus'kam] 1 accepted, agreed. 2 recognized. 3 conventional מֻסְכָּם ת
[mesu'kam] summarized, summed up מְסֻכָּם ת
[mesu'kan] 1 dangerous, risky, perilous. 2 miserable, poor מְסֻכָּן ת
[mis'ken] 1 poor, miserable, מִסְכֵּן פ״י ת

[meso'ran] Massorete (expert on Massora) מְסוֹרָן ז
[mesora'ti] 1 Massoretic. 2 traditional מְסוֹרָתִי ת
[mis'xur] commercialization מִסְחוּר ז
[mas'xet] squeezer מַסְחֵט ז
[mis'xar] 1 commerce, trade, traffic. 2 business, dealing מִסְחָר ז
[misxa'ri] commercial מִסְחָרִי ת
[mesax'rer] dizzying, causing vertigo מְסַחְרֵר ת
[mesux'rar] dizzy מְסֻחְרָר ת
[mis'te] anomaly מִסְטֶה ז
[misto'ri] mysterious מִסְטוֹרִי ת
[misto'rin] mystery מִסְטוֹרִין ז
['misti] mystic, mystical מִסְטִי ת
[misti'yut] mysticism מִסְטִיּוּת נ
[mas'tin] denouncer, accuser מַסְטִין ז
['mastik] chewing-gum מַסְטִיק ז
[mus'taf] bursting from ripeness מֻסְטָף ת
[mis'tar] slap, smack, punch מִסְטָר ז
[ma'sivi] massive מַסִּיבִי ת
[ma'siviyut] massiveness מַסִּיבִיּוּת נ
[mesu'yag] 1 reserved, having reservations. 2 enclosed, fenced. 3 graded, classified. 4 restricted מְסֻיָּג ת
trespasser, encroacher מַסִּיג גְּבוּל ז
[mesu'yad] whitewashed, plastered מְסֻיָּד ת
[ma'siy'ax] deflecting, distracting מַסִּיחַ ת
[me'siy'ax] to talk, speak, converse מֵסִיחַ ת
[mesu'yat] nightmarish, dreadful מְסֻיָּט ת
[mesi'xa] mixture, blending מְסִיכָה נ
[mesu'yam] 1 certain, definite, specific. 2 determinate, known. 3 particular מְסֻיָּם ת

unfortunate. 2 to impoverish, pauperize

[miske'nut] misery, poverty, indigence — מִסְכֵּנוּת נ

[miske'not] granaries, storehouses — מִסְכְּנוֹת נ״ר

[mesux'sax] 1 embroiled, quarreling. 2 indented, notched — מְסֻכְסָךְ ת

[mesu'kar] sugared — מְסֻכָּר ת

[miske'ret] sugar bowl — מִסְכֶּרֶת נ

[ma'sexet] 1 pageant. 2 woof, warp. 3 tractate, chapter — מַסֶּכֶת נ

[mas'ket] stethoscope — מַסְכֵּת ז

[mesix'ta] tractate — מְסִכְתָּא נ

[mesu'la] valued, worth — מְסֻלָּא ת

[mesi'lai] lineman (railway) — מְסִלַּאי ז

[mesi'la] 1 highway, road. 2 path, track, course 3 way of life — מְסִלָּה נ

[mas'lul] 1 way, path, traffic lane. 2 course, orbit, route — מַסְלוּל ז

airstrip — מַסְלוּל הַמְרָאָה

[mis'lul] routing, planning routes — מִסְלוּל ז

[mis'lel] to route — מִסְלֵל פ״י

[mesu'lam] laddered — מְסֻלָּם ת

[musle'mi] Moslem — מֻסְלְמִי ת

[mesul'sal] 1 curly, frilly, curled. 2 elaborated, ornate. 3 trilled — מְסֻלְסָל ת

[mis'la] rock — מִסְלָע ז

[mesu'la] rocky — מְסֻלָּע ת

[misla''a] rockery — מִסְלָעָה נ

[mesu'laf] 1 forged, false. 2 falsified, distorted — מְסֻלָּף ת

[mesu'lak] 1 removed. 2 paid, cleared — מְסֻלָּק ת

[misla'ka] clearing-office — מִסְלָקָה נ

railway, railroad — מְסִלַּת בַּרְזֶל

treadmill — מְסִלַּת כֹּשֶׁר

[mesu'lat] distinguished, chosen, worthy — מְסֻלֶּת ת

[mesa'ma] ashlar — מְסָמָא נ

[mesu'ma] blind, blinded — מְסֻמָּא ת

[mis'mus] 1 melting, dissolving. 2 softening, maceration — מִסְמוּס ז

[mis'max] document — מִסְמָךְ ז

[mus'max] 1 authorized, certified. 2 qualified, competent. 3 graduated as Master — מֻסְמָךְ ת

[misma'xi] documentary — מִסְמָכִי ת

[mesu'mal] 1 symbolized, characterized. 2 symbolic — מְסֻמָּל ת

[mesu'mam] 1 drugged. 2 poisoned — מְסֻמָּם ת

[mas'men] marker — מַסְמֵן ז

[mesu'man] marked — מְסֻמָּן ת

[mis'mes] 1 to melt, dissolve, thaw. 2 to soften, macerate — מִסְמֵס פ״י

[mesu'mak] 1 red, rubicund. 2 flushed, blushing — מְסֻמָּק ת

[mas'mer] 1 nail, peg. 2 focus, center-point, nucleus. 3 knob, protuberance — מַסְמֵר ז

[mis'mer] to nail — מִסְמֵר פ״י

[mesu'mar] 1 nailed. 2 bristly — מְסֻמָּר ת

[mesum'rar] riveted, nailed — מְסֻמְרָר ת

[mas'meret] pin, rivet, dowel — מַסְמֶרֶת נ

[mesun'dal] sandalled — מְסֻנְדָּל ת

[mesan'ver] 1 bewildering. 2 dazzling, blinding, glaring — מְסַנְוֵר ת

[mesun'var] dazzled, blinded — מְסֻנְוָר ת

[mas'nen] filter, strainer — מַסְנֵן ז

[mesu'nan] filtered, strained — מְסֻנָּן ת

[mesa'nenet] 1 sieve. 2 strainer, filter — מְסַנֶּנֶת, מִסְנֶנֶת נ

[mesu'naf] affiliated — מְסֻנָּף ת

[mi'ses] to melt, dissolve, thaw — מִסֵּס פ״י

3 narration, story
singular מִסְפַּר יָחִיד
cardinal number מִסְפָּר מוֹנֶה (יְסוֹדִי)
concrete number מִסְפָּר מְכֻנֶּה
ordinal number מִסְפָּר סוֹדֵר (סִדּוּרִי)
abstract number מִסְפָּר סְתָמִי
plural מִסְפַּר רַבִּים
[misˈper] to number, enumerate מִסְפֵּר פ״י
[mesaˈper] storyteller מְסַפֵּר ז
[mesuˈpar] 1 told, related. 2 shorn, barbered מְסֻפָּר ת
[mispaˈra] 1 barber shop. 2 hairdressing salon מִסְפָּרָה נ
[mispaˈri] numerical מִסְפָּרִי ת
[mispaˈrayim] scissors, shears מִסְפָּרַיִם ז״ז
[misˈperet] clippers, shears מִסְפֶּרֶת נ
[maˈsak] to pick olives מָסַק פ״י
[muˈsak] 1 concluded, deduced, inferred. 2 heated, centrally-heated מֻסָּק ת
[mesuˈkal] cleared of stones מְסֻקָּל ת
[maskaˈna] conclusion, inference, deduction מַסְקָנָה נ
[maskaˈni] logical, deductive, inferred מַסְקָנִי ת
[maskaniˈyut] 1 conclusiveness. 2 deductibility מַסְקָנִיּוּת נ
[mesuˈkas] 1 grained (of wood). 2 rough, coarse מְסֻקָּס ת
[misˈkar] 1 review, parade. 2 survey מִסְקָר ז
[mesakˈren] arousing curiosity מְסַקְרֵן ת
[mesukˈran] inquisitive, curious מְסֻקְרָן ת
[maˈsar] 1 to deliver, hand over. 2 to inform מָסַר פ״י
[mesurˈbal] overloaded, clumsy, awkward מְסֻרְבָּל ת

[maˈsaʼ] 1 voyage, expedition, journey. 2 campaign, rally. 3 travel מַסָּע ז
[muˈsaʼ] transported, conveyed מֻסָּע ת
[misˈʼad] 1 support, prop, buttress. 2 back, arm מִסְעָד ז
[misʼaˈda] restaurant מִסְעָדָה נ
[misaˈa] pavement מִסָּעָה נ
[masˈid] caterer מַסְעִיד ז
[misˈʼaf] 1 branching. 2 road-junction מִסְעָף ז
[mesoˈʼaf] branched, ramified מְסֹעָף ת
[mesoˈʼar] 1 furious, stormy. 2 excited, churned up מְסֹעָר ת
[musˈʼar] stormy, aroused מֻסְעָר ת
[masˈpeg] blotter מַסְפֵּג ז
[misˈped] 1 funeral oration, lamentation. 2 mourning, wailing מִסְפֵּד ז
[musˈpad] lamented, mourned מֻסְפָּד ת
[misˈpo] fodder, hay מִסְפּוֹא ז
[misˈpur] numbering, numeration מִסְפּוּר ז
[mesuˈpax] annexed, attached מְסֻפָּח ת
[mispaˈxa] covering, kerchief מִסְפָּחָה נ
[misˈpaxat] skin-disease, scurvy מִסְפַּחַת נ
[masˈpik] 1 sufficient, enough, adequate. 2 pass-mark מַסְפִּיק ת ז
[misˈpan] dock מִסְפָּן ז
[mispaˈna] dockyard מִסְפָּנָה נ
[misˈpak] dilemma, quandary מִסְפָּק ז
[mesaˈpek] supplier, purveyor מְסַפֵּק ז
[mesuˈpak] 1 doubtful, dubious. 2 supplied מְסֻפָּק ת
[misˈpar] 1 number, digit. 2 quantity, a few. מִסְפָּר ז

מְסֹרָג ת [meso'rag] 1 alternate. 2 grilled, latticed. 3 knitted, checkered

מַסְרֵגָה נ [masre'ga] knitting-needle

מְסֻרְגָּל ת [mesur'gal] 1 lined, ruled. 2 linear

מַסָּרָה נ [masa'ra] sawmill

מַסְרֵט ז [mas'ret] scriber (tool for engraving wood)

מֻסְרָט ת [mus'rat] filmed, screened

מַסְרֵטָה נ [masre'ta] 1 movie camera. 2 engraver's rule

מְסַרְטֵט ז [mesar'tet] draftsman

מְסֻרְטָט ת [mesur'tat] 1 drawn, drafted. 2 crossed

מַסְרִיט ז [mas'rit] film-maker, cameraman

מַסְרֵךְ ז [mas'rex] saddle-belt

מַסְרָן ז [mas'ran] 1 informant. 2 Masorete

מְסֹרָס ת [meso'ras] 1 emasculated. 2 castrated. 3 garbled, distorted. 4 transposed, reversed

מְסָרֵף ז [mesa'ref] uncle, maternal uncle

מַסְרֵק ז [mas'rek] 1 comb. 2 chaser. 3 sweet fern, scandix

מְסֹרָק ת [meso'rak] 1 combed. 2 carded

מַסְרֵקָה נ [masre'ka] carding machine

מָסֹרֶת נ [ma'soret] 1 tradition. 2 Masorah

מַסְרֵת נ [mas'ret] frying pan

מָסָרְתִּי ת [masor'ti] traditional

מֵסֵת ז [me'set] stonecutter

מֻסָּת ת [mu'sat] incited, provoked

מִסְתַּבֵּר [mista'ber] 1 reasonable, probable. 2 it would seem

מִסְתַּגֵּף ת [mista'gef] 1 ascetic, austere. 2 abstemious, abstinent

מִסְתּוֹר ז [mis'tor] refuge, hide-away, secret place

מִסְתּוֹרִי ת [misto'ri] mysterious

מִסְתּוֹרִיּוּת נ [mistori'yut] mysteriousness

מִסְתּוֹרִין ז [misto'rin] mystery

מַסְתּוֹרִית נ [masto'rit] spool, reel

מִסְתַּיֵּג ז [mista'yeg] dissenter, having reservations

מִסְתַּכֵּל ז [mista'kel] spectator, observer, onlooker

מַסְתֵּם ז [mas'tem] 1 cork, stopper. 2 valve

מִסְתָּמָא תה"פ [mista'ma] probably, apparently

מִסְתַּנֵּן ז [mista'nen] 1 infiltrator. 2 filtrate

מִסְתָּעֵף ת [mista''ef] ramified, diversified

מִסְתַּעֲרֵב ת [mista'a'rev] arabized

מִסְתַּפֵּק ת [mista'pek] 1 making do, sufficing, satisfied

מִסְתָּר ז [mis'tar] 1 mystery, secret. 2 hiding-place

מֻסְתָּר ת [mus'tar] hidden, concealed

מְסֻתָּר ת [mesu'tar] hidden

מְסַתֵּת ז [mesa'tet] stone cutter, chiseller

מְסֻתָּת ת [mesu'tat] hewn, cut

מַעְבָּד ז [ma''bad] action, deed, act

מְעֻבָּד ת [me'u'bad] 1 manufactured, processed. 2 adapted

מְעַבֵּד תַּמְלִילִים word processor

מַעְבָּדָה נ [ma'aba'da] laboratory

מַעְבְּדָן ז [ma'aba'dan] laboratory technician

מַעַבְּדְתִּי ת [ma'bade'ti] pertaining to laboratory work

מַעֲבֶה ז [ma'a've] 1 thickness. 2 depth

מְעַבֶּה ז [me'a'be] thickener, condenser

מְעֻבֶּה ת [me'u'be] dense, thick,

compact

מַעְבּוֹרַאי ז [ma’boˈrai] ferryman

מַעֲבָט ז [ma’aˈvat] basket, tub

מַעֲבָטָה נ [ma’avaˈta] pawnhouse, pawnshop

מַעֲבִיד ז [ma’aˈvid] employer

מַעֲבִית נ [ma’aˈvit] thicket

מָעֳבָר ת [mo’aˈvar] transferred

מַעֲבָר ז [ma’aˈvar] 1 passage. 2 transit. 3 ford

מֵעֵבֶר לְ- beyond, across

מְעֻבָּר ת [me’uˈbar] 1 augmented, increased. 2 leap

מַעְבֵּר ז [ma’ˈber] pitchfork

מַעְבָּרָה נ [ma’baˈra] 1 ford. 2 ferry. 3 pass, transit. 4 transit camp

מְעַבְרֵר ז [me’avˈrer] Hebraizer

מְעֻבְרָר ת [me’uvˈrar] Hebraized

מַעְבֹּרֶת נ [ma’ˈboret] ferryboat, ferry

מְעֻבְרֶרֶת ת [me’uvˈrat] Hebraized

מְעֻבֶּרֶת נ [me’uˈberet] pregnant woman

מְעֻבָּשׁ ת [me’uˈbash] mouldy, rotten

מַעְגִּילָה נ [ma’giˈla] 1 cylinder, orbit. 2 roller, mangle

מַעְגָּל ז [ma’aˈgal] 1 circle, ring. 2 course, path, circuit

מַעְגַּל קְסָמִים vicious circle

מְעַגֵּל ז [me’aˈgel] circler

מְעֻגָּל ת [me’uˈgal] rounded, circular

מְעֻגָּם ת [me’uˈgam] sorrowful, gloomy

מַעֲגָן ז [ma’aˈgan] anchorage, quayside, jetty

מְעֻגָּן ת [me’uˈgan] 1 anchored. 2 stayed, guyed

מָעַד פ״ע [maˈ’ad] to stumble, slip, totter

מַעַד ז [ˈma’ad] 1 stumble, lapse, failure. 2 gambit

מְעֻדְכָּן ת [me’udˈkan] up-to-date

מַעֲדָן ז [ma’aˈdan] 1 delicacy. 2 tie, connection. 3 pleasure, delight

מְעֻדָּן ת [me’uˈdan] graceful, delicate, refined, dainty

מַעֲדַנּוֹת תה״פ [ma’adaˈnot] 1 calmly, serenely. 2 in fetters

מַעֲדָנִיָּה נ [ma’adaniˈya] delicatessen, pâtisserie

מָעֳדָף ת [mo’aˈdaf] preferred, favo(u)red

מַעְדֵּר ז [ma’ˈder] hoe, mattock

מָעָה נ [maˈ’a] coin, kernel

מֵעֶה ז [meˈ’e] intestine, entrails

מָעוֹג ז [maˈ’og] 1 cake. 2 grimace

מְעוֹדָד ת [me’oˈdad] encouraged, exhorted, heartened

מְעוֹדֵד ת [me’oˈded] 1 encouraging, heartening. 2 tonic, stimulating

מֵעוֹדוֹ [me’oˈdo] all his life

מֵעוֹדוֹ לֹא never, ever since

מַעֲוָה נ [ma’aˈva] sin, iniquity, crime

מָעוֹז ז [maˈ’oz] 1 fortress, stronghold. 2 protection, support

מָעוֹט ז [maˈ’ot] catapult

מָעוּט ת [maˈ’ut] scant, meagre, limited, poor

מִעוּט ז [miˈ’ut] 1 minority. 2 little, least. 3 minimization, diminution

מִעוּטִים (לאומים) minorities, minority groups

מִעוּטָן ת [mi’uˈtan] minimalist

מָעוּךְ ת [maˈ’ux] 1 squashed, bruised, crushed. 2 stuck, caught

מִעוּךְ ז [miˈ’ux] 1 squashing, crushing. 2 massage

מְעוֹלֵל ז ת [me’oˈlel] 1 performing, perpetrating. 2 infant

מֵעוֹלָם לֹא never

מָעוֹן ז [ma'ʼon] 1 dwelling, home, residence. 2 hostel, lodging. 3 the Temple

מְעוֹנָה נ [me'o'na] dwelling, home, residence

מְעוֹנוֹעַ ז [me'o'no'a] caravan, house on wheels

מְעוֹנֵן ז [me'o'nen] magician, sorceror, soothsayer

מָעוֹף ז [ma'ʼof] 1 flight. 2 vision, imagination

מָעוּף ז [ma'ʼuf] darkness, gloom

מְעוֹפֵף ת [me'o'fef] 1 winged. 2 flying

מָעוֹר ז [ma'ʼor] 1 nakedness, bareness. 2 pudenda. 3 blemish

מְעוֹרֵר ת [me'o'rer] 1 stimulating. 2 arousing. 3 alarm (clock)

מָעוֹת נ״ר [ma'ʼot] 1 money. 2 small change

מְעֻוָּת ת [me'u'vat] distorted, crooked, perverted

מָעֹז ז [ma'ʼoz] stronghold, fortress, citadel

מַעֲזֵבָה נ [ma'aze'va] rough plaster, concrete

מָעֹזֶן ז [ma'ʼozen] citadel, fortress

מְעֻזָּק ת [me'u'zak] deeply hoed

מָעַט פ״ע [ma'ʼat] to dwindle, lessen, decrease, diminish

מִעֵט פ״י [mi'ʼet] 1 to lessen, reduce, decrease, cut down. 2 to exclude

מֻעָט ת [mu'ʼat] small, few, little

מְעַט ת תה״פ [me'ʼat] 1 small amount. 2 little, few. 3 slightly, very little

מְעַט מְעַט gradually

מַעֲטֶה ז [ma'a'te] covering, wrap, cloak, sheath

מַעֲטִיר ת [ma'a'tir] 1 crowning, crowned. 2 metropolis, capital

מַעֲטָן ז [ma'a'tan] olive-vat

מְעֻטָּף ת [me'u'taf] 1 wrapped. 2 paper-back

מַעֲטָפָה נ [ma'ata'fa] 1 envelope. 2 wrap, cloak. 3 paper cover

מַעֲטֶפֶת נ [ma'a'tefet] 1 mantle, cloak. 2 surface area. 3 cover

מַעֲטֶפֶת עֵרוּב combination cover

מְעֻטָּר ת [me'u'tar] 1 crowned. 2 adorned, decorated. 3 illustrated

מְעִי ז [me'ʼi] 1 intestine, entrails. 2 bowels, guts. 3 heap

מְעִי אָטוּם cecum

מְעִי גַס large intestine, colon

מְעִי דַק small intestine

מְעִי עִוֵּר appendix

מְעִידָה נ [me'i'da] stumbling, toppling, slipping

מְעִיכָה נ [me'i'xa] squeezing, crushing, crumpling

מְעִיל ז [me'ʼil] 1 coat, overcoat. 2 jacket, robe. 3 mantle

מְעִילָה נ [me'i'la] 1 embezzlement, peculation. 2 sacrilege. 3 Meilah (Talmudic tractate)

מְעִילוֹן ז [me'i'lon] jacket, short coat

מֵעַיִם ז״ר [me'ʼayim] intestines, bowels, guts

מַעְיָן ז [ma'ʼyan] 1 spring, fountain, well. 2 attention, consideration. 3 origin

מֵעֵין מ״י [me'ʼen] like, similar, resembling

מְעַיֵּן ז [me'a'yen] 1 reader, browser. 2 thinker. 3 researcher

מְעֻיָּן ז ת [me'u'yan] 1 rhombus, rhomboid. 2 balanced

מֵעִיק ת [me'ˈik] oppressive, distressing
מֵעִיר פ״י [me'ˈir] 1 awakening, rousing. 2 remarking, commenting
מְעֻיָּר ת [me'u'yar] urbanized
מָעַךְ פ״י [ma'ˈax] to squeeze, crush, squash, press
מֵעַךְ ז [me'ˈax] dent, bruise
מִעֵךְ פ״י [mi'ˈex] to squash, crush, squeeze
מִעֵךְ קוֹלוֹ to drop one's voice
מְעַכֵּב ת [me'a'kev] 1 causing delay, restrictive. 2 inhibitory, inhibitive
מְעֻכָּב ת [me'u'kav] 1 handicapped retarded, delayed. 2 inhibited
מְעֻכָּל ת [me'u'kal] 1 digested. 2 consumed
מְעֻכָּר ת [me'u'kar] muddy, befouled, muddied
מַעֲכֹרֶת נ [ma'a'xoret] foulness, pollution, befouling
מָעַל פ״ע [ma'ˈal] to embezzle, misuse, misappropriate
מַעַל ז [ˈma'al] embezzlement, fraud
מֵעַל תה״פ [me'ˈal] from above
מֹעַל יָד, מֹעַל יָדַיִם raising hands
מַעֲלָה נ [ma'a'la] 1 step, stair. 2 grade, degree. 3 ascent. 4 virtue. 5 advantage
מַעֲלֶה ז [ma'a'le] 1 rise, ascent, slope. 2 platform, dais. 3 hill. 4 raising
מַעֲלֵה גֵרָה ruminant, cudchewer
מַעְלָה תה״פ [ˈma'la] 1 upwards, above. 2 heaven
מַעְלָה מַטָּה more or less
מַעְלָה מַעְלָה higher and higher, further and further up
מְעֻלֶּה ת [me'u'le] 1 superlative. 2 excellent. 3 prominent, distinguished
מַעֲלִיב ת [ma'a'liv] insulting, offensive
מַעֲלִית נ [ma'a'lit] elevator, lift
מַעֲלָל ז [ma'a'lal] action, deed, act, feat
מַעְלָן תה״פ [ma'ˈlan] upwards, above
מְעֻלָּף ת [me'u'laf] wrapped, covered, overlaid
מַעֲלָתוֹ [ma'ala'to] His Excellency
מֵעִם מ״י [me'ˈim] from
מַע״ם ר״ת [ˈma'am] V.A.T. (value added tax)
מָעֳמָד ז [mo'a'mad] 1 place, position. 2 erected. 3 candidate, nominee
מַעֲמָד ז [ma'a'mad] 1 class (social). 2 station, post. 3 status, position. 4 stand, base. 5 occasion. 6 presence
מֻעֲמָד ז [mu'a'mad] candidate, nominee
מְעַמֵּד ז [me'a'med] paginator
מְעֻמָּד ת [me'u'mad] 1 standing. 2 paginated, paged
מָעֳמָדוּת, מֻעֲמָדוּת נ [mo'ama'dut] candidacy, candidature
מַעֲמָדִי ת [ma'ama'di] pertaining to class
מַעֲמָדִיּוּת נ [ma'amadi'yut] class consciousness
מַעֲמוֹדִית נ [ma'amo'dit] baptism
מַעֲמִיד ז [ma'a'mid] base, stand, pedestal
מַעֲמִיק ת [ma'a'mik] deep, profound
מְעַמֵּל ז [me'a'mel] training instructor, gymnastics instructor
מְעֻמְלָן ת [me'um'lan] starched, stiffened with starch
מָעֳמָס ת [mo'a'mas] loaded, weighty,

burdened

[ma'a'mas] burden, load מַעֲמָס ז

[me'u'mas] loaded, laden, burdened מְעֻמָּס ת

[ma'ama'sa] burden, load מַעֲמָסָה נ

[me'um''am] dim, faint, hazy מְעֻמְעָם ת

[ma'a'mak] 1 depth. 2 profundity מַעֲמָק ז

['ma'an] 1 address. 2 reply, answer מַעַן ז

[ma'a'nav] sling מַעֲנָב ז

[me'u'nag] 1 lovely. 2 tender, delicate מְעֻנָּג ת

[ma'a'nag] softness, gentleness מַעֲנָג ז

[ma'a'na] furrow מַעֲנָה נ

[ma'a'ne] answer, reply מַעֲנֶה ז

[me'u'ne] 1 tortured, martyred. 2 famished, fasting. 3 afflicted מְעֻנֶּה ת

[me'an'yen] interesting מְעַנְיֵן ת

[me'un'yan] interested, concerned מְעֻנְיָן ת

[me'unya'nut] interestedness מְעֻנְיָנוּת נ

[ma'a'nit] furrow מַעֲנִית נ

[me'u'nan] 1 cloudy, overcast. 2 nebulous מְעֻנָּן ת

[ma'a'nak] 1 grant, award, bonus, allowance. 2 gratuity מַעֲנָק ז

scholarship מַעֲנָק לְמוּדִים

[me'i'sa] paste מְעִסָּה נ

[ma'a'sik] employer מַעֲסִיק ז

[mo'a'sak] 1 employee. 2 employed, occupied, engaged מֻעֲסָק, מְעֻסָּק ז ת

[ma''pil] 1 brave, daring. 2 illegal immigrant מַעְפִּיל ת ז

[ma''pal] bravery, audacity מַעְפָּל ז

[me'u'par] dusty מְעֻפָּר ת

[ma'a'foret] overall, smock מַעֲפֹרֶת נ

[me'u'pash] 1 mouldy, rotten. 2 rancid מְעֻפָּשׁ ת

[ma'a'tsav] sorrow, gloom, melancholy מַעֲצָב ז

[me'u'tsav] 1 designed, fashioned. 2 moulded. 3 nervous מְעֻצָּב ת

[ma'atse'va] sorrow, pain, gloom מַעֲצֵבָה נ

[me'ats'ben] irritating, annoying, exasperating מְעַצְבֵּן ת

[me'uts'ban] nervous, worked up, irritated, agitated מְעֻצְבָּן ת

[ma'a'tsad] drawknife, plane מַעֲצָד ז

[ma''tsor] 1 brake, stoppage. 2 impediment. 3 inhibition, restraint, hindrance מַעְצוֹר ז

[ma'a'tsiv] saddening, distressing מַעֲצִיב ת

[ma'atsa'ma] big power מַעֲצָמָה נ

[me'ats'mo] by itself מֵעַצְמוֹ

[ma''tsar] 1 detention, arrest. 2 imprisonment. 3 restraint, hindrance מַעְצָר ז

[ma'a'tser] brake, check מַעֲצֵר ז

[me'u'tsar] 1 curbed, restrained. 2 crushed, squeezed (olives) מְעֻצָּר ת

[ma'a'tseret] oil-press מַעֲצֶרֶת נ

[ma'a'kav] 1 sequence, course. 2 follow-up. 3 evaluation. 4 long-term observation מַעֲקָב ז

[me'u'kav] 1 cube. 2 cubic מְעֻקָּב ת ז

[ma'a'ke] 1 railing, banister. 2 parapet מַעֲקֶה ז

[ma'a'kon] ledge, balustrade מַעֲקוֹן ז

[ma'a'kof] traffic island, roundabout מַעֲקוֹף ז

[ma'a'kal] 1 tortuousness, sinuosity. 2 traverse מַעֲקָל ז

occidentalism

מְעַרְבֵּל ז [me'ar'bel] mixer, concrete mixer

מְעַרְבֹּלֶת נ [me'ar'bolet] whirlwind, vortex, eddy

מְעֻרְגָּל ת [me'ur'gal] rolled

מְעַרְגֹּלֶת נ [me'ar'golet] rolling mill

מַעֲרֶה ז [ma'a're] open space

מַעֲרֵה יַעַר forest clearing

מְעָרָה נ [me'a'ra] cave, cavern, den

מְעֹרֶה ת [me'o're] 1 rooted, integrated. 2 connected, attached

מַעֲרוֹךְ ז [ma'a'rox] 1 pastry board. 2 rolling pin

מְעֻרְטָל ת [me'ur'tal] 1 uncovered, exposed. 2 naked, base

מַעֲרִיב ז [ma'a'riv] 1 evening. 2 evening prayer

מַעֲרִיךְ ז [ma'a'rix] 1 assessor, valuer. 2 index, exponent

מַעֲרִיץ ז [ma'a'rits] admirer, fan, adorer

מְעֳרָךְ ת [mo'a'rax] assessed, estimated, appraised

מַעֲרָךְ ז [ma'a'rax] 1 formation, array, alignment. 2 disposition, arrangement. 3 project, deal

מַעֲרַךְ שִׁדּוּר line-up

מַעֲרָכָה נ [ma'ara'xa] 1 battlefield, front. 2 arrangement, disposition. 3 campaign. 4 system. 5 act (theatre)

מַעַרְכוֹן ז [ma'ar'xon] one-act play, playlet, skit

מַעַרְכֵי לֵב thoughts, private plans

מַעֲרֶכֶת נ [ma'a'rexet] 1 system. 2 set, arrangement. 3 editorial board. 4 constellation

מַעֲרֹכֶת נ [ma'a'roxet] 1 constitution. 2 bodily functions

מַעֲרֶכֶת הַשְׁלִיבָה threading

מְעֻקָּל ת [me'u'kal] 1 confiscated, foreclosed. 2 crooked, perverted, distorted

מַעֲקָם ז [ma'a'kam] crookedness, distortion

מְעֻקָּם ת [me'u'kam] curved, twisted, crooked

מַעֲקָף ז [ma'a'kaf] 1 circumvention. 2 bypass

מְעֻקָּף ת [me'u'kaf] bypassed, circumvented

מְעֻקָּץ ת [me'u'kats] 1 bitten, stung. 2 acute, sharp, bearing a sting

מַעֲקֵר ז [ma'a'ker] sterilizer

מְעַקֵּר ת [me'a'ker] disinfecting, sterilizing

מְעֻקָּר ת [me'u'kar] 1 gelded, spayed, castrated. 2 sterilized

מֵעִקָּרָא תה״פ [me'ika'ra] essentially, fundamentally, a priori

מֵעִקָּרוֹ [me'ika'ro] basically, in essence

מַעֲקָשׁ ז [ma'a'kash] 1 crooked path. 2 complicated problem

מְעֻקָּשׁ ת [me'u'kash] 1 obstinate, stubborn. 2 crooked

מַעַר ז ['ma'ar] 1 nakedness, nudity. 2 baseness. 2 neckline

מַעֲרָב ז [ma'a'rav] 1 west, occident. 2 merchandise

מְעֹרָב ת [me'o'rav] 1 mixed, mingled. 2 confused. 3 purified ritually

מְעֻרְבָּב ת [me'ur'bav] mixed up, confused, muddled

מַעַרְבוֹן ז [ma'ar'von] western, film about the "wild west"

מְעֹרָבוּת נ [me'ora'vut] involvement

מַעֲרָבִי ת [ma'ara'vi] occidental, western

מַעֲרָבִיּוּת נ [ma'aravi'yut] westernism,

מְעֹרָם ת [me'o'ram] heaped, piled
מַעֲרֻמִּים ז״ר [ma'aru'mim] nudity, nakedness
מַעֲרֶמֶת נ [ma'a'remet] harvester, combine
מְעַרְעֵר ז [me'ar''er] 1 appellant. 2 impugner, refuter
מְעֻרְעָר ת [me'ur''ar] unstable, unbalanced, weak
מַעֲרָף ז [ma'a'raf] raindrop, drop of water
מְעֻרְפָּל ת [me'ur'pal] 1 foggy, misty. 2 obscure
מַעֲרֶפֶת נ [ma'a'refet] guillotine
מַעֲרָצָה נ [ma'ara'tsa] axe
מַעַשׂ ז ['ma'as] action, deed
מְעֻשָּׂב ת [me'u'sav] weeded, grassy
מַעֲשֵׂבָה ז [ma'ase'va] herbarium
מַעֲשֶׂה ז [ma'a'se] 1 practice. 2 action, deed. 3 conduct, occurrence. 4 manufacture. 5 fact, event. 6 tale, story
מְעַשֶּׂה ז [ma'a'se] activator
מְעֻשֶּׂה ת [me'u'se] 1 compulsory, forced. 2 artificial, fictitious
מַעֲשִׂי ת [ma'a'si] 1 achievable, feasible. 2 practical, practicable
מַעֲשִׂיָּה נ [ma'asi'ya] tale, legend, anecdote, story
מַעֲשִׂיּוּת נ [ma'asi'yut] practicality, feasibility
מְעַשֵּׁן ז [me'a'shen] smoker
מְעֻשָּׁן ת [me'u'shan] smoked, smoking
מַעֲשֵׁנָה נ [ma'ashe'na] chimney, funnel, smokestack
מַעֲשָׁק ז [ma'a'shak] theft, larceny
מַעֲשַׁקּוֹת נ״ר [ma'asha'kot] 1 pillaging, looting. 2 extortion, exaction
מַעֲשֵׂר ז [ma'a'ser] tithe
מְעֻשָּׂר ת ז [me'u'sar] 1 decagon. 2 tithed
מָעֳשָׁר ת [mo'a'shar] enriched
מַעַשְׂרוֹת ז״ר [ma'as'rot] Ma'asrot (Talmudic tractate)
מְעֻתָּד ת [me'u'tad] prepared, ready, awaiting
מֵעַתָּה [me'a'ta] from now on, henceforth
מַעְתּוֹר ז [ma''tor] compliance, positive response
מַעְתִּיק ז [ma''tik] 1 copyist. 2 copier. 3 translator
מָעְתָּק ת [mo''tak] 1 copied. 2 removed. 3 translated.
מַעְתֵּק ז [ma''tek] copying-machine, duplicator
מַפָּאוּת נ [mapa''ut] cartography, mapmaking
מַפַּאי ז [ma'pai] cartographer, mapmaker
מְפֹאָר ת [mefo''ar] magnificent, splendid, glorious
מִפְּאַת מ״י [mip''at] because of, owing to
מְפֻבְרָק ת [mefu'brak] 1 factory-made. 2 fictitious
מֻפְגָּז ת [muf'gaz] bombed, shelled, bombarded
מַפְגִּין ז [maf'gin] demonstrator
מַפְגִּיעַ ז ת [maf'giy'a] 1 gnat, worm. 2 insisting, entreating
מְפֻגָּל ת [mefu'gal] tainted, spoilt
מִפְגָּן ז [mif'gan] parade, rally, demonstration
מִפְגָּע ז [mif'ga'] 1 nuisance, obstacle. 2 target, mark
מְפַגֵּר ת [mefa'ger] 1 retarded, slow backward. 2 handicapped
מְפֻגָּר ת [mefu'gar] 1 retarded, in arrear. 2 slain. 3 tired to death
מִפְגָּשׁ ז [mif'gash] 1 meeting,

[muf'xat] reduced, lessened, diminished מֻפְחָת ת
[maf'tir] 1 Maftir (weekly reading of prophets). 2 concluding מַפְטִיר ז ת
[mefu'tam] 1 fattened, fat 2 stuffed, gorged מְפֻטָּם ת
[mifta'ma] fattening shed מִפְטָמָה נ
[mefu'tar] dismissed, discharged מְפֻטָּר ת
[mapi'yon] napkin-stand מַפִּיּוֹן ז
[mefu'yax] sooted, sooty, blackened מְפֻיָּח ת
[mefu'yat] set to poetry מְפֻיָּט ת
[mefu'yax] painted (eyes) מְפֻיָּךְ ת
[mefu'yas] appeased, pacified, conciliated מְפֻיָּס ת
[me'fits] distributor מֵפִיץ ז
[me'fik] producer מֵפִיק ז
[ma'pik] mappik (indicating consonantal ó) מַפִּיק ז
[me'fir] breaking, violating מֵפִיר ת
blackleg, strikebreaker מֵפִיר שְׁבִיתָה
[ma'pit] serviette, napkin מַפִּית נ
[mefa'ke] flowing, gushing, springing forth מְפַכֶּה ת
[mefu'kax] 1 sober. 2 realistic מְפֻכָּח ת
[ma'pal] 1 fall, drop. 2 offal, chaff. 3 refuse, left-over מַפָּל ז
refuse of the harvest מַפַּל בָּר
water fall מַפַּל מַיִם
[mu'pal] thrown down, dropped, felled מֻפָּל ת
[muf'la] 1 inconceivable. 2 wonderful, marvellous מֻפְלָא ת
[mifla''a] miracle, marvel, wonder מִפְלָאָה נ
[maf'leg] distributor מַפְלֵג ז
[mif'lag] section, branch, department מִפְלָג ז
[muf'lag] 1 distant, remote. מֻפְלָג ת
reunion, rendez-vous. 2 junction, confluence
[muf'gash] convened, brought together מֻפְגָּשׁ ת
[mif'de] repayment, redemption מִפְדֶּה ז
[mefu'dar] powdered, made-up מְפֻדָּר ת
[ma'pa] 1 map, chart. 2 table-cloth. 3 wrapper, covering מַפָּה נ
overflowing, from end to end מִפֶּה לָפֶה
[ma'pu'ax] bellows מַפּוּחַ ז
[mapu'xon] accordion מַפּוּחוֹן ז
[mapuxo'nai] accordionist מַפּוּחוֹנַאי ז
[mapu'xit] harmonica, mouth-organ מַפּוּחִית נ
concertina, accordion מַפּוּחִית יָד
mouth-organ מַפּוּחִית פֶּה
[mi'puy] mapping, mapmaking מִפּוּי ז
[mefuz'mak] stockinged, wearing socks מְפֻזְמָק ת
[mif'zar] spread, dispersal, extent מִפְזָר ז
[mefu'zar] 1 scattered, dispersed. 2 distracted, absentminded מְפֻזָּר ת
[maf'zera] spreader מַפְזֵרָה נ
[ma'pax] 1 blowing, exhalation. 2 puncture. 3 frustration מַפָּח ז
1 frustration. 2 exhalation מַפַּח נֶפֶשׁ
[mu'pax] frustrated מֻפָּח ת
[mefu'xad] frightened, terrified מְפֻחָד ת
[muf'xad] scared, alarmed מֻפְחָד ת
[mapa'xa] forge, smithy מַפָּחָה נ
[mefux'lats] stuffed מְפֻחְלָץ ת
[mefu'xam] 1 sooted, sooty. 2 electrocuted. 3 blackened. 4 charred, carbonized מְפֻחָם ת

2 turmoil. 3 expansion
[mefu'lash] uninterrupted, open מְפֻלָּשׁ ת
[ma'polet] 1 collapse, fall. 2 ruin. 3 avalanche מַפֹּלֶת נ
[mof'ne, muf'ne] 1 set, turned, directed. 2 free, single, unmarried מָפְנֶה, מֻפְנֶה ת
[mefu'ne] 1 free, cleared, vacated. 2 evacuee מְפֻנֶּה ת ז
[mif'ne] turning point, turn מִפְנֶה ז
[mip'ne] 1 because of, owing to. 2 before, in front of מִפְּנֵי מ״י
[muf'nam] introverted מֻפְנָם ת
[mufna'mut] introversion מֻפְנָמוּת נ
[mefu'nak] spoilt, pampered מְפֻנָּק ת
[mefun'kas] registered, recorded מְפֻנְקָס ת
[muf'sad] 1 lost, mislaid. 2 wasted, damaged מֻפְסָד ת
[mefus'tar] pasteurized מְפֻסְטָר ת
[mefas'teret] pasteurizing machine מְפַסְטֶרֶת נ
[maf'sid] 1 loser. 2 losing מַפְסִיד ז ת
[mafsi'dan] loser מַפְסִידָן ז
[maf'sik] 1 separator. 2 interrupter מַפְסִיק ז
[mefu'sal] sculptured, carved מְפֻסָּל ת
[maf'selet] 1 chisel. 2 gouge מַפְסֶלֶת נ
[mif'sa'a] 1 pavement, sidewalk. 2 groin מִפְסָעָה נ
[mefus'fas] missed, mistaken מְפֻסְפָס ת
[mefus'pas] 1 decorated with mosaic. 2 striped מְפֻסְפָּס ת
[maf'sek] switch מַפְסֵק ז
[mif'sak] 1 caesura. 2 interruption מִפְסָק ז
[mefu'sak] 1 punctuated, pointed. 2 astride. 3 spaced at intervals מְפֻסָּק ת
[maf'il] activator, operator מַפְעִיל ז

2 eminent, distinguished. 3 superlative. 4 exaggerated
[mefu'lag] divided, separated, segmented מְפֻלָּג ת
[mifla'ga] party, faction מִפְלָגָה נ
[mifla'ga] section, division מִפְלַגָּה נ
[mufla'gut] greatness, superiority, excellence מֻפְלָגוּת נ
[miflag'ti] factional, party מִפְלַגְתִּי ת
[miflagti'yut] party system, division into factions מִפְלַגְתִּיּוּת נ
[mefu'lad] steel, made of steel מְפֻלָּד ת
[muf'le] discriminated against מֻפְלֶה ת
[mapa'la] fall, downfall, defeat מַפָּלָה נ
[mape'la] 1 fall, collapse. 2 ruin מַפֵּלָה נ
[mafle'ax] slicer מַפְלֵחַ ז
[mefu'lax] sliced, cleft מְפֻלָּח ת
[maf'let] ejector, exhaust מַפְלֵט ז
[mif'lat] refuge, asylum, shelter מִפְלָט ז
[maf'lit] ejector מַפְלִיט ז
[maf'lil] incriminating מַפְלִיל ת
[mif'lal] entreaty, plea, prayer מִפְלָל ז
[mefu'lam] 1 humid, viscous. 2 plumed, feathered מְפֻלָּם ת
[maf'les] 1 leveller, grader. 2 spirit level מַפְלֵס ז
[mif'las] level, altitude מִפְלָס ז
[mefu'las] paved, levelled מְפֻלָּס ת
[mafle'sa] spirit level מַפְלְסָה נ
[meful'pal] 1 peppered, peppery. 2 sharp, witty, acute. 3 sophistic, casuistic מְפֻלְפָּל ת
[mefal'pelet] pepper-caster מְפַלְפֶּלֶת נ
[mif'letset] 1 monster. 2 monstrosity מִפְלֶצֶת נ
[miflats'ti] monstrous מִפְלַצְתִּי ת
[mif'lash] 1 passage, transit. מִפְלָשׁ ז

shrewd
[mifka'xa] inspectorate מִפְקָחָה נ
[maf'kid] depositor מַפְקִיד ז
profiteer, racketeer מַפְקִיעַ שְׁעָרִים
[muf'ka] 1 requisitioned, expropriated. 2 inflated, exorbitant מֻפְקָע ת
[mefuk'pak] doubtful, questionable מְפֻקְפָּק ת
[mefu'kak] corked, stoppered מְפֻקָּק ת
[muf'kar] 1 abandoned. 2 ownerless. 3 lawless, dissolute, licentious מֻפְקָר ת
[mufka'rut] licentiousness, lawlessness, anarchy מֻפְקָרוּת נ
[muf'keret] prostitute, whore, woman of loose morals מֻפְקֶרֶת נ
[mif'rad] separation מִפְרָד ז
[mefo'rad] 1 separated, parted. 2 scattered, dispersed מְפֹרָד ת
[mu'frad] separated מֻפְרָד ת
[mafre'da] 1 separator. 2 central strip מַפְרֵדָה נ
[maf'redet] schizo carp (plant) מַפְרֶדֶת נ
[maf're] 1 fruitful. 2 making fruitful, fructifying מַפְרֶה ת
[muf're] 1 fertilized, inseminated. 2 pollinated מֻפְרֶה ת
[mefo'raz] demilitarized מְפֹרָז ת
[mu'fraz] excessive, overdone, exaggerated מֻפְרָז ת
[mefur'zal] 1 shod. 2 ironclad מְפֻרְזָל ת
[mefo'rax] blooming, flowering מְפֹרָח ת
[maf'ret] 1 plectrum, plectron. 2 coin-holder מַפְרֵט ז
[mif'rat] specification מִפְרָט ז
[mefo'rat] 1 detailed. 2 specified, itemized מְפֹרָט ת
[maf'rid] 1 dash. 2 separating מַפְרִיד ז ת

[mif''al] 1 factory, plant. 2 project. 3 work, deed מִפְעָל ז
[muf''al] operated, activated מֻפְעָל ת
[mif''am] tempo, beat מִפְעָם ז
adagio מִפְעָם אִטִּי
presto מִפְעָם אָץ
moderato מִפְעָם מָתוּן
allegro מִפְעָם עֵרָנִי
largo מִפְעָם רָחָב
[mefu'a'nax] deciphered, decoded מְפֻעְנָח ת
[ma'pats] 1 shattering, smashing. 2 mat, rug מַפָּץ ז
[ma'pets] hammer, club מַפֵּץ ז
[mif'tse] opening (of mouth), utterance מִפְצֶה ז
[maf'tse'ax] nutcracker מַפְצֵחַ ז
[maf'tsits] bomber מַפְצִיץ ז
[mefu'tsal] 1 divided, split. 2 forked, ramified מְפֻצָּל ת
[maf'tselet] jack-plane מַפְצֶלֶת נ
[maf'tse'a] nutcracker מַפְצֵעַ ז
[mefu'tsats] 1 split, cracked. 2 bursting at the seams. 3 overcrowded מְפֻצָּץ ת
[muf'tsats] 1 shelled, bombed. 2 exploded, blown up מֻפְצָץ ת
[mu'pak] 1 extracted. 2 produced מֻפָּק ת
[mefa'ked] 1 commander, commandant. 2 leader, chief מְפַקֵּד ז
[mif'kad] 1 census, muster. 2 parade, order מִפְקָד ז
general census מִפְקַד אֻכְלוּסִין
[muf'kad] 1 deposited. 2 in charge of מֻפְקָד ת
[mifka'da] command, headquarters מִפְקָדָה נ
[mefa'ke'ax] supervisor, inspector, controller מְפַקֵּחַ ז
[mefu'kax] clever, smart, מְפֻקָּח ת

מַפְרִיס (פרסה) ת cloven-hoofed
מַפְרִיעַ ז ת [maf'riy'a] 1 impediment, hindrance. 2 disturbing, annoying
מֻפְרָךְ ת [muf'rax] refuted, confuted
מַפְרֵכָה נ [mafre'xa] stone for pressing olives
מְפֻרְכָּס ת [mefur'kas] prettified, dressed-up, adorned
מַפְרֵם ז [maf'rem] seam ripper
מְפַרְנֵס ז [mefar'nes] 1 breadwinner, provider. 2 wage-earner
מַפְרֵסָה נ [maf'resa] slicer
מְפֻרְסָם ת [mefur'sam] 1 famous, well-known. 2 eminent, celebrated. 3 published
מֻפְרָע ת [muf'ra'] disturbed
מְפֹרָע ת [mefo'ra'] uncovered, exposed
מִפְרָעָה נ [mifra''a] 1 downpayment. 2 payment on account
מֻפְרָעוּת נ [mufra''ut] mental disturbance
מְפֻרְעָשׁ ת [mefur''ash] flea-ridden, lousy
מַפְרֵף ז [maf'ref] button-hook
מְפֹרָץ ת [mefo'rats] 1 broken-down, violated. 2 indented
מִפְרָץ ז [mif'rats] bay, gulf, inlet
מְפָרֵק ז [mefa'rek] liquidator
מְפֹרָק ת [mefo'rak] 1 taken to pieces, dismantled. 2 liquidated. 3 unloaded
מִפְרָק ז [mif'rak] joint, articulation, link
מְפֻרְקָד ת [mefur'kad] supine, lying down
מַפְרֶקֶת נ [maf'reket] neck, nape
מְפֹרָר ת [mefo'rar] crumbled, crumby
מִפְרָשׁ ז [mif'rash] water course, watershed
מִפְרָשׂ ז [mif'ras] 1 sail. 2 spread, expansion. 3 carpet
מְפָרֵשׁ ת [mefa'resh] commentator, exponent
מְפָרֵשׂ־יַמִּים sailor, mariner
מְפֹרָשׁ ת [mefo'rash] 1 clear, explicit, specific. 2 explained, expounded
מֻפְרָשׁ ת [muf'rash] 1 separated, divided. 2 secreted. 3 allocated, apportioned.
מִפְרָשִׂית נ [mifra'sit] sailboat, sailing vessel
מִפְשׁוֹל ז [mif'shol] pullover, jersey
מֻפְשָׁט ת [muf'shat] abstract
מֻפְשָׁל ת [muf'shal] rolled-up, fastened
מִפְשָׂעָה נ [mifsa''a] 1 groin. 2 hip
מִפְשָׂק ז [mif'sak] 1 track, interspace. 2 leapfrog
מְפֻשָּׂק ת [mefu'sak] astride, splayed, legs apart
מַפְשֵׁר ז [maf'sher] defroster
מְפַשֵּׁר ת [mefa'sher] conciliator, arbitrator, mediator
מְפֻתֶּה ת [mefu'te] tempted, enticed, beguiled, seduced
מִפְתּוּחַ ז [mif'tu'ax] indexing
מַפְתֵּחַ ז [maf'te'ax] 1 key. 2 spanner, wrench. 3 index
מִפְתָּח ז [mif'tax] 1 opening, aperture. 2 span
מִפְתַּח פ"י [mif'tax] to index
מְפַתֵּחַ ז [mefa'te'ax] 1 engraver, carver. 2 developing, developer. 3 one who has laid down arms
מְפֻתָּח ת [mefu'tax] 1 engraved, carved. 2 developed
מַפְתְּחוֹן ז [mafte'xon] small key
מַפְתְּחָן ז [mafte'xan] 1 key-maker. 2 indexer
מַפְתִּיעַ ת [maf'tiy'a] surprising,

[mats'bi] military commander מַצְבִּיא ז
[matsbi'ut] high command מַצְבִּיאוּת נ
[mats'bi'a] 1 elector, voter. 2 pointer מַצְבִּיעַ ז
[metsu'ba] painted מְצֻבָּע ת
[mitsba'a] dye-house מִצְבָּעָה נ
[mats'ber] battery מַצְבֵּר ז
[mits'bar] 1 heap, pile. 2 agglomerate מִצְבָּר ז
[metsuv'rax] moody, grumpy מְצֻבְרָח ת
memorial מַצֶּבֶת זִכָּרוֹן
[ma'tsag] 1 stand, attitude. 2 exhibition. 3 exposition (literary). 4 display (electronic) מַצָּג ז
digital display מַצָּג סִפְרָתִי
[mu'tsag] 1 presentation, exhibit. 2 concept, notion מֻצָּג ז
[me'tsad] stronghold, pill-box מְצָד ז
[me'tsad] 1 shunt, sideline. 2 latch, catch מֵצַד ז
[mi'tsad] 1 on the part of. 2 from the side מִצַּד מ״י תה״פ
[metsa'ded] 1 supporter, adherent, follower. 2 partial, biased מְצַדֵּד ז
[metsu'dad] facing sideways, crabwise מְצֻדָּד ת
[metsa'da] 1 stronghold, fortress. 2 Massada מְצָדָה נ
[mits'da'] salute מִצְדָּע ז
[muts'dak] 1 justified. 2 vindicated מֻצְדָּק ת
[ma'tsa] 1 to squeeze, press. 2 to exhaust. 3 to suck, drain מָצָה פ״י
[ma'tsa] 1 unleavened bread (matza). 2 strife, contention, quarrel מַצָּה נ
[mi'tsa] 1 to drain, squeeze. 2 to exhaust. 3 to epitomize מִצָּה פ״י
[muts'hav] yellowish, yellowed מֻצְהָב ת

startling
[mefu'tal] 1 tortuous, twisted. 2 meandering, winding מְפֻתָּל ת
[mif'tal] twist, bend, curve מִפְתָּל ז
[mif'tan] threshold, sill מִפְתָּן ז
[mif'ta] surprise מִפְתָּע ז
[muf'ta] surprised, amazed, astonished מֻפְתָּע ת
[mets] oppressor מֵץ ז
[mots] chaff מֹץ ז
[ma'tsa] 1 to find. 2 to discover. 3 to encounter. 4 to happen, befall מָצָא פ״י
to please, like מָצָא חֵן בְּעֵינָיו
to suffice מָצָא לוֹ
to afford מָצְאָה יָדוֹ
[me'tsai] inventory, stock מְצַאי ז
[ma'tsav] 1 position, state. 2 condition, situation. 3 garrison, post מַצָּב ז
stand-by, alert מַצַּב הָכֵן
1 mood, state of mind. 2 morale מַצַּב רוּחַ
door stop מַצַּב דֶּלֶת
[mi'tsav] status מִצָּב ז
[mu'tsav] 1 post, garrison. 2 stationed, posted מֻצָּב ז ת
[mits'ba] gathering, assembly מִצְבָּא ז
[mits'be] swelling, tumor מִצְבֶּה ז
[matsa'va] 1 establishment. 2 garrison, strength. 3 work strenght מַצָּבָה נ
[matse'va] 1 tombstone, gravestone. 2 monument, memorial. 3 pillar, column מַצֵּבָה נ
[muts'va] plant, installation (industrial, military etc.) מֻצְבָה נ
[mats'bo'a] brush, paint brush מַצְבּוֹעַ ז
[mits'bor] heap, pile, dump מִצְבּוֹר ז
[mitsba'tayim] pincers מִצְבָּטַיִם ז״ז

מַצְהִיב ת [mats'hiv] yellowing, yellowish
מִצְהָלָה נ [mitsha'la] 1 neighing, snorting. 2 boisterous frolic
מִצְהָר ז [mits'har] 1 meridian. 2 manifest, declaration
מֻצְהָר ת [muts'har] declared, proclaimed
מָצוּא ת [ma'tsu] common, current
מַצּוּבָה נ [metsu'va] 1 pyramid. 2 stack (rifles)
מָצוֹד ז [ma'tsod] 1 manhunting, manhunt. 2 trap, snare. 3 stronghold
מְצוֹדֵד ז [metso'ded] captivating, fascinating
מְצוֹדָה נ [metso'da] net, trap, snare
מְצוּדָה נ [metsu'da] 1 fortress, stronghold. 2 shelter
מִצְוָה נ [mits'va] 1 commandment, precept. 2 good or meritorious deed
מְצַוֶּה ז [metsa've] commander, governor
מְצֻוֶּה ת [metsu've] commanded, ordered, bidden, bound
מָצוּי ת [ma'tsuy] 1 common, usual, frequent. 2 existing, extant
מִצּוּי ז [mi'tsuy] 1 squeezing, draining. 2 exhaustion, extraction
מְצוּלָה נ [metsu'la] 1 depth, abyss. 2 underground reservoir
מִצּוּעַ ז [mi'tsu'a] 1 fixing the average. 2 compromise. 3 mediation, arbitration
מָצוֹף ז [ma'tsof] buoy, float
מְצוֹפִית נ [metso'fit] telescope, spyglass
מְצוּפִית נ [metsu'fit] mouthpiece
מָצוּץ ת [ma'tsuts] sucked
מָצוּץ מִן הָאֶצְבַּע not based on fact
מְצוֹצָה נ [metso'tsa] sucker
מָצוֹק ז [ma'tsok] distress, pressure
מָצוּק ת ז [ma'tsuk] 1 erect, upright. 2 pillar, support
מִצּוּק ז [mi'tsuk] solidification, condensation
מְצוּקָה נ [metsu'ka] distress, trouble
מְצוּקִים ז"ר [metsu'kim] "the righteous"
מָצוֹר ז [ma'tsor] 1 siege, blockade. 2 straits, distress. 3 fortress, fortification
מְצוּרָה נ [metsu'ra] fortress, citadel, mound
מַצּוּת נ [ma'tsut] quarrel, strife
מֵצַח ז ['metsax] forehead, brow
מִצְחָה נ [mits'xa] 1 visor, peak. 2 knee-piece, knee-pad
מִצְחִיָּה נ [mitsxi'ya] peaked cap
מַצְחִין ת [mats'xin] stinking
מַצְחִיק ת [mats'xik] funny
מִצְחִית נ [mits'xit] frontlet
מִצְחָף ז [mits'xaf] manuscript (book)
מְצֻחְצָח ת [metsux'tsax] polished, buffed
מִצְחָק ז [mits'xak] stand-up comedy
מְצֻטָּט ת [metsu'tat] quoted, cited
מְצִיאָה נ [metsi''a] 1 bargain, windfall. 2 find, finding, discovery
מְצִיאוּת נ [metsi''ut] 1 existence, essence. 2 reality 3 actuality
מְצִיאוּתִי ת [metsi'u'ti] realistic, real
מְצִיאוּתִיּוּת נ [metsi'uti'yut] realism
מַצִּיג ז [ma'tsig] 1 exhibitor. 2 performer
מְצֻיָּד ת [metsu''yad] 1 equipped, fitted out. 2 furnished, provided
מְצִיָּה נ [metsi'ya] squeezing, draining
מַצִּיָּה נ [matsi'ya] cracker, wafer
מַצִּיל ז [ma'tsil] 1 lifesaver, lifeguard.

[muts'lal] shaded, shady מֻצְלָל ת
[metsu'lam] photographed מְצֻלָּם ת
[mats'le'ma] camera מַצְלֵמָה נ
[metsu'la] polygon מְצֻלָּע ז
[mats'lef] flyswatter מַצְלֵף ז
[metsaltse'lim] coins, change, money מְצַלְצְלִים ז״ר
[metsu'lak] scarred מְצֻלָּק ת
[metsil'tayim] cymbals מְצִלְתַּיִם ז״ז
[mats'med] clutch מַצְמֵד ז
[metsu'mad] attached, coupled מְצֻמָּד ת
[mats'medet] coupling-box, sleeve counting מַצְמֶדֶת נ
[mits'muts] 1 blinking, winking. 2 sucking מִצְמוּץ ז
[mits'mets] 1 to blink, wink. 2 to suck מִצְמֵץ פ״י
[metsum'tsam] 1 reduced, limited, restricted. 2 small, scanty מְצֻמְצָם ת
[metsu'mak] shrivelled, wrinkled מְצֻמָּק ת
[metsam'rer] causing a shiver מְצַמְרֵר ת
[mits'mat] junction מִצְמָת ז
[metsu'mat] 1 pickled. 2 attached. 3 limited. 4 humble. 5 abstemious מְצֻמָּת ת
[metsun'zar] censored מְצֻנְזָר ת
[mats'ne'ax] parachute מַצְנֵחַ ז
[mats'nem] toaster מַצְנֵם ז
[mats'nen] cooler מַצְנֵן ז
[metsu'nan] 1 chilled, cooled. 2 suffering from a cold מְצֻנָּן ת
[muts'na] concealed, hidden מֻצְנָע ת
[mits'nefet] 1 turban. 2 head-scarf. 3 fur hat מִצְנֶפֶת נ
[ma'tsa] 1 couch, mattress, bed. 2 platform, manifesto מַצָּע ז
[me'tsa] medium מֶצַע ז

2 rescuer
[metsu'yan] 1 excellent, fine. 2 marked, indicated מְצֻיָּן ת
[metsuya'nut] excellence מְצֻיָּנוּת נ
[metsi''ut] means, mediation מְצִיעוּת נ
[metsu'yats] 1 fringed, frilled. 2 crested. 3 squeaking, piping מְצֻיָּץ ת
[metsi'tsa] sucking, suction מְצִיצָה נ
[metsi'tsan] Peeping Tom, voyeur מְצִיצָן ז
[me'tsik] 1 vexing, pestering. 2 oppressive מֵצִיק ת
[metsi'kut] 1 solidity. 2 solidification מְצִיקוּת נ
[metsa'yer] painter, sketcher מְצַיֵּר ז
[metsu'yar] 1 drawn. 2 illustrated, portrayed מְצֻיָּר ת
[ma'tsit] 1 lighter. 2 cracker מַצִּית ז נ
[me'tsal] shady, affording shade מֵצַל ת
[mu'tsal] 1 rescued, saved. 2 shaded מֻצָּל ת
[mits'lav] crossroad מִצְלָב ז
[metsu'lav] 1 crossed. 2 cross-shaped, cruciform מְצֻלָּב ת
[muts'lav] crossbred, hybrid מֻצְלָב ת
[metsi'la] 1 small bell. 2 campanella מְצִלָּה נ
[mits'lol] 1 depth. 2 deep-sea diving. 3 tone, sound מִצְלוֹל ז
[mits'lax] swimming or sailing across מִצְלָח ז
[muts'lax] 1 successful, fortunate. 2 triumphant מֻצְלָח ת
[mats'liv] cruciform, cross-shaped מַצְלִיב ז
[mats'li'ax] successful, prosperous מַצְלִיחַ ז
[mats'lif] 1 flogger, whipper. 2 parliamentary whip מַצְלִיף ז
[mats'lel] tuning fork מַצְלֵל ז

מִצַּע פ"י [mi'tsa] 1 to center, average. 2 to divide into two
מֻצָּע ת [mu'tsa] 1 spread. 2 proposed, suggested
מִצְעָד ז [mits'’ad] 1 parade. 2 march. 3 walk, step
מַצָּעִית נ [matsa'’it] receptacle, place-mat
מְצֹעָף ת [metso'’af] veiled, shrouded
מְצֻעְצָע ת [metsu’'tsa’] 1 flamboyant, ornamented. 2 flowery, florid
מִצְעָר ז ת [mits'’ar] 1 insignificance, smallness. 2 small, insignificant
מְצַעֵר ת [metsa'’er] distressing, causing distress
מַצְעֶרֶת נ [mats'’eret] throttle
מִצְפֶּה ז [mits'pe] watch-tower, look-out, observatory
מִצְפֶּה כּוֹכָבִים observatory
מְצַפֶּה ז [metsa'pe] 1 watchman, scout. 2 expectant. 3 plater
מְצֻפֶּה ת [metsu'pe] 1 covered, plated. 2 expected, awaited
מַצְפּוּן ז [mats'pun] 1 conscience. 2 scruple. 3 hidden place
מַצְפּוּנִי ת [matspu'ni] weighing on the conscience
מִצְפּוֹר ז [mits'por] watchtower, lookout point
מַצְפֵּן ז [mats'pen] compass
מֻצְפָּן ת [muts'pan] 1 coded, ciphered. 2 concealed, hidden
מְצֻפָּף ת [metsu'paf] crowded, crammed together
מְצֻפְרָן ת [metsuf'ran] long-nailed
מָצַץ פ"י [ma'tsats] 1 to suck. 2 to absorb
מַצְמֵץ ז [matse'tsan] sucker, pacifier, nipple
מִצֵּק פ"י [mi'tsek] to consolidate. solidify
מַצֶּקֶת נ [ma'tseket] ladle
מָצַר פ"י [ma'tsar] to limit, confine
מֵצַר ז [me'tsar] 1 distress. 2 orifice. 3 isthmus, strait
מֵצַר יָם strait
מֶצֶר ז ['metser] boundary, limit
מֵצֵר ת [me'tser] 1 causing sorrow, saddening. 2 oppressive
מִצֵּר פ"י [mi'tser] to bound, delimit
מִצְרִי ת [mits'ri] Egyptian
מִצְרָךְ ז [mits'rax] article, item, commodity
מִצְרָן ז [mits'ran] neighbo(u)r
מִצְרָנוּת נ [mitsra'nut] pre-emption, first option
מִצְרָנִי ת [mitsra'ni] adjoining, adjacent, neighbo(u)ring
מְצֹרָע ז ת [metso'ra] 1 leper. 2 leprous
מִצְרָעָה נ [mitsra'’a] leprosarium
מַצְרֵף ז [mats'ref] crucible, melting pot
מְצֹרָף ת [metso'raf] 1 pure, refined. 2 added, appended. 3 attached, enclosed
מְצֹרָף לָזֶה appended, enclosed herein
מִצְרֶפֶת נ [mits'refet] combination underwear, sport's suit
מַצֵּת ז [ma'tset] 1 sparking plug, sparkplug. 2 lighter, igniter
מֻצָּת ת [mu'tsat] ignited, set alight, lighted
מַק ז [mak] 1 decay, rottenness. 2 gangrene
מַקָּב, מַקֵּב ז [ma'kav] 1 punch, piercer, perforator. 2 chisel
מְקֻבָּב ת [meku'bav] convex
מֵקַד ז [me'kad] biscuit-cutter
מַקְבִּיל ת [mak'bil] 1 parallel. 2 opposite
מַקְבִּילָה נ [makbi'la] parallel or corresponding version

מַקְבִּילוֹן ז [makbiˈlon] parallelepiped
מַקְבִּילַיִם ז״ר [makbiˈlayim] parallel bars
מַקְבִּילִית נ [makbiˈlit] parallelogram
מַקָּבַיִם, ז״ר [makaˈvayim] punching tongs
מְקַבֵּל ז [mekaˈbel] 1 container. 2 receiver
מַקְבֵּל ז [makˈbel] collimator
מְקֻבָּל ת ז [mekuˈbal] 1 conventional, accepted. 2 usual, current. 3 Cabbalist (mystic)
מְקֻבָּלוֹת נ״ר [mekubaˈlot] conventions
מַקָּבָן ת [makaˈvan] dolichocephalous
מְקֻבָּץ ת [mekuˈbats] 1 collected, gathered. 2 pleated
מִקְבָּץ ז [mikˈbats] 1 group, grouping. 2 collection
מִקְבֶּצֶת ת נ [mikˈbetset] 1 pleat, crease. 2 gathening
מַקֶּבֶת נ [maˈkevet] 1 hammer, mallet. 2 hole, fissure
מַקֹּבֶת נ [maˈkovet] perforator
מֵקַד ז [meˈkad] cutter
מִקֵּד פ״י [miˈked] to focus
מַקְדֵּד ז [makˈded] reamer, broach
מַקֵּדָה נ [makeˈda] dotting-wheel
מְקִידָה נ [mekiˈda] bowl, vessel, glass
מַקְדֵּחַ ז [makˈde'ax] drill, borer
מֻקְדָּח ת [mukˈdax] spoilt, ruined
מַקְדֵּחָה נ [makdeˈxa] drilling-machine
מְקַדֵּם ז [mekaˈdem] 1 coefficient. 2 factor. 3 promoter
מֻקְדָּם ת תה״פ [mukˈdam] 1 early. 2 preliminary
מִקְדָּמָה נ [mikdaˈma] downpayment, advance payment
מֻקְדָּמוֹת נ״ר [mukdaˈmot] preliminaries
מִקַּדְמַת דְּנָה from olden days
מִקְדָּשׁ ז [mikˈdash] 1 temple, shrine, sanctuary. 2 the Temple
מִקְדֵּשׁ ז [mikˈdesh] holy object
מֻקְדָּשׁ ת [mukˈdash] 1 dedicated, devoted. 2 consecrated, sanctified
מְקֻדָּשׁ ת [mekuˈdash] sacred, holy, hallowed
מְקֻדֶּשֶׁת נ [mekuˈdeshet] betrothed, joined in matrimony
מֻקְהֶה ת [mukˈhe] 1 blunted, dull. 2 notched
מַקְהֵל ז [makˈhel] people, public
מִקְהָל ז [mikˈhal] assembly, congregation
מַקְהֵלָה נ [makheˈla] choir, chorus
מַקְהֵלָן ז [makheˈlan] chorister, choir-member
מַקְהֵלָתִי ת [makhelaˈti] choral
מִקְוָאוֹת ז״ר [mikvaˈ'ot] Mikvaot (Talmudic tractate)
מַקּוֹב ז [maˈkov] drift-hammer
מַקּוֹד ז [maˈkod] center-punch
מִקּוּד ז [miˈkud] 1 focussing, focal point. 2 postal code, ZIP code
מִקְוָה נ, מִקְוֶה ז [ˈmikva, mikˈve] 1 pool, reservoir. 2 ritual bath, Mikveh. 3 hope, trust
מְקֻוֶּה ת [mekuˈve] hoped-for, awaited, expected
מִקּוּחַ ז [miˈku'ax] bargaining, haggling
מַקּוֹל ז [maˈkol] gramophone, phonograph
מָקוֹלִין ז [makoˈlin] slaughterhouse, abattoir
מָקוֹם ז [maˈkom] 1 place, locality, location. 2 space, room. 3 seat. 4 the Omnipresent
מִקּוּם ז [miˈkum] location, placing, site, emplacement
מְקוֹמִי ת [mekoˈmi] local
מְקֻוָּן ת [mekuˈvan] on line

burner
[mekuˈtar]1 scented. 2 offered in sacrifice. 3 steam-cooked מְקֻטָּר ת
[mikˈtar] censer, vessel for burning incense מִקְטָר ז
[mukˈtar] offered as incense מֻקְטָר ת
[mekatˈreg] prosecutor, accuser מְקַטְרֵג ז
[mekatˈra] incense-altar מְקַטְרָה נ
[mikˈtoren] 1 jacket. 2 dinner-jacket, tuxedo. 3 smoking jacket מִקְטֹרֶן ז
[mikˈteret] 1 pipe. 2 censer מִקְטֶרֶת נ
[mukˈyon] clown, jester, joker מֻקְיוֹן ז
[mukyoˈnut] buffoonery, jesting מֻקְיוֹנוּת נ
[mukyoˈni] clown-like מֻקְיוֹנִי ת
[mekuˈyam] 1 fulfilled. 2 confirmed, approved מְקֻיָּם ת
[maˈkif] 1 surrounding, encircling. 2 overall. 3 comprehensive מַקִּיף ת
[meˈkif] one who sells on credit מֵקִיף ז
[meˈkits] arousing, awakening מֵקִיץ ת
[mekuˈyats] 1 cleared of thorns. 2 summery מְקֻיָּץ ת
[maˈkish] knocking, banging מַקִּישׁ ז

[meˈkish] 1 analogist. 2 analogous מֵקִישׁ ז ת
[maˈkel] stick, staff, rod, stave מַקֵּל ז
[meˈkel] 1 facilitating. 2 lenient, indulgent מֵקֵל ת
[makˈlev] clothes-stand מַקְלֵב ז
[mikˈledet] keyboard (piano, typewriter or computer) מִקְלֶדֶת נ
[makˈle] toaster מַקְלֶה ז
[mikˈle] 1 roasting, toasting. 2 hearth, burning מִקְלֶה ז
[makˈlot] dung-bag מַקְלוֹט ז

[mekoˈnen] mourner מְקוֹנֵן ז ת
[mekoˈnenet] woman-mourner, lamenter of the dead מְקוֹנֶנֶת נ
[maˈkof] beat, round, patrol area מַקּוֹף ז
[makoˈfi] of a beat, round מַקּוֹפִי ת
[mekuˈvats] curly, plaited (hair) מְקֻוָּץ ת
[mekuvˈkav] lined, linear מְקֻוְקָו ת
[maˈkor] 1 beak, bill. 2 striker מַקּוֹר ז
[maˈkor] 1 origin, source, root. 2 spring, fount. 3 infinitive, base form מָקוֹר ז
[mekoˈri] original מְקוֹרִי ת
[mekoriˈyut] originality מְקוֹרִיּוּת נ
[maˈkosh] drumstick, knocker מַקּוֹשׁ ז
[miˈkush] mining, minelaying מִקּוּשׁ ז
[makoˈshit] xylophone מַקּוֹשִׁית נ
[mekuˈzaz] subtracted, taken off, set off מְקֻזָּז ת
[miˈkax] 1 taking, receiving. 2 purchase, buying. 3 price, cost. 4 merchandise מִקָּח ז
bargaining, haggling מִקָּח וּמִמְכָּר
a fair price מִקָּח שָׁוֶה
bad bargain מִקַּח טָעוּת
[makaˈxa] merchandise, goods, commodities מַקָּחָה נ
[mikˈtora] cardigan מִקְטוֹרָה נ
[mukˈtan] reduced, made smaller, diminished מֻקְטָן ת
[mikˈte'a] chisel מִקְטֵעַ ז
[mekuˈta] 1 fragmented, segmented. 2 interrupted, broken. 3 amputated מְקֻטָּע ת
[mikˈta] 1 segment, section. 2 fraction, fragment מִקְטָע ז
[mekuˈtaf] clipped, plucked, dropped מְקֻטָּף ת
[makteˈfa] picking machine מַקְטֵפָה נ
[makˈter] censer, incense מַקְטֵר ז

[mak'lon] little stick, twig מַקְלוֹן ז
[mak'leax] shower arm מַקְלֵחַ ז
[meku'lax] showered, washed מְקֻלָּח ת
[mik'laxat] shower, shower-bath מִקְלַחַת נ
[mak'let] 1 receiver. 2 radio or television (set) מַקְלֵט ז
[mik'lat] refuge, asylum, shelter מִקְלָט ז
[muk'lat] recorded מֻקְלָט ת
[makle'ta] recorder מַקְלֵטָה נ
[mikla'ya] coffee-roasting-shop מִקְלָיָה נ
[meku'lal] cursed, accursed מְקֻלָּל ת
[meku'las] praised, eulogized, commended מְקֻלָּס ת
[mak'le'a, mik'la] machine-gun מַקְלֵעַ, מִקְלָע ז
[mikla'’an'] machine-gunner מִקְלָעָן ז, מִקְלְעָן
[makle’a'nut] plaiting, netting מַקְלְעָנוּת, מִקְלְעָנוּת נ
[mik'la’at] 1 net, braid, plait. 2 sculpture, carving. 3 sling, catapault מִקְלַעַת נ
[mak'lef] fruit or vegetable – peeler מַקְלֵף ז
[meku'laf] peeled, shelled מְקֻלָּף ת
[mekul'kal] 1 spoilt, ruined, bad. 2 rotten. 3 out of order מְקֻלְקָל ת
[mi'kem] to locate, site, localize מִקֵּם פ״י
[mik'muk] decomposition, rot מִקְמוּק ז
[meku'max] floury, mealy, floured מְקֻמָּח ת
[meku'mat] 1 wrinkled, creased. 2 crumpled, shrivelled מְקֻמָּט ת
[meku'mas] gummed, adhesive מְקֻמָּס ת
[meka'mets] thrifty, frugal, economizing מְקַמֵּץ ת
[meku'mats] fisted, with clenched fist מְקֻמָּץ ת
[mik'mek] to rot, putrefy, decompose מִקְמֵק פ״י
[mik'mar] vault, arch, convexity מִקְמָר ז
[meku'mar] vaulted, convex, arched מְקֻמָּר ת
[meka'ne] jealous, envious מְקַנֵּא ז ת
[mik'na] 1 purchase. 2 price, payment. 3 property, possession מִקְנָה נ
[mik'ne] 1 cattle, herd, stock. 2 property מִקְנֶה ז
[meku'nax] cleaned, wiped, cleansed מְקֻנָּח ת
[muk'nat] annoyed, vexed, riled, teased מֻקְנָט ת
[mekun'tar] vexed, riled, annoyed, teased מְקֻנְטָר ת
[mak'sim] charming, enchanting, fascinating, delightful מַקְסִים ת
[mik'sam] 1 attraction, charm. 2 magic, divination מִקְסָם ז
[muk'sam] fascinated, charmed, delighted, entranced מֻקְסָם ת
[meko'’ar] concave מְקֹעָר ת
[ma'kaf, ma'kef] hyphen מַקָּף, מַקֵּף ז
[mu'kaf] 1 near, adjoining. 2 surrounded, encompassed. 3 sold for credit מֻקָּף ת
[mik'pa] jelly מִקְפָּא ז, מִקְפָּאָה נ
[muk'pa] frozen מֻקְפָּא ת
[meku'pad] 1 curtailed, cut. 2 annoyed. 3 crouching מְקֻפָּד ת
[muk'pad] pedantic, rigorous, מֻקְפָּד ת

meticulous, scrupulous

[mikˈpa] gruel, porridge מִקְפָּה נ

[mekaˈpa] skimming ladle, skimmer מְקַפָּה נ

[mekuˈpax] discriminated against, deprived מְקֻפָּח ת

[makˈpid] strict, pedantic, meticulous מַקְפִּיד ז

[mikˈpit] gelatine מִקְפִּית נ

[mikˈpal] fold, bend, plait מִקְפָּל ז

[mekuˈpal] folded, bent over, plaited מְקֻפָּל ת

[makpeˈtsa] springboard, diving board מַקְפֵּצָה נ

[maˈkets] chopper מַקֵּץ ז

[mikˈtsav] 1 beat, rhythm, tempo, meter. 2 allocation, allotment, ration מִקְצָב ז

[mukˈtsav] allotted, rationed, allocated מֻקְצָב ת

[miktsaˈvi] rhythmical מִקְצָבִי ת

[makˈtsa] rabbet plane (carpentry) מַקְצָה נ

[mikˈtse] 1 group, team. 2 series מִקְצֶה ז

[mukˈtse] 1 assigned. 2 separated, removed. 3 untouchable. 4 store-yard. 5 fig-knife מֻקְצֶה ז ת

[mikˈtso'a] 1 occupation, profession. 2 subject, branch. 3 corner, edge. 4 angle מִקְצוֹעַ ז

[makˈtsu'a] fig-knife מַקְצוּעַ ז

[maktsuˈ'a] plane מַקְצוּעָה נ

[miktsoˈ'i] professional מִקְצוֹעִי ת

[miktso'iˈyut] professionalism מִקְצוֹעִיּוּת נ

[miktsoˈ'an] professional מִקְצוֹעָן ז

[makˈtsif] whisking, frothy, foaming מַקְצִיף ת

[mukˈtsa] planed מֻקְצָע ת

[maktseˈ'a] planing machine מַקְצֵעָה נ

[mekutsˈ'a] angle, corner מְקֻצְעָה נ

[makˈtsef] whisk, eggbeater מַקְצֵף ז

[mukˈtsaf] 1 angered, enraged. 2 whipped, foamed מֻקְצָף ת

[mikˈtsefet] meringue מִקְצֶפֶת נ

[makˈtsets] 1 chisel, cutter. 2 chopper מַקְצֵץ ז

[mekuˈtsats] 1 cut down, lopped off. 2 curtailed, reduced. 3 chopped, minced מְקֻצָּץ ת

[maktseˈtsa] chopping-machine, chaff-cutter מַקְצֵצָה נ

[mekuˈtsar] 1 shortened. 2 abridged, abbreviated מְקֻצָּר ת

[maktseˈra] reaper, harvester, mower מַקְצֵרָה נ

[mikˈtsat] 1 a little, some. a portion. 2 somewhat מִקְצָת נ תה"פ

[ˈmekek, meˈkak] 1 rot, putrefaction, gangrene. 2 bookworm מֶקֶק, מְקָק ז

[maˈkak] cockroach מַקָּק ז

[meˈkar] cooler, freezer מֵקַר ז

[mikˈra] 1 text. 2 legend. 3 convocation, assembly. 4 reading, reading-matter. 5 the Bible מִקְרָא ז

[mukˈra] read out, recited מֻקְרָא ת

[mekoˈra] 1 guest, visitor. 2 name-sake. 3 named, called מְקֹרָא ז ת

[mikˈrea] reader (computer) מַקְרְאָה נ

[mikraˈ'a] 1 reader (book). 2 anthology מִקְרָאָה נ

[mikraˈ'i] Biblical, scriptural מִקְרָאִי ת

teleprompter מַקְרֵאת עֵזֶר

[miˈkerev] from among, from the midst of מִקֶּרֶב מ"י

[mukˈrav] 1 immolated, מֻקְרָב ת

[mekur'kaf] scalped, skimmed מְקֻרְקָף ת

[meka'rer] 1 refrigerator. 2 icebox מְקָרֵר ז

[meko'rar] 1 chilled, cooled, having a cold מְקֹרָר ת

[muk'rash] coagulated, condensed, solidified מֻקְרָשׁ ת

[ma'kash] 1 key. 2 stroke, beat מַקָּשׁ ז

[mi'kesh] to mine, lay mines מִקֵּשׁ פ״י

[mu'kash] compared, analogized מֻקָּשׁ ת

[mak'she] 1 questioner, arguer. 2 contentious, heckling. 3 hardening מַקְשֶׁה ז

[mik'sha] 1 vegetable field. 2 massiveness, solidity. 3 one piece מִקְשָׁה נ

[mik'she] curled hair, permed hair מִקְשֶׁה ז

[muk'she] 1 hardened, stiffened. 2 rigid. 3 hard, difficult. 4 problematic מֻקְשֶׁה ת

[mik'shor] 1 context, association. 2 group, combination מִקְשׁוֹר ז

[muk'shax] 1 grim, stern. 2 hardened, starched מֻקְשָׁח ת

[meku'shat] decorated, ornamented, adorned מְקֻשָּׁט ת

[mik'shi] massive, solid מִקְשִׁי ת

[mikshi'yut] massiveness, solidity מִקְשִׁיּוּת נ

[mak'shan] troublemaker, heckler, questioner מַקְשָׁן ז

[maksha'nut] hackling, argumentativeness מַקְשָׁנוּת נ

[mekush'kash] 1 scribbled, doodled. 2 confused מְקֻשְׁקָשׁ ת

[mekus'kas] scaly, having fins מְקֻשְׂקָשׂ ת

sacrificed. 2 brought near

[meko'rav] 1 close friend, intimate, crony. 2 friendly. 3 favo(u)rite, favoured מְקֹרָב ז ת

[mik're] 1 event, incident, happening. 2 case. 3 lot, chance, fate. 4 accident מִקְרֶה ז

[meka're] ceiling, roof מְקָרֶה ז

[meke'ra] 1 cooling. 2 icebox. 3 refrigerator מְקֵרָה נ

[meko're] roofed מְקֹרֶה ת

[mika'rov] 1 recently, newly. 2 lately. 3 from close up, at close quarters מִקָּרוֹב תה״פ

[mekur'zal] frizzy מְקֻרְזָל ת

[muk'rax] bald מֻקְרָח ת

[meko'rax] hairless מְקֹרָח ת

[mik'ri] chance, incidental, casual, accidental מִקְרִי ת

[mikri'yut] chance, casualness מִקְרִיּוּת נ

[mak'riy'ax] balding מַקְרִיחַ ז

[mak'rin] 1 horned. 2 radiant, radiating, emanating. 3 radioactive מַקְרִין ת

[muk'ram] 1 crusted. 2 creamed מֻקְרָם ת

[mak'ren] 1 radiator. 2 projector מַקְרֵן ז

[muk'ran] 1 radiated, irradiated. 2 projected מֻקְרָן ת

[makre'na] film-projector מַקְרֵנָה נ

[mik'ras] somersault, vaulting מִקְרָס ז

[meko'ra] torn, rent, ripped מְקֹרָע ת

[meko'rats] moulded, fashioned מְקֹרָץ ת

[mik'retset] lump of dough מִקְרֶצֶת נ

[mekur'ka] grounded מְקֻרְקָע ת

[mekarke''in] real estate, immovables מְקַרְקְעִין ז״ר

[mik'shar] bond (ing.), laying pattern מִקְשָׁר ז
[meka'sher] 1 binder, connector. 2 attaching, connecting. 3 liaison officer. 4 winger, forward מְקַשֵּׁר ת ז
[meku'shar] 1 tied, connected. 2 slurred מְקֻשָּׁר ת
[mak'shoresh] root-rot מַקְשֹׁרֶשׁ ז
[ma'keshet] minesweeper מַקֶּשֶׁת נ
[meku'shat] arched, vaulted, domed מְקֻשָּׁת ת
[mar] 1 mister, sir. 2 spade, hoe מָר ז
pure myrrh מָר דְּרוֹר
[mar] 1 embittered, gloomy. 2 bitter, sad. 3 hoe, spade מַר ז ת
[mor] myrrh מֹר ז
[mar''a] 1 mirror. 2 aspect. 3 vision, revelation מַרְאָה נ
[mar''e] 1 sight, view, seeing. 2 appearance. 3 vision מַרְאֶה ז
[mor''e] shown, displayed, exhibited מָרְאֶה ת
bibliographical reference מַרְאֵה מָקוֹם
[mur''a] 1 crop. 2 gizzard מֻרְאָה נ
[mera'ayen] interviewer מְרַאֲיֵן ז
[meru'yan] interviewee מְרֻאְיָן ז ת
[mar''it] appearance, sight מַרְאִית נ
outward appearance מַרְאִית עַיִן
[me'rosh] 1 in advance. 2 from the outset מֵרֹאשׁ תה״פ
[mera'a'shot] head-rest מְרַאֲשׁוֹת נ״ר
[me'rav] 1 maximum. 2 majority מֵרַב ז
[meru'bav] 1 stained. 2 by myriads. 3 multiple מְרֻבָּב ת
[mar'vad] carpet מַרְבָד ז
[mar'be] much מַרְבֶּה תה״פ
centipede מַרְבֵּה רַגְלַיִם ז
[mir'ba] plenty, abundance מִרְבָּה נ
[meru'be] multiple, much, numerous מְרֻבֶּה ת
[mera'bi] maximal, greatest, largest מְרַבִּי ת
[mar'bit] 1 majority, most. 2 usury, interest מַרְבִּית נ
[mur'bit] 1 young branch. 2 course of stones מֻרְבִּית נ
[mur'bax] scalded מֻרְבָּךְ ת
[meru'ba'] 1 quadrangle. 2 square, quadrangular. 3 obtuse, dull. 4 "square" מְרֻבָּע ז ת
[mirba''a] 1 paddock, enclosure. 2 breeding-pen מִרְבָּעָה נ
[mir'bats] 1 lair, resting-place. 2 layer, deposit, stratum מִרְבָּץ ז
[mur'bats] 1 lying. 2 watered, sprinkled מֻרְבָּץ ת
[meru'bats] sprinkled, watered מְרֻבָּץ ת
[mar'bek] 1 stall, stable. 2 feeding-stall. 3 abattoir מַרְבֵּק ז
[ma'rag] to thresh מָרַג פ״י
[meru'gav] clotted, coagulated מְרֻגָּב ת
[mar'go'a] 1 rest, repose. 2 holiday resort מַרְגּוֹעַ ז
[mur'gaz] annoyed, angered מֻרְגָּז ת
[meru'gaz] angry, irate, furious מְרֻגָּז ת
[mur'gal] accustomed, used, habituated מֻרְגָּל ת
[mera'gel] spy מְרַגֵּל ז
[marga'lot] 1 foot (bed, mountain). 2 bottom מַרְגְּלוֹת נ״ר
[marga'lit] 1 pearl. 2 gem, jewel. 3 daisy מַרְגָּלִית נ
[marge'ma] mortar (weapon) מַרְגֵּמָה נ
[marga'nit] 1 pimpernel. 2 daisy, anagallis מַרְגָּנִית נ
[mur'ga] pacified, mollified מֻרְגָּע ת
[meru'ga] calmed, relaxed מְרֻגָּע ת
[marge''a] rest, calm, repose מַרְגֵּעָה נ
[mar'gash] feeling, disposition מַרְגָּשׁ ז
[mur'gash] felt, sensed, מֻרְגָּשׁ ת

2 picking vegetables
[ma'rud] 1 miserable, wretched. 2 misery, wretchedness מָרוּד ז ת
[meru'dim] misfortune, misery מְרוּדִים ז״ר
[mar'va] sage, salvia מַרְוָה נ
[ma'ru'ax] smeared, spread מָרוּחַ ת
[me'ru'ax] smearing, rubbing מֵרוּחַ ז
[mir'vax] 1 space, room. 2 span, gap. 3 distance. 4 interval מִרְוָח ז
eunuch with crushed testicles מְרוֹחַ אֶשֶׁךְ ז
[meru'vax] 1 spacious, roomy. 2 aired, ventilated מְרֻוָּח ת
[ma'rut] 1 plucked. 2 polished מָרוּט ת
[me'rut] polishing, burnishing מֵרוּט ז
irritation, nerve-racking מֵרוּט עֲצַבִּים
[ma'rom] 1 height, summit. 2 peak. 3 sky מָרוֹם ז
[mero'mim] sky, heavens מְרוֹמִים ז״ר
[mero'mam] 1 exalted, elevated. 2 sublime, august מְרוֹמָם ת
[me'rots] running, race, course מֵרוֹץ ז
[meru'tsa] 1 oppression. 2 running, course. 3 contented, satisfied (*f*) מְרוּצָה נ ת
[ma'ruk] burnished, polished מָרוּק ת
[me'ruk] 1 burnishing, polishing, cleansing. 2 clearance מֵרוּק ז
[meru'kim] unguent, ointment, embrocation מְרוּקִים ז״ר
[mero'kan] emptied, drained מְרוֹקָן ת
[ma'ror] 1 bitter herbs. 2 horseradish מָרוֹר ז
[ma'rur] bitter מָרוּר ת
[me'rur] embittering, causing bitterness מֵרוּר ז
[mero'ra] 1 bitterness, gall. מְרוֹרָה ז

perceived
[mera'gesh] exciting מְרַגֵּשׁ ת
[meru'gash] excited, emotional מְרֻגָּשׁ ת
[marge'sha] excitement, noise, tumult מַרְגֵּשָׁה נ
[ma'rad] 1 to ache. 2 to rebel, to revolt מָרַד פ״י
['mered] rebellion, revolt, uprising מֶרֶד ז
[meru'dad] flattened, rolled out, beaten (pastry) מְרֻדָּד ת
[mir'de] seasonal yield of honey מִרְדֶּה ז
[mar'dut] 1 punishment, chastisement. 2 remorse מַרְדּוּת נ
[mar'dim] 1 somniferous. 2 hypnotic. 3 anaesthetist מַרְדִּים ת ז
[mar'dan] 1 rebel. 2 recalcitrant מַרְדָן ז ת
[marda'nut] rebelliousness, recalcitrance מַרְדָנוּת נ
[marda'ni] rebellious מַרְדָנִי ת
[mar'de'a] goad, spur מַרְדֵּעַ ז
[mar'da'at] 1 saddle-cloth. 2 cushioning מִרְדַּעַת נ
[mur'daf] pursued, chased מֻרְדָּף ת
[mir'daf] chase, pursuit מִרְדָּף נ
[ma'ra] 1 gall, bile. 2 spade, shovel. 3 to disobey, rebel. 4 bitterly מָרָה נ פ״ע תה״פ
melancholy מָרָה שְׁחֹרָה
[mo'ra] bitterness מֹרָה נ
[mo're] very bitter מֹרֶה ת
[mero'hat] furnished מְרֹהָט ת
[mir'hat] furniture מִרְהָט ז
[mar'hiv] spectacular, lovely מַרְהִיב (עין)
[ma'rug] notched, serrated, rough מָרוּג ת
[me'rug] 1 threshing. מֵרוּג ז

2 calamity, affliction. 3 poison

[merora'ni] embittering ת מְרוֹרָנִי

[mero'shash] impoverished ת מְרוֹשָׁשׁ

[ma'rut] authority, rule, mastery נ מָרוּת

[mar'zev] 1 drainpipe, gutter. 2 fold נ מַרְזֵב

[mar'ze'ax] feast, banquet ז מַרְזֵחַ

[marze'xan] taverner, innkeeper ז מַרְזְחָן

[ma'rax] to smear, spread, rub in פ״י מָרַח

['merax] ointment, paste ז מֶרַח

[me'rax] 1 to smear, daub, plaster. 2 to level, straighten פ״י מֵרַח

[mar'xev] expander, dilator ז מַרְחֵב

[mer'xav] 1 space, expanse, region. 2 freedom. 3 military region, area of jurisdiction. 4 theatre ז מֶרְחָב

[mur'xav] widened, enlarged, extended, expanded ת מֻרְחָב

[merxa'vi] regional ת מֶרְחָבִי

[merxav'ya] open country, wide open space, range נ מֶרְחַבְיָה

[mir'xa] 1 ointment, lotion. 2 paste נ מִרְחָה

[mera'xok] from afar תה״פ מֵרָחוֹק

far-reaching מַרְחִיק לֶכֶת

[meru'xam] pitied ת מְרֻחָם

[mer'xats] 1 bath, ablution. 2 bath-house זו״נ מֶרְחָץ

[meru'xats] clean, washed ת מְרֻחָץ

[mer'xak] distance, remoteness ז מֶרְחָק

[mur'xak] 1 removed, kept away. 2 banished, expelled ת מֻרְחָק

[meru'xak] remote, distant, far ת מְרֻחָק

[mir'xash] 1 swarm. 2 nest (insects) ז מִרְחָשׁ

[marxesh'van] Marheshvan, (Jewish Calendar) ז מַרְחֶשְׁוָן

[mar'xeshet] deep frying pan נ מַרְחֶשֶׁת

[ma'rat] 1 to pluck, pull. 2 to polish, sharpen פ״י מָרַט

[me'ret] to pluck, pull פ״י מֵרֵט

[mir'tet] to pluck, lay bare פ״י מִרְטֵט

[mar'teta] vibrating machine נ מַרְטֵטָה

[me'ri] 1 insubordination, disobedience. 2 rebellion, insurgence ז מְרִי

bitter words, acrimony מְרִי שִׂיחַ

[me'ri] buffalo ז מְרִיא

[me'riv] opponent, rival, competitor ז מֵרִיב

[meri'va] dispute, quarrel, contention נ מְרִיבָה

[meri'da] mutiny, revolt, rebellion נ מְרִידָה

[meri'xa] 1 spreading, smearing. 2 "bribe" נ מְרִיחָה

[meri'ta] plucking נ מְרִיטָה

nerve-racking, irritation מְרִיטַת עֲצַבִּים

[me'rim] 1 lifting, raising. 2 dactyl ז ת מֵרִים

[mur'yas] brine, pickles ז מֻרְיָס

[meri'sa] mixing, stirring נ מְרִיסָה

[me'rits] 1 starter (sports). 2 accelerating, speeding up. 3 getting something done fast ז ת מֵרִיץ

[meri'tsa] wheelbarrow נ מְרִיצָה

[meri'tsut] 1 intensity, urgency. 2 running נ מְרִיצוּת

[meri'ka] 1 cleaning, scouring. 2 purging. 3 exoneration נ מְרִיקָה

[ma'rir] bitter, acrid ת מָרִיר

embittered, soured מְרִיר יוֹם

[meri'rut] bitterness, sorrow, grief מְרִירוּת נ

[meri'ri] 1 bitter. 2 toxic, poisonous מְרִירִי ת

[mari'sh] wooden beam מָרִישׁ ז

[ma'rit] spatula מָרִית נ

['morex] cowardice, fear, faint heartedness מֹרֶךְ, מֹרֶךְ לֵב ז

[mer'xa] Merkha (cantillation mark) מֵרְכָא נ

[merxa'’ot] inverted commas, quotation marks מֵרְכָאוֹת, מֵרְכָאוֹת כְּפוּלוֹת נ״ר

[mer'kav] 1 chassis, body. 2 passenger or driver's seat. 3 carriage מֶרְכָּב ז

[mur'kav] 1 composed, consisting of. 2 assembled. 3 grafted. 4 compound. 5 mounted מֻרְכָּב ת

[meru'kav] complex, compound, composite מְרֻכָּב ת

[merka'va] carriage, chariot מֶרְכָּבָה נ

[murka'vut] complexity, intricacy מֻרְכָּבוּת נ

[mer'xa] 1 quotation mark. 2 Biblical cantillation mark מֵרְכָה נ

[mir'kuz] centralization מִרְכּוּז ז

[mar'kol] 1 administrator. 2 supermarket מַרְכּוֹל ז

[marko'lit] minimarket מַרְכּוֹלִית נ

[mar'kof] 1 bridge (stringed instrument). 2 rocking-horse מַרְכּוֹף ז

[mer'kaz] center, centre מֶרְכָּז ז

1 center of gravity. 2 fulcrum מֶרְכַּז הַכֹּבֶד

hub מֶרְכַּז שֵׁרוּת

[mir'kez] to centralize, to center מִרְכֵּז פ״י

[mera'kez] 1 organizer, coordinator. 2 secretary מְרַכֵּז ז

[meru'kaz] 1 concentrated, centralized. 2 centered, focussed מְרֻכָּז ת

[merka'zi] 1 central. 2 main. 3 mainstream מֶרְכָּזִי ת

[merkazi'ya] 1 switchboard. 2 telephone exchange. 3 center, centre מֶרְכָּזִיָּה נ

[merka'zan] telephone operator מֶרְכָּזָן ז

[mir'kezet] telephone exchange מִרְכֶּזֶת נ

[mar'kiv] 1 component. 2 vaccinator מַרְכִּיב ז

[meru'kax] softened מְרֻכָּךְ ת

[mar'kol] administrator מַרְכֹּל ז

[mar'kolet] merchandise, commerce, trade מַרְכֹּלֶת נ

[mir'kan] inclination מִרְכָּן ז

[mur'kan] 1 inclined, bent. 2 stooped, bowed מֻרְכָּן ת

[mar'kes] button-hook מַרְכֵּס ז

[meru'kas] buttoned מְרֻכָּס ת

[merux'rax] slightly softened מְרֻכְרָךְ ת

[mir'ma] deceit, cheating, fraud, falsehood מִרְמָה נ

[meru'me] cheated, deceived, deluded מְרֻמֶּה ת

[meru'maz] suggested, hinted, implied מְרֻמָּז ת

[merum'zar] equipped with traffic lights מְרֻמְזָר ת

[mar'mota] marmot מַרְמוֹטָה נ

[mir'mas] trampling, treading מִרְמָס ז

[ma'ran] our teacher (title) מָרָן ז

[mar'nin] 1 gladdening, joyful. 2 iambus מַרְנִין ת ז

[mara'nan] our masters, our teachers (title) מָרָנָן ז״ר

מֵרֵס פ״י [meˈres] 1 to mix, stir. 2 to squeeze, crush
מֻרְסָה נ [murˈsa] abscess, puss
מֻרְסָן ז [murˈsan] coarse bran
מְרֻסָּן ת [meruˈsan] 1 restrained, curbed. 2 bridled
מַרְסֵס ז [marˈses] 1 sprayer. 2 spray gun. 3 pulverizer
מְרֻסָּס ת [meruˈsas] 1 sprayed. 2 grated 2 shattered, crushed
מַרְסֵסָה נ [marˈsesa] sprayer
מַרְסֵק ז [marˈsek] masher
מְרֻסָּק ת [meruˈsak] 1 mashed. 2 crushed, minced
מֵרַע ז ת [meˈra] 1 bad, evil. 2 worst
מֵרֵעַ ז [meˈre'a] friend, companion
מֻרְעָב ת [murˈ'av] starved, famished, deprived of food
מְרֹעָב ת [meroˈ'av] hungry, ravenous, starving
מֻרְעָד ת [murˈ'ad] shaken, vibrated
מִרְעֶה ז [mirˈ'e] pasture, pastureland
מַרְעוֹם ז [marˈ'om] fuse
מֵרֵעוּת נ [mereˈ'ut] friendship
מַרְעִית נ [marˈ'it] 1 flock. 2 pasturing, grazing
מֻרְעָל ת [murˈ'al] poisoned
מְרַעֲנֵן ת [mera'aˈnen] refreshing, cheering, invigorating
מְרֻעֲנָן ת [meru'aˈnan] refreshed, cheered, reinvigorated
מְרֹעָף ת [meroˈ'af] 1 overlapping (like tiles) 2 tiled.
מֻרְעָשׁ ת [murˈ'ash] 1 shocked. 2 shelled, bombed
מַרְפֵּא ז [marˈpe] 1 cure, healing. 2 softness, calmness
מְרַפֵּא ז [meraˈpe] healer, quack
מִרְפָּאָה נ [mirpaˈ'a] clinic
מִרְפָּד ז [mirˈpad] mattress, couch
מְרֻפָּד ת [meruˈpad] upholstered, cushioned
מִרְפָּדָה, מַרְפֵּדִיָּה נ [mirpaˈda] upholsterer's workshop
מְרֻפֶּה ת [meruˈpe] weakened, relaxed, flaccid
מְרֻפָּט ת [meruˈpat] tattered, threadbare, shabby
מִרְפָּס ז [mirˈpas] bog, swamp
מִרְפֶּסֶת נ [mirˈpeset] verandah, porch, balcony, terrace
מַרְפֵּק ז [marˈpek] elbow
מִרְפֵּק פ״י [mirˈpek] to elbow, push one's way
מַרְפְּקָן ז [marpeˈkan] pusher, thruster
מְרַפְרֵף ת [merafˈref] superficial, cursory
מְרֻפְרָף ת [merufˈraf] perfunctory, superficial
מֻרְפָּשׁ, מְרֻפָּשׁ ת [murˈpash] muddy, marshy, turbid
מִרְפָּשׁ ז [mirˈpash] mire, swamp
מֶרֶץ ז [ˈmerets] 1 energy. 2 force, strength. 3 running, speed
מִרְצֶדֶת נ [mirˈtsedet] mobile
מַרְצֶה ז [marˈtse] lecturer
מֻרְצֶה ת [murˈtse] lectured, stated, narrated
מְרִיצָה נ [meriˈtsa] crushing machine
מְרֻצָּה נ [meruˈtsa] humiliation
מְרֻצֶּה ת [meruˈtse] satisfied, happy, contented
מַרְצוּף ז [marˈtsuf] 1 sack, bag. 2 receptacle
מְרַצֵּחַ ז [meraˈtse'ax] murderer, killer, assassin
מַרְצֵעַ ז [marˈtse'a] awl
מְרַצֵּף ז [meraˈtsef] paver, tiler, stonelayer
מְרֻצָּף ת [meruˈtsaf] paved, tiled
מַרְצֶפֶת נ [mirˈtsefet] 1 tile. 2 paving-stone. 3 pavement

[meru'tsats] crushed, shattered מְרֻצָּץ ת
[ma'rak] soup, broth מָרָק ז
[ma'rak] 1 to burnish, polish. 2 to scour, scrub. 3 to purge מָרַק פ״י
['merek] putty מֶרֶק ז
[me'rak] 1 to scour, polish, burnish. 2 to cleanse, purge. 3 to complete, finish מֵרַק פ״י
to settle an account מֵרַק חוֹב
[mur'kav] rotten, putrid מֻרְקָב ת
[mir'kad] dance מִרְקָד ז
[merku'lis] Mercury מֶרְקוּלִיס ז
[marku'lit] mercurialis (plant) מַרְקוּלִית נ
[mar'ko'a] 1 biscuit, wafer. 2 patch מַרְקוֹעַ ז
[mer'kax] spice, perfume מֶרְקָח ז
[meru'kax] spiced, perfumed מְרֻקָּח ת
[merka'xa] 1 mixed spice. 2 spicing. 3 unguent pot מֶרְקָחָה נ
[mir'kaxat] 1 ointment. 2 marmalade, jam מִרְקַחַת נ
[mera'kit] tureen, soup bowl מְרָקִית נ
[mir'kam] texture, web, tissue מִרְקָם ז
[meru'kam] 1 embroidered. 2 formed, shaped מְרֻקָּם ת
[mir'ka] screen מִרְקָע ז
[meru'ka] 1 flattened, beaten out. 2 superficial, worthless מְרֻקָּע ת
[mirka'ka] spitoon, cuspidor מִרְקָקָה נ
[ma'rar] to be bitter, grievous מָרַר פ״ע
['merer] bitterness מֶרֶר ז
[me'rar] to embitter, make bitter מֵרַר פ״י
[mere'ra] 1 bile, gall. 2 bitterness מְרֵרָה נ
[mar'she] client (legal) מַרְשֶׁה ז
[mur'she] 1 representative, deputy, delegate. 2 one who has power of attorney. 3 licensed מֻרְשֶׁה ז ת
[mur'shon] parliament, house of representatives מֻרְשׁוֹן ז
[mursho'ni] parliamentary מֻרְשׁוֹנִי ת
[mar'shim] impressive, imposing מַרְשִׁים ת
[meru'shal] 1 careless, negligent. 2 indifferent מְרֻשָּׁל ת
[mir'sham] 1 register, record. 2 scheme, chart, diagram. 3 prescription. 4 recipe מִרְשָׁם ז
[mirsha'ma] registry מִרְשָׁמָה נ
[mur'sha] 1 convicted. 2 condemned מֻרְשָׁע ת
[meru'sha] cruel, vile, wicked, malign מְרֻשָּׁע ת
[mir'sha'at] shrew, virago, termagant מִרְשַׁעַת נ
[meru'shash] impoverished מְרֻשָּׁשׁ ת
[meru'shat] 1 netted. 2 made of netting. 3 meshed מְרֻשָּׁת ת
[ma'rat] Mrs., Madam, Ms. מָרַת נ
1 bitterness. 2 grief, sorrow מָרַת נֶפֶשׁ
annoyance, ill-humo(u)r מֹרַת רוּחַ
[mar'tok] bolt, crossbar, door knob מַרְתּוֹק ז
[mir'tax] 1 strong boiling. 2 decoction מִרְתָּח ז
[mur'tax] 1 boiled. 2 infuriated, enraged מֻרְתָּח ת
[meru'tax] boiled, stewed מְרֻתָּח ת
[meru'tax] welded, soldered מְרֻתָּךְ ת
[marte'xa] welding-machine מַרְתֵּכָה נ
[mur'ta] 1 deterred, put off, discouraged. 2 drawn back מֻרְתָּע ת
[mar'tef] basement, cellar מַרְתֵּף ז
[marte'fon] small cellar מַרְתְּפוֹן ז
[marte'fi] basement-like מַרְתְּפִּי ת
[mar'tek] hold control מַרְתֵּק ז
[mera'tek] 1 binding, tying. מְרַתֵּק ת

2 enthralling, spellbinding
[meru'tak] 1 fettered, tied. 2 confined, restricted. 3 spellbound — מְרֻתָּק ת
['mash] 1 to depart. 2 to remove. 3 to feel, touch — מָשׁ פ״י
[ma'sha] debt, loan, claim — מַשָּׁא ז
[ma'sa] 1 burden, load, freight. 2 prophecy, utterance. 3 tribute, charge. 4 desire, longing — מַשָּׂא ז
1 negotiations, dealings. 2 business, truck. 3 proceedings — מַשָּׂא וּמַתָּן
1 ideal. 2 longing, yearning — מַשָּׂא נֶפֶשׁ
[mu'sa] object (grammar) — מֻשָּׂא ז
[mash'’av] 1 watering-place. 2 resource — מַשְׁאָב ז
[mish'’av] 1 extraction. 2 pumped material — מִשְׁאָב ז
[mash’e'va] pump — מַשְׁאֵבָה נ
[mash'abim] resources — מַשְׁאַבִּים ז״ר
[masha'’a] debt — מַשָּׁאָה נ
[masa'’a] 1 raising, lifting. 2 pillar of smoke. 3 desire, aspiration, yearning — מַשָּׂאָה נ
[mash'’ov] bucket — מַשְׁאוֹב ז
[mas'’oi] burden, load — מַשְּׂאוֹי ז
[masha'’on] 1 oblivion. 2 wilderness — מַשָּׁאוֹן ז
[masa'’it] truck, lorry — מַשָּׂאִית נ
tip-up lorry — מַשָּׂאִית רְכִינָה
[mish'’al] 1 referendum, poll. 2 request, desire — מִשְׁאָל ז
plebiscite, referendum — מִשְׁאַל עַם
[mush'al] 1 borrowed. 2 metaphorical — מֻשְׁאָל ת
[mish’a'la] wish, desire, request — מִשְׁאָלָה נ
[mash'’ef] medical inhaler — מַשְׁאֵף ז
[mush'’ar] remnant, residual, leftover — מֻשְׁאָר ת
[mish'’eret] kneading-trough — מִשְׁאֶרֶת נ
raising hands — מַשְּׂאַת יָד
heart’s desire, aspiration — מַשְּׂאַת נֶפֶשׁ
[mas'’et] 1 gift, present. 2 smoke signal, pillar of smoke — מַשְׂאֵת נ
[ma'shav] breeze, breath of air — מַשָּׁב ז
puff of wind, breath of air — מַשַּׁב רוּחַ
[meshu'bav] 1 chipped, whittled. 2 splintered — מְשֻׁבָּב ת
[meshu'bax] 1 fine, excellent. 2 praiseworthy, laudable — מְשֻׁבָּח ת
[mas'bi’a] satisfying, filling — מַשְׂבִּיעַ ת
satisfactory — מַשְׂבִּיעַ רָצוֹן
[meshu'bal] shaped like ears of corn, spicular — מְשֻׁבָּל ת
[mush'ba’] 1 confirmed. 2 sworn. 3 jury member — מֻשְׁבָּע ת
[meshu'ba’] heptagon — מְשֻׁבָּע ז
[mish'bats] roster, register — מִשְׁבָּץ ז
[meshu'bats] 1 inlaid. 2 squared, chequered. 3 brocaded, ribbed — מְשֻׁבָּץ ת
[mish'betset] 1 ruled square. 2 slot — מִשְׁבֶּצֶת נ
[mash'ber] 1 crisis. 2 childbirth chair — מַשְׁבֵּר ז
[mish'bar] wave, breaker, surf — מִשְׁבָּר ז
[meshu'bash] 1 confused, distorted. 2 upset, illegible. 3 impassable — מְשֻׁבָּשׁ ת
[mish'bat] destruction, desolation — מִשְׁבָּת ז
[mush'bat] 1 closed down by a strike. 2 paralysed, immobilized. 3 unemployed — מֻשְׁבָּת ת
[ma'sag] attainment — מַשָּׂג ז
[mu'sag] 1 concept, notion, idea. 2 obtained, attained — מֻשָּׂג ז ת

2 equalizer. 3 equator
[mush've] 1 counterbalanced, balanced. 2 equalized. 3 compared מֻשְׁוֶה ת
[ma'sho'ax] surveyor מָשׁוֹחַ ז
[ma'shu'ax] 1 consecrated, anointed. 2 oiled, greased מָשׁוּחַ ת
[ma'shot] 1 oar, paddle. 2 web מָשׁוֹט ז
[mesho'tai] oarsman, paddler, rower מְשׁוֹטַאי ז
[mesho'tet] 1 rambler, hiker. 2 vagrant מְשׁוֹטֵט ז
[ma'shuy] drawn out, hoisted out (of water) מָשׁוּי ת
[mi'shuy] massage מִשּׁוּי ז
[ma'soi] load, burden מַשּׂוֹי ז
[mishva'ya] equation מִשְׁוָיָה נ
[mash'vit] large plane, jack plane מַשְׁוִית נ
[ma'shux] 1 prolonged, extensive. 2 drawn (cheque). 3 stretched, pulled out מָשׁוּךְ ת
[mi'shux] extension מִשּׁוּךְ ז
[mesu'xa] 1 hedge, thorn-bush. 2 hurdle מְשׂוּכָה נ
[ma'shul] comparable, similar, analogous מָשׁוּל ת
[mi'shul] resemblance, comparison, analogy מִשּׁוּל ז
[mesho'lal] denied, deprived מְשׁוֹלָל ת
[mi'shum] because of, on account of מִשּׁוּם מ״י
[mesho'mem] 1 astonished. 2 astounding, appalling מְשׁוֹמֵם ת
[mashva'ni] 1 equatorial. 2 comparative מַשְׁוָנִי ת
[mesha've'a] clamorous מְשַׁוֵּעַ ת
[ma'shof] file, rasp מָשׁוֹף ז
[meshu'fa] 1 scourer, wire-wool. 2 wire cleaner מְשׁוּפָה נ

[mis'gav] 1 stronghold, fortress. 2 refuge, asylum מִשְׂגָּב ז
[mish'ge] error, mistake, fault מִשְׁגֶּה ז
[mash'go'ax] monitor מַשְׁגּוֹחַ ז
[mish'gur] consignment of merchandise מִשְׁגּוּר ז
[mash'giyax] inspector, supervisor, foreman מַשְׁגִּיחַ ז
[mish'gal] coitus, sexual intercourse מִשְׁגָּל ז
[meshu'gam] jointed, tongue-and-grooved מְשֻׁגָּם ת
[meshu'ga] mad, crazy, insane מְשֻׁגָּע ז
[mesag'seg] prosperous, flourishing מְשַׂגְשֵׂג ת
[masde'da] harrow מַשְׂדֵּדָה נ
[mash'der] transmitter מַשְׁדֵּר ז
[mish'dar] broadcast מִשְׁדָּר ז
[meshu'dar] transmitted, broadcast מְשֻׁדָּר ת
[ma'sha] to draw out, rescue, extricate מָשָׁה פ״י
[ma'she] debt מַשֶּׁה, מַשֵּׁה יָד ז
['mashehu] something מַשֶּׁהוּ ז
[ma'so] load, burden מַשּׂוֹא ז
1 favo(u)ritism, partiality. 2 prejudice, discrimination מַשּׂוֹא פָּנִים
[mashu''a] desolation, ruin מַשּׁוּאָה נ
[masu''a] beacon, fire-signal, flaming torch מַשּׂוּאָה נ
[mishva''a] equation מִשְׁוָאָה נ
[mesho''a] calamity, disaster מְשׁוֹאָה נ
[ma'shov] feedback מָשׁוֹב ז
[mesho'vev] restoring מְשׁוֹבֵב ת
[meshu'va] 1 roguishness. 2 mischievousness. 3 backsliding מְשׁוּבָה נ
[meshu'ga] mistake, fault, error מְשׁוּגָה נ
[mash've] 1 comparative. מַשְׁוֶה ז ת

מְשׁוֹפֵט ז [mesho'fet] judge
מִשּׁוּק ז [mi'shuk] 1 joining, jointing. 2 tangentiality
מְשַׁוֵּק ז [mesha'vek] 1 supplier, purveyor. 2 marketer
מְשֻׁוָּק ת [meshu'vak] marketed
מַשּׂוֹר ז [ma'sor] saw (tool)
מְשׁוּרָה נ [meshu'ra] (printer's) composing-stick
מְשׂוּרָה נ [mesu'ra] 1 measure. 2 measuring-cup
מִשְׁוָרַיִם ז"ז [mishva'rayim] stirrups
מַשּׂוֹרִית נ [maso'rit] fret-saw
מְשׁוֹרֵר ז [mesho'rer] 1 poet. 2 singer
מִשְׁוֶרֶת נ [mish'veret] stirrup
מָשׂוֹשׂ ז [ma'sos] joy, gladness
מִשּׁוּשׁ ז [mi'shush] groping, feeling, touching
מְשׁוֹשָׁה נ [mesho'sha] antenna, aerial
מָשְׁזָר ת [mosh'zar] twisted, twined
מִשְׁזָר ז [mish'zar] 1 interweaving, twining. 2 network, complex
מִשְׁזָרָה נ [mishza'ra] twist-mill
מָשַׁח פ"י [ma'shax] 1 to oil, grease. 2 to anoint, consecrate
מְשֻׁחָד ת [meshu'xad] 1 bribed, corrupt. 2 biased, prejudiced
מָשְׁחָה נ [mosh'xa] portion
מִשְׁחָה נ [mish'xa] 1 ointment, paste. 2 unction, liniment. 3 cream
מִשְׂחֶה נ [mis'xe] 1 swimming contest. 2 swim
מַשְׁחֵז ז [mash'xez] sharpener
מִשְׁחָז ז [mish'xaz] sharpening, polishing, whetting
מֻשְׁחָז ת [mush'xaz] sharpened, whetted
מַשְׁחֵזָה נ [mashxe'za] 1 grinding-machine. 2 sharpener
מִשְׁחָזָה נ [mishxa'za] grinding workshop

מְשַׁחְזֵר ז [meshax'zer] renewer, restorer
מְשֻׁחְזָר ת [meshux'zar] restored, renewed
מִשְׁחֶזֶת נ [mish'xezet] grinder, whetstone
מִשְׁחָטָה נ [mishxa'ta] poultry abattoir
מַשְׁחִית ז [mash'xit] 1 destroyer. 2 ruin. 3 demon. 4 trap
מֻשְׁחָל ת [mush'xal] threaded
מְשֻׁחְלָף ת [meshux'laf] transposed
מַשְׁחֶלֶת נ [mash'xelet] needle threader
מִשְׁחֹלֶת נ [mish'xolet] pull-through
מְשֻׁחָן ת [meshu'xan] overheated
מְשֻׁחָף ת [meshu'taf] tuberculous, consumptive
מִשְׁחָק ז [mish'xak] 1 worn-down thing. 2 dust. 3 rags, tatters
מִשְׂחָק ז [mis'xak] 1 game. 2 sport, pastime. 3 acting
מְשֻׂחָק ת [mesu'xak] played, acted
מְשַׂחֵק ז [mesa'xek] player, actor
מִשְׂחָקִיָּה נ [misxaki'ya] play-nursery for toddlers
מִשְׁחָר ז [mish'xar] 1 dawn. 2 youth, childhood
מֻשְׁחָר ת [mush'xar] 1 blackened. 2 darkened, gloomy
מְשַׁחְרֵר ז ת [meshax'rer] 1 liberator, emancipator. 2 relaxing
מְשֻׁחְרָר ת [meshux'rar] 1 emancipated, liberated.2 relaxed, at ease
מָשְׁחָת ז ת [mosh'xat] 1 disfigurement, blemish. 2 corrupt, perverted
מַשְׁחֵת ז [mash'xet] destroyer, harrasser
מֻשְׁחָת ת [mush'xat] 1 corrupt, spoilt. perverted. 2 deformed. 3 disfigured
מַשְׁחֶתֶת נ [mash'xetet] destroyer
מִשְׁטוֹחַ ז [mish'to'ax] open surface,

2 naval rank
[me'shit] cursive Hebrew script מְשִׁיט ז
[mish'yi] silky, silken מִשְׁיִי ת
[meshi'xa] 1 draft. 2 pulling, drawing. 3 taking hold. 4 attraction. 5 withdrawal מְשִׁיכָה נ
overdraft מְשִׁיכַת יֶתֶר
[me'sim] aware מֵשִׂים ת
[mesi'ma] 1 task, mission, assignament, job. 2 aim, objective, purpose. 3 office, appointment מְשִׂימָה נ
[mish'yan] imperata (plant) מִשְׁיָן ז
[meshu'yaf] filed, smoothed מְשֻׁיָּף ת
[meshi'fa] liniment, ointment מְשִׁיפָה נ
[ma'shik] tangent מַשִּׁיק ז
[ma'shir] dropping, shedding מַשִּׁיר ת
[ma'shish] palpable, tangible מָשִׁישׁ ת
[meshi'sha] 1 touching, feeling. 2 massage מְשִׁישָׁה נ
[ma'shax] 1 to pull, draw, drag. 2 to attract. 3 to stretch, prolong. 4 to withdraw מָשַׁךְ פ״י
to be angry מָשַׁךְ אַפּוֹ
to withdraw from, to relinquish מָשַׁךְ אֶת יָדוֹ (יָדָיו) מִן־
to attract, please מָשַׁךְ אֶת הַלֵּב
['meshex] 1 duration, length. 2 drawing, pulling, dimension. 3 extent. 4 continuum מֶשֶׁךְ ז
[ma'shax] tower, tractor מַשָּׁךְ ז
[mi'shex] to tow, haul מִשֵּׁךְ פ״י
[mish'kav] 1 couch, bed. 2 lying, reclining. 3 grave. 4 cohabitation מִשְׁכָּב ז
pederasty, sodomy מִשְׁכַּב זָכוּר
[mush'kav] bedded, lying מֻשְׁכָּב ת
[mesu'ka] 1 hedge. 2 hurdle מְשֻׂכָּה נ
[mashku'xit] bellwether מַשְׁכּוּכִית נ

spreading area
[mash'te'ax] level surface מַשְׁטֵחַ ז
[mish'tax] 1 plane, surface. 2 expanse, extent. 3 swab מִשְׁטָח ז
[meshu'tax] 1 levelled, flattened. 2 flat out מְשֻׁטָּח ת
[mishta'xa] covering, carpet, rug מִשְׁטָחָה נ
[mish'taxit] platform מִשְׁטָחִית נ
[mas'tin] denouncer, accuser מַשְׂטִין ז
[maste'ma] enmity, hate, animosity, hatred מַשְׂטֵמָה נ
[mish'taf] sink, kitchen sink מִשְׁטָף ז
[mish'tar] 1 regime. 2 regimen, government, authority. 3 discipline, rule מִשְׁטָר ז
[mish'ter] to discipline, regiment מִשְׁטֵר פ״י
[mishta'ra] 1 police. 2 police station מִשְׁטָרָה נ
[mishtar'ti] police (adj) מִשְׁטַרְתִּי ת
['meshi] silk מֶשִׁי ז
1 refreshing, restorative. 2 delightful מֵשִׁיב נֶפֶשׁ
[meshi'von] answer-phone מְשִׁיבוֹן ז
[ma'sig] 1 reacher, attainer. 2 percipient. 3 opponent, objector מַשִּׂיג ז
[ma'shi'ax] 1 Messiah. 2 annointed מָשִׁיחַ ז
[me'siyax] speaking, conversing, relating מֵשִׂיחַ פ״י
[meshi'xa] 1 anointing, unction. 2 measuring-tape, wick מְשִׁיחָה נ
[meshi'xut] 1 Messiahship. 2 priesthood מְשִׁיחוּת נ
[meshi'xi] 1 Messianic. 2 Christian מְשִׁיחִי ת
[meshixi'yut] Messiahship מְשִׁיחִיּוּת נ
[me'shit] 1 rower, oarsman. מֵשִׁיט ת

מַשְׁכּוֹן ז [mash'kon] 1 pledge, security. 2 pawn, forfeit
מִשְׁכּוּן ז [mish'kun] pawning, mortgaging
מַשְׁכּוֹנָה נ [mashko'na] mortgage
מִשְׁכָּח ז [mish'kax] forgetfulness, oblivion
מַשְׂכִּיל ז [mas'kil] 1 intelligent, erudite, learned. 2 wise, enlightened
מַשְׂכִּילִי ת [maski'li] 1 of the Haskala. 2 intellectual, enlightened
מַשְׁכִּים ז [mash'kim] early riser
מַשְׁכַּיִם ז״ז [masha'xayim] pincers
מַשְׂכִּיר ז [mas'kir] lessor
מַשְׂכִּית נ [mas'kit] 1 picture, image. 2 ornament, decoration. 3 thought
מִשְׂכָּל ז [mis'kal] intelligence
מֻשְׂכָּל ז [mus'kal] idea, concept
מֻשְׂכָּל רִאשׁוֹן axiom
מְשֻׂכָּל ת [mesu'kal] crossed, transverse, cross
מְשַׁכֵּלָה נ [meshake'la] bearer of stillborn babies, miscarrier
מְשֻׁכְלָל ת [meshux'lal] perfect, perfected
מְשַׁכֶּלֶת נ [mesha'kelet] miscarriage, abortion
מֻשְׁכָּם ת [mush'kam] early
מִשִּׁכְמוֹ וָמַעְלָה 1 far superior. 2 head and shoulders above
מִשְׁכָּן ז [mish'kan] 1 dwelling place, habitation. 2 tabernacle, temple. 3 grave
מִשְׁכֵּן פ״י [mish'ken] to mortgage, pawn
מְשֻׁכָּן ת [meshu'kan] settled, housed, lodged
מְשַׁכְנֵעַ ת [meshax'ne'a] 1 convincing, persuasive. 2 plausible
מְשֻׁכְנָע ת [meshux'na] convinced, persuaded
מַשְׁכַּנְתָּא, מַשְׁכַּנְתָּה נ [mash'kanta] mortgage
מְשַׁכֵּר ת [mesha'ker] intoxicating, inebriating
מְשֻׁכָּר ת [meshu'kar] intoxicated, drunk, inebriated
מֻשְׂכָּר ת [mus'kar] rented, let
מַשְׂכֹּרֶת נ [mas'koret] 1 salary, wage. 2 fee, reward, remuneration
מָשָׁל ז תה״פ [ma'shal] 1 proverb, fable. 2 parable, fable, allegory. 3 for example
מָשָׁל לְ- similar to, analogous with
מָשַׁל פיו״ע [ma'shal] 1 to govern, rule. 2 to liken, compare
מָשַׁל בְּכִפָּה to rule the roost, to rule over the world
מִשֵּׁל פ״י [mi'shel] to allegorize, to speak in parables
מֹשֶׁל ז ['moshel] 1 dominion, rule. 2 likeness, similitude
מְשֻׁלָּב ת [meshu'lav] 1 combined, interwoven. 2 dovetailed
מִשְׁלֶבֶת נ [mish'levet] 1 monogram. 2 knot
מֻשְׁלָג ת [mush'lag] snowy, covered in snow
מְשֻׁלְהָב ת [meshul'hav] 1 enthusiastic, excited. 2 aflame, incandescent
מִשְׁלוֹחַ ז [mish'lo'ax] 1 despatch, consignment. 2 delivery. 3 transport
מִשְׁלוֹחַ יָד, מִשְׁלַח יָד profession, occupation
מִשְׁלָח ז [mish'lax] sending, despatch
מְשֻׁלָּח ת [meshu'lax] 1 abandoned, let loose. 2 emissary,

envoy. 3 delegate

מְשֻׁלְחָף ת [meshul'xaf] vesiculose

מִשְׁלַחַת ז [mish'laxat] 1 delegation, deputation. 2 contingent. 3 mission, expedition

מְשֻׁלַּחַת נ [meshu'laxat] divorced woman

מִשְׁלָט ז [mish'lat] stronghold, fortification

מֻשְׁלָט ת [mush'lat] imposed on, ruling over

מִשְׁלֵי ז״ר [mish'le] Book of Proverbs

מְשָׁלִי ת [mesha'li] figurative, allegorical

מַשְׁלִים ת ז [mash'lim] 1 complement, adjunct. 2 complementary. 3 supplementary

מַשְׁלִית נ [mash'lit] pulley, hoisting instrument

מֻשְׁלָךְ ת [mush'lax] discarded, cast off, thrown away

מְשֻׁלָּל ת [meshu'lal] lacking, denied, deprived of

מֻשְׁלָם ת [mush'lam] 1 perfect, complete. 2 finished, accomplished

מְשֻׁלָּם ת [meshu'lam] 1 paid, paid up. 2 wholehearted, genuine

מִשָּׁלֵם תה״פ [misha'lem] wholly, entirely

מִשְׁלֶפֶת נ [mish'lefet] hemstitching

מֻשְׁלָשׁ ת [mush'lash] deposited

מְשֻׁלָּשׁ ז ת [meshu'lash] 1 triangle. 2 triple, treble, three-fold. 3 multiplied by three

מְשַׁלְשֵׁל ת [meshal'shel] 1 bringing down, lowering. 2 purgative

מְשֻׁלְשָׁל ת [meshul'shal] 1 lowered, inserted. 2 chained. 3 having diarrhea

מַשְׂמְאִיל ת [mas'mil] 1 left-handed. 2 left-wing. 3 leftist

מֻשְׁמָד ת [mush'mad] destroyed, annihilated

מְשֻׁמָּד ת [meshu'mad] apostate

מְשֻׁמָּדוּת נ [meshuma'dut] apostasy

מְשַׁמָּה נ [mesha'ma] desolation, devastation

מַשְׁמוֹט ז [mash'mot] pickpocket

מִשְׁמוּעַ ז [mish'mu'a] disciplining

מִשְׁמוּשׁ ז [mish'mush] 1 touching, feeling. 2 manipulation, handling

מְשַׂמֵּחַ ת [mesa'me'ax] gladdening, causing happiness, joyous

מֻשְׁמָט ת [mush'mat] deleted, omitted, left out

מַשְׂמִיל ת [mas'mil] leftist

מַשְׁמִים ת [mash'mim] 1 astounded, astonished, appalled. 2 bored

מַשְׁמִיץ ת [mash'mits] 1 defamatory, slanderous. 2 disgraceful, shameful

מַשְׁמָן ז [mash'man] 1 dainty food, delicacy. 2 fat object

מִשְׁמָן ז [mish'man] 1 fatness. 2 fertile land. 3 corpulent

מְשֻׁמָּן ת ז [meshu'man] 1 lubricated, oiled. 2 octagon

מַשְׁמָע ז [mash'ma] 1 meaning, sense. 2 implication, significance

מִשְׁמָע ז [mish'ma] 1 hearing. 2 obedience, attention

מִשְׁמֵעַ פ״י [mish'ma] to discipline

מַשְׁמָעוּת נ [mashma''ut] 1 meaning, sense. 2 implication, significance

מַשְׁמָעוּתִי ת [mashma'u'ti] significant, meaningful

מַשְׁמָעִי ת [mashma''i] meaning,

4 doctrine

[mish'ne] 1 double, twice. 2 deputy, vice, sub-. 3 repetition מִשְׁנֶה ז

viceroy מִשְׁנֶה לַמֶּלֶךְ

1 Deuteronomy. 2 Mishne Torah מִשְׁנֵה תּוֹרָה

[meshu'ne] strange, odd, eccentric, queer מְשֻׁנֶּה ת

[meshu'nut] oddness, eccentricity, strangeness מְשֻׁנּוּת נ

[mish'ni] 1 secondary, subsidiary. 2 incidental. 3 of the Mishna מִשְׁנִי ת

[mishna'yot] paragraphs of the Mishna מִשְׁנָיוֹת נ״ר

[mish'nan] 1 denture, set of teeth. 2 dentition מִשְׁנָן ז

milk tooth מִשְׁנָן נָשִׁיר

dentition מִשְׁנָן קַיָּם

[meshu'nan] 1 well-learnt, studied. 2 toothed, dentate מְשֻׁנָּן ת

[meshu'nas] belted, girded מְשֻׁנָּס ת

[meshu'nats] fastened with straps, cordoned מְשֻׁנָּץ ת

[mash'nek] choke מַשְׁנֵק ז

[meshu'nak] choked, stifled מְשֻׁנָּק ת

[meshun'shan] denticulate, denticular מְשֻׁנְשָׁן ת

[meshi'sa] plunder, booty, spoil מְשִׁסָּה נ

[meshu'se] 1 plundered, sacked. 2 incited, instigated מְשֻׁסֶּה ת

[meshu'sa] 1 mangled. 2 cleft, torn, rent, riven מְשֻׁסָּע ת

[meshu'saf] cut up, torn, rent מְשֻׁסָּף ת

[mesha''bed] enslaver, oppressor מְשַׁעְבֵּד ז

[meshu''bad] 1 oppressed, enslaved. 2 subordinate. 3 subject. 4 mortgaged מְשֻׁעְבָּד ת

meaningful

[mish'ma'at] 1 discipline. 2 obedience, hearing מִשְׁמַעַת נ

[mishma''ti] disciplinary מִשְׁמַעְתִּי ת

[mush'mats] slandered, libelled, vilified מֻשְׁמָץ ת

[mish'mar] 1 guard, watch. 2 escort, convoy. 3 prison. 4 division of Temple priests מִשְׁמָר ז

[mesha'mer] conserving, preservative מְשַׁמֵּר ז

[meshu'mar] 1 preserved. 2 conserved מְשֻׁמָּר ת

[mas'mer] nail, peg מַסְמֵר ז

[mishma'ra] watch, night watch מִשְׁמָרָה נ

[mish'meret] 1 shift. 2 watch, guard. 2 charge, instruction מִשְׁמֶרֶת נ

[mesha'meret] 1 colander. 2 strainer מְשַׁמֶּרֶת נ

[mish'mesh] 1 apricot. 2 to touch, feel, handle מִשְׁמֵשׁ ז פ״ע

to be about to happen, be imminent מִשְׁמֵשׁ וּבָא

[mesha'mesh] 1 attendant, servant. 2 accessory, functionary מְשַׁמֵּשׁ ז

[meshu'mash] used, second-hand מְשֻׁמָּשׁ ת

[mashme'shan] toucher, fingerer מַשְׁמְשָׁן ז

[mashmesha'nut] touching, fingering מַשְׁמְשָׁנוּת נ

[meshu'mat] 1 ostracized, excommunicated. 2 banned, boycotted מְשֻׁמָּת ת

[mesa'ne] enemy, rival, opponent, foe מְשַׂנֵּא ז

[mash'ne] teacher (of Mishna) מַשְׁנֶה ז

[mish'na] 1 Mishnah. 2 study, teaching. 3 opinion. מִשְׁנָה נ

[mish'ʼol] path, lane מִשְׁעוֹל ז
[meshu'ʼmad] apostate מְשֻׁעְמָד ת
[mesha'ʼmem] boring, dull, tedious, monotonous מְשַׁעֲמֵם ת
[meshu'a'mam] bored מְשֻׁעֲמָם ת
[mash'ʼen] support, buttress, abutment מַשְׁעֵן, מִשְׁעָן ז
[mash'e'na] support, stay מַשְׁעֵנָה נ
[mish'ʼenet] 1 stick. 2 prop, support מִשְׁעֶנֶת נ
[mish'ʼar] 1 measure, quantity. 2 estimate מִשְׁעָר ז
[mesha'ʼer] assessor מְשַׁעֵר ז
[mesho'ʼar] estimated מְשֹׁעָר ת
[mish'a'ra] stock exchange מִשְׁעָרָה נ
[mis'ʼeret] brush מִשְׂעֶרֶת נ
[mesha'ʼshe'a] amusing, diverting, entertaining מְשַׁעֲשֵׁעַ ת
[mesho'a'sha'] entertained, amused מְשֻׁעֲשָׁע ת
[meshu'pad] 1 spit-shaped. 2 barbecued מְשֻׁפָּד ת
[meshu'pe] plane, smoothed מְשֻׁפֶּה ת
[mis'pax] injustice, misjudgement מִשְׂפָּח ז
[mishpa'xa] family מִשְׁפָּחָה נ
[mishpax'ti] 1 familial, of the family. 2 cordial, intimate מִשְׁפַּחְתִּי ת
[mishpaxti'yut] intimacy, family feeling, familiarity מִשְׁפַּחְתִּיּוּת נ
[mish'pat] 1 trial, case. 2 law. 3 judgement, verdict. 4 justice. 5 sentence מִשְׁפָּט ז
court martial מִשְׁפָּט צְבָאִי
prejudice, bias מִשְׁפָּט קָדוּם
[mishpa'ti] legal, judicial, statutory מִשְׁפָּטִי ת
[mishpa'tim] law, jurisprudence מִשְׁפָּטִים ז"ר
[mishpa'tan] lawyer, jurist מִשְׁפְּטָן ז
[mishpeta'nut] law, jurisprudence מִשְׁפְּטָנוּת נ
[mash'pil] 1 degrading, humiliating. 2 lowering. 3 anapaest מַשְׁפִּיל ז
[mash'piy'a] 1 influencing, influential. 2 giving in abundance מַשְׁפִּיעַ ז ת
[mash'pex] funnel, spout מַשְׁפֵּךְ ז
[mish'pax] 1 suffusion. 2 dump. 3 doumpour מִשְׁפָּךְ ז
[mush'pal] 1 humiliated, degraded. 2 humbled. 3 lowered מֻשְׁפָּל ת
[mash'pelet] garbage bin, dustbin מַשְׁפֶּלֶת נ
[mesu'pam] moustached, having a moustache מְשֻׂפָּם ת
[mush'pa'] influenced מֻשְׁפָּע ת
[meshu'pa'] 1 oblique, slanting, sloping. 2 having 'flu, influenza. 3 abundant מְשֻׁפָּע ת
[meshu'pats] 1 mended. 2 restored, renovated מְשֻׁפָּץ ת
[meshu'par] 1 improved, bettered, ameliorated. 2 beautiful, embellished מְשֻׁפָּר ת
[meshuf'shaf] 1 polished. 2 rubbed, worn. 3 cleaned, scoured מְשֻׁפְשָׁף ת
[mishpe'tayim] 1 ashes for cooking. 2 sheep-fold מִשְׁפְּתַיִם ז"ז
['meshek] 1 economy. 2 farm, estate. 3 management, administration מֶשֶׁק ז
housework, home economy, household מֶשֶׁק בַּיִת
[ma'shak] 1 noise, rustle. 2 crack, join, seam מַשָּׁק ז
NCO (noncommissioned officer) מַשָּׁ"ק ז
[mi'shak] interface מִשָּׁק

מִשֵּׁק פ״י [mi'shek] to joint, seam

מְשֻׁקָּד ת [meshu'kad] almond-like, almond-shaped

מַשְׁקֶה ז ת [mash'ke] 1 drink, potion, beverage. 2 butler, wine steward. 3 watering

מַשְׁקֶה חָרִיף alcoholic liquor

מַשְׁקֶה קַל soft drink

מֻשְׁקֶה ת [mush'ke] watered, irrigated

מִשְׁקוֹל ז [mish'kol] weight

מַשְׁקוֹף ז [mash'kof] door head, lintel

מִשְׁקָט ז [mish'kat] sediment, deposit, residue

מַשְׁקֵט ז [mash'ket] silencer

מִשְׁקִי ת [mish'ki] 1 concerned with the economy. 2 administrative

מִשְׁקִיּוּת נ [mishki'yut] good management, good administration

מַשְׁקִיף ז [mash'kif] observer, onlooker

מִשְׁקָל ז [mish'kal] 1 weight, weighing. 2 scales. 3 poetic meter, rhyme. 4 morphological pattern. 5 importance

מִשְׁקָל סְגֻלִּי specific gravity

מְשֻׁקָּל ת [meshu'kal] 1 metrical, metric. 2 regular, steady

מְשֻׁקְלָל ת [meshuk'lal] 1 balanced (financially). 2 averaged

מִשְׁקֹלֶת נ [mish'kolet] 1 plumb-line. 2 weight, counterbalance 3 meter

מְשַׁקֵּם ז [mesha'kem] 1 rehabilitator. 2 restorer

מְשֻׁקָּם ת [meshu'kam] 1 rehabilitated. 2 restored

מִשְׁקָע ז [mish'ka'] 1 sinking, settling. 2 deposit, sediment. 3 pit, depression. 4 precipitation

מֻשְׁקָע ת [mush'ka'] invested

מְשֻׁקָּע ת [meshu'ka'] 1 immersed, sunk. 2 absorbed. 3 concave

מִשְׁקָעִים ז״ר [mishka''im] sediments, precipitations

מִשְׁקְפֵי מָגֵן goggles, protective goggles

מִשְׁקָפַיִם ז״ז [mishka'fayim] glasses, spectacles

מִשְׁקֶפֶת נ [mish'kefet] 1 binoculars, field glasses. 2 telescope

מְשֻׁקָּץ ת [meshu'kats] repulsive, detestable, abominable

מֵשָׁר ז [me'shar] long planted furrow

מְשֻׁרְבָּב ת [meshur'bav] 1 spread out, stretched. 2 inserted in error

מִשְׂרָד ז [mis'rad] 1 office, bureau. 2 ministry

מִשְׂרָדוּת נ [misra'dut] clerical work, office work

מִשְׂרָדִי ת [misra'di] bureaucratic

מִשְׂרָדָן ז [misra'dan] bureaucrat

מִשְׂרְדָנוּת נ [misreda'nut] bureaucracy

מִשְׂרְדָנִי ת [misreda'ni] bureaucratic

מִשְׁרָה נ [mish'ra] juice

מִשְׂרָה נ [mis'ra] 1 job, position. 2 post, appointment. 3 office. 4 rule, dominion

מַשְׁרוֹקִית נ [mashro'kit] whistle

מַשְׂרֵט ז [mas'ret] scalpel, scarifier, scratcher

מְשַׂרְטֵט ז [mesar'tet] draftsman

מְשֻׂרְטָט ת [mesur'tat] 1 sketched, drafted. 2 underlined

מְשֻׁרְיָן ת [meshur'yan] 1 armoured. 2 guaranteed, secured

מַשְׁרִית נ [mash'rit] basin for soaking meat

מַשְׁרָן ז [mash'ran] inductor

מִשְׂרַעַת נ [mis'ra'at] amplitude

מְשָׂרֵף ז [mesa'ref] maternal uncle

מִשְׂרָפָה נ [misra'fa] 1 incinerator,

2 changing, inconsistent

[meshaˈtef] 1 partner, mate. 2 participant — מְשַׁתֵּף ז

collaborator — מְשַׁתֵּף פְּעֻלָּה

[meshuˈtaf] common, shared, mutual — מְשֻׁתָּף ת

[mashˈtek] silencer — מַשְׁתֵּק ז

[meshuˈtak] 1 paralyzed. 2 silenced. 3 brought to a standstill — מְשֻׁתָּק ת

[mashˈtet] plough, plow — מַשְׁתֵּת ז

[mushˈtat] founded, based — מֻשְׁתָּת ת

[mishtaˈtef] participant, partaker, sharer — מִשְׁתַּתֵּף ז

[met] 1 dead. 2 corpse. 3 to die, perish — מֵת ז פ״ע

[maˈta] town, place — מָתָא ז

[mit'aˈbed] suicide, suicidal person — מִתְאַבֵּד ז

[meta'aˈven] appetizer, hors d'oeuvres — מְתַאֲבֵן ז

[mit'aˈgref] boxer, pugilist — מִתְאַגְרֵף ז

[matˈ'im] 1 suitable, apt, appropriate, fit. 2 related, analogous. 3 convenient — מַתְאִים ת

[mat'iˈma] parallel — מַתְאִימָה נ

[mat'iˈmon] concordance — מַתְאִימוֹן ז

[mat'iˈmot] molar teeth (animals) — מַתְאִימוֹת נ״ר

[metaˈ'em] 1 co-ordinator. 2 co-ordinating — מְתַאֵם ז ת

[matˈ'em] adapter — מַתְאֵם ז

[mitˈ'am] 1 symmetry, correlation. 2 fitting — מִתְאָם ז

[mutˈ'am] fitted, adjusted, adapted — מֻתְאָם ת

[metoˈ'am] aligned, coordinated — מְתֹאָם ת

[mit'aˈmen] trainee — מִתְאַמֵּן ז

[mitˈ'ar] 1 contour, outline. 2 profile — מִתְאָר ז

crematorium. 2 burning, cremation. 3 oven

distillery, wine distillery — מִשְׂרֶפֶת יַיִן

[misˈrefet] burning, fire — מִשְׂרֶפֶת נ

[mishˈrats] breeding ground for reptiles — מִשְׁרָץ ז

[mushˈrash] rooted, embedded, ingrained — מֻשְׁרָשׁ ת

[meshoˈrash] 1 uprooted. 2 eradicated — מְשֹׁרָשׁ ת

[meshurˈshar] chain-like, concatenate — מְשֻׁרְשָׁר ת

[meshaˈret] 1 servant, attendant. 2 Mesharet (cantillation mark) — מְשָׁרֵת ז

[masˈret] frying pan, pan — מַשְׂרֵת נ

[maˈshash, miˈshesh] to touch, feel, finger — מָשַׁשׁ, מִשֵּׁשׁ פ״י

[meˈshash] palpability, tangibility — מְשָׁשׁ ז

[meshushe] 1 hexagon. 2 hexagonal — מְשֻׁשֶּׁה ז ת

[masheˈshan] 1 antenna. 2 feeler, toucher, fingerer — מַשְׁשָׁן ז

[mishˈte] 1 banquet, feast. 2 symposium. 3 drink, beverage — מִשְׁתֶּה ז

silencer — מַשְׁתִּיק קוֹל

[mashˈtit] 1 foundation, base. 2 stroma. 3 soil below surface — מַשְׁתִּית נ

[mishtaˈla] nursery (plants) — מִשְׁתָּלָה נ

[mishtaˈlem] 1 convenient, profitable, lucrative. 2 attending supplementary courses — מִשְׁתַּלֵּם ז ת

[mishtaˈmet] shirker, dodger, malingerer — מִשְׁתַּמֵּט ז

[mashˈten] bedpan — מַשְׁתֵּן ז

[mishtaˈna] urinary, urinal — מִשְׁתָּנָה נ

[mishtaˈne] 1 variable. — מִשְׁתַּנֶּה ז ת

[meto'ar] 1 described, delineated. 2 portrayed — מְתֹאָר ת
[meto'a'rax] dated — מְתֹאֳרָךְ ת
[mitbo'ded] 1 secluded, solitary. 2 hermit — מִתְבּוֹדֵד ת ז
[mitbo'lel] one who tends to assimilate — מִתְבּוֹלֵל ז
[mitbo'nen] observer, watcher, onlooker — מִתְבּוֹנֵן ז
[metu'bal] spiced, seasoned — מְתֻבָּל ת
[mat'ben] haystack — מַתְבֵּן ז
[ma'tag] to bridle with a bit — מָתַג פ״י
['meteg] 1 bit, bridle. 2 switch. 3 bacillus, bacterium. 4 Meteg (Hebrew accent) — מֶתֶג ז
[mi'teg] 1 to bridge, curb. 2 to restrain. 3 to switch — מִתֵּג פ״י
[mitga'ber] 1 increasing. 2 overcoming — מִתְגַּבֵּר ת
[mitgo'rer] resident, lodge — מִתְגּוֹרֵר ז
[mitgo'shesh] wrestler, fighter — מִתְגּוֹשֵׁשׁ ז
[mit'gi] 1 bacillar, bacterial. 2 rod-shaped — מִתְגִּי ת
[mitga'yes] 1 mobilized soldier. 2 recruit — מִתְגַּיֵּס ז
[metu'dlak] fuelled, refuelled — מְתֻדְלָק ת
[ma'tug] sustained, sostenuto (music) — מָתוּג ת
[mit'va] sketch, outline, draft — מִתְוָה נ
[mut've] sketched, outlined — מֻתְוֶה ת
[ma'tu'ax] 1 stretched. 2 taut, tense, tight — מָתוּחַ ת
[mi'tu'ax] stretching, tightening, extending — מִתּוּחַ ז
[mi'tox] from, out of — מִתּוֹךְ מ״י
[mi'tux] metallization — מִתּוּךְ ז
[meta'vex] 1 mediator, arbitrator. 2 middleman, agent, intermediary — מְתַוֵּךְ ז
[meto'xax] nested — מְתוֹכָךְ ת

[ma'tun] 1 moderate, mild. 2 calm, composed. 3 slow, easy going — מָתוּן ת
[mi'tun] 1 moderation. 2 slowing-down. 3 recession — מִתּוּן ז
[meto'fef] drummer — מְתוֹפֵף ז
[ma'tok] 1 sweet. 2 pleasant — מָתוֹק ת
[mi'tuk] sweetening — מִתּוּק ז
[ma'taz] 1 shrapnel, splinters. 2 splash — מַתָּז ז
[mu'taz] 1 splashed, sprayed. 2 lopped, severed. 3 stressed, accentuated — מֻתָּז ת
[metu'zaz] confused, crazy, bedevilled — מְתֻזָּז ת
[metuz'mar] orchestrated — מְתֻזְמָר ת
[ma'tax] 1 to stretch, extend. 2 to tense. 3 to pull, tighten. 4 to bluff — מָתַח פ״י
to criticize, censure — מָתַח בִּקֹּרֶת
to underline — מָתַח קַו
['metax] 1 tension, suspense. 2 voltage. 3 horizontal bar — מֶתַח ז
[mi'tax] to stretch, strain, tighten — מִתַּח פ״י
[metu'xax] crumbled — מְתֻחָח ת
[matxe'xa] cultivator — מַתְחֵחָה נ
[mat'xil] beginner, novice — מַתְחִיל ז
[mitxa'kem] wiseguy, smart aleck, wit, wisecracker — מִתְחַכֵּם ת
[metux'kam] sophisticated — מְתֻחְכָּם ת
[mut'xal] begun, started, commenced — מֻתְחָל ת
[mitxa'le] hypochondriac, malingerer — מִתְחַלֶּה ת
[mitxi'la] from the beginning, a priori — מִתְּחִלָּה
[mit'xam] 1 area, range. 2 tessitura (music) — מִתְחָם ז
[mitxa'mek] evasive, — מִתְחַמֵּק ת

מִתְיַשֵּׁב ז [mitya'shev] 1 settler. 2 compatible (with)

מִתְיַשְּׁבוּת נ [mitiash'vut] compatibility, consistency

מֻתָּךְ ת [mu'tax] 1 smelted, molten. 2 processed

מַתְכּוֹן ז [mat'kon] 1 recipe. 2 formula. 3 mix, mixture

מִתְכַּוֵּן ת [mitka'ven] meaning, intending

מִתְכַּוְנֵן ת [mitkav'nen] adaptable, adjustable

מִתְכַּלֶּה ת [mitka'le] expendable

מְתֻכָּן ת [metu'kan] measured, weighed

מְתֻכְנָן ת [metux'nan] planned, designed

מַתְכֹּנֶת נ [mat'konet] 1 format. proportion. 2 scale, 3 measurement

מַתְכֻּנְתִּי ת [matkun'ti] proportional

מַתֶּכֶת נ [ma'texet] metal

מַתַּכְתִּי ת [matax'ti] metallic

מַתְלָאָה נ [matla''a] weariness, hardship

מַתְלֶה ז [mat'le] hanger, loop

מִתְלֶה ז [mi'tle] 1 suspension. 2 rack. 3 sling. 4 mount

מִתְלַהְלֵהַּ ת [mitlah'leha] mad, insane

מַתְלוּל ז [mat'lul] escarpment, steep drop

מִתְלוֹנֵן ז [mitlo'nen] complainer, grouser, grumbler

מִתְלָל ז [mit'lal] 1 escarpment. 2 moat, foss

מַתְלֵם ז [mat'lem] ridging-plough

מְתֻלָּם ת [metu'lam] furrowed, ridged

מִתְלַמֵּד ז [mitla'med] 1 trainee, apprentice. 2 learner. 3 autodidact

מְתֻלָּע ת [metu'la] 1 wormy. 2 purple

מִתְלָעָה נ [mitla''a] malt house

dodger, shirker

מִתְחַסֵּד ת [mitxa'sed] hypocritical, pontificating

מִתְחַפֵּשׂ ת [mitxa'pes] disguised, masked, in fancy dress

מִתְחָרֶה ז [mitxa're] rival, competitor

מִתַּחַת תה״פ below, beneath

מִתַּחַת לְ- מ״י under, below, beneath

מָתַי תה״פ מ״ש [ma'tai] When?

מְתֵי מִסְפָּר, מְתֵי מְעַט few people, a handful

מְתִיבְתָּא נ [me'tivta] rabbinical academy, yeshiva

מְתֻיָּג ת [metu'yag] dashed, accented

מִתְיַהֵד ז [mitya'hed] convert to Judaism

מִתְיַוֵּן ז [mitya'ven] Hellenized

מָתִיחַ ת [ma'tiy'ax] elastic, extendable, stretchable

מְתִיחָה נ [meti'xa] 1 stretching, extending. 2 bluffing, teasing, pulling a fast one

מְתִיחוּת נ [meti'xut] 1 stretchability, elasticity. 2 strain, suspense, tension

מְתֻיָּל ת [metu'yal] wired, coiled

מִתְיַלֵּד ת [mitya'led] infantile, puerile

מְתִים ז״ר [me'tim] people

מְתִינוּת נ [meti'nut] 1 moderacy, moderation. 2 prudence, discretion. 3 restraint

מְתֻיָּק ת [metu'yak] filed (office)

מְתִיקָה נ [meti'ka] candy, sweet meat, relish

מְתִיקוּת נ [meti'kut] sweetness

מַתִּיר ת [ma'tir] 1 permitting, allowing. 2 authorizing. 3 untying, loosening, unfastening

מַתִּירָנוּת נ [matira'nut] permissiveness

מַתִּירָנִי ת [matira'ni] permissive, lax in morals

מְתַלְּעָה נ [metal'a] molar, grinder, jaw
מְתֻלְתָּל ת [metul'tal] curly, wavy
מְתֹם ז [me'tom] 1 wholeness. 2 people, mortals
מִתְמַחֶה ז [mitma'xe] specializer, specialist, stagiaire
מַתְמִיד ת [mat'mid] 1 assiduous, persevering. 2 permanent, lasting
מַתְמִיהַּ ת [mat'miha] astonishing, amazing
מְתֻמָּן ז [metu'man] octagon
מְתֻמְצָת ת [metum'tsat] summarized, summed up
מַתְמֵר ז [mat'mer] transducer
מְתֻמְרָק ז [metum'rak] scented, perfumed
מֶתֶן ז ['meten] accent, stress
מֹתֶן ז ['moten] 1 hip. 2 loins, waist. 3 fillet
מַתָּן ז [ma'tan] 1 present, gift. 2 giving
מִתֵּן פ״י [mi'ten] 1 to moderate, decelerate. 2 to calm, pacify, soothe
מִתְנַגֵּד ז [mitna'ged] 1 opponent, antagonist. 2 Mitnaged
מִתְנַגְּדוּת נ [mitnag'dut] the movement of the Mitnagdim
מַתְנֵד ז [mat'ned] oscilator
מִתְנַדֵּב ז [mitna'dev] volunteer
מִתְנָה נ [mit'na] cord
מִתְנֶה ז [mit'ne] term, condition
מֻתְנֶה ת [mut'ne] 1 conditioned. 2 contingent
מַתָּנָה נ [mata'na] 1 present, gift. 2 offering. 3 bribe
מִתְנַוֵּן ת [mitna'ven] 1 degenerating, atrophying. 2 decadent
מָתְנִיָּה נ [motni'ya] jacket
מָתְנַיִם ז״ז [mot'nayim] hips, loins
מַתְנִית נ [mat'nit] battledress
מַתְנִיתָא נ [mat'nita] Mishnah
מַתְנִיתִין ז [matni'tin] our Mishnah
מִתְנָן ז [mit'nan] daphne, leatherwood
מַתְנֵעַ ז [mat'ne'a] starter, ignition
מֻתְנָע ת [mut'na] ignited
מִתְנַקֵּשׁ ז [mitna'kesh] assassin, assailant
מַתֶּנֶת נ [ma'tenet] lumbago
מְתֻסְבָּךְ ת [metus'bax] 1 neurotic. 2 complex-ridden
מְתַסְכֵּל ת [metas'kel] frustrating
מְתֻסְכָּל ת [metus'kal] frustrated
מְתֹעָב ת [meto'av] abominable, detestable
מְתֹעָד ת [meto'ad] documented, recorded
מַתְעֶה ז [mat'e] misleading, deceptive
מֻתְעֶה ת [mut'e] 1 wrong, mistaken. 2 forged, counterfeited
מַתְעֵל ז [mat'el] digger, excavator
מְתֹעָל ת [meto'al] trenched, channeled
מִתְעַמֵּל ז [mit'a'mel] gymnast, athlete
מִתְפַּלֵּל ז [mitpa'lel] worshipper, suppliant
מִתְפַּלְסֵף ז [mitpal'sef] 1 philosophizer. 2 sophist
מְתֻפָּר ת [metu'par] sewn
מִתְפָּרָה נ [mitpa'ra] sewing-room, sewing workshop
מַתְפֹּרֶת נ [mat'poret] ribbon of military decoration
מִתְפֶּרֶת נ [mit'peret] dart
מָתַק פ״ע [ma'tak] to become sweet
מִתֵּק פ״י [mi'tek] to sweeten
מֶתֶק ז ['metek] sweetness
מֹתֶק ז ['motek] sweetheart, darling
מַתֵּק ז [ma'tek] cut-out switch
מִתְקַדֵּם ת [mitka'dem] 1 advanced.

unattached, released

[metur'bat] 1 domesticated. 2 cultured, cultivated. מְתֻרְבָּת ת

[metur'gal] well-practiced, drilled מְתֻרְגָּל ז

[metar'gem] translator מְתַרְגֵּם ז

[metur'gam] translated מְתֻרְגָּם ת

[meturge'man] interpreter מְתֻרְגְּמָן ז

[mat'rim] fund-raiser מַתְרִים ז

[metur'mal] 1 podded. 2 having a rucksack מְתֻרְמָל ת

[meto'ran] masted, bearing a mast מְתֹרָן ת

[mit'ras] barricade מִתְרָס ז

[mitra'pes] grovelling, obsequious, servile מִתְרַפֵּס ת

[meto'rats] 1 explained, elucidated. 2 justified, excusable מְתֹרָץ ת

[me'tash] easing, relaxation, weakening מֵתַשׁ ז

[metu'sha] 1 nonagon. 2 nine-fold מְתֻשָּׁע ז ת

[ma'tat] 1 gift, present. 2 tip מַתָּת נ

2 making progress. 3 progressive

[mitko'mem] rebel, insurgent מִתְקוֹמֵם ז

[mat'kif] 1 attacker, assailant. 2 opponent מַתְקִיף ז

[mit'kit] glycerine מִתְקִית נ

[mit'kan] device, mechanism, installation מִתְקָן ז

[mut'kan] installed, adjusted, fitted מֻתְקָן ת

[meta'ken] 1 repairer, mender. 2 reformer מְתַקֵּן ת

[metu'kan] 1 repaired, mended. 2 amended, revised. 3 proper, decent, good מְתֻקָּן ת

[mitka'fa] offensive מִתְקָפָה נ

[mitka'pel] collapsible, folding מִתְקַפֵּל ת

[metak'tak] sweetish מְתַקְתַּק ת

[metakta'kut] sweetness מְתַקְתַּקוּת נ

[ma'ter] release lever, disengager מַתֵּר ז

[mu'tar] 1 permitted, allowed. 2 permissible. 3 freed, untied, מֻתָּר ת

נ

נ ז ת 1 Nun, fourteenth letter of the Hebrew alphabet. 2 fifty, 50. 3 fiftieth

ן 1 final nun. 2 700

נָא מ״ק ת ז [na] 1 please. 2 therefore, so. 3 raw, half-cooked. 4 half-baked

נֶאֱבַד פ״ע [ne'e'vad] 1 to be lost. 2 to perish

נֶאֱבַק פ״ע [ne'e'vak] to struggle, wrestle, fight

נֹאד ז [nod] 1 skin-bottle, waterskin, skin. 2 ascus (bot.). 3 fool, idiot, empty-headed

נֹאדִיד ז [no'did] utricularia, bladderwort

נֶאְדָּר ת [ne''dar] magnificent, glorious, majestic

נֶאְדַּר פ״ע [ne''dar] to be glorious

נָאָה פ״ע נ [na''a] 1 to suit, befit. 2 to be beautiful. 3 dwelling-place. 4 pasture, countryside

נֵאָה פ״י [ne''a] 1 to adorn, beautify. 2 to decorate, ornament

נָאֶה ת [na''e] 1 appropriate, seemly. 2 pleasant, fine, suitable

נֶאֱהָב ת [ne'e'hav] beloved, lovely

נָאוָה פ״ע [na''va] to be comely, pretty

נַאֲוָה נ [na''va] dwelling, habitation

נָאוֶה ת [na''ve] comely, beautiful

נְאוּם ז [ne''um] 1 speech, address. 2 oration, utterance. 3 signed by, spoken by

נִאוּף ז [ni''uf] 1 fornication. 2 adultery, lewdness

נִאוּץ ז [ni''uts] reviling, cursing, abuse

נָאוֹר פ״ע ת ז [na''or] 1 to brighten, become light. 2 enlightened, radiant. 3 cultured. 4 God

נְאוֹרוּת נ [ne'o'rut] enlightenment

נָאוֹת פ״ע ת נ״ר [na''ot] 1 to agree, consent. 2 to be suitable. 3 fit, suitable, proper. 4 pretty, comely (f. pl)

נֵאוֹת פ״ע [ne''ot] 1 to be willing, consent, agree. 2 to suit. 3 to be satisfied

נְאוֹת דֶּשֶׁא meadows, pastures

נְאוֹת מִדְבָּר oasis

נֶאְזָר ת [ne''zar] girded

נֶאֱחַז פ״ע [ne'e'xaz] 1 to be held, seized, caught. 2 to grasp. 3 to settle

נֶאְטַם פ״ע [ne'tam] to be sealed, shut, closed up

נֶאֱיַב פ״ע [ne'e'yav] to be hated

נָאִיבִי ת [na''ivi] naïve

נָאִיבִיּוּת נ [na''iviyut] naïveté

נְאִימָה נ [ne'i'ma] rhetoric, speech-making

נֶאֱכַל פ״ע [ne'exal] 1 to be eaten. 2 to be consumed, destroyed

נֶאֱלַח פ״ע [ne'e'lax] 1 to be dirty. 2 to be infected, tainted. 3 to be contaminated

נֶאֱלָח ת [ne'e'lax] 1 dirty. 2 infected. 3 corrupt, tainted

נֶאֱלַם פ״ע [ne'e'lam] to be silent, fall silent

נֶאֱלָץ ת [ne'e'lats] forced, compelled,

[ne'e'fa] to be baked נֶאֱפָה פ״ע
[na'afu'fi] adulterous נַאֲפוּפִי ת
[na'afu'fim] adultery, fornication נַאֲפוּפִים ז״ר
[ne'e'fan] to be tortured on the wheel נֶאֱפַן פ״ע
[na'a'fan] adulterer, fornicator נַאֲפָן ז
[na''ats] 1 to despise, scorn, deride. 2 to be angry, furious נָאַץ פ״י
[ni''ets] to revile, abuse, insult נִאֵץ פ״י
[na'a'tsa] 1 reviling, invective, vituperation. 2 blasphemy נְאָצָה, נֶאָצָה נ
[ne''tsal] 1 noble, ennobled. 2 inspired, influenced נֶאֱצָל ת
[ne'e'tsal] 1 to be set apart, put aside. 2 to emanate from. 3 to be a source of inspiration נֶאֱצַל פ״ע
[ne'e'tsar] to be stored, collected נֶאֱצַר פ״ע
[na''ak] to groan, moan, wail נָאַק פ״ע
['na'ak] groaning נַאַק ז
[na'ka] female camel נָאקָה נ
[ne'a'ka] wailing, moaning נְאָקָה נ
[ne''ar] cursed, accursed נֵאָר ת
[ni''er] to defile, desecrate, despise נִאֵר פ״י
[ne'e'rag] to be woven נֶאֱרַג פ״ע
[ne'e'raz] 1 to be packed. 2 to be tied up נֶאֱרַז פ״ע
[ne'er'sa] to become engaged, affianced (f) נֶאֶרְסָה פ״ע
[ne'e'rar] to be accursed, cursed נֶאֱרַר פ״ע
[ne'e'sham] accused, defendant נֶאֱשָׁם ז
[ne'sham] to be accused, indicted נֶאְשַׁם פ״ע
[nav] 1 to flourish, sprout, bud. 2 to utter, speak נָב פ״ע

constrained
[ne'e'lats] to be forced, compelled, constrained נֶאֱלַץ פ״ע
[na''am] 1 to make a speech, to give a public address. 2 to speak, utter נָאַם פ״י
[ne'e'mad] to be estimated, valued, assessed נֶאֱמַד פ״ע
[ne'e'man] 1 loyal, faithful. 2 trustworthy, reliable. 3 trustee. 4 speaker נֶאֱמָן ז ת
[ne'e'man] 1 to be verified. 2 to be trustworthy. 3 to be reared נֶאֱמַן פ״ע
[ne'ema'na] faithfully נֶאֱמָנָה תה״פ
[ne'ema'nut] 1 trusteeship. 2 trustworthiness. 3 loyalty, fidelity נֶאֱמָנוּת נ
[ne'e'mar] to be said, told נֶאֱמַר פ״ע
[na''emet] speechifying, excessive speech-making נָאֶמֶת נ
[ne'e'nax] to sigh, groan נֶאֱנַח פ״ע
[ne'e'nas] 1 to be compelled, forced. 2 to be raped נֶאֱנַס פ״ע
[ne'e'nak] to pass away, die נֶאֱנַק פ״ע
[ne'e'nash] to become seriously ill נֶאֱנַשׁ פ״ע
[ne'e'saf] 1 to be gathered, collected. 2 to gather, assemble. 3 to die, pass away נֶאֱסַף פ״ע
to pass away, die נֶאֱסַף אֶל אֲבוֹתָיו
[ne'e'sar] 1 to be jailed, imprisoned. 2 to be chained, shackled. 3 to be prohibited, forbidden נֶאֱסַר פ״ע
[na''af] to fornicate, commit adultery נָאַף, נִאֵף פ״ע
[ne''pad] clothed, girded נֶאְפָּד ת
[ne''pad] to be girded, belted נֶאְפַּד פ״ע

נִבָּא פ״ע [ni'ba] 1 to prophesy. 2 to foresee, foretell, predict
נִבֵּא פיו״ע [ni'be] 1 to prophesy. 2 to invest with prophetic power
נִבְאָשׁ ת [niv''ash] spoilt, stinking, malodorous
נִבְאַשׁ פ״ע [niv''ash] 1 to become hateful, repulsive. 2 to be abominated
נֶבֶג ז ['neveg] spore, germ, sprout
נִבְגִּי ת [niv'gi] germinal, budding
נִבְגַּר פ״ע [niv'gar] 1 to grow up. 2 to become adult
נִבְדָּה פ״ע [niv'da] to be invented, fabricated
נִבְדָּל ת [niv'dal] 1 different, separate, distinct. 2 off-side
נִבְדַּל פ״ע [niv'dal] 1 to withdraw, keep apart. 2 to be different, distinct
נִבְדָּלוּת נ [nivda'lut] 1 separateness. 2 distinctiveness
נִבְדַּק פ״ע [niv'dak] 1 to be tested, examined, checked. 2 to be repaired
נִבָּה פ״י [ni'ba] 1 to inflame, fan. 2 to prophesy
נִבְהָל ת [niv'hal] 1 frightened, alarmed. 2 flustered, panicky
נִבְהַל פ״ע [niv'hal] 1 to be frightened, hasty, alarmed. 2 to be overhasty, precipitate
נִבּוּא ז [ni'bu] forecast, foreseeing
נְבוּאָה נ [nevu''a] 1 prophecy. 2 prediction, foretelling
נְבוּאִי ת [nevu''i] prophetic
נָבוּב ת [na'vuv] 1 hollow. 2 empty, frivolous
נִבּוּחַ ז [ni'bu'ax] barking
נָבוּט ת [na'vut] germinated

נָבוֹךְ פ״ע ת [na'vox] 1 to be confused, bewildered. 2 confused, perturbed, perplexed
נָבוּל ת [na'vul] faded, wilted, withered
נִבּוּל ז [ni'bul] 1 filth. 2 disgust. 3 obscenity, repulsiveness
נִבּוּל פֶּה obscenity, bad language
נָבוֹן פ״ע ת [na'von] 1 to become wise, to be sensible. 2 clever, intelligent. 3 sensible
נְבוֹנוּת נ [nevo'nut] sagacity, wisdom, understanding
נָבֹז פ״ע [na'voz] to be plundered
נִבְזָה פ״ע [niv'za] to be despised, scorned, contemptible
נִבְזֶה ת [niv'ze] 1 despicable, scorned. 2 nasty, vile
נִבְזוּת נ [niv'zut] nastiness, vulgarity, coarseness
נִבְזַז פ״ע [niv'zaz] to be robbed, plundered, pillaged
נִבְזַק פ״ע [niv'zak] to be sprinkled
נָבַח, נִבַּח פ״ע [na'vax] to bark
נֶבַח ז, נִבְחָה נ ['nevax, niv'xa] barking
נַבְחָן ז [nav'xan] barker
נִבְחָן ז [niv'xan] examinee, examination candidate
נִבְחַן פ״ע [niv'xan] to be examined, tested
נִבְחָר ת ז [niv'xar] 1 choice, selected. 2 delegate, representative
נִבְחַר פ״ע [niv'xar] 1 to be chosen, elected. 2 to be preferable
נִבְחָרוּת נ [nivxa'rut] selectedness, prominence, elect status
נִבְחֶרֶת נ [niv'xeret] team
נִבְחַשׁ פ״ע [niv'xash] to be stirred
נָבַט פ״ע [na'vat] to sprout, bud, germinate
נֶבֶט ז ['nevet] sprout, seedling, bud

נֶבֶט חִטָּה wheat germ

נִבַּט פ״ע [ni'bat] to look, gaze

נִבְטָא פ״ע [niv'ta] to be pronounced, uttered

נִבְטָה פ״ע [niv'ta] to be uttered, pronounced

נִבְטַל פ״ע [niv'tal] to be idle, avoid, desist, refrain

נָבִיא ז [na'vi] prophet

נְבִיאוּת נ [nevi'’ut] 1 prophecy. 2 concept of prophecy

נְבִיאִים ז״ר [nevi'’im] the Prophets

נְבִיבוּת נ [nevi'vut] 1 hollowness, emptiness. 2 vacuity, ignorance

נְבִיָּה נ [nevi'ya] foliage

נְבִיחָה נ [nevi'xa] barking, bark

נְבִיטָה נ [nevi'ta] sprouting, germination, burgeoning

נְבִילָה נ [nevi'la] withering, wilting, fading

נְבִיעָה נ [nevi'’a] flowing, spouting

נֵבֶךְ ז ['nevex] 1 fountain, spring. 2 depth, deepness. 3 nadir

נָבָל ז ת [na'val] 1 scoundrel, villain. 2 vile, base

נָבַל פ״ע [na'val] 1 to wither, fade, wilt. 2 to droop. 3 to be destroyed. 4 to act basely

נֵבֶל ז ['nevel] 1 harp. 2 lyre. 3 leather bottle, vessel, pitcher

נִבֵּל פ״י [ni'bel] 1 to shed fruit. 2 to disgrace, dishono(u)r. 3 to soil

נִבֵּל פִּיו to talk obscenely, use foul language

נִבְלָה פ״ע [niv'la] to be worn out, used up

נְבָלָה נ [neva'la] 1 villainy, outrage. 2 baseness, obscenity. 3 villainess, vile woman

נְבֵלָה נ [neve'la] 1 carcass, corpse, cadaver. 2 animal (slaughtered not ritually)

נַבְלוּת נ [nav'lut] 1 villainy, baseness. 2 pudenda. 3 disgrace

נִבְלַל פ״ע [niv'lal] to be mixed

נִבְלַם פ״ע [niv'lam] 1 to be halted, braked. 2 to be curbed, restrained

נִבְלַע פ״ע [niv'la] to be swallowed, absorbed, assimilated

נִבְנָה פ״ע [niv'na] 1 to be constructed, built. 2 to be assembled. 3 to be established

נָבַע פ״ע [na'va] 1 to flow, bubble, gush. 2 to stem, result, derive

נִבְעָה פ״ע [niv'’a] to be disclosed, laid bare

נִבְעֶה ת [niv'’e] disclosed, revealed

נִבְעַט פ״ע [niv'’at] to be kicked

נִבְעָר ת [niv'’ar] ignorant, stupid, brainless

נִבְעַר פ״ע [niv'’ar] to be brutish, ignorant

נִבְעַת פ״ע [niv'’at] to be terrified, frightened

נִבְצַר פ״ע [niv'tsar] 1 to be gathered, harvested. 2 to be prevented, unable. 3 to be destroyed

נָבַק פ״ע [na'vak] to be emptied

נִבְקַע פ״ע [niv'ka] 1 to be broken, split, cut. 2 to come out, break forth

נָבָר ת [na'var] honest, innocent, pure

נָבַר פ״ע [na'var] to gnaw, peck, nibble, burrow

נִבְרָא פ״ע ת ז [niv'ra] 1 to be created. 2 creature. 3 created

נִבְרַג פ״ע [niv'rag] to be screwed in

נִבְרַד פ״ע [niv'rad] to be covered with

[neg'di] opposite, counter, contrary נֶגְדִּי ת
[negdi'yut] contrariness, polarity, opposition נֶגְדִּיּוּת נ
[nig'dam] to be amputated, cut off נִגְדַּם פ״ע
[nig'da] to be lopped off, cut off נִגְדַּע פ״ע
[nig'dar] 1 to be fenced. 2 to be defined. 3 to refrain נִגְדַּר פ״ע
[nig'dash] 1 to be stacked, heaped. 2 to be overfull, replete נִגְדַּשׁ פ״ע
[na'gah] to shine, glow, glitter נָגַהּ פ״ע
['nogah] 1 brightness, splendo(u)r. 2 Venus נֹגַהּ ז
[na'guv] wiped נָגוּב ת
[ni'guv] drying, wiping נִגּוּב ז
[na'god] 1 principal, leader. 2 crux נָגוֹד ז
[ni'gud] 1 opposition. 2 contradiction. 3 contrast נִגּוּד ז
[nigu'di] contrasting, opposed נִגּוּדִי ת
[nigudi'yut] contrastiveness נִגּוּדִיּוּת נ
[na'guha] bright, splendid נְגוּהָה ת
[nego'hot] brightness, splendo(u)r נְגוֹהוֹת ז״ר
[na'goz] to vanish, disappear נָגוֹז פ״ע
[na'gu'ax] gored, butted נָגוּחַ ת
[ni'gu'ax] 1 goring. 2 butting. 3 taunt נִגּוּחַ ז
[ni'gun] 1 tune, melody. 2 cantillation נִגּוּן ז
[nigu'ni] musical, tuneful, melodious נִגּוּנִי ת
[niguni'yut] musicality נִגּוּנִיּוּת נ
[na'gus] bitten, gnawed נָגוּס ת
[ni'gus] bite נִגּוּס ז
[na'gu'a] 1 infected, diseased. 2 plague-stricken נָגוּעַ ת

hail
[niv'rax] to be blessed נִבְרַךְ פ״ע
[niv'rexet] small pool (for washing, etc.) נִבְרֶכֶת נ
[nav'ran] hamster, microtus נַבְרָן נ
[niv'rats] to be overflowing, superabundant נִבְרַץ פ״ע
[niv'rar] 1 to be selected. 2 to be culled, purified נִבְרַר פ״ע
[niv'reshet] lamp, chandelier נִבְרֶשֶׁת נ
[niv'tar] to be cut, torn, cleft נִבְתַּר פ״ע
[nig''al] 1 to be redeemed, saved. 2 to be defiled, stained נִגְאַל פ״ע
[na'gav] to dry, become dry נָגַב פ״ע
['negev] 1 south. 2 Negev נֶגֶב ז
[ni'gev] to dry, wipe נִגֵּב פ״י
[nig'bav] to be collected, gathered נִגְבַּב פ״ע
[nig'ba] to be collected, taken in payment נִגְבָּה פ״ע
[nig'bah] to be or become high נִגְבַּהּ פ״ע
[neg'bi] of the south, of the Negev נֶגְבִּי ת
[nig'bal] to be bordered, bounded, circumvented נִגְבַּל פ״ע
[nig'bar] to strengthen, become powerful נִגְבַּר פ״ע
[na'gad] 1 dragger. 2 NCO (noncommissioned officer). 3 resistor נַגָּד ז
[na'gad] to contradict, oppose, be against נָגַד פ״ע
['neged] 1 against, versus. 2 opposite, in front of נֶגֶד מ״י
[ni'ged] 1 to chastise, strike, beat. 2 to be opposed, set in opposition נִגֵּד פ״י
[nig'dad] to be cut, picked, plucked נִגְדַּד פ״ע
[neg'da] wife נֶגְדָּה נ

[niˈguʼa] contamination נִגּוּעַ ז
[nigˈva] to expire, die נִגְוַע פ״ע
[naˈgus] oppressed, persecuted נָגוּשׂ ת
[niˈgus] oppression, persecution נִגּוּשׂ ז
[nigˈzaz] to be cut, shorn, clipped נִגְזַז פ״ע
[nigˈzal] robbed, plundered נִגְזָל ת
[nigˈzal] to be robbed, plundered נִגְזַל פ״ע
[nigˈzam] to be cut, pruned נִגְזַם פ״ע
[nigˈzar] 1 cut. 2 decreed, determined. 3 derived נִגְזָר ת
[nigˈzar] 1 to be cut. 2 to be decreed, decided, passed. 3 to be destroyed. 4 to be derived נִגְזַר פ״ע
[nigˈzeret] derivative נִגְזֶרֶת נ
[naˈgax] 1 to gore, butt. 2 to strike, taunt. 3 to attack נָגַח פ״י
[na'gax] 1 butter. 2 goring ox נַגָּח ז
[niˈgax] 1 to gore, butt. 2 to strike, taunt. 3 to attack נִגַּח פ״י
[nagˈxan] gorer, butter נַגְּחָן ז
[negiˈva] wiping, drying נְגִיבָה נ
[naˈgid] 1 leader, ruler. 2 noble. 3 governor. 4 director, manager, overseer. 5 rector. 6 plutocrat נָגִיד ז
[neˈgid] weak, feeble (animal) נְגִיד ת
[negiˈdut] 1 leadership. 2 governorship, rectorship. 3 nobility. 4 wealth, affluence נְגִידוּת נ
[negiˈdim] important speech, noble words נְגִידִים ז״ר
[negiˈxa] 1 goring, butting. 2 heading, header נְגִיחָה נ
[negiˈna] 1 playing. 2 music. 3 accent, accuentuation. 4 cantillation נְגִינָה נ
[negiˈni] melodious, tuneful, musical נְגִינִי ת
[neginiˈyut] melodiousness נְגִינִיּוּת נ
[neginaˈti] musical נְגִינָתִי ת
[negiˈsa] bite, mouthful נְגִיסָה נ
[negiˈʼa] 1 touch, contact. 2 connection, relevance נְגִיעָה נ
[negiˈʼut] infection, contamination נְגִיעוּת נ
[naˈgif] virus נָגִיף ז
[negiˈfa] 1 push, blow. 2 defeat, routing נְגִיפָה נ
[negiˈra] flowing, flow נְגִירָה נ
[naˈgish] accessible, approachable נָגִישׁ ת
[negiˈsha] approach נְגִישָׁה נ
[negiˈsa] 1 oppression, persecution. 2 pressure נְגִישָׂה נ
[negiˈshut] accessibility נְגִישׁוּת נ
[naˈgol] to be rolled נָגֹל פ״ע
[nigˈlad] 1 to be frozen, made solid. 2 to congeal, solidify. 3 to form a crust, scab נִגְלַד פ״ע
[nigˈla] 1 to be revealed, disclosed, discovered. 2 to appear נִגְלָה פ״ע
[nigˈle] 1 visible, apparent, clear. 2 concrete, exoteric נִגְלֶה תו״ז
[nigˈlot] revelation, revealed things נִגְלוֹת נ״ר
[nigˈlax] to be shaved נִגְלַח פ״ע
[nigˈlal] to be rolled, folded נִגְלַל פ״ע
[nigˈlam] 1 to be embodied. 2 to be wrapped, pupated נִגְלַם פ״ע
[nigˈla] 1 to be split, burst out, break out. 2 to appear נִגְלַע פ״ע
[nigˈlaf] to be engraved, carved, etched נִגְלַף פ״ע
[nigˈlash] 1 to overflow, run over, boil over. 2 to glide down נִגְלַשׁ פ״ע

[nigˈma] to be swallowed, sipped נִגְמָא פ״ע
[nigˈmad] to contract, be dwarfed, shrunk, reduced נִגְמַד פ״ע
[nigˈmal] 1 to be weaned. 2 to desist. 3 to be cured of addiction. 4 to be recompensed, rewarded נִגְמַל פ״ע
[nigˈmam] to be lopped, truncated, cut נִגְמַם פ״ע
[nigˈma] to be swallowed נִגְמַע פ״ע
[nigˈmar] 1 to be finished, concluded. 2 to be resolved, decided. 3 to ripen נִגְמַר פ״ע
armoured troop carrier נגמ״ש
[naˈgan] musician, player נַגָּן ז
[ˈnegen] playing, music-making נֶגֶן ז
[niˈgen] to play (mus.) נִגֵּן פ״י
[nigˈnav] to be stolen נִגְנַב פ״ע
[nigˈnaz] 1 to be concealed, hidden away. 2 to be stored away נִגְנַז פ״ע
[naˈgas] to bite off, take a bite נָגַס פ״י
[ˈneges] bite נֶגֶס ז
[naˈga'] 1 to touch. 2 to concern, affect, be relevant. 3 to come near נָגַע פ״ע
[ˈnega] 1 plague, disease. 2 affliction, trouble, evil. 3 scurf. 4 fault נֶגַע ז
[niˈga'] to smite, infect נִגַּע פיו״ע
[negaˈ'im] Negaim, (tractate in the Mishnah) נְגָעִים ז״ר
[nigˈ'al] 1 to be loathed, abhorred, rejected, soiled. 2 to feel disgust. 3 to be scalded, rinsed נִגְעַל פ״ע
[nigˈ'ar] to be rebuked, reproach נִגְעַר פ״ע
[naˈgaf] 1 to smite, injure. נָגַף פ״י
2 to defeat, rout. 3 to infect with plague
[ˈnegef] 1 plague, pestilence, disease. 2 obstacle, bump נֶגֶף ז
[niˈgaf] to be beaten, defeated, routed נִגַּף פ״ע
[ˈneger] 1 gutter, small pond. 2 run-off נֶגֶר ז
[ˈneger] bolt, bar נֶגֶר ז
[naˈgar] 1 carpenter, joiner. 2 clever, ingenious נַגָּר ז
[niˈgar] flowing, spilt נִגָּר ת
[niˈgar] to be spilt, poured out נִגַּר פ״ע
[niˈger] to work as a carpenter נִגֵּר פ״י
[nigˈrad] to be scratched, scrabbled, erased נִגְרַד פ״ע
[nagaˈrut] carpentry, joinery נַגָּרוּת נ
[nigˈraz] to be cut off נִגְרַז פ״ע
[nagariˈya] carpentry workshop נַגָּרִיָּה נ
[nigˈram] to be caused נִגְרַם פ״ע
[nigˈras] to be milled, ground down נִגְרַס פ״ע
[nigˈra] 1 to be diminished, reduced. 2 to become worse נִגְרַע פ״ע
[nigˈraf] to be swept, collected נִגְרַף פ״ע
[nigˈrar] 1 to be dragged, drawn, towed. 2 to be sawn נִגְרַר פ״ע
[nigˈrash] stormy, tumultuous, tempestuous נִגְרָשׁ ת
[nigˈrash] 1 to be expelled, driven away, banished. 2 to rage, storm. 3 to be tossed נִגְרַשׁ פ״ע
[naˈgash] 1 to press, oppress. 2 to urge נָגַשׂ פ״י
[niˈgash] 1 to approach, draw near. 2 to begin, start נִגַּשׁ פ״ע
[niˈgas] to be oppressed נִגַּשׂ פ״ע
[nigˈsham] 1 to fill with נִגְשַׁם פ״ע

to lie awake, suffer from insomnia נָדְדָה שְׁנָתוֹ
[ne'de] harlot's pay, wages of prostitution נֵדֶה ז
[ni'da] 1 menstrual impurity, menstruation. 2 Nida (Mishnaic tractate). 3 to remove, expel, ostracize נִדָּה נ פ״י
[nid'ha] to fade, be discolo(u)red נִדְהָה פ״ע
[nid'ham] to be astounded, amazed, perplexed נִדְהַם פ״ע
[nid'han] to be polished, waxed נִדְהַן פ״ע
[na'dud] unstable, infirm, unsteady נָדוּד ת
[ne'dod] wandering, roaming, vagabondage נְדוֹד ז
sleeplessness נְדוּדֵי שֵׁנָה
[nedu'dim] 1 wanderings. 2 insomnia נְדוּדִים ז״ר
[nid'va] 1 to be sorry, feel pain. 2 to menstruate נִדְוָה פ״ע
[ni'do'ax] to be rinsed נִדּוֹחַ פ״ע
[ni'duy] banishment, ostracism, ban נִדּוּי ז
[na'dox] to be pounded, crushed נָדוֹךְ פ״ע
[na'don, ni'don] 1 to be sentenced, condemned. 2 to be discussed, considered נָדוֹן, נִדּוֹן פ״ע
[nedun'ya] dowry, dower נְדוּנְיָה נ
[na'dur] 1 vowed, sworn. 2 abstinent, abstemious נָדוּר ת
[na'dosh] 1 threshed. 2 trite, banal. 3 crushed, trampled נָדוֹשׁ פ״ע ת
[ni'dut] menstrual state נִדּוּת נ
[na'dax] to thrust, strike into נָדַח פ״י
[ni'dax] 1 banished, exiled. 2 led astray. 3 out of the way, remote, outlying נִדָּח ת

rain. 2 to materialize, be realized
[nig'shar] to be bridged נִגְשַׁר פ״ע
[nig'shash] to be connected נִגְשַׁשׁ פ״ע
[nad] 1 to move, wander. 2 to flutter, shake. 3 fugitive, wanderer נָד פ״ע ת
[ned] 1 wall. 2 mound, heap נֵד ז
[nid''av] 1 to grieve, languish. 2 to be sad, sorrowful נִדְאַב פ״ע
[nid''ag] to be worried, anxious, sorrowful נִדְאַג פ״ע
[na'dav, ni'dev] to donate, present, volunteer נָדַב, נִדֵּב פ״י
[neda'va] 1 donation. 2 alms, charity. 3 offering נְדָבָה נ
supplications, entreaties נִדְבוֹת פִּיו
[nid'bax] course, layer נִדְבָּךְ ז
[nad'van] donor, benefactor, philanthropist נַדְבָן ז
[nadva'nut] philanthropy, generosity נַדְבָנוּת נ
[nadva'ni] philanthropic, generous, munificent נַדְבָנִי ת
[nid'bak] 1 to be glued, stuck. 2 to be infected נִדְבַּק פ״ע
[nid'bar] 1 to talk, converse. 2 to agree, sum up נִדְבַּר פ״ע
to talk about נִדְבַּר בְּ־, עַל
generosity נִדְבַת לֵב
[nid'ga] 1 to be fished. 2 to be increased, multiplied נִדְגָּה פ״ע
[nid'gal] to be draped, festooned, beflagged נִדְגַּל פ״ע
[na'dad] 1 to wander, roam. 2 to migrate. 3 to decamp. 4 to escape. 5 to vacillate נָדַד פ״ע
['neded] 1 wandering, roaming. 2 insomnia, sleeplessness נֶדֶד ז
[ni'ded] to move, remove נִדֵּד פ״י

crushed, depressed

נִדְכֶּה ת [nid'ke] 1 downcast. 2 broken, crushed

נַדָּל ז [na'dal] scolopendrid, centipede

נִדְלַג פ״ע [nid'lag] to be omitted, passed over

נִדְלָה פ״ע [nid'la] 1 to be drawn out, extracted. 2 to be elicited, exhausted

נִדְלַח פ״ע [nid'lax] 1 to become filthy, fouled. 2 to be muddied

נִדְלַל פ״ע [nid'lal] 1 to become poor, impoverished. 2 to become scant, thin out, be diluted

נִדְלַף פ״ע [nid'laf] to leak

נִדְלַק פ״ע [nid'lak] 1 to be lit, set alight. 2 to become enthusiastic

נָדַם פ״ע [na'dam] to become silent, mute

נִדְמָה פ״ע [nid'ma] 1 to be destroyed. 2 to perish. 3 to seem

נִדְמֶה תה״פ [nid'me] apparently, it seems, it appears

נִדְמֶה לִי It seems to me

נִדְמַם פ״ע [nid'mam] to become silent, mute, dumb

נִדְמַע פ״ע [nid'ma] 1 to be mixed. 2 to be unfit for normal consumption

נָדָן ז [na'dan] 1 dowry, dower. 2 prostitute's pay. 3 sheath, scabbard

נִדְנֵד פ״י [nid'ned] 1 to rock, swing, vibrate. 2 to nag, bore

נַדְנֵדָה נ [nadne'da] 1 seesaw. 2 swing

נַדְנוֹד ז [nad'nod] rocker

נִדְנוּד ז [nid'nud] 1 rocking, swinging. 2 fluctuation, oscilation. 3 nagging, pestering

נְדָנִי ת [neda'ni] sheath-like

נִדַּח פ״ע [ni'dax] 1 to be thrust. 2 to be banished. 3 to be led astray, seduced

נִדְחָה פ״ע [nid'xa] 1 to be postponed, put off, delayed. 2 to be cancelled, expelled. 3 to be rejected, refused

נִדְחֶה ת [nid'xe] 1 rejected, refused. 2 postponed, deferred

נִדְחַס פ״ע [nid'xas] to be compacted, pressed, compressed

נִדְחַף פ״ע [nid'xaf] 1 to be pushed, thrust, shoved. 2 to be in a rush, precipitous

נִדְחַק פ״ע [nid'xak] 1 to be pushed. 2 to thrust oneself

נָדִיב ת [na'div] 1 openhanded, liberal, generous. 2 noble, hono(u)rable

נְדִיב לֵב generous, munificent

נְדִיבוֹת נ״ר [nedi'vot] kind words

נְדִיבוּת נ [nedi'vut] magnanimity, generosity, munificence,

נְדִידָה נ [nedi'da] 1 roving, roaming, wandering. 2 nomadism. 3 peregrination

נְדִידַת שֵׁנָה sleeplessness, insomnia

נַדְיָן ז [nad'yan] locust

נָדִיף ת [na'dif] volatile, evaporable

נְדִיפָה נ [nedi'fa] evaporation

נְדִיפוּת נ [nedi'fut] evaporability, volatility

נָדִיר ת ז [na'dir] 1 rare, scarce, uncommon. 2 nadir

נְדִירָה נ [nedi'ra] rowing

נְדִירוֹת תה״פ [nedi'rot] rarely, seldom

נְדִירוּת נ [nedi'rut] rareness, infrequency

נִדְכָּא פ״ע ת [nid'ka] 1 to be oppressed. 2 to be depressed, dejected. 3 to be humbled, downhearted

נִדְכָּה פ״ע [nid'ka] to be broken,

[ˈnedunˈya] dowry, dower נְדֻנְיָה נ
[nidˈʼax] 1 to be quenched, extinguished. 2 to flicker. 3 to be destroyed, crushed, trampled נִדְעַךְ פ״ע
[naˈdaf] 1 to scatter, disperse. 2 to spread, evaporate נָדַף פ״ע
[niˈdaf] 1 scattered, blown away, dispersed. 2 fallen, felled נִדָּף ת
[niˈdaf] to be dispersed, scattered נִדַּף פ״ע
[nidˈpan] to be forced נִדְפַּן פ״ע
[nidˈpas] to be printed, published נִדְפַּס פ״ע
[nidˈpak] 1 to be knocked, beaten. 2 to fail, fare badly נִדְפַּק פ״ע
[naˈdak] to be made thin נָדַק פ״ע
[nidˈkar] to be stabbed, pierced, pricked נִדְקַר פ״ע
[naˈdar] to vow נָדַר פ״י
[niˈdar] to be vowed נִדַּר פ״ע
[ˈneder] 1 vow. 2 votive offering נֵדֶר, נֶדֶר ז
[naˈdar] vower, taker of vows נַדָּר ז
[nidarˈder] 1 to roll, roll down. 2 to deteriorate, worsen נִדַּרְדֵּר פ״ע
[nedaˈrim] Nedarim (Mishnaic tractate) נְדָרִים ז״ר
[nidˈrax] to be trampled, trodden, pressed נִדְרַךְ פ״ע
[nadˈran] vower נַדְרָן ז
[nidˈras] 1 to be run over. 2 to be trampled, trodden נִדְרַס פ״ע
[nidˈrash] 1 to be required, needed. 2 to be consulted. 3 to be interpreted, expounded נִדְרַשׁ פ״ע
[nidˈsha] to be covered with grass נִדְשָׁא פ״ע
[nidˈshan] to be fattened נִדְשַׁן פ״ע

[ˈnoha] lamentation, wailing, mourning נֹהַ ז
[nehˈbal] to become vain נֶהְבַּל פ״ע
[neheˈvar] to be pronounced, articulated נֶהֱבַר פ״ע
[neˈhag, naˈhag] driver נֶהָג, נָהָג ז
[naˈhag] 1 to drive. 2 to behave, conduct oneself. 3 to be used, accustomed נָהַג פ״י
to forbid נָהַג אִסּוּר
to treat נָהַג בּוֹ
to permit oneself נָהַג הֶתֵּר
[niˈheg] to lead, conduct, drive, steer נִהֵג פיו״ע
[ˈnohag] 1 custom, usage. 2 conduct, habit נֹהַג ז
[nehˈga] to be pronounced, uttered נֶהְגָּה פ״ע
[nehaˈgut] 1 driving. 2 conducting נֶהָגוּת נ
[neheˈdax] to be trodden upon נֶהְדַּךְ פ״ע
[neheˈdam] to be cut, dismembered נֶהֱדַם פ״ע
[neheˈdaf] to be pushed, repulsed, driven away נֶהֱדַף פ״ע
[neheˈdak] to be tightened, fastened נֶהֱדַק פ״ע
[neheˈdar] 1 splendid, glorious. 2 wonderful, marvellous נֶהְדָּר ת
[neheˈdar] 1 to be respected, hono(u)red. 2 to be beautiful נֶהְדַּר פ״ע
[naˈha] 1 to long for, yearn for, follow. 2 to wail, lament נָהָה פ״ע
[naˈhug] 1 usual, habitual, customary. 2 driven. 3 led נָהוּג ת
[niˈhug] 1 driving. 2 leading, conducting, steering נִהוּג ז
[neheˈva] 1 to be formed. 2 to become a reality נֶהֱוָה פ״ע
[niˈhul] management, נִהוּל ז

direction, conducting

נָהוֹם פ״ע [na'hom] to get rough

נְהִי ז [ne'hi] lamentation, wail, lament

נְהִי נִהְיָה great lament

נְהִיגָה נ [nehi'ga] 1 driving. 2 leading, conducting

נִהְיָה נ פ״ע [nih'ya] 1 to become, turn into. 2 wailing, lamentation

נְהִיָּה נ [nehi'ya] 1 yearning, longing. 2 weeping, wailing

נְהִימָה נ [nehi'ma] growling, roaring, snarling

נְהִיקָה נ [nehi'ka] braying

נָהִיר ת [na'hir] clear, bright, lucid

נְהִירָה נ [nehi'ra] 1 streaming, flowing, swarming. 2 shining, glowing

נְהִירוּת נ [nehi'rut] clarity, lucidity, brightness

נֶהָל ז [ne'hal] 1 guide. 2 manager, administrator

נִהֵל פ״י [ni'hel] 1 to head, conduct. 2 to direct, manage, administer, run

נִהֵל חֶשְׁבּוֹנוֹת to keep accounts

נֹהַל נ ['nohal] procedure, routine

נַהֲלָא פ״ע ת [naha'la] 1 to be banished, removed. 2 outcast

נַהֲלוֹל ז [naha'lol] 1 thorn. 2 pasture

נָהֳלִי ת [noha'li] procedural

נֶהֱלַךְ פ״ע [nehe'lax] to go reluctantly, unwillingly

נַהֲלָל ת [naha'lal] 1 praised. 2 boastful

נֶהֱלַם פ״ע [nehe'lam] 1 to be struck, hit. 2 to be stunned, dazed

נָהַם פ״ע [na'ham] 1 to roar, bellow, snarl. 2 to groan

נַהַם ז ['naham] 1 roar, snarl. 2 groan

נִהֵם פ״ע [ni'hem] 1 to coo. 2 to growl, moan

נְהָמָה נ [neha'ma] 1 growling, snarling. 2 groaning

נֶהֱמַם פ״ע [nehe'mam] to be stunned, dazed

נַהֲמַת לֵב heartfelt groan

נֶהֱנָה פ״ע [nehe'na] to enjoy, benefit from, profit from

נֶהֱנֶה ת [nehe'ne] beneficiary

נֶהֱנְתָן ז [nehen'tan] hedonist

נֶהֱנְתָנוּת נ [nehen'tanut] hedonism

נַהֲפוֹךְ הוּא on the contrary

נֶהְפַּךְ פ״ע [nehe'pax] 1 to turn into, become. 2 to be changed, destroyed, turned over. 3 to be overthrown

נָהַק פ״ע [na'hak] to bray

נַהַק ז, נְהָקָה נ ['nahak, neha'ka] bray

נָהָר ז [na'har] 1 river. 2 current, stream, flow

נָהַר פ״ע [na'har] 1 to stream, flow, rush. 2 to shine, glow

נְהַר אֵיתָן perennial stream

נְהַר דִּי נוּר The Milky Way (galaxy)

נֶהֱרַג פ״ע [nehe'rag] to be killed, slain

נְהָרָה נ [neha'ra] 1 light, brightness. 2 rivulet, brook

נַהֲרוֹנִית נ [naharo'nit] pondweed

נֶהֱרַס פ״ע [nehe'ras] to be destroyed, demolished

נוֹאִית נ [no''it] saltwort, noea

נוֹאָל ת [no''al] foolish, stupid

נוֹאַל פ״ע [no''al] to act stupidly, to be silly

נוֹאֵם ז [no''em] orator, speaker

נוֹאֵף ז [no''ef] adulterer, fornicator

נוֹאָשׁ ת [no''ash] desperate, hopeless

נוֹאַשׁ פ״ע [no''ash] to despair, give up hope

נוּב פיו״ע [nuv] 1 to grow, flourish, bud. 2 to utter, speak

נוֹבֵב פ״י [no'vev] to freshen, cause to flourish

[no'velet] 1 unripe fruit. 2 fallen leaves. 3 inferior, poor substitute נוֹבֶלֶת נ
[no've'a] 1 gushing, flowing. 2 deriving, stemming from נוֹבֵעַ ת
[no'ver] rodent נוֹבֵר ז
[nog'dan] antibody נוֹגְדָן ז
[nu'ge] sad, gloomy נוּגֶה ת
[no'ge'a] 1 touching. 2 relevant, pertinent נוֹגֵעַ ת
1 interested party. 2 relevant to the case נוֹגֵעַ בַּדָּבָר
[no'ges] 1 oppressor, slave-driver. 2 pressing, oppressive נוֹגֵשׂ ז ת
[nod] 1 wandering, roaming. 2 skin, goatskin. 3 fart נוֹד ז
[nud] 1 to wander, rove, roam. 2 to shake, nod. 3 to move נוּד פ״ע
[na'vad] 1 wanderer, vagabond. 2 nomad נַוָּד ז
[no'ded] 1 wanderer, nomad. 2 wandering, migrant נוֹדֵד ז ת
[nava'dut] 1 nomadism. 2 vagrancy נַוָּדוּת נ
[no'da'] 1 to be renowned, known. 2 to appear, to be revealed. 3 to be informed נוֹדַע פ״ע
[no'da'] 1 famous, well-known. 2 prominent, evident נוֹדָע ת
[na'va] 1 habitation, dwelling. 2 to be comely, beautiful. 2 to dwell, abide נָוָה נ פ״ע
[na've] 1 habitation, dwelling. 2 pasture. 3 oasis. 4 comely, beautiful נָוֶה ז ת
Land of Israel, Holy Land נְוֵה הַקֹּדֶשׁ
1 the Temple. 2 God נְוֵה צֶדֶק
summer resort נְוֵה קַיִץ
[ni'vut] 1 navigation. 2 steering. 3 pilotage נִוּוּט ז

[ni'vul] 1 ugliness, deformity. 2 disgrace נִוּוּל ז
[ni'vun] 1 degeneration, atrophy. 2 decadence, decline נִוּוּן ז
[no'zel] 1 liquid, fluid. 2 leakage נוֹזֵל ז
[noz'li] liquid נוֹזְלִי ת
[nozfa'ni] reproving, reproachful, rebuking נוֹזְפָנִי ת
['no'ax] 1 convenient, congenial, comfortable. 2 kind, pleasant. 3 at ease נוֹחַ ת תה״פ
['nu'ax] 1 rest, calm. 2 to rest, repose. 3 to dwell, settle down נוּחַ ז פ״ע
deceased נוּחַ נֶפֶשׁ
May he rest in Heaven נוּחוֹ עֵדֶן
[nu'xa] calm, rest נוּחָה נ
[no'xut] comfort, convenience נוֹחוּת נ
[no'xax] to spray scent נוֹחַח פ״י
[noxi'yut] convenience, comfort נוֹחִיּוּת נ
[no'xal] to be disappointed, have vain hopes נוֹחַל פ״ע
to wait in vain נוֹחֲלָה תִּקְוָתוֹ
[no'xetet] landing craft נוֹחֶתֶת נ
[nut] to quake, shake, collapse נוּט פ״ע
[na'vat] navigator, pilot נַוָּט ז
[ni'vet] to navigate, steer, pilot נִוֵּט פ״י
[no'te] 1 tending, inclined, disposed. 2 bent נוֹטֶה ת
[nava'tut] navigation, pilotage נַוָּטוּת נ
[no'ter] 1 guard, watchman. 2 supernumerary, constable. 3 vengeful נוֹטֵר ז ת
[not'rut] guarding נוֹטְרוּת נ
[notar'yon] notary נוֹטַרְיוֹן ז
[notaryo'ni] notarial נוֹטַרְיוֹנִי ת
[notari'kon] 1 abbreviation. נוֹטָרִיקוֹן ז

2 acronym, logogram

נוי ז [noi] beauty, ornament

נוֹכָח ת [no'xax] convinced, persuaded

נוֹכַח פ״ע [no'xax] 1 to realize, to become convinced. 2 to dispute, reason, argue

נוֹכֵחַ ת ז [no'xe'ax] 1 present, at hand. 2 second person (gram)

נוֹכְחוּת נ [noxe'xut] presence, attendance

נוֹכְחִי ת [noxe'xi] present, present-day

נוֹכֵל ז [no'xel] crook, scoundrel, swindler, cheat

נוֹכְלוּת נ [nox'lut] swindling, cheating, crookedness

נוֹכֵס ז [no'xes] factor

נול ז [nul] loom

נִוֵּל פ״י [ni'vel] to disfigure, deform, render ugly

נוֹלָד ת [no'lad] 1 born, being born. 2 outcome, future

נוֹלַד פ״ע [no'lad] 1 to be born. 2 to be created. 3 to originate

נַוְלוּת נ [nav'lut] 1 ugliness. 2 villainy, villainous conduct

נום פיו״ע [num] to slumber, take a nap

נוּמָה נ [nu'ma] sleep, slumber, drowsiness

נוֹמִינָלִי ת [nomi'nali] nominal, in name only

נוּן זו״נ [nun] 1 Nun, fourteenth letter of Hebrew alphabet. 2 fish

נוּן כְּפוּפָה ordinary form of the letter Nun

נוּן סוֹפִית, נוּן פְּשׁוּטָה final form of Nun

נִוֵּן פ״י [ni'ven] 1 to degenerate. 2 to cause atrophy. 3 to bring about decline

נוּנִית נ [nu'nit] 1 fish-tray. 2 fish dish

נוּס פ״ע [nus] to flee, escape

נוֹסַד פ״ע [no'sad] to be founded, established

נוֹסֵס פיו״ע [no'ses] 1 to drive away. 2 to sparkle. 3 to hoist, wave, raise. 4 to perform miracles

נוֹסֵעַ ז [no'se'a] passenger, traveller

נוֹסַף פ״ע [no'saf] to be added

נוֹסָף ת [no'saf] additional, extra, supplementary

נוֹסָפוֹת נ״ר [nosa'fot] addenda

נוֹסַר פ״ע [no'sar] 1 to suffer. 2 to be tried, afflicted

נוֹסַר, נִוַּסֵּר פ״ע [no'sar, niva'ser] to be punished, castigated, admonished

נוֹעַ ז ['no'a] movement, motion

נוּעַ פ״ע ['nu'a] 1 to move. 2 to shake, quiver. 3 to wander, roam

נוֹעַד פ״ע [no''ad] 1 to be designated, intended. 2 to meet by appointment. 3 to meet, come together

נוֹעַז פ״ע [no''az] to be bold, daring, audacious

נוֹעָז ת [no''az] daring, bold, brave, courageous

נוֹעָזוּת נ [no'a'zut] boldness, daring

נוֹעַץ פ״ע [no''ats] 1 to consult, be advised. 2 to reach a decision

נוֹף ז [nof] 1 panorama, scenery, view. 2 elevation, height. 3 boughs, top of tree

נוֹפֵף פ״י [no'fef] to wave, brandish, swing

נוּפָר ז [nu'far] nuphar, perennial water-plant

נוֹפֵשׁ ז [no'fesh] holiday-maker,

[nora'ʼot] amazing, awe-inspiring things נוֹרָאוֹת נ״ר

[no'ra] 1 to be shot. 2 to be fired נוֹרָה פ״ע

[nu'ra] electric bulb, lamp נוּרָה נ

[nu'rit] buttercup, spring flower, ranunculus נוּרִית נ

['norma] norm, standard נוֹרְמָה נ

[nor'mali] normal נוֹרְמָלִי ת

[nor'maliyut] normality נוֹרְמָלִיּוּת נ

[no'rak] to be spat נוֹרַק פ״ע

[no'rash] 1 to become poor, be impoverished. 2 to be inherited נוֹרַשׁ פ״ע

[no'se] 1 subject, theme, item. 2 motif. 3 thesis, topic. 4 bearer, carrier נוֹשֵׂא ז

1 armor-bearer. 2 batman, henchman. 3 disciple, follower נוֹשֵׂא כֵּלִים

[nos'ʼi] thematic נוֹשְׂאִי ת

aircraft carrier נוֹשֵׂאת־מְטוֹסִים

[no'shav] inhabited, populated נוֹשָׁב ת

[no'shav] to settle, to be inhabited נוֹשַׁב פ״ע

[no'she] creditor, claimant, usurer נוֹשֶׁה ז

[no'shan] 1 old, ancient. 2 old-fashioned. 3 obsolete. 4 chronic נוֹשָׁן ת

[no'shan] to become old, grow old נוֹשַׁן פ״ע

[nosha'not] old-fashioned, outmoded ideas נוֹשָׁנוֹת נ״ר

[no'sha] 1 to be helped. 2 to be saved, delivered, rescued, redeemed נוֹשַׁע פ״ע

1 housekeeper. 2 wife נְוַת בַּיִת

[no'tev] tracer, directing, routing נוֹתֵב ת

[no'tar] residual, remaining, left-over נוֹתָר ת

vacationer

[no'tsa] 1 feather, plume. 2 quill-pen נוֹצָה נ

[no'tsi] feathery, plume-like, pennate נוֹצִי ת

[notsi'yut] featheriness, lightness נוֹצִיּוּת נ

[no'tsit] Badmington נוֹצִית נ

[no'tsan] feather-duster נוֹצָן ז

[no'tsets] 1 to sparkle, gleam. 2 shining, glittering נוֹצֵץ פ״ע ת

[no'tsak] to be poured out, cast נוֹצַק פ״ע

[no'tsar] 1 to be formed, created. 2 to be established נוֹצַר פ״ע

[no'tser] guard, watchman נוֹצֵר ז

[nots'ri] Christian נוֹצְרִי ז ת

[no'kev] 1 penetrating, perforating. 2 piercing נוֹקֵב ת

[nokva'ni] piercing, penetrating נוֹקְבָנִי ת

[no'ked] 1 shepherd, sheep-breeder. 2 baker of unleavened bread נוֹקֵד ז

[nok'dan] pedant, meticulous נוֹקְדָן ז

[nokda'nut] pedantry, pedantism נוֹקְדָנוּת נ

[nokda'ni] pedantic נוֹקְדָנִי ת

[nok'turn] nocturne נוֹקְטוּרְן ז

[nokma'ni] vindictive, spiteful, vengeful נוֹקְמָנִי ת

[no'ker] firing-pin נוֹקֵר ז

[no'kash] 1 to be trapped, ensnared. 2 to be mined נוֹקַשׁ פ״ע

[nur] 1 fire. 2 flare for illumination נוּר ז

[no'ra] to be held in awe, feared נוֹרָא פ״ע

[no'ra] 1 to be frightening, terrible. 2 dreadful, awful. 3 terribly נוֹרָא פ״ע ת

נוֹתַר פ״ע [noˈtar] to remain, survive, be left

נִזְבַּד פ״ע [nizˈbad] to be presented, bestowed

נִזְבַּח פ״ע [nizˈbax] to be sacrificed

נִזְבַּל פ״ע [nizˈbal] to be fertilized, manured

נִזֵּד פ״י [niˈzad] to boil, settle, simmer

נָזָה פ״ע [naˈza] to be sprinkled, spattered

נִזְהַר פ״ע [nizˈhar] to be careful, take care

נָזוֹז פ״ע [naˈzoz] to be moved, removed, displaced, shifted

נָזוֹחַ פ״ע [naˈzo'ax] to be displaced, shifted

נִזּוֹל פ״ע [niˈzol] to become cheaper, be reduced in price

נִזּוּל ז [niˈzul] liquefaction

נִזּוֹן פ״ע [niˈzon] to be fed, nourished

נָזוֹן, נִזּוֹן פ״ע [naˈzon, niˈzon] 1 to be maintained. 2 to be fed, nourished

נָזוּף ת [naˈzuf] reprimanded, admonished, rebuked

נִזּוֹק פ״ע [niˈzok] to be injured, harmed, damaged, hurt

נָזוֹר פ״ע ת [naˈzor] 1 to turn away, withdraw, retreat. 2 estranged, alienated

נָזָז ז [naˈzaz] non-porous soil

נָזַח פ״ע [naˈzax] to move, to be shifted

נִזְחַל פ״ע [nizˈxal] 1 to trickle, dribble. 2 to fear, tremble

נָזִיד ז [naˈzid] pottage, porridge, mess

נְזִיד עֲדָשִׁים lentil broth, mess of pottage

נָזִיל ת [naˈzil] fluid, liquid

נְזִילָה נ [neziˈla] 1 flowing, flux. 2 leak, drip

נְזִילוּת נ [neziˈlut] 1 availability in cash-form. 2 liquidity

נְזִיפָה נ [neziˈfa] rebuke, reprimand, admonition

נְזִיקִין ז״ר [neziˈkin] 1 damages, torts, injuries. 2 Nezikin (Talmudic tractate)

נָזִיר ז ת [naˈzir] 1 monk. 2 hermit, nazarite. 3 abstinent, ascetic. 4 excellent. 5 unpruned vine. 6 Nazir (Talmudic tractate)

נְזִירָה נ [neziˈra] 1 nun. 2 abstinent (f)

נְזִירוּת נ [neziˈrut] 1 monasticism. 2 asceticism, abstinence

נָזַךְ פ״ע [naˈzax] to be purified, cleansed

נִזְכַּר פ״ע [nizˈkar] 1 to be mentioned. 2 to be remembered. 3 to remember, recall

נָזַל פ״ע [naˈzal] to overflow, drip, leak

נֶזֶל ז [neˈzel] flow, drip, leak

נִזֵּל פ״י [niˈzel] 1 to liquefy. 2 to infect with a cold. 3 to cause to drip

נִזְלַף פ״ע [nizˈlaf] to be sprinkled, sprayed

נַזֶּלֶת נ [naˈzelet] cold, chill, catarrh

נָזֹם פ״ע [naˈzom] to be confuted, disproved

נֶזֶם ז [ˈnezem] 1 nosering. 2 shackle

נִזְמַר פ״ע [nizˈmar] 1 to be trimmed, pruned. 2 to be sung, played

נִזְנַח פ״ע [nizˈnax] to be abandoned, forsaken, rejected

נִזְעַךְ פ״ע [nizˈ'ax] to be extinguished

נִזְעָם ת [nizˈ'am] angry, irate, indignant

נִזְעַם פ״ע [nizˈ'am] to be angry, indignant

נִזְעַף פ״ע [niz'ʼaf] to be scolded, censured

נִזְעַק פ״ע [niz'ʼak] to be summoned, convoked, convened

נָזַף פ״ע [na'zaf] to reproach, reprove, admonish

נֶזֶק ז ['nezek] damage, harm, financial loss, injury

נִזָּק ת [ni'zak] injured, harmed

נִזַּק פ״ע [ni'zak] to be hurt, injured, harmed

נִזְקַף פ״ע [niz'kaf] 1 to be raised, lifted, erected. 2 to be credited or debited

נִזְקַק פ״ע [niz'kak] 1 to be dependent, in need. 2 to have use of. 3 to respond

נִזְקָק ת [niz'kak] needy, in need

נִזְקַר פ״ע [niz'kar] to be pushed, thrown, flung

נָזַר פ״ע [na'zar] 1 to abstain from. 2 to become a hermit

נֵזֶר ז ['nezer] 1 diadem, tiara. 2 most precious thing. 3 coronet. 4 condition of a hermit

נִזַּר פ״ע [ni'zar] 1 to abstain from, give up. 2 to separate oneself, cut oneself off

נִזְרָה פ״ע [niz'ra] to be scattered, dispersed

נִזְרַם פ״ע [niz'ram] to be poured, stream

נִזְרַע פ״ע [niz'ra] 1 to be sown. 2 to be impregnated

נִזְרַק פ״ע [niz'rak] 1 to be thrown. 2 to be sprinkled. 3 to be cast away

נָח פ״ע ת [nax] 1 to rest, repose. 2 to dwell, settle down. 3 resting. 4 silent

נֶחְבָּא פ״ע ת [nex'ba] 1 to hide, be concealed. 2 to be hidden. 3 concealed

נֶחְבָּא אֶל הַכֵּלִים shy, bashful

נֶחְבָּה פ״ע [nex'ba] to be hidden

נֶחְבַּט פ״ע [nex'bat] to be beaten, struck

נֶחְבַּל פ״י [nex'bal] to be wounded, injured, damaged

נֶחְבַּס פ״ע [nex'bas] to be beaten, crushed, pressed

נֶחְבַּץ פ״ע [nex'bats] to be churned

נֶחְבַּק פ״ע [nex'bak] to be embraced

נֶחְבַּר פ״ע [nex'bar] 1 to be joined, combined, united. 2 to be associated

נֶחְבַּשׁ פ״ע [nex'bash] 1 to be saddled. 2 to be bandaged. 3 to be worn (hat). 4 to be imprisoned

נָחֹג, נֶחְגַּג פ״ע [na'xog, nex'gag] to be celebrated

נֶחְגַּר פ״ע [nex'gar] to be girded, belted

נֶחֱדָה פ״ע [nexe'da] to be glad

נֶחְדַּל פ״ע [nex'dal] to cease, desist

נֶחְדַּק פ״ע [nex'dak] to be thrust, stuck in

נֶחְדַּר פ״ע [nex'dar] to break in

נָחָה נ פ״י [na'xa] 1 rest, repose. 2 to guide, lead

נָחָה דַעְתּוֹ to be satisfied, pleased, content

נָחָה עָלָיו רוּחַ to be inspired

נָחוּי ת [na'xuy] guided, led

נָחוּל ת [na'xul] bequeathed, bequest

נִחוּל ז [ni'xul] bestowal, inheritance

נִחוּם ז [ni'xum] 1 consolation, condolence, comfort. 2 compassion

נָחוּץ ת תה״פ [na'xuts] 1 necessary, needed. 2 required, essential. 3 imperative

[niˈxuts] 1 necessity. 2 urgency נִחוּץ ז
[naˈxur] pierced, stabbed נָחוּר ת
[naˈxush] 1 adamant, brazen. 2 hard, enduring. 3 coppery נָחוּשׁ ת
[niˈxush] guess, prediction, conjecture, divination נִחוּשׁ ז
[nexuˈsha] copper, brass נְחוּשָׁה נ
[naˈxut] 1 low, inferior. 2 muteness, quiescence נָחוּת נ ת
inferior, of lower rank נְחוּת דַּרְגָּה
[nexuˈta] saucer, tray נְחוּתָה נ
[niˈxax] to spread perfume, make scented נִחַח פ״ע
[nexˈtav] to be cut, chopped נֶחְטַב פ״ע
[nexˈtat] to be scratched, dug out נֶחְטַט פ״ע
[nexˈtaf] 1 to be kidnapped, snatched, seized. 2 to be pointed with a hataf נֶחְטַף פ״ע
[nexiˈya] leading, guiding נְחִיָּה נ
[neˈxil] 1 swarm. 2 shoal נְחִיל ז
[nexiˈla] acquisition, receiving, obtaining נְחִילָה נ
[nexiˈlot] nehilot, musical instrument (Bible) נְחִילוֹת נ״ר
[nexiˈtsa] 1 accentuation, emphasis. 2 urgency נְחִיצָה נ
[nexiˈtsut] necessity, urgency נְחִיצוּת נ
[neˈxir] 1 nostril. 2 spout, nozzle נְחִיר ז
[nexiˈra] 1 slaughtering, piercing. 2 snoring, snore נְחִירָה נ
[nexiˈraˈyim] nostrils נְחִירַיִם ז״ז
[nexiˈta] 1 landing. 2 descent, alighting. 3 fall נְחִיתָה נ
[nexiˈtut] inferiority נְחִיתוּת נ
forced landing נְחִיתַת אֹנֶס
[nexˈkar] to be leased, rented נֶחְכַּר פ״ע
[naˈxal] to inherit, come into possesion נָחַל פ״י

[ˈnaxal] stream, brook, river נַחַל ז
perennial stream נַחַל אֵיתָן
wadi, dry stream, seasonal stream נַחַל אַכְזָב
rushing stream נַחַל שׁוֹטֵף
[niˈxel] to bequeath, allot נִחֵל פ״י
[nexeˈla] 1 to sicken, fall ill. 2 sick, ill נֶחֱלָא פ״ע ת
[naxaˈlai] member of Nahal, settler נַחֲלַאי ז
[nexeleˈva] to be milked נֶחֶלְבָה פ״ע
[nexeˈlad] to rust, become rusty נֶחֱלַד פ״ע
[naxaˈla] 1 legacy, bequest. 2 inheritance, possession. 3 estate, property נַחֲלָה נ
[naxˈla] river, stream נַחְלָה ז
[nexeˈla] 1 to become ill, sicken. 2 to grieve נֶחֱלָה פ״ע
[nexˈlat] 1 to be decided, determined. 2 to be scalded נֶחְלַט פ״ע
[naxaliˈʾeli] wagtail נַחֲלִיאֵלִי ז
[nexeˈlal] 1 to be cut off. 2 to be desecrated, defiled נֶחֱלַל פ״ע
[nexeˈlam] 1 to be dreamed. 2 to recover, recuperate נֶחֱלַם פ״ע
[nexeˈlaf] 1 to be changed, mixed up. 2 to sprout נֶחֱלַף פ״ע
[nexeˈlats] 1 to be rescued. 2 to be pulled out, drawn off. 3 to pioneer. 4 to have "halitsa" נֶחֱלַץ פ״ע
[nexeˈlak] 1 to be shared, divided. 2 to be opposed, differ נֶחֱלַק פ״ע
[nexeˈlash] to become weak, weaken נֶחֱלַשׁ פ״ע
1 public knowledge. 2 common property נַחֲלַת הַכְּלָל
[niˈxam] 1 to repent, regret. 2 to feel compassion. 3 to be comforted, consoled. נִחַם פ״ע

spared

[nexe'sal] to be liquidated, terminated, destroyed נֶחֱסַל פ״ע

[nex'sam] 1 to be blocked. 2 to be closed, shut, bound נֶחְסַם פ״ע

[nex'san] to be stored נֶחְסַן פ״ע

[nex'saf] 1 to be stripped, uncovered, exposed. 2 to be discovered נֶחְסַף פ״ע

[nex'sar] to be reduced, decreased, lessened נֶחְסַר פ״ע

[nex'pa] 1 to be covered, coated. 2 to be shielded, given cover נֶחְפָּה פ״ע

[nex'paz] hasty, precipitate, rash, impetuous נֶחְפָּז ת

[nex'paz] to rush, be in a hurry נֶחְפַּז פ״ע

[nex'pan] to be scooped up נֶחְפַּן פ״ע

[nex'paf] 1 to be covered, shielded. 2 to be superimposed נֶחְפַּף פ״ע

[nex'pats] to be desired, wished נֶחְפַּץ פ״ע

[nex'par] to be dug נֶחְפַּר פ״ע

[nex'pash] to be freed, set free נֶחְפַּשׁ פ״ע

[nex'pas] to be searched, examined, scrutinized נֶחְפַּשׂ פ״ע

[na'xats] to press, urge נָחַץ פ״ע

['naxats] 1 stress, emphasis. 2 urgency, pressure נַחַץ ז

[ni'xets] 1 to emphasize, stress. 2 to urge, press נִחֵץ פ״י

[nex'tsav] 1 to be hewn, carved. 2 to be quarried. 3 to be sculptured נֶחְצַב פ״ע

[nex'tsad] to be reduced, abbreviated נֶחְצַד פ״ע

[nexe'tsa] to be halved, divided into two נֶחֱצָה פ״ע

4 to take revenge

[ni'xem] to comfort, console, condole נִחֵם פ״י

['noxam] 1 regret, remorse, contrition. 2 comfort, consolation נֹחַם ז

[nex'mad] lovely, charming, pretty נֶחְמָד ת

[nex'mad] to be desirable, lovable נֶחֱמַד פ״ע

[nexma'dut] loveliness, charm, delightfulness נֶחְמָדוּת נ

[nexa'ma] 1 consolation, solace. 2 redemption, salvation נֶחָמָה נ

small comfort, slight consolation נֶחָמָה פּוּרְתָּא

[nex'mam] 1 to become warm , hot. 2 to be heated, inflamed, excited נֶחְמַם פ״ע

[nex'mas] to be rubbed, scratched נֶחְמַס פ״ע

[nex'mats] to turn sour נֶחְמַץ פ״ע

[nex'mar] to be burnt, parched נֶחְמַר פ״ע

[ne'xan] 1 to be pardoned, amnestied. 2 to be endowed, blessed with נֵחַן פ״ע

['naxnu] 1 we. 2 we rested, took a rest נַחְנוּ מ״ג פ״ע

[nex'nat] to be embalmed נֶחְנַט פ״ע

[nexe'nax] 1 to be educated. trained. 2 to be consecrated, dedicated נֶחֱנַךְ פ״ע

[nexe'nan] 1 to be pardoned, amnestied. 2 to be gifted, graced. 3 to deserve pity נֶחֱנַן פ״ע

[nexe'nak] 1 to be throttled, strangled. 2 to be choked, suffocated נֶחֱנַק פ״ע

[nex'sax] to be saved, נֶחְסַךְ פ״ע

[nex'kan] to be given an enema נֶחְקַן פ״ע
[nex'kak] 1 to be engraved, carved. 2 to be legislated, enacted נֶחְקַק פ״ע
[nex'kar] 1 to be explored. 2 to be interrogated, investigated נֶחְקַר פ״ע
[na'xar] 1 to snore. 2 to slaughter by piercing נָחַר פיו״ע
['naxar] snore, snort נַחַר ז
[ni'xar] to be parched, very dry נִחַר פ״ע
to be hoarse, parched, with a dry throat נִחַר גְּרוֹנוֹ
[ni'xer] to snore loudly נִחֵר פ״י
[nexe'rav] to be destroyed, devastated נֶחֱרַב פ״ע
[nex'rad] 1 to be alarmed, startled. 2 to fear נֶחֱרַד פ״ע
[naxa'ra] snore נַחֲרָה נ
[nexe'ra] to be angry, incensed נֶחֱרָה פ״ע
[nexe'raz] 1 to be strung, threaded. 2 to be rhymed, versified נֶחֱרַז פ״ע
[nex'rat] to be engraved, carved, etched נֶחֱרַט פ״ע
[nex'rax] 1 to be scorched, singed. 2 to be burnt, charred נֶחֱרַךְ פ״ע
[nex'ram] 1 to be banned, confiscated. 2 to be doomed. 3 to be ostracized נֶחֱרַם פ״ע
[naxa'ran] snorer נַחֲרָן נ
[nex'raf] 1 to be cursed, reviled. 2 to become winter נֶחֱרַף פ״ע
[nex'refet] betrothed, fiancée נֶחֱרֶפֶת נ
[nex'rats] 1 to be notched, cut. 2 to be decided, decreed נֶחֱרַץ פ״ע
[nex'rats] 1 decided, decreed, determined. 2 final נֶחֱרָץ ת
[nex'rar] to burn, be dry נֶחֱרַר פ״ע
[nex'rash] 1 to be ploughed. 2 to become deaf נֶחֱרַשׁ פ״ע
[nex'rat] 1 to be engraved, carved. 2 to be inscribed, etched נֶחֱרַת פ״ע
[na'xash] 1 snake, serpent. 2 eye disease נָחָשׁ ז
1 slant serpent. 2 boa constrictor נָחָשׁ בָּרִיחַ
poisonous snake נָחָשׁ שָׂרָף
['naxash] 1 sorcery, magic, enchantment. 2 guess, omen, augury נַחַשׁ ז
[ne'xash] sorcerer, enchanter, diviner נֶחָשׁ ז
[ni'xesh] 1 to guess, conjecture. 2 to predict, estimate נִחֵשׁ פיו״ע
[nex'shav] 1 to be thought, considered. 2 to be valued, esteemed, reckoned נֶחְשַׁב פ״ע
[nex'shad] to be suspect, suspected נֶחְשַׁד פ״ע
[nax'shol] 1 storm, torrent. 2 gale, wave, billow נַחְשׁוֹל ז
[nax'shon] 1 reckless, dashing, audacious. 2 riddle, puzzle. 3 cormorant. 4 coil-pipe, serpentine. 5 pollen tube נַחְשׁוֹן ז
[naxsho'nut] audacity, daring, recklessness נַחְשׁוֹנוּת נ
[naxsho'ni] daring, adventurous נַחְשׁוֹנִי ת
[nex'shax] to become dark נֶחְשַׁךְ פ״ע
[nex'sax] to be withheld, restrained, prevented נֶחְשַׂךְ פ״ע
[nex'shal] 1 underprivileged, backward. 2 primitive נֶחֱשָׁל ת
[nex'shal] to be faint, tired, נֶחֱשַׁל פ״ע

[nax'tom] baker נַחְתּוֹם ז
[naxto'mar] bakery נַחְתּוֹמָר ז
[nexe'tayim] double sharp or flat in music נְחֵתַיִם ז״ז
[nexi'tim] encamped, encamping נְחִתִּים
[nex'tal] to be swaddled, diapered נֶחְתַּל פ״ע
[nex'tam] to be signed, sealed נֶחְתַּם פ״ע
[nax'tan] calm, moderate, temperate נַחְתָּן ת
[naxta'nut] calmness, moderation נַחְתָּנוּת נ
[nex'taf] to be robbed, kidnapped, snatched נֶחְתַּף פ״ע
[nex'tar] 1 to be subverted, undermined. 2 to be rowed נֶחְתַּר פ״ע
[na'xetet] landing craft נַחֶתֶת נ
[nex'tat] 1 to be shattered, broken. 2 to be frightened, terrified נֶחְתַּת פ״ע
[nat] to shake, totter נָט פ״ע
[ne'tai] inclination, bias, predisposition נְטַאי ז
[nit'bax] 1 to be butchered, slaughtered. 2 to be killed, massacred נִטְבַּח פ״ע
[nit'bal] 1 to be immersed, dipped. 2 to be baptized נִטְבַּל פ״ע
[nit'ba] 1 to be drowned. 2 to be coined, stamped, impressed נִטְבַּע פ״ע
[nit'gan] to be fried נִטְגַּן פ״ע
[na'ta] 1 to turn. 2 to lean, to be inclined. 3 to extend. 4 to conjugate. 5 to bend נָטָה פיו״ע
to pervert justice נָטָה אֶת הַדִּין
the day was nearly over נָטָה הַיּוֹם
to show kindness נָטָה אֵלָיו חֶסֶד
to devise a scheme נָטָה קַו

exhausted
[nix'shel] to cause a storm, lash into waves נִחְשֵׁל פ״י
[nexsha'lut] backwardness, primitiveness נֶחֱשָׁלוּת נ
[nax'shan] predictor, foreteller נַחֲשָׁן ז
[nex'saf] to be exposed, revealed, uncovered נֶחֱשַׂף פ״ע
[nex'shak] to be desired, coveted נֶחֱשַׁק פ״ע
[ne'xoshet] 1 brass, copper, bronze. 2 irons, fetters, shackles. 3 part of oven. 4 pubes נְחֹשֶׁת נ
1 burnished copper. 2 bronze נְחֹשֶׁת קָלָל
[nexush'ti] brassy, coppery נְחֻשְׁתִּי ת
[nexush'tayim] fetters, shackles נְחֻשְׁתַּיִם נ״ז
[nexush'tan] 1 Nehushtan, serpent of brass. 2 symbol of medical profession נְחֻשְׁתָּן ז
[nexushta'ni] of copper, cuprous נְחֻשְׁתָּנִי ת
[na'xat] 1 to alight, descend. 2 to land נָחַת פ״ע
[na'xet] 1 encamping, resting. 2 flat נָחֵת ז ת
['naxat] 1 peace, calm. 2 contentment, satisfaction. 3 putting, placing. 4 landing, descent נַחַת נ
force, violence, power, blow נַחַת זְרוֹעַ
satisfaction, pleasure נַחַת רוּחַ
setting the table נַחַת שֻׁלְחָן
[ne'xat] marine נְחָת ז
[ni'xat] 1 to penetrate. 2 to be broken נִחַת פ״ע
[ni'xet] 1 to lower. 2 to level, straighten. 3 to reduce, lessen. 4 to damp נִחֵת פיו״ע

נִטָּה פ״ע [ni'ta] 1 to be conjugated. 2 to be extended, stretched

נִטְהַר פ״ע [nit'har] to be purified, cleansed

נֶטוֹ ז ['neto] net, netto

נִטְוָה פ״ע [nit'va] to be spun

נָטוּי ת [na'tuy] 1 extended, stretched. 2 pitched. 3 conjugated, inflected

נָטוּי לָמוּת to be near death

נְטוּי גָּרוֹן haughty, arrogant

נָטוּל ת [na'tul] lacking, without

נְטוּל יְסוֹד groundless

נְטוּל עֵץ fiber-free

נְטוּל עֶרֶךְ worthless

נָטוּעַ ת [na'tu'a] planted, inserted

נִטּוּף ז [ni'tuf] dripping, flowing

נָטוֹר ז [na'tor] guard, watchman, sentinel

נִטּוּר ז [ni'tur] monitoring

נָטוֹרֵי קַרְתָּא guardians of the city, Natorei Karta

נָטוֹשׁ ז [na'tosh] 1 immigrant. 2 refugee

נָטוּשׁ ת [na'tush] 1 abandoned, deserted. 2 extended

נִטְחַן פ״ע [nit'xan] to be milled, ground, crushed

נִטַּיֵּב פ״ע [nita'yev] to be improved, ameliorated, made better

נְטִיָּה נ [neti'ya] 1 predisposition. 2 inclination, tendency. 3 conjugation. 4 declension. 5 deviation, turn-off

נִטַּיַּח פ״ע [nita'yax] to be plastered, coated

נָטִיל ת [na'til] loaded, laden, burdened

נְטִילָה נ [neti'la] taking, receiving, getting

נְטִילֵי כֶסֶף 1 rich men. 2 money-bags

נְטִילַת יָדַיִם ritual hand-washing

נְטִילַת נְשָׁמָה killing, causing death

נְטִילַת רְשׁוּת obtaining permission

נָטִיעַ ז [na'tiy'a] plant, seedling

נְטִיעָה נ [netiy''a] 1 planting. 2 shoot, sapling

נָטִיף ז [na'tif] 1 dumpling, doughnut. 2 stalactite

נְטִיפָה נ [neti'fa] 1 pendant, earring. 2 dripping, dropping

נְטִירָה נ [neti'ra] 1 grudging, bearing a grudge. 2 guarding

נְטִישָׁה נ [neti'sha] 1 abandonment, desertion. 2 tendril, twig, branch

נְטִישׁוּת נ [neti'shut] abandonment

נָטַל פ״י [na'tal] 1 to take, receive, get. 2 to place, put, impose

נָטַל עֵינָיו to raise one's eyes, look around

נֵטֶל ז ['netel] 1 burden, load, weight. 2 imposition

נִטַּל פ״ע [ni'tal] 1 to be taken, borne, lifted. 2 to be removed

נִטַּל עֻקְצוֹ the sting was removed

נִטֵּל פ״י [ni'tel] to lift, raise

נַטְלָה נ [nat'la] water-jug, laver

נִטְמָא פ״ע [nit'ma] 1 to be defiled, unclean, profaned. 2 to be polluted, contaminated

נִטְמָה פ״ע [nit'ma] 1 to be stupid. 2 to be unclean

נִטַּמְטֵם פ״ע [nitam'tem] 1 to become dull, stupid, besotted. 2 to be kneaded

נִטְמַם פ״ע [nit'mam] 1 to close, be filled. 2 to be stopped up

נִטְמַן פ״ע [nit'man] 1 to be concealed, hidden. 2 to lie, be buried

נִטְמַע פ״ע [nit'ma] to be assimilated, absorbed

[net'raliyut] neutrality נֵטְרָלִיּוּת נ
[nat'ran] one who grudges, bears ranco(u)r or animosity נַטְרָן ז
[natra'ni] grudging, resentful, rancorous נַטְרָנִי ת
[nit'raf] 1 to be torn to pieces. 2 to be declared unfit for consumption. 3 to be confused, mixed . 4 to be beaten, scrambled נִטְרַף פ״ע
to be confused נִטְרַף לִבּוֹ
to become insane, to go mad נִטְרְפָה דַעְתּוֹ
to have troubled times נִטְרְפָה הַשָּׁעָה
[nita'ref] to be wrecked, destroyed נִטָּרֵף פ״ע
the ship was wrecked נִטָּרְפָה הַסְּפִינָה
[nit'rek] to abbreviate, initial נִטְרֵק פ״י
[na'tash] 1 to abandon, leave, forsake. 2 to spread, extend. 3 to allow, permit. 4 to brandish נָטַשׁ פ״י
['netesh] 1 remains, leavings. 2 abandonment נֶטֶשׁ ז
[ni'tash] 1 to be abandoned. 2 to spread, extend נִטַּשׁ פ״ע
[nitash'tesh] 1 to become illegible, indistinct. 2 to be blotted, blurred נִטַּשְׁטֵשׁ פ״ע
to be inclined to think נָטְתָה דַעְתּוֹ
[ni] lamentation, wailing נִי ז
[ni] smell נִיא ז
[niv] 1 expression, phrase, idiom. 2 dialect, patois. 3 canine tooth, fang נִיב ז
utterance, turn of phrase נִיב שְׂפָתַיִם
[ni'va] 1 expression, speech, utterance. 2 fruitbearing, fruition, produce נִיבָה נ
[ni'von] glossary of idioms, נִיבוֹן ז

[nita'nef] to become filthy, foul נִטַּנֵּף פ״ע
[na'ta] 1 to plant. 2 to insert, implant, instill נָטַע פ״י
['neta] 1 seedling, plant, sapling. 2 plantation. 3 planting נֶטַע ז
misfit, out of place, alien נֶטַע זָר
fourth year's fruit נֶטַע רְבָעִי
[na'ta'] 1 plantation owner. 2 planter נַטָּע ז
[ni'ta'] 1 to be planted. 2 to be implanted, inserted נִטַּע פ״ע
[nit''am] 1 to be tasted, savo(u)red. 2 to be stressed, emphasized, accented נִטְעַם פ״ע
[nit''an] 1 to be loaded, charged. 2 to be claimed, stated נִטְעַן פ״ע
[nit''an] 1 defendant, accused. 2 loaded, laden. 3 charged נִטְעָן ז
[na'taf] incense, myrrh נָטָף ז
[na'taf] to drip, drop, flow, seep נָטַף פ״ע
[na'tef] offshoot נָטֵף ז
['netef] 1 drop. 2 seepage, leakage, dripping נֶטֶף ז
[ni'tef] to drip, drop נִטֵּף פ״ע
[nit'pal] 1 to accompany, cling to. 2 to be joined נִטְפַּל פ״ע
[nita'pel] 1 to attend, concern. 2 to join, pester נִטַּפֵּל פ״ע
[na'tar] 1 to guard, watch, keep. 2 to bear a grudge נָטַר פ״י
[nit'rad] 1 to be expelled, banished. 2 to be confused, bothered. 3 to be busy. 4 to be troubled נִטְרַד פ״ע
[nit'rul] neutralization נִטְרוּל ז
[nit'ruk] abbreviation נִטְרוּק ז
[nit'rel] to neutralize נִטְרֵל פ״י
[net'rali] neutral נֵטְרָלִי ת

phrase book

[naˈyed] movable, mobile נָיֵד ת

[nid] 1 movement, quiver. 2 swing, deflection נִיד ז

[naˈyad] movable, portable, mobile נַיָּד ת

[niˈyed] to mobilize, render mobile נִיֵּד פ״י

[niˈda] movement, wandering נִידָה נ

[nayaˈdut] 1 mobility. 2 vagrancy נַיָּדוּת נ

[naˈyedet] 1 patrol. 2 patrol car נַיֶּדֶת נ

[niˈyuˈax] immobilization נִיּוּחַ ז

[naˈyeˈax] immobilized נָיֵחַ ת

[naˈyax] static, stationary נַיָּח ת

[ˈnixa] Good! All right! So be it! נִיחָא מ״ק

[niˈxa] 1 rest, repose. 2 satisfaction נִיחָה נ

[neyaˈxa] rest נְיָחָה נ

[niˈxoˈax] 1 scent, aroma. 2 agreeableness, delight נִיחוֹחַ ז

[nixoˈxi] aromatic, perfumed נִיחוֹחִי ת

[neˈtrali] neutral נֵיטְרָלִי ת

[neˈtraliyut] neutrality נֵיטְרָלִיּוּת נ

[nil] indigo נִיל ז

[ˈnailon] nylon נַיְלוֹן ז

[nim] 1 sleepy, sleeping. 2 capillary. 3 cord, fibre נִים ז

[niˈma] 1 thread, string. 2 hair, filament. 3 capillary. 4 tune, tone, melody נִימָה נ

[niˈmus] 1 courtesy, politeness. 2 etiquette. 3 usage, practice נִימוּס ז

[nimuˈsi] polite, courteous, mannerly נִימוּסִי ת

[nimusiˈyut] politeness, courtesy נִימוּסִיּוּת נ

[niˈmi] 1 capillary. 2 thready, filamentary נִימִי ת

[nimiˈyut] capillarity נִימִיּוּת נ

[naiˈmaṅ] somnolent, drowsy, sleepyhead נַיְמָן ז

[naimaˈnut] sleepiness, drowsiness, somnolence נַיְמָנוּת נ

[naimaˈni] sleepy, drowsy, somnolent נַיְמָנִי ת

[nin] 1 great-grandson. 2 offspring, descendant נִין ז

[niˈsa] flight, escape נִיסָה נ

[niˈsan] Nisan (month of Hebrew Calendar) נִיסָן ז

[nisaˈnit] hawkweed נִיסָנִית נ

[ˈniyˈa] 1 movement. 2 mucus נִיעַ ז

[niyˈˈa] movement, motion, locomotion נִיעָה נ

[niyˈˈut] mobility, movability, locomotion נִיעוּת נ

[niˈtsots] 1 spark, gleam, flash. 2 trace, hint נִיצוֹץ ז

[ˈnikel] nickel נִיקֶל ז

[nir] 1 furrow, ploughed field. 2 shaft. 3 candle. 4 light, splendor נִיר ז

[nyar] 1 paper. 2 document נְיָר ז

wrapping-paper נְיַר אֲרִיזָה

headed paper נְיַר כּוֹתָר

security, debenture נְיַר עֵרֶךְ

emery paper נְיַר שָׁמִיר

[neyaˈrot] 1 papers. 2 documents נְיָרוֹת ז״ר

[neyaˈri] papery, paper-like נְיָרִי ת

[neyariˈya] stationery shop נְיָרִיָּה נ

[neˈyoret] cardboard נְיֹרֶת נ

[naˈyeret] 1 paper-work. 2 bureaucracy, red tape נַיֶּרֶת נ

[nex] scoundrel, wicked נֵךְ ז

[naˈxe] depressed, gloomy, grieved נָכֵא ת

[niˈka] to be banished, expelled נִכָּא פ״ע

2 discounting

[na'xon] 1 correct, true. 2 right, certain. 3 proper. 4 exact, precise. 5 prepared, ready נָכוֹן ת

[nexo'na] 1 true words. 2 truly. 3 correctly נְכוֹנָה נ תה"פ

[nexo'nut] 1 readiness. 2 correctness נְכוֹנוּת נ

[nix'vats] to shrink, contract נִכְוַץ פ"ע

[ni'kur] 1 alienation. 2 strangeness נִכּוּר ז

[ni'kush] weeding נִכּוּשׁ ז

[na'xut] disability, incapacity, invalidity נָכוּת נ

[ne'xot] 1 museum. 2 treasure house נְכוֹת נ

[nix'zav] deceptive, disappointed נִכְזָב ת

[nix'zav] to be disheartened, disappointed נִכְזַב פ"ע

[na'xax] to be present נָכַח פ"ע

['noxax] opposite, before, facing, in the face of נֹכַח מ"י

[nix'xad] 1 remote, forgotten, out of the way. 2 ruined, abandoned נִכְחָד ת

[nix'xad] 1 to be destroyed, ruined. 2 to be lost, disappear נִכְחַד פ"ע

[noxe'xut] presence, attendance נָכְחוּת נ

[noxe'xi] 1 present, current. 2 opposite נָכְחִי ת

[nix'xash] 1 to flatter, dissemble. 2 to become thin, lean. 3 to be reduced נִכְחַשׁ פ"ע

[nix'yon, nika'yon] 1 discount. 2 deduction נִכְיוֹן, נִכָּיוֹן ז

[nexi'sa] factoring נְכִיסָה נ

[na'xish] weeding נָכִישׁ ז

[na'xal] to swindle, deceive, trick נָכַל פ"ע

[nix''av] afflicted, sad נִכְאָב ת

[nix''av] to suffer, feel pain, be hurt נִכְאַב פ"ע

[nix''a] to be grieved, depressed, rejected נִכְאָה פ"ע

[nix''e] beaten, downcast, gloomy נִכְאֶה ת

[nexa''im] grief, gloom, dejection נְכָאִים ז"ר

[ne'xot] spice, tragacanth נְכֹאת נ

[nix'bad] 1 hono(u)rable, venerable, respected. 2 notable, dignitary. 3 heavy, laden נִכְבָּד ת ז

[nix'bad] 1 to be hono(u)red, distinguished, esteemed. 2 to be heavy נִכְבַּד פ"ע

[nixba'dot] 1 proposal of marriage. 2 words of praise נִכְבָּדוֹת נ"ר

[nix'ba] to be extinguished נִכְבָּה פ"ע

[nix'bal] to be fettered, roped, chained נִכְבַּל פ"ע

[nix'bar] to be sifted נִכְבַּר פ"ע

[nix'bash] 1 to be subdued, conquered. 2 to be pressed. 3 to be paved. 4 to be pickled, preserved נִכְבַּשׁ פ"ע

['nexed] grandson נֶכֶד ז

[nex'da] granddaughter נֶכְדָּה נ

[nex'dan] nephew נֶכְדָּן ז

[nexda'nit] niece נֶכְדָּנִית נ

[na'xe] cripple, invalid, disabled נָכֶה ת

[ne'xe] scoundrel, rogue נֵכֶה ז

[ni'ka] to deduct, subtract נִכָּה פיו"ע

[nix'va] to be burnt, scorched, scalded נִכְוָה פ"ע

[na'xo'ax] honest, correct, right נָכוֹחַ ת

[nexo'xa] uprightness, honesty נְכוֹחָה נ

[ni'kuy] 1 deduction. נִכּוּי ז

נֵכֶל ז ['nexel] 1 cunning, deceit, villainy. 2 machination, mischief, conspiracy

נִכֵּל פ״ע [ni'kel] to cheat, defraud, plan evil, beguile

נִכְלָא פ״ע [nix'la] 1 to be imprisoned, withheld, jailed. 2 to be penned. 3 to be stopped, restrained

נַכְלוּל ז [nax'lul] trick, wile

נַכְלוּלִי ת [naxlu'li] sly, deceitful

נַכְלוּלִיּוּת נ [naxluli'yut] deceit, cunning, trickery

נַכְלוּלִים ז״ר [naxlu'lim] artful tricks

נִכְלַל פ״ע [nix'lal] 1 to be included. 2 to be implicit

נִכְלָם ת [nix'lam] ashamed, confused, embarrassed

נִכְלַם פ״ע [nix'lam] to be ashamed

נַכְלָן ת [nax'lan] deceitful, fraudulent

נִכְמַס פ״ע [nix'mas] to be hidden, concealed

נִכְמַר פ״ע [nix'mar] 1 to become warm. 2 to be dried. 3 to be ripened

נִכְמְרוּ נְחוּמָיו (רַחֲמָיו) he took pity on him, his heart warmed to him

נִכְמַשׁ פ״ע [nix'mash] to wither, fade, dry up

נִכְנַס פ״ע [nix'nas] to enter, arrive, come in

נִכְנַע פ״ע [nixna'] to yield, surrender, submit, give in, capitulate

נִכְנַף פ״ע [nix'naf] to conceal oneself, hide oneself

נָכַס פ״י [na'xas] 1 to kill, slaughter. 2 to acquire property

נֶכֶס ז ['nexes] 1 property, asset, possession. 2 riches, wealth

נִכְסָה פ״ע [nix'sa] to be covered, concealed

נִכְסֶה ת [nix'se] covered, hidden, concealed

נִכְסַח פ״ע [nix'sax] to be cut, cut down, mowed, cleared

נִכְסֵי דְלָא נָיְדֵי real estate, immovable property

נִכְסֵי דְנָיְדֵי movable property

נִכְסֵי מְלוֹג wife's estate

נִכְסֵי צֹאן בַּרְזֶל 1 mortmain. 2 property of real worth

נְכָסִים ז״ר [nexa'sim] properties, assets

נְכָסִים בְּנֵי חוֹרִין unmortgaged or unentailed property

נְכָסִים מְשֻׁעְבָּדִים mortgaged property

נְכָסִים שֶׁאֵין לָהֶם אַחֲרָיוּת movable property, mobilia

נְכָסִים שֶׁיֵּשׁ לָהֶם אַחֲרָיוּת immobilia, immovable property

נִכְסַל פ״ע [nix'sal] to be foolish

נִכְסַם פ״ע [nix'sam] to have a haircut

נִכְסַס פ״ע [nix'sas] to be ground, beaten

נִכְסָף ת [nix'saf] yearned for, long-awaited

נִכְסַף פ״ע [nix'saf] to yearn, long for, pine

נִכְפָּה פ״ע [nix'pa] 1 to be forced, compelled. 2 to suffer from epilepsy

נִכְפֶּה ת [nix'pe] epileptic

נִכְפּוּת נ [nix'put] epilepsy

נִכְפָּל ז [nix'pal] multiplicand

נִכְפַּל פ״ע [nix'pal] 1 to be multiplied. 2 to be doubled. 3 to be folded

נִכְפַּף פ״ע [nix'paf] 1 to be bent. 2 to incline, bow oneself

נִכְפָּף ת [nix'paf] 1 flexible, malleable. 2 pliant, bendable

נִכְפַּשׁ פ״ע [nix'pash] to be pressed

נִכְפַּת פ״ע [nix'pat] to be bound, tied

broken

נִלְאָה פ״ע [nil'ʼa] 1 to be tired, wearied. 2 to be unable to

נִלְבָּב ת [nil'bav] 1 good-hearted, warm-hearted. 2 attractive. 3 cordial, hearty

נִלְבַּב פ״ע [nil'bav] 1 to become wise, intelligent. 2 to be attractive, charming, winning

נִלְבַּט פ״ע [nil'bat] 1 to be troubled, worried, bewildered. 2 to be involved

נִלְהַב פ״ע [nil'hav] 1 to be inflamed, kindled. 2 to be excited, keen, enthusiastic

נִלְהָב ת [nil'hav] enthusiastic, warm, fervent, excited

נִלְוָה פ״ע [nil'va] 1 to be borrowed, lent. 2 to be accompanied, escorted

נִלְוֶה ת [nil've] 1 accompanying, escorting. 2 dependent. 3 accessory

נָלוֹז פ״ע ת [na'loz] 1 to be perverse, crooked. 2 perverse, wayward. 3 aberrant, devious, pervert

נָלוֹן פ״ע [na'lon] to grumble, complain, protest

נָלוֹשׁ, נִלּוֹשׁ פ״ע ת [na'losh] 1 to be kneaded. 2 kneaded

נִלְחַךְ פ״ע [nil'xax] to be licked, eaten, consumed

נִלְחַם פ״ע [nil'xam] to fight, wage war

נִלְחַץ פ״ע [nil'xats] 1 to be pressed, squeezed. 2 to be oppressed

נִלְחַשׁ פ״ע [nil'xash] to be whispered

נִלְטַשׁ פ״ע [nil'tash] to be sharpened, whetted, honed

נְלִיזָה נ [neli'za] 1 aberration, deviation. 2 perversion

נְלִיזוּת נ [neli'zut] perverseness,

נֵכָר ז [ne'xar] 1 foreignness, strangeness. 2 foreign land, foreign parts

נֶכֶר ז ['nexer] 1 misfortune, calamity. 2 strangeness, foreignness

נֹכֶר ז ['noxer] misfortune, calamity

נִכָּר ת [ni'kar] 1 considerable, appreciable. 2 noticeable, remarkable. 3 recognizable

נִכַּר פ״ע [ni'kar] to be recognized, known, identified

נִכֵּר פ״י [ni'ker] 1 to estrange, alienate. 2 to hand over to strangers. 3 to recognize, notice

נִכְרָה פ״ע [nix'ra] 1 to be dug, mined. 2 to be bought, rented

נָכְרִי ת ז [nox'ri] 1 foreign, strange, alien. 2 non-jewish, unknown, stranger

נָכְרִיּוּת נ [noxri'yut] foreignness, strangeness

נִכְרַךְ פ״ע [nix'rax] to be enwrapped, swathed

נִכְרַךְ אַחֲרֵי־ to be attached to

נִכְרַם פ״ע [nix'ram] to be piled, heaped

נִכְרַת פ״ע [nix'rat] 1 to be destroyed, perish. 2 to cut off

נִכֵּשׁ פ״י [ni'kesh] to weed

נִכְשַׁל פ״ע [nix'shal] 1 to stumble, slip. 2 to fail. 3 to err. 4 to backslide

נִכְשַׁר פ״ע [nix'shar] to be proper, right, worthy, suitable

נִכְתַּב פ״ע [nix'tav] to be written

נִכְתַּם פ״ע [nix'tam] to be stained, soiled, spotted

נִכְתַּר פ״ע [nix'tar] to be crowned

נִכְתַּשׁ פ״ע [nix'tash] to be crushed, bruised, pounded

נִכְתַּת פ״ע [nix'tat] to be crushed,

deviousness, pervertion

נִלְכַּד פ״ע [nil'kad] 1 to be caught, seized. 2 to be trapped. 3 to be chosen by lot

נִלְמַד פ״ע [nil'mad] to be learnt, taught, studied

נִלְעָג ת [nil''ag] ridiculous, absurd, laughable

נִלְעַג פ״ע [nil''ag] to be mocked, ridiculed

נִלְעַג לָשׁוֹן stammerer, stutterer

נִלְעָגוּת נ [nil'a'gut] absurdity, ludicrousness

נִלְעַס פ״ע [nil''as] to be chewed, masticated

נִלְפַּת פ״ע [nil'pat] 1 to be wound round. 2 to wriggle, squirm, writhe

נִלְקַח פ״ע [nil'kax] 1 to be taken, seized. 2 to be purchased, bought. 3 to be taken away, removed

נִלְקַט פ״ע [nil'kat] to be collected, gathered, gleaned

נִלְקַק פ״ע [nil'kak] to be licked, lapped

נִלְתַּת פ״ע [nil'tat] 1 to be malted. 2 to be moistened

נָם פיו״ע [nam] 1 to slumber, drowse, doze off. 2 to speak, say, utter

נִמְאָס ת [nim''as] despised, despicable, abhorred

נִמְאַס פ״ע [nim''as] to be rejected, abhorred, disliked

נִמְבְזֶה ת [nemiv'ze] despicable, vile, contemptible

נָמַד, נִמְדַּד פ״ע [na'mad, nim'dad] to be measured

נִמְהָה פ״ע [nim'hah] to be tattered, ragged, threadbare

נִמְהַל פ״ע [nim'hal] 1 to be mixed, diluted. 2 to be adulterated. 3 to be circumcised

נִמְהָר ת [nim'har] rushed, hasty, impetuous, precipitate

נִמְהַר פ״ע [nim'har] to be in haste, in a hurry, rush

נִמְהָרוּת נ [nimha'rut] hastiness, rashness, impetuosity

נָמוֹג פ״ע [na'mog] to melt, dissolve, soften

נָמוֹג פ״ע ת [na'mog] 1 to be melted, molten, softened. 2 volatile. 3 fleeting. 4 cowardly

נִמּוֹחַ פ״ע ת. [ni'mo'ax] 1 to be softened. 2 soft, softened

נִמּוֹט פ״ע [ni'mot] 1 to totter, waver, fall. 2 to be shaken, destroyed

נָמוֹךְ פ״ע [na'mox] to be low

נָמוֹךְ, נָמוּךְ ת [na'mox, na'mux] short, low

נְמוּךְ רוּחַ humble, modest, meek

נִמּוֹל ת פ״ע [ni'mol] 1 circumcised. 2 to be circumcised

נִמּוּק ז [ni'muk] reason, argument, explanation

נִמּוּר ז [ni'mur] variegation, diversification

נָמוֹשׁ ת [na'mosh] 1 backward, belated. 2 spent, flagging

נִמְזַג פ״ע [nim'zag] to be mixed, poured

נִמְחָה פ״ע [nim'xa] to be erased, deleted

נִמְחַט פ״ע [nim'xat] 1 to be cleaned, trimmed. 2 to be blown, wiped (nose)

נִמְחַל פ״ע [nim'xal] 1 to be pardoned, forgiven. 2 to be canceled

נִמְחַץ פ״ע [nim'xats] to be smitten,

נִמְלַךְ פ״ע [nim'lax] to consider, ponder, determine
נִמְלַל פ״ע [nim'lal] 1 to be rubbed, crushed. 2 to be stirred
נִמְלָץ ת [nim'lats] 1 fulsome, florid. 2 eloquent, rhetorical
נִמְלַץ פ״ע [nim'lats] 1 to be pleasant, tasty. 2 to be eloquent, rhetorical. 3 to be ornate
נִמְלַק פ״ע [nim'lak] to be nipped off, pinched off, wrung
נַמֶּלֶת נ [na'melet] pins and needles, paresthesia
נִמְנָה פ״ע [nim'na] 1 to be counted, numbered, reckoned. 2 to subscribe
נִמְנֶה ת [nim'ne] 1 subscribed. 2 reckoned
נִמְנוּם ז [nim'num] slumber, doze, catnap
נִמְנֵם פ״ע [nim'nem] to slumber, drowse, doze
נַמְנְמָן ז [namne'man] 1 sleepyhead, daydreamer. 2 dormouse
נִמְנֹמֶת נ [nim'nomet] drowsiness, somnolence
נִמְנָע ת ז [nim'na] 1 abstaining. 2 avoidable. 3 abstainer
נִמְנַע פ״ע [nim'na] 1 to avoid. 2 to be prevented. 3 to abstain, forbear
נִמְנַע הַמְּצִיאוּת physically impossible
נִמְנָעוּת נ [nimna'ut] impossibility
נָמַס פ״ע [na'mas] to melt, dissolve, thaw
נָמַס לִבּוֹ to take fright, be discouraged
נָמֵס ת [na'mes] melting, dissolving
נִמֵּס פ״י [ni'mes] 1 to render polite. 2 to be polite, courteous
נִמְסַךְ פ״ע [nim'sax] 1 to be mixed, bruised, crushed
נִמְחַק פ״ע [nim'xak] 1 to be erased, rubbed out. 2 to be deleted, crossed out
נִמְטַר פ״ע [nim'tar] to be showered, rained on
נָמֵי מ״ח [na'me] also
נְמִיגָה נ [nemi'ga] 1 volatility. 2 softening
נְמִיָּה נ [nemi'ya] marten, weasel, ichneumon
נְמִיכוּת נ [nemi'xut] 1 lowness, shortness. 2 modesty
נְמִיכוּת רוּחַ humility
נְמִיסָה נ [nemi'sa] melting, dissolving
נָמַךְ פ״ע [na'max] to become lower, be flattened, be reduced
נֹמֶךְ ז ['nomex] 1 lowness, shortness. 2 modesty, humility
נִמֵּךְ פ״י [ni'mex] to lower, reduce
נְמַכְמַךְ ת [nemax'max] shortish
נִמְכַּר פ״ע [nim'kar] 1 to be sold. 2 to be delivered. 3 to be handed over
נָמָל, נָמֵל ז [na'mal, na'mel] port, harbo(u)r, haven
נְמַל תְּעוּפָה airport
נִמְלָא פ״ע [nim'la] 1 to be satisfied, filled. 2 to be full, replete
נִמְלַג פ״ע [nim'lag] 1 to be scalded. 2 to be plucked
נְמָלָה נ [nema'la] ant
נְמָלָה לְבָנָה termite
נִמְלוּל ז [nim'lul] paresthesia
נִמְלַח פ״ע [nim'lax] 1 to be salted. 2 to become old, torn, frayed. 3 to vanish
נִמְלַט פ״ע [nim'lat] 1 to escape, flee. 2 to be saved, freed, delivered
נִמְלַט עַל נַפְשׁוֹ to flee for one's life

blended. 2 to be poured out
נִמְסַר פ"ע [nim'sar] 1 to be given, delivered, handed over. 2 to be transmitted. 3 to be betrayed
נִמְעַד פ"ע [nim''ad] to stumble, slip, totter
נִמְעַט פ"ע [nim''at] 1 to decrease, diminish, lessen. 2 to be excepted, excluded
נִמְעַךְ פ"ע [nim''ax] to be squashed, crushed, squeezed, pressed
נִמְצָא פ"ע ת ז [nim'tsa] 1 to be. 2 to be found, available. 3 existing, available. 4 existence
נִמְצָא שֶׁ- it follows that
נִמְצֵאנוּ לְמֵדִים from this we may conclude
נִמְצָה פ"ע [nim'tsa] 1 to be squeezed, sucked. 2 to be drained
נִמְצַץ פ"ע [nim'tsats] to be sucked
נִמְצַר פ"ע [nim'tsar] to be bounded, bordered, delimited
נָמַק פ"ע [na'mak] 1 to rot, decay, putrefy. 2 to perish
נֶמֶק ז ['nemek] rot, decomposition, gangrene, necrosis
נִמֵּק פ"י [ni'mek] to give a reason, explain
נָמַר פ"ע [na'mar] to undergo change
נָמֵר ז [na'mer] 1 tiger. 2 leopard, panther
נִמֵּר פ"י [ni'mer] to chequer, decorate with spots
נִמְרַח פ"ע [nim'rax] 1 to be smeared, plastered. 2 to be bruised. 3 to be spread
נִמְרַט פ"ע [nim'rat] to be plucked
נְמֵרִי ת [neme'ri] tigerish, tiger-like, fierce
נִמְרָץ ת [nim'rats] strong, vigorous, energetic
נִמְרַץ פ"ע [nim'rats] to be strong, forcible, vehement
נִמְרָצוֹת תה"פ [nimra'tsot] vehemently, emphatically
נִמְרַק פ"ע [nim'rak] 1 to be polished, scrubbed. 2 to be cleansed
נֶמֶשׁ ז ['nemesh] freckle
נִמֵּשׁ פ"י [ni'mesh] 1 to freckle. 2 to mark, blotch
נִמְשָׁה פ"ע [nim'sha] to be drawn out
נִמְשַׁח פ"ע [nim'shax] to be anointed, smeared
נִמְשַׁךְ פ"ע [nim'shax] 1 to last, endure. 2 to be continued, prolonged. 3 to be conducted, pulled. 4 to be attracted
נִמְשָׁךְ ת [nim'shax] 1 continuous, lasting. 2 consequent
נִמְשָׁל ז [nim'shal] 1 moral lesson. 2 significance
נִמְשַׁל פ"ע [nim'shal] 1 to resemble. 2 to be compared, likened to
נִמְתַּג פ"ע [nim'tag] 1 to be bridled. 2 to bear a stress mark
נִמְתַּח פ"ע [nim'tax] 1 to be stretched, strung, drawn tight. 2 to be conned, bluffed
נִמְתָּח ת [nim'tax] 1 stretchable, elastic, flexible. 2 extended, stretched
נִמְתַּק פ"ע [nim'tak] to become sweet, be sweetened
נִנְהָה פ"ע [nin'ha] 1 to long for. 2 to be attracted. 3 to follow
נִנּוֹחַ פ"ע ת [ni'no'ax] 1 to feel calm, rested. 2 calm, at ease, comfortable
נִנּוֹן פ"ע [ni'non] 1 to flourish, prosper. 2 to shine
נִנּוֹעַ פ"ע ת [ni'no'a] 1 to be moved, shaken. 2 movable

to progress
[nis'gar] 1 to be closed, to become closed. 2 to heal, shut — נִסְגַּר פ״ע
[nis'dak] to be cracked, split — נִסְדַּק פ״ע
[nis'dar] to be arranged, set in order — נִסְדַּר פ״ע
[ni'sa] 1 to try. 2 to prove, test. 3 to attempt. 4 to experiment — נִסָּה פ״י
[ni'sog] to retreat, withdraw, recede — נְסוֹג פ״ע
[na'sog] withdrawing, retreating, wording — נָסוֹג ת
[ni'su'ax] formulation, drafting — נִסּוּחַ ז
[ni'sot] to be moved, shifted, shaken — נְסוֹט פ״ע
[ni'suy] 1 experiment. 2 test, examination, trial — נִסּוּי ז
[na'sux] 1 poured. 2 woven. 3 covered — נָסוּךְ ת
[ni'sox] 1 to be greased, lubricated, oiled. 2 anointed — נְסוֹךְ פ״ע ת
[ni'sux] pouring, libation — נִסּוּךְ ז
[ni'som] to be blinded — נְסוֹם פ״ע
[nesu'a] kilometrage — נְסוּעָה נ
[ni'sok] to be heated, lit, kindled — נְסוֹק פ״ע
[ni'sot] 1 to be instigated, incited. 2 to be enticed, persuaded, seduced — נְסוֹת פ״ע
[na'sax] to uproot, eradicate — נָסַח פ״י
[na'sax] drafter, formulator — נַסָּח ז
['nesax] 1 text. 2 extract. 3 score — נֶסַח ז
[nu'sax] 1 test, version, formula, copy. 2 custom, style — נֻסַּח, נֹסַח ז
[ni'sax] 1 to formulate, draft. 2 to be uprooted, — נִסַּח פיו״ע

[nin'xats] to be stressed, accentuated, pressed — נִנְחַץ פ״ע
[nin'xar] to be slaughtered by piercing — נִנְחַר פ״ע
[na'niy'ax] supposing that..., assuming that... — נַנִּיחַ פ״י
[na'nas] dwarf, midget — נַנָּס ז
[nana'si] dwarfish, tiny — נַנָּסִי ת
[nanasi'yut] dwarfishness — נַנָּסִיּוּת נ
[nin''al] 1 concluded. 2 locked — נִנְעָל ת
[nin''al] 1 to be locked, jammed. 2 to be concluded — נִנְעַל פ״ע
[nin''ats] to be thrust, stuck in, inserted, fixed — נִנְעַץ פ״ע
[nin''ar] 1 to be shaken, stirred. 2 to waken, bestir oneself — נִנְעַר פ״ע
[nin'tsar] 1 to be guarded, preserved. 2 to be locked — נִנְצַר פ״ע
[nin'kad] 1 to be dotted. 2 to be vocalized. 3 to be pointed, marked with vowels — נִנְקַד פ״ע
[nin'kat] to be taken, adopted — נִנְקַט פ״ע
[nas] to escape, flee — נָס פ״ע
to lose one's natural vigo(u)r, be past one's prime — נָס לֵחוֹ
[nes] 1 flag, banner. 2 ensign, standard. 3 miracle. 4 island — נֵס ז
[na'sav] 1 to turn, go round. 2 to encircle. 3 to be trampled — נָסַב פ״ע
[nesi'ba] circumstance — נְסִבָּה נ
[nis'bax] to be complicated, interlaced — נִסְבַּךְ פ״ע
[nis'bal] 1 to be suffered, endured, tolerated. 2 to be carried, borne — נִסְבַּל פ״ע
[nesiba'ti] circumstantial — נְסִבָּתִי ת
[na'sag] to retreat, fall back — נָסַג פ״ע
[nasga'ni] 1 recessive. 2 reactionary, opposed — נַסְגָנִי ת

eradicated

נֻסַּח פ״ע [nuˈsax] to be drafted, formulated

נִסְחַב פ״ע [nisˈxav] 1 to be dragged, drawn. 2 to be stolen, pilfered

נֻסְחָה נ [nusˈxa] 1 formula. 2 version, copy. 3 equation. 4 style

נִסְחַט פ״ע [nisˈxat] 1 to be squeezed, pressed. 2 to be wrung. 3 to be extorted

נַסְּחָן ז [nasˈxan] 1 stylist. 2 redactor

נִסְחַף פ״ע [nisˈxaf] to be dragged, swept

נִסְחַר פ״ע [nisˈtar] to trade, negotiate, deal

נֻסְחָתִי ת [nusxaˈti] formal, formulator

נִסְטַר פ״ע [nisˈtar] to be slapped

נִסִּי ת [niˈsi] marvellous, miraculous

נְסִי ז [neˈsi] test, experimentation, a trial

נָסִיג ת [naˈsig] retractable, reversible

נְסִיגָה נ [nesiˈga] 1 regression. 2 retreat, withdrawal

נִסָּיָה וּטְעִיָּה trial and error

נַסְיוּב ז [nasˈyuv] serum

נִסָּיוֹן ז [nisaˈyon] 1 experience. 2 test, experiment. 3 trial, probation. 4 temptation

נִסְיוֹנִי ת [nisyoˈni] experimental, trial

נָסִיךְ ז [naˈsix] 1 prince, ruler. 2 libation

נְסִיכָה נ [nesiˈxa] 1 princess. 2 libation

נְסִיכוּת נ [nesiˈxut] 1 princedom, principality. 2 emirate

נַסְיָן ז [nasˈyan] experimenter, tester

נִסְיֵן פ״י [nisˈyen] to experiment

נַסְיָנוּת נ [nasyaˈnut] experimentation

נַסְיָנִי ת [nasyaˈni] experimental

נְסִיס ז [neˈsis] evil, trouble, grief

נְסִיעָה נ [nesiyˈʼa] travel, journey, voyage, trip

נְסִיעַת שֶׂכֶר charter voyage

נְסִיקָה נ [nesiˈka] take-off, climb

נְסִירָה נ [nesiˈra] sawing

נָסַךְ פ״י [naˈsax] 1 to pour, offer libation. 2 to melt, cast. 3 to anoint. 4 to inspire. 5 to knot, veil

נֵסֶךְ, נֶסֶךְ ז [ˈnesex] 1 pouring, libation. 2 mask

נִסֵּךְ פ״י [niˈsex] to pour libation to pagan deity

נִסְכַּל פ״ע [nisˈkal] 1 to be ignorant. 2 to act foolishly

נִסְכַּן פ״ע [nisˈkan] 1 to take a risk. 2 to be in danger

נִסְכַּר פ״ע [nisˈkar] 1 to be closed, sealed. 2 to be dammed

נִסְכַּת פ״ע [nisˈkat] to keep silent, listen attentively

נִסְלַח פ״ע [nisˈlax] to be pardoned, forgiven

נִסְלַל פ״ע [nisˈlal] to be paved

נִסְלַק פ״ע [nisˈlak] 1 to be removed, cleared. 2 to be paid

נִסְלַת פ״ע [nisˈlat] 1 to be sifted. 2 to be selected

נִסְמָא פ״ע [nisˈma] to become blind

נִסְמָךְ ת ז [nisˈmax] 1 supported. 2 ordinal. 3 graduate. 4 construct state. 5 dependent

נִסְמַךְ פ״ע [nisˈmax] 1 to graduate. 2 to be supported. 3 to be authorized. 4 to thicken. 5 to be close, near. 6 to be empowered

נִסְמָן ז ת [nisˈman] 1 item. 2 marked

נִסְמַן פ״ע [nisˈman] to be marked, indicated

נָסַס פ״ע [naˈsas] to raise a flag

[na'sa'] 1 to travel, journey. 2 to migrate. 3 to remove, uproot נָסַע פ״ע

[ni'sa'] to be uprooted, torn away נִסַּע פ״ע

[nis''ad] to be supported, assisted נִסְעַד פ״ע

[nis''ar] 1 excited, agitated. 2 turbulent, tempestuous נִסְעָר ת

[nis''ar] to be agitated, enraged, excited, furious נִסְעַר פ״ע

[nis'pag] to be absorbed, blotted נִסְפַּג פ״ע

[nis'pad] to be mourned, lamented, eulogized נִסְפַּד פ״ע

[nis'pa] to perish, die נִסְפָּה פ״ע

[nis'pax] 1 attaché. 2 annex. 3 appendix נִסְפָּח ז

[nis'pax] 1 to be attached, annexed. 2 to be joined נִסְפַּח פ״ע

[nispa'xot] addenda, appendices נִסְפָּחוֹת נ״ר

[nis'pan] 1 to be panelled, wainscoted. 2 to be roofed נִסְפַּן פ״ע

[nis'par] to be counted, numbered נִסְפַּר פ״ע

[na'sek] sharp (music) נָסֵק ז

[na'sak] to rise, ascend, climb נָסַק פ״ע

[nis'kad] to be cut, slain נִסְקַד פ״ע

[nis'kal] to be stoned נִסְקַל פ״ע

[nis'kar] 1 to be reviewed, surveyed. 2 to be looked at נִסְקַר פ״ע

[na'sar, ni'ser] 1 to saw. 2 to penetrate נָסַר, נִסֵּר פ״י

[neser] plank, board נֶסֶר ז

[nis'rag] 1 to be knitted. 2 to be plaited נִסְרַג פ״ע

[nis'rax] 1 to stink. 2 to become stupid, vapid נִסְרַח פ״ע

[nis'rat] 1 to be scratched. 2 to be incised, etched נִסְרַט פ״ע

[nis'rax] 1 to be dragged. 2 to adhere נִסְרַךְ פ״ע

[nis'rak] to be combed, carded נִסְרַק פ״ע

[ne'soret] sawdust נְסֹרֶת נ

[ni'sat] to be instigated, incited נִסַּת פ״ע

[nis'tam] to be closed, filled up, blocked נִסְתַּם פ״ע

1 The tomb was closed up. 2 It's all over and done with נִסְתַּם הַגּוֹלֵל

[nis'tar] 1 hidden, concealed. 2 esoteric. 3 third person singular (gram.) נִסְתָּר ת

[nis'tar] 1 to hide, be hidden, concealed. 2 to be destroyed נִסְתַּר פ״ע

[na] 1 to move. 2 to shake, tremble. 3 to wander, roam. 4 mobile, moving נָע פ״ע ת

wanderer, nomad, vagabond נָע וָנָד

[ne'e'vad] 1 to be worked, cultivated, tilled. 2 to be tanned נֶעֱבַד פ״ע

[ne'e'var] 1 to be passed, crossed, traversed. 2 to be transgressed נֶעֱבַר פ״ע

[ne''gal] to become round, be rounded נֶעְגַּל פ״ע

[ne''gam] to grieve, be sorry, sad, distressed נֶעְגַּם פ״ע

[ne''gan] 1 to anchor. 2 to be forsaken נֶעְגַּן פ״ע

[ne'g'na] to be abandoned (by husband) נֶעְגְּנָה פ״ע

[ne''dar] 1 absentee, lacking, missing. 2 deceased, passed away. 3 devoid of, lacking in נֶעְדָּר ת

[ne''dar] 1 to be cultivated, נֶעְדַּר פ״ע

2 tone, note

נְעִימוֹת נ״ר [ne'i'mot] pleasure, loveliness

נְעִימוּת נ [ne'i'mut] pleasantness, loveliness

נָעִיץ ז ת [na''its] 1 groove, ditch. 2 channel. 3 insertable, penetrable

נְעִיצָה נ [ne'i'tsa] 1 sticking, fixing. 2 inserting, thrusting

נְעִירָה נ [ne'i'ra] 1 shaking, stirring, dusting. 2 braying

נֶעְכַּב פ״ע [ne''kav] to be stopped, detained, delayed

נֶעְכַּל פ״ע [ne''kal] to be digested

נֶעְכָּר ת [ne''kar] 1 depressed, distressed, troubled. 2 marred, spoilt

נֶעְכַּר פ״ע [ne''kar] 1 to be turbid, muddy. 2 to be troubled, distressed

נָעַל פ״י [na''al] 1 to lock, bolt. 2 to conclude, close. 3 to wear shoes

נַעַל ז ['na'al] shoe, footwear

נֶעֱלָב ת [ne'e'lav] insulted, offended, humiliated

נֶעֱלַב פ״ע [ne'e'lav] to be humiliated, offended, insulted

נֶעֱלַג פ״ע [ne'e'laq] to stammer

נַעֲלָה פ״ע [na'a'la] to rise up, be high, exalted

נַעֲלֶה ת [na'a'le] 1 lofty, exalted, sublime. 2 superior, superb

נַעֲלוּת נ [na'a'lut] sublimity, loftiness

נֶעֱלַז פ״ע [ne'e'laz] to rejoice, exult

נַעֲלֵי אֵילַת rubber thonged sandals for beachwear

נַעֲלֵי בַּיִת slippers

נֶעְלָם ז ת [ne''lam] 1 unknown. 2 hidden, concealed

hoed. 2 to be missing, absent. 3 to be deceased, dead

נַעֲוָה פ״ע [na'a'va] to be distorted, perverse, corrupt

נַעֲוֶה ת [na'a've] 1 distorted, wry. 2 perverse, crooked, twisted

נָעוּל ת [na''ul] 1 locked, fast. 2 shod, wearing shoes. 3 bolted

נָעוּץ ת [na''uts] 1 stuck in, inserted. 2 fixed. 3 inherent

נָעוּר ת [na''ur] 1 stirred, shaken up. 2 empty

נָעוּר וָרֵיק vacuous, empty-headed

נֵעוֹר פ״ע [ne''or] to awaken, be aroused

נִעוּר ז [ni''ur] shaking out, dusting, beating

נְעוּרִים ז״ר [ne'u'rim] youth

נֶעֱזָב ת [ne'e'zav] abandoned, deserted

נֶעֱזַב פ״ע [ne'e'zav] to be forsaken, left, abandoned

נֶעֱזַר פ״ע [ne'e'zar] to be helped, assisted, aided

נַעֲטָה פ״ע [na'a'ta] to be wrapped, clothed

נֶעֱטַן פ״ע [ne'e'tan] to be packed

נֶעֱטַף פ״ע [ne'e'taf] 1 to be wrapped, enveloped, coated. 2 to become feeble, exhausted

נֶעֱטַר פ״ע [ne'e'tar] 1 to be adorned, decorated. 2 to be crowned

נְעִילָה נ [ne'i'la] 1 locking, bolting. 2 conclusion, closing. 3 shoeing

נָעִים ת [na''im] 1 pleasant, agreeable. 2 fitting, good. 3 musical, sweet

נְעִים הֲלִיכוֹת polite and pleasant person

נְעִים זְמִירוֹת 1 good singer. 2 psalmist

נְעִימָה נ [ne'i'ma] 1 melody, tune.

נֶעְלַם פ״ע [ne'ˈlam] 1 to disappear, vanish. 2 to be hidden, concealed

נֶעֱלָס ת [ne'eˈlas] joyful, jolly, merry

נֶעֱלַס פ״ע [ne'eˈlas] to rejoice, exult

נֶעֱלַץ פ״ע [ne'eˈlats] to be happy, light-hearted

נָעַם פ״ע [naˈ'am] to be pleasant, agreeable, sweet

נֹעַם ז [ˈno'am] pleasantness, delight, charm

נֶעֱמַד פ״ע [ne'eˈmad] 1 to stop, halt, stand still. 2 to come to a stop. 3 to stand up

נַעֲמִית נ [na'aˈmit] ostrich

נַעֲמָן ת ז [na'aˈman] 1 pleasant, lovely, agreeable. 2 anemone

נֶעֱמַס פ״ע [ne'eˈmas] to be loaded

נֶעֱנַג פ״ע [ne'eˈnag] to be tied

נֶעֱנַד פ״ע [ne'eˈnad] to be tied on, worn

נַעֲנָה נ פ״ע [na'aˈna] 1 to be answered, granted, accepted. 2 to consent, agree. 3 to be humbled, afflicted

נַעֲנֶה ת [na'aˈne] afflicted, tortured, oppressed

נַעֲנוּעַ, נִעְנוּעַ ז [na'aˈnu'a] 1 movement, shaking. 2 nodding

נֶעֱנַן פ״ע [ne'eˈnan] to be or become cloudy, overclouded

נַעְנַע ז [na'aˈna] mint

נִעְנַע פ״י [ni'aˈna'] 1 to shake, stir. 2 to nod

נֶעֱנַף פ״ע [ne'eˈnaf] to make branches

נֶעֱנַק פ״ע [ne'eˈnak] to be granted, bestowed, awarded, presented

נֶעֱנַשׁ פ״ע [ne'eˈnash] to be punished, fined

נֶעֱסַק פ״ע [ne'eˈsak] to be employed, engaged, kept busy

נֶעְפַּשׁ פ״ע [ne'ˈpash] to become mouldy, decay, stink

נָעַץ פ״י [naˈ'ats] to thrust, insert, stick in, fasten

נַעַץ ז [ˈna'ats] 1 drawing-pin, tack. 2 sticking in, inserting, thrusting

נֶעֱצַב פ״ע [ne'eˈtsav] 1 to be sad, sorrowful. 2 to be shaped, moulded

נֶעֱצַד פ״ע [ne'eˈtsad] to be cut

נַעֲצוּץ ז [na'aˈtsuts] 1 thornbush. 2 ditch

נֶעֱצַל פ״ע [ne'eˈtsal] 1 to be lazy. 2 to tarry, linger

נֶעֱצַם פ״ע [ne'eˈtsam] to be shut, closed

נֶעֱצַר פ״ע [ne'eˈtsar] 1 to be stopped, halted. 2 to be detained, arrested, restrained. 3 to stop. 4 to be squeezed, pressed

נֶעֱקַב פ״ע [ne'eˈkav] to be followed, tracked

נֶעֱקַד פ״ע [ne'eˈkad] to be bound, fettered, trussed

נֶעֱקָד ת [ne'eˈkad] tied, trussed

נֶעֱקַל פ״ע [ne'eˈkal] to be curved, twisted

נֶעֱקַם פ״ע [ne'eˈkam] to be twisted, bent

נֶעֱקַף פ״ע [ne'eˈkaf] to be surrounded, circumvented

נֶעֱקַץ פ״ע [ne'eˈkats] 1 to be stung, bitten. 2 to be cut off by the stalk

נֶעֱקַר פ״ע [ne'eˈkar] to be uprooted, plucked, extirpated

נֶעֱקַשׁ פ״ע [ne'eˈkash] to be perverted, crooked, distorted

נָעַר פ״י [naˈ'ar] 1 to stir, shake.

2 to bray. 3 to roar
נַעַר ז ['na'ar] 1 boy, lad. 2 servant, attendant. 3 soldier
נַעַר שָׁלִיחַ messenger, errand-boy
נִעֵר פ״י [ni''er] to shake, stir
נֻעַר פ״ע ['nu'ar] 1 to be shaken stirred. 2 to be emptied.
נֶעֱרַב פ״ע [ne'e'rav] 1 to be guaranteed. 2 to become pleasant
נֶעֱרַג פ״ע [ne'e'rag] to be divided into beds, flower beds
נַעֲרָה נ פ״ע [na'a'ra] 1 girl, lass, maid. 2 to be poured out, spoilt. 3 to be disclosed
נְעָרָה נ [ne'a'ra] 1 bray. 2 roar
נַעֲרוֹן ז [na'a'ron] youngster
נַעֲרוּת נ [na'a'rut] 1 youth, boyhood. 2 puerility. 3 adolescence. 4 maidenhood
נֶעֱרַךְ פ״ע [ne'e'rax] 1 to be arranged, prepared, organized. 2 to be edited. 3 to be assessed, estimated
נֶעֱרַל פ״ע [ne'e'ral] 1 to be poisoned. 2 to expose foreskin. 3 to be judged "orlah", forbidden. (fruit of a tree less than three years old). 4 to be obtuse, stupid, dull
נֶעֱרַם פ״ע [ne'e'ram] to be heaped, stacked, piled
נַעֲרֹנֶת נ [na'a'ronet] young girl
נֶעֱרַף פ״ע [ne'e'raf] to be beheaded, decapitated
נַעֲרָץ ת [na'a'rats] 1 venerable, revered, esteemed. 2 holy, fearful
נֶעֱרַץ פ״ע [ne'e'rats] 1 to be adored, revered, respected. 2 to be fearful
נְעֹרֶת נ [ne''oret] chaff, refuse
נֶעֱשַׂב פ״ע [ne'e'sav] to be grassy, covered in grass
נַעֲשָׂה פ״ע [na'a'sa] 1 to be made, done. 2 to be produced. 3 to be carried out. 4 to become
נֶעֱשַׁן פ״ע [ne'e'shan] to be smoked
נֶעֱשַׁק פ״ע [ne'e'shak] to be exploited, extorted, oppressed
נֶעֱשַׁר פ״ע [ne'e'shar] to become rich
נֶעֱשַׂר פ״ע [ne'e'sar] to be tithed
נֶעֱשַׁשׁ פ״ע [ne'e'shash] to become dry, wither
נֶעֱשַׁת פ״ע [ne'e'shat] to become fat, corpulent
נֶעְתַּם פ״ע [ne''tam] to be darkened, shaded
נֶעְתַּק פ״ע [ne''tak] 1 to be removed, shifted, displaced. 2 to be copied. 3 to be translated
נֶעְתַּר פ״ע [ne''tar] to be abundant, plentiful
נָף פ״י [naf] 1 to sprinkle, moisten. 2 to spread, scatter
נִפְאַר פ״ע [nif''ar] to be adorned, beautiful, decorated
נִפְגַּל פ״ע [nif'gal] 1 to be fouled, spoilt. 2 to be adulterated
נִפְגַּם פ״ע [nif'gam] to be spoiled, notched, marred
נִפְגָּע ז ת [nif'ga] 1 injured, wounded. 2 casualty, sufferer
נִפְגַּע פ״ע [nif'ga] 1 to be injured, hurt. 2 to be offended, insulted
נִפְגַּר פ״ע [nif'gar] to die
נִפְגַּשׁ פ״ע [nif'gash] to meet, encounter
נִפְדָּה פ״ע [nif'da] 1 to be rescued, redeemed, ransomed. 2 to be sold
נִפְדַּע פ״ע [nif'da] 1 to be released, redeemed. 2 to be wounded

[na'pax] blacksmith נַפָּח ז
[nif'xad] frightened, scared נִפְחָד ת
[nif'xad] to be afraid נִפְחַד פ״ע
[napa'xut] blacksmithing נַפָּחוּת נ
[nif'xaz] 1 to be unstable, rash. 2 to act recklessly נִפְחַז פ״ע
[napaxi'ya] smithy נַפָּחִיָּה נ
[nif'xam] 1 to be turned into charcoal. 2 to be carbonized נִפְחַם פ״ע
[nif'xas] to be compressed, squashed, flattened נִפְחַס פ״ע
[nif'xat] 1 to be reduced, decreased. 2 to be spoilt נִפְחַת פ״ע
[na'fat] to beat, hackle נָפַט, נִפֵּט
[neft] 1 oil, mineral oil. 2 kerosene, paraffin נֵפְט ז
[nef'tai] kerosene-seller נֶפְטַאי
[nif'tam] 1 to be fattened. 2 to be stuffed נִפְטַם פ״ע
[nif'tar] 1 deceased. 2 excused, exempt נִפְטָר ת ז
[nif'tar] 1 to die. 2 to be rid of, freed. 3 to be discharged, exempted נִפְטַר פ״ע
[nefi'xa] 1 blowing, puffing. 2 breaking wind, flatulence. 3 fart נְפִיחָה נ
[nefi'xut] 1 swelling. 2 tumefaction נְפִיחוּת נ
[na'fil] 1 giant. 2 titan נָפִיל ז
[nefi'la] 1 downfall, collapse, fall. 2 defeat, degradation נְפִילָה נ
[nefi'li] gigantic, enormous נְפִילִי ת
prostration, bowing low נְפִילַת אַפַּיִם
[na'fits] explosive נָפִיץ ת
[nefi'tsa] 1 dissemination, propagation. 2 shattering. 3 shaking out. 4 dispersion נְפִיצָה נ
[nefi'tsut] 1 explosiveness. 2 distribution, circulation, נְפִיצוּת נ

[na'fa] 1 sieve. 2 district, region נָפָה נ
[ni'pa] 1 to sift, winnow, sieve. 2 to refine. 3 to examine, scrutinize נִפָּה פ״י
[na'foq] to be weakened, become weak נָפוֹג פ״ע ת
[ni'pu'ax] 1 fanning. 2 blowing up, puffing up, inflation. 3 exaggeration נִפּוּחַ ז
[ni'put] beating נִפּוּט ז
[ni'puy] sifting, sieving נִפּוּי ז
[na'ful] fallen low, sunken, sagging נָפוּל ת
[ni'pul] 1 pigeon, squab. 2 locust. 3 falling off נִפּוּל ז
[na'pus] radish נַפּוּס ז
[na'fots] 1 to be spread, dispersed, circulated. 2 widespread, common נָפוֹץ פ״ע ת
[ni'puts] 1 splitting, shattering. 2 beating, carding. 3 detonation נִפּוּץ ז
[nefu'tsot] dispersion, diaspora נְפוּצוֹת נ״ר
[ni'puk] issue נִפּוּק ז
[na'fush] 1 idle, unoccupied. 2 at leisure נָפוּשׁ ת
[ni'push] animation נִפּוּשׁ ז
[nif'zaz] to be dancing נִפְזַז פ״ע
[nif'zal] to become squint-eyed נִפְזַל פ״ע
[nif'zam] to be hummed נִפְזַם פ״ע
[nif'zar] to be scattered, spread נִפְזַר פ״ע
[na'fax] 1 to blow, fan. 2 to expire, exhale, breathe out נָפַח פ״י
to expire, breathe one's last נָפַח נַפְשׁוֹ
['nefax] volume, bulk, capacity נֶפַח ז
[na'pax] 1 to blow up, inflate. 2 to exaggerate, overdo נִפַּח פ״י

spoilage

נִפְנָה פ״ע [nif'na] 1 to turn away, turn around. 2 to be free, at leisure. 3 to be removed. 4 to relieve oneself

נִפְנוּף ז [nif'nuf] 1 waving, wagging. 2 flapping, fluttering

נַפְנָף ז [naf'naf] fan

נִפְנֵף פ״י [nif'nef] 1 to wave, swing. 2 to flag

נַפְנֶפֶת נ [naf'nefet] flounce

נִפֵּס פ״י [ni'pes] to beat

נִפְסָד ת [nif'sad] 1 worthless. 2 spoilt. 3 wasted, useless

נִפְסַד פ״ע [nif'sad] to suffer damage, be spoilt

נִפְסָדוּת נ [nifsa'dut] worthlessness

נִפְסַח פ״ע [nif'sax] to become lame

נִפְסַל פ״ע [nif'sal] 1 to be declared unfit, disqualified. 2 to be cancelled. 3 to be carved, sculpted

נִפְסַק פ״ע [nif'sak] 1 to stop, cease, be interrupted. 2 to be pronounced (verdict). 3 to be cut off

נָפַע פ״י [na'fa] to blow

נִפְעַט פ״ע [nif'at] to be diminished, become insignificant

נִפְעָל ת [nif'al] passive

נִפְעַל ז פ״ע [nif'al] 1 to be done, achieved, performed. 2 second verb conjugation

נִפְעָלוּת נ [nif'a'lut] passiveness, passivity

נִפְעָם ת [nif'am] excited, moved, touched, stirred

נִפְעַם פ״ע [nif'am] 1 to beat, palpitate, strike. 2 to be excited, stirred. 3 to be agitated, shocked

נִפְעַר פ״ע [nif'ar] 1 to be opened

propagation

נְפִישָׁה נ [nefi'sha] 1 rest, relaxation. 2 vacationing

נֹפֶךְ ז ['nofex] 1 turquoise (precious stone). 2 personal touch

נָפַל פ״ע [na'fal] 1 to fall, drop. 2 to be prostrate. 3 to happen, turn out. 4 to die. 5 to be overthrown. 6 to be omitted

נָפַל אֶל־ to surrender to

נָפַל בְּחֶלְקוֹ it fell to his lot

נָפַל בְּנַחֲלָה to come into one's prosession

נָפַל בְּעֵינָיו to lose credit, fall in favo(u)r

נָפַל בַּפַּח 1 to be trapped. 2 to make a big mistake

נָפַל פּוּר the lot fell, the dice was cast

נָפַל חָלָל to be killed, to fall in battle

נָפַל לִבּוֹ, רוּחוֹ to despair, lose heart

נֶפֶל ז ['nefel] residue, remainder

נֵפֶל ז ['nefel] 1 abortion, miscarriage. 2 uncompleted, unsuccessful venture

נִפְלָא פ״ע ת [nif'la] 1 to be wonderful, marvellous. 2 to marvel. 3 to be surprised. 4 marvellous, wonderful

נִפְלָאוֹת נ״ר [nifla'ot] wonders, wondrous things

נִפְלַג פ״ע [nif'lag] to be divided

נִפְלָה פ״ע [nif'la] 1 to be separated, set apart. 2 to be deloused. 3 to be discriminated

נִפְלַח פ״ע [nif'lax] to be ploughed, furrowed

נִפְלַט פ״ע [nif'lat] 1 to be discharged. 2 to be emitted, vomited. 3 to escape

נְפֹלֶת נ [ne'folet] fall-out, scrap,

[nif'kar] 1 to be abandoned, renounced. 2 to be declared ownerless נִפְקַר פ"ע
[nif'ra] to sprout נִפְרָא פ"ע
[nif'rad] 1 separate, different. 2 odd (number). 3 the absolute state נִפְרָד ת
[nif'rad] 1 to be separated. 2 to branch off. 3 to be parted. 4 to be divorced נִפְרַד פ"ע
[nif'rax] to be flown, sent flying נִפְרַח פ"ע
[nif'rat] 1 to be specified, itemized. 2 to be changed (money) נִפְרַט פ"ע
[nif'rax] to be crushed, crumbled נִפְרַךְ פ"ע
[nif'ram] 1 to be untied, undone, unstitched. 2 to be ripped נִפְרַם פ"ע
[nif'ras] to be sliced, cut, broken נִפְרַס פ"ע
[nif'ra] 1 to become wild, unruly. 2 to be paid. 3 to sue. 4 to bring to account נִפְרַע פ"ע
[nif'raf] to be fastened, buttoned נִפְרַף פ"ע
[nif'rats] widespread נִפְרָץ ת
[nif'rats] 1 to be broken, breached. 2 to be lawless, unrestrained. 3 to be diffuse, widespread נִפְרַץ פ"ע
[nif'rak] 1 to be removed, unloaded. 2 to be dislodged, dislocated נִפְרַק פ"ע
[nif'rash] 1 to be scattered. 2 to retire, be secluded, removed נִפְרַשׁ פ"ע
[nif'ras] to be spread, stretched נִפְרַשׂ פ"ע
[na'fash] 1 to rest, relax, take wide. 2 to gape נָפַשׁ פ"ע
[na'fats] 1 to shatter, smash. 2 to disperse, scatter נָפַץ פיו"ע
['nefets] 1 explosion, burst. 2 crepitation נֶפֶץ ז
[na'pats] 1 detonator. 2 beater נַפָּץ ז
[ni'pets] 1 to shatter, smash. 2 to explode. 3 to beat. 4 to scatter. 5 to shake off (salt.) נִפֵּץ פ"י
[nif'tsa] to be opened נִפְצָה פ"ע
[nif'tsax] 1 to burst. 2 to be cracked, split, cleft נִפְצַח פ"ע
[nif'tsal] 1 to be subdivided, split. 2 to be fragmented נִפְצַל פ"ע
[nif'tsa] 1 to be wounded, injured, hurt. 2 to be cracked, cut נִפְצַע פ"ע
[nif'tsar] to be filed נִפְצַר פ"ע
[na'fak] to go out, come out, result נָפַק פ"ע
['nefek] military equipment נֶפֶק ז
[ni'pek] to equip, issue equipment נִפֵּק פ"י
1 difference. 2 outcome נַפְקָא מִנַּהּ
[nif'kad] 1 absentee, missing. 2 counted. 3 remembered, mentioned. 4 depositary נִפְקָד ז ת
[nif'kad] 1 to be counted. 2 to be appointed. 3 to be visited. 4 to be missing. 5 to be remembered. 6 to be deposited נִפְקַד פ"ע
[nifka'dut] absence, absenteeism נִפְקָדוּת נ
[nafka'nit] prostitute, streetwalker נַפְקָנִית נ
[nif'kax] to be opened נִפְקַח פ"ע
[nif'ka] 1 to be cancelled, abolished. 2 to expire, lapse נִפְקַע פ"ע
[nif'kak] 1 to be corked, plugged. 2 to be jammed נִפְקַק פ"ע

[nif'tal] twisted, tortuous, perverse. 2 struggling, wrestling נִפְתָּל ת
[nif'tal] 1 to twist, be twined. 2 to be interwoven. 3 to be crooked, perverted. 4 to wrestle, struggle נִפְתַּל פ״ע
[nif'tak] to be opened, diverted נִפְתַּק פ״ע
[nif'tar] to be solved נִפְתַּר פ״ע
[nets] hawk נֵץ ז
Star of Bethlehem (bot.) נֵץ חָלָב
[na'tsa] to wander, fly away נָצָא פ״ע
[ni'tsav] 1 standing, upright. 2 perpendicular. 3 hilt, handle. 4 commander (police). 5 extra (theatre). 6 pedicle (bot.) נִצָּב ז ת
[ni'tsav] to stand נִצַּב פ״ע
[nits'ba] to be recruited, mobilized, enlisted נִצְבָּא פ״ע
[nits'ba] to swell, be swollen נִצְבָּה פ״ע
[nits'bat] 1 to be pinched. 2 to be clamped, grasped נִצְבַּט פ״ע
[nits'ba] to be painted, colo(u)red, tinted נִצְבַּע פ״ע
[nits'bar] to be gathered, accumulated, piled up נִצְבַּר פ״ע
[nits'da] to be desolate נִצְדָּה פ״ע
[nits'dak] to be vindicated, justified, acquitted נִצְדַּק פ״ע
[na'tsa] 1 to fly, wander, roam. 2 to be destroyed, demolished נָצָה פ״ע
[ni'tsa] 1 to quarrel, fight. 2 to be destroyed. 3 bud, blossom נִצָּה נ פ״ע
[ni'tsod] 1 to be hunted, pursued, caught. 2 hunted נִצּוֹד פ״ע ת
[na'tso'ax] victor נָצוֹחַ ז
[ni'tsu'ax] 1 debate, polemics. 2 victory. 3 conducting נִצּוּחַ ז

a holiday. 2 to recuperate
['nefesh] 1 soul, spirit. 2 life. 3 man, person. 4 self, body. 5 monument נֶפֶשׁ ז
weft, woof נֶפֶשׁ הַמַּסֶּכֶת
living soul נֶפֶשׁ חַיָּה
1 greedy. 2 arrogant, proud. 3 intelligent נֶפֶשׁ רְחָבָה
['nofesh] recreation, holiday, vacation נֹפֶשׁ ז
[ni'pash] to rest, be relaxed נִפַּשׁ פ״ע
[ni'pesh] 1 to animate. 2 to enliven, liven up נִפֵּשׁ פ״ע
[nif'shax] to be split, crushed, cracked נִפְשַׁח פ״ע
[nif'shat] 1 to be taken off (clothes). 2 to be removed. 3 to be extended, stretched out נִפְשַׁט פ״ע
[naf'shi] 1 spiritual. 2 mental. 3 friendly. 4 sentimental נַפְשִׁי ת
[nafshi'yut] cordiality, friendliness נַפְשִׁיּוּת נ
[nif'shal] to be rolled up נִפְשַׁל פ״ע
[nif'sha] criminal, sinful נִפְשָׁע ת
[nif'sha] to sin, be sinful נִפְשַׁע פ״ע
[nif'sak] to be opened, spread apart נִפְשַׂק פ״ע
[nif'shar] 1 to melt. 2 to become lukewarm נִפְשַׁר פ״ע
['nofet] flowing or liquid honey נֹפֶת ז
choice, finest honey נֹפֶת צוּפִים
[nif'ta] to be misled, led astray, deceived, tempted נִפְתָּה פ״ע
[naftu'lim] struggle, wrestling נַפְתּוּלִים ז״ר
[nif'tax] 1 to be opened. 2 to be started. 3 to come untied נִפְתַּח פ״ע
[nif'tax] to be mixed, blended נִפְתַּךְ פ״ע

wrangler. 4 debater
נַצְחָנוּת נ [natsxa'nut] polemics, argumentativeness, wrangling
נַצְחָנִי ת [natsxa'ni] 1 victorious. 2 triumphant. 3 polemic, argumentative
נִצִּי ת [ni'tsi] hawk-like, right-wing
נְצִיב ז [ne'tsiv] 1 pillar, column. 2 commissioner, governor
נְצִיבוּת נ [netsi'vut] 1 commission, post of commissioner. 2 commissionership
נָצִיג ז [na'tsig] representative, delegate
נְצִיגוּת נ [netsi'gut] representation, delegation
נָצִיל ת [na'tsil] exploitable, operable
נְצִילוּת נ [netsi'lut] efficacy
נָצִיץ ז [na'tsits] mica
נֶצֶל ז ['netsel] carrion
נָצַל פ״ע [na'tsal] to be saved, rescued, delivered
נִצַּל פ״ע [ni'tsal] 1 to escape. 2 to be saved, rescued. 3 to survive
נִצָּל ת [ni'tsal] saved, rescued
נִצֵּל פ״ע [ni'tsel] 1 to exploit. 2 to use, utilize. 3 to despoil, empty. 4 to rescue, save
נֻצַּל פ״ע [nu'tax] 1 to be exploited. 2 to be utilized
נִצְלַב פ״ע [nits'lav] to be crucified
נִצְלָה פ״ע [nits'la] 1 to be roasted. 2 to be scorched
נִצְלַל פ״ע [nits'lal] to become clear, be purified
נַצְלָן ז [nats'lan] exploiter, abuser
נַצְלָנוּת נ [natsla'nut] exploitation
נַצְלָנִי ת [natsla'ni] exploiting, exploitative
נִצְלַע פ״ע [nits'la] to be lame

נִצּוּחִי ת [nitsu'xi] controversial, dialectic, polemic
נִצּוּי ז [ni'tsuy] 1 wrangling, brawling. 2 quarrel, dispute. 3 growth of feathers on birds
נִצּוֹל פ״ע ת ז [ni'tsol] 1 to be delivered, saved, rescued. 2 saved, rescued. 3 survivor
נִצּוּל ז [ni'tsul] 1 utilization. 2 abuse. 3 exploitation
נִצּוֹק ז [ni'tsok] flow, stream
נָצוּר ז ת [na'tsur] 1 hideout, hiding-place. 2 fistula. 3 besieged. 4 locked, safe
נְצוּר לֵב scoundrel, deceiver
נִצּוּר ז [ni'tsur] christianization, conversion to Christianity
נְצוּרוֹת נ״ר [netsu'rot] secret things
נָצַח פ״י [na'tsax] to overcome, win, conquer, gain upper hand
נֶצַח, נֵצַח ז תה״פ ['netsax] 1 eternity, perpetuity. 2 victory, glory. 3 juice, life-blood. 4 for ever. 5 splendo(u)r
נֵצַח יִשְׂרָאֵל The Glory of Israel, God
נֻצַּח פ״ע [nu'tsax] to be defeated
נִצָּח ת [ni'tsax] 1 everlasting. 2 final, decisive. 3 successful, irrefutable
נִצַּח פיו״ע [ni'tsax] 1 to be victorious, win. 2 to defeat, vanquish. 3 to conduct. 4 to supervise. 5 to be defeated
נִצָּחוֹן ז [nitsa'xon] 1 victory, triumph. 2 conquest, success
נִצְחִי ת [nits'xi] 1 everlasting, eternal. 2 perpetual. 3 infinite
נִצְחִיּוּת נ [nitsxi'yut] eternity, perpetuity
נַצְחָן ז [nats'xan] 1 strong, mighty. 2 victorious. 3 aggressive,

[nitsˈlaf] to be whipped, lashed, scourged נִצְלַף פ״ע

[neˈtsolet] salvage נְצֹלֶת נ

[nitsˈmad] to be attached, joined נִצְמַד פ״ע

[nitsˈmax] to grow, sprout נִצְמַח פ״ע

[nitsˈmak] to be dried up, wrinkled, shrivelled נִצְמַק פ״ע

[nitsˈmat] 1 to be oppressed, subjugated. 2 to be destroyed. 3 to die, become extinct נִצְמַת פ״ע

[niˈtsan] bud נִצָּן ז

[nitsˈnuts] sparkle, twinkle, glitter, flash נִצְנוּץ ז

[nitsˈnaf] 1 to be wrapped. 2 to be rolled, coiled נִצְנַף פ״ע

[nitsˈnets] 1 to sparkle, glitter. 2 to flash, scintillate נִצְנֵץ פ״ע

[natsˈnatsim] sequins נַצְנַצִּים ז״ר

[nitsˈʼak] to be called, convoked, assembled נִצְעַק פ״ע

[nitsˈpa] 1 to be expected. 2 to be observed, looked at נִצְפָּה פ״ע

[nitsˈpan] 1 to be concealed, hidden. 2 to be destined for נִצְפַּן פ״ע

[nitsˈpaf] to huddle, become crowded, dense נִצְפַּף פ״ע

[naˈtsats] 1 to glitter, shine, gleam. 2 to bud, sprout, blossom נָצַץ פ״ע

[naˈtsar] 1 to guard, keep, preserve. 2 to lock, close. 3 to besiege נָצַר פ״ע

[ˈnetser] 1 shoot, sprout. 2 offspring, descendant נֵצֶר ז

[niˈtser] to convert to Christianity נִצֵּר פ״י

[nitsˈrav] 1 to be burnt, scorched. 2 to be scalded נִצְרַב פ״ע

[nitsˈra] safety-catch נִצְרָה נ

[natsˈrut] Christianity נַצְרוּת נ

[nitsˈrax] 1 needy, indigent. 2 required, compulsory נִצְרָךְ ת

[nitsˈrax] 1 to be in need. 2 to be obliged, required נִצְרַךְ פ״ע

[nitsˈraf] 1 to be refined. 2 to be tested. 3 to be soldered, joined, burnt נִצְרַף פ״ע

[nitsˈrar] 1 to be packed, tied, wrapped. 2 to coagulate נִצְרַר פ״ע

[niˈtsat] to be kindled, ignited נִצַּת פ״ע

[naˈkav] 1 to perforate, bore, punch, hollow. 2 to specify, mention, designate. 3 to curse נָקַב פ״י

[naˈkev] feminine נָקֵב ת

[ˈnekev] hole, orifice, puncture נֶקֶב ז

[naˈkav] perforator, punch נַקָּב ז

[niˈkav] 1 to be specified, mentioned, named. 2 to be perforated, punctured נִקַּב פ״ע

[niˈkev] 1 to feminize. 2 to perforate, bore, pierce נִקֵּב פ״י

[nikˈbev] to perforate, punch, bore נִקְבֵּב פ״י

[nekeˈva] 1 female. 2 female gender נְקֵבָה נ

[nikˈba] tunnel נִקְבָּה נ

[nakˈbuv] perforation נַקְבּוּב ז

[nikˈbuv] perforating, punching, perforation נִקְבּוּב ז

[nakbuˈvi] 1 perforated. 2 porous, permeable נַקְבּוּבִי ת

[nakbuviˈyut] porousness נַקְבּוּבִיּוּת נ

[nakbuˈvit] pore נַקְבּוּבִית נ

[nakˈvut] 1 female sex. 2 femininity, feminism נַקְבוּת נ

[nakvuˈti] female, feminine נַקְבוּתִי ת

[nekeˈvi] feminine נְקֵבִי ת

[nakˈvan] perforator נַקְבָן ז

[nakˈvanut] key pushing נַקְבָנוּת נ

[nikˈba] 1 to be determined, נִקְבַּע פ״ע

2 to exonerate, acquit, exculpate. 3 to destroy

[nik'ha] 1 to be blunted, dulled. 2 to be toughened נִקְהָה פ״ע

[nik'hal] to be assembled, gathered, convened נִקְהַל פ״ע

[na'kuv] 1 punctured, pierced, bored. 2 specified, designated, named נָקוּב ת

[ni'kuv] 1 drilling, boring. 2 perforation, puncturing. 3 making feminine. 4 punching holes נִקּוּב ז

[na'kud] 1 pointed, vocalized, dotted. 2 speckled, mottled נָקוּד ת

[ni'kud] 1 dotting. 2 marking with vowels, pointing נִקּוּד ז

[niku'dim] mouldy bread, bread dotted with mould נִקּוּדִים ז״ר

[nik'va] to be collected, gathered נִקְוָה פ״ע

[ni'kuz] draining, drainage נִקּוּז ז

[na'kut] taken, held נָקוּט ת

[ni'kuy] 1 cleaning, cleansing. 2 exonerating, acquitting נִקּוּי ז

[na'ku'a] 1 remote, detached. 2 dislocated, sprained נָקוּעַ ת

[na'kuf] beaten, bruised נָקוּף ת

[ni'kuf] beating, bruising נִקּוּף ז

1 heartbeat. 2 regrets, qualms נִקּוּף הַלֵּב

[na'kor] master-chiseller נָקוֹר ז

[na'kur] 1 pecked. 2 gouged, removed נָקוּר ת

[ni'kur] 1 pecking, injury from bird's beak. 2 piercing נִקּוּר ז

[ni'kez] to drain נִקֵּז פ״י

[na'kat] 1 to take, hold. 2 to adopt, take (measures) נָקַט פיו״ע

to take a stand, declare one's position נָקַט עֶמְדָּה

fixed. 2 to be nailed

[nik'bats] to be collected, gathered, assembled נִקְבַּץ פ״ע

[nik'bar] to be buried, interred נִקְבַּר פ״ע

[na'kad] 1 to dot, punctuate, point. 2 to penetrate נָקַד פ״י

[na'kod] dotted, spotted, mottled נָקֹד ת

[nu'kad] to be pointed, punctuated נֻקַּד פ״ע

['neked] 1 dot, mark, speck. 2 point. 3 coccus נֶקֶד ז

[ni'ked] 1 to add vowels, point. 2 to dot, punctuate נִקֵּד פ״י

[nik'dad] to be ruled with dotted lines נִקְדַּד פ״ע

[nik'ded] to rule with a dotted line נִקְדֵּד פ״י

[neku'da] 1 dot, point, spot. 2 vowel, vowel sign. 3 settlement, place on the map נְקֻדָּה נ

[nak'dud] shepherd נַקְדּוּד ז

[nik'dud] 1 dotting. 2 ruling dotted lines נִקְדּוּד ז

[nik'dax] to be drilled, bored נִקְדַּח פ״ע

[nak'dan] 1 vocalizer, punctuator. 2 pedant, meticulous person נַקְדָן ז

[nik'dar] to be gloomy, melancholy, darkened נִקְדַּר פ״ע

[nik'dash] 1 to be hallowed, sanctified. 2 to be dedicated, consecrated נִקְדַּשׁ פ״ע

foothold, support נְקֻדַּת אֲחִיזָה

starting point נְקֻדַּת מוֹצָא

[nekuda'tayim] colon (:) נְקֻדָּתַיִם נ״ז

[na'ka] she-camel נָקָה נ

[ni'ka] 1 to clean, cleanse. נִקָּה פ״י

נִקְטַל פ״ע [nik'tal] to be killed, slain

נִקְטַם פ״ע [nik'tam] to be cut off, lopped off

נִקְטַע פ״ע [nik'ta] 1 to be cut off, lopped off. 2 to be felled. 3 to be interrupted. 4 to be amputated

נִקְטַף פ״ע [nik'taf] to be plucked, picked

נִקְטַף בְּאִבּוֹ to die young, prematurely

נִקְטַר פ״ע [nik'tar] to be sacrificed

נָקִי ת [na'ki] 1 clean, spotless. 2 pure, clear. 3 blameless, innocent

נֹקִי ז ['noki] cleanliness, cleanness

נְקִי דַעַת pure-minded

נְקִי כַּפַּיִם honest, uncorrupted

נְקִיבָה נ [neki'va] 1 perforation, piercing. 2 rating, designating

נִקָּיוֹן ז [nika'yon] 1 cleanliness. 2 neatness. 3 purity

נִקְיוֹן כַּפַּיִם integrity, incorruptibility

נִקְיוֹן שִׁנַּיִם hunger, famine

נְקִיּוּת נ [neki'yut] 1 cleanness. 2 dignity, respectability. 3 innocence. 4 bowel relief

נְקִיטָה נ [neki'ta] taking, holding, adopting

נְקִיטַת חֵפֶץ taking an oath, swearing on a Bible

נְקִימָה נ [neki'ma] revenge, vengeance

נְקִיעָה נ [nekiy''a] dislocation, sprain

נְקִיפָה נ [neki'fa] 1 beating, knocking. 2 bruise

נְקִיפַת אֶצְבַּע lifting a finger, slight effort

נְקִיפַת לֵב, מַצְפּוּן qualms, remorse

נָקִיק ז [na'kik] 1 crevice, cleft. 2 gorge

נְקִירָה נ [neki'ra] pecking

נְקִישָׁה נ [neki'sha] knock, beating, percussion

נָקַל פ״ע [na'kal] 1 to be easy, light. 2 to be scorned

נָקֵל ת [na'kel] easy, facile, light

נִקְלָה פ״ע [nik'la] 1 to be roasted, toasted, burned. 2 to be disgraced, despised, degraded

נִקְלֶה ת [nik'le] vile, contemptible, ignoble

נְקַלָּה נ [neka'la] trifle

נִקְלוּת נ [nak'lut] vileness, baseness, meanness

נִקְלַט פ״ע [nik'lat] 1 to be absorbed. 2 to strike roots

נַקְלִיט ז [nak'lit] bed-pole, cross-pole

נִקְלַע פ״ע [nik'la] 1 to be somewhere by chance. 2 to be shot, thrown

נִקְלַף פ״ע [nik'laf] to be peeled

נִקְלַשׁ פ״ע [nik'lash] 1 to be weakened, enfeebled. 2 to be thinned

נָקָם ז [na'kam] 1 revenge, vengeance. 2 reprisal

נָקַם פ״ע [na'kam] to revenge, avenge, retaliate

נִקֵּם פ״ע [ni'kem] to take revenge, be avenged on, take vengeance

נְקָמָה נ [neka'ma] 1 revenge, vengeance. 2 punishment, retribution

נִקְמַט פ״ע [nik'mat] 1 to be wrinkled, shriveled. 2 to be pressed, crushed

נַקְמָן ז [nak'man] 1 vindictive person. 2 avenger

נַקְמָנוּת נ [nakma'nut] vindictiveness

נַקְמָנִי ת [nakma'ni] vindictive

נִקְמַע פ״ע [nik'ma] to be tied, strapped

נִקְמַץ פ״ע [nik'mats] 1 to be taken in handfuls. 2 to be closed, shut,

[nikˈtsats] 1 to be chopped, cut. 2 to be allocated נִקְצַץ פ״ע
[nikˈtsar] to be reaped, harvested נִקְצַר פ״ע
[naˈkar] 1 to peck, pick. 2 to bore, perforate, gouge. 3 to gnaw. 4 to groove נָקַר פ״י
[ˈneker] 1 picking, pecking. 2 puncture. 3 chisel נֶקֶר ז
[naˈkar] woodpecker נַקָּר ז
[niˈkar] 1 to be gnawed, pecked. 2 to be gouged נִקַּר פ״ע
[niˈker] 1 to gouge, peck, pick. 2 to purge נִקֵּר פ״י
to rack one's brains נִקֵּר בְּמֹחוֹ
[nikˈra] 1 to be read. 2 to be called, named, cited. 3 to be invited, summoned. 4 to encounter נִקְרָא פ״ע
to be called to the colo(u)rs נִקְרָא אֶל הַדֶּגֶל
[nikˈrav] 1 to come near, approach. 2 to be sacrificed נִקְרַב פ״ע
[nikˈra] 1 to emit semen. 2 to chance, happen. 3 crevice, fissure. 4 quarry-dust נִקְרָה פ״ע נ
[nikˈrax] 1 to become bald, lose hair. 2 to be denuded, uprooted. 3 to turn into ice נִקְרַח פ״ע
[nikˈram] to be encrusted, crusted over נִקְרַם פ״ע
[nakˈran] fussy person נַקְרָן ז
[nakraˈnut] fussiness נַקְרָנוּת נ
[nakraˈni] censorious, critical נַקְרָנִי ת
[nikˈra] 1 to be torn, rent. 2 to be split, divided. 3 to be cancelled נִקְרַע פ״ע
[nikˈrats] to be cut, nipped, shaped, plucked נִקְרַץ פ״ע

clenched. 3 to be pointed with a kamats
[nikˈmar] to be vaulted, arched נִקְמַר פ״ע
[nikˈna] 1 to be purchased, bought. 2 to be acquired, possessed נִקְנָה פ״ע
[nakˈnik] sausage, salami נַקְנִיק ז
[naknikiˈya] 1 small sausage. 2 sausage-shop נַקְנִיקִיָּה נ
[nakniˈkit] small sausage, frankfurter נַקְנִיקִית נ
[nakniˈkar] sausage-maker, sausage-seller נַקְנִיקָר ז
[nikˈnas] to be fined, penalized נִקְנַס פ״ע
[naˈka] to be dislocated, sprained נָקַע פ״ע
[ˈneka] 1 dislocation, sprain. 2 crevice, cleft, fissure נֶקַע ז
[naˈkaf] 1 to beat, knock, bruise. 2 to rotate, gyrate, circulate. 3 to pass נָקַף פיו״ע
[ˈnekef] bruise, wound נֶקֶף ז
remorse, qualms נֶקֶף הַלֵּב
[ˈnokef] beating, shaking נֹקֶף ז
[niˈkaf] 1 to be surrounded, encircled. 2 to have hair cut all round נִקַּף פ״ע
[niˈkef] 1 to beat, strike, cut, fell. 2 to gather fruit נִקֵּף פ״י
[nikˈpa] 1 to be congealed, freeze. 2 to be solidified נִקְפָּא פ״ע
[nikˈpa] bruise, wound נִקְפָּה נ
[nikˈpal] to be folded נִקְפַּל פ״ע
[nikˈpats] 1 to be shortened. 2 to be closed, drawn, shut. 3 to be chopped, cut נִקְפַּץ פ״ע
[nikˈtsav] 1 to be allotted, allocated, rationed. 2 to be determined, fixed נִקְצַב פ״ע

נִקְרַשׁ פ״ע [nik'rash] 1 to freeze, be frozen. 2 to congeal, be solidified

נָקַשׁ פ״י [na'kash] 1 to knock, beat, strike. 2 to snare, entrap

נֶקֶשׁ ז ['nekesh] click

נִקֵּשׁ פ״י [ni'kesh] to ensnare, set a trap

נִקְשֶׁה ת [nik'she] miserable, embittered

נֻקְשֶׁה ת [nuk'she] 1 stiff, stiffened, hardened. 2 tough, coarse. 3 harsh, hard

נֻקְשׁוּת נ [nuk'shut] hardness, stiffness, inflexibility

נִקְשַׁר פ״ע [nik'shar] 1 to be knotted, tied, bound. 2 to be related, connected, attached

נָר פ״י [nar] to plough up

נֵר ז [ner] 1 candle. 2 light. 3 lamp. 4 candlepower. 5 oil lamp

נֵר יִשְׂרָאֵל 1 great master. 2 title of a great scholar, "light of Israel",

נֵר לְרַגְלָיו a guiding principle

נֵר נְשָׁמָה memorial lamp

נֵר תָּמִיד perpetual lamp

נִרְאָה פ״ע [nir''a] 1 to be seen, visible. 2 to appear, seem. 3 to be accepted, acceptable

נִרְאֶה ת [nir''e] 1 visible, apparent. 2 agreeable, acceptable

נִרְבַּד פ״ע [nir'bad] to be spread, stratified, layered

נִרְבַּע פ״ע [nir'ba] to copulate, be mated

נִרְגָּז ת [nir'gaz] annoyed, angry, enraged

נִרְגַּז פ״ע [nir'gaz] to be angry, excited, enraged, agitated

נַרְגִּיל נ [nar'gil] coconut, palm-tree

נַרְגִּילָה נ [nar'gila] narghileh

נִרְגַּל פ״ע [nir'gal] to be accustomed, used to

נִרְגַּם פ״ע [nir'gam] to be stoned

נִרְגָּן ת [nir'gan] grumbling, quarrelsome

נִרְגַּן פ״ע [nir'gan] to complain, grumble

נִרְגָּנוּת נ [nirga'nut] quarrelsomeness, irritability

נִרְגַּע פ״ע [nir'ga] 1 to calm down, relax. 2 to be wrinkled, shrivelled

נִרְגָּשׁ ת [nir'gash] excited, moved, agitated

נִרְגַּשׁ פ״ע [nir'gash] to be excited, emotional

נֵרְדְּ ז [nerd] scented plant, nard, spikenard

נִרְדָּה פ״ע [nir'da] to be punished, chastized

נַרְדִּינוֹן ז [nardi'non] nard oil

נִרְדַּם פ״ע [nir'dam] 1 to sleep. 2 to fall asleep, drowse

נִרְדָּף ת [nir'daf] 1 synonymous. 2 persecuted, oppressed. 3 hunted

נִרְדַּף פ״ע [nir'daf] 1 to be persecuted, oppressed. 2 to be chased, pursued

נִרְדָּפוּת נ [nirda'fut] 1 persecution. 2 persecution mania, paranoia. 3 synonymity

נַרְדְּשִׁיר ז [nard'shir] board game (chess, checkers, etc.)

נַרְוָד ז [nar'vad] stretcher

נָרוֹם פ״ע [na'rom] 1 to elevate oneself, rise up, soar. 2 to be separated

נָרוֹק פ״ע [na'rok] to be emptied

נִרְחָב ת [nir'xav] wide, broad,

broken

[nir'tsa] to be acceptable, accepted נִרְצָה פ״ע

[nir'tse] acceptable, agreeable, desirable נִרְצֶה ת

[nir'tsax] to be murdered, killed, assassinated נִרְצַח פ״ע

[nir'tsam] to be pressed, pinched, flattened נִרְצַם פ״ע

[nir'tsa] 1 pierced. 2 subjugated נִרְצָע ת

[nir'tsa] to be pierced, bored נִרְצַע פ״ע

[nirtsa''ut] subjugation נִרְצָעוּת נ

[nir'tsaf] to be paved, inlaid נִרְצַף פ״ע

[nir'tsats] to be broken, crushed נִרְצַץ פ״ע

[nir'kav] 1 to be decayed, decomposed, putrefied. 2 to go bad נִרְקַב פ״ע

[nar'koza] narcosis נַרְקוֹזָה ז

[nar'koti] narcotic נַרְקוֹטִי ת

[narko'man] drug addict נַרְקוֹמָן ז

[nir'kax] 1 to be concocted, mixed. 2 to be spiced, perfumed נִרְקַח פ״ע

[nar'kis] narcissus נַרְקִיס ז

[nir'kam] 1 to be devised, formed, designed. 2 to be embroidered נִרְקַם פ״ע

[nir'ka] to be hammered, beaten out, flattened נִרְקַע פ״ע

[nir'sha] to be permitted, allowed נִרְשָׁה פ״ע

[nir'sham] to be registered, recorded. 2 to be drawn, sketched. 3 to be enrolled, enlisted. 4 to be marked נִרְשַׁם פ״ע

[nir'tax] 1 to be boiled. 2 to be enraged נִרְתַּח פ״ע

extensive

[nir'xats] to be washed נִרְחַץ פ״ע

[nir'tav] to be wet נִרְטַב פ״ע

[nir'kas] to be fastened, buttoned, clasped נִרְכַּס פ״ע

[nir'kash] to be acquired, purchased, obtained נִרְכַּשׁ פ״ע

[nir'mul] normalization נִרְמוּל ז

[nir'maz] 1 to be hinted, alluded, suggested. 2 to be hinted נִרְמַז פ״ע

[nir'mel] to normalize נִרְמֵל פ״י

[nir'mas] to be trodden, trampled נִרְמַס פ״ע

[na'ra] to be broken, crushed, shattered נָרַע פ״ע

[nir''ad] to tremble, quake, shake, shudder נִרְעַד פ״ע

[nir''ats] to be broken, shattered, smashed נִרְעַץ פ״ע

[nir''ash] excited, agitated, worked up נִרְעָשׁ ת

[nir''ash] to be shaken, shocked, agitated נִרְעַשׁ פ״ע

[nir'a'shut] agitation, excitement נִרְעָשׁוּת נ

[nir'pa] to be cured, healed נִרְפָּא פ״ע

[nir'pa] 1 to be weakened, flaccid. 2 to be pronounced without dagesh נִרְפָּה פ״ע

[nir'pe] lazy, slack, indolent, idle נִרְפֶּה ת

[nir'put] laziness, indolence, slackness נִרְפּוּת נ

[nir'pas] 1 to be soiled, muddy נִרְפַּס פ״ע

[nir'pash] muddy, miry, befouled נִרְפָּשׁ ת

[nir'pash] to be muddied, sullied נִרְפַּשׁ פ״ע

[na'rots] to be crushed, נָרֹץ פ״ע

נַרְתִּיק ז [nar'tik] 1 sheath, case. 2 wallet. 3 vagina
נַרְתִּיק הַסְּלִיל bobbin-case
נַרְתִּיקָה נ [narti'ka] vagina
נִרְתַּם פ״ע [nir'tam] to be harnessed, bound, hitched
נִרְתַּע פ״ע [nir'ta] 1 to flinch, recoil, quail. 2 to be deterred, startled
נִרְתַּק פ״ע [nir'tak] to be sundered, severed
נִרְתֵּק פ״ע [nir'tek] to sheathe
נִרְתַּת פ״ע [nir'tat] 1 to tremble, shiver. 2 to be startled
נָשׁ ז [nash] man, human being
נָשָׁא פ״ע [na'sha] to claim a debt, demand payment
נָשָׂא פ״ע [na'sa] 1 to carry, bear, lift. 2 transfer. 3 to take. 4 to forgive. 5 to suffer, endure. 6 to marry
נָשָׂא חֵן בְּעֵינָיו to please
נִשָּׁא פ״ע [ni'sha] to be misled, deceived
נִשָּׂא פ״ע [ni'sa] 1 to be raised, lifted. 2 to be lofty, respected. 3 to be carried off, taken away. 4 to be married
נִשָּׂא אֶת נַפְשׁוֹ to have vain hopes
נִשֵּׂא פ״י [ni'se] 1 to raise, exalt. 2 to carry, convey
נִשְׁאַב פ״ע [nish'’av] 1 to be drawn. 2 to be absorbed. 3 to be pumped
נִשְׁאָה פ״ע [nish'’a] 1 to be desolate, waste. 2 to rage
נִשְׁאַל פ״ע [nish'’al] 1 to be asked. 2 to be consulted. 3 to be borrowed
נִשְׁאַף פ״ע [nish'’af] to be inhaled, breathed in, absorbed

נִשְׁאַר פ״ע [nish'’ar] 1 to remain, stay behind, be left. 2 to survive
נָשַׁב פ״ע [na'shav] to blow, breathe
נֶשֶׁב ז ['neshev] 1 blowing, breathing. 2 snare, trap
נִשֵּׁב פ״ע [ni'shev] to blow strongly
נִשְׁבָּה פ״ע [nish'ba] to be captured, taken prisoner
נִשְׁבַּח פ״ע [nish'bax] 1 to be made better, improved. 2 to appreciate in value
נִשְׁבַּט פ״ע [nish'bat] to be beaten, struck
נִשְׁבַּע פ״ע [nish'ba] to swear, take an oath
נִשְׁבַּר פ״ע [nish'bar] 1 to be broken, rent, torn. 2 to be ruined, destroyed
נִשֹּׁבֶת נ [ni'shovet] chaff
נִשְׂגָּב ת [nis'gav] 1 lofty, exalted. 2 sublime. 3 strong, firm
נִשְׂגַּב פ״ע [nis'gav] 1 to be exalted, extolled. 2 to be elevated. 3 to be inscrutable
נִשְׁגְּלָה פ״ע [nishge'la] to be ravished
נִשְׁדַּד פ״ע [nish'dad] to be robbed, destroyed, plundered
נַשְׁדּוּר ז [nash'dur] ammonia
נִשְׁדַּף פ״ע [nish'daf] to be blighted, parched
נָשָׁה פיו״ע [na'sha] 1 to claim a debt. 2 to forget, abandon. 3 to move, be uprooted, be shifted. 4 to be exhausted, weak
נִשָּׁה פיו״ע [ni'sha] 1 to be forgotten. 2 to cause to forget
נָשׂוּא ת ז [na'su] 1 carried, raised. 2 married. 3 predicate
נְשׂוּא עָווֹן forgiven, pardoned
נְשׂוּא פָּנִים 1 notable, respected.

[nish'taf] to be rinsed, washed, flooded נִשְׁטַף פ״ע
[na'shi] feminine, womanly, female נָשִׁי ת
[ne'shi] debt, loan נְשִׁי ז
[na'si] 1 president. 2 prince, chieftain. 3 raincloud. 4 head of Sanhedrin נָשִׂיא ז
[nesi''a] 1 carrying, bearing. 2 transportation. 3 president (f) נְשִׂיאָה נ
[nesi''ut] 1 chairmanship. 2 presidium. 3 leadership. 4 presidency נְשִׂיאוּת נ
incurrence of guilt, accountability נְשִׂיאוּת עָווֹן
taking a wife, marrying, marriage נְשִׂיאַת אִשָּׁה
1 favo(u)r, respect. 2 bias, discrimination נְשִׂיאַת פָּנִים
enumeration נְשִׂיאַת רֹאשׁ
[neshi'va] blowing, puffing נְשִׁיבָה נ
[neshi'ya] forgetfulness, oblivion נְשִׁיָּה נ
[nish'yon] amnesia נִשְׁיוֹן ז
[nashi'yut] 1 womanliness, femininity. 2 womanhood נָשִׁיּוּת נ
[neshi'xa] bite, sting נְשִׁיכָה נ
[neshi'la] 1 falling. 2 sloughing, shedding נְשִׁילָה נ
[na'shim] 1 women. 2 wives נָשִׁים נ״ר
[neshi'ma] respiration, breathing נְשִׁימָה נ
[neshi'fa] blowing, exhalation נְשִׁיפָה נ
[neshi'ka] kiss נְשִׁיקָה נ
[na'shir] 1 deciduous. 2 fall, drop. 3 moulting. 4 shedding of skin נָשִׁיר ת ז
[neshi'ra] 1 dropping off, defection, dropping out. 2 moulting, shedding. 2 person of eminence נְשִׁירָה נ
[nesu''a] married woman נְשׂוּאָה נ
[nesu''i] predicative נְשׂוּאִי ת
[nisu''im, nisu''in] marriage, married state נִשּׂוּאִים, נִשּׂוּאִין ז״ר
[ni'shuv] blowing נִשּׁוּב ז
[na'suy] married נָשׂוּי ת
[na'shux] bitten, stung נָשׁוּךְ ת
[ni'shol] to drop, fall נִשּׁוֹל פ״ע
[ni'shul] eviction, dispossession נִשּׁוּל ז
[ni'shom] 1 to be assessed, valued, rated. 2 assessed נִשּׁוֹם פ״ע ת
[ni'shum] respiration, breathing נִשּׁוּם ז
[na'shof] dry, arid נָשׁוֹף ת
[ni'shof] to be rubbed, scraped נִשּׁוֹף פ״ע
[ni'shuf] heavy breathing, panting נִשּׁוּף ז
[na'shuk] 1 armed. 2 kissed נָשׁוּק ת
[ni'shuk] kissing נִשּׁוּק ז
[na'shur] 1 fallen. 2 bare, bald. 3 leafless נָשׁוּר ת
[ni'shur] falling נִשּׁוּר ז
[na'shot] 1 women. 2 wives נָשׁוֹת נ״ר
[nish'zaf] to be sunburnt, tanned, brown נִשְׁזַף פ״ע
[nish'zar] to be interwoven, twined, twisted נִשְׁזַר פ״ע
[nish'xat] 1 to be butchered, slaughtered. 2 to be killed, murdered נִשְׁחַט פ״ע
[nish'xaf] to become infected with tuberculosis נִשְׁחַף פ״ע
[nish'xat] 1 to be spoilt, corrupt. 2 to be destroyed, ruined נִשְׁחַת פ״ע
[nish'xat] spoilt, corrupt נִשְׁחָת ת
[nish'ta] to go mad, crazy נִשְׁטָה פ״ע
[nis'tam] to be hated נִשְׂטַם פ״ע

3 falling

[na'shit] sciatica, ischias נָשִׁית נ

[na'shax] 1 to bite, sting. 2 to exact usury נָשַׁךְ פ״ע

['neshex] usury, interest נֶשֶׁךְ ז

[ni'shex] to bite hard נִשֵּׁךְ

[nishke'va] to be raped, ravished נִשְׁכְּבָה פ״ע

[nish'ka] chamber, room נִשְׁכָּה נ

[nish'kax] to be forgotten, abandoned נִשְׁכַּח פ״ע

[nash'xan] biter, stinger נַשְׁכָן ז

[nash'xa'nut] usury נַשְׁכָנוּת נ

[nashxa'ni] 1 biting, stinging. 2 usurious נַשְׁכָנִי ת

[nis'kar] 1 rewarded, benefited. 2 hired, rented נִשְׂכָּר ת

[nis'kar] 1 to be let, hired, leased. 2 to profit, gain נִשְׂכַּר פ״ע

[na'shal] 1 to fall, drop. 2 to take off (shoes). 3 to dispossess, cast out, evict נָשַׁל פיו״ע

['neshel] 1 sloughing. 2 fall נֶשֶׁל ז

[ni'shal] to drop, fall נִשַּׁל פ״ע

[ni'shel] 1 to dispossess. 2 to dislodge, evict, dishinherit נִשֵּׁל פ״י

[nishlav] to be joined, fitted, interwoven נִשְׁלַב פ״ע

[nish'lag] to become snow-white, to be covered in snow נִשְׁלַג פ״ע

[nish'la] 1 to be tranquil, serene. 2 to be negligent. 3 to be extracted, taken out נִשְׁלָה פ״ע

[nish'lax] 1 to be sent, despatched. 2 to be stretched נִשְׁלַח פ״ע

[nish'lat] to be ruled, governed, dominated נִשְׁלַט פ״ע

[nish'lax] to be thrown, cast נִשְׁלַךְ פ״ע

[nish'lal] 1 to be plundered, pillaged. 2 to be cancelled, denied נִשְׁלַל פ״ע

[nish'lam] completed נִשְׁלָם ת

[nish'lam] 1 to be finished, completed. 2 to pass away, die נִשְׁלַם פ״ע

[nish'laf] to be drawn out, taken out, unsheathed נִשְׁלַף פ״ע

[nish'lak] to be boiled נִשְׁלַק פ״ע

[na'sham] to breathe, inhale נָשַׁם פ״ע

['neshem] 1 spirit, soul. 2 breathing, respiration נֶשֶׁם ז

[ni'shem] to pant, gasp, breathe נִשֵּׁם פ״ע

[nish'mad] to be destroyed, devastated, annihilated נִשְׁמַד פ״ע

[nesha'ma] 1 spirit, soul, life. 2 breathing נְשָׁמָה נ

1 high spirits. 2 extra soul (acquired on Shabbat) נְשָׁמָה יְתֵרָה

[nish'mat] 1 to be left out, dropped. 2 to be dislocated נִשְׁמַט פ״ע

[nish'ma] 1 to be listened to, heard. 2 to be understood, deduced. 3 to be acceptable. 4 to obey נִשְׁמַע פ״ע

[nish'mar] 1 to be kept, watched. 2 to be careful, watch out. 3 to refrain from נִשְׁמַר פ״ע

orthopnea נַשֶּׁמֶת הַשְּׁכִיבָה

May he rest in peace! נִשְׁמָתוֹ עֵדֶן!

[nis'na] to be hated, disliked, detested נִשְׂנָא פ״ע

[nish'na] 1 to be repeated, done again. 2 to recur. 3 to be taught, studied נִשְׁנָה פ״ע

[nish'nats] to be laced, fastened נִשְׁנַץ פ״ע

[nish'nak] to be strangled, choked נִשְׁנַק פ״ע

[nish'kal] 1 to be weighed. 2 to be pondered, considered נִשְׁקַל פ"ע
[nish'ka] to sink, be sunk נִשְׁקַע פ"ע
[nish'kaf] 1 to be seen, visible. 2 to overlook, look out נִשְׁקַף פ"ע
[na'shar] 1 to fall, drop. 2 to be shed. 3 to moult נָשַׁר פ"ע
['nesher] 1 eagle. 2 vulture. 3 windfall נֶשֶׁר ז
[ni'sher] to pull out, remove, detach נִשֵּׁר פ"י
[nish'ra] to be immersed, soaked, saturated נִשְׁרָה פ"ע
[nis'rat] to be scratched, lacerated נִשְׂרַט פ"ע
[nish'ri] aquiline נִשְׁרִי ת
[nis'raf] deprived of all by fire, burnt out נִשְׂרָף ת
[nis'raf] to be burnt נִשְׂרַף פ"ע
[nish'rats] to abound, be multiplied נִשְׁרַץ פ"ע
[ne'shoret] 1 turnings, filings. 2 fallout נְשֹׁרֶת נ
[na'sheret] balding, psilosis נַשֶּׁרֶת נ
[na'shat] 1 to dry. 2 to be parched, drained נָשַׁת פ"ע
[ni'shat] to be drained, parched, ruined נִשַּׁת פ"ע
[nish'ta] to be drunk נִשְׁתָּה פ"ע
[nishte'van] epistle, letter, royal document נִשְׁתְּוָן ז
[nish'tal] to be planted נִשְׁתַּל פ"ע
[nit'’am] to be suitable נִתְאַם פ"ע
[na'tav] to trace, track, route נָתַב פ"י
[nit'ba] 1 requested, claimed. 2 defendant. 3 respondent נִתְבָּע ז ת
[nit'ba] 1 to be sued, asked, summoned, required. 2 to be claimed, demanded נִתְבַּע פ"ע

[nish'sa] to be split, cleft נִשְׂסַע פ"ע
[nish'’an] 1 to lean, be supported. 2 to depend, rely on. 3 to adjoin, border נִשְׁעַן פ"ע
[nish'’ar] to be reckoned, calculated, estimated נִשְׁעַר פ"ע
[na'shaf] 1 to blow, exhale. 2 to hiss, sting נָשַׁף פ"ע
['neshef] 1 evening, night. 2 party, ball, soirée נֶשֶׁף ז
[ni'shef] to gasp, pant, breathe נִשֵּׁף פ"י
[nish'pe] lofty, high, windswept נִשְׁפֶּה ת
[nish'pat] 1 to be judged, condemned. 2 to plead, litigate נִשְׁפַּט פ"ע
[nishpi'ya] small party נִשְׁפִּיָּה נ
[nish'pax] 1 to be poured out, spilled. 2 to be emptied נִשְׁפַּךְ פ"ע
to be murdered, killed נִשְׁפַּךְ דָּמוֹ
[nish'pal] to be lowered, humbled נִשְׁפַּל פ"ע
[nish'pa] to emanate נִשְׁפַּע פ"ע
[nish'par] to become good, pleasing נִשְׁפַּר פ"ע
[ni'shofet] filings, turnings נִשֹּׁפֶת נ
[nish'pat] to be placed (a pot on the fire) נִשְׁפַּת פ"ע
[na'shak] 1 to kiss. 2 to touch, meet together. 3 to carry arms נָשַׁק פיו"ע
['neshek] arms, weapons נֶשֶׁק ז
firearms נֶשֶׁק חַם
cold steel (dagger, etc.) נֶשֶׁק קַר
[na'shak] armourer, gunsmith נַשָּׁק ז
[ni'shak] to be lighted, lit, ignited נִשַּׂק פ"ע
[nasha'kut] armoury, arms repairing נַשָּׁקוּת נ
[nishki'ya] armoury נִשְׁקִיָּה נ

נִתּוּב ז [ni'tuv] tracking, tracing
נִתּוּחַ ז [ni'tu'ax] 1 operation. 2 examination, analysis
נִתּוּחִי ת [nitu'xi] operational, surgical
נָתוּךְ ת [na'tux] melted, soldered, fused
נָתוּן ת ז [na'tun] 1 given, placed. 2 subject to. 3 datum
נְתוּנִים (לְמַחְשֵׁב) ז״ר data
נָתוּץ ת [na'tuts] destroyed, smashed, demolished
נִתּוּץ ז [ni'tuts] destruction, smashing, demolition
נָתוּק ת [na'tuk] 1 disrupted, detached, cut off. 2 gelded, castrated
נִתּוּק ז [ni'tuk] 1 severance, breaking off, cutting off. 2 disruption, disconnection. 3 alienation
נְתוּקוֹת תה״פ [netu'kot] staccato
נִתּוּר ז [ni'tur] 1 jumping, hopping. 2 jump, skip, jerk
נֶתֶז ז ['netez] 1 sprinkle, splash. 2 ricochet, splinter
נִתַּז פ״ע [ni'taz] 1 to be sprayed, splashed. 2 to be squirted
נִתֵּז פיו״ע [ni'tez] 1 to sprinkle, spray. 2 to squint, 3 to fly off
נִתְזַלְזֵל פ״ע [nitzal'zel] to be degraded, slighted, despised
נֵתַח ז ['netax] 1 piece, cut, section. 2 piece of flesh
נִתַּח פיו״ע [ni'tax] 1 to cut up, dissect. 2 to operate. 3 to analyse. 4 to examine
נֻתַּח פ״ע [nu'tax] 1 to be analyzed. 2 to be operated on
נִתְחַב פ״ע [nit'xav] to be inserted, thrust
נִתְחַם פ״ע [nit'xam] to be fixed, delimited, restricted
נַתְּחָן ז [nat'xan] 1 surgeon. 2 amethyst
נַתְּחָנוּת נ [natxa'nut] 1 surgery. 2 analysis
נַתְּחָנִי ת [natxa'ni] 1 surgical. 2 analytical
נָתִיב ז [na'tiv] 1 path. 2 way, track, course, lane. 3 direction
נְתִיבָה נ [neti'va] way trodden, easy track
נְתִיבָה מִקְצוֹעִית career
נָתִיז ת [na'tiz] sprinkled, sprayed, splashing
נְתִיזָה נ [neti'za] splashing, squirting, spraying
נְתִיזוּת נ [netizut] spattering, spraying
נָתִיחַ ת [na'tiy''ax] operable
נָתִיךְ ז [na'tix] 1 fuse-wire. 2 fuse
נְתִיכָה נ [neti'xa] melting, fusing
נְתִיכוּת נ [neti'xut] fusibility
נָתִין ז [na'tin] 1 subject. 2 servant of the Temple
נְתִינָה נ [neti'na] 1 presentation, giving. 2 subject (f)
נְתִינוּת נ [neti'nut] 1 nationality. 2 service with the Temple
נְתִיצָה נ [neti'tsa] demolition, destruction
נָתִיק ת [na'tik] detachable, removable, severable
נְתִיקָה נ [neti'ka] disconnection, detachment
נְתִיקוּת נ [neti'kut] detachability
נָתִיר ת [na'tir] capable of being loosened, unfastened
נְתִירָה נ [neti'ra] spring, bounce, jump, hop
נְתִירוּת נ [neti'rut] hopping, jumping, skipping
נְתִישָׁה נ [neti'sha] 1 abandonment. 2 uprooting. 3 demolition

swollen

[nitˈpas] 1 to be caught, seized, arrested. 2 to be grasped, comprehended. 3 to be attracted — נִתְפַּס פ״ע

[nitˈpar] to be sewn — נִתְפַּר פ״ע

[nitˈpas] to be caught, seized, captured — נִתְפַּשׂ פ״ע

[naˈtats] 1 to smash, shatter. 2 to destroy, demolish — נָתַץ פ״י

[niˈtats] to be smashed, broken, destroyed — נִתַּץ פ״ע

[niˈtets] to break, mangle, shred — נִתֵּץ פ״י

[naˈtak] 1 to remove, cut off, expel. 2 to ooze, secrete, exude — נָתַק פ״י

[ˈnetek] 1 eczema, scab. 2 switch (electric), contact-breaker. 3 alienation, disorientation — נֶתֶק ז

[niˈtak] 1 to be removed, transferred. 2 to be cut off, disconnected, severed — נִתַּק פ״ע

[niˈtek] 1 to sever, cut off, disconnect. 2 to uproot. 3 to protest, rebel — נִתֵּק פ״י

[nitˈkal] 1 to come across, stumble against. 2 to meet, encounter — נִתְקַל פ״ע

[nitˈkan] to be repaired, amended — נִתְקַן פ״ע

[nitˈka] to be thrust, stuck, inserted — נִתְקַע פ״ע

[nitˈkaf] attacked, assaulted — נִתְקָף ז

[nitˈkaf] to be attacked, assaulted, assailed — נִתְקַף פ״ע

[naˈtar] to hop, jump, skip — נָתַר פ״ע

[ˈneter] 1 nitre. 2 soda, washing soda — נֶתֶר ז

[niˈtar] 1 to be released. 2 to be shifted, moved — נִתַּר פ״ע

[naˈtax] 1 to be poured, spilled. 2 to flow out. 3 to be melted — נָתַךְ פ״ע

[ˈnetex] alloy — נֶתֶךְ ז

[niˈtax] 1 to pour out, be spilled. 2 to flow out, be melted — נִתַּךְ פ״ע

[nitˈkan] 1 to be estimated, measured. 2 to be fitted, adjusted. 3 to be possible — נִתְכַּן פ״ע

[nitˈla] 1 to be hung, suspended. 2 to be hanged. 3 to clutch, grasp — נִתְלָה פ״ע

[nitˈla] to be wormy, worm-eaten — נִתְלַע פ״ע

[nitˈlash] 1 to be plucked, uprooted. 2 to be detached. 3 to be displaced — נִתְלַשׁ פ״ע

[nitˈmax] to be supported, maintained, upheld — נִתְמַךְ פ״ע

[naˈtan] 1 to give, present, grant. 2 to allow, permit. 3 to render — נָתַן פ״ע

to be punished — נָתַן אֶת הַדִּין

to give a hand, help, assist — נָתַן יָד

[niˈtan] 1 to be given. 2 to be placed, put. 3 to be feasible, possible. 4 to be allowed, permitted — נִתַּן פ״ע

[naˈtas] to destroy, demolish — נָתַס פ״י

[niˈta] to be broken, uprooted, demolished — נִתַּע פ״ע

[nitˈʼav] detestable, abhorrent, abominable — נִתְעָב ת

[nitˈʼav] to be abominable, loathed — נִתְעַב פ״ע

[nitˈʼa] 1 to be confused, perplexed. 2 to be deceived. 3 to stagger, totter — נִתְעָה פ״ע

[nitˈpax] to swell, be — נִתְפַּח פ״ע

נִתֵּר פ״ע [ni'ter] to hop, leap, jump

נִתְרַז פ״ע [nit'raz] 1 to be shocked. 2 to have diarrhæa

נִתְרַם פ״ע [nit'ram] to be donated, contributed

נַתְרָן ז [nat'ran] nitre, sodium

נַתְּרָן ז [nat'ran] jumper, hopper

נָתַשׁ פ״י [na'tash] 1 to uproot, remove. 2 to evict, oust

נִתַּשׁ פ״ע [ni'tash] 1 to be uprooted, removed. 2 to be evicted, deported, exiled

ס

ס 1 Samekh, fifteenth letter of the Hebrew alphabet. 2 sixty (60). 3 sixtieth

סַאַב ז [ˈsaʼav] contamination, defilement, impurity

סֵאֵב פ״י [seˈʼev] to defile, soil, contaminate

סֵאָבוֹן ז [seʼaˈvon] impurity, contamination, defilement

סְאָה נ [seˈʼa] seah (ancient dry measure)

סָאוּב ת [saˈʼuv] dirty, filthy, defiled

סֵאוּב ז [seˈʼuv] dirtying, soiling, contamination

סְאוֹן ז [seˈʼon] 1 noise, din. 2 sandal, shoe

סָאַן פ״י [saˈʼan] to make a noise, din

סַאַן ז [ˈsaʼan] noise, uproar

סָאסָא ז [ˈsasa] bristle, beard

סַאסְאָה נ [sasˈʼa] 1 full measure. 2 overdose, surfeit

סָב ז [sav] 1 old man. 2 ancestor. 3 grandfather

סַב פ״ע [sav] 1 to go round, encircle, encompass. 2 to cause, turn. 3 to sit round

סָבָא ז פ״ע ת [saˈva] 1 grandfather, old man. 2 to swill, quaff. 3 senior, elder

סֹבֶא ז [ˈsove] liquor, strong drink

סַבָּא ז [ˈsaba] grandpa, grand-daddy

סַבְאָנִי ת [savʼaˈni] very thirsty

סָבַב פיו״ע [saˈvav] 1 to go round, encircle. 2 to turn. 3 to besiege. 4 to motivate. 5 to sit at table

סָבַב בְּכַחַשׁ to deceive, bamboozle, cheat

סִבֵּב פ״י [siˈbev] 1 to turn around. 2 to cause. 3 to change, alter. 4 to surround

סְבָב ז [seˈvav] cycle, revolution

סֶבֶב ז [ˈsevev] 1 round. 2 cycle

סַבֶּבֶת נ [saˈbevet] sprocket wheel

סָבָה נ [saˈva] 1 old woman. 2 grandmother

סִבָּה נ [siˈba] 1 reason, cause. 2 turn. 3 transfer

סִבּוּב ז [siˈbuv] 1 rotation, revolution. 2 circle, round, turn. 3 tour (circular). 4 surrounding

סִבּוּב רֹאשׁ giddiness, dizziness, vertigo

סִבּוּבִי ת [sibuˈvi] rotatory, circulatory

סָבוּךְ ת [saˈvux] 1 complicated, complex, embroiled. 2 tangled, entangled

סִבּוּךְ ז [siˈbux] complication, entanglement

סָבוּל ת [saˈvul] tolerated, suffered

סַבּוֹן ז [saˈbon] soap

סִבּוּן ז [siˈbun] soaping

סַבּוֹנַאי ז [saboˈnai] soapmaker

סַבּוֹנִיָּה נ [saboniˈya] soapmat, soapbox

סַבּוֹנִית נ [saboˈnit] soapwort, vaccaria

סָבוּר ת [saˈvur] thinking, of the opinion

סִבּוּר ז [siˈbur] interpretation (mus.)

סִבּוּר אֹזֶן smooth talk

סָבוֹרָא ז [savoˈra] 1 Sabora, wise man. 2 commentator

סְבוּרַנִי [sevu'rani] I think, I am of the opinion

סְבִיאָה נ [sevi''a] intoxication, drunkenness

סָבִיב תה"פ מ"י [sa'viv] round, around, about

סָבִיב סָבִיב all round, right round

סְבִיבָה נ [sevi'va] surroundings, environment, vicinity

סְבִיבוֹל ז [sevi'vol] swivel

סְבִיבוֹן ז [sevi'von] spinning top, Hanu'kka top

סְבִיבָתִי ת [seviva'ti] environmental

סַבְיוֹן ז [sav'yon] groundsel, ragwort

סָבִיךְ ת [sa'vix] tangly

סְבִיכוּת נ [sevi'xut] entanglement, embroglio

סָבִיל ת [sa'vil] 1 passive. 2 endurable, tolerable

סְבִילוּת נ [sevi'lut] 1 passiveness, passivity. 2 endurance, tolerance

סֻבִּים, סֻבִּין ז"ר [su'bim, su'bin] bran

סָבִיר ת [sa'vir] reasonable, feasible

סְבִירוּת ת [sevi'rut] reasonableness, feasibility, probability, likelihood

סִבִּית נ ['sibit] bit

סָבַךְ פ"י [sa'vax] 1 to complicate. 2 to interweave, interlace

סַבָּךְ ז [sa'bax] net-maker

סְבַךְ ז [svax] 1 thicket, shrubbery. 2 web. 3 complication, entanglement

סֹבֶךְ ז ['sovex] 1 lair. 2 thicket

סִבֵּךְ פ"י [si'bex] 1 to embroil, confuse, complicate. 2 to graft

סְבָכָה נ [seva'xa] 1 network, trellis, grate. 2 hairnet, reticulation

סִבְכִּי ז [sib'xi] warbler

סָבַל פ"י [sa'val] 1 to suffer, bear, endure. 2 to tolerate. 3 to bear a load

סַבָּל ז [sa'bal] porter, carrier

סֵבֶל ז ['sevel] 1 suffering, pain. 2 load, burden. 3 endurance

סֹבֶל ז ['sovel] burden, load

סִבְלוֹן ז [siv'lon] burden, load

סִבְלוֹנוֹת ז"ר [sivlo'not] gifts of groom to bride

סַבָּלוּת נ [saba'lut] porterage

סִבְלוּת נ [siv'lut] suffering

סְבָלוֹת נ"ר [seva'lot] suffering, pains

סַבְלָן ת [sav'lan] patient, tolerant

סַבְלָנוּת נ [savla'nut] patience

סַבְלָנִי ת [savla'ni] patient, tolerant

סְבֹלֶת נ [se'volet] 1 tolerance, endurance. 2 capacity

סִבֹּלֶת נ [si'bolet] picnic, shared meal

סִבֵּן פ"י [si'ben] 1 to soap, cover in soap. 2 to make soap

סִבְסוּב ז [siv'suv] pivoting

סִבְסֵד פ"י [sib'sed] to subsidize

סָבַר פ"ע [sa'var] 1 to think, suppose. 2 to believe, imagine. 3 to understand

סַבָּר ז [sa'bar] reasoner, critic, commentator

סֵבֶר ז ['sever] 1 hope, expectation. 2 appearance, countenance

סֵבֶר פָּנִים יָפוֹת cordiality, hospitality, courtesy

סִבֵּר פ"י [si'ber] 1 to suppose. 2 to interpret

סַבֹּרֶג ז [sa'boreg] screwdriver

סְבָרָה נ [seva'ra] 1 view, opinion. 2 supposition, assumption. 3 speculation, conjecture

סִבְרוֹן ז [siv'ron] expectation, hope

סְבָרַת כָּרֵס unfounded opinion

סְבָרָתִי ת [sevara'ti] speculative,

[sa'gin] great coat, military overcoat סָגִין ז
[segi'ra] 1 shutting, closing, bracketing. 2 closure סְגִירָה נ
[sa'gol] violet סָגֹל ת
['segel] 1 staff, personel, corps. 2 treasure סֶגֶל ז
[si'gel] 1 to adapt, fit, adjust. 2 acquire, obtain. 3 to save, treasure סִגֵּל פ״י
[segal'gal] oval, elliptical סְגַלְגַּל ת
[segalga'lut] ovalness סְגַלְגַּלּוּת נ
[segu'la] 1 treasure. 2 attribute, characteristic, property. 3 virtue, quality. 4 peculiarity סְגֻלָּה נ
[segu'li] 1 peculiar, special. 2 specific. 3 characteristic סְגֻלִּי ת
[sigli'ya] violet סִגְלִיָּה נ
[seguli'yut] peculiarity, specificness סְגֻלִּיּוּת נ
['segen] lieutenant סֶגֶן ז
second lieutenant סֶגֶן מִשְׁנֶה
[sgan] 1 vice, deputy. 2 assistant סְגָן ז
lieutenant colonel סְגַן אַלּוּף
[sig'na] lieutenant (f) סִגְנָה נ
[sig'non] 1 style. 2 ensign, banner סִגְנוֹן ז
[sig'nun] styling, stylizing סִגְנוּן ז
[signo'ni] stylistic סִגְנוֹנִי ת
[sga'nut] 1 deputyship. 2 lieutenancy סְגָנוּת נ
[sig'nen] 1 to style, polish. 2 to formulate סִגְנֵן פ״י
[sig'seg] to alloy סִגְסֵג פ״י
[sag'soget] alloy סַגְסֹגֶת נ
[sig'sug] alloying סִגְסוּג ז
[si'gef] to afflict, torture, mortify סִגֵּף פ״י
[sag'fan] ascetic סַגְּפָן ז

conjectural, hypothetical
['savta] grandma, granny סָבְתָא, סַבְתָּא נ
great-grandmother סַבְתָּא רַבְּתָא
[siba'ti] causal סִבָּתִי ת
[sibati'yut] causality סִבָּתִיּוּת נ
[sag] 1 to withdraw, retreat, recede. 2 to fence, hedge סָג פיו״ע
[sa'gav] to be high, mighty, strong, extolled סָגַב פ״ע
['segev] exaltation, loftiness סֶגֶב ז
[sa'gad] to bow down, adore, worship סָגַד פ״ע
[si'guy] elevation, height סִגּוּי ז
[sa'gul] vowelled with segol סָגוּל ת
[se'gol] Segol (Hebrew vowel) סֶגוֹל ז
[si'gul] adaptation, adjustment סִגּוּל ז
[sego'li] pointed with a segol סְגוֹלִי ת
[sa'gos] thick cloak, coarse woollen blanket סָגוֹס ז
[sa'guf] mortified, afflicted, tortured סָגוּף ת
[si'guf] 1 affliction, torture. 2 self-flagellation סִגּוּף ז
[sa'gur] 1 locked up. 2 closed, shut. 3 imprisoned סָגוּר ת
tightly closed סָגוּר וּמְסֻגָּר
[se'gor] 1 thorax, breast. 2 pure gold. 3 fastener, locker. 4 weapon סְגוֹר ז
[sa'gi] plenty, enough סַגִּי ת תה״פ
1 euphemistic. 2 blind סַגִּי נְהוֹר
[sa'gi] great, enormous, big סַגִּיא ת
[sa'giv] mighty, great סַגִּיב ת
[segi'da] 1 worshipping. 2 genuflection, prostration סְגִידָה נ
[sug'ya] 1 topic, subject for discussion. 2 question, problem סֻגְיָה, סוּגְיָה נ
[sa'gil] adaptable, adjustable סָגִיל ת
[segi'lut] adaptability סְגִילוּת נ

סַגְּפָנוּת נ [sagfa'nut] asceticism, mortification

סָגַר פ״י [sa'gar] 1 to close, shut. 2 to lock, enclose, confine

סֶגֶר ז ['seger] 1 bolt, lock, shutter. 2 occlusion. 3 clasp

סֶגֶר אֲחוֹרִי retrusive occlusive

סֶגֶר אֶמְצָעִי protrusive occlusion

סִגֵּר פ״י [si'ger] to deliver, surrender, extradite

סִגָּרוֹן ז [siga'ron] 1 arms-bearer. 2 closing, shutting

סַגְרִיר ז [sag'rir] rainstorm, downpour

סַגְרִירִי ת [sagri'ri] 1 torrential, very rainy. 2 cold and rainy

סֶגֶת ש״פ ['seget] retreat

סָד פ״י [sad] to whitewash

סַד ז [sad] stocks, pillory

סְדוֹמִי ת [sedo'mi] 1 sodomite. 2 homosexual

סְדוֹמִיּוּת נ [sdomi'yut] 1 pederasty, sodomy. 2 sadism. 3 homosexuality

סָדוּק ת [sa'duk] cracked, split, cleft

סִדּוּק ז [si'duk] cracking, splitting, fission

סָדוֹר ז [sa'dor] workbench

סָדוּר ת [sa'dur] arranged, arrayed

סִדּוּר ז [si'dur] 1 arrangement, settling, settlement. 2 prayer-book. 3 typesetting. 4 errand

סִדּוּרִי ת [sidu'ri] 1 ordinal. 2 orderly

סָדִין ז [sa'din] 1 bed-sheet. 2 shirt, linen garment

סָדִיק ת [sa'dik] crackable, fissile

סְדִיקָה נ [sedi'ka] cracking, splitting

סָדִיר ת [sa'dir] regular

סְדִירָה נ [sedi'ra] order, succession

סְדִירוּת נ [sedi'rut] regularity

סַדָּן ז [sa'dan] 1 anvil. 2 tree trunk. 3 pole

סְדַנְדָּן ז [sdan'dan] small anvil

סַדְנָה נ [sad'na] 1 workshop. 2 smithy, forge

סָדַק פ״י [sa'dak] to crack, split

סֶדֶק ז ['sedek] crack, cleft, fissure

סִדֵּק פ״י [si'dek] to crack, split

סִדְקִי ז [sid'ki] haberdasher

סִדְקִית נ [sid'kit] haberdashery

סָדַר פ״י [sa'dar] to order, arrange

סִדֵּר פ״י [si'der] 1 to arrange, set in order. 2 to settle, set up. 3 to make a Seder. 4 to thwart, frustrate

סֵדֶר ז ['seder] 1 order, arrangement. 2 succession, series, sequence. 3 Passover Seder

סֵדֶר־הַיּוֹם 1 agenda. 2 plan, scheme

סְדָר ז [sdar] typeset for printing

סַדָּר ז [sa'dar] typesetter

סִדְרָה נ [sid'ra] 1 series, sequence. 2 weekly portion of the Law. 3 jujube

סִדְרוּר ז [sid'rur] sequence

סַדָּרוּת נ [sada'rut] typesetting

סַדְרָן ז ת [sad'ran] 1 steward, usher. 2 meticulous

סַדְרָנוּת נ [sadra'nut] 1 meticulousness. 2 ushering, stewarding

סִדְרָתִי ת [sidra'ti] 1 in sequence, sequential. 2 serial

סָהֵד ז [sa'hed] witness

סִהֵד פ״י [si'hed] to testify, bear witness

סָהוּר ת [sa'hur] moonlit

סַהַר ז ['sahar] 1 moon. 2 crescent. 3 pen, fold, corral

סֹהַר ז ['sohar] prison, jail

סַהֲרוֹן ז [saha'ron] moon-shaped ornament

סַהֲרוּרִי ת [saharu'ri] somnambulist, moonstruck

סַהֲרוּרִיּוּת נ [saharuri'yut] sleepwalking, somnambulism

סַוַּאי ז [sa'vai] camouflager

סוֹאֵן ת [so'en] noisy, roaring

סְוָאר (סְוָר) ז [svar] stack, pile, heap

סוֹבֵא ז [so've] drunkard, tippler, alcoholic

סוֹבֵב ז פיו"ע [so'vev] 1 ring, hoop. 2 parapet. 3 to surround, go round

סוּבְּיֶקְטִיבִי ת [subyek'tivi] subjective

סוּבְּיֶקְטִיבִיּוּת נ [subyektivi'yut] subjectivity

סוֹבֵל ת [so'vel] 1 suffering, sufferer. 2 enduring, supporting, bearing

סוֹבְלָנוּת נ [sovla'nut] tolerance

סוֹבְלָנִי ת [sovla'ni] tolerant

סוּבְּסִידְיָה נ [sub'sidiya] subsidy

סוּבֶרֶנִי ת [suve'reni] sovereign

סוּבֶרֶנִיּוּת נ [suve'reniyut] sovereignty

סוּג ז פיו"ע ת [sug] 1 class, type, kind. 2 basket. 3 to fence, hedge. 4 to withdraw, retreat. 5 surrounded

סוּג לֵב backslider

סִוֵּג פ"י [si'veg] to classify, catalog, categorize

סוּגָה נ [su'ga] 1 hedge, enclosure, fence. 2 wren (bird). 3 ge

סוּגִי ת [su'gi] specific

סוּגֶסְטְיָה נ [su'gestiya] suggestion, thought transference

סוֹגֵר ז [so'ger] bracket

סוֹגֵר צוֹמֵד 1 braces. 2 curly brackets

סוּגַר ז [su'gar] 1 cage. 2 muzzle

סוֹגְרַיִם ז"ר [sog'rayim] brackets, parentheses

סוֹד ז [sod] 1 secret, mystery. 2 counsel, consultation, deliberation

סוֹד גָּלוּי open secret

סוֹד כָּמוּס top secret

סוּד פ"י ת [sud] 1 to whitewash, plaster. 2 plastered

סוֹדָה נ ['soda] 1 soda water. 2 sodium bicarbonate

סוֹדֵי סוֹדוֹת great secret, upmost secrecy

סוֹדִי ת [so'di] confidential, secret

סוֹדִיּוּת נ [sodi'yut] secrecy, privacy

סוֹדֵר ת [so'der] ordinal (number)

סוּדָר ז [su'dar] scarf, shawl

סוֹדְרָן ז [sod'ran] index file

סוֹהֵר ז [so'her] warder, jailer

סִוּוּג ז [si'vug] classification, categorization

סִוּוּר ז [si'vur] 1 stowage, stowing. 2 stacking

סוּחָה נ [su'xa] rubbish, garbage, dung

סוֹחֲפָנִי ת [soxfa'ni] erosive

סוֹחֵר ז [so'xer] merchant, trader

סוֹחֵרָה נ [soxe'ra] shield, armour

סוֹחֶרֶת נ [so'xeret] 1 red marble. 2 businesswoman

סוֹטָה נ [so'ta] 1 adulteress, faithless wife. 2 sotah (mishnaic Tractate)

סוֹטֶה ת [so'te] 1 deviating, divergent. 2 perverted

סוֹיָה נ ['soya] soya

סְוִיטָה נ ['svita] suite

סוֹךְ ז [sox] bough, large branch

סוּךְ פ"י [sux] 1 to grease, oil. 2 to anoint. 3 to pour, libate

סוֹכָה נ [so'xa] a large branch

סוֹכֶה ז [so'xe] spectator, viewer

סוֹכֵךְ ז [so'xax] 1 shield. 2 umbrella, sunshade. 3 umbel

סוֹכְכוֹן ז [soxe'xon] small umbel

סוֹכְכִי ת [soxe'xi] umbelliferous

סוֹכֵן ז [so'xen] 1 agent. 2 steward, overseer

[sox'nut] agency סוֹכְנוּת נ
[so'led] shrinking from, feeling revulsion סוֹלֵד ת
[sol'xan] indulgent, clement סוֹלְחָן ז
[solxa'nut] indulgence, clemency סוֹלְחָנוּת נ
[so'lidi] solid, supportive, steady סוֹלִידִי ת
[so'lidiyut] steadiness, supportiveness, solidity סוֹלִידִיּוּת נ
[soli'dari] identifying with סוֹלִידָרִי ת
[soli'dariyut] solidarity סוֹלִידָרִיּוּת נ
[sul'ya] sole (of shoe) סוּלְיָה נ
[so'lel] paver סוֹלֵל ז
[sole'la] 1 embankment. 2 rampart. 3 battery סוֹלְלָה נ
[so'lan] soloist סוֹלָן ז
[sol'kan] scrubber סוֹלְקָן ז
[so'lar] diesel oil סוֹלָר ז
[so'lari] solar סוֹלָרִי ת
[so'me, su'ma] blind סוֹמֵא, סוּמָא ת
[so'mex] 1 supporter, support, prop. 2 dependent word (in construct state) סוֹמֵךְ ז
[sus] 1 horse. 2 knight (chess) סוּס ז
hippopotamus סוּס הַיְאוֹר ז
[su'sa] mare סוּסָה נ
[su'son] 1 colt, foal, pony. 2 small horse סוּסוֹן ז
sea horse, sea urchin סוּסוֹן הַיָּם ז
[su'si] equine, horse-like סוּסִי ת
[so''e] raging, stormy סוֹעֶה ת
[so''er] 1 tempestuous, stormy. 2 furious, enraged סוֹעֵר ת
[sof] end, finish סוֹף ז
in conclusion, epilog(ue) סוֹף דָּבָר
[suf] 1 to perish, cease, vanish. 2 rush, reed, bulrush סוּף ז פ״ע
[so'feg] 1 blotting paper. 2 absorbing, absorbent סוֹפֵג ז ת
[su'fa] 1 storm, tempest. 2 hurricane, whirlwind סוּפָה נ
[so'fi] 1 final. 2 terminal סוֹפִי ת
[sofi'yut] finality סוֹפִיּוּת נ
[so'fit] 1 suffix, ending. 2 terminal. 3 finally, once and for all סוֹפִית נ תה״פ
[so'fer] 1 writer, author. 2 scribe. 3 scholar, teacher סוֹפֵר ז
scribe, copyist of Torah scroll, Phylacteries, Mezuzot סוֹפֵר סְתָ״ם
[sof'rut] the profession of scribe סוֹפְרוּת נ
[sof'rim] 1 scribes, sages. 2 Talmudic tractate סוֹפְרִים ז״ר
[sots'yali] social, welfare סוֹצְיָלִי ת
[sotsiya'lizem] socialism סוֹצְיָאלִיזְם ז
[sor] 1 leaven. 2 characteristic סוֹר ז
[sur] 1 twig, offshoot. 2 to turn aside, deviate. 3 to drop in. 4 banished, exiled, removed סוּר ז פ״ע ת
[svar] stack, pile, heap סְוָר ז
[sa'var] docker, longshoreman סַוָּר ז
[si'ver] 1 to stack, heap. 2 to stow, load סִוֵּר פ״י
[so'reg] grid, lattice, iron rack סוֹרֵג ז
[suro'gat] surrogate, substitute סוּרוֹגָט ז
[sava'rut] stevedorage, stevedoring סַוָּרוּת נ
['suri] Syrian סוּרִי ת
[sur'si] Syriac, Aramaic סוּרְסִי ת
[so'rer] 1 to distort, pervert, corrupt. 2 stubborn, rebellious סוֹרֵר פ״י ת
rebellious, contumacious סוֹרֵר וּמוֹרֶה
[so'reret] shrew סוֹרֶרֶת נ
[sut] dress, garment סוּת נ
[so'ter] contradictory, סוֹתֵר ת

[sa'xaf] to sweep away, erode סָחַף פ״י
['saxaf] erosion סַחַף ז
[se'xofet] alluvium, silt סְחֹפֶת נ
[sa'xar] 1 to trade, deal, barter. 2 to negotiate, bargain. 3 to wander, go around סָחַר פיו״ע
['saxar] 1 goods, merchandise. 2 trade, commerce, business סַחַר ז
underhand dealings, monkey business סַחַר מֶכֶר
[six'rur] 1 circulation. 2 spin סִחְרוּר ז
[sexar'xar] dizzy, suffering from vertigo סְחַרְחַר ת
[sexarxe'ra] merry-go-round סְחַרְחֵרָה נ
[sexar'xeret] roundabout סְחַרְחֶרֶת נ
[sexarxara'ni] dizzying סְחַרְחֲרָנִי ת
[sexar'xoret] 1 vertigo, dizziness. 2 swirl סְחַרְחֹרֶת נ
[saxa'ran] merchant, peddler, hawker סַחֲרָן ז
[saxara'nut] peddling, hawking סַחֲרָנוּת נ
[six'rer] 1 to whirl round, make giddy, dizzify. 2 to circulate סִחְרֵר פ״י
[set] iniquity, perversion, transgression סֵט ז
[sa'ta] 1 to deviate, digress. 2 to go astray, be wayward סָטָה פ״ע
[se'te] deviant, anormal סֵטֶה ז
[stav] colonnade, porch, portico, arcade, stoa סְטָו, סְטָיו ז
['sto'i] stoic סְטוֹאִי ת
[sto'i'yut] stoicism סְטוֹאִיּוּת נ
[sta'vit] shed סְטָוִית נ
[sa'tuf] pock-marked סָטוּף ת
[stut] deviation סְטוּת נ
[sta'ʒer] intern סְטָזֶ׳ר ז
['status] status סְטָטוּס ז

conflicting
[sax] to say, tell סָח פ״י
[sa'xav] to drag, draw, pull סָחַב פ״י
[sexa'va] rag, shabby dress סְחָבָה נ
[sa'xevet] 1 red tape. 2 delay סַחֶבֶת נ
[si'xa] to scour, wipe off, scrape off סִחָה פ״י
[sa'xut] 1 squeezed, pressed. 2 exhausted סָחוּט ת
[si'xuy] swimming סִחוּי ז
[se'xus] cartilage סְחוּס ז
[sa'xuf] 1 oppressed, harried, depressed. 2 eroded סָחוּף ת
[si'xur] 1 trade, bargaining. 2 negotiation סִחוּר ז
[sxor] indirectly, roundabout, beating about the bush סְחוֹר סְחוֹר, סְחוֹר תה״פ
[sxo'ra] 1 merchandise. 2 goods, ware. 3 trade סְחוֹרָה נ
[sxora'nit] roundabout סְחוֹרַנִּית תה״פ
[sa'xat] 1 to squeeze, press. 2 to wring. 3 to extort, blackmail סָחַט פ״י
[sax'tan] racketeer, blackmailer סַחְטָן ז
[saxta'nut] extortion, blackmail סַחְטָנוּת נ
[se'xi] rubbish, dung, dirt סְחִי ז
[sexi'va] 1 dragging, pulling. 2 'pinching', 'pilfering', swipe סְחִיבָה נ
[sa'xit] squeezable סָחִיט ת
[sexi'ta] 1 squeezing, pressing. 2 extortion, blackmail סְחִיטָה נ
[se'xif] embolus סְחִיף ז
[sexi'fa] erosion, sweeping, drift סְחִיפָה נ
[sa'xir] negotiable סָחִיר ת
[sa'xish] aftergrowth סָחִישׁ ז
[sax'lav] orchid סַחְלָב ז

סְטָטוּס קְווֹ status quo
סְטָטִי ת ['stati] static
סְטָטִיּוּת נ ['statiyut] static nature
סְטָטִיסְט ז [sta'tist] extra (actor)
סְטָטִיסְטִי ת [sta'tisti] statistical
סְטָטִיסְטִיקָה נ [sta'tistika] statistics
סְטָטִיקָה נ ['statika] statics
סְטִיָּה נ [seti'ya] 1 deviation. 2 aberration. 3 deflection
סְטִיכְיָה נ [stix'ya] 1 natural force. 2 unprompted activity
סָטִיף ת [satif] pock-marked
סְטִיפֶּנְדְיָה נ [sti'pendiya] stipend, scholarship, grant
סָטִירָה נ [sa'tira] satire
סְטִירָה נ [sti'ra] slap
סָטִירִי ת [sa'tiri] satirical
סָטִירִיקָן ז [satiri'kan] satirist
סְטִירַת לֶחִי slap in the face, rebuff
סָטַן פ״י [sa'tan] 1 to be hostile. 2 to condemn, denounce. 3 to hate
סְטַנְדַּרְטִי ת [stan'darti] standard, standardized
סְטֶנוֹגְרָמָה נ [steno'grama] stenogram
סְטֶנוֹגְרָף ז [steno'graf] stenographer
סְטֶנוֹגְרַפְיָה נ [steno'grafya] stenography
סָטַר פ״י [sa'tar] to slap
סִטְרָא אָחֳרָא 1 the other side. 2 the Devil's domain (mystic)
סְטֶרֶאוֹטִיפּ ז [stere'o'tip] stereotype
סְטֶרֶאוֹמֶטְרִי ת [stere'o'metri] stereometrical
סְטֶרֶאוֹמֶטְרִיָּה נ [stere'o'metria] stereometry
סְטֶרֶאוֹסְקוֹפּ ז [stere'o'skop] stereoscope
סְטֶרֶאוֹפוֹנִי ת [stere'o'foni] stereophonic
סְטְרוּקְטוּרָה נ [struk'tura] structure
סְטְרָטוֹסְפֶרָה נ [stratos'fera] stratosphere
סְטְרִיכְנִין ז [strix'nin] strychnine
סְטֶרִילִי ת [ste'rili] sterile, sterilized

סְטֶרִילִיזַצְיָה נ [sterili'zatsya] sterilization
סַטְרָן ז [sat'ran] slapper
סִיאָה נ [siy''a] cress, savoury
סִיב ז [siv] fibre
סִיבּוּב ז [si'vuv] rotation
סִיבִי ת [si'vi] fibrous
סִיבִית נ [si'vit] fibril
סִיג ז, סִיגִים ז״ר [sig] dross, scoria
סְיָג ז [syag] 1 preventive measure. 2 fence, hedge restriction
סִיֵּג פ״י [si'yeg] to classify, sort out. 2 to fence, hedge. 3 to restrict
סִיגָרָה נ [si'gara] cigar
סִיגָרִיָּה נ [si'gariya] cigarette
סַיָּד ז [sa'yad] whitewasher, painter, decorator
סִיד ז [sid] 1 lime, whitewash. 2 plaster
סִיֵּד פ״י [si'yed] 1 to whitewash. 2 to plaster
סַיָּדוּת נ [saya'dut] whitewashing
סִידִי ת [si'di] calciferous
סִידָן ז [si'dan] calcium
סִיּוּב ז [si'yuv] winnowing (grain)
סִיּוּג ז [si'yug] 1 fencing, enclosing. 2 restriction
סִיּוּד ז [si'yud] 1 whitewashing. 2 plastering
סִיּוּט ז [si'yut] nightmare, horror, terrible experience
סִיּוּם ז [si'yum] 1 termination. 2 finish, end. 3 graduation, completion.
סִיוָן ז [si'van] Sivan (Hebrew month)
סִיּוּעַ ז [si'yu'a] assistance, support, aid
סִיּוּף ז [si'yuf] fencing
סִיּוּר ז [si'yur] 1 tour, trip, excursion. 2 expedition. 3 scouting, reconnaissance, survey
סְיָח ז [se'yax] 1 colt, foal. 2 young ass

2 erudite, scholarly
['sini] 1 Chinaman. 2 Chinese סִינִי ז ת
['sinit] Chinese סִינִית נ
[si'nar] apron, pinafore סִינָר ז
[si'narit] Dutch apron, half pinay סִינָרִית נ
[sa'yas] 1 groom. 2 jockey. 3 stableboy סַיָּס ז
[sis] 1 swallow, swift. 2 fibre. 3 tassel, fringe סִיס ז
[saya'sut] horsemanship, equestrian pursuit סַיָּסוּת נ
[sis'ma] 1 motto, slogan. 2 password, watchword סִיסְמָה נ
[sesmo'graf] seismograph סֵיסְמוֹגְרָף ז
['sesmi] seismic סֵיסְמִי ת
[sisa'nit] poa, wild plant סִיסָנִית נ
[sa'ya] assistant, aide, adjutant סַיָּע ז
[si'ya] 1 to assist, help, aid. 2 to support סִיֵּעַ פ״י
[siy''a] 1 faction, splinter party. 2 group, sect סִיעָה נ
[sa'yan] assistant סַיְּעָן ז
Divine Providence סִיַּעְתָּא דִשְׁמַיָּא
[si'a'ti] factional סִיעָתִי ת
[siy'ati'yut] factionalism סִיעָתִיּוּת נ
['sayif] 1 fencing. 2 sword, sabre סַיִף ז
[sa'yaf] fencer סַיָּף ז
[si'yef] to fence סִיֵּף פ״י
['sefa] end, conclusion, ending סֵיפָא ז
[seya'fa] late-ripening fruit סְיָפָה נ
[si'fon] siphon, syphon סִיפוֹן ז
[saya'fut] fencing סַיָּפוּת נ
[se'fan] gladiolus סֵיפָן ז
[si'kus] knot, node סִיקוּס ז
[sika'ri] 1 robber, vandal. 2 violent extremist סִיקָרִי ז
[sir] pot, kettle סִיר ז
chamber pot סִיר לַיְלָה

[si'xa] conversation, talk סִיחָה נ
[sit] span, unit of measure סִיט ז
[si'yet] to terrify, horrify סִיֵּט פ״י
[situ''atsiya] situation, set-up סִיטוּאַצְיָה נ
[si'ton] 1 corn merchant. 2 wholesaler סִיטוֹן ז
[sito'nai] wholesaler סִיטוֹנַאי ז
[sito'nut] wholesale trading סִיטוֹנוּת נ
[sito'ni] wholesale סִיטוֹנִי ת
[si'xa] 1 lubrication, oiling. 2 lubricant. 3 anointing סִיכָה נ
[si'lo] silo סִילוֹ ז
[silu''et] silhouette סִילוּאֶט ז
[si'lon] 1 jet. 2 jet plane. 3 pipe, spout סִילוֹן ז
[sili'kat] silicate סִילִיקָט ז
[si'likyum] silicon סִילִיקְיוּם ז
[syam] termination, conclusion סְיָם ז
[si'yem] 1 to finish, terminate, end. 2 to mark, distinguish סִיֵּם פ״י
[si'ma] treasure סִימָה נ
[simul'tani] simultaneous סִימוּלְטָנִי ת
[si'man] 1 sign, signal, mark. 2 omen, augury. 3 section, paragraph סִימָן ז
trade-mark סִימָן מִסְחָרִי
exclamation mark סִימַן קְרִיאָה
question mark סִימַן שְׁאֵלָה
punctuation mark סִימָנֵי פִּסּוּק
[simani'ya] bookmark סִימָנִיָּה נ
[sima'nit] diacritical sign סִימָנִית נ
[sim'patya] likeability סִימְפַּתְיָה נ
[si'yomet] suffix, ending סִיֹּמֶת נ
[sin] 1 wedge. 2 China. 3 Hebrew letter סִין זו״נ
[si'nod] synod סִינוֹד ז
[sino'logiya] sinology, study of China סִינוֹלוֹגְיָה נ
[si'nopti] synoptic סִינוֹפְּטִי ת
[si'nai] 1 Mount Sinai. סִינַי ז ת

סִיר מַעֲלוֹת canteen, food pyramid
סַיָּר ז [saˈyar] scout, patrol
סִיֵּר פ״י [siˈyer] to tour, survey
סִירָה נ [siˈra] 1 boat. 2 iris (eye)
סִירוֹנִית נ [siroˈnit] siren, mermaid
סִירוֹפּ ז [siˈrop] syrup
סַיָּרוּת נ [sayaˈrut] patrolling, scouting, reconnaissance
סִירִית נ [siˈrit] small pot
סִירֶנָה נ [siˈrena] siren
סִירַת דוּגָה fishing boat
סַיֶּרֶת נ [saˈyeret] 1 commando. 2 patrol
סָךְ ז פ״י [sax] 1 crowd, mass, throng. 2 to lubricate, grease
סַךְ ז [sax] 1 amount, sum. 2 cover, screen
סַךְ־אוֹר sun shade, lens hood
סַךְ הַכֹּל total
סַךְ שֶׁמֶשׁ sunshade, sunscreen
סֹךְ ז [sox] 1 thicket, covert. 2 hut
סָכָה פ״י [saˈxa] to see, look, observe
סִכָּה נ [siˈka] 1 pin. 2 brooch. 3 clip, staple. 4 badge
סֻכָּה נ [suˈka] tabernacle, booth, Sukka
סָכוּי ת [saˈxuy] transparent
סִכּוּי ז [siˈkuy] 1 chance, prospect. 2 expectation, hope
סָכוּךְ ת [saˈxux] thatched, covered
סִכּוּךְ ז [siˈkux] 1 thatching. 2 covering. 3 screening
סִכּוּל ז [siˈkul] foiling, thwarting, frustration
סְכוֹלַסְטִי ת [sxoˈlasti] scholastic
סְכוֹלַסְטִיקָה נ [sxoˈlastika] scholastics
סְכוּם ז [sxum] 1 sum, amount. 2 total
סִכּוּם ז [siˈkum] 1 summation, total. 2 summary, gist. 3 conclusion
סַכּוּ״ם ר״ת [saˈkum] cutlery
סִכּוּן ז [siˈkun] risk, hazard, peril
סָכוּף ת [saˈxuf] depressed, oppressed
סִכּוּף ז [siˈkuf] depression, oppression
סָכוּת נ [saˈxut] prognosis
סַכֵּי עֵינַיִם blinkers
סַכֵּי שֶׁמֶשׁ sunshade, sunscreen
סְכִיָּה נ [sexiˈya] 1 seeing, looking. 2 prognosis, forecast
סִכְּיוֹן ז [sikaˈyon] 1 perspective. 2 prospect, outlook
סְכִיכָה נ [sexiˈxa] thatching, screening
סָכִים ת [saˈxim] summable, able to be summed up
סַכִּין זו״נ [saˈkin] knife
סַכִּינָאוּת נ [sakinaˈʼut] knife-drawing
סַכִּינַאי נ [sakiˈnai] cutthroat
סְכִירָה נ [sexiˈra] damming, stemming
סָכַךְ פ״י [saˈxax] 1 to screen, cover. 2 to protect, shelter. 3 to plait, interweave
סֶכֶךְ ז [ˈsexex] covering, screening
סְכָךְ ז [seˈxax] thatch, covering
סַכָּךְ ז [saˈkax] thatcher
סִכֵּךְ פ״י [siˈkex] to screen, cover, thatch
סְכָכָה נ [sexaˈxa] 1 awning, cover. 2 thatch. 3 shed
סָכָל ז [saˈxal] fool
סָכַל פ״י [saˈxal] to be ignorant
סֶכֶל ז [ˈsexel] stupidity, folly, foolishness
סִכֵּל פ״י [siˈkel] 1 to frustrate, thwart. 2 to make foolish
סִכְלוּת נ [sixˈlut] foolishness, stupidity
סָכַם פ״י [saˈxam] 1 to count, add, total. 2 to integrate
סֶכֶם ז [ˈsexem] sum, total
סִכֵּם פ״י [siˈkem] 1 to add up, total. 2 to summarize, conclude
סְכֵמָה נ [ˈsxema] outline, scheme,

pattern, plan
סְכֵמָתִי ת [sxe'mati] according to a pattern, schematic
סָכַן פ״ע [sa'xan] to avail, be of use
סִכֵּן פ״י [si'ken] to risk, endanger, imperil
סַכָּנָה נ [saka'na] danger, peril, hazard
סַכָּנַת נְפָשׁוֹת mortal danger
סִכְסוּךְ ז [six'sux] 1 dispute, conflict. 2 quarrel, feud, argument
סַקְסוֹפוֹן ז [sakso'fon] saxophone
סִכְסָךְ ז [six'sax] zig-zag
סִכְסֵךְ פ״י [six'sex] 1 to cause rift, feud. 2 to embroil, entangle
סַכְסְכָן ז [saxse'xan] troublemaker
סַכְסְכָנוּת נ [saxsexa'nut] intrigue, troublemaking
סַכְסְכָנִי ת [saxsexa'ni] provocative
סַכְסָן ת [sax'san] bemused, confused, bewildered
סָכַף פ״י [sa'xaf] to afflict, maltreat, weaken
סָכַר פ״י [sa'xar] 1 to shut, close. 2 to dam. 3 to hire
סַכָּר ז [sa'kar] dam-builder, lock-constructor
סֶכֶר ז ['sexer] 1 dam. 2 weir, lock
סִכֵּר פ״י [si'ker] 1 to stop up, block. 2 to deliver. 3 to coat with sugar
סֻכָּר ז [su'kar] sugar
סֻכָּר דַּק granulated sugar
סֻכַּר חָלָב lactose
סֻכְרָזִית נ [sukra'zit] sugar substitute, sweetener (Registered Trade Name)
סֻכָּרִיָּה נ [sukari'ya] sweet, candy
סָכָרִין ז [saxa'rin] saccharine
סֻכֶּרֶת נ [su'keret] diabetes
סָכַת פ״י [sa'xat] to hear, listen, hearken

סִכַּת בִּטָּחוֹן safety-pin
סִכַּת רֹאשׁ hairpin
סַל ז [sal] basket
סַל הַמַּטְבְּעוֹת currency basket
סַל מַחְרֶשֶׁת frying basket
סִלָּא פ״י [si'la] 1 to weigh. 2 to value, evaluate. 3 to assess, appraise
סָלַד פ״ע [sa'lad] 1 to recoil, shrink from, spurn. 2 to exult. 3 to be scalded
סֶלֶד ז ['seled] 1 praise. 2 salute
סִלֵּד פיו״ע [si'led] to recoil, jump back
סָלָה פ״י [sa'la] to abhor, deprecate, condemn
סֶלָה מ״ק תה״פ ['sela] 1 Selah!. 2 forever
סִלָּה פ״י [si'la] 1 to abhor, despise. 2 to trample, subdue
סִלּוּד ז [si'lud] 1 reverence, awe. 2 praise, esteem
סָלוּחַ ת [sa'lu'ax] forgiven, pardoned
סָלוּט ז [sa'lut] salute
סְלָבִי ת ['slavi] Slavic
סָלוּל ת [sa'lul] paved
סִלּוּל ז [si'lul] 1 paving. 2 forging a path
סְלוּלָה נ [selu'la] small basket
סִלּוּם ז [si'lum] modulation, transposition (mus.)
סָלוֹן ז [sa'lon] 1 livingroom, salon. 2 saloon
סַלּוֹן, סִלּוֹן ז [sa'lon] thorn, zilla
סָלוּעַ ת [sa'lu'a] rocky, stony
סָלוּף ת [sa'luf] adulterated, false, discordant, distorted
סִלּוּף ז [si'luf] 1 distortion, garbling, perversion. 2 sin, trespass
סִלּוּק ז [si'luk] 1 removal, clearing out. 2 payment, discharge. 3 clearance. 4 departure. 5 decease

סְלוּקִין ז״ר [siluˈkin] clearing
סָלַח פ״י [saˈlax] to pardon, forgive
סַלָּח ז [saˈlax] 1 forgiver. 2 composer (penitential hymns)
סַלְחָן, סַלְחָן ז [salˈxan] 1 forgiving, clement, merciful. 2 pardoner
סַלְחָנוּת נ [salxaˈnut] forgivingness, leniency
סַלְחָנִי ת [salxaˈni] forgiving, lenient, clement
סָלָט ז [saˈlat] 1 salad. 2 unmatched assortment
סְלִידָה נ [seliˈda] 1 revulsion, aversion, repugnance. 2 heartburn
סֻלְיָה נ [sulˈya] sole (shoe)
סְלִיחָה מ״ק נ [seliˈxa] 1 forgiveness, pardon. 2 penitential prayer
סְלִיל ז [slil] 1 coil, spool, bobbin, reel. 2 groove screw
סְלִילָה נ [seliˈla] 1 paving, road building. 2 winding. 3 small basket
סְלִילִי ת [seliˈli] spiral, coiled
סְלִיק ז [slik] hiding place
סָלַל פ״י [saˈlal] 1 to pave, build a road. 2 to compress. 3 to extol, praise
סִלֵּם פ״י [siˈlem] to modulate, transpose
סֻלָּם ז [suˈlam] 1 ladder. 2 scale, key, mode. 3 tacking stitch. 4 grading
סַלְמוֹן ז [salˈmon] salmon
סְלֶנְג ז [sleng] slang, jargon
סְלֶנְגִּי ת [ˈslengi] slangy, colloquial
סִלְסוּל ז [silˈsul] 1 curling, waving. 2 trill, tremolo. 3 praise, regard, esteem
סִלְסֵל פ״י [silˈsel] 1 to curl, wave. 2 to trill. 3 to extol, praise

סַלְסָלָה נ [salsaˈla] muslin, crepe
סַלְסִלָּה נ [salsiˈla] 1 small basket. 2 shoot, small twig. 3 paper cup
סֶלַע ז [ˈsela] 1 rock, cliff. 2 boulder, crag. 3 Sela (coin)
סֶלַע הַמַּחֲלֹקֶת point of discord, bone of contention
סֶלַע מְדִינָה small sela (coin)
סִלַּע פ״י [siˈla] to petrify, turn into rock
סַלְעִי ת [salˈʼi] rocky, stony, craggy
סַלְעִיּוּת נ [salʼiˈyut] rockiness, hardness
סַלְעִית נ [salˈʼit] wheatear (bird)
סָלְעָם ז [solˈʼam] locust
סֶלֶף ז [ˈselef] 1 perversion, perversity. 2 distortion, falsification
סִלֵּף פ״י [siˈlef] 1 to distort, falsify. 2 to pervert, corrupt
סַלְפִּיד ז [salˈpid] trumpet
סַלְפִית נ [salˈfit] falsetto
סַלְפָן ז [salˈfan] 1 swindler, cheat. 2 corrupter, perverter
סַלְפָנוּת נ [salfaˈnut] 1 distortion, falsification. 2 misrepresentation
סַלְפָנִי ת [salfaˈni] distorting, deceptive
סֶלֶק ז [ˈselek] beetroot, beet
סֶלֶק בְּהֵמוֹת turnip, fodder
סֶלֶק סֻכָּר sugar beet
סִלֵּק פ״י [siˈlek] 1 to remove, clear, take away. 2 to dismiss. 3 to discharge, pay off. 4 to expel
סַלְקָה נ [salˈka] natural sign (mus.)
סֶלֶקְטִיבִי ת [selekˈtivi] selective
סִלְקָנִית נ [silkaˈnit] borscht
סֶלֶקְצְיָה נ [seˈlektsya] selection
סֹלֶת נ [ˈsolet] 1 semolina. 2 the pick, the best
סַלָּת ז [saˈlat] flour-dealer
סִלֵּת פ״י [siˈlet] 1 to sift. 2 to select,

pick

סָלְתּוֹ וְשַׁמְנוֹ the choicest, the best

סַלְתָּנִית נ [salta'nit] sprat

סַם ז [sam] 1 drug. 2 toxin, poison. 3 spice, perfume

סַם חַיִּים elixir of life, healing drug

סַם מָוֶת deadly poison

סַם רְפוּאָה medicament, medicine

סַם שֶׁכְּנֶגֶד antitoxin, antidote

סִמֵּא פ״י [si'me] 1 to blind, blindfold, blinker. 2 to dazzle

סִמָּאוֹן ז [sima''on] blindness

סַמָּאֵל ז [sama''el] Sammael, Satan

סִמְבּוֹלִיזְם ז [simbo'lizem] symbolism

סִמְבּוֹלִיקָה נ [sim'bolika] symbolics

סַמְבּוּק ז [sam'buk] elderberry, elder tree

סַמְבַּטְיוֹן ז [sambat'yon] Sambatyon

סִמְבְּיוֹזָה נ [simb'yoza] symbiosis

סְמָדַר ז [sema'dar] blossom, bud

סִמָּה פ״י [si'ma] to blind, blindfold

סָמוּי ת [sa'muy] 1 hidden, concealed, unseen. 2 latent. 3 invisible, occult. 4 undercover

סִמּוּי ז [si'muy] blindfolding, blinkering

סָמוּךְ ת [sa'mux] 1 adjacent, close, near. 2 neighbo(u)ring, bordering. 3 dependent. 4 leaning. 5 graduate

סָמוּךְ וּבָטוּחַ entirely convinced, absolutely sure

סָמוּךְ עַל שֻׁלְחָנוֹ dependent on someone

סָמוֹךְ ז, סָמוֹכָה נ [sa'mox] 1 support, prop. 2 strut. 3 stay

סִמּוּךְ ז [si'mux] supporting

סִמּוּכִין ז״ר [simu'xin] 1 reference. 2 precedent. 3 supportive evidence

סִמּוּל ז [si'mul] symbolization

סָמוּם ת ז [sa'mum] samoom, severe sandstorm

סִמּוּם ז [si'mum] poisoning, drugging

סִמּוּן ז [si'mun] 1 marking, indication. 2 notation

סָמוּק ת [sa'muk] 1 flushed, reddish, red. 2 crimson, scarlet

סָמוּר ת [sa'mur] 1 stiff, bristly. 2 hard

סַמּוּר ז [sa'mur] weasel, polecat

סִמּוּר ז [si'mur] 1 nailing. 2 bristling. 3 stiffening

סֶמֶט ז ['semet] furuncle, boil

סִמְטָה נ [sim'ta] 1 backstreet. 2 alley, lane. 3 furuncle, boil

סִמֶטְרִי ת [si'metri] symmetrical

סִמֶטְרִיָּה נ [si'metriya] symmetry

סַמֶּטֶת נ [sa'metet] furunculosis, attack of boils

סַמִּי מִכָּאן abolished, canceled

סָמִיד ז [sa'mid] semolina, fine flour

סַמְיוּת נ [sam'yut] blindness

סַמְיוּת לֵב stupidity, foolishness

סַמְיוּת עֵינַיִם 1 ignorance. 2 lack of understanding

סָמִיךְ ת [sa'mix] thick, dense

סְמִיכָה נ [semi'xa] 1 dependence, support. 2 leaning. 3 ordaining, ordination. 4 graduation, qualification

סְמִיכוּת נ [semi'xut] 1 ordination. 2 construct state (noun). 3 proximity. 4 density

סַמִּים מְשַׁכְּרִים narcotics, narcotic drugs

סֶמִינָר ז [semi'nar] seminary, teachers' college

סֶמִינַרְיוֹן ז [seminar'yon] seminar

סֶמִינַרְיוֹנִי ת [seminar'yoni] of a seminar

סֶמִינָרִיסְט ז [semina'rist] student at a seminary, trainee teacher

סָמִיק ת [sa'mik] garnet, reddish, purple
סְמִיקוּת נ [semi'kut] redness, blush
סָמִיר ת [sa'mir] bristly, stiff
סָמַךְ פ״י [sa'max] 1 to assist. 2 to rely on. 3 to support, sustain. 4 to authorize, confirm. 5 to bring near
סָמַךְ יָדוֹ עַל- to empower, authorize
סָמַךְ עָלָיו to rely on someone
סָמֶךְ ז ['samex] Samekh, fifteenth letter of Hebrew alphabet
סֶמֶךְ ז ['semech] 1 support. 2 fulcrum. 3 supporting evidence
סִמֵּךְ פ״י [si'mex] to support, encourage
סַמְכוּת נ [sam'xut] 1 authority, power, competence. 2 jurisdiction, authorization
סַמָּל ז [sa'mal] sergeant
סֵמֶל, סֶמֶל ז ['semel] 1 emblem, badge. 2 symbol. 3 image, likeness. 4 epitome
סִמֵּל פ״י [si'mel] 1 to symbolize. 2 to signify, exemplify
סִמְלוֹן ז [sim'lon] 1 harness, collar. 2 yoke. 3 small badge
סִמְלִי ת [sim'li] symbolic, token
סִמְלִיּוּת נ [simli'yut] symbolism
סִמְלִיל-לוֹגוֹ logo-type
סַמֶּלֶת נ [sa'melet] sergeant (f)
סִמֵּם פ״י [si'mem] to drug, poison
סְמָמִית נ [sema'mit] lizard
סַמְמָן ז, סַמְמָנִית נ [same'man] 1 effect. 2 indication, evidence, symptom. 3 drug
סַמָּן ז [sa'man] 1 marker. 2 cursor. 3 drug, perfume
סִמֵּן פ״י [si'men] to mark, indicate
סֶמַנְטִי ת [se'manti] semantic
סֶמַנְטִיקָה נ [se'mantika] semantics
סֶמֶסְטֶר ז [se'mester] semester, term
סִמְפּוֹן ז [sim'pon] 1 bronchial tube. 2 agreement. 3 codicil
סִמְפּוֹנוֹן ז [sinpo'non] bronchiole
סִמְפּוֹנִית נ [simpo'nit] alveolus
סִמְפוֹנִי ת [sim'foni] symphonic
סִמְפוֹנְיָה נ [sim'fonya] symphony
סִמְפְּטוֹמָטִי ת [simpto'mati] symptomatic
סִמְפָּתִי ת [sim'pati] likable, likeable, friendly
סָמַק פ״י [sa'mak] to blush, be red
סִמֵּק פ״י [si'mek] to redden, flush
סֹמֶק ז ['somek] blush, redness
סָמָר ז ת [sa'mar] 1 bristly, stiff-haired. 2 juncus (plant)
סָמַר פ״ע [sa'mar] 1 to stiffen, bristle. 2 to nail, fasten
סִמֵּר פ״י [si'mer] 1 to stiffen, harden. 2 to nail, rivet
סִמְרוּר ז [sim'rur] riveting, nailing
סְמַרְטוּט ז [smar'tut] 1 rag. 2 worthless thing
סְמַרְטוּטִי ת [smartu'ti] 1 ragged, torn. 2 worthless, rotten
סְמַרְטוּטָר ז [smartu'tar] rag merchant
סְמַרְמָר ז [smar'mar] tack, small sail
סִמְרֵר פ״י [sim'rer] 1 to rivet. 2 to terrify
סַמְתֵּר ז [sam'ter] plaster, small dressing
סֵן ז [sen] tooth
סִנְאוֹפְּטִי ת [sin'’opti] synoptic
סְנָאִי ז [sna'’i] squirrel
סַנְגְּוִינִי ת [sang'vini] sanguine
סָנֵגוֹר ז [sane'gor] advocate, pleader, defense counsel
סִנְגּוּר ז [sin'gur] defence
סָנֵגוֹרְיָה נ [sane'gorya] defence (legal)
סִנְגֵּר פ״ע [sin'ger] to conduct legal defence, plead for

[sentimen'tali] sentimental סֶנְטִימֶנְטָלִי ת

[sentimen'taliyut] sentimentality סֶנְטִימֶנְטָלִיּוּת נ

[sin'takti] syntactic סִנְטַכְּטִי ת

[san'tar] 1 sentinel, watchman. 2 surveyor סַנְטָר ז

[san'ter] chin סַנְטֵר ז

[seni'ta] 1 mocking. 2 vexing, annoying, teasing סְנִיטָה נ

[sani'tatsya] sanitation סָנִיטַצְיָה נ

[sani'tar] 1 public health official. 2 hospital orderly סָנִיטָר ז

[sani'tari] sanitary סָנִיטָרִי ת

[snif] 1 branch. 2 addition סְנִיף ז

[sni'ka] 1 supply, delivery. 2 push סְנִיקָה נ

[sin'krun] synchronization סִנְכְּרוּן ז

[sin'kroni] synchronic סִנְכְּרוֹנִי ת

[sin'kren] to synchronize סִנְכְּרֵן פ"י

[si'nen] 1 to filter, strain. 2 to mutter סִנֵּן פ"י

[san'san] twig of palm tree סַנְסַן ז

[sen'satsya] sensation, scandal סֶנְסַצְיָה נ

[sensats'yoni] sensational, scandalous סֶנְסַצְיוֹנִי ת

[sa'naf] to affiliate, attach, annex סָנַף, סִנֵּף פ"י

[sna'pir] fin סְנַפִּיר ז

[snapiri'non] sapphire סְנַפִּירִינוֹן ז

[snapi'rit] hydrofoil סְנַפִּירִית נ

[sa'nak] 1 to repel, push away. 2 to supply, deliver סָנַק פ"י

['senek] push, thrust סֶנֶק ז

[si'nek] to push, thrust away סִנֵּק פ"י

['sanktsya] sanction סַנְקְצִיָּה נ

[sin'ker] to slap, punch סִנְקֵר פ"י

[si'nar] 1 apron, pinafore. 2 girdle, belt. 3 bib, tucker סִנָּר ז

[si'ner] to put on an apron סִנֵּר פ"י

['sendvitsh] sandwich סֶנְדְוִיץ' ז

[sindi'kat] 1 syndicate. 2 trust סִנְדִּיקָט ז

[san'dal] 1 sandal. 2 flatfish, sole. 3 horseshoe סַנְדָּל ז

[sin'del] to sandal, to shackle (vehicle) סִנְדֵּל פ"י

[sand'lar] shoemaker, cobbler סַנְדְּלָר ז

[sandla'rut] shoemaking סַנְדְּלָרוּת נ

[sandlari'ya] shoemaker's workshop סַנְדְּלָרִיָּה נ

[san'dak] 1 godfather. 2 sponsor סַנְדָּק ז

[sin'dek] 1 to godfather. 2 to sponsor. 3 to act as 'sandak' סִנְדֵּק פיו"ע

[sandaka''ut] 1 sponsorship. 2 function of a 'sandak' סַנְדְּקָאוּת נ

[sne] bush, thornbush סְנֶה ז

[sanhed'rin] 1 Sanhedrin. 2 Talmudic tractate סַנְהֶדְרִין נ

['snobi] snobbish סְנוֹבִּי ת

['snobiyut] snobbery, snobbishness סְנוֹבִּיּוּת נ

[sin'vur] dazzling, blinding סִנְווּר ז

[si'nun] filtering, straining סִנּוּן ז

[senu'nit] swallow סְנוּנִית נ

[si'nuf] affiliation, attachment סִנּוּף ז

[sa'nuf] affiliated סָנוּף ת

[sno'keret] punch סְנוֹקֶרֶת נ

[sin'ver] to dazzle, blind סִנְוֵר פ"י

[si'nor] apron, pinafore סִנּוֹר ז

[sanve'rim] 1 blindness. 2 blinding light, glare סַנְוֵרִים ז"ר

[san'veret] visor סַנְוֶרֶת נ

[sa'nat] 1 to sneer, scoff, mock. 2 to irritate, annoy, tease סָנַט פ"ע

[se'nat] senate סֶנָט ז

[sent] cent סֶנְט ז

[se'nator] senator סֶנָטוֹר ז

סִנְתּוּז ז [sin'tuz] synthesis
סִנְתֵּז פ״י [sin'tez] to synthesize
סִנְתֶּזָה נ [sin'teza] synthesis
סִנְתֶּטִי ת [sin'teti] synthetic
סָס ז [sas] moth
סַסְגּוֹן ז [sas'gon] variety of colors
סַסְגּוֹנִי ת [sasgo'ni] variegated, multicolo(u)red
סַסְגּוֹנִיּוּת נ [sasgoni'yut] variety of colo(u)rs, multicoloring
סִסְגֵּן פ״י [sis'gen] to variegate
סָעַד פ״י [sa'ʼad] 1 to sustain, support, succour. 2 to dine, eat
סָעַד אֶת לִבּוֹ to eat one's fill
סַעַד ז ['sa'ad] 1 support, assistance, help. 2 welfare, succour
סִעֵד פ״י [si'ʼed] to assist, aid
סְעֻדָּה נ [se'u'da] meal, feast, repast
סָעָה פ״ע [sa'ʼa] 1 to make a noise. 2 to rush forth
סִעוּד ת [si'ʼud] support, assistance
סִעוּדִי ת [si'u'di] 1 requiring special nursing. 2 auxiliary
סִעוּף ז [si'ʼuf] 1 ramification. 2 paragraphing, subdivision. 3 lopping off
סָעוּר ת [sa'ʼur] stormy, windswept
סָעִיף ז [sa'ʼif] 1 paragraph, section. 2 article, item. 3 branch, fissure
סְעִיפוֹן ז [se'i'fon] subsection
סְעִירָה נ [se'i'ra] storm, tempest, gale
סַעַף ז ['sa'af] 1 distribution. 2 ramification
סָעֵף נ [sa'ʼef] dilemma, divided opinion
סֵעֵף ז פ״י [se'ʼef] 1 vacillator, waverer. 2 to lop branches. 3 to divide into paragraphs
סְעַפָּה נ [se'a'pa] 1 branch. 2 section
סַעֶפֶת נ [sa'ʼefet] manifold

סָעַר פ״ע [sa'ʼar] 1 to storm. 2 to rage, be agitated
סַעַר ז ['sa'ar] 1 storm, tempest. 2 tumult, trouble, agitation
סֵעֵר פ״י [se'ʼer] to disperse, scatter
סְעָרָה נ [se'a'ra] 1 storm, tempest. 2 agitation. 3 storming, assault
סַעֲרָנִי ת [sa'ara'ni] tempestuous
סָף פ״ע [saf] to perish, end
סַף ז [saf] 1 threshold, sill, verge. 2 bowl, basin
סַף הַהַכָּרָה limen, threshold of perception
סַף הַחַלּוֹן window sill
סָפַג פ״י [sa'fag] 1 to absorb. 2 to sponge, blot
סָפַג מַכּוֹת to take a beating, be thrashed
סַפָּג ז [sa'pag] absorber
סִפֵּג פ״י [si'peg] to dry up
סֻפְגָּן ז [suf'gan] sponge cake
סַפְגָנִי ת [safga'ni] 1 absorbent. 2 receptive
סֻפְגָּנִיָּה נ [sufgani'ya] doughnut
סָפַד פ״ע [sa'fad] to mourn, lament, bewail
סֶפֶד ז ['sefed] lamentation, wailing, mourning
סַפְדָן ז [saf'dan] mourner, wailer, lamenter
סָפָה פיו״ע [sa'fa] 1 to destroy. 2 to perish, die. 3 to add, augment. 4 to feed
סַפָּה נ [sa'pa] sofa, couch, divan
סָפוּג ת [sa'fug] saturated, soaked, steeped
סְפוֹג ז [sfog] sponge, absorbent material
סִפּוּג ז [si'pug] absorbing, soaking up
סְפוֹגִי ת [sfo'gi] absorbent, sponge-

absorbability
[sefi'da] lamenting, mourning נ סְפִידָה
[sefi'ya] feeding, fattening נ סְפִיָּה
[sa'fiy'ax] 1 aftergrowth, accretion. 2 eroded soil ז סָפִיחַ
[sefi'xa] absorption נ סְפִיחָה
[sa'fin] panel ז סָפִין
[sefi'na] ship, vessel, boat נ סְפִינָה
[sfinks] sphinx ז סְפִינְכְּס
airship, flying-boat סְפִינַת אֲוִיר
tugboat סְפִינַת גְּרָר
freighter סְפִינַת מַשָּׂא
1 hovercraft. 2 hydrofoil סְפִינַת רַחַף
[sefi'ka] 1 supply. 2 flow, discharge. 3 capacity. 4 sufficiency. 5 clapping, knocking. 6 need נ סְפִיקָה
clapping of hands סְפִיקַת כַּפַּיִם
[sa'fir] 1 countable. 2 counting ת ז סָפִיר
[sa'pir] 1 lapis lazuli. 2 sapphire ז סַפִּיר
[sfir] kidney bean ז סְפִיר
[sefi'ra] 1 sphere. 2 counting, numeration. 3 era, period נ סְפִירָה
[sefi'rut] countability נ סְפִירוּת
[spirt] alcohol, spirit ז סְפִּירְט
[sapi'ri] 1 transparent. 2 sapphire-like ת סַפִּירִי
[spi'rali] spiral ת סְפִּירָלִי
counting of the Omer סְפִירַת הָעֹמֶר
['sefel] 1 cup, mug. 2 bowl, basin ז סֵפֶל
[saf'lul] 1 small cup. 2 acorn ז סַפְלוּל
[sif'lon] small cup ז סִפְלוֹן
[sa'fan] 1 to cover with panelling. 2 to hide. 3 to hono(u)r, value פ״י סָפַן
[sa'pan] sailor, seaman ז סַפָּן
['sefen] mystery ז סֶפֶן
[sapa'nut] 1 seamanship. נ סַפָּנוּת

like
[sfogi'yut] sponginess, absorptiveness נ סְפוֹגִיּוּת
[sfoga'ni] spongy, aerated ת סְפוֹגָנִי
[si'pu'ax] 1 annexation. 2 attachment, adjunction ז סִפּוּחַ
[sa'fun] 1 hidden, latent. 2 covered, sealed, roofed ת סָפוּן
[si'pun] deck (ship) ז סִפּוּן
[sipu'nai] deck-hand ז סִפּוּנַאי
['spondʒa] floor-washing נ סְפּוֹנְגָ'ה
[spon'tani] spontaneous ת סְפּוֹנְטָנִי
[spon'taniyut] spontaneity נ סְפּוֹנְטָנִיּוּת
[si'puk] 1 doubt, hesitation. 2 supplying, purveying. 3 satisfaction, contentment ז סִפּוּק
[sa'fur] numbered, counted ת סָפוּר
[si'pur] story ז סִפּוּר
[spo'radi] sporadic ת סְפּוֹרָדִי
[sfo'ra] 1 number. 2 measure, counting נ סְפוֹרָה
[sport] sport ז סְפּוֹרְט
[spor'tai] sportsman ז סְפּוֹרְטַאי
[spor'tivi] sporting, connected with sport ת סְפּוֹרְטִיבִי
[sipu'ri] narrative ת סִפּוּרִי
[sipuri'yut] story atmosphere נ סִפּוּרִיּוּת
[sa'fut] full, replete ת סָפוּת
[sa'fax] to annex, attach, defend פ״י סָפַח
['sefax] 1 addition, attachment, appendage. 2 attached slip ז סֶפַח
[si'pax] to annex, attach, appropriate פ״י סִפַּח
[sa'paxat] scabies נ סַפַּחַת
[sep'tember] September ז סֶפְּטֶמְבֶּר
[sa'fig] 1 absorbable. 2 absorbent ת סָפִיג
[sefi'ga] 1 absorption. 2 blotting נ סְפִיגָה
[sefi'gut] absorbency, נ סְפִיגוּת

2 sailing, shipping

[spanyo'lit] Ladino (Jewish Spanish dialect) סְפַנְיוֹלִית נ

[sif'suf] late-ripening fruit סִפְסוּף ז

[sif'sur] speculation, profiteering סִפְסוּר ז

[saf'sal] bench סַפְסָל ז

[sif'sef] 1 to trim, cut hair. 2 to singe, burn סִפְסֵף פ״י

[saf'sar] 1 middleman, agent. 2 speculator, profiteer סַפְסָר ז

[sif'ser] 1 to speculate, profiteer. 2 to mediate סִפְסֵר פ״ע

[safsa'rut] 1 speculation, profiteering. 2 mediation. 3 black-market dealing סַפְסָרוּת נ

[safsa'ri] speculative, profiteering סַפְסָרִי ת

[spetsya'list] specialist סְפֶּצְיָלִיסְט ז

[spe'tsifi] specific סְפֶּצִיפִי ת

[spe'tsifiyut] specificness סְפֶּצִיפִיּוּת נ

[spetsifi'katsya] specification סְפֶּצִיפִיקַצְיָה נ

[sa'fak] 1 to clap. 2 to strike. 3 to suffice, be sufficient סָפַק פיו״ע

to clap hands (in sorrow) סָפַק כַּפָּיו

[sa'pak] 1 supplier, purveyor. 2 distributor סַפָּק ז

[sa'fek] 1 doubt. 2 dilemma סָפֵק ז

['sefek] 1 ability, capacity. 2 sufficiency, abundancy סֶפֶק ז

[si'pek] 1 to supply. 2 to satisfy, please, fulfil. 3 to clap. 4 to connect סִפֵּק פ״י

[sefe'kut] doubtfulness, misgiving, uncertainty סְפֵקוּת נ

[saf'kan] skeptic סַפְקָן ז

[safka'nut] 1 skepticism. 2 doubt, incredulity סַפְקָנוּת נ

[sefeka'nut] skepticism סְפֵקָנוּת נ

[safka'ni] 1 doubtful, hesitant. 2 skeptical, unbelieving סַפְקָנִי ת

[sa'far] to count, enumerate סָפַר פ״י

[sa'par] hairdresser, barber סַפָּר ז

['sefer] 1 book. 2 volume. 3 ledger. 4 letter, epistle, document סֵפֶר ז

Book of the Covenant סֵפֶר הַבְּרִית

genealogy, family tree סֵפֶר הַיַּחַשׂ

1 diary, memoirs. 2 notebook סֵפֶר זִכְרוֹנוֹת

ledger, account book סֵפֶר חֶשְׁבּוֹנוֹת

divorce, bill of divorce סֵפֶר כְּרִיתוּת

1 manual, handbook. 2 reference book סֵפֶר עֵזֶר

study book, reference book סֵפֶר שִׁמּוּשׁ

[sfar] 1 tally, counting, census. 2 border, frontier סְפָר ז

[si'per] 1 to tell, relate, narrate. 2 to talk. 3 to cut (hair) סִפֵּר פ״י

[saf'ra] 1 scholar. 2 writer, author סַפְרָא ז

[sefa'rad] Spain, Sepharad סְפָרַד נ

[sfara'di] 1 Sephardic. 2 Spanish. 3 Spaniard סְפָרַדִּי ת ז

[sif'ra] 1 numeral, figure, number. 2 digit, cypher. 3 book סִפְרָה נ

['sfera] sphere סְפֵירָה נ

[sif'ron] booklet, pamphlet, brochure סִפְרוֹן ז

[sif'rur] numbering, numeration סִפְרוּר ז

[sif'rut] literature סִפְרוּת נ

belles lettres, fiction סִפְרוּת יָפָה

[sapa'rut] hairdressing סַפָּרוּת נ

[sifru'ti] literary סִפְרוּתִי ת

Gospel סִפְרֵי הַבְּשׂוֹרָה

[sifri'ya] library סִפְרִיָּה נ

Apocrypha סְפָרִים גְּנוּזִים, חִיצוֹנִיִּים

[saf'ran] librarian סַפְרָן ז
[safra'nut] librarianship סַפְרָנוּת נ
[sif'rer] to number סִפְרֵר פ״י
[si'poret] 1 prose. 2 fiction סִפֹּרֶת נ
science fiction סִפֹּרֶת מַדָּע
[sifra'ti] digital סִפְרָתִי ת
[sa'fat] 1 to cut, slice. 2 to season, prepare. 3 to feed, stuff סָפַת פ״י
['stsena] scene סְצֵנָה נ
[sak] 1 sack. 2 sackcloth סַק ז
[sa'kai] sack-maker סַקַּאי ז
[si'kev] to wound, hurt סִקֵּב פ״י
[sa'kud] punished, wounded סָקוּד ת
[si'kud] wounding, punishment סִקּוּד ז
[si'kul] clearing of stones סִקּוּל ז
[skup] scoop (journalistic) סְקוּפּ
[seku'fa] threshold סְקוּפָּה נ
[sa'kur] 1 surveyed. 2 reviewed. 3 uncovered סָקוּר ת
[si'kur] 1 glance, look. 2 survey, review. 3 coverage סִקּוּר ז
['sektor] sector סֶקְטוֹר ז
[seki'la] stoning סְקִילָה נ
['skitsa] sketch, outline סְקִיצָה נ
[seki'ra] 1 survey, review. 2 glance, look סְקִירָה נ
[sa'kal] 1 to stone. 2 to execute by stoning סָקַל פ״י
[si'kel] to clear of stones סִקֵּל פ״י
['skala] scale סְקָלָה נ
[skle'roza] sclerosis סְקְלֶרוֹזָה נ
[skan'dal] scandal סְקַנְדָּל ז
[seksu''ali] sexual סֶקְסוּאָלִי ת
['skepti] skeptical סֶקְפְּטִי ת
['skeptiyut] skepticism סֶקְפְּטִיּוּת נ
['sektsiya] section סֶקְצְיָה נ
[sa'kar] 1 to review, survey. 2 to explore. 3 to glance, look. 4 to paint red סָקַר פ״י
['seker] 1 survey, review. 2 exploration סֶקֶר ז
sample survey סֶקֶר מִדְגָּמִי
[si'ker] 1 to review, survey. 2 to paint red סִקֵּר פ״י
[sik'ra] rouge סִקְרָה נ
[sak'ran] curious, inquisitive סַקְרָן ז
[sik'ren] to intrigue, arouse curiosity סִקְרֵן פ״י
[sakra'nut] curiosity, inquisitiveness סַקְרָנוּת נ
[sakra'ni] curious, inquisitive סַקְרָנִי ת
['skertso] scherzo סְקֶרְצוֹ ז
[si'koret] review סִקֹּרֶת נ
[sar] 1 to deviate, turn aside, go away. 2 to drop in, call in. 3 to digress סָר פ״ע
[sar] sullen, morose, dispirited, ill-humo(u)red סַר ת
dejected, depressed סַר וְזָעֵף
without taste, vulgar סַר טַעַם
[sa'rav] 1 thorn, briar. 2 rebel סָרָב ז
[se'rav] 1 to refuse, decline. 2 to urge, implore סֵרַב פ״ע
['serev] refusal, rebellion, obstinacy סֶרֶב ז
[sir'bul] 1 awkwardness, clumsiness. 2 clumsy wrapping סִרְבּוּל ז
[sar'bal] 1 overall. 2 mantle סַרְבָּל ז
[sir'bel] 1 to wrap up heavily. 2 to make cumbersome, awkward סִרְבֵּל פ״י
[sir'bolet] clumsiness, ungainliness סִרְבֹּלֶת נ
[sar'van] 1 objector. 2 obstinate, stubborn, uncompliant סַרְבָן ז ת
[sarva'nut] 1 disobedience. 2 obstinacy, recalcitrance סַרְבָנוּת נ
[sarva'ni] 1 disobedient. 2 obstinate, recalcitrant סַרְבָנִי ת

סָרָג ז [sa'rag] 1 knitter, plaiter. 2 weaver
סָרַג פ״י [sa'rag] 1 to knit. 2 to plait, weave
סֵרַג פ״י [se'rag] 1 to alternate. 2 to knit, plait. 3 to interlace, intertwine
סֶרֶג ז ['sereg] darning, pack-saddle
סֹרֶג ז ['soreg] grid, rack
סְרֻגָּה נ [sur'ga] 1 knitting. 2 sweater
סִרְגּוּל ז [sir'gul] ruling, delineation
סַרְגֵּל ז [sar'gel] ruler
סִרְגֵּל פ״י [sir'gel] 1 to rule. 2 to level
סַרְדְּיוֹט ז [sar'dyot] officer, captain
סַרְדִּין ז [sar'din] sardine
סָרָה נ [sa'ra] rebellion, revolt, transgression
סִרְהֵב פ״י [sir'hev] to urge, press, importune, hasten
סִרְהוּב ז [sir'huv] insistence, urging
סֵרוּב ז [se'ruv] refusal
סָרוּג ת [sa'rug] knitted
סֵרוּג ז [se'rug] knitting, plaiting, interweaving
סֵרוּגִין תה״פ [seru'gin] alternation, intermittence
סָרוּחַ ת [sa'ru'ax] 1 stinking, putrid. 2 sinning, corrupt. 3 stretched, sprawling
סֵרוּחַ ז [se'ru'ax] stink, stench, bad smell
סָרוּט ת [sa'rut] scratched
סָרוּךְ ת [sa'rux] 1 attached, tied. 2 adherent
סֵרוּס ז [se'rus] 1 castration, gelding, emasculation. 2 jumbling, muddle
סֵרוּסִין תה״פ [seru'sin] confusedly, irregularly
סָרוֹק ז [sa'rok] comber, carder
סָרוּק ת [sa'ruk] combed, carded
סֵרוּק ז [se'ruk] combing
סֵרוֹר ז [se'ror] 1 stubbornness, contumacy. 2 rebelliousness
סָרַח פיו״ע [sa'rax] 1 to stink, smell. 2 to sin, be corrupt. 3 to betray. 4 to overhang, dangle. 5 to scratch, lacerate
סֶרַח ז ['serax] 1 stink, stench. 2 sin, transgression. 3 overhang. 4 margin
סִרְחוֹן ז [sir'xon] 1 stink, stench. 2 transgression, offence
סַרְחָן ז [sar'xan] 1 stinker. 2 sinner, transgressor
סֻרְחָן ז [sur'xan] 1 corruption, sin. 2 stench
סָרַט פ״י [sa'rat] 1 to scratch, scrape. 2 to incise, groove
סֶרֶט ז ['seret] 1 strip, band. 2 tape. 3 ribbon. 4 tag. 5 film, movie. 6 incision, scratch
סֶרֶט אַט־נוֹעִי slow motion film
סֶרֶט דּוֹלֵג־זְמַן time-lapse photograph
סֶרֶט נָע conveyor belt
סִרְטוּט ז [sir'tut] draft, outline, sketch, design
סִרְטוּן ז [sir'tun] causing of cancer
סִרְטוֹן ז [sir'ton] 1 short film. 2 film-strip
סַרְטָט ז [sar'tat] draftsman, draughtsman
סִרְטֵט פ״י [sir'tet] to sketch, design, draw
סִרְטִיָּה נ [sirti'ya] film library
סֶרְטִיפִיקָט ז [sertifi'kat] certificate
סַרְטָן ז [sar'tan] 1 crab. 2 cancer. 3 carcinoma
סַרְטָנִי ת [sarta'ni] cancerous
סְרִי ז [se'ri] 1 stink, stench. 2 sin, offence
סָרִיג ז [sa'rig] 1 lattice, network, grid.

[sarsa'rut] mediation, brokery סַרְסָרוּת נ
[sar''af] thought, idea סַרְעָף ז
[sar'a'pa] branch, bough סַרְעַפָּה נ
[sar''efet] diaphragm סַרְעֶפֶת נ
[sir'pad] nettle, urtica סִרְפָּד ז
[sir'pedet] nettle-rash, hives, urticaria סִרְפֶּדֶת נ
[sara'fan] tunic, over-tunic סָרָפָן ז
[sa'rak] purple, rouge סָרָק ז
[sa'rak] 1 to comb. 2 to card. 3 to scratch. 4 to search. 5 to paint red סָרַק פ״י
[sa'rok] red, rouge סָרֹק ת
[se'rak, se'rek] 1 to comb. 2 to card סֵרַק, סֵרֵק פ״י
[se'rak] 1 emptiness, barrenness. 2 uselessness סְרָק ז
[sarko'fag] sarcophagus סַרְקוֹפָג ז
[sar'kazem] sarcasm סַרְקַזְם ז
[sar'kasti] sarcastic סַרְקַסְטִי ת
[sa'rar] 1 to rebel, disobey. 2 be stubborn, defiant, rebellious סָרַר פ״ע
[stag'lan] 1 adaptable. 2 opportunist סְתַגְּלָן ת
[stagla'nut] 1 adaptability. 2 opportunism סְתַגְּלָנוּת נ
[stagla'ni] adaptable סְתַגְּלָנִי ת
[stag'fan] 1 ascetic. 2 hermit סְתַגְּפָן ז
[stagfa'nut] 1 flagellation. 2 asceticism סְתַגְּפָנוּת נ
[stag'ran] introvert סְתַגְּרָן ז
[stagra'nut] introversion סְתַגְּרָנוּת נ
[stagra'ni] introversive, tending to introversion סְתַגְּרָנִי ת
[stav] autumn, fall סְתָו ז
[sta'vi] autumnal סְתָוִי ת
[sa'tum] 1 closed, sealed. 2 blocked. 3 thickheaded. 4 unclarified סָתוּם ת

2 knitted garment. 3 textile. 4 crockery rack
[seri'ga] 1 knitting. 2 lattice, network סְרִיגָה נ
['serya] series סֶרְיָה נ
[sir'yon] armo(u)r, suit of mail סִרְיוֹן ז
[sir'yut] stink, stench סִרְיוּת נ
[seri'xa] stinking, stench סְרִיחָה נ
[seri'ta] scratch, laceration סְרִיטָה נ
[sa'ris] 1 eunuch. 2 castrated, gelded, emasculated. 3 courtier, chamberlain סָרִיס ז
eunuch סְרִיס אָדָם
eunuch from birth סְרִיס חַמָּה
[sari'sut] 1 emptiness, void. 2 state of a eunuch. 3 genealogical sexlessness סָרִיסוּת נ
[sa'rik] 1 empty. 2 wafer biscuit סָרִיק ת ז
[seri'ka] 1 combing. 2 carding. 3 sweeping. 4 painting red סְרִיקָה נ
['serex] 1 dragging. 2 custom, manner, practice סֶרֶךְ ז
[sir'xa] 1 attachment, adhesion. 2 fault, blemish סִרְכָה נ
[sir'kuz] centrifugation סִרְכּוּז ז
[sirku'zi] centrifugal סִרְכּוּזִי ת
[sar'kezet] centrifuge סַרְכֶּזֶת נ
['seren] 1 captain. 2 axle, axis סֶרֶן ז
[sere'nada] serenade סֶרֶנָדָה נ
[se'ras, se'res] 1 to geld, castrate, emasculate. 2 to distort. 3 to jumble, muddle סֵרַס, סֵרֵס פ״י
[sar'sur] 1 middleman, agent. 2 pimp סַרְסוּר ז
[sarsur'ya] commission, fees for mediation סַרְסוּרְיָה נ
[sir'ser] to act as go-between, collect commission סִרְסֵר פ״ע

סִתּוּם ז [si'tum] 1 blockage. 2 closing, sealing. 3 vagueness

סִתְוָנִי ת [sitva'ni] autumnal

סִתְוָנִית נ [sitva'nit] autumn flower, meadow saffron

סָתוּר ת [sa'tur] 1 ruined, destroyed. 2 unkempt, dishevelled. 3 inconsistent, contradictory

סִתּוּת ז [si'tut] chiselling, stonecutting

סְתִימָה נ [sti'ma] 1 closing, stopping, blocking. 2 plugging, obstruction

סְתִירָה נ [sti'ra] 1 contradiction, discrepancy. 2 demolition, destruction. 3 neutralization

סְתִיתָה נ [sti'ta] chiselling

סְתַכְּלָן ז [stak'lan] gawker, starer, Peeping Tom

סְתַכְּלָנוּת נ [stakla'nut] inquisitiveness

סְתַכְּלָנִי ת [stakla'ni] prying, inquisitive

סָתַם פ״י [sa'tam] 1 to block, clog, seal up. 2 to keep secret, conceal. 3 to talk vaguely

סָתַם אֶת הַגּוֹלֵל עַל- to put an end to (something)

סַתָּם ז [sa'tam] stopper

סְתָם ז תה״פ [stam] 1 vagueness, obscurity. 2 generality. 3 unexplicably, without a clear reason

סִתֵּם פ״י [si'tem] 1 to close up, block, caulk. 2 to stop, mute

סְתָמִי ת [sta'mi] 1 vague, indefinite. 2 inexplicable. 3 neuter. 4 abstract

סְתָמִיּוּת נ [stami'yut] 1 vagueness, uncertainty. 2 generality, indefiniteness

סְתַעֲרָן ז [sta'a'ran] aggressor

סְתַעֲרָנוּת נ [sta'ara'nut] aggressiveness

סְתַעֲרָנִי ת [sta'ara'ni] aggressive

סְתַפְּקָן ז [stap'kan] conformist

סְתַפְּקָנוּת נ [stapka'nut] conformism, conformity

סְתַפְּקָנִי ת [stapka'ni] content with little, conformable

סָתַר פ״י [sa'tar] 1 to contradict, refute. 2 to neutralize. 3 to destroy. 4 to make untidy

סֵתֶר ז ['seter] 1 hiding-place. 2 secret, secrecy

סִתֵּר פ״י [si'ter] 1 to conceal, hide. 2 to neutralize, invalidate

סִתְרָה נ [sit'ra] shelter, protection, hiding-place

סְתַרְשָׁף ז [star'shaf] flash-eliminator, flash hider

סַתָּת ז [sa'tat] stonecutter

סִתֵּת פ״י [si'tet] to chisel, cut stones

סַתָּתוּת נ [sata'tut] stonecutting

ע

ע 1 Ayin, sixteenth letter of the Hebrew alphabet. 2 seventy (70)

עָב ז/נ ת ['av] 1 cloud. 2 darkness. 3 transient, passing. 4 felt. 5 thickness. 6 thick

עַב הֶעָנָן 1 thick cloud. 2 vague quantity

עֹב ז ['ov] rafter, beam

עִבֵּב פ״י ['i'bev] 1 to cover in cloud, to cloud over. 2 to thicken

עַבְגּוּץ ת ['av'guts] stocky, portly, obese

עָבַד פ״י ['a'vad] 1 to work. 2 to till, cultivate. 3 to be a slave. 4 to serve, worship

עָבַד אֲדָמָה to till the land

עָבַד אֱלֹהִים to serve God

עָבַד בְּ־ to enslave, make someone work

עֶבֶד ז [''eved] 1 slave. 2 bondsman, serf. 3 worshipper (of God)

עֶבֶד ה' servant, worshipper of God

עֶבֶד כִּי יִמְלֹךְ upstart

עֶבֶד נִרְצָע 1 willing slave, abject slave. 2 servil

עֶבֶד עֲבָדִים lowliest, most abject of servants

עִבֵּד פ״י ['i'bed] 1 to cultivate. 2 to arrange (mus.). 3 to tan (leather)

עֻבַּד פ״ע ['u'bad] 1 to be cultivated. 2 to be arranged (mus.)

עֻבְדָּה נ [uv'da] 1 fact. 2 act

עֲבֻדָּה נ ['avu'da] household slaves

עַבְדוּת נ [av'dut] 1 slavery, bondage. 2 servility

עַבְּדָן ז ['ab'dan] tanner

עַבְדְּקָן ז ['avde'kan] 1 thick-bearded (man). 2 polypogon (plant)

עֻבְדָּתִי ת [uvda'ti] factual, based on fact

עָבָה פ״ע ['a'va] to thicken, become thick, fat

עָבֶה ת ['a've] 1 thick, dense. 2 gross, clumsy

עִבָּה פ״י ['i'ba] 1 to thicken. 2 to condense

עָבוּד ת ['a'vud] 1 cultivated. 2 prepared, completed

עִבּוּד ז ['i'bud] 1 arrangement (mus.). 2 processing. 3 tanning, preparing leather

עִבּוּד נְתוּנִים data processing

עֲבוֹדָה נ ['avo'da] 1 work, labor. 2 occupation, profession. 3 creation. 4 worship

עֲבוֹדָה זָרָה heathenism, idolatry, paganism

עֲבוֹדַת אֱלֹהִים devotion to God

עֲבוֹדַת אֱלִילִים, עֲבוֹדַת כּוֹכָבִים וּמַזָּלוֹת idolatry, paganism

עֲבוֹדַת הָאֲדָמָה agriculture, farming, husbandry

עֲבוֹדַת הַקֹּדֶשׁ holy worship

עֲבוֹדַת כַּפַּיִם manual, physical work

עֲבוֹדַת מַתָּנָה Temple service of priests and Levites

עֲבוֹדַת נְמָלִים industrious, assidious, laborious, hard work

עֲבוֹדַת פֶּרֶךְ 1 hard labo(u)r. 2 penal servitude

עֲבוֹט ז ['a'vot] pawn, pledge

['a'vut] pawned, pledged עָבוּט ת
['i'buy] 1 thickening. 2 swelling עִבּוּי ז
['a'vur] 1 for the sake of, on behalf of. 2 produce, crop עֲבוּר מ״י ז
because, since עֲבוּר כִּי
['i'bur] 1 Hebraization. 2 suburbs. 3 intercalation. 4 pregnancy עִבּוּר ז
1 transgresion of law. 2 severe sentence עִבּוּר דִּין
intercalation of month עִבּוּר הַחֹדֶשׁ
autskirts עִבּוּר הָעִיר
intercalation of year, causing of leap-year עִבּוּר הַשָּׁנָה
disfigurement, spoiling of appearance עִבּוּר צוּרָה
suburbs עִבּוּרָהּ שֶׁל עִיר
['i'bush] 1 mould, mildew. 2 fungus עִבּוּשׁ ז
['a'vut] thickness עֲבוּת נ
['i'but] 1 rope making. 2 rope-making machine עִבּוּת ז
['a'vat] to pawn, borrow for a pledge עָבַט פ״י
[i'bet] 1 to pervert, distort. 2 to twist, tangle עִבֵּט פ״י
['av'tit] thick mud, mire עַבְטִיט ז
[''ovi] thickness, density עֳבִי ז
['a'viv] small cloud, cloudlet עָבִיב ז
['a'vid] workable עָבִיד ת
['avi'dut] workability, ability to be worked with עֲבִידוּת נ
['a'vit] 1 chamber pot. 2 receptacle for liquids. 3 camel saddle עָבִיט ז
['a'vir] 1 passable, navigable. 2 transferable עָבִיר ת
['avi'ra] passage, passing-by עֲבִירָה נ
['avi'rut] 1 navigability, ability to be forded. עֲבִירוּת נ
2 negotiability
1 corpulent, potbellied. 2 voluminous עַב־כָּרֵס
['a'bam] unidentified object, U.F.O. עב״ם ז
['a'var] 1 past. 2 past tense עָבָר ז
['a'var] 1 to go, pass. 2 to traverse, cross. 3 to elapse. 4 to go beyond עָבַר פיו״ע
to commit a transgression, to sin עָבַר עֲבֵרָה
[''ever] side עֵבֶר ז
Transjordan עֵבֶר הַיַּרְדֵּן
['i'ber] 1 to make pregnant, fertile. 2 to Hebraize עִבֵּר פ״י
['u'bar] embryo, foetus עֻבָּר ז
['ev'ra] anger, wrath עֶבְרָה נ
['ava'ra] 1 passage, fording. 2 transition, crossing עֲבָרָה נ
['ave'ra] 1 sin, trespass. 2 offence. 3 foul (sport) עֲבֵרָה נ
['uba'ra] pregnant, expectant עֻבָּרָה נ
to become drunk, inebriated עֲבָרוֹ יַיִן
['iv'rur] Hebraization עִבְרוּר ז
['iv'rut] Hebraization עִבְרוּת נ
['iv'ri] Hebrew, Jewish, Israelite עִבְרִי ת
['ivri'yut] Hebraism עִבְרִיּוּת נ
['avar'yan] delinquent, offender עֲבַרְיָן ז
['avarya'nut] delinquency, transgression עֲבַרְיָנוּת נ
[iv'rit] Hebrew עִבְרִית נ
high-flown language עִבְרִית שֶׁל שַׁבָּת
['iv'ret] to Hebraize עִבְרֵת פ״י
['uv'rat] to be Hebraized עֻבְרַת פ״ע
['a'vash] to become mouldy, rotten עָבַשׁ פ״ע
['a'vesh] mouldy עָבֵשׁ ת
[''ovesh] mould, fungus עֹבֶשׁ ז

loop. 3 catkin
['agi'na] mooring, anchorage עֲגִינָה נ
['agi'nut] desertion, abandonment עֲגִינוּת נ
['a'gal] to circle, draw a circle, be round עָגַל פ״י
['a'gol] round, circular עָגֹל ת
['ˈ'egel] calf עֵגֶל ז
fattened calf עֵגֶל מַרְבֵּק
['a'gal] carriage maker, wheelwright עַגָּל ז
['i'gel] 1 to make round. 2 to round off עִגֵּל פ״י
['u'gal] to be rounded off עֻגַּל פ״ע
['ˈ'ogel] roundness עֹגֶל ז
['aga'la] speed עֲגָלָא ז
['agal'gal] roundish, round, oval עֲגַלְגַּל ת
['aga'la] 1 carriage. 2 cart. 3 trolley. 4 the Great Bear. 5 baby-carriage, pram, perambulator עֲגָלָה נ
['eg'la] heifer, calf (f) עֶגְלָה נ
['eg'lon] 1 coachman, waggoner. 2 Charioteer עֶגְלוֹן ז
['eglo'nut] coachmanship, coachdriving עֶגְלוֹנוּת נ
['ag'lan] coachmaker, wheelwright עַגְלָן ז
['agla'nut] roundedness, roundness עַגְלָנוּת נ
sledge, sleigh עֶגְלַת חֹרֶף, עֶגְלַת שֶׁלֶג
handcart, wheelbarrow עֶגְלַת יָד
caisson, covered wagon עֶגְלַת צָב
tea-trolley עֶגְלַת תֵּה
['a'gam] 1 to be melancholy, depressed. 2 to be grieved, sorrowful עָגַם פ״ע
['i'gem] to distress, grieve, cause sorrow עִגֵּם פ״י
['ˈ'ogem] distress, grief, sadness עֹגֶם ז

['i'besh] to cause to be mouldy, cover with mould עִבֵּשׁ פ״י
['avshu'shi] mouldy עַבְשׁוּשִׁי ת
['avshushi'yut] mouldiness עַבְשׁוּשִׁיּוּת נ
['a'vot] dense, thick, bushy עָבֹת ת
['i'bet] to pervert, distort, entangle עִבֵּת פ״י
['ag] to draw a circle, to circle עָג פ״י
['a'gav] 1 to make love. 2 to lust. 3 to dote עָגַב פ״ע
['aga'va] passionate, sensual love עֲגָבָה נ
['aga'vot] buttocks, rump עֲגָבוֹת נ״ר
['aga'vayim] buttocks עֲגָבַיִם ז״ז
['aga'vim] sensual love עֲגָבִים ז״ר
['agva'nut] 1 lust, sensual love. 2 coquetry עַגְבָנוּת נ
['agva'ni] 1 lusty, sensual, sexual. 2 salacious עַגְבָנִי ת
['agvani'ya] tomato עַגְבָנִיָּה נ
['a'gevet] syphilis עַגֶּבֶת נ
['a'ga] 1 slang, vernacular, colloquialism. 2 dialect עָגָה נ
['i'gul] circle, disk עִגּוּל ז
cake of dried figs עִגּוּל דְּבֵלָה
winepress roller עִגּוּל הַגַּת
rounding-off numbers עִגּוּל מִסְפָּר
['igu'li] circular, rounded עִגּוּלִי ת
['a'gum] 1 gloomy, grim. 2 sad, melancholy עָגוּם ת
['a'gun] deserted (by spouse) עָגוּן ז
['i'gun] 1 desertion (of spouse). 2 anchoring, anchorage עִגּוּן ז
['agu'na] woman abandoned by husband (without divorce) עֲגוּנָה נ
['a'gur] crane (bird) עָגוּר ז
['agu'ran] crane, derrick עֲגוּרָן ז
['agu'ranai] craneman, crane driver אֲגוּרָנַאי ז
['a'gil] 1 earring. 2 ring, עָגִיל ז

עָגְמָה נ ['og'ma] distress, grief
עַגְמוּמִי ת ['agmu'mi] sorrowful, distressed
עַגְמִימוּת נ ['agmi'mut] sorrow, grief, distress
עָגְמַת נֶפֶשׁ deep distress
עָגַן פ״י ['a'gan] to anchor, cast anchor, moor
עִגֵּן פ״י ['i'gen] 1 to anchor, moor. 2 to desert wife without divorce
עֹגֶן ז [''ogen] anchor
עֹגֶן הַצָּלָה the last resort
עִגְעֵג פ״ע ['ig''eg] to peck, pick holes
עַד ז מ״י ['ad] 1 eternity. 2 till, until, pending, by
עַד אִם not until, unless
עַד בּוֹשׁ a shamefully long time
עַד בְּלִי יָרֵחַ, עַד בִּלְתִּי שָׁמַיִם forever, for always
עַד דְּלָא יָדַע to the point of complete befuddlement
עַד וְלֹא עַד בִּכְלָל noninclusive
עַד וְעַד בִּכְלָל inclusive
עַד זְבוּלָא בָּתְרַיְתָא till the end, to the bitter end
עַד חָרְמָה unto death, to the bitter end
עַד כֹּה, עַד כֹּה וְעַד כֹּה meanwhile
עַד לֹא, עַד שֶׁלֹּא before
עַד לְחֶשְׁבּוֹן on account, on credit
עַד לִמְאֹד, עַד מְאֹד very much
עַד מְהֵרָה very soon, immediately
עַד עוֹלָם, עַד עוֹלְמֵי עַד forever
עֵד ז ['ed] 1 witness. 2 piece of cloth
עֵד מְדִינָה state's witness
עֵד זוֹמֵם rebutting witness
עֵד חָמָס false witness, perjurer
עֵד כְּזָבִים false witness
עֵד רְאִיָּה eyewitness
עֵד שְׁמִיעָה hearsay witness
עֵד שֶׁקֶר false witness
עָדָה פיו״ע 1 to adorn with jewels, bedeck. 2 to pass over
עֵדָה נ ['e'da] 1 testimony. 2 precept, custom. 3 witness (f). 4 congregation, group. 5 ethnic group
עָדוּד ת ['a'dud] killed by beast of prey
עִדּוּד ז ['i'dud] 1 encouragement, exhortation. 2 stimulus, incentive
עָדוּי ת ['a'duy] adorned, bedecked, bejewelled
עִדּוּן ז ['i'dun] 1 delight, enjoyment. 2 refinement. 3 sublimation
עִדּוּר ז ['i'dur] 1 hoeing, digging up. 2 absence. 3 death, decease
עֵדוּת נ ['e'dut] 1 testimony, evidence. 2 proof. 3 law, precept
עֲדֵי מ״י ['a'de] until, up to
עֲדֵי אוֹבֵד doomed to destruction
עֲדֵי עַד forever
עֲדֵי רֶגַע for a short time, for the moment
עֲדִי ז ['a'di] jewel, ornament
עֲדִי עֲדִית the most select, the very best
עֵדֻיּוֹת נ״ר ['edu'yot] testimony, evidence
עֲדָיִים ז״ר ['ada'yim] jewels, ornaments
עָדִין ת ['a'din] 1 delicate, fine. 2 well-mannered, gracious. 3 refined
עֲדַיִן תה״פ ['a'dayin] still, yet
עֲדִינוּת נ ['adi'nut] delicacy, refinement
עָדִיף ת ['a'dif] preferable, better, superior
עֲדִיפוּת נ ['adi'fut] 1 preference, superiority. 2 priority
עָדִיר ז ['a'dir] hoeing season

עֲדִירָה נ ['adi'ra] 1 hoeing, digging. 2 absence, lack
עִדִּית נ ['i'dit] 1 good soil. 2 the élite, the best
עִדְכּוּן ז ['id'kun] bringing up to date, updating, update
עַדְכָּן תה״פ ['ad'kan] up-to-date
עִדְכֵּן פ״י [id'ken] to update, bring up to date
עַדְכָּנִי ת ['adka'ni] up-to-date
עַדְלָיָדַע נ ['adeloya'da] Adelayada – Purim carnival
עֲדֶן תה״פ ['a'den] hitherto, so far, up till now
עֵדֶן ז [''eden] 1 pleasure, delicacy. 2 Eden, paradise
עִדָּן ז ['i'dan] time, period, era, epoch
עִדָּן וְעִדָּנִים a long, long time
עִדֵּן פ״י [i'den] 1 to refine, improve. 2 to make soft, tender
עֶדְנָה נ ['ed'na] 1 prime, puberty. 2 pleasure, rejuvenation
עֲדֶנָה תה״פ ['a'dena] hitherto, until now, as yet
עַדְעַד ז ['ad''ad] statice (plant)
עָדַף פ״ע ['a'daf] to be in excess, redundant, surplus
עֹדֶף ז [''odef] 1 surplus, excess. 2 change (money)
עָדַר פ״י ['a'dar] 1 to hoe, cultivate. 2 to arrange
עָדַר בַּמַּעֲרָכָה to help in a difficult task
עֵדֶר ז [''eder] 1 flock, herd. 2 crowd. 3 mob, rabble
עִדֵּר פ״י ['i'der] 1 to hoe, cultivate. 2 to miss, subtract
עֶדְרִי ת ['ed'ri] 1 gregarious. 2 disorderly
עִדְרִיָּה נ ['idri'ya] a hoed furrow
עֶדְרִיּוּת נ ['edri'yut] 1 gregariousness. 2 herd instinct
עַדְרָן ז ['ad'ran] hoer
עֲדָשָׁה נ ['ada'sha] 1 lentil. 2 lens. 3 hot-water bottle. 4 freckle
עַדְשָׁן ז ['ad'shan] freckled, freckle-faced
עֲדָתִי ת ['ada'ti] 1 communal. 2 ethnic
עֲדָתִיּוּת נ ['adati'yut] 1 ethnic prejudice, communal segregation. 2 sectarianism
עוֹבֵד ז ['o'ved] worker, laborer, employee
עוֹבֵד אֲדָמָה husbandman, farmer
עוֹבֵד אֱלִילִים idolater, pagan
עוֹבֵד גִּלּוּלִים heathen, pagan
עוֹבֵד כּוֹכָבִים וּמַזָּלוֹת heathen, pagan
עוֹבֵר ת ז ['o'ver] 1 passing, transient. 2 passerby, wayfarer
עוֹבֵר אֹרַח passerby, pedestrian
עוֹבֵר בָּטֵל senile, incapacitated
עוֹבֵר וָשָׁב current (account)
עוֹבֵר לְ- before
עוֹבֵר לַסּוֹחֵר 1 of reasonable quality. 2 marketable
עוֹבֵר עֲבֵרָה sinner, offender
עוֹגֵב ז ['o'gev] lover, philanderer
עוּגָב ז ['u'gav] 1 organ. 2 Biblical musical instrument
עוּגָבַאי ז ['uga'vai] organist, organ player
עוֹגְבָנִי ת ['ogva'ni] flirtatious, coquettish
עוּגָה נ ['u'ga] 1 cake. 2 small loaf
עוּגִיָּה, עוּגִית נ ['ugi'ya, 'u'git] 1 biscuit. 2 irrigation trench
עוּגַת מַצּוֹת unleavened cake
עוּגַת רְצָפִים cake baked on live coals
עוֹד תה״פ ['od] 1 in addition. 2 still, as yet
עוֹד חָזוֹן We shall see in due course!

לַמּוֹעֵד It's still early

עִוֵּד פ״י ['i'ved] 1 to bind. 2 to surround

עוּד פ״י ז ['ud] 1 to encourage, support. 2 'ud, wooden plucked instrument

עוֹדֵד פ״י ['o'ded] to exhort, encourage

עוֹדְדוּת נ ['ode'dut] encouragement

עוֹדִי ['o'di] I am still, as yet

עוֹדְךָ ['ode'xa] You (m. sing.) are still, as yet

עוֹדֶנּוּ ['o'denu] He is still, as yet

עוֹדֶנִּי ['o'deni] I am still, as yet

עוֹדֵף ת ['o'def] surplus, remainder, leftover

עָוָה פ״ע ['a'va] 1 to sin, transgress. 2 to act perversely

עַוָּה נ ['a'va] ruin, destruction, desolation

עִוָּה פ״י ['i'va] to twist, distort, corrupt, pervert

עִוּוּי ז ['i'vuy] 1 sin, transgression, iniquity. 2 deformation, distortion

עָווֹן ז ['a'von] 1 sin, evil-doing. 2 misdemeanour, offence

עִוּוּת ז ['i'vut] twisting, distortion, perversion

עוּז פ״ע ['uz] to seek refuge, asylum

עוֹזֵר ז ['o'zer] 1 assistant, helper. 2 aide, adjutant

עוֹזֶרֶת נ ['o'zeret] 1 female assistant. 2 domestic help, maidservant

עוּט פ״ע ['ut] 1 to dart, swoop. 2 to rebuke

עוֹטֶה ת ['o'te] 1 mournful, sad. 2 wrapped, covered

עוֹטֵף ז ['o'tef] wrapper, wrapping

עוֹטְפָן ז ['ot'fan] folder

עֲוָיָה נ ['ava'ya] grimace, facial contortion

עֲוִיל ז ['a'vil] 1 youngster, child. 2 villain, scoundrel

עוֹיֵן ת ['o'yen] hostile, inimical

עוֹיְנוּת נ ['oy'nut] hostility

עֲוִית נ ['a'vit] convulsion, spasm

עֲוִיתִי ת ['avi'ti] spasmodic, convulsive

עוֹכֵר ז ['o'xer] troublemaker, mischief maker

עוּל ז ['ul] baby, suckling, infant

עוּל יָמִים youngster

עַוָּל ז ['a'val] wrongdoer, offender

עָוֶל ז [''avel] injustice, wickedness, perversion, iniquity

עִוֵּל פ״י ['i'vel] to do wrong, to sin

עוֹלֵב ת ['o'lev] insulting

עַוְלָה נ ['av'la] injustice

עוּלָה נ ['u'la] young girl

עוֹלָה נ ['o'la] 1 sacrifice, burnt offering. 2 new immigrant (f)

עוֹלֶה ז ['o'le] new immigrant

עוֹלֶה רֶגֶל pilgrim

עוֹלָל ז ['o'lal] baby, infant, nurseling

עוֹלַל פ״ע ['o'lal] 1 to be done. 2 to be caused. 3 to be polluted, made dirty

עוֹלֵל ז פ״י ['o'lel] 1 infant, nurseling, baby. 2 to do, perform. 3 to pollute. 4 harvest last grapes

עוֹלֵלָה נ ['ole'la] 1 last fruits. 2 grapes

עוֹלֵלוֹת נ״ר ['ole'lot] 1 tidbits, scraps, odds and ends. 2 gleanings from the grape harvest (for the poor)

עוֹלָם ז ['o'lam] 1 world. 2 universe. 3 surroundings. 4 humanity

עוֹלָם גּוֹלֶם the world is full of fools

עוֹלָם הַבָּא the world to come

עוֹלַם דָּאֱמֶת the afterlife

עוֹלַם הַתַּחְתּוֹן the underworld

עוֹלָם הַתֹּהוּ 1 the present, this life. 2 Hell

עוֹלָמִי ת ['ola'mi] 1 worldwide, pertaining to the whole world. 2 everlasting, eternal. 3 excellent

עוֹלָמִיּוּת נ ['olami'yut] universality

עוֹלָמִים ז״ר ['ola'mim] eternity

עוֹלָמִית תה״פ ['ola'mit] 1 forever. 2 on a worldwide scale

עוֹלַת רְאִיָּה pilgrim's sacrifice

עוֹלַת תָּמִיד sacrifice offered twice a day in the Temple

עַוְלָתָה, עוֹלָתָה נ [avla'ta] injustice

עוֹמֵד ת ['o'med] 1 immobile, static. 2 stable, extant. 3 intending, about to. 4 intransitive

עוֹמֵד בְּדִבּוּרוֹ reliable, keeping one's word

עוֹמֵס ת ['o'mes] burdensome

עוֹנָה נ ['o'na] 1 season, period. 2 term. 3 marital duty, conjugal rights. 4 torture, suffering. 5 menstrual cycle

עוֹנָה בּוֹעֶרֶת busy season

עוֹנָה שֶׁל כְּלוּם moment, instant

עוֹנֵן ז ['o'nen] sorcerer, soothsayer

עוֹנָתִי ת ['ona'ti] seasonal

עוֹנָתִיּוּת נ ['onati'yut] seasonality, seasonal nature

עוֹסֵק זָעִיר small-scale dealer, small businessman

עוֹסֵק מֻרְשֶׁה authorized dealer

עִוְעִים ז״ר ['iv'’im] dizziness, confusion

עוֹף ז ['of] fowl, bird

עוֹף דּוֹרֵס bird of prey

עוֹף כָּנָף bird species

עוֹף לַיְלָה, עוֹף לֵילִי nocturnal bird

עוֹף מַיִם waterfowl

עוּף פ״ע ['uf] to fly, soar, flit

עוֹפֵף פיו״ע ['o'fef] 1 to fly. 2 to brandish

עוֹפְפוּת נ ['ofe'fut] flying

עוֹפֶרֶת נ ['o'feret] lead (metal)

עוֹפַרְתִּי ת ['ofar'ti] lead-like

עוּץ פ״י ['uts] to advise, give advice

עוֹצֵר ז ['o'tser] 1 ruler. 2 regent

עָוָק ז ['a'vak] rung of a ladder

עוֹקֵב ת ['o'kev] 1 consequent. 2 subsequent, succeeding, following

עוֹקְדָן ז ['ok'dan] file, classeur

עוּקָה נ ['u'ka] pit, trench, rain-trap, sump

עוֹקֵף ת ['o'kef] by-passing, outflanking

עוֹקְצָנוּת נ ['oktsa'nut] sarcasm, mordant wit, stinging

עוֹקְצָנִי ת ['oktsa'ni] stinging, sarcastic, mordant

עוֹקֵר הָרִים learned Judaic scholar

עוֹקְרָנִי ת destructive

עוֹר ז ['or] 1 skin. 2 leather

עוּר פ״ע ['ur] to awaken, be aroused

עִוֵּר פ״י ת ['i'ver] 1 to make blind. 2 blind

עִוֵּר צְבָעִים colo(u)r-blind

עוֹרֵב ז ['o'rev] 1 crow, rook, raven. 2 Corvus (astronomy)

עוֹרְבָא פָּרַח Nonsense!, a cock-and-bull story

עוֹרְבָנִי ז ['orva'ni] jay

עִוָּרוֹן ז ['iva'ron] blindness

עִוְרוּת נ ['iv'rut] blindness

עוֹרִית נ ['o'rit] leatherette, artificial leather

עוֹרֵךְ ז ['o'rex] editor

עוֹרֵךְ דִּין ז 1 lawyer, advocate. 2 attorney. 3 solicitor, barrister

['or'xut] editorship עוֹרְכוּת נ
['o'rek] artery עוֹרֶק ז
['or'ki] arterial עוֹרְקִי ת
['o'rer] 1 apellant, claimant, objector. 2 to arouse, stimulate עוֹרֵר ז פ״י
to oppose עוֹרֵר עַל־
['a'veret] blindness עַוֶּרֶת נ
['ut] to sustain, succor, support עוּת פ״י
['i'vet] to distort, twist, pervert עִוֵּת פ״י
to pervert justice עִוֵּת דִּין
['ava'ta] injustice, distortion of truth עַוָּתָה נ
['av'tan] distorter, perverter עַוְתָן ז
['oto'mani] Ottoman עוֹתוֹמָנִי ת
['o'ter] petitioner, appellant עוֹתֵר ז
['az] to be strong עַז פ״ע
['az] 1 strong, brave. 2 bright, prominent. 3 strongly-spiced. 4 intense עַז ז
1 rude, impertinent. 2 coarse עַז מֵצַח
brave, daring, audacious עַז נֶפֶשׁ
rude, impertinent עַז פָּנִים
daring, brave עַז רוּחַ
['ez] goat עֵז נ
['oz] 1 strength. 2 courage. 3 citadel. 4 splendor, magnificence עֹז ז
impudence, rudeness עֹז פָּנִים
daring, audacity עֹז רוּחַ
['aza'zel] 1 hell, damnation. 2 Azazel עֲזָאזֵל ז
['a'zav] 1 to abandon, forsake. 2 to leave. 3 to release. 4 to help. 5 to repair, fortify עָזַב פ״י
['iza'von] 1 bequest, legacy. 2 inheritance. 3 literary bequest. 4 merchandise עִזָּבוֹן ז

['i'za] she-goat, "nanny" עִזָּה נ
['a'zuv] abandoned, deserted, neglected עָזוּב ת
abandoned entirely עָזוּב לְנַפְשׁוֹ
['azu'va] 1 desertion. 2 ruins, deserted place. 3 abandoned wife עֲזוּבָה נ
['azu'vi] waif, foundling, abandoned child עֲזוּבִי ז
['e'zuz] strength, power, might, glory עֱזוּז ז
['i'zuz] 1 heroic, courageous. 2 brave, strong עִזּוּז תו״ז
['i'zuk] deep ploughing, tilling, digging עִזּוּק ז
['a'zur] assisted, aided, helped עָזוּר ת
['a'zut] insolence, impudence עַזּוּת נ
rudeness, impudence עַזּוּת מֵצַח / פָּנִים
['a'zaz] to be or become strong עָזַז פ״ע
['azi'va] abandonment, desertion עֲזִיבָה נ
['azi'vut] desertion, abandonment עֲזִיבוּת נ
['a'ziz] strong, powerful, mighty עַזִּיז ת
['oz'ma] resourcefulness, courage עָזְמָה נ
['ozni'ya] osprey, black vulture עָזְנִיָּה נ
['az'pan] shameless, rude, impudent עַזְפָּן ז
['azpa'nut] shamelessness, rudeness עַזְפָּנוּת נ
['a'zak, 'i'zek] to break ground, till, cultivate עָזַק, עִזֵּק פ״ע
[''ezek] 1 ring, clasp. 2 bandage עֶזֶק ז
['aze'ka] cultivated or ploughed field עֲזֵקָה נ
['iz'ka] 1 ring, clasp. עִזְקָה נ

exhaustion
['ati'sha] sneezing, sneeze עֲטִישָׁה נ
['ata'lef] bat עֲטַלֵּף ז
['a'tan] to pack olives for crushing עָטַן פ״י
['a'taf] 1 to cover, wrap. 2 to swathe, cloak עָטַף פ״י
['i'tef] to cover, wrap, envelop עִטֵּף פ״י
['a'tar] 1 to encircle. 2 to crown. 3 to ornament, decorate עָטַר פ״י
[i'ter] 1 to crown. 2 to adorn. 3 to illustrate (a book) עִטֵּר פ״י
['ata'ra] 1 crown, diadem. 2 glory, splendo(u)r. 3 nipple. 4 glans penis. 5 corona. 6 ornamented collar of prayer-shawl עֲטָרָה נ
['it'ran] tar, resin עִטְרָן ז
['a'teret] 1 crown. 2 glory עֲטֶרֶת נ
['i'toret] vignette עִטֹּרֶת נ
['a'tash] to sneeze עָטַשׁ, עִטֵּשׁ פ״ע
['a'teshet] sneezing, sneezing spasm עֲטֶשֶׁת נ
[i] ruins, debris עִי ז
['ed] non-jewish festival or holiday עֵיד ז
['i'yun] 1 perusal, study. 2 thorough investigation. 3 deliberation. 4 balancing עִיּוּן ז
['iyu'ni] theoretical עִיּוּנִי ת
[iyuni'yut] 1 deep study, speculation. 2 theorizing עִיּוּנִיּוּת נ
[i'yuf] causing tiredness, fatigue עִיּוּף ז
[i'yur] urbanization עִיּוּר ז
[''ayit] hawk, aquila, vulture עַיִט ז
1 hypocrite. 2 goody-goody עַיִט צָבוּעַ
['i'ta] swoop, rush, charge עִיטָה נ

2 grommet
['a'zar] to help, aid, assist עָזַר פיו״ע
[''ezer] 1 help, aid, assistance, succor. 2 subsidiary, auxiliary עֵזֶר ז
helpmate, helpmeet, "right hand" עֵזֶר כְּנֶגְדּוֹ
['uz'rad, 'uz'rar] crab apple עֻזְרָד, עֻזְרָר ז
['aza'ra] enclosure, Temple court עֲזָרָה נ
['ez'ra] help, aid, assistance עֶזְרָה נ
['aza'rim] aids עֲזָרִים ז״ר
['ez'rat] help, succor עֶזְרַת נ
women's section, women's gallery (synagogue) עֶזְרַת נָשִׁים
['ez'rata] succor, help עֶזְרָתָה נ
['at] to wrap, cover, drape עָט פ״י
['et] pen, nib עֵט ז
ballpoint pen עֵט כַּדּוּרִי
fountain pen עֵט נוֹבֵעַ
['a'ta] to be covered, draped, dressed עָטָה פיו״ע
['a'tuy] wrapped, covered, draped עָטוּי ת
['a'tuf] wrapped עָטוּף ת
['i'tuf] wrapping, covering עִטּוּף ז
['a'tur] 1 ornamented, decorated. 2 crowned עָטוּר ת
['i'tur] ornamentation, decoration עִטּוּר ז
['itu'ri] ornamental, decorative עִטּוּרִי ת
['ituri'yut] decorativeness עִטּוּרִיּוּת נ
['i'tush] sneeze עִטּוּשׁ ז
['a'ti] advice, bad advice עָטִי ז
['ati'ya] wrapping, draping עֲטִיָּה נ
['a'tin] teat עָטִין ז
['a'tif] wrappable עָטִיף ת
['ati'fa] 1 wrapping, cover. 2 exhaustion עֲטִיפָה נ
weariness of spirit, עֲטִיפַת נֶפֶשׁ

עִיֵּל פ״י ['i'yel] to thread, insert
עֵילוֹם ז ['e'lom] eternity, everlasting
עֲיָם ז ['a'yam] 1 strength, vigo(u)r. 2 heat, glow
עָיַן פ״י ['a'yan] to be hostile, antagonistic
עַיִן נ [''ayin] 1 eye. 2 loop. 3 sparkle. 4 look, appearance. 5 spring, fountain. 6 "'ayin" (letter)
עַיִן בְּעַיִן 1 eye to eye, face to face. 2 accurately
עַיִן טוֹבָה generosity, benignity
עַיִן יָפָה sympathy, approval, good will
עַיִן צָרָה grudging, envy
עַיִן רָעָה 1 evil eye. 2 disfavo(u)r, ill will
עֵין אַכְזָב failing spring
עִיֵּן פ״י ['i'yen] 1 to look over, peruse. 2 to look up. 3 to weigh carefully, examine
עֵינָא בִּישָׁא evil eye
עֵינוֹ צָרָה to begrudge, be envious
עֵינִית נ ['e'nit] 1 eyepiece. 2 mesh
עֵינָן ז ת ['e'nan] 1 someone with big eyes. 2 curious
עָיֵף פ״ע ת ['a'yef] 1 to be tired. 2 tired
עַיָּף ז ['a'yaf] poultry farmer
עִיֵּף פ״י ['i'yef] to tire, exhaust, fatigue
עֵיפָה נ ['e'fa] darkness, gloom, obscurity
עֲיֵפָה נ ['aye'fa] weariness, fatigue
עֲיֵפוּת נ ['aye'fut] tiredness, exhaustion
עֲיַפְיָפוּת נ ['ayafya'fut] slight fatigue
עֵיפָתָה נ ['e'fata] darkness
עַיִר ז [''ayir] donkey foal, young ass
עִיר נ ז ['ir] 1 city, town. 2 angel
עִיר בִּירָה capital city
עִיר־־בַּת satellite town
עִיר וָאֵם metropolis
עִיר מִבְצָר fortified city
עִיר שָׂדֶה provincial town
עִיר שֶׁל זָהָב gold ornament representing Jerusalem
עֲיָרָה נ ['aya'ra] township, small town
עִירָה נ ['i'ra] bobbin, thread
עִירוֹנִי תו״ז ['iro'ni] 1 municipal. 2 urban. 3 townsman
עִירִיָּה נ ['ir'ya] municipality, town council
עִירִית נ [i'rit] asphodelus (bot.)
עֵירֹם ז ת ['e'rom] 1 naked, base, nude. 2 bareness, nudity
עֵירֹם וְעֶרְיָה naked and bare
עֲיָרָתִי ת ['ayara'ti] parochial, of a small town
עַיִשׁ ז [''ayish] the Great Bear
עִכֵּב פ״י ['i'kev] 1 to impede, hinder. 2 to delay. 3 to postpone. 4 to hold back, wait
עֻכַּב פ״ע ['u'kav] to be delayed
עַכָּבָה נ ['aka'va] 1 hindrance. 2 delay. 3 hold-up. 4 inhibition
עַכָּבִישׁ ז ['aka'vish] spider
עַכְבָּר ז ['ax'bar] mouse
עַכְבָּרוֹן ז ['axba'ron] small mouse
עַכְבְּרוֹשׁ ז ['axbe'rosh] rat
עִכּוּב, עִכָּבוֹן ז ['i'kuv] 1 delay, postponement. 2 prevention, hindrance
עַכּוּבִית נ ['aku'vit] thistle, cardoon
עַכּוּז ז ['a'kuz] 1 buttock, posterior. 2 rump, arse. 3 breach (birth)
עִכּוּל ז ['i'kul] digestion
עָכוּר ת ['a'xur] 1 muddy, turbid. 2 foul, bemired. 3 gloomy, dejected
עִכּוּר ז ['i'kur] making turbid, fouling
עֲכִירָה נ ['axi'ra] dirtying, fouling
עֲכִירוּת נ ['axi'rut] foulness, filthiness
עָכַל פ״י ['a'xal] to consume

עִכֵּל פ״י ['i'kel] 1 to digest. 2 to comprehend
עִכֵּן פ״י ['i'ken] to twist
עַכְנַאי ז ['ax'nai] 1 Echium, snake-flower. 2 snake, viper
עֶכֶס ז [''exes] poisonous snake, viper
עִכֵּס פ״י ['i'kes] to clatter or rattle with anklets
עָכַר פ״י ['a'xar] 1 to pollute. 2 to cause distress
עַכְרוּרִי ת ['axru'ri] slightly turbid
עַכְרוּרִית נ ['axru'rit] turbidity
עַכְשָׁו תה״פ ['ax'shav] now
עַכְשׁוּב ז ['ax'shuv] 1 tarantula. 2 adder, viper
עִכְשׁוּו ז ['ix'shuv] actualization
עַכְשָׁוִי ת ['axsha'vi] actual, current, contemporary
עָל פ״י ['al] to enter, penetrate
עַל מ״י ['al] 1 on, above. 2 against. 3 on account of. 4 about
עַל אוֹדוֹת about, concerning
עַל אַחַת כַּמָּה וְכַמָּה so much the more, a fortiori
עַל אֱנוֹשִׁי superhuman
עַל אַף in spite of, notwithstanding
עַל אַפּוֹ (וְעַל חֲמָתוֹ) for all his indignation
עַל בֻּרְיוֹ properly, thoroughly
עַל גַּב, עַל גַּבֵּי on, upon
עַל דָּא וְעַל הָא on this and that
עַל דְּבַר concerning
עַל דִּבְרָתִי upon my word
עַל דַּעַת with the knowledge of
עַל הֶחָלָק in blank
עַל הַחֶשְׁבּוֹן on account, on credit
עַל הַפֶּרֶק on the agenda, actual
עַל חַם in the act, redhanded
עַל יַד near
עַל יְדֵי by, by means of
עַל יְדֵי כָּךְ, עַל יְדֵי כֵּן in this way, thus
עַל־יְסוֹדִי secondary (education)
עַל כָּל פָּנִים at any rate
עַל כָּל צַעַד וְשַׁעַל every step of the way
עַל כֵּן therefore, accordingly
עַל כָּרְחוֹ in spite of himself
עַל לֹא דָבָר! Never mind!
עַל מְנָת כֵּן 1 on condition that. 2 nevertheless
עַל מְנָת שֶׁ־ in order to
עַל נְקַלָּה easily
עַל־סָגֹל ultra-violet
עַל סְמַךְ in accordance with
עַל סַף on the verge of
עַל פֶּה by heart, by rote
עַל פִּי according to
עַל פִּי רֹב 1 by a majority decision. 2 for the most part
עַל פְּנֵי 1 on, upon. 2 before
עַל־קוֹלִי supersonic, ultrasonic
עַל קֶרֶן הַצְּבִי at risk, on a dubious venture
עַל רֶגֶל אַחַת quickly, as concisely as possible
עַל שׁוּם because of
עַל שֵׁם named after
עַל תְּנַאי conditional
עֹל ז ['ol] burden
עִלָּאוּת נ ['ila''ut] supremacy, superiority
עִלָּאִי ת ['ila''i] 1 superior. 2 supreme
עָלַב פ״י ['a'lav] to insult, affront, humiliate
עֹלֶב ז [''olev] insult
עֶלְבּוֹן ז ['el'bon] insult, affront, humiliation
עִלֵּג ת ['i'leg] stammering, stuttering
עִלְּגוּת נ ['il'gut] stammering
עָלָה פ״ע נ ['a'la] 1 to ascend, climb, mount. 2 to excel, surpass. 3 to immigrate to Israel.

4 to be sacrificed. 5 to cost. 6 milking animal

to go up in flames עָלָה בָּאֵשׁ

it occurred to him עָלָה בְּדַעְתּוֹ, עַל דַּעְתּוֹ

to succeed עָלָה בְּיָדוֹ

to come to naught עָלָה בַּתֹּהוּ

it fell to his lot עָלָה הַגּוֹרָל עָלָיו

the sun rose, day dawned עָלָה הַשַּׁחַר

to succeed, to turn out well עָלָה יָפֶה

to launch an attack עָלָה לַמִּלְחָמָה

to go on a pilgrimage עָלָה לְרֶגֶל

to rise in price עָלָה מְחִירוֹ

to amount to, number עָלָה מִנְיָנוֹ

to recall עָלָה עַל לִבּוֹ

to think, have an idea עָלָה עַל רוּחוֹ

['a'le] leaf עָלֶה ז

a leaf in the breeze, a driven leaf עָלֶה נִדָּף

['i'la] 1 reason. 2 excuse, pretext. 3 cause for complaint. 4 to elevate. 5 to praise עִלָּה נ פ״י

to be compatible, suited עָלוּ בְּקָנֶה אֶחָד

['a'luv] 1 miserable, wretched. 2 worthless, weak עָלוּב ת

['al'va, ''elev] greenery, foliage עַלְוָה, עֶלֶו

['i'luy] 1 genius, prodigy. 2 elevation, exaltation עִלּוּי ז

['ilu'yot] the power of genius עִלּוּיוּת נ

['ilu'yi] pertaining to genius עִלּוּיִי ת

['a'lul] 1 liable. 2 weak. 3 defective (verb) עָלוּל ת

['a'lum] 1 hidden, secret. 2 transgression committed unwittingly. 3 defective (verb) עָלוּם ת

incognito, unknown עֲלוּם שֵׁם

['i'lum] hiding, concealment עִלּוּם ז

['alu'mim] youth, boyhood עֲלוּמִים ז״ר

['a'lon] 1 small leaf. 2 bulletin, leaflet. 3 cheap newspaper עָלוֹן ז

['alva'ni] covered in foliage עַלְוָנִי ת

['ilu'sim] lovemaking, flirting, philandering עִלּוּסִים ז״ר

[i'lu'a] swallowing עִלּוּעַ ז

['i'luf] fainting, swooning עִלּוּף ז

['alu'ka] 1 parasite. 2 Hell. 3 leech, bloodsucker עֲלוּקָה נ

['a'lut] cost עֲלוּת נ

['a'laz] 1 to be happy, cheerful. 2 to exult עָלַז פ״ע

['a'lez] merry, rejoicing, gay עָלֵז ת

[''elez] joy עֶלֶז ז

['el'za] joy עֶלְזָה נ

[''elet, 'ala'ta] darkness, gloom עֶלֶט ז, עֲלָטָה נ

['a'lai] 1 on me. 2 my duty עָלַי

I must (do something) עָלַי לְ-

['a'le] on, upon עֲלֵי מ״י

['e'li] 1 pestle. 2 pistil (bot.) עֱלִי ז

['i'li] superior, higher עִלִּי ת

['ali'va] humiliation, insult, offence עֲלִיבָה נ

['ali'vut] insult, wretchedness, offensiveness עֲלִיבוּת נ

['ali'ya] 1 ascent, upward climb. 2 mounting. 3 tide. 4 immigration to Israel. 5 progress, advance. 6 the best part עֲלִיָּה נ

pilgrimage עֲלִיָּה לְרֶגֶל

to read the Torah in the synagogue עֲלִיָּה לַתּוֹרָה

['a'lav] 1 he must. 2 his duty עָלָיו

"the late", "May he rest in peace!" עָלָיו הַשָּׁלוֹם

['el'yon] 1 highest, supreme. 2 superior, super עֶלְיוֹן ת

['elyo'nut] 1 superiority. 2 supremacy, preeminence עֶלְיוֹנוּת נ

עַלִּיז ת ['a'liz] merry, joyful, gay
עַלִּיזוּת נ ['ali'zut] gaiety, mirth, joyfulness
עֲלִיל ז ['a'lil] act, deed
עֲלִילָה נ ['ali'la] 1 deed, act. 2 plot (drama). 3 scene (play). 4 libel, false charge. 5 liability, propensity
עֲלִילוֹן ז ['ali'lon] comics
עֲלִילוֹת דְּבָרִים false accusations
עֲלִילוּת נ ['ali'lut] 1 deed, action, reality. 2 predisposition, tendency
עֲלִילִיָּה נ ['alili'ya] deed, action, act
עֲלִילַת דָּם blood libel
עֲלִילָתִי ת ['alila'ti] 1 pertaining to the plot. 2 full of action
עֲלִימוּת נ ['ali'mut] youthful vigo(u)r, youthfulness, strength
עֶלְיָנִי ת ['elya'ni] pistillary (bot.)
עֲלִיצָה נ ['ali'tsa] joyfulness, gaiety
עֲלִיצוּת נ ['ali'tsut] rejoicing, merrymaking
עִלִּית נ ['i'lit] élite
עֲלִיַּת גַּג attic, loft
עֲלִיַּת מְקֵרָה cool upper chamber
עֲלִיַּת נְשָׁמָה spiritual elation
עָלַל פ״י ['a'lal] to do, act, work
עֶלֶם ז [''elem] 1 young man, youth. 2 oblivion, nothingness
עִלֵּם פ״י ['i'lem] 1 to hide, conceal. 2 to tie up
עַלְמָה נ ['al'ma] young woman, girl
עַלְמוּת נ ['al'mut] youthfulness, youthful vigo(u)r
עֲלָמוֹת נ״ר ['ala'mot] "alamot", ancient musical instrument
עָלַס פ״ע ['a'las] to rejoice, delight
עֶלֶס ז [''eles] rejoicing, delight
עִלַּע פ״י ['i'la'] to suck up, swallow, lick

עַלְעוֹל ז ['al''ol] tempest, whirlwind
עִלְעוּל ז ['il''ul] leafing, browsing
עַלְעָל ז ['al''al] small leaf
עִלְעֵל פיו״ע ['il''el] 1 to turn pages, leaf, browse. 2 to hurl, cast. 3 to be feathered
עַלְעֶלֶת נ ['al''elet] blight, plant disease
עִלֵּף פ״י ['i'lef] 1 to cover, veil. 2 to frighten, cause to faint
עֻלְפֶּה ת ['ul'pe] faint, weak
עִלָּפוֹן ז ['ila'fon] swoon, fainting, weakness
עָלַץ פ״ע ['a'lats] to rejoice, exult
עֶלֶץ ז [''elets] joy
עֶלְצָה נ ['el'tsa] merriness, rejoicing
עֶלְצוֹן ז ['el'tson] happiness, joy
עָלַק פ״י ['a'lak] to suck
עֶלֶק ז [''elek] leech, vampire
עֲלֶקֶת נ ['a'leket] broomrape, orobanche (plant)
עֹלֶשׁ ז [''olesh] chicory
עִלַּת הָעִלּוֹת the Cause of Causes, God
עָלְתָה אֲרוּכָה לְ- to recover health
עַם ז ['am] 1 people, nation. 2 folk, populace. 3 crowd, multitude
עַם הָאָרֶץ 1 common people, hoi polloi. 2 illiterate, boorish
עַם הָאָרֶץ מִדְּאוֹרַיְתָא complete ignoramus, lowbrow
עַם הָאַרְצוּת, עַם הָאֲרָצוּת ignorance
עִם מ״י ['im] 1 with, in company of. 2 during. 3 despite
עִם זֹאת, עִם זֶה nevertheless, withal
עִם חֲשֵׁכָה at dark, at sunset
עִם כָּל אֵלֶּה, עִם כָּל זֶה nevertheless, for all that
עִם לְבָבוֹ at one's wish, desire
עִם שֶׁ- while, when
עָמַד פ״ע ['a'mad] 1 to stand still. 2 to

stand up. 3 to continue to exist. 4 to stop moving. 5 to be about to

עָמַד בְּ־ 1 to withstand, survive, live through. 2 to cope with

עָמַד בַּבְּחִינָה to pass an examination

עָמַד בְּדִבּוּרוֹ to keep one's word

עָמַד בַּדִּין to be sued, stand trial

עָמַד בַּמִּבְחָן to pass a test, prove oneself

עָמַד בְּמִרְדּוֹ not to give up the fight

עָמַד בַּנִּסָּיוֹן to resist temptation

עָמַד בְּעֵינוֹ to remain unaltered

עָמַד בִּפְנֵי־ to have to face

עָמַד בַּפֶּרֶץ to step into the breach

עָמַד לִבְחִינָה, לְמִבְחָן to take an examination

עָמַד לִימִינוֹ to support, assist

עָמַד לְמִנְיָן to be put to the vote

עָמַד לִפְנֵי to be confronted with, face

עָמַד לְשָׂטָן לוֹ to be an obstacle, be a hindrance

עָמַד מִן הַצַּד, מִנֶּגֶד to stand aloof, apart

עָמַד עַל דַּעְתּוֹ to insist

עָמַד עַל הַמִּקָּח to bargain

עָמַד עַל הַפֶּרֶק to be actual, on the agenda

עָמַד עַל טִיבוֹ to be discerning about

עָמַד עַל טָעוּתוֹ to realize one's mistake

עָמַד עַל מִדּוֹתָיו to be stern, obdurate

עָמַד עַל סוֹדוֹ to understand the secret

עָמַד עַל רַגְלָיו to achieve economic independence

עָמַד עַל שֶׁלּוֹ to insist on one's opinion

עֹמֶד ז ['ˈomed] 1 stand, platform. 2 measure

עִמֵּד פ״י ['iˈmed] to page, paginate

עֶמְדָּה נ ['emˈda] 1 stand. 2 posture, attitude. 3 standpoint

עִמָּדִי ['imaˈdi] with me

עֶמְדַּת מַפְתֵּחַ key position

עָמֶה ת ['aˈme] dim, unclear, obscure

עַמּוּד ז ['aˈmud] 1 pillar, column. 2 lectern. 3 platform, jet (urine). 4 page

עַמּוּד הַיְמִינִי "great pillar", great scholar

עַמּוּד הַקָּלוֹן pillory

עַמּוּד הַשִּׁדְרָה spine

עַמּוּד הַשַּׁחַר morning star

עַמּוּד הַתָּוֶךְ central pillar

עִמּוּד ז ['iˈmud] paging, pagination

עַמּוּדָה נ ['amuˈda] column (print)

עֲמוֹדָם ז ['amoˈdam] hemostasis

עִמּוּל ז ['iˈmul] drilling, exercising

עָמוּם ת ['aˈmum] 1 dim, opaque, indistinct. 2 dull, obscure

עַמּוֹנִי ת ['amoˈni] Ammonite

עָמוּס ת ['aˈmus] 1 laden, loaded, burdened. 2 carried, borne

עֲמוּסִים ז״ר ['amuˈsim] Israel (poetical)

עִמּוּר ז ['iˈmur] 1 binding into sheaves. 2 maltreatment

עָמוּת ת ['aˈmut] attached

עִמּוּת ז ['iˈmut] 1 confrontation. 2 conflict. 3 controversy

עֲמוּתָה נ ['amuˈta] 1 company, fellowship. 2 charity, charitable trust

עָמִיד ת ['aˈmid] 1 strong, durable. 2 resistant, -proof, -fast

עֲמִידָה נ ['amiˈda] 1 standing. 2 holding out, resistance. 3 "Amida" (prayer)

עֲמִידָה בְּדִין being sued

עֲמִידָה מִן הַצַּד objectivity

עֲמִידוּת נ ['amiˈdut] durability,

fade out

['ama'mor] headlight dimmer, anti-glare device עֲמָמוֹר ז

['ama'mi] 1 plebeian. 2 popular. 3 reasonably-priced. 4 foreigner, non-Jew עֲמָמִי ת

['amami'yut] 1 popularity. 2 low cultural standard עֲמָמִיּוּת נ

['ama'mim] nations, Gentiles עֲמָמִים ז״ר

['a'mas] 1 to load. 2 to carry עָמַס פ״י

[''omes] 1 load, burden. 2 freight, cargo עֹמֶס ז

['im''um] dimming, darkening עִמְעוּם ז

['am''am] silencer, muffler עַמְעָם ז

['im''em] 1 to dim, obscure. 2 to hesitate, overlook עִמְעֵם פ״י

['i'mets] to close (eyes) עִמֵּץ פ״י

['a'mak] to be deep, profound עָמַק פ״ע

['i'mek] to deepen עִמֵּק פ״י

['a'mok] 1 deep. 2 profound עָמֹק ת

[''emek] 1 valley. 2 depth עֵמֶק ז

Vale of Tears, world suffering עֵמֶק הַבָּכָא

[''omek] depth, profundity עֹמֶק ז

profundity of divine judgement עֹמֶק הַדִּין

['am'kut] depth, profundity עַמְקוּת נ

['am'kan]profound thinker, prober עַמְקָן ז

['amka'nut] profound thinking עַמְקָנוּת נ

[''omer] sheaf of corn, bundle of ears עֹמֶר ז

['i'mer] to treat cruelly, be harsh עִמֵּר פ״י

['a'mas] to load עָמַשׂ פ״י

['i'met] to confront עִמֵּת פ״י

['amu'ta] charity, charitable עֲמֻתָּה נ

resistance

['a'mil] 1 broker, agent. 2 well-kneaded (dough) עָמִיל ז ת

['ami'lut] commission, brokerage עֲמִילוּת נ

['ami'lan] 1 starch. 2 carbohydrate עֲמִילָן ז

['amila'ni] containing starch עֲמִילָנִי ת

['ami'sa] loading עֲמִיסָה נ

['a'mir] small sheaf, bundle of grain עָמִיר ז

['ami'ra] sheaving, binding into sheaves עֲמִירָה נ

['a'mit] 1 friend, comrade. 2 colleague, associate עָמִית ז

['am'xa] hoi polloi, common people עַמְּךָ

I beg your pardon! עִמְּךָ הַסְּלִיחָה!

['a'mal] 1 hard work, labo(u)r. 2 suffering, toil, misery עָמָל ז

nothingness עָמָל וָאָוֶן

['a'mal] to toil, work hard, exert oneself עָמַל פ״ע

['a'mel] 1 worker, labo(u)rer. 2 toiling, striving עָמֵל ז ת

['i'mel] 1 to coach, drill. 2 to kneed עִמֵּל פ״י

['ama'la, 'am'la] fee, commission עֲמָלָה נ, עַמְלָה נ

['im'lun] starching עִמְלוּן ז

['am'lan] 1 worker, labo(u)rer. 2 PT instructor. 3 drill sergeant עַמְלָן ז

['im'len] to starch עִמְלֵן פ״י

['amla'nut] 1 striving, labo(u)ring. 2 education through practical work עַמְלָנוּת נ

['amla'ni] based on practical work עַמְלָנִי ת

['a'mam] to obscure, dim עָמַם פ״ע

['i'mem] to dim, obscure, עִמֵּם פ״י

2 causing pleasure
['a'nud] 1 tied, bound. 2 worn as decoration ת עָנוּד
['ana'va] 1 humility. 2 modesty נ עֲנָוָה
['i'nuy] 1 torture. 2 oppression, affliction. 3 antiphonal singing ז עִנּוּי
postponement of execution עִנּוּי הַדִּין
['i'nun] cloud sorcery ז עִנּוּן
['a'nuk] decorated, bedecked ת עָנוּק
['a'nok] giant ז עֲנוֹק
['a'nush] punishable ת עָנוּשׁ
['anu'shim] punishment ז״ר עֲנוּשִׁים
['e'nut] poverty, affliction, suffering נ עֱנוּת
['a'not] tune, sound, response נ עַנּוֹת
['anve'tan] humble, meek, modest ז עַנְוְתָן
['anveta'nut] humility, meekness, modesty נ עַנְוְתָנוּת
['a'ni] 1 poor, miserable. 2 humble, lowly. 3 meek, long-suffering ז ת עָנִי
ignorant עָנִי בְּדֵעָה
very poor, poor as a churchmouse עָנִי מָרוּד
[''oni] 1 poverty, misery. 2 privation, suffering ז עֹנִי, עֳנִי
['ani'va] 1 tie, necktie. 2 loop, noose. 3 circuit (electrical). 4 sirloin steak, fillet נ עֲנִיבָה
bow tie עֲנִיבַת פַּרְפָּר
['ani'gut] tenderness, delicacy נ עֲנִיגוּת
['ani'da] 1 tying, binding. 2 wearing נ עֲנִידָה
['ani'ya] 1 answer, response. 2 poor, miserable (f) נ ת עֲנִיָּה
['ani'vut] modesty, humility, meekness נ עֲנִיווּת
['ani'yut] 1 poverty, misery. 2 humility נ עֲנִיּוּת

trust, non-profit association
['a'nav] to tie a loop פ״י עָנַב
['e'nav] grape, berry ז נ עֵנָב
['ana'va] berry, crop, fruit of tree נ עֲנָבָה
poisonous grapes, grapes of wrath עִנְבֵי רוֹשׁ
currants עִנְבֵי שׁוּעָל
['in'bal] 1 clapper, tongue of bell. 2 staphylion, uvula ז עִנְבָּל
['in'bar] amber ז עִנְבָּר
['a'nog] 1 fine, delicate. 2 effeminate ת עָנֹג
[''oneg] pleasure, delight, enjoyment ז עֹנֶג
['i'neg] 1 to delight, cause joy. 2 to celebrate. 3 to soften פ״י עִנֵּג
['a'nad] 1 to bind. 2 to wear (watch, jewellery). 3 to decorate פ״י עָנַד
['e'ned] hitch ז עֶנֶד
clove hitch עֶנֶד מוֹט
timber hitch עֶנֶד קוֹרָה
['a'na] 1 to answer, reply. 2 to comply. 3 to call out in response. 4 to give testimony. 5 to sing. 6 to be humbled, oppressed. 7 to solve פיו״ע עָנָה
1 to say "Amen!". 2 to concur עָנָה אָמֵן
['i'na] 1 to torture, oppress. 2 to sing, respond פיו״ע עִנָּה
1 to postpone judgement. 2 to defer execution עִנָּה אֶת הַדִּין
to afflict one's soul, mortify the flesh עִנָּה אֶת נַפְשׁוֹ
['a'nav] modest, humble ת עָנָו
['a'nuv] tied, looped, knotted ת עָנוּב
['i'nuv] tying, fastening ז עִנּוּב
['i'nuv] 1 enjoyment, pleasure. ז עִנּוּג

עֲנִיּוּת דַּעְתִּי my humble opinion

עִנְיָן ז ['in'yan] 1 matter, case, subject. 2 business, interest. 3 concern, meaning. 4 item

עִנְיָן לַעֲנוֹת בּוֹ a matter requiring attention

עִנְיֵן פ״י ['in'yen] to interest, arouse interest

עֻנְיַן פ״ע ['un'yan] to be interested

עִנְיְנֵי דְּיוֹמָא current affairs

עִנְיָנִי ת ['inya'ni] business-like, to the point, pertinent

עִנְיָנִיּוּת נ ['inyani'yut] realistic or pragmatic approach

עָנִיץ ז ['a'nits] bundle

עֲנִישָׁה נ ['ani'sha] 1 punishment. 2 penalization

עָנָן ז ['a'nan] cloud

עִנֵּן פ״י ['i'nen] to cloud, overcloud

עֲנָנָה נ ['ana'na] 1 dark cloud. 2 light cloud. 3 obscurity, gloom

עַנְנוּת נ ['ane'nut] cloudiness

עָנָף ז ['a'naf] 1 branch. 2 department

עָנֵף ת ['a'nef] 1 branching, ramified. 2 extensive, far-reaching, widespread

עֶנֶף ז [''enef] branches

עָנַק פ״י ['a'nak] to wear, decorate, tie round neck

עֲנָק ז ['a'nak] 1 giant. 2 necklace

עֶנֶק ז [''enek] present, gift, award

עַנְקוֹקָלוֹת נ״ר ['ankoka'lot] 1 unripe grapes. 2 little beads

עֲנָקִי ת ['ana'ki] gigantic, enormous, colossal

עֲנָקִיּוּת נ ['anaki'yut] enormousness, vastness, immensity

עֲנַקְמוֹן ז ['anak'mon] 1 enormous giant. 2 powerful bodyguard

עָנַשׁ פ״י ['a'nash] to punish, penalize

עֹנֶשׁ ז [''onesh] 1 punishment, penalty. 2 crime. 3 responsibility

עֹנֶשׁ גּוּף corporal punishment

עַסַּאי ז ['a'sai] masseur

עִסָּה נ פ״י ['i'sa] 1 dough. 2 to knead, massage. 3 to press, squeeze

עִסּוּי ז ['i'suy] massage, squeezing, pressing

עָסוּק ת ['a'suk] busy, occupied, engaged

עָסוּק וּמְעֻסָּק fully occupied

עִסּוּק ז ['i'suk] 1 business, occupation. 2 dealing, concern

עַסְיָן ז ['as'yan] masseur

עַסְיָנוּת נ ['asya'nut] massage, massaging

עָסִיס ז ['a'sis] 1 fruit juice, juice. 2 new wine, must. 3 essence, marrow

עֲסִיסִי ת ['asi'si] 1 juicy. 2 vital, fresh

עֲסִיסִיּוּת נ ['asisi'yut] 1 juiciness. 2 vitality, freshness, vivacity

עָסִיק ז ['a'sik] protest, dispute

עֲסִיקָה נ ['asi'ka] concern, being busy

עִסָּנִי ת ['isani] doughy, dough-like

עָסַס פ״י ['a'sas] to squeeze, crush, press

עֲסָסִית נ ['asa'sit] crushed wheat

עָסַק פ״ע ['a'sak] to deal with, be busy with, attend to, practise

עֵסֶק ז [''esek] business, affair, matter, occupation

עֵסֶק בִּישׁ a bad business, a shocking affair

עִסְקָא, עִסְקָה נ ['is'ka] deal, transaction

עִסְקִי ת ['is'ki] pertaining to business

עַסְקָן ז ['as'kan] communal worker, involved in public work

עַסְקָנוּת נ ['aska'nut] communal

work, public work
['aska'ni] busy עַסְקָנִי ת
package deal עִסְקַת חֲבִילָה
['af] 1 to fly. 2 to become dark עָף פ״ע
['ofa''im] branches עֳפָאִים ז״ר
['i'puy] weariness, fatigue עִפּוּי ז
['a'futs] tanned (with resin) עָפוּץ ת
['i'puts] tanning עִפּוּץ ז
['i'pur] flinging dust, raising dust עִפּוּר ז
['i'push] mould, stench, rancidity עִפּוּשׁ ז
[''ofi] 1 branches. 2 foliage עֳפִי ז
['af'yan] anchovy עַפְיָן ז
['afi'fa] flying, vanishing, evaporating עֲפִיפָה נ
['afi'fon] kite עֲפִיפוֹן ז
['a'fits] 1 tanned. 2 pungent עָפִיץ ת
['afi'tsut] pungency, bitterness עֲפִיצוּת נ
['a'fir] early sowing עָפִיר ז
[''ofel] fortified hill, citadel עֹפֶל ז
['afo'lim] h(a)emorrhoids, piles עֲפֹלִים ז״ר
['if''uf] blinking, flickering עִפְעוּף ז
['af''af] eyelid, eyelash עַפְעַף ז
to wink, blink, flicker עִפְעֵף פ״י
['a'fats] gallnut עָפָץ ז
['i'pets] to tan with gallnut resin עִפֵּץ פ״י
['a'far] 1 dust, soil עָפָר ז
dust and ashes, worthless עָפָר וָאֵפֶר
shut his mouth עָפָר לְפִיו
['i'per] to soil with dust, cover in dust עִפֵּר פ״י
['a'for] ashen, gray עָפֹר ת
[''ofer] 1 young deer, roe. 2 handsome youth עֹפֶר ז
['of'ra] young hart עָפְרָה נ
['af'ra] 1 earth, soil. 2 ore עַפְרָה נ
['ipa'ron] pencil, crayon עִפָּרוֹן ז
['efro'ni] lark עֶפְרוֹנִי ז
['afru'ri] dusty, gritty עַפְרוּרִי ת
['afru'rit] dust, sandy matter, grit עַפְרוּרִית נ
['afa'ri] dusty, earthy עֲפָרִי ת
['of'rit] leadwort, plumbago עָפְרִית נ
['i'pesh] to make mouldy, to cause stench עִפֵּשׁ פיו״ע
['efa'ta] 1 gloom, darkness. 2 night. 3 demon עֵפָתָה נ
['ats] to advise, give advice עָץ פ״י
['ets] 1 tree. 2 timber, pole. 3 wood עֵץ ז
Tree of Knowledge עֵץ הַדַּעַת
citrus tree עֵץ הָדָר
plywood, veneer עֵץ לָבוּד
fruit tree עֵץ מַאֲכָל
coniferous tree עֵץ מַחַט, עֵץ מַחְטָנִי
myrtle עֵץ עָבֹת
['a'tsav] nerve עָצָב ז
['a'tsav] to grieve עָצַב פ״י
['a'tsev] sad, sorrowful, melancholy עָצֵב ת
[''etsev] 1 sadness, grief. 2 labo(u)r, toil. 3 idol, image. 4 nerve עֶצֶב ז
['i'tsev] 1 to form, shape. 2 to fashion, design עִצֵּב פ״י
[''otsev] pain, sorrow, grief, melancholy עֹצֶב ז
['uts'ba] detachment, regiment עֻצְבָּה נ
['its'buv] innervation עִצְבּוּב ז
['itsa'von] neuron עִצָּבוֹן ז
['etsbo'nit] wild rosebush, briar עֶצְבּוֹנִית נ
['ats'vut] sadness, grief, melancholy עַצְבוּת נ
['its'ben] to irrigate, make nervous עִצְבֵּן פ״י

['atsi'ra] 1 stopping, halting, braking. 2 catching, squeezing עֲצִירָה נ
['atsi'rut] constipation עֲצִירוּת נ
drought, lack of rain עֲצִירַת גְּשָׁמִים
['a'tsal] muscle עָצָל ז
['a'tsel] lazy, slothful, idle, indolent עָצֵל ז ת
['ats'la] laziness, idleness, sloth עַצְלָה נ
['ats'lut] idleness, laziness עַצְלוּת נ
['ats'lan] 1 sluggard, lazy person. 2 sloth (animal) עַצְלָן ז
['atsla'nut] laziness, sluggishness עַצְלָנוּת נ
['atsal'tayim] slowness, laziness עֲצַלְתַּיִם נו"ז
['a'tsam] 1 to become strong, powerful. 2 to be numerous, plentiful. 3 to acquire. 4 to shut עָצַם פיו"ע
[''etsem] 1 bone. 2 object. 3 essence, self עֶצֶם ז
[''otsem] power, strength עֹצֶם ז
['i'tsem] 1 to break a bone. 2 to ossify עִצֵּם פ"י
['atsma''ut] independence עַצְמָאוּת נ
['atsma''i] 1 independent. 2 self-contained, autonomous. 3 self-employed עַצְמָאִי ת
['ots'ma] 1 strength, power. 2 vigo(u)r, intensity. 3 volume עָצְמָה נ
['ats'mo] himself, itself, oneself עַצְמוֹ מ"ג
one's own kin, flesh and blood עַצְמוֹ וּבְשָׂרוֹ
['ats'mut] essence, quality, substance, character עַצְמוּת נ
['atsmu'ti] 1 essential. 2 substantial, intrinsic עַצְמוּתִי ת
['ats'mi] 1 substantial. 2 self. עַצְמִי ת

['atsba'nut] nervousness, irritability עַצְבָּנוּת נ
['atsba'ni] nervous, irritable עַצְבָּנִי ת
['a'tsevet] 1 sadness, grief. 2 melancholy, nervousness עַצֶּבֶת נ
['a'tsa] to shut, close עָצָה פ"י
['a'tse] rump, bone, spine עָצֶה ז
['e'tsa] 1 advice, counsel. 2 device, design. 3 deliberation עֵצָה נ
['i'tsa] 1 to lignify, convert into wood. 2 to make into wood. 3 to frame in wood עִצָּה פ"י
['a'tsuv] sad, grieved, gloomy עָצוּב ת
['i'tsuv] 1 shaping, forming, fashioning. 2 design עִצּוּב ז
remodelling עִצּוּב מְחֻדָּשׁ
['i'tsuy] lignification עִצּוּי ז
['a'tsum] 1 closed, shut. 2 powerful, mighty עָצוּם ת
['i'tsum] 1 strength, force. 2 strengthening עִצּוּם ז
['itsu'mim] sanctions עִצּוּמִים ז"ר
['atsu'ma] 1 petition. 2 claim עֲצוּמָה נ
['a'tsur] 1 detainee. 2 imprisoned, arrested. 3 confined, detained עָצוּר ז ת
['i'tsur] 1 consonant. 2 squeezing, crushing. 3 constipation עִצּוּר ז
['e'tsi] wooden, ligniform, arboreal עֵצִי ת
non fruit-bearing trees עֲצֵי סְרָק
['atsi'va] sadness, grief, melancholy עֲצִיבָה נ
['a'tsim] intensive עָצִים ת
['atsi'ma] shutting, closing עֲצִימָה נ
['atsi'mut] intensiveness, intensity עֲצִימוּת נ
['a'tsits] plant pot עָצִיץ ז
['a'tsir] 1 detainee. 2 internee עָצִיר ז

2 bony, osseous

['atsmi'yut] character, personality עַצְמִיּוּת נ

['ats'min] ostein, ossein עַצְמִין ז

['ats'mit] objective עַצְמִית נ

['a'tsar] 1 to stop, halt. 2 to detain, arrest, apprehend עָצַר פיו"ע

to refrain from speech עָצַר בְּמִלִּים

to restrain oneself עָצַר בְּרוּחוֹ

to summon strength עָצַר כֹּחַ

['a'tsar] constipating עַצָּר ז

[''etser] 1 stoppage, restraint, finger stop, stop. 2 dominion, government עֶצֶר ז

doorstop עֶצֶר דֶּלֶת

['i'tser] to press, squeeze עִצֵּר פ"י

[''otser] curfew, shutting-up עֹצֶר ז

['atsa'ra] mass meeting, assembly, convention עֲצָרָה נ

['a'tseret] 1 general assembly, mass meeting. 2 Shavuot holiday. 3 gang, band עֲצֶרֶת נ

[''aka] trouble, distress עָקָא נ

[''okev] sequence עֹקֶב ז

['a'kav] 1 to follow, track, trace. 2 shadow. 3 to deceive, cheat עָקַב פיו"ע

['a'kev] 1 heel. 2 trace, vestige עָקֵב ז

slow pace עָקֵב בְּצַד אֲגוּדָל

['a'kov] 1 polluted, sullied. 2 crooked, deceitful. 3 rugged, high עָקֹב ת

bloody עָקֹב דָּמִים

[''ekev] 1 consequence, result. 2 as a result of, because of עֵקֶב ז מ"י

Achilles' heel, weak spot עֲקֵב אֲכִילֶס

['a'kav] buzzard עַקָּב ז

['i'kev] 1 to stop, prevent, delay. 2 to cube, raise to the third power עִקֵּב פ"י

['ak'va] 1 cunning, deceit, guile. 2 provocation עָקְבָה נ

['ik'va] wake, trace עִקְבָה נ

['uk'ba] cohort עֻקְבָּה נ

['ak'vuv] tracking עַקְבוּב ז

['ik'vi] 1 consistent, constant. 2 logically consequent עִקְבִי ת

['ikvi'yut] consistency עִקְבִיּוּת נ

['a'kad] 1 to bind. 2 fetter, hobble עָקַד פ"י

['a'kod] spotted, streaked עָקֹד ת

[''eked] collection, set עֵקֶד ז

['ake'da] 1 binding. 2 binding for sacrifice עֲקֵדָה נ

['a'ka] 1 pressure, oppression. 2 trouble עָקָה נ

['i'kuv] 1 following, tracking. 2 cubing, raising to the third power עִקּוּב ז

['a'kud] bound עָקוּד ת

['i'kul] 1 crookedness, twist. 2 perversion, travesty (justice). 3 confiscation, foreclosure עִקּוּל ז

['i'kum] 1 bending, twisting. 2 curve, curvature עִקּוּם ז

['i'kuf] 1 circumvention, sidestepping, evasion. 2 bypass, overtake עִקּוּף ז

['a'kuts] stung, bitten עָקוּץ ת

['a'kur] 1 extracted (tooth). 2 uprooted. 3 displaced person, refugee עָקוּר ת ז

['i'kur] 1 uprooting. 2 sterilization, castration עִקּוּר ז

['a'kush] crooked, curved, distorted, bent עָקוּשׁ ת

['i'kush] crookedness, distortion עִקּוּשׁ ז

['a'kiv] 1 consistent. 2 consequential עָקִיב ת

['aki'va] tracing, following, tracking עֲקִיבָה נ

['aki'vut] consistency עֲקִיבוּת נ

['aki'da] 1 binding. 2 fettering, shackling עֲקִידָה נ

['aki'ma] 1 bending, curving. 2 distortion עֲקִימָה נ

['a'kif] indirect עָקִיף ת

['aki'fa] 1 circumvention, bypass. 2 overtaking. 3 evasion, dodging עֲקִיפָה נ

['aki'tsa] 1 sting, bite. 2 barb, stinging remark, sarcasm עֲקִיצָה נ

['aki'ra] 1 extraction (tooth). 2 uprooting, eradication. 3 displacement, removal (from hometown) עֲקִירָה נ

['ekel] 1 kink. 2 wicker basket. 3 water tank עֶקֶל ז

['i'kel] 1 to curve, twist, distort. 2 bow-legged, bandy-legged עִקֵּל פ״י ת

['akal'kal] 1 crooked, twisted. 2 winding, meandering עֲקַלְקַל ת

['akalka'la] winding road עֲקַלְקַלָּה נ

['akalka'lut] crookedness, perverseness עֲקַלְקַלּוּת נ

['akala'ton] 1 crooked, winding, serpentine, tortuous. 2 labyrinth. 3 hairpin עֲקַלָּתוֹן ז ת

['a'kam] to bend עָקַם פ״י

['a'kom] 1 curve. 2 bent, curved עָקֹם ז ת

['i'kem] to twist, distort עִקֵּם פ״י

[''okem] 1 crookedness. 2 deceit עֹקֶם ז

['aku'ma] curve, graph עֲקֻמָּה נ

['akmu'mi] 1 crooked. 2 insincere, dishonest עַקְמוּמִי ת

['akmumi'yut] 1 distortion, crookedness. 2 deceit, ambush עַקְמוּמִיּוּת, עַקְמִימוּת נ

['ak'memet] scoliosis (med.) עַקֶּמֶמֶת נ

['ak'man] 1 trickster, "smart Aleck". 2 dishonest, insincere עַקְמָן ז

['akma'nut] dishonesty, crookery עַקְמָנוּת נ

['akma'ni] crooked, dishonest עַקְמָנִי ת

['ak''ak] magpie עַקְעָק ז

['a'kaf] 1 to circumvent, bypass. 2 to overtake. 3 to evade עָקַף פ״י

['akats] 1 to bite, sting. 2 to be sarcastic עָקַץ פ״י

[''okets] 1 sting, point, thorn. 2 peduncle. 3 barb, sarcastic remark עֹקֶץ ז

heliotrope, bloodstone עֹקֶץ הָעַקְרָב ז

['i'kets] to sting עִקֵּץ פ״י

['uk'tsa] sting עֻקְצָה נ

['iktsuts] itch, itching עִקְצוּץ ז

['ik'tsets] to itch עִקְצֵץ פ״י

['a'kar] barren, sterile, unfruitful עָקָר ז ת

['a'kar] 1 to eradicate, uproot. 2 to extract (tooth). 3 to be displaced עָקַר פיו״ע

[''eker] 1 seed, offspring. 2 naturalized foreigner עֵקֶר ז

['i'kar] essential point, basis, main part עִקָּר ז

['i'ker] to sterilize, castrate עִקֵּר פ״י

['ak'rav] 1 scorpion. 2 thorn. 3 Scorpio (zodiac) עַקְרָב ז

['akra'bon] scorpion-shaped hook עַקְרַבּוֹן ז

['akra'but] tarantula עַקְרַבּוּת ז

['akra'ban] spleenwort, thorny plant עַקְרַבָּן ז

עֲקָרָה נ ['aka'ra] barren woman

עִקָּרוֹן ז ['ika'ron] principle, fundamental law

עֶקְרוֹנִי ת ['ekro'ni] of principal importance, pertaining to principal

עֶקְרוֹנִיּוּת נ ['ekroni'yut] principled behavio(u)r

עֶקְרוֹנִית תה"פ ['ekro'nit] on principle

עֲקָרוּת נ ['aka'rut] barrenness, sterility

עִקָּרִי ת ['ika'ri] main, cardinal. fundamental

עֲקֶרֶת בַּיִת נ 1 housewife. 2 mistress of the house

עָקַשׁ פ"י ['a'kash] to pervert, distort

עִקֵּשׁ פ"י ת ['i'kesh] 1 to distort, twist. 2 obstinate, persistent. 3 crooked, perverted

עִקֵּשׁ דְּרָכִים, עִקֵּשׁ לֵב crooked, perverse, deceitful

עִקְּשׁוּת נ ['ik'shut] 1 stubbornness, obstinacy. 2 crookedness, perversity. 3 sophistry

עַקְשָׁן ז ['ak'shan] stubborn, stiff-necked, obstinate

עַקְשָׁנוּת נ ['aksha'nut] obstinacy, mulishness

עַקְשָׁנִי ת ['aksha'ni] obstinate, mulish

עָקַת נֶפֶשׁ depression, melancholy

עָר ז פ"ע ['ar] 1 enemy, adversary. 2 to awake

עֵר ת ['er] 1 awake, wakeful. 2 vigilant, watchful

עַרְאִי, עֲרָאִי ת ['ar''i, 'ara''i] 1 casual. 2 temporary. 3 accidental, haphazard

עֲרַאי, עֲרַי ז תה"פ ['a'rai] 1 transience. 2 temporariness. 3 by chance

עֲרָאִיּוּת נ ['ara'i'yut] 1 temporariness. 2 haphazardness. 3 transience

עָרַב פיו"ע ['a'rav] 1 to pawn, pledge. 2 to be dark, become evening. 3 to guarantee, vouch for. 4 to be pleasant. 5 to barter

עָרַב אֶת לִבּוֹ to dare, venture

עָרֵב ז ת ['a'rev] 1 guarantor, bailor. 2 pleasant, agreeable. 3 tasty

עָרֵב קַבְּלָן surety for a loan

עָרֹב ז ['a'rov] swarms of wild beasts

עֶרֶב ז [''erev] 1 evening. 2 eve

עֶרֶב עֶרֶב every evening

עֵרֶב ז [''erev] multitude

עֵרֶב רַב 1 mixed multitude. 2 mob, rabble

עֵרֵב פ"י ['e'rev] 1 to mix, confuse. 2 to fix an "eruv"

עֲרָב ז ['a'rav] Arabia

עִרְבֵּב פ"י ['ir'bev] 1 to mix. 2 to confuse

עֲרָבָה נ ['ara'va] 1 wilderness, plain, steppe, Arava. 2 willow-branch

עֲרֵבָה נ ת ['are'va] 1 dough-trough, tub. 2 boat, skiff. 3 pleasant (f)

עֲרֻבָּה נ ['aru'ba] 1 guarantee, surety. 2 pledge, assurance, pawn. 3 security

עִרְבּוּב ז ['ir'buv] 1 mixing, mixture. 2 confusion, muddle

עִרְבּוּבְיָה נ ['irbuv'ya] confusion, muddle, mix-up, mess

עִרְבּוּל ז ['ir'bul] mixing

עֵרָבוֹן ז ['era'von] 1 pledge, token of guarantee. 2 deposit

עַרְבוּת נ ['ar'vut] 1 guarantee, pledge. 2 bail

עֲרָבוֹת נ"ר ['ara'vot] 1 heaven. 2 clouds

overlapping
['eru'vin] Eruvin (Talmudic tractate) עֵרוּבִין ז״ר
['a'rug] furrowed, ridged עָרוּג ת
['e'rug] ridging, furrowing עֵרוּג ז
['aru'ga] garden lot, flower bed, furrow עֲרוּגָה נ
['aru'git] small furrow עֲרוּגִית נ
['a'rod] wild ass עָרוֹד ז
['er'va] nakedness עֶרְוָה ז
['e'ruy] 1 infusion. 2 emptying. 3 transfusion עֵרוּי ז
blood transfusion עֵרוּי דָּם
['a'rux] 1 edited. 2 arranged, prepared. 3 set (table) עָרוּךְ ז ת
['a'rum] 1 cunning, crafty, wily. 2 prudent, wise, deliberate עָרוּם ת
['e'rum] heaping, piling עֵרוּם ז
['a'ruf] beheaded, decapitated עָרוּף ת
['a'ruts] 1 ravine, gorge. 2 channel, gully עָרוּץ ז
['e'rut] alertness, wakefulness עֵרוּת נ
['ir'tul] stripping, denuding עִרְטוּל ז
['artila''ut] 1 nakedness, bareness. 2 abstractness עַרְטִילָאוּת נ
['arti'lai] 1 naked, bare. 2 abstract. 3 vagabond, good-for-nothing עַרְטִילַאי ת
['ir'tel] 1 to strip, uncover, lay bare עִרְטֵל פ״י
['a'ri] plough-plank עֲרִי ז
['ari'va] dusk, sunset, nightfall עֲרִיבָה נ
['ari'ga] yearning, longing עֲרִיגָה נ
['er'ya] 1 nakedness, bareness. 2 genitals. 3 nakedly עֶרְיָה נ תה״פ
['ari'ya] ejaculation (by animals) עֲרִיָּה נ
['ara'yot] 1 fornication, prostitution. 2 incest עֲרָיוֹת נ״ר
['are'vut] pleasantness, sweetness, tastiness עֲרֵבוּת נ
['ar'vi, 'ara'vi] 1 Arab. 2 Arabian, Arabic עַרְבִי, עֲרָבִי ז ת
['or'vit] raven-like עָרְבִית תה״פ
['ar'vit] 1 evening prayer. 2 vespers עַרְבִית נ
['ara'vit] Arabic languague עֲרָבִית נ
['ar'bal] 1 mixing-machine, mixer. 2 whirlpool, eddy, vortex עַרְבָּל ז
['ir'bel] 1 to mix. 2 to confuse עִרְבֵּל פ״י
['arbe'lan] mixer (concrete) עַרְבְּלָן ז
['ar'bolet] eddy, whirlpool, vortex, maelstrom עַרְבֹּלֶת נ
['arav'rav] pot pourri, medley עֲרַבְרַב ז
['erevra'vi] confused עֶרֶבְרָבִי ת
['a'rag] to long for, yearn עָרַג פ״ע
['er'ga] longing, yearning עֶרְגָּה נ
['ir'gul] rolling עִרְגּוּל ז
['era'gon] longing, yearning עֶרָגוֹן ז
['ir'gel] to roll עִרְגֵּל פ״י
['erga'ni] longing, yearning עֶרְגָּנִי ת
['a'rad] 1 to drive out, expel. 2 to stir up עָרַד פ״י
['ar'dal] overboot, galosh, gumboot עַרְדָּל ז
['ir'da] to croak עִרְדַּע פ״ע
['e'ra] 1 to expose, lay bare. 2 to raze, demolish. 3 to stick, attach, join. 4 to pour out, decant עֵרָה פ״י
to infuse blood עֵרָה דָם
['e'ruv] 1 confusion. 2 mixing, amalgamation. 3 Eruv (Sabbath boundary marker) עֵרוּב ז
Eruv of dishes עֵרוּב תַּבְשִׁילִין
1 Eruv of limits. 2 encroachment, עֵרוּב תְּחוּמִים

עֲרִיךְ ז ['arix] valuation
עֲרִיכָה נ ['ari'xa] 1 arranging, preparing. 2 editing. 3 kneading
עֲרִיכַת דִּין advocacy, practice of law
עֲרִיכַת שְׂפָתַיִם prayer, orderly speech
עָרִים נ״ר ['a'rim] cities
עָרִיס ז ['a'ris] 1 trellis, arbor of vines. 2 dough. 3 tenant farmer. 4 pergola
עֲרִיסָה נ ['ari'sa] 1 dough, kneading-trough. 2 cradle, crib
עֲרִיסֹנֶת נ ['ari'sonet] small cradle, crib
עֲרִיפָה נ ['ari'fa] decapitation, beheading
עֲרִיפִים ז״ר ['ari'fim] clouds
עָרִיץ ז ['a'rits] despot, tyrant
עָרִיצוּת נ ['ari'tsut] despotism, tyranny, ruthlessness
עָרִיק ז ['a'rik] deserter
עֲרִיקָה, עֲרִיקוּת נ ['ari'ka] desertion
עֲרִירָה נ ['ari'ra] destruction
עֲרִירוּת נ ['ari'rut] 1 barrenness. 2 loneliness
עֲרִירִי ת ['ari'ri] 1 barren, childless. 2 lonely, solitary
עָרַךְ פ״י ['a'rax] 1 to arrange, set in order. 2 to organize, hold. 3 to edit. 4 to roll (dough)
עָרַךְ מִלְחָמָה to wage war
עֵרֶךְ ז [''erex] 1 value, importance. 2 set, order. 3 property. 4 entry (dictionary)
עֵרֶךְ בְּגָדִים suit of clothes
עֵרֶךְ הַדִּמְיוֹן, עֵרֶךְ הַשִּׁוּוּי positive degree (grammar)
עֵרֶךְ הַהַפְלָגָה superlative degree
עֵרֶךְ הַיִּתְרוֹן comparative degree
עֵרֶךְ טֶבַע natural monument
עֵרֶךְ כֵּלִים set of dishes
עֵרֶךְ מְשֻׁלָּשׁ rule of three
עֵרֶךְ עוֹדֵף surplus value
עַרְכָּאָה נ ['arka''a] instance (legal)
עַרְכָּאוֹת נ״ר ['arka''ot] legal authorities
עֶרְכָּה נ ['er'ka] kit, set of tools
עֶרְכִּי ת ['er'ki] 1 valent. 2 of value
עֶרְכִּיּוּת נ ['erki'yut] valence
עֲרָכִין ז״ר ['ara'xin] Arakhin (Talmudic tractate)
עָרַל פ״י ['a'ral] to treat as 'Orlah', to consider forbidden
עָרֵל ז ת ['a'rel] 1 uncircumcised. 2 ritually unclean. 3 unpruned
עֶרֶל לֵב, עֲרַל לֵב obtuse, stupid
עֲרַל שְׂפָתַיִם stammerer, stutterer
עָרְלָה נ ['or'la] 1 foreskin. 2 'Orlah', unclean fruit (Halakha)
עֲרֵלוּת נ ['are'lut] condition of being uncircumcized
עֲרֵלִית נ ['are'lit] non-Jewish woman
עָרְלַת לֵב stiffness, stubbornness
עָרַם פ״י ['a'ram] to heap, stack, amass
עָרֹם ת ['a'rom] naked, bare, nude
עֵרַם פ״י ['e'ram] to uncover, lay bare
עֹרֶם ז [''orem] cunning, craftiness
עָרְמָה נ ['or'ma] craftiness, wiliness, guile
עֲרֵמָה נ ['are'ma] heap, pile, stack
עַרְמוּמִי ת [armu'mi] wily, crafty
עַרְמוּמִיּוּת נ ['armumi'yut] craftiness, wiliness
עַרְמוֹן ז ['ar'mon] 1 chestnut tree. 2 plane tree. 3 viper
עַרְמוֹנִי ת ['armo'ni] chestnut, reddish-brown
עַרְמוֹנִיּוֹת נ״ר ['armoni'yot] castanets
עַרְמוֹנִית נ ['armo'nit] prostate
עַרְמִימוּת נ ['armi'mut] 1 nakedness, nudity. 2 craftiness
עֵרָנוּת נ ['era'nut] wakefulness,

vigilance, alertness

['era'ni] alert, circumspect, vigilant עֵרָנִי ת

['a'ras, 'e'ras] 1 to trail vines. 2 to mix dough עָרַס, עֵרַס פ״י

[''eres] 1 bed. 2 bier עֶרֶס ז

['ar'sal] hammock עַרְסָל ז

['ir'sel] 1 to swing. 2 to place crosswise, interlace עִרְסֵל פ״י

['ar'san] food made of grain עַרְסָן ז

['ir''ur] 1 appeal (legal). 2 undermining. 3 gargling עִרְעוּר ז

['ar''ar] 1 juniper. 2 tamarisk. 3 lonely, desolate עַרְעָר ז

['ir''er] 1 to undermine, subvert. 2 to appeal against. 3 to gargle עִרְעֵר פ״י

['ar'a'rut] loneliness, desolation עַרְעָרוּת נ

['a'raf] 1 to drip, shower. 2 to behead, decapitate עָרַף פ״י

[''oref] 1 hinterland. 2 neck, nape. 3 rear (army). 4 chuck (meat) עֹרֶף ז

['ar'pad] 1 vampire bat. 2 extortionist, 'leech' עַרְפָּד ז

['ir'pul] clouding, obscuring עִרְפּוּל ז

['or'pi] 1 occipital. 2 back, rear, behind the front line עָרְפִּי ת

['ar'piy'ax] smog עַרְפִּיחַ ז

['ara'fel] 1 fog, mist. 2 obscurity עֲרָפֶל ז

['ir'pel] to obscure, make indistinct עִרְפֵּל פ״י

['arfi'li] foggy, misty, nebulous עַרְפִּלִי ת

['arfili'yut] fogginess, mistiness עַרְפִּלִיּוּת נ

['arfi'lit] nebula עַרְפִּלִית נ

['a'rats] 1 to fear, be afraid. 2 to intimidate, terrify עָרַץ פיו״ע

[''erets] 1 power, fear, awe. 2 sky, heaven עֶרֶץ ז

['ar'tsav] mole cricket עַרְצָב ז

['era'tson] erosion עֵרָצוֹן ז

[''arak] arak, eau-de-vie עָרָק ז

['a'rak] 1 to flee, escape. 2 to desert עָרַק פ״ע

['a'rak] rush basket, bandage עֲרָק ז

['ar'ka] 1 tapeworm. 2 leather thong עַרְקָה נ

['ar'kuv] knee (animal) עַרְקוּב ז

['ar'kan] escapist עַרְקָן ז

['arka'nut] escapism עַרְקָנוּת נ

['a'rar] to appeal, contest עָרַר פ״ע

['a'rar] 1 appeal. 2 objection, protest עֲרָר ז

[''eres] 1 bed, cradle. 2 birthplace עֶרֶשׂ נ

sickbed עֶרֶשׂ דְּוַי

['ash] 1 moth. 2 the Great Bear (constellation) עָשׁ ז

[''esev] 1 grass. 2 herb, weed עֵשֶׂב ז

seaweed, alga עֵשֶׂב יָם

weed, noxious weed עֵשֶׂב רַע, עֵשֶׂב שׁוֹטֶה

['i'sev] to weed out עִשֵּׂב פ״י

['esbo'nai] herbalist עֶשְׂבּוֹנַאי ז

['isbi'ya] herbarium עִשְׂבִּיָּה נ

['a'sa] 1 to make, do. 2 to produce, accomplish. 3 to bring about, execute. 4 to render. 5 to travel, spend עָשָׂה פ״י

to listen attentively עָשָׂה אָזְנוֹ כַּאֲפַרְכֶּסֶת

to take the law into one's own hands עָשָׂה דִּין לְעַצְמוֹ

to introduce עָשָׂה הַכָּרָה

to succeed, become wealthy עָשָׂה חַיִל

to do a favo(u)r עָשָׂה חֶסֶד עִם

to look after one's own עָשָׂה לְבֵיתוֹ

interests
to spread abroad עָשָׂה לוֹ כְּנָפַיִם
to make fun of עָשָׂה לִצְחוֹק
to pretend עָשָׂה עַצְמוֹ
to bear fruit עָשָׂה פְּרִי
to relieve oneself עָשָׂה צְרָכָיו
1 to cause havoc. 2 to destroy, annihilate עָשָׂה שַׁמּוֹת
['a'se] positive precept עֲשֵׂה ז
['i'sa] 1 to cause to do. 2 to squeeze, press עִשָּׂה פ״י
['i'suv] weeding out עִשּׂוּב ז
['a'suy] 1 made, completed, done. 2 likely, liable עָשׂוּי ת
['a'shun] 1 stiff, rigid. 2 dark, sombre. 3 smoked עָשׁוּן ת
['i'shun] 1 smoking, emitting smoke. 2 curing, smoking of food עִשּׁוּן ז
['a'shok] oppressor, exploiter, extortioner עָשׁוֹק ז
['a'shuk] oppressed, deprived, wronged, exploited עָשׁוּק ת
['i'shuk] oppression, exploitation עִשּׁוּק ז
['a'sor] 1 ten years, decade. 2 ten days, ten months. 3 tenth day עָשׂוֹר ז
['i'sur] tithing, tithe עִשּׂוּר ז
['aso'ri] 1 decimal. 2 decadic עֲשׂוֹרִי ת
['a'shot] wrought, forged (iron) עָשׁוֹת ת
['a'sot] to do, make, effect, cause עֲשׂוֹת שה״פ
['asi'ya] doing, making, performance, act עֲשִׂיָּה נ
['a'shir] 1 rich, wealthy. 2 affluent, distinguished. 3 plentiful, abundant עָשִׁיר ז
['ashi'rut] richness, wealth עֲשִׁירוּת נ
['asi'ri] tenth עֲשִׂירִי ת
['asiri'ya] 1 group or set of ten. 2 ten-shekel note. 3 tenth עֲשִׂירִיָּה נ
['asi'rit] 1 tenth (f. sing). 2 tenth part עֲשִׂירִית נ ת
['a'shit] stable, solid, static עָשִׁית ת
['a'shan] 1 smoke. 2 symbol of transience עָשָׁן ז
['a'shan] 1 to smoke, emit smoke. 2 to fume, be angry עָשַׁן פ״ע
to be angry with someone עָשַׁן אַפּוֹ בִּפְלוֹנִי
['a'shen] smoking, emitting smoke עָשֵׁן ת
['a'shon] smoky, smoke-like עָשֹׁן ת
['i'shen] 1 to smoke. 2 to emit smoke, fumigate. 3 to smoke, cure עִשֵּׁן פ״י
['ash'nan] smoker עַשְׁנָן ז
[''oshef] cutting edge of an axe עֹשֶׁף ז
['a'shak] 1 to oppress, maltreat. 2 to subjugate, subdue. 3 to extort. 4 to exploit עָשַׁק פ״י
[''oshek] 1 oppression, exploitation. 2 extortion, unjust gain עֹשֶׁק ז
[''eshek] quarrel עֵשֶׂק ז
['ash'kan] exploiter, extortionist עַשְׁקָן ז
['ashka'nut] exploitation, extortion עַשְׁקָנוּת נ
['a'shar] to be rich, become rich עָשַׁר פ״ע
[''osher] 1 wealth, riches. 2 abundance עֹשֶׁר ז
['i'sher] to enrich, make rich עִשֵּׁר פ״י
['a'sar] to tithe, take the עָשַׂר פ״י

['a'ta] now, at present time עַתָּה תה"פ
['i'ta] shortest period of time עִתָּה נ
['a'tud] male goat, billy goat עַתּוּד ז
['i'tud] preparation, making ready עִתּוּד ז
['atu'dai] reservist עֲתוּדַאי ז
['atu'da] 1 reserve force. 2 reserve unit עֲתוּדָה נ
['atu'dot] reserves, reserve force עֲתוּדוֹת נ"ר
['i'tuy] timing עִתּוּי ז
['i'ton] newspaper עִתּוֹן ז
['itona''ut] journalism עִתּוֹנָאוּת נ
['itona''i] journalistic עִתּוֹנָאִי ת
['ito'nai] journalist עִתּוֹנַאי ז
['ito'non] small newspaper עִתּוֹנוֹן ז
['ito'nut] 1 press. 2 journalism עִתּוֹנוּת נ
1 yellow journalism. 2 tabloid journalism עִתּוֹנוּת צְהֻבָּה
['i'tuk] 1 shunt (train). 2 transfer, copying. 3 relocation עִתּוּק ז
['i'tut] timing עִתּוּת נ
['i'ti] 1 periodical. 2 opportune, convenient עִתִּי ת
['a'tid] 1 future. 2 future tense. 3 about to עָתִיד ז ת
1 destined to. 2 intended to, about to עָתִיד לְ־
['ati'dot] fortune, future עֲתִידוֹת
['ati'dan] futurist עֲתִידָן ז
['atida'nut] futurism עֲתִידָנוּת נ
at times עִתִּים תה"פ
['a'tik] selected, eminent, splendid, stately עָתִיק ת
['a'tik] 1 ancient, old. 2 antique עַתִּיק ת
old, antiquated עַתִּיק יוֹמִין
['ati'kot] antiquities עַתִּיקוֹת נ"ר
['ati'kut] antiquity עַתִּיקוּת נ

tenth part
[''eser] ten (f) עֶשֶׂר נ
['i'ser] to tithe עִשֵּׂר פ"י
['asa'ra] ten (m) עֲשָׂרָה ז
['isa'ron] one tenth עִשָּׂרוֹן ז
['esro'ni] decimal עֶשְׂרוֹנִי ת
['es'rim] twenty עֶשְׂרִים ש"מ
['esri'mon] icosahedron עֶשְׂרִימוֹן ז
['ash'ran] nouveau riche, parvenu עַשְׁרָן ז
['a'seret] ten, group of ten עֲשֶׂרֶת נ
The Ten Commandments, The Decalog(ue) עֲשֶׂרֶת הַדִּבְּרוֹת
['a'shash] 1 to decay. 2 to wither, become dry. 3 to grow old עָשַׁשׁ פ"ע
['a'shesh] weak, faint, dim עָשֵׁשׁ ת
['asha'shit] 1 lantern, oil lamp. 2 bar (metal) עֲשָׁשִׁית נ
['a'sheshet] caries, tooth decay עַשֶּׁשֶׁת נ
['a'shat] to grow stout, fat עָשַׁת פ"ע
[''eshet] metal bar, steel עֶשֶׁת ז
['eshto'not] ideas, thoughts עֶשְׁתּוֹנוֹת ז"ר
['ash'tut] idea, thought, opinion עַשְׁתּוּת נ
eleven עַשְׁתֵּי עָשָׂר ז, עַשְׁתֵּי עֶשְׂרֵה נ
increase of flock, offspring of sheep עַשְׁתְּרוֹת צֹאן
['ash'toret] Astarte, Ishtar עַשְׁתֹּרֶת נ
['et] 1 time, season. 2 epoch, era עֵת נ
time to love עֵת דּוֹדִים
the right time, opportune moment עֵת מְצֹא
favo(u)rable time, good opportunity עֵת רָצוֹן
['i'ted] to prepare in advance, reserve for future use עִתֵּד פ"י

עַתִּיר ת ['a'tir] rich, abundant

עַתִּיר יֶדַע specializing in high-technology

עַתִּיר נְכָסִים rich, wealthy, propertied

עַתִּיר רוּחַ rich in spirit

עֲתִירָה נ ['ati'ra] 1 request, prayer. 2 petition, plea

עָתָק ז ['a'tak] pride, arrogance, superciliousness

עָתַק פ״ע ['a'tak] to be strong, splendid, proud

עָתֵק ת ['a'tek] strong, splendid, abundant

עַתָּק ז ['a'tak] railway switchman, shunter

עֹתֶק ז [''otek] 1 copy. 2 strength

עָתָר ז ['a'tar] smoke, odo(u)r

עָתַר פ״ע ['a'tar] 1 to supplicate, beg. 2 to petition, appeal

עֶתֶר ז [''eter] shovel, pitchfork

עֲתָרָה נ ['ata'ra] entreaty, prayer

עֲתֶרֶת נ ['a'teret] abundance, richness, plenty

פ

פּ, פ 1 Pe (with dagesh), Fe (without), seventeenth letter of the Hebrew alphabet. 2 80
ף final pe. 2 800

פֵּא נ [pe] name of the letter "pe"

פֵּאָה נ [peˈ’a] 1 edge, corner. 2 side, face (polyhedron). 3 side-curl, sideburn. 4 Peah (Talmud tractate)

פֵּאָה נָכְרִית wig

פֵאוֹדָל ז [fe’oˈdal] feudal lord

פֵאוֹדָלִי ת [fe’oˈdali] feudal

פֵאוֹדָלִיּוּת נ [fe’oˈdaliyut] feudalism

פֵּאוֹן ז [peˈ’on] polyhedron

פֵּאוּר ז [peˈ’ur] beautification, enhancement, ornamentation

פֵּאֵר פ״י [peˈ’er] 1 to decorate, beautify. 2 to glean

פֹּאַר פ״ע [poˈ’ar] to be adorned, decorated

פְּאֵר ז [peˈ’er] glory, magnificence, luxury

פֹּארָה, פֻּארָה נ [ˈpora, ˈpura] branch, bough

פָּארוּר ז [paˈrur] 1 redness, glow, flush. 2 blackness

פְּאַת זָקָן end of beard

פֶבְּרוּאָר ז [ˈfebru’ar] February

פִבְּרוּק ז [fibˈruk] fabrication

פָּג פ״ע [pag] 1 to cease, expire. 2 to grow faint, disappear. 3 to grow numb. 4 to evaporate

פָּג לִבּוֹ 1 to be astonished. 2 to be petrified

פַּג ז [pag] 1 unripe fruit. 2 premature baby

פַּגָּה נ [paˈga] 1 unripe fruit. 2 young immature girl. 3 pollination of fig tree. 4 premature girl-baby

פִּגּוּל ז [piˈgul] 1 stench, filth, foul thing. 2 abomination, putrefied matter

פָּגוּם ת [paˈgum] defective, inferior, blemished, faulty, spoilt

פִּגּוּם ז [piˈgum] 1 scaffolding. 2 dovecote. 3 defect

פָּגוּעַ ת [paˈgu’a] 1 hit, hurt. 2 deficient

פִּגּוּעַ ז [piˈgu’a] act of sabotage

פִּגּוּר ז [piˈgur] 1 backwardness, retardation. 2 arrears. 3 regression, lagging

פָּגוֹשׁ ז [paˈgosh] 1 sling-stone. 2 bumper

פָּגָז ז [paˈgaz] 1 shell (artillery). 2 outstanding success

פַּגִּיָּה נ [pagiˈya] neo-natal unit (med.)

פִּגְיוֹן ז [piˈgyon] 1 dagger, poniard, stiletto. 2 bayonet

פְּגִימָה נ [pegiˈma] 1 waning (moon). 2 defect. 3 assault (woman)

פְּגִימוּת נ [pegiˈmut] 1 defectiveness. 2 violability

פָּגִיעַ ת [paˈgiy’a] vulnerable

פְּגִיעָה נ [pegiˈ’a] 1 hit, stroke. 2 harm, damage, injury. 3 insult. 4 supplication, entreaty

פְּגִיעָה בַּמַּטָּרָה hitting the mark, scoring a bull’s eye

פְּגִיעוּת נ [pegiˈ’ut] vulnerability

פְּגִירָה נ [pegiˈra] death (animal or

wicked person)

[pegi'sha] meeting, encounter פְּגִישָׁה נ

[pi'gel] 1 to pollute, foul. 2 to adulterate פִּגֵּל פ״י

[pegal'gol] small radish פְּגַלְגּוֹל ז

[pug'la] kind of radish פֻּגְלָה נ

[pa'gam] 1 to spoil, make unfit. 2 to impair פָּגַם פ״י

[pe'gam] defect, flaw, blemish פְּגָם ז

[pa'gan] 1 pagan. 2 villager, commoner, rustic פָּגָן ז

[pa'ganiyut] paganism פָּגָנִיּוּת נ

[pa'ga] 1 to strike, hit. 2 to damage, injure. 3 to insult. 4 to entreat פָּגַע פ״י

to hit the mark פָּגַע בַּמַּטָּרָה

['pega] accident, mishap פֶּגַע ז

1 troublesome, pestering person. 2 trouble, nuisance פֶּגַע רַע

[pag''an] troublemaker, evildoer פַּגְעָן ז

['peger] corpse, carcass פֶּגֶר ז

[pa'gar] to die (animal) פָּגַר פ״ע

[pi'ger] 1 to be backward. 2 to fall behind, be in arrears. 3 to destroy, kill פִּגֵּר פיו״ע

[pa'gra] 1 holiday, vacation. 2 recess פַּגְרָה נ

[piga'ron] backwardness פִּגָּרוֹן ז

[pag'ran] backward, retarded פַּגְרָן ז

[pagra'nut] backwardness, retardedness פַּגְרָנוּת נ

[pa'gash] to meet, encounter, come across פָּגַשׁ פ״י

[peda'gog] educator, tutor, pedagogue פֶּדָגוֹג ז

[peda'gogi] educational, pedagogic פֶּדָגוֹגִי ת

[peda'gogya] education, profession of teaching פֶּדָגוֹגְיָה נ

[pa'da] 1 to redeem, ransom. 2 to sell (cash). 3 to release פָּדָה פ״י

[pa'duy] 1 redeemed, ransomed. 2 released פָּדוּי ת

[pe'dut] 1 redemption, deliverance. 2 distinction, discrimination פְּדוּת נ

[pa'daxat] 1 forehead. 2 front part פַּדַּחַת נ

[pedi'ya] redemption, ransom פְּדִיָּה נ

[pid'yom] on call פִּדְיוֹם ז

[pid'yon] redemption, ransom פִּדְיוֹן ז

redemption of first-born פִּדְיוֹן בְּכוֹר (הַבֵּן)

[pedi'kur] pedicure פֶּדִיקוּר ז

[pa'dan] 1 yoke for ploughing. 2 area of land פַּדָּן ז

[pe'dant] pedant פֶּדַנְט ת

[pe'danti] pedantic פֶּדַנְטִי ת

[pe'dantiyut] pedantry פֶּדַנְטִיּוּת נ

[pa'da] 1 to redeem. 2 to release. 3 to wound פָּדַע פ״י

['peder] 1 fat, suet. 2 omentum. 3 diaphragm פֶּדֶר ז

[pe'dar] small rug, scatter rug פֵּדָר ז

[pi'der] to powder (face) פִּדֵּר פ״י

[federa'tivi] federative פֶדֶרָטִיבִי ת

[fede'rali] federal פֶדֶרָלִי ת

[fede'ratsya] federation פֶדֶרַצְיָה נ

[pe] 1 mouth. 2 entrance, orifice. 3 border, edge. 4 word. 5 womb פֶּה ז

unanimously, in complete accord פֶּה אֶחָד

face to face, personally פֶּה אֶל פֶּה

flattery, fulsomeness פֶּה חָנֵף

from end to end, choc a bloc פֶּה לָפֶה

[po] here פֹּה תה״פ

[pi'huk] yawn פִּהוּק ז

[pehi'ka] yawning, gaping פְּהִיקָה נ

2 gem, jewel. 3 eiderdown, quilt-stuffing, down
[pol] bean פּוֹל ז
['polo] polo (game) פּוֹלוֹ ז
[poli'gon] polygon פּוֹלִיגוֹן ז
[poli'glot] polyglot פּוֹלִיגְלוֹט ז
[poli'gamiya] polygamy פּוֹלִיגַמְיָה נ
[polya'ton] rose perfume, musk oil פּוֹלְיָטוֹן ז
[poli'tura] polish (furniture) פּוֹלִיטוּרָה נ
[po'liti] political פּוֹלִיטִי ת
[politi'kai] politician פּוֹלִיטִיקַאי ז
[po'litika] politics פּוֹלִיטִיקָה נ
[politi'kan] maneuvering, crafty, politician פּוֹלִיטִיקָן ז
[pole'marxos] commander, field marshal פּוֹלֵימַרְכוֹס ז
[po'lisa] policy פּוֹלִיסָה נ
[polite'’izem] polytheism פּוֹלִיתֵאִיזְם ז
[polite'’ist] polytheist פּוֹלִיתֵאִיסְט ז
[po'lemika] public dispute, polemics, controversy פּוֹלֶמִיקָה נ
[folk'lor] folklore פּוֹלְקְלוֹר ז
[po'lari] polar פּוֹלָרִי ת
[po'lariyut] polarity פּוֹלָרִיּוּת נ
[pum'be] 1 publication. 2 publicity, pomp פּוּמְבֵּי ז
[pum'bi] public פּוּמְבִּי ת
[pumbi'yut] publicity, publicness פּוּמְבִּיּוּת נ
[pumi'ya] aperture, orifice פּוּמִיָּה נ
[pu'mit] 1 mouthpiece. 2 jet פּוּמִית נ
[po'melo] pomelo פּוֹמֶלוֹ ז
[pund'yon] dupondium (Roman coin) פּוּנְדְיוֹן ז
[fono'graf] phonograph, gramophone פּוֹנוֹגְרָף ז
[fono'logia] phonology פּוֹנוֹלוֹגְיָה נ
[fo'neti] phonetic פּוֹנֶטִי ת
[fo'netika] phonetics פּוֹנֶטִיקָה נ

[pi'hek] to yawn, gape פִּהֵק פ״ע
[paha'kan] yawner, "sleepyhead" פַּהֲקָן ז
[pu'’a] madder, rubia (plant) פּוּאָה נ
[po'’etika] art of poetry פּוֹאֶטִיקָה נ
[pu'’enta] main point, punch line פּוּאֶנְטָה נ
[po'’esiya] poetry פּוֹאֶסְיָה נ
[publi'tsist] publicist פּוּבְּלִיצִיסְט ז
[pu'ga] 1 pause, recess, lull. 2 doubt פּוּגָה נ
['fuga] fugue פּוּגָה נ
[po'ge’a] insulting, offensive פּוֹגֵעַ ת
[pog’a'ni] 1 offensive. 2 damaging פּוֹגְעָנִי ת
[pog'rom] pogrom, disorder פּוֹגְרוֹם ז
[po'dagra] gout פּוֹדַגְרָה נ
[po'de] redeemer פּוֹדֶה ז
['puding] pudding פּוּדִינְג ז
['pudra] 1 powder (face). 2 talc פּוּדְרָה נ
[pudri'ya] powder-box פּוּדְרִיָּה נ
['poza] 1 pose. 2 appearances פּוֹזָה נ
[pozi'tivi] positive פּוֹזִיטִיבִי ת
[po'zel] squinting פּוֹזֵל ת
[pozla'ni] squinting פּוֹזְלָנִי ת
[po'xez] irresponsible, reckless פּוֹחֵז ת
[po'xe’ax] shabby, ragged פּוֹחֵחַ ת
[pux'lats] stuffed skin פּוּחְלָץ ז
[po'xer] potter פּוֹחֵר ז
getting less and less, ever decreasing פּוֹחֵת וְהוֹלֵךְ
[foto'geni] photogenic פּוֹטוֹגֵנִי
[foto'mon'taʒ] photo-montage פּוֹטוֹמוֹנְטָז׳ ז
[potents'yal] potential פּוֹטֶנְצְיָל ז
[potents'yali] potential פּוֹטֶנְצְיָלִי ת
['potash] potash פּוֹטַשׁ ז
[putsh] putsch פּוּטְשׁ ז
[pux] 1 eye-shadow, kohl. פּוּךְ ז

פּוּנְקְצְיָה נ ['funktsiya] 1 function. 2 proportional amount

פוֹסְפוֹר ז [fos'for] phosphorus

פוֹסְפָט ז [fos'fat] phosphate

פּוֹסֵק ז [po'sek] 1 arbiter. 2 referee. 3 Rabbinical scholar with Halachic authority

פּוֹעֵל ז ת [po''el] 1 worker, labo(u)rer. 2 active, working

פּוֹעֵל שָׁחוֹר hard labo(u)rer, unskilled worker

פּוֹפּוּלָרִי ת [popu'lari] popular

פּוֹפּוּלָרִיּוּת נ [popu'lariyut] popularity

פּוֹפּוּלָרִיזָטוֹר נ [populari'zator] popularizer

פּוֹפּוּלָרִיזַצְיָה נ [populari'zatsya] popularization

פּוֹצַץ פ"ע [po'tsats] to be exploded, blown up

פּוֹצֵץ פ"י ת [po'tsets] 1 to blow up, explode. 2 explosive, plosive

פּוּקָה נ [pu'ka] setback, obstacle

פוֹקְסְטְרוֹט ז [foks'trot] foxtrot

פּוֹקֵר ז [po'ker] heretic

פּוֹקֶר ז ['poker] poker (card-game)

פּוּר ז [pur] lot

פּוֹרֶה ת [po're] fertile, abundant

פּוּרָה נ [pu'ra] 1 winepress. 2 liquid measure. 3 portable stand. 4 angel of oblivion

פוֹרוּם ז ['forum] forum

פּוֹרֵחַ ת [po're'ax] 1 blooming, flourishing. 2 flying

פּוֹרְחוֹת נ"ר [por'xot] cirrus clouds

פּוֹרִיּוּת נ [pori'yut] 1 fertility. 2 creativity, productivity

פּוּרִים ז [pu'rim] Purim (festival)

פּוּרִימִי ת [pu'rimi] Purim-like, carnival-like

פוֹרְמָט ז [for'mat] format

פוֹרְמָלִי ת [for'mali] formal

פוֹרְמָלִיּוּת נ [for'maliyut] formality

פּוֹרֵעַ ז [po're'a] wild

פּוֹרֵץ ז [po'rets] burglar, housebreaker

פּוֹרְצָנִי ת [portsa'ni] tending to break in

פּוֹרֵץ גָּדֵר one who goes too far

פּוֹרְצָנִי ת [portsa'ni] piercing

פּוֹרֶקֶת נ [po'reket] lighter (boat)

פּוֹרַר פ"ע [po'rar] to be crumbled

פּוֹרֵר פ"י [po'rer] to cause to crumble

פּוֹרֵשׁ ז [po'resh] 1 dissident. 2 person who retires. 3 schismatic

פּוּרְתָּא תה"פ נ [pur'ta] 1 a little bit. 2 portion, fragment

פּוֹשֵׁט יָד beggar

פּוֹשֵׁט עוֹר 1 skinner. 2 charging exorbitant prices

פּוֹשֵׁט רֶגֶל bankrupt

פּוֹשֵׁעַ ז [po'she'a] criminal

פּוֹשְׁעָנוּת נ [posh'a'nut] criminality

פּוֹשֵׂק שְׂפָתַיִם chatterbox

פּוֹשֵׁר ת [po'sher] 1 lukewarm, tepid. 2 indifferent

פּוֹשְׁרִים, פּוֹשְׁרִין ז"ר [posh'rim] lukewarm water

פּוֹתָה נ [po'ta] 1 hole, opening. 2 vagina, vulva

פּוֹתֶה ז [po'te] naive, simple, foolish

פּוֹתְחָן ז [pot'xan] opener, can opener

פּוֹתַחַת נ [po'taxat] master key, skeleton key

פָּז ז [paz] 1 gold. 2 golden. 3 sparkling

פִּזּוּז ז [pi'zuz] dancing, skipping, hopping, prancing

פִּזּוּל ז [pi'zul] squint

פִּזּוּם ז [pi'zum] humming

פָּזוּר ת [pa'zur] scattered

פְּזוּר נֶפֶשׁ scatterbrained,

absentminded

פִּזּוּר ז [pi'zur] 1 scattering, diffusion. 2 distribution, spread

פִּזּוּר נֶפֶשׁ absentmindedness

פְּזוּרָה נ [pezu'ra] Diaspora

פָּזַז, פִּזֵּז פ״ע [pa'zaz, pi'zez] 1 to move quickly. 2 to ring (as gold), rejoice. 3 to be impulsive

פָּזִיז ת [pa'ziz] hasty, rash, impulsive, precipitate

פְּזִיזוּת נ [pezi'zut] hastiness, rashness, impetuosity

פְּזִילָה נ [pezi'la] squinting

פְּזִימָה נ [pezi'ma] humming, crooning

פָּזַל פ״ע [pa'zal] to squint

פַּזְלָן ז [paz'lan] squint-eyed

פַּזְלָנוּת נ [pazla'nut] squinting

פַּזְלָנִי ת [pazla'ni] squinting

פַּזֶּלֶת נ [pa'zelet] squint

פִּזֵּם פ״י [pi'zem] to hum, croon

פִּזְמוֹן ז [piz'mon] light song, ditty, refrain

פִּזְמוּן ז [piz'mun] light-song, verses, composition

פִּזְמוֹנָאוּת נ [pizmona'ut] song writing

פִּזְמוֹנַאי ז [pizmo'nai] song writer

פִּזְמֵן פ״י [piz'men] to write songs

פִּזְמֵק פ״י [piz'mek] to put on socks

פֻּזְמָק ז [puz'mak] sock

פֻּזְמַק פ״ע [puz'mak] to be stockinged

פָּזֵר ז [pa'zer] "pazer" (cantillation sign)

פִּזֵּר פ״י [pi'zer] to scatter, disperse

פֻּזַּר פ״ע [pu'zar] to be scattered, dispersed

פִּזֵּר דַּעְתּוֹ to divert or distract someone

פִּזֵּר דְּרָכָיו to deviate morally

פִּזֵּר רַגְלָיו to take to the road, set off, get on the move

פִּזְרוֹן נֶפֶשׁ absentmindedness

פִּזָּרוֹן ז [piza'ron] scattering, dispersion

פַּזְרָן ז [paz'ran] squanderer, profligate, extravagant

פַּזְרָנוּת נ [pazra'nut] extravagance, profligacy, squandering

פַּזְרָנִי ת [pazra'ni] extravagant

פְּזֹרֶת נ [pez'oret] littering

פָּח פיו״ע [pax] to blow, breathe, become cool

פַּח ז [pax] 1 tin, can. 2 bin. 3 snare, obstacle. 4 danger

פָּחַד פ״ע [pa'xad] to fear, be afraid

פָּחַד וְרָחַב לְבָבוֹ to be overexcited

פַּחַד ז ['paxad] 1 fear, fright. 2 alarm, awe. 3 tight loins

פַּחַד מָוֶת fear of death, mortal fear

פִּחֵד פיו״ע [pi'xed] 1 to fear. 2 to fill with alarm

פַּחְדָּה נ [pax'da] fear, dread, terror

פַּחְדָן ז [pax'dan] coward

פַּחְדָנוּת נ [paxda'nut] cowardice

פַּחְדָנִי ת [paxda'ni] cowardly

פֶּחָה ז [pe'xa] governor, pasha

פָּחוּד ת [pa'xud] afraid, terrified

פַּחֲוָה נ [pax'va] province (Turkish)

פָּחוּז ת [pa'xuz] hasty, frivolous

פִּחוּם ז [pi'xum] carbonization

פַּחוֹן ז [pa'xon] tin hut, shack

פָּחוּס ת [pa'xus] 1 compressed, flattened. 2 squashed

פָּחוֹת תה״פ [pa'xot] less, minus, less than

פָּחוֹת אוֹ יוֹתֵר more or less

פָּחוּת ת [pa'xut] 1 lesser, inferior. 2 poorer in quality

פִּחוּת ז [pi'xut] devaluation

פָּחַז פ״ע [pa'xaz] to be reckless, hasty

פַּחַז ז ['paxaz] over-hastiness, frivolousness

פַּחַז כַּמַּיִם 1 impulsive person. 2 hasty person

פִּחֵז פ״ע [pi'xez] to be arrogant, boastful
פַּחֲזוּת נ [paxa'zut] rashness, frivolousness
פַּחֲזָן ז [paxa'zan] rash, impetuous
פַּחֲזָנוּת נ [paxza'nut] impetuosity, hastiness, recklessness
פַּחֲזָנִי ת [paxza'ni] rash, impulsive, impetuous
פַּחְזָנִית נ [paxza'nit] cream puff
פֶּחָח ז [pe'xax] tinker, tinsmith, sheetmetal worker
פֶּחָחוּת נ [pexa'xut] tinsmithery, work with tin, sheetmetal work
פֶּחָחִיָּה נ [pexaxi'ya] tinsmithy, tinker's workshop, sheetmetal workshop
פַּחֵי נֶפֶשׁ disappointment
פְּחִיסָה נ [pexi'sa] compressing, squashing
פְּחִיסוּת נ [pexi'sut] compressed state, compressibility
פַּחִית נ [pa'xit] 1 small tin can. 2 small piece of tin
פְּחִיתוּת נ [pexitut] lessening, decrease
פְּחִיתוּת כָּבוֹד 1 insult. 2 disrespect, beneath one's dignity
פְּחִיתוּת עֵרֶךְ 1 disrespect. 2 lowering of value, belittling
פֹּחַל ז ['poxal] saddlebag
פֻּחְלִין ז״ר [pux'lin] saddle sack
פִּחְלֵץ פ״י [pix'lets] to stuff an animal
פֶּחָם ז [pe'xam] coal, charcoal
פִּחֵם פ״י [pi'xem] to blacken, burn to coal, turn to charcoal
פֻּחַם פ״ע [pu'xam] to be blackened, burned to coal
פַּחַם אֶבֶן anthracite
פַּחְמָה נ [pax'ma] carbonate
פַּחְמוֹן ז [pax'mon] ustilago, grain fungus disease
פִּחְמוּן ז [pix'mun] carbonization
פַּחֲמִי ת [paxa'mi] of coal, carboniferous
פֶּחָמִי ז [pexa'mi] 1 charcoal burner. 2 blacksmith
פַּחְמֵימָה נ [paxme'ma] carbohydrate
פַּחְמֵימָן ז [paxme'man] hydrocarbon
פַּחְמָן ז [pax'man] carbon
פַּחְמָן דּוּ חַמְצָנִי carbon dioxide
פִּחְמֵן פ״י [pix'men] to carbonize
פַּחְמָנִי ת [paxma'ni] carbonic, of carbon
פַּחֶמֶת נ [pa'xemet] carbuncle, anthracosis
פַּחְמָתִי ת [paxma'ti] carbonaceous
פָּחַס פ״י [pa'xas] to compress, squash, flatten
פַּחַר ז ['paxar] clay, earthenware
פֶּחָר ז [pe'xar] potter
פָּחַת פיו״ע [pa'xat] 1 to lessen, diminish. 2 to depreciate. 3 to dig, hollow out
פָּחַת וְהָלַךְ declining, in process of decline
פַּחַת זו״נ שה״פ ['paxat] 1 snare, pit, trap. 2 destruction
פִּחֵת פ״י [pi'xet] to devaluate, decrease, lessen
פֻּחַת פ״ע [pu'xat] to be devalued
פְּחָת ז [pe'xat] depreciation, loss
פַּחֶתֶת נ ['pxetet] 1 wasting disease. 2 leper's sore. 3 defect
פַּט ז [pat] stalemate (chess)
פִּטְדָה נ [pit'da] topaz
פָּטָה מוֹרְגָּנָה נ fata morgana, mirage
פְּטוֹטֶרֶת נ [peto'teret] petiole, stem
פָּטוּם ת [pa'tum] 1 fattened. 2 filled, stuffed, mixed
פִּטּוּם ז [pi'tum] 1 mixture. 2 stuffing. 3 battening, fattening
פִּטּוּמֵי מִלִּים empty talk, false

promises

[paˈtur] 1 free, exempt. 2 stalk — פָּטוּר ז ת

[ptor, ptur] exemption — פְּטוֹר, פְּטוּר ז

[piˈtur] discharge, sacking — פִּטּוּר ז

[pituˈrim] giving the sack, laying-off, discharge, dismissal — פִּטּוּרִים ז״ר

[paˈtat] chatterbox, babbler — פַּטָּט ז

[piˈtet] to chatter, prattle — פִּטֵּט פ״ע

[peˈtit] 1 very small print. 2 very tiny thing — פְּטִיט ז

[paˈtit] chatterbox, prattler — פַּטִּיט ז

[petiˈra] 1 death, decease. 2 separation, departure — פְּטִירָה נ

[paˈtish] hammer — פַּטִּישׁ ז

[patiˈshon] small hammer — פַּטִּישׁוֹן ז

[ˈpetel] raspberry — פֶּטֶל ז

[ˈpetem] 1 spices. 2 ingredients — פֶּטֶם ז

[ptam] fattened ox — פְּטָם ז

[paˈtam] 1 fattener, spicer — פַּטָּם ז

[piˈtam] 1 wart (bot.). 2 small protuberance — פִּטָּם ז

[piˈtem] 1 to fatten. 2 to mix, compound. 3 to blend spices — פִּטֵּם פ״י

[puˈtam] 1 to be fattened. 2 to be stuffed — פֻּטַּם פ״ע

[pitˈma] 1 nipple, teat. 2 wart (bot.). 3 protuberance. — פִּטְמָה נ

[pitˈmit] papilla — פִּטְמִית נ

[paˈtent] 1 patent. 2 gadget, device — פָּטֶנְט ז

[piˈtas] cask, jug — פִּטָּס ז

[pitˈput] 1 chatter, small-talk, gossiping. 2 tripod, legs — פִּטְפּוּט ז

pointless chatter — פִּטְפּוּטֵי סְרָק

[pateˈfon] phonograph — פָּטֶפוֹן ז

[pitˈpet] to chatter, babble — פִּטְפֵּט פ״ע

to overcome one's desires — פִּטְפֵּט בְּיִצְרוֹ

[patpeˈtan] chatterbox — פַּטְפְּטָן ז

[patpetaˈnut] garrulousness, tendency to chatter — פַּטְפְּטָנוּת נ

[patpetaˈni] garrulous, chatterbox — פַּטְפְּטָנִי ת

[paˈtar] 1 to dismiss, release. 2 to exempt, acquit — פָּטַר פיו״ע

[ˈpeter] 1 firstborn. 2 opening. 3 trigger action — פֶּטֶר ז

firstborn child — פֶּטֶר רֶחֶם

[piˈter] to fire, sack, lay off, discharge — פִּטֵּר פ״י

[pitˈra] firstborn — פִּטְרָה נ

[patˈrol] patrol — פַּטְרוֹל ז

[pitˈrul] patrolling — פִּטְרוּל ז

[patˈron] guardian, patron — פַּטְרוֹן ז

[petroˈsilya] parsley — פֶּטְרוֹסִילְיָה, פֶּטְרוֹסִילִינוֹן נ

[pitriˈya] 1 mushroom. 2 fungus — פִּטְרִיָּה נ

[pitriyaˈti] fungal — פִּטְרִיָּתִי ת

[pitˈrel] to patrol — פִּטְרֵל פ״ע

[paˈteret] mycosis, fungal disease, candidiasis — פַּטֶּרֶת נ

[piˈtoret] excuse — פִּטֹּרֶת נ

[pi] mouth of (conjunct form) — פִּי

edge of the sword — פִּי הַחֶרֶב

anus — פִּי הַטַּבַּעַת

navel — פִּי הַכָּרֵס

twice as much/many — פִּי שְׁנַיִם

[peˈgam] rue (plant) — פֵּיגָם ז

[piˈdʒama] pajama, pyjamas — פִּיגָ׳מָה נ

[pid] 1 calamity, disaster. 2 plucking (fowl) — פִּיד ז

[peˈya] fairy — פֵּיָה נ

[piˈya] 1 orifice. 2 mouthpiece — פִּיָּה נ

[piˈyut] 1 liturgical hymn. 2 poetry — פִּיּוּט ז

[piyuˈti] poetical, lyrical — פִּיּוּטִי ת

[piyutiˈyut] poeticality, poetic spirit — פִּיּוּטִיּוּת נ

[piˈyus] 1 conciliation, making peace. 2 lottery — פִּיּוּס ז
[peˈyot, piˈyot] mouths — פֵּיוֹת, פִּיּוֹת ז״ר
[ˈfizi] physical — פִיזִי ת
[ˈfizika] physics — פִיזִיקָה נ
[ˈpiyax] soot, coal dust — פִּיחַ ז
[piˈyax] to cover with soot — פִּיַּח פ״י
[piˈxa] 1 sin. 2 belch, burp, breaking wind — פִּיחָה נ
[piˈxon] 1 crayon, pastel. 2 Indian ink — פִּיחוֹן ז
[paˈyaxat] black knot (plant disease) — פַּיַּחַת נ
[ˈpayit] 1 poetry. 2 liturgy — פַּיִט ז
[paˈyat] poet — פַּיָּט ז
[piˈyet] to write poetry — פִּיֵּט פ״י
[paiˈtan] poet, composer of hymns — פַּיְטָן ז
[paitaˈni] poetic, liturgical — פַּיְטָנִי ת
[piˈyex] to shade eyes with blue — פִּיֵּךְ פ״ע
[pil] elephant — פִּיל ז
[piˈlegesh] concubine, mistress — פִּילֶגֶשׁ נ
[pilagˈshut] status of concubine — פִּילַגְשׁוּת נ
[fiˈle] fillet — פִילֶה ז
[piˈlon] small or baby elephant — פִּילוֹן ז
[piˈli] elephantine — פִּילִי ז
[pim] 1 pim (ancient weight). 2 mouth — פִּים ז
[piˈma] 1 fat. 2 double chin — פִּימָה נ
[pin] 1 pin. 2 penis — פִּין ז
[fiˈnansi] financial — פִינַנְסִי ת
[ˈpayis] lottery, raffle — פַּיִס ז
[piˈyes] 1 to appease, pacify. 2 to cast lots, raffle — פִּיֵּס פ״י
[puˈyas] to be appeased, pacified — פֻּיַּס פ״ע
[ˈfisikai] physicist — פִיסִיקַאי ז
[fisiˈkai] physical, of physics — פִיסִיקָאִי ת
[ˈfisika] physics — פִיסִיקָה נ
[paiˈsan] peacemaker, conciliator — פַּיְסָן ז
[paisaˈnut] placation, appeasement — פַּיְסָנוּת נ
[paisaˈni] placatory, conciliatory — פַּיְסָנִי ת
[pif] fringe, puff, tassel — פִּיף ז
[pifiˈya] 1 sharp edge. 2 amphistoma — פִּיפִיָּה נ
[pifˈyon] titlark — פִּיפְיוֹן ז
[pik] 1 trembling. 2 Biblical measure (75 cm.). 3 spade (cards) — פִּיק ז
cold feet — פִּיק בִּרְכַּיִם
[piˈkus] ficus, fig — פִּיקוּס ז
[piˈkas] crimson — פִּיקָס ז
[pir] 1 shaft. 2 trench, pit — פִּיר ז
[piraˈmida] pyramid — פִּירָמִידָה נ
[piˈtom] ventriloquist — פִּיתוֹם ז
[piˈton] python — פִּיתוֹן ז
[piˈtos] vat — פִּיתוּס ז
[pax] flask, bottle, jar, vessel, jug — פַּךְ ז
[piˈka] to flow, bubble, gush, drip — פִּכָּה פיו״ע
[piˈkuy] flow, gush, bubble, drip — פִּכּוּי ז
[paˈxur] clasped (hands) — פָּכוּר ת
[piˈkax] to sober, make sober — פִּכַּח פ״י
[piˈke'ax] sober — פִּכֵּחַ ת
[pikaˈxon, pikˈxutb] sobriety, temperance — פִּכָּחוֹן ז, פִּכְחוּת נ
trivia, unimportant matters — פַּכִּים קְטַנִּים
[paˈkit] juglet — פַּכִּית נ
[paxˈsam] rusk — פַּכְסָם ז
[pixˈpux] 1 flow, gush. 2 trickle, percolation — פִּכְפּוּךְ ז
[pixˈpex] 1 to flow, gush. — פִּכְפֵּךְ פ״ע

sectarianism
[palga'ni] separatist, sectarian, causing dissension פַּלְגָנִי ת
[pal'gas] 1 boy on verge of manhood. 2 young sheep פַּלְגָס ז
[pe'lagra] pellagra פֶּלַגְרָה נ
[plug'ta] division, rift, controversy פְּלֻגְתָּא נ
[pluga'ti] divisional פְּלֻגָּתִי ת
['peled] 1 steel. 2 flame פֶּלֶד ז
[pi'led] to steel, strengthen as steel פִּלֵּד פ״י
[pu'lad] to be strengthened as steel, strong as steel פֻּלַּד פ״ע
[pla'da] 1 steel. 2 flame פְּלָדָה נ
[pal'di] steely פַּלְדִי ת
[pa'la] to delouse פָּלָה פ״י
[pi'la] 1 to delouse. 2 to deal with something unpleasant פִּלָּה פ״י
[flu'o'rani] fluorescent פְלוּאוֹרָנִי ת
[flu'o'ranit] fluorescence פְלוּאוֹרָנִית נ
[pi'lug] division, separation פִּלּוּג ז
[pi'lu'ax] 1 slicing. 2 segmentation פִּלּוּחַ ז
[pa'lut] ejected פָּלוּט ת
[pi'luy] delousing פִּלּוּי ז
[pi'lul] 1 entreaty, supplication, prayer. 2 hope, expectation פִּלּוּל ז
[plu'ma] 1 down, soft hair. 2 feathers פְּלוּמָה נ
[plo'ni] so-and-so, "what's his name", a certain person פְּלוֹנִי ת
Mr So-and-so, someone or other פְּלוֹנִי אַלְמוֹנִי
[pi'lus] straightening out, levelling פִּלּוּס ז
[plura'lizm] pluralism פְּלוּרָלִיזְם ז
[plura'listi] pluralistic פְּלוּרָלִיסְטִי ת
[pa'lush] corridor, vestibule (synagogue) פָּלוּשׁ ז

2 to trickle, percolate
[pa'xar] 1 to break, destroy. 2 to clasp פָּכַר פ״י
to clasp one's hands פָּכַר יָדָיו
[pi'ker] 1 to break. 2 to clasp פִּכֵּר פ״י
['pele] 1 wonder, marvel. 2 miracle. 3 prodigy פֶּלֶא
most wonderful, extraordinary פֶּלֶא עַל כָּל פֶּלֶא
[pi'le] to consecrate, sanctify פִּלֵּא פ״י
['peli] 1 wonderful. 2 Peli (angel) פֶּלִאי ת
great wonders פִּלְאֵי פְּלָאִים
[pil''i] wondrous, miraculous פִּלְאִי ת
['pele'fon] cellular phone פֶּלֶאפוֹן ז
[pil'bul] rolling (eyes) פִּלְבּוּל ז
[pil'bel] to roll eyes פִּלְבֵּל פ״י
['peleg] 1 brook, stream, rivulet. 2 faction, segment פֶּלֶג ז
peninsula פְּלַג אִי
"better half", wife, husband פְּלַג גּוּף
semi-shade, penumbra פְּלַג צֵל
skirt פְּלַג שִׂמְלָה
[pa'lag] waiter פַּלָּג ז
[pi'leg] 1 to divide, split. 2 waiter פִּלֵּג פ״י ז
[po'leg] migraine פּלֶג ז
[pu'lag] to be divided, split פֻּלַּג פ״ע
[pal'gai] disputant פַּלְגַּאי ז
[pela'ga] 1 group, company. 2 detachment פְּלַגָּה נ
[plu'ga] 1 group, company. 2 squadron, troop. 3 class. 4 division פְּלֻגָּה נ
[plag'yat] plagiarism פְּלַגְיָט ז
[plag'lag] brooklet, rivulet, burn פְּלַגְלָג ז
[pal'gan] separatist, sectarian, schismatist פַּלְגָן ז
[palga'nut] separatism, פַּלְגָנוּת נ

[piˈlush] open alley פִּלּוּשׁ ז
[paˈlax] 1 to plough, furrow. 2 to slice. 3 to worship, serve פָּלַח פ״י
[ˈpelax] slice, segment פֶּלַח ז
[paˈlax] peasant, farmhand, field labourer פַּלָּח ז
[piˈlax] 1 to slice, split. 2 to plough פִּלַּח פ״י
[palˈxa] working the land, cultivation of field crops פַּלְחָה נ
[pulˈxan] 1 ritual. 2 worship. 3 cult פֻּלְחָן ז
[pulxaˈni] pertaining to ritual or cult פֻּלְחָנִי ת
[paˈlat] 1 to escape, emerge. 2 to let slip, disclose by mistake. 3 to vomit פָּלַט פיו״ע
[paˈlet] refugee, fugitive פָּלֵט ז
[ˈpelet] 1 refuge. 2 juice. 3 output (computer) פֶּלֶט ז
[piˈlet] to deliver, rescue פִּלֵּט פ״י
[pleˈta] 1 escape. 2 remnant, survivors פְּלֵטָה נ
[platˈya] main street or square in town פְּלַטְיָה נ
[palaˈtin] palace פָּלָטִין ז
[palˈter] 1 shopkeeper. 2 bakery, cake shop פַּלְטֵר ז
[palteˈrin] palace, royal residence פַּלְטֵרִין ז
[ˈpeli] 1 marvel. 2 marvellous, wonderful פֶּלִי ת ז
[pliyˈʼa] 1 marvel, wonder. 2 puzzlement פְּלִיאָה נ
It is beyond my comprehension פְּלִיאַת דַּעַת מִמֶּנִּי
[pliˈga] dispute, contention, difference of opinion פְּלִיגָה נ
[pliz] brass, yellow brass פְּלִיז ז
[pliˈxa] 1 ploughing, furrowing. 2 slicing פְּלִיחָה נ
[paˈlit] refugee, fugitive פָּלִיט ז
[peliˈta] 1 emission, exhaust. 2 vomiting, retching פְּלִיטָה נ
[felyeˈton] feuilleton פֶלְיֶטוֹן ז
slip of the tongue פְּלִיטַת פֶּה
slip of the pen פְּלִיטַת קֻלְמוֹס
[paˈlil] judge פָּלִיל ז
[peliˈla] judgment פְּלִילָה נ
[peliˈlut] legal dispute פְּלִילוּת נ
[peliˈli] criminal פְּלִילִי ת
[pelilˈya] judgment פְּלִילִיָּה נ
[peliliˈyut] criminality פְּלִילִיּוּת נ
[peliˈlim] criminal conduct פְּלִילִים ז״ר
[peliˈsha] invasion פְּלִישָׁה נ
[ˈpelex] 1 region. 2 spindle. 3 staff, crutch. 4 heavenly body פֶּלֶךְ ז
[ˈpelel] prayer, entreaty פֶּלֶל ז
[piˈlel] 1 to think, believe. 2 to entreat, pray. 3 to judge, decide פִּלֵּל פ״י
[puˈlal] to be expected, hoped for פֻּלַּל פ״ע
[plalguˈla] small onion פְּלַלְגּוּלָה נ
[palˈmuda] bonito (fish) פַּלְמוּדָה נ
[palmoˈni] someone, so-and-so פַּלְמוֹנִי ז
[pulˈmus] controversy, dispute פֻּלְמוּס ז
[pulmuˈsan] debater פֻּלְמוּסָן ז
[pulmusaˈnut] arguing, debating פֻּלְמוּסָנוּת נ
[flaneˈlit] flanelette פְלָנֶלִית נ
[ˈpeles] scale, balance פֶּלֶס ז
spirit level פֶּלֶס מַיִם
[paˈlas] 1 leveller. 2 sapper פַּלָּס ז
[piˈles] to level, straighten out פִּלֵּס פ״י
to pave the way, steer one's course פִּלֵּס לוֹ נָתִיב, דֶּרֶךְ
[plasteˈlina] plasticene, modelling clay פְּלַסְטֶלִינָה נ

פִּלַסְתֵּר [plas'ter] fraud, deceit, libel

פִּלְפּוּל ז [pil'pul] 1 casuistry. 2 dispute, debate. 3 argumentation, "hairsplitting"

פִּלְפֵּל ז פ״ע [pil'pel] 1 to argue, debate. 2 to split hairs. 3 to season with pepper. 4 pepper

פָלָפֶל ז [fa'lafel] falafel

פִּלְפְּלוֹן ז [pilpe'lon] pepper-tree

פַּלְפְּלָן ז [palpa'lan] casuist, debater

פַּלְפְּלָנוּת נ [palpela'nut] hairsplitting, argumentation

פַּלְפְּלָנִי ת [palpla'ni] argumentative, dialectical

פִּלְפֶּלֶת נ [pil'pelet] 1 pepper-tree. 2 red pepper

פֶּלֶץ ז ['pelets] shock, shudder

פְּלָצוּר ז [pela'tsur] lasso

פַּלָּצוּת נ [pala'tsut] shock, shudder, horror

פִּלְצֵר פ״י [pil'tser] to lasso, rope

פָּלַשׁ פ״ע [pa'lash] 1 to invade. 2 to intrude, trespass. 3 to roll

פִּלֵּשׁ פיו״ע [pi'lesh] to penetrate, dig through

פִּלֵּשׁ אַחַר פְּלוֹנִי to follow someone to the end

פִּלֵּשׁ סוֹד to divulge a secret

פְּלִשְׁתִּי ת [pelish'ti] Philistine

פֻּמְבֵּי נ [pum'be] public

פֻּמְבִּי ת [pum'bi] public

פֻּמְבִּיּוּת נ [pumbi'yut] publicity, publicness

פָּמוֹט ז [pa'mot] candlestick

פָּמַלְיָא, פָּמַלְיָה נ [pamal'ya] retinue, entourage

פָּמַלְיָה שֶׁל מַעְלָה celestial retinue, heavenly host

פָּמַלְיָה שֶׁל מַטָּה terrestrial (royal) retinue

פֻּמְפִּיָּה נ [pumpi'ya] grater

פִּמְפֵּם פ״י [pim'pem] to eat a whole mouthful

פַּן ז פ״ע [pan] 1 face, surface (polyhedral angle). 2 aspect. 3 to hesitate, pause

פֶּן מ״ח [pen] lest, in order not to

פְּנַאי ז [pnai] 1 spare time, leisure. 2 emptiness

פַּנַּג ז [pa'nag] millet

פֻּנְדָּה נ [pun'da] ammunition or cartridge belt

פַּנְדּוֹרָה נ [pan'dora] Pandora

פֻּנְדָּק ז [pun'dak] inn, tavern, hostel, public house

פֻּנְדְּקַאי ז [punde'kai] innkeeper

פֻּנְדְּקָאִי ת [pundka''i] surrogate

פָּנָה פ״ע [pa'na] 1 to turn. 2 to pay heed, attention. 3 to appeal

פָּנָה הַיּוֹם the day has passed

פָּנָה עֹרֶף לְ- to turn one's back on

פָּנָה עֹרֶף לִפְנֵי to flee from someone

פִּנָּה פ״י נ 1 to clear, remove, vacate. 2 corner

פִּנָּה אֶת לִבּוֹ לְ- to turn attention to

פִּנָּה דֶּרֶךְ to clear the way

פִּנָּה מָקוֹם לִפְלוֹנִי to make room for

פָּנוּי ז ת [pa'nuy] 1 vacant, free, empty. 2 unmarried, unoccupied

פִּנּוּי ז [pi'nuy] clearance, evacuation

פְּנוּיָה נ [penu'ya] unmarried woman, marriageable woman

פִּנּוּק ז [pi'nuk] spoiling, coddling, pampering

פִּנּוֹת הָעָם heads of the nation

פְּנֵי הָאָרֶץ 1 earth's surface. 2 dignitaries

פְּנֵי הַדּוֹר current trends

פְּנֵי הַיָּם sea level

פְּנֵי הָעִיר town dignitaries

פְּנִיָּה נ [pni'ya] 1 turn, turning.

[pas] 1 strip, edge, band, stripe. 2 rail track — פַּס ז
hand — פַּס הַיָּד
kick plate — פַּס חוֹפָה
['psevdo] pseudo — פְּסֶבְדוֹ ת
[psevdo'nim] pseudonym — פְּסֶבְדוֹנִים ז
[pi'seg] 1 to branch off, divide. 2 to pass through. 3 to widen. 4 to ascend — פִּסֵּג פ״י
[pis'ga] 1 summit, apex, peak. 2 climax — פִּסְגָּה נ
[pa'sed] perishable, spoilt — פָּסֵד ת
[pese'da] loss, damage, injury, harm — פְּסֵדָה נ
[pa'sa] to spread — פָּסָה פ״ע
[pi'sa] 1 band, strip, piece. 2 abundance — פִּסָּה נ
[pi'sug] thinning out, splitting — פִּסּוּג ז
[pa'sul] 1 invalid, injurious. 2 disqualified, defective — פָּסוּל ת
[pi'sul] 1 sculpture, sculpting. 2 cutting away (dry branches) — פִּסּוּל ז
[psul] defect, flaw — פְּסוּל ז
[pa'suk] 1 verse. 2 sentence. 3 phrase (mus.). 4 Scriptures. 5 determined, decided — פָּסוּק ז ת
[pi'suk] 1 punctuation. 2 spacing. 3 widening, opening wide — פִּסּוּק ז
1 cantillation signs. 2 biblical prosody, neumes — פִּסּוּק הַטְּעָמִים
[psu'kit] clause — פְּסוּקִית נ
[pa'sax] 1 to skip, pass over. 2 to celebrate Passover. 3 to hesitate, vacillate — פָּסַח פ״ע
1 to waver. 2 to straddle, sit on the fence — פָּסַח עַל שְׁתֵּי הַסְּעִפִּים
['pesax] Passover, Pesach — פֶּסַח ז
[pi'sax] to leap, jump, skip over — פִּסַּח פ״ע
[pi'se'ax] lame, halting — פִּסֵּחַ ז

2 application, appeal. 3 intention, tendency
[pa'nim] 1 face, countenance. 2 outside, surface. 3 aspect. 4 appearance, expression — פָּנִים זו״נ
face to face, at close quarters — פָּנִים אֶל פָּנִים, פָּנִים בְּפָנִים
from both sides, from all angles — פָּנִים וְאָחוֹר
[pnim] 1 interior, inside. 2 text. 3 endo-. 4 inland — פְּנִים ז
[pni'mai] inmate, boarder — פְּנִימַאי ז
['pnima] inside, inwards — פְּנִימָה תה״פ
[pni'mi] 1 inner, inward. 2 interior, inside — פְּנִימִי ת
[pnimi'ya] boarding school — פְּנִימִיָּה נ
[pnimi'yut] inside, internal part, inwardness — פְּנִימִיּוּת נ
[pni'na] 1 pearl, gem. 2 coral. 3 mother-of-pearl — פְּנִינָה נ
[pni'ni] pearly — פְּנִינִי ת
[penini'ya] guinea fowl — פְּנִינִיָּה נ
[pin'ka] platter — פִּנְכָּה נ
[pa'nas] 1 lantern, lamp. 2 torch. 3 "black eye" — פַּנָּס ז
['pantsher] 1 puncture. 2 unexpected failure — פַּנְצֶ׳ר ז
[pin'tsher] to cause failure, foul up — פִּנְצֵ׳ר פ״י
[pi'nek] to pamper, spoil, coddle — פִּנֵּק פ״י
[pu'nak] to be spoilt, coddled — פֻּנַּק פ״ע
[pin'kas] notebook, ledger, register — פִּנְקָס ז
[pin'kes] to record, enter (writing) — פִּנְקֵס פ״י
[pinka'san] bookkeeper — פִּנְקְסָן ז
[pinkasa'nut] bookkeeping — פִּנְקְסָנוּת נ
[penet] vamp (shoe) — פֶּנֶת נ
place of hono(u)r — פִּנַּת יְקָרֶת
[pan'ter] panther — פַּנְתֵּר ז

separation. 2 ruling, judgment. 3 corpus of laws. 4 severed thread

פְּסִיקְיָה נ [psik'ya] 1 girdle, cross-gather. 2 fascia

פְּסַכְתֵּר ז [psax'ter] large pot or vessel

פָּסַל פ״י [pa'sal] 1 to cancel, rescind. 2 to disqualify, invalidate. 3 to carve, chisel

פֶּסֶל ז ['pesel] 1 statue, sculpture. 2 monument

פַּסָּל ז [pa'sal] sculptor

פִּסֵּל פ״י [pi'sel] 1 to sculpt, carve, chisel, hew

פִּסְלוֹן ז [pis'lon] figurine, statuette

פַּסְלוּת נ [pas'lut] invalidity, incapacity, illegitimacy

פַּסָּלוּת נ [pasa'lut] the art of sculpture

פַּסְלָן ז [pas'lan] one who treats with contempt, dismisser, belittler, disparager

פַּסְלָנוּת נ [pasla'nut] treating with contempt, belittling, disparagement

פַּסְלָנִי ת [pasla'ni] disparaging

פְּסֹלֶת נ ['psolet] 1 refuse, rubbish, waste, garbage. 2 scrap

פְּסַנְתֵּר ז [psan'ter] piano, pianoforte

פְּסַנְתֵּר כָּנָף grand piano

פְּסַנְתְּרָן ז [psan'tran] pianist

פְּסַנְתְּרָנוּת נ [psantra'nut] piano playing

פָּסַס פיו״ע [pa'sas] to cut into strips or ribbons

פָּסַע פ״ע [pa'sa] to walk, step, pace, stride

פֶּסַע ז ['pesa] step, stride

פִּסַּע פ״ע [pi'sa] to stride, step

פִּסְפּוּס ז [pis'pus] separation, crumbling

פִּסְפֵּס פ״י [pis'pes] 1 to crumb,

פַּסְחָא ז ['pasxa] 1 Passover (Aramaic). 2 Easter

פִּסָּחוֹן ז [pisa'xon] lameness

פִּסְחוּת נ [pis'xut] lameness

פַּסְחָן ז [pas'xan] hesitant, halting

פַּסְחָנוּת נ [pasxa'nut] hesitancy, vacillation

פִּסְטוּר ז [pis'tur] pasteurization

פִּסְטֵר פ״י [pis'ter] to pasteurize

פַּסֵּי בַּרְזֶל, רַכֶּבֶת railway lines

פַּסִּיב [pa'siv] debt (bookkeeping)

פַּסִּיבִי ת [pa'sivi] passive

פַּסִּיבִיּוּת נ [pa'siviyut] 1 inertia, passivity. 2 apathy

פְּסִיג ז [psig] cotyledon

פְּסִיגָה נ [pesi'ga] 1 branch, sprig. 2 culmination

פְּסִיגִי ת [psi'gi] cotyledonal

פַּסְיוֹן ז [pas'yon] pheasant, partridge

פִּסְיוֹן ז [pis'yon] spreading, extension

פְּסִיחָה נ [pesi'xa] 1 skipping, omitting. 2 vacillation, slipping

פְּסִיכוֹלוֹג ז [psixo'log] psychologist

פְּסִיכוֹלוֹגִי ת [psixo'logi] psychological

פְּסִיכוֹלוֹגְיָה נ [psixo'logya] psychology

פְּסִיכִי ת ['psixi] psychic

פְּסִילָה נ [psi'la] disqualification, declaring as unfit

פְּסִילִים ז״ר [psi'lim] idols, graven images

פֶּסִימִי ת ז [pe'simi] 1 pessimistic. 2 pessimist

פְּסִיס ז [psis] 1 end-beam, edge. 2 lath, thin strip

פְּסִיעָה נ [psi''a] 1 pace, step. 2 walking, stepping

פְּסֵיפָס ז [pse'fas] mosaic

פְּסֵיפָסִי ת [psefa'si] mosaic

פְּסִיק ז [psik] 1 comma. 2 unimportant thing

פְּסִיקָה נ [psi'ka] 1 cutting apart,

for toddlers. 2 crêche
[pa'ʼul] 1 creature. 2 passive פָּעוּל ת
[pa'ʼur] wide open פָּעוּר ת
[pi'ʼur] opening wide פִּעוּר ז
[pe'ʼi] bleat פְּעִי ז
[pe'i'ya] bleat, scream, shriek פְּעִיָּה נ
[pe'i'tut] smallness, triviality, minuteness פְּעִיטוּת נ
[pa'ʼil] active פָּעִיל ת
[pe'i'lut] activity פְּעִילוּת נ
[pe'i'ma] beating, pulsation, throbbing פְּעִימָה נ
[pe'i'ra] opening wide, yawning, gaping פְּעִירָה נ
['po'al] 1 work, deed, action. 2 verb פֹּעַל ז
transitive verb פֹּעַל יוֹצֵא
intransitive verb פֹּעַל עוֹמֵד
[pi'ʼel] active intensive (verb conjugation) פִּעֵל ז
[pu'ʼal] passive intensive (verb conjugation) פֻּעַל ז
[pe'u'la] 1 action, activity. 2 deed, operation פְּעֻלָּה נ
[pa'ʼalul] effect פַּעֲלוּל ז
[po'a'li] verbal פָּעֳלִי ת
reciprocal, retributional act פְּעֻלַּת גּוֹמְלִין
[pe'al'tan] active person, activist פַּעַלְתָּן ז
[pe'alta'nut] activity, activism פַּעַלְתָּנוּת נ
[pe'alta'ni] activist פַּעַלְתָּנִי ת
[pa'ʼam] to beat, throb פָּעַם פ״ע
['pa'am] 1 time. 2 step, beat, stroke. 3 once פַּעַם נ תה״פ
occasionally פַּעַם בְּפַעַם
[pi'ʼem] 1 to beat. 2 to impel פִּעֵם פ״י
[pa'a'ma] beat פַּעֲמָה נ
[pa'a'mon] bell, gong פַּעֲמוֹן ז

separate. 2 to part (hair). 3 to singe ends
[pus'pas] to be striped, made in mosaic form פֻּסְפַּס פ״ע
[fis'fes] to foul up, miss, spoil פִּסְפֵס פיו״ע
[pa'sak] 1 to pass judgment. 2 to stop, discontinue פָּסַק פיו״ע
[pa'sek] separating sign (in Biblical Text) פָּסֵק ז
['pesek] 1 cessation. 2 space, gap. 3 disconnection of electric circuit פֶּסֶק ז
[pi'sek] 1 to punctuate. 2 to space (printing). 3 to separate פִּסֵּק פ״י
sentence, judgement, verdict פְּסָק, פְּסַק דִּין ז
[pis'ka] paragraph, clause, section, passage פִּסְקָה נ
[pas'kol] sound track פַּסְקוֹל ז
accentuation and punctuation פִּסְקֵי טְעָמִים
[pas'kan] judge, authorized to pass sentence (halacha) פַּסְקָן ז
[paska'nut] 1 decisiveness, finality. 2 resoluteness פַּסְקָנוּת נ
[paska'ni] 1 decisive, resolute. 2 pontifical, dogmatic פַּסְקָנִי ת
['psoket] parting (hair) פְּסֹקֶת נ
palm of hand פִּסַּת יָד
piece of bread פִּסַּת לֶחֶם
small place פִּסַּת מָקוֹם
piece of paper פִּסַּת נְיָר
sole of foot פִּסַּת רֶגֶל
[pa'ʼa] 1 to bleat. 2 to pant. 3 to shriek, scream פָּעָה פ״ע
[pi'ʼa] to shriek, scream פִּעָה פ״ע
[pa'ʼot] baby, toddler, infant פָּעוֹט ז
[pa'ʼut] tiny, small פָּעוּט ת
[pa'o'ton] 1 kindergarten פָּעוֹטוֹן ז

פַּעֲמוֹנָה נ [pa'amo'na] glockenspiel
פַּעֲמוֹנִית נ [pa'amo'nit] harebell, campanula
פַּעֲמוֹנָר ז [pa'amo'nar] bellringer (in church)
פְּעָמִים תה"פ [pe'a'mim] sometimes
פִּעְנוּחַ ז [pi''nu'ax] decipherment, decoding
פַּעְנָח ז [pa''nax] decoder
פִּעְנֵחַ פ"י [pi''nax] to decipher, decode
פֻּעְנַח פ"ע [pu''nax] to be deciphered, decoded
פִּעְפּוּעַ ז [pi''pu'a] 1 penetration, infiltration. 2 bubbling
פִּעְפַּע פיו"ע [pi''pa] 1 to permeate, be diffused. 2 to rise up, bubble
פָּעַר פ"י [pa''ar] 1 to open widely, gape. 2 to relieve oneself
פַּעַר ז ['pa'ar] gap
פֵּעֵר פ"י [pi''er] to uncover (oneself)
פָּץ פ"י [pats] to be scattered, dispersed
פָּצָה פ"י [pa'tsa] 1 to open wide (mouth). 2 to deliver, rescue, save
פִּצָּה פ"י [pi'tsa] 1 to compensate, recompense. 2 to pay damage. 3 to appease
פֻּצָּה פ"ע [pu'tsa] 1 to be compensated, recompensed. 2 to be appeased
פִּצּוּחַ ז [pi'tsu'ax] 1 cracking, splitting. 2 fission
פִּצּוּי ז [pi'tsuy] 1 compensation, damages. 2 appeasement
פִּצּוּל ז [pi'tsul] 1 splitting, cutting in half. 2 sub-dividing. 3 decentralization. 4 peeling
פָּצוּם ת [pa'tsum] cracked, split
פָּצוּעַ ת [pa'tsu'a] wounded, injured
פְּצוּעַ דַּכָּה with bruised testicles
פִּצּוּעַ ז [pi'tsu'a] breaking, splitting
פִּצּוּץ ז [pi'tsuts] 1 blast, explosion. 2 blowing up, exploding
פָּצוּר ת [pa'tsur] notched, filed
פָּצַח פ"י [pa'tsax] to open (mouth)
פָּצַח בְּשִׁיר to start singing
פֶּצַח ז ['petsax] bursting into song
פִּצַּח פ"י [pi'tsax] 1 to crack, split. 2 to solve (riddle)
פְּצָחָה נ [petsa'xa] joyful song
פַּצְחָן ז [pats'xan] finch, hawfinch
פְּצִיחָה נ [petsi'xa] 1 cracking, splitting. 2 joyful song
פָּצִיל ת [pa'tsil] splittable, able to be cracked
פַּצִּים ז [pa'tsim] board, beam
פְּצִיעָה נ [petsiy''a] wounding, trauma, bruising
פְּצִיץ ז [pe'tsits] fragment, splinter, shrapnel
פְּצִירָה נ [petsi'ra] 1 file. 2 filing. 3 plea, entreaty
פִּצֵּל פ"י [pi'tsel] 1 to peel, skin. 2 to split, divide up. 3 to break into pieces
פֻּצַּל פ"ע [pu'tsal] 1 to be split. 2 to be peeled
פְּצָלָה נ [petsa'la] peeled trunk (tree)
פַּצֶּלֶת, פַּצֶּלֶת הַשָּׂדֶה feldspar, kind of rock
פָּצַם פ"י [pa'tsam] to crack, break, split
פָּצַע פ"י [pa'tsa] 1 to wound, injure, hurt. 2 to bruise, crack, damage
פֶּצַע ז ['petsa] wound, bruise, injury
פִּצַּע פ"י [pi'tsa] 1 to smash, break up. 2 to crack
פִּצְעוֹן ז [pits''on] small wound,

acne spot

פַּצְעִיל ז [pats'ʼil] 1 unripe fruit. 2 over-ripe fruit

פִּצְפֵּץ פ״י [pits'pets] to crash, shatter, smash

פִּצְפּוּצֵי תִּירָס popcorn

פַּצָּץ ז [pa'tsats] detonator

פִּצֵּץ פ״י [pi'tsets] to burst open, split open

פְּצָצָה נ [petsa'tsa] bomb, bombshell

פָּצַר פיו״ע [pa'tsar] 1 to file. 2 to beg, entreat, press, urge, plead

פַּצְרָן ז [pats'ran] pleader, supplicant

פַּצְרָנוּת נ [patsra'nut] pleading, supplication

פָּק פ״ע [pak] to be weak, feeble

פָּקַד פ״י [pa'kad] 1 to order, command. 2 to count, muster. 3 to recall. 4 to visit

פָּקַד עָוֹן עַל to punish (for a crime)

פֶּקֶד ז ['peked] 1 deposit. 2 lack, absence

פַּקָּד ז [pa'kad] police officer

פִּקֵּד פ״י [pi'ked] 1 to be in command. 2 to give an order. 3 to enumerate

פְּקֻדָּה נ [peku'da] 1 order, command. 2 punishment. 3 task. 4 staff. 5 muster, census

פִּקָּדוֹן ז [pika'don] 1 deposit. 2 pledge, pawn. 3 remembrance, memorandum

פִּקָּה נ [pi'ka] 1 cap. 2 protuberance

פִּקָּה שֶׁל גַּרְגֶּרֶת larynx, Adam's apple

פָּקוּד ת [pa'kud] 1 enumerated, counted. 2 deposited. 3 subordinate

פִּקּוּד ז [pi'kud] 1 command, giving orders. 2 area of military command

פִּקּוּדִי ת [piku'di] relating to military command

פָּקוּחַ ת [pa'ku'ax] open (eye or ear), attentive, alert

פִּקּוּחַ ז [pi'ku'ax] supervision, inspection

פִּקּוּחַ נֶפֶשׁ saving life

פְּקוֹלִין ז [pako'lin] cotton

פָּקוּעַ ת [pa'ku'a] 1 split. 2 snapped

פְּקוּעָה נ [peku'ʼa] slaughtered beast (delivered of young by caesarean section)

פַּקּוּעָה נ [paku'ʼa] bitter apple, gourd

פָּקוּק ת [pa'kuk] 1 corked, sealed in a bottle. 2 jammed (traffic)

פִּקּוּק ז [pi'kuk] corking, sealing

פְּקוֹקֶלֶת נ [peko'kelet] junction of sinews

פָּקַח פ״י [pa'kax] 1 to open (ear, eye). 2 to be watchful, alert

פָּקַח עַיִן to be circumspect, be on guard

פְּקַח קוֹחַ ז redemption, deliverance, salvation

פַּקָּח ז [pa'kax] inspector, overseer, superintendent

פִּקַּח פ״י [pi'kax] to supervise, oversee

פֻּקַּח פ״ע [pu'kax] to be supervised

פִּקֵּחַ ז [pi'ke'ax] clever, intelligent, smart, shrewd

פִּקְחָן, פִּקְחָנִי ת [pik'xan] very clever (derogatory), "wise guy"

פִּקְחוּת נ [pik'xut] cleverness, intelligence, prudence

פַּקָּחוּת נ [paka'xut] superintendence, supervision, inspectorship

פִּקְחִי ת [pik'xi] intelligent

פִּקְטִים ז״ר [pik'tim] dregs, froth, foam, sediment

פָּקִיד ז [pa'kid] 1 clerk, official, functionary. 2 overseer,

commissioner

פְּקִידָה נ [peki'da] 1 visitation, divine visitation. 2 clerk, official (f). 3 counting, enumerating

פְּקִידוֹן ז [peki'don] minor official

פְּקִידוּת נ [peki'dut] clerical or secretarial work

פְּקִידוּתִי ת [pekidu'ti] beaurocratic

פְּקִיחָה נ [peki'xa] opening (eyes, ears)

פָּקִיל ת [pa'kil] easy to peel

פְּקִיעַ ז [pe'kiy'a] 1 bundle of hay. 2 cleaning of soot and ash. 3 whip

פְּקִיעָה נ [pekiy''a] 1 crack, cracking. 2 annulment, expiry

פְּקִיעַת סַבְלָנוּת loss of patience, impatience

פְּקִיעַת תֹּקֶף expiry, expiration

פְּקִיקָה נ [peki'ka] 1 corking. 2 plugging, gagging

פִּקֵּל פ״י [pi'kel] to peel

פַּקֶּלֶת נ [pa'kelet] psorosis (fruit disease)

פָּקַם פ״י [pa'kam] 1 to brake, halt. 2 to change course (ship)

פָּקַס פ״י [pa'kas] 1 to make up, paint with rouge. 2 to open wide

פִּקֵּס פ״י [pi'kes] to trim, prune

פַקְסִימִילֶה ז, פַקְסִימִלְיָה נ [fak'simile] 1 facsimile. 2 fax

פַקְס ז [faks] fax

פִקְסֵס פ״י [fi'kses] to fax, send by fax

פָּקַע פ״ע [pa'ka'] 1 to burst forth. 2 to crack, be snapped. 3 to expire

פָּקַע תָּקְפּוֹ to expire, become invalid

פֶּקַע ז ['peka] bulb, bud

פִּקַּע פ״י [pi'ka'] to crack

פָּקְעָה סַבְלָנוּתוֹ to lose patience, become impatient

פְּקַעַת נ [pe'ka'at] bulb, tuber

פְּקַעַת שֶׁל עֲצַבִּים bundle of nerves

פִּקְפּוּק ז [pik'puk] 1 hesitation, doubt, misgiving. 2 undermining, shaking

פִּקְפֵּק פ״י [pik'pek] 1 to doubt, have misgivings. 2 to shake, undermine

פַּקְפְּקָן ז [pakpe'kan] 1 sceptic. 2 irresolute, doubting, vacillating

פַּקְפְּקָנוּת נ [pakpeka'nut] hesitancy, irresolution, scepticism

פַּקְפְּקָנִי ת [pakpeka'ni] irresolute, sceptical

פָּקַק פיו״ע [pa'kak] to tremble, shake

פְּקָק ז [pe'kak] cork, stopper, plug

פֶּקֶק ז [pe'kek] thrombosis

פָּקַר פ״ע [pa'kar] 1 to be licentious, heretical. 2 to play poker

פַּקְרֶס ז [pak'res] 1 underwear. 2 shirt, pullover, jersey, jumper

פַּר ז [par] bullock, bull

פַּר בֶּן בָּקָר young bull

פַּר שׁוֹר old bull

פֶּרֶא ת ['pere] wild, untamed, savage, uncivilized

פֶּרֶא אָדָם uncouth, badly behaved person

פִּרְאוּת, פְּרָאוּת נ [pir''ut] wildness, barbarism

פִּרְאִי, פְּרָאִי ת [pir''i, pera''i] 1 wild, fierce. 2 uncivilized, untamed, uncultured

פַּרְבָּר ז [par'bar] 1 wing (building). 2 suburb, outskirts

פָּרָג, פֶּרֶג ז [pa'rag, 'pereg] 1 poppy. 2 poppy seed

פַּרְגּוֹד ז [par'god] curtain, divider

פַּרְגּוֹל ז [par'gol] 1 whip, scourge, lash. 2 young vine, shoot

פִּרְגּוּל ז [pir'gul] whipping, lashing

פַּרְגִּית נ [par'git] pullet, chicken,

young hen

[par'gel] 1 measuring calipers, trammels. 2 compasses פַּרְגֵּל ז

[pir'gel] to whip, lash, scourge פִּרְגֵּל פ״י

[prag'mati] pragmatic, practical פְּרַגְמָטִי ת

[prag'matiyut] pragmatism פְּרַגְמָטִיּוּת נ

['pered] 1 mule. 2 odd number. 3 dried pomegranate seeds פֶּרֶד ז

[prad] atom פְּרָד ז

[pe'rad] 1 to separate. 2 to decompose, decompound. 3 to resolve into constituents פֵּרַד פ״י

[po'rad] to be dispersed, scattered, separated פֹּרַד פ״ע

[pir'da] jennet פִּרְדָּה נ

[pre'da] separation, leave-taking, departure פְּרֵדָה נ

[peru'da] molecule פְּרֻדָּה נ

[para'doks] paradox פָּרָדוֹקְס ז

[pera'di] atomic פְּרָדִי ת

[par'dax] idler, loafer פַּרְדָּךְ ז

[pirda'nit] 1 prostitute. 2 gadabout פִּרְדָּנִית נ

[par'des] 1 citrus grove, orange plantation. 2 esoteric knowledge פַּרְדֵּס ז

[parde'san] citrus grower פַּרְדְּסָן ז

[pardesa'nut] citriculture, orange growing פַּרְדְּסָנוּת נ

[pa'ra] 1 cow. 2 to grow, reproduce, be fruitful פָּרָה נ פ״ע

[parhed'rin] council, prohedrion פַּרְהֶדְרִין ז

[pir'hus] publicizing, making public פִּרְהוּס ז

[pir'hes] to publicize, make common knowledge פִּרְהֵס פ״י

[pur'has] to be publicized, made common knowledge פֻּרְהַס פ״ע

[par'hesya] public, publicity פַּרְהֶסְיָא, פַּרְהֶסְיָה נ

[pa'rud] 1 separated. 2 single פָּרוּד ת

[pe'rud] 1 separation, division. 2 schism, split פֵּרוּד ז

[peru'da] 1 seed, grain. 2 molecule פְּרוּדָה נ

[produk'tiviyut] productivity פְּרוֹדוּקְטִיבִיּוּת נ

[par'va] 1 fur. 2 animal skin פַּרְוָה נ

[pa'ruz] 1 unwalled. 2 demilitarized פָּרוּז ת

[pe'ruz] demilitarization פֵּרוּז ז

['proza] prose פְּרוֹזָה נ

[pro'za'i] prosaic פְּרוֹזָאִי ת

[pruz'butya] assembly of delegates פְּרוּזְבּוּטְיָא נ

[proz'bol] prosbol, registration of loan (in Sabbatical year) פְּרוֹזְבּוֹל ז

[proz'dor] entranceway, hallway, corridor פְּרוֹזְדוֹר ז

['proza] prose פְּרוֹזָה נ

[pe'rut] 1 changing money. 2 specification, itemization פֵּרוּט ז

[pa'rut] 1 played, plucked. 2 separated out פָּרוּט ת

[peru'ta] pruta, small coin, groat פְּרוּטָה נ

[pro'toma] bust, statue פְּרוֹטוֹמָה נ

[proto'kol] 1 minutes, protocol. 2 code of rules, regulations פְּרוֹטוֹקוֹל ז

[pru'tetet] 1 metal coin. 2 token פְּרוּטֶטֶת נ

[pru'tit] hybrid of horse and donkey פְּרוּטִית נ

[prot'rot] 1 change, small change. 2 minutest detail פְּרוּטְרוּט ז

[pe'ruy] prolification, productivity פֵּרוּי ז

prosthesis

פָּרָז ז [pa'raz] 1 governor, ruler, chief. 2 country people, crowd, mob

פֵּרֵז פ״י [pe'rez] to demilitarize

פֹּרַז פ״ע [po'raz] to be demilitarized

פְרָזָה נ ['fraza] phrase

פִּרְזוּל ז [pir'zul] 1 shoeing (horse). 2 to fix ironwork in building

פְּרָזוֹן ז [pra'zon] unwalled, open settlement

פְּרָזוֹת נ״ר [pera'zot] unwalled, open areas

פְּרָזִי ת [pera'zi] open, unwalled

פַּרְזָל ז [par'zal] farrier, blacksmith

פִּרְזֵל פ״י [pir'zel] to fix ironwork in building

פָּרַח פ״ע [pa'rax] 1 to flower, bloom. 2 to flourish. 3 to break out (rash). 4 to fly. 5 to depart, disappear

פֶּרַח ז ['perax] 1 flower, blossom. 2 ornament. 3 recruit, novice. 4 flowering

פָּרְחָה נִשְׁמָתוֹ 1 to die. 2 to faint

פִּרְחוֹנִי ת [pirxo'ni] flowered, flower-patterned

פִּרְחָח ז [pir'xax] hooligan, urchin

פִּרְחָחוּת נ [pirxa'xut] hooliganism

פִּרְחֵי טַיִס air cadets, young pilots

פִּרְחֵי כְּהֻנָּה young priests

פִּרְחֵי קְצִינִים junior officers, cadets

פָּרַט פיו״ע [pa'rat] 1 to change (money). 2 to itemize. 3 to pluck, play (instrument)

פֶּרֶט ז ['peret] 1 small change. 2 odd number

פְּרָט ז [prat] 1 detail, item. 2 individual

פְּרָט לְ- מ״י apart from, except for

פֵּרֵט פיו״ע [pe'ret] to give in detail,

פָּרוּךְ ת [pa'rux] crushed, broken

פֵּרוּךְ ז [pe'rux] 1 crushing. 2 polishing. 3 rebuttal, denial

פָּרוּם ת [pa'rum] frayed

פְּרוֹמִיל ז [pro'mil] thousandth, pro mille

פַּרְוָן ז [par'van] furrier, fur seller, fur maker

פַּרְוָנוּת נ [parva'nut] fur making, fur selling

פָּרוּס ת [pa'rus] 1 spread out. 2 sliced

פְּרוּסָה נ [peru'sa] slice

פָּרוּעַ ת [pa'ru'a] 1 wild. 2 disorderly, unruly. 3 uncovered. 4 redeemed, released

פֵּרוּעַ ז [pe'ru'a] exposure

פָּרוּף ת [pa'ruf] buttoned, clasped, fastened

פְּרוֹפִיל ז [pro'fil] 1 profile. 2 summary of data

פָּרוּץ ת [pa'ruts] 1 broken into. 2 lawless, dissolute. 3 wanton, obscene

פְּרוּצָה נ [peru'tsa] prostitute

פָּרוּק ת [pa'ruk] 1 fluent, with ease. 2 unloaded, discharged

פֵּרוּק ז [pe'ruk] 1 unloading. 2 dismantling. 3 resolution

פֵּרוּק נֶשֶׁק disarmament

פָּרוּר ז [pa'rur] 1 pot, kettle. 2 crumbed, crumbled

פֵּרוּר ז [pe'rur] crumb, tidbit

פַּרְוָר ז [par'var] suburb

פֵּרוּשׁ ז [pe'rush] commentary, explanation, exegesis

פָּרוּשׁ ת ז [pa'rush] 1 abstemious, abstinent. 2 dissident, sanctimonious. 3 finch

פָּרוּשׂ ת [pa'rus] 1 spread out. 2 sliced

פֵּרוֹת ז״ר [pe'rot] fruit

פְּרוֹתֶזָה נ [pro'teza] artificial limb,

itemize, specify

פֹּרַט פ"ע [poˈrat] to be itemized, specified

פְּרָטָה נ [praˈta] specification, inventory

פְּרָטוּת נ [praˈtut] detail

פְּרָטֵי־כֹּל [prateˈkol] protocol, minutes

פְּרָטֵי פְּרָטִים the greatest detail

פְּרָטִי ת [praˈti] 1 private. 2 individual

פְּרָטִיּוּת נ [pratiˈyut] privacy

פַּרְטִיזָן ז [partiˈzan] partisan

פַּרְטִיזָנִי ת [partiˈzani] partisan

פַּרְטִיזָנִיּוּת נ [partiˈzaniyut] 1 partisan warfare. 2 unauthorized procedure

פְּרִי פֵּרוֹת profit from profit, derived from another profit

פְּרִי ז [peˈri] 1 fruit. 2 result. 3 offspring

פְּרִי עֵט written output

פְּרִי בֶּטֶן children, offspring

פְּרִי הָאֲדָמָה vegetables

פְּרִי הָדָר citrus fruit

פְּרִי הַדִּמְיוֹן figment of the imagination

פְּרִי הִלּוּלִים 1 choicen fruit. 2 excelent results

פְּרִי מַעֲלָלָיו the result of one's deeds

פְּרִידָה נ [periˈda] departure, parting

פָּרִיָּה נ [pariˈya] bull-shed

פְּרִיָּה נ [periˈya] fruitfulness, reproduction

פְּרִיָּה וּרְבִיָּה propagation, procreation

פִּרְיוֹן ז [pirˈyon] fertility, fecundity, fruitfulness

פְּרִיחָה נ [periˈxa] flowering, blooming

פְּרִיט ז [prit] item

פְּרִיטָה נ [priˈta] 1 changing (money). 2 playing (musical instrument)

פָּרִיךְ ת [paˈrix] 1 fragile, crushable, brittle. 2 short (dough). 3 crisp

פְּרִיכָה נ [periˈxa] crushing, breaking

פְּרִיכוּת נ [periˈxut] fragility, crispness

פְּרִימָה נ [periˈma] 1 prima. 2 undoing (stitches), unravelling

פְּרִימוּס ז [ˈprimus] 1 primus stove. 2 piper (airplane)

פְּרִימִיטִיבִי ת [primiˈtivi] primitive

פְּרִימִיטִיבִיּוּת נ [primiˈtiviyut] primitiveness

פָּרִיס ת [paˈris] sliceable

פְּרִיסָה נ [periˈsa] 1 spreading. 2 slicing. 3 deployment

פְּרִיסַת שָׁלוֹם regards

פְּרִיעָה נ [periyˈʼa] 1 payment of debt. 2 disturbance. 3 unkemptness. 4 uncovering the corona (circumcision)

פְּרִיעַת רֹאשׁ uncovering one's head

פְּרִיפָה נ [periˈfa] placket

פָּרִיץ ז [paˈrits] 1 tyrant, oppressor. 2 landowner, squire

פְּרִיצָה נ [periˈtsa] 1 breakthrough. 2 burglary. 3 disruption

פְּרִיצוּת נ [periˈtsut] licentiousness, lawlessness

פָּרִיק ת [paˈrik] detachable, able to be dismantled

פְּרִיקָה נ [periˈka] 1 unloading, debarkation. 2 dismantling, taking apart

פְּרִיקוּת נ [periˈkut] reducibility, ability to be dismantled

פְּרִיקַת נֶשֶׁק unloading of weapons

פְּרִיקַת עֹל licentiousness, lack of restraint

פָּרִיר ת [paˈrir] crumbly, crumby

פְּרִירוּת נ [periˈrut] crumbiness, crumbliness

[pir'nes] to support, provide for פִּרְנֵס פ״י
[parna'sa] living, livelihood פַּרְנָסָה נ
[parna'sut] leadership, presidency פַּרְנָסוּת נ
[pir'nek] to pamper, coddle, spoil פִּרְנֵק פ״י
[pa'ras] 1 to spread, deploy. 2 to declare publicly פָּרַס פ״י
to send regards פָּרַס בִּשְׁלוֹמוֹ
to extend one's influence over פָּרַס מְצוּדָתוֹ עַל
['peres] 1 vulture. 2 area near a tomb. 3 carpet, net פֶּרֶס ז
[pe'ras] to spread, deploy פֵּרַס פ״י
[pras] 1 prize. 2 award. 3 premium פְּרָס ז
eve of the festival פְּרֹס הֶחָג
to menstruate פְּרָסָה נִדָּה
[par'sa] 1 hoof. 2 horseshoe פַּרְסָה נ
[pir'sum] 1 publication. 2 publicity. 3 advertising פִּרְסוּם ז
[pirsu'mai] 1 advertiser. 2 advertising agent פִּרְסוּמַאי ז
[par'si] Persian פַּרְסִי ז ת
[pir'sem] 1 to announce, make public. 2 to publish, broadcast. 3 to advertise פִּרְסֵם פ״י
[pur'sam] to be published, advertised, broadcast פֻּרְסַם פ״ע
[pir'somet] advertisement, commercial פִּרְסֹמֶת נ
[par'san] hoofed פַּרְסָן ת
[parse'tan] having large hooves פַּרְסְתָן ז
[pa'ra] 1 to riot, pogrom. 2 to pay, defray. 3 to reward, punish. 4 to avenge. 5 to be dishevelled, unkempt פָּרַע פ״י
to break moral code פָּרַע מוּסָר
['pera] 1 hair of head. פֶּרַע ז

[pa'rish] quince פָּרִישׁ ז
[pa'ris] spreadable פָּרִיש ת
[peri'sha] 1 separation, segregation. 2 retirement. 3 excretion פְּרִישָׁה נ
[peri'sa] spreading פְּרִישָׂה נ
[peri'shut] 1 abstinence, continence. 2 departure פְּרִישׁוּת נ
[pa'rax] gridiron פָּרָךְ ז
[pa'rax] 1 to crush, crumble. 2 to oppress, subject to forced labo(u)r פָּרַךְ פ״י
['perex] 1 oppression. 2 hard labo(u)r. 3 crushing פֶּרֶךְ ז
[pe'rex] 1 to press, crush. 2 to break, shatter, crumble פֵּרֵךְ פ״י
[pir'xa] 1 breakage. 2 rebuttal, contradictory argument פִּרְכָא, פִּרְכָה נ
[pir'kus] 1 adornment, decoration. 2 convulsion פִּרְכּוּס ז
[par'kil] twig with grapes פַּרְכִּיל ז
[pir'kes] 1 to embellish, adorn. 2 to convulse, jerk. 3 to be doubtful פִּרְכֵּס פיו״ע
to be doubtful פִּרְכֵּס בַּדָּבָר
[pa'roxet] curtain פָּרֹכֶת נ
[pa'ram] 1 to undo, unravel stitches. 2 to tear, rend פָּרַם פ״י
[pe'ram] to undo פֵּרַם פ״י
[po'ram] to be undone, unravelled, frayed פֹּרַם פ״ע
[prumbi'ya] curb bit, rein strap פְּרֻמְבִּיָּה נ
[pre'mia] bonus, premium פְּרֶמְיָה נ
[parmash'tak] penis, phallus פַּרְמַשְׁתָּק ז
[pa'ran] lighthouse פָּרָן ז
[pur'na] oven פֻּרְנָה נ
[pir'nus] maintaining, support פִּרְנוּס ז
[par'nas] 1 breadwinner, provider. 2 leader, chief. 3 head of community פַּרְנָס ז

[par'tsuf] 1 face. 2 character פַּרְצוּף ז
[pir'tsuf] 1 characterization. 2 face, visage פִּרְצוּף ז
[partsu'fon] small face פַּרְצוּפוֹן ז
[par'tsani] impulsive פַּרְצָנִי ת
[pir'tsef] to describe, characterize פִּרְצֵף פ״י
[pa'rak] to unload, deliver, set free פָּרַק פ״י
to disarm פָּרַק נֶשֶׁק
to rebel, cast off all restraint פָּרַק עֹל
[park] park פַּרְק ז
['perek] 1 chapter, movement. 2 joint. 3 season, maturity פֶּרֶק ז
[pe'rek] 1 to dismantle. 2 to take apart, liquidate (company) פֵּרֵק פ״י
[po'rak] 1 to be dismantled. 2 to be taken apart, wound up פֹּרַק פ״ע
[pir'ked] to lie supine פִּרְקֵד פ״י
[prak'dan] supine פַּרַקְדָּן תה״פ
[prakda'nut] supine position פְּרַקְדָּנוּת נ
respectful person פִּרְקוֹ נָאֶה
[pir'kon] release, redemption פִּרְקוֹן ז
[prak'lit] attorney, advocate, counsellor פְּרַקְלִיט ז
[prakli'tut] attorney's office פְּרַקְלִיטוּת נ
[prakmati'ya] merchandise, wares, goods פְּרַקְמַטְיָה נ
[pir'kan] glasswort, marsh, lead grass פִּרְקָן ז
[pir'ken] to relieve tension, relax פִּרְקֵן פ״י
[pe'rer] to crumble, make into crumbs, shatter פֵּרֵר פ״י
[po'rar] to crumble, be shattered פֹּרַר פ״ע
[pa'rash] 1 knight, cavalier. 2 horseman, equestrian פָּרָשׁ ז

2 protruding-stone. 3 hypericum
[po'ra] to be uncovered פֹּרַע פ״ע
[pera''on] payment פֵּרָעוֹן ז
[par''osh] flea, pulex פַּרְעוֹשׁ ז
[par'o'shit] pulicaria (plant), common fleabane פַּרְעוֹשִׁית נ
[pera''ot] 1 riots, pogroms. 2 disorders, disturbances פְּרָעוֹת נ״ר
[pur'a'nut] disorderliness, vandalism, hooliganism פֻּרְעָנוּת נ
[pur'a'ni] vandalistic, disturbing the peace פֻּרְעָנִי ת
[pa'raf] to fasten, pin up, button פָּרַף פ״י
[pir'pur] convulsion, jerk, spasm, twitch פִּרְפּוּר ז
[parpuri'ya] purple robe פַּרְפּוּרְיָה נ
[par'par] 1 butterfly. 2 bow tie פַּרְפָּר ז
[pir'per] 1 to jerk, quiver, convulse, flap. 2 to eat dessert פִּרְפֵּר פיו״ע
[parpera'ni] butterfly-like, light as a butterfly פַּרְפְּרָנִי ת
[par'peret] 1 dessert, "afters". 2 light or entertaining reading material פַּרְפֶּרֶת נ
[pa'rats] 1 to burst, break through. 2 to break out. 3 to entreat, plead פָּרַץ פיו״ע
1 to act without restraint. 2 to break the law פָּרַץ גָּדֵר
['perets] 1 breach, gap. 2 jet (water). 3 breakthrough פֶּרֶץ ז
cloud burst פֶּרֶץ עָנָן
[pe'rats] to destroy, demolish פֵּרַץ פ״י
[po'rats] to be destroyed, demolished פֹּרַץ פ״ע
[pir'tsa] 1 breach, gap. 2 opening, loophole פִּרְצָה נ

[ˈpasha] pasha פָּשָׁה ז
[paˈsa] to spread פָּשָׂה פ"ע
[paˈshut] 1 simple, ordinary, straight forward. 2 simply פָּשׁוּט ת תה"פ
[pshut] the simple, literal meaning פְּשׁוּט ז
[piˈshut] simplification פִּשּׁוּט ז
literally speaking פְּשׁוּטוֹ כְּמַשְׁמָעוֹ
flat vessels פְּשׁוּטֵי כֵלִים
simple folk, common people פְּשׁוּטֵי עָם
[piˈshur] compromise, conciliation פִּשּׁוּר ז
[paˈshosh] warbler פָּשׁוֹשׁ ז
[paˈshax] 1 to split, crack. 2 to crush. 3 to tear to pieces פָּשַׁח, פִּשַּׁח פ"י
[paˈshat] 1 to take off, remove. 2 to stretch. 3 to attack, raid. 4 to extend, spread פָּשַׁט פ"י
to go bankrupt פָּשַׁט אֶת הָרֶגֶל
to beg פָּשַׁט יָד
to harm someone פָּשַׁט יָדוֹ בִּפְלוֹנִי
1 to flay, skin. 2 to "fleece", exploit פָּשַׁט עוֹר
to change shape פָּשַׁט צוּרָה (וְלָבַשׁ צוּרָה)
[pshat] 1 plain, straightforward meaning. 2 literalness פְּשָׁט ז
[piˈshet] 1 to simplify. 2 to remove clothes. 3 to straighten פִּשֵּׁט פ"י
[pashˈta] Biblical cantillation sign פַּשְׁטָא ז
[pashˈtut] 1 simplicity. 2 austerity פַּשְׁטוּת נ
[pashtiˈda] pudding, pie פַּשְׁטִידָה נ
[pashˈtan] literal expounder פַּשְׁטָן ז
[pashtaˈnut] plain exposition פַּשְׁטָנוּת נ

[paˈrash] 1 to explain, clarify. 2 to retire, go into retreat. 3 withdraw פָּרַשׁ פיו"ע
[ˈperesh] excretion, dung, faeces פֶּרֶשׁ ז
[peˈrash] 1 to withdraw, separate. 2 to explain, elucidate פֵּרַשׁ פיו"ע
[poˈrash] to be explained, elucidated פֹּרַשׁ פ"ע
[paˈras] to spread, expand, extend פָּרַשׂ פ"י
to send regards פָּרַשׂ בִּשְׁלוֹמוֹ
to marry פָּרַשׂ כְּנָפוֹ עַל
to cast one's net on פָּרַשׂ מְצוּדָה
[peˈras] 1 to stretch, spread. 2 to scatter פֵּרַשׂ פ"י
[parsheˈdon] 1 bowels, belly. 2 evacuation of excrement פַּרְשְׁדוֹן ז
[paraˈsha] 1 chapter, section. 2 affair, case, episode פָּרָשָׁה נ
[paraˈshut] horsemanship פָּרָשׁוּת נ
[pirˈshez] 1 to spread. 2 to explain פִּרְשֵׁז פ"י
[parˈshan] commentator פַּרְשָׁן ז
[parshaˈnut] 1 commentary. 2 exposition, exegetics פַּרְשָׁנוּת נ
[parshaˈni] commentative פַּרְשָׁנִי ת
prayer for travellers פָּרָשַׁת הָעִבּוּר
weekly portion פָּרָשַׁת הַשָּׁבוּעַ
crossroad פָּרָשַׁת דְּרָכִים
watershed, divide פָּרָשַׁת מַיִם
[poˈrat] fruitful פֹּרָת ז
ladybird, ladybug פָּרַת מֹשֶׁה רַבֵּנוּ
[purˈta] 1 a little bit. 2 portion, fragment פֻּרְתָּא תה"פ
[parˈtem] nobleman פַּרְתֵּם ז
[pash] 1 to take a holiday. 2 to be strong פָּשׁ פ"ע
[pash] 1 delay. 2 abundance. 3 folly פַּשׁ ז

פַּשְׁטָנִי ת [pashta'ni] oversimplified, shallow, generalizing
פִּשְׁיוֹן ז [pish'yon] spread, expansion
פָשִׁיזְם ז [fa'shizem] fascism
פְּשִׁיחָה נ [peshi'xa] fissure, split
פַּשִׁיט ת [pa'shit] extensive
פְּשִׁיטָא תה"פ [pshi'ta] undoubtedly, it goes without saying
פְּשִׁיטָה נ [pshi'ta] 1 undressing, disrobing. 2 extension. 3 foray, incursion, raid
פְּשִׁיטוּת נ [pshi'tut] 1 simplicity. 2 status of younger son
פַּשִׁיטוּת נ [pashi'tut] extensiveness, capacity for spreading
פְּשִׁיטֵי דְסָפְרָא writer's wage
פְּשִׁיטַת יָד begging
פְּשִׁיטַת עוֹר "fleecing", exploitation
פְּשִׁיטַת צֶבַע bleeding of colo(u)r
פְּשִׁיטַת צוּרָה changing shape
פְּשִׁיטַת רֶגֶל bankruptcy
פְּשִׁיעָה נ [pshiy'’a] criminality, committing crimes
פְּשִׁירָה נ [peshi'ra] cooling down, becoming tepid
פָּשַׁע פ"ע [pa'sha] to sin, commit a crime
פֶּשַׁע ז ['pesha] sin, crime, felony, criminal act
פֶּשַׁע שְׂפָתַיִם slander, libel
פָּשַׂע פ"ע [pa'sa] to step, tread
פֶּשַׂע ז ['pesa] step, pace
פִּשְׁפּוּשׁ ז [pish'push] search, scrutiny, examination
פִּשְׁפָּשׁ ז [pish'pash] wicket
פִּשְׁפֵּשׁ ז פ"י [pish'pesh] 1 bedbug. 2 to examine, scrutinize. 3 to urinate
פִּשְׁפֵּשׁ בְּמַעֲשָׂיו to repent, examine one's actions
פָּשַׂק פ"י [pa'sak] to open wide
פִּשֵּׂק פ"י [pi'sek] 1 to open wide. 2 to straddle
פֻּשַּׂק פ"ע [pu'sak] to be opened wide, stretched
פֵּשֶׁר ז ['pesher] meaning, interpretation, solution
פָּשַׁר פ"ע [pa'shar] 1 to melt, thaw. 2 to cool off. 3 to compromise
פִּשֵּׁר פ"י [pi'sher] to mediate, compromise
פְּשָׁרָה נ [pesha'ra] compromise
פִּשְׁרוֹן ז [pish'ron] meaning, interpretation
פַּשְׁרָן ז [pash'ran] compromiser
פַּשְׁרָנוּת נ [pashra'nut] tendency to compromise
פַּשְׁרָנִי ת [pashra'ni] compromising, tending to compromise
פִּשְׁתָּה נ [pish'ta] flax
פִּשְׁתָּן ז [pish'tan] linen
פִּשְׁתַּן אֲדָמָה asbestos
פִּשְׁתָּנִי ז ת [pishta'ni] 1 flax-dealer, flax-worker. 2 flaxen
פִּשְׁתָּנִית נ [pishta'nit] linaria (plant), toadflax, pennywort
פַּת נ [pat] bread, morsel
פַּת בַּג, פַּתְבַּג delicacies, dainty food
פַּת לֶחֶם piece of bread, morsel of bread
פַּת נְקִיָּה piece of fine bread
פַּת קִבָּר piece of coarse, wholemeal bread
פֹּת נ [pot] 1 pudenda, vulva. 2 wig
פִּתְאוֹם תה"פ [pit'’om] suddenly
פִּתְאוֹמִי ת [pit'o'mi] sudden
פִּתְאוֹמִיּוּת נ [pit'omi'yut] suddenness
פַּתָּאוּת נ [pata'’ut] seductiveness
פַּתַּאי ז [pa'tai] seducer, tempter
פְּתָאִים ז"ר [peta'’im] fools, simpletons
פִּתְגָּם ז [pit'gam] 1 proverb, saying,

(vowel)
[pi'tax] 1 to develop. 2 to engrave. 3 to elaborate. 4 to cultivate פִּתַּח פיו"ע
[pi'te'ax] not blind, sighted פִּתֵּחַ ז
[pu'tax] 1 to be developed. 2 to be cultivated. 3 to be engraved. 4 to be elaborated פֻּתַּח פ"ע
1 eloquence. 2 pretext, excuse פִּתְחוֹן פֶּה ז
lips פִּתְחֵי פֶה
['peti] fool, simpleton פֶּתִי ז
complete and utter fool פֶּתִי מְפֻתֶּה
[pti] folly, foolishness פְּתִי ז
[pti'gil] festive woman's robe פְּתִיגִיל ז
[peta'ya] fool (f) פְּתַיָּה נ
[pita'yon] 1 bait. 2 inducement, lure פִּתָּיוֹן ז
[peta'yut] folly, foolishness פְּתַיּוּת נ
[pa'tiy'ax] 1 ploughed land. 2 openable פָּתִיחַ ז ת
['ptiy'ax] 1 leading article. 2 opening gambit. 3 opening (speech, article) פְּתִיחַ ז
[peti'xa] 1 opening. 2 beginning, foreword. 3 overture (mus.). 4 drawn sword פְּתִיחָה נ
[peti'xut] openness, uninhibitedness פְּתִיחוּת נ
obtaining release from vow פְּתִיחַת נֶדֶר
[peti'xa] mixture, blending פְּתִיכָה נ
[pa'til] tied, bound פָּתִיל ת
[ptil] 1 cord, thread, fuse. 2 wick פְּתִיל ז
[pti'la] 1 wick. 2 suppository. 3 weaving פְּתִילָה נ
[peti'lon] marking pen פְּתִילוֹן ז
[ptil'ya] paraffin cooking- פְּתִילִיָּה נ

adage. 2 order, decree (Biblical)
[pitga'mon] book or collection of proverbs פִּתְגָּמוֹן ז
[pa'ta] 1 to open wide. 2 to act foolishly פָּתָה פיו"ע
['pita] flat bread, Oriental bread פִּתָּה נ
[pi'ta] to seduce, tempt פִּתָּה פ"י
[pu'ta] to be tempted, seduced פֻּתָּה פ"ע
[pa'tu'ax] 1 open. 2 pointed with a "patah" פָּתוּחַ ת
[pi'tu'ax] 1 development. 2 elaboration, expansion פִּתּוּחַ ז
sustainable development פִּתּוּחַ בַּר קְיָמָא
[pa'tuy] flat פָּתוּי ת
[pi'tuy] 1 enticement, seduction, temptation. 2 indemnity for seduction (Talmud) פִּתּוּי ז
[pa'tux] blended, mixed פָּתוּךְ ת
[pi'tux] blending, mixing פִּתּוּךְ ז
[pa'tul] bound with a cord, corded פָּתוּל ת
[pi'tul] twist, winding, meander פִּתּוּל ז
[ptola'ni] twisting, winding פְּתוֹלָנִי ת
['patos] pathos פָּתוֹס ז
[pa'tot] crumb פָּתוֹת ז
[pa'tax] 1 to open, throw open. 2 to untie, loosen. 3 to begin פָּתַח פ"י
to give generously פָּתַח יָדוֹ לִפְלוֹנִי
['petax] opening, vent, doorway, entrance פֶּתַח ז
introduction, prologue, preface פֶּתַח דָּבָר
pretext פֶּתַח חֲרָטָה
open place פֶּתַח עֵינַיִם
deflowered פֶּתַח פָּתוּחַ
[pa'tax] 1 engraver. 2 patah פַּתָּח ז

stove

פְּתִילַת הַמִּדְבָּר נ mullein, calotropis (plant)

פָּתִין ז [pa'tin] beam, stretcher

פְּתִיעָה נ [peti''a] surprise

פָּתִיר ת [pa'tir] 1 solvable, capable of solution. 2 soluble

פְּתִירָה נ [peti'ra] solution, solving

פָּתִית ז [pa'tit] crumb, floccule

פְּתִיתָה נ [pti'ta] crumbling

פְּתִיתִים ז״ר [pti'tim] 1 flakes. 2 dough crumbs

פָּתַךְ פ״י [pa'tax] to mix, blend

פָּתַל פ״י [pa'tal] to twist, twine, interweave

פִּתֵּל פ״י [pi'tel] to twist, wind, bend, curve

פֶּתֶל ז ['petel] spirillum (bacterium)

פֻּתַּל פ״ע [pu'tal] to be twisted, tortuous, bent, curved

פַּתְלָן ז [pat'lan] 1 inconstant. 2 crooked

פַּתְלָנוּת נ [patla'nut] inconstancy, crookedness

פְּתַלְתֹּל ת [ptal'tol] crooked, bent, curved, tortuous

פְּתַלְתֹּלֶת נ [ptal'tolet] twisting, confusion

פֶּתֶן ז ['peten] viper, adder

פֶּתַע תה״פ ['peta] suddenly, unexpectedly

פִּתְפּוּת ז [pit'put] crumbling

פִּתְפּוּתֵי בֵּיצִים 1 chatter. 2 confusion

פִּתְפֵּת פ״י [pit'pet] to crumble, mash

פָּתַק פ״י [pa'tak] to open

פִּתֵּק פ״י [pi'tek] 1 to open. 2 to card-index

פֶּתֶק, פְּתָק ז ['petek] note, chit, piece of paper, slip

פִּתְקָה נ [pit'ka] note, short message, slip of paper

פָּתַר פ״י [pa'tar] 1 to solve. 2 to interpret

פִּתְרוֹן ז [pit'ron] solution

פַּתְשֶׁגֶן ז [pat'shegen] summary, résumé, synopsis

פָּתַת פ״י [pa'tat] to crumble, make into crumbs

צ

צ 1 Tsadi, eighteenth letter of the Hebrew alphabet. 2 90

ץ 1 final Tsadi. 2 900

צֵא, צְאָה פ״ע [tse, ˈtse'a] Get out! Go! (imperative)

צֵאָה נ פ״י [tseˈ'a] 1 excrement, dung, faeces. 2 to befoul, treat as dirt

צֹאָה נ [tsoˈ'a] 1 excrement, dung, faeces. 2 filth

צָאוּי ת [tsaˈ'uy] fouled, soiled

צְאֶל ז [tseˈ'el] 1 lotus. 2 shadow

צֶאֱלוֹן ז [tse'eˈlon] poinciana

צֹאן נ״ר [tson] 1 flock. 2 sheep, goats

צֹאן בַּרְזֶל 1 mortmain. 2 inalienable property. 3 assets of lasting value

צֹאן מַרְעִית flock, congregation (subject to Rabbinical authority)

צֹאן קָדָשִׁים lambs for ritual sacrifice

צֶאֱצָא ז [tse'eˈtsa] creature, offspring

צֵאת ש״פ [tset] departure

צֵאתְךָ לְשָׁלוֹם Go in peace!

צָב ז [tsav] 1 tortoise, turtle. 2 covered wagon

צָבָא ז פ״ע [tsaˈva] 1 armed forces, army, host. 2 to assemble, congregate. 3 to wage war

צָבָא סָדִיר, צָבָא קֶבַע regular army

צְבָא הַמָּרוֹם, הַשָּׁמַיִם heavenly host

צְבָא מִלּוּאִים reserve army

צְבָא עֲבוֹדָה corvée, labo(u)r troops

צִבְאֵי צְבָאוֹת troops of every kind

צְבָאִי ת [tsvaˈ'i] military, of the army

צְבָאִיּוּת נ [tseva'iˈyut] militarism

צְבָאִים, צְבָיִים ז״ר [tsevaˈ'im] deer (pl.)

צָבָה פ״ע [tsaˈva] 1 to swell, distend. 2 to puff

צָבֶה ת [tsaˈve] swollen, distended, engorged

צָבוּט ת [tsaˈvut] pinched

צִבּוּי ז [tsiˈbuy] swelling, distension

צָבוֹעַ ז [tsaˈvo'a] hyena, striped hyena

צָבוּעַ ת [tsaˈvu'a] 1 painted. 2 dyed. 3 hypocritical

צָבוּר ת [tsaˈvur] accumulated, conglomerated, piled-up

צִבּוּר ז [tsiˈbur] 1 public. 2 pile, heap. 3 community, congregation

צִבּוּרִי ת [tsibuˈri] 1 congregational, communal. 2 public.

צִבּוּרִיּוּת נ [tsiburiˈyut] public affairs, public life

צְבוּת נ [tseˈvut] swelling

צָבוּת ת [tsaˈvut] 1 clamped. 2 hard-pressed

צִבּוּת ז [tsiˈbut] crosswise ploughing

צָבַט פ״י [tsaˈvat] 1 to pinch, nip. 2 to clamp, bind together

צְבִי ז [tsvi] 1 deer, gazelle, antelope. 2 splendo(u)r, glory. 3 North-East wind. 4 handsome boy

צְבִיָּה נ [tsviˈya] 1 gazelle. 2 swelling. 3 handsome girl

צִבְיוֹן ז [tsivˈyon] 1 character, form, nature. 2 desire, pleasure

צְבִיטָה נ [tsviˈta] 1 pinch, pinching. 2 clasping

צְבִיעָה נ [tsviyˈ'a] 1 painting. 2 dyeing. 3 grasping

צְבִיעוּת נ [tsvi'ʼut] hypocrisy
צָבִיר ז ת [tsa'vir] 1 accumulated collection. 2 accumulable
צְבִירָה נ [tsvi'ra] accumulation, amassing
צָבַע פ״י [tsa'va] to paint, dye, tint, colo(u)r
צֶבַע ז ['tseva] colo(u)r, paint, dye, hue
צַבָּע ז [tsa'ba] painter, decorator
צִבְעוֹן ז [tsiv'ʼon] colo(u)r, tint
צִבְעוֹנִי ז ת [tsiv'o'ni] 1 colo(u)rful, multicolo(u)red. 2 tulip
צִבְעוֹנִיּוּת נ [tsiv'oni'yut] brightness, colo(u)rfulness
צַבָּעוּת נ [tsaba'ʼut] painting, decorating
צִבְעָן ז [tsiv'ʼan] pigment, dye
צָבָר ז [tsa'var] 1 cactus, prickly pear. 2 Israeli-born
צַבָּר ז [tsa'bar] Sabra, Israeli-born
צָבַר, צִבֵּר [tsa'var, tsi'ber] to amass, accumulate, collect
צֶבֶר ז ['tsever] pile, heap
צֹבֶר ז ['tsover] bulk
צַבָּרוּת נ [tsaba'rut] Sabra temperament
צִבְרַח פ״י [tsiv'rax] to depress, put into a bad mood
צַבָּרִית נ [tsaba'rit] Israeli-born (f)
צָבַת פ״י [tsa'vat] 1 to grip hard. 2 to pinch. 3 to cling, fasten onto
צֶבֶת ז ['tsevet] 1 bundle, sheaf (corn). 2 pincers, forceps
צֹבֶת ז ['tsovet] plants left after ploughing
צְבָת נ [tsvat] tongs, pliers
צִבֵּת פ״י [tsi'bet] to plough crosswise
צַבְתָּן ז [tsav'tan] earwig
צָג פ״ע ז [tsag] 1 to stand, pose. 2 display (screen)
צָד פ״י [tsad] to hunt, quarry, capture, size
צַד ז [tsad] 1 side, flank. 2 aspect. 3 party. 4 page
צַד בְּצַד side by side
צַד שָׁוֶה common denominator, thing shared
צַד שֶׁכְּנֶגֶד opponent, adversary
צִדֵּד פ״י [tsi'ded] to side with, support, back
צְדָדִי ת [tseda'di] 1 lateral, side. 2 secondary, subsidiary
צְדָדִיּוּת נ [tsedadi'yut] secondariness, subsidiary importance
צְדָדִים ז״ר [tseda'dim] sides, flanks
צָדָה פיו״ע [tsa'da] 1 to be desolate. 2 to ambush, lie in wait. 3 to hunt
צִדּוּד ז [tsi'dud] 1 turning sideways. 2 support
צִדּוּד בִּזְכוּת vindication, taking the part of
צְדוּדִית נ [tsedu'dit] profile
צִדּוֹן ז [tsi'don] broadside (ship)
צִדּוּק ז [tsi'duk] justification, vindication
צִדּוּק הַדִּין 1 willing acceptance of sentence. 2 burial prayer
צְדוֹקִי ז [tsado'ki] Sadducee
צָדִי נ ['tsadi] Tsadi (letter)
צְדִיָּה נ [tsedi'ya] evil design, malice aforethought
צַדִּיק ז ת [tsa'dik] 1 righteous, just, pious. 2 Tsadik, righteous man
צַדִּיקוּת נ [tsadi'kut] righteousness, justness, piety
צֶדַע ז ['tseda] temple (head)
צֶדֶף ז ['tsedef] 1 shell. 2 mother-of-pearl

צִדְפָּה נ [tsid'pa] 1 oyster. 2 mother-of-pearl
צִדְפִּי ת [tsid'pi] nacreous, shell-like
צָדַק פ״ע [tsa'dak] 1 to be just. 2 to be right, correct. 3 to be innocent, acquitted
צֶדֶק ז ['tsedek] 1 justice, right. 2 Jupiter
צִדֵּק פ״י [tsi'dek] to exonerate, justify, vindicate
צִדֵּק אֶת הַדִּין to uphold a judgment
צְדָקָה נ [tseda'ka] 1 charity, alms. 2 merit, good deed
צִדְקוּת נ [tsid'kut] over-righteousness, sanctimoniousness
צִדְקָן ז [tsid'kan] 1 righteous, just, pious. 2 sanctimonious
צִדְקָנוּת נ [tsidka'nut] righteousness
צִדְקָנִית נ [tsidka'nit] pious woman
צַדֶּקֶת נ [tsa'deket] pious, God-fearing woman
צַדְרָה נ [tsad'ra] tarpaulin, canvas
צָהַב פ״ע [tsa'hav] 1 to turn yellow. 2 to glitter, be golden. 3 to quarrel, cry out
צִהֵב פ״ע [tsi'hev] to make yellow, white-hot
צָהֹב ת [tsa'hov] yellow
צֹהַב ז ['tsohav] yellowness
צְהַבְהַב ת [tsehav'hav] yellowish, yellowy
צָהֲבוּ פָּנָיו his face brightened
צַהֶבֶת נ [tsa'hevet] jaundice, hepatitis
צָהוּב ת [tsa'huv] angry, hostile, antagonistic
צִהוּב ז [tsi'huv] yellowing, turning yellow
צְהוּבוֹן ז [tsehu'von] tabloid
צִהוּר ז [tsi'hur] exposure to the sun
צְהִיבָה נ [tsehi'va] 1 enmity, rivalry, jealousy. 2 antipathy
צְהִיבוּת נ [tsehi'vut] yellowness
צְהִירָה נ [tsehi'ra] 1 shining. 2 culmination
צָהַל פ״ע [tsa'hal] 1 to shout with joy, cry, exult. 2 to neigh
צַהַל ז ['tsahal] joy, jubilation, merriment
צַהַ״ל ז ['tsahal] Zahal (Israel Defence Forces), IDF
צַהֲלָה, צָהֳלָה נ [tsaha'la] neighing, whinnying
צַהֲלוּל ז [tsaha'lul] joy, mirth, rejoicing
צָהַר פ״ע [tsa'har] to be bright, clear
צִהֵר פ״י [tsi'her] 1 to declare. 2 to expose to the sun
צֹהַר ז ['tsohar] 1 window, aperture, skylight. 2 zenith
צָהֳרַיִם ז״ז [tsoho'rayim] noon, noontide, midday
צַו ז [tsav] 1 order, command. 2 need, requirement. 3 injunction
צַו מְנִיעָה injunction
צַו עַל תְּנַאי decree nisi
צַו פִּנּוּי order for evacuation
צוֹאָה נ [tso''a] excrement, dung, faeces
צַוָּאָה נ [tsava''a] will, testament
צוֹאִי ת [tso''i] filthy, dirty, polluted
צַוָּאר ז [tsa'var] neck, nape
צַוָּארוֹן ז [tsava'ron] 1 collar. 2 necklace
צַוָּארוֹן נִגְלָל roll collar
צַוָּאַת שְׁכִיב מְרַע last will and testament (of dying person)
צוֹבֵעַ ז [tso've'a] painter, dyer
צוֹדֵד פ״י [tso'ded] to catch, capture
צוֹדֵק ת [tso'dek] right, just
צִוָּה פ״י [tsi'va] to command, order, appoint

צִוָּה לְבֵיתוֹ 1 to make a will. 2 to set one's house in order

צֻוָּה פ״ע [tsu'va] to be commanded, ordered

צוֹהֵל ת [tso'hel] joyful, gleeful, exultant

צִוּוּי ז [tsi'vuy] 1 command, order. 2 imperative mood

צָוַח פ״ע [tsa'vax] to scream, shriek, yell

צָוַח בִּפְלוֹנִי, עַל פְּלוֹנִי to reprimand, rebuke

צָוַח כִּכְרוּכְיָה to shout at the top of one's voice

צֶוַח ז ['tsevax] shout, cry, scream

צִוַּח פ״ע [tsi'vax] to scream, yell

צְוָחָה נ [tseva'xa] outcry, scream, yelling

צַוְחָן ז [tsav'xan] screamer

צוֹחֵן ת [tso'xen] stinking

צַוְחָנוּת נ [tsavxa'nut] screaming

צַוְחָנִי ת [tsavxa'ni] shrieking, shrill, clamorous

צְוִיחָה נ [tsevi'xa] scream, shout

צְוִיץ ז [tsvits] chirp, chirrup, twitter

צְוִיצָה נ [tsvi'tsa] chirping, twittering, chirruping

צוּל ז, צוּלָה נ [tsul, tsu'la] deep waters, depth of sea, ocean

צוֹלֵב ת [tso'lev] cross, crosswise

צוֹלֵל ז ת [tso'lel] 1 diver, scuba-diver. 2 pochard (bird). 3 resonant, sonorous

צוֹלְלָן ז [tsole'lan] member of submarine crew

צוֹלֶלֶת נ [tso'lelet] submarine

צוֹלֵעַ ת [tso'le'a] 1 lame, halting. 2 of poor quality

צוֹלְפָנִי ת [tsolfa'ni] 1 whipping. 2 biting, acrimonious

צוֹם ז [tsom] fast

צוֹמֵחַ ת ז [tso'me'ax] 1 growing. 2 vegetation

צוֹמֵק ת [tso'mek] wrinkled, dry, shrunken

צוּנָם ז [tsu'nam] rock, flint

צוֹנֵן ת [tso'nen] cool, fresh, cold

צוֹנְנִים ז״ר [tsone'nim] cold water

צוֹעֲנִי ז ת [tso'a'ni] gypsy

צוֹעֵר ז [tso''er] 1 cadet. 2 junior. 3 assistant

צוּף ז פ״ע [tsuf] 1 honeydew. 2 mead, nectar. 3 to float, flow

צוֹפֶה ז [tso'fe] 1 observer, scout. 2 spectator, onlooker

צוֹפִי ת [tso'fi] scouting

צוֹפִיּוּת נ [tsofi'yut] scoutcraft, scout movement, scouting

צוּפִית נ [tsu'fit] honeysucker, sunbird

צוֹפֵן ת [tso'fen] concealing, hiding

צוּפָן ז [tsu'fan] nectary

צוֹפֵף פ״י [tso'fef] to compress, crowd together

צוֹפָר ז [tso'far] 1 hooter, horn. 2 siren

צִוֵּץ פ״ע [tsi'vets] to chirp, twitter

צוֹצֵל ז, צוֹצֶלֶת נ [tso'tsel, tso'tselet] wild pigeon, palm dove

צוֹק ז [tsok] oppression, trouble, distress

צוֹק הָעִתִּים hard times, difficult times

צוּק ז פ״י [tsuk] 1 rock, cliff. 2 to pour out, spill

צוּקָה נ [tsu'ka] oppression, trouble, distress

צוּר ז פ״י [tsur] 1 rock, cliff. 2 fortress, stronghold. 3 to besiege. 4 to mould, fashion. 5 to tie, wrap up. 6 to be an enemy

צוּר מַחֲצַבְתּוֹ origin, nation

צוּר מִכְשׁוֹל stumbling block, obstacle

צוֹרֵב ת [tso'rev] 1 burning. 2 caustic

צורבא מֵרַבָּנָן 1 Rabbinical scholar. 2 learned student

צוֹרְבָנִי ת [tsorva'ni] caustic, searing

צוּרָה נ [tsu'ra] form, shape, image

צוֹרְמָנִי ת [tsorma'ni] grating, harsh, screeching

צוּרָן ז [tsu'ran] morpheme (gram.)

צוּרָנִי ת [tsura'ni] formal, formative

צוֹרֵף ז [tso'ref] goldsmith, silversmith

צוֹרְפוּת נ [tsor'fut] goldsmith or silversmith's work

צוֹרֵר ז [tso'rer] enemy, hater, oppressor

צוּרָתִי ת [tsura'ti] formal, formative

צָוַת פ״ע [tsa'vat] to join, team up with

צֶוֶת ז ['tsevet] team

צַוְתָּא ז ['tsavta] 1 team. 2 togetherness

צוֹתֵת פ״ע [tso'tet] 1 to listen in, eavesdrop. 2 to tap wires, investigate

צוֹתְתוּת נ [tsote'tut] listening in

צַח ת [tsax] pure, fresh, clear, bright

צִחֶה ת [tsi'xe] dry, parched

צָחוּן ת [tsa'xun] stinking, smelly, reeking

צְחוֹק ז [tsxok] 1 laughter. 2 jest, mockery

צָחוֹר ת [tsa'xor] white

צְחוֹר ז [tsxor] whiteness, purity, clearness

צָחוֹת תה״פ [tsa'xot] clearly, lucidly

צַחוּת נ [tsa'xut] clarity, lucidity

צַחֲזוּת נ [tsaxa'zut] clairvoyance

צָחַח פ״ע [tsa'xax] 1 to become dry. 2 to be bright

צִחָיוֹן ז [tsixa'yon] dryness

צָחִיחַ ת [tsa'xiy'ax] arid, dry, parched, barren

צְחִיחַ ז [tse'xiy'ax] aridness, dryness, barrenness

צְחִיחָה נ [tsexi'xa] barren land

צְחִיחוּת נ [tsexi'xut] 1 aridity, dryness, barrenness. 2 dehydration

צָחַן פ״ע [tsa'xan] to stink, reek

צַחַן ז ['tsaxan] stench

צַחֲנָה נ [tsaxa'na] stench

צַחְצוֹחַ ז [tsax'tso'ax] drop, pinch

צִחְצוּחַ ז [tsix'tsu'ax] polishing, burnishing

צִחְצוּחַ חֲרָבוֹת brandishing of swords

צַחְצוֹחִית נ [tsaxtso'xit] droplet

צִחְצַח פ״י [tsix'tsax] to polish

צַחְצָחוֹת נ״ר [tsaxtsa'xot] 1 barren, dry place. 2 brightness

צָחַק פ״ע [tsa'xak] 1. to laugh. 2 to jest, mock

צָחַק לְ- to laugh at, mock, deride

צִחֵק פ״ע [tsi'xek] 1 to jest. 2 to flirt, sport amorously

צְחָקָה נ [tsaxa'ka] smile

צִחְקוּק ז [tsix'kuk] chuckle, giggle, snigger

צַחֲקָן ז [tsaxa'kan] laugher, smiler

צַחֲקָנוּת נ [tsaxka'nut] laughing, laughter

צַחֲקָנִי ת [tsaxka'ni] laughing

צִחְקֵק פ״ע [tsix'kek] to chuckle, giggle, chortle

צָחַר פ״ע [tsa'xar] to turn white, whiten

צָחֹר ת [tsa'xor] white

צַחַר ז ['tsaxar] whiteness

צִחֵר פ״י [tsi'xer] to bleach, blanch, whiten

צְחַרְחַר ת [tsexar'xar] whitish

צִטֵּט פ״י [tsi'tet] to cite, quote

צַטְטָנוּת נ [tsateta'nut] tendency to quote

צִי ז [tsi] 1 navy, fleet. 2 wild animals or birds

צִיב ז [tsiv] fibre
צִיבִית נ [tsivit] celluloid
צַיִד ז [ˈtsayid] hunting, chase
צַיָּד ז [tsaˈyad] hunter
צִיֵּד פ״י [tsiˈyed] to equip, furnish, provide, supply
צֵידָה נ [tseˈda] provisions, supplies
צִידָה נ [tsiˈda] hunting
צֵידָנִי ת [tsedaˈni] flatterer, deceiver, trickster
צֵידָנִית נ [tsedaˈnit] food hamper
צִיָּה נ [tsiˈya] 1 dryness, aridity. 2 wilderness
צִיּוּד ז [tsiˈyud] 1 equipment. 2 fitting out. 3 supplies
צָיוֹן ז [tsaˈyon] desolate place, desert, wilderness
צִיּוֹן נ [tsiˈyon] 1 Zion. 2 Jerusalem
צִיּוּן ז [tsiˈyun] 1 mark, indication. 2 landmark
צִיּוֹנוּת נ [tsiyoˈnut] Zionism
צִיּוֹנִי ז ת [tsiyoˈni] Zionist
צִיּוֹנִיּוּת נ [tsiyoniˈyut] Zionist ideology
צִיּוּץ ז [tsiˈyuts] twittering, chirping
צִיּוּר ז [tsiˈyur] drawing, painting, picture
צִיּוּרִי ת [tsiyuˈri] picturesque, graphic, descriptive
צִיּוּרִיּוּת נ [tsiyuriˈyut] picturesqueness
צִיּוּת ז [tsiˈyut] obedience
צִיטָטָה נ [tsiˈtata] quotation, citation
צַיְּמָן ז [tsaiˈman] ascetic
צִיֵּן פ״י [tsiˈyen] 1 to mark, note, point out. 2 to indicate, characterize
צֻיַּן פ״ע [tsuˈyan] to be marked, indicated
צִינוֹק ז [tsiˈnok] 1 prison, prison cell. 2 solitary confinement. 3 bundle
צִינִי ת [ˈtsini] cynical
צִינִיּוּת נ [ˈtsiniyut] cynicism
צִינִיקָן ז [tsiniˈkan] cynic
צִינְק ז [tsink] zinc
צִיף ז [tsif] carded wool
צִיפָה נ [tsiˈfa] 1 pulp (fruit). 2 flotation, floating
צִיץ ז פ״ע [tsits] 1 sprout, blossom, flower. 2 diadem, ornament. 3 to bud, sprout, spring up
צִיֵּץ פיו״ע [tsiˈyets] 1 to twitter, chirp. 2 to fringe, decorate with a fringe
צִיצָה נ [tsiˈtsa] 1 fringe, tassel. 2 tuft. 3 flower, blossom
צִיצִית נ [tsiˈtsit] 1 fringe, tassel, frill. 2 fringed garment. 3 puppus (bot.)
צִיצִית הָרֹאשׁ forelock, "kiss-curl"
צַיְקָן ז [tsaiˈkan] 1 miser. 2 stingy, avaricious
צַיְקָנוּת נ [tsaikaˈnut] avarice, miserliness
צִיר ז [tsir] 1 messenger. 2 delegate, minister (diplomat). 3 hinge, axis. 4 labo(u)r pains. 5 sauce, juice. 6 brine
צַיָּר ז [tsaˈyar] painter, artist
צִיֵּר פ״י [tsiˈyer] to paint, draw, sketch
צֻיַּר פ״ע [tsuˈyar] to be drawn, painted
צֵירֶה ז [tseˈre] Tsere (Hebrew vowel)
צִירוּת נ [tsiˈrut] representation, legation
צִירָן ז [tsiˈran] bleary-eyed
צַיְּרָנִי ת [tsairaˈni] descriptive, graphic
צִיֹּרֶת נ [tsiˈyoret] pattern, design
צִיֵּת פ״ע [tsiˈyet] to obey, heed
צִיתוּת נ [tsiˈtut] listening in, bugging
צַיְּתָן ת [tsaiˈtan] 1 obedient, docile, submissive. 2 inquisitive, eavesdropper
צַיְּתָנוּת נ [tsaitaˈnut] obedience,

צְלַח וּרְכַב Good luck! All the best!
צַלָּחָה נ [tsela'xa] dish
צִלְחָה נ [tsil'xa] migraine
צַלַּחִית נ [tsal'xit] saucer
צַלַּחַת נ [tsa'laxat] plate, dish
צְלִי ז ['tsali] roasting, roast meat
צְלִיבָה נ [tseli'va] crucifixion
צְלִיָּה נ [tseli'ya] roasting
צָלִיחַ ת [tsa'liy'ax] fordable, able to be crossed
צְלִיחָה נ [tseli'xa] crossing (water), fording
צְלִיחוּת נ [tseli'xut] fordability, viability
צְלִיל ז [tslil] tone, sound, note
צְלִילָה נ [tseli'la] 1 diving, plunging, dive. 2 sedimentation. 3 echo
צְלִילוּת נ [tseli'lut] clarity, clearness
צְלִילוּת הַדַּעַת clearmindedness
צְלִילִי ת [tseli'li] resonant
צְלִילִיּוּת נ [tslili'yut] resonance
צַלְיָן ז [tsal'yan] pilgrim, worshipper
צְלִיעָה נ [tseliy''a] limping, halting gait
צְלִיף ז [tslif] whiplash
צְלִיפָה נ [tseli'fa] whipping, lashing
צִלִּית נ [tsi'lit] silhouette
צָלַל פ״ע [tsa'lal] 1 to sink, plunge, dive. 2 to become clear. 3 to ring, sound
צִלֵּל פ״י [tsi'lel] to purify
צְלָלִים ז״ר [tsela'lim] shadows
צְלָלִית נ [tsela'lit] silhouette
צֶלֶם ז ['tselem] 1 likeness, semblance. 2 image, idol
צַלָּם ז [tsa'lam] photographer, cameraman
צִלֵּם פ״י [tsi'lem] to photograph
צֻלַּם פ״ע [tsu'lam] to be photographed
צַלְמָוֶת ז [tsal'mavet] 1 shadow of death. 2 darkness, gloom

submissiveness

צַיְּתָנִי ת [tsaita'ni] obedient, submissive
צִיתָר ז [tsi'tar] zither, cittern
צֵל ז [tsel] 1 shade. 2 shadow. 3 shelter, protection
צָלַב פ״י [tsa'lav] 1 to crucify. 2 to send crossfire
צְלָב ז [tslav] 1 cross. 2 crucifix
צְלַב קֶרֶס swastika
צִלֵּב פ״י [tsi'lev] to cross, make the sign of the cross
צַלְבָן ז [tsal'van] crusader
צַלְבָנִי ת [tsalva'ni] of the crusades, crusading
צָלָה פ״י [tsa'la] to roast, grill
צִלָּה נ [tsi'la] to shadow, shade
צֻלְהַב פ״ע [tsul'hav] to shine
צֶ׳לוֹ ז ['tshelo] 'cello, violoncello
צָלוּב ת [tsa'luv] crucified
צְלוֹב ז [tse'lov] gallows, scaffold, stake
צִלּוּב ז [tsi'luv] crossing
צְלוֹחִית נ [tselo'xit] flask, flagon, small bottle, phial
צָלוּי ת [tsa'luy] roasted
צָלוּל ת [tsa'lul] clear, lucid, pure
צִלּוּל ז [tsi'lul] 1 distilling, clarifying, refining. 2 clarification. 3 explosion, detonation
צִלּוּם ז [tsi'lum] 1 photography. 2 photograph
צִלּוּף ז [tsi'luf] sniping
צְלוֹפָח ז [tselo'fax] eel
צֶלוֹפָן ז [tselo'fan] cellophane
צָלוּק ת [tsa'luk] scarred
צְלוֹת נ [tslot] prayer
צָלַח פיו״ע [tsa'lax] 1 to succeed, prosper. 2 to appear. 3 to cross, ford
צָלֵחַ ת [tsa'le'ax] successful

death. 2 great darkness

צַלְמִית נ [tsal'mit] figurine

צַלְמָנוֹעַ ז [tsalma'no'a] movie camera, cine camera

צַלְמָנִיָּה נ [tsalmani'ya] photographer's studio

צָלַע פ״י [tsa'la] to limp, be lame

צֶלַע ז ['tsela] trouble, calamity

צֵלָע נ ['tsela] 1 rib, side. 2 leg, wing (building). 3 slope (mountain). 4 beam

צַלְעָה נ [tsal'’a] 1 rib. 2 woman

צִלְעָה נ [tsil'’a] halting, limping

צַלְעוֹן ז [tsal'’on] polygon

צַלְעִית נ [tsal'’it] half-line of verse

צָלָף ז [tsa'laf] common caperbush (capparis)

צָלַף פ״י [tsa'laf] to snipe

צַלָּף ז [tsa'laf] sniper, marksman

צַלָּפוּת נ [tsala'fut] sniping, marksmanship

צִלְצוֹל ז [tsil'tsol] 1 narrow belt. 2 bandage

צִלְצוּל ז [tsil'tsul] ringing

צֶלְצֶל ז [tsel'tsel] clashing of cymbals

צִלְצָל ז [tsil'tsal] 1 harpoon, fishing spear. 2 ring, sound

צִלְצֵל פ״ע [tsil'tsel] 1 to ring. 2 to telephone

צְלָצַל ז [tsela'tsal] 1 whirring, buzzing. 2 cricket, grasshopper

צַלְצְלָנִי ת [tsaltsela'ni] vociferous, ringing, resounding

צֶלֶק ז ['tselek] scar

צִלֵּק פ״י [tsi'lek] to scar

צֻלַּק פ״ע [tsu'lak] to be scarred

צַלֶּקֶת נ [tsa'leket] scar

צָם פ״ע [tsam] to fast

צָמָא ז [tsa'me] thirstiness, thirst

צָמֵא פ״ע ת [tsa'me] 1 to be thirsty, dry, parched. 2 thirsty, parched

צִמְאָה ז [tsim'’a] 1 thirst. 2 desire

צִמָּאוֹן ז [tsima'’on] 1 thirst. 2 arid land

צָמֹג ת [tsa'mog] sticky

צֶמֶג ז ['tsemeg] rubber, gum

צְמַגְמַג ת [tsemag'mag] somewhat sticky

צָמַד פ״י [tsa'mad] to pair, couple, link

צֶמֶד ז ['tsemed] pair, twosome, couple

צֶמֶד שָׂדֶה land ploughed by a pair of oxen (in a day)

צִמֵּד פ״י [tsi'med] to fasten, couple, link, attach

צֻמַּד פ״ע [tsu'mad] to be attached, linked, fastened

צִמְדָּה נ [tsim'da] 1 duet. 2 pair, couple

צְמֻדָּה נ [tse'muda] block

צַמְדָּן ז [tsam'dan] fastener

צְמֻדַּת שֹׁבֶל tab block

צַמָּה נ [tsa'ma] plait, tress, lock (hair)

צָמוּד ת [tsa'mud] 1 attached, linked, tied, fastened. 2 following closely

צִמּוּד ז [tsi'mud] coupling, pairing, matching

צִמּוּחַ ז [tsi'mu'ax] growth, sprouting, burgeoning

צָמוּם ת [tsa'mum] compacted

צָמוּק ת [tsa'muk] shrivelled, dry, wrinkled

צִמּוּק ז [tsi'muk] 1 raisin. 2 wrinkling. 3 contraction, reduction

צָמוּת ת [tsa'mut] 1 shrunk, shrivelled. 2 destroyed, subjugated

צִמּוּת ז [tsi'mut] pickling, preserving

צֶמַח ז ['tsemax] 1 plant, growth. 2 descendant, offshoot

צֶמַח בַּר wild plant
צֶמַח מַרְפֵּא medicinal herb
צָמַח, צִמַּח פ״ע [tsa'max, tsi'max] to grow, sprout
צָמֵחַ ז [tsi'me'ax] small-eared, earless
צִמְחוֹן ז [tsim'xon] green plant, sprout, fresh growth
צִמְחוֹנוּת נ [tsimxo'nut] vegetarianism
צִמְחוֹנִי ז [tsimxo'ni] vegetarian
צִמְחוֹנִיָּה נ [tsimxoni'ya] vegetarian restaurant
צִמְחַי ז [tsim'xai] zoophyte
צִמְחִי ת [tsim'xi] vegetal, made of vegetables, vegetarian
צִמְחִיָּה נ [tsimxi'ya] vegetation, flora
צְמִיג ז [tsmig] tyre, tire
צָמִיג ת [tsa'mig] sticky, gluey, viscose
צְמִיגוּת נ [tsemi'gut] stickiness, viscosity
צְמִיגִי ת [tsemi'gi] sticky, viscose
צְמִיגִיָּה נ [tsemi'gia] tyre (tire) workshop
צָמִיד ז ת [tsa'mid] 1 bracelet. 2 lid, cover. 3 attached, linked
צְמִידָה נ [tsemi'da] lid
צְמִידוּת נ [tsemi'dut] linking, tie-up, coupling
צְמִיחָה נ [tsemi'xa] development, growth, sprouting
צְמִיקָה נ [tsemi'ka] shrivelling, wrinkling
צָמִיר ת [tsa'mir] woolly, woollen
צָמִית ת [tsa'mit] permanent, lasting
צְמִיתוּת נ [tsemi'tut] 1 permanence, perpetuity. 2 irrevocability
צֶמֶל ז ['tsemel] ripe fig.
צִמֵּם ת פ״י [tsi'men] 1 having deformed ears. 2 to cut down, reduce
צִמֵּעַ ת [tsi'me'a] having small ears
צִמְצוּם ז [tsim'tsum] cutting down, reduction, diminution, decrease
צַמְצָם ז [tsam'tsam] diaphragm
צִמְצֵם פ״י [tsim'tsem] to reduce, cut down, restrict, narrow down
צִמְצֵם שֶׁבֶר to reduce a fraction (math)
צֻמְצַם פ״ע [tsum'tsam] to be reduced, diminished
צָמַק פ״ע [tsa'mak] to be dry, wrinkled, shrivelled
צֶמֶק ז ['tsemek] dried fruit
צִמֵּק פ״י [tsi'mek] to dry, cause to shrivel
צֶמֶר ז ['tsemer] wool
צֶמֶר גֶּפֶן cotton wool, cotton
צֶמֶר מְנֻפָּץ carded wool
צֶמֶר סָרוּק worksted wool
צַמָּר ז [tsa'mar] wool merchant, wool-worker
צַמְרוֹן ז [tsam'ron] poodle
צַמְרִי ת [tsam'ri] woollen, woolly
צְמַרְמֹרֶת נ [tsemar'moret] 1 shiver. 2 ague, fever
צִמְרֵר פ״י [tsim'rer] to make shiver
צַמֶּרֶת נ [tsa'meret] 1 treetop. 2 social élite. 3 upper echelons
צָמַת פ״י [tsa'mat] 1 to destroy. 2 to subjugate, subdue. 2 to dry, shrink, shrivel
צֹמֶת ז ['tsomet] 1 intersection, junction. 2 crossroads
צֹמֶת דְּרָכִים 1 crossroads. 2 turning-point
צִמֵּת פ״י [tsi'met] 1 to pickle, season. 2 to oppress, subdue. 3 to collect, bind
צֻמַּת פ״ע [tsu'mat] 1 to be pickled. 2 to be oppressed
צֵן ז [tsen] thorn, briar
צֹנֶה ז [tso'ne] flock, sheep
צִנָּה נ [tsi'na] 1 cold, chill. 2 shield,

צָנִין ז [tsa'nin] thorn, prick, sting
צְנִינוּת נ [tseni'nut] indifference, apathy
צְנִיעוּת נ [tseniy''ut] 1 modesty, humility. 2 chastity
צָנִיף ז [tsa'nif] turban, headdress, mitre
צְנִיפָה נ [tseni'fa] 1 turban, headdress. 2 neighing
צְנִיר ז [tsnir] canyon
צְנִירָה נ [tseni'ra] knitting, crocheting
צִנִּית נ [tsi'nit] gout, podagra
צִנָּמוֹן ז [tsina'mon] 1 dryness. 2 leanness
צְנַמְנַם ת [tsenam'nam] lean, skinny, skeletal
צָנַן פ"ע [tsa'nan] to be cold, become cool
צֶנֶן ז ['tsenen] coldness
צִנֵּן פ"י [tsi'nen] to cool, chill
צֻנַּן פ"ע [tsu'nan] to be chilled
צֶנַע ז ['tsena] 1 austerity. 2 simplicity, modesty
צִנַּע פ"י [tsi'na] 1 to conceal. 2 to put under restraint
צִנְעָה נ [tsin''a] secrecy, privacy
צָנַף פיו"ע [tsa'naf] 1 to wrap, envelop. 2 to wear (turban or scarf)
צֶנֶף ז ['tsenef] 1 neighing, whinnying. 2 roll
צְנֵפָה נ [tsene'fa] wrapping, rolling
צִנְצֶנֶת נ [tsin'tsenet] jar, flask
צַנָּר ז [tsa'nar] 1 pipe maker. 2 pipe fitter
צִנְרוּר ז [tsin'rur] intubation
צַנְרָן ז [tsan'ran] schnorchel
צִנְרֵר פ"י [tsin'ter] intubate
צַנֶּרֶת נ [tsa'neret] piping, pipe system
צִנְתּוּר ז catheterization
צַנְתָּר ז [tsan'tar] 1 catheter. 2 pipe, tube

breastplate. 3 protective wall
צְנוֹבָר ז [tsno'var] 1 pine. 2 pinecone, pine nut
צָנוּם ת [tsa'num] 1 thin, lean. 2 dry, withered
צָנוּן ת [tsa'nun] 1 cool, cold. 2 frigid, indifferent
צְנוֹן ז [tsnon] radish
צִנּוּן ז [tsi'nun] 1 cooling. 2 chill
צְנוֹנִית נ [tsno'nit] small radish
צָנוּעַ ת [tsa'nu'a] 1 modest, meek, humble. 2 chaste, virtuous
צְנוּעֲתָנוּת נ [tsenu'ata'nut] over-modesty
צָנוּף ת [tsa'nuf] 1 turbaned. 2 convolute
צִנּוֹר ז [tsi'nor] 1 tube, pipe. 2 channel. 3 conduit. 4 hose
צִנּוֹר פְּלִיטָה exhaust pipe
צִנּוֹרָה נ [tsino'ra] 1 knitting-needle, hook. 2 current or jet of liquid
צִנּוֹרִי ת [tsino'ri] pipelike, tubular
צִנּוֹרִיִּים ת"ר [tsinori'yim] Tubeliflora (bot.)
צִנּוֹרִית נ [tsino'rit] 1 knitting needle. 2 small tube
צֶנְזוּרָה נ [tsen'zura] censorship, censor's office
צִנְזֵר פ"י [tsin'zer] to censor
צֻנְזַר פ"ע [tsun'zar] to be censored
צָנַח פ"ע [tsa'nax] 1 to fall, drop down. 2 to parachute, bail out
צַנְחָן ז [tsan'xan] parachutist, paratrooper
צַנְחָנוּת נ [tsanxa'nut] parachuting
צְנִיחָה נ [tseni'xa] 1 parachuting. 2 prolapse (medical)
צְנִים ז [tsnim] toast, rusk, dry biscuit
צִנִּים ז"ר [tsi'nim] cold weather

צַנְתְּרָא דְדַהֲבָא dignitary, V.I.P.
צָעַד ז [tsa'ʼad] to stride, march, pace
צָעַד צָעַד step by step
צְעָדָה נ [tse'aˈda] 1 march. 2 parade
צָעָה פ״ע [tsaˈʼa] to march, walk proudly
צֵעָה פ״י [tseˈʼa] to tilt, bend, incline
צְעוּדָה נ [tse'uˈda] march (music)
צָעוּף ת [tsaˈʼuf] veiled
צִעוּר ז [tsiˈʼur] causing sorrow
צָעִיף ז [tsaˈʼif] 1 scarf. 2 veil
צָעִיר ז ת [tsaˈʼir] 1 young man, youngster. 2 young (m)
צְעִירָה נ ת [tse'iˈra] 1 young female. 2 youth. 3 young (f)
צְעִירוֹן ז [tse'iˈron] youngster
צְעִירוּת נ [tse'iˈrut] youth
צָעַן פ״ע [tsaˈʼan] to migrate, wander, be nomadic
צִעֵף פ״י [tsiˈʼef] to cover, veil
צָעַף פ״י [tsaˈʼaf] to cover, shade over
צֹעַף פ״ע [tsoˈaf] to be veiled, covered
צַעֲצוּעַ ז [tsa'aˈtsu'a] 1 toy. 2 wiseguy, pest, meddler. 3 plaything
צִעְצַע פ״י [tsi'aˈtsa'] to beautify, embellish
צֻעֲצַע פ״ע [tsu'aˈtsa] to be adorned, embellished
צָעַק פ״י [tsaˈʼak] 1 to shout, cry out. 2 to complain about
צַעַק ז [ˈtsa'ak] shout, cry
צִעֵק פ״ע [tsiˈʼek] to cry out, call
צְעָקָה נ [tse'aˈka] 1 shout, cry. 2 outcry, clamo(u)r
צַעֲקָן ז [tsa'aˈkan] shouter, yeller
צַעֲקָנוּת נ [tsa'akaˈnut] shouting, vociferation
צַעֲקָנִי ת [tsa'akaˈni] clamorous, vociferous
צָעַר פ״י [tsaˈʼar] to be small, insignificant
צַעַר ז [ˈtsa'ar] 1 sorrow, grief. 2 suffering
צִעֵר פ״י [tsiˈʼer] to cause grief, suffering, grieve
צַעֲרָא ז [tsa'aˈra] pain, suffering
צָף ז פ״ע [tsaf] to float
צָפַד פ״ע [tsaˈfad] 1 to become dry, shrivel. 2 to cling to
צִפָּדוֹן ז [tsipaˈdon] scurvy
צַפְדִּינָה נ [tsafˈdina] scurvy
צַפֶּדֶת נ [tsaˈpedet] tetanus
צָפָה פ״י [tsaˈfa] 1 to look, observe, watch. 2 to expect, foresee
צִפָּה פיו״ע נ [tsiˈpa] 1 to expect, look forward to. 2 to cover, coat, overlay. 3 bedspread, coverlet
צֻפָּה פ״ע [tsuˈpa] to be covered, coated
צָפוּד ת [tsaˈfud] dried, shrivelled, wrinkled
צָפוּי ת [tsaˈfuy] 1 expected, foreseen, anticipated. 2 liable, destined
צִפּוּי ז [tsiˈpuy] cover, coating, overlay
צָפוֹן ז [tsaˈfon] 1 north. 2 north wind
צָפוּן ת [tsaˈfun] hidden
צְפוּנוֹת נ״ר [tsefuˈnot] secrets
צְפוֹנִי ת [tsefoˈni] northern
צָפוּף ת [tsaˈfuf] crowded, dense, congested, overcrowded
צִפּוּף ז [tsiˈpuf] compression, crowding together
צִפּוֹר נ [tsiˈpor] 1 bird, fowl. 2 bubble
צִפּוֹר דְּרוֹר 1 swallow. 2 free agent
צִפּוֹר נֶפֶשׁ 1 windpipe. 2 most vital part. 3 pupil (eye)
צִפּוֹר עֵדֶן bird of paradise
צִפּוֹרָה נ [tsipoˈra] small bird
צִפְחָה נ [tsifˈxa] slate (material)
צַפַּחַת נ [tsaˈpaxat] 1 flask, water

bottle. 2 wafer, flat cake
[tsaˈfid] siccative, hard, inflexible צָפִיד ת
[ˈtsefi] forecast, outlook צֶפִי ז
[tsefiˈya] 1 observation. 2 viewing צְפִיָּה נ
[tsipiˈya] expectation, anticipation צִפִּיָּה נ
[tsapiˈxit] wafer, flat cake צַפִּיחִית נ
[tsefiˈna] concealment, obscuration צְפִינָה נ
[tsaˈfiy'a] excrement, dung צָפִיעַ ז
[tsefiyˈ'a] 1 baby. 2 shoot, sprout צְפִיעָה נ
[tsefiˈfut] 1 overcrowdedness. 2 compactness, density צְפִיפוּת נ
[tsaˈfir] goat, young goat, kid צָפִיר ז
[tsefiˈra] 1 siren, hooting. 2 wreath, diadem. 3 era, epoch. 4 dawn צְפִירָה נ
[tsaˈfit] 1 observation post. 2 tablecloth. 3 lamp, candlestick צָפִית נ
[tsiˈpit] pillowcase, cover צִפִּית נ
prime time צְפִיַּת שִׂיא
[tsaˈfan] 1 to hide, conceal. 2 to lie in wait, ambush. 3 to travel north צָפַן פ״י
[ˈtsofen] 1 code. 2 cipher צֹפֶן ז
[tsaˈpan] decoder, codebreaker צַפָּן ז
[ˈtsefa] viper, poisonous snake צֶפַע ז
[tsifˈo'ni] 1 poisonous snake. 2 venomous צִפְעוֹנִי ז ת
[tsaˈfaf] to compress, thicken צָפַף פ״י
[ˈtsefef] crowding, congestion צֶפֶף ז
[tsiˈpef] to condense, thicken, compress צִפֵּף פ״י
[tsifˈtsuf] whistle, chirp, twitter צִפְצוּף ז
[tsifˈtsef] 1 to whistle, chirp. 2 to blow a whistle. צִפְצֵף פיו״ע
3 to disregard utterly
[tsaftsaˈfa] poplar (tree) צַפְצָפָה נ
[tsaftseˈfa] whistle צַפְצֵפָה נ
[ˈtsefek] peritoneum (anat.) צֶפֶק ז
[tsaˈpeket] peritonitis צַפֶּקֶת נ
[tsaˈfar] 1 to whistle, hoot. 2 to sound the siren צָפַר פ״ע
[ˈtsefer] morning צֶפֶר ז
[tsaˈpar] ornithologist, bird lover, birdwatcher צַפָּר ז
[ˈtsafra] morning צַפְרָא ז
Good morning! צַפְרָא טָבָא!
[tsefarˈde'a] frog צְפַרְדֵּעַ נ
[tsapaˈrut] ornithology צַפָּרוּת נ
[tsafˈrir] zephyr צַפְרִיר ז
[tsiˈporen] 1 nail. 2 claw. 3 pen, stylus, nib. 4 carnation. 5 clove צִפֹּרֶן ז נ
marigold, calendula צִפָּרְנֵי חָתוּל
[tsiˈporet] 1 butterfly. 2 loved one צִפֹּרֶת נ
kind of locust צִפֹּרֶת כְּרָמִים נ
[ˈtsefet] capital (of pillar) צֶפֶת נ
[ˈtsofet] floating debris צֹפֶת נ
[tsats] to sprout, blossom צָץ פ״ע
gush of emotions צִקּוּן לַחַשׁ ז
[tsikˈlon] bag, sack, kitbag צִקְלוֹן ז
[ˈtseket] to pour out צֶקֶת שה״פ
[tsar] to besiege, to beset צָר פיו״ע
[tsar] 1 narrow, strait. 2 enemy, foe. 3 rock צַר ז ת
[tsar] Czar, Tsar צָר ז
narrowminded צַר אֹפֶק, צַר אֳפָקִים
I am sorry, I regret צַר לִי
envious, covetous צַר עַיִן
[tsor] rock, flint צֹר ז
[tsaˈrav] 1 burning. 2 stain. 3 vehemence צָרָב ז
[tsaˈrav] 1 to burn, scorch. 2 to cauterize. 3 to scald צָרַב פ״י
[tseraˈvon] blast צָרְבוֹן ז

[tsa'revet] 1 heartburn. 2 pyrosis צָרֶבֶת נ
[tsa'rad] to be hoarse, talk hoarsely צָרַד פ״ע
[tsere'da] middle finger צְרֵדָה נ
[tserad'rad] slightly hoarse צְרַדְרַד ת
[tsa'redet] hoarseness, huskiness, laryngitis צָרֶדֶת נ
[tsa'ra] 1 trouble, anguish, distress. 2 rival wife (in polygamy) צָרָה נ
[tse're] Tsere, Hebrew vowel צֵרֶה ז
great trouble, serious trouble צָרָה צְרוּרָה
[tsa'ruv] 1 burned, scalded. 2 cauterized צָרוּב ת
[tsa'ruy] pointed with Tsere צָרוּי ת
[tse'rux] need צֵרוּךְ ז
[tsa'rum] 1 injured. 2 grating (voice) צָרוּם ת
[tsa'ru'a] 1 leprous. 2 leper צָרוּעַ ת ז
[tsa'rof] smelter, goldsmith, silversmith צָרוֹף ז
[tsa'ruf] refined, pure צָרוּף ת
[tse'ruf] 1 combination, annexation. 2 refining צֵרוּף ז
phrase, idiom צֵרוּף לָשׁוֹן
coincidence צֵרוּף מִקְרִים
[tse'ror] 1 bundle, package. 2 round of ammunition צְרוֹר ז
round of shots צְרוֹר אֵשׁ, צְרוֹר יְרִיּוֹת
1 human life. 2 eternal life צְרוֹר הַחַיִּים
[tsa'rur] bound, tied צָרוּר ת
[tsa'rut] narrowness צָרוּת נ
narrow-mindedness צָרוּת אֹפֶק, צָרוּת מֹחַ
covetousness, envy צָרוּת עַיִן
[tsa'rax] to scream, yell, shriek צָרַח פ״ע
[tsera'xa] scream, yell, shout צְרָחָה נ
[tsar'xan] screamer, shrieker צַרְחָן ז
[tsarxa'nut] screaming, shrieking, yelling צַרְחָנוּת נ
[tsarxa'ni] strident, shrieking צַרְחָנִי ת
['tsori, tsri] balsam, balm צֹרִי, צְרִי ז
[tseri'va] 1 staining (wood). 2 burn, scald. 3 cauterization צְרִיבָה נ
[tsa'rid] dry צָרִיד ת
[tseri'dut] hoarseness צְרִידוּת נ
[tse'riy'ax] castle, tower, turret צְרִיחַ ז
[tseri'xa] screaming, yelling, shout צְרִיחָה נ
[tsa'rix] 1 necessary, needful. 2 must, should, ought to צָרִיךְ ת
1 requiring further study. 2 moot point צָרִיךְ עִיּוּן
[tseri'xa] consumption, requirement צְרִיכָה נ
[tsa'rixni] I need צְרִיכְנִי
[tseri'ma] 1 disharmony, dissonance. 2 injury צְרִימָה נ
[tsa'rif] alum צָרִיף ז
[tsrif] hut, shack צְרִיף ז
[tseri'fa] refining, smelting צְרִיפָה נ
[tseri'fon] small hut, cabin צְרִיפוֹן ז
[tsrir] discord צְרִיר ז
[tsa'rax] 1 to need, require. 2 to consume צָרַךְ פיו״ע
['tsorex] necessity, need, requirement צֹרֶךְ ז
[tsar'xan] consumer צַרְכָן ז
[tsarxanut] consumption (goods) צַרְכָנוּת נ
[tsarxa'ni] pertaining to consumption צַרְכָנִי ת
[tsarxani'ya] cooperative store, general store צַרְכָנִיָּה נ
[tsa'ram] 1 to be dissonant, grate. 2 to injure, damage צָרַם פ״י

צֹרָן ז [tso'ran] Silicium, silicon
צֹרָנִי ת [tsora'ni] containing silicon
צֹרַע פ״ע [tso'ra] to be leprous, become leprous
צִרְעָה נ [tsir''a] wasp, hornet
צָרַעַת נ [tsa'ra'at] 1 leprosy. 2 plague, pest
צָרַף פ״י [tsa'raf] 1 to refine. 2 to smelt
צֵרַף פ״י [tse'raf] to attach, annex, join, combine
צֹרַף פ״ע [tso'raf] to be attached, annexed, joined
צָרְפָן ז [tsar'fan] expert at making combinations
צָרְפָנוּת נ [tsorfa'nut] combination – making, contrivance
צָרְפַת נ [tsar'fat] France
צָרְפָתִי ז ת [tsarfa'ti] 1 Frenchman. 2 French
צָרְפָתִית נ [tsarfa'tit] French language
צַרְצוּר ז [tsar'tsur] pot, jug
צִרְצוּר ז [tsir'tsur] chirping, cricket's song
צְרָצַר ז [tsera'tsar] cricket
צִרְצֵר פ״ע [tsir'tser] to chirp
צָרַר פיו״ע [tsa'rar] to pack, tie, parcel up
צֹרַר פ״ע [tso'rar] to be tied, bound
צָרָתָה נ [tsa'rata] 1 trouble. 2 second wife
צִתּוּת ז [tsi'tut] listening-in, eavesdropping
צִתִּית נ [tsi'tit] tinder, kindling (wood)
צַתְרָה נ [tsat'ra] savory (bot.)
צִתֵּת פ״י [tsi'tet] to kindle, ignite

ק

ק 1 Kof, nineteenth letter in the Hebrew alphabet. 2 100

קָא מַשְׁמַע לָן this teaches us, from this we may learn

קִא ז [ke] vomit

קָאוּצ׳וּק ז [ka'u'tshuk] rubber, caoutchouc

קָאָק ז [ka''ak] jackdaw

קַב ז [kav] 1 small measure. 2 peck, Kab. 3 crutch, stilt, splint

קַב וְנָקִי short and to the point

קָבַב פ״י [ka'vav] to curse, blaspheme

קַבַּב ז [ka'bab] Kebbab

קֵבָה נ [ke'va] 1 stomach. 2 digestion. 3 excretum, bowel movement

קֻבָּה נ [ku'ba] tent, hut, chamber

קִבָּה פ״י [ki'ba] 1 to equip with a crutch. 2 to set with a cast

קֳבָה נ [ka'va] 1 womb. 2 female pudenda

קָבוֹט ז [ka'vot] pot, vessel, basket

קִבּוּל ז [ki'bul] 1 capacity, volume. 2 absorption, acceptance. 3 perception

קִבּוּלִית נ [kibu'lit] jerrycan

קָבוּעַ ת [ka'vu'a] 1 fixed, constant, stationary. 2 permanent, immutable

קִבּוּעַ ז [ki'bu'a] fixing, fixture

קָבוּץ ת [ka'vuts] 1 gathered together. 2 pointed with a "Kubbutz"

קִבּוּץ ז [ki'buts] 1 community, group. 2 gathering, ingathering. 3 Kibbutz, collective settlement

קִבּוּץ גָּלֻיּוֹת ingathering of the exiles

קֻבּוּץ ז [ku'buts] "Kubbutz", vowel

קְבוּצָה נ [kevu'tsa] 1 group, team, band. 2 collection. 3 cooperative settlement

קִבּוּצִי ת [kibu'tsi] 1 collective, associative. 2 belonging to the kibbutz

קִבּוּצְנִיק ז [ki'butsnik] Kibbutznik, member of Kibbutz

קִבּוּצִיּוּת נ [kibutsi'yut] collectivity

קְבוּצָתִי ת [kvutsa'ti] collective, pertaining to a group

קָבוּר ת [ka'vur] buried

קְבוּרָה נ [kevu'ra] burial

קְבוּרַת חֲמוֹר contemptible burial

קֻבִּי ת [kubi] cubic

קֻבִּיָּה נ [kubi'ya] 1 cube. 2 dice

קֻבְיוּסְטוּס ז [kuv'yustus] gambler

קָבִיל ת [ka'vil] acceptable

קְבִילָה נ [kevi'la] complaint

קְבִילוּת נ [kevi'lut] acceptability

קַבַּיִם ז״ז [kab'bayim] crutches

קַבִּינֶט ז [kabi'net] 1 cabinet, study. 2 forum of ministers (government)

קְבִיעָה נ [keviy''a] 1 fixing, installation. 2 determination

קְבִיעַת מַסְמְרוֹת laying down the law, being dogmatic

קְבִיעוּת נ [kevi''ut] 1 permanence, constance. 2 regularity. 3 tenure

קְבִיצָה נ [kevi'tsa] collection

קְבִירָה נ [kevi'ra] burial, burying

קָבַל פ״ע [ka'val] to complain

קֹבֶל ז ['kovel] 1 battering ram.

קֻבַּעַת נ [ku'ba'at] 1 sediment, dregs. 2 goblet, cup. 3 chalice
קָבַץ פ״י [ka'vats] to collect, gather, amass, accumulate
קֶבֶץ ז ['kevets] joint, link
קֹבֶץ ז ['kovets] 1 collection. 2 file. 3 batch (computer)
קִבֵּץ פ״י [ki'bets] to collect, gather, assemble
קַבְּצָן ז [kab'tsan] beggar
קַבְּצָנוּת נ [kabtsa'nut] beggarliness, the practice of begging
קַבְּצָנִי ת [kabtsa'ni] beggarly, pauper-like
קַבְקַב ז [kav'kav] wooden shoe, clog
קָבַר פ״י [ka'var] to bury, inter
קֶבֶר ז ['kever] 1 grave, tomb. 2 gravestone, tombstone
קַבָּר ז [ka'bar] gravedigger, sexton
קִבָּר ז [ki'bar] coarse flour
קִבֵּר פ״י [ki'ber] to bury, entomb
קֻבַּר פ״ע [ku'bar] to be entombed, buried
קַבְּרָן ז [kab'ran] gravedigger, undertaker
קַבַּרְנוּן ז [kvar'nun] gudgeon (fish)
קַבַּרְנִיט ז [kabar'nit] 1 captain of ship, skipper, helmsman. 2 pilot
קִבֹּרֶת נ [ki'boret] biceps
קָדַד פיו״ע [ka'dad] 1 to bow, nod in consent. 2 to bore, drill
קֶדֶד ז ['keded] milk vetch, astragalus (plant)
קִדֵּד פ״י [ki'ded] 1 to bore, ream. 2 to turn in a mould
קֻדַּד פ״ע [ku'dad] to be drilled, bored
קָדָה פ״ע [ka'da] to bow, curtsey
קִדָּה נ [ki'da] 1 curtsey, reverence, bow. 2 cassia (plant), calycotome
קָדוּד ת [ka'dud] cut

2 complaint
קָבָל מ״י [ka'val] in front of
קָבָל עַם וְעֵדָה publicly, openly
קַבָּל ז [ka'bal] 1 contractor, copacitor. 2 condenser (electricity)
קִבֵּל פ״י [ki'bel] 1 to receive, accept. 2 to be afflicted with. 3 to lease
קִבֵּל אֶת דִּבְרֵי פְּלוֹנִי to agree to, corroborate, confirm someone's opinion
קִבֵּל נְזִיפָה to be rebuked
קִבֵּל פָּנִים שֶׁל to receive, greet
קְבָלָה נ [keva'la] complaint
קַבָּלָה נ [kaba'la] 1 receiving, acceptance. 2 receipt. 3 Kabbala, mysticism
קַבָּלוּת נ [kaba'lut] contractorship, contracting
קַבָּלִי ת [kaba'li] Kabbalistic, mystical
קַבְּלָן ז [kab'lan] contractor
קֻבְלָנָה נ [kuvla'na] complaint
קַבְּלָנוּת נ [kabla'nut] contractual employment
קַבְּלָנִי ת [kabla'ni] contractual, based on a contract
קִבֹּלֶת נ [ki'bolet] capacity
קַבָּלַת פָּנִים reception
קֶבֶס ז ['keves] nausea
קִבֵּס פ״י [ki'bes] to nauseate, sicken
קַבַּסְתָּן ז [kvas'tan] disgusting person, bore
קָבַע פ״י [ka'va] 1 to fix, establish, instal. 2 to rob, defraud. 3 to determine, designate
קָבַע מַסְמְרוֹת בַּדָּבָר to give a firm ruling
קֶבַע ז ['keva] 1 permanence. 2 regular military duty
קֻבַּע פ״ע [ku'ba'] to be inserted
קִבָּעוֹן ז [kiba''on] 1 fixation. 2 permanent feature

[ka'dim] 1 East. 2 East wind, sirocco — קָדִים ז
[ka'dima] 1 onwards, forwards. 2 eastwards — קָדִימָה תה"פ
[kedi'ma] precedence, preferment — קְדִימָה נ
[kedi'mon] promotion, "promo" — קְדִימוֹן ז
[kedi'ra] gloominess — קְדִירָה ז
[ka'dish] 1 holy. 2 mourner's prayer, Kaddish. 3 son — קַדִּישׁ ז ת
[ke'dal] nape of neck — קְדָל ז
[ka'dam] 1 to precede. 2 to anticipate, be first — קָדַם פ"ע
['kedem] 1 east. 2 front. 3 olden times — קֶדֶם ז
['kodem] 1 before. 2 beforehand — קֹדֶם מ"י תה"פ
before, beforehand — קֹדֶם לָכֵן
[kdam] pre- — קְדַם־
[ki'dem] 1 to advance, promote. 2 to welcome. 3 to hasten, speed up — קִדֵּם פ"י
to welcome someone — קִדֵּם אֶת פְּנֵי פְּלוֹנִי
to forestall evil — קִדֵּם אֶת פְּנֵי הָרָעָה
to welcome — קִדֵּם בִּבְרָכָה
[ka'dma] kadma, cantillation sign in Biblical text — קַדְמָא ז
[kad'ma] 1 off-tact (mus.). 2 forecourt (tennis). 3 olden days — קַדְמָה נ
['kedma] eastwards — קֵדְמָה תה"פ
[kid'ma] 1 progress. 2 eastern part — קִדְמָה נ
[kad'mon] 1 ancient. 2 eastern — קַדְמוֹן ת
[kadmo'nut] antiquity — קַדְמוֹנוּת נ
[kadmo'ni] ancient, primeval — קַדְמוֹנִי ת
[kadmoni'yot] ancient history, antiquity — קַדְמוֹנִיּוֹת נ"ר
[kad'mut] former position, — קַדְמוּת נ

[ki'dud] drilling, boring — קִדּוּד ת
[ki'du'ax] drilling — קִדּוּחַ ז
[ka'dum] old, ancient — קָדוּם ת
[ki'dum] 1 advancement, promotion. 2 anticipation, prevention — קִדּוּם ז
forestalling an evil — קִדּוּם פְּנֵי הָרָעָה
welcoming someone — קִדּוּם פְּנֵי פְּלוֹנִי
[kedu'mim] ancient times — קְדוּמִים ז"ר
[kedoma'ni] forward, front — קְדוֹמָנִי ת
[kedora'ni] gloomy, sad, melancholy — קְדוֹרָנִי ת
[kedora'nit] gloomily, with melancholy — קְדוֹרַנִּית תה"פ
[ka'dosh] holy, sacred, hallowed — קָדוֹשׁ ת
martyr — קְדוֹשׁ מְעֻנֶּה
[ki'dush] 1 sanctification. 2 kiddush (blessing of wine) — קִדּוּשׁ ז
martyrdom — קִדּוּשׁ הַשֵּׁם
[kidu'shin] 1 marriage, holy matrimony. 2 Kiddushin (Talmudic tractate) — קִדּוּשִׁין ז"ר
[ka'dax] 1 to be feverish, ill with fever. 2 to burn, kindle. 3 to drill — קָדַח פיו"ע
['kedax] 1 inflammation, blister. 2 smoke, odo(u)r of burnt food — קֶדַח ז
[ka'dax] driller — קַדָּח ז
[ki'dax] to bore through — קִדַּח פ"י
[ka'daxat] 1 fever, ague. 2 malaria — קַדַּחַת נ
rheumatic fever — קַדַּחַת הַשִּׁגָּרוֹן
[kadaxta'nut] feverishness, fervor — קַדַּחְתָּנוּת נ
[kadaxta'ni] feverish, febrile — קַדַּחְתָּנִי ת
[kedi'da] 1 cutting, reaming. 2 filing smooth — קְדִידָה נ
[kedi'xa] 1 drilling, boring. 2 illness entailing fever — קְדִיחָה נ

consecrated

[kede'sha] 1 female cult prostitute. 2 harlot, prostitute — קְדֵשָׁה נ

[kedu'sha] holiness, sanctity — קְדֻשָּׁה נ

[kede'shut] prostitution, sodomy (cult) — קְדֵשׁוּת נ

sacrifices that can be eaten anywhere — קָדְשֵׁי הַגְּבוּל

most important sacrifices — קָדְשֵׁי קָדָשִׁים

[koda'shim] Kodashim (Mishnaic tractate) — קָדָשִׁים

minor sacrifices — קָדָשִׁים קַלִּים

[ka'ha] 1 to be blunted. 2 to be set on edge. 3 to be faint, weary — קָהָה פ״ע

to be famished, faint with hunger — קָהֲתָה נַפְשׁוֹ לֶאֱכֹל

[ke'ha] to be blunted — קֵהָה פ״ע

[ke'he] 1 blunt. 2 obtuse. 3 soured, unripe — קֵהֶה ת

[kahe'va] 1 coffee. 2 black coffee — קַהְוָה נ

[ka'huy] blunted, dull, mat — קָהוּי ת

[ke'hut] 1 bluntness. 2 stupor, torpor. 3 sourness. 4 dullness, numbness — קֵהוּת נ

[keha'yon] stupefaction, obtuseness — קֵהָיוֹן ז

[ka'hal] 1 crowd, gathering. 2 congregation — קָהָל ז

[ki'hel] to assemble, gather, convene, convoke — קִהֵל פ״י

[kehi'la] 1 congregation. 2 community — קְהִלָּה נ

Jewish community — קְהִלָּה קְדוֹשָׁה

[kehili'ya] 1 social group, commonwealth. 2 republic — קְהִלִיָּה נ

[kehila'ti] communal — קְהִלָּתִי ת

[kehilati'yut] communal — קְהִלָּתִיּוּת נ

previous condition or state

[kid'mi] front, anterior, forward — קִדְמִי ת

[kad'mat] before — קַדְמַת תה״פ

[ki'domet] 1 prefix. 2 area code — קִדֹּמֶת נ

[kod'kod] 1 head, skull. 2 vertex. 3 top of head, cranium — קָדְקֹד ז

[kid'ked] to crow — קִדְקֵד פ״י

[kodko'di] vertical, parietal — קָדְקֳדִי ת

[kid'kud] crowing — קִדְקוּד ז

[ka'dar] 1 to be dark, gloomy. 2 to mourn — קָדַר פ״ע

[ka'dar] potter — קַדָּר ז

[kid'ra] pot — קִדְרָא נ

[kede'ra] pot — קְדֵרָה נ

"Too many cooks spoil the broth" — קְדֵרָה שֶׁל שֻׁתָּפִים

[kad'rut] gloom, darkness, melancholy — קַדְרוּת נ

[kada'rut] pottery, potter's craft — קַדָּרוּת נ

[kederi'ya] small pot — קְדֵרִיָּה נ

[ka'dash] 1 to be sanctified, holy. 2 to be forbidden — קָדַשׁ פ״ע

The Sabbath commenced — קָדַשׁ הַיּוֹם

[ka'desh] male prostitute (cult) — קָדֵשׁ ז

['kodesh] holiness, sanctity — קֹדֶשׁ ז

Holy of Holies, sanctum sanctorum — קֹדֶשׁ הַקֳּדָשִׁים

dedicated to — קֹדֶשׁ לְ-

most holy — קֹדֶשׁ קָדָשִׁים

[ki'desh] to sanctify, hallow, consecrate — קִדֵּשׁ פ״י

to be betrothed — קִדֵּשׁ אִשָּׁה

to betroth a daughter — קִדֵּשׁ אֶת בִּתּוֹ לִפְלוֹנִי

to sanctify the new moon — קִדֵּשׁ אֶת הַחֹדֶשׁ

[ku'dash] to be sanctified, — קֻדַּשׁ

[kevi'ya] hope, expectation קְוִיָּה נ
[ka'vayim] "equals" sign קַוַּיִם ז״ר
[kol] 1 voice. 2 sound, noise. 3 rumo(u)r קוֹל ז
unanimously קוֹל אֶחָד
indistinct voice קוֹל הֲבָרָה
ultrasound קוֹל עַל-שִׁמְעִי
appeal, manifesto קוֹל קוֹרֵא
loud, high voice קוֹל רָם
thunder and lightning קוֹלוֹת וּבְרָקִים
[ko'lav] 1 clothes hanger. 2 hooks for hanging קוֹלָב ז
[ko'lax] hose, water hose קוֹלָח ז
[ko'li] vocal, sonic קוֹלִי ת
deafening noise קוֹלֵי קוֹלוֹת
[koli'yut] 1 vocality. 2 voicedness קוֹלִיּוּת נ
[kol'yas] mackerel, scomber קוֹלְיָס ז
[ku'lit] thigh bone, femur קוּלִית נ
[ko'lan] tuning fork קוֹלָן ז
[kol'no'a] cinema קוֹלְנוֹעַ ז
[kolno''i] cinematographic קוֹלְנוֹעִי ת
[kola'ni] vociferous, boisterous, rowdy קוֹלָנִי ת
[kolani'yut] noisiness, vociferousness, rowdiness קוֹלָנִיּוּת נ
[ko'las] 1 stalk. 2 cabbage head, blockhead קוֹלָס ז
[ko'le'a] on the mark, to the point קוֹלֵעַ ת
[ko'lar] neck chain, noose, collar קוֹלָר ז
[kol'rabi] kohlrabi קוֹלְרַבִּי ז
[kom] 1 sour milk. 2 establishment קוֹם ז
[kom'bain] combine (farm.) קוֹמְבַּיְן ז
[ko'ma] floor, storey, story קוֹמָה נ
open floor קוֹמָה מְפֻלֶּשֶׁת
['komos] gum, glue קוֹמוֹס ז
[ko'mey] hair style קוֹמֵי ז
[ko'mem] 1 set up, establish. קוֹמֵם פ״י

organization
[kav] 1 line. 2 policy, trend קַו ז
longitude קַו אֹרֶךְ
directrix, guiding line קַו מַנְחֶה
chain dotted line קַו מְקֻוְקָד
dashed line קַו מְרֻסָּק
equator קַו מַשְׁוֶה
tangent קַו מַשִּׁיק
dotted line קַו נְקֻדּוֹת
latitude קַו רֹחַב
meridian, zenith קַו צָהֳרַיִם
step by step, by degrees קַו לָקָו
[kub] cubic קוּבּ ת
[kovla'ni] grumbling, protesting קוֹבְלָנִי ת
[ko'va] helmet קוֹבַע ז
[kod] 1 code. 2 plate, dish קוֹד ז
[ko'dai] cypher, coder קוֹדַאי ז
[ko'dem] former, prior, previous קוֹדֵם ת
[ko'der] gloomy, dark, sombre קוֹדֵר ת
[ka'va] 1 to hope, trust. 2 to collect, gather קָוָה פ״י
[ko've] hopeful, trusting קֹוֶה ז
[ki'va] to hope, expect קִוָּה פ״ע
[ku'va] to be hoped, expected קֻוָּה פ״ע
[ka'vuy] collected, gathered קָווּי ת
[ki'vuy] hopefulness, expectancy קִוּוּי ז
[kivu'ya] collected water קִוּוּיָה נ
[ka'vuts] thorny, wrinkled קָווּץ ת
[ki'vuts] removal of thorns קִוּוּץ ז
['kvorum] quorum קְווֹרוּם ז
[koza'za] clods of earth קוֹזָזָה נ
[ko'zak] Cossack קוֹזָק ז
"robbed cossack", assailant pretending to be victim קוֹזָק הַנִּגְזָל
[ku'tit] small measure קוּטִית נ
[kotan'gens] cotangent קוֹטַנְגֶּנְס ז

2 to stir up to revolt

קוֹמְמִיּוּת נ [komemi'yut] independence

קוֹמָנִית נ [koma'nit] mould, blue mould

קוֹמְפְּלֶקְס ז [kom'pleks] complex

קוֹמַת קַרְקַע ground floor

קַוָּן ז [ka'van] lineman

קוֹנְדִּיטוֹן ז [kondi'ton] spiced wine

קוֹנְדִּיטוֹרְיָה נ [kondi'torya] pastry shop

קוֹנֶה ז [ko'ne] buyer, purchaser

קַוָּנוּת נ [kava'nut] lineman's job

קוֹנְטוֹ נ ['konto] account

קוֹנְטְרַבַּס ז [kontra'bas] double bass

קוּנְטְרֵס ז [kun'tres] pamphlet, booklet

קוֹנְטְרַסְטִי ת [kon'trasti] contrastive

קוֹנִי ת ['koni] conical

קוֹנְיָאק ז [kon'yak] cognac

קוֹנְיָה נ [kon'ya] glaze

קוֹנְיוּנְקְטוּרָה נ [konyunk'tura] conjuncture

קוֹנְכִיָּה, קוֹנְכִית נ [konxi'ya] shell

קוֹנָם ז [ko'nam] oath, vow of abstinence

קוֹנָם אִם־, קוֹנָם שֶׁ־ I swear that -

קוֹנֵן פ״ע [ko'nen] to mourn

קוֹנְסוּלְיָה נ [kon'sulya] consulate

קוֹנְסוּלָרִי ת [konsu'lari] consular

קוֹנְסְטֶלַצְיָה נ [kons'telatzia] constellation

קוֹנְסִילְיוּם ז [kon'silyum] consultation (medical)

קוֹנְסְפֶּקְט ז [kon'spekt] summary

קוֹנְסֶרְבָטִיבִי ת [konserva'tivi] conservative

קוֹנְפֶרֶנְסְיֶה נ [konferens'ye] compère, master of ceremonies, em-cee, M.C.

קוֹנְצֶנְטְרִי ת [kon'tsentri] concentric

קוֹנְצֶרְט ז [kon'tsert] concert

קוֹנְצֶרְן ז [kon'tsern] concern (econ.)

קוֹנְקוֹרְדַּנְצְיָה נ [konkor'dantsiya] concordance

קוֹסִינוּס ז ['kosinus] cosine

קוֹסֵם ז [ko'sem] magician, wizard

קוֹסְמוֹס ז ['kosmos] cosmos

קוֹסְמֶטִי ת [kos'meti] cosmetic

קוֹסְמִי ת ['kosmi] cosmic

קוֹסֵס פ״י [ko'ses] to spoil, ruin

קוֹף ז נ [kof] monkey, ape

קוּף ז [kuf] eye (of needle)

קוֹפִי ת [ko'fi] monkeyish, ape-like

קוֹפִיף ז [ko'fif] small monkey

קוֹפִיץ ז [ko'fits] meat chopper

קוֹפָל ז [ko'fal] padlock, bolt

קוֹפֵף פ״י [ko'fef] to monkey about

קָוַץ פ״י [ka'vats] to put thorns

קוֹץ ז [kots] thorn, thistle, prickle

קַוָּץ ז [ka'vats] clearer of thorns

קִוֵּץ ת פ״י [ki'vets] 1 maned, curled. 2 to remove thorns

קוֹצֵב לֵב pacemaker (heart)

קוֹצָה נ [ko'tsa] 1 plant from which dye was extracted. 2 thorn

קְוֻצָּה נ [kvu'tsa] 1 mane. 2 lock, curl. 3 switch, chignon (hair)

קוֹצוֹ שֶׁל יוֹד 1 iota. 2 trifle

קוֹצִי ת [ko'tsi] thorny, prickly

קוֹצִיץ ז [ko'tsits] acanthus

קוֹצָנִי ת [kotsa'ni] thorny, prickly

קוֹצֵר ז [ko'tser] reaper, harvester

קִוְקֵד פ״י [kiv'ked] to draw a line of dots and dashes

קִוְקֵו פ״י [kiv'kev] to mark with lines

קִוְקוּד ז [kiv'kud] lining with dots and dashes

קוֹקוֹס ז ['kokos] coconut

קוּקִיָּה נ [kuki'ya] cuckoo

קוֹקְס ז [koks] coke

קְוֶקֶר ז ['kveker] Quaker

קְוָקֶר ז ['kvaker] oatmeal

קוֹר ז [kor] 1 heart of palm. 2 cold

קוּר ז [kur] 1 web. 2 thread, gossamer

קוֹרֵא ז [ko're] 1 reader. 2 partridge, desert partridge. 3 heron
קוֹרְדְּיָקוֹס ז [kordya'kos] heart disease
קוֹרָה נ [ko'ra] 1 beam, girder. 2 spar, rafter. 3 horizontal bar
קוֹרוֹת נ״ר [ko'rot] 1 annals, chronicles. 2 events, happenings
קוֹרוֹת חַיִּים curriculum vitae, C.V.
קוּרְטוֹב ז [kur'tov] small quantity, small liquid measure
קוּרֵי עַכָּבִישׁ spider's web, cobweb
קוּרְיוֹז ז [kur'yoz] a funny or remarkable incident
קוֹרֵן ת [ko'ren] radiating, glowing
קוֹרָנִית נ [kora'nit] thyme, calaminth
קוֹרְנִית נ [kor'nit] cornet
קוּרְס ז [kurs] course
קוֹרְפּוּס ז ['korpus] 1 body or team of staff. 2 anthology of literary sources. 3 corpus
קְוַרְצָה נ ['kvartsa] quartz
קוֹרְצָנִי ת [kortsa'ni] winking, hinting
קוֹרְקִינֶט [korki'net] child's scooter
קוֹרַת גַּג shelter, cover, "a roof over one's head"
קוּשָׁן ז [ku'shan] kushan, property certificate (Turkish)
קוֹשֵׁר ז [ko'sher] conspirator, mutineer, insurgent
קוֹשֵׁשׁ פ״י [ko'shesh] to gather, glean
קִזָּה נ [ki'za] compensation, set-off
קִזּוּז ז [ki'zuz] 1 writing-off, set-off, cut (in budget). 2 compensation
קִזֵּז פ״י [ki'zez] to reduce, cut
קֻזַּז פ״ע [ku'zaz] to be cut, reduced
קַח וָתֵן give-and-take, reciprocity
קַחְוָן ז [kax'van] corn chamomile, anthemis
קַחַת שה״פ ['kaxat] to take
קַט ת [kat] very small, tiny
קֶטֶב ז ['ketev] 1 destruction, defeat. 2 plague, pestilence
קֹטֶב ז ['kotev] 1 pole, axis. 2 plague, destruction. 3 small oil press. 4 caltrops (plant)
קָטְבִּי ת [kot'bi] polar
קָטְבִּיּוּת נ [kotbi'yut] 1 polarity. 2 polarization
קָטֵגוֹר ז [kate'gor] prosecutor
קָטֵגוֹרִי ת [kate'gori] categorical
קָטֵגוֹרְיָה נ [kate'goria] 1 prosecution. 2 category
קִטּוּב ז [ki'tuv] 1 polarity. 2 polarization
קָטוּם ת [ka'tum] 1 cut off, lopped off, truncated. 2 covered in ash
קָטוּעַ ת [ka'tu'a] 1 cut off, amputated. 2 interrupted
קִטּוּעַ ז [ki'tu'a] 1 cutting, interruption. 2 amputation
קָטוּף ת [ka'tuf] picked, plucked
קִטּוּף ז [ki'tuf] 1 kneading. 2 picking, plucking
קָטוּר ת [ka'tur] connected, tied
קִטּוּר ז [ki'tur] 1 burning of incense. 2 smoking of pipe
קְטוֹרָה נ [keto'ra] incense
קָטַט פ״ע [ka'tat] to quarrel
קְטָטָה נ [keta'ta] quarrel, squabble, dispute
קַטְטָן ת [kate'tan] quarrelsome
קְטִילָא ת [kti'la] slain, dead
קְטִילָה נ [keti'la] killing, slaying
קְטִימָה נ [keti'ma] chopping, cutting, lopping
קַטִּין ז [ka'tin] minor, under age
קְטִינָא ת [keti'na] small, tiny
קַטִּינוּת נ [kati'nut] status of minor, minority
קְטִיעָה נ [ketiy''a] cutting, clipping
קָטִיף ז [ka'tif] 1 fruit picking. 2 fruit-picking season

קְטִיפָה נ [ketiˈfa] 1 picking, plucking. 2 velvet, velure
קְטִיפָתִי ת [ktifaˈti] velvety
קָטַל פ״י [kaˈtal] to kill, slay
קֶטֶל ז [ˈketel] slaughter
קְטָלָב ז [ketaˈlav] strawberry tree, arbute
קִטְלֵג פ״י [kitˈleg] to catalogue
קֻטְלַג פ״ע [kutˈlag] to be catalogued
קַטְלָה נ [katˈla] small ornamental chain
קָטָלוֹג ז [kataˈlog] catalog(ue)
קִטְלוּג ז [kitˈlug] cataloguing
קַטְלִית נ [katˈlit] pelvis
קַטְלָן ז [katˈlan] murderer, exterminator
קַטְלָנִי ת [katlaˈni] destructive, lethal
קָטַם פ״י [kaˈtam] to cut off, sever
קִטֵּם פ״י [kiˈtem] to cut, break
קָטָן ת [kaˈtan] small, little
קָטֵן ת [kaˈten] diminishing, dwindling
קָטֹן פ״ע ת [kaˈton] 1 to be small, insignificant. 2 to be diminished, dwindle. 3 small. 4 insignificant
קֹטֶן ז [ˈkoten] smallness
קְטַן אֲמָנָה sceptical, cynical
קַטְנוּנִי ת [katnuˈni] petty, narrowminded
קַטְנוּנִיּוּת נ [katnuniˈyut] pettiness, narrowmindedness
קַטְנוֹעַ ז [katˈnoʼa] motor scooter
קַטְנוּת נ [katˈnut] 1 smallness. 2 pettiness
קְטַנְטַן, קְטַנְטֹן ת [ktanˈtan] small, tiny
קִטְנִית נ [kitˈnit] pulse, bean, kidney bean
קַטְנְתָן ז [katneˈtan] minor official
קָטַע פ״י [kaˈtaʼ] 1 to cut, amputate, fell. 2 to interrupt
קֶטַע ז [ˈketa] 1 portion, section. 2 paragraph, passage. 3 excerpt, extract
קֶטַע מִלּוּאִים filler
קֶטַע עָלוּם unseen (passage)
קִטַּע פ״י [kiˈtaʼ] 1 to cut off. 2 to paragraph
קִטֵּעַ ז [kiˈteʼa] cripple
קָטַף פ״י [kaˈtaf] to pick, pluck, cull
קֻטַּף פ״ע [kuˈtaf] to be plucked
קֶטֶף ז [keˈtaf] balsam
קִטֵּף פ״י [kiˈtef] to pluck
קִטְקֵט פ״י [kitˈket] to diminish, cut down
קָטַר פ״ע [kaˈtar] 1 to smoke, fume. 2 to shut in, enclose
קִטֵּר פ״ע ז [kiˈter] 1 to burn incense, smoke. 2 to complain. 3 incense
קֹטֶר ז [ˈkoter] diameter
קַטָּר ז [kaˈtar] steam locomotive
קַטָּרַאי ז [kataˈrai] engine-driver, engineer (railroad)
קַטְרָב ז [katˈrav] cotter pin, lynch pin
קִטְרֵב פ״י [kitˈrev] to cotter
קִטְרֵג פ״י [kitˈreg] to prosecute, denounce
קִטְרוּג ז [kitˈrug] prosecution, indictment, accusation
קְטֹרֶת נ [keˈtoret] incense
קִיא ז [ki] vomit, retch
קִיוִית נ [kiˈvit] lapwing (bird)
קִיּוּם ז [kiˈyum] 1 existence. 2 affirmation, maintenance. 3 observance. 4 survival, subsistence
קִיּוּמִי ת [kiyuˈmi] pertaining to existence
קִיּוּמִיּוּת נ [kiyumiˈyut] existentialism
קִיּוֹסְק ז [kiˈyosk] kiosk
קִיחָה נ [kiˈxa] taking, acquiring
קַיִט ז [ˈkayit] summer vacation,

[ˈkayin] 1 blade, edge, point. 2 Cain קַיִן ז
[kaˈyan] having large testicles קַיָּן ת
[kiˈna] lamentation, wailing, dirge קִינָה נ
[kiˈnof] frame of canopy קִינוֹף ז
[kiˈnot] dirges (Tisha be'Av) קִינוֹת נ״ר
[kiˈneti] kinetic קִינֶטִי ת
[kiˈsos] ivy (plant) קִיסוֹס ז
[kisoˈsit] greenbriar, smilax (plant) קִיסוֹסִית נ
[keˈsam] 1 chip, splinter. 2 toothpick קֵיסָם ז
[keˈsar] Caesar, emperor, Czar, Kaiser קֵיסָר ז
[kesaˈrut] empire קֵיסָרוּת נ
[kesaˈri] imperial קֵיסָרִי ת
[kiˈfon] mullet (fish) קִיפוֹן ז
[kiˈfof] small monkey קִיפוֹף ז
[ˈkayits] 1 summer. 2 ripe fruit, ripe figs. 3 alertness, circumspection קַיִץ ז
additional offerings and sacrifices קֵיץ הַמִּזְבֵּחַ
[kaˈyats] picker of summer figs, fruit harvester קַיָּץ ז
[kiˈyets] to bring in summer קִיֵּץ פ״י
[keˈtsa] summer fruit קֵיצָה נ
[kiˈtsa] 1 awakening. 2 cutlet. 3 cut, bruise קִיצָה נ
[keˈtson] summery, of the summer קֵיצוֹן ת
[kiˈtson] 1 extreme. 2 final, ultimate קִיצוֹן ת
[kitsoˈni] extreme, extremist, radical קִיצוֹנִי ת
[kitsoniˈyut] extremism, radicalism קִיצוֹנִיּוּת נ
[keˈtsi] summery, summerlike קֵיצִי ת
[ketsaˈnit] carline thistle קֵיצָנִית נ
[kaˈyak] kayak, small one-summer-vacationing קָיָק ז
[kiˈyet] to summer, spend the summer vacation קִיֵּט פ״ע
[ˈkaita] summer, hot part of summer קַיְטָא ז
[kiˈton] bedroom, chamber קִיטוֹן ז
[kiˈtor] 1 jet of steam. 2 steam engine קִיטוֹר ז
[ˈkitel] kittel, white festive surplice קִיטְל ז
[kaiˈtan] holiday-maker, summer vacationer קַיְטָן ז
[kaitaˈna] 1 summer resort. 2 summer camp for children קַיְטָנָה נ
[kaitaˈnut] summer-vacationing קַיְטָנוּת נ
[kitsh] kitsch, rubbish, bad taste, worthless art קִיטְשׁ ז
[kixˈli] thrush, song-thrush קִיכְלִי ז
[ˈkilo, kiloˈgram] kilo, kilogram קִילוֹ, קִילוֹגְרַם ז
[kiloˈvat] kilowatt קִילוֹוָט ז
[kiloˈmeter] kilometre קִילוֹמֶטֶר
[kiˈlon] water hoist קִילוֹן ז
[kyam] 1 existence, duration, permanence. 2 durability. 3 statute קְיָם ז
[kaˈyam] 1 existing, surviving. 2 effective, valid. 3 durable, lasting קַיָּם ת
[kiˈyem] 1 to maintain, support. 2 to hold (a meeting). 3 to keep, fulfil קִיֵּם פ״י
[kuˈyam] to be held, fulfilled, maintained קֻיַּם פ״ע
to lay a duty on someone קִיֵּם עַל פְּלוֹנִי
[kiˈma] 1 rising, getting-up. 2 standing up קִימָה נ
[kayaˈmut] durability, existence קַיָּמוּת נ

put to shame
[ku'la] 1 leniency. 2 minor offence קֻלָּה נ
[klub] club קְלוּב ז
[ki'lu'ax] flow, jet of water, gush, stream קִלּוּחַ ז
[ka'lut] 1 uncloven. 2 taken in, absorbed. 3 implanted קָלוּט ת
unfounded, groundless קָלוּט מִן הָאֲוִיר
[ka'luy] 1 toasted. 2 roasted קָלוּי ת
[klavya'tura] keyboard קְלַוְיָטוּרָה נ
[ka'lon] shame, disgrace קָלוֹן ז
[ki'lus] 1 praise. 2 deprecation, denigration. 3 stamping (foot) קִלּוּס ז
[ka'lu'a] twisted, plaited קָלוּעַ ת
[ka'luf] peeled קָלוּף ת
[ki'luf] 1 peeling. 2 sloughing קִלּוּף ז
[kilu'fa] peel, bark קְלוּפָה נ
[klu'fit] thin skin (sausage) קְלוּפִית נ
[klo'kel] poor, inferior, defective, spoilt קְלוֹקֵל ת
[ka'lorya] calory קָלוֹרְיָה נ
[kilo'rit] eyewash קִלּוֹרִית נ
[ka'lush] thin, scant, meagre קָלוּשׁ ת
[ka'lut] 1 ease, simplicity. 2 lightness, levity קַלּוּת נ
light-mindedness, recklessness, frivolity קַלּוּת דַּעַת
irresponsibility, frivolity, lack of seriousness קַלּוּת רֹאשׁ
[ka'lax] to flow, stream קָלַח פ״ע
['kelax] 1 stem, stalk, head (veg.). 2 jet, stream קֶלַח ז
[ki'lax] 1 to shower. 2 to stream, flow קִלַּח פ״י
[ku'lax] to be showered קֻלַּח פ״ע
[ka'laxat] 1 kettle, cauldron. 2 commotion, uproar קַלַּחַת נ
[ka'lat] 1 to absorb, take in. 2 to receive. 3 remove. 4 delay קָלַט פ״י

man boat
[kik] 1 castor oil seed. 2 raven, pelican קִיק ז
[kika'yon] gourd, castor-oil plant קִיקָיוֹן ז
Jonah's gourd, ephemeral, transient קִיקָיוֹן דְּיוֹנָה
[kikyo'ni] 1 ephemeral. 2 gourd-like קִיקְיוֹנִי ת
[kika'lon] shame, disgrace קִיקָלוֹן ז
[kir] 1 wall. 2 rim, border. 3 recess קִיר ז
[kiro'ni] mural קִירוֹנִי ת
recesses of the heart קִירוֹת הַלֵּב
[kish] ring, rattle קִישׁ ז
[ki'shan] cripple, bandylegged קִישָׁן ת
[ki'ton] 1 ewer, jug, pitcher. 2 ladle קִיתוֹן ז
[kal] 1 simple, easy. 2 light קַל ת
rash, frivolous, fickle קַל דַּעַת
how much more so, a minori ad majus קַל וָחֹמֶר
sophism קַל וָחֹמֶר שֶׁל חשֶׁךְ
very quickly קַל מְהֵרָה
trivial, of little value קַל עֵרֶךְ
light-footed, swift קַל רַגְלַיִם, קַל בְּרַגְלָיו
of quick perception, very perceptive קַל תְּפִיסָה
despised, of low esteem קַלֵּי עוֹלָם
[kol] leniency קֹל ז
[ka'lai] roaster (seeds, etc.) קַלַּאי ז
[kala'i'lan] blue-green קַלְאִילָן ז
[ko'lev] clothes hanger קֹלֶב ז
[kil'boset] hip bone, femur קִלְבֹּסֶת נ
[kal'gas] 1 soldier, warrior. 2 hobnailed boot קַלְגַּס ז
[kal'dan] keyboarder קַלְדָן ז
[kal'danut] keyboard entry קַלְדָנוּת נ
[ka'la] 1 to roast, toast. 2 to burn. 3 to humiliate, קָלָה פ״י

superficiality
[ka'lal] smooth, polished, shining texture קָלָל ז
[ka'lal] large jug, pitcher קָלָל ז
[ki'lel] to curse, revile, execrate קִלֵּל פ״י
[ku'lal] to be cursed, reviled קֻלַּל פ״ע
[kela'la] 1 curse, malediction. 2 calamity, evil קְלָלָה נ
[kale'lan] curser, reviler קַלְלָן ז
[kalam'bur] pun, play on words קַלַמְבּוּר ז
[kul'mos] reed pen, quill קֻלְמוֹס ז
[kal'mit] shepherd's pipe קַלְמִית נ
[klemen'tina] tangerine קְלֶמֶנְטִינָה נ
[kal'mar] 1 pencilcase. 2 inkstand קַלְמָר ז
[kal'marit] desk caddy קַלְמָרִית נ
['keles] 1 mockery, scorn. 2 praise קֶלֶס ז
[ki'les] 1 to praise. 2 to deprecate, demigrate. 3 to stamp קִלֵּס פ״י
[ku'las] to be praised קֻלַּס פ״ע
[kala'sa] mockery, scorn, derision קַלָּסָה נ
['klasi] classical קְלַסִּי ת
[klasi'kon] 1 classical writer. 2 classic קְלַסִּיקוֹן ז
[klas'ter] brightness קְלַסְתֵּר ז
countenance, visage, physiognomy קְלַסְתֵּר פָּנִים
[klaste'ron] identikit קְלַסְתְּרוֹן ז
[ka'la] 1 to shoot, throw, hit. 2 to weave, plait, twist, braid קָלַע פ״י
['kela] 1 bullet. 2 sling. 3 missile, projectile קֶלַע ז
[ka'la] 1 sniper, marksman. 2 slinger קַלָּע ז
[ki'la] to weave, plait קִלַּע פ״י
[ka'laf] to peel, strip, shell קָלַף פ״י

['kelet] 1 depot, absorption centre(er). 2 input (computer) קֶלֶט ז
[kil'tur] cultivation קִלְטוּר ז
[kelat'kol] dictaphone קְלַטְקוֹל ז
[kil'ter] to cultivate קִלְטֵר פ״י
[ka'letet] 1 magnetic recording, tape. 2 cassette קַלֶּטֶת נ
[ka'li] 1 roasted grain. 2 alkali קָלִי ז
[ka'liber] calibre קָלִיבֶּר ז
[kali'grafiya] calligraphy קָלִיגְרַפְיָה נ
[kaledo'skop] kaleido-scope קָלֵידוֹסְקוֹפּ ז
[keli'ya] roasting, toasting קְלִיָּה נ
['kalyum] Kalium, potassium קַלְיוּם ז
[keli'xa] flow קְלִיחָה נ
[ka'lit] 1 catching, easy to learn (mus.). 2 absorbable קָלִיט ת
video-clip קְלִיט־וִידֵאוֹ
[keli'ta] 1 absorption. 2 comprehension, grasp. 3 reception קְלִיטָה נ
[keli'tut] absorbability קְלִיטוּת ז
[ka'lil] light, simple, easy קַלִּיל ת
[ka'lila] light, trifling קַלִּילָא ת
[kali'lot] lightly קַלִּילוֹת תה״פ
[kali'lut] lightness, ease, agility, nimbleness קַלִּילוּת נ
[kliyen'tura] clientèle קְלִיֶּנְטוּרָה נ
['klini] clinical קְלִינִי ת
[ka'liy'a] 1 bullet. 2 missile קָלִיעַ ז
guided missile קָלִיעַ מֻנְחֶה
[keliy''a] 1 weaving, plaiting. 2 target-shooting, hitting the mark קְלִיעָה נ
[ke'lif] veneer קְלִיף ז
[ka'lif] peelable, easily peeled קָלִיף ת
[keli'fa] peeling קְלִיפָה נ
[keli'sha] thinning down, rarefaction קְלִישָׁה נ
[keli'shut] thinness, קְלִישׁוּת נ

קְלָף ז [klaf] 1 parchment. 2 playing-card
קִלֵּף פ״י [ki'lef] to peel, shell
קְלִפָּה נ [kli'pa] peel, outer skin
קַלְפֵּי נ [kal'pe] 1 polling booth, ballot box. 2 urn (for drawing lots)
קַלְפָן ז [kal'fan] gambler at cards
קַלְפָנוּת נ gambling at cards
קַלְצְיוּם ז [kalts'yum] calcium
קִלְקוּל ז [kil'kul] 1 damage, spoiling. 2 corruption
קִלְקוּל הַדִּין perversion of justice
קַלְקוּלַצְיָה נ [kalku'latsya] calculation
קִלְקֵל פיו״ע [kil'kel] 1 to spoil, damage. 2 to corrupt, seduce. 3 to throw. 4 to sharpen
קִלְקֵל אֶת הַדִּין to pervert justice
קִלְקֵל אֶת הַשּׁוּרָה to spoil the order, deviate
קֻלְקַל פ״ע [kul'kal] to be spoilt, damaged
קַלְקָלָה נ [kalka'la] 1 failure, moral failure. 2 corruption, sin
קַלְקַל ז ['kalkal] styrofoam, polystyrene
קְלַרְנִית נ [klar'nit] clarinet
קְלַרְנִיתָן ז [klarni'tan] clarinetist
קָלַשׁ פ״י [ka'lash] to thin out, rarefy
קִלְשׁוֹן ז [kil'shon] 1 gardening fork. 2 pitchfork, hayfork
קֶלֶת נ ['kelet] fruit basket
קַלְתִּית נ [kal'tit] tartlet
קָם ז פ״ע [kam] 1 enemy, adversary. 2 to rise, get up. 3 to rebel
קָם לִתְחִיָּה to be resurrected
קָם עַל- to turn against, rebel against
קַמָּא ת ['kama] first
קַמָּאוּת נ [kama''ut] 1 anciantness, antiquity. 2 archaism
קַמָּאִי ת [kama''i] ancient, old

קָמָה נ [ka'ma] cereals, standing grain, corn
קִמּוּחַ ז [ki'mu'ax] 1 covering with flour. 2 thickening with flour
קָמוּט ת [ka'mut] wrinkled, creased
קִמּוּט ז [ki'mut] wrinkling, creasing
קָמוּל ת [ka'mul] dried up, faded
קִמּוּם ז [ki'mum] restoration, reconstruction
קִמּוּעַ ז [ki'mu'a] apportioning
קָמוּץ ת [ka'muts] 1 pointed with "kamats". 2 clenched (fist). 3 closed (eye)
קִמּוּץ ז [ki'muts] 1 economy, saving, frugality. 2 pointing with "kamats"
קָמוּר ת [ka'mur] 1 vaulted, arched. 2 convex
קִמּוּר ז [ki'mur] vaulting, arching, convexity
קִמּוֹשׁ, קִמּוֹשׁ ז [ki'mosh] thorn, thistle
קֶמַח ז ['kemax] 1 flour, meal. 2 livelihood, means of subsistence
קֶמַח סֹלֶת 1 fine flour. 2 distinguished, emiment
קֶמַח תִּירָס cornflour
קִמַּח פ״י [ki'max] 1 to sprinkle flour, add flour. 2 to dredge
קֻמַּח פ״ע [ku'max] to be sprinkled with flour
קִמְחָא דְפִסְחָא Passover alms for the poor
קִמְחָא טְחִינָא ground flour
קִמָּחוֹן ז [kima'xon] mildew, candida
קִמְחִי ת [kim'xi] floury, mealy, powdery
קָמַט פ״י [ka'mat] 1 to wrinkle, shrivel. 2 to press, crush
קֶמֶט, קֹמֶט ז ['kemet] 1 fold, pleat.

ground

[ˈkamfor] camphor קַמְפוֹר ז

[kaˈmats] 1 to clench (fist). 2 to take a handful. 3 to point with "kamats". 4 "kamats" vowel קָמַץ פ״י ז

[ˈkomets] 1 handful. 2 small number קֹמֶץ ז

[kiˈmets] 1 to economize. 2 to be stingy, miserly קִמֵּץ פ״י

[kamˈtsuts] 1 small amount, pinch. 2 constricted, pressed קַמְצוּץ ז ת

[kamˈtsut] pointing with "kamats" קַמְצוּת נ

[kamˈtsan] miser, stingy קַמְצָן ז

[kimˈtsen] to be stingy, over-economize, be miserly קִמְצֵן פ״י

[kamtsaˈnut] miserliness, close-fistedness קַמְצָנוּת נ

[kamtsaˈni] miserly, stingy קַמְצָנִי ת

[kumˈkum] 1 kettle. 2 teapot קֻמְקוּם ז

[kaˈmar] to vault, arch, cover with an arch קָמַר פ״י

[kiˈmer] to arch, bend קִמֵּר פ״י

[kuˈmar] to be arched, bent קֻמַּר פ״ע

[kimˈron] vault, dome קִמְרוֹן ז

[ˈkamerton] tuning fork קָמֶרְטוֹן ז

[ˈkameri] chamber (mus.) קָמֶרִי ת

[kiˈmoret] 1 arched roof. 2 anticlinium קִמֹּרֶת נ

[kimˈshon] thorn, thistle קִמְשׁוֹן, קִמָּשׁוֹן ז

[ken] 1 nest. 2 home-circle. 3 sacrificial birds. 4 socket. 5 chamber, cell. 6 basis, fundament, base קֵן ז

too many excuses ק״ן טְעָמִים

[kaˈna] jealous, fanatic, zealous קַנָּא ת

[kiˈne] to envy, be jealous קִנֵּא פיו״ע

[kinˈʼa] 1 envy, jealousy. קִנְאָה נ

2 crease, wrinkle

[kiˈmet] to wrinkle, crease קִמֵּט פ״י

[kamˈtut] small fold, little wrinkle קַמְטוּט ז

[kimˈtut] wrinkling קִמְטוּט ז

[kamˈtan] slowworm קַמְטָן ז

[kamˈtar] trunk קַמְטָר ז

[kaˈmiz] elastic קָמִיז ת

[kemiˈzut] elasticity קְמִיזוּת נ

[kaˈmiyʼax] tasting of flour, flour-like קָמִיחַ ת

[kemiˈxut] flouriness, taste of flour קְמִיחוּת נ

[kaˈmit] 1 creasy, wrinkled. 2 easily-creased קָמִיט ת

[kemiˈta] 1 folding, pleating. 2 creasing, wrinkling קְמִיטָה נ

[kemiˈtut] creasiness, creasedness קְמִיטוּת נ

[kemiˈla] withering קְמִילָה נ

[kaˈmin] 1 oven, kiln. 2 furnace room קָמִין ז

[kaˈmeyʼa] amulet, charm קָמֵיעַ ז

[kemiˈtsa] 1 annularis, ring finger. 2 taking a handful. 3 pointing with "kamats" קְמִיצָה נ

[kemiˈtsut] pointing with "kamats" קְמִיצוּת נ

[kemiˈrut] convexity, convex nature קְמִירוּת נ

[kaˈmal] to wither, dry up, shrivel קָמַל פ״ע

[kaˈmel] withered קָמֵל ת

[kimaˈlon] withering קִמָּלוֹן ז

[kaˈmaʼ] 1 to tie. 2 to press קָמַע פ״י

[kimˈʼa] a little קִמְעָה תה״פ

gradually, little by little קִמְעָה קִמְעָה

[kimʼoˈnai] retailer קִמְעוֹנַאי ז

[kimʼoˈnut] retail trade קִמְעוֹנוּת נ

[kimʼoˈni] retail קִמְעוֹנִי ת

[kamˈpon] camp, camping קַמְפּוֹן ז

2 zeal, obsession, fanaticism

[kana'ut] fanaticism, over-zealousness קַנָּאוּת נ

[ka'nai] 1 zealot. 2 bigoted. 3 fanatical קַנַּאי ת

[kan'an] jealous person קַנְאָן ז

[kin'a'tan] jealous person קִנְאָתָן ת

[kin'ata'nut] jealousy קִנְאֲתָנוּת נ

[ki'nev] to trim, clean (veg.) קִנֵּב פ״י

[ku'nav] to be trimmed, cleaned (veg.) קֻנַּב פ״ע

[kana'bos] hemp, cannabis קַנַּבּוֹס ז

['knovet] trimmed leaves קְנֹבֶת נ

[kengu'ru] kangaroo קֶנְגּוּרוּ ז

[kun'das] rod, pole קֻנְדָּס ז

[kun'des] practical-joker, pranker קֻנְדֵּס ז

[kunde'sut] prank, mischievous trick קֻנְדֵּסוּת נ

[kunde'si] mischievous, prankish קֻנְדֵּסִי ת

[ka'na] 1 to buy, purchase. 2 to acquire קָנָה פ״י

to gain, win over someone's affection קָנָה אֶת לִבּוֹ

to steal, pinch קָנָה בִּמְשִׁיכָה

to attract, win over קָנָה לֵב

to achieve success קָנָה עוֹלָמוֹ

to settle, strike roots קָנָה שְׁבִיתָה

to gain a reputation קָנָה שֵׁם

[ka'ne] 1 cane, reed, stalk. 2 branch (candlestick). 3 windpipe, trachea. 4 barrel (gun) קָנֶה ז

broken reed קָנֶה רָצוּץ

yardstick, criterion קְנֵה מִדָּה

sugarcane קְנֵה סֻכָּר

[ki'na] nest קִנָּה נ

[ka'no] jealous, zealous, fanatical קַנּוֹא ת

[ki'nuv] trimming (veg.) קִנּוּב ז

[ki'nu'ax] 1 cleaning, wiping. 2 dessert קִנּוּחַ ז

dessert קִנּוּחַ סְעֻדָּה

[ka'nut] annoyed, angry, cross קָנוּט ת

[ka'nuy] bought, acquired קָנוּי ת

[ki'nuy] jealousy, envy קִנּוּי ז

[ki'nun] nesting קִנּוּן ז

[ka'non] 1 large wicker basket. 2 books included in the Bible. 3 code of laws and customs. 4 musical form, round קָנוֹן ז

[kenun'ya] intrigue, conspiracy קְנוּנְיָה נ

[kno'kenet] 1 tendril. 2 sinew קְנוֹקֶנֶת נ

[ki'nax] 1 to wipe, cleanse, rub clean. 2 to conclude the meal with dessert קִנַּח פ״י

[ku'nax] to be wiped, cleaned קֻנַּח פ״ע

[ka'net] contemptible, mean קָנֵט ת

[kin'tur] annoyance, vexation, teasing, provocation קִנְטוּר ז

[kan'tar] pole, crowbar קַנְטָר ז

[kin'ter] to tease, provoke, vex קִנְטֵר פ״י

[kan'tran] 1 troublemaker. 2 quarrelsome, provocative קַנְטְרָן ז ת

[kantra'nut] provocativeness, quarrelsomeness קַנְטְרָנוּת נ

[kantra'ni] provocative, quarrelsome קַנְטְרָנִי ת

[kun'tres] pamphlet, booklet, bulletin קֻנְטְרֵס ז

[keni'va] 1 trimming or cleaning vegetables. 2 snuffing (candle) קְנִיבָה נ

[keni'ya] purchase, acquisition קְנִיָּה נ

trade-in קְנִיָּה בְּהֲמָרָה

[ken'yon] canyon קֶנְיוֹן ז

[kan'yon] large shopping-center, mall, precinct קַנְיוֹן ז

spoilt. 2 to munch, chew
[kesa'sa] clod of earth, lump קְסָסָה נ
[ki'ser] to enthrone קִסֵּר פ״י
[ksark'tin] barracks, military camp קְסַרְקְטִין ז
['keset] inkstand, inkwell קֶסֶת נ
['koset] roof, cover קֹסֶת נ
[ka''ur] concave קָעוּר ת
[ki''ur] concavity קִעוּר ז
[ke'i'rut] concavity קְעִירוּת נ
[ki''ku'a] 1 tattooing. 2 destruction, undermining קִעְקוּעַ ז
[ka'a'ka'] tattoo קַעֲקַע ז
[ki''ka'] 1 to tattoo. 2 to destroy, undermine. 3 to crow, cackle קִעְקַע פיו״ע
[ki''er] to make concave, hollow קִעֵר פ״י
['ko'ar] concavity, concaveness קֹעַר ז
[ke'a'ra] dish, bowl, sink קְעָרָה נ
[ki'a'ron] concavity, concaveness קִעָרוֹן ז
[ka'aru'ri] curving inwards, concave קַעֲרוּרִי ת
[ka'aru'rit] 1 concavity. 2 scutellaria קַעֲרוּרִית נ
[ka'a'rit] small dish קַעֲרִית נ
[ka'fa] 1 to freeze. 2 to solidify. 3 to be congealed קָפָא פ״ע
to be conservative קָפָא עַל שְׁמָרָיו
[kipa''on] stalemate, standstill, impasse קִפָּאוֹן ז
[ku'pai] cashier קֻפַּאי ז
[ka'fed] strict, pedantic קָפֵד ת
[ki'ped] to cut off, shorten קִפֵּד פ״י
[ku'pad] to be cut off, shortened קֻפַּד פ״ע
[kefa'da] 1 extermination, termination. 2 strictness, severity קְפָדָה נ
[kap'dan] pedant, over-strict, קַפְּדָן ז

[kan'yan] buyer, buyer agent קַנְיָן ז
[kin'yan] 1 property, wealth. 2 ownership, right of possession קִנְיָן ז
[kanya'nut] buying agency קַנְיָנוּת ז
[keni'sa] imposition of fine קְנִיסָה נ
[ka'nom] cinnamon colo(u)r קָנֹם ת
[kina'mon] cinnamon קִנָּמוֹן ז
[ki'nen] 1 to build a nest, nest. 2 to settle in קִנֵּן פ״י
[ka'nas] to fine, impose a penalty קָנַס פ״י
[knas] fine, penalty קְנָס ז
['kenets] edge, end קֶנֶץ ז
[kin'kal] latticework, grid קִנְקָל ז
[kan'kan] coffeepot, pot, vessel, storage jar קַנְקַן ז
[kankan'tum] vitriol, verdigris קַנְקַנְתּוּם ז
[kin'res] artichoke קִנְרֵס ז
['kenet] handle of tool קֶנֶת נ
[kan'tel] saddlebag, pannier קַנְתֵּל ז
[kas'da] helmet קַסְדָּה נ
[kas'va] 1 cup. 2 vessel for libation. 3 bush, bushing קַסְוָה נ
[ka'sum] enchanted, bewitched, fascinated, spellbound קָסוּם ת
[ki'sum] bewitching, charming קִסּוּם ז
['kasya] 1 cover. 2 glove קַסְיָה נ
[kesi'ma] charming, bewitching קְסִימָה נ
[ka'sam] 1 to charm, enchant. captivate. 2 to carve, cut קָסַם פ״י
['kesem] 1 magic, enchantment. 2 spell. 3 oracle קֶסֶם ז
[ka'sam] 1 magician, sorcerer. 2 carver קַסָּם ז
[ki'sem] to practise witchcraft קִסֵּם פ״י
[kis'mit] toothpick קִסְמִית נ
[ka'sas] 1 to turn sour, be קָסַס פ״ע

"fusspot"
[kapda'nut] strictness, pedantry קַפְּדָנוּת נ
[kapda'ni] 1 strict, pedantic. 2 impatient, short-tempered קַפְּדָנִי ת
[ka'fe] coffee קָפֶה ז
white coffee קָפֶה הָפוּךְ
instant coffee קָפֶה נָמֵס
[ke'fe] scum, froth קֶפֶה ז
[ki'pa] to skim קִפָּה פ״י
[ku'pa] 1 to be skimmed. 2 fund, cash. 3 booking office, box office קֻפָּה פ״ע נ
petty cash קֻפָּה קְטַנָּה
unsavoury record קֻפָּה שֶׁל שְׁרָצִים
[ka'fu] 1 frozen. 2 congealed קָפוּא ת
[ki'pod] hedgehog קִפּוֹד ז
sea urchin קִפּוֹד יָם
echidna, anteater קִפּוֹד נְמָלִים
[kipo'dan] globe thistle, echinops קִפּוֹדָן ז
[ki'poz] arrowsnake קִפּוֹז נ
[ki'pu'ax] 1 discrimination. 2 neglect, deprivation קִפּוּחַ ז
[ka'fuy] 1 frozen, congealed. 2 floating קָפוּי ת
[ki'puy] scum, froth קִפּוּי ז
[ki'pul] 1 fold. 2 folding. 3 rolling up (sleeves) קִפּוּל ז
[ka'futs] clenched, close-fisted קָפוּץ ת
[ki'puts] 1 jumping, leaping. 2 basket קִפּוּץ ז
[kefa'znav] springtail קְפַזְנָב ז
[ka'fax] to strike, beat קָפַח פ״י
[ki'pax] 1 to beat, hurt. 2 to rob, deprive. 3 to withhold. 4 to overpower. 5 to suffer bereavement קִפַּח פ״י
to beat violently קִפַּח אֶת שׁוֹקָיו
[ki'pe'ax] very tall קִפֵּחַ ת
[kofi] froth, sum קֹפִי ז

[kefiy''a] freezing, congealing קְפִיאָה נ
[kefi'da] strictness, severity קְפִידָה נ
[kefi'xa] beat, stroke קְפִיחָה נ
[kfits] 1 spring. 2 joint, muscle קְפִיץ ז
[kefi'tsa] 1 jump, leap, vault. 2 speed. 3 closing, shutting קְפִיצָה נ
[kefi'tsi] springy, elastic, flexible קְפִיצִי ת
[kfitsi'yut] springiness קְפִיצִיּוּת נ
1 short cut. 2 sudden progress. 3 miraculous abridgment קְפִיצַת הַדֶּרֶךְ
[ke'fir] keffir (sour milk) קֶפִיר ז
[ka'fal] 1 to fold, roll up. 2 to scrape, eat away קָפַל פ״י
['kefel] 1 fold, pleat. 2 plait קֶפֶל ז
[ki'pel] 1 to fold. 2 to double קִפֵּל פ״י
[ku'pal] to be folded, doubled קֻפַּל פ״ע
[kaf'lot] leek קַפְלוֹט ז
[kaf'let] wig קַפְלֶט ז
[kapen'darya] short cut קַפֶּנְדַּרְיָה נ
[kuf'sa] box קֻפְסָה נ
[kuf'sit] 1 small box. 2 capsule קֻפְסִית נ
[kaf'solet] capsule קַפְסֹלֶת נ
[ka'fats] 1 to jump, leap, vault. 2 to spring upon. 3 to skip. 4 to close, shut קָפַץ פיו״ע
to withhold help קָפַץ אֶת יָדוֹ
to be quick to grasp קָפַץ עַל
to be very angred קָפַץ עָלָיו רָגְזוֹ שֶׁל-
[ki'pets] to jump, leap, spring קִפֵּץ פיו״ע
['kefets] joint, hock (beast) קֶפֶץ ז
[kaf'tsan] 1 expert at jumping. 2 impatient, restless person קַפְצָן ז
[ka'petset] trampoline קַפֶּצֶת נ
[kap'riza] caprice, whim קַפְּרִיזָה נ
[kap'rizi] capricious, קַפְּרִיזִי ת

abbreviation. 2 summary, abridgement
short life קְצוּר יָמִים
to cut a long story short קְצוּרוֹ שֶׁל דָּבָר
['ketsax] fennel, black cumin קֶצַח ז
[ka'tsin] 1 officer. 2 judge (Rabbinical) קָצִין ז
[ketsi'nut] officer's rank, officer's status קְצִינוּת נ
[ketsiy''a] 1 cassia, aromatic bark. 2 dried fig, fig-cutting. 3 capsule, compartment קְצִיעָה נ
[ka'tsif] foamy, frothy קָצִיף ת
[ke'tsits] meat loaf קְצִיץ ז
[ketsi'fa] 1 rage, anger, fury. 2 cream קְצִיפָה נ
[ketsi'fut] foaminess קְצִיפוּת נ
[ketsi'tsa] 1 cutlet, dumpling. 2 cutting, chopping. 3 capsule קְצִיצָה נ
[ka'tsir] 1 harvest, reaping. 2 harvest קָצִיר ז
[ketsi'ra] reaping קְצִירָה נ
[ketsu'na] officer's corps, commissioned rank קְצֻנָּה נ
[ka'tsa'] 1 to scrape. 2 to cut figs קָצַע פ״י
[ki'tsa'] 1 to scrape, plane. 2 to angle קִצַּע פ״ע
[ka'tsaf] to be angry, wrathful קָצַף פ״ע
['ketsef] 1 anger, wrath. 2 foam, froth קֶצֶף ז
[ketsa'fa] 1 anger, wrath. 2 soapsuds, lather קְצָפָה נ
[kitsa'fon] anger, rage קִצָּפוֹן ז
[ka'tsefet] whipped cream קַצֶּפֶת נ
[ka'tsats] 1 to cut, chop. 2 to mince. 3 to allocate. 4 to fix קָצַץ פ״י
['ketsets] 1 cut wood, timber. קֶצֶץ ז
whimsical
[ka'fash] to grab, snatch קָפַשׁ פ״י
[kats] 1 to spend summer. 2 to loathe, detest קָץ פ״ע
[kets] 1 end. 2 destruction קֵץ ז
the end of days, the time of the Messiah קֵץ הַיָּמִים, קֵץ הַיָּמִין
the Messianic era קֵץ הַפְּלָאוֹת
[ka'tsav] to allot, apportion, ration קָצַב פ״י
['ketsev] 1 rhythm, tempo. 2 rate. 3 end, extremity קֶצֶב ז
[ka'tsav] butcher קַצָּב ז
[kits'va] 1 allowance, pension. 2 annuity קִצְבָה נ
[ketsa'va] beat (mus.) קְצָבָה נ
[kits'ba] 1 allowance. 2 pension קִצְבָּה נ
[ketsu'ba] allowance קְצֻבָּה נ
[katsa'vut] butcher's trade קַצָּבוּת נ
[ka'tsa] 1 to cut. 2 end, extremity קָצָה פ״י נ
[ka'tse] 1 end. 2 edge. 3 extremity קָצֶה ז
[ke'tse] end, extremity קְצֵה ז
[ki'tsa] 1 to cut off, take away. 2 cutting, trimming קִצָּה פ״י נ
[ka'tsuv] 1 fixed, limited, apportioned. 2 rationed קָצוּב ת
[ki'tsuv] rationing קִצּוּב ז
[ketsa'vi] extreme קִצָוִי ת
[ki'tsu'a] cutting, peeling קִצּוּעַ ז
[ka'tso'a] woodcutter קַצּוֹעַ ז
[ka'tsuf] 1 whipped, foamy. 2 reprimanded. 3 angry קָצוּף ת
[ka'tsuts] 1 cut, chopped. 2 castrated קָצוּץ ת
[ki'tsuts] 1 cutting, chopping. 2 cutting down, curtailing קִצּוּץ ז
[ka'tsur] cut, shortened קָצוּר ת
[ki'tsur] 1 shortening, קִצּוּר ז

2 chip of wood

קַצָּץ ז [kaˈtsats] woodchopper, woodcutter

קִצֵּץ פ״י [kiˈtsets] to cut down, reduce

קֻצַּץ פ״ע [kuˈtsats] to be cut down, reduced

קְצָצָה נ [ketsaˈtsa] 1 timber forest. 2 severance, breaking off. 3 selling an heirloom

קְצֹצֶת נ [keˈtsotset] scrap metal, chips

קָצָר ת [kaˈtsar] 1 short, brief. 2 concise, succinct

קָצָר וְקוֹלֵעַ short and to the point

קָצַר פיו״ע [kaˈtsar] 1 to reap, cut, harvest. 2 to be short

קִצֵּר פ״י [kiˈtser] 1 to shorten, abbreviate. 2 to abridge

קְצַר אַפַּיִם impatient, irascible, short-tempered

קְצַר יָד weak, powerless, impotent

קְצַר יָמִים shortlived

קְצַר קוֹמָה short of stature

קְצַר רְאוּת | רֹאִי | רְאִיָּה shortsighted

קְצַר רוּחַ short-tempered, impatient

קֹצֶר ז [ˈkotser] shortness, brevity, briefness

קֹצֶר רְאוּת | רֹאִי | רְאִיָּה shortsightedness

קֹצֶר רוּחַ short-temper

קֶצֶר ז [ˈketser] short circuit

קֻצַּר פ״ע [kuˈtsar] to be shortened, abbreviated

קָצְרָה יָדוֹ to be powerless

קָצְרָה נַפְשׁוֹ to reach breaking point

קָצְרָה רוּחוֹ to lack patience

קְצָרוֹת תה״פ [ketsaˈrot] in short, shortly, briefly

קַצְּרָן ז [katsˈran] stenographer

קַצְּרָנוּת נ [katsraˈnut] stenography

קַצְּרָנִי ת [katsraˈni] stenographic, pertaining to shorthand

קְצַרְצַר ת [ktsarˈtsar] 1 very short. 2 shortish

קַצֶּרֶת נ [kaˈtseret] asthma

קְצָת תה״פ [ktsat] a little, some, a few

קָקָאוֹ ז [kaˈkau] cocoa

קַקְטוּס ז [ˈkaktus] cactus

קַר ת [kar] 1 cold, chilly. 2 frigid.

קָר פ״י to dig

קַר מֶזֶג, קַר רוּחַ 1 apathetic, cold-tempered. 2 composed, phlegmatic

קֹר ז [kor] 1 cold, coldness. 2 frigidity

קֹר רוּחַ coolness, composure

קָרָא פ״י ז [kaˈra] 1 to call. 2 to read. 3 pumpkin. 4 Biblical scholar. 5 Karaite. 6 to happen, take place

קָרָא דְרוֹר לְ- to liberate, set free

קָרָא תִגָּר to complain

קֹרָא פ״ע [koˈra] to be summoned

קְרָא ז [keˈra] Biblical verse

קָרָאוּת נ [karaˈʼut] Karaism

קָרָאִי ת [karaˈʼi] Karaite

קֻרְאָן ז [kurˈʼan] Koran

קָרַב פ״ע [kaˈrav] 1 to draw near. 2 to be sacrificed

קָרַב אֶל אִשָּׁה to have intercourse

קֶרֶב ז [ˈkerev] 1 interior, bowels, intestine. 2 midst, centre(er)

קֵרֵב פ״י [keˈrav] to bring near

קֹרַב פ״ע [koˈrav] to be brought near

קְרָב ז [krav] 1 battle, combat. 2 war, match

קָרְבָה לַשַּׁחַת נַפְשׁוֹ to be near death

קִרְבָה, קֻרְבָה נ [kirˈva] 1 proximity, vicinity. 2 relationship, kinship

קָרְבוּ יָמָיו (לָמוּת) to be near death

קַרְבּוֹל ז [karˈbol] carbolic acid

קַרְבּוּרָטוֹר ז [karbuˈrator] carburettor

קְרֵבוּת נ [kereˈvut] 1 friendship, closeness, proximity.

[ke'ruv] bringing near, bringing closer together קֵרוּב ז
creating good-will, establishing friendly relations קֵרוּב לְבָבוֹת
[kero'va] 1 hymn recited after "Amida" prayer. 2 kinswoman קְרוֹבָה נ
[ke'rud] scraping קֵרוּד ז
[ka'ru'ax] bereft of hair, bald קָרוּחַ ת
[ka'ruy] 1 called, named. 2 nicknamed, alias קָרוּי ת
[ka'roy] 1 reading. 2 Biblical scholar. 3 congregant called up to read the law קָרוֹי ז
[ke'ruy] 1 roofing, covering with rafters. 2 accident קֵרוּי ז
[karvi'ya] gourd קַרְוִיָּה נ
[krum] 1 membrane, skin. 2 crust of bread קְרוּם ז
[kru'mi] membranous קְרוּמִי ת
[kru'mit] 1 cuticle, pellicle. 2 tiny piece קְרוּמִית נ
[ke'run] 1 horning, furnishing with horns. 2 irradiation קֵרוּן ז
[ka'ron] 1 wagon, carriage. 2 coach, cart קָרוֹן ז
[ka'ravan] caravan קָרָוָן ז
[kro'nai] coachman, carter קְרוֹנַאי ז
[kro'no'a] rail-car, motor coach קְרוֹנוֹעַ ז
[kro'nit] wagonette, small cart, trolley קְרוֹנִית נ
[ka'rus] kneeling, squatting, crouched down קָרוּס ת
[ke'rus] position of kneeling, squatting קֵרוּס ז
[ka'ru'a] torn, tattered קָרוּעַ ת
[ka'ruts] formed, fashioned, made קָרוּץ ת
[ke'rur] 1 cooling. 2 refrigeration קֵרוּר ז

2 affinity
[kra'vi] concerned with battle, combat, fighting קְרָבִי ת
[kar'bid] carbide קַרְבִּיד ז
[kera'vayim] entrails, bowels, viscera קְרָבַיִם ז״ז
[kor'ban] 1 sacrifice, offering. 2 victim קָרְבָּן ז
sacrifice offered by an individual קָרְבַּן יָחִיד
congregational sacrifice קָרְבַּן צִבּוּר
consanguinity קִרְבַת דָּם
related by marriage קִרְבַת חִתּוּן
[ke'rad] to scrape, defur (a kettle) קֵרֵד פ״י
[ko'rad] to be scraped, defurred קֹרַד פ״ע
[kar'da] 1 thistle. 2 mite, acarina קַרְדָּה נ
[kre'dit] credit קְרֶדִיט ז
[kredi'tori] creditory קְרֶדִיטוֹרִי ת
[kardi'nali] cardinal, essential, basic קַרְדִּינָלִי ת
[kar'dom] axe קַרְדֹּם ז
[ka'ra] 1 to transpire, happen, chance. 2 to encounter. 3 frost, freezing קָרָה פיו״ע נ
[ke'ra] to cover with rafters, roof over קֵרָה פ״י
[ko'ra] to be roofed over, covered with rafters קֹרָה נ פ״ע
[ka'ru] 1 guest, invitee. 2 invited, summoned קָרוּא תו״ז
[ka'rov] 1 close, near. 2 kinsman, relation קָרוֹב תו״ז
1 approximately, about. 2 near קָרוֹב לְ-
most likely, almost certainly, probably קָרוֹב לֶאֱמֶת, קָרוֹב לְוַדַּאי
influential קָרוֹב לַמַּלְכוּת

jerk
[kre] 1 revolt, rebellion. 2 mishap. 3 pollution קֶרִי ז
[kri] scriptural text, should be read as... קְרִי ז
[ka'ri] 1 readable, legible. 2 called, summoned קָרִיא ת
[keri''a] 1 reading. 2 appeal, proclamation. 3 recitation. 4 challenge קְרִיאָה נ
[keriy''ut] legibility קְרִיאוּת נ
interjection, ejaculation קְרִיאַת בֵּינַיִם
cock-crow קְרִיאַת הַגֶּבֶר
reading of the Scriptural portion in the synagogue קְרִיאַת הַתּוֹרָה
reciting the "shema" prayer קְרִיאַת שְׁמַע
[keri'va] approaching, coming near קְרִיבָה נ
[keri'vut] familiarity, relationship קְרִיבוּת נ
[ka'rid] furred with lime, needing to be scraped קָרִיד ת
[kir'ya] town, city, suburb, borough קִרְיָה נ
['kriza] crisis, breakdown, nervous breakdown קְרִיזָה נ
[keri'xa] 1 plucking hair. 2 baldness קְרִיחָה נ
['kriti] critical, very important קְרִיטִי ת
[kriter'yon] criterion קְרִיטֶרְיוֹן ז
[keri'ma] crusting, formation of crust קְרִימָה נ
[krimi'nali] criminal קְרִימִינָלִי ת
[kar'yan] reader, announcer קַרְיָן ז
[keri'na] radiation, irradiation קְרִינָה נ
ultra violet radiation קְרִינָה עַל סְגֻלָּה
infra-red radiation קְרִינָה תַּת אֲדֻמָּה
[keri'nut] 1 the work of an announcer. 2 public recitation קַרְיָנוּת נ

[ka'rush] 1 coagulated, congealed. 2 jellified קָרוּשׁ ת
[ke'rush] coagulation, congealment קֵרוּשׁ ז
[kir'zul] waving, curling, "setting" of hair קִרְזוּל ז
[kir'zel] to wave, set, curl (hair) קִרְזֵל פ״י
[ka'rax] 1 to make bald, shear. 2 to pluck, uproot קָרַח פ״י
['kerax] 1 ice. 2 bald spot קֶרַח ז
[ke're'ax] bald קֵרֵחַ ת
losing on both counts, falling between two stools קֵרֵחַ מִכָּאן וּמִכָּאן
[kar'xa] 1 bald spot. 2 desolate clearing קָרְחָה נ
[kar'xon] 1 glacier. 2 iceberg קַרְחוֹן ז
[ker'xut] baldness קֵרְחוּת נ
[kar'xi] icy, glacial, transparent קַרְחִי ת
[kar'xan] 1 bald-headed, hairless. 3 ice-vendor קַרְחָן ז
[ka'raxat] 1 baldness. 2 bald spot. 3 clearing (forest) קָרַחַת נ
[ka'rat] karat, carat קָרָט ז
['koret] particle, grain קֹרֶט ז
[kur'tov] 1 small quantity. 2 small liquid measure. 3 "pinch" קֻרְטוֹב ז
[kar'tut] grain קַרְטוּט ז
[kir'tum] nipping, tearing up, plucking קִרְטוּם ז
[kar'ton] cardboard, pasteboard קַרְטוֹן ז
[kir'ton] chalk קִרְטוֹן ז
[kir'tu'a] rocking, swinging קִרְטוּעַ ז
[kir'tem] 1 to rip, tear up. 2 to pull, pluck קִרְטֵם פ״י
[kir'tes] to smooth קִרְטֵס פ״י
[kir'ta'] 1 to leap, jump. 2 to move convulsively, קִרְטַע פ״ע

[karna'val] carnival קַרְנָבָל ז
[karn'zol] diagonal, oblique line קַרְנְזוֹל ז
[karan'tin] quarantine קַרַנְטִין ז
"karne para" (cantillation sign) קַרְנֵי פָרָה
[kar'ni] horny, corneal, keratose קַרְנִי ת
[kar'nit] cornea קַרְנִית נ
[kar'nan] hornwort, hornweed קַרְנָן ז
[kur'nas] sledgehammer קֻרְנָס ז
[kar'naf] rhinoceros קַרְנַף ז
[ka'ras] 1 to kneel, bend. 2 to collapse, sink down, give way קָרַס פ״ע
['keres] hook, clasp קֶרֶס ז
[kir'sum] gnawing, biting, eating away קִרְסוּם ז
[kar'sol] 1 heel. 2 malleolus (anatomy) קַרְסֹל ז
[karsu'lit] gaiter, legging קַרְסֻלִּית נ
[kir'sem] to gnaw קִרְסֵם פ״י
[kur'sam] to be gnawed קֻרְסַם פ״ע
[ka'ra] 1 to tear, rend. 2 to split, divide. 3 to take by force קָרַע פ״י
['kera] 1 tear, rent. 2 breach, division קֶרַע ז
[ke'ra] to tear, rend, split, cut asunder קֵרַע פ״י
[ko'ra] to be torn, rent, split קֹרַע פ״ע
[kera''im] tatters, rags קְרָעִים ז״ר
[krep] crêpe קְרֶפּ ז
[karpa'da] toad קַרְפָּדָה נ
[karpi'yon] carp קַרְפִּיוֹן ז
[kar'pif] enclosure, yard, fenced area קַרְפִּיף, קַרְפֵּף ז
[kir'pef] to fence in קִרְפֵּף פ״י
[ka'rats] 1 to wink. 2 to cut out, shape, divide קָרַץ פ״י
['kerets] 1 destruction. 2 lump קֶרֶץ ז

[keri'sa] buckling, giving way, collapse קְרִיסָה נ
[kriy''a] tearing, rending קְרִיעָה נ
Herculean task, an almost impossible feat קְרִיעַת יַם סוּף
[keri'tsa] winking, blinking קְרִיצָה נ
['kriket] cricket קְרִיקֶט ז
[karika'tura] caricature, cartoon קָרִיקָטוּרָה נ
[ka'rir] 1 cool. 2 indifferent, standoffish קָרִיר ת
[kar'yera] career קַרְיֶרָה נ
[keri'rut] 1 coolness. 2 indifference קְרִירוּת נ
[kariye'rist] careerist, ambitious person קַרְיֶרִיסְט ז
[ka'rish] 1 jelly, aspic. 2 clot קָרִישׁ ז
blood clot קְרִישׁ־הַדָּם
[keri'sha] coagulation קְרִישָׁה נ
[keri'shut] ability to clot, capacity to coagulate קְרִישׁוּת נ
[ka'ram] 1 to form a crust. 2 to overlay with skin קָרַם פיו״ע
[krem] cream קְרֶם ז
[krema'toryum] crematory קְרֶמָטוֹרְיוּם ז
[kar'mid] tile, roof-tile קַרְמִיד ז
[ke'ramika] ceramics קֶרָמִיקָה נ
[kar'mit] cow-wheat קַרְמִית, קָרְמִית נ
[ka'remet] diphtheria קָרֶמֶת נ
[ka'ran] to radiate, beam, shine קָרַן פ״ע
['keren] 1 horn, shofar. 2 ray, beam. 3 fund. 4 capital קֶרֶן נ
cupping-glass קֶרֶן אֻמָּן
doubtful venture, unpaid work קֶרֶן הַצְּבִי
aside, dark corner קֶרֶן זָוִית
refuge קֶרֶן יֶשַׁע
trust fund קֶרֶן נֶאֱמָנוּת
Jewish National Fund קֶרֶן קַיֶּמֶת
reserve fund קֶרֶן שְׁמוּרָה

of dough. 3 wink, hint. 4 spatula, shovel
קֵרֵץ פ״י [ke'rets] 1 to cut. 2 wink
קֹרַץ פ״ע [ko'rats] to be cut, pinched, shaped
קֻרְצָה נ [kur'tsa] lump of dough
קִרְצוּף ז [kir'tsuf] scraping, currying
קַרְצִית נ [kar'tsit] tick (insect)
קִרְצֵף פ״י [kir'tsef] 1 to scrape. 2 to comb coarsely
קֻרְצַף פ״ע [kur'tsaf] 1 to be scraped. 2 to be combed
קֻרְקְבָן ז [kurke'van] 1 gizzard. 2 stomach. 3 navel
קָרָקוּל ז [kara'kul] caracul, sheep's fur
קִרְקוּעַ ז [kir'ku'a] 1 grounding. 2 confining to barracks
קִרְקוּר ז [kir'kur] 1 crowing, croaking. 2 undermining, shattering
קִרְקוּשׁ ז [kir'kush] clink, clinking
קִרְקָס ז [kir'kas] circus
קַרְקַע ז [kar'ka'] 1 soil, land. 2 earth, ground. 3 immovable property
קַרְקַע בְּתוּלָה virgin territory, unexplored area or subject
קַרְקַע עוֹלָם ownerless load
קַרְקַע עִלִּית topsoil
קִרְקַע פ״י [kir'ka'] to ground (aircraft)
קֻרְקַע פ״ע [kur'ka'] to be grounded
קַרְקָעִי ת [karka''i] landed, of land
קַרְקָעִית נ [karka''it] 1 bottom. 2 fundus (eye)
קִרְקֵף פ״י [kir'kef] to scalp, behead
קַרְקֶפֶת נ [kar'kefet] 1 scalp, head, skull, pate. 2 mass of flowers
קִרְקֵר פ״י [kir'ker] 1 to crow, cackle. 2 to destroy, demolish. 3 to dance, revel
קַרְקֵרָה נ [karke'ra] 1 crowing, cackling. 2 boasting
קַרְקְרָן ז [karke'ran] croaker
קַרְקֶרֶת נ [kar'keret] bottom
קִרְקֵשׁ פ״י [kir'kesh] to rattle, jingle, clatter
קַרְקָשׁ ז [kar'kash] bell, rattle, clapper
קָרָר ז [ka'rar] carter, coachman
קֵרֵר פ״ע [ke'rar] 1 to cool, chill. 2 to refrigerate
קֹרַר פ״ע [ko'rar] to be cooled, chilled
קָרַשׁ פ״ע [ka'rash] to freeze, congeal
קֶרֶשׁ ז ['keresh] 1 plank, board. 2 blockhead (colloquial). 3 frigid person
קֶרֶשׁ קְפִיצָה 1 springboard. 2 stepping stone
קְרֶשְׁצֶ'נְדוֹ ז [kresh'tshendo] crescendo
קֶרֶת נ ['keret] town, city
קֹרַת רוּחַ satisfaction, gratification
קַרְתָּן ז [kar'tan] provincial, rustic, parochial
קַרְתָּנוּת ת [karta'nut] provincialism, boorishness, parochialism
קַרְתָּנִי ת [karta'ni] provincial, rustic
קַשׁ ז [kash] straw, chaff
קַשׁ וּגְבָבָה 1 straw and stubble. 2 worthless stuff, rubbish
קַשׁ יָבֵשׁ dry stubble, valueless stuff
קָשַׁב פ״ע [ka'shav] to listen, hear, hearken
קֶשֶׁב ז ['keshev] attention, listening, attentiveness
קַשָּׁב ת [ka'shav] radio monitor
קִשָּׁבוֹן ז [kisha'von] attentiveness
קָשָׁה פ״ע ת [ka'sha] 1 to harden, solidify, become stiff. 2 to be difficult, harsh. 3 hard, difficult (f)
קָשֶׁה ת תה״פ [ka'she] 1 hard, difficult, severe. 2 hard, severely
קְשֵׁה גוֹרָל ill-fated

קָשֶׁה הֲבָנָה slow-witted
קְשֵׁה חִנּוּךְ backward
קְשֵׁה יוֹם unfortunate, deprived
קְשֵׁה לֵב 1 cruel, hard-hearted. 2 obstinate
קְשֵׁה עֹרֶף 1 stiffnecked. 2 obstinate, obdurate
קְשֵׁה רוּחַ unfortunate, unhappy
קְשֵׁה תְּפִיסָה slow-witted
קָשָׁה פיו"ע [ki'sha] 1 to encounter difficulty. 2 to labour in childbirth
קִשָּׁה עֹרֶף to be stubborn
קִשּׁוּא ז [ki'shu] marrow, courgette, pumpkin
קַשּׁוּב ת [ka'shuv] attentive
קַשְׂוָה נ [kas'va] 1 libation cup. 2 jug, vessel, jar
קָשׁוּחַ ת [ka'shu'ax] 1 tough. 2 hard, cruel, unrelenting. 3 rigid
קְשׁוּחַ לֵב hard-hearted
קִשּׁוּט ז [ki'shut] 1 shot. 2 ornament, decoration
קִשּׁוּי ז [ki'shuy] 1 stiffening, hardening. 2 difficult birth pangs
קָשׁוּר ת [ka'shur] connected, tied, bound
קִשּׁוּר ז [ki'shur] 1 tie, connection. 2 association, liaison. 3 ligature, juncture
קָשׁוֹת תה"פ [ka'shot] very hard, very severely
קִשּׁוּת נ [ki'shut] 1 marrow. 2 pumpkin
קִשֵּׁחַ ת [ki'she'ax] to harden, toughen
קָשֵׁחַ ת [ka'she'ax] rigid, cruel
קַשְׁחוּת נ [kish'xut] cruelty, toughness
קָשַׁט פ"י [ka'shat] to adorn, beautify, embellish
קֹשֶׁט, קֹשְׁטְ ז ['koshet] 1 truth, certainty. 2 righteousness. 3 costus
קַשָּׁט ז [ka'shat] 1 decorator. 2 archer, bowman
קִשֵּׁט פ"י [ki'shet] to adorn, decorate, embellish
קַשְׁטָנוּת נ [kashta'nut] ornamentation, art of decoration
קֹשִׁי ז ['koshi] hardness, difficulty, obstinacy
קְשִׁי יוֹם unfortunate, unhappy
קְשִׁי לֵב hard-heartedness
קֻשְׁיָה נ [kush'ya] difficulty, awkward problem, dilemma
קִשְׁיוֹן ז [kish'yon] induration
קַשְׁיוּת נ [kash'yut] hardness, severity
קַשְׁיוּת לֵב hard-heartedness
קַשְׁיוּת עֹרֶף obstinacy, obduracy
קָשִׁיחַ ת [ka'shiy'ax] hard, rigid, unbending
קְשִׁיחוּת נ [keshi'xut] toughness, stiffness, hardness
קְשִׂיטָה נ [keshi'ta] kesita (ancient coin)
קַשְׁיָן ת [kash'yan] hard, tough
קְשִׁירָה נ [keshi'ra] 1 binding, tying. 2 tightening, tautening
קָשִׁישׁ ת [ka'shish] old, elderly, senior, veteran
קָשִׁישׁ ז [ka'shish] splint, piece of straw
קְשִׁישׁוּת נ [keshi'shut] elderliness, advanced age
קָשִׁית נ [ka'shit] drinking straw
קִשְׁקוּשׁ ז [kish'kush] 1 clattering, rattling. 2 prattling, nonsense. 3 hoeing
קַשְׁקַשׁ ז [kash'kash] 1 bit of straw. 2 splinter
קַשְׂקַשׂ ז [kas'kas] scale (fish)
קִשְׁקֵשׁ פ"ע [kish'kesh] 1 to rattle, clink, jingle. 2 to prattle. 3 to hoe. 4 to gather firewood. 5 to scribble
קַשְׁקְשָׁן ז [kashke'shan] prattler,

arcuate

קֶשֶׁת נ ['keshet] 1 bow. 2 rainbow. 3 arch. 4 violin bow

קַשָּׁת ז [ka'shat] 1 bowman, archer. 2 Sagittarius

קִשְׁתָה לָלֶדֶת to have difficult birth pains

קַשְׁתִּי ת [kash'ti] arched, vaulted, arcuate

קַשְׁתִּית נ [kash'tit] 1 fretsaw. 2 iris (eye)

קַשְׁתָּנִית נ [kashta'nit] 1 small drill. 2 bow

קַת נ [kat] handle, haft, butt

קָתֶדְרָה נ [kate'dra] 1 professorial chair. 2 seat of hono(u)r

קָתֶדְרָלָה נ [kate'drala] cathedral

קָתוֹדָה ז [ka'toda] cathode

קָתוֹלִי ת [ka'toli] Catholic

קָתוֹלִיּוּת נ [ka'toliyut] Catholicism

קֹתֶל ז ['kotel] 1 wall. 2 fat meat

קַתְרוֹס ז [kat'ros] 1 lute, lyre, kithara. 2 guitar

קִתְרֵס פ״ע [kit'res] to play on the lute

קָתַרְסִיס ז [ka'tarsis] catharsis

chatterbox

קַשְׁקְשָׁנוּת נ [kashkesha'nut] gossip, idle chatter, prattling

קַשְׂקֶשֶׂת נ [kas'keset] 1 scales (fish). 2 dandruff

קָשַׁר פ״י [ka'shar] 1 to tie, bind, knot. 2 to conspire

קֶשֶׁר ז ['kesher] 1 knot, tie. 2 link, nexus. 3 communication. 4 joint. 5 plot, conspiracy

קֶשֶׁר בֹּהֶן overhand knot

קֶשֶׁר יַמִּי nautical mile

קֶשֶׁר שָׁטוּחַ reef knot

קַשָּׁר ז [ka'shar] 1 liaison officer. 2 signaller, signalman

קִשֵּׁר פ״י [ki'sher] to tie, bind, make contact

קֻשַּׁר פ״ע [ku'shar] to be tied, connected

קַשָּׁרוּת נ [kasha'rut] liaison

קָשַׁשׁ פ״י [ka'shash] to gather straw, dry wood

קִשֹּׁשֶׁת נ [ki'shoshet] 1 splint. 2 piece of straw

קָשׁוֹת ת [ka'shot] vaulted, arched,

ר

1· Resh, twentieth letter in the Hebrew alphabet. 2 200 — ר

[raˈ'a] 1 vulture. 2 to see, behold. 3 to understand, perceive. 4 to consider worthy — רָאָה נ פ״י

to foresee future events — רָאָה אֶת הַנּוֹלָד

to witness, be witness to — רָאָה בְּ־

to be content, enjoy life — רָאָה בְּטוֹב

to gloat over someone's downfall — רָאָה בִּפְלוֹנִי

to enjoy life — רָאָה חַיִּים

to be polluted by semen — רָאָה קֶרִי

[reˈ'a] lung — רֵאָה נ

[ra'aˈva] 1 show, display. 2 viewing with mockery — רַאֲוָה נ

[raˈ'uy] 1 worthy. 2 suitable, fit. 3 designated, appointed — רָאוּי ת

[reˈ'ut] 1 sight, vision. 2 visibility — רְאוּת נ

[ra'avˈtan] 1 show-off. 2 exhibitionist — רַאַוְתָן ז

[ra'avtaˈni] boasting, exhibitionistic — רַאַוְתָנִי ת

[ra'avtaˈnut] 1 showing-off. 2 exhibitionism — רַאַוְתָנוּת נ

[roˈ'i] 1 sight, appearance. 2 nature. 3 excrement, dung — רֳאִי ז

[reˈ'i] 1 mirror, looking-glass. 2 -scope. 3 spectacle, sight, appearance, aspect — רְאִי ז

[re'aˈya] proof, evidence — רְאָיָה נ

[re'iˈya] 1 sight, vision, seeing. 2 evidence, testimony — רְאִיָּה נ

[re'aˈyon] 1 interview. 2 meeting, appointment — רֵאָיוֹן ז

[re'iˈyut] visibility — רְאִיּוּת נ

[riˈ'yen] to interview — רִאְיֵן פ״י

[ruˈ'yan] to be interviewed — רֻאְיַן פ״י

[re'iˈno'a] cinema, movie — רְאִינוֹעַ ז

[re'ikoˈli] audio-visual — רְאִיקוֹלִי ת

foresight, anticipation — רְאִיַּת הַנּוֹלָד

bookkeeping, accountancy — רְאִיַּת חֶשְׁבּוֹנוֹת

pilgrimage to the Temple — רְאִיַּת פָּנִים

[reˈ'ali] 1 real, concrete. 2 realistic — רֵאָלִי ת

[raˈ'am] to be elevated, high, lofty — רָאַם פ״ע

[reˈ'em] buffalo — רְאֵם ז

[raˈmot] precious stones, coral — רָאמוֹת נ״ר

[rosh] 1 head. 2 beginning, start. 3 chief, captain. 4 crest, summit. 5 most important. 6 poisonous plant — רֹאשׁ ז ת

head of family, pater familias — רֹאשׁ אָבוֹת

exactly, precisely — רֹאשׁ בְּרֹאשׁ

bridgehead — רֹאשׁ גֶּשֶׁר

penis — רֹאשׁ הַגְּוִיָּה

chief spokesman — רֹאשׁ הַמְדַבְּרִים

prime minister, premier — רֹאשׁ הַמֶּמְשָׁלָה

mayor — רֹאשׁ הָעִיר

new year — רֹאשׁ הַשָּׁנָה

arrowhead, wedge — רֹאשׁ חֵץ

cornerstone — רֹאשׁ פִּנָּה

wholeheartedly — רֹאשׁוֹ וְרֻבּוֹ

[riˈshon] 1 first. 2 former. 3 principal — רִאשׁוֹן ת

second cousin רִאשׁוֹן בְּשֵׁנִי
[risho'na] 1 at first, in the first place 2 first (f) רִאשׁוֹנָה תה"פ, ת
[risho'nut] 1 preference. 2 primacy. 3 being first רִאשׁוֹנוּת נ
[risho'ni] 1 primary, original. 2 basic רִאשׁוֹנִי ת
[risho'nim] 1 ancestors. 2 the ancients רִאשׁוֹנִים
[rishoni'yut] 1 originality. 2 primacy רִאשׁוֹנִיּוּת נ
[ra'shut] leadership, premiership רָאשׁוּת נ
outline, main topics רָאשֵׁי פְּרָקִים
initials רָאשֵׁי תֵּבוֹת
[ra'shi] chief, principal, primary, main רָאשִׁי ת
[roshi'ya] hitting the ball with the player's head רֹאשִׁיָּה נ
[re'shit] 1 beginning, start. 2 choice, first fruits. 3 first of all, firstly רֵאשִׁית נ תה"פ
1 early prime. 2 first born רֵאשִׁית אוֹנוֹ
to begin with, the first condition is, sine qua non רֵאשִׁית חָכְמָה
firstly, first of all רֵאשִׁית כֹּל
[reshi'ti] primitive, primeval, primordial רֵאשִׁיתִי ת
[reshiti'yut] primitiveness רֵאשִׁיתִיּוּת נ
[ro'shan] tadpole רֹאשָׁן ז
to menstruate רָאֲתָה נִדָּה
[ra'a'tan] 1 skin disease. 2 gonorrhea רַאֲתָן, רָאתָן ז
[rav] to quarrel רָב פ"ע
to take up someone's cause רָב אֶת רִיבוֹ שֶׁל פְּלוֹנִי
[rav] 1 rabbi. 2 archer. 3 to shoot, cast. 4 much, a lot of. 5 enough רַב ז פיו"ע ת תה"פ
polynomial רַב אֵיבָר
major-general רַב אַלּוּף
1 ship's captain. 2 shipmaster רַב חוֹבֵל
1 charitable. 2 merciful רַב חֶסֶד
1 chef, chief cook. 2 arch-murderer רַב טַבָּחִים
great good רַב טוּב
corporal (Israel army) רַב טוּרַאי
very strong רַב כֹּחַ
polyglot, multilingual רַב לְשׁוֹנִי
1 chief-sorcerer. 2 juggler רַב מָג
bestseller רַב מֶכֶר
polysemantic רַב מַשְׁמָעִי
sergeant-major (Israel army) רַב סַמָּל
major (Israel army) רַב סֶרֶן
pragmatic, energetic רַב פְּעָלִים
many-sided, with many facets רַב צְדָדִי
many-sidedness רַב צְדָדִיּוּת
polyhedron רַב צַלְעוֹן
polyphonic רַב קוֹלִי
careful attention, careful listening רַב קֶשֶׁב
perennial רַב שְׁנָתִי
[rov] 1 majority. 2 abundance, plethora. 3 most רֹב ז
overwhelming majority the vast majority, רֹב בִּנְיָן, רֹב מִנְיָן
the greater part רֹב רֻבּוֹ
['raba] 1 great, important. 2 senior רַבָּא, רַבָּה ת
[re'vav] 1 oil, grease. 2 stain, grease-spot רְבָב ז
[ra'vav] to shoot, throw רָבַב פ"י
[ri'bev] to make rain רִבֵּב פ"י
[reva'va] ten thousand, myriad רְבָבָה נ
[reva'vit] one ten-thousandth רְבָבִית נ

very much. 2 many (f)
[revu'ta] 1 greatness, dignity. 2 a remarkable thing רְבוּתָא, רְבוּתָה נ
[rabo'tai] Gentlemen! רַבּוֹתַי! מ״ק
[ra'bat] rebate, discount רַבָּט ז
['rabi] "Rabbi", title of learned scholar רַבִּי ז
[revi'vim] light rain, shower, drizzle רְבִיבִים ז״ר
[ra'biv] major (music) רַבִּיב ת
[ra'vid] necklace, chain רָבִיד ז
[revi'ya] 1 shooting. 2 increase, reproduction רְבִיָּה נ
[riv'yon] multiplication, increase רִבְיוֹן ז
[revi'xa] thickening רְבִיכָה נ
[re'viy'a] 1 quarter. 2 biblical cantillation sign. 3 quadrant רְבִיעַ ז
[reviy'a] 1 mating (animals). 2 sodomy, pederasty. 3 rainy season, rainfall רְבִיעָה נ
[reviy'on] quaternary רְבִיעוֹן ז
[reviy'o'ni] quaternary רְבִיעוֹנִי ת
[reviy'i] 1 quadrantal. 2 fourth. 3 Wednesday רְבִיעִי ת
[revi'i'ya] 1 quartet. 2 set of four. 3 quadruplets. 4 tetrad, tetralogy רְבִיעִיָּה נ
[reviy'it] 1 quarter, fourth. 2 rainy season רְבִיעִית נ
[revi'tsa] lying, crouching, bending רְבִיצָה נ
[ri'bit] 1 interest (loan, etc.). 2 usury רִבִּית נ
compound interest רִבִּית דְּרִבִּית
exorbitant interest רִבִּית קְצוּצָה
[ra'vax] 1 to thicken. 2 to fry with flour רָבַךְ פ״י
[ra'ban] teacher, educator רַבָּן ז
[raba'nut] 1 Rabbinate, rabbinical status. רַבָּנוּת ת

[ra'vag] to heap, pile up in disorder רָבַג פ״ע
[ra'vog] heaped, piled up in disorder רָבֹג ת
[ravgo'ni] variegated, multicolo(u)red רַבְגּוֹנִי ת
[ravgoni'yut] variety, variegation רַבְגּוֹנִיּוּת נ
[ra'vad] to spread, lay out רָבַד פ״י
['reved] carpet רֶבֶד ז
['roved] 1 layer, stratum. 2 mosaic pavement רֹבֶד ז
bacterial plaque רֹבֶד חַיְדַּקִּים
[re'vad] stain, grease-spot רְבָד ז
[ri'bed] to stratify, laminate רִבֵּד פ״י
[ra'va] 1 to multiply, grow, increase. 2 to be or become great רָבָה פ״ע
[ri'ba] 1 jam. 2 to increase. 3 to breed, cultivate. 4 to pluralize. 5 to widen scope רִבָּה נ פ״י
for the most part רֻבּוֹ כְּכֻלּוֹ
[ri'bo] myriad, ten thousand רִבּוֹא נ
[revu'va] musical instrument רְבוּבָה נ
[ri'bud] stratification, lamination, layering רִבּוּד ז
[ri'buy] 1 amplification. 2 large number, increase. 3 plural. 4 inclusion (by implication). 5 breeding, rearing רִבּוּי ז
dual (grammar) רִבּוּי זוּגִי
[ri'bon] master, lord רִבּוֹן ז
[ribo'nut] sovereignty רִבּוֹנוּת נ
[ribo'ni] sovereign רִבּוֹנִי ת
[re'bus] rebus רֶבּוּס ז
[ra'vu'a] square רָבוּעַ ת
[ri'bu'a] 1 square. 2 rectangle, quadrangle רִבּוּעַ ז
[ra'vuts] lying, sprawled out רָבוּץ ת
[ri'buts] sprinkling (of streets) רִבּוּץ ז
[ra'bot] 1 tremendously, רַבּוֹת תה״פ ת

[ravtsal''on] polyhedron רַבְצַלְעוֹן ז
[rav'tsan] croucher (animal) רַבְצָן ת
[riv'ka] harness yoking two or three beasts of burden רִבְקָה נ
[rav'rav] senior official רַבְרָב ז
[riv'rev] to magnify, aggrandize רִבְרֵב פ״י
[ravre'van] boaster, swanker, show-off רַבְרְבָן ת
[ravreva'nut] boastfulness, pride, vainglory, conceit רַבְרְבָנוּת נ
[ravreva'ni] boastful, swanking רַבְרְבָנִי ת
[ra'bat] many, much רַבַּת תה״פ
[raba'ti] 1 great, mighty. 2 larger, greater (city). 3 capital (letter) רַבָּתִי ת
['regev] clod of earth רֶגֶב ז
[ra'guv] full of clods רָגוּב ת
[ri'gug] desire, longing רִגּוּג ז
[ra'guz] angered, angry רָגוּז ת
[ri'guz] anger, causing anger רִגּוּז ז
[ra'gul] tied, bound by the feet, hog-tied רָגוּל ת
[ri'gul] spying, espionage רִגּוּל ז
[ri'gum] 1 mortaring, shelling. 2 stoning רִגּוּם ז
[ri'gun] grumble, complaint, grouse רִגּוּן ז
[ra'gu'a] calm, relaxed, tranquil, peaceful רָגוּעַ ת
[ra'gush] excited, emotional רָגוּשׁ ת
[ri'gush] 1 emotional state. 2 excitement, agitation. 3 emotion רִגּוּשׁ ז
[rigu'shi] emotional רִגּוּשִׁי ת
[ra'gaz] to be or become angry רָגַז פ״ע
['rogez] 1 anger, ire. 2 irritation, exasperation, annoyance רֹגֶז ז

2 mastery, authority
[raba'ni] 1 Rabbinical. 2 pious. 3 learned רַבָּנִי ת
[ruba'ni] by majority, of majority רֻבָּנִי ת
[raba'nit] Rabbi's wife רַבָּנִית נ
[raba'nan] our teachers, our sages רַבָּנָן ז״ר
[ri'bas] rhubarb רִבָּס ז
[ra'va] 1 to copulate, mate. 2 to commit sodomy. 3 to be inseminated, impregnated רָבַע פ״י
['reva] 1 quarter. 2 side of a quadrilateral. 3 rain showers רֶבַע ז
['rova] 1 quarter. 2 neighbourhood רֹבַע ז
[ri'ba'] 1 to square. 2 to quadruple. 3 to do for the fourth time רִבַּע פ״י
[ri'be'a] great-grandchild רִבֵּעַ ז
[riv''a] quarter of a dinar (coin) רִבְעָה נ
[reva''a] quadruplet, foursome, quartet רְבָעָה נ
[riv''on] quarterly periodical רִבְעוֹן ז
[reva''i] of the fourth year רְבָעִי ת
[rav''it] quartet (music) רַבְעִית נ
[ra'vats] 1 to lie, crouch, sit over. 2 to brood (birds) רָבַץ פ״ע
[ri'bets] 1 to sprinkle water. 2 to spread, disseminate. 3 to settle רִבֵּץ פ״ע
['revets] lair, pen, corral, pasture, fold רֵבֶץ ז
[ru'bats] to be sprinkled with water רֻבַּץ פ״ע
[riv'tsa] lair, fold, pen, corral, pasture רִבְצָה ז
[riv'tsal] ampule (perfume) רִבְצָל ז

man

רַגְלַיִם לַדָּבָר there is foundation to the idea

רַגְלִית נ [rag'lit] trailing vine

רָגַם פ״י [ra'gam] to stone, cast stones at

רֹגֶם ז ['rogem] ancient heap of stones, dolmen, cairn

רַגָּם ז [ra'gam] mortarman

רִגֵּם פ״י [ri'gem] 1 to stone. 2 to attack with mortars

רֻגַּם פ״ע [ru'gam] 1 to be stoned. 2 to be attacked with mortars

רָגַן פ״ע [ra'gan] to complain, grumble

רֶגֶן ז ['regen] complaining, grumbling

רִגֵּן פ״י [ri'gen] to complain, grumble

רָגַע פיו״ע [ra'ga] to calm down, quiet down, be tranquil

רָגֵעַ ת [ra'ge'a] calm, tranquil, serene, placid

רֶגַע ז ['rega] 1 moment, instant. 2 minute. 3 peace, rest

רֶגַע כְּמֵימְרָה instantly

רֶגַע קָט a moment, a trice, a second

רֹגַע ז ['roga] calm, serenity, tranquility

רִגְעִי ת [rig''i] momentary, transient

רִגְעִיּוּת נ [rig'i'yut] momentariness

רָגַשׁ פ״ע [ra'gash] 1 to be in a tumult, to rage (sea). 2 to be excited, noisy

רֶגֶשׁ ז ['regesh] feeling, emotion, sentiment

רִגֵּשׁ פ״ע [ri'gesh] to excite, make excited

רַגָּשׁ ת [ra'gash] feeling, sensitive

רִגְשָׁה נ [rig'sha] noise, commotion,

רַגָּז ת [ra'gaz] irritated, angered, excited

רָגְזָה, רָגְזָה נ [rog'za] 1 anger, wrath. 2 anxiety, fear

רַגְזָן ז [rag'zan] bad-tempered, irritable, irate

רַגְזָנוּת נ [ragza'nut] irascibility, anger, spleen

רַגְזָנִי ת [ragza'ni] bad-tempered, angry

רְגִיזָה נ [regi'za] anger, becoming angry

רָגִיל ת [ra'gil] 1 ordinary, common, habitual, usual. 2 used to, accustomed

רְגִילָה נ [regi'la] spying, espionage

רְגִילוּת נ [regi'lut] habit, custom, practice

רְגִימָה נ [regi'ma] 1 stoning. 2 shelling with mortars

רְגִינָה נ [regi'na] grumble, complaint, grouse

רְגִיעָה נ [regiy''a] 1 relaxation, calming down, pause. 2 shrinkage, contraction

רָגִישׁ ת [ra'gish] sensitive, touchy, excitable

רְגִישָׁה נ [regi'sha] excitement

רְגִישׁוּת נ [regi'shut] sensitivity

רָגַל פ״ע [ra'gal] to slander, backbite

רֶגֶל נ ['regel] 1 foot, leg. 2 base, bottom (mountain). 3 time, period, festival. 4 pilgrimage

רֶגֶל רָמָה 1 arrogance. 2 swagger

רִגֵּל פ״י [ri'gel] 1 to spy. 2 to slander. 3 to guide. 4 to make someone go on foot

רְגֵלָה נ [rege'la] portulaca (plant), purslane

רַגְלִי ת ז [rag'li] 1 on foot. 2 infantry-

tumult

[rig'shi] emotional — רִגְשִׁי ת

[rigshi'yut] sensitivity, emotionality — רִגְשִׁיּוּת נ

[rag'shan] emotional, sentimentalist — רַגְשָׁן ז

[ragsha'nut] sentimentality — רַגְשָׁנוּת נ

[ragsha'ni] emotional, sentimental — רַגְשָׁנִי ת

[rad] to come down, descend — רַד פ״ע

[ra'dai] 1 remover of honey from hive. 2 remove bread from the oven — רַדַּאי ז

[ra'dad] 1 to trample, flatten. 2 to subdue — רָדַד פ״י

['reded] 1 beaten metal. 2 rolled out dough. 3 flap of tent — רֶדֶד ז

[ri'ded] 1 to roll out, flatten. 2 to shallow — רִדֵּד פ״י

[ru'dad] to be flattened, rolled out — רֻדַּד פ״ע

[ra'da] 1 to rule. 2 to subdue, tyrannize. 3 to punish — רָדָה פ״י

[ri'da] 1 to subdue. 2 to punish. 3 to drive, chase — רִדָּה פ״י

[ra'dud] shallow — רָדוּד ת

[ri'dud] 1 flattening, rolling-out. 2 beating-out, shallowing — רִדּוּד ז

[ra'duy] removed (honey or bread) — רָדוּי ת

[ri'duy] 1 punishment. 2 rule, control. 3 subjugation — רִדּוּי ז

[ra'dum] 1 sleepy, drowsy. 2 somnolent. 3 dormant — רָדוּם ת

[ra'duf] persecuted, pursued, chased, hunted — רָדוּף ת

[ri'duf] chase, pursuit, hunt — רִדּוּף ז

[re'did] 1 scarf, veil, shawl. 2 mantle. 3 fold. 4 foil — רְדִיד ז

[redi'dut] shallowness — רְדִידוּת נ

[redi'ya] 1 subjugation. 2 removal (honey or bread) — רְדִיָּה נ

['radyo] radio — רַדְיוֹ ז

[ra'dim] sleepy, drowsy, somnolent — רָדִים ת

[rad'yan] 1 farmer. 2 radian — רַדְיָן ז

[redi'fa] 1 pursuit, chase. 2 persecution — רְדִיפָה נ

[redi'fut] persecution — רְדִיפוּת נ

[ra'dam] to doze, slumber — רָדַם פ״ע

['redem] sleep, slumber — רֶדֶם ז

[ra'dam] anaesthetist — רַדָּם ז

[ra'demet] lethargy, stupor — רַדֶּמֶת נ

[ra'daf] 1 to chase, hunt, pursue. 2 to persecute. 3 to seek. 4 to flow — רָדַף פ״י

[ri'def] to run after, drive away — רִדֵּף פ״י

[ru'daf] to be chased, driven away — רֻדַּף פ״ע

['redet] going down, descent — רֶדֶת שה״פ

[ra'hav] 1 to boast, be arrogant. 2 to fear. 3 to be insolent — רָהַב פ״ע

['rahav] 1 boastfulness, conceit. 2 sea monster. 3 courage. 4 greatness — רַהַב ז

['rohav] 1 pride. 2 greatness — רֹהַב ז

[ra'ha] to fear, hesitate — רָהָה פ״ע

[re'he] fearful, hesitant — רֵהֶה ת

[ra'hut] 1 fluent (speech). 2 cursive (script) — רָהוּט ת

[ri'hut] 1 fluency. 2 furniture, furnishing — רִהוּט ז

[ra'huy] fearful, hesitant, wavering — רָהוּי ת

[ra'hat] to run, hurry — רָהַט פ״ע

['rahat] 1 trough. 2 fluency, flow (speech) — רַהַט ז

[ri'het] to furnish — רִהֵט פ״י

רֹהַט, רֻהַט פ״ע [roˈhat] to be furnished

רְהָטָא ז [rihaˈta] 1 fluency. 2 speed, haste

רַהֲטוֹן ז [rahaˈton] large army unit

רָהִיט ז [raˈhit] 1 piece of furniture. 2 rafter, beam

רְהִיטָה נ [rehiˈta] 1 speed, fluency. 2 trot (animal)

רְהִיטוּת נ [rehiˈtut] 1 fluency. 2 cursiveness

רָהִיטָן ז [rahiˈtan] furniture-maker

רָהִיטָנוּת נ [rahitaˈnut] furniture-making

רְהִיטָנִי ז [rehitaˈni] plane (tool)

רוֹאֶה ז [roˈʼe] 1 seer. 2 onlooker, spectator

רוֹאֶה אֶת הַנּוֹלָד visionary

רוֹאֵה חֶשְׁבּוֹן accountant

רוֹאֵה שְׁחֹרוֹת pessimist

רוֹאוֹת נ״ר [roˈʼot] eyes

רוֹבָאוּת נ [rovaˈʼut] musketry

רוֹבַאי ז [roˈvai] rifleman, musketeer

רוֹבֶה ז [roˈve] 1 rifle, musket. 2 lad, young man. 3 archer

רוֹבֵה צַיִד shotgun

רוֹגְזָנִי ת [rogzaˈni] angry, easily angered

רוֹגֵן ת [roˈgen] grumbler, grouser

רוֹגֵעַ ת [roˈgeʼa] calm, relaxed, quiescent

רוֹגֵשׁ ת [roˈgesh] quite stormy

רוֹדֶה ז [roˈde] 1 shovel. 2 remover of bread from oven. 3 ruler, tyrant

רוֹדֵם ת [roˈdem] sleeping, dozing, asleep

רוֹדָן ז [roˈdan] tyrant, dictator

רוֹדָנוּת נ [rodaˈnut] tyranny, oppressive rule

רוֹדָנִי ת [rodaˈni] tyrannical, dictatorial

רָוָה פ״ע [raˈva] 1 to drink one's fill, quench one's thirst. 2 to be sated, satisfied

רָוֶה ת [raˈve] well-watered

רִוָּה פיו״ע [riˈva] to sate, drench

רָווּחַ ת [raˈvuʼax] 1 spacious, roomy, extended. 2 wide, ample

רוֹוֵחַ ת [roˈveʼax] current, common, widespread

רִוּוּחַ ז [riˈvuʼax] spacing

רָווּי ת [raˈvuy] 1 resonant, sonorous. 2 saturated. 3 quenched.

רִוּוּי ז [riˈvuy] 1 saturation, quenching. 2 impregnation

רוֹזֵן ז [roˈzen] 1 count, earl, marquis. 2 ruler

רוֹזְנוּת נ [rozˈnut] earldom, barony

רָוַח פ״ע [raˈvax] 1 to feel relief. 2 to be current, common

רֶוַח ז [ˈrevax] 1 space, interval. 2 profit, gain. 3 dividend

רוּחַ זו״נ [ˈruʼax] 1 wind, breeze. 2 spirit, mind. 3 ghost, demon. 4 mood, feeling

רוּחַ הַחַיָּה the moving spirit, the life and soul

רוּחַ זִלְעָפוֹת stormy wind

רוּחַ חַיִּים breath of life

רוּחַ חֲרִישִׁית breeze, light wind

רוּחַ כֵּהָה melancholy, depression

רוּחַ כְּרִיכָה draught

רוּחַ נְכֵאָה melancholy, depression

רוּחַ נְמוּכָה modesty, humility

רוּחַ סָרָה depression, bad spirits

רוּחַ עִוְעִים perverse spirit, mental derangement

רוּחַ פְּרָצִים strong draught of wind

רוּחַ קָדִים East wind

רוּחַ רָעָה evil spirit

רוּחַ שְׁטוּת folly, madness

רוּחַ תְּזָזִית 1 madness. 2 squally wind

רִוַּח פ״י [riˈvax] to space out,

2 to raise, elevate. 3 to aggrandize. 4 to raise (children). 5 elevated, upright

[rome'mut] 1 stateliness, dignity. 2 height, elevation רוֹמְמוּת נ

[ro'man] 1 novel. 2 love affair, romance רוֹמָן ז

roman-à-clef רוֹמַן מַפְתֵּחַ

[ro'manti] romantic רוֹמַנְטִי ת

[rona'ni] grumbling, complaining רוֹנָנִי ת

[ro''e] 1 shepherd, herdsman. 2 pastor, spiritual leader רוֹעֶה ז

idler, malingerer רוֹעֶה רוּחַ

[ro''it] pastorale (music) רוֹעִית נ

[ro''em] thundering, fulminating רוֹעֵם ת

[ro''ets] calamity, failure, stumbling block רוֹעֶץ ז

[ro''esh] noisy, rowdy, clamorous רוֹעֵשׁ ת

[ro'fe] 1 doctor, physician, healer רוֹפֵא ז

1 quack. 2 witch doctor. 3 charlatan רוֹפֵא אֱלִיל

[ro'fes] weak רוֹפֵס ת

[ro'faf] to become weak, loose רוֹפַף פ״ע

[ro'fef] 1 to weaken, slacken. 2 weak, loose רוֹפֵף פ״י ת

[rofe'fut] slackness, looseness רוֹפְפוּת נ

[ro'tse'ax] murderer, assassin רוֹצֵחַ ז

[rotsxa'ni] murderous רוֹצְחָנִי ת

[ro'tsets] 1 to break, crush. 2 to oppress. 3 to rush to and fro רוֹצֵץ פיו״ע

[ra'vak] bachelor, celibate, single, unmarried רַוָּק ז

[rava'ka] 1 single girl. 2 spinster רַוָּקָה נ

ventilate

[reva'xa] relief, comfort, ease, prosperity, welfare רְוָחָה נ

[riv'xi] profitable, profit-making רִוְחִי ת

[rivxi'yut] profitability רִוְחִיּוּת נ

[reva'xim] profits, gains רְוָחִים ז״ר

[rav'xan] profiteer רַוְחָן ז

[ruxa'ni] spiritual רוּחָנִי ת

[ruxani'yut] spirituality רוּחָנִיּוּת נ

[roteta'ni] vibrating, tremulous, quivering רוֹטְטָנִי ת

[rotna'ni] grumbling, complaining, querulous רוֹטְנָנִי ת

[reva'ya] 1 saturation, satiation. 2 abundance, fullness רְוָיָה נ

[revi'ya] slaking thirst רְוִיָּה נ

[riv'yon] quenching of thirst רִוְיוֹן ז

[ro'xev] 1 shoot (for grafting). 2 rider, horseman, equestrian רוֹכֵב ז

[ro'xel] 1 peddler, pedlar. 2 hawker. 3 merchant. 4 seller of spices רוֹכֵל ז

[rox'lut] peddling, hawking רוֹכְלוּת נ

[rox'san] zipper, slide-fastener, zip רוֹכְסָן ז

separating zipper רוֹכְסָן מִתְפָּרֵד

[rom, rum] 1 height, altitude. 2 vertex. 3 pride, arrogance רוֹם, רוּם ז

haughtiness, arrogance רוּם לֵב, רוּם עֵינַיִם

[roma''i] Roman רוֹמָאִי ת

[ro'ma] proudly, erectly רוֹמָה תה״פ

the most elevated plane רוּמוֹ שֶׁל עוֹלָם

[ro'mi] Roman רוֹמִי ת

['romit] Latin (language) רוֹמִית נ

[ro'mam] to be raised, elevated רוֹמַם פ״ע

[ro'mem] 1 to exalt, praise. רוֹמֵם פ״י ת

רַוָּקוּת נ [rava'kut] 1 bachelorhood. 2 celibacy. 3 spinsterhood
רוֹקֵחַ ז [ro'ke'ax] 1 pharmacist, chemist. 2 apothecary
רוֹקְחוּת נ [rok'xut] pharmacy, pharmaceutics
רוֹקֵם ז [ro'kem] embroiderer
רוֹקַן פ״ע [ro'kan] to be emptied
רוֹקֵן פ״י [ro'ken] to empty
רוֹשׁ ז [rosh] poison, hemlock
רוֹשֵׁף ת [ro'shef] flashing, emitting sparks
רוֹשֵׁשׁ פ״י [ro'shesh] 1 to impoverish. 2 to destroy
רוֹתֵחַ ת [ro'te'ax] boiling
רוֹתְחִים, רוֹתְחִין ז״ר [rot'xim] boiling water
רוֹתֵת ת [ro'tet] shivering
רָז ז [raz] secret, mystery
רָזָה פיו״ע [ra'za] to become thin, lean, slender
רָזֶה ת [ra'ze] lean, thin, slender
רָזֵי דְרָזִין great secrets
רָזוֹן ז [ra'zon] leanness, thinness, slimness
רָזִי ת [ra'zi] mysterious, secret, enigmatic
רְזִיָּה נ [rezi'ya] slimming, becoming thin
רָזִיּוּת נ [razi'yut] secrecy
רְזִימָה נ [rezi'ma] 1 hint, allusion. 2 winking
רָזַם פ״י [ra'zam] to hint, wink, allude
רָחָב ת [ra'xav] 1 wide, broad. 2 large, spacious
רָחַב פ״ע [ra'xav] to become wider, expand, broaden
רַחַב ז ['raxav] broad expanse, open terrain
רֹחַב ז ['roxav] width, breadth, extent
רֹחַב יָד generosity
רֹחַב לֵב magnanimity
רֹחַב נֶפֶשׁ covetousness
רֹחַב יָדַיִם spaciousness
רְחַב לֵב magnanimous
רְחַב נֶפֶשׁ greedy, covetous
רְחָבָה נ [rexa'va] 1 square, wide space. 2 forum, piazza
רַחֲבוּת נ [raxa'vut] 1 width, wideness. 2 comfort, luxury
רָחְבִּי ת [rox'bi] lateral, transverse
רְחוֹב ז [re'xov] 1 street, road. 2 square, empty space
רָחוּם ת [ra'xum] beloved
רַחוּם ת [ra'xum] compassionate, merciful
רִחוּף ז [ri'xuf] hovering, flying
רָחוּץ ת [ra'xuts] washed
רִחוּץ ז [ri'xuts] washing
רָחוֹק ת [ra'xok] far, distant, remote
רִחוּק ז [ri'xuk] 1 distance, remoteness. 2 postponement
רָחוֹשׁ ז [ra'xosh] reptile-shaped ornament
רָחוּשׁ ת ז [ra'xush] 1 excited, agitated. 2 swarming. 3 pan
רִחוּשׁ ז [ri'xush] 1 movement (lips). 2 swarming (insects)
רָחִים ת [ra'xim] beloved, friendly, lovable
רֵחַיִם ז״ז [re'xayim] millstones
רֵחַיִם עַל צַוָּארוֹ heavy burden
רְחִימָאִי [rexima''i] my friend, my good fellow
רְחִיפָה נ [rexi'fa] hovering, fluttering
רָחִיץ ת [ra'xits] washable
רְחִיצָה נ [rexi'tsa] washing
רְחִיצוּת נ [rexi'tsut] washability
רְחִישָׁה נ [rexi'sha] 1 moving, trembling. 2 creeping, swarming
רָחֵל, רְחֵלָה נ [ra'xel, rexe'la] ewe

רָחָם ז [ra'xam] 1 bustard. 2 Egyptian vulture

רָחַם פ״י [ra'xam] to love ←

רַחַם, רֶחֶם ז ['raxam, 'rexem] womb, uterus

רִחֵם פיו״ע [ri'xem] to have pity on, feel compassion for

רַחֲמִים ז״ר [raxa'mim] pity, mercy, compassion

רַחְמָן ת [rax'man] merciful. tender-hearted, compassionate

רַחֲמָנָא לִצְלַן Heaven forbid!

רַחֲמָנוּת נ [raxma'nut] pity, mercy, compassion

רַחֲמָנִי ת [raxma'ni] pitiful, merciful compassionate

רַחֶמֶת נ [ra'xemet] infection of the uterus

רָחַף פ״ע [ra'xaf] to tremble, shudder, quiver

רַחַף ז ['raxaf] 1 hovering, fluttering. 2 trembling, quivering

רִחֵף פ״ע [ri'xef] to hover, sweep over, flutter

רַחֶפֶת נ [ra'xefet] 1 funicular, rope-railway. 2 hovercraft

רְחֹפֶת נ [re'xofet] suspended material

רָחַץ פ״י [ra'xats] to wash, bathe, rinse

רַחַץ ז ['raxats] washing

רִחֵץ פ״י [ri'xets] to wash and clean

רָחְצָה נ [rax'tsa] washing

רַחְצָה נ [rax'tsa] 1 washing, bathing. 2 place for washing or bathing

רָחַק פ״ע [ra'xak] 1 to be far, remote, distant. 2 to keep distance

רָחֵק ת [ra'xek] one who goes far away

רַחַק ז ['raxak] distance

רִחֵק פ״י [ri'xek] 1 to remove, drive away. 2 to alienate, reject

רֻחַק פ״ע [ru'xak] to be removed, driven away

רֹחַק ז ['roxak] distance

רַחֲקוּת נ [raxa'kut] remoteness, distance

רִחְרוּחַ ז [rix'ru'ax] 1 sniffing, scenting, smelling. 2 poking one's nose in

רִחְרַח פ״י [rix'rax] 1 to sniff, smell, scent. 2 to track, detect. 3 to nose around

רָחַשׁ פיו״ע [ra'xash] 1 to whisper. 2 to express. 3 to feel

רַחַשׁ ז ['raxash] 1 stir, commotion. 2 whisper. 3 thought, feeling. 4 reptile

רִחֵשׁ פיו״ע [ri'xesh] to creep, move

רַחֲשׁוּשׁ ז [raxa'shush] 1 rustle, stir. 2 feelings, emotion, prayer

רַחַת נ ['raxat] 1 racket. 2 winnowing shovel

רָטַב פיו״ע [ra'tav] 1 to be wet, moist, juicy. 2 to moisten, make wet

רָטֹב ת [ra'tov] wet, moist, damp

רֹטֶב ז ['rotev] 1 sauce, gravy. 2 juice

רִטָבוֹן ז [rita'von] moisture

רָטָה פ״י [ra'ta] 1 to squeeze, wring out. 2 to extract (juice)

רַטּוֹב ז [ra'tov] bird trap

רִטּוּט ז [ri'tut] vibration

רִטּוּן ז [ri'tun] grumbling, complaining

רָטוֹשׁ ת [ra'tosh] absentee landlord

רָטוּשׁ ת [ra'tush] crushed, split, torn, shredded

רֶטוּשׁ ז [re'tush] retouching (film)

רִטּוּשׁ ז [ri'tush] 1 splitting, tearing. 2 shredding, crushing. 3 retouching (film)

רֶטֶט ז ['retet] 1 shake, quiver,

vibration. 2 thrill

[ra'tat] vibrator רַטָט ז

[ri'tet] to tremble, quiver, shudder, vibrate רִטֵּט פ״ע

[ra'tetet] Parkinson's disease רַטֶטֶת נ

[reti'vut] wetness, dampness רְטִיבוּת נ

[reti'ya] plaster, compress, bandage רְטִיָּה נ

[ra'tit] trembling poplar רָטִיט ת

[ra'tan] courier רָטָן ז

[ra'tan] to grumble, grouse, complain רָטַן פ״ע

['reten] grumble, mumble רֶטֶן ז

[ri'ten] to murmur, grumble רִטֵּן פ״ע

[rat'nan] grumbler רַטְנָן ת

[rit'nen] to grumble, grouch, complain רִטְנֵן פ״ע

[ratna'ni] grumbling, plaintive רַטְנָנִי ת

[rut'pash] 1 to be clumsy. 2 to be fat רֻטְפַּשׁ פ״ע

[ri'tesh] 1 to tear to pieces. 2 to split, crush, shred רִטֵּשׁ פ״י

[ru'tash] to be crushed, ripped, torn רֻטַּשׁ פ״ע

[riv] 1 quarrel, conflict, dispute. 2 to quarrel, fight, argue רִיב ז פ״ע

[ri'va] girl, maiden, damsel רִיבָה נ

['re'ax] 1 smell, odo(u)r. 2 scent, aroma, fragrance רֵיחַ ז

fragrant scent רֵיחַ נִיחוֹחַ

[ri'xa] smelling רִיחָה נ

[re'xan] 1 aroma, herb. 2 basil, sweet basil רֵיחָן ז

[rexa'ni] fragrant, sweet-smelling רֵיחָנִי ת

[rexani'yut] fragrance, sweet-scentedness רֵיחָנִיּוּת נ

[ris] 1 eyelash. 2 stadium, racecourse. 3 poison, venom רִיס ז

[rif] 1 reef. 2 a loaf of bread רִיף ז

[ri'fot] grits, groats, burgul, wheatgroats רִיפוֹת נ״ר

[ri'tsa] 1 run, running. 2 race רִיצָה נ

hurdling רִיצַת מְסוּכוֹת

[rek] 1 empty, void, vacant. 2 vacuous רֵיק ת

[rik] 1 emptiness, void. 2 vanity. 3 vacuum, vacuity רִיק ז

[re'ka] vain, empty-headed, blockhead רֵיקָא ת

[re'kut] emptiness, vanity רֵיקוּת נ

[re'kam] empty-handed, in vain, without achieving one's purpose רֵיקָם ת תה״פ

[re'kan] 1 empty. 2 ignorant, illiterate רֵיקָן ת

[reka'nut] 1 emptiness. 2 vanity רֵיקָנוּת נ

[rir] 1 saliva, spittle, sputum. 2 mucus, discharge רִיר ז

[ri'ri] mucous, moist רִירִי ת

[riri'yut] moistness, mucosity רִירִיּוּת נ

[resh] 1 Resh, twentieth letter of Hebrew alphabet. 2 head, principal. 3 poverty רֵישׁ ז

tutor, teacher's assistant רֵישׁ דוּכָנָא

head or principal of rabbinical seminary רֵישׁ מְתִיבְתָּא

[rish] poverty, destitution, penury רִישׁ ז

['resha] beginning, commencement רֵישָׁא נ

[ri'shut] poverty רִישׁוּת נ

[rax] 1 soft. 2 tender, gentle. 3 very young רַךְ ת

1 faint-hearted. 2 cowardly רַךְ לֵב, רַךְ לֵבָב

[rox] 1 softness, gentleness. 2 tenderness רֹךְ ז

רָכַב פ״ע [ra'xav] to ride, mount
רֶכֶב ז ['rexev] 1 chariot, wagon. 2 means of transportation, vehicle. 3 implant
רַכָּב ז [ra'kav] 1 coachman, horseman, charioteer. 2 upper millstone. 3 grafting branch
רִכֵּב פ״י [ri'kav] 1 to superimpose. 2 to compound (chemistry)
רִכְבָּה נ [rix'ba] riding
רַכֶּבֶל ז [ra'kevel] funicular, cable car
רְכֻבָּה נ [rexu'ba] stirrup
רַכֶּבֶת נ [ra'kevet] 1 railway train. 2 "run", "ladder" (stocking)
רָכוּב ת [ra'xuv] mounted, riding
רְכוּב ז [re'xuv] wagon, carriage, chariot
רִכּוּב ז [ri'kuv] 1 grafting. 2 binding in marriage
רְכוּבָה נ [rexu'va] 1 knee joint. 2 crank
רִכּוּז ז [ri'kuz] concentration, centralization
רִכּוּזִי ת [riku'zi] centralized
רִכּוּזִיּוּת נ [rikuzi'yut] centralization, concentratedness
רִכּוּךְ ז [ri'kux] softening, mollifying
רָכוּן ת [ra'xun] bent, bending
רִכּוּן ז [ri'kun] bending, stooping
רָכוּס ת [ra'xus] buttoned, fastened
רְכוּשׁ ז [re'xush] 1 property, goods. 2 wealth, capital
רְכוּשָׁן ז [rexu'shan] 1 materialist. 2 capitalist
רְכוּשָׁנוּת נ [rexusha'nut] materialism
רְכוּשָׁנִי ת [rexusha'ni] materialistic
רַכּוֹת תה״פ [ra'kot] gently, softly
רַכּוּת נ [ra'kut] 1 softness, gentleness. 2 tenderness
רַכּוּת לֵב faintheartedness, cowardice
רַכָּז ז [ra'kaz] coordinator
רִכֵּז פ״י [ri'kez] 1 to concentrate. 2 to thicken, make more concentrated
רֻכַּז פ״ע [ru'kaz] to be concentrated
רַכֶּזֶת נ [ra'kezet] 1 switchboard. 2 coordinator (f)
רְכִיב ז [re'xiv] component
רְכִיבָה נ [rexi'va] riding
רַכִּיךְ ת [ra'kix] softish, soft, tender
רַכִּיכָה נ [raki'xa] mollusc
רַכִּיכוּת נ [raki'xut] softness, tenderness
רָכִיל ז [ra'xil] 1 gossiper, tattler. 2 slanderer
רְכִילַאי ז [rexi'lai] gossiper, tale-bearer
רְכִילוּת נ [rexi'lut] slander, gossip, tale-bearing
רְכִיסָה נ [rexi'sa] buttoning, clasp, fastening
רְכִישָׁה נ [rexi'sha] acquisition, purchase
רַכִּית נ [ra'kit] rickets
רִכֵּךְ פ״י [ri'kex] to soften, mollify
רַכֶּכֶת נ [ra'kexet] rickets, rachitis
רָכַל פ״ע [ra'xal] to peddle
רֶכֶל ז ['rexel] gossip
רְכֻלָּה נ [rexu'la] merchandise, wares goods
רִכְלֵל פ״ע [rix'lel] to gossip
רַכְלָן ז [rax'lan] gossiper, gossip monger
רִכֵּן פ״י [ri'ken] to bend
רָכַס פ״י [ra'xas] to fasten, button, tie up, clasp
רֶכֶס ז ['rexes] 1 mountain ridge, chain of hills. 2 roughness, ruggedness. 3 cufflink, buckle, clasp
רֹכֶס ז ['roxes] chain of mountains, mountain range
רִכֵּס פ״י [ri'kes] to trample, stamp,

deceive. 2 worm, insect
worthless רִמָּה וְתוֹלֵעָה
to be proud, supercilious רָמוּ עֵינָיו
[ra'muz] hinted, implied רָמוּז ת
[ri'muz] hint, implication, innuendo רִמּוּז ז
[ri'mum] uplift רִמּוּם ז
[ri'mon] pomegranate רִמּוֹן ז
hand grenade רִמּוֹן יָד
[ra'mus] 1 trodden, trampled. 2 oppressed, downtrodden רָמוּס ת
[ra'muts] covered with hot ashes רָמוּץ ת
[ra'mut] arrogance, haughtiness רָמוּת, רָמוּת רוּחַ נ
[ram] 1 to hint, allude. 2 to imply. 3 to wink, beckon רָמַז פ״ע
['remez] 1 allusion, implication, hint, innuendo. 2 allegorical exegesis (Bible) רֶמֶז ז
slight or delicate hint רֶמֶז דַּק
[ri'mez] to wink, hint רִמֵּז פ״י
[ru'maz] to be hinted, implied רֻמַּז פ״ע
[ram'zor] traffic light רַמְזוֹר
['romax] spear, lance רֹמַח ז
[ramat'kal] chief-of-staff רַמַטְכָּ״ל (רֹאשׁ הַמַּטֶּה הַכְּלָלִי)
['remi] 1 draw, tie, stalemate. 2 rummy (card game) רֶמִי ז
[remi'ya] 1 cheating, deceit, fraudulence. 2 casting, throwing רְמִיָּה נ
[rama'yut] swindling, cheating רַמָּיוּת נ
[remi'za] 1 hint, allusion, implication. 2 wink, gesticulation רְמִיזָה נ
[remi'sa] treading, trampling רְמִיסָה נ
[remi'sa] creeping, crawling רְמִישָׂה נ
[ra'max] swift horse רַמָּךְ ז

tread
[rix'pa] reseda, dyer's weed (bot.) רִכְפָּה נ
[raxru'xi] softish, unstable, weak רַכְרוּכִי ת
[raxru'xit] malacoma (med.) רַכְרוּכִית נ
[rax'rax] softish, tender, delicate רַכְרַךְ ת
[rix'rex] to soften, tenderize רִכְרֵךְ פ״י
[rux'rax] to be softened, tenderized רֻכְרַךְ פ״ע
[raxra'kut] softness, tenderness רַכְרַכּוּת נ
[ra'xash] 1 to acquire, obtain. 2 to procure. 3 to purchase רָכַשׁ פ״י
['rexesh] 1 saddlehorse, steed. 2 arms acquisition. 3 stocking up רֶכֶשׁ ז
ECG (electrocardiogram) רֶלַ״ח (רִשְׁמַת לֵב חַשְׁמַלִּית)
[ram] 1 to be high, lofty, elevated. 2 high, lofty. 3 heaven, firmament רָם פ״ע ת ז
dignitary, high-ranking person רַם הַמַּעֲלָה
arrogant, haughty רַם לֵבָב
to be arrogant רָם לִבּוֹ
[ram] to be infested with maggots רַם פ״ע
1 worm. 2 unworthy person רֵם זְלוּת
[rama''ut] swindling, fraud, charlatanism, cheating רַמָּאוּת נ
[ra'mai] swindler, cheater, charlatan רַמַּאי ת
[ra'ma] 1 to throw, cast, hurl. 2 to compare. 3 height, high place. 4 level, degree רָמָה פ״י נ
to be victorious, gain the upper hand רָמָה יָדוֹ
to gain courage רָמָה קַרְנוֹ
[ri'ma] 1 to cheat, swindle, רִמָּה נ פ״י

[ra'man] grenadier רַמָּן ז
[ra'mas] to tread, trample, tread underfoot רָמַס פ״י
[ri'mes] to tread, trample רִמֵּס פ״י
[ra'mats] to roast in ashes רָמַץ פ״י
['remets] cinders, embers רֶמֶץ ז
[ram'kol] loudspeaker רַמְקוֹל ז
[ra'mas] 1 to creep, swarm. 2 to be worm-infested רָמַשׂ פיו״ע
['remesh] evening רֶמֶשׁ ז
['remes] 1 reptile. 2 insect, creeping thing רֶמֶשׂ ז
[ram'shit] serenade רַמְשִׁית נ
standard of living רָמַת חַיִּים
[ran] 1 to sing. 2 to pray, intone, chant רַן פ״ע
[ron] 1 singing, chanting. 2 shout of joy רֹן ז
[ra'na] to rattle, clank רָנָה פ״ע
[ri'na] 1 joy, exultation. 2 singing, jubilation רִנָּה נ
[ri'nun] 1 song, singing. 2 gossiping, slander רִנּוּן ז
[renta'bili] profitable רֶנְטַבִּילִי ת
['renen] song רֶנֶן ז
[ri'nen] 1 to sing, exult. 2 to pray. 3 to slander, gossip רִנֵּן פ״י
[rena'na] 1 song, exultation. 2 prayer. 3 malicious gossip רְנָנָה נ
[rene'sans] renaissance רֶנֶסַנְס ז
[ri'sun] 1 harnessing, bridling. 2 curbing, restraining רִסּוּן ז
[ra'sus] sprayed רָסוּס ת
[ri'sus] 1 spraying. 2 shattering. 3 fumigation רִסּוּס ז
[ra'suk] 1 crushed, pounded. 2 mashed רָסוּק ת
[ri'suk] 1 crushing, pounding. 2 mashing, pulverization רִסּוּק ז
[resi'tal] recital רֶסִיטָל ז
[re'sis] splinter, chip, fragment רְסִיס ז
drops, dewdrops רְסִיסֵי לַיְלָה
[re'sik] dash רְסִיק ז
['resen] 1 bridle, curb. 2 rein, restraint רֶסֶן ז
[ri'sen] to curb, bridle, restrain רִסֵּן פ״י
[ru'san] to be curbed, restrained רֻסַּן פ״ע
[ra'sas] to sprinkle, spray רָסַס פ״י
['reses] 1 drizzle. 2 small shot, buckshot רֶסֶס ז
[ri'ses] 1 to fumigate, disinfect chemically. 2 to spray, sprinkle רִסֵּס פ״י
[ris'pak] litter, sedan chair רִסְפָּק ז
['resek] 1 sauce, mash, purée. 2 splinter רֶסֶק ז
[ri'sek] to crush, mash, mince, pulverize רִסֵּק פ״י
[ra] 1 evil, badness. 2 bad, wicked. 3 inferior רָע, רַע ז ת
displeasing to him רַע בְּעֵינָיו
malicious, heartless, cruel רַע לֵב
wicked, villainous רַע מַעֲלָלִים
ugly, evil-looking רַע מַרְאֶה
1 jealous, envious. 2 stingy, miserly רַע עַיִן
['re'a] 1 friend, comrade, fellow man. 2 idea, meaning. 3 shouting, hubbub רֵעַ ז
['ro'a] badness, wickedness, malice רֹעַ ז
malice, wickedness, evil nature רֹעַ לֵב
[ra''av] 1 hunger. 2 famine, scarcity. 3 starvation רָעָב ז
[ra''av] 1 to be hungry. 2 to yearn רָעַב פ״ע
[ra''ev] 1 hungry, famished. 2 greedy, gluttonous רָעֵב ת

hungry as a dog, very hungry רָעֵב כְּכֶּלֶב
[re'a'von] hunger, famine, starvation רְעָבוֹן ז
[ra'av'tan] 1 hungry. 2 glutton, gourmand, greedy person רַעַבְתָן ז
[ra'avta'nut] gluttony, greed, voracity רַעַבְתָנוּת נ
[ra'avta'ni] voracious, greedy, gluttonous רַעַבְתָנִי ת
[ra''ad] to shake, quiver, tremble רָעַד פ״ע
['ra'ad] 1 trembling, tremor, fear. 2 ague רַעַד ז
[ri''ded] to cause to tremble, vibrate רִעֲדֵד פ״י
[re'a'da] trembling, shaking, quaking רְעָדָה נ
[ra'a'dud] tremolo (music) רַעֲדוּד ז
[ra''a] 1 to shepherd, tend (a flock), guide. 2 to graze, pasture. 3 to befriend, associate with. 4 evil, trouble. 5 to break. 6 bad (f) רָעָה פיו״ע ז
to envy, be jealous רָעָה עֵינוֹ בִּפְלוֹנִי
[re''a] 1 friend (f). 2 to be friend, associate with רֵעָה נ פ״ע
[re''e] friend, companion, mate רֵעֶה ז
[ra''ud] trembling, quaking רָעוּד ת
[ra''ul] 1 covered, veiled. 2 poisoned, poisonous רָעוּל ת
[ra''u'a] 1 broken, shattered, damaged. 2 dilapidated, rickety רָעוּעַ ת
[ri''u'a] breaking, shattering רִעוּעַ ז
[ra''uf] tiled, covered with tiles רָעוּף ת
[ri''uf] tiling, slating רִעוּף ז
[re''ut] friendship, comradeship רֵעוּת נ
[re''ut] companion friend (f) רְעוּת נ
vanity, vain aspiration רְעוּת רוּחַ נ
[re''i] pasture, grazing רְעִי ז
[re'i'da] trembling, shaking, quaking רְעִידָה נ
earthquake רְעִידַת אֲדָמָה
[ra''ya] 1 friend, beloved. 2 wife. 3 married woman רַעְיָה נ
[re'i'ya] 1 tending (a flock). 2 grazing, pasturing רְעִיָּה נ
[ra''yon] idea, concept, thought רַעְיוֹן ז
implanted thought רַעְיוֹן נָטוּעַ
foolish, absurd thought רַעְיוֹן רוּחַ
[ra'a'yonay] copywriter רַעֲיוֹנַאי ז
[ra'yo'ni] 1 speculative, conceptual. 2 ideological רַעְיוֹנִי ת
[ra''il] poisonous, venomous רָעִיל ת
[re'i'lut] poisonousness רְעִילוּת נ
[re'i'ma] thundering, fulmination רְעִימָה נ
[re'i''a] bad condition, deterioration, dilapidation רְעִיעָה נ
[re'i''ut] bad condition, state of neglect רְעִיעוּת נ
[re'i'fa] dripping רְעִיפָה נ
[re'i'sha] noisiness רְעִישָׁה נ
[re'i'shut] noisiness, level of noise רְעִישׁוּת נ
['ra'al] poison, venom רַעַל ז
[re'a'la] veil, wrap, yashmak רְעָלָה נ
[ra'a'lan] toxin רַעֲלָן, רַעְלָן ז
[ra'a'lanut] toxicity רַעֲלָנוּת נ
[ra''elet] toxicosis, tox(a)emia רַעֶלֶת נ
uremia רַעֶלֶת שֶׁתֶן
[ra''am] 1 to thunder, roar, רָעַם פ״ע

a remedy
[rif'ʼut] medicine, cure, healing, remedy רִפְאוּת נ
[refa'ʼim] ghosts, spirits of the dead, phantoms רְפָאִים ז״ר
[ra'fad] to spread, cover רָפַד פ״י
['refed] upholstering, padding רֶפֶד ז
[ra'pad] upholsterer רַפָּד ז
[ri'ped] to upholster רִפֵּד פ״י
[ru'pad] to be upholstered רֻפַּד פ״ע
[ra'fa] to become flaccid, weakened רָפָה פ״ע
day gave way to evening רָפָה הַיּוֹם לַעֲרֹב
to lose heart רָפָה לִבּוֹ
to let alone רָפָה מִפְּלוֹנִי
[ra'fe] 1 weak, feeble. 2 limp, flaccid. 3 unmarked with "dagesh" רָפֶה ת
weak, powerless רְפֵא אוֹנִים
weak, weak-handed רְפֵה יָדַיִם
[ri'pa] 1 to weaken. 2 to relax. 3 to deflate. 4 to pronounce רִפָּה פ״י
to dishearten, discourage רִפָּה יָדַיִם
to temper steel רִפָּה פְּלָדָה
to be disheartened, discouraged רָפוּ יָדָיו
[refu'ʼa] 1 medication, drug. 2 medicine, the medical profession. 3 medicament, remedy רְפוּאָה נ
[refu'ʼi] medical, medicinal, therapeutic רְפוּאִי ת
treatment for one's cattle, livestock רְפוּאַת מָמוֹן
1 medical care, hygiene. 2 encouragement רְפוּאַת נֶפֶשׁ
[ra'fud] covered, spread, upholstered רָפוּד ת
[ri'pud] upholstering, רִפּוּד ז

fulminate. 2 to rage
['ra'am] thunder רַעַם ז
[ra'ʼma] 1 mane. 2 crest רַעְמָה נ
[ri'a'nun] refreshing, making fresh רִעֲנוּן ז
[ra'a'nan] fresh, alert, invigorated רַעֲנָן ת
[ri'a'nen] to refresh, invigorate רִעֲנֵן פ״י
[ra'ana'nut] freshness, vigo(u)r, vivacity רַעֲנַנּוּת נ
[ra'ʼa] to break, crush, shatter רָעַע פיו״ע
[ra'ʼaf] to drip, drop, drizzle, trickle רָעַף פ״י
['ra'af] dripping, trickling, drizzling רַעַף ז
[ri'ʼef] to tile, cover with tiles רִעֵף פ״י
[ra'ʼats] to break, shatter, crush רָעַץ פ״י
['ra'ats] ancient script (Hebrew) רַעַץ ז
[ri'ʼets] to crush, shatter רִעֵץ פ״י
[ru'a'ra'] 1 to be worsened, undermined. 2 to shake רֻעְרַע פ״ע
[ri'ʼra'] 1 to undermine. 2 to shake רִעְרַע פ״י
[ra'ʼash] 1 to make a noise. 2 to shake, quake, tremble רָעַשׁ פ״ע
['ra'ash] noise, tumult, uproar רַעַשׁ ז
[ra'a'shi] seismic רַעֲשִׁי ת
[ra'a'shan] rattle, clapper רַעֲשָׁן ז
[ra'asha'nut] noisiness, clamor, din רַעֲשָׁנוּת נ
[ra'asha'ni] 1 noisy. 2 sensational רַעֲשָׁנִי ת
[raf] shelf רַף ז
[ra'fa] to cure, heal, remedy רָפָא פ״י
to recover from illness, to get better רָפָא לוֹ
[ri'pe] to heal, cure, provide רִפֵּא פ״י

down. 3 to be weak
[raf'sad] raft רַפְסָד ז
[rif'sed] 1 to ferry, cross by ferry. 2 to float a raft. 3 to rhapsodize רִפְסֵד פ״י
[rafso'dai] rhapsodist רַפְסוֹדַאי ז
[rafso'da] raft רַפְסוֹדָה נ
[ra'faf] 1 to be weak, soft, frail. 2 to waver, vacillate, be in doubt רָפַף פ״ע
[ra'paf] laxative רַפָּף ז
[refa'fa] 1 lattice work. 2 slat רְפָפָה נ
[rif'ruf] 1 fluttering, flutter, hovering. 2 superficiality, "a quick look" רִפְרוּף ז
twinkling of an eye רִפְרוּף עַיִן
[repertu'ar] repertoire רֶפֶּרְטוּאָר ז
[rif'ref] 1 to flutter, float, hover. 2 to glance through, read superficially רִפְרֵף פ״ע
to hesitate, waver רִפְרֵף בְּלִבּוֹ
[raf'raf] 1 hawkmoth. 2 common gromwell (plant) רַפְרַף ז
[rafrefa'ni] superficial רַפְרְפָנִי ת
[raf'refet] blancmange, mousse, pudding רַפְרֶפֶת נ
[ra'fash] 1 to tread on, trample. 2 to dirty with mud רָפַשׂ, רָפַשׁ פ״י
['refesh] mud, mire רֶפֶשׁ ז
[ri'pesh] to muddy, befoul רִפֵּשׁ פ״י
[rif'shi] muddy, muddied רִפְשִׁי ת
['refet] 1 cowshed, cattle byre. 2 dairy-farming. 3 cattle-farming רֶפֶת נ
[rif'ta] bee-bread רִפְתָּה נ
[raf'tan] worker in the cowshed, dairy farmer רַפְתָּן ז
[rafta'nut] work in the cowshed, dairy farming רַפְתָּנוּת נ
[rats] 1 courier. 2 runner, רָץ ז פ״ע

upholstery
[ra'fuy] 1 weak. 2 slack, loose רָפוּי ת
slack-witted רְפוּי שֵׂכֶל
[ri'puy] 1 curing, healing, therapy. 2 medical damage. 3 weakening, slackening רִפּוּי ז
occupational therapy רִפּוּי בְּעִסּוּק
tempering steel רִפּוּי פְּלָדָה
[ra'fuf] loose, unstable, weak, feeble רָפוּף ת
[ra'port] report for traffic offence, parking ticket רַפּוֹרְט ז
[repor'taʒ] press report רֶפּוֹרְטָז׳ ז
[re'forma] reform רֶפוֹרְמָה נ
[refor'mator] reformer רֶפוֹרְמָטוֹר ז
[re'formi] reformist רֶפוֹרְמִי ת
[ra'fush] muddy רָפוּשׂ ת
[ra'fut] being unmarked with "dagesh" רָפוּת נ
[ri'pet] to tatter, tear, wear out רִפֵּט פ״י
[ra'fi] curable, remediable רָפִיא ת
[re'fid] padding, lining, flap, cushion רְפִיד ז
[refi'da] 1 carpet. 2 covering, upholstering רְפִידָה נ
[raf'ya] raffia רַפְיָה נ
[refi'ya] 1 relaxation, relaxedness. 2 lacking "dagesh" רְפִיָּה נ
[rif'yon] 1 weakness, limpness, feebleness. 2 relaxedness רִפְיוֹן ז
1 discouragement. 2 weakness רִפְיוֹן יָדַיִם
[ra'fis] 1 soft. 2 raphis (bot.) רָפִיס ז ת
[refi'sut] softness, weakness רְפִיסוּת נ
[refi'fut] weakness, instability רְפִיפוּת נ
[re'fleks] reflex רֶפְלֶקְס ז
[ra'fas] 1 to soil, fill with mud. 2 to trample, tread רָפַס פיו״ע

['retsax] murder רֶצַח ז
[ri'tsax] to murder רִצַּח פ״י
[rats'xan] murderer רַצְחָן ז
[ratsxa'nut] murderousness רַצְחָנוּת נ
[ratsxa'ni] murderous רַצְחָנִי ת
[retsi'ya] desire, volition רְצִיָּה נ
[ratsyo'nal] rationale רַצְיוֹנָל ז
[ratsyo'nali] rational רַצְיוֹנָלִי ת
[retsi'yut] desirability רְצִיּוּת נ
[retsi'xa] murder רְצִיחָה נ
[retsi'nut] seriousness, gravity, earnestness רְצִינוּת נ
[retsi'ni] serious, earnest, grave רְצִינִי ת
[retsiy''a] ear-piercing רְצִיעָה נ
[ra'tsif] 1 platform, pavement. 2 wharf, quay. 3 continuous, successive, serial רָצִיף ז ת
[retsi'fut] continuity, succession רְצִיפוּת נ
[retsi'tsa] breaking, crushing רְצִיצָה נ
[ra'tsam] 1 to press, crush. 2 to pinch. 3 to flatten רָצַם פ״י
[ra'tsa'] 1 to pierce, bore. 2 to lash, whip רָצַע פ״י
[ri'tsa'] to flog, lash, whip רִצַּע פ״י
[rats''an] 1 saddler, harness-maker. 2 cobbler, shoemaker רַצְעָן ז
[rats'a'nut] 1 harness-making. 2 cobbling, shoemaking רַצְעָנוּת נ
[rats'ani'ya] 1 cobbler's shop. 2 saddlery רַצְעָנִיָּה נ
[ra'tsaf] to pave, inlay רָצַף פ״י
['retsef] 1 continuity, succession. 2 ember, burning coal רֶצֶף ז
[ra'tsaf] 1 paver, tiler. 2 stone-layer רַצָּף ז
[ri'tsef] to pave, tile רִצֵּף פ״י
[ru'tsaf] to be paved, tiled רֻצַּף פ״ע
[rits'pa] 1 floor, tiled רִצְפָּה, רִצְפָּה נ

sprinter. 3 bishop (chess). 4 trotter. 5 halfback (football). 6 to run, rush
[rats] strip, bar רַץ ז
[ri'tsed] 1 to jump, caper. 2 to lurk, lie in wait רִצֵּד פ״ע
[ra'tsa] to wish, want רָצָה פ״י
to atone for one's sin רָצָה אֶת עֲוֹנוֹ
to mean, wish to convey, intend רָצָה לוֹמַר
[ri'tsa] 1 to appease, placate. 2 to atone רִצָּה פ״י
[ru'tsa] to be appeased, placated רֻצָּה פ״ע
back and forth, to and fro רָצוֹא וָשׁוֹב
[ri'tsud] 1 jumping, skipping. 2 jitter רִצּוּד ז
[ra'tsuy] desirable, acceptable, pleasing רָצוּי ת
[ri'tsuy] 1 appeasement, placation. 2 atonement רִצּוּי ז
[ra'tson] 1 will, goodwill. 2 desire, wish. 3 favo(u)r, grace. 4 acceptance רָצוֹן ז
[retso'ni] voluntary רְצוֹנִי ת
[retsu''a] 1 band, strip. 2 strap, lash, ligament רְצוּעָה נ
[ra'tsuf] 1 inlaid. 2 successive, consecutive. 3 imbued with. 4 paved. 5 attached, enclosed רָצוּף ת
enclosed, herewith רָצוּף בָּזֶה
[ri'tsuf] paving, tiling רִצּוּף ז
[retsu'fot] continuously, without break רְצוּפוֹת תה״פ
[ra'tsuts] 1 broken, crushed. 2 downtrodden, dejected. 3 exhausted רָצוּץ ת
[ri'tsuts] breaking, crushing, oppression רִצּוּץ ז
[ra'tsax] to murder, kill רָצַח פ״י

[ri'ku'a] flattening רִקּוּעַ ז
[ra'kuk] spat, spewed out רָקוּק ת
[ra'kax] 1 to spice, perfume. 2 to compound, concoct רָקַח פ״י
['rekax, 'rokax] spice, spicing רֶקַח, רֹקַח ז
[ra'kax] 1 spicer, perfumer. 2 chemist, apothecary רַקָּח ז
[ri'kax] to spice, concoct רִקַּח פ״י
[raka'xut] pharmaceutics, pharmacology רַקָּחוּת נ
[ra'keta] rocket רַקֶּטָה נ
[ra'kiv] rotting, putrescent רָקִיב ת
[reki'vut] rotting process רְקִיבוּת נ
[reki'da] dancing, leaping רְקִידָה נ
[reki'ma] embroidering רְקִימָה נ
[ra'kiy'a] 1 sky, firmament. 2 canopy. 3 ductile רָקִיעַ ז ת
canopy of the heavens רְקִיעַ הַשָּׁמַיִם
[rekiy''a] stamping (feet) רְקִיעָה נ
[rekiy''ut] ductility רְקִיעוּת נ
[ra'kik] 1 wafer, thin cake. 2 tenuous, very thin רָקִיק ז ת
[reki'ka] spitting רְקִיקָה נ
[re'klama] advertisement, notice רֶקְלָמָה נ
[ra'kam] embroidery רַקָּם ז
[ra'kam] 1 to embroider. 2 to variegate. 3 to devise, design, form a pattern רָקַם פ״י
to plot against רָקַם מְזִמּוֹת
['rekem] embroidery, embroidered work רֶקֶם ז
[ri'kem] to formulate, create רִקֵּם פ״י
[rik'ma] 1 embroidered work, embroidery. 2 tissue, structure רִקְמָה נ
[ri'ken] to empty, vacate, evacuate רִקֵּן פ״ע
[ra'ka] 1 to trample, stamp. 2 to hammer out, flatten. רָקַע פיו״ע

surface, flooring. ember, burning coal
[ratsa'fut] paving, tiling רַצָּפוּת נ
[rits'pit] cobweb רִצְפִּית נ
[ra'tsats] 1 to break, crush. 2 to oppress רָצַץ פ״י
['retsets] crushing רֶצֶץ ז
[ri'tsets] to break to pieces, crush רִצֵּץ פ״י
[ru'tsats] to be crushed, broken רֻצַּץ פ״ע
[rak] 1 only, merely. 2 but, however. 3 thin, lean רַק מ״ח תה״פ ת
[rok] spittle, saliva רֹק ז
[ra'kav] 1 rot, putrefaction, decay. 2 maggots, worms רָקָב ז
[ra'kav] to rot, decay, decompose רָקַב פ״ע
['rekev] rot, cesspit, sepsis רֶקֶב ז
[rakbu'vit] putrefaction, putrescence רַקְבּוּבִית נ
[rika'von] rot, decay, decomposition רִקָּבוֹן ז
[rakbi'vut] rot, decay רַקְבִּיבוּת נ
[ra'kevet] rot, rottenness רַקֶּבֶת נ
[ra'kad] 1 to dance. 2 to skip about, prance רָקַד פ״ע
[ri'ked] 1 to dance. 2 to leap, hop, caper רִקֵּד פיו״ע
[rak'dan] dancer רַקְדָן ז
[ra'ka] temple, brow רַקָּה נ
[ra'kuv] 1 rotten, putrid. 2 decayed, decomposed רָקוּב ת
[ri'kud] dance, dancing רִקּוּד ז
[ri'ku'ax] 1 ointment, perfumery. 2 concoction רִקּוּחַ ז
[ri'kum] embroidery, embroidering רִקּוּם ז
[ri'kun] emptying, exhaustion רִקּוּן ז

3 to stretch out
רֶקַע ז ['reka] background
רִקַּע פ״י [ri'ka'] 1 to hammer out. 2 to overlay
רַקֶּפֶת נ [ra'kefet] cyclamen
רָקַק פ״י [ra'kak] to spit, spew, expectorate
רְקָק ז [re'kak] 1 swamp, mire, bog. 2 shoal, shallow small fish, "small fry"
רִקֵּק פ״י [ri'kek] to spit
רְקָקִית נ [reka'kit] spittoon
רָר פ״י [rar] to spit
רָשׁ פ״ע ת [rash] 1 poor, beggar. 2 to become poor, impoverished
רַשַּׁאי ת [ra'shai] authorized, entitled, empowered, permitted
רָשׁוּי ת [ra'shuy] licensed
רִשּׁוּי ז [ri'shuy] licensing
רִשּׁוּל ז [ri'shul] 1 negligence, neglect. 2 slovenliness, untidiness
רָשׁוּם ת [ra'shum] 1 written, recorded. 2 registered
רִשּׁוּם ז [ri'shum] 1 inscribing, recording. 2 registration. 3 drawing
רִשּׁוּם יְצִיאָה check out
רִשּׁוּם כְּנִיסָה check in
רְשׁוּמָה נ [reshu'ma] 1 recording 2 record (written)
רִשּׁוּמוֹ נִכָּר he made a great impression
רְשׁוּמוֹת נ״ר [reshu'mot] 1 Records. 2 "Reshumot" (Israeli government publications)
רָשׁוֹן ז [ra'shon] grasshopper
רָשׁוּף ת [ra'shuf] sparkling
רִשּׁוּף ז [ri'shuf] sparkle, flash
רְשׁוּשׁ ז [re'shush] clod of earth, divot
רִשּׁוּשׁ ז [ri'shush] destruction, ruination
רָשׁוּת נ [ra'shut] 1 authority. 2 area of control. 3 poverty
רְשׁוּת נ [re'shut] 1 permission. 2 property, ownership
רְשׁוּת הַיָּחִיד private property
רְשׁוּת הָרַבִּים public property
רִשּׁוּת ז [ri'shut] 1 netting. 2 tuning in (radio)
רִשְׁיוֹן ז [rish'yon] license, permit
רְשִׁימָה נ [reshi'ma] 1 list, register. 2 short article
רְשִׁימוֹן ז [reshi'mon] entry
רְשִׁינָה נ [reshi'na] resin
רָשִׁישׁ ת [ra'shish] weak, feeble
רִשֵּׁל פ״י [ri'shel] to weaken, dishearten
רַשְׁלָן ז [rash'lan] negligent person, remiss, careless
רַשְׁלָנוּת נ [rashla'nut] 1 negligence. 2 slovenliness
רַשְׁלָנִי ת [rashla'ni] negligent, slovenly
רָשַׁם פ״י [ra'sham] to write down, record, register
רֶשֶׁם ז ['reshem] writing, registering
רֹשֶׁם ז ['roshem] 1 impression. 2 trace, sign
רַשָּׁם ז [ra'sham] registrar
רִשֵּׁם פ״י [ri'shem] 1 to draw. 2 to note, mark
רִשְׁמָה נ [rish'ma] graph
רִשְׁמִי ת [rish'mi] 1 official. 2 formal
רִשְׁמִיּוּת נ [rishmi'yut] formality
רִשְׁמִית תה״פ [rish'mit] officially
רַשְׁמָן ז [rash'man] clerk
רְשַׁמְקוֹל ז [resham'kol] recorder
רְשַׁמְקוֹל סְרָטִי tape recorder
רְשַׁמְקוֹל תֵּילִי wire recorder
רְשֹׁמֶת נ [re'shomet] note, record, inscription, sketch
רָשָׁע ת [ra'sha] 1 wicked, villainous.

2 sinful, evil. 3 guilty

רָשָׁע מְרֻשָּׁע very wicked

רָשַׁע פ״ע [raˈshaʼ] 1 to sin, to do evil, act wickedly. 2 to be guilty

רֶשַׁע ז [ˈresha] 1 wickedness, evil, iniquity. 2 injustice

רִשְׁעָה נ [rishˈʼa] wickedness, evil, sinfulness, cruelty

רִשְׁעוּת נ [rishˈʼut] wickedness, cruelty

רִשְׁעֵי זֵיתִים inferior olives

רְשָׁעִית נו״ת [reshaˈʼit] wicked, evil (f)

רָשַׁף פ״י [raˈshaf] to spark, emit sparks, flash, gleam

רֶשֶׁף ז [ˈreshef] 1 spark, flame, flash, ray (sun). 2 destruction, plague. 3 demon. 4 bird of prey

רִשְׁרוּשׁ ז [rishˈrush] rustle, murmur, ripple

רִשְׁרֵשׁ פ״ע [rishˈresh] to rustle, ripple

רַשְׁרְשָׁנִי ת [rashreshaˈni] rustling

רֶשֶׁשׁ ז [ˈreshesh] clod (earth)

רֶשֶׁת נ שה״פ [ˈreshet] 1 net. 2 network. 3 trap. 4 to inherit

רָשׁוֹת ת [raˈshot] net-like

רַשָּׁת ז [raˈshat] netter

רִשֵּׁת פ״י [riˈshet] 1 to net, cover with netting. 2 to darn

רִשְׁתִּי ת [rishˈti] net-like, meshy, reticular

רִשְׁתִּית נ [rishˈtit] 1 retina. 2 wire gauze (for cleaning a gun)

רִתָּה פ״ע [riˈta] 1 to pity, be lenient. 2 to favo(u)r

רָתוּחַ ת [raˈtuʼax] boiled

רִתּוּחַ ז [riˈtuʼax] boiling

רָתוּי ת [raˈtuy] gentle, lenient, indulgent

רִתּוּי ז [riˈtuy] 1 leniency, mildness. 2 withdrawal, resignation

רִתּוּךְ ז [riˈtux] welding, soldering

רָתוּם ת [raˈtum] harnessed, hitched, fastened

רִתּוּם ז [riˈtum] harnessing, hitching

רָתוּעַ ת [raˈtuʼa] hesitant, faltering, reluctant

רַתּוֹק ז [raˈtok] chain

רִתּוּק ז [riˈtuk] 1 linking, fastening. 2 spellbinding. 3 confinement

רְתוּקָה, רַתּוּקָה נ [retuˈka, ratuˈka] chain

רִתּוּת ז [riˈtut] trembling

רָתַח פ״ע [raˈtax] 1 to boil. 2 to be furious, enraged

רֶתַח ז [ˈretax] 1 boiling. 2 boiled meat. 3 excitement

רִתַּח פ״י [riˈtax] 1 to overboil. 2 to excite, agitate

רִתְחָה נ [ritˈxa] 1 boiling point. 2 rage, excitement, anger

רַתְחָן ז [ratˈxan] irascible, fiery, hot-tempered

רַתְחָנוּת נ [ratxaˈnut] irascibility, hot temper

רַתְחָנִי ת [ratxaˈni] hot-tempered, irascible

רִתְיוֹן ז [ritˈyon] mercy, forgiveness, indulgence

רְתִיחָה נ [retiˈxa] 1 boiling. 2 rage, agitation

רְתִיחוּת נ [retiˈxut] excitement

רָתִיךְ ת [raˈtix] weldable

רְתִיכוּת נ [retiˈxut] weldability

רַתְיָן ז [ratˈyan] forgiving, lenient, indulgent

רַתְיָנוּת נ [ratyaˈnut] clemency, leniency

רַתְיָנִי ת [ratyaˈni] clement, lenient

רְתִיעָה נ [retiyˈʼa] recoil, hesitation, reluctance

רְתִיקָה נ [retiˈka] mooring, fastening

רְתִיקוּת נ [retiˈkut] 1 spellboundness, enthralment. 2 confinement

רַתָּךְ ז [ra'tax] welder, solderer

רִתֵּךְ פ״י [ri'tex] to weld, solder

רֻתַּךְ פ״ע [ru'tax] to be welded, soldered

רַתָּכוּת נ [rata'xut] 1 welding, soldering. 2 welder's craft

רָתַם פ״י [ra'tam] to harness, hitch, fasten

רֹתֶם ז ['rotem] broom, retama (plant)

רִתְמָה נ [rit'ma] harness

רֶתַע ז ['reta'] recoiling, reluctance

רִתֵּף פ״י [ri'tef] 1 to cellar. (wine) 2 to store

רָתַק פ״י [ra'tak] 1 to join, bind. 2 to knock. 3 to moor

רֶתֶק ז ['retek] 1 chain-like fence. 2 hook

רִתֵּק פ״י [ri'tek] 1 to confine. 2 to bind, join. 3 to spellbind, enthral

רָתַת פ״ע [ra'tat] to tremble, shake, shudder

רֶתֶת, רְתֵת ז ['retet, re'tet] 1 trembling, shuddering. 2 terror

רִתֵּת פ״ע [ri'tet] 1 to tremble, shake. 2 to frighten

ש

1 Shin, Sin, twenty-first letter of the Hebrew alphabet. 2 300 — ש, שׁ

[she] 1 which, that, who, whom. 2 since, seeing that, because — שֶׁ מ״נ מ״ח

[sa] Carry! Bear! — שָׂא ! (ציווי)

[sha'ʼav] 1 to draw, pump. 2 to derive, absorb. 3 to vacuum — שָׁאַב פ״י

[sha'a'vak] vacuum cleaner — שַׁאֲבָק ז

[sha'ʼag] 1 to roar (lion). 2 to groan, shout — שָׁאַג פ״ע

['sha'ag] 1 roar (lion) 2 groan — שַׁאַג ז

[she'a'ga] 1 roar. 2 groan — שְׁאָגָה נ

[sha'ʼa] to be/become ruined, desolate, be laid waste — שָׁאָה פ״ע

[sha'ʼov] bucket — שָׁאוֹב ז

[sha'ʼuv] 1 drawn, derived. 2 pumped — שָׁאוּב ת

[sha'ʼul] borrowed, loaned — שָׁאוּל ת

[she'ʼol] 1 underworld, Hades. 2 abyss, grave — שְׁאוֹל זו״נ

[sha'ʼon] 1 noise, tumult, uproar. 2 desolation, destruction — שָׁאוֹן ז

[se'ʼor] 1 leaven, yeast. 2 inherent evil — שְׂאוֹר ז

1 leaven in the dough. 2 fermenting passion. 3 evil inclination. — שְׂאוֹר שֶׁבָּעִסָּה

[sha'ʼat] to loathe, despise, abhor, hold in contempt — שָׁאַט פ״י

revulsion, repugnance, contempt — שְׁאָט נֶפֶשׁ ז

[she'i'va] 1 vacuum-cleaning. 2 absorbing. 3 deriving. 4 drawing, pumping. — שְׁאִיבָה נ

[she'i'ya] ruin, desolation — שְׁאִיָּה נ

[she'i'la] 1 borrowing. 2 asking questions. 3 greeting — שְׁאִילָה נ

salutation, greeting — שְׁאִילַת שָׁלוֹם

[she'il'ta] 1 question (in the Knesset). 2 interpolation, interjection — שְׁאִילְתָּה נ

[she'i'fa] 1 inhalation. 2 aspiration, ambition — שְׁאִיפָה נ

[sha'ʼir] survivor, surviving relative — שָׁאִיר ז

[sha'ʼal] 1 to ask, question. 2 to request, entreat. 3 to borrow. 4 to use metaphorically — שָׁאַל פ״י

to greet someone — שָׁאַל אוֹתוֹ בְּשָׁלוֹם, שָׁאַל בִּשְׁלוֹמוֹ

to inquire after someone's well-being — שָׁאַל (לוֹ) לְשָׁלוֹם

[shi'ʼel] 1 to enquire. 2 to ask for mercy — שִׁאֵל פיו״ע

to beg, go begging — שִׁאֵל עַל הַפְּתָחִים

[she'e'la] 1 question. 2 issue, problem. 3 request — שְׁאֵלָה נ

[she'e'lon] questionnaire — שְׁאֵלוֹן ז

1 questions and answers. 2 Rabbinical answers, responsa — שְׁאֵלוֹת וּתְשׁוּבוֹת

[she'el'ta] interpelation — שְׁאֶלְתָּה נ

[sha'ʼan] to bellow, roar, make a noise — שָׁאַן פ״ע

[sha'ʼne] different — שָׁאנֵי ת

[sha'a'nan] 1 tranquil, — שַׁאֲנָן ת ז

undisturbed. 2 complacent. 3 indifferent. 4 noise, uproar

שַׁאֲנַן פ״ע [sha'a'nan] to be tranquil, at ease

שִׁאֲנֵן פ״י [shi'a'nen] to calm, set at ease

שַׁאֲנַנּוּת נ [sha'ana'nut] 1 tranquillity. 2 complacency, indifference

שָׁאַף פ״י [sha''af] 1 to inhale, breathe in. 2 to strive, aspire. 3 to tend, be inclined

שָׁאַף רוּחַ 1 to breathe in. 2 to feel relief. 3 to crush, trample, oppress

שַׁאֲפָן ת [sha'a'fan] ambitious person

שַׁאֲפָנוּת נ [sha'afa'nut] ambition, aspiration

שַׁאֲפָנִי ת [sha'afa'ni] ambitious

שְׁאַפְתָּן ז [she'af'tan] ambitious

שְׁאַפְתָּנוּת נ [she'af'ta'nut] ambitiousness

שְׁאַפְתָּנִי ת [she'afta'ni] ambitious

שָׁאַר פ״ע [sha''ar] to remain, be left alone

שֹׁאַר פ״ע [sho''ar] to remain

שְׁאָר ז [she''ar] remainder, remnant, residue

שְׁאָר יְרָקוֹת 1 other vegetables. 2 et cetera

שְׁאָר רוּחַ inspiration, nobility, excellence

שְׁאֵר ז [she''er] 1 relative. 2 meat, food, nourishment

שְׁאֵר בָּשָׂר kinsman, blood relation

שֵׂאֵר פ״י [se''er] to leaven, turn into leaven

שֹׂאַר פ״ע [so''ar] to be leavened, turned into leaven

שַׁאֲרָה נ [sha'ara] 1 female relative, kinswoman. 2 consanguinity

שְׁאֵרוּת נ [she'e'rut] kinship, consanguinity

שְׁאֵרִית נ [she'erit] remnant, residue, remainder

שְׁאֵרִית הַפְּלֵטָה survivors

שֵׁאת נ [shet] calamity, disaster, ruin, destruction

שְׂאֵת נ [se''et] 1 magnanimity, majesty. 2 vig(u)or. 3 bearing, suffering. 4 fear, terror

שָׁב פ״י [shav] 1 to return. 2 to repent

שָׁב אַפּוֹ his anger abated

שֵׁב וְהַנֵּחַ laissez-faire

שָׂב ז פ״ע [sav] 1 old man. 2 to become old

שַׁבַּאי ז [sha'bai] 1 captor. 2 overseer of captives

שְׁבָב ז [she'vav] splinter, chip, wood shaving

שִׁבֵּב פ״י [shi'bev] 1 to chip, chisel. 2 to chastise

שֻׁבַּב פ״ע [shu'bav] 1 to be planed. 2 to be chastised

שָׁבָה פ״י [sha'va] to capture, take captive

שָׂבָה נ [sa'va] old woman, aged

שְׁבוֹ ז [she'vo] agate

שִׁבּוּב ז [shi'buv] splintering, chipping

שִׁבּוּט ז [shi'but] carp, turbot

שַׁבּוֹי ז [sha'voi] captor

שָׁבוּי ת [sha'vuy] captive, prisoner

שִׁבּוּל ז [shi'bulg] streaking

שָׁבוּעַ ז [sha'vu'a] week, seven days

שְׁבוּעָה נ [shevu''a] oath, vow, testament

שְׁבוּעוֹן ז [shevu''on] weekly periodical

שָׁבוּעוֹת ז״ר [shavu''ot] Pentecost, Feast of Weeks

שְׁבוּעִי ת [shevu''i] weekly, every week

שְׁבוּעַת בִּטּוּי oral oath

captivity. 2 captives, prisoners

[sha'viv] 1 spark. 2 small ray of light. 3 tiny flame שָׁבִיב ז

[shiv'ya] 1 captivity, exile. 2 captives, prisoners שִׁבְיָה נ

[shevi'ya] capturing, taking prisoner שְׁבִיָּה נ

[sha'vit] comet שָׁבִיט ז

[she'vil] path, lane, way שְׁבִיל ז

The Milky Way שְׁבִיל הֶחָלָב

1 path of compromise. 2 golden mean שְׁבִיל הַזָּהָב

[shevi'la] 1 parting (hair). 2 runner, separator (on table) שְׁבִילָה נ

[sha'vis] 1 women's headdress. 2 coif, bandeau. 3 turban שָׁבִיס ז

[seviy''a] 1 satisfaction. 2 satiety, fill, repletion שְׂבִיעָה נ

satisfaction, contentment שְׂבִיעוּת רָצוֹן

[sheviy''i] seventh שְׁבִיעִי ת

[shevi'i'ya] 1 septet. 2 set or group of seven. 3 septuplets שְׁבִיעִיָּה נ

[sheviy''it] 1 seventh. 2 Sabbatical year. 3 Mishnaic tractate שְׁבִיעִית נ

satisfaction, contentment שְׂבִיעַת רָצוֹן

[sha'vir] breakable, fragile, brittle שָׁבִיר ת

[shevi'ra] 1 breakage. 2 refraction שְׁבִירָה נ

[shevi'rut] fragility, brittleness שְׁבִירוּת נ

[she'vit] captivity, exile שְׁבִית נ

[shevi'ta] 1 strike. 2 Sabbath prohibition שְׁבִיתָה נ

armistice, truce שְׁבִיתַת נֶשֶׁק

['shovex] dovecote שֹׁבֶךְ ז

[seva'xa] latticework, grid, mesh שְׂבָכָה נ

false oath שְׁבוּעַת שָׁוְא

perjury שְׁבוּעַת שֶׁקֶר

[sha'vuts] afflicted with a stroke שָׁבוּץ ת

[shi'buts] 1 placement, posting. 2 setting, inlay (jewellery). 3 chequered weaving, making squares שִׁבּוּץ ז

photomontage שִׁבּוּץ תְּמוּנוֹת

[shibu'tsi] mosaic, inlaid שִׁבּוּצִי ת

[shi'buk] remission, release שִׁבּוּק ז

[sha'vur] 1 broken. 2 maimed, wounded, 3 fractional (mathematics) שָׁבוּר ת

[shibur] shattering, smashing שִׁבּוּר ז

[shi'bush] 1 disruption, confusion. 2 blunder, mistake. 3 spoiling שִׁבּוּשׁ ז

disruption or breakdown of roads, communications שִׁבּוּשׁ דְּרָכִים

[she'vut] 1 strike, rest, Sabbath prohibitions. 2 return, repatriation שְׁבוּת ז נ

[sha'vax] to improve, increase in value שָׁבַח פ״ע

['shevax] 1 praise, eulogy. 2 betterment, increment שֶׁבַח ז

Praise God! שֶׁבַח לָאֵל!

increased value of immovable property שֶׁבַח מְקַרְקְעִין

[shi'bax] 1 to improve, better. 2 to praise, commend. 3 to calm, appease שִׁבַּח פ״י

[sheva'xa] praise שְׁבָחָה נ

[sha'vat] to beat, strike שָׁבַט פ״י

['shevet] 1 rod, staff. 2 tribe, clan שֵׁבֶט ז

[she'vat] Shevat, (Jewish calendar) שְׁבָט ז

[shevat'bat] horse-tail, equisetum (plant) שְׁבַטְבַּט ז

['shevi] 1 imprisonment, שֶׁבִי, שְׁבִי ז

grate שִׁבְכַּת שְׁפִיתָה
['shovel] 1 train (of dress). 2 trail, wake. 3 tab שֹׁבֶל ז
[shab'lul] 1 snail. 2 scroll (mus.) שַׁבְּלוּל ז
[shab'lona] mould, stereotype שַׁבְּלוֹנָה נ
[shablo'ni] stereotype, of fixed pattern שַׁבְּלוֹנִי ת
[shibo'lit] ear of corn, spikelet שִׁבֳּלִית נ
[shi'bolet] ear of corn, spike שִׁבֹּלֶת נ
point of beard שִׁבֹּלֶת זָקָן
spikenard שִׁבֹּלֶת נֵרְדְּ
oats, oatmeal שִׁבֹּלֶת שׁוּעָל
[sa'va']1 repletion, satiety. 2 satisfaction שָׂבָע ז
[sa'va'] 1 to be satisfied, sated, content. 2 to have one's fill, quench thirst שָׂבַע פ״ע
[sa've'a] 1 satisfied, contented. 2 replete, full שָׂבֵעַ ת
['sheva'] seven (f) שֶׁבַע נ
['sova'] 1 satiety, repletion. 2 abundance, plenty שֹׂבַע ז
seventeen שְׁבַע־עֶשְׂרֵה שמ״נ
satisfied, contented, pleased שְׂבַע רָצוֹן
[shi'ba'] to repeat seven times, to multiply by seven שִׁבַּע פ״י
to satisfy, content שִׂבַּע פ״י
[shiv'’a] 1 seven (m). 2 seven-day period of mourning שִׁבְעָה שמ״ז
seventeen (m) שִׁבְעָה־עָשָׂר שמ״ז
[sov'’ah] satisfaction, repletion שָׂבְעָה נ
[shiv'’im] seventy שִׁבְעִים ש״מ
[shav'’it] septet שַׁבְעִית נ
[shiv’a'tayim] 1 sevenfold. 2 manifold, many times שִׁבְעָתַיִם

[sha'vats] 1 convulsion, spasm. 2 stroke. 3 apoplectic fit שָׁבָץ ז
heart failure, heart attack שְׁבַץ הַלֵּב
[shi'bets] 1 to place, post. 2 to inlay, insert. 3 to fix, dovetail שִׁבֵּץ פ״י
[shu'bats] 1 to be inlaid, inserted, fixed. 2 to be posted, placed שֻׁבַּץ פ״ע
[sha'vak] to leave שָׁבַק פ״י
to die, pass away שָׁבַק חַיִּים (לְכָל חַי)
[sha'var] 1 to break, shatter. 2 to ruin, destroy שָׁבַר פ״י
to slake one's thirst שָׁבַר אֶת צְמָאוֹ
['shever] 1 fracture. 2 rift. 3 hernia. 4 breakage. 5 fraction שֶׁבֶר ז
true fraction שֶׁבֶר אֲמִתִּי
broken person שֶׁבֶר כְּלִי
heartbreak שֶׁבֶר לֵב
improper fraction שֶׁבֶר מְדֻמֶּה
recurring decimal שֶׁבֶר מַחֲזוֹרִי
cloudburst שֶׁבֶר עָנָן
decimal fraction שֶׁבֶר עֶשְׂרוֹנִי
simple or common fraction שֶׁבֶר פָּשׁוּט
broken spirit שֶׁבֶר רוּחַ
[sa'var] to look at, inspect, examine שָׂבַר פ״ע
['sever] expectation, anticipation שֵׂבֶר ז
[shi'ber] to shatter, smash שִׁבֵּר פ״י
to make intelligible שִׁבֵּר אֶת הָאֹזֶן
[si'ber] to hope, expect שִׂבֵּר פ״י
[shiv'ron] trade in corn שִׁבְרוֹן ז
[shiba'ron] destruction, misfortune שִׁבָּרוֹן ז
heartbreak שִׁבְרוֹן לֵב
[sheva'rim] 1 tremolo (mus.). 2 disconnected sounds of shofar. 3 fractions שְׁבָרִים ז״ר

[shav'rir] 1 splint. 2 sunray, sunbeam ז שַׁבְרִיר
sunrays שַׁבְרִירֵי הַשֶּׁמֶשׁ
[shavri'ri] 1 legendary spirit of blindness. 2 magic spell. 3 fragmentary, fragile. 4 abracadabra ז ת שַׁבְרִירִי
[shav'rak] rest harrow, onosis (plant) ז שַׁבְרָק
[shi'besh] 1 to spoil, disrupt. 2 to confuse, cause error פ״י שִׁבֵּשׁ
[shav'shevet] 1 weather vane. 2 lime twig נ שַׁבְשֶׁבֶת
[shab'shan] faulty copyist ז שַׁבְּשָׁן
[shabesh'ta] error, mistake, blunder נ שַׁבֶּשְׁתָּא
[sha'vat] 1 to cease labo(u)r for Shabbat. 2 to strike פ״ע שָׁבַת
['shevet] 1 seat, sitting. 2 cessation, rest. 3 dill, anise (plant) שֶׁבֶת נ שה״פ
[sha'bat] Sabbath, day of rest נ שַׁבָּת
The first Sabbath after the feast of Tabernacles שַׁבַּת בְּרֵאשִׁית
Sabbath preceding Passover שַׁבָּת הַגָּדוֹל
Sabbath preceding Purim שַׁבַּת זָכוֹר
Sabbath before the Fast of Av שַׁבַּת חֲזוֹן
Sabbath before the Pentecost שַׁבַּת כַּלָּה
Sabbath before each new month שַׁבַּת מְבָרְכִים
Sabbath following Fast of Av שַׁבַּת נַחֲמוּ
Sabbath preceding the month of Nisan שַׁבַּת פָּרָה
the holy Sabbath שַׁבַּת קֹדֶשׁ
Sabbath of complete rest שַׁבַּת שַׁבָּתוֹן
Sabbath before Day of Atonement שַׁבַּת שׁוּבָה
Sabbath when Song of Moses (Ex.16) is recited שַׁבַּת שִׁירָה
Good Sabbath! Sabbath greeting שַׁבַּת שָׁלוֹם, שַׁבַּת שָׁלוֹם וּמְבֹרָךְ
[shabta'’ut] Sabbetaism נ שַׁבְּתָאוּת
[shab'tai] Saturn ז שַׁבְּתַאי
saturniid (moth) ז שַׁבְּתַאי הַשָּׁקֵד
[shabta'’i] Sabbetaian ת שַׁבְּתָאִי
[shiv'ta] meningitis נ שִׁבְתָּה
[shaba'ton] 1 complete rest, cessation of work. 2 Sabbatical year ז שַׁבָּתוֹן
[shabat'yan] Sabbatarian ז שַׁבַּתְיָן
[shaba'ti] of the Sabbath ת שַׁבַּתִּי
[shabati'yut] Sabbath atmosphere נ שַׁבַּתִּיּוּת
[sa'ga] 1 to grow. 2 to thrive, prosper פ״ע שָׂגָא
['sege] 1 loftiness, elevation. 2 greatness, magnification ז שֶׂגֶא
[sa'gav] 1 to be high, lofty. 2 to be mighty, extolled פ״ע שָׂגַב
['segev] loftiness, exaltation ז שֶׂגֶב
[si'gev] 1 to exalt, praise. 2 to strengthen, protect פ״י שִׂגֵּב
[sha'gag] to err, sin unintentionally, do wrong inadvertently פ״ע שָׁגַג
['shegeg] error, mistake ז שֶׁגֶג
[shega'ga] error, unintentional sin, inadvertent act נ שְׁגָגָה
[sha'ga] to err, blunder פ״ע שָׁגָה
[sa'ga] to grow, increase, prosper פ״ע שָׂגָה
[si'guv] exaltation, praise ז שִׂגּוּב
[si'guy] commendation, exaltation ז שִׂגּוּי
[shi'gu'a] maddening ז שִׁגּוּעַ
[sha'gur] current, well-known, commonly used (language) ת שָׁגוּר
[shi'gur] sending, dispatching ז שִׁגּוּר

[shi'gush, shigush'ya] 1 tumult, upheaval. 2 riot. 3 propaganda — שִׁגּוּשׁ ז, שִׁגּוּשְׁיָה נ

[sa'gi] sublime, exalted, lofty — שַׂגִּיא ת

[shegiy''a] error, blunder, inadvertent mistake — שְׁגִיאָה נ

[sagiy''ut] sublimity, loftiness — שַׂגִּיאוּת נ

[sa'giv] 1 sublime, exalted. 2 strong, mighty — שַׂגִּיב ת

[sagi'vut] 1 might, strength. 2 exaltation — שַׂגִּיבוּת נ

[shegi'ga] error, mistake, blunder — שְׁגִיגָה נ

[shegi'ya] enthusiasm, ardo(u)r — שְׁגִיָּה נ

[shiga'yon] 1 caprice, whim. 2 craze, idée fixe — שִׁגָּיוֹן ז

[shegi'rut] fluency — שְׁגִירוּת נ

[sha'gal] 1 to ravish. 2 to lie with (a woman) — שָׁגַל פ״י

[she'gal] 1 woman, mistress, concubine, paramour. 2 consort — שֵׁגָל נ

[shiglo'na] 1 mistress, concubine. 2 consort — שִׁגְלוֹנָה נ

['shegem] joint — שֶׁגֶם ז

[shi'gem] to join, dovetail, mortise — שִׁגֵּם פ״י

[shi'ga'] 1 to madden, drive insane, derange. 2 to confuse, confound — שִׁגַּע פ״י

[shiga''on] 1 madness, mania, insanity. 2 frenzy. 3 craze, absurdity — שִׁגָּעוֹן ז

[shig'o'ni] 1 obsessive, crazed. 2 mad, crazy — שִׁגְעוֹנִי ת

[sha'gar] 1 to send off, dispatch, consign. 2 to run, flow — שָׁגַר פ״י

['sheger] 1 animal offspring. 2 conclusion, result, consequence — שֶׁגֶר ז

[shi'ger] 1 to send off, dispatch, expedite. 2 rheumatic — שִׁגֵּר פ״י ת

[shu'gar] to be sent, dispatched — שֻׁגַּר פ״ע

[shi'gra] 1 routine, habit, custom, daily round. 2 formality — שִׁגְרָה נ

[shiga'ron] rheumatism, rheumatic fever — שִׁגָּרוֹן ז

[shag'rir] ambassador, envoy, emissary — שַׁגְרִיר ז

[shagri'rut] 1 embassy. 2 office of ambassador — שַׁגְרִירוּת נ

[shag'ran] dispatch clerk — שַׁגְּרָן ז

[shigra'ti] 1 conventional. 2 routine. 3 hackneyed — שִׁגְרָתִי ת

[shigrati'yut] routineness — שִׁגְרָתִיּוּת נ

[sha'gash] to fumble, grope, feel about — שָׁגַשׁ פ״ע

[shi'gesh] to confuse, confound — שִׁגֵּשׁ פ״י

[sig'seg] to flourish, thrive, prosper — שִׂגְשֵׂג פ״ע

[sig'sug] prosperity, success, thriving — שִׂגְשׂוּג ז

[shig'ashon] ataxia — שִׁגָּשׁוֹן ז

[shad] 1 breast, teat. 2 bosom, round protuberance. 3 affluence, source of blessing — שָׁד, שַׁד ז

[shed] 1 evil spirit, demon, fiend. 2 ghost — שֵׁד

a "young devil", energetic young person — שֵׁד מִשַּׁחַת

[shod] 1 robbery. 2 pillage. 3 ruin, devastation — שֹׁד ז

Woe is me! Oh dear! — שֹׁד וָשֶׁבֶר

[sad] to whitewash — שָׂד פ״י

[sada''ut] fieldcraft — שַׂדָּאוּת נ

[sha'dad] 1 to rob, plunder, — שָׁדַד פ״י

[sha'duf] 1 scorched, burnt. 2 empty, blasted שָׁדוּף ת
[shi'dur] broadcast, transmission שִׁדּוּר ז
[sha'dai] omnipotent, almighty שַׁדַּי ת
[sa'dai] field שָׂדַי ז
[she'di] 1 demonic. 2 ghost-like. 3 impish, devilish שֵׁדִי ת
[shedi'da] plunder, robbery, pillage שְׁדִידָה נ
[sha'dir] suitable for broadcast שָׁדִיר ת
[shi'dex] to arrange a match, negotiate a marriage שִׁדֵּךְ פ״י
[shad'xan] 1 matchmaker, marriage-broker. 2 stapler שַׁדְכָן ז
[shadxa'nut] matchmaking, marriage-brokering שַׁדְכָנוּת ת
[shi'del] to persuade, coax, solicit, tempt שִׁדֵּל פ״י
[shedu'la] lobby (political) שְׁדֻלָּה נ
[shad'lan] lobbyist שַׁדְלָן ז
[shadla'nut] lobbying שַׁדְלָנוּת נ
[shede'ma] 1 cornfield. 2 vineyard שְׁדֵמָה נ
[sha'daf] to blast, blight, parch שָׁדַף פ״י
[shi'def] to blight, scorch שִׁדֵּף פ״י
[shede'fa] 1 blighted corn, scorched wheat. 2 blight שְׁדֵפָה נ
[shida'fon] 1 blight, blast. 2 fungal disease of corn. 3 emptiness, hollowness שִׁדָּפוֹן ז
[sha'dar] to send שָׁדַר פ״י
['sheder] message, communiqué שֶׁדֶר ז
[sha'dar] 1 broadcaster, transmitter. 2 emissary. 3 birch (tree) שַׁדָּר ז
[shi'der] to transmit, broadcast שִׁדֵּר פ״י
despoil. 2 to devastate. 3 to overpower
[shi'ded] to destroy, ruin, lay waste שִׁדֵּד פ״י
[si'ded] to plough, harrow שִׂדֵּד פ״י
to reform radically, reshuffle שִׁדֵּד אֶת הַמַּעֲרָכוֹת
[sa'de] 1 field. 2 open country, plain שָׂדֶה זו״נ
[she'da] female demon, she-devil שֵׁדָה נ
tree-planted field שְׂדֵה אִילָן
fallow field שְׂדֵה בּוּר
non-irrigated field (dependent on rain) שְׂדֵה בַּעַל
battlefield שְׂדֵה הַמַּעֲרָכָה
fruitful soil שְׂדֵה זֶרַע
vegetable field שְׂדֵה יָרָק
vegetable field (without trees) שְׂדֵה לָבָן
fallow field שְׂדֵה מוּבָר
pasture land שְׂדֵה מִרְעֶה
ploughed field שְׂדֵה נִיר
battlefield שְׂדֵה קֶטֶל / קְרָב
field of vision, view שְׂדֵה רְאִיָּה
irrigated field שְׂדֵה שְׁלָחִים
field of stubble שְׂדֵה שֶׁלֶף
airfield, airport שְׂדֵה תְּעוּפָה
[shi'da] chest of drawers, console שִׁדָּה נ
[sha'dud] 1 slain. 2 robbed, plundered שָׁדוּד ת
[shi'dud] robbing, plundering שִׁדּוּד ז
radical reform, reshuffle שִׁדּוּד מַעֲרָכוֹת
[si'dud] harrowing שִׂדּוּד ז
[shi'dux] 1 matchmaking. 2 engagement, betrothal. 3 matching together שִׁדּוּךְ ז
[shi'dul] 1 persuasion, coaxing. 2 solicitation שִׁדּוּל ז
[she'don] imp, sprite, gnome שֵׁדוֹן ז

[shu'dar] to be broadcast, transmitted שֻׁדַּר פ״ע
[shid'reg] to upgrade שִׁדְרֵג פ״י
[sede'ra] 1 boulevard, avenue. 2 military alignment. 3 social stratum. 4 motorcade שְׂדֵרָה נ
[shid'ra] 1 spine, backbone. 2 rachis, stalk שִׁדְרָה נ
[shid'rug] upgrading שִׁדְרוּג
[shid'rit] keel שִׁדְרִית נ
[sha'deret] rickets, rachitis שַׁדֶּרֶת נ
[se] young sheep, lamb שֶׂה זו״נ
[sa'hed] witness שָׂהֵד ז
[saha'duta] testimony, evidence שָׂהֲדוּתָא נ
God is my witness! שָׂהֲדִי בַּמְּרוֹמִים!
[sha'ha] 1 to stay. 2 to tarry, linger שָׁהָה פ״ע
[shi'ha] to detain, withhold, retard שִׁהָה פ״י
[sha'huy] delayed, retarded, slowed down שָׁהוּי ת
[shi'huy] delay, retardation, hold-up שִׁהוּי ז
[shi'huk] hiccup, hiccough שִׁהוּק ז
[sha'hut] 1 delay, pause. 2 leisure שָׁהוּת נ
[shehexe'yanu] blessing of general thanksgiving שֶׁהֶחֱיָנוּ
[she'hi] 1 pause, hold. 2 fermata (mus.) שְׁהִי ז
[shehi'ya] stay, delay שְׁהִיָּה נ
[sheha'kol] benediction (fluids) שֶׁהַכֹּל
['shoham] onyx שֹׁהַם ז
['shahak] continuous hiccough שַׁהַק ז
[shi'hek] to hiccup, hiccough שִׁהֵק פ״ע
['sahar] crescent שַׂהַר ז
[saha'ron] 1 crescent, lune. 2 meniscus שַׂהֲרוֹן ז
[shav] 1 falsehood, lie. 2 vanity, nothingness שָׁוְא ז

[so] elation, rising שׂוֹא ז
[she'va] "sheva", zero vowel sign שְׁוָא ז
quiescent "sheva" שְׁוָא נָח
mobile "sheva" שְׁוָא נָע
[sho'’ev] drawer of water שׁוֹאֵב ז
vacuum cleaner שׁוֹאֵב אָבָק
[sho'’a] 1 holocaust. 2 vast destruction, catastrophe שׁוֹאָה נ
utter ruin, cataclysm שׁוֹאָה וּמְשׁוֹאָה
[sheva'’i] vowelized with "sheva" שְׁוָאִי ת
[sho'’el] 1 questioner. 2 borrower שׁוֹאֵל ז
[shuv] 1 again. 2 repeat. 3 repent. 4 to return, revert, go back שׁוּב תה״פ ש״פ
no longer שׁוּב אֵין / לֹא
[sho'vav] 1 naughty (child). 2 wild, boisterous. 3 ill-behaved. 4 apostate שׁוֹבָב ז ת
[sho'vav] to be returned, restored שׁוֹבַב פ״ע
[sho'vev] 1 to seduce, lead astray. 2 to be led astray, err. 3 to cause to return שׁוֹבֵב פיו״ע
to refresh, satisfy שׁוֹבֵב אֶת הַנֶּפֶשׁ
to restore, to order שׁוֹבֵב נְתִיבוֹת
[shove'vut] naughtiness, unruly conduct שׁוֹבְבוּת נ
[shova'vi] naughty, unruly, boisterous שׁוֹבָבִי ת
[shu'va] 1 rest, tranquility. 2 return, repentance שׁוּבָה נ
captivating שׁוֹבֵה לֵב
[shovini'yut] chauvinism שׁוֹבִינִיּוּת נ
[sho'vax] dovecote שׁוֹבָךְ ז
[sho'ver] 1 voucher. 2 payment slip שׁוֹבֵר ז
breakwater שׁוֹבֵר גַּלִּים ז
windbreak שׁוֹבֵר רוּחַ ז

שׁוֹבֵת ז [sho'vet] striker
שׁוֹגֵג ת [sho'geg] erring, sinning
שׁוּדָא דְדַיָּנֵי judges' decision
שׁוֹדֵד ז פ״י [sho'ded] 1 robber. 2 to ruin, destroy
שָׁוָה פ״ע [sha'va] 1 to be equal, like, equivalent. 2 to be fit, appropriate
שָׁוֶה ת [sha've] 1 equal, equivalent. 2 worth. 3 equi-, iso-
שָׁוֶה בְּשָׁוֶה equally, in equal parts
שָׁוֶה כֶּסֶף valuable
שָׁוֶה לְכָל נֶפֶשׁ reasonable, suitable for everyone
שְׁוֵה פְּרוּטָה of little value
שְׁוֵה זְכֻיּוֹת having equal rights
שְׁוֵה נֶפֶשׁ indifferent, unconcerned, nonchalant
שְׁוֵה עֵרֶךְ equivalent
שְׁוֵה צְלָעוֹת equilateral (triangle)
שְׁוֵה שׁוֹקַיִם isosceles (triangle)
שִׁוָּה פ״י [shi'va] 1 to compare, liken. 2 to level, even, equalize
שׁוֹוֶה ת [sho've] equal, comparable
שָׁווּי ת [sha'vuy] 1 vowelized with sheva. 2 flush
שִׁוּוּי ז [shi'vuy] 1 equalization, parity. 2 comparison. 3 imparting
שִׁוּוּי זְכֻיּוֹת equality of rights
שִׁוּוּי מִשְׁקָל 1 equilibrium. 2 poise
שִׁוּוּק ז [shi'vuk] marketing
שׁוּחָה נ [shu'xa] pit, ditch
שׂוֹחַח פ״ע [so'xax] to talk, speak, converse
שׁוֹחֵט ז [sho'xet] ritual slaughterer
שׂוֹחֵק ת [so'xek] 1 laughing, joking. 2 oversized
שׁוֹחֵק ת [sho'xek] wearing, exhausting
שׁוֹחֵר ז [sho'xer] friend, admirer, supporter

שׁוֹט ז [shot] 1 whip, scourge. 2 punishment
שׁוֹט לָשׁוֹן slander, calumny, lash of the tongue
שׁוֹט שׁוֹטֵף sudden scourge
שׁוּט פיו״ע [shut] 1 to wander, rove, roam. 2 to sail, cruise
שׂוּט פ״ע [sot] to withdraw, digress, deviate
שִׁוֵּט פ״י [shi'vet] to systematize, methodize
שׁוֹטֶה ת [sho'te] 1 foolish, idiotic, stupid. 2 wild, uncultured. 3 astray, vagrant. 4 stray
שׁוֹטֶה מֻפְלָג complete idiot
שׁוֹטֶה שֶׁבָּעוֹלָם! You fool! Idiot!
שׁוֹטֵט ז פ״ע [sho'tet] 1 staff, stick. 2 to wander, observe. 3 vagrant
שׁוֹטְטוּת נ [shote'tut] 1 wandering around. 2 malingering, vagrancy
שׁוֹטְטָן ז [shote'tan] malingerer, vagrant
שׁוּטִית נ [shu'tit] 1 canoe. 2 small sailing-boat
שׁוֹטִית נ [sho'tit] 1 branch. 2 shank (meat)
שׁוֹטֵף ת [sho'tef] 1 flowing, fluent. 2 rapid. 3 current, actual
שׁוֹטֵר ז [sho'ter] 1 policeman. 2 officer of the law
שׁוֹטֵר חֶרֶשׁ detective, plainclothes policeman
שֹׁוִי ז ['shovi] value, worth, price
שִׁוְיוֹן ז [shiv'yon] 1 equality. 2 tie, draw (sports)
שִׁוְיוֹן נֶפֶשׁ nonchalance, coolness, indifference
שְׁוִיסָק ז [shvi'sak] crackling
שְׁוִיצֶר ת [shvi'tser] swanker, "show off"

שָׁוִיק ת [sha'vik] marketable
שְׁוִיקוּת נ [shevi'kut] marketability
שׂוֹךְ, שׂוֹכָה [sox, so'xa] branch with many offshoots
שׂוּךְ פ״י [sux] 1 to fence in. 2 to guard, protect
שׂוֹכֵךְ פ״י [so'xex] 1 to cover. 2 to weave, plait
שׁוֹכֵן עָפָר dead (dwelling in the dust)
שׂוֹכֵר ז [so'xer] hirer, lessee charterer
שׁוֹלְטָנִי ת [sholta'ni] domineering, bossy
שׁוּלִי ת [shu'li] marginal
שׁוּלְיָה ז [shul'ya] apprentice
שׁוּלַיִם ז״ז [shu'layim] 1 margin. 2 boundary, edge, outskirts
שׁוֹלָל ת [sho'lal] 1 barefoot, stripped. 2 meaningless. 3 confused
שׁוֹלַל פ״י [sho'lal] to be denied, removed, kept away
שׁוֹלֵל ז [sho'lel] 1 opponent, negater, negativist. 2 plunderer, robber
שׁוֹלְלוּת נ [shole'lut] negation, opposition, negativism
שׁוֹם ז [shom] intelligent assessment, appraisal
שׁוּם ז פ״י [shum] 1 garlic. 2 nothing, something, anything. 3 to evaluate, assess. 4 evaluation
שׁוּם בַּעַל בֶּכִי pungent garlic
שׁוּם דָּבָר something, anything, nothing
שׁוּם דָּבָר לֹא nothing
שׂוּם ת [sum] placed, put
שׁוּמָה נ [shu'ma] 1 assessment, evaluation. 2 mark, mole
שׂוּמָה ת נ [su'ma] imposed upon
שׂוּמָה עָלָיו he must, it is incumbent upon him

שׁוֹמֵם ת [sho'mem] 1 derelict, desolate. 2 lonely, depressed
שׁוֹמֵמָה נ [shome'ma] desolate place, ruin
שׁוֹמֵמוּת נ [shome'mut] desolation, emptiness
שׁוּמָנִית נ [shuma'nit] wild garlic
שׁוֹמֵר ז [sho'mer] 1 watchman, guard, keeper. 2 outer peel of unripe fruit
שׁוֹמֵר חֹק law-abiding
שׁוֹמֵר טַף baby-sitter
שׁוֹמֵר יִשְׂרָאֵל God, He who watches over Israel
שׁוֹמֵר סַף concierge, gate-keeper
שׁוֹמֵר רֹאשׁ escort
שׁוּמָר ז [shu'mar] fennel
שׁוֹמֵרָה נ [shome'ra] watchman's hut
שׁוֹמְרוֹנִי ת [shomro'ni] Samaritan
שׁוֹמֶרֶת יָבָם levirate widow
שׂוֹנֵא ז [so'ne] 1 foe, enemy. 2 hater
שׁוֹנֶה ת [sho'ne] different
שׁוֹנֶה וּמְשֻׁנֶּה completely different
שׁוֹנוֹת נ״ר [sho'not] miscellaneous
שׁוֹנוּת נ [sho'nut] difference
שׁוּנִית נ [shu'nit] 1 reef. 2 cliff
שׁוּנְרָה נ ['shunra] wildcat
שׁוֹסַע שֶׁסַע cloven-hoofed
שֶׁוַע ז ['sheva] cry, call
שׁוֹעַ ז ['sho'a] nobleman, patrician, magnate
שׁוּעַ ז ['shu'a] cry, call for help
שִׁוַּע פ״ע [shi'va'] to cry for help, call out in distress
שַׁוְעָה נ [shav''a] cry, cry of distress
שׁוּעָל ז [shu''al] fox
שׁוֹעָר ת [sho''ar] bad, rotten
שׁוֹעֵר ז [sho''er] 1 janitor, gate-keeper, concierge. 2 goalkeeper
שׁוּף פיו״ע ת [shuf] 1 polished, smooth. 2 to scrape, rub, polish

[sho'fet] 1 judge. 2 referee, umpire — שׁוֹפֵט ז
magistrate, judge in magistrates' court — שׁוֹפֵט שָׁלוֹם
[shof'tim] Judges (Bible) — שׁוֹפְטִים ז״ר
[sho'fin] file — שׁוֹפִין ז
[shof'xim] sewage — שׁוֹפְכִים ז״ר
[sho'fe'a] 1 flowing, abundant. 2 sloping — שׁוֹפֵעַ ת
[sho'far] shofar, ram's horn — שׁוֹפָר ז
[shuf'ra] 1 best portion, top quality. 2 splendo(u)r, beauty — שׁוּפְרָא ז
[shofa'rit] hedypnois, wild plant — שׁוֹפָרִית נ
[shok] 1 thigh. 2 drumstick. 3 side (of triangle), arm (of compass). 4 leg — שׁוֹק נ
shank (animal) — שׁוֹק (הבהמה)
[shuk] 1 market, marketplace, bazaar. 2 desire, longing — שׁוּק ז
[shi'vek] to market — שִׁוֵּק פ״י
[shu'vak] to be marketed — שֻׁוַּק פ״ע
[shu'kai] pedlar, hawker — שׁוּקַאי ז
[sho'ka] tibia, shinbone — שׁוֹקָה נ
[shu'ka] desire — שׁוּקָה נ
[shu'ki] pertaining to the market — שׁוּקִי ת
[sho'kit] 1 upper (boot). 2 fibula, perone — שׁוֹקִית נ
[sho'kek] 1 desirous, yearning. 2 noisy, busy (street). 3 grunting (bear) — שׁוֹקֵק ת
[shor] bull, ox — שׁוֹר ז
buffalo, wild bull — שׁוֹר הַבָּר
bull that has gored thrice — שׁוֹר מוּעָד
a bull not known that has gored — שׁוֹר תָּם
[shur] 1 wall, fortification. 2 to observe, watch — שׁוּר ז פיו״ע
[sha'var] tightrope acrobat, funambulist, rope dancer — שַׁוָּר ז
[so'ra] grain — שׂוֹרָה נ
[shu'ra] file, line, row — שׁוּרָה נ
the letter of the law — שׁוּרַת הַדִּין
[shu'ron] lined sheet — שׁוּרוֹן ז
[sho'rek] sibilant, strident — שׁוֹרֵק ז ת
[so'rek] choice vine — שׂוֹרֵק ז
[shu'ruk] shuruq, vowel sign: "u" — שׁוּרֻק ז
[sho'rer] 1 foe, opponent, enemy. 2 to sing, compose music or poetry — שׁוֹרֵר ז פ״י
[shush] liquorice, licorice — שׁוּשׁ ז
[shosh'vin] 1 friend, patron. 2 best man (wedding). 3 second (in duel) — שׁוֹשְׁבִין ז
[shoshvi'na] female companion to the bride — שׁוֹשְׁבִינָה נ
[shoshvi'nut] sponsorship of bride and groom — שׁוֹשְׁבִינוּת נ
[sho'shat] 1 table companion. 2 animal keeper — שׁוֹשָׁט ז
[sho'shelet] dynasty, royal house — שׁוֹשֶׁלֶת נ
[shoshal'ti] dynastic — שׁוֹשַׁלְתִּי ת
[sho'shan] 1 lily, rosette. 2 musical instrument in the Bible — שׁוֹשָׁן ז
[shosha'na] 1 rose. 2 lily. 3 erysipelas. 4 head of nail — שׁוֹשַׁנָּה נ
waterlily, sea anemone — שׁוֹשַׁנַּת יָם
the Jewish people, "rose of Jacob" — שׁוֹשַׁנַּת יַעֲקֹב
1 Rose of Jericho. 2 leishmannia — שׁוֹשַׁנַּת יְרִיחוֹ
[sho'shenet] rosette — שׁוֹשֶׁנֶת נ
[shu'ta] 1 talk. 2 strong south wind. 3 sprouting. 4 trap — שׁוּתָא נ
[sha'zuf] suntanned, sunburnt — שָׁזוּף ת
[shi'zuf] suntanning, — שִׁזּוּף ז

sunburning

שָׁזוּר ת [shaˈzur] interwoven, interlaced

שָׁזִיף ז [shaˈzif] prune, plum

שְׁזִיפָה נ [sheziˈfa] sunburning, suntan

שְׁזִירָה נ [sheziˈra] interweaving

שָׁזַף, שִׁזֵּף פ״י [shaˈzaf, shiˈzef] to sunburn, tan

שֹׁזֶף ז [ˈshozef] sunburn, tan

שִׁזָּפוֹן ז [shizaˈfon] 1 sunburn. 2 sunstroke

שָׁזַר פ״י [shaˈzar] to weave, interlace

שַׁזָּר ז [shaˈzar] twine-maker, rope-maker

שִׁזְרָה נ [shizˈra] interweaving, interlacing

שָׂח פ״י [sax] to talk, chat

שַׁח ז ת [shax] 1 Shah, Persian king. 2 bent, downcast. 3 Check! (chess)

שֵׂחַ ז [ˈseʼax] conversation, talk

שָׁחַד, שִׁחֵד פ״י [shaˈxad, shiˈxed] to bribe, buy off

שֹׁחַד ז [ˈshoxad] bribe, bribery

שָׁחָה פ״ע [shaˈxa] to bow, bend

שָׂחָה פ״ע [saˈxa] to swim

שִׁחוּד ז [shiˈxud] bribing, bribery

שָׁחוּז ת [shaˈxuz] sharpened, whetted

שְׁחוּזָה נ [shexuˈza] "exposed" for mating

שָׁחוֹחַ, שָׁחוּחַ ת [shaˈxoʼax] bent, bowed

שְׁחוֹחַ תה״פ [sheˈxoʼax] bent, downcast

שָׁחוּט ת [shaˈxut] 1 hammered, beaten. 2 slaughtered. 3 sharpened

שָׁחוּל ת [shaˈxul] 1 threaded. 2 dislocated, loose (limb)

שָׁחוּם ת [shaˈxum] dark brown

שָׁחוּן ת [shaˈxun] very hot, overheated

שָׁחוּף ת [shaˈxuf] 1 consumptive, tuberculose. 2 with crushed testicles

שָׁחוּץ ת [shaˈxuts] arrogant, haughty

שָׁחוּק ת [shaˈxuk] 1 pounded, ground. 2 worn, eroded

שְׂחוֹק ז [sxok] laughter, mockery, derision

שַׁחֲוָר ז [shaxaˈvar] captain, officer

שִׁחוּר ז [shiˈxur] 1 blackening. 2 inquiring after

שְׁחוֹר ז [sheˈxor] black, blackness

שַׁחוּת נ [shaˈxut] humiliation, humbling

שִׁחוּת נ [shiˈxut] spoiling

שְׁחוּת נ [sheˈxut] pit, ditch

שִׁחְזוּר ז [shixˈzur] reconstruction, restoration

שִׁחְזֵר פ״י [shixˈzer] to reconstruct, restore

שֻׁחְזַר פ״ע [shuxˈzar] to be restored, reconstructed

שָׁחַח פ״ע [shaˈxax] to be bent, bowed

שָׁחַט פ״י [shaˈxat] 1 to kill, slaughter. 2 to butcher, slay. 3 to hammer out. 4 to spoil

שָׂחַט פ״י [saˈxat] 1 to squeeze, press. 2 to wring

שֶׁחִי, שְׁחִי ז [ˈshexi] 1 armpit. 2 axilla (anatomy)

שְׁחִיָּה נ [shexiˈya] bending

שְׂחִיָּה נ [sexiˈya] swimming

שְׁחִיטָה נ [shexiˈta] 1 slaughtering. 2 massacre

שְׁחִיטַת קָדָשִׁים slaughtering for sacrifice

שְׁחִין ז [sheˈxin] infective boils

שַׂחְיָן [saxˈyan] swimmer

שְׁחִינוּת נ [shxiˈnut] heat

שַׂחְיָנוּת נ [saxyaˈnut] swimming

שָׁחִיס ז [shaˈxis] aftergrowth

שָׂחִיף ז [saˈxif] 1 fingerboard (mus.), thin board. 2 thin person

שְׁחִיקָה נ [shexiˈka] 1 pounding,

['shaxats] 1 pride, arrogance. 2 disgrace, obscenity שַׁחַץ ז
[sha'xats] boastful, proud, arrogant שֶׁחָץ ז
[shi'xets] to divide, separate שִׁחֵץ פ"ע
[shax'tsan] braggart, arrogant, conceited שַׁחֲצָן ז
[shaxtsa'nut] arrogance, boastfulness, conceit שַׁחֲצָנוּת נ
[shaxtsa'ni] arrogant, vain, conceited שַׁחֲצָנִי ת
[sha'xak] 1 to pulverize, grind, pound. 2 to erode שָׁחַק, שִׁחֵק פ"י
['shaxak] 1 powder, dust. 2 sky, cloud. 3 torn clothes. 4 waste matter, refuse שַׁחַק
[sa'xak] to laugh at, mock, deride שָׂחַק פ"ע
[si'xek] 1 to play. 2 to act שִׂחֵק פיו"ע
to be fortunate שִׂחֵק לוֹ מַזָּלוֹ
[saxa'ka] smile שְׂחָקָה נ
to be fortunate שִׂחֲקָה לוֹ הַשָּׁעָה
[shexa'kim] 1 sky, heavens. 2 rags, tatters שְׁחָקִים ז"ר
[sax'kan] 1 player. 2 actor, artist שַׂחְקָן ז
[saxka'nut] acting שַׂחְקָנוּת נ
[sha'xar] 1 to grow black, blacken. 2 to take an interest in שָׁחַר פיו"ע
[sha'xor] black שָׁחֹר ת
1 clearly, in no uncertain terms. 2 black on white שָׁחֹר עַל גַּבֵּי לָבָן
['shaxar] 1 dawn. 2 meaning, sense, significance שַׁחַר ז
[shi'xer] 1 to seek early, inquire. 2 to visit. 3 to darken שִׁחֵר פ"י
to sermonize, preach שִׁחֵר מוּסָר
to welcome שִׁחֵר פָּנָיו
[shaxa'rur] blackbird שַׁחֲרוּר ז

grinding. 2 pulverizing. 3 rubbing, erosion
[sexika] laughter שְׂחִיקָה נ
[she'xit] pit שְׁחִית נ
[shexi'ta] spoiling שְׁחִיתָה נ
[shexi'tut] 1 corruption, degeneracy. 2 decadence, immorality שְׁחִיתוּת נ
['shaxal] lion שַׁחַל ז
[shaxa'la] 1 ovary. 2 magazine (rifle) שַׁחֲלָה נ
[shaxa'layim] garden cress, green mustard שַׁחֲלַיִם ז"ז
[shaxli'fin] re-exchange שַׁחְלִיפִין ז"ר
[shix'lef] to re-exchange (currency) שִׁחְלֵף פ"י
[she'xelet] onycha (spice) שְׁחֵלֶת נ
[she'xolet] shavings (metal) שְׁחֹלֶת נ
[sha'xom] dark brown שָׁחֹם ת
['shaxam] granite שַׁחַם ז
[shaxa'mut] brown, brownness שַׁחֲמוּת נ
[shexam'xam] brownish שְׁחַמְחַם ת
[shax'mat] chess שַׁחְמָט ז
[shaxmata''ut] chess-playing שַׁחְמָטָאוּת נ
[shaxma'tai] chess-player שַׁחְמָטַאי ז
[shaxma'ti] of chess שַׁחְמָטִי ת
[shxam'ti] brownish שְׁחַמְתִּי, שְׁחַמְתָּנִי ת
['shaxaf] seagull, tern שַׁחַף ז
[shi'xef] to waste (physically) שִׁחֵף פ"י
[shaxa'fan] tubercular, consumptive שַׁחֲפָן ז
[shaxfa'nut] tuberculosis, consumption שַׁחֲפָנוּת נ
[shaxfa'ni] tubercular, consumptive שַׁחֲפָנִי ת
[sha'xefet] T.B., tuberculosis, consumption שַׁחֶפֶת נ
[sha'xats] to divide, tear, separate שָׁחַץ פ"ע

שִׁחְרוּר ז [shix'rur] 1 emancipation, release, liberation. 2 discharge, exemption

שַׁחֲרוּרִית נ [shaxaru'rit] 1 blackness. 2 ugliness

שַׁחֲרוּת נ [shaxa'rut] 1 prime of life, youth. 2 blackness

שְׁחַרְחַר ת [shexar'xar] blackish, dark

שְׁחַרְחֹר ת [shexar'xor] blackish, dark, swarthy

שְׁחַרְחָרוּת נ [shexarxa'rut] blackness, swarthiness

שְׁחֹרִי ת [shexo'ri] having black bile, melancholy

שַׁחֲרִית נ [shaxa'rit] 1 morning time, morning. 2 morning prayers, matins

שִׁחְרֵר פ״י [shix'rer] to liberate, set free, emancipate, manumit

שַׁחַת ז נ ['shaxat] 1 pit, grave. 2 ruin, destruction. 3 pitfall. 4 straw, fodder

שִׁחֵת פ״י [shi'xet] 1 to spoil, ruin. 2 to sin, act basely. 3 to kill

שִׁחֵת דְּבָרָיו to waste one's words

שִׁחֵת רַחֲמָיו to be ruthless, pitiless, cruel

שִׁחֵת שְׂעָרוֹ to shave one's hair

שָׁט פ״ע [shat] 1 to wander, roam. 2 to sail, cruise

שֵׂט ז [set] rebel, heretic, apostate

שָׂטָה פ״ע [sa'ta] 1 to go astray, deviate. 2 to rebel

שִׁטָּה נ פ״י [shi'ta] 1 acacia (plant). 2 method, system. 3 to mock, deride

שָׁטוּחַ ת [sha'tu'ax] flat, plane, spread out

שִׁטּוּחַ ז [shi'tu'ax] spreading out, flattening, extending

שִׁטּוּט ז [shi'tut] wandering, rambling

שִׁטּוּי ז [shi'tuy] sneering, jesting, mocking

שָׂטוּם ת [sa'tum] hated

שָׁטוּף ת [sha'tuf] 1 flooded, washed. 2 addicted to, greedy for, very fond of

שִׁטּוּף ת [shi'tuf] washing, rinsing, flooding

שִׁטּוּר ז [shi'tur] policing

שְׁטוּת נ [shtut] 1 insanity, madness. 2 nonsense, folly

שְׁטוּתִי ת [shtu'ti] foolish, nonsensical

שָׁטַח פ״י [sha'tax] 1 to spread, lay out. 2 to scatter, sprinkle

שָׁטַח בַּקָּשָׁה to plead, extend one's plea

שִׁטַּח פ״י [shi'tax] to flatten, spread out

שֶׁטַח ז ['shetax] 1 area. 2 surface. 3 plane, ground. 4 sphere, zone

שֶׁטַח הֶפְקֵר no-man's-land

שֶׁטַח מֵת dead spot, unusable land

שִׁטְחִי ת [shit'xi] 1 superficial. 2 shallow, "skin-deep"

שִׁטְחִיּוּת נ [shitxi'yut] superficiality, shallowness

שַׁטָּט ז [sha'tat] 1 rover, rambler. 2 ranger. 3 hiker. 4 prowler

שַׁטְיָה נ [shat'ya] fool (f)

שִׁטָּיוֹן נ [shi'tayon] dementia

שַׁטְיוּת נ [shat'yut] 1 idiotism. 2 folly, stupidity

שְׁטֻיּוֹת נ״ר [shtu'yot] Nonsense! Rubbish!

שָׁטִיחַ ז [sha'tiy'ax] 1 carpet. 2 rug, mat

שְׁטִיחוֹן ז [sheti'xon] small rug, mat

שְׁטִיחוּת נ [sheti'xut] flatness

[shi'tim] acacia trees שִׁטִּים נ״ר
[seti'ma] 1 hatred, enmity. 2 grudge, grievance שְׂטִימָה נ
[sheti'fa] 1 rinsing, washing. 2 flooding. 3 irrigation שְׁטִיפָה נ
[sheti'fut] addiction, greediness שְׁטִיפוּת נ
[sa'tam] 1 to hate, bear a grudge. 2 to forsake שָׂטַם פ״י
[sit'ma] hatred, enmity, animosity שִׂטְמָה נ
[sa'tan] 1 devil, Satan. 2 arch-enemy, adversary. 3 accuser, prosecutor. 4 angel of death שָׂטָן ז
[sa'tan] 1 to hate. 2 to condemn, denounce. 3 to oppose שָׂטַן פ״י
[sit'na] 1 enmity. 2 accusation שִׂטְנָה נ
[seta'ni] 1 Satanic, diabolical. 2 fiendish, cruel שְׂטָנִי ת
[shit''un] reloading, transshipment שִׁטְעוּן ז
[shit''en] to reload, transfer, transship שִׁטְעֵן פ״י
[sha'taf] 1 to wash, raise. 2 to flood, inundate שָׁטַף פיו״ע
['shetef] flow, stream, current שֶׁטֶף ז
great rage, flood of anger שֶׁטֶף אַף
haemorrhage שֶׁטֶף דָּם
[shita'fon] flood, deluge, inundation שִׁטָּפוֹן ז
[sha'tar] 1 to punish. 2 to police שָׁטַר פ״י
[shtar] 1 bill, note. 2 writ, bond, promissory note שְׁטָר ז
bill of indebtedness, obligatory note שְׁטַר אֲמָנָה
IOU, promissory note שְׁטַר חוֹב
currency note, bank note שְׁטַר כֶּסֶף
bill of sale שְׁטַר מְכִירָה, שְׁטַר מֶכֶר
charter party, charter שְׁטַר שֶׂכֶר
security bond שְׁטַר עֵרֶךְ
[shai] gift, present שַׁי ז
[si] 1 climax, zenith, maximum. 2 crest, pinnacle, top. 3 record שִׂיא ז
[siy''an] record-holder (sport) שִׂיאָן ז
[sev] old age שֵׂיב ז
[shi'va] return, come-back שִׁיבָה נ
[se'va] old age, gray hair שֵׂיבָה נ
his hair grew white שֵׂיבָה זָרְקָה בּוֹ
ripe old age שֵׂיבָה טוֹבָה
[se'vut] white hair שֵׂיבוּת נ
[sig] 1 occupation. 2 need שִׂיג ז
[sid] whitewash, lime שִׂיד ז
[se'ya] young lamb שֵׂיָה נ
[shi'yut] rowing, sailing, cruising שִׁיּוּט ז
[shi'yux] belonging, ascription, pertinence שִׁיּוּךְ ז
[shi'yuf] filing, smoothing שִׁיּוּף ז
[shi'yur] remainder, remnant, residue שִׁיּוּר ז
[she'zaf] zizyphus (shrub), jujube שֵׁיזָף ז
['shiyax] pit, ditch שִׁיחַ ז
['siyax] 1 conversation. 2 bush, shrub. 3 meditation, anxiety שִׂיחַ ז
dealing, negotiation שִׂיחַ וָשִׂיג
[sa'yax] swimmer שַׂיָּח ז
[shi'xa] pit שִׁיחָה נ
[si'xa] 1 conversation, talk. 2 telephone-call שִׂיחָה נ
[si'xon] foreign language phrase-book שִׂיחוֹן ז
small talk, chat שִׂיחַת חֻלִּין
['shayit] 1 sailing, cruising. 2 rowing שַׁיִט ז
[sha'yat] oarsman, rower שַׁיָּט ז
[shi'yet] to row שִׁיֵּט פ״ע
[shi'ta] 1 system, method. 2 doctrine. 3 cruising, sailing שִׁיטָה נ

[sha'yetet] fleet, flotilla שַׁיֶּטֶת נ
[shita'ti] systematic, methodical שִׁיטָתִי ת
[shitati'yut] systematization שִׁיטָתִיּוּת נ
[shex] sheikh שֵׁיךְ ז
[sha'yax] 1 belonging to. 2 relevant, pertinent שַׁיָּךְ ת
[shi'yex] to ascribe, attribute שִׁיֵּךְ פ״י
[shaya'xut] 1 belonging, connection. 2 nexus. 3 relevance, pertinence שַׁיָּכוּת נ
[shi'yem] to name שִׁיֵּם פ״י
[shi'ma] assessment, estimate, evaluation שִׁימָה נ
[si'ma] 1 placing, putting. 2 causing, rendering. 3 appointment שִׂימָה נ
[shimpan'ze] chimpanzee שִׁימְפַּנְזֶה ז
attention, heed שִׂימַת־לֵב
supervision שִׂימַת עַיִן
[shin] shin (letter) שִׁין, שִׁין יְמָנִית נ
[sin] sin (letter) שִׂין, שִׂין שְׂמָאלִית נ
[shey'nan] urea שֵׁינָן ז
['shiy'a] 1 cement. 2 dental enamel שִׁיעַ ז
[shif] polished, filed, smoothed שִׁיף ת
[shi'yef] 1 to file, smooth. 2 to polish שִׁיֵּף פ״י
[shi'fa] 1 filing, polishing. 2 shavings שִׁיפָה נ
[shi'fon] rye שִׁיפוֹן ז
[shir] 1 song. 2 chant, hymn. 3 poem שִׁיר ז
epic poem שִׁיר גִּבּוֹרִים
Song of Ascents שִׁיר הַמַּעֲלוֹת
Song of Songs (Bible) שִׁיר הַשִּׁירִים
sonnet שִׁיר זָהָב
march שִׁיר לֶכֶת
passionate love song שִׁיר עֲגָבִים
epic poem שִׁיר עֲלִילָה
folk song שִׁיר עַם
lullaby שִׁיר עֶרֶשׂ
couplet שִׁיר צְמָדִים
daily hymn שִׁיר שֶׁל יוֹם
song against evil spirits שִׁיר שֶׁל פְּגָעִים
[she'yar] remnant, residue, remainder שְׁיָר ז
[sha'yar] traveller, wayfarer שַׁיָּר ז
[sher] thin chain leash, to lead animal שֵׁיר ז
[shi'yer] to leave over שִׁיֵּר פ״י
[shi'ra'im] fine silk שִׁירָאִים ז״ר
[shi'ra] 1 poetry. 2 singing שִׁירָה נ
[shaya'ra] 1 caravan. 2 convoy, column שַׁיָּרָה, שְׁיָרָה נ
[shi'ron] song-book, anthology of songs שִׁירוֹן ז
[shi'ri] 1 poetical. 2 song-like שִׁירִי ת
[shi'rayim] remains, leftovers שִׁירַיִם ז״ר
song on crossing the Red Sea שִׁירַת הַיָּם
[shi'yoret] dregs, residue שִׁיֹּרֶת נ
['shayish] marble שַׁיִשׁ ז
[shi'yesh] to marmorize שִׁיֵּשׁ פ״י
[si'sa] rejoicing, joy שִׂישָׂה נ
[she'shi] made of marble, marble-like שֵׁישִׁי ת
['shayit] thornbush שַׁיִת ז
[shit] 1 wild fig. 2 foundation, bottom. 3 garment שִׁית ז
[shi'ta] placing, putting שִׁיתָה נ
[sax] 1 to fence, hedge. 2 to protect שָׂךְ פ״י
[shax] to calm down, abate, subside שַׁךְ פ״ע
[sax] to cover, protect שַׂךְ פ״י
[sex] thorn, prickle שֵׂךְ ז
[sox] enclosure, booth שֹׂךְ ז
[sha'xav] 1 to lie, lie down. 2 to sleep with, cohabit שָׁכַב פ״ע

to lie buried שָׁכַב עִם אֲבוֹתָיו
[ˈshexev] lower grindstone, millstone שֶׁכֶב ז
[shixˈva] 1 stratum, layer. 2 coat (paint). 3 class, age-group שִׁכְבָה, שְׁכָבָה נ
issue of semen שִׁכְבַת זֶרַע
[sheˈxovet] cohabitation, sexual intercourse שְׁכֹבֶת נ
[suˈka] thorn שֻׂכָּה נ
[shaˈxuv] lying, prostrate שָׁכוּב ת
[shaˈxuˈax] 1 forgotten. 2 neglected שָׁכוּחַ ת
[sexˈvi] cock שֶׂכְוִי ז
[saˈxux] 1 covered. 2 thatched. 3 sheltered שָׂכוּךְ ת
[shiˈkux] 1 pacification, sedation. 2 damping. 3 relief (from pain) שִׁכּוּךְ ז
[shaˈxul] bereaved שָׁכוּל ת
[sheˈxol] 1 bereavement. 2 loneliness שְׁכוֹל ז
[shaˈkul] bereaved of children שַׁכּוּל ת
[siˈkul] 1 changing order. 2 crossing over (hands, etc) שִׂכּוּל ז
metathesis שִׂכּוּל אוֹתִיּוֹת
[shiˈkul] bereavement שִׁכּוּל ז
[shaˈxun] housed, living in a house, residing שָׁכוּן ת
[shiˈkun] 1 housing. 2 housing estate שִׁכּוּן ז
[shexuˈna] 1 neighbo(u)rhood. 2 settling. 3 vicinity שְׁכוּנָה נ
poor area, slum שְׁכוּנַת עֹנִי
cemetery, graveyard שְׁכוּנַת קְבָרוֹת
[shaˈxur] 1 drunk, inebriated. 2 steeped in שָׁכוּר ת
[shiˈkor] drunk, intoxicated שִׁכּוֹר ז
[saˈxur] 1 rented, leased, hired. 2 hired for labo(u)r שָׂכוּר ת
[shaˈxax] 1 to forget. 2 to abandon שָׁכַח פ״י
[shaˈxeˈax] oblivious, forgetful שָׁכֵחַ ת
[shiˈkax] to cause to forget שִׁכַּח פ״י
[shixeˈxa] 1 oblivion, amnesia, forgetfulness. 2 forgotten sheaf (Bible) שִׁכְחָה נ
[shikaˈxon] forgetfulness, amnesia שִׁכָּחוֹן ז
[shaxeˈxan] forgetful person שַׁכְחָן ז
[shaxexaˈnut] forgetfulness, tendency to forget שַׁכְחָנוּת נ
dangerously ill, seriously ill, on one's deathbed שְׁכִיב מְרַע
[shexiˈva] 1 reclining, lying down. 2 sexual intercourse שְׁכִיבָה נ
[sexiˈya] sight, show, image שְׂכִיָּה נ
objects of exquisite beauty שְׂכִיּוֹת חֶמְדָּה
[shaˈxiyˈax] frequent, common, regular שָׁכִיחַ ת
[shexiˈxa] forgetting שְׁכִיחָה נ
[shexiˈxut] frequency שְׁכִיחוּת נ
[shexiˈxa] calm, tranquility שְׁכִיכָה נ
[saˈkin] knife שַׂכִּין זו״נ
[shexiˈna] Divine Presence, Shekhina, divine inspiration שְׁכִינָה נ
[saˈxir] 1 wage-earner. 2 hired worker, journey man שָׂכִיר ז
mercenary שְׂכִיר חֶרֶב
day labourer שְׂכִיר יוֹם
hack-writer שְׂכִיר עֵט
[sexiˈra] rental, hire שְׂכִירָה נ
[sexiˈrut] lease, rent, hire שְׂכִירוּת נ
sublease, subtenancy שְׂכִירוּת מִשְׁנֶה
[saˈxax] to cover, protect שָׂכַךְ פ״י
[shaˈxax] to calm down, abate, subside שָׁכַךְ פ״ע
[shiˈkex] 1 to calm, appease. 2 to allay, relieve (pain) שִׁכֵּךְ פ״י
to render intelligible שִׁכֵּךְ אֶת הָאֹזֶן
[shaˈxal] to be bereaved שָׁכַל פ״י

of one's children
[shi'kel] to cause bereavement שִׁכֵּל פ״י
[sa'xal] to be wise, act prudently, succeed שָׂכַל פ״ע
['sexel] 1 sense, wit. 2 intellect, intelligence שֵׂכֶל ז
common sense שֵׂכֶל יָשָׁר
[si'kel] 1 to cross over. 2 to transpose שִׂכֵּל פ״י
[shix'lul] 1 perfection. 2 improvement שִׁכְלוּל ז
[six'lun] rationalization שִׂכְלוּן ז
[six'lut] folly שִׂכְלוּת נ
[shix'li] fowl, partridge שִׁכְלִי ז
[six'li] 1 intelligent. 2 rational. 3 intellectual שִׂכְלִי ת
[sixli'yut] 1 intelligence. 2 intellectuality שִׂכְלִיּוּת נ
[shi'xlel] to improve, ameliorate, perfect שִׁכְלֵל פ״י
[sixla'tan] intellectual שִׂכְלְתָן ז
[sixleta'nut] rationalism, intellectuality שִׂכְלְתָנוּת נ
[sixleta'ni] intellectual, rational שִׂכְלְתָנִי ת
['shexem] shoulder שְׁכֶם, שֶׁכֶם ז
unanimously, in complete agreement שְׁכֶם אֶחָד
[shix'ma] shoulder blade, scapula שִׁכְמָה נ
[shekmo'to] the like of which שֶׁכְּמוֹתוֹ
[shixmi'ya] cape שִׁכְמִיָּה נ
[sha'xan] to dwell, reside שָׁכַן פ״ע
[sha'xen] neighbour שָׁכֵן ז
['shexen] lodging, dwelling, apartment שֶׁכֶן ז
[she'ken] because, for שֶׁכֵּן
[shi'ken] to house, settle שִׁכֵּן פ״י
[shix'nu'a] persuasion שִׁכְנוּעַ ז
[shexe'nut] vicinity, neighbourliness שְׁכֵנוּת נ
[shexan'ya] having long eyebrows שְׁכַנְיָה ת״נ
[shix'na'] to persuade, convince שִׁכְנַע פ״י
[sha'kaf] 1 cobbler. 2 tanner, saddler שַׁכָּף ז
[shix'pul] duplication, stencilling שִׁכְפּוּל ז
[shix'pel] to duplicate, stencil שִׁכְפֵּל פ״י
[shaxpe'la] duplicating machine שַׁכְפֵּלָה נ
[sha'xar] to be intoxicated, drunk, inebriated שָׁכַר פ״ע
[she'xar] alcoholic drink שֵׁכָר ז
[shi'ker] to intoxicate, make drunk שִׁכֵּר פ״י
[sa'xar] 1 wages, hire, pay, remuneration. 2 fee. 3 reward (divine) שָׂכָר ז
[sa'xar] to hire, rent, lease שָׂכַר פ״י
rent (lodging) שְׂכַר דִּירָה
tuition fee שְׂכַר לִמּוּד
payment for creative writing שְׂכַר סוֹפְרִים
premium, bonus שְׂכַר עִדּוּד
[se'xer] charter שֶׂכֶר ז
[shika'ron] 1 drunkenness, intoxication. 2 henbane (plant) שִׁכָּרוֹן ז
[shix'rut] 1 intoxication, drunkenness. 2 drinking habit שִׁכְרוּת נ
[sha'keret] dypsomania שַׁכֶּרֶת נ
[shix'shux] 1 splash, splutter. 2 wading, paddling. 3 calming. 4 knocking about. 5 succussion (med.) שִׁכְשׁוּךְ ז
[shix'shex] 1 to wade, paddle. 2 to calm. 3 to splatter, splash. 4 to knock about שִׁכְשֵׁךְ פ״י

[sha'lav] to be calm, tranquil, secure שָׁלַו פ״ע
[sha'lev] calm, quiet, tranquil, at ease שָׁלֵו ת
['shelev] rest, calm, tranquility שֶׁלֶו ז
[slav] quail (bird) שְׂלָו ז
[sha'luv] 1 joined, combined. 2 dovetailed שָׁלוּב ת
[shi'luv] 1 joining, dovetailing. 2 combination שִׁלּוּב ז
arm-in-arm שְׁלוּבֵי זְרוֹעַ
[shelo'vit] pretzel שְׁלוֹבִית נ
[sha'lug] snowy שָׁלוּג ת
[shelu'git] slush, half-melted snow שְׁלוּגִית נ
[shal'va] 1 security, well-being. 2 calmness, tranquility שַׁלְוָה נ
[sha'lu'ax] 1 extended, outstretched. 2 sent. 3 agent, emissary שָׁלוּחַ ז ת
[shi'lu'ax] 1 dismissal, sending away. 2 despatch. 3 liberation. 4 banishment שִׁלּוּחַ ז
hurting, damaging שִׁלּוּחַ יָד
[shelu'xa] 1 branch-line, extension. 2 shoot, branch (vine). 3 range (mountains) שְׁלוּחָה נ
[shilu'xim] 1 dismissal. 2 divorce bill. 3 dowry שִׁלּוּחִים ז״ר
[shi'lut] 1 signposting. 2 holding, seizing שִׁלּוּט ז
[sha'luy] drawn-out, extricated שָׁלוּי ת
[shi'lux] throwing away שִׁלּוּךְ ז
[sha'lul] 1 deprived, lacking, negative. 2 extracted from. 3 chained, fettered. 4 stitched שָׁלוּל ת
[shelu'lit] puddle, pond, pool שְׁלוּלִית נ
[sha'lom] 1 peace, tranquility, quiet. 2 health, welfare. 3 greeting, salutation שָׁלוֹם ז

[shix'tev] to rewrite שִׁכְתֵּב פ״י
[shix'tuv] rewriting שִׁכְתּוּב ז
[shal] 1 shawl, scarf. 2 error, mistake. 3 Remove! שַׁל ז פ״י
[shel] 1 belonging to. 2 made of. 3 intended for. 4 of. 5 containing שֶׁל מ״י
[shal'a'nan] tranquil, quiet, restful שַׁלְאֲנָן ת
[sha'lav] 1 stage, phase. 2 rung (ladder). 3 step שָׁלָב ז
['shelev] suture (med.) שֶׁלֶב ז
[shi'lev] 1 to combine, join. 2 to fit together, dovetail. 3 to fold (arms). 4 to include שִׁלֵּב פ״י
[shu'lav] 1 to be combined, joined. 2 to be dovetailed. 3 to be folded. 4 to be included שֻׁלַּב פ״ע
[shil'bek] to blister, cause blisters שִׁלְבֵּק פ״י
[shal'beket] herpes שַׁלְבֶּקֶת נ
['sheleg] snow שֶׁלֶג ז
[shil'gon] 1 snowfall, avalanche of snow. 2 ice-cream on a stick שִׁלְגּוֹן ז
[shilgi'ya] Snow White שִׁלְגִּיָּה נ
[shal'git] 1 snowdrop. 2 sledge שַׁלְגִּית נ
['sheled] skeleton שֶׁלֶד זו״נ
[shal'dag] kingfisher שַׁלְדָּג ז
[sha'la] 1 to be calm, at ease, tranquil. 2 to draw out, extract שָׁלָה פיו״ע
[shi'la] to draw out, extract שִׁלָּה פ״י
[shil'hev] to inflame, ignite, arouse, excite שִׁלְהֵב פ״י
[shal'hevet] flame, blaze שַׁלְהֶבֶת נ
[shalhevet'ya] mighty flame שַׁלְהֶבֶתְיָה נ
[shil'he] end, final stage שִׁלְהֵי ז״ר
end of summer שִׁלְהֵי דְקַיְטָא

שָׁלוֹם לְךָ! Peace on you! Greetings!
שָׁלוֹם לַעֲפָרוֹ! May he rest in peace!
שָׁלוֹם עֲלֵיכֶם Greetings! (upon arrival)
שְׁלוֹם בַּיִת domestic harmony
שִׁלּוּם ז [shi'lum] 1 reward, requital. 2 reparation, restitution
שִׁלּוּמִים ז"ר [shilu'mim] reparations
שִׁלּוּמָה נ [shilu'ma] reward, payment, recompense
שְׁלוּמִיאֵל ז [shlumiy''el] good-for-nothing, clumsy person, ne'er-do-well
שְׁלוֹמִים תה"פ [shlo'mim] wholly, entirely
שָׁלוּף ת [sha'luf] unsheathed (sword), drawn
שָׁלוּק ת [sha'luk] boiled, hard-boiled
שָׁלוֹשׁ שמ"נ [sha'losh] three (f)
שִׁלּוּשׁ ז [shi'lush] 1 trinity, triad, trio. 2 multiplication by three
שְׁלוֹשָׁה שמ"ז [shelo'sha] three (m)
שְׁלוֹשִׁים ש"מ [shelo'shim] thirty
שָׁלַח פ"י [sha'lax] 1 to send, despatch. 2 to stretch, extend. 3 to dismiss. 4 to throw off
שָׁלַח יָד בְּ- 1 to embezzle, steal. 2 to hurt, harm
שָׁלַח יָד בְּנַפְשׁוֹ to commit suicide
שֶׁלַח ז ['shelax] 1 missile, weapon. 2 javelin. 3 hide (animal), slough. 4 ripe olive. 5 sprout, shoot. 6 width, breadth. 7 irrigation canal
שִׁלַּח פ"י [shi'lax] 1 to despatch, send off. 2 to release, launch. 3 to divorce. 4 to abandon
שִׁלַּח אֶת אִשְׁתּוֹ to divorce one's wife
שִׁלַּח אֶת פְּלוֹנִי לְנַפְשׁוֹ to set free, release
שִׁלַּח בָּאֵשׁ to ignite, set fire to

שַׁלְחוּף ז [shal'xuf] bladder, vesica
שַׁלְחוּפָה נ [shalxu'fa] tortoise
שַׁלְחוּפִית נ [shalxu'fit] vesicle, blister
שֻׁלְחָן ז [shul'xan] table
שֻׁלְחָן עָרוּךְ 1 a set table. 2 code of Jewish laws
שֻׁלְחַן הַמַּעֲרֶכֶת editor's desk
שֻׁלְחַן כְּתִיבָה desk
שֻׁלְחָן שָׁחִיל extension table
שֻׁלְחָנוֹן ז [shulxa'non] small table
שֻׁלְחָנוּת נ [shulxa'nut] money-changing
שֻׁלְחָנִי ז [shulxa'ni] money-changer
שֻׁלְחָנִיָּה נ [shulxani'ya] money-changing business
שָׁלַט פ"ע [sha'lat] 1 to rule, govern. 2 to control, master. 3 to be proficient
שָׁלַט בְּרוּחוֹ to control oneself
שְׁלַט-רָחוֹק remote control
שֶׁלֶט ז ['shelet] 1 sign, notice. 2 shield
שִׁלֵּט פ"י [shi'let] to fix signboards, road signs
שִׁלְטוֹן ז [shil'ton] government, authority
שִׁלְטוֹן עַצְמִי self-government, autonomy
שָׁלְטָן ז [shol'tan] govern, ruler
שֻׁלְטָן ז [sul'tan] sultan
שָׁלְטָנוּת נ [sholta'nut] government, rule
שַׁלֶּטֶת נ [sha'letet] 1 predominant (f). 2 domineering, imperious (f)
שֶׁלִי ז [she'li] 1 quietness. 2 error
שֶׁלִּי מ"ג [she'li] mine, my
שְׁלִיבָה נ [sheli'va] 1 folding, crossing, linking. 2 interlacing. 3 step, shelf
שְׁלִיגָה נ [sheli'ga] snowing, snowfall
שִׁלְיָה נ [shil'ya] placenta, afterbirth
שְׁלִיָּה נ [sheli'ya] drawing out,

2 deposit

[sheliˈshi] third שְׁלִישִׁי ת

second cousin שְׁלִישִׁי בְּשְׁלִישִׁי

[sheliˈshim] rooms on the third floor שְׁלִישִׁים

[shelishiˈya] 1 trio. 2 triplet. 3 group of three שְׁלִישִׁיָּה נ

[sheliˈshit] 1 one third, third part. 2 third (f) שְׁלִישִׁית נ תה״פ

[shaˈlax] osprey, cormorant שָׁלָךְ ז

[shaˈlexet] 1 fall, autumn. 2 effoliation שַׁלֶּכֶת נ

[shaˈlal] 1 spoil, booty. 2 gain, profit. 3 catch, haul שָׁלָל ז

[shaˈlal] 1 to negate, deny, veto. 2 to plunder, rob. 3 to pull out. 4 to baste שָׁלַל פ״י

[shlal] loose stitch, baste, tack שְׁלָל ז

blaze of colo(u)r, all the colo(u)rs of the rainbow שְׁלַל צְבָעִים

[shaˈlam] to be completed שָׁלַם פ״ע

[shaˈlem] 1 complete, integral, whole, entire. 2 true, faithful. 3 unharmed, unscathed שָׁלֵם ת

[ˈshelem] peace-offering שֶׁלֶם ז

[shaˈlam] paymaster, bursar שַׁלָּם ז

[shiˈlem] 1 recompense, requital. 2 to pay, discharge. 3 to complete שִׁלֵּם ז פ״י

[shuˈlam] to be paid שֻׁלַּם פ״ע

[shalaˈma] 1 Why? 2 perhaps שַׁלָּמָה מ״ש, מ״ח

[salˈma] dress שַׂלְמָה נ

[shalˈmon] 1 bribe, reward. 2 cephalaria (plant) שַׁלְמוֹן ז

[shalmoˈnim] Dipsaceae (plant family) שַׁלְמוֹנִים ז״ר

[sheleˈmut] 1 completeness, wholeness, perfection. 2 integrity שְׁלֵמוּת נ

offerings of thanksgiving שַׁלְמֵי תוֹדָה

extraction

[shaˈliyˈax] 1 delegate, envoy. 2 emissary, messenger. 3 errand boy ַ ז

delivery man חַ לְהוֹלָכָה

1 leader in prayer. 2 cantor יחַ צִבּוּר

[sheliˈxa] sending, despatching יחָה נ

[sheliˈxut] 1 mission, errand. 2 message לִיחוּת נ

[shaˈlit] ruler, governor, master וְלִּיט ז

self-controlled, self-disciplined שַׁלִּיט בְּרוּחוֹ

[sheliˈta] 1 control, rule, mastery. 2 proficiency, command שְׁלִיטָה נ

[shlil] embryo, foetus שְׁלִיל ז

[sheliˈla] 1 negation. 2 denial. 3 refusal. 4 veto שְׁלִילָה נ

[sheliˈli] 1 negative. 2 adverse שְׁלִילִי ת

[sheliliˈyut] 1 negativeness, negativity. 2 undesirability שְׁלִילִיּוּת נ

[shlif] saddlebag, pack שְׁלִיף ז

[shaˈlif] able to be drawn out, able to be unsheathed שָׁלִיף ת

[sheliˈfa] drawing out, unsheathing שְׁלִיפָה נ

[sheliˈka] boiling, cooking שְׁלִיקָה נ

[shaˈlish] 1 adjutant, aide-de-camp. 2 trustee, referee. 3 dry measure. 4 triangle, musical instrument שָׁלִישׁ ז

[shlish] 1 one third, third part. 2 middle finger שְׁלִישׁ ז

[sheliˈshon] triole, triplet (mus.) שְׁלִישׁוֹן ז

[shelishoˈni] tertiary, tertian שְׁלִישׁוֹנִי ת

[shaliˈshut] 1 adjutancy. שָׁלִישׁוּת נ

שְׁלָמִים ז״ר [shela'mim] Temple offerings
שְׁלַעְטִיט ז [shela''tit] "flats", mud shore
שָׁלַף פ״י [sha'laf] to draw out, unsheathe
שֶׁלֶף ז ['shelef] stubble
שַׁלְפּוּחִית נ [shalpu'xit] 1 blister, cist. 2 bladder, vesicle
שַׁלְפּוּחִית הַשֶּׁתֶן urinary bladder
שִׁלְפֵי- [shil'fe] end (of period)
שָׁלַק פ״י [sha'lak] to boil, parboil, poach
שֶׁלֶק ז ['shelek] 1 boiled vegetables or fruits. 2 preserves
שָׁלשׁ שמ״נ [sha'losh] three (f)
שָׁלשׁ סְעֻדּוֹת three Sabbath meals
שָׁלשׁ רְגָלִים three annual pilgrimages (festivals)
שְׁלשׁ-עֶשְׂרֵה שמ״נ thirteen (f)
שִׁלֵּשׁ פ״י ז [shi'lesh] 1 to treble. 2 of third generation. 3 great-grandson
שֶׁלֶשׁ ז ['shelesh] drill (fabric)
שְׁלָשָׁה נ [shela'sha] group of three, trio
שְׁלשָׁה שמ״ז [shelo'sha] three (m)
שְׁלשָׁה עָשָׂר שמ״ז thirteen (m)
שִׁלְשׁוּל ז [shil'shul] 1 earthworm. 2 lowering, inserting. 3 diarrhoea
שִׁלְשׁוֹם, שִׁלְשֹׁם תה״פ [shil'shom] the day before yesterday
שִׁלָּשׁוֹן ז [shila'shon] T-shaped pipe
שְׁלָשִׁי ת [shela'shi] 1 three-year, triennial. 2 tripartite, trilateral
שְׁלשִׁים ש״מ [shelo'shim] thirty
שַׁלְשִׁית נ [shal'shit] trio
שִׁלְשֵׁל פ״י [shil'shel] 1 to lower, insert. 2 to suffer from diarrhoea
שִׁלְשֵׁל לְכִיסוֹ made profit for himself

שַׁלְשֶׁלֶת נ [shal'shelet] 1 development, evolution. 2 cantillation mark "shalshelet". 3 chain
שַׁלְשֶׁלֶת יֻחֲסִין genealogy, pedigree
שַׁלְשֶׁלֶת שֶׁל מָשׁוֹחוֹת measuring chain
שַׁלְשַׁלְתִּי ת [shalshal'ti] chain-like
שְׁלָשְׁתַּיִם תה״פ [shelosh'tayim] threefold, three times as many
שְׁלָשְׁתָּם [shelosh'tam] all three (m)
שְׁלָשְׁתָּן [shelosh'tan] all three (f)
שָׁם פ״י תה״פ [sham] 1 there, yonder. 2 to evaluate, estimate
שֵׁם ז [shem] 1 name. 2 noun. 3 reputation. 4 title
שֵׁם בָּדוּי pseudonym, penname, nom de plume
שֵׁם גּוּף pronoun
שֵׁם דָּבָר well-known thing
שֵׁם הֲוָיָה Tetragrammaton, the Name of God
שֵׁם הַמְיֻחָד, שֵׁם הַמְפֹרָשׁ the Tetragrammaton
שֵׁם הַפֹּעַל verbal noun
שֵׁם טוֹב good name, repute
שֵׁם לְוַאי nickname, sobriquet
שֵׁם מִסְפָּר numeral
שֵׁם מִסְפָּר יְסוֹדִי, שֵׁם מִסְפָּר מוֹנֶה cardinal number
שֵׁם מִסְפָּר סִדּוּרִי, שֵׁם מִסְפָּר סוֹדֵר ordininal number
שֵׁם מִשְׁפָּחָה surname
שֵׁם נִרְדָּף synonym
שֵׁם עוֹלָם world renown
שֵׁם עֶצֶם noun
שֵׁם עֶצֶם כְּלָלִי common noun
שֵׁם עֶצֶם מוּחָשׁ concrete noun
שֵׁם עֶצֶם מֻפְשָׁט abstract noun
שֵׁם עֶצֶם פְּרָטִי proper noun
שֵׁם פְּרָטִי first name
שֵׁם קִבּוּצִי collective noun
שֵׁם רַע disrepute, bad reputation

שֵׁם שָׁמַיִם the hono(u)r of God

שֵׁם שָׁמַיִם (לְ־) without personal gain, disinterestedly

שֵׁם תֹּאַר adjective

שָׂם פ״י [sam] 1 to put, place. 2 to erect, establish. 3 to appoint

שָׂם בְּפִי־ to put into someone's mind

שָׂם יָד עַל פֶּה to keep quiet, shut one's mouth

שָׂם לְאַל to put an end to, reduce to nothing

שָׂם לֵב לְ־, שָׂם לִבּוֹ לְ־ to pay attention, consider, heed

שָׂם לִצְחוֹק made fun of

שָׂם נַפְשׁוֹ בְּכַפּוֹ to endanger one's life

שָׂם עַיִן to keep an eye

שָׂם עַל לֵב to take to heart

שָׂם פָּנָיו to set about

שָׂם קֵץ to put an end to

שֶׁמָּא מ״ח ז [ˈshema] 1 lest. 2 perhaps. 3 whether. 4 uncertainty

שַׁמָּאוּת נ [shamaˈ'ut] assessment, evaluation, appraisal

שַׁמַּאי ז [shaˈmai] assessor, estimator, evaluator

שְׂמֹאל ז [smol] 1 left, left-side. 2 North

שְׂמֹאלָה תה״פ [ˈsmola] 1 to the left. 2 to the North

שְׂמָאלוּת נ [smoˈlut] left-handedness

שְׂמָאלִי ת [smoˈli] left-handed

שְׂמָאלִיּוּת נ [smoliˈyut] leftism, left-wing politics

שְׂמֹאלָנוּת נ [smolaˈnut] left-wing politics

שְׂמֹאלָנִי ת ז [smolaˈni] left-wing, political leftist

שְׁמָד ז [shmad] 1 forced conversion. 2 religious persecution

שִׁמֵּד פ״י [shiˈmed] to apostatise, convert forcibly (from Judaism)

שָׁמָּה תה״פ [ˈshama] there, thither

שַׁמָּה נ [shaˈma] desolation, devastation

שִׂמּוּחַ ז [siˈmu'ax] gladdening, bringing joy

שָׁמוּט ת [shaˈmut] 1 turned aside, omitted. 2 uncultivated

שִׁמּוּט ז [shiˈmut] 1 drawing out, unsheathing. 2 disengaging. 3 lying fallow (Shmita)

שֵׁמוֹן ז [sheˈmon] gazetteer, list of names

שִׁמּוּן ז [shiˈmun] oiling, greasing, lubrication

שְׁמוֹנָה שמ״ז [shemoˈna] eight (m)

שְׁמוֹנֶה שמ״נ [shmoˈne] eight (f)

שְׁמוֹנָה עָשָׂר שמ״ז eighteen (m)

שְׁמוֹנֶה עֶשְׂרֵה שמ״נ eighteen (f)

שְׁמוֹנִים ש״מ [shmoˈnim] eighty

שְׁמוֹנָתַיִם [shmonaˈtayim] eightfold, eight times

שָׁמוּעַ ז ת [shaˈmu'a] 1 meaning, sense. 2 heard

שִׁמּוּעַ ז [shiˈmu'a] announcement, proclamation

שְׁמוּעָה נ [shemuˈ'a] 1 rumo(u)r. 2 gossip

שָׁמוּר ת [shaˈmur] 1 reserved. 2 kept secret. 3 guarded

שִׁמּוּר ז [shiˈmur] 1 straining (sifting). 2 preservation, conservation

שִׁמּוּרִים ז״ר [shimuˈrim] preserves

שְׁמוּרָה נ [shemuˈra] 1 eyelash, eyelid. 2 invariant. 3 reservation, reserve. 4 special "matza"

שְׁמוּרַת טֶבַע נ nature reserve

שִׁמּוּשׁ ז [shiˈmush] use, service

שִׁמּוּשׁ לָשׁוֹן syntax

[shimu'shi] useful, practical ת שְׁמוּשִׁי
[shimushi'yut] usefulness, practicality נ שְׁמוּשִׁיּוּת
[she'mot] Exodus (Bible) שְׁמוֹת
[shamu'ti] 1 banned, ostracized. 2 belonging to the school of Shammai ת שַׁמּוּתִי
[sa'max] to be happy, rejoice, be glad פ״ע שָׂמַח
[sa'me'ax] happy, joyful, cheerful ת שָׂמֵחַ
[si'max] to gladden, make happy פ״י שִׂמַּח
[sim'xa] happiness, joy, rejoicing נ שִׂמְחָה
boundless joy שִׂמְחַת עוֹלָם
Rejoicing of the Law שִׂמְחַת תּוֹרָה
[sha'mat] 1 to drop, let fall. 2 to loosen, detach. 3 to be dislocated פיו״ע שָׁמַט
[shi'met] to pull out, extract פ״י שִׁמֵּט
[shemi'ta] 1 fallow year. 2 Sabbatical remission of debts. 3 renunciation of claims נ שְׁמִטָּה
[sham'tan] bankrupt, insolvent ז שַׁמְטָן
remission of debts שְׁמִטַּת כְּסָפִים
leaving field fallow שְׁמִטַּת קַרְקַע
[she'mi] 1 Semitic. 2 by name, nominal ת שֵׁמִי
heaven of heavens, the highest heaven שְׁמֵי הַשָּׁמַיִם
ceiling שְׁמֵי קוֹרָה
[shema'ya] Heaven ז שְׁמַיָּא
[shemi'yut] Semitism נ שֵׁמִיּוּת
[semi'xa] blanket נ שְׂמִיכָה
[sha'mayim] 1 sky. 2 heaven ז״ר שָׁמַיִם
[sheme'mi] heavenly, celestial ת שְׁמֵימִי
[shemi'ni] eighth ת שְׁמִינִי
Eighth day of Solemn Assembly שְׁמִינִי עֲצֶרֶת
[shemini'ya] 1 octet. 2 octave (mus.). 3 octuplets נ שְׁמִינִיָּה
[shemi'nit] 1 one eighth. 2 eighth (f) נ ת״נ שְׁמִינִית
one sixty-fourth part שְׁמִינִית שֶׁבִּשְׁמִינִית
[sha'miy'a] audible, pleasant to listen to ת שָׁמִיעַ
[shemiy''a] hearing, sense of hearing נ שְׁמִיעָה
obedience, compliance שְׁמִיעָה בְּקוֹל- / לְקוֹל-
[shemiy''ut] audibility נ שְׁמִיעוּת
[shemiy'a'ti] auditory, aural ת שְׁמִיעָתִי
[sha'mir] 1 conservable, preservable. 2 dill (herb). 3 thistle ז ת שָׁמִיר
briars and thorns שָׁמִיר וָשַׁיִת
[shemi'ra] 1 safeguarding. 2 guarding, watching. 3 observance נ שְׁמִירָה
[sha'mish] usable, serviceable ת שָׁמִישׁ
[shemi'shut] usability, serviceability נ שְׁמִישׁוּת
[sim'la] 1 dress, frock. 2 robe, gown, mantle נ שִׂמְלָה
[simla'nit] skirt נ שִׂמְלָנִית
[sim'lonet] small dress נ שִׂמְלֹנֶת
[sha'mam] 1 to desolate, waste. 2 to be astounded, shocked פ״ע שָׁמַם
[sha'mem] desolate, waste, forsaken ת שָׁמֵם
[shi'mem] 1 to stupefy, alarm. 2 crazy, demented פ״י ת שִׁמֵּם
[shema'ma] 1 desolation, waste, ruin. 2 horror, astonishment, alarm נ שְׁמָמָה
[shima'mon] 1 depression, ז שִׁמָּמוֹן

2 report. 3 decision
שַׁמְפּוֹ ז [sham'po] shampoo
שִׁמְפַּנְזֶה ז [shim'panze] chimpanzee
שֶׁמֶץ ז ['shemets] 1 small bit, morsel. 2 slander, defamation
שִׁמְצָה [shim'tsa] disgrace, defamation
שַׁמְצָן ז [sham'tsan] slanderer, backbiter
שָׁמַר פ״י [sha'mar] 1 to keep, retain. 2 to guard
שֶׁמֶר ז ['shemer] 1 watch, guarding. 2 preservation
שִׁמֵּר פ״י [shi'mer] to conserve, preserve
שֻׁמָּר ז [shu'mar] fennel
שְׁמַרְחֹם ז [shmar'xom] thermos flask
שְׁמַרְטַף ז [shmar'taf] babysitter
שְׁמָרִים ז״ר [shema'rim] yeast
שַׁמְרָן ז, [sham'ran] conservative
שַׁמְרָנוּת נ [shamra'nut] conservation
שַׁמְרָנִי ת ז [shamra'ni] conservative
שֶׁמֶשׁ זו״נ ['shemesh] 1 sun. 2 happiness
שַׁמָּשׁ ז [sha'mash] 1 caretaker. 2 beadle, sexton
שִׁמֵּשׁ פ״י [shi'mesh] 1 to serve as, function. 2 to officiate, play a role. 3 to be of use
שִׁמֵּשׁ בְּתַפְקִיד to serve as
שִׁמֵּשׁ מִטָּתוֹ to cohabit, perform marital duty
שִׁמְשָׁה נ [shim'sha] windowpane, sheet of glass
שִׁמְשׁוֹן ז [shim'shon] 1 Samson. 2 sunrose, rock-rose
שַׁמָּשׁוּת נ [shama'shut] caretaking
שִׁמְשִׁיָּה נ [shimshi'ya] sunshade, parasol
שֻׁמְשׁוֹם ז [shum'shom] sesame
שֻׁמְשְׁמִין ז״ר [shumshe'min] sesame
שֻׁמְשְׁמָנִי ת [shumshema'ni] sesamoid

horror. 2 dreariness
שְׁמָמִית נ [sema'mit] 1 spider. 2 poisonous lizard
שָׁמַן פ״ע [sha'man] to become fat, fatten
שָׁמֵן ת [sha'men] 1 fat, corpulent, stout. 2 rich, fertile
שֶׁמֶן ז ['shemen] 1 oil. 2 fat, grease
שֶׁמֶן אֲדָמָה petroleum, crude oil
שֶׁמֶן דָּגִים cod liver oil
שֶׁמֶן סִיכָה lubricant
שֶׁמֶן קִיק castor oil
שֹׁמֶן ז ['shomen] fattiness, fatness
שֻׁמָּן ז [shu'man] fat, lard
שַׁמָּן ז [sha'man] dealer in oil
שִׁמֵּן פ״י [shi'men] to oil, grease
שַׁמְנוּנִי ת [shamnu'ni] oily, fatty, greasy
שַׁמְנוּנִיּוּת נ [shamnuni'yut] fattiness, adiposity
שְׁמֵנוּת נ [sheme'nut] fatness
שַׁמְנִי ת [sham'ni] oily, greasy
שֵׁמָנִי ת [shema'ni] nominal, pertaining to nouns
שְׁמַנְמַן ת [shman'man] fattish, chubby
שַׁמֶּנֶת נ [sha'menet] cream
שָׁמַע פ״י [sha'ma'] 1 to hear. 2 to heed. 3 to understand
שָׁמַע בְּקוֹל־, שָׁמַע לְקוֹל־ to obey
שִׁמַּע פ״י [shi'ma'] to proclaim, call
שֶׁמַע ז ['shema'] 1 sound, sonority. 2 audio
שֵׁמַע ז ['shema'] 1 report, news. 2 pitch, hearing (mus.)
שֹׁמַע ז ['shoma'] rumo(u)r, tidings
שְׁמַע מִנַּהּ from this you may infer
שְׁמִעָה נ [shom''a] listening, hearing, obeying
שִׁמְעִי ת [shim'i] auditory
שַׁמְעָן ז [sham''an] hearer
שְׁמַעְתָּא נ [shema''ta] 1 traditional law.

[shumshema'nit] sesame cake שֻׁמְשְׁמָנִית נ
[shi'met] to excommunicate, ban, ostracize שִׁמֵּת פ״י
[sham'ta] excommunication, curse, ban שַׁמְתָּה נ
dandelion שֵׁן הָאֲרִי
[shen] 1 tooth. 2 prong. 3 ivory שֵׁן נ
wisdom tooth שֵׁן הַבִּינָה
incisor tooth שֵׁן חוֹתֶכֶת
milk tooth שֵׁן חָלָב
molar tooth שֵׁן טוֹחֶנֶת
crag שֵׁן סֶלַע
tusk שֵׁן פִּיל
carious tooth, decayed tooth שֵׁן עֲשֵׁשָׁה
false tooth שֵׁן תּוֹתֶבֶת
[sa'ne] to hate, dislike, abhor שָׂנֵא פ״י
[si'ne] to hate violently שִׂנֵּא פ״י
[sin'ʼa] hatred שִׂנְאָה נ
pent-up hatred שִׂנְאָה כְּבוּשָׁה
[sa'nuy] hated שָׂנאוּי ת
[she'nai] 1 reprise. 2 recapitulation, reexposition שְׁנַאי ז
[sha'nay] transformer (electricity) שַׁנַּאי ז
[shin'ʼan] 1 angel. 2 thousand שִׁנְאָן ז
deadly hate שִׂנְאַת חָמָס
causeless hatred, baseless hatred שִׂנְאַת חִנָּם
[sha'na] 1 year. 2 to study, learn. 3 to revise. 4 to change, differ שָׁנָה נ פיו״ע
Happy New Year! שָׁנָה טוֹבָה!
leap year שָׁנָה מְעֻבֶּרֶת
ordinary year שָׁנָה פְּשׁוּטָה
[she'na] sleep שֵׁנָה נ
[shi'na] to change, alter שִׁנָּה פ״י
[shen'hav] 1 ivory. 2 dental enamel, dentine שֶׁנְהָב ז
[shan'hevet] elephantiasis שַׁנְהֶבֶת נ
[sa'nu] hated, disliked שָׂנוּא ת
[sha'nuy] studied שָׁנוּי ת
controversial, debatable, in dispute שָׁנוּי בְּמַחֲלֹקֶת
[shi'nuy] 1 change, alteration. 2 modification שִׁנּוּי ז
[sa'nuy] hated, detested שָׂנוּי ת
[sha'nun] sharp-witted, clever, shrewd שָׁנוּן ת
[shi'nun] 1 indoctrination. 2 repetition. 3 sharpening שִׁנּוּן ז
[shenu'nit] cliff, crag, promontory שְׁנוּנִית נ
[shi'nus] girding (loins) שִׁנּוּס ז
[shi'nuk] strangulation שִׁנּוּק ז
['shnorer] schnorrer שְׁנוֹרֶר ז
[shno'rer] to schnor, beg for money שְׁנוֹרֵר פ״ע
[shnore'rut] schnorring, begging for money שְׁנוֹרְרוּת נ
[shi'nut] grading שִׁנּוּת ז
[shan'taʒ] chantage, blackmail שַׁנְטָז׳ ז
[sha'ni] crimson, scarlet שָׁנִי ז
[she'ni] second שֵׁנִי ת
milk teeth שִׁנֵּי חָלָב
['shoni] difference, variation שֹׁנִי ז
[shi'ni] dental, toothy שִׁנִּי ת
[sa'ni] hateful שָׂנִיא ת
[sheni'ya] 1 second (time unit). 2 second (f). 3 again, a second time שְׁנִיָּה נ ת תה״פ
[shin'yon] difference שִׁנְיוֹן ז
[shinyo'ni] secondary שִׁנְיוֹנִי ת
[sheni'yut] 1 duality, dualism. 2 duplicity, double-dealing שְׁנִיּוּת נ
[sheni'yi] secondary שְׁנִיִּי ת
[shena'yi] dual שְׁנָיִי ת
['shnayim] two (m) שְׁנַיִם שמ״ז
two at a time, two by two, in pairs שְׁנַיִם שְׁנַיִם

שְׁנַת נ [she'nat] sleep, slumber
שְׁנַת עִבּוּר leap year
שִׁנֵּת פ״י [shi'net] to divide, grade
שְׁנָתוֹן ז [shena'ton] 1 yearbook, annual, annuary. 2 age-group
שְׁנָתִי ת [shena'ti] yearly, annual
שַׁסַּאי ז [sha'sai] instigator, inciter
שָׁסָה פ״י [sha'sa] to plunder, rob, pillage, sack
שִׁסָּה פ״י [shi'sa] to incite, egg on, foment, instigate
שָׁסוּי ת [sha'suy] plundered, looted, despoiled
שִׁסּוּי ז [shi'suy] 1 incitement. 2 mauling (of a dog)
שָׁסוּעַ ת [sha'su'a] 1 split, cleft. 2 cloven-hoofed
שִׁסּוּעַ ז [shi'su'a] 1 splitting. 2 tearing to bits, rending. 3 interruption (speech)
שִׁסּוּף ז [shi'suf] splitting, tearing, rending
שָׁסַס פ״י [sha'sas] to plunder, pillage, rob, despoil
שָׁסַע פ״י [sha'sa'] to split, cleave, tear to pieces
שֶׁסַע ז ['shesa'] 1 cleft, split. 2 schism
שִׁסַּע פ״י [shi'sa'] 1 to rend, tear to pieces. 2 to divide
שִׁסֵּף פ״י [shi'sef] 1 to tear. 2 to split, hew. 3 to kill by sword
שַׁסַּעַת נ [sha'sa'at] schizophrenia, split personality
שֶׁסֶק ז ['shesek] loquat
שַׁסְתּוֹם ז [shas'tom] valve
שִׁעְבֵּד פ״י [shi''bed] 1 to subjugate, enslave. 2 to subordinate. 3 to mortgage
שַׁעְבְּדָנִי ת [sha'bda'ni] tyrannous, oppressive, despotic

שְׁנֵיהֶם [shne'hem] both of them, the pair of them (m)
שְׁנֵים־עָשָׂר שמ״ז twelve
שִׁנַּיִם קַיָּמוֹת permanent teeth
שִׁנְיָן ז [shin'yan] difference
שְׁנִינָה נ [sheni'na] 1 mockery, taunt. 2 byword
שְׁנִינוּת נ [sheni'nut] 1 perspicacity, sharp-wittedness. 2 sarcasm
שְׁנִיר ז [snir] glacier
שָׁנִית נ [sha'nit] 1 scarlatina, scarlet fever. 2 lythrum (plant)
שֵׁנִית תה״פ [she'nit] secondly, for the second time
שֻׁנִּית נ [shu'nit] 1 reef. 2 headland, cliff
שָׁנָן ז [sha'nan] cliff, promontory, crag
שָׁנַן פ״י [sha'nan] to sharpen, whet
שַׁנָּן ז [shi'nan] 1 dental technician. 2 taraxacum (plant), dandelion
שִׁנֵּן פ״י [shi'nen] 1 to repeat, recite. 2 to sharpen. 3 to inculcate, indocrinate. 4 to indent
שֻׁנַּן פ״ע [shu'nan] 1 to be sharpened. 2 to be repeated. 3 to be taught
שְׁנָנָה נ [shena'na] spearpoint, spearhead
שַׁנָּנִית נ [shi'nanit] dental hygienist
שִׁנֵּס פ״י [shi'nes] to gird, tighten
שִׁנֵּס מָתְנָיו to gird one's loins
שֶׁנֶף ז ['shenef] vanilla
שָׁנַץ פ״י [sha'nats] to lace, fasten
שֶׁנֶץ ז ['shenets] lace, strap, ligature
שִׁנֵּק פ״י [shi'nek] to strangle, choke, asphyxiate
שֻׁנְרָה נ ['shunra] cat
שֶׁנֶת נ ['shenet] 1 notch, indent. 2 scale mark

שִׁעְבּוּד ז [shi'ˈbud] 1 enslavement. 2 subordination. 3 mortgage
שִׁעְבּוּר ז [shi'ˈbur] Hebraization
שִׁעְבֵּר פ״י [shi'ˈber] to Hebraize
שָׁעָה נ פ״ע תה״פ [shaˈ'a] 1 hour, time. 2 to gaze at, observe. 3 to turn away from. 4 for one hour
שָׁעָה חֲצוּפָה hard times
שָׁעָה טְרוּפָה time of emergency
שָׁעָה קַלָּה a very short time
שַׁעֲוָה נ [shaaˈva] wax
שִׁעוּל ז [shiˈ'ul] cough, coughing
שָׁעוֹן ז [shaˈ'on] clock, timepiece
שָׁעוֹן מְעוֹרֵר alarm clock
שְׁעוֹן יָד watch, wrist watch
שָׁעוּן ת [shaˈ'un] leaning, supported
שְׁעוֹן עֶצֶר stopwatch
שַׁעֲוִית נ [sha'avit] stencil
שַׁעֲוָנִית נ [sha'avaˈnit] oilcloth
שְׁעוֹנִית נ [she'oˈnit] passiflora, passion flower
שְׁעוּעִית נ [she'uˈ'it] bean
שִׁעוּר ז [shiˈ'ur] 1 lesson. 2 rate, proportion. 3 estimation. 4 portion
שִׁעוּרֵי בַּיִת homework
שִׁעוּר קוֹמָה stature, importance
שְׂעוֹרָה נ [se'oˈra] 1 barley. 2 stye (eye)
שְׁעוֹת הַשִּׂיא peak hours
שָׁעַט פ״ע [shaˈ'at] to trample, stamp
שְׁעָטָה נ [she'aˈta] beating of hooves, trampling, stamping
שִׁעְטְנוּז ז [shi't'nuz] combining wool and linen
שַׁעַטְנֵז ז [sha'atˈnez] 1 cloth combining wool and linen. 2 jumble, mixture
שִׁעְטְנֵז פ״י [shi'atˈnez] to combine wool and linen

שְׁעִינָה נ [she'iˈna] leaning, support
שָׂעִיר ז ת [saˈ'ir] 1 hairy, covered in hair. 2 goat, billy goat
שָׂעִיר לַעֲזָאזֵל scapegoat
שְׂעִירָה נ [se'iˈra] she-goat, nanny-goat
שְׂעִירוּת נ [se'iˈrut] hairiness, pilosis
שְׂעִירִים ז״ר [se'iˈrim] showers, rain
שַׁעַל ז [ˈsha'al] step, pace
שֹׁעַל ז [shoˈ'al] 1 handful. 2 hollow of hand. 3 depth of sea
שַׁעֲלוּל ז [sha'aˈlul] 1 fox-cub. 2 song-bird, chanterelle
שַׁעֶלֶת נ [shaˈ'elet] whooping cough, pertussis
שַׁעַם ז [ˈsha'am] cork
שִׁעְמֵד פ״י [shi'aˈmed] to baptize as a Christian
שִׁעְמוּד ז [shi'ˈmud] baptism
שִׁעֲמוּם ז [shi'aˈmum] boredom, tedium, monotony
שִׁעֲמוּמִית ת [shi'amuˈmi] 1 boring, dull-witted woman. 2 dullness, boredom
שִׁעֲמֵם פ״י [shi'aˈmem] 1 to bore. 2 to make dull, stupefy
שַׁעַמְמָן ז [sha'ameˈman] boring person
שַׁעֲמָנִית נ [sha'amaˈnit] linoleum
שֶׁעָן ז [sheˈ'an] watch and clock maker and repairer
שָׁעַן פ״י [shaˈ'an] to support, lean against
שֶׁעָנוּת נ [she'aˈnut] watchmaking
שָׁעַע פ״י [shaˈ'a'] 1 to smooth, paste. 2 to entertain
שִׁעַע פ״י [shiˈ'a'] to make smooth
שָׂעֵף ז [saˈ'ef] meditation, thought
שָׁעַר פ״ע [shaˈ'ar] 1 to think, imagine. 2 to presume, assume
שַׁעַר ז [ˈsha'ar] 1 gate, entrance-way. 2 title page, front page.

sawdust
[sha'fad] to pierce, stab שָׁפַד פ״י
[shi'ped] to put on a spit שִׁפֵּד פ״י
[sha'fa] 1 to smooth, plane. 2 to be quiet, rested. 3 to incline, slant שָׁפָה פיו״ע
[shi'pa] 1 to smooth, plane. 2 to compensate שִׁפָּה פ״י
[sa'fa] 1 lip. 2 language. 3 rim. 4 shore, bank. 5 margin. 6 kerb, curb שָׂפָה נ
[sha'fud] pointed, sharpened שָׁפוּד ת
[sha'pud] 1 spit (for roasting). 2 knitting needle שַׁפּוּד ז
[sha'pudit] small skewer שַׁפּוּדִית נ
[sha'fut] judged שָׁפוּט ת
[she'fot] 1 judgement. 2 punishment, calamity שְׁפוֹט ז
[shi'put] 1 jurisdiction. 2 judging, judgement שִׁפּוּט ז
[sha'fuy] 1 sane, of balanced mind. 2 humble, meek. 3 smooth, bare שָׁפוּי ת
sane, in one's right mind, compos mentis שָׁפוּי בְּדַעְתּוֹ
[shi'puy] 1 shavings, sawdust. 2 slanting, slope, incline. 3 compensation, indenmity שִׁפּוּי ז
Adam's apple שִׁפּוּי כּוֹבַע
[sha'fuf] poured out, spilt שָׁפוּךְ ת
[shipu'lim] 1 lowest part, extremity. 2 train, hem. 3 base (of wall) שִׁפּוּלִים ז״ר
[sa'fun] hidden, concealed, secret שָׂפוּן ז ת
[shi'pon] rye שִׁפּוֹן ז
[shi'pu'a] 1 slope, slant, incline. 2 abundance, superfluity. 3 gradient שִׁפּוּעַ ז
[sha'fuf] 1 crouched, bent. שָׁפוּף ת

3 settlement. 4 goal (sport)
exchange rate (currency) שַׁעַר חֲלִיפִין
representative rate שַׁעַר יָצִיג
triumphal arch שַׁעַר נִצָּחוֹן
[shi''er] 1 to imagine, guess, conjecture, estimate. 2 to act as goalkeeper שִׁעֵר פ״י
[sho''ar] to be imagined, estimated, conjectured שֹׁעַר פ״ע
[sa''ar] 1 to shudder, fear, be horrified. 2 to be whirled away in the wind שָׂעַר פיו״ע
['sa'ar] 1 shuddering. 2 storm שַׂעַר ז
[se''ar] hair שֵׂעָר ז, שַׂעֲרָה נ
entangled branches שֵׂעָר כּוֹתֵשׁ
[se'a'ra] storm, tempest שְׂעָרָה נ
[shi'a'rux] re-evaluation שִׁעֲרוּךְ ז
[sha'arur'ya] 1 corruption. 2 scandal שַׁעֲרוּרִיָּה נ
[sha'aru'rit] scandal שַׁעֲרוּרִית נ
[sha'aru'ran] scandalmonger שַׁעֲרוּרָן ז
adiantum (plant) שַׂעֲרוֹת שׁוּלַמִּית
[shi'a'rex] to re-evaluate שִׁעֲרֵךְ פ״י
[shi'a'rer] to cause scandals שִׁעֲרֵר פ״י
[sha'a'shu'a] 1 amusement, delight. 2 entertainment שַׁעֲשׁוּעַ ז
[shi'a'sha] 1 to delight, amuse, entertain. 2 to stupefy, stun שִׁעֲשַׁע פ״י
[sha'she'a'ni] delightful, entertaining שַׁעְשְׁעָנִי ת
zero hour שְׁעַת הָאֶפֶס
emergency שְׁעַת הַדְּחָק
emergency שְׁעַת חֵרוּם
opportune moment שְׁעַת כֹּשֶׁר
suitable, propitious time שְׁעַת רָצוֹן
1 prime time. 2 peak hour שְׁעַת שִׂיא
[sha''tuk] reproduction שַׁעְתּוּק ז
[shaf] 1 to crush, bruise. 2 to trample. 3 to polish, smooth שָׁף פ״י
[shefa''im] shavings, chips, שְׁפָאִים ז״ר

[shefiˈxa] 1 pouring. 2 shedding, spilling שְׁפִיכָה נ
bloodshed שְׁפִיכוּת דָּמִים
[shefiyˈʼa] 1 flow, flowing. 2 bounty שְׁפִיעָה נ
[shefiˈfa] bending, stooping, crouching שְׁפִיפָה נ
[shefiˈfon] viper שְׁפִיפוֹן ז
[shaˈfir] 1 amnion, sack of foetus. 2 good, benign שָׁפִיר ז ת
[shaˈpir] 1 fine, excellent, good. 2 well, excellently שַׁפִּיר ת תה״פ
[shapiˈrit] dragonfly שַׁפִּירִית נ
[saˈfit] labium שָׂפִית נ
[shefiˈta] setting on the fire to cook שְׁפִיתָה נ
[shaˈfax] 1 to pour out. 2 to spill. 3 to vent שָׁפַךְ פ״י
to pour contempt, evince great disdain שָׁפַךְ בּוּז
[ˈshefex] 1 mouth, estuary. 2 dump, heap שֶׁפֶךְ ז
[shuˈpax] 1 to be poured out, spilled. 2 to be slanting שֻׁפַּךְ פ״ע
[shofˈxa] 1 penis. 2 urethra שָׁפְכָה נ
[shefaˈxim] refuse, sewage, slops שְׁפָכִים ז״ר
[shofxaˈni] succulent, oily, juicy שָׁפְכָנִי ת
[shaˈfal] 1 low, deep, hollow. 2 lazy, negligent שָׁפָל ת
[shaˈfal] 1 to be low. 2 to be humiliated שָׁפַל פ״ע
[ˈshefel] lowness, low ebb, weakness, degeneration שֵׁפֶל ז
at a low ebb שֵׁפֶל הַמַּדְרֵגָה
worthless people שִׁפְלֵי אֲנָשִׁים
modest, humble שְׁפַל בֶּרֶךְ
lazy, idle, negligent שְׁפַל יָדַיִם
short, of low stature שְׁפַל קוֹמָה
1 humble, modest. 2 rubbed, worn שְׁפַל רוּחַ
[shefoˈferet] 1 handset, receiver (telephone). 2 tube שְׁפוֹפֶרֶת נ
eggshell שְׁפוֹפֶרֶת שֶׁל בֵּיצָה
[shiˈputs] repair, renovation, overhaul שִׁפּוּץ ז
[shiˈpuk] playback שִׁפּוּק ז
[shiˈpur] improvement, amelioration, betterment שִׁפּוּר ז
[shaˈfut] put, placed שָׁפוּת ת
[siˈpax] to smite with tinea שִׂפַּח פ״י
[shifˈxa] female slave, maid servant שִׁפְחָה נ
1 wretched drudge. 2 female slave partnered with male slave. שִׁפְחָה חֲרוּפָה
[shifˈxut] female serfdom שִׁפְחוּת נ
[shaˈfat] 1 to judge, administer justice. 2 to condemn, punish שָׁפַט פ״י
[ˈshefet] judgement, punishment שֶׁפֶט ז
[shefaˈtim] judgement, punishment שְׁפָטִים ז״ר
[shufˈtan] 1 fool. 2 foolish שֻׁפְטָן ז ת
[ˈshefi] easily, leisurely שֶׁפִי תה״פ
[ˈshofi] 1 ease, comfort. 2 health, normalcy שֹׁפִי ז
[sheˈfi] 1 bare hill. 2 high hill שְׁפִי ז
[shaˈfid] pointed, sharpened שָׁפִיד ת
[shefiˈya] inclining, slanting שְׁפִיָּה נ
[shifˈyon] quiet, calm, tranquility שִׁפְיוֹן ז
clear thinking שִׁפְיוֹן הַדַּעַת
[shefiˈyut] 1 quiet, calm. 2 moderation, compromise שְׁפִיּוּת נ
[shefiˈta] judging, consideration שְׁפִיטָה נ
[shaˈfix] pourable, able to be poured שָׁפִיךְ ת

[shuf'ra] beauty, splendo(u)r, grace שֻׁפְרָא ז
most excellent שֻׁפְרָא דְשֻׁפְרָא
[shaf'rir] pavilion, awning, canopy שַׁפְרִיר ז
[shefar'par] morning star, brightness שְׁפַרְפָּר ז
[shif'shuf] 1 polishing, smoothing. 2 rubbing, friction שִׁפְשׁוּף ז
[shif'shef] 1 to polish, shine. 2 to rub. 3 to wear out שִׁפְשֵׁף פ״י
[shaf'shefet] doormat שַׁפְשֶׁפֶת נ
[sha'fat] 1 to place on fire for cooking. 2 to cause, bring about שָׁפַת פ״י
deceitful talk שְׂפַת אָוֶן
mother tongue שְׂפַת אֵם
harelip שְׂפַת אַרְנֶבֶת
smooth talk שְׂפַת חֲלָקוֹת
seashore שְׂפַת יָם
verbosity, long-windedness שְׂפַת יֶתֶר
[sefa'ton] lipstick שְׂפָתוֹן ז
[sefa'tayim] lips שְׂפָתַיִם נ״ז
he is deserving of praise שְׂפָתַיִם יִשַּׁק
[shefa'tayim] 1 stoneheaps (cooking). 2 sheepfold, pen. 3 hooks, pegs שְׁפַתַּיִם ז״ז
[sifta'ni] labial, lipped שִׂפְתָנִי ת
[sif'tani'im] labiate שִׂפְתָנִיִּים ז״ר
[sha'tsaf] 1 to become angry. 2 to slash, cut שָׁצַף פ״ע
['shetsef] flow, flood, stream שֶׁצֶף ז
flaming fury שֶׁצֶף קֶצֶף
[shek] check, cheque שֶׁק ז
crossed cheque שֶׁק מְסֻרְטָט
[sak] 1 sack, bag. 2 sackcloth שַׂק ז
[sha'kad] 1 to be vigilant, alert. 2 to be studious, persevere שָׁקַד פ״ע
[sha'ked] 1 almond. 2 tonsil. שָׁקֵד ז

2 depressed
[shefe'la] lowland, plain שְׁפֵלָה נ
[shif'lut] meanness, baseness שִׁפְלוּת נ
laziness, inertia, sloth שִׁפְלוּת יָדַיִם
[shi'polet] baseboard, skirting board שִׁפֹּלֶת נ
[sa'fam] moustache, whiskers שָׂפָם ז
[sefa'mon] small moustache שְׂפָמוֹן ז
[sefam'nun] silurid (fish) שְׂפַמְנוּן ז
[sefam'pam] whiskers, small moustache שְׂפַמְפָּם ז
[sha'fan] 1 rabbit. 2 coward שָׁפָן ז
guinea pigs שְׁפַנֵּי נִסָּיוֹן
[shefani'ya] rabbit hutch, rabbitry שְׁפַנִּיָּה נ
[sha'fa] 1 to abound, be plentiful. 2 to flow, discharge, emanate שָׁפַע פיו״ע
['shefa] 1 abundance, plenty. 2 excess, overabundance. 3 emanation שֶׁפַע ז
[shif''a] plenty, abundance, multitude שִׁפְעָה נ
[shif''ul] activation שִׁפְעוּל ז
[shaf''el] causative conjugation שַׁפְעֵל ז
[shif''el] to activate שִׁפְעֵל פ״י
[sha'pa'at] influenza, 'flu שַׁפַּעַת נ
[sha'faf] to rub, crush שָׁפַף פ״י
[shi'pets] to repair, renovate, improve שִׁפֵּץ פ״י
[sa'fak] 1 to clap hands. 2 to suffice שָׂפַק פ״י
['sefek] abundance, sufficiency שֶׂפֶק ז
[sha'far] to be good, pleasing, fair שָׁפַר פ״ע
['shefer] grace, beauty, loveliness שֶׁפֶר ז
[sha'par] decorator שַׁפָּר ז
[shi'per] to improve, make better, ameliorate שִׁפֵּר פ״י

3 almond tree
[sha'kedet] tonsillitis שַׁקֶּדֶת נ
[sheke'di] 1 almond-shaped. 2 tonsillar שְׁקֵדִי ת
[shekedi'ya] almond tree שְׁקֵדִיָּה נ
[shak'dan] 1 industrious, diligent. 2 persevering שַׁקְדָן ת
[shakda'nut] 1 diligence, industry. 2 perseverance שַׁקְדָנוּת נ
[shu'ka] to be watered, irrigated שֻׁקָּה פ״ע
[sha'kud] 1 watchful, alert. 2 diligent, industrious שָׁקוּד ת
[sha'kut] short-necked, bull necked שָׁקוּט ת
[sha'kuy] saturated, soaking שָׁקוּי ת
[shi'kuy] potion, draught, drink שִׁקּוּי ז
[sha'kul] 1 considered. 2 weighed, balanced. 3 undecided. 4 in metre and rhyme (verse) שָׁקוּל ת
[shi'kul] 1 consideration. 2 weighing, balancing שִׁקּוּל ז
discretion, considered opinion שִׁקּוּל דַּעַת
[shi'kum] 1 rehabilitation. 2 restoration שִׁקּוּם ז
[sha'ku'a] 1 sunk. 2 immersed, submerged שָׁקוּעַ ת
[shi'ku'a] 1 sinking, immersing. 2 precipitation, sedimentation. 3 depression, hollow שִׁקּוּעַ ז
[sha'kuf] transparent, clear שָׁקוּף ת
[shi'kuf] transillumination, X-ray transparency שִׁקּוּף ז
[shkof] lintel, doorpost שְׁקוֹף ז
[sheku'fit] slide, transparency שְׁקוּפִית נ
[shi'kuts] 1 abomination. 2 idol, fetish שִׁקּוּץ ז
idol, abomination שִׁקּוּץ שׁוֹמֵם
[shi'kuk] 1 growl. 2 desire, yearning שִׁקּוּק ז
[shi'kur] lying, falsehood, prevarication שִׁקּוּר ז
[si'kur] wink, deceit שִׂקּוּר ז
[sha'kat] 1 to be quiet, calm. 2 to be unconcerned שָׁקַט פ״ע
to be unconcerned שָׁקַט אֶל שְׁמָרָיו
[sha'ket] quiet, tranquil, silent, peaceful שָׁקֵט ת
['sheket] 1 quiet, calm. 2 still, silence שֶׁקֶט ז
[sheki'da] diligence, industry שְׁקִידָה נ
[shak'ya] 1 irrigated land. 2 irrigation channel שַׁקְיָה נ
[sheki'ta] rest שְׁקִיטָה נ
[sheki'tan] flamingo שְׁקִיטָן ז
[sheki'lut] 1 equivalence. 2 parity שְׁקִילוּת נ
[shekiy''a] 1 sinking, setting. 2 sedimentation, subsidence. 3 mental immersion. 4 decadence, decline שְׁקִיעָה נ
blood sedimentation שְׁקִיעַת דָּם
sunset, sundown שְׁקִיעַת הַחַמָּה
[sha'kif] crag שָׁקִיף ז
[sheki'fa] beating שְׁקִיפָה נ
[sheki'fut] transparency, transparent quality שְׁקִיפוּת נ
[sa'kik] small bag שַׂקִּיק ז
[sheki'ka] grunting, growling שְׁקִיקָה נ
[sheki'kut] desire שְׁקִיקוּת נ
[sa'kit] small bag שַׂקִּית נ
[sha'kal] 1 to weigh, balance. 2 to ponder, consider. 3 to take into account. 4 to compose verse in metre שָׁקַל פ״י
to negotiate, deliberate שָׁקַל וְטָרָה
['shekel] 1 silver weight. 2 old coin. 3 Temple tax. 4 membership fee for שֶׁקֶל ז

hungry. 3 to growl. 4 to yearn, long for

[ˈshekek] 1 desire. 2 shaking, rustling, lapping שֶׁקֶק ז

[sheˈkak] small square שְׁקָק ז

[shkaˈka] gurgling שְׁקָקָה נ

[shaˈkar] to lie, deal falsely שָׁקַר פ״ע

[ˈsheker] lie, falsehood שֶׁקֶר ז

[shaˈkar] liar שַׁקָּר ז

[shiˈker] 1 to lie, perjure. 2 to deceive, act falsely שִׁקֵּר פ״ע

[siˈker] 1 to ogle, eye, wink. 2 to paint eyes שִׂקֵּר פ״י

[shakˈran] liar, prevaricator שַׁקְרָן ז

[shakraˈnut] lying, deceiving שַׁקְרָנוּת נ

[shikˈshuk] 1 noise, rumbling. 2 shake, quake שִׁקְשׁוּק ז

[shikˈshek] 1 to rumble. 2 to shake שִׁקְשֵׁק פ״י

[ˈshoket] trough, basin שֹׁקֶת נ

[shar] 1 poet, singer. 2 to sing שָׁר ז פ״י

[shet] chain, bracelet, ornament שֵׁר ז

[shor] navel שֹׁר ז

[sar] 1 minister. 2 ruler, chief, commander. 3 patron. 4 appointed angel שַׂר ז

Minister of Finance שַׂר הָאוֹצָר

Minister of Defence שַׂר הַבִּטָּחוֹן

Foreign Minister שַׂר הַחוּץ

1 Master of ceremonies. 2 chief cupbearer שַׂר הַמַּשְׁקִים

governor or prefect of a city שַׂר הָעִיר

Minister of the Interior שַׂר הַפְּנִים

general, military commander שַׂר צָבָא

God, the Almighty שַׂר שָׂרִים

[shaˈrav] 1 burning heat, Khamsin, heatwave. 2 fata morgana שָׁרָב ז

Trade Union. 5 shekel (Israeli currency)

due punishment שֶׁקֶל לְמִטַּרְפְּסֵהּ

[shiˈkel] to examine שִׁקֵּל פ״י

[shikˈlel] to average, to weight שִׁקְלֵל פ״י

negotiations שַׁקְלָא וְטַרְיָא

[shekaˈlim] Shekalim, Talmudic tractate שְׁקָלִים ז״ר

[shiˈkem] 1 to rehabilitate. 2 to restore שִׁקֵּם פ״י

[shikˈma] sycamore שִׁקְמָה נ

[sakˈnai] pelican שַׂקְנַאי ז

[shaˈka] 1 to sink, settle. 2 to set (sun). 3 to degenerate, decline. 4 to be immersed שָׁקַע פ״ע

[ˈsheka] 1 depression, hollow. 2 electric socket שֶׁקַע ז

[shiˈka] 1 to sink, set down. 2 to drown שִׁקַּע פ״י

The fire died down שָׁקְעָה הָאֵשׁ

The sun set שָׁקְעָה הַחַמָּה

His glory has departed שָׁקְעָה שִׁמְשׁוֹ

[shka'aruˈra] hollow, depression, recess שְׁקַעֲרוּרָה נ

[shka'aruˈri] concave שְׁקַעֲרוּרִי ת

[shka'aruˈrit] concave surface, depression שְׁקַעֲרוּרִית נ

[shaˈkaf] to beat, strike, knock שָׁקַף פ״י

[ˈshekef] 1 framework, casing. 2 perspective, view שֶׁקֶף ז

[shiˈkef] to reflect, mirror שִׁקֵּף פ״י

[shikˈpef] to render transparent שִׁקְפֵּף פ״י

[ˈshekets] 1 "unclean creature". 2 reptile. 3 abomination שֶׁקֶץ ז

[shiˈkets] to abhor, detest, abominate, loathe שִׁקֵּץ פ״י

[shaˈkak] 1 to run about, bustle, be lively. 2 to be שָׁקַק פ״ע

[shir'bev] 1 to prolong, stretch. 2 to insert in the wrong place שִׁרְבֵּב פ״י
[shir'buv] 1 prolongation. 2 insertion in the wrong place שִׁרְבּוּב ז
[shir'but] scribble, sketch שִׁרְבּוּט ז
[shir'bet] to sketch, scribble שִׁרְבֵּט פ״י
[shera'vi] very hot and dry (weather) שְׁרָבִי ת
[shar'vit] 1 sceptre. 2 wand, rod. 3 conductor's baton. 4 branch, twig. 5 rod שַׁרְבִיט ז
[sharvi'tai] drum major, band major שַׁרְבִיטַאי ז
[sherav'rav] plumber שְׁרַבְרָב ז
[sheravra'vut] plumbing שְׁרַבְרָבוּת נ
[si'reg] to twine, interlace שֵׂרֵג פ״י
[sa'rad] to survive, escape שָׂרַד פ״ע
['sered] 1 stylus. 2 carpenter's gauge. 3 remnant שֶׂרֶד ז
[se'red] to leave over שֵׂרֵד פ״י
[sha'ra] 1 to soak, immerse. 2 to prevail. 3 to dwell. 4 to permit. 5 row, avenue. 6 singer (f) שָׁרָה פיו״ע נ
[she'ra] 1 chain, bracelet. 2 to save, rescue שֵׁרָה נ פ״י
[sa'ra] 1 to struggle, contend. 2 to rule. 3 noble woman, minister (f) שָׂרָה פ״ע נ
[shar'vul] sleeve, armlet שַׁרְווּל ז
[sharvu'lit] cuff שַׁרְווּלִית נ
[sa'rut] scratched שָׂרוּט ת
[sha'ruy] 1 soaked, saturated. 2 found, staying. 3 allowed, permissible שָׁרוּי ת
[srox] lace, shoelace שְׂרוֹךְ ז
[sa'ru'a] stretched out, extended שָׂרוּעַ ת
[sa'ruf] 1 burnt. 2 very ardent. 3 keen, enthusiastic שָׂרוּף ת
[she'ruts] swarming, teeming שֶׁרוּץ ז
[sha'ruts] swarming שָׁרוּץ ת
[sha'ruk] 1 pointed with a shuruq. 2 whistled שָׁרוּק ת
[she'rush] eradication, uprooting שֵׁרוּשׁ ז
[she'rut] 1 service. 2 servicing שֵׁרוּת ז
catering שֵׁרוּת הַסְעָדָה
disservice שֵׁרוּת שֶׁל דֹּב
[sa'rat] 1 to scratch. 2 to make an incision שָׂרַט פ״י
['seret] scratch, laceration שֶׂרֶט ז
[se'rat] to scratch שֵׂרַט פ״י
[sir'tut] drawing, sketching שִׂרְטוּט ז
[sir'ton] sandbank, shoal שִׂרְטוֹן ז
[sar'tat] draftsman שַׂרְטָט ז
[sir'tet] to draw, sketch, delineate, portray שִׂרְטֵט פ״י
[sur'tat] to be drawn, delineated שֻׂרְטַט פ״ע
[sarta'tut] draftsmanship שַׂרְטָטוּת נ
[sa'retet] cut, incision, gash שָׂרֶטֶת נ
[sha're] permissible, with permission שָׁרֵי תה״פ
[sa'rig] 1 branch, shoot, twig. 2 bar. 3 textile, knitted garment שָׂרִיג ז
[sa'rid] 1 remnant, residue. 2 survivor שָׂרִיד ז
[seri'dut] survival שְׂרִידוּת נ
remnant שָׂרִיד וּפָלִיט
[shir'ya] 1 shoot for grafting. 2 armour שִׁרְיָה נ
[sheri'ya] 1 soaking, steeping. 2 resting, dwelling, prevalence שְׁרִיָּה נ
[shir'yon] 1 armour, armour-plate. 2 armoured vehicle force שִׁרְיוֹן ז
[shir'yun] 1 armouring. 2 securing שִׁרְיוּן ז

שִׁרְיוֹנַאי ז [shiryo'nai] soldier in the armoured forces

שִׁרְיוֹנִית נ [shiryo'nit] armoured car

שְׂרִיטָה נ [seri'ta] 1 scratch, cut. 2 laceration

שִׁרְיֵן פ״י [shir'yen] 1 to armour. 2 to secure, reserve, set aside

שָׁרִיף ז [sha'rif] Arab title of nobility, sharif

שָׂרִיף ת [sa'rif] combustible, flammable, inflammable

שָׂרִיק ת [sa'rik] carded, combed

שְׁרִיקָה נ [sheri'ka] whistle, piping

שָׁרִיר ז ת [sha'rir] 1 muscle, sinew. 2 strong, enduring

שָׁרִיר וְקַיָּם firm amd abiding

שְׁרִירוּת, שְׁרִירוּת לֵב נ [sheri'rut] 1 arbitrariness. 2 stubbornness, obduracy

שְׁרִירוּתִי ת [sheriru'ti] arbitrary

שְׁרִירִי ת [sheri'ri] muscular, muscled

שָׁרִית ז [sha'rit] civil servant

שָׂרִית נ [sa'rit] 1 grande dame, great lady. 2 noblewoman

שָׁרָךְ ז [sha'rax] fern, pteridophyta

שָׂרַךְ פ״י [sa'rax] 1 to drag. 2 to tie with a lace

שֵׁרֵךְ פ״י [se'rax] 1 to twist, twine, entangle. 2 to deviate

שֵׁרֵךְ דְּרָכָיו to go astray, deviate from the right path, err

שַׁרְלָטָן ז [sharla'tan] charlatan, rogue

שַׂרְעַף ז [sar''af] thought, meditation, contemplation

שָׂרָף ז [sa'raf] 1 seraph, angel. 2 poisonous serpent

שָׂרַף פ״י [sa'raf] 1 to burn. 2 to sip, quaff

שֵׂרֵף פ״י [se'raf] to cover with resin

שְׂרָף ז [se'raf] 1 resin. 2 juice of plants

שְׂרֵפָה נ [sere'fa] fire, conflagration

שְׁרַפְרַף ז [sheraf'raf] footstool, stool

שָׁרַץ פיו״ע [sha'rats] 1 to swarm, teem, abound. 2 to breed

שֶׁרֶץ ז ['sherets] creeping thing, reptile, insect

שֶׁרֶץ הָעוֹף winged insect

שָׁרַק פ״ע [sha'rak] 1 to whistle. 2 to hiss

שָׂרָק ז [sa'rak] rouge

שָׂרֹק ת [sa'rok] reddish

שְׁרֵקָה נ [shere'ka] whistle

שַׁרְקוּקִית נ [sharku'kit] whistle

שַׁרְקָן ז [shar'kan] whistler

שַׁרְקָנוּת נ [sharka'nut] whistling

שִׁרְקֵק פ״ע [shir'kek] to whistle

שְׁרַקְרַק ז [sherak'rak] bee-eater (bird)

שֹׁרֶר ז ['shorer] navel, umbilical

שָׂרַר פ״ע [sa'rar] 1 to rule, reign. 2 to prevail, dominate

שְׂרָרָה נ [sera'ra] 1 rule, authority, power. 2 administration, office

שְׂרָרוּת נ [sera'rut] rule, power

שֵׁרֵשׁ פ״י [she'resh] to uproot, eradicate

שֹׁרֶשׁ ז ['shoresh] 1 root. 2 origin, source. 3 radical, radix

שַׁרְשָׁה נ [shar'sha] shackle, length of chain

שָׁרְשׁוֹן ז [shor'shon] rootlet

שַׁרְשׁוּר ז [shar'shur] tapeworm

שָׁרְשִׁי ת [shor'shi] radical, deep-rooted, fundamental

שָׁרְשִׁיּוּת נ [shorshi'yut] deep-rootedness

שְׁרַשְׁכַּף ז [shrash'kaf] instep, tarsus

שִׁרְשֵׁר פ״י [shir'sher] to chain, concatenate, link

שַׁרְשֶׁרֶת נ [shar'sheret] chain

שָׁרָת ז [sha'rat] caretaker, janitor

שָׁרֵת ז [sha'ret] 1 service, work. 2 service in the Temple
שֵׁרֵת פ״י [she'ret] 1 to serve. 2 to officiate
שַׁרְתּוּעַ ז [shar'tu'a] 1 spit. 2 strut
שֵׁשׁ ז שמ״נ [shesh] 1 marble. 2 fine linen. 3 six (f)
שֵׁשׁ־עֶשְׂרֵה שמ״נ sixteen (f)
שָׂשׂ פ״ע [sas] to be glad
שֵׁשׁ־בֵּשׁ ז ['shesh-besh] backgammon
שִׁשָּׁא פ״י [shi'sha] to incite, suborn
שִׁשָּׁה פ״י שמ״ז [shi'sha] 1 six (m). 2 to divide by six
שִׁשָּׁה־עָשָׂר שמ״ז sixteen (m)
שֻׁשָּׁה פ״ע [shu'sha] to be divided or multiplied by six
שָׂשׂוֹן ז [sa'son] joy, rejoicing, merriment
שִׁשִּׁי ש״מ [shi'shi] sixth
שִׁשִּׁיָּה נ [shishi'ya] 1 sextet, set of six objects. 2 sextuplets
שִׁשִּׁים ש״מ [shi'shim] sixty
שִׁשִּׁית נ [shi'shit] 1 sixth. 2 sixth grade
שָׁשַׁר ז [sha'shar] red paint, vermilion
שִׁשְׁתַּיִם [shish'tayim] sixfold
שֵׁשְׁתָּם [shesh'tam] all six of them (m)
שֵׁשְׁתָּן [shesh'tan] all six of them (f)
שָׁת ז פ״י [shat] 1 basis, foundation. 2 to put, place
שֵׁת ז [shet] posterior, behind
שַׁתָּא נ [sha'ta] year
שְׁתַדְּלָן ז [shtad'lan] mediator, interceder, lobbyst
שְׁתַדְּלָנוּת נ [shtadla'nut] intercession, mediation, lobbysm
שְׁתַדְּלָנִי ת [shtadla'ni] interceding, pleading
שָׁתָה פ״י [sha'ta] to drink
שָׁתוּי ת [sha'tuy] drunk, intoxicated
שִׁתּוּךְ ז [shi'tux] corrosion, rusting
שָׁתוּל ת [sha'tul] planted
שָׁתוּם ת [sha'tum] open
שִׁתּוּף ז [shi'tuf] participation, inclusion
שִׁתּוּף פְּעֻלָּה cooperation
שִׁתּוּפָה נ [shitu'fa] partnership
שִׁתּוּפִי ת [shitu'fi] cooperative, collective
שָׁתוּק ת [sha'tuk] silenced, dumb
שִׁתּוּק ז [shi'tuk] 1 paralysis. 2 silencing
שִׁתּוּק יְלָדִים ז poliomyelitis, infantile paralysis
שְׁתוּקוּת נ [shetu'kut] unknown paternity
שְׁתוּקִי ת [shetu'ki] of unknown paternity
שְׁתוּת נ [shtut] one-sixth
שְׁתֵּי [shte] two (f)
שְׁתִי ז [shti] warp
שְׁתִיָּה נ [shti'ya] 1 drinking. 2 drink
שְׁתֵּיהֶן [shte'hen] both of them (f)
שְׁתִיל ז [she'til] 1 seedling. 2 sapling
שְׁתִילָה נ [sheti'la] planting
שְׁתִילוֹן ז [sheti'lon] small seedling
שְׁתַּיִם שמ״נ ['shtayim] two (f)
שְׁתֵּים־עֶשְׂרֵה שמ״נ twelve (f)
שְׁתִימָה נ [shti'ma] opening, boring
שַׁתְיָן ז [shat'yan] drinker, toper, tippler, alcoholic
שִׁתִּין ז״ר [shi'tin] 1 sixty. 2 base, bottom, foundation
שְׁתִיקָה נ [shti'ka] silence
שְׁתִיקוּת נ [sheti'kut] keeping silent
שָׁתִית ז [sha'tit] subsoil
שִׁתִּית נ [shi'tit] sextet
שְׁתִיתָה נ [sheti'ta] bleeding, flow, flux, effusion
שִׁתֵּךְ פיו״ע [shi'tex] to rust, corrode
שָׁתַל פ״י [sha'tal] to plant
שֶׁתֶל ז ['shetel] 1 seedling, sapling.

2 transplant. 3 graft
שַׁתָּל ז [sha'tal] nurseryman, planter
שְׁתַלְטָן ז [shtal'tan] dominant, domineering
שְׁתַלְטָנוּת נ [shtalta'nut] domination, domineering quality
שַׁתְלָן ז [shat'lan] nurseryman
שַׁתְלָנוּת נ [shatla'nut] planting
שָׁתַם פ״י [sha'tam] to open, broach, bore (hole), tap (cask)
שְׁתָם ז [shtam] hole, bore
שַׁתָּם ז [sha'tam] borer, broacher
שְׁתַמְטָן ז [shtamtan] malingerer, shirker, "drop-out", evader, dodger
שְׁתַמְטָנוּת נ [shtamta'nut] shirking, evasion
שֶׁתֶן ז ['sheten] urine
שִׁתְנָה נ [shit'na] urea
שַׁתֶּנֶת נ [sha'tenet] urosis, infection of urine
שָׁתַע פ״ע [sha'ta] to be afraid
שִׁתֵּף פ״י [shi'tef] to join, let include, participate, make a partner
שֻׁתַּף פ״ע [shu'taf] to be included, made a partner, allowed to participate
שִׁתֵּף פְּעֻלָּה to cooperate, collaborate
שֻׁתָּף ז [shu'taf] partner
שֻׁתָּפוּת נ [shuta'fut] partnership
שַׁתְּפָן ז [shat'fan] socialist
שַׁתְּפָנוּת נ [shatfa'nut] socialism
שַׁתְּפָנִי ת [shatfa'ni] socialistic
שָׁתַק פ״ע [sha'tak] to be silent, still
שֶׁתֶק ז ['shetek] silence
שִׁתֵּק פ״י [shi'tek] 1 to silence. 2 to paralyse
שַׁתְקָן ז [shat'kan] silent, reticent
שַׁתְקָנוּת נ [shatka'nut] reticence, silence, keeping silence
שַׁתֶּקֶת נ [sha'teket] paralysis
שָׁתַת פיו״ע [sha'tat] to put, place, set
שִׁתֵּת פ״י [shi'tet] to establish
שֶׁתֶת ז ['shetet] bleeding, haemorrhage
שֻׁתַּת פ״ע [shu'tat] to be established

ת

Tav, twenty-second letter in the Hebrew alphabet. 2 400 — ת

[ta] 1 cell. 2 compartment. 3 cabin. 4 cubicle. 5 section. 6 to come — תָּא ז פ״ע

photoelectric cell — תָּא חַשְׁמַלּוֹר

[ta'ʹav] to crave, have an appetite for, long for — תָּאַב פ״ע

[ta'ʹev] greedy, avid, craving, longing for — תָּאֵב ת

['ta'av] desire, lust, longing — תַּאַב ז

[te'ʹev] to abhor, loathe, detest, abominate — תֵּאֵב פ״י

[ta'aʹva] desire, craving, longing — תַּאֲבָה נ

[te'aʹvon] 1 appetite . 2 avidity — תֵּאָבוֹן ז

[ta'aʹgid] corporation — תַּאֲגִיד ז

[te'ʹa] to delimit, draw boundary line — תֵּאָה פ״י

[te'ʹo] buffalo — תְּאוֹ ז

[ta'aʹva] 1 desire, longing. 2 lust, passion. 3 delight, pleasure — תַּאֲוָה נ

a delight to behold, a sight for sore eyes — תַּאֲוָה לָעֵינַיִם

[ta'ʹum] symmetrical — תָּאוּם ת

[te'ʹum] 1 synchronization, coordination. 2 correlation — תֵּאוּם ז

[te'ʹom] twin — תְּאוֹם ז

[te'oʹmim] 1 twins. 2 Gemini (Zodiac) — תְּאוֹמִים ז״ר

[ta'ʹon] 1 pigeonhole. 2 cellule — תָּאוֹן ז

[te'uʹna] accident, mishap — תְּאוּנָה נ

[ta'avaʹnut] greediness, powerful lust — תַּאֲוָנוּת נ

[ta'avaʹni] lustful, greedy — תַּאֲוָנִי ת

[te'uʹnim] 1 wicked deed, injustice. 2 libel. 3 hard work — תְּאוּנִים ז״ר

[te'uʹtsa] acceleration — תְּאוּצָה נ

[te'oʹkratya] theocracy — תֵּאוֹקְרַטְיָה נ

[te'ʹur] description, outline — תֵּאוּר ז

[te'uʹra] lighting, illumination — תְּאוּרָה נ

[te'uʹri] descriptive — תֵּאוּרִי ת

[te'oʹreti] theoretical — תֵּאוֹרֶטִי ת

[te'oretiʹkan] theorist — תֵּאוֹרֶטִיקָן ז

[te'uʹri] descriptive — תֵּאוּרִי ת

heart's desire — תַּאֲוַת נֶפֶשׁ, תַּאֲוַת לֵב

[ta'avʹtan] lustful, sensuous, passionate — תַּאַוְתָן ז

[ta'avtaʹnut] voluptuousness, lustfulness, strong desire — תַּאַוְתָנוּת נ

[ta'avtaʹni] lustful, passionate — תַּאַוְתָנִי ת

[ta'aʹxuz] percentage — תַּאֲחוּז ז

[ta'axiʹza] cohesion, adhesion — תַּאֲחִיזָה נ

[te'atʹron] theatre — תֵּאַטְרוֹן ז

[te'aʹtroni] theatrical, dramatic — תֵּאַטְרוֹנִי ת

[te'aʹtrali] theatrical, of theatre — תֵּאַטְרָלִי ת

[te'aʹtraliyut] 1 pomposity. 2 theatrical manner. 3 spectacularity — תֵּאַטְרָלִיּוּת נ

[ta'ʹi] cellular — תָּאִי ת

[te'iʹma] symmetry — תְּאִימָה נ

[te'iʹmut] symmetry, compatibility — תְּאִימוּת נ

[ta'ʹit] 1 fibre, pulp. 2 cellulose — תָּאִית נ

[ta'aʹla] 1 curse, imprecation. 2 execration — תַּאֲלָה נ

[taˈ'am] 1 to suit, fit, match. 2 to be similar, correspond — תָּאַם פ״ע

[teˈ'em] to coordinate, synchronize — תֵּאֵם פ״י

[toˈ'am] 1 to be coordinated, synchronized. 2 symmetry, coordination, harmony — תֹּאַם פ״ע ז

[ta'aˈna] 1 copulation. 2 animal mating season, "heat". — תַּאֲנָה נ

[te'eˈna] 1 fig. 2 fig tree — תְּאֵנָה נ

[ta'aniˈya] mourning, grief, sorrow, woe — תַּאֲנִיָּה נ

banana — תְּאֵנַת חַוָּה

[taˈ'ar] 1 to surround, encompass. 2 to mark a boundary — תָּאַר פ״י

[teˈ'er] 1 to describe, portray. 2 to draw, sketch. 3 to outline. 4 to conceive, imagine — תֵּאֵר פ״י

[toˈ'ar] 1 to be described. 2 degree. 3 adjective. 4 form, appearance — תֹּאַר פ״ע ז

adjective — תֹּאַר הַשֵּׁם

adverb — תֹּאַר הַפֹּעַל

[ta'aˈroget] weaving, web — תַּאֲרֹגֶת נ

[ti'aˈrux] fixing a date — תְּאֲרוּךְ ז

[ta'aˈrix] date (calendar) — תַּאֲרִיךְ ז

[ta'ariˈxon] date-stamp — תַּאֲרִיכוֹן ז

[ti'aˈrex] to date, fix a date — תְּאֲרֵךְ פ״י

[te'aˈshur] teashur, box-tree, cypress — תְּאַשּׁוּר ז

[teˈva] 1 box, case, chest. 2 Ark of the Law. 3 bar, measure (mus.). 4 ark — תֵּבָה נ

[tavheˈla] panic — תַּבְהֵלָה נ

[tevuˈ'a] 1 produce, crop, yield. 2 grains, harvest. 3 product, fruit. 4 income, profit — תְּבוּאָה נ

mere words — תְּבוּאַת שְׂפָתַיִם

[tiˈbul] spicing, seasoning — תִּבּוּל ז

[tevuˈna] prudence, wisdom, understanding — תְּבוּנָה נ

[tevuniˈyut] rationalism — תְּבוּנִיּוּת נ

[tevunaˈti] theoretical, rational, reasonable — תְּבוּנָתִי, תְּבוּנִי ת

[tevuˈsa] 1 defeat, downfall. 2 overthrow — תְּבוּסָה נ

[tevuˈsan] defeatist — תְּבוּסָן ז

[tevusaˈnut] defeatism — תְּבוּסָנוּת נ

[tevusaˈni] defeatist — תְּבוּסָנִי ת

[tevusˈtan] defeatist — תְּבוּסְתָן ז

[tavˈxin] experiment, trial, test — תַּבְחִין ז

[tavxeˈla] something that causes nausea — תַּבְחֵלָה נ

[teviyˈ'a] 1 claim, demand. 2 summons. 3 prosecution — תְּבִיעָה נ

[tvir] 1 break, fracture. 2 cantillation sign "tevir". 3 misfortune — תְּבִיר ז

[teˈvel] world, universe — תֵּבֵל ז

[ˈtevel] 1 perversion. 2 spice, relish. 3 pollution. 4 incest, violation of nature. 5 zest, piquancy — תֶּבֶל ז

[tiˈbel] 1 to spice, season. 2 to lend flavo(u)r, diversify — תִּבֵּל פ״י

[tuˈbal] to be seasoned, flavo(u)red, spiced — תֻּבַּל פ״ע

[tevaˈlul] cataract — תְּבַלּוּל ז

[tavˈlit] relief, bas-relief — תַּבְלִיט ז

[tavˈlin] spice, condiment, relish — תַּבְלִין ז

[ˈteven] straw — תֶּבֶן ז

[taˈban] carrier of straw — תַּבָּן ז

[tiˈben] to mix with straw — תִּבֵּן פ״י

[tavˈnit] 1 form, mould, model. 2 pattern, format. 3 paradigm — תַּבְנִית נ

[tavniˈti] patterned, modeled — תַּבְנִיתִי ת

[taˈva'] 1 to claim, demand. — תָּבַע פ״י

2 to prosecute, sue.
3 to seek

to clamo(u)r, be vociferous תָּבַע בַּפֶּה
[tav''an] claimant, pretender תַּבְעָן ז
[tuv'a'na] legal claim תְּבְעָנָה נ
[tav'a'nut] clamo(u)ring תַּבְעָנוּת נ
[tav'a'ni] clamo(u)rous תַּבְעָנִי ת
[tav'e'ra] burning, conflagration תַּבְעֵרָה נ
[tav'tsek] doughnut תַּבְצֵק ז
[tiv'reg] to thread, cut screws תִּבְרֵג פ״י
[tiv'roget] screw thread תִּבְרֹגֶת נ
[tavru''a] sanitation תַּבְרוּאָה
[tavru''i] sanitary תַּבְרוּאִי
[tavru''an] sanitary officer, inspector of hygiene תַּבְרוּאָן ז
[tav'rog] screw stock, die stock תַּבְרוֹג ז
[tav'rig] screw thread תַּבְרִיג ז
postbox, mailbox, P.O.B. תֵּבַת דֹּאַר
letter box תֵּבַת מִכְתָּבִים
[tav'shil] cooked food תַּבְשִׁיל ז
[tag] 1 apostrophe. 2 tag, badge. 3 ornament crown (on letter) תָּג ז
[ta'ga] 1 crown. 2 robe, gown תָּגָא ז
[tig'bur] reinforcement, supplement תִּגְבּוּר ז
[tig'ber] to reinforce, supplement תִּגְבֵּר פ״י
[tig'boret] supplement, reinforcement תִּגְבֹּרֶת נ
[tag'hut] hygiene תַּגְהוּת נ
[tegu'va] 1 reaction. 2 retort, retaliation, response. 3 reflex תְּגוּבָה נ
abreaction תְּגוּבַת פֻּרְקָן
chain reaction תְּגוּבַת שַׁרְשֶׁרֶת
[ti'gur] 1 bargaining, trading. 2 quarrel תִּגּוּר ז
[tig'laxat] shaving תִּגְלַחַת נ
[tag'lif] engraving תַּגְלִיף ז
[tag'lit] find, discovery תַּגְלִית נ
[tag'mul] 1 reward, benefit, gratuity. 2 reprisal. 3 retaliation תַּגְמוּל ז
[tag'mir] finish, finishing touch תַּגְמִיר ז
[te'gar] provocation, challenge תְּגָר ז
[ta'gar] dealer, trader, merchant תַּגָּר ז
[ti'ger] to bargain, trade, barter, deal תִּגֵּר פ״י
[tig'ra] 1 quarrel. 2 conflict, fight תִּגְרָה נ
[taga'ra] business deal תַּגָּרָה נ
[tig'rolet] raffle, lottery תִּגְרֹלֶת נ
[tag'ran] 1 merchant, dealer. 2 quarrelsome, pugnacious תַּגְרָן ז ת
[tagra'nut] 1 petty trade. 2 haggling, bargaining תַּגְרָנוּת נ
[tad'gim] sample, specimen, demonstration תַּדְגִּים ז
[tid'goret] incubation תִּדְגֹּרֶת נ
[tadhe'ma] stupefaction, astonishment, shock תַּדְהֵמָה נ
[tid'har] elm tree תִּדְהָר ז
[tad'xit] moratorium תַּדְחִית נ
[tid'xoset] congestion, overcrowding תִּדְחֹסֶת נ
[tid'xoket] overcrowding, congestion, crush, "jam" תִּדְחֹקֶת נ
[ta'dir] frequent, regular תָּדִיר ת
[tedi'rut] frequency תְּדִירוּת נ
[tid'luk] refuelling תִּדְלוּק ז
[tadlu'ka] refuelling תַּדְלוּקָה נ
[tad'lil] thinning תַּדְלִיל ז
[tid'lek] to refuel תִּדְלֵק פ״י
[tad'mit] 1 image. 2 mould. 3 template, model תַּדְמִית נ
[tad'pis] reprint תַּדְפִּיס ז
['teder] frequency, wavelength תֶּדֶר ז
[tid'rux] briefing תִּדְרוּךְ ז
[tad'rix] briefing תַּדְרִיךְ ז

[tav] 1 sign. 2 note (mus.). 3 feature. 4 Tav, twenty-second letter of Hebrew alphabet — תָּו ז
[tu] again, further, more — תּוּ תה״פ
[to] buffalo — תּוֹא ז
[tvai] feature, alignment — תְּוַאי ז
[to'’em] 1 matching, fitting. 2 compatible — תּוֹאֵם ת
[to’a'mut] 1 conformism. 2 compatibility, confornity — תּוֹאֲמוּת נ
[to’a'man] conformist, compatible — תּוֹאֲמָן ז
[to’a'manut] conformism — תּוֹאֲמָנוּת נ
[to’a'na] 1 pretext, excuse. 2 opportunity. 3 libel — תּוֹאֲנָה נ
[tova'la] transportation, haulage — תּוֹבָלָה נ
[tova'na] insight, intuition — תּוֹבָנָה נ
[to've’a] 1 claimant, plaintiff. 2 prosecutor — תּוֹבֵעַ ז
[tov’a'ni] demanding, exigent, importunate — תּוֹבְעָנִי ת
[to'var, to'veret] 1 loop. 2 rosette — תּוֹבָר ז, תּוֹבֶרֶת נ
[tu'ga] grief, sorrow — תּוּגָה נ
[to'da] 1 acknowdedgement, gratitude. 2 thanks. 3 Thank you! — תּוֹדָה נ מ״ק
Thank you! Thank you very much — תּוֹדָה רַבָּה!
Thank the Lord! Thank God — תּוֹדָה לָאֵל
thanks to, by virtue of — תּוֹדוֹת לְ-
[toda'’a] 1 conscience. 2 consciousness — תּוֹדָעָה נ
[ti'va] 1 to outline, sketch. 2 to plan — תִּוָּה פ״י
[ti'vuy] sketching, outlining, plotting — תִּוּוּי ז
[ti'vux] 1 brokerage, agency. — תִּוּוּךְ ז

[tid'rex] to brief — תִּדְרֵךְ פ״י
[te] tea — תֵּה ז
[ta'ha] 1 to wonder. 2 to be amazed, astonished. 3 to meditate. 4 to regret — תָּהָה פ״ע
to probe, examine closely — תָּהָה עַל קַנְקַנּוֹ
['tohu] 1 desolation, waste. 2 nothingness — תֹּהוּ ז
chaos — תֹּהוּ וָבֹהוּ
[tehu'da] 1 resonance. 2 acoustics — תְּהוּדָה נ
[ta'huy] amazed — תָּהוּי ת
[te'hom] 1 depth, abyss, chasm. 2 bottom of the sea — תְּהוֹם זו״נ
[teho'mi] 1 abysmal. 2 unfathomable — תְּהוֹמִי ת
[tehomi'yut] infinite depth — תְּהוֹמִיּוּת נ
[tehi'ya] 1 self-reproach, regret. 2 amazement, surprise — תְּהִיָּה נ
close scrutiny of character — תְּהִיָּה עַל הַקַּנְקַן
[tehi'la] 1 fame, renown. 2 psalm. 3 praise, adoration — תְּהִלָּה נ
Thank God! Praised be the Lord! — תְּהִלָּה לָאֵל!
[taha'la] 1 sin, profanation. 2 folly, error — תָּהֳלָה נ
[tahalu'xa] procession — תַּהֲלוּכָה נ
[taha'lix] process — תַּהֲלִיךְ נ
[tehi'lim] 1 Book of Psalms. 2 psalms — תְּהִלִּים
[tahepu'xa] 1 upheaval. 2 perversion — תַּהְפּוּכָה נ
[tahepu'xot] vicissitudes — תַּהְפּוּכוֹת נ״ר
[tahepu'xan] 1 perverse, deceitful. 2 capricious — תַּהְפּוּכָן ז

chronology. 2 descendants. 3 consequences, outcome

[tola'di] historical תּוֹלָדִי ת

[to'lal] 1 robber. 2 oppressor, tormentor תּוֹלָל ז

[to'la'at] 1 worm. 2 maggot. 3 red wool or cloth תּוֹלַעַת נ

crimson threads תּוֹלַעַת שָׁנִי

[to'la''na] mahogany תּוֹלַעְנָה נ

[tola''ti] 1 worm-infested. 2 worm-like, maggoty תּוֹלַעְתִּי ת

[to'mex] supportive, providing support תּוֹמֵךְ ת

[to'ses] 1 fizzy, effervescent. 2 lively, active, agitated תּוֹסֵס ת

[to'saf] 1 additive. 2 fore-staysail תּוֹסָף ז

[to'sefet] 1 supplement, addition. 2 addendum תּוֹסֶפֶת נ

[to'sefta] Tosefta, Mishnah תּוֹסֶפְתָּא נ

[tosef'tan] appendix תּוֹסֶפְתָּן ז

[to''ev] 1 abominator. 2 idolator תּוֹעֵב ז

[to'e'va] abomination, abhorrent deed תּוֹעֵבָה נ

[to''a] deceit, perversion, error תּוֹעָה נ

[to''elet] benefit, profit, advantage תּוֹעֶלֶת נ

[to'al'ti] useful, practicable תּוֹעַלְתִּי ת

[to'alti'yut] usefulness, expediency, practicability תּוֹעַלְתִּיּוּת נ

[to'al'tan] utilitarian תּוֹעַלְתָּן ז

[to'alta'nut] utilitarianism תּוֹעַלְתָּנוּת נ

[to'am'lan] propagandist תּוֹעַמְלָן ז

[to'a'fot] power, strength, might תּוֹעָפוֹת נ״ר

[tuf] spitting sound תּוּף ז

[tu'fin] 1 sponge cake. 2 biscuit תּוּפִין ז

[to'fes] guard (mechanics) תּוֹפֵס ז

[tofa''a] 1 phenomenon, תּוֹפָעָה נ

2 mediation. 3 arbitration.

[ti'vul] barbed wiring תִּוּוּל ז

[to'xelet] 1 expectation. 2 hope, anticipation תּוֹחֶלֶת נ

deferred hope, long expectation תּוֹחֶלֶת מְמֻשָּׁכָה

[tvai] 1 alignment, feature. 2 conse, way תְּוַי ז

[tav'yan] score writer תַּוְיָן ז

[ta'vit] label תָּוִית נ

definite article תָּוִית מְיַדַּעַת

indefinite article תָּוִית מְסַתֶּמֶת

['tavex] middle, center, midst תָּוֶךְ ז

[tox] 1 middle, midst. 2 during, within. 3 deceit תּוֹךְ ז מ״י

in the course of תּוֹךְ כְּדֵי־

instantly, without delay תּוֹךְ כְּדֵי דִבּוּר

[ta'vax] relay device תַּוָּךְ ז

[ti'vex] 1 to mediate, act as go-between, arbitrate. 2 to bisect תִּוֵּךְ פ״י

[tu'vax] 1 to be mediated, handled. 2 to be divided into two תֻּוַּךְ פ״ע

sincere, decent תּוֹכוֹ כְּבָרוֹ

[toxa'xa] chastisement, rebuke, reprimand תּוֹכָחָה נ

[toxe'xa] reproof, punishment תּוֹכֵחָה, תּוֹכַחַת נ

[toxax'ti] constituting rebuke, punitive תּוֹכַחְתִּי

[to'xi] inside, internal תּוֹכִי ת

[toxi'yut] internality תּוֹכִיּוּת נ

[to'xit] infix (grammar) תּוֹכִית נ

[to'xen] astronomer תּוֹכֵן ז

[tav'xan] broker תַּוְכָן ז

[tola'da] 1 consequence, outcome. 2 offspring. 3 sequel. 4 corollary. 5 nature תּוֹלָדָה נ

[tola'dot] 1 history, annals, תּוֹלָדוֹת נ״ר

תּוֹרָן ז [to'ran] person on duty, duty officer
תּוֹרָנוּת נ [tora'nut] duty by roster, service by rotation
תּוֹרָנִי ת [tora'ni] 1 learned in Torah. 2 pertaining to Torah. 3 pertaining to duty
תּוֹרֵס ת [to'res] protective
תּוֹרָשָׁה נ [tora'sha] heredity
תּוֹרַשְׁתִּי ת [torash'ti] hereditary
תּוֹרַת הַהִגּוּי phonetics
תּוֹרַת הַחֶבְרָה sociology
תּוֹרַת הַמִּדּוֹת ethics, morality
תּוֹרַת הַנֶּפֶשׁ psychology
תּוֹרַת כֹּהֲנִים Leviticus
תּוֹרַת מֹשֶׁה Mosaic Law
תּוֹשָׁב ז ת [to'shav] 1 resident. 2 of fixed residence
תּוֹשֶׁבֶת נ [to'shevet] 1 base, foundation. 2 base of geometric form. 3 pedestal. 4 undercarriage
תּוּשִׁיָּה נ [tushi'ya] 1 understanding, wisdom. 2 resourcefulness
תּוּת ז [tut] 1 mulberry. 2 mulberry tree. 3 raspberry
תּוּת סְנֶה wild strawberry
תּוּת שָׂדֶה, תּוּת גִּנָּה strawberry
תּוֹתָב ז [to'tav] 1 inset, insertion. 2 prosthesis
תּוֹתָח ז [to'tax] 1 gun, cannon. 2 "big shot"
תּוֹתְחָן ז [tot'xan] gunner, artillery soldier, artilleryman
תּוֹתְחָנוּת נ [totxa'nut] artillery, cannon strategy
תּוֹתְרָן ז [tot'ran] lacking sense of smell, anosmic
תַּזְגִּיג ז [taz'gig] enamel
תְּזוּזָה נ [tezu'za] movement, motion, shift
תְּזוּנָה נ [tezu'na] nutrition, diet, manifestation. 2 occurrence

תּוֹפֵף פ״ע [to'fef] to beat rhythmically, drum
תּוֹפֶרֶת נ [to'feret] dressmaker, seamstress
תּוֹפֵשׂ חֶרֶב swordsman
תּוֹפֵשׂ כִּנּוֹר violinist
תּוֹפֵשׂ מָשׁוֹט oarsman, sailor
תּוֹפֵשׂ תּוֹרָה Biblical scholar
תּוֹצָא ז [to'tsa] effect
תּוֹצָאָה נ [totsa''a] 1 result, outcome. 2 outskirts, extremity
תּוֹצָר ז [to'tsar] product
תּוֹצָר לְוַאי by-product
תּוֹצֶרֶת נ [to'tseret] 1 produce. 2 make, manufacture
תּוֹצֶרֶת הָאָרֶץ local product
תּוֹצֶרֶת חוּץ foreign goods
תּוֹקֵעַ ז [to'ke'a] trumpeter, shofar blower
תּוֹקֵף ז [to'kef] attacker, aggressor
תּוֹקְפָן ז [tok'fan] aggressor
תּוֹקְפָנוּת נ [tokfa'nut] aggression, pugnacity, aggressiveness
תּוֹקְפָנִי ת [tokfa'ni] aggressive
תּוֹר ז [tor] 1 line, queue. 2 turn. 3 era, epoch. 4 turtledove. 5 circlet. 6 form. 7 ox
תּוֹר הַזָּהָב Golden Age
תּוּר פ״י ז [tur] 1 rotation. 2 to tour, travel about. 3 to scout, investigate
תּוֹרָה נ [to'ra] 1 Pentateuch. 2 Mosaic Law. 3 theory, system, doctrine
תּוֹרָה שֶׁבִּכְתָב 1 Pentateuch. 2 Written Law
תּוֹרָה שֶׁבְּעַל פֶּה 1 Talmud. 2 Oral Law
תּוֹרֵם ז ת [to'rem] 1 contributor, donator. 2 constructive
תּוֹרְמִית נ [tor'mit] group of people

nourishment

תְּזוּנָתִי ת [tezuna'ti] nutritional

תַּזְכִּיר ז [taz'kir] memorandum

תִּזְכֹּרֶת נ [tiz'koret] 1 reminder, "memo". 2 overdue notice

תִּזְמוּן ז [tiz'mun] timing

תִּזְמוּר ז [tiz'mur] orchestration

תִּזְמֵן פ"י [tiz'men] to time, measure the time of

תִּזְמֹנֶת נ [tiz'monet] synchronism

תִּזְמֵר פ"י [tiz'mer] to orchestrate, arrange for an orchestra

תִּזְמֹרֶת נ [tiz'moret] orchestra

תִּזְמָרְתִּי ת [tizmor'ti] orchestral

תַּזְנוּת נ [taz'nut] 1 prostitution, whoredom. 2 fornication

תַּזְקִיף ז [taz'kif] credit account

תַּזְקִיק ז [taz'kik] distillate

תַּזְרִים ז [taz'rim] flow, cash flow

תַּזְרִיק ז [taz'rik] material for injection

תָּחַב פ"י [ta'xav] to insert, thrust, stick in

תַּחְבּוּלָה נ [taxbu'la] trick, ruse, plot, stratagem, machination

תַּחְבּוּרָה נ [taxbu'ra] 1 transport. 2 communications

תַּחְבִּיב ז [tax'biv] hobby

תַּחְבִּיר ז [tax'bir] syntax

תַּחְבִּירִי ת [taxbi'ri] syntactic, syntactical

תִּחְבֵּל פ"י [tix'bel] to scheme, contrive, devise a plot

תַּחְבְּלָן ז [taxbe'lan] 1 wily, crafty, devious. 2 trickster, cunning tactician

תַּחְבְּלָנוּת נ [taxbela'nut] wiliness, inventiveness

תַּחְבֹּשֶׁת נ [tax'boshet] 1 bandage, dressing. 2 compress

תְּחִגָּה נ [texi'ga] festival

תַּחְדִּישׁ ז [tax'dish] newly-coined word

תָּחוּב ת [ta'xuv] stuck in, inserted

תְּחוּב ז [txuv] 1 branch used for grafting. 2 grafting

תָּחוּחַ ת [ta'xu'ax] crumbled, crushed, loose (earth)

תִּחוּחַ ז [ti'xu'ax] crumbling, crushing

תְּחוּלָה נ [texu'la] 1 inception. 2 incidence (law)

תָּחוּם ת [ta'xum] 1 fenced, bounded. 2 restricted, defined in area

תְּחוּם ז [txum] 1 area, region. 2 boundary

תְּחוּם הַמּוֹשָׁב "pale", Jewish residence in Czarist Russia

תְּחוּם שַׁבָּת Sabbath limit

תְּחוּשָׁה נ [texu'sha] 1 feeling, sensation. 2 perception, sense

תְּחוּשָׁתִי ת [texusha'ti] pertaining to sensation or perception

תִּחְזוּק ז [tix'zuk] maintenancing, maintaining

תַּחֲזוּקָה נ [taxzu'ka] maintenance

תַּחֲזוּקָן ז [taxzu'kan] in charge of maintenance

תִּחְזוּר ז [tix'zur] reconstruction, restoration

תַּחֲזִית נ [taxa'zit] 1 forecast. 2 spectrum

תִּחְזֵר פ"י [tix'zer] to reconstruct, restore

תַּחֲזֹרֶת נ [tax'zoret] reconstruction, reconstructed model

תִּחַח פ"י [ti'xax] to crumble, loosen

תְּחִיבָה נ [texi'va] sticking in, insertion

תְּחִיָּה נ [texi'ya] 1 revival, resurrection. 2 renaissance, rebirth, renewal

תְּחִיחָה נ [texi'xa] loosening, crumbling

תְּחִיחוּת נ [texi'xut] looseness (soil)

תְּחִימָה נ [texi'ma] demarcation, fixing boundaries, delimitation

תְּחִיַּת הַמֵּתִים resurrection of the dead
תֶּחֶל ז [texel] 1 beginning. 2 primer, detonator
תִּחֵל [ti'xel] to prime
תִּחְלֵב פ״י [tix'lev] to emulsify
תְּחִלָּה נ תה״פ [texi'la] 1 beginning, outset. 2 at first, in the beginning
תַּחֲלוּאָה נ [taxlu''a] severity of illness, incidence of disease
תַּחֲלוּאִי ת [taxlu''i] unhealthy, morbid, diseased
תַּחֲלוּאִים ז״ר [taxlu''im] severe illness, disease
תַּחֲלִיב ז [tax'liv] emulsion
תַּחֲלִיף ז [taxa'lif] substitute, surrogate
תְּחִלִּי ת [texi'li] preliminary, primary
תְּחִלִּית נ [texi'lit] prefix
תָּחַם פ״י [ta'xam] to demarcate, fix boundary
תִּחֵם פ״י [ti'xem] to fix a boundary, delimit, demarcate
תַּחְמִיץ ז [tax'mits] 1 silage, silo. 2 marinade
תַּחְמִישׁ ז [tax'mish] cartridge
תַּחְמָס ז [tax'mas] falcon, nightjar
תַּחְמֹצֶת נ [tax'motset] 1 oxidation. 2 oxide
תַּחְמֹשֶׁת נ [tax'moshet] ammunition, arms, munition
תַּחַן ז ['taxan] supplication
תַּחֲנָה נ [taxa'na] 1 station. 2 depot. 3 terminal. 4 phase, stage
תְּחִנָּה נ [texi'na] 1 supplication, plea, entreaty. 2 prayer, litany
תַּחֲנוּן ז [taxa'nun] supplication, prayer for mercy, pleading
תַּחֲנוֹת נ״ר [taxa'not] camp, station, encampment
תַּחֲנַת כֹּחַ power station
תַּחֲנַת מִמְסָר relay station
תִּחְפֵּשׂ פ״י [tix'pes] to disguise, dress up
תַּחְפֹּשֶׂת נ [tax'poset] fancy dress, disguise
תַּחֲצָה נ [taxa'tsa] crossing
תְּחִקָּה נ [texi'ka] legislation
תַּחְקִיר ז [tax'kir] 1 research, fact-finding. 2 debriefing
תִּחְקֵר פ״י [tix'ker] 1 to investigate thoroughly. 2 to debrief
תְּחִקָּתִי ת [texika'ti] legislative
תִּחֵר פ״ע [ti'xer] to compete, vie, contest
תַּחְרָא נ [tax'ra] armo(u)r, coat of mail
תַּחֲרָה נ [taxa'ra] 1 competition, contest. 2 anger, rage
תַּחְרָה נ [tax'ra] lace, lacework
תִּחֲרָה פ״ע [tixa'ra] to contest, compete
תַּחֲרוּת נ [taxa'rut] competition, contest
תַּחֲרוּת רֵעִים friendly match
תַּחְרִיט ז [tax'rit] engraving, etching
תַּחְרִים ז [tax'rim] 1 embroidery, needlework. 2 lacemaking
תַּחַשׁ ז ['taxash] Takhash, Biblical animal
תַּחְשִׁיב ז [tax'shiv] calculation
תַּחַת ז מ״י ['taxat] 1 below, under, beneath. 2 instead of. 3 under part, posterior, buttock
תַּחַת אֲשֶׁר because, since
תַּחַת יָדוֹ in one's possession
תִּחְתּוּחַ ז [tix'tu'ax] noise, knocking
תַּחְתּוֹן ת [tax'ton] 1 lower. 2 inferior
תַּחְתּוֹנִים ז״ר [taxto'nim] underclothes, underwear, underpants, "drawers"
תַּחְתּוֹנִיּוֹת נ״ר [taxtoni'yot] abdominal disorders, intestinal upset
תַּחְתּוֹנִית נ [taxto'nit] slip, underskirt,

[tik] 1 file, dossier. 2 bag, briefcase. 3 portfolio תִּיק ז
[ta'yak] filing clerk תַּיָּק ז
[ti'yek] to file (documents) תִּיֵּק פ״י
['teku] 1 stalemate, draw. 2 standstill תֵּיקוּ
[tiki'ya] 1 filing cabinet. 2 folder תִּיקִיָּה נ
[tiki'yon] registry תִּיקִיּוֹן ז
[ti'kan] cockroach, bug תִּיקָן ז
[tir] awake תִּיר ת
[ta'yar] tourist, sightseer תַּיָּר ז
[ti'yer] to tour, sightsee תִּיֵּר פ״ע
[ti'rosh] new wine, must תִּירוֹשׁ ז
[taya'rut] tourism תַּיָּרוּת נ
['tiras] corn, maize תִּירָס ז
['tayish] he-goat, billy-goat תַּיִשׁ ז
[tya'sha] she-goat, nanny-goat תְּיָשָׁה נ
[te'shut] capriciousness, obstinacy תֵּישׁוּת, תַּיְשָׁנוּת נ
[tai'shani] capricious, obstinate תַּיְשָׁנִי ת
[tax] stitch, seam תַּךְ ז
buttonhole stitch תַּךְ אִבְקָאוֹת
tacking basting stitch תַּךְ הַכְלָבָה
oversewing תַּךְ מְלַל
slip stitch תַּךְ נִסְתָּר
[tox] deceit, oppression, strife תֹּךְ ז
[tix'boset] washing, laundering תִּכְבֹּסֶת נ
[tu'ka] to be beaten, oppressed תֻּכָּה פ״ע
[txol] blue, azure תְּכוֹל ז
[txu'la] contents תְּכוּלָה נ
[ti'kun] planning, design תִּכּוּן ז
[texu'na] 1 preparation. 2 quality, characteristic. 3 astronomy תְּכוּנָה נ
acquired character(istic) תְּכוּנָה נִקְנֵית
[ta'xuf] 1 immediate. 2 close-packed. 3 frequent תָּכוּף ת

petticoat
[tix'tax] to knock, make noise תִּחְתַּח פ״ע
[tax'ti] 1 lower, nether. 2 underground, subterranean תַּחְתִּי ת
[tax'tit] 1 bottom, lowest point. 2 saucer. 3 subway, underground railway תַּחְתִּית נ
[tetu'la] eggs laid תְּטוּלָה נ
[tiy''a] spice, ranunculus תִּיאָה נ
[ti'yeg] 1 to label, tag. 2 to ornament, crown (letters) תִּיֵּג פ״י
[tyuv'ta] 1 answer, reply. 2 contention, argument תְּיוּבְתָּא נ
[ti'yug] crowning letters תִּיּוּג ז
[tyom] twin (m) תְּיוֹם ז
[tyo'ma] twin (f) תְּיוֹמָה נ
[te'yon] 1 teapot. 2 teabag תֵּיוֹן ז
[ti'yuk] filing (documents) תִּיּוּק ז
[ti'yur] touring, sightseeing תִּיּוּר ז
[ti'xon] 1 intermediate, middle. 2 high, secondary school תִּיכוֹן ת ז
[tixo'ni] 1 intermediate, middle. 2 secondary (school) תִּיכוֹנִי ת
['tayil] wire תַּיִל ז
[timo'ra] palmette תִּימוֹרָה נ
[te'man] 1 Yemen. 2 south תֵּימָן ז
[tema'ni] 1 Yemenite. 2 southern תֵּימָנִי ז ת
[tim'ra] column, cloud תִּימְרָה נ
[ti'yomet] twin (f) תִּיֹּמֶת נ
[ti'nok] 1 baby, nursling, suckling. 2 infant תִּינוֹק ז
schoolchildren תִּינוֹקוֹת שֶׁל בֵּית רַבָּן
[tino'ki] babyish, infantile תִּינוֹקִי ת
[tinoki'yut] babyishness, infantilism תִּינוֹקִיּוּת נ
[ti'noket] 1 baby (f). 2 child, infant (f) תִּינֹקֶת נ

2 to measure, calculate

תָּכְנָה נ [tox'na] software, program (computers)

תִּכְנוּן ז [tix'nun] planning

תִּכְנוּת ז [tix'nut] programming

תָּכְנִיָּה נ [toxni'ya] program (concert, theater, etc.)

תָּכְנִית נ [tox'nit] 1 plan, scheme. 2 sketch, model

תָּכְנִיתִי ת [toxni'ti] programmatic, planned

תָּכְנִיתִיּוּת נ [toxniti'yut] planning

תָּכְנִיתָן ז [toxni'tan] programmer

תִּכְנֵן פ״י [tix'nen] to plan

תִּכְנֵת פ״י [tix'net] to program

תַּכְסִיס ז [tax'sis] 1 trick. 2 strategy, tactics

תַּכְסִיסִי ת [taxsi'si] tactical, strategic

תַּכְסִיסָן, תַּכְסְסָן ז [taxsi'san] tactician, strategist

תַּכְסִיסָנוּת, תַּכְסְסָנוּת נ [taxsi'sanut] strategy, tactics

תִּכְסֵס פ״י [tix'ses] to employ tactics, strategize

תָּכַף פיו״ע [ta'xaf] 1 to follow in immediate succession, be frequent. 2 to join, stitch

תֶּכֶף ז ['texef] frequency, immediate succession

תֶּכֶף תה״פ ['texef] immediately, instantly

תֶּכֶף וּמִיָּד straight away, at once

תִּכֵּף פ״י [ti'kef] to step up, make more frequent

תַּכְרִיךְ ז [tax'rix] 1 roll, bundle. 2 cloak, robe

תַּכְרִיכִים ז״ר [taxri'xim] shrouds, cerements

תַּכְשִׁיט ז [tax'shit] 1 jewel, ornament. 2 young devil, menace

תַּכְשִׁיטָן ז [taxshi'tan] jeweller

תְּכוּפוֹת תה״פ [texu'fot] frequently

תֻּכִּי ז [tu'ki] parrot

תְּכִינָה נ [texi'na] planning, design(ing)

תְּכִיפָה נ [texi'fa] 1 close succession. 2 stitch

תְּכִיפוּת נ [texi'fut] frequency, frequent occurrence

תְּכָכִים ז״ר [texa'xim] intrigues, craftiness

תַּכְכָן ז [taxe'xan] intriguer, trouble-maker

תַּכְכָנוּת נ [taxexa'nut] intriguing, troublemaking

תָּכֹל ת [ta'xol] blue, azure, sky blue

תֶּכֶל ז ['texel] 1 purpose, end. 2 completion

תִּכְלָה נ [tix'la] 1 measure. 2 purpose, limit, end. 3 perfection

תַּכְלִיל ז [tax'lil] 1 score (mus.) 2 contents, subject matter (book)

תַּכְלִית נ [tax'lit] 1 object, aim, end, purpose. 2 superlative

תַּכְלִית שִׂנְאָה unbridled hatred, utmost hatred,

תַּכְלִיתִי ת [taxli'ti] purposeful, having a specific purpose

תַּכְלִיתִיּוּת נ [taxliti'yut] purposefulness

תְּכַלְכַּל ת [txal'kal] bluish

תְּכַלְכַּלּוּת נ [txalka'lut] bluishness

תְּכֵלֶת נ ['txelet] 1 light blue, sky blue. 2 blue cloth

תְּכֶלְתִּי ת [txel'ti] bluish

תָּכַן פ״י [ta'xan] 1 to examine. 2 to plan. 3 to measure, estimate

תֹּכֶן ז ['toxen] 1 contents, gist. 2 fixed amount. 3 substance. 4 quota

תֹּכֶן הָעִנְיָנִים contents, table of contents

תִּכֵּן פ״י [ti'ken] 1 to regulate, fix.

תַּכְשִׁיר ז [tax'shir] medicinal preparation
תִּכְתֹּבֶת נ [tix'tovet] correspondence, exchange of letters
תִּכְתּוּב ז [tix'tuv] 1 dictation. 2 committing to writing
תַּכְתִּיב ז [tax'tiv] dictate
תֵּל ז [tel] 1 mound, hill, heap, knoll. 2 ruin. 3 curl, lock of hair
תֵּל גַּב parados
תֵּל חָזֶה parapet
תֵּל עוֹלָם everlasting ruin
תְּלָא אִילָן ז 1 squirrel. 2 ferret
תְּלָאָה נ [tela''a] trouble, weariness, hardship, suffering
תַּלְאוּבָה נ [tal'u'va] 1 scorching heat, drought. 2 trouble
תְּלַאי ז [tlai] 1 loop. 2 clothes hanger
תַּלְבִּיד ז [tal'bid] plywood
תִּלְבֹּשֶׁת נ [til'boshet] dress, uniform
תָּלָה פ״י [ta'la] 1 to hang, suspend. 2 to leave undecided, hold in suspense
תָּלָה אֶת הַקּוֹלָר בְּצַוַּאר־ to cast responsibility on
תָּלָה בְּ־ to attribute
תָּלָה בּוֹ בּוּקֵי סְרִיקֵי to attribute nonsense to someone (wrongly)
תָּלָה דָבָר בְּדֹפֶן to leave a matter undecided
תָּלָה עֵינָיו to raise one's eyes, gaze, stare
תָּלָה עֵינָיו בְּ־ to put one's faith in
תָּלָה עַצְמוֹ בְּאִילָן גָּדוֹל to base one's ideas on a great authority
תָּלָה תִּקְווֹת בִּפְלוֹנִי to pin one's hopes on someone
תִּלָּה פ״י [ti'la] 1 to hang, suspend. 2 to delay, defer
תִּלָּה בַּעֲקֵבוֹ to walk mincingly
תָּלוּא ת [ta'lu] hanging, suspended
תְּלוּדָה נ [telu'da] birthrate
תָּלוּי ת [ta'luy] 1 hanging, suspended. 2 depending, dependent
תָּלוּי וְעוֹמֵד pending, undecided, sub judice
תִּלּוּי ז [ti'luy] 1 lifting, raising. 2 suspension, delay. 3 attribution
תְּלוֹי ז [tloy] 1 suspender, cable ring, loop, handle. 2 insert, infix
תָּלוּל ת [ta'lul] steep, precipitous
תִּלּוּל ז [ti'lul] sloping, making mounds
תְּלוּלִית נ [telu'lit] small mound, hillock, knoll
תִּלּוּם ז [ti'lum] furrowing
תְּלוּנָה נ [telu'na] complaint, grumbling
תִּלּוּעַ ז [ti'lu'a] deworming, removal of worms
תָּלוּשׁ ת [ta'lush] picked, plucked, detached, loose, torn out
תְּלוּשׁ ז [tlush] coupon, check, slip, counterfoil
תְּלוּת נ [tlut] 1 dependence. 2 insertion of word, insert
תְּלִי ז [tli] 1 "Drago" constellation. 2 quiver. 3 hanger (clothes)
תִּלֵּי תִּלִּים heaps, piles
תְּלִיָּה נ [teli'ya] 1 hanging, suspension. 2 execution by hanging. 3 gallows
תִּלְיוֹן ז [til'yon] medallion, pendant
תְּלִילוּת נ [teli'lut] steepness, precipitousness
תַּלְיָן ז [tal'yan] executioner, hangman
תַּלְיָנוּת נ [talya'nut] the hangman's job
תָּלִישׁ ז ת [ta'lish] 1 plucking, plucked hair. 2 detachable
תְּלִישָׁא [teli'sha] "telisha", cantillation sign
תְּלִישָׁה נ [teli'sha] plucking, pulling

out, tearing off

תְּלִישׁוּת נ [teli'shut] detachment, detachedness

תַּלְכִּיד ז [tal'kid] 1 conglomerate. 2 concretion, aggregate

תִּלֵּל פ״י [ti'lel] to pile up, heap, make mounds

תַּלֶּלֶת נ [ta'lelet] tuberculosis

תֶּלֶם ז ['telem] furrow

תַּלָּם ז [ta'lam] ploughman, furrower

תִּלֵּם פ״י [ti'lem] to furrow, make furrows, ridge

תַּלְמוּד ז [tal'mud] 1 Talmud, Oral Law. 2 study, learning

תַּלְמוּד לוֹמַר The text means..., This teaches us...

תַּלְמוּד תּוֹרָה 1 school for religious instruction. 2 study of Torah

תַּלְמוּדִי ת ז [talmu'di] 1 Talmudic. 2 Talmudist

תַּלְמֵי רְבִיעָה furrows prepared before rainfall

תַּלְמִיד ז [tal'mid] 1 scholar. 2 pupil, student, disciple

תַּלְמִיד חָכָם learned scholar

תַּלְמִידוּת נ [talmi'dut] scholarliness

תַּלְמִית נ [tal'mit] 1 small furrow. 2 thalamus (med.)

תִּלַּע פ״י [ti'la'] 1 to remove worms. 2 to redden, make scarlet

תֻּלַּע פ״ע [tu'la] 1 to be dewormed. 2 to become red

תַּלַּעַת נ [ta'la'at] infestation with worms

תַּלְפִּיּוֹת נ״ר [talpi'yot] 1 citadel, fortress. 2 magnificence, splendo(u)r

תַּלְקִיט ז [tal'kit] 1 conglomerate. 2 digest (literature)

תָּלַשׁ פ״י [ta'lash] 1 to pluck, tear out. 2 to uproot. 3 to detach

תִּלֵּשׁ פ״י [ti'lesh] to pluck

תְּלַת אֵיבָר trinomial

תְּלַת אוֹפַן tricycle

תְּלַת מוֹשָׁבִי three-seated

תְּלַת מְמַדִּי three-dimensional

תְּלַת עֶרְכִּי trivalent

תְּלַת שִׂיחַ conversation between three (people)

תְּלַת שְׁנָתִי triennial

תִּלְתּוּל ז [til'tul] curling

תַּלְתַּל ז [tal'tal] 1 curl, lock of hair. 2 heap, pile, mound

תַּלְתַּלּוֹן ז [talta'lon] small curl

תִּלְתֵּל פ״י [til'tel] to curl (hair)

תִּלְתָּן ז [til'tan] clover, trefoil

תִּלְתָּנִי ת [tilta'ni] three-leaved

תָּם ת [tam] 1 innocent, simple. 2 unsophisticated, naive. 3 honest

תַּם פ״ע [tam] to end, be finished, completed

תַּם וְנִשְׁלַם to be finished completely

תֹּם ז [tom] simplicity, innocence, naivety

תָּמַד פ״ע [ta'mad] to continue, persevere

תְּמָד ז [tmad] mead, poor quality wine

תִּמֵּד פ״י [ti'med] 1 to make mead, grape wine. 2 to moisten, mix

תָּמַהּ פ״ע [ta'mah] 1 to be surprised, amazed, astonished. 2 to wonder

תָּמֵהַּ ת [ta'meha] surprised, amazed, astonished

תְּמַהּ ז [te'mah] wonder, surprise, amazement

תֻּמָּה נ [tu'ma] honesty, integrity, innocence

תַּמְהַאי ז [tam'hai] strange, peculiar,

odd

תִּמָּהוֹן ז [tima'hon] 1 surprise, wonder, amazement. 2 confusion, perplexity

תִּמְהוֹנִי ת [timho'ni] eccentric, odd, peculiar, grotesque

תִּמְהוֹנוּת נ [timho'nut] strangeness, peculiarity, eccentricity

תַּמְהִיל ז [tam'hil] dilution

תְּמֵהַנִי [teme'hani] I wonder

תָּמוּהַּ ת [ta'muha] strange, odd, peculiar

תַּמּוּז ז [ta'muz] Tammuz (month of Jewish calendar)

תִּמּוֹז ז [ti'moz] without eyebrows

תְּמוּטָה נ [temu'ta] collapse, ruin, fall

תָּמוּךְ ת [ta'mux] supported

תְּמוֹכָה נ [temo'xa] support, prop, bulwark, strust

תְּמוּכִין ז״ר [timu'xin] backing, support

תְּמוֹל ז תה״פ [tmol] 1 yesterday. 2 the past

תְּמוּנָה נ [temu'na] 1 picture, painting. 2 image, form. 3 scene. 4 photograph

תְּמוּנָה מְשֻׁבֶּצֶת photomontage

תְּמוּנִי ת [temu'ni] pictorial

תְּמוּנַת דֹּם still

תְּמוּר מ״י [tmur] instead of

תִּמּוּר ז [ti'mur] rise, rising

תְּמוּרָה נ [temu'ra] 1 permutation, exchange. 2 substitution. 3 apposition

תְּמוּרַת מ״י [tmu'rat] 1 in exchange for, instead of. 2 permutation

תַּמּוּת נ [ta'mut] 1 harmlessness. 2 integrity, soundness

תְּמוּתָה נ [temu'ta] mortality

תִּמְזֹגֶת נ [tim'zoget] mixture

תַּמְחוּי ז [tam'xuy] 1 soup kitchen. 2 charity. 3 plate with compartments

תִּמְחוּר ז [tim'xur] costing

תַּמְחוּת נ [tam'xut] dust

תַּמְחִיז ז [tam'xiz] dramatization

תַּמְחִיר ז [tam'xir] cost, costing

תַּמְחִירָן ז [tamxi'ran] cost accountant

תֶּמֶט ז [temet] collapse

תָּמִיד תה״פ ז [ta'mid] 1 daily offering. 2 always, continually. 3 constancy, continuity

תְּמִידוּת נ [temi'dut] constancy, continuity, perseverence, regularity

תְּמִידִי ת [temi'di] continuous, incessant, permanent, persistent

תְּמִיהָה נ [temi'ha] surprise, wonder, amazement

תְּמִיהוּת נ [temi'hut] peculiarity, strangeness

תְּמִיכָה נ [temi'xa] 1 support. 2 help, assistance. 3 maintenance

תָּמִים ת [ta'mim] 1 complete, entire. 2 innocent, harmless. 3 naive, ingenuous

תְּמִים דֵּעוֹת/דֵּעִים of one mind, in complete agreement

תְּמִים דֶּרֶךְ honest, straightforward, upright

תְּמִימוּת נ [temi'mut] 1 naivety. 2 honesty. 3 innocence. 4 completeness

תָּמִיר ת [ta'mir] 1 tall, erect. 2 slender

תְּמִירוּת נ [temi'rut] 1 slenderness. 2 tallness, erectness

תָּמַךְ פ״י 1 to support. 2 to sustain, uphold. 3 to help. 4 to maintain

תָּמַךְ כָּבוֹד to be hono(u)red

תָּמַךְ יְתֵדוֹתָיו to rely upon

תֶּמֶךְ ז [ˈtemex] 1 supporting evidence. 2 support

תַּמְכָּא נ [tamˈka] bitter herb, horseradish

תַּמְלוּג ז, תַּמְלוּגִים ז״ר [tamˈlug] royalty, royalties

תַּמְלוּחִית נ [tamluˈxit] pickles, salt pickles

תִּמְלַחַת נ [timˈlaxat] brine, salt solution

תַּמְלִיל ז [tamˈlil] 1 text. 2 lyrics

תַּמְלִילָן ז [tamliˈlan] 1 lyrics writer, librethist. 2 typist (word processor)

תִּמֵּם פ״י [tiˈmem] to complete, fulfill

תֹּמֶן ז [ˈtomen] 1 octant. 2 one eighth

תְּמָנוּן ז [temaˈnun] octopus

תִּמְנוּעַ ז [timˈnuʼa] 1 parry (fencing) 2 preventive medicine

תְּמָנִיּוֹן ז [temaniˈyon] octagon, octahedron

תַּמְנִית נ [tamˈnit] octet

תִּמְנָעָה נ [timnaˈʼa] preventorium, quarantine station

תִּמְנָעִי ת [timnaˈʼi] prophylactic, preventive

תֶּמֶס ז [ˈtemes] 1 melting. 2 dissolution

תְּמִסָּה נ [temiˈsa] solution

תִּמְסָח ז [timˈsax] crocodile

תַּמְסִיר ז [tamˈsir] communiqué

תִּמְסֹרֶת נ [timˈsoret] transmission

תִּמְצוּת ז [timˈtsut] summarization, condensation

תַּמְצִית נ [tamˈtsit] 1 summary, précis, digest. 2 essence, epitome. 3 juice, life blood, concentrate

תַּמְצִיתִי ת [tamtsiˈti] concise, succinct

תַּמְצִיתִיּוּת נ [tamtsitiˈyut] conciseness, essence

תִּמְצֵת פ״י [timˈtset] to summarize, condense, abridge

תָּמָר ז [taˈmar] 1 date. 2 palm tree, date palm

תֹּמֶר ז [ˈtomer] 1 palm tree, date palm. 2 pillar

תִּמֵּר פיו״ע [tiˈmer] 1 to rise up straight. 2 to raise

תְּמָרָה נ [temaˈra] palm tree, date palm

תַּמְרוּט ז [tamˈrut] polish, lacquer

תִּמְרוֹן ז [timˈron] maneuver, stratagem

תִּמְרוּן ז [timˈrun] maneuver, maneuvering

תַּמְרוּק ז [tamˈruk] 1 cosmetics, perfume. 2 ointment, unguent

תַּמְרוּקִיָּה נ [tamrukiˈya] perfumery

תַּמְרוּקָן ז [tamruˈkan] cosmetician, beautician

תַּמְרוּר ז [tamˈrur] signpost, road sign

תִּמְרוּר ז [timˈrur] signposting, setting up roadsigns

תַּמְרִיץ ז [tamˈrits] encouragement, impetus, incentive

תִּמְרֵן פ״י [timˈren] to maneuver, marshal

תַּמְשִׁיחַ ז [tamˈshiyʼax] fresco

תַּן ז [tan] jackal

תַּנָּא ז [taˈna] Tanna, Mishnaic teacher

תְּנַאי ז [tnai] condition, term, stipulation

תְּנַאי מֻקְדָּם prerequisite, precondition

תְּנָאִים [tnaˈʼim] 1 engagement, betrothal agreement, nuptial contract. 2 terms, conditions, stipulations

תִּנְגֹּדֶת נ [tinˈgodet] resistance

[tin'gun] orchestration תִּגְבּוּן ז
[tin'gen] to orchestrate תִּגְבֵּן פ״י
[ti'na] 1 to recount, narrate. 2 to mourn תִּנָּה פ״י
Our teachers taught... תָּנוּ רַבָּנָן, תְּנוּ רַבָּנַן
[tenu''a] 1 opposition, resistance. 2 casus belli תְּנוּאָה נ
[tenu'va] produce, yield, crop תְּנוּבָה נ
[tenu'da] 1 oscillation, fluctuation, vibration. 2 wandering, migration תְּנוּדָה נ
[tenu'xa] 1 position. 2 pose תְּנוּחָה נ
[ti'nuy] relation, narration תִּנּוּי ז
[tnux] earlobe תְּנוּךְ ז
[tenu'ma] slumber, doze, catnap תְּנוּמָה נ
[ti'nun] alligatoring, crocodiling תִּנּוּן ז
[tenu''a] 1 move, motion. 2 movement. 3 vowel. 4 traffic תְּנוּעָה נ
diurnal motion תְּנוּעָה יְמָמִית
[tenu'fa] 1 lifting-up, waving. 2 amplitude. 3 momentum תְּנוּפָה נ
[ta'nur] 1 oven, stove. 2 furnace תַּנּוּר ז
[ta'nuron] toaster-oven תַּנּוּרוֹן ז
[tanu'ran] stoker תַּנּוּרָן ז
['tenax] cadence, cadenza תֶּנַח ז
[tanxu'mim] consolation, condolences תַּנְחוּמִים ז״ר
[tnai] condition תְּנַאי ז
['tanya] It has been taught... תַּנְיָא
[tena'ya] stipulation תְּנָיָה נ
[ta'nim] crocodile תַּנִּים ז
[ta'nin] 1 crocodile. 2 dragon, serpent. 3 sea monster תַּנִּין ז
[tinya'ni] secondary תִּנְיָנִי ת
[tana'xi] Biblical תָּנָכִי ת
[tnan] We have learnt... תְּנַן
['tena] 1 momentum. 2 motif תֶּנַע ז
[tin''olet] footwear תִּנְעֹלֶת נ
[tun'pan] kettle-drum תֻּנְפָּן ז
[tunpa'nai] tympanist תֻּנְפָּנַאי ז
[ta'nar] oven-builder תַּנָּר ז
[tana'ut] oven-building תַּנָּרוּת ז
[tin'shemet] owl, barn owl תִּנְשֶׁמֶת נ
[tesi'ba] 1 rotation. 2 complication תְּסִבָּה נ
[tas'bix] 1 complex. 2 complication תַּסְבִּיךְ ז
[tis'bex] to cause to have complexes תִּסְבֵּךְ פ״י
[tis'boxet] complication, complexity תִּסְבֹּכֶת נ
[tis'bolet] load capacity תִּסְבֹּלֶת נ
[tas'dir] 1 layout, format. 2 arrangement (mus.) תַּסְדִּיר ז
[tesu'ga] 1 retreat, withdrawal. 2 regression תְּסוּגָה נ
[ta'sus] fermented תָּסוּס ת
[tis'xur] merchandising תִּסְחוּר ז
[tas'xif] embolism תַּסְחִיף ז
[ta'sil] dove תָּסִיל ז
[ta'sis] 1 fermentable. 2 champagne תָּסִיס ת ז
[tesi'sa] 1 agitation, unrest. 2 fizziness. 3 fermentation תְּסִיסָה נ
[tas'kit] radio play תַּסְכִּית ז
[tas'kit] sketch, play (radio) תַּסְכִּית ז
[tis'kul] frustration תִּסְכּוּל ז
[tis'kel] to frustrate, cause frustration תִּסְכֵּל פ״י
[tas'mix] thickening תַּסְמִיךְ ז
[tis'moxet] framework, cantering תִּסְמֹכֶת נ
[tis'monet] syndrome תִּסְמֹנֶת נ
[tas'nin] filtrate, filtered liquid תַּסְנִין ז
[ta'sas] 1 to fizz, foam. 2 to ferment. 3 to be agitated, excited תָּסַס פ״ע
['toses] ferment תֹּסֶס ז

תְּסָס, תַּסָּס ז [te'sas, ta'sas] 1 enzyme. 2 fizzy drink

תִּסְפֹּרֶת נ [tis'poret] haircut

תַּסְקוּפִּים ז"ר [tasku'pim] intrigues, false charges

תִּסְקֹרֶת נ [tis'koret] review, revue

תַּסְרִיג ז [tas'rig] knitted garment

תַּסְרִיט ז [tas'rit] 1 scenario. 2 script, screen play

תַּסְרִיטַאי ז [tasri'tai] script writer, "scripter"

תַּסְרִיטָאוּת נ [tasrita'ut] script-writing

תִּסְרֹקֶת נ [tis'roket] hairdo, coiffure

תַּעַב ז ['ta'av] abomination

תִּעֵב פ"י [ti'ev] 1 to abhor, detest, abominate. 2 to spoil, sully

תֹּעַב פ"ע [to'av] 1 to be loathed, detested. 2 to be sullied. 3 to be forbidden

תַּעְבּוּד ז [ta'bud] arrangement (mus.), adaptation, development

תַּעֲבוּרָה נ [ta'avu'ra] traffic

תַּעֲבִירִית נ [ta'avi'rit] jump-line (in story or article)

תַּעְבִּית ז [ta'bit] condensate

תִּעֵד פ"י [ti'ed] to document

תֹּעַד פ"ע [to'ad] to be documented

תַּעְדּוּד ז [ta'dud] necklace, ornament

תָּעָה פ"ע [ta'a] 1 to go astray, get lost. 2 to wander, deviate, err. 3 to reel, totter

תָּעָה לְבָבוֹ to be confused, perplexed

תִּעוּב ז [ti'uv] abomination, loathing, abhorrence, revulsion

תְּעוּגָה נ [te'u'ga] choreography

תִּעוּד ז [ti'ud] documentation

תְּעוּדָה נ [te'u'da] 1 certificate, diploma. 2 document. 3 procedure, custom. 4 testimony. 5 aim, purpose

תְּעוּדָן ז [te'u'dan] documentalist

תְּעוּדַת בַּגְרוּת matriculation certificate

תְּעוּדַת זִהוּי, תְּעוּדַת זֶהוּת identity card

תְּעוּדַת כָּבוֹד hono(u)rable mission

תְּעוּדַת מִשְׁלוֹחַ bill of lading

תְּעוּדַת מַעֲבָר laissez-passer, pass

תְּעוּדַת עֲנִיּוּת mark of discredit

תְּעוּדִי ת [ti'u'di] documentary

תִּעוּל ז [ti'ul] 1 canalization. 2 drainage, sewage

תְּעוּפָה נ [te'u'fa] aviation, flight

תְּעוּקָה נ [te'u'ka] pressure

תְּעוּקַת הַלֵּב angina pectoris

תְּעוּרָה נ [te'u'ra] awakening, revival, arousal

תִּעוּשׁ ז [ti'us] industrialization

תְּעֻזָּה נ [te'u'za] audacity, daring, boldners

תְּעִיָּה נ [te'i'ya] straying, erring, wandering

תַּעַל ז ['ta'al] cure, medicine

תִּעֵל פ"י [ti'el] to lay or dig sewers

תְּעָלָה נ [te'a'la] 1 canal, channel. 2 sewer, trench, ditch

תַּעֲלוּל ז [ta'a'lul] prank, caprice, practical joke

תַּעֲלוּלָן ז [ta'alu'lan] prankster, practical joker

תַּעֲלוּמָה ז [ta'alu'ma] riddle, enigma, puzzle, mystery

תְּעָלִית נ [te'a'lit] 1 small canal. 2 canaliculus

תַּעֲמוּלָה נ [ta'amu'la] propaganda

תַּעֲמוּלָתִי ת [ta'amula'ti] propagandist, concerned with propaganda

תַּעַמְלָן ז [ta'am'lan] canvasser, lobbyist

תַּעַמְלָנוּת נ [ta'amla'nut] canvassing, propagandizing

תַּעֲנוּג ז [ta'a'nug] pleasure, delight, joy

carnal gratification, sexual pleasure תַּעֲנוּגוֹת בְּשָׂרִים
[ta'anuga'nut] hedonism, pleasure-seeking תַּעֲנוּגָנוּת
[ta'a'nit] fast, fasting תַּעֲנִית נ
[ta'asu'ka] employment תַּעֲסוּקָה נ
[ta'a'tsum] 1 essence. 2 force, strength תַּעֲצוּם ז
[ta'atsu'ma] strength, force תַּעֲצוּמָה נ
[ta'a'tsomet] bone formation תַּעֲצֹמֶת נ
[ta'a'kif] paraphrase תַּעֲקִיף ז
[ti''kef] to paraphrase תִּעְקֵף פ״י
['ta'ar] 1 razor blade. 2 sheath, scabbard תַּעַר ז
[ta'a'rovet] 1 mixture, blend. 2 combination. 3 poultry feed. 4 alloy (chemistry) תַּעֲרֹבֶת נ
[ta'aru'va] security, pledge guarantee, warranty תַּעֲרוּבָה נ
[ta'aru'xa] exhibition, display תַּעֲרוּכָה נ
[ta'a'rif] tariff, rate תַּעֲרִיף ז
[ta'ari'fon] catalogue of charges, price list תַּעֲרִיפוֹן ז
[ti''es] to industrialize תִּעֵשׁ פ״י
[ta'asi'ya] 1 manufacture, production. 2 industry תַּעֲשִׂיָּה נ
heavy/light industry תַּעֲשִׂיָּה כְּבֵדָה/קַלָּה
[ta'asi'yan] industrialist תַּעֲשִׂיָּן ז
[ta'asiya'nut] industrialism תַּעֲשִׂיָּנוּת נ
[ta'asiya'ti] industrial תַּעֲשִׂיָּתִי ת
[ta''tu'a] 1 illusion, delusion. 2 mockery, derision תַּעְתּוּעַ ז
optical illusion תַּעְתּוּעֵי רְאִיָּה
[ti''tuk] transliteration תִּעְתּוּק ז
[ta''tik] transcription, transliteration תַּעְתִּיק ז
[ti''ta'] 1 to deceive, lead astray, swindle. 2 to mock תִּעְתַּע פ״י
[ti''tek] to transcribe, transliterate תִּעְתֵּק פ״י
[tof] drum תֹּף ז
tambourine תֹּף מִרְיָם
[tif''ur] stage/escenary setting תִּפְאוּר ז
[taf'u'ra] scenery, stage set תַּפְאוּרָה נ
[taf'u'ran] decorator, designer of stage-settings תַּפְאוּרָן ז
[taf'ura'ti] decorative, pertaining to scenery or stage set תַּפְאוּרָתִי ת
[tif''eret] 1 grandeur, glory. 2 beauty, splendo(u)r, magnificence. תִּפְאֶרֶת, תִּפְאָרָה נ
[tefu'ga] expiry תְּפוּגָה נ
[ta'pud] potato תַּפּוּד ז
[ta'puz] orange תַּפּוּז ז
[ta'fu'ax] 1 swollen, puffed out. 2 piled up תָּפוּחַ ת
[ta'pu'ax] 1 apple. 2 heap, pile. 3 ash heap. 4 apple tree תַּפּוּחַ ז
Adam's apple תַּפּוּחַ אָדָם הָרִאשׁוֹן
potato תַּפּוּחַ אֲדָמָה
sweet potato, yam תַּפּוּחַ אֲדָמָה מָתוֹק
1 orange. 2 orange tree תַּפּוּחַ זָהָב
[tapu'xon] small apple, crab apple תַּפּוּחוֹן ז
[tefu'na] hesitation, doubt תְּפוּנָה נ
[ta'fus] 1 occupied, reserved, busy, engaged. 2 absorbed, immersed תָּפוּס ת
[tfus] 1 handle, grip. 2 pommel תְּפוּס ז
[tfu'sa] 1 tonnage, capacity. 2 individual property תְּפוּסָה נ
[ti'puf] drumming תִּפּוּף ז
[tefu'tsa] 1 distribution. 2 Diaspora. 2 circulation (newspapers) תְּפוּצָה נ

תְּפוּקָה נ [tefu'ka] output, turnout, yield
תִּפּוּר ז [ti'pur] sewing
תָּפוּשׂ ת [ta'fus] 1 reserved, occupied, held. 2 busy. 3 absorbed. 4 arrested, imprisoned
תַּפּוּז ת [ta'foz] orange
תִּפְזֹרֶת נ [tif'zoret] bulk, unpacked stuff
תַּפְזִיר ז [taf'zir] dispersion
תָּפַח פ״ע [ta'fax] to swell, puff up
תֶּפַח ז ['tefax] swelling
תַּפְטִיר ז [taf'tir] mycelium, spawn
תֻּפִּי ת [tu'pi] drum-like
תְּפִיחָה נ [tefi'xa] 1 protuberance, swelling. 2 soufflé
תְּפִיחוּת נ [tefi'xut] swelling, tumescence
תֻּפִּים ז״ר [tu'pim] drums
תָּפִיס ת [ta'fis] 1 comprehensible, perceptible. 2 catchable
תְּפִיסָה נ [tefi'sa] 1 capture, grasp. 2 apprehension. 3 viewpoint, outlook. 4 perception, understanding
תְּפִיסַת יָד manipulation
תְּפִיפָה נ [tefi'fa] drumming, drum roll, tapping
תְּפִירָה נ [tefi'ra] sewing, stitching
תָּפַל פ״י [ta'fal] 1 to slander, decry. 2 to smear, paste
תָּפֵל ת [ta'fel] 1 insipid, tastellss, lacking flavo(u)r. 2 minor, secondary. 3 unimportant. 4 subordinate (gram.)
תִּפְלָה נ [tif'la] 1 folly, impropriety. 2 tastelessness, insipidity
תְּפִלָּה נ [tefi'la] prayer, supplication
תִּפְלוּת נ [tif'lut] 1 folly, frivolity. 2 immorality, obscenity
תְּפֵלוּת נ [tefe'lut] tastelessness, vapidity
תַּפְלִיט ז [taf'lit] 1 secretion. 2 excretion. 3 exhaust (fuel, vapor)
תְּפִלִּין נ״ר [tefi'lin] phylacteries, tefillin
תִּפְלֶצֶת נ [tif'letset] horror, terror, panic
תַּפְנוּק ז [taf'nuk] pampering, spoiling, coddling
תַּפְנִית נ [taf'nit] turn, change of direction
תָּפַס פ״י [ta'fas] 1 to catch, grasp. 2 to seize, apprehend. 3 to comprehend, understand. 4 to hold good
תֶּפֶס ז ['tefes] catch, clip
תִּפְעוּל ז [tif''ul] operation
תִּפְעוּלִי ת [tif'u'li] operative
תִּפְעֵל פ״י [tif''el] 1 to operate. 2 to activate
תָּפַף פ״י [ta'faf] to drum, tap
תֶּפֶף ז ['tefef] drumming, drumbeat
תַּפָּף ז [ta'paf] drummer
תִּפְקֵד פ״י [tif'ked] to function
תִּפְקוּד ז [tif'kud] functioning
תַּפְקִיד ז [taf'kid] duty, function, task
תָּפַר פ״י [ta'far] to sew, stitch
תֶּפֶר ז ['tefer] 1 seam. 2 suture
תַּפָּר ז [ta'par] 1 stitcher. 2 tailor
תִּפֵּר פ״י [ti'per] to stitch
תַּפָּרוּת נ [tapa'rut] stitching, sewing
תִּפְרַחַת נ [tif'raxat] 1 inflorescence. 2 flowerbed. 3 blooming. 4 rash
תַּפְרִיט ז [taf'rit] menu
תַּפְרִיטוֹן ז [tafri'ton] menu card
תַּפְרָן ת ז [tafran] penniless (person)
תָּפַשׂ פ״י [ta'fas] 1 to catch, seize. 2 to perceive, comprehend
תֶּפֶשׂ ז ['tefes] grip, hold, clasp
תַּפְשׁוּעָה נ [tafshu''a] criminality

תֹּפֶת ז ['tofet] inferno, hell
תָּפְתֶּה ז [tof'te] hell, inferno
תָּפְתִּי ת [tof'ti] infernal, hellish
תִּצְבֹּרֶת נ [tits'boret] conglomeration, accumulation
תְּצוּגָה נ [tetsu'ga] display, show, exhibition
תְּצוּגָתִי ת [tetsuga'ti] presentational
תְּצוּרָה נ [tetsu'ra] 1 formation. 2 configuration
תִּצְלֹבֶת נ [tits'lovet] 1 crossbreeding, hybrid. 2 crossing
תַּצְלוּם ז [tats'lum] photograph
תַּצְלִיל ז [tats'lil] chord
תַּצְפִּית נ [tats'pit] 1 forecast. 2 lookout, observation post, observatory.
תַּצְרוּם ז [tats'rum] cacophony, disharmony
תִּצְרֹכֶת נ [tits'roxet] consumption
תַּצְרֵף ז [tats'ref] jigsaw puzle
תַּקְבּוּל ז [tak'bul] credit
תִּקְבֹּלֶת נ [tik'bolet] parallelism
תַּקְדִּים ז [tak'dim] precedent
תִּקְוָה נ [tik'va] hope
תְּקוּמָה נ [teku'ma] 1 resistance. 2 uprising. 3 revival
תְּקוֹמֵם ז [teko'mem] adversary, opponent
תִּקּוּן ז [ti'kun] 1 repair. 2 correction, emendation. 3 improvement
תִּקּוּן חֲצוֹת midnight prayer
תִּקּוּן סוֹפְרִים scribe's emendation (Biblical text)
תָּקוֹעַ ז [ta'ko'a] horn, trumpet, shofar
תָּקוּעַ ת [ta'ku'a] stuck, inserted, thrust in
תְּקוּפָה נ [teku'fa] 1 period, season. 2 era, epoch
תְּקוּפוֹן ז [teku'fon] periodical
תְּקוּפַת בֵּינַיִם interim period
תְּקוּפַת מַעֲבָר transitional period
תְּקוּפָתִי ת [tekufa'ti] periodical
תְּקוּרָה נ [teku'ra] overheads
תְּקִיל ת [te'kil] full weight
תָּקִין, תַּקִּין ת [ta'kin] normal, regular, standard
תְּקִינָה נ [teki'na] standardization
תְּקִינוּת, תַּקִּינוּת נ [teki'nut] normalcy, regularity
תְּקִינוּת פּוֹלִיטִית pollitically correct
תְּקִיעָה נ [tekiy''a] 1 insertion, sticking-in. 2 blast (horn, shofar), trumpet call
תְּקִיעַת כַּף handclasp (to seal an agreement)
תָּקִיף ת [ta'kif] valid, in force
תַּקִּיף ת [ta'kif] 1 violent, aggressive. 2 strong, firm, powerful
תְּקִיפָה נ [teki'fa] attack, assault
תַּקִּיפוּת נ [taki'fut] 1 power, strength. 2 vigor, might. 3 vehemence, resoluteness
תַּקָּלָה, תְּקָלָה נ [taka'la] 1 hitch, fault. 2 obstacle, stumbling-block. 3 accident, misfortune
תַּקְלִיט ז [tak'lit] record (phonograph)
תַּקְלִיטוֹר ז [takli'tor] CD., compact disk
תַּקְלִיטִיָּה נ [takliti'ya] record library
תָּקַן פ״י [ta'kan] to be straight, right, repaired, in order
תֶּקֶן ז ['teken] 1 standard, norm, required standard. 2 cadre, quota
תִּקֵּן פ״י [ti'ken] 1 to repair, fix. 2 to correct, amend. 3 to reform, revise. 4 to establish
תֻּקַּן פ״ע [tu'kan] 1 to be repaired, fixed. 2 to be corrected. 3 to be revised. 4 to be established
תַּקָּנָה נ [taka'na] 1 remedy, reform. 2 regulation, rule

[tik'sher] to communicate תִּקְשֵׁר פ״ע
[tik'shoret] communication תִּקְשֹׁרֶת נ
[tikshor'ti] concerned with communication, of the media תִּקְשָׁרְתִּי ת
[tik'tuk] 1 tapping. 2 typing. 3 ticking תִּקְתּוּק ז
[tik'tek] 1 to tap. 2 to tick. 3 to typewrite תִּקְתֵּק פ״ע
[tar] 1 to tour, explore. 2 to investigate, scout תָּר פ״י
[tar'bush] turban תַּרְבּוּשׁ ז
[tar'but] 1 civilization. 2 culture. 3 improvement, enlightenment תַּרְבּוּת נ
bad ways, bad company תַּרְבּוּת רָעָה
[tir'but] cultivation, adapting to civilization תִּרְבּוּת ז
[tarbu'ti] civilized, cultured תַּרְבּוּתִי ת
[tarbuti'yut] degree of civilization תַּרְבּוּתִיּוּת נ
[tarbu'tan] culturist תַּרְבּוּתָן ז
[tar'bix] stew, ragout תַּרְבִּיךְ ז
[tar'bits] 1 garden, courtyard. 2 academy, seat of learning תַּרְבִּיץ, תַּרְבֵּץ ז
[tar'bit] 1 interest, usury. 2 culture (microbes). 3 progeny תַּרְבִּית נ
[tir'bet] 1 to domesticate, civilize. 2 to impart culture תִּרְבֵּת פ״י
[ta'rog] citrus-colo(u)r, greenish-yellow תָּרֹג ת
[tir'gul] practice, drill, exercise תִּרְגּוּל ז
[tar'gum] 1 translation. 2 Targum (Bible in Aramaic). 3 Aramaic תַּרְגּוּם ז
[tir'gum] translation תִּרְגּוּם ז
[targu'mi] pertaining to the תַּרְגּוּמִי ת

[tik'nun] standardization, establishment of norms תִּקְנוּן ז
[taka'non] set of rules, regulations, code of rules תַּקָּנוֹן ז
[tik'ni] standard, conforming to regulations תִּקְנִי ת
[tik'nen] to standardize, define norms תִּקְנֵן פ״י
[ta'ka] 1 to blow (trumpet, etc.) 2 to stick in, insert תָּקַע פ״י
to settle in תָּקַע יָתֵד
to shake hands (agreement) תָּקַע כַּף
['teka] plug (electric) תֶּקַע ז
['teka] blowing (shofar etc.) תֶּקַע ז
[ta'kaf] 1 to attack, assault. 2 to seize, overcome תָּקַף פ״י
[ta'kef] valid, in force תָּקֵף ת
['tokef] 1 strength, power. 2 authority. 3 validity תֹּקֶף ז
[tik'tsev] 1 to budget. 2 to fund תִּקְצֵב פ״י
[tik'tsuv] 1 budgeting. 2 funding תִּקְצוּב ז
[tak'tsiv] budget תַּקְצִיב ז
[taktsi'vi] pertaining to the budget תַּקְצִיבִי ת
[tak'tsir] summary, précis, digest תַּקְצִיר ז
['teker] 1 puncture. 2 bug (computer) תֶּקֶר ז
[tik'rovet] 1 refreshment. 2 gift, offering תִּקְרֹבֶת נ
[tik'ra] 1 ceiling. 2 highest possible price תִּקְרָה נ
[tak'rish] thrombosis תַּקְרִישׁ ז
[tak'rit] incident תַּקְרִית נ
[tik'shoret] décor תִּקְשֹׁטֶת נ
[tak'shit] 1 ornament, décor. 2 prop (theater) תַּקְשִׁיט ז
[tak'shir] regulations, book of rules תַּקְשִׁיר ז

Targum

תַּרְגִּיל ז [tarˈgil] 1 practice, drill. 2 exercise

תַּרְגִּיל מִלּוּי "cloze"

תַּרְגִּימָא, תַּרְגִּימָה ז [targiˈma] dessert, sweet meat

תַּרְגִּישׁ ז [tarˈgish] sentiment

תִּרְגֵּל פיו"ע [tirˈgel] to train, drill, exercise, practise

תֻּרְגַּל פ"ע [turˈgal] to be practised, exercised

תִּרְגֹּלֶת נ [tirˈgolet] drill, training

תִּרְגֵּם פ"י [tirˈgem] to translate, interpret, explain

תֻּרְגַּם פ"ע [turˈgam] to be translated, interpreted

תֻּרְגְּמָן ז [turgeˈman] interpretor, translator

תֶּרֶד ז [ˈtered] spinach

תַּרְדֵּמָה נ [tardeˈma] 1 deep sleep, slumber. 2 lethargy, hibernation

תַּרְדֶּמֶת נ [tarˈdemet] coma

תִּרְהֹטֶת נ [tirˈhotet] set or suite of furniture

תְּרוֹבְתוֹר ז [trovˈtor] kind of cabbage or cauliflower

תַּרְוָד ז [tarˈvad] ladle, kitchen spoon

תָּרוּט ת [taˈrut] bleary-eyed

תְּרוּמָה נ [teruˈma] 1 oblation, tithe. 2 contribution. 3 donation

תְּרוּמִי ת [teruˈmi] noble, lofty, distinguished

תְּרוּמִיָּה נ [terumiˈya] offering, oblation

תְּרוֹנוֹס ז [ˈtronos] throne

תְּרוּעָה נ [teruˈʼa] 1 shout, war cry. 2 trumpet call, blast (trumpet, shofar)

תְּרוּפָה נ [teruˈfa] 1 medicine, medicament. 2 cure, healing, remedy

תְּרוּפַת דֶּמֶה placebo

תֵּרוּץ ז [teˈruts] pretext, excuse

תִּרְזָה נ [tirˈza] 1 holm oak. 2 linden tree

תַּרְחִיף ז [tarˈxif] suspension, lotion

תַּרְחִיץ ז [tarˈxits] shampoo, lotion

תַּרְחִישׁ ז [tarˈxish] scenario

תַּרְטִיט ז [tarˈtit] vibrato (mus.)

תַּרְטִימַר ז [tartiˈmer] old Greek coin and weight unit

תְּרֵי ש"מ [tre] two

תְּרִיס ז [tris] 1 shutter, blind. 2 gill. 3 sluice. 4 thyroid. 5 shield, protection

תְּרִיס רְפָפוֹת jalousie slated shutter

תְּרֵיסַר ז [treˈsar] dozen, twelve

תְּרֵיסָרוֹן ז [tresaˈron] dodecahedron

תְּרֵיסַרְיוֹן ז [tresarˈyon] duodenum

תִּרְכֹּבֶת נ [tirˈkovet] compound, composition

תִּרְכּוּב ז [tirˈkuv] vaccination

תַּרְכּוֹס ז [tarˈkos] large suitcase

תִּרְכֹּזֶת נ [tirˈkozet] concentration

תַּרְכִּיב ז [tarˈkiv] serum, vaccine

תַּרְכִּיז ז [tarˈkiz] concentrate

תָּרַם פ"י [taˈram] 1 to contribute. 2 to donate. 3 to separate tithe

תֻּרְמוּס ז [turˈmus] lupine

תֶּרְמִי ת [ˈtermi] thermal

תַּרְמִיל ז [tarˈmil] 1 satchel, pack. 2 cartridge case. 3 pod, casing

תַּרְמִיל גַּב, תַּרְמִיל צַד rucksack, knapsack

תַּרְמִילוֹן ז [tarmiˈlon] small bag, satchel

תַּרְמִית נ [tarˈmit] 1 deceit, fraud, deception. 2 protection

תִּרְמֵל פ"ע [tirˈmel] to make or form pods

תֹּרֶן ז ['toren] 1 mast, pole. 2 very tall person
תַּרְנְגוֹל ז [tarne'gol] cock, rooster
תַּרְנְגוֹל הֹדּוּ turkey
תַּרְנְגֹלֶת נ [tarne'golet] hen
תָּרְנִית נ [tor'nit] axle
תָּרַס פ״י [ta'ras] to shutter
תַּרְסִיס ז [tar'sis] spray
תְּרְסִית נ [tra'sit] strap, lace
תַּרְעֵבָה נ [tar'e'va] hunger, starvation
תַּרְעוּמָן ז [tar'u'man] grumbler, complainer
תַּרְעֵלָה נ [tar'e'la] poison
תַּרְעֹמֶת נ [tar''omet] complaint, grudge, grievance
תֹּרֶף ז ['toref] 1 blank (for filling in). 2 pudenda. 3 weakness. 4 principle, basic principle
תֻּרְפָּה נ [tur'pa] 1 vulnerability, weakness. 2 Achille's heel. 3 pudenda
תַּרְפּוּת נ [tar'put] 1 idolatry, paganism. 2 obscenity, debauchery
תַּרְפָּ״ט ש״מ [tar'pat] astronomical figure, "zillion"
תְּרָפִים ז״ר [tera'fim] household gods, lares and penates
תֵּרֵץ פ״י [te'rets] 1 to explain, expound. 2 to justify, provide an excuse
תַּרְצָן ז [tar'tsan] dialectician, talented debater
תַּרְקַב ז [tar'kav] ancient measure
תַּרְקִיעַ ז [tar'kiy'a] metal platter
תַּרְשִׁים ז [tar'shim] 1 sketch, design, plan. 2 -graph (suffix). 3 diagram, chart
תַּרְשִׁישׁ ז [tar'shish] beryl, topaz
תִּרְשֹׁמֶת נ [tir'shomet] 1 particulars, details. 2 bookkeeping entry
תַּרְתֵּי מַשְׁמַע ambiguous, of double meaning
תַּרְתֵּי דְסָתְרֵי contradiction in terms, paradox
תַּשׁ פ״ע [tash] to be weak, feeble
תַּשׁ כֹּחוֹ to become weak (from too much work)
תִּשְׁבָּחָה נ [tishba'xa] praise, panegyric
תַּשְׁבֵּץ ז [tash'bets] 1 chequered-work. 2 crossword puzzle
תִּשְׁבֹּרֶת נ [tish'boret] 1 fractions. 2 geometry. 3 break
תַּשְׁדִּיר ז [tash'dir] broadcast, transmission
תִּשְׁדֹּרֶת נ [tish'doret] 1 broadcast. 2 message, communication
תְּשׁוּאָה נ [tesu''a] 1 proceeds. 2 yield
תְּשׁוּאָה נ [teshu''a] 1 noise, uproar. 2 applause, cheering
תְּשׁוּאוֹת חֵן loud cheers, acclaim
תְּשׁוּבָה נ [teshu'va] 1 answer, reply. 2 rejoinder, retort. 3 repentance
תְּשׁוּבָה נִצַּחַת decisive answer
תְּשׁוּבַת הַמִּשְׁקָל proportional repentance
תְּשׁוּבַת הֶפְלֵג evasive reply
תְּשׂוּמָה נ [tesu'ma] 1 assignment. 2 attention. 3 input
תְּשׂוּמֶת יָד loan, pledge
תְּשׂוּמֶת לֵב attention, notice
תְּשׁוּעַ ז [ti'shu'a] multiplying by nine
תְּשׁוּעָה נ [teshu''a] salvation, rescue, deliverance
תְּשׁוּקָה נ [teshu'ka] desire, longing
תְּשׁוּרָה נ [teshu'ra] gift, present
תָּשׁוּשׁ ת [ta'shush] weak, frail, infirm, exhausted
תַּשׁוּת נ [ta'shut] weakness, frailty
תִּשְׁזֹרֶת נ [tish'zoret] interlacing
תַּשְׁחִיק ז [tash'xik] ground powder
תִּשְׁחֹרֶת נ [tish'xoret] 1 youth, early

manhood. 2 conscription
[tash'tif] gargle — תַּשְׁטִיף ז
[teshi''i] ninth — תְּשִׁיעִי ת
[teshiy''it] 1 one ninth, ninth part. 2 ninth(f) — תְּשִׁיעִית נ
[teshi'shut] weakness, frailty, infirmity — תְּשִׁישׁוּת נ
[tis'koret] wage, remuneration — תִּשְׂכֹּרֶת נ
[tish'lovet] 1 dovetailing. 2 conglomerate, concern 3 combination — תִּשְׁלֹבֶת נ
[tash'lum] 1 compensation. 2 payment. 3 retribution — תַּשְׁלוּם ז
[tash'lix] Tashlikh, casting off sins (Rosh Hashana) — תַּשְׁלִיךְ ז
[tash'lil] negative (phot.) — תַּשְׁלִיל ז
[tash'lim] suppletion — תַּשְׁלִים ז
[tash'mish] 1 implement, utensil. 2 use, exploitation. 3 sexual intercourse — תַּשְׁמִישׁ ז
sexual intercourse — תַּשְׁמִישׁ הַמִּטָּה
ritual articles — תַּשְׁמִישֵׁי מִצְוָה
holy vessels, ritual articles — תַּשְׁמִישֵׁי קְדֻשָּׁה
[tash'nun] repetition — תַּשְׁנוּן ז
[tash'nuk] suffocation, strangulation — תַּשְׁנוּק, תַּשְׁנִיק ז
['tesha] nine (f) — תֵּשַׁע שמ״נ
nineteen (f) — תְּשַׁע־עֶשְׂרֵה שמ״נ
[ti'sha'] to multiply by nine — תִּשַּׁע פ״י
[tish''a] nine (m) — תִּשְׁעָה שמ״ז
Ninth of Av (fast day) — תִּשְׁעָה בְּאָב
nineteen (m) — תִּשְׁעָה עָשָׂר
[tish''im] ninety — תִּשְׁעִים ש״מ
[tash''it] nonet (mus.) — תַּשְׁעִית נ
[tish'a'tayim] ninefold — תִּשְׁעָתַיִם ז״ז

[tish'poxet] shedding — תִּשְׁפֹּכֶת נ
[tash'kif] 1 forecast. 2 prospectus — תַּשְׁקִיף ז
[ta'shar] to give a present, endow — תָּשַׁר פ״י
['tesher] 1 gift, present. 2 tip — תֶּשֶׁר ז
[tish're, tish'ri] Tishrei (first month of Jewish calendar) — תִּשְׁרֵי, תִּשְׁרִי ז
[tas'rit] scheme, diagram, drawing — תַּשְׂרִיט ז
[tash'rir] validation — תַּשְׁרִיר ז
[tish'roret] muscles of the body — תִּשְׁרֹרֶת נ
[ta'shash] to be weak, feeble, infirm — תָּשַׁשׁ פ״ע
[tash'tit] 1 subsoil. 2 base. 3 infrastructure. 4 foundation. — תַּשְׁתִּית נ
[tat-] sub-, hypo-, under- — תַּת־
infra-red — תַּת אָדֹם
subconscious, unconscious — תַּת הַכָּרָה
subtropical — תַּת טְרוֹפִּי
submarine, underwater — תַּת יַמִּי
sub-machine gun — תַּת מַקְלֵעַ
subterranean — תַּת קַרְקָעִי
undersecretary — תַּת שַׂר
malnutrition — תַּת תְּזוּנָה
[tet] to give — תֵּת ש״פ
pituitary gland — תַּתּוֹן הַמֹּחַ
[tito'ra] rib, rim — תִּתּוֹרָה נ
[titxa'desh] Wear it well! — תִּתְחַדֵּשׁ!
[tit'moxet] support, prop, bulwark — תִּתְמֹכֶת נ
[tat'ran] anosmic, unable to smell — תַּתְרָן ז
[tatra'nut] anosmia — תַּתְרָנוּת נ

תַּקְצִיר הַדִּקְדּוּק הָעִבְרִי

Summary of Hebrew Grammar

הַדִּקְדּוּק הָעִבְרִי

The Hebrew Grammar

The Hebrew Alphabet – *הָאָלֶף־בֵּית הָעִבְרִי*

The Hebrew alphabet consists of 22 letters, all of which are consonants. Each letter has a numerical value in addition. The names of the letters are listed in the above table. The phonetic script used in the dictionary is presented in the appropriate column in the alphabetic table. The phonetic vowel symbols appear separately at the begining of the dictionary.

Final Letters – *אוֹתִיּוֹת סוֹפִיּוֹת*

The letters צ, פ, נ, מ, כ have a distinct form when they come at the end of the word, and are known accordingly as "Final Letters":

כ — ך
מ — ם
נ — ן
פ — ף
צ — ץ

Pronunciation – *מִבְטָא*

The Hebrew alphabet reflects a phonetic system that applied to the ancient language, at the time when the alphabet first came into use.
The historic differentiations between

ע — א
כ — ח
ת — ט
ק — כּ
שׂ — ס

are only partly preserved in modern times by different ethnic groups from the

Jewish Diaspora. For most Hebrew speakers today, these differences are purely semantic, and many words are homonyms which would not have been at an earlier phase in the development of Hebrew.

Users of this dictionary may well have noticed the similarity between the terms "alphabet" and "אָלֶף בֵּית". This is no coincidence, and we should note that both the Hebrew and the English alphabets evolve from the ancient Semitic script, known as Phoenician. However, in contrast with European alphabetic systems, Hebrew is written from right to left.

In modern times, there are two predominant traditions of pronunciation for Hebrew, the Ashkenazi and the Sefardic. The latter, the Sefardic, is the one that has been adopted for use in the modern State of Israel. The differences between the two systems can best be illustrated by examining a sample sentence.

The contrasts between the two are in the consonants and vowels printed bold. The sentence we have chosen is the opening verse of the Book of Genesis:

בְּרֵאשִׁית[1] בָּרָא[2] אֱלֹהִים אֶת[1] הַשָּׁמַיִם[2] וְאֶת[1] הָאָרֶץ[2 2]

Ashkenazi pronunciation
Beresh i**s**[1] B**o**[2]r**o**[2] El**o**yhim e**s**[1] hash**o**[2]mayim ve-e**s**[1] h**o**[2]-**o**[2]retz

Sefardic pronunciation
Bereshit[1] B**a**[2]r**a**[2] El**o**him e**t**[1] hash**a**[2]mayim ve-e**t**[1] h**a**[2]-**a**[2]retz

Two phenomena that are characteristic of the differences between Ashkenazi and Sephardic pronunciation are marked **1** and **2** in the respective versions.
1 Ashkenazi Tav pronounced [s] when unmarked with a dagesh.
2 Ashkenazi Kamatz Gadol (vowel sign) ָX pronounced **o** as apposed to Sephardic **a**.

Vowels – תְּנוּעוֹת

The Hebrew Language has 11 vowels: six long and five short. Each long vowel is matched by a short one, almost identical in pronunciation but distinct in its graphic representation. There are also three "very short" vowels חֲטוּפוֹת, and a half vowel, called "sheva" שְׁוָא. The latter appears in two forms, the "mobile sheva" שְׁוָא נָע, which represents a regular vowel reduced as a result of a shift in stress, and the "quiescent sheva", שְׁוָא נָח, which in fact represents a zero vowel grade, marking the end of a closed syllable in the middle of the word. The vowels are indicated by the masoretic pointing, which used not letters, but points beneath the consonant, after, above or inside it, as in the following table.

The Vowels – הַתְּנוּעוֹת

non-vowel אִי־תְּנוּעָה	very short vowels תְּנוּעוֹת חֲטוּפוֹת		short vowels תְּנוּעוֹת קְטַנּוֹת		long vowels תְּנוּעוֹת גְּדוֹלוֹת		phonetic equivalent
	חֲטַף פַּתָּח	xֲ	פַּתָּח	xַ	קָמַץ (גָּדוֹל)	xָ	a
	חֲטַף סֶגּוֹל	xֱ	סֶגּוֹל	xֶ	צֵרֶה, צֵירֶה	xֵי xֵ	e
			חִירִיק (קָטָן)	xִ	חִירִיק (גָּדוֹל)	xִי	i
	חֲטַף קָמַץ	xֳ	קָמַץ (קָטָן)	xָ	חוֹלָם	xוֹ ẋ	o
xְ־ שְׁוָא נָח	שְׁוָא נָע	xְ־	קֻבּוּץ	xֻ	שׁוּרֶק	xוּ	u

Matres Lectionis (Semi-Vowels) – אִמּוֹת הַקְּרִיאָה

The letters א, ה, ו, י, are not always pronounced. When they are not, they fulfil the role of vowels to a certain extent. Placed after another consonant, they conclude an open syllable, and facilitate reading, especially when the text is not pointed.

Orthography – *כְּתִיב*

Because the Hebrew vowels are represented by pointing, Hebrew can be written with or without vowel markings – pointed (מְנֻקָּד) or unpointed (בִּלְתִּי מְנֻקָּד). The former (pointed) system is used for Biblical or liturgical texts, poetry and in books intended for children or students of Hebrew. The latter (unpointed) is usual in most prose texts. The semi-vowels (אִמּוֹת הַקְּרִיאָה) **א, ה, ו, י**, are used in order to facilitate the reading of unpointed texts. The letter **א** represents **a**; **ו** represents **o** or u; **י** represents **i** or **e** (as in הֶקֵּף = היקף), **ei** (as in צֵרוּף = צירוף).

This orthographic convention is known as "plene spelling" (כְּתִיב מָלֵא), as opposed to "defective spelling" (כְּתִיב חָסֵר), which does not use the four semi-vowels to facilitate reading. In this dictionary defecture spelling (כְּתִיב חָסֵר) has ben used consistently. Another convention that facilitates differentiation between consonantal and vocalized used of the semi-vowels, is the doubling done when they have consonantal value (as in שלווה or תאווה). Some texts use a combination of plene and defective spelling.

However, it should be noted that excessive use of plene spelling often obscures the otherwise obvious pronunciation of a word, or else creates ambiguities in the form of homographs: ביצה can be "egg" (בֵּיצָה) or "marsh" (בִּצָּה); ביתי can be "my house" (בֵּיתִי) or "my daughter" (בִּתִּי).

On the whole, it is wise to be discriminating in the use of plene spelling, adding **vav** and **yud** only where this actually facilitates reading.

Dagesh – *דָּגֵשׁ*

The dagesh is a point placed inside the consonant, and may either strengthen it or double it. There are three types of **dagesh**, the light dagesh (דָּגֵשׁ קַל), the strong dagesh (דָּגֵשׁ חָזָק) and the **Mappik** (מַפִּיק).

The light dagesh is to be found only in the letters /בגד כפת/, and indicates that these consonants are not to be aspirated. In modern pronunciation, only three of these consonants can be differentiated with or without the dagesh.

[v] = ב	[b] = בּ
[f] = פ	[p] = פּ
[x] = כ	[k] = כּ

The strong dagesh (דָּגֵשׁ חָזָק) can be found in all but the gutteral letters, **א, ה, ר, ח, ע**. It indicates the doubling of the consonant.

For example:

אִמָּה = אמ־מה

חַיָּט = חי־יט

רִקּוּד = רק־קוד

The Mappik appears in a final ה and renders the latter consonantal, as in שִׁירָהּ (her song) as opposed to שִׁירָה (singing or poetry).

The Syllable – הֲבָרוֹת

The syllable constitutes the pronunciation of the consonant with its accompanying vowel sound.

In Hebrew there are two kinds of syllable: open and closed.

An open syllable is one that does not conclude with a quiescent sheva שְׁוָא נָח) nor is it followed by a consonant marked with a light dagesh.

In the following two examples, the syllables are open: אָ־בִי, בוֹ־נָה

A closed syllable concludes with a quiescent sheva or else is followed by a consonant marked with a light dagesh. In the following examples, the syllables are closed:

1 אַבְ־רָם, יִצְ־חָק
2 (לִמְ־מוּד) = לִמּוּד
3 מִכְ־תָּב

Accent – נְגִינָה

In Hebrew there are two kinds of accent: oxytone – "milra" – מִלְרַע and paroxytone – "milel" – מִלְעֵיל. In the former case the stress falls on the final syllable, and in the latter case it falls on the penultimate. In the case of a word like יִשְׂרָאֵל, the accent falls on the syllable אֵל, the final syllable (מִלְרַע); whereas in a word like אֶרֶץ the accent falls on אֶ, the first syllable.

A large number of Hebrew speakers are influenced by Yiddish, in which many Hebrew terms and private names are used according to Ashkenazi pronunciation, whereby most oxytone accents revert to being paroxytone. This shift in accent is not in accordance with the normative usage, and should be avoided.

Furtive Patah – פַּתַח גְנוּבָה

When the **patah** is written beneath a final ע, ח, it is pronounced as though it precedes the gutteral consonant under which it appears:

חַ = אח
עַ = אע

For example רוּחַ — רוּאַח

Furtive Shuruk – שׁוּרֻק גְּנוּבָה

The furtive shuruk comes at the beginning of a word commencing with a labial consonant – פ, ו, מ, ב,or any other consonant pointed with a sheva.

Examples: וּמֹשֶׁה – [u-mo'she]
וּשְׁמִי – [u-she'mi]

It is pronounced as if preceded by a glottal stop, א or ע.

Formative Letters – אוֹתִיּוֹת הַשִּׁמּוּשׁ

This category includes letters that may be appended to a base-form as prefixes, suffixes or infixes. Their affixed state represents grammatical dependence. These affixes can be divided into various sub-categories:

[baxlam]; בְּכְלַ"ם — these prepositional particles are prefixed to the infinitive verb. form (מָקוֹר).

[he hayedi''a] — ה' הַיְדִיעָה — the definite article.

[he ha-she'e'la] — ה' הַשְּׁאֵלָה — the interrogative particle.

[vav ha-xi'bur] — "ו" הַחִבּוּר — the conjunctive Vav.

[vav ha-hi'pux] — "ו" הַהִפּוּךְ — the conversive Vav, which converts past tense to future and vice versa in Biblical syntax.

[she] — שֶׁ relative pronoun.

['asher] — אֲשֶׁר relative pronoun.

['ei'tan] — אֵיתָ"ן pronominal prefixes preceding the verb stem in the future.

[tehi'mun] — תְּהִימוּ"ן prominal suffixes appended to the verb stem in the past.

[hakinu'yim] — הַכִּנּוּיִים prominal suffixes appended to the noun and prepositional stems.

The root – הַשֹּׁרֶשׁ

The concept of root is one of the most basic tenets of Hebrew grammar. When we encounter an unfamiliar word, the first question we ask is: "What is the root?" Identification of the root will enable us to find other words of like derivation, not to mention the actual meaning or the word concerned.

The root, an abstract concept, consists usually of 3 consonants, stripped of grammatical affixes, and unvocalized. This abstract root has semantic value, which it can contribute to a variety of word patterns.

For example, from the abstract root **כתב** = "write" we have **כָּתַב, כְּתָב, כַּתָּב, כְּתֻבָּה, כַּתְבָן, כְּתִיב, כְּתִיבָה, כְּתֹבֶת, מִכְתָּב, כַּתָּבָה, הִתְכַּתְּבוּת, תַּכְתִּיב, תִּכְתֹּבֶת.**

The root פעל was originally chosen as the basis for the names of the verb conjugations (see below), thereby continuing the tradition of the medieval grammarians, who learned the concept of the abstract root from the old Sanskrit grammarians.

The three elements of the verb base are also traditionally named after the three letters of the root of פעל.

the first letter — פֵּא הַפֹּעַל
the second — עַיִן הַפֹּעַל
the third — לָמֶד הַפֹּעַל

Paradigm – תַּבְנִית

Most Hebrew words derive from 3 root letters, of the kind mentioned above. The formation of the words is done in accordance with models that are known as paradigms (תַּבְנִיּוֹת). A paradigm is formed by placing the three root letters (radicals) within a structured framework, which includes the addition of formative prefixes, suffixes or infixes, with additional vowel structure.

Example: What is the root of the word מִשְׁכָּן?

The root letters שכנ combine with the structure of מִXְXָX. In identical manner, we may build:

lexeme		root
מִכְתָּב	from	כתב
מִשְׁקָל	from	שקל
מִקְלָט	from	קלט

When one of the root letters is weak and is assimilated phonetically, it is sometimes harder to identify both the root and the paradigm. Example:

gift = מַתָּנָה

The root is נתנ, but because the initial /נ/ has been absorbed by the /ת it is at first difficult to understand that the paradigmatic structure in this case is:

מַXְXָXָה
נ + ת = תּ ⟵ מַתָּנָה
מ נ ת נ ה

Radical Sub-groups – גְּזָרוֹת

The Hebrew roots may be divided into four principal groups, which are termed גְּזָרוֹת (radical sub-groups). These are respectively:

Complete — שְׁלֵמִים — roots whose three radicals are in evidence throughout the declension, such as כָּתַב.

Double — כְּפוּלִים — in these roots the second and third radicals are identical, such as סָבַב.

Qiescent — נָחִים — in these roots one radical is not pronounced, as in בָּרָא, where the א is mute.

Defective — חֲסֵרִים — Radicals are dropped in various parts of the declension, as in שֵׁב! (imperative from יָשַׁב).

The quiescent sub-group divides into various sub – divisions, as in the following examples:

.1 נָחֵי פֵּא אָלֶף — The first radical is **א**
אָמַר —— יֹאמַר

.2 נָחֵי פֵּא יוֹד — The first radical is **י**
יָשַׁן —— תִּישַׁן

.3 נָחֵי עַיִן וָו — The second radical is **ו**
קוּם —— תָּקוּם

.4 נָחֵי עַיִן יוֹד — The second radical is **י**
שִׁיר —— תָּשִׁיר

.5 נָחֵי לָמֶד אָלֶף — The third radical is **א**
קָרָא —— קְרָא

.6 נָחֵי לָמֶד הֵא — The third radical is **ה**
בָּנָה —— בְּנֵה

The defective conjugation also has sub-divisions as follows:

.1 חַסְרֵי פֵּא יוֹד — The first radical is **י**
יָדַע —— תֵּדְעוּ

.2 חַסְרֵי פֵּא נוּן — The first radical is **נ**
נָסַע —— יִסַּע

.3 Quite often one radical is quiescent and another defective:

(a) יָצָא — נָחֵי לָמֶד אָלֶף
חַסְרֵי פֵּא יוֹד

(b) אָפָה — נָחֵי פֵּא אָלֶף
נַחֵי לָמֶד הֵא

The Noun – *שֵׁם הָעֶצֶם*

Most nouns derive from verbal roots, and in order to identify the root of a given noun we should be familiar with the radical sub-groups described above.

The Hebrew language has only two genders; masculine and feminine. There is no neuter, and the feminine gender is often used to express neuter.

Feminine Categories

1. Female humans and animals, as in;
   mother = אֵם
   daughter = בַּת
   sister = אָחוֹת
   ass = אָתוֹן
2. Most parts of the body, as in:
   hand = יָד
   foot = רֶגֶל
   tongue = לָשׁוֹן
   stomach = בֶּטֶן
3. names of cities and countries.
4. letters of the alphabet.
5. nouns ending in: Xָה, Xִית, וּת, Xֶת, or simply ת (unless the ת is a radical):

מִטָּה, פָּרָה, שְׁלוּלִית, חֲנוּת, דֶּלֶת

Masculine Categories

1. Names of male creatures, rivers, mountains and months.
2. Masculine nouns do not have a characteristic ending in the singular form.

The Hebrew noun has three grammatical numbers: singular (יָחִיד), dual (זוּגִי) and plural (רַבִּים).

The dual is formed by adding Xַיִם [''ayim] to the singular, as in:

2 days = יוֹמַיִם —— יוֹם
a fortnight = שְׁבוּעַיִם —— שָׁבוּעַ

The masculine plural ending is usually Xִים

דּוֹדִים —— דּוֹד

The feminine plural ending is usually Xוֹת

דּוֹדָה —— דּוֹדוֹת

It is often impossible to distinguish the gender of nouns from the plural ending, which is often contrary in type to the gender, as in:

אָב = father —— אָבוֹת
אִשָּׁה = woman —— נָשִׁים

It is usually possible to tell the gender of the noun from its singular form, but there are some exceptions.

The Construct State of the Noun – סְמִיכוּת

A noun is defined as being in the construct state, when it is qualified by another noun following it.

In a combination such as אֶרֶץ יִשְׂרָאֵל, the noun – אֶרֶץ is called נִסְמָךְ and יִשְׂרָאֵל is called סוֹמֵךְ; the relationship of dependence between the two is the construct state (סְמִיכוּת).

The first word of the two does not constitute a complete entity, because of its morphological dependence on the second word, which qualifies the semantic identity of the former in such a way that they effectively constitute a single word. The second word in the construct combination may be stripped of prepositional particles when it links with its governing construct noun, as in:

יְצִיאַת מִצְרַיִם = הַיְצִיאָה מִמִּצְרַיִם
גָּלוּת בָּבֶל = הַגָּלוּת לְבָבֶל

The construct noun may never be stressed. The accent shifts to the second word of the pair.

בַּ׳יִת —— בֵּית סֵ׳פֶר

The shift in the accent causes vowel changes in the construct nouns, such as the shortening of vowels.

מִדְבָּר —— מִדְבַּר סִינַי

The definite article may be placed only before the second, qualifying noun. It is not allowed to have two construct nouns dependent on one qualifying noun:

not allowed – חַכְמֵי וְרַבָּנֵיי יְרוּשָׁלַיִם

allowed – חַכְמֵי יְרוּשָׁלַיִם וְרַבָּנֶיהָ

allowed – הַחֲכָמִים וְהָרַבָּנִים שֶׁל יְרוּשָׁלַיִם

Translation: The wise men and the Rabbis of Jerusalem.

The Declension of the Noun – נְטִיַּת הַשֵּׁם

The Hebrew noun is declined in accordance with personal pronominal suffixes. These suffixes are appended to the noun. The suffixes are not added straight on to the noun stem, but the process of agglutination is marked by an intermediate vowel, which varies according to the number and gender of the noun on the one hand, and the number, gender and person of the pronoun on the other hand.

Pronominal Noun Suffixes

Singular			Plural Dual
Singular	1st pers. – my	אִי	אַי
	2nd pers. – your	אְךָ	אֶיךָ
	2nd pers. (f) – your	אֵךְ	אַיִךְ
	3rd pers. – his	אוֹ	אָיו
	3rd pers. (f) – her	אָהּ	אֶיהָ
Plural	1st pers. – our	אֵנוּ	אֵינוּ
	2nd pers. – your	אְכֶם	אֵיכֶם
	2nd pers. (f) – your	אְכֶן	אֵיכֶן
	3rd pers. – their	אָם	אֵיהֶם
	3rd pers. (f) – their	אָן	אֵיהֶן

The Adjective – הַתֹּאַר

In Hebrew, the adjective matches the gender and number of the noun it qualifies, e.g.:

a diligent pupil (m) – תַּלְמִיד חָרוּץ
a diligent pupil (f) – תַּלְמִידָה חָרוּצָה
diligent pupils (m) – תַּלְמִידִים חָרוּצִים
diligent pupils (f) – תַּלְמִידוֹת חָרוּצוֹת

Where an adjective qualifies nouns of both genders, it will be in the masculine form, as in:

תַּלְמִיד וְתַלְמִידוֹת חָרוּצִים

The adjectival ending matches the actual gender and number of the nouns, which may at first cause confusion, if, for instance, a masculine noun has a plural ending Xות, or vice versa:

plural		singular
שָׁנִים טוֹבוֹת	———	שָׁנָה טוֹבָה
דּוֹרוֹת רִאשׁוֹנִים	———	דּוֹר רִאשׁוֹן

An attributive adjective is cemented to the noun it qualifies by an additional definite article.

the good man – הָאִישׁ הַטּוֹב

Without the additional definite article ה, the adjective will have a predicative function:

The man is good = הָאִישׁ טוֹב

In Hebrew, the degrees of comparison are designated in the following way, with four distinct categories:

Simple degree – דַּרְגַּת הַפְּשִׁיטוּת .1
Qualifying degree – דַּרְגַּת הַדִּמְיוֹן .2
Comparative degree – דַּרְגַּת הַיִּתְרוֹן .3
Superlative degree – דַּרְגַּת הַהַפְלָגָה .4

Here are examples of the adjective חָכָם (wise) in each of these states:

a wise man – אִישׁ חָכָם .1
a man **as** wise **as** his father – אִישׁ חָכָם כְּאָבִיו .2
a man wis**er than** his father – אִישׁ חָכָם מֵאָבִיו .3
הֶחָכָם בָּאָדָם .4
The wisest man – הָאָדָם הֶחָכָם בְּיוֹתֵר
הָאָדָם הֲכִי חָכָם

Numbers – שֵׁם מִסְפָּר

There are two numerical categories, cardinal (מִסְפָּר יְסוֹדִי) and ordinal (מִסְפָּר סִדּוּרִי). The cardinal numbers from 2-10 are substantives in Hebrew, and may appear in the absolute or construct state. Apart from 1 = אֶחָד/אַחַת they are placed before the noun they refer to. Number one (אֶחָד), however, behaves like an adjective.

Confusingly, it is the masculine numbers that have seemingly feminine endings, in the case of numbers 3-10.

1	2	3	4	5	6	7	8	9	10	
אֶחָד,	שְׁנַיִם,	שְׁלשָׁה,	אַרְבָּעָה,	חֲמִשָּׁה,	שִׁשָּׁה,	שִׁבְעָה,	שְׁמוֹנָה,	תִּשְׁעָה,	עֲשָׂרָה	— Masculine
אַחַת,	שְׁתַּיִם,	שָׁלשׁ,	אַרְבַּע,	חָמֵשׁ,	שֵׁשׁ,	שֶׁבַע,	שְׁמוֹנֶה,	תֵּשַׁע,	עֶשֶׂר	— feminine

Numbers 11-19 (inclusive) are formed by compounding 1-9 with the base of 10. The base of 10 loses the ending in ה which characterizes the masculine numbers 3-9, but strangely enough the ה appears in the feminine numbers from 11-19.

3 boys	שְׁלשָׁה יְלָדִים
13 boys	שְׁלשָׁה עָשָׂר יְלָדִים
3 girls	שָׁלשׁ יְלָדוֹת
13 girls	שְׁלשׁ־עֶשְׂרֵה יְלָדוֹת

The Number 20 is the plural form of 10 (עֶשְׂרִים). The tens come before the units in the higher numbers, as in:

עֶשְׂרִים וּשְׁלשָׁה יְלָדִים
חֲמִשִּׁים וְאַרְבַּע יְלָדוֹת

The Number 100 is expressed by the feminine noun מֵאָה. It has a dual form מָאתַיִם as well as the plural מֵאוֹת. The hundreds appear together with a qualifying number in the construct state, constituting a partitive structure.

From 11 onwards, the accompanying noun may appear in the singular or plural.

חֲמִשִּׁים שָׁנִים or חֲמִשִּׁים שָׁנָה.

The Number 1000 is expressed by the masculine noun אֶלֶף, with the dual אַלְפַּיִם and plural אֲלָפִים.

The accompanying numeral is always in the construct state:

1000 people	אֶלֶף אִישׁ אִישׁ
2000 people	אַלְפַּיִם אִישׁ
3000 people	שְׁלֹשֶׁת אֲלָפִים אִישׁ
5000 people	חֲמֵשֶׁת אֲלָפִים אִישׁ

The ordinal numbers, which are in fact adjectives, are formed from the cardinal numbers, with the exception of רִאשׁוֹן (first) which derives from the noun רֹאשׁ (head).

The ordinal numbers above 10 are identical to the cardinals, with the addition of the definite article. In dates, referring to days of the month, the cardinal numbers are used. Example:

9th of Av – תִּשְׁעָה בְּאָב

Owing to the character of the Hebrew letters, which have also a numerical value, letters are often used to express numbers.

1-9	=	א־ט
10-90	=	י־צ
100-400	=	ק־ת

The only unacceptable combination, is י together with ה or ו, which form the abbreviation of the Tetragrammaton, and constitute taking the name of the Lord in vain. That is why:

15 is represented by ט״ו (9 + 6)
and 16 is represented by ט״ז (9 + 7)

Pronouns – שֵׁם הַגּוּף

The personal pronouns are appended to prepositions, when functioning as object of those prepositions:

Prepositions

Singular — Plural

	1st person (me)	2nd person (m) (you)	2nd person (f) (you)	3rd person (him)	3rd person (her)	1st person (us)	2nd person (m) (you)	2nd person (f) (you)	3rd person (m) (them)	3rd person (f) (them)
בְּ = in	בִּי	בְּךָ	בָּךְ	בּוֹ	בָּהּ	בָּנוּ	בָּכֶם	בָּכֶן	בָּם	בָּן
כְּ = like	כָּמוֹנִי	כָּמוֹךָ	כָּמוֹךְ	כָּמוֹהוּ	כָּמוֹהָ	כָּמוֹנוּ	כְּמוֹכֶם	כְּמוֹכֶן	כְּמוֹהֶם	כְּמוֹהֶן
לְ = to, for	לִי	לְךָ	לָךְ	לוֹ	לָהּ	לָנוּ	לָכֶם	לָכֶן	לָהֶם	לָהֶן
מִ = from	מִמֶּנִּי	מִמְּךָ	מִמֵּךְ	מִמֶּנּוּ	מִמֶּנָּה	מִמֶּנּוּ	מִכֶּם	מִכֶּן	מֵהֶם	מֵהֶן
אֶת = accusative	אוֹתִי	אוֹתְךָ	אוֹתָךְ	אוֹתוֹ	אוֹתָהּ	אוֹתָנוּ	אֶתְכֶם	אֶתְכֶן	אוֹתָם	אוֹתָן
אֶת = with	אִתִּי	אִתְּךָ	אִתָּךְ	אִתּוֹ	אִתָּהּ	אִתָּנוּ	אִתְּכֶם	אִתְּכֶן	אִתָּם	אִתָּן
אֶל = to	אֵלַי	אֵלֶיךָ	אֵלַיִךְ	אֵלָיו	אֵלֶיהָ	אֵלֵינוּ	אֲלֵיכֶם	אֲלֵיכֶן	אֲלֵיהֶם	אֲלֵיהֶן
עַל = on	עָלַי	עָלֶיךָ	עָלַיִךְ	עָלָיו	עָלֶיהָ	עָלֵינוּ	עֲלֵיכֶם	עֲלֵיכֶן	עֲלֵיהֶם	עֲלֵיהֶן
עַד = until	עָדַי	עָדֶיךָ	עָדַיִךְ	עָדָיו	עָדֶיהָ	עָדֵינוּ	עֲדֵיכֶם	עֲדֵיכֶן	עֲדֵיהֶם	עֲדֵיהֶן
בֵּין = between	בֵּינִי	בֵּינְךָ	בֵּינֵךְ	בֵּינוֹ	בֵּינָהּ	בֵּינֵינוּ	בֵּינֵיכֶם	בֵּינֵיכֶן	בֵּינֵיהֶם	בֵּינֵיהֶן
עִם = with	עִמִּי	עִמְּךָ	עִמָּךְ	עִמּוֹ	עִמָּהּ	עִמָּנוּ	עִמָּכֶם	עִמָּכֶן	עִמָּם	עִמָּן

The Adverb – תֹּאַר הַפֹּעַל

Hebrew has no specific form for adverbs. there are several different ways of building them, one of which is to append the formative letters **בכל״ם** to nouns or adjectives. for example:

really	בֶּאֱמֶת
with difficulty	בְּקֹשִׁי
appropriately	כָּרָאוּי
below	לְמַטָּה
above	לְמַעְלָה
in advance	מֵרֹאשׁ
afresh, anew	מֵחָדָשׁ

Sometimes the adverb is formed by simply using the masculine singular form of the adjective, or the feminine plural. Examples:

He sings **beautifully** = הוּא שָׁר יָפֶה
He worked **a lot** = הוּא פָּעַל רַבּוֹת

Most often, the prepositional particle **ב** combines with an abstract noun.

The child is running **happily** = הַיֶּלֶד רָץ בְּשִׂמְחָה

The Verb – הַפֹּעַל

The Hebrew verb system is based on the concept of a root comprising 3 radical consonants, with formative letters and vowels added in different combinations. The formative additions supply six accidental grammatical categories; mood (דֶּרֶךְ), tense (זְמַן), person (גּוּף), gender (מִין), number (מִסְפָּר), form (בִּנְיָן) and voice (פָּעִיל וְסָבִיל).

The Hebrew verb has three moods:

a) **Infinitive** – מָקוֹר – which appears in two forms: absolute – מָקוֹר מֻחְלָט, and construct – מָקוֹר נִסְמָךְ. These two forms are entirely analogous with the absolute and construct forms of nouns. Example:

to write = כָּתוֹב (absolute)
= כְּתֹב (construct)

b) **Indicative** – דֶּרֶךְ הַיִּעוּד
This is the mood in which all the verbal categories are manifest; tense, person, number, form and voice. Example: כָּתְבָה (הִיא) – 3rd person singular feminine past active.

c) **Imperative – דֶּרֶךְ צִוּוּי** – This is the mode which expresses commands and requests.

There are three tenses in Hebrew:

Past – עָבָר
Present – בֵּינוֹנִי הֹוֶה
Future – עָתִיד

There are six structural conjugations, three of them active, three passive and one reflexive.

Active		Passive	Reflexive
1) פָּעַל, קַל	⟷	4) נִפְעַל	7) הִתְפַּעֵל
2) פִּעֵל	⟷	5) פֻּעַל	נִתְפַּעֵל
3) הִפְעִיל	⟷	6) הֻפְעַל	

Each active conjugation has a corresponding passive one, and they are paired accordingly in the above list.

פָּעַל = [pa'ʼal] – expresses simple action.
פִּעֵל = [pi'ʼel] – expresses intensive action, sometimes causative.
הִפְעִיל = [hif'ʼil] – expresses the causative, or the transfer of the experience of the action from the subject to the object.
הִתְפַּעֵל = [hitpa'ʼel] – reflexive – the subject and the object are the same.

The verbal complements (כִּנּוּיֵי הַפֹּעַל) are the affixes appended to the verb indicating gender, person, number. For example:

You (pl.m.) wrote – כְּתַבְתֶּם

The suffix תֶּם indicates the second person masculine plural. Apart from active complements of the verb, there may also be passive complements (כִּנּוּיֵי הַפָּעוּל) which are direct or indirect objects of the verb.

אֲהַבְתִּיךָ = אָהַבְתִּי אוֹתְךָ
נְתַתַּנִי = נָתַתָּ לִי / נָתַתָּ אוֹתִי

The root כָּתַב is ideal for the complete verb table, as it appears in all the conjugations. It is presented in the following two pages.

COMPLETE VERB

דֻּגְמָה לִנְטִיַּת

Hof'al בִּנְיַן הָפְעַל	Hif'il בִּנְיַן הִפְעִיל	Hitpa'el בִּנְיַן הִתְפַּעֵל	Pu'al בִּנְיַן פֻּעַל
הֳכְתֵּב	הַכְתֵּב / הַכְתִּיב	הִתְכַּתֵּב	כֻּתּוֹב
——	בְּהַכְתִּיב כְּ- לְ- מֵ-	בְּהִתְכַּתֵּב כְּ- לְ- מֵ-	——
הֳכְתַּבְתִּי הֳכְתַּבְתָּ הֳכְתַּבְתְּ הֳכְתַּב הֳכְתְּבָה הֳכְתַּבְנוּ הֳכְתַּבְתֶּם הֳכְתַּבְתֶּן הֳכְתְּבוּ	הִכְתַּבְתִּי הִכְתַּבְתָּ הִכְתַּבְתְּ הִכְתִּיב הִכְתִּיבָה הִכְתַּבְנוּ הִכְתַּבְתֶּם הִכְתַּבְתֶּן הִכְתִּיבוּ	הִתְכַּתַּבְתִּי הִתְכַּתַּבְתָּ הִתְכַּתַּבְתְּ הִתְכַּתֵּב הִתְכַּתְּבָה הִתְכַּתַּבְנוּ הִתְכַּתַּבְתֶּם הִתְכַּתַּבְתֶּן הִתְכַּתְּבוּ	כֻּתַּבְתִּי כֻּתַּבְתָּ כֻּתַּבְתְּ כֻּתַּב כֻּתְּבָה כֻּתַּבְנוּ כֻּתַּבְתֶּם כֻּתַּבְתֶּן כֻּתְּבוּ
מֳכְתָּב מֳכְתֶּבֶת מֳכְתָּבִים מֳכְתָּבוֹת	מַכְתִּיב מַכְתִּיבָה מַכְתִּיבִים מַכְתִּיבוֹת	מִתְכַּתֵּב מִתְכַּתֶּבֶת מִתְכַּתְּבִים מִתְכַּתְּבוֹת	מְכֻתָּב מְכֻתֶּבֶת מְכֻתָּבִים מְכֻתָּבוֹת
אֳכְתַּב תֳּכְתַּב תֳּכְתְּבִי יֳכְתַּב תֳּכְתַּב נֳכְתַּב תֳּכְתְּבוּ תֳּכְתַּבְנָה יֳכְתְּבוּ תֳּכְתַּבְנָה	אַכְתִּיב תַּכְתִּיב תַּכְתִּיבִי יַכְתִּיב תַּכְתִּיב נַכְתִּיב תַּכְתִּיבוּ תַּכְתֵּבְנָה יַכְתִּיבוּ תַּכְתֵּבְנָה	אֶתְכַּתֵּב תִּתְכַּתֵּב תִּתְכַּתְּבִי יִתְכַּתֵּב תִּתְכַּתֵּב נִתְכַּתֵּב תִּתְכַּתְּבוּ תִּתְכַּתֵּבְנָה יִתְכַּתְּבוּ תִּתְכַּתֵּבְנָה	אֲכֻתַּב תְּכֻתַּב תְּכֻתְּבִי יְכֻתַּב תְּכֻתַּב נְכֻתַּב תְּכֻתְּבוּ תְּכֻתַּבְנָה יְכֻתְּבוּ תְּכֻתַּבְנָה
——	הַכְתֵּב הַכְתִּיבִי הַכְתִּיבוּ הַכְתֵּבְנָה	הִתְכַּתֵּב הִתְכַּתְּבִי הִתְכַּתְּבוּ הִתְכַּתֵּבְנָה	——

CONJUGATION OF THE

הַפֹּעַל (מִגְזֶרֶת הַשְּׁלֵמִים)

Pi''el בִּנְיַן פִּעֵל	Nif''al בִּנְיַן נִפְעַל	Pa''al בִּנְיַן פָּעַל (קַל)	
כַּתֵּב	נִכְתֹּב / הִכָּתֵב	כָּתוֹב / כְּתֹב	Infinitive verbal noun מָקוֹר שֵׁם הַפֹּעַל
בְּכַתֵּב לְ־ מִ־	בְּהִכָּתֵב כְּ־ לְ־ מֵ־	בִּכְתֹּב כִּ־ לִ־ מִ־	Infinitive preceded by prepositions שֵׁם הַפֹּעַל עִם בַּכְלַ"ם
כִּתַּבְתִּי כִּתַּבְתָּ כִּתַּבְתְּ כִּתֵּב כִּתְּבָה כִּתַּבְנוּ כִּתַּבְתֶּם כִּתַּבְתֶּן כִּתְּבוּ	נִכְתַּבְתִּי נִכְתַּבְתָּ נִכְתַּבְתְּ נִכְתַּב נִכְתְּבָה נִכְתַּבְנוּ נִכְתַּבְתֶּם נִכְתַּבְתֶּן נִכְתְּבוּ	כָּתַבְתִּי כָּתַבְתָּ כָּתַבְתְּ כָּתַב כָּתְבָה כָּתַבְנוּ כְּתַבְתֶּם כְּתַבְתֶּן כָּתְבוּ	עָבָר Past
מְכַתֵּב מְכַתֶּבֶת מְכַתְּבִים מְכַתְּבוֹת	נִכְתָּב נִכְתֶּבֶת נִכְתָּבִים נִכְתָּבוֹת	כּוֹתֵב כּוֹתֶבֶת כּוֹתְבִים כּוֹתְבוֹת	הֹוֶה Present
אֲכַתֵּב תְּכַתֵּב תְּכַתְּבִי יְכַתֵּב תְּכַתֵּב נְכַתֵּב תְּכַתְּבוּ תְּכַתֵּבְנָה יְכַתְּבוּ תְּכַתֵּבְנָה	אֶכָּתֵב תִּכָּתֵב תִּכָּתְבִי יִכָּתֵב תִּכָּתֵב נִכָּתֵב תִּכָּתְבוּ תִּכָּתַבְנָה יִכָּתְבוּ תִּכָּתַבְנָה	אֶכְתֹּב תִּכְתֹּב תִּכְתְּבִי יִכְתֹּב תִּכְתֹּב נִכְתֹּב תִּכְתְּבוּ תִּכְתֹּבְנָה יִכְתְּבוּ תִּכְתֹּבְנָה	עָתִיד Future
כַּתֵּב כַּתְּבִי כַּתְּבוּ כַּתֵּבְנָה	הִכָּתֵב הִכָּתְבִי הִכָּתְבוּ הִכָּתַבְנָה	כְּתֹב כִּתְבִי כִּתְבוּ כְּתֹבְנָה	צִוּוּי Imperative